Roland Gradwohl

Bibelauslegungen aus jüdischen Quell

Band 2

ctb calwer taschenbibliothek 38

Roland Gradwohl

Bibelauslegungen aus jüdischen Quellen

Band 2:
Die alttestamentlichen Predigttexte des 5. und 6. Jahrgangs

Calwer Verlag Stuttgart

Die Deutsche Bibliothek – CIP-Einheitsaufnahme

Gradwohl, Roland:
Bibelauslegungen aus jüdischen Quellen / Roland Gradwohl. –
3. Aufl. – Stuttgart: Calwer Verlag
ISBN 3–7668–3348–0
Bd. 2. Die alttestamentlichen Predigttexte des
5. und 6. Jahrgangs. – 2002
(Calwer Taschenbibliothek; 38)
ISBN 3–7668–3347–2
NE: GT

ISBN 3–7668–3348–0 (Gesamtausgabe)

3. Auflage 2002

Printed in Germany

Umschlaggestaltung: Ellen Steglich, Stuttgart
Gesamtherstellung: WB-Druck, Rieden am Forggensee

Inhalt

Vorwort

Die Torá – Gottes Weisung und Lehre – ist weder im Himmel noch jenseits des Meeres. In des Menschen Mund und Herzen ist sie. Er kann über sie nachdenken und reden, sie erforschen und interpretieren und, wenn er nur will, erfüllen (Dtn 30,11–14). Der nach der Weisung Dürstende ist eingeladen, zur Lebensquelle zu gehen und von ihrem »Wasser« zu trinken (Jes 55,1). Schranken sind ihm dabei keine gesetzt.

Wie die ersten beiden Bände unserer »Bibelauslegungen aus jüdischen Quellen« läßt auch der dritte Band viele jüdische Exegeten vom Altertum bis heute zu Wort kommen. Die Breite und Gründlichkeit ihrer Gedanken und die bisweilen brennende Aktualität beeindrucken uns. Es zeigt sich immer deutlicher, daß die sich kontinuierlich über Jahrtausende erstreckende Kommentierung der hebräischen Bibel (des Alten Testaments der Kirche) durch Juden auch für den Christen von großer Bedeutung ist. Glücklicherweise ist die Zeit reif, daß Christen und Juden gemeinsam an dieser hebräischen Bibel (dem Tanach der Synagoge) arbeiten können und gemeinsam mit größter Präzision auf den Sinn seiner Aussagen hören. Der Sinn ist freilich zumeist vielschichtig, und er besteht – wie in der Musik – aus mitklingenden »Obertönen«. Daher sind die Erklärungen so oft voneinander verschieden, doch nicht als entweder–oder, sondern als sowohl–als–auch.

Bis zur Gegenwart hat kein jüdischer Bibelinterpret behauptet, die einzig richtige und zulässige Deutung eines Textes gefunden zu haben. Jeder Kommentar ist immer nur ein Versuch, dem Sinn näherzukommen – mehr nicht. Die Wahrheit steht bei Gott! Aus dieser Erkenntnis heraus folgen zwangsläufig das Wissen um die Relativität jeglicher Schriftexegese und die Notwendigeit, für des Wortes Sinn immer offen zu bleiben, immer bereit, ein bestimmtes Verständnis zu überprüfen.

Wie bei den ersten beiden Bänden stand mir meine Frau bei der Durchsicht und dem Studium der vielen Kommentare zur Seite. Angesichts des starken Zeitdrucks war mir ihre Hilfe besonders wertvoll, und ich bin ihr großen Dank schuldig.

Sehr herzlich danken darf ich wiederum dem Leiter des Calwer Verlags Stuttgart, Herrn Detlef Hellweg, seinem unermüdlichen und kompetenten Lektor, Herrn Helmut Zechner, meinen Freunden Doris und Kirchenrat Dr. Hartmut Metzger, Denkendorf, und Fritz Schlomo Goldschmidt, Jerusalem. Bei einem Glas Tee oder inmitten der von Passanten überquellenden Ben-Jehuda-Fußgängerzone im Zentrum der Stadt haben wir manch schwierige Textstelle besprochen. Ich habe von diesem erfahrenen und geistig immens regen Lehrer viel gelernt!

Jerusalem, im August 1988 *Roland Gradwohl*

Abkürzungen

b.	Babylonischer Talmud
BH	Biblia Hebraica
B-R	M. Buber – F. Rosenzweigs Schriftübersetzung
FdI	Maimonides, Führer der Irrenden
j.	Jerusalemischer Talmud
Lex.	W. Baumgartner – J. J. Stamm, Hebräisches und aramäisches Lexikon zum Alten Testament
LXX	Septuaginta
r.	rabbá' (z.B. Gen. r. = Midrasch Genesis rabbá)
R.	Rabbi, Raw, Rabbiner
Tg	Targúm
THAT	Theologisches Handwörterbuch zum Alten Testament (hg. v. E. Jenni u. C. Westermann)

Literarische Abkürzungen

Chisqúni	s. R. Hisqia bar Manoach
Gersonides	s. R. Levi ben Gerson (RaLBáG)
Haktáw w'haqabalá	s. R. J. Z. Mecklenburg
Kimchi	s. R. D. Kimchi (ReDáK)
Maimonides	s. R. Mose ben Maimon (RaMBáM)
M'zudát Davíd	s. R. D. Altschuler
M'zudát zijón	s. R. D. Altschuler
Nachmanides	s. R. Mose ben Nachman (RaMBáN)
Raschi	s. R. Salomo ben Isaak
Raschbam	s. R. Samuel ben Me'ir
Schulchán ʿarúch	s. R. Joseph Karo
Tanchúma	s. Midrasch Tanchúma

Transkription

ʾ	'álef
ʿ	ʿájin
ʾ	sch'wá
´	Wortakzent

(keine dagésch- oder chatáf-Laute)
Die Schreibweise gibt die heutzutage in Israel übliche »sephardische Aussprache« wieder.

Benützte Literatur

1. Die jüdischen Bibelexegeten

Don Isaak Abarbanel, Kommentar zur Torá, 3 Bde, 1964; zu den Propheten, 2 Bde, 1955/56; zu den Schriften, 1960

R. Abraham (Sohn des Maimonides), Kommentar zur Torá, 1958 (hebr.).

R. D. Altschuler, m'zudát David und m'zudát Zijón, 1770, in: miqra'ót g'dolót

M. A. Anat – H. M. Y. Gevaryahu, Bibel für das Volk (tanách la'ám), Erklärungen, 1972

R. Isaak Arama, séfer 'aqedát Jizcháq (Kommentar zur Torá), 5 Bde, 1849

R. Me'ir ben Isaak Arama, séfer 'urím w'tumím (Kommentar zu Jes), 1603

R. Bachja (B'chajáj) ben Ascher, be'úr 'al hatorá (Kommentar zur Torá, hg. v. R. Ch. D. Schevel), 2 Bde. ^{6}1982

R. Joseph bar Isaak B'chor Schor, Kommentar zum Pentateuch (hg. v. A. Jellinek u. a.), 3 Bde, 1978 (Nachdruck); hebr.

R. Naftali Zwi J'huda Berlin (N'ZÍW), ha'améq dawár (Kommentar zur Torá), 5 Bde, 1937

M. Bolle, séfer Jirm'jáhu, in: dá'at miqrá', 1983

J. Breuer, Das Buch Jirmejah, 1914

R. M. D. Cassuto, perúsch 'al séfer b're' schít (Kommentar zu Gen), 2 Bde, 1953 (engl. Ausgabe: 1961/64), I: me'adám 'ad Nóach (Von Adam bis Noa), II: miNóach 'ad 'Awrahám (Von Noa bis Abraham); perúsch 'al séfer sch'mot (Kommentar zu Ex), 1954 (engl. Ausgabe: 1967)

A. Chacham, in: dá'at miqrá': séfer J'scha'jáhu (Kommentar zu Jes), 2Bde, 1984; séfer t'hillím (Ps), 2Bde, 1979/81

Rev. A. Cohen, The Soncino Chumasch (Kommentar zur Torá), 1947; t're 'asár. The Twelve Prophets, Soncino Books of the Bible, ^{6}1966; mischlé (Spr.), Soncino Books of the Bible, 1967

dá'at hasqením miba'alé hatosafót (Kommentare der Tossafisten, 11. Jh. d. Z. zur Torá), in: miqra'ót g'dolót

A. B. Ehrlich, Randglossen zur hebräischen Bibel, 7 Bde, 1908–14

I. Eichel–S. Detmold, mischlé (Spr), in: kitwé haqódesch, 1817

R. El'asár aus Worms, perúsch haroqéach 'al hatorá (Kommentar zur Torá), 3 Bde, 1981; Kommentar zu Jes, in: Sammelband »Kommentare zu Jes«, II

R. Elieser von Beaugency, Jesaja, hg. v. J. W. Nutt, 1879; Die Zwölf Kleinen Propheten, 1910 (hg. v. S. Poznanski; hebr.)
R. Eliahu, »Gaon von Wilna«, Be'úr hagrá' (Kommentar zu den Späten Propheten), in: miqra'ót g'dolót; séfer mischlé (Spr), hg. v. M. Philipp, 1979
R. Baruch Halevi Epstein, torá t'mimá (Kommentar zur Torá), 5 Bde, o. J.
R. H. Freedman, Jeremiah, in: Soncino Books of the Bible, ^{4}1966
Sch. L. Gordon, Torá, n'wi'ím, k'tuwím (= Tanách), 13 Bde, 1934 ff
E. S. Hartom, sifré hamiqrá' (Die Bücher der Schrift), 16 Bde, 1955–57
R. J. H. Hertz, Pentateuch und Haftaroth, 5 Bde, ^{2}1984 (Nachdruck)
R. S. Hirsch, Der Pentateuch, 5 Bde, ^{6}1920
R. Hisqia bar Manoach (Chisqúni), peruschė hatorá (Erklärungen zur Torá; hg. v. R. Ch. D. Schevel), ^{2}1982
R. D. Hoffmann, séfer b'reschít (Kommentar zu Gen), 2 Bde, 1969; Das Buch Deuteronomium, 2 Bde, I: 1913; II: 1922
R. Abraham ben Jakob Gawischon, 'ómer haschich'chá (zu Spr), 1748
H. Homberg, hakorém (Kommentar zu Jes), in: kitwé haqódesch, 1818
R. J'hudá Ibn Bal'ám, Kommentar zu Jes (hebr.), in: Sammlung »Kommentare zu Jes«, II,5–152
R. Joseph Ibn Caspi, mischné késef (Kommentar zur Torá), 2 Bde, 1905/6; 'adné késef (Kommentar zu den Propheten), hg. v. I. Last, 1911
R. Abraham Ibn Esra, perusché hatorá (Erklärungen zur Torá; hg. v. A. Weiser), 3 Bde, 1976; perúsch mischlé (zu Spr), hg. v. S. R. Driver, 1880
R. Joseph Ibn Nachmias, Commentar zum Buche Jeremias (hg. v. R. M. L. Bamberger), 1913 (hebr.); séfer mischlé (zu Spr), 1911
R. B. Jacob, Das erste Buch der Torá, Genesis, ^{2}o. J. (Nachdruck); Das zweite Buch der Torá, Exodus (Manuskript)
R. J'didja Salomo ben Abraham Norzi, minchát schaj (in: miqra'ót g'dolót)
R. Jesaja (J'scha'jáhu) der Erste von Trani, perúsch n'wi'ím uchtuwím, (Kommentar zu den Propheten und Schriften; hg. v. A. J. Wertheimer), 3 Bde, 1978
A. Kahana–S. Krauss, séfer J'scha'jáhu, 1905; séfer t're 'asár (Dodekapropheton), 1930 (beide in: torá, n'wi'ím, k'tuwím)
R. Joseph Kara, perúsch 'al Jirm'jáhu (Kommentar zu Jer), 1841
R. Levi ben Gerson (RaLBáG), Kommentar zu den Frühen Propheten, in: miqra'ót g'dolót
R. Sch. D. Luzzatto, perúsch 'al chamischá chumsché torá (Kommentar zur Torá), ^{2}1971; perúsch 'al séfer J'scha'jáhu (Kommentar zu Jes), 1970

R. Me'ír Loeb (Leibusch) ben J'chi'él Michál (= MaLBÍM), 'ozár peruschím (Sammlung von Schrifterklärungen), 4 Bde, 1956
R. M'juchás bar Eliahu, perúsch ʻal séfer bamidbár (zu Num), hg. v. R. S. Freilich, 1977; perúsch ʻal séfer d'warím (zu Dtn), hg. v. R. J. M. Katz, 1968
R. J. Z. Mecklenburg, haktáw w'haqabalá (Die Schrift und die Tradition; Kommentar zur Torá), 2 Bde, 1961
Moses Mendelssohn, be'úr (Kommentar zur Torá), 5 Bde, 1808/9
R. Z. Mond, séfer b're'schít (zu Gen), 1972
R. Mose ben Nachman (Nachmanides; RaMBáN), perúsch haRambán ʻal hatorá (Kommentar zur Torá; hg. v. R. Ch. D. Schevel), 2 Bde, 1962/83 (engl. Ausgabe: 5 Bde, 1971–76)
R. Mose ben Scheschet, perúsch ʻal Jirm'jáhu wiJchesq'él (hg. v. S. R. Driver mit engl. Übersetzung), 1871
R. Nissim ben R'uwén Gerondi (RAN), perúsch ʻal hatorá (Kommentar zur Torá; hg. v. L. A. Feldmann), 1968
R. Chajim Palti'él, perusché hatorá (Kommentare zur Torá), hg. v. I. S. Lange, 1981
R. W. Gunther Plaut–R. Bernard J. Bamberger–William W. Hallo, The Torah. A modern Commentary, 1981 (Plaut: Gen, Ex, Num, Dtn; Bamberger: Lev; Hallo: Ancient Near Eastern Literature)
R. Ch. Rabinowitz, dá'at sofrím 'al hatorá (Kommentar zur Torá), 1960; in dá'at sofrím: J'scha'jáhu (Kommentar zu Jes), 1980; Jirm'jáhu (Kommentar zu Jer), 1969
R. I. Reggio, séfer torát 'Elohím (ital. Titel: La legge di Dio ossia il Pentateuco), 5 Bde, 1821 (ital. Übersetzung und hebr. Kommentar)
Saadia (Gaon), perúsch raw Saʻádja Ga'ón liwre'schít (Kommentar zu Gen; hg. v. M. Zucker), 1980; perúsch rabbénu Saʻádja Ga'ón ʻal hatorá (Kommentar zur Torá: hg. v. R. J. D. Kappach), ²1984; Kommentar zu Jesaja, in: Sammlung »Kommentare zu Jes«, 2 Bde, 1970, I, 1–74; mischlé (zu Spr), hg. v. R. J. Kappach, 1976
R. Salomo ben Isaak (R. Schlomó ben Jizchák; Raschí), perusché Raschí ʻal hatorá (Erklärungen Raschis zur Torá; hg. v. R. Ch. D. Schevel), 1982
R. Salomo Ibn Mélech aus Fés, séfer michlál jófi (Kommentar zu Jes), 1648; mischlé (zu Spr), 1685
R. Salomo Ibn Parchon, machbéret heʻarúch (Kommentar zu Jes), in: Sammlung »Kommentare zu Jes«, 2 Bde, 1970, I, 175–219
R. Samuel ben Chofni (Gaon), perúsch hatorá (Kommentar zur Torá; hg. v. A. Grünbaum), 1979

R. Samuel ben Me'ir (RaSCHBáM), perúsch hatorá (Kommentar zur Torá; hg. v. D. Rasin), 1979
M. Seidel, séfer Michá, in: t're ʿasár II, in: dáʿat miqrá', [2]1984
M. Ser-Kawod, séfer mischlé (zu Spr, Kap. 1–16), in: dáʿat miqrá', [3]1986
R. Owadia ben Jakob Sforno, be'úr ʿal hatorá (Kommentar zur Torá; hg. v. S. Gottlieb–A. Darum), 1980; kitwé R. O. Sforno (Schriften des S.), hg. v. R. S. Gottlieb, [2]1987, 344 (Spr)
Rev. I. W. Slotki, Isaiah, in: Soncino Books of the Bible. [7]1970
R. S'rachja ben Isaak ben Sch"alti'él, 'imré schéfer (zu Spr), 1871
N. H. Torczyner (Tur-Sinai), mischlé Schlomo (zu Spr), 1947
A. Weiser, tanách m'forásch (Kommentar zur Bibel), 17 Bde, 1981
Wolf ben R. Joseph, Michá, in: kitwé qódesch, 1817

2. *Midrasch*

Jalqút schimʿóni (zu Torá, Propheten, Schriften), 2 Bde, 1960
M'chílta' d'Rabbí Jischmaʿ"él, hg. v. Ch. Sch. Horowitz, [2]1970
M'chílta' d'Rabbí 'Schimʿón bar Jochaí, hg. v. J. N. H. Epstein u. E.-Z. Melammed, 1955
Midrásch hagadól ʿal chamischá chumsché torá, hg. v. M. Margulies u. a., 5 Bde, 1967–72
Midrásch rabbá' zur Torá, hg. v. M. A. Mirkin, 11 Bde, 1956–67; (deutsche Übersetzung: A. Wünsche. Der Midrasch Bereschit rabba, 1881; = Gen. r.; ders., Der Midrasch Echa rabbati, o. J.)
Midrásch d'warím rabbá' (Dtn r.), hg. v. S. Lieberman, 1965
Midrásch t'hillím-schochér tow (zu Ps), hg. v. S. Buber, 1901
Midrásch Tanchúma zur Torá, 2 Bde, 1972 (incl. Tanchúma hajaschán)
Midrásch Tanchúma zur Torá (hg. v. S. Buber), 1883 (Nachdruck, o. J.)
Pirqé d'Rabbí 'Elíʿéser, hg. v. R. A. A. Brode, 1973 (engl. Übersetzung: G. Friedlander, 1965)
P'síqta rabbatí, hg. v. R. M. Pilz, 1969 (Nachdruck) (engl. Übersetzung: W. G. Braude, 2 Bde, 1968)
P'síqta d'Raw Kahaná, hg. v. D. Mandelbaum, 2 Bde, 1962
Séder 'Elijáhu rabbá' (und *séder 'Elijáhu sutá'*), hg. v. M. Friedmann (M. Isch-Schalom), 1969 (Nachdruck)
Sifré d'be raw (zu Num, Dtn; hg. v. R. N. Z. J. Berlin), 3 Bde, 1967
Sifrá d'be raw (= torát kohaním), hg. v. M. Friedmann (M. Isch-Schalom), 1978

3. Fachliteratur

Atlas Carta zur Geschichte des Landes Israel, Bd 1 (hg. v. J. Aharoni): Die biblische Epoche, 1974 (hebr.)

R. Leo Baeck, Wesen des Judentums, ^{6}1960

R. S. Bamberger, pirqé 'awót. Die Sprüche der Väter, ^{2}1959

H. Bauer – P. Leander, Historische Grammatik der Hebräischen Sprache des Alten Testaments. ^{2}1962 (Nachdruck)

W. Baumgartner – J. J. Stamm, Hebräisches und aramäisches Lexikon zum Alten Testament, 3 Lieferungen, 1967/74/83

Ch. N. Bialik – J. Ch. Rawnitzki, séfer ha'agadá (Sammlungen talmudischer Texte), 1955

Micha Josef bin Gorion, Der Born Judas. Legenden, Märchen und Erzählungen, 1959

M. Buber – F. Rosenzweig, Die fünf Bücher der Weisung. 1930; Bücher der Geschichte, 1956; Bücher der Kündung, 1966; (nur M. Buber) Die Schriftwerke, ^{9}1962

M. Buber, darkó schel miqrá' (Der Weg der Schrift; Betrachtungen zu Fragen des biblischen Stils), 1964

M. Buber, Der Glaube der Propheten, ^{2}1984

M. Buber, Die Erzählungen der Chassidim, 1949

M. D. Cassuto, safrút miqra'ít w'safrút knaʿanít (Biblische und kanaanäische Literatur), 2 Bde, I: ^{2}1983, II: 1979 (engl. Ausgabe: 2 Bde, 1973/75)

H. Cohen, Religon der Vernunft aus den Quellen des Judentums, 1978 (Nachdruck)

M. Duwschani, ʿiqré hanwu'á, schiʿurím binwi'ím 'acharoním (Wesentliches der Prophetie; Lektionen in den Späten Propheten), 2 Bde, 1966

I. Elbogen, Der jüdische Gottesdienst in seiner geschichtlichen Entwicklung, 1962 (Nachdruck)

Encyclopaedia Judaica, 16 Bde, 1972

Encyclopaedia miqra'ít (Encyclopaedia Biblica; hebr.), 8 Bde, 1955–82

Encyclopaedia ʿolám hatanách (Die Welt der Bibel), b're'schít (zu Gen), 1982; bamidbár (zu Num), 1985

R. S. Edels (Maharschá'), chidusché halachót w''agadót (Glossen zum Talmud), in: talmúd bawlí (Babylonischer Talmud), 20 Bde, 1980 (Nachdruck)

E. Fleg, Moses, o. J.

A. S. Friedmann (Hg), maʿajaná schel Torá (Quell der Torá), 5 Bde, 1956

E. D. Goldschmidt, Die Pessach-Haggada, 1937 (Schocken)

D. Goldschmidt, machsór l'jamím nora'ím (Gebetbuch für die Hohen Feiertage), I: Rosch Haschana (Neujahr), 1970; II: Jom Kippur (Versöhnungstag), 1970
L. Goldschmidt, Der Babylonische Talmud, 12 Bde, 1964–67 (Nachdruck)
R. Gradwohl, Bibelauslegungen aus jüdischen Quellen, Bd 1, 1986; Bd 2, 1987
R. Gradwohl, Grundgesetze des Judentums, ^{3}1984
A. J. Heschel, The Prophets, 1962
D. Hoffmann u. a., Mischnajót (Mischna, hebr. und deutsch) 6 Bde, ^{3}1968 (Nachdruck)
R. J. Jacobson, chasón hamiqrá' (Kommentar zu den synagogalen Prophetentexten), 2 Bde, 1962/63
R.I. Jacobson, n'tiw biná (über die jüdischen Gebete), 5 Bde, 1964–78
R. Jehuda Halevi, Kusari, hg. v. Yehuda Even Shmuel, 1972
A. Jellinek, bet hamidrásch (Lehrhaus; Midrasch-Sammlung) 6 Bde, 1853–78, 1938
E. Jenni – C. Westermann, Theologisches Handwörterbuch zum Alten Testament (THAT), 2 Bde, 1971/76
Flavius Josephus, Jüdische Altertümer, hg. v. H. Clementz, o. J. (Nachdruck)
R. Joseph Karo, schulchán 'arúch (Gesetzeskodex »Der gedeckte Tisch«), 9 Bde, 1961
R. M. M. Kascher, torá schlemá (Midrasch-Sammlung), bisher 38 Bde, 1927 (Gen 1,1 ff) – 1938 (bis Num 12,16)
J. Kaufmann, toldót ha'emuná hajisr"elít (Geschichte des israelitischen Glaubens), 4 Bde, 1954–76
J. A. Knudtzon, Die El-Amarna-Tafeln, 2 Bde, in: Vorderasiatische Bibliothek, 1964 (Nachdruck)
J. Kolar, b'ri'át ha'adám (Erschaffung des Menschen), in: bet miqrá', 1983, 223–231
S. Krauss, Talmudische Archäologie, 3 Bde, 1910–12
N. Leibowitz, 'ijuním b'séfer b're'schít (Betrachtungen in Gen), 1966 (engl. Ausgabe: 1972); 'ijuním b'séfer schmot (Betrachtungen in Ex), 1970 (engl. Ausgabe: 1976); 'ijuním b'séfer wajiqrá' (Betrachtungen in Lev), 1983 (engl. Ausgabe: 1980); 'ijuním b'faraschát haschawú'a (Betrachtungen zum Wochenabschnitt der Synagoge), 1961, Zum Priestersegen: 154–156; 1957 (Einzelblatt)
J. Levy, Wörterbuch über die Talmudim und Midraschim, 4 Bde, 1924

J. Liver, toldót bet Davíd (Geschichte des Davidshauses; = Davidsdynastie), 1959
L. H. Löwenstein – S. Bamberger, Haftarot (Prophetentexte im Sabbatgottesdienst der Synagoge), in: J. Wohlgemuth – J. Bleichrode, Pentateuch, 1969
E. Lohse, Die Texte aus Qumran. Hebräisch und deutsch, 1964
Miqra'ót g'dolót (Hebräischer Bibeltext, Targúm und Sammlung der »klassischen« Kommentare), Torá, 5 Bde, 1927–30; Propheten, 2 Bde, 1938, Bd. 1 mit weiteren Komm., 1983; Schriften, 1947
R. Mose ben Maimon (Maimonides, RaMBáM), moré n'wuchím (Führer der Irrenden), deutsch: A. Weiss (Hg.), Führer der Unschlüssigen, 2 Bde. 1972 (Nachdruck)
R. Mose ben Maimon, Kommentar zur Mischna (hg. v. Ṙ. J. Kappach), 7 Bde, 1963–68
R. Mose ben Maimon, mischné torá (= hajád hachasaqá; Gesetzeskodex; hg. v. R. Sch. T. Rubinstein), 20 Bde, 1957–79.
R. Mose ben Maimon, RaMBáM ʿal hatorá (Kommentar zur Torá, gesammelt aus seinen Schriften), engl. Titel: Selected Commentaries on Verses of the Torah (hg. v. Ph. Cohen), 1984
R. Mose ben Maimon, séfer hamizwót (Buch der Gesetze), in: mischné torá, I, 1979
A. Negev – J. Rehork, Archäologisches Lexikon zur Bibel, 1972
M. Noth, Geschichte Israels, ^{5}1963
Philo von Alexandrien (Philo Judaeus), deutsch: Die Werke Philos von Alexandria (hg. v. L. Cohn), 7 Bde, 1909–64
N. M. Sarna, Understanding Genesis, ^{4}1976
N. M. Sarna, Exploring Exodus. The Heritage of Biblical Israel, 1986
M. Z. Segal, torá, n'wi'ím, k'tuwím (Kommentar zur Schrift), 4 Bde, ^{4}1960
Sidúr s'fat 'emét (Gebetbuch), 1938
J. F. Stenning, The Targum of Isaiah (mit engl. Übersetzung), 1949
R. A. Steinsalz (Hg.), Talmúd bawlí (Babylonischer Talmud), 1976 ff (noch unvollständig)
Talmúd bawlí (Babylonischer Talmud), 20 Bde, 1980 (Nachdruck)
Talmúd j'ruschalmí (Jerusalemischer Talmud), 2 Bde, 1929 (Dünndruck); franz. Übersetzung: Moïse Schwab, Le Talmoud de Jérusalem, 11 Bde, 1932/33
Targúm Jonathan ben Usiel (hg. v. M. Ginsburger; Pseudo-Jonathan), 1903
Targúm Onkelos (hg. v. A. Sperber; The Bible in Aramaic), 5 Bde, 1959–73
Tosséfta (hg. v. S. Liebermann), 12 Bde, 1955

Tosséfta (hg. v. M. S. Zuckermandel), 1973
N. H. Tur-Sinai, pschutó schel miqrá' (Wortsinn der Schrift), 6 Bde, 1962–68
E. E. Urbach, chasál; pirqé 'emunót w'de'ót (Die Weisen; Glaubensfragen und Meinungen), 1969 (engl. Übersetzung: The Sages, Their Concepts and Beliefs, 2 Bde, 1975)
M. Weinfeld, 'aséret hadibrót – jichudám umqomám b'masóret Jisra'él (Die Zehn Gebote – Ihre Besonderheit und ihr Platz in der Tradition Israels), in: B.-Z. Segal (Hg.), 'aséret hadibrót bir'í hadorót (Die Zehn Gebote im Spiegel der Generationen), 1986
J. Weiss, b'sod síach hatorá (Gedanken zur Torá; Gen und Ex), 1966
J. Wohlgemuth – J. Bleichrode, Pentateuch mit deutscher Übersetzung, 1969
M. Zohary, Pflanzen der Bibel, ²1986
L. Zunz, Die vierundzwanzig Bücher der Heiligen Schrift, o. J. (Nachdruck)

Zeittabelle wichtiger Exegeten

	9. Jh.	*10. Jh.*	*11. Jh.*	*12. Jh.*	*13. Jh.*	*14. Jh.*
Babylonien	Saadia Gaon 882–942	Samuel ben Chofni Gaon gest. 1013				
Spanien			R. Isaak Alfasi 1013–1103			
			R. J. Ibn Bal'am nach 1050			
			Ibn Esra 1089–1164	R. Salomo Ibn Parchon 12. Jh. R. Joseph Kimchi 1105–70		
				R. Mose Kimchi gest. 1190		
				R. Mose ben Maimon 1135–1204		
				R. David Kimchi 1160–1230		
					R. Bachja ben Ascher Ende 13. Jh.	
					R. Mose ben Nachman 1260–1340	
						R. Nissim Gerondi ca. 1310–1375
						R. Joseph Ibn Nachmias, nach 1300
Ägypten				R. Abraham ben Mose ben Maimon 1186–1237		
Syrien					R. Samuel ben Nissim Masnuth nach 1200	

	11. Jh.	*12. Jh.*	*13. Jh.*	*14. Jh.*	*15. Jh.*	*16. Jh.*
Frankreich	R. Salomo ben Isaak (Raschi) 1040–1105					
	R. Joseph Kara geb. 1060					
	R. Samuel ben Me'ir 1080–1158					
		R. Joseph bar Isaak (B'chor Schor)				
		R. Elieser von Beaugency				
			R. Hisqia bar Manoach (Chisqúni)			
				R. J. bar Aba Mari (Ibn Caspi) 1279–1340		
				R. Levi ben Gerson 1288–1344		
Italien			R. Jesaja der Erste v. Trani ca. 1200–60			
					R. Owadja Sforno 1470–1550	
Griechenland		R. M'juchás bar Elijáhu nach 1150(?)				
Spanien					R. Isaak Arama 1420–1494	
					R. Me'ir Arama 1460(?)– ca. 1545	
					Don Isaak Abarbanel 1437–1508	

	16. Jh.	*17. Jh.*	*18. Jh.*	*19. Jh.*	*20. Jh.*
Italien	R. J'didja S. R. Norzi 1560–1616		R. I. S. Reggio 1784–1855		
			R. S. D. Luzzatto 1800–1865		
Osteuropa		R. D. Altschuler (1690, Prag)			
			R. Elia, Gaon von Wilna 1720–97		
			R. J. H. Altschu- ler Mitte 18. Jh.		
			R. J. Z. Mecklen- burg 1785–1865		
				Malbim 1809–79	
				R. N. Z. J. Berlin 1817–93	
Deutschland			M. Mendelssohn 1729–1786		
				R. Samson Raphael Hirsch 1808–88	
				R. David Zwi Hoffmann 1843–1921	
				A. B. Ehrlich 1848–1919	
				R. Benno Jacob 1862–1945	

	19. Jh.	20. Jh.
Israel	Sch. L. Gordon 1865–1933	
	A. Kahana 1874–1946	
	R. M. Z. Segal 1876–1968	
	R. M. D. Cassuto 1883–1951	
	N. H. Tur-Sinai 1886–1973	
	J. Kaufmann 1889–1963	
		N. Leibowitz geb. 1905

Gott – die Schöpfung – der Mensch – der Sabbat

Gen 1,1–4.26–31; 2,1–4a

1 Im Anfang schuf Gott den Himmel und die Erde.
2 Und die Erde war Wüste und Leere,
und Finsternis war über der Tiefe,
und der Wind Gottes wehte über das Wasser hin.
3 Da sprach Gott:
›Es werde Licht!‹ – Und es wurde Licht.
4 Gott sah das Licht, daß es gut war,
und es schied Gott zwischen dem Licht und der Finsternis

26 Es sprach Gott:
›Laßt uns machen einen Menschen
nach unserem Ebenbild, gleich unserer Gestalt,
und sie sollen herrschen über die Fische des Meeres
und die Vögel des Himmels,
über die Tiere und über die ganze Erde,
und über alle Kriechtiere, die auf der Erde kriechen.‹
27 Gott schuf den Menschen in Seinem Ebenbild,
im Ebenbild Gottes schuf Er ihn,
als Mann und Frau schuf Er sie.
28 Es segnete sie Gott, und es sprach zu ihnen Gott:
›Seid fruchtbar und vermehrt euch,
füllt die Erde und macht sie euch untertan.
Herrscht über die Fische des Meeres und die Vögel des Himmels,
über alles Lebende, das auf der Erde kriecht.‹
29 Gott sprach:
›Sieh, Ich gab euch alles samensäende Kraut,
das auf der ganzen Erde ist,
und jeglichen Baum, der samensäende Baumfrüchte besitzt.
Euch seien sie (sei es) zum Genuß.
30 Allen Tieren der Erde, allen Vögeln des Himmels,
allen Kriechtieren auf der Erde, die eine lebendige Seele haben,
(steht zu) alles Grünkraut zum Genuß.‹
So war es.

31 Gott sah alles, was Er getan hatte,
und siehe, es war sehr gut.
Es war Abend, es war Morgen – der sechste Tag.

2,1 Es waren vollendet der Himmel und die Erde
und ihr ganzes Heer.
2 Gott hatte schon vollendet am siebten Tag
Sein Werk, das Er getan hatte.
Und Er ruhte am siebten Tag
von all Seinem Werk, das Er getan hatte.
3 Es segnete Gott den siebten Tag
und heiligte ihn;
denn an ihm ruhte Er von all Seinem Werk,
das Gott geschaffen hatte, daß es wirke.
4 Dies sind die Ursprünge des Himmels und der Erde,
als sie geschaffen wurden ...

Der Text im Kontext

Seit Jahrtausenden fragen Menschen nach ihrem und der Welt Ursprung. Was war am Anfang? Woraus und wie ist die Welt entstanden? Welchen Stellenwert besitzt der Mensch? Mythen versuchen eine Antwort: Die Götter – selbst erschaffen – haben die Welt erzeugt. Vielleicht auch nur der Mächtigste unter ihnen. Die Welt ist – so im akkadischen Weltschöpfungsbericht Enuma elisch (»als droben«) – Ergebnis eines Götterkampfes. Marduk besiegt das Meeresungeheur Tiâmat, zerteilt seinen Leib und bildet den Himmel und die Erde aus den beiden Hälften. In Kosmogonien wird die Entstehung des Kosmos, der »Ordnung«, beschrieben. Auch die Philosophen – etwa die Vorsokratiker – ringen mit der Frage nach dem Urbeginn, später die Astronomen, die Physiker und die anderen Naturwissenschaftler. Viele Rätsel sind gelöst, viele müssen noch gelöst werden. Jede Antwort wirft neue Fragen auf.
Die Bibel fragt nicht, die Bibel stellt fest: »Im Anfang schuf Gott den Himmel und die Erde.« Es gibt einen Anfang der Schöpfung. Vor dem Anfang existiert Gott, *'elohím,* der Ungeborene, Unsterbliche, Allmächtige. Diese Attribute Gottes werden nicht explizit formuliert, doch jeder weiß, daß *'elohím* der Schöpfer ist. Neben ihm gibt es keine Götter. Der Bruch mit dem mythischen Denken ist radikal. Spuren von Kämpfen mit

Widersachern finden sich an vereinzelten Stellen (Bezwingung der Rahab durch Gott, s. oben S. 224f zu Jes 51,9–16), im Schöpfungsbericht von Gen 1 ist alles Mythische verschwunden. Die Gestirne – einst Götter – sind nichts als Materie, zur Fixierung der Tage und Jahre und zum Leuchten bestimmt (1,14f). *t'hom* (verwandt mit Tiâmat) ist der Meereswasserozean, »ein physikalischer Begriff«, nichts weiter (M. D. Cassuto, me'adám 'ad Nóach, 13; B. Jacob, 26f).
Der biblische Schöpfungsbericht gibt keine Auskunft über die Art und Weise des Schöpfungsprozesses. Er weiß nichts von Schwarzen Löchern und Cosmic Strings der modernen Astrophysik, nichts von Neutronensternen und Super Novas. Und selbst das babylonische Weltbild von der scheibenartigen Erde, die auf Säulen im Meeresozean tief verankert ist und vom gewölbten Himmelsozean hinter dem Firmament mit den angehefteten Gestirnen überdacht wird, ist nicht Gegenstand seiner Erörterung. Er spricht von etwas völlig Neuem und setzt Akzente, die es zuvor nicht gegeben hat und die bis zu diesem Tag gültig sind. Worum es ihm geht, werden wir in der Exegese zu zeigen versuchen. Jetzt begnügen wir uns mit der nüchternen Feststellung, daß der Schöpfungsbericht der Torá auch uns, die wir dank der naturwissenschaftlichen Forschung über die Urgründe der Welt unvergleichlich viel mehr wissen als die Menschen der Antike, Fakten von brennender Aktualität kundtut.

Leitworte des hebräischen Textes

b're'schít (von *ro'sch*, »Kopf«), V 1, heißt »am Anfang«, L. Zunz, J. Wohlgemuth-J. Bleichrode, B. Jacob, B-R: »im Anfang«. Raschi und Ibn Esra verstehen *b're'schít* als Status constructus und das flektierte Verb *bará'*, »er schuf«, als *b'ro'*, als substantivierten Infinitiv (»des Schaffens«; vgl *jom b'ro'*, Gen 5,1). Das ergibt die Wendung: »Im Anfang des Schaffens des Himmels und der Erde durch Gott«. V 1 wäre Nebensatz, der Hauptsatz folgte in V 2 oder gar in V 3. R. D. Kimchi lehnt diese Auffassung entschieden ab: »*b're'schít* ist nicht angelehnt«, d.h. nicht in einem Status constructus. Er folgt damit dem Targúm (*b'qadmín b'rá'*, »im Anfang schuf«) und R. Saadia Gaon (*b're'schít* = *barí'schoná*, »zuerst«).
bará' (Perfekt des Qal von *b-r-'* I, Lex. 146f), »er schuf«, bezeichnet ausschließlich das Schaffen Gottes (R. J. H. Hertz, 2; B. Jacob, 20). Es steht in Gen 1–2,4 sechsmal, davon dreimal bei der Erschaffung des Adam, V 27. In Num 16,30 ist es mit dem Zusatz *b'rí'á*, »Schöpfung«, verbunden.

schamájim, »Himmel«, Plural von *scham,* »dort« (R. O. Sforno, Sch. L. Gordon), ist »ein weit entfernter Ort ... im Verhältnis zu uns«. Spielerisch sind die talmudischen Erklärungen (b. Chagigá, 12a): *schamájim* = *'esch umájim,* »Feuer und Wasser«, *schamájim* = *scham májim,* »dort ist Wasser«.

Zusammen mit *'érez,* »Erde«, bezeichnet *schamájim* die »Welt«. Sie wird freilich in biblischer Zeit noch nicht als Einheit angesehen, denn »die Einheit findet sich nur bei Gott« (M. D. Cassuto, 10, aufgrund von Ps 115,16).

Was *tóhu wawóhu* präzise meint, ist unklar. Die klangähnlichen Wörter kommen zusammen vor (Jes 34,11; Jer 4,23) oder separat (1 Sam 12,21; Jes 24,10; 44,9 u. a.). Als Substantive werden sie vom Targúm (*zadjá' w'reqanjá',* »Verwüstung und Lehre«), Raschi (»Staunen und Entsetzen«), B. Jacob (»Wüste und Leere«) und B-R (»Irrsal und Wirrsal«) verstanden. Als Adjektive von L. Zunz (»öde und wüst«), R. S. R. Hirsch (»unklar und ungeschieden«), R. J. H. Hertz (»nicht sichtbar und ungeordnet«) und auch der Septuaginta (*aóratos kai akataskeúastos,* »unsichtbar und nicht bereitet«).

t'hom ist das »Urmeer« (Enc. Welt der Bibel, b're'schít, 17), der »Meereswasserozean«; L. Zunz: der »Abgrund«, B-R: der »Urwirbel«. Nach B. Jacob (27f) ist *t'hom* »die Tiefe, aus der die Quellen kommen ..., die abgründige, verborgene, undurchdringliche Erdentiefe, in der sich auch die unsichtbaren Tiefengewässer befinden.« Raschi, R. S. R. Hirsch (»das Gewoge«) denken an »das Wasser auf der Erde«. (R. M. D. Cassuto, 12: »die oberste Schicht der Erde ..., die mit der sie umgebenden Finsternis in unmittelbarer Berührung steht«.)

rúach ist »Wind« oder »Geist«. Entsprechend sind die Übersetzungen von *rúach 'elohím* materiell oder geistig: »Wind Gottes« (B. Jacob), »mächtiger Wind« (R. Sch. D. Luzzatto, 6; vgl *har'ré 'el,* »Gottesberge« = mächtige Berge, Ps 36,7), neben »Geist Gottes« (L. Zunz), »Odem Gottes« (J. Wohlgemuth-J. Bleichrode). Mit ihrem »Braus Gottes« lassen B-R die Entscheidung offen.

m'rachéfet (Partizip des Piel von *r-ch-f,* »zittern«, »fliegen«, »flattern«; Jer 23,9; Dtn 32,11) bedeutet »schwebend« (L. Zunz), »flatternd« (B. Jacob), »spreitend« (B-R).

wajawdél, V 4 (Imperfekt des Hiphil von *b-d-l* mit *waw* consecutivum, Lex. 106), »er trennte, unterschied«.

'adám, V 26, ist kollektiv »Menschheit«, der einzelne Mensch heißt *ben 'adám* (Num 23,19 u. a., Lex. 14). In V 27 wird *ha'*adám, »der Mensch«, als

sachár, »Mann«, »männlich« (Lex. 259f), und *n'qewá,* »Frau«, »weiblich« (Lex. 679), näher definiert.
b'zalménu (von *zélem,* »Statue, Götterbild, Abbild«, Lex. 963; nach R. Sch. D. Luzzatto, 16, verwandt mit *zel,* »Schatten«, also etwa »Schattenbild«) meint »in unserem Bilde« (L. Zunz, B-R, R. J. H. Hertz), »in unserer Form« (Raschi), »in unserem Ebenbilde« (B. Jacob, J. Wohlgemuth-J. Bleichrode). R. S. R. Hirsch – in Umgehung des Anthropomorphismus: »in einer unser würdigen Hülle«.
Parallel steht *kidmuténu* (*d'mut,* Wurzel *d-m-h I,* »gleichen«: »Nachbildung, Gestalt, Abbild«, Lex. 217), »nach unserer Ähnlichkeit« (L. Zunz), »in Ähnlichkeit mit uns« (J. Wohlgemuth-J. Bleichrode), »nach unserem Gleichnis« (B. Jacob, B-R). Die beiden Wörter *zélem* und *d'mut* sind offensichtlich austauschbar. In V 27 ist nur von *zélem* die Rede, in Gen 5,1 nur von *d'mut.* Weil Gott gestaltlos ist, ist auch »Sein Abbild« ohne Gestalt. Gemeint ist daher nur die »geistige Ebenbildlichkeit« (Raschi: »in unserer Form, um zu erkennen und zu verstehen«); vgl dazu auch Maimonides, FdI,I,30.
w'jirdú, V 26 (vgl *urdú,* V 28), ist Imperfekt des Qal von *r-d-h:* »sie sollen herrschen« (B. Jacob), »bewältigen« (L. Zunz), »schalten« (B-R). *r'du* ist Imperativ des Qal.
w'kiwschúha, V 28 (Imperativ des Qal von *k-w-sch* mit dem Suffix *-ha,* »sie« [Feminin singular]; das *waw [u]* der Pluralform ist defektiv geschrieben), »machet sie untertan« (L. Zunz), »bezwinget sie« (J. Wohlgemuth-J. Bleichrode), »unterwerft sie euch« (B. Jacob), »bewältigt sie« (B-R), »macht sie euch dienstbar« (Lex. 439).
wajchulú, 2,1 (Imperfekt des Pual mit *waw* consecutivum von *k-l-h*), »sie wurden vollendet«; *wajchál* (Imperfekt des Piel mit *waw* consecutivum), »er vollendete«.
m'la'chtó (von *m'la'chá,* Geschäft, Werk« u.a., Lex. 555), »sein Werk«, B-R: »seine Arbeit«.
wajischbót (Imperfekt des Qal von *sch-w-t* mit *waw* consecutivum) heißt »er ruhte« (L. Zunz), »und hörte auf« (B. Jacob), »und feierte« (B-R; vgl die Übersetzung von *schabát,* »Sabbat«: »Tag der Feier«, Ex 20,10). *wajischbót* heißt »er ruhte«, nicht: »er ruhte aus«, da Gott nicht ermüdet war (R. Sch. D. Luzzatto, 20). R. Saadia Gaon (Komm. zu Gen, hg. v. M. Zucker, 261) nennt acht Bedeutungen von *sch-w-t,* u.a. »aufhören«.
wajwárech, 2,3 (Imperfekt des Piel von *b-r-ch II* mit *waw* consecutivum, Lex. 153), »er segnete«. »Segen«, *b'rachá,* »meint eine Hinzufügung des Guten« (Ibn Esra).

wajqadésch (Imperfekt des Piel von *q-d-sch* mit *waw* consecutivum) heißt »er heiligte«, nach Lex. 1003: »er erklärte für heilig«.
toldót, 2,4 (Status constructus zu *toledót* oder *toladót;* von *j-l-d,* Hiphil, »zeugen«), sind die »Zeugungen« (B-R), »die Generationen« (R. J. H. Hertz), die »Ursprünge« (W. Gesenius, 366q). L. Zunz: »die Entstehung«, J. Wohlgemuth-J. Bleichrode: »die Entstehungsgeschichte«. B. Jacob läßt das Wort unübersetzt stehen.
b'hibar'ám (Infinitivus constructus des Niphal von *b-r-'* mit Präposition und Suffix), »bei ihrem Geschaffen-Werden« (W. Gesenius, aaO), »als sie geschaffen wurden«.

Der Text in der Exegese

»Gott – die Schöpfung – der Mensch – der Sabbat« sind die vier Eckpfeiler unseres Bibeltextes. Was in einer Sechstage-Periode erschaffen wird, kulminiert im Sabbat, dem Tag des »Aufhörens«, der Ruhe, des Segens und der Heiligung. Nicht der Mensch – der Sabbat bildet den Schlußpunkt des Schöpfungswerks. Der Mensch wird freilich kurz vor dem Ende des göttlichen Handelns erschaffen, und durch einen besonderen Schöpfungsakt.
Die jüdische Exegese zu den vier Einzelaspekten ist überreich. Wir müssen uns mit ein paar Pinselstrichen begnügen, die wir durch Untertitel kennzeichnen.

1. Gott

Gott ist der Schöpfer der Welt
'elohím (Plural von *'el,* »Macht, Kraft«) bezeichnet die »Unermeßlichkeit«, die »Fülle des göttlichen Wesens und seiner Kundgebungen« (B. Jacob, 22f), »die Kraft aller Kräfte« (Sch. L. Gordon, I,3). Das folgende Verb steht im Singular: *bará',* »Er schuf« (V 1.21.27; 2,4; Dtn 4,32; zum Plural *na'asé* s. unten V 26). Im talmudischen Verständnis beschreibt *'elohím* das Attribut der göttlichen Gerechtigkeit, neben *'adonáj,* dem Attribut der göttlichen Barmherzigkeit. In 2,4 stehen beide Namen nebeneinander: *'adonáj 'elohím. Der Midrasch* (Gen. r. 12,15; vgl Raschi zu 1,1) meint dazu:

»Ein König besaß leicht zerbrechliche Gläser. Da dachte er sich: ›Wenn ich heiße Flüssigkeiten eingieße, zerspringen sie, wenn kalte, so ziehen sie sich zusammen (und zerbrechen desgleichen).‹ Was tat er? Er mischte heiße mit kalten, und die Gläser blieben unbeschädigt. So sprach der Heilige, gelobt sei Er: ›Schaffe Ich die Welt mit dem Maß (Attribut) der Barmherzigkeit *(midát harachamím),* so werden die Sünden übermächtig. Wenn mit dem Maß der Gerechtigkeit *(midát hadín),* hat die Welt keinen Bestand (wegen der Sünden fiele sie der Zerstörung anheim). Ich schaffe sie daher mit beidem: Mit dem Maß der Gerechtigkeit und dem Maß der Barmherzigkeit. Möge sie bestehen!«

Gott, der Schöpfer, wünscht das Bestehen der Schöpfung, und Er baut gleichsam jene Sicherheitsventile ein, die einen Zusammenbruch der Welt verhindern.

Gott »sprach«

Neunmal kehrt in Gen 1 das Verb *wajó'mer,* »er sprach«, wieder. Zählt man das erste *bará'* (V 1) dazu, das desgleichen die Schöpfung durch das Wort mitteilt (b. Rosch Haschaná, 32a, nach Ps 33,6: »Durch das Wort des Herrn wurden die Himmel gemacht.«), so gilt:

»Durch zehn Aussprüche ist die Welt erschaffen worden« (aaO; Sprüche der Väter, V, 1).

wajó'mer ist eine Chiffre für Gottes Erschaffen, die die Tatsache an sich festhalten soll, nicht aber die Art und Weise, wie sie erfolgt.

»Das Wort Gottes ist keine Anrede an irgend etwas oder jemanden, wenn es auch die ausführenden Kräfte sogleich in Bewegung setzt, sondern sein für das menschliche Verständnis in deutlichen Worten ausgedrückter Wille und Gedanke ... (B. Jacob, 30).

Ibn Esra hält *wajó'mer* für »die Bezeichnung einer Tätigkeit, die mit keiner Anstrengung verbunden ist«. Jede andere terminologische Bezeichnung der göttlichen Schöpfertat, die nie näher zu beschreiben ist, wäre schlechter:

»Dies *wajó'mer* ist die einzige Konzession, die der strenge Supranaturalismus des Kapitels bei der Weltwerdung der menschlichen Art macht, so daß selbst die »Hand Gottes» vermieden wird« (B. Jacob, aaO).

In der täglichen Morgenliturgie (Gebetbuch s'fat 'emét, 17) wird Gott angeredet mit den Worten:

»Gepriesen sei, der da sprach, und die Welt entstand« *(barúch sche'amár w'hajá ha'olám).*

Entsprechend wird Gott häufig im Talmud mit der Wendung erwähnt:

»Wer gesprochen hat, und die Welt entstand« *(mi sche'amár w'hajá ha'olám;* b. 'Eruwin, 13b; M'gillá, 13b u. a.)

Im Letzten muß sich der suchende Mensch, der Gottes Wirken zu ergründen sucht, mit der Tatsache zufriedengeben, daß alles durch Ihn verursacht worden ist.

»Der Ausdruck ›sprechen‹ weist auf die Verordnung Seiner Weisheit hin ... ›Es werde Licht‹ bedeutet: Er verordnete, daß es in der Welt in der Realität Licht geben soll« (Abarbanel, Komm. zur Torá, 30).

Über das Wie gibt der Schöpfungsbericht keine detaillierte Auskunft.

2. Die Schöpfung

Die Überwindung des tóhu wawóhu

Wie immer das Begriffspaar *tóhu wawóhu* übersetzt wird (s. Leitworte) – klar ist, daß es – verbunden mit der »Finsternis« – die totale Unbewohnbarkeit der Erde beschreibt. Die Erde ist vom »Wasser« bedeckt, im Raum herrscht die rabenschwarze Nacht. Man hat wissen wollen, wann denn die Erdmasse und das Wasser entstanden seien, und man hat dafür den ersten Tag genannt (b. Chagigá, 12a). In der Torá wird kein Termin genannt. Es steht nur: »Im Anfang schuf Gott den Himmel und die Erde. Und da war die Erde (noch) *tóhu wawóhu* ...« Der erste Schöpfungsakt, der erwähnt ist, steht in V 3: »Da sprach Gott: ›Es werde Licht!‹ – Und es wurde Licht.« Das »Wort« bewirkt unmittelbar das Ende der Finsternis (V 2), und es schafft die Voraussetzung für die Überwindung des *tóhu wawóhu.* Weil es das Licht gibt, wird es Tag und Nacht, Jahreszeiten und Wachstum auf der Erde geben. Der »Wind Gottes«, der über der »Wasseroberfläche flattert« – sie beinahe berührend, so wie ein Adler das Nest flatternd umkreist, wenn er die Jungen schützt und füttert (Dtn 32,11; Gen.r. 2,4; B. Jacob, 29) –, drückt auf die stürmenden Wogen; das Licht überstrahlt sie mit seinem Glanz. Am »zweiten Tag« (V 6f) wird das Wasser zum ersten Mal *»getrennt«* in einen irdischen und überirdischen Bereich, am »dritten Tag« schließt sich eine weitere Trennung an: die Erde wird zur Basis des Wachstums von Pflanzen, Tieren und Menschen, weil sich das alles beherrschende Wasser auf den Bereich der Meere »zu sammeln« hat.
Gott bannt das Chaos des *tóhu wawóhu,* weil Er die *»Scheidung«* vollzieht. Im Chaos herrscht das Durcheinander und daher der Tod. Im Kosmos, der »Ordnung«, hingegen findet alles seinen Platz und Raum, und Leben kann gedeihen. Fünfmal kehrt das Verb *b-d-l,* Hiphil, »trennen, unterscheiden«, wieder (V 4.6f.14.18), wenn von Gottes Schöpfung die Rede ist. Der Mensch, als Gottes Partner, nimmt sich dieses »Scheiden« zum Vorbild und führt seinerseits die Namensbenennung der einzelnen Tierarten ein (2,20), die Kategorisierung der Schöpfung. Und weil er ordnet, stellt er dann auch den Mangel fest: die fehlende »Gehilfin«.

Die Schöpfung ist »sehr gut« (1,31)
Gott überprüft das Geschaffene, er prüft es wie ein Meister, der ein Werk herstellt und seine Qualität abklären will. Merkmal des »Gütezeichens« ist die stereotype Aussage:

»Da sah Gott, daß es gut war« (V 4.10.12.18.21).

Beim Rückblick auf das gesamte Schöpfungswerk am Ende des »sechsten Tages« heißt es gar:

»Gott sah alles, das Er getan hatte, und siehe, es war sehr gut« (V 31).

Gott sah beispielsweise »auf das Aussehen« des Lichts, auf seine Beschaffenheit (R. Samuel ben Me'ir, = Raschbám), und wußte, daß es seine Funktion wird erfüllen können.

»Gott sah das Licht, daß es gut war (V 4) – Er wünschte (damit) seinen immerwährenden Bestand« (R. Mose ben Nachman, = Rambán, 16). Vgl R. D. Hoffmann, b're'schít, 11: »Es besaß alles, um existieren zu können.«

Einen interessanten Gedanken, der nicht ausdrücklich im Bibeltext erwähnt ist, äußern die Weisen: Gott entwarf vor dem Schöpfungsbeginn einen »Plan«, nach welchem das Werk ablaufen sollte, und dank diesem »Plan« vermochte Er die Idee mit der Realität zu vergleichen. *Dieser »Plan« ist die Torá:*

»b're'schít meint *b'chochmá* (Targúm J'ruschalmí, V 1): ›Mit Weisheit schuf Gott . . .‹«

Der Midrasch (Gen. r. 1,1) führt aus:

»Der Heilige, gelobt sei Er, blickte auf die Torá und schuf nach ihr die Welt. So heißt es: ›Mit der *re'schít* schuf Gott‹, und *re'schít* ist nichts anderes als die Torá (Spr 8,22).«

Mit anderen Worten: Die Torá als »Lehrbuch ethischen Verhaltens« enthält die Anleitung zum Schöpfungswerk. Die Welt hat nur Bestand, wenn sie sich nach den moralischen Prinzipien der Torá ausrichtet. Im Ausspruch des R. El'asar (b. P'sachím, 68b):

»Wäre nicht die Torá, so hätten Himmel und Erde keinen Bestand, denn es heißt (Jer 33,25): ›Wäre nicht Mein Bund Tag und Nacht, so hätte Ich die Gesetze des Himmels und der Erde nicht eingesetzt.‹«

»Gottes Sehen« und Kontrollieren erstreckt sich nicht nur auf den materiellen Teil der Schöpfung: auf die Beschaffenheit des Lichts usw. Das Überprüfen des ethischen Funktionierens ist eingeschlossen. Selbstredend ist es der Mensch, der die Forderung der Torá erfüllen muß. Wenn er versagen sollte, gefährdet er die Existenz der Welt.

Die »Güte« der Welt ist keine Selbstverständlichkeit. Aus dem Vers »Gott sah alles, das Er getan hatte, und siehe, es war sehr gut« (V 31) deduziert R. Abahu die These:

»Der Heilige, gelobt sei Er, schuf mehrere Welten und zerstörte sie wieder, bis er diese erschuf. Er sagte dabei: ›An jenen hatte Ich kein Gefallen, an dieser aber habe ich Gefallen!‹« (Gen. r. 9,2)

»R. Isaak bar Marjon sprach: Ihr Schöpfer lobt sie (die Welt), und wer will sie tadeln? Ihr Schöpfer preist sie, und wer hängt ihr einen Makel an? Vielmehr: Schön und lobenswert ist sie!‹« (Gen. r. 12,1).

R. S. R. Hirsch (I,3) betont in diesem Sinne:

»Die *b'reschít* von Gott erschaffene Welt ist nicht die möglichst beste, sondern die einzig gute. Sie entspricht mit allen ihren scheinbaren Übeln dem Weisheitsplan ihres Schöpfers, der sie anders hätte erschaffen können.«

Angesichts all des Elends und der totalen Bedrohung irdischer Existenz sind wir bei der Formulierung solcher Sätze vorsichtig geworden. Es ist indessen für die Tradition, der sich auch Hirsch anschließt, charakteristisch, daß die Übel als »scheinbare Übel« angesehen werden. Man kann sagen: die Welt an sich »ist sehr gut«, nur der Mensch macht sie schlecht. Damit hat man aber beispielsweise die Naturkatastrophen nicht erklärt. (Zur Bewertung des Menschen s. unten S. 34ff).

Es gibt im übrigen bereits im Altertum das *kritische Urteil* über die Welt, das sich so artikuliert (Gen. r. 9,5):

»In der Lehre *(b'toratό)* R. Me'irs fand man geschrieben: ›und siehe, es war sehr gut‹ – ›und siehe, gut ist der Tod *(mot* für *m"od).«*

R. Me'ir (Mitte 2. Jh. d. Z.; nach dem Zusammenbruch der von 132–135 d. Z. dauernden Revolte Bar Kochbas gegen die Römer) ist ernüchtert und weiß, daß nicht alles sehr gut ist. Daher deutet er das Versende mit »gut ist der Tod«. Im 19. Jh. kommentiert R. Sch. D. Luzzatto (19):

»Die Meinung ist (bei V 31) nicht, daß alles gut ist und das Böse sich in der Realität nicht vorfindet ... Vielmehr: Alles entspricht der Verordnung seiner Weisheit, der das Böse in geringem Maß wegen des überreichen Guten hervorgebracht hat.«

Die Schöpfung ist wertvoll und gesegnet

Unumstritten ist die Grundidee vom Wert der Schöpfung. Im Anschluß an den zitierten Satz: »Durch zehn Aussprüche ist die Welt erschaffen worden«, wird die Frage gestellt (Sprüche der Väter, V, 1):

»Und was will dies lehren? Hätte sie denn nicht durch einen einzigen Ausspruch geschaffen werden können? – Es lehrt, daß die Frevler bestraft werden, die eine durch zehn Aussprüche geschaffene Welt vernichten, und die Frommen den Lohn empfangen, die eine durch zehn Ansprüche geschaffene Welt erhalten.«

Die Welt ist wichtig und wertvoll, die Verantwortung ihr gegenüber steigt, weil Gott sie in »zehn Aussprüchen« erschafft.
Und sie ist gesegnet. Die Talmudweisen haben diese Gewißheit so ausgedrückt (j. Chagigá, II,1):

»R. Jona sagte im Namen des R. Levi: mit dem Buchstaben *bet (b* von *b're'schít)* ist die Welt erschaffen worden. Wie das *bet* auf allen Seiten geschlossen und nur in einer Seite (in der Schriftrichtung, zum Kommenden hin) offen ist, so darfst du nicht nach dem forschen, was oben, unten und zuvor da war. Du forschest nur vom Tag an, da die Welt erschaffen wurde, in die Zukunft hinein (vgl Ben Sira 3,19f). Eine andere Erklärung: Weshalb mit dem *bet?* Weil es Zeichen der *b'rachá* (des Segens) ist, nicht aber mit dem *'alef,* das Zeichen der *'arirá* (des Fluches) ist. Der Heilige, gelobt sei Er, sprach: Meine Welt schaffe ich nur mit einem *bet,* damit die Geschöpfe nicht fragen: Wie kann die Welt bestehen, wenn sie doch mit dem ›Fluch‹ erschaffen worden ist? Ich schaffe sie vielmehr mit dem *bet,* mit dem Segen – und vielleicht hat sie Bestand!« (vgl Gen. r. 1,10).

Alles hat seinen Sinn
Wenn die Welt wertvoll ist, muß sie einen Sinn besitzen. Die Weisen lehrten (Gen. r. 10,7):

»Sogar Dinge, von denen du annimmst, sie seien in der Welt überflüssig, wie die Fliegen, Flöhe und Mücken, sind Teil der Weltschöpfung, und der Heilige, gelobt sei Er, läßt seinen Auftrag selbst durch Schlangen, Mücken und einen Frosch erfüllen.« (Es folgen Beispiele.)

Mehr noch: Im Urbeginn der Welt steckt bereits ihre Vollendung. »Die *rúach 'elohím* (V 2), als »Geist Gottes« verstanden, wird mit dem »Geist des Königs Messias« *(ruchó schel mélech hamaschíach)* identifiziert. Es ist jener »Geist Gottes« (Jes 11,2), der auf dem Idealkönig ruhen wird (Gen. r. 2,4).

3. Der Mensch
Ein besonderer Schöpfungsakt
V 26 hebt sich vom Vorangehenden deutlich ab. Bis zur Erschaffung des

Menschen am »sechsten Tag« kurz vor dem Beginn des Gottessabbats geht alles »am Schnürchen«, alles nach Plan. Gott »spricht«, die Erde und das Meer reagieren. Der Verlauf erstreckt sich von der leblosen Materie (»Licht«, »Firmament«, »Festland«, V 3–10) über die Pflanzen und Fruchtbäume (V 11f) zu den Tieren, den großen Meerestieren (V 20f), die erschaffen werden (*wajiwrā' 'elohím,* V 21), zu den Vögeln und den Tieren der Erde (V 24f). Und dann hält Gott gleichsam inne. Während dieser Zäsur faßt Er folgenden Entschluß (V 26):

»Es sprach Gott: ›Laßt uns machen (*na'asé,* Kohortativ im Qal von *'-s-h,* »machen«) einen Menschen nach unserem Ebenbild, gleich unserer Gestalt . . .‹«

»Laßt uns machen« – »Der König, Fürst und Adlige spricht so (im Plural)«, denn dies ist »ein Zeichen der Größe und Ehre« (R. Saadia Gaon, 252). Der Plural ist ein Pluralis majestatis, wie er auch heute etwa vom Papst verwendet wird.
R. Mose ben Nachman (27) sieht es anders: Gott redet die Erde an, mit der zusammen Er den Menschen bilden will:

»Die Erde soll aus ihren Fundamenten den (menschlichen) Körper hervorbringen, wie sie es bei den Tieren getan hat (V 26). Gott hinwieder wird Seinen Geist schenken (2,7).«

Der Mensch ist Teil der Materie und daher vergänglich (3,19). Dank seiner ihm von Gott »eingehauchten« »Seele des Lebens« (2,7), seiner besonderen Lebenskraft mit den intellektuellen Fähigkeiten, überragt er die sonstige Geschöpflichkeit. Sein Entstehungsprozeß wird als einzigartiger Schöpfungsakt hervorgehoben (daher auch das dreimalige *b-r-'* in V 27).

Eine Schöpfung mit Risiko
Die Wendung »Laßt uns machen einen Menschen« wird auch auf folgende Weise interpretiert:

»Mit wem hat Er sich beraten? R. Josua sagte im Namen des R. Levi: ›Mit dem Werk des Himmels und der Erde beriet Er sich . . .‹ R. Ami sagte: ›in Seinem Herzen‹ (beriet Er sich). R. Chanina sagte: ›Nicht so (ist es zu verstehen), vielmehr: ›In der Stunde, da Er den Menschen zu schaffen beabsichtigte, beriet Er sich mit den Engeln des Dienstes . . .‹ R. Simon sagte: ›Als der Heilige, gelobt sei Er, im Begriffe stand, den Menschen zu erschaffen, teilten sich die ›Engel des Dienstes‹ in Gruppen. Die einen sprachen: ›Er möge erschaffen werden‹, die anderen hingegen: ›Er werde nicht erschaffen.‹ Dies ist es, was geschrieben steht (Ps 85,11): ›Liebe und Wahrheit begegneten sich, Recht und Frieden küßten sich.‹ Die Liebe *(chésed)* spricht: ›Er werde geschaffen, denn er erweist Wohltaten‹, die Wahrheit hingegen sagt: ›Er werde nicht geschaffen, denn er besteht ganz aus Lügen.‹ Das Recht spricht: ›Er werde geschaffen, denn er übt Rechtstaten‹, der Friede hingegen sagt: ›Er werde nicht geschaffen, denn er besteht ganz aus Hader.‹ ...« (Gen. r. 8,3–5).

Wie die Engel in der hitzigen Debatte das Pro und Contra einander gegenüberstellen, spricht »der Heilige, gelobt sei Er: ›Was streitet ihr noch miteinander – der Mensch ist bereits erschaffen!‹« *(k'war na'asá 'adám; na'asá,* Perfekt des Niphal, statt des *na'asé,* Kohortativ des Qal. Durch die kleine Vokaländerung von *segól* zu *qámez* ändert sich der Sinn).
Ob das »Experiment Mensch« gelingt oder nicht, ist von den Engeln nicht zu entscheiden. Gott selber stellt sie vor ein Fait accompli: »Der Mensch ist bereits erschaffen!« In des Menschen Hand liegt es, Gott, seinem Schöpfer, recht zu geben. Abarbanel (66) betont die Entscheidungs- und Willensfreiheit, von der in diesem Kapitel nicht die Rede ist (erst in 3,1ff; 4,6f), aufgrund der körperlichen Erscheinung:

»Die Früheren (früheren Denker) haben daran erinnert, daß Lebewesen (Tiere), die nicht reden, ihr Gesicht zur Erde hin wenden, nach unten, denn sie sind Staub und kehren zum Staub zurück ... Der Mensch aber besitzt eine aufrechte Gestalt, und sein Gesicht ist in der Waagrechten (in der Mitte), nicht nach oben und nicht nach unten gerichtet. Wenn er will, kann er sein Gesicht erheben und zu den Oberen zählen, wenn nicht, kann er es sinken lassen und wird dann den Unteren angehören.«

Die Ebenbildlichkeit des Menschen, der von seinem Schöpfer mit der Kraft des Denkens und Handelns ausgezeichnet ist, ermöglicht ihm das Erheben seines Gesichts, hin zur Welt des Geistes.
Ein gewisser Pessimismus bleibt jedoch immer bestehen. Der Talmud (b. 'Eruwín, 13b) überliefert eine Lehre der Weisen:

»Zweieinhalb Jahre waren das Haus Schamajs und das Haus Hillels geteilter Meinung. Die einen sagten: es wäre besser für den Menschen, er wäre nicht erschaffen worden. Die anderen aber stellten fest: es ist besser für den Menschen, daß er erschaffen worden ist. Sie stimmten ab (mit dem Ergebnis): es ist besser, daß er nicht erschaffen worden wäre, als daß er erschaffen worden ist. Doch jetzt, da er erschaffen worden ist, überprüfe er seine Taten. Manche sagen: er sehe seine Taten voraus.«

Das Abstimmungsergebnis ist negativ, zuungunsten des Menschen. Doch die Lage ist nicht hoffnungslos: Wenn er will, kann er seine Taten verbessern und Gutes tun. (Vgl zu Gen 4,1–16 Bibelauslegungen, II,29f)

Mann und Frau
Nach V 27 wurde »der Mensch« *(ha'adám)* als »Mann und Frau« erschaffen.

In 2,21 ist die Frau »aus einer seiner Rippen« oder »aus einer seiner Seiten« (*zéla*ᶜ läßt beide Möglichkeiten zu) gebildet worden. Raschi sieht den vermeintlichen Widerspruch und meint, in 2,21 werde präzisiert, was in V 27 angedeutet ist. Und »hier wird gesagt, daß beide (Mann und Frau) am sechsten Schöpfungstag erschaffen wurden«.
»Der Mensch« *(ha'adám)* ist jedenfalls nur der Mensch, wenn beide Geschlechter vorhanden sind.

»Mann und Frau erschuf Er sie. Er segnete sie und nannte ihren Namen *'adám* am Tage ihres Geschaffenwerdens« (5,2).

Dazu lehrt R. Elᶜasar (b. J'wamót, 63a):

»Jeder Mann, der keine Frau hat, ist kein Mensch, denn es heißt: ›Mann und Frau erschuf Er sie ... und nannte ihren Namen *'adám.«* Vgl b. J'wamót, 62b: »Es sagte R. Tanchum, es sagte R. Chanilaj: Jeder Mann, der keine Frau hat, lebt ohne Freude, ohne Segen und ohne das Gute.« Ferner b. Bawá' m'ziᶜá', 59a: Es sagte R. Chelbo: Immer nehme es ein Mann genau mit der Ehre seiner Frau; denn nur um der Gattin wegen herrscht der Segen im Hause, wie es heißt (Gen 12,16): ›Abraham erwies Er Gutes um ihretwegen‹ (Saras wegen).«

Ob nun der erste *'adám androgyn,* d.h. zweigeschlechtlich (»männlich-weiblich«), war oder *diprosōp,* »zweigesichtig« (wie der griechische Gott Janus), und Gott bei der Erschaffung der beiden Geschlechter lediglich die Zweigeschlechtlichkeit oder Zweigesichtigkeit trennte (Gen. r. 8,1), läßt sich nach dem Bibeltext nicht ausmachen. Detailfragen interessieren ihn beim Schöpfungsbericht weniger als der Umstand, daß die Zweiheit eine Tatsache ist, die erst durch die Ehe überwunden wird (2,24: »sie werden zu *einem* Fleisch«, zu einer Person in der körperlichen Vereinigung). *Aus der Zweiheit wird die Einheit.*

Die Einheit der Menschheit
Ein einziger Gott schafft eine einzige Schöpfung, und in dieser einzigen Schöpfung, zu der alle Geschöpfe gehören, bildet auch die Menschheit ein untrennbares Ganzes. Der Talmud (Mischná Sanhedrín, IV,5) beantwortet die bedeutungsvolle Frage nach dem *Grund für die Einheit* so:

»Deshalb ist nur ein einziger Mensch erschaffen worden, um dich zu lehren, daß jener, der ein einziges Menschenleben vernichtet, eine ganze Welt vernichtet hat, jener aber, der ein einziges Menschenleben erhält, eine ganze Welt erhalten hat. Ferner um des Friedens unter den Geschöpfen willen: keiner kann zum anderen sagen: ›Mein Vater (Urahne) war größer als der deine.‹ Und damit die Abtrünnigen nicht sagen können, es gebe im Himmel viele Mächte. Und um die Größe des Heiligen, gelobt sei Er, zu verkünden: Wenn ein Mensch mehrere Münzen mit demselben Prägstock herstellt, so gleichen alle einander. Der König aller Könige aber, der Heilige, gelobt sei Er, prägt jeden einzelnen Menschen mit dem Prägstock des ersten Adam, und keiner gleicht dem anderen. Daher (weil nur ein einziger Mensch zu Beginn erschaffen wurde) hat jeder zu sprechen: ›Um meinetwillen ist die Welt erschaffen worden« (und aus diesem Wissen ergibt sich das Gefühl der Verantwortung für die Welt).

Wer um die Einzigartigkeit und Unersetzbarkeit eines jeden Einzelwesens weiß, begegnet ihm mit unbedingter Mitmenschlichkeit und Rücksichtnahme. Wer einmal für immer begriffen hat, daß alle Menschen nur einen einzigen »Urahnen« besitzen, sagt dem rassistischen Wahn ab. Und wer die vielen Gesichter der Menschen sieht, die von Gott geschaffen wurden, zollt dem Menschen, als dem Geschöpf Gottes, seinen Respekt. Weil wir die Nachkommen des *'adám* sind, werden wir zu Brüdern. In jedem menschlichen Antlitz, mag es noch so verkommen sein, widerspiegeln sich die Gesichtszüge »des Menschen«. Die Menschheit ist nicht teilbar. Man muß kaum betonen, daß in unserer Zeit mit ihrer innerlich zerrissenen Menschheit diese Gedanken von überragender Wichtigkeit sind.

Die Bezwingung der Erde durch den 'adám

Der Mensch erhält Gottes Segen. Zunächst läuft der Inhalt des Segens (V 28) mit dem Inhalt des Segens für die am »fünften Tag« geschaffenen Tiere (V 22) parallel:

V 22 (für Tiere)

Es segnete sie Gott,
wie folgt:
›Seid fruchtbar
und vermehret euch
und füllt das Wasser
in den Meeren,
und die Vögel
sollen sich mehren
auf der Erde.‹

V 28 (für Adam)

Es segnete sie Gott,
und es sprach zu ihnen Gott:
›Seid fruchtbar
und vermehret euch
und füllt die Erde ...

Wenn Leben auf der Erde gedeihen soll – oder auch im Wasser und in der Luft –, so muß, angesichts der Gefährdung des Bestehenden durch Natur- und anderen Katastrophen, die Fülle vorhanden sein. Das »Seid fruchtbar und vermehrt euch« ist Grundlage für den Fortbestand. Der Reichtum an

Nachwuchs ist bei Tier und Mensch in Aussicht gestellt. Daß es ihn geben kann, ist Zeichen des göttlichen Segens.
Doch nun kommt beim Menschen ein Gebot hinzu: Er soll »die Erde füllen und sie bezwingen« (V 28: *w'kiwschúha,* s. Leitworte), er soll die »Fische des Meeres, die Vögel des Himmels« usw. »beherrschen« (V 26: *w'jirdú;* V 28: *urdú*). Mit *w'jirdú* wird, so R. Mose ben Nachman (zu V 26), »die Herrschaft des Herrn über seinen Sklaven« gekennzeichnet (vgl Lev 25,43.46.53, mit dem Zusatz *b'fárech,* »mit Gewalttätigkeit, Schinderei«; Lex. 911). Der Mensch ist der Herr auf Erden, so wie Gott der Herr des Universums ist. Wenn er seine Macht über die übrigen Geschöpfe ausübt und die Schätze der Erde »bezwingt«, handelt er dem Willen Gottes gemäß.
Der Mensch hat das Gebot des Herrschens wie kein anderes beherzigt. Freilich hat er die Tiere und die Erde mit ihren Gaben nicht nur genutzt, sondern schamlos ausgenutzt. Die Vernichtung von Tierarten durch den jagenden, auf Gewinn ausgehenden Menschen ist mit Sicherheit nicht im Sinne des göttlichen Auftrags. Gott wünscht nämlich den Segen – auch den Segen für die Tiere (V 22), nicht deren Aussterben. Der Mensch aber sah und sieht sich oft noch als »kleinen Gott«, nicht als Partner Gottes, und er glaubt, auf der Erde nach seinem Gutdünken schalten und walten zu dürfen. Doch genau dies ist ihm verboten. V 29f weist zwischen den Zeilen auf diesen Punkt hin.
In den beiden Versen ist von der Nahrung der Tiere und des Menschen die Rede. Der Mensch erhält »alles samensäende Kraut« und die Baumfrüchte zur Nahrung (V 29), die Tiere »alles Grün des Krautes« (V 30; B-R). Wie steht es um die Fleischnahrung? Haben sich die ersten Menschen ausschließlich von pflanzlichen Produkten ernährt? Und soll gesagt werden, daß auch Raubtiere Pflanzen statt Fleisch fressen? (Vgl unten zu Jes 11,1–9, S. 147f.) Der Talmud (b. Sanhedrín, 59b) nimmt die ausschließliche Pflanzennahrung für die ersten Menschen an:

»Es sagte R. J'huda, es sagte Raw: Der erste Mensch durfte kein Fleisch essen, denn es steht geschrieben (Ende V 29/Anfang V 30): ›euch sei es (Kraut) zum Essen und allen Tieren des Feldes‹; nicht (heißt es): ›die Tiere des Feldes euch‹. Als die Noasöhne kamen, erlaubte Er es (Fleisch) ihnen; denn es wurde gesagt (Gen 9,3): ›wie das grüne Kraut gebe Ich euch alles.‹«

Raschi (zu V 29) übernimmt diese These, die vor ihm R. Saadia Gaon (259f) angezweifelt hat. Raubtiere haben immer Fleisch gegessen, meint Saadia, bloß erwähnt die Torá diese Tatsache nicht. Sie spricht nämlich von der Mehrheit der Tiere, und die Mehrheit ernährt sich von pflanzlicher Speise.

Dem Menschen wiederum ist der Fleischgenuß »nur in der ersten Zeit« untersagt, da es nur wenige Tiere gibt.
Noch entschiedener äußert sich R. Sch. D. Luzzatto (18):

»Man muß fragen, weshalb der Genuß von Fleisch weder im Hinblick auf den Menschen noch auf das Tier erwähnt wird. Manch einer glaubte, vor der Sintflut hätten keine Tiere geschlachtet werden dürfen. Dem ist nicht so. Von seiner Natur aus, vom Körperbau und der Form der Zähne her, kann der Mensch pflanzliche und tierische Nahrung gleicherweise essen. Hätte ihm der Schöpfer den Fleischgenuß verbieten wollen, so hätte er seinen Körper anders gebildet. Es scheint mir daher, daß die Erlaubnis zum Genuß von Fleisch in der Wendung ›und herrscht über die Fisches des Meeres ...‹ mitenthalten ist.«

Die Debatte – im Kreis von Vegetariern ist sie beliebt, weil sie die Weigerung zum Fleischgenuß gleichsam biblisch begründet – zeigt, daß (so R. Saadia Gaon) der Schutz der Tierarten abzusichern ist. Wenn der Mensch die Tiere »beherrscht« und die Erde »bezwingt«, hat er Leben zu erhalten und nicht in seiner Totalität auszulöschen. Die Vernichtung ganzer Tierarten widerspricht der ethischen Satzung der Torá.

4. Der Sabbat

Nach der Erschaffung des Menschen sah Gott, daß Seine Schöpfung »sehr gut« war. Die Schöpfung – nicht der Mensch selber. Im Gegensatz zum lobenden Urteil nach der Erschaffung der Tiere beispielsweise (V 21.25: »Es sah Gott, daß es gut war.«), fehlt beim Menschen der wichtige Vermerk. Ob auch er gut ist, muß sich erst noch erweisen. Die Tiere sind gut, so wie sie sind, der Mensch hingegen *ist* nicht gut, ehe er nicht gut *wird:* durch sein Denken, sein Handeln.
Doch der Schöpfungsprozeß ist zu Ende. »Der sechste Tag« *(jom haschischí)* – als einziger der »Werk-Tage« mit dem bestimmten Artikel versehen, »weil er der berühmte Tag ist, da die Welt voll und vollendet war, mit all ihren Geschöpfen« (R. D. Kimchi, zu V 31) – leitet über zum »siebten Tag« (auch er mit dem bestimmten Artikel), dem Tag der Gottesruhe, des Segens und der Heiligung. Eine »wunderbare Harmonie« ist erreicht (J. Kolar, b'ri'át ha'adám, in: bet miqrá', 1983, 229).

Vom Gottessabbat zum Menschensabbat

»Es waren vollendet der Himmel und die Erde und ihr ganzes Heer.« Gen 2,1 schlägt den Bogen zu Gen 1,1: die ›Vollendung‹ ist die Vollendung der von Gott bewirkten Schöpfung des »Im Anfang schuf Gott den Himmel und die Erde.« Die Exegeten haben sich an der Aussage von 2,2 – »es vollendete Gott am *siebten* Tag sein Werk ...« – gestört. Die Septuaginta änderte »am siebten Tag« in ein »am sechsten Tag«. R. M. D. Cassuto (38f) verteidigt den masoretischen Text im Hinblick auf den strukturellen Aufbau von V 1–3a: in drei parallelen Zeilen mit je sieben Worten und der Zäsur nach »siebter Tag« wird die Bedeutung des Gottessabbats herausgestrichen. Die Textänderung der Septuaginta zerstört die Entsprechung. *wajchál 'elohím bajóm haschwi'í* ist daher nach Cassuto mit »Gott hatte *schon* vollendet am siebten Tag« zu übersetzen. Die Parallele wird in der folgenden Aufstellung visuell deutlich:

V 2: Gott hatte schon vollendet *am siebten Tag* /
Sein Werk, das Er getan hatte.
Und Er ruhte *am siebten Tag* /
von all Seinem Werk, das Er getan hatte.
V 3: Es segnete Gott *den siebten Tag* /
und heiligte ihn ...

Der »siebte Tag« ist ein Tag des »Aufhörens«, der »Ruhe« (s. Leitworte) für Gott, aber er wird – und deshalb beschreibt ihn die Torá, ohne daß sie das Schlüsselwort »Sabbat« verwendete – zum Fixationspunkt für den Menschensabbat. Im Dekalog (Ex 20,8–11) wird die Arbeit während der »sechs Tage« und die Ruhe am »siebten Tag« mit dem Schöpfungsakt Gottes motiviert (V 11: »denn«). Mehr noch: »der siebte Tag ist ein Ruhetag *(schabát)* dem Herrn, deinem Gott« (V 10). Das ist höchst bedeutsam: der Sabbat ist primär nicht »*dein* Sabbat« (obschon er dies natürlich auch ist), er ist vielmehr ein »Ruhetag dem *Herrn,* deinem Gott«, ein Tag, an dem dein eigener Sabbat zum Abglanz des Gottessabbats wird. Die Arbeit (*m'la'chá*) – die Mündliche Tradition versteht darunter das kreative, etwas Neues erzeugende oder Bestehendes umwandelnde Tun – wird damit wie der Tag der Ruhe, des Verzichts auf diese Kreativität, ein Bekenntnis zu Gott, dem Schöpfer. Die Weisen, die die Gebote des Dekalogs mitunter in »horizontaler« Weise lesen (die fünf Gebote auf der ersten Tafel werden mit den fünf Geboten auf der zweiten Tafel verglichen), setzen die Sabbatforderung (4. Gebot nach der traditionellen jüdischen Einteilung) neben das Verbot einer falschen Zeugenaussage (9. Gebot): Wer den Sabbat einhält, bezeugt Gottes Schöpfungstat, wer ihn mißachtet, legt gleichsam einen Meineid ab (vgl Ibn Esra zu Ex 20,8 und unten S. 73).
Nur weil der Sabbat ein »Ruhetag dem *Herrn,* deinem Gott« ist, gilt er unterschiedslos für alle Geschöpfe – für die sozial Schwächeren (Knecht und Magd), für die Tiere, die im Dienste des Israeliten stehen (sie dürfen nicht einem Nichtjuden übergeben werden, daß er sie am Sabbat Israels für sich

arbeiten lasse, stellt die spätere Detaillierung fest), für den »Fremden, der in deinen Toren« weilt und allzu leicht diskriminiert wird. Durch den Sabbat des Menschen, der im Zeichen des Gottessabbats steht, werden alle Geschöpfe (Menschen, Tiere, selbst die Natur, die am Sabbat nicht bearbeitet werden darf, Ex 34,21) hineingenommen in den Segen.
An jedem Sabbat wird das Wissen um die Bedeutung des Ruhetags im »Gebet der Heiligung« (*qidúsch;* s'fat 'emét, 99f. 136) erneut in Erinnerung gerufen.

Die Zeit nach dem Gottessabbat
2,3b bereitet Kopfzerbrechen. *'aschér bará' 'elohím la'asót* wird in vielfältiger Weise gedeutet: (»denn an Ihm ruhte Er von all Seinem Werk«) »das er erschaffen und gemacht hatte« (L. Zunz), »das Gott schaffend hatte gemacht« (R. J. H. Hertz), »das Gott geschaffen, um es zu fertigen« (J. Wohlgemuth-J. Bleichrode), »das Gott geschaffen hatte, um herzustellen« (B. Jacob), »die machend Gott hatte geschaffen« (B-R). Nach R. Sch. D. Luzzatto (20) ist der Sinn der Worte: »Er ruhte vom Schaffen und Tun.« Die Septuaginta vermag mit dem Textbestand nichts anzufangen und wählt statt eines »geschaffen« *(bará')* ein »angefangen« *(ērxato)*: »die Gott angefangen hatte zu tun«.
Die Schwierigkeit liegt bei dem auf das flektierte Verb *bará',* »er hatte geschaffen«, folgenden Infinitivus constructus *la'asót,* »zu tun«. »Er hatte geschaffen, (um) zu tun« ergibt keinen Sinn, und daher bemühen sich die Übersetzer und Exegeten um das passende Verständnis. Mit mehr oder weniger großem Erfolg! Den bisherigen Übersetzungen ist gemeinsam, daß 2,3b auf die Epoche der Weltschöpfung – auf die »sechs Tage« – bezogen wird. Grundsätzlich anders ist die Deutung, die die Worte als Hinweis auf die Zukunft, auf die Zeit nach dem Gottessabbat auffaßt. Der Midrasch (Gen. r. 11,9) überliefert die Lehre R. B'najas:

»Es sagte R. B'naja: ›die geschaffen und gemacht hatte Gott‹ ist hier nicht geschrieben, sondern ›die Gott geschaffen hatte, um zu tun‹ – was Gott in der Zukunft, am siebten Tag (will besagen: in der mit dem siebten Tag beginnenden Epoche) schaffen wird, hat er bereits am sechsten Tag vorweggenommen.«

Potentiell ist *vor* dem Gottessabbat vorhanden, was reell erst später zutage tritt. Sieht R. B'naja noch in Gott selber den Handelnden nach dem Sechstagewerk, so ist bei späteren jüdischen Gelehrten die Ansicht verbreitet, nach dem »siebten Tag« werde nun die Schöpfung aktiv.

R. D. Kimchi (24): »›Zu tun‹ meint: von hier an weiter. Er hat sie während der sechs

Schöpfungstage geschaffen, damit nun jede Art ›ihre Zeugungen‹ (2,4) hervorbringe.«
Abarbanel (875): »Ziel des Seins (des sich Vorfindenden) ist es, selbst zu wirken ... Vom siebten Tag an begann alles Geschaffene, ... seinen Zweck zu erfüllen und von sich aus tätig zu sein.«

Gott hat während der eigentlichen Schöpfungsperiode die Fülle der Entwicklungsmöglichkeiten geschaffen, Er hat die Keime gelegt, die sich nachher entwickeln können. »Selbst das Wunder« ist nach R. D. Kimchi (23) eingeplant:

»In der Natur der Dinge liegt es, daß sie ihre Eigenschaften (Natur) aufgeben oder verändern können.«

In der Epoche nach dem Gottessabbat – der Epoche, die bis heute andauert – entfalten sich die unendlich vielen Möglichkeiten. Alles ist vorhanden, es muß sich lediglich verwirklichen. Deutlich wird dieser Gedanke am Beispiel menschlichen Tuns. Der Talmud (b. P'sachím, 54a) fragt:

»Sein (Gottes) Licht: am ersten Tag, und unser Licht (= Feuer)? Im Gedanken war vorgesehen, es solle am Vorabend des Sabbat (*'érew schabát,* = sechster Tag) geschaffen werden, doch wurde es erst am Ausgang des Sabbats *(moza'é schabát)* geschaffen ... Gott gab dem Menschen die Einsicht ein; er rieb zwei Steine aneinander, und das Feuer entstand.«

Dank seiner geistigen Fähigkeit – seiner von Gott ihm eingegebenen »Einsicht« – vermag der Mensch »am Sabbatausgang« schöpferisch tätig zu werden. Unser Feuer ist eine Widerspiegelung des »Lichts«, aber es ist *unser* Feuer, ist Ergebnis der in der Schöpfung angelegten Möglichkeiten. »Gott hatte geschaffen«, *damit* nun der Mensch dieses Schaffen für sein eigenes Schaffen benutze.
Gott hat sich bei alledem nicht aus Seiner Schöpfung zurückgezogen. Er bleibt ihr für immer verbunden. Er ist nicht nur der Schöpfer, Er ist auch der Lenker der Welt. Im täglichen Morgengebet (s'fat 'emét, 33) steht das Bekenntnis:

»Er leuchtet der Erde und jenen, die auf ihr wohnen, in Barmherzigkeit, und in Seiner Güte *erneuert* Er an jedem Tag immer wieder das Werk des Anfangs.«
Deshalb gelten die Worte aus dem Abendgebet (aaO, 175f): »Er ist ein lebender und bestehender Gott, für immer und ewig wird Er über uns König sein!«

Auf die Erschaffung folgt die stete Erneuerung der Welt durch Gott. Rabbi Bunam, ein chassidischer Meister, lehrte (zitiert bei M. Buber, Die Erzählungen der Chassidim, 1949, 758):

»Die ersten Worte der Schrift sind so zu verstehen: Im Anfang des Erschaffens Gottes von Himmel und Erde. Denn auch jetzt noch ist die Welt im Stande der Schöpfung. Macht ein Handwerker ein Gerät und es wird fertig, dann bedarf es seiner nicht mehr. Nicht so die Welt: Tag um Tag, Nu um Nu bedarf sie der Erneuerung der Urwort-Kräfte, durch die sie erschaffen wurde, und würde die Kraft dieser Kräfte für einen Augenblick von ihr scheiden, sie verfiele wieder zu Irrsal und Wirrsal.«

Wegweisung für unsere Zeit

R. Bunam lehrte ein Weiteres: »Zuerst mußt du wissen, daß Gott im Anfang den Himmel und die Erde schuf. Ist dir diese Erkenntnis erst einmal tief eingegangen, so erscheinen dir alle Kümmernisse dieser Welt als ein Null und Nichts, denn du vergißt nie, wie die Erde *tóhu wawóhu* war und bleiben wird« (zitiert bei J. Weiß, b'sod síach hatorá, 23).

Die vielen Gedanken, die der biblische Schöpfungsbericht vom »Anfang« bis zum »Gottessabbat« enthält, lassen sich in der Tat auf einen gemeinsamen Nenner bringen: Gott ist der Herr der Welt, der Einzige und Vollkommene, die Welt ist unvollkommen und stets vom Chaos bedroht. Weil Gott aber der Herr ist zu aller Zeit, kann der auf Ihn Vertrauende auch im Trubel des Geschehens bestehen. Aus dem »Wisse, daß Gott im Anfang den Himmel und die Erde schuf« wird – wie es am Vorbeterpult der Synagoge geschrieben oder eingemeißelt ist – ein »Wisse, vor dem du stehst!« *(daʿ lifné mi 'atá ʿoméd)*.

Die Aufgabe des Menschen beschränkt sich indessen nicht nur auf dieses Wissen, auf die Anerkennung Gottes als des Schöpfers und Lenkers der Welt. Von ihm wird erwartet, daß er seine Verantwortung der Schöpfung gegenüber wahrnimmt. Die Welt ist wertvoll und gesegnet, in ihr hat alles einen Sinn. Sie bleibt aber nur wertvoll und gesegnet und voller Sinn, wenn der Mensch, das letzte der Geschöpfe Gottes, seine Kräfte und Fähigkeiten richtig einsetzt. Wir besitzen heutzutage die Mittel, das gesamte Leben auf unserem Planeten zu vernichten und damit die Schöpfung Gottes in den Abgrund zu stürzen. Wir besitzen freilich nicht minder die Mittel, aus unserem Planeten ein wirkliches Paradies zu machen, ein Paradies für alle, für Mensch und Tier. An uns liegt es, die Schöpfung, die wir nicht geschaffen haben und in der wir bestensfalls als die getreuen Verwalter mit großen Vollmachten ausgestattet sind, einer gesicherten und friedvollen Zukunft entgegenzuführen.

Jakobs Traum

Gen 28,10–19a

10 Jakob zog weg von Beerschewa und ging nach Haran.
11 Er traf auf den Ort und übernachtete dort,
denn die Sonne war untergegangen,
und er nahm von den Steinen des Ortes
und legte sie zu seinen Häupten.
Er legte sich hin an jenem Ort.
12 Er träumte,
und sieh, eine Stiege ist auf die Erde hingestellt,
und ihre Spitze reicht zum Himmel.
Und sieh, die Boten Gottes steigen auf ihr hinauf und hinab.
13 Und sieh, der Herr steht auf ihr (oder: auf, neben ihm – Jakob),
und Er sprach:
Ich bin der Herr, der Gott Abrahams, deines Vaters,
und der Gott Isaaks:
Das Land, auf dem du liegst,
gebe Ich dir und deinem Nachkommen.
14 Dein Nachkomme wird sein wie der Staub der Erde.
Du wirst dich ausbreiten nach Westen und Osten,
Norden und Süden.
Durch dich werden gesegnet alle Familien des Erdbodens,
und durch deinen Nachkommen.
15 Sieh, Ich bin mit dir.
Ich behüte dich, wohin immer du gehst.
Ich bringe dich zurück auf diesen Boden,
denn Ich verlasse dich nicht, ehe ich getan, was Ich dir
zugesagt habe.
16 Jakob wachte auf aus seinem Schlaf und sagte:
Wahrlich, der Herr ist da an diesem Ort,
und ich wußte es nicht.
17 Er fürchtete sich und sprach:
Wie furchterregend ist dieser Ort!
Dies ist nichts anderes als ein Haus Gottes,
und dies ist das Tor des Himmels.

18 Jakob erhob sich am Morgen, nahm den Stein,
den er zu seinen Häupten hingelegt hatte,
und stellte ihn zu einem Malstein auf.
Dann goß er Öl auf seine Spitze.
19a Er nannte den Namen jenes Ortes Bethel ...

Der Text im Kontext

Jakob hat den Erstgeburtssegen erlistet, Esau, sein Bruder, schwört tödliche Rache, wenn erst einmal sein Vater Isaak nicht mehr lebt (Gen 27,41). Die Mutter Rebekka erfährt von diesem Ansinnen und will Jakob retten: »Auf, entflieh zu Laban, meinem Bruder, nach Haran!« (V 43). Bis der Zorn Esaus vergangen ist, wird er dort als Schutzsuchender verweilen. Nicht lange, wie sie glaubt. Aus »einigen Tagen« (V 44) werden freilich 20 Jahre.
Den plötzlichen Aufbruch Jakobs vertuscht Rebekka, selbst Isaak fällt auf die brillante Ausrede herein (R. Sch. D. Luzzatto zu 28,2). Jakob solle keine »von den Töchtern Heths« (Hethiterin) nehmen (V 46). Sie suggeriert ihrem Mann die Idee, Jakob zu ihrer im Aramäerland, im Einzugsgebiet des Eufrats lebenden Familie zu schicken, damit er dort (in Padán 'Arám) eine Frau finde. Isaak gibt Jakob den Befehl zum Aufbruch (28,1–5). Und Jakob »hörte auf seinen Vater und seine Mutter und ging nach Padán 'Arám« (28,7).
Die beiden Motive für Jakobs Wegzug – die Flucht vor dem Bruder und die Brautsuche – erschienen der Nachwelt als gleichwertig begründet. Hosea nennt sie in einem Atemzug (Hos 12,13):

»Es *floh* Jakob in die Gefilde Arams,
und Israel *diente um eine Frau* (= Rachel, Gen 29,20),
und um eine *Frau hütete er«* (die Herden Labans).

Der wahre Grund wird nie vertuscht. Im Vordergrund steht die Flucht vor Esau (35,1.7). Bettelarm macht sich Jakob auf den Weg in die Ferne (32,10), voller Sorgen um die Zukunft. In dieser Situation wird ihm ein Erlebnis zuteil, das ihn aufrichtet und bestärkt. Von diesem Erlebnis spricht unser Abschnitt.

Leitworte des hebräischen Textes

In V 10–13 stehen acht Verben (alle im Imperfekt des Qal mit *waw* consecutivum) in dichter Folge: *wajezé'* (von *j-z-'*), »er ging weg«, *wajélech* (von *h-l-ch*), »er ging«, *wajifgá'* (von *p-g-'*), »er traf auf«, »geriet an«, *wajálen* (von *lun*), »er übernachtete«, *wajiqách* (von *l-q-ch*), »er nahm«, *wajásem* (von *sim*), »er legte«, *wajischkáw* (von *sch-ch-w*), »er legte sich hin«, und *wajachalóm* (von *ch-l-m*), »er träumte«.

hamaqóm, sechsmal im Abschnitt, immer mit dem bestimmten Artikel: »der Ort«, die »Stätte«.

me'awné, V 11, »von den Steinen« (Status constructus des Plural von *'awaním;* Singular: *'éwen,* femininum, V 18).

m'ra'aschotáw (von *m'ra'aschót* oder *mar'aschót,* Lex. 596); vgl *ro'sch,* »Kopf«), »was zu Häupten ist, Kopfstütze« (Lex. 596), »zu seinem Kopflager« (L. Zunz), »unter seinen Kopf« (R. J. H. Hertz), »für sein Haupt« (B-R).

sulám, V 12, kommt nur hier vor. *sulám* (vgl akkadisch *simmiltu* oder hebräisch *s-l-l,* »aufschütten, anlegen«) ist nach L. Zunz, B. Jacob, B-R eine »Leiter«, eher aber »eine aufsteigende Reihe von Steinen, Stufenrampe, Stiege« (Lex. 715; Enc. Welt der Bibel, 172). So auch im Talmud, wo beispielsweise der zum Meer hin abfallende Bergrücken zwischen Rosch Haniqra und Tyrus *sulamá schel Zor,* »die Stiege von Tyrus« heißt (J. Levy, Wörterbuch, III,533: »Stufengang« von Tyrus).

muzáw (Partizip des Hophal von *n-z-w*) heißt »hingestellt«, *nizáw* (Partizip des Niphal), »stehend« (Lex. 675).

ufaraztá (Perfekt des Qal von *p-r-z* mit *waw* consecutivum), »du wirst dich ausbreiten«, »vor Fülle, Menge ausbrechen« (Lex. 914).

Bei den Himmelsrichtungen, V 14, meint *jáma* »nach Westen«, eigentlich: »zum Meer hin«, *qédma* »nach Osten«, *zafóna* »nach Norden« und *négba* »nach Süden«, zum Negew (»Trockenland«) hin.

w'niwr'chú (Perfekt des Niphal von *b-r-ch II:* »sich Segen wünschen wie« (Lex. 152f), (mit dir) »werden sich segnen« (L. Zunz u.a.), »es werden gesegnet werden« (Bibelauslegungen, II,40).

wahaschiwotícha (Perfekt des Hiphil von *schuw* mit *waw* consecutivum), »ich werde dich zurückkehren lassen, zurückbringen«, V 15.

wajiqáz (Imperfekt des Qal von *j-q-z* mit *waw* consecutivum), »er wachte auf«.

wajirá' (Imperfekt des Qal von *j-r-'* mit *waw* consecutivum), »er fürchtete sich«; *norá'* (Partizip des Niphal), »furchterregend, furchtbar« (Lex. 413), B-R: »schauervoll«.

mazewá (von *n-z-w*), »Malstein« (Lex. 587), »Säule« (L. Zunz), »Denkstein« (J. Wohlgemuth-J. Bleichrode), »Standmal« (B. Jacob; B-R).
wajizóq (Imperfekt des Qal von *j-z-q*), »er goß aus« (Lex. 409).

Der Text in der Exegese

»*Jakob zog weg von Beerschewa (b"ér schéwaʿ,* »Brunnen des Schwurs«, 21,31; 26,33) *und ging nach Haran« (charán).* Die Distanz zwischen der Stadt im Negew und der Stadt am Baliach in Nordsyrien, einem Zufluß des Eufrats, beträgt in der Luftlinie über 900 Kilometer. Jakob wird viele Wochen unterwegs sein, zumal er zu Fuß geht und – anders als Abrahams Diener Elieser bei dessen Brautsuche (24,10) – nicht auf einem Kamel reitet. Die Zwischenstationen zwischen Beerschewa und Haran sind – mit Ausnahme unserer Erzählung – für die Erzählung unwichtig und bleiben unerwähnt (R. D. Kimchi, B. Jacob, 578).
Die genaue Route kennt Jakob nicht, er muß sich bei den ansässigen Leuten durchfragen. Zufällig – dies bedeutet *wajifgáʿ*, »er traf auf«, V 11 – kommt er *»an den Ort« (bamaqóm),* den er *betʾel,* »Haus Gottes« nennen wird (V 19). »Der Ort« liegt, so vermuten die Archäologen, auf einem Hügel (= Burdsch Bittin) in der Nähe des heutigen arabischen Dorfes Bittin, siebzehn Kilometer nördlich von Jerusalem (Enc. Welt der Bibel, 175). Es ist an diesem Ort nichts zu sehen, er ist keine kanaanäische Kultstätte, sonst legte sich Jakob dort nicht zur Ruhe, wie »die Sonne untergegangen ist« (V 11). Weshalb begibt er sich nicht in die benachbarte Stadt *Lus* (V 19b)?

»Weil die Sonne schon untergegangen ist, und er keine Zeit mehr hat, nach Lus zu gehen« (R. Samuel ben Me'ír).
»Weil es für einen Fremden nicht gut ist, nachts in eine unbekannte Stadt zu kommen« (R. Elʿasar von Worms, perúsch haroqéach ʿal hatorá, I,218; vgl Gen 19,1ff).
»Weil er ganz früh wieder aufbrechen will, und zu dieser Zeit die Stadttore noch nicht geöffnet sind« (Chisqúni, 110f).

Der Sonnenuntergang überrascht ihn.

»Wäre die Sonne nicht untergegangen, so hätte er die Wanderung energisch fortgesetzt, um sich möglichst weit von Esau zu entfernen« (R. Joseph bar Isaak B'chor Schor, I,42).

Es mag sein, daß er vor dem Schlafen ein Gebet spricht. Aufgrund von Jer 7,16 wird die Wendung *wajifgáʿ bamaqóm* als »er betete zu Gott« verstanden (Gott ist der »Ort der Welt«, Gen. r. 68,9). Jakob habe gar das reguläre

Abendgebet eingeführt, heißt es (b. B'rachót, 26b). Doch das steht nicht im Text, und bereits Ibn Esra (I,86) lehnt die Übersetzung von *bamaqóm* durch »zu Gott« ab, »weil wir nirgends in der Schrift das Wort *maqóm* als Gottesbezeichnung finden« (erst im nachbiblischen Hebräisch wird es verwendet).

Vor dem Schlafen *»nahm er von den Steinen des Ortes und legte (sie) zu seinen Häupten«* (als Kopfstütze). Ob dies nur ein einziger Stein war (so Ibn Esra, R. D. Kimchi im Hinblick auf V 18) oder mehrere, läßt sich nicht ausmachen. Phantasievoll ist die Ansicht R. Isaaks:

»Dies lehrt, daß sich alle jene Steine auf einen Haufen zusammenfanden und jeder einzelne Stein sagte: Der fromme Mann soll seinen Kopf auf mich legen! Da schmolzen alle Steine zu einem einzigen Stein zusammen« (b. Chulín, 91b).

Nach R. Levi und R. El'asar dienten die Steine nicht als Kopfstütze für den aller anderen »Kissen« baren Wanderer, sondern als »Waffe« *(marséw)* gegen »wilde Tiere« (Gen. r. 68,11).
»Er legte sich hin an jenem Ort« (V 11) und schlief ein. Dann träumte er. Die Weisen lehren:

»Man zeigt einem Menschen (im Traum) nur von den Grübeleien (Gedanken) seines Herzens« *(mehirhuré libó;* b. B'rachót, 55b).
»Jeder Traum stammt nur aus dem Grübeln des Menschen« (P'síqta' sutratí, miqéz, 41,1).

Womit sich jemand tagsüber geistig beschäftigt, davon träumt er. Im Falle Jakobs: Die Ängste und Schuldkomplexe über sein Mißverhalten dem getäuschten Bruder und hintergangenen Vater gegenüber äußern sich in Traumbildern, durch die sie verarbeitet werden. Der »Schlüssel« zur Traumdeutung ist bei allen biblischen Träumen im Vergleich zur Traumanalyse Sigmund Freuds beispielsweise einfach. Man denke an Pharaos Träume: die sieben fetten Kühe stehen für die sieben fetten Jahre, die sieben mageren Kühe für die sieben mageren Jahre. Josef bedarf keiner sonderlichen Anstrengung, um die richtige Deutung zu finden. Erstaunlich ist, daß Pharaos Traumdeuter nicht selbst auf die richtige Spur gekommen sind. Vielleicht liegt aber des Königs lobendes Urteil nicht ausschließlich im Auffinden des verborgenen Traumsinns, sondern im Ratschlag, den Josef gibt: Der König solle während der fetten Jahre die notwendigen Vorräte für die Jahre der Hungersnot anlegen. Auf diesen Rat hin erklärt dann der Monarch: »Gibt es noch einen Mann, der gleicherweise vom Geist Gottes erfüllt ist?« (Gen 41,38).

Jakobs Traum von der »Stiege« (*sulám,* V 12), die »auf die Erde hingestellt« ist und deren »Spitze (Kopf) zum Himmel reicht«, ist vielleicht weniger eindeutig zu analysieren, aber es ist klar, daß die Treppe einen Aufstieg nach oben anzeigt. Für Jakob kann dies nur heißen – und Gott bekräftigt es ihm –, daß er aus dem momentanen Tief herausfindet, daß sein Lebensweg aufwärts geht.
Der Traum besteht aus *drei Elementen.* Sie werden jeweils durch *w'hiné,* »und sieh«, eingeleitet (V 12f):

»Und sieh, eine Stiege ist auf die Erde hingestellt, und ihre Spitze reicht zum Himmel.«
»Und sieh, die Boten Gottes steigen auf ihr hinauf und hinab.«
»Und sieh, der Herr steht auf ihr« (der Stiege, oder auf ihm, Jakob; s. unten).

Die Stiege »widerspiegelt ... in Jakobs Traum den alten Glauben von einem kosmischen Band zwischen Himmel und Erde« (W. G. Plaut, The Torah. A Modern Commentary, 194). Es mag sein, daß im Hintergrund das Bild einer Ziqqurat, eines Stufenturms steht, an deren Fuß und auf deren oberster Plattform ein Tempel stehen (so N. M. Sarna, Understanding Genesis, 193; Enc. Welt der Bibel, 171).
Nach N. M. Sarna (aaO) unterscheidet sich die Stiege in Jakobs Traum von »heidnischer Mythologie darin, daß sie ... keinen Kanal der Kommunikation zwischen Mensch und Gottheit bildet«. Die »Boten Gottes steigen auf und nieder, Jakob nicht. Ein Vergleich der Ziqqurat mit dem »Gottesberg« (*har ha'elohím,* Ex 3,1; 18,5; 24,13), dem Sinai, widerlegt diese Feststellung. Bar Kappara zieht eine Parallele zwischen der Stiege und dem Sinai (Gen. r. 68,12):

Bei der Stiege heißt es »auf die Erde hingestellt« (V 12), beim Sinai »und sie (Israeliten) standen am Fuß des Berges« (Ex 19,17). Bei der Stiege: »und ihre Spitze reicht zum Himmel«, beim Sinai (Dtn 4,11): »und der Berg brennt im Feuer bis zum Herzen des Himmels«. Bei der Stiege: und die Boten Gottes steigen auf ihr hinauf und hinab«, beim Sinai steigen Mose und Aaron hinauf« (Ex 19,24). Gott wiederum »steigt auf den Sinai nieder« (ib. V 20).

Die Parallele zeigt, daß selbst eine direkte Verbindung zwischen Gott und Seinen Geschöpfen möglich ist (wenn auch nur in Ausnahmefällen).
Im Traum Jakobs bilden die *»Boten Gottes«* das Verbindungsglied. Es sind »gehende«, keine fliegenden Boten (anders als der *Saráf* in Jes 6,6f), nicht mit Flügeln ausgestattet, aber doch höhere Wesen. Als Menschen wird man

sie sich nicht denken dürfen (gegen R. Ch. Rabinowitz, dáʿat sofrím ʿal hatorá, 111b). Der Midrasch (Gen. r. 68,11) sieht in ihnen *Jakobs Schutzengel:*

»›Sieh steigen auf ihr hinauf und hinab‹ – Jene, die ihn im Land Israel begleiteten, steigen auf, jene, die ihn im Ausland begleiten werden, steigen hinab.«
Das will nach B. Jacob (580) besagen, »daß Gott ihn dort wie hier beshützen und die Engel ihn begleiten werden«.

Jakob befindet sich in einer seelischen Depression, doch er gewinnt jetzt die Zuversicht, daß Gott ihm beisteht. Nach seiner Rückkehr, zwanzig Jahre später, trifft er abermals auf die Boten Gottes (Gen 31,38–42), und wiederum wird sein Vertrauen in Gott bekräftigt.
R. Samuel bar Nachman (Lev. r. 29,2; Tanchúmaʾ, wajezéʾ, 2; vgl R. O. Sforno zu V 12 und N. Leibowitz, ʿijuním b'séfer b'reʾschít, 209) hält die Boten für die *»Fürsten der Völker«.* Das Auf- und Niedersteigen widerspiegelt das Auf und Ab im Lauf der Weltgeschichte:

»Es lehrt, daß der Heilige, gelobt sei Er, unserem Stammvater Jakob den Fürsten Babels zeigte, wie er 70 Stufen erklomm (so viele Jahre dauerte die Herrschaft der Babylonier über die Juden), jenen Mediens, wie er 52, und jenen Griechenlands, wie er 180 hochstieg. Edoms (= Roms) Fürst stieg hinauf, kam aber nicht mehr herunter ... Jakob fürchtete sich: Wird er gar für immer oben (an der Macht) bleiben? Gott sagte: ›Fürchte dich nicht, mein Knecht Jakob! (Jer 30,10). Selbst wenn er bis zu Mir gelangen und neben Mir sitzen sollte, stürze Ich ihn hinunter‹ (Obd 1,4).«

Der Rabbi lebt zu Roms Zeit, er kennt ihr Ende noch nicht, doch er ist überzeugt, daß auch die Römer dereinst werden »niedersteigen« müssen. Und sie haben es getan!
Die Boten Gottes schweigen, doch Gott, der über der Leiter oder bei Jakob steht (beide Deutungen sind möglich; Gen. r. 69,3), redet. Fünf *Zusagen* werden Jakob zuteil: der Besitz des Landes, eine Nachkommenschaft, der Segen, der Schutz und die Rückkehr. Wir vergleichen die Zusagen mit den Verheißungen Gottes an Abraham.

Jakob (V 13–15)	*Abraham (13,14–17; 12,2f.7a)*
V 13: Ich bin der Herr, der Gott *Abrahams,* deines Vaters, und der Gott Isaaks: *Das Land,* auf dem du liegst, *gebe Ich dir und deinem Nachkommen.*	13,14: Der Herr sprach zu *Abram,* nachdem sich Lot von ihm getrennt hatte: Erhebe deine Augen und blick vom Ort, auf dem du stehst, nach *Norden und Süden, Osten und Westen.*
V 14: *Dein Nachkomme* wird sein wie der *Staub der Erde.* Du wirst dich aus-	V 15: Denn *das ganze Land,* das du

breiten *nach Westen und Osten, Norden und Süden. Durch dich werden gesegnet alle Familien des Erdbodens,* und durch deinen *Nachkommen.*

V 15: Sieh, Ich bin mit dir. Ich behüte dich, wohin immer du gehst. Ich bringe dich zurück auf diesen *Boden,* denn Ich verlasse dich nicht, ehe ich getan, was Ich dir zugesagt habe.

siehst, *gebe Ich dir und deinem Nachkommen* für immer.

V 16: Ich mache deinen *Nachkommen* wie den *Staub der Erde* ...

V 17: Auf, zieh im *Land* herum in seiner Länge und Breite; denn dir werde Ich es *geben.*

12,2: Ich mache dich zu einem großen Volk, *Ich werde dich segnen* und deinen Namen groß machen. Sei ein *Segen!*

V 3: *Ich werde segnen, die dich segnen,* und fluchen jenem, der dich verflucht. *Gesegnet werden durch dich alle Familien der Erde.* (Vgl Bibelauslegungen II,38ff)

7a: ... *Deinem Nachkommen gebe Ich dieses Land.*

V 13 bezieht sich ausdrücklich auf Abraham. Er ist »dein Vater«, »was lehrt, daß die Söhne der Söhne wie die Söhne sind« (Chisqúni, 111). Jakob wird gleichsam Erbe der Abraham gegebenen Versprechen (R. J. H. Hertz, 106; W. G. Plaut, 194).

Jakob ist nicht allein: Gott stellt sich an seine Seite. Er verspricht ihm den Besitz des Landes, das er jetzt als Flüchtling verlassen muß. Er verspricht ihm Nachkommen und die Segensfülle. Mehr kann Jakob nicht erwarten. Neben dem Bild von der zum Himmel reichenden Treppe – Symbol des Aufstiegs aus dem Tief – bekräftigt ihn die Gottesrede in der Hoffnung, daß die Zukunft besser aussieht als die Gegenwart.

Einige Details, zunächst zur *Landverheißung.* B. Jacob (580) schreibt:

»Das Objekt *ha'árez* ist vorangestellt, denn dies ist die Bangigkeit des Flüchtlings: werde ich jemals dies Land wiedersehen? Viel mehr als das! Es wird einst dein Eigentum werden – und das deiner Nachkommen ... Laß dich nicht irren, daß du jetzt wie ein obdachloser Bettler darauf nächtigst ...«

Wie ist dieses Land aber beschaffen? Besteht es bloß aus dem Stückchen Erde, auf dem Jakob liegt? R. Chajim Palti'él, ein Schüler des R. Me'ír (= Maharám) aus Rothenburg (etwa 1215–1293), weiß folgendes zu berichten:

»Ein Fürst fragte einmal Rabbénu Tam (R. Jakow ben Me'ír, 1096–1171; ein Enkel Raschis): Welch seltsames Geschenk wollte Gott dem Jakob geben! Nur die vier

Ellen, auf denen er lag? R. Tam erwiderte: Was steht danach? ›Du wirst dich ausbreiten nach Westen und Osten, Norden und Süden‹ – alles gehört dir, was von diesen vier Ellen ausgeht!« (perusché hatorá, 82).

Noch einfacher:

»Das Land, auf dessen *Teil* du liegst, gebe Ich dir und deinen Nachkommen« (R. Awraham ben haRambam; = Sohn des Maimonides, 84; so auch R. D. Kimchi; M. Mendelssohn, 208b).

»Das kleine Stückchen Erde wird zum Nucleus der Landnahme durch das Volk. Im Bild R. Isaaks (b. Chulín, 91b; Raschi):

»Das lehrt, daß der Heilige, gelobt sei Er, das ganze Land Israel zusammenfaltete und es unter unseren Vater Jakob legte. So werden es seine Nachkommen mit Leichtigkeit in Besitz nehmen.«

Jakobs Nachkommen mehren sich wie der körnige *»Staub der Erde«,* von dem es in der Abrahamverheißung (13,16) heißt:

»Sollte jemand den Staub der Erde zählen können, so kann auch dein Nachkomme gezählt werden.« (Dies ist jedoch unmöglich!)

»Jakob ist nicht nur flüchtig, sondern auch noch ledig« (B. Jacob, 581). Dies wird sich auf ungeahnte Weise ändern!
Weshalb aber steht hier das Bild vom »Staub der Erde« und nicht jenes von den »Sternen des Himmels« (Gen 22,17 u. a.)?

»Der Begriff ›Staub‹ schließt in sich die Vorstellung von Niedrigkeit ein« (R. Bachja ben Ascher, I,248; R. O. Sforno).

Bei Jakob, dem sich im Staub Fühlenden, ist das Bild vom Staub der Erde zunächst passender, dann aber wird er »sich ausbreiten« und, wenn er Glück hat, »zu den Sternen« steigen.
Der Talmud (b. M'gillá, 16a) weiß um den Wechsel in Israels Schicksal, der sich immer in extremer Weise polarisiert:

»Dieses Volk ist dem Staub und den Sternen verglichen: Sinkt es, so sinkt es bis zum Staub, steigt es, so steigt es bis zu den Sternen.«

»Das Bild vom Staub der Erde ist hier passender als die Sterne des Himmels . . ., zu dem hinauf sein Blick an der Leiter haften soll (B. Jacob, 581). »Erst wenn deine Nachkommen die größte Tiefe des Elends und der Entwürdigung erreicht haben und wie der Staub der Erde behandelt werden, wird ihnen die Erlösung zuteil. Dann erst wirst du dich durch deine Kinder ausbreiten« (Rev. A. Cohen, The Soncino Chumash, 145). In diesem Sinne sagt R. Jochanan (b. Sanhedrín, 98a)

»Siehst du ein Geschlecht, über das sich die Leiden wie ein Strom ergießen, so erwarte ihn« (den Sohn Davids, = Messias).

Die Variation in der Reihenfolge der aufgezählten Himmelsrichtungen zwischen der Verheißung an Abraham und der Verheißung an Jakob hängt mit der Lage zusammen, in der sich die von Gott Angesprochenen befinden:

»Abraham steht im Norden (12,9) und ist im Begriff, in den Süden des Landes zu ziehen, daher ist zuerst (mit dem Norden) die Richtung genannt, in der er sich befindet. Jakob hingegen steht im Westen (29,1) und will ›ins Land der Söhne des Ostens‹ aufbrechen, daher ist der Westen zuerst erwähnt: vom Ort, auf dem du stehst, zum Ort, zu dem du gehst (werden sich die Nachkommen ausbreiten); R. Ch. Palti'él, aaO.

Zum *Segen* s. unsere Bibelauslegungen, II,42f (zu Gen 12,3).
Gott versichert Jakob – anders als Abraham – Seines besonderen *Schutzes.* Dieser Schutz ist für einen flüchtigen Menschen, der ins Ungewisse wandert, von großer Wichtigkeit (Ps 91,11f; M. Mendelssohn, I,208 a–b). Bei Abraham, dem etablierten Mann, ist dafür in 12,2 gesagt: »Ich werde dich segnen und deinen Namen groß machen ...« (R. S. R. Hirsch, zu V 15).
Gott antizipiert den Wunsch Jakobs in seinem Gelübde, V 20f. Der Midrasch (Gen.r. 69,9) stellt V 15 den V 20f gegenüber:

Gott:	*Jakob:*
V 15: Sieh, Ich bin mit dir. Ich behüte dich, wohin immer du gehst. Ich bringe dich zurück auf diesen Boden, denn Ich verlasse dich nicht ...	V 20f: Wenn Gott mit mir sein wird, und mich auf diesem Weg schützt ... Und ich in Frieden in mein Vaterhaus zurückkehre ...

Jakob erklärt auch: »Wenn Er mir Brot gibt zum Essen und ein Kleid zum Anziehen« (V 20b). Fehlt die Entsprechung in der göttlichen Zusage?

»Die Weisen sagten: Auf alles hat ihm Gott geantwortet, außer auf den Lebensunterhalt *(parnasá).* Da entgegnete R. Assi: Auch auf den Lebensunterhalt hat Er ihm geantwortet; denn es heißt: ›denn Ich verlasse dich nicht‹ – das Nichtverlassen bezieht sich auf ihn (Ps 37,25)« (Gen.r. 69,6).

Die göttliche Zuwendung ist zeitlich unbeschränkt, denn sie erstreckt sich auch auf Jakobs Nachkommen (R. D. Kimchi).
Israel weiß sich immer von Gott begleitet, von Seiner *sch'chiná.* (»Einwoh-

nung«; R. Bachja ben Ascher, I,246, aufgrund von b. M'gillá, 29a; Num. r. 7,10: »Wohin Israel verbannt wird, ist die *sch'chiná* bei ihm.«)
Gott wird alles erfüllen, »was ich dir (Jakob) zugesagt habe«. So übersetzt die Ausgabe M. Mendelssohns (I, 208b) das hebräische *'aschér dibárti lach*. Es geht nicht nur um ein Reden Gottes, sondern um ein Zureden, eine Zusage.
Der Traum ist zu Ende, Jakob erwacht. Er legt sich nicht auf die Seite wie Pharao nach seinem ersten Traum (41,4f), sagt der chassidische Rabbi Me'ir von Primischlan (zit. bei J. Weiß, b'sod síach hatorá, 98), sondern er steht auf und handelt. Von der *Struktur* her ist unser Bibelabschnitt klar gegliedert:

V 10–11	*Jakob handelt*	sieben Verben
V 12–15	*Der Traum*	ein Verb (»er träumte«)
V 16–19	*Jakob handelt*	sieben Verben

Als er erwacht, ist die Mutlosigkeit überwunden. »Er gewinnt ein Gefühl von Schicksal und Vertrauen in die Zusicherung und den Segen der göttlichen Vorsehung« (R. Z. Mond, séfer b're'schít, 162). Durch die nunmehr einsetzende Aktivität drückt sich die seelische Wende aus. Jakob versteht sein Erlebnis im übrigen nicht als nichtigen Traum. Es ist ihm »eine prophetische Offenbarung« (Maimonides, FdI, II,292). Und diese Überzeugung artikuliert er in dem Ausruf (V 16):

»Wahrlich! Gegenwärtig ist ER an diesem Ort, und ich wußte es nicht« (B. Jacob, 581).

»Hätte ich es gewußt, so wäre ich an einem solch heiligen Ort nicht schlafen gegangen« (Raschi). Oder: »ich hätte mich auf die Weissagung vorbereitet« (R. O. Sforno). Das inadäquate Verhalten erregt Jakobs »Furcht«, »er hat sich möglicherweise nicht mit Anstand und Zurückhaltung an diesem Ort bewegt« (R. D. Kimchi). Jedenfalls wurde er »von Gottesfurcht ergriffen, oder es überkam ihn ein religiöser Schauer« (A. B. Ehrlich, Randglossen, I, 136). »Seine Furcht ist nicht die Furcht vor Strafe, sondern ein Gefühl der Ehrfurcht« (R. J. Z. Mecklenburg, haktáw w'haqabalá, I,58). Er faßt sich und konstatiert:

»Dies ist nichts anderes als ein Haus Gottes, und dies ist das Tor des Himmels« (V 17).

»Die Stätte auf der Erde nennt Jakob Haus Gottes und die Stätte am Himmel Himmelspforte« (A. B. Ehrlich, aaO; vgl. M. Buber, Der Glaube der Propheten, 125, Anm. 30).

»Von diesem Ort des Gebets steigen die Gebete zum Himmel. Nach dem Midrasch: Der himmlische Tempel korrespondiert genau mit dem irdischen« (Raschi).

Von den beiden Tempeln der Ziqqurat (s. oben) weiß Raschi nichts, aber der Hinweis auf das Bestehen eines himmlischen und eines entsprechenden irdischen Gotteshauses ist interessant.
Jakob richtet »den Stein, den er zu seinen Häupten hingelegt hatte«, zum Malstein *(mazewá)* auf (V 18). In Dtn 16,22 wird das Verbot von Malsteinen erlassen, »die der Herr, dein Gott, haßt«. Doch diese Mazzeben sind Malsteine zu Ehren der Götter (ib. V 21). Die *mazewá* für Gott ist gestattet. Mose errichtete »zwölf Mazzeben für die zwölf Stämme Israels« (Ex 24,4). Jakob wird bei seinem Malstein nach der Rückkehr einen Altar bauen (Gen 35,7). Der Malstein ist für ihn ein Kennzeichen des Ortes, er besitzt keinerlei göttliche Qualitäten (vgl N. M. Sarna, 194).
Ehe er weggeht, gießt er *Öl* auf den obersten Teil des Steins (V 18). Wo nimmt er es her? »Vom Himmel« (Gen. r. 69,8)? F. Sch. Goldschmidt, Jerusalem, sagt (in einer persönlichen Mitteilung): »Jeder trug eine kleine Ölflasche zur Salbung des Körpers mit sich. In 2Kön 4,2 besitzt die Frau den *'asúch schémen,* den kleinen Ölkrug.« Durch das Salben wird der Stein zum Kultstein (R. I. Reggio, I,134) und auch nach Jahren noch erkennbar (Ibn Esra).
Jakob nennt den Ort des Geschehens *bet 'el,* »Haus Gottes«. Aus Abrahams Zeit ist ein Bethel bekannt (12,8). E. S. Hartom (105) schreibt: »Es scheint, daß sich dieses Bethel in der Nähe jenes Bethels befindet, bei dem Abraham seinen ersten Altar baute.« Sicher ist das nicht. Gewiß ist freilich, daß das Heiligtum von Bethel nach Salomos Tod (925 v. d. Z.) eine traurige Berühmtheit erlangt. Jerobeam I., der erste König des Nordreichs Israel, errichtet im Heiligtum einen goldenen Jungstier und feiert ein neuerfundenes Fest am »15. Tag des achten Monats« (1Kön 12,32; Konkurrenzzierung des Laubhüttenfests am 15. Tag des siebten Monats; = Tischri). Neben Dan, dem Heiligtum ganz oben im Norden, wird Bethel in den Augen der Menschen von Juda zum Inbegriff des Abfalls in den Götzendienst. Hosea (4,15 u. a.) und Jeremia (48,13) verdammen den Tempel Bethels scharf, Amos stößt in Bethel mit dem Oberpriester Amazja zusammen (7,10–17; Bibelauslegung, II,306). König Josia von Juda zerstört während seiner Kultreform, 620 v. d. Z., auch den Tempel Bethels (2Kön 23,15ff). Die Stadt selbst besteht weiter, bis sie nach Jerusalems Fall, 70 d. Z., durch die Römer eingenommen wird (A. Negev-J. Rehork, Archäologisches Lexikon zur Bibel, 1972, 87–89).

Wegweisung für unsere Zeit

Mitten in einer selbstverschuldeten Krise, auf der Flucht vor dem eigenen Bruder, träumt Jakob den Traum von einer Himmelstreppe. Dieser Traum richtet ihn auf, er gewinnt Selbstvertrauen und Mut, die Grenzen des Landes zu überschreiten, in der unbekannten Fremde die verlorene Sicherheit zu suchen. Das Leben mag ihn hart anfassen und zu vielen Entbehrungen zwingen – und bei Laban hat er es dann wahrlich nicht leicht! –, doch das Tief ist überwunden. Die »Boten Gottes« begleiten ihn auf seinem Weg, er weiß sich bei Gott geborgen. Wo Gott ihm in seiner seelischen Not erschienen ist, wird er nach seiner Wiederkehr einen Altar errichten. Die Stelle, wo er »von den Steinen des Ortes« genommen hat, um sich eine Schlafstätte zu bereiten, ist ihm ein *bet 'el.*
Ein chassidischer Meister fragte: »Wo wohnt Gott?«, und er gab zur Antwort: »Dort, wo man ihn einläßt.« Gott ist überall zu wohnen bereit, es hängt vom einzelnen Menschen ab, ob Er auch bei ihm persönlich sich niederläßt. Der gehetzte Jakob wendet sich Gott zu. Auf das Traumerlebnis hin wird er aktiv, er richtet den Stein zum Malstein auf, er weiht den Ort. Und damit ist der entscheidende Schritt getan: die Öffnung zu Gott hin, den er aus den Augen verloren haben mag, weil er zu viel mit seinen Ränkespielen beschäftigt war.
Das Leben ist oft kein Honiglecken. Ist es deshalb schlecht? Die Engländer sagen: »Life is not meant to be easy, life is meant to be ... life.« In erster Linie muß Leben – Leben sein, bei allen Schwierigkeiten und Problemen nie der Lethargie verhaftet, voll der Träume, Wünsche und Hoffnungen, die es zu verwirklichen gilt. Jakob gibt ein Beispiel: Er hat seinen Traum von der Himmelstreppe nicht achtlos beiseite geschoben. Er hat sich vielmehr aufgerafft und im Vertrauen auf die Zusagen Gottes den Weg zu Laban eingeschlagen.

»Ein Pessach ist es dem Herrn«

Ex 12,1.3–4.6–7.11–14

1 Es sprach der Herr zu Mose und Aaron im Land Ägypten folgendes:
3 Redet zur ganzen Gemeinschaft Israels folgendes:
Am zehnten (Tag) dieses Monats sollen sie sich nehmen,
ein jeglicher Mann, ein Lamm für die Väterhäuser,
ein Lamm für das Haus.
4 Ist aber zu klein das Haus für ein ganzes Lamm,
so nehme er es und sein Nachbar, der nahe zu seinem Haus ist,
nach der Anzahl der Personen.
Jeder nach dem, was er zu essen vermag,
sollt ihr zum Lamm (die Zahl) berechnen.
6 Es sei euch zur Verwahrung bis zum vierzehnten Tag dieses Monats.
Dann schlachte es die ganze Versammlung der Gemeinschaft Israels
in den Abendstunden.
7 Man nehme vom Blut und gebe es an die beiden Türpfosten
und an die Oberschwelle an den Häusern, in denen man ißt.
11 Und so sollt ihr es essen:
eure Hüften gegürtet, eure Schuhe an euren Füßen,
und euer Stab in der Hand.
Eßt es in Hast – ein Pessach ist es dem Herrn.
12 Ich aber durchziehe das Land Ägypten in dieser Nacht.
Ich schlage jeden Erstgeborenen im Land Ägypten,
von Mensch zu Vieh,
und an allen Göttern Ägyptens übe Ich Strafgerichte.
Ich bin der Herr.
13 Es sei euch das Blut zum Zeichen an den Häusern, in denen ihr seid.
Ich sehe das Blut und werde über euch hinwegschreiten.
Nicht wird euch die Plage zum Verderben,
wenn Ich das Land Ägypten schlage.
14 Es sei euch dieser Tag zum Gedenken.
Feiert ihn als Fest dem Herrn, für eure Generationen,
als ewige Satzung sollt ihr ihn feiern.

Der Text im Kontext

Die Knechtschaft Israels in Ägypten nähert sich ihrem Ende. An den König – Ramses II. (1290–1224 v. d. Z.), vielleicht auch Merenptah (1224–1214 v. d. Z.) – ergeht durch Mose eine einfache Forderung: er soll die israelitischen Sklaven zu einem außerhalb des ägyptischen Bereichs (»in der Wüste«) gefeierten »Fest« für den Gott Israels ziehen lassen (Ex 5,1). Das Fest ist ein Vorwand für den endgültigen Auszug der Israeliten aus der Leibeigenschaft. Das weiß der König, und deshalb verweigert er zunächst das Fest überhaupt (5,2). Dann schlägt er vor, es in Ägypten zu begehen (8,21) oder, wenn dies nicht möglich ist (die Sklaven wollen nämlich die den Ägyptern heiligen Gottheiten als Opfer darbringen; 8,22), in nicht allzu weiter Entfernung (8,24). Schließlich billigt der König auf den Rat seiner Vertrauten (10,7) die vorübergehende Freistellung der Männer, die ihrem Gott zu dienen wünschen (10,11). Die übrigen Familienmitglieder müssen – gewiß als Faustpfänder für die Rückkehr der Männer – zu Hause bleiben. Nach der neunten Plage wird allen Personen die Reise gestattet, nur den Schafen und Rindern, der beweglichen Habe, nicht (10,24). Falls die Sklaven nicht wiederkommen, verfügt der König zumindest über ihren Besitz. Doch Mose besteht darauf, daß auch der letzte »Huf nicht zurückbleibt« (10,26). Die Absicht ist offenkundig, mag sie auch notdürftig kaschiert sein. Mose und die Israeliten wissen von allem Anfang an, daß nichts Geringeres angestrebt wird als die Beendigung der Sklavenzeit (3,8.16f), und auch Pharao weiß es. Nur aus diesem Wissen heraus ist seine obstinate Weigerung, den Sklaven den »harmlosen« Wunsch nach einer Verehrung ihrer Gottheit zu gewähren, überhaupt verständlich. In »diplomatischer« Art versüßt Mose die für Pharao bittere Pille. Aber »schlucken« muß er sie!

Der Abschnitt in Ex 12 mit den Anweisungen für das Pessach fällt in die Zeit zwischen der Plage der Finsternis (10,21–29) und dem Tod aller Erstgeburt, der letzten der Zehn Plagen (12,29), und dem nachfolgenden »Ausgetriebenwerden« (12,39) durch die Ägypter (12,31–34). Pharao erfährt von der ihm und seinem Volk bevorstehenden Katastrophe (11,4–8) aus dem Mund eines »erbosten« (11,8) und nicht mehr bittenden Mose. Aber auch die Israeliten erhalten die Mitteilung von einer letzten Plage (11,1). In der wütenden Ansage des Sklavenführers vor dem Herrscher fällt die Maske. Es ist nicht mehr von einem Opferfest in der Wüste die Rede, es ist die Rede vom Auszug (dreimal kehrt in 11,8 das Verb *j-z-'*, »hinausgehen«, wieder).

Der König könnte noch im letzten Augenblick einlenken. Er ist gewarnt, und er muß aus der bitteren Erfahrung der Vergangenheit wissen, daß Mose nichts ins Leere spricht. Doch er bleibt bis zuletzt »verhärtet«. Für die Israeliten sind die wenigen Tage ihrer Knechtschaft von großer Wichtigkeit: sie sind aufgerufen, ihren Aufbruch in die Freiheit vorzubereiten. Die Freiheit ist zu kostbar und zu zerbrechlich, als daß sie urplötzlich und für die Beschenkten völlig überraschend eintreten dürfte. Ex 12 zeigt, welche Vorkehren die Sklaven treffen müssen, um nicht nur äußerlich, sondern auch seelisch den Weg von der Knechtschaft in die Freiheit – und das ist die Freiheit im Zeichen Gottes – gehen zu können.

Leitworte des hebräischen Textes

ʿedá (Status constructus: *ʿadát*) ist die »Versammlung«, »die Volks-, Rechts-, Kultgemeinde«, negativ: »die Schar, Rotte« (Lex. 746). *kol ʿadát Jisraʾél*, V 3, ist »die ganze Gemeinde Israels« (L. Zunz), B-R: »alle Gemeinschaft Jisraels«.

sé ist »Lamm«, ein Jungtier aus Schafen oder Ziegen (V 5).

bet ʾawót, »Haus der Väter« (Plural zu *bet ʾaw*), ist die »väterliche Familie« (Lex. 120). L. Zunz übersetzt mit »Stammhaus« (so auch J. Wohlgemuth – J. Bleichrode), B-R: »Väterhäuser«. Der Midrasch (M'chílta', bo', 3) setzt *bet ʾawót* den »Familien« gleich. Vgl A. B. Ehrlich, I,304: »*bájit* ohne nähere Bestimmung bezeichnet eine einzelne Familie . . ., *bet ʾaw* dagegen bezeichnet eine Sippe, d. h. einen mehrere Familien umfassenden Zweig eines Stammes.«

jimʿát, V 4 (Imperfekt des Qal von *m-ʿ-t*, »wenig sein, zu klein sein«, Lex. 578), mit *ʾim*, »wenn«: »wenn aber zu wenige sind« (L. Zunz), »ist aber zu klein« (J. Wohlgemuth – J. Bleichrode).

michsá (Status constructus: *michsát*) ist »Betrag, Zahl« (Lex. 550), nach L. Zunz, B-R: »Beisteuer« (das, was eine Person für den Erwerb einer Sache zusammen mit anderen bezahlt). *michsá* ist ein Nomen von der Wortwurzel *k-s-s*.

tachósu (Imperfekt des Qal von *k-s-s*), »ihr werdet (sollt) anrechnen« (Lex. 466), »mitzählen« (J. Wohlgemuth – J. Bleichrode), »beisteuern« (L. Zunz), »steuern« (zum Lamm; B-R).

l'fi (= *peh*, »Mund«, mit der Präposition *l*), »gemäß« (Lex. 865), *l'fi ʾochló*, »gemäß seinem Essen«, J. Wohlgemuth – J. Bleichrode: »je nach dem er davon essen kann«; B-R: »jedermann nach seinem Eßanteil«.

mischméret, V 6 (von *sch-m-r,* »hüten«), heißt das »Aufzubewahrende« (Lex. 614), L. Zunz: »Verwahrung«, B-R: »Verwahr«. Raschi u. a. verste-

hen nach der M'chílta', bo', 5, das Wort im Sinne von »zur Kontrolle« *(biqúr)*, zur Abklärung möglicher Gebrechen, die das Tier zum Opfer untauglich machen.
ben ha'arbájim (*'arbájim* ist Dual von *'érew*, »Abend«) heißt »zwischen den Abenden, d. h. die Zeit zwischen Sonnenuntergang und dem Herabsinken der Nacht, die Abenddämmerung« (Lex. 831). R. J. B'chor Schor (I,103): »Es ist die Zeit, da sich die Nacht mit dem Tag und der Tag mit der Nacht vermischt.« (*'-r-w II*, Hitpael, bedeutet »sich vermengen«, Lex. 830; nach Lex., aaO, kommt *'érew* allerdings von *'-r-w V*, »untergehen, Abend werden«). Nach Raschi u. a. beginnt *ben ha'arbájim* »von der sechsten Tagesstunde an, da sich die Sonne zu neigen beginnt ...«
m'susót, V 7, sind die »Türpfosten« (Lex. 535), *maschqóf* ist die »Oberschwelle«, der »Türsturz« (Lex. 616).
motnechém, V 11, (Dual *motnájim* zu einem nicht belegten *móten*), »eure Hüften« (Lex. 619).
chagurím (Partizip passiv von *ch-g-r*), »gegürtet« (Lex. 279).
na'alechém (Dual *na'alájim* zu *ná'al*, femininum), »eure Sandalen« (Lex. 666), B-R: »eure Schuhe«.
maqelchém ist »euer Stab« (Lex. 593), den man zum Wandern oder (so Ibn Esra; Chisqúni) zum »Antreiben der Esel« (beim Reiten) verwendet (Num 22,27: Bileam schlägt mit ihm seine Eselin).
b'chipasón, »in Hast« (Lex. 326), L. Zunz: »in Eilfertigkeit«, »in Eile« (Maimonides, FdI,III, 290, Kap. 46). Das Verb *ch-f-s* bedeutet »forthasten« (Lex. aaO).
pésach (von *p-s-ch*, »hinken«, dann »vorbeihinken, vorbeigehen an, verschonen« im Qal; »[kultisch] umhinken, einen Hinktanz vollführen«, Lex. 893; »überspringen«, B-R in V 13 für *ufasachtí*. L. Zunz: »wegschreiten«) ist das Passa(opfer). Nach Lex. 893 »wahrscheinlich ein altes, mit einem apotropäischen Opferritus verbundenes Frühjahrsfest der Nomaden«. Diese Möglichkeit läßt auch E. S. Hartom (II,42) zu, wobei er betont, in der Torá habe das Opfer jedenfalls »einen neuen Sinn und eine neue Form erhalten, zudem wird die Heiligung (Zueignung) für Gott betont«. *pésach* übersetzen J. Wohlgemuth – J. Bleichrode mit »Überschreitungsopfer«, B-R mit »Übersprungsmahl«. Nach dem Targúm bedeutet *pésach* »Schonung«, »Schutz« (*chájis*, Ex 12,27; so auch M'chílta', bo,7).
w'hiketí, V 12 (Perfekt des Hiphil von *n-k-h* mit *waw* consecutivum), »ich werde schlagen, erschlagen« (Lex. 659).
sch'fatím (von *sch-f-t*, »richten«): »Strafgerichte« (L. Zunz), »Gerichte« (B-R).

négef, V 13, ist »Anstoß, Stoß, Heimsuchung« (Lex. 632), L. Zunz: »Plage«, »B-R: »der Stoß«.
maschchít (Partizip des Hiphil von *sch-ch-t*) ist der »Verderber« (Lex. 609); *l'maschchít* heißt »zum Verderber« (B-R), aber auch »zum Verderben« (Lex. aaO, J. Wohlgemuth – J. Bleichrode). L. Zunz schreibt für *négef l'maschchít*: (keine) »verderbliche Plage«.
b'hakotí (Infinitivus constructus von *n-k-h*, Hiphil, mit Präposition *b* und Suffix), »wenn ich schlage« (L. Zunz), »wenn ich einschlage« (B-R).
sikarón, V 14 (von *s-ch-r*, »gedenken, sich erinnern«), ist »Erinnerung« (Lex. 260), B-R: »Gedächtnis«, L. Zunz: »Andenken«.
w'chagotém (Perfekt des Qal mit *waw* consecutivum von *ch-g-g*), »ihr sollt einen Umzug halten, das Wallfahrtsfest begehen« (Lex. 278), »ihr sollt feiern« (L. Zunz), »als Rundreihgang ... begeht« (B-R). »Rundreihgang« ist *chag*, der »Umzug« (Lex., aaO).
t'chogúhu (Imperfekt des Qal von *ch-g-g* mit Suffix), »sollt ihr ihn begehen« (B-R).

Der Text in der Exegese

Die Vorbereitung des Exodus beginnt mit einem Wort Gottes an Mose und Aaron *»im Land Ägypten«* (12,1). Alles spielt sich »im Land Ägypten« ab. Weshalb muß die geographische Angabe gerade hier erfolgen? Der Midrasch (M'chílta', maséchet d'píscha', bo, 12) versteht »im Land« im Sinne von »auf dem Land«, »außerhalb der großen Stadt«:

Gott erscheint Mose und Aaron »nicht an einem Ort voller Götter«, sondern in der freien Natur, wo die Götter fehlen (so auch R. Bachja ben Ascher, II,84).

Nach einer anderen Erklärung (aaO, 1) will die Schrift betonen, die Bestimmungen von Ex 12 gälten nur für das Procedere vor dem wirklichen Auszug. In späteren Zeiten werde das Pessach (= *pésach dǫrót*, »Pessach der Generationen«) nach einem etwas abweichenden Ritual dargebracht (s. unten).
Zunächst spricht das Gotteswort vom Beginn einer neuen Zeitrechnung:

»Dieser Neumond (A. B. Ehrlich, I,312, für *hachódesch hasé*; B-R: »diese Mondneuung«) sei euch der Anfang der Monate, der erste sei er euch für die Monate des Jahres« (V 2).

R. J. B'chor Schor kommentiert (I,102):

»Dieser Monat ist der Beginn der Freiheit. Ihn bestimmt als ersten eurer Monate, damit ihr von der Stunde der Freiheit zu zählen anfängt. Dadurch werdet ihr stets der Stunde der Freiheit eingedenk sein und euch des Guten erinnern, das Ich euch erwiesen habe. Ihr werdet die Verehrung, die Liebe und den Dienst für Gott beachten.« (Entsprechend R. J. H. Hertz)

Die Ära der Herren ist endgültig vorbei, die Stunde der Freiheit ist die Stunde Null für die Zählung der künftigen Jahre. Mose und Aaron erfahren am ersten Tag des ersten Monats, daß »die ganze Gemeinschaft Israels« (*kol ʿadát Jisraʾél*) am zehnten des Monats *ein Lamm* (*se*, V 3) – »ein fehlerfreies, männliches und einjähriges Lamm ... von den Schafen oder von den Ziegen« – aussuchen und für das in den Abendstunden des 14. Tages darzubringende *Pessach* bereitstellen muß. Es handelt sich beim Pessach um das erste Gebot, das die Israeliten als »Gemeinschaft« angeht. Frühere Satzungen gelten, nach R. Mose ben Nachman (vgl R. I. Reggio, II,50a), lediglich für Einzelpersonen (Gen 1,28: Fortpflanzung; 17,24 ff: Beschneidung; 32,33: Verbot des Spannaderngenusses). Und eigentlich hätte die Torá – als Buch für die Gemeinschaft – mit diesem ersten Gebot anfangen müssen. Sie tut es nicht, denn sie ist nicht nur ein Buch der Gesetze, sondern auch der Glaubenslehren. Mit der Schöpfungsgeschichte wird unter anderem die Herrschaft Gottes über die Menschen und der sich aus dieser Herrschaft ableitende Anspruch Israels auf sein Land begründet (s. Gen. r. 1,2 und Raschi zu Gen 1,1). Jedenfalls ist das Gebot des Pessach von grundlegender Bedeutung.
Worin liegt diese Bedeutung? Maimonides (FdI,III,284, Kap. 46) schreibt:

»Die Ägypter verboten das Schlachten von Kleinvieh, und sie verachteten Kleinviehhirten.«

Josef kann nicht mit seinen Brüdern am gleichen Tisch speisen, »denn die Ägyptern können nicht (bringen es nicht über sich) mit den Hebräern die Speise (*léchem*; und das ist die »Fleischspeise, vgl arabisch *láchmun*, »Fleisch«) essen, weil es ein Greuel ist den Ägyptern« (Gen 43,32). Und Josef ist »ein Ägypter«, jedenfalls ein vermeintlicher Ägypter. Mose bringt vor dem König das Argument eines Festes »in der Wüste« vor, weil »wir das, was Ägypten ein Greuel ist, dem Herrn, unserem Gott, vor ihren Augen schlachten« (Ex 8,22; s. Text im Kontext). Mit der Stunde der Freiheit stürzen die »Greuel«. Das erste Opfer ist mit Absicht ein Opfer von Schafen oder Ziegen. Die vermeintlichen Götter werden zur Opfergabe für den wirklichen Gott. Für N. Leibowitz (ʿijuním b'séfer schmot, 142) symbolisiert das Opfer »die scharfe Wende von der Knechtschaft zur Erlösung, von der seelischen Unterdrückung unter die Kultur und die Glaubensvorstellungen der Ägypter zur Gefolgschaft des wahren Gottes«.

»Der Heilige, gelobt sei Er, sprach zu Mose: Bei deinem Leben! Die Israeliten ziehen von hier nicht eher weg, als bis sie die Gottheiten der Ägypter vor deren Augen geschlachtet haben. Ich will ihnen zeigen, daß ihre Gottheiten keine Gottheiten sind« (Ex.r. 16,3).

Die Zivilcourage Israels ist Zeichen eines Ablösungsprozesses von ägyptischer Kultur und Religion. Daß dieser Ablösungsprozeß den einstigen Sklaven nicht leicht fällt, zeigen die Worte Ezechiels (Ez 20,7f). Der Talmud (b. Schabát, 87b) glaubt, der Exodus (15. Monatstag) habe an einem Donnerstag stattgefunden. Der zehnte Monatstag fiel danach auf den vorangehenden Sabbat. Ob dies historisch richtig ist, sei dahingestellt. Der Sabbat vor dem Beginn des Pessachfestes besitzt jedenfalls in der jüdischen Tradition einen besonderen Namen, auf welchen Wochentag Pessach auch fällt. Er heißt *schabát hagadól*, d.h. »Sabbat des Großen«. Gemeint ist Sabbat »des großen Ereignisses« oder Sabbat des »Großen« in der Gemeinde, etwa des Rabbiners, der an diesem Sabbat die Pessachvorschriften erläutert. Der Name mag auch von Mal 3,4–24 herrühren, wo in V 23 vom »Tag des Herrn, dem *großen* und furchtbaren« die Rede ist. Dieser Text wird als Prophetenabschnitt (*haftará*) nach der Lesung aus der Torá vorgetragen. Am besten scheint uns die erste Erklärung zu sein. Der *schabát hagadól* erinnert an das »große« Ereignis vor dem eigentlichen Auszug aus Ägypten.

»Als die Ägypter feststellten, daß die Israeliten Lämmer zu schlachten gedachten – und die Lämmer waren bei ihnen Götter –, da versammelten sie sich und trachteten den Sklaven nach dem Leben. Doch der Heilige, gelobt sei Er, wirkte ein Wunder, und die Israeliten wurden gerettet. Wegen der Größe des Wunders *(mipné gódel hanés)* heißt der Sabbat *schabát hagadól*« (Midrasch, zitiert v. R. M. M. Kascher, torá sch'lemá, XI,64).

Das Lamm ist bestimmt *»für die Väterhäuser, ein Lamm für das Haus«.*

»›Für die Väterhäuser‹ bedeutet: ›für die Familien‹ (Num 1,2). Ich könnte folgern, es sei nur ein einziges Lamm zu bestimmen, selbst wenn zehn (Klein-)Familien zu einem ›Vaterhaus‹ zählen. Daher heißt es: ›ein Lamm für das Haus‹« (M'chílta', aaO, 3).

In jeder zur väterlichen Sippe gehörenden Familie ist ein Lamm zu bereiten. Ist die Zahl der Hausbewohner für ein ganzes Lamm zu gering, so wird der »Nachbar, der nahe zu seinem Haus ist« (V 4), eingeladen. Dadurch wird die notwendige »Anzahl der Personen« (»Seelen«; *michsát n'faschót*) erreicht. Bei zu vielen Leuten in einem Haus ist die Schlachtung mehrerer Lämmer gestattet (R. J. B'chor Schor, I,102). Das genaue Einplanen der sich am Essen beteiligenden Personen ist Teil der Vorbereitung. Bei keinem anderen Opfer ist etwas Entsprechendes vorgesehen. Nichts wird beim Pessach vergeudet. Bleibt dennoch Fleisch bis zum Morgen übrig, wird es verbrannt (V 10). Daß der *Nachbar* einbezogen wird, hat im übrigen seinen tieferen Sinn:

»Weshalb geschieht dies? Damit keiner seinen Nachbarn, der *nahe* bei seinem Haus lebt, ausklammert, um sein Pessach mit anderen zu feiern. Es wird das Wort erfüllt (Spr 27,10): ›Besser ist ein naher Nachbar als ein ferner Bruder‹ (Verwandter)« (Toséfta, p'sachím, VIII,13).

Die guten nachbarlichen Beziehungen werden durch die Opferhandlung und die Opfermahlzeit gefestigt, und auf solche Beziehungen kommt es im Leben an (R. El'asar aus Worms, perúsch haroqéach 'al hatorá, II,57). Vom zehnten bis zum vierzehnten Tag des ersten Monats bleibt das Lamm *»in Verwahrung«* (*l'mischméret*, V 6). »Jeder behält es bei sich« (R. Saadia Gaon, Ibn Esra), jeder hat die Möglichkeit, die Tauglichkeit des Tieres zu überprüfen (M'chílta', aaO, 5, Raschi; s. Leitworte). Nach V 5 muß es »fehlerfrei« sein (vgl Mal 1,8 zur Mißachtung dieses wichtigen Punktes). In den Abendstunden (*ben ha'arbájim*) wird das Lamm *»geschlachtet«*. Die Ägypter sehen es und können nichts dagegen tun (Chisqúni, 213). »Die ganze Versammlung der Gemeinschaft Israels« (vgl V 3: »die ganze Gemeinschaft Israels«) ist zum Opfer aufgerufen:

»Keiner kann im nachhinein behaupten: ›Ich hatte damit nichts zu tun, ein anderer hat es ausgeführt!‹ Alle waren sie an der Sache beteiligt« (Chisqúni, 214).

Jeder aus Israel demonstrierte gegen die Herren und ihre Götter. Mit Hilfe eines Ysop-Büschels (V 22) streichen die Israeliten das *Blut des Lammes* an die »beiden Türpfosten und an die Oberschwelle« der »Häuser, in denen sie es (Lamm) essen« (V 7). V 13 nennt den Grund:

»Es sei euch das Blut zum Zeichen an den Häusern, in denen ihr seid. Ich sehe das Blut und werde über euch hinwegschreiten *(ufasachtí 'alechém)*. Nicht wird euch die Plage zum Verderben, wenn Ich das Land Ägypten schlage.«

Das Blut rings um den Hausgang ist ein »Zeichen«. Doch bedarf Gott solcher Zeichen? Nein, und das Zeichen ist auch nicht ein Zeichen für Ihn, sondern *»ein Zeichen für euch«*. Er »sieht« zwar das Blut, Er »überschreitet« dann freilich nicht das Haus, er »überschreitet euch«. Diese textlichen Nuancierungen sind wichtig. Das Blut spielt keine apotropäische Rolle, d. h.

es besitzt »keine Eigenschaften, die automatisch und wirkungsvoll einen Schutz gegen böse Kräfte bieten« (N. M. Sarna, Exploring Exodus, 92). Es ist vielmehr von einer »sühnenden Funktion für jene, die sich im Haus aufhalten« (Rev. A. Cohen, The Soncino Chumash, 388). Das Blut tilgt – bei entsprechender seelischer Läuterung – die Schuld des Opfernden (wie später das auf den Tempelaltar gesprengte Opferblut; Lev 1,5 u. a.), es ist sichbarer Ausdruck für die Abkehr von den ägyptischen Göttern und die Hinwendung zu Gott.

»Was nützt das Blut dem (Todes-)Engel *(maschchít)*, was dem Türpfosten? Vielmehr: Solange die Israeliten Gottes Willen tun, verschont Er sie« (M'chílta' d'Rabbí Schim'ón bar Jochaí, XVII,11). (Vgl eine analoge Interpretation der Kupferschlange in Num 21,4–9; Bibelauslegungen, II,69.)

Das Fleisch des Lammes muß »an einem Stück – Symbol für die Einheit Israels« (R. J. H. Hertz; R. M. D. Cassuto, 95) – *auf dem Feuer gebraten* werden. Heiden essen auch »rohes« Opferfleisch, daher wird der ungebratene Genuß ausdrücklich untersagt. Aber auch vom Kochen ist abzusehen, da man dabei das Tier zerschneiden müßte. Das Herrichten hat indessen schnell vor sich zu gehen, denn der Aufbruch in die Freiheit steht unmittelbar bevor (Ibn Esra).
Aus diesem Grund sind die Leute für die lange Wanderung vor der Mahlzeit bereits gekleidet. Das *Gewand* ist bei den Hüften »gegürtet«, damit man beim Gehen nicht stolpert, die *Sandalen* sind angezogen, und der *Stab* in die Hand genommen (V 11). Das Gehen ist weniger beschwerlich; auf den Stab stützt man sich, mit ihm treibt man auch den Esel an (s. Leitworte).

»R. Jose der Galiläer sagte: Wir erfahren aus der Schrift, daß Menschen eilfertig sein sollen, wenn sie sich auf eine Reise begeben« (M'chílta', aaO).

In der Regel wird der »Gürtel« vor dem Beginn einer Mahlzeit gelockert – das Lösen des Gürtels kennzeichnet den Mahlzeitsbeginn« (b. Schabát, 9b) –, hier gerade nicht. Nicht gemächlich – *»in Hast« (b'chipasón)* wird das Pessach gegessen.

»R. El'asar ben 'Asarja sagte: Was ist mit *b'chipasón* gemeint? Die Hast der Ägypter (die die Israeliten vertreiben; 12,39). R. Akiwa sagte: Was ist mit *b'chipasón* gemeint? Die Hast der Israeliten (die das Opferfleisch hastig essen müssen)« (b. B'rachót, 9a).

Die Ägypter geben keine Ruhe, selbst der Brotteig kann nicht aufgehen (V 39). Sie drängen zum Auszug, nachdem sie diesen allzu lange verweigert haben. Und zum anderen stehen die freiwerdenden Sklaven unter einem

gewaltigen Druck. Sie müssen sich möglichst rasch auf die Wanderung begeben, ehe der allzu wankelmütige König seinen Austreibungsentschluß rückgängig macht (wie berechtigt die diesbezüglichen Befürchtungen sind, zeigt 14,5 ff). Beide Deutungen von *b'chipasón* leuchten daher ein.
Eine »Eile ohne Weile« kennzeichnet diesen ersten Auszug Israels in einer anormalen Situation. Jahrhunderte später wird es anders werden. Wenn die ins Exil Vertriebenen heimkehren, schenkt ihnen Gott die Weile:

»Nicht in Hast ja fahret ihr aus,
in Flucht nicht geht ihr hinweg,
Er ja geht vor euch her,
und eure Nachhut ist Jisraels Gott« (Jes 52,12; B-R).

Gottes »Schlag« (V 12; *w'hiketí*) gegen die Erstgeburt ist zugleich ein Schlag gegen »alle Götter Ägyptens«, die ohnmächtig Seine »Strafgerichte« (*sch'fatím*) über sich ergehen lassen müssen. Erwähnenswert ist das Verständnis von R. J. B'chor Schor (I,103). Nicht die »Götter«, sondern die »Mächtigen Ägyptens« sind gemeint (das Wort *'elohím* besitzt gelegentlich den Sinn von »Richter«, Ex 7,1; 22,8):

»*'elohím* ist Ausdruck der ›Größe‹, was besagt, daß die Großen zusammen mit den Erstgeborenen umgekommen sind.«

Die »Strafgerichte« sind nach Chisqúni (216) nicht einmal die Todesschläge, sondern lediglich »Leiden«, die die Vornehmen Ägyptens erdulden müssen. Wir bleiben beim Wortsinn und verstehen *'elohé Mizrájim* als »die Götter Ägyptens«.
V 14 enthält den Ausblick in die Zukunft. Das Pessach ist dermaßen bedeutungsvoll, daß das einstige Geschehen in Erinnerung bleiben und jedes Jahr aufs neue aktualisiert werden muß. Aus dem *»Pessach Ägyptens« (pésach Mizrájim)* wird das *»Pessach der Generationen« (pésach dorót)*. Zunächst kann das Pessach als einziges aller Opfer nachgeholt werden, falls der richtige Termin aus triftigen Gründen verpaßt wurde (Num 9,1–14): Aus dem »ersten Pessach« am »14. Tag des ersten Monats« (Nissan) wird das »zweite Pessach« *(pésach schení)* »am 14. Tag des zweiten Monats in den Abendstunden« (ib. V 11). Doch selbst wenn der Termin nicht verpaßt wird, verliert das »Pessach der Generationen« selbstredend an Spontaneität und Dramatik. Ein *»Gedenken«* (*sikarón*, 12,14) kann nie so spannend sein wie das ursprüngliche Ereignis, mag es auch noch so gut nachgeahmt werden. Die Mischna (p'sachím, IX,5) hält die *Unterschiede* fest:

»Worin unterscheidet sich das Pessach Ägyptens vom Pessach der Generationen? Das Pessachlamm Ägyptens wurde am zehnten Tag bereitgestellt (genommen), (sein Blut) bedurfte des Besprengens mit einem Ysop-Bündel an die Oberschwelle und die beiden Türpfosten. Es wurde in Hast gegessen und in einer Nacht ...«

Beim »Pessach der Generationen« fallen diese Punkte dahin. Das Opfertier muß freilich immer nach Leibesfehlern überprüft werden, doch die Leibesvisitation kann durch irgendeine Person und nicht unbedingt den Mann, für dessen Familie das Tier bestimmt ist, durchgeführt werden (b. P'sachím, 96a). Der Blutanstrich fehlt, und desgleichen fehlt die »Hast«. Auch auf die Wanderkleidung wird verzichtet. Zum anderen wird das »Pessach der Generationen« von einem ausgesprochenen Familienopfer zu einem Gemeinschaftsopfer. Das Blut des Tieres wird auf den Altar des Tempels gesprengt, nachdem das Lamm zuvor im Tempelbezirk geschlachtet worden ist (Dtn 16,1–7; wohl auch Josias Pessach, 2Kön 23,21–23 nach der Kultreform). Damit die Pessachopfer noch vor Mitternacht gegessen werden können, muß mit dem Schlachten der Tiere bereits um die Mittagszeit begonnen werden. Der Terminus »in den Abendstunden« wird entsprechend modifiziert (s. Leitworte).
Mit dem »Gedenken« an das Auszugsgeschehen verschiebt sich der Akzent. Die Dramatik fehlt, die Beschaulichkeit tritt an ihre Stelle. Es steht viel Zeit zur Verfügung, die zum Gespräch, zu Gebet und Gesängen genutzt wird. Der Vater wird zum Lehrmeister für seine Kinder, weil er ihre Fragen über das Ritual und das Fest überhaupt beantworten soll (Ex 12,26 f; 13,8.14; Dtn 6,20 ff). Anders als in Ägypten schließt sich an die Pessachnacht das »Fest der Mazzen«, der »ungesäuerten Brote« (*chag hamazót*; Ex 12,15 ff), an.
Mit der Zerstörung des Tempels durch die Römer (70 d. Z.) fällt der gesamte Opferdienst dahin. Der Eingangsabend erhält eine neue Form und einen gewandelten Inhalt. Die »Erinnerung an den Auszug aus Ägypten« wird erweitert um die »Erinnerung an den Tempel« *(sécher l'miqdásch)* und die »Erinnerung an seine Zerstörung« *(sécher l'churbán)*. Die Hoffnung auf ein Ende der Zerstörung und des Exils wird laut, zusammengefaßt in dem kurzen Wunsch: »Nächstes Jahr in Jerusalem!« *(l'schaná haba'á biJruschalájim)*.
Der Abend hat einen besonderen Namen: *»Sederabend« (lel haséder)*, d. h. »Nacht der Ordnung«. Das vorgeschriebene Ritual (Mischná, p'sachím, X) ist geregelt, geordnet. Auf dem Familientisch steht eine Platte *(q"ará)* mit diversen Speisen. Ein »gebratener Knochen« *(s'ró'a)* erinnert an das gebratene Pessachopfer, Bitterkraut *(marór)* an die Bitternis der Sklavenzeit in Ägypten, Mazzen (*mazót*, »ungesäuerte Brote«, deren Teig nicht aufgegangen ist) an den nicht durchgebackenen Brotteig, den die Befreiten erst

später wohl an der Sonne backten. Ein bräunliches Mus aus Früchten, Zimt und Wein (*charóset*; von *chéres*, »Lehm, Ton«) weist auf die »Lehmarbeiten« (Ex 1,11) hin, mit denen sich die Israeliten unter Härtebedingungen befassen mußten. Ein Ei *(bezá)* ist Symbol der Fruchtbarkeit, vielleicht auch Symbol des sich drehenden »Schicksalsrads«. Es wird wie der Knochen leicht angeschwärzt, weil es auf das *chagigá* (»Festopfer«) hinweist, das vor dem Pessach als Hauptbestandteil der Festmahlzeit gegessen wurde. *Vier Becher Wein* sind während des Sederabends zu trinken. Sie erinnern an Gottes vierfaches Wirken für Israel. In Ex 6,6 f steht von ihm: »Ich führe euch heraus« *(w'hoze'tí 'etchém)*, »Ich rette euch« *(w'hizaltí 'etchém)*, »Ich erlöse euch« *(w'ga'altí 'etchém)* und »Ich nehme euch Mir zum Volk« *(w'laqachtí 'etchém li l'ᶜam)*. Ein fünfter Becher wird auf die Platte gestellt, jedoch nicht getrunken. Er weist auf die fünfte Gottestat hin (ib. V 8): »Ich bringe euch *(w'hewe'tí 'etchém)* in das Land.« Mit dem Geschehen in Ägypten hat dieses Hineinbringen nichts zu tun. Der Becher wird daher gefüllt, doch nicht ausgetrunken. Der Volksglaube sagt: Wenn der Prophet Elia, der des Messias Ankunft mitteilt (und Elia gilt als entrückt, aber nicht gestorben; 2 Kön 2,1.11 f), wiederkehrt, wird er viele offene religiöse Fragen beantworten. Zu diesen Fragen zählt das »Becherproblem«, der »Becher des Propheten Elia«, wie er antizipierend bereits genannt wird. Und wann sollte Elia erscheinen, um die »endgültige Erlösung« kundzutun, wenn nicht am Sederabend zu Beginn des »Festes unserer Befreiung«? Kein Zeitpunkt scheint geeigneter, und jedes Jahr wird am Seder die Hoffnung aufs neue wach, daß der ersehnte Augenblick gekommen ist und Elia »eintritt«. Bisher steht sein Becher aber unberührt auf dem Tisch!

Das Wichtigste am Seder bleibt das Belehren der Kinder. Mit Hilfe der Haggada (»Erzählung«), eines zumeist illustrierten Leitfadens, erzählt der Vater oder sonst ein Erwachsener von den Ereignissen jener Tage. Gebete, Gesänge, verschiedene Midrasch-Deutungen einzelner Bibelabschnitte sind Teil der Haggada. Auf den großen ersten Abschnitt folgt die Mahlzeit, und dann klingt der Abend mit Psalmen und Liedern aus. Oft dauert die Feier bis in die frühen Morgenstunden. Selbst kleine Kinder dürfen anwesend sein. Früh erfahren sie von der Bedeutung des Festes und wissen sich hineingenommen in die Gemeinschaft.

Opfer gibt es im Judentum seit der Tempelzerstörung nicht mehr. Wer freilich einmal einen Anschauungsunterricht vom »Original-Seder« erhalten möchte, begibt sich zu den Samaritanern nach Nablus (Sch'chem). Auf dem ihnen »heiligen Berg« Garisim schlachten, braten und essen sie die Lämmer im Beisein ihrer Priester. Für den Juden, der jährlich seinen opferlosen Seder feiert, ist der Besuch des samaritanischen Pascha ein Gang in die Geschichte. Die Samaritaner gelten im übrigen nicht als Juden, obschon sie sich als das »wahre Israel« ansehen. Sie sind Nachkommen der Bewohner des Nordreiches Israel, in das nach der Zerstörung Samarias durch die Assyrer und der nachfolgenden Deportation eines Großteils der Bevölkerung (722 v. d. Z.) fremdländische Völkerschaften eingepflanzt worden sind (zur Einführung: Enc. Judaica, XIV,725–758).

Wegweisung für unsere Zeit

Das Pessachopfer vor dem Auszug aus Ägypten, Israels erstes Gemeinschaftsgebot, steht im Zeichen der Freiheit. Es bekundet die Loslösung vom ägyptischen Sklavenjoch und der ägyptischen Götterverehrung, und es bekundet gleichzeitig die Hinwendung zum einzig wahren Gott. Es wird in der Nacht vor dem Auszug – an einem Stück auf dem offenen Feuer gebraten – zusammen mit den ungesäuerten Brotfladen *(mazót)* und den »bitteren Kräutern« *(m'rorím)* gegessen (12,8). Im späteren Ritual spielt auch der Wein, Symbol der Freiheit (Sklaven trinken nur selten Wein!), eine Rolle. Das Lamm, die Mazzen und der Wein sind die äußeren Kennzeichen einer neuen Phase, die mit der Überwindung der Bitternis und des Todes ihren Anfang nahm. Das Mahl am Abend (»Abendmahl«) ist bis heute für den Juden Zeichen des Neubeginns geblieben. Vorausgesetzt freilich, er öffnet sich der Kunde des Pessach und findet die Identifikation mit dem Geschehen. Die Haggada (vgl Mischná, p'sachím, X 5) fordert diese Identifikation: »In jeder Generation sehe es der Mensch so an, als sei er selbst aus Ägypten gezogen. Nicht nur unsere Vorfahren hat der Heilige, gelobt sei Er, erlöst. Auch uns erlöste Er mit ihnen.« Wir waren in Ägypten, sagt der Jude, und wir sind von dort weggezogen, die damals schon Geborenen wie die Ungeborenen. Und wir alle standen kurz darauf auch am Sinai und sind in den Bund mit Gott eingetreten (Dtn 29,14). Wir alle, die Generationen des Volkes, das seine Geburtsstunde in der Nacht des Pessach erlebte und bis heute weiterlebt.
Jesus von Nazaret hat mit seinen Jüngern das Pessach dargebracht. Der Sederabend war ihr Abendmahl, und nur der Sederabend. Später löste sich die kirchliche Abendmahlsfeier (Eucharistie) vom jüdischen Pessachfest und seinem zeitlichen Fixpunkt. Sie ist kein Mahl am Abend mehr. Zugleich erhielten die Symbole des Sederabends – Wein und Mazzen – eine neue Deutung. Das Pessachlamm wurde überhöht in das »Lamm Gottes«

(agnus Dei). Und aus Pessach, dem Fest der Befreiung aus der Knechtschaft, wurde Ostern, das Fest der Befreiung aus dem Tode. Die Zusammenhänge sind aber nie verschwunden.

Die Zehn Gebote

Ex 20,1–17

1 Es sprach Gott alle diese Worte wie folgt:
2 Ich bin der Herr, dein Gott, der Ich dich aus Ägypten herausgeführt habe, aus dem Haus der Knechte.
3 Es sollen dir nicht fremde Götter sein vor meinem Angesicht!
4 Mach dir kein Schnitzbild und kein Abbild von etwas, das im Himmel droben, oder auf der Erde unten, oder im Wasser unter der Erde ist.
5 Wirf dich nicht nieder vor ihnen und diene ihnen nicht; denn Ich bin der Herr, dein Gott, ein eifernder Gott, der gedenkt der Schuld der Väter bei den Söhnen,
beim dritten und vierten Geschlecht, bei jenen, die Mich hassen.
6 Doch Er übt Liebe ins tausendste (Geschlecht), bei jenen, die Mich lieben und Meine Gebote bewahren.
7 Erhebe nicht den Namen des Herrn, deines Gottes, zum Falschen; denn nicht wird straffrei lassen der Herr jenen, der Seinen Namen zum Falschen erhebt.
8 Gedenke des Sabbattages, ihn zu heiligen.
9 Sechs Tage sollst du arbeiten und deine Arbeit verrichten,
10 doch der siebte Tag ist ein Ruhetag dem Herrn, deinem Gott, da darfst du keinerlei Arbeit tun: weder du noch dein Sohn und deine Tochter, dein Knecht und deine Magd, dein Vieh und dein Fremder, der in deinen Toren ist.
11 Denn sechs Tage lang schuf der Herr den Himmel und die Erde, das Meer und alles, was in ihnen ist.
Und Er ruhte am siebten Tag. Deshalb segnete der Herr den Sabbattag und heiligte ihn.
12 Ehre deinen Vater und deine Mutter. So werden lange sein deine Tage auf dem Boden, den der Herr, dein Gott, dir gibt.
13 Morde nicht!
14 Brich die Ehe nicht!
15 Stiehl nicht!
16 Sag nicht aus gegen deinen Nächsten als Zeuge der Lüge!

17 Begehre nicht das Haus deines Nächsten!
Begehre nicht die Frau deines Nächsten, nicht seinen Knecht und seine Magd, seinen Ochsen und seinen Esel.
Nichts, was deinem Nächsten gehört.

Der Text im Kontext

Am »Berg Sinai« (Ex 19,20) offenbart Gott dem Volke Israel Seine Gebote und schließt mit ihm einen Bund (*brit*; V 5). Der Auszug aus Ägypten wird durch diesen Bund erst sinnvoll. Israel ist frei, es besitzt keinen menschlichen Zwingherrn mehr und kann sich jetzt in völliger Freiheit seinem göttlichen Herrn zuwenden. Was den Bund kennzeichnet, ist die Willensentscheidung Israels, die ihm vorangeht. Die Gemeinschaft wird angefragt, ob sie den Bund einzugehen, Gottes Gebote zu empfangen bereit sei (V 7), und sie gibt eine eindeutige Antwort – »zusammen« (*jachdáw*; V 8), mit ungeteiltem Herzen: »Alles, was der Herr gesprochen hat, werden wir tun!« (vgl 24,3). Später, nach der Offenbarung am Berg, wird der Bund besiegelt: durch den Erlaß eines »Bundesbuchs« (24,7), durch Opfer (24,5 f.8) und das Bundesmahl (24,11). Nach dem Sinaibundesschluß wird Israels Verhalten an der Erfüllung der übernommenen Verpflichtungen gemessen (N. M. Sarna, Exploring Exodus, 140). Steht es zu seinen Verpflichtungen? Bricht es sie? Diese zentrale Frage stellen Israels Propheten und Denker.
Die Zehn Gebote, die in Ex 20,1–17 überliefert sind, bilden »nicht den Inhalt des Bundes und nicht die Bedingungen, sondern die Vorrede zum Bund« (R. M. D. Cassuto, perúsch ʿal séfer schmot, 165). Sie sind Gottes Grundsatzerklärung und daher von universeller Bedeutung. Nicht zufällig werden sie in der Wüste, im Niemandsland, verkündet: Kein Volk kann behaupten, es sei von der Akzeptanz ausgeschlossen. »Jeder Mensch, der die Torá annehmen will, kann sie annehmen« (M'chílta', jitró, 1). Eine Legende spricht diesen Gedanken noch deutlicher aus (aaO, 5):

»Gott wollte den Völkern Seine Torá anbieten. Er erschien den Söhnen Esaus (Edomitern) und sagte: ›Wollt ihr Meine Lehre empfangen?‹ ›Was steht in ihr?‹, fragten sie. ›Morde nicht!‹ Die Söhne Esaus erklärten: ›Da können wir sie nicht empfangen, denn uns ist (seit dem Segen Isaaks, Gen 27,40) mitgeteilt: ›Mit deinem Schwerte wirst du leben.‹ Gott wendet sich an die Moabiter, sie lehnen ab, weil die Blutschande verboten ist (20,14; vgl mit Gen 19,36). Die Ismaeliten können sich nicht entschließen, weil sie auf den Diebstahl verzichten müßten (20,15; vgl Gen 16,12). Zuletzt fragt Gott Israel, und es antwortet zustimmend mit ›Wir wollen tun und hören!‹« (Das ›tun‹ drückt die prinzipielle Bereitschaft aus, das ›hören‹ den Willen, die Kunde im einzelnen zu erfahren.)

Die Überzeugung, das Wort vom Sinai sei nicht für Israel allein verkündet worden, ist nach wie vor im Glauben der Juden lebendig.

Leitworte des hebräischen Textes

hoze'tícha (Perfekt des Hiphil von *j-z-'*, »hinausgehen«, mit Suffix), V 2, bedeutet »ich habe dich hinausgeführt«.
'elohím 'acherím, V 3, sind »andere Götter«, fremde Gottheiten, im Gegensatz zum Einen Einzigen Gott (desgleichen *'elohím*, V 1, jedoch mit dem Singular des nachfolgenden Verbs: *wajdabér*, »er redete«, »sprach«).
pésel, V 4, ist ein »geschnitztes oder aus Stein gehauenes Götterbild«. Es ist aber auch eine gegossene Götterstatue (Lex. 894); B-R: »Schnitzwerk«.
t'muná ist »Abbild« (L. Zunz), »Gestalt« (J. Wohlgemuth – J. Bleichrode), »Abgestaltung« (B-R).
tischtachawé (Imperfekt des Hitpael von *sch-ch-h*), »du wirst (sollst) dich (nicht) niederwerfen«, die Prostration (Proskinese) ausüben, V 5.
ta'owdém (Imperfekt des Qal von *'-w-d* mit Suffix; abnorm, da zwei *patách* zu erwarten wären: *ta'awdém*; W. Gesenius, 168), »du wirst (sollst) ihnen (nicht) dienen.«
qaná', »eifersüchtig«, hier »eifernd« (Lex. 1037; B-R), »eifervoll« (J. Wohlgemuth – J. Bleichrode).
poqéd (Partizip des Qal von *p-q-d*), »ahndet« (L. Zunz), »gedenkt« (Gen 21,1).
laschāw', V 7, »zum Falschen« (L. Zunz), »umsonst« (R. D. Kimchi; R. I. Reggio, II,93a), »auf den Wahn« (B-R).
j'naqé (Imperfekt des Piel von *n-q-h*), »er wird (nicht) ungestraft lassen« (Lex. 680; L. Zunz), »straffrei lassen« (B-R).
sachór, V 8, ist Infinitivus absolutus mit Imperativbedeutung: »gedenke«, »erinnere dich«.
m'la'chá, V 10, in der Pausaform mit Suffix *m'la'chtécha*, »deine Arbeit«, ist die schöpferische Arbeit, das »Werk« (Lex. 555). »Das Werk eines Handwerkers, der die Art der Dinge zu irgendeinem Nutzen verändert« (R. I. Reggio, II,53a, zu Ex 12,16). Bei *'awodá*, »Arbeit«, braucht das Moment des Schöpferischen nicht vorhanden zu sein.
ja'arichún, V 12 (Imperfekt des Hiphil von *'-r-ch* mit *nun* paragogicum als »vollständigere Endung«; W. Gesenius, 135), »sie werden lang sein« (Lex. 85).

Der Text in der Exegese

Die Zehn Gebote waren auf zwei »steinernen Tafeln« (Ex 24,12), den »Tafeln des Bundes« (Dtn 9,9) oder »des Zeugnisses« (Ex 32,15; 34,29), aufgezeichnet. »Fünf auf einer Tafel, fünf auf der anderen« (M'chílta', aaO, 8). Auf der ersten Tafel stehen die Gebote zwischen Mensch und Gott, auf der zweiten zwischen Mensch und Nebenmensch (Nachmanides; Abarbanel, II,192). Die traditionelle jüdische Einteilung unterscheidet sich von der christlichen (auch jener der Biblia Hebraica, die auf die Septuaginta zurückgeht) im Hinblick auf die Verszählung (insgesamt nur 14 statt 17 Sätze) als auch auf die Zuteilung der Verse zu den einzelnen Geboten. Die folgende Tabelle zeigt die jüdische Version, und sie macht zugleich deutlich, daß die beiden Tafeln »horizontal« verglichen werden können (Das 1. Gebot mit dem 6. Gebot, das zweite mit dem siebten usw.). Der Kommentar entstammt dem Midrasch (M'chílta', aaO 8).

Erste Tafel (Gebote I bis V)	*Zweite Tafel (Gebote VI–X)*	*Kommentar (»horizontal«)*
I (V 2): »Ich bin der Herr, dein Gott«	VI (V 13): »Morde nicht!«	»Jeder, der Blut vergießt, hat des Königs (Gottes) Gestalt gemindert« (Gen 9,6: »Ebenbildlichkeit«).
II (V 3–6): Verbot fremder Götter	VII (V 14): »Brich die Ehe nicht!«	»Jeder, der Götzen dient, hat an Gott Treubruch verübt.«
III (V 7): »Erhebe nicht den Namen des Herrn ... zum Falschen!«	VIII (V 15): »Stiehl nicht!«	»Zu einem falschen Schwur kommt, wer stiehlt.«
IV (V 8–11): Sabbatgebot	IX (V 16): »Sag nicht aus ... als Zeuge der Lüge!«	»Wer den Sabbat entweiht, bestreitet Gottes Weltschöpfung.«
V (V 12): »Ehre deinen Vater und deine Mutter«	X (V 17): »Begehre nicht!«	»Wer begehrt, wird einen Sohn haben, der ihm flucht und andere ehrt, die nicht seine Eltern sind.«

Durch die »horizontale« Lesung zeigt sich die Einheitlichkeit der Zehn Gebote viel deutlicher als ohne sie. Alle Gebote sind an den einzelnen Menschen gerichtet, daher steht der Imperativ jeweils im Singular (»du sollst«).

»Jeder in Israel muß sich sagen: ich selbst habe die Gebote zu erfüllen« (Midrásch léqach tow; R. M. M. Kascher, XVI, 13).
»Wenn der einzelne sie übertritt, hat sie gleichsam die Gemeinschaft übertreten« (Midrásch hagadól, II,401).

Die beiden ersten Gebote sprechen in direkter Rede, die übrigen in indirekter:

I: »*Ich* bin der Herr, dein Gott, der *Ich* dich herausgeführt habe ...« II: »... denn *Ich* bin der Herr, dein Gott, ein eifernder Gott ...« (In III–V wird vom »Herrn, deinem Gott« in indirekter Weise gesprochen.)

Diese Divergenz führt zur Annahme, Gott habe lediglich die ersten zwei Gebote dem Volk mitgeteilt, die anderen seien ihm von Mose gesagt worden (b. Makót, 24a). Nachmanides widerlegt diese These durch V 1:

»Es sprach Gott *alle* diese Worte wie folgt ...« (Die ersten zwei hätten die Israeliten freilich sofort verstanden, die anderen, die erklärt werden [III–V und X], bedurften der Interpretation durch Mose.)

Die sprachliche Formulierung ist bei den einzelnen Geboten unterschiedlich lang. Dem kurzen apodiktischen »Morde nicht!« steht das ausführlich motivierte Verbot der Götterverehrung gegenüber. Breit ist auch das Sabbatgesetz *(schabát)*, das außer der Namensähnlichkeit mit dem babylonischen *schapáttu* nichts gemein hat. Der *schapáttu* ist ein Tag, an dem man nicht arbeiten darf, weil es Unglück brächte (Ausführlich bei R. M. D. Cassuto, 169.) Die Erklärung ist daher notwendig. Die These eines »Urdekalogs« mit kurzgefaßten Befehlen verwirft Cassuto (163).
V 1 enthält die Einleitung. »Es sprach Gott« erinnert an »Es sagte Gott: ›Es werde Licht!‹« (Gen 1,3).

»Der Tag, da die Torá gegeben wurde, gleicht dem Tag, da Gott die Welt erschuf. Nur um des Wortes (der Torá) willen ist die Welt erschaffen worden« (die Gebote der Torá sichern der Welt Bestand; Midrasch, bei R. M. M. Kascher, XVI,2).

Wie beim Schöpfungsbericht steht der Gottesname *'elohím*, »der Gott der Gerechtigkeit« (*midát hadín*, »Maß, Eigenschaft der Gerechtigkeit«), doch bereits im folgenden Vers folgt *'adonáj* (*midát harachamím*, »Maß des Erbarmens«). Wir wenden uns jetzt den einzelnen Geboten zu.

I: »Ich bin der Herr, dein Gott« (V 2)
Gott stellt sich vor, und dabei erscheint Er als Befreier, nicht als Schöpfer. »Er nennt das, was den Israeliten im Moment wichtig ist« (R. J. Ibn Caspi, mischné késef, II,204). »Die Israeliten wissen um die Befreiung und sind

deren Zeugen; den Weltschöpfungsprozeß hat aber kein Mensch miterlebt« (Nachmanides, I,388). Zudem gilt:

»Nicht auf die bloße Herausführung aus dem Land Ägypten ist es Gott angekommen, sondern daß Israel von einem menschlichen Joch frei werden sollte – frei für Ihn und Seinen Dienst. Aus dem Haus der Knechte will sagen: daß ihr *meine* Knechte seiet« (B. Jacob, Das zweite Buch der Tora, Exodus; Manuskript).

Vom Dienst für Pharao führt ein direkter und kurzer Weg zum Dienst für Gott (R. S. R. Hirsch). Doch welch ein Unterschied! Die Leibeigenschaft ist getilgt. Als Freie können sich die einstigen Sklaven Gott zuwenden. V 2 enthält neben der Selbstvorstellung Gottes das Gebot der Gottesliebe:

»Dies ist ein Gebot des Herzens und nicht nur ein Bericht (vom Auszug). Hier steht die Verpflichtung, mit vollkommener Überzeugung im Herzen zu bekennen, daß es nur einen einzigen Gott gibt, keinen außer Ihm« (R. Bachja ben Ascher, II,185). Vgl die Einleitung zum Gesetzeskodex des Moses Maimonides: »Fundament der Fundamente und Säule der Weisheiten ist das Wissen um ein erstes Wesen, das alles Bestehende hervorbringt. Was sich im Himmel und auf der Erde und zwischen ihnen findet, besteht nur Seinetwegen« (Hilchót j'sodé hatorá, I,1).

»Ich bin der Herr, dein Gott« entspricht daher dem Glaubensbekenntnis (Dtn 6,4 f):

»Höre, Israel, der Herr ist unser Gott, der Herr ist einzig. Liebe den Herrn, deinen Gott, mit deinem ganzen Herzen, deiner ganzen Seele und deiner ganzen Kraft.«

II: Das Verbot der Götterverehrung

Die V 3–5 setzen jeweils mit *lo*, »nicht«, ein:
lo jihjé l'chá, »es soll(en) dir nicht sein«;
lo taᶜasé l'chá, »mach dir nicht«;
lo tischtachawé lahém, »wirf dich nicht nieder vor ihnen«;
lo taᶜowdém, »diene ihnen nicht«.
Untersagt sind (a) der Besitz von Göttern, (b) deren Herstellung und (c) deren Verehrung. Dabei gilt zugleich (vgl Raschi):
(a) ist verboten auch ohne (b) und (c);
(b) ist verboten auch ohne (a) und (c);
(c) ist verboten auch ohne (a) und (b).
Man darf die Götter weder besitzen, noch auch herstellen, um sie anzubeten oder zu verkaufen. Der Midrasch (M'chílta', aaO, 6) lehrt:

»Aus ›mach dir kein Schnitzbild‹ weiß ich nur, daß man es nicht herstellen darf. Woher weiß ich, daß man es nicht bestehen lasse, falls es bereits hergestellt ist? Aus

›es sollen dir nicht fremde Gotter sein‹. Und weshalb heißt es ›wirf dich nicht nieder‹ neben ›diene ihnen nicht‹? Weil man der Götzenverehrung bei jeglichem Dienst schuldig ist, nicht nur bei der Proskinese.«

»Fremde Götter« (A. B. Ehrlich, I,341: »Aftergötter«) sind verwerflich, zumal sie gelegentlich »erst vor kurzem gekommen sind« (Dtn 32,17):

»Es sind gar keine Götter, doch die anderen Menschen nennen sie Gottheiten« (M'chílta', aaO, 5).

Als Götzendienst gilt auch die »Verehrung Gottes auf eine fremde (falsche) Weise« (R. J. H. Hertz). R. J. B'chor Schor (I,119) erklärt:

»Solltest du sprechen: ›Du bist ein verborgener Gott, den man nicht sehen kann. Ich will daher Schnitzbilder fertigen, um Dich mit ihrer Hilfe zu verehren‹, so wisse, daß dir dies verboten ist.« Vgl B. Jacob: »Du sollst eben Ihn nur im Geiste und in der Wahrheit und nicht in einem Ersatz angeben. *Das* ist echte Religion, und darum sollst du dir von Ihm kein Bildnis machen.«

Gott – ein »eifernder (engagierter) Gott« – wird den Irrweg nicht dulden (vgl Ex 32: die Geschichte vom goldenen Jungstier [goldenen Kalb]). *qaná'*, »eifernd, eifervoll«, umschreibt eine unversöhnliche Haltung, die auch der eifersüchtige Ehegatte einnimmt, wenn er seine Frau der ehelichen Untreue verdächtigt (Zum Ordal [Gottesurteil] und dem darzubringenden »Speiseopfer der Eifersucht« [*minchát q'na'ót*]. s. Num 5,15.18.25). Hosea vergleicht Israels Abfall von Gott mit der Treulosigkeit einer Gattin (Hos 2). Gottes »Eifer« bildet nicht die Norm:

»In der ganzen Torá und in allen Prophetenbüchern kommt ›Eifer(sucht)‹, *qin'á*, nur beim Götzendienst vor« (Nachmanides, I,391). – »Ich bin der Herr, dein Gott, ein eifernder Gott – im Eifer strafe Ich euch wegen des Götzendienstes, doch voller Erbarmen und gnädig bin Ich bei anderen Vergehen« (M'chílta', aaO, 6).

Das Verbot der Götterverehrung wird durch »Ich bin der Herr, dein Gott« in V 5 begründet. Die Selbstvorstellung Gottes von V 2 kehrt wieder. Schematisch sieht der Aufbau folgendermaßen aus:

Selbstvorstellung: (mit Liebesangebot)	»Ich bin der Herr, dein Gott«
Konsequenzen:	»es sollen dir nicht sein«
	»mach dir nicht«
	»wirf dich nicht nieder«
	»diene ihnen nicht«
Begründung:	»denn Ich bin der Herr, dein Gott«

Viel wurde am Sinn von V 5b herumgerätselt. Ahndet Gott der Väter Schuld an den Söhnen? Wo bliebe Seine Gerechtigkeit? Nach dem Midrasch ist auf die göttliche Nachsicht hingewiesen:

»*poqéd* heißt »Er gedenkt« (Gen 21,1; Ex 3,16). R. J'huda meint: Ich (Gott) sammle eure Sünden bei Mir ein und lasse sie in der Schwebe bis ins vierte Geschlecht« (M'chílta' d'Rabbí Schim'ón bar Jochaí, zu V 5, S. 148).

Gott bestraft die Abtrünnigkeit nicht sofort, sondern erst nach Generationen, falls sie andauert (= »bei jenen, die Mich hassen«; *l'son'áj*). Daher wird erst »das vierte Geschlecht« der Abrahamsnachkommen in das versprochene Land einziehen, weil »die Schuld der Emoriter bisher noch nicht voll ist« (Gen 15,16; die Emoriter haben vier Generationen lang Zeit, ihre Schuld zu tilgen). Kehrten sie zu Gott um, so bliebe den Abrahamsnachkommen der Landbesitz versagt. Dies ist die Konsequenz von V 5b und Gen 15,16.
Ein menschlicher Richter kann an einem Delikt nicht vorübergehen, ohne den Täter zu bestrafen. Auf der anderen Seite muß auch bei ihm keiner für die Schuld des Vaters büßen.

Dtn 24,16: »Nicht sollen getötet werden Väter wegen der Söhne, und Söhne sollen nicht getötet werden wegen der Väter. Jeder werde wegen seiner (eigenen) Schuld getötet« (sofern er todesschuldig ist; Ex 21,12). Daher schont König Amazja die Söhne der Königsmörder (2Kön 14,6; 2Chr 25,4).
Jer 31,30: »Denn jeder sterbe wegen seiner (eigenen) Schuld. Wer die sauren Trauben ißt, dessen Zähne werden stumpf« (im Gegensatz zum bösen Spruch: »Die Väter haben saure Trauben gegessen, doch die Zähne der Söhne wurden stumpf«, ib. V 29).
Ez 18,20: »Die Person, die sündigt, sie (allein) soll sterben. Ein Sohn trage nicht die Schuld des Vaters, und ein Vater trage nicht die Schuld des Sohnes. Die Gerechtigkeit des Gerechten – auf ihm ist sie. Der Frevel des Frevlers – auf ihm (allein) ist er« (vgl V 4).

Beim Frevler wird die Schuld erst im dritten und (oder) vierten Geschlecht bestraft, und auch nicht länger. Gottes »Liebe« *(chésed)* aber erstreckt sich »bis ins tausendste« Geschlecht, »bei jenen, die Mich lieben und Meine Gebote bewahren« (vgl Dtn 7,9 und Bibelauslegungen, I,127).
Stets gilt das Wort von E. Fleg (Moses, 87):

»So du mir gehorchst, werden meine Gaben dir weisen, wie sehr ich dich liebe. So du mir nicht gehorchst, werden meine Strafen dir weisen, wie sehr ich dich liebe.«

III: »Erhebe nicht den Namen des Herrn . . . zum Falschen«
Primär ist die Verwendung des Gottesnamens zu einer Lüge, zur Zauberei und Beschwörung verboten (R. M. D. Cassuto, 168). Die Tradition sieht im

Gesetz aber auch das »unnütze« Aussprechen des Gottesnamens, des Tetragramms J-H-W-H mit seinen vier Buchstaben, außerhalb des Tempelgottesdienstes (etwa beim Priestersegen). Deshalb wird es mit *'adonáj*, »Herr«, umschrieben (so bereits generell in der Septuaginta: *kyrios*). Später wird selbst *'adonáj* durch *Haschém*, »der Name« ersetzt (mit Ausnahme bei Gebeten und dem Zitieren von Bibelversen), Zeichen des tiefen Respekts vor Gott.

Der Talmud (b. Sch'wu'ót, 39a) berichtet von der Beschwörung eines Zeugen durch die Richter, die ihn von einer Lügenaussage mit den Worten fernzuhalten suchen:

»Wisse, daß die ganze Welt erbebte, als der Heilige, gelobt sei Er, am Sinai forderte: ›Erhebe nicht den Namen des Herrn, deines Gottes, zum Falschen!‹ Bei allen Sünden der Torá wird die Vergebung (im Fall der Reue) gewährt, hier aber heißt es: ›nicht wird straffrei lassen der Herr ...‹«

IV: »Gedenke des Sabbattages, ihn zu heiligen«

Im Weltschöpfungsbericht wird der »siebte Tag«, da »Gott von all Seiner Arbeit, die Er getan hatte, ruhte«, gesegnet und geheiligt (Gen 2,2 f; oben, S. 38–40). Im Dekalog und in anderen Bibeltexten stehen die Anleitungen für die Praxis. Was muß Israel tun, was muß es lassen, um den vom Schöpfer institutionalisierten Ruhetag zu »heiligen«?

Geboten sind am Sabbat die Arbeitsruhe (Ex 20,8–11; Dtn 5,12–15), Opfer (Num 28,9 f; Ez 46,12) und Gebet (Ps 92,1), das Studium der Lehre (etwa beim Propheten: 2Kön 4,23), kurz: der »Genuß« des Sabbats (Jes 58,13).

Verboten ist die Arbeit (Ex 20,10; Dtn 5,14): die Tätigkeit auf dem Feld (Ex 34,21), wie Pflügen und Ernten (ib.) oder das Ausreißen von Stoppeln (Num 15,32), der Handel und Wandel (Am 8,5; Neh 10,32), das Tragen von Lasten (Jer 17,21 f.24.27; Neh 13,15), kurz: »das Tun deiner Geschäfte« (Jes 58,13). Untersagt ist insbesondere das Produzieren von Feuer (Ex 35,3), Prototyp der *m'la'chá*, der schöpferischen Tätigkeit (s. Leitworte).

Auf die vorsätzlich begangene Sabbatentweihung steht im alten Israel die Todesstrafe (Ex 31,14 f; Num 15,35 f).

Der Sabbat wird in einem Atemzug mit dem Gebot der Verehrung Gottes (Lev 19,30) und der Eltern (ib. V 3) genannt (auch im Dekalog steht das Sabbatgesetz neben dem Gesetz von der Elternverehrung).

Zunächst zum Text in unserem Abschnitt. Der Vergleich mit dem Dekalog in Dtn 5,12–15 zeigt die Unterschiede:

Ex 20	*Dtn 5*
V 8: *Gedenke* des Sabbattages, ihn zu heiligen.	V 12: *Hüte* den Sabbattag, ihn zu heiligen, wie dir befohlen hat der Herr, dein Gott.
V 9: Sechs Tage sollst du arbeiten und deine Arbeit verrichten, doch der siebte Tag ist ein Ruhetag dem Herrn, deinem Gott, da darfst du keinerlei Arbeit tun: weder du noch dein Sohn und deine Tochter,	V 13: Sechs Tage sollst du arbeiten ... (analog zu Ex 20,9)
dein Knecht und deine Magd,	V 14: und dein Knecht und deine Magd, *und dein Ochse und dein Esel*
dein Vieh	und all dein Vieh,
und dein Fremder,	und dein Fremder,
der in deinen Toren ist.	der in deinen Toren ist.
	damit ruhe dein Knecht und deine Magd wie du.
V 11: Denn sechs Tage lang *schuf* der *Herr den Himmel und die Erde*, das Meer und alles, was in ihnen ist. Und *Er ruhte am siebten Tag.*	V 15: Denk daran, daß du ein *Knecht* gewesen bist im *Lande Ägypten* und *der Herr*, dein Gott, dich von dort *hinausgeführt* hat, mit starker Hand und mit ausgestrecktem Arm.
Deshalb segnete der Herr den Sabbattag und heiligte ihn.	*Deshalb* befiehlt dir der Herr, dein Gott, den Sabbattag einzuhalten (zu tun).

In Ex 20,8 steht »gedenke« *(sachór)*, in Dtn 5,12 »hüte« *(schamór)*. Das stets neue Denken an den Sabbat führt zum Hüten, zum Bewahren seiner »Heiligkeit«, die durch eine »Arbeit« nicht entweiht werden darf.

»Er (Sabbat) weiche nicht aus deinem Herzen, damit du ihn nicht vergißt« (R. Sch. D. Luzzatto).

»Gedenken« und »Hüten« bilden eine Einheit, die beiden Befehle sind gleichsam »in ein einziges Wort« zusammengefaßt worden (M'chílta' d'Rabbí Schim'ón bar Jochái, 20,8; Gebetbuch s'fat 'emét, 84, im Gesang *l'chá dodí*). Es genügt daher nicht, daß am Sabbat die Arbeit unterbrochen wird. Der Sabbat wird aktiv »geheiligt« durch die Bräuche des »Gedenkens«:

Durch den Kidusch am Freitagabend, das Gebet der »Heiligung« über Wein und Brot, das Anzünden der Freitagabendkerzen vor Beginn des Sabbats durch die jüdische Frau, durch Gottesdienst und Sabbatgesänge bei Tisch, durch Lehrstunden und gesellschaftliche Kontakte, nicht zuletzt freilich durch die körperliche Ruhe. Am Sabbat besitzt der Jude »eine zusätzliche Seele« *(n'schamá j'terá)*, sagt ein Gleichnis.

Er ist anders, verwandelt (H. Heines Gedicht »Prinzessin Sabbat«). Er gewinnt einen »Vorgeschmack der Zukünftigen Welt« *(meʿén ʿolám habá')*.

Der Sabbat kann nur dann seine volle Schönheit ausstrahlen, wenn ihm sechs Arbeitstage vorangegangen sind. Ist die Arbeit ein Gebot? Bedeutet *schéschet jamím taʿawód* »sechs Tage kannst du arbeiten?« oder »sechs Tage sollst du arbeiten«? (Vom Sprachlichen her sind beide Übersetzungen möglich.)

»Rabbi sagt: Dies (»Arbeit« in V 9) ist eine andere Verordnung (als das Gebot in V 8). Wie die Israeliten den Befehl zum Ruhen erhielten, so jenen zum Arbeiten. R. Elʿasar ben ʿAsarja führt aus: Groß ist die Arbeit; denn Gottes Gegenwart *(sch'chiná)* ruhte erst auf Israel, als es eine Arbeit (Bau des Stiftszeltes; Ex 25,8) verrichtet hatte. R. Jose der Galiläer meint: Groß ist die Arbeit, denn nur aus dem Nichtstun heraus kommt der Tod über einen Menschen« (M'chílta' d'Rabbí Schimʿón bar Jochái, 20,9).

Wie die Ruhe am Sabbat ist die Arbeit an den Wochentagen ein Segen.

»Während der sechs Wochentage dienst du dem Herrn durch die Arbeit. Am Sabbat, der ein »Tag dem Herrn« ist, durch den Arbeitsunterbruch« (Chisqúni, II,198). Selbstredend wird keiner belangt, wenn er auch während der Arbeitswoche nicht arbeitet, denn die Arbeit ist keine ausgesprochene Pflicht (R. Awraham, Sohn des Maimonides, 318).

»Der siebte Tag ist ein Ruhetag dem Herrn, deinem Gott« (V 10) – »dem Herrn« in erster Linie, nicht dem Menschen. Von Gott geht die Ruhe aus. Des Menschen Ruhe ist ein Abglanz Seiner Ruhe nach der Schöpfung. Gott ist der Bezugspunkt, und deshalb sind alle Seine Geschöpfe mit einbezogen: der Knecht, die Magd, das Vieh, der Fremde, der allzu leicht ausgebeutet wird, weil er sich nicht genügend schützen kann. Durch den Sabbat brechen die sozialen Schranken, die der Arbeitgeber während der Arbeitswoche aufrichtet. Und nur in einer Gemeinschaft, wo Gott – nicht die Mächtigen – die Sabbatruhe fordert, wird jeder Mensch zum Mitmenschen. Am Sabbat gibt es keine Arbeitgeber und keine Arbeitnehmer mehr, keine Herren und keine Knechte, es gibt nur noch freie Menschen – frei für Gott, frei für sich und den Nebenmenschen.
Mehr noch: Der Sabbat ist recht eigentlich für die sozial Schwachen erlassen worden. Die Starken gönnen sich ohnehin Tage der Ruhe.

Dtn 5,14: »damit ruhe dein Knecht und deine Magd wie du.«

Ex 23,12: »damit ruhe dein Ochse und dein Esel, und sich erquicke (B-R: »eratme« für *w'jinafésch*; vgl *néfesch*, »Seele«) der Sohn deiner Magd und der Fremde.«

»Damit ruhe ... wie du« *(kamócha)*. Es ist dasselbe »wie du«, das beim Gebot der Nächstenliebe steht:

»Liebe deinen Nächsten, denn er ist wie du« (Lev 19,18: *w"ahawtá l're'achá kamócha*).

Im Verhältnis zu Knecht, Magd und dem Fremden (Lev 19,34) zeigt sich die wahre Menschlichkeit. Weil der Sabbat für den Menschen als Gottes Geschenk eingesetzt ist, wird er bei der Gefährdung von Gesundheit und Leben – und nur dann! – entweiht. Das talmudische Prinzip gilt bis heute:

»Lebensgefahr verdrängt den Sabbat« (*piqúach néfesch doché schabát*; b. Schabát, 132a), laut dem Grundsatz: »Der Mensch *lebe* durch sie« (die Gebote Gottes; Lev 18,5).

Die Bereitschaft, die Sabbatruhe allen zu gewähren, wird verstärkt durch das eigene Knechtschaftserlebnis (Dtn 5,15: »Denk daran, daß du ein Knecht gewesen bist im Lande Ägypten ...«), das Gottes Eingreifen beendet hat.

V: Ehre deinen Vater und deine Mutter«

In Lev 19,3 wird die »Ehrfurcht« (*j-r-'*) vor den Eltern geboten. Ehre und Ehrfurcht sind nicht dasselbe: Ehre ist ein Gefühl der Wertschätzung und der Liebe, Ehrfurcht ein Gefühl des Respekts. Die Nuancierung findet sich im Talmud (b. Kiduschín, 30b; M'chílta', aaO, 8):

»Es steht (Lev 19,3): ›Jeder ehrfürchte seine Mutter und seinen Vater‹ und (in unserem Vers) ›Ehre deinen Vater und deine Mutter‹ (bei der Ehrfurcht ist die Mutter zuerst genannt, bei der Ehre der Vater). Offenbar ist es vor Ihm ..., daß ein Mensch seine Mutter mehr ehrt als seinen Vater, weil sie ihn mit Worten zu besänftigen pflegt. Deshalb stellt der Text bei der Ehre den Vater vor die Mutter (was nicht selbstverständlich ist, wird hervorgehoben). Offenbar ist es andererseits vor Ihm ..., daß ein Mensch seinen Vater mehr ehrfürchtet als seine Mutter. Deshalb stellt der Text bei der Ehrfurcht die Mutter vor den Vater.«

Beide Eltern sind bei der »Ehre« und der »Ehrfurcht« gleichgestellt. Wie die Ehre zu verwirklichen ist, zeigt das Beispiel des Heiden Dama ben N'tina (b. Kiduschín, 31a–b):

»Einst wollten die Weisen vom Vater Damas Edelsteine (für des Hohepriesters Schulterkleid) für teures Geld kaufen. Der Schlüssel (zur Schmucktruhe) lag unter dem Kopfkissen des schlafenden Vaters. Und Dama weckte ihn nicht auf!«

Beim Gebot der Elternehre steht im Nachsatz die Aussicht auf ein »langes Leben«. Eingeleitet wird er mit *l'má'an*. Das kann heißen »damit« (final) oder »so daß« (konsekutiv). Wir ziehen das konsekutive »so daß« mit R. Sch. D. Luzzatto dem finalen vor (so auch Jes 28,13; Ps 51,6), obschon in jedem Fall nicht die Lebenslänge des einzelnen, sondern jene der Gemeinschaft im Land verheißen wird (R. Saadia Gaon, Ibn Esra). Vgl Dtn 5,33:

». . . so daß *(l'má'an)* ihr lebt und es euch gut geht und ihr die Tage verlängert im Land, das ihr in Besitz nehmen werdet.«

Das Gebot der Elternehre ist das letzte Gebot der ersten Gesetzestafel, auf der die Satzungen zwischen Mensch und Gott stehen. Es bildet die Klammer zum zweiten Teil des Dekalogs.

»Die Eltern sind Menschen und gehören in den Rahmen der ›deinem Nächsten‹ (V 17) zugeordneten Gesetze. Zum anderen sind sie mit dem Schöpfer bei der Erschaffung eines Menschen ›beteiligt‹« (R. M. D. Cassuto, 170; nach b. Kiduschín, 30b).

Die Gebote VI–X gehen »vom Schweren zum Leichten«. Nachmanides stellt fest:

»Auf das Verbot der Götterverehrung folgt das Verbot des Mordens, dann jenes der Blutschande, des Menschenraubs, des falschen Zeugnisses und des Begehrens. Wer nicht begehrt, wird seinen Nächsten nicht schädigen. Und damit ist alles (Wichtige) gesagt über die mitmenschlichen Verpflichtungen.«

VI: »Morde nicht!«
Es ist vom vorsätzlichen Töten, vom Mord die Rede (= *r-z-ch*):

»Jeder Mord ist sinnlos. Beim ›Töten‹ *(h-r-g)* gibt es das sinnlose Töten (Gen 4,8: Kajin tötet Abel), es gibt aber auch das vom Recht geforderte (Lev 20,16 u. a.)« (R. J. B'chor Schor, I,121).

Verboten ist der Mord, »der Mord mit deiner Hand oder mit deiner Zunge« (durch einen Meineid, der einen Unschuldigen zur Hinrichtung führt; Ibn Esra). Verboten ist auch »das Schweigen, wenn dir ein Geheimnis (= Mordabsicht) bekannt wird und du es nicht kundgibst« (Chisqúni, 258; der »Schweigende« ist natürlich kein Mörder, aber er ist moralisch schwer belastet).
Geboten ist die Selbstverteidigung gegen einen Angreifer (Terroristen), der

im Extremfall getötet werden kann, wenn anders seine Mordabsicht nicht zu verhindern ist (R. Gradwohl, Grundgesetze des Judentums, 128–131).

VII: »Brich die Ehe nicht!«
Weniger gravierend als der Mord, der Leben raubt, ist der Ehebruch. Er nimmt dem Menschen gleichsam ein Stück seiner selbst, aber er bringt ihn nicht um. In V 14 steht die Warnung, in Lev 20,10 die Strafe, sagt die M'chílta' (aaO):

»Getötet sollen werden der Ehebrecher und die Ehebrecherin.«

In der polygamen Gesellschaft der biblischen Zeit kann der Mann nur die fremde Ehe, die verheiratete Frau nur die eigene Ehe brechen. R. Saadia Gaon und Ibn Esra sehen im Verbot von V 14 das »Verbot der Buhlerei« schlechthin (vor allem auch die Verbote der Blutschande in Lev 18).

VIII: »Stiehl nicht!«
Die meisten Exegeten (anders Ibn Esra, R. J. H. Hertz) beziehen das Verbot auf den Menschenraub, nicht auf den gewöhnlichen Diebstahl von Besitz. Der Talmud (b. Sanhedrín, 86a; vgl M'chiltá', aaO) deduziert dies auf methodische Weise mit Hilfe einer hermeneutischen Regel (»Erlernen einer Sache aus ihrem Zusammenhang«, *dawár halaméd me 'injanó*):

»›Wer einen Menschen raubt und ihn verkauft, und er (Geraubter) wird in seiner Hand gefunden, wird getötet‹ (Ex 21,16). Aus diesem Vers hören wir von der Strafe. Wo steht die Verwarnung (nach dem Prinzip: keine Strafe ohne Verbot)? Im Vers: ›Stiehl nicht!‹ Hier steht die Verwarnung für den Menschenräuber. Du sagst ›für den Menschenräuber‹, vielleicht aber für den Gelddieb? Nein, vom Gelddiebstahl ist in Lev 19,11 die Rede: ›Ihr sollt nicht stehlen‹ (dort steht das Stehlen neben Übervorteilen und Lügen, also Delikten aus dem Privatrecht). Es folgt daraus: ›Stiehl nicht!‹ (V 15) spricht vom Menschenraub.«

Raschi betont einen zusätzlichen Gesichtspunkt:

»Wie ›Morde nicht!‹ und ›Brich die Ehe nicht!‹ mit dem Tode bestraft wird, so auch der Diebstahl« (und dies ist nur beim Menschenraub der Fall, Ex 21,16).

IX: »Sag nicht aus ... als Zeuge der Lüge!«
Im Extremfall kann eine falsche Zeugenaussage – der Justizmord an Nabot (1Kön 21,10–13) beweist es – zu einem Todesurteil führen. Nicht zufällig wird daher »falschen Zeugen« das angetan, »was sie (einem Unschuldigen) anzutun gedachten« (Dtn 19,19.21). Wollten sie einen Unschuldigen zum Tode bringen, so wird ihnen selbst die Todesstrafe zuerkannt (nach der

Mischná Makót, I,6, und b. Makót, 5b, allerdings nur, ehe der Unschuldige hingerichtet worden. So lehrten die Pharisäer im Gegensatz zu den Sadduzäern.). Zumeist richtet sich eine Falschaussage nicht gegen das Leben eines anderen, sondern gegen sein Eigentum. Im Verbot von V 16 ist auch sie enthalten.
Der Vers nennt im übrigen nicht die Tat (das falsche Zeugnis), er nennt den Täter (den »Zeugen der Lüge«; R. W. Gunther Plaut, 558). Zudem ist natürlich nicht nur »dein Nächster« nicht zu betrügen:

»Der Text nennt jenen, mit dem einer im Geschäftsleben zu tun hat« (R. D. Kimchi, 223), jeder ist aber einbezogen.

X: »Begehre nicht!«
Kein menschliches Gericht kann die »Begehrlichkeit« des Herzens bestrafen. Bestraft wird erst die Tat des Sich-Vergreifens an fremden Besitz:

»Begehr nicht Silber und Gold, daß du sie dir nimmst« (Dtn 7,25). Wie in diesem Vers erst beim »Nehmen« ein Delikt vorliegt, so auch in V 17 bei ›begehre nicht!‹« (M'chílta', aaO). »... das Denken allein wird nicht bestraft. Hier aber geht es um eine Forderung, die ausschließlich vom Gottesrecht erhoben wird« (M. Weinfeld, Die Zehn Gebote – ihre Besonderheit und ihr Ort in der Tradition Israels, in: B.-Z. Segal, Hg., Die Zehn Gebote im Spiegel des Judentums, 1968,8 [hebr.]).

Moralisch ist die Gier des Herzens untersagt. Sie mag dazu führen, »daß ein Reicher einem Armen Geld ausleiht, damit er sich des Hauses des Armen bemächtigen kann, falls dieser den Betrag nicht zurückerstattet« (R. Elʿasár aus Worms, perúsch haroqéach ʿal hatorá, II,101).
Kann man die Begehrlichkeit verbieten? Ibn Esra schreibt:

»Wie soll man eine schöne Sache nicht begehren? Ich erkläre das Verbot durch einen Vergleich: Wie ein kluger Dorfbewohner eine schöne Prinzessin nicht begehrt, weil er weiß, daß sie ihm nie gehören wird – all seine Klugheit trägt sie ihm nicht zu! –, so begehre man nicht, was einem anderen gehört. Jeder besitzt, was Gott ihm zuteilt, und er freue sich mit seinem Teil.«
Vgl R. O. Sforno: »Das Verbotene sei dir unerreichbar. Das Unerreichbare begehrt das Herz (eigentlich: die menschliche Natur) nicht.«

Das Begehren ist nur beim Verbotenen (»was deinem Nächsten gehört«) untersagt. Mit dem Wort »deinem Nächsten« *(l're'écha)* schließt der Dekalog. R. M. D. Cassuto (172 f) bemerkt:

»Das Wichtigste auf der ersten Tafel (Gebote I–V) ist die Liebe zu Gott, das Wichtigste auf der zweiten Tafel (Gebote VI–X) die Liebe zum Mitmenschen. Beide

Tafeln entsprechen und ergänzen sich. Die Liebe zu Gott ist ein Korrelat zur Liebe, die ein Mensch seinem Nächsten entgegenbringt.«
Vgl N. M. Sarna (Exploring Exodus, 143): »Die Gebote Gott gegenüber sind zuerst genannt, weil »die Verantwortung des Menschen zu Gott gewährleistet, daß die Pflichten im mitmenschlichen Verhältnis beachtet werden.«

Wegweisung für unsere Zeit

Es bedarf keiner langen Worte, um die permanente Aktualität der Zehn Gebote hervorzuheben, dabei zugleich aber auch zu erkennen, daß ihre Verwirklichung nicht erreicht ist. Auf unserer Erde ist die »Götteranbetung« in ihren vielfältigen Formen – vom wirklichen Schnitzwerk bis zum »vergöttlichten Gold« – so wenig verschwunden wie die Mißachtung sozialer Gerechtigkeit und der Eingriff in die Privatsphäre des Mitmenschen. Weder die Eltern noch die Älteren werden »geehrt«, und das »falsche Zeugnis« grassiert. Mord und Terror sind so wenig gebannt wie der Menschenraub. Ein Wandel ist nur denkbar, wenn die »Begehrlichkeit« verschwindet und die Maxime gilt: »Wer ist reich? – Wer sich an seinem Teil freut!« (Sprüche der Väter, IV,1). An die Stelle des verwerflichen »Dein ist mein, und Mein ist mein« tritt das ethisch richtige »Mein ist dein, und Dein ist dein« (ib. V, 13). Wenn die Begehrlichkeit nicht mehr dominiert, nimmt jeder auf die Interessen und die legitimen Ansprüche des anderen Rücksicht.
Unserer gequälten, innerlich zerrissenen Menschheit bleibt letztlich nur diese Alternative: die Besinnung auf das »Ich bin der Herr, dein Gott« und die Besinnung auf »alles, was deinem Nächsten gehört«. Gott und der Nächste sind das A und O biblischer Ethik, die im Zehnwort vom Sinai für immer gültig bleibt.

Der Priestersegen

Num 6,22–27

22 Es sprach der Herr zu Mose wie folgt:
Sprich zu Aaron und seinen Söhnen wie folgt:
23 So sollt ihr die Israeliten segnen,
sagt zu ihnen:
24 Es segne dich der Herr und behüte dich.
25 Es lasse dir leuchten der Herr Sein Antlitz
und sei dir gnädig.
26 Es erhebe dir der Herr Sein Antlitz zu
und schenke dir Frieden.
27 Sie sollen Meinen Namen auf die Israeliten legen,
und Ich werde sie segnen.

Der Text im Kontext

Priester, die Vertreter Israels aus der Nachkommenschaft Aarons, segnen. Sie erheben ihre zuvor mit Wasser übergossenen Hände in Haupteshöhe (vgl Lev 9,22). Ihr Kopf wird durch den Tallít (»Gebetsmantel«) verhüllt. Die Hände sind gespreizt, der Segen Gottes dringt gleichsam durch sie hindurch. Die Priester sehen sich als »Trichter« für das Segenswort, sie geben die Segensfülle Gottes an die zu segnende Gemeinschaft weiter. Ein Vorbeter spricht jedes Wort des Segens laut vor, die Priester wiederholen es:

»Es segne dich der Herr und behüte dich.
Es lasse dir leuchten der Herr Sein Antlitz
und sei dir gnädig.
Es erhebe dir der Herr Sein Antlitz zu und schenke dir Frieden.«

Nach jedem der drei Verse antwortet die Gemeinschaft mit *'amén*, »so sei es, so ist es wahr«. Die Priester – hebräisch heißen sie *kohaním* –, die sich während der Segenserteilung auf einer erhöhten Estrade bei der Heiligen Lade mit den Torárollen befinden und sich der Gemeinde zugewendet haben, drehen sich wieder um. Sie nehmen den Tallít vom Kopf, steigen herunter, gehen an ihren Platz und ziehen sich die Schuhe an. Den Segen haben sie nämlich ohne Lederschuhe oder auch barfüßig gebetet. »Der Ort, auf dem du stehst, ist Boden der Heiligkeit« (Ex 3,5), hörte Mose bei der Gotteserscheinung am Dornbusch. Auch der Ort, auf dem die Priester stehen, wenn sie Gottes Segen für Israel empfangen, ist geweiht. Wie Mose (ib.) nehmen daher auch sie die Schuhe von den Füßen.

An jedem Tag der Woche während des Morgengottesdienstes, am Sabbatmorgen gleich zweimal, wird in Israel (oder zumindest in Jerusalem, andernorts variieren die Bräuche) der Segen aus Num 6,24–26, der »aaronitische Segen«, von den Priestern gesprochen – bis zu diesem Tag, obschon es keinen Tempel mehr gibt und sein einstiges Brauchtum nur noch in der Erinnerung weiterexistiert. Die *kohaním* wissen aufgrund jahrtausendealter Tradition, daß sie einer Priesterfamilie angehören, den Familien Kohn oder Kahn oder Katz, aber auch anderen Sippen, die keine spezifischen Priesternamen besitzen. Und die Leviten, die Priester niedrigeren Standes, die »Hilfsdienste« im Jerusalemer Heiligtum auszuführen hatten, die »Söhne Levis« waschen ihnen die Hände. In Reinheit sollen die *kohaním* vor Gott hintreten, wenn sie den Segen verkünden. Für die Reinheit stehen auch die Leviten ein.

Keiner aus der Gemeinschaft darf hinblicken, wenn die Priester ihre Aufgabe erfüllen, und viele schließen ihre Augen und nehmen die Segensworte in sich auf, mit voller Konzentration und mit dem heißen Wunsch auf Erhörung. »Es segne dich der Herr und behüte dich . . .« Die Worte sind nicht verbraucht, nicht abgegriffen. Gottes Segen wird genauso erfleht wie eh und je. Es gibt Worte, die für die Ewigkeit geschaffen sind. Der Priestersegen zählt zu ihnen.

Leitworte des hebräischen Textes

ko, V 23, heißt »hier«, »jetzt« oder (wie in unserem Vers) »so«.

Von *b-r-ch II*, Piel, »segnen«, kommen im Abschnitt drei Formen vor: *t'warachú*, »ihr sollt segnen« (Imperfekt), V 23; *j'warech'chá*, »er möge dich segnen« (Imperfekt mit Suffix), V 24; *'awarchém*, »ich werde sie segnen« (Imperfekt mit Suffix), V 27.

'amór, V 23, ist Infinitivus absolutus mit Imperativbedeutung: »sag!« (von *'-m-r*, Qal), vgl *sachór*, »gedenke!«, Ex 20,8.

w'jischm'récha, V 24, (Imperfekt des Qal von *sch-m-r*, »hüten, behüten«, mit Suffix), »er möge (wird) dich behüten«.

ja'ér, V 25, »er lasse leuchten«, »hell werden« (Imperfekt des Hiphil von *'ur*, »hell werden«; *ja'ér* entspricht *ja'ír*).
wijchunéka, »er möge dir gnädig sein« (Imperfekt des Qal von *ch-n-n* mit Suffix; Lex 321); B-R: »sei dir günstig«.
jisá', V 26, »er möge (wird) erheben« (Imperfekt des Qal von *n-s-'*).
panáw, »sein Gesicht« (*paním* mit Suffix). Die Wendung »sein Gesicht erheben« meint »jemandem geneigt sein« (Lex. 684).
w'jasém (Jussiv des Qal von *sim*), »er möge dir setzen« (schenken), V 27. Von *sim* kommt auch *w'samú* (Perfekt mit *waw* consecutivum), »sie sollen setzen«.

Der Text in der Exegese

Umständlich ist die Einleitung. Sie besteht aus einer zweifachen Rede: Gott redet zu Mose und beauftragt ihn, zu Aaron und seinen Söhnen zu reden. Warum wendet sich Gott nicht direkt an Aaron? Weshalb bedarf Er des Mose als eines Mittlers?
Die Antwort ergibt sich aus einem Blick auf die vielen Stellen, da Gott mit Mose spricht und Aaron nur zuhört. Die Formel »es redete der Herr zu Mose wie folgt« *(wajdabér 'adonáj 'el Mosché le'mór)* oder »es sagte der Herr zu Mose wie folgt« *(wajó'mer 'adonáj 'el Mosché le'mór)* ist sehr geläufig. Gelegentlich heißt »es redete der Herr zu Mose und Aaron« (Ex 6,13; Lev 11,1 u. a.), höchst selten aber: »Gott redete zu Aaron« (Lev 10,8; Num 18,8; selbstredend in Ex 4,27, wo Aaron erfährt, daß Mose ihm entgegenkommt). Gott spricht immer zum »Hauptdarsteller«, zum wichtigsten Sprecher des Volkes. Sein Auftrag ergeht zuerst an die Persönlichkeit an der Spitze, und erst durch sie wird der Auftrag – oft hierarchisch – an die Volkspyramide weitergeleitet. Der »Hauptdarsteller« ist aber Mose. Und so wird selbst beim spezifischen Priestersegen für Aaron und seine Nachkommen Mose eingeschaltet.

»So sollt ihr die Israeliten segnen, sagt zu ihnen: . . .« (V 23)
»So« – der Wortlaut des Textes ist fixiert.

»Woher ergibt sich, daß ein Priester, der die Plattform (zum Segnen) betritt, sich nicht denke: ›Nachdem mir die Torá erlaubt, Israel zu segnen, will ich meinen eigenen Segensspruch (wie Dtn 1,11: ›Der Herr ... mehre euch tausendfach‹) beigeben? Weil es heißt: ›Fügt nichts zur Sache hinzu!‹ (Dtn 4,2) (b. Rosch Haschaná, 28b).

Seit Jahrtausenden besteht der Priestersegen tatsächlich unverändert fort. In einem Felsengrab des Hinnomtals, Jerusalem, entdeckten Ausgräber zwei kleine Silberrollen mit dem Priestersegen, eingeritzt in althebräischen Schriftzeichen. Die Silberrollen stammen aus dem 7. Jh. v. d. Z. Es ist das bisher älteste Zeugnis mit einem biblischen Text.
Im Segen der Priester ist der Segen an Israels Stammväter mitenthalten (Gen. r. 43,8):

»Bei Abraham steht geschrieben: ›So *(ko)* wird deine Nachkommenschaft sein‹ (Gen 15,5), bei Isaak: ›So weit *(ʿad ko)* gehen ich und der Knabe‹ (auf dem Gang zum Opfer, Gen 22,5) bei Jakob: ›So sprich zum Hause Jakobs‹ (Ex 19,3).«

»So sollt ihr die Israeliten segnen«:

»In der Sprache der Heiligkeit (Hebräisch), stehend, mit erhobenen Händen, mit dem vierbuchstabigen Gottesnamen, mit dem Gesicht zur Gemeinschaft hin« (Mischná Sotá, VII,6; b. Sotá, 38a; Nachmanides, Chisqúni, R. Samuel ben Me'ir [Raschbam], 174).

Mit besonderem Nachdruck sind die Priester aufgefordert, den Segen »ihnen (Israeliten) zu sagen« *(ʾamór lahém)*:

»*ʾamór* ist plene (›voll‹, mit *waw*) ausgeschrieben: mit vollem Herzen müssen die Priester den Segen sprechen. Und so entbiete jeder Mensch seinem Nächsten den Friedensgruß aus vollem Herzen« (Tanchúma', nasó', 10).

Konzentriert erfüllen »Aarons Söhne« ihre Pflicht:

»Sie denken nur an den Inhalt und das Gebet, an sonst nichts« (Abarbanel, IV,23).

Zu »ihnen« zählen nicht nur die Angehörigen des Volkes, zu »ihnen«, den zu Segnenden, zählt auch der Fremde, der im Lande lebt (b. Sotá, 38a; R. M'juchás bar Eliahu, perúsch ʿal séfer bamidbár, 37).
Der Segen besteht aus drei Teilen (V 24.25.26). Die Zahl der Worte steigt von drei auf fünf und sieben. Die Fülle nimmt zu. Wegen der Dreiteilung heißt der Priestersegen *b'rachá m'schuléschet*, »dreifacher Segen« (Gebetbuch s'fat 'emét, 48).
Jeder Vers enthält zwei Verben. Das erste steht am Satzbeginn, ihm folgt der Gottesnamen *'adonáj*, »Herr« (s. R. M. D. Cassuto, Priestersegen, in: Enc. miqra'ít, II,359). B-R bewahren in der Übersetzung die hebräische Versstruktur:

»Segne dich ER und bewahre dich,
lichte ER sein Antlitz dir zu und sei dir günstig,
hebe ER sein Antlitz dir zu und setze dir Frieden.«

1. Zeile: »Es segne dich der Herr und behüte dich«

»Segen«, *b'rachá*, ist die unbeschränkte Fülle an den Gaben Gottes, der materiellen wie der geistigen. Dtn 28,2–6 nennt »alle diese Segnungen, die dich erreichen«, wenn Israel auf Gottes Stimme hört:

»Gesegnet du in der Stadt,
gesegnet du auf dem Feld,
gesegnet
die Frucht deines Leibes,
die Frucht deines Bodens,
die Frucht deines Viehs,
der Wurf deiner Rinder, die Brünste deiner Schafe,
gesegnet deine Mulde und dein Backtrog,
gesegnet du bei deiner Ankunft,
gesegnet du bei deiner Ausfahrt!« (B-R).

Zum Segen Gottes gehören Kinder (Gen 1,28; 9,1), die Fruchtbarkeit der Herden und des Ackerbodens (Gen 49,25), ein gutes Gelingen der Arbeit (Gen 27,27; Ex 23,25), des »Werks deiner Hände« (Dtn 2,7; 28,8), das Glück für die Familie (2Sam 7,29), für das Volk und alle Menschen (Gen 12,3), vor allem auch der Frieden (Num 6,26; Ps 29,11). Wer Gottes Segen empfängt, ist ein »Gesegneter des Herrn« (*b'ruch 'adonáj*, Gen 24,31; 26,29).
»Es segne dich der Herr« (V 24) umfaßt die ganze Segensfülle, sicher auch materielle Güter.

»Er segne dich mit irdischem Besitz, denn ›ohne Mehl ist keine Torá‹ (= ohne Nahrung kein geistiges Schaffen; Sprüche der Väter, 3,15)«, schreibt R. O. Sforno.

Wichtig ist dabei, daß der Besitz, der nun einmal notwendig ist, nicht zerrinnt:

»Er schütze dich vor Räubern, die dir alles nehmen wollen« (Raschi).

Gewiß aber gilt der Segenswunsch der ersten Zeile nicht nur den irdischen Gaben. In Qumrān (Gemeinderegel, sérech hajáchad, II,3; E. Lohse, 6) heißt es:

»Er segne dich mit allem Guten
und schütze dich vor allem Bösen.«

Segen und Schutz betreffen den ganzen Menschen:

»Er behüte dich, damit Seine Sch'chiná (Gegenwart) nicht von dir weicht« (Midrasch léqach tow, R. M. M. Kascher, XXXVII,98).
»Er behüte dich, damit dein Trieb zum Bösen nicht über dich herrsche« (Sifré, nasó').

2. Zeile: »Es lasse dir leuchten der Herr Sein Antlitz ...«

»Im Licht des königlichen Antlitzes ist Leben« (Spr 16,15). Wenn der König »strahlt«, müssen sich seine Untertanen nicht fürchten. Sie wissen sich des Schutzes und der Güte ihres Herrschers sicher. In antropomorpher Weise wird Analoges von Gott gesagt. Wenn Er sich vom Menschen abwendet, so »verbirgt Er sein Angesicht« (Dtn 31,18; Jes 8,17 u. a.). Wendet Er sich ihm aber zu, so »erhebt Er« es (*jisá' ... panáw*, Num 6,26) und »läßt es leuchten«.

»Er schenke dir das ›Leuchten Seines Antlitzes‹. ›Leuchten‹ meint nichts anderes als Leben (schenken)« (Tanchúma', nasó', 10).
»Was immer du von Ihm erflehst und wann immer du es erbittest – Sein Antlitz leuchtet« (Ibn Esra).

Im Hauptgebet der jüdischen Liturgie (»Achtzehnergebet«, s'fat 'emét, 48) stehen die Worte:

»Verleihe Frieden, Glück und Segen, Gnade, Liebe und Erbarmen uns und ganz Israel, Deinem Volk. Segne uns allesamt im Licht Deines Antlitzes; denn im Licht Deines Antlitzes gabst Du uns, Herr, unser Gott, die Lehre *(torá)* des Lebens, Liebe, Gerechtigkeit und Segen, Erbarmen, Leben und Frieden.«

R. S. Kluger (zit. bei R. J. Jacobson, n'tiw biná, I,340) sagt:

»Die Hauptsache des Gebets liegt bei der Bitte, Gott möge uns Sein Antlitz leuchten lassen. Wenn wir dessen würdig sind, dann werden wir der ganzen Segensfülle würdig.« (Vgl Ps 80,20: »... Laß Dein Antlitz leuchten – so ist uns geholfen!«)
Vgl den Midrasch (R. M. M. Kascher, aaO, 101): »Sein Angesicht – das ist die Weisheit ..., Sein Angesicht – das ist die Hilfe.«
M. Maimonides (FdI, I, 117–120, Kap. 37): »Er lasse uns durch Seine Vorsehung geleiten.« Das leuchtende Gottesantlitz erinnert an die Feuersäule, die die Israeliten in der Sinaiwüste begleitete, »um ihnen (nachts) zu leuchten« (Ex 13,21; Bibelauslegungen, II,51 ff).

Wenn Gottes Antlitz erstrahlt, beginnt auch des Menschen Gesicht zu strahlen, den Gottessegen gleichsam auszustrahlen. In der Ausdrucksweise des Sifré (nasó', z. St.):

»Er schenke dir das Leuchten der Augen.«

In Qumrān beteten die Frommen (E. Lohse, aaO):

»Er erleuchte dein Herz mit der Einsicht des Lebens« *(ja'ír libchá w'séchel chajím)*.

In jedem Fall wird durch den Begriff des Leuchtens »das Verschenken einer

Lichtfülle« ausgedrückt (N. Leibowitz, ʿijuním b'faraschát haschawúʿa, nasó', 1961, 155).

»und sei dir gnädig« (wijchunéka):
»Er gebe dir Seine Gnade, wohin du gehst (vgl Est 2,15)« (R. M. M. Kascher, 102).
»Er erfülle dir alle deine Wünsche (Ex 33,19), Er lasse dich Gefallen finden in den Augen der Geschöpfe (Gen 39,4: Josef), Er begnade dich mit Erkenntnis, Einsicht ... und Weisheit (auch mit dem Wissen Seiner Lehre, Spr 4,9)« (Sifré, aaO).
Vgl Qumrāns »Gemeinderegel«: »Er begnade dich mit ewigem Wissen.«
Durch die »Gnade«, *chen* (oft mit »Gunst, Gefallen« übersetzt), findet der Mensch – wie die zukünftige Königin Esther (Est 2,17) – eine freundliche Aufnahme bei den anderen (R. Bachja ben Ascher, III,31). R. J. H. Hertz (z. St.) verweist auf den Ausspruch des im frühen 2. Jh. d. Z. lebenden R. Chanina ben Dosa:

»Jeder, der den Menschen gefällt, gefällt auch Gott, und jeder, der den Menschen nicht gefällt, gefällt auch Gott nicht« (Sprüche der Väter, 3,13). »Den Menschen«, nicht: allen Menschen; denn dies ist eine Kunst, die keiner vermag. Bei Mordechai, Esthers Oheim, heißt es (Est 10,3): »Er war erwünscht bei der Mehrheit seiner Brüder.« Ibn Esra bemerkt (z. St.): »Wegen der Eifersucht der anderen kann ein Mensch nicht allen gefallen.« Wenn er der Mehrheit gefällt, ist freilich schon viel erreicht.

In der ersten Zeile liegt der Akzent auf den materiellen Gottesgaben, in der zweiten zweifellos auf den geistigen (Malbim, II,602; R. I. Reggio, IV, 35a u. a.). In Kürze spricht Josef zu (dem ihn nicht erkennenden) Benjamin: »Gott begnade dich, mein Sohn!« (*'elohím jochn'chá b'ni*, Gen 43,29; B-R: »Gott sei dir hold, mein Sohn«). So begrüßt der mächtige Josef den um Hilfe ihn angehenden Bittflehenden, und damit hat er ihm alles gewünscht, was er sich auszudenken vermag. »Gott begnade dich, mein Sohn!« entspricht unserem »Er sei dir gnädig« (vgl Ibn Esra: »Hast du Ihn in der Not angefleht, so schenkt Er dir die Gnade.«) Und mit analogen Worten spricht der Psalmist (67,2), wobei die Worte des Priestersegens im Hintergrund durchschimmern:

»Gott sei uns gnädig und segne uns,
Er lasse leuchten Sein Antlitz bei uns. Sela.«

3. Zeile: »Es erhebe dir der Herr Sein Antlitz zu und schenke dir Frieden«
Wieder ist vom göttlichen Antlitz die Rede. Es »leuchte« nun nicht mehr

nur, so wird erbeten, es erhebe sich »dir zu« *('elécha)*, dir – der Gemeinschaft und jedem einzelnen Menschen in ihr (R. Ch. Rabinowitz, dá'at sofrím 'al hatorá, II,50). Wem Gottes Antlitz sich zuwendet, findet Verzeihung für seine Schuld und Missetat:

»Es erhebe dir der Herr Sein Antlitz zu – Er unterdrücke Seinem Grimm« (Num. r. 11,14; Raschi).

Das umfassende Glück stellt sich ein. R. Samuel ben Me'ir nennt Lev 26,9:

»Ich wende mich zu euch *(ufaníti 'alechém)*, lasse euch fruchtbar werden, vermehre euch. Und Ich lasse Meinen Bund mit euch bestehen.«

Die Zuwendung des göttlichen Gesichts ist »Symbol Seiner Liebe und Seines Wohlgefallens« (A. Weiser, IV,20). Verständlicherweise, denn wer wütend ist, wendet sein Gesicht ab, er will jenen, dem er zürnt, nicht anschauen. Söhnt er sich dann mit ihm aus, so richtet er sein Gesicht und seinen Blick wieder auf den einstigen Gegner. In seiner totalen Unterwürfigkeit, die dem Todesschrecken entspringt, spricht Jakob zu seinem Bruder Esau (Gen 33,10):

». . . Nimm doch meine Gabe von mir (aus meiner Hand) an; denn ich habe doch dein Gesicht gesehen, wie man das Antlitz Gottes sieht – und du hast mich gewollt« (B-R für *watirzéni*: »und du warst mir gnädig«; J. Wohlgemuth – J. Bleichrode: »du hast mich gütig aufgenommen«).

»und schenke dir Frieden« (eigentlich: »und setze«, »lege« dir Frieden). Das höchste Gut wird mit dem *schalóm*, dem »Frieden«, der »Unversehrtheit« (das meint *schalóm* ursprünglich) ersehnt (M. Mendelssohn: »Glückseligkeit«).

»Frieden bei deinem Kommen, Frieden bei deinem Gehen. Frieden mit jedem Menschen . . . R. El'asar sagt: Groß ist der Frieden, denn die Propheten haben in den Mund der Geschöpfe nichts anderes eingepflanzt als den Frieden (Friedenswunsch, -gruß). R. Schim'on bar Chalafta sagt: Groß ist der Frieden, denn es gibt kein größeres Gefäß für den Segen als den Frieden; wie es heißt (Ps 29,11): ›Der Herr segnet Sein Volk mit dem Frieden‹« (Num. r. 11,7).

Wie die Priester mit der Bitte um Frieden schließen, so endet auch das Schmone Esre-Gebet mit dem Friedenswunsch:

»Gepriesen seist Du, Herr, der den Frieden schafft« *('osé haschalóm)*, in der häufigeren Version: »der Sein Volk Israel mit dem Frieden segnet.«

Ziel der Geschichte ist der Frieden, das »Friedensreich« (Jes 2,4), und selbst in der Zeit, da die Kriege noch nicht verschwunden sind, muß ein Feldherr Israels der belagerten Stadt den Frieden anbieten (Dtn 20,10: »Ruf ihr zu zum Frieden«, fordere sie zum Frieden auf). Es genügt nicht, auf den Frieden zu warten, man muß sich mit ganzer Kraft für den Frieden einsetzen:

»Chisqija sagte: Groß ist der Frieden, denn bei allen (kasuistischen) Geboten heißt es ›wenn‹ (dies und dies geschieht: ›wenn du auf den umherirrenden Ochsen oder Esel deines Feindes triffst, gib ihn ihm zurück‹, Ex 23,4 u. a.) – kommt (die Gelegenheit für das) Gebot in deine Hand, so mußt du es erfüllen, wenn nicht, so brauchst du es nicht zu tun. Was aber wurde über den Frieden gesagt? ›Suche den Frieden und jage ihm nach!‹ (Ps 34,15) – suche ihn an deinem Ort und jage ihm nach, wenn du woanders bist (als der Frieden)« (Talmudisches Kapitel über den Frieden [péreq haschalóm]; Lev. r. 9,8).

Alle Schätze unserer Erde taugen zu nichts, wenn der Frieden fehlt. Die Weisen lehren zu Lev 26,6:

»Vielleicht sagt ihr: Hier ist Speise, hier ist Trank (ib. V 3–5), fehlt aber der Frieden, so ist nichts da! So heißt es (ib. V 6): ›Ich schenke Frieden dem Lande, und ihr legt euch hin, und keiner fürchtet sich ...‹ Entsprechend wird gesagt (Jes 45,7): ›Er schafft den Frieden ...‹ Der Vers lehrt, daß der Frieden alles andere aufwiegt« (Sifrá, b'chuqotáj, Lev 26; Raschi z. St.).

Der Frieden – in Qumrān betete man um den »Frieden für ewig« (*sch'lom ʿolamím*; aaO) – ist das höchste Gut, das Gott dem Menschen und der Menschheit schenken kann. Im Gedanken an den schwierigen Vers in Ex 33,23 (Bibelauslegungen, I,108 ff) schreibt H. Cohen (Religion der Vernunft aus den Quellen des Judentums, 516):

»Der Priestersegen schließt mit dem Frieden, mit der Einsetzung des Friedens ... In dieser Einsetzung des Friedens wendet Gott sein Antlitz den Menschenkindern zu. So läßt sich dieser Satz als eine Antwort betrachten auf das Gesuch Moses, das Angesicht Gottes zu erkennen. Der Friede ist dieses Angesicht, die Vorderseite Gottes, und alle Rückseiten, alle Wirkungen und Folgen sind solche des Friedens.«

Der Priestersegen besitzt – wir erkennen es jetzt deutlich – eine Steigerung, die sich formal durch ein Zunehmen der Worte (3–5–7) zeigt. Die erste Zeile wünscht vornehmlich die irdischen Gaben, die zweite die geistigen, die dritte kulminiert im höchsten Wert: im Frieden (s. R. J. H. Hertz; N. Leibowitz, aaO; Malbim, aaO).
Der letzte Vers unseres Abschnitts nimmt die Richtlinie von V 23b (»so sollt ihr die Israeliten segnen«) nochmals auf und akzentuiert sie:

»Woher ergibt sich, daß die Israeliten nicht glauben sollen, ihr Segen hänge von den Priestern ab, und die Priester nicht sagen, sie seien es, die die Israeliten segneten? Weil es heißt: ›und *Ich* werde sie segnen‹« (Sifré, z. St.).

Daher steht auch in V 27a: »Sie sollen Meinen Namen auf die Israeliten legen« – »In Meinem, nicht in ihrem Namen sollen sie Israel segnen« (R. Samuel ben Me'ir). Die Priester »legen« den Gottesnamen, und Gott »legt« den Frieden (V 26).

»Das ›Legen des Gottesnamens‹ auf Israel führt zur innigen Verbindung Israels mit Gott, es führt zu Seiner Gegenwart *(sch'chiná)*« (R. Ch. Rabinowitz, aaO).

Wenn »Mein Name«, Gottes Name, über Israel ruht, ist der Segen von unverbrüchlicher Dauer (R. O. Sforno). Die mit erhobenen Händen den Segen sprechenden Aaronsöhne, die Priester aller Zeiten, sind nichts als »Werkzeuge« in Gottes Hand. Sie sprechen den Segenswunsch aus, Gott aber bringt ihn zur Erfüllung.

Wegweisung für unsere Zeit

Wenn alles von Ihm abhängt, weshalb bedarf Er dann überhaupt der segnenden Priester? Könnte er Seine reiche Segensfülle nicht auch ohne den händeerhebenden Menschen verströmen lassen? Gewiß könnte Er dies. Sein Wille ist es aber, daß sich die Gemeinschaft wie der einzelne um den Segen bemühen, daß sie nicht einfach warten, bis sie das Gute erreicht. Mit den Lippen, mit dem Herzen, mit den Händen, d. h. durch das Reden, Fühlen, Denken und Tun tritt jene Situation ein, da Gott, der segnen will, den Segen schenkt. Die Bereitschaft zur Segensaufnahme geht vom Menschen aus, eine Bereitschaft, ohne die der Gottessegen nicht oder nicht wirklich zum Tragen kommt.
Die Erfahrung zeigt es: Menschen, die das Gute nicht empfangen wollen, empfangen es nicht. Der Frieden wird nicht geschenkt, er muß errungen werden. »Gott stiftet den Frieden in den Höhen«, formuliert ein Satz der täglichen Liturgie, »Er möge auch Frieden stiften uns und ganz Israel«, und allen Völkern. Doch wenn der Gottesfrieden sich einwurzeln soll, muß die Menschheit mitwirken: Mit Händen, die – erhoben – den Segen erflehen, mit Händen, die – formend und gestaltend und dem Mitmenschen zur Aussöhnung gereicht – den Frieden festigen. Im letzten sind wir alle Priester Gottes, Priester für den Menschen.

». . . an der Last des Volkes tragen«

Num 11,10–12.14–17.24–25

10 Mose hörte, wie das Volk nach seinen Sippen weinte,
jeder am Eingang seines Zeltes. Da entbrannte der Zorn des
Herrn gar sehr, und in Moses Augen war es schlecht.
11 Es sagte Mose zum Herrn: Warum hast Du böse gehandelt
an Deinem Knecht, warum habe ich keine Gnade gefunden
in Deinen Augen, daß Du die Last dieses ganzen Volkes auf mich
legst?
12 Habe ich dieses ganze Volk getragen,
oder habe ich es gezeugt,
daß Du zu mir sprichst:
Trage es an deinem Busen,
wie der Wärter den Säugling trägt
zum Land hin, das Du seinen Vätern zugeschworen hast!
14 Ich kann dieses ganze Volk nicht alleine tragen,
denn es ist zu schwer für mich.
15 Wenn Du aber so an mir handelst,
so töte mich doch, wenn ich Gnade in Deinen Augen gefunden habe,
damit ich mein Unglück nicht ansehen muß.
16 Da sagte der Herr zu Mose:
Versammle Mir siebzig Mann von den Alten Israels,
bei denen du weißt, daß sie die Alten des Volkes
und seine Beamten sind.
Nimm sie zum Stiftszelt,
und dort sollen sie sich mit dir hinstellen.
17 Ich steige nieder und spreche mit dir dort,
und Ich übertrage vom Geist, der auf dir ist,
und lege ihn auf sie.
Sie sollen mit dir an der Last des Volkes tragen,
damit du (sie) nicht alleine trägst.
24 Mose ging weg und teilte dem Volk die Worte des Herrn mit,
und er versammelte siebzig Mann von den Alten des Volkes
und ließ sie stehen rings um das Zelt.

25 Der Herr stieg in einer Wolke nieder und sprach mit ihm,
und Er übertrug vom Geist, der auf ihm war,
und gab ihn auf die siebzig Mann, die Alten.
Als der Geist auf ihnen ruhte, prophezeiten sie,
doch sie fuhren nicht (damit) fort.

Der Text im Kontext

Beim Auszug der aus der ägyptischen Knechtschaft befreiten Israeliten schließen sich Fremde an. Sie heißen (im despektierlichen Urteil der Bibel) *'érew raw*, eine »große Vermengung« (Lex. 831), »viel gemischtes Volk« (J. Wohlgemuth–J. Bleichrode), »viel Schwarmgemeng« (B-R; Ex 12,38). »Es sind Leute Ägyptens, die sich mit ihnen (Israeliten) vermischt haben« (R. Samuel ben Me'ir; *'érew* kommt von *'-r-w II*, »vermischen«). Die turbulenten Stunden vor dem Auszug, da die Ägypter wegen des Todes ihrer Erstgeborenen von panischer Angst gepackt sind (Ex 12,33), bietet dem »Schwarmgemeng« die große Chance, desgleichen aufzubrechen. Freilich fällt diesem Völkergemisch die Integration schwer. Die Fremden, die in Num 11,4 *'asafsúf* (»Mischmasch«, B-R) heißen, bleiben Outsiders, ein Kern der »Oppositionellen«, rasch unzufrieden, rasch zur Meuterei bereit. Es fehlt ihnen, so läßt sich vermuten, die Motivation für die mühsame Wanderung durch die Wüste. Sie möchten rasch am Ziel angekommen: in dem Israel verheißenen Land. Die Zeitspanne zwischen dem Auszug aus Ägypten und dem Einzug in Kanaan, die gerade wegen der Entbehrungen den Freigewordenen die innerliche Festigung ermöglicht (Dtn 8,2–6), ist für sie wertlos. Oft »murrt« Israel gegen Gott und Mose, weil es die harten Wüstenbedingungen nicht mehr aushält (s. Bibelauslegungen, II,62–65), und beim »Murren« ist der »Mischmasch« wohl immer dabei. In Num 11,4 wird er ausdrücklich erwähnt. Er ist des ewigen Einerleis – des Manna – überdrüssig, er möchte endlich wieder einmal etwas Richtiges »zwischen die Zähne« (Num 11,33) bekommen: Fleisch. Und so wird aus dem verständlichen Wunsch »ein Gelüst« (*ta'awá*; B-R in V 4), eine Gier, die im Nu alle übrigen Wüstenwanderer mit sich reißt. Die Leute setzen sich hin und weinen, weil ihnen die »Fleischtöpfe Ägyptens« (Ex 16,3) abhanden gekommen sind. Sie denken an »die Fische, die wir in Ägypten umsonst (!) essen konnten, an die Gurken, die Melonen, den Lauch, die Zwiebeln und den Knoblauch« (Num 11,5).

Mose trägt einen schweren Packen, den er von Anfang an nicht übernehmen wollte. Beim ersten Anruf Gottes während der Offenbarung am Dornbusch sagt er (Ex 4,13): »Ach, mein Herr, schick doch, durch wen du schicken magst!« (B-R). Die Weigerung wird nicht angenommen. Mose muß (im Alter von achtzig Jahren, Ex 7,7) vor den König Ägyptens hintreten und – nicht minder einfach – »seine Brüder« (2,11) aus den körperlichen und geistigen Fesseln der Sklaverei herausreißen. Gelegentlich fehlt ihm dazu die Kraft, gelegentlich verzweifelt er, und so schreit er auf zu Gott und ersehnt seinen Tod. Von einem solchen Aufschrei und seinen Folgen spricht unser Abschnitt.

Leitworte des hebräischen Textes

Das Volk *(haʿám)* »weint«, *bochéh* (Partizip des Qal von *b-ch-h*), V 10. Zum ersten Mal ist in der Torá vom »Weinen« Israels die Rede (weitere Verbformen in V 13.18.20, die nicht zum Abschnitt gehören).
wajíchar (Imperfekt des Qal von *ch-r-h* mit *waw* consecutivum), »es entbrannte«, der »Zorn« (*'af*; eigentlich: die »Nase«, die beim Ergrimmen zu »brennen« beginnt: sie verfärbt sich rot).
hareʿóta, V 11, »du hast böse gehandelt« (Perfekt des Hiphil von *r-ʿ-ʿ*; vgl *raʿ*, »böse, schlecht«, V 10), »du läßt übel ergehen« (J. Wohlgemuth–J. Bleichrode). In V 15 heißt *b'raʿatí*, »mein Übel« (B–R), »mein Unglück«.
mazáti entspricht einem *mazá'ti* (von *m-z-'*), »ich habe gefunden«.
chen (von *ch-n-n*) ist »Gunst, Gnade, Wohlgefallen«.
Siebenmal kehrt im Abschnitt die Wurzel *n-s-'*, »tragen«, wieder: neben dem Nomen *masá'*, V 11, »Traglast, Last« (Lex. 604), die Verbformen des Qal: *sa'éhu*, V 12, »trag ihn!« (Imperativ mit Suffix), *jisá'*, »er wird tragen«, und *tisá'*, V 17, »du wirst tragen« (Imperfecta), *lasé't*, V 14, »zu tragen« (Infinitivus constructus), *w'nas'ú*, »sie werden tragen« (Perfekt mit *waw* consecutivum), V 17.
haríti (Perfekt des Qal von *h-r-h*) »ich empfing, war schwanger« (Lex. 245), V 12.
j'lid'tíhu (Perfekt des Qal von *j-l-d* mit Suffix) heißt (bei der Frau) »ich habe geboren«, beim Mann (Gen 4,18; 10,8 u. a.) »ich habe gezeugt« (Lex. 393; Ibn Esra), V 12.
cheq ist der »Busen« (B-R), der »Schoß« (Lex. 300). Am *cheq* trägt der gute Hirte die jungen Lämmer, wenn sie müde sind (Jes 40,11, s. unten, S. 206).
'omén (das männliche Gegenstück zu *'oménet*, »Amme«) ist der »Wärter, Vormund« (Lex. 62).

horgéni, V 15, zur Verstärkung verbunden mit dem Infinitivus absolutus *haróg*, ist Imperativ des Qal mit Suffix: »töte mich!«, B-R: »umbringe, umbringe mich doch«; J. Wohlgemuth–J. Bleichrode: »so töte mich doch lieber«.

'esfáh (für *'isfáh*) ist Imperativ des Qal von *'-s-f* mit der Verlängerung *-ah* am Schluß (W. Gesenius, 138, Nr. 48i) und heißt »sammle!« B-R: »hole mir zusammen«, J. Wohlgemuth–J. Bleichrode, L. Zunz: »versammle mir«; V 16.

w'hitjazwú (Perfekt des Hitpael von *j-z-w* mit *waw* consecutivum), sie werden (sollen) sich hinstellen« (Lex. 408), B-R: »sie sollen treten zu«.

w''azaltí, V 17, ist Perfekt des Qal von *'-z-l* mit *waw* consecutivum: »ich werde wegnehmen« (von *'-z-l II*, Lex. 79), L. Zunz: »ich werde entnehmen«, B-R: »aussparen«. Nach W. Baumgartner (Lex. aaO) gehört die Präposition *'ézel*, »neben, bei«, zu einer Wurzel *'-z-l III*. Nach Ibn Esra, Nachmanides, R. J. Caspi u. a. ist *'ézel* unserem *'-z-l* zuzuordnen. *'-z-l* heißt nach ihnen etwas »neben sich zurückbehalten« (Nachmanides), »nehmen, was bei einem anderen ist« (Ibn Esra). M. Mendelssohn übersetzt *w''azaltí* mit »ich werde beiseite legen«. In V 25 steht *wajá'zel* (Imperfekt des Qal mit *waw* consecutivum), »er nahm weg« (Lex. aaO; E. S. Hartom, 44). Nach Ibn Esra handelt es sich um ein Imperfekt des Hiphil (vgl Enc. Welt der Bibel, bamidbár).

rúach ist »Geist«, B-R: »Geistbraus«.

wajitnab'ú (Imperfekt des Hitpael von *n-b-'* mit *waw* consecutivum), »sie gebärdeten sich als Propheten« (nach Lex. 623), L. Zunz: »sie weissagten«, J. Wohlgemuth–J. Bleichrode: »sie fingen an zu weissagen«, B-R: »kündeten sie einher«.

jasáfu (Perfekt des Qal von *j-s-f* in Pausaform), »sie fügten (nicht) hinzu«, Lex. 399: »taten es (= Prophezeien) nicht wieder«. Raschi, R. D. Kimchi u. a. verweisen auf das Targúm: *pasqín*, »sie hörten (nicht) auf«. *jasáfu* käme danach einem *jasúfu* gleich (Imperfekt des Qal von *suf*; Lex. 705; Sch. L. Gordon), »sie werden (nicht) ein Ende finden«.

Der Text in der Exegese

»Mose hörte, wie das Volk nach seinen Sippen weinte, jeder am Eingang seines Zeltes.« Das Weinen ist hochoffiziell, Zeichen des Mißtrauens und Trotzes. Wer weinen will, kann es »im Zelt« tun, er bedarf dazu nicht der Unterstützung anderer. Wenn die Leute »nach Sippen« weinen, vor dem

Zelt – sonst ist dies nur bei der Totenklage üblich (Ibn Esra) –, so wollen sie gesehen und gehört werden.

»Familienweise versammeln sie sich und weinen, um die Erbitterung in der Öffentlichkeit kundzutun« (Raschi).
»Sie warteten auf Mose, bis er aus dem Zelt (»Lehrhaus«) herauskam, dann setzten sie sich hin und reklamierten« (Sifré, b'ha'alotchá, z. St.).

Es mag sein, daß sich die Wut über die »Fleischlosigkeit« mit ohnehin bestehenden Ressentiments verbindet.

»Wir haben gelernt: R. Schim'ón bar Jochai sagt: ... es weinte wegen der sechs Verbote zur Blutschande, die ihm Mose auferlegt hatte« (j.Ta'anít, IV,5; Raschi z.St.)

In jedem Fall ist das Gemeinschaftsgeheul völlig ungerechtfertigt.

»Es sagte R. Schim'on bar Jochai: Der Heilige, gelobt sei Er, sprach zu Israel: Ihr habt ein Weinen des Nichtigen geweint. Dereinst werdet ihr wirkliches (berechtigtes) Weinen weinen müssen« (Klgl r. 1,23; R. M. M. Kascher, Bd 38, 165). Dieses Weinen ist bedingt durch die Zerstörung Jerusalems und seines Tempels.

»Da entbrannte der Zorn des Herrn gar sehr, und in Moses Augen war es schlecht«. Die tief eingewurzelte Unzufriedenheit der Leute, die immer nur das Negative sehen, nie das Gute, das Beglückende, nie die Tatsache, daß Gott das Joch der Knechtschaft zerbrochen hat und die Freigewordenen in der Wüste auf wunderbare Weise am Leben erhält, ist verheerend:

»So sehr waren sie von der körperlichen Begierde beherrscht, daß sie alle geistigen Gaben, die ihnen der Herr in der Wüste schenkte, mißachteten« (R. I. Reggio).

Nicht nur Gott zürnt, auch Mose ist böse. Er fühlt sich angefeindet. Die sich harmlos gebende Frage »Wer gibt uns Fleisch zu essen?« (V. 4.18), deutet er zwar richtig. Sie ist nicht harmlos, sie ist ein Frontalangriff auf den »Gott der Freiheit, den die Murrenden verwarfen« (Num 11,20; R. W. Gunther Plaut, 1095). Allein, die Zielrichtung mißdeutet er. Er bezieht die Frage auf sich selbst, wo sie doch an Gott gerichtet ist. »Woher habe ich (!) denn Fleisch für dieses ganze Volk, nachdem sie über mich (!) weinen und sagen: Gib uns Fleisch, daß wir (es) essen!« (V 13). Die Leute haben sicher nicht erwartet, daß Mose ihnen das Fleisch hervorzaubert. Doch Mose ist frustriert, und daher sieht er die Lage in falschen Proportionen.
Er müßte für das Volk eintreten, um den Ausbruch des göttlichen Zornes zu verhindern, wie er es in ähnlichen Situation getan hat oder tun wird (nach der Verehrung des Goldenen Jungstiers, Ex 32,10f; nach der Rebellion

Korachs, Num 16,21 f, und nach der der Rebellion Korachs erfolgten Anklage des Volkes, Num 17.6.10 f). Durch sein Gebet konnte er – allein oder mit Aaron – die Katastrophe verhüten. Doch was tut er jetzt? Er bedauert sich, er will lieber sterben, als weiter in der konstanten Anfeindung durch Israel zu leben. Und weil er nichts unternimmt, um die Versöhnung Gottes zu erwirken, bricht später der »Zorn Gottes« aus. Die Unzufriedenen bekommen ihr Fleisch in Form von Wachteln (11,31), doch dann »schlägt der Herr das Volk mit einem sehr großen Schlag« (V 33). Mose hat für einmal versagt, seine Frustration hat ihn das Wesentliche zu tun gehindert (auf die Unterschiede zu den anderen Verhaltensweisen Moses s. N. Leibowitz, Studies in the Weekly Sidra, 1957, b'ha'alotchá, S. 2, die auf R. I. Arama verweist).

»Schlecht, böse« (ra') ist das Tun des Volkes in den Augen Moses. »Böse« hat aber auch der Herr ihm mitgespielt:

»Warum hast Du böse gehandelt *(hare'óta)* an Deinem Knecht ... daß Du die Last dieses ganzen Volkes auf mich legst?« (V 11).
»Das bedeutet: Weshalb brachtest Du das Unglück über Deinen Knecht?« (R. Saadia Gaon, 152)

Das ist neu. In Ägypten sah Mose das Schlimme, das anderen widerfuhr. Er schlug einen Ägypter, der einen Hebräer erschlagen hatte, und wurde zum gehetzten Flüchtling (Ex 2,11–15). Jahrzehnte später mußte er sich nach seinem erfolglosen ersten Auftritt vor Pharao die Vorwürfe der eigenen Leute gefallen lassen, die nun noch mehr als zuvor zu leiden hatten (Ex 5,7 ff), und er wandte sich vorwurfsvoll an Gott:

»Mein Herr, warum hast Du böse an diesem Volk gehandelt, warum hast Du mich (zu Pharao) geschickt?« (ib. V 22).

Jetzt reißt ihm die Geduld. Er sieht nur noch sich und seine Probleme. Je länger er redet, desto tiefer verstrickt er sich in eine seelische Depression. Unsere V 11–15 (V 13 zählt nicht zum Predigtext) zeigen folgenden *Aufbau*:

Echte Frage (V 11):	»Warum hast Du böse gehandelt ...?«
Rhetorische Frage (V 12)	»Habe ich dieses ganze Volk getragen ...?«
Technisches Problem (V 13):	»Woher habe ich denn Fleisch ...?«
Feststellung (V 14):	»Ich kann ... nicht alleine tragen«
Konsequenz (V 15):	». . . so töte mich doch«

Der erste und letzte Vers stehen dabei in einem umgekehrten Verhältnis zueinander, was die Wirkung im Schlußsatz verstärkt.

V 11
(a) Warum hast Du böse gehandelt ...?
(b) Warum habe ich keine Gnade gefunden in Deinen Augen,
(c) daß Du die Last dieses ganzen Volkes auf mich legst!

V 15
(c) ..., so töte mich doch,
(b) wenn ich Gnade in Deinen Augen gefunden habe,
(a) damit ich mein Unglück nicht ansehen muß.

Wenn Gott Mose tötet, so wäre dies die Gnade, die Er ihm zuvor versagte, als Er »böse gehandelt« und ihm die »Last« der Volksführung aufgebürdet hatte. Die wirkliche Gnade kann angesichts der großen seelischen Not und der Unfähgigkeit, »alleine dieses ganzes Volk zu tragen«, nur der Tod sein. Es ist die Gnade eines raschen Endes, da ihm die Gnade eines sinnvollen Lebens offensichtlich versagt ist.
Zu ein paar Einzelheiten. In V 12 lehnt Mose sowohl die Mutter- als auch die Vaterschaft Israels ab (»habe ich dieses ganze Volk getragen [bin ich mit ihm schwanger gewesen?/Mutterrolle] oder habe ich es gezeugt?« [Vaterrolle]; s. Abarbanel, III,50).

»Sieh, der Vater vermag seine Kinder zu leiten ..., doch Israel hat überhaupt kein Vertrauen zu mir« (R. O. Sforno).

Daher ist Mose nicht gewillt, als Wärter *('omén)* aufzutreten, der das ihm anvertraute Kind schützend bei sich birgt. Und es wäre ja ein wirklich langes Herumtragen: »zum Land hin, das Du seinen Vätern zugeschworen hast« (hier kippt das Bild wieder um: das Kind ist ein Volk!). Die echte Frage von V 11 ist nicht leicht zu beantworten. Nur Gott weiß im letzten Bescheid, weshalb Er gerade Mose zum schweren Amt erwählte, obschon sich dieser energisch gegen die Amtsübernahme zu wehren suchte. Die rhetorische Frage hingegen ist eine unechte Frage und mit einem entschiedenen Nein abzutun: »Nein, du bist weder der Vater noch die Mutter dieser widerspenstigen Kinder, du hast keinerlei Verpflichtungen, die auf die natürliche Abstammung zurückgehen!« Nur löst dieses Nein das Grundproblem nicht: Mose ist zwar kein Elternteil, aber dennoch muß er weiterhin die Verantwortung tragen.

»Hättest Du es mir nicht anbefohlen – und Dein Gebot ist nicht zu übertreten –, so wäre ich längst geflohen ...« (R. J. B'chor Schor, II,23).

Ein *'omén* hat es im übrigen viel schwerer als eine *'oménet*, eine Amme, sagt Abarbanel (III, 51):

»Die Amme kann ein weinendes Kind dadurch beruhigen, daß sie ihm die Brust gibt.«

Mose aber sieht sich als Wärter, und wenn er die Murrenden besänftigen will, so muß er ihnen den Wunsch erfüllen: doch »woher habe ich denn Fleisch, um es diesem ganzen Volk zu geben?« Wie ungewöhnlich der Vergleich ist, betont R. W. Gunther Plaut (1097), wenn er D. Daiches (Moses: The Man and His Vision, 1975,159) zitiert:

»Es ist das einzige Mal, daß uns ein Bild von Mose als Elternteil oder Pfleger der Israeliten begegnet: Die Seltenheit legt nahe, daß dieses Bild in einer extremen Verzweiflung verwendet wird.«

Mose kann »dieses ganze Volk« »nicht alleine tragen«, und er will es auch nicht: »denn es ist zu schwer für mich« (V 14; B-R: »denn zu schwer ist es mir«).

»Andere mußt Du mir beigeben, in die das Volk vertraut« (R. O. Sforno). Diese anderen – es sind die »Alten Israels« – (V 16), »werden natürlich nicht bestimmt, damit sie Mose helfen, Fleisch zu beschaffen. Vielmehr dachte Mose, daß viele Führer des Volkes Zorn besänftigen können, indem sie in der Zeit des Murrens zu ihrem Herzen reden« (Nachmanides).

Vielen gelingt eher, woran der einzelne scheitert. Die Weisen diskutieren daher über ein religionsgesetzliches Problem:

»Wenn einer als *chachám* (»Weiser«, Rabbiner) oder als Richter über die Gemeinschaft eingesetzt worden ist, soll er da allein als Richter fungieren? So haben unsere Meister gelehrt (R. Ismael in den Sprüchen der Väter, IV, 10): ›Keiner richte allein, denn nur ein Einziger (Gott) richtet allein!‹ (Hiob 23,13) . . . Und weshalb? Weil die Last der Gemeinschaft zu schwer ist und ein einzelner Mensch sie nicht alleine zu tragen vermag« (Hinweise auf Dtn 1,9; Ex 18,18; Num 11,12.14). (Dtn r. 1,10)

Mose klagt mit keinem Wort die rebellierenden Leute an, er erklärt aber mit Bestimmtheit, daß er nicht mehr zur Führung in der Lage ist (R. Ch. Rabinowitz, dáʿat sofrím ʿal hatorá, II,86). Und so wünscht er sich den Tod (andere Beispiele zum Todeswunsch von Menschen: Ex 32,32, 1 Kön 19,4; Jona 4,3; Hiob 3,3 ff; A. Kahana, bamidbár, 1969,34). Mitspielen mag ein gewisser Einblick in zukünftiges Geschehen:

»Weil der Heilige, gelobt sei Er, Mose die dereinst über Israel hereinbrechenden Katastrophen zeigte, sagte er: ›So töte mich doch . . ., damit ich mein Unglück nicht ansehen muß.‹« (Midrásch hagadól, IV,174). Es müßte eigentlich *b'raʿatám*, »ihr Unglück«, stehen, doch liegt »eine Änderung der Schreiber« *(tiqún sofrím)*, »der Männer der Großen Versammlung« (Synode; *'ansché k'nésset hagdolá*), vor, die hier und an anderen Bibelstellen eine bewußte Textemendation vornahmen (Tanchúma', b'schalách, 16; Raschi zu V 15: »zwecks Umschreibung und Verbesserung der Sprache«).

Mose möchte nicht das totale Fiasko seiner Mission erleben (R. S. R. Hirsch). »Vielleicht glaubt er auch, letzten Endes würde er durch das Volk umgebracht, und da wollte er lieber durch Gottes Hand sterben« (R. J. B'chor Schor, II,23).
Moses Aufschrei verhallt nicht im Leeren. Gott nimmt zwar weder zur echten noch zur rhetorischen Frage und zum »technischen Problem« (V 11–13) Stellung, und auch den Todeswunsch läßt Er unberücksichtigt. Doch Er gibt Mose die Anweisung zur Bildung einer »Bürokratie« und Verwaltung, die ihm bei den Aufgaben hilft. Letztlich ist die Klage »ich kann dieses ganze Volk nicht alleine tragen, denn es ist zu schwer für mich« der einzig stichhaltige Punkt der Beschwerde. Gott fordert:

»Versammle Mir siebzig Mann von den Alten Israels, bei denen du weißt, daß sie die Alten des Volkes und seine Beamten sind. Nimm sie zum Stiftszelt, und dort sollen sie sich mit dir hinstellen« (V 16).

»Versammle Mir«:

»Damit die Versammlung (Synhedrion) zu (Ehren) Meines Namens bestehe, ... für immer« (Sifré, b'ha'alotchá, 11,16).
Gott wünscht eine dauernde Institution (R. S. Hirch).

»Siebzig«:

»Entsprechend den siebzig Personen, die nach Ägypten gezogen sind (Ex 1,5; Dtn 10,22), den siebzig Alten bei der Offenbarung am Sinai (Ex 24,1) ...« (Chisqúni, 454).

»Mann«:

»Dies sind die siebzig ausgezeichneten Mitglieder des Synhedrions. Sie sollen Mir und dir (Mose) gleichen! Mir, wie es heißt: ›Der Herr ist ein Mann des Kriegs‹ (Ex 15,3), dir, wie es heißt: ›Der Mann Mose war der bescheidenste ...‹ (Num 12,3)« (Tanchúma', aaO). Siebzig »Mann« muß Mose aussuchen, die die höchsten Qualitäten besitzen. »Sie seien weise und stark« (Sifré); »denn ›alt‹ ist gleichbedeutend mit ›weise‹« (b. Qiduschín, 32b; R. M'juchás bar Eliahu, perúsch 'al séfer bamidbár, 60).

»Bei denen du weißt, daß sie die Alten des Volkes ... sind«

»Das lehrt, daß kein Mensch im irdischen Gericht sitzt, ... ehe die Leute nicht von ihm sagen: ›Das ist ein würdiger und frommer Mann, dem es gebührt, ein Weiser (= Gerichtsmitglied) zu sein‹« (Sifré, 11,16).
Mose kennt sie, und auch das Volk kennt sie und ist bereit, sie zu aktzeptieren (R. Ch. Rabinowitz, II,87; R. I. Reggio, IV,59b).

»und seine Beamten«:

»Wie es heißt (Ex 5,19): ›Da sahen die Beamten der Israeliten sie (Volk) im Unglück . . .‹ – Weil sie den Schmerz des Volkes in Ägypten empfanden, sollen sie jetzt auch die Erleichterung sehen dürfen« (Sifré, aaO; vgl Ex 5,14: »Da wurden die Beamten der Israeliten geschlagen . . .«).

»Nimm sie«:

»Nimm sie mit Worten, sagte der Heilige, gelobt sei Er, damit ihr Herz nicht anderen Dingen verhaftet sei« (Sifrá', 13; R. M. M. Kascher, Bd 38, S. 183).
»Nimm sie mit Worten: Zuerst sprich zu ihnen Worte des Lobes – ›wohl euch, die ihr ernannt worden seid!‹ –, doch dann rede zu ihnen Worte des Tadels (mach sie auf die großen Schwierigkeiten des Amtes aufmerksam): ›Wisset, daß die Israeliten lästige Leute sind und Meckerer (›alles Verweigernde‹). Wenn ihr das Amt akzeptiert, so wisset, daß sie euch fluchen und mit Steinen bewerfen . . .‹« (Sifré, aaO).

»Zum Stiftszelt«:

»damit auch sie die Worte (Gottes) mit dir zusammen vernehmen« (R. I. Reggio, IV,60). »Damit sie der Sch'chiná (Gottes Gegenwart) nahe sind« (R. J. B'chor Schor, II,23). »Damit ihr Prestige in den Augen des Volkes steigt« (Rev. A. Cohen, The Soncino Chumash, 852).

So stellen sich Mose und die »siebzig Mann von den Alten Israels« zusammen vor das Stiftszelt. Die Zahl (70 + 1) ist für die Zusammensetzung des Obersten Rats für immer maßgeblich (b. Sanhedrín, 2a; 17a).
Gott »steigt nieder«, spricht mit Mose und »überträgt vom Geist, der auf dir (Mose) ist«, auf die siebzig Männer. Die vom Gottesgeist Erfüllten werden Mose »die Last dieses Volkes mittragen« helfen (V 17).
»Ich steige nieder« ist gleichbedeutend mit »Ich offenbare Mich« (Targúm: *w"etg'lé*). Raschi, Nachmanides, Abarbanel u. a. betonen, Gott habe nur mit Mose, nicht mit den Alten gesprochen (III,51). Das ist möglich, aber nicht sehr wichtig, denn es kommt auf die Übertragung des Geistes an, nicht auf die ihr vorangehende Rede. Der Ausdruck »Ich steige nieder« (in V 25: »Der Herr stieg in einer Wolke nieder«) ist indessen wesentlich. Er erinnert an die Theophanie am Sinai (Ex 19,18.20; ferner Ex 34,5).

»Dies tut dir kund, daß der Tag, da die Alten ernannt wurden, dem Heiligen, gelobt sei Er, so lieb war wie der Tag, da die Torá gegeben worden ist« (Tanchúma', 16).

Gott *»überträgt vom Geist, der auf dir ist.«* Es handelt sich nicht um eine Direktübertragung des Gottesgeistes auf Menschen, wie sie beispielsweise bei den Propheten oder beim »Sproß aus Isais Haus« (Jes 11,1 f) geschieht.

Gott zweigt gleichsam einen Teil des bereits auf Mose ruhenden Geistes ab und überträgt ihn auf die Alten. Der Midrasch verspürt das Ungewöhnliche dieses Vorgangs und vermerkt:

»Mose glich in jener Stunde einer auf einem Leuchter brennenden Kerze. Mit der Kerze wurden andere Kerzen angesteckt, doch ihr Licht nahm nicht ab« (Sifré zu V 17; s. Raschi).

In den V 24–25 wird die Ausführung des Gottesbefehls beschrieben. Wir vergleichen die beiden Stellen:

V 16–17	*V 24–25*
V 16: Versammle Mir siebzig Mann von den Alten Israels, bei denen du weißt, daß sie die Alten des Volkes und seine Beamten sind.	V 24: Er versammelte siebzig Mann von den Alten des Volkes
Nimm sie zum Stiftszelt, und dort sollen sie sich mit dir hinstellen.	und ließ sie stehen rings um das Zelt.
V 17: Ich steige nieder und spreche mit dir dort, und Ich übertrage vom Geist, der auf dir ist, und lege ihn auf sie.	V 25: Der Herr stieg in einer Wolke nieder und sprach mit ihm, und Er übertrug vom Geist, der auf ihm war, und gab ihn auf die siebzig Mann, die Alten.
Sie sollen mit dir an der Last des Volkes tragen, damit du (sie) nicht alleine trägst.	
	Als der Geist auf ihnen ruhte, prophezeiten sie, doch sie fuhren nicht (damit) fort.

Die meisten Unterschiede sind geringfügig und beruhen auf der üblichen Variationsliebe. Auffallend aber ist die Divergenz von V 17b und V 25b. In V 17b wird mit keinem Wort erwähnt, die Alten hätten nun auch wirklich »an der Last des Volkes getragen«. Es ist zwar durchaus anzunehmen, daß sie dies getan haben, da sonst die Geistübertragung keinen Sinn besäße. Weshalb fehlt aber das wichtige Moment? Ferner: Aus welchem Grund legt der Text in V 25b den Akzent auf die Angabe, das Prophezeien sei ein einmaliger Akt ohne Fortsetzung gewesen?
Was mit dem »Prophezeien« gemeint ist, bleibt offen. Ein Reden in Ekstase? (so übersetzt R. W. Gunther Plaut, 1093). Ein höchst ungewöhnli-

ches Benehmen, das für Zuschauer grotesk wirken mußte? Weshalb – nachdem Saul vom Geist Gottes ergriffen wurde (1 Sam 10,10) – »einer zum anderen sagte: Was ist dem Sohne Kischs geschehen? Ist auch Saul unter den Propheten?« (ib. V 11). Die Geistübertragung hat bei den Alten jedenfalls eine sichtbare Reaktion hinterlassen, denn zwei von ihnen – Eldad und Medad – hören »im Lager« nicht damit auf (V 26–29). Mose ist darauf gar nicht eifersüchtig. Er sagt zum erbosten Josua, dem das »Prophezeien« Eldads und Medads nicht gefällt: »Eiferst du für mich? Daß doch das ganze Volk des Herrn aus Propheten bestünde und der Herr Seinen Geist auf sie legte!« (V 29). Die Geistübertragung auf die Alten rüttelt – für Josua zumindest – an der bisher uneingeschränkten Propheten- und Führerrolle Moses. Josua will der Erosion im Ansehen Moses wehren, kommt aber nicht weit. Mose selbst sieht im Verhalten der beiden Alten keinen Eingriff in seine Stellung, im Gegenteil. Wäre das ganze Volk ein Prophetenvolk, so stünde es um dessen Nähe zu Gott viel besser.

Josua weist indessen auf eine Gefahr hin, und bereits im nächsten Kapitel wird angesichts der üblen Nachrede, die sich Mirjam und Aaron gegen ihren Bruder Mose erlauben, deutlich, daß Josua den richtigen Sinn für die Veränderung besitzt. Mose ist nicht mehr der einzige Prophet in Israel. Siebzig andere Männer sind auch zu Propheten geworden, mit dem auf ihm, Mose, ruhenden Gottesgeist ausgestattet. Mirjam und Aaron wollen nicht nachstehen: »Hat nur mit Mose der Herr geredet, hat er nicht auch mit uns geredet?« (12,2). »Gott hörte« dies, heißt es danach. Vielleicht hat es auch Mose gehört, aber er reagiert nicht. Denn »der Mann Mose ist sehr bescheiden, (mehr als) alle Menschen auf der ganzen Erde« (V 3). Gott sieht sich freilich genötigt, einmal für immer die grundsätzlich andere Prophetengabe Moses, sein Verhältnis des Vertrauens, das Gott ihm entgegenbringt, festzuhalten. Mit anderen Menschen redet Er »in der Erscheinung«, »im Traum«, falls ihnen ein prophetisches Erlebnis zuteil wird. Mit »Mose, meinem Diener« (= meinem Vertrauten), »der in Meinem ganzen Haus vertraut ist«, aber »von Mund zu Mund, »anschaubar, nicht in Rätseln« (B-R), »das Bild des Herrn sieht er« (B-R: MEINE Abgestaltung erblickt er) (12,6–8). Aaron und Mirjam erfahren von diesem fundamentalen Anderssein des Prophetenstatus von Mose, nachdem sich »der Herr niederließ in einer Wolkensäule und stehen blieb am Eingang des Zeltes« (V 5) – wie in unserem Abschnitt, wo es um die Geistübertragung auf die Alten Israels geht. Der Zusammenhang zwischen der Mirjam-Aaron-Perikope und dem Predigttext ist nicht zu übersehen.

Jetzt wird verständlich, weshalb V 25b das bisher wichtige Moment – die

Mithilfe an der Führung des Volkes – nicht erwähnt und dafür die Einmaligkeit des prophetischen Vorgangs hervorhebt. Die Alten haben den Gottesgeist verspürt, und dieser Geist befähigt sie, daran ist nicht zu zweifeln, »an der Last des Volkes mitzutragen«. Das ist so selbstverständlich, daß es nicht ausdrücklich gesagt werden muß. Nicht selbstverständlich ist hingegen der Abbruch des Prophezeiens. Hier liegt der für die Zukunft springende Punkt, hier liegt die für Israels Geschichte grundlegende Tatsache der Einmaligkeit und Einzigartigkeit des »Vaters aller Propheten«. Am Ende der Torá steht diese Tatsache zusammengefaßt in den wenigen Worten (Dtn 34,10):

»Nicht aber erstand mehr in Israel ein Prophet wie Mose, den der Herr erkannte von Angesicht zu Angesicht.«

». . . an der Last des Volkes tragen« ist das Thema des Abschnitts. Mose ist nicht mehr allein dazu imstande, er bedarf der Helfer, und Gott autorisiert diese Helfer, nachdem Mose sie selbst hat auswählen müssen. Num 11,10ff findet ein Gegenstück in Ex 18,13ff (vgl Dtn 1,9–18). Jitro, Moses Schwiegervater, kommt zu Besuch. Er sieht, wie sich Mose den ganzen langen Tag um die Rechtsprechung bemüht, und das gefällt ihm nicht: ». . . weshalb sitzt du allein, und das ganze Volk steht bei dir vom Morgen bis zum Abend?« (Ex 18,14). Das kann auf die Dauer nicht gutgehen: »Welken, gar welken wirst sowohl du als auch dieses Volk, das bei dir ist; denn die Sache (Rechtsprechung) ist für dich zu schwer, du kannst sie nicht allein tun« (V 18). Ähnliche Worte wie in unserem Text, nur werden sie von einem Außenstehenden, nicht von Mose selbst geäußert. Anders sind die Verbesserungsvorschläge, die Mose dann akzeptiert: Er soll »aus dem ganzen Volk fähige Männer ausersehen, Gottesfürchtige, Männer der Wahrheit, die den (unrechtmäßigen) Gewinn hassen« (V 21). Diese Männer übernehmen eine Verantwortung bei der Jurisdiktion, die für das reibungslose Funktionieren der Gemeinschaft von entscheidender Bedeutung ist.

In unserem Abschnitt geht es um die Führung des Volkes als Ganzes (Sch. L. Gordon; E. S. Hartom; Enc. Welt der Bibel, bamidbár, 76). Für diese Aufgabe ist zusätzlich ein Einströmen des Gottesgeistes notwendig, von dem Jes 11,2 sagt, es sei der »Geist der Weisheit und Einsicht, des Rats und der Stärke, der Geist der Erkenntnis und der Gottesfurcht« (s. unten, S. 138). Mit Hilfe göttlicher Inspiration kann das wichtige Vorhaben gelingen: Die Führung Israels durch die Wüste, hinein ins Land der Verheißung.

Wegweisung für unsere Zeit

»Es ist zu schwer für mich«, das sind die paar Worte, die Moses seelische Verzweiflung erklären. Alt, verbraucht, desillusioniert, weil die »Gier nach Fleisch«, nach den irdischen Genüssen, und nicht die Sehnsucht nach dem Wort Gottes seines Volkes Handeln bestimmt, wünscht sich der greise Mose einen raschen Tod. Doch soll so sein Leben enden? Im Fiasko, in schlimmster Enttäuschung?
Gott zeigt ihm den Ausweg: Andere Menschen sollen ihm zur Seite treten. Nicht mehr allein, mit Gleichgesinnten, die von dem auf ihm ruhenden »Gottesgeist« getragen werden, leitet er die Geschicke des Volkes. Wenn alles auf seinen Schultern ruht, ist die Bürde tatsächlich unzumutbar. Doch wenn er die Last auf viele Schultern abwälzen kann, wird sie tragbar, zumutbar. Moses Wunsch wird von Gott als berechtigt anerkannt.
Menschen, die nie die Hilfe anderer beanspruchen, weil sie zu stolz sind, ihre schwachen Seiten einzugestehen, und zugleich auch zu eitel, Probleme mit anderen zusammen zu lösen, geraten nicht selten in ausweglose Situationen. Im Extremfall sind sie total blockiert und verzweifeln. Diese Menschen müssen erkennen, daß Leben immer auch Leben mit den anderen bedeutet. Keiner ist so stark, daß er alles allein zu tun vermag. Erst wenn die Schwäche eingestanden wird – »es ist zu schwer für mich« –, wird die Wende eintreten, wird jene Tür aufgehen, die die Lösung bringt. Für Mose bestand die Lösung in der Ernennung von siebzig Alten, die die Last des Volkes mit ihm tragen würden. Jeder bedarf der »Alten«, der Erfahrenen und Lebensklugen, damit die Last des Lebens leichter wird.

Gottes Weisung ist nicht im Himmel

Dtn 30,11–14

11 »Denn dieses Gebot, das Ich dir heute gebiete,
ist nicht zu ungewöhnlich für dich,
und es ist nicht entfernt.
12 Es ist nicht im Himmel,
daß man sage:
Wer steigt uns zum Himmel
und nehme es uns,
und lasse es uns hören,
daß wir es tun.
13 Und es ist nicht jenseits des Meeres,
daß man sage:
Wer geht für uns jenseits des Meeres
und nehme es uns,
und lasse es uns hören,
daß wir es tun.
14 Denn nahe ist dir das Wort gar sehr:
In deinem Mund und in deinem Herzen,
es zu tun.«

Der Text im Kontext

Die Torá entwirft in Dtn 29,21–24 die grauenvolle Situation im Land Israel nach der Zerstörung durch die Feinde und der Vertreibung der Bewohner.

»Schwefel und Salz, Brandstatt all seine Landschaft,
nichts wird gesät, nichts sprießt, nicht steigt
darin allirgend Kraut, wie der Umsturz Sodoms und
Gomorras, Admas und Zbojims, die ER umstürzte
in seinem Zorn, in seiner Glut« (V 22; B-R).

Ursache der Katastrophe ist Israels Abtrünnigkeit von Gott: Es brach den Bund mit Ihm und diente fremden »Göttern, von denen sie nichts gewußt

hatten« (V 25). Das Exil als Strafe und als Mittel der Selbstfindung, der Besinnung auf den wahren, den Einen Gott, war unausweichlich.
In der Fremde, »unter allen Völkern, unter die dich der Herr, dein Gott, verstoßen hat« (30,1), kehrt Israel zu seinem Herrn zurück, und als Folge wird ihm die Wiederkehr in die Heimat zuteil (30,2 f):

»dann läßt ER, dein Gott, dir die Wiederkehr kehren, er erbarmt sich dein, er kehrt um, er führt dich zuhauf aus allen Völkern, dahin Er, dein Gott, dich ausstreute ...« (V 3; B-R)

Das Exil hat nicht das letzte Wort, es wird durch die Einsicht des Volkes beendet, das in der Not seinen Gott neu entdeckt. Selbst die »am Rande des Himmels Versprengten« (30,4) werden »eingesammelt«, kein Ort ist zu weit, als daß die dorthin Exilierten für immer an ihm verharren müßten.
Der Prozeß des Austreibens und Heimholens wird von der Torá durch die einfache Formel von »Sünde-Strafe-Buße (Umkehr)« erklärt. Das sündhafte Verhalten führt unweigerlich zum Austreiben, Buße und Reue *(t'schuwá)* zum Heimholen. Geschichtsvorgänge werden »theologisch« interpretiert (vgl Dtn 28,58 ff; Lev 26,14 ff u. a.).
Israels Umkehr zu Gott ist die unabdingbare Voraussetzung für Gottes erneute Zuwendung. Diese Umkehr gilt als »Gebot« *(mizwá)*.
Unser Text in Dtn 30,11–14 ist nahtlos mit dem Vorangehenden verbunden und beginnt mit einem *ki*, »denn«:

»Denn dieses Gebot *(hamizwá hasó't)*, das Ich dir heute gebiete ...«

R. Mose ben Nachman, R. O. Sforno, R. Iaak Arama ('aqedát Jizchák, V, 108b) identifizieren »dieses Gebot« mit dem Gebot der *t'schuwá*, der »Umkehr«. Diese Auffassung entspricht jedoch nicht der Mehrheit der jüdischen Exegeten, vor allem auch nicht den Erörterungen des Talmud (b. 'Eruwín, 55a; vgl. Séder Elijáhu sutá', Kap. 14, S. 196, u. a.). Wenngleich die ganze Torá gelegentlich mit *kol hamizwá*, »das ganze Gebot«, bezeichnet wird (Dtn 6,25; 8,1; 11,8.22; 15,5 u. a.), so fehlt an vielen Stellen das *kol* (vor allem in präziseren Umschreibungen: *hatorá w'hamizwá*, »die Weisung und das Gebot« [Ex 24,12; 2Kön 17,37], »das Gebot und die Torá«, *'et hamizwá w''et hatorá* [Jos 22,5], »dies sind das Gebot und die Satzungen und die Rechtsvorschriften« Dtn 6,1]). *hamizwá hasó't* ist daher wohl nicht nur das Gebot der *t'schuwá*, sondern die Gotteslehre im weitesten Sinn. Daß zur Torá die *t'schuwá* als wesentlicher Bestandteil gehört, bedarf keiner Erörterung.

Leitworte des hebräischen Textes

m'zaw'chá, V 11, »ich gebiete dir« (Partizip des Piel von *z-w-h* [= *m'zawéh*] mit Suffix).
niflé't ist Partizip des Niphal von *p-l-'* (Lex. 876). Die Übersetzungen variieren. Wegen des Nomens *péle'*, »Ungewöhnliches, Wunder« (Lex. 877) übersetzt R. W. Gunther Plaut (The Torah. A modern Commentary, 1541) mit »baffling« (verblüffend); vgl B-R: »entrückt«. Das Wundervolle ist menschlichem Auge nicht zugänglich. R. Saadia Gaon, Raschi, Ibn Esra, Moses Mendelssohn, L. Zunz verstehen *niflé't* daher als »verborgen«. R. J. H. Hertz, J. Wohlgemuth–J. Bleichrode (und Lex. 876) entschließen sich für ein »zu schwer« (im Sinn eines »zu ungewöhnlich«).
r'choqá (Femininum von *rachóq*), »fern« (B-R u. a.).
w'jiqachéha, »und nimmt sie« (*mizwá* von V 11). Es handelt sich um das Imperfekt des Qal von *l-q-ch* mit dem Suffix *-ha*, »sie«; V 12.
w'jaschmi'énu (Imperfekt des Hiphil von *sch-m-'*, »hören«, mit dem Suffix *-nu*, »uns«), »und läßt uns hören«, L. Zunz: »und macht uns kund«.
w'na'aséna, »wir wollen sie *(mizwá)* tun, erfüllen« (Imperfekt des Qal von *'-s-h* mit Suffix *-na*, »sie« [Femininum singular]).
me'éwer lajám, »jenseits des Meeres«, V 13 (*'éwer* ist »die eine von zwei gegenüberliegenden Seiten«, dann »Rand«, »Seite eines Flusses oder Meeres«; Lex. 738).
qarów ist das Gegenteil von *rachóq* und bedeutet »nahe«, V 14.
la'asotó, »es zu tun« (Infinitivus constructus des Qal von *'-s-h*, »tun, machen«, mit Suffix).

Der Text in der Exegese

Israel ist mit Gottes Lehre konfrontiert. Zu dieser Lehre *(torá)* gehören die Gebote in ihrer Vielfalt, in V 11 als *hamizwá has'ót* »kollektivisch als die Summe aller Gebote zu fassen« (R. D. Hoffmann, Das Buch Deuteronomium, II,1922; vgl R. J. H. Hertz, 881). Da mag die Frage aufbrechen, ob dieser Gebotskomplex vom Menschen überhaupt zu erfüllen ist. Wer unseren Abschnitt lediglich als ein Einzelgebot – die Verpflichtung, zu Gott umzukehren – versteht (s. Text im Kontext), hat es einfach. Er antwortet etwa: »Gewiß ist diese Satzung realisierbar. Die Erfahrung lehrt, daß von Gott abgefallene Menschen den Weg zu Ihm wiederentdeckt haben.« Doch die ganze »Bandbreite« der biblischen Gesetze – kann man ihr auch nur einigermaßen gerecht werden? Und selbst wenn der Wunsch mächtig ist, die Gottesgebote einzuhalten, wer kennt überhaupt ihre Tragweite, ihre Anwendungsbereiche? Gerät der einzelne – vor allem der Laie, der sich nicht so sehr in den religiösen Schriften auskennt – nicht in große Schwierigkeiten? Auf diese und ähnliche Fragen gibt unser Text eine Antwort. *»Dieses Gebot, das Ich dir heute gebiete, ist nicht zu ungewöhnlich für dich, und es ist nicht entfernt«*, stellt V 11 unmißverständlich fest. R. Janai gibt ein Gleichnis (Dtn r. 8,3):

»Womit ist die Sache zu vergleichen? Einem Laib Brot, der im Raum (in der Luft) hängt. Der Dumme sagt: ›Wer kann ihn holen?‹ Der Kluge entgegnet: ›Hat ihn nicht einer aufgehängt?‹ Er nimmt eine Leiter oder einen langen Stab und holt ihn sich. So steht es auch um die Torá. Der Dumme denkt sich: ›Wann kann ich denn die ganze Torá lernen?‹ Was aber macht der Kluge? Er lernt jeden Tag ein Kapitel, bis er die ganze Torá beendet. Der Heilige, gelobt sei Er, spricht (unser Vers): ›Das Gebot . . . ist nicht ungewöhnlich für dich‹ –, sollte es ungewöhnlich sein, so liegt es an dir, weil du dich mit ihm nicht beschäftigst.‹«

Wer sich der Torá aber ein Leben lang widmet, von dem sagt die Schrift (Spr 4,22): »Denn sie sind Leben jedem, der sie findet *(l'moz'ehém)*, all seinem Fleisch eine Heilung« (B-R), »Sie« sind die Worte »Weisheit«, vom Midrasch (Dtn r. 8,4) auf die Torá bezogen:

»Leben sind sie jenem, der sie ausspricht *(l'mi schemozi'án mipíw)*, wer sie anderen übergibt, wer sie er-findet *(mamzí' 'otám;* = wer sie ausschöpft, *m'mazéh 'otám).«*

R. Leo Baeck (Wesen des Judentums, [6]1960, 33) zeigt den Unterschied zwischen Gottes Gedanken und Gottes Geboten:

»Die *Gedanken* Gottes sind unergründlich, sie sind erhaben über die Gedanken des Menschen, so hoch der Himmel über der Erde ist. Aber die *Gebote* Gottes sind ›dir nicht verborgen und nicht fern‹, sie sind dir heute geboten, und sie sind gerade und lauter; es gibt einen Bund zwischen dem Menschen und Gott.«

»Dieses Gebot« ist, wir sehen es, menschlicher Verwirklichung nicht verschlossen. R. J. Z. Mecklenburg (haktáw w'haqabalá, II,83) formuliert es auf seine Weise:

»›Dieses Gebot‹ meint die Gesamtheit der Torá. Sie ist gleichsam nur ein einziges Gebot, so leicht ist sie zu erfüllen. In der Tat, alle Gebote sind eigentlich ein einziges Gebot, denn alle hängen miteinander zusammen.«

Wenn die Torá nicht »fern« sein soll, muß man sich freilich intensiv mit ihr beschäftigen. In den Worten des R. Saadia Gaon (perúsch ʿal hatorá, 185):

»Ohne Beschäftigung mit ihr scheint sie fern zu sein. Doch, wenn man sich mit ihr befaßt, ist sie nahe.«
Vgl R. J. H. Hertz: »Sie ist nicht zu schwer und zu hoch (wonderful) für das Verständnis, nicht außerhalb menschlicher Kraft.«

Wer in den Inhalt der Torá und ihrer Aussagen eindringen will, kann in ihn eindringen. Zur Parallele von »es ist nicht zu ungewöhnlich für dich« / »es ist nicht entfernt« schreibt R. O. Sforno:

»Sie (Torá) ist nicht zu ungewöhnlich, daß du (für ihr Verständnis) der Propheten bedürftest, und sie ist nicht entfernt, daß du die in der Ferne wohnenden Gelehrten nötig hättest.« (Oder, nach R. D. Hoffmann, 147: »Sie setzt nicht Fernliegendes voraus.«)

Hier liegt eine klare Absage an jegliche Tendenz vor, die die Weisung Gottes zur Geheimlehre einer esoterischen Gruppe zu machen trachtete. Die Torá ist das Eigentum der Gemeinschaft, nicht der Priester oder Rabbinen. Sie gehört dem Volk, das sie auch als Volk bei der Sinai-Offenbarung empfangen hat. R. D. Hoffmann (aaO) betont diesen Punkt, der von höchster Bedeutung ist:

»Die Torá kennt keine Geheimbräuche, an denen nur Eingeweihte teilnehmen können.« (So auch R. W. Gunther Plaut, 1542.)

V 11 enthält eine klare Feststellung: Das Gottesgebot ist nicht »ungewöhnlich« und »nicht entfernt«. Mit anderen Worten: Es ist vom menschlichen Verstand begreifbar und – wegen seiner Nähe – ergreifbar. In den folgenden Sätzen wird diese Glaubenstatsache präzisiert, wobei (nach Malbim z. St.) die Entsprechungen offenkundig sind.

V 11b	*V 12a/13a*
Es ist nicht ungewöhnlich für dich	Es ist nicht im Himmel
und es ist nicht entfernt	und es ist nicht jenseits des Meeres

»Es ist nicht im Himmel«, das bedeutet zunächst einmal: »Es ist nicht etwas Übersinnliches« (R. D. Hoffmann, 147). Doch der Sinn der Worte greift nach dem Talmud (b. ʿEruwín, 55a) viel weiter:

»Das ist es, was Awdimi bar Chama bar Dosa gesagt hat: Es heißt: ›es ist nicht im Himmel‹ und ›es ist nicht jenseits des Meeres‹. Es ist nicht im Himmel, denn wäre es im Himmel, müßtest du ihm nachsteigen, und wäre es jenseits des Meeres, so müßtest du es nach ihm überqueren. Rawa sagte: Es ist nicht im Himmel – es findet sich nicht bei jenem, der sich wie der Himmel (über das Wort) erhebt (der sich viel klüger dünkt als das Gotteswort), und du findest es nicht bei jenem, der seinen Sinn über es ausweitet wie das Meer (L. Goldschmidt, II,167: »der sich wie das Meer breitmacht«). R. Jochanan sagt: Es ist nicht im Himmel – es findet sich nicht bei den Hochmütigen, und es ist nicht jenseits des Meeres – es findet sich nicht bei den Kaufleuten und Händlern (die keine Zeit finden, um die Torá zu studieren).«

Die Hochmütigen und Stolzen sowie die ewig mit dem Erwerb materieller Güter Beschäftigten werden die Torá nicht erlernen können. Die einen, weil sie sich für zu klug halten, die anderen, weil es ihnen an der Zeit zum Lernen gebricht. Die Weisheit der Torá kann keiner im Handumdrehen erlernen. Deshalb erklärt Hillel der Ältere:

»Wer die Ware (= Handeltreiben) mehrt, wird nicht weise« (Sprüche der Väter, II,6).

Und R. Me'ir doppelt nach mit der Maxime (ib. IV,12):

»Verringere dein Geschäft und beschäftige dich dafür mehr mit der Torá, und sei demütig vor jedem Menschen.«
(Vgl Maimonides, hilchót talmúd torá, III,8.)

Ein weiterer wesentlicher Punkt: Die Torá ist *vom* Himmel, aber sie ist nicht mehr *im* Himmel. Durch die Sinai-Offenbarung hat Gott sie den Menschen übergeben:

»Sie ist nicht im Himmel – Ich habe kein Gebot im Himmel zurückgelassen, das Ich dich (Mose) nicht gelehrt hätte« (R. El'asár aus Worms, perúsch haroqéach 'al hatorá, III,261). Dabei unterstreicht die Mischna (Sanhedrín, X,1) die Wichtigkeit des Glaubens an die überirdische Herkunft der Torá: »Ganz Israel hat Anteil an der Zukünftigen Welt ... Diese aber haben keinen Anteil an ihr: Wer behauptet, die Torá sei nicht vom Himmel *('en hatorá min haschamájim)* ...«

Alles ist von der Gotteslehre auf die Erde gekommen. Gott hat Seine Weisheit dem Menschen, Seinem Geschöpf, geschenkt. Ein kühner Gedanke! Der Midrasch schließt daraus:

»Mose sprach zu den Israeliten: Glaubt nicht, ein anderer Mose werde kommen und euch eine andere Torá vom Himmel bringen. Ich sage euch heute: ›Sie ist nicht im Himmel‹ – nichts ist von ihr im Himmel zurückgeblieben« (Dtn r. 8,6).

Die vorliegende Torá ist für immer dieselbe, sie wird nicht ersetzt. In seinen dreizehn Glaubenssätzen faßt Maimonides diese These zusammen:

8. Satz: »Ich glaube in vollkommenem Glauben, daß die Torá, die sich jetzt in unserer Hand befindet, unserem Meister Mose – Friede sei über ihm! – übergeben worden ist.«
9. Satz: »Ich glaube in vollkommenem Glauben, daß diese Torá nicht ausgetauscht wird und keine andere Torá aus der Hand des Schöpfers, gepriesen sei Er, kommen wird.« (Gebetbuch s'fat 'emét, 79)

Es ergibt sich aber noch eine andere Konsequenz aus der »Erdgebundenheit« der Gotteslehre: Wenn die Torá den Menschen übergeben worden ist, dann müssen die Menschen sie auch immer wieder aufs neue deuten. Die Weisen Israels ziehen aus dem »es ist nicht im Himmel« die Legitimation ihres Lehr- und Entscheidungsrechts und wenden sich mit aller Entschiedenheit gegen eine mögliche »höhere« Einmischung in die Rechtsfindung bei religiösen Problemen. Der Talmud (b. Bawá' m'ziʿá', 59b) erzählt mit ausgesprochenem Humor eine Diskussion zwischen R. Elieser und R. Josua. Es geht um eine Frage aus dem Bereich der Reinheitsgesetze:

»An jenem Tage machte R. Elieser alle Einwände der Welt, doch man akzeptierte sie nicht. Hierauf sagte er: Wenn die *halachá* (Entscheidung) meiner Meinung entspricht, so soll es dieser Johannisbrotbaum beweisen! Da rückte der Johannisbrotbaum hundert Ellen von seinem Ort weg ... Sie entgegneten: Von einem Johannisbrotbaum ist nichts zu beweisen. (So ging es mit einer Wasserrinne und den Wänden des Lehrhauses.) Da sagte R. Elieser: Wenn die *halachá* meiner Meinung entspricht, so möge man es vom Himmel her beweisen! Da erscholl eine himmlische Stimme (*bat qol*, ›Widerhall‹; J. Levy, Wörterbuch, I,275) und rief: ›Die *halachá* ist immer wie R. Elieser!‹ (Protestierend) stand R. Josua auf und entgegnete: ›Es (Gebot) ist nicht im Himmel!‹«

Nur handfeste Argumente werden in einer Debatte über ein Religionsproblem akzeptiert. Sollte man »vom Himmel her« einzugreifen suchen, lautet die Antwort: Die Torá ist nicht mehr im Himmel, sie ist den Menschen übergeben worden. So sieht der Talmud (in diesem Fall durch den Ausspruch des R. Josua) die Sachlage.

Die Torá »ist nicht im Himmel«, sie ist auch nicht auf der anderen Seite des Meeres. Man braucht sich nicht lange um sie zu bemühen, wenn ihre Botschaft erfahren werden soll: *»und lasse es uns hören, daß wir es tun«* (V 12c; 13c).

Das Gebot ist zu *»tun«*. Das wissen die Israeliten seit den Tagen vor der Offenbarung am Sinai, als sie ausriefen: »Wir wollen tun und hören!« (Ex 24,7). Hier in umgekehrter und logischer Reihenfolge: »und lasse es uns hören, daß wir es tun.«

»Drei Dinge erwähnt der Text: Das Nehmen, das Hören und das Tun. Alle drei sind notwendig, wenn die Torá eingehalten werden soll« (R. Ch. Rabinowitz, dáʿat sofrím ʿal hatorá, II,386).

V 14 schließt sich an V 11b an:

V 11b: »es ist nicht ungewöhnlich für dich, und es ist nicht entfernt«; V 14 (zur Bekräftigung): »denn nahe ist dir das Wort gar sehr.«

R. Leo Baeck schreibt (aaO 52 f):

»Im Judentum soll die Religion nicht nur erlebt, sondern gelebt werden ... Die fromme Tat gibt dem Bekenntnis sein tragendes Fundament ... Auch das Judentum hat sein Wort, aber es ist ein Wort, ›zu tun‹. ›In deinem Munde und in deinem Herzen ist das Wort, es zu tun‹ (V 14b).«

Der Midrasch (Dtn r. 8,6) hebt die Nähe des Gottesgebots mit folgenden Worten hervor:

»Die Israeliten sagten zu Mose: Unser Meister Mose, du sprichst: ›Es ist nicht im Himmel‹ und ›es ist nicht jenseits des Meeres‹. Wo ist es dann? Mose antwortete: ›Es ist nahe zu dir gar sehr‹ – ›in deinem Munde und in deinem Herzen, es zu tun.‹«

Was bedeutet »in deinem Mund und in deinem Herzen, es zu tun«? R. I. Reggio (V,147) erklärt:

»Alle Worte, die Ich euch geboten habe, sind euch bekannt. Von euch allein hängt es ab, ob ihr sie erfüllt ..., ob ihr sie mit dem Munde lernt und im Herzen bewahrt, um sie dann auszuführen. Das Lernen, Bewahren und Tun sind möglich ...«
Vgl Ibn Esra: »In deinem Munde und in deinem Herzen, weil bei den Geboten das Herz das Wichtigste ist.«

Ein zentraler Kennsatz der Talmudweisen lautet:

»Gott wünscht das Herz« (*rachmaná' libá ba'é*; b. Sandhedrín, 106b).

Die Gliederung in »Mund, Herz, Tat« veranlaßt R. Bachja ben Ascher (III,442) zu folgender Interpretation:

»Es gibt Gebote, die hängen mit dem Mund zusammen, solche mit dem Herzen und wieder andere mit dem Tun. Die Weisen lehrten diesbezüglich (Sprüche der Väter, I,2): ›Auf drei Dingen steht die Welt: auf der Torá, auf dem (Gottes-)Dienst und auf dem Erweisen von Liebesdiensten.‹ Auf der Torá – das meint ›mit deinem Munde‹ (das Studium erfolgt mit dem Mund, unter Aussprechen der Worte.) Auf dem (Gottes-)Dienst – das meint ›mit deinem Herzen‹, denn der (Gottes-)Dienst ist der Dienst des Herzens. Auf dem Erweisen von Liebesdiensten – das meint ›es zu tun‹.«

Das Gebot ist »im Menschen« drinnen. Er muß es gar nicht lange suchen. Es genügt, wenn er den Mund öffnet und die Lehre ausspricht – »um die Gebote der Torá immer wieder zu zitieren, nachdem die mündliche Überlieferung von großer Bedeutung war« (R. W. Gunther Plaut, 1541) –, und es genügt, wenn das mit den Lippen Ausgesprochene und mit den Ohren Vernommene ins Herz eindringt. (Die Torá ist »im Munde« auch nach Dtn 6,7; 11,19; Jos 1,8; Jes 59,21). Ist das Herz erst gewonnen, nachdem »Gott das Herz wünscht«, so ist alles gewonnen.

»In deinem Herzen – nach dem Grundsatz ›Weiche dem Bösen und tu das Gute‹ (Ps 34,15; 37,27), denn das Herz herrscht über den Menschen und bestimmt, ob er dem Bösen weicht und das Gute wählt« (Malbim).
Vgl R. D. Hoffmann (II,147): »Du sollst auch das Gesetz Gottes im Herzen tragen, wie du Gott mit ganzem Herzen lieben sollst (Dtn 6,5).«

Weil das Gottesgebot im Herzen eines jeden Menschen liegt – Immanuel Kant sprach vom »Kategorischen Imperativ«, dem eingeborenen Gewissen –, kann sich keiner vor ihm drücken. Auch nicht der Ungebildete und des Lesens Unkundige. Der Midrasch (séder Elijáhu sutá', Kap. 14, S. 195 f; vgl Jalqút schim'óni, I,665; Nr. 940) erzählt:

»Ich ging einst des Weges von Ort zu Ort und begegnete einem Menschen, der die Worte (der Torá) verspottete. Da sprach ich zu ihm: ›Mein Sohn, was wirst du deinem Vater im Himmel am Tag des Gerichts antworten?‹ Er entgegnete: ›Mein Meister, ich habe viele Antworten für meinen Vater im Himmel am Tag des Gerichts! Da sage ich zum Beispiel: Mir sind Einsicht und Erkenntnis vom Himmel nicht geschenkt worden!‹ Ich fragte: ›Was ist dein Beruf?‹ – ›Ich bin ein Jäger und Fischer.‹ ›Wer hat dir gesagt, daß du beim Jagen die Flachsstengel zusammenbinden sollst, um Fallen zu stellen, und (Netze?) ins Meer zu werfen hast, um die Fische zu fangen?‹ ›Mein Meister, dazu hat man mir vom Himmel Einsicht und Erkenntnis gegeben!‹ – ›Mein Sohn, zur Herstellung von Fallen soll man dir Weisheit und Erkenntnis gegeben haben, nicht aber für die Worte der Torá, von der es heißt: ›denn nahe ist dir das Wort gar sehr‹? – Da begann der Mann laut zu weinen, bis ich ihn tröstete und sagte: ›Bekümmere dich nicht!‹«

Im Herzen liegt die Weisung, sie ist keinem Menschen vorenthalten. Er braucht bloß in sich hineinzuhören, und er weiß die Richtung für sein Tun. Großartiger als durch die wenigen Sätze kann die Quintessenz des Glaubens nicht beschrieben werden.
Unser Abschnitt besitzt einen klaren symmetrischen Aufbau, wie er so ausgeprägt selten vorkommt. Dtn 30,11–14 bildet eine geschlossene Einheit.

(1) Auftrag:	DENN DIESES GEBOT, DAS ICH DIR HEUTE GEBIETE,	
(2) Realisierbarkeit:	ist nicht zu ungewöhnlich für dich, und es ist nicht entfernt.	
	a	b
(3) Begründungen der Realisierbarkeit:	Es ist nicht im Himmel, daß man sage: Wer steigt uns zum Himmel und nehme es uns, und lasse es uns hören, daß wir es tun.	Und es ist nicht jenseits des Meeres, daß man sage: Wer geht für uns jenseits des Meeres und nehme es uns, und lasse es uns hören, daß wir es tun.
(2) Realisierbarkeit:	Denn nahe ist dir das Wort gar sehr:	
(1) Auftrag:	IN DEINEM MUND UND IN DEINEM HERZEN, ES ZU TUN.	

Wir stellen aufgrund der Tabelle folgendes fest:
Der Auftrag (1) bildet den Rahmen. Er lautet (V 11a + V 14b): »Denn dieses Gebot, das ich dir heute gebiete, (sei) in deinem Mund und in deinem Herzen, es zu tun.« Die beiden Teile der Realisierbarkeit (2) lassen sich desgleichen verbinden (V 11b + V 14a) und ergeben den Satz: »(es) ist nicht zu ungewöhnlich für dich, und es ist nicht entfernt; denn nahe ist dir das Wort gar sehr.« Die beiden Begründungen, die diese Realisierbarkeit des Gottesgebots erhellen, entsprechen sich. Einmal ist vom »Aufstieg zum Himmel«, das andere Mal vom »Hinübergehen über das Meer« die Rede, wobei der Zweck jeweils mit identischen Worten genannt wird: »und nehme es uns …, daß wir es tun.« Durch die erste äußere Klammer (Auftrag) und die zweite innere Klammer (Realisierbarkeit) werden die Begründungen zum Herzstück des Abschnitts. Die apodiktischen Feststellungen – »Es ist nicht im Himmel« und »Es ist nicht jenseits des Meeres« – klingen wie Paukenschläge in den Ohren eines Menschen, der immer wieder Zweifel daran hegt, ob das Gottesgebot auch wirklich erfüllt werden kann.
Bringt man den Sinn des ganzen Textes auf eine Kurzformel, so ragen zwei hebräische Worte aus dem »Auftrag« heraus: *hamizwá … laʿasotó*, »das Gebot, … es (Wort, *hadawár*) zu tun!« Der Wegweiser ist aufgestellt, der die Richtung zu Gott hin zeigt. Auf diese Kurzformel kommt es an!

Wegweisung für unsere Zeit

»Das Gebot, ... es zu tun!« Die Torá ist nicht (nur) ein Buch für »Schöngeister«, die sich an ethischen Lehren und philosophischen Erkenntnissen freuen. Sie ist ein Buch für »Schöntäter«. Der Weg zu Gott führt – zumindest für die Gemeinschaft – über das Tun. »Wir können nur an das glauben, was wir tun«, schreibt R. Leo Baeck, und er zitiert einen Satz des Dichters Friedrich Hebbel: »Es gibt keinen Weg zur Gottheit als durch das Tun des Menschen.«
Was Gott fordert, ist nun freilich nicht das Menschenunmögliche, nicht das Lebensfremde, nicht die aufoktroyierte Religionsregel. Seine Gebote sind die Gebote des Mundes und des Herzens, vor allem des Herzens, weil der Mund nur ausspricht, was das Herz begreifen soll. Gottes Gebote gehen den innersten Kern des Menschen an. Wenn sie nicht zu diesem Kern vorstoßen, ist das eigentliche Ziel verfehlt. Dann wird Religion zur leeren Schablone und menschliches Tun, falls es sich überhaupt einstellt, zur Routine.
Gott aber »wünscht das Herz«. Er will, daß es fühlt und sich regt, Ihm und den Mitmenschen begegnet. Deshalb hat Er Israel Seine Torá geschenkt, und deshalb hat Er sie jedem Juden, jedem Menschen ins Herz gesenkt, falls er die Worte einzulassen bereit ist. Nicht im Himmel, nicht über dem Meer, nicht in unerreichbarer Ferne ist die Lehre des Herrn, sie ist in uns, eingegraben ins Herz – wie einst, so auch heute. Auch ohne den Aufstieg zum Himmel »nehmen wir sie«, »hören sie an«, um sie »zu erfüllen«. In den Worten des jüdischen Abendgebets: »... denn sie sind unser Leben und verbürgen Dauer unseren Tagen, und über sie wollen wir sinnen bei Tag und Nacht. Deine Liebe aber entziehe uns nimmer!«

»Des Menschen sind die Pläne des Herzens«

Spr 16,1–9

1 Des Menschen sind die Pläne des Herzens,
doch vom Herrn ist die Antwort der Zunge.
2 Alle Wege eines Mannes sind lauter in seinen Augen,
doch es ermißt die Geister der Herr.
3 Roll auf zum Herrn deine Taten,
so haben Bestand deine Gedanken!
4 Alles hat geschaffen der Herr zu seinem Zweck –
selbst den Frevler für den Tag des Unheils.
5 Ein Greuel dem Herrn ist jeder Hochmütige,
Hand auf Hand – er bleibt nicht straflos!
6 Durch Liebe und Wahrheit wird Schuld verziehen,
und durch die Gottesfurcht hält man sich vom Bösen fern
7 Wenn der Herr Wohlgefallen hat an den Wegen eines Mannes,
dann läßt Er auch seine Feinde Frieden mit ihm schließen.
8 Besser wenig mit Gerechtigkeit
als eine Menge von Erträgen ohne Recht.
9 Des Menschen Herz bedenkt seinen Weg,
doch der Herr lenkt seinen Schritt.

Der Text im Kontext

»Sprüche Salomos, des Davids Sohn, des Königs von Israel« lautet der Titel jener Spruchsammlung, die im dritten Teil der hebräischen Bibel, den *k'tuwím* (»Schriften«, Hagiographen), überliefert ist. Es handelt sich um kurze Sprüche, Maximen für eine richtige Lebensweise, Ratschläge für die Jugend, die sie vom schlechten auf den guten Weg leiten sollen.
Neben dem klugen *Salomo* (1Kön 3,28) werden in Spr weitere Autoren genannt: »Worte der *Weisen*« (22,17; 24,23) »Worte des *'Agúr bin Jaqé*« (30,1), »Worte des *L'mu'él*, des Königs« (31,1). Die Vielschichtigkeit der Aussagen und ihre gelegentliche Widersprüchlichkeit hat den Talmudgelehrten Kopfzerbrechen bereitet und sie mit der Frage konfrontiert, ob Spr

in den biblischen Kanon aufgenommen werden solle oder nicht. In einem zentralen Text (b. Schabát, 30b) heißt es:

»Es sagte R. J'hudá ...« Die Weisen wollten das (biblische) Buch *Kohelet* verbergen (*lignós*), weil seine Worte einander widersprechen. Weshalb haben sie es nicht verborgen? Weil es an seinem Anfang (Koh 1,3) und an seinem Ende (Koh 12,13) Worte der Torá enthält ... Und auch das Buch der *Sprüche* wollten sie verbergen, weil seine Worte einander widersprechen. Weshalb haben sie es nicht verborgen? Sie sagten: Haben wir nicht über das Buch Kohelet nachgedacht und eine Erklärung (der Widersprüche) gefunden? Wir wollen auch über dieses nachdenken! – Weshalb widersprechen sich seine Worte? Es heißt (Spr 26,4): ›Antworte dem Toren nicht nach seiner Torheit‹, und es steht dann geschrieben (26,5): ›Antworte dem Toren nach seiner Torheit ...‹«

Der Talmud hebt den Widerspruch zwischen den beiden Versen auf, indem er V 4 auf »Dinge der Welt« bezieht, V 5 auf »Worte der Torá«. Bei »Worten der Torá« darf die Anwort nicht ausbleiben, bei »weltlichen Dingen« hingegen erübrigt sich eine Antwort.
Gravierender ist die Lage, wenn eine gewisse Aussage den Gesetzen der Torá widerspricht. Beim Propheten Ezechiel finden sich solche Widersprüche. In 44,31 stellt er beispielsweise fest, daß die Priester »Aas und Zerrissenes vom Geflügel und Vieh nicht essen dürfen«. »Die Priester nicht, die (gewöhnlichen) Israeliten aber wohl?« fragt der Talmud (b. M'nachót, 45a). Die Divergenz zur Torá ließ die Weisen ein »Verbergen« des Ezechielbuchs ins Auge fassen. Da kam R. Chanajá ben Chisqijá (1. Jh. d. Z.), ließ sich »dreihundert volle Ölkrüge« (»zur Beleuchtung und zur Nahrung«; Raschi) in die Dachkammer bringen und setzte sich hin, um die Schwierigkeiten und anscheinenden Widersprüche zwischen Ez und der Torá auszuräumen. Und deshalb »sei jenes Mannes zum Guten gedacht«, denn er rettete Ez vor dem »Verbergen« (b. Schabát, 13b; b. Chagigá, 13a und M'nachót, aaO). Das Interpretieren war offensichtlich eine komplizierte Sache, die viel Schweiß und Mühe kostete. Doch es lohnte sich. Ez blieb erhalten und wurde dem biblischen Kanon einverleibt. (Zum »Rettungsprozeß« des Hohenlieds durch R. Akiba s. Mischná Jadájim, III,5.)
Unser Bibelabschnitt – Spr 16,1–9 – gehört zu den Texten, die kein sonderliches Kopfzerbrechen verursachten. Er hat die »Zensur« anstandslos passiert. Was er sagt, kollidiert weder mit einer biblischen Norm noch mit dem allgemeinen menschlichen Empfinden. In den wenigen Sätzen ist auf meisterliche Weise die Größe Gottes und Seine enge Verbindung zum Menschen beschrieben, zum Geschöpf, das im Denken und Tun ganz von Ihm, dem Schöpfer und Lenker der Welt, abhängig ist.

Leitworte des hebräischen Textes

maʿarché lew (nicht belegbarer Singular ist *maʿarách*) sind die »Überlegungen des Herzens« (Lex. 582), die »Gedanken« (I. Eichel–S. Detmold, Mischlé, in: kitwé haqódesch, 1817), »die Anordnungen des Herzens« (L. Zunz), »die Entwürfe des Herzens« (M. Buber). *Maʿarché lew* sind die Dinge, die sich »ordnen« (*ʿ-r-ch*, Lex. 832) lassen.

maʿané ist die »Antwort« (von *ʿ-n-h*, »antworten«), Lex. 581, *maʿané laschón* die »Antwort der Zunge« (L. Zunz, M. Buber), und zwar »eine bestimmte, gerichtete Antwort« (N. H. Torczyner [Tur-Sinai], Mischlé Sch'lomó, 1947,30). Die Zielrichtung bei *maʿané* ist nach Torczyner wichtig (s. unten zu *lamaʿanéhu*, V 4).

sach, V 2, bedeutet »klar, lauter« von *s-k-ch*, »lauter, hell sein«, dann auch »rein, schuldlos sein« (Lex. 258). Der Singular zu der vorangehenden Wendung *kol darché 'isch*, »alle Wege des Mannes«, fällt auf. Das Targúm übersetzt denn auch mit dem im Plural stehenden *dachján*, »lauter«. Ibn Esra meint demgegenüber, *sach* beziehe sich auf *'isch*, nicht auf *darché*, und interpretiert: »alle Wege eines Mannes, *der* rein in seinen Augen ist (der sich rein, unschuldig dünkt), sieht der Herr.« Bei diesem Versverständnis fällt die Antithese in V 2b dahin.

tochén heißt »ermessen« (L. Zunz, M. Buber), »schätzen« (I. Eichel–S. Detmold), »prüfen«. A. Weiser (Mischlé, in: tanách m'forásch, 1981,37) erklärt, in sprachlicher Hinsicht sei das Verb *t-ch-n*, »messen«, eine Weiterbildung aus dem Stamm *k-w-n* (*kun*, »feststehen«, festgegründet sein«, V 3).

ruchót (Singular: *rúach*; femininum) sind die »Gesinnungen« (L. Zunz), die »Geister« (M. Buber). In Spr 21,2, einem parallelen Vers, steht statt *ruchót* ein *libót*, »Herzen«. Das Targúm liest statt *ruchót* ein *'orchót*, »Wege«, was *darché 'isch* in V 2 entspricht, aber wegen des *libót* von 21,2 abzulehnen ist.

gol, V 3, von *g-l-l*, »rollen, wälzen, abwälzen« (Lex. 186) – nicht von *g-l-h*, »enthüllen, offenbaren«, wie die lateinische Vulgata mit ihrem *revela* meint – ist Imperativ des Qal: »wälze!« A. Weiser, 37, denkt an das »Aufrollen« einer Rolle (*m'gilá*) beim Lesen.

w'jikónu (Niphal von *kun*) bedeutet hier: »sie werden Bestand haben« (Lex. 442), sie »bestehen« (L. Zunz), »werden aufgerichtet« (M. Buber).

lamaʿanéhu, V 4, gehört nach Lex. 581 zu einem *maʿané II*: »Sinn, Bedeutung, Zweck«, also »zu einem Sinn, zu seinem Zweck«. *lamaʿanéhu* mit einem *dagésch forte* im *men* ist eine »Mischform« von *lamaʿané* und *l'ma-*

ʿanéhu (Lex. aaO). Die jüdischen Exegeten sind im Verständnis von *lama-ʿanéhu* geteilter Auffassung (s. Exegese). M. Buber schreibt im Hinblick auf die Grundbedeutung von *ʿ-n-h*, »antworten«: »für dessen Antwortgeben«.
*raschá*ʿ ist der »Frevler« (L. Zunz, M. Buber), *jom raʿá* ist der »Tag des Unheils« (L. Zunz), »der Tag des Unglücks« (I. Eichel–S. Detmold), der »Tag, da es bös wird« (M. Buber).
toʿawát (Status absolutus: *toʿewá*) *'adonáj*, V 5, ist »ein Greuel dem Ewigen« (L. Zunz), »dem Ewigen ein Abscheu« (I. Eichel–S. Detmold).
g'wah lew ist der »Hochmütige« (I. Eichel–S. Detmold, L. Zunz), »jeder hoffärtigen Herzens«, Targúm: »jeder, der hoch (erhaben) in seinem Herzen ist« (*kol d'ram b'libéh*).
jinaqé (Imperfekt des Niphal von *n-q-h*), »er wird straflos bleiben« (Lex. 680), »er bleibt (nicht) straffrei« (M. Buber).
chésed we'emét, V 6, ist nach Lex. 323 »dauernde Loyalität«. L. Zunz: »Liebe und Treue«, I. Eichel–S. Detmold: »Menschenfreundschaft und Treue«, M. Buber: »Holdschaft und Treue«. Die Begriffe sind schwer zu definieren, *chésed* ist »Liebe, Treue, Loyalität«, *'emét* »Wahrheit«. Zu Gen 24,27 (*chasdó wa'amitó*) und 24,49 (*chésed we'emét*) bemerkt Sch. L. Gordon: »Liebe in Treue und mit vollkommenen Herzen«, E. S. Hartom spricht von der »wahren Liebe«. Sch. L. Gordon zu unserem Vers: »*chésed* ist die Liebe, die sich in der Tat der ›Wahrheit‹ (*'emét*), in Ehrlichkeit und Gerechtigkeit, in einem moralischen Verhalten offenbart.«
j'chupár (Imperfekt des Pual von *k-p-r*), »er wird der Strafe entzogen, gesühnt werden« (Lex. 470).
ʿawón ist »Vergehen, Sünde« (Lex. 756).
jir'á (von *j-r-'*, »fürchten, sich fürchten«) ist die »Furcht«, die »Gottesfurcht«, die »Ehrfurcht« vor Ihm.
sur ist Infinitivus absolutus: »sich fernhalten« (Lex. 706). Nach Hartom besitzt der Infinitiv die Bedeutung eines abstrakten Nomens (das »Weichen«, »Entkommen«), nach A. Weiser jene eines flektierten Verbs (*sur* = *jasúr*, »er wird sich fernhalten«).
birzót (Infinitivus constructus von *r-z-h*, »wollen, wünschen«, mit der Präposition *b*) heißt im Status constructus mit *'adonáj*: »Wenn der Ewige Wohlgefallen hat« (L. Zunz), M. Buber: »Hat ER ... Gefallen«.
jaschlím (Imperfekt des Hiphil von *sch-l-m*), »er wird Frieden machen«.
z'daqá, V 8, ist »Gerechtigkeit«, *mischpát* »Recht«.
t'wu'á ist der »Ertrag« (hier im Plural: *t'wu'ót*, »Erträge«, M. Buber: »Einkünfte«), das, was durch eine Tätigkeit »hereinkommt« (vom Stamm *bo'*, »kommen«).

j'chaschéw (Imperfekt des Piel von *ch-sch-w*, »denken«), »er rechnet, ersinnt«, »plant« (Lex. 346).
jachín (Imperfekt des Hiphil von *kun*; vgl *w'jikónu*, V 3) heißt »er wird bereitstellen«, mit *zá'ad*, »Schritt«: »er wird lenken« (Lex. 444), L. Zunz und M. Buber: »er richtet (seinen Schritt)«.

Der Text in der Exegese

Achtmal ist in den neun Versen unseres Textes der Gottesname *'adonáj*, der »Herr«, genannt. V 8 macht die Ausnahme, und er bildet, wie M. Ser-Kawod (séfer mischlé, in: dá'at miqrá', 1983,96) betont, die Klammer zu V 10. In Spr 16,1–9 ist von der Interaktion zwischen Gott und Mensch die Rede, von der engen Beziehung des sich auf Gott verlassenden Menschen zu seinem Schöpfer. In der folgenden Gruppe von Sprüchen (V 10–16) ist die Rolle eines Königs in Israel beschrieben, der das »Recht« (*mischpát*) nicht verleugnen darf, weil er sich nach dem Gottesrecht (V 11) ausrichten muß.
»Des Menschen sind die Pläne des Herzens, doch vom Herrn ist die Antwort der Zunge« (V 1).
R. Saadia Gaon (mischlé, hg. v. R. J. Kappach, 1976,117) erkennt aus den Worten »Des Menschen sind die Pläne des Herzens« die grundsätzliche Freiheit des Willens und des Denkens, »die Fähigkeit des Redens aber hat Gott ihm gegeben.« Das ist die »Antwort der Zunge«, von der V 1 spricht. Es fällt immer wieder auf, daß die »Pläne«, die Gedanken des Herzens, in eine vernehmbare Form gegossen werden, und wenn diese Form schön und ansprechend ist, so ist sie besonders bewundernswert. R. Levi ben Gerson (= RaLBáG, Gersonides; in: miqra'ót g'dolót z. St.) schreibt:

»Es bedarf der göttlichen Hilfe, um die Worte mit dem Mund auszusprechen, denn manche Worte kommen verdreht heraus, obschon sie im Herzen auf vollkommene Weise geordnet worden sind.«
Vgl R. Jesaja der Erste von Trani (III,47): »Du findest Menschen, die in ihrem Herzen die Gedanken zu richten wissen, jedoch außerstande sind, sie verständlich in Worte zu kleiden.«

Die Gabe des Redens – und nicht nur unbedingt die des rhetorisch perfekten Redens – ist ein Geschenk Gottes. Ibn Esra (perúsch mischlé, hg. v. S. R. Driver, 1880,22) meint:

»Der Mensch vermag in seinem Herzen das zu ordnen, was er sagen will, doch vom Herrn ist die Antwort der Zunge, ist das Aussprechen der Worte ohne Fehler.«

Zu Recht erwähnt daher R. J. Ibn Nachmias (séfer mischlé, 1911,85) die Stelle in Jes 50,4, die das gute Reden als »Gabe Gottes« hervorhebt:

»Der Herr, Gott, gab mir eine geübte Zunge, damit ich wisse, wie der Müde durch das Wort zu stärken sei.«
(Vgl Bibelauslegungen, II,170.)

Kurz und bündig formuliert A. B. Ehrlich (Randglossen, VI,88) den Sinn der Antithese von V 1:

»Beredsamkeit ist eine höhere Gabe als scharfsinniges Denken, sie ist eine Gottesgabe.«

So gilt denn auch die Erkenntnis von Spr 15,23:

»Freude ist dem Mann bei der Antwort seines Mundes, und ein Wort zu seiner Zeit, wie gut ist es!«

Die »Antwort« ist die gute, klare Antwort, die keine Zweideutigkeit offen läßt und dem Hörer zeigt, was zu tun ist. Die »Pläne«, die Überlegungen sind vielfältig – und deshalb steht »Pläne des Herzens« und nicht nur »Plan des Herzens« (R. J. Ibn Nachmias, aaO) –, die Antwort jedoch ist nur eine einzige.
Der Mensch, der seinen Gedanken freien Lauf zu lassen vermag und von Gott die Gabe des Redens erhält, ist – davon spricht V 2 – erstaunlich unkritisch.
»Alle Wege eines Mannes sind lauter in seinen Augen ...« Was sind diese »Wege«, die »lauter« und – nach Spr 21,2 – »gerade sind in seinen Augen« (*jaschár b"enáw*)? »Es sind die Verhaltensweisen (Eigenschaften; *midót*), an die er gewohnt ist« (R. J. Ibn Nachmias), oder »es ist alles, was er unternimmt« (R. Serachia ben Isaak ben Sch"alti'él, 'imré schéfer, 1871,66). Wissentlich oder unwissentlich dünkt er sich in seinem Verhalten oder seinem Tun fehlerfrei, aber er hat zu erkennen, was V 2b mitteilt: *»doch es ermißt die Geister* (L. Zunz: *die Gesinnungen*) *der Herr.«*
Vor Seinem prüfenden Auge kann keiner sich verstecken. In den »Sprüchen der Väter« (pirqé 'awót, II,1) ist eine Aussage des R. J'hudá, des Patriarchen (2. Jh. d. Z.), überliefert, die auf diesen Gedanken anspielt:

»Betrachte drei Dinge, und du kommst nicht zur Sünde: Wisse, was über dir ist: ein sehendes Auge, ein hörendes Ohr, und alle deine Taten werden ins Buch geschrieben« (du hast über dein Tun dereinst Rechenschaft zu geben).

Weshalb läßt der Mensch die Selbstkritik vermissen? V 2 gibt keinen Grund an, der Akzent liegt auf der zweiten Satzhälfte: Mag der Mensch sich auch

zufrieden geben, Gott unterzieht ihn der Prüfung. Und Er weiß die Lüge von der Wahrheit, den Schein vom Sein sehr wohl zu scheiden.
Weil auf des einzelnen Menschen Urteil – vor allem auf das Urteil gegenüber der eigenen Person – kein Verlaß ist, empfiehlt V3 die Selbstüberantwortung an Gott: *»Roll auf zum Herrn deine Taten, so haben Bestand deine Gedanken!«*
L. Zunz übersetzt:

»Befiehl dem Ewigen deine Werke, so werden deine Entwürfe bestehen.«

M. Buber wählt:

»Wälze Ihm zu deine Taten, und aufgerichtet werden deine Pläne.«

Einen Zusammenhang zwischen *w'jikónu* und *ken*, »richtig«, aber auch »rechtschaffen« (Lex. 459), sieht Rev. A. Cohen (mischlé, in: Soncino Books of the Bible, 1967,103). Bei ihm lautet daher die Wiedergabe von V 3b:

»dann werden alle deine Pläne (Gedanken) aufrichtig sein.«

Die Taten werden Gott »zugerollt« wie eine geöffnete Schriftrolle, Er soll sie sehen und, dies wird wohl implizit mitgedacht, in die richtigen Bahnen lenken. Bei Gott sind die Taten gut aufgehoben, Er gibt ihnen gleichsam den letzten Schliff. Und weil die Taten Gott anvertraut werden, erweisen sich dann im nachhinein auch »deine Gedanken« als beständig, wohl fundiert.
M. Bubers »Wälze Ihm zu deine Taten« ergibt einen nicht minder guten Sinn wie das »Roll auf zum Herrn deine Taten«. Mit Sch. L. Gordon (mischlé, 16) kann man sagen:

»Es handelt sich um einen bildlichen Ausdruck: Es ist, wie wenn man seinen Stein auf die Schulter eines Stärkeren abwälzt, damit er ihn trage.«

Die Unfähigkeit, den Dingen auf den Grund zu gehen und die eigene Unzulänglichkeit zu erkennen, führt – so R. Elia, der »Gaon von Wilna« (séfer mischlé, hg. v. M. Philipp, 1979,190) – dazu, »daß du dich auf den menschlichen Intellekt überhaupt nicht verlassen darfst.« Spr 3,5 betont dies:

»Vertrau auf den Herrn mit deinem ganzen Herzen, doch auf deine Einsicht stütz dich nicht ab!«

Eine andere Interpretationsrichtung schlagen nun freilich jene Exegeten ein, die V 3 von V 2 loslösen und als Aufruf zu dem ausschließlich auf Gott bezogenen Handeln verstehen. R. Levi ben Gerson beispielsweise schreibt:

»Bewirke, daß alle deine Taten zum Dienst für Gott geschehen, dann haben deine Gedanken Bestand. Er hilft dir, daß du sie vollenden kannst.«
Vgl R. Jesaja der Erste von Trani (III,47): »Tue sie um des Himmels willen!« (*l'schem schamájim*).

R. Abraham ben Jakob aus der aus Spanien stammenden Familie Gawischon (er starb 1578 in Tlemcen, Algerien; sein Kommentar zu Spr, ʿómer haschich'chá, erschien 1748 in Livorno) erklärte:

»Richte deine Taten so aus, daß sie um des Himmels willen geschehen, und vom Himmel wird man dir im Augenblick des Denkens und im Augenblick des Tuns helfen.«

Gott erweist sich damit als die richtende Kraft im Leben des Menschen. Vom »Himmel« erwartet er Hilfe, vom »Himmel« her erfährt er die Weisung, die sein Tun bestimmt. Dabei ist dieses Tun an sich nicht prädestiniert, die Freiheit der Entscheidung ist immer gewahrt. Im Herzen formen sich die »Pläne« (V 1), zu Gott hin werden später die in Freiheit gewählten Taten »aufgerollt« (V 3). Wohin der Weg führen soll, ist immer dem Menschen überlassen.
Mit dieser Grundauffassung kollidiert auch der schwierige *V 4* nicht, wie immer man das *lamaʿanéhu* verstehen vermag. Wir nennen die verschiedenen *Deutungsvorschläge*:
1. *lamaʿanéhu* heißt »für sein Antwortgeben« (von *ʿ-n-h*, »antworten«; s. Leitworte). M. Buber übersetzt:

»Alles Ding wirkt ER für dessen Antwortgeben.«

Die von Gott geschaffenen Dinge – im hebräischen Text steht dafür *kol*, »alles« – »antworten«, geben das kund, was in ihnen schlummert. Die von Gott in sie gelegten Kräfte wirken.
2. *lamaʿanéhu* hat nichts mit *ʿ-n-h*, »antworten«, zu tun, sondern ist von einem *ʿ-n-h III*, »sich plagen, bemühen um« (Lex. 808), hergeleitet. Es meint daher »sein Sinn, seine Bedeutung, sein Zweck« (Lex. 581). Der Vers ergibt damit den folgenden Sinn:

»Alles hat Er geschaffen zu seinem Zweck« (R. S. Ibn Melech aus Fès, séfer michlál jófi, zu mischlé, 1685, 192b: »Zur Sache, die Er damit wünscht«).
»Nicht umsonst hat Er sie (Sache) erschaffen« (R. J. Ibn Nachmias, 86).

Beide Deutungsvorschläge gehen in dieselbe Richtung. *lamaʿanêhu* bezieht sich auf *kol*, das Objekt des Satzes. Was »Gott gewirkt hat«, geschah in der Absicht, daß das Bewirkte – die Schöpfung – »eine Antwort gebe«, den in ihr gelegten »Sinn« erfülle«: »für das Bestehen Seiner Welt« (A. Weiser, 37). Nichts auf der Welt existiert umsonst, wie die »Sprüche der Väter« (IV,3) feststellen:

»Er (Ben Asai) pflegte zu sagen: Verachte keinen Menschen und halte keine Sache für zu fernliegend (halte nichts für unmöglich), denn es gibt keinen Menschen, der nicht eine Stunde, und keine Sache, die nicht einen Ort hat« (die nicht eintreten könnte).

»Es gibt keine Sache, die nicht einen Ort hat, die nicht einem Zwecke dient, um dessentwillen sie erschaffen wurde« (R. S. Bamberger, pirqé 'awót. Die Sprüche der Väter, [2]1959). Ein Beispiel für die Sinnhaftigkeit aller Lebewesen nennt der jüdische Legendenschatz (Ch. N. Bialik–J. Ch. Rawnitzki, séfer ha'agadá, 1955, 88 f., Nr. 84; Micha Josef bin Gorion, Der Born Judas. Legenden, Märchen und Erzählungen, 1959,26–28):

»Einst saß David in seinem Garten und sah eine Hornisse, die eine Spinne fraß. Da sprach er zum Heiligen, gelobt sei Er: ›Welchen Nutzen gibt es bei diesen Geschöpfen, die Du in Deiner Welt geschaffen hast? Die Hornisse macht den Honig zunichte, und die Spinne webt das ganze Jahr über, und doch schafft sie kein Gewand!‹ Da antwortete der Heilige, gelobt sei Er: ›David, spottest du über Meine Geschöpfe? Die Stunde wird kommen, da du sie brauchst!‹
Als David vor König Saul floh, versteckte er sich in einer Höhle. Gott entsandte eine Spinne, die ihr Netz vor ihr wob. Wie Saul an der Höhle vorbeikam und das Spinnengewebe erblickte, dachte er sich: Da ist sicher niemand drin, denn er hätte beim Eintreten das Gewebe zerrissen. So ging er vorbei. Als David sein Versteck verließ, sah auch er die Spinne und sagte: ›Gelobt sei dein Schöpfer und gelobt seist auch du!‹
Als David Speer und Wasserflasche des schlafenden Saul entwendete (1Sam 26,7 ff.), wurde er von den Beinen des schlafenden Awner, Sauls Feldherrn, beinahe erdrückt. Eine Hornisse stach Awner, so daß er die Beine an sich zog und David entfliehen konnte. David pries den Heiligen, gelobt sei Er, in jener Stunde: ›Herr der Welt, wer vermöchte nach Deinen Werken zu tun – alle Deine Werke sind schön!‹«

Der Respekt vor der Schöpfung Gottes führt zur Bescheidenheit. Der Talmud (b. Sanhedrín, 38a) lehrt:

»Der Mensch wurde am Freitag (am Ende des Schöpfungsprozesses) erschaffen. Sollte er hochmütig werden, so kann man zu ihm sagen: Die Fliege gab es im Werk der Schöpfung vor dir!«

3. *lamaʿanéhu* entspricht einem *l'maʿanéhu*, »für ihn« oder »für sich«. Das kann heißen: *»Alles schuf Er für ihn«*, nämlich für den guten Menschen. So versteht das Targúm den Vers:

»Alle Taten Gottes sind für jene, die Ihm gehorchen« (*kulhón ʿowadín de'lahá l''ilén d'mischtamʿín leh*).

Einleuchtender ist die Ansicht, Gott habe alles *»für sich«*, *»zu seiner Ehre«*, zur Bezeugung Seiner Größe hervorgerufen. Die Weisen lehrten:

»Alles, was der Heilige, gelobt sei Er, erschuf, erschuf Er zu Seiner Ehre« (b. Jomá', 38a; vgl Toséfta Jomá', II,6).
»Alle Geschöpfe sind zu Seinem Lob erschaffen worden« (Tanchúma' wajiqrá', 7; Tanchúma', hg. v. S. Buber, wajiqrá', 5b; vgl Midrásch t'hillím-schochér tow, zu Ps 148,5).

Die Schöpfung wird zum »Zeugnis Seiner Macht«:

»Alles, was der Heilige, gelobt sei Er, erschuf, erschuf er zu Seiner Ehre; nach anderer Deutung: zu Seinem Zeugnis« (Jalqút schimʿóni, II,988, Nr. 953; Raschi).

Die Schöpfung ist zugleich erschaffen, um *»Seinen Willen«* zu erfüllen:

»Was der Heilige, gelobt sei Er, während der sechs Tage der Schöpfung erschuf, erschuf er zu Seiner Ehre und damit die Schöpfung Seinen Willen erfülle« (Ex.r. 17,1),

R. Jesaja der Erste von Trani (III,48) erklärt den Lobpreis, der auf dem Betrachten der Schöpfung beruht:

»Dinge mit einem Lebensodem preisen Ihn (direkt), Dinge ohne Lebensodem betrachtet der Mensch, und er erkennt, daß sie zum Wunderbaren Gottes gehören, und so wird er Ihn preisen.«

Im Talmud (b. Schabát, 50b) gilt unser V 4 als Beleg für die körperliche *Hygiene*:

»Man wäscht täglich sein Gesicht, seine Hände und Füße zu Ehren seines Schöpfers, denn es heißt: ›Alles schuf Gott um Seinetwillen‹ (Raschi: zu Seiner Ehre).«

Raschi bemerkt:

»Zu Ehren seines Schöpfers, denn ›im Ebenbilde Gottes schuf Er ihn‹ (Adam; Gen 1,27).«

»Zu Seiner Ehre« bedingt zugleich, daß des Menschen *Tun* zur Ehre Gottes geschehe:

»Der Mensch benütze sein Gesicht, seine Hände und Füße nur zur Ehre Gottes, denn es heißt: ›Alles schuf der Herr um Seinetwillen‹« (Toséfta, B'rachót, IV,1).

Als Illustration der Glaubensüberzeugung, daß die Schöpfung besteht, um Gottes Ehre zu bekunden, nennt der Talmud (b. Jomá', 38a; j.Jomá', III,9; j. Sch'qalím, V,1) die beruflichen Fähigkeiten zweier Jerusalemer Familien. Das »Haus Awtinas« war spezialisiert auf die Herstellung von Weihrauch für das Räucheropfer im Tempel, das »Haus Garmo« auf die Fabrikation des auf dem Schaubrottisch des Heiligtums herzurichtenden »Brot des Angesichts« (*léchem hapaním*). Diese Fähigkeiten, die keine Nachahmung fanden, veranlaßten die Weisen zu dem Ausruf: »Alles, was der Heilige, gelobt sei Er, erschuf, hat Er zu Seiner Ehre erschaffen« (also auch das Talent).
Welchen Sinn hat die zweite Hälfte von V 4: »selbst den Frevler für den Tag des Unheils«?
I. Eichel–S. Detmold (64a) schlagen folgende zwei Übersetzungen des ganzen Verses vor, die freilich mehr in den Text hineinlesen, als darin enthalten ist:

»Alle Dinge hat der Ewige zu seiner Verherrlichung (*lamaʿanéhu*) geschaffen, auch der Bösewicht ruft ihn an (sic!) am Tage des Unglücks«.
Oder: »Der Ewige hat es so eingerichtet, daß jedes Wesen zur Verantwortung (*lamaʿanéhu*) gezogen wird, und der Frevler am Tag des Unglücks.«

Es ist weder davon die Rede, daß der Frevler Gott am Tag des Unglücks anrufen wird, noch auch, daß jedes Wesen generell »zur Verantwortung gezogen wird«.
Nicht einleuchtender ist der Deutungsvorschlag E. S. Hartoms (52):

»Was Gott schuf, schuf Er zu einem bestimmten Zweck. Zweck des Frevlers ist es, daß er seine Strafe erhält am Tag des Gerichts, damit alle die in der Welt herrschende Gerechtigkeit zu erkennen vermögen.«

Darf man wirklich allen Ernstes glauben, es gebe einen Menschen, der bestraft werden muß – und dies ist seine eigentliche raison d'être –, damit sich Gottes Gerechtigkeit offenbaren kann?
Besser, doch noch immer nicht gut, ist Ibn Esras Vorschlag:

»Alles schuf Er um des Gerechten willen, und auch den Frevler bringt Er zum Tag des Unheils, weil er den Gerechten haßt.«

Weil der Vers nicht vom Gerechten spricht, ist auch die Gegenüberstellung »Gerechter – Frevler« nicht möglich.
Was kann demnach V 4b bedeuten? Ein Zweifaches, je nachdem, wie *lamaʿanéhu* aufgefaßt wird. Wenn im Sinne von »Antwortgeben« oder von »Sinn, Zweck«, dann läßt sich der Vers mit Sforno (kitwé Rabbi Owadja Sforno, hg. v. R. S. Gottlieb, ^{2}1987,344) so interpretieren:

»Alles schuf der Herr zu seinem Zweck, und auch den Bösewicht für den Tag des Unheils, denn *Unheil wird durch den Schuldigen ausgelöst«* (b. Schabát, 32a; b.ʿArachín, 11b; b.Taʿanít, 29a).

Sfornos Erklärung wird von Ex 21,13 her verständlich:

»Hat er (Totschläger) ihm (dem Getöteten) aber nicht aufgelauert, und Gott fügte es in seine Hand, so setze Ich dir einen Ort, in den er flüchten kann.«

Wenn ein Unglück geschieht, so ist jener, der es verursacht, auch zuvor (!) nicht unschuldig gewesen. Raschi (ib.) verweist auf ein Wort König Davids (1Sam 24,14), der ein »Sprichwort eines Frühen« (*m'schal haqadmoní*) zitiert:

»Von den Frevlern kommt Frevel.«

Durch den »Frevler« wird am »Tag des Unheils« – etwa der Exilierung Israels – das Unglück vollzogen (durch Sanherib [Jes 10,3] oder durch Nebukadnezar [Jer 51,20]). Der »Frevler« ist damit »Gottes Zuchtrute« (vgl M. Ser-Kawod, 97, Anm. 90; A. Weiser, 37). Seine Funktion im Geschichtswirken Gottes ist umschrieben. Alles in der Schöpfung hat seinen Sinn, auch der Frevler am Tag des Unheils.
Nach dem andersgearteten Verständnis von *lamaʿanéhu* (*lamaʿanéhu* gleich *l'maʿanéhu*, »für ihn«, »für sich«) ist V 4b so zu deuten: Alles schuf Gott für sich, zu Seiner Ehre, *selbst der Frevler wird dies am Tag des Unheils anerkennen müssen*. Er ruft Gott nicht an, wie I. Eichel–S. Detmold meinen (s. oben), so weit wird man nicht gehen dürfen. Er anerkennt nur, daß Gott der Schöpfer des Weltalls ist, und auch der Tag des Unheils in diese Schöpfung, vor allem auch Lenkung hineingehört. Sollte er einst gesprochen haben: »Es gibt kein Recht, und es gibt keinen Richter« (im Aramäischen des Talmud: *let din w'let daján*; Lev. r. 28,1), so wird ihm an jenem Tag klar, daß es ein Recht und einen Richter gibt: Gott. Und vielleicht findet er den Weg zu Gott, den Weg der *t'schuwá*, der »Umkehr« und »Buße« (vgl. R. Saadia Gaon, 118).
Als Beispiel für den in V 4b zitierten »Frevler« nennt *V5* den *g'wah lew*, den »Hochmütigen«, einen Menschen, der »hoffärtigen Herzens« (M. Buber) ist, den Stolzen. *Der Hochmütige ist »ein Greuel dem Herrn«*. In V 18 unseres Kapitels wird dem Hochmut das Ende angekündigt:

»Vor dem Fall Stolz, und vor dem Sturze Hochmut« (*gówah rúach*; nach L. Zunz).

In einem Paralleltext (Spr 11,20) heißt es: »Ein Greuel dem Herrn sind die mit verdrehtem (falschem) Herzen« (*ʿiqsché lew*).

Auch der Mensch, der sich in seinem Herzen über die anderen erhebt, sieht die Dinge nicht im richtigen Licht. Sein Herz ist verdreht. V 18 ist zum geflügelten Wort geworden:

»Hochmut kommt vor dem Fall.«

R. Levi ben Gerson schreibt (aaO zu V 5):

»Sieh, der Stolz ist eine sehr schimpfliche Eigenschaft und von Gott verabscheut. Er ist nämlich die Ursache großen Unheils in politischen Angelegenheiten und verhindert zugleich die seelische Vollkommenheit.«

Nachbiblisches Hebräisch nennt den Hochmut auch *gasút rúach*, »Grobheit des Geistes«. Von ihm heißt es:

»Der Heilige, gelobt sei Er, dem alles gehört, kann den Hochmütigen nicht ausstehen, denn es heißt (Ps 101,5; nach M. Buber): ›Den hochfahrender Augen, geschwollenen Herzens, ihn ertrage ich nicht‹« (Séder 'Elijáhu rabbá', hg. v. M. Friedmann, ²1969, Kap. 31, S. 159).

»Es sprach R. Jochanan im Namen des R. Simon bar Jochai: Jeder Mensch, der die ›Grobheit des Geistes‹ besitzt, gleicht einem Götzendiener. Es steht hier (V5) geschrieben: ›Ein Greuel dem Herrn ist jeder Hochmütige‹, und es ist dort (Dtn 7,26) geschrieben: ›Bring keinen Greuel in dein Haus‹. R. Jochanan sprach in seinem eigenen Namen: Es ist so, als habe er Gott verleugnet, denn es wurde gesagt (Dtn 8,14): ›und dein Herz erhebt sich, und du vergißt den Herrn, deinen Gott‹ (Raschi: ›Es ist so, als hättest du Ihn vergessen‹)« (b. Sotá', 4b).

Der Hochmut kann nach Maimonides (Mischné torá, hilchót de'ót, II,3) nur durch sein absolutes Gegenteil – die äußerste Demut – überwunden werden. Er schreibt:

»Es gibt Verhaltensweisen (eigentlich: Ansichten, *de'ót*), bei denen man sich nicht in der Mitte verhalten darf, bei denen man sich vielmehr vom einen Ende zum gegenüberliegenden Ende begeben muß. Dazu gehört der Hochmut. Es entspricht nicht dem guten Weg, daß ein Mensch bloß bescheiden ist, sondern er muß wirklich demütig sein ... Deshalb heißt es bei Mose, unserem Meister (Num 12,3): ›er war *sehr* bescheiden‹ ...«

Maimonides meint, man könne dem dem Herzen innewohnenden Stolz nicht durch ein gewöhnliches Maß an Bescheidenheit beikommen, nicht dadurch, daß man sich auf den goldenen Mittelweg begibt. Der Stolz ist nur durch die extreme Bescheidenheit, die Demut, zu überwinden. Der Gelehrte verweist dabei auf die Maxime aus den »Sprüchen der Väter« (IV,4):

»R. L'witas, der Mann von Jawne, sagte: Sei gar sehr demütigen Geistes (*sch'fal rúach*), denn des Menschen Hoffnung ist das Gewürm« (das Ende im Grab).

Vom *sch'fal rúach* sagt V 19 unseres Kapitels aus:

»Besser demütig unter Armen als Beute teilen mit Hoffährtigen« (nach L. Zunz).

R. Huna und R. Chisda diskutierten über Jes 57,15:

»›Dem Niedrigen und dem, der demütigen Geistes ist‹ (*w"et dakā' w"et sch'fal rúach*) ... Einer sagte: ›Der Demütige ist bei Mir‹, der andere sagte: ›Ich bin beim Demütigen.‹ Einleuchtender ist ›Ich bin beim Demütigen‹, denn der Heilige, gelobt sei Er, überging alle Berge und Hügel und ließ Seine Einwohnung (*sch'chiná*) nur auf dem (niedrigen) Sinai ruhen. Nicht erhob Er aber den Sinai nach oben.« (Gott ließ sich nieder auf den Sinai, und so läßt Er sich immer wieder zu den Demütigen nieder.)
R. Joseph sprach: Immer lerne ein Mensch von der Verhaltensweise (*dá'at*) seines Schöpfers, denn Er überging alle Berge und Hügel und ließ Seine Einwohnung nur auf dem Sinai ruhen. Und Er überging alle schönen Bäume und ließ Seine Gegenwart im Dornbusch nieder ...
R. Chisda, nach anderen Mar Uqba, sagte: Bei jedem Menschen, der den Hochmut besitzt, spricht der Heilige, gelobt sei Er: Ich und er können nicht zusammen auf der Welt wohnen« (b. Sotá', 5a).

Dem Midrasch (Num.r. 13,17) fällt es auf, daß in Num 7,12 Nachschón ben 'Aminadáw aus dem Stamme Juda nicht als »Fürst« (*nasí'*) tituliert wird, im Gegensatz zu den anderen Fürsten der einzelnen Stämme, die die Spenden für das Stiftszelt zu bringen hatten.

»Weshalb steht bei allen Fürsten ›Fürst‹, nur Nachschon wird nicht ›Fürst‹ genannt? Weil er als Erster seine Spenden abgab (›am ersten Tag‹)—. Sollte er sich über die anderen Fürsten erheben wollen, indem er spricht: ›Ich bin König über euch, denn ich habe zuerst gespendet‹, so ruft man ihm zu: ›Du bist nur ein gewöhnlicher Mann! Anders als die anderen heißt du nicht ›Fürst‹.«

»Ein Greuel dem Herrn ist der Hochmütige«. Anders als andere schuldig gewordene Menschen »bleibt er nicht straflos« (V 5b: *lo jinaqé*), »selbst, wenn er gute Taten begeht, selbst wenn er ein Weiser ist« (M. Ser-Kawod, 97).
»Hand auf Hand – er bleibt nicht straflos!« Ibn Esra erklärt den Ausdruck *jad l'jad* so:

»Die Hand des Herrn wegen der Hand des Bösewichts, d. h. Gottes Hand vernichtet ihn wegen seiner Hand, die andere bedrückt.«

R. J. Ibn Nachmias (86) meint:

»*Jad l'jad* bedeutet ›schnell‹, so wie eine Hand die andere umgreift. *Jad* kann auch für ›Teil‹ gebraucht werden (Gen 43,34), im Sinne von ›Maß um Maß‹.«

M'zudát David kommentiert:

»Aus der Hand des Herrn kommt die Vergeltung in die Hand des Schuldigen, der nicht straflos bleibt. Die Gotteshand kehrt nämlich nicht wirkungslos zurück.«

Am einfachsten ist das Verständnis von A. Weiser (zu Spr 11,21; S. 25), der an den *»Handschlag«* bei einem Versprechen oder einer Zusicherung denkt:

»Es ist möglich, daß hier ein volkstümliches Sprichwort vorliegt, (ursprünglich) gegen jene gerichtet, die überstürzt als Bürgen einen Handschlag ausführen.«

Gott sagt zum Hochmütigen: »Ich gebe dir Meine Hand darauf, daß du nicht ohne Strafe bleiben wirst.« Freilich ist auch der Stolze nicht hoffnungslos verloren: jedem Schuldigen bleibt der Weg zur Umkehr offen. Daher folgt auf das harte Wort von V 5 die versöhnliche Ankündigung von V 6: *»Durch Liebe und Wahrheit wird Schuld verziehen.«* »Liebe und Wahrheit« müssen sich dabei im Alltag verwirklichen. Der Talmud (b. B'rachót, 5b) führt aus:

»Liebe (*chésed*) – das ist das Erweisen von Liebesdiensten (*g'milút chasadím*), Wahrheit – das ist die Torá.«

Die Wahrheit, d. h. die durch die Weisung Gottes verkündete Wahrheit, lehrt die Liebe, die sich in einer ungetrübten mitmenschlichen Beziehung manifestiert. Da werden die mißlichsten Verhältnisse auf einen gesunden Boden gestellt. In 1Sam 3,14 wird dem sündigen Haus Elis, des Hohenpriesters, das unweigerliche Ende angesagt:

»Deshalb schwor ich dem Haus Eli, daß nie gesühnt wird die Schuld des Hauses von Eli weder durch Schlacht- noch durch Speiseopfer – auf Ewigkeit nicht!«

Die Weisen aber schränken diesen Gottesschwur ein (b. J'wamót, 105a):

»Raba sagt: Durch Schlacht- und Speiseopfer wird sie nicht gesühnt, aber sie wird gesühnt durch (das Studium der) Worte der Torá. Abaje sagte: Durch Schlacht- und Speiseopfer wird sie nicht gesühnt, aber sie wird gesühnt durch das Erweisen von Liebesdiensten.«

Besser als Sühne einer bereits begangenen Schuld ist das Vermeiden der Schuld. V 6b sagt: *»und durch die Gottesfurcht hält man sich vom Bösen fern«.*

Durch »Liebe und Wahrheit« wird die Schuld verziehen, durch die »Gottesfurcht« wird die Schuld verhindert. Der Mensch findet zu Gott, wobei dann gilt (V 7): *»Wenn der Herr Wohlgefallen hat an den Wegen eines Mannes, dann läßt Er auch seine Feinde Frieden mit ihm schließen.«*

Der Midrasch (Gen.r. 54,1) lehrt:

»R. Jochanan sagte: Dies (der Feind) ist die Gattin, denn es heißt (Mi 7,6): ›Feinde eines Mannes sind die Menschen seines Hauses‹ ... R. Samuel sagt: Dies ist die Schlange ... R. Josua ben Levi sagt: Dies ist der Trieb zum Bösen (*jézer hará*ʿ).«

Der im eigenen Herzen vorhandene Trieb zum Bösen ist der ärgste Feind:

»Es ist der Gang der Welt, daß ein Mensch, der mit einem anderen zwei, drei Jahre zusammen aufwächst, sich ihm verbunden weiß. Dieser (Trieb zum Bösen) aber, wächst mit einem Menschen von seiner Jugend an auf und bleibt bei ihm bis ins Alter. Findet er eine passende Gelegenheit, so bringt er ihn zu Fall, selbst nach siebzig oder achtzig Jahren« (aaO; Midrásch t'hilím zu Ps 34, S. 246).

Subjekt von V 7b ist möglicherweise nicht Gott, sondern der in V 7a genannte »Mann« (so Rev. A. Cohen, 103). Der Satz will dann aussagen:

»Wenn der Herr Wohlgefallen hat an den Wegen des Mannes, kann er selbst seine Feinde mit sich versöhnen« (mit ihnen Frieden schließen).

Zu *V 8:* Vielleicht als Beispiel für ein gottgefälliges Tun gedacht, lobt er den rechtmäßigen Besitz: *»Besser wenig mit Gerechtigkeit als eine Menge von Erträgen ohne Recht.«*

Inhaltlich überschneidet sich der Vers mit Spr 15,16:

»Besser wenig mit Gottesfurcht, als ein großer Schatz und Verwirrung ist dabei.«

R. S'rachja ben Isaak ben Sch"alti'él ('imré dáʿat, 66) versteht V 8 auf etwas andere Weise:

»Besser wenig (Geld) mit Gerechtigkeit (= Wohltätigkeit) verbunden, als viel Geld, bei dem kein Recht geübt wird und die Bedürftigen nichts davon erhalten.«

Mit *V 9*, dem letzten Satz unseres Abschnitts, wird der *Bogen zu V 1* gespannt: dem Tun des Menschen steht das Tun Gottes gegenüber.

V 1: »Des Menschen sind die Pläne des Herzens, doch vom Herrn ist die Antwort der Zunge.«
V 9: Des Menschen Herz bedenkt seinen Weg, doch der Herr lenkt seinen Schritt.«

Der Mensch mag sich noch so sehr bemühen – letztlich hängt der Erfolg seines Handelns von Gott ab. Spr 19,21 weiß um die Erkenntnis:

»Zahlreich sind die Gedanken in des Mannes Herz, doch der Ratschluß des Herrn – er bleibt bestehen.«

Dabei muß das »Bedenken« des Menschen durchaus nicht in einem Gegensatz zum Willen Gottes stehen, wie Ibn Esra betont:

»Des Menschen Herz überdenkt den passenden Weg, und Gott lenkt seinen Schritt, damit er (Mensch) nicht strauchelt. Wie es heißt (b. Schabát, 104a): ›Kommt einer, um sich zu reinigen, so hilft man (Gott) ihm.‹«

Wegweisung für unsere Zeit

»Des Menschen Herz bedenkt seinen Weg, doch der Herr lenkt seinen Schritt.«
Eine pointierte Kurzfassung findet sich als Sprichwort im Deutschen: *»Der Mensch denkt, Gott lenkt«,*
im Lateinischen: *»Homo proponit, sed Deus disponit«* (Der Mensch schlägt vor, aber Gott verfügt«) und *»Homo cogitat, Deus iudicat«* (Der Mensch denkt, Gott richtet),
im Französischen und Englischen (dem lateinischen Sprichwort nachgebildet): *»L'homme propose et Dieu dispose«* bzw. *»Man proposes, God disposes.«*
Mag diese Abhängigkeit von einer höheren Macht gelegentlich auch als Last empfunden werden, als Eingriff in die absolute Willensfreiheit, so schenkt sie zum anderen doch das Gefühl der Geborgenheit und Sicherheit. Keiner ist sich selbst überlassen. Er darf auf Gott zählen, der seinen Schritt lenkt und ihm hilft, die Gefahren zu überstehen und auch in schweren Tagen die Hoffnung auf eine bessere Zukunft nicht verlieren.
Was wäre die Alternative zu einem Dasein ohne Gottes »Lenken«? Ein Tasten und stets In-die-Irre-Gehen. Auch so ist die Unsicherheit oft der Begleiter menschlichen Entscheidens, doch wie erst, wenn Gott gleichsam ausgeklammert bliebe, ausgeschlossen aus dem menschlichen Bereich? Die Selbstsicherheit triumphierte, die das eigene Tun als »lauter«, als fehlerfrei einstuft. Wir bedürfen der Ausrichtung nach Gottes Weisung, nach Ihm, der »die Geister ermißt«. Dann werden Hochmut und Überheblichkeit verschwinden und die mitmenschliche Beziehung durch »Liebe und Wahrheit« bestimmt. Die Raffgier, die allen Besitz an sich zu reißen sucht, weicht dem Empfinden für Recht und Gerechtigkeit, das auch dem Schwächeren zuteil wird.
Es ist gut und wichtig, daß »der Mensch denkt«. Ohne dieses Denken wäre bei ihm Hopfen und Malz verloren. Nie wagte man einen Schritt und träte an Ort und Stelle. Doch verquickt mit dem Denken bleibt Gottes Lenken. In diesem Zweigespann liegt des Menschen Glück und Segen.

Ein Reis aus Isais Strunk

Jes 11,1–9

1 Es geht hervor ein Reis aus Isais Strunk,
und ein Sproß gedeiht aus seinen Wurzeln.
2 Es ruht auf ihm der Geist des Herrn:
Geist der Weisheit und Einsicht,
Geist des Rates und der Stärke,
Geist der Erkenntnis und der Gottesfurcht.
3 Er stattet ihn aus mit Gottesfurcht,
so daß er nicht nach der Sicht seiner Augen richtet
und nicht nach dem Hören seiner Ohren schlichtet.
4 Richten wird er mit Recht die Armen,
schlichten mit Geradheit für die Demütigen des Landes,
schlagen das Land mit dem Stock seines Mundes,
mit dem Hauch seiner Lippen den Übeltäter töten.
5 Es ist das Recht der Gurt seiner Hüften,
die Treue der Gurt seiner Lenden.
6 Wohnen wird der Wolf mit dem Schaf,
der Leopard lagert beim Zicklein,
Kalb und Löwe und Mastvieh zusammen –
und ein kleiner Knabe führt sie an.
7 Kuh und Bärin weiden (nebeneinander),
nebeneinander lagern ihre Jungen.
Der Löwe – wie ein Rind frißt er Stroh.
8 Der Säugling spielt am Loch der Viper,
nach dem Gift der Otter streckt der Entwöhnte seine Hand aus –
9 nichts Böses, nichts Verderbliches tut man
auf dem ganzen Berg Meiner Heiligkeit;
denn angefüllt ist die Erde mit der Erkenntnis des Herrn,
wie Wasser, das den Meeresboden bedeckt.

Der Text im Kontext

David ist gestorben, sein Sohn *Salomo* besteigt den Königsthron in Jerusalem. Er weiß, wie schwer es ist, Israel zu regieren, zumal er jung und unerfahren ist. »Ich bin ein kleiner Knabe, ich weiß nicht ein noch aus« (1Kön 3,7). Ein »kleiner Knabe« ist er nicht, nur unerfahren und die Last der Krone nicht gewohnt. Doch das Gefühl der totalen Unsicherheit bedrückt ihn schwer, und so träumt er auch nachts von der neuen Würde, die mit der großen Bürde gekoppelt ist. Einmal – er befindet sich in Gibeon, bei der »großen *bamá*« (Opferstätte; ib. V 4) – erscheint ihm der Herr im »Traum der Nacht«. »Erbitte, was Ich dir geben soll!« (V 5), ist Gottes Anruf. Lange braucht Salomo sich den Wunsch nicht auszudenken. Er weist auf seine Unerfahrenheit, sein »Kind-Sein« hin und sagt (V 8–9):

»Dein Knecht ist in der Mitte Deines Volkes,
das Du erwählt hast –
es ist ein zahlreiches Volk,
nicht zu messen und nicht zu zählen vor Menge.
So schenke nun Deinem Knecht ein hörendes Herz,
Dein Volk zu richten,
zu unterscheiden zwischen Gut und Böse;
denn wer vermöchte zu richten dieses
Dein schweres Volk.«

Gott erfüllt die Bitte. Und weil Salomo sich erbat »unterscheiden, Recht herauszuhören« (V 11; B-R), nicht langes Leben, Reichtum und den Tod der Feinde (V 11), nicht materielle Güter und Ansehen, sondern die geistige Kraft, seiner Aufgabe als Regent gerecht zu werden, versagt ihm Gott auch den Reichtum nicht und nicht die Ehre (V 13). Lang werden seine Tage sein, wenn er sich an Gottes Satzungen hält, wie David sich an sie gehalten hat (V 14).
Die Bibel hat in diesem Traum mit wenigen Worten das *Idealbild eines Königs* gezeichnet. Er denkt nicht an sich, er denkt an sein Volk, er will nicht mächtig, sondern bevollmächtigt sein, erfüllt von der Weisheit und Gerechtigkeit, die ihren Ursprung in Gott besitzen. Ein »hörendes Herz« soll ihm helfen, ein gerechter Richter zu sein. »Hörend« auf den Schrei des Elenden, des zu Unrecht Angeschuldigten, »hörend« aber auch, wenn Unrecht geschehen ist und bestraft werden muß. Seine Jugend und Unerfahrenheit erschweren den Einstieg ins Herrscheramt, doch sie geben ihm auch die Frische der Entscheidung, die Dynamik des Handelns. Er ist nicht verbraucht, nicht schwer-hörig, wenn Menschen ihn anrufen, nicht gleichgül-

tig, wenn gleiches Recht für alle gelten soll. Die Gabe der Einsicht leitet ihn – die Gabe, die Gott ihm verleiht – und läßt ihn alle Hürden überwinden. Unser Text in Jes 11 wird diese Einsicht auf den »Geist des Herrn« zurückführen, mit dem der Herrscher begnadet ist. In Salomos Traum fehlt der Hinweis auf den »Geist des Herrn«, doch dies ist unwichtig. Dasselbe ist gemeint: Der König dient seinem Volk, weil er Gott dienen will, er unterwirft nicht sein Volk, er unterwirft sich selbst. Salomo will nach dieser Richtschnur handeln, doch es mißlingt ihm. Die Macht, die ihm übertragen ist, mißbraucht er, die Einsicht verschwendet er an Gold und Silber, an Frauen und Pferde, an ein Leben in Saus und Braus. Der Chronist beurteilt sein Tun mit einem lakonischen Urteil: »Salomo tat das Schlechte in den Augen des Herrn und war nicht erfüllt nach dem Herrn wie David, sein Vater« (1Kön 11,6). Der Gegensatz zwischen dem Wunsch nach Einsicht und dem Wunsch nach Reichtum besteht nicht mehr. Salomo hat sein Königsamt schmählich verraten. Den Kredit der ihm von Gott eingegebenen Weisheit hat er verspielt, und die Nachwelt behält ihn so in der Erinnerung: als »weisen«, doch als herrschsüchtigen König, der die Aufsplitterung seines Reiches unmittelbar verursacht hat (1Kön 12,4.16).

In *Jes 11* ist der ideale Herrscher erneut gezeichnet. Er ist ein später Nachkomme der Davididen, ein *»Reis aus Isais Strunk«*. Der Baum der Davididen ist umgehauen und zum Baumstumpf geworden. Daran trägt nicht nur Salomo die Schuld. Seine Nachfolger haben in ihrer Mehrheit die Herrscheraufgaben mit Füßen getreten und schließlich, 701 v. d. Z., durch Hiskia die Verwüstung Judas durch die Assyrer verursacht (Bibelauslegungen, I,141f; 175f). Die Enttäuschung über die Dekadenz der Davidsdynastie mag der Grund dafür sein, daß Jesaja mit Absicht von Isai, Davids Vater (1Sam 16,7–12), spricht und den Namen Davids und seines Sohnes vermeidet. Isai war gleichsam neutral, er hat den Baum, den »Stammbaum« gepflanzt, für dessen Schicksal braucht er nicht geradezustehen.

Leitworte des hebräischen Textes

chóter ist, wie das aramäische *chutrá* (Targúm), der »Stab, Stock« (Lex. 295: »Rute«), der »Schößling« (B-R), das «Reis». H. Homberg (hakorém, in: kitwé haqódesch, Jes, 1818, 44b) schreibt »Knospe« (vgl Spr 14,3). Raschi denkt sinngemäß an den »Königsstab«. In kanaanäischen Inschriften wird

chóter als Bezeichnung für den Königsstand verwendet (Enc. ʿolám hatanách [Welt der Bibel], J'schajáhu, 1986, 70).
gésaʿ ist der »Baumstumpf, Wurzelstock« (Lex. 179), der »Strunk« des gefällten Baumstamms.
nézer – hier parallel zu *chóter* – ist der neue Trieb, »der aus den Wurzeln wächst« (A. Chacham, J'schajáhu, I,125), der »Sproß« (Lex. 678). Diese Wurzeln heißen *schoraschím, Singular: schóresch.*
jifré (von *p-r-h,* Imperfekt des Qal) bedeutet: »er wird Frucht tragen«, »gedeihen« (vgl *pri,* »Frucht«).
rúach (feminin) ist der »Geist«, hier der Geist Gottes, der auf dem König »ruht« *(w'nachá,* von *núach,* Perfekt des Qal mit *waw* consecutivum).
waharichó in V 3 ist Infinitiv im Hiphil von *r-w-ch* mit Suffix: «er läßt ihn riechen» (vgl *réach,* »Geruch«). Nicht an *réach,* sondern an *rúach* denkt R. Jesaja der Erste von Trani (I,112): »Er erfüllt ihn mit Geist«, entsprechend B-R: »begeistet er ihn«. Weil *rúach* primär den »Wind« bezeichnet, dann auch den »Atem«, läßt sich M. Abernik (in: kitwé haqódesch, 44b) zur Übersetzung verleiten: »Ja, Gottesfurcht atmet aus ihm« (?). Wir geben *waharichó* umschreibend mit »er stattet ihn aus« wieder.
jischpót, »er wird richten« (von *sch-f-t,* Qal), und *jochíach* (von *j-ch-ch,* Imperfekt des Hiphil) findet sich u.a. in Jes 2,4 (s. unsere Bibelauslegungen, I,147). Wir übersetzen hier wie dort mit »richten« und »schlichten«.
mischór (vgl das Adjektiv *jaschár,* »gerade«) ist in V 4 die »Geradheit«, parallel zu *zédeq,* »Recht, Gerechtigkeit«.
w'hiká (von *n-ch-h,* Hiphil), »er schlägt«, steht neben *jamít* (von *mut,* Hiphil), »er tötet«.
'emuná (V 5) ist die »Festigkeit, Zuverlässigkeit, Treue«, vgl *'amén,* »treu, zuverlässig«.
In V 6ff stehen die Raubtiere neben den zahmen Tieren. Raubtiere sind *s"ew,* »Wolf«, *namér,* »Leopard«, *k'fir,* »Löwe« (Lex. 469: »Jungleu«), *dow,* »Bär«, hier: »Bärin«, *'arjé,* »Löwe«, *péten,* »Viper«, *zifʿoní,* »(Kreuz-)-Otter«. Als zahme Tiere werden genannt *kéwes,* »Schaf«, *g'dí,* »Zicklein«, *ʿégel,* »Kalb«, *m'ri,* »Mastvieh«, *pará,* »Kuh«, und *baqár,* »Rind«.
V 8 ist *jonéq* der »Säugling« (*j-n-q,* Qal), *gamúl* das »entwöhnte« Kind »am Ende der Stillzeit« (R.D.Kimchi), die im Altertum mehrere Jahre dauern kann.
har qodschí, »Berg meiner Heiligkeit« (V 9), ist das Land Israel, nicht nur der Tempelberg in Jerusalem (R.D.Kimchi, R. Elieser von Beaugency, E.S.Hartom).

Der Text in der Exegese

Unser Abschnitt beschreibt in den Versen 1–3a die Gestalt des späten Davididen, in V 3b–5 die Art seines Wirkens im Volk und in V 6–9 die Folge dieses Wirkens (»Tierfrieden«).

1. Die Gestalt des späten Davididen (V 1–3a)

Es geht hervor ein Reis aus Isais Strunk . . .« (V 1). Wer ist dieses »Reis«? Zwei Erklärungen bieten sich an. Nach der ersten Erklärung ist der Nachfahre aus dem nur noch als Strunk bestehenden Isai-Stamm mit König *Hiskia* zu identifizieren. In Jes 10,33f ist vom Zerschlagen der Äste einer stolzen Baumkrone die Rede – »die Hochgewachsenen sind umgehauen, die Hohen werden erniedrigt« –, und mit diesem Bild verkündet der Prophet den Sturz des Assyrers Sanherib, vor dem sich »mein Volk, das in Zion wohnt«, so spricht Gott, so sehr gefürchtet hat (10,24). Von Sanheribs Einmarsch in Juda, seiner Belagerung Jerusalems und dem überraschenden, fluchtartigen Abzug und Tod durch Mörderhand berichten 2Kön 18,13–19,37 und Jes 36,1–37,38. Die dramatischen Ereignisse fallen in Hiskias Regierungszeit. An diese erste Deutung denken R. Mosche Hakohen (zit. bei Ibn Esra), R.J. Ibn Caspi ('adné késef, Jes, 107), R. Mose Ibn Chiqatilla (11.Jh., Spanien, in: Sammlung »Kommentare zu Jes«, I,325).

Trotz seiner »Frömmigkeit«, die sich durch eine gründliche Tempelreform und die Rückkehr zum genuinen, von den Schlacken der Götterverehrung gereinigten Gottesglauben äußerte (2Kön 18,1–6), wird Hiskia dem in den V 3b–5 gezeichneten Bild des Idealkönigs nicht gerecht. Er vermag nicht einmal den von ihm inszenierten Aufruhr gegen Sanherib (2Kön 18,7) kraftvoll durchzustehen und muß den Einfall des Assyrers hinnehmen, geschweige denn besitzt er genug Ansehen und Kraft, um den »Tierfrieden« zu bewirken.

So leuchtet die zweite Deutung viel eher ein. Der Davidide ist der *Messias*, der für »die Späte der Tage« erwartete Friedensfürst, welcher Israel und der Welt den Frieden sichert (Abarbanel). Der Text spricht nach dieser Interpretation von einem eschatologischen Ereignis, das zeitlich nicht fixierbar ist.

Das »Reis« ist eine charismatische Gestalt. Gott erfüllt den Davididen mit Seinem Geist: *»Es ruht auf ihm der Geist des Herrn«* (V 2). Gottes Geist »ruht« auf dem Propheten (Num 11,25; 2Kön 2,15; Jes 61,1), dem »Richter« (Ri 3,10; 11,29; 13,25) und dem Herrscher (1Sam 10,10; 11,6). Gottes Geist bewirkt des Menschen Metamorphose. Der von Ihm Ausgezeichnete ist gleichsam neugeboren. Interessant ist der *Vergleich mit Gen 2,7.* Gott »bläst in seine (Adams) Nase den Atem des Lebensgeistes« (*nischmát rúach chajím;* L. Zunz und B–R: »Hauch des Lebens«; Lex. 689: »Lebensodem«) und verwandelt ihn damit aus einem Klumpen Erde in ein »lebendes Wesen« (*néfesch chajá*). Durch Gottes Odem lebt der erste Mensch, durch Gottes Geist wird aus dem »Reis« ein Herrscher, der wie keiner vor ihm mit Weisheit regiert und Gottes Postulate von Recht und Gerechtigkeit verwirklicht. *Der Davidide ist der ideale »Adam«.* Diesen Gedanken scheint der Midrasch (P'síqta' rabatí, 34,6) anzudeuten:

»Du findest, daß am Anfang der Welterschaffung der Messiaskönig geboren worden ist, dessen Existenz von Gott konzipiert wurde, ehe die Schöpfung überhaupt einsetzte. So heißt es (Jes 11,1): ›es ging hervor (*w'jazá'; j-z-'* ist als Perfekt verstanden, nicht als Perfekt mit *waw* consecutivum) ein Reis...‹ und nicht: ›es *wird* hervorgehen‹!« (Der Messias existiert bereits.)
Vgl b. P'sachím, 54b, wo »der Name des Messias« zu den sechs Dingen gehört, die vor der Weltschöpfung »geschaffen« worden sind (die sechs anderen sind die Torá, die Buße, der Garten Eden, die Hölle [Gehinóm], der ›Thron Seiner Herrlichkeit‹ [Jes 6] und der Tempel).

Der Davidide ist durch das »Ruhen des Gottesgeistes« nicht überhöht. Er ist ein Mensch aus Fleisch und Blut, ein Nachfahre Isais. Gott erfüllt ihn mit Seinem Geist und befähigt ihn zu einzigartigem Tun, doch Er transformiert seine menschliche Natur nicht. Auch der ideale »Adam« ist Adam.
Ist der *»Geist des Herrn«* näher zu fassen?
Nach den Worten »es ruht auf ihm der Geist des Herrn« ist ein Doppelpunkt zu denken, auf den die nähere Definition folgt (so Saadia Gaon, Ibn Esra, R. D. Kimchi, Sch. L. Gordon, A. Chacham). Der »Geist des Herrn« besteht aus drei Teilen, die wieder mit dem Wort »Geist« bezeichnet werden:
1) Aus dem »Geist der Weisheit und Einsicht«, 2) aus dem »Geist des Rats und der Stärke« und 3) aus dem »Geist der Erkenntnis und der Gottesfurcht«.
»Weisheit« (*chochmá*), »Einsicht« (*biná*) und »Erkenntnis« (*dá'at*) sind Begriffe der Weisheitsliteratur. Sie gelten aber primär nicht für philosophisches Analysieren, sondern für die handwerklichen Fähigkeiten eines Künstlers. Wir vergleichen V 2 mit Ex 31,3 (Bezalel beim Bau des Stiftszeltes) und 1Kön 7,14 (Hiram aus Tyrus beim Tempelbau):

Jes 11,2	*Ex 31,2 (= 35,31)*	*1Kön 7,14*
Es ruht auf ihm	Ich erfülle ihn	Er wurde erfüllt
der *Geist des Herrn:*	mit dem *Geist Gottes:*	
Geist der *Weisheit*	mit *Weisheit*	mit *Weisheit*
und *Einsicht,*	und *Einsicht*	und *Einsicht*
Geist des Rats		
und der Stärke,		
Geist der *Erkenntnis*	und *Erkenntnis*	und *Erkenntnis,*
und der Gottesfurcht.		
	und jeglicher *Arbeit*	um jede *Arbeit* in Erz
	(Fachwissen?)	zu tun.

Auch der Davidide ist ein Experte, freilich nicht im Herstellen kostbarer Geräte, wohl aber im Erstellen des Rechtszustands, im Lenken seines Volkes. Die Dreiheit der Begriffe findet sich in allen drei Texten. Unser V 2 hat sie nicht zufällig gewählt (von »Weisheit« und »Erkenntnis« ist Koh 7,25, vgl Koh 8,16f, die Rede).

Worin unterscheiden sich »Weisheit«, »Einsicht« und »Erkenntnis«?

R. D. Kimchi erklärt:

»Weisheit (*chochmá*) ist, was der Mensch gelernt und jederzeit gegenwärtig hat. Einsicht *(biná)* hingegen das Betrachten des Nichtgelernten aus dem Gelernten.«

»Weisheit« ist die Summe des erworbenen Wissens, *»Einsicht«* die Kraft des Deduzierens, des Herleitens neuer Einsichten aus bereits Erkanntem. Im Talmud wird *biná* (»Einsicht«) als »er versteht (*mewín*) eine Sache aus einer anderen Sache« aufgefaßt (b. Sanhedrín, 93b). *»Erkenntis«* (*dá'at*) ist die Summe von »Weisheit« und »Einsicht«, das Zusammenwirken von erlerntem Stoff und selbstgefundener Einsicht. In der »Erkenntnis« gipfelt die Kraft des individuellen Verstands.
Der König bedarf nicht nur dieser drei Fähigkeiten. Ein Mehr muß ihm gegeben sein: *»Rat«* (*'ezá*) – der rasche Entscheid in komplizierten Situationen und (nach R. D. Kimchi) das Wissen um moralische Maßstäbe sowie die Menschenkenntnis –, *»Stärke« (g'wurá)* – das ist Zivilcourage, der Mut, so R. Sch. D. Luzzatto (J'schajáhu, 110), Übeltäter zu bestrafen –, vor allem aber *»Gottesfurcht« (jir'át 'adonáj)*.

»Der König vermag als Stärkster von allen seine Herrschaft zu mißbrauchen. Daher muß er ein größeres Maß an Gottesfurcht besitzen« (Sch. L. Gordon, 111).

Das Königsgesetz in Dtn 17,14–20 fordert nicht zufällig dieses Mehr an Gottesfurcht, das dem israelitischen Regenten den Gehorsam Gott gegenüber auferlegt. Der Regent steht nicht über dem von Gott erlassenen Gesetz, sondern unter ihm. Er ist ein Herrscher von Gottes Gnaden und damit nicht eigentlich souverän in seinem Tun und Lassen.

2. Das Wirken des Davididen (V 3b–5)

»... so daß er nicht nach der Sicht seiner Augen richtet und nicht nach dem Hören seiner Ohren schlichtet« (V 3).

Durch die Gottesgaben wird der Davidide an einer Täuschung gehindert. Er ist mit ihnen ausgestattet, er besitzt, könnte man mit dem Talmudweisen Rawá (b. Sanhedrín, 93b) sagen, einen besonderen »Riecher« für das richtige Urteil. Rawá leitet das *waharichó* (V 3) von *réach,* »Geruch«, her (s. Leitworte):

»Er riecht und richtet« (*d'moràch w'da'én*).

Wie ein Pferd, das »von weitem die Schlacht riecht« (Hiob 39,25) und sich entsprechend verhält, fällt der Davidide auf die trügerischen Sinneseindrücke nicht herein.

»Seine Intelligenz und sein Urteilsvermögen entstammen nur der Gottesfurcht, und seine Inspiration hängt nicht von seinen Sinnen ab, die naturgemäß von Illusionen und Irrtum beeinflußt sind« (R. J. Ibn Balʿám, in: Sammlung »Kommentare zu Jes«, II,53).

Raschi schreibt: »... durch die Weisheit Gottes, die in seinem Inneren (Herzen) ist, weiß er, wer unschuldig, wer schuldig wurde.«

So handelt er im Einklang mit biblischer Satzung (Lev 19,15) und im Sinne des Wunsches von Ps 72. Wir vergleichen die Texte:

Jes 11,4	*Lev 19,15*	*Ps 72,2.4*
Richten wird er mit *Recht* die *Armen,* schlichten mit Geradheit für die Demütigen des Landes.	Übet *kein Unrecht* im Gericht, des *Armen* Gesicht erhebe nicht, verherrliche nicht das Gesicht des Großen. Mit *Recht* richte deinen Nächsten.	V 2: Er richte dein Volk mit *Recht* und deine *Armen* mit Gerechtigkeit. V 4: Er richte die *Armen* des Volkes, helfe den Söhnen des Bedürftigen, unterdrücke den Bedrücker.

Das Ansehen der Person, das dem ehrlichen Urteilsspruch im Weg steht, ist generell verboten (Ex 23,3), wie erst, wenn der Davidide der Zukunft als Richter amtiert. Nur die Normen von Recht und Geradheit besitzen da noch eine Gültigkeit. Ein Wort des Herrschers genügt. Die Strafe braucht nicht mit der Geißel ausgeführt zu werden, der »Stock seines Mundes« (V 4) erfüllt den Zweck. Wen er schilt, weiß sich bereits bestraft. V 4b ist *chiastisch* aufgebaut:

(Er wird) schlagen das Land — mit dem Stock seines Mundes,
mit dem Hauch seiner Lippen — den Übeltäter töten.

Dabei ist die absolute Ausrichtung nach dem Recht keine vorübergehende Erscheinung. Wie der Hüft- und Lendengurt »hängt« das Recht an ihm (V 5). A.B. Ehrlich (Randglossen, IV,47) kommentiert:

»Den Gürtel legt nämlich der Orientale wegen seines losen Gewandes nur für die Nacht beim Schlafengehen ab. Bei Tage hat er ihn beständig an. Danach ist davon die Rede, daß der als ideal gedachte König von Redlichkeit und Recht niemals läßt.«

Nach Hiob 38,3 (»gürte doch wie ein Mann deine Lenden«) ist das Anlegen des Gurtes Zeichen der Tapferkeit, zumal am äußeren Gurt auch das Schwert steckt. Ferner schenkt der Gurt Halt und Festigkeit. R.D. Kimchi meint:

»Gerechtigkeit und Wahrheit ... schenken ihm Kraft, daß seine Hüften nicht zittern.«

In V 4 steht »Recht« parallel zu »Geradheit«, in V 5 jedoch zu »Treue«. Das Begriffspaar »Recht« (*zédeq*)/ »Treue« (*'emuná*) ist häufig (Ps 96,13; 119,75.138; Spr 12,17 u.a.) und wird besonders von Hos 2,21f im Gelöbnis Gottes für Israel hervorgehoben:

»Ich (Gott) gelobe dich (Israel) mir an in Recht (*zédeq*) und Gerechtigkeit (*mischpát*) ... Ich gelobe dich mir an in Treue (*'emuná*), und du wirst den Herrn erkennen.«

Jesajas Beschreibung des idealen Davididen hat späteres Denken beeinflußt. In der »Sektenrolle« Qumrâns wird der »Fürst« (*nasí'*) der Gemeinde in unverkennbarer Analogie zu Jes 11 gesegnet (E. Lohse, Die Texte aus Qumrân, 1964,58f; J. Liver, toldót bet Davíd [Geschichte des Davidshauses], 1959,123):

Qumrân

Dem Unterweiser, um den Fürsten der Gemeinde zu segnen ... den Bund der Gemeinschaft möge Er ihm erneuern, um aufzurichten das Königtum seines Volkes auf ewig,

Qumrân	*Jes 11*
zu richten in Gerechtigkeit	Er richtet in Gerechtigkeit
die Armen, (*'ewjoním*),	die Bedürftigen (*dalím*),
zu schlichten in Geradheit	und schlichtet in Geradheit für
für die Demütigen des Landes ...	die Demütigen des Landes.
Du wirst schlagen Völker	Er schlägt das Land
durch die Kraft deines Mundes,	mit dem Stab seines Mundes,
mit deinem Stab wirst du	
das Land verwüsten,	
mit dem Atem deiner Lippen	mit dem Atem seiner Lippen
tötest du den Übeltäter.	tötet er den Übeltäter.
Der Geist des Rats und der	... der Geist des Rats und der
ewigen Stärke,	Stärke,
der Geist der Erkenntnis und	der Geist der Erkenntnis und
der Gottesfurcht (wird auf	der Gottesfurcht wird auf
dir ruhen),	ihm ruhen,
und Gerechtigkeit wird sein	und Gerechtigkeit wird sein
der Gurt deiner Hüften,	der Gurt seiner Hüften,
und Treue der Gurt deiner Lenden ...	und Treue der Gurt seiner Lenden.

Nach dem Gesagten erscheint die Würdigung J. Klausners (Der Messiasgedanke in Israel, 1950,40; hebr.) nicht übertrieben:

»Dies ist die erhabenste Darstellung des Messias in den Prophetenbüchern. Der Messias des Jesaja ist ein herausragender Mensch, in politischer wie geistiger, körperlicher wie moralischer Hinsicht.«

3. Die Folge des Wirkens (V 6–9)

In V 6–9 findet sich das *Bild vom Tierfrieden.* Die »Kurzfassung« steht in Jes 65,25 (s. Bibelauslegungen, II,225f) und ist das Ergebnis göttlichen Wirkens. Hier führt des Davididen Tun, das freilich an der Gotteslehre orientiert ist, zum Frieden. Sind die Verse wörtlich zu verstehen, ändert sich die Natur der Tiere, so daß die Raubtiere wie die Haustiere sich von Pflanzen und Früchten ernähren? Oder ist alles nur ein Gleichnis, wobei die Raubtiere die mächtigen, aggressiven Völker darstellen, die pflanzenfressenden aber die schwachen und friedfertigen?
Ibn Esra zweifelt nicht an der richtigen Antwort:

»Es ist ein *Gleichnis* für den Frieden, der in seinen Tagen herrscht.«

Das allegorische tritt an die Stelle des wörtlichen Verständnisses. So auch bei Maimonides:

»Du sollst nicht denken, daß in den Tagen des Messias irgend etwas im Lauf der Welt aufhört oder daß es eine Neuerung in der Schöpfung des Anfangs gibt. Vielmehr geht die Welt ihren gewohnten Gang. Was aber die Stelle bei Jesaja (11,6) anbetrifft – »und es weilt der Wolf beim Schaf, der Leopard lagert beim Zicklein« –, so ist dies ein Gleichnis und Rätsel. Sein Sinn: die Israeliten leben mit den Übeltätern unter den Völkern, die mit Wolf und Leopard verglichen werden (Jer 5,6), in Sicherheit. Alle kehren zur Religion der Wahrheit zurück, sie rauben und verderben nicht, genießen das Erlaubte, zusammen mit Israel, in Ruhe ...
Alles, was das Thema ›Messias‹ betrifft, ist als Gleichnis zu verstehen, und in der messianischen Zeit wird sich erweisen, wofür es als Gleichnis gestanden hat und was damit angedeutet wurde« (Im Gesetzbuch Mischné Torá, Hilchót m'lachím, XI,1).

Den Grund für den Gesinnungswandel der »Raubtiere« sieht Maimonides (FdI,III,60f) in der sich abzeichnenden »Erkenntnis der Wahrheit«. Die Blindheit geht zu Ende und mit ihr auch »Haß und Streitsucht«.
Der große Kritiker des Maimonides, R. Abraham ben David aus Posquières, Provence (ca. 1125–1198), ist mit der übertragenen Deutung nicht einverstanden. Was vom Messias gesagt ist, sei wörtlich zu nehmen, und die Torá verheiße (Lev 26,6): »Ich (Gott) tilge böses Getier von der Erde« (Glosse zu Hilchót m'lachím, XI,1). B. Uffenheimer schließt sich diesem Verständnis an:

»Die Beschreibung des zukünftigen Friedens unter den Lebewesen ist kein Gleichnis – nicht für das Verhältnis zwischen Israel und den Völkern, noch auch für die Beziehungen zwischen einzelnen Menschen ... Die Natur verändert sich auf wundersame Weise, bis das Prinzip des Friedens herrscht« (Das Besondere des historischen Verständnisses Jesajas im Vergleich mit Micha und Jeremia, in: Betrachtungen zum Jesajabuch, hg. v. B.-Z. Lurie, I,174).

Im Blick auf den ganzen Abschnitt scheint uns nur die *allegorische Deutung* sinnvoll zu sein. Nachdem die Person und das Wirken des Davididen beschrieben wurden, wird in V 6–9 die Folge des Wirkens ausgeführt. Das friedliche Beieinander verschiedengearteter »Tiere« ist offensichtlich das Ergebnis königlichen Richtens und Schlichtens. Dem Bedürftigen hilft der König, den Übeltäter weist er in die Schranken. Mit Erfolg: Der Bestrafte nimmt die Strafe zu Herzen und ändert sein Verhalten. Er »wandelt« sich aus einem »Raubtier« in ein »friedliches« Tier, das seine Nahrung nicht durch das Reißen eines anderen Tieres erwirbt.
Die Kunde vom Frieden auf »Meinem heiligen Berg« (V 9) ist damit die Kunde vom Frieden unter den Menschen. Wohl behalten sie ihre ursprüngliche Natur, doch sie leben und lassen leben. Der Starke mordet den Schwachen nicht, Meinungsverschiedenheiten werden durch das Gespräch,

nicht durch das Schwert entschieden. R. Elieser von Beaugency (Kommentar, 35) verweist auf Jes 32,17:

»Und es ist das Werk der Gerechtigkeit: Frieden, und der Gerechtigkeit Dienst: Ruhe und Sicherheit für immer.«

Das Bild vom Tierfrieden entspricht der *Vorstellung von einem zweiten Paradies.* Wie Adam und Eva durch eigene Schuld aus dem Paradies ausgetrieben wurden, so vermag die Menschheit durch die Umkehr zu Gott in das neue Paradies zu finden. Der Davidide leitet durch sein Rechtsempfinden und sein Wirken die Rückkehrenden. Die Weltgeschichte mit ihrem Auf und Ab, ihrem Glück und ihrem Elend, ist die Verbindungsstrecke zwischen dem verlorenen und dem wiedergewonnenen Paradies. Die »Tiere«, die sich im ersten Paradies nach Gen 1,30 vom »Grün des Krauts« (B-R) ernährt haben, werden im zweiten Paradies desgleichen auf das Reißen schwächerer Tiere verzichten.
Der *Geschichtsverlauf* läßt sich graphisch so darstellen:

Garten Eden = erstes Paradies	⟶	Weg der Menschheit in der Weltgeschichte	⟶	»Tierfrieden« = zweites Paradies
durch eigene Schuld verloren (das Böse triumphiert)		langwieriger Läuterungs- und Vorbereitungsprozeß		durch eigenes Bemühen wiedererlangt (das Böse ist endgültig besiegt)
Gott vertrieb die Menschen				Gott läßt die Menschen wieder ein

Das »Zweite Paradies« ist längt nicht erreicht, der Weg durch die Geschichte gleicht der Schilderung des Amos (5,18f), der das Gegenteil des Friedens beschreibt:

»Wehe denen, die sich sehnen nach dem Tag des Herrn. Was soll euch der Tag des Herrn? Er ist Finsternis, nicht Licht. Wie ein Mann vor dem Löwen flieht, und der Bär trifft ihn, und dann kommt er ins Haus, stützt seine Hand an die Wand, und die Schlange beißt ihn.«

Von einer Katastrophe in die andere läuft der Verfolgte. Die Schlange beißt zu, sie läßt sich nicht – wie in der Epoche des Tierfriedens – durch einen Säugling ergreifen. Der Kampf zwischen Schlange und Mensch (vgl Gen 3,15) ist nicht zu Ende. Erst in der Spätzeit verlieren die wild zupackenden Raubtiere ihre Triebhaftigkeit, lassen sie sich von einem schwachen Kind führen, sie, die nie ein Joch getragen haben. Sie lassen sich einengen und

eingrenzen und begeben sich mit den zahmen Tieren auf die Lagerstätte, die Weide. Wahrhaft idyllisch. Eine Utopie?
Durchaus nicht. Das Unglaubliche geschieht nicht durch einen Eingriff von außen, es vollzieht sich durch das langsame Aufsprießen der Erkenntnis, der Einsicht in den Sinn der Geschichte und des Lebens. V 9b gibt mit wenigen Worten den Schlüssel zum Verständnis der völlig anderen Zeit: *»denn angefüllt ist die Erde mit der Erkenntnis des Herrn, wie Wasser, das den Meeresboden bedeckt«*. Kein Stückchen des Meeresgrundes ist trocken, weil das Wasser in alle Ritzen und Löcher dringt. So auch die »Erkenntnis des Herrn«. Niemand ist von ihr ausgenommen – am allerwenigsten die reißenden »Tiere«.
»denn angefüllt ist sie«, *ki mál'a* – eine Verbform im Perfekt. Weshalb?

». . . der Prophet versetzt sich so lebhaft in die Zukunft, daß er das Zukünftige als ein bereits von ihm Geschautes oder Gehörtes beschreibt« (W. Gesenius, Grammatik, 323).

Die Wende wird mit Sicherheit eintreten, weil die Gotteserkenntnis eindeutig durchbricht. Und dann besitzt sie eine umspannende Wirksamkeit. Die Gotteserkenntnis beschränkt sich nicht auf Israel, so wenig sich die Wasser, die den Boden bedecken, auf die »territorialen Gewässer« Israels beschränken. In der Ära des Tierfriedens ist die Zielrichtung auf Gott hin von allen Menschen akzeptiert. Maimonides (Hilchót m'lachím, XIII,5) stellt fest:

»In jener Zeit gibt es dort keinen Hunger und keinen Krieg, keine Eifersucht und Konkurrenz, denn das Gute ist im Überfluß vorhanden, und alle Köstlichkeiten sind so zahlreich wie der Staub. Die *ganze* Welt beschäftigt sich nur noch mit der Erkenntnis Gottes.«

Die *Universalität der Gotteserkenntnis* bringt unseren Text in die Nähe von Jes 2, der Weissagung vom Gottesberg und dem »Hinströmen« der Völker, die die »Lehre des Zion« erfahren wollen (vgl Bibelauslegungen, I,140–150). J. Kaufmann (Geschichte des israelitischen Glaubens, III,219f) hält fest:

»Die Herrschaft des Gottesberges (Jes 2) ist geistig: Die Völker strömen aus freien Stücken zum Gotteshaus, um die Wege des Herrn zu erforschen. So ist auch die Herrschaft des Isai-Nachkommen: Der zukünftige König verwirklicht die Gotteserkenntnis in seinem Land und wird zum Vorbild für alle Völker. Er ist ein König des Friedens für Israel und die Völker.«

In Jes 2 sind die Völker freilich noch unterwegs, sie müssen die Lehre Gottes erst erfragen. In Jes 11 ist der Prozeß abgeschlossen: Die »Erkenntnis des

Herrn« ist so überwältigend und so umfassend wie das Meereswasser. Die Erschütterungen der Weltgeschichte haben der Ruhe Platz gemacht, die Menschheit hat zur Einheit gefunden.

Wegweisung für unsere Zeit

Jes 11,1–9 ist bisher nicht erfüllt. Man braucht darüber nicht lange zu diskutieren. Ein Blick in die Tagespresse genügt. Nicht der Frieden herrscht auf dem Erdengrund, sondern der Krieg, zumindest der regionale Krieg. Den globalen vermögen die stärksten »Raubtiere« zu verhindern. Nicht durch die »Erkenntnis des Herrn«, vielmehr aufgrund des »Gleichgewichts des Schreckens«, wie die makabre Bezeichnung der atomaren Bedrohung, die der Menschheit in der Tat den Todesschrecken einjagt, genannt wird. Die »Raubtiere« geben den Ton an, und es ist ein unangenehmer, schriller Ton, schwer zu ertragen. Kann sich dies ändern?

Der Christ weiß in seiner Glaubensüberzeugung, daß für ihn das »Reis aus Isais Strunk« hervorgegangen ist. Der Jude weiß durch seinen Glauben nicht minder, wie sehr der späte Isai-Sproß auf sich warten läßt. Beide aber – Jude und Christ – sind sich einig, daß das Ende noch in der Ferne liegt. Die reißenden Tiere lagern nicht neben den zahmen, der Wolf zerfleischt das Schaf, der Leopard das Zicklein, der Löwe das Rind. Doch es muß nicht so bleiben. Die Änderung tritt ein, sofern drei wesentliche Punkte vor Augen bleiben: der Weg, das Ziel, die Hilfe.

Der Weg: Die Menschheit bewegt sich über Höhen und Tiefen auf dem Freuden- und Leidensweg der Geschichte. Dieser Weg scheint unendlich lang und zumeist beschwerlich. Doch es ist ein Weg, und wie jeder Weg gelangt er einmal an ein Ende.

Das Ziel: Verjagt durch eigene Schuld aus dem Paradies, dem Zustand des Eingebettetseins in den Schutz Gottes, strebt die Menschheit einem neuen Paradies entgegen. Es beginnt dort, wo der Weg aufhört, die Wanderung zu Ende ist. Auf den Völkermord folgt der Völkerfrieden.

Die Hilfe: Menschliches Wollen und Tun ist wichtig, es überwindet die Hürden des Wegs und führt hin zum Eingang in das Paradies. Doch die Öffnung dieses Eingangs geschieht durch Gott, der Seinen Geist – den »Geist der Erkenntnis«, der »Weisheit«, des »Rechts« – in die Menschheit einsenkt, in einen Nachfahren Isais, in die Völkerwelt als Ganzes. Ohne die Hilfe Gottes ist das Ziel nicht erreichbar, bleibt die Menschheit stecken vor dem Tor zum letzten Glück.

Wenn die Menschheit um den Einlaß ins zweite Paradies nachsucht, nicht durch Worte, sondern durch Taten, durch die Tilgung des Kriegs als Option und Alternative, wird sie von Gott eingelassen werden. Die Verheißung des Propheten vom »Tierfrieden« behält ihre bleibende Gültigkeit.

»Ihr werdet Wasser schöpfen mit Jubel«

Jes 12,1–6

1 Du sagst an jenem Tag:
Ich will Dich loben, Herr, denn Du hast mir gezürnt.
Es möge sich wenden Dein Zorn, und Du wirst mich trösten.
2 Sieh, Gott (ist) meine Hilfe,
ich vertraue und fürchte mich nicht,
denn meine Kraft und (mein) Lobpreis ist Gott, der Herr,
und Er war mir zur Hilfe.
3 Ihr werdet Wasser schöpfen mit Jubel
aus den Quellen der Hilfe.
4 Ihr sagt an jenem Tag:
Lobet den Herrn,
ruft Seinen Namen an,
verkündet unter den Völkern Seine Taten,
erinnert daran, daß Sein Name erhaben ist.
5 Spielt dem Herrn, denn Hohes hat Er getan –
bekannt ist dies auf der ganzen Erde.
6 Frohlocke und juble, Bewohnerin Zions,
denn groß ist in deiner Mitte der Heilige Israels!

Der Text im Kontext

»Loben«, »bekennen«, »danken« – im Deutschen drei verschiedene Wörter, im Hebräischen ein- und dasselbe Wort: *l'hodót* (*j-d-h,* Hiphil). Wie ist das Zusammenfallen verschiedener Bedeutungsinhalte möglich? Was hat »loben« mit »bekennen« und »danken« zu tun? Sehr viel: Wer einen Menschen oder Gott wegen einer bestimmten Tat lobt, sagt zu dieser Tat ja. Er stimmt ihr zu, erkennt und anerkennt sie, bekennt ihre Richtigkeit. Und wenn er gedanklich einen Schritt weitergeht, mag er feststellen, daß die Tat nicht selbstverständlich ist, und wenn sie für ihn geschehen ist, dankt er. Gewiß ist die Bedeutungskette von loben, bekennen und danken nicht zwingend, und man staunt, wie die hebräische Sprache die drei Verben auf einen Nenner,

unter einen Hut bringt; doch der biblische Tatbestand zeigt, daß sie es tut. Wir sehen und verstehen es.
Schwingen in jedem Fall alle drei Bedeutungen mit? Wenn Gutes sich ereignet, ganz sicher. So etwa in Ps 92:

»Gut ist es, den Herrn zu loben,
zu spielen Deinem Namen, Höchster ...
Denn erfreut hast Du mich, Herr, durch Dein Wirken,
wegen der Taten Deiner Hände juble ich ...« (V 1.5).

Das Lob ist in diesem Jubelruf verquickt mit dem Nachsinnen über Gottes Taten. Das zeigt die Fortsetzung:

»Wie groß sind Deine Werke, Herr,
wie tief Deine Gedanken!
Der Unverständige erkennt es nicht,
der Törichte versteht dies nicht« (V 6f).

Die Rede ist vom Untergang der Frevler, die wohl aufblühen, doch dann vergehen. Anders der Gerechte und Gütige: Er steht wie eine Palme, wie eine Libanonzeder – noch im Alter trägt er Frucht. Der Einblick in das von Gott geleitete Geschehen erfüllt ihn mit tiefer Dankbarkeit, und er kleidet diesen Dank in Worte:

»Wahrhaftig ist der Herr,
mein Fels, kein Fehl ist an Ihm« (V 16).

Mühelos verbindet sich das Lob mit dem Bekenntnis und dem Dank in einer glücklichen Stunde. Doch wenn dem Menschen Böses widerfährt? Bleibt er da nicht stumm, rebelliert dann sein Herz nicht gegen Gott, von dem er sich angegriffen, getroffen fühlt? Vielleicht ist er imstande, eigene Schuld, die zum Unheil geführt hat, zu erkennen und diese Schuld vor Gott zu bekennen. Doch Gott loben und Ihm danken, daß er vom Schicksal hart angefaßt worden ist? Das übersteigt doch wohl menschliches Können, ist eine unzumutbare Forderung!
Genau an diesem Punkt hakt die jüdische Glaubenslehre ein. Wie immer V 1 unseres Textes zu interpretieren ist – sein Verständnis ist nicht unproblematisch, und wir werden uns bei der Exegese mit ihm befassen müssen –, deutlich ist, daß das Lob Gottes mit der Tatsache des göttlichen Zorns zusammenhängt. Also auch in einer schlimmen Zeit soll der Lobpreis Gottes nicht auffhören. Die Weisen des Talmud (Mischná B'rachót, IX,5) sagen: Gerade in der schweren Stunde, wenn sich das Herz vor lauter

Kummer verkrampft, sind Lob, Bekenntnis und Dank nicht minder am Platz:

»Ein Mensch ist verpflichtet, Gott für das Böse ebenso zu loben, wie er Ihn für das Gute lobt. Es heißt (Dtn 6,5): ›Liebe den Herrn, deinen Gott, mit deinem ganzen Herzen und mit deiner ganzen Seele und mit deiner ganzen Kraft.‹ ›Mit deinem ganzen Herzen‹ – mit deinen beiden Trieben (dem Trieb zum Guten und dem Trieb zum Bösen), ›mit deiner ganzen Seele‹ – selbst wenn Er dir deine Seele (Leben) nimmt, ›mit deiner ganzen Kraft‹ – mit deinem ganzen Besitz. Eine andere Erklärung: bei jedem Maß, das Er dir zuweist, danke Ihm gar sehr.« (*m"odécha* im Bibelvers wird in dieser anderen Erklärung mit *midá,* »Maß«, verglichen).

Die Leiden müssen in Freude angenommen werden, sagt Rawa (b. B'rachót, 60b), und R. Akiba fügt bei:

»Immer gewöhne sich ein Mensch zu sagen: Alles, was der Barmherzige tut, tut er zum Guten.«

Hiob, der große Dulder, gilt als Beispiel. Als er vom Tod seiner Kinder erfährt, spricht er:

»Der Herr hat gegeben, der Herr hat genommen, der Name des Herrn sei gepriesen!« (Hiob 1,21).

Wie lautet der Lobpreis? Die Mischná (aaO) lehrt:

»Bei guten Nachrichten spricht man: ›Gepriesen sei der Gütige und Gutes Erweisende‹ (*barúch hatów w'hametíw*), bei schlechten Nachrichten: ›Gepriesen sei der Richter der Wahrheit‹ (*barúch daján ha'emét*).«

Gott wird nicht ausgeklammert – nicht im Glück, aber auch nicht im Unglück. An ihn richten sich des Menschen Gedanken, zu jeder Zeit. In den beiden in Jes 12,1–6 enthaltenen Dankpsalmen finden wir zwei Beispiele der Hinwendung von großer Eindringlichkeit.

Leitworte des hebräischen Textes

'odchá (von *j-d-h-,* Hiphil, »loben«, »bekennen«, »danken«) heißt: »ich will dich loben« (häufig in den Psalmen: 18,50; 30,13 u. a.), in V 4 steht der Imperativ *hodú,* »lobet!«
'anáfta (von *'-n-f,* Qal), »du hast gezürnt«.
jaschów (von *schuw,* Qal, »umkehren«) ist ein Jussiv: »er möge umkehren«, »sich wenden«. Nach W. Gesenius (Grammatik, 109k) steht der Jussiv nicht

selten »an Stelle der gewöhnlichen Imperfektform«. *jaschów* heißt danach auch: »er wandte sich«. Für die Exegese sind die beiden Möglichkeiten wichtig (s. unten).
utnachaméni (von *n-ch-m,* Piel, Imperfekt mit Suffix) bedeutet: »und du wirst mich trösten« (Lex. 650f).
j'schuʿá (V 2) ist die »Hilfe« (Lex. 426).
'ewtách (von *b-t-ch,* Imperfekt des Qal) meint: »ich werde vertrauen«, »werde mich sicher fühlen« (Lex. 116). Abgeleitet von *b-t-ch* sind *bitachón,* »Vertrauen« (= *bitchá*; Lex. 116), *bétach,* »Sicherheit« u. a.
ʿosí gehört nach Lex. 762 zu *ʿos II* (von *ʿus,* »Zuflucht nehmen«, Lex. 753) und heißt »meine Zuflucht«. Nicht auszuschließen ist die Zuteilung von *ʿosí (= ʿusí)* zu *ʿ-s-s,* »sich stark erweisen« (Lex. 746). Es bedeutet »meine Stärke, Kraft« (Lex. 761); B–R: »mein Sieg«.
simrát (*a* = *qámez*!) ist nicht nomen regens in einem Status constructus zum nomen rectum *ja,* »Gott« – da müßte nämlich *simrát* mit einem *patách* punktiert sein –, es ist vielmehr Nebenform von *simrá* mit der selteneren Femininendung *-at* (W. Gesenius, 809a). *simrát* ist nach Lex. 263 mit »Stärke« zu übersetzen (vgl Gen 43,11: *simrát ha'árez,* »Stärke, bester Ertrag des Landes«). Das Targúm deutet *simrát* indessen im Sinne von »Lob« (*w'tuschbachtí,* »und mein Lob«) und denkt offensichtlich an *simrá I* (Lex. 263): »Spiel, Klang«. So auch Saadia Gaon, R. Salomo Ibn Melech aus Fès (séfer michlál jófi), R. J. Ibn Caspi ('adné késef zu Ex 15,2), A. Weiser.
usch'awtém (von *sch-'-w,* Qal, Perfekt mit *waw* consecutivum): »ihr werdet schöpfen«.
maʿajné ist Status constructus im Plural von *maʿján,* »Quell«. Der Plural heißt *maʿjaním,* häufiger indessen *maʿjanót* (Lex. 579).
ʿalilotáw (Singular: *ʿalilá,* von *ʿ-l-l,* Polel, »handeln«; Lex. 789) sind »seine Handlungen, Taten« (Lex. 788); B–R: »sein Wirken«.
haskíru (von *s-ch-r,* Imperativ des Hiphil): »erwähnt!«; Lex. 259: »bringt in Erinnerung!« (V 4). Parallel zu *haskíru* steht *hodíʿu* (von *j-d-ʿ,* Imperativ des Hiphil): »teilt mit! laßt wissen!«
nisgáw (von *s-g-w,* Partizip des Niphal), »erhaben«, wird von Saadia Gaon mit dem arabischen *'almaníʿa,* »in der Höhe wohnend«, wiedergegeben. B-R: (daß sein Name) »emporragt«.
samrú (von *s-m-r I,* Imperativ des Piel): »spielt!« (vgl oben zu *simrá*).
ge'út (von *g-'-h,* »hoch sein«) ist »Aufsteigen, Erhabenheit« (Lex. 162), »Hohes« (B-R).
mudáʿat (von *j-d-ʿ,* Partizip des Hophal): »kundgetan«, nach W. Gesenius (Grammatik, 116e) eher »mitteilungswürdig« (ein hebräisches Partizip pas-

siv entspricht außer im Qal oft einem lateinischen Gerundivum). *mudá'at* ist im übrigen hier die Lesung des *q'ri.* Das *k'tiw* hat *m'judá'at* (Partizip des Pual): »Bekanntes« (Lex. 375).
waróni (von *r-n-n,* Qal, Imperativ): »und juble!« (V 6).
joschéwet Zijón, »Bewohnerin Zions« (ein Kollektiv fem.; vgl Mi 1,11f).
q'dosch Jisra'él, »der Heilige Israels« (= Gott), bei Jes häufiger Gottestitel (Jes 1,4; 5,19.24; 10,20 u.a.).

Der Text in der Exegese

»Du sagst an jenem Tag« (V 1). An welchem Tag? »Am Tag der Rettung« (E.S.Hartom), da die Verbannten heimkehren (11,10ff), mehr noch (10,12): am Tag, da die in »die vier Enden der Erde« Vertriebenen aus Israel *und* Juda »eingesammelt werden durch Gottes machtvolles Eingreifen. Nicht nur an die nach des Assyrerkönigs Sanherib (701 v.d.Z.) hervorgerufene Katastrophe ist gedacht, die den Judäer Hiskia in Jerusalem wie in einem Käfig einschließt. Weitaus gewaltiger und umfassender wird die Heimkehr sein: auch aus »Ägypten, Pathros, Äthiopien, Elam, Sinear, Hamat und den Inseln des Meeres« (11,11) kommen die Exulanten zurück. Sie überschreiten Flüsse, ziehen gutbeschuht auf geebneter Straße einher, nicht auf staubigen Pfaden (ib. V 15). Jesaja verkündet diese umfassende Wiederkunft, er erlebt sie nicht. Erst nach dem Babylonischen Exil – in den Tagen des Perserkönigs Kyros (nach 538 v.d.Z.) erfüllt sich das Prophetenwort. Und selbst dann nicht in seiner ganzen Größe. Die 722 v.d.Z. durch Assyrien vertriebenen Bewohner des Nordreichs Israel verschwinden in der Ferne, nur wenige finden den Weg in die alte Heimat zurück.
»An jenem Tag« sind jedoch die Ereignisse so überwältigend, daß ein Lobpreis des Herrn wie von selbst aus dem Herzen steigt: *»Ich will Dich loben, Herr.«* Der Grund steht am Schluß von V 1: *»Du wirst mich trösten.«* Die tiefen Wunden, die ein erbarmungsloses Geschick geschlagen hat, werden vernarben. Trost, seelische Aufrichtung bewirkt das Unwahrscheinliche: Die Not des Exils und seine Schrecken werden mit der Zeit überwunden werden. »Ich will dich loben, Herr« und – dies haben wir im Kontext gesehen – »ich will bekennen« und »danken«. Nichts, was Gott fügt, ist selbstverständlich. Das bekennt der an Ihn Glaubende und Ihm Vertrauende, und seinem Bekenntnis entsteigt der Dank. Er ist gerettet, Gott hat ihm ein neues Leben in seinem Land geschenkt.
Die Worte, die zwischen dem Anfang und dem Ende von V 1 stehen,

bereiten Kopfzerbrechen. A. Chacham (J'schajáhu, I,133) oder E.S. Hartom (séfer J'schajáhu, 52) u.a. verstehen sie so:

»Ich will Dich preisen, Herr, weil – nachdem Du mir gezürnt hast – dein Zorn sich gelegt und Du mich getröstet hast« (A. Chacham).

Der Zorn *hat* sich bereits gelegt (*jaschów* ist als Imperfektform verstanden; s. Leitworte), er ist vergangen, und der Trost erquickt das ehedem bedrückte Gemüt. Wegen dieses Sinneswandels Gottes vom zürnenden zum tröstenden Herrn erklingt das Lied. Gedanklich stößt man auf keinerlei Schwierigkeiten. Weil es dem Gedemütigten nunmehr gutgeht, ist er zum Lobpreis bereit.
Diese Interpretation ist zwar ohne gedankliche Probleme, in sprachlicher Hinsicht macht sie jedoch Mühe. Was zwischen zwei Gedankenstrichen steht und mit »nachdem« eingeleitet wird, entspricht dem hebräischen Wortlaut nicht. Der Vers gliedert sich in zwei Teile:

»Ich will Dich loben, Herr, denn Du hast mir gezürnt. Es wandte sich Dein Zorn, und Du hast mich getröstet.«

Noch besser ist die Übersetzung, die *jaschów* als normalen Jussiv (»er *möge* sich wenden«) und *ut'nachaméni* als wirkliches Imperfekt (»Du *wirst* mich trösten«) auffaßt:

»Ich will Dich loben, Herr, denn Du hast mir gezürnt. Es möge sich wenden Dein Zorn, und Du wirst mich trösten.«

Lobpreis, *weil* Gott gezürnt hat, weil schreckliches Unglück über das Volk gekommen ist? Nach dem, was wir in der Einleitung zu unserem Abschnitt gehört haben, erstaunt es nicht mehr:

»Ein Mensch ist verpflichtet, Gott für das Böse ebenso zu loben, wie er Ihn für das Gute lobt ...«

Wir schließen uns dieser Deutung des V 1 an und wenden uns jetzt einmal dem ganzen Text zu.
Jes 12 enthält *zwei* Danklieder. Das erste Danklied erstreckt sich über V 1–3, das zweite über V 4–6. E.S. Hartom (aaO, 45) bemerkt richtig, daß das erste Danklied mit Verbformen im Singular beginnt und mit einem Verb im Plural aufhört, wogegen im zweiten Danklied zuerst die Pluralverbformen stehen und dann ein Verb im Singular. Einen tieferen Sinn wird man darin – bis auf den Plural in V 4a (s. unten) – kaum erblicken können. Im *strukturellen Aufbau* entsprechen sich die beiden Gesänge, wie die folgende Tabelle zeigt:

	1. Lied	*2. Lied*
Zeitpunkt:	»an jenem Tag« (V 1)	»an jenem Tag« (V 4)
Aufforderung:	»ich will Dich loben« (V 1)	»Lobet den Herrn« (V 4)
Begründung:	»denn Du hast gezürnt« (V 1)	»denn Hohes hat Er getan« (V 5)
Inhalt des Lobs:	»Gott ist meine Hilfe« (V 2)	»erhaben ist Sein Name« (V 4)
Zusage:	»ihr werdet schöpfen« (V 3)	»groß ist in deiner Mitte der Heilige Israels« (V 6)

Aufforderung und Begründung sind beim Lobpreis wichtig und, wie andere Beispiele zeigen, üblich:

»*Lobet* den Herrn, *denn* Er ist gütig« (Ps 106,1; 107,1).

Gelegentlich fehlt die Aufforderung, weil die Bereitschaft zum Loben bereits gegeben ist:

»Ich erhebe Dich, *lobe* Deinen Namen, *denn* Du hast Wunderbares getan« (Jes 25,1).
»Ich will Dich *loben*, *denn* Du hast mich erhört und warst mir zur Hilfe« (Ps 118,21).
»Ich *lobe* Dich, *denn* wunderbar bin ich gebildet« (Ps 139,14).

Aufgrund der Erfahrung weiß der Lobende, daß Gottes Beistand nie ausbleiben wird. Daher folgt auf den Inhalt des Loblieds die Zusage. Sehen wir uns jetzt genauer die beiden Lieder an.

Das erste Lied (V 1–3)

Was sofort auffällt, ist in V 2 die *Assoziation zum Schilfmeerlied* in Ex 15. Mose und die Israeliten sangen beim Anblick der toten, im Meer versunkenen Ägypter:

»Meine Kraft und mein Lobpreis ist Gott, und Er war mir zur Hilfe ....« (ib. V 2).

Hier singt der aus Ägypten und den anderen Ländern Gerettete und Heimgekehrte:

»denn meine Kraft und mein Lobpreis ist Gott, der Herr, und Er war mir zur Hilfe.«

Wie beim trockengelegten Schilfmeer in Moses Tagen (Ex 14,21) wird beim Auszug aus der Völkerwelt »die Zunge des Meeres von Ägypten« (Jes 11,15), wohl desgleichen das Schilfmeer, der heutige Golf von Suez, freigelegt und damit passierbar.
Weshalb ist in unserem Text – anders als in Ex 15,2 – das Wort »der Herr« beigegeben? R. Sch. D. Luzzatto meint:

»Jesaja, in dessen Zeit die Judäer bereits mit dem Buhlen nach fremden Göttern begonnen hatten, sagt – im Gegensatz zu Mose und David (Ps 118,14) – *ja 'adonáj* (»Gott, der Herr«). Keiner soll glauben, der gütige Gott sei ein Privatgott, geschieden vom Gott Israels, der *'adonáj* genannt wird. Er verstehe vielmehr, daß der Herr, der Wohltaten erweist, Er selbst ist, der »Herr« Genannte ...« (Kommentar zu Jes, 114).

Der Anfang von V 2 enthält ein *Bekenntnis*. Wir verstehen *'el j'schuʿatí* nicht als Genetivkonstruktion (»Gott meiner Hilfe«), sondern als Nominalsatz: »Gott *ist* meine Hilfe.« Dieses Verständnis paßt zu V 2b: »Er *war* mir zur Hilfe.« Wem Gott beisteht, ist das Vertrauen geschenkt und die Angst genommen:

»ich vertraue (B-R: »ich verlasse mich«) und fürchte mich nicht.«

R. Ch. Rabinowitz (dáʿat sofrím, J'schajáhu, 159) erklärt:

»Es gibt einen Menschen, der Vertrauen hat und sich dennoch fürchtet. Das wahre Vertrauen besteht darin, daß der Vertrauende keinerlei Erschütterung verspürt.«

Durch das Vertrauen (*bitachón*, s. Leitworte) wird die Angst genommen, stellt sich die Sicherheit ein. Ibn Esra stellt fest:

»Ich vertraue, daher werde ich in Sicherheit wohnen« (nach Ps 16,9; Spr 1,33).

Wenn Gott zur Seite steht, erübrigt sich das Verzagen. Ps 56,4–5 sagt es mit aller Deutlichkeit:

»Den Tag, da ich fürchten müßte,
ich, mit dir bin ich sicher.
An Gott, dessen Rede ich preise,
an Gott habe ich mich gesichert,
ich fürchte mich nicht,
was kann Fleisch mir tun!« (nach B-R).

Gegenstück des Vertrauens in Gott ist das Vertrauen in Menschen. Ps 146,3 warnt vor ihm:

»Vertraut nicht auf die Edlen, auf den Menschensohn, bei dem keine Hilfe ist.«

Dreimal kehrt im ersten Lobgesang das Wort »Hilfe« (*j'schuʿá*) wieder. Um die Hilfe – Gottes Hilfe – geht es. Dem Hörer des Lob- und Bekenntnislieds soll eingeschärft werden, daß all das wunderbare Geschehen sich nur dank der Gotteshilfe vollziehen konnte. Und Seine Hilfe wird auch in Zukunft nicht ausbleiben:

»Ihr werdet Wasser schöpfen mit Jubel aus den Quellen der Hilfe.«

»*Quellen der Hilfe*«. Das sind zunächst einmal jene Quellen, die dem Land und seiner Vegetation Fruchtbarkeit und Leben schenken. Der Jubelruf zeigt die Freude beim Schöpfen des Wassers. Dann aber ist an die »Hilfe« in weitestem Sinn gedacht. R. D. Kimchi kann daher ausführen:

»Es ist ein *Gleichnis*: Wie jener, der aus einer immerfließenden Quelle Wasser schöpft, immer schöpfen kann, so werden bei den Geretteten der Segen und die Hilfe nie ausbleiben.«

Das zukünftige »Wasser« aus den »Quellen der Hilfe« ist späteren Exegeten die mit dem Lebenswasser verglichene Torá, Gottes »Weisung«. R. D. Kimchi (aufgrund des Targúm):

»... Die Weisheit (in der Weisung Gottes) wird mit dem Wasser verglichen. Die Lehrer sind die Quelle, die Lernenden sind die Wasserschöpfenden.«

Jeremia (2,13) bezeichnet Gott als »Quelle des lebenden Wassers«. Die Götter sind »zerbrochene Zisternen, die das Wasser nicht zu fassen vermögen«. In den Sprüchen der Väter (II,8) wird R. Elʿasár ben ʿArách (2. Jh. d. Z.) wegen seiner profunden Kenntnis der Torá einer »überschäumenden Quelle« (*maʿján hamitgabér*) gleichgesetzt. Sein Kollege R. Eliʿéser ben Horq'nos (= Hyrkan) ist lediglich wie »eine gekalkte Grube (Zisterne), die keinen Tropfen verliert«. In ihr ist nicht lebendiges, frisches, sondern nur stehendes Wasser enthalten!
Aus den »*Quellen* der Hilfe«, nicht aus Zisternen, dürfen die Geretteten Wasser schöpfen. Das Leben, die Frische bleibt für immer bestehen. Gott, der die physische Rettung bewirkt hat, wird auch die geistige Rettung für alle Zeiten bewirken.
V 2 und V 3 werden im jüdischen Brauchtum bei der *Hawdalá* (»Trennung«, »Scheidung«), dem Gebet am Ausgang des Sabbats, gesprochen. Der Sabbat wird von den beginnenden Arbeitstagen »geschieden«. Während des Gebets brennt eine geflochtene Kerze, die eine große Flamme erzeugt – Symbol des »Lichts«, das Gott am ersten Schöpfungstag erschuf (Gen 1,3), und zugleich Zeichen der Arbeit mit ihrer Feuererzeugung und -verwendung, die nach dem Sabbat wieder erlaubt ist. Auf den Segen über Wein oder Saft folgt der Segen über wohlriechende Gewürze (*b'samím*). Mit Freude und einem guten Geruch beginnt die neue Woche. Die Worte aus Jes 12 bestärken die Zuversicht: »Gott ist meine Hilfe.«

Das zweite Lied (V 4–6)

»Ihr sagt an jenem Tag«. Die Zeitangabe entspricht jener in V 1. Doch handelt sich um denselben Tag, den Tag nach der Rettung der Exulanten?

Sch. L. Gordon ist dieser Ansicht. Beide Lieder sind, sagt er, »Danklieder über den Fall Assurs«. A. Chacham (I,134) widerspricht. Ohne es zu vermerken, schließt er sich der Äußerung des Saadia Gaon (in: Sammelband »Kommentare zu Jes«, I,19) an:

»V 3–4 hängen zusammen. Der Prophet sagt: Wenn ihr Wasser mit Jubel schöpft, werdet ihr sprechen: »Lobet den Herrn.«

»An jenem Tag« ist nach Saadia und A. Chacham nicht der Tag der Rettung, vielmehr der Tag des Wasserschöpfens. Das zweite Lied ist, wenn dieses Textverständnis zutrifft, ein eigentliches Wasserschöpflied.
Der grammatikalische Befund unterstützt die Annahme Saadias und A. Chachams. V 3 steht das Verb (»*ihr* werdet schöpfen«) im Plural (im Gegensatz zu den Verben in V 1–2, die im Singular auftreten). V 4 nimmt den Plural desgleichen auf, lehnt sich also eindeutig an das »ihr werdet schöpfen« an: »*ihr* werdet schöpfen ... und *ihr* werdet sprechen« (*wa'amartém*). V 4 schließt sich organisch an V 3 an. Das zweite Lied ist ein Wasserschöpflied! Das »Schöpfen« und das »Sprechen« geschehen zu demselben Zeitpunkt.
Besitzt das erste Lied mit V 2b einen Bezug zum Schilfmeerlied in Ex 15, so findet das zweite Lied eine *Parallele in Ps 105,1ff* (= 1Chr 16,8ff), wie die Gegenüberstellung zeigt:

Jes 12	*Ps 105*
V 4: Lobet den Herrn, ruft Seinen Namen an, verkündet unter den Völkern Seine Taten,	V 1: Lobet den Herrn, ruft Seinen Namen an, verkündet unter den Völkern Seine Taten.
erinnert daran, daß Sein Name erhaben ist.	V 5: erinnert euch Seiner Wundertaten, die Er getan hat.
V 5: Spielt dem Herrn ...	V 2: Singt Ihm, spielt Ihm ...

Es ist anzunehmen, daß der Gesang beim Wasserschöpfen den ganzen Psalm umschließt, nicht nur die Überschrift. V 4 teilt demnach mit, daß die Lobenden jenes Lied singen – und zwar vollständig –, das mit den Worten beginnt: »Lobet den Herrn, ruft Seinen Namen an, verkündet unter den Völkern Seine Taten« (Ps 105,1). 1Chr 16,1–7 stellt das Lied in einen geschichtliche Rahmen. König David sang es, so heißt es dort, als er die Bundeslade ins Zelt auf dem Zion bringen ließ. Es geschah »an jenem Tag« (ib. V 7), da sich eine Hoffnung Davids erfüllte. Es geschieht, so läßt unser Text uns wissen, auch »an jenem Tag«, da für Israel eine große Hoffnung – die Rettung aus der Not – in Erfüllung gehen wird. – Zu den Einzelheiten: *»Ruft Seinen Namen an«* (V 4) – das Targúm übersetzt: »Betet in Seinem

Namen« (*zalú bischmé*), in *Seinem*, nicht in der Götter Namen. Eine Entsprechung bietet Ps 116,13:

»Den Becher der Hilfe erhebe ich, und den Namen des Herrn rufe ich an.«

Der »Becher der Hilfe« ist (so Raschi, M'zudát Davíd z. St.) der mit einem Gußopfer, d. h. mit Wein gefüllte Kelch, der den Dank für die Hilfe Gottes zum Ausdruck bringt. Er wird »erhoben« während des Danklieds, während des »Anrufens des Herrn«, so wie in unserem Text der Gottesname angerufen wird, nachdem aus den »Quellen der Hilfe« Gottes Segen geflossen ist.
Im Unterschied zu der Übersetzung des Targúm (»betet in Seinem Namen«) kann das »Anrufen Seines Namens« auch als ein Verkünden des Gottesnamens innerhalb der Völkerwelt verstanden werden. Bei diesem Verkünden stünde das »Kundtun Seiner Taten« (V 4b) im Mittelpunkt. In diesem Sinn interpretiert R. D. Kimchi:

»Ruft den Völkern *in* Seinem Namen zu, so wie Abraham *im* Namen des Herrn (Gen 12,8) gerufen hat ...«

In jedem Fall soll das Israel von Gott erwiesene Wunderwirken in aller Welt bekannt werden. Zwei Analogien:

»Spielt dem Herrn, dem Bewohner Zions, erzählt unter den Völkern Seine Taten« (Ps 9,12).

»Jubelt an der Spitze der Völker, laßt hören, lobpreiset und sprechet: Hilf, Herr, Deinem Volk, dem Überrest Israels!« (Jer 31,7).

Der *Grund* für des Volkes Lob und Dank nennt V 5: *»denn Hohes hat Er getan«*. Man erinnert sich an Ex 15,1, wo im Schilfmeerlied Mose und die Israeliten singen:

»Ich will singen dem Herrn; denn hoch hat Er sich erhoben« (*ga'óh ga'áh;* vgl hier *ge'út*).

R. D. Kimchi und R. Eliahu, der »Gaon von Wilna« (Kommentar z. St.), vermerken die entsprechende Wortwahl. Im Gegensatz zum ersten Lied, wo der Hinweis durch ein Zitat hergestellt wird, ist die Assoziation mit dem Schilfmeer hier – wenn überhaupt – völlig sekundär.
Gottes »Erhabenheit« (vgl Jes 26,10: *ge'út 'adonáj*) ist hervorragendes Prädikat Gottes. Ihm gehört die »Erhabenheit«, weil Er »Erhabenes getan hat«. Nach Ps 93,1 kleidet Er sich als Herrscher in »Hoheit« und »umgürtet sich mit Macht«.

Sein Wirken hat sich herumgesprochen. Es ist nicht neu, für die Menschen kommt es nicht überraschend. Nach V 5c ist es »bekannt auf der ganzen Erde«, stets wieder »mitteilungswürdig« (*mudāʿat*; s. Leitworte). Wenn V 4 zum »Verkünden Seiner Taten« auffordert, soll das »Bekannte« nur noch stärker hervorgehoben werden. Angesichts der Nichtigkeit der falschen Götter, die zu nichts taugen, erweist sich der Lobpreis der echten Gottesgröße als notwendiges Tun.

V 6 enthält die *Zusage*, die für immer gültig bleibt: Zions Bewohner werden jubeln, weil der »Heilige Israels« groß »in deiner (Zions) Mitte« ist. Die Entfremdung Gottes von Israels ist gebannt. Er »wohnt« in Zion (vgl Joël 4,17.21), »wohnt in Jerusalem« (Ps 135,21), wie Er nach Num 35,34 »inmitten des Landes« und »inmitten der Israeliten« »wohnt«. Gegen den »Heiligen Israels« (vgl Bibelauslegungen, I,172f) kann keine Macht auf Erden aufkommen.

Eine letzte Frage: *Wie verhalten sich die beiden Lieder in Jes 12 zueinander?* Das zweite Lied knüpft an das erste an und ergänzt seine Gedanken. V 1–3 verkünden das Lob Gottes, weil Er sich den Geretteten als die Quelle des Segens offenbart und jede Angst, jeden Zweifel beseitigt. Nach der »Zurücknahme des Zorns« werden die Wunden vernarben. V 4–6 setzen dies alles voraus, sie lassen es unerwähnt und legen den Nachdruck auf das Verkünden des göttlichen Wirkens unter den Völkern. Nicht nur die Israeliten sollen es kennen, sondern alle Menschen. »Seine Taten« haben sich in Israel manifestiert, aber Gott zeigt Seine Größe auch anderen Nationen, die zu Ihm, dem einzig machtvollen Gott, finden sollen. Sie sprechen dann – wie Jetro (Ex 18,11) mit seinem »jetzt weiß ich, daß der Herr größer ist als alle Götter ...« – das Bekenntnis zu Gott aus, dessen Tun auch ihnen »bekannt« sein wird.

Wegweisung für unsere Zeit

Ein Mensch verliert die Angst, das Bangen vor der Zukunft, und findet in Gott Zuversicht und Sicherheit. Gott hat ihm geholfen, Gott wird ihm auch in der Zukunft helfen. Da legen sich die Stürme seines Lebens, und sein kleines, schwankendes Lebensboot fährt in ruhige Gewässer ein. Genügt aber der Verlust der Angst, das Erfülltsein von der Nähe Gottes?

Was not tut, ist das Überwinden des Angstgefühls. Es geschieht durch ein Zweifaches: durch die Auseinandersetzung mit den Erlebnissen der Vergangenheit (hier: durch das Bewußtwerden des »Gotteszorns«, der das

Schlimme verursacht hat) und durch eine dynamische Zuwendung zur Zukunft (hier: durch das immerwährende »Schöpfen aus den Quellen der Hilfe« angedeutet). Der Gerettete bleibt nicht bei den traumatischen Geschehnissen aus früherer Zeit stecken, er rafft sich zusammen und wendet sich neuen Aufgaben zu, neuen Lebensquellen, die ihm »Wasser« zuführen. Es sind die Quellen der Gotteslehre, es sind zugleich auch die unzähligen Quellen, aus denen das Denken, Fühlen und Tun gespeist werden können. Nicht zufällig spricht V 3 von »den« Quellen – es gibt nicht nur eine einzige, es gibt viele Quellen, die alle frisches, ungetrübtes Wasser sprudeln lassen. Jede Quelle ist lebendig. Die trüben, schmutzigen Wässerlein bilden sich erst später, wenn der unbedachte Mensch seinen Müll nicht beseitigt. Aus reinen Quellen schöpfen und trinken, »mit Jubel« und tiefer Zufriedenheit, dies ist die Losung des Textes. Jeder Mensch muß versuchen, die Quellen seines Lebens zu entdecken und zu nutzen, weil nur aus einer Quelle wirkliche Lebenskraft erwächst.

»Er tilgt den Tod auf ewig«

Jes 25,8–9

8 Er tilgt den Tod auf ewig,
und es wischt ab der Herr, Gott, die Träne von jedem Gesicht,
und die Schmach Seines Volkes
wird Er von der ganzen Erde entfernen;
denn der Herr hat gesprochen.
9 Und es (das Volk) sagt an jenem Tag:
Sieh, dies ist unser Gott.
Wir haben auf Ihn gehofft,
und Er hat uns geholfen.
Dies ist der Herr.
Wir haben auf Ihn gehofft,
wir jubeln und freuen uns
wegen Seiner Hilfe.

Der Text im Kontext

Gott hat Sein Strafgericht über die Völker gehalten, die Erde ist verwüstet (Jes 24,1–13). Da errichtet, wie die eschatologische Voraussage (Jes 24,23) festhält, der Herr der Welt Seine Herrschaft auf dem Zionsberg:

»Zuschanden wird der Mond, es schämt sich die Sonne, denn König ist geworden der Herr der Heerscharen auf dem Zionsberg und in Jerusalem. Und vor Seinen Ältesten ist Ehre.«

Der Zionsberg mit seinem Gottestempel steht im Mittelpunkt des Geschehens. »An diesem Berg« (25,6.7.10) finden sich die Nationen zu einem großen, mit fetten Speisen und einem schweren Wein angereicherten Mahl ein (25,6):

»Und es bereitet der Ewige der Heerscharen allen Völkern auf diesem Berg ein Gelag von fetten Speisen, ein Gelag von Hefenweinen, von markigen Fettspeisen, von geläuterten Hefenweinen« (nach L. Zunz).

Die Exegeten des Mittelalters und der frühen Neuzeit verstehen dieses Mahl in negativem Sinn: als Teil des göttlichen Strafgerichts. Die fetten Speisen werden ihnen nicht bekommen, sie gehen an ihnen zugrunde. Bereits das Targúm wies die Richtung zu dieser Interpretation:

»Sie (Völker) werden glauben, daß das Mahl zu ihrer Ehre gegeben wird, doch es wird zu ihrer Schmach gegeben. Selbst Plagen entstehen aus ihm, denen sie nicht entgehen werden.«

Wie die Völker vom Kelch der Bitternis trinken (nach Dtn 32,32ff), so trinken sie den schweren Wein auf dem Zion. Der Midrasch (Sifré d'warím, zu Dtn 32,34) schreibt:

»Man könnte meinen, es handle sich um Hefe, die von Nutzen ist, daher steht: ›*geläuterte* Weinhefe‹ – Hefe, die nur Schaum enthält.«

Nach R. D. Kimchi führt der schwere Wein zu gesundheitlichen Störungen:

»Wenn jemand viel von solchem Wein trinkt, wird sein Herz belastet«,

nach R. Elieser von Beaugency zu einer das Leben gefährdenden Trunkenheit:

»Gott macht die Völker trunken ... einem Vogelsteller gleich, der die Fallen mit Nahrung versieht und über die Vögel sein Netz ausbreitet, sobald sie sich in die Falle haben locken lassen.«

Entsprechend negativ ist die Deutung von V 7:

»Und er (Gott) macht verschwinden auf diesem Berge die Hülle, die alle Völker umhüllet, und die Decke, die ausgebreitet über alle Nationen« (nach L. Zunz).

R. Jona Ibn Dschnach (Sammelband »Kommentare zu Jes«, I,239) versteht die »Hülle« als Schutzhülle, die alle Völker bedeckt:

»Das will besagen: Er entfernt von ihnen diesen über sie ausgebreiteten guten Vorhang und vernichtet sie an jenem Ort« (analog R. J. Ibn Bal'ám, Sammelband, II,80).

Vgl R. Elieser von Beaugency: »... dadurch werden sie geblendet«.

Das Gastmahl, das Gott bereitet, findet vor der großen geschichtlichen Wende statt, zur Zeit des »Krieges von Gog und Magog« (Raschi) oder zur Zeit, da Sanherib von Assyrien dem Untergang entgegeneilt (R. J. Ibn Caspi, 'adné késef, 123).
Grundsätzlich anders sehen die Interpretationen des Gastmahls bei den

modernen jüdischen Bibelkommentatoren aus. Gott ist König aller Nationen geworden, und er lädt sie zu einem großen Mahl ein, wie ein menschlicher König, der seine Inthronisation feiert. Die Speisen und der Wein sind exquisit und höchst bekömmlich und fügen den Geladenen nicht den geringsten Schaden zu. Das eschatologische Bild vom Völkermahl rückt damit in die Nähe des Bildes von der Völkerwallfahrt (Jes 2,2–4). Desgleichen am Zionsberg wollen die Nationen die Lehre Gottes in Erfahrung bringen und auf Sein Richterwort hören. – Malbim kommentiert (387):

»Ein Gelage von fetten Speisen – ein Gelage von fetten (zuträglichen) Dingen, wodurch sie die Religion der Wahrheit erkennen und zum Gott der Wahrheit sich hinwenden.«

Sch. L. Gordon (J'schajáhu, 232) schreibt:

»Es handelt sich um eine Ehrenmahlzeit von köstlichen Leckerbissen, wie sie Könige nach der Thronbesteigung veranstalten. Alle ihre getreuen Diener sind eingeladen. Der Herrscher zeigt seinen Reichtum und seine Pracht und will sich mit den Getreuen freuen.«

Wenn Gott »zu Tisch lädt«, werden allerdings nicht nur materielle Güter angeboten, sondern auch »geistige Genüsse« (Sch. L. Gordon und R. I. W. Slotki, Isaiah, 116), die umgreifende Gotteserkenntnis, die, so kann man hinzufügen, bereits bei der Theophanie am Sinai im Zentrum gestanden hat. Und wenn die Völker essen und trinken, so treten sie wie die »Vornehmen Israels« in die Gottesgemeinschaft ein (Ex 24,11; vgl A. B. Ehrlich, Randglossen, IV,88f). Der Schleier wird entfernt, die Völker sehen die Wahrheit mit klarer Erkenntnis, ungetrübt und unverzerrt.

»Die Völker, die zum Gastmahl versammelt sind, werden ihr Gesicht nicht mehr verhüllen, sondern Ihn Auge in Auge erblicken« (A. Chacham, I,261; auch im Hinblick auf Ex 24,11).

Der Schleier kann freilich auch (nach 2Sam 15,30; 19,5) als Kennzeichen des Trauernden verstanden werden. Wenn Gott den Schleier, den die Völker bisher umgelegt haben, »tilgt«, wird »Er den Kummer und die Trauer, die die Völker heimgesucht haben, die Wunden und die Not entfernen« (M. Z. Segal, J'schajáhu, 52; Rev. I. W. Slotki, 116).
Die beiden Verse unseres Bibeltextes – V 8 und 9 – schließen sich nahtlos an. Nur ist ihre Aussage eindeutig positiv. Wer daher die vorangehenden Sätze als Strafe über die Völker versteht, sieht in V 8f eine Verkündigung, die nur für Israel, »Sein Volk«, gilt. Wer, wie die modernen jüdischen

Interpreten, auch das Bild vom Gastmahl als Gottes Glücksverleihung an die Ihn suchenden Völker deutet, baut V 8f in diese Glücksverleihung mit ein. Nicht nur Israel, alle Nationen sind in Gottes Gnadenakt einbezogen.

Leitworte des hebräischen Textes

*bilá*ʿ (V 8, so bereits V 7; Perfekt von *b-l-*ʿ, Piel), »verschlingen, vertilgen« (Lex. 129), »vernichten« (R. S. Ibn Parchon, Sammelband »Kommentare zu Jes«, I,201; H. Homberg, hakorém, J'schajáhu, 88a; M'zudát Zijón) oder »verhüllen«. In Num 4,20 versteht das Targúm Onkelos die Wendung *k'walá*ʿ *'et haqódesch* als: »wenn man die Geräte der Heiligkeit (die Geräte des Stiftszeltes) verhüllt« (*m'chasán*); so auch Nachmanides (R. Mose ben Nachman) und Ibn Esra (2. Erklärung) in den Kommentaren z. St.
máwet (V 8) ist der »Tod« (im Status constructus: *mot*).
lanézach heißt »für immer« (Lex. 676); B–R: »in die Dauer«.
umachá (von *m-ch-h,* Perfekt mit *waw* consecutivum im Qal), »er wischt ab« die »Träne« (*dim*ʿ*á*).
cherpá ist die »Schmähung, Schmach, Schande« (Lex. 342).
jasír (von *sur,* Hiphil Imperfekt), »er wird entfernen«, B–R: »abtun«.
qiwínu (V 9) heißt: »wir haben gehofft, geharrt« (von *q-w-h,* Piel, Perfekt).
*w'joschi*ʿ*énu* (von *j-sch-*ʿ, Hiphil, Imperfekt mit Suffix), »er wird uns helfen«; vgl *j'schu*ʿ*á,* »Hilfe«.
nagíla (von *gil*; Imperfekt des Qal), »wir werden jubeln«.
nism'chá (von *s-m-ch,* Kohortativ des Qal mit der Endung *-ah*), »wir wollen uns freuen« (zum Kohortativ s. W. Gesenius, Grammatik, 136f).

Der Text in der Exegese

Der »Herr der Heerscharen« offenbart Seine Größe. Auf das »Mahl am Zion« und der entfernten »Hülle«, die über den Völkern lag, folgt das Verschwinden des Todes »auf ewig« (V 8). Wie ist dies zu verstehen? Sollen die sterblichen Menschen unsterblich werden?
Diese Ansicht wird in der Tat vertreten. Nach einem Midrasch (Ex. r. 15,21) kennzeichnet der fehlende Tod die messianische Zeit. Sein Ausbleiben steht neben neun anderen Merkmalen.

»›Das Erste ist eingetroffen, und Neues tue Ich kund‹ (Jes 42,9). Gibt es denn Neues in der Zukunft?

Es steht doch geschrieben (Koh 1,9): ›Was war, wird sein.‹
Vielmehr finden wir zehn Dinge, die der Heilige, gelobt sei Er, in der Zukunft neu schafft:

1. Er erleuchtet die Welt (Jes 60,19).
2. Aus Jerusalem läßt Er frisches (lebendiges) Wasser fließen, das jeden Kranken heilt (Ez 47,9)
3. Bäume bringen jeden Monat Früchte hervor, die ihrerseits Heilung schenken (Ez 47,12).
4. Israel erbaut zerstörte Städte (Ez 16,55).
5. Gott errichtet Jerusalem aus Saphirsteinen (Jes 54,11).
6. ›Kuh und Bärin weiden zusammen‹ (Jes 11,7; ›Tierfrieden‹).
7. Mit allen Tieren und mit Israel schließt Gott einen Bund (Hos 2,20).
8. Weinen und Wehklagen finden ein Ende (Jes 65,19).
9. Der Tod verschwindet (unser Bibelvers).
10. Die Freude löst Seufzen und Kummer ab (Jes 35,10).«

Nach dem Midrasch sind alle diese Verheißungen zu ihrem Nennwert zu nehmen, nicht als Gleichnisse, als Metaphern für einen bestimmten Gedanken. Jedenfalls sieht er im Verschwinden des Todes »Neues«, das Gott »kundtut«. R. J'hoschua ben Levi schließt (im Gegensatz zu R. Chanina) in diese Verheißung alle Menschen, nicht nur Israel, ein. »Von *jedem* Gesicht« wischt Gott die Träne ab, ausnahmslos von jedem (s. Gen. r. 26,2). Der Todesengel besitzt keine Herrschaft mehr (b. P'sachím, 68b, Raschi). Weil der Tod nicht mehr existiert, ist die Freude umfassend.

»Es sprach der Heilige, gelobt sei Er: In dieser Welt verhindert der Tod die wirkliche Freude des Menschen. Doch in der kommenden Welt tilgt Er den Tod für immer. Und was gilt dann, wenn der Tod verschwindet? ›Ich juble ob Jerusalem, und Ich freue mich an meinem Volk, und nicht mehr wird in ihm (Jerusalem) vernommen die Stimme des Weinens und die Stimme des Klagens‹« (Jes 65,19), (Tanchúma, hg. S. Buber, wajchí, I,216).

Aus diesem Grund wird sich ein Priester nicht mehr kultisch »verunreinigen« müssen:

»In der Gegenwart (dieser Welt) verunreinigt sich ein Priester für einen Pflichttoten« (*met mizwá*, der keine Angehörigen besitzt. Nach Lev 21,1 ff ist ihm die »Verunreinigung« nur bei Blutsverwandten erlaubt). Doch in der Zukunft (kommenden Welt) werden selbst die übrigen Israeliten sich nicht mehr verunreinigen müssen; denn es heißt: ›Er tilgt den Tod für immer‹« (Tanchúma, 'emór, 3).

Der Tod, der aufhört, ist der Tod überhaupt. Nicht alle Exegeten schließen sich freilich diesem Textverständnis an. Sie beschränken die Zusage auf den gewaltsamen Tod, insbesondere auf den Tod im Krieg. A. Kahana (séfer J'schajáhu, 48) bemerkt zu Recht:

»Ein Bund ist mit dem Tod seit den Tagen der Schöpfung geschlossen worden. Wie sollen sich die Ordnungen des Urbeginns ändern können?«

Der Tod ist, wie das Leben, Teil menschlicher Existenz. Adam ist sterblich, wie kann ihm der Tod erspart bleiben? Allenfalls wird den Menschen neues Leben (in einer wohl anderen Form) geschenkt, sind sie erst einmal gestorben. Jes 26,19 verheißt:

»Leben mögen deine Toten,
meine Leichen auferstehen!
Wachet, jubelt, Staubbewohner!
Denn dein Tau ist ein Tau der Lichtkräfte:
aufs Land der Gespenster lasse ihn niederfallen« (B-R).

Nach dieser Auferstehung, die Moses Maimonides (1135–1204) als letzten seiner dreizehn Glaubensartikel nennt (Sidúr s'fat 'emét, 79), bleibt der Tod für immer aus – »Er tilgt den Tod für immer; denn in der kommenden Zeit sterben sie (Menschen) nicht mehr, nachdem sie (erneut) leben« (Raschi, b.Sanhedrín, 91b). In der Ära vor der Auferstehung, vor der Rückkehr aus dem Erdenstaub, ist aber der Tod des vergänglichen Körpers ein unausweichliches Schicksal. Kein Sterblicher kommt am Sterben vorbei!
Wenn unser Vers vom Ende des Todes spricht, so ist »der zufällige Tod«, nicht der »natürliche Tod« gemeint, schreibt R.D.Kimchi (Kommentar zu V 8), und er fügt hinzu:

»Der Totschlag, mit dem Israel während des Exils durch die Völker heimgesucht wurde, entfällt.«

So auch Abarbanel: »Der Tod und der Totschlag, den Israel im Exil erleiden mußte, werden für immer verschwinden. Und daher wischt der Herr die Tränen von jedem Gesicht; denn niemand muß mehr eine Not beklagen.«

Der Midrasch (Tanchúma, jitró, 17) führt den Totschlag auf den Trieb zum Bösen (*jézer hará'*) zurück:

»Es sagte der Heilige, gelobt sei Er: In dieser Welt werden die Jahre (eines Menschen) durch den Trieb zum Bösen verkürzt, doch in der kommenden Welt ›tilgt Er den Tod für immer‹.«

Vgl Dtn.r. 2,30: »Es sagte der Heilige, gelobt sei Er: In dieser Welt haben sie sich gegenseitig umgebracht, weil der Trieb zum Bösen wirksam war. Doch in der kommenden Welt reiße Ich den Trieb zum Bösen aus ihnen, und es gibt keinen (gewaltsamen) Tod mehr auf der Welt« (Hinweis auf unseren V8).

Der Trost, den V 8 aussprechen will, besagt, daß Gott dereinst »den unzeitgemäßen und unnatürlichen Tod« (A. Chacham, séfer J'schajáhu, I,262), »den Tod zwischen den Völkern, das sind die Mordtaten« (M. Buber, darkó schel miqrá', 331), zum Verschwinden bringt.
Dies ist der ursprüngliche Sinn des Verses, wie seine zweite Hälfte, die von der »Schmach seines Volkes« spricht, deutlich werden läßt. Handelte es sich um den »natürlichen Tod«, so könnte von einer Schmach Israels nicht die Rede sein. Der Tod ist keine Schmach, und er ist ganz gewiß keine spezifische Schmach Israels. Doch der Tod in der Niederlage, im Exil, ist schmachvoll. Dieser Tod wird für Israel aufhören, weil es die Tage der Verbannung einmal für immer hinter sich weiß und in Frieden in seiner Heimat leben darf. Das Verschwinden des Todes ist gleichbedeutend mit der Sicherheit vor tödlichen Nachstellungen der Feinde, dem Wirken des »Triebs zum Bösen«. Die »Krankheit« des schlimmen Todes ist ein für allemal »geheilt«, weil es jenen Tod nicht mehr gibt. In der Ausdrucksweise des Midrasch (P'síqta d'Raw Kahaná, sos 'asís, II,467):

»Es gibt keine Verwünschung, mit der Jesaja Israel verwünscht hat, die er nicht später wieder geheilt hätte ... Und mehr noch: Jesaja hat selbst das geheilt, was andere nach ihm verwünscht haben ... Jeremia (Klgl 1,2) sagte: ›Und ihre Tränen sind auf ihrer (der Stadt Jerusalems) Wange‹, Jesaja verhieß demgegenüber (als Heilung): ›Und der Herr, Gott, wischt weg die Träne von jedem Gesicht.‹«

Die Verheißung erinnert an das machtvolle Wort bei Hos 2,20:

»Einen Bund schließe ich ihnen an jenem Tag
mit dem Getier des Feldes
und mit dem Vogel des Himmels
und dem Gewürm des Bodens.
Bogen, Schwert und Kriegszeug
zerbreche ich, vom Erdland hinweg,
in Sicherheit lasse ich sie ruhn« (nach B-R).

Die Wende vom Unglück zum Glück, vom Krieg zum Frieden, kann nur Gott bewirken. Er ist es, der den Kriegstod tilgt, die Träne abwischt.

»Wie eine Mutter, die die Tränen vom Gesicht ihres Kindes abwischt, wenn es weint, und die es tröstet. So wie Er die Träne abwischt, entfernt er auch ihre Ursache: den inneren Schmerz. Er tröstet die Trauernden und läßt sie sich freuen nach dem Kummer« (Sch. L. Gordon, J'schajáhu, 233).

Nach H. Cohen (Religion der Vernunft aus den Quellen des Judentums, 320) handelt es sich bei V 8 um »ein Gleichnis, eines von den vielen, die den

Naturfrieden beschreiben«. Ob dies richtig ist, sei dahingestellt. Jedenfalls liegt aber auch nach Cohen der Akzent auf dem Trost, den Gott den einst Trauernden schenken wird.
Die *Struktur* des Verses sieht so aus:

Nennung des Ereignisses	*Die Folgen*	*Die Bekräftigung*
Der Tod verschwindet	Aufhören der Tränen und der Schande	Gott hat gesprochen

V 9 enthält einen *Hymnus* des dankbaren Israel, den es »an jenem Tag« sprechen wird. Die ersten sechs hebräischen Worte können auf zweifache Weise wiedergegeben werden:
»Sieh, unser Gott, es ist dieser, auf den wir gehofft haben. Er wird uns helfen« (so E. S. Hartom), oder:
»Sieh, unser Gott ist dies. Wir haben auf Ihn gehofft, und Er hat uns geholfen« (so die masoretischen Melodiezeichen). Vgl die Übersetzung von B-R:
»Da,
dies ist unser Gott,
auf den wir hofften, daß er uns befreie ...«
Wir ziehen die zweite Übersetzungsweise vor, weil sie sich wegen der Entsprechung mit dem nächsten Versglied (V 9b) als die bessere anbietet.

V 9a	*V 9b*
»unser Gott ist dies.	»dies ist der Herr.
Wir haben auf Ihn gehofft,	Wir haben auf Ihn gehofft,
und Er hat uns geholfen.«	wir jubeln und freuen uns wegen Seiner Hilfe.«

Den Sinn des Satzes gibt Saadia Gaon (Sammelband »Kommentar zu Jes«, I,36) mit folgenden Worten wieder:

»Das Volk wird an jenem Tag sagen: Dieser Gott, auf den wir gehofft haben, hat uns *schon* geholfen in der Vergangenheit. Er ist daher Gott, auf den wir auch in der Zukunft hoffen sollen, bis wir dereinst wegen Seiner Hilfe jubeln und uns freuen werden.«

»Unser Gott ist dies« – das Bekenntnis findet sich auch in anderen hymnischen Texten:

»Dies ist mein Gott, und ich will Ihn preisen, der Gott meines Vaters, und ich will Ihn erheben« (im Schilfmeerlied, Ex 15,2).

»Denn dies ist Gott, unser Gott, für immerdar« (Ps 48,15).

Gott hat sich in geschichtlichen Ereignissen Israel und allen Völkern kundgetan, und diese Tatsache muß in der Erinnerung lebendig bleiben. Sie überragt alles, was Israel in der früheren Zeit – etwa während des Geschehens am Schilfmeer – erfahren hat. In der Ausdrucksweise des Midrasch (Ex. r. 23,15):

»Es sprach der Heilige, gelobt sei Er, zu Israel: In dieser Welt habt ihr nur einmal gesagt: ›dies ist mein Gott‹ (Ex 15,2), aber in der kommenden Welt sagt ihr es zweimal; denn es heißt: ›Siehe, mein Gott ist dies ... dies ist der Herr ....‹«

Die zweifache Bekräftigung der Zugehörigkeit Israels zu Gott unterstreicht die Größe und Einzigartigkeit der künftigen Ereignisse, von denen unser Text kündet.

Auf Gott, der alles gefügt hat, vertraute Israel. Mit den beiden wichtigsten Gottesnamen spricht das Volk seinen Dank aus, bekräftigt es sein Vertrauen in die zukünftige Hilfe Gottes: mit *'elohím,* der Bezeichnung für den Weltenschöpfer und den Gott der Gerechtigkeit, und mit *'adonáj,* der Bezeichnung für den personellen Gott und den Gott der Gnade. Als *'elohím* und als *'adonáj* hat Er Israels Hoffnung erfüllt, wird Er Israels Hoffnung für immer erfüllen.
Der Dank für die Hilfe ist besonders intensiv, weil diese Hilfe erbeten, ersehnt worden ist. Einmal mehr hat sich Gott als jener erwiesen, der des Menschen Hoffnung nicht enttäuscht: als der Beständige, der Zuverlässige. Der Midrasch (Jalqút schim'óni, II,911, Nr. 736, zu Ps 40) verbindet des Psalmisten Bekenntnis (ib. V 1) – »Erhofft, erhofft habe ich IHN, und er hat sich zu mir geneigt, hat mein Stöhnen erhört« (nach M. Buber) – mit unserem Vers:

»Israel besitzt nur die Hoffnung. Wegen dieser Hoffnung ist es der Erlösung würdig ... Vielleicht sagt es: ›Vorüber ist die Ernte, das Obsten ist dahin, wir aber, wir wurden nicht befreit‹ (uns ist nicht geholfen worden; Jer 8,20, nach B-R), so heißt es: ›Hoffe zu IHM! Sei stark, dein Herz straffe sich, und hoffe zu IHM!‹ (Ps 27,14; M. Buber) – habt ihr gehofft, und es ist euch nicht geholfen worden, so hoffet und hoffet immer wieder. Fragt ihr: wie lange sollen wir hoffen, so steht geschrieben: ›Harre IHM zu, Jisrael, von jetzt an und bis hin in die Zeit‹« (Ps 131,3; M. Buber).

Ein wesentlicher Punkt, auf den mit Raschi (zu Dtn 6,4) aufmerksam zu machen ist: Israels Vertrauen auf Gott wirkt »ansteckend«. Die Völker werden mitgetragen von der Welle des Dankes und des Vertrauens, das Israel bekundet, eingebunden in die Gemeinschaft mit Israels Gott. Raschi schreibt:

»›Höre, Israel, der Herr unser Gott, der Herr ist einzig‹ (Dtn 6,4; wichtigster Satz des jüdischen Glaubensbekenntnisses) – der Herr, der jetzt nur unser Gott ist und nicht der Gott der Nationen, wird in der Zukunft der einzige Gott sein. So heißt es: ›Dann aber wandle den Völkern ich an eine geläuterte Lippe, – daß sie alle ausrufen Seinen Namen, mit geeinter Schulter ihm dienen‹ (Zef 3,9), und es heißt auch: ›Er wird werden zum König über alles Erdland. An jenem Tag wird Er der Einzige sein und sein Name der einzige‹ (Sach 14,9; nach B-R).«

Aus dem Nationalgott wird faktisch der universale, der Weltengott, der Er seit je gewesen ist. Neu ist, daß die Völker seine Einzigkeit anerkennen. Gott tilgt den gewaltsamen Tod für immer, wischt weg die Träne von jedem Gesicht und bringt die Menschheit durch Sein Handeln zur Einheit. Er wird zum Gott aller, zum wahrhaft einzigen Gott. Das Geschehen »an diesem Berg« (V 6f) wird zum Geschehen für alle Zeit und für alle Nationen.

Wegweisung für unsere Zeit

Buchautoren von Kriminalgeschichten, Zeitungsredakteure, Radio- und Fernsehreporter müssen sich nach anderen Sujets umsehen. Keiner glaubt ihnen mehr, daß ein Krieg geführt, eine Bank überfallen, eine alte Frau ausgeraubt worden ist. Keiner glaubt, daß Geschosse auf kleine Kinder fallen und sie in Stücke reißen. An die Stelle von Mord und Totschlag, Gemetzel und Terror ist das Verständnis und das Mitgefühl, die Hilfe und das Vertrauen getreten. Gott hat den Tod – und das will heißen: das Töten – getilgt und die Tränen der Opfer hinweggenommen.
Zukunftsmusik? Gewiß, doch realistische Zukunftsmusik. Und sie klingt in unseren Ohren in leiser Vorahnung, auch wenn wir das Dröhnen der Kampfbomber und das Zischen der Kugeln vernehmen. Es ist eine Zukunftsmusik, die Gott komponiert und dirigiert, doch Er bedient sich der Menschen, die in Seinem Orchester spielen. An den Menschen liegt es, ob die Musik gespielt werden kann und die Verheißung unseres Bibeltextes in Erfüllung geht. Die große Chance muß ergriffen werden – von einer geeinten Menschheit, die ihr Vertrauen auf Gott setzt.

»Die Befreiten des Herrn kehren zurück«

Jes 35,3–10

3 Stärkt erschlaffte Hände
und wankende Knie festigt!
4 Sprecht zu den im Herzen Ungeduldigen:
Stärkt euch, fürchtet euch nicht!
»Sieh, euer Gott kommt zur Ahndung,
zur Vergeltung, Gott.
Er kommt und wird euch helfen.«
5 Dann tun sich auf die Augen der Blinden,
und die Ohren der Tauben werden geöffnet.
6 Dann hüpft wie ein Hirsch ein Lahmer,
jubelt die Zunge des Stummen;
denn aufgebrochen sind in der Wüste Wasser
und Bäche in der Steppe.
7 Der heiße Ort wird zum Tümpel,
der durstige Boden zu Wasserquellen.
Am Wohnort der Schakale
ist eine Lagerstätte,
ein Platz für Rohr und Schilf.
8 Dort gibt es eine Aufschüttung und einen Weg,
und ›Weg der Heiligkeit‹ nennt man ihn.
Kein Unreiner darf ihn beschreiten. Nur ihnen kommt er zu.
Wer ihn begeht – selbst Törichte – verirrt sich nicht.
9 Dort ist kein Löwe, und der Räuber unter den Tieren begeht ihn nicht,
er findet sich dort nicht ein –
die Erlösten gehen (auf ihm).
10 Und die Befreiten des Herrn kehren zurück
und gelangen nach Zion in Freude.
Ewige Freude umgibt ihr Haupt,
Jubel und Freude holen sie ein,
und es entfliehen Kummer und Seufzer.

Der Text im Kontext

In der Wüste begegnet Israel zu Moses Zeit seinem Gott. Die ägyptische Fron ist zu Ende, Israel ist frei und zieht aus dem Pharaonenreich durchs Schilfmeer (Ex 14) zum Gottesberg. Am Sinai offenbart Gott Seine Gebote (Ex 19–20). Israel akzeptiert sie in freiwilliger Entscheidung und verpflichtet sich in einem Bundesschluß (Ex 24,1–11), die Satzungen für alle Zeiten einzuhalten. Die Erinnerung an die die Volksgemeinschaft konstituierende Theophanie und den mit Gott geschlossenen Bund verbindet sich mit der Erinnerung an Gottes Wundertaten. Ohne die Wundertaten hätten die einstigen Sklaven die Gefahren der unwirtlichen Landschaft und der feindlichen Stämme, die in ihr wohnten, nicht überstanden. Das »Unternehmen Wüstenwanderung« besaß nur eine Chance, weil Gott es leitete. Er wies den Wandernden die Richtung (Ex 13,20–22: Wolken- und Feuersäule), Er schenkte ihnen Speise und Trank (Ex 17,1–7; Num 20,1–13) und rettete sie vor dem Angriff aus dem Hinterhalt hervorstürzender Krieger (Ex 17,8–13: Amalek). So führte Er die Israeliten durch die Wüste hindurch zum Ziel, nach Kanaan. Jeremia (2,2) tradiert zwar ein Gotteswort, in welchem Israels Bereitschaft, Gott in die Wüste zu folgen, als Zeichen seiner Treue und Liebe gewertet wird:

»Ich (Gott) gedenke dir der Treue deiner Jugend,
der Liebe deiner Brautschaft,
da du Mir gefolgt bist durch die Wüste,
durch unbesätes Land.«

Israel weiß aber, daß weniger sein »Sprung ins Leere«, sein Wagnis, die »Fleischtöpfe Ägyptens« (Ex 16,3) zu verlassen, ein Akt der Liebe gewesen ist als vielmehr die Rettungstat Gottes, der die Schreie der Unterdrückten in Ägypten hörte.
Das Auszugsgeschehen und der Wüstenzug werden im Volksbewußtsein zum Prototyp der göttlichen Hilfe. Israel ist gesagt, daß das Land, in dem es wohnen darf, nur ein Lehen, kein fester Besitz ist. Damit ihm das Lehen erhalten bleibt, muß es die Bedingungen des »Pachtvertrags« getreulich erfüllen, und das heißt: den Satzungen seines göttlichen Herrn gerecht werden, der der eigentliche Landeigentümer ist. Verstößt es gegen den »Pachtvertrag«, so wird es zum Wegzug gezwungen (vgl Lev 26,27–35.43; Dtn 28,36f.64–68; Ez 20,23). Die Heimatlosigkeit, das Exil sind die Strafe. Im Exil tritt Gottes Treue zum Bund mit den Vätern Israels in Erscheinung. Er »spricht zu seinem (Israels) Herzen« (Hos 2,16), überzeugt es von der nie

kündbaren innigen Beziehung zwischen Gott und Israel und führt es zurück. Aus der Ferne und Fremde wird das zerstreute Volk erneut eingesammelt und von Gott ins Land geführt.
Der Weg führt wieder durch die Wüste. Doch im Unterschied zu der ersten Wüstenwanderung nach dem Auszug aus Ägypten wird die sich wiederholende Wanderung als problemlos beschrieben. Die Entbehrungen, die den ersten Durchzug gekennzeichnet haben (Dtn 8,3.15), fehlen. Und selbst der einstige »hastige« Exodus aus dem Ägypterreich (Dtn 16,3) weicht dem gemütlichen Weggehen (Jes 52,12). Auf sicherem Weg ziehen die der Heimat Zugewandten durch die Wüste (Jes 40,3–5; 57,14; 62,10). Von einer Wüste kann – genauer betrachtet – gar nicht die Rede sein, denn die Wüste erblüht, sie verwandelt sich in einen fruchtbaren Obstgarten, sie gewinnt die Herrlichkeit des Libanon. Die ersten zwei Verse von Jes 35 schildern die Metamorphose der Einöde:

»Es freuen sich Wüste und Trockenland,
es jubelt die Steppe und erblüht wie eine Narzisse.
Blühen, ja blühen wird sie und jubeln,
jubeln und frohlocken,
die Herrlichkeit des Libanon ist ihr geschenkt,
die Pracht des Karmel und der Scharon(ebene).«

Wie einst am Sinai, wo die Israeliten beim Bundesschluß Gottes Erscheinung »erblicken« konnten (Ex 24,11), »sehen sie« beim zweiten Wüstenereignis »die Herrlichkeit des Herrn, die Pracht unseres Gottes« (Jes 35,2). Neben materiellen Gütern werden Israel die geistigen Güter zuteil (Abarbanel).
Wann soll sich dieses wunderbare Geschehen abspielen?
Ibn Esra (zu V 1), R. Mose ben Samuel Chiqatilla (in: Sammelband »Kommentare zu Jes«, I,326) und Rev. I. W. Slotki (164) denken an die Zeit nach dem Tod des Assyrerkönigs Sanherib. Sanherib hatte 701 v. d. Z. Juda verwüstet, König Hiskia »wie einen Käfigvogel« in Jerusalem eingeschlossen und viele Landesbewohner entführt. Nach seinem Tod wären die Vertriebenen wieder heimgekehrt.
Wahrscheinlicher ist, daß der Text die Rückkehr aus dem babylonischen Exil (538 v. d. Z.) nach dem Edikt des Kyros voraussagt, vielleicht auch eine Rückkehr in eschatologischer Zeit, die die Versprengten des Zehnstämmereichs miteinschlösse.
Jes 35 grenzt sich unverkennbar von Jes 34 ab, der Untergang *Edoms* – Israels Erzfeind – fällt zeitlich zusammen mit dem Aufstieg Israels. Für Edom kommt der Tag der Abrechnung (34,8), seine Bäche werden zu

Asphalt und versiegen (34,9), auf seinem Gebiet lagern die Schakale, weil es der Verödung anheimgefallen ist (34,13). Demgegenüber werden Israels Feinde bestraft (35,4). Seine Wüste erblüht, Quellen brechen in ihr auf (35,6), und es ist frei von Schakalen und anderen wilden Tieren (35,7). Bei der Zeitfrage hilft der Vergleich allerdings auch nicht weiter.

Leitworte des hebräischen Textes

chasqú (von ch-s-q, Imperativ im Piel), »stärket, festigt!«, V. 3.
jadájim rafót sind »erschlaffte Hände« (B-R), vgl 2Chr 15,7 (»Ihr aber seid stark [*chisqú*], und eure Hände sollen nicht erschlaffen« [*w'al jirpú j'dechém*]) und Zef 3,16.
birkájim (Singular: *bérech;* feminin) *koschlót* sind »strauchelnde, stolpernde Knie« (Lex. 478 zu *k-sch-l*). B-R übersetzen: »wankende Knie«.
nimharé lew (*nimharé* ist Status constructus von *m-h-r,* Niphal, »bestürzt sein«, Lex. 525) sind Menschen mit »bestürztem Herzen«. B-R: die »Herzverscheuchten«, L. Zunz: die »Furchtsamen«. Die Exegeten bieten eine ganze Palette von Deutungen an. Raschi: »Sie wollen die Erlösung beschleunigen (vgl Piel von *m-h-r*) und sorgen sich, weil sie auf sich warten läßt.« R. Elieser von Beaugency: »Sie sehen eine Sache nur am Anfang und denken nicht darüber nach« (sie sind die Voreiligen, die zu rasch Schlüsse ziehen), ähnlich R. S. Ibn Parchon (in: Sammelband »Kommentare zu Jes«, I,210): »Es sind die Toren, die ohne eingehende Betrachtung handeln.« Die *nimharé lew* sind nach Ansicht des R. Hoscha'ja Rabba die *m'fagré lew,* die »Defaitisten«, die die Leiden des Exils nicht mehr zu ertragen vermögen« und – so R. J'hoschú'a ben Leví – »das (eschatologische) Ende zu erzwingen suchen« (»drängen«, *dochaqín 'et haqéz*) (Lev.r. 19,6). Sie sind »furchtsam« (R. Sch. D. Luzzatto, Rev. I. W. Slotki) und besitzen ein Herz, das »rasch schlägt« (A. Chacham, I,362). Die »Tachykardie« begleitet sie.
Dem *chasqú* von V 3 mit transitiver Bedeutung entspricht in V 4 der intransitive Imperativ *chisqú* (*ch-s-q,* Qal), »seid stark«.
'al tirá'u (Pausa für *tir'ú,* von *j-r-',* Qal, »sich fürchten«), »fürchtet euch nicht.«
naqám ist »Ahndung« (B-R), neben *g'mul,* »Vergeltung«, das, was Gott »vergilt«; in positivem Sinn als »Wohltat« (Ps 103,2, vgl Jes 63,7), in negativem Sinn als »Bestrafung« (Jes 3,11). Das Verb *g-m-l* bedeutet im Qal u.a. »vollenden, reifen«, weshalb B-R *g'mul 'elohím* mit »das von Gott Gereifte« wiedergeben.

V 5f sind Gebrechen genannt: *ʿiwér* ist der »Blinde«, *cherésch* (Plural: *cherschím*), der »Taube«, *piséach* der »Lahme« (vgl *p-s-ch,* Qal, »hinken«, und möglicherweise *pésach,* »Passa«, »Überschreitungsfest«. Lex. 893 setzt hinter die Herleitung des *pésach* von *p-s-ch* allerdings ein Fragezeichen).
tipakáchna (von *p-q-ch*, Imperfekt des Niphal), »sie werden geöffnet, aufgetan werden« (Lex. 903), B-R: »erhellt« (vgl. 2Kön 6,17; 19,16; Jes 42,7; Jer 32,19), entspricht dem *tipatáchna* (von *p-tch,* Imperfekt des Niphal), »sie werden geöffnet werden«, am Ende des Verses.
tarón, V 6, »sie wird jubeln«, ist Imperfekt des Qal von *r-n-n.*
niwqʿú (von *b-q-ʿ,* Perfekt des Niphal) heißt: »sie brachen auf« (Lex. 143), B-R: »sie brachen hervor«. R. Ch. Rabinowitz (dáʿat sofrím, J'schajáhu, 398) vermerkt: »Aufbrechen bedeutet, daß das Wasser plötzlich da ist« – wie etwa bei den Wadis in der Wüste, die große Wasserfluten in Sekundenschnelle mit sich führen, sobald es in den oberen Regionen des total ausgetrockneten Bachbetts heftig geregnet hat. Diese Wasser (Ps 126,4: die »Sturzbäche des Negew«) reißen Menschen und Tiere mit sich (vgl Jes. 43,2).
scharáw, V 7, ist ein »trockener und heißer Ort«. Im modernen Iwrit wird *scharáw* zur Bezeichnung des heißen und trockenen Wüstenwinds (arabisch: *chamsín*) verwendet. L. Zunz: »Sandmeer«, B-R: »Samumsand«.
zimaʾón, »Durst« (vgl *zaméʾ,* »durstig«), ist hier ein »dürstendes, wasserloses Gebiet« (Lex. 967), L. Zunz: »schmachtender Boden«.
ʾagám ist der Teich, B-R: »Weiher«, Lex. 10: »Schilftümpel«. Entsprechend ist *mabuʿé májim* (Singular: *mabúʿa,* von *n-w-ʿ,* »sprudeln«, Lex. 628) mit »Wasserquellen«, B-R: »Wassersprudeln«, wiederzugeben.
n'we (Status constructus von *nawé) taním* ist die »Wohnstätte der Schakale«, *riwzá* (vgl *réwez* und *marbéz*) die »Lagerstätte« des Viehs, B-R: »Viehlager«. Nach Jes 65,10 wird das »Tal der Betrübnis zum Lagerplatz der Rinder« (*réwez baqár*).
chazír ist »Gras, das »ohne Wasser wächst« (Malbim), und zu »Rohr und Schilf« (*qané wagómeʾ*) wird, die viel Wasser benötigen (Raschi). Bereits mittelalterliche Exegeten wie R. S. Ibn Melech aus Fès (séfer michlál jófi, in: Sammelband »Kommentare zu Jes«, II,262), Ibn Esra, R. D. Kimchi lesen wie die neueren (R. Sch. D. Luzzatto, E. S. Hartom, A. Chacham u.a.) statt *chazír* ein *chazér,* »Siedlung, Gehöft«. L. Zunz: »Stätte«, B-R: »Gehöft«. Die Emendation von *chazír* und *chazér* unterstützt W. Baumgartner (Lex. 330).
maslúl, V 8 (von *s-l-l,* »eine Straße aufschütten«, Lex. 715), ist die »Straße« (Lex. 571), B-R: »Dammstraße«. R. S. Ibn Melech aus Fès erklärt (aaO):

»Es handelt sich um eine Erhöhung, die zumeist durch ein Entfernen der Steine und ein Hochheben der Hindernisse entsteht. Der Weg selbst wird *maslúl* genannt. Nach Ansicht des RIKáM (= R. J. Kimchi) wird die Straße dadurch gebildet, daß man Steine erhöht (= aufschichtet) . . .« Die Ansicht R. J. Kimchis entspricht der Übersetzung Buber–Rosenzweigs (»Dammstraße«) und steht im Einklang mit Jes 49,11: *umsilotáj j'rumún*, »meine Straßen werden erhöht« (s. Sch. L. Gordon), wobei *m'silá* dem Wort *maslúl* gleichgestellt ist.
dérech haqódesch ist »der Weg der Heiligkeit«, B-R: »Weg der Heiligung«, nicht aber (wie L. Zunz meint) der »heilige Weg«, was *dérech q'doschá* hieße.
tamé' ist der körperlich und damit auch kultisch »Unreine« (im Gegensatz zum *tahór*, dem »Reinen«, der in den Tempel gehen darf).
jit'ú (von *t-'-h,* Qal), »sie werden (nicht) irren, abirren«.
priz (von *p-r-z,* »einreißen, durchbrechen« u.a.) *chajót* ist »ein reißendes Getier, eigentlich ein Räuber unter den Tieren« (Lex. 911). R. J. Kara (Sammelband »Kommentare zu Jes«, II,310) identifiziert den *priz chajót* mit dem »Wildschwein«, entsprechend auch Raschi, der auf Ps 80,14 (*chasír mijá'ar)* verweist. Im Vers zuvor steht dort die Verbform *parázta,* »du hast eingerissen«.
g''ulím (von *g-'-l,* »lösen, erlösen«) sind die »Erlösten«, *p'dujím* (Status constructus: *p'dujé*) die »Ausgelösten, Losgekauften«, L. Zunz: die »Befreiten«, B-R: die »Abgegoltenen«. Beide Termini stammen aus dem rechtlichen Bereich. *go'él* ist ursprünglich der blutsverwandte »Löser«, der einen »in Schuldsklaverei geratenen« Angehörigen (Lex. 162; Lev 25,47–54) loskauft oder auch ein Haus und einen Acker seines Verwandten mit Geld zurückerwirbt. Sekundär wird Gott *go'él Jisra'él,* »Erlöser Israels« (vgl unten zu Jes 43,1; S. 212f), genannt. *padáh* wird für den Loskauf der Gott zugehörenden Erstgeburt von Mensch und Vieh verwendet. Der erstgeborene Sohn und die Erstgeburt des Esels, die nicht im Tempel geopfert werden kann, weil der Esel ein kultisch »unreines« Tier ist, werden aus dem sakralen Bereich »gelöst«, »ausgelöst« (Ex 13,11-13; 34,19f; Num 18,15f). Gott ist dabei, wie Er ein *go'él* ist, ein *podéh.* In Jer 31,11 steht das Bekenntnis: »Denn losgekauft (*padáh*) hat der Herr Jakob und ihn erlöst (*ug'aló)* aus der Hand jenes, der stärker ist als er« (vgl Jes 29,22).

Der Text in der Exegese

Auf dem Weg durch die Wüste, die in seltener Pracht erblüht, kehren die Exulanten in die Heimat zurück. Das Elend in der Fremde hat ihnen freilich sehr zugesetzt. Sie sind entmutigt, glauben nicht an die Möglichkeit einer Wende zum Besseren. Sachte muß Gott sie mit der Erlösung vertraut machen, sagt der Midrasch (Jalqút schimʿóni, II, 790; Nr. 441), damit das bevorstehende Geschehen richtig aufgenommen wird.

»In der Stunde, da der Heilige, gelobt sei Er, seine *Sch'chiná* (Gegenwart, ›Einwohnung‹) Israel offenbart, enthüllt Er sich ihnen nicht auf einmal, denn sie vermöchten in jenem Guten nicht zu bestehen und stürben plötzlich. Geh hin und lerne von Joseph. In der Stunde, da er sich seinen Brüdern nach vielen Jahren zu erkennen gab und zu ihnen sprach: ›Ich bin Joseph, euer Bruder‹ (Gen 45,4), ›vermochten sie ihm nicht zu antworten, denn sie waren bestürzt vor ihm‹. Vor dem Heiligen, gelobt sei Er, wäre dies um so mehr der Fall. Was tut Er? Er offenbart sich ihnen immer nur ein wenig. Zuerst erfreut Er andere, denn es heißt: ›Es freuen sich Wüste und Trockenland‹, daraufhin ›es jubelt die Steppe und erblüht wie eine Narzisse‹, später ›blühen, ja blühen wird sie und jubeln‹, dann ›die Herrlichkeit des Libanon‹ und zuletzt erst ›erblicken sie die Herrlichkeit des Herrn‹ (Jes 35,1f).«
(Vgl unsere Bibelauslegungen, I,191f, zum Aufstrahlen des Lichts der Morgenröte, das nach und nach stärker wird und ähnlich als Bild der sich langsam abzeichnenden Erlösung gebraucht wird.)

Weil die Israeliten verzagt sind, weil ihnen offensichtlich der Glaube an die Änderung des trostlosen Zustands fehlt, fordert das Prophetenwort in V 3 zur Stärkung erschlaffter Hände und wankender Knie auf. Der Satz steht in chiastischem Aufbau:

»Stärkt ╲╱ erschlaffte Hände

und wankende Knie ╱╲ festigt«

Der *Personenkreis*, der angesprochen wird, ist nicht ausdrücklich genannt. Wer soll sich der Aufgabe der Stärkung unterziehen? Raschi, R. Elieser von Beaugency, R. D. Kimchi (zweite Erklärung) denken an die Propheten innerhalb der Volksgemeinschaft, die durch ihr aufmunterndes, auf Gott hinweisendes Trostwort den Leuten Mut zu machen vermögen. R. D. Kimchi hält es freilich auch für möglich, daß »der Befehl nicht an einen bestimmten Menschen ergeht, sondern an jeden, der befähigt ist«.

Weshalb ist die Schwäche eingetreten?

»R. Judan sagte: ›Stärkt erschlaffte Hände‹ – Hände, die so aussehen, als seien sie erschlafft. ›Und wankende Knie festigt‹ – Knie, die als wankend erscheinen. R. Pinchas sagte: ›Stärkt erschlaffte Hände‹, die ihr durch eure schlechten Taten habt schlaff werden lassen. ›Und festigt wankende Knie‹, die ihr durch eure schlechten Taten zum Wanken gebracht habt« (Lev.r. 19,5).

Nach R. Pinchas ist die Gemeinschaft an ihrem bedauernswerten Zustand selber schuld. Doch die Lage ist nicht hoffnungslos. Der Talmud (b. Brachót, 10a) tradiert einen Ausspruch König Hiskias, den er in einem Gespräch mit dem Propheten Jesaja getan haben soll:

»So ist mir vom Haus meines Ahnherrn (David) überliefert: ›Selbst wenn ein scharfes Schwert (des Henkers Schwert) am Hals eines Menschen ruht, verzweifle er an der Barmherzigkeit (Gottes) nicht‹ (eigentlich ›hindere er sich nicht an [der Wirkung] der Barmherzigkeit‹).«

Die Mutlosigkeit kann überwunden werden, wenn die Einsicht um sich greift, »daß das Unheil vorübergeht und das Glück in der Zukunft bevorsteht« (R. Ch. Rabinowitz, aaO, 386). Die Menschen mit schlaffen, kraftlosen Händen und wankenden Knien, die den Anforderungen des Exils nicht gewachsen sind und daher an sich kaum eine Chance besitzen, der Not zu entrinnen, sind zugleich die *nimharé lew* (V 4), die »Furchtsamen« (L. Zunz), »Herzverscheuchten«, die »Defaitisten«, die nur das Negative sehen und die Hoffnung verlieren (s. oben, Leitworte). Es fehlt ihnen die Geduld, im Exil auszuharren, und wenn dessen Ende in Sicht ist, erkennen sie es nicht. Sie gleichen den israelitischen Sklaven in Ägypten, die an der ihnen von Mose und Aaron zugetragenen Befreiungsbotschaft herumdeutelten und in ihrer Kleingläubigkeit und ihrem Wankelmut den Erlösungsprozeß erschwerten.

Wenn daher eine wirkungsvolle *Therapie des angeschlagenen Herzens* in die Wege geleitet werden soll, so müssen die Zweifler selber mithelfen. *chisqú,* »seid stark!« oder »werdet stark!«, ruft ihnen das Gotteswort zu, »stärkt euch selbst!«, weil es mit dem *chasqú*, »stärket«, durch die anderen (V 3) nicht sein Bewenden haben kann. Wenn der »Patient« nicht mithilft, vermag der Arzt nicht zu heilen. Die Selbststärkung ist zugleich verbunden mit der Überwindung der Angst. Deshalb folgt auf den Ruf des *chisqú* die Ermahnung: *'al tirá'u,* »fürchtet euch nicht!«

Motiviert wird die Berechtigung eines hoffnungsvollen Blicks in die Zukunft mit der Tatsache, daß Gott die Feinde zur *Rechenschaft* zieht und geschehenes Unrecht nicht gleichgültig hinnimmt (vgl. zu Jes 61,2 [»ein Tag der Vergeltung«] in unseren Bibelauslegungen, II,189).

»›Stärkt euch und fürchtet euch nicht!‹ Weil die Israeliten sagen (Ps 42,4): ›Meine

Träne wurde mir mein Brot am Tag und in der Nacht, weil man den ganzen Tag zu mir sprach: ›Wo ist dein Gott?‹ Da ging eine Stimme aus und verkündete ihnen: ›Sieh, die Ahndung wird kommen.‹ Wer inskünftig die (feindlichen) Völker der Welt bestraft, wird euch selbst ›die Wohltat erweisen und euch helfen‹« (Lev.r. 19,5).

Die Gerechtigkeit bleibt nicht aus, auch wenn sie vielleicht lange auf sich warten läßt. Die »Ahndung« (*naqám*) betrifft dabei die Feinde, die Wohltat (*g'mul*) Israel (so R. Saadia Gaon, in: Sammelband »Kommentare zu Jes«, I,52; Malbim). Wesentlich ist dabei, daß die Ahndung Gott allein vorbehalten bleibt.

»Die Ahndung kommt durch Gott allein. Die Israeliten dürfen sich mit ihr nie befassen« (R. Ch. Rabinowitz, aaO, 397).

Die Ahndung ist dabei eine »Gottesahndung«, nicht an menschlichen Maßstäben gemessen:

»Es ist eine Ahndung nach dem Maß Gottes, die dem Menschen gemäß seinem Tun zukommt. Es ist keine Ahndung nach menschlichem Maß« (A. Chacham, I,362).

Im Vers ist *'elohím*, Gott als Vertreter des Rechts (*midát hadín,* »Maß des Rechts«), genannt, nicht *'adonáj,* Gott als Vertreter der Barmherzigkeit (*midát harachamím*).

»Die Ahndung besitzt ihren Ursprung nämlich immer im ›Maß des Rechts‹ ... Insofern Gott aber die Barmherzigkeit in der Welt walten läßt, ist Er langmütig auch den Schlechten gegenüber« (R. Ch. Rabinowitz, 397).

Die *Struktur von V 4b* ist nicht ganz leicht zu erfassen. Die Worte »Sieh, euer Gott« hängen gleichsam in der Luft. Das dazugehörende Verb folgt erst nach dem Einschub »Ahndung kommt, Vergeltung (B-R vom Ursinn her: »das Gereifte«) kommt«. B-R übersetzen:

»Da: euer Gott,
Ahndung kommt,
das von Gott Gereifte,
er selber kommt
und befreit euch!«

Die Schwierigkeit wird behoben, wenn vor *naqám* (»Ahndung«) und *g'mul* (»Vergeltung«) eine Präposition gesetzt wird: *b'naqám* (»mit Ahndung«) oder *l'naqám* (»zur Ahndung«), entsprechend *bigmúl* oder *ligmúl* (Raschi, R. D. Kimchi, Abarbanel, R. Sch. D. Luzzatto). Der Vers ist dann so wiederzugeben:

»Sieh, euer Gott
kommt zur Ahndung,
zur Vergeltung, Gott.
Er kommt und wird euch helfen.«

Mit V 5 setzt *das Neue* ein, eingeleitet mit *'as,* »dann« (so auch zu Beginn von V 6). Wenn Gott erscheint und, eingreifend in die Geschichte, für Recht sorgt, werden die Gebrechen der Rückkehrer (vgl Jer 31,8) geheilt (V 5–6a), genauso wie die Unzulänglichkeit der Wüste überwunden wird (V 6b–7). Die Blinden sehen, die Tauben hören, die Lahmen »hüpfen wie ein Hirsch«, die Stummen beginnen zu jubeln. Daß diese Gebrechen von Gott verursacht werden, sagt Ex 4,11, wobei dort anstelle von »lahm« (*piséach*) ein »sehend« (*piqéach*) steht, weshalb nur drei Gebrechen aufgezählt sind:

»Wer hat einen Mund dem Menschen gemacht, oder wer macht stumm (*'ilém*) oder taub (*cherésch*) oder kläräugig (*piqéach*) oder blind (*'iwér*)? Bins nicht ICH?« (B-R).

Der plötzliche *Gesundungsprozeß* wiederholt das Geschehen am Sinai, an dem alle Gebrechen geheilt worden sind, heißt es im Midrasch (P'síqta' d'Raw Kahaná, I.105, hachódesch hasé, Nr. 16; vgl Midrasch Tanchúma, Jitró, 8):

»... Was in der Zukunft geschehen wird, ist hier (am Sinai) antizipiert:
In der Zukunft ›öffnen sich die Augen der Blinden‹, hier (am Sinai) ›sah das ganze Volk die Stimmen‹ (Ex 20,15).
In der Zukunft ›werden die Ohren der Tauben geöffnet‹, hier ›sagten sie: alles, was Gott gesprochen hat, wollen wir tun und hören‹ (Ex 24,7).
In der Zukunft ›hüpft ein Lahmer wie ein Hirsch‹, auch hier ›führte Mose das Volk Gott entgegen‹ (Ex 19,17).
In der Zukunft ›jubelt die Zunge des Stummen‹, auch hier ›antwortete das Volk und sprach‹ (Ex 19,8).«

(Ähnlich P'síqta' d'Raw Kahaná, I,217f, bachódesch haschlischí)

Wieder wird deutlich, wie sehr das Auszugsgeschehen und die Wüstenwanderung in typologischer Hinsicht das Denken der Nachwelt beeinflußt haben, bis hinein in die talmudische Zeit. Gott, der die Gebrechen verursacht, wird sie auch kurieren. Der Midrasch (Gen. r. 95,1) erklärt:

»Komm und sieh: Was der Heilige, gelobt sei Er, in dieser Welt schlägt, heilt Er in der kommenden Welt: die Blinden werden geheilt (Jes 35,5), die Lahmen und die Stummen.«

In unserem Text ist natürlich nicht nur von der Heilung körperlicher

Gebrechen die Rede. H. Homberg (hakorém, J'schajáhu, 125b) sieht richtig:

»Dann wird das Auge des *Geistes* geöffnet, damit es die Ursache allen Geschehens zu enthüllen und die Wege Gottes zu erkennen vermag.«

In dieselbe Richtung weist A. Chacham (1,362):

»Am Tag der Hilfe werden alle Menschen mit körperlichen Gebrechen geheilt, ... damit es nichts gibt, was sie an der Wanderung zu hindern vermöchte. In dieser Zusage steckt allerdings auch eine Andeutung dafür, daß am Tag der Hilfe alle die Wahrheit des Gottes Israels erkennen und auf die Stimme Seiner Propheten hören werden.«

Sch. L. Gordon schreibt:

»Mit der Erlösung kommt auch die Heilung jeder Krankheit und eines jeden Gebrechens, doch die Absicht (des Textes) bezieht sich auf die moralische Seite.«

Nach Maimonides (FdI,I,34, Kap. 2) wird das Verständnis, es könne sich um die Heilung körperlicher Gebrechen handeln, geradezu ausgeschlossen:

»Das Wort *p-q-ch* (die Augen öffnen) wird niemals (!) von dem entstehenden sinnlichen Sehen, sondern nur in der Bedeutung des Offenbarwerdens einer Erkenntnis gebraucht.«

(Maimonides zitiert als Beleg für seine These neben unserem V 5 auch Gen 3,7; 21,19; Jes 42,20 und Ez 12,1.)
Man wird indessen nicht so weit gehen wie Maimonides und bei der Heilung auch die körperliche Heilung einbeziehen. Der Midrasch (Tanchúma, d'warím, 2) lehrt:

»›Dies sind die Worte, die Mose gesprochen hat‹ (Dtn 1,1) – Die Israeliten sagten zu ihm: Gestern behauptetest du ›ich bin kein Mann von Worten‹ (Ex 4,10), und jetzt redest du so viel ...«

Mose überwindet das »schwer von Mund und schwer von Zunge« (Ex 4,10), das ihn zuvor geplagt hat, die Schwerfälligkeit der Rede, und wird gleichsam zu einem Dauerredner, bei dem die psychische Hemmung und gewiß auch eine körperliche Beeinträchtigung verschwunden sind.
Ein interessantes Detail, auf das A. Chacham (I,363) aufmerksam macht:

»Das ›dann‹ (*'as*) von V 6 nimmt Bezug auf das ›dann‹ zu Beginn von V 5. In V 5 sind Gebrechen genannt, die das Aufnehmen von Eindrücken verhindern (Blindheit, Taubheit), in V 6 hingegen Gebrechen, die die entsprechenden Reaktionen auf die empfangenen Eindrücke verunmöglichen« (Lahmheit, Stummheit«).

Der Lahme vermag zu »hüpfen wie ein Hirsch«, der »Stumme zu jubeln«, »er singt dem Herrn ein Jubellied über das Wasser (das aus der Wüste hervorquillt), ähnlich dem Brunnenlied (Num 21,17)«, schreibt A. Chacham. Das Motiv in 35,1f von der *aufblühenden Wüste* kehrt nunmehr wieder: Wasser ist im Trockenland aufgebrochen, und es hat sich zu einem eigentlichen Bach ausgedehnt. Vorbei ist es mit den trockenen Stellen, an denen die Schakale ihren Unterschlupf fanden. Alles gedeiht in dem zum Leben erwachten Gebiet, Rohr und Schilf (V 7), die nur wachsen, wo es Wasser gibt, schießen hoch. Und durch diese völlig veränderte Landschaft geht der Weg der in die Heimat Ziehenden. Jes 41,18f und 43,19f verkünden einen analogen Vorgang. Wir vergleichen die Texte mit unserem Abschnitt:

Jes 35	*Jes 41*	*Jes 43*
V 6b: »denn aufgebrochen sind in der Wüste Wasser und Bäche in der Steppe.	V 18: »Ich öffne auf den Hügeln Wasser und in den Senken Quellen.	V 19: »Sieh, Ich schaffe Neues, jetzt wird es wachsen. Kennt ihr es nicht?
V 7: Der heiße Ort wird zum Tümpel, der durstige Boden zu Wasserquellen. Am Wohnort der Schakale ist eine Lagerstätte, ein Platz für Rohr und Schilf.	Ich mache die Wüste zum Wassertümpel, das Trockenland zum Wasserborn (vgl Ps 107,35).	Auch setze Ich in die Wüste einen Weg, in die Einöde Ströme.
V 8: Dort gibt es eine Aufschüttung und einen Weg ...«	V 19: Ich gebe in die Wüste Zeder, Akazie, Myrte und Ölbaum. Ich setze in die Steppe Wacholder, Platanen und Buchsbäume.«	V 20: Es ehren Mich die Tiere des Feldes: Schakale und Strauße; denn Ich gebe in die Wüste Wasser, in die Einöde Ströme ...«

In den drei Texten ist die Umwandlung des Trockenlands in eine wasserreiche Gegend vorausgesagt, ebenso werden Beispiele der Fruchtbarkeit genannt. In Jes 35: Rohr und Schilf, in Jes 41: Zeder, Akazie Myrte, Ölbaum, Wacholder, Platanen und Buchsbäume. In Jes 43 fehlt zwar der Hinweis auf die Flora, die wachsen wird, doch wie in 35,8 ist in 43,19 der Weg durch die Einöde hervorgehoben. Diese Passage steht im unübersehbaren Kontext zur Durchquerung des Schilfmeers nach dem Auszug aus Ägypten (43,16f).

Die Texte zeigen, daß sich der Wandlungsprozeß in mehreren *Etappen* vollzieht:

1. Zunächst bricht Wasser auf. Es sammelt sich in Quellen und ergießt sich in Bächen.

2. Dann erblühen Blumen (35,1f), die nur in wasserreichen Landstrichen vorkommen.
3. Im einstigen Trockengebiet wachsen die Bäume des Kulturlandes (Zedern, Akazien u. a.).
4. Die Wüste ist nicht mehr eine gemiedene Gegend, die lediglich von Karawanen oder den bodenständigen Stämmen begangen wird. Jetzt zieht durch die Wüste ein Weg, der den Vielen den Durchzug ermöglicht. Und weil es genug Wasser gibt, kann er ohne größeres Risiko beschritten werden.
Von diesem *Weg* ist in V 8 die Rede. »Es wird dort sein *maslúl wadérech*«, eine Aufschüttung (B-R: »eine Dammstraße«) und ein Weg. *maslúl wadérech* ist wohl ein *hen dia dyoin* im Sinne von »ein aufgeschütteter Weg«. Anders freilich H. Homberg (hakorém, J'schajáhu, 126a), wenn er den Sinn der Aufschüttung so interpretiert:

»Man baut einen erhöhten Pfad für die Regentage, damit das Wasser von ihm herunterfließt und der Fußgänger ihn beschreiten kann, ohne dabei im Schlamm steckenzubleiben. Der Weg selbst ist jedoch breit und dient für regenlose Tage.«

Wiederum steht auch hier beim »Weg durch die Wüste« die Erinnerung an die Wüstenwanderung zu Moses Zeit im Hintergrund. Jes 11,16 sagt es ausdrücklich:

»Es wird eine (aufgeschüttete) Straße für den Rest Seines Volkes (geben), das von Assur übrigbleibt, wie sie für Israel war, am Tag, als es aus Ägypten zog.«

Der Weg, den die Rückkehrenden beschreiten können – und neben unserem Text wird der Weg in Jes 40,3; 57,14; 62,10 und Jer 31,9 erwähnt –, trägt in unserem V 8 die Bezeichnung *»Weg der Heiligkeit« (dérech haqódesch)*. Weshalb? Ibn Esra meint:

»Und ›Weg der Heiligkeit‹ wird er genannt wegen ihrer Rückkehr nach Zion.«

Der Weg führt zum Heiligtum Gottes, und deshalb ist es ein »Weg der Heiligkeit«, auf dem das *'am haqódesch*, »das Volk der Heiligkeit« (Jes 62,12), einherschreiten wird (so R. D. Kimchi, E. S. Hartom, Sch. L. Gordon, A. Chacham). So wie der kultisch Unreine (*tamé'*) vom Besuch des Tempels ausgeschlossen ist (Lev 12,4 u. a.), so darf er sich auch dem Zug der auf dem »Weg« Zurückwandernden nach V 8 nicht anschließen. Erst wenn er sich einem Läuterungsprozeß unterzogen hat (z. B. Lev 14,1–20), der ihm seine Kultfähigkeit wiedergibt, fallen die Schranken dahin, und er wird zur Gemeinschaft der Betenden eingelassen.

Möglicherweise ist freilich bei *tamé'* nicht an den kultisch »unreinen« Israeliten, sondern an die Unreinen aus der Völkerwelt gedacht, die vom Gang zum Tempel und zum Land über den »Weg« wegen ihres generellen Status der »Unreinheit« gehindert sind (so Abarbanel, Hartom).
Im Gegensatz zum »Unreinen« braucht der »Törichte« um die Teilnahme an der Rückwanderung nicht zu bangen. Weil der Weg gut gekennzeichnet ist, kommen alle ans Ziel – selbst die »Törichten« (*'ewilím*), das sind jene, die des Wegs durch die Einöde unkundig sind (R. D. Kimchi, A. Chacham). Zudem sind »wilde Tiere« – das ist ein »Gleichnis für die Könige der Völker, der Feinde Israels, die die Rückwanderer nicht aufhalten können« (Abarbanel) – in Schach gehalten.
R. D. Kimchi kommentiert die Wendung *priz chajót*, »reißendes Tier« (s. Leitworte), auf folgende Weise:

»Selbst ein *priz chajót*, der die Art der Tiere durchbricht (*poréz*) und dorthin geht, wo sich Menschen befinden, wird nicht zum Weg gelangen, auf dem die ›Erlösten‹ dahinschreiten.«

Die »Erlösten« und die »Befreiten« kehren, unbelästigt durch »Straßenprobleme« (der »erhöhte« Weg läßt die Wanderung zur Regenzeit zu) und »wilde Tiere«, in die Heimat zurück.
Der Midrasch lehrt (Num. r. 23,14):

»In dieser Welt (dieser Ära) sind (die Israeliten) wegen ihrer Sünden verbannt und zerstreut ..., doch in der kommenden Zeit (zukünftigen Ära) gilt: ›Wenn deine Verstoßenen sich am Ende des Himmels befinden, so wird dich der Herr, dein Gott, von dort einsammeln und von dort aufnehmen‹ (Dtn 30,4), ›und Er sammelt die Zerstreuten von den vier Enden der Erde‹ (Jes 11,12).
Jesaja sagt ferner: ›Und die Befreiten des Herrn kehren zurück‹ (35,10).«

Die »Befreiten des Herrn«:

»Es sagte R. B'rechja im Namen des R. Chelbo, im Namen des R. Samuel: ›... Die Befreiten des Herrn, und nicht die Befreiten des (Propheten) Elia, und nicht die Befreiten des Messias, sondern die Befreiten des Herrn‹« (Midrásch schochér tow zu Ps 106,2).

Gott selbst greift in die Geschicke Israels ein und rettet die Verbannten, indem Er sie in ihr Land zurückbringt.
Die Rückkehr geschieht mit *Jubel und »ewiger Freude«,* die »auf ihrem Haupt« sein wird (V 10).

»Dies ist ein Gleichnis dafür, daß sie erhobenen, freudigen Hauptes einhergehen werden« (R. S. Ibn Melech aus Fès, séfer michlál jófi, in: Sammelband »Kommentare zu Jes«, II,262).

Die Freude ist verständlich, sie wird zugleich (so A. Chacham) durch die Kränze offenbar, welche die Zurückgekehrten um den Kopf legen.
Raschi betont, daß die Freude sie »seit immer« erfüllt, seit der Freude, die Israel beim Auszug aus Ägypten empfand, als »Gott ihm voranschritt« (Ex 13,21f). Die Freude ist besonders groß, weil die Trauer um die Zerstörung Jerusalems und seines Tempels das Herz des Exulanten allzu lange bedrückte.
In den Worten des Midrasch (P'síqta' rabatí, 29,3):

»Inskünftig wird der Heilige, gelobt sei Er, Jerusalem seine ganze Freude zurückgeben, wie Jes 35,10 es verheißt: ›Und die Befreiten des Herrn kehren zurück ...‹ Jeder, der in dieser Welt (gegenwärtigen Zeit) um Jerusalem trauert, wird sich in der Zukunft an ihm freuen.«

Die *»Freude auf ihrem Kopf«* gleicht einer »Krone«, die der Herr den Israeliten schenkt, einer Krone, die sie einst besessen, doch nach der Anbetung des Goldenen Jungstiers (Ex 32) verloren hatten.

»Es sprach Resch Laqisch: In der Zukunft wird der Heilige, gelobt sei Er, uns die Krone (eigentlich zwei Kronen: die Kronen des »wir wollen tun und hören« [auf Gottes Gebote; nach Ex 24,7] zurückgeben, denn es heißt: ›... und Freude für immer auf ihrem Kopf‹, die Freude, die sie seit immer auf ihrem Kopf getragen haben« (und die ihnen nur vorübergehend genommen wurde, b. Schabát, 88a).

Es ist eine ungeteilte Freude, eine Freude ohne gleichzeitige Sorge, die Gott verspricht (vgl Jes 51,3), schreibt Malbim. Es ist die sichtbare Freude – der »Jubel« *(sasón)* – und die »Freude im Herzen« (*simchá*). Es fehlen der »Kummer im Herzen« (*jagón*) und der laut vernehmbare »Seufzer« *('anachá)*. Israel ist in die Heimat zurückgekehrt und wohnt in ihr, von Feinden unbelästigt, »für immer«. Israel steht am »Zion«, dem Symbol des Glücks.

»Es lehrten die Weisen, ihr Andenken sei zum Segen: Die Freude stammt vom Zion her (Jes 35,10), desgleichen der Segen (Ps 133,3), die Torá (Mi 4,4; Jes 2,3), die Hilfe für Israel (Ps 20,3), das Leben (Ps 133,3), der Beistand (Ps 14,7) und das Blasen des (*Schofár*-)Horns (bei der Erlösung; Joël, 2,1).«

V 10 findet seine beinahe wörtliche Entsprechung in Jes 51,11. Der Vers paßt zu beiden Texten, weshalb die Frage der ursprünglichen Plazierung nicht zu entscheiden ist.

Wegweisung für unsere Zeit

Die Sabbatlesung aus der Schriftrolle der Torá wird im Verlauf eines Jahres beendet. Ist eines der Fünf Bücher Mose wieder vernommen worden, rufen die Anwesenden den Wunsch aus: *chasáq chasáq w'nitchaséq,* »sei stark, sei stark, wir mögen stark sein!« Dankt ein orientalischer Jude für ein Geschenk, insbesondere für das Privileg, im Gottesdienst eine religiöse Handlung ausüben zu dürfen, spricht er zum Schenkenden oder zum Beauftragenden: *chasáq uwarúch,* »(sei) stark und gesegnet!« Aus dem Westen stammende Juden sprechen *jischár kochachá,* »deine Kraft möge gedeihen!« (verballhornt: *»jischkóch«* oder *»jischkóach«*).
Der Kraft – der von Gott geschenkten Kraft – bedarf der Mensch. Im Auf und Ab seines Lebens erschlaffen seine Hände allzu leicht, wanken seine Knie. Er verliert den Halt und den Boden, weiß nicht aus noch ein, verzagt. Und selbst wenn Hände nicht erschlaffen und Knie nicht wanken, weiß er um die dauernde Gefährdung seiner Existenz, die von einem Augenblick zum anderen der festen Bodenfläche, auf der sie zu stehen vermeint, beraubt werden kann.

Ein großer jüdischer Dichter des Mittelalters, der in Spanien lebende Salomo Ibn Gabirol (ca. 1020–1057), schrieb ein ergreifendes Bekenntnis über die Ohnmacht menschlicher Kraft (es findet sich im Gebetbuch, s'fat 'emét, 1):

»Am Morgen bete ich zu Dir (*scháchar 'awaqéschcha*),
mein Fels und meine Zuflucht,
ordne mein Gebet vor Dir,
des Morgens und auch des Abends.
Vor Deiner Größe stehe ich und zittere,
denn Dein Auge erschaut
alle Gedanken meines Herzens.
Was ist es schon,
was Herz und Zunge vollbringen,
was ist meine Kraft,
mein Geist in meinem Innern?
Dir aber gefällt des Menschen Lobgesang.
Drum preis ich Dich,
solange die Seele Gottes in mir ist.«

»Und was ist meine Kraft . . .?« Ein Nichts, vergänglich. Doch Ibn Gabirol verzweifelt deswegen nicht. Er kennt die Begrenztheit seines Geistes und seines Könnens, aber er ist bereit, das Geringe für Gott hinzugeben: zu Seinem Preis und zu Seiner Ehre. Wie klein die Kraft des Menschen auch sein mag – sie kann wachsen und wirken, für Gott und für die anderen Menschen. »Sei stark, sei stark, wir mögen stark sein!«

»Tröstet, tröstet Mein Volk!«

Jes 40,1–8(9–11)

1 Tröstet, tröstet, Mein Volk! spricht euer Gott.
2 Sprecht zum Herzen Jerusalems und ruft ihm (tröstend) zu:
Erfüllt ist seine Dienstzeit,
gesühnt seine Schuld,
empfangen hat es vielfach aus der Hand des Herrn
um aller seiner Sünden willen!
3 Eine Stimme ruft: In der Wüste bahnt den Weg des Herrn,
ebnet in der Steppe eine Straße für unseren Gott.
4 Jedes Tal erhebe sich, jeder Berg und Hügel soll sich senken.
Das Unebene werde zur Ebene, die Bergrücken zum Tal.
5 Dann erscheint die Herrlichkeit des Herrn,
und die Lebenden erkennen allesamt,
daß der Mund des Herrn geredet hat.
6 Eine Stimme sagt: »Lies!«, und er antwortete: »Was soll ich lesen?« –
Alles Lebende ist Gras, all sein Liebreiz wie die Blume des Feldes.
7 Es vertrocknet das Gras, es welkt die Blume,
denn der Wind des Herrn hat sie angehaucht.
Fürwahr, Gras ist das Volk!
8 Trocken ist das Gras, welk die Blume,
doch das Wort unseres Gottes hat für immer Beistand.
9 Auf einen hohen Berg steig hinauf, Künderin Zions,
erhebe kraftvoll deine Stimme, Künderin Jerusalems.
Erhebe sie, fürchte dich nicht!
Sprich zu den Städten Judas: »Das ist euer Gott!«
10 Sieh, der Herr, Gott, kommt mit Stärke,
Sein Arm herrscht für Ihn.
Sieh, Sein Lohn ist mit Ihm,
Sein Arbeitsentgelt geht vor Ihm her.
11 Wie ein Hirte weidet Er Seine Herde,
mit Seinem Arm sammelt Er die Lämmer ein,
an Seiner Brust trägt Er sie.
Die Mutterschafe leitet Er.

Der Text im Kontext

Ein Midrasch (P'síqta' d'Raw Kahaná, nachamú, I,274–276) erzählt: »Der Heilige, gelobt sei Er, sprach zu den Propheten: ›Geht und tröstet Jerusalem!‹ Es ging Hosea, um es zu trösten, und er sagte: ›Der Heilige, gelobt sei Er, hat mich zu dir entsandt, um dir Trost zuzusprechen.‹ Jerusalem anwortete: ›Was bringst du mit dir?‹ Er erwiderte: ›Ich (Gott) werde wie Tau sein für Israel‹ (Hos 14,6). Da sprach Jerusalem: ›Gestern hast du erklärt: Geschlagen ist Ephraim, seine Wurzel verdorrt, Frucht tragen sie nicht mehr (Hos 9,16), und jetzt redest du so! Welcher Weissagung sollen wir glauben, der ersten oder der zweiten?‹«
Andere Propheten folgen, erklärt der Midrasch: Joël, Amos, Micha, Nahum, Habakuk, Zefanja, Haggai, Sacharja und Maleachi. Jeder dieser Propheten bringt Jerusalem einen Trostspruch, wird aber dann durch den Hinweis auf eine frühere Drohrede gleichsam als nicht genügend qualifiziert entlassen. »Welcher sollen wir glauben, der ersten oder der zweiten? Da begaben sich die Propheten zum Heiligen, gelobt sei Er, und sprachen zu ihm: ›Herr der Welten, Jerusalem hat sich nicht trösten lassen.‹ Er antwortete: ›Wir wollen zusammen hingehen und es trösten!‹ Das meint (die Wendung): ›Tröstet, tröstet mein Volk!‹ (Jes 40,1) – tröstet, tröstet es mit mir (Wortspiel von *'amí,* »mein Volk«, mit *'imí,* »mit mir«), es sollen es trösten die Oberen (himmlischen Wesen) und die Unteren (irdischen Wesen), es sollen es trösten die Lebenden und die Toten, es trösten in dieser und der zukünftigen Welt, es trösten wegen der (verschollenen) zehn Stämme und wegen des Stammes Juda und Benjamin (Südreich), sie sollen es trösten mit mir!«
Weissagungen widersprechen sich, Droh- und Glücksverheißung stehen nebeneinander. »Welcher sollen wir glauben, der ersten oder der zweiten?« In diesem einen Satz ist die ganze Problematik prophetischer Verkündigung aufgedeckt. Die Hörer prophetischer Rede wissen nie mit absoluter Gewißheit, ob und inwiefern sich ein Gotteswort erfüllen wird. Daher erklingt der Ruf: »Wir wollen zusammen hingehen und es trösten!« Israel kann sich auf den trostvollen Zuspruch seiner Künder verlassen, denn sie sprechen immer im Auftrag Gottes. Der Trost ist nicht minder begründet wie die Androhung einer Katastrophe. Und so zeigt sich, daß der Untergang Jerusalems und die Verbannung seiner Bewohner wettgemacht werden durch den Wiederaufbau der zerstörten Stadt und die Wiederkehr der Exulanten.
Mit Jes 40 setzen die Tröstungen Israels ein. Die Bibelwissenschaft spricht die Reden einem nicht näher bekannten Propheten aus der Zeit nach der

Zerstörung Jerusalems durch die Babylonier im Jahr 586 v.d.Z. zu, den sie Deuterojesaja nennt. Die traditionelle jüdische Bibelexegese weiß nur von einem einzigen Propheten Jesaja und beruft sich dabei nicht zuletzt auf die Würdigung des apokryphen Weisheitsbuchs Jesus Sirachs, der gegen Ende des 2.Jhs. v.d.Z. gelebt hat. In 48,24 ist zu lesen: »Mit dem Geist der Kraft sah er (Jesaja) die Spätzeit (*'acharít*, Jes 2,2) voraus und tröstete die Trauernden Zions (Jes 40,1).« Für Ben Sirach ist der Verfasser von Jes 2,2 identisch mit jenem von 40,1. Moderne jüdische Bibelkommentatoren nennen den Autor von Jes 40ff »Jesaja den Tröster« (s. unsere Bibelauslegungen, II,158). Sie umgehen damit die Festlegung auf einen von Jesaja, dem Sohn des Amoz (1,1), verschiedenen Propheten. Es ist indessen zweifellos interessant, daß eine Zäsur im Prophetenbuch früh erkannt worden ist. Der im südfranzösischen Largentière lebende R.Joseph bar Aba Mari, genannt Ibn Caspi (1279–1340; Bibelauslegungen, I,29f), schreibt: »Nachdem er (Jesaja) den Untergang des ersten Tempels beschrieben hat, ist es angebracht und richtig, daß er vom Aufbau des zweiten Tempels kündet. Dies ist die Absicht von hier (Kap. 40) an bis zum Ende des Buches.«
Die Ankündigung der Unheilszeit macht den Trostreden Platz, die mit Kap. 40 einsetzen.

Leitworte des hebräischen Textes

nachamú (Imperativ von *n-ch-m,* Piel) bedeutet »tröstet!« (Lex. 650), »sprecht Mut zu!« (V 1) und entspricht gedanklich *dabrú ʿal lew* von V 2: »sprecht zum Herzen!«
z'wa'áh (von *zawá'* mit Suffix) ist »ihre Dienstzeit« (L.Zunz; L.H.Löwenstein – S.Bamberger, Haftarot, in: J.Wohlgemut – J.Bleichrode, Pentateuch, 1969, d'warím, 97), »ihr Frondienst« (Lex. 934), »ihre (seine) Zeit«, die Jerusalem abzubüßen hat (R.Salomo Ibn Melech aus Fès, séfer michlál jófi, in: Sammelband »Kommentare zu Jes«, II,264; H.Homberg, hakorém, 6a: E.S.Hartom, 127 u.a.). – Ursprünglich meint *zawá'* eine »Schar«, eine Heeresschar. B-R nehmen diesen Sinn mit ihrem »Scharwerk« auf: das »Werk«, die Arbeit, die die Scharen der ins Exil Verbannten zu leisten hatten. An die Rückkehr der Scharen und die Wiederbesiedlung Jerusalems denkt das Targúm: »denn Jerusalem wird wieder voll sein vom Volk der Verbannten« (*'aré ʿatidá d'titmalé' meʿám galwatáha*).

nirzá (von *r-z-h,* Perfekt des Niphal), »gesühnt« (Löwenstein–Bamberger), »verziehen« (Targúm: *'ischt'wíqu*), »abgegnadet« (B-R), »erfüllt« (R. S. Ibn Melech aus Fès und Ibn Esra) ist »ihre Sünde« (*'awonáh*), »ihre Schuld«. *kifläjim* (Dual von *kéfel,* »doppelt«) heißt das »Doppelte« (Lex. 469), »Zweifaches« (Löwenstein–Bamberger), »vielfach« (M. Abernik, in: kitwé haqódesch, J'schajáhu, 1818), »mehr als reichlich« (R. J. H. Hertz, Pentateuch und Haftaroth, zur Haftara von wa'etchanán), »sehr groß« (R. J. Ibn Caspi, 'adné késef, 149).
Zu *dérech,* »Weg«, und *m'silá,* »Dammstraße«, s. oben »Leitworte« von Jes 35,8; S. 180f.
Topographische Begriffe stehen V 3f:
midbár ist »Wüste«, *'arawá,* »Wüste, Steppe« (Lex. 833), *gej'* (= *gaj'*) »Tal« (Lex. 180f), *har* »Berg«, *giw'á,* »Hügel«. *'aqów* (vgl den Eigennamen *Ja'aqów*) ist »unebenes, höckeriges Gelände« (Lex. 826), das unübersichtlich wird und daher gelegentlich »täuscht« (*'-q-w,* Qal, »betrügen«, Lex. 825); *mischór* (vgl *jaschár,* »gerade«) ist die »Ebene« (Lex. 547). *r'chasím* (singular: *réches*) sind »Bergrücken«, B-R: »Grate«, L. Zunz: »Höcker«, Löwenstein–Bamberger: »Abhänge«. Es sind zwei Berge, die eng beieinander stehen (vgl Ex 28,28: *w'jirch'sú 'et hachóschen,* »sie sollen anbinden den Brustschild«; B-R: »sie sollen knüpfen«) und daher steile, kaum begehbare Abhänge bilden (s. Raschi und R. Jesaja der Erste von Trani, 158). Entsprechend denkt Rev. I. W. Slotki, Isaiah, 185, an »unpassierbare« Hügel. *biq'á* (vgl Gen 11,2; Bibelauslegungen, I,68) ist eine »Talebene«, ein Ort, wo der Wanderer durch das Hügelland »durchbrechen« kann (*b-q-',* Qal; Lex. 143). In V 5 »erscheint« (*nigláh,* von *g-l-h,* Niphal), »offenbart sich« (Lex. 184), »wird enthüllt« (R. J. H. Hertz), die »Herrlichkeit des Herrn« (*k'wód 'adonáj*), B-R: »Sein Ehrenschein«.
chazír (V 6.7.8) ist »Gras« (vgl oben zu Jes 35,3–10, »Leitworte«), *ziz* (von *zuz,* Qal: »ausschlagen, blühen«, Hiphil: »Blüten treiben, blühen«; Lex. 950) eine »Blume, Blüte« (Lex. 959). Das Gras »trocknet aus, vertrocknet« (*jawésch*), die Blume »welkt« (*nawél*), sobald der heiße Wind, hier »Wind des Herrn« (*rúach 'adonáj*) genannt, über die Landschaft hinwegfegt (»weht«, *naschwá*).
chasdó, V 6 (von *chésed*), meint hier »seinen Liebreiz« (Lex. 323).
m'waséret (von *b-s-r,* Partizip des Piel) ist eine »Freudenbotin« (Lex. 156), eine »Verkünderin« (Löwenstein–Bamberger). Weil es sich um eine Glücksbotschaft handelt, übersetzen B-R etwas manieriert mit »Glücksmärbringerin« (V 9).
harími heißt »erhebe!« (von *rum,* Imperativ des Hiphil).

s'ro'ó ist »sein (Gottes) Arm«, der (V 10) als Zeichen der Kraft und Macht das Wundergeschehen wirkt (vgl unten zu Jes 51,9–16; S. 226.230f).
moschlá ist Partizip des Qal von *m-sch-l II:* »herrscht« (Lex. 612).
sachár »Sold« (B-R), »Lohn« (L. Zunz, Löwenstein–Bamberger), *p''ulá* »Werklohn« (B-R), »Vergeltung« (L. Zunz, Löwenstein–Bamberger).
In V 11« weidet (*jir'é,* von *r-'-h*) der »Hirt« (*ro'é*) »seine Herde« (*'edró*, von *'éder*). *t'la'ím* (Singular: *taléh*) sind die »Lämmer«, *'alót* (von *'ul,* »säugen«) sind die »Muttertiere« (Lex. 753), die »Säugenden« (L. Zunz), die »Mutterschafe« (B-R).

Der Text in der Exegese

»Tröstet, tröstet Mein Volk! spricht euer Gott« (V 1). Mit dem *Doppelruf:* »Tröstet, tröstet!« setzt der Abschnitt ein. Jedes Wort von V 1 ist bedeutsam und voller Gewicht. Das zweifache »tröstet« entspricht wohl dem Stil »Jesajas des Trösters« (vgl 51,12: »Ich, Ich«; 51,9: »Erwache, erwache« u. a.), aber es besitzt zugleich einen besonderen Nachdruck: Tröstet es mit ganzer Kraft, denn das Volk hat allzu sehr durch das Exil gelitten. Ein gewöhnlicher Trost reicht nicht aus. Der Midrasch betont diesen Gedanken auf seine Weise (Echa r. 1,65; Tanchúma, hg. v. S. Buber, d'warím, 1):

»Sie (Israeliten) sündigten zweifach, denn es heißt (Klgl 1,8): ›Eine Sünde hat Jerusalem gesündigt‹ (*chet' chat'á*). Sie wurden zweifach bestraft, denn es heißt (Jes 40,2): ›es (Jerusalem) nahm Zweifaches aus der Hand des Herrn wegen all seiner Sünden.‹ Sie werden zweifach getröstet, denn es heißt (Jes 40,1): ›Tröstet, tröstet Mein Volk! spricht euer Gott.‹«

Der Trost ist nicht konditioniert, nicht an die Bedingung einer Umkehr zu Gott geknüpft, wie J. Kaufmann (Geschichte des israelitischen Glaubens, VI, 97f) erkennt. Von einem »Kehrt um zu Mir, und Ich werde zu euch zurückkehren« (Mal 3,7) ist hier nichts zu vernehmen. Gott greift dem zersprengten und leidenden Volk unter die Arme, weil es sonst zugrunde ginge.
»Mein Volk« – Israel bleibt Gottes Volk auch im Exil, in der Notlage. Der Midrasch nennt ein Gleichnis des R. B'rechja, das er im Namen des R. Levi zu erzählen pflegte (Jalqút schim'óni, II,791, Nr. 445):

»Ein König besaß einen Weinberg und übergab ihn seinem Pächter zur Pflege. War der Wein, den die Trauben hergaben, köstlich, sagte der König: ›Wie gut ist doch der Wein aus meinem Weinberg!‹ War er aber schlecht, erklärte der königliche Herr: ›Wie schlecht ist doch der Wein meines Pächters!‹

Der Pächter war damit nicht einverstanden. ›Mein König, wenn der Wein gut ist, soll es deiner, wenn er schlecht, meiner sein? Sei er gut, sei er schlecht – es ist immer deiner!‹
So wandte sich der Heilige, gelobt sei Er, an Mose: ›Geh jetzt, Ich will dich zu Pharao senden. Führ *Mein* Volk, die Israeliten, aus Ägypten!‹ (Ex 3,10). Wie sie jedoch jene Tat (Anbetung des Goldenen Jungstiers) vollbrachten, heißt es: ›Geh, steig hinunter (vom Sinai), denn *dein* Volk ist verderbt, das du aus Ägypten herausgeführt hast‹ (Ex 32,7). Da sprach Mose zum Heiligen, gelobt sei Er: ›Herr der Welt, wenn sie sündigen, sind sie *mein* Volk, sind sie aber schuldlos, so sind sie *Deines*? Nein, seien sie schuldig oder schuldlos, immer sind sie *Dein* Volk! Wie es heißt (Dtn 9,29): ›Sie sind Dein Volk und Dein Erbbesitz, das Du herausgeführt hast...‹«

In V 1 akzeptiert Gott dieses Argument: »Tröstet, tröstet *Mein* Volk ...«, ruft Er den Trostspendern zu. Tröstet es, gerade weil es Mein Volk ist, das soviel hat leiden müssen.
»Spricht« (jo'már), eigentlich »wird sprechen«, d.h. wird Gott immer wieder sprechen, wenn der Zuspruch notwendig ist. Der Midrasch (Jalqút schimʿóni, aaO) lehrt:

»R. Chanina bar Papa sagte: Die Israeliten fragten den Propheten: ›Unser Meister Jesaja, bist du nur gekommen, um jenes Geschlecht zu trösten, in dessen Tagen der Tempel zerstört worden ist?‹ Jesaja antwortete: ›Alle Generationen bin ich zu trösten gekommen, denn es heißt nicht *'amár* (sprach), sondern *jo'már* (wird sprechen).‹«

Der Trost ist zeitlich unbegrenzt. Kein Wunder, daß sich Juden unserer Gegenwart an die Trostverheißungen halten, wenn sie nach den Schrekkensjahren des Dritten Reichs neuen Mut zu finden suchen. Mit *»euer Gott«* am Satzende wird die Aufforderung zum Trösten ins richtige Licht gestellt. Gott selbst fordert den Zuspruch, der nicht nur menschlichem Wunsch entspringt. Das »euer Gott« erinnert an die Bekräftigungsformel bei vielen Gesetzen der Torá (Lev 11,44; 18,2.4.30; 19,2 u.a.)
Jede der fünf Vokabeln im hebräischen Text ist akzentuiert, keine ist überflüssig. Mit einem mächtigen Akkord setzen die Trostreden ein, die mit Jes 40 beginnen.
Wer soll den Trost sprechen, wer ist von Gott dazu aufgefordert? Das Targúm denkt an die Propheten (*n'wijája';* so auch R. Jesaja der Erste von Trani, 158). Möglicherweise sind auch die bedeutenden Männer des Volkes angesprochen (so Ibn Esra) oder überhaupt jeder Mensch, der zu trösten versteht. Mit Absicht ist der Tröster nicht beim Namen genannt, wenngleich am ehesten noch Jesaja gemeint ist (so nach dem zitierten Midrasch in Jalqút schimʿóni, wo sich die Israeliten an ihren »Meister Jesaja« wenden).

V 2 nimmt die Aufforderung von V 1 auf, doch es ist jetzt nicht mehr Gott selbst, der spricht, wie die Wendung »aus der Hand des Herrn« (*mijád 'adonáj*) zeigt. Spräche Gott, so hieße es: »aus Meiner Hand« (*mijadí*). Jesaja oder andere Leute, die zu trösten verstehen, haben den Ruf Gottes gehört, und sie setzen ihn in die Tat um. Wenn sie »Mein Volk« trösten sollen, so bedeutet dies, daß sie »zum Herzen Jerusalems sprechen müssen«, zu jenen Exulanten, die in Jerusalem (und in Juda) einmal ihre Heimat besaßen.

Nun wird jedem klar, wie echter Trost aussieht: Er ist kein Lippengerede, kein Herunterleiern hohler Phrasen. Der echte Trost »spricht zum Herzen« des vom Unglück Betroffenen und sucht das Herz zu stärken. Ein Beispiel bietet Sichem, der Dina, Jakobs Tochter, vergewaltigt hatte. Er bereut die Tat und will das »Mädchen« heiraten. »Er redete zum Herzen des Mädchens«, sagt die Schrift (Gen 34,3), denn »er hing an Dina«, »er liebte sie«, wollte sie für sich gewinnen. Gegenliebe möchte Sichem erwecken. Seine Rede ist beschwörend, eindringlich und zugleich voll des Tröstens, das Sicherheit verleiht. Dies fällt ins Gewicht, weil der Mann (anders als Isaak bei Rebekka, Gen 24,67) seine Absicht bereits verwirklicht, das Mädchen sich gefügig gemacht hat. Er brauchte auf die Gegenliebe der Dina keinen Wert zu legen, aber sie ist ihm wichtig, und daher »redet er zum Herzen des Mädchens«. Fragt der Midrasch (Gen.r. 80,7):

»Gibt es denn einen Menschen, der zum Herzen zu sprechen vermag? Der Vers (Gen 34,3) soll vielmehr bedeuten: Er sprach Worte, die das Herz besänftigen (*m'jaschwín 'et haléw*).«

Kurz und bündig interpretiert dies ein anderer Text (Tanchúma, hg. v. S. Buber, wajiqrá', 28a):

»›Reden‹ ist nichts anderes als Trösten, wie es heißt: ›sprecht zum Herzen Jerusalems‹.«

Bei der Aufforderung von V 2 handelt es sich demnach um »Worte, die vom Herzen aufgenommen werden« (M'zudát zijón), um Worte, »die den Schmerz und die Sorge entfernen« (Ibn Esra). Der Trost mag dabei mit Zusicherungen verbunden sein (R. Sch. D. Luzzatto, 301).

Der Zu-Spruch ist recht eigentlich ein Zu-Ruf: Die Tröstenden erhalten die Aufforderung: »Ruft ihm zu!« (*w'qir'ú 'eléha*). Das heißt zugleich: Ruft es aus der Einsamkeit zurück, aus der Vereinsamung, aus dem Augestoßensein. In den Klageliedern des Jeremia wird das Verhalten der Feinde Jerusalems geschildert, die nicht zurufen, sondern verhöhnen und sich über das Unglück freuen, in das die Bewohner der Stadt gestürzt worden sind:

»Über dich klatschen in die Hände
alle, die des Weges ziehn,
sie zischeln, schütteln ihr Haupt
über die Tochter Jerusalems ...
Über dich reißen ihren Mund auf
all deine Feinde,
sie zischeln, blecken die Zähne,
sie sprechen: ›Wir tilgten!
dies eben ist der Tag, den wir erhofften!
wir fanden, wir sahn!‹« (Klgl 2,15f; B-R).

Jerusalem gleicht einer Witwe, die von allen verlassen ist:

»Sie weint und weint die Nacht durch,
über ihre Wange hing ihre Träne,
für sie ist kein Tröster (*m'nachêm*) da
von ihren Liebenden allen,
es verrieten sie all ihre Freunde,
zu Feinden warden sie ihr« (Klgl 1,2; B-R).

In unserem Text kommt den von Gott berufenen Tröstern eine wichtige Aufgabe zu. *Was sollen sie verkünden?* Ein Dreifaches, so meint Abarbanel: 1. Die Stadt Jerusalem ist wieder bevölkert (»voll von ihrer Schar«; s. Leitworte, zu *zawá'*). 2. Die Schuld ist verziehen. 3. Die Strafe war »zweifach« und wird damit mit Sicherheit zu Ende sein.
Jede dieser drei Feststellungen wird mit *ki* eingeleitet. *ki* heißt »daß«, heißt aber auch »denn«. Wird das dreimal gebrauchte *ki* dreimal mit »daß« übersetzt, so liegen in der Tat drei Ansagen vor, die in drei Konsekutivsätzen festgehalten sind. In diesem Sinn verstehen B-R den Vers:

»und rufet ihr zu,
daß vollendet ist ihr Scharwerk,
daß abgegnadet ist ihre Schuld,
daß gedoppelt von SEINER Hand sie empfängt
für all ihre Sündenbußen.«

Möglich ist freilich auch der Wechsel von »daß« zu »denn«, wobei dann nur zwei und nicht drei Aussagen im Vers stünden und das dritte *ki* als Einleitung eines Kausalsatzes die Begründung der zweiten Aussage darstellte. So verstehen den Satz L. Zunz und L. H. Löwenstein – S. Bamberger:

»und rufet ihm zu,
daß seine Dienstzeit erfüllt,
daß seine Schuld gesühnt,

denn empfangen hat es aus des Ewigen Hand
Zweifaches für all seine Sünden.«

Wir halten die zweite Variante für besser, weil durch das dritte *ki* angegeben wird, weshalb die Schuld vergeben ist: Jerusalems ehemalige Bewohner haben so viel gelitten, daß die Leiden ein Ende finden mußten. Zur Wiedergabe von Buber–Rosenzweig ist zu sagen, daß das »empfängt« weder dem hebräischen Wortlaut noch auch dem Sinn entspricht. *qiblá* heißt »sie empfing«, nicht »sie empfängt«. Wer so übersetzt, erweckt den Eindruck, daß die Strafzeit für Israel noch gar nicht vorüber ist. Es »empfängt« immer noch »gedoppelt«. Das soll gerade nicht ausgesagt werden; denn welchen Trost böte es? Vermutlich handelt es sich in der Übersetzung von B-R um einen Schreibfehler, anders läßt sich die Schwierigkeit bei dieser Stelle nicht erklären.
Die jüdischen Exegeten machen sich Gedanken über einen *moralischen Gesichtspunkt*. Kann Gott ein Volk »doppelt« bestrafen, also nicht in der wirklichen Relation zum Vergehen? Wo bliebe da die Gerechtigkeit?
Das Targúm macht sich die Sache einfach, indem es den Wortsinn auf den Kopf stellt. Was Israel empfängt, sind nicht die Leiden, sondern ist der »Becher des Trostes«, will V 2 nach dem Targúm sagen:

»weil sie (Stadt Jerusalem) empfangen hat den Becher des Trostes vom Herrn, *als ob* sie gestraft worden wäre für eines (eine Sünde) zweimal bei all ihren Vergehen.«

Raschi formuliert das Problem: »Wie sieht der Maßstab des Heiligen, gelobt sei Er, aus, daß Er einem Menschen Zweifaches wegen seiner Sünde vergelten kann?«, und er beantwortet es mit dem Hinweis auf einen Bibelvers (Jer 16,18):

»Ich zahle erstmals heim,
ein Doppel ihres Fehls, ihrer Sünde,
dafür daß sie preisgaben mein Land
durch die Äser ihrer Scheusale
und mit ihren Greueln füllten mein Eigen« (B-R).

Die Strenge der Bestrafung ist angesichts der Verehrung der fremden Gottheiten angebracht und gerechtfertigt. Abarbanel verweist auf die Zerstörung des Ersten und des Zweiten Tempels, auf die Ereignisse zur Zeit der Babylonier (586 v. d. Z.) und während des Kampfes gegen die Römer, die im Jahr 70 d. Z. den Untergang Jerusalems und seines Heiligtums herbeigeführt haben. Es ist offenkundig, daß diese Erklärung des »doppelt« oder »zweifach« nicht dem Wortlaut des Verses entspricht, denn als das Propheten-

wort erklang, hatte Jerusalem in dieser Hinsicht noch nicht Zweifaches empfangen. Der Zweite Tempel stand nämlich noch gar nicht.
Nach R. J. Kimchi (zit. bei R. S. Ibn Melech aus Fès, aaO, II,264) trugen die Exulanten ihre eigene Schuld nebst der Schuld ihrer Vorfahren und mußten daher Schlimmeres erfahren, entsprechend der Klage in Klgl 5,7: »Unsere Väter haben gesündigt, und wir erlitten ihre Sündenstrafe.« Ibn Esra glaubt, daß Israel »doppelt so viel wie andere Völker« hat erdulden müssen.
Das Problem löst man am besten, indem man es gar nicht erst aufwirft. Es handelt sich nämlich für die Jerusalem Mut Zusprechenden nicht um eine moralische Frage. Sie wollen mit Gott nicht rechten, wenn sie von einem »doppelt« oder einem »zweifach« oder gar »vielfach« (so M. Abernik, s. »Leitworte«) reden. Israel hat schwer gelitten, sagen sie, und deshalb ist es des Trostes würdig, wie der Herr ihn fordert. Und weil es über alle Maßen angefochten war, kann der Zuspruch nicht intensiv genug sein. Das ist der Sinn der Worte, die man nicht mit unnötigem Ballast beladen sollte.
V 1f enthält »Die Proklamation der göttlichen Verzeihung« (R. J. H. Hertz, aaO). V 3–4 schildert die Art und Weise, in der sich die *Rettung Israels,* Folge der Wende, vollzieht: Die Exulanten kehren durch die Wüste in ihr Land zurück, wobei die Hindernisse beseitigt werden und der Marsch gleichsam zu einem Kinderspiel wird. Ähnliche Töne wie in Jes 35,1–10 (s. oben, S. 187f) klingen an. Dort wird die *Metamorphose der wasserlosen Einöde* vorausgesagt. Wo Trockenheit herrschte, brechen Ströme hervor. Wasser gibt es in Hülle und Fülle, und die Rückwanderer brauchen sich (anders als die unter Mose durch die sinaitische Einöde Ziehenden) nicht vor dem Verdursten zu fürchten. Hier wird gesagt, die schwierigen Bodenverhältnisse, die den Gang verunmöglichten, würden ausgeglichen. Talsenken erheben sich, Berge und Hügel werden niedergedrückt, damit eine Ebene entsteht, in welcher der Durchzug problemlos wird.
In der Ebene ist alles viel einfacher, durch sie können selbst alte Menschen und Gebrechliche wandern, weshalb (so erklärt Raschi zu Hld 1,4: *mescharím 'ahewúcha*) die »starke Liebe« als »Liebe der Ebene« (*mescharím / mischór*) »ohne Krümmung und Höcker« beschrieben ist.
Die Metamorphose der Landschaft der Wüste und Steppe (*'arawá*), die Jes 35,1–10 schildert, wird durch unseren Text um ein weiteres Moment erweitert. Nun ist die Ansage allerdings nicht zu ihrem Nennwert zu nehmen. Wasser und Bäche brechen in der Tat in einer Wüstengegend auf, aber Berge werden nicht eingeebnet, Täler nicht aufgefüllt. Die realen Fakten treten denn auch in den Hintergrund. Die Rückwanderung der Verbannten, die nach dem Edikt des Kyros (538 v. d. Z.) möglich wurde,

war beschwerlich, voller Gefährdung. Kyrus hat die Rückkehr gestattet, aber nicht sonderlich erleichtert, und in der Heimat lebten die Zurückgekommenen alles andere als auf Rosen gebettet (s. die Berichte im Esrabuch). Verglichen mit der Not – insbesondere der seelischen Not der aus Jerusalem Verjagten (Ps 137,1–6), die sich in ihrer Sehnsucht nach Zion aufzehren – ist die Rückwanderung allerdings einfach. Die Hindernisse, vor allem wiederum die seelischen Hindernisse, die Schuldgefühle und Komplexe, schwinden dahin.

Ein weiterer Punkt. Am Anfang von V 3 steht die Mitteilung: *»Eine Stimme ruft«*. Wessen Stimme ruft, wird wie in V 6 verschwiegen. B-R verstehen *qol qoré*ʾ nicht in verbalem Sinn (»eine Stimme ruft«). Sie übersetzen mit »Stimme eines Rufers« (V 6: »Stimme eines Sprechers«) und sehen in *qol qoré*ʾ einen Status constructus. Wer der Rufer sein soll, ist damit allerdings auch nicht klarer. Nach Raschi »ruft der Geist der Heiligkeit« (*rúach haqódesch*), ruft also Gott. Einleuchtender ist wohl die Annahme, daß einer jener Leute »ruft«, die nach V 1 den Trost zu verkünden haben. »Eine Stimme ruft« – es ist die Stimme des Ausrufers, des Herolds, der als Mitorganisator der Rückwanderung an den Vorbereitungen beteiligt ist. Was er ausrufen muß, steht im folgenden: *»In der Wüste bahnt den Weg des Herrn, ebnet in der Steppe eine Straße für unseren Gott!«*

In der »Gemeinderegel« der Qumrânsekte (8,14) wird der Vers genauso zitiert: »wie geschrieben steht: ›In der Wüste bahnt den Weg des Herrn ...‹.« Anders in Mt 3,3; Mk 1,3; Lk 3,4 und Joh 1,23. Nach diesen neutestamentlichen Stellen, die die (falsche) Übersetzung der griechischen Septuaginta übernehmen, steht der Rufer selbst in der Wüste. Der Vers wird mit »Stimme eines Rufers in der Wüste« wiedergegeben. Die Melodiezeichen, die eine klare Trennung zwischen den Worten »Rufer« und »Wüste« ziehen, bestimmen die jüdische Exegese. Der Gaon Saadia bildet die Ausnahme. In seiner arabischen Übersetzung heißt es: »Die Stimme des Rufers rufe in der Wüste.«

»In der Wüste bahnt den Weg des Herrn.« R. Sch. D. Luzzatto (302) verweist auf Ex 12,51: »Es geschah an demselben Tag, da führte der Herr die Israeliten aus dem Land Ägypten, nach ihren Scharen.« Gott zieht gleichsam an der Spitze des Volkes einher. Der Weg ist auch hier ein »Weg des Herrn«, nicht nur ein Weg für die »Befreiten des Herrn« (wie in Jes 35,8–10). Gott kehrt mit den Verbannten aus der Ferne ins Land zurück. Nach V 1 ruft Gott zum Trösten auf, nach V 3f wird der Weg, den die Israeliten begehen, auch für Ihn selbst bereitet. Gott begleitet die aus der Heimat ausziehenden Israeliten, und Er begleitet die in die Heimat Zurück-

kehrenden. Er verläßt sie nicht, vor allem nicht in der Not. Der Talmud sagt es auf seine Weise:

»Wir haben gelernt: R. Simeon, der Sohn Jochais, sprach: Komm und schau, wie geliebt Israel vor dem Heiligen, gelobt sei Er, ist. Wohin es immer in das Exil ziehen mußte, zog die *Sch'chiná* (Einwohnung Gottes) mit. Es wurde nach Ägypten verbannt, die *Sch'chiná* ist bei ihm ..., es wurde nach Babel verbannt, die *Sch'chiná* ist bei ihm ... Und auch wenn es in der Zukunft erlöst wird, ist die *Sch'chiná* bei ihm, denn es heißt (Dtn 30,3): ›und es kehrt (*w'schaw*) der Herr, dein Gott, (mit) den Verbannten wieder‹. ›Er läßt wiederkehren‹ (*w'heschíw*) wurde nicht gesagt, sondern ›Er kehrt‹; das lehrt, daß der Heilige, gelobt sei Er, mit ihnen zusammen aus den Exilen wiederkehrt.«

Kopfzerbrechen bereitet die richtige *Deutung von V 5.* Wiederum bietet die Übersetzung von *ki* mit »daß« oder »denn« den Ausschlag für das entsprechende Verständnis, das nun freilich vom anderen stark abweicht. Sieht man in *ki* den Anfang eines Konsekutivsatzes, so ergibt sich der Sinn:

»Es erscheint die Herrlichkeit des Herrn, und es sieht alles Fleisch, daß der Mund des Herrn gesprochen hat« (entsprechend L. H. Löwenstein – S. Bamberger).

R. D. Kimchi interpretiert diese Deutung folgendermaßen:

»Alle Menschen werden erkennen, daß der Mund Gottes geredet hat, d. h. alle sehen dann, daß die Trostverheißungen, die die Propheten verkündet haben, aufgrund göttlichen Befehls verkündet worden sind ... ›Es sieht alles Fleisch‹ – damit ist das Erkennen und Verstehen gemeint, das Sehen des Herzens (wie Koh 1,16).«

Vgl R. Sch. D. Luzzatto (302): »Alle Völker sehen die Herrlichkeit Gottes, alle Wundertaten und Zeichen, und sie werden erklären: ›Ein Fingerzeig Gottes ist es‹ (Ex 8,15).« R. Sch. D. Luzzatto erwähnt Jes 35,2 als Parallele: »Sie sehen die Herrlichkeit des Herrn, die Pracht unseres Gottes.«

Aus den geschichtlichen Ereignissen erkennen alle Menschen – nicht nur die unmittelbar betroffenen Rückkehrer –, daß Gott in den Lauf des Geschehens eingegriffen hat, und aus diesem Erkennen, diesem Verstehen (so auch R. S. Ibn Melech aus Fès, aaO, II,264) ergibt sich zwangsläufig die Anerkennung Seiner Größe, Seiner Herrlichkeit.
Grundverschieden von diesem Versverständnis ist die zweite Variante. Mit *ki* (»denn«) wird ein Kausalsatz eingeleitet: »denn der Mund des Herrn hat gesprochen«. Was geschieht, weil Gottes Mund gesprochen hat, sagt der Vordersatz: »Es erscheint die Herrlichkeit des Herrn, und alles Fleisch sieht es.« »Es«, das Erscheinen. So B-R:

»Offenbaren will sich
SEIN Ehrenschein,
alles Fleisch vereint wirds sehen.
Ja, geredet hat SEIN Mund.«

Einen Schritt weiter geht die Übersetzung von L. Zunz, wonach nicht nur das Erscheinen der Herrlichkeit, sondern die Herrlichkeit selbst von allen Menschen »gesehen« wird.

»Und es wird offenbar die Herrlichkeit des Ewigen, und schauen wird (sie) alles Fleisch zumal; denn der Mund des Ewigen hat geredet.«

Die Auffassung des Midrasch (Lev. r. 1,14) stützt diese Interpretation des Verses.

»R. Pinchas sagte im Name des R. Hoscha'ja: Es läßt sich vergleichen mit einem König, der sich seinen Palastbewohnern durch seine Bildnisse kundtat. In dieser Welt erscheint die *Sch'chiná* nur einzelnen Menschen, doch in der künftigen Welt ›erscheint die Herrlichkeit Gottes, und es sieht *alles* Fleisch ...‹.«
In jedem Fall kan nur die *Sch'chiná*, nicht Gott selbst gesehen werden, die sich im geschichtlichen Walten manifestierende »Herrlichkeit«, nicht Gottes Angesicht (s. unsere Bibelauslegungen, I,110f, 114f, zu Ex 33,17b–23). Unser Vers sagt mit anderen Worten dasselbe wie Jes 52,10:

»Entblößt hat der Herr den Arm seiner Heiligkeit (= Seine Stärke) vor den Augen aller Völker. Und es sehen alle Enden der Erde die Hilfe unseres Gottes.«

Blicken wir nochmals auf *die ersten fünf Verse unseres Textes* zurück. V 1–2 verkündet den einsetzenden Trost für Israel, ein Trost, der durch die Hinwegnahme jeder Schuld begründet wird. V 3–5 stellt die wunderbare Rückkehr der Verbannten in Aussicht, durch die der Trost realisiert wird. Was geschieht, geschieht durch das Wirken Gottes. Des Menschen Handeln könnte das Wunder der Rückkehr hoffnungsloser, in die Fremde verstoßener Menschen nie erreichen. Was vermag der Mensch denn schon? Die nüchterne Beurteilung menschlichen Unvermögens wird jetzt in V 6–8 beschrieben.
Wiederum ertönt eine Stimme. Sie befiehlt – wohl dem Propheten (R. D. Kimchi) –, eine Kunde auszurufen. »Rufe!« (B-R), »Verkündige!« (L. Zunz). »Alles Fleisch« (die Wendung von V 5 wird aufgenommen) gleicht dem rasch vertrocknenden Gras, der im Nu verwelkenden Blume. Kaum »bläst sie der Wind Gottes an«, der heiße Wüstenwind, so ist es um sie geschehen. Ps 90,5f und Ps 103,15f äußern denselben Gedanken:

»Du ergießest sie (Menschen),
ein Schlaf ists, da sie werden,
am Morgen treibts dann wie Gras:
das am Morgen blühte und trieb,
am Abend erschlafft es und dorrt« (Ps 90,5f; nach M. Buber).

»Das Menschlein, wie des Grases sind seine Tage,
wie die Blume des Feldes, so blühts:
wenn der Wind drüber fährt, ist sie weg,
und ihr Ort kennt sie nicht mehr« (Ps 103,15f; nach M. Buber).

Zu unserem Text: »Alles Fleisch« gleicht der Feldblume und dem Gras. Damit kein Mißverständnis aufkommt, betont der Text in einer Glosse: »Fürwahr, Gras ist das Volk!« Beständiges, Bleibendes ist bei den Menschen nicht zu suchen. Wo aber läßt es sich finden? Nur bei Gott. Der mächtige Schlußakkord hält die Glaubensüberzeugung fest: »doch das Wort unseres Gottes hat für immer Bestand«. Mit größerer Bildhaftigkeit ist *des Menschen Ohnmacht und Gottes für alle Zeiten existierende Größe* nicht zu beschreiben. Sein Wort existiert *l^{e}olám*, »für ewig«, B-R: »für Weltzeit«, solange es diese Welt gibt und darüber hinaus.
Unmißverständlich ist das zu Beginn angekündigte Gotteswort in seine wahren Dimensionen gestellt: Wenn es einen Trost und eine Rückkehr für Israel gibt, dann sind sie nicht Menschenwerk, nicht das Ergebnis menschlichen Bemühens. Gott – und Gott allein – ist die treibende Kraft, die leitend in den Geschichtsverlauf eingreift und die Hoffnungslosigkeit beendet. Denn Sein Wort, das Wort Seiner Verheißung, hat es angesagt, und dieses Wort wird nie trügen.
Einige kurze *Bemerkungen zu V 9–11.* »Jesaja der Tröster« erschaut mit seinem geistigen Auge den *Anfang der sich abzeichnenden Erlösung.* Zion und Jerusalem sollen den verödeten Städten Judas die Glücksbotschaft mit lauter Stimme furchtlos überbringen: »Da ist euer Gott«, eben Gott, der sein Volk beim Zug in die Heimat anführt. »Fürchte dich nicht«, denn was zu verkünden ist, ist kein Truggebilde, es wird nicht zum Gespött der Feinde. »Da ist euer Gott«, der mit Macht einherschreitet, mit seinem (entblößten) »Arm«, dem Symbol seiner Stärke (vgl unten zu Jes 51,9, S. 226.230f). Doch eben dieser machtvolle Kriegsherr, vor dem die Gegner erzittern, ist zugleich der Hirte, der seine Schafe mit großer Umsicht leitet und beschützt. Ebenso »mit Seinem Arm« (V 11), mit dem er seine Herde »einsammelt«, die schwachen Schafe aufnimmt und »an Seinem Busen trägt«. Gott nimmt sich der Schwachen in besonderer Weise an.

»Deshalb spricht der Text nicht vom Rind, dem Schaf oder den Ziegen, die kräftig sind, sondern von den Lämmern und den säugenden Mutterschafen, die der Fürsorge bedürfen, Zeichen des geschwächten Israel« (Abarbanel).

»*Seine* Herde« ist es, welcher der Hirte eine noch größere Aufmerksamkeit zuwendet als Tieren, die ihm nicht gehören. Auf einen solchen Hirten, der zum einen »mit Macht« die Feinde abwehrt und zum anderen Schutz und Geborgenheit schenkt, kann sich Israel verlassen. Von »Spricht euer Gott (*jo'már 'elohechém*) in V 1 ist ein Bogen gespannt zum »Da ist euer Gott« (*hiné 'elohechém*) in V 9. Gott, der »spricht« und fordert und die Erlösung in die Wege leitet, ist derselbe Gott, der gegenwärtig ist und die auf Ihn Vertrauenden durch alle Fährnisse hindurch wie ein Kriegsherr und wie ein Hirte begleitet.

Wegweisung für unsere Zeit

Das deutsche Wort »Trost« ist sprachgeschichtlich mit dem indogermanischen »treu« verwandt. Es bedeutet demnach eigentlich »(innere) Festigkeit« (Duden, Etymologie, 1963, 721). Echter Trost ist »treu«, d.h. beständig, unwandelbar, unvergänglich. Er trägt ein Qualitätszeichen. Man darf diesem echten Trost Glauben schenken, zumal er nicht leicht über die Lippen kommt, keine billige Rede ist, die einem Scheck ohne Deckung gleicht. Echter Trost ist daran zu erkennen, daß sich der Tröstende mit dem zu Tröstenden identifiziert. Er will den Schmerz mitempfinden, als wäre es sein eigener Schmerz, und er will die Hoffnung hegen, als wäre es die eigene Hoffnung.
Wenn Gott tröstet, ist der Trost immer »treu«. Auf Seinen Trost ist wie auf alle Seine Worte Verlaß. Wie Er selbst unveränderlich besteht, bleibt auch »das Wort unseres Gott für ewig bestehen«. In einer schweren Zeit hat Gott dem in die Ferne versprengten Volk aus Juda zugerufen: »Erfüllt ist seine Dienstzeit, gesühnt seine Schuld«, und ihm damit die Hoffnung auf eine rasche Wende ins betrübte Herz gelegt. Wenn und wo immer Menschen im Leid verzagen, dürfen sie wissen, daß Gott auch für sie Seinen Trost bereithält, die Linderung ihres Leids und mit dieser Linderung die Zusage, daß letztlich aus dem Leid ein Weg, ein Aus-Weg, in eine glücklichere Zeit hineinführen wird.

»Fürchte dich nicht, denn mit dir bin Ich!«

Jes 43,1–7

1 Und jetzt, so sprach der Herr,
dein Schöpfer, Jakob, dein Bildner, Israel:
»Fürchte dich nicht, denn Ich erlöse dich,
Ich rufe dich bei deinem Namen, Mir gehörst du an!«
2 Wenn du durchs Wasser ziehst,
bin Ich mit dir,
durch die Ströme –
sie reißen dich nicht fort.
Wenn du durchs Feuer gehst,
wirst du nicht versengt,
die Flamme verbrennt dich nicht.
3 Denn Ich bin der Herr, dein Gott,
der Heilige Israels, dein Retter.
Hingegeben habe Ich als dein Lösegeld Ägypten,
Äthiopien und Saba an deiner Stelle.
4 Weil du teuer bist in Meinen Augen, hochgeehrt,
und Ich dich liebe,
gebe Ich Menschen an deiner Statt,
Nationen statt deiner Seele.
5 Fürchte dich nicht, denn mit dir bin Ich!
Aus dem Osten hole Ich deine Nachkommen zurück,
aus dem Westen sammle Ich dich ein.
6 Ich spreche zum Norden: »Gib her!«,
zum Süden: »Halt nicht zurück!
Bring Meine Söhne aus der Ferne,
Meine Töchter vom Ende der Erde.
7 Alles, was sich nach Meinem Namen nennt!« –
Zu Meiner Ehre habe Ich es geschaffen,
habe es gebildet und auch getan.

Der Text im Kontext

Eine religionsphilosophische Frage wird in den letzten Versen des vorangehenden Kapitels angeschnitten: »Wer gab Jakob der Plünderung hin und Israel den Raubenden?« (Jes 42,24). Wer hat sein tragisches Schicksal verursacht, die Vernichtung Jerusalems und des Tempels und das Exil nach Babylonien (586 v. d. Z.)? Die Antwort verzichtet auf eine Berücksichtigung politischer Ereignisse. Der direkte Anlaß zum Straffeldzug des babylonischen Großkönigs Nebukadnezar – der Bruch des Treueeids seitens Zedekias – bleibt unerwähnt. Die Antwort wird möglich durch den »Blick hinter die Kulissen«. Die Ursache der »Plünderung«, der Katastrophe, ist Gott, gegen den Israel schwer gefehlt hat. »Ist es nicht der Herr, gegen den wir gesündigt haben, indem sie (Israeliten) nicht auf Seinen Wegen gehen, nicht auf Seine Lehre hören wollten!«
Ausgeklammert bleibt ferner die persönliche Schuldfrage. Jer 31,29 und Ez 18,2 zitieren ein geflügeltes Wort, das Zweifler an Gottes Gerechtigkeit zu benützen pflegten: »Die Väter aßen saure Trauben, doch die Zähne der Söhne wurden stumpf.« Sie wollten die Unstimmigkeit zwischen Schuld und Sühne herausstreichen: schuld waren die Väter, zu sühnen hatten die Söhne. In Jes 42,24 wird diese persönliche Schuldfrage gar nicht berührt, weil es um die Schuld des Volksganzen geht, nicht um die Schuld oder Unschuld des einzelnen, selbst nicht um die Schuld oder Unschuld einer bestimmten Generation. Israel hat sich gegen Gott vergangen, hat auf Seine Lehre nicht gehört und fremden Gottheiten die Reverenz erwiesen. Daher traf es der göttliche »Zorn und die Heftigkeit des Krieges« (V 25). An dieser Kausalkette wird nicht gerüttelt.
Doch die Kausalkette besitzt noch ein weiteres Glied, und von ihr spricht unser Bibeltext. Eingeleitet mit »und jetzt« (*w^eatá*) verkündet der Prophet ein Gotteswort: »Und jetzt, so sprach der Herr, dein Schöpfer, Jakob, dein Bildner, Israel: ›Fürchte dich nicht, denn Ich erlöse dich, Ich rufe dich bei deinem Namen, Mir gehörst du an!‹« Das Exil geht seinem Ende entgegen. »Und jetzt«, nach eurem Leiden, kommt die »Erlösung«. Auch sie bewirkt im letzten Gott, selbst wenn wieder ein Mensch als die sichtbare Ursache der Wende zu nennen ist: Kyros, der König der Perser, der 538 v. d. Z. ein Edikt erläßt, das die Rückkehr der Verbannten nach Jerusalem gestattet. Kyros, der das babylonische Großreich zerschlagen hat und den Befreiten die wirkliche Freiheit schenkt. Auch er ist, so verkündet »Jesaja der Tröster«, Gottes Werkzeug, Sein »Hirte« (44,28), Sein »Gesalbter« (45,1), dessen Sinn Er erweckt hat (Esra 1,1; 2Chr 36,22), Er und kein anderer.

»Und jetzt ... fürchte dich nicht. »Raschi verweist auf Dtn 10,12, wo Israel nach der Verehrung des Goldenen Jungstiers von Gott mit einem neuen Auftrag betraut wird: »Und jetzt, was fordert der Herr, dein Gott, von dir ...?« Die Schuld besitzt nicht das letzte Wort, Gottes Treue zu Israel überwindet sie:

»Obschon ihr all dies getan habt, schenkt Er euch noch immer Sein Erbarmen und Seine Liebe« (Raschi).

Leitworte des hebräischen Textes

bora'achá (V 1), »dein Schöpfer« (von *b-r-'*, Qal), steht neben *jozerchá* (von *j-z-r*, Qal), »dein Bildner«. In V 7 kehren die beiden Verben wieder: *b'ra'tíw*, »ich habe ihn erschaffen«; *j'zartíw*, »ich habe ihn gebildet«. Als drittes Verb tritt *'asitíw*, »ich habe ihn gemacht«, auf. Nach der jüdischen Exegese bezieht sich *b-r-'* (vgl Gen 1,1) auf die »Schöpfung des Seienden aus dem Nichts« (Gaon Saadia, Sammelband »Kommentare zu Jes«, I,123; R. S. Ibn Melech aus Fès, Sammelband II,267; R. S. Ibn Parchon, Sammelband, I,216; R. D. Kimchi u. a.). Mit *j-z-r* wird das Bilden, das Ausformen (R. D. Kimchi: »das Richten der Glieder« eines Geschöpfes) angegeben und mit *'-s-h* das Vollenden einer Sache (R. S. Ibn Melech, R. D. Kimchi), zu der auch die Vorsorge für die »Bedürfnisse des Körpers« zählt.
g''altícha (von *g-'-l*, Qal), »ich habe dich erlöst«. Zum Terminus s. oben, S. 181) (zu Jes 35,3–10, »Leitworte«).
qará'ti w'schimchá (*q-r-'*, Perfekt des Qal) heißt: »Ich rufe dich bei deinem Namen«. In V 7 steht die analoge Wendung *haniqrá' wischmí* (*q-r-'*, Partizip des Niphal), »was sich nach Meinem Namen nennt«. Beide Male wird auf die innige Beziehung, die auf einem Adoptionsverhältnis beruht, angespielt. In V 2 sind die vier Gefahren genannt, aus denen Gott errettet: *májim*, »Wasser«, *n'harót* (Singular: *nahár*), »Ströme«, *'esch*, »Feuer«, und *lehawá*, »Flamme«.
jischt'fúcha (von *sch-t-f*, Qal, Imperfekt), »sie überfluten dich« (nicht), so B-R; L. Zunz: »sie fluten dich (nicht) weg«. *schétef* (Ps 32,6) ist eine mächtige Wasserflut. Im modernen Hebräisch wird für »Überschwemmung« die Neubildung *schitafón* verwendet.
moschi'écha, »dein Helfer«, in V 3 (von *j-sch-'*, Partizip des Hiphil mit Suffix), ist häufiges Epitheton Gottes. Es kehrt in Jes 43,11f wieder.
kofr'chá (von *kófer IV*) meint hier »dein Lösegeld« (Lex. 471). Geleistet wird es »zur Befreiung«. B-R übersetzen mit »Deckung« im Sinn von

Deckung einer Schuld, einer Verpflichtung. Das Verb *k-f-r* wird im zivilrechtlichen und kultischen Bereich gebraucht. Für einen Mord darf »keine Deckung« in Form eines Lösegelds für den Mörder geleistet werden (Num 35,31f), weil ein Mord nur durch den Tod des Mörders gesühnt werden kann. Im Tempel »decken« (sühnen) Opfer kultische Übertretungen. Der *jom kipúr (jom kipurím)* ist der »Tag der Sühne«, der Verzeihung, neben dem Sabbat der wichtigste Tag des Festkalenders (Lev 23,28; Num 29,11 u.a.).
Parallel zu *kofr'chá* steht die Präposition *tachtécha* (von *táchat,* »unter«, »anstatt«), »an deiner Statt« (vgl Gen 22,13: *táchat b'no,* »anstatt seines Sohnes«). In V 4 kehrt *táchat* zweimal wieder.
jaqárta, »du bist teuer« (vgl das Adjektiv *jaqár,* »teuer«), bildet die Parallele zu *nichbádta* (von *k-w-d,* Perfekt des Niphal), »du bist geehrt«, B-R: bist »ehrengewichtig« (vgl *kawód*, »Ehre«, und *kawéd*, »schwer«, »gewichtig«; als Substantiv für das »schwere« Organ, die von viel Blut angefüllte Leber, verwendet; s. Lex. 434f).
In V 5f stehen die Himmelsrichtungen, aus denen die Exulanten heimkehren dürfen: *misrách,* »Osten«, ist die Richtug, aus der die Sonne »aufstrahlt« (*s-r-ch,* Qal), *ma'aráw,* »Westen«, jene des Eindunkelns (vgl *'érew,* »Abend«). *zafón* ist der »Norden«, wo die durch die hohen Bergzüge des Libanon und Antilibanon »verborgenen« Gegenden liegen (vgl Lex. 979). *temán* ist der »Süden«, nach Gen 36,11 ein Teil des im Süden des Landes Israel gelegenen Edomitergebiets. Mit *temán* wird im modernen Hebräisch der Jemen bezeichnet.

Der Text in der Exegese

Der Midrasch (Jalqút schim'óni, II,815, Nr. 262) stellt fest, daß bei vier Menschen das »Geschaffensein« hervorgehoben wird.

»Der erste Mensch war *Adam,* denn es heißt (Gen 2,7): ›Es *bildete* der Herr, Gott, den Menschen ...‹ Der zweite Mensch war *Jakob*, denn es wurde von ihm gesagt (Jes 43,1): ›So sprach der Herr, dein *Schöpfer,* Jakob ...‹ Der dritte war *Jesaja (»Gottesknecht«),* wie geschrieben ist (Jes 49,5): ›Und jetzt sagte der Herr, der mich vom Mutterschoß an sich zum Diener *erschaffen* hatte ...‹ Der vierte Mensch war *Jeremia,* von dem gesagt ist (Jer 1,5): ›Ehe Ich dich im Mutterleib *schuf,* habe Ich dich gekannt ...‹«

Die vier Menschen sind hineingenommen in eine *Sonderstellung*. Gott hat sie gleichsam in einem separaten Schöpfungsvorgang »gebildet« und ihnen damit ein besonderes Gewicht verliehen. Nicht zufällig sind bei ihrer Schöpfung jene Termini gebraucht, die beim Weltschöpfungsprozeß auftreten: *b-r-'*, »erschaffen« (Gen 1,1) und *j-z-r,* »bilden« (Gen 2,7). Die Querverbindung ist damit nicht zu verkennen. Wenn auch alle Menschen Gottes Geschöpfe sind, so sind die »erwählten«, »geliebten« Menschen (Jes 41,8; 42,1) mit Gott in besonderem Maße verbunden. Adam ist der Vater des Menschengeschlechts und damit Garant der Zukunft. Jakob ist der Ahne der zwölf Stämme Israels, die der Menschheit Gottes Willen vorzuleben und zu verkünden haben. Der »Gottesknecht« dient »als Licht der Völker« (Jes 49,6) allen Geschöpfen, und Jeremia erfüllt in einer Zeit großer Gefährdung die Aufgabe, Israel Mahner und Tröster zu sein.
Jakobs Sonderstellung überträgt sich auf seine Nachkommen, auf Israel. Wie sie »der Plünderung und den Raubenden hingegeben« sind (Jes 42,24; s. Kontext), verheißt ihnen ihr »Schöpfer« und »Bildner« die Erlösung: »Fürchte dich nicht, denn Ich erlöse dich, Ich rufe dich bei deinem Namen, Mir gehörst du an!« (V 1).
In teilweise wörtlicher Übereinstimmung findet sich der Zuspruch in Jes 44,1f. Wir stellen die Verse nebeneinander:

Jes 43,1	*Jes 44*	
Und jetzt, so sprach der Herr, dein Schöpfer, Jakob, dein Bildner, Israel: »Fürchte dich nicht, denn Ich erlöse dich, Ich rufe dich bei deinem Namen, Mir gehörst Du an!«	V 1: Und jetzt, hör, Jakob, mein Knecht, Israel, das Ich erwählt habe.	V 2: So sprach der Herr, der dich gemacht hat, dein Bildner vom Mutterleib an . . . Fürchte dich nicht, mein Knecht Jakob, Jeschurun, den Ich erwählte!

»Fürchte dich nicht«, ruft Gott Israel zu, »denn Ich erlöse dich.« Die »Erlösung« ist, wie das »Erschaffensein«, einzig und allein Ausdruck des göttlichen Willens. Israel vermag sich nicht selbst zu erlösen, so wenig es sich selbst »erschaffen« hat. Nach 44,2 ist es »erwählt« von Gott, dem »Bildner vom Mutterleib an«. Über die Gründe des »Erschaffenseins« und der »Erwählung« sprechen diese Stellen nicht. Aus einem zentralen Abschnitt der hebräischen Bibel in Dtn 7,6–12 (s. Bibelauslegungen, I,118–128) sind diese Gründe indessen eindeutig ersichtlich. Sie beruhen nicht auf verstan-

desmäßig zwingenden Überlegungen, sondern liegen im Geheimnis Gottes verborgen, das unergründlich bleibt. Die »Erwählung« geschah »aus der Liebe des Herrn zu euch, und weil Er den Schwur bewahrt, den Er euren Vätern (Stammvätern) zugeschworen hat ...« (ib.V 8). Gott ist daher bereit, Israel, das »Er beim Namen gerufen« hat, zu »erlösen«, immer wieder aus der Not und den Leiden zu erlösen.
Dem Hörer der Botschaft von Jes 43 muß es genügen, daß Gott den Trost verspricht und die Furcht zu bannen auffordert. Man denkt an Analogien:

»Fürchte dich nicht, Abraham, Ich bin dir ein Schild« (Gen 15,1).

»Fürchte dich nicht, denn mit dir bin Ich, und Ich werde dich (Isaak) segnen ...« (Gen 26,24).

»Wenn du in den Krieg ziehst gegen deine Feinde, Pferd und Wagen siehst, ein großes Volk, so fürchte dich nicht vor ihnen, denn der Herr, dein Gott, ist mit dir ...« (Dtn 20,1).

»Der Herr, der vor dir einhergeht, Er wird mit dir sein. Er läßt dich nicht im Stich und verläßt dich nicht. Fürchte dich nicht und sei nicht erschreckt!« (Dtn 31,8).

Die Furcht verschwindet, sobald der furchtsame Mensch bereit ist, sich Gott anzuvertrauen. Wie in Gen 26,24 kehrt in V 5 unseres Textes der Zuspruch wieder, der das »Fürchte dich nicht, denn Ich erlöse dich« aufnimmt: »Fürchte dich nicht, denn mit dir bin Ich ...« Sowohl die Erlösung durch Gott wie auch Gottes Präsenz lassen jede weitere Furcht als unbegründet erscheinen. Der Kausalsatz (»denn Ich erlöse dich«) wird mit *ki* eingeleitet. Mit *ki* im Sinne eines temporalen »wenn«, »wenn immer«, beginnt der nächste Vers, der in der Satzmitte das temporale »wenn« wiederholt. Auch V 3 setzt mit einem *ki* ein, dieses Mal mit der kausalen Bedeutung »denn«. Die Häufung des *ki* und der Wechsel (»denn«/»wenn« ... »wenn«/»denn«) fallen auf. Die Aufforderung »Fürchte dich nicht!« wird mit Nachdruck begründet – daher auch in V 2 die Betonung »mit dir bin Ich«, das die Entsprechung in V 5 antizipiert – und an zwei Beispielen illustriert: *am Gang durchs Wasser und am Gang durchs Feuer,* den die Israeliten unbeschadet überstehen.

»Wenn du durchs Wasser ziehst,
bin Ich mit dir,
durch die Ströme –
sie reißen dich nicht fort.
Wenn du durchs Feuer gehst,
wirst du nicht versengt,
die Flamme verbrennt dich nicht.«

Wasser und Bäche sind, vor allem in einer Wüste, ein Segen (s. oben zu Jes 35,6; S. 187f). Wenn sie jedoch zur Flut werden, sind sie eine tödliche Gefahr für Mensch und Tier. Selbst die Fluten, sagt der Text, können dem von Gott beschützten Israel nichts anhaben. Sicher durchzieht es das Wasser, trotzt es der Strömung.
Der Gedanke an den Durchzug der Israeliten durch das Schilfmeer (Ex 14) stellt sich von selbst ein. Das Targúm führt ihn in aller Breite aus:

»Beim ersten Mal war Mein Wort (*memrâ'*) euch zur Hilfe, als ihr durch das Schilfmeer zoget. Pharao und die Ägypter, die so zahlreich wie das Wasser des Stroms (Nils) waren, konnten euch nicht beikommen. Auch beim zweiten Mal, wenn ihr unter den Völkern weilt, die so stark sind wie Feuer, kommen sie euch nicht bei. Noch auch werden die Königreiche, die so mächtig sind wie eine Flamme, euch vernichten können.«

Raschi nimmt die Interpretation auf:

»Als du durch das Schilfmeer zogst, war Ich bei dir, als du unter den Ägyptern und Babyloniern weiltest, die so zahlreich sind wie die Wasser eines Stroms, vermochten sie dich nicht zu vernichten.«

Das Targúm und Raschi verstehen den Vers als Hinweis auf ein bereits eingetretenes Ereignis. Das entspricht kaum dem Wortsinn, der zukünftiges Geschehen beschreibt. Alle Verben stehen denn auch im Imperfekt, nicht im Perfekt. Jetzt, wenn dich Gott aus der Not befreit und dich ins Land zurückführt, wirst du alle Gefahren überstehen und unbeschadet das Ziel erreichen.
Bis in alle Zeiten, meint der Midrasch (Jalqút schimʿóni, II,986, Nr. 950; vgl II,823, Nr. 291):

»Sie werden vor dem Urteil der Hölle (*gehinóm*) gerettet. Weshalb? Weil Ich bei ihnen bin, denn es heißt: ›Wenn du durchs Wasser ziehst, bin Ich mit dir.‹«

Interessanterweise versteht Raschi, der Wasser und »Fluten« auf das Geschehen beim Schilfmeer bezieht, die Gefahr des »Feuers« als eine Gefahr, die sich erst noch einstellen wird. Raschi nennt Mal 3,19 (»Denn sieh, der Tag kommt, er brennt wie ein Ofen«) und sagt:

»Die Zornesglut ergießt sich über die Übeltäter . . ., doch auch dort wirst du (Israel) nicht versengt.«

V 2 enthält in seinen beiden Hälften je eine *Steigerung*: Die mitreißenden Fluten sind gefährlicher als das stehende Wasser, die lodernde Flamme ist noch stärker als das ruhig brennende Feuer (vgl A. Chacham, II,455). Durch

diese Steigerung kommt ein Schwung in den Gedanken: Wie schlimm auch die Gefährdung sein mag, sie kann euch nichts anhaben, auch in Extremsituationen seid ihr von Gott behütet.
Wasser und Feuer stehen – als Gegensätze – für sämtliche Gefahren.

»Befindest du dich in den Nöten (eigentlich: Schmerzen), die den Strömen und dem Feuer verglichen werden, so bin Ich mit dir, damit du durch sie nicht untergehst« (R. Jesaja der Erste von Trani, I,164).

Nochmals wird der Grund dafür genannt, nun aber mit dem vollen Gewicht göttlichen Wirkens:

»denn Ich bin der Herr, dein Gott, der Heilige Israels, dein Retter (V 3; B-R: »dein Befreier«).

Wer bis jetzt noch gezweifelt hat, wodurch die Hilfe erfolgt, wer der Helfer ist, erfährt nun die eindeutige *Identifizierung: »Ich bin der Herr, dein Gott, der Heilige Israels, dein Retter«* (V 3).
Wie in Jes 51,15 (»Ich bin der Herr, dein Gott . . .«) wird unverkennbar auf die Selbstvorstellung Gottes hingedeutet, die bei der Theophanie am Sinai erfolgt ist:

»Ich bin der Herr, dein Gott, der dich aus dem Land Ägypten herausgeführt hat, aus dem Haus der Knechte« (Ex 20,2; Dtn 5,6).

Es ist derselbe Gott, der am Sinai Seine Gebote erließ und im Geschehen gegenwärtig ist. Er ist der »Heilige Israels«, Garant der Moral und der Gerechtigkeit (vgl Bibelauslegungen, I,170 zu Jes 29,23).
Die Worte klingen wie ein *Credo*, und das sind sie wohl auch. Als »Retter« hat sich Gott in der Vergangenheit offenbart (vgl Jes 63,8f), wie das Auszugsgeschehen aus dem »Haus der Knechte« zeigt, als Retter wird Er sich auch in der Zukunft erweisen. »Er ist euer Erlöser, der Heilige Israels« (Jes 43,14), und von Ihm gilt die Selbstaussage (unten V 11–13).

»Ich, Ich bin der Herr
(B-R, wohl im Anklang an Ex 3,13:
doch ich, doch ICH BIN DA),
und außer Mir ist kein Retter.
Ich habe gesagt und gerettet . . .
Auch inskünftig bin Ich es,
und niemand rettet aus Meiner Hand.
Ich wirke, wer will es abwenden?

»Auch inskünftig bin Ich es . . .« R. D. Kimchi (zu V 3):

»Bin ich der Heilige Israels, deines Stammvaters, und Ich rette dich.«

Ägypten wird »zu deinem Lösegeld« (Ibn Bal'ám, Sammelband »Kommentare zu Jes«, II,114), »deinem Tausch« (R. S. Ibn Melech aus Fès, séfer michlál jófi, Sammelband, II,267), *»Äthiopien und Saba an deiner Stelle«*. Es handelt sich bei Saba (*s'wa'*) um ein nordafrikanisches Land, dessen Lokalisierung nicht möglich ist. Jedenfalls ist es nicht mit Saba (*sch'wa'*) im Süden der arabischen Halbinsel identisch.
Die »Lösung« Israels, die in V 4 wiederholt wird (»Ich gebe Menschen an deiner Statt, Nationen statt deiner Seele«), ist auf dem Hintergrund des *biblischen Rechts* verständlich. Für den mitverschuldeten Tod eines Menschen muß der Verantwortliche ein »Lösegeld« (*kófer*) bezahlen, so etwa der Besitzer eines Ochsens, der einen Menschen umgebracht hat (Ex 21,30). Doch wo absichtlich gemordet worden ist (Num 35,31), ist ein »Lösegeld« nicht erlaubt, nur die Hinrichtung des Mörders kann die Blutschuld sühnen. Und selbst die Flucht in die »Zufluchtsstadt« eines Bluttäters, der nicht »mit Hinterlist« gemordet, sondern lediglich aus sträflicher Unachtsamkeit einen Menschen auf dem Gewissen hat, darf nicht durch eine Lösesumme abgegolten werden (Num 35,32).
Unser V 4 will demnach folgendes festhalten: Ägypten, Äthiopien und Saba sind »dein Lösegeld«. Was immer du an Schuld tragen magst, mit der Drangabe der drei Länder ist es gesühnt. Weshalb? Du hast durch die Völker so viel erdulden müssen, daß durch dein Leiden die Schuld aufgehoben ist und jetzt die Verfolger an deine Stelle treten.
Rev. I. W. Slotki (Isaiah, 205) schreibt:

»Mächtige Nationen werden an seinem Platz in die Abhängigkeit geraten, und Israels zerstreute Kinder werden eingesammelt.«

Die spezifische Schuld der drei Länder ist nicht angedeutet. Vielleicht haben sie sich Israel gegenüber unloyal und wenig hilfreich verhalten und damit die Katastrophe von 586 v. d. Z., die Invasion der Babylonier und den Untergang des Tempels und Jerusalems mitverursacht. Daß man auf Ägypten nicht vertrauen soll, betont der assyrische Feldherr Rawschake zu Hiskias Zeit (2Kön 18,21 = Jes 36,6). Ägypten gleicht einem »geknickten Rohrstab«. Er verletzt die Hand jenes Menschen, der sich auf ihn abstützt.
Die *geschichtlichen Ereignisse* zur Zeit des Kyros und sein Sohnes Kambyses haben jedenfalls die drei Länder ihrer Unabhängigkeit beraubt. *Kyros* (539–529) besiegte im Jahr 539 v. d. Z. den letzten Babylonierkönig Nabonid und eroberte die Hauptstadt Babylon. *Kambyses* (529–522) besetzte 525 v. d. Z. Ägypten und die nordafrikanischen Nachbarländer. Das neue persi-

sche Großreich war eine Tatsache. »Das Land der Ägypter wird nicht entrinnen können« (Dan 11,42). In Jes 45,14ff, einem Paralleltext zu V 3, wird die Unterwerfung der drei Länder ausführlicher geschildert:

»So spricht der Herr (45,11: »Der Heilige Israels und sein Bildner«):
Die Mühe (der Arbeit) Ägyptens und der Handel (Handelsgewinn) Äthiopiens und Sabäer, der großgestalteten Männer, gehen in deine (Kyros) Hand und gehören dir. Dir folgen (die Völker) nach, in Fesseln ziehen sie einher. Vor dir werfen sie sich nieder, flehen zu dir: ›Nur bei dir ist Gott, und es gibt keinen anderen außer Gott!‹«

Rev. I. W. Slotki (206) findet zu Recht für den geschichtlichen Vorgang den folgenden biblischen Bezug:

»Die Befreiung Israels aus Babyloniens Hand durch Kyros und die Eroberung Ägyptens und Sabas durch den Sohn Kambyses werden durch den Propheten als voneinander abhängige und vorbestimmte Ereignisse beschrieben. Persien wird wegen des Verlusts der israelitischen Gefangenen durch die Eroberung der drei afrikanischen Völker kompensiert.«

Dieses Geschichtsverständnis entspricht biblischem Denken, das generell Gottes Fügung im Weltenlauf voraussetzt. So kann die Niederwerfung von Völkern »als Sühne« und »Ersatz« für die Leiden eines anderen Volkes, in diesem Fall Israels, interpretiert werden (vgl Ez 29,17–20: Ägypten wird dem Babylonier Nebukadnezar zugesprochen, weil er sich vergeblich um die Einnahme von Tyros gemüht hat).
V 5 nimmt den Aufruf von V 1 – »fürchte dich nicht!« – wieder auf. Dem »denn Ich erlöse dich« entspricht hier ein »denn mit dir bin Ich«. Das ist noch gewichtiger. Gott ist immer gegenwärtig, selbst wenn von einer Lösung noch nichts festzustellen sein sollte. Und gerade im Elend ist Er präsent, weshalb Er Mose in einem Dornbusch, Symbol der Not und Unterjochung, aber auch des Mitleidens erscheint (Ex 3,1–10; Bibelauslegungen, I,102). Dieses Gegenwärtigsein Gottes kommt durch eine eindrucksvolle Hilfe zum Ausdruck: Er bringt die Vertriebenen aus den vier Himmelsrichtungen zurück, aus dem Osten und Westen, aus dem Norden und Süden. Die Verheißung erinnert an Dtn 30,4:

»Wenn auch deine Verstoßenen am Ende des Himmels sein sollten, so wird dich von dort der Herr, dein Gott, einsammeln, von dort dich holen.«

Seiner Macht sind keine Schranken gesetzt. Wo immer ein Mensch hingerät – auch wenn er wie der Prophet Jona vor Ihm fliehen möchte (Jona 1,3) –, Gott vermag ihn einzuholen und zurückzubringen. Vor Ihm gibt es weder Flucht noch eine unüberwindliche räumliche Distanz, die zur Trennung zwischen Ihm und dem Menschen führte. Die Verben »holen« (*bo'*, Hiphil) und »einsammeln« (*q-b-z*, Piel) finden sich in V 5f wie in Dtn 30,4. Sie sind die terminologischen Bezeichnungen für die Rückführung der Exulanten Israels in die Heimat durch den Herrn der Welt. Der zehnte Segensspruch des *Schmoné 'esré* (Achtzehner)-Gebets bittet um folgendes:

»Blas in das große Widderhorn zu unserer Befreiung, erhebe das Panier, um unsere Verbannten einzusammeln, und sammle uns ein – zusammen – von den vier Enden der Erde. Gepriesen seist Du, Herr, der einsammelt die Verstoßenen Israels« (Sidúr s'fat 'emét, 43).

Die Erlösung Israels (V 1) zeigt sich in der Einsammlung der Zerstreuten, im modernen hebräischen Sprachgebrauch: im *qibúz galujót,* dem »Einsammeln der Diaspora«. Die Rückkehr ist das entscheidende Kriterium einer eingetretenen oder zumindest einsetzenden Erlösung. Wenn keiner der Versprengten heimkehrt, ist die Erlösung fern.
Malbim (436) betont, die Verbannten hätten zwei Dinge befürchtet: das spurlose Verschwinden unter den Völkern in der Fremde und die Unmöglichkeit einer Wiederkehr nach Zion. Im Hinblick auf das Verschwinden verheißt der Prophet, auch in der Elemente Toben werde Gott sie nicht verlassen (V 2) und die Völker, nicht Israel, unterwerfen (V 3). Die zweite Befürchtung wiederum wird durch das Versprechen einer totalen Heimkehr aus dem Weg geräumt, einer Heimkehr aus allen Himmelsrichtungen (so auch A. Chacham, II,458).
Der Midrasch (Lev. r. 9,6), Raschi, Ibn Bal'ám, R. S. Ibn Melech aus Fès und andere denken an die »Winde«, die die Exulanten heimbrächten, entsprechend der Vorstellung von Hld 4,16:

»Erwache, Nord(wind), komme, Süd(wind),
durchwehe meinen Garten,
daß entströmen seine Düfte!«

Die Winde stünden im Gegensatz zu jenem heißen Wind, der die Vegetation zum Welken bringt (Jes 40,7; s. oben, S. 205). Doch von Winden steht nichts im Text. Daher trifft der kurze Hinweis des Gaon Saadia (Sammelband »Kommentare zu Jes«, I,65) zu:

»Nord und Süd bedeuten die nördliche und die südliche Himmelsrichtung.«

Diese Himmelsrichtungen dürfen die Verbannten nicht zurückbehalten: »Ich spreche zum Norden: ›Gib her!‹ und zum Süden: ›Halte nicht zurück! Bring Meine Söhne aus der Ferne, Meine Töchter vom Ende der Erde.‹«
Gott spricht zum Norden und Süden, zum Osten und Westen spricht Er

nicht. Aus diesen Richtungen »hole Ich deine Nachkommen zurück«, »sammle Ich dich ein«. Der Unterschied besitzt keine sachliche Bedeutung, er beruht auf dem Wunsch des Propheten nach sprachlich-dichterischer Abwechslung.
Wie ist V 7, der letzte Vers des Bibelabschnitts, zu verstehen? Als Forsetzung der vorangehenden Sätze oder als separate Aussage, abgegrenzt von V 5–6? R. S. Ibn Caspi ('adné késef, 154) vertritt die erste Meinung:

»Alles, was nach Meinem Namen benannt wird – das ist die Erklärung von ›Meine Söhne‹.« So auch R. Elieser von Beaugency (110): »›Alles, was nach Meinem Namen benannt wird‹, bezieht sich auf ›bring Meine Söhne aus der Ferne zurück‹.«

Bereits das Targúm legt die Verknüpfung von V 7 mit V 5f nahe, wenn es in der freien Wiedergabe ausführt:

»All dies (tue Ich) wegen eurer gerechten Väter, über die Mein Name ausgerufen worden ist und die Ich zu meiner Ehre geschaffen habe ...«

L. Zunz hält sich bei seiner Übersetzung an die Einheit von V 5–7:

V 6: »Ich spreche zum Norden: Gib her ...
V 7: Jeglichen, der sich nennt mit meinem Namen, den ich zu meiner Ehre geschaffen, gebildet und bereitet.«

»Jeglichen«, d. h. alle jene Menschen, die sich in der Verbannung befinden und jetzt einer besseren Zukunft entgegengehen werden.
Buber–Rosenzweig schließen sich diesem Verständnis von V 7 an:

». . . laß kommen meine Söhne von fern,
meine Töchter vom Erdenrand,
alles, was mit meinem Namen gerufen ward, –
zu meiner Ehre habe ich es erschaffen,
es gebildet, ja, es gemacht!«

In die zweite Richtung weist der Talmud (b. Jomá', 38a; j. Jomá', III,9; j. Sch'qalím, V,1 und insbesondere der Schlußtext der »Sprüche der Väter«), wenn er V 7, losgelöst von der »Einsammlung der Vertriebenen«, zur Sinndeutung der Schöpfung verwendet:

»Alles, was der Heilige, gelobt sei Er, geschaffen hat, hat er zu Seiner Ehre erschaffen.«

In der Ausdrucksweise des Maimonides (in: Sammelband »Kommentare zu Jes«, I,287):

»Alles, was nach Meinem Namen benannt wird, das besagt: alles Geschaffene, das auf Mein Wirken hinweist, habe Ich zu Meiner Ehre, zu Meinem Wohlgefallen geschaffen, und nicht um des Menschen willen.«

Der Mensch muß erkennen, daß die Schöpfung nicht seinetwegen existiert, auch wenn er sie in Besitz nehmen (Gen 1,28), sie nutzen darf. Seiner Macht ist ein Riegel vorgeschoben.
Was aber soll es bedeuten, wenn ein Mensch sich »nach Seinem Namen benennt«? fragt der Midrasch (Jalqút schimʿóni, II,795, Nr. 452):

»Kann denn ein Mensch nach dem Namen Gottes benannt werden? Es will vielmehr besagen: Wie Gott der Barmherzige genannt wird (Ps 145,8), sei auch du barmherzig und erfüllt vom guten Tun (eigentlich: einer Gabe, die ›umsonst‹ geschenkt wird, ohne daß der Beschenkte einen Anspruch auf sie besäße). Wie Er der Gerechte genannt wird (ib. V 17), so sei auch du gerecht. Wie Er der Gütige genannt wird (ib. V 17), so sei auch du gütig.«

Vgl Sifré, Dtn,ʿéqew (zu Dtn 11,22): »Wie Gott der Barmherzige und Gnädige heißt, so sei auch du barmherzig und gnädig und schenke jedem ›eine Gabe umsonst‹.«

Das Ausrichten auf Gott hin (die Benennung nach Seinem Namen) führt zum Ausrichten auf Sein Tun, zur imitatio Dei. Zum Vers aus dem Schilfmeerhymnus (Ex 15,2) – »dies ist mein Gott, und ich will Ihn verherrlichen« – sagte Abba Schaʾúl:

»Sei bemüht, Ihm zu gleichen: Wie Er gnädig und barmherzig ist, sei auch du gnädig und barmherzig« (b. Schabát, 133b).

»... Ihm zu gleichen«, Ihn nachzuahmen in den Taten der Menschenliebe. Die letzten Worte von V 7 nehmen die Selbstvorstellung Gottes in V 1 wieder auf. Zu Seiner eigenen Ehre wirkt Gott die Rückkehr der Versprengten, Gott, der »alles« (B-R) oder »jeglichen« (L. Zunz) »schafft und bildet und tut«. Es ist derselbe Gott, »dein Schöpfer, Jakob, und dein Bildner, Israel« (V 1), der die Kunde von der Erlösung verbreiten und den oft Entmutigten neue Hoffnung schenken will.

Wegweisung für unsere Zeit

»Fürchte dich nicht, denn Ich erlöse dich, Ich rufe dich bei deinem Namen, Mir gehörst du an!« Mit diesem tröstenden Gotteswort von V 1, das intensiviert wird durch den Zuspruch »Fürchte dich nicht, denn mit dir bin Ich!« (V 5), ist die Mensch-Gott-Beziehung auf höchst packende Weise charakterisiert. Gott erlöst, ruft den Menschen mit seinem Namen und hebt ihn damit aus dem Vergessen und Verschwinden heraus. Wer Gott angehört, angehören will, braucht nicht zu verzagen. Es genügt, wenn er sich Ihm anvertraut und das »Mir gehörst du an« mit einem »ich will Dir angehören« beantwortet.

Im ganzen Text ist nur vom Handeln Gottes die Rede. Er, der »Heilige Israels«, ist »dein Retter« (V 3). Er führt die Schwachen und vom Schicksal hart Angefaßten durch alle Gefährdung (V 2), läßt sie wiederkehren aus allen Himmelsrichtungen, schenkt ihnen Liebe und Ehre (V 4). Was tun aber die Geretteten? Bleiben sie passiv, lassen sie sich von den Gottesgaben überhäufen, ohne selbst an der Wende beteiligt zu sein? Wohl kaum, weil ohne des Menschen Willen, sich von Gott führen zu lassen, Gottes Führung ausbleibt. Wer nicht »erlöst« werden will, wird nicht erlöst. Wer das Exil der Rückkehr vorzieht, wird im Exil verbleiben und sich für immer seiner Gefährdung aussetzen. Nur der Gott antwortende Mensch verliert die Furcht in seinem Leben, er weiß, daß er in allen Situationen Ihm angehört, sich nicht vor den anderen verbergen muß, weil er sich in Ihm geborgen fühlt. Gottes »Mir gehörst du an!« ist ein Angebot – am Menschen liegt es, dieses Angebot zu akzeptieren.

»Erwache, erwache ... Arm des Herrn!«

Jes 51,9–16

9 Erwache, erwache,
kleide dich in Kraft, Arm des Herrn!
Erwache, wie in den Tagen der Frühe,
den Geschlechtern der Vorzeit.
Bist nicht du es,
der Rahab zerhaut, das Krokodil durchbohrt?
10 Bist nicht du es,
der das Meer vertrocknen läßt,
die Wasser der großen Tiefe,
der in den Meerestiefen einen Weg bahnt,
damit die Erlösten hindurchziehen können?
11 Sollen doch die Befreiten des Herrn zurückkehren,
nach Zion mit Jubel gelangen,
damit ewige Freude ihr Haupt umgibt,
Jubel und Freude sie einholen,
Kummer und Seufzer entfliehen.

12 Ich, Ich bin euer Tröster.
Wer bist du, daß du dich vor einem Menschen fürchten müßtest,
vor einem Adamsohn, der als Gras hingegeben wird?
13 (So ist es, da) du vergaßest den Herrn, deinen Schöpfer,
der den Himmel ausspannt und der Erde Grundmauern legt.
Du bebtest immer, den ganzen Tag über,
vor der Zornesglut des Bedrängers,
der (den Pfeil) zum Vernichten auflegt.
Wo aber bleibt die Zornesglut des Bedrängers?
14 Rasch wird der Gekettete gelöst,
er stirbt nicht zur Gruft hin,
sein Brot mangelt nicht.
15 Ich bin der Herr, dein Gott,
der das Meer erregt, so daß seine Wellen schäumen,
»Herr der Heerscharen« ist sein Name.

16 Meine Worte lege ich in den Mund,
im Schatten Meiner Hand berge Ich dich,
den Himmel einzupflanzen, der Erde Grundmauern zu legen,
Zion zuzurufen: »Mein Volk bist du!«

Der Text im Kontext

Gott besiegt die urzeitlichen Gewässer des Chaos und schafft die Grundlage zur Entstehung des Kosmos, der Weltordnung. Die hebräische Bibel enthält einige Andeutungen an diesen in Gottes Sieg einmündenden Kampf. Ps 74,12–14 beschreibt Gottes Macht:

»Gott ist mein König von Urzeit her,
der Hilfetaten wirkt auf Erden.
Zerspalten hast Du mit Deiner Kraft das Meer,
zerbrochen die Köpfe der Krokodile (*taniním*) über dem Wasser,
zertrümmert die Köpfe des Leviatan,
ihn hingegeben zum Fraß dem Volk der Wüste.«

In Ps 89,10–11 heißt es:

»Du herrschst über den Hochmut des Meeres,
wenn seine Wellen steigen, besänftigst Du sie.
Zertreten wie einen Erschlagenen hast Du Rahab (»Ungetüm«),
mit dem Arm Deiner Kraft zerstreutest Du Deine Feinde.«

Gott erweist sich als der Stärkere, er vernichtet die *Krokodile,* den *Leviatan* und *Rahab.* Das Meer vermag gegen Seinen Willen nichts auszurichten, es wird zurückgedrängt, in seine Grenzen gewiesen. In Babyloniens Weltschöpfungsepos *Enuma Elisch* (»Als droben«) kämpft *Marduk,* Eas Sohn, gegen das Meeresungeheuer *Tiâmat.* Er tötet und spaltet es in zwei Teile »wie einen Trockenfisch«. Mit einem Teil spannt er den »himmlischen Standplatz für die großen Götter« aus, aus dem anderen gründet er die Erde. Auf Tiâmats Kopf steht ein Berg, auf ihrer Brust Hügel, aus den beiden Augen fließen die Flüsse Eufrat und Tigris. Tiâmat (= *t'hom;* Gen 1,2; 7,11; 49,25; Jes 51,10 u.a.) ist tot, aus ihrem Leichnam entsteht aber die wunderbare Schöpfung.
In den *Baalsmythen von Ugarit* begründet der Herr der Götter, *Baal,* seine Herrschaft mit einem Sieg über den Meeresgott *Jam.*
Baal besitzt zwei mächtige Keulen, die er beim Zweikampf einsetzt:

»Da schnellte die Keule in der Hand Baals wie ein Adler. Sie schmetterte nieder in seiner Faust auf den Scheitel des Machthabers (*Jam*), auf die Nasenwurzel des Flutenbeherrschers. Jam sank nieder, stürzte zur Erde. Es wogte seine Oberfläche, erschüttert war sein (Fundament). Baal zerschlug und zerschmetterte *Jam* und breitete ein Ende dem Flutbeherrscher...« (J. Aistleitner, Die mythologischen und kultischen Texte aus Ras Schamra, 1964,51f; III AB,A, Zeilen 23–27).

An einer anderen Stelle (Aistleitner, 14; I AB,I, Zeilen 1–3) wird der Sieg Baals über *Ltn* (Lotan), das ist der biblische Leviatan, erwähnt:

»So, wie du niederschlugst *Ltn*, die verderbenbringende Schlange, wie du ein Ende bereitetest der sich windenden Schlange, dem Machthaber mit sieben Köpfen ...«

Die *Verwandtschaft mit Jes 27,1* ist unverkennbar.

»An jenem Tag sucht Er heim mit seinem Schwert, dem harten, dem großen, dem starken, den Lindwurm (Leviatan) Flüchtige Schlange (*liwjatán nachásch baríach*) und den Lindwurm Geringelte Schlange (*liwjatán nachasch ʿaqalatón*), er erwürgt den Drachen (*tanín*), den am Meer« (B-R).

Eine mythologische Bedeutung kommt diesen Schilderungen so wenig zu wie jener der Rahab (*ráhaw*, B-R: »Ungetüm«; Ps 89,11; Jes 51,9 u. a.). Wie die Rahab beschaffen ist, wissen wir nicht, denn in den Texten der altorientalischen Völker wird sie nicht genannt (Enc. miqra'ít, VII,328). Die Bibel läßt sich auf keine Charakterisierung ein, weil sie auf die Entmachtung Rahabs hintendiert. Rahab und die anderen Meeresungeheuer besitzen keine göttlichen Qualitäten. Sie sind Geschöpfe des einzig wahren Gottes, der die Welt erschaffen und zuvor die Widersacher in die Grenzen gewiesen hat. Die Chaosmächte sind Naturelemente, keine Gottheiten, und daher mit anderen Naturerscheinungen (Feuer, Hagel, Schnee, Dampf, Sturmwind) zum Lob Gottes aufgerufen (Ps 148,7f). Hier liegt der springende Punkt, den die Bibel hervorhebt. Weil es für sie eine Binsenwahrheit ist, daß Gott, und nur Gott, die Welt regiert, kann sie mit dichterischer Freiheit und Unvoreingenommenheit die alten mythischen Bilder ohne den Schatten einer Anstößigkeit verwenden. Die Entmythologisierung ist vollzogen, die einstigen Götterkämpfe entbehren des Göttlichen.
Dieselbe Unbekümmertheit bekundet auch das Schrifttum von Talmud und Midrasch. Mit welcher Nonchalance wird etwa eine Konfrontation Gottes mit dem »Fürsten des Meeres« (*sar schel jam*) geschildert:

»Es sprach R. J'huda im Namen Raws: In der Stunde, da der Heilige, gelobt sei Er, die Welt erschaffen wollte, sagte Er zum Meeresfürsten: ›Öffne deinen Mund und verschlinge alle Gewässer der Welt!‹ (Raschi: ›damit das Festland sichtbar werde‹).

Der Meeresfürst erwiderte: ›Herr der Welt, es genügt mir, daß ich in meinem (Gebiet) stehen bleibe.‹ Sogleich trat Er ihn nieder und tötete ihn, wie es heißt (Hiob 26,12): ›Durch Seine Macht erregt Er das Meer, und durch Seine Einsicht zerschmettert Er Rahab.‹ R. Jizchak fügte bei: Hieraus ist zu schließen, daß der ›Fürst des Meeres‹ Rahab genannt wird« (b. Bawá' batrá', 74b).

Die Vormachtstellung Gottes wird vom Meeresfürsten zwar nicht in Zweifel gezogen – er spricht ihn an mit »Herr der Welt« –, doch er verweigert den Gehorsam. Bei welchem Befehl? R. Gerschom ben J'huda (ca. 960–1028), unbestrittene Autorität seiner Zeit und wegen seiner Gelehrsamkeit mit dem Ehrentitel »Leuchte der Diaspora« (*m"or hagolá*) ausgezeichnet, schreibt in einer Glosse zu dieser Talmudstelle:

»Verschlinge alle Gewässer der Welt – sauge sie in dein Inneres auf. Entsprechend Koh 1,7: ›Alle Flüsse gehen ins Meer.‹«

Wenn der »Meeresfürst« sich nicht nach Gottes Willen zu richten gedenkt, so liegt dies daran, erklärt R. S. Edels (Maharschá', 1555–1631, z. St. in: chiduschḗ halachót wa'agadót), daß er die Einschränkung des Wassers durch das Land nicht akzeptiert. R. S. Edels schreibt:

»Nach ihrer Eigenschaft (Natur) müßten die Wasser das Festland überfluten ... Gott aber wollte jene Eigenschaft aufheben, damit das Trockene zur Besiedlung sichtbar würde. Daher forderte Er den Meeresfürsten auf, ›alle Gewässer der Welt zu verschlingen‹. Doch der Meeresfürst erwiderte: ›Es genügt mir, daß ich in meinem (Gebiet) stehen bleibe‹, und so schlug ihn der Herr nieder und hob jene Eigenschaft auf.«

Das Meer sucht zu expandieren und sich das Festland stückweise zu erobern. An der Brandung verliert es indessen seine Macht, das Land erweist sich als stärker. Der »Meeresfürst« wird »getötet«.

»Es sprach Resch Laqisch: In der Stunde, da der Heilige, gelobt sei Er, das Meer geschaffen hatte, dehnte es sich immer mehr aus, bis Er es schalt und trockenlegte. So heißt es (Nah 1,4): ›Er schilt das Meer und legte es trocken, und alle Flüsse ließ Er versiegen‹« (b. Chagigá, 12a).

Im Anschluß an Gen 1,9 (»das Trockene werde sichtbar«) schreibt der Midrasch (Ex. r. 15,22):

»Die Gewässer sprachen: Sieh, die ganze Welt füllen wir dir aus und dennoch ist es uns eng. Wohin sollen wir uns begeben? Da schlug der Herr den Ozean nieder und tötete ihn (nach Hiob 26,12).«

Ein Naturphänomen, das die Menschen immer wieder zum Staunen bringt,

wird in diesen Textstellen in der Form einer Allegorie zu deuten gesucht. Die Weisen haben nie verkannt, daß ihre Aussagen nicht zum Nennwert zu nehmen sind. Und wenn sie von einem »Fürsten des Meeres« reden, so verwenden sie eine Metapher, mehr nicht. Sie wissen, daß dieser »Fürst« nicht wirklich existiert hat.
Unser Bibelabschnitt beginnt mit einem Appell an den »Arm des Herrn« (*s'rṓ'a 'adonáj,* V 9), »wie in den Tagen der Vorzeit«, also offenbar vor dem Weltschöpfungsbeginn, »zu erwachen«, rege zu werden, und, wie damals, da Gott die Meeresdrachen zerschlug, Wunderbares und Unerwartetes zu vollbringen. Die Bezeichnung »Arm des Herrn« zählt zu den anthropomorphen Beschreibungen des göttlichen Wirkens, wie »Finger Gottes« (Ex 8,15; 31,18; Jes 59,16 u.a.) und »Hand des Herrn (Ex 9,3; Jes 59,1 u.a). Man kann dabei annehmen, daß durch das Eingreifen des »Arms des Herrn« eine größere Hilfeleistung Gottes beschrieben werden soll, als wenn nur vom »Finger« oder von der »Hand« die Rede ist. Abarbanel spricht sich jedenfalls für dieses Verständnis aus. Er schreibt (zu Jes 51,12):

»Die Erlösung (der Israeliten) aus Ägypten war (vergleichsweise) eine kleine Sache, daher wird sie dem ›Gottesfinger‹ zugeschrieben (Ex 9,3). Die Spaltung des Schilfmeers war eine größere Erlösungs(tat). Daher wird bei ihr der Ausdruck ›Hand Gottes‹ gebraucht (Ex 14,31: ›Israel sah die große Hand ...‹). Die zukünftige Erlösung ist unvergleichlich bedeutender und wird nicht vom ›Gottesfinger‹ oder der ›Gotteshand‹, ja nicht einmal vom ›Arm Gottes‹ bewirkt, sondern von Gott selbst. Wie es heißt: ›Ich, Ich bin euer Tröster‹ (Jes 51,12).«

Gottes »Arm«, der die Feinde zerschlägt (Ps 89,11), ist mit Stärke (*'os*) ausgestattet:

»Dein ist ein Arm voller Macht,
stark wird Deine Hand, erhebt sich Deine Rechte (ib. V 14).«

Sichtbar wird dieser »Arm Gottes« in den Ereignissen, die sich vor den Augen aller Menschen abspielen (Jes 40,10f; s.oben, S. 206). Er ist »erhoben« und daher von weitem zu erkennen. Gott führt die Israeliten mit Seinem »erhobenen Arm« (*bisrṓ'a n'tujá*) und »großen Strafgerichten« aus Ägypten (Ex 6,6). Die befreiten Sklaven ahmen Ihn nach und erheben ihrerseits die »starke Hand«, das ist wohl die zur Faust geballte Hand (Ex 14,8 u.a.). Wenn in V 9 unseres Abschnitts der »Arm des Herrn« »erwachen« und helfen soll, so ist die Bedeutung klar: Gott wird gebeten, für Israel machtvoll die Rettung zu bringen, im Anblick der ganzen Welt.

Leitworte des hebräischen Textes

V 9 steht zuerst *ʿurí*, dann *ʿúri*. Beide Formen sind Imperativ des Singulars (feminin) im Qal von *ʿur II,* »wach sein, sich regen« (Lex. 758), und werden von L. Zunz mit »erwach', erwache«, von B-R mit »wache, wache« übersetzt.
s'róʿa (feminin!) ist der »Arm«.
j'me qédem, »Tage der Urzeit (Lex. 1001), L. Zunz: »Tage der Vorzeit«, B-R: »Tage von einst«, der »Frühe«, entspricht *dorót ʿolamím,* »Geschlechter der Vorzeit«, B-R: »Vorzeitgeschlechter«: Zu *ʿolamím* in dieser Bedeutung s. Lex. 755 (Nr. 3).
machazéwet (in der Biblia Hebraica und bei Lex. 329: *machzéwet*) heißt: »sie (sc. *s'róʿa*, »Arm«) zerhaut«, »zerschmettert« (L. Zunz), B-R: »zerhieb« (Partizip des Hiphil von *ch-z-w*).
m'cholélet (Partizip des Polel von *ch-l-l*, Lex. 307), »sie durchbohrt«, B-R: »zerstach«.
hamacharéwet (V 10), »die vertrocknen läßt« (Partizip des Hiphil von *ch-r-w;* Lex. 335), L. Zunz: »der ausgetrocknet hat«, B–R: »der ... austrocknete«.
Zu *ráhaw*, B-R: »Ungetüm«, und *tanín*, »Krokodil«, B-R: »Drache«, s. Kontext.
t'hom (mit dem Attribut *rabá*, »groß«; so auch Gen 7,11; Am 7,4; Ps 36,7) ist »die große Tiefe« (L. Zunz). M. Buber (Der Glaube der Propheten, 259) gibt das Wort mit »tosender Wirbel« wieder. Entsprechend B-R in unserem Vers: *me t'hom rabá,* »die Wasser des großen Wirbels«.
Parallel steht *maʿamaqé jam,* »die Tiefen des Meeres« (Lex. 581). g''*ulím* (von *g-'-l*, »erlösen«, Partizip passiv im Qal) sind die »Erlösten« (s. oben, S. 212f; desgleichen zum Wortschatz von V 11: S. 181.189f zu Jes 35,10).
m'nachemchém (Partizip des Piel von *n-ch-m* mit Suffix), »euer Tröster«, V 12.
watir''í (Imperfekt des Qal von *j-r-'* mit *waw* consecutivum), »daß du dich fürchtest«. Das *waw* leitet den Konsekutivsatz ein (W. Gesenius, Grammatik, 111m, S. 341).
notéh (Partizip des Qal von *n-t-h*), »spannt«, (der den Himmel) »ausbreitet« (Lex. 654), V 13. In V 16 steht der Infinitiv *lintóʿa* (von *n-t-ʿ*, »pflanzen«), weshalb Lex. 656 die Emendation in *lintót* vorschlägt. Nach A. B. Ehrlich ist freilich *lintóʿa* beizubehalten und hier das *notéh* gar in *notéʿa* zu ändern, denn *n-t-ʿ* heißt »nicht nur pflanzen, sondern auch dem Objekt einen festen Platz geben, aus dem es nicht mehr entfernt werden soll«. Wir lesen hier

notéh und in V 16 *lintó'a*, »spannen« (B-R). L. Zunz übersetzt *lintó'a* mit »zu pflanzen (die Himmel)«.
joséd 'árez als Gegenstück zu *notéh schamájim* heißt: »und Er gründet die Erde«. Unter *j-s-d* ist das Legen der Grundmauern, des Fundaments (*j'sod*) zu verstehen.
wat'fachéd (Imperfekt des Piel von *p-ch-d* mit *waw* consecutivum), »du bebtest« (Lex. 871; W. Gesenius, Grammatik, 52k, S. 149), »in dauerndem Schrecken lebtest du.«
chemá (vgl *cham*, »heiß«, *chom,* »Hitze«) ist die »Zornesglut«, B-R: »Grimmglut«.
mezíq (Partizip des Hiphil von *zuq I,* »bedrängen, zusetzen«; Lex. 951) ist der »Bedränger«.
konén (Perfekt des Polel von *kun*, »hinstellen, bereiten«; in übertragenem Sinn: »den Pfeil fest auf den Bogen legen, zielen«; Lex. 443), »er zielte« (so auch L. Zunz und B-R), vgl Ps 11,2.
l'haschchít (Infinitivus constructus im Hiphil von *sch-ch-t*, »verderben), »um zu verderben«. L. Zunz: »er zielt zu (deinem) Verderben«.
V 14 steht das nicht mit Sicherheit zu übersetzende *zo'éh*. Nach Lex. 974 heißt *zo'éh* (Partizip des Qal von z-'-h) »krumm, geschlossen, gefesselt«. L. Zunz: »der Geschlossene«, B-R: »der Krummgeschlossene«, Ibn Esra: der »Gebundene«, R. J. Ibn Bal'ám (in: Sammelband »Kommentare zu Jes«, II,127): »der sich Beugende«, R. Elieser von Beaugency (124): »der Eingekerkerte«, M. Abernik (47b): »der Unterjochte«, H. Homberg (hakorém 47b): »der Gefesselte«. In eine andere Richtung weist Raschi mit »der Gerüstete« (Jes 63,1). Der »Gerüstete« »eilte, geöffnet zu werden« (*mihár zo'éh l'hipatéach*), seiner Waffen entledigt zu werden.
Eine Gleichsetzung von *zo'éh* mit *zo'éq,* »schreit«, findet sich bei R. Menachem ben Salomo (séfer 'éwen bóchan, in »Sammelband«, aaO, I,321), R. J. Ibn Caspi (aaO, 164) und Abarbanel (238); eine Gleichsetzung mit *zo'éd*, »schreitet«, bei R. S. Ibn Melech aus Fès (séfer michlal jófi, in: Sammelband »Kommentare zu Jes«, II,272), R. D. Kimchi, M. Z. Segal (107). *zo'éh* ist der ruhelos von einem Ort zum anderen während des Exils Schreitende.
scháchat ist »Kerker« (L. Zunz), »Grube« (B-R), »Grab« (M. Z. Segal).
In V 15 wird *rogá'* (Partizip des Qal von *r-g-'; rogá'* statt eines nicht nachzuweisenden *rogé'a*) als »er beruhigt« (vgl *margó'a,* »Ruheplatz«, Lex. 597) verstanden (so von Ibn Esra, R. Elieser von Beaugency, 124, R. M. D. Cassuto, safrút miqra'ít ..., I,79, A. Chacham, II,547). Ganz anders ist das Verständnis von Raschi, Rev. I. W. Slotki, E. S. Hartom,

M. Z. Segal. Sie sehen in *rogá'* den Terminus, der das »Aufpeitschen« der Meereswellen bezeichnet. In diese Richtung weisen auch R. Jesaja der Erste von Trani (I,177), R. J. Ibn Bal'ám (aaO, II,127), R. D. Kimchi, M'zudat Davíd mit ihrem »spalten«. Das Targúm liest – dies zeigt die Übersetzung mit *dinséf,* »er schilt« – statt eines *rogá'* ein *go'ér* (Metathesis von *r-g-'* in *g-'-r*). Bereits Ibn Esra macht auf diese Metathesis aufmerksam. Der Gaon Saadia (Sammelband »Kommentare zu Jes«, I,79) übersetzt wie das Targúm mit »schilt«.
kisitícha (Perfekt des Piel von *k-s-h* mit Suffix), »ich habe dich bedeckt«, L. Zunz: »barg ich dich«, B-R: »habe dich zugehüllt«.

Der Text in der Exegese

Unser Bibeltext besteht aus zwei Teilen. V 9–11 enhält ein Gebet des Propheten um die Hilfe Gottes. In V 12–16 verspricht Gott Seinen Trost und Seinen Beistand. Die beiden Teile waren ursprünglich wohl nicht miteinander verbunden. Sie passen aber inhaltlich zusammen und besitzen ein gemeinsames Leitwort, das sie stilistisch zusammenfügt. Zweimal in V 10 und einmal in V 15 wird *jam*, »Meer«, erwähnt. Gott vermag das Meer zu bezwingen. Wie Er das Naturelement bändigt, so unterwirft Er auch Israels Widersacher. Seine Macht ist grenzenlos.

Das Gebet um Hilfe (V 9–11)

Nach dem Untergang Jerusalems und seines Tempels (586 v. d. Z.) leben viele Bewohner, zwangsverschleppt durch Nebukadnezar, im babylonischen Exil. Die Hoffnung auf eine Rückkehr ist nicht geschwunden, doch die Verbannten haben sich an das Leben in der Fremde gewöhnt. Es könnte schlimmer sein, als es ist. Für den Propheten ist es allerdings schlimm genug. Wenn nicht sehr bald eine Änderung eintritt, wird es zu spät sein: Die Exulanten werden sich für immer in der Fremde einrichten und den provisorischen Zustand als einen Dauerzustand betrachten. Der Prophet (Abarbanel, 138) wendet sich deshalb an Gott mit der Bitte, Seinen *»Arm«* mit erneuter Kraft auszustatten und damit Sein Ergreifen vor den Augen der Völkerwelt zu manifestieren. Der »Arm« schläft gleichsam und bedarf des Weckrufs.

»Fünf Dinge schlafen in der Welt:
die Stärke (*g'wurá*) Gottes (Ps 80,3),
der Bogen (*qéschet*, Hab 3,9),
das Schwert (*chérew*, Sach 13,7),
der Arm Gottes (unser V 9)
und die Eifersucht (*qin'á*; Jes 42,13)« (Jalqút schim'óni, II,828, S. 936).

Mit *»erwache, erwache!« ('urí 'urí)* wird der »Arm Gottes« zur Aktivität aufgerufen (nach Ps 44,24 soll gar Gott selbst »erwachen«; s. Bibelauslegungen, II,175). Wenn der »Arm« sich zu regen beginnt und sich mit Macht ausstattet, ist er zu wunderbaren Taten befähigt – zu Taten, die der Vernichtung der »Meeresungeheuer« Rahab und Krokodil in den Urzeiten der Weltschöpfung nahekommen. Dieser »Arm« hat – später – im Frühstadium der Geschichte Israels das Schilfmeer trockengelegt und den »Erlösten« den Weg durch die »Tiefe« bereitet. Der Mythos vom Sieg über die »Meeresungeheuer« (s. oben »Kontext«) wird vom Propheten bedenkenlos als Beispiel für die göttliche Machtentfaltung angeführt und gleichwertig neben das in Ex 14–15 geschilderte historische Geschehen gestellt. Anstößig ist der mythische »Beleg« offensichtlich nicht, weil der Mythos im Denken Israels seine religiöse Bedeutung, die er für die Babylonier und Kanaanäer besaß, eingebüßt hat.
Die »Kraft« (*'os*), mit der sich der »Arm Gottes« »bekleidet« (*liwschí*), ist seine »Waffe, mit der er die Feinde bekämpft, und zugleich das Gewand, mit dem Gott ›sich kleidet‹ (Ps 93,1), wenn Er in den Krieg ›auszieht‹« (A. Chacham, II,549). Diese »Kraft« überträgt sich auf Israel, erklärt der Midrasch (Tanchúma, hg. S. Buber, wa'erá', S. 11b):

»Welches ist der ›König der Herrlichkeit‹ (Ps 24,10), der von Seiner Ehre jenen schenkt, die Ihn verehren? Es ist der ›Herr der Heerscharen‹. Wie ist dies zu verstehen?
Es ist nicht erlaubt, sich auf den Thron eines menschlichen Königs zu setzen, doch der Heilige, gelobt sei Er, hat Salomo auf Seinen Thron gesetzt (1Chr 29,23). Es ist nicht erlaubt, auf dem Pferd eines menschlichen Königs zu reiten, doch der Heilige, gelobt sei Er, hat den Propheten Elia auf Seinem Pferd reiten lassen. Und was ist dieses Pferd? Sturmwind und Gewitter (Nah 1,3).
Es ist nicht erlaubt, das Szepter eines menschlichen Königs zu gebrauchen, und Mose gebrauchte das Szepter des Heiligen, gelobt sei Er, denn es heißt (Ex 4,2): ›Mose nahm den Stab Gottes in seine Hand.‹
Es ist nicht erlaubt, die Krone eines menschlichen Königs aufzusetzen. Der Heilige, gelobt sei Er, gibt aber Seine Krone dem Messias-König (Ps 21,4).
Es ist nicht erlaubt, das Gewand eines menschlichen Königs anzuziehen, doch Israel kleidet sich in das Gewand des Heiligen, gelobt sei Er. Wie es heißt (unser V 9):

›erwache, erwache, kleide dich in Kraft, Arm des Herrn‹. Diese Kraft schenkte Er Israel: ›Der Herr gibt Kraft Seinem Volk‹ (Ps 29,11).«

Gott ist anders als ein »König« aus Fleisch und Blut«: nicht auf Seine Ehre bedacht, sondern großzügig und hilfreich. Ist Sein »Arm« erst einmal »erwacht«, so gibt es keine Schranke für das Wirken Gottes. Während des Weltschöpfungsprozesses hat er die »Meeresungeheuer« besiegt und damit das Chaos gebannt. Am Schilfmeer hat er für das bedrängte Israel die Fluten eingedämmt und das Meer »getrocknet« (vgl V 10: *hamacharéwet jam,* »der vertrocknen läßt«, mit Ex 14,21: *wajásem 'et hajám lecharawá,* »Er machte das Meer zum Trocknen«; B-R: »zum Sandgrund«). Dabei wirkt sich das Eingreifen Gottes nicht immer in gleicher Weise aus. Die Vernichtung der »Meeresungeheuer« führt dazu, daß der Macht der Ozeane künftig Schranken gesetzt sind, die »sie nicht überschreiten dürfen« (Jer 5,22; Ps 104,9; Spr 8,27ff). Die Trockenlegung des Schilfmeers, das Bannen der Fluten aber führt zum »Hindurchschreiten« der Israeliten (V 10: *dérech la'awór g''ulím,* »ein Weg, über den die Erlösten ziehen«; Ex 14,29; Num 33,8). Das »blockierte« Meer muß für Israel die Blockierung aufgeben.
Analoges wird sich abermals ereignen, wobei die aus Babylonien Heimkehrenden freilich nicht über den »Sandboden« des trockengelegten Meeres, sondern über den Sandboden des Gebiets zwischen dem Zweistromland und der Heimat hindurchziehen. V 11 ist eine fast buchstabengleiche Wiederholung von Jes 35,10 (s. oben, S. 190). Welche Stelle ursprünglicher ist, läßt sich nicht ausmachen. Jedenfalls hat das Stichwort *g''ulím* (die »Erlösten«), mit dem an beiden Stellen der Satz zuvor schließt, als Auslöser gewirkt. Die »Erlösten«, das sind die *»Befreiten des Herrn« (p'dujé 'adonáj).* Sie kehren mit Jubel nach Zion zurück und kennen künftig nur noch Freude und keinen Kummer mehr. *»Es entfliehen Kummer und Seufzer.«* Ein letztes Mal wird durch die Wortwahl das Wunder am Schilfmeer assoziiert. Nach Ex 14,25 spricht Ägypten (d.h. die Ägypter): »Ich will fliehen vor den Israeliten, denn der Herr kämpft für sie gegen Ägypten.« Und wie die Wasser zurückkehren, »flieht Ägypten ... ihm entgegen« (ib. V 27). Hier besitzt die Flucht keine katastrophalen Folgen, hier »fliehen« die Sorgen, der Kummer und die Not. Und Israel findet wieder Sicherheit, Jerusalem seine alte Pracht. Das »Erwachen« des »Gottesarms« mündet ein in das »Erwachen Zions«, das durch die Wahl derselben sprachlichen Ausdrücke in eine unmittelbare Beziehung gesetzt wird:

»Erwache, erwache, kleide dich in deine Kraft, Zion, kleide dich in die Gewänder deiner Pracht, Jerusalem, Stadt der Heiligkeit ...« (Jes 52,1).

Gottes Trost und Beistand (V 12–16)

Zum Sprachstil »Jesajas des Trösters« zählen Wortwiederholungen (Tanchúma', d'warím, 1). V 9 setzt mit einem doppelten »erwache, erwache« ein. Jes 40,1 verkündet den Gotteswunsch: »Tröstet, tröstet Mein Volk! spricht euer Gott.« Der Akzent liegt auf dem Spenden des Trostes, der dringend notwendig ist. Daher kehrt das Verb zweimal wieder. In V 12 unseres Abschnitts ist *»Ich, Ich«* an den Anfang gesetzt. Die Person des Trostspenders ist wichtig. Die Leute sollen wissen, daß Gott, nicht ein Mensch, Israel tröstet (R. Elieser von Beaugency, 124). R. I. W. Slotki (Isaiah, 253) schreibt:

»Der Tröster Israels ist der Schöpfer des Universums. Daher braucht sich Israel vor den vergänglichen Bedrängern nicht zu ängstigen.«

»Ich, Ich« (*'anochí 'anochí*) ruft das *'anochí* in Erinnerung, mit dem die Zehn Gebote des Sinai beginnen (Ex 20,2; Dtn 5,6): »Ich bin der Herr, euer Gott, der dich herausgeführt hat aus Ägypten, aus dem Haus der Knechte.« R. El'asar ben J'huda aus Worms (1165–1238; Sammelband »Kommentare zu Jes«, II,321) meint:

»Ich, Ich – in Entsprechung der ersten (Ex 20) und zweiten (Dtn 5) Gebote, wie auch, um die Israeliten wegen der beiden Exilierungen (Babylonier, 586 v. d. Z.; Römer, 70 d. Z.) zu trösten.«

R. Abun erzählte im Namen des Resch Laqisch ein *Gleichnis:*

»Ein König zürnte seiner Gattin und verwies sie aus seinem Palast. Nach Jahren wollte er sie wieder heimholen, da sprach sie: ›Er verdopple die Brautsumme, und dann kann er mich wieder zurückbringen.‹ So sagte der Heilige, gelobt sei Er, zu Israel (das er verwiesen hatte): ›Am Sinai habe Ich nur einmal ›Ich bin der Herr, dein Gott‹ gesagt, aber im zukünftigen Jerusalem sage Ich es euch zweimal: ›Ich, Ich bin euer Tröster‹‹« (P'siqta' d'Raw Kahaná, I,306f).

Israel wird – einer verstoßenen Gattin gleich – vom göttlichen »Ehemann« zurückgenommen, und es darf dabei der besonders intensiven Zuneigung gewiß sein.
Es ist bedeutungsvoll, daß der Trostspender derselbe ist wie der die Heimsuchung Bewirkende: *Gott »hat geschlagen, Gott wird heilen«* (Dtn 32,39), betont der Midrasch (Jalqút schim'óni, II,522, S. 850):

»Ein Arzt behandelte einst die Wunde eines Mannes, doch sie verheilte nicht. Da ging er zu anderen Ärzten, doch auch sie wußten keine Hilfe. Sie schickten ihn

allerdings zum ersten Arzt zurück, indem sie sprachen: Wer als erster die Wunde behandelt hat, wird dich letztlich heilen.
So sagte der Prophet: Ihr wollt von Gott nichts wissen, und daher ist der Trost weit von euch entfernt. Kehrt ihr aber zu Ihm zurück, so erlöst Er euch. Er hat euch geschlagen. Er wird euch heilen. Wie es heißt (Dtn 32,39): ›Ich habe geschlagen, und Ich werde heilen – ›Ich, Ich, bin euer Tröster.‹«

Zion hat einst geklagt: »Sie besitzt keinen Tröster« (Klgl 1,17), Zion wird dereinst erkennen, daß Gott es trösten wird (Midrasch Echa r. 1,27).
Der Trost Gottes ist umfassend. Er entspricht dem *»Erbarmen des Vaters«* und dem *»Trösten der Mutter«*, also der liebenden Fürsorge beider Eltern zu ihrem Kind.

»R. Samuel lehrte: Der Vater pflegt Erbarmen zu haben (Ps 103,13: ›wie sich der Vater seiner Kinder erbarmt‹), die Mutter pflegt ihre Kinder zu trösten (Jes 66,13: ›wie ein Mann, den seine Mutter tröstet‹). Der Heilige, gelobt sei Er, sprach: ›Ich handle wie ein Vater‹ (Ps 103,13) und ›Ich handle wie eine Mutter‹ (Jes 66,13). Daher heißt es auch ›Ich, Ich *tröste* euch‹« (P'síqta' d'Raw Kahaná, I,305).

»Ich erbarme mich« heißt hebräisch: *'anochí ('aní) m'rachém,* »ich tröste«: *'anochí ('aní) m'nachém.* Der Unterschied ist ein einziger Konsonant.

Wenn Gott den Trost verheißt, wird jegliche Furcht überflüssig. *»Wer bist du, daß du dich vor einem Menschen fürchten müßtest, der stirbt, vor einem Adamsohn, der als Gras hingegeben* wird?«

»Weißt du nicht, wer du bist? Bist du nicht Abrahams, Isaaks und Jakobs Tochter – die Tochter der drei ›Berge der Welt‹? Und da fürchtest du dich vor einem Geschöpf, das heute lebt und morgen tot ist!
Eine andere Erklärung. Vor einem sterblichen Menschen fürchtest du dich? R. J'huda, der Sohn des R. Simon sagte: Ein Mann sah nachts einen Wurm und fürchtete sich, weil er ihm wie eine brennende Kohle erschien. Da sprachen die Leute zu ihm: Vor dem hast du Angst? Nachts ist er eine Kohle und brennt (= Glühwurm). Wenn der Morgen kommt, so ist er nichts als ein Wurm!« (P'síqta' rabatí, 34,4; S. 264).

»Wer bist du, daß du dich vor einem Menschen fürchten müßtest?« Bist du so gering? (Mit dem *waw* von *watir"í* wird ein Konsekutivsatz eingeleitet; s. Leitworte.) Die Antwort kann nur aus einem deutlichen Nein bestehen. Weil indessen die Furcht als Realität nicht wegzudiskutieren ist und sich die Exulanten – allem Wohlstand in Babylonien zum Trotz – existentiell verunsichert fühlten, muß die *Ursache dieser Angst* im mangelnden Vertrauen auf Gott gelegen haben. Dies will V 13 erklären: »Du vergaßest den Herrn, deinen Schöpfer, der den Himmel ausspannt und der Erde Grundmauern legt.«

A. Chacham (II,554) schlägt folgende Übersetzung vor, die allerdings wegen eines fehlenden Relativpronomens (*'aschér*) nicht ganz dem Wortaut entspricht:

»Du vergaßest, *daß* Gott dein Schöpfer ist...«

»Vergessen« meint hier, wie A. B. Ehrlich (Randglossen, IV,185) erkennt, »nicht (an Ihn) denken«:

»Bei der Furcht vor Sterblichen denkt das israelitische Volk nicht an ... seinen Gott, der unsterblich ist.«

Nach dem Targúm soll das »Vergessen« Gottes mit dem »Vergessen des Dienstes für Gott« (*pulchanâ' d''adonáj*) identisch sein.
Die nach Babylonien Deportierten *»beben«* vor dem »Bedränger«, der seine Pfeile aus dem Dunkel abschießt (s. Leitworte: *konén*) und vor dessen Verderben bringenden Nachstellungen sie sich daher nur schwer schützen können. Doch im Nu ist die *»Zornesglut des Bedrängers« (chamát hamezíq)* dahin, weil der Bedränger selbst verschwindet. Wer dieser Bedränger ist, wird nicht mitgeteilt. Es sind, so R. I. W. Slotki (253), entweder die babylonischen Landesherren, oder es ist der Sieger über die Babylonier, Kyros der Perserkönig, »ehe seine Freundlichkeit Israel gegenüber bekannt geworden war«.
Die Folge des Verschwindens aller »sterblichen Bedränger« ist die *Befreiung des Gebeugten*. V 14a übersetzt M. Abernik mit folgenden Worten: »Schnell soll der Unterjochte frei sein.« Buber–Rosenzweig wählen die Wiedergabe: »Eilends wird der Krummgeschlossene entkettet.« Die Zeit der Not ist vorüber.
Garant der Rettung ist Gott. Mit einem credogleichen *»Ich bin der Herr, dein Gott«* (so beginnen auch die Zehn Gebote) bekräftigt Er die Wende. »Er besänftigt das Meer, dessen Wellen schäumten« oder – so kann V 15b auch tradiert werden (s. Leitworte) – »Er erregt das Meer, so daß seine Wellen schäumen«, »Herr der Heerscharen ist Sein Name«. Den Sinn der Aussage verdeutlicht ein Paralleltext in Jer 31,35f:

»So sprach der Herr, der die Sonne gibt als Licht am Tag, Gesetzmäßigkeiten (?) von Mond und Sternen zum Licht in der Nacht, der das Meer erregt, daß seine Wellen schäumen, Herr der Heerscharen ist Sein Name: ›Wenn diese Gesetze je vor Mir schwinden sollten, ist der Spruch des Herrn, ›nur dann hören Israels Nachkommen auf, vor Mir ein Volk zu sein in alle Zeit.‹«

Das *»wenn« ('im)* leitet einen irrealen Fall ein. Es ist ein Ding der Unmöglichkeit, daß Israel je von der geschichtlichen Bildfläche verschwinden könnte, weil die Schöpfung für immer bestehen wird, ja, weil Gott, der unvergängliche Schöpfer, durch Seine ewige Existenz die Existenz der Welt und – innerhalb dieser Welt – die Existenz Israels gewährleistet. Nur ein Zusammenbruch, ein Zerfall der Schöpfung führte zu einem Ende des Volkes. Kosmisches und historisches Bewußtsein sind hier zu einer Einheit zusammengeschweißt, was der Geschichte Israels eine erhöhte Dimension verleiht.

Das Verständnis des letzten Verses (V 16) ist nicht problemlos. Welche *»Worte«* hat Gott in den Mund Israels gelegt? Das ist die erste Frage. Es erstaunt nicht, daß die Weisen an die Worte der *Torá* denken, denn »um der Torá willen sind Himmel und Erde geschaffen worden« (Tanchúma, hg. S. Buber, b'reschít, S. 4a). Die Torá ist eine der drei Säulen, auf denen die Welt ruht.

»Simon der Gerechte gehörte zu den Letzten der Männer der Großen Synode. Er pflegte zu sagen: ›Auf drei Dingen beruht die Welt. Auf der Torá, auf dem (Tempel-) Dienst und auf dem Erweisen von Liebesdiensten‹« (Sprüche der Väter, I, 2; j.Ta'anít, IV,2).

»Raw sprach: Wer sich mit der Torá um ihrer selbst willen beschäftigt, baut gleichsam einen himmlischen und einen irdischen Palast, denn es heißt: ›Ich lege Meine Worte in deinen Mund..., einen Himmel zu pflanzen und eine Erde zu gründen.‹ R. Jochanan fügte hinzu: ›Er schützt auch die ganze Welt, denn es heißt: im Schatten Meiner Hand berge Ich dich.‹ Levi sprach: ›Und er bringt die Erlösung nahe, denn es heißt: und zu Zion zu sprechen: Mein Volk bist du‹« (b.Sanhedrín, 99b).

Die Deutung auf die Torá hin ist freilich nicht zwingend. Bereits das Targúm versteht »Meine Worte« als »die Worte Meiner *Prophetie« (pitgamé n'wu'atí)*, was entschieden besser in den Zusammenhang paßt. M. Abernik (kitwé qódesch, J'schajáhu, S. 48a) vertritt mit seinem »Ich lege *Trostworte* in deinen Mund« dieselbe Ansicht (vgl Rev. I. W. Slotki, 254: »Gottes Botschaft an die Nationen wird durch Israel vermittelt«).

Schwierig bleibt des weiteren die Vorstellung vom *Himmel*, den Gott *»pflanzt«*. Wenn *lintó'a* nicht in *lintót*, »ausspannen«, emendiert wird (s. Leitworte), so ist vielleicht vom »Einpflanzen« (Gründen) eines »neuen Himmels und einer neuen Erde« (Jes 65,17) die Rede, Symbol der zukünftigen Erlösung (so Abarbanel, 238). Sicher ist dies freilich nicht.

»Zion«, das sind die »Kinder Zions« (R. D. Kimchi), ist *»Mein Volk«*. Die Bezeichnung Zions mit »Mein Volk« ist ungewöhnlich.

»R. Chanina bar Pappa sagte: Wir haben die ganze Schrift durchgesehen und keine andere Stellen gefunden, bei der Israel ›Zion‹ genannt würde, außer bei dieser‹« (P'síqta' d'Raw Kahaná, I,309).

Die Trostrede Gottes ist zu Ende. Das sich ängstigende Volk, das vor den Feinden »bebt«, erfährt von seiner Befreiung, die der Befreiung des Inhaftierten, des »Krummgeschlossenen, der entkettet wird«, gleicht. Nicht menschliche Kraft hat alles zu erreichen vermocht, sondern einzig und allein Gottes machtvoller Eingriff, der die Eingekerkerten aus den Banden löst, so wie Er sich als Herr der Elemente erweist. Auf Ihn ist Verlaß.

Wegweisung für unsere Zeit

Des Meeres Wellen toben, und dann tritt wieder die Stille ein. Der Menschen Geschichte unterliegt einem Auf und Ab, Völker entstehen und vergehen, das Leben des einzelnen Menschen ist geprägt von Glück und Unglück, von Sicherheit und Sorge. Was geschieht, läßt sich durch die Gesetzmäßigkeiten der Natur, durch historische Zusammenhänge, die durch die Kausalkette von Ursache und Wirkung bedingt sind, erklären. Die Wissenschaft vermag immer tiefer in die Regeln unserer Welt einzudringen. Wer bedarf da eines Glaubens an den »Arm des Herrn«, der ins Geschehen eingreift und – menschlichem Auge nicht sichtbar – das Geschehen bestimmt?

So denken viele, und sie denken falsch. Einsichten der wissenschaftlichen Disziplinen vermögen nur Fakten – und das heißt in seinem ursprünglichen Sinn: das »Gemachte«, das Gewordene – freizulegen: die »Materie« in ihrem Sinn und Wirken. Was jedoch hinter diesen Fakten liegt – nicht das »Gemachte«, sondern das »Machende«, der »Schöpfer« –, ist nicht zu deuten. Die Geheimnisse der Schöpfung können je länger, je mehr enträtselt werden, die Geheimnisse des Schöpfers jedoch nie. Wir werden nie wissen, weshalb die Welt so ist, wie sie ist. Wir werden nie wissen, ob nicht auch eine andere Welt mit anderen Gesetzen genauso möglich gewesen wäre.

Die Bibel aber lehrt uns, daß die Schöpfung einen Schöpfer besitzt, und zwar einen Schöpfer, der sich um seine Schöpfung kümmert und nicht teilnahmslos auf der Seite steht. In der Geschichte der Völker, im Leben des einzelnen wirkt eine Kraft, die dem »kurz-sichtigen«, nur die Materie erkennenden Auge des Menschen verborgen bleibt, aber die doch mehr als alles andere das Geschehen bestimmt.

»Auf, ihr Durstigen, geht zum Wasser!«

Jes 55,1–3a(3b–5)

1 Auf, ihr Durstigen, geht zum Wasser!
Auch wer kein Geld besitzt – geht und kauft (Getreide) und eßt,
geht und erwerbt auch ohne Geld und ohne Gegenwert Wein und Milch!
2 Weshalb wollt ihr Geld für Scheinbrot abwägen,
eure Arbeitsmühe (einsetzen) ohne zur Sättigung?
Hört auf Mich, und ihr eßt Gutes,
es erlabt sich am Fetten eure Seele.
3 Neigt euer Ohr und kommt zu Mir!
Hört, und es lebt eure Seele!
Ich will mit euch einen ewigen Bund schließen,
um der unveränderten Treue zu David willen.
4 Seht, als Zeugen für die Völker hatte Ich ihn eingesetzt,
als Fürsten und Befehlshaber der Nationen.
5 Sieh, ein Volk, das du nicht kennst, rufst du an,
ein Volk, das dich nicht kennt, eilt dir zu.
Um des Herrn, deines Gottes, willen, des Heiligen Israels,
der dich mit Pracht schmückt.

Der Text im Kontext

Wir drehen den Hahn auf, und das Wasser fließt. Dank eines gut funktionierenden Versorgungssystems gelangt es direkt in die Wohnung und muß nicht aus Quellen, Brunnen, Zisternen geschöpft werden. Anders ist die Lage in vielen unterentwickelten Ländern, wo das Wasser nicht zum Menschen, sondern der Mensch zum Wasser kommt. Die Wassergewinnung ist dort eines der beklemmendsten Probleme einer permanent bedrohten Existenz.
Die Israeliten wußten während ihrer Wüstenwanderung durch den Sinai von der Wassernot ein Lied zu singen. Oftmals »murrten sie gegen Gott« und Mose (Ex 15,24; 16,2 u. a.), weil sie Durst litten. Mose schlug ihnen das kostbare Naß aus dem Felsen (Ex 17,5 f; Num 20,7–11; Ps 105,41), verwan-

delte auf Gottes Befehl Brackwasser in Trinkwasser (Ex 15,25) oder versuchte, Wasser bei der ansässigen Bevölkerung zu kaufen. An die Edomiter beispielsweise richtete er die Bitte um die Durchzugserlaubnis und um den Kauf von Wasser (Num 20,19):

»Auf der Dammstraße (*m'silá*, d. h. der Hauptstraße) wollen wir gehen. Sollten wir ... Wasser trinken, so gebe ich den Kaufpreis dafür ...«

Die Antwort auf diese Bitte ist oftmals abschlägig (Num 20,20f; Dtn 2,30). Das Verhältnis zu den Amonitern und Moabitern, die Wasser und Brot verweigern und damit die elementaren Grundsätze des Gastrechts (Hiob 22,7; 2 Kön 6,22; Spr 25,21) mißachten, ist für immer gestört. »Bis ins zehnte Geschlecht« dürfen (zumindest männliche) Angehörige dieser beiden Völker »nicht in die Gemeinde des Herrn« (in die Religionsgemeinschaft Israels) aufgenommen werden (Dtn 23,4f; Neh 13,1f).
Wasser und Brot sind ein kostbares Gut. Keiner will sich »mit Brot der Bedrängnis und Wasser der Bedrängnis« begnügen (1Kön 22,27), sondern reichlich essen und trinken, auch in geistiger Hinsicht. Die sprachlichen Wendungen »Hunger nach Brot und Durst nach Wasser« werden in bildlichem Sinn gebraucht. Amos sagt (8,11):

»Sieh, Tage kommen, ist der Spruch des Herrn, Gottes, da sende Ich Hunger ins Land. Nicht Hunger nach Brot und nicht Durst nach Wasser, sondern nach dem Hören der Worte des Herrn« (vgl Ps 42,1f).

Der Vergleich von Wasser mit der Gotteslehre, der Torá, ist in der rabbinischen Literatur gang und gäbe. Zwei Texte aus dem Midrasch stehen für viele. Der Midrasch Sifré (ʿéqew, 11,12) nennt vier Gründe, weshalb die Torá mit dem Wasser in Zusammenhang gebracht wird:

»Die Worte der Torá werden mit dem Wasser verglichen: Wie Wasser der Welt Leben schenkt, so schenken auch die Worte der Torá der Welt Leben (Spr 4,22). Wie Wasser das Unreine seiner Unreinheit enthebt, so entheben auch die Worte der Torá den Menschen seiner Unreinheit (Ps 19,10). Wie Wasser die Seele eines Menschen erquickt, so erquicken die Worte der Torá die Seele eines Menschen und führen ihn vom schlechten auf den guten Weg (Ps 19,8). Wie Wasser (in der Regel) nichts kostet, so kosten auch die Worte der Torá nichts« (Jes 55,1).

Ein anderer Passus befaßt sich mit der Herkunft der Torá und zitiert dabei auch das Wasser (Num. r. 1,7; Tanchúma, hg. S. Buber, bamidbár, 4a):

»In drei Dingen ist die Torá übergeben worden: Im Feuer, im Wasser und in der Wüste. Im Feuer: ›und der Berg Sinai rauchte in seiner Gänze‹ (Ex 19,18). Im Wasser:

›auch die Himmel triefen und auch die Wolken triefen von Wasser‹ (Ri 5,4). In der Wüste: ›Es sprach der Herr zu Mose in der Wüste Sinai‹ (Num 1,1).
Weshalb wurde die Torá in diesen drei Dingen übergeben? Wie sie allen Menschen unentgeltlich zur Verfügung stehen, so stehen die Worte der Torá allen Menschen unentgeltlich zur Verfügung (Jes 55,1).«

R. Elieser von Beaugency (129) schreibt in Anlehnung an den Vers in Dtn 30,14 (»denn nahe ist dir das Wort gar sehr: in deinem Mund und in deinem Herzen, damit du es erfüllst«):

»Das Wort Gottes ist dir sehr nahe. Du brauchst es nicht um Geld zu erwerben, denn es findet sich bereits ›in deinem Mund und in deinem Herzen‹.«

Es ist in greifbarer Nähe, es muß nur ergriffen und befolgt werden. Der geistig-religiöse Durst ist leicht zu stillen, wenn der entsprechende Wille dazu besteht. Von einem solchen »Durst« spricht unser Bibelabschnitt.

Leitworte des hebräischen Textes

hoj (V 1) heißt zumeist »ach!, wehe!«, kann aber auch »aufmunternd ›ha!‹« bedeuten (Lex. 232). B-R übersetzen auch in unserem Text mit »ach!«, L. Zunz hingegen sinngemäßer mit »auf!«.
zamé' heißt »durstig«, vgl *zamá'* oder *zim'á*, »Durst«, *zima'ón*, »dürstendes, wasserloses Gebiet« (Lex. 966 f).
schiwrú (von *sch-w-r*, Imperativ des Qal), »kauft«, B-R: »ermarktet«. Das Verb findet sich beim Kauf einer festen Nahrung, des Getreides beispielsweise (Gen 41,57; 42,2 f; Dtn 2,28 u. a.), das *schéwer* (Gen 42,1.f.19; Amos 8,5 u. a.) genannt wird. Mandelkern unterscheidet zutreffend dieses Verb von einem *sch-w-r*, »brechen, zerbrechen« (S. 1145). Anders R. Sch. D. Luzzatto, der folgendes ausführt: »Die Wortwurzel *sch-w-r* bedeutet nicht ›um Geld oder einen Kaufpreis erwerben‹, sondern ursprünglich ›den Hunger zerbrechen‹.«
m'chir ist der »Gegenwert, Kaufpreis« (Lex. 539).
tischq'lú in V 2 (von *sch-q-l*, »abwägen, wiegen«), »ihr wägt«. Die Silberbarren, die zur Bezahlung eines Kaufpreises dienen, werden »gewogen« (etwa durch Abraham beim Kauf der Höhle Machpela, Gen 23,16). »Gewogenes« Geld nennt man *schéqel* (Gen 23,15; Lev 27,25). Als *schéqel* wurden freilich im Lauf der Zeit (und heute im Staat Israel) die Münzen bezeichnet.
lo-léchem (man beachte den Verbindungsstrich, *maqéf*, zwischen den bei-

den Wörtern) ist »Scheinbrot« (H. Homberg, hakorém, 57a–b). »Unbrot« (M. Abernik, ib.), »Nichtbrot« (B-R).
sowʿá (von *s-w-ʿ*, »satt sein«) ist die »Sättigung« (vgl Jes 56,11 u. a.). *b'lo l'sowʿá* bedeutet »ohne Sättigung«. Im Einklang mit dem vorangehenden *loléchem* versteht W. Gesenius (Grammatik, 152a, Anm. 2, S. 501) die Wendung *b'lo l'sowʿá* »mit Nicht-zur-Sättigung«, und dies, obschon ein Verbindungsstrich fehlt. Vgl M. Abernik: »Unsättigungen«.
j'gíʿa oder *jagíʿa* ist »Mühe, Arbeit«, dann auch »Arbeitsertrag, Erwerb« (Lex. 369).
w'titʿanág (von *ʿ-n-g*, Hitpael, u. a. »seine Lust haben an«, Lex. 805), »sie (Seele, *néfesch*) erfreut, erquickt, erlabt sich«.
déschen (zum Adjektiv *daschén*, »fett, saftig«) ist »Fett« (Lex. 225), L. Zunz und B-R: »Mark«, eine reichhaltige Speise.
hatú (von *n-t-h*, Hiphil) V 3 ist ein Imperativ: »neiget!« (»euer Ohr«, *'osn'chém*).
w''echr'tá (von *k-r-t*, Kohortativ des Qal, »schneiden«), »ich will schneiden«, (einen Bund) »schließen«. Man »schneidet« einen Bund, weil dabei ein Opfertier zweigeteilt wird (Gen 15,10; Jer 34,18).
brit ʿolám ist der »ewige Bund« (L. Zunz), der »Weltzeit-Bund« (B-R), d. h. ein Bund, der so lange besteht, als die Welt (*ʿolám*) Bestand hat.
chasdé (Status constructus im Plural von *chésed*, »Treue, Liebe, Wohltat«) sind die von Gott David gegenüber erwiesenen Liebeserweise. Zum Begriff *chésed* – auch im Vergleich mit *mischpát*, »Recht«, *zédeq*, *z'daqá*, »Gerechtigkeit«, und *rachamím*, »Barmherzigkeit« – s. Bibelauslegungen I,121.125 (zu Dtn 7), 211 (zu Klgl 3,22); II,248.251 f (zu Jer 9,23).
ne'emaním (Singular: *ne'emán*, Partizip des Niphal von *'-m-n;* vgl *'amén*, Jes 65,16; Bibelauslegungen II,214 ff) heißt »treu, beständig, andauernd« (s. Lex. 61), »unverändert«.
ʿed ist »Zeuge«, nach R. D. Kimchi, R. S. Ibn Melech aus Fès (séfer michlál jófi, Sammelband »Kommentare zu Jes«, II,274), R. Sch. D. Luzzatto (368) auch der »Verwarner und der Zurechtweisende«. *ʿed* kann auch, so R. Me'ir ben Jizchak Arama (séfer 'urím w'tumím, in: Sammelband »Kommentare zu Jes«, II,209), der »Richter« selbst sein, der eine Verwarnung ausspricht (A. Chacham, II,589, der auf Gen 43,3, verweist; Lex. 751 zu *ʿud* II, Hiphil).
l''umím kommt in V 4 zweimal vor. Das *lámed* ist als Stammbuchstabe von *l''om*, aber auch als Präposition zu *'umím* deutbar (Ps 117,1; Singular: *'umá*, Lex. 60. Im Plural findet sich neben *'umím* das erwartete *'umót*). *ʿed l''umím* ist daher »ein Zeuge der Nationen« (Status constructus!) oder »ein Zeuge *für*

die Nationen«. Analog ist *m'zawé l"umím* ein »Befehlshaber der Nationen« oder ein »Befehlshaber *für* die Nationen«. Nachdem *m'zawé* mit einem *zeré* und nicht einem *s'gol* punktiert ist, ist die Konstruktusbildung naheliegender. In einem Status constructus verwandelt sich beim nomen regens das *s'gol* in ein *zeré* (W. Gesenius, Grammatik, 89fc, S. 258). Die masoretischen Melodiezeichen trennen freilich zwischen *umzawé* und *l"umím* und verstehen die Wendung daher im Sinne von »ein Befehlshaber für die Nationen«.
nagíd ist der »Fürst«.
pe'arách, »er ziert dich« (Perfekt von *p-'-r*, Piel, mit Suffix), »schmückt dich mit Pracht«.

Der Text in der Exegese

»Auf, ihr Durstigen (eigentlich: jeder Durstige), geht zum Wasser!«
Mit diesem Ruf beginnt der Text. Es gibt Leute, die »durstig« sind. Sie sollen nicht sitzen bleiben, nicht warten, bis ihnen das rettende Wasser gebracht wird. »Geht zum Wasser« hin, tut etwas gegen euren Durst! Viermal kehrt das Verb *l'chu*, »geht!«, wieder: dreimal in V 1 und einmal in V 3. Das ist bezeichnend für die von den Leuten geforderte »Selbsthilfe«.
Wer sind diese Menschen? Ibn Esra und R. D. Kimchi identifizieren sie (im Einklang mit Jes 2,3) mit den nach dem Gottesberg ziehenden Völkern, die die Gotteslehre erfahren wollen. Die V 3–5 unseres Textes zeigen indessen, daß es sich um ein Wort an Israel handeln muß (Bundesschluß; Treue Gottes zu David).
Angesprochen sind die noch im Exil Weilenden oder die bereits nach Jerusalem Zurückgekehrten. Die Lage in Jerusalem ist zu Beginn sehr schwer (s. unten Kontext zu Jes 62,6–7.10–12; S. 272f), und es mag sein, daß der Prophet den Mutlosen Mut zusprechen will (Enc. Welt der Bibel, J'schajáhu, 250). Mehr noch als die materielle Not belastet die religiöse, die fehlende Orientierung. Die Menschen möchten ihren Durst stillen, wissen jedoch nicht wie. Die Wende zeichnet sich nicht ab, der Aufbau der Heimat ist mühsam.
Mit *hoj*, dem Ermunterungsruf »auf!«, ist jeder einzelne angesprochen: *kol zamé'*, »jeder Durstige«. Der Imperativ *l'chu* steht im Plural, weil alle zusammen zum Wasser hingehen sollen, gleichsam in geschlossener Formation. Wer durstig ist, muß etwas gegen den Durst tun, er darf nicht abwarten und sitzen bleiben. Daher folgen auf *l'chu* weitere Imperative:

»kauft!« (*schiwrú*), »eßt!« (*'echólu*), »wägt ab!« (*tischq'lú*). Auch Getreide (*schiwrú*, vgl *schéwer*; s. Leitworte), Wein und Milch sind für einmal ohne Geld (*késef*) und ohne Bezahlung des Preises (*m'chir*) zu beziehen. Sie werden wie Wasser verschenkt.
Wie das Wasser Symbol der Torá ist, so sind Wein und Milch Symbole der Gotteslehre.

»Die Weisen sagten: Mit fünf Dingen wird die Torá verglichen: mit Wasser, Wein, Honig, Milch und Öl. Mit Wasser: ›Auf, ihr Durstigen, geht zum Wasser!‹ Mit Wein: ›Trinkt den Wein, den ich gegossen habe‹ (Spr 9,5). Mit Honig: ›Honig und Milch sind unter deiner Zunge‹ (Hld 4,11; das ganze Hld wird als Allegorie für die Gott-Israel-Beziehung gedeutet). Mit Öl: ›als Öl hat sich dein Name ergossen‹ (Hld 1,3)« (Dtn. r. 7,3).

R. D. Kimchi kommentiert:

»Wie der Wein das Herz des Menschen erfreut (Ps 104,15), so erfreuen auch die Worte der Torá sein Herz (Ps 19,9). Wie die Milch einen Säugling am Leben erhält und sein Gedeihen fördert, so erhalten die Worte der Torá die Seele des Menschen am Leben und fördern ihr Gedeihen.«

Die ganze Fülle des Gottessegens – und in unserem Text des auf die Torá zurückgehenden geistigen Gottessegens – ist mit Getreide, Wein und Milch angedeutet. Und nichts muß für sie bezahlt werden!
V 1 und V 2 sprechen nach H. Homberg (hakorém, 57a,b) und Rev. I. W. Slotki (Isaiah, 269) nicht denselben Personenkreis an. V 1 wendet sich an die ärmere Bevölkerung, V 2 an die reichere. Die Besitzlosen sollen zum Wasser gehen, das nichts kostet, sie können aber für einmal auch Getreide, Wein und Milch erhalten. Ohne Geld! Die reicheren Leute wiederum vermögen wohl ihr Geld auf die Waage zu legen und sich zu kaufen, was ihr Herz begehrt. Der Prophet warnt sie jedoch vor dem Unsinn des Verschwendens. Nicht für »Scheinbrot« noch für »Nichtsättigendes« »wägt das Geld«! Man darf sein schwer verdientes Geld, die »Mühe« (*j'giᶜachém*) der Arbeit, nicht zum Fenster hinauswerfen.
Was ist aber dieses *»Scheinbrot«*?, so muß man fragen. Sind es die leeren Versprechen der »falschen Propheten«, die sich – im Gegensatz zu den wahren Gottespropheten (2Kön 5,15 f: Elisa; Bibelauslegungen, II,106 f) – ihr wertloses Geplapper bezahlen lassen (so Malbim)? Sind es die Spekulationen der Philosophen, die immer einen Zweifel offenlassen, weil die Philosophie im Gegensatz zu den Verheißungen der Bibel auf unsicheren Füßen steht (so Abarbanel)? Oder sind es die Abgaben an »die Könige der

Völker«, denen die Exilierten untertänig sind (so R. Jesaja der Erste von Trani, in: Sammelband »Kommentare zu Jes«, I,183)?
Wohl nichts von alledem. »Scheinbrot« und »Nichtsättigendes« sind die Illusionen und Begierden (R. Sch. D. Luzzatto) des eigenen Herzens, die falschen Hoffnungen auf eine rasche Wende, die aus der Not des Exils auf den Gipfel des Glücks in der wieder erbauten Heimat führt. Es ist zugleich der Wahn, ohne Gehorsam Gott gegenüber, ohne das Hinhören auf Sein Wort, könne ein neues Leben begründet werden. Wer dies glaubt, »wägt sein Geld für Scheinbrot ab«, er müht sich vergebens, weil der Lohn der Mühe vertan ist.
Der *richtige Weg* wird mit folgenden Worten beschrieben:

»Hört nur, hört auf mich« (V 2) und
»Neigt eure Ohren, kommt her zu mir!« (V 3; nach B-R).

Wenn dies geschieht, ist es mit dem »Scheinbrot« und dem »Nichtsättigenden« für immer vorbei. Dann gilt nämlich:

»... und ihr eßt Gutes, es erlabt sich am Fetten eure Seele.«

So erweist sich noch einmal, was V 1 und 2 bereits ausgesagt haben: Jeder kann zum »Wasser« gelangen und seinen geistig-religiösen »Durst« löschen, der auf die Botschaft Gottes hinzuhören bereit ist.
Mit V 3b beginnt ein neuer Gedanke. Nachdem der durstige Mensch aufgefordert ist, sein Ohr und Herz Gott zu öffnen, wird die gegenwärtige Situation in ihre geschichtliche Dimensionen gestellt. Gott verheißt einen *»ewigen Bund«*, der verankert ist in den David einst gegebenen Versprechen. Es handelt sich, wie R. Sch. D. Luzzatto zu Recht betont, nicht um einen neuen Bund. »Es soll vielmehr gesagt werden, daß die *David* zugeschworene *Treue* für immer gültig bleibt.« Diese Treue (*chésed*, hier im Plural: *chasadím*, Status constructus: *chasdé*), die »beständig, unverändert« (*ne'emán*) ist, wurde nie aufgekündigt und wird nie aufgekündigt werden. Gott hat verheißen, schreibt R. Jesaja der Erste von Trani (in: Sammelband »Kommentare zu Jes«, I,183), Davids Thron werde »für immer festgegründet sein« (1Chr 17,14), und daran wird nicht gerüttelt. Diese Treue überträgt sich jetzt auf die Exulanten, die in die Heimat zurückkehren. Der *chésed*, der Treue und Liebe (vgl Bibelauslegungen, I,125; II,251) und der göttlichen Loyalität, bedürfen diese Menschen in außerordentlicher Weise, sollen sie der Schwierigkeiten Herr werden.
Wie Gott einst David, den noch jungen Hirten, zur hohen Aufgabe berufen hatte, so wird Er auch die junge, gleichsam wiedergeborene Volksgemein-

schaft zu einem hohen Amt innerhalb der Völkerwelt berufen (V 5). »Um der unveränderten Treue zu David willen«, übersetzt Saadia Gaon (in: Sammelband, aaO, I,83), der *chasdé* im Sinne von *b'chasdé* interpretiert.
Von David wird in V 4 gesagt, er sei ein *»Zeuge für die Völker« (ʿed lʾʾumím)* gewesen, d. h. ein König, der wegen seines Eintretens für Gott vor der Welt die Existenz und das Wirken Gottes »bezeugt« hat – er war damit »ein Zeuge und ein Zeichen« (R. J. Ibn Caspi, 'adné késef, 174). Nicht minder hat David aber durch sein Handeln anderen Menschen gegenüber – man denke an seine humane Einstellung zu Saul, seinem Feind, den er als König ehrte und als Gegner schonte, obschon er ihn hätte töten können (1Sam 24,2–7 u. a.) – als »Verwarner«, vielleicht auch als »Richter« (s. Leitworte) gewirkt.
Er war *»Fürst«* (*nagíd,* vgl 2Sam 5,2) und *»Befehlender für die Nationen«.* Genauso soll nun Israel, von dem der Prophet als von dem Zeugen Gottes – »ihr seid Meine Zeugen« (Jes 43,10.12; 44,8) – spricht, eine wesentliche Aufgabe für die Völker ausüben. Worin besteht sie? Im Verbreiten der Gotteslehre.
Wohl verstehen Raschi und R. D. Kimchi V 5 als Verheißung eines Dienstes der Völker für Israel – »sie eilen zu dir, um dir zu dienen, weil sie sich vor dir fürchten« (Kimchi) –, doch scheint genau das umgekehrte Verständnis des Satzes richtig: *Israel übt einen Dienst für die Völker aus.*

»Völker, die es nie gekannt hat, kommen zu Israel, um die Gottesweisung zu erfahren. Es ist, als hätte Israel sie gerufen« (Abarbanel, 258).

Wie David Israel diente, so soll Israel der ganzen Welt als ein *Zeuge für Gott* gegenwärtig sein.
Daß dies das richtige Verständnis ist, zeigt der Schluß von V 5. Alles geschieht »um des Herrn, deines Gottes, willen, des Heiligen Israels, der dich mit Pracht schmückt«. Nicht die Ehre Israels steht im Zentrum, sondern die *Ehre Gottes*, die dann auch auf Israel, Seinen und der Menschheit Diener abglänzt. Vgl Jes 44,23: ». . . denn der Herr erlöste Jakob, und durch Israel wird Er verherrlicht«.
Mit diesem Ausblick auf eine bessere Zukunft schließt die Gottesverheißung. Die »durstigen« und verunsicherten Menschen erfahren, daß die Schwierigkeiten, in denen sie sich befinden, zu Ende gehen werden. Mehr noch: daß die Volksgemeinschaft, die sie nach der Katastrophe neu begründen, dereinst eine Rolle für die Menschheit spielen wird. Man kann sich unschwer vorstellen, daß die Aussicht auf eine glücklichere Zeit ihnen wirklichen Trost und seelische Stärkung geschenkt hat.

Wegweisung für unsere Zeit

»... und erwerbt ohne Geld und ohne Gegenwert Wein und Milch!« heißt es in V 1 unseres Abschnitts. Geld ist nicht alles, meinte der norwegische Schriftsteller Arne Garborg (1851–1924). »Geld hat an und für sich gar keinen Wert, aber es ist etwas sehr Gutes für den, der es richtig anwendet. Für Geld kann man alles haben, so heißt es. Nein, das kann man nicht. Kaufen kann man sich: Essen, aber keinen Appetit; Arznei, aber keine Gesundheit; weiche Kissen, aber keinen Schlaf; Gelehrsamkeit, aber keinen Witz; Glanz, aber keine Behaglichkeit; Zerstreuung, aber keine Freude; Bekannte, aber keine Freundschaft; Diener, aber keine Treue; vergnügte Tage, aber keinen Frieden. Die Hülle all dieser Dinge kann man für Geld erlangen, den Kern aber nicht.«

Das Wesentliche, der »Kern der Dinge«, ist vom Geld, das laut einem Sprichwort »die Welt regiert«, unabhängig und unbeeinflußbar. Zu diesen Dingen zählt auch die Sehnsucht nach Gott und die Bereitschaft, auf Sein Wort zu horchen, um diesem Wort dann zu gehorchen.

Abarbanel schreibt (zu V 1), das Wort *késef*, »Silber, Geld«, hänge mit der Wurzel *k-s-f*, »begehren«, zusammen. Das ist in etymologischer Hinsicht sicher nicht zutreffend, doch vom Psychologischen her gesehen richtig. Viele Menschen »sehnen sich« nach dem Geld, ihm gilt ihr ganzes Denken, ihr »Durst«. Und gerade dagegen wendet sich das Prophetenwort. Ohne Geld ist das Wesentliche, auf das es im Leben letztlich ankommt, erhältlich, wenn nur die wirkliche Sehnsucht vorhanden ist, die Sehnsucht nach Gott. Nicht um »Scheinbrot« sollen Menschen sich bemühen, sondern um das »Brot der Sättigung«, um das »Fette« – das wahre Glück und den Gottessegen.

»Sucht den Herrn, da Er sich finden läßt!«

Jes 55,(6–9)10–12 a

6 Sucht den Herrn, da Er sich finden läßt,
ruft Ihn an, da Er nahe ist!
7 Es verlasse der Übeltäter seinen Weg,
der Mann der Arglist seine Gedanken,
und er kehre zurück zum Herrn,
daß Er sich seiner erbarme,
zu unserem Gott,
denn Er ist reich an Verzeihen.
8 Denn nicht sind Meine Gedanken eure Gedanken
und nicht eure Wege Meine Wege,
ist der Spruch des Herrn.
9 Wie erhaben ist der Himmel über der Erde,
so sind erhaben Meine Wege über eure Wege
und Meine Gedanken über eure Gedanken.
10 Denn wie der Regen und Schnee vom Himmel fällt
und dorthin nicht zurückkehrt,
es sei denn, er habe die Erde getränkt,
sie gebären und sprossen lassen,
Samen gegeben dem Säenden
und Brot dem Essenden,
11 so wird auch Mein Wort sein,
das Meinem Mund entspringt:
nicht kehrt es leer (erfolglos) zur Mir zurück,
es sei denn, es habe getan, was Ich gewünscht,
erreicht, wozu Ich es entsandt.
12 Denn mit Freude zieht ihr aus,
und in Frieden werdet ihr hergebracht...

Der Text im Kontext

Der Midrasch (Echa r. 3,35) lehrt: »Das Gebet wird mit einem Tauchbad (*miqwé*) verglichen, die Umkehr aber mit dem Meer. Wie das Tauchbad bald offen, bald geschlossen ist, so sind die Tore des Gebets bisweilen geschlossen, bisweilen geöffnet. Doch das Meer ist für immer geöffnet. So sind auch die Tore der Umkehr für immer geöffnet. Rabbi Anan entgegnete: Die Tore des Gebets sind nicht minder für immer geöffnet, wie es heißt (Dtn 4,7): ›... wie der Herr, unser Gott, den wir immer anrufen (können).‹ ›Anrufen‹ bedeutet ›Gebet‹, denn es wurde gesagt (Jes 65,24): ›Ehe sie rufen, antworte Ich.‹«
Ein zweiter Text (Ex. r. 19,4): »Der Heilige, gelobt sei Er, schließt kein Geschöpf aus, sondern nimmt ein jedes bei sich auf. Die Tore sind zu jeder Zeit geöffnet. Wer eintreten will (bei Ihm), kann eintreten.«
Im Gleichnis thront Gott in einem prächtigen Palast, zu dem viele Tore, viele Eingänge hineinführen. Was diesen Palast von jenem eines irdischen Herrschers unterscheidet, ist das Fehlen von Wächtern, die aufpassen müssen, daß kein Unberechtigter den Bezirk betritt. Die Tore des »Gottespalastes« besitzen keine Kontrollbehörden. Man muß sich nicht ausweisen, sich nicht legitimieren, um Einlaß zu erhalten. »Wer eintreten will, kann eintreten.« Nur sind manche Tore, sagt der erste anonym bleibende Weise, nicht immer zugänglich. Etwa das »Tor des Gebets«. Gott »hört nicht immer hin«, wenn Menschen Ihn ansprechen. R. Anan und auch der Lehrer des zweiten Textes halten diese Aussage für grundfalsch. Zu Gott soll man nicht immer beten können? Nein, auch die »Tore des Gebets« sind rund um die Uhr offen. Das Bild vom gelegentlich geschlossenen Tauchbad ist nicht berechtigt. Dem nie zugesperrten Meer gleicht auch das Gebet.
Wer dieses Problem göttlicher Anwesenheit und göttlicher Abwesenheit stellt, zeigt, daß er tief verunsichert ist. Er fühlt sich zu Zeiten von Gott im Stich gelassen. Gott scheint ihm nicht immer gegenwärtig, scheint »Sein Angesicht zu verbergen« (Dtn 31,17f). Feinde triumphieren, etwa der römische Feldherr Titus, der den Tempel Jerusalems schändet und schließlich in einem Brand untergehen läßt. Da ließ sich der Talmudweise Abba Chanan zu einer neuen Interpretation des Psalmworts (89,9) – »Wer ist wie Du, Mächtiger (*chasín*), Gott (*ja*)!« – hinreißen: »Wer ist wie Du, gewaltig und hart (*chasín w'qasché*)!« Und aus demselben Grund wurde im Lehrhaus des R. Jischma°él die Deutung von Ex 15,11 (»Wer ist wie Du, unter den Göttern [*ba'elím*], Herr!«) so vernommen: »Wer ist wie Du unter den Schweigenden (*ba'ilmím*), Herr!« (b.Gitín, 56b).

Verunsicherung des Glaubens, des Vertrauens in Gottes permanentes Dabeisein, in Sein nie aufhörendes Mitleiden und Mitfühlen mit den Verfolgten und Bedrückten, drückt sich in der Frage nach dem immer möglichen Beten aus. Ein Sein »Angesicht verbergender« Gott ist nicht zu jedem Zeitpunkt anrufbar, die »Tore des Gebets« sind zu bestimmten Stunden »geschlossen«.
Wen wundert es, daß dieser Zweifel an der ununterbrochenen Ansprechbarkeit Gottes gerade auch bei der Deutung von V 6 unseres Bibelabschnitts aufkommen mußte. Im Sinne von »Sucht den Herrn, *wenn* Er sich finden läßt« wurden die ersten drei hebräischen Worte verstanden (und die Präposition *b* bei *b'himaz'ó* schließt diese Möglichkeit nicht aus). »Wenn Er sich finden läßt«, müßt ihr die Gelegenheit ergreifen, weil nie die Gewähr besteht, daß Er in einem anderen Augenblick noch zugänglich ist. Das Targúm muß sich von diesem Gedanken derart irritiert gefühlt haben, daß es den Wortlaut total veränderte. Statt eines »wenn *Er* sich finden läßt«, wählte es ein »wenn (solange) *ihr* noch am Leben seid« (*'ad d''atún chajín*), statt des »wenn *Er* nahe ist« ein »wenn (solange) *ihr* noch besteht« (*'ad d''atún qajamín*).
Mehr noch: R. Schim'ón ben 'Asáj (2. Jh. d.Z.) erklärte, er habe in Jerusalem eine »Herkunftsrolle« (*séfer juchasín*), eine Art Familienregister, gefunden. Darin stand unter anderem: »(König) Manasse ließ Jesaja töten« (b.J'wamót, 49b). Als Grund der Hinrichtung werden eine Reihe von Widersprüchen zwischen dem Jesajabuch und der Torá angegeben, unter anderem der Widerspruch zwischen V 6 unseres Abschnitts mit Dtn 4,7 (». . . den wir *immer* anrufen [können]). Anspruch auf historische Glaubwürdigkeit kann die »Herkunftsrolle« kaum erheben, zumal Manasse, König Hiskias Sohn, kein Frömmigkeitsapostel war (2Kön 21,2) und zudem von einem Märtyrertod Jesajas in der Bibel nirgends die Rede ist (erst in der apokryphen Schrift »Die Himmelfahrt Jesajas« wird sein Märtyrertod erwähnt; P. Riessler, Altjüdisches Schrifttum außerhalb der Bibel, ^{2}1966 [Nachdruck], 482 f). Für die Kenntnis des religiösen Denkens in talmudischer Zeit ist die Mitteilung von der Existenz einer »Herkunftsrolle« indessen von Bedeutung. Sie ermöglicht die Diskussion über offensichtlich nicht kongruierende Bibelverse, und sie zeigt, daß im Hinblick auf V 6 das Problem steter göttlicher Zuwendung zu dem Ihn anflehenden Menschen empfunden worden ist.
Bei allem Vorbehalt und aller Skepsis gilt nun freilich die *Grundthese*, daß Gott anrufbar ist, *weil* »Er sich finden läßt«. Die Zeit des »Gesichtsverbergens«, die Zeit der »Gottesfinsternis« (M. Buber), ist eine minimal kurze

Zeit im Vergleich mit der sich dem Menschen zukehrenden göttlichen Präsenz. Gott ist der »hörende« Gott, der die »Tore des Gebets« offenläßt und wünscht, daß der Mensch Ihn suche und anrufe.

Leitworte des hebräischen Textes

dirschú, V 6 (von *d-r-sch*, »nachfragen, suchen, sich wenden an«, Lex. 223 f), ist Imperativ des Qal: »sucht!« (vgl Jer 29,7.13).
b'himaz'ó (Infinitiv des Niphal von *m-z-'*, »finden«, mit der Präposition *b* und Suffix), »wenn er gefunden wird, wenn er sich finden läßt«.
q'ra'úhu (Imperativ mit Suffix im Qal von *q-r-'*, »rufen, anrufen«) bedeutet »ruft ihn an!«
bihjotó (Infinitiv des Qal von *h-j-h*, »sein«, mit der Präposition *b* und Suffix), »wenn er ist«.
ja'asów, V 2, »er wird verlassen« (Imperfekt des Qal von *'-s-w*).
raschá' ist der »Frevler« (B-R), oder – weniger hart – ein Mensch, der ein Unrecht, eine Sünde »begangen hat, *'isch 'áwen* »ein Mann der Schuld«, B-R: »Mann des Args«. Lex. 21 zu *'áwen*: »Unheil, Unrecht, Frevel«.
darkó, »sein Weg« (von *dérech*), im Plural mit Suffix: *d'racháj*, »meine Wege« (V 9), *darchechém*, »eure Wege« (V 8.9).
machaschawá, »Gedanke« (von *ch-sch-w*, Qal, »denken«), findet sich im Plural mit Suffix als *machsch'wotáj*, »meine Gedanken« (V 9), *machsch'wotáw*, »seine Gedanken« (V 7), und *machsch'wotechém*, »eure Gedanken« (V 8.9). B-R: (meine/eure) »Planungen«.
w'jaschów (Jussiv von *schuw*, Qal), »er möge zurückkehren«. In V 10.11 steht das Imperfekt *jaschúw*, »er wird zurückkehren«.
wijrachaméhu (Imperfekt des Piel von *r-ch-m*, »sich erbarmen«, mit Suffix) heißt »er wird sich seiner erbarmen«.
jarbéh (Imperfekt des Hiphil von *r-w-w*, »viel sein«), »er wird vermehren«.
jarbéh lislóach (Infinitiv von *s-l-ch*, »Nachsicht üben, verzeihen«; Lex. 714), »groß ist er im Verzeihen« (B-R); »denn reich ist er im Vergeben« (L. Zunz).
gawhú (Perfekt des Qal von *g-w-h*, »hoch sein«), »sie waren hoch«, V 9.
hirwáh (Perfekt des Hiphil von *r-w-h*), »er tränkte, bewässerte«, V 10.
w'holidáh (Perfekt des Hiphil mit Suffix von *j-l-d*, »gebären«), »er ließ sie gebären«.
w'hizmichá (Perfekt des Hiphil mit Suffix von *z-m-ch*, »sprossen, wachsen«, Lex. 968), »er ließ sie sprossen«.

*séra*ᶜ ist der »Same«, die »Saat«, *soréᶜa* der »Säende«.
reqám bedeutet »leer« (adverbial); M. Abernik: »fruchtlos«, B-R: »fruchtleer«. Hier im Sinne von »umsonst, erfolglos« (so auch 2Sam 1,22).
w'hizlíach (Perfekt des Hiphil von *z-l-ch*, »gelingen«), »und er ließ gelingen« (Lex. 962), »ließ geraten« (B-R), »er richtete aus« (L. Zunz).

Der Text in der Exegese

»Sucht den Herrn, da Er sich finden läßt, ruft Ihn an, da Er nahe ist!« »Gott suchen« ist – dies zeigt das entsprechende »ruft Ihn an« in der zweiten Vershälfte – identisch mit der Hinwendung zu Ihm, mit der Erforschung und Erfüllung Seines Willens. So etwa auch in Am 5,4: »Sucht mich und lebt« (*dirschúni wichjú*; Bibelauslegungen, I,216), oder in Jer 29,13: »Erbittet ihr Mich, so findet ihr, wenn ihr Mich sucht (nach Mir forscht), mit eurem ganzen Herzen« (*ki tidr'schúni b'chol l'wawchém*; Bibelauslegungen, II, 276.289 f).
Die drei Verben *d-r-sch*, »suchen«, *m-z-'*, »finden«, und *q-r-'*, »rufen, anrufen«, erweisen sich als termini technici für die Suche nach Gott, für den Anruf Gottes durch den Menschen und die Bereitschaft Gottes zur Antwort. Wir vergleichen einige Stellen:

Jes 55,6	*Jes 65,1 f*	*Dtn 4,29*
Sucht den Herrn, da er sich *finden* läßt, *ruft Ihn an*, da Er *nahe ist*	Ich ließ Mich *suchen*, ohne daß sie fragten, ließ Mich *finden*, ohne daß sie Mich baten, Ich sagte: ›Hier bin Ich, hier bin Ich‹ zu einem Volk, das Meinen Namen nicht *anrief*.	Ihr werdet von dort (Exil) den Herrn, Deinen Gott, erbitten, und du wirst (Ihn) *finden*, wenn du Ihn *suchst* mit deinem ganzen Herzen und mit deiner ganzen Seele.

Wer Gott anruft, Ihn sucht, kann Ihn finden; denn Gott läßt sich finden, selbst von jenen, die Ihn nicht gesucht haben (Jes 65,1). Der Prophet sieht die – immer bestehende – Möglichkeit eines Dialogs mit dem Schöpfer jetzt als besonders wichtig und aussichtsreich an, weil die Zeit des Exils in Babylonien vor dem Ende steht und (V 12) die Verbannten in die Heimat zurückkehren werden.
Voraussetzung des Dialogs ist die *Ehrlichkeit des menschlichen Anrufs:*

»Nahe ist der Herr all jenen, die Ihn anrufen, jedem, der Ihn anruft in *Wahrheit*« (Ps 145,18).

Eine weitere in V 7 ausgeführte Voraussetzung besteht in der *Umkehrbereitschaft*, der Suche nach einem neuen Weg. V 7 fordert das Verlassen des schlechten Wegs und der üblen Gedanken und die Hinwendung zu Gott. Ohne die Umkehr zu Gott ist die Suche nach Ihm illusorisch. Gott ist nur »nahe«, wenn der Mensch Ihm durch die Umkehr nahekommt. Maimonides (hilchót t'schuwá, II,2) zitiert den V 7 und zeigt die beiden Grundmomente einer wahren »Umkehr«: das Verlassen der Sünde und die Bereitschaft einer definitiven Abkehr vom bisherigen Tun.

»Woraus besteht die ›Umkehr‹ (*t'schuwá*)? Daß der Sünder seine Sünde verläßt und aus seinem Denken entfernt, und daß er gleichzeitig in seinem Herzen den Entschluß faßt, sie nie wieder zu begehen. Denn es heißt: ›es verlasse der Sünder seinen Weg ...‹ Gleichzeitig soll er das Vergangene wirklich bereuen ...«

Die Umkehr muß total sein:

»In der Tat und im Wort (eigentlich: Mund) und bei den schlechten Gedanken, die die wirkliche Umkehr umschließt, neben dem Sichtbaren auch das Nichtsichtbare. Was der Mensch an Gutem oder Schlechtem vollbringt, hängt von seiner Hand (dem Tun), seinem Mund (seinem Reden) und seinem Herzen (seinen Gedanken) ab. Deshalb muß sich die Umkehr bei diesen drei Dingen vollziehen« (R. D. Kimchi). Vgl Ibn Esra: »Dies ist die Hauptsache (der Umkehr): der Gedanke und das Tun« (die sich wandeln müssen). Desgleichen betont Rev. I. W. Slotki (Isaiah, 271): »Damit die Reue effektiv ist, muß sie vollständig sein im Denken und in der Tat.«

Kann aber ein Mensch von seinem Tun wirklich lassen, ist ihm die Umkehr möglich? Der Midrasch (jalqút schim'óni, II,911, Nr. 734) bejaht die Frage und veranschaulicht die Antwort an einem Beispiel.

»Es sagte R. Jizchak: Ein Mann will einen Bach (Fluß) überqueren, doch seine Füße sinken ein, weil er erst noch eine schwere Last trägt. Da sprechen die Leute zu ihm: Wirf doch die Last von dir, und du kannst deine Füße (aus dem Schlamm) herausheben! So sprach auch der Heilige, gelobt sei Er, zu Israel: Weshalb beklagt ihr euch, daß ›unsere Sünden uns über den Kopf gewachsen sind‹ (Esra 9,6)? – ›Der Sünder verlasse seinen Weg‹, und Ich erbarme Mich seiner.«

Die Umkehr ist möglich, wenn die Sünden-Last abgeschüttelt wird und der Wille stark ist, aus dem Schlamm der Schuld herauszugelangen.
Zur Umkehr aufgefordert sind der *raschá'*, der »Frevler«, der »Sünder«, und der *'isch 'áwen*, »der Mann des Args« (B-R), der »Arglist« (s. Leitworte). Die genaue Abgrenzung der beiden Begriffe ist nicht einfach. Unser

deutsches »Frevler« hat den Beigeschmack des »Verbrechers« und ist zu stark, zu scharf. Hier sind nämlich nicht nur die ausgesprochenen Frevler angesprochen, sondern im letzten jeder Mensch. Jeder soll »seinen (bösen) Weg verlassen ... und zum Herrn zurückkehren«, nicht nur jener, der schwere Missetaten begangen hat.
Die jüdischen Exegeten versuchen sich in Deutungen, die nicht unbedingt überzeugen. R. Me'ir ben Isaak Arama (séfer 'urím w'tumím, in: Sammelband »Kommentare zu Jes«, II,209) meint:

»Es handelt sich um zwei Gruppen (von Menschen): Die erste bestreitet die Existenz Gottes (*raschá'*), die zweite glaubt zwar, daß Gott existiert, doch leugnet sie Seine Vorsehung (*'isch 'áwen*).«

Der *raschá'* wäre danach der Atheist (vgl Zürcher Bibel: der »Gottlose«), der *'isch 'áwen* der von Zweifeln an Gottes Wirken in der Welt geplagte Theist. Es muß freilich gesagt werden, daß ein Atheismus im modernen Sinn, der die Existenz Gottes schlechthin negiert, für die biblische Zeit kaum anzunehmen ist. Nicht das Sein Gottes, sondern das Dabei-Sein, das Eingreifen in den Lauf des Schicksals, wurde gelegentlich angezweifelt (Ps 42,2: »Wo ist dein Gott?«, also Gott, der dir hilft). Von einer Nichtexistenz sprach man nur im Zusammenhang mit den von Menschenhand geformten Göttern (Ps 135,15 ff).
Eine andere Deutung von *raschá'* und *'isch 'áwen* bietet Malbim (470) an:

»Der *raschá'* sündigt wegen seiner Begierde (weil er nach verbotenen Dingen seine Lust hat), der *'isch 'áwen* sündigt aus Gründen des Unglaubens und der Abtrünnigkeit (*minút ukfirá*).«

Malbims Erklärung ist so wenig zwingend wie jene Aramas. Es empfiehlt sich, in die beiden Wörter nicht zuviel hineinzulegen.
V 7 verheißt *Gottes Erbarmen und Verzeihen*. »Er mehrt Sein Verzeihen – mehr als ihr dessen würdig seid«, schreibt R. Elieser von Beaugency (130). Die Weisen lehren (jalqút schim'óni, II,901, Nr. 702):

»Zur Zeit des Tempels brachte ein Sünder ein *Opfer* dar, und die Sünde wurde ihm (von Gott) vergeben. Jetzt, da wir keine Opfer mehr darbringen können, ist unsere *Seele* Dir dargebracht. Wir verlassen uns nur auf Deine Barmherzigkeit, wie es heißt (Ps 25,1): ›Zu Dir, Herr, erhebe ich meine Seele.‹ R. J'huda sagte: Der Heilige, gelobt sei Er, schenkt uns viel von Seinem Verzeihen« (Hinweis auf unseren Vers).

In *formaler* Hinsicht ist V 7 klar gegliedert: Der erste Satzteil nennt in der Reihenfolge von Prädikat, Subjekt, Objekt die Lösung von der Schuld, der zweite Satzteil, bei dem die Wiederholung des Subjekts sich erübrigt, die

Richtung des Tuns (auf Gott hin) und die Reaktion Gottes. Die Übersicht kann die Gliederung noch besser veranschaulichen:

Des Menschen Tun			*Gottes Reaktion*
Es verlasse	der Übeltäter	seinen Weg,	
	der Mann der Arglist	seine Gedanken,	
Er kehre zurück		zum Herrn,	daß Er sich seiner erbarme,
		zu unserem Gott	denn Er ist reich an Verzeihen.

Die beiden Satzteile zeigen die beiden Stufen der vom Sünder erwarteten Handlungsweise: »er verlasse« – »er kehre zurück«. Ohne das Verlassen der Sünde ist die Rückkehr zu Gott nicht möglich. (1) ist die Vorbedingung für (2).

In unserem Bibelabschnitt tritt insgesamt *siebenmal* die Konjunktion *ki* auf, nicht immer in derselben Bedeutung. In V 7 (»denn Er ist reich an Verzeihen«) und am Anfang von V 8 (»denn nicht sind Meine Gedanken«) besitzt *ki* die Aufgabe, einen *Kausalsatz* einzuleiten. Der mit *ki*, »denn«, einsetzende V 8 ist nun freilich nicht ohne weiteres verständlich.

»Denn nicht sind *Meine Gedanken eure Gedanken* und nicht *eure Wege Meine Wege*, ist der Spruch des Herrn.«

»Denn« – was wird durch dieses »denn« begründet? Etwa daß Gott »reich an Verzeihen« ist, weil Seine Gedanken sich von den Gedanken des Menschen, der nicht reich an Erbarmen gegen seine Gegner ist, unterscheiden?

So versteht es der Midrasch (jalqût schimʿóni, II,803, Nr. 482):

»Wenn ein Mensch zu Gericht sitzt, sagt er zum Angeklagten: Sprich: ›ich habe getötet‹ oder ›ich habe nicht getötet‹. Antwortet er ›ich habe getötet‹, so läßt ihn der Richter hinrichten (er hat ein Schuldgeständnis abgelegt). Hat er nichts eingestanden, so tötet er ihn nicht. Doch der Heilige, gelobt sei Er, handelt nicht so. Wer (die Schuld) eingesteht, dessen erbarmt Er sich; denn es heißt (Spr 38,13): ›wer eingesteht und (die Schuld) verläßt, findet Erbarmen.‹«

In Einklang mit diesem Text schreibt R. D. Kimchi:

»Hat sich jemand gegen seinen Nächsten etwas zuschulden kommen lassen, so rächt sich dieser an ihm und verzeiht ihm nicht. Selbst wo er ihm äußerlich (sichtbar) verzeiht, bewahrt er ihm (das Rachegefühl) im Herzen.«

Gott ist demgegenüber anders:

»Ich räche Mich nicht und Ich trage – anders als der Mensch – jenem nicht nach, der sich gegen Mich vergeht« (Abarbanel, 261).

Das *ki* nimmt nach diesem Satzverständnis einen direkten Bezug auf die vorangehenden Worte. Allein, es suggeriert einen Gedanken – den Gedanken von der Unversöhnlichkeit des Menschen –, der nicht im Text steht. Es scheint uns daher besser zu sein, V 8 mit seinem *ki* als Eingangsvokabel als Begründung des ganzen V 7 und nicht nur dessen Schlusses aufzufassen. Das Wort »Meine Gedanken« (*machsch'wotáj*) weist dabei unmittelbar auf »seine Gedanken« (*machsch'wotáw*) hin und grenzt die Gottesgedanken von den Gedanken des Sünders ab. Dabei ergibt sich folgender Sinn: »Es verlasse der Übeltäter seinen Weg, der Mann der Arglist seine Gedanken . . ., denn nicht sind Meine Gedanken eure Gedanken und nicht eure Wege Meine Wege, ist der Spruch des Herrn.« Der Mensch aber – und vor allem der schuldig gewordene Mensch – soll »seine Gedanken« nach »Meinen Gedanken« ausrichten: er soll seinen schlechten Weg verlassen und zu Gott umkehren. Er suche zugleich den Herrn »und rufe Ihn an« (V 1).
In diesem Sinne schreibt E. S. Hartom (165):

»Der Prophet ruft das Volk auf, reumütig zu Gott zurückzukehren und auf Ihn das Vertrauen zu setzen; denn Seine Wege sind nicht wie die Wege der Menschen, und Er bringt Glück und Freude Seinem Volk.«

»Meine (Gottes) Gedanken« wollen das Gute, den Segen, der im moralischen Tun liegt, nicht Taten, wie sie der »Übeltäter« und der »Mann der Arglist« aufgrund »seiner Gedanken« vollbringt. Von diesen Gedanken müssen sich die unrecht handelnden Menschen lösen und auf »Meine Gedanken« und »Meine Wege« einschwenken.
Der Unterschied zwischen den Gottes- und den Menschengedanken wird in V 9 nochmals hervorgehoben und dabei der gewaltige Abstand zwischen ihnen betont:

»Wie erhaben ist der Himmel über der Erde,
so sind erhaben Meine Wege über eure Wege
und Meine Gedanken über eure Gedanken.«

Wiederum setzt der Vers mit einem *ki* (hier: komparativisch) ein. Himmel und Erde werden einander gegenübergestellt: Der Himmel ist unendlich viel höher als die Erde, besser: der Himmel ist hoch, die Erde überhaupt nicht (so Malbim). Der Abstand zwischen Himmel und Erde besitzt demnach nicht nur eine quantitative, sondern auch eine qualitative Seite: A ist nicht nur unvergleichlich hoch, die Höhe fällt besonders auf, weil bei B jede Höhe fehlt. So steht es auch um die Gottes- und Menschengedanken. Die Gottesgedanken sind Gedanken, die Menschengedanken sind eigentlich gar keine richtigen Gedanken, die dieser Bezeichnung würdig sind.

Die Gottesgedanken sind vom menschlichen Denken nicht zu begreifen. Maimonides (Hilchót t'schuwá, V, 5) schreibt:

»Wie der Mensch das Wesen des Schöpfers nicht zu erfassen vermag, denn es heißt (Ex 33,20): ›kein Mensch kann Mich sehen, wenn (solange) er lebt‹, so vermag der Mensch das Wissen (Erkenntnis) des Schöpfers nicht zu erfassen. Dies meint der Prophet: ›denn Meine Gedanken sind nicht wie eure Gedanken . . .‹.« Vgl Maimonides, FdI, III,20: ». . . wir sagen, daß Gottes Wissen kein zu seinem Wesen hinzukommendes Ding ist, (es) ergibt sich in Wahrheit notwendig, daß sich Sein Wissen ebenso wesentlich unterscheidet wie die Substanz des Himmels von der Erde.«

In *struktureller* Hinsicht entsprechen sich V 8 und V 9, nur sind in V 8 zuerst die »Gedanken«, dann die »Wege«, in V 9 zuerst die »Wege« und daraufhin die »Gedanken« erwähnt. Der Wechsel unterbricht die »Eintönigkeit« und läßt den Hörer aufmerksamer auf die Prophetenworte achten. In V 8 wird zudem eine Tatsache mitgeteilt, in V 9 folgt ein Vergleich:

V 8: Die Tatsache		*Reihenfolge*
Denn nicht	sind Meine Gedanken eure Gedanken	A
und nicht	eure Wege Meine Wege . . .	B
V 9: Der Vergleich		
Wie erhaben ist	der Himmel über der Erde,	
so sind erhaben	Meine Wege über eure Wege	B
	und Meine Gedanken über eure Gedanken.	A

Die Unfaßbarkeit der göttlichen Gedanken ist freilich der innigen Beziehung zu Seinem Geschöpf in keiner Weise abträglich, so wenig wie die Unfähigkeit des Kindes, die Gedanken seines (irdischen) Vaters zu verstehen, die Vater-Kind-Beziehung stört. Es kommt weniger auf die Gedanken als auf das Gefühl an, auf die emotionale Seite eines Verhältnisses, nicht auf die intellektuelle.

V 9 zeigt die Beschaffenheit der Gottesgedanken, V 10f ihre *Wirksamkeit*. Die Gedanken finden in »Mein Wort, das Meinem Mund entspringt« ihren Niederschlag. Zur Veranschaulichung der Wirksamkeit wird das Gotteswort mit *»Regen«* und *»Schnee«* verglichen:

»Denn (*ki*, kausal) wie der Regen und Schnee vom Himmel fällt und dorthin nicht zurückkehrt, es sei denn, er habe die Erde getränkt, sie gebären und sprossen lassen, Samen gegeben dem Säenden und Brot dem Essenden. So wird auch Mein Wort sein, das Meinem Mund entspringt: nicht kehrt es leer (erfolglos) zu Mir zurück, es sei denn, es habe getan, was Ich gewünscht, erreicht, wozu Ich es entsandt.«

»Gottes Wort ist immer eine reale Kraft« (Sch. L. Gordon, 156f), das sicher zum Ziel hinführt, das Ziel erreicht. Dabei gleicht es dem Wassertropfen, der auf den Boden fällt und dort eine Kettenreaktion auslösen kann. Er netzt den Samen oder die bereits wachsende Saat, läßt sie gedeihen und Frucht tragen. Erst dann mag das Wasser wieder »zum Himmel« zurückkehren, sich zu Wolken zusammenballen und später – in ewigem Kreislauf (vgl Koh 1,7) – zur Erde zurückkehren. Regen und Schnee und die übrigen Naturphänomene erfüllen den Willen Gottes. Ps 148,8:

»Feuer und Hagel, Schnee und Dampf,
Sturmwind erfüllen Sein Wort.«

Sehr schön wird der Prozeß des Gedeihenlassens mit dem *Prozeß des Zeugens und Gebärens* verglichen:

»Es sprach R. J'huda: Der Regen ist der Gatte der Erde; denn es heißt: ›wie der Regen fällt und sie zum Gebären bringt und sprossen läßt ...‹ »(b.Taʿanít, 6b; vgl Jalqút schimʿóni, II,804, Nr. 483).

Resch Laqisch lehrt, daß nicht nur vom »Gebären« beim Regen und bei der Frau gesprochen wird, sondern auch vom Ausbleiben, dem »Verhindertwerden« (*ʿ-z-r*) der Fruchtbarkeit (bei verhindertem Wachstum der Gewächse: Dtn 11,17f; bei der Schwangerschaft: Gen 20,18), b.Taʿanít, 8a–b. Die Funktion des die Erde befeuchtenden Wassers besteht im Aufkeimenlassen des noch in der Erde schlummernden Samens (*w'holidáh*, »führt es zum Gebären«) und dem Antrieb zum Wachstum (*w'hizmichá*) des bereits auf der Erdoberfläche existierenden Gewächses (M'zudát Davíd). Dadurch gewinnt der Säende seinen Samen und der essende Mensch sein Brot, seine Nahrung.

A. Kahana (J'schajáhu, 111) differenziert:

»Das Getreide wird zum Teil vom Säenden als Samen (zum neuen Ausstreuen) verwendet, zum Teil dient es dem Essenden zur Nahrung.«

Nichts geschieht umsonst, nichts kehrt wirkungslos, ohne Erfolg »zu Gott zurück«. Nicht die Gaben der Natur, die das Leben auf der Erde sichern, noch auch das *Gotteswort*.

»König David sprach: ›Wie Du wahr bist (nach Jer 10,10), so ist Dein Wort wahr (Ps 119,89)« (Ex. r. 38,1).

Welches Wort? »Das Wort der Zusage, daß Ich euch aus dem Exil heimführen werde« (R. D. Kimchi).

»Gott gereut es nicht, Seine Zusage erfüllt sich, auch wenn sie auf sich warten lassen mag« (Enc. Welt der Bibel, J'schajáhu, 251).

Mächtig klingt die Verheißung von Jes 40,8 nach:

». . . doch das Wort unseres Gottes hat für immer Bestand«.

Deshalb kann es auch keinen Zweifel an der Rückkehr aus der Verbannung geben. Gott hat die Rückkehr angekündigt, Gott wird ihre Verwirklichung in die Wege leiten:

»Denn mit Freude zieht ihr aus, und in Frieden werdet ihr hergebracht . . .« (V 12a).

R. Elieser von Beaugency (130) kommentiert:

»denn mit Freude zieht ihr aus dem Exil aus, und in Frieden werdet ihr hergebracht in euer Land . . .«

Dabei frohlockt die Natur, Berge und Hügel brechen in Jubel aus, die Bäume des Feldes klatschen in die Hände (vgl Ps 114,4.6). Das Wort Gottes, Ausdruck Seiner Gedanken, vollbringt das Unwahrscheinliche. Das Ziel wird erreicht: Israel ist gerettet.
Der Bibelabschnitt, der mit der Aufforderung zur Suche nach Gott und zur vollständigen Umkehr zu Ihm einsetzt, klingt aus in den Jubel über die mit Sicherheit eintretende Wende.

Wegweisung für unsere Zeit

»Es sprach R. Bawaj bar Awina: Wie soll ein Mensch am Vorabend des Versöhnungstages das Bußbekenntnis ablegen? Er spreche: ›Ich bekenne alles Böse, das ich vor Dir getan habe. Ich befand mich auf dem Weg der Schlechtigkeit, doch was ich vollbracht habe, will ich nie mehr vollbringen. Dein Wille sei es, o Herr, mir meine Sünden zu vergeben, mir meine Schuld zu verzeihen und meine schlechten Taten zuzudecken‹« (Lev. r. 3,3). Wesentlich ist das Eingeständnis des Versagens, denn aus diesem Eingeständnis ergibt sich die Hoffnung auf einen wirklichen Neubeginn. Gewiß ist es wesentlich, daß sich das Tun eines schuldig gewordenen Menschen ändert, nicht minder wesentlich ist es indessen, daß er auch in seinen Gedanken eine Änderung vornimmt. Wenn er sich von den Wurzeln des Tuns, die in der Seele stecken, losreißen kann, dann wird er schließlich auch das Tun auf eine neue Bahn zu lenken vermögen.
Unser Bibelabschnitt lehrt uns noch einen zweiten wichtigen Punkt: das

Festhalten an der Hoffnung, an der Zuversicht. Gott steht zu Seinen Zusagen. Diese Zusagen gleichen dem Regen und dem Schnee, die ausgesandt sind, der ausgetrockneten Erde neues Leben zu schenken, ihre Samen zu erwecken, ihre Saaten wachsen zu lassen. Keine Zusage Gottes verhallt »im Leeren«. Es bedarf der Geduld, der unendlichen Geduld des Wartenkönnens, bis die Verheißung sich in der Realität abzuzeichnen beginnt. Auch die Samen, die im Erdboden schlummern, keimen nicht nach dem ersten Regentag, und wenn ihr Keimprozeß begonnen hat, dauert es eine Weile, bis die zarte Pflanze auf der Oberfläche sichtbar wird. Aber der Regen übt seine Wirkung aus, und der Mensch, der warten kann, wird die Pflanze sehen. So ist es im Leben der Gemeinschaft, so im Leben des Einzelmenschen. Es gibt keinen Grund zum Verzagen und Verzweifeln, wenn nicht alles auf den ersten Anhieb gelingt und Enttäuschungen nicht ausbleiben. Wer sich nicht der Eile verschreibt, wird den Erfolg sehen, wer auf Gott vertraut, wird im letzten nicht versagen.

»Erhebe dich, werde licht, denn dein Licht kommt!«

Jes 60,1–6

1 Erhebe dich, werde licht, denn dein Licht kommt,
und die Herrlichkeit des Herrn strahlt auf über dir!
2 Denn sieh, die Finsternis bedeckt die Erde
und Wolkendunkel die Völker,
doch über dir erstrahlt der Herr,
und Seine Herrlichkeit wird über dir sichtbar.
3 Es gehen Völker zu deinem Licht
und Könige zum Glanz deines Strahlens.
4 Erhebe ringsumher deine Augen und sieh:
alle haben sich versammelt, sind zu dir gekommen –
deine Söhne kommen aus der Ferne,
und deine Töchter werden auf der Seite getragen.
5 Dann siehst du es und strahlst,
es fürchtet sich, doch dann wird weit dein Herz,
wenn dir zufällt die Fülle des Meeres,
der Reichtum der Völker zu dir gelangt.
6 Eine Fülle von Kamelen bedeckt dich,
die Kamelhengste von Midjan und Efa,
alle kommen aus Saba.
Gold und Weihrauch tragen sie,
und die Lobpreisungen des Herrn verkünden sie.

Der Text im Kontext

Es ist dunkel geworden in Israel, die Sonne des Rechts und der Gerechtigkeit scheint nicht mehr. Die Schuld dem Mitmenschen gegenüber ist übermächtig, »denn eure Hände sind mit Blut beschmutzt, eure Finger mit Frevel, eure Lippen reden Lüge, eure Zunge spricht Falschheit« (Jes 59,3). Wie einst in Sodom schreit auch in Israel das Unrecht zum Himmel.

»Keiner ruft mit Gerechtigkeit, keiner wird mit Treue gerichtet« (V 4), »den Weg des Friedens kennen sie nicht, kein Recht ist auf ihren Pfaden ..., deshalb ist fern von uns das Recht, die Gerechtigkeit erreicht uns nicht« (V 8f), »wir hoffen auf Recht, doch es ist nicht da, auf Hilfe, sie ist von uns entfernt« (V 11), »nach hinten gedrängt ist das Recht, die Gerechtigkeit steht in der Ferne« (V 14). Gott bleibt aber nicht gleichgültig, wenn das Recht mit Füßen getreten wird: »Gott sah es, und es war böse in Seinen Augen, daß kein Recht war« (V 15).
»Gott sah es«, wie »Er sah, daß die Bosheit des Menschen groß war« (Gen 6,5) »und die Erde verderbt« (Gen 6,12). Er sah, weil Er immer sieht, immer hinsieht, was in Seiner Schöpfung geschieht, immer erkennt, wenn Unrecht und Frevel überhand nehmen. So »sah Er« auch der Israeliten »Elend, Last und Bedrückung« durch die Ägypter und führte das Volk aus der ägyptischen Knechtschaft in die Freiheit (Dtn 26,7f).
Die Zustände in Israel sind unhaltbar geworden. Jes 59,1–11 beschreibt sie mit großer Dichte und Eindringlichkeit und faßt das Ergebnis der Rechtsverachtung mit ein paar Worten zusammen: »Wir hoffen auf Licht, doch es ist Finsternis, auf Strahlenglanz, doch im Dunkel müssen wir gehen« (V 9). Und das Gehen ist höchst beschwerlich: »Wir tappen wie die Blinden an der Wand, wie ohne Augen tappen wir« (V 10).
Das Volk ist freilich nicht uneinsichtig, nicht gefühllos dem Geschehen gegenüber. Es reißt sich zusammen und sucht einen Ausweg aus der unerträglichen Lage. Offen legt es ein Schuldbekenntnis ab (V 12–15). »Unsere Vergehen sind zahlreich vor Dir ...« (V 12), »die Wahrheit wird vermißt« (V 15), sie ist verschwunden, ist abhanden gekommen.
Gott reagiert auf das Schuldeingeständnis. Er schlägt Israels Feinde mit der Hilfe »Seines Arms«, mit der »wie einen Panzer umgelegten Gerechtigkeit« (V 16f). Und so breitet sich der Respekt vor Ihm aus in West und Ost (V 19), und »für Zion kommt der Erlöser« (V 20). Die Dunkelheit in Israel ist überwunden, und das heißt, daß künftig das Unrecht vermieden, das Recht Einzug halten wird. Noch ist es nicht auf der ganzen Erde hell, licht geworden, doch für Israel beginnt eine neue Epoche: »Erhebe dich, werde licht, denn dein Licht kommt, und die Herrlichkeit des Herrn strahlt auf über dir« (60,1). Unser Predigttext steht im Kontext mit dem vorangehenden Kapitel und schildert die große Wende und ihre Folgen.

Leitworte des hebräischen Textes

qúmi (Imperativ femininum von *qum*, »aufstehen, sich erheben«), »erhebe dich!« Werden Jerusalem oder Zion angesprochen, so stehen (wie immer bei Städten) die Feminina (vgl Jes 51,17: »Wache auf, wache auf, erhebe dich Jerusalem ...«; 52,1: »Wache auf, wache auf, kleide dich in deine Macht, Zion, kleide dich in die Kleider deiner Pracht, Jerusalem, Stadt der Heiligkeit ...«).
'óri (Imperativ femininum von *'ur*, »hell werden«, Lex. 23), »werde licht!«, »leuchte!«
'oréch (von *'or*) ist »dein Licht«.
kawód ist die »Ehre, Herrlichkeit«.
sarách (Perfekt von *s-r-ch*, Qal) heißt »strahlte, ging auf«.
In V 2 ist *chóschech* die »Dunkelheit, Finsternis«, *'arafél* das »Wolkendunkel« (Lex. 841), B-R: »Wetterdunkel«, L. Zunz: »Wolkendüster«.
nógah, V 3, ist »Glanz, heller Schein« (Lex. 630); *nógah sarchéch*, »der Glanz deines Strahlens« (B-R).
niqb'zú (Perfekt von *q-b-z*, Niphal), »sie versammelten sich«; B-R übersetzen sinngemäß mit »zuhauf«; L. Zunz: »in Haufen« (V 4).
te'amána (Imperfekt von *'-m-n*, Niphal), »sie werden gewartet, betreut« (Lex. 62, so auch B-R); vgl *'omén*, »Wärter«, *'oménet*, »Amme«.
tir'í, V 5 (Imperfekt des Qal von *r-'-h*, »sehen«), »du wirst sehen«. Ibn Esra, R. Elieser von Beaugency (136), Abarbanel und andere verstehen *tir'í* im Sinn von *tir''í* (Imperfekt von *j-r-'*, »sich fürchten«), »du wirst dich fürchten«.
w'nahárt (Perfekt des Qal von *n-h-r* mit *waw* consecutivum) wird von *n-h-r II*, »strahlen« hergeleitet (Lex. 639), »du wirst strahlen«, B-R: »schimmerst du auf«, R. Sch. D. Luzzatto (385), »du leuchtest auf«, Saadia Gaon (in: Sammelband »Kommentare zu Jes«, I,90): »(dein Gesicht) wird hell« (eigentlich: »wird gelb«), vgl Ps 34,6. Im Aramäischen bedeutet *n'har*, »leuchten, hell werden«, *n'hor* oder *n'horá* ist das »Licht«. Euphemistisch heißt der Blinde *sagí n'hor* oder *sagjá n'horá*, »groß an Licht«, d. h. der Mann, der »viel sieht« (J. Levy, Wörterbuch über die Talmudim und Midraschim, III,350 f). – In eine andere Richtung weist Ibn Esra mit seinem »ihr werdet hierhin und dorthin eilen«. *n-h-r I* bedeutet »strömen« (Lex. 639), davon *nahár*, »Strom, Fluß«. N. H. Tur-Sinai (P'schutó schel miqrá', III,1,142) betont, »*n-h-r* heißt immer nur ›strömen‹ wie ein Fluß und ist kein Ausdruck der Freude.« *w'nahárt* wäre demnach als »du gehst (unruhig) umher« zu verstehen. Die erste Interpretation ist zweifellos besser.

ufachád, »er fürchtet sich« (Perfekt des Qal mit *waw* consecutivum von *p-ch-d*).
w'racháw (Perfekt des Qal mit *waw* consecutivum von *r-ch-w*, »breit, weit sein«; vgl das Adjektiv *racháw*, »breit«), *w'racháw l'wawéch*, »und dein Herz ist breit, erweitert« (als Zeichen der Freude und Erregung). B-R: »aber es weitet sich schon«.
jehaféch (Imperfekt des Niphal von *h-f-ch*, hier: »Besitz zufallen«), »er fällt zu«; so auch A. Kahana (J'schajáhu, 120), der *h-f-ch* wie *ʿ-w-r*, »übergehen« von einem zum anderen (Num 27,8 geht das Erbe vom Vater an die Tochter über), interpretiert. Anders A. Chacham (II,637) mit seinem »es wendet sich« oder »es ergießt sich«; vgl B-R: »wälzt sich heran«.
Subjekt ist *hamón jam*. Das kann heißen »der Lärm, das Getöse des Meeres (Lex. 240); B-R: »Meeresgetöse« (*hamón* ist abgeleitet von *h-m-h*, »lärmen, rauschen«, Lex. 240), aber auch »die Fülle des Meeres« (L. Zunz), der »Reichtum des Meeres«. – Vgl *schéfaʿ jamím*, Dtn 33,19, und *schifʿát g'malím*, »Reichtum der Kamele«, gemeint ist der Reichtum, den Kamele herbeitragen. Richtig wäre auch die Wiedergabe mit »einer Fülle von Kamelen«, B-R: »Schwall der Kamele«. Wer *hamón jam* mit »Lärm des Meeres« übersetzt, setzt für *chel gojím* aus Gründen der Analogie »Heer von Stämmen« (so B-R). *chel* (Status constructus von *chájil*) meint freilich ursprünglich »Fähigkeit, Kraft«, dann »Vermögen, Habe« und erst zuletzt »Streitmacht, Heer«. Wird daher *hamón jam* als »Fülle des Meeres« aufgefaßt, so *chel gojím* als »Reichtum (Vermögen) der Völker« (entsprechend V 11).
g'malím, V 6 (Singular: *gamál*), sind »Kamele«. Die Bezeichnung »Kamel« ist im Deutschen ein Fremdwort. Als das aus dem Orient stammende Kamel bekannt wurde, hat man es mit dem dort üblichen Namen bezeichnet.
b'charím, Status constructus: *bichré*, sind »junge Kamelhengste« (Lex. 125), das weibliche Gegenstück – die junge Kamelstute – heißt *bichrá* (Jer 2,23). B-R übersetzen *bichré* mit »Dromedarfohlen«, L. Zunz mit »Dromedar«.
t'hillót (von *h-l-l*, »loben, preisen«) sind »Lobpreisungen« (B-R).
j'waséru (Imperfekt von *b-s-r*, Piel), »sie werden verkünden«.

Der Text in der Exegese

»Erhebe dich, werde licht, denn dein Licht kommt!« Angesprochen ist offensichtlich ein weibliches Wesen – Jerusalem (R. D. Kimchi) –, weil die

Befehlsformen durchweg im Femininum stehen (s. Leitworte). Über Jerusalem, das in der Finsternis verharrte, im Dunkel der Schuld und der Rechtsverdrängung, geht nach der Umkehr des Volkes Gottes Licht auf. Und durch dieses Licht gewinnt auch Jerusalem seinen alten Glanz wieder. Wem Gott Sein Licht schenkt, dem schenkt Er es in reicher Fülle. Der Midrasch (P'síqta' d'Raw Kahaná, I,320) zitiert zur Erklärung des Psalmverses (Ps 36,10) – »Denn bei Dir ist der Quell des Lebens, in Deinem Lichte sehen wir Licht« – einen Ausspruch R. Jochanans:

»Ein Mann ging zur Zeit der Abenddämmerung des Weges, da begegnete ihm ein anderer und zündete ihm eine Kerze an, doch die Kerze erlosch. Wieder kam einer, zündete ihm eine Kerze an, doch sie erlosch. Da sagte der Wanderer: ›Von jetzt an warte ich aufs Licht des Morgens.‹ So sprachen die Israeliten vor dem Heiligen, gelobt sei Er: ›Herr der Welten, wir verfertigten einen Leuchter (im Stiftszelt) in den Tagen des Mose, und er erlosch. Wir verfertigten mehrere Leuchter im Tempel in den Tagen Salomos, und sie erloschen. Von nun an warten wir nur noch auf Dein Licht, wie es heißt: ›In Deinem Lichte sehen wir Licht.‹«

Gottes Licht brennt weiter, es geht nicht aus, wenn die Stürme der Geschichte daherbrausen, und es brennt in seiner vollen Stärke. Denn Gott »schenkt es in Seiner Kraft«. Die Weisen lehren (Num. r. 21,22):

»Wenn Er ihnen (Israeliten) etwas *schenkt*, schenkt Er es ihnen entsprechend *Seiner* Kraft, doch wenn Er etwas von ihnen *verlangt*, so verlangt Er es nur nach *ihrer* Kraft (Können) ... Wenn Er verlangt – nach ihrer Kraft: ›Jetzt befehle den Israeliten und sie sollen dir nehmen reines, zerstoßenes Olivenöl für den Leuchter, damit das ständige Licht angezündet werden kann‹ (Ex 27,20), doch wenn Er ihnen leuchtet – nach Seiner Kraft: ›und der Herr ging ihnen voran ... in einer Feuersäule ...‹ (Ex 13,21), und in der Zukunft, die kommen wird: ›Erhebe dich, werde licht ...‹ (Jes 60,1–3; ferner 30,26).«

Nie ist das »Licht« Gott eng bemessen. Nicht während der neunten der zehn Plagen, die über die Ägypter hereinbrechen, als den Israeliten »Licht in ihren Behausungen« aufleuchtete (Ex 10,23), nicht am Schilfmeer und während der Wüstenwanderung, da ihnen eine »Feuersäule« voranging und ihnen den Weg wies (M'chílta, b'schalách, zu Ex 14,20). Und auch in der Zeit der Erlösung nicht. Gott läßt Sein Licht in voller Stärke aufstrahlen. Sein Licht ist »ein großes Licht«:

»Das Volk, das in der Finsternis wandelte, sah ein großes Licht. Den Bewohnern des Todesschattenlandes – ein Licht erstrahlte ihnen« (Jes 9,1).

Wesentlich ist dabei die Erkenntnis, daß nicht die Menschen es sind, die das Licht, das große Licht, zu entfachen vermögen. Ihr Licht geht aus – zur Zeit

Moses, zur Zeit Salomos, und später immer wieder. Das »große Licht« ist ein Geschenk Gottes an seine Geschöpfe, die im vollen Glanz eines neuen Morgens in eine bessere Zeit eintreten dürfen. Voraussetzung ist freilich die totale Lösung von Gewalttat, die Bereinigung früherer Schuld. V 18–20 unseres Kapitels weisen auf diese Verzahnung vom Ende der Gewalttat und dem Aufleuchten des Gotteslichtes hin, das künftig das Licht von Sonne und Mond, der natürlichen Gestirne, überflüssig werden läßt. Die Aussage besitzt selbstredend nur einen metaphorischen Sinn:

»Nicht hört man Gewalttat in deinem Land,
Raub und Bruch (Rechtsbruch?) in deinen Marken . . .
Du bedarfst nicht mehr der Sonne als Licht am Tage,
zum Glanz braucht der Mond dir nicht leuchten,
dir wird der Herr zum ewigen Licht,
dein Gott zu deiner Pracht.
Deine Sonne wird nicht mehr untergehen,
dein Mond nicht mehr hinweggenommen;
denn der Herr wird dir zum ewigen Lichte sein,
zu Ende sind die Tage deiner Trauer.«

Das »Licht« Gottes ist ein Synonym für die in V 1 erwähnte »Herrlichkeit des Herrn« (*k'wod 'adonáj*), »die über dir strahlt«, das »ist die Sch'china (»Einwohnung Gottes«), die wiederum unter ihnen weilen wird« (Abarbanel, 275). Maimonides (FdI, I, Kap. 64) schreibt über die *k'wod 'adonáj*:

Die »Herrlichkeit Gottes« kann »Gott selbst« bedeuten (so Ex 33,11), gelegentlich aber auch »die Verherrlichung Gottes durch alle Menschen«.

Im Aufleuchten des »Lichts« manifestiert sich die »Herrlichkeit des Herrn«. Zunächst scheint das »Licht« nur für Israel, noch »bedeckt Finsternis die Erde, Wolkendunkel die Völker« (V 2), doch das wird sich ändern. Nach dem chiastisch strukturierten Prophetenwort der Tröstung für Israel (V 1 f)

»und die Herrlichkeit des Herrn — strahlt auf über dir,
doch über dir erstrahlt der Herr, — und Seine Herrlichkeit wird über dir sichtbar

umschließt die Verheißung *alle Völker*:

»Es gehen Völker zu (B-R: in) deinem Licht, und Könige zum (B-R: im) Glanz deines Strahlens« (V 3).

Die »Völker gehen« – die Ansage erinnert an das Wort in Jes 2,3:

»Es gehen viele Völker und sprechen: ›Auf, laßt uns hinaufziehen zum Berg des Herrn, zum Haus des Gottes von Jakob! . . .‹«

Die Dynamik, die die Völker auszeichnen wird, führt in Jes 2 zum Anhören der »Lehre« (*torá*) Gottes und Seines »Wortes«, die vom Zion und Jerusalem aus verkündet werden. Hier gehen die Völker zum Licht hin, das zwar Israels Licht ist, doch nur als Widerspiegelung des aufstrahlenden Gotteslichts eine Wirkung besitzt. In der Gegenwart gilt, was Abarbanel (275) mit folgendem Satz beschreibt:

»Alle Völkern gehen in ihren Ländern im Dunkel ihrer (falschen) Glaubensanschauungen«,

aber für die Zukunft wird auch ihnen – durch Israels Licht – Gottes Lichtglanz zuteil, die Weisheit Seiner Lehre, der Segen Seines Tuns.

»Erhebe dich (Israel) aus dieser Finsternis und leuchte allen Menschen, weil dein Licht kommt – das Licht der körperlichen und geistigen Hilfe« (Malbim, 481).

So gilt die Charakterisierung des Midrasch (Gen. r. 59,5):

»Jerusalem ist das Licht der Welt, denn es heißt: ›Völker gehen zu deinem Licht.‹ Und wer ist das Licht Jerusalems? Der Heilige, gelobt sei Er, denn es steht geschrieben (Jes 60,19): ›dir wird der Herr zum ewigen Licht ...‹«

R. Hoschajá verwendet ein Bild aus dem täglichen Leben, um den Gedanken zu veranschaulichen:

»Jerusalem wird dereinst zur Laterne für die Völker der Welt, und sie gehen in ihrem Licht. Woher ist dies zu entnehmen? Aus dem Vers: ›Völker gehen zu deinem Licht‹« (Jalqút schimʿóni, II,808, Nr. 499).

»Zur Laterne« wird Jerusalem. Erinnert dies nicht an Jes 49,6, wo der »Gottesknecht« als »Licht der Völker« eine völkerumspannende Aufgabe zu erfüllen hat, weil das Licht Gottes für alle Menschen aufstrahlt?
Die Völker sehen genau hin und wollen erfahren, was in Jerusalem geschieht – im Guten wie im Schlechten. Wenn das Recht zertreten wird, bemerken es die anderen Völker. Wird es gewahrt und geschützt, so bleibt diese Tatsache desgleichen nicht verborgen. In Jes 62,1 f wird die Hoffnung auf Rechtserfüllung ausgesprochen. Dieselben sprachlichen Begriffe werden dabei verwendet wie bei der Beschreibung des aufstrahlenden Lichts in unserem Kapitel. Wie die Völker das »Licht« sehen, so sehen sie auch Jerusalems »Recht«. Die Parallele ist nicht zu übersehen.

»Um Zions willen schweige ich nicht, und um Jerusalems willen bin ich nicht still, bis ausgeht wie der Glanz (*kanógah*) sein Recht, und seine Hilfe wie eine Fackel brennt. Es sehen Völker (*gojím*) dein Recht, alle Könige (*m'lachím*) deine Herrlichkeit (*k'wodéch*) ...«

Wie das Licht für die Völkerwelt scheint, so soll auch das in Israel verwirklichte Recht den anderen Nationen ein Beispiel geben. Nicht weil Israel besser ist als die anderen, sondern weil dieses Recht – das Recht Gottes – als Maßstab der absoluten Ethik gelten muß.
Das Licht Gottes bricht die Finsternis. Wie bei der Weltschöpfung das Licht des Urbeginns die Dunkelheit des Chaos überwand, so vollzieht sich auch in der Zukunft gleichsam eine neue Schöpfung. Das Werden des Gotteslichts, das sich in Israel durchsetzt, besitzt kosmische Eigenschaften. Und deshalb sind alle Menschen in diese »Minischöpfung« einbezogen.
Rückblickend zeigt sich ein klarer *Aufbau* bei den bisher besprochenen Versen:
V 1a: *Aufforderung des Propheten* (»Erhebe dich, werde licht«)
V 1b–c: *Begründung* (»denn dein Licht kommt ...«)
V 2a–b: *Bisheriger Zustand* (»Denn sieh, die Finsternis bedeckt die Erde ...«)
V 2c–d: *Neuer Zustand für Israel* (»doch über dir erstrahlt der Herr ...«)
V 3: *Neuer Zustand für die Völker* (»es gehen Völker zu deinem Licht ...«)
Mit V 4 wird bis zum Ende des Bibelabschnitts in V 6 der neue Zustand für Israel und die Völker beschrieben. In V 4 ist *Jerusalem* angesprochen:

»Hier wendet sich die Prophetie an Jerusalem wie an eine Mutter, die die Rückkehr ihrer Kinder sehnsüchtig erwartet« (A. Chacham, II,636).

Jerusalem soll seine Augen erheben und die Rückkehr seiner Söhne und Töchter erkennen.
»Erhebe ringsumher deine Augen und sieh: alle haben sich versammelt, sind zu dir gekommen – deine Söhne kommen aus der Ferne, und deine Töchter werden auf der Seite getragen.«

»Alle haben sich versammelt«. Subjekt des Verses sind nach R. D. Kimchi, R. Sch. D. Luzzatto die in der Folge erwähnten »Söhne« und »Töchter« Israels. Das Targúm verdeutlicht dies mit der Wendung »alle Söhne des Volkes deines Exils« (*kol b'ne 'am galwatách*). Nach einem anderen Textverständnis sind die in V 3 »zum Licht« hinziehenden »Völker« und »Könige« auch in diesem Vers gemeint (so R. Elieser von Beaugency, 136, R. J. Ibn Caspi, 'adné késef, 181, R. S. Ibn Melech aus Fès, séfer michlál jófi, 277). Sie führen bei ihrem Zug nach Jerusalem die verbannten »Söhne« und »Töchter« Israels mit (vgl V 9). Der Satz will betonen, daß die »Versammlung« der Völker keine kriegerischen Ziele verfolgt, sondern in friedlicher Absicht geschieht.

»Alle kommen nach Jerusalem, um die Torá (Gottes) kennenzulernen ...« (Malbim).

Wie die Frage nach dem Subjekt auch entschieden werden mag – Ibn Esra zitiert beide Möglichkeiten und legt sich nicht fest –, eines ist sicher: Die Rückkehr der Versprengten wird durch die »Völker« erleichtert. Sie tragen die wenig strapazierfähigen »Töchter« wie »Wärter«, die ein Kind pflegen, »an der Seite«, d. h. auf dem Arm (so Targúm).
Eine liebevolle Umsorgung der Exulanten schildert auch Jes 49,18.22:

Jes 60	*Jes 49*
Erhebe ringsumher deine Augen und sieh: alle haben sich versammelt, sind zu dir gekommen –	V 18: Erhebe deine Augen ringsumher und sieh: alle haben sich versammelt, sind zu dir gekommen; so wahr Ich lebe, ist der Spruch des Herrn. Denn alle legst du an wie einen Schmuck, knüpfst sie an wie eine Braut. V 22: denn so spricht der Herr, Gott: Sieh, Ich erhebe zu den Völkern Meine Hand, zu den Nationen erhebe Ich Mein Panier.
deine Söhne kommen aus der Ferne, und deine Töchter werden an der Seite getragen.	und sie bringen deine Söhne im Kleidbausch (B-R), und deine Töchter tragen sie auf der Schulter.

Jerusalem sieht es »und strahlt« (V 5), »fürchtet sich« zunächst, doch dann »wird weit sein Herz« vor Freude. Möglich ist die Wiedergabe durch die Übersetzung: »Du fürchtest dich und gehst unruhig hin und her« (s. Leitworte: *tir'í* und *w'nahárt*). In jedem Fall wird das anfängliche Angstgefühl, eine anfängliche Herzbeklemmung – und auch die Freude vermag sie zu erzeugen! –, sehr rasch durch eine »Herzerweiterung« (*w'racháw l'wawéch*) abgelöst. Da ist kein Platz für die *nimharé lew* (»die im Herzen Ungeduldigen«) von Jes 35,4 (s. oben S. 179). Das Herz ist weit geworden durch die freudige Erregung.
Mit den Verbannten zusammen kommt auch *»die Fülle des Meeres«*, *»der Reichtum der Völker«* nach Jerusalem (zur Übersetzung s. Leitworte).
R. J. H. Hertz (Der Pentateuch und Haftarot, V, Prophetenabschnitt zu Dtn 26,1–29,8: ki tawó') schreibt:

»Zion wird mit dem Reichtum der Nationen beschenkt, den sie als Opfergabe bringen, und damit den Tempeldienst wiederherstellen und Jerusalem wiederaufbauen.«

Nach Rev. I. W. Slotki (292) sind die Gaben als Kompensation für das erlittene Unrecht zu verstehen, das die Völker Israel zugefügt haben, zugleich aber auch als eine Opfergabe an »den Retter Israels«. In V 7 (vgl V 13) ist der Tempeldienst ausdrücklich genannt:

». . . sie (die Gabenspender) werden sie (Schafe) zum Wohlgefallen auf Meinen Altar bringen, und das Haus Meiner Pracht schmücke Ich.«

R. Ch. Rabinowitz (dá'at sofrím, J'schajáhu, 670) unterstreicht das Ziel der Geschenkesfülle auf seine Weise:

»Die Absicht ist nicht, daß sich Israel etwa auf Kosten der Völker bereichern soll. Der Text spricht vielmehr von einem friedlichen Verhältnis, . . . in dem das Blutvergießen ausgeschlossen ist.«

Die Völkerstämme kommen nun freilich nicht nur übers Meer nach Jerusalem, sondern auch auf dem Landweg. V 6 nennt die Kamelkarawanen aus Midjan, Efa und Saba (sch'wa'), die *Gold* (so auch V 9.17) und *Weihrauch* transportieren. Die *Midjaniter*, die auf der Ostseite des Meeresarms lebten, der die Sinaihalbinsel von der arabischen Wüste trennt (der heutige Golf von Elat/Akaba), waren berühmt durch ihre Kamele. *Efa* war einer der Stämme Edoms (Gen 25,4), *Saba* ist das sagenumwobene Land im Süden der arabischen Halbinsel, ausgezeichnet durch einen großen Reichtum. Von dort kam die »Königin von Saba« zum Besuch Salomos nach Jerusalem (1Kön 10,1–13). Die Geschenke, die die Fremden überreichen, sind »Ausdruck der Wertschätzung und Ehre« (R. Ch. Rabinowitz, aaO), »sie werden nicht aus einem Gefühl der Angst, sondern der Freude gebracht« (Sch. L. Gordon, 192). Daß Gold und Weihrauch transportiert werden, versteht sich. Als Gast bringt man Dinge, die im Gastland nicht oder nur selten vorhanden sind. Saba war reich an Weihrauch, und das Gold kam aus Ofir (1Kön 9,28; 10,11), das möglicherweise in der Nähe gelegen hat (Enc. miqra'ít, I,163 zur Lokalisierung).

V 6 schließt mit der Ankündigung: *»die Lobpreisungen des Herrn werden sie verkünden«*. Subjekt sind nach dem Targúm die »Karawanen(-führer) der Araber« (*schajarát 'arwa'é*), mit Sicherheit auch die heimkehrenden »Söhne« und »Töchter« Israels. »Die Kamele sind es nicht, denn sie vermögen Gottes Lob nicht singen«, meint R. Sch. D. Luzzatto (385). Das ist natürlich richtig, aber der Vers kann sagen, daß die Tatsache der Ankunft der vielen Kamele und Kamelhengste an sich dem Herrn zum Lob gereicht. Man darf die Aussage nicht pressen.

»Sie verkünden« (*j'waséru*) die »Lobpreisungen«. Das Verb *b-s-r*, Piel, beschreibt das »Verkünden von Neuem, sei es gut oder schlecht« (R. S. Ibn Melech aus Fès, aaO, 277).

»Deshalb sagt der Vers ›sie verkünden den Lobpreis des Herrn‹, denn die Völker der Welt künden dieses Lob zum allerersten Mal zu jener Zeit an« (R. S. Ibn Melech, aaO).

Etwas anders verstehen M. A. Anat – H. M. Y. Gevaryahu (Bibel für das Volk, Erläuterungen, 1019) den Sinn:

»Sie künden Zion von der Ehrerbietung, die Gott in fernen Ländern erwiesen wird.«

A. Kahana (121) verweist auf Jes 42,12:

»Dem Herrn sollen sie Ehre erweisen,
Seinen Lobpreis auf den Inseln erzählen.«

Das Geschehen in Jerusalem findet eine Resonanz. Was sich abspielt, ist ein weiterer Beweis für Gottes Präsenz im Geschichtsprozeß. Die Rückkehr der Exulanten vollzieht sich nicht im Geheimen, sondern im »Rampenlicht der Öffentlichkeit« (vgl Jes 62,10f), so wie in der Frühzeit Israels der Auszug aus Ägypten am hellen Tag erfolgt war (Ex 12,51). Freilich muß klar festgestellt werden, daß sich die Rückkehr der nach Babylonien Vertriebenen auch nicht annähernd in grandiosen Dimensionen abgespielt hat. »Der Reichtum der Völker« ist ausgeblieben: Jerusalem wurde nicht mit der Hilfe dieser Völker erbaut, und sein Tempel war – zu Esras Zeit – klein und ärmlich, so daß jene »mit großer Stimme (laut) weinten«, die den Glanz des ersten Tempels noch erlebt hatten (Esra 3,12f). (Vgl unten zu Jes 62,6–7.10–12; S. 272f.) Es mag »im Herzen des Königs (Kyros)« der Wunsch bestanden haben, »das Haus des Herrn, das sich in Jerusalem befindet, zu verherrlichen« (Esra 7,27). Kyros hat aber nichts getan, um das Aufbauwerk zu erleichtern. Indessen nistete sich die Hoffnung auf eine totale Rückkehr der Vertriebenen tief im Herzen Israels ein (vgl Jes 43,5f, oben S. 218f) und wurde zu einem unverlierbaren Besitz des Volkes, zum Trost in dunkelster Zeit späterer Jahrhunderte.

Wegweisung für unsere Zeit

Kurz bevor am Freitagabend die Sonne am Horizont unterging und der Sabbat mit seiner Ruhe und seinem Frieden einkehrte, begaben sich die Mystiker des galiläischen Bergstädtchens Safed aufs freie Feld, um die

»Königin Sabbat« zu begrüßen und sie bei ihrem Einzug zu begleiten. *R. Salomo Alkabez* (1505 in Saloniki geboren, 1584 in Safed gestorben) verfaßte den Gesang »Komm, mein Freund, der Braut entgegen, den Sabbat wollen wir empfangen« (*l'cha dodí liqrát kalá, p'ne schabát n'qab'lá*). Die fünfte Strophe verwendet dabei Motive aus unserem Text, vermengt mit dem Aufruf an Jerusalem in Jes 51,17:

»Wach auf, wach auf!
Denn dein Licht kommt.
Erhebe dich, werde licht!
Wach auf, wach auf, sing ein Lied (Ri 5,12),
die Herrlichkeit des Herrn erscheint über dir!«

Die Verheißung der Zukunft von dem Israel erscheinenden Gotteslicht wurde an jedem Sabbatanfang in Erinnerung gerufen, und weil der Gesang bis heute in jedem Freitagabendgottesdienst gesungen wird (Gebetbuch s'fat 'emét, 84), spürt der Jude die Kraft dieser Hoffnung für sein eigenes Leben. Das Gotteslicht erstrahlt ihm selbst, wenn er sein Herz dem Sabbatfrieden und dem Sabbatglück zu öffnen bereit ist.
Das Gotteslicht kann über jedem Menschenleben an jedem Tag des Jahres aufgehen. Das haben die Weisen Israels recht eigentlich erkannt, als sie den bekannten *Priestersegen* (Num 6,24–26) von V 1 unseres Abschnitts aus beleuchteten:

»Es segne dich der Herr
und behüte dich.
Es lasse der Herr Sein Antlitz
dir *leuchten* und begnade dich.
Es erhebe der Herr Sein Antlitz dir zu
und schenke dir Frieden.«

Was bedeutet die Wendung *»Er lasse dir leuchten«*? Der Midrasch (Sifré nasó',6,25; Num.r. 11,6) erklärt:

»Es lasse der Herr Sein Antlitz dir leuchten: Er schenke dir den Glanz der Augen. R. Natan meinte: Er schenkte dir den Glanz seiner *sch'chiná* (»Einwohnung«, göttliche Gegenwart), denn es heißt: ›Erhebe dich, werde licht, denn dein Licht kommt.‹«

Das »Licht«, das die Priester im Jerusalemer Tempel jeden Tag für die Betenden erbaten, ist nach R. Natan das Licht der Gottesgegenwart, und das heißt: es ist das Licht, das ein Mensch empfinden darf, wenn er sich in Gott geborgen fühlt und geborgen weiß.

Wächter auf Jerusalems Mauern

Jes 62,6–7.10–12

6 Auf deine Mauern, Jerusalem, setze Ich Wächter ein,
den ganzen Tag und die ganze Nacht, immerfort.
Sie sollen nicht schweigen!
Ihr, die ihr den Herrn erinnert:
Keine Ruhe sei euch!
7 Und gebt keine Ruhe Ihm,
bis Er Jerusalem (fest) gründet
und zum Lobpreis setzt auf Erden!

10 Zieht vorüber, zieht vorüber
an den Toren!
Bahnt einen Weg für das Volk!
Schüttet auf, schüttet auf
die Dammstraße,
räumt weg die (großen) Steine!
Erhebt ein Panier über die Völker!
11 Sieh, der Herr ließ hören bis ans Ende der Erde:
Sprecht zur Tochter Zions:
Sieh, deine Hilfe kommt!
Sieh, Sein Lohn ist bei Ihm
und Sein Arbeitsentgelt vor Ihm!
12 Man wird sie »Volk der Heiligkeit« nennen,
die Erlösten des Herrn.
Dir wird zugerufen:
»Umworbene!«, »Nimmer verlassene Stadt!«

Der Text im Kontext

Wenn eine innige eheliche Beziehung gestört ist, sind Trauer und Niedergeschlagenheit groß. Vorbei ist »die Freude des Bräutigams an der Braut« (Jes 62,5), vorbei die Zeit der Sorglosigkeit. Die verheiratete Gattin (*b*ᶜ*ulá*)

fühlt sich »gehaßt« (*s'nu'á*; Lea, Gen 29,31.33; Dtn 21,15) und »verlassen« (*'asuwá*) und ist »betrübten Sinnes« (*'azuwát rúach*; Jes 54,6), selbst wenn die Ehe nicht formell geschieden ist.
Seit Hosea (Kap. 2) wird das Bild von einer Ehe als Gleichnis für das Gott-Israel-Verhältnis verwendet. Die Exulanten in Babylonien, 586 v.d.Z. durch Nebukadnezar aus Jerusalem dorthin deportiert, sehen sich an »als eine Frau der Jugendzeit, vom Gatten verachtet« (Jes 54,6) und »verstoßen« (Jer 30,17). Am tragischen Los sind sie zwar nicht unschuldig, weil sie Gott verraten haben (Jer 2,13; 16,11 u.a.). Allein, ihr Los ist wenig beneidenswert. Niemand kümmert sich um sie (Jer 30,17), sie gleichen Schafen, nach denen niemand fragt und die keiner einfordert (Ez 34,6). Wird die Not einmal aufhören? Jes 60,15 verkündet:

»Statt daß du eine Verlassene warst,
eine Gehaßte,
zu der keiner heranschritt,
setze ich dich ein
zum Stolze der Weltzeit,
ein Entzücken für Geschlecht um Geschlecht« (nach B-R).

In Jes 62,4 wird die entsprechende Zusage ausgesprochen:

»Nicht mehr spricht man dich an:
Verlassene!
dein Land spricht man nicht mehr an:
Verstarrte!
sondern dich ruft man:
An-ihr-mein-Gefallen!
und dein Land:
Verehelichte!« (nach B-R).

»An-ihr-mein-Gefallen« oder »Mein Begehren ist an ihr« (*chefzí bah*) ist der Name, der Jerusalems Erlösung anzeigt. Das Land ist nicht mehr »verstarrt« (»verödet«, *sch'mamá*), sondern »verehelicht«, d.h. bevölkert und neu besiedelt.
Die Rückkehrer bedürfen freilich immenser Geduld. Allein bis die von den Babyloniern geschleiften Mauern Jerusalems erneut stehen, sind viele Hürden zu nehmen. Die Samaritaner – mit Statthalter Sanballat an der Spitze – suchen den Aufbau zu sabotieren (Neh 3,33;4,2). Nur unter großer Anstrengung und verbissener Verteidigung gelingt das Werk. Neh 4,11–16 stellt fest:

»Die Bauleute an der Mauer (arbeiteten), und die Lastträger luden auf. Mit der einen Hand arbeitete man am Werk, mit der anderen hielt man die Waffe. Jeder der Bauleute gürtete sein Schwert um die Hüften. So bauten sie.«

Zusätzlich sind Männer zum Schutz der Bauleute aufgeboten (V 10). Nach 52 Tagen ist die Stadtmauer errichtet (Neh 6,15), dank »dem Beistand unseres Gottes« (Neh 6,16). Im Lauf der Jahre bringen es viele Rückkehrer zu Wohlstand. Sie wohnen in »getäfelten Häusern« (Hag 1,4). Wie dann der Tempel aufs neue konstruiert wird, stellt sich die Normalisierung der Lage ein, mag auch das neue Heiligtum dem ersten, salomonischen Tempel an Glanz und Pracht nachstehen (Esra 3,12 f; vgl oben S. 269 zu Jes 60,1–6). Unser Bibeltext behandelt jene erste Phase nach der Rückwanderung aus dem Exil, da die Konsolidierung des Staatswesens noch aussteht. Jes 62,6–7 legt nahe, daß die Mauern der Stadt Jerusalems errichtet und durch Wächter geschützt sind. Jerusalem hat seine ehemalige Stellung jedoch noch nicht wiedergewonnen. V 10 und 12 sind zeitlich nicht mit Sicherheit einzuordnen. Sie passen zur Zeit vor oder kurz nach Beginn der Rückwanderung (s. Exegese).

Leitworte des hebräischen Textes

chomotájich (Singular: *chomá*) heißt »deine Mauern«.
hifqád'ti (Perfekt des Hiphil von *p-q-d*), »ich habe bestellt, eingesetzt« (Lex. 902), B-R: »verordnet«.
jecheschú (vgl *'echesché*, V 1), »sie werden (nicht) schweigen« (Imperfekt des Qal von *ch-sch-h*; Lex. 347).
hamaskirím (Partizip des Hiphil von *s-ch-r*, »gedenken, sich erinnern«), »die in Erinnerung rufen«, Lex. 259: die »bekennen, preisen«; B-R: »die ihr IHN sollt erinnern«. A. Kahana (125) und Rev. I. W. Slotki (303) denken an berufliche »Erinnerer« (2Kön 18,18: »*Jo'ách ben 'Asáf hamaskír*), die Staatssekretäre des Königs. Solche »Erinnerer« hat gleichsam auch Gott.
domí (von *d-m-h II*, Lex. 217) ist die »Ruhe« (mit *'al*, »nicht«: »hab(t) keine Ruhe, bleib(t) nicht still!«), B-R: »Rast«. R. Jesaja der Erste von Trani (191) umschreibt mit »Schweigen« (*sch'tiqá*), so auch R. S. Ibn Melech aus Fès (aaO, II,278).
j'chonén, V 7 (Imperfekt des Polel von *kun*) bedeutet: »er wird hinstellen, bereiten, gründen (Stadt)« (Lex. 443).
'iwrú, V 10, »geht vorüber!« (Imperativ von *'-w-r*, Qal).

panú (Imperativ des Piel von *p-n-h*, »sich wenden«), »schafft weg!«, »räumt frei!« (Lex. 885), B-R: »bahnet!«
sólu (Imperativ des Qal von *s-l-l*, »Straße aufschütten, anlegen«), »legt an!«, R. S. Ibn Melech aus Fès (II,278); »hebt hoch« (die Steine)!«
m'silá ist die »Dammstraße«, s. oben zu Jes 35,8, S. 181 (Leitworte).
saqlú (Imperativ des Piel von *s-q-l*), heißt »mit Steinen bewerfen« oder, so hier, »von Steinen säubern«, »Steine wegräumen« (Lex. 725).
nes ist »Stange, Panier«; B-R: »Banner« (in Jes 30,17 übersetzen B-R mit »Bannerstange«, s. Bibelauslegungen, I,178).
jischʿéch, V 11, ist »deine Hilfe« (von *jéschaʿ*, vgl *j'schuʿá*).
Zu *s'charó*, »sein Lohn«, und *p"ʿulató*, »sein Arbeitsentgelt«, s. oben S. 197 (zu Jes 40,10).
d'ruschá (Partizip passiv von *d-r-sch*, u. a. »sich kümmern um«; Lex. 223 f) heißt »nach der man fragt«, »um die man sich kümmert«, B-R: »Aufgesuchte«, L. Zunz: »Gesuchte«.
Das Gegenteil von *d'ruschá* ist *neʿeswá* (in Pausaform: *neʿesáwa*), »Verlassene« (*neʿeswá* ist Perfekt des Niphal von *ʿ-s-w*).

Der Text in der Exegese

»... und Jerusalems Mauer war durchbrochen und seine Tore im Feuer verbrannt« (Neh 1,3). Das war die Situation nach der Zerstörung der Stadt durch den Babylonier Nebukadnezar; doch sie hat sich geändert. Die Mauer ist neu errichtet, und Wächter passen auf, daß kein äußerer Feind Feuer anlegen kann und im Inneren kein Gewaltverbrechen geschieht (Sch. L. Gordon, 205). Wer sind diese *Wächter*?
Ibn Esra sieht in ihnen die »Trauernden Zions«:

»Diese Wächter sind eine Bezeichnung für die Trauernden Zions. Nachts schlafen sie nicht, wie Wächter auf der Mauer.«

Die Mauern sind zu diesem Zeitpunkt noch nicht erbaut (Ibn Esra, R. D. Kimchi, Sch. L. Gordon), daher klagen die »Trauernden Zions« über die Zerstörung. Dieses Textverständnis leuchtet wenig ein. V 6 nennt nämlich ausdrücklich das »Einsetzen« (*hifqádti*) der Wächter. Trauernde aber werden nicht eingesetzt, nicht mit einem Auftrag zur Klage versehen. Sie klagen von sich aus.
Abarbanel und Malbim denken an die Propheten, die in der Tat ein »Wächteramt« besitzen. Nach dem Midrasch (Ex. r. 18,5) sind »überirdi-

sche« Wächter gemeint: die »Erzengel« (»Engel des [himmlischen] Dienstes«) Michael und Gabriel:

»Es sprach R. N'chemja: Komm und sieh, wie die Liebe des Heiligen, gelobt sei Er, zu Israel beschaffen ist. Die Engel des Dienstes, die Sein Wort erfüllen, sind zu Wächtern für Israel bestimmt. Wer sind diese Engel? Michael und Gabriel ...«

Am naheliegendsten ist die Identifizierung der Wächter mit Wachtruppen, die rund um die Uhr den Schutz der *wiedererrichteten* Stadtmauer zu gewährleisten haben. Das ist außergewöhnlich, denn in der Regel patroullieren Wächter nur während der Nacht (Hld 5,7), wenn sie verdächtige Personen festnehmen. Gottes Wächter tun immer ihren Dienst auf jenen Mauern, von denen es in Jes 49,16 heißt:

»... deine Mauern sind stets vor Mir«.

Gott vergißt Jerusalems Mauern nicht, so wenig Er Jerusalem aus den Augen verliert.

»Zion sagte: ›Verlassen hat mich der Herr,
Gott hat mich vergessen.‹
Kann eine Frau ihr Kind vergessen,
daß sie sich ihrer Leibesfrucht nicht mehr erbarmte?
Selbst wenn diese (Frauen) vergessen sollten –
Ich werde dich nicht vergessen!« (Jes 49,14f).

Zion und seine Mauern sind daher nicht nur neu erbaut (vgl Jes 60,10), sondern zugleich geschützt. Die Wächter werden von Gott ernannt: »Ich setze Wächter ein ...«
Damit die Aufmerksamkeit während der langen Nachtstunden nicht erlahmt, dürfen sie nicht ruhig in der Ecke stehen. Sie gehen singend umher, oftmals sprechen sie miteinander. »Keine Ruhe sei euch!« (V 6), lautet der Befehl des Kommandanten. »Sie sollen nicht schweigen!«
Der Talmud (b.M'nachót, 87a) möchte wissen, was die Wächter, die als »Erinnerer Gottes« einen Zusatzauftrag erhalten, gesprochen haben. Er unterscheidet bei der Antwort zwischen der Zeit vor und nach der Mauerzerstörung.

»Was haben sie gesprochen? Rawa bar R. Schila antwortete: ›Erhebe dich, Du, erbarme Dich Zions!‹ (Ps 102,14). R. Nachman bar Jizchak meinte: (sie sagten) ›Es erbaut der Herr Jerusalem‹ (Ps 147,2). Ehe der Tempel zerstört war – was sprachen die Wächter? Rawa bar R. Schila erklärte: ›denn erwählt hat der Herr Zion, begehrt für Sich als einen Wohnsitz‹ (Ps 132,13).«

Die Wächter auf Jerusalems Mauern beten während ihres nicht unbeschwerlichen Dienstes. Vor der Zerstörung, als es noch einen Tempel gab, priesen sie Gott, der »in Zion seinen Wohnsitz« hatte, nach der Zerstörung bitten sie um Gottes Beistand. Rev. I. W. Slotki (303) schreibt:

»Gott setzte Wächter auf Jerusalems Mauern ein. Sie hatten Ihn immer an Seine Versprechen Jerusalem gegenüber erinnert. Nie mehr sollte die Stadt durch Feinde geplündert werden, sondern die Früchte ihrer Arbeit genießen. Dies war Seine Zusage.«

Die Funktion der *»Erinnerer« Gottes* entspricht jener der Staatssekretäre (s. Leitworte). R. J. H. Hertz (aaO, zum Prophetenabschnitt nizawím) erklärt:

»Ein ›Erinnerer‹ hält das Gewissen des Königs wach. In Persien besaß der König einen Sklaven, der ihm jeden Tag zurufen mußte: ›Denk an die Athener!‹«

Die »Erinnerer Gottes« müssen Gott darauf hinweisen, daß Jerusalems Restauration längst nicht vollendet ist und das Werk nur mit Seiner Hilfe gelingen kann. R. Saadia Gaon (in: Sammelband »Kommentare zu Jes«, I,93) weist auf diese wichtige Funktion der Wächter hin:

»Er (Prophet) sprach zu den Wächtern: ›Ihr, die ihr Gott erinnert, bleibt nicht ruhig! ... Wenn ihr für uns (Israel) als Fürsprecher vor dem Herrn auftretet, so läßt Ihm keine Ruhe, bis Er Jerusalem neu gründet.«

In Ps 83,2 f heißt es:

»O Gott, nicht sei Dir Ruhe (*'al domí lach*)!
Es schweige nicht, halte sich nicht still Gott!
Denn Deine Feinde lärmen,
Deine Hasser heben das Haupt.«

Zu diesem Aufruf heißt es im Midrasch (Jalqút schim'óni, II,938, Nr. 832):

»Die Frommen sagen dem Heiligen, gelobt sei Er, was Er tun möge. Sie sprechen: ›Erhebe Dich!‹, und Er erhebt sich (Num 10,34 f). Sie sprechen: ›Kehr zurück!‹, und Er kehrt zurück (ib.). Sie sprechen: ›Schlaf nicht!‹ (Ps 44,24), und Er erwacht (Ps 78,65). Sie sprechen: ›Sei nicht ruhig!‹, und Er hört (Jes 44,26).«

Die Wächter schützen die Mauern vor einem feindlichen Überfall, und sie beten zugleich zu Gott um den dauerhaften Schutz. So werden sie zu nie schweigenden Fürsprechern für Israel. Die Wächter hoffen – zusammen mit dem übrigen Volk, das in Jerusalem wohnt – auf die wirkliche Neugründung (*j'chonén*) der Stadt, auf Fundamente, die nie mehr erschüttert werden, und auf das ehemalige Prestige (den »Lobpreis«) inmitten der Völkerwelt. Die

Erfüllung der Bitte mag sich dabei, wie R. Ch. Rabinowitz (dáʿat sofrím, 691) meint, über mehrere Phasen erstrecken:

»Die erste Phase gilt dem Begründen der neuen Herrschaft. Auf sie erst folgt die Einsetzung Jerusalems zum Lobpreis.«

In jedem Fall geht es beim *»Lobpreis«* um »ein geistiges Lob« (Rabinowitz):

»Das Lob Jerusalems mehrt die Herrlichkeit Gottes und regt die Menschen an, ihr Verhalten im Leben zu ändern.«

Soweit zum ersten Teil des Bibelabschnitts. Der *zweite Teil (V 10–12)* spielt zu einer Zeit, da die Mauern Jerusalems noch nicht erbaut sind. Die Rückkehr hat eingesetzt oder steht kurz bevor, doch ist nicht vom Schutz der Mauern durch Wächter die Rede, sondern vom *Bereiten des Wegs*, den die Rückkehrer ziehen werden. V 10 fordert:

»Zieht vorüber, zieht vorüber an den Toren!
Bahnt einen Weg für das Volk!
Schüttet auf, schüttet auf die Dammstraße,
räumt weg die (großen) Steine!
Erhebt ein Panier über die Völker!«

Zweimal wird in diesem Vers ein Imperativ wiederholt: *»Zieht vorüber, zieht vorüber!«* und *»Schüttet auf, schüttet auf!«* Daß es geschieht, ist nicht nur Merkmal des Stils (vgl »Tröstet, tröstet, Mein Volk!«, Jes 40,1 u. a.), sondern zugleich Zeichen der Erregung. Es ist keine Zeit zu verlieren, der Auszug aus dem Exil drängt, und so muß rasch die »Infrastruktur« geschaffen werden: die Bahn sei frei für den Exodus! Die Worte erinnern an andere Texte, die die erwartete Rückkehr voraussagen.

Jes 62,10	*Jes 35,8*
Zieht vorüber, zieht vorüber an den Toren! Bahnt einen Weg für das Volk! Schüttet auf, schüttet auf die Dammstraße, räumt weg die Steine! Erhebt ein Panier über die Völker!	Dort gibt's eine Aufschüttung und einen Weg, und »Weg der Heiligkeit« nennt man ihn. Kein Unreiner darf ihn beschreiten . . .

Jes 40,3
Eine Stimme ruft:
In der Wüste bahnt
den Weg des Herrn,
ebnet in der Steppe
eine Straße für
unseren Gott!

Jes 57,14
Und Er sprach:
Schüttet auf, schüttet auf!
Bahnt einen Weg!
Hebt auf ein Hindernis
vom Weg Meines Volkes!

In allen diesen Texten ist der Weg genannt, der für das aus dem Exil heimkehrende Volk freizumachen ist. Es ist der »Weg für das Volk« (62,10), der »Weg der Heiligkeit« (Gottes) (35,8), der »Weg des Herrn« (40,3) oder der »Weg Meines Volkes« (57,14). In jedem Fall zeichnet sich dieser Weg, den Israel begehen soll, durch das Fehlen namhafter Hindernisse aus. Die Rückkehr muß rasch und leicht sein. Daß sie es dann faktisch nicht gewesen ist, steht auf einem anderen Blatt (vgl oben S. 269 zu Jes 60,1–6).
»Zieht vorüber, zieht vorüber an den Toren!«. M. Abernik (in: kitwé qódesch, 77 a) übersetzt:

»Wandelt hin, wandelt hin durch die Tore!«

Welche Tore?, so muß man fragen. Saadia Gaon (aaO, I,93) denkt an die »Tore des Volkes«, das sind die Tore jener babylonischen Ortschaften, in denen die Exulanten leben (so auch Ibn Esra und R. Sch. D. Luzzatto). A. B. Ehrlich (Randglossen, IV, 220 f) vertritt hingegen eine andere Ansicht:

»*Schá'ar* ist hier Bezeichnung für Provinzstadt im Gegensatz zur Hauptstadt (vgl bes. Dtn 15,22; 17,8). *basch''arím* heißt demnach: ›ihr in den Provinzstädten‹, und steht im Vokativ. Die Einwohner der Provinzstädte werden also aufgefordert, hinauszuziehen und den Weg für die heimkehrenden Exulanten in Ordnung zu bringen.«

M. A. Anat – H. M. Y. Gevaryahu denken an die »Tore Jerusalems«, das in Kürze die Rückkehrer aufnehmen wird (so auch Sch. L. Gordon, 207 f). Noch spezifischer äußert sich die These (Enc. Welt der Bibel, aaO, 270), es sei der »Weg von den Toren Jerusalems zum Tempel« gemeint:

»Dieser Weg war von den Trümmern zerstörter Häuser übersät, denn die Stadt war noch nicht in vollem Umfang aufgebaut, die Überreste der Zerstörung waren an jedem Ort zu sehen. Der Ruf nach dem Bahnen des Weges war daher in der tagtäglichen Wirklichkeit in Jerusalem begründet.«

Bei den Hindernissen, die verschwinden müssen, handelt es sich nicht nur um Stolpersteine auf einem sichtbaren Weg. Vielmehr müssen alle Hindernisse – auch die administrativen und wirtschaftlichen – entfernt werden. Daß die übertragene Sinndeutung von V 10 genauso zutrifft, zeigt der

Befehl, über die Völker ein *Panier* zu erheben. Natürlich schwingt da keiner eine wirkliche Fahne! Die Völker sind eingeladen, die Rückkehr der Exulanten zu erleichtern und sich nach einem »Panier« auszurichten, nach dem »Wegweiser«, der auf Jerusalem hinweist.
Die Rückwanderung spielt sich – so wenig wie nach Jes 60,1–6 (s. oben S. 246ff) – im Geheimen ab. Die Völker sehen Gottes Einwirken, sie erkennen, daß sich ohne Ihn nichts bewegt. Die Hilfe für Israel wird zum Zeugnis für Gott. »Sein Wort« wird »bis ans Ende der Erde« (V 11) vernommen, es wird zum »Panier für die Völker«.
V 12 teilt den Inhalt des Gotteswortes mit. Die Völker haben der »Tochter Zions« zuzurufen:

»Sieh, deine Hilfe kommt!
Sieh, Sein Lohn ist bei Ihm
und Sein Arbeitsentgelt vor Ihm!«

»Sieh, deine Hilfe kommt!« Das sagen die Fremdvölker, die mit diesem Zuspruch die Macht Gottes anerkennen. »Deine Hilfe« (*jisch'éch*) ist die Hilfe »deines Erlösers«, der hier zwar nicht so genannt ist, weil Er selber spricht und an die Völker Seinen Auftrag richtet. Doch jeder weiß, daß die Hilfe eine Gotteshilfe ist (vgl Jes 49,25f).
Der Midrasch (Tanchúma, 'acharé mot, 12; vgl Jalqút schim'óni, II,715, Nr. 82, II,870, Nr. 577) fragt, weshalb »deine Hilfe« und nicht »dein Helfer« (*moschi'éch*) geschrieben ist. Und er antwortet: weil durch die Hilfeleistung an Israel auch Gott selbst »geholfen wird«. Gottes Sein ist eng verwoben mit dem Schicksal Israels und seinem Glück.

»R. Abbahu sagte: Jede Hilfe, die für Israel geschieht, ist auch eine Hilfe für den Heiligen, gelobt sei Er ... R. B'rechjá der Priester sagte: Schau, was geschrieben ist (Sach 9,9): ›Juble sehr, Tochter Zions ... sieh, dein König kommt für dich, ein Gerechter, und es ist Ihm geholfen (*w'noschá' hu'*).‹ ›Ein Gerechter, und er hilft‹ (*moschí'a*) ist nicht geschrieben, sondern ›ein Gerechter, und es ist Ihm geholfen‹ (d. h. wenn der Tochter Zions geholfen wird, wird auch Ihm geholfen). Und so heißt es: ›sprechet zur Tochter Zions: Sieh, deine Hilfe kommt.‹ ›Dein Helfer (*moschi'éch*) kommt‹, ist hier nicht geschrieben, sondern ›deine Hilfe kommt‹. Es wird gleichsam auch Ihm geholfen.«
(Es folgen weitere Textbelege aus Ex 14,30 und Dtn 33,29.)

Diese Hilfe, die gleicherweise für Gott wie für Israel geschieht, ist von einzigartiger Größe und Wirkung. Ein weiteres Zitat aus dem erwähnten Midrasch beschreibt sie:

»Es sprach der Heilige, gelobt sei Er: In dieser Welt (Periode) wird euch durch Menschen geholfen. In Ägypten durch Mose und Aaron, zur Zeit Sisseras durch Barak und Debora (Ri 4). In der Zeit der Midianiter durch (den Richter) Schamgar ben Anat (Ri 3,31). So auch durch andere Richter. Weil diese Helfer Geschöpfe aus Fleisch und Blut waren, wurdet ihr später wieder (durch Feinde) unterjocht. Doch in der kommenden Welt (Periode) erlöse Ich euch selbst, und da werdet ihr nie mehr unterjocht werden, wie gesagt worden ist (Jes 45,17): ›Israel wird durch Gott geholfen – eine Hilfe für die Zeiten.‹«

»Sieh, deine Hilfe kommt!« Israel hört diesen Trost nicht aus der Propheten, sondern aus der Völker Mund. Diese Völker, die bis jetzt von Gott nichts gewußt haben, werden zu Seinem Sprachrohr, eingespannt in den Auftrag, Israels Rettung mitzutragen (vgl Jes 49,22; R. Elieser von Beaugency, 138). Der *»Lohn«* gilt nach Ibn Esra »jenen aus Israel, die die Leiden des Exils durchgestanden haben«, oder jenen Angehörigen der Völker, die Israel nicht mehr verachten. Wer die Exilszeit übersteht, geht gestählt der Zukunft entgegen. Die Schwachen zerbrechen, die Starken werden noch stärker in ihrem Willen sein, an einer besseren Zukunft zu bauen. Dieses Geschehen wirkt äußerst überraschend, denn nach den »ehernen Gesetzen der Geschichte« wäre nicht zu erwarten, daß ein vertriebenes Volk den Weg zurückfindet. R. Ch. Rabinowitz (aaO, II,693) führt aus:

»Dreimal steht ›sieh‹ (*hiné*) ... ›sieh‹ ist ein Ausdruck der Überraschung.«

Doch das Unwahrscheinliche, das Erstaunliche geschieht (V 12):

»Man wird sie (Rückkehrer) ›Volk der Heiligkeit‹ nennen,
die Erlösten des Herrn‹ (vgl Jes 35,9; 51,10).
Dir (Jerusalem) wird zugerufen:
›Umworbene!‹ (M. Abernik: ›Völkerbesuchte‹)
›Nimmer verlassene Stadt!‹«

Der Kreis schließt sich. Die »verlassene« Stadt und das »verödete« Land (62,4) werden wiederum »umworben« und durch die Gotteszusicherung beglückt, daß die Verlassenheit für immer der Vergangenheit angehört.

Wegweisung für unsere Zeit

Wächter stehen auf Jerusalems Zinnen. Saadia Gaon (aaO, I,140) glaubt, ihre Namen zu kennen. »Der erste Wächter ist die *Schmach* (der Exilszeit), der zweite die *Umkehr* (zu Gott), der dritte stellt die *Gottesverheißungen* dar von Abrahams Zeit bis zum letzten der Propheten.« Anders formuliert:

Israels und Jerusalems Zukunft gründet auf dem Wissen um die Schrecken der Vergangenheit (Schmach), auf der Bereitschaft, immer wieder aus den Erfahrungen zu lernen und Neues zu beginnen (Umkehr), sowie auf dem Vertrauen auf Gottes Hilfe, ohne die nichts gelingen kann (Gottesverheißungen).

Was Saadia Gaon bei seiner übertragenen Sinndeutung für Jerusalem sagt, trifft für den Einzelmenschen nicht minder zu. Die »Wächter« seines Lebens, die nie »schweigen«, nie »Ruhe geben«, bestimmen sein Dasein. Wird er in schweren Tagen den Optimismus und das Vertrauen in Gott verlieren oder wird er sich immer wieder zur »Umkehr«, und das heißt: zu einem neuen Anlauf, aufraffen, zu einem neuen Versuch, Schwierigkeiten und Probleme zu meistern? Wird er verzagen oder weitermachen? Die Antwort ist eindeutig: Auch in dunkelster Zeit erklingt das Gotteswort: »Sieh, deine Hilfe kommt!« Wer sich verlassen fühlt, darf wissen, daß Gott sich um ihn kümmert und ihn birgt in Seinem Schutz.

»Ist zur Räuberhöhle dieses Haus geworden?«

Jer 7,1–11

1 Das Wort, das an Jeremia erging vom Herrn, es lautete:
2 Stell dich hin am Tor des Hauses des Herrn und ruf dort aus dieses
Wort. Sag an: Hört das Wort des Herrn, ganz Juda, die durch diese
Tore gekommen sind, um sich vor dem Herrn niederzuwerfen!
3 So spricht der Herr der Heerscharen, der Gott Israels: Bessert eure
Wege und eure Taten, und Ich lasse euch wohnen an diesem Ort.
4 Vertraut nicht auf die Worte der Lüge, die sagen: »Tempel des Herrn!
Tempel des Herrn! Tempel des Herrn sind sie!«
5 Nur wenn ihr eure Wege und eure Taten bessert, wenn ihr Recht übt
zwischen einem Mann und seinem Nächsten,
6 einen Fremden, eine Waise und Witwe nicht bedrückt und unschuldiges
Blut an diesem Ort nicht vergießt, fremden Göttern nicht nachgeht,
was euch zum Schaden gereichte,
7 dann lasse Ich euch wohnen an diesem Ort, im Land, das Ich euren
Vätern gegeben habe, von Ewigkeit zu Ewigkeit.
8 Doch sieh, ihr vertraut auf die Worte der Lüge, die zu nichts nütze sind!
9 Stehlen, morden, ehebrechen, zur Lüge schwören, dem Baal räuchern,
fremden Göttern nachgehen, die ihr nicht kennt?
10 Und dann kommt ihr und stellt euch vor Mich hin in diesem Haus, über
das Mein Name ausgerufen worden ist, und sprecht: »Wir sind geret-
tet!« – damit ihr (dann) alle diese Greuel weiterhin tun könnt.
11 Ist zur Räuberhöhle dieses Haus in euren Augen geworden, über das
Mein Name ausgerufen wurde?
Auch Ich, wahrlich, Ich habe gesehen! ist der Spruch des Herrn.

Der Text im Kontext

Im Auftrag Gottes tritt der Prophet Jeremia an »das Tor des Hauses des Herrn«, an den Haupteingang des Jerusalemer Tempels und hält eine Rede (7,2), die sogenannte Tempelrede. In unserem Abschnitt 7,1–11 ist ein Teil der Tempelrede enthalten, der volle Umfang erstreckt sich bis 7,15.

Wann das geschieht, ergibt sich aus Jer 26. Die jüdischen Exegeten des Mittelalters erkennen den Zusammenhang zwischen Jer 7 und Jer 26. Hier (V 12–14) wie dort (26,6) ist der Untergang des Tempels angesagt, und hier wie dort wird dabei das Ende des Tempels von Silo (vermutlich um 1050 v. d. Z. während der Philisterherrschaft) zum Vergleich in Erinnerung gerufen. 26,1 nennt den Zeitpunkt der Rede und des dramatischen Geschehens, das Jeremia um ein Haar das Leben kostet:

»Am Anfang der Herrschaft Jojakims, des Sohnes Josias, des Königs über Juda.«

Erinnern wir uns an ein paar wichtige Geschichtsdaten. *Josia* (637–609 v. d. Z.) führt nach dem Fund »des Buchs der Torá« (2Kön 22,8), des Dtn, eine Kultreform durch und entfernt aus dem Tempel die letzten Spuren einer primitiveren Gottesverehrung. Zugleich zerstört er die vielen »Opferhöhen« (*bamót*) und erreicht die Kultzentralisation im Jerusalemer Tempel. Josia fällt 609 v. d. Z. in der Schlacht gegen Necho II. von Ägypten. Einige Monate regiert der Sohn *Joachas*, dann kommt sein Bruder *Jojakim* (609–598 v. d. Z.) an die Macht (vgl Bibelauslegungen, I,197 f). Die Fremdkulte werden wieder toleriert, das Volk verehrt fremde Götter und opfert unter anderem auch der »Himmelskönigin« (*Ischtar*), *m'léchet haschamájim* (Jer 7,18; akkadisch: *scharrat schame*). Der Chronist findet für diesen Rückfall in den vorjosianischen Zustand das vernichtende Urteil (2Kön 23,37):

»Er tat das Böse in den Augen des Herrn, (tat) nach allem, was seine Väter (Vorfahren) getan hatten.«

Jojakim verachtet nicht nur Gott, er verachtet auch den Menschen. Wie zur Zeit Königs *Manasse* (695–641 v. d. Z.), der in Jerusalem »sehr viel unschuldiges Blut vergoß« (2Kön 21,16; 24,4), werden Menschen getötet, ohne daß sie eine Schuld trifft. Jeremia muß vor dem Vergießen unschuldigen Blutes warnen (7,6).
Die Tempelrede fällt in den »Anfang der Herrschaft Jojakims«. Jeremia soll die Abtrünnigkeit aufhalten und das Volk zur Besinnung rufen. Eindringlich plädiert er für die ungeteilte Mitmenschlichkeit und die Absage an die Götter. Wie er dann freilich einen Frontalangriff auf den Tempel selbst wagt und die Sicherheit der Zuhörer in eine ungetrübte Zukunft erschüttert, gerät er in eine unmittelbar Lebensgefahr:

»Du mußt sterben! Warum hast du im Namen des Herrn geweissagt: ›Wie Schilo wird dieses Haus werden und die Stadt zerstört, so daß niemand sie mehr bewohnt‹?« (26,8 f).

Es droht ihm ein Todesurteil (26,11.16: *mischpát máwet*). Jeremia verteidigt sich: Gott habe ihm den Auftrag gegeben (V 12), wer ihn tötet, bringe »unschuldiges Blut« auf sich (V 15). »Männer von den Alten des Landes« (V 17) entsinnen sich eines Präzedenzfalles: Zur Zeit *Hiskias* (725–697 v. d. Z.) verkündete Micha, der Prophet aus Moreschet Gat, den Untergang Jerusalems und seines Tempels (Mi 3,12; Jer 26,18), und kein Haar wurde ihm gekrümmt. Jeremia ist kein Mann des Todes, denn im Namen Gottes hat auch er gesprochen! Die Volksmenge stimmt dem Argument zu. Doch dann verweist irgendeiner auf das blutige Ende des Propheten *Urija ben Sch'maja*, der nach Ägypten geflohen war, von den Häschern Jojakims jedoch ergriffen, nach Jerusalem zurückgebracht und auf Befehl des Königs hingerichet wurde (26,20–23). Jeremia ist erneut bedroht; da bringt ihn ein hoher Beamter und Sympathisant, *Achikam ben Schafan*, in Sicherheit (V 24) und rettet ihn vor der Wankelmütigkeit der Menge. (Zum Geschehen vgl Sch. D. Goitein, Jeremia vor seinen Richtern, in: ʿijuním bamiqráʾ [Biblische Studien], 1957, 130–141; hebr.)

Leitworte des hebräischen Textes

hadawár, das »Wort«, die »Angelegenheit, Sache« (Lex. 202 ff), ist hier gleichbedeutend mit einem »Befehl«. M. Abernik (in: kitwé haqódesch) übersetzt mit »ein Auftrag an«.
scháʿar, V 2, ist das »Tor« (des Tempels), vermutlich das Haupttor, das an der Ostseite des Tempelareals stand (so R. D. Kimchi, R. J. Ibn Nachmias, 24, Abarbanel, R. H. Freedman, M. Bolle, 91).
l'hischtachawót (Infinitiv des Hitpael von *sch-ch-h*) meint »sich niederwerfen«, die Prostration vollziehen. Der Betende legt sich dabei platt auf den Bauch und streckt Arme und Beine von sich (b. B'rachót, 34 b).
hetíwu (Imperativ des Hiphil von *j-t-w*) heißt »bessert!«, mit dem Objekt *darkechém*, »eure Wege« (von *dérech*, Plural: *d'rachím*, Status constructus: *darché*). V 5 steht der Infinitivus absolutus *hetéw* mit dem Imperfekt *tetíwu*, »ihr werdet bessern«.
maʿal'lechém (der nicht belegbare Singular muß *maʿalál* lauten, von *ʿ-l-l I*, Lex. 580 f) sind »eure Taten«, B-R: »eure Geschäfte«.
wa'aschaknáh (Kohortativ von *sch-k-n*, Piel), »ich will wohnen lassen«. In V 7 tritt die Form *w'schikantí* (Perfekt des Piel mit *waw* consecutivum) auf: »ich lasse wohnen«, in V 12 das Perfekt *schikánti*, »ich ließ wohnen«. Nomina sind *schachén*, »Bewohner, Nachbar«, und *mischkán*, die »Woh-

nung« (Gottes, das Wüstenzelt). Im nachbiblischen Hebräisch: *sch'chiná*, das »Einwohnen« Gottes in der Welt, Seine immerwährende Gegenwart.
'al tiwt'chú (negierter Imperativ des Qal von *b-t-ch*, »sich sicher fühlen, vertrauen«, Lex. 116), »vertraut nicht!«, »verlaßt euch nicht!«, B-R: »Sichert euch nimmer«. Hier ist der Imperativ mit der Präposition *'el* (»auf«) verbunden: »verlaßt euch nicht auf (die Lügenworte; *diwré haschéqer*).
hechál ist sumerisches Fremdwort (*e-gal*, »großes Haus«, vgl akkadisch *ēkallu*) und bezeichnet einen »Palast« oder, so in V 4, einen »Tempel« (vgl Bibelauslegungen, I,157, zu Jes 6,1), B-R: »Halle«.
Mit *ki 'im* (»nur wenn«) – wiederholt durch *'im* (in der Mitte von V 5) – beginnen die beiden Konditionalsätze V 5–6. Der Hauptsatz steht in V 7. B-R übersetzen, wenig überzeugend, nur das *ki*, und zwar mit »Ja«.
mischpát, »Recht« (vgl Bibelauslegungen, I,200), ist hier »das zwischen einem und seinem Nächsten« (*ben 'isch unwén re'éhu*) verwirklichte, erfüllte Recht«. Seine Realisierung wird mit *'-s-h*, »tun« – *'asó* (infinitivus absolutus) *ta'asú* (Imperfekt des Qal), »tut!« – wiedergegeben, B-R: »tut Recht ihr, tut's«.
ger, V 6 (von *gur*, »wohnen«), ist der »Fremde«, und zwar der ansässige Fremde; Ex 20,10 u. a.: »dein Fremder, der in deinen Toren (weilt)«, zum Unterschied vom *nochrí*, der nur vorübergehend anwesend ist und in der »Fremde« (*nechár*) lebt (s. Lex. 661 f). Dem *ger* gilt der uneingeschränkte Rechtsschutz wie dem »Bürger«, dem Einheimischen (*'esrách*, Num 15,15 f u. a.).
jatóm ist die »Waise«, *'almaná* die »Witwe«.
ta'aschóqu (Imperfekt des Qal von *'-sch-q I*, »bedrücken, ausbeuten«, Lex. 849), »bedrückt (nicht)!«, ist Terminus technicus für eine harte, rücksichtslose Gesetzesanwendung dem sozial Schwächeren gegenüber.
dam naqí ist »unschuldiges Blut« (L. Zunz), »schuldlos« (Lex. 680) vergossenes »Blut«, vgl Dtn 21,8 (ib. V 9 mit Artikel: *hadám hanaqí*, »das schuldlose Blut«). *dam* (mit *qámez!*) steht im Status absolutus; als nomen regens in einem Status constructus wird *dam* mit einem *patách* geschrieben. Beispielsweise in Dtn 19,13 und Jer 22,17: *dam hanaqí*, »Blut des Unschuldigen«. Die Wiedergabe von *dam naqí* mit »Blut des Unsträflichen« (B-R), die die Wendung als Genetivbildung versteht, ist daher falsch.
ho'íl in V 8 (Infinitivus absolutus des Hiphil von *j-'-l*, »helfen, nützen«, Lex. 401) mit *l'wiltí* (*biltí* mit Präposition *l*), »nicht zu«, »so daß nicht«, heißt »die (gemeint sind die »Lügenworte«) zu nichts nütze sind«, L. Zunz: »die zu nichts frommen«, B-R: »den unnützen«.
In V 9 stehen bei der Angabe der Verbrechen sechs Infinitivi absoluti,

eingeleitet mit der Fragepartikel *ha* bei *haganów*, »stehlen«. *razóach* bedeutet »morden«, *na'óf*, »ehebrechen«, *hischawé'a* (Niphal von *sch-w-'*), »schwören«, *qatér*, »räuchern« (B-R: »aufrauchen lassen«; vgl *q'tóret*, »Weihrauch«, Lex. 1024: »Räucherwerk«) *halóch*, »gehen« (»nach fremden Göttern«, *'elohím 'acherím*).
nizálnu, V 10 (Perfekt des Niphal von *n-z-l*), »wir wurden (sind) gerettet«.
to'ewót (Singular: *to'ewá*) sind die »Greuel« (L. Zunz; B-R), die »verabscheuungswürdigen« Taten.
m''ará ist die »Höhle« (Gen 23,9: die Grabeshöhle«), die den »Räubern« (*parizím*; vgl Jes 35,9, oben S. 181) Schutz vor den Verfolgern bietet.

Der Text in der Exegese

Jeremia steht am »Tor des Hauses des Herrn« (V 2), um das »Wort« Gottes zu verkünden. Vermutlich geschieht dies an einem der drei Wallfahrtsfeste, wenn viele Leute zum Tempelgottesdienst erscheinen (R. H. Freedman, 51). Zunächst hält sich der Prophet am Osttor, dem Haupteingang zum Tempelareal, auf, dann begibt er sich aber in den »Hof des Hauses des Herrn« (26,2), zum Platz hinter dem Tor. Dort kann ihm eine größere Menge zuhören, die auch durch andere Tore – durch die drei Tore im Norden oder die drei Tore im Süden (R. D. Kimchi) – zum Tempelbezirk gelangt ist. V 2 stellt fest: »die durch diese Tore (Plural!) gekommen sind«.
Die Besucher wollen sich »vor dem Herrn niederwerfen« (*l'hischtachawót ladonáj*; V 2), d. h. die Proskinese (Prostration) ausüben. Der Betende legt sich bei der Proskinese platt auf den Boden und streckt Arme und Beine von sich. Der Talmud (b. B'rachót, 34b) nennt dieses »Ausstrecken« (*pischút jadájim w'raglájim*) neben dem »Bücken« (*qidá*) und dem »Niederknien« (*k'rí'á*). Die Proskinese ist – auch im Kontakt zwischen dem Untertan und seinem König – die ausgesprochenste Demutsgebärde: der sich flach auf den Boden Legende wird gleichsam Teil des Erdbodens. Der Herr kann über ihn hinwegschreiten. (Gehäuft ist die Proskinese in den Tell el-Amarna-Briefen erwähnt, wobei die überschwengliche – nicht wörtlich gemeinte – Beteuerung wiederkehrt: »Zu den Füßen meines Herrn bin ich siebenmal und siebenmal niedergefallen, sowohl [mit] dem Bauch als auch [mit] dem Rücken zu den Füßen meines Königs, meines Herrn«; J. A. Knudtzon, Die El-Amarna-Tafeln, 2 Bde, in: Vorderasiatische Bibliothek, 1964 [Nachdruck], II,356.)
Das Targúm übersetzt *l'hischtachawót* mit *l'misgád*, »sich zu verbeugen«.

Neuhebräisch *misgád* (arabisch: *masdschíd*) ist die »Moschee«, der Ort, wo man »sich verbeugt, niederwirft«.
Jeremia beginnt seine Rede mit dem vollen Titel seines göttlichen Auftraggebers (vgl Bibelauslegungen, II,282):

»So spricht der Herr der Heerscharen, der Gott Israels« (V 3)

Gott wendet sich mit dem ganzen Gewicht Seiner Allmacht an die Bewohner Judas. Es ist ein bedeutendes Wort, das sie empfangen sollen:

»Bessert eure Wege und eure Taten, und Ich lasse euch wohnen an diesem Ort.« Vgl 26,13: »Jetzt aber bessert eure Wege und eure Taten und hört auf die Stimme des Herrn, eures Gottes, dann wird der Herr des Bösen gereuen, das Er über (gegen) euch gesprochen hat« (s. auch 26,3; Ex 32,14; Jona 3,10).

In prägnanter Kürze nennt Jeremia die entscheidende Bedingung: Wenn die Lebensweise sich zum Guten ändert, findet das Volk eine Bleibe in seinem Land, wenn nicht, steht ihm mit Sicherheit das Exil bevor. Das Land ist nie ein Geschenk, sondern lediglich ein Lehen, das für immer an das Verhalten seiner Bewohner, der Lehensempfänger, konditioniert bleibt (vgl Lev 26,3 ff mit 26,14 ff; Dtn 28,1 mit 28,15; ferner Dtn 11,22–25).
Malbim schreibt (522):

»Die guten Taten, nicht der Tempelbesuch, werden von Gott gewünscht. Diese Taten sind die Vorbedingung des Tempelbesuchs.«

»Dieser Ort«, an dem das Volk weiterhin wohnen darf, ist nicht nur Jerusalem, sondern das ganze Land:

»Den Beweis dafür liefert V 7, wo es heißt: ›Ich lasse euch an diesem Ort wohnen, im Land, das Ich euren Vätern gegeben habe‹« (M. Bolle, 92).

Wer die Bedingung negiert und glaubt, der Wohnsitz sei für alle Zeiten – ungeachtet des eigenen Tuns – gesichert, gibt sich »Lügenworten« (Targúm: den »Worten der Lügenpropheten«) hin. Er erliegt einer Selbsttäuschung (ähnlich bereits Mi 3,11). Die Gegner Jeremias kennen freilich eine falsche Sicherheit. Sie argumentieren so: In unserer Mitte »wohnt« Gott (Ex 25,8), und Seine immanente Gegenwart ist sichtbar durch den Tempel auf dem Zion. Da ist es schlechterdings unmöglich, daß der Tempel durch Feindeshand zerstört werden kann. Gott wird doch nicht seinen eigenen Tempel der Vernichtung preisgeben!

»Tempel des Herrn! Tempel des Herrn! Tempel des Herrn sind sie!« (diese Gebäude; R. D. Kimchi, Abarbanel u. a.)

Der »Tempel des Herrn« ist unantastbar – wie Gott selbst. Jeremia stellt sich gegen diesen Wahn, der den Tempel zu einem schutzgewährenden Fetisch umfunktioniert. Das Schicksal dieses Tempels entspricht jenem des Tempels von Schilo, der in Schutt liegt. Schilo, 32 Kilometer nördlich Jerusalems, wurde um 1050 v. d. Z. vermutlich durch die Philister zerstört. Später wurde Schilo wieder aufgebaut. Zu seinen berühmtesten Bewohnern zählte der Prophet Achija, der zur Zeit Salomos und Jerobeams I. seine Verkündigungen ausrief (1Kön 11,29f; 12,15; 14,2ff). Der Tempel Schilos wurde nicht mehr neu errichtet, im Gegensatz zur Stadt. Von 1915 an fanden in Schilo (Chirbet Seilun) archäologische Ausgrabungen statt, die neben den Stadtmauern Gegenstände des täglichen Gebrauchs zutage förderten (Enc. miqra'ít, VII,626–632).
Der Vergleich des Jerusalemer Tempels mit dem Heiligtum Schilos schokkiert die Zuhörer Jeremias so sehr, daß sie Jeremias Tod fordern. Der Untergang Schilos ist nicht verwunden, der Raub der Bundeslade in den Tagen des Hohenpriesters Eli nicht vergessen. Israels »Unehre« (1Sam 4,21) lastet auch nach Jahrhunderten auf dem Volk. Mit knapper Not entgeht Jeremia einem Todesurteil (s. Kontext).
Am Standpunkt des wahren Gottespropheten ist indessen nicht zu rütteln. Der »Tempel des Herrn« ist keine »Lebensversicherung«, die Leute geben sich einer »falschen Sicherheit hin, weil man den Tempel hat«, und diese falsche Sicherheit ist »der Erzfeind des Glaubens« (M. Buber, Der Glaube der Propheten, 212). Alles hängt vom Tun der Menschen ab, von nichts anderem, auch nicht von äußeren Frömmigkeitsriten und einem pünktlichen Teilnehmen an den Kultzeiten. Diesen Aspekt unterstreicht das Targúm bei seiner kommentierenden Wiedergabe von V 4b, dem dreimaligen »Tempel des Herrn«:

»Verlaßt euch nicht auf die Worte der Lügenpropheten, die sagen: Vor dem Tempel *betet* ihr, vor dem Tempel *opfert* ihr, vor dem Tempel *werft ihr euch nieder*. Dreimal jährlich erscheint ihr vor Ihm« (an den Wallfahrtsfesten).

Gebet, Opfer und Proskinese sind wertlos, wenn die Hingabe des Herzens ausbleibt. Die jetzt folgenden Verse unterstreichen diese Grundlehre biblischen und nachbiblischen Denkens mit aller Deutlichkeit. Die nachstehende Tabelle erleichtert den Überblick über den klar strukturierten *Aufbau der V 3–10.*

	Das Wort Gottes		**Die Lügenworte**
V 3	*Hauptmotiv:* Ruf zur Umkehr (»bessert«)	Zusage (»wohnen«)	
V 4			*Hauptmotiv:* Zusage *ohne* Ruf zur Umkehr (»Tempel des Herrn!«)
V 5a	*Wiederholung des Hauptmotivs:* Ruf zur Umkehr (»wenn ihr bessert«)		
V 5b	Umkehr = Erfüllen des Rechts (»Recht«) und		
V 6	Vermeiden des Unrechts (Beispiele)		
V 7		Zusage (»wohnen«)	
V 8			*Wiederholung des Hauptmotivs:* (andeutungsweise: »Lügenworte«)
V 9	Umkehr = Vermeiden des Unrechts (Beispiele)		
V 10			Zusage (»gerettet«) *ohne* Ruf zur Umkehr (»Greuel«)

Die Rede ist so konzipiert, daß sie auf die Zuhörer wirken muß. Zunächst werden die Hauptmotive mit ein paar Worten umrissen. Das Wort Gottes verkündet: »Bessert . . ., und Ich lasse euch wohnen . . .« Die Lügenworte verzichten auf eine Konditionierung. Es gibt den »Tempel des Herrn«, seine Existenz garantiert den Verbleib Israels im Land. Dann wird das Hauptmotiv des Gotteswortes wiederholt und durch Beispiele erläutert. Die Zuhörer erfahren die Forderungen und hören den Inhalt des sozialrechtlichen Kodex (V 5b–6; V 9 mit der Fragepartikel *ha* bei *haganów*, »Stehlen . . .?«, leitet eine rhetorische Frage ein und enthält weitere Beispiele grundlegender Verbote).

Zwischen der »Zusage« (V 7) und der Schilderung des Unrechts, das zu vermeiden ist, soll die Umkehr realisiert werden (V 9), leuchtet kurz nochmals das Hauptmotiv (»Lügenworte«) auf. Jeremia führt es nicht aus, erwähnt den Irrglauben »Tempel des Herrn sind sie!« (V 4) nicht mehr, vielleicht, weil er ihn zum Verschwinden bringen will. An die Stelle der Anklage tritt jetzt die Klage (V 8):

»Doch sieh, ihr vertraut auf die Worte der Lüge, die zu nichts nütze sind!«

Die Leute tun, was sie nie tun sollten. Sie vertrauen auf die Lüge statt auf die Wahrheit. Wenn sie in den Tempel kommen, glauben sie sich »gerettet« (*nizálnu*, V 10), und der Verrat der Mitmenschlichkeit beginnt aufs neue. Wie sieht der *sozialrechtliche Kodex* im einzelnen aus?
Abarbanel (327) erkennt, daß V 5 ein Gebot, V 6 Verbote enthält. V 5 nennt das *»Recht zwischen einem Mann und seinem Nächsten«*. Das Recht – es ist das »Recht des Herrn« (Jer 8,7) – muß »getan« werden (*'asó ta'asú*). Zuständig für die Rechtserfüllung ist die Gemeinschaft, repräsentiert durch den Richter. Er verwirklicht ein »gerechtes« Rechtsurteil (*mischpát zédeq*; Dtn 1,16; 16,18; Ps 72,2; 119,160), ein »Recht der Wahrheit« (*mischpát 'emét*, Sach 7,9), ein »Recht des Friedens« (*mischpát schalóm*, Sach 8,16). Will er ein guter Richter sein, so bedarf es nicht nur seiner Unbestechlichkeit und Redlichkeit (Ex 18,21; Dtn 1,16 f; 16,19 f), sondern auch der beruflichen Qualifikation. Er hat sich gründlich in den verschiedenen Rechtsbereichen auszukennen, als da beispielsweise sind: Strafrecht (Ez 23,45), Erbrecht (Jer 32,8), Freikaufrecht (Jer 32,7; vgl Rut 4,1 ff; Lev 27), Armenrecht (Jer 5,28; Hiob 36,6; Ps 140,13).
Wie das Recht »zwischen einem Mann und seinem Nächsten« aussehen kann, demonstriert das *Beispiel eines Todesfalls* in Num 35,24 f. Auf vorsätzlichen Mord steht die Todesstrafe (ib. V 16–21). Hat nun aber der Täter »plötzlich und ohne Haß ihn (Opfer) gestoßen« (V 22) – handelt es sich also um einen »Mord« aus »Unachtsamkeit« (*sch'gagá*), nach unserem Sprachgebrauch um »Totschlag« –, so wird dem Täter die Gnade des Asyls in einer »Zufluchtsstadt« gewährt. Dort ist er dem Zugriff des Bluträchers (B-R: des »Bluteinlösers«, *go'él hadám*) entzogen. Unmittelbar nach dem Unglück ist der Täter dorthin entflohen. Damit er aber dort bleiben kann und nicht wegen eines geplanten Mordes in einem Kriminalprozeß zur Verantwortung gezogen wird (für Mord gibt es keine andere Sühne als die Hinrichtung des Mörders), muß die »Gemeinde« (Rechtsgemeinde) den Sachverhalt abklären. Das Recht schreibt vor (ib. V 24 f):

»Es richte die Gemeinde zwischen dem (Tot-)Schläger und dem Bluträcher nach diesen Rechten. Und es rette die Gemeinde den Mörder (= Totschläger!) aus der Hand des Bluträchers, und es bringe ihn die Gemeinde in die Zufluchtsstadt zurück, in die er entflohen war ...«

Die Rechtsgemeinde richtet »zwischen ... und« (*ben ... ben*), sie entscheidet »nach diesen Rechten« (*'al hamischpatím ha'éle*). Dem *mischpát* wird damit Genüge getan.
V 6 und V 9 nennen eine Reihe von Verboten, die von den Gesetzen der

Torá her bekannt sind. Anklänge an den Dekalog von Ex 20 und Dtn 5 sowie das Heiligkeitsgesetz von Lev 19, aber auch an andere Satzungen sind nicht zu übersehen.

Der Schutz des Fremden, der Waise und Witwe

In der Prophetie:	*In der Torá:*
V 6: (wenn ihr) ... einen Fremden, eine Waise und Witwe nicht bedrückt ... Vgl Jer 22,3: So spricht der Herr: Übt Recht und Gerechtigkeit, rettet den Beraubten aus der Hand seines Bedrückers. Einen Fremden, eine Waise und Witwe übervorteilt nicht und tut (ihnen) keine Gewalt an ...« (vgl ferner Jes 1,17; Sach 7,10; Ez 22,29; Mal 3,5).	Ex 22,20f: Einen Fremden sollst du nicht übervorteilen und ihn nicht bedrükken, denn ihr seid Fremde gewesen im Land Ägypten. Jede Witwe und Waise dürft ihr nicht quälen (bedrücken)! Dtn 24,17: Beug nicht das Recht eines Fremden und einer Waise und pfände nicht das Kleid einer Witwe! Vgl Dtn 27,19: Verflucht sei, wer das Recht eines Fremden, einer Waise und Witwe beugt! Und das ganze Volk spreche *'amén*.

Der Terminus *ʿ-sch-q*, »bedrücken« (in Ex 22,20 das gleichbedeutende *l-ch-z*) meint das Ausbeuten menschlicher Kraft. Die »Bedrückung« äußert sich aber auch in Worten. Der Bedrückte wird zum Narren gehalten. Der Talmudweise R. Chisda sagte (b. Bawá' m'ziʿá', 11 a):

»(Spricht man zum Schwächeren) ›Geh und komm wieder! Geh und komm wieder!‹, so ist dies Bedrückung (man könnte ihm den von ihm gewünschten Gegenstand sofort übergeben). Spricht man aber: ›Was dir gehört, ist bei mir, doch ich gebe es dir nicht!‹, so ist dies Diebstahl.«

Die Bedrückung ist immer verboten (Lev 19,13), beim Fremden, bei Witwe und Waise ist sie hervorgehoben:

»R. Akiba sagt: Der Vers (Ex 22,21) nennt Witwe und Waise, die allzu leicht bedrückt werden könnten« (M'chílta' z. St.).

Ibn Esra kommentiert so:

»Wie der Satz den Fremden erwähnt, der keine Macht besitzt, so erwähnt er Witwe und Waise, die machtlos sind, obschon sie zum Volk (Israel) zählen. Zudem steht zuerst ›*ihr* sollt sie nicht quälen‹ und daraufhin (V 22) ›wenn *du* ihn quälst‹. (Daher gilt:) Wer einem anderen beim Quälen von Waise und Witwe zuschaut und nichts dagegen unternimmt, wird als ein Mensch angesehen, der sich das Quälen selbst hat zuschulden kommen lassen.«

Das Verbot, einen Fremden zu bedrücken, wird motiviert mit der Erfahrung der Israeliten in Ägypten (Ex 22,20). Sie wissen, wie es dem Fremden zumute ist, und müssen verhindern, daß die Fremden in ihrem Umkreis sich bedrückt fühlen. Mit dem Hinweis auf die ägyptische Sklaverei wird in Lev 19,34 die dem Fremden zu gewährende Nächstenliebe begründet (»Sei lieb zu ihm, denn er ist wie du; denn Fremde seid ihr gewesen im Land Ägypten. Ich bin der Herr, euer Gott«; Raschi: »dein Gott *und* sein Gott bin Ich«). R. Mose ben Nachman (Nachmanides) führt aus (zu Ex 22,20):

»Du weißt, daß ihr in Ägypten Fremde gewesen seid. Ich habe die Bedrückung durch die Ägypter gesehen und sie zur Rechenschaft gezogen, weil Ich die Tränen der Unterdrückten wahrnehme, die niemand tröstet ...«

Die richtige Haltung faßt Maimonides (hilchót de'ót, VI,10) mit folgenden Sätzen zusammen:

»Man muß sich bei Waisen und Witwen sehr in acht nehmen (daß man sie nicht verletzt), denn ihre Seele ist bedrückt. Dies ist nicht anders, wenn sie begütert sind, und es gilt selbst bei der Witwe eines Königs und dessen Waisen; denn es steht geschrieben: ›*Jede* Witwe und Waise dürft ihr nicht quälen.‹
Wie soll man sich verhalten? Man spricht zu ihnen in sanftem Ton und erweist ihnen alle Ehre. Ihr Körper darf durch harte Arbeit nicht leiden und ihr Herz nicht durch harte Worte. Ihren Besitz respektiere man mehr als den eigenen Besitz ...«

Vom *Schutz des Lebens* handelt die nächste Forderung, die desgleichen in der Torá an mehreren Stellen festgehalten wird.

In der Prophetie:
V 6: (wenn ihr) ... unschuldiges Blut an diesem Ort nicht vergießt ...
V 9: Etwa morden?
Vgl Jer 19,4: ... und sie (Bewohner Judas) füllten diesen Ort mit dem Blut Unschuldiger.
Jer 22,17 (gegen Jojakim, in dessen Regierungszeit die Tempelrede fällt): ... denn deine Augen und dein Herz sind nur auf deinen Gewinn (gerichtet) und darauf, das Blut Unschuldiger zu vergießen ...
(ferner: Jer 2,34; 26,15; Jes 59,7 u. a.)

In der Torá:
Ex 20,13: Morde nicht!
Dtn 19,10: Nicht werde unschuldiges Blut inmitten deines Landes vergossen ... ib. V 13: ... entferne das Blut des Unschuldigen aus Israel, und es geht dir gut.
Dtn 21,8 (Gebet): Schenk Sühne Deinem Volk Israel ... und laß kein unschuldiges Blut inmitten Deines Volkes Israel bestehen ... (Zusage): Du entfernst das unschuldige Blut aus deiner Mitte, wenn du das Rechte tust in den Augen des Herrn.
Dtn 27,25: Verflucht, wer Bestechung nimmt, um das Leben (Seele) zu schlagen, unschuldiges Blut! Und das ganze Volk spreche *'amén*.

Der Akzent liegt auf dem Adjektiv *»unschuldig, schuldlos«*. Der schuldige Mörder wird, wir haben es am Beispiel von Num 35,25f gesehen, zur Rechenschaft gezogen und hingerichtet.
Wie sehr die Verantwortung für »unschuldiges Blut« auf der Gemeinschaft, nicht nur auf dem Mörder, lastet, wird aus der in Dtn 21,1–9 beschriebenen Zeremonie deutlich. Die Ältesten einer Stadt, in deren Umkreis die Leiche eines getöteten Menschen gefunden wird, wobei der Mörder unbekannt ist, müssen unter anderem das Bekenntnis ihrer Unschuld ablegen. Sie erklären, nachdem sie ihre Hände über dem Blut eines getöteten Kalbes waschen (daher die Ausdrucksweise: »Ich wasche meine Hände in Unschuld«):

»Unsere Hände haben dieses Blut nicht vergossen, und unsere Augen nicht gesehen!«

Die anwesenden Priester (so Mischná Sotá', IX,6) sprechen danach die Bitte aus:

»Schenk Sühne Deinem Volk Israel, das Du befreit hast, Herr, und laß kein unschuldiges Blut inmitten Deines Volkes Israel bestehen. Das Blut werde ihnen vergeben!«

Natürlich haben die Ältesten nicht mit eigener Hand getötet, aber sind sie ganz schuldlos? Die Mischna (aaO) sieht das Problem:

»Könnte es uns in den Sinn kommen, die Ältesten des Gerichtshofs seien Blutvergießer? Vielmehr (ist der Sinn des Bekenntnisses dieser): Der Ermordete ist nicht zu uns gekommen, und wir hätten ihn ohne Speise (hungrig) weggehen lassen (so daß er eventuell zum Räuber wurde und bei einem Raubversuch ums Leben kam; Raschi in b. Sotá', 45b). Wir haben ihn nicht gesehen und etwa (bei seinem Abschied) nicht für seine Begleitung (Begleitschutz) gesorgt.«

Die Behörden haben demnach die Verantwortlichkeiten abzuklären. Wird der Mörder zu einem späteren Zeitpunkt entdeckt, so kommt er vor den Richter. Die Zeremonie legt den Mordfall nicht ad acta (Mischná Sotá', IX,7; b. Sotá', 47b).
V 6 schließt – wie der parallele V 9 – mit dem *Verbot, »fremden Göttern nachzugehen«*. Die »Gesetze zwischen einem Menschen und seinem Nächsten« (*mizwót schebén 'adám lachaweró*) sind verwoben mit den »Gesetzen zwischen einem Menschen und Gott« (*mizwót schebén 'adám lamaqóm*, dem »Ort« [der Welt]). Diese Tatsache läßt sich auch bei den Gesetzen des Dekalogs bestätigen (vgl oben zu Ex 20, S. 70ff).
In V 9 wird das *»Räuchern dem Baal«*, dem die Kanaanäer höchste Verehrung zollen (vgl Baalsepos von Ugarit), als Beispiel des verpönten Abfalls in die Götterverehrung angeführt.

Neben Mord und Götzendienst stehen in V 9 *Diebstahl, Ehebruch und Lügenschwur*. Die Reihenfolge ist anders als in Ex 20/Dtn 5 (Morde nicht!, brich die Ehe nicht!, stiehl nicht! Sag nicht . . . als Lügenzeuge aus!), anders auch als in Hos 4,2 (falsch schwören, lügen, morden, stehlen, die Ehe brechen). Es mag sein, daß Jeremia die Reihenfolge leicht ändert – längst nicht so auffallend wie Hosea –, damit er die Parallele zu V 6 wahrt: »stehlen« entspricht dem »bedrückt nicht!«, »morden« dem »unschuldiges Blut vergießt nicht!« Vermutlich ist jedoch die Reihenfolge (mit Ausnahme des am Schluß stehenden Verbots der Götterverehrung, das den Kontrapunkt setzt) ohne tieferen Sinn.
Die Bewohner Judas kümmern sich keinen Deut um die Vorschriften der Torá. Weshalb sollten sie auch? Sie haben einen Tempel, der sie schützt! V 10 knüpft an V 4 an. Doch jetzt kommt ein weiteres Moment hinzu: Der Tempel garantiert – glauben die Leute – nicht nur den Bestand der Volksgemeinschaft, weil Gott Sein Haus unmöglich der Zerstörung anheimstellt. Der Tempel ist auch die wirkungsvolle Reinigungsstätte für alle Vergehen. Man braucht nur hinzugehen, die Opfer zu spenden, die Gebete zu sprechen – und alle Schuld ist vergeben. »Wir sind gerettet!« sagen die Leute, und dann geht's von neuem los: die Vergehen im mitmenschlichen Verhältnis bereut keiner. Kaum kommt er aus dem Tempel heraus, widmet er sich seinem bisherigen Tun. Der Tempel ist damit wahrlich zu einer *»Räuberhöhle«* geworden, in der man sich geborgen und dem strafenden Arm der Gerechtigkeit entzogen fühlt.
Gott aber sieht ins Herz der Leute hinein: *»Auch Ich, wahrlich, Ich habe gesehen! ist der Spruch des Herrn.«* Alle Regungen des Herzens sind vor Ihm aufgedeckt, da gibt es kein Versteckspiel. Wenn sich die Lage nicht bessert, wird der Tempel von Jerusalem dasselbe Schicksal erleiden wie der Tempel von Schilo (V 12.14). Eindringlicher und kompromißloser ist ein Plädoyer für die dominierende Rolle der Mitmenschlichkeit über eine in der Form steckenbleibende »Religion« nicht zu halten.

Wegweisung für unsere Zeit

Was ist die *Quintessenz der jeremianischen Tempelrede?* M. Buber (aaO, 214 f) stellt fest:
»Was er (Jeremia) hier sagt, ist einfach dies, daß es seinem Gott nicht um ›Religion‹ zu tun ist. Die anderen Götter brauchen ein Haus, einen Altar, einen Opferdienst, weil sie ohne dies nicht sind, weil sie nur daraus

bestehen, was die Irdischen ihnen geben; der ›lebendige Gott und König der Weltzeit‹ ... braucht nichts von alledem, weil er ist. Er will keine Religion, er will ein Menschenvolk: Menschen mit Menschen lebend, die Entscheidungsmächtigen den Gerechtigkeitsbedürftigen ihr Recht verschaffend, die Starken die Schwachen schonend (7,5 f), Menschen mit Menschen Gemeinschaft haltend ... Aus einer Menschengemeinschaft will er sich sein Reich machen; Gemeinschaft muß sein, damit sein Reich werde ...«
Natürlich will der Prophet den Tempel mit seinem Kult nicht abschaffen. Jeder Tempel, jedes Gotteshaus hat seine Berechtigung und seinen Sinn, sofern es den Menschen Gott und den anderen Menschen näherbringt. Wenn der Tempel aber Surrogat der praktizierten Mitmenschlichkeit ist, verliert er seinen Sinn. »Ein Tempel, in dem räuberische Menschen sich der Sicherung gegen den äußeren Feind erfreuen, die er ihnen gewährt, *ist* eine Räuberhöhle und nichts anderes mehr« (M. Buber, 215).
Wieviel schwerer und fordernder ist die Verwirklichung der sozialen Gerechtigkeit, des Mitleidens mit den Schwächeren, als die Teilnahme an einem Kultdienst! Nicht nur Zeit und Geld sind da vonnöten, sondern Geduld, Spontaneität, Hilfsbereitschaft. Die ganze Persönlichkeit ist eingespannt, wenn Menschen Menschen helfen. Jeremias Worte erklingen über die Jahrtausende hinweg in unverminderter Aktualität.

»Auch der Storch am Himmel kennt seine Zeit«

Jer 8,4–7

4 Sag ihnen: So spricht der Herr:
Fällt man und steht nicht wieder auf?
Kehrt einer zurück, kehrt er dann nicht (zu Mir) zurück?
5 Weshalb ist dieses Volk – Jerusalem – in immerwährender Abkehr abtrünnig,
halten sie fest am Betrug,
weigern sie sich, umzukehren?
6 Ich habe hingehorcht und vernommen:
Unwahres reden sie. Keiner bereut seine Bosheit,
indem er sagte:
Was habe ich getan?
Jeder kehrt wieder in seinem Lauf,
wie ein Pferd, das im Krieg dahinstürmt.
7 Auch der Storch am Himmel kennt seine Zeit,
Turteltaube, Amsel und Drossel bewahren die Zeit ihres Kommens.
Nur Mein Volk kennt nicht das Recht des Herrn!

Der Text im Kontext

»Frau Abkehr« und »Frau Verräterisch« sind Schwestern, verheiratet mit demselben Mann. »Frau Abkehr« (*m'schuwá*, Jer 3,6.11; B-R) läßt sich mit fremden Männern ein, bricht die Ehe, wird zur Dirne (V 6). Wo sie kann, verschreibt sie sich der Buhlerei. Doch der Gatte liebt sie nach wie vor und sucht sie zurückzuholen. Nachdem seine Beteuerungen nichts fruchten, überreicht er ihr den Scheidebrief (*séfer k'ritút*, V 8; Dtn 24,3).
»Frau Verräterisch« (*bagodá*, V 7.10; *bogedá*, V 8.11; B-R) ahmt das schlechte Beispiel der Schwester nach, auch sie bricht die Ehe. Und wenn sie sich auch gelegentlich mit dem betrogenen Gatten versöhnt, geschieht es nur zum Schein, »in Lüge«, nicht »mit ganzem Herzen« (V 10). Das ist noch schlimmer, die Abkehr ist zugleich Verrat. »Frau Verräterisch« heuchelt Liebe, wo die Buhlerei triumphiert. Sie hintergeht ihren Gatten weit

schamloser: sie verschenkt nicht nur ihren Körper, sie verschenkt auch ihr Herz.
Der Gatte reagiert überraschend. Anders als zuvor setzt er die treulose Gattin nicht vor die Tür. Mehr noch: ein guter Freund soll die Verstoßene zur Heimkehr einladen. Enttäuscht von ihren vielen Liebhabern wird sie der Einladung folgen und freudig, aber zugleich reumütig – und die Reue ist die einzige Bedingung – ein besseres Leben beginnen. Wenn dies geschieht, wird die zweite Frau, so hofft der kluge Mann, aus den Erfahrungen ihrer Schwester lernen und von ihrem liederlichen Treiben lassen. Und so trifft er zwei Fliegen auf einen Schlag: »Frau Abkehr« kehrt nach Hause zurück, »Frau Verräterisch« verzichtet auf ihren Verrat.
Die Geschichte von den beiden buhlenden Schwestern ist die Geschichte des Nordreiches Israel und des Südreiches Juda, die sich von Gott, ihrem »Gatten« (V 14: *baʿálti bachém*), abwenden und den Göttern nachlaufen. Durch die Vernichtung Samarias, 722 v. d. Z., und die Verbannung nach Assyrien wurde Israel der »Scheidebrief« ausgehändigt. Juda hat sich darum nicht gekümmert, sondern weiterhin die Götter verehrt. Da wird der gute Freund, der Prophet Jeremia, mit der Botschaft »an das gerechtere« (V 11) Israel verwiesen, »nach Norden« (V 12), »ins Land der Assyrer und die Städte der Meder nordöstlich des Landes Israel, wo Assurs Herrscher die Exulanten des Königreichs Israel angesiedelt haben« (M. Bolle, 41). Der Auftrag des Propheten ist klar:

»Kehre um, Frau Abkehr, Jisrael! (V 12),
»Kehret um, abgekehrte Söhne!« (V 14; nach B-R).

Gott läßt Sein Angesicht nicht für immer im Zorn »fallen«, weil Er der »Getreue« (*chasíd*) ist und die Reumütigen zu sich nimmt (V 13). Zusammen mit den Bewohnern Judas werden die Versprengten Israels in Sicherheit wohnen (V 14–18).
Bereits *Hosea* hatte die *Gott-Israel-Beziehung* mit einer Ehe verglichen (Kap. 2). Israel bricht das Ehebündnis und läuft den fremden Göttern nach. In der Fremde jedoch kommt es zur Vernunft und erkennt, daß all der Segen, der ihm in seiner Geschichte zuteil wurde, nur von Gott stammt. Gott verzeiht die Schuld, weil das Volk einsichtig ist, und schließt für immer einen festen Bund: »in Gerechtigkeit und Recht, in Liebe und Barmherzigkeit« (Hos 2,21). Jeremia verwendet das Bild von den *beiden* treulosen Ehefrauen, weil er nicht nur von Israel, wie Hosea, sondern von Israel und Juda sprechen muß. Doch auch bei ihm steht der »Gatte« zu seinen Eheverpflichtungen, und seine Liebe hört trotz aller Enttäuschung über die

beiden Schwestern nicht auf. Die Wende kommt, wenn das verblendete Volk sich auf Gott konzentriert und das »Buhlen« nach fremden Gottheiten beendet, wenn es seine Eide »in Wahrheit, Recht und Gerechtigkeit« ablegt (Jer 4,2).
Wir wissen, daß der Geschichtsverlauf anders ausgesehen hat. Jeremias dringliche Appelle zur Umkehr (3,7.12.14.22; 4,1) verhallten ungehört. Aus dem Schicksal der »Schwester« Israel hat Juda nichts gelernt und daher seinerseits den Wanderstab beim Zug in die Verbannung ergreifen müssen. Jeremia hat freilich bis zuletzt, bis zur Zerstörung Jerusalems und seines Tempels (586 v. d. Z. durch die Babylonier), nicht kapituliert. In unserem Bibelabschnitt, Jer 8,4–7, finden wir ein weiteres Wort an die Bewohner Judas, die »immerwährende Abkehr« (V 5) von Gott aufzugeben und zu Ihm zurückzufinden.

Leitworte des hebräischen Textes

hajiplú (Imperfekt des Qal von *n-f-l* mit der Fragepartikel *ha*), »werden sie fallen?«, V 4, *w'lo jaqúmu* (Imperfekt des Qal von *qum*), »und nicht aufstehen?«
Ausgeprägt ist das Wortspiel vom Stamm *schuw*, »zurückkehren«, in V 4f. Raschi, R. D. Kimchi und M'zudát Davíd verstehen *jaschúw*, V 4, beide Male im gleichen Sinn von »wird er (wird er nicht) umkehren«, wobei ein Subjektwechsel eintritt: »wenn es (Israel) umkehrt, wird nicht Er (Gott) umkehren?« (Näheres s. Exegese.) Nach R. Sch. D. Luzzatto, L. Zunz, B-R bedeutet hingegen das erste *jaschúw*, »er wird sich *ab*kehren«, das zweite »er wird *um*kehren«.
schow'wá, V 5, ist Perfekt des Polél von *schuw*: »sie ist (war) abtrünnig«, R. D. Kimchi: »sie rebellierte«. Subjekt ist *ha'ám*, »das Volk«. Bei *ha'ám*, einem Maskulinum, überrascht das feminine *schow'wá*, R. D. Kimchi verweist auf Ex 5,16 (*w'chatá't 'amécha*, »und Dein Volk versündigt sich«) und Ri 18,7 (*wajir'ú 'et ha'ám ... joschéwet lawétach*, »sie sahen das Volk ... wohnend in Sicherheit«), wo das Verb ebenfalls im Femininum steht. Nach M. Bolle, 108, ist Subjekt des Verses nicht *ha'ám*, sondern *J'ruschalájim* (fem.!). Sch. L. Gordon liest statt *schow'wá* ein *schowéw* und meint, es handle sich beim *he* um eine Dittographie des nachfolgenden Buchstabens (Artikel *ha* bei *ha'ám*). Wir verzichten auf diese Spekulation und belassen den Text, wie er ist.
m'schuwá (denominiert von *schuw*) – bei Jer sehr häufig – ist die »Abkehr

(B-R), »Abtrünnigkeit« (M. Abernik; L. Zunz), »Verwilderung« (H. Homberg), das »Abweichen« vom geraden Weg (Enc. Welt der Bibel, 15), »Abfall, Abtrünnigkeit« (Lex. 608).
nizáchat (Partizip des Niphal von *n-z-ch*) heißt »dauernd« (Lex. 676), »immerwährend« (H. Bauer – P. Leander, Hist. Grammatik, 233n), »ewig« (wie *lanézach*, Ps 49,10; Raschi und R. Jesaja der Erste von Trani, 213).
hechesíqu (Perfekt des Hiphil von *ch-s-q*), »sie hielten fest«.
tarmít ist »Betrug« (Raschi u. a.), »Trügerei« (B-R), »Täuschung« (L. Zunz).
me'anú (Perfekt des Piel von *m-'-n*), »sie weigerten sich«.
ken bedeutet in V 6 »richtig, zutreffend, rechtschaffen«, *lo chen* demnach »unwahr« (Lex. 459; Raschi, M. Z. Segal, 21; A. Weiser, 25), B-R: »Grundnichtiges«. Vgl *lo léchem*, »Unbrot« (Jes 55,2; oben S. 239 f). Im Sinne von »so« (*ken II*, Lex. 459 f) – *lo chen*, »nicht so« – verstehen L. Zunz, R. H. Freedman, A. B. Ehrlich (Randglossen, IV, 263: »nicht danach«) den Ausdruck.
nichám (mit *qámez*; Partizip des Niphal von *n-ch-m*), »bereut«.
ra'ató (von *ra'á* mit Suffix), »seine Bosheit« (L. Zunz), »sein Böses« (B-R).
m'ruzatám (von *m'ruzá* mit Suffix; Stamm: *ruz*, »rennen«) ist »ihr Lauf«, ihr »Laufen« (Lex. 599).
schotéf (Partizip des Qal von *sch-t-f*), meint »dahin stürmend« (L. Zunz), im Hinblick auf das Nomen *schétef*, »Flut«, übersetzt M. Abernik mit »strömt« (»wie Streitroß hin in Schlachtgetümmel strömt«). B-R wählen ein »flutet«.
chasidá ist der (weiße) »Storch« (ciconia alba), der eine tägliche Flugdistanz von 200 bis 250 km zurückzulegen vermag. Er fliegt in einer Höhe von 800–900 m: »am Himmel« (*baschamájim*) und kennt »seine Zeiten« (*mo'adéha*, Plural von *mo'éd* mit Suffix, Lex. 528 f), seine Flugzeiten im Herbst und Frühling.
tor (streptopelia turtur) ist die »Turteltaube«, nach M. Bolle, 109, ist die Bezeichnung – ein Klangwort – dem tor-tor-tor, dem »Turteln« (!) nachgebildet.
sis (nach dem *q're*; das *k'tiw* liest *sus*) ist eine Schwalbe (apus), so L. Zunz, »eine Turmschwalbe« (M. Bolle), die si-si-si zwitschert und vom Ton den Namen erhielt. Lex. 710: »Mauersegler« (so auch B-R).
'agúr ist die »Drossel« (B-R), »Kurzfußdrossel« (Lex. 740), vielleicht auch der »Kranich« (L. Zunz, M. Bolle, 110). Das Targúm denkt mit seinem *s'nuníta'* an eine »Schwalbe«.
bo'ána (für *bo'án*; Infinitiv von *bo'* mit Suffix wie in Rut 1,19), »ihr Kommen« (H. Bauer-P. Leander, 444p: »ihre Ankunft«).
mischpát, »Recht«, B-R: »Rechtsgeheiß«.

Der Text in der Exegese

Mit der Aufforderung: »Sag ihnen!« wird der Prophet Jeremia von Gott zum Volk entsandt. Der Inhalt der Botschaft beginnt mit einem »so spricht (sprach) der Herr« (V 4), und dann folgt eine mit der Fragepartikel *ha*, beziehungsweise mit der Konjunktion *'im*, »oder«, eingeleitete rhetorische Doppelfrage. Wegen der verschieden aufgefaßten Bedeutung von *jaschúw* und einem möglichen Subjektwechsel (= SW) von der ersten zur zweiten Frage fallen die Übersetzungen und Kommentare ganz verschieden aus. Die Tabelle zeigt die Einzelheiten. Lediglich A. Weiser (25) macht sich die Sache leicht, wenn er das erste *jaschúw* einem Infinitivus absolutus gleichsetzt (*jaschúw lo jaschúw = schow lo jaschúw*).

1. Gleichbleibende Bedeutung von jaschúw

Raschi, R. D. Kimchi, R. J. Kara, M'zudát David: »... kehren sie sich ab (von der Bosheit), kehrt nicht Er sich ab (vom Zorn)?« (SW)

Abarbanel: »Wollen sie fallen oder aufstehen? Will es umkehren, (glaubt aber) nicht, daß Er umkehrt?« (SW)

H. Homberg: »Sollen sie etwa so fallen, daß sie nicht mehr aufstehen? Soll, der zurückkehren will, nicht zurückkehren können?« (SW)

A. B. Ehrlich: »Fällt man etwa, ohne sich erheben zu wollen, hat man jenes wiedergetan, versucht man dieses nicht wieder?« (*schuw* = »wieder«)

2. Wechsel in der Bedeutung von jaschúw

L. Zunz: »Fällt man und erhebt sich nicht wieder, oder kehrt man sich *ab* und kehret nicht *um*?«

B-R: »Fällt man denn und steht nicht mehr auf, kehrt sich einer *ab* und kehrt nicht mehr *um*?«

R. Sch. D. Luzzatto: »Fallen sie (durch die Sünde) und stehen nicht wieder auf? Sind sie *abtrünnig* (*jaschúw = j'schowéw*) und kehren nicht *um*?«

M. Z. Segal: »... kehren sie sich (von Gott) *ab* und kehren sich nicht wieder (zu Ihm) *hin*?«

R. H. Freedman: »Do men fall and not rise up again? Doth one *turn away* and not *return?*« (SW)

R. J. Ibn Dschanach: (freie Wiedergabe) »Fallen Meine Worte (Jos 21,43) dahin und bestehen nicht? Kehrt man wieder, hat es dann nicht Bestand?« (SW)

Das textgerechte Verständnis ergibt sich aus dem nächsten Vers:

»Weshalb ist dieses Volk – Jerusalem – in immerwährender Abkehr abtrünnig, halten sie fest am Betrug, weigern sie sich, umzukehren?«

Eine wirkliche Frage löst die beiden rhetorischen Fragen ab. Weshalb verharrt das Volk bei seinem Abfall von Gott und ist außerstande, sich von

seinem Fehlverhalten zu lösen? Auf dieses beklemmende Problem, das jeder Lebenserfahrung widerspricht, bleibt die Antwort aus. Die Fakten zeigen, daß Menschen sich zu erheben suchen, wenn sie gestürzt sind. Und befinden sie sich auf der falschen Fährte, so kehren sie schnellstens zum Ausgangspunkt zurück, bei dem sie in die Irre gingen. Nur Israel verhält sich anders, irrational und nicht erklärbar: es bleibt liegen und steht nicht auf, geht weiter ins Dickicht hinein und wechselt die Richtung nicht. Seine Sündhaftigkeit verblendet es und raubt ihm die Kraft des klaren Blicks.
M. Z. Segal (20) weist auf Jer 25,27 hin:

»Sag ihnen (Israels Feinden): So spricht der Herr der Heerscharen, der Gott Israels: Trinkt, berauschet euch und speiet aus, fallet hin und steht nicht(mehr) auf vor dem Schwert, das Ich gegen euch aussende!«

Für Israel soll nicht der Fall, sondern das Aufstehen den Schlußpunkt setzen, vorausgesetzt, es kehrt zu Gott zurück, gemäß der Regel: »Kehrt sich einer ab, kehrt er nicht wieder um?«
Der Sinn ist klar; freilich stört die gegensätzliche Wiedergabe des *jaschúw* mit »*ab*kehren« und »*um*kehren«. Der Bedeutungswechsel müßte wohl eindeutig gekennzeichnet sein, etwa durch ein »von ihm« (Ps 132,11: *lo jaschúw miména*, »nicht wird Er von ihr [Wahrheit] sich wenden«) und einem »zu ihm« (*'eláw*). Im Einklang mit Jer 4,1 (»Wenn du umkehrst, Israel . . . so kehr zu Mir zurück«) und Mal 3,7 (». . . Kehrt zu Mir zurück, und Ich werde zu euch zurückkehren«) ist V 4 b vielleicht so zu übersetzen:

»Fällt man und steht nicht wieder auf?
Kehrt einer zurück, kehrt er dann nicht (zu Mir) zurück?«

Die Klippe des Bedeutungswechsels ist umgangen. Der ursprüngliche Sinn von *schuw*, »zurückkehren«, ist gewahrt. Wir entscheiden uns für diese Möglichkeit.
Das Volk – das ist »Jerusalem«, stellt die Glosse fest – hat sich dem Betrug für immer verschrieben. Dieser Betrug ist nicht Ergebnis eines momentanen Versagens, einer Störung im Rechtsempfinden. Konsequent und mit Methode wird der Mitmensch hinters Licht geführt: »sie halten am Betrug fest, weigern sich umzukehren«. Der Talmud kennt den Begriff der *chasaqá*, des »Festhaltens«. Behauptet jemand, ein gewisses Haus oder Feld gehöre ihm, ohne daß er die Behauptung durch ein verbrieftes Schriftstück oder durch Zeugen zu belegen vermöchte, so ist die Behauptung glaubhaft, falls er drei Jahre lang ohne Einspruch im Haus gelebt oder das Feld bearbeitet hat. Wäre er ein Betrüger, so hätte ein rechtmäßiger Eigentümer während dieser Zeit gewiß reklamiert. Nach drei Jahren erwirbt er daher die *chasaqá*. Mit

derselben Intensität wie jener Mann am Haus oder Feld, hält das Volk am Betrug fest:

»Nachdem sie eine Sünde begangen haben, ist sie (die weitere Sünde) ihnen (inskünftig) erlaubt. Zu bleibendem Besitz haben sie sie erworben ... wie eine *chasaqá* bei Ländereien« (R. J. Arama, séfer 'urím w'tumím, 50a; vgl R. D. Kimchi: »Es scheint, als wollten sie an ihm [Betrug] für immer festhalten«).

Daher ist auch die *»Abkehr«* von Dauer, *»immerwährend«*. Sie bedürfte der gründlichen »Heilung« (Jer 3,22; Hos 14,5), doch gegen den harten Willen des Volkes vermag der göttliche »Arzt« nichts auszurichten. Wer sich nicht helfen lassen will, dem ist nicht zu helfen.
Jeremia hört hin, was die Leute unter sich sprechen (V 6). Es ist wenig ermunternd:

»Grundnichtiges reden sie« (B-R).

Das *»Unwahre«* ist in jedermanns Mund, denn sie halten, wie der Text betont, *»am Betrug«* fest. Die Rede entspricht dem Tun; was sie an Ränken aushecken, führen sie auch aus. A. B. Ehrlich (Randglossen, IV,263) versteht die Worte nicht anders, auch wenn seiner Ansicht nach *lo chen* »seine gewöhnliche adverbiale Bedeutung« besitzt. A. B. Ehrlich übersetzt:

»denn ich habe hingehorcht und vernommen, sie sprechen nicht danach«, d. h. sie sprechen nicht, wie wenn sie an Bekehrung dächten.«

Jeremia »horcht hin« (*hiqschawti*) »und hört« (*wa'eschmá'*), gründlich, damit er die Situation innerhalb seines Volkes nicht falsch beurteilt. Was er vernimmt – das Reden der Unwahrheit – zerschlägt seine Hoffnungen. Aus ist es mit der Einkehr und Reue, mit der Frage »Was habe ich getan?«, ohne die eine Umkehr nicht möglich ist. Ernüchtert muß der Prophet feststellen, daß die Talfahrt seines Volkes nicht zu bremsen ist.

»Alles irrt ab in vollem Lauf, wie ein Streitroß hin ins Schlachtgetümmel strömt« (M. Abernik).
»Alle wiederholen ihren Lauf, wie ein dahinstürmendes Roß im Kriege« (L. Zunz).
»Alles bleibt in seinem Lauf abgekehrt, wie im Kampfe die Roßmacht flutet« (B-R).

Über das *Pferd in der Schlacht* schreibt R. J. Kara (perúsch Jirm'jáhu, 12):

»Wenn es einmal in Lauf gekommen ist, ist es schwer zurückzubringen.«

Wie eine Wasserflut »schwemmt« es jedes Hindernis fort (R. J. Ibn Nachmias, 28), und dabei erkennt es die Gefahren nicht oder will sie nicht kennen.

»Das Pferd besitzt eine ungeheure Kraft. Wenn es in der Schlacht angesichts des vielen Bluts und der Leichen ... wild wird, so ist es sehr gefährlich« (R. Ch. Rabinowitz, dá'at sofrím, Jirm'jáhu, 127).

Genauso aufgescheucht und vom irren Drang des Fortstürmens gejagt, rennt das Volk in die Katastrophe hinein. Dies ist das Ergebnis des »Hinhörens«, zu dem Jeremia kommt. Nur ist der Unterschied zum Pferd nicht zu übersehen. Das Pferd vermag nicht innezuhalten, wenn es vom Drang gepackt ist. Es weiß nicht um die Gefährdung, so wenig wie Vögel, wenn sie die Zeit des Vogelflugs »kennen«, dieses Wissen einem intellektuellen Vorgang entnehmen. Ihr »Wissen« ist genetisch fixiert und spielt sich nach einem bestimmten Code ab, den sie nicht zu ändern vermögen. Sie überlegen sich nicht, ob sie beim Beginn der kälteren Jahreszeit aus Europa in den Süden abfliegen und nach dem Winter wieder in die nördlichen Regionen zurückkehren sollen. Sie tun es und folgen damit einem inneren Instinkt, dem sie sich nicht widersetzen können. Beim Menschen ist es anders: Er ist weitgehend Herr seines Tuns und daher für dieses Tun verantwortlich.
Das Pferd stürmt dahin im Schlachtgetümmel, und es folgt damit seiner Triebhaftigkeit wie der Storch, die Turteltaube, die Amsel und Drossel, die – Jeremia hat sie jedes Jahr zweimal gesehen und scharf beobachtet – die Flugzeiten einhalten (*schamrú 'et bo'ána*).

»Wenn sie in die wärmeren Länder gehen, warten sie die Flugzeit ab, sie fliegen nicht zu früh und nicht zu spät« (M'zudát David). »Das Wort *sch-m-r* (*schamrú*) heißt nicht nur ›bewahren‹, sondern auch ›abwarten‹ (wie in Gen 37,11: ›Sein Vater wartete die Sache ab‹)« (M'zudát Zijón).

Am meisten ist Jeremia vom hochfliegenden, raschen und ausdauernden Storch beeindruckt. Die Sprache nennt ihn *chasidá*, den »frommen« Vogel (vgl die lateinische Bezeichnung *avis pia*). Weshalb dieser Name? Der Talmudweise R. J'hudá sagte (b. Chulín, 63b):

»Der Storch ist die weiße ›Daja‹. Und warum heißt sie *chasidá*? Weil sie *chasidút* (›Frömmigkeit‹, ›Liebe‹) an ihren Gefährtinnen ausübt.«

Raschi kommentiert (aaO):
»*chasidút* – sie teilt ihre Nahrung mit den anderen.«

In Lev 11,19 zählt der Storch zu den »unreinen«, nicht zum Genuß freigegebenen Vögeln.

»Sollte der Storch doch zu den reinen Vögeln zählen, nachdem er zu den anderen, vor allem den eigenen Jungen, so gütig ist! Er ist ›unrein‹, weil er *nur* zu den eigenen Jungen gut ist und seine Nahrung nicht großzügig allen verteilt« (A. S. Friedmann, Hg., ma'ajaná schel Torá [Quell der Torá], 5 Bde, III,61).

Der Storch ist der »fromme Vogel«, aber seine »Frömmigkeit« ist nicht ohne Makel, weil er seine Großzügigkeit dosiert.
Der Vergleich mit den Zugvögeln, die die *Naturordnung* bewahren, läßt das Versagen des Volkes ein weiteres Mal hervortreten. Die ihm übertragene *Rechtsordnung* (»das Recht des Herrn«, vgl zu Jer 7,5, oben S. 290) bewahrt es nicht. Zum eigenen Schaden! R. D. Kimchi (1160–1230) schrieb vor rund achthundert Jahren:

»Selbst Vögel, die über keine Vernunft (*séchel*) bei ihrer Vorstellungsfähigkeit (*kóach hadimajón*) verfügen, besitzen ein Wissen, wie sie sich vom Schädlichen fernhalten und dem Nützlichen nähern können. Sie bewahren ihre Bräuche, nach denen sie groß geworden sind.
Mein Volk aber, das Vernunft besitzt, kennt das ›Recht seines Herrn‹ nicht ...«

Mit ähnlichen Worten beschreibt Jesaja (1,3) das ungenügende Verhalten des Menschen, der es besser »wissen« müßte:

»Es kennt (weiß) der Ochse seinen Besitzer,
der Esel die Krippe seines Herrn.
Israel aber erkennt nicht,
Mein Volk unterscheidet nicht.«

Die Tiere »wissen« und »bewahren« besser als Israel. Sie verhalten sich ihrer Natur gemäß. Israel handelt seinem Auftrag zuwider. Es müßte das »Recht des Herrn« »wissen« und erfüllen, doch es versagt. Das ist die traurige Wahrheit, die Jeremia aussprechen muß.
Im Rückblick auf den Bibelabschnitt läßt sich der folgende *Aufbau* erkennen: Jeremia nennt zwei Gesetzmäßigkeiten, gleichsam »Naturgesetze«, und stellt sie neben entsprechende Regeln aus dem Bereich der Ethik. Aus dem Nebeneinander ergibt sich das Ungenügen des Volkes. Das Schema mag den Aufbau verdeutlichen:

V 4: *Erstes »Naturgesetz«:* Wer fällt, sucht wieder aufzustehen (»Stehaufmännchen«).
Ethische Regel: Der gefallene Sünder kehrt zu Gott zurück.
V 5f: *Verhalten Israels:* »Sie weigern sich, umzukehren« (V 5).
V 7: *Zweites »Naturgesetz«:* Die Zugvögel »bewahren die Zeit ihres Kommens«.
Ethische Regel: Der Mensch bewahrt Gottes Recht.
Verhalten Israels: Das »Wissen« um das »Recht des Herrn« wird verschmäht.

Das erste Naturgesetz und die erste ethische Regel akzentuieren ein *Tun*, das zweite Gesetz mit der ethischen Regel ein *Wissen*, eine Einstellung. Es versteht sich dabei, daß dieses Wissen in das Tun einmündet, einmünden soll.

Wegweisung für unsere Zeit

»Es irrt der Mensch, solang' er strebt«, sagt der Herr zu Mephistopheles (J. W. Goethe, Faust; Prolog im Himmel). Und kurz darauf stellt Er fest:
»Ein guter Mensch in seinem dunkeln Drange
ist sich des rechten Weges wohl bewußt.«
Der Irrtum begleitet das Streben, das Tun des Menschen, so wie ihn der Schatten begleitet. Wesentlich ist, daß der Irrende nicht beim Irrtum verharrt, sondern – »sich des rechten Weges wohl bewußt« – immer wieder auf die richtige Spur zurückfindet. In den Worten Jeremias: »Fällt man und steht nicht wieder auf?« Die Zeitgenossen des Propheten verkannten den Weg, »hielten fest am Betrug, weigerten sich, umzukehren«. Nicht daß sie irrten, macht er ihnen zum Vorwurf, sondern daß sie nicht bereit waren, sich vom Irrtum loszureißen und »die Bosheit zu bereuen«. Blindlings, einem Schlachtroß gleich, stürmen sie weiter – in der falschen Richtung, ohne Selbstkontrolle, ohne Innehalten und in immer neuem Überlegen. Sie glaubten, die Richtung zu kennen, und stellten sich nicht der Gewissensfrage: »Was habe ich getan?« Und daher verrannten sie sich im Unheil ihres Tuns, bis sie sich schließlich wirklich nicht mehr zu erheben vermochten.
Das muß nie so sein. In jedem Augenblick seines Lebens vermag ein Mensch den rasenden, schlachtroßgleichen Galopp zu stoppen und zur Besinnung zu kommen. Im Zurückblicken wird ihm das Vorausblicken möglich, im Erkennen der falschen Spur das Hinüberwechseln in die richtige. Diese Möglichkeit muß er nutzen.

»Betört hast Du mich, Herr«

Jer 20,7–11a(11b–13)

7 Betört hast Du mich, Herr,
und ich wurde betört,
gepackt hast Du mich
und überwältigt.
Ich wurde zum Gespött den ganzen Tag.
Jedermann spottet mir.
8 Sooft ich rede, schrei' ich auf,
»Gewalttat« und »Raub« ruf' ich aus;
denn es wurde das Wort des Herrn mir
zur Schande und Schmach den ganzen Tag.
9 Sagte ich: »Ich werde Seiner nicht gedenken,
nicht mehr in Seinem Namen sprechen«,
so wurde es in meinem Herzen
wie ein versengendes Feuer,
eingeschlossen in meinen Gebeinen.
Ich war zu schwach, es zu fassen,
ich vermochte es nicht.
10 Denn ich hörte die Nachrede der Vielen,
Schrecken ringsumher:
»Gebt an! Wir wollen ihn angeben!«
Alle meine Vertrauten lauern auf meinen Sturz.
»Vielleicht läßt er sich betören,
und wir können ihn überwältigen
und unsere Rache an ihm nehmen!«
11 Der Herr aber ist mit mir wie ein mächtiger Held,
deshalb straucheln meine Verfolger
und überwältigen mich nicht,
sie schämen sich sehr, denn es ist ihnen mißlungen,
(in) ewiger Schande, die nicht vergessen wird.
12 Und der Herr der Heerscharen prüft den Gerechten,
Er sieht Nieren und Herz.
Sehen will ich Deine Vergeltung an ihnen;
denn Dir habe ich meinen Streit(fall) enthüllt!

13 Singt dem Herrn! Lobt den Herrn!
Denn errettet hat Er die Seele des Bedürftigen
aus der Hand der Missetäter.

Der Text im Kontext

Paschchúr (»Sohn des Horus«, Lex. 921) *ben 'Imér*, ein hoher Priesterfunktionär, der mit der Aufsicht über die Ordnung im Tempelbezirk beauftragt ist (M. Bolle, 152), schlägt den Propheten Jeremia und läßt ihn in den Block sperren (Jes 20,1 f). Für nicht sehr lange, denn tags darauf ist Jeremia bereits wieder auf freiem Fuß. Möglicherweise hat der König oder ein Würdenträger zu seinen Gunsten interveniert. Die Tatsache freilich, daß er – der Prophet des Herrn, der nur Sein Wort verkündigt und in Seinem Auftrag steht – geschlagen wird (vgl 1Kön 22,24, wo der Prophet *Michájhu ben Jimlá* einen Schlag auf die Wange erhält), löst einen Schock aus. Paschchúr wird umbenannt, er soll inskünftig *magór misawíw*, »Schrecken ringsumher«, heißen, denn »zum Schrecken für dich und alle deine Freunde« (Jer 20,3 f) wird ihn der Herr geben, wenn diese Freunde durch das Schwert der siegreichen Babylonier, die sich Jerusalems bemächtigen, fallen werden. Paschchúr, ein eingefleischter Gegner der Babylonier, streute dem Volk offensichtlich Sand in die Augen und weissagte ihm eine sichere Zukunft (ib. V 6), wo der Untergang Jerusalems und das Exil unabwendbar erscheinen.

Jeremia entpuppt sich einmal mehr als eine starke Persönlichkeit, die sich selbst von angesehenen Beamten nicht einschüchtern läßt. Was er zu sagen hat, sagt er, mag die Konfrontation für seine Person auch mit höchst unangenehmen Folgen verbunden sein. Bereits bei der *Berufungsvision* hatte Gott ihm keine leichte Aufgabe angekündigt:

»Sieh doch, Ich habe dich eingesetzt an diesem Tag
über die Völker und die Königreiche –
auszureißen und einzureißen,
zu vernichten und zu tilgen,
zu bauen und pflanzen« (1,10).

Wo ein Künder »ausreißen und einreißen« muß, kann er nicht auf allgemeine Zustimmung hoffen. Gott hat ihn daher ermutigt und Seiner Hilfe versichert, zumal er sich verbissen weigerte, den prophetischen Botenauftrag anzunehmen (V 6; Bibelauslegungen, II,228–244):

»Fürchte dich nicht vor ihnen,
denn mit dir bin Ich, um dich zu retten« (V 8).

»Sie werden gegen dich ankämpfen,
doch sie werden dich nicht überwältigen,
denn mit dir bin Ich, ist der Spruch des Herrn,
dich zu retten« (V 19).

Jeremia stellt seinen Mann; allein das Auftreten nach außen hin widerspiegelt nur die eine Seite seiner Persönlichkeit. In seinem Herzen ist der Prophet äußerst sensibel und verwundbar. Daß sein eigenes Volk ihm gelegentlich hart zusetzt (vgl oben zu Jer 7,1–11, S. 283f), schmerzt ihn zutiefst und läßt ihn schier verzweifeln. Die harte Reaktion auf Paschchûrs Vorgehen, die Ankündigung seines und seiner Gesinnungsfreunde bitteren Schicksals, ist mitbestimmt durch die immense Verletzbarkeit des Propheten. Den »Schlag unter die Gürtellinie« pariert er mit der ganzen Wucht des ihm eingegebenen Gotteswortes, ohne Pardon und ohne Verständnis für die Gegenposition, die vielleicht auch ein gewisses Maß an Berechtigung haben könnte.
Mehr noch: Der Schlag des Priesterfunktionärs und die Haft im Block führen zu einem Aufbäumen gegen Gott selbst. Er kann und will nicht weiter der Sprecher Gottes sein. Nur Schande und Schmach hat ihm das Prophetenamt gebracht; er hat genug, er ist am Ende. So glaubt er wenigstens selbst, bis er sich – davon wird unser Bibeltext sprechen – aufzufangen vermag. Die Tatsache, daß das »lyrische Lied« der Klage (Enc. Welt der Bibel, 116) mit seiner Enthüllung der Seelenregungen (20,7–13) unmittelbar auf die harte Auseinandersetzung in der Öffentlichkeit folgt und so im Text tradiert wird, ist von großer Bedeutung. Ja'ir Hoffmann (Enc. Welt der Bibel, 116) schreibt:

»Das Kapitel (20,1–13) zeigt uns die Gestalt Jeremias in zwei sich ergänzenden Gesichtspunkten: Zum einen wird er geschildert, wie er nach außen hin erscheint, zum anderen, wie er sich als Prophet fühlt, der in sich geht und sich mit seinem Gott auseinandersetzt.«

Kein anderer Prophet hat seine innere Krise mit einer solchen Offenheit enthüllt, keiner ist uns daher menschlich näher.

Leitworte des hebräischen Textes

pititáni (Perfekt des Piel von *p-t-h* mit Suffix) heißt »du hast mich überredet« (Lex. 925), »beredet« (L. Zunz), »betört« (B-R). *wa'epát* (Imperfekt des Niphal von *p-t-h* mit *waw* consecutivum), »ich wurde überredet«, »beredet«, »betört«. Abgeleitet ist *péti*, »junger, einfältiger Mensch« (Lex. 929).
chasaqtáni (Perfekt des Qal von *ch-s-q* mit Suffix), »du hast mich überwältigt« (Lex. 290), »du hast mich gewaltig ergriffen« (L. Zunz), »gepackt hast du mich« (B-R), »warst stärker als ich« (M. Z. Segal, 46), »kamst über mich mit Stärke« (R. Sch. D. Luzzatto, 68). R. J. Ibn Caspi ('adné késef, Jirm'jáhu, 12) wendet sich gegen die Übersetzung »du hast mir Kraft, Stärke gegeben«. Malbim und M'zudát Davíd haben *chasaqtáni* so verstanden, doch dann dürfte nicht das Qal stehen. »Du hast mich gefestigt« heißt nämlich *chisaqtáni* (Piel!), Dan 10,19.
watuchál (Imperfekt von *j-ch-l* mit *waw* consecutivum), »du vermochtest«, im Sinne von »du warst überlegen, siegtest« (Lex. 393), du hast mich »übermannt« (L. Zunz), »du hast übermocht« (B-R). Entsprechend ist *w'nuchlá* (Kohortativ in V 10), »dann übermögen wir ihn« (B-R), und *w'ló juchálu* (Imperfekt mit Pausaform in V 11), »und sie vermögen nichts« (B-R), zu verstehen.
s'chóq (= *z'chóq*; vgl den Eigennamen *Jischáq*, Jer 33,26; Am 7.9.16, neben dem üblichen *Jizcháq*) ist »Gelächter«.
lo'ég (Partizip des Qal von *l-'-g*), »spottet«; vgl *lá'ag*, »Gespött«. Lex. 506 schreibt: »jemanden ins Gesicht stottern, verspotten«, und erklärt damit, daß das Objekt des Spottes im Dativ folgt (*l-'-g* mit der Präposition *l*).
midé, V 8, von *daj* (»Ausreichendes, Bedarf; genug«, Lex. 210) mit der Präposition *m*, ist eine Konjunktion und bedeutet »sooft« (Lex.; L. Zunz), »sowie« (B-R). *midé 'adabér*: »sooft ich rede« (L. Zunz), »sowie ich rede« (B-R), vgl Jer 31,20 *midé dabrí bo*, »sooft Ich von ihm (Efraim) rede«.
'es'áq (Imperfekt von *s-'-q*; eine Nebenform zu *z-'-q*), »ich schreie, rufe um Hilfe (Lex. 266), »muß ich wehklagen« (L. Zunz), »muß ich schreien« (B-R).
chamás ist »Gewalttat, Unrecht« (Lex. 316), immer ein Verbrechen im sozialen Bereich. Die Wiedergabe des Wortes mit »Unbill« (B-R) ist zu schwach.
schod ist »Raub« (L. Zunz), »Gewalt« (B-R), vgl *schodéd* »Räuber«.
Mit *cherpá* wird die »Schmähung, Schmach, Schande« (Lex. 342) bezeichnet. B-R: »Hohn«.

qéles ist »Spott« (Lex. 1033), »Hohn« (L. Zunz). Seltsam ist Buber-Rosenzweigs »Posse«.
V 9 steht *bo'éret* (Partizip des Qal von *b-'-r*), »brennend« (Lex. 139), neben *'esch* (Femininum!), »Feuer«. B-R: »Sengendes Feuer«. Es gibt kein Feuer, das nicht brennt, daher ist vielleicht vom »verbrennenden« Feuer die Rede (M. Bolle, 156).
'azúr (Partizip passiv von *'-z-r*) meint »verhalten, verschlossen (»in meinen Gebeinen«, *b''azmotáj*; Lex. 824). B-R: »eingehegt mir im Gebein«. Wegen einer gewissen Lautähnlichkeit schreibt der Midrasch (Jalqút schim'óni, II, Nr. 20, S. 825): »*'azúr* bedeutet soviel wie *zará*« (»Not«).
w'nil'éti (Perfekt des Niphal von *l-'-h*), »ich mühte mich ab« (Lex. 487). Im Verb steckt das Moment der Müdigkeit, Mattheit, *nil'éti* wird daher mit »ich bin (war) zu schwach« (M. Abernik; L. Zunz), »ich erschöpfe mich« (B-R), »ich besitze keine Kraft« (Sch. L. Gordon; E. S. Hartom) übersetzt.
kalchél (Infinitivus absolutus des Pilpel von *kul*) ist »zweifach abnorm« (W. Gesenius, Grammatik, 21 d, S. 79), weil nach der offenen Endsilbe *-ti* (von *w'nil'éti*) kein *dagésch lene* zu erwarten wäre, wohl aber nach der geschlossenen ersten Silbe im zweiten *kaf*. »Richtig« lautete daher die Wendung *w'nil'éti chalkél* (W. Gesenius verweist auf das Gegenstück in Jes 54,12: *w'samtí kadchód* statt eines *w'samtí chadkód*). *kalchél* (*kalkél*) heißt »umfassen, in sich aufnehmen« (Lex. 442), »verhalten« (B-R), und besitzt dieselbe Bedeutung wie das Hiphil *hachíl* (Jer 6,11: *nil'éti hachíl*).
Mit dem nachfolgenden *w'lo 'uchál*, »und ich vermag (es) nicht« (L. Zunz: »und hielt es nicht aus«), bildet *w'nil'éti kalchél* ein Wortspiel. Dieselben Konsonanten treten auf:

w–n–l–’–j–t–j ch–l–k–l
w– l–’ ’–w–ch– l

Die jüdischen Exegeten nennen ein solches Wortspiel *laschón nofél 'al laschón*, »ein Ausdruck fällt auf einen anderen Ausdruck«.
dibát rabím, V 10 (Status abolutus: *dibá*, Spr 10,18; vom Stamm *d-w-w*), ist das »Gerede«, die »Nachrede Vieler« (Lex. 200). L. Zunz: »die Lästerung Vieler«, B-R: »das Flüstern der Vielen«. *dibá* ist die »üble« Nachrede, »die Zunge zum Bösen« (*l'schon hará'*, R. D. Kimchi; A. Weiser, 56), die über andere Menschen »Verleumdung« (so erklärt M. Bolle, 156, das Wort *dibá*) bringt. Bei der *dibá* »bewegen sich (*d-w-w*) die Lippen« (Sch. L. Gordon, 189).
magór (misawíw) »Schrecken« (»ringsumher«) vgl 20,3 (s. oben Kontext), stammt nach Lex. 516 vom Stamm *gur III*, »sich fürchten« (Lex. 177). B-R

schließen sich mit ihrem »ein Grauen ringsum« dieser Auffassung an. L. Zunz übersetzt aber mit »Zusammenrottung ringsum« und denkt wohl an *gur II*, »anfeinden, aufreizen« (Lex. 177).
hagídu (Imperativ des Hiphil von *n-g-d*), »sagt«, »gebet an!« (L. Zunz), »meldet's!« (B-R). *w'nagidénu* (Imperfekt des Hiphil von *n-g-d* mit Suffix), »wir werden (wollen) ihn sagen«, »angeben« (L. Zunz), »wir wollen's melden!« (B-R). Unter dem »ihn sagen« ist ein »ihn angeben, denunzieren« (Lex. 629) gemeint.
'enósch sch'lomí (vgl den Plural in Jer 38,22: *'ansché sch'lomécha*) ist »mein Vertrauter« (Lex. 68), der »Mensch meines Friedens«, meines Einverständnisses. L. Zunz wählt für *kol 'enósch sch'lomí* die Wiedergabe »alles befreundete Männer«, B-R schreiben (etwas kompliziert): »Was an Menschen mir im Friedensbund steht«.
zéla' (von *z-l-' I* mit *patách* unter dem *lámed*, Lex. 965) ist »Fall, Sturz« (so auch L. Zunz), vgl B-R: »mein Ausgleiten«. *schomré zal'í*, »die auf meinen Sturz lauern« (L. Zunz), »die passen meinem Ausgleiten auf« (R-B). Nach M. Bolle (157) ist *zal'í* »mein Hinken, mein Straucheln«. – Ein anderes Verständnis findet sich bei Schl. L. Gordon (190). *zal'í* leitet er von *zéla' II* (mit *kámez* unter dem *lámed*), »Rippe, Seite« (Lex. 965) her: »sie stehen immer an meiner Seite und lauern mir auf«. Entsprechend R. J. Caspi, aaO: »*zal'í* kommt von *zéla'*, ›Seite‹; *schomré zal'í*: sie passen auf, auf welcher Seite sie mich zu Fall bringen können«.
j'futé ist Imperfekt des Pual von *p-t-h*, »er wird betört«.
niqchá ist Kohortativ von *l-q-ch*, Qal: »wir wollen nehmen«.
n'qamá ist »menschliche Rache« und »göttliche Vergeltung« (Lex. 681).
gibór, V 11, ist der »starke« Mann, der »Held«, *'aríz* bedeutet »gewaltig, mächtig«, dann auch »gewalttätig, der Gewalthaber, Tyrann« (Lex. 837). *gibór 'aríz* ist demnach der »mächtige Held«, der »gewaltige Held« (L. Zunz), ein »trotziger Held« (B-R).
jikáschlu (mit dem Akzent auf der Paenultima wegen der Pausastellung; Imperfekt des Niphal von *k-sch-l*), »sie werden straucheln, stolpern« (Lex. 478).
bóschu (Perfekt des Qal von *bosch*), »sie schämten sich«, B-R: »werden sehr beschämt«.
hiskílu (Perfekt des Hiphil von *s-ch-l*), »sie hatten keinen Erfolg« (vgl Jos 1,7), aber auch »sie verstanden nicht« (Ps 94,8; M. Bolle, 157). B-R schreiben: »denn sie haben nichts ergriffen«.
k'limá ist – analog zu *cherpá*, V 8 – »Schimpf« (Lex. 457), »Schmach« (L. Zunz).

Die Verbindung *k'lajót waléw*, »Nieren und Herz« (Sitz der Weisheit nach biblischer »Anthropologie«), ist häufig. So etwa in der Parallele zu V 12: Jer 11,20.
gilíti (Perfekt des Piel von *g-l-h*), »ich habe aufgedeckt, enthüllt« (Lex. 184), »ich habe anvertraut« (L. Zunz). Auffallend ist Buber-Rosenzweigs »überwälzt habe ich dir (meinen Streit)«, d.h. auf Gott abgewälzt. Sie lesen offensichtlich statt eines *gilíti* ein *galóti* (Perfekt des Qal von *g-l-l* »rollen, wälzen«, Lex. 186; so auch Textvorschläge in Kittels Biblia Hebraica).
riw ist der »Streit« (B-R), die »Rechtssache« (L. Zunz).
m're'ím (Partizip des Hiphil von *r-'-'*, Lex. 602) sind die »Missetäter«, die »Bösgesinnten« (B-R). *m're'ím* ist nicht zu verwechseln mit *mere'ím*, »Busenfreunde« (neben *re'ím*; Lex. aaO).

Der Text in der Exegese

»Betört hast Du mich, Herr, und ich wurde betört ...« (V 7). Jeremia erhebt einen schrecklichen Vorwurf: Gott hat ihn mit Scheinargumenten zum Propheten berufen, hat ihm Hilfe und Beistand den Gegnern gegenüber zugesagt (Jer 1,8.19; s. Kontext) und Sein Wort nicht gehalten. Es gibt auch das »positive« Betören. In Hos 2,16 wird die abtrünnige Gattin, die den fremden Männern nachläuft, von ihrem Mann (Gott) erneut umworben und betört (*m'fatéha*):

»Deshalb betöre Ich sie und führe sie in die Wüste und spreche zu ihrem Herzen.«

Zumeist aber besitzt der Begriff des Betörens einen negativen Sinn. In Ex 22,15 wird die folgende Satzung festgehalten:

»Wenn ein Mann ein unverheiratetes Mädchen (*b'tulá*), das noch nicht verlobt ist, betört (*j'fatė*) und mit ihm schläft, so hat er es durch die Brautgabe zur Frau zu nehmen.«

Das Betören entspricht einem »Diebstahl des Herzens« (*g'newát haléw*; R. Hisqia bar Manoach, perusché hatorá, 277). R. Mose ben Nachman erklärt (perúsch haRambán 'al hatorá, I,431):

»Unter Betören ist die Willensbeugung mit Hilfe einer Lüge zu verstehen.«
Vgl A. Heschel (The Prophets, 113): »*pth* meint das verlogene Überreden einer Frau, vorehelichen Beziehungen zuzustimmen.«

Jeremia fühlt sich mit falschen Argumenten von Gott betört, in seiner jugendlichen Unwissenheit mißbraucht. *»Und ich wurde betört«* oder: *»und ich ließ mich betören«*, Gottes Bote zu werden.

»Gott hat mich betört, wie ein Mensch seinen Nächsten betört. Wäre es auf mich angekommen, ich hätte mich der Aufgabe entzogen« (R. D. Kimchi; so auch Abarbanel).

Gott als »Verführer« – Ezechiel verwendet dieselbe Vorstellung (14,9):

»Und der Prophet, wenn er betört wird und ein Wort (sc. der Lüge) redet . . . Ich, der Herr, habe jenen Propheten betört: Und Ich strecke Meine Hand gegen ihn aus und vernichte ihn aus der Mitte Meines Volkes Israel.«

Gott ist involviert, ist mitverantwortlich an der Betörung des falschen Propheten. Das heißt selbstredend nicht, daß Gott einen Menschen mit Absicht in die Irre treibt, um ihn anschließend vernichten zu können. Eine solche Handlungsweise verhöhnte die Maximen biblischer Ethik. Es heißt vielmehr, daß jener Prophet, der zum Handlanger eines dem Götzendienst verschriebenen Israeliten wird (ib. V 7 f), von Gott am Betörtwerden nicht gehindert wird. Im Endeffekt sieht es aus, als ob Gott ihn betört hätte (vgl Dtn 13,2–6). Jeremia klagt mithin mit seinem Aufschrei: »Betört hast Du mich, Herr, und ich wurde betört«, Gott an, daß Er ihn zu einem Lügenpropheten machte, weil sich die göttlichen Weissagungen nicht erfüllten. In den Augen des Volkes muß er ein Falschredner sein, sonst hätte ihn Paschchúr nicht mißhandelt, glaubten ihm die Leute.
»Gepackt hast Du mich und überwältigt«. Nicht nur mit Worten der Verführung, sondern auch mit Kraft hat Gott zugepackt und sich – wen wundert es! – als der Stärkere erwiesen.
watuchál (»du vermochtest«) assoziiert das *w'lo juchlú lach* (1,19), »sie vermögen dir nicht«, d. h. sie (die Gegner) vermögen dir nicht beizukommen, sie können dich nicht überwältigen. Das mag wohl sein, klagt Jeremia bitter, aber »Du hast überwältigt«, und das ist viel schlimmer. Ich bin machtlos Gott gegenüber, wie ich es Menschen gegenüber nie wäre. Die Betörung ist daher vollständig, sie ist kein einmaliges Ereignis, sondern dauert an, weil Jeremia sich von seinem Prophetenauftrag nicht zu lösen vermag (Enc. Welt der Bibel, 116).
Jeremia ist kein *Jakob*, der eine lange Nacht lang in aller Einsamkeit mit einem gottgesandten »Mann« ringt, ohne daß dieser »ihm vermochte« (*lo jachól lo*), ohne daß er ihn überwältigen konnte (Gen 32,24 f). Und wie dann sein Name von Jakob in Israel umgewandelt wird, steht als Begründung:

»denn du fichst (*saríta*) mit Gottheit und mit Menschheit und übermagst« (ib. V 29; B-R).

Mit Gott und mit Menschen hat Jakob gerungen, gefochten – er ist wahrlich

Jisra'él, »Fechter Gottes« (B-R) – und hat »übermocht«, überwältigt. Jeremia hingegen unterliegt, er ist nicht der Überwältigende, er ist der Überwältigte. Der Midrasch (P'síqta' rabatí, ʿaséret hadibrót, 15; S. 183 f) nimmt unseren V 7 zum Ausgangspunkt folgender Interpretation der Theophanie am Sinai:

»Betört hast Du mich, Herr, und ich wurde betört – Es sprach die Gemeinschaft Israels zum Heiligen, gelobt sei Er: Herr der Welt, Du hast mich betört, als Du mir die Torá gabst und die Gebote auf meinen Nacken legtest. Hätte ich die Torá nicht angenommen, gliche ich den anderen Nationen, die keiner Belohnung, aber auch keiner Strafe (wegen des Nichteinhaltens der Gottesgesetze) unterstehen. ... Du hast gesagt: ›Ich bin der Herr, dein Gott‹ (Ex 20,2), und ich hielt dies für ein leichtes Gebot. Doch da ›packtest Du mich und überwältigtest‹: ›Ich bin der Herr, dein Gott, ein eifervoller Gott‹ (der ahndet ...; ib. V 5).«

Die Akzeptanz der Gottesverehrung ist mit der ganzen Strenge des Ausschließlichkeitsanspruchs verbunden, die jegliche Hinwendung zu zusätzlichen Gottheiten bestraft. Um diesen Anspruch hat Israel, meint der Midrasch, erst im nachhinein erfahren. Es wurde demnach unter Vorspiegelung falscher Tatsachen oder zumindest unvollständiger Tatsachen »betört«. Wie Jeremia, der – nach eigener Aussage – die Tragweite prophetischer Berufung nicht zu ermessen vermochte.

Der Prophet wird wegen seines leidenschaftlichen Gemütsausbruchs nicht getadelt, bemerkt Abarbanel (358). Denn zum einen »wird ein Mensch in der Stunde seines Schmerzes nicht behaftet« (*'en 'adám nitpás bischʿát zaʿaró*; b. Bawá' batrá', 16 b), und zum anderen »war seine Aussage nicht verwerflich« (anders als in 15,18, wo er wegen der Beschuldigung, Gott sei ein »trügerischer« Bach, erst einmal zur Umkehr aufgefordert wird; ib. V 19). Wir verstehen des Propheten Aufschrei angesichts eines solchen Ausmaßes an Demütigung und Leid, und auch Gott bringt dafür Verständnis auf. Durch seine Prophetenworte wird Jeremia *»zum Gespött den ganzen Tag. Jedermann spottet mir«*. Im hebräischen *kuló loʿég li* ist durch die Wiederholung des *lámed* (*lo-lo-li*) die Verspottung vorzüglich nachgeahmt. Es entspricht unserem deutschen Spottruf »Ho-ho-ho« oder »Ha-ha-ha« und imitiert den Hohnruf.

V 8 doppelt nach. Das Wort Gottes, das Jeremia zu überbringen hat, wird ihm *»zur Schande und Schmach den ganzen Tag«*. Nicht weil es nicht von tödlichem Ernst wäre, sondern weil nichts auf seine Aktualität hindeutet. Wir wissen nicht genau, zu welchem Zeitpunkt der Zwischenfall mit Paschchúr und der Ausbruch Jeremias stattgefunden haben. Zweifellos fällt das Geschehen in jene Tage (um 605 v. d. Z.), da Babyloniens Vordringen schon klar sichtbar, eine immanente Gefahr aber noch nicht greifbar ist.

Jedenfalls nicht greifbar von der Masse des Volkes, die Jeremia wegen seiner Schreckensvisionen (vgl Kap. 19) verhöhnt und seinen Worten nicht den geringsten Glauben schenkt.
»Sooft ich rede, schrei' ich auf, ›Gewalttat‹ und ›Raub‹ ruf' ich aus.« »Gewalttat und Raub« sind das Thema der jeremianischen Prophetenworte, vgl 6,7: »Gewalttat und Raub finden sich in ihr« (Stadt Jerusalem). Auf diese Weise versteht Raschi den Text:

»Ich rufe ihnen nichts Gutes zu, sondern Weissagungen wegen Gewalttat und Raub.«

Andererseits wehklagt der Prophet Habakuk (1,2):

»Bis wann, Herr, flehe ich, und Du hörst nicht, schrei' ich auf zu Dir ›Gewalttat‹, und Du hilfst nicht?«

»Gewalttat und Raub« ist des Propheten Schmerzensschrei, wenn ihm vom Volk hart zugesetzt wird, nicht der Inhalt der Prophetenworte (H. Homberg, hakorém, 76 b; m'zudát Davíd, A. Weiser, M. Bolle u. a.). Welch ein *Unterschied zum »Gottesknecht«*, der willig seinen »Rücken den Schlagenden« anbietet, sein Gesicht nicht verbirgt »vor Schande und Bespeiung« (Jes 50,6). Der »Gottesknecht« »war nicht widerspenstig« (ib. V 5), er war überzeugt, daß »nahe ist, der mich ins Recht setzt« (V 8; s. Bibelauslegungen, II, 170 ff). Jeremia bekundet mit einem Aufschrei das genaue Gegenteil: er ist ein unwilliger Knecht Gottes, ein betörter, übertölpelter, rebellierender Knecht. Er leidet, doch er bäumt sich auf gegen dieses Leid. Er wird geprügelt, aber er weigert sich, die Hand zu küssen, die ihn prügelt. Er ist der »Anti-Gottesknecht«, der das Joch abzuschütteln sucht, das ihm der Stärkere aufgebunden hat.
Gibt es kein Mittel, dem Redezwang zu entrinnen? fragt sich Jeremia. Freilich, es gibt ein solches Mittel:

»Ich werde Seiner nicht gedenken,
nicht mehr in Seinem Namen sprechen« (V 9).

Eine Flucht vor Gott ist nicht möglich. Das erfuhr an eigenem Leib *Jona* in den Tagen des assyrischen Großreiches, als er der Hauptstadt Ninive die Schuld vor Augen führen sollte und vor dem Wort des Herrn zu flüchten suchte. Doch ein Schweigen, ein Verschweigen des göttlichen Auftrags? Jeremia gibt sich die größte Mühe, die Worte in sich zu behalten und nicht über die Lippen zu lassen. Das *Ergebnis* ist verheerend:

»So wurde es in meinem Herzen
wie ein versengendes Feuer,

eingeschlossen in meinen Gebeinen.
Ich war zu schwach, es zu fassen,
ich vermochte es nicht.«

Das Wort wurde zu einem »Knochenbrand«, der das Gebein bis zum Zusammenbruch zerfrißt. Gottes Botschaft läßt sich nicht eindämmen, sie drängt hinaus. Sie gleicht »dem Feuer, und wer vermöchte es in seinem Rockschoß zu bewahren?« (R. Me'ir ben Isaak Arama, séfer *'urím w'tumím, 62a*).

»Fürwahr, so ist Mein Wort: (s'ist) wie Feuer,
ist der Spruch des Herrn,
und wie ein Hammer, der den Felsen zerschlägt.«
(Vgl Bibelauslegungen, II,272.)

Dem »ich werden Seiner nicht gedenken« und »nicht mehr in Seinem Namen sprechen« stehen zwei andere Verben gegenüber: »ich war zu schwach« und »ich vermochte es nicht«. Der Wille wird durch die Fakten bezwungen. Das Gotteswort ist mächtiger, weil Gott mächtiger ist »und vermag« (*watuchál*, V 7). Der Prophet »vermag nicht« (*w'lo 'uchál*, V 9). Wo sein Wille mit dem Willen Gottes zusammenprallt, unterliegt er.
Die Herzen der anderen sind »asbest«, feuersicher (A. Heschel, 189). Unempfindlich für die Botschaft Gottes, brennen sie nicht. Jeremia hingegen ist unfähig, den Brand auszuhalten. Er wird ihn los, indem er das in seinem Herzen lodernde Gottesfeuer radikal entfernt, und das heißt: die Gottesbotschaft aus sich herausschreit. Der »Verschweigungsversuch« ist gescheitert.
Doch kaum trägt er die Gottesworte wieder vor, beginnt die Anfeindung der Spötter von neuem. Sie gehen einen Schritt weiter, begnügen sich nicht mit dem Hohn. Jetzt tragen sie die *dibá* (V 10), die »üble Nachrede«, umher, warten auf einen noch so kleinen Versprecher Jeremias, um ihn bei den Behörden, beim König *»anzugeben«*. Selbst auf die angeblichen »Vertrauensleute« (*'enósch sch'lomí*) ist kein Verlaß. In analoger Weise sagt Micha (7,5):

»Vertraut nicht dem Nächsten,
verlaßt euch nicht auf den Vertrauten.
Vor ihr, die an deinem Busen liegt,
hüte die Pforten deines Mundes.«

Die Feindschaft der Vielen führt *»zum Schrecken ringsumher«*. Was Jeremia zuvor Paschchúr gegenüber angekündigt hat – »nicht Paschchúr nennt der Herr deinen Namen, sondern ›Schrecken ringsumher‹« (V 3) – fällt nun auf ihn selbst. In Ps 31,14 findet sich eine entsprechende Klage:

»Denn ich hörte die Nachrede der Vielen,
Schrecken ringsumher,
wie sie sich zusammen gegen mich verschwören,
planen, mein Leben zu nehmen.«

Denkt Jeremia an die »Leute von Anatot« (11,21), die Angehörigen, die nach seinem Leben trachten?

»Weissage nicht im Namen des Herrn, damit du nicht durch unsere Hand stirbst.«

Es mag durchaus sein, denn die »Vertrauensleute« sind offensichtlich ihm einst nahestehende Menschen, die ihn nun freilich zutiefst enttäuscht haben. Sie heulen mit den anderen Wölfen und sind viel gefährlicher, da sie seine Blöße leichter zu entdecken vermögen. (Auch hier gilt der Wunsch, dessen Autor unbekannt ist: »Gott schütze mich vor meinen Freunden; vor meinen Feinden kann ich mich selber schützen!«)
Die falschen Freunde lauern ihm auf und warten sehnsüchtig »auf mein *Hinken*«, »auf meinen Sturz«.

»Sollte er einen falschen Schritt tun, so nutzen sie dies unverzüglich aus« (R. H. Freedman, 138).

Man kann sich diese Typen unschwer vorstellen. Mit aalglatter Zunge schmeicheln sie sich ein, und kaum entdecken sie eine Schwäche, schlagen sie zu. R. Jesaja der Erste von Trani (228) kommentiert:

»›Vielleicht läßt er sich betören, und wir können ihn überwältigen‹ – Sollte er den König in seinen Weissagungen erwähnen, so ›überwältigen wir ihn‹ und ›nehmen an ihm unsere Rache‹.«

Beim Direktangriff auf die königliche Majestät riskiert ein Prophet allemal seinen Kopf. M. Bolle (157) schreibt entsprechend:

»Hier besitzt das Wort *'uláj* (›vielleicht‹) den Sinn von ›wenn nur‹ (nachbiblisches Hebräisch: *hal'wáj*) . . . (Die Gegner) hatten ein Vergehen gegen die Königsgesetze im Auge. Auf ein solches Vergehen stand die Haft- oder Todesstrafe.«

An diesem Punkt ist für Jeremia die Talsohle erreicht, die *Wende* setzt ein. Er reißt sich aus seiner Depression heraus und schöpft neuen Mut. Möglicherweise hat er erkannt, daß ein weiteres Sich-Aufbäumen gegen Gott und die Last, die Er ihm auferlegt hat, in die Selbstzerstörung führt. Abwerfen kann er den Botenauftrag nicht, in sich verhalten noch weniger, weil er »wie ein Feuer« in seinem Inneren brennt. Also bleibt ihm nur die Annahme des Unabänderlichen, das Sich-Hineinschicken in die Aufgabe. Die Parallele zu Ps 31 erweist sich auch in diesem Punkt. Nach dem Vers, der von der »Nachrede der Vielen, dem Schrecken ringsumher« handelt, heißt es dort in V 15:

»Ich aber vertraue auf Dich, Herr,
ich sage: ›mein Gott bist Du!‹«

Jeremias Credo (V 11) lautet:

»Der Herr aber ist mit mir wie ein mächtiger Held, deshalb straucheln meine Verfolger und überwältigen (mich) nicht ...« (Ps 31,16: »rette mich aus der Hand meiner Feinde und meiner Verfolger!«)

Gott erweist sich nicht nur Jeremia gegenüber als der Überwältiger (V 7), Er überwältigt auch Jeremias Gegner. Ihre Hoffnung auf das »Übermögen« (V 10) zerschlägt sich, wie sich die Hoffnung Jeremias auf das Bezwingen des Gotteswortes zerschlug (V 9). Die wirkliche Kraft steht nur bei Gott, Er allein ist der »mächtige Held«. Nach tiefem Leid gewinnt Jeremia diese Erkenntnis wieder, die er immer schon besessen hat. Sie war verschüttet und tritt jetzt wieder ans Tageslicht.

»›*Gott aber ist mit mir*‹. Sie (Feinde) wollen mich töten, davor fürchte ich mich nicht, denn Gott hat mir zugesichert: ›sie werden gegen dich kämpfen und dich nicht überwältigen ...‹ (1,19), und Er ist ›mit mir wie ein mächtiger Held‹« (R. D. Kimchi).

Auf Gott ist Verlaß. Vielleicht spürt Jeremia nicht nur, daß ein weiteres Hineinrennen in die Verbitterung in seinen Untergang einmündet. Vielleicht bringt ihn der bodenlose, hinterhältige Haß seiner Gegner, die nichts weniger als seinen Tod wünschen, zur Besinnung. »Hier ist die Grenze erreicht«, mag er sich denken, »meine Feinde können mir noch so viel Leid zufügen – umbringen können sie mich nicht. In jener Stunde, da mich Gott ›betörte‹, hat er mir zugleich die ›Rettung‹ (1,19) versprochen: ›der Herr aber ist mit mir wie ein mächtiger Held ...!‹«
Das Blatt hat sich gewendet. »Schande und Schmach« (V 8) fallen nunmehr auf Jeremias Feinde:

»Sie schämen sich sehr, denn es ist ihnen mißlungen, (in) ewiger Schande, die nicht vergessen wird.«

Das Credo schließt mit der Glaubenstatsache (V 12 a):

»Und der Herr der Heerscharen prüft den Gerechten,
Er sieht Nieren und Herz.«

In Jer 11,20 besitzt der Vers eine fast wörtliche Parallele:

20,12	*11,20*
Und der Herr der Heerscharen prüft den Gerechten, Er sieht Nieren und Herz.	Und der Herr der Heerscharen richtet den Gerechten, Er prüft Nieren und Herz.

Identisch ist der Nachsatz, der nach dem Credo ein *Gebet* enthält:

»Sehen will ich Deine Vergeltung an ihnen,
denn Dir habe ich meinen Streit(fall) enthüllt!«

Die Exegeten akzentuieren den Gegensatz zwischen dem Wunsch der Feinde und dem Wunsch Jeremias. Die Feinde sagen:

»Wir wollen *unsere* Rache an ihm nehmen« (V 10).

Jeremia aber spricht:

»Ich will sehen *Deine* Vergeltung an ihnen.«

Die Feinde sind selbst aktiv, Jeremia bleibt passiv: Gott ist der Handelnde, Er, der Herz und Nieren, die Gesinnung eines jeden Menschen, prüft.
In der Erklärung des R. Me'ir ben Isaak Arama (aaO, 62b):

»Ich will mich nicht an ihnen (Feinden) rächen, Du aber mögest sie zur Rechenschaft ziehen, weil sie Deine Torá übertreten haben. Mein Streit (*riwí*, L. Zunz: ›Rechtssache‹) richtet sich übrigens nicht gegen sie, sondern gegen Dich, denn Du hast mir alles verursacht ...«

Gott ist die Ursache der Anfeindung gegen Jeremia, weil Er dem Propheten Seine Botschaft übertragen hat, und daher tritt Er nunmehr als Partner in den »Rechtsstreit« ein.
»denn Dir habe ich meinen Streit(fall) enthüllt« (*ki 'elécha gilíti 'et riwí*). R. D. Kimchi bemerkt (zu Jer 11,20):

»Die Torá spricht in der Sprache der Menschen (b. B'rachót, 31b), denn es ist vor Ihm (ohnehin) offenbar und Ihm bekannt.«

Gott »weiß« natürlich um den Rechtsstreit, ehe Jeremia ihn »enthüllt«; das ist richtig. Aber ebenso richtig ist die Tatsache, daß Gott auch »Nieren und Herz« eines Menschen nicht »prüfen muß«, um zu wissen, was sein Geschöpf denkt. Die ganze Schrift spricht in »der Sprache der Menschen«, sonst verstünden wir nämlich ihren Sinn nicht. Und dennoch will Gott, auch wenn Er des Menschen Gedanken kennt, daß der Mensch diese Gedanken ausspreche, die Freude und den Dank bekunde, die Schuld eingestehe. Wie sonst müßte man ein »Schuldbekenntnis« ablegen? Die Bemerkung Kimchis erübrigt sich infolgedessen. Vielleicht hat sie aber dazu geführt, daß Buber-

Rosenzweig statt des *gilíti* (»ich habe enthüllt«) im masoretischen Text ein »überwälzt (*galóti*, s. Leitworte) habe ich dir (meinen Streit)« setzen. Zwingend ist die Emendation auf keinen Fall.
In V 13 steht ein *Hymnus*. Er begründet den Lobpreis Gottes:

»Singt dem Herrn! Lobt den Herrn!«

Der Aufruf erinnert an Ps 68,5:

»Singt Gott, spielt Seinen Namen!«

und Ps 96,2:

»Singt dem Herrn, preist Seinen Namen!«

Der Midrasch (midrásch t'hilím-schochér tow, hg. S. Buber, 1901, 503) lehrt:

»Es sprach Jeremia: ›Singt dem Herrn! Lobt den Herrn! Weshalb und wofür? – ›denn errettet hat Er die Seele des Bedürftigen aus der Hand der Missetäter‹. Wenn der Heilige, gelobt sei Er, die Israeliten erlöst, so danken nicht nur sie selbst, sondern alle Völker stimmen in den Dank ein. Er erlöste die Israeliten aus Ägypten, und alle (Völker) lobten Ihn, wie es heißt (Ex 18,9): ›Jitró freut sich über all das Gute, das der Herr Israel erwiesen hatte . . .‹«

Analog gilt Jeremias Aufforderung »Singt dem Herrn! Lobt den Herrn!« allen Nationen gleicherweise.
Der von den Feinden hart angefochtene Prophet hat sich aufgefangen. Aus dem Tief menschlicher Vereinsamung ist Jeremia, der mit Gott haderte, zum Vertrauen in Gott zurückgekehrt. Auf die Anklage folgt erneuter Lobpreis. Weil jedoch die Anfechtungen Jeremias nie gänzlich aufhören, wird auch die Hochstimmung gelegentlich durch eine neue Depression und Krise abgelöst. So ist es verständlich, daß der Kompilator seiner Reden – vielleicht sein »Sekretär« Baruch ben Nerija – in V 14–18 des Kapitels nicht zufällig eine Selbstverwünschung folgen läßt, wie sie sich nur noch bei Hiob (Hiob 3,2–26) findet, dem Dulder par excellence. Dabei ist durchaus nicht gesagt, daß die Selbstverwünschung Jeremias zeitlich unmittelbar auf unseren Bibelabschnitt folgte. Ganz im Gegenteil! Es ist anzunehmen, daß das seelische Hoch nicht gleich wieder in ein seelisches Tief umgeschlagen ist. Der Kompilator sieht aber die Zusammenhänge, er weiß, daß Jeremia, die markante Persönlichkeit, die dem König und den Würdenträgern die Stirn bietet, bis zuletzt höchst verwundbar und sensibel bleibt. Und daher ist der abrupte Übergang vom »Singt dem Herrn! . . .« (V 13) zum »Verflucht sei der Tag, an dem ich geboren wurde!« (V 14), symptomatisch.

Wegweisung für unsere Zeit

Es ist wahrlich nicht leicht, ein Prophet, ein Künder Gottes zu sein. Der Prophet schwimmt gegen den Strom, er sagt nicht, was das Volk hören will, sondern was es hören muß. Er spricht nicht nach des Volkes Mund, sondern nach Gottes Mund. Und das führt ihn zu einem dauernden Zusammenstoß mit der Meinung der Vielen, die nicht hören wollen, weil sie sich bereits eine Meinung gebildet haben. Jeremia zerbricht beinahe am Auftrag, den er nicht gewünscht und nicht gesucht hat. Doch er kann sich dieses Auftrags nicht entledigen. Gott hat ihn »betört« und »gepackt«, und vor Ihm hilft weder Flucht noch Verschweigen. Zuletzt schickt er sich ins Unabänderliche und versöhnt sich mit seinem Gott. Mit einem Lobpreis endet der Konflikt – zumindest für einmal.
Es gibt keinen Menschen, der nicht gelegentlich in einer Krise steckt, weil er sich zu Unrecht angefochten fühlt, mißverstanden, überfordert. Da mag sein Gottvertrauen erschüttert, das Vertrauen in die Menschen angeschlagen sein. Die Grundfrage nach dem Sinn menschlicher Existenz ist vielleicht aufgebrochen, und immer wieder regt sich der Zweifel an diesem Sinn. »Betört«, »gepackt«, überwältigt fühlt sich jeder Mensch, am Ende seiner Kraft. Doch dann fängt er sich auf, findet zurück zum Vertrauen in Gott und die Menschen und gewinnt seine innere Sicherheit wieder. Wie Jeremia, der im letzten nicht verzagt und nicht zerbricht. Wenn auch die »letzten Fragen« nicht restlos zu beantworten sind und Widerstände nie gänzlich verschwinden, so ändert sich doch der Grundtenor wieder: »Der Herr ist mit mir!« spricht die Stimme des Herzens, und eine neue, bessere Zeit beginnt.

»Was der Herr von dir verlangt«

Mi 6,6–8

6 »Womit kann ich dem Herrn entgegentreten, mich beugen vor dem Gott der Höhe? Soll ich ihm entgegentreten mit Ganzopfern, mit einjährigen Kälbern?
7 Hat der Herr Wohlgefallen an Tausenden von Widdern, an Zehntausenden von Bächen des Öls? Soll ich meinen Erstgeborenen hingeben für meine Schuld, die Frucht meines Leibes für die Sünde meiner Seele?
8 Angesagt hat Er dir, Mensch, was gut ist und was der Herr von dir verlangt: Nichts als Recht üben, die Liebe zur Treue und demütig wandeln mit deinem Gott.«

Der Text im Kontext

Einen »Streit« (*riw*), einen Rechtsstreit führt Gott mit Seinem Volk Israel (Mi 6,2). Israel ist zutiefst undankbar, verkennt die Wundertaten Gottes während der Wüstenwanderung und wendet sich von Gott ab. Doch Gott läßt diese Undankbarkeit auf die Dauer nicht zu. »Mein Volk! Was habe ich dir getan und womit habe Ich dich ermüdet? Antworte Mir!« (V 3). Gott befindet sich gleichsam in der Rolle des Angeklagten beim Prozeß, doch unvermittelt wechselt er die Seite. Aus dem Angeklagten wird Er zum Ankläger. Nicht Er hat versagt, hat die sich aus dem Bund mit Israel ergebenden Verpflichtungen nicht erfüllt. Israel hat versagt, hat die Treue gebrochen.

Der Beweis für die Treue Gottes besteht aus der Fülle der Gnadenerweisungen, die Israel erfahren durfte: die Befreiung aus Ägypten, »aus dem Haus der Knechte«, die Entsendung des Mose, Aaron und der Miriam, der geistigen Führer des Volkes. Wie das Targúm interpretierend ausführt (zu V 4):

»Mose zum Lehren und zur Übergabe der Gesetze, Aaron zur Sühne für das Volk (Aaron war Hohepriester), Miriam zur Belehrung der Frauen.«

Selbst in schwieriger Lage verließ Gott die Israeliten nicht: als Moabs König

Balak den Seher Bileam zum Verfluchen des Volkes herrief und Bileam nicht verfluchte, sondern segnete (Num 22,2–24,25). Selbst als in Schittim das Volk der sexuellen Ausschweifung im Rahmen der Verehrung des Bá'al P''or verfiel (Num 25,1–9) – und Schittim war die letzte Station vor dem Durchschreiten des Jordan –, wandte sich Gott von Israel nicht ab. Er erfüllte Sein Versprechen und gewährte dem Volk den Eintritt ins Land der Verheißung. Es gelangte nach Gilgal, dem ersten Halt jenseits des Jordans (Ibn Esra, Raschi).

»Als ihr in der Nähe des Landes weiltet und kurz vor dem Eintritt standet, verfielet ihr einer großen Sühne (Sünde in Schittim) und waret alle des Todes. Doch ich erbarmte Mich eurer, und ihr kamt in das Land, und Ich half euch« (Ibn Esra).

In Schittim wurde später auch Sauls Königtum bekräftigt (1Sam 11,14; M. Seidel, séfer Michá, 1984,47), eine Tatsache, die für die Leute Samarias, an die sich der Prophet Micha aus Moreschet Gat wendet – er beginnt mit seinen Reden kurz vor dem Fall Samarias, der Hauptstadt des Nordreiches Israel, das durch die Assyrer 722 v.d..Z. erobert wird (Bibelauslegungen, I,235) –, von großer Bedeutung ist (M. Seidel, aaO, Anm. 6).
Dieses Eingreifen Gottes zugunsten des von Feinden bedrohten Israel zeigt Seine Größe und Seine Treue zum Bund. Es ist Ausdruck der *zidqót 'adonáj*, der »Gnaden« (L. Zunz), der »Bewährungen« (B–R), der »Gerechtigkeitstaten« (Lex. 944) Gottes, aber es wird von Israel nicht erkannt, nicht in der richtigen Proportion gesehen. Mag sein, daß Israel die Tatsachen an sich wahrnimmt. Die Interpretation der Tatsachen ist ungenügend. Das soll sich ändern, und offensichtlich ändert es sich auch. Mit V 6, dem ersten Vers unseres Abschnitts, setzt die Frage des sich auf die *zidqót 'adonáj* besinnenden Israel ein. Eine Frage, die die Umkehr und Einkehr des bis jetzt nicht einsichtigen Volkes anzeigt. Israel erkennt die Berechtigung des »Streits«, und es sucht auf diesen »Streit« die adäquate Antwort. Wie diese Antwort aussehen könnte, in Wirklichkeit aber aussehen muß, lehrt der Text.

Leitworte des hebräischen Textes

'aqadém, V 6 (Imperfekt von *q-d-m*, Piel), »ich werde entgegentreten« (Lex. 999), »entgegenkommen« (B–R), »kommen vor« (R. J. H. Hertz, Pentateuch, zur Haftará von Baláq).
'ikáf (Imperfekt des Niphal von *k-f-f*), »ich werde mich beugen« (Lex. 470; L. Zunz; B–R). *'ikáf* entspricht *'ekáf* (R. Jesaja der Erste von Trani, II, 111).

'elohé maróm ist »der Gott der Höhe« (B–R), »der in der Höhe wohnt« (Jes 33,5; 57,15, Jer 17,12 u.a.)
ʿolót (Singular: *ʿoláh*) sind »Darhöhungen« (B–R; von *ʿ-l-h*, »aufsteigen«), »Ganzopfer«, die ganz verbrannt werden (Lex. 786).
ʿagalím (Singular: *ʿégel*), »Kälber«. Als *b'né schaná*, »einjährige«, sind sie für das Opfer besonders geeignet (Lev 9,3).
hajirzé, V 7 (Imperfekt des Qal von *r-z-h* mit der Fragepartikel *ha*), bedeutet »wird er wollen?«, »hat Er Gefallen an?« (L. Zunz), »schätzt zugnaden Er?« (B–R); vgl *l'razón*, »zum Wohlgefallen« (Ex 28,38; Lev 22,2of; Jes 56,7 u.a).
'elím ist Plural von *'ájil*, »Widder«.
'alfé (Status constructus von *'alafím*), »Tausende von«, steht parallel zu *riw'wót* (Status constructus von *r'wawót*, Singular: *r'wawá*, von der Wurzel *r-w-w*, »viel, groß sein«), »Zehntausende (Myriaden) von«, »Mengen von« (B–R).
nachalé (Status constructus von *n'chalím*; Singular: *náchal*) sind »Ströme von«.
schémen ist »Öl«.
b'chor ist der »Erstgeborene« des Vaters oder der Mutter oder beider Eltern zusammen. Der Erstgeborene des Vaters trägt auch den Namen »Erstling meiner (Zeugungs-)Kraft« (*re'schít 'oní*, Gen 49,3; Dtn 21,17; Ps 78,51), jener der Mutter die Bezeichnung »Durchbruch des Mutterschoßes« (*péter réchem*; Ex 23,2.12f u.a.).
pischʿí (von *péschaʿ* mit Suffix) ist »mein Vergehen«, »meine Schuld«, »meine Abtrünnigkeit« (B-R), »meine Missetat« (L. Zunz).
p'ri bitní, ist »die Frucht meines Leibes« (L. Zunz; B–R); *béten* heißt »Leib, Bauch« (Lex. 116), wird vornehmlich auch für den spezifischen Leib der Mutter (»Mutterleib«, Uterus) gebraucht (Gen 30,2, Num 5,22 u.a.). In V 7 spricht das Volk (*ʿamó*, »Sein Volk« von V 2; *ʿamí*, »Mein Volk« von V 3), also ein »männliches« Wesen. *p'ri bitní* ist daher – neutral – mit »Frucht des Leibes« wiederzugeben.
chatá't (Status constructus von *chatá't* mit *qámez* unter dem tet!) ist die »Sünde«, *chatá't nafschí* ist die »Seelenschuld« (B–R). *chatá't* ist freilich die »Entsündigung«, das »Sündopfer« (Lex. 294). Genaueres zum Verständnis s. Exegese.
higíd (Perfekt des Hiphil von *n-g-d*), »er teilte mit, zeigte an«, V 8. B–R: »angesagt hat man«, L. Zunz: »kund getan«.
dorésch (Partizip des Qal von *d-r-sch*) heißt hier »fordert« (L. Zunz; B–R).

ʿasót ist Infinitivus constructus von *ʿ-s-h*, »machen«.
mischpát ist das »Recht«, *chésed* die »Liebe, Treue, Loyalität« (Bibelauslegungen, I,121), B–R: »Holdschaft« (in Dtn 7,9: »Huld«).
haznéʿa (Infinitivus absolutus des Hiphil von *z-n-ʿ*) mit *léchet* (Infinitivus constructus des Qal von *h-l-ch* »gehen«) heißt »demütig gehen«, »demütig wandeln« (L. Zunz), »bescheiden gehen« (B–R). Lex. 973 bietet einige Übersetzungen an, ohne sich festzulegen. Genaueres s. Exegese.

Der Text in der Exegese

Das Volk akzeptiert Gottes Rechtsstreit und erkennt seine Undankbarkeit. Daher möchte es sich von seiner bisherigen Verhaltensweise abwenden und Gott verehren. Doch wie kann es seiner Dankbarkeit für Gottes Gnadenakte Ausdruck geben?

»Womit kann ich dem Herrn entgegentreten,
mich beugen vor dem Gott der Höhe?« (V 2).

Im Verb *q-d-m*, Piel (*'aqadém; 'aqadménu*), steckt das Moment des eilfertigen Entgegenkommens, das alle inneren Widerstände überwindet und dem anderem vorbehaltlos begegnet. Den Ammonitern und Moabitern wird angekreidet, sie seien Israel während seines Zugs von Ägypten ins Land Kanaan »nicht mit Brot und Wasser entgegengetreten« (*lo qidmú 'etchém baléchem uwamájim*; Dtn 23,4f; Neh 13,1f). Zur Strafe gegen dieses höchst asoziale und ungastliche Verhalten bleiben ihre Nachfahren »bis ins zehnte Geschlecht« von der »Gemeinschaft des Herrn« ausgeschlossen (vgl oben S. 238).
In Mi 6,6 ist das opferwillige Israel bereit, Gott eilfertig gegenüberzutreten (vgl Ps 95,2: »Wir wollen Seinem Antlitz entgegentreten mit Dank«). Das Darreichen der Opfer ist verbunden mit verschiedenen Verbeugungen, weshalb die Wendung »um sich vor dem Herrn niederzuwerfen« (Jer 7,2, oben S. 286f) die Teilnahme am Tempeldienst bezeichnet. Die Verbeugungen sind Zeichen der Unterwürfigkeit und der Demut.
Das nach der richtigen Gottesverehrung fragende Volk denkt nur an die Opfergaben, obschon es auch eine andere Möglichkeit kennen müßte. In der harten Konfrontation mit König Saul nach dem Feldzug gegen die Amalekiter verkündete der Prophet Samuel die für immer gültige Lehre.

»Hat der Herr Begehr nach Ganzopfern und Schlachtopfern wie nach dem Hören auf die Stimme des Herrn? Sieh, Hören ist besser als Schlachtopfer, Aufhorchen mehr als das Fett der Widder!« (1Sam 15,22).

Diese Lehre scheint vergessen. Nicht der Gehorsam gegen Gott ist dem Volk wichtig, sondern die äußere Gabe, die im Tempel dargebracht wird. Diese Opfer sind dabei variationsfähig, sie können in qualitativer und quantitativer Hinsicht gesteigert werden. V 6b–7 nennt *drei Stufen*:
1. Möchte Gott *ein nicht ganz gewöhnliches Opfer* erhalten? »Soll ich Ihm entgegentreten mit Ganzopfern, mit einjährigen Kälbern?« Nach Lev 22,27 wären acht Tage alte Kälber genauso zum Brandopfer geeignet, es bedarf keiner »einjährigen« (Sch. L. Gordon, 64; E. S. Hartom, 101).
Vielleicht will Gott aber 2. *das verschwenderische Opfer*, die Fülle an Tieren, wie sie Salomo beim Tempelweihefest schlachten ließ (1Kön 8,63).

»Hat der Herr Wohlgefallen an Tausenden von Widdern, an Zehntausenden von Bächen des Öls?«

Nach der Satzung (Lev 14,10.12. u.a.) genügte ein kleines Maß von Öl (1 *Log*, ca. 0,6 Liter). Will Er »Bäche des Öls« erhalten – wir sind zum Opfer bereit!
Vielleicht aber wünscht Er noch mehr: die *Drangabe der eigenen Kinder*? Auch sie sind wir zu opfern gewillt, wenn wir damit nur Seine Zuwendung zu erreichen vermögen.

»Soll ich meinen Erstgeborenen hingeben für meine Schuld, die Frucht meines Leibes für die Sünde meiner Seele?«

So verstehen Raschi, Ibn Esra, R. D. Kimchi, R. Jesaja der Erste von Trani den Vers. R. J. Ibn Caspi meint hingegen, der Sinn der Frage sei:

»Soll ich meinen Erstgeborenen hingeben? Das wäre ja meine Schuld! Die Frucht meines Leibes? Das wäre eine Versündigung meiner Seele?«

Noch anders interpretieren M. Seidel und E. S. Hartom die Worte, indem sie *pisch'í* als »mein Schuldopfer« und *chatá't nafschí* als »Sündopfer für meine Seele« verstehen:

»Soll ich meinen Erstgeborenen als mein Schuldopfer hingeben, die Frucht meines Leibes als Sündopfer für meine Seele?«

Rev. A. Cohen (t're 'asár, The twelve Prophets, Soncino Books of the Bible, ^{6}1966,180) versteht die Fragen von V 6f als rhetorische Fragen. Selbst wenn dies richtig sein sollte, sind die vom Volk angebotenen Kindesopfer selbst in Israel nicht ganz unmöglich. In seltenen Fällen wurden – nicht im Jerusalemer Tempel und in flagranter Verletzung der Gottessatzung – Kinder dargebracht.

Jephta, der »Richter«, vollzieht an seiner Tochter das Gelübde der Darbringung des ersten Wesens, »das mir aus den Türen meines Hauses entgegenkommt, wenn ich in Frieden von den Söhnen Ammons (vom Kampf mit ihnen) heimkehre«. An die eigene Tochter hat er im Augenblick des unpräzis formulierten Gelübdes selbstredend nicht gedacht, sondern wohl an ein Tier, doch das Gelübde sieht er sich zu erfüllen genötigt (Ri 11,3of.39). Der Talmud (b.Taʿanít, 4a; vgl Midrasch Tanchúma', b'chuqotáj,5) ist der Meinung, Jephta habe seine Tochter in der Tat geopfert, und er macht ihm zum Vorwurf, daß er nicht um eine »Lösung« der schrecklichen Verpflichtung bei den Weisen seiner Zeit nachgesucht habe. Erst der mittelalterliche Exeget R. Levi ben Gerson (RaLBáG, Gersonides, 1288–1344) behauptet aufgrund des Wunsches der Tochter, »ihre Jungfrauenschaft beweinen« zu dürfen (ib. V 37f), sie sei »zum Dienst für Gott bestimmt worden und habe sich eines Mannes enthalten müssen« (Heiratsverbot). Daher baute der Vater für sie »ein Haus draußen«. R. Levi ben Gerson, der sich die faktische Realisierung eines Menschenopfers auch während der an sich rauhen Epoche der Richter (Ri 19) nicht vorstellen kann, traut selbst Jephta das effektive Menschenopfer nicht zu und spricht von einem »Haus draußen«, wohl einem »Kloster« (in: miqra'ót g'dolót z. St.).

Die jüdischen Könige *Ahas* (735–715) und *Manasse* (687–642) lassen »ihren Sohn durchs Feuer ziehen« (2Kön 16,3; 21,6). Dabei mag es sich um einen symbolischen, zu Ehren der Gottheit vollzogenen »Feuersprung« gehandelt haben, bei dem das Kind unversehrt davonkam, doch wurden gelegentlich die Opfer auch nach kanaanäischem Brauch »verbrannt« (Dtn 12,31; Jer 7,31; 19,5: »als Ganzopfer dem Báʿal«).

Auch zu Ehren des *mólech* Moloch im »Tal der Söhne Hinnoms« wurden Kinder »durchs Feuer geführt«, Jer 32,35; Ez 20,31; als Verbot s. Lev 18,21; 20,2–5.

Kurzum: Die Frage des Volkes im Hinblick auf Kindesopfer ist im historischen Bezug nicht aus der Luft gegriffen. Freilich lehnt die Torá das Kindesopfer mit großer Entschiedenheit ab. Zudem zeigt die Geschichte von der »Opferung Isaaks«, daß im wahren Gottesglauben die *Substitution*, der Ersatz des Menschenopfers durch ein Tieropfer, gefordert ist (Gen 22,13). *Abraham* nahm einen Widder zum Opfer »anstelle, als Ersatz, für seinen Sohn« (*táchat b'no*). Selbst das Kindesopfer des moabitischen Königs *Mesa* (2Kön 3,26f) wird abgelehnt. Den Vers in Jer 19,5 – »sie (Einwohner Jerusalems) bauten die Opferhöhen des Báʿal, um ihre Söhne im Feuer als

Ganzopfer für Báʿal zu verbrennen, was Ich nicht befohlen, wovon Ich nicht geredet habe, und was nicht in Meinem Herzen aufgestiegen ist“ (was Ich nicht gedacht habe) – erklärt der Talmud (b.Taʿanít, 4a) so:

»Was ich nicht befohlen habe – dies ist der Sohn des Mesa, des Königs von Moab. Wovon ich nicht geredet habe – das ist Jephta (das Opfer der Tochter Jephtas), und was nicht in Meinem Herzen aufgestiegen ist – dies ist (das wirkliche Opfer) des Isaak, Abrahams Sohn.«

In *V 8* nennt der Prophet Micha die Dinge, die Gott wirklich wünscht. Jedes Wort ist wichtig und wird in der jüdischen Exegese nach seiner Bedeutung hin untersucht. Der Text kann auf folgende Weise übersetzt werden:

»Angesagt hat Er dir, Mensch, was gut ist, und was der Herr von dir verlangt: nichts als Recht üben, die Liebe zur Treue und bescheiden wandeln mit deinem Gott.«

Nicht nur »gesagt« – »angesagt« (*higíd*), verkündet, für alle Zeiten als Norm festgehalten hat Gott Seinen Willen (vgl Ps 111,6: »Die Kraft Seiner Taten hat Er Seinem Volk angesagt ...« [*higíd l-ʿamó*], oder Hiob 33,23: »... dem Menschen seine Redlichkeit ansagen« [*l'hagíd l''adám joschró*]).
Wo hat Gott dem Menschen Seinen Willen angesagt? In den Büchern der Schrift, in den Gesetzen des Sinai. R. J. H. Hertz (aaO) schreibt:

»Es ist keine neue Offenbarung, die der Prophet verkündet. Er wiederholt und bekräftigt lediglich die Botschaft Abrahams, Moses, Samuels und Elias.«

Abarbanel hat dieses Verständnis antizipiert, wenn er meint (147):

»Der Heilige, gelobt Sei Er, hat dir, Mensch, bereits angesagt, was gut ist ...: daß du dich Seinen Geboten unterwirfst. Wie der Prophet Samuel gesprochen hatte (1Sam 15,22): ›Sieh, Hören ist besser als Schlachtopfer.‹ Und Micha erklärt, daß dieses Hören sich durch die praktischen Gebote, durch das ›Üben des Rechts‹ vollzieht.«
Vgl Raschi: »Angesagt hat dir der Heilige, gelobt sei Er, was gut ist, *daß es getan werde*.«

Gott hat dir Seinen Willen »in Seiner Torá und durch Seine Propheten verkündet« (Wolf ben R. Joseph, in: kitwé qódesch, Micha, 1817, 120b).
Von seiner Struktur und seinem Inhalt her erinnert unser V 8 an Dtn 10,12. Wir stellen die Sätze nebeneinander.

Mi 6,8	*Dtn 10,12*
Angesagt hat Er dir, Mensch, was gut ist	Und jetzt Israel, *was verlangt (scho'él)*
und *was der Herr von dir verlangt*:	*der Herr, dein Gott, von dir?*
Nichts als Recht üben,	*Nichts als* zu ehrfürchten
die *Liebe* zur Treue	den Herrn, deinen Gott,

und demütig *wandeln mit deinem Gott.*	*auf allen Seinen Wegen zu wandeln*, Ihn zu *lieben*, und zu dienen dem Herrn, deinem Gott, mit deinem ganzen Herzen und deiner ganzen Seele.

Was Gott »verlangt«, ist »nichts als« (*ki 'im*) ein – so läßt sich vermuten – leichtes Unterfangen. In Wirklichkeit aber bedarf es der ganzen menschlichen Energie, die nie erlahmt, um den Ruf, »auf allen Seinen Wegen zu wandeln«, auch nur annähernd zu erfüllen. Die Formulierung der Gottesforderung in Dtn 10,12 steht, so meinen wir, im Hintergrund der Feststellung Michas: »Angesagt hat Er dir, Mensch, was gut ist.« Der Mensch weiß, was er zu tun hat, Gott hat es ihm angesagt.
Der *Mensch ('adám)*, nicht nur der Angehörige des Volkes. Malbim (IV,218) betont dieses Moment:

»Er (Gott) hat dir angesagt, was gut ist für dich aufgrund deines Menschseins, angesagt durch die Gebote zwischen Mensch und Mensch. ›Und was der Herr von dir verlangt‹ – durch die Gebote zwischen Mensch und Gott.

M. Seidel (48, Anm. 9) schreibt:

»Die Bezeichnung *'adám* bedeutet an vielen Stellen soviel wie *kol 'adám*, »jeder Mensch« (Am 4,13; Hiob 28,28, Lev 18,5; Koh 12,13).

M. Seidel verweist ausdrücklich auf eine Talmudpassage (b.Bawá' qamá', 38a):

»R.Me'ír sagt: Woher (ergibt sich), daß selbst ein Fremder (Nichtjude), der die Torá studiert, wie der Hohepriester ist? Weil es heißt (Lev 18,5): ›... die der Mensch erfüllen soll, daß er durch sie (Gebote) lebe‹. Priester, Leviten und Israel wurde nicht gesagt, sondern ›Mensch‹. Daraus lernst du, daß selbst ein Fremder, der die Torá studiert, wie der Hohepriester ist.«

Wie kommt R.Me'ír auf die Idee, gerade den Hohepriester zu nennen? wollen die Tosafót (zur Talmudpassage) wissen, und sie antworten:

»... Wir haben gelernt (b.Sotá', 4b): ›Kostbarer ist sie (Weisheit) als Kleinode‹ (*p'niním*), d.h. kostbarer ist sie als der Hohepriester, der *vor* und *hinter* (den Vorhang) tritt« (welcher zwischen Heiligem und Allerheiligstem trennt); *lifné w'lifním* (Wortspiel mit *p'niním*).

Die Lehre Gottes ist jedem Menschen zugänglich. Israel hat sie zwar am Sinai während der Theophanie empfangen, doch sie wird durch Israel allen Völkern zuteil (vgl Gottes Verheißung an Abraham, Gen 12,3: »und es werden durch dich gesegnet alle Familien der Erde«, und an Jakob, Gen

28,14: »und es werden durch dich gesegnet alle Familien der Erde und durch deine Nachkommen.«)

Dreifach ist Gottes Postulat:

Gott fordert das »*Tun des Rechts*« (*ʿasót mischpát)*:

»Du sollst kein Unrecht gegen deinen Mitmenschen begehen: übervorteile ihn weder mit Worten noch mit dem Besitz« (Ibn Esra).

Was gehört zum »Recht« (»zu den Rechten«, *mischpatím*; Dtn 5,1)?

»Das Recht umschließt sämtliche Gebote zwischen Mensch und Mensch, wie etwa die Schadenfälle behandelnden Gesetze. Auch die Gesetze über das Verbot der Blutschande sind in ihnen enthalten (Lev 18,4.7)« (R. D. Kimchi).

Dieses »Recht« nennt R. J'huda Halevi »die verstandesmäßigen Gesetze« (Kusari, II,48), ohne die selbst eine Gemeinschaft von Räubern nicht bestehen kann:

»Ohne sie gibt es keine Führung in irgendeiner menschlichen Gesellschaft. Selbst eine Gemeinschaft von Räubern muß die Herrschaft des Rechts in Dingen akzeptieren, die sie selbst angehen. Sonst ist ihre Gemeinschaft ohne Bestand.«

R.J'huda Halevi lehnt sich an Plato (Der Staat, I,351c) an. Im Gespräch mit Thrasymachos erklärt Sokrates:

»Glaubst du, daß, wenn eine Stadt ... oder auch Räuber und Diebe oder irgendein anderes Volk gemeinschaftlich etwas ungerechterweise angreift, solche irgend etwas werden ausrichten können, wenn sie sich auch untereinander Unrecht tun?« (Übersetzt von F. Schleiermacher, in: Platon, Sämtliche Werke, 6Bde, 1957–59, III,1958,93).

Das »Tun des Rechts« steht an erster Stelle:

». . . denn die große Sünde, die Micha anprangert, ist die Aberkennung der sozialen Gerechtigkeit« (Rev. A. Cohen, 180).

Micha greift die Grundforderung des Propheten Amos (5,24; Bibelauslegungen, II,306) auf:

»Wie Wasser ergieße sich Recht und Gerechtigkeit wie ein beständiger Bach.«

Mit Opfern in reicher Zahl, selbst mit dem Menschenopfer, ist Gottes Wille nicht erfüllt. Doch auch das Recht allein vermag Seinem Wunsch nicht zu genügen. Neben dem Recht bedarf es auch der *Treue, der Loyalität im mitmenschlichen Bereich*: neben *mischpát* der *chésed*. Dies hatte bereits Hosea (6,6) im Auftrag Gottes postuliert:

»Denn Treue wünsche Ich, nicht Schlachtopfer, und Gotteserkenntnis (ist besser) als Ganzopfer.«

Der Akzent liegt auf *chésed*, nicht auf *ʿolót* (»Ganzopfer«), auf dem Verhalten zum Nächsten, nicht auf der Opfergabe im Tempel. Daher werden dann auch im »Ehegelöbnis«, das Gott Israel gegenüber ablegt (Hos 2,21), neben »Gerechtigkeit und Recht« (*zédeq umischpát*) »Treue und Barmherzigkeit« (*chésed uwrachamím*) als Kennzeichen dieses »Ehegelöbnisses« angegeben.
Wer *chésed* übt, hält sich nicht an den Gesetzesparagraphen, sondern geht über den Gesetzesparagraphen hinaus, er tut Dinge der Menschlichkeit, die er nicht zu tun brauchte.
R. D. Kimchi erläutert:

»Die Liebe zur *chésed* (»Treue, Loyalität«) – das ist das Erweisen von Liebesdiensten (*g'milút chasadím*), die über die Norm hinausgehen« (so auch Abarbanel).

Der Talmud prägt für dieses Handeln nach dem Prinzip absoluter Mitmenschlichkeit jenseits jedes Gesetzesparagraphen die Wendung *lifním mischurát hadín*, »jenseits der Gesetzesnorm«.
Die *chésed* bedeutet »Freundlichkeit dem einsamen, bedürftigen und elenden Menschen gegenüber, wie sie sich durch Handlungen der Wohltätigkeit äußert« (R. J. H. Hertz, aaO 685), doch sie gilt nicht nur dem Elenden, sondern jedem Menschen (Rev. A. Cohen, 180f; vgl Bibelauslegungen, I,196).
Daher ist nicht – wie beim Recht – nur vom »Tun der *chésed«* die Rede, sondern von »der *Liebe* zur *chésed*«. In den Worten Hermann Cohens (Religion der Vernunft, 494):

»Beim Recht genügt es, es zu üben; bei der Liebestätigkeit genügt die Tat nicht, auch nicht die Gesinnung der Pflicht; hier wird noch die Liebe gefordert. Die Liebestätigkeit darf nicht nur aus Pflicht geübt werden; sie muß aus der Liebe erblühen. Die Pflicht verwandelt sich hier in Liebe; oder die Ehre verwandelt sich in Liebe.«

Das ist gewiß nichts Leichtes. A. Heschel (The Prophets, 207) weist auf diesen Punkt hin:

»Was Gott vom Menschen fordert, ist mehr als das Erfüllen der Pflicht. ›Lieben‹ ... meint das Übertragen des Mittelpunkts seelischen Lebens vom eigenen Ich zum Gegenstand der Liebe.«

Bei der Liebe konzentriert sich der Handelnde auf den anderen, dem seine Liebe gilt. Wenn er ihm *chésed* angedeihen läßt, geschieht es aus vollem Herzen.

Als drittes Moment nennt der Prophet *»demütig wandeln mit deinem Gott« (hazné'a léchet 'im 'elohécha)*. Was darunter zu verstehen ist, ist nicht ohne weiteres ersichtlich. Der Talmud (b. Sukká, 49b) bezieht (anders als Malbim, s. oben) auch diese Forderung auf Gebote im mitmenschlichen Bezug (nicht auf Gebote zwischen Mensch und Gott):

»Dies sagte R. El'aśar: ... ›Recht üben‹ – dies ist das Recht (*din*); ›die Liebe zur Treue‹ – dies ist das Erweisen von Liebesdiensten; ›und demütig wandeln mit deinem Gott‹ – dies ist das Hinausführen eines Toten (zur Bestattung) und das Hineinführen einer Braut unter den Baldachin. Dabei besteht der Schluß vom Leichten auf das Schwere (*qal wachómer*): Wenn schon für Dinge, die in der Öffentlichkeit geschehen (Bestattung, Eheschließung), die Lehre das »demütige Wandeln« vorschreibt, wie erst bei Dingen, die im Verborgenen getan werden.«
Raschi kommentiert: »Dinge, die im Verborgenen getan werden: wie zum Beispiel die Gabe, die einem Armen übergeben wird, ohne daß irgend jemand von ihr zu erfahren braucht.«

hazné'a léchet erstreckt sich freilich auch auf die Mensch-Gott-Beziehung. Etwa im Sinne des Midrasch (Tanchúma', hg. S. Buber, bamidbár, 1):

»›Der Herr redete zu Mose in der Wüste Sinai, im Stiftszelt‹ (Num 1,1). Ehe das Stiftszelt stand, redete Er mit ihm am Dornbusch (Ex 3,2). Dann redete Er mit ihm in Midjan (Ex 4,19), später in Ägypten (Ex 12,1) und am Sinai (Lev 25,1). Als jedoch das Stiftszelt stand, sagte Er: Schön ist die *z'ni'út* (›Bescheidenheit‹, ›Demut‹), wie gesagt wurde: ›und demütig wandeln mit deinem Gott‹.«

Der Dialog vollzieht sich im Stillen, nicht in der Öffentlichkeit. Dies gilt generell, erklärt Abarbanel (147):

»›und demütig wandeln mit deinem Gott‹, dies will heißen: in deinem Herzen und in deiner Seele, die verborgen und zurückgezogen (so ist vielleicht *zanú'a* zu übersetzen) ist, damit ein anderer Mensch es nicht sieht ...«

Der Dialog wird nicht zur Schau getragen, die Frömmigkeit des Herzens ist das persönliche Anliegen eines jeden Menschen. Und dieser Dialog mündet ein »in die Anerkennung der Einzigkeit Gottes und die Liebe zu Ihm« (R. D. Kimchi). Wie auch R. Jesaja der Erste von Trani ausführt (II,111):

»›demütig wandeln mit deinem Gott‹ – du sollst in *z'ni'út* (Bescheidenheit, Demut) vor Ihm gehen. Tu nichts, um von den anderen gesehen zu werden; denn Gott liebt die Demut mehr als irgend etwas anderes.«

hazné͑a léchet ist daher auch (so R. J. H. Hertz, 685) »das Gehen in *Reinheit* mit deinem Gott«. J. Levy (Wörterbuch über die Talmudim und Midraschim, IV, 205) übersetzt das Adjektiv *zanú͑a* möglichst umfassend, weil der Terminus offensichtlich eine Vielfalt von Bedeutungen besitzt:

»Jemand, der zurückgezogen, bescheiden lebt, daher: demutsvoll, fromm, keusch. Gegensatz *paríz*, Ausgelassener, Frecher.«
Vgl. R. J. H. Hertz (685): »*z'ni͑út* bezeichnet Bescheidenheit, Anstand, Keuschheit, persönliche Heiligkeit, Reinheit.«

Bei *hazné͑a léchet* geht es um die »Ehrlichkeit des Herzens« (Ibn Esra), um die anständige Gesinnung, die sich zurückhält und mit dem Glauben nicht protzt.
In den Worten M. Bubers (Der Glaube der Propheten, 198):

»›mit Gott gehen‹, aber ›bescheiden‹; Glaube, der sich mit dem Glaubensverhältnis brüstet, Glaube ohne Scham ist kein Glaube mehr.«

Die »Demut« im Glaubensverhältnis ist immens wichtig. Das Targúm übersetzt daher mit der kommentierenden Umschreibung:

»Sei bescheiden (demütig) im Wandeln in der Ehrfurcht vor deinem Gott.«

Die Demut ist (so Rev. H. Cohen, 494) der »tiefste Grund des Menschen«, und sie ist nicht eine Demut vor Gott, sondern »mit Gott«:

»Bei jeder Relation mit Gott ist Demut die Voraussetzung für den Menschen.«

Zahlreich sind die Aussprüche der Talmudweisen, wenn sie des Menschen Bescheidenheit loben. Wir nennen einige Kernsätze:

»Sehr, gar sehr sei demütig, denn die Hoffnung des Menschen ist der Wurm« (= Ende im Grab; Sprüche der Väter, IV,4).
»Es sprach R. Joseph: Immer lerne ein Mensch von der Handlungsweise seines Schöpfers; denn der Heilige, gelobt sei Er, ließ alle (hohen) Berge und Hügel stehen und senkte Seine *sch'chiná* (›Einwohnung‹; Gegenwart) auf den (niedrigen) Berg Sinai. Und er ließ alle schönen Bäume stehen und senkte Seine *sch'chiná* auf den Dornbusch (bei Mose)« (b. Sotá', 5a).
»Es sprach R. Josua ben Levi: ... Wer demütigen Sinnes ist, der hat nach Ansicht der Schrift gleichsam alle Opfer dargebracht« (ib.).
»Hiskia sagte: Das Gebet eines Menschen wird nur dann erhört, wenn er sein Herz (weich) wie Fleisch werden läßt« (nach Jes 66,23) (ib.).
»Es sagte R. Hisda ...: Bei jedem Menschen, der hochmütigen Sinnes ist, spricht der Heilige, gelobt sei Er: ›Ich und er können nicht in der Welt (zusammen) wohnen‹« (ib.).

Im Rückblick auf die Postulate der Gottesforderung zeigt sich, daß sie die *»Essenz des Glaubensverhältnisses«* (M. Buber, aaO) umschreiben. In einem zentralen Text des Talmud (b. Makót, 23b–24a) geht es um die Hauptpunkte der 613 Gesetze der Torá (Maimonides, séfer hamizwót [Buch der Gesetze], zählt sie im einzelnen auf).

»R. Simlai trug vor: 613 Vorschriften sind Mose überliefert worden ... Da kam David und stellte sie auf elf (Ps 15,1–5) ... Da kam Jesaja und stellte sie auf sechs (Jes 33,15) ... Da kam Micha und stellte sie auf drei (unser Vers) ... Darauf kam Jesaja ein zweites Mal und stellte sie auf zwei (Jes 56,1), denn es heißt: ›So spricht der Herr: Wahret das Recht und übt Gerechtigkeit!‹ Dann kam Amos und stellte sie auf ein einziges Gebot, denn es heißt: ›So spricht der Herr zum Haus Israel: Suchet mich, damit ihr lebt!‹ (5,4) ... Dann kam Habakuk und stellte sie auf ein einziges Gebot, denn es heißt: ›Der Gerechte wird durch sein Vertrauen leben!‹ (2,4).«

Die 613 biblischen Gebote lassen sich auch auf ein einziges Gebot komprimieren, aber die drei Gebote Michas bedeuten eine Zusammenfassung auf Wesentliches, auf die »Essenz des Glaubensverhältnisses«.

Wegweisung für unsere Zeit

»Das Üben von Gerechtigkeit und Recht ist dem Herrn erwünschter als Schlachtopfer« (Spr 21,3). Die äußeren Gaben sind vergleichsweise leicht zu verschenken, sie bedürfen nur des Verzichts auf Geld, auf Besitz. Gott aber wünscht des Menschen Tun, die anständige Gesinnung im mitmenschlichen Verhältnis und die Bescheidenheit in der Beziehung zu Ihm, den Glauben, der sich nicht aufspielt und die »Verborgenheit« – auch dies meint dann das nachbiblische von *haznéʿa* hergeleitete Nomen *z'niʿút* – zu wahren weiß. »Michas Ideal ist nicht ein Minimum von Religion, es ist ein Maximum« (R. J. H. Hertz, 685). Dabei gilt dieses Ideal uneingeschränkt allen Menschen. Der »Mensch« – *'adám* – ist in Mi 6,8 angesprochen. Er soll die Gottesforderung erfüllen. »Die Lehren wahrer Religion besitzen einen universalen Anspruch und erstrecken sich auf alle Menschenkinder« (R. J. H. Hertz).
Zu diesen Lehren zählt Michas prägnante Kurzfassung biblischer Ethik: »Recht üben«, die Treue, die Loyalität lieben, die Bescheidenheit und Demut wahren im Verhältnis zu Gott, eine Bescheidenheit, die im letzten auch die Religion eines anderen Menschen respektiert, weil sie mit der eigenen Glaubensweise nicht im Hochmut umgeht. Echte Mitmenschlichkeit und eine ehrliche Beziehung zu Gott werden dann zur Basis der Gemeinschaft im Kleinen und im Großen, zur Basis zugleich, durch welche

die Harmonie und der Frieden in der Welt zu erreichen sind. Ohne Recht, Loyalität und Bescheidenheit bleibt der Frieden eine Illusion. Mit ihnen – diesen Grundpfeilern biblischer Geisteshaltung – rückt der Frieden in greifbare Nähe, ein Frieden, um den wir Menschen zu ringen nie aufhören dürfen.

Register der Bibelstellen

(Die 23 Predigttexte des 5. Jahrgangs sind halbfett gesetzt)

Die alttestamentlichen Predigttexte des 6. Jahrgangs

Inhalt

Vorwort

»R. Nachman bar Jizchak sagte: Warum werden die Worte der Torá mit einem Baum (Holz; *ʿez*) verglichen, wie es heißt: ›sie ist ein Baum des Lebens jenen, die sie ergreifen‹ (Spr 3,18)? Um dich zu lehren: Wie ein kleiner Baum (kleines Stück Holz) einen großen in Brand steckt, so verhält es sich bei den Weisen – die kleinen schärfen die großen (weil sie jederzeit ihre Fragen stellen; Raschi). Dies ist's, was R. Chanina sagte: Viel lernte ich von meinen Lehrern, von meinen Kollegen mehr als von meinen Lehrern, doch von meinen Schülern mehr als von ihnen allen« (b.Taʿanít, 7a).

Das kleine Stück Holz zündet das große an, es gibt sein Feuer weiter, wenn es erst einmal richtig brennt. Die Schüler regen durch ihr unablässiges Fragen, durch das bohrende Fragen, den Lehrer zum Nachdenken an. Er kann sich nicht – wie es ein Denkfauler liebte – mit stereotypen Antworten zufriedengeben. Die Schüler geben sich und ihm keine Ruhe, und sie verhindern des Lehrers »Einschlafen«. Die immerwährende geistige Regsamkeit verdankt ein Lehrer seinen Schülern, und deshalb gelangt er mit ihrer Hilfe zu einem besseren Verständnis der vielen Fragen einer sich je und je erneuernden, von Lebenskraft durchströmten Religion.

Ein Mensch muß sich »anzünden«, muß sich »schärfen« lassen und für neue Denkanstöße offenbleiben. Dies gilt im besonderen für das Studium der Schrift. Die Exegeten sind unsere »Lehrer«. Sie zeigen bei den einzelnen Problemen eines Textes Wege zum Verständnis. Doch wir dürfen uns mit den Antworten dieser Exegeten nicht begnügen, wenn die Schrift lebendig bleiben soll – ein »Baum des Lebens« auch in unserer Zeit. Es gilt, auf die »Kollegen« und »Schüler« zu hören – die »Kollegen« und »Schüler« im weitesten Sinn –, und es gilt, uns selber zu befragen und die Worte der Gotteslehre auf uns wirken zu lassen. Denn »sie ist ein Baum des Lebens jenen, die sie *ergreifen*«, immer wieder ergreifen und an ihr festhalten.

Ich habe das große Glück, in meiner Frau Esther eine »Kollegin« zu finden, die »Gedankenfeuer« anzündet und geistige Probleme zu »schärfen« versteht. Auch in diesem vierten Band der Bibelauslegungen hat sie mit mir zusammen die vielen und oft nicht leicht verständlichen Kommentare studiert und nicht selten das richtige Verständnis gezeigt. Ich bin ihr von Herzen dankbar.

Mein großer Dank geht auch jetzt an die Mitarbeiter des Calwer Verlags Stuttgart und seinen initiativen Leiter, Herrn Detlef Hellweg, der mich ermutigte, wenn der Zeitdruck stark war, an Herrn Helmut Zechner, den verständnisvollen und in jeder Hinsicht äußerst kompetenten Lektor, an meine Freunde Doris und Kirchenrat Dr. Hartmut Metzger, Denkendorf, die mir mit vielen guten Ratschlägen zur Seite standen, Fritz Schlomo Goldschmidt und Dr. Gabriel Cohn (beide Jerusalem) für viele kritische Bemerkungen und Literaturhinweise. In einzigartiger Weise ist mir der unvergleichliche Bestand an Judaica in der Bibliothek der Hebräischen Universität Jerusalem zugute gekommen. Auch dafür bin ich sehr dankbar.

In der täglichen Liturgie spricht ein Jude die Worte:
»Du begnadest den Menschen mit Erkenntnis
und lehrst den Menschen Einsicht.
Begnade auch uns – aus Dir –
mit Erkenntnis, Einsicht und Verstand!«

Ohne Ihn wären auch diese Bibelauslegungen nie geschrieben worden – Bibelauslegungen, die nie vollkommen sind, weil ein Mensch hinter ihnen steht. Und daher schließe ich mit einem Bekenntnis und einem Dank, die in manchen von Juden geschriebenen Büchern des Glaubens zu finden sind:

tam w'lo nischlám –
schéwach la'él boré' 'olám!
»Beendet, doch nicht vollendet –
Lobpreis sei Gott, dem Schöpfer der Welt!«

Jerusalem, im August 1989 *Roland Gradwohl*

Abkürzungen

b.	Babylonischer Talmud
B-R	M. Buber – F. Rosenzweigs Schriftübersetzung
FdI	Maimonides, Führer der Irrenden
j.	Jerusalemischer Talmud
Lex.	W. Baumgartner – J. J. Stamm, Hebräisches und aramäisches Lexikon zum Alten Testament

LXX	Septuaginta
r.	rabbá' (z. B. Gen. r. = Midrasch Genesis rabbá)
R.	Rabbi, Raw, Rabbiner
Tg	Targúm
THAT	Theologisches Handwörterbuch zum Alten Testament (hg. v. E. Jenni u. C. Westermann)

Literarische Abkürzungen

Chisqúni	s. R. Hisqia bar Monoach
Gersonides	s. R. Levi ben Gerson (RaLBáG)
Haktáw w'haqabalá	s. R. J. Z. Mecklenburg
Kimchi	s. R. D. Kimchi (ReDáK)
Maimonides	s. R. Mose ben Maimon (RaMBáM)
M'zudát Davíd	s. R. D. Altschuler
M'zudát zijón	s. R. D. Altschuler
Nachmanides	s. R. Mose ben Nachman (RaMBáN)
Raschi	s. R. Salomo ben Isaak
Raschbam	s. R. Samuel ben Me'ir
Schulchán 'arúch	s. R. Joseph Karo
Tanchúma	s. Midrasch Tanchúma

Transkription

'	'álef
'	'ájin
'	sch'wá
´	Wortakzent

(keine dagésch- oder chatáf-Laute)

Die Schreibweise gibt die heutzutage in Israel übliche »sephardische Aussprache« wieder.

Benützte Literatur

1. Die jüdischen Bibelexegeten

Don Isaak Abarbanel, Kommentar zur Torá, 3 Bde, 1964; zu den Propheten, 2 Bde, 1955/56; zu den Schriften, 1960
M. Abernik, m'lachím bet (2Kön), in: kitwé qódesch, 1818
R. Abraham (Sohn des Maimonides), Kommentar zur Torá, 1958 (hebr.)
R. I. Alfassi, Kommentar zu 1Kön 19 (bei Abarbanel, zu den Propheten, Bd 1)
R. D. Altschuler, m'zudát David und m'zudát Zijón, 1770, in: miqra'ót g'dolót
M. A. Anat – H. M. Y. Gevaryahu, Bibel für das Volk (tanách la'ám), Erklärungen, 1972
R. Isaak Arama, séfer 'aqedát Jizcháq (Kommentar zur Torá), 5 Bde, 1849
R. Me'ir ben Isaak Arama, séfer 'urím w'tumím (Kommentar zu Jes), 1603
R. Bachja (B'chajáj) ben Ascher, be'úr 'al hatorá (Kommentar zur Torá, hg. v. R. Ch. D. Schevel), 2 Bde ^{6}1982
R. Joseph bar Isaak B'chor Schor, Kommentar zum Pentateuch (hg. v. A. Jellinek u.a.), 3 Bde, 1978 (Nachdruck); hebr.
R. Naftali Zwi J'huda Berlin (N'ZÍW), ha'améq dawár (Kommentar zur Torá), 5 Bde, 1937
M. Bolle, séfer Jirm'jáhu, in: dá'at miqrá', 1983
R. M. D. Cassuto, perúsch 'al séfer b're' schít (Kommentar zu Gen), 2 Bde, 1953 (engl. Ausgabe: 1961/64), I: me'adám 'ad Nóach (Von Adam bis Noa), II: miNoách 'ad 'Awrahám (Von Noa bis Abraham); perúsch 'al séfer sch'mot (Kommentar zu Ex), 1954 (engl. Ausgabe: 1967)
A. Chacham, in: dá'at miqrá': séfer J'scha'jáhu (Kommentar zu Jes), 2 Bde, 1984; séfer t'hillím (Ps), 2 Bde, 1979/81
R. Chanan'él, Zu Jes, in: Sammlung »Kommentare zu Jes«, I,1970
Rev. A. Cohen, The Soncino Chumasch (Kommentar zur Torá), 1947; t're 'asár. The Twelve Prophets, Soncino Books of the Bible, ^{6}1966
dá'at hasqením miba'alé hatosafót (Kommentare der Tossafisten, 11. Jh. d.Z. zur Torá), in: miqra'ót g'dolót
A. B. Ehrlich, miqrá' kifschutó; Die Schrift nach ihrem Wortlaut, 3 Bde, 1969

A. B. Ehrlich, Randglossen zur hebräischen Bibel, 7 Bde, 1908–14
R. El'asár aus Worms, perúsch haroqéach 'al hatorá (Kommentar zur Torá, 3 Bde, 1981; Kommentar zu Jes, in: Sammelband »Kommentare zu Jes«, 2 Bde, II, 1970
R. Eliahu, »Gaon von Wilna«, Be'úr hagrá' (Kommentar zu den Späten Propheten), in: miqra'ót g'dolót
R. Elieser von Beaugency, Jesaja, hg. v. J. W. Nutt, 1879; Die Zwölf Kleinen Propheten, 1910 (hg. v. S. Poznanski; hebr.)
R. Baruch Halevi Epstein, torá t'mimá (Kommentar zur Torá), 5 Bde, o.J.
R. S. Fisch, Ezekiel, in: Soncino Books of the Bible, ^{5}1968
R. J. Gellis (Hg.), Tosafót haschalém. 'Ozár perusché ba'alé hatosafót, bisher 7 Bde, 1982/88
Rev. S. Goldman, Samuel, in: Soncino Books of the Bible, 1951
Sch. L. Gordon, Torá, n'wi'ím, k'tuwím (= Tanách), 13 Bde, 1934ff
E. S. Hartom, sifré hamiqrá' (Die Bücher der Schrift), 16 Bde, 1955–57
R. J. H. Hertz, Pentateuch und Haftaroth, 5 Bde, ^{2}1984 (Nachdruck)
R. S. R. Hirsch, Der Pentateuch, 5 Bde, ^{6}1920
R. Hisqia bar Manoach (Chisqúni), perusché hatorá (Erklärungen zur Torá; hg. v. R. Ch. D. Schevel), ^{2}1982
R. D. Hoffmann, séfer b're'schít (Kommentar zu Gen), 2 Bde, 1969; Das Buch Deuteronomium, 2 Bde, I: 1913; II: 1922
H. Homberg, hakorém (Kommentar zu Jes), in: kitwé haqódesch, 1818
R. Jakow ben R"uwén, in: Sammlung »Kommentare zu Jes«, 2 Bde, II, 1970
R. J'hudá Ibn Bal'ám, Kommentar zu Jes (hebr.), in: Sammlung »Kommentare zu Jes«, II, 5–152
R. Joseph ben Natan, Kommentar zu Jes 53, in: Sammlung »Kommentare zu Jes«, 2 Bde, II, 1970
R. Joseph Ibn Caspi, mischné késef (Kommentar zur Torá), 2 Bde, 1905/6; 'adné késef (Kommentar zu den Propheten), hg. v. I. Last, 1911
R. Jona Ibn Dschanach, zu Jes, in: Sammlung »Kommentare zu Jes«, 2 Bde, I, 1970
R. Abraham Ibn Esra, perusché hatorá (Erklärungen zur Torá; hg. v. A. Weiser), 3 Bde, 1976; zu den Propheten, in: miqra'ót g'dolót
R. Joseph Ibn Nachmias, Commentar zum Buche Jeremias (hg. v. R. M. L. Bamberger), 1913 (hebr.)
R. B. Jacob, Das erste Buch der Torá, Genesis, ^{2}o.J. (Nachdruck); Das zweite Buch der Torá, Exodus (Manuskript)

R. J'didja Salomo ben Abraham Norzi, minchát schaj (in: miqra'ót g'dolót)
R. Jesaja (J'scha'jáhu) der Erste von Trani, perúsch n'wi'ím uchtuwím, (Kommentar zu den Propheten und Schriften; hg. v. A. J. Wertheimer), 3 Bde, 1978
A. Kahana – S. Krauss, séfer J'scha'jáhu, 1905; séfer t're 'asár (Dodekapropheton), 1930 (beide in: torá, n'wi'ím, k'tuwím)
R. J. Kara, Kommentar zu Jes, in: Sammlung »Kommentare zu Jes«, 2 Bde, II, 1970
R. J. Kara, n'wi'ím ri'schoním (Frühe Propheten), in: miqra'ót g'dolót
J. Kühl, séfer Schmu'él (Sam), in: dá'at miqrá', 1981
R. Levi ben Gerson (RaLBáG), Kommentar zu den Frühen Propheten, in: miqra'ót g'dolót
R. Sch. D. Luzzatto, perúsch 'al chamischá chumsché torá (Kommentar zur Torá), ²1971; perúsch 'al séfer J'scha'jáhu (Kommentar zu Jes), 1970; perúsch SchaDáL 'al Jirm'já, J'chesqé'l, mischlé w''Ijów (Kommentar zu Jer, Ez, Spr und Hiob), 1876
R. Me'ír Loeb (Leibusch) ben J'chi'él Michál (= MaLBÍM), 'ozár peruschím (Sammlung von Schrifterklärungen), 4 Bde, 1956
R. M'juchás bar Eliahu, perúsch 'al séfer bamidbár (zu Num), hg. v. R. S. Freilich, 1977; perúsch 'al séfer d'warím (zu Dtn), hg. v. R. J. M. Katz, 1968
R. J. Z. Mecklenburg, haktáw w'haqabalá (Die Schrift und die Tradition; Kommentar zur Torá), 2 Bde, 1961
Moses Mendelssohn, be'úr (Kommentar zur Torá), 5 Bde, 1808/9
R. Z. Mond, séfer b're'schít (zu Gen), 1972
J. Z. Moschkowitz, séfer J'chesqé'l (Ez), in: dá'at miqrá', 1985
R. Mose ben Nachman (Nachmanides; RaMBáN), perúsch haRambán 'al hatorá (Kommentar zur Torá; hg. v. R. Ch. D. Schevel), 2 Bde, 1962/83 (engl. Ausgabe: 5 Bde, 1971–76
R. Mose ben Nachman, perusché haRaMBáN 'al n'wi'ím uchtuwím (Kommentare zu den Propheten und Hagiographen), 1986
R. Mose ben Scheschet, perúsch 'al Jirm'jáhu wiJchesq'él (hg. v. S. R. Driver mit engl. Übersetzung), 1871
R. Nissim ben R'uwén Gerondi (RAN), perúsch 'al hatorá (Kommentar zur Torá; hg. v. L. A. Feldmann), 1968
R. Chajim Palti'él, perusché hatorá (Kommentare zur Torá), hg. v. I. S. Lange, 1981
R. W. Gunther Plaut – R. Bernard J. Bamberger – William W. Hallo, The

Torah. A modern Commentary, 1981 (Plaut: Gen, Ex, Num, Dtn; Bamberger: Lev; Hallo: Ancient Near Eastern Literature)
R. Ch. Rabinowitz, dá'at sofrím 'al hatorá (Kommentar zur Torá), 1960. In: dá'at sofrím: m'lachím (Kön), 1962–70; J'scha'jáhu (Jes), 1980; Jirm'jáhu (Jer), 1969; J'chesqé'l (Ez), 1971
R. I. Reggio, séfer torát 'Elohím (ital. Titel: La legge di Dio ossia il Pentateuco), 5 Bde, 1821 (ital. Übersetzung und hebr. Kommentar)
Saadia (Gaon), perúsch raw Sa'ádja Ga'ón liwre'schít (Kommentar zu Gen; hg. v. M. Zucker), 1980; perúsch rabbénu Sa'ádja Ga'ón 'al hatorá (Kommentar zur Torá: hg. v. R. J. D. Kappach), ²1984; Kommentar zu Jesaja, in: Sammlung »Kommentare zu Jes«, 2 Bde, 1970, I, 1–74
R. Salomo ben Isaak (R. Schlomó ben Jizchák; Raschí), perusché Raschí 'al hatorá (Erklärungen Raschis zur Torá; hg. v. R. Ch. D. Schevel), 1982; zu den Propheten, in: miqra'ót g'dolót
R. Salomo Ibn Mélech aus Fès, séfer michlál jófi (Kommentar zu Jes), 1648; mischlé (zu Spr), 1685
R. Salomo Ibn Parchon, machbéret he'arúch (Kommentar zu Jes), in: Sammlung »Kommentare zu Jes«, 2 Bde, 1970, I, 175–219
R. Samuel ben Chofni (Gaon), perúsch hatorá (Kommentar zur Torá; hg. v. A. Grünbaum), 1979
R. Samuel ben Me'ir (RaSCHBáM), perúsch hatorá (Kommentar zur Torá; hg. v. D. Rasin), 1979
M. Z. Segal, sifré Sch'mu'él (Sam), 1976
M. Z. Segal, torá, n'wi'ím k'tuwím (Kommentar zur Schrift), 4 Bde, ⁴1960
M. Ser-Kawod, séfer S'charjá (Sach), in: dá'at miqrá', t're 'asár, 2 Bde, II,1970
R. Owadia ben Jakob Sforno, be'úr 'al hatorá (Kommentar zur Torá; hg. v. S. Gottlieb – A. Darum), 1980; kitwé R. O. Sforno (Schriften des S.), hg. v. R. S. Gottlieb, ²1987
Rev. I. W. Slotki, Kings, in: Soncino Books of the Bible, ⁶1968
Rev. I. W. Slotki, Isaiah, in: Soncino Books of the Bible, ⁷1970
A. Weiser, tanách m'forásch (Kommentar zur Bibel), 17 Bde, 1981

2. Midrasch

Jalqút schim'óni (zu Torá, Propheten, Schriften), 2 Bde, 1960
M'chilta' d'Rabbi Jischma''él, hg. v. Ch. Sch. Horowitz, ²1970

M'chilta' d'Rabbi Schim'ón bar Jochai, hg. v. J. N. H. Epstein u. E.-Z. Melammed, 1955
Midrásch hagadól 'al chamischá chumsché torá, hg. v. M. Margulies u. a., 5 Bde, 1967–72
Midrásch rabbá' zur Torá, hg. v. M. A. Mirkin, 11 Bde, 1956–67; (deutsche Übersetzung: A. Wünsche. Der Midrasch Bereschit rabba, 1881; = Gen. r.; ders., Der Midrasch Echa rabbati, o. J.)
Midrásch d'warim rabbá' (Dtn r.), hg. v. S. Lieberman, 1965
Midrásch t'hillím-schochér tow (zu Ps), hg. v. S. Buber, 1901
Midrásch Tanchúma zur Torá, 2 Bde, 1972 (incl. Tanchúma hajaschán)
Midrásch Tanchúma zur Torá (hg. v. S. Buber), 1883 (Nachdruck, o. J.)
Pirqé d'Rabbi 'Eli'éser, hg. v. R. A. A. Brode, 1973 (engl. Übersetzung: G. Friedlander, 1965)
P'siqta rabbati, hg. v. R. M. Pilz, 1969 (Nachdruck) (engl. Übersetzung: W. G. Braude, 2 Bde, 1968)
P'siqta d'Raw Kahaná, hg. v. D. Mandelbaum, 2 Bde, 1962
Séder 'Elijáhu rabbá' (und *séder 'Elijáhu sutá'*), hg. v. M. Friedmann (M. Isch-Schalom), 1969 (Nachdruck)
Sifré d'be raw (zu Num, Dtn; hg. v. R. N. Z. J. Berlin), 3 Bde, 1967
Sifrá d'be raw (= torát kohanim), hg. v. M. Friedmann (M. Isch-Schalom), 1978

3. Fachliteratur

R. J. Albo, Grund- und Glaubenslehren der Mosaischen Religion (= séfer ha'iqarím), hg. v. W. Schlesinger, ²1922
Atlas Carta zur Geschichte des Landes Israel, Bd 1 (hg. v. J. Aharoni): Die biblische Epoche, 1974 (hebr.)
R. Leo Baeck, Wesen des Judentums, ⁶1960
R. S. Bamberger, pirqé 'awót. Die Sprüche der Väter, ²1959
F. P. Bargebuhr, Salomo Ibn Gabirol. Ostwestliches Dichtertum, 1976
J. Basaq, l'maschma'út hazémed ›mischpát uzdaqá‹ (Zur Bedeutung des Zweigespanns ›Recht und Guttun‹), in: bet miqrá', 1987, 135–148
H. Bauer – P. Leander, Historische Grammatik der Hebräischen Sprache des Alten Testaments. ²1962 (Nachdruck)
W. Baumgartner – J. J. Stamm, Hebräisches und aramäisches Lexikon zum Alten Testament, 3 Lieferungen, 1967/74/83
A. Bendavid, maqbilót hamiqrá' (Parallelen der Bibel), 1972

M. Ben-Jaschar, Späte Propheten, in: B. Zvieli (Hg.), sichót bamiqrá', 2 Bde, II, 1983, 15–17
M. Ben-Jaschar, torát hagmúl b'séfer J'chesqé'l (Die Lehre von der Vergeltung im Buch Ez), in: B. Zvieli, sichót bamiqrá', 2 Bde, II, 1983, 241–243
R. E. Berkovitz, Die Bedeutung des Wortes mischpát in der Schrift (hebr.), in: Festschrift für M. Ser-Kawod, 1968, 115–134
R. E. Berkovits, Faith after the Holocaust, 1973
W. Beyerlein, Religionsgeschichtliches Textbuch zum Alten Testament, 1975
Ch. N. Bialik – J. Ch. Rawnitzki, séfer ha'agadá (Sammlungen talmudischer Texte), 1955
Micha Josef bin Gorion, Der Born Judas. Legenden, Märchen und Erzählungen, 1959
C. Brockelmann, Hebräische Syntax, 1956
M. Buber – F. Rosenzweig, Die fünf Bücher der Weisung. 1930; Bücher der Geschichte, 1956; Bücher der Kündung, 1966; (nur M. Buber) Die Schriftwerke, ^{9}1962
M. Buber, darkó schel miqrá' (Der Weg der Schrift; Betrachtungen zu Fragen des biblischen Stils), 1964
M. Buber, Der Glaube der Propheten, ^{2}1984
M. Buber, Die Erzählungen der Chassidim, 1949
R. M. D. Cassuto, safrút miqrá'ít w'safrút kna'anít (Biblische und kanaanäische Literatur), 2 Bde, I: ^{2}1983, II: 1979 (engl. Ausgabe: 2 Bde, 1973/75)
Ch. Chamiel, ma'ajané miqrá' (Quellen der Schrift), 1983
H. Cohen, Religion der Vernunft aus den Quellen des Judentums, 1978 (Nachdruck)
S. Detmold, J'chesqé'l (Ez), in: kitwé qódesch, 1818
M. Duwschani, 'iqré hanwu'á, schi'urím binwi'ím 'acharoním (Wesentliches der Prophetie; Lektionen in den Späten Propheten), 2 Bde, 1966
R. S. Edels (Maharschá', chidusché halachót w"agadót (Glossen zum Talmud), in: talmúd bawlí (Babylonischer Talmud, 20 Bde, 1980 (Nachdruck)
I. Elbogen, Der jüdische Gottesdienst in seiner geschichtlichen Entwicklung, 1962 (Nachdruck)
Encyclopaedia Judaica, 16 Bde, 1972
Encyclopaedia miqra'ít (Encyclopaedia Biblica; hebr.), 8 Bde, 1955–82
Encyclopaedia 'olám hatanách (Die Welt der Bibel), b're'schít (zu Gen), 1982; J'scha'já (zu Jes), 1986; J'chesqé'l, 1984
E. Fleg, Moses, o.J.

A. S. Friedmann (Hg.), ma'ajaná schel Torá (Quell der Torá), 5 Bde, 1956
M. Garsiel, Die Erzählung von David und Batschewa im Samuelbuch – ihr Charakter und ihre Tendenz (hebr.), in: bet miqrá', 1972, 162–182
W. Gesenius – E. Kautzsch – G. Bergsträsser, Hebräische Grammatik, 1985 (Nachdruck)
H. M. Y. Gevaryahu, Elia der Prophet in der Schrift und der Tradition Israels (hebr.), in B.-Z. Lurie (Hg.), 'ijunim b'séfer m'lachím, Bd 2, 1985, 113–154
E. D. Goldschmidt, Die Pessach-Haggada, 1937 (Schocken)
D. Goldschmidt, machsór l'jamim nora'im (Gebetbuch für die Hohen Feiertage), I: Rosch Haschana (Neujahr), 1970; II: Jom Kippur (Versöhnungstag), 1970
L. Goldschmidt, Der Babylonische Talmud, 12 Bde, 1964–67 (Nachdruck)
R. Gradwohl, Bibelauslegungen aus jüdischen Quellen, Bd 1, 1986; Bd 2, 1987; Bd 3, 1988
R. Gradwohl, Grundgesetze des Judentums, ^{3}1984
R. Gradwohl, Was ist der Talmud? Einführung in die »Mündliche Tradition« Israels, 1983
M. Haran, Deuterojesaja – Seine prophetische Botschaft und ihre poetische Form (hebr.), in: B.-Z. Lurie (Hg.), 'ijunim b'séfer J'scha'jáhu, 2 Bde, 1976/80, II, 1–30
A. J. Heschel, The Prophets, 1962
D. Hoffmann u. a., Mischnajót (Mischna, hebr. und deutsch), 6 Bde, ^{3}1968 (Nachdruck)
R. J. Jacobson, chasón hamiqrá' (Kommentar zu den synagogalen Prophetentexten), 2 Bde, 1962/63
R. I. Jacobson, n'tiw biná (über die jüdischen Gebete), 5 Bde, 164–78
M. Jastrow, A Dictionary of the Targumim, the Talmud Babli and Yerushalmi, and the midrashic Literature (Nachdruck, o. J.)
R. Jehuda Halevi, Kusari, hg. v. Yehuda Even Shmuel, 1972
A. Jellinek, bet hamidrásch (Lehrhaus; Midrasch-Sammlung) 6 Bde, 1853–78, 1938
E. Jenni – C. Westermann, Theologisches Handwörterbuch zum Alten Testament (THAT), 2 Bde, 1971/76
A. Jepsen (Hg.), Von Sinuhe bis Nebukadnezar, 1975
Sch. Jewin, Jer 52, in: B.-Z. Lurie (Hg.), 'ijunim b'séfer Jirm'jáhu, 3 Bde, III, 155–176

Flavius Josephus, Geschichte des Jüdischen Kriegs, hg. v. H. Clementz, 1978 (Nachdruck)
Flavius Josephus, Jüdische Altertümer, hg. v. H. Clementz, o.J. (Nachdruck)
R. Joseph Karo, schulchán ʿarúch (Gesetzeskodex »Der gedeckte Tisch«), 9 Bde, 1961
R. M. M. Kascher, torá schlemá (Midrasch-Sammlung), bisher 38 Bde, 1927 (Gen 1,1ff) – 1983 (bis Num 12,16)
J. Kaufmann, toldót ha'emuná hajisr"elít (Geschichte des israelitischen Glaubens), 4 Bde, 1954–76
S. Krauss, Talmudische Archäologie, 3 Bde, 1910–12
N. Leibowitz, ʿijuním b'séfer b're'schít (Betrachtungen in Gen), 1966 (engl. Ausgabe: 1972); ʿijuním b'séfer schmot (Betrachtungen in Ex), 1970 (engl. Ausgabe: 1976); ʿijuním b'séfer wajiqrá' (Betrachtungen in Lev), 1983 (engl. Ausgabe: 1980); ʿijuním b'faraschát haschawúʿa (Betrachtungen zum Wochenabschnitt der Synagoge), 1961
J. Levy, Wörterbuch über die Talmudim und Midraschim, 4 Bde, 1924
J. Liver, toldót bet Davíd (Geschichte des Davidshauses; = Davidsdynastie), 1959
L. H. Löwenstein – S. Bamberger, Haftarot (Prophetentexte im Sabbatgottesdienst der Synagoge), in: J. Wohlgemuth – J. Bleichrode, Pentateuch, 1969
E. Lohse, Die Texte aus Qumran. Hebräisch und deutsch, 1964
R. E.-Z. Melammed, m'farsché hamiqrá' (Bibelexegeten), 2 Bde, 1975
P. Melzer, Votum zu B. Levin, Der Prophet Jesaja und sein Verhältnis zum Tempel, in: B.-Z. Lurie (Hg.), ʿijuním b'séfer J'schaʿjáhu, 2 Bde, 1976/80, I, 162
Miqra'ót g'dolót (Hebräischer Bibeltext, Targúm und Sammlung der »klassischen« Kommentare), Torá, 5 Bde, 1927–30; Propheten, 2 Bde, 1938, Bd. 1 mit weiteren Komm., 1983; Schriften, 1947
V. Möller-Christensen – K. E. J. Jörgensen, Biblisches Tierlexikon, 1969
J. Morgenstern, The Suffering Servant – a new Solution, in: Vetus Testamentum, XI, 1961, 292–320. 406–431
R. Mose aus Coucy, Séfer mizwót gadól (= Smag) (Großes Buch der Gebote), 2 Bde, 1547
R. Mose ben Maimon (Maimonides, RaMBáM), moré n'wuchím (Führer der Irrenden), deutsch: A. Weiss (Hg.), Führer der Unschlüssigen, 2 Bde, 1972 (Nachdruck)

R. Mose ben Maimon, Kommentar zur Mischna (hg. v. R. J. Kappach), 7 Bde, 1963–68
R. Mose ben Maimon, mischné torá (= hajád hachasaqá; Gesetzeskodex; hg. v. R. Sch. T. Rubinstein), 20 Bde, 1957–79
R. Mose ben Maimon, RaMBáM ʿal hatorá (Kommentar zur Torá, gesammelt aus seinen Schriften), engl. Titel: Selected Commentaries on Verses of the Torah (hg. v. Ph. Cohen), 1984
R. Mose ben Maimon, séfer hamizwót (Buch der Gesetze), in: mischné torá. I, 1979
R. Mose ben Nachman, kitwé R. Mosche ben Nachman, hg. v. R. Ch. D. Shevel, 2 Bde, ²1973
J. Nachschon, Meditationen zu den Tora-Perikopen (= hagút b'farschijót hatorá), 2 Bde, 1981
A. Negev – J. Rehork, Archäologisches Lexikon zur Bibel, 1972
D. Neubauer – S. R. Driver, The fifty-third Chapter of Isaiah according to jewish Interpreters, 2 Bde, I, 1876; Texts, II, 1877: Translations
M. Noth, Geschichte Israels, ⁵1963
Philo von Alexandrien (Philo Judaeus), deutsch: Die Werke Philos von Alexandria (hg. v. L. Cohn), 7 Bde, 1909–64
D. Rafel, Fasten, Umkehr und Sabbat in Jes 58, in: B.-Z. Lurie (Hg.), ʿijuním b'séfer J'schaʿjáhu, 2 Bde, II, 1980, 267–285
K. H. Rengstorf – S. von Kortzfleisch, Kirche und Synagoge. Handbuch zur Geschichte von Christen und Juden, 2 Bde, 1968/70
Saadia (Gaon), 'emunót w'deʿót (englisch: S. Rosenblatt, The Book of Beliefs and Opinions), 2 Bde, 1948
N. M. Sarna, Exploring Exodus. The Heritage of Biblical Israel, 1986
N. M. Sarna, Understanding Genesis, ⁴1976
A. Schott, Das Gilgamesch-Epos, 1968
M. Z. Segal, masóret uwiqóret (Tradition und Kritik), 1957
U. Simon, Eine biblische Erzählung ironischer Anschauung (hebr.), in: Hasifrút, Monatsschrift für Wissenschaft und Literatur, 1970, 598–607
Sóhar ʿal chamischá chumsché torá, mit Kommentar hasulám, 22 Bde, 1945–1958
R. A. Steinsalz (Hg.), Talmúd bawlí (Babylonischer Talmud), 1976ff (noch unvollständig)
J. F. Stenning, The Targum of Isaiah (mit engl. Übersetzung) 1949
M. Sternberg, The Poetics of Biblical Narrative, 1985
Talmúd bawlí (Babylonischer Talmud), 20 Bde, 1980 (Nachdruck)
Talmúd j'ruschalmí (Jerusalemischer Talmud), 2 Bde, 1929 (Dünndruck);

franz. Übersetzung: Moïse Schwab, Le Talmoud de Jérusalem, 11 Bde, 1932/33

Targúm Jonathan ben Usiel (hg. v. M. Ginsburger; Pseudo-Jonathan), 1903

Targúm Onkelos (hg. v. A. Sperber; The Bible in Aramaic), 5 Bde, 1959–73

Tosséfta (hg. v. S. Liebermann), 12 Bde, 1955

Tosséfta (hg. v. M. S. Zuckermandel), 1973

N. H. Tur-Sinai, pschutó schel miqrá' (Wortsinn der Schrift), 6 Bde, 1962–68

B. Uffenheimer, Die Frühe Prophetie in Israel (han'wu'á haqdumá b'Jisra'él), 1973

E. E. Urbach, chasál; pirqé 'emunót w'de'ót (Die Weisen; Glaubensfragen und Meinungen), 1969 (engl. Übersetzung: The Sages, Their Concepts and Beliefs, 2 Bde, 1975)

J. Weiss, b'sod síach hatorá (Gedanken zur Torá; Gen und Ex), 1966

A. Wiener, The Prophet Elijah in the Development of Judaism, 1978

J. Wohlgemuth – J. Bleichrode, Pentateuch mit deutscher Übersetzung, 1969

M. Zohary, Pflanzen der Bibel, ²1986

L. Zunz, Die vierundzwanzig Bücher der Heiligen Schrift, o. J. (Nachdruck)

Zeittabelle wichtiger Exegeten

	9. Jh.	*10. Jh.*	*11. Jh.*	*12. Jh.*	*13. Jh.*	*14. Jh.*
Babylonien	Saadia Gaon 882–942	Samuel ben Chofni Gaon gest. 1013				
Spanien			R. Isaak Alfasi 1013–1103			
			R. J. Ibn Balʿam nach 1050			
			Ibn Esra 1089–1164	R. Salomo Ibn Parchon 12. Jh. R. Joseph Kimchi 1105–70		
				R. Mose Kimchi gest. 1190		
				R. Mose ben Maimon 1135–1204		
				R. David Kimchi 1160–1230		
					R. Bachja ben Ascher Ende 13. Jh.	
					R. Mose ben Nachman 1260–1340	
						R. Nissim Gerondi ca. 1310–1375
						R. Joseph Ibn Nachmias, nach 1300
Ägypten				R. Abraham ben Mose ben Maimon 1186–1237		
Syrien					R. Samuel ben Nissim Masnuth nach 1200	

	11. Jh.	12. Jh.	13. Jh.	14. Jh.	15. Jh.	16. Jh.
Frankreich	R. Salomo ben Isaak (Raschi) 1040–1105					
	R. Joseph Kara geb. 1060					
	R. Samuel ben Me'ir 1080–1158					
		R. Joseph bar Isaak (B'chor Schor)				
		R. Elieser von Beaugency				
			R. Hisqia bar Manoach (Chisqúni)			
				R. J. bar Aba Mari (Ibn Caspi) 1279–1340		
				R. Levi ben Gerson 1288–1344		
Italien			R. Jesaja der Erste v. Trani ca. 1200–60			
					R. Owadja Sforno 1470–1550	
Griechenland		R. M'juchás bar Elijáhu nach 1150(?)				
Spanien					R. Isaak Arama 1420–1494	
					R. Me'ir Arama 1460(?)– ca. 1545	
					Don Isaak Abarbanel 1437–1508	

	16. Jh.	*17. Jh.*	*18. Jh.*	*19. Jh.*	*20. Jh.*
Italien	R. J'didja S. R. Norzi 1560–1616		R. I. S. Reggio 1784–1855		
			R. S. D. Luzzatto 1800–1865		
Osteuropa		R. D. Altschuler (1690, Prag)			
			R. Elia, Gaon von Wilna 1720–97		
			R. J. H. Altschuler Mitte 18. Jh.		
			R. J. Z. Mecklenburg 1785–1865		
				Malbim 1809–79	
				R. N. Z. J. Berlin 1817–93	
Deutschland			M. Mendelssohn 1729–1786		
				R. Samson Raphael Hirsch 1808–88	
				R. David Zwi Hoffmann 1843–1921	
				A. B. Ehrlich 1848–1919	
				R. Benno Jacob 1862–1945	

	19. Jh.	*20. Jh.*
Israel	Sch. L. Gordon 1865–1933	
	A. Kahana 1874–1946	
	R. M. Z. Segal 1876–1968	
	R. M. D. Cassuto 1883–1951	
	N. H. Tur-Sinai 1886–1973	
	J. Kaufmann 1889–1963	
		N. Leibowitz geb. 1905

». . . und Er blies in seine Nase die Seele des Lebens«

Gen 2,4b–9(10–14)15

4b Am Tag, da der Herr, Gott, Erde und Himmel gestaltete,
5 da war jeglicher Strauch des Feldes
noch nicht vorhanden auf der Erde,
und jegliches Kraut des Feldes
war noch nicht gewachsen,
denn noch hatte der Herr, Gott,
nicht regnen lassen auf die Erde,
und der Mensch war nicht da,
um die Erde zu bearbeiten.
6 Eine Flut brach auf aus der Erde
und tränkte die ganze Oberfläche des Bodens.
7 Da bildete der Herr, Gott, den Menschen
aus Staub von der Erde,
und Er blies in seine Nase
den Odem (die Seele) des Lebens.
8 Es pflanzte der Herr, Gott,
einen Garten in Eden gegen Osten,
und Er setzte dort den Menschen hinein,
den Er gebildet hatte.
9 Es ließ wachsen der Herr, Gott, aus dem Boden
jeglichen Baum, begehrenswert zum Ansehen
und gut zum Genuß.
Der Baum des Lebens in der Mitte des Gartens
und der Baum der Erkenntnis von Gut und Böse.

15 Es nahm der Herr, Gott, den Menschen
und setzte ihn in den Garten Edens,
damit er ihn bearbeite und beschütze.

Der Text im Kontext

»Im Anfang schuf Gott den Himmel und die Erde«, steht in Gen 1,1. In schematischer und stereotyper Weise ist der Schöpfungsprozeß beschrieben (Enc. Welt der Bibel, b're'schít, 24) poetische Wendungen fehlen. B. Jacob (Das erste Buch der Tora, 952) meint:

»Im ersten Kapitel war die Aufgabe, das gesamte Weltall mit seiner sinnvollen Ordnung in dem hierfür gegebenen Rahmen eines Sechstagewerkes vor unseren Augen erstehen zu lassen, und der einzige, der das Wort führt, ist Gott der Schöpfer. Daraus folgt notwendig jene majestätische Gleichförmigkeit.«

In Gen 2 und 3 ist nach B. Jacob die Situation anders:

»... war der Erzähler von dem Zwang der Tagewerke, des Systems, des chronologischen Fadens befreit. In c.1 ist der Mensch die Spitze einer Pyramide, in c.2f der Mittelpunkt eines Kreises.«

In Gen 2 und 3 ist die Schilderung des Schematismus und der Stereotypie entkleidet. R.M.D. Cassuto (me'adám ʿad Nóach, 45) meint:

»Die beiden Traditionen – die eine über das Werk des Anfangs (Gen 1), die andere über das Werk des Gartens Eden (Gen 2) – unterscheiden sich in ihrer Art voneinander. Der Schöpfungsbericht gehört wegen seines theoretischen Charakters in den Kreis jener, die die ›Weisheit‹ pflegen, die über das Geheimnis der Weltentstehung nachgrübeln. Der Bericht vom Garten Eden ist einfacher und volkstümlicher und steht den breiten Volkskreisen näher ... Deshalb verwendet er abwechslungsreiche und lebendige Beschreibungen.«

Nach Cassuto gab es eine Vielfalt epischer und poetischer Schilderungen über die ersten Tage des Universums, die im Volk bekannt waren und von der Tora verwendet worden sind. Entschieden lehnt er indessen die bibelwissenschaftliche These von zwei verschiedenen Quellen in Gen 1 und 2 ab. Bereits B. Jacob (952) vermerkte:

»... wird man sich damit abfinden müssen, daß der eine Verfasser über verschiedene Stilformen verfügte.«

Die traditionelle jüdische Bibelexegese bekennt sich bis heute zur Quelleneinheit, wobei ihr die Unterschiede von Gen 1 und 2 nicht entgehen. Die Lehrschulen Schamajs und Hillels nahmen vor rund zweitausend Jahren beispielsweise die abweichende Wortfolge »Himmel-Erde« (Gen 1,1) und »Erde-Himmel« (2,4) zum Ausgangspunkt folgender Debatte (b. Chagigá, 12a):

»Das Haus (Lehrschule) des Schamaj sagt: Der Himmel wurde zuerst geschaffen, erst dann die Erde, wie es heißt (1,1): ›Im Anfang schuf Gott den Himmel und die Erde.‹ Das Haus Hillels aber sagt: Die Erde wurde zuerst geschaffen, erst dann der Himmel, wie es heißt (2,4): ›... am Tage, der Herr, Gott, Erde und Himmel gestaltete.‹ Die Weisen lehren: beide sind gleichzeitig erschaffen worden.«

R. Saadia Gaon (perúsch raw Saʿádja Ga'ón liwre'schít, 264) erkennt richtig, daß in 1,1ff Gott spricht, »der Höchste der Höchsten«, und daher mit dem »Himmel«, »dem Ort, von dem aus das Schöpfungswort ergeht«, begonnen wird. In 2,4 ist aber zuerst die Erde genannt, »weil der Betrachter zuerst auf die Erde blickt, erst später zum Himmel«. In den Worten A. B. Ehrlichs (Randglossen, I,7f), der auf Ps 148,13 verweist:

»An diesen beiden Stellen scheint *'érez* vorangestellt zu sein, weil die Erde im Zusammenhang die Hauptsache ist.« (Vgl M. Buber, Der Glaube der Propheten, 122.)

In Gen 1 ist, wie wir bei B. Jacob sehen, Gott »der einzige, der das Wort führt«. Die schematische Darstellung ist auf den Schöpfer hin konzentriert, der Mensch bildet die Spitze des Schöpfungsprozesses, »die Spitze einer Pyramide«. Im zweiten Kapitel aber steht der Mensch im Mittelpunkt. Alles ist auf ihn bezogen. Der Leser erfährt, wie Mann und Frau gebildet wurden, wo sie wohnten, wovon sie sich ernährten und welche Forderungen der Schöpfer an sie richtete. In Gen 2 ist es nicht mehr die Geschichte Gottes mit der Welt, sondern die Geschichte des Geschöpfes in dieser Welt. Erzählt wird konkret, volkstümlich, gelegentlich poetisch (Enc.Welt der Bibel, 24), wobei in Gen 1 bloß Angedeutetes nunmehr genauer geschildert wird (etwa der Zustand der Pflanzen, 1,11f. und 2,5f., oder die Erschaffung des Menschen, 1,27 und 2,7.21ff). Im Sinne des R. J. B'chor Schor (I,8):

»Weil zu Beginn (in Gen 1) ein Teil der Dinge bloß in Kürze genannt ist, kehrt der Text jetzt zu ihnen zurück und erklärt, wie sie erschaffen worden sind.«

2,4 – und zwar der ganze V 4, nicht nur seine zweite Hälfte – bildet die Klammer zwischen den beiden Texten. A. Weiser (Kommentar zur Bibel, I,6) schreibt zu 2,4:

»Dieser Satz eröffnet einen neuen Abschnitt, doch er enthält zugleich eine Art Zusammenfassung des vorangehenden Abschnitts: die Entstehungsgeschichte des Himmels und der Erde im Verhältnis zum Menschen. In Gen 1 ist in allgemeiner Weise von der Schöpfung erzählt. Von Gen 2 an beginnt der Bericht vom Menschen als dem wichtigsten der Geschöpfe.«

Die beiden Berichte ergänzen sich, das Umfassende (*klal*) wird durch das

Detail *(prat)* ergänzt (Jalqút schimʿóni, I,21, S.13). Widersprüche zwischen den Berichten will die traditionelle jüdische Exegese nicht anerkennen (anders ist die Ansicht nichtorthodoxer Rabbiner [s. R. W. Gunther Plaut, The Torah. A Modern Commentary, 28], die die Thesen der Bibelkritik prinzipiell akzeptieren). Die Einheit von Gen 1 und 2 wird bewahrt und verteidigt. (Ausführlich dazu: R. M. D. Cassuto, 62–64.)

Leitworte des hebräischen Textes

Mit dem Verb *ʿ-s-h* (V 4 im Infinitivus constructus *ʿasót*), »machen«, wird das »Vollenden« einer Sache beschrieben (Ibn Esra, der auf Gen 18,7 und Jes 43,7 hinweist; Abarbanel, I,6). B. Jacob (75): »herrichten, zweckdienlich gestalten«, neben *b-r-ʾ*, »schaffen, ins Dasein rufen«. (Vgl Bibelauslegungen, III 210.)
síach, V 5, ist ein »Gewächs« (des Feldes, *hasadé*; L. Zunz), ein »Busch« (B–R; R. W. G. Plaut), »Strauch« (R. J. H. Hertz), »ein kleines Gestrüpp, wie es in der Wüste wächst« (A. Kahana, tanách, b're'schít, 1969,9), »ein vom Menschen gepflanzter Baum« (R. I. Reggio, I,9b). Aufgrund von Gen 3,18 identifiziert R. M. D. Cassuto *síach* mit den dort genannten *qoz w'dardár*, »Dornen und Disteln«.
térem heißt »noch nicht« (mit der Präposition *b: b'térem,* »bevor«, Lex. 363).
ʿésew, parallel zu *síach,* ist das »Gras, Kraut« des Feldes (Lex. 842).
jizmách (Imperfekt des Qal von *z-m-ch*), »er sproßt« (Lex. 968). Vgl *wajazmách*, »er ließ wachsen« (Imperfekt des Hiphil mit *waw* consecutivum).
himtír (Perfekt des Hiphil von *m-t-r*), »er ließ regnen«, vgl das Nomen *matár*, »Regen«.
ʾed, V 6, ist nach b. Taʿanít, 9b »das Wasser des Ozeans« (Ansicht des R. Elieser), vgl Lex. 11: »Süßwasserstrom« (aufgrund des akkadischen *edū*, »Wasserflut«). Ibn Esra identifiziert *ʾed* mit *ʿaschán,* »Rausch«. L. Zunz und B–R: »Dunst«, J. Wohlgemuth–J. Bleichrode und R. J. H. Hertz: »Nebel«, Enc. Welt der Bibel, 25: »aufbrechender Wasserstrom, mächtige Welle«, analog R. M. D. Cassuto, 67.
hischqáh (Perfekt des Hiphil von *sch-q-h*), »tränkte« (L. Zunz), »netzte« (B–R).
wajjízer (mit zwei *jud!*), V 7, ist Imperfekt des Qal von *j-z-r* mit *waw* consecutivum: »schuf, formte, bildete« (nach Lex. 409). Vgl *jazár*, (Per-

fekt), »er schuf«, V 8. L. Zunz, B–R, J. Wohlgemuth–J. Bleichrode: »bildete«.
'afár ist »die trockene, feine Erdkrume, Staub« (Lex. 815), dann auch »Erdstoff, lose Erde«, so hier (Lex. 816). *'afár min ha'adamá* ist nach B–R »Staub vom Acker«.
ha'adám (mit bestimmtem Artikel) ist »der Mensch«, der aus der *'adamá*, »Erde, Erdboden«, Entnommene, der »Erdling« (R. W. Gunther Plaut, 29: »earthling«).
wajipách ist Imperfekt des Qal von *n-f-ch,* »er blies« (Lex. 669).
b''apáw (Dual von *'af,* »Nase«, mit Suffix), »in seine Nasenlöcher« (Lex. 74; B–R), »in seine Nase« (L. Zunz).
nischmát (Status constructus von *n'schamá,* »Atem«) *chajím* ist der »Lebensodem« (Lex. 689), »Hauch des Lebens« (L. Zunz; B–R), »Atem des Lebens« (R. J. H. Hertz), »lebendiger Odem« (M. Mendelssohn). Nach b. Brachót, 10a, handelt es sich bei der *n'schamá* um die *»Seele«* des Menschen. »Atem« heißt im Talmud *n'schimá* (J. Levy, Wörterbuch, III,452).
néfesch ist »Kehle, Hals, Atem« (Lex. 672), *néfesch chajá* ein »lebendes Wesen« (Lex.; B–R). L. Zunz: »zu einem Leben-Atmenden«. Sinnstörend ist M. Mendelssohns Übersetzung: »Also war der Mensch ein beseeltes *Tier.*«
nechmád ist »lieblich« (L. Zunz; J. Wohlgemuth–J. Bleichrode), »begehrenswert« (von *ch-m-d,* »begehren«), B–R: »reizend« (im Sinne von »aufreizend«).
wajanichéhu, V 15, ist Imperfekt des Hiphil II von *n-w-ch (núach)* mit *waw* consecutivum und Suffix: »er stellte, setzte ihn hin« (Lex. 642).

Der Text in der Exegese

V 4 nennt als Subjekt zwei Gottesnamen: *'adonáj* und *'elohím.*
'adonáj, »Herr«, ist die aus Ehrfurcht vor Gott bereits in der Antike außerhalb des Tempelkults verwendete Umschreibung des Tetragramms *J-H-W-H,* wohl der »Seiende« (von *h-j-h,* »sein«), der »Ewige« (L. Zunz), der Unwandelbare, ewig existierende Gott, das »ewige Wesen« (M. Mendelssohn). Er ist der persönliche und gnädige Gott, den Israel in der Geschichte und im Leben des einzelnen erkennt. Er ist zugleich der Gott der Vorsehung (M. Mendelssohn, zu V 4). Israel ruft nach dem Gottesurteil auf dem Karmel (1Kön 18,39): *'adonáj hu' ha'elohím,* »der Herr, Er ist Gott!«

'elohím ist der Schöpfergott und der Gott des Rechts, anderen Völkern nicht minder bekannt wie Israel. Nur ist dieser *'elohím* identisch mit *'adonáj*, zumal es zwei Gottheiten nicht gibt (vgl Bibelauslegungen, III, 174). In Gen 1 erscheint nur *'elohím*, jetzt die Doppelbezeichnung *'adonáj 'elohím*. Der Midrasch (Gen.r. 13,3) schreibt:

»Er (Bibeltext) erwähnt den vollen Gottesnamen angesichts einer vollen Welt.«

R. O. Sforno sagt es auf seine Weise:

»Am Tag, da der Herr, Gott, Erde und Himmel gestaltete (V 4b), da Er die Führung der Erde und ihres Geschehens in eine für immer andauernde Ordnung brachte – und dies war nach dem sechstägigen Schöpfungswerk der Fall – da wird Er *'adonáj 'elohím* genannt, weil der ewig Seiende (*'adonáj*) die ewige Ordnung gewährleistet« (17).

Die in der Schöpfungsphase erschaffene Welt bedurfte der Stabilität, der inneren Gesetzmäßigkeit. Nicht alles, was Gott erschaffen hatte, kam sogleich zu seiner vollen Entfaltung. Es gab Dinge, die während der sechs Tage lediglich »in der Kraft«, in der Potenz (*b'kóach*) angelegt, jedoch noch nicht in die Realisierung (*b'fó'al*) übergegangen waren (R. O. Sforno, 17). Gott hatte »Himmel und Erde geschaffen« (*bará'*, 1,1; *b'hibar'ám*, 2,4a), aber in den Einzelheiten ausgestaltet, ausgeformt (*'asót,* V 4b; s. Leitworte) waren sie noch nicht überall. Es fehlten beispielsweise – so stellt V 5 fest – *síach hasadé*, der »Strauch des Feldes«, und *'ésew hasadé*, das »Kraut, Gras des Feldes«, weil der Regen noch nicht niederfiel und der Mensch den Boden nicht bearbeitete. Das ist seltsam, denn in 1,12 werden »samentragende Kräuter« und Fruchtbäume« als Werk des dritten Schöpfungstages ausdrücklich genannt. Der Talmud (b. Chulín, 60b) sieht die Schwierigkeit und bietet eine entsprechende Lösung an:

»R. Asi wies auf einen Widerspruch hin. Es heißt (1,12): ›Die Erde ließ Gewächse wachsen‹ – am dritten Tag, und es heißt (2,4): ›Und jeglicher Strauch des Feldes war noch nicht vorhanden auf der Erde‹ – am Vorabend des Sabbat (sechster Tag). (Wie ist der Widerspruch zu beheben?) Es lehrt (die Schrift), daß die Gewächse (am dritten Tag) erzeugt, jedoch an der Öffnung des Erdbodens (unter der Erdkrume) stehenblieben, bis Adam kam und Gott ihretwegen um Erbarmen flehte, so daß die Regengüsse niederfielen und die Gewächse aufsprießen konnten.«

Nachdem die Wurzeln der vielen Gewächse bis hart an die Oberfläche gelangt waren, trat ein Stillstand ein (R. S. R. Hirsch). Damit der Stillstand überwunden werden konnte, mußte Adam um Regen bitten, mußte er später – nach der Austreibung aus dem Garten Eden (3,18f) – mit Mühe und

Schweiß dem Ackerboden seine Erträge abringen. Die »Strafe«, die über Adam verhängt war (ib. V 17), führte zur vollen Ausreifung der in der Erde schlummernden Kräfte. »Denn der Mensch ist zur Mühe geboren« (Hiob 5,7), zur schweren Arbeit:

»Ist es ihm vergönnt, so müht er sich um (das Verständnis) der Torá, ist es ihm nicht vergönnt, so müht er sich schwer um (den Ertrag) der Erde ...« (Gen.r. 13,7).

Des Menschen Tun führt zu einem *Wendepunkt* in der Entwicklung der Natur. Er betet und er arbeitet. Er betet um den Segen des Regens, und er arbeitet auf dem Feld und im Bemühen um das Verständnis der Torá, der »Lehre« und »Weisung« Gottes. Ohne den Menschen verharrte die Schöpfung in einem Stillstand, durch den Menschen überwindet sie diesen Stillstand.

V 5 besteht aus 4 Teilen:

a) Und jeglicher Strauch des Feldes war noch nicht vorhanden auf der Erde,
b) und jegliches Kraut des Feldes war noch nicht gewachsen;
c) denn noch hatte der Herr, Gott, nicht regnen lassen auf die Erde,
d) und der Mensch war nicht da, um die Erde zu bearbeiten.

R. I. Reggio (I,9) verbindet a) mit d) und b) mit c): »Jeglicher Strauch« fehlte, weil der Mensch nicht da war, um die Erde zu bearbeiten. Und das »Kraut des Feldes« blieb aus, weil der Regen noch nicht eingesetzt hatte.

R. M. D. Cassuto (me'adám 'ad Nóach, 66) sieht den Zusammenhang der Teile anders. Seiner Ansicht gemäß steht in c) die Begründung von a), in d) die Begründung von b): Der *síach hasadé* – nach Cassuto sind es die in der Regenzeit aufsprießenden »Dornen und Disteln« (3,18) – war noch nicht gediehen, weil es nicht geregnet hatte. Und das »Kraut des Feldes« – »Weizen, Gerste und die übrigen Getreidearten« – war noch nicht gewachsen, weil Adam – der zum Bauern gewordene Mensch – seine Arbeit nicht aufgenommen hatte.

R. J. H. Hertz schreibt über die besondere Funktion des Menschen innerhalb der Gottesschöpfung (zu V 5):

»Die erlesenen Früchte der Erde bedürfen nicht nur der Gottesgabe des Regens, sondern auch der Pflege durch den Menschen. Der Mensch muß ein Mitarbeiter Gottes sein, indem er diese Erde zu einem Garten werden läßt.«

V 5 konstatiert eine Tatsache. Die Erde ist zwar nicht – wie in ihrem Anbeginn – »Wüste und Leere« (1,2), aber sie ist auch nicht voll entfaltet. Mit *V 6* beginnt in Phasen diese Entfaltung: »Eine Flut (*'ed*) brach auf aus der Erde und tränkte die ganze Oberfläche des Bodens«, weshalb die bisher fehlenden Gewächse gedeihen können, und dann (V 7) bildet Gott den Menschen, der sich – noch später – um den Ackerboden kümmern wird, weil er ohne die Landarbeit nicht zu existieren vermöchte. Der statische Zustand wird durch die *Dynamik* abgelöst, die jetzt in die Schöpfung kommt. Der um Regen bittende und den Boden bearbeitende Mensch ist an dieser Dynamik maßgeblich mitbeteiligt.

'ed ist nun freilich etwas anderes als Regen, von dem V 5 sagt, Gott hatte »nicht regnen lassen auf die Erde«. Der *'ed* steigt aus dem Erdinneren an die Oberfläche und überflutet daraufhin die Erdscholle, so wie noch heute das Quellwasser, das aus der Erde hervorbricht, die Felder bewässert. Die Weisen sind sich freilich uneins bei der genauen Bestimmung des *'ed*. Ein Text (Gen.r. 13,9) differenziert in der Tat zwischen diesem »unteren« Wasser und dem von den Wolken herabfallenden Regen, dem »oberen« Wasser.

»›Eine Flut brach auf aus der Erde und tränkte die ganze Oberfläche des Bodens‹, doch der Heilige, gelobt sei Er, änderte dies (und bestimmte), daß die Erde nur vom oberen (Wasser) trinken solle. R. Chanan aus Zippori sagte im Namen des R. Samuel bar Nachman: Aus vier Gründen verfügte dies der Heilige, gelobt sei Er: Wegen der Männer der Gewalt (die das Flußwasser ableiten und nur für sich verwenden), damit ein allenfalls schädlicher (unreiner) Tau verschwindet (Regen säubert die Luft), damit nicht nur die unteren, sondern auch die höhergelegenen Orte der Oberfläche Wasser erhalten, und schließlich, damit alle Menschen ihre Augen nach oben richten (Gott um Hilfe bitten). Vgl j.Taʿanít, III,3, und Kommentar qorbán haʿedá.)

Es ist nicht selbstverständlich, daß es im Land Israel regnet. Dtn 11,14.17 sieht zwischen dem sich einstellenden oder ausbleibenden Regen und dem Verhalten Israels einen Zusammenhang. Wer Gottes Regen-Segen erbittet, muß seine Augen »nach oben richten« (vgl R. I. Reggio, I,9b–10a).

'ed ist nicht identisch mit dem auf die Erde fallenden Regen. Nach Ansicht des R. Elieser (b.Taʿanít, 9b) steigt freilich der *'ed* (durch die Verdunstung) nach oben, wird – weil es sich bei ihm um »salziges Ozeanwasser« handeln soll – dann »süß gemacht« (entsalzt) und kehrt als Regen zur Erde zurück. Diese Ansicht ist durch V 6 nicht geschützt. Der Vers spricht von einem Wasserschwall und gerade nicht vom Regen.

Die Erde ist bewässert, die Gewächse können gedeihen, die zuvor nicht zu wachsen vermochten, und jetzt schafft Gott *»den Menschen« (ha'adám,* V 7). Was er zum Leben braucht, ist vorhanden, die für ihn notwendige Umgebung ist eingerichtet. Bereits in Gen erscheint der Mensch als letztes der Geschöpfe kurz vor dem Ende des Weltwerdungsprozesses. Hier wird sein Entstehen, das 1,26f. als Tatsache vermerkt ist, näher beschrieben. Zugleich sind die Akzente anders gesetzt. Wir vergleichen die beiden Stellen:

Gen 1
V 26: Es sprach Gott: ›Laßt uns machen einen Menschen nach unserem Ebenbild, gleich unserer Gestalt, und sie sollen herrschen über die Fische des Meeres und die Vögel des Himmels, über die Tiere und über die ganze Erde, und über alle Kriechtiere, die auf der Erde kriechen.‹
V 27: Gott schuf den Menschen in Seinem Ebenbild, im Ebenbild Gottes schuf Er ihn, als Mann und Frau schuf Er sie.

Gen 2
V 7: Da bildete der Herr, Gott, den Menschen aus Staub von der Erde, und Er blies in seine Nase den Odem (die Seele) des Lebens.

In 1,26 steht gleichsam ein »Prolog im Himmel«. Ehe der Mensch geschaffen wird, faßt Gott eine Entscheidung (»Laßt uns machen einen Menschen«), er hält im Schöpfungsprozeß inne (Bibelauslegungen, III,32–34). Der Mensch wird zum Herrn über die Tiere erhoben. 1,27 sagt nichts über seine »stofflichen Qualitäten« aus, doch er unterstreicht seine »Ebenbildlichkeit« Gottes und die Tatsache, daß *der* Mensch »als Mann und Frau« von Anfang an existiert.
Anders in 2,7. Es fehlt der »Prolog im Himmel«. Unvermittelt wird des Menschen Geburt beschrieben, eines Menschen, der zunächst als »zweigeschlechtlich« oder »zweigesichtig« auftritt (Bibelauslegungen, III,35), dann aber in einem zweiten Vorgang in eine Zweiheit zerfällt. Neben dem Mann steht die aus seiner »Seite« (*zéla*ʿ, 2,21f.) zu einem selbständigen Menschen geformte Frau (*'ischá*, »Männin«) als Partnerin im Leben. Durch die körperliche Vereinigung in der Ehe wird die Dualität des Menschen wieder überwunden: »... und sie werden zu einer Person« (»einem Fleisch«; 2,24).

2,7 ist – könnte man sagen – erdgebunden, und zwar im wörtlichen Sinn. Nicht, was im Himmel geschieht, nicht, wie Gott plant, wird beschrieben, sondern auf welche Weise der Mensch zur Welt kommt. Der *'adám* ist *ʿafár min ha'adamá*, »Staub von der Erde«, ein Stück des Bodens, und sein Name (*'adám*, »Erdling«) weist für immer auf seinen Ursprung hin. Gott »bildet« (*wajjízer*) ihn. Freilich nicht mit Händen, sondern wohl – wie sonst bei der Schöpfung – durch das Wort, obwohl das erwartete *wajó'mer*, »Er sprach«,

nicht gebraucht wird. Er bildet ihn zudem aus »Staub«, und nur aus ihm. Von der Vermengung des Erdschollens mit Götterblut – so im babylonischen Schöpfungsmythos *Enuma elisch* (W. Beyerlin, Religionsgeschichtliches Textbuch zum Alten Testament, 110) – weiß die Bibel selbstredend nichts. Es gibt keine Götter, und »ihre Adern« werden nicht durchschnitten, damit aus ihrem Blut die Menschheit geformt werden könnte.
Adam ist vielmehr nur aus Erde, er ist Teil der Schöpfung, aus der er stammt und in der er leben muß. Die Weisen schreiben von diesem Erdklumpen, aus dem Gott den Adam bildete:

»Die Erde ... war rein, es war jungfräulicher Boden« (ohne Gewächse darauf) (b. Nidá, 8b, vgl Flavius Josephus, Jüdische Altertümer, I,1,2).
Nach R. Juda den Pasi stammt der Erdklumpen vom »Ort des Altars« (auf dem späteren Tempelplatz von Jerusalem). »Gott sagte: Der Mensch werde vom Ort des Altars geschaffen, damit er Bestand hat« (j.Nasír, VII,2). Der aus Altarerde gebildete Mensch vermag daher stets Sühne zu erwirken für sein schlechtes Tun, so wie der Altar für die Sünden Israels Sühne erwirkt (vgl Gen.r. 14,8).

Der erdgebundene Mensch ist der erdgeborene zugleich. Des Menschen Gebildetwerden, seine »Formgebung« (Malbim, I,22), geht aber über jenes der Tiere hinaus. Er gehört der Erde an, und wenn er stirbt, kehrt sein Körper zur Erde zurück: »denn Staub bist du, und zu Staub sollst (wirst du) werden« (3,19). Mit seinem *Geist* aber greift er über die materielle Schöpfung hinaus. Gott nämlich »blies in seine Nase die Seele des Lebens« (*nischmát chajím*), im eigentlichen Sinn: den »Odem«, den »Hauch des Lebens« (s. Leitworte). Die Unvergänglichkeit mangelt den Tieren, die – ungleich dem Menschen – nicht »eine Schöpfung aus den Unteren (= dem irdischen Bereich) und eine Schöpfung aus den Oberen (= dem überirdischen Bereich)« sind (Gen.r. 14,2). Beim Menschen gilt im Zeitpunkt des Sterbens die Aussage des Kohelet (12,7):

»Es kehrt der Staub zurück zur Erde, so wie er war. Der Geist *(rúach)* aber kehrt zu Gott zurück, der ihn gegeben hat.«

Durch seine spezifische *Seele,* die *n'schamá,* wird Adam zu einem »lebenden Wesen« (*l'néfesch chajá*), aber zu einem von den Tieren unterschiedenen lebenden Wesen. Auch sie sind *néfesch chajá* (1,24.30; 2,19), aber sie besitzen nur die *néfesch*, nicht die von Gott eingehauchte *n'schamá*.
Was die »Seele« ist, läßt sich genauer nicht definieren. Wenn Hiob 27,3 vom »Geist Gottes« (*rúach 'elóah*) und Hiob 32,8; 33,4 von der »Seele des Allmächtigen« (*nischmát schadáj*) sprechen, so führt dies auch nicht weiter. Wie Gott nicht näher zu beschreiben ist, so auch nicht die von Ihm

herrührende *n'schamá*. Möglich erscheint den Weisen (b.B'rachót, loa) lediglich ein Vergleich von Gottes und der Seele Wirksamkeit:

»Wie Gott die ganze Welt erfüllt, so erfüllt die Seele den ganzen Körper. Wie Gott sieht und nicht gesehen wird, so sieht die Seele und wird nicht gesehen. Wie Gott die ganze Welt ernährt, so ernährt die Seele den ganzen Körper.«

Dank der Seele hat der Körper überhaupt Bestand:

»Es fragt R. Abahu: Wie kann der Mensch in dieser Welt existieren? Die Torá bezeugt doch von ihm, daß er aus Staub gebildet ist! ... Es ist die ihm von Gott eingehauchte Seele, die ihn bestehen läßt« (Midrásch haneʿelám, zit. R. M. M. Kascher, torá sch'lemá, II,210).

Die Seele ist die innere Kraft des Menschen, die ihn denken, fühlen und handeln läßt. Sie ist der Motor, ohne den das komplizierte »Räderwerk« des Organismus nicht funktioniert. Wie der Motor beschaffen ist, entzieht sich indessen menschlichem Verständnis.
Ein anderer Gesichtspunkt ist für die Weisen Israels bedeutsamer. In einem Gebet der täglichen Morgenliturgie (Gebetbuch s'fat 'emét, 5) stehen die Worte:

»Mein Gott, die Seele, die Du in mich eingegeben hast, ist rein. Du hast sie geschaffen, sie gebildet, sie mir eingehaucht. Du bewahrst sie in mir, wirst sie mir nehmen und dereinst wiedergeben in der Zukünftigen Welt. Solange die Seele in mir ist, preise ich Dich, Herr, mein Gott und Gott meiner Väter, Meister aller Werke, Herr aller Seelen ...«

Die Seele ist *»rein«*, makellos, und sie kann die Reinheit bewahren, wenn der Mensch sich um sie bemüht. Der Midrasch (midrásch hagadól, I,78) spricht diesen Gedanken in einem Bild aus:

»In der Stunde, da der Heilige, gelobt sei Er, den ersten Menschen erschaffen hatte, lag dieser vor Ihm wie ein *Gólem*, ein Klumpen Erde. Da sagte Gott: An welchem Ort seines Körpers gebe Ich ihm die Seele ein? Wenn in den Mund, so spricht er mit ihrer Hilfe eine üble Nachrede. Wenn in seine Augen, so zwinkert er mit ihr auf ein sündhaftes Tun hin. Wenn in seine Ohren, so hört er mit ihr Schimpf und Schmähung ... Ich hauche sie ihm vielmehr in seine Nase ein. Wie die Nase den Schmutz ausatmet und einen guten Geruch einatmet, so kann der fromme Mensch dem Schmutz der Sünde entfliehen und den Worten der Gotteslehre anhangen, die einen guten Geruch verbreiten.«

Die reine Seele ermöglicht ein ethisch wertvolles Leben. Gott hat sie Adam »in seine Nase eingeatmet« und damit gleichsam die stete »Seelenerneuerung« gewährleistet. Allerdings ist die Seele immer herausgefordert. Zeit seines Lebens kämpft der Mensch um das Gute und gegen das Schlechte. In der Terminologie der Weisen: der »Trieb zum Guten« (*jézer hatów*) ist konfrontiert mit dem »Trieb zum Bösen« (*jézer hará*ʿ). Zu *wajjízer,* »Er bildete«, lehrt R. Nachmann bar Chisda (v.B'rachót, 61a):

»Weshalb ist *wajjízer* mit *zwei jud* geschrieben? Weil der Heilige, gelobt sei Er, *zwei* Triebe schuf: den Trieb zum Guten und den Trieb zum Bösen. R. Nachman bar Isaak widersprach: Bei den Tieren ist *wajízer* nur mit einem einzigen *jud* geschrieben (2,19), und dennoch besitzen auch sie einen Trieb zum Bösen. Wir sehen, daß sie Schaden anrichten, beißen und ausschlagen. Richtig ist daher die Ansicht des R. Simon ben Pasi, der lehrt, (die beiden *jud* bedeuteten) ›weh mir vor meinem Schöpfer und weh mir vor meinem Trieb!‹« (Raschi kommentiert: »Weh mir vor meinem Schöpfer, wenn ich meinem Trieb nachfolge, weh mir vor meinem Trieb, wenn ich ihm widerstehe, weil er mir dann keine Ruhe läßt.«)

Gleich nach seiner »Geburt« befindet sich Adam in einer passenden Umgebung. Gott überläßt ihn nicht seinem Schicksal, Er sorgt für ihn in *»einem Garten in Eden«* (V 8):

»Es pflanzte der Herr, Gott, einen Garten in Eden gegen Osten, und Er setzte dort den Menschen hinein, den Er gebildet hatte.«

Wann wurde dieser »Garten« gepflanzt, in dem die Fruchtbäume gediehen und die Früchte höchst »begehrenswert zum Ansehen und gut zum Genuß« (V 9) waren? R. M. D. Cassuto (70) meint: »Als Er den Menschen erschaffen hatte, pflanzte Er den Garten. Ibn Esra (I,21) und R. Hisqia bar Manoach (Chisqúni, 14) verstehen *wajitá*ʿ als Plusquamperfekt: »Er *hatte* gepflanzt«, d.h. wie R. Elʿasár aus Worms (pérusch haroqéach ʿal hatorá, I,73) erklärt: »Gepflanzt am dritten Schöpfungstag, als die Erde die Gewächse hervorbrachte und alle Fruchtbäume hervorsprießen ließ.«
Mehr noch: Als Idee, als Vorstellung zählte der »Garten in Eden« zu den »sieben Dingen«, die bereits vor dem Schöpfungsbeginn konzipiert waren (b.P'sachím 54a, b.N'darím, 39b, Pirqé d'Rabbí Elieser, Kap. 3).
Einen »Garten *in* Eden«: Im Akkadischen bedeutet *edinu* »Ebene, Steppe« (R. J. H. Hertz), die jüdischen Exegeten verbinden den Namen aber mit der Wortwurzel *ʿ-d-n,* im Hitpael: »ein Wohlleben führen, es sich wohl sein lassen« (Lex. 748), vgl das Adjektiv *ʿadín,* »üppig«. R. D. Kimchi erklärt (26):

»Der Ort heißt Eden, weil er fruchtbar war und seine Gewächse dem Körper Wohlleben und Genuß verschafften ...« (Vgl B. Jacob, 85: »Eden – Wonne, Lust, Wohlsein«). In geistiger Hinsicht interpretiert R. Levi ben Gerson (Gersonides) (perúsch ʿal hatorá ʿal dérech be'úr, 1547, 14b): »Weshalb wird der Ort Eden genannt, weil Adam den vollen Genuß gewinnt, falls er mit ganzer Kraft Gott anhaftet.«

Die Lokalisierung von Eden ist nicht möglich:

»Eden ist ein besonderer Ort auf der Erde, und kein Geschöpf kennt seine Lage. Erst in den Tagen des Messias wird der Heilige, gelobt sei Er, seinen Weg (den Weg dorthin) Israel offenbaren« (Midrásch hagadól, I,80).

Der *Garten* ist im übrigen nicht identisch mit Eden.

»Eine Diskussion zwischen R. J'huda und R. Josi. R. J'huda sagt: Der Garten ist größer als Eden, denn es heißt (Ez 31,9): ›Und es beneideten ihn alle Bäume Edens, der *im* Garten Gottes war.‹ R. Josi sagt hingegen: Eden ist größer als der Garten, denn es heißt (unser V 8): ›Und es pflanzte der Herr, Gott, einen Garten in Eden‹« (Gen.r. 15,2).

In diesen Garten wird Adam »hineingesetzt«, denn in ihm wird er jetzt zu leben haben. Der Garten ist – anders als in Ez 28,13–16 – kein Garten auf einem »heiligen (Tempel-)Berg«, wo Gold und Edelsteine und wunderbare Bäume (Ez 31,8f) zu sehen sind (Bibelauslegungen, I,39). Der »Garten in Eden« ist ein Garten für Gottes Geschöpfe, vorab für den Menschen. Er ist der Garten, in welchem sich der Mensch recht eigentlich zum Menschen, dem denkenden, fühlenden und Entscheidungen treffenden Wesen entwikkelt. »Begehrenswerte« Früchte wachsen an den Bäumen, die Adam und dann seiner Gattin Eva zur Verfügung stehen werden. In der Mitte finden sich freilich die beiden Bäume – der »Baum des Lebens und der »Baum der Erkenntnis von Gut und Böse« – die seinem Zugriff entzogen sind. Adam muß sich entscheiden, er muß seine Lust nach der verbotenen Frucht überwinden und vor sich und Gott beweisen, daß er sich in der Hand hat und zu beherrschen weiß. Daß er dann versagt und das Paradies (den »Fruchtgarten«) verliert, ist seine Tragik. (Zum Thema s. Bibelauslegungen, I,40–42.45–52; zu den beiden Bäumen »in der Mitte des Gartens«: 40f.) Er ißt gerade von der verbotenen Frucht, weil sie besonders »begehrenswert«, ihn »reizend«, ist (s. Leitworte zu *nechmád*), nicht, weil er anders hungern müßte. R. Saadia Gaon (hg. v. M. Zucker, 267) betont:

»›Gott schuf jeglichen Baum‹ – dies lehrt uns, daß Er Adam gute und schöne Bäume schuf, so daß er auf jenen Baum und seine Güte gar nicht angewiesen war. Und so ist Gottes ›Maß der Gerechtigkeit‹ (*midát hazédeq*): Nichts verbietet Er uns, dessen wir bedürfen, ehe Er uns nicht seinen Ersatz zur Verfügung gestellt hat.«

Damit die vielen Bäume gedeihen können, ist der Garten in Eden reichlich bewässert. Ein mächtiger *Strom* entspringt in Eden, »um den Garten zu

tränken«, und teilt sich daraufhin in vier Flüsse (V 10): *Pischón, Gichón, Chidéqel und P'rat.* Pischón ist (nach Raschi) der Nil, vielleicht der Blaue Nil, wobei Gichón dann den Weißen Nil bezeichnet (Enc. Welt der Bibel, b're'schít, 28), Chidéqel ist der Tigris und P'rat der Eufrat. (R. D. Kimchi, 28: »*chidéqel,* weil sein Wasser klar [*chad*] und leicht [*qal*] ist. *p'rat*, weil er das Land befruchtet [*paráh*].«)
Wer nun freilich glaubt, Adam führte im Garten Eden, dem Paradies, ein müßiges Leben, irrt sich. V 15 stellt lapidar fest:

»Es nahm der Herr, Gott, den Menschen und setzte ihn in den Garten Edens, damit er ihn bearbeite und beschütze.«

»*Er nahm* ist nach dem Midrasch (Tanchúma, b'chuqotáj, 3) gleichbedeutend mit »Er erhob ihn«:

»So sprach der Heilige, gelobt sei Er, zu Adam: Ist es dir vergönnt, so erhebe Ich dich zum Herrscher über die Unteren (= Geschöpfe der Erde), so wie Ich Herrscher bin über die Oberen (= Geschöpfe des Himmels). Denn es heißt: ›Es nahm . . . ‹, und der Ausdruck ›nehmen‹ ist ein Ausdruck der Erhebung (*'ilúj* vgl. Gen 12,15; Est 2,8). Adam richtete sich freilich nicht danach. Er sündigte, und Gott entfernte Seine Sch'chiná (Präsenz, »Einwohnung«) von ihm.«

»Er nahm« läßt – nach dem Midrasch (Gen.r. 16,5), R. Saadia Gaon (aaO, 272), Raschi und anderen – nicht auf einen von Gott auf Adam ausgeübten Zwang schließen:

»R. Nehemia sagte: Gott überredete ihn.«

Die Aufgaben, die der Mensch erfüllen soll, werden ihm nicht gegen seinen Willen aufgebürdet, er bleibt frei in seiner Entscheidung. Er kann das Bearbeiten und Beschützen des Gartens übernehmen oder von sich weisen. Gott wünscht aber, daß er sich der Aufgabe unterziehe.
Das Paradies ist kein Idealplatz für einen Taugenichts, es ist kein Stückchen Erde, wo die gebratenen Tauben in den Mund fliegen, den man nur aufzusperren braucht, ohne sich weiter um die Nahrung zu kümmern. Das Paradies muß bearbeitet und behütet werden, damit aus ihm kein Müllhaufen wird. Der mit Vernunft ausgestattete Mensch wird von Gott zum Wächter bestellt.
»*Damit er ihn bearbeite und beschütze*«. Obschon bei *l'ᵉowdáh ulschomráh* ein Femininsuffix steht, ist der Garten (*gan*) gemeint, denn *gan* wird als Maskulin *und* als Feminin gebraucht (Ibn Esra, 22). Welche Arbeit gibt es aber im Garten zu tun, nachdem die Früchte von selbst wachsen, die dem Menschen zur Nahrung bestimmt sind? Einige Antworten:

»R. Saadia Gaon (272): »Gott befahl Adam, den Garten durch die Arbeit der Reinigung zu bedienen« (ihn vom Abfall zu säubern).«
R. D. Kimchi (29): »Adam sollte den Boden (vom Unkraut) reinigen.«
R. D. Hoffmann (séfer b're'schít, 67): »Diese Arbeit ist nicht mit Anstrengung und Mühe verbunden, wie es später (nach der Vertreibung aus Eden) der Fall war. Das Ziel der Arbeit zuvor war es, daß der Mensch auf aktive Weise seine Kräfte und Fähigkeiten einsetzen sollte.« (Entsprechend R. Sch. D. Luzzatto, perúsch ʿal chamischá chumsché torá, 25: »Die Arbeit vollzog sich ohne ›den Schweiß des Angesichts‹.«)

Die Weisen lehren ('Awót d'Rabbí Natán, 111):

»R. Simon ben Elasar sagt: Groß ist die Arbeit. Auch der erste Mensch genoß nichts, ehe er nicht eine Arbeit verrichtet hatte, denn es heißt: ›Und Er setzte dort den Menschen hinein, den Er gebildet hatte‹ (V 8), und erst danach: ›Von allen Bäumen des Gartens darfst (kannst) du essen‹ (V 16). R. Tarfon sagt: Auch der Heilige, gelobt sei Er, ließ seine Sch'chiná erst auf Israel ruhen, nachdem es eine Arbeit verrichtet hatte. Es heißt: ›Sie (Israeliten) sollen Mir ein Heiligtum errichten‹ (Ex 25,8a), und erst danach (ib.8b): ›und Ich wohne (*w'schachantí*) in ihrer Mitte.‹« (Zum Lob der Arbeit s. Bibelauslegungen, III,80.)

»und beschütze«:

R. Elʿasár aus Worms (aaO, I,74): »damit er ihn vor wilden Tieren schütze«; R. D. Hoffmann: »damit diese Tiere die für den Menschen bestimmten Früchte nicht auffressen.«

Der Antworten sind viele, ein wesentlicher Punkt ist indessen sehr deutlich: Adam soll – so sagt ihm Gott – nicht in den Tag hineinleben, sondern seine Zeit nutzen. Er besitzt von allem Anfang an eine Aufgabe, die ihn auszeichnet und zugleich von den Tieren abhebt.

Wegweisung für unsere Zeit

»Zwei Seiten hat die Stellung des Menschen zur Erde: er darf sie beherrschen (1,26.28), und er muß ihr, um seine Nahrung zu gewinnen, dienen« (2,15), schreibt B. Jacob (Das erste Buch der Torá, 80). Der »Adam« bleibt der *'adamá*, der Erde, sein Leben lang eng verbunden. »Sie ist seine Wiege, seine Heimat, sein Grab« (B. Jacob, 83). »Herrschen« und zugleich »dienen« ist des Menschen Aufgabe bis heute. Der Akzent liegt auf dem Dienen, nicht auf dem Herrschen, das allzu oft in ein den Untertan mißbrauchendes Beherrschen ausartet. Unsere Erde kann ein »Garten in

Eden« sein, ein Paradies, in dem wächst, wessen wir bedürfen. Voraussetzung ist, daß wir sie »bearbeiten und beschützen«, ihre Rohstoffe mit Maß und Bedacht gebrauchen, damit wir sie nicht allzu rasch verbrauchen und späteren Generationen nichts mehr verbleibt. Wir müssen sie beschützen, damit nicht die Tierarten und die Natur zugrunde gehen und der »Garten« bald einmal ohne Bäume ist.
Sind wir dazu imstande? Gewiß! Vieles geschieht bereits in Sachen »Umweltschutz«. Es ist zwar spät, aber nicht zu spät. Unser großer »Lebensgarten« kann gerettet werden, nicht zuletzt vor der Vernichtung durch die mörderischsten Vernichtungswaffen, die menschlicher Geist je ersonnen hat. Die Großen der Welt haben erkannt, daß nur bei einer gemeinsamen Planung und dem Willen, die Gefahr der Selbstzerstörung für immer zu bannen, unser Planet sicher und bewohnbar bleibt. Nun müssen auch die Kleinen zur selben Erkenntnis gelangen und ihrerseits die notwendigen Schutzmaßnahmen ergreifen. Die »Arbeit« auf der Erde ist gepaart mit dem »Schutz« dieser Erde – denn wir besitzen keine andere.

»Gott gedachte des Noa«

Gen 8,1–12

1 Gott gedachte des Noa und aller Lebewesen
und allen Getiers, das mit ihm in der Arche war.
Gott brachte einen Wind über die Erde,
und die Wasser sanken.
2 Es wurden verstopft
die Quellen der Tiefe und die Luken des Himmels,
und der Regen wurde gehemmt vom Himmel.
3 Die Wasser kehrten von der Erde
– gehend und kehrend –,
und die Wasser nahmen ab
am Ende von hundertfünfzig Tagen.
4 Die Arche ruhte im siebten Monat,
am siebzehnten Tag des Monats,
auf den Bergen Ararats.
5 Die Wasser nahmen ständig ab
bis zum zehnten Monat.
Am ersten des zehnten Monats
wurden sichtbar die Spitzen der Berge.
6 Es geschah am Ende von vierzig Tagen:
Noa öffnete das Fenster der Arche,
das er gemacht hatte.
7 Er schickte einen Raben aus.
Der ging weg und kehrte wieder,
bis die Wasser auf der Erde getrocknet waren.
8 Er schickte eine Taube von sich aus,
um zu sehen, ob die Wasser von der Oberfläche
des Bodens leicht geworden waren.
9 Die Taube fand keinen Ruheplatz für ihren Fuß.
Sie kehrte zu ihm in die Arche zurück,
denn noch waren Wasser auf der Oberfläche
der ganzen Erde.
Er streckte seine Hand aus und nahm sie

und brachte sie zu sich in die Arche.
10 Er wartete weitere sieben Tage
und schickte die Taube aus der Arche.
11 Die Taube kam gegen Abend zu ihm zurück,
und sieh, ein frisches Ölblatt
war in ihrem Schnabel.
Da wußte Noa, daß leicht geworden waren
die Wasser von der Erde.
12 Er wartete weitere sieben Tage
und schickte die Taube aus.
Sie kehrte nicht mehr zu ihm zurück.

Der Text im Kontext

»Und es war mächtig das Wasser auf der Erde hundertfünfzig Tage lang« (Gen 7,24). Die »Quellen der großen Tiefe brachen auf, die Staudämme des Himmels wurden geöffnet« (V 11). »Vierzig Tage und vierzig Nächte« dauert der Regen (V 12), der als Sintflut (*mabúl,* V 10.17 u. a.) die Erde überschwemmt und alle Menschen und auf dem Festland lebenden Tiere »auslöscht« (V 23). Nach dem Wort Gottes an Noa (V 4; 6,17) ist jenes Geschlecht vernichtet, das sich der »Gewalttat« (*chamás*, 6,11.13) verschrieben hatte.

In einer »Kiste« *(tewá)* schwimmen Noa und die Seinen und die Vertreter der Tierarten auf der Flut, die die Bergspitzen fünfzehn Ellen überragt (7,19f.). Noa ist gerettet, aber er ist zugleich auch eingeschlossen, gefangen. Er hört das Rauschen der gewaltigen Regengüsse, doch wie die Niederschläge zu Ende sind, kehrt Totenstille ein. In der »Kiste« brüllen die Tiere, aber von der Außenwelt dringt kein Laut mehr in die Arche. Ohne Steuer und Ruder treibt sie auf den Wellen dahin. »Und es war mächtig das Wasser auf der Erde hundertfünfzig Tage lang.« Zieht man die vierzig Tage des heftigen Regens von dieser Zahl ab, so ergeben sich 110 Tage – es sind die Tage der Geräuschlosigkeit, des Wartens und der Sorge.

Von den Gefühlen Noas und seiner Angehörigen erzählt die Torá nichts. Ihr sind die äußeren Fakten wichtig. Gewiß brechen indessen bei den in der Abgeschiedenheit lebenden Archebewohnern Fragen auf: »Wird Gott sich unser erbarmen? Wird das Wasser schwinden, das die Erde bedeckt? Werden wir wieder das Festland betreten, und wird es uns dereinst seinen Ertrag schenken, nachdem es jetzt verwüstet ist? Oder müssen wir in der Arche zugrunde gehen, wenn die Nahrungsvorräte aufgebraucht sind?«

Was Noa und den Seinen Kraft schenkt, ist das Vertrauen (*'emuná*) in die Zusage Gottes. Und Gott enttäuscht sie nicht. Unser Bibeltext beginnt mit der Feststellung (8,1): *wajiskór 'elohím,* »Gott gedachte«, Gott stand zu Seinem Versprechen. Die Bewohner der Arche werden nicht in ihrer Abgeschiedenheit belassen. Sie werden gerettet und einer besseren Zukunft entgegensehen. Die Flut war die direkte Folge menschlicher Gewalttat, die Rettung aber ist das direkte Ergebnis göttlicher Güte: Seiner Hilfe, auf die sich der Mensch stützen kann.

Leitworte des hebräischen Textes

wajiskór, V 1, ist Imperfekt des Qal von *s-ch-r,* »gedenken«, mit *waw* consecutivum: »er gedachte«.
tewá ist »Kiste«, Arche (Bibelauslegungen, I,55).
waja'awér (Imperfekt des Hiphil von *'-w-r,* »vorübergehen«, mit *waw* consecutivum), »er ließ hingehen« (Lex. 737), »ließ wehen« (J. Wohlgemuth–J. Bleichrode). Objekt ist *rúach,* »Wind«, B-R: »Windbraus«.
wajaschóku, Imperfekt des Qal von *sch-ch-ch,* »sich senken«, »sich legen« (in Est 2,1; 7,10 vom Zorn gesagt), (die Gewässer) »legten sich« (L. Zunz), (die Wasser) »fielen« (J. Wohlgemuth–J. Bleichrode), »sanken ein« (B. Jacob), »duckten sich« (B-R).
wajisachrú, V 2, ist Imperfekt des Niphal von *s-ch-r* mit *waw* consecutivum: »sie wurden verstopft« (Lex. 713; L. Zunz; B-R). »geschlossen« (B. Jacob; J. Wohlgemuth–J. Bleichrode). Nach Ibn Esra ist *s-ch-r* gleichbedeutend mit *s-g-r,* »schließen« (Wechsel von *gimel* in *kaf*).
ma'jnót ist Status constructus von *ma'janót* (Singular: *ma'ján*), »Quellen« (Lex. 579), vgl zu Jes 12,3 (Bibelauslegungen, III,156).
t'hom ist (wie in Gen 1,2: Bibelauslegungen, III,25) das »Urmeer«, der »Meereswasserozean«, die »Tiefe«, B-R: »Wirbel«.
'arubá (Plural: *'arubót*) ist die »Luke« (Lex. 81; B-R), »Schleuse« (L. Zunz; J. Wohlgemuth–J. Bleichrode; B. Jacob). Der Vers findet die Parallele in 7,11.
wajikalé' (Imperfekt des Niphal von *k-l-'* mit *waw* consecutivum), »es wurden zurückgehalten« (Lex. 453), »wurde gehemmt« (L. Zunz; B-R), »blieb gesperrt« (B. Jacob), »hörte auf« (J. Wohlgemuth–J. Bleichrode). Das Nomen *kéle'* ist »Gefängnis«. Raschi (Kommentar zu Gen 23,6) versteht *wajikalé'* als »wurde verhindert« (*k-l-'* ist nach ihm gleichbedeutend mit *k-l-h*), so auch R. D. Hoffmann (séfer b're'schít, I,154) und M.

Mendelssohn (Kommentar zur Torá, b're'schít, 67b). Ibn Esra: »wurde eingeschlossen«.
In V 3 wird durch *h-l-ch* (Infinitivus absolutus *halóch*) mit einem nachfolgenden Verb (desgleichen im Infinitivus absolutus) der »Begriff der längeren Fortdauer ... ausgedrückt« (W. Gesenius, Grammatik, 11u, S.358). *halóch waschów (schuw,* »zurückkehren«) heißt (nach Gesenius, ib.): die Gewässer »verliefen sich immer mehr«. L. Zunz: »Und die Gewässer wichen von der Erde, fort und fort weichend«, B-R: »Das Wasser kehrte ein Gehn, ein Kehren, weg von der Erde« (für *wajaschúwu ... halóch waschów* in wortgetreuer Übersetzung), B. Jacob: »Es kehrten die Wasser von der Erde zurück, zurück in einem beständigen Zurückkehren«, R. J. H. Hertz: »Die Wasser kehrten ... kontinuierlich zurück«, R. W. Gunter Plaut: »The waters then receded steadily.«
wajachs'rú (Imperfekt des Qal von *ch-s-r* mit *waw* consecutivum), »sie nahmen ab, wurden weniger« (Lex. 325), das Wasser »wich« (B-R). In V 5 meint *halóch w'chasór* »es (Wasser) nahm immer mehr ab«.
watánach, V 4, ist Imperfekt des Qal von *núach* mit *waw* consecutivum: »sie ließ sich nieder, ruhte« (Lex. 641).
'ararát (Ararat) ist nach den Angaben des griechischen Schriftstellers Berossus, der eine babylonische Tradition weitergibt (Enc. miqra'ít, I,745), ein Gebirge in Armenien, in den Bergen von Kurdistan (vgl. Enc. Welt der Bibel, b're'schít, 61), »bekannt in der alten Geschichte als Urartu (R. W. Gunther Plaut, The Torah, 59; so auch Lex. 88, das Ararat als »Landschaft und Reich zwischen Van- und Urmiasee« bezeichnet.) Eine genauere Identifizierung der *haré* (Berge) *'ararát* ist nicht möglich.
wajschalách, V 7, ist Imperfekt des Piel von *sch-l-ch* mit *waw* consecutivum: »er schickte weg«, »er schickte aus« (B-R), »entsandte« (L. Zunz), »ließ hinaus« (B. Jacob).
wajezé' (Imperfekt des Qal von *j-z-',* »hinausgehen«) *jazó'* (Infinitivus absolutus) *waschów* (Infinitivus absolutus von *schuw*) heißt: »Er ging zwar aus, kehrte aber immer wieder zurück« (B. Jacob), »Der zog in Zug und Kehre« (B-R), vereinfacht: »der flog hin und wieder« (L. Zunz), »dieser flog hin und her« (J. Wohlgemuth–J. Bleichrode).
Die Rede ist von *'oréw*, »Rabe«, *corvus,* akkadisch: *aribu.* Den Namen hat der schwarze oder schwarz-braune Raubvogel – im Land Israel finden sich fünf verschiedene Arten (Enc. miqra'ít, VI,362) – von seinem Gekreisch (*'oréw* ist »lautmalend«, Lex.832).
j'wóschet ist (wie *j'wosch,* Jes 27,11) Infinitiv von *j-w-sch,* »trocken werden« (vgl *j'chólet* zu *jachól,* »können«, und *charóschet* zu *ch-r-sch,* Ex 31,5; 35,33,

»einschneiden«; W. Gesenius, 70a; H. Bauer–P. Leander, Historische Grammatik, 382; Lex. 367).
joná, V 8, ist die »Taube« (*columba;* Lex. 385).
haqálu (Perfekt des Qal von *q-l-l* mit der Fragepartikel *ha*), »ist leicht geworden?« (hier in indirekter Rede: »ob leicht geworden ist«), ist »klein, niedrig geworden« (das Wasser; Lex. 1031). B. Jacob: »ob die Wasser leicht sich verflüchtigen«, B-R: »ob das Wasser ... verringert sei«. Vereinfacht: »ob die Wasser gefallen seien« (L. Zunz).
manóach (zu *núach*) ist der »Rastplatz“ (Lex. 567), B-R: »Ruhstatt«, L. Zunz; B. Jacob: »Ruhestatt«, J. Wohlgemuth–J. Bleichrode: »Ruhepunkt«.
kaf régel ist »Fußsohle« (B-R; Lex. 468), »Fußballen« (B. Jacob), »Fuß« (L. Zunz).
wajáchel ist nach Lex. 389 ein Imperfekt des Piel von *j-ch-l*, »warten«, V 10. Das *wajijáchel* (Niphal) in V 12 wird emendiert in *waj'jachél* (so Kittels Biblia Hebraica und auch die Biblia Hebraica Stuttgartensia für beide Formen in V 10 und 12). Nach R. M. D. Cassuto (me' adám ʿad Nóach, 77) ist *wajáchel* ein Imperfekt des Hiphil von *chil* (mit *waw* consecutivum), *wajijáchel* ein Imperfekt des Niphal von *j-ch-l* mit *waw* consecutivum. Der Sinn der beiden Formen ist klar: »er wartete«.
wajósef ist Imperfekt des Hiphil von *j-s-f* mit *waw* consecutivum: »er fügte hinzu«. *wajósef schalách:* »er fügte hinzu auszusenden«, d.h. »er entsandte sie noch einmal« (L. Zunz), »da schickte er wieder« (B-R). *jasfá* in V 12 ist Perfekt des Qal: »sie fügte (nicht) hinzu« (im Zusammenhang: »sie kehrte nicht mehr zu ihm zurück.«)
Vom *ʿaléh sájit* (»Olivenblatt«, »Ölblatt«) ist V 11 gesagt, es sei *taráf b'fíha.* Als Adjektiv von *t-r-f I,* »reißen, zerreißen« (Lex. 363) meint *taráf* »abgerissen« (L. Zunz), »gepflückt« (B-R; R. W. Gunther Plaut). *taráf* mag aber auch verwandt sein mit arabisch *tárufa*, »frisch sein«, und heißt dann »frisch« (Lex. 364; J. Wohlgemuth–J. Bleichrode; B. Jacob). R. J. H. Hertz nimmt mit seinem »frisch gepflückt« gleich beide Möglichkeiten auf.

Der Text in der Exegese

»Gott gedachte (wajiskór) des Noa« (V 1). Hatte Er Noa vergessen, daß er sich jetzt seiner erinnerte? M. Mendelssohns Übersetzung läßt dies beinahe vermuten:

»Endlich dachte Gott an Noa.«

In Wirklichkeit »vergißt« Gott nicht, wenngleich etwa der vom Unglück getroffene Mensch dies glauben mag (Ps 10,11; Klgl 5,20; Jes 49,14f). Zu Recht schreibt R. D. Kimchi:

»Vor Ihm gibt es kein Vergessen und keine Erinnerung ... Vielmehr redet die Torá in der Sprache der Menschen, damit die Hörer verstehen können.«

Mit *wajiskór* wird eine Wende in einem bestimmten Geschehen markiert. Die Israeliten leiden unter dem ägyptischen Sklavenjoch, da »hörte Gott ihr Seufzen und Gott gedachte Seines Bundes« (Ex 2,24). Oder: die kinderlose Rachel ist todunglücklich, weil sie im Gegensatz zu ihrer Schwester Lea ihrem Gatten Jakob keine Kinder geboren hat. »Da gedachte Gott der Rachel« (Gen 30,22). Wie *wajiskór* verwendet die Schrift *paqád,* Gott »schaute hin« auf Sara, Abrahams kinderlose Frau, und sie »wurde schwanger« (Gen 21,1f.). Die beiden Verben *s-ch-r* und *p-q-d* entsprechen sich (R. M. D. Cassuto, 69). Wenn Gott des Noa gedenkt, so bedeutet dies nach den Worten des R. I. Arama (ʿaqedát Jizchák, I,102b):

»Das Erbarmen Gottes wandte sich der Welt zu, Er ließ ab von Seinem Zorn, um ihr ein Überleben zu schenken. ›Da gedachte Gott des Noa ...‹«

Wie in Ex 2,24 gedachte Gott Seines Bundes mit Noa (Gen 6,18). Um dieses Bundes, dieser Verheißung willen, wandte Er sich den in der Abgeschiedenheit, der totalen Isolation lebenden Menschen zu. Die Sintflut ist von allem Anfang an bloß Episode, nicht Dauerzustand – notwendig, um ein Menschengeschlecht der Strafe zuzuführen, das mit seiner »Gewalttat« (6,11.13) die Menschlichkeit verraten hat. Gott, der Richter (daher: *'elohím* = »Eigenschaft Seiner Gerechtigkeit«) zieht die Frevler zur Verantwortung. Noa und seine Angehörigen und viele Tiere entrinnen.
Gott »gedachte«. Sein Plan enthielt nicht nur die Vernichtung. Er enthielt nicht minder das Leben. Anders verhalten sich die Götter im babylonischen Sintflutbericht (Gilgamesch-Epos), der oft mit der biblischen Erzählung verglichen wird. Auf der elften Tafel (Zeilen 113–126) ist die Reaktion der Götter auf die von ihnen ausgelöste Todesflut beschrieben:

»Vor dieser Sintflut erschraken die Götter, Sie entwichen hinauf zum Himmel des Anu – Die Götter kauern wie Hunde, sie lagern draußen! Es schreit Ischtar wie eine Gebärende ...«

Selbst die Götter sind zutiefst erschrocken und betroffen und wissen sich keinen anderen Rat, als in den Himmel zu entfliehen. Ischtar klagt sich an:

»Wie konnte in der Schar der Götter ich Schlimmes gebieten, den Kampf zur Vernichtung meiner Menschen gebieten!« (Das Gilgamesch-Epos übersetzt von A. Schott, Reclam Verlag 1968,91).

Gott muß sich nicht anklagen, Er klagt an, er stellt die sich gegen Ihn vergehenden Menschen vor Gericht. Wobei Er freilich – nach Noas Opfergabe (8,21f) – beschließt, nie mehr eine Flut über die Erde hereinbrechen zu lassen (vgl Bibelauslegungen, I,61–64).
»Gott brachte einen Wind über die Erde, und die Wasser sanken« (V 1b). Der Windsturm, der über die Wogen hinwegfegt, glättet zunächst einmal die Wasseroberfläche, die wegen der aus der Tiefe (*t'hom*, V 2) nach oben drängenden Fluten in ständiger Unruhe ist: »Der Wind dringt ins Wasser ein, so daß es zurückgeht. Dann wird das Wasser bis zur Erde hin ›verstopft‹, weshalb es ›sinkt‹« (R. Elʿasár aus Worms, perúsch haroqéach, I,110).
Der heftig blasende Wind drückt auf die Wassermasse, die ihrerseits die »Quellen der Tiefe verstopft« (V 2). Deshalb heißt es, meint R. Elʿasár aus Worms, Gott brachte einen Wind über die *Erde*« (= bis in die Erde hinein) und nicht »Gott brachte einen Wind über das Wasser«, was an sich naheliegender wäre. Die Auswirkungen des Windes betreffen aber den Erdboden, nicht nur die Wassermasse.
Das Wasser nimmt von diesem Augenblick an ab, sukzessive, nicht plötzlich, aber ohne Unterbrechung. Die Phasen der Abnahme entsprechen – inhaltlich und sprachlich – den Phasen der Zunahme, 7,11ff:

Zunahme der Flut	*Abnahme der Flut*
7,11: An diesem Tag	8,1: Und die Wasser sanken.
brachen auf	8,2: Es wurden *verstopft*
alle *Quellen der großen Tiefe,*	die *Quellen der Tiefe*
und die *Luken des Himmels*	und die *Luken des Himmels,*
wurden *geöffnet.*	
7,12: Und es war der *Regen*	und der *Regen* wurde *gehemmt*
auf der Erde,	*vom Himmel.*
vierzig Tage und vierzig Nächte.	
7,17: Die *Flut* war *auf der Erde*	8,3: *Die Wasser kehrten von der Erde*
vierzig Tage lang,	*gehend und kehrend –,*
und die Wasser *mehrten sich …*	*die Wasser nahmen ab*
7,18: Die Wasser *wurden mächtig*	am Ende von *hundertfünfzig Tagen.*
und sie *mehrten sich sehr …*	8,5: Die Wasser *nahmen ständig ab …*
7,19: Und die Wasser wurden	(Vgl 8,11: waren *leicht* geworden)
sehr, sehr mächtig auf der Erde,	
und es wurden *bedeckt*	Am 1. des 10. Monats wurden *sichtbar*
alle hohen *Berge,* die es unter	die *Spitzen der Berge.*
dem ganzen Himmel gab.	

Dem Aufbrechen der Quellen entspricht ihr Verstopftwerden, dem vierzigtägigen Regen das Hemmen, Zurückbehalten des Regens, dem Sichmehren und gewaltigen Ansteigen der Wassermasse deren Abnahme, dem Bedecktsein der Berge das Sichtbarwerden der Bergspitzen. Nicht auf einen Schlag ist die gesamte Flutkatastrophe wirksam, nicht auf einen Schlag schwindet sie. Allmählich – wie es Naturvorgängen oft entspricht – treten Flutausbruch und Flutabnahme in Erscheinung, und allmählich werden die Veränderungen von Noa auch registriert. Er spürte, wie sich die Arche wegen des Regens langsam erhob und schließlich – ohne an einem Hindernis anzustoßen, weil alle Hindernisse von den Wassermassen fortgespült oder überragt wurden – einsam und ungehindert auf dem neuen, die Erde bedeckenden Ozean dahinschaukelte. Und genauso spürt er jetzt, wie der erlösende Wind zu wehen beginnt – erstes akustisches Zeichen der Lebenserneuerung in der Außenwelt – und das Wasser sinkt. Sicher über die Abnahme ist er freilich erst, wie die »Kiste« am 17. Tag des 7. Monats »auf einem der Berge Ararats« (V 4) hängen bleibt und am 1. Tag des 10. Monats die Bergspitzen sichtbar werden (R. J. B'chor Schor, I,16).
Der *Wind* leitet nach der vierzigtägigen Regenperiode die Regression des Wassers ein. Es ist ein »Gotteswind«, ein besonderer Wind, der bereits einmal – zur Zeit der Weltschöpfung (Gen 1,2) – »über das Wasser hin wehte«:

»Jenen Wind brachte Er über die Wasser (der Sintflut), und sie beruhigten sich im Nu« (Tanchúma, Nóach, hg. v. S. Buber, 18b).

R. M. D. Cassuto (aaO, 69) kommentiert:

»So wie dort (bei der Weltschöpfung) der Wind Gottes das Prinzip des Lebens und den Ursprung des Lebens darstellt, so bezeichnet auch hier der Wind, den Gott über die Erde ziehen läßt, den Beginn des neuen Lebens.«

Der »Wind« ist daher in der Tat »ein Wind des Trostes und der Beruhigung« (Raschi). Im übrigen weht er nicht nur zu Beginn, sondern während des ganzen Prozesses der Flutabnahme (Ibn Esra). Die Wasser »sanken«, sie ebbten ab »nach erschöpftem Ansteigen« (B. Jacob, 213), wie die Zornesglut »abebbt« (Est 2,1; 7,10).

»Das Wasser ruht vom Fluten und der Stärke« (Abarbanel), sein »Brodeln« (b. Sanhedrín, 108b) hörte auf.

Und sie *»kehrten von der Erde – gehend und kehrend –«* (V 3) anscheinend zu ihrem Ursprung zurück (E. S. Hartom, b're'schít, 37), »von der Erdoberfläche hin in die Tiefe« (R. I. Reggio, I,35a). Zugleich kehrt das Wasser durch die vom Wind verursachte Verdunstung »zum Himmel« zurück, hinter die »Luken, die geöffnet waren« (7,11; R. M. D. Cassuto, 70). Seit Beginn des Regens am siebzehnten Tag des zweiten Monats im sechshundertsten Lebensjahr Noas (7,11) ist eine geraume Zeit vergangen. Vierzig Tage lang ergoß sich das Wasser von Oben und das Wasser aus der Tiefe über die Erdoberfläche, dann begann mit dem Wind der Umkehrprozeß. Fünf Monate (hundertfünfzig Tage, 7,24) nach dem Ausbruch der Katastrophe – am siebzehnten des siebten Monats – setzt der Rumpf der »Kiste« auf »einem der Berge des Ararat« auf (V 4). Dann dauert es weitere zweieinhalb Monate, bis am ersten des zehnten Monats die »Spitzen der Berge sichtbar wurden« (V 5). Noch immer unternimmt aber Noa nichts. Erstens darf er die Arche ohne Gottes ausdrückliche Erlaubnis nicht verlassen (sie erfolgt in 8,16), und zweitens wagt er es nicht einmal, sofort das »Fenster« (*chalón*) zu öffnen. Er fürchtet sich wohl, das Wasser könnte durch diese Öffnung eindringen. Und so wartet er bis zum »Ende von vierzig (weiteren) Tagen« (V 6), bis zum zehnten des elften Monats. Dann freilich wird er aktiv: »Da öffnete Noa das Fenster, das er gemacht hatte« (V 6b). Das Fenster (*chalón*) ist identisch mit jener Lichtöffnung (*zóhar*), die in 6,16 genannt ist (Abarbanel). Der Talmud (b. Sanhedrín, 108b) zitiert freilich eine andere Deutung:

»R. Jochanan sagte: Gott sprach zu Noa: Befestige dir kostbare Steine und Diamanten, damit sie euch leuchten wie der helle Mittag (= *zohorájim;* Dual von *zóhar*).«

Neu ist, daß Noa die Lichtöffnung aufsperrt. Bereits zuvor schaute er hinaus, um die Umwelt zu beobachten, und so vermochte er auch die aus dem Wasser ragenden Bergspitzen zu erkennen (Abarbanel). Durch das Fenster läßt er einen *Raben* hinaus ins Freie (V 7):

»Und er schickte aus den Raben« (*wajschalách 'et haʿoréw*).

Durch das Piel von *sch-l-ch* ist – im Gegensatz zum Qal – ein Entsenden gemeint, das eine Rückkehr des Weggeschickten nicht mehr erwartet. Noa rechnet nicht damit, daß der Rabe wiederkommt. Weshalb aber läßt er ihn fliegen?

»In der Antike pflegten Seefahrer Vögel von den Schiffen auszusenden, um zu erfahren, ob Land in der Nähe sei« (Enc. Welt der Bibel, b're'schít, 61). (So auch R. M. D. Cassuto, 72; E. S. Hartom, 38.)

Diese Erklärung leuchtet mühelos ein. Interessant sind freilich auch leicht variierende Deutungsversuche.

»Weshalb hat Noa, so magst du fragen, gerade einen Raben ausgesandt? Er dachte sich wohl, daß Gott dem Raben Nahrung schenkt, selbst wenn ein anderes Geschöpf wegen des noch anstehenden Wassers keine Speise findet« (Ps 147,9; Hiob 38,41, wo Gott dem Raben und seinen Jungen eine besondere Fürsorge erweist). (R. J. Gellis, Tosafót haschalém; 'ozár peruschė ba'alé hatosafót, I,246)
R. Ch. Rabinowitz (dá'at sofrím 'al hatorá, 32) schreibt: »Noa wollte das Bewohnen der Erde neu beginnen, und daher schickte er einen Vogel aus, der sich aufgrund seiner Beschaffenheit ans feuchte Wetter gewöhnen kann und einen Platz findet, selbst wenn die Erde noch mit Wasser überschwemmt ist.«
Ähnlich bereits R. O. Sforno: »Noa wollte wissen, ob die Luft schon trocken sei, nachdem die Bergspitzen sichtbar waren.«
Etwas weit gesucht ist die Ansicht des R. Hisqia bar Manoach (Chisqúni), der sich R. D. Hoffmann (I,155) anschließt: »Der Rabe frißt das Fleisch von Aas. Er findet es, sobald das Wasser ›leicht geworden‹ ist, denn die Toten liegen auf dem Erdgrund.«

Kaum zutreffend ist die Interpretation R. B. Jacobs (218). Wohl ist es richtig, daß ein Grund für das Entsenden des Raben im Gegensatz zur Taube fehlt, doch steht des Raben Mission zweifellos im Dienst der Orientierung, die Noa dringend benötigt. Bei Jacob jedoch heißt es:

»... die Freilassung erfolgt daraufhin, daß die Spitzen der Berge sichtbar geworden sind, muß also als eine Konsequenz davon verstanden werden. Sie ist die erste Begrüßung der aus den Wasserfluten wieder aufgetauchten Erde. Ein Jubelruf: Land! Land! Der dahinflatternde Rabe ist eine lebendige Fahne (sic!), die Noa zur Feier des Ereignisses aufsteigen läßt.«

Der Rabe ist unglücklich, lehren die Weisen, daß gerade er von Noa ausgesucht wird.

»Es sagte Resch Laqisch: Eine schlagende Antwort hat der Rabe Noa gegeben: ›Dein Meister (Gott) haßt mich, und du haßt mich desgleichen. Dein Meister haßt mich, (weil Er befahl:) von den reinen (Tieren) sieben, von den unreinen zwei zu nehmen (7,2). Und du haßt mich, denn du nimmst keinen (Vogel) von der Art der sieben, sondern wählst einen von der Art der zwei. Sollte mich der Fürst der Sonne oder der Fürst der Kälte schädigen, so fehlt auf der Welt ein Geschöpf (eine Art)« (b. Sanhedrín, 108b).

In der Arche gibt es vom Raben, einem »unreinen« (nach Lev 11,15; Dtn 14,14 zum Genuß untersagten) Vogel, lediglich zwei Exemplare: ein Männchen *('isch)* und »sein Weibchen« *(w''ischtó;* Gen 7,2). Wenn das Männchen in der Hitze (Fürst der Sonne) oder Extremkälte (Fürst der Kälte) umkommt, dann stirbt eine Art aus. Resch Laqisch (= R. Simon ben Laqisch, 3.Jh.d.Z.) hat seine Lehre vor rund 1700 Jahren verkündet und gleichsam die Angst vor dem Verschwinden von Tierarten (lies: der Ausrottung von

Tierarten durch den Menschen) vorausempfunden. Wie sinnreich klingen seine Worte heute!
Der Rabe fliegt weg, kehrt wieder, fliegt abermals weg, bis das Wasser auf der Erde verschwunden (»getrocknet«; *ʿad j'wóschet,* V 7) ist. Er findet keinen Ruheplatz, auf dem er sich hätte niederlassen können, und so kehrt er immer wieder in die Arche zurück (R. Sch. D. Luzzatto, 46; E. S. Hartom, 38; anders Raschi und Abarbanel, 156: »er umkreiste bloß die Arche«, flog aber nicht hinein). Nach B. Jacob wird in V 7 »die Treue des Raben« geschildert, der Noa durch sein Hin- und Zurückfliegen von »dem sich immer mehr enthüllenden Lande« kündigt. Jacob faßt die Bewertung des Raben in den Satz zusammen (218):

»Der kluge Rabe muß im israelitischen Volksglauben als ein Bote und besonderer Schützling Gottes gegolten haben, und darum ist er es auch für Noah, den Mann Gottes.«

Der Rabe Noas hat nach dem Midrasch (Gen.r. 33,4; Pirqé d'Rabbi Elieser, 23) versagt. Er hat Noa keine wirkliche Botschaft gebracht, und seine Flüge hin und zurück mögen Noa irritiert haben. Doch was dieser Rabe nicht geleistet hat, werden spätere Artgenossen tun: sie dienen dem Menschen im Auftrag Gottes:

»R. B'rechja sagt im Namen des R. Aba bar Kahana: Der Heilige, gelobt sei Er, sprach zu Noa: ›Nimm ihn (Raben) in der Arche auf, denn dereinst wird die Welt seiner bedürfen.‹ Wann? Wenn ›das Wasser auf der Erde trocknet‹ (Dürrezeit). Es wird nämlich ein Gerechter (Elia) erstehen und die Welt zur Dürre führen, und Ich bedarf des Raben für ihn. Wie es heißt (1Kön 17,6): ›und die Raben bringen ihm (Elia) Brot und Fleisch‹« (Gen.r. 33,4).

Sieben Tage später (Raschi, R. J. B'chor Schor, R. M. D. Cassuto, 76) entsendet Noa eine *Taube:*

»um zu sehen, ob die Wasser von der Oberfläche des Bodens leicht geworden waren« (V 8).

Noa verläßt sich »auf die Vernunft und Anhänglichkeit« der Taube (R. M. D. Cassuto), so daß »die Aussendung zu einer Art Sendung wird«. Doch die Taube findet »keinen Ruheplatz für ihren Fuß(ballen)« und kehrt zu Noa zurück.

»Rabbenu Tam fragte: Weshalb fand die Taube keinen Ruheplatz? Weshalb ließ sie sich nicht auf einen Berg nieder, die Bergspitzen waren doch sichtbar geworden? Er antwortete: Die Bergspitzen waren voller Schlamm und boten keinen Ruheplatz« (Moscháw s'qením, zit. v. R. S. Kascher, p'schutó schel miqráʾ, II,79f).

Vgl R. Mose ben Nachman (I,60): »Die Vögel ruhen nicht auf den hohen Gipfeln, wo es keine Bäume gibt, erst recht nicht, wenn Wasser die ganze Erde bedeckt. Deshalb fand die Taube keinen Platz, der ihr zusagte.« (Analog: M. Mendelssohn, 68b)
R. D. Hoffmann (I,156): »Obschon die Bergspitzen schon trocken waren, dienten sie der Taube nicht als Ruhestätte, weil sie die (Gegenden in den) Tälern bevorzugt.«

Wie die Taube zu Noa gelangt, streckt er seine Hand aus und hält den Vogel.

»Er wollte die Flügel und Füße der Taube überprüfen, ob er an ihnen vielleicht Schlamm oder Erde finde oder irgendein Blatt in ihrem Schnabel, das ihm zu verstehen gebe, ob das Wasser leicht geworden sei. Da er nichts fand, ›nahm er sie (Taube) zu sich in die Arche‹« (R. Joseph B'chor Schor, I,17).

Wieder wartet Noa sieben Tage lang, bis er die Taube ein zweites Mal ausfliegen läßt. »Er wartete« (V 10; *wajáchel*). Nach dem Midrasch (Pirqé d'Rabbi Elieser, Kap.23) stand Noa im Gebet (*wajchál,* Ex 32,11, »er flehte«; für *wajáchel*) sieben Tage lang und sprach:

»Herr der Welten, führ mich heraus aus diesem Gefängnis, denn meine Seele ist müde ob all des Geruchs von Löwen und Bären und Leoparden. Und die Frommen werden dich verherrlichen (eigentlich: dir eine Königskrone aufsetzen), weil Du mich aus diesem Gefängnis befreit hast (vgl Ps 142,8).«

Nunmehr findet sich ein Ölblatt im Schnabel der Taube, wie sie »zur Abendzeit« (*l'ᵉet ʿérew,* V 11) wiederkehrt, »dann, wenn Vögel in ihr Nest kommen, in dem sie übernachten« (R. M. D. Cassuto, 76). Am Ölblatt vermag Noa zu erkennen, daß das Wasser »leicht geworden ist auf der Erde«. Weshalb? Weil es sich um ein von einem Zweig »abgerissenes« und jedenfalls »frisches« Blatt handelte (zu *taráf* s. Leitworte).

»R. Aba bar Kahana sagte: Sie brachte es von den Zweigen (eines Baumes) im Lande Israel. R. Levi: Vom Ölberg (Jerusalems) brachte sie es ... R. Bewáj: Sie brachte es aus dem Garten Eden, nachdem seine Tore vor ihr geöffnet worden waren« (Gen.r. 33,6).

Nicht ein im Wasser herumschwimmendes Blatt fischte die Taube heraus und brachte es zur Arche, sondern ein eben erst gewachsenes – Zeichen des aufkeimenden Lebens nach der Flut. Und so ist die Taube mit dem Ölblatt (oder vielleicht auch Ölzweig) im Schnabel im Denken der Menschen bis heute Symbol des Lebens, des Überlebens und damit des Friedens. Die »Friedenstaube« hört – so hoffen die Menschen – zu fliegen nicht auf. In der rabbinischen Tradition ist freilich die Taube Symbol für das verfolgte Israel

(Hld 5,2), das keine Ruhestätte findet (Dtn 28,65; Klgl 1,3; s.Gen.r. 33,6 und R. El'asár aus Worms, I,111; vgl b. B'rachót, 53b).
Daß die Taube ein Blatt mit sich trägt, nachdem sie einen ganzen Tag im Freien zubrachte, hat einen tieferen Sinn: sie möchte sich ein Nest bauen, vielleicht auf dem Dach der Arche, vielleicht im Gelände. Der kleine Vogel entfaltet seine vom Instinkt geleitete Tätigkeit und findet zum normalen Verhalten zurück.
Vom instinktiven Tun wollen die Weisen freilich nichts wissen. Für sie ist es kein Zufall, daß die Taube gerade ein Olivenblatt und nicht sonst etwas im Schnabel mitträgt:

»Es sagte die Taube vor dem Heiligen, gelobt sei Er, erklärte R. El'asár (andere Version: R. Jirm'ja ben El'asár): ›Herr der Welt, möge meine Nahrung bitter sein wie die Olive, wenn sie nur aus Deiner Hand stammt, und sie sei nicht süß wie Honig und vom Menschen abhängig« (b. Eruwín 18b; b. Sanhedrín, 108b).

Es ist schlimm, wenn ein Mensch auf das Gnadenbrot anderer Menschen angewiesen ist:

»R. Nathan bar Abba sagte im Namen Raws: Jedem, der zum Tisch anderer Ausschau halten muß, verdunkelt sich die Welt, denn es heißt (Hiob 15,23): ›Flüchtig ist er aus nach Brot, wo welches sei; er weiß, daß ihm hochsteht zur Seite der Tag der Finsternis‹ (nach L. Zunz). R. Chisda fügt hinzu: Und sein Leben ist kein Leben« (b. Bezá, 32b).

Die Taube hat während des Tages eine »Ruhestätte« gefunden, aber noch nicht wirkliche Nahrung. Und deshalb kehrt sie wieder (R. S. R. Hirsch). Doch nach weiteren Tagen bleibt sie – bei ihrem dritten Flug – für immer weg (V 12). Sie bedarf Noas und des von ihm ausgeteilten Futters nicht mehr. »Hier (im Freien) frißt sie bis zur Sättigung« (R. El'asár aus Worms, perúsch haroqéach, I,109). Jetzt ist Noa endgültig sicher, daß die lange Zeit des Wartens zu Ende ist. Am ersten Tag des ersten Monats im sechshundertsten Lebensjahr Noas – über zehn Monate nach dem Beginn der Sintflut – stellt er fest, daß der Boden kein sichtbares Wasser mehr aufweist (V 13). Sechsundfünfzig Tage später, am siebenundzwanzigsten des neunten Monats, ist auch die Erde selber trocken (V 14). Die Sintflut dauert damit ein volles Sonnenjahr (dreihundertfünfundsechzig Tage). Der Text nennt freilich nicht das Sonnenjahr, sondern das übliche Mondjahr (dreihundertvierundfünfzig) mit zusätzlichen elf Tagen (Genr. 33,7). Jetzt, wie die letzte Spur von den Wassermassen verschwunden ist und die schlammige Erde wieder ihre feste Form besitzt, erfährt Noa den Gottesbefehl (V 15f): »Geh hinaus aus der Arche!« Das »Rettungsboot« hat seine Pflicht getan.

Wegweisung für unsere Zeit

Noa läßt zwei Vögel ausfliegen: einen Raben und eine Taube. Weshalb tut er dies, weshalb wartet er nicht einfach auf den Gottesbefehl, die Arche zu verlassen? Noa ist ein Mensch, der eine Katastrophe, die er voraussieht, überlebt. Er ist vorbereitet, Gott hat ihn vorbereitet. Er weiß um die Auswirkung einer verheerenden Flut und sieht zugleich den vorgezeichneten Ausweg. Wie dann die Flut alles auf Erden vernichtet und Noa mit seinen Angehörigen und den Tieren in einem »Rettungsboot« auf den Wellen des hervorgebrochenen Chaos lange Monate dahinschaukelt, bleibt ihm nur das Vertrauen in Gott. Er hat die Arche gebaut und die Zeit der Abgeschiedenheit vorbereitet, doch jetzt muß er warten und hoffen und beten. Seine große Aufgabe ist es, nicht zu verzweifeln – und er verzweifelt nicht. Wie dann aber die Wassermassen zurückgehen, die Bergspitzen aus dem gewaltigen Ozean immer mehr herausragen und die Arche »auf Grund läuft«, gewinnt Noa seine Aktivität wieder. Er wartet nicht mehr nur, er späht hinaus, registriert jede Veränderung. Die Hoffnung im Herzen wird zur Gewißheit, daß Gott seine Zusage wahrmacht und der Erde wieder neues Leben schenken wird. Noa entsendet Vögel, die ihn in seiner Überzeugung bestärken, in seiner Orientierung unterstützen sollen. Er tut, was er zu tun vermag. So wie er sich auf die Katastrophe vorbereitet hat, so leitet er die Rückkehr ins pulsierende Leben selber ein. Nicht Gott heißt ihn, die Vögel losfliegen zu lassen, das Fenster zu öffnen und schließlich auch »das Verdeck der Arche zu entfernen« (V 13). Er überlegt selbst, entscheidet und handelt.

In jeder Krisenlage sind Geduld, Hoffnung und Gebet von grundlegender Wichtigkeit. Doch es genügt nicht, auf eine Wende lediglich zu warten. »Man stütze (verlasse) sich nicht auf das Wunder«, meint ein kluges Wort (b. P'sachim, 64b). Im Vertrauen auf Gottes Hilfe ist der gefährdete Mensch aufgerufen, seine »Vögel« auszusenden, die Chancen einer Wende zu erkennen und zu verwirklichen. Noa setzt das Beispiel.

Abraham ringt um Sodoms Rettung

Gen 18,20–21.22b–33

20 Der Herr sagte: »Das Geschrei über Sodom und Gomorra ist gar groß,
und ihre Schuld sehr schwer.
21 So will Ich denn niedersteigen und sehen,
ob sie – gemäß ihrem Geschrei, das zu Mir gekommen ist –
getan haben.
Wenn ja: Vernichtung! Und wenn nicht:
So werde Ich es wissen!«

22b ... Und Abraham stand noch immer vor dem Herrn.
23 Abraham trat hin und sprach: »Willst Du dahinraffen
den Gerechten mit dem Schlechten?
24 Vielleicht gibt es fünfzig Gerechte in der Stadt!
Willst Du dahinraffen und dem Ort nicht verzeihen
um der fünfzig Gerechten willen, die in seiner Mitte sind?!
25 Fern sei es von Dir, zu töten den Gerechten mit dem Schlechten!
– Und es wäre der Gerechte wie der Schlechte –
Fern sei es von Dir! Sollte der Richter der ganzen Erde
kein Recht üben?!«
26 Der Herr sagte: »Finde Ich in Sodom fünfzig Gerechte
– inmitten der Stadt –,
so verzeihe Ich dem ganzen Ort um ihretwillen.«
27 Abraham antwortete und sagte: »Sieh doch, ich habe es gewagt,
zum Herrn zu sprechen,
und ich bin doch Staub und Asche.
28 Vielleicht fehlen zu den fünfzig Gerechten fünf –
wirst Du wegen der fünf die ganze Stadt vernichten?«
Er sagte: »Ich werde nicht vernichten,
wenn Ich dort fünfundvierzig finde.«
29 Er fuhr fort, zu Ihm zu sprechen, und sagte:
»Vielleicht finden sich dort (nur) vierzig!«
Er sprach: »Ich tue es nicht um der vierzig willen!«
30 Er sprach: »Nicht doch zürne mein Herr, wenn ich rede:

Vielleicht finden sich dort (nur) dreißig!«
Er sagte: »Ich tue es nicht, wenn Ich dort dreißig finde!«
31 Er sprach: »Sieh doch, ich habe es gewagt,
zum Herrn zu reden:
Vielleicht finden sich dort (nur) zwanzig!«
Er sagte: »Ich vernichte nicht um der zwanzig willen!«
32 Er sprach: »Nicht doch zürne mein Herr,
wenn ich nur noch dieses Mal rede:
Vielleicht finden sich dort (nur) zehn!«
Er sprach: »Ich vernichte nicht um der zehn willen!«
33 Da ging der Herr weg,
als Er mit Abraham zu sprechen aufgehört hatte.
Und Abraham kehrte an seinen Ort zurück.

Der Text im Kontext

Lot, Abrahams Neffe, läßt sich mit seinen Hirten und Herden im Umkreis der Stadt Sodom beim Toten Meer nieder. Das ganze Gebiet gleicht »einem Garten Gottes«, so fruchtbar ist es. Die Herden werden viel Futter finden, und die Hirten brauchen sich mit Abrahams Hirten nicht mehr über die zuzuteilenden Futterstellen zu zanken (Gen 13,5–11). Einen Nachteil muß Lot in Kauf nehmen, doch er scheint ihn zunächst nicht sonderlich zu bekümmern: »Und die Leute von Sodom waren böse und sündig gegen den Herrn gar sehr« (V 13). Noch weiß Lot nicht, was die Weisen des Talmud mit ein paar Worten ausdrücken: *'oj laraschá', 'oj lischchenó* (»Weh dem Bösen, weh seinem Nachbarn!«; Mischná n'ga'ím, XII,6; vgl b. Sukká, 56b: »Abaje sagte: ›Weh dem Bösen, weh seinem Nachbarn. Wohl dem Guten, wohl seinem Nachbarn!‹«). Erst später und mit entsetzlicher Tragik erfährt Lot, daß man eine schlechte Gesellschaft meiden muß, selbst wenn die materiellen Bedingungen ausgezeichnet sind, die sie bietet.
Sodom und die Nachbarorte Gomorra (*'amorá*), Adma und Z'wojim (Gen 14,8; Dtn 29,22; Hos 11,8) sind berüchtigt. In Dtn 32,32 steht das vernichtende Urteil: »Von den Bergen Sodoms ihr Wein, den Gefilden Gomorras. Die Beeren voll Gift, und bitter die Reben« (nach J. Wohlgemuth–J. Bleichrode). Jes 1,10 nennt Jerusalems Führungsschicht »Fürsten von Sodom« und die Einwohner »Volk von Gomorra«. Ezechiel (16,49) konkretisiert Sodoms Vergehen:

»Sieh, dies war die Schuld Sodoms, deiner Schwester: Hoheit, Sättigung an Brot, sorglose Ruhe besaß es und seine Töchter, doch des Armen und Bedürftigen Hand hielt es nicht fest.«

Überheblichkeit und Mißachtung des Gastrechts und der dem Armen zugewandten Mitmenschlichkeit kennzeichneten Sodom und Gomorra. Der Egoismus, das Unrecht triumphierten.
Sollte soziales Mißverhalten plastisch beschrieben werden, so bot sich der Vergleich mit Sodom und Gomorra an. Neben Ez 16,49 in Klgl 4,6: »Und die Schuld der Tochter meines Volkes wurde größer als die Sünde Sodoms.
Die nicht sehr reichlich fließenden biblischen Belege werden in den talmudischen Quellen farbig ausgemalt.

»›Und die Leute von Sodom waren böse und sündig gegen den Herrn gar sehr‹: Sie waren böse zueinander und sündig – wegen der Blutschande; ›gegen den Herrn‹ – durch den Götzendienst; ›gar sehr‹ – durch das Blutvergießen« (Tanchúma, wajerá', hg. v. S. Buber, 45b).
»Es lehrten die Weisen: Die Leute von Sodom haben keinen Anteil an der Zukünftigen Welt, denn es heißt: ›Und die Leute von Sodom waren böse und sündig gegen den Herrn gar sehr.‹ ›Böse‹ in dieser Welt und ›sündig‹ in der Zukünftigen Welt. R. J'huda sagte: ›Böse‹ durch ihren Körper (Raschi: ›verhaftet der Blutschande‹) und ›sündig‹ beim Geld (Handel); ›gegen den Herrn‹, indem sie Ihm fluchten; ›gar sehr‹, weil sie absichtlich sündigten« (b. Sanhedrín, 109a).

Das Recht wurde in Sodom mit Füßen getreten, so daß die Richter entsprechende Namen erhielten: »Lügner« *(schaqráj)*, »Verlogener« *(schaqruráj)*, »Fälscher« *(sajfáj)* und »Rechtsbeuger« (*mazlé diná'*; b. Sanhedrín, 109b).
Die Legende erzählt von einer besonders krassen Verletzung der Menschlichkeit:

»R. J'huda sagte: In Sodom wurde verkündet: ›Jeder, der einem Armen oder Fremden Brot gibt, wird durchs Feuer hingerichtet!‹ Lots Tochter namens Plotit war mit einem der Vornehmen Sodoms verheiratet. Einst sah sie einen Armen und erbarmte sich seiner. Sie holte Speise aus ihrem Haus und gab ihm zu essen. Die Sodomiter gingen der Sache nach und warfen die Frau zuletzt ins Feuer. Vor ihrem Tod sprach sie: ›Gott der Welt, lasse Du mir Recht widerfahren angesichts der Leute von Sodom!‹ Ihr Schrei kam vor den Thron Seiner Herrlichkeit, und Er rief aus (Gen 18,20): ›Ich will niedersteigen und sehen, ob sie – gemäß ihrem Geschrei, das zu Mir gekommen ist – getan haben ...‹ – (das besagt:) ob sie nach ihrem, dieser jungen Frau Geschrei, getan haben« (Pirqé d'Rabbí Elieser, 25).

Die Ursache des miserablen sozialen Verhaltens lag im »Hochmut« der Sodomiter. Sie besaßen das Beste und wollten nichts mit den ärmeren Menschen teilen.

»Es lehrten die Weisen: Die Leute von Sodom wurden nur hochmütig, weil der Heilige, gelobt sei Er, ihnen den Überfluß an Gutem geschenkt hatte. Sie sagten zueinander: ›Da wir ein Land besitzen, in dem es Brot und Goldstaub in reichlicher Menge gibt (Hinweis auf Hiob 28,5–8), wozu bedürfen wir da noch der Durchreisenden? Diese Leute kommen ja ohnehin nur, um uns den Besitz zu schmälern! Wir wollen ein Gesetz erlassen, welches das Durchreisen verbietet‹ (eigentlich: wir wollen das ›Fußrecht‹ vergessen lassen)« (b. Sanhedrín, 109a).

Abraham weiß um den Geiz und die Selbstüberheblichkeit der Leute von Sodom. Als er die entführten Sodomiter zusammen mit seinem Neffen Lot befreite und der Stadtkönig Sodoms ihm eine reiche Belohnung anbot, lehnte er sie mit Entschiedenheit ab. Er erklärte (Gen 14,22–24):

»Ich erhebe meine Hand zu IHM, dem Hohen Gott, dem Stifter von Himmel und Erde: wenn von Faden bis Schuhriem, wenn ich nehme aus allem, was dein ist . . . ! Du sollst nicht sprechen: Ich habe Abram reichgemacht. Ohne mich! . . . (nach B-R).

Abraham bedarf des Besitzes der Sodomiter nicht, selbst nicht als Entgelt für sein Bemühen um die Befreiung der Entführten, zu denen auch Lot zählt. Nichts will er annehmen, damit Sodoms Bewohner ihn nicht im Nachhinein beschuldigen, ihr Vermögen an sich gerissen zu haben.
Fremde werden in Sodom mißhandelt, die Gastfreundschaft verletzt, jede »Wirtschaftskonkurrenz« im Keim erstickt, da die Fremden nur kommen, »um unseren Besitz zu schmälern«. Die Feindschaft der Sodomiter tendiert dahin, »jede Liebestätigkeit zu verbannen« (R. D. Hoffmann, Mischnajot, IV,355, Anm.67).
Die Mischna (Sprüche der Väter, V 13) lehrt:

»Vier Eigenschaften gibt es beim Menschen: Wer sagt: ›Mein ist mein, und Dein ist dein‹ – das ist die mittelmäßige Ansicht, manche sagen: die Eigenschaft von Sodom. ›Mein ist dein und Dein ist mein‹ – das ist der Ungebildete. ›Mein ist dein, und Dein ist dein – das ist der Fromme. ›Dein ist mein, und Mein ist mein› – das ist der Schlechte.«

Die »Eigenschaft von Sodom« ist nach dem Mischnakommentator R. Owadja von Bertinoro (Bartenura) jene Geisteshaltung, die »die Nutznießung irgendeiner Sache einem anderen selbst dann verbietet, wenn ihm persönlich nicht der geringste Verlust entsteht«. Es gilt aber:

»Der Bestand der Welt beruht auf gegenseitiger Hilfeleistung und Unterstützung. Der Standpunkt des strengen Rechts in dieser Beziehung führt daher zur Aufhebung der Liebeswerke und dadurch zur Vernichtung der menschlichen Gesellschaft, wie dies tatsächlich in Sodom der Fall war« (Dr. S. Bamberger, Pirke Awot. Die Sprüche der Väter, [2]1959,107).

Abraham ist das pure Gegenteil eines Durchschnittssodomiters. In Gen 18,1–8 wird seine Gastfreundschaft, seine tiefe Menschlichkeit, seine Bescheidenheit geschildert. An der Seite und mit Hilfe seiner Gattin Sara vermag er die unbekannten Fremden, die – »zur Hitze des Tages« (ib. V 1) – in seine Sichtweite kommen, zu empfangen und fürstlich zu bewirten. Und Abrahams Tun gleicht dann auch Lots Handlungsweise (19,1–8), der sich entschlossen und bedingungslos für die Fremden einsetzt, die bei ihm das geheiligte Gastrecht besitzen. Gemessen an Abrahams Maßstäben sind die »bösen und sündhaften« Sodomiter wirklich zutiefst verworfen. Doch soll die Stadt Sodom deshalb zerstört werden, besitzt sie keine Chance der Besserung? Dies ist die entscheidende Frage, die Abraham in unserem Text stellt und um deren Lösung er ringt – mit Gott, dem »Richter der ganzen Erde.«

Leitworte des hebräischen Textes

saʿaqá, V 20 (von *s-ʿ-q*), ist »Klagegeschrei, Hilferuf, Geschrei« (Lex. 266). In V 21 steht das analoge *zaʿaqá* (Wechsel von *sájin* und *záde*). *hak'zaʿaqatá (zaʿaqá* mit der vorgesetzten Fragepartikel *ha* und der Präposition *k* sowie dem Suffix *-ah,* »ihr«) bedeutet: »ist wie ihr (der Stadt) Geschrei?«
kalá bedeutet »Vernichtung« (Lex. 455, von der Wurzeln *k-l-h I,* »aufhören, beenden«, dann auch »zugrunde gehen«, Lex. 454). R. D. Hoffmann (séfer b're'schít, II,289) versteht *kalá* in adverbiellem Sinn: »vollständig, auf absolute Weise«. Anders wiederum Ibn Esra (so auch Kittels Biblia Hebraica und Lex. 455 als Emendation): *kalá* im Sinne von *kulám,* »sie alle« (wie in Ex 11,1).
w''edáʿah ist Kohortativ von *j-d-ʿ,* »wissen«; wegen der Pausa ist der Akzent von der Ultima (*'edʿáh*) auf die Paenultima vorgerückt (*'edáʿah*): »und ich werde (möchte, mag) es wissen«.
wajigásch, V 23, ist Imperfekt des Qal von *n-g-sch* mit *waw* consecutivum: »er trat hin, näherte sich«.
'af, »auch, sogar«, mit der Fragepartikel *ha*: »Willst du wirklich?» (Lex. 74). Manche Exegeten verstehen *'af* im Sinne von »Zorn«.
tispéh (Imperfekt des Qal von *s-f-h*), V 23.24, »du wirst dahinraffen« (Lex. 721), »vernichten« (L. Zunz).
zadíq ist der »Gerechte«, der die *z'daqá,* »Gerechtigkeit«, verwirklicht. B-R übersetzen stets mit der »Bewährte«. Gegensatz ist der *rascháʿ,* der »Böse«, B-R: »Frevler«.

n-s-' meint »heben, hochheben« (Lex. 684), hier das »Heben, Aufheben« einer Schuld, selbst wenn das entsprechende Nomen für Schuld (*'awón, péscha', chata'á,* Ex 37,7, u.a.) nicht erwähnt ist. In V 24 steht *tisá',* »du wirst aufheben« (Imperfekt des Qal), in V 26 *w'nasá'ti* (statt *w'nasa'tí*), »ich werde aufheben« (Perfekt des Qal mit *waw* consecutivum). Vielleicht ist aber auch wegen des Akzents ein wirkliches Perfekt gemeint: »und schon habe Ich aufgehoben« die Schuld, »wenn Ich fünfzig Gerechte in Sodom – inmitten der Stadt – finden werde«.
chalíla, V 25, meint ursprünglich »zum Profanen« (Lex. 305f.). So auch Raschi: *chulín hu' lach,* »profan sei es dir!« (desgleichen Targúm Jonathan ben Usiel; b. Awodá sará, 4a). Ibn Esra: »*chalíla* ist eine Sache, die nicht sein darf.« Daher die Übersetzungen: »Fern sei von dir« (L. Zunz; J. Wohlgemuth–J. Bleichrode), »weitab sei dir« (B-R).
Was fernzuhalten (»profan«) ist, wird durch die Präposition *min (me),* »von«, gekennzeichnet: *chalíla ... me'asót,* »fern sei es ..., zu tun« (eigentlich: »fern sei es ... ›vom Tun‹«; *'asót* ist Infinitivus constructus der Wurzel *'-s-h*).
l'hamít (Infinitivus constructus des Hiphil von *mut*), »zu töten«.
schofét (hier mit der Fragepartikel *ha*), V 25, ist der »Richter«, der das Recht (*mischpát*) übt.
ho'álti, V 27 und V 31, ist Perfekt des Hiphil von *j-'-l I*: »ich habe mich entschlossen« (Lex. 365), »ich unterstehe mich« (L. Zunz), »ich habe mich unterfangen« (J. Wohlgemuth-J. Bleichrode), »ich habe mich nun doch vorgewagt« (B-R), »ich habe es gewünscht« (Raschi, Ibn Esra). Anders das Targúm Onkelos: *scharéti,* »ich habe begonnen« (so auch Ibn Esra zu *ho'íl* in Dtn 1,5: »er [Mose] begann«).
Nach R. Saadia Gaon, Sch. D. Luzzatto wird durch *ho'álti* das »Verlängern, Andauern« einer Sache ausgedrückt: »ich habe nun schon so lange« (geredet).
'afár ist »Staub«, *'éfer* »Asche«.
jachs'rún, V 28 (Imperfekt des Qal von *ch-s-r* mit *Nun* paragogicum), »es werden fehlen«.
hataschchít (Imperfekt des Hiphil von *sch-ch-t* mit Fragepartikel *ha*), »wirst du vernichten?«
jimáz''ún, V 29.30.31.32, ist Imperfekt des Niphal von *m-z-',* »sie werden gefunden werden«. In V 28 und 30 steht *'emzá',* »ich werde finden« (Imperfekt des Qal).
Kaum zu unterscheiden sind *l'má'an* (V 24) und *ba'awúr* (V 26.29.31.32). *l'má'an* heißt »in Rücksicht auf, um ... willen, wegen« (Lex. 581), *ba'awúr*

»wegen, um ... willen« (Lex. 734). B-R übersetzen *l'má'an* mit »wegen« und *ba'awúr* mit »um willen«.
kiláh, V 33, bedeutet »er beendete« (Perfekt des Piel von *k-l-h*).

Der Text in der Exegese

Gott sucht den Dialog mit Abraham, »der zu einem großen Volk werden wird«, zum Segen für »alle Völker der Erde« (Gen 18,18). Zudem wird Abraham seinen Nachkommen befehlen, »den Weg des Herrn« zu »bewahren«, »um auszuüben Gerechtigkeit und Recht« (V 19). Die besonders innige Beziehung zwischen Gott und Abraham, dem Stammvater Israels, bewegt Gott, Abraham das zukünftige Geschehen zu enthüllen. In einer rhetorischen Frage an sich selbst spricht Er (V 17):

»Verberge Ich vor Abraham, was Ich tun werde?«

Das kann nicht sein: Abraham muß wissen, was die Zukunft bringt, weil er seine Nachkommen aufgrund dieses Wissens und seiner Erfahrung in die richtigen Lebensbahnen zu führen vermag (R. Hisqia bar Manoach, Chisqúni, 72). Am Beispiel des schlechten Lebenswandels der Sodomiter gewinnt Abraham die für die Erziehung seiner eigenen Nachkommen wichtige Erfahrung (R. Levi ben Gerson, perúsch 'al hatorá, 27b).
Gott verkündet daher Abraham Seinen Willen, Sodom zur Rechenschaft zu ziehen. Mit dieser Enthüllung verbindet Er freilich noch eine andere, nicht minder wichtige Absicht: Gott wünscht, daß Abraham für die Sodomiter ein gutes Wort einlegt. Der Midrasch (Tanchúma, wajerá', 8) schreibt:

»R. Pinchas, der Priester, bar Chamas Sohn, sagte: Gott will kein Geschöpf schuldig sprechen, denn es heißt (Ez 18,32): ›Ich wünsche nicht den Tod eines Menschen (eigentlich: eines Sterblichen)‹ ... Was wünscht Er? Die Rechtfertigung Seiner Geschöpfe. Wisse: Wenn Menschen sündigen und Ihn erzürnen, so sucht Er für sie einen Verteidiger, der ein Verdienst vorbringt ... Als die Sodomiter sündigten, enthüllte Er (die Strafabsicht) Abraham, damit er für sie als Verteidiger eintrete. Daher heißt es: ›Verberge ich vor Abraham ...‹, und sogleich trat Abraham vor Ihn hin, um die Verteidigung zu übernehmen.«

Gott will die Sünder Sodoms mit dem »Maß (Eigenschaft) Seiner Barmherzigkeit« (*midát harachamím*) beurteilen, nicht mit der Strenge Seines Strafgerichts (R. Nissim ben R"uwén Gerondi, perúsch 'al hatorá, 237), und daher informiert Er Abraham, den wegen seiner großartigen Charaktereigenschaften prädestinierten Verteidiger. R. O. Sforno (48) weist in dieselbe Richtung:

»Ich darf (spricht Gott) vor Abraham das Maß Meiner Güte nicht verhüllen. Sollte es nämlich unter den Sündern auch Gerechte geben, woraus sich die Hoffnung auf die Umkehr (*t'schuwá*) der Schlechten ergäbe, so neigte Ich mich der Güte zu und verziehe selbst den Sündern, weil sie möglicherweise die Umkehr vollziehen würden.«

Der von Gott begonnene Dialog dient, so sehen wir, einem hohen Ziel: der Rettung der Schlechten um der Guten willen. Abraham soll der Verteidiger, der Fürsprecher sein, zumal er seine eigenen Nachfahren zur »Gerechtigkeit und zum Recht« erziehen muß. Abraham, der erste Prophet, ist »Mitwisser Gottes« (B. Jacob, 447). Daß Gott ihn bestimmt, ist Zeichen der Gottesliebe; denn immer gilt (so Abarbanel, I,240):

»Es ist richtig, daß man seinem Freund die Geheimnisse offenbart und vor ihm nichts verbirgt, denn die Liebe schließt die Verschlossenheit aus« (*ha'ahawá sotéret l'hit'almút*).

Mehr noch, meint der Midrasch (Tanchúma wajerá', hg. v. S. Buber, 45a): Durch die Enthüllung Gottes wird Abraham in seinem Glauben an die göttliche Gerechtigkeit überzeugt.

»Es sprach R. Levi: Weshalb offenbarte der Heilige, gelobt sei Er, Abraham (Seine Absicht)? Weil Abraham über das Geschick der Menschen zur Zeit der Sintflut nachgrübelte. Er sagte sich: Es ist doch nicht möglich, daß es damals nicht auch Gerechte gegeben hat!« (Warum wurde dann die Menschheit vernichtet?)

Abrahams Nachdenken über Gottes Wege – und mit diesem Nachdenken mögen auch Zweifel an Seiner absoluten Gerechtigkeit hochgekommen sein – lassen es Gott opportun erscheinen, ihm ein für allemal »klaren Wein einzuschenken«. Was auf Erden geschieht, ist richtig und begründet, selbst wenn es ein Mensch nicht immer zu erfassen vermag. Gottes Hinwendung zu Abraham wird zur Norm (R. J. B'chor Schor I,27):

»Denn der Herr, Gott, tut nichts, es sei denn, Er habe Sein Geheimnis seinen Vertrauten, den Propheten enthüllt« (Am 3,7).

Die göttliche Absicht schlägt sich in der direkten Anrede Gottes an Abraham nieder: »Es sagte Gott« (V 20). Zu wem sagte Er es? mag man sich fragen. Das angesprochene Subjekt ist nicht genannt, es ist freilich aufgrund von Abrahams Reaktion (V 23: »Abraham trat hin«) ersichtlich, daß Abraham die Gotteserde gehört oder jedenfalls mitgehört hat. Andernfalls könnte er die Rolle eines Anwalts nicht übernehmen.
Abraham begleitet (V 16) die bei ihm eingekehrten und von ihm gastlich bewirteten Männer. Wenn Gott spricht (V 17.20.26.33), so ist es selbstredend immer der von Abraham gesehene Vertreter Gottes, nämlich der

Bote, vielleicht der Älteste der drei Boten (R. I. Reggio, I,76a; R. D. Hoffmann, séfer b're'schít, II, 288). In diesem Fall sieht Abraham wirklich, er hört nicht nur Gottes Stimme wie sonst zumeist (Gen 12,1; 13,14 u. a.). Der Text differenziert nicht genau zwischen »Gott« und dem »Boten« Gottes (vgl 18,1: »Es erschien ihm der Herr«, neben 18,2: »... und siehe, drei Männer (!) standen vor ihm«).

Der entscheidende Punkt, auf den es in V 20f ankommt, liegt im *Fehlen eines bereits gefällten, unumstößlichen Verdikts* Gottes über die Bewohner Sodoms. Ein Vernichtungsurteil steht noch aus, und deshalb besitzt Abraham – und dies ist der Sinn der Zwiesprache – die echte Chance, Gott gnädig zu stimmen und das Verhängnis abzuwenden. Der Wortlaut der beiden Verse macht es deutlich:

V 20: »Der Herr sagte: Das Geschrei über Sodom und Gomorra ist gar groß und ihre Schuld sehr schwer.«
V 21: »So will Ich denn niedersteigen und sehen, ob sie – gemäß ihrem Geschrei, das zu Mir gekommen ist – getan haben. (Wenn ja:) Vernichtung! Und wenn nicht: So werde Ich es wissen!«

Alles ist offen. Gott will »niedersteigen« und die Lage überprüfen (vgl Gen 11,5: Bibelauslegungen, I,72f). Anders ist die Situation bei der Sintflut. Weil »der Herr sah, daß groß die Bosheit des Menschen auf der Erde war« (Gen 6,5), beschloß Er die Vernichtung. Trotz des »großen Geschreis über Sodom und Gomorra« steht das Todesurteil über die beiden Städte noch aus (Abarbanel, I,243).

Freilich verhallt der Aufschrei der Gepeinigten nie ungehört. Gott nimmt sich ihrer an und zieht die Peiniger zur Rechenschaft (vgl Ex 3,7f u. a.). Der »Schrei, Klageschrei« *(sa'aqá,* s. Leitworte) wird durch das soziale Unrecht ausgelöst. »Dieses Unrecht ist die Ursache für die Vernichtung Sodoms« (R. Saadia Gaon, 380).

Sollten die Fakten dem zu Gott gelangten »Schrei« entsprechen, so ist die »Vernichtung« (*kalá,* s. Leitworte) nicht mehr hinauszuschieben. »Wenn nicht: So werde Ich es wissen!« Was wird Gott wissen?

Raschi: »Ich werde wissen, womit Ich die Schuld bestrafe (= Targúm): durch Leiden, nicht aber, indem Ich die Leute vernichte.«
Anders R. Efraim Gad (in: R. J. Gellis, Tosafót haschalém, II,141): »Ich werde wissen – dies ist ein Ausdruck des Erbarmens (Ex 2,25).« (Entsprechend Ibn Esra)

Gott wird sich der Sodomiter erbarmen und das Verhängnis total verhindern, wobei den Schuldigen die Schuld verziehen wird. In diesem Sinn schreibt R. B. Jacob (448):

»w"edá'ah – dann will Ich überlegen, bedenken, d.h. mich erbarmen, wie Ex 2,25.«

Die anthropomorphe Bezeichnung »So will Ich denn niedersteigen« ist im übrigen eine Chiffre für Gottes Engagement in Seiner Schöpfung. Er sieht nicht achtlos an ihr vorbei (vgl Bibelauslegungen, II,153). Gottes »Hinsehen« wird zur Norm für den menschlichen Richter, sagt Raschi (zu V 21; analog R. D. Kimchi):

»Es lehrt die Richter, daß sie ein Todesurteil erst nach (klarer) Sicht fällen dürfen.«

Die Gottesboten verabschieden sich von Abraham. Einer – der Älteste (R. Samuel ben Me'ir, = Raschbám, und M. Mendelssohn, I,123b) – bleibt indessen noch zurück. Er ist es, der mit Abraham im Auftrag Gottes das Gespräch zu führen hat.
»Und Abraham stand noch immer vor dem Herrn« (V 22b). Er stand vor dem Herrn, um gegen die beabsichtigte Zerstörung Sodoms, von der er jetzt Kenntnis besitzt, Einspruch zu erheben.

»Er stand noch vor dem Herrn, indem er weissagte« (R. Nissim ben R"uwén Gerondi, 238). Eher aber stand er, »um zu beten« (R. El'asár aus Worms, perúsch haroqéach, nach b. B'rachót, 30b).

Die Inschrift an den Vorbeterständern der Synagoge lautet bis heute: *da' lifné mi 'atá 'oméd,* »Wisse, vor wem du stehst!« Wer nicht so weit gehen will, interpretiert das »er stand« als »er befand sich am Ort, an dem er sich von seinen Gästen verabschiedet hatte« (R. J. Gellis, aaO, II,142).
Eigentlich müßte der Vers anders lauten: »Und der Herr stand noch vor Abraham«, doch haben die Schriftgelehrten die Satzstellung aus Ehrfurcht vor Gott geändert. Es paßt sich nicht, zu schreiben, daß Gott vor einem Menschen stand, stehen blieb. Diese Änderung nennt die Tradition *tiqún sofrím,* »Korrektur der Schreiber« (= Schriftgelehrten; Gen.r. 49,7), oder *kiná hakatúw,* »die Schrift hat (euphemistisch) umschrieben« (R. B. Jacob, 449). (Weitere Stellen s. Tanchúma, b'schalách, 16; zum Thema: R. E. – Z. Melammed, m'farsché hamiqrá' [Bibelexegeten], 2Bde, 1975, I,56f.)
Gottes Intention erfüllt sich: Abraham bleibt nicht im Abseits: *»Abraham trat hin und sprach«* (V 23). Der Midrasch lehrt:

»R. J'huda und R. Nehemia und die Weisen (diskutieren über ›er trat hin‹). R. J'huda sagt: Es handelt sich um ein Hintreten zum *Kampf* ... R. Nehemia sagt: Um ein Hintreten zur *Versöhnung* ... Und die Weisen sagen: Um ein Hintreten zum *Gebet.*«
Raschi faßt die drei Meinungen in einen Satz zusammen: »Zu all dem trat Abraham hin: um hart (mit Gott) zu reden, zur Versöhnung und zum Gebet.«

In der Tat, die Worte, die Abraham gebraucht, sind teilweise sehr angriffig – und er weiß es, wie wir gleich sehen werden. Zwei Anliegen vertritt Abraham, und sie werden jeweils mit *ha'áf tispé* (»willst Du dahinraffen?«) in V 23 und 24 eingeleitet. Wird die Satztrennung nicht berücksichtigt, so ergibt sich eine klare Struktur, wobei das erste Anliegen, der erste Einwand und Vorwurf des Verteidigers Abraham, im hebräischen Text mit elf, das zweite mit zehn Vokabeln angegeben ist:

Anliegen (Einwand, Vorwurf):	*Gegenargument:*
V 23: *Willst Du dahinraffen* den Gerechten mit dem Schlechten?	Vielleicht gibt es fünfzig Gerechte in der Stadt!
V 24: *Willst Du dahinraffen* und dem Ort nicht verzeihen	um der fünfzig Gerechten willen, die in seiner Mitte sind?!

Das Anliegen in V 23 unterstreicht Abraham zugleich mit dem Hinweis auf Gottes Gerechtigkeit. Entsprechend dem zweifach zitierten *ha'áf tispé* (»willst Du dahinraffen?«) betont er seinen Standpunkt durch ein doppeltes *chalíla l'cha* («Fern sei es von Dir«):

V 25a: *Fern sei es von Dir,* zu töten den Gerechten mit dem Schlechten!
V 25b: *Fern sei es von Dir!* Sollte der Richter der ganzen Erde kein Recht üben?!

Die Worte »es wäre der Gerechte wie der Schlechte« (*w'hajá chazadíq karaschá*ᶜ) sind Glosse. Sie erklären, was geschähe, wenn Gott »den Gerechten mit dem Schlechten tötete«: Das Recht (*mischpát*) fiele hinweg. Ist es aber nicht gerade das Recht, das der »Richter (*schofét*) der ganzen Erde« fordert und dessen Garant Er ist? In 18,19 heißt es: »Sie (Abrahams Kinder) sollen den Weg des Herrn bewahren, um zu tun Gerechtigkeit und Recht.« Gott hat sich, betont Abraham, den Maximen zu unterziehen, die Er dem Menschen, seinem Geschöpf, auferlegt. Es darf in der Schöpfung nur ein einziges Recht geben, und es ist unteilbar und für alle verbindlich. Selbst Gott muß sich nach der von Ihm erlassenen Rechtsnorm ausrichten!

V 25 nimmt Bezug auf V 23: Gott darf niemals den Gerechten sterben lassen, wenn der Schlechte wegen seiner Vergehen untergeht. Gottes Recht läßt solches nicht zu! Das zweite Anliegen, das er in V 24 vorbringt, kann Abraham indessen so nicht untermauern. Er erfleht die Schonung »des Ortes« um der fünfzig Gerechten willen, die vielleicht in ihm leben. Das ist ein sehr schönes und sinnreiches Gebet – doch beruht es auf einer ethischen Satzung? Wo stünde geschrieben, daß die Schlechten um der Gerechten willen zu schonen sind? Nirgends! Wenn Gott Abraham in diesem entscheidend wichtigen Wunsch entgegenkommt – und er käme ihm entgegen, wie der ganze Rest von Kapitel 18 zeigt, falls eine Mindestzahl von Gerechten in Sodom lebte –, so geschieht es nicht wegen des *mischpát*, wegen Gottes »Recht«, sondern wegen seiner *chésed,* Seiner »Liebe« zum Geschöpf. Der Begriff *chésed* ist im Zusammenhang zwar nicht genannt, aber um etwas anderes als um *chésed* kann es sich nicht handeln. R. J. B'chor Schor (I,28) kommentiert:

»Es geziemt Dir und gereicht Dir zur Ehre, den Schlechten wegen der Gerechten zu verzeihen, denn dies ist der Weg der *chésed* und der Barmherzigkeit.«

Die Schonung des Schlechten um des Guten willen wäre Zeichen höchsten göttlichen Erbarmens (*midát harachamím*). In den Worten des R. Nissim ben R''uwén Gerondi (239):

»Wie der Gerechte nicht mit dem Schlechten wegen der Rechtsnorm (*midát hadín*) getötet werden darf, so sollen die Schlechten nicht umkommen, wo es die Gerechten gibt.«

Abrahams eigentliche Bitte richtet sich auf die Rettung der Schlechten. Daß die Gerechten am Leben bleiben, ist nicht Gegenstand des Gebets, sondern des von Gott bestimmten Rechts (N. Leibowitz, ʿijuním b'séfer b're'schít, 130). Und so verlagert er – von Gottes Antwort in V 26 ermuntert («Finde Ich in Sodom fünfzig Gerechte – inmitten der Stadt –, so verzeihe Ich dem ganzen Ort um ihretwillen«) – sein Bemühen auf die Rettung *aller* Bewohner. Daß Gott das Recht walten läßt, steht künftig nicht mehr zur Debatte. Nur darf Gott nicht das absolute, strenge und unerbittliche Recht anwenden. Es muß die Barmherzigkeit Gottes geben, sonst ist die Schöpfung dem Untergang geweiht. R. Levi sagt (Gen.r. 49,9):

»›Sollte der Richter der ganzen Erde kein Recht üben? – Wenn Du die Welt wünschst (daß sie bestehe), so gibt es kein (absolutes) Recht (*din*). Wenn das Recht – keine Welt. Du ergreifst den Strick an den beiden Enden: Du willst die Welt und willst das Recht! Bist Du nicht zum Verzicht (auf einen Teil des Rechts) bereit, so vermag die Welt nicht zu bestehen!«

So sieht der »Kampf« Abrahams mit Gott aus, den R. J'huda im Verb *wajigásch*, »er trat hin«, angedeutet sieht. Es ist »eine harte Sache« (Tanchúma), die er anführt, ein Wort großer Vermessenheit und zugleich großen persönlichen Muts. Abraham stellt sich als Streitender Gott gegenüber, doch – und dies ist nie zu übersehen – er spricht nicht für sich, er spricht und argumentiert für die anderen, für die Verbrecher Sodoms. Wenn Abrahams persönliche Anliegen betroffen sind – beim Befehl, aus der Heimat auszuziehen (Gen 12,1.4f) oder seinen geliebten Sohn Gott zu opfern (22,1.3.) –, schweigt er und macht sich unverzüglich an die Erfüllung des Befehls. Doch wo andere – selbst Verbrecher – betroffen sind, tritt er den »Zweikampf« mit Gott an. *So ist Abraham: für sich selbst nichts, für die anderen alles!*

»Es sagte R. J'huda bar Chama: Wer hat je einen so barmherzigen Vater gesehen, wie Abraham einer war? Komm und schau: Bei Noa heißt es (Gen 6,13f.): ›... Das Ende aller Lebenden ist vor Mich gekommen ... Mach dir eine Arche ...‹ – und er schwieg und sagte nichts und bat Gott nicht um Verzeihung. Doch Abraham (handelte anders): Als der Heilige, gelobt sei Er, zu ihm sagte: ›Das Geschrei über Sodom und Gomorra ist gar groß ... So will Ich denn niedersteigen und sehen ...‹, trat Abraham sogleich hin und sprach: ›Willst Du dahinraffen den Gerechten mit dem Schlechten?‹« (Sóhar 'al chamischá chumsché torá, wajerá', IV,65f).

Dies ist der Grund, weshalb Abraham als *nawí'* (»Prophet«) bezeichnet wird (Gen 20,7), als »ein Mensch, der mit Gott ringt (*mitpalél*), sich einmischt, vermittelt« (M. Buber, darkó schel miqrá', 298). Er streitet für die Menschen mit Gott, weil er mit seiner ganzen Persönlichkeit der Menschlichkeit verpflichtet ist. In seinem Streit mit Gott wird freilich auch Gottes Gerechtigkeit offenbar. Der Streit mit Gott wird daher zugleich zum Streit für die Ehre Gottes:

»Damit die Menschen nicht sagen können: So ist Gottes Handwerk –, Er vernichtet die Menschen auf grausame Weise« (Tanchúma jaschán, wajerá', 10).

Mit *»fünfzig Gerechten«* (V 26) – je zehn in einer der fünf zum Gebiet zählenden Städte (Raschi; Ibn Esra lehnt diese Auffassung freilich ab) – beginnt Abrahams Angebot. Und dann wird der Prozentsatz immer kleiner, zuletzt soll Gott nur um der *»zehn Gerechten willen«* Seine Gnade walten lassen. Abraham wird zudem immer milder im Ton. Seine nicht wenig aggressive Haltung, die V 25 beschreibt, weicht der Unterwürfigkeit, der Zerknirschung. Spricht R. J'huda, wie wir gesehen haben, vom »Hintreten zum Kampf«, so R. Nehemia vom »Hintreten zur Versöhnung« und die Weisen vom »Gebet«. Der Ton ändert sich von V 27 an. Abraham zögert, die Rede weiterzuführen, er bekennt *»Staub und Asche«* zu sein (vgl Ps 103,14; Hiob 42,6). Er ist ein Nichts, vergänglich und wertlos. In diesem Bekenntnis liegt Abrahams Größe, meint der Talmud (b. Chulín, 89a):

»Der Heilige, gelobt sei Er, sprach zu Israel: Ich habe an euch Gefallen. Selbst wenn Ich euch Größe schenke, macht ihr euch gering. Ich schenkte Abraham Größe, und er sagte vor Mir: ›und ich bin Staub und Asche‹; Mose und Aaron, und sie sprachen: ›Was sind wir!‹ (Ex 16,8); David, denn er erklärte (Ps 22,6): ›Ich bin ein Wurm und kein Mensch‹ (Mann).«

Nur ist die Asche zumindest nicht ganz unwesentlich, meint der große chassidische Meister Dow Bär von Mesritsch. Sie zeigt, daß einmal ein Feuer gebrannt hat – und Abraham »brennt« für den Mitmenschen. Elie Wiesel (Chassidische Feier, o.J., 72) zitiert einen Ausspruch des R. Dow Bär:

»Wer Glut haben will, soll sie nicht auf den Berggipfeln suchen, wo man nur Sturm erntet; er soll sich lieber bücken und sie unter der Asche suchen.«
Vgl J. D. Weiss (b'sod síach hatorá, 69f.): »Es ist die Art des Feuers, sich in der Asche zu verbergen.«

Abraham will dies von sich selbst sicher nicht sagen, aber es ist charakteristisch für die ihn verehrende Nachwelt, daß sie selbst in der Formel der Selbsterniedrigung – »und ich bin doch Staub und Asche« – noch die Größe des Stammvaters zu erkennen vermeint. Aufgrund dieses Bekenntnisses spricht R. Mose ben Maimon (Kommentar zu den Sprüchen der Väter, V 19) von Abrahams großer »Bescheidenheit« (*'anw'tanút*). Und im Gegensatz zu den »Schülern des (Sehers) Bileam« heißt es von »den Schülern unseres Vaters Abraham«, sie besäßen drei Eigenschaften:

»Ein gütiges Auge, einen demütigen Sinn und eine genügsame (niedrige) Seele« (Sprüche der Väter, aaO; im Zusammenhang mit unserem V 27: Midrásch hagadól, I,314).

Gott ist bereit, diesem Wesen »aus Staub und Asche« Rede und Antwort zu stehen. Finden sich fünfzig Gerechte in Sodom, so verzeiht Er dem »ganzen Ort«. Ein Detail ist nicht unwichtig. In V 26 steht neben »in Sodom« auch *»inmitten der Stadt« (b'toch ha'ír)*. Ibn Esra begründet diese an sich überflüssige Zusatzangabe:

»Der Grund von ›in der Stadt‹ ist: Sie (Gerechte) ehrfürchten den Herrn in der Öffentlichkeit.«

Ibn Esra verweist auf Jer 5,1:

»Streift durch die Gassen Jerusalems und seht doch zu und erkundet, suchet auf ihren Plätzen, ob ihr einen Mann findet, obs einen gibt, der Recht tut, der nach Treue sucht, – dann will ich ihr verzeihn!« (nach B-R)

»In der Stadt« muß man den Gerechten sehen – auch wenn es nur ein einziger sein sollte –, denn dann besteht die Chance, daß sich die anderen, die Verdorbenen, an seinem Beispiel orientieren und den Weg zu Gott finden. Wenn die Gerechten »hinter dem Ofen sitzen«, nicht involviert ins Geschehen der Stadt, ist ihr Einfluß nicht vorhanden (R. S. Hirsch, zu V

26; N. Leibowitz, aaO, 131). Und dann nützt es nichts, daß auch fünfzig Gerechte in Sodom leben.

»Gerechte« (zadiqím) sind die einzige Hoffnung für Sodom und die übrigen Städte. Siebenmal kommt im Text das Nomen vor, so wichtig ist es als Leitwort. Abraham setzt seine ganze Hoffnung auf die *zadiqím,* die die *z'daqá*, die »Gerechtigkeit« (V 19), im mitmenschlichen Bereich verwirklichen. Und er wird immer bescheidener: Vielleicht gibt es nur 45, nur 40, 30, 20 oder gar nur 10. Gott ist zum Verzeihen bereit, doch es finden sich nicht einmal zehn Personen, um deretwillen Sodom vor dem Untergang bewahrt werden könnte.

Weshalb gibt Abraham bei der Zahl 10 auf? Weshalb bricht das Gespräch ab, als er das letzte Mal – »nur noch dieses Mal« (*'ach hapá'am,* V 32) – das Wort an Gott gerichtet hat? Weil es sich *bei zehn um die kleinste Gemeinschaft* handelt:

»Unter ihnen weilt die Heiligkeit des Herrn, denn es heißt (Lev 22,32): ›Und Ich werde geheiligt inmitten der Israeliten‹, und ferner: ›Hebt euch weg aus dieser Gemeinde‹ (Num 17,10) – und diese Gemeinde bestand aus zehn Männern, denn Josua und Kaleb hatten sich von ihrem Rat abgesondert« (Midrasch, zit. bei R. M. M. Kascher, torá sch'lemá, III,2,787; vgl b. B'rachót, 21b).

Weniger als »zehn Gerechte« vermögen das Gemeinwesen nicht zu retten. Sie selbst entrinnen dem Unheil, wie Gen 19 zeigt, aber sonst keiner (R. J. B'chor Schor, I,28).

Der Dialog ist zu Ende. »Der Herr ging weg, als Er mit Abraham zu sprechen aufgehört hatte, und Abraham kehrte an seinen Ort zurück«, nach Elon Mamre bei Hebron (V 33). Es gibt nichts mehr zu diskutieren, zu erbitten. Ob mindestens zehn rechtschaffene Männer in Sodom wohnen, erfährt Abraham – und auch der Leser – erst aus der nachfolgenden Erzählung: Lot und seine Angehörigen werden durch die Gottesboten (nicht ohne Widerstand) aus der Stadt geführt, Sodom wird »durch Schwefel und Feuer« zerstört (19,24). Abraham sieht den »Rauch« am Himmel (ib. V 28) und weiß, daß seine Intervention zugunsten Sodoms ein Fehlschlag war. Aber erst jetzt weiß er es, wie er »früh des Morgens aufstand, zum Ort hin, an dem er vor dem Antlitz des Herrn gestanden hatte« (ib. V 27).

Wegweisung für unsere Zeit

War Abrahams hartes Ringen mit Gott, dem »Richter der ganzen Erde«, ein Fehlschlag? Er vermochte die Stadt nicht zu retten, aber er hat die Rettung versucht, und das kann nie umsonst sein. Abraham lehrt uns das spontane Eintreten für einen bedrängten Menschen, ein Eintreten ohne Berechnung, selbst ohne Aussicht auf Erfolg. Abraham wird sich keiner Illusion hingegeben haben. Er kannte die Leute Sodoms und wußte wohl von allem Anfang an, daß man nicht einmal zehn Gerechte in ihr finden würde. Doch als ihm Gott die Vernichtungsabsicht kundtat, bäumte sich in ihm das Mitgefühl gegen diesen drohenden Schlag auf, und er versuchte die Stadt vor dem Untergang zu bewahren. Selbst eine Stadt wie Sodom!
Wäre er (wie sein Neffe Lot) ein Bürger Sodoms gewesen, er hätte vermutlich immer wieder seine Stimme gegen das himmelschreiende Unrecht erhoben, das dort begangen wurde. Jenem Fremden gleich, von dem Elie Wiesel (Vorwort zu The Testament, 1981) schreibt:

»Einer der gerechten Männer kam nach Sodom, entschlossen, seine Einwohner vor Sünde und Strafe zu retten. Tag und Nacht wanderte er durch die Straßen und Märkte und protestierte gegen Habgier und Diebstahl, Falschheit und Indifferenz. Zu Beginn hörten ihm die Leute zu und lachten ironisch. Dann ließen sie es sein, und er amüsierte sie nicht einmal mehr. Die Mörder mordeten weiter, die Weisen schwiegen, als wenn kein gerechter Mann in ihre Mitte weilte.
Eines Tages trat ein Kind an ihn heran, gerührt von Mitleid mit diesem erfolglosen Lehrer, und sagte: ›Armer, fremder Mann, du schreist dich heiser. Siehst du denn nicht, daß es hoffnungslos ist?‹ ›Freilich sehe ich es‹, antwortete der Gerechte. ›Weshalb machst du da weiter?‹ ›Ich will es dir sagen. Zu Beginn dachte ich mir, ich würde die Menschen ändern können. Heute weiß ich, daß ich es nicht vermag. Wenn ich heute immer noch schreie, so geschieht es, weil ich verhindern will, daß *sie* mich zuletzt ändern.‹«

Nur der »schreiende« Mensch, der gegen das Unrecht in allen seinen Formen protestiert, besitzt eine Chance, das Recht zu bewahren. Nicht zuletzt schützt er sich selbst. Wer schweigt, wird am begangenen Unrecht der anderen mitschuldig. Mitschuldig in »Sodom«, mitschuldig vor Gott, gegen den er seine Stimme hätte erheben müssen – Abraham gleich, der redete, weil einer zumindest reden mußte.

»Fleisch« und »Brot« in der Wüste

Ex 16,2–3.11–18

2 Es murrte die ganze Gemeinde der Israeliten
gegen Mose und Aaron in der Wüste.
3 Es sagten zu ihnen die Israeliten:
»Wer gäbe es, daß wir gestorben wären
durch die Hand des Herrn im Land Ägypten,
als wir saßen am Fleischtopf,
als wir aßen Brot zur Sättigung;
denn ihr habt uns hinausgeführt in diese Wüste,
um diese ganze Gemeinde zu töten durch den Hunger!«

11 Der Herr sprach zu Mose das folgende:
12 »Ich hörte die Beschwerden der Israeliten.
Rede zu ihnen wie folgt:
›In den Abendstunden werdet ihr Fleisch essen,
und am Morgen werdet ihr mit Brot satt werden,
und ihr werdet erkennen, daß Ich, der Herr, euer Gott bin!‹«
13 Es war am Abend, da stieg die Wachtel auf
und bedeckte das Lager,
und am Morgen war eine Schicht von Tau ringsum das Lager.
14 Die Schicht von Tau stieg auf,
und sieh, auf der Oberfläche der Wüste
war Feines, Körniges, fein wie der Reif auf der Erde.
15 Die Israeliten sahen es und sprachen einer zum anderen:
»Was ist das?«, denn sie wußten nicht, was es sei.
Mose aber sagte zu ihnen:
»Dies ist das Brot, das der Herr euch zum Essen gegeben hat.«
16 Dies ist die Sache, die der Herr befahl:
»Lest auf davon ein jeglicher Mann gemäß seinem Essen,
ein Omer pro Kopf, nach der Zahl eurer Seelen,
jeder nach dem, was in seinem Zelt ist, sollt ihr nehmen.«
17 Es taten so die Israeliten:
Sie lasen auf – der eine viel, der andere wenig.

18 Sie maßen ab im Omer.
Keinen Überschuß besaß, wer vermehrt hatte,
und wer wenig (auflas), dem fehlte nichts.
Ein jeglicher Mann hatte gemäß seinem Essen aufgelesen.

Der Text im Kontext

Bei dem »in Hast« erfolgten Auszug der Israeliten aus Ägypten (Dtn 16,3) – am fünfzehnten Tag des ersten Monats, nach jener Schreckensnacht, da die ägyptische Erstgeburt dahingerafft wird (Ex 12,29) – laden die freigewordenen Sklaven ihren Teig und ihre »Gärtröge« (Ex 12,34; B-R) auf die Schulter. Aus dem »nicht gesäuerten« Teig backen sie später »Fladenkuchen« (ib. V 39). Ein richtiges, aufgegangenes Brot kommt nicht zustande, und selbst eine »Wegzehrung« können die aus dem Land ausgetriebenen Exsklaven nicht bereitstellen.
Zunächst gibt es freilich weder ein Nahrungs- noch ein Wasserproblem. Nach dem Schilfmeerwunder (Ex 14,19–29) wandern die Israeliten drei Tage in der Wüste Schur. Sie entdecken in Mara Brackwasser, das Mose auf Gottes Geheiß durch ein (Süß-)Holz in Süßwasser verwandelt (15,25). Das »Murren« ist zu Ende – für dieses Mal wenigstens. Der Weg führt von Mara nach Elim, zu einer paradiesisch schönen Oase:

»Und sie kamen nach Elim. Dort waren zwölf Wasserquellen und siebzig Dattelpalmen, und sie schlugen dort beim Wasser das Lager auf« (15,27).

Nicht für lange Zeit. Eine Bleibe kann es in Elim nicht geben, denn das Ziel ist das Land der Verheißung, nicht eine Wüstenoase, so einladend sie sein mag.

»Sie brachen auf von Elim. Und die ganze Gemeinde der Israeilten kam in die Wüste Sin zwischen Elim und Sinai, am fünfzehnten Tag des zweiten Monats nach ihrem Auszug aus dem Land Ägypten« (16,1).

Genau ein Monat ist vergangen, und die Versorgung der Wanderer mit Speise und Trank wird kritisch. Der aus Ägypten mitgebrachte Teig ist aufgegessen. Die Weisen lehren (Ex.r. 25,4):

»Die Wegzehrung (Teig), die sie aus Ägypten mitgenommen hatten, reichte ihnen für 61 Mahlzeiten während 31 Tagen. Als der Teig zu Ende war, begannen sie zu murren (16,2)« (analog R. Samuel ben Me'ir, R. J. B'chor Schor und R. Bachja ben Ascher zu 16,1).

R. I. Reggio (II,73a) nimmt diese These auf und schreibt ergänzend:

»Damals (am 15. des 2. Monats) hörten die Mazzenfladen auf. Weil die Israeliten in Elim Fruchtbäume sahen, dachten sie, so werde es an allen Orten sein, zu denen sie gelangten. Wie sie freilich die Wüste Sin betraten, wo ein Ort der Saat und bewohnte Städte nicht zu finden sind, ... begannen sie sich zu sorgen: ›Bald werden wir alle Hungers sterben müssen!‹« (vgl R. Mose ben Nachman, zu 16,1).

Die »Wüste« (16,1.2.3) ist Anlaß für die Mißstimmung, die sich in einer (völlig ungerechtfertigten) Anklage gegen Mose und Aaron Luft macht und dann zur göttlichen Reaktion führt, von der unser Abschnitt handelt.

Leitworte des hebräischen Textes

wajilónu, V 2, ist Imperfekt des Niphal von *lun* mit *waw* consecutivum: »sie murrten« (Lex. 498). So nach dem *k'ri.* Das *k'tiw* liest das Hiphil *wajalínu,* was denselben Sinn besitzt. In V 7 ist es umgekehrt: das Niphal *tilónu* (so *k'tiw*) wird als *talínu* (Hiphil) gelesen. In V 8 steht das Partizip des Hiphil: *maliním*, (ihr) »murrt« (V 7 und V 8 gehören nicht zu unserem Text).
ʿadát ist Status constructus zu *ʿedá,* »Versammlung«, dann »Volks-, Rechts-, Kultgemeinde«, in pejorativem, abwertendem Sinn: »Schar, Rotte«, etwa *ʿadát Kórach,* die »Rotte Korachs« (Num 26,9), *ʿadát m're'ím,* »die Rotte der Übeltäter« (Ps 22,17). B-R übersetzen hier mit »Gemeinschaft«, L. Zunz und J. Wohlgemuth–J. Bleichrode mit »Gemeinde«.
muténu, V 3, unterscheidet sich – wie bereits Raschi betont – von *moténu* (»unser Tod«; *máwet* mit dem Suffix). *muténu* ist Verbalsubstantiv von *m-w-t (mut),* »sterben«: »unser Sterben«. *mi jitén muténu* heißt demnach »wer gäbe unser Sterben«, L. Zunz: »wären wir doch gestorben«, B-R: »Wer gäbs, wir wären gestorben«. Vgl Targúm: *l'waj d'mitnâ',* »wären wir doch gestorben«. Der Wendung entspricht *lu mátnu* (Perfekt des Qal von *mut*), »wären wir doch gestorben« (Num 14,2).
Weitere Verbalsubstantive sind *b'schiwténu* (von *j-sch-w,* »sitzen«), »in unserem Sitzen, »als wir saßen«, und *b''ochlénu* (von *'-ch-l,* »essen«), »in unserem Essen«, »als wir aßen«.
sówaʿ ist »Sättigung« (vgl das Adjektiv *sawéʿa,* »satt«), Gegensatz zu *raʿáw,* »Hunger«. V 12 steht *tisb'ʿú,* »ihr werdet satt werden (Imperfekt des Qal).
hoze'tém, »ihr habt hinausgeführt« (Perfekt des Hiphil von *j-z-'*).
l'hamít, »zu töten« (Infinitiv des Hiphil von *mut,* »sterben«).

t'lunót, V 11, Singular: *t'luná*, sind die »Beschwerden«. L. Zunz und J. Wohlgemuth-J. Bleichrode übersetzen singularisch: »das Murren«, B-R: »das Gemurr« (*t'lunót* ist hergeleitet von *lun*, »murren«, V 2). M. Mendelssohn wählt »aufrührerische Klagen«.
ben ha'arbájim, »zwischen den beiden Abenden, d.h. die Zeit zwischen Sonnenuntergang und dem Herabsinken der Nacht, die Abenddämmerung« (Lex. 831). *'arbájim* ist Dual von *'érew* (vgl unsere Bibelauslegungen, III,59, zu Ex 12,6).
watá'al, V 13.14, ist Imperfekt des Qal von *'-l-h*, »hinaufsteigen«, mit *waw* consecutivum: »sie stieg auf«.
s'law (Femininum), arabisch: *sálwaj* (in Ägypten: *sálwa;* Enc. Welt der Bibel, bamidbár, 78) ist die Wachtel (Coturnix coturnix), ein bis zu zwanzig Zentimeter großer Zugvogel, der im Herbst von Europa in die warmen Gegenden Afrikas und Asiens zieht und im Frühling wiederkehrt. Die langen Flüge ermüden die Wachteln sehr, so daß sie zu Boden sinken und leicht zu fangen sind (vgl V. Möller-Christensen–K. E. J. Jörgensen, Biblisches Tierlexikon, 139). Der Talmud (b. Jomá, 75b) unterscheidet vier verschiedene Arten. Er betont, das Fleisch der Wachtel munde sehr, sei indessen äußerst fett. Nach Num 11,32 werden die nicht unmittelbar verzehrten Tiere »ausgebreitet«, damit sie in der Sonne dörren. Wachteln gab es in großer Menge (vgl Ps 78,27 zahlreich »wie der Staub« und »der Sand am Meer«), vgl Num 11,32: »wer wenig (sammelte), sammelte zehn Chomer«, 3940 Liter (Lex. 317).
watchás, »sie bedeckte« (Imperfekt des Piel von *k-s-h* mit *waw* consecutivum).
schichwát hatál ist die »Schicht Tau« (*schichwá* von *sch-ch-w* meint eigentlich das »Liegende«) V 13.14.
daq, »dünn, spärlich, fein« (Lex. 220), kommt in V 14 zweimal vor: neben *m'chuspás* und näher beschrieben durch *kakfór 'al ha'árez*, »wie ein Reif« (*k'for*, Lex. 469), R. Samuel ben Me'ir: »wie Hagel, (altfranzösisch:) *gresle«* (heute: *»grêle«*), »auf der Erde«.
m'chuspás ist ein Hapaxlegomenon. Das Targúm übersetzt mit *m'qaléf*, »geschält«, entsprechend Raschi: *m'guléh*, »enthüllt, freiliegend«. R. Saadia Gaon, Ibn Esra, R. D. Kimchi, R. J. Ibn Caspi (Mischné késef, II,194) entscheiden sich für »rundlich« (*'agalgál; 'agól; m'gulgál*), R. Samuel ben Me'ir für »zerstreut« (*m'fusár*). Der Talmudweise Resch Laqisch (b. Jomá, 75b) umschreibt *m'chuspás* als »etwas, das auf der Handfläche schmilzt« (s. L. Goldschmidt, Der Babylonische Talmud, III,215, Anm. 79: »Das Wort *m'chuspás* enthält die Wörter *mach*, zerreiben, zerschmelzen, und *pas*,

Handfläche.«). W. Gesenius, Grammatik (161) leitet *m'chuspás* von *ch-s-f* (mit *Sámech* oder *Sin*) her: »abgeschuppt, schuppenartig«. So dann auch L. Zunz (»Schuppichtes«) und B-R (»Schuppiges«). J. Wohlgemuth–J. Bleichrode schreiben »Körniges«. W. Baumgartner (Lex. 325) übersetzt aufgrund von arabisch *chásafa,* »knistern«, mit »knisternd«.
man hu', V 15, s. Exegese.
Von *l-q-t,* »sammeln, auflesen« (Lex. 508), finden sich einige Verbformen (jeweils im Qal): *liqtú* (Imperativ), »sammelt!« (V 16), *wajilq'tú* (Imperfekt mit *waw* consecutivum), »sie sammelten« (V 17), *laqátu* (Pausaform des Perfekts), »sie sammelten« (V 18).
'ómer (V 16.18) ist »ein Kornmaß, ein Zehntel *'efá«* (Lex. 804), nach Ex 16,36. Ein Omer entspricht fast vier Litern (Sch.S.Ariel, Enc. Me'ír n'tiw, 1964, 258); vgl E. S. Hartom, II,62), nach talmudischer Angabe etwas mehr als 42 Hühnereier (offensichtlich normaler Größe; b. Eruwín, 83b; Abarbanel II,140).
gulgólet (Stamm: *g-l-l I,* »rollen«, Lex. 186; vgl akkadisch *gulgullu, gulgullatu*) ist der »Schädel«; *lagulgólet:* »pro Schädel, pro Kopf«, Lex. 183: »auf den einzelnen Kopf«, B-R: »auf den Kopf«. (Die Stätte Golgothá im NT besitzt den Namen offensichtlich von ihrer »schädelförmigen« Erhöhung.)
hamarbé, der »Vermehrende« (Partizip des Hiphil von *r-w-w*), ist in V 17.18 Gegensatz zu *hamam'ít,* der »Verringernde« (Partizip des Hiphil von *m-'-t*). Einfacher: »der viel und der wenig« (B-R) oder »der eine viel, der andere wenig« (J. Wohlgemuth–J. Bleichrode).
wajamódu, V 18, »sie massen« (Imperfekt des Qal von *m-d-d* mit *waw* consecutivum).
he'díf, »er überschoß« (B-R; vgl das talmudische und neuhebräische *'ódef,* »Überschuß«), ist Perfekt des Hiphil von *'-d-f* (Lex. 749).
Das Gegenteil ist *hechsír* (Imperfekt des Hiphil von *ch-s-r,* Lex. 325), »er hatte (nicht) zu wenig«; B-R: »dem mangelte nichts«.
l'fi 'ochló (V 16.18), »entsprechend seinem Essen«, B-R: »nach seinem Eßbedarf«.

Der Text in der Exegese

»Weil das Brot (Teig) zu Ende ging« (Raschi), »murren« die Israeliten. Die Sorge um das tägliche Brot ist an sich verständlich und berechtigt, obschon der Hunger sich noch nicht eingestellt hat. B. Jacob (Exodus, Das zweite Buch Mose; Mikrofilm, S. 645) sieht richtig:

»Das Murren und Jammern der Israeliten ist in jedem Wort tadelnswert. Es ist nichts davon gesagt, daß sie, von Elim kommend, schon Hunger leiden ... Aber als sie die nackte Wüste vor sich haben, sehen sie sich schon vor Hunger sterben.«

Wegen der *«Wüste«* (R. Mose ben Nachman; Abarbanel) bricht das *»Murren«*, brechen ihre »aufrührerischen Klagen« (M. Mendelssohn) aus. Die »ganze Gemeinschaft der Israeliten« – ausnahmslos alle! – erheben sich »gegen Mose und Aaron«, nicht nur, wie in Mara (15,24), gegen Mose allein; denn beide haben die Israeliten aus Ägypten hinausgeführt (Ibn Esra).
Die Reaktion auf das Fehlen einer passenden Nahrung »in der Wüste« ist falsch:

»R. Josua sagte: Die Israeliten hätten sich mit dem Größten unter ihnen (Mose) beraten müssen. Statt dessen erhoben sie sich gegen Mose und Aaron und begannen zu murren« (M'chiİta d'Rabbí Jischma°él, wajisá', 1; S. 159).
Vgl R. J. B'chor Schor (I,112): »Obwohl niemand ohne Brot (Speise) zu leben vermag, hätten sie auf flehende Weise (durch Erbarmen) die Bitte vortragen sollen, nicht durch ein Murren.«

Wenn nicht gleich das Notwendige zur Stelle ist, reißt bei ihnen der Geduldsfaden. Die »Prüfungen«, die ihnen die Zeit der Wüstenwanderung bereitet, bestehen sie nicht oder jedenfalls höchst ungenügend (Awot d'Rabbi Natan, 34,1). Gott stellt sie »auf die Probe« (V 4; Dtn 8,2f), ob sie die Beschwerden zu tragen und das Vertrauen in Ihn und Seine Hilfe zu bewahren vermögen. Doch noch viel stärker stellen sie Ihn auf die Probe, meint der Talmud (b. Arachín, 15b):

»R. J'huda sagte: Mit zehn Prüfungen prüften unsere Väter den ›Ort‹ (der Welt; *hamaqóm*) in der Wüste.«

Unsere Stelle zählt zu ihnen. Es fehlt an Brot und es fehlt an Fleisch, obschon sie, bemerkt R. M. D. Cassuto (perúsch ʿal séfer sch'mot, 130f), wohl mehrheitlich genügend Tiere besitzen, die ihnen zur Nahrung dienen könnten (nach Ex 12,38; 17,3). Hier wird die Möglichkeit der Tierschlachtung gänzlich ausgeklammert. Die erregte Gemeinschaft erhebt in völlig unqualifizierter Weise, ohne die Lage genau zu bedenken, ihre Anklage gegen die Volksführung.
Und dabei wird die Vergangenheit in Rosafarben beschrieben. In unserer Exegese zu Num 21,4–9 (Bibelauslegungen, II,62–64; Übersichtstabelle: S. 63) wurde die sich in einem *Schwarz-Weiß-Schema* bekundende Stereotypie der Klagen Israels gegen Gott und Mose/Aaron deutlich: In der Wüste ist

alles problematisch und schlecht, in Ägyptens Sklavenzeit hingegen gesichert und gut. Vergessen sind die Leiden und der Tod, nur der *»Fleischtopf«* bleibt in Erinnerung. V 3 stellt Ägypten der Wüste gegenüber und motiviert den Aufschrei: »Wer gäbe es, daß wir gestorben wären durch die Hand des Herrn im Land Ägyptens.«

Ägypten	*Wüste*
... im Land *Ägypten,* als wir *saßen* am *Fleischtopf*, als wir aßen Brot zur *Sättigung;*	denn ihr habt uns *hinausgeführt* in diese *Wüste,* um diese ganze Gemeinde zu töten durch den *Hunger!*

In Ägypten waren die Leute gesättigt, denn sie saßen am Fleischtopf, jetzt aber müssen sie wandern (»hinausgeführt«), finden keine Nahrung und leiden Hunger. Der behagliche und ruhige Zustand ist der Unruhe und der Ungewißheit gewichen. Besonders perfid ist die Unterstellung, Mose und Aaron hätten eigenmächtig – ohne Gottes Wissen und Zustimmung – gehandelt, in der einzigen Absicht, »diese ganze Gemeinde zu töten«. Der einst »tötende« Pharao ist ersetzt durch die eigenen »tötenden« Volksführer. So werden geschichtliche Tatsachen auf den Kopf gestellt, sobald nur der Magen zu knurren beginnt. Die »ganze Gemeinde der Israeliten«, die eine »Gemeinde Gottes« sein sollte (R. S. R. Hirsch), ist nichts anderes als eine »Rotte«, eine üble »Schar« (auch dies heißt *ʿedá;* s. Leitworte).
Die Israeliten wären lieber in Ägypten gestorben – »eines natürlichen Todes im Alter« (R. Mose ben Me'ir; E. S. Hartom, 58), selbst wenn sie in Unfreiheit hätten leben müssen. Jetzt, in der Wüste, sind sie zwar frei, aber sie gehen elendiglich zugrunde. So argumentieren sie. Und sie träumen vom vollen Fleischtopf, an dem sie saßen. In Num 11,5 ist der »Fleischtopf« ersetzt durch die »kostenlos« gegessenen »Fische«, durch »Gurken, Melonen, Lauch, Zwiebeln und Knoblauch«, die es in Hülle und Fülle zu essen gab (Bibelauslegungen, III,97). Das Ergebnis bleibt sich gleich. Der angebliche Nahrungsüberfluß im Sklavenhaus – Fische waren in Ägypten äußerst billig und eine verbreitete Volksspeise, weil der Nil reich war an ihnen (Enc. Welt der Bibel, bamidbár, 1985, 74; Abb. S. 73) – dient den undankbaren Exsklaven zur Rechtfertigung ihres Vorwurfs.
Wie stand es aber mit dem »Fleischtopf« in Wirklichkeit? R. Levi ben Gerson (perúsch ʿal hatorá, 70b) meint, »sie hatten dort Fleisch in Fülle«. Im Midrasch (M'chilta d'Rabbi Jischmaʿʾél, aaO) wird diese Fülle beschrieben:

»R. Elieser Hamodaʿi sagt: Sklaven waren die Israeliten den Herrschern in Ägypten, doch wenn sie auf den Markt gingen, nahmen sie sich Brot, Fleisch, Fische und

jegliche andere Speise, und niemand wehrte ihnen. Sie gingen aufs Feld und nahmen Trauben, Feigen und Granatäpfel, und niemand wehrte ihnen.«
Vgl Num.r. 7,4: »Sie sprachen (jetzt) zueinander: Seid eingedenk jener Tage, da wir in Ägypten waren, da wir viele Töpfe mit Fleisch kochten, uns hinsetzten und unser Brot (eigentlich: unser Gebäck, aramäisch: *paksamín,* von griechisch: *paxamádion*) in die Fleischbrühe eintunkten.«

Dieses Verständnis bleibt nicht unwidersprochen. R. El'asár aus Worms (perúsch haroqéach 'al hatóra, II,85) schreibt beispielsweise:

»Als wir am Fleischtopf saßen und *für unsere Herren* das von ihnen Benötigte kochten.«

Nur vom »*Sitzen* am Fleischtopf« ist die Rede, nicht vom Genießen seines Inhalts. Und die folgenden Worte zeigen – nach dieser Auffassung –, daß die Sklaven nicht Fleisch, sondern ihre eigene, viel dürftigere Nahrung aßen: »als wir Brot (!) zur Sättigung aßen«, d. h. »Brot allein, denn bei ihnen war das Getreide billig, doch das Fleisch sehr teuer« (Abarbanel, II,133). Ein Midrasch (Ex.r. 16,4) vertritt diesen gegenteiligen Standpunkt sehr deutlich:

»In Ägypten waren die Israeliten achtzig Jahre lang versklavt. Ging ein Ägypter in die Wüste, jagte eine Gazelle oder einen Hirsch, schlachtete das Tier, kochte es und verzehrte sein Fleisch, so sahen die Israeliten lediglich zu und aßen nicht davon ... Es heißt nicht ›als wir *aus* dem Fleischtopf *aßen*‹, sondern ›als wir *am* Fleischtopf saßen‹. Ihr Brot haben die Sklaven ohne Fleisch gegessen!«

Bereits dieses »Sitzen am Fleischtopf im Land des Überflusses und der Zivilisation« ist Gegenstand ihrer Sehnsucht, da sie jetzt die Wüste vor sich haben (N. Leibowitz, 'ijuním b'séfer sch'mot, 194). Nach V 2 »murrte die ganze Gemeinde der Israeliten gegen Mose und Aaron«, in Tat und Wahrheit richten sich die üble Rede und die unqualifizierten *Anklagen gegen Gott.* Er ist es, der (nach V 12) repliziert mit »Ich (!) habe die Beschwerden der Israeliten gehört.« R. Hisqia bar Manoach (Chisqúni, 137, zu V 8: »nicht gegen uns sind eure Beschwerden, sondern gegen den Herrn«) schreibt:

»Ihr habt die Anklage gegen uns erhoben, da ihr sagtet: ›... denn ihr habt uns hinausgeführt in diese Wüste‹ (V 3), doch ist es offenkundig, daß ihr gegen Gott geredet habt. Wie ein Mensch, der sich über einen Fürsten beklagt und die Anklage gegen den Diener richtet. Der Fürst weiß indessen, daß die Klage gegen ihn gerichtet ist.«

Gott vernimmt die Worte der murrenden Israeliten und reagiert sofort. Er kündigt ihnen an (V 12b):

»In den Abendstunden werdet ihr Fleisch essen, und am Morgen werdet ihr mit Brot satt werden, und ihr werdet erkennen, daß Ich der Herr, euer Gott, bin.«

Die *Zeitangaben* spielen im Text eine große Rolle. Da sind genannt: »in den Abendstunden« (*ben ha'arbájim*), »am Morgen« (*babóqer*; V 12.13.19), »am Abend« (V 13). In den nicht zum Abschnitt zählenden Versen treten desgleichen die Termine gehäuft auf (V 4: »an diesem Tag«, *b'jomó,* »Tag für Tag«, V 5: *jom jom,* »Tag für Tag u. a.). Es scheint, daß die Zeitlosigkeit des Wüstendaseins – wer hätte mehr Zeit als der in der Einöde umherziehende Nomade? – durch Fixationspunkte überwunden werden soll, damit dann auch die Unsicherheit schwindet. Wer zu ganz bestimmten Stunden beschäftigt ist, verliert die Angst vor der Zukunft, die er zuvor nicht bewältigen konnte. »Am Abend«, »am Morgen«, »tagtäglich« müssen die Israeliten eine Aufgabe erfüllen: sie müssen sich die Nahrung beschaffen, sie können nicht mit verschränkten Armen lediglich darauf warten, daß ihnen die Speise in den Mund fällt. Wer Brot essen will – auch das »Brot vom Himmel« (*léchem min haschamájim;* V 4; Neh 9,15) – muß es zumindest »auflesen« (*l-q-t*), muß seinen Rücken beugen, bis er schmerzt, damit es vom Boden aufgehoben und in den Speisesack getan wird. Durch sein persönliches Bemühen um die Nahrungsversorgung wird er schließlich »erkennen, daß Ich, der Herr, euer Gott bin«. Trotz des eigenen Tuns ist es nämlich nicht selbstverständlich, daß eine Gemeinschaft genug zu essen hat, wenn sie sich »in der Wüste« aufhält. Zwar lebt die Wüste und man vermag auch in der Wüste zu überleben, doch nur bei richtigem Verhalten. Die Beduinen haben viel Zeit, aber sie pflegen nicht des Müßiggangs.
Das in V 12 versprochene *»Fleisch«* besteht aus Wachteln (*s'law,* V 13), kollektiv als »die Wachtel« (Singular!) bezeichnet:

»Es war am Abend, da stieg die Wachtel (B-R: das Wachtelvolk) auf und bedeckte das Lager.«

Ermüdet vom langen Flug (s. Leitworte), fallen viele Wachteln zur Erde, so zahlreich, daß sie »das Lager bedecken«. In Num 11,31f, beim Wachtelfang in der später wegen der Katastrophe (eine tödliche Fleischvergiftung?) *qiwrót hata'wá*, »Gräber der Gier« (ib. V 34) genannten Gegend, ist die Beschreibung der ungeheuren Zahl an gefangenen und getöteten Vögeln ausführlicher:

»Ein Windbraus aber brach auf von IHM her, der trieb vom Meer Wachteln heran und stieß sie übers Lager, eine Tagreise dahin und eine Tagreise dahin rings um das Lager, bei zwei Ellen hoch über der Fläche der Erde. Da machte sich das Volk auf all jenen Tag und all die Nacht und all den morgenden Tag und holten das Wachtelheer ein, wer wenig nahm, holte zehn Malter (*chómer* = 3940 Liter; s. Leitworte), und sie breiteten sie sich in die Breite rings um das Lager« (B-R).

Abarbanel (II,136) ist der Ansicht, nur diesen einen Abend hätten die Israeliten die Wachteln gefangen und verzehrt, das »Brot« fiel zum Unterschied jeden Morgen bis zum Einzug ins Land Kanaan (Ex 16,35). Daher stehe bei den Wachteln »ihr werdet essen«, beim »Brot« hingegen »ihr werdet satt werden«, d.h. immer wieder satt werden. Diese Ansicht trifft wohl zu, da die Vögel nur zu fangen sind, solange sich die Wanderer in der Nähe des Mittelmeers aufhalten. In der Tiefe der sinaitischen Halbinsel finden sie sie nicht mehr. R. Hisqia bar Manoach (Chisqúni, 237) bestärkt die Ansicht zudem mit einem Hinweis auf Num 11,4:

»Das Geschenk der Wachteln war nur zu jener Stunde, daher »gelüstete es sie ein großes Gelüst und sie sagten: ›Wer wird uns Fleisch zu essen geben?‹ Gott verlieh es ihnen ein zweites Mal ...«

Ein »zweites« Mal, nicht täglich wie das »Brot« (anders R. Bachja ben Ascher, II,147, der auch den Wachtelfang »während vierzig Jahren« – der Zeit des Wüstenaufenthalts – für gegeben annimmt).
Wachteln sollten die Israeliten am Abend essen, am Morgen jedoch war *léchem,* »Brot« (Ibn Esra: *»léchem* bedeutet Nahrung«), zu erwarten. In der Helle, im Licht, Zeichen der freundlichen Zuwendung Gottes. Nicht in der Nacht sollten sie ihr »Brot« finden, anders als die Wachteln, die im Eindunkeln und wohl auch in der Dunkelheit zu fangen und herzurichten waren. Weshalb? Der Talmud (b. Jomá, 75a–b) erläutert:

»Es wurde gelehrt im Namen des R. Josua ben Qorcha: Fleisch, das sie auf unbillige Weise gefordert hatten, wurde ihnen auf unbillige Weise (*scheló' k'hógen*) gegeben. Brot aber, das sie auf billige Weise (*k'hógen*) gefordert hatten, wurde ihnen auf billige Weise gegeben.«
Raschi: »›auf billige Weise‹, weil es unmöglich ist, ohne Brot zu existieren«.

Der Fleischgenuß war ein Luxus, das Brot eine Lebensnotwendigkeit. Und nur das Notwendige sollten die Israeliten von Gott erbeten. Diese Auffassung überdeckt sich mit der »Lebensregel« (b. Chulín, 84a):

»Die Tora lehrt eine Lebensregel: Man esse Fleisch nur, wenn man Verlangen danach hat.« (Vgl Raschi zu Ex 16,4.)

Noch ist das angekündigte »Brot« nicht näher beschrieben. Mit V 14 wird ein Teil des Geheimnisses gelüftet. Eine »Schicht Tau«, die sich offenbar in den frühen Morgenstunden auf den Wüstenboden niederschlug, »stieg auf«, und zurück bleibt »etwas Feines, Körniges (*m'chuspás*; s. Leitworte), fein wie

Reif auf der Erde«. Der Tau deckte dieses »Feine« (*daq*) – einer Schutzhülle gleich – zu. In Num 11,9 wird, wie Raschi sieht (hier zu V 13), der Prozeß etwas verschieden beschrieben:

»Wenn der Tau auf das Lager des Nachts niederging, ging das Manna *auf* ihn nieder.«

Raschi – und in der Folge die jüdische Tradition überhaupt – denkt an zwei Tauschichten:

»Der Tau sinkt auf die Erde (Ibn Esra, V 14: »um die Erde zu reinigen«), dann fällt das Manna drauf, und schließlich wird es von einer weiteren Tauschicht zugedeckt. Es ist, als wenn es in einer Schachtel läge« (vgl b. Jomá, 75b; Sifré zu Num 11,9; Abarbanel, II,136).

Der »Tau stieg auf«, weil die Sonne scheint und die Feuchtigkeit verschwindet (V 21). Das jüdische Brauchtum ahmt die Doppelschicht des Taus nach. Zum Kidusch, dem Gebet der »Heiligung« am Freitagabend und Sabbatmorgen, werden zwei Brote (*Chalót*) mit einem Tuch zugedeckt. Die Brote erinnern an die doppelte Portion Manna, die am Freitag zu sammeln war, weil am Sabbat das Manna nicht gesucht werden durfte (Ex 16,22f.29). Das Tuch an die obere Mannaschicht, und das Brotbrett oder der Brotkorb unter den *Chalót* an die untere Mannaschicht. So liegen auch die beiden Sabbatbrote gleichsam in einer »Schachtel« (b. P'sachím, looa; R. Bachja ben Ascher, II,147). Das »Feine« liegt nicht überall:

»›Und sieh, auf der Oberfläche der Wüste‹ – nicht auf der ganzen Wüste, sondern nur auf einem Teil von ihr« (M'chílta d'Rabbí Jischma°él, 3)

Vor allem aber ist der Fund, der sich von jetzt bis zum Ende der Wüstenwanderung jeden Tag aufs neue wiederholen sollte, rätselhaft:

»Die Israeliten sahen es und sprachen einer zum anderen: ›Was ist das?‹ (*man hu'*), denn sie wußten nicht, was es sei (*ma hu'*). Mose aber sagte zu ihnen: ›Dies ist das Brot, das der Herr euch zum Essen gegeben hat‹« (V 15).

R. Hisqia bar Manoach interpretiert *man hu':*

»*man* kommt aus dem Ägyptischen und ist dem hebräischen *ma,* ›was?‹, gleichzusetzen. Die Leute fragten sich: ›Was ist es?‹«

Nicht als Frage, sondern als Feststellung – »Man ist das!« (L. Zunz) – wird *man hu'* von einigen jüdischen Exegeten verstanden

Raschi: *man hu'* heißt »Vorbereitung der Speise ist es« (wie Dan 1,5: *wajmán lahém hamélech,* »der König bestellte, bereitete ihnen vor«).
Ibn Esra: *»man* meint ›Bestellung‹ (*simún*).«

R. Saadia Gaon (77): »Nahrung ist es.« R. Jona Ibn Dschanach (perúsch l'kitwé haqódesch, sch'mot, 26): »*man* ist wie *min*, ›Art‹ – eine Art von den Arten, die wir nicht kennen.«
R. Bachja ben Ascher (II,147): »Eine Gabe (*matanâ*) vom Himmel.« (Vgl A. B. Ehrlich, Randglossen I,326: »Bescherung«.)
R. Chananel (zitiert bei R. Bachja): »*man hu'*, d.h. *me'ájin hu'*, ›woher ist es?‹.«
R. J. Ibn Caspi (mischné késef, II,194): »*man* hat den Sinn von *manúj* oder *maná*, d.h. ›Gabe des Herrn‹« (so auch Abarbanel, II,137).
R. I. Reggio (II,76a): »*man hu'* – eine kostbare und angesehene Sache ist es« (nach Dan 1,9: *miná*, »er bestimmte, wählte sorgsam aus ... eure Speise und euren Trank«). Vgl R. J. Z. Mecklenburg, haktáw w'haqabalá (I,2.Teil,31): »*man* ist ein Ausdruck von Wichtigkeit: das ist prächtig, prachtvoll, herrlich.«

Zum Manna selber. Der antike jüdische Historiker Flavius Josephus (Antiquitates, III,I,6) glaubte, die Israeliten hätten »die Substanz irrigerweise für Schnee« gehalten, »wie er im Winter zu fallen pflegt«. Und er fügt bei: »Noch bis auf den heutigen Tag fällt in jener ganzen Gegend diese Substanz nieder.« Die Suche nach der »heutigen« Speise hat Schule gemacht. Ein Bezug zur Natur findet sich bereits im Text. V 31 gibt ein Merkmal an:

»Es war wie Koriandersamen weißlich, und sein Geschmack von Ölleckerei«, *l'schad haschámen,* akkadisch: *lischdu* (»oberste Schicht des Olivenöls«, Enc. Welt der Bibel, aaO,74).
Zum Koriander, *gad*, s. M. Zohary, Pflanzen der Bibel, 92; Enc. Welt der Bibel, aaO.

Der süße Geschmack charakterisiert das »ölig-fettige« Manna (M. Zohary). Die Weisen glaubten jedoch, daß im Manna viele Erscheinungen zusammenfielen und jeder, der davon aß, genau jenen Geschmack verspürte, den er gerade wünschte (Ex.r. 25,3; Num.r. 7,4; b. Jomá, 75a; Jalqút schim'óni, I,156, Nr. 258; Bibelauslegungen, II,65). Weder das »weißliche« Aussehen noch seine stoffliche Beschaffenheit vermögen freilich eine Identifizierung mit einem heute bestehenden Produkt als sicher zu erweisen. Dies gilt auch im Hinblick auf die These, das Manna sei eine Flechtenart (etwa die »Collema, deren Klumpen nachts schleimig und am Morgen trocken sind«.) oder gar die »Ausscheidung von kleinen schuppigen Insekten ..., die sich von Tamarisken und anderen Bäumen ernähren«, des Insekts Trabulina mannifera oder Najacoccus serpentina (M. Zohary, 142f mit Fotos; vgl Lex. 564). Die Unterschiede des biblischen Manna zu diesen Phänomenen sind offenkundig, R. W. Gunther Plaut (The Thora, 502) zeigt sie auf:

»Das Manna, das wir aus der Erfahrung her kennen, ist relativ spärlich und konnte keine wichtige Nahrung für eine große Zahl von Menschen werden. (Vgl M. Zohary:

»... konnte dies für das durch die Wüste ziehende hungrige Volk nicht viel mehr als ein kleiner Leckerbissen gewesen sein.«)
Es ist von bestimmten Wetterbedingungen abhängig und wird nicht regelmäßig entdeckt. (Vgl R. J. H. Hertz zu V 15.) Es unterliegt keiner raschen Fäulnis (Gegensatz zu Manna, V 20).
Es wird an allen Tagen gefunden, auch am Sabbat (Gegensatz zu V 25).«

Plaut betont daher zusammenfassend:

»Die Bibel sieht im Manna kein Naturphänomen. Sie verwandelt vielmehr Naturerscheinungen in Handlungen Gottes, die von Ihm gewünscht werden, um Israel zu erhalten.«

Wen verwundert es angesichts des Versuchs, das Manna mit »heutigen« Funden gleichzusetzen, daß nahmhafte Gelehrte mit aller Entschiedenheit die übernatürliche Mannaerscheinung verteidigen. Ibn Esra zieht mit angriffigen Worten gegen den Karäer Chiwi haBalchi ins Feld, der behauptet, »das Manna pflegte bis heute in der Wüste niederzugehen« (»Kurzer Kommentar« zu V 15; II,273); ausführlicher Kommentar zu V 13; II,103). Abarbanel sucht durch zwölf Argumente die Unterschiede zwischen dem »himmlischen Manna« und dem »medizinischen (natürlichen) Manna« zu erhärten (II,138–140).
Ps 78,23–31 schildert Gottes Hilfe für Israel, das (ib. V 22) »in Gott kein Vertrauen setzte, in Seiner Hilfe sich nicht sicher fühlte«, am Beispiel der Wachteln und des Manna. Das Manna ist *léchem 'abirím,* »Brot der Starken« (M. Buber: »Brot der Recken«) genannt, das »jedermann aß« (ib. V 25). Von R. Akiba wird – sinngemäß – *léchem 'abirím* mit dem »Brot der Dienstengel (Gottes)« gleichgesetzt, mit der auch im Himmel gegessenen Speise (vgl Nektar und Ambrosia als Götterspeise in der griechischen Sage). R. Ismael, sein Kollege, protestiert:

»Geht und sagt Akiba: ›Akiba, du hast dich geirrt! Essen denn die Dienstengel Speise? Heißt es nicht bereits (in Dtn 9,9): ›Brot habe ich nicht gegessen und Wasser nicht getrunken.‹ (R. A. Steinsalz: ›Wenn schon ein Mensch, der in den Himmel aufsteigt, keines Essens und Trinkens bedarf, um wieviel mehr bedürfen die Dienstengel ihrer nicht!‹) Was meint vielmehr ›Brot der Starken‹ (*'abirím*)? Brot, das in den 248 Gliedern (*'ewarím*) des Menschen verschlungen wird.« (Das Manna ist so leicht verdaulich, daß nichts von ihm ausgeschieden wird; s. Raschi) (b. Jomá, 75b; M'chílta d'Rabbí Jischma"él, aaO, 3).

Das Manna ist eine Speise »des Himmels«, doch nicht »für den Himmel«, meint R. Jischma"él, der sich von heidnischem Denken offensichtlich zu distanzieren sucht.

In V 16–18 teilt Mose die näheren technischen Bestimmungen mit. Das Manna muß von »jedermann aufgelesen« werden, und zwar »gemäß seinem Essen« (*l'fi 'ochló;* B-R: »nach seinem Eßbedarf«). Nachdem die Portion – »ein Omer pro Kopf, nach der Zahl eurer Seelen (Personen) ... jeder, nach dem, was in seinem Zelt ist« – zunächst einmal schätzungsweise im Gelände gesammelt wurde (R. Samuel ben Me'ir), wird sie im nachhinein genau »abgemessen« (*wajamódu,* V 18). »Jedermann gemäß seinem Essen« (V 16.18.21):

»Jeder nach der Schätzung des Bedürfnisses seiner Familie« (R. Saadia Gaon, 77).
»Damit sie (Israeliten) sich davor hüten, mit dem Manna Handel zu treiben und einen Reichtum anzuhäufen ... Es ist eine Nahrung, die Gott wegen des Bedürfnisses geschenkt hat. Sie wird nicht durch Fleiß und Mühe erworben, sondern durch die Gnade des Höchsten« (Abarbanel, II,134).
»Die Nahrung vom Himmel wird mit Gerechtigkeit und mit absoluter Gleichheit jedem Einzelnen gegeben« (R. Ch. Rabinowitz, dá'at sofrím 'al hatorá, II,88).

Beim Pessachopfer (Ex 12,4f) ist dieselbe Vorschrift angegeben: »Jeder sollt ihr gemäß seinem Essen ... nehmen«, wobei freilich kein genaues Maß genannt wird. In der Josefsgeschichte heißt es, Josef habe seine Brüder mit »Brot gemäß dem Kleinkind« (*léchem l'fi hatáf*) versorgt (Gen 48,12). Nach Raschi und R. Sch. D. Luzzatto heißt dies »nach dem Bedürfnis der Familienangehörigen«, nach R. Hisqia bar Manoach (Chisqúni, 165) »nicht entsprechend der Teuerung, d.h. Josef ernährte sie großzügig.« Einleuchtender ist die Erklärung des R. O. Sforno (112):

»Obschon ihnen Joseph viel Speise hätte geben können, gab er ihnen (nur) ein ausreichendes Maß; denn wenn die Gemeinschaft bekümmert ist, soll keiner sagen: ›Ich gehe in mein Haus, essen und trinke, und Friede sei dir, meine Seele.‹«

»Brot gemäß dem Kleinkind« ist Brot nach dem Bedarf eines Kleinkindes. Es reicht aus, aber es ist rationiert, und der Erwachsene wird das Hungergefühl nicht los, selbst wenn er nicht eigentlich Hunger leiden muß. In der Wüste ist es anders. Das Manna ist reichlich bemessen. Ein *Omer* (s. Leitworte) steht jedem zur Verfügung. Abarbanel (II,140) betont:

»Das Omer ist ein Quantum, das für jeden Menschen genügt. Sollte einer mehr als dieses Omer essen wollen, so ißt ein anderer Angehöriger wohl weniger.«

Wer mehr sammelte, hatte keinen »Überschuß«, wer weniger, keinen »Mangel« (V 18). Das war (so Raschi) »ein großes Wunder«, nach R. J. B'chor Schor (I,113; Chisqúni, 238) jedoch eine einfache arithmetische Berechnung:

»›Keinen Überschuß besaß, der vermehrt hatte› – er warf nämlich weg, was zuviel war. ›Und wer wenig (auflas), dem fehlte nichts‹ – er ging nämlich nochmals hinaus und sammelte weiter, bis er das Maß gefüllt hatte« (R. J. B'chor Schor).

»Jeder nach dem, was in seinem Zelt ist«. Die Weisen lehren:

»›In seinem Zelt‹ – damit ist die Gattin gemeint ... Die Schrift lehrt (durch einen Anklang an Gen 18,9 und Ps 45,14), daß ein Mann für die Nahrung seiner Gattin und seiner kleinen Kinder zu sorgen verpflichtet ist« (R. Bachja ben Ascher, II,148).

Bemessen – nicht zuviel, nicht zu wenig – sollte das Manna eingesammelt werden. »Keiner darf davon bis zum Morgen übriglassen«, teilt Mose mit (V 19). Was bleibt, verdirbt (V 20).
Der *Vergleich mit dem Pessachopfer* drängt sich auf. Genau einen Monat nach jener Schicksalsnacht, in der die israelitischen Sklaven ihr Lamm vor dem Auszug in die Freiheit herrichten, fällt das »Himmelsbrot«. Am 15. Tag des zweiten Monats »murrte die ganze Gemeinde der Israeliten« (V 1f), am folgenden Tag, dem 16. des Monats, fiel das Manna. Das Erlebnis der Schicksalsnacht, in der die ägyptische Erstgeburt umkam und Gott Seine Hilfe verwirklichte, mochte angesichts der Angst vor dem Hunger verblaßt sein. Gott zeigte daher durch ein weiteres Eingreifen Seinen nach wie vor ungebrochenen Beistand. Das Mannageschenk erweist sich als eine weitere Phase im göttlichen Rettungsplan. Nicht zufällig, so scheint uns, werden daher bei der Manna-Erzählung von Ex 16,2–3.11–18 dieselben sprachlichen Ausdrücke verwendet wie beim Passaopfer von Ex 12. Die folgende Tabelle zeigt die Gemeinsamkeiten. (Zum Pessach vgl Bibelauslegungen, III,56–69.)

Passaopfer (Ex 12)
V 3: *Redet* zur *ganzen Gemeinschaft Israels* folgendes:
Am zehnten (Tag) dieses Monats
sollen sie sich *nehmen,*
ein *jeglicher Mann,*
ein Lamm *für die Väterhäuser,*
ein Lamm für das Haus.
V 4: Ist aber zu klein das Haus
für ein ganzes Lamm,
so nehme er es und sein Nachbar ...
nach der *Anzahl der Personen.*
Jeder nach dem, was er zu essen vermag, sollt ihr zum Lamm (die Zahl) berechnen.

Mannagabe (Ex 16)
V 11: *Rede* zu ihnen (V 2: *ganze Gemeinschaft der Israeliten*), wie folgt:
V 12: In den Abendstunden werdet ihr *Fleisch* essen, und *am Morgen* werdet ihr mit *Brot* satt werden ...
V 16: *Lest auf* davon ein *jeglicher Mann gemäß seinem Essen,*
ein Omer pro Kopf,
nach der *Zahl eurer Seelen,*
jeder nach dem, was *in seinem Zelt* ist,
sollt ihr nehmen.
V 17: der eine viel, der andere wenig.

V 6: Es sei euch *zur Verwahrung* ...
dann schlachte es ...
in den *Abendstunden.*
V 8: Eßt das Fleisch
in dieser Nacht ...
V 10: Laßt *nicht übrig* davon
bis zum Morgen,
was davon bis zum Morgen übrigbleibt,
sollt ihr im Feuer verbrennen.

(V 23: *Zur Verwahrung)*

(V 21: *Keiner darf davon bis zum Morgen übriglassen.)*

Die zeitliche Befristung und die Rücksicht auf die Größe der Familie, die beim Essen mitbeteiligt ist, d. h. die Pflicht, nichts zu vergeuden und daher vor dem Essen die Quantität der Speise zu berechnen, kennzeichnen das Manna wie das Pessach. Freilich ist auch ein wesentlicher Unterschied nicht zu verkennen: das Pessach ist ein Opfer des Menschen zu Ehren Gottes, das Manna ein Geschenk Gottes für den Menschen. Pessach und Manna bilden aber eine Verbindung zwischen Gott und Mensch, die für das sich in einem Werde- und Kristallisationsprozeß befindliche Israel notwendig ist. Gott zeigt durch das Manna (und die Wachteln), daß Er Israel die Freiheit nicht nur schenkt, sondern auch erhält. Auf das einmalige Mahl des Pessach folgt die Versorgung mit dem täglichen »Brot« zu jeder Zeit. Gott hat Israel aus der Knechtschaft befreit, Gott rettet es durch die Fährnisse der Wüstenzeit hindurch. Mit dem Dank für die Befreiung aus Ägypten verbindet sich der Dank für die immerwährende Errettung. Vom Pessach führt ein Bogen zum Manna.

Wegweisung für unsere Zeit

Das Manna war bemessen, doch es reichte aus, und keiner mußte darben. Weshalb aber, so fragte der im 2. Jh. d. Z. lebende R. Schim'on bar Jochai seine Schüler, »fiel das Manna für die Israeliten nicht einmal im Jahr?« Weshalb war das *tägliche* Aufklauben des »körnigen Brots« nötig? Er antwortet mit einem Gleichnis (b. Jomá, 76a):

»Ein König hatte einen einzigen Sohn. Einmal im Jahr setzte er für ihn seine Speisen fest, und der Sohn sah daher seinen Vater nur dieses eine Mal. (Dem König mißfiel dies und) er bestimmte die Essenszuteilung an jedem einzelnen Tag. So hieß der Sohn seinen Vater täglich willkommen.«

Weil die Israeliten jeden Morgen aufs neue hinausziehen müssen, »richten sie (stets aufs neue) ihr Herz zu ihrem Vater im Himmel«. Es erscheint ihnen weder als selbstverständlich noch als ausgemacht, daß sie ihre Nahrung finden können, und daher sind sie von einem Gefühl der Dankbarkeit erfüllt. (Nach b. Brachót, 48b, hat »Mose für die Israeliten das Tischgebet [*birkát hamasón*] verordnet, als das Manna gefallen war«. »Tag für Tag suchen sie Mich« [Jes 58,2], so wie sie Tag für Tag das Manna suchen müssen.) Eine tiefe Weisheit zeigt sich in den Worten des R. Schimʿon bar Jochai.

Das Manna wird aus einem Nahrungsmittel zu einem pädagogischen Mittel – noch aus einem anderen Grund. R. Elʿasar haModaʿí pflegte zu sagen (Tanchúma, b'schalách, 20; M'chílta d'Rabbí Jischmaʿʾél, aaO, 2):

»Wer heute zu essen hat und fragt: ›Was werde ich morgen essen?‹, zählt zu den Kleingläubigen« (eigentlich: »ist ohne Vertrauen«, *m'chusár 'emuná*).

Das Brot von heute, nicht das Brot von morgen stehe nach R. Elʿasar haModaʿí im Zentrum des Broterwerbs, das Sammeln für heute, nicht das Anlegen eines Vorrats für die Zukunft. Als Mensch des 20. Jahrhunderts wird man dieser Idee nicht ohne weiteres zustimmen. Ein »Notgroschen« ist notwendig, und oft wird aus »Groschen« ein reichdotiertes Bankkonto. Allein: bei aller Vorsorge ist das Vertrauen in Gottes Für-Sorge nie aus den Augen zu verlieren. Ohne Ihn, den Herrn der Welt, der »den Tag erschafft und auch seine Nahrung« (Tanchúma, aaO), bleibt die Existenz all Seiner Geschöpfe für immer ungesichert. Nicht nur »einmal im Jahr« – jeden Tag sei Ihm gedankt!

»Auf! Geh hinab, denn dein Volk ist verderbt!«

Ex 32,7–14

7 Es redete der Herr zu Mose:
»Auf! Geh hinab, denn dein Volk ist verderbt,
das du hinausgeführt hast aus dem Land Ägypten!
8 Sie sind schnell abgewichen vom Weg,
den Ich ihnen befohlen habe.
Sie machten sich einen gegossenen Jungstier,
sie verneigten sich vor ihm
und schlachteten ihn und sprachen:
›Dies sind deine Götter, Israel,
die dich herausgeführt haben aus dem Land Ägypten!‹«
9 Es sagte der Herr zu Mose:
»Ich habe dieses Volk gesehen,
und sieh, es ist ein hartnäckiges Volk.
10 Jetzt, laß Mich, daß Mein Zorn gegen sie entbrenne
und Ich sie hinwegtilge
und dich zu einem großen Volk mache!«
11 Da flehte Mose an das Antlitz des Herrn, seines Gottes,
und er sprach:
»Warum, Herr, soll Dein Zorn gegen Dein Volk entbrennen,
das Du aus dem Land Ägypten hinausgeführt hast –
mit großer Kraft und starker Hand?
12 Warum sollen die Ägypter folgendes sagen:
›In böser Absicht hat Er sie hinausgeführt,
um sie in den Bergen zu töten
und sie zu tilgen vom Erdboden‹?
Kehr um von Deinem Zorn
und gereue des Bösen über Dein Volk!
13 Denk an Abraham, Isaak und Israel, Deine Diener,
denen Du bei Dir einen Schwur geleistet
und zu ihnen gesprochen hast:
›Ich mehre eure Nachkommen wie die Sterne des Himmels.
Und dieses ganze Land, von dem Ich geredet habe,

gebe Ich euren Nachkommen,
und sie nehmen es in Besitz für immer.‹«
14 Gott gereute des Bösen,
das er Seinem Volk anzutun gesprochen hatte.

Der Text im Kontext

»Vierzig Tag und vierzig Nächte« weilt Mose auf dem Sinai (Ex 24,18), und keine Nachricht ist von ihm zu erfahren. Wegzehrung hat er nicht mitgenommen. Er ist gewiß nicht mehr am Leben, denkt sich das Volk: »Dieser Mann Mose, der uns aus dem Land Ägypten herausgeführt hat – wir wissen nicht, was ihm geschehen ist!« (32,1). »Mose säumt« (*boschésch Mosché*; L. Zunz: »zögerte«; B-R: »enttäuschte«), und die zurückgebliebene Gemeinschaft ist aufs höchste beunruhigt. In den wenigen Worten »wir wissen nicht, was ihm geschehen ist!« liegt nicht Neugier, sondern Kummer. Was soll aus uns werden? denken sie sich. Wohl ist Aaron unter uns, doch er reicht nicht an Mose heran. Mose ist nämlich »der sichtbare Kontakt mit dem unsichtbaren Gott« (R. W. Gunther Plaut, 650; vgl R. Jehuda Halevi, Kusari, I,97), sein wirklicher Repräsentant, der an der Spitze der befreiten israelitischen Sklaven aus Ägypten gezogen ist. Er hat »uns aus dem Land Ägypten herausgeführt« – das ist keine hohle Phrase. Ohne Mose bleibt die Wanderung durch die Einöde stecken, bleibt vor allem »der sichtbare Kontakt« aus.
Und so muß ein möglichst gleichwertiger Ersatz geschaffen werden, ein Ersatz für Mose. B. Jacob (Das zweite Buch der Torá, Exodus; Manuskript, S. 1396) meint:

»Ihre Besorgnis, auf kurze Zeit allein gelassen zu sein, ist ein Zeichen der Unmündigkeit . . . «

Das ist richtig, bloß wissen die Israeliten nicht, daß es sich lediglich um eine kurze Zeit handelt. Sie halten Mose für verschollen und fühlen sich daher verlassen und verloren. Die Angst ist Ursache einer tiefgreifenden *Führungskrise*. »Sie wollen einen anderen Mose«, schreibt R. Mose ben Nachman (zu V 1), nachdem sie auf Geheiß des Mose, der ihnen den Weg gezeigt hat (Num 14,19), von Ort zu Ort gewandert sind. In ihrer Verzweiflung rotten sich die Leute gegen Aaron zusammen und fordern von ihm:

»Auf! mach uns Götter, die vor uns gehen sollen!« (Ex 32,1).

Und zu diesen »Göttern« in der Gestalt eines Gußbildes in Jungstierform sprechen sie dann:

»Dies sind deine Götter, Israel, die dich herausgeführt haben aus dem Land Ägypten!«

Mose und »die Götter« überdecken sich; die Götter, die noch wenige Stunden zuvor gar keine Götter, sondern »goldene Ohrringe« (V 2.3) gewesen sind, verwandeln sich in die machtvollen Gestalten, die den Auszug bewirkt haben. Mose wird dabei durchaus nicht im nachhinein vergöttlicht. Er ist – wie die aufgeregten und verunsicherten Israeliten angegeben haben – weiterhin »dieser *Mann* Mose«. Aber für einen Mose kann es keinen anderen *Mann*, mag er noch so bedeutend sein, als adäquaten Ersatz geben. Moses Platz können nur »Götter« ausfüllen.
Da geschieht freilich das Fatale: Dem Jungstier zu Ehren baut Aaron »einen Altar« (V 5) – nicht, weil er an seine übernatürlichen Kräfte glaubte. Aaron will – so betonen die jüdischen Exegeten – Schlimmeres verhüten: eine totale Ablösung des Volkes von Gott und seinen eigenen Tod. »Tags darauf« beginnt das Volk dem Jungstier zu opfern und sich in einem gewiß lärmigen Opfermahl mit der neuen Führungsgestalt zu befreunden (V 6). Aus der anfänglichen Führungskrise – einer verständlichen Führungskrise! – wird jetzt eine *Glaubenskrise*. Aus der Substitution Moses wird eine Substitution Gottes, des wahren lebendigen Gottes. Weder Mose noch irgendeinem späteren Menschen sind je Opfer dargebracht worden, nicht für ihn, nicht zu seinen Ehren. Opfergaben sind ein Privileg des wirklichen Gottes.
R. Levi kommentiert die nunmehr existierende Glaubenskrise, die sich aus der zuvor bestehenden Führungskrise entwickelt, also sich von Mose auf Gott hin verschiebt:

»Bedauernswert ist der Sehende, der einen Blinden anheuert, damit er ihm auf dem Weg vorangehe. So taten es die Israeliten: Sie verließen den Heiligen, gelobt sei Er, von dem es heißt: ›Und der Herr ging ihnen voran des Tags‹ (Ex 13,21), und packten sich einen Götzen, von dem geschrieben ist: ›Sie haben Füße, doch vermögen nicht zu gehen‹ (Ps 115,7)« (Midrásch hagadól, II,677).

Der Moseersatz wurde zum Gottesersatz. In den Worten des R. Bachja ben Ascher (II,323):

»Die Sache mit dem Jungstier war zu Beginn ein unabsichtliches Vergehen (*schogég*), dann aber ein beabsichtigtes (*mesíd*).«

Die heftige Reaktion Gottes in unserem Bibelabschnitt (32,7–14) beweist, daß R. Hisqia bar Manoach (Chisqúni, 312) im Irrtum ist, wenn er schreibt:

»Sie verneigten sich (vor dem Jungstier), um ihn zu verehren, nicht aber aus Gründen des Götzendienstes.«

Richtig schildert Ps 106,19–22 das Endergebnis jener anfänglichen Ungeduld, die mit dem Ausbleiben Moses begann:

»Sie machten am Choreb ein Kalb und warfen vorm Gußbild sich nieder, sie tauschten ihre Ehre (= Gott; vgl Jer 2,11) gegen die Gestalt eines Rindes, das Kraut frißt, vergaßen den Gottherrn, ihren Befreier, der Großes tat in Ägypten, Wunderbares im Land Chams, Furchtbares am Schilfmeer.« (Nach M. Buber)

Gott wurde »vertauscht«, nicht mehr Mose. Statt sich auf die Führung Gottes zu verlassen, der selbst dann Israel nicht im Stich lassen würde, falls Mose nicht wiederkehrte, »packt es einen Götzen«. So »vergaßen (sie) den Gottherrn, ihren Befreier«.

Leitworte des hebräischen Textes

lech, V 7 (Imperativ des Qal von *h-l-ch*), »geh!«; *red* (Imperativ des Qal von *j-r-d*), »steig hinab!« B-R übersetzen kurz: »Geh hinab!«, entsprechend R. W. Gunther Plaut: »Hurry down.«

schichét ist Perfekt des Piel von *sch-ch-t:* »er hat verdorben«. Das Objekt fehlt, gedanklich zu ergänzen ist ein »sich« (so M. Mendelssohn: »hat sich schwer versündigt«) oder ein »es«: »denn verdorben *hats* dein Volk« (B-R). Der Midrasch (Ex.r. 42,1) denkt sich das Objekt »Taten« (*maʿasím*) hinzu: »sie haben ihre Taten, ihr Tun schlecht gemacht«, und zwar »durch Blutschande, Blutvergießen und Götzendienst« (die drei Hauptsünden der jüdischen Ethik; vgl auch Tanchúma, ki tisá', 20; R. D. Kimchi, 233). Wir übersetzen mit »ist verderbt«.

heʿeléta ist Perfekt des Hiphil von *ʿ-l-h* (»hinaufsteigen, hinaufgehen«, Lex. 783), »du hast hinauf(s)geführt«. In V 8 bedeutet *heʿelúcha* (Perfekt mit dem Suffix *-cha,* »dich«) »sie (»deine Götter«, *'elohécha*) haben dich hinausgeführt«.

sáru, V 8, ist Perfekt des Qal von *sur,* »abbiegen, weggehen, weichen« (Lex. 706): »sie wichen ab«.

ziwitím, »ich habe ihnen befohlen« (Perfekt des Piel von *z-w-h* mit dem Suffix des Plurals *-im,* »sie« (»ihnen«).

ʿégel masechá ist »Jungstier (Kalb) des Gusses«, ein »gegossenes Stierbild« (Lex. 572), »ein gegossenes Kalb« (M. Mendelssohn, L. Zunz, J. Wohlgemuth–J. Bleichrode), »ein Gußkalb« (B-R). *masechá* ist Substantiv: »Gußbild«, daher bildet *'égel masechá* eine Genetivkonstruktion: »Jungstier des Gusses«.

wajischtachawú, »sie warfen sich zur Erde nieder«, vollzogen die Prostration (*wajischtachawú* ist Imperfekt des Hitpael von *sch-ch-h* mit *waw* consecutivum).

q'sché 'óref, V 9, heißt »halsstarrig, hartnäckig« (B. Jacob, aaO, 1407), »hart von Nacken« (B-R). *q'sché 'óref* ist ein Status constructus (der Status absolutus des nomen regens *q'sché* heißt *qasché*). Die Übersetzung von B-R gibt daher die hebräische Wendung präzis wider.

haníchá, V 10, (neben *hanách*) Imperativ des Hiphil II von *n-w-ch (núach) I,* »ruhen« (Lex. 642): »laß!« *haníchá li* meint »laß mich« (L. Zunz u. a.), nach R. S. R. Hirsch: »überlasse es mir«, vgl Abarbanel (II,314): »laß Mich tun an ihnen«.

jíchar ist eine Nebenform zu *jecheréh* (V 11), Imperfekt des Qal von *ch-r-h,* »heiß werden, entbrennen« (Lex. 337). *jíchar* findet sich außer hier nur in (mit *'al,* »nicht«) negierten Befehlssätzen (Gen 18,30.32; 31,35; 44,18; Ex 32,22 u. a.). Sehr häufig ist *wajíchar,* Imperfekt mit *waw* consecutivum: »es entbrannte«. Subjekt ist *'apí,* »mein Zorn« (eigentlich »meine Nase«, die beim Zürnen »heiß« wird). Vgl V 12: *mecharón 'apécha,* »Vom Entbrennen deines Zornes«.

wa'achalém ist Imperfekt des Piel von *k-l-h* (im Qal »aufhören, enden«) mit Suffix: »und ich werde (will) sie austilgen« (Lex. 454), »vernichten« (L. Zunz, B-R), »aufreiben« (M. Mendelssohn). In V 12 steht *ul'chalotám,* »und sie zu vernichten, vertilgen« (Infinitiv des Piel mit Suffix).

wajchál, V 11, ist Imperfekt des Piel von *ch-l-h* (»krank, müde, schwach sein«): »durch Streicheln weich machen, besänftigen, umschmeicheln« (Lex. 303f). B-R übersetzen mit »(Mosche aber) sänftete (das Antlitz IHM, seinem Gott).« M. Mendelssohn, L. Zunz, J. Wohlgemuth–J. Bleichrode wählen ein »flehte«. Das Nomen *p'né* (Status constructus von *paním*), »Antlitz, Gesicht«, wird von ihnen – zum Unterschied von B-R – nicht wörtlich wiedergegeben (»Da flehte Mose *vor* dem Ewigen, seinem Gott.«). Raschi interpretiert im Sinn von »er drängte ihn« (zu b. Brachót, 32a). Weiteres s. Exegese.

hozé'ta, »du hast hinausgeführt« (Perfekt des Hiphil von *j-z-'*, »hinausgehen«, Lex. 407). In V 12 bedeutet *hozí'ám* (desgleichen Perfekt des Hiphil mit Suffix): »Er hat sie hinausgeführt«.

lamá, V 11, entspricht *lámma,* V 12: »warum?« (Lex. 523). Es finden sich ferner *láma* (Hiob 7,20) und *láme* (1Sam 1,8).

b'ra'á, V 12, »zu ihrem Unglück« (M. Mendelssohn), »zum Argen« (B-R),

»in böser Absicht« (J. Wohlgemuth–J. Bleichrode). A. B. Ehrlich (Randglossen, I,392): »in einer unglücklichen Stunde« (*b'raʿá = b''et raʿá*).
w'hinachém, »und bereue, werde reuig« (Imperativ des Niphal von *n-ch-m*, Lex. 650), »und laß dich gereuen« (J. Wohlgemuth–J. Bleichrode), »so bedenke dich« (L. Zunz), »laß dich geleiden« (des Argen über deinem Volk; B-R). In V 14 steht *wajinàchem,* »er bereute«, M. Mendelssohn: »änderte seinen Ratschluß« (Imperfekt des Niphal mit *waw* consecutivum).
w'nachalú, »sie werden in Besitz nehmen« (Lex. 648), ist Perfekt des Qal von *n-ch-l* mit *waw* consecutivum. B-R: »daß sies eineignen«, R. J. H. Hertz: »sie sollen es erben« (»inherit«), so auch B. Jacob (aaO, 1407)

Der Text in der Exegese

Der goldene Jungstier ist geschaffen und kultisch verehrt. Mose aber weilt noch immer auf dem Berg. Er ist ahnungslos über den Abfall seines Volkes, weiß nichts um »die schwerste religiöse Verirrung Israels in der Wüste« (B. Jacob, aaO, 1394). Das ändert sich jetzt gründlich: Gott »redete« (*wajdabér,* V 7) ihn an. Der Midrasch (Tanchúma, ki tisá', 20) lehrt:

»›Er redete‹ bedeutet hier: ›Er redete hart‹ mit ihm. So heißt es in Gen 42,30: ›Der Mann (= Joseph), der Herr des Landes, redete mit uns hart‹« (streng).

Hart, schroff wird Mose mit einem »Geh, steig hinab!« von Gott angesprochen. Eindeutig ist der Befehl, im hebräischen Text mit zwei kurzen, gleichsam schneidenden Imperativformen ausgesprochen: *lech, red.* Ein wenig vertraulicher und versöhnlicher Ton! Die Weisen haben mit ihrem feinen Sprachgefühl die nicht nur gegen Israel, sondern auch gegen (den völlig schuldlosen) Mose gerichtete Spitze verspürt:

»Die Weisen sagen: In jener Stunde wurde Mose durch das Himmlische Gericht in den Bann getan« (Tanchúma, aaO).

Der Grund für den Aufbruch Moses wird mit einem »denn« (*ki*) eingeleitet:

»denn verderbt ist dein Volk, das du aus Ägypten hinausgeführt hast.«

Mose soll offensichtlich die abtrünnige Gemeinschaft auf den rechten Weg zurückbringen, soll retten, was noch zu retten ist. Das wird im Text freilich nicht ausdrücklich gesagt und ist nur zu vermuten. Der Text motiviert den eiligen Abstieg, doch er nennt die Aufgabe des Mose nicht. Die Weisen aber haben diese Aufgabe auch aus dem Wortlaut herausgehört, und sie interpretieren *red* auch als *radé*, »züchtige«:

»Die Weisen sagten: Was bedeutet *lech-red?* – Züchtigung (*mardút*) brauchen sie« (Ex.r.42,5).

Tiefgründiger ist freilich das folgende Verständnis von »Geh, steig hinab!«:

»Es sprach R. El'asar: Der Heilige, gelobt sei Er, sagte zu Mose: Komm herunter von deiner Größe! Habe Ich dir denn die Größe nicht um Israel willen verliehen? Jetzt, da sie gegen Mich gesündigt haben, wozu bist du Mir gut?« (b. B'rachót, 32a).

Was vermöchte Mose noch zu tun? Wozu bedürfte es seines Verbleibs in der »Klausur mit Gott«? Wenn ein Volk scheitert, ist sein Anführer gescheitert. Selbst ein Mose hat ausgedient, der zeit seines Lebens ein »Diener« (*'éwed*) des Herrn und ein Diener seines Volkes gewesen ist. Welch eine faszinierende Beurteilung der Funktion, die einer Volks- und Staatsführung zukommt! »Geh, steig hinab!« – hinab von deinem Podest, von deiner gehobenen Stellung. In Kürze:

»Weil sie gesündigt haben, bist du mit ihnen zusammen auf dem Abstieg« (Ex.r. 42,2).

Gott distanziert sich von Israel: »dein Volk« (*'amchá*) ist verderbt«, sagt Er zu Mose. »Dein« Volk, das nicht mehr »Mein« Volk ist, dann freilich durch Moses entschiedenes Eintreten für Israel (V 11–13) zuletzt wieder zu »Seinem« Volk (*'amó*) wird (V 14), s. unten. Nicht einmal den Auszug aus Ägypten – Seine Befreiungstat – nimmt Gott noch für sich in Anspruch: »Du (Mose) hast es hinausgeführt«, sie sind ganz dein. Ich habe mit ihnen nichts mehr zu tun, nachdem sie ohnehin den Auszug aus der Knechtschaft dir (V 1) oder dem selbstverfertigten Gußbild (V 4) angerechnet haben.
Im Midrasch findet sich allerdings auch eine andere Deutung von »dein Volk«:

»Der Heilige, gelobt sei Er, sagte zu Mose: ›dein Volk‹ sind sie. Solange sie noch in Ägypten weilten, befahl Ich dir: Führe hinaus ›Meine Scharen, Mein Volk‹ (Ex 7,4), Ich warnte dich davor, das ›Mischmasch‹ (*'érew raw,* Ex 12,38) mit ihnen zu vermengen. Du warst aber sehr bescheiden und antwortetest: Reumütige Menschen werden immer aufgenommen! . . . Ich habe nach deinem Wunsch gehandelt, obschon Ich die Zukunft voraussah. Dieses ›Mischmasch‹ hat den Jungstier verfertigt, ihn angekündigt mit den Worten: ›Dies sind *deine* Götter, Israel‹ (nicht: dies sind *unsere* Götter, Israel), und deshalb ist das ›Mischmasch‹ *dein* Volk« (Ex.r. 42,6).

Eine apologetische Tendenz ist in diesem Text nicht zu verkennen. Das

Volksganze soll von der Schuld entlastet werden. Nicht alle (nach V 28 bloß »ungefähr dreitausend Mann«) haben sich gegen Gott gestellt, und die Rebellen waren ursprünglich Fremde. Diese Deutung findet sich in manchen mittelalterlichen Kommentaren, doch sie ist keineswegs repräsentativ. Nicht zuletzt zeigt das verbissene Ringen Moses um einen göttlichen Gesinnungswandel, das schließlich erfolgreich ist, daß »dein Volk« von V 7 die Gesamtheit Israels umschließt, nicht nur einen kleinen Teil.
V 8 präzisiert die Verderbtheit Israels: »Sie sind schnell abgewichen vom Weg.« In der Tat: Sechs Wochen sind vergangen seit der Theophanie, in der Gott Seine Gebote verkündet hat, und schon wendet sich das Volk von Ihm ab:

»Ula sagte: Schamlos ist die Braut, die in ihrem Hochzeitsgemach buhlt!« (b. Schabát, 88b; vgl R. Bachja ben Ascher, II,330; R. J. B'chor Schor, I,149f).

Die Götterverehrung wird unter dem Bild der ehelichen Untreue wiederholt dargestellt (Hos 2; Jer 3,6–10 u. a.), so wie die Treue zu Gott als Ausdruck der Liebe (Jer 2,1f) beschrieben ist. (Hinweis: Das Targúm Onkelos gibt *sáru*, »sie wichen ab«, mit *satú*, »sie begingen eine [eheliche] Untreue«, wieder. Im Midrasch [Num.r. 9,45] wird gar der ganze Abschnitt über die *sotá* [die von ihrem Gatten der Untreue verdächtigte Frau] in Num 5,11–31 durch das Beispiel des goldenen Jungstiers expliziert.)
Das Hochzeitsfest ist noch nicht vorbei, und schon sucht sich die Jungvermählte einen Geliebten. Das ist der Gipfel der Schamlosigkeit! Und genauso hat Israel gehandelt: Mose weilt auf dem Sinai mit Israels göttlichem »Gemahl«, und die »Braut« hängt fremden Göttern nach, nachdem sie kurz zuvor die Satzung vernahm:

»Mach dir kein Schnitzbild und kein Abbild von etwas, das Himmel droben, oder auf der Erde unten, oder im Wasser unter der Erde ist. Wirf dich nicht nieder vor ihnen und diene ihnen nicht ...« (Ex 20,4f).

Dem »Wirf dich nicht nieder vor ihnen und diene ihnen nicht« entspricht hier »sie verneigten sich vor ihm nieder und schlachteten ihm«. Dies ist möglich geworden, weil die grundlegende Glaubensaussage des Dekalogs – »Ich bin der Herr, dein Gott, der Ich dich aus Ägypten herausgeführt habe, aus dem Haus der Knechte« (Ex 20,2) – ersetzt ist durch »Dies sind deine Götter, Israel, die dich herausgeführt haben aus dem Land Ägypten!« Die »Braut« hat ihren Gatten – den wahren Gott – ausgetauscht durch die falschen, toten Gottheiten. Neben der Niederträchtigkeit ist dies ein Zeichen einer bodenlosen Dummheit (Jer 2,13). Die Frage ist freilich, ob die

Israeliten ihren wahren Gott wirklich ganz zu verlassen gedachten. Der Talmudgelehrte R. Schim'on bar Jochai meint: »sie begehrten viele Götter« (b. Sanhedrín, 63a), was besagt (so Raschi z. St.), daß sie »*auch* andere Götter begehrten und über sich setzten«. Die Frage ist rein »akademisch«, denn auch die »Zugesellung« (*schitúf*) eines anderen Gottes neben Gott ist streng untersagt. Daher wird dann Jerobeams I. Stierkult in Dan und Betel als todeswürdiges Verbrechen von Generation zu Generation verurteilt, und Jerobeam I. hat seine neuen Götter mit den analogen Worten vorgestellt (1Kön 12,28):

»Hier sind deine Götter, Israel, die dich herausgeführt haben aus dem Land Ägypten!«

V 8 der *Gottesrede* knüpft an V 4.6 an, wo das Geschehen beschrieben ist. Wir vergleichen die Sätze:

V 8 (Gottesrede)	*V 4.6 (Das Geschehen)*
Sie machten sich einen gegossenen Jungstier, sie *verneigten sich* vor ihm und *schlachteten* ihm und sprachen: *»Dies sind deine Götter, Israel, die dich herausgeführt haben aus dem Land Ägypten!«*	V 4: Er (Aaron) machte es zu einem gegossenen Jungstier, und sie sagten: *»Dies sind deine Götter, Israel, die dich herausgeführt haben aus dem Land Ägypten!«* Sie brachten *Ganzopfer* dar, sie reichten *Friedensopfer* . . .

In V 8 ist zuerst von der Verehrung des Jungstiers durch Prostration und Opfer die Rede und erst dann vom Bekenntnis zur neuen Gottheit. Bei der Darstellung in V 4.6 folgen die Opfer auf das Bekenntnis. Die Umstellung in der Rekapitulation Gottes hat wohl den Sinn, die besondere Verwerflichkeit des faktisch ausgeübten Götzendienstes hervorzuheben. Wäre es beim Bekenntnis geblieben – Gott hätte die Verirrung eines verunsicherten Volkes, das verzweifelt nach einer neuen Führerschaft Ausschau hielt, vielleicht noch hingenommen. Doch als aus der »Führungskrise« eine »Glaubenskrise« wurde (s. Kontext) – und sie wurde manifest durch das Anbeten des Götzen –, reagierte Er mit Heftigkeit.
Mose ist perplex. Es verschlägt ihm den Atem, er steht fassungslos vor der Untreue seines Volkes. Zwischen V 8 und V 9 liegt eine *Pause*. Abarbanel (II,324) erklärt:

»Mose verstummte, denn Schande bedeckte sein Gesicht. Er schwieg und antwortete nichts. Daher mußte sich Gott mit einer zweiten Rede an Mose wenden.«

Nicht mehr das harte »Es redete« (*wajdabér*) von V 7 kennzeichnet die Einleitung, sondern das versöhnlichere »Es sagte, sprach (*wajó'mer*) der Herr zu Mose« (V 9). Der Tonfall hat sich geändert, nicht aber der Inhalt.

In V 7f ist die Schuld Israel genannt, in den folgenden Versen (9f) Gottes Verbitterung und geplantes Strafgericht:

»Ich habe dieses Volk gesehen, und sieh, es ist ein hartnäckiges Volk« (V 9).

»Ich habe gesehen« ist gleichbedeutend mit »Ich weiß seit eh und je« (R. Saadia Gaon, 98). Für Gott kommt der Abfall nicht überraschend. Er überblickt die Geschichte der Völker und das Verhalten des einzelnen Menschen, und aus den vielen Klagen der Israeliten in Ägypten und nach dem Auszug (angesichts des Mangels an Wasser und Brot; s. oben zu Ex 16, S. 70ff) weiß Er um den Charakter des Volkes: *»sieh, es ist ein hartnäckiges Volk.«*

Raschi: »Sie drehen jenen die Härte ihres Nackens zu, die sie zurechtweisen, und weigern sich, hinzuhören.«
R. J. Ibn Caspi (mischné késef, II,218): »Wer einen dicken Hals (Nacken) hat, kann bekanntlich nur schwer zuhören.«
R. Levi ben Gerson (RaLBáG; 113a): »Ein hartnäckiges Volk bist du – nicht imstande, dich von einer Sache zu lösen, in die du dich verstrickt hast.«
R. B. Jacob (aaO, 1407): »Der Ungehorsame und Widerwillige hält den Nacken steif und geht störrisch seinen Weg weiter.«

Welches ist die Konsequenz des schmählichen Verrats gegen Gott?

»Jetzt, laß Mich, daß Mein Zorn gegen sie entbrenne und Ich sie hinwegtilge und dich (Mose) zu einem großen Volk mache!« (V 10)

Mit feinem Spürsinn für die psychologische Finesse erkennt der Midrasch (Tanchúma, ki tisá', 22) im Ausdruck »laß Mich« (*haníicha li*) die *Chance einer Fürbitte.*

»Jetzt, laß Mich, daß ... entbrenne – hieraus lernst du, daß der Heilige, gelobt sei Er, Mose eine Öffnung auftat, damit er für sie (Israeliten) um Erbarmen flehe, wie es (auch) heißt: ›Und dich zu einem großen Volk mache.‹«
Vgl Raschi (zu V 10): »Wir haben noch nicht gehört, daß Mose gebetet hatte, und Er spricht: ›laß Mich‹: Gott hat Mose hier eine Öffnung aufgetan. Alles hängt von ihm ab. Sollte er für die Israeliten beten, so wird sie Gott nicht vertilgen.« Vgl E. S. Hartom (II,120): »Im Ausdruck ›laß Mich‹ liegt die Andeutung, daß das ›Nicht-Lassen‹ möglich ist.«
Nach R. Saadia Gaon (98) hat Mose die Fürbitte bereits eingeleitet. Gott will sie jetzt unterbrechen, damit Er Seinem Grimm freien Lauf lassen kann. Diese These leuchtet nicht ein, denn vom Gebet handelt erst der nächste Vers. Nicht minder gesucht ist die Auffassung des R. J. B'chor Schor (I,150), wonach Gott für Moses verletzte Ehre habe streiten wollen (der Jungstier war ein Surrogat für Mose, nicht für Gott) und dafür das Einverständnis Moses benötigte.

Mose bildet für Gott gleichsam eine »Blockade«, die den Sturmwind aufhält, der loszubrechen droht. Für das Verständnis der Funktion Moses und der späteren Volksführer und vor allem auch Propheten ist dieses Moment von nicht geringer Bedeutung.

Was ist der *»Zorn Gottes«?* Es versteht sich, daß Gott weder »zürnt«, noch den Zorn unterdrückt. Ein menschliches Verhalten wird auf Gott übertragen. Bei allen anthropomorphen Ausdrücken aber gilt der Grundsatz: »Die Torá spricht in der Sprache der Menschen« (*dibrá torá kilschón b'ne 'adám*; Midrásch hagadól, II,684f; Maimonides, hilchót j'sodé hatorá, I,12), denn anders als in seiner Sprache, seiner Denkweise, kann der Mensch nicht reden. Schon gar nicht über Gott! Beim »Zorn Gottes« handelt es sich demnach um eine Chiffre. R. Ch. Rabinowitz (dá'at sofrím 'al hatorá, II,204) sucht sie näher zu fassen:

»Der ›Zorn Gottes‹ ist eine Umschreibung der göttlichen Gerechtigkeit (eigentlich des ›Maßes der Gerechtigkeit‹, *midát hadín*), die in der Weltordnung in voller Ausprägung zu wirken genötigt ist. Mit dem ›Entbrennen‹ (des Gotteszorns) wird die Wirksamkeit dieser Gerechtigkeit bezeichnet. ›Mein Zorn entbrenne‹ bedeutet daher: Ich will nach dem Maß der Gerechtigkeit handeln« (im Gegensatz zum »Maß des Erbarmens«).

Weil nun freilich Gott an Seine Zusagen gebunden ist, die Er den Vorfahren immer wieder abgegeben hat – etwa im Versprechen an Abraham (Gen 12,2): »Ich mache dich zu einem großen Volk« (*w''e'eschá l'goj gadól*) –, läßt Er auf die Drohung eine entsprechende Verheißung folgen: »und dich zu einem großen Volk mache«. Damit ist vorerst über Gottes Reaktion auf die Verfertigung des Jungstiers alles gesagt. Der Ball liegt jetzt bei Mose, und er nimmt ihn auf und wendet sich an »den Herrn«, der vorübergehend »sein Gott« ist, weil sich Israel von Ihm abgewendet hat (R. Bachja ben Ascher, II,332; R. I. Reggio, II,152b). Der Text stellt in V 11 fest: *wajchál Mosché,* »Mosche aber sänftete das Antlitz IHM, seinem Gott« (B-R; s. Leitworte). Es handelt sich um ein besonders inniges Gebet, ein »Flehen«, denn jetzt steht die Existenz Israels auf dem Spiel. Den Ausdruck *wajchál* deuten die Weisen in großer Fülle:

»R. J'huda sagte: Mose erkrankte (*chalá*), als die Israeliten jene Tat (Herstellung des Jungstiers) begingen. Die Rabbanan (Meister) sagen: Mose verwandelte das Bittere in Süßes (›Versüßen‹ = *chilúj*) . . . Eine andere Erklärung: Mose löste Gottes Gelübde (der Israel vernichten wollte; vgl *lo jachél*, ›er soll nicht brechen‹ [sein Wort; Num 30,3]). »Deshalb heißt er ›der Mann Gottes‹«, sagt R. Schim'on bar Laqisch, »weil er Gott das Gelübde gelöst hatte« (Ex.r. 43,3–4; vgl b. Brachót, 32a).

Mose war »krank« wegen des bevorstehenden Unheils (so auch R. Levi ben Gerson, 113a). Das ist inhaltlich richtig, wenn es sprachlich auch nicht zutrifft (*wajchál* ist transitives Piel von *ch-l-h,* nicht intransitives Qal; s. Leitworte). Mose setzt jedenfalls seine ganze Kraft ein, um sein Volk zu retten.

In seiner Fürbitte (V 11–13) ist eine klare *Struktur* zu erkennen. Auf zwei mit »warum« eingeleitete rhetorische Fragen, die der Hörer gedanklich gleich mit einem »Nein, es soll nicht geschehen!« beantwortet, folgen zwei Appelle an Gott (gekennzeichnet durch die beiden Imperative *schuw,* »kehr um!«, und *s'chor,* denk an!«).

V 11: *Erste rhetorische Frage:Warum,* Herr, soll Dein Zorn gegen Dein Volk entbrennen, das Du aus dem Land Ägypten hinausgeführt hast – mit großer Kraft und starker Hand?
V 12: *Zweite rhetorische Frage: Warum* sollen die Ägypter folgendes sagen: »In böser Absicht hat Er sie hinausgeführt, um sie in den Bergen zu töten und sie zu tilgen vom Erdboden«?
Erster Appell: Kehr um von Deinem Zorn und gereue des Bösen über Dein Volk!
V 13: *Zweiter Appell: Denk an* Abraham, Isaak und Israel, Deine Diener, denen Du bei Dir einen Schwur geleistet und zu ihnen gesprochen hast: »Ich mehre eure Nachkommen wie die Sterne des Himmels. Und dieses ganze Land, von dem Ich geredet habe, gebe Ich euren Nachkommen, und sie nehmen es in Besitz für immer.«

Interessant sind die begrifflichen und inhaltlichen Querverbindungen (Q) zwischen den rhetorischen Fragen (rhF) und den Appellen (A):

1. A Kehr um von Deinem *Zorn* ... über *Dein Volk!*	1. rhF Warum, Herr, soll Dein *Zorn* gegen *Dein Volk* entbrennen?	Q Zorn; Volk
1. A gereue des *Bösen (haraʿá)* über *Dein* Volk!	2. rhF In *böser Absicht (b'raʿá)* hat Er *sie* hinausgeführt ...	Q des Bösen/in böser Absicht; Dein/sie
2. A Denk an *Abraham* ... Ich *mehre* euer N. ... *Land* ... gebe Ich ... in Besitz für immer	2. rhF *Ägypter* ... sagen: ... sie in den *Bergen* zu *töten* ... zu tilgen vom Erdboden.	Q Abraham/Ägypter; töten/mehren; in den Bergen/ins Land

Mose bittet Gott, den »Zorn« nicht »entbrennen« zu lassen. Das »Böse« darf nicht Wirklichkeit werden, weil dann nicht zuletzt die Ägypter und übrigen Feinde Gottes recht behielten, die sich schadenfroh über Seine vermeintliche Ohnmacht freuten (vgl Dtn 9,28; Ps 42,11; 79,10; 115,2). Gottes Ehre ist mit dem Schicksal Israels verquickt. Das Ende Israels bedeutete (in der Terminologie des Talmud) die schlimmste »Entweihung des (Gottes-) Namens« (*chilúl haschém*). Bei der dritten Querverbindung (2.A–2.rhF) steht die Verheißung an die Ahnen Abraham, Isaak und Israel (Jakob), die die Mehrung Israels und den Besitz eines Landes ankündigt, in scharfem Gegensatz zu den hämischen Worten der Ägypter, jener Leute, bei denen die »Nachkommen« versklavt wurden (Gen 15,13–15: Zusage an Abraham; 26,3f an Isaak; 46,3f an Jakob). Statt sie zu »mehren« und ins Land, ihren »Erbbesitz«, zu führen, »tötete sie« Gott »in den Bergen«, in der Einöde des Sinai mit ihrer gebietsweise faszinierenden Gebirgslandschaft. Geschähe dies, so verwandelte sich ein Gotteswort des Segens in einen fürchterlichen Fluch. Gott aber kann dies – so hofft und erfleht Mose – nimmer zulassen.

Ein paar wesentliche Punkte sind noch herauszuheben. In V 11 nimmt Mose, wie R. Samuel ben Me'ir (147) erkennt, den Faden zu V 7 auf und sucht die Distanzierung Gottes von Israel zu beheben:

»›Dein Volk‹ – und nicht mein Volk, ›das *Du* hinausgeführt hast‹ – und nicht ich.«

Bereits in V 9 redete Gott »von *diesem* Volk« (*haʿám hasé*) und milderte die anfängliche Lösung von Israel. Mose schlägt in die Kerbe, die sich bereits abzeichnet. Nicht »dieses Volk« – »*Dein* Volk« ist es, »das Du aus dem Land Ägypten hinausgeführt hast – mit großer Kraft und starker Hand«. Zuletzt ist Gottes Abkehr beendet (V 14: »zu *Seinem* Volk«). (Vgl das Gleichnis vom Weinbauern in Bibelauslegungen, III,199f.) Ferner: Viermal ist in unserem Abschnitt »Ägypten« (*mizrájim*) genannt (V 7.8.11.12). Der Midrasch (Ex.r. 43,7) lehrt:

»Wozu sah sich Mose genötigt, hier (V 11) den Auszug aus Ägypten zu erwähnen? Weil Mose sagen wollte: ›Herr der Welt, woher hast Du sie hinausgeführt? Aus Ägypten, wo alle den Lämmern dienten!‹ (Lämmer, Schafe als Götter verehrten). R. Huna nannte im Namen des R. Jochanan das Gleichnis von einem Weisen, der seinem Sohn einen Parfümladen auf dem Markt einrichtete, wo sich die Dirnen aufhielten. Der Platz tat das Seine, das Handwerk tat das Seine und der junge Mann tat das Seine – er kam auf Abwege. Als der Vater ihn mit den Dirnen ertappte, begann er zu schreien: ›Ich bring dich um!‹ Ein Freund befand sich dort und sprach zum Vater: ›Du hast doch selbst den Sohn verdorben, und nun schreist du ihn an? Von allen Berufen hast du ihn ausgerechnet den Umgang mit Parfüms gelehrt, und unter allen Gassen hast du keinen anderen Ort für seinen Laden gefunden, außer dem Markt der Dirnen!‹ So sprach auch Mose: ›Herr der Welt, die ganze Welt hast Du auf der Seite gelassen und Deine Kinder ausgerechnet in Ägypten dienstbar werden lassen, wo die Lämmer angebetet werden. Es ist doch klar, daß sie von den Ägyptern gelernt haben und den Jungstier verfertigten!› Deshalb steht: ›das Du aus dem Land Ägypten hinausgeführt hast‹ – bedenke, woher Du sie hinausgeführt hast!« (Weitere Gleichnisse: Ex.r. 43,8–9)

Mose übernimmt die Gottesworte in V 7 – »denn verderbt ist dein Volk, das du (Mose) aus Ägypten hinausgeführt hast« – und überträgt sie auf Gottes Tun: (V 11): »... Dein Zorn gegen Dein Volk, das Du (Gott) aus Ägypten hinausgeführt hast«. (Daß die Verben für »hinausführen« variieren, ist nicht von Bedeutung, wie Num 14,13 zeigt, wo Gottes »Hinausführen mit *he'elíta* bezeichnet wird.)
Der zweite Appell (»Denk an Abraham ..., V 13) greift auf den Gottesschwur zurück (an Abraham: Gen 22,17f; an Isaak: Gen 26,24; an Jakob: Gen 28,14f). Selbst wenn der Schwur durch die Mehrung des Mose allein gewahrt bliebe (R. I. Reggio, II,153a), will Mose nicht der Nucleus eines neuen Israel sein. Ex 32,32 spricht er es deutlich aus: »Und jetzt – verzeihst Du ihre Sünde (so ist es gut), wenn nicht: Lösch mich aus aus Deinem Buch, das Du geschrieben hast.« Der Talmud (*b. B'rachót, 32a)* tradiert eine Lehre des R. El'asar:

»Es sagte Mose zum Heiligen, gelobt sei Er: Wenn ein dreibeiniger Stuhl (Raschi: Hinweis auf die drei Stammväter) vor Dir in der Stunde Deines Zorns nicht stehen bleibt, um wieviel weniger steht ein einbeiniger Stuhl (Mose allein). Mehr noch: Ich schäme mich vor meinen Vorfahren. Jetzt werden diese nämlich sprechen: Seht, welch einen Versorger (*parnás*) Gott über das Volk eingesetzt hat! Für sich selbst hat er Größe erstrebt und kein Mitleid für es erbeten!«

So ein Versorger ist Mose nicht: Er denkt immer an die anderen und erfleht von Gott ihr Glück. Der »bescheidenste aller Menschen« (Num 12,3) kann nicht anders, als sein persönliches Wohlergehen beiseite zu lassen, wenn das Wohlergehen der Gemeinschaft auf dem Spiel steht. Und an seine »Karriere« hat er ohnehin nie gedacht. Seit der ersten Gottesoffenbarung am Dornbusch (Ex 3) geht es Mose immer und ausschließlich um die Sicherheit Israels. Die Verheißung einer zahlreichen Nachkommenschaft – so zahlreich wie »die Sterne des Himmels« – gilt für das *bestehende* Israel, oder sie gilt nicht.
Freilich zweifelt Mose nicht im geringsten daran, lehrt R. El'asar (b. B'rachót, 32a), daß die Verheißung erfüllt wird: Gott ist der Garant, und Gott ändert seine Zusicherung nicht. In V 13 steht »denen Du *bei Dir* einen Schwur geleistet hast«. Was heißt »bei Dir« (*bach*)?

»Mose sprach zum Heiligen, gelobt sei Er: Hättest Du beim Himmel und bei der Erde

geschworen, so könnte ich vielleicht meinen: Wie Himmel und Erde vergehen, so vergeht auch Dein Schwur. Doch da Du bei Deinem Großen Namen den Eid abgelegt hast, (weiß ich:) Wie Dein Großer Name für alle Ewigkeit lebt und besteht, so wird Dein Schwur für alle Ewigkeit bestehen.«
Vgl R. Saadia Gaon (98): »Bei Dir – bei Deinem Namen.« Ex.r. 44,10 vergleicht unser *bach* mit Gen 22,16 (Verheißungswort an Abraham): »bei *Mir* habe Ich geschworen« (*bi nischbá'ti*).

Moses Fürbitte ist erfolgreich: »Da gereute der Herr des Bösen, das Er Seinem Volk anzutun gesprochen hatte.« »Da gereute« (*wajináchem*) Gott, B. Jacob (aaO, 1413): »Da wurde (Er) anderen Sinnes«, A. B. Ehrlich (Randglossen, I, 392): »gab den ausgesprochenen Entschluß auf«. Gott »verzieh und hob den Unheilsbeschluß auf« (R. Saadia Gaon). Selbstredend handelt es sich auch beim Ausdruck »er gereute« um einen Anthropomorphismus.

Ibn Esra (II,208): »Fern sei (die Annahme), Gott habe (des Bösen) gereut! Vielmehr ›sprach die Torá in der Sprache der Menschen‹ – entsprechend ›Er stieg hinauf‹ (Gen 35,13), ›Er stieg hinab‹ (Gen 11,5), ›es freute sich der Herr Seiner Taten‹ (Ps 104,31), ›er war betrübt in Seinem Herzen‹ (Gen 6,6).«

Die unmittelbare Gefährdung des sündigen Israels ist gebannt. Das bedeutet allerdings nicht, daß die Sünde verziehen wird. R. Mose ben Nachman (I,510) führt aus:

»›Gott gereute des Bösen, das Er Seinem Volk anzutun gesprochen (sich vorgenommen) hatte.‹ Er gereute der Vernichtung, doch Er verzieh ihnen noch nicht ... Als Mose dann nach seinem Abstieg (vom Sinai) den Jungstier verbrannt und seine Verehrer getötet hatte (32,20–28), sagte er zum Volk (V 30): ›Ich will zum Herrn hinaufsteigen, vielleicht kann ich Sühne erwirken für eure Sünde‹, damit Gott euch vergibt.«

»Der Ewige änderte seinen Ratschluß« (M. Mendelssohn für *wajináchem*) – das war viel, doch nicht genug. Mose erstrebte die Aussöhnung Gottes mit Israel. Sie wurde erreicht und manifest durch die neuen Bundestafeln (34,1ff), die Mose anstelle der von ihm zertrümmerten ersten (32,19) zu verfertigen beauftragt wurde. Hier wird lediglich »das böse Verhängnis« aufgehoben, schreibt R. M. D. Cassuto (aaO, 291) und fährt fort:

»Die Torá lehrt, daß drei Dinge das ›böse Verhängnis‹ tilgen: Die Liebe Gottes zu Seinen Geschöpfen (V 11), die Ehre des göttlichen Namens (V 12) und das Verdienst der Vorfahren« (*s'chut 'awót*). (Unter dem »Verdienst der Vorfahren« ist die Hingabe gemeint, mit der die Vorfahren für Gott eingestanden sind.)

Mose erweist sich als der große Fürsprecher für Israel. Selbstlos, völlig uneigennützig tritt er für die Bedrohten ein. Es überrascht nicht, daß dieses unbedingte Eintreten für den Mitmenschen mit *Abrahams Fürbitte* für die Bewohner von Sodom (s. oben S. 63ff zu Gen 18) verglichen wird. Der Midrasch (Ex.r. 44,6; vgl R. M. M. Kascher, torá sch'lemá, XXI,107) lehrt:

»Der Heilige, gelobt sei Er, sagte zu Mose: Wie Ich bei Sodom (mindestens) zehn Gerechte gefordert habe (Gen 18,32), so fordere Ich von dir zehn Gerechte.« (Mose vermag sie vorzuweisen.)

Die konditionierte Schonung Israels ist freilich – anders als bei den Verbrechern von Sodom – nicht im Text verzeichnet. Gott »gereut des Bösen«, weil Er Seinen Schwur einhält und die übrigen Argumente Moses genügen und Ihn »überzeugen«. Die Analogie zwischen dem Tun Abrahams und dem Tun Moses ist aber unübersehbar, wenngleich die Art und Weise des Argumentierens verschieden ist. Wie Mose erfährt Abraham um den göttlichen Vernichtungsentscheid (ib. V 17), doch er tritt aggressiv auf, er »streitet« mit Gott. Mose hingegen »fleht« (V 11) um die Rettung, er erinnert Gott an Seinen Schwur, er greift Ihn nicht an. Abrahams frontaler Angriff auf Gottes angeblich fehlende Gerechtigkeit (ib. V 23.25) fehlt. Abraham kann im Hinblick auf die Sodomiter keinen entsprechenden Schwur nennen, und deshalb bedient er sich bei seinem Plädoyer einer anderen Methode: Nicht das Wort Gottes (Schwur) oder Sein Geschichtshandeln, sondern Gott selbst in Seiner Eigenschaft als höchster Weltenrichter wird als Garant zitiert. Abraham geht, so meinen wir, aufs Ganze, und er tut es ungeschützt. Mose kann sich durch »Fakten« absichern.
Das Resultat ist verschieden: Die Sodomiter gehen unter, die Israeliten entrinnen dem Verderben. Nicht, weil sie an sich der Rettung würdig wären. Sie haben den Tod verdient. Wenn Gott sich »erweichen läßt«, so liegt es nicht am Volk, sondern an der Richtigkeit der Argumente, die Mose vorbringt. Und auch die Sodomiter wären gerettet worden, wenn sie der Minimalforderung gerecht geworden wären. Doch nicht einmal »zehn Gerechte« ließen sich »inmitten der Stadt finden«, und so war deren Schicksal besiegelt – und nur die Gerechten (Lot und seine Angehörigen) konnten überleben. In beiden Erzählungen steht neben der Gerechtigkeit Gottes Seine Barmherzigkeit, neben *din* Sein *rachamím.*

Wegweisung für unsere Zeit

Was wäre passiert, wenn Mose geschwiegen hätte? Wären die treulosen Israeliten in der Wüste umgekommen? Der Text spricht nicht von dieser Möglichkeit. Ihn interessiert das Verhalten des Mose, sein Engagement für die anderen, seine Fürbitte, sein Rettungsversuch. Wie Abraham bricht er für die Schuldigen eine Lanze. Er verstummt nicht, wo die Gefahr droht – die Gefahr für die Gemeinschaft. Er, der Stammler, der Mann »mit schwerem Mund und schwerer Zunge« (Ex 4,10), wird zum beredten Anwalt, der die Argumente mühelos vorbringt, klar und unmißverständlich. Daß er Erfolg haben wird, ist ihm vorerst ungewiß. In der Stunde der Gefahr und Bewährung bewährt er sich – wie Abraham. Wie Abraham rechnet er mit Gottes Gerechtigkeit und Nachsicht zugleich, und Er täuscht sich nicht. Nicht der rächende – der die Menschen liebende Gott ist Abrahams und Moses Gott. Er klammert wohl das Recht und die Gerechtigkeit nicht aus, weil die Welt ohne sie nicht zu bestehen vermöchte. Allein, immer schließt Er die Barmherzigkeit ein und beurteilt den Sünder (und das heißt: uns alle!) nicht nur nach seinen Fehlern, sondern auch nach seinem Bemühen um das Gute. R. Chona lehrte (P'siqta' d'Raw Kahaná, I,291):

»Es sprach der Heilige, gelobt sei Er: Das Böse vergesse Ich, das Gute vergesse Ich jedoch nicht. Das Böse vergesse Ich – deine Rede beim Jungstier (›Dies sind deine Götter, Israel!‹), das Gute vergesse Ich nicht – deine Aussage am Sinai (Ex 24,7: ›Alles, was der Herr gesprochen hat, wollen wir tun und hören!‹).«

Abraham und Mose sind für den Mitmenschen eingetreten. Ihr Beispiel gilt für alle Zeiten.

»Ein erbarmungsvoller und gnädiger Gott«

Ex 34,4–10

4 Er behaute zwei Tafeln aus Stein wie die ersten.
Mose stand früh des Morgens auf
und stieg auf den Berg Sinai,
wie der Herr ihm befohlen hatte.
Er nahm in seine Hand die zwei Tafeln aus Stein.
5 Der Herr stieg hinab in einer Wolke,
und er stellte sich bei ihm (Mose) hin,
und Er rief den Namen des Herrn.
6 Der Herr zog vorüber an seinem Antlitz und rief:
»Der Herr, der Herr ist ein erbarmungsvoller und
gnädiger Gott,
langmütig und groß an Treue und Wahrheit.
7 Er bewahrt Treue ins tausendste Geschlecht,
Er hebt auf Schuld, Missetat und Sünde,
doch ungestraft läßt Er nicht.
Er gedenkt der Schuld der Väter
bei den Söhnen und den Söhnen der Söhne,
beim dritten und vierten Geschlecht.«
8 Mose bückte sich eilends zur Erde und warf sich nieder.
9 Er sprach: »Wenn ich Gnade in Deinen Augen gefunden habe, Herr,
möge doch der Herr in unserer Mitte wandeln,
obschon es ein hartnäckiges Volk ist.
Und Du wirst verzeihen unsere Schuld und unsere Sünde
und uns Dir aneignen.«
10 Er (Gott) sprach: »Sieh, Ich schließe einen Bund,
vor deinem ganzen Volk tue Ich Wundertaten,
wie sie noch nie auf der ganzen Erde
und unter allen Völkern geschaffen worden sind.
Und es sieht das ganze Volk, in dessen Mitte du bist,
das Werk des Herrn, wie es furchterregend ist,
das Ich mit dir (durch dich) tue.«

Der Text im Kontext

Mose steigt vom Sinai herunter, sieht das den goldenen Jungstier anbetende Israel und zerschmettert die beiden Tafeln aus Stein mit dem Gottesgebot (Ex 32,19). Der Bund zwischen Gott und dem Volk scheint für immer aufgekündigt, alles verloren. Das unmittelbare Todesurteil Gottes über Israel vermag Mose zwar zu verhüten (V 14, s. oben S. 100ff) und zuletzt Gottes Verzeihen zu erwirken (V 33f). Ist damit die Zukunft gesichert, die von Gott geschützte Wanderung durch die Wüste, die Gott-Israel-Beziehung? Mose erfleht die Wiederherstellung der einstigen Gottesnähe, das »Mitgehen« Gottes, Seines »Angesichts«, nicht nur die Repräsentanz durch »einen Boten« (33,12–16). Er will Einblick gewinnen in Gottes Geschichtswalten (33,18), um gewiß zu sein, daß Israel zum Ziel gelangt, ins Land der Verheißung. Gott gewährt ihm auch diese Bitte, wobei Mose freilich als sterblicher Mensch nie die Totalität des göttlichen Seins, sondern nur Seinen »Rücken«, seine Fußspuren in der Geschichte »sehen« kann (s. Bibelauslegungen, I,108–117).

Das ist viel, mehr, als einem anderen je zuteil wurde. Entscheidend ist freilich nicht die Gottesnähe zu Mose. Entscheidend ist die Gottesnähe zu Israel. Eine Aussöhnung mit Gott ist erst erreicht, wenn der bedrohte Bund – der Bund des Sinai (24,3–8) – restituiert ist. Zeichen der Restitution sind neue Tafeln aus Stein anstelle der zertrümmerten.

34,1 erhält Mose den Auftrag, *»zwei Tafeln aus Stein wie die ersten«* zu behauen, identisch in Form und Größe. Er gleicht einem Brautführer, lehrt R. Jochanan ben Sakkai (Jalqút schimʿóni, I,236, Nr. 397). Die Braut hat einen König geheiratet, sich aber daraufhin mit einem Knecht eingelassen und die Ehe gebrochen. Der Brautführer will die Ehe zusammenkitten und spricht zum königlichen Ehegemahl:

»Hast du vergessen, wo du die Braut gefunden hast? Ist sie nicht unter Knechten großgeworden und hängt daher mit ihrem Herz an ihnen?« (Hinweise auf die Sklavenzeit Israels in Ägypten)

Der König überlegt sich die Sache und ist zur Versöhnung bereit. Den Ersatz für den zerrissenen Ehevertrag muß der Brautführer freilich selber beschaffen:

»Bring Papier und einen Schreiber (der den Text der Urkunde verfaßt). Ich setze meine Handschrift (Unterschrift) unter das Schriftstück ... So sprach der Heilige, gelobt sei Er, zu Mose: Du wünschst, daß Ich mich mit Israel aussöhne – bring deine Tafeln und Ich setze Meine Handschrift auf sie« (vgl Raschi zu 34,1).

Nach 32,16 hat Gott – zum Unterschied – bei den ersten Tafeln auch das Material »geliefert« (M. Mendelssohn, II,221b):

»Und die Tafeln, Werk Gottes sie, und die Schrift, Schrift Gottes sie, gegraben in die Tafeln« (B-R).

Früh des Morgens soll Mose den Berg hinaufgehen, nachdem er die Tafeln hergerichtet hat und »bereit« ist (34,2). Er wird – und dies ist neu und fällt beim Vergleich mit der Theophanie von Ex 19 sofort auf – einer exklusiven Gottesoffenbarung würdig. Er, und er allein, ersteigt den Berg und vernimmt die Gottesrede, die in unserem Abschnitt (V 5ff) überliefert ist.

Ex 19	*Ex 34*
V 17: Mose führte das Volk Gott entgegen aus dem Lager, und sie stellten sich hin am Fuß des Berges. V 20: Gott stieg herab auf den Berg Sinai, auf die Spitze des Berges. Der Herr rief Mose auf die Bergspitze, und Mose stieg hinauf.	V 3: Keiner steige mit dir hinauf, keiner werde auch gesehen auf dem ganzen Berg, auch Kleinvieh und Rinder sollen nicht weiden jenem Berg gegenüber.

Unter Ausschluß der Öffentlichkeit wird Mose gleichsam in »Privataudienz« empfangen. In den Worten des Midrasch (Tanchúma, ki tisá', 31):

»Es sprach der Heilige, gelobt sei Er: Die ersten Tafeln wurden in der Öffentlichkeit gegeben, und sie hatten keinen Bestand. Jetzt geschieht es im Geheimen (und sie werden von Bestand sein).«

Weshalb aber muß Mose die Tafeln auf den Berg hinauftragen? Könnte er sie nicht an Ort und Stelle herrichten? R. B. Jacob gibt die Antwort (Das zweite Buch der Tora, Nr. 1466):

»Wozu dieser Umweg? ... Aber gerade dieser Umweg ist der springende Punkt in der ganzen Erzählung vom goldenen Kalb. Das erste Mal war Mose mit *leeren Händen* auf den Sinai hinaufgegangen ... Die Folge war gewesen, daß das ungeduldig gewordene Volk seine Rückkehr aufgab, das Kalb anfertigte und Mose zornerfüllt die Tafeln zerschmetterte. Darum soll das Volk ihn diesmal mit *unbeschriebenen Tafeln* hinaufsteigen sehen, damit ihm augenscheinlich gemacht werde, wie ernst es Mose ist. Jetzt hatte es nicht zu warten, ob und wann er wiederkomme, sondern ob er die Tafeln als von Gottes Hand beschriebene zurückbringe.«

Wenn er die beschrifteten Tafeln aus Stein vorzeigt, besitzt dieses abtrünnig gewordene und letztlich wieder zu Gott zurückfindende Volk den Beweis, daß Gott sich mit ihm ausgesöhnt hat. Zusätzliches Zeichen ist das vom Glanz Gottes angestrahlt-strahlende Gesicht Mose (34,29–34).

Leitworte des hebräischen Textes

wajifsól, V 4 (Imperfekt des Qal von *p-s-l* mit *waw* consecutivum): »er behaute, hieb zurecht« (Lex. 894), auch »er haute aus« (R. J. Z. Mecklenburg, haktáw w'haqabalá, I,81).
luchót (Singular: *lúach*) sind Tafeln, hier aus *'awaním,* »Steinen« (Singular: *'éwen;* Femininum).
wajitjazéw, V 5, »er stellte sich hin« (Imperfekt des Hitpael von *n-z-w* mit *waw* consecutivum; Lex. 408 zählt die Form zu *j-z-w*).
rachúm, V 6, ist Partizip Passiv zu *r-ch-m:* »barmherzig«, B-R: »erbarmend«; vgl *réchem,* »Mutterschoß«, *rachamím,* »Barmherzigkeit«. Prototyp der »Barmherzigkeit«, der »Liebe« (aramäisch: *r'chimtá'*), ist die Beziehung der Mutter zur Frucht ihres »Mutterschoßes«, zu ihrem Kind. (Jes 49,15).
chanún ist »gnädig« (L. Zunz), B-R: »gönnend« (vgl das Nomen *chen,* »Gunst, Anmut, Liebreiz« (Lex. 318f). *chanún* ist desgleichen ein Partizip Passiv (von *ch-n-n*).
'érech (Absolutus: *'aréch* oder *'aróch*, Lex. 85) *'apájim* meint »langmütig«, eigentlich: »lang an den Nasen(löchern)«, die anders als beim Zorn nicht entbrennen (Zorn = *charón 'af,* Num 25,4 u.a.).
chésed ist »Treue, Loyalität, Liebe« (Bibelauslegungen, I,121; III, 325.330f.).
nozér, V 7, »bewahrt«. Nach Maimonides (FdI,I,522) vielleicht »läßt sprießen« (Jes 11,1: *nézer,* »Sproß«). R. W. G. Plaut: »bewahrend«.
nosé' (Partizip Aktiv von *n-s-'*), »trägt«, »trägt weg« (Lev 16,22 vom Sündenbock), dann »nimmt weg« (Lex. 685), »hebt auf«.
'awón, péscha', chata'á sind nach b. Rosch Haschaná, 17a, verschiedene Arten von Vergehen: »*'awón* ist die mit Absicht begangene Schuld (Num 15,31), *péscha'* ist das rebellische Verhalten (2Kön 3,7) und *chata'á* die unbeabsichtigte Sünde (*sch'gagá*).« L. Zunz übersetzt mit »Schuld, Missetat und Fehl«, J. Wohlgemuth–J. Bleichrode: »Schuld, Freveltat und Sünde«, R. S. R. Hirsch (II,492): »Krümme und Empörung und Leichtsinn«, M. Mendelssohn: »Missetat, Abfall und Sünde«, B-R: »Fehl, Abtrünnigkeit, Versündigung«. Am schlimmsten ist *péscha'*.
w'naqé lo j'naqé (Infinitivus absolutus des Piel von *n-q-h* mit flektiertem Verb zur Verstärkung) heißt wörtlich: »ungestraft lassen – ungestraft lassen wird er nicht«. *n-q-h* (davon das Adjektiv *naqí,* »rein«; Lex. 680: »schuldlos«) bezeichnet das »Reinmachen« von einer Schuld. Die Übersetzer suchen nach einer passenden Wiedergabe der Wendung: »doch straflos

hingegen läßt er nicht« (L. Zunz), R. B. Jacob: »ohne gänzlich frei zu machen«, R. W. G. Plaut: »Er erläßt nicht alle Strafe«, B-R: »straffrei nur befreit er nicht«.
jélech, V 9, ist Jussiv von *h-l-ch,* Qal: »er möge gehen«.
Zu *'am q'sche 'óref* s. oben S. 91 (Ex 32,9).
w'salachtá (Perfekt des Qal von *s-l-ch* mit *waw* consecutivum), »so verzeihe«, Lex. 714: »übe Nachsicht«.
unchaltánu (Perfekt des Qal von *n-ch-l* mit *waw* consecutivum und Suffix *-nu,* »uns«), »nimm uns dir als Eigentum an« (Lex. 648), L. Zunz: »eigne uns dir an« (B-R: »eigne uns an«), R. W. G. Plaut: »nimm uns als dein Erbe« (vgl oben S. 92 zu Ex 32,13).
korét b'rit, V 10, »einen Bund schließen«, eigentlich: »schneiden«, weil beim Bundesschluß ein Opfertier in zwei Teile zerlegt wird.
nifla'ót sind »Wundertaten (W. Gesenius, 122q, S.411: »wunderbare Dinge«). Es handelt sich bei *nifla'ót* um ein Partizip des Niphal von *p-l-'*. Das Femininum bei Adjektiven und Partizipien entspricht dem deutschen Neutrum (Gesenius, aaO).

Der Text in der Exegese

Mose meißelt die steinernen Tafeln aus und nimmt sie auf den Berg mit. V 4 entspricht dem Gottesbefehl (V 1f). »Früh am Morgen stand er auf« (*wajaschkém . . . babóqer*), denn »die Eilfertigen machen sich rasch (an das Erfüllen der) Gebote« (midrásch léqach tow, zit. R. M. M. Kascher, XXII,55). Daß er die Tafeln mitnahm, wird ausdrücklich vermerkt. In V 2 wurde dieses Mitnehmen nicht befohlen; das Ausmeißeln wäre jedoch sinnlos, wenn Mose die beiden Steine unten gelassen hätte. Auf dem Sinai sollen sie von Gott beschriftet werden. Wie Mose am Gipfel ankommt, »stieg der Herr in einer Wolke hinab«.

»Dieses Mal stieg Er nur in der Wolke, nicht im Feuer und Nebel hinab wie bei der ersten Offenbarung« (19,19; R. Ch. Rabinowitz, dá'at sofrím 'al hatorá, I,217).

Die Offenbarung ist nicht für die Gesamtheit bestimmt. Mose aber weiß bereits von früher her, daß Gott sich ihm aus einer Wolke heraus eröffnet (19,9; 24,15f.18; 33,9f). In V 5 stehen drei Verben: »Er stieg hinab« *(wajéred)*, »Er stellte sich hin« (*wajitjazéw*), »Er rief« *(wajiqrá')*. Subjekt ist zweifellos jeweils »der Herr« (R. Saadia Gaon, 100; R. Samuel ben Me'ir, 140f; R. Mose ben Nachman, I,522 u. a., gegen Abarbanel, II,336f, der meint: »Der Herr stieg hinab, die Wolke stellte sich hin, und Mose rief.«)

Mose wartet auf die Offenbarung Gottes, und er wartet nicht umsonst. *»Er (Gott) rief den Namen des Herrn«*, wie Er Mose zugesagt hatte (33,19): »Ich rufe den Namen des Herrn vor dir.« Gott will Seinen Namen ausrufen, d. h. Mose die Größe Seines Geschichtswaltens kundtun und damit das Wort von 33,19 verwirklichen: »Ich lasse all Meine Güte vor deinem Antlitz vorüberziehen.« Der »Name des Herrn« steht für die Güte Gottes, für alles, was er den Geschöpfen an Gutem erweist. Die Übersetzer haben eher an eine Selbstanrufung Gottes gedacht. Doch ergibt dies einen Sinn?

L. Zunz: »Und der Ewige kam herab in einer Wolke ... und rief bei Namen: Ewiger.«
J. Wohlgemuth–J. Bleichrode: »... und nannte mit Namen den Ewigen.«

Nein, Gott ruft sich nicht beim Namen, Er verkündet vielmehr die Tragweite Seines Namens dem staunenden, zutiefst ergriffenen Mose. Den Inhalt dieses Namens, seine Bedeutung für Israel, erfährt Mose V 6f, nachdem »der Herr an seinem Antlitz vorübergezogen ist«, nachdem – und dies ist gleichbedeutend – »Seine Güte an ihm vorgezogen ist«.
Worum geht es? Soll Gottes Sein und Wesen definiert werden? Als Gott beim ersten Ruf Moses beim Dornbusch Seinen Namen kundtat, sprach Er (Ex 3,14): »Ich werde (da) sein, der Ich (immer da) sein werde!« (*'ehjé 'aschér 'ehjé*). Es ging nicht um eine philosophische Erörterung göttlicher Existenz, sondern um Sein Da-Sein, Dabei-Sein, Seine immerwährende Hilfe für das bedrängte Israel (Bibelauslegungen, I,103). Analog wird auch in unserem Text nichts über Gottes Sein, doch Entscheidendes über Gottes Wirken ausgesagt. Darum bemüht sich Mose: Er will wissen, ob Israel nach dem Abfall, dem schrecklichen Rück-Fall in die vorsinaitische Götterverehrung, eine Zukunft besitzt, eine Zukunft *mit* Gott, weil sich Mose eine Zukunft ohne Gott nicht auszudenken vermag. Maimonides schreibt (FdI,I,45, S.180):

»Daher kommt dieser Stelle nicht die Bedeutung zu, daß Gott Eigenschaften besitzt, sondern daß er Wirkungen hervorbringt ..., nicht, daß Gott Seelenzustände habe.«

»Wirkungseigenschaften« nennt Maimonides die Eigenschaften, die in V 6f aufgezählt sind. Alle diese Wirkungseigenschaften sind – und das kann nicht deutlich genug unterstrichen werden – Ausdruck der Gottesliebe, der gütigen Zuwendung zu den Menschen. Nicht ein angeblich »rächender« Gott spricht hier Sein Wort, Sein Macht-Wort, weil Gott sich nicht rächt. Der Mensch pflegt bisweilen an seinen Feinden Rache zu üben. Und die Torá fordert daher in einem zentralen Text (Lev 19,18) den Verzicht auf die

»Rache« und das »Nachtragen« zugunsten einer unbedingten Mitmenschlichkeit (»Nächstenliebe«). Selbst dort, wo der Begriff der Rache auf Gott bezogen wird (Nah 1,2–3; Ps 94,1 u. a.), ist nicht die primitive Rache im menschlichen Sinn gemeint. Gott »rächt«, ist gleichbedeutend mit »Gott sorgt für Recht und Gerechtigkeit«, für den Schutz der Schwachen, die von den Mächtigen zu Boden gedrückt werden (vgl Jes 35,4; Bibelauslegungen, III,179.183f). Die Gnade ist immer gekoppelt mit dem »Recht«, weil ohne Recht die Welt keinen Bestand hätte. Der Akzent liegt aber auf der Gnade, auf der Barmherzigkeit. Es trifft zu, was H. Cohen (Religion der Vernunft aus den Quellen des Judentums, 109) über die Eigenschaften Gottes schreibt:

Sie »sind eigentlich aber nur zwei: Liebe und Gerechtigkeit. Die Einheit ist nicht einmal in ihnen enthalten, geschweige, daß etwa Allmacht oder Allwissenheit ausgesprochen wären. Die Eigenschaften des *Seins* sind mithin gänzlich ausgefallen.«

Wie Maimonides spricht H. Cohen von »Wirkungsweisen«, er nennt sie »Attribute der Handlung« und reduziert sie auf zwei: »Liebe und Gerechtigkeit«. Diese Attribute sind nach R. Levi ben Gerson (perúsch ʿal hatorá, I,114a) »Die Wege des Herrn und Seine Vorsehung«. Erst später werden sie zu »Musterbildern für die Handlung des Menschen« (H. Cohen, 110), oder, so R. L. Baeck (Wesen des Judentums, 36), »zu bestimmter sittlicher Forderung« für den Menschen.
Was sagen diese »Wirkungseigenschaften« Gottes, Seine Attribute der Liebe und Zuwendung, im einzelnen aus?
Mit einem zweifachen *ʾadonáj*, »Herr« (B-R: »ER ER«), setzt die Rede Gottes ein. R. W. G. Plaut setzt zwei Ausrufezeichen: »The Lord! The Lord!« Die Ausrufezeichen erwecken den Eindruck einer Selbstanrufung, was keinen Sinn ergibt. Möglich ist hingegen die Wiedergabe mit »ER ist ER« (R. B. Jacob, 1469), analog zu Ex 3,14: *ʾehjé ʾaschér ʾehjé*. Er ist der Weltenschöpfer und der Weltenlenker. R. I. Arama (ʿaqedát Jizchák, II,190b) führt aus:

»›Der Herr‹ – Er ist es, der die Welt bildet und hervorbringt. ›Der Herr‹ – Er lenkt alle seine Geschöpfe« (vgl Maimonides, hilchót j'sodé hatorá, I,1; R. O. Sforno, 205).

Der Akzent liegt auf der Weltführung, auf Gottes Geschichtswalten. M. Mendelssohn (II,22b) schreibt:

»Der Herr ist der Herr, das Wesen, das war, ist und sein wird und sich in der Zeit der Not für Israel einfindet.«

Gottes Wirkungsweise bleibt dabei unverändert, immer dem Menschen zugewandt. In den Worten des Talmud (b. Rosch haschaná, 17b):

»›Herr, Herr‹: Ich bin, ehe der Mensch sündigt, und Ich bin, nachdem er gesündigt hat und die Umkehr vollzieht.«
Vgl Num.r. 12,1: »Es sagte R. Simon: Weshalb ist zweimal ›Herr, Herr‹ geschrieben? Weil der Heilige, gelobt sei Er, Mose tröstete und zu ihm sagte: Wie Ich sie (Israeliten) vor jener Tat (Abfall mit Jungstier) nach dem ›Maß (Eigenschaft) der Barmherzigkeit‹ beurteilt habe, so werde Ich sie auch jetzt nach dem ›Maß der Barmherzigkeit‹ beurteilen.«

»Wozu aber bedarf jemand der göttlichen Barmherzigkeit, ehe er sich vergangen hat?« fragt der chassidische Meister R. Zwi von Siditschow (zit. bei J. D. Weiss, b'sod síach hatorá, 224). Er antwortet:

»Im Buch ›Herzenspflichten‹ (des R. Bachja Ibn Paquda, 11./12. Jh.) fand ich dies: Ein frommer Mann sagte zu seinen Schülern: ›Meine Söhne, solltet ihr keine Sünde begangen haben, so fürchte ich, daß etwas Schlimmeres euch anhaftet – der Stolz!« R. Zwi fuhr fort: »Überlegt euch jetzt: Wenn ein Mensch des Erbarmens bedarf, nachdem er gesündigt hat und sein Herz zerbrochen ist und er sich wegen der Sünden sorgt, um wieviel mehr ist der Stolze, der mit aufgerichteter Gestalt einhergeht und sich einbildet, alles habe Gott um seinetwillen erschaffen, auf des Himmels Erbarmen angewiesen – selbst wenn er sich noch nicht schuldig gemacht hat!«

Der »Herr« ist »Gott« (*'el*), »der Richter, der Recht übt« (R. J. B'chor Schor, I,153; Chisqúni, 319), der alles » Vermögende« (R. O. Sforno, 205; R. I. Reggio, II,161b). Das meint *'el,* die »Kraft« (= *'ejál,* Ps 88,5; Ibn Esra, II,345), »der Urborn aller Kraft« und »Urhebel aller Bewegung« (R. S. R. Hirsch, II,493). In dieser Seiner »Kraft« wendet Er sich »erbarmungsvoll und gnädig« (*rachúm w'chanún*) dem Menschen zu. (Oft finden sich die beiden Attribute in umgekehrter Reihenfolge: Ps 111,4; 145,8; Joël 2,13; Jona 4,2 u.a.) Die Septuaginta übersetzt mit »barmherzig und voller Mitleid« (*oiktírmōn kai eleḗmōn*). Gott ist stark und in der Lage, die Barmherzigkeit zu verwirklichen, wie Ibn Esra (II,345) betont:

»Er ist *'el* ... Es gibt auch einen Barmherzigen, der keine Kraft besitzt.«

Gottes Erbarmen wird immer manifest. Die Barmherzigkeit und Seine Begnadung sind nicht vorübergehende Phänomene. Er erbarmt sich nicht nur sporadisch, wie Menschen es tun, Er ist *immer* voller Erbarmen. Daher steht das passive und nicht das aktive Partizip: *rachúm* und nicht *m'rachém*, ebenso *chanún* und nicht *chonén*. Durch die aktiven Partizipien wäre nur eine einmalige Tat, nicht eine dauernde Wirkungsweise, die sich nicht ändert, beschrieben (R. I. Reggio, II,161; R. H. Hertz, 364f.; Enc. miqra'ít, II,161b). Allerdings gilt die Warnung, die Maimonides nochmals ausspricht:

»Es soll damit nicht gesagt werden, daß Gott Gefühle hat oder sein Erbarmen erregt wird, sondern nur, daß von Gott an denjenigen, die ihn verehren, eine Handlung ausgeübt wird, die derjenigen ähnlich ist, die einem Kinde von seinem Vater zuteil wird.«

Der Talmud nennt nicht zufällig Gott »den Barmherzigen« (*rachmanâ'*, b. Sanhedrín, 106b u. a.)
Gott ist *'érech 'apájim, »langmütig«,* R. S. R. Hirsch: »lange geduldend«.

»Weshalb heißt es *'érech 'apájim* (*'apájim* im Dual)? *'érech 'af* (im Singular) müßte stehen! Vielmehr: Er ist ›langmütig‹ zu den Guten und ›langmütig‹ zu den Schlechten« (b. Eruwín, 22a).

In den Bußgebeten der jüdischen Liturgie vom Versöhnungstag (*jom kipúr*) wird dieses Moment ausgesprochen:

»Dein Weg ist es, unser Gott, langmütig zu sein bei den Schlechten und den Guten. Dir gereicht dies zum Ruhm!« (D. Goldschmidt, machsór l'jamím nora'ím, jom kipúr, 20).

Verbunden mit Gottes »Langmut« sind Seine *»Treue und Wahrheit« (chésed we'emét)*, Seine »Liebe und Treue (H. Cohen, R. L. Baeck), »Huld und Treue« (L. Zunz, B-R).

»Er ist groß in der Treue der Wahrheit, d.h. in einer wirklichen und zuverlässigen Treue. In Treue erfüllt Er Seine guten Zusagen« (R. M. D. Cassuto, 307).
»Er erweist Gutes jenem, der darauf keinen Anspruch hat. Und deshalb wird alles Gute, das dir von Gott zukommt, *chésed* genannt« (Maimonides, FdI, III,53,S.358f).
(Vgl Bibelauslegungen, I,125; III,77.)

»Er bewahrt die Treue ins tausendste Geschlecht« (V 7), wie Er, so heißt es am Versende, der Schuld der Väter an den Nachfahren gedenkt. Die Parallele zu Ex 20,5f ist augenfällig:

V 7	*Ex 20*
Er bewahrt Treue (Liebe) ins tausendste Geschlecht ...	V 5: ... der gedenkt der Schuld der Väter bei den Söhnen im dritten und vierten Geschlecht, bei jenen, die Mich hassen.
Er gedenkt der Schuld der Väter bei den Söhnen und den Söhnen der Söhne, beim dritten und vierten Geschlecht.	V 6: Doch er übt Treue (Liebe) ins tausendste Geschlecht, bei jenen, die Mich lieben ...

Die Reihenfolge ist umgestellt. In V 7 ist zudem von »den Söhnen der Söhne« die Rede und in Ex 20,5f steht zur Präzisierung »bei jenen, die Mich hassen«/»bei jenen, die Mich lieben«. Die beiden Texte ergänzen sich. Ihr Sinn ist derselbe (Ibn Esra II,222).
Gott »bewahrt die Gnade ins tausendste Geschlecht«. Wo aber die Umkehr ausbleibt und hartnäckig verweigert wird, steht Er nicht achtlos zur Seite. Nie aber müssen Kinder für die Schuld ihrer Väter geradestehen (R. J. B'chor Schor, I,154), denn es heißt: »Jeder werde wegen seiner (eigenen) Schuld getötet« (Dtn 24,16). »Im dritten und vierten Geschlecht« der in ungebrochener Folge – und nur dann! – Gott »hassenden« Menschen tritt die Strafe ein. Aber immer steht den »Hassern« der Weg zur Umkehr offen (R. I. Reggio, II,162a; R. J. B'chor Schor, II,181). Der Midrasch (midrásch hagadól, II,710) nennt einen Vergleich:

»Vier Zimmer (Stockwerke) liegen übereinander. In jedem findet sich eine andere Flüssigkeit: Wein, Öl, Honig und Wasser. Wenn in einem Zimmer ein Brand ausbricht, so löschen ihn die anderen. Wäre in allen aber nur Öl, so verbrennten alle. So ist es auch mit den sündigen Generationen: Halten sie alle an den sündhaften Taten ihrer Väter fest – Generation nach Generation –, so werden sie deswegen bestraft. Wenn aber nicht, indem die eine Generation zwar böse, die folgende aber gut ist, so werden sie nicht bestraft ... Da freute sich Mose, weil er wußte: In Israel gibt es keinen ‹Fäller‹ nach einem ›Fäller‹« (d.h. keine Generation, die die guten Setzlinge nach einer ihr vorangehenden Generation umhaut).

Und erst im dritten und vierten Geschlecht tritt die Strafe ein. Bis dann gewährt Gott die Gnadenfrist. Vielleicht beschreiten die Sünder den von Ihm erwünschten Weg der Umkehr (s. Bibelauslegungen, III,77).
Gott hebt die Sünden in allen ihren Formen auf: die freventlich begangenen, die rebellischen, die unbeabsichtigten Vergehen (s. Leitworte zu *ʿawón, péschaʿ, chataʾá*). Doch falls die Umkehr aus Prinzip ausbleibt, läßt Er nicht ungestraft (*w'naqé lo j'naqé;* Leitworte). Dies meint R. Elʿasar (b. Jomá, 86a):

»Man kann nicht sagen ›Er läßt ungestraft‹ (*j'naqé*), denn es heißt zugleich ›Er läßt nicht ungestraft‹ (*lo j'naqé*). Zum anderen kann man nicht sagen ›Er läßt nicht ungestraft‹, denn es heißt zugleich ›Er läßt ungestraft‹. Wie ist dies (auszugleichen)? – Er läßt ungestraft die (zu ihm) Umkehrenden, nicht aber ungestraft die nicht Umkehrenden.« (Vgl Targúm Onkelos: »Er verzeiht den zu Seiner Lehre Umkehrenden. Den nicht Umkehrenden vergibt Er nicht.«)
Eine andere Deutung der Wendung gibt R. Akiba: »Er läßt ungestraft bei Dingen (Vergehen) zwischen dir (Mensch) und Ihm. Nicht ungestraft aber läßt Er bei Dingen zwischen dir und deinem Nächsten« (zit. von R. M. M. Kascher, XXII,68). Vergehen im mitmenschlichen Bereich sind weit gravierender!

Diese Aussagen finden ihre *Parallelen* in anderen Texten. Einige Beispiele:

Num 14,18
Der Herr ist langmütig und groß an Treue. Er hebt auf Schuld und Missetat, doch ungestraft läßt Er nicht. Er gedenkt der Schuld der Väter bei den Söhnen, beim dritten und vierten Geschlecht.

Nah 1,2f
Ein eiferner und bestrafender Gott ist der Herr ... Der Herr ist langmütig und groß an Kraft, doch ungestraft läßt er nicht (ganz).

Ps 78,38
Er ist erbarmungsvoll, sühnt die Schuld und vernichtet nicht.

Ps 86,15
Du Herr, bist ein erbarmungsvoller und gnädiger Gott, langmütig und groß an Treue und Wahrheit.

Ps 145,8f
Erbarmungsvoll und gnädig ist der Herr, langmütig und groß an Treue. Gut ist der Herr zu allen, und Sein Erbarmen (gilt) allen Seinen Werken.

Die jüdische Tradition zählt die Wirkungsweisen Gottes:

»R. Simon sagte: *Dreizehn Eigenschaften* über Gottes Erbarmen mit Israel finden sich in der Torá ... Raw sagte: elf, die Weisen: zehn« (Midrásch t'hillím, schochér tow, hg. v. S. Buber, S.416).

Generell hat man sich auf die Zahl dreizehn geeinigt (wenngleich sich R. J. Ibn Caspi, mischne késef, II,225, darüber ärgert: »Wollte einer die Eigenschaften auf dreiundzwanzig ausdehnen, so schadet es auch nicht!«). In der Einteilung der 13 Attribute fehlt eine Einheitlichkeit, wie die nachstehende Tabelle zeigt (vgl auch die Zusammenstellung bei R. Adin Steinsalz, b. Rosch Haschaná, 17b). Die Kolumnen nenne einige wichtige Exegeten:
Kolumne I: Ibn Esra (»langer Kommentar«, II,221), R. El'asár aus Worms (perúsch haroqéach, II,181), M. Mendelssohn (II,223b), R. J. H. Hertz (346f).
Kolumne II: R. Saadia Gaon (100), Ibn Esra (»kurzer Kommentar«, II,345), R. J. Ibn Caspi (mischné késef, II,225).
Kolumne III: Maimonides (Response Nr. 46, bei Shulsinger Bros., I,13 [Anhang]).
Kolumne IV: R. Sch. D. Luzzatto (385).

Attribute	*I*	*II*	*III*	*IV*
Herr	1	–	–	–
Herr	2	1	1	–
Gott	3	2	2	1
erbarmungsvoll	4	3	3	(zus. mit 1)
gnädig	5	4	4	2
langmütig	6	5	5	3
groß an Treue	7	6	6	4
und Wahrheit	8	7	7	5
bewahrt Treue	9	8	8	6
hebt auf Schuld,	10	9	9	7
Missetat,	11	10	10	8
Sünde	12	11	11	9
läßt ungestraft	–	–	12	–
nicht ungestraft	13	12	13	(zus. mit 7–9)
gedenkt Schuld (Söhne)	–	13	–	10
an Söhnen der Söhne				11
beim dritten Geschlecht				12
beim vierten Geschlecht				13

In den Bußliturgien bilden die »Dreizehn Attribute« Gottes (*sch'losch 'esré midót*) den »Kern aller Gebete um Sündenvergebung«. Sie bilden »den ständig wiederkehrenden Refrain aller Bußgebete« (I. Elbogen, Der jüdische Gottesdienst, 222). Der Talmud (b. Rosch Haschaná, 17b) stellt fest:

»Der Heilige, gelobt sei Er, ... lehrte Mose die Ordnung des Gebets. Er sprach: Wenn die Israeliten sündigen, sollen sie vor Mir nach dieser Ordnung bitten, und Ich verzeihe ihnen.«

Soviel zur Gottesrede, die Mose – und Mose allein – in der Theophanie (einer »Exklusivtheophanie«) vernimmt. Mose reagiert durch eine *Geste der totalen Unterwürfigkeit* (V 8), und er reagiert unverzüglich (»er beeilte sich und bückte sich«, d.h. »er bückte sich eilends zur Erde und warf sich nieder«.)

»Die Eile bei der Prostration beweist die Größe der Sache, wegen der sich ein Mensch verneigt und niederwirft« (R. O. Sforno, 207).

Mose versteht, daß »Gott dem sündigen Israel bereits verziehen hat. Er wirft sich nieder, um dem Herrn zu danken und Ihn zu preisen« (M. Mendelssohn, II,223b). Die Demutsgeste ist also Zeichen des Dankes. Zugleich mündet jetzt der Dank in eine Bitte ein. Die Stunde ist günstig, Gott ist gnädig gestimmt, Mose ergreift die Gelegenheit (Chisqúni, 319).

Die *Bitte (V 9)* gliedert sich in Nebensatz-Hauptsatz-Nebensatz-Hauptsatz:

1) Nebensatz: »Wenn ich Gnade in Deinen Augen gefunden habe, Herr«
2) Hauptsatz: »Möge doch der Herr in unserer Mitte wandeln«
3) Nebensatz: »Obschon (denn?) es ein hartnäckiges Volk ist«
4) Hauptsatz: »Und Du wirst (mögest) verzeihen unsere Schuld und unsere Sünde und uns Dir aneignen.«

Das »Finden der Gunst, des Gefallens« ist Mose sehr wichtig (vgl Ex 33,12.13.16.17), weil er nur dann für das sündige Israel die volle Verzeihung Gottes zu erlangen hofft. Der Akzent liegt auf 2) und 4): Mose erbittet das erneute »Mitgehen« Gottes »in unserer Mitte«, die ungebrochene Gottesnähe, die sich nicht mehr nur an der Peripherie abzeichnet (wie 32,34), und er fleht um die absolute Aussöhnung Gottes mit dem Volk. Nach dieser Aussöhnung wird Israel wieder »Gott zu eigen«, zum »Eigentum« (*nachalá*) Gottes.
In 33,35 ist die »Hartnäckigkeit« der Grund, daß Gott nicht mitzieht. Jetzt stört sie Ihn nicht mehr, glaubt Mose, weil Er zu verzeihen bereit ist.
Mose geht »aufs Ganze«. Es genügt ihm nicht mehr, daß Gott das durch die Wüste wandernde Volk begleitet (33,16; »mit uns«). Mose wünscht, Gott möge »in unserer *Mitte*« (*b'qirbénu*), im Zentrum des Volkes (später symbolisiert durch die im Zentrum mitgeführte Bundeslade) mitziehen (R. J. Z. Mecklenburg, II,81). Dadurch würde Seine Ablehnung dieser Mittelposition (33,3.5) reversibel. Und dies »obschon« (*ki*) – so R. O. Sforno (207) – oder »(gerade) weil« – so R. S. R. Hirsch (II,496) – es sich um »hartnäckiges Volk« handelt. In jedem Fall bedarf Israel Seines besonderen Schutzes und Seiner Rücksichtnahme. M. Buber (darkó schel miqrá', 306) schreibt:

»Mose bittet, Gott möge dem Volk abermals nicht nur Seinen Schutz gewähren, sondern seine Sch'chiná (Gegenwart) in ihm weilen lassen« (nach Midrásch hagadól, II,710). »Sollte es aber hartnäckig sein und gegen Dich rebellieren, ... so verzeih unsere Schuld« (Raschi).

Jetzt fehlt ein Risiko. Gott hat Seine Versöhnungsbereitschaft kundgetan (V 6f). Selbst einem hartnäckigen, rückfälligen Volk wird Er verzeihen, glaubt Mose mit fester Überzeugung. Und wenn er im Plural spricht – »unsere Schuld und unsere Sünde« (*laʿawonénu ulchataʾténu*) –, schließt er sich mit ein. Nur den »Frevel« (*péschaʿ*) läßt er aus »wegen seiner Ehre« (Ibn Esra, II,346), denn einen »Frevel«, eine »rebellische Schuld« (s. Leitworte), wird er selbst nicht begehen und wird nach all dem Kummer, den die schwere Versündigung nach sich zog, auch das Volk so bald nicht mehr begehen.
Die totale Aussöhnung ist Moses Anliegen. Sie wird ihm und Israel gewährt,

wenngleich der Text sie – anders als in Num 14,19f (nach der Kundschafterkatastrophe) – nicht ausdrücklich nennt.

V 9	*Num 14*
Verzeih unserer Schuld und unserer Sünde ...	V 19: Verzeih der Schuld dieses Volkes nach der Größe deiner Treue ... V 20: Da sprach der Herr: Ich habe verziehen nach deinem Wort.

Wenn die Schuld vergeben ist, wird Israel wieder »Gott zu eigen«, zum »Eigentumsvolk« Gottes (*'am nachalá*; Dtn 4,20 u. a.), »zu seinem unveräußerlichen Besitztum« (A. B. Ehrlich, Randglossen, I,411). Es gilt dann, was M. Buber (aaO, 301) so formuliert:

»Das Land als Eigentum des Volkes und das Volk als Eigentum Gottes – beides ist für immer zugesagt.«

Da wird dann die »Hartnäckigkeit«, meint R. Jaqím (Ex.r. 42,9), sich als positiv erweisen:

»Drei sind schroff: Der Hund unter den (Säuge-)Tieren, der Hahn unter den Vögeln, Israel unter den Völkern. R. Jizchak bar Radifa sagte im Namen des R. Ami: Du glaubst wohl, es sei dies zum Tadel (ausgesprochen)? Durchaus nicht, es ist zum Lob – entweder Jude oder gekreuzigt! (*'o j'hudí, 'o zalúw*).«

Die »Hartnäckigkeit« führt zum hartnäckigen Festhalten am jüdischen Glauben, bis hin zum Märtyrertod. »Entweder Jude oder gekreuzigt!« ist Losungswort von Hunderttausenden geworden, die das Ende auf dem Scheiterhaufen einem Glaubenswechsel vorgezogen haben.
Mose hat zu Ende gesprochen. Gott antwortet (V 10): *»Sieh, Ich schließe einen Bund.«* Um welchen Bund handelt es sich?

R. Samuel ben Me'ir (Raschbám) schreibt: »Ich schließe mit dir einen Bund, daß Ich mit euch ziehe und daß Ich euch durch Wundertaten auszeichne.« (Analog Raschi, Chisqúni, Abarbanel, II,344; R. O. Sforno, 207) Der »Bund« kommt einem »Schwur« gleich (Abarbanel).

Der Bund bezieht sich unmittelbar auf das Anliegen, das Mose vorgebracht hat: die Versöhnung Gottes mit dem abtrünnig gewordenen Israel, die durch eine erneute Hinwendung, ein »Mitgehen inmitten des Volkes« manifest wird. Leicht nuanciert ist die Ansicht des R. J'huda (b. Rosch Haschaná, 17b):

»Ein Bund ist geschlossen mit den dreizehn Attributen, daß sie nie leer zurückkehren« (d.h. daß Gott jenen erhört, der sie im Gebet spricht; s. Raschi z. St.).

Viel einleuchtender ist die Identifizierung dieses Bundes mit dem bereits am Sinai durch die Gemeinschaft eingegangenen Bund. »Ich schließe einen Bund« ist gleichbedeutend mit »Ich erneuere den Bund« (R. M. D. Cassuto, 308; E. S. Hartom, II,128). Gott hat den Bund nie aufgekündigt, Er muß ihn daher auch nicht neu eingehen. Nur bekräftigen will Er ihn. (V 27f wird der Bund ausdrücklich mit den »Zehn Worten« [Geboten] in Verbindung gesetzt.) Wenn Mose die neuen Bundestafeln (= die beiden Tafeln aus Stein mit der »Gottesschrift«) erhält, besitzt er gleichsam eine »Urkunde zum Zeugnis« (Ibn Esra, II,223).
Wie in der Vergangenheit wird Gott für Israel *»Wunder«* wirken, wie sie noch nie »auf der ganzen Erde und unter allen Völkern geschaffen worden sind«. Sie stellen eine Auszeichnung für Israel dar (33,16; R. J. B'chor Schor, I,155: *nifla'ót*) [»Wundertaten«] entsprechend der Bitte Mose: *w'niflínu,* »wir mögen ausgezeichnet werden«; Lex. 878 [*p-l-h* ist eine Nebenform von *p-l-'*]). Diese Wundertaten, die in ihrer Art alles Bisherige übertreffen, sind schwerlich auf Moses leuchtendes Gesicht (V 29) zu beschränken (so Midrásch hagadól, II,711; R. Samuel ben Me'ir; R. J. B'chor Schor, I,155). Was Gott »mit dir« (= »durch dich«; R. El'asár aus Worms, II,181) tun wird, soll alles Frühere in den Schatten stellen. Es überragt die Wunder in Ägypten, den Durchzug durchs Schilfmeer, die Gottesoffenbarung am Sinai, die Speisung mit dem Manna usw. Was kann es sein? Abarbanel (II,344) denkt an die Siege über Sichon und Og (Num 21,24.35), das Stillstehen der Sonne und des Mondes in Josuas Tagen (Jos 10,12), die Überquerung des Jordan (Jos 4–13), die Tatsache einer Prophetie in Israel, und dann auch das Erstrahlen des Angesichts von Mose.
Der Text nennt keine Einzelheiten, und es ist müßig, sich auf Einzelheiten festlegen zu wollen. Er will aber dem von neuem Mut erfüllten Mose mitteilen, daß die Zukunft nicht nur nicht schlechter sein wird als die Vergangenheit, sondern eindrücklich und von Gottes Wunderwirken noch stärker geprägt. Gott ist wieder »inmitten« Israels, so wie Mose wieder ganz »in seiner Mitte« (*beqirbó*) wirkt: nicht mehr als der zornige Führer einer mürrischen und abtrünnigen Gemeinschaft, vielmehr als der anerkannte und verehrte Mann, dem sie nur mit größter Scheu begegnet (V 30).

Wegweisung für unsere Zeit

»Der Herr zog vorüber an seinem (Moses) Antlitz und rief« (V 6). Wie dieses Vorüberziehen und dieser Ausruf geschehen sind, entzieht sich

unserer Kenntnis. Mose allein hätte Auskunft geben können, doch er hat den Schleier des Mysteriums nicht gelüftet. Die intimste Begegnung verbirgt sich dem Blick der anderen. Was aber im letzten für die Nachwelt weitaus wichtiger ist, ist enthüllt: das Wort vom »erbarmungsvollen und gnädigen« Wirken Gottes für Israel, für jeden Menschen schlechthin. Der seinen Geschöpfen sich zuwendende, der gütige Gott offenbart einen winzigen Teil Seines Handelns. Doch dieser Teil ist entscheidend: Gott verläßt die schuldig gewordenen Menschen nicht. Er nimmt sie auf und schenkt ihnen neues Vertrauen und Mut, wenn sie nur wirklich Ihm sich zuzuwenden bereit sind.
Gott verkündet Seine Attribute. Wir vernehmen sie in der Übersetzung von M. Buber–F. Rosenzweig, die auf Satzzeichen beinahe verzichten und daher die ungetrennte Einheit herausstellen:

Er Er
Gottheit
erbarmend gönnend
langmütig
reich an Huld und Treue
bewahrend Huld ins tausendste
tragend Fehl Abtrünnigkeit Versündigung,
straffrei nur befreit er nicht,
zuordnend Fehl von Vätern ihnen an Söhnen
und an Sohnessöhnen, am dritten und vierten Glied.

Einem solchen Gott darf sich jeder anvertrauen, weil Er Schuld vergibt, sie »aufhebt« und hinwegträgt, als habe sie nie existiert.
Die Weisen lehren (Tanchúma, ki tisá', 31), Mose sei mit den neuen Bundestafeln am zehnten Tag des siebten Monats vom Sinai zurückgekommen, als die Israeliten sich kasteiten und zu Gott beteten. Dieser zehnte Tag ist der Versöhnungstag Jom Kipur (Lev 16,30f; 23,27f), der bis heute fastend und betend gefeiert wird. Der Lehre Sinn ist klar:

»Bei den ersten Tafeln sündigten die Israeliten (beim Jungstier). Als aber die zweiten Tafeln zu ihnen gelangten, empfingen sie sie mit Fasten, Flehen und Lobpreis« (Mischnát R. Elieser, zit. R. M. M. Kascher, XXII, 51f).

Wer Gottes Satzung – die Satzung des gütigen Herrn – empfangen will, muß offen sein, innerlich bereit, sich Ihm anzuvertrauen. Israel hat dies letztlich begriffen. Mit den zweiten »Tafeln aus Stein« hat es die Satzung und zugleich auch die Zusage angenommen – die Zusage von Gottes Barmherzigkeit, Langmut, Treue und Gerechtigkeit.

»Höre, Israel«

Dtn 6,4–9

4 Höre, Israel, der Herr ist unser Gott, der Herr ist einzig!
(oder: Höre, Israel, der Herr ist unser Gott, der Herr allein!)
5 Du sollst lieben den Herrn, deinen Gott,
mit deinem ganzen Herzen
und mit deiner ganzen Seele
und mit deiner ganzen Kraft
(oder: mit deinem ganzen Vermögen).
6 Es seien diese Worte, die ich dir heute gebiete,
auf (in) deinem Herzen.
7 Schärfe sie ein deinen Söhnen und sprich von ihnen:
Wenn du in deinem Hause sitzt, wenn du des Weges gehst,
wenn du dich hinlegst und wenn du aufstehst.
8 Binde sie zum Zeichen an deine Hand,
und sie seien zum Gebinde zwischen deinen Augen.
9 Schreibe sie an die Türpfosten deines Hauses und an deine Tore.

Der Text im Kontext

»Als Jakob sein Ende nahen fühlte, rief er seine Söhne zu sich. Jeden einzelnen machte er (im privaten Gespräch) auf seine Fehler aufmerksam und wies ihn zurecht (Gen 49,3–8). Als er fertig war, versammelte er sie alle um sich und fragte sie: ›Seid ihr vielleicht mit jenem zerstritten, der gesprochen hatte, und die Welt entstand (Gott)?‹ Sie antworteten: ›Höre, Israel, unser Vater. Wie in deinem Herzen kein Streit (gegen Ihn) ist, so auch in unserem Herzen nicht. Vielmehr ist ›der Herr, unser Gott, der Herr allein‹ (oder: ›der Herr als Einziger‹).‹ Da warf sich Israel (= Jakob) nieder am Kopf des Bettes (47,31).«
Dieser Midrasch (midrásch hagadól, V,126; vgl Dtn.r. 2,35) verlegt den berühmten Vers der Torá, mit dem unser Bibelabschnitt beginnt, in vorsinaitische Zeit. Jakob (= Israel, Gen 32,27f) prüft die Glaubenstreue seiner Söhne, und sie bekräftigen ihren Glauben mit dem Bekenntnis zum Einen-

Einzigen Gott. Gewiß geht es hier nicht um eine historische Tatsache. Nicht Jakobs Söhne haben das berühmte »Höre, Israel« (*sch'ma*ᶜ *Jisra'él*) gesprochen, das bis heute als das jüdische Glaubensbekenntnis gilt. Mose hat es seinem Volk zugerufen – und nicht vor, sondern erst nach der Sinaioffenbarung. So wichtig ist aber das Bekenntnis, daß es – meint der Midrasch – älter sein muß als Mose. Es fällt in die Zeit der »zwölf« Jakobsöhne, der »Begründer« der »zwölf« Stämme, also in die Anfänge der israelitischen Stammesgeschichte. Ein Bezug auf Ex 20,2 ist nicht zu übersehen: »Ich bin der Herr, dein Gott, der Ich dich aus Ägypten herausgeführt habe, aus dem Haus der Knechte.« Die machtvolle Selbstvorstellung Gottes, des Lenkers der Geschichte, klingt nach, wie auch das Gebot Seiner Exklusivität:

»›Ich bin der Herr, dein Gott‹, entspricht ›Höre, Israel, der Herr ist unser Gott‹. ›Es sollen dir nicht fremde Götter sein vor Meinem Angesicht‹ (Ex 20,3) entspricht ›der Herr ist einzig‹« (j. B'rachót, I,5).

Was Israel am Sinai gesagt wurde, soll sich ihm für alle Zeiten einprägen. Deshalb steht am Anfang der Imperativ »höre!« Dabei handelt es nicht nur um ein akustisches Hören, sondern um ein eindringendes, um ein »Verstehen« (R. O. Sforno, 320). Israel soll hören und verstehen, was die Gottesbotschaft von ihm abverlangt.

Leitworte des hebräischen Textes

*sch'ma*ᶜ, V 4, ist Imperativ des Qal von *sch-m-*ᶜ*:* »höre!«
'echád bedeutet »einer«, »eins«, dann auch »allein«, »einzig« (Lex. 29).
In V 2 ist *w''ahawtá* Perfekt des Qal von *'-h-w,* »lieben«, mit *waw* consecutivum: »du sollst lieben«, B-R: »so liebe denn«.
l'wawchá, »dein Herz« (*lewáw* mit Suffix *-cha,* »dein«).
nafsch'chá, »deine Seele« (»als Sitz und Träger von Gefühlen und Empfindungen«, Lex. 673). *néfesch* ist eigentlich »Kehle, Hals, Atem« (Lex. 672), vgl oben S. 28 (zu Gen 2,7).
m''odécha bedeutet als Substantiv »Kraft, Vermögen«, als Adverb »sehr« (Lex. 511). Hier mit dem Suffix *-cha* (in der Pausaform: *m''odécha*). Primär meint *m''od* die einem Menschen gegebene Kraft (B-R: »Macht«), das, was er ver-mag, daher »Vermögen« (LXX: *dynamis*). Sekundär ist »Vermögen« auch der »Besitz«. Das Targúm Onkelos übersetzt *b'chol m''odécha:* »mit all deinem Gut« (*b'chol nichsách*), das Targúm Jonathan ben Usiel: »mit all eurem Geld« (*b'chol mamonchón*).

d'warím (Singular: *dawár*), V 6, sind »Worte«, B-R: »Reden«.
w'schinantám, V 7, ist Perfekt des Piel von *sch-n-n* mit *waw* consecutivum und Suffix *-am*, »sie«: »du sollst sie einschärfen«, R. S. R. Hirsch (V,76): »etwas in kurzen, eindringlichen und sich leicht einprägenden Sätzen lehren«. Der Talmud (b. Kiduschín, 30a) interpretiert *w'schinantám* mit dem Satz: »Die Worte der Torá seien geschärft (zugespitzt, *m'chudadím*) in deinem Mund.«
b'schiwt'chá ist Infinitivus constructus von *j-sch-w (schéwet)* mit der Präposition *b*, »in«, und dem Suffix *-cha*, »dein«: »in deinem Sitzen«, »wenn du sitzt«.
Den Sinn eines Verbalsubstantivs haben auch die drei folgenden Formen: *uwlecht'chá*, »und in deinem Gehen«, »wenn du gehst (*léchet* von *h-l-ch*), *uwschochb'chá*, »in deinem Liegen«, »wenn du liegst«, »dich hinlegst« (*sch'chaw* von *sch-ch-w*), *uwqumécha*, »und bei deinem Aufstehen«, »wenn du aufstehst« (*qum* von *q-w-m*).
uqschartám, V 8, ist Perfekt des Qal von *q-sch-r* mit *waw* consecutivum und Suffix *-am*, »sie«: »binde sie« (L. Zunz; J. Wohlgemuth–J. Bleichrode), »knote sie« (B-R), Lex. 1076: »anbinden«.
'ot ist »Zeichen, Merkzeichen« (Lex. 25).
totafót (vom Stamm *t-f-f* oder *n-t-f*, »tropfen«, Lex. 357) ist ein »Denkband« (L. Zunz; J. Wohlgemuth–J. Bleichrode), »ein Schmuckstück« (R. D. Hoffmann, Das Buch Deuteronomium, I,z. St.), ein »Gebind« (B-R). Es handelt sich vermutlich um einen Plural zu einem in der Mischna (Schabát, VI,1) belegten *totéfet* (Hoffmann-Mischnajot, II,14: »Stirnplatte«). Nach J. Levy (Wörterbuch, II,151) ist *totéfet* »Stirnband«, »Kopfschutz« (einer Frau). Es handelt sich bei den *totafót* nach rabbinischer Interpretation um die »Phylakterien«, die (bis heute) *t'fillín*, »Gebetsriemen« (von *t'fila*, »Gebet«), heißen, da sie während des Morgengebets an Wochentagen angelegt werden.
m'susót (Singular: *m'susá*) sind die »Türpfosten« (Lex. 535), an der die *m'susá* genannte Türpfostenkapsel angebracht wird. In ihr steckt eine kleine Pergamentrolle mit den Texten Dtn 6,4–9; 11,13–21.

Der Text in der Exegese

Israel ist zum »Hören« aufgefordert, zum Hören um des Hörens, des Gehorchens willen. Selbst die Aussicht auf Glück und Sicherheit und langes Leben (vgl Dtn 5,26.29; 6,2 u. a.) fehlt in unserem Abschnitt. Sprecher ist nicht Gott selber, sondern Mose, der die Gemeinschaft anredet: Israel, die Nachkommen des Stammvaters Jakob-Israel. In wenigen hebräischen Worten ist die Quintessenz zusammengefaßt, die es zu vernehmen und zu befolgen gilt. Der Text läßt sich in drei Themen zu je zwei Versen unterteilen:

V 4–5: Gottes Einzigkeit und die Liebe zu Ihm
V 6–7: das Erfassen und Einschärfen »dieser Worte«
V 8–9: die Zeichen

1. Gottes Einzigkeit und die Liebe zu Ihm (V 4f)

V 4 gilt als Israels wichtigstes Credo. In den vier Worten *'adonáj 'elohénu 'adonáj 'echád*, »der Herr (ist) unser Gott, der Herr (ist) einer« (einziger; *'echád*, s. Leitworte), wird das Bekenntnis zu Gott abgelegt. Weil es sich um einen Nominalsatz handelt, bei dem ein Verb fehlt, und *'echád* verschieden verstanden wird, variieren die Übersetzungen. Einige Beispiele:

»Höre, Israel, der Ewige, unser Gott, ist ein einiges ewiges Wesen« (M. Mendelssohn; L. Zunz, R. I. Reggio).
»Höre, Israel! der Ewige ist unser Gott, der Ewige ist Einer« (J. Wohlgemuth–J. Bleichrode).
»Höre, Israel, der Herr, unser Gott, der Herr ist eins« (einer) (R. J. H. Hertz).
»Höre, Israel, der Herr ist unser Gott, der Herr allein« (R. Sch. D. Luzzatto, R. W. G. Plaut und bereits Ibn Esra und R. Samuel ben Me'ír, 206).
»Höre Jisrael, ER unser Gott, Er einer!« (B-R).

Werden im Satz zwei Aussagen gemacht oder nur eine? Soll gesagt werden: »Der Herr *ist* unser Gott« und dieser Herr ist zugleich »Einer«, oder liegt der Akzent lediglich am Schluß? Es ist klar, daß der Herr unser Gott ist, das braucht nicht betont zu werden. Wichtig ist die Erkenntnis, daß dieser unser Gott der einzige Herr ist, dem Israel dienen darf. Die Frage ist nicht zu entscheiden, da die Sprache angesichts des Fehlens eines dem deutschen »ist« entsprechenden Verbs beide Versionen zuläßt. In jedem Fall wird das Außerordentliche des Herrn hervorgehoben, im Sinn von Dtn 4,35:

»Dies wurde dir gezeigt, damit du wissest: daß der Herr – Er Gott ist, keiner sonst außer Ihm!«

Nichts ist Gott vergleichbar, wie der Midrasch (Dtn.r. 2,3) lehrt:

»Die Weisen sagten: Der Heilige, gelobt sei Er, sprach zu Israel: ›Meine Kinder, alles, was Ich schuf, schuf Ich in Paaren (Himmel/Erde; Sonne/Mond; Adam/Eva; Diesseits/Jenseits), doch Meine Ehre (= Ich selbst) ist einzig und einzigartig in der Welt.‹«

In Gott gibt es – anders als in Seiner Schöpfung – keinen Dualismus. Gott ist in jeder Hinsicht anders. Die jüdischen Exegeten richten auf diese Grundtatsache ihr Augenmerk. R. Saadia Gaon schreibt in seinem philosophischen Werk ('emunót w'de'ót, II,1; S. 82f):

»Unser Herr – Er werde erhöht und verherrlicht – hat uns durch Seine Propheten kundgetan, daß Er einzig, ewig (eigentlich: lebend), allmächtig und allwissend (weise) ist. Durch Wunder und Zeichen haben sie es uns nahegebracht, und wir akzeptieren es.«

Im 11. Jh. verkündet der Dichter Salomo Ibn Gabirol (ca. 1020–1056, Spanien) den Gotteslobpreis in seinem Hymnus kéter malchút, »Königskrone«:

»Du bist einzig ... Du lebst ... Du bist groß ... Du bist mächtig ... Du bist Licht ... Du bist der Höchste ... Du bist weise ...« (abgedruckt im Gebetbuch für den Eingangsgottesdienst des Versöhnungstags Jom Kipur; vgl die Nachdichtung von F. P. Bargebuhr, Salomo Ibn Gabirol. Ostwestliches Dichtertum, 1976,528ff).

Ausführlich widmet sich Maimonides der »Einzigkeit« Gottes, der die erste aller Ursachen ist:

»Das erste Gebot, das uns aufgetragen ist, besteht im Glauben an die Einzigkeit (Gottes). Er ist der Bewirkende und die erste Ursache (der Schöpfung), Er ist einzig« (séfer hamizwót, 54).
Entsprechend R. Joseph Albo (15. Jh., Spanien, in: séfer ha'iqarím, II, Kap.10, S.125): »Er allein ist die Ursache von allem, niemand gleicht Ihm darin, wie Er der Erste ist ... Nur Ihn muß es geben.«

Der Begriff der Einzigkeit Gottes schließt die Einzigartigkeit mit ein, die sich mit nichts vergleichen läßt. Als »Ursache aller Ursachen« erweist sich Gott als der Weltschöpfer.
Der zweite der dreizehn Glaubenssätze von Maimonides stellt fest:

»Ich glaube mit vollkommenem Glauben, daß der Schöpfer – gelobt sei Sein Name – einzig ist, und daß es keine Einzigkeit gibt, die der Seinen entspricht. Er allein war, ist und wird unser Gott sein« (Gebetbuch s'fat 'emét, 78).

Die Gebete übernehmen diese Glaubensvorstellung. In der dichterischen Nachbildung der maimonidischen Sätze (*jigdál 'elohím chaj,* »erhaben ist der lebendige Gott«, s'fat 'emét, 2) heißt es in der zweiten Zeile:

»Er ist einzig, und nichts ist wie Seine Einzigkeit. Er ist unsichtbar, und grenzenlos ist Seine Einheit.«

H. Cohen (Religion der Vernunft aus den Quellen des Judentums, 101) faßt den Gedanken in einen Satz:

Er ist »der Eine, der Einzige, der, dem keiner und keines gleicht.« H. Cohen zitiert Jes 40,25: »Wem wollt ihr Mich vergleichen, daß Ich ihm ähnlich sei? spricht der Heilige.«
Vgl ib. 48: »Nur Gott ist Sein . . . , die Welt ist Schein . . . Es gibt nur *eine* Art von Sein, nur ein einziges Sein: Gott ist dieses einzige Sein. Gott ist der Einzige.«

Nicht Baal der Kanaanäer, nicht El der Ugariter oder Marduk der Babylonier ist Gott. Der Herr ist es, und Er allein. Wer diese Aussage akzeptiert, unterzieht sich dem »Königreich des Himmels« (*malchút schamájim*).

»Welches ist das Himmlische Königreich? ›Der Herr ist unser Gott, der Herr allein!‹« (Dtn.r. 2,31).
ib. 2,32: »Ich (Gemeinschaft Israels) trete jeden Tag in die Synagogen und bezeuge von Dir, daß es keinen anderen Gott außer Dir gibt.«
R. I. Reggio (V,36b) »›Der Herr ist unser Gott‹ – das ist die Annahme des Himmlischen Königreichs. ›Der Herr ist einzig‹ – das ist der Glaube an Seine Einzigkeit.«

Dieser Eine-Einzige Gott Israels wird einst – nach Sach 14,9 – der Herr aller Nationen sein:

»Er wird werden zum König über alles Erdland. An jenem Tag wird Er der Einzige sein und Sein Name der einzige« (nach B-R; vgl Bibelauslegungen, III,175, zu Jes 25,8–9, und Raschi zu unserem V 4).

Das *'ájin* von *sch'ma'*, »höre«, und das *dálet* von *'echád*, »einzig«, sind überdimensioniert groß geschrieben. *'ájin* soll von *'álef* und *dálet* von *resch* unterschieden werden. Ein *sch-m-'* wäre als das aramäische *schéma'*, »vielleicht«, zu lesen, ein *resch* am Wortende ergäbe *'achér*, »anderer«. So entstünde ein völlig unsinniger Satz: »vielleicht, Israel, ist der Herr, unser Gott, ein anderer Herr« (R. El'asár aus Worms, perúsch haroqéach, III,185; R. J. Beer, séder 'awodát Jisra'él, 1937,81).
'ájin und *dálet* ergeben ein neues Wort: *'ed,* »Zeuge«:

»Dies entspricht Jes 43,10: ›Ihr seid Meine Zeugen, ist der Spruch des Herrn.‹ Und auch der Heilige, gelobt sei Er, ist Zeuge für Israel (Mal 3,5)«, schreibt R. Jaakow ben Ascher (perúsch bá'al haturím 'al hatorá, 374).

Auf dieses Bekenntnis zum Einen Gott folgt in *V 5* das *Gebot:*

»*Liebe den Herrn, deinen Gott,* mit deinem ganzen Herzen und mit deiner ganzen Seele und mit deiner ganzen Kraft.«

Wer Gott als seinen einzigen Herrn akzeptiert und damit »das Joch des Königreichs des Himmels« auf sich nimmt, soll Ihn lieben, soll das »Joch der Gebote« tragen wollen. Hier stellt sich freilich eine grundsätzliche Frage: *Kann man von einem Menschen die Liebe zu Gott verlangen?* Die Liebe ist ein Gefühl, und wie alle Gefühle ist sie vorhanden oder nicht. Ist das »liebe den Herrn, deinen Gott« nicht ein unzumutbares Gebot? Nach dem Midrasch (Sifré, wa'etchanán, 6) stellt sich die Gottesliebe durch »diese Gebote, die Ich dir heute gebiete« (V 6), ein:

»durch sie erkennst du den Heiligen, gelobt sei Er, und hängst an Seinen Wegen.«

Maimonides geht in dieselbe Richtung:

»In der Stunde, da ein Mensch Seine Taten und wunderbaren Schöpfungen betrachtet und daraus Seine unendliche Weisheit wahrnimmt, liebt er Ihn sogleich, lobt und preist Ihn und verspürt ein großes Verlangen, den großen Gott zu erkennen« (hilchót j'sodé hatorá, II,2; vgl hilchót t'schuwá, X,2–3.6).

Die Bewunderung der von Gott erzeugten Schöpfung führt zur Bewunderung Seiner Weisheit und zur Liebe zu Ihm. Die Liebe zu Gott ist das Ergebnis des Staunens über Seine Werke. Sie wird daher nicht eigentlich anbefohlen, sondern sie ergibt sich von selbst. Wenn Gott der Schöpfer des Alls ist, so fühlt sich der Mensch unwillkürlich zu Ihm hingezogen – ohne besondere seelische Anstrengung. Diese Überlegung, die man akzeptieren oder ablehnen mag, ist nun freilich nicht das Entscheidende. Es kommt nicht darauf an, was ein Mensch fühlt, ob er Gott mit seinem ganzen Herzen liebt, wenngleich dieses Gefühl von großer Wichtigkeit ist. Wesentlicher ist die Manifestation der Liebe zu Gott im Handeln des einzelnen:

»Erfülle Seine Worte aus Liebe. Wer aus Liebe handelt, gleicht nicht jenem, der aus Furcht handelt. Wer bei seinem Meister aus Furcht etwas tut, verläßt ihn, sobald er ihm zur Last wird« (Raschi nach Sifré, aaO).

R. Mose aus Coucy (Provence, 13. Jh.) schreibt in seinem populären Gesetzeskompendium (séfer mizwót gadól, »Großes Buch der Gebote«, abgekürzt: s-m-g, Smag; 2 Bde, 1547, II,96a):

»Das Höchste beim Dienst für Gott ist bei der Einzigkeit Seines Namens genannt: ›Du sollst lieben‹, du sollst dem Schöpfer aus Liebe dienen, nicht um eines Entgelts willen. Man denke im Herzen an all das Gute, das der Heilige, gelobt sei Er, bereits erwiesen hat.«

Vgl Sprüche der Väter, I,3: »Antigonos, der Mann von Socho, pflegte zu sagen: Seid nicht wie Diener, die ihrem Herrn dienen, um Lohn zu bekommen. Seid vielmehr wie Diener, die ihrem Herrn nicht (unter der Bedingung) dienen, Lohn zu bekommen.«

Die Liebe zu Gott – sie erstrebt das vollständige Zugehören (»Anhaften«, Dtn 4,4) zu Gott und sie gleicht dem kaum zu stillenden Durst der Hindin, die sich nach dem Quell sehnt (Ps 42,2) – ist nie abstrakt, darf es nicht sein, will sie sich als wirkliche Liebe zu erkennen geben. Durch das echte Lieben Gottes wird »der Name des Himmels durch dich beliebt« (b. Jomá, 86a; s. Bibelauslegungen, II,163f zu Jes 49,1–6). Die Liebe führt zu einem aktiven Tun.

»Mit deinem ganzen Herzen«: Das Herz ist in der Vorstellung des antiken Menschen der Sitz des Denkens, Wollens und Fühlens. Mit dem »ganzen Herzen« Gott lieben, bedeutet die uneingeschränkte Ausrichtung auf Ihn. »Ganz«, ungeteilt, »mit dem Trieb zum Guten« und dem »Trieb zum Bösen« (Mischná B'rachót, IX,5). Auch der »Trieb zum Bösen« kann eingespannt werden in den Dienst für Gott, wenn alle jene Neigungen bezwungen sind, die in schuldhafte Verstrickung hineinführen.

»Mit deiner ganzen Seele« – »Selbst wenn Er dir die Seele nimmt« (Mischna, aaO). Die Liebe zu Gott erweist sich erst in Extremsituationen in ihrer ganzen Tiefe – wenn das Leben auf dem Spiel steht und ein Glaubenszeugnis gefordert wird. Ein bekanntes Beispiel bietet R. Akiba, einer der führenden Gelehrten des Landes Israel zu Beginn des 2. Jh. d. Z. Herren sind die Römer, und sie haben das Studium der Torá unter Androhung der Todesstrafe verboten. R. Akiba kümmert sich nicht darum. Er versammelt seine Schüler und gibt die Lehre an sie weiter. Der Talmud erzählt (b. B'rachót, 61b; vgl Midrásch hagadól, V,129):

»Papos ben J'huda kam und fand R. Akiba, wie er öffentlich eine große Gemeinde einberief und sich mit der Torá beschäftigte. Er sprach zu ihm: ›Akiba, fürchtest du dich nicht vor der Herrschaft?‹ Dieser erwiderte: ›Ich will dir ein Gleichnis erzählen. Wem ist die Sache zu vergleichen? Einem Fuchs, der am Ufer eines Flusses spazierenging und dabei Fische erblickte, die sich immer woanders versammelten. ›Vor wem flüchtet ihr?‹ fragte der Fuchs. ›Vor den Netzen, die die Menschen herbeibringen.‹ ›Wenn ihr wollt, könnt ihr ans Land kommen, und wir werden beisammen wohnen, so wie meine und eure Vorfahren zusammen gewohnt haben.‹ Da sagten die Fische: ›Und du willst das Klügste aller Tiere sein? Du bist nicht klug, sondern ein Dummkopf! Wenn wir uns schon in unserem Lebenselement ängstigen, um wieviel mehr am Ort unseres Sterbens.‹ Auch mit uns steht es so (meinte R. Akiba): Wenn es uns schon jetzt schlecht ergeht, da wir uns hinsetzen und die Torá lernen, von der es heißt (Dtn 30,20): ›sie ist dein Leben und (schenkt) Dauer deinen Tagen‹, wie erst, wenn wir sie fahren ließen.«

Eines Tages wird R. Akiba von den römischen Häschern ergriffen, ins Gefängnis geworfen und nach einem kurzen Prozeß zum Tod verurteilt. Vor der Hinrichtung wird er auf schreckliche Weise gemartert. Es ist die Zeit, da man während des Gottesdienstes das »Höre, Israel«-Gebet zu sprechen pflegt. R. Akiba murmelt die Sätze vor sich hin, von Schmerzen geplagt. Die Schüler wundern sich: »Unser Meister, so weit?« (auch jetzt sprichst du diese Verse?). Er antwortet:

»Mein Leben lang habe ich mir über die Erfüllung der Vorschrift ›mit deiner ganzen Seele‹ Sorgen gemacht. ›Wann würde ich der Vorschrift gerecht werden?‹ fragte ich mich. Sollte ich sie nunmehr nicht erfüllen, da sich mir die Gelegenheit dazu bietet?«

Der Weise erträgt die Höllenqual mit Ergebung. Er spricht das Glaubensbekenntnis (V 4). Beim Wort »einig« haucht er seine Seele aus. Bis heute wachen die Mitglieder der »Heiligen Gemeinschaft« (aramäisch: *chewrá' qadischá'*) rund um die Uhr am Bett eines Sterbenden – Männer bei Männern, Frauen bei Frauen. Wenn sie die letzten Augenblicke des Todkranken nahen sehen, sprechen sie das »Höre, Israel«. Und sie richten es ein, daß das Ende mit dem Wort *'echád* zusammenfällt. R. Akibas Martyrium und sein standhafter Tod haben die Richtung gewiesen.
Ein Jude, der auf der Flucht seine Frau und seine Kinder hat sterben sehen und allein zurückgeblieben ist, sprach zu Gott:

»Herr der Welten, viel tust Du mir an, daß ich meinen Glauben verlassen soll. Wisse jedoch, daß ich allem zum Trotz ein Jude bin und ein Jude bleiben werde! Wieviel Unglück Du über mich auch gebracht hast und noch bringen magst – ich bleibe treu bei meinem Glauben!« (zit. in Salomo Ibn Verga, schéwet J'hudá [Stamm Juda], 1554; s. R. W. G. Plaut, S.1374).

Mit dem »ganzen und der ganzen Seele« muß sich die Liebe zu Gott realisieren, mit »jedem Atemzug« aufs neue. Der Midrasch lehrt (Dtn.r. 2,37):

»Was bedeutet ›mit deinem ganzen Herzen und deiner ganzen Seele‹? Mit jeder ›Seele‹, die Er in dir geschaffen hat. Es sagte R. Me'ir: Mit jedem Atemzug (*n'schimá;* vgl *n'schamá,* »Odem«, »Seele«) muß der Mensch seinen Schöpfer preisen. Wie es heißt (Ps 150,6): ›Jede Seele preise den Herrn.‹«

Mit »Herz« und »Seele« ist die Totalität des Menschen angesprochen, die vollständige Hingabe an Gott. R. I. Reggio (V,37a) schreibt:

»Gott muß man mit dem ganzen Herzen und mit allen Kräften der Seele lieben, d. h. mit allen Gedanken und allen Wünschen, in geistigen und materiellen Dingen.«

»Und mit deiner ganzen Kraft«, die auch den Besitz, das »Vermögen« einschließt (s. Leitworte zu *m"odécha*). Wenn es etwa darum geht, Notleidenden zu helfen. Die Liebe zu Gott manifestiert sich im letzten stets in der Liebe zum Mitmenschen. Der Talmudweise R. Elieser fragt (b. B'rachót, 61b; b. Sanhedrín, 74a; Sifré, wa'etchanán, zu V 5):

»Wenn es heißt ›mit deiner ganzen Seele‹, wozu muß dann noch gesagt werden ›mit deinem ganzen Vermögen‹? Und wenn es heißt ›mit deinem ganzen Vermögen‹, weshalb muß dann noch gesagt sein ›mit deiner ganzen Seele‹? (Beide Ausdrücke sind nötig.) Hast du einen Menschen, der seinen Körper mehr liebt als sein Geld, so gilt für ihn ›mit deiner ganzen Seele‹. Für den Menschen aber, der sein Geld lieber hat als seinen Körper, gilt ›mit deinem ganzen Vermögen‹.«

Gerade das Liebste für Gott herzugeben, ist man aufgefordert. Im hebräischen *m"odécha* klingt für die Weisen assoziativ das Wort *midá,* »Maß«, an:

»Bei jedem ›Maß‹, das Er dir zumißt, danke Ihm gar sehr« (Mischná, B'rachót, IX,5).

Im Glück wie im Unglück darf der Lobpreis Gottes nicht verstummen. Ungebrochen bleibt das Verhältnis zu Gott, selbst wenn tiefes Leid Einzug hält. Nicht zufällig kennt die jüdische Religion seit dem Altertum ein Bekenntnis, das beim Vernehmen einer Todesnachricht abzulegen ist. Es lautet: »Gepriesen sei der Richter der Wahrheit!« (*barúch daján ha'emét;* Mischná, B'rachót, IX,2). Bei guten Nachrichten aber erklingt der Segen: »Gepriesen sei der Gute und Gutes Erweisende!« (*barúch hatów w'hametíw*).

2. Das Erfassen und Einschärfen »dieser Worte« (V 6f)

»Diese Worte« – es sind sicher die »Einzigkeit« Gottes und die Liebe zu Ihm, nach Ibn Esra sogar »alle Gebote« der Torá – »seien in deinen Augen so kostbar, wie wenn ihr sie erst heute erhalten hättet« (R. Joseph Ibn Nachmias, Commentar zu dem Buche Jeremias, hg. v. R. M. L. Bamberger, 1913,15; s. Bibelauslegungen, II,298). Es heißt »die ich dir *heute* gebiete«. Dazu der Midrasch (Sifré, aaO, zu V 6, und Raschi zu V 6):

»Sie seien in deinen Augen nicht wie ein veralteter Befehl, um den sich keiner kümmert, sondern wie ein neuer, dem alle entgegeneilen (nach dem sie handeln).«

»Heute« ist Ausdruck einer stets gültigen Aktualität. R. J'huda sagt zu dem Vers: »Merke auf und höre, Israel, an diesem Tag bist du zum Volk geworden« (Dtn 27,9):

»Ist denn erst an jenem Tag die Torá Israel geschenkt worden? Jener Tag stand doch am Ende der vierzig Jahre (der Wüstenzeit)! Es will dich vielmehr lehren, daß die Torá jenen, die sie erforschen, an jedem einzelnen Tag genauso kostbar ist wie am Tag, da sie vom Berg Sinai gegeben wurde« (b. B'rachót, 63b).

Nur wer sich nicht mit der Gotteslehre beschäftigt, hält sie für veraltet. Wer sich aber in sie vertieft, entdeckt jeden Tag aufs neue ihren Reichtum. »Diese Worte« sollen *»auf (in) deinem Herzen sein«*. Nach einem Ausspruch des chassidischen Meisters von Dubno (Maggid von Dubno): direkt auf dem Herzen, einem Anzug gleich, der maßgeschneidert ist und ganz genau paßt (zit. J. Nachschoni, hagút b'farschijót hatorá, II,733). Ähnlich meint der chassidische Rabbi aus Kozk:

»›Diese Worte‹ seien immer auf dein Herz gelegt. Wenn der günstige Augenblick kommt und das Herz sich öffnet, so können sie sofort eindringen« (zit. A. S. Friedmann (Hg.), ma'ajaná schel torá, V,41).

»Diese Worte« gilt es weiterzugeben. Sind sie erst einmal »geschärft in deinem Mund«, so lassen sie sich auch den Kindern *»einschärfen« (w'schinantám,* s. Leitworte). Höchste Bescheidenheit ist angezeigt:

»Lehre deine Zunge sagen: ›ich weiß (etwas) nicht‹, vielleicht ertappt man dich sonst (bei deiner Unkenntnis) (Dérech 'érez sutá, 3; b. B'rachót, 4a).
»Nie rühme man sich seiner Kenntnis, sondern lehre sie seinen Schülern« (Tosafót, b. Kiduschín, 30a).

Durch das »Einschärfen« der Gotteslehre ist deren Kontinuität gewahrt:

»Ich (Mose) sage sie dir, und du sollst sie deinen Kindern, und deine Kinder ihren Kindern einschärfen. Und so für immer« (R. J. B'chor Schor, III,23).

»Wie mit einem Griffel präge sie ein aufs Herz deiner Kinder« (E. S. Hartom, III,29), unauslöschlich. Das Lernen der Kinder, selbst der Jüngsten, besitzt eine hohe Priorität:

»Resch Laqisch sagte im Namen des Patriarchen R. J'huda: Man hält die Schulkinder nicht (vom Lernen) fern, selbst nicht zum Bau des Tempels.« Resch Laqisch ist nämlich der Ansicht: »Die Welt wird nur durch den Hauch der Schulkinder erhalten« (b. Schabát, 119b).

Im jüdischen Gesetzeskodex (Schulchan Aruch, joré de'á, 245,1.3) wird die

Wichtigkeit des Lernens und Lehrens in die folgenden Bestimmungen gefaßt:

»Es ist für jeden Mann ein Gebot, seinen Sohn in der Torá zu unterrichten. Hat ihn der Vater nicht gelehrt, so muß sich der Sohn selber lehren. Wie es ein Gebot ist, den Sohn zu unterrichten, so den Sohn des Sohnes, denn es heißt (Dtn 4,9): ›Tu sie kund deinen Söhnen und den Söhnen deiner Söhne‹.«

Keiner kann früh genug beginnen:

»... Die Mutter (des R. Josua ben Levi) brachte sein Bettchen ins Lehrhaus, damit (des Säuglings) Ohren an den Worten der Torá haften würden« (j. J'wamót, I,6).

»Einschärfen«, repetieren ist die Losung:

»Wer seinen Abschnitt hundertmal wiederholt, gleicht nicht jenem, der ihn hundert- und einmal wiederholt« (b. Chagigá, 9b).

In der Lehre Gottes steckt die umfassende Lebensweisheit:

»Wende sie und wende sie um (d.h. studiere sie in allen Aspekten), denn alles ist in ihr, und durch sie wirst du sehen (lernen)«, sagt Jochanan ben Bag Bag (Sprüche der Väter, V,26; vgl Bibelauslegungen, II,7).
R. El'asár aus Worms (perúsch haroqéach, III,187) meinte: »Die Worte der Torá sollen im Mund deiner Söhne geschärft sein wie zugespitzte Pfeile« (Hinweis auf Ps 127,4). – Den Vergleich mit dem spitzen Pfeil zieht bereits Ibn Esra (III,235).

Der Text spricht von »Söhnen« (*baním*), die *Töchter* sind nach der alten Auffassung vom Studium ausgenommen. Sie wurden freilich in der talmudischen und in späterer Zeit in der Kenntnis der Torá, der Schriftlichen Lehre, und im jüdischen Brauchtum unterrichtet, besonders natürlich in den spezifischen Vorschriften, die für eine jüdische Frau gelten (Gesetze des Haushalts, der Feiertage, der ehelichen Reinheitsgebote). Von der Kenntnis des Talmud, der Mündlichen Lehre, waren sie befreit. Es gab Ausnahmen: Beruria, die Gattin des R. Me'ir, vermochte sich in der Kenntnis der Mündlichen Tradition mit den bedeutendsten Schriftgelehrten zu messen (b. B'rachót, 10a; b. Eruwín, 53b–54a). Heute ist es keine Seltenheit, daß sich Frauen dem (wissenschaftlichen) Studium des Talmud an Seminaren oder Hochschulen widmen.
»Söhne« schließt zudem auch die »Schüler« ein:

»›Schärfe sie ein deinen Söhnen‹ – dies sind deine Schüler. So findest du, daß die Schüler überall ›Söhne‹ genannt werden« (Sifré, aaO, V 7; und Raschi zu V 7).

Primär gilt aber die Verpflichtung für die eigenen Söhne und Enkel:

»Wer seinen Sohn die Torá lehrt, hat nach der Schrift seinen Sohn und dessen Sohn (und dessen Nachkommen) bis zum Ende aller Generationen gelehrt. R. Josua ben Levi sagte: Wer den Sohn seines Sohnes in der Torá unterrichtet, hat sie gleichsam (direkt) vom Berg Sinai empfangen« (b. Kiduschín, 30b).

Das »Einschärfen« drückt sich durch das permanente »Reden« (*w'dibartá*) über die Worte der Torá aus:

»R. Acha sagte: ›und sprich von ihnen‹ – Mach sie zu etwas Feststehenden und nicht zu etwas Provisorischen« (b. Jomá, 19b).
»Sie seien die Hauptsache und nicht nebensächlich ...« (Sifré, aaO, V 7).

Die Torá ist keine Geheimlehre, sie ist jedermann zugänglich. Abarbanel (III,76, z. St.) betont dieses Moment:

»Diese Kenntnis (der Torá) schließt jeden Menschen ein, den jungen wie den alten, zu jeder Zeit und an jedem Ort.«

Deshalb wird in den folgenden Worten von V 6 jedes Zeitlimit durchbrochen:

»und sprich von ihnen: Wenn du in deinem Haus sitzt, wenn du des Weges gehst, wenn du dich hinlegst und wenn du aufstehst.«

Die Weisen haben angeordnet, daß das »Höre, Israel« (zu dem die drei Abschnitte von Dtn 6,4–9; 11,13–21; Num 15,37–41 gehören) am Abend und am Morgen zu sprechen sind, »wenn die Menschen sich hinlegen und wenn sie aufstehen« (Mischna, B'rachót, I,3; Maimonides, hilchót q'ri'át sch'ma', I,1; Schulchan Aruch, 'órach chajím, 61ff).

3. Die Zeichen (V 8f)

Was sich im Herzen und in der Seele abspielt und durch die andauernde Erforschung und Weitergabe »dieser Worte« lebendig bleibt, soll im »Zeichen an deiner Hand« und im »Gebinde zwischen deinen Augen« und durch die »Inschrift« an den Türpfosten sichtbar sein. Die »Zeichen« weisen auf Gott und die von Ihm dem Israeliten auferlegten Verpflichtungen hin. Die Motivation wird durch einen Vergleich von V 8f mit Ex 13,9.16 deutlicher, wo freilich die »Türpfosten« nicht genannt sind.

V 8	*Ex 13,9*	*Ex 13,16*
Binde sie zum Zeichen an deine Hand, und sie seien zum Gebinde zwischen deinen Augen.	Es sei dir zum Zeichen an deiner Hand und zum Erinnerungsmal zwischen deinen Augen, damit die Lehre des Herrn in deinem Mund sein wird.	Es sei dir zum Zeichen an deiner Hand und zum Gebinde zwischen deinen Augen.
	Denn mit starker Hand hat dich der Herr aus Ägypten herausgeführt.	Denn mit der Stärke der Hand hat dich der Herr aus Ägypten herausgeführt.

In Ex 13,9 werden »Zeichen« und »Erinnerungsmal« (*sikarón*) final (»damit«; *l'máʿan*) und kausal (»denn« *ki*) begründet. Die Symbole verhindern ein Vergessen der Gotteslehre und ein Vergessen Seines Wunderwirkens beim Auszug Israels aus der Knechtschaft zugleich. In Ex 13,16 fehlt das finale Moment, nur der Grund ist genannt.
In unserem Text fehlen beide Momente. Es ist indessen klar, daß nicht nur der Hinweis auf »diese Worte«, sondern auch auf die Befreiung aus Ägypten anklingt. In V 8 und in Ex 13,16 bildet »zum Gebinde« (*l'totafót*) die Klammer. Der Grund von Ex 13,16 gilt auch für V 8. Raschi (zu Ex 13,16) hebt den Zusammenhang mit dem Exodusgeschehen hervor:

»Wer sie (Gebetsriemen) zwischen den Augen angebunden sieht, erinnert sich des Wunders (beim Auszug) und wird davon reden.«
Vgl R. Hisqia bar Manoach (Chisqúni, 225): »die Gebetsriemen der Hand erinnern an die Stärke der Hand (Gottes), die Gebetsriemen am Kopf an die Zeichen und Wunder, die der Heilige, gelobt sei Er, vor unseren Augen gewirkt hat.«

Seit alters ist die Verpflichtung wörtlich und nicht in übertragenem Sinn aufgefaßt worden: als Gebot der *t'fillín* (»Gebetsriemen«, LXX: *phylaktēria,* »Schutzsymbol«, Amulett). In Qumran ist eine *t'fillá* gefunden worden, die im »Schrein des Buches« des Israel-Museums, Jerusalem, zu sehen ist. Der Sitte gemäß ist sie offensichtlich während des ganzen Tages, nicht nur während des Morgengebets, getragen worden (Maimonides, hilchót t'fillín, IV,10). Während der Nacht werden die *T'fillín* abgelegt, auch am Sabbat und den Feiertagen fehlen sie, da diese Tage bereits als »Zeichen« gelten (Ex 31,13; vgl Maimonides, aaO). Die Kapsel »an der Hand« liegt am linken Oberarm, dem Herzen gegenüber, jene »zwischen den Augen« beim Haaransatz über der Stirn (Maimonides, aaO, 1–3). Es ist die linke Hand, die »schwächere« Hand (b. M'nachót, 36b, wo das plene geschriebene *jadcháh* in Ex 13,16 als *jad kehá* gedeutet wird). Linkshänder binden die

Handtefilla denn auch am rechten Oberarm fest. (Zum Sinn der Gebetsriemen s. auch Bibelauslegungen, I,115.)
Das wörtliche Verständnis war nicht unbestritten. Es hat Leute gegeben – Ibn Esra nennt sie die »Leugner« (*makchischím*) –, die nur eine symbolische Interpretation gelten lassen wollten. Diese Leute stammten offensichtlich aus den Kreisen der Karäer, die die rabbinische Bibelexegese kategorisch verwarfen und nur den Wortsinn anerkannten. (Einer ihrer schärfsten Gegner war im 10. Jh. d. Z. R. Saadia Gaon, und auch Ibn Esra nimmt sie immer wieder aufs Korn.) Im Kommentar zu Ex 13,9 bemerkt Ibn Esra:

»Manche bestreiten (die Meinung) unserer heiligen Väter (Rabbinen), indem sie behaupten, ›zum Zeichen‹ und ›zum Erinnerungsmal‹ sei (so zu verstehen wie) ›denn ein anmutiger Kranz sind sie um dein Haupt und ein Geschmeide um deinen Hals‹ (Spr 1,8). Auch das ›binde sie zum Zeichen an deine Hand‹ (verstehen sie wie) ›schreibe sie auf die Tafel deines Herzens‹ (Spr 3,3). Was aber soll dann ›zum Zeichen‹ und ›zum Erinnerungsmal‹ heißen? – Daß in deinem Mund geläufig sei: ›denn mit starker Hand hat dich der Herr aus Ägypten herausgeführt‹.«

Ibn Esra lehnt diese symbolische Deutung entschieden ab. Das Buch der Spr bestehe aus Weisheitssprüchen, nicht jedoch die Torá. »Sie muß im Wortsinn verstanden werden.« Und dieser Wortsinn erfordert das Anlegen der Gebetsriemen.
Entsprechendes gilt im Hinblick auf die »Inschrift an den Türpfosten deines Hauses und deiner Tore«. Wie der Text der Gebetsriemen in der Kapsel ist auch der Text in der Kapsel am Türpfosten (= Mesusa) durch einen ausgebildeten »Schreiber« (*sofér*) auf einem kleinen Pergamentstück aufgeschrieben worden – mit Gänsekiel und besonders haltbarer Tinte. Der Mann trägt den Titel *sofér s'tam (s'tam* ist die Abkürzung von *séfer* [Buch = Torárolle], *t'fillín* und *m'susót*). Er ist als Fachmann zur Beschriftung dieser Gegenstände autorisiert. Auch eine Estherrolle darf er selbstredend auf Pergament schreiben.
So ist Israel, wie der Talmud erklärt (b. M'nachót, 43b), »von Geboten umringt«:

»Von den *t'fillín* am Kopf, den *t'fillín* am Arm, den Schaufäden (*zizít*) am Gewand (Num 15,37–41) und der *m'susá* an den Eingängen.«

Beim Betreten und beim Verlassen des Hauses wird dem Juden bewußt, daß er seinen Blick auf Gott hin auszurichten hat (R. J. B'chor Schor, III,24, Chisqúni, 537; E. S. Hartom, III,29). Der Aufruf zur Liebe zu Gott wird verstärkt durch die äußeren Symbole, wie R. Mose aus Coucy (Smag, II,96b) ausführt:

»›Binde sie zum Zeichen an deine Hand‹ – entsprechend ›mit deinem ganzen Herzen‹, ›sie seien zum Gebinde zwischen deinen Augen‹ – entsprechend ›mit deiner ganzen Seele‹, ›schreibe sie an die Türpfosten‹ – entsprechend ›mit deinem ganzen Vermögen‹.«

Wegweisung für unsere Zeit

»Höre, Israel: Vernimm und verstehe des Glaubens Quintessenz. Der Herr ist einzig, Ihn allein sollst du lieben, Ihm allein mit dem ganzen Herzen, mit deinem Denken und Fühlen, vor allem aber mit deinem Tun ergeben sein. Wer den König liebt, überlegt sich, wie er das in Seinen Augen Gute und Richtige zu tun vermag« (R. Mose aus Coucy, II,96b). Und was er auch unternimmt – es geschieht aus einem Gefühl der Liebe und Dankbarkeit heraus. Nicht aus Zwang und in mürrischer Weise, vielmehr in freier Entscheidung, die immer reversibel ist, doch nie zurückgenommen wird.
Wie aber ist die Gottesliebe zu überprüfen? Dadurch, daß »der Name des Himmels durch dich (bei den Menschen) beliebt wird«. Indem du Seine Lehre ernst nimmst und die anderen anständig behandelst (b. Jomá, 86a). Immer in der Praxis des Alltags, nie im Philosophieren allein äußert sich die Gottesliebe. Das jesuanische »Doppelgebot« (Mk 12,29–31) ist jedem Juden eine Selbstverständlichkeit. Nur wer die jüdische Glaubenswelt nicht kennt, ist überrascht von der Höhe des moralischen Anspruchs.
Dtn 6,4–9 komprimiert das Wesentliche des Glaubensguts in wenigen Sätzen. Deshalb ist sein erster Vers zum Credo des Judentums schlechthin geworden, der ganze Text zum einprägsamen, täglich gesprochenen Gebet (V 7). Von früher Zeit an aber weiß Israel, daß das Credo nicht ihm allein zugehört (Sach 14,9). Alle Völker werden dereinst erkennen, daß »Er einzig ist und Sein Name einzig«.

Das Gleichnis vom »Lamm des Armen«

2Sam 12,1–10.13–15a

1 Der Herr sandte Natan zu David.
Als er zu ihm kam, sagte er zu ihm:
»Zwei Männer waren in einer Stadt,
einer war reich, der andere arm.
2 Der Reiche hatte Kleinvieh und Schafe in großer Menge.
3 Der Arme aber hatte nichts
außer einem einzigen, kleinen Lamm,
das er gekauft hatte.
Er hielt es am Leben,
und es wuchs auf mit ihm und seinen Söhnen zusammen.
Von seinem Bissen aß es, aus seinem Becher trank es,
und in seinem Schoß lag es.
Und es war ihm wie eine Tochter.
4 Da kam ein Wanderer zum reichen Mann.
Den dauerte es, von seinem eigenen Kleinvieh und
seinen eigenen Rindern zu nehmen,
um dem Gast, der zu ihm gekommen war,
(ein Essen) zuzubereiten.
Er nahm das Lamm des armen Mannes
und bereitete es zu für den Mann,
der zu ihm gekommen war.«
5 Der Zorn Davids entbrannte gegen den (reichen) Mann gar sehr,
und er sagte zu Natan:
»So wahr Gott lebt! –
Ein Sohn des Todes ist der Mann, der solches tut.
6 Und das Lamm bezahle er vierfach,
weil er diese Sache getan hat und es ihn nicht dauerte.«
7 Natan sagte zu David:
»*Du* bist der Mann!
So sprach der Herr, der Gott Israels:
Ich habe dich zum König über Israel gesalbt,
Ich habe dich aus der Hand Sauls gerettet.

8 Ich gab dir das Haus deines Herrn
und die Frauen deines Herrn an deinen Busen.
Ich gab dir das Haus Israel und Juda.
Und sollte es zu wenig sein,
so füge Ich hinzu dies und das.
9 Weshalb hast du das Wort des Herrn verspottet,
um das in Seinen Augen Böse zu tun?
Uria den Hetiter hast du durchs Schwert geschlagen
und seine Frau dir zum Weib genommen,
und ihn hast du getötet durch das Schwert der Ammoniter.
10 Und jetzt wird nicht weichen
das Schwert aus deinem Haus für immer,
weil du Mich verspottet und die Frau des Hetiters Uria
genommen hast,
daß sie dir zum Weib werde.«

13 David sagte zu Natan:
»Gesündigt habe ich gegen den Herrn!«
Natan sagte zu David:
»Auch der Herr hat vorübergehen lassen deine Sünde.
Du wirst nicht sterben.
14 Weil du jedoch verspottet,
wahrlich verspottet hast mit den Feinden des Herrn,
wird der dir geborene Sohn sterben.«
15 Natan ging in sein Haus ...

Der Text im Kontext

»Zur Zeit, da die Könige ausziehen« (2Sam 11,1) um einen Feldzug zu führen, belagern *Davids* Truppen die Hauptstadt der Ammoniter: Rabba (*rabát ʿamón* heute: Amman, Jordanien). Es ist der Frühling des Jahres 990 v. d. Z. (Enc. miqra'ít, II,642). Auf den Feldern wächst Gras für die Pferde und anderen Tiere, die mit den Soldaten gehen, die Nahrungsversorgung ist gesichert (R. J. Kara, in: miqra'ót g'dolót, n'wi'ím ri'schoním, 215b). »David aber verweilte in Jerusalem« (B-R). Das ist nicht weiter erstaunlich. Der König nimmt nur an den wichtigen militärischen Operationen teil. Die Belagerung von Rabba überläßt er seinem geübten Feldherrn Joab. Schließlich muß sich ein König auch seinen Verwaltungsgeschäften, der Regierung seines Volkes widmen. Daß er dabei ein angenehmes Leben führen kann, während die Soldaten in ihren Zelten auf freiem Feld wohnen und die Kriegsstrapazen auf sich nehmen müssen, wird allgemein akzeptiert. So sind eben die Dinge.

Im Frühling wehen die heißen Winde, und das Thermometer steigt. David genießt während des Nachmittags seine Siesta und pflegt der Ruhe. Gegen Abend wird es kühler, und so lustwandelt er auf dem Flachdach seines Hauses. Er wohnt im obersten Teil der »Davidsstadt«, über dem steil zum Kidrontal abfallenden langgezogenen Hügel. Der Blick ist frei auf die tiefer liegenden Häuser, die treppenförmig angeordnet sind (wie etwa im heutigen arabischen Dorf Silwan, das der »Davidstadt« gegenüberliegt). Zufällig sieht er vom Dach aus eine sehr schöne Frau, die im Innenhof ihres Hauses »badet« (V 2). »Sie heiligt sich von ihrer Unreinheit« (V 4), von der Unreinheit, die die Monatsregel verursacht (Lev 15,19–24; 18,19). Ob sie dabei in einer sogenannten *miqwé* (»Ansammlung« von Wasser) untertaucht, ist ungewiß. Es ist keine Mikwe aus der Zeit des Ersten Tempels ausgegraben worden (Sch. F. Goldschmidt, mündlicher Hinweis). Jedenfalls pflegt sie die Körperhygiene, wie sie bis heute vor dem Gang zur Mikwe von jüdischen Ehefrauen geübt wird.

David ist Feuer und Flamme. Er erfährt bei seinem »Nachforschen über die Frau«, daß sie *Batschéwa*ʿ heißt, »Tochter des Schwurs und Gelübdes« (nach 1Chr 3,5: *Batschúʿa,* »Tochter des Flehens«; M. Z. Segal, sifré sch'mu'él, 299). Ihr Vater ist *Eliʿám* (1Chr: *ʿAmi'él*), ihr Großvater Achitophel, der Ratgeber Davids (2Sam 23,34). Batschewa (Batseba) ist mit dem Hetiter *Uria ('Urijá,* »mein Licht, Feuer, ist der Herr«) verheiratet, der zu den *giborím,* den »Starken«, Davids erlesenen Kämpfern, gehört (2Sam 23,39; 1Chr 11,41). Uria ist ein angesehener Mann. Zur Zeit steht auch er vor den Mauern der umkämpften Stadt Rabba.

Der König verliert den Kopf. Kurzentschlossen läßt er Batseba holen und schläft mit ihr. Nach dem einmaligen Seitensprung »kehrt sie in ihr Haus zurück«. Dann vergehen ein paar Tage. Batseba spürt die Folgen, und sie läßt David ausrichten: *hará 'anóchi,* »schwanger bin ich!« Mehr sagt sie nicht, im ganzen dramatischen Geschehen nicht. Kommentarlos und ohne sichtbare Erregung, innerlich aber zweifellos aufs höchste aufgewühlt, stellt sie die nackte Tatsache fest. Der König soll sich jetzt selber überlegen, was zu tun ist, nachdem er sich zuvor offensichtlich nichts überlegt hat.

Man möchte gerne wissen, was in Batseba vorgegangen ist. Hat sie sich dem König willfährig hingegeben? Hat sie ihn mit dem Bad im Freien gar zu provozieren gesucht, da ihr die Möglichkeit eines Blicks von der Königsterrasse in ihren Hof nicht verborgen bleiben konnte? Der Text schweigt sich über diese und ähnliche Fragen aus. Batsebas Gedanken und Gefühle sind unwesentlich, und sie offenbart sie nicht. Mehr als ein »schwanger bin ich!« kommt nicht über ihre Lippen. Die Mitteilung genügt, wie sie einst Tamar, Judas Schwiegertochter, zur Rechtfertigung ihrer (freilich geplanten) illegitimen Beziehung genügt hatte: »Dem (vom) Mann, dem diese (Erkennungszeichen) gehören, bin ich schwanger!« (Gen 38,25).

Der König ist elektrisiert. Damit hat er nicht gerechnet. Jetzt sucht er den Fehltritt sofort zu vertuschen. Er handelt unverzüglich: »Es sandte David an Joab« (vgl V 1.3.4) mit dem Befehl: »Sende mir den Hetiter Uria! Da sandte Joab den Uria zu David« (V 6). Er »sandte« (*wajischlách*): es ist das wichtige Leitwort. David gibt seine Instruktionen, ohne sich aus dem Palast fortzubewegen. Die Untergebenen sollen parieren, doch die Sache verläuft nicht nach Wunsch. Und David weiß auch nicht, ob sein Vergehen mittlerweile nicht anrüchig geworden ist. Uria wird zwar abkommandiert und meldet sich im Königspalast. David erkundigt sich sachlich nach »dem Frieden (Wohlbefinden, *schalóm*) Joabs, nach dem Frieden des (Kriegs-) Volks und nach dem Frieden (guten Verlauf) des Kriegs« (V 7),und dann spricht er: »Geh hinab in dein Haus und wasch deine Füße!« (V 8). Uria muß tatsächlich (den Hügel) hinabgehen, weil sein Haus tiefer liegt als der Königspalast. Und daß er nach der langen Reise die Füße waschen möchte, ist selbstverständlich. Sie sind verschwitzt und staubig. In der Wendung »wasch deine Füße« steckt freilich auch eine (euphemistische) Andeutung der ehelichen Pflichten, die ein Soldat auf Urlaub gerne erfüllt (R. J. Kara, 215b; M'zudát Davíd). Uria soll sich wohlfühlen, daher sendet ihm David gleich noch »eine Gabe« nach: Wein und erlesene Speisen, »eine Königsmahlzeit« (Targúm Jonathan). Ob er ihm eine Fackel vorantragen läßt, damit er in der inzwischen angebrochenen Dunkelheit den Weg findet (so R. Levi ben Gerson, z. St.), sei dahingestellt. Jedenfalls geht die Rechnung Davids nicht auf. Lapidar stellt der Text fest (V 9):

> »Uria legte sich hin beim Eingang des Königshauses, bei allen Dienern seines Herrn, und er ging nicht in sein Haus hinab.«

»Alle Diener seines Herrn« (David) sind die Leibwächter, die an der Eingangspforte ihren Dienst tun. Sie erzählen dem Neuankömmling den Hofklatsch und klären ihn, falls sie Bescheid wissen, über die Eskapaden seiner treulosen Frau auf. Daß die Affäre kaum geheim blieb, ist anzunehmen. Zuviele Boten wurden hin- und hergesandt zwischen Königshof und Urias Haus. In der ersten Nacht weiß Uria nicht oder nicht eingehend

Bescheid, dann aber gewinnt er Klarheit, und daher antwortet er David tags darauf mit einer verblüffenden Bestimmtheit, als dieser sich nach dem Grund des Ungehorsams erkundigt:

»Die Lade (Gottes) und Israel und Juda weilen in Hütten, und mein Herr Joab und die Diener meines Herrn lagern auf dem Feld (vor Rabba). Da sollte ich in mein Haus kommen, um zu essen und zu trinken und mit meiner Frau zu schlafen? Bei deinem Leben und dem Leben deiner Seele – diese Sache tu ich nicht!« (V 11).

Es kann sein, daß er wirklich meint, was er sagt – gleichsam aus einem moralischen Solidaritätsgefühl mit den übrigen Kameraden heraus, die der Lebensgefahr ausgesetzt sind. Einsichtiger ist indessen die Annahme, Uria habe nicht mitspielen wollen. Wenn er auch seinen König nicht offen angreift und des Ehebruchs beschuldigt – auf den nota bene im Prinzip die Todesstrafe stand (Lev 20,10), und zwar für den Ehebrecher nicht minder wie für die Ehebrecherin –, so attackiert er ihn doch indirekt: Wir stehen im Kampf mit deinen Feinden, und du erlaubst dir den Raub einer Ehefrau, meiner Frau! (Ausführlich: M. Garsiel, Die Erzählung von David und Batschewa im Samuelbuch – Ihr Charakter und ihre Tendenz [hebr.], in: Bet miqrá', 1972,162–182, bes. 174ff. Die Ansicht, daß Uria bis zum Schluß ahnungslos war, vertritt Uriel Simon, Eine biblische Erzählung mit ironischer Anschauung [hebr.], in: Hasifrút, Monatsschrift für Wissenschaft und Literatur, 1970,598–607, bes. 604. Das Pro und Contra der Frage »Wußte Uria oder wußte er nicht?« erörtert M. Sternberg, The Poetics of Biblical Narrative, 1985,199–213.)
Uria läßt es am nötigen Respekt David gegenüber fehlen. Er nennt – vor dem König – den Oberkommandierenden »meinen Herrn Joab« und spricht dann von den »Dienern meines Herrn« (das können Joabs oder Davids Diener, d. h. Soldaten, sein). Und dann läßt er beim Schwur »bei deinem Leben ...« das obligate »mein Herr, der König« aus. Korrekterweise müßte die Formel lauten: »Beim Leben meines Herrn, des Königs« oder ähnlich (M. Garsiel, 176).
Wie dem auch sei, der Versuch Davids, Uria ins Bett seiner Ehegefährtin zu bringen, scheitert. Auch ein dritter Anlauf, den der König mit Alkohol bei einem Trinkgelage im Palast unternimmt, mißlingt. Selbst der betrunkene Uria geht nicht nach Hause (V 13), obschon »die Trunkenheit den Menschen seinen Kummer vergessen läßt« (R. J. Kara, 216a). Uria mag nicht mehr an die Lade und die Mitstreiter denken – zu Batseba geht er dennoch nicht.
David verzweifelt. Er ist bereit, auf Batsebas in Schande gezeugtes Kind zu

verzichten. Er ist bereit, sie nie mehr zu sehen und vielleicht auch in irgendeiner Form Satisfaktion zu leisten (wie er es denn Jahrzehnte später tut, indem er ihren Sohn Salomo zu seinem Nachfolger bestimmt und seine Regentschaft durchsetzt; 1Kön 1). Weil Uria aber seine Vertuschungspläne durchkreuzt – willentlich, wie uns scheint –, sieht David nur noch einen einzigen Ausweg: den Mord. Uria muß verschwinden. David könnte Häscher dingen, die ihn in Jerusalem umbringen. Er beschreitet einen anderen Weg. In einem Brief an Joab fordert er die Isolierung Urias während der Schlacht. Uria überbringt das Schreiben, in dem sein eigenes Todesurteil steht. Er argwöhnt nichts, und selbst wenn er es täte, dürfte er ein Königssiegel nicht aufbrechen, um eine an seinen Feldherrn gerichtete Botschaft zu lesen. Joab erfüllt freilich die Anweisung Davids nicht genau, weil der schmähliche Verrat an Uria zu penetrant gewesen wäre. Er wird aber zum Mitwisser und Mitverschworenen des Königs. Seine Soldaten läßt er zu nahe an die Stadtmauer Rabbas treten. Durch Pfeile der Verteidiger wird eine ganze Reihe von ihnen getötet. Uria ist unter den Gefallenen. Und das ist in diesem Augenblick für Joab die Hauptsache – auch für David, der auf perfide Weise den Boten, der ihn vom vorläufigen Ausgang der Schlacht informiert, mit der folgenden Antwort an Joab entsendet:

»Nicht sei schlecht in deinen Augen diese Sache (daß neben Uria noch andere ihr Leben verloren haben), denn so und so frißt das Schwert. Halt aus in deinem Kampf gegen die Stadt und zerstöre sie!« (V 25).

So tief ist David moralisch gefallen, daß »er die schlechten Dienste Joabs in Anspruch nimmt und ein Verbrechen deckt, statt – wie sonst immer – das unschuldige Blutvergießen anzuprangern« (U. Simon, 600). Batseba aber hält für den toten Gemahl die vorgeschriebene Trauerzeit (von sieben Tagen) ein. Dann läßt David sie in sein Haus »einsammeln, sie wurde ihm zur Frau und gebar ihm einen Sohn« (V 27). Vor der Welt sieht es so aus, daß der König eine Kriegerwitwe ehelicht, die ihm einen Sohn schenkt. Weil zwischen Ehebruch und Heirat nur zwei, drei Wochen verstrichen sind (die Zeit, die vergeht, bis Uria vom Feld nach Jerusalem gelangt, die drei Tage seines Aufenthalts, die Rückkehr zum Heer, der Tod und die Trauerwoche), wird – außer den Eingeweihten – keiner vermuten, daß David ein böses Spiel getrieben hat: ein Spiel mit unbedachtem Ehebruch, doch sehr bedachtem Mord. Einer aber weiß es, weil es vor Seinem Auge kein Verstecken gibt:

»Es war schlecht die Sache, die David getan hatte, in den Augen des Herrn« (V 27).

Am Ende der Geschichte – aber auch erst jetzt – zensiert der hervorragende Erzähler das Verhalten des Königs: »Es war schlecht die Sache.« Daß unschuldige Menschen unnötigerweise in einem sinnlosen Kampf umkommen, sollte in Joabs Augen »nicht schlecht sein«, wollte David dem Briefempfänger weismachen. Er täuscht sich gründlich: Es ist grundschlecht, es ist ein Verbrechen, das sich durch nichts entschuldigen läßt. Ein anderer König – Ahab aus Israel – wird rund 130 Jahre nach dem mit seinem Wissen begangenen Justizmord am Weinbergbesitzer Nabot den Schreckensruf des Propheten Elia vernehmen: »Hast du gemordet und willst auch noch erben?« (1Kön 21,19). David hat gemordet und (Batseba) »ererbt«. Gott kann über die Untat nicht hinwegsehen, und Er »entsendet« den Propheten *Natan* zu David (12,1), der anders, aber nicht minder eindeutig, sein vernichtendes Urteil, das Urteil Gottes, spricht.

Leitworte des hebräischen Textes

ʿaschír ist »reich«, *rasch* »arm« (V 1).

kiwsá ist das »Schaflamm« (Lex. 438f), V 3, L. Zunz: »kleines Lamm«, im Gleichnis Gegensatz zu den »sehr vielen« (*harbé m"od*) »Schafen und Rindern« (*zo'n uwaqár*).

wajchajéhu ist Imperfekt des Piel von *ch-j-h* mit Suffix *-ha,* »sie« (= *kiwsá*): »er hielt sie am Leben« (Lex. 297; B-R), L. Zunz: »er ernährte es«.

In V 3b stehen drei Verben im Imperfekt, um eine Wiederholung auszudrücken (W. Gesenius, 107eb): *to'chál,* »sie (es) aß«, »pflegte zu essen«; *tischté,* »trank« (von *sch-t-h*); *tischkáw,* »lag«, L. Zunz: »schlief«.

pat ist »Brocken, Bissen« (Lex. 924), »Brot« (L. Zunz).

cheq bedeutet »Schoß« (Lex. 300, L. Zunz, B-R), »Brust« (des Mannes, Jes 40,11).

hélech ist »Besucher« (Lex. 238), »Wanderer« (L. Zunz), »Reisegänger« (B-R), von *h-l-ch,* »gehen«.

'oréach, »Wanderer« (Lex. 84; B-R), »Gast« (L. Zunz).

ben máwet in V 5: »Sohn des Todes«, L. Zunz: »(Der Mann) ist des Todes schuldig«.

'arbaʿtájim (zu *'arbáʿ*), »vierfach«; vgl *schiwʿatájim,* »siebenfach«. Nach R. D. Kimchi »achtfach« (»zweimal vier« wegen des Dual *-ájim*), nach dem Midrasch (jalqút schimʿóni) gar »vier mal vier«, d.h. »sechzehnfach« (s. M. Z. Segal, sifré Schmu'él, 304). Richtig ist »vierfach« (Ibn Esra, Raschi, nach Sifré, wa'etchanán, 3,23).

chamál, V 6, »er empfand Mitleid, schonte« (Lex. 315), B-R: »daß es ihn (nicht) gedauert hat«.
hizalticha ist Perfekt des Hiphil von *n-z-l* mit Suffix, »ich habe dich gerettet« (Lex. 677).
w''osífa, V 8, »ich will hinzufügen« (Kohortativ von *j-s-f,* Hiphil), B-R: »ich fügte hinzu«.
kahéna w'chahéna, »dies und das« (B-R), Lex. 241 zu Jos 8,20; 2Kön 2,8.14: *héna wahéna*: »hierhin und dorthin«.
basíta, V 9, ist Perfekt des Qal von *b-s-h:* »du hast geringgeschätzt, verachtet« (Lex. 113), B-R: »gespottet«. In V 10: *bisitáni,* »du hast mich verachtet«.
hikíta, V 9, ist Perfekt des Hiphil von *n-k-h:* »du hast erschlagen« (Lex. 659), neben *harágta*, »du hast getötet« (Lex. 245 zu *h-r-g*), B-R: »du hast umgebracht«.
V 13 bedeutet *chatá'ti* »ich habe gesündigt« (Lex. 292f). Die nachfolgende Präposition *l* gibt die Person an, gegen die gesündigt wurde. B-R: »Ich habe IHM gesündigt«; L. Zunz: »ich habe gesündigt gegen den Ewigen«.
he'ewír ist Perfekt des Hiphil von *'-w-r* (»vorübergehen lassen«): »er hat hinweggenommen« (L. Zunz), »hat ER (deine Versündigung) vorbeischreiten lassen«, Lex. 737: »übersehen«.
'éfes, V 14: »jedoch« (B-R).
ni'éz ni'ázta, (da) »du zum Hohen gereizt« (L. Zunz), »(weil) du gehöhnt«. *n-'-z,* Piel, meint »unerbietig behandeln, verwerfen« (Lex. 622). *ni'éz* entspricht *na'éz,* dem Infinitivus absolutus, nur ist das *a* zu einem *i* »verdünnt« (W. Gesenius, aaO, 52,o). B-R verstehen *ni'éz* freilich als Perfekt: »(weil) du gehöhnt«, was zu einer Zweiteilung von V 14a führt: »weil du durch diese Sache gehöhnt, mit SEINEN Feinden gehöhnt hast«. Auch Lex. 622 gibt *ni'éz* als Perfekt (und nicht als Infinitivus absolutus) an.
hajilód, »der geboren ist«, L. Zunz, B-R (*jilód* ist Partizip Passiv des Qal von *j-l-d,* »geboren«, Lex. 394).

Der Text in der Exegese

Davids Handlungsweise »war schlecht« in »den Augen des Herrn«, und daher entsandte Er den Propheten *Natan* zu David (12,1). Uriel Simon (aaO, 599) stellt fest, daß der Prophet erst *nach* der Geburt des in Blutschande gezeugten Kindes den Gottesauftrag auszuführen hatte, »d. h. viele Monate nach der Sünde«. Der König mag längst nicht mehr an die

höchst peinliche Angelegenheit gedacht und sie jedenfalls aus seinem Bewußtsein zu verdrängen gesucht haben, da packt ihn sein Gewissen, das durch Natan machtvoll aufgescheucht wird.
Der Prophet erzählt eine Geschichte, ein *Gleichnis*, völlig unverfänglich, wie es zunächst den Anschein hat. David hört zu und merkt überhaupt nicht, daß er selbst gemeint ist.

»Zwei Männer waren in einer Stadt, einer war reich, der andere arm.«

»In *einer* Stadt« (*b'ʿir 'echát*), in der – wie immer – ein soziales Gefälle existiert. Es gibt reiche und arme Menschen, das läßt sich kaum ändern. Wohl ändern aber läßt sich der Machthunger der Mächtigen, die Arroganz, mit der sie auf alles Anspruch erheben. Der *Reiche* in Natans Gleichnis besitzt »Kleinvieh und Rinder in großer Menge« (»sehr viel«, V 2). Der *Arme* hingegen »hat nur ein einziges, kleines Lamm, das er gekauft hatte«. Jedes Wort ist wichtig: Es war ein Lamm, und zwar ein weibliches Lamm, das er besaß. Es wurde ihm nicht in einer Schafherde geboren, weil er eine solche Herde nicht hatte. Er mußte das Tierchen kaufen, für das wenige Geld, das ihm zur Verfügung stand. Der Gegensatz ist einprägsamer und mit nur wenigen Pinselstrichen nicht zu beschreiben:

V 2	*V 3*
Der Reiche hatte Kleinvieh und Schafe in großer Menge.	Der Arme aber hatte nichts außer einem einzigen, kleinen Lamm, das er gekauft hatte.

Doch an diesem Lamm hing er mit seinem ganzen Herzen:

»Er hielt es am Leben, und es wuchs auf mit ihm und seinen Söhnen zusammen. Von seinem Bissen aß es, aus seinem Becher trank es, und in seinem Schoß lag es. Und es war ihm wie eine Tochter.«

»Er hielt es am Leben« (wajchajéha), damit es ihm Milch und Wolle schenkte. Doch im letzten wurde dieses Lamm zu einem Teil der Familie, und zwar zu dem wichtigsten. Was der Arme hat, teilt er mit ihm, wie er es mit den anderen wohl nicht zu tun pflegte. Die Söhne bekommen, was ihnen von der kärglichen Mahlzeit zusteht. Und der Vater erhebt gewiß keinen Anspruch auf eine größere Portion. Was das Lamm aber frißt, ist Teil seines Teils, ist ein Bissen von seinem Bissen, und es trinkt den Schluck, den er selbst trinken würde. Eine solch innige Beziehung hat ein Vater zu seiner Tochter, zu seiner Lieblingstochter, die er schützt und umhegt, für die er alles hinzugeben bereit ist. Natürlich ist das Lamm nicht »zur Tochter« geworden. Das kann es nicht (anders als Hadassa, die spätere Königin Ester,

die der Oheim Mordechai »zur Tochter« (*l'wat*) nimmt; Est 2,7). Es ist aber »*wie* eine Tochter« (*k'wat*), wie – so kann man vielleicht ergänzen – die einzige, kleine Tochter unter vielen Söhnen. Der Arme hat wohl keine Gattin mehr. Er lebt mit seinen Söhnen zusammen.
Schon jetzt muß sich des Hörers – und das heißt Davids – Sympathie dem armen Mann zuwenden. Über des Reichen Familie und über sein Verhältnis zu den Tieren seiner Herde ist nichts gesagt. Nur die trockene Feststellung wird in äußerster Kürze mitgeteilt: »Er hatte Kleinvieh und Schafe in großer Menge.« Freilich hatte er sie, sonst wäre er nicht reich. Doch sein Besitz ist nicht mehr als Sachwert, als Kapital. Emotionen können nicht entstehen, weil ob der Fülle des Besitzes die Gefühle zum einzelnen Tier ersticken. Er wird sicher kein Tier »in seinem Schoß« liegen lassen! Das hat er gar nicht nötig, weil er Ställe anlegt, um die Tierherden vor den Unbilden der Witterung zu schützen. Der Arme nimmt sein einziges Lamm ins Haus, weil er ohnehin keinen Stall hat.
So sind die Verhältnisse, die Natan konstatiert, jedoch nicht kritisiert. Er ist kein Revolutionär, der die Gesellschaft zu ändern sucht und die Besitzverhältnisse neu ordnet. Es geht ihm nicht um die Verhältnisse, es geht ihm um das Verhalten – das Verhalten des Reichen zum Armen. Bisher ist kein Unrecht geschehen, weil der Reiche nicht gehandelt hat. Doch wie er nunmehr zu handeln beginnt, handelt er falsch, im krassen Gegensatz zu jeder rechtlichen Norm.
Der Reiche bekommt Besuch. Ein *»Wanderer« (hélech)* erscheint, den es zu bewirten gilt. »Da dauerte es« (*wajachmól,* V 4) den Reichen, ein Tier aus seiner Herde auszusuchen und als Leckerbissen zuzubereiten. Es ist einfacher und billiger, wenn er »das Lamm des Armen nimmt und es für den Mann, der zu ihm gekommen ist, zubereitet«. »Er nahm es« – »mit Brachialgewalt, d.h. er raubte es« (J. Kühl, séfer Schmu'él, II,420). Der Mann ist vom Teufel besessen, in der Ausdrucksweise des Talmud (b. Sukká, 52b; vgl Gen.r. 22,6; Raschi, R. D. Kimchi, R. Levi ben Gerson) vom »Trieb zum Bösen« (*jézer hará'*) verführt. Wenn dieser »Trieb zum Bösen« sich – hier in der Gestalt eines Reisenden – an einen Menschen heranmacht, ist es äußerst schwer, seinem Drängen zu widerstehen.

»Rawa sagte: Zuerst heißt er ›Wanderer‹, dann ›Gast‹ (*'oréach*) und zuletzt ›Mann‹.« – Raschi interpretiert: »›Wanderer‹ – das ist einer, der vorübergeht und nicht in die Herberge geht. ›Gast‹, das ist der Herbergsbewohner. ›Mann‹, das ist der Hausherr.« Vgl R. Levi ben Gerson (zu V 4): »Zuerst gleicht er einem Armen, der betteln geht . . ., dann wird er zum reisenden Geschäftsmann, und schließlich erreicht er die Stufe eines Herrn.«

Möglicherweise ist der arme Mann dem Reichen verschuldet, doch selbst dann ist es unmenschlich, dem Armen sein Tierchen wegzunehmen, das ihn und seine Familie ernährt, ganz zu schweigen vom viel gravierenderen Eingriff in die Gefühlswelt des Schwächeren, der seine »Tochter« verliert. So herzlos kann nur ein Mann handeln, dem die Regungen eines empfindsamen Herzens fremd sind. Den Wanderer trifft keine Schuld. Er weiß nicht, woher der Leckerbissen stammt, weiß nichts über die Tragödie, die sein Besuch auslöste. Vielleicht hätte er sonst keinen Bissen vom Lammfleisch gekostet, vielleicht aber hätte auch er – herzlos wie sein Gastgeber – die Gefühle eines armen Mannes mit Füßen getreten. Von diesen Gefühlen ist im übrigen nicht die Rede, so wenig wie von der Reaktion des Armen. Hat er sich gegen das himmelschreiende Unrecht aufgebäumt, haben seine Söhne den Raub zu verhindern gesucht? Oder hat er – wie es allzuoft bis heute geschieht! – das Unrecht in sich hineingewürgt und geschwiegen?
Für den Erzähler Natan sind diese Fragen irrelevant. Es geht ihm um David, um seine *Reaktion*. Indirekt widerspiegelt dessen Reaktion das Denken und Fühlen des Armen, das nicht beschrieben ist. David braust auf, sein »Zorn entbrannte gegen den Mann gar sehr« (V 5), und er ruft aus:

»So wahr Gott lebt! – Ein Sohn des Todes ist der Mann, der solches tut. Und das Lamm bezahle er vierfach, weil er diese Sache getan hat und es ihn nicht dauerte« (V 5b–6).

David schwört: *»So wahr Gott lebt!«* Doch es ist ein Schwur im Zorn, und deshalb kein wirklicher, verbindlicher Schwur. Es ist »ein spontaner (Gefühls-)Ausbruch«, der den König mitreißt (B. Uffenheimer, Die frühe Prophetie in Israel, 159; hebr.). Was er sagt, entspricht keinem schriftlich fixierten Gesetz Israels. »Der Reiche hat kein Kapitalverbrechen begangen« (Rev. S. Goldman, Samuel, in: Soncino Books, 250). Eine eigentliche Todesstrafe kommt ihm daher nicht zu, weshalb die Übersetzung von L. Zunz das Wort »schuldig« zusätzlich einbringt:

»Der Mann ist des Todes schuldig (!), der dies tut.«

Das ist er nicht. Zum anderen schießen auch Buber-Rosenzweig am Ziel vorbei:

»Ein Sohn des Todes müßte ja (sic!) der Mann sein, der solches tut, ob er gleich das Lämmchen nur vierfach bezahlen muß.«
(Zu »vierfach« vgl Ex. 21,37; 22,2; Raschi.)

Nicht: er »müßte ja«, aber er kommt mit einem blauen Auge, mit der vierfachen Bezahlung des Lammpreises, davon. Er *ist* des Todes, weil er

eine Untat begangen hat, nur wird er nicht hingerichtet. Für den Diebstahl eines »einzigen Lammes«, das einem Armen gehört, kann kein menschliches Gericht die Todesstrafe verhängen. David denkt in seinem Gefühlsausbruch auch gar nicht an diese Konsequenz seines Ausrufs. Es liegt eine »Übertreibung« vor (R. D. Kimchi), wobei freilich gerade diese Übertreibung das Ausmaß des Zorns erfassen läßt, von dem der König gepackt ist.
Wie L. Zunz versteht schon der antike Historiker Flavius Josephus (Jüdische Altertümer, VII,7,3) die Reaktion Davids:

»Diese Rede betrübte den König sehr; er nannte den Mann, der solches tun könne, einen Verbrecher (*ponērón*) und sagte, es sei gerecht, daß er das Schäfchen vierfach (*tetraplḗn*) bezahle und dann noch mit dem Tode bestraft werde.«

In dem Augenblick, da David sein ungefiltertes und daher empfindungsmäßig richtiges Verdikt ausruft, schlägt Natan zu. Aus dem Parabelerzähler wird der Gottesprophet in actio: *'atá ha'ísch, »Du* bist der Mann!« Was folgt – und es folgt viel und in aller Breite –, ist nichts weiter als Kommentar. Für David selbst überflüssig, denn er weiß auch ohnehin, was Natan sagen wollte. Der Leser – und das sind auch wir! – mag die Deutung des Gleichnisses als hilfreich empfinden, auch wenn er sich aufgrund von Kap. 11 die Deutung mit Leichtigkeit selbst zusammenreimen kann.
»Du bist der Mann!«, der »reiche Mann« (V 4), der »dem Mann, der zu ihm kam« (ib.), das Lamm beim »armen Mann« (ib.) holte und daher das Urteil verdient, das dem »Mann, der dieses tut« (V 5), zukommt. Es geht im Kapitel um »Männer« (V 1: *'anaschím*), aber nicht jeder Mann ist ein wirklicher »Mann«, ein *'isch,* eine »Persönlichkeit«. Eine wirkliche Persönlichkeit, ehrlich und charaktervoll, ist der Arme, nicht der Reiche. David muß es wie Schuppen von den Augen fallen. Natan hat ihm mit diesem *»Du* bist der Mann« die »Identitätsfrage« beantwortet: »Ich erzähle Dir, König, keine hübschen Geschichten, ich zeige Dir, was Du verbrochen hast! Das ›Urteil‹ hast Du Dir selbst ausgesucht.«
Den *Kommentar des Gleichnisses* gibt Natan in der Form eines Gotteswortes, wobei der Gottestitel gewichtig ist: »So sprach der Herr, der Gott Israels« (häufig bei Jeremia: 11,3; 13,12 u. a.). Über die Religionszugehörigkeit der drei Männer – des Reichen, des Armen und des Wanderers – schweigt sich Natan aus. Das Gotteswort aber setzt den »Herrn, den Gott Israels« als Garanten von Recht und Menschlichkeit ein. Die Gottesrede holt weit aus: David wurde durch Gott (»durch den Propheten Samuel«; Abarbanel, Frühe Propheten, 344) zum König gesalbt und später aus der Hand des ihm nachstellenden Saul gerettet (V 7). Daß David überhaupt

noch lebt, ist ein Wunder. Gott hat es gewirkt. V 8 beschreibt die Macht, die wiederum Gott ihm übertragen hat:

»Ich gab dir das Haus deines Herrn und die Frauen deines Herrn an deinen Busen. Ich gab dir das Haus Israel und Juda. Und sollte es zu wenig sein, so füge Ich hinzu dies und das.«

Rev. S. Goldman (aaO, 251) erklärt:

»Gottes zahlreiche Wohltaten an David sind hier erwähnt, damit er nicht nur sein Vergehen gegen Gottes Gesetz erkenne, sondern auch seine Undankbarkeit gegenüber der Quelle all seines Besitzes.«

Hat David die Frauen seines Herrn – Sauls – für sich beansprucht? Die Meinungen darüber gehen auseinander. Abarbanel (344) meint:

»Die Frauen deines Herrn an deinen Busen – das will nicht sagen, daß Sauls Gattinnen auch wirklich zu den seinen wurden. Er hatte vielmehr das Recht, sie sich zu nehmen.«

Vgl A. Weiser, Schmu'él, 133: »Die Bedeutung ist, daß ihm Rechtens die Möglichkeit gegeben war. Daß er sie sich wirklich nahm, wird nicht gesagt.« (So auch Rev. S. Goldman, 251)

Es kann natürlich sein, daß nicht von den Witwen Sauls die Rede ist, sondern von seinen Töchtern Michal und Merab, die David (zu Lebzeiten Sauls) ehelichte:

»Und die Frauen deines Herrn – das ist Michal, Sauls Tochter« (Raschi), s. 1Sam 14,49; 18,19f.

Der Talmudgelehrte R. J'huda (Mischná Sanhedrín, II,2; b. Sanhedrín, 18a) nimmt aber unseren V 8 zum Anlaß, eine Lehre aus dem Königsrecht anzufechten:

»Man darf seine (des Königs) Witwe nicht heiraten. R. J'huda sagt: Der (neue) König heiratet die Witwe eines Königs, denn so finden wir bei David, daß er die Witwe Sauls geheiratet hat. Wie es heißt: ›Und Ich gebe dir ...‹«

»Ich gab dir das Haus Israel und Juda.« R. J. Kara (in: miqra'ót g'dolót, Zusatz S. 216) verbindet diese Aussage mit der vorhergehenden:

»Wo immer du um eine Frau in ganz Israel geworben hättest, wäre sie dir nicht versagt worden.«

Wäre alles noch nicht genug, so »füge Ich hinzu dies und das«, »zweifach so viel, wie du heute besitzest« (M'zudát David). David aber hat »das Wort des Herrn« schmählich »verspottet« (*basíta*), »um das in Seinen Augen Böse zu tun« (V 9). In doppelter Weise: »Uria den Hetiter hast du durchs Schwert geschlagen und seine Frau dir zum Weib genommen.« Und der Mord geschah erst noch durch »das Schwert der Ammoniter«, der Feinde, mit denen Davids Krieger im Kampf standen. Der Tod Urias auf dem Schlachtfeld wurde durch seinen eigenen König inszeniert, der ihn hätte schützen müssen! (Vgl R. D. Kimchi.) Auch wenn David nicht mit eigenen Händen gemordet hat, ist er schuldig, zumindest moralisch schuldig:

»Schamai der Alte sagte im Namen des Propheten Haggai: Der Auftraggeber (der ihn Aussende) ist schuldig, denn es heißt: ›und ihn hast du getötet durch das Schwert der Ammoniter‹« (b. Kiduschín, 43a).

Ganz sicher trifft auch Joab eine Schuld, denn er kann sich nicht durch das Moment des Befehlsnotstands herausreden. Das talmudische Prinzip lautet:

»Es gibt keinen Beauftragten bei einer Sünde« (*'en schalíach lidwár 'awerá;* b. Kiduschín, 42b; b. Bawá Qamá, 79a).

Im Gegensatz zu Schammai dem Alten vertritt ein anonymer Meister das Prinzip:

»Wenn einer zu einem Abgesandten sagt: ›Geh hin und töte jenen Menschen!‹, so ist der Abgesandte schuldig, der Auftraggeber aber straffrei.«

»Straffrei«, nicht unschuldig. Wir neigen heute zweifellos der Ansicht des Schammai zu, die auch Natan stillschweigend akzeptiert.
Die *Strafe* folgt auf dem Fuß:

»Und jetzt wird nicht weichen das Schwert aus deinem Haus für immer, weil du Mich verspottet und die Frau des Hetiters Uria genommen hast, daß sie dir zum Weib werde« (V 10).

Der Vers begründet das immerwährende *»Schwert«* mit der in V 9 erwähnten Kritik. A. B. Ehrlich (Randglossen, III,298) erklärt:

»Der Sinn des Ganzen ist der: du hast den Uria durch ein ausländisches Schwert umbringen lassen; nunmehr soll das gegen dich gerichtete Schwert aus deinem eigenen Hause nicht aufhören.«
»Dieser Fluch hat sich durch den (gewaltsamen) Tod des Amnon, Absalom und Adonija erfüllt« (Sch. L. Gordon, n'wi'ím ri'schoním, 50).

Das Schwert ist in der Tat aus dem Davidshaus nicht mehr gewichen. Seine eigenen Kinder sind durch das Schwert umgekommen. Die an Uria und Batseba begangene Untat hat sich bitter gerächt. »Für immer« – das heißt soviel wie »alle Tage deines Lebens« (Rev. S. Goldman, 252) – dominiert die Gewalt. Der Friede ist dahin.

Doch diese düstere Prognose ist das Ende der Konfrontation zwischen David und seinem Hofpropheten nicht. So wie Natan mit zwei Worten den König geschockt hat, so reagiert David mit zwei Worten: »Gesündigt habe ich gegen den Herrn!« (*chatá'ti ladonáj*). Blickt man auch auf Kap. 11, so zeigt sich, daß die Hauptakteure die entscheidende Aussage in unübertrefflicher Kürze zusammenfassen.

Batseba bekennt: *»Schwanger* bin ich!« (*hará 'anóchi*). *Natan* klagt an: *»Du* bist der Mann.« (*'atá ha'ísch*). *David* bereut: *»Gesündigt* habe ich gegen den Herrn!« (*chatá'ti ladonáj*).

Das erste der beiden Worte trägt den Akzent: »schwanger« – »du« – »gesündigt«, und es genügt, um die ganze tragische Geschichte zu skizzieren: die Schuld–die Anklage–die Reue.

Der Midrasch (Sifré, wa'etchanán, 3,23) verbindet das *Schuldeingeständnis* mit Ps 51,3.6:

»Sei gnädig zu mir, Gott, nach Deiner Treue ... Gegen Dich allein habe ich gesündigt, und das Böse in Deinen Augen habe ich getan ...«

David will natürlich nicht behaupten, nur gegen Gott habe er gefrevelt, nicht auch gegen Menschen. Er kann nicht bestreiten, daß sein Handeln andere Menschen ins Unglück gestürzt hat. Sein Eingeständnis »Gesündigt habe ich gegen den Herrn« erweitert vielmehr das gegen Menschen begangene Vergehen zu einer Schuld auch gegen Gott. Jedes Verbrechen an einem Mitmenschen ist immer zugleich ein Verbrechen an Gott.

David sucht – anders als Saul (1Sam 15,20f.24) – nicht nach Ausflüchten, ehe er sein »Gesündigt habe ich ...« ausspricht, und daher wird ihm umgehend verziehen (Malbim, III,151). Der Anfang der Umkehr ist immer das Eingeständnis der Schuld. Maimonides (hilchót t'schuwá, I,1) faßt die Norm in die Worte:

»Wegen aller Gesetze der Torá – Gebote und Verbote –, die ein Mensch mit Absicht oder aus Versehen übertreten hat, muß er vor Gott ein Geständnis ablegen; denn es heißt (Num 5,6f.): ›Ein Mann oder eine Frau, die irgendeine Sünde begangen haben ..., müssen die von ihnen begangene Sünde eingestehen‹.«

Durch das Eingeständnis (*widúj*) ist der erste und zugleich entscheidende Schritt in die neue Richtung getan: die Richtung auf Gott und den Mitmenschen hin. Der Midrasch (midrásch t'hillím, schochér tow, hg. v. S. Buber, 213, zu Ps 100) zitiert Spr 28,13:

»Wer seine Frevel bedeckt, hat kein Glück, wer jedoch eingesteht und (sie) verläßt, findet Erbarmen.«

Zu jenen, die »eingestehen und (sie) verlassen«, zählt neben Kajin und Saul auch David. Beispiel eines uneinsichtigen Mannes ist Adam, wie der Midrasch meint.
Weil David die Schuld eingesteht, läßt Gott sie »vorübergehen« (*heʿewír*, V 13), und er wird nicht sterben. R. D. Kimchi schreibt:

»Obschon du todesschuldig bist, hat Gott dein Eingeständnis und deine Umkehr angenommen, und du wirst nicht den Tod der Frevler sterben.«

Getilgt ist die Schuld freilich nicht. Nur der Tod, den sich David im Aufbrausen seiner Gefühle unbewußt selbst zugedacht hat, ist aufgehoben (Sch. L. Gordon, 51; J. Kühl, in: dáʿat miqráʾ, II,423).

»*heʿewír* ... heißt nicht die Sünde tilgen, so daß keinerlei Strafe erfolgt, sondern die Bestrafung der Sünde aufschieben, das Urteil suspendieren« (A. B. Ehrlich, Randglossen, III,298f.).

Vergleichbar ist 1Kön 21,19.27, wo sich die Sühne für *Ahabs* Verbrechen an Nabot wegen des Schuldeingeständnisses nicht zu seinen Lebzeiten einstellt. Der Strafaufschub anstelle der totalen Schuldvergebung ist freilich nicht die Norm. Jona 3,9f wird die Schuld gänzlich hinweggenommen, dem sündhaften Menschen alles vergeben (s. Enc. miqraʾít, VIII, 955ff; B. Uffenheimer, 227). In Davids Fall mag die Schuld weiter existieren und sich bei seinen Nachkommen auswirken, weil er König war und sein Vergehen besonders streng bewertet wird:

»Weil du jedoch verspottet, wahrlich verspottet hast mit den Feinden des Herrn, wird der dir geborene Sohn sterben« (V 14).

R. J. Kara (216) interpretiert:

»Du hast die Feinde Gottes, die anderen Völker, erfreut, weil sie von jetzt an sagen werden: ›Er findet keine Hilfe bei Gott‹ (Ps 3,3). Sollte denn ein Mensch, der das Lamm gefangennahm, den Hirten tötete und Israel ins Schwert stürzte, je die Vergebung finden? Das wäre doch erstaunlich! (Vgl Targúm Jonathan: »Weil du geöffnet hast den Mund der Feinde des Gottesvolkes.«)

Raschi versteht die Wendung »die Feinde Gottes« als »Umschreibung« für Gott selbst. »Aus Gründen der Ehre« sagt Natan nicht: du hast Gott verspottet, sondern die »Feinde Gottes«. Das ist eine »(Text-)Korrektur der Schriftgelehrten« (*tiqún sofrím;* M. Z. Segal, 306; E. S. Hartom, 132).
Die Parabel vom »Lamm des Armen« entspricht der Begebenheit, von der Kap. 11 berichtet, nicht in den Einzelheiten. Von Mord und Ehebruch ist in ihr nicht die Rede. »David nimmt sich Batseba nicht, weil er seine eigenen

Frauen hätte schonen wollen« (A. Weiser, sch'mu'él, 133). Nur von Batseba ist zudem die Rede, nicht von Uria, dem Armen des Gleichnisses. Trotz der fehlenden Analogie versteht aber David den Sinn des prophetischen Gleichnisses unmittelbar. Wie Natan ihn mit dem »*Du* bist der Mann!« entlarvt, stellt er sich nicht unwissend und überrascht, sondern bekennt die Schuld ohne Vorbehalt und in vollem Umfang. David wird damit zweimal übertölpelt: durch die Schönheit der verheirateten Frau, die ihm ein Fallstrick ist, und durch die ebenso raffinierte wie wirkungsvoll verklausulierte Parabel des Gottesmannes. Der König merkt seinen abgrundtiefen Fehler – jedoch viel zu spät: erst dann, als unschuldiges Blut geflossen ist.

Davids Größe liegt im Schuldbekenntnis, in der Akzeptanz der bitteren Wahrheit. Dem Propheten wird kein Haar gekrümmt, Natan bleibt zeitlebens der Vertraute Davids, den er maßgeblich in seinen Entscheidungen beeinflußt (z.B. 1Kön 1). In seiner schlimmsten Stunde bleibt David empfänglich für das Gotteswort. Die Bibel verniedlicht und beschönigt nichts. Mord bleibt Mord, Ehebruch bleibt Ehebruch, mag der Mord auch nur indirekt vollführt, der Ehebrecher ein König sein. Selbst der König steht in Israel nicht über dem Gesetz. Für das, was David getan hat, gibt es nur eine einzige Antwort: »Gesündigt habe ich gegen den Herrn!« Er hätte auch anders handeln, den unliebsamen Mahner umbringen können. Doch er tut es nicht. Er stellt sich dem selbstgesprochenen Verdikt, er unterstellt sich dem Spruch Gottes.

Die Nachwelt spürte die unerträgliche Spannung zwischen David, dem erhabenen König, dem Dichter der Psalmen, dem Vorläufer des messianischen Friedenskönigs, und David, dem Ehebrecher und Mörder. Und sie vermochte sie nicht immer durchzuhalten. Eine Passage im Talmud (b. Schabát, 56a) bildet ein *Musterbeispiel der Apologetik:*

»Es sagte R. Schmu'él bar Nachmani, es sagte R. Jochanan: Jeder, der behauptet, David habe gesündigt, irrt sich, denn es heißt (1Sam 18,14): ›David hatte Erfolg auf allen seinen Wegen, und der Herr war mit ihm.‹ Ist es denn denkbar, daß eine Sünde ihm zugekommen ist, und die Sch'chiná (Gegenwart Gottes) war bei ihm? Wie aber lasse ich (den Satz) bestehen: ›Weshalb hast du das Wort des Herrn verspottet, das in Seinen Augen Böse zu tun?‹ – Er wollte es tun, aber er tat es nicht!«

Der Gelehrte Raw (Abba Areka) führt die Tendenz, David in Schutz zu nehmen und von jeglicher Sünde reinzuwaschen, auf den Patriarchen R. J'huda (= Rabbi) zurück, denn »er stammte von David ab, und er erforschte (daher) immer wieder das Verdienst Davids«. Diese Tendenz ist demnach wirklich tendenziös, und sie ist auf ein Umbiegen des Sinns der Verse angewiesen.

»Rabbi sagt: Dieses Unheil ist verschieden von jedem Unheil der Torá; denn bei jedem steht ›er tat‹, hier hingegen ›zu tun‹ – er wollte (die Sünde) tun, tat sie aber nicht. ›Uria den Hethiter schlugst du durch das Schwert‹ – du hättest ihn durch das Synhedrion (Oberstes Gericht) verurteilen lassen müssen, und hast es nicht getan. ›Und seine Frau nahmst du dir zum Weib‹ – Du konntest sie wirklich nehmen; denn R. Schmu'él bar Nachmani sagte, R. Jochanan sagte: Jeder, der in einen Krieg des Hauses David zog, gab zuvor seiner Gattin einen Scheidebrief ...«

Der Scheidebrief (*get k'ritút*) wurde retroaktiv gültig. Die Gattin galt als geschieden, falls der Gatte nicht aus dem Krieg zurückkehrte, und sie blieb nicht als »verankert« (*'aguná*) sitzen, d.h. sie blieb nicht jahrelang in einem Zustand der Ungewißheit, in dem ihr eine Wiederverheiratung verboten war. Batseba war nach dieser These vom Augenblick an frei, da Uria ins Feld gezogen war.

Rabbis Bemühen mag verständlich sein, es stößt indessen bereits bei Raw auf Widerspruch. Im Gegensatz zu R. J'huda erklärt er (aaO):

»Wenn du über David nachdenkst, findest du bei ihm (kein Vergehen außer jenem) an Uria, denn es steht geschrieben (1Kön 15,5): ›außer bei der Sache des Hetiters Uria‹ (sündigte David in nichts).«

Sehr scharf zerpflückt Abarbanel (aaO, 342f) die Rechtfertigungsabsicht R. J'hudas:

»Wie können wir sagen: ›Er wollte (sie Sünde) tun, tat sie aber nicht‹, wenn die Schrift ausdrücklich die schlimme Tat bezeugt? Sollte David nicht gesündigt haben, wie kann er erklären: ›Gesündigt habe ich gegen den Herrn‹? Und warum hat er die Umkehr vollzogen? (Ps 51,5). Mein Geist duldet es daher nicht, Davids Sünde leichter zu nehmen, und ich will die einfache Wahrheit nicht bestreiten. Wie könnte ich mich mit dem Scheidebrief abfinden, von dem sie (Talmudweisen) sagten, sie (Krieger) hätten ihn ihren Gattinnen übergeben? Der Vers, den sie als Beleg zitierten, ist weit (von einer solchen Deutung) entfernt. David forderte Uria auf, in jener Nacht in sein Haus zu gehen ..., folglich gab es keinen Scheidebrief, und die Intimität wäre absolut in Ordnung gewesen ... Ich will daher sagen: Er hat sehr gesündigt, aber auch wirklich ein Bekenntnis abgelegt und vollkommen die Umkehr vollzogen. Er hat seine Strafe akzeptiert, und dadurch wurden ihm seine Sünden vergeben.«

Man muß den biblischen Text das aussagen lassen, was er aussagen will. Die Bedeutung Davids für die Geschichte Israels wird – wie Abarbanel richtig sieht – nicht geschmälert, wenn sein Sturz in die Tiefe nicht beschönigt wird. Denn aus der Tiefe hat er herausgefunden durch sein Bekenntnis und die vollkommene Umkehr.

Wegweisung für unsere Zeit

»Es sagte R. J'huda, es sagte Raw: Nie bringe sich ein Mensch in Versuchung. Denn sieh, David, der König Israels, brachte sich in Versuchung, und er strauchelte« (b. Sanhedrín, 107a). In der Dreieckskonstellation David-Batseba-Uria reagieren alle drei Personen anders, als man erwarten könnte. David läßt sich von seiner Leidenschaft hinreißen, Batseba leistet – zumindest äußerlich – nicht den geringsten Widerstand, Uria »gehorcht nicht«. Dennoch trifft nur den König die eigentliche Schuld. Er hat der Versuchung nicht widerstanden und ist tief gestürzt. Auch für David gilt die Aussage seines Sohnes Salomo im Tempelweihegebet (1Kön 8,46): »Es gibt keinen Menschen, der nicht sündigte.«

Was uns freilich immer wieder beeindruckt, ist Davids Gerechtigkeitssinn und die Offenheit zur Selbstkritik. Wie Natan ihn hart anfaßt, steht er zu seiner Tat – seiner Untat – ohne Wenn und Aber. Er könnte sich herauszuwinden suchen, aber er tut es nicht. Mit seinem »Gesündigt habe ich gegen den Herrn« setzt er ein Beispiel, das für jeden Menschen gilt, wenn er schuldig geworden ist. Adam, der nicht einsichtig ist, schiebt die Schuld von sich fort und auf Eva ab (Gen 3,12). David nimmt die Schuld auf sich. Das ist der Unterschied. Natan hinwieder lehrt uns das kompromißlose Eintreten für Recht und Gerechtigkeit. Seine Zivilcourage ist bewundernswert, zumal er – wäre David nicht David – sein Leben riskierte. So muß man mit Mächtigen reden, wenn das Recht erhalten bleiben soll. Wer als Prophet oder Ratgeber oder Freund es nicht wagt, selbst einem König »*Du* bist der Mann!« entgegenzuschleudern, ist ein Feigling und Opportunist. Es hat im Alten Israel deren genug gegeben. Natan gehört nicht zu ihnen. Er verneint jedes Appeasement, jede Beschwichtigung des Unrechts. Deshalb ist sein Gleichnis vom »Lamm des Armen« bis heute packend und aussagekräftig.

»Nicht im Sturm ist der Herr«

1Kön 19,1–8(9–13a)

1 Ahab erzählte Isebel alles, was Elia getan,
wie er alle Propheten durchs Schwert getötet hatte.
2 Isebel sandte einen Boten an Elia, daß er sage:
»So mögen die Götter tun und so hinzufügen!
Denn morgen zu dieser Zeit
mache ich deine Seele
der Seele eines von ihnen (Propheten) gleich.«
3 Er sah, erhob sich und ging um sein Leben.
Er kam nach Beerschewa, das in Juda (lag),
und ließ seinen Knaben (Diener) dort.
4 Er selbst ging in der Wüste eine Tagesreise weit,
er kam und setzte sich unter einen Ginsterbusch
und sehnte sich nach dem Tod.
Er sprach: »Genug! Jetzt, Herr, nimm meine Seele,
denn ich bin nicht besser als meine Väter!«
5 Er legte sich hin und schlief unter einem Ginsterbusch,
und sieh da, ein Bote berührt(e) ihn und sprach zu ihm:
»Auf, iß!«
6 Er schaute um sich,
und sieh, zu seinen Häupten waren
ein Kohlenkuchen und ein Krug Wasser.
Er aß und trank und legte sich wieder hin.
7 Der Bote des Herrn kehrte ein zweites Mal wieder,
berührte ihn und sagte: »Auf, iß,
denn groß (lang) ist für dich der Weg!«
8 Er erhob sich, aß und trank
und ging durch die Kraft jenes Essens
vierzig Tage und vierzig Nächte
bis zum Gottesberg Horeb.
9 Er kam dort zur Höhle hin und übernachtete dort.
Und sieh, das Wort des Herrn (erging) an ihn,
und Er sprach zu ihm: »Was (machst) du hier, Elia?«

10 Er antwortete: »Ich habe geeifert für den Herrn,
den Gott der Heerscharen,
denn verlassen haben Deinen Bund die Israeliten,
Deine Altäre haben sie zerstört
und Deine Propheten durch das Schwert getötet.
Ich allein blieb übrig,
und sie trachteten nach meinem Leben,
es zu nehmen!«
11 Er sprach: »Geh hinaus und stell dich hin
auf dem Berg vor den Herrn!
Und sieh, der Herr zieht vorüber,
und ein großer und starker Sturm,
der Berge zerreißt und Felsen zerschmettert –
nicht im Sturm ist der Herr!
Und nach dem Sturm ein Beben.
Nicht im Beben ist der Herr!
12 Und nach dem Sturm ein Feuer.
Nicht im Feuer ist der Herr!
Und nach dem Feuer die Stimme einer sanften Stille ...«
13 Als Elia (dies) gehört hatte,
verhüllte er sein Gesicht mit seinem Mantel,
ging hinaus und stellte sich hin
am Eingang der Höhle.

Der Text im Kontext

Wie ein Sturmwind fährt er durchs Land, immer in Bewegung, immer auf Wanderschaft. Er besitzt keine Bleibe, keine Frau und Kinder. Er ist einsam und selbst seinem Volk ein Fremder. Elia (*'Elijáhu,* »mein Gott ist *Jáhu*«, d.h. der »Herr«) stammt aus Gilead in der ostjordanischen Steppe, aus der Stadt Tischbón (LXX: Tesbṓn; 1Kön 17,1), und er besitzt daher den Beinamen *'Elijáhu hatischbí,* »Elia der Tisbite«. Niemand kennt den Namen seiner Eltern oder allfälliger Geschwister, und das ist kein Zufall: Elia eröffnet sich keinem Menschen richtig, er findet keine persönliche Nähe zu einem anderen. Er wird geachtet und als der feurige Gottesbote gefürchtet, und er wird auch gehaßt. Nie aber wissen Menschen um sein Leben – insbesondere sein Innenleben – wirklich Bescheid. Bis auf einen Menschen: Elisa, sein Nachfolger, sein Vertrauter, der nach Elias höchst dramatischem

Abgang von der Bühne des Geschehens – dem Himmelsflug im feurigen Wagen mit den feurigen Pferden (2Kön 2,11) – in seine Fußspuren tritt. Der breiten Masse ist nur Elias äußeres Bild eingeprägt. Er ist der Mann im langhaarigen (Fell-)mantel mit dem um die Hüften gebundenen Gurt (2Kön 1,8). Ein »wilder Nomade«, mit dem keiner sich anlegen soll; denn Elia steht im engen Bund mit seinem Gott, dem Gott Israels, der seine Wünsche erfüllt und selbst Feuer vom Himmel hinabfahren läßt, wenn Er seine Existenz beweisen will (1Kön 18).

Elia wirkt im Nordreich Israel. Ahab (870–851) ist König, Omris Sohn, der eine neue Dynastie begründete. Wie Omri sucht auch Ahab das gute Einvernehmen mit den Nachbarstaaten, nicht zuletzt, um der permanenten Gefahr eines Angriffs der Aramäer zu begegnen. So verheiratet Ahab seine Tochter Atalja mit dem jüdischen Thronerben Joram, und er toleriert die Verehrung fremder Gottheiten. Durch seine Ehe mit der aus Tyrus stammenden Prinzessin Isebel werden die Bewohner des Landes mit dem phönizischen Melkart vertraut, den die Bibel als Baal (»Herr«) vorstellt. Baal spielt im ugaritischen Pantheon eine bedeutende Rolle, er ist der fruchtspendende Regengott, in dessen Kult die »heilige Ehe« (die in sexueller Beziehung mit einer Tempeldirne zu erreichende Vereinigung mit der Gottheit) wesentlich ist. Wem diese Vereinigung gelingt, darf auf den üppigen Segen seines Ackers hoffen. Und dieser Segen ist bitter notwendig, nachdem das Land immer wieder von schlimmen Dürrezeiten heimgesucht wird.

Für Elia und für die Israels Gott in seiner absoluten Ausschließlichkeit anhängenden Getreuen ist der von Ahab inszenierte Synkretismus ein Stachel im Fleisch. »Es sollen dir nicht fremde Götter sein vor Meinem Angesicht!« lautete Sein Befehl in der Theophanie am Sinai (Ex 20,3). Es gibt keinen Kompromiß, kein Arrangement mit den Scheingöttern. Die lebensbedrohende Trockenheit, die des Volkes nackte Existenz gefährdet, hat Gott, nicht Baal bewirkt. Sie ist eine Strafe für den Abfall in den Götzendienst (1Kön 17,1). Und wenn nach den zwei Jahren der schwersten Dürre wieder Regen fällt (18,1), muß Ahab erkennen, daß Gott die »kleine Wolke« in ein mächtiges Gewölk verwandelt, die eine Wasserflut niederprasseln läßt (18,43–45). Ahab ist einsichtig, zumal sich der wahre Gott in einer einzigartigen Offenbarung dem auf dem Karmel versammelten Volk gezeigt hat (1Kön 18). Israel gesteht ein: »Der Herr, *Er* ist unser Gott!« (18,39). Baal hat ausgedient, seine Priester und Propheten werden getötet (18,40).

Isebel aber, die alle Gottespropheten umbringen ließ, sofern sie sie zu fassen vermochte (18,4ff), gibt sich nicht geschlagen. Solange Elia lebt, bleibt ihr Gott Melkart angefochten. Die Konfrontation zwischen Isebel und Elia beruht auf der Konfrontation zwischen dem heidnischen Götzen und Israels Gott, und sie kann nur durch den Untergang Isebels oder Elias und die Eliminierung des einen oder anderen Gottes ein Ende finden. Wie sie ausgehen wird, ist von allem Anfang klar: Isebel findet einen schrecklichen Tod (1Kön 21,23; 2Kön 9,30–36), Baal verschwindet. Den verbissenen Kampf durchzustehen, ist für den wahren und streitbaren Gottesmann Elia indessen alles andere als leicht. Von seiner tiefen inneren Krise, die ihm den Tod liebenswerter erscheinen läßt als das Leben eines gehetzten Flüchtlings, erzählt 1Kön 19.

Leitworte des hebräischen Textes

wajagéd, V 1, ist Imperfekt des Hiphil von *n-g-d* mit *waw* consecutivum: »er berichtete, teilte mit« (Lex. 629).
In V 2 stehen zwei Imperfektformen mit Jussivbedeutung, wobei die vollständigere Endung *-un* (statt *-u*) mit dem *nun* paragogicum (W. Gesenius, Grammatik, 47m, S. 135) verwendet ist: *ja'asún,* »sie mögen tun« (Imperfekt des Qal von *'-s-h*), und *josifún,* »sie mögen hinzufügen« (Imperfekt des Hiphil von *j-s-f;* Lex. 399).
'elohím heißt hier »Götter«, nicht »Gott«, wie der Plural von *ja'asún* und *josifún* zeigt. Wenn »Gott« Subjekt eines Satzes ist, steht das Verb im Singular (Gen 1,1: *bará',* »Er schuf«).
néfesch kommt im Text sechsmal vor; V 2.3.4.10. *néfesch* (akkadisch: *napíschtu;* arabisch: *náfsun*) heißt eigentlich »Schlund, Kehle, Hals«, dann vor allem »Atem, Seele« (ausführlich bei Lex. 672ff).
Gehäuft treten in V 3 die Verben auf, und zwar jeweils im Imperfekt mit *waw* consecutivum: *wajár'* (von *r-'-h,* Qal), »er sah«; *wajáqom* (von *qum,* Qal), »er stand auf, erhob sich«; *wajélech* (von *h-l-ch,* Qal), »er ging«; *wajawó'* (von *bo',* Qal), »er kam«, und *wajánach* (von *n-w-ch,* 2. Hiphil; Lex. 642), »er ließ (zurück)«.
dérech jom, V 4, ist »der Weg eines Tages«, L. Zunz: »eine Tagesreise weit«, B-R: »ein Tagesweg«.
wajéschew, »er setzte sich hin« (Imperfekt des Qal von *j-sch-w* mit *waw* consecutivum).
rótem »bezeichnet den weißen Ginster, einen hohen Busch, der in der Sahara und in den Wüsten Israels und Arabiens häufig vorkommt ... In der

glühenden, baumlosen Wüste vermag er genügend Schatten spenden« (M. Zohary, Pflanzen der Bibel, 144). An den Ginster, »einen niedrigen Baum« (Busch), denken schon R. D. Kimchi und R. Levi ben Gerson (Kommentare, in: miqra'ót g'dolót). Sie nennen zur Verdeutlichung die altfranzösische Übersetzung »genest« (heute: »genêt«). Die Wurzeln des Ginsters sind »ein hervorragendes Brennmaterial zum Kochen und Heizen« (M. Zohary; vgl m'zudát Zijón und Ps 120,4). Die Beduinen »verbrennen die Wurzeln zu Kohle und bieten sie dann auf dem Markt zum Verkauf an« (Sch. L. Gordon, séfer m'lachím, I,114).

Der Todeswunsch wird mit der Wendung *wajisch'ál* (Imperfekt des Qal von *sch-'-l* mit *waw* consecutivum) *'et nafschó lamút* ausgesprochen (so nur noch Jona 4,8). Wörtlich: »er verlangte von seiner Seele zu sterben«; B-R: »er wünschte seiner Seele zu sterben«; freier: »er verlangte zu sterben« (L. Zunz); »er verlangte für sich, daß er sterbe« (R. J. H. Hertz, Pentateuch und Haftaroth, zur Haftará von Pinchás); »hier sehnte er sich nach dem Tode« (A. Wolfsohn, m'lachím I, in: kitwé qódesch, 104b).

wajischán, V 5: »er schlief« (Lex. 427; Imperfekt des Qal mit *waw* consecutivum von *j-sch-n I*).

wajabét, V 6: »er blickte, schaute hin« (Imperfekt des Hiphil mit *waw* consecutivum von *n-b-t;* Lex. 624).

nogé'a, »er berührt« (Partizip des Qal von *n-g-',* Lex. 631). In V 7 steht das Imperfekt mit *waw* consecutivum: *wajigá',* »er berührte«.

Zweimal findet sich der Befehl *qum 'echól* (V 5.7): »Auf, iß!« (B-R: »Erheb dich, iß.«). *'echól* ist Imperativ des Qal von *'-ch-l.* Elia gehorcht: *wajáqom wajó'chal,* »er erhob sich und aß« (V 8).

m'ra'aschotáw, »zu seinen Häupten« (B-R; Lex. 596; vgl *ro'sch,* »Kopf«). Gegenteil ist *marg'lotáw,* »zu seinen Füßen« (Ri 3,4 u.a.), vgl *régel,* »Fuß«.

'ugát r'zafím (Singular: *rizpá,* »glühende Kohle«, Jes 6,6) ist ein »Kohlenkuchen«, das heißt: ein auf heißen Kohlen gebackener Kuchen. B-R: »Glühsteingebäck«, L. Zunz: »Rostkuchen«.

zapáchat ist ein »(bauchiger) Krug für Wasser, Öl« (Lex. 981). A. Weiser (m'lachím, 73) meint: »Eine Art Krug, der vermutlich oben eng und unten flach und breit war, während der Wanderung leicht zu bewegen.«

Mit vier Verben schließt V 6: *wajó'chal* (»er aß«), *wajéscht* (Imperfekt des Qal von *sch-t-h* mit *waw* consecutivum), »er trank«, *wajáschow,* »er kehrte wieder« (Imperfekt von *schuw* mit *waw* consecutivum), *wajischkáw,* »er legte sich hin« (vgl V 5). Kurz: »er aß und trank, dann legte er sich wieder hin« (B-R).

b'chóach ha'achilá, V 8: »mit der Kraft *(kóach)* des Essens«.
ham'ará, V 9, »die Höhle« (Lex. 582). Der Artikel kann zeigen, daß es sich um eine bekannte Höhle handelt, doch wird er gelegentlich auch zum Bezeichnen einer unbekannten, aber vorhandenen Sache oder Person verwendet (W. Gesenius, Grammatik, 126q, S. 426), vgl Gen 19,30.
wajálen ist Imperfekt des Qal von *lin* mit *waw* consecutivum: »er übernachtete« (Lex. 502).
qiné'ti (Perfekt des Piel von *q-n-'*, Lex. 1036f) heißt in V 10 »ich eiferte«. Durch den vorangehenden Infinitivus absolutus des Qal *(qanó')* wird die flektierte Verbform betont. B-R: »Eifrig geeifert habe ich für DICH.« Gott wird des öfteren als *'el qaná',* ein »eifernder Gott«, bezeichnet (z.B. Ex 20,5; Ex 34,14).
Israels Vergehen werden mit vier Verben angedeutet: *'aswú,* »sie verließen« (Perfekt des Qal von *'-s-w*) »Deinen Bund« *(b'ritchá)*, *'et misb'chotécha harásu,* »Deine Altäre (Singular: *misbéach*) zerstörten sie« *(h-r-s)*, »Deine Propheten (Singular: *nawí'*) töteten sie durchs Schwert« *(hargú wechárew)*, »sie suchten meine Seele (*wajwaqschú,* Imperfekt des Piel von *b-q-sch* mit *waw* consecutivum), um sie zu nehmen« (*l'qachtá* = Infinitivus constructus von *l-q-ch* mit dem Suffix *-a*). Ergebnis: *wa'iwatér,* »ich blieb (»allein«, *l'wadí*) übrig« (Imperfekt des Niphal von *j-t-r*, Lex. 431; vgl *jéter I,* »Rest«).
V 11f nennt die Naturphänomene *rúach,* »Wind«, *rá'asch,* »Beben«, auch: »Erdbeben«, *'esch,* »Feuer«. *rúach* ist ein Femininum, daher steht das folgende Attribut desgleichen in diesem Genus: *g'dolá,* »groß«. Das zweite Attribut – *w'chasáq,* »und stark« – kann dann freilich als Maskulinum auftreten (W. Gesenius, aaO, 132d, S. 448).
d'mamá (hergeleitet von *d-m-m I,* »stillestehen, sich still halten, starr sein«, Lex. 217) ist »Windstille, Aufhören aller starken Luftbewegung« (Lex. 217), dann auch »Schweigen«. *d'mamá daqá* ist die »feine (sanfte) Stille«; mit *qól,* »Stimme«, zusammen ergibt die Wendung *qól d'mamá daqá,* »eine Stimme der tiefen Stille, d.h. eine leise Stimme, welche nur bei ringsherum herrschender tiefer Stille gehört werden kann« (A. B. Ehrlich, miqrá' kifschutó, II, 315), »ein Ton sanften Säuselns« (L. Zunz), »eine Stimme verschwebenden Schweigens« (B-R und M. Buber, Der Glaube der Propheten, 109), »die dünne, leise Regungslosigkeit der Windstille« (Lex. 1013).
wajálet, V 13, »er verhüllte« (Imperfekt des Hiphil von *l-w-t;* Lex. 497).
b''adartó (von *'adéret*), »mit seinem Mantel« (Lex. 17).

Der Text in der Exegese

»Ahab erzählte Isebel alles, was Elia getan hatte« (V 1) – ein Hinweis auf das Himmelsfeuer, das der Prophet herabflehte, und den Regen, der durch seine Bitte nach zwei Jahren der extremen Dürre niederging (s. R. Levi ben Gerson; R. I. W. Slotki, Kings, 136). Zugleich aber wurde Isebel über das schlimme Ende der in ihrem Dienst stehenden Baalspropheten informiert (18,40). Nichts Wesentliches läßt der König bei seinem Bericht aus, daher steht dreimal *kol*, »alles«. Bis aufs letzte Detail muß seine Frau Bescheid erhalten. Vielleicht denkt sich Ahab, daß sie nun von ihren Plänen abläßt und die Verbreitung des Baalkults einstellt, die mit der unnachsichtigen Treibjagd auf die Gottespropheten einherging.
Wenn dies die Absicht gewesen sein sollte, täuscht sich der König. Er, der seiner Gattin hörig ist – wie anders hätte er sie sonst bei ihrem Tun gewähren lassen (vgl A. Wiener, The Prophet Elijah in the Development of Judaism, 1978, 13) –, müßte um ihre Rachsucht wissen. Sie kann den gewaltsamen Tod ihrer Propheten nicht reaktionslos hinnehmen, auch wenn die Hinrichtung der 450 Männer (18,22) Elias Befugnis überschritt (A. Wiener, 12, Anm., aufgrund von R. I. Arama, ʿaqedát Jizchák, bamidbár, 117b).
Da geschieht nun freilich etwas Seltsames. Statt sogleich die Häscher auszusenden und Elia umzubringen, droht sie ihm lediglich mit dem Tod. Ein *Bote* soll ihm mitteilen (19,2):

»So mögen die Götter tun und so hinzufügen! Denn morgen zu dieser Zeit mache ich deine Seele (Leben) der Seele eines von ihnen gleich.«

Weshalb beschränkt sich Isebel auf die Ansage? R. Ch. Rabinowitz (séfer m'lachím I,322) schreibt:

»Isebel wagt es nicht, ihren Abgesandten mit dem Töten Elias zu beauftragen. Sie schenkt dem Gottesmann genügend Zeit zur Flucht. Wenn er außer Landes ist und das Volk nicht mehr zur Umkehr aufzurufen vermag, so ist es ihr genug. Vielleicht handelt sie so aus Angst vor einer Revolte, wenn sie Elia zu töten wagte.«

Das Volk steht seit dem Gottesurteil auf dem Karmel auf des Propheten Seite. Selbst Ahab kann dem »Feind« (21,20) den Respekt nicht versagen und ist nach dem Verbrechen an Nabot bereit, das von Elia überbrachte Verdikt Gottes zu akzeptieren (ib. V 27). Elia hat sich eine Achtung verschafft, die Isebel nicht zu leugnen vermag, und deshalb läßt sie es bei einer Drohrede.
Elia aber nimmt die Ankündigung ernst, zumal sie mit einer Schwurformel

(E. S. Hartom, séfer m'lachím, 80) – »So mögen die Götter tun und so hinzufügen!« – eingeleitet wird. Die Formel besagt:

»Unheil komme über mich und noch zusätzliches Unheil, falls ich diese Sache (Tötung Elias) nicht tue« (E. S. Hartom).
»Die Götter mögen mich bestrafen, wenn ich es nicht erfülle«, oder: »Die Götter mögen mir helfen, daß ich die Sache zu erfüllen vermag« (Sch. L. Gordon; vgl 1Kön 2,23 bei Salomo).

Elia *»sah, erhob sich und ging um seine Seele* (Leben)« (L. Zunz: »und ging um seines Lebens willen«, vgl Targúm Jonathan: »er sah, erhob sich und ging, um seine Seele zu retten«).
Einige hebräische Handschriften lesen (wie die Septuaginta: *ephobētē* oder die Vulgata: *timuit*) statt des *wajár'*, »er sah«, ein *wajerá'*, »er fürchtete sich«. Der masoretische Text ist gut verständlich. »Er sah« bedeutet: »er schätzte die Gefahr richtig ein«, er wußte um Isebels Charakter und gab sich keinen Illusionen hin. Deshalb »machte er sich auf und ging um sein Leben«. R. Levi ben Gerson weist auf einen wichtigen Punkt hin:

»Als er die Gefahr erkannte, in der er schwebte, wollte er sich nicht auf ein Wunder verlassen. Er erhob sich sofort und ging weg, um sein Leben zu retten.«

R. J. Jacobson (chasón hamiqrá', I,413, Haftará von Pinchás) nimmt diesen Hinweis auf und fügt hinzu:

»Elia, der von Gott Wunder erbat, um das Volk zum Himmlischen Vater zurückzuführen, sieht sich genötigt, wegen der Gefahr zu fliehen, die ihm von Isebel her droht. Für sich selbst erbittet er kein Wunder, sondern ist bereit, zum Flüchtling zu werden.«

Man mag sich an Abrahams Haltung erinnern, der für die Verbrecher von Sodom mit Gott ein Streitgespräch führt, um deren Untergang abzuwenden, der aber andererseits schweigend zum Opfer des eigenen Kindes bereit ist – ein Opfer, das ihm das Herz brechen muß. Für die anderen – auch die Verbrecher – alles, für sich nichts!
Weit ist der Weg, den Elia zurücklegt: Von *Jesreel* im Norden (18,46) bis *Beerschewa* im Süden, im Gebiet des Südreiches Juda (19,3). R. D. Kimchi schreibt:

»Er ging weg aus dem Herrschaftsbereich Ahabs und seinem Land und begab sich ins Land Juda.« Vgl Sch. L. Gordon, 114: »Isebel, die Königin Israels, kann ihn dort nicht ergreifen.«
A. Weiser, 72: »›Beerschewa, das in Juda liegt‹ – zur Betonung, um es möglicherweise von einem Beerschewa in Galiläa zu unterscheiden (Flavius Josephus, Jüdischer Krieg, II,20,6).«

In Beerschewa läßt er seinen *»Knaben«*, seinen Diener zurück. Er will allein sein, er fühlt sich einsam und am Ende seiner Kraft. Eine schwere Depression hat ihn gepackt. Seit wann Elia einen Diener besitzt, ist nicht bekannt; sicher erst seit kurzem, da er in Jesreel in der Nähe des Königshofes lebt (A. B. Ehrlich, aaO, II, 315). Jetzt bedarf er seiner nicht mehr, er ist vogelfrei und will gewiß auch einen anderen Menschen nicht ins Verderben mitreißen (Abarbanel, m'lachím, 581f). Von Beerschewa geht er *»in der Wüste eine Tagesreise weit«* (V 4). Er fühlt sich offensichtlich auch in Beerschewa vor den Nachstellungen der Verfolger nicht geschützt, selbst wenn er sich außerhalb des Herrschaftsbereichs Ahabs und Isebels befindet. Klare Grenzen sind nicht gezogen, und ein Flüchtling ist allemal der Bedrohung ausgesetzt, zumal »Friede herrscht zwischen den Königen von Juda und Israel« (Sch. L. Gordon, 114). Nicht einleuchtend ist das Verständnis von Rev. I. W. Slotki (137), »die neue geistige Erfahrung, die Elia machen sollte (gedacht ist an die Gotteserscheinung am Horeb, V 9ff), forderte die komplette Absonderung von einem menschlichen Kontakt, selbst von einem Diener . . . « Von dieser Gotteserscheinung weiß nämlich der Prophet noch gar nichts, wie er sich in Beerschewa von seinem Begleiter verabschiedet. Erst *nach* der Tagesreise wird er während des nächtlichen Erlebnisses (V 5ff, s. unten) von einem bevorstehenden Aufbruch informiert.
Die »Wüste« bei Beerschewa wird auch in der Hagar-Geschichte (Gen 21,14) erwähnt. Es handelt sich um das Gebiet südlich des Ortes, in dem nicht sehr viel wächst und Wasserquellen selten sind (vgl M. Awi-Jona, in: Enc. miqra'ít, II,8). Von dieser »Wüste« aus führt die Route in südlicher Richtung zur Wüste Paran und zum Horeb, dem Gottesberg (V 8; Ex 3,1). Elia läßt sich unter einem *Ginsterbusch (rótem*, s. Leitworte) nieder, der ihm einen dürftigen Schatten spendet. Einen Baum findet er nicht. Die Trockenheit und Einöde geben ihm gleichsam den Rest. Er, der noch einen Tag zuvor »um sein Leben« weggeeilt war, will jetzt sterben. »Er zieht seinen Tod dem Leben vor« (R. D. Kimchi). Er könnte selbstredend sein Leben selbst auslöschen. Das tut er nicht, aber er »bittet seine Seele zu sterben«, »er sehnt sich nach dem Tod« (s. Leitworte zu *wajisch'ál 'et nafschó lamút*). Abarbanel (582) meint:

»Er bat Gott, gepriesen sei Er, im Gebet, seine Seele zu nehmen, ihn durch Seine Hand sterben zu lassen, damit er nicht durch die Hand Isebels und ihrer schlechten Männer werde sterben müssen.«

Die *Verzweiflung* wird von zweierlei begleitet: Von dem Aufschrei oder jedenfalls dem tiefen Seufzer: »Genug! Jetzt, Herr, nimm meine Seele, denn ich bin nicht besser als meine Väter!« (V 4) und dann insbesondere von der typischen Reaktion eines Menschen, der von allem genug hat: »Er legte sich hin und schlief ...« (V 5).

Das Targúm Jonathan gibt den Aufschrei sinngemäß wieder:

»Es genügt mir die Länge (meiner Tage). Wie lange noch soll ich so leiden?« (eigentlich: »wie lange noch soll ich so zerrissen sein?«, *'ad 'ematáj 'ána' matráf ch'den*).

Elia verstummt. Er hat beschlossen zu schlafen, am liebsten für immer, hinein in den Todesschlaf. Isebel hat anscheinend erreicht, was sie erreichen wollte: Ohne daß ein Mord an dem Gottesmann begangen wird, hat sie ihn eliminiert. Ihr Schwur von V 2 – »denn morgen zu dieser Zeit mache ich deine Seele der Seele eines von ihnen gleich« – scheint erfüllt, auch wenn »morgen« erst einige Tage später eintritt. Elia hat den Satz ausgestoßen, mit dem er sein Leben beenden will, und jetzt spricht er nicht mehr, hat auch mit niemanden mehr zu sprechen, weil er sich in der Wüste, in der Abgeschiedenheit aufhält. Doch soll so sein Leben enden, im Schlaf, der zum Todesschlaf wird, in der tiefen Depression, in der er nur noch sein totales Scheitern empfindet?
Elia, der rastlose Wanderer, der kompromißlose Gottesstreiter, ist längst nicht am Ende seiner Lebensfahrt. Gott hat noch Großes mit ihm vor. Er muß zunächst nur aus dem seelischen Tief herausfinden:

»und sieh da (*hiné se*; ein Zeitbegriff nach R. D. Kimchi), ein Bote *(mal'ách)* berührt(e) ihn und sprach zu ihm: ›Auf, iß!‹«

Ganz sachte *»berührt ihn«* ein Bote Gottes, nicht grob wie jener Kapitän, der den schlafenden Jona aus dem Schlummer aufschreckt (Jona 1,6). Die Situation ist grundlegend anders: Jona hat sich in den Schiffsrumpf zum Schlafen hingelegt, weil er einem Gottesauftrag zu entrinnen sucht. Wenn er die Augen schließt, dann geschieht es aus dem Unwillen heraus, eine unliebsame Realität zur Kenntnis zu nehmen. Jona ist stark, ungebrochen, ein Rebell gegen den Befehl, den Gott ihm gegeben hat, damit er die Stadt Ninive vor dem Untergang rette. Elia hat gegen Gott nicht revoltiert. Im Gegenteil, er ist der echte Streiter für Gott, aber er ist ein müder Streiter geworden, er sieht sich am Ende seiner körperlichen und seelischen Widerstandskraft. Deshalb bedarf er der größten Schonung: eine »Berührung« genügt, ein stärkeres Zugreifen würde ihn vollends zusammenbrechen lassen.
Die »Berührung« kennzeichnet den Beginn des *Umschwungs*. Ein »Bote« –

natürlich ein Bote Gottes, der sich vom Boten Isebels, V 2, grundsätzlich unterscheidet, weil er nicht Elias Tod, sondern Elias Leben ankündigt – wird entsandt, damit er den Propheten einer besseren Zukunft entgegenführe. Die Speise – ein »Kohlenkuchen« – und der Trank aus einem »Krug Wasser« (s. Leitworte zu *'ugát r'zafím* und *zapáchat májim*) retten ihn vor dem Verhungern und Verdursten. Daß es gerade ein auf *r'zafím* (»glühenden Kohlen«) gebackenes Gebäck ist, hat nach dem Midrasch (Hld rabbá', 1,39) einen tieferen Sinn:

»Was meint *r'zafím?* R. Samuel bar Nachman sagte: *ruz pe (razúz pijót)*, ›zerschlagener Mund‹. Einen solchen Mund bekommt jener, der gegen Meine Söhne eine Anzeige (aramäisch *diltórja*, von lateinisch *delatoria*) erhebt.« (So auch zu Jes 6,6; Bibelauslegungen, I,160).

Antizipierend wird Elias Klage über Israel (unten, V 10) vorweggenommen und im Bild der *'ugát r'zafím* die Kritik angetönt.
Der Gottesmann ist wach, was freilich nicht ausdrücklich vermerkt wird, er schaut um sich und entdeckt Kuchen und Wasser »zu seinen Häupten« (*m'ra'aschotáw*, s. Leitworte), also in greifbarer Nähe. Er muß nicht aufstehen und hingehen, es genügt, wenn er die Hand nach der Speise und dem Trank ausstreckt. Wie er gegessen und getrunken hat, legt er sich wieder hin *(wajáschow wajischkáw)*. Zum Unterschied von vorher (V 5: »er schlief ein«, *wajischán*), wird er jetzt freilich am Einschlafen gehindert. Denn abermals berührt ihn der »Bote Gottes« (V 7; hier ist nicht nur *mal'ách*, sondern *mal'ách 'adonáj* verzeichnet) und repetiert den kurzen Befehl: »Auf, iß!« Es geht nicht mehr um die Vergangenheit, um das Überleben, es geht um die Zukunft, um die wiederzugewinnende Aktivität eines Menschen, der kurz vor dem Ende gestanden hat (s. Abarbanel, 582). Der Befehl wird entsprechend motiviert: »denn groß *(raw)* ist für dich der Weg.« B-R übersetzen: »genug noch hast du des Wegs.« Mit *raw* hat Elia (V 4) seine Verzweiflung ausgedrückt: »Genug! Jetzt, Herr, nimm meine Seele ...«, mit *raw* wird ihm vom Gottesboten gesagt, daß er vor einer langen Wanderung steht. Wiederum gehorcht Elia: »Er erhob sich, aß und trank und ging ...« (V 8). Vermutlich aß er jetzt den ganzen Kuchen auf und trank den ganzen Krug leer, denn zuvor hat er lediglich einen Teil zu sich genommen (R. D. Kimchi).
Elia hat während der ganzen Zeit kein einziges Wort gesagt, nur der Gottesbote hat gesprochen, hat ihn angesprochen. Elia hat schweigend gehorcht. Er ist zu schwach, um zu argumentieren, und vielleicht ist er froh, daß ihn Gott aus seiner Verzweiflung herausführt. Als er mit seinem Dasein

abschloß und nichts mehr erwartete, »berührte ihn der Bote« Gottes. Der Prophet weist diese Berührung nicht brüsk von sich, sondern er läßt sie geschehen. Doch seine Passivität wird zugleich abgelöst durch ein Handeln: durch die Sorge um die Stärkung seines ermüdeten Körpers, die dann in die Stärkung seiner ermüdeten Seele einmündet. Der strukturelle *Aufbau von V 5–8* zeigt diesen *»Genesungsprozeß«* sehr deutlich in seinem Zwei-Phasenverlauf.

	Elias Zustand	*Des Boten Handeln*	*Des Boten Befehl*	*Elias Reaktion*
1. Phase	»er legte sich hin und schlief«	»berührte ihn«	»auf, iß!«	»schaute um sich/aß und trank«
2. Phase	»legte sich wieder hin«	»berührte ihn« »ein zweites Mal«	»auf, iß!«	»er erhob sich, aß und trank und ging«

In der ersten Phase ißt Elia, ohne sich zu erheben, und er ißt, um nicht an Schwäche zu sterben. In der zweiten Phase steht er auf (*wajáqom*, V 5, entsprechend dem *qum*, das der Bote ihm zugerufen hat), ißt und trinkt und macht sich auf den Weg. Zu Ende ist es mit dem Schlafen, mit dem Sich-gehen-Lassen. Es beginnt ein neuer Lebensabschnitt.

Elia »ging« – weiß er, wohin die Richtung führt?

Nach m'zudát Davíd (zu V 7) ging Elia auf dem Weg, »auf dem er gehen wollte«. Das ist jedoch höchst unwahrscheinlich. Von Beerschewa zog es ihn in die Wüste hinein (V 4), hier spielte seine Absicht mit. Doch nunmehr bricht er einfach in jene Richtung auf, die er bereits zuvor eingeschlagen hat – südwärts –, ohne zunächst zu wissen, daß ihn die Wanderung zum Gottesberg bringt. Der »Bote des Herrn« hat die »Länge« des Gehens lediglich angedeutet, ohne sich im einzelnen klarer zu äußern, und Elia kann nicht ahnen, daß es ihm aufgrund »der Kraft jenes Essens« (*b'chóach ha'achilá hahí'*, V 8) möglich sein wird, zum Horeb zu gelangen. Ohne Zwischenverpflegung! Je mehr er sich dem Berg freilich nähert, desto stärker wird sein Wille sein, ihn auch zu erreichen. Doch darüber schweigt sich der Text aus.

Es ist Elia also doch ein Wunder geschehen, obschon er ein Wunder nicht erbeten hat (s. oben zu V 3). Ein kümmerlicher Kuchen und ein Krug Wasser reichen aus für diesen langen und nicht unbeschwerlichen Weg: »er ging ... vierzig Tage und vierzig Nächte.«

Natürlich ging er nicht ununterbrochen. Zum einen ist kein Sterblicher zu einem solchen Par-force-Marsch imstande, und zum andern ist die Distanz »vom Land Israels bis zum Sinai (Horeb) bekanntlich in nur fünfzehn (muß heißen: elf) Tagen zu bewältigen (Dtn 1,2)«, wie Abarbanel lehrt.
Nach Abarbanels Ansicht umfaßt daher die Zeitspanne den gesamten Wüstenaufenthalt Elias bis zu seiner Rückkehr ins bewohnte Land. R. Ch. Rabinowitz (aaO, 325) nimmt zum Unterschied davon an, Elia »habe anscheinend an vielen Orten unterwegs geruht«. Auch dies erklärt die »vierzig Tage und vierzig Nächte« nicht.
Die runde, stereotype Zahl *»vierzig«* weist auf die Zeit hin, die *Mose* auf dem Sinai weilte, ehe er die beiden Bundestafeln empfing (Ex 24,18; 34,28; Dtn 9,9.11.18; 10,10), kaum auf die »vierzig Jahre« der Wüstenwanderung (Num 14,33ff; 32,13), die Elia – so M. Buber (Der Glaube der Propheten, 109) – auf dem Weg »zurück zum Berg der Offenbarung« durchwandert. Durch die Zahl wird vielmehr Elia neben Mose gestellt, »wenn auch dies dem Wunder bei Mose nicht entspricht, der überhaupt nichts aß und trank« (R. D. Kimchi), als er auf dem Sinai war. Aber unverkennbar erscheint Elia als ein »neugeborener Mose«, als ein *Moses redivivus*, oder zumindest als »der (geistige) Schüler des Mose« (b. Sotá, 13a). Wie seinem größeren Vorgänger wird ihm eine »Privattheophanie« zuteil (s. unten). Neben Mose (Ex 34,4–10, S. 104ff) und Elia ist am Horeb kein Mensch als Einzelwesen von Gott angesprochen worden. Die Gottesoffenbarung in Ex 19 geschieht der ganzen Gemeinschaft.
Die Parallele zum Mose-Erlebnis wird verdeutlicht durch das Motiv *»der Höhle«* (*ham'ará*, V 9), in die sich Elia begibt, kaum daß er zum »Gottesberg Horeb« gelangt. Vielleicht ist es nur eine zufällig existierende Höhle, auf die Elia stößt, eher aber *»die* Höhle«, die im Volk mit der Höhle des Mose – »der Spalte des Felsens« (Ex 33,22) – gleichgesetzt wird (vgl Leitworte). Der Talmud (b. P'sachím, 54a) stellt fest:

»Zehn Dinge wurden am Vorabend des Sabbats, zur Zeit der Dämmerung, (von Gott) erschaffen: ... Die Höhle, in der Mose und Elia standen ...«

Es handelt sich nach dieser Stelle um ein und dieselbe Höhle, die von der göttlichen Vorsehung gleichsam vor Abschluß des Schöpfungswerks »erschaffen«, d.h. konzipiert worden ist (entsprechend Raschi, R. J. Kara [in: miqra'ót g'dolót], R. D. Kimchi).
Die Analogien zwischen Mose und Elia fallen auf. Der Midrasch (P'síqta' rabatí, IV,2) zählt viele auf, deren wichtigste die folgenden sind: beide gelangen in der Wüste zum Horeb (Mose nach Ex 3,1), treten in eine Höhle

und werden Augenzeugen einer Offenbarung. Gott zieht an ihnen gleichsam vorüber (unten V 11f; bei Mose: Ex 33,22). Ehe Elia diese Offenbarung erleben kann, ergeht an ihn *»das Wort des Herrn«: »Was (machst) du hier, Elia?«* Gott möchte so ein Gespräch beginnen, denn Er kennt »das Herz des Menschen«, er weiß, warum Elia in diese Höhle gekommen ist (R. D. Kimchi und m'zudát Davíd). Hinter der Frage kann aber auch eine andere Absicht stecken:

1. Ein *Vorwurf:* »Was machst du hier, willst du etwa mit Mose verglichen werden, zu dem Ich gesagt habe: ›und du, steh hier bei Mir!‹ (Dtn 5,31)? Ist nicht er Israels Verteidiger gewesen und hat sich mit seinem Leben für es eingesetzt, du aber bist nicht so!« (R. I. Alfassi, abgedruckt bei Abarbanel, 585).
2. Eine *Empfehlung:* »Hat nicht ein Prophet inmitten des Volkes zu sein, daß er es zurechtweise und weissage? Was soll er in der Wüste und in den Bergen?« (Malbim, Kommentar zu Kön, lew m'lachím, 220; vgl R. J. Jacobson, aaO, I,414).
3. Ein *Hinweis*: »Es lohnt sich für dich nicht, hier zu bleiben, weil der Herr dir *auf* dem Berg (V 11) erscheinen wird« (E. S. Hartom, 81).

Am naheliegendsten ist das Verständnis von R. D. Kimchi und m'zudát Davíd: Gott eröffnet das Gespräch, nicht zuletzt, um den seit seiner Depression stummen Elia zum Reden zu bringen. Mit voller Wucht bricht jetzt Elias Zorn gegen seine Gegner los. Gott will wissen, weshalb er geflohen ist – Er soll den Grund vernehmen! Erstaunlicherweise nennt Elia Ahab, Isebel und die Baalspropheten nicht, die unmittelbar sein Elend und seine Einsamkeit verschuldet haben. Er nennt »die Israeliten« *(b'ne Jisra'él),* pauschal, ohne nähere Differenzierung: sie haben den Bund Gottes verlassen, Seine Altäre zerstört, Seine Propheten getötet, so daß »ich allein übrig blieb, und sie trachteten nach meinem Leben (eigentlich: suchten nach meiner Seele), es zu nehmen« (V 10).
Wer ist dieses »sie«? Das Volk? Doch wohl kaum, oder bestenfalls nur ein winziger Teil von ihm. »Die Israeliten« haben sich gegen Gott vergangen und den fremden Gottheiten gedient, sie haben aber nicht den Propheten Gottes umzubringen gesucht. Elia, der verbitterte, vereinsamte Mensch, sieht in jedem anderen Menschen den Feind. Er verliert die Proportionen und kann die Wirklichkeit nicht mehr objektiv beurteilen. So sehr hat er »für den Herrn, den Gott der Heerscharen, geeifert« (*qanó' qinḗti,* V 10; s. Leitworte), daß er gleichsam »blind« geworden ist für die Realität. Sehr einfühlend sind die Worte des Midrasch (Séder Elijáhu sutá', VIII, S.186):

»Elia hätte zu Gott sprechen sollen: ›Herr der Welt, Deine Söhne sind sie, die Söhne Deiner Söhne, die Söhne Abrahams, Isaaks und Jakobs, die Deinen Willen in der

Welt erfüllt haben!‹ So aber hat Elia nicht gehandelt, er hat vielmehr zu Ihm gesprochen: ›Geeifert habe ich für den Herrn . . . , denn die Israeliten haben Deinen Bund verlassen.‹«

Der *»Eifer« (qin'á)* ist immer höchst problematisch. In einzelnen Ausnahmefällen mag der Eifer, der immer mit einem radikalen, kompromißlosen Auftreten verbunden ist, gerechtfertigt sein (etwa der Eifer des Pinchas in einer extremen Krisensituation, Num 25,1–15). Die Regel jedoch darf es nicht werden, daß sich ein Mensch dem Eifer – und das heißt immer: dem impulsiven Handeln – überläßt. Die Weisen lehren (b. Gitín, 7a):

»Wer eine *qin'á* (»Zorn«) hat und dennoch schweigt, dem schafft Er Recht, der in Ewigkeit thront.«

Nur bei Gott, dem »eifernden« (*qaná'*; s. Leitworte), ist die *qin'á* gut aufgehoben (vgl Jes 9,6; Bibelauslegungen, II,139.153). Es wäre besser gewesen, Elia hätte auf das »Eifern« verzichtet.

»Mose ringt um die Annäherung Israels an seinen Gott. Nur einen Wunsch hegt er: Gott möge Seinem Volk verzeihen . . . In allen Geschichten Elias aber kein einziges Gebet, das der Prophet zugunsten seines Volkes gesprochen hätte. Am Horeb klagt er an, statt Gründe für die Entschuldigung Israels zu suchen« (R. J. Jacobson, I,419).

Elia gleicht Mose in seinem Tun, nicht jedoch in seiner Gesinnung. In der Gesinnung gleicht er dem Eiferer Pinchas, von dem es bezeichnenderweise im Talmud (j. Sanhedrín, IX,7) heißt:

»Man wollte ihn (wegen der Tötung Simris; Num 25,8.14) in den Bann legen (ächten), wenn ihn der Geist der Heiligkeit (Gottes) nicht in Schutz genommen hätte.«

Generell gilt daher das Prinzip (b. Sanhedrín, 82a):

»Kommt jemand, um sich zu beraten (ob er eine ›eifernde‹ Tat begehen solle), so lehrt man ihn nicht« (d.h. der Eifer wird nicht anempfohlen).

Nicht Pinchas – Aarons Enkel (ib. V 7) – weist die richtige, stets gültige Maxime. Seine geistigen Schüler weisen sie:

»Hillel (1.Jh.v.d.Z.) sagte: Sei einer von Aarons Schülern: liebe den Frieden und jage dem Frieden nach, liebe die Geschöpfe und bringe sie der Torá nahe« (Sprüche der Väter, I,12).

Man muß Elia selbstredend zubilligen, daß er für Gott, nicht für sich selbst eifert (P. Melzer, ʿijuním b'séfer m'lachím, 141), doch selbst dieser Eifer wird, wie wir sehen, nicht positiv bewertet. Mose hat den besseren Weg gewiesen.

Ein Detail: Der *»Bund«*, den die Israeliten verlassen haben, wird gelegentlich nicht mit dem Sinaibund, sondern mit dem »Bund der Beschneidung« *(brit milá)*, dem Abrahamsbund mit seinem »Bundeszeichen« (Gen 17,10ff), gleichgesetzt.

Auf die Klage, daß Israel den »Bund der Beschneidung« verlassen hat, spricht Gott: »›Bei deinem Leben, die Israeliten vollziehen keine Beschneidung, ehe du sie nicht mit deinen eigenen Augen siehst!‹ Daher wurde angeordnet, daß zu Ehren des ›Boten des Bundes‹ (*mal'ách habrít,* = Elia, nach Mal 3,1) ein Ehrensitz hingestellt werde« (Jalqút schim'óni, II, Nr. 15, S. 695). Noch heute heißt dieser Ehrensitz *kisé' schel Elijáhu,* »Stuhl des Elia«. Der zu beschneidende, acht Tage alte Knabe wird vor der eigentlichen Beschneidung kurz daraufgelegt.

Gott selber wird Elia die bleibende Lehre geben. Der Prophet muß die schützende Höhle verlassen (»geh hinaus und stell dich hin von den Herrn auf dem Berg!« V 11), um die Offenbarung zu empfangen. Er darf nicht wie Mose in der »Spalte des Felsens« bleiben, sich bedeckt wissend von der schützenden Gotteshand (Ex 33,22). Elia ist dem »großen und starken *Sturm*, der Berge zerreißt und Felsen zerschmettert«, ausgesetzt. Gott fährt indessen nicht in diesem Sturm einher, so wenig wie im folgenden *Beben* und *Feuer*. Die Naturelemente sind nicht mehr als Vorboten der Theophanie, anders als bei der Gottesoffenbarung am Sinai (Ex 19,16). Elia wird nicht minder »erzittern«, aber maßgebend ist für ihn die *in tiefer Stille wahrnehmbare Stimme Gottes (qol d'mamá daqá,* s. Leitworte), die er hören und deren Rede er verkünden soll (J. Guttmann, Enc. miqra'ít, I,340). Baals Propheten brüllen, wenn sie zu ihrer Gottheit beten, und dennoch »gibt es keine Stimme und keine Antwort« (1Kön 18,26). Israels Gott zeigt durch das »Schweigen«, daß es Ihn gibt. Krasser kann der Gegensatz nicht hervorgehoben werden (vgl B. Uffenheimer, han'wu'á haqdumá b'Jisra'él, 232). Weil sie so zart und leise ist, muß die Wirkung dieser Stimme außergewöhnlich sein. Sie dringt beim Hörer ungleich stärker ein als ein Donnerschlag, der ihm das Trommelfell platzen läßt, jedoch vom Geist nicht wirklich aufgenommen wird.
Elia erfährt, wenn er die Offenbarung richtig deutet, daß sein »Eifern« für Gott falsch ist, weil es den tobenden Elementen gleicht und der Kraft des Überzeugens entbehrt.

»Gott wünschte, daß Elia für Israel um Erbarmen flehen sollte, nicht um seine Vernichtung, und daher zeigte Er ihm die Verderben bringenden Dinge, wie den mächtigen Wind . . . , das Beben und das Feuer« (R. Levi ben Gerson).
»Gott sendet Seine Propheten, damit sie zu Israel mit der leisen Stimme kommen und das Volk mit Banden der Liebe und sanften Worten heranziehen« (Malbim, 220).

»Ein Übel kann nicht am besten durch Sturm und Feuer überwunden werden ..., sondern viel eher durch die Ruhe und Geduld eines unbezähmbaren Glaubens, wie auch durch die unablässige Arbeit, die die Frucht dieser Geduld und dieses Glaubens ist« (R. J. H. Hertz, aaO).

Elia erhält eine »Rüge von oben« (P. Melzer, in: H. M. Y. Gevaryahu, Elia der Prophet in der Schrift und der Tradition Israels, ʿijuním b'séfer m'lachím, 138). Nicht im »Eifer«, nicht mit dem Kopf durch die Wand kann er bei dem den Göttern nachlaufenden Israel etwas erreichen. Für ihn muß gelten, was Koh 9,17 als Lehrsatz formuliert:

»Reden Weiser, die in Ruhe zu hören sich geben, mehr sind sie als das Geschrei eines Herrschers über Toren« (nach M. Buber, Die Schriftwerke, 405).

Wie Elia die Ankündigung Gottes (V 11) hört, verhüllt er – ehe die Theophanie geschieht – mit seinem Mantel sein Gesicht (vgl Ex 3,6), tritt hinaus und steht »am Eingang der Höhle« (V 13; = »auf dem Berg«, V 11), bereit, dem »vorüberziehenden Herrn« zu begegnen. Daß Gott auch wirklich »vorüberzieht«, braucht der Text nicht ausdrücklich zu erwähnen (anders J. Kühl, séfer m'lachím, I,486, der die Worte »als Elia hörte«, V 13, auf »die Stimme, die aus der Stille kam«, bezieht, nicht auf das Gotteswort von V 11f).

Hat Elia die Lehre beherzigt? Kaum. Auch später stellt er sich unversöhnlich und hart gegen jene, die vom Weg Gottes abweichen. Erst in der jüdischen Legende wird von ihm ein völlig anderes Bild gezeichnet: das Bild vom gütigen, helfenden, in jeder Not als Retter auftretenden Gottesgesandten. Zu dieser neuen Schau haben die Erzählung von Elias Himmelfahrt (2Kön 2,11f) und Maleachis Verheißung über den »vor dem großen und furchterregenden Tag des Herrn« (Mal 3,23) wiederkehrenden Elia entscheidend beigetragen. Elia »führt das Herz der Väter den Söhnen zu, das Herz der Söhne den Vätern«, er vollzieht die Aussöhnung innerhalb Israels – im stillen Wirken, in der Ruhe und im umfassenden Verständnis für die Nöte der Menschen. Sein »Eifer« für Gott hat die Schärfe verloren.

Wegweisung für unsere Zeit

Die Stimme Gottes, die Elia in »der Stille« vernimmt – ist sie nicht die Stimme des eigenen Herzens, die Stimme des Gewissens, durch das Gott den Menschen – jeden Menschen – anspricht? Wie diese Gottesstimme sich artikuliert, beschreibt unser Text nicht. Mit gutem Grund: Elia – und auch

jeder andere Mensch, der sich von dieser Stimme gerufen fühlt – hört sie auf seine besondere Weise. Dieser in der Not und Krise, wenn sein Lebensgebäude zusammenzustürzen droht und er sich an Gott um Hilfe wendet, jener im Glück und in der Freude, da er erspürt, daß ohne Gott dieses Glück nicht möglich wäre.
In jedem Fall ist es wesentlich, daß die Gottesstimme rezipiert wird und das innere »Ohr« für sie offen und empfänglich ist. Elia, der durch viele Stürme schreitende und von vielen Stürmen erschütterte Prophet, erkennt am Sinai, daß Gott ihn anders anspricht, als er es sich vorgestellt hat. Aber er versteht, so wie jeder Mensch verstehen soll. Elia stellt sich der Stimme, er kneift nicht, er »hört« und er »verhüllte sein Gesicht mit seinem Mantel«: nicht nur aus Ehrfurcht vor Gott, dem Unschaubaren. Vielmehr weil er die gehörte Stimme ganz in sich aufnehmen, in sich verschließen will. In diesem Augenblick zumindest hat Elia den Frieden gefunden, den er so sehr vermißt hat.

Nebusaradan »verbrannte das Haus des Herrn«

2Kön 25,8–12

8 Und im fünften Monat, am siebten des Monats,
es war das neunzehnte Jahr der Jahre
des Königs Nebukadnezar, des Königs von Babel,
kam Nebusaradan, der Oberste der Leibwache,
Diener des Königs von Babel,
nach Jerusalem.
9 Er verbrannte das Haus des Herrn
und das Haus des Königs
und alle Häuser Jerusalems.
Und jedes Haus eines Großen verbrannte er.
10 Und die Mauern Jerusalems ringsum
schleifte das ganze Heer der Chaldäer,
das mit dem Obersten der Leibwache war.
11 Und den Rest des Volkes,
der in der Stadt zurückgeblieben war,
und die Überläufer,
die zum König Babels übergelaufen waren,
und den Rest der Menge vertrieb Nebusaradan,
der Oberste der Leibwache.
12 Und von den Armen des Landes
ließ der Oberste der Leibwache
als Winzer und Ackerbauern zurück.

Der Text im Kontext

Im Jahr 598 v.d.Z. besetzt der Babylonier Nebukadnezar die Hauptstadt des Reiches Juda, Jerusalem. Er will Jojachin, der eben erst, nach dem Tod seines Vaters Jojakim, den Thron bestiegen hat, absetzen, um einen mit Babylonien sympathisierenden Nachfolger zu bestimmen. Jojakim und Jojachin sind ihm zu ägypterfreundlich gewesen. Jojachin wird mit seiner Familie, einem Teil des Adels und der Handwerker ins Land der zwei

Ströme deportiert (2Kön 24,16f) und erst siebenunddreißig Jahre später – durch Nebukadnezars Nachfolger Amel-Marduk (25,27; Ewíl M'rodách) – begnadigt. Er darf wieder königliche Kleider tragen und wird vom Herrscher standesgemäß verköstigt (ib. V 29, und »Babylonische Chronik«, s. A. Jepsen [Hg.], Von Sinuhe bis Nebukadnezar, 1975, 195f).
Statt Jojachin gelangt sein Onkel Matanja, wie Jojakim ein Sohn des 609 v.d.Z. in der Schlacht von Megiddo, Jesreel-Tal, gegen Necho II. von Ägypten gefallenen Josia, an die Macht. Matanja erhält durch Nebukadnezar einen neuen Namen, den Regentennamen Zedekia *(Zidqijáhu)*, was seine Abhängigkeit von Babel bekundet. Zedekia leistet einen schweren Tribut, behält aber einen Rest der Unabhängigkeit. Zunächst bleibt Zedekia loyal, doch unter dem Druck einer mit Ägypten liebäugelnden Partei und in der Hoffnung, wieder die volle Freiheit zu erlangen, mißachtet er den Treueeid. Der Prophet Jeremia hat ihn vor dem unverantwortlichen Schritt gewarnt (etwa Jer 21,8ff); doch umsonst. Lapidar stellt 2Kön 24,20 fest: »Zedekia empörte sich gegen den König von Babel« (vgl 2Chr 36,12f).
Nebukadnezar bricht zu einem Straffeldzug gegen den wortbrüchigen König auf. Nach einer vorübergehenden Belagerung Jerusalems, die durch eine Schlacht gegen ein ägyptisches, zur Entlastung Zedekias gedachtes Ersatzheer unterbrochen wird, setzt er 589 v.d.Z. zur endgültigen Einkreisung der Hauptstadt an. Der Kontext (2Kön 25,1–7) und unser Abschnitt (V 8–12) schildern kurz und sachlich das Geschick König Zedekias, der seine Freiheit und Gesundheit ruiniert und das Leben seiner Söhne verspielt. Und sie berichten zugleich vom Untergang Jerusalems und seines Tempels (vgl Bibelauslegungen, I,197ff).
Was in 2Kön 25 beschrieben ist, läßt sich – ein einmaliger Fall! – zwei Paralleltexten gegenüberstellen: Jer 39 und Jer 52. (Eine klare Übersicht über die Unterschiede ermöglicht die synoptische Anordnung von A. Bendavid, maqbilót hamiqrá' [Parallelen in der Bibel], 1972, 159f.) Der Vergleich ergibt das folgende Bild:

»Es geschah im neunten Jahr seiner (Zedekias) Regierung, am zehnten Tag des zehnten Monats (= Tewét), da kamen Nebukadnezar, Babels König, er und sein ganzes Heer gegen Jerusalem und lagerten davor (Jer 39,1: »belagerten es«). Sie bauten gegen es einen Belagerungswall ringsherum« (B-R: »ein Schanzengehege«, für *dajéq*); 2Kön 25,1.

Zu diesem Wall zählen »Holztürme« (R. D. Kimchi, Abarbanel, R. Levi ben Gerson), in einer späteren Phase Rammböcke und Wurfmaschinen. Die Stadt ist zuletzt eingekreist, »in der Belagerung«, und damit auch in

»Bedrängnis« (*mazór*, 2Kön 25,2, bedeutet beides; Lex. 589). Für die Bewohner wird nach und nach die Nahrung knapp. Die Vorräte werden aufgezehrt, der Hunger bricht aus. Doch erst achtzehn Monate nach dem Beginn der Einkreisung – »am neunten des vierten Monats« (= Tamús) im »elften Jahr des Königs Zedekia« – wird der »Hunger übermächtig«, und »das Volk des Landes hatte kein Brot (Nahrung) mehr« (ib. V 3). »Da wurde die Stadt aufgespalten« (ib. V 4: *watibaqá*ʿ [Niphal von *b-q-*ʿ; in Jer 39,2 steht das Hophal *howqʾʿá]*).

»›Wegen des Hungers‹ – Es fand hier kein Angriff statt, kein gewaltsamer Einbruch. Die Stadt unterwarf sich und öffnete ihre Tore, weil sie die Belagerung nicht länger zu ertragen vermochte« (Sch. Jewin, Jer 52, in: ʿijuním b'séfer Jirm'jáhu, III,163).

Die Offiziere (»Fürsten«) der Babylonier versammeln sich »im Tor der Mitte« (*scháʿar hatáwech,* Jer 39,3), das weiter nicht bekannt ist, sich aber vermutlich im Nordteil der Stadtmauer befand, weil die Babylonier aus dem Norden angerückt waren (M. Bolle, séfer Jirm'jáhu, 483). König Zedekia und seine eigentlichen »Kriegsleute« – sie sind trainiert und kriegserprobt und unterscheiden sich vom »Volk des Landes« (nach Sch. L. Gordon, m'lachím, II,126: der »Volkswehr«) – sind offensichtlich total überrascht. Sie erfahren nichts oder zu spät vom Eindringen der Feinde und entscheiden sich zur Flucht. Die Bevölkerung wird ihrem Schicksal überlassen. Das Verhalten des Königs und seiner Truppe muß ihr als schmählicher Verrat erscheinen. Der König flieht nach Anbruch der Nacht durch das »Tor zwischen den beiden Mauern, das am Königsgarten ist« (B-R: »Tor der Doppelmauer«, Jer 39,4), in unmittelbarer Nähe zum Siloa-Teich am Südzipfel der »Davidstadt«. Zedekia eilt im Schutz der Dunkelheit durch eines der zur Jordansenke hinabführenden Täler der Judäischen Wüste, hin in die »Steppen Jerichos«. Von dort aus wird er die rettenden Gefilde Moabs oder Amons, in transjordanischem Gebiet gelegen, zu erreichen suchen (M. Bolle, 485).

Die Truppe bleibt freilich nicht loyal. Jeder denkt nur noch an sich selbst. »Und sein ganzes Heer zerstreute sich – weg von ihm« (2Kön 25,5). Der König wird von den Häschern der Babylonier aufgegriffen, die sein Entweichen rasch entdeckt haben müssen. Sie sind ihm auf den Fersen und holen ihn ein, kaum daß er in die Jordansenke gelangt. Wie das möglich gewesen ist, möchte man wissen. Durch den Lärm, den die Fliehenden machten? Anhand von Kleidungsstücken, die sie bei der überstürzten Flucht wegwarfen, um schneller davoneilen zu können? Die Texte beschäftigen sich nicht mit diesem Problem. Erst der Midrasch (zit. bei Raschi, R. D. Kimchi zu

2Kön 25,4; Rev. I. W. Slotki, Kings, 318) weiß folgende Legende zu erzählen:

»Zedekia floh durch einen unterirdischen Gang, der von Jerusalem nach Jericho führte. Weil Gott den König aber nicht entkommen lassen wollte, entstandte Er eine Gazelle, die über diesem Gang (auf der Erdoberfläche) dahinrannte und immer genau den Punkt fixierte, bei dem der König und seine Begleiter gerade waren. Die Babylonier folgten der Gazelle. Am Ende des Gangs, bei Jericho, trafen sie auf Zedekia, im Augenblick, da er ans Tageslicht trat. Und so vermochten sie ihn festzunehmen.«

Der Verhaftete wird »zum König Babels nach Ribla hinaufgeführt«, in sein Hauptquartier. Ribla liegt an einem strategisch bedeutsamen Ort, zwölf Kilometer südlich von Kedesch am Orontes. Es wird mit dem Tell-S'rá'a identifiziert, in der Nähe des heutigen (syrischen) Dorfes Ribla (Bolle, 485f; Enc. miqra'it, VII,320). Zu Beginn der Belagerung weilt Nebukadnezar vor Jerusalem. Weil sie sich indessen in die Länge zieht, kehrt er zu seinem ursprünglichen Standort zurück.
In Ribla wird ihm der gefangene Zedekia vorgeführt:

wajdabrú 'itó mischpát, »sie redeten mit ihm Recht« (2Kön 25,6; B-R: »da redeten sie mit ihm als Gericht«).

Der König muß über seinen Treuebruch Rechenschaft ablegen, sein Frevel wird abgeurteilt.

Raschi: »Er sprach mit ihm über den (gebrochenen) Eid.«
R. D. Kimchi: »Er wies ihn wegen der Meuterei und des Schwurs zurecht, den er verletzt hatte.«

Der Midrasch (P'síqta' rabatí, 27,6) geht mehr in die Einzelheiten:

»Nebukadnezar sprach: ›Sag, Zedekia, weshalb hast du dich gegen mich empört? Und nach welchem Recht soll ich dich verurteilen? Wenn nach dem Recht deines Gottes, so mußt du getötet werden, weil du in Seinem Namen zur Lüge geschworen hast. Wenn nach den Königsgesetzen, so bist du desgleichen des Todes, denn jeder, der einen dem König geleisteten Eid übertritt, ist hinzurichten.‹«

»Sie redeten mit ihm Recht« kommt einem »sie fällten über ihn ein Urteil« gleich (M. Abernik, m'lachím, II,238). Nebukadnezar könnte natürlich dem König verzeihen; er tut es nicht. Im Gegenteil: Mit besonderer Grausamkeit läßt er Zedekias Söhne vor den Augen ihres unglücklichen Vaters »abschlachten« und dann Zedekia selbst die Augen ausstechen. Das ist die brutale Strafe für den Vasallenverrat. Nach Jer 39,6 werden auch »alle

Vornehmen Judas« getötet. Die Sukzession Zedekias ist vernichtet, die Davidsdynastie ausgelöscht:

»Weil Zedekia ein erstrangiges moralisches Gebot, das zugleich ein geheiligtes religiöses Gebot ist – die Heiligkeit eines Bundes –, gebrochen hat« (J. Liver, toldót bet Davíd, 61). (Vgl Ez 17,15–20.)

Welch schreckliche Erinnerung: Das letzte Bild, das dem geblendeten Zedekia bis zu seinem Tod »vor Augen« steht, ist die Hinrichtung seiner Kinder. Der Midrasch (P'síqta' rabatí, aaO) läßt den König auf Nebukadnezars Anklage und die Frage nach dem Urteil antworten:

»Töte mich zuerst, damit ich das (vergossene) Blut meiner Söhne nicht sehen muß. Die Söhne aber sagten: ›Töte uns zuerst, damit wir nicht das Blut unseres Vaters sehen, das zur Erde vergossen wird.‹ So tat er's.«

Zedekia weiß, daß er schuldig ist, und rechtfertigt das selbst heraufbeschworene Verhängnis. In den Worten des Midrasch (aaO):

»Er wehklagte und rief: ›Kommt und schaut, ihr Menschen. Jeremia hat mir verkündet: Nach Babel gehst du, und in Babel stirbst du, und Babel werden deine Augen nicht sehen! (Hinweis: Der Ausruf klingt an Jer 20,6 an), und ich hörte nicht auf seine Worte. Jetzt bin ich in Babel, und meine Augen sehen nicht.‹«

Obschon Zedekia geblendet und damit völlig hilflos ist, wird er »mit Ketten gefesselt« (R. Ch. Rabinowitz, m'lachím bet, 325, in: dá'at sofrím). Eine schlimmere Strafe und Demütigung läßt sich nicht denken. Nebukadnezar hat auf schlimmste Weise Rache geübt.
Jerusalems Schicksal ist jetzt besiegelt. Wie sein Ende sich vollzieht, wird in unserem Abschnitt beschrieben.

Leitworte des hebräischen Textes

N'wusár'adán, V 8, gibt den akkadischen Personennamen wieder, der in Urkunden des 7. Jhs.v.d.Z. häufig ist: *(ilu)Nabū-sēr-iddina,* »(der Gott) Nabu gab einen Nachkommen (Samen)« (Enc. miqra'ít, V,732).
Der Titel Nebusaradans, des obersten Feldherrn Nebukadnezars, ist *raw tabachím* (vgl Dan 2,14; und *sar hatabachím,* Gen 37,36), was ursprünglich »Herr der Köche« bedeutet (LXX: *archimágeiros,* »Hauptkoch«), dann freilich auch »Oberscharfrichter« (Vulgata: *princeps exercitus*; Targúm Jonathan ben Usiel: *raw qatolajá'*). Ursprünglich handelte es sich beim »Hauptkoch« um ein wirkliches Amt im Palast des Königs. Im Lauf der Zeit

blieb zwar der Titel, doch die Funktion des Amtsinhabers änderte sich. Der *raw tabachím* Nebusaradan ist Feldherr und hat nichts mehr mit der Küche zu tun (Enc. miqra'ít, aaO; M. Bolle, 487). M. Abernik übersetzt mit »Oberster der Leibwache« (so auch Sch. L. Gordon, séfer Jirm'jáhu, 338, zu Jer 39,9), B-R: »Führer der Leibdegen«.
Statt *'éwed mélech Bawél,* »ein Diener (Vertrauter) des Königs von Babel«, liest Jer 52,12 *'amád lifné mélech Bawél,* »er stand vor dem König Babels«. Beide Lesearten ergeben einen Sinn.
bet 'adonáj, V 9, das Nebusaradan »verbrannte« (*wajisróf*, Imperfekt des Qal von *s-r-f* mit *waw* consecutivum), ist der Tempel, das *bet hamélech* ist das »Haus des Königs«, der Königspalast (b. M'gillá, 27b). In Jer 39,8 ist der Tempel nicht genannt, statt dessen jedoch ein *bet ha'ám,* »Haus des Volkes«, das möglicherweise ein »Haus der Versammlung« war (R. D. Kimchi; M. Bolle, 486, und Anm. 14).
nat'zú, V 10, »sie rissen nieder« (Lex. 695, zu *n-t-z*), »sie schleiften« (B-R). *kasdím* sind die »Chaldäer, das seit 626/5 Babylon beherrschende Volk« (Lex. 477; assyrisch: *Kaldu,* babylonisch: *Kaschdu.* Die LXX liest *Chaldaioi*). Ursprünglich sind sie beheimatet im südmesopotamischen Raum, zwischen dem Zweistromland und der arabischen Wüste (vgl Enc. miqra'ít, IV,365). Abrahams Herkunftsort wird in Gen 11,31 mit *'Ur kasdím,* »Ur der Chaldäer« (im Chaldäerland), angegeben (zur Geschichte der Chaldäer: Enc. miqra'ít, IV,366–372).
jéter ha'ám, V 11, ist der »Rest des Volkes« (Lex. 431), B-R: »das übrige Volk«. M. Abernik (zu Jer 39,3) deutet *jéter* freilich als *jitarón,* »Ergebnis, Gewinn, Vorteil« (Lex. 432): »die Vornehmen des Volkes«.
Parallel zu *jéter ha'ám* steht *jéter hehamón,* »Rest der Menge«, B-R: »der übrige Haufen«. Im Paralleltext von Jer 52,15 steht *jéter ha'amón,* »Rest der Handwerker« (Lex. 60, das die entsprechende Emendation in unserem Vers vorschlägt). Nach Rev. I. W. Slotki (Kings, 319f) gilt *jéter ha'ám* für die »Bürger Jerusalems«, *jéter hehamón* für »die Bewohner der Provinzialstädte Judas«.
hanisch'arím sind die »Zurückgebliebenen« (Partizip des Niphal von *sch-'-r*), die »Verbliebenen«, im Gegensatz zu *hanoflím,* die »Fallenden, Abfallenden«, d.h. die »Überläufer« (Lex. 670).
heglá, »er verbannte«, B-R: »verschleppte« (Perfekt des Hiphil von *g-l-h*, Lex. 184), ist Gegensatz von *hisch'ír,* »er ließ zurück« (Perfekt des Hiphil von *sch-'-r*).
dalát ha'árez, V 12 (Absolutus: *dalá II,* Lex. 213), sind die »Armen des Landes«, die arme Bevölkerung. Jer 52,16 tradiert den Plural *dalót ha'ám,*

Jer 39,10 liest *umín ha'ám hadalím,* B-R: »von der Volksarmut«, L. Zunz: »von den Ärmsten im Volke«. Als Glosse steht der Relativsatz: »die gar nichts hatten«.
kormím sind »Arbeiter im Weinberg, Weinbauern« (Lex. 474), L. Zunz und B-R: »Winzer«, *jogwím* »Ackerbauern« (Lex. 368; mit Fragezeichen!), L. Zunz: »Ackerleute«, B-R: »Pflüger«. Anders Raschi: *jogwím = joqwím,* Leute, die eine Kelter *(jéqew)* anlegen, »die im Boden graben«. In Jer 39,10 steht *k'ramím*, »Weinberge« (Lex. 474), und *j'gewím*, »Äcker« (Lex. 368), B-R: »Pflugland«. Das Targúm Jonatan ben Usiel stellt in unserem Vers um: »damit sie bearbeiten Felder und Weinberge« *(l'mehewé mafl'chín b'chaqlín uw'charmín).*

Der Text in der Exegese

Jerusalems Widerstand ist im elften Königsjahr Zedekias, am neunten Tag des vierten Monats, durch »den Hunger« bezwungen worden. Nach seiner überstürzten Flucht und Festnahme und der Hinrichtung seiner Söhne in Ribla »wurde er nach Babel verbracht« (2Kön 25,7). Die Truppen Nebukadnezars halten sich in Jerusalem auf, es finden aber keine Kämpfe statt. Die Verteidiger haben kapituliert, doch zunächst wird ihnen kein Haar gekrümmt. Nebusaradan muß offensichtlich über die weiteren Pläne Nebukadnezars instruiert werden. Es vergehen fünf Wochen, dann weiß er Bescheid. Mit V 8 beginnt die neue, entscheidende Phase:

»Und im fünften Monat (=Aw), am siebten des Monats, es war das neunzehnte Jahr der Jahre (so B-R) des Königs Nebukadnezar, des Königs von Babel, kam Nebusaradan, der Oberste der Leibwache (der Leibwächter, Lex. 353), Diener des Königs von Babel, nach Jerusalem.«

Nebukadnezar hat dem Heerführer seinen Willen kundgetan (Rev. I. W. Slotki, 319), und dieser Wille ist eindeutig: Jerusalem muß bis auf den Grund vernichtet werden (V 9ff).
Im Hinblick auf das Datum variiert Jer 52,12: »Im fünften Monat, am *zehnten* des Monats ...« Die Talmudweisen bemerken den Unterschied und stellen fest (b. Ta'anít, 29a):

»Wir haben gelernt: Man kann nicht sagen ›am siebten‹, denn es ist schon gesagt ›am zehnten‹, und man kann nicht sagen ›am zehnten‹, denn es ist schon gesagt ›am siebten‹. Wie ist dies (zu vereinbaren)? Am siebten drangen die Heiden (Fremden) ins Heiligtum ein, aßen und brandschatzten dort, und am neunten – kurz vor (Beginn der) Dunkelheit – setzten sie es in Brand, und es brannte den ganzen Tag ... Das ist es, was R. Jochanan sagte: Hätte ich in jenem Geschlecht gelebt, so hätte ich ihn (Trauertag um die Zerstörung des Tempels) auf den zehnten festgelegt, weil der Tempel größtenteils an ihm verbrannt worden ist. Und die Weisen (die den Trauertag auf den siebten festlegten)? – (Sie sind der Ansicht,) der Beginn einer Heimsuchung ist gewichtiger.«

Hinweis: Nach Sach 8,19 gibt es vier im Zusammenhang mit der Zerstörung Jerusalems durch die Babylonier zusammenhängende »Fasttage« *(zom)*: *»Das Fasten des vierten«* (Monats: ursprünglich 9.Tamus, nach der Zerstörung des Zweiten Tempels, 70 d.Z. durch die Römer, am 17. Tamus; vgl Mischná, Taʻanít, IV,6), *»das Fasten des fünften«* (= 9. Aw. Das Brauchtum fand einen Kompromiß zwischen R. Jochanan und den Weisen und entschied sich für den Tag, an dessen Abend der Tempel zu brennen begann), *»das Fasten des siebten«* (= 3.Tischri, da Gedalja ben Achikam, der Statthalter Nebukadnezars, ermordet wurde; 2Kön 25,25) und *»das Fasten des zehnten«* (= 10. Tewet. Erinnerung an den Beginn der Belagerung Jerusalems, 2Kön 25,1; s. Kontext). Die Fasttage werden bis heute eingehalten. Die Zeit, da sie – so Sach 8,19 – »für das Haus Juda zum Jubel und zur Freude und zu guten Zeiten (Festtagen) werden«, ist noch nicht gekommen. (Näheres M. Ser-Kawod, séfer S'charjá, in: dáʻat miqráʼ, t're ʻasár, II,1970, z.St.)

»Das neunzehnte Jahr« Nebukadnezars fällt in das Jahr 586 v.d.Z. Nach Jer 52,29 ist das »achtzehnte Jahr« zu verzeichnen, das entspräche 587 v.d.Z. Die Zeitangabe richtet sich nach dem Eroberer, weil Zedekia nicht mehr regiert (Sch.Jewin, Jer 52, aaO, 164).
Jerusalems Untergang ist umfassend. Die Soldaten verbrennen das »Haus des Herrn« und das »Haus des Königs«, aber auch alle anderen »Häuser Jerusalems«, vornehmlich »jedes Haus eines Großen« (*bet gadól;* Jer 52,13 mit Artikel: »jedes Haus des Großen«, *kol bet hagadól*).

»Tempel und Königspalast – beide wurden gleichzeitig erbaut (durch Salomo) und gleichzeitig verbrannt; denn nur zusammen vermochten sie zu bestehen« (R. Ch. Rabinowitz, m'lachím bet, in: dáʻat sofrím, 326; vgl. Abarbanel, 678).

Das »Haus eines Großen« wird in Talmud und Midrasch auf Gott, den »Großen«, bezogen:

»R. Jochanan und R. Josua ben Levi. Einer sagt: ›Es ist ein Ort, da man zur Torá erzieht‹, und der andere sagt: ›Es ist der Ort, da das Gebet groß wird‹« (b. M'gillá, 27b).
Entsprechend 'Echá (Klgl) rabatí, 12 (Einleitung): »Weshalb wird es ›Haus eines Großen‹ genannt? Weil man dort Gottes Lob verkündet.«
Raschi (zu V 9) faßt beide Versionen zusammen und läßt zugleich den Wortsinn *(p'schat)* bestehen: »Es sind die Synagogen (= »Häuser der Versammlung«, *baté*

k'nesijót), in denen man die Torá und das Gebet groß werden läßt, und es sind die Häuser der Fürsten.«

Weshalb wird »jedes Haus eines Großen« genannt, nachdem zuvor bereits von der Vernichtung »aller Häuser Jerusalems« die Rede war? M. Abernik (m'lachím bet, 113a) antwortet:

»Jetzt präzisiert der Vers die Angabe ›und alle Häuser Jerusalems‹. Er (Nebusaradan) verbrannte nicht (wirklich) alle Häuser, sondern nur die Häuser der Großen (Vornehmen). Vielleicht ist aber auch dies der Sinn: In Jerusalem selbst verbrannte er alle Häuser, aber außerhalb der Mauern Jerusalems nur die ›Häuser der Großen‹, die sich die Angesehenen der Stadt zu ihrem Vergnügen hatten bauen lassen.«

Kein schönes Gebäude blieb verschont, denn jegliche Erinnerung an Jerusalem sollte verschwinden (M. Bolle, 650). Die ganze Pracht dieser Stadt – »die groß war unter den Völkern, Fürstin unter den Städten« (Klgl 1,1) – liegt im Staub. Zur Betonung, daß alles verbrannt ist, wird das Verb »verbrennen« *(s-r-f)* in V 9 wiederholt:

»Er verbrannte das Haus des Herrn . . . , und jedes Haus eines Großen verbrannte er im Feuer.«

»Im Feuer« – worin und womit denn sonst? Die Betonung ist wichtig: Es ist ein lohendes, ein lange andauerndes Feuer, eine gewaltige Feuersbrunst, die Jerusalem ein Ende bereitet. Was Feuer fangen kann, fängt Feuer. Etwa jene Schriftstücke (Leder- oder Pergamentrollen) aus Jeremias Zeit, die in einem Haus der »Davidstadt« aufbewahrt worden sind. Es gibt sie nicht mehr, aber die Tonsiegel, die zu ihnen gehörten, weil jedes Schriftstück vom Absender mit seinem persönlichen Siegel verschlossen wurde, blieben erhalten. Israelische Archäologen (zu ihnen zählt der inzwischen verstorbene Professor Jigael Schilo von der Hebräischen Universität Jerusalem) haben sie vor wenigen Jahren gefunden. In der Glut des Stadtbrandes wurden sie nicht zerstört, sondern gehärtet, gebrannt.
Neben den Häuser legt das »Heer der Chaldäer« Hand an die Stadtmauern. Es zerschlägt, schleift sie. Nur die Fundamente bleiben intakt, weil sich die Krieger natürlich nicht die Mühe gaben, auch den letzten Mauerstein aus dem Boden herauszureißen. Auch ein Teil dieser Umwallung ist an mehreren Orten entdeckt und freigelegt worden und kann bei einem Besuch Jerusalems besichtigt werden. (Zu den jüngsten Entdeckungen gehört ein Stück der König-Hiskia-Mauer aus dem 8. Jh. v. d. Z., das am Fuß der Dormitio-Abtei, Zionsberg, in der Nähe des Essenertors ausgegraben wurde.)

Das Ende des Königspalastes kommt »dem Ende der Davidsdynastie und der Unabhängigkeit des Volkes gleich« (M. Bolle, 649). Nach den schrecklichen Jahren der Umzingelung Jerusalems, ist die Katastrophe umfassend. Die Führung des Volkes ist gestürzt. Was geschieht mit den Überlebenden? V 11f geben die Antwort:

»Und den Rest des Volkes, der in der Stadt zurückgeblieben war, und die Überläufer, die zum König Babels übergelaufen waren, und den Rest der Menge (oder: der Handwerker; s. Leitworte) vertrieb Nebusaradan, der Oberste der Leibwache. Und von den Armen des Landes ließ der Oberste der Leibwache als Winzer und Ackerbauern zurück.«

Das Erstaunliche ist, daß auch die »Überläufer« *(hanoflím)* den Weg ins Exil antreten müssen. Diese »Überläufer« (B-R: »Abgefallene«) sind nicht etwa Verräter, die die Streitmacht des Feindes gegen das eigene Volk verstärken möchten. Sie sind vielmehr die Verunsicherten, die Desillusionierten. Im Widerstand gegen Nebukadnezar sehen sie einen kollektiven Suizidversuch. Jeremia hatte die Kapitulation empfohlen (Jer 21,9):

»Wer in dieser Stadt sitzen bleibt, wird sterben – durchs Schwert und durch den Hunger und durch die Seuche. Wer aber hinausgeht und zu den Chaldäern ›überläuft‹ (›fällt‹, *w'nafál*), die euch belagern, wird leben. Seine Seele wird ihm zur Beute.«

Die »Überläufer« sind – so das Targúm Jonatan ben Usiel – die »Hörenden, die sich hörend machten für den König Babels« *(sch'miʿája' d''ischt'máʿu ʿal malká' d'Bawél)*, man kann auch sagen: »die Gehorsamen, die Ge-Hör schenkten dem König Babels.« (Vgl R. D. Kimchi: »die sich seinem Befehl unterstellten«.) Gewiß sind es keine Leute, die über die Belagerer herfielen, um sie niederzumachen, und dann selber für ihren Wagemut einen hohen Preis bezahlen mußten (gegen R. Jesaja der Erste von Trani, pérusch n'wi'ím uchtuwím, zu Jer 39,9).
Auch die »Überläufer« trinken den bitteren Kelch. Sie haben ihr Leben gerettet, doch nicht ihre Freiheit. Lediglich von den Allerärmsten läßt Nebusaradan Leute zurück.

»Sie besitzen nichts, keine Felder, keine bewegliche Habe von Wert. Sie gehören anscheinend zu Bauernfamilien, die durch die Mächtigen von ihrem Grundstück vertrieben worden sind« (M. Bolle, 484).
Sch. L. Gordon (séfer Jirm'já, 339) meint: »Es sind Dorfbewohner, die sich am Krieg nicht beteiligt haben. Sie ließ Nebusaradan auf ihrem Boden.«
M. Abernik (II,239) denkt an »Knechte und Mägde«.

Nach V 12 werden diese Ärmsten zu »Winzern und Ackerbauern«. Jer 39,10 präzisiert:

»Er (Nebusaradan) gab ihnen Weinberge und Ackerböden an jenem Tag« (s. Leitworte).

Das ist noch mehr. Der Sieger gab »den Armen, die nichts besaßen, die Weinberge und Ackerböden zum Geschenk. Nach unserer Quelle ließ er sie lediglich als Weinbauern und Ackerbauern zurück« (M. Z. Segal, masóret uwiqóret [Tradition und Kritik], 1957, 146).
Im Talmud (b. Schabát, 26) findet sich eine ganz andere Deutung. Die »Winzer« werden als »Sammler« angesehen, die »Ackerbauern« als Leute, die Purpurschnecken einfangen und sie dann »aushöhlen« (*jogwím'* = *joqwím*, s. Raschi z. St. und Jastrow, 591). Beim »Aushöhlen« gewinnen sie den kostbaren Purpurfarbstoff.

»›Die Winzer‹ – Es lehrte R. Josef: Es sind jene, die den Balsam von En Gedi bis Ramata sammelten. ›Und die *jogwím*‹ sind die Jäger der (Purpur-)Schnecke von der ›Leiter von Sidon‹ bis Haifa.« (Den Balsam, ein sehr teures Parfüm, das auch in der Medizin verwendet wurde, gewann man aus den Früchten des drei bis fünf Meter hohen Balsambaums, Commiphora opobalsamum; s. R. A. Steinsalz, z. St. Zum Balsambaum aus Gilead s. M. Zohary, Pflanzen der Bibel, 198f.)
R. Josef kann sich offensichtlich nicht vorstellen, daß die »Armen des Volkes« Weinberge und Felder bearbeiten können, nachdem sie keine Erfahrung besitzen. Als Sammler von Balsamfrüchten und Meeresschnecken eignen sie sich und verdienen sich ein kümmerliches Brot (R. A. Steinsalz).

Nebusaradan verfolgt handfeste Wirtschaftsinteressen:

»Sie sollen arbeiten und an den König Babels Steuern bezahlen« (M. Z. Segal, aaO, 149).
Wer die talmudische Erklärung vorzieht, kann mit Raschi sagen: »Er ließ sie (Jäger der Schnecke) zurück für die Kleider des Königs« (damit sie des Königs Kleider mit dem Purpurfarbstoff färbten).

In den Worten des jüdischen Statthalters Gedaljahu ben Achikam (2Kön 25,24):

»Bleibt (sitzt) im Land und dient dem König Babels, und so wird es euch gut ergehen.«

In einer späteren, nach dem Ende des Babylonischen Exils verfaßten Elegie über Jerusalems grauenhaftes Geschick (2Chr 36,17–21) werden die Ereignisse in der Rückschau so geschildert:

»... Er (König der Chaldäer) tötete ihre (der Judäer) jungen Männer durch das Schwert im (M. Buber: am) Haus ihres Heiligtums und erbarmte sich nicht des jungen Mannes und des jungen Mädchens, noch des Alten und des Greises. Alles gab

Er in seine Hand. Und alle Geräte des Gotteshauses, die großen und die kleinen, und die Schätze des Hauses des Herrn und die Schätze des Königs und seiner Fürsten, brachte er alle nach Babel (entspricht V 13–17 in 2Kön 25). Und sie verbrannten das Haus Gottes, und sie schleiften die Mauer Jerusalems, und all seine Paläste verbrannten sie im Feuer, und alle Geräte ihrer Köstlichkeiten – dem Verderber. Er verbannte den Rest vom Schwert (die dem Schwert entgangen waren) nach Babel, und sie wurden ihm und seinen Söhnen zu Sklaven, bis das Königreich von Persien zu regieren begann.«

Unser Bibelabschnitt schildert nüchtern die Fakten. Ursache der Katastrophe ist die Rebellion Zedekias (24,20). Es ist freilich klar, daß auch die endgültige Zerstörung Jerusalems vor dem breiteren Hintergrund des göttlichen Geschichtswirkens erzählt wird nach dem Prinzip: Der König »tat das Böse in den Augen des Herrn« (23,37 u. a.), und »da sandte der Herr gegen ihn die Truppen der Chaldäer . . . « (24,2). Die theologische, nicht etwa eine materialistische Geschichtsschau bestimmt den Bericht. Auch wenn sie im ganzen Kapitel 25 nicht aufklingt, so liegt sie ihm doch zugrunde. In 2Chr 36,12–17a.21 wird die religiös motivierte Deutung des nationalen Unglücks breit ausgeführt:

»Er (Zedekia) tat das Böse in den Augen des Herrn, seines Gottes: er demütigte sich nicht vor Jeremia, dem Propheten, (der) aus dem Mund des Herrn (gesprochen hatte). Und auch gegen den König Nebukadnezar rebellierte er, der ihn bei Gott (einen Treueeid) hatte schwören lassen. Er verhärtete seinen Nacken, machte stark sein Herz, daß er nicht zum Herrn, dem Gott Israels, zurückkehre.«

Neben der Meuterei gegen Nebukadnezar klagt der Chronist über die »Verunreinigung des Hauses des Herrn« (Abgötterei) und die Geringschätzung der »Gottesboten«, der Propheten (V 14–16). Der »Zorn des Herrn gegen Sein Volk« war nicht mehr aufzuhalten, des Herrn, der die Künder entsandt hatte, »weil Er mit seinem Volk und Seinem Haus Erbarmen hatte« (V 15). Die Strafe ist daher Ergebnis der Abtrünnigkeit, zugleich aber auch des permanenten Mißachtens Seiner Satzungen (etwa des Brachjahrs, V 21; vgl Lev 26,33f). In V 21 steht zweimal *l'malṓ't* (Infinitiv des Piel von *m-l-'*), »zu erfüllen«, »daß erfüllt werde«:

»Daß erfüllt werde das Wort des Herrn durch Jeremia . . . , daß erfüllt würden die siebzig Jahre« (des angekündigten Exils).

Wegweisung für unsere Zeit

Gottes Ankündigungen verhallen nicht im Leeren. Sie werden wahr, sie realisieren sich und beweisen augenfällig, daß der Geschichtsprozeß in einem Zusammenhang steht mit dem Verhalten des Volkes und mit der dieses Verhalten kritisierenden Prophetenrede. Israel hat es anders nicht gewollt. Es muß für seine Vergehen die ganze Last der Verantwortung und der Heimsuchung tragen. Nur in der wahren Umkehr zu Gott wird die Verbannung beendet, die Rückkehr in die Heimat möglich. In einem Gebet der jüdischen Liturgie, verfaßt nach der Zerstörung des Zweiten Tempels, heißt es (s'fat 'emét, 220): »Wegen unserer Sünden wurden wir aus unserem Land vertrieben und von unserem Boden entfernt ...«
Auf das Eingeständnis der Schuld – aber erst nach ihm – folgt die Bitte: »Es sei Dein Wille, Herr, unser Gott und Gott unserer Väter, unser und Deines Heiligtums Dich wieder zu erbarmen in Deiner großen Barmherzigkeit ...«
Das Exil setzt nicht den Schlußstrich unter die Geschichte Judas. Im Jahr 538 v.d.Z. erläßt der Perserkönig Kyros *(kóresch)* sein Edikt, das die Verbannung beendet. Wer nach Jerusalem aufbrechen will, kann aufbrechen und sich am Wiederaufbau der Stadt und ihres Heiligtums beteiligen (Esra 1,1–4; 2Chr 36,22f). Gott hat sich Seines Volkes erbarmt.

»›Bezahlen, bezahlen soll jener, der den Brand entfacht‹ (Ex 22,5). Es sprach der Heilige, gelobt sei Er: *Ich* muß den Brand bezahlen, den Ich entfacht habe. Ich habe Feuer in Zion angezündet, denn es ist gesagt: ›Er zündete Feuer in Zion an, und es fraß seine Fundamente‹ (Klgl 4,11), und Ich werde es dereinst mit Feuer wieder erbauen. Wie es heißt: ›Ich werde ihm (Jerusalem) sein, ist der Spruch des Herrn, zu einer Mauer aus Feuer ringsum, und zur Herrlichkeit werde Ich sein in seiner Mitte‹ (Sach 2,9)« (b. Bawá' qamá', 60b).

Gott ist bereit, den Menschen, der gestrauchelt ist, zu sich zu nehmen, ihm seine Schuld zu verzeihen und eine neue Chance zu schenken. Gott fühlt sich – das zeigt der letzte Text sehr deutlich – solidarisch mit seinem Geschöpf. Er zündete den »Brand« an, Er ist bereit, ihn zu löschen und den Wiederaufbau zu ermöglichen. Die Re-Konstruktion wird Tatsache, wenn der Mensch – in der Gemeinschaft und als einzelner – seinen Teil zu leisten bereit ist: die Umkehr zu Gott aus vollem Herzen.

»Lernt Gutes tun!«

Jes 1,10–17

10 Hört das Wort des Herrn, Mächtige Sodoms,
vernimm die Lehre unseres Gottes, Volk Gomorras!
11 »Wozu ist Mir die Menge eurer Schlachtopfer?«
sagt der Herr.
»Ich bin satt der Ganzopfer von Widdern
und des Fetts des Mastviehs,
und das Blut der Stiere, Lämmer und Böcke
begehre Ich nicht.
12 Wenn ihr kommt,
um vor Meinem Angesicht zu erscheinen –
wer hat dies von eurer Hand verlangt,
das Zertreten Meiner (Tempel-)Höfe?
13 Bringt nicht mehr eine Gabe der Falschheit,
ein Räucherwerk des Greuels ist es Mir!
Neumond(feier) und Sabbat,
Ausrufen der Versammlung,
Ich vermag nicht (zu ertragen) Frevel und Feier.
14 Eure Neumonde (Neumondsfeiern) und Feiertage
haßt Meine Seele, sie sind Mir zur Last,
Ich bin des Tragens müde.
15 Wenn ihr eure Arme ausbreitet,
schließe Ich Meine Augen vor euch,
auch wenn ihr das Gebet vermehrt, höre Ich nicht –
eure Hände sind voller Blutschuld.
16 Wascht euch, reinigt euch,
entfernt die Bosheit eurer Taten vor Meinen Augen,
hört auf, Böses zu tun!
17 Lernt Gutes tun,
erforscht Recht,
stärkt (den) Bedrückten,
rechtet (der) Waise,
streitet für die Witwe!«

Der Text im Kontext

Jesaja, Sohn des Amoz, erhebt seine Klage (Jes 1,7):

»Euer Land eine Starrnis,
eure Städte feuerverbrannt,
euer Acker,
vor euren Blicken zehren die Fremden ihn auf –
Starrnis
wie nach jenem Umsturz, der einst den Fremden geschah!« (B-R).

Ein schrecklicher Krieg hat das Südreich Juda heimgesucht, König Hiskia ist von Assur abgefallen und hat sich mit dem Babylonier Merodach-Baladan verbündet, um – im Verband mit anderen Kleinstaaten – das assyrische Joch abzuschütteln. Assyriens König Sanherib beginnt einen Rachefeldzug. Im Jahr 701 v.d.Z. fällt er in Juda ein, verwüstet das Land, erobert die Ortschaften. Hiskia wird – so heißt es auf einer Siegesstele – »wie ein Käfigvogel in Jerusalem, seiner Hauptstadt, eingeschlossen« (Bibelauslegungen, I,141f). Daß Sanherib später die Belagerung plötzlich aufgibt (2Kön 19,32–35) und noch später in einem Tempel Ninives ermordet wird (ib. V 37), ändert nichts an der Katastrophe, die Juda heimgesucht hat:

»Die Tochter Zion bleibt übrig
wie eine Hütte im Weinberg,
wie ein Nachtdach im Gurkenfeld,
wie eine umschlossene Stadt« (Jes 1,8; B-R).

Der »Umsturz, der einst den Fremden geschah«, ist die Vernichtung Sodoms und Gomorras (Gen 19,24f), als »der Herr diese Städte umstürzte«. Was Juda und Jerusalem von der Totalkatastrophe, dem völligen Untergang unterscheidet, ist ein Rest, der bleibt (*saríd;* B-R: »Entronnenes«):

»wir wären (sonst) wie Sodom,
wir ähnelten Gomorra« (V 9; B-R).

Mit einem *schimʿú,* »hört«!, leitet Jesaja seine Rede ein. Himmel und Erde ruft er an, die ewigen Zeugen (vgl Dtn 32,1). Sie wissen um die Undankbarkeit des Volkes gegen Gott, um den Abfall in die Götterverehrung und die moralische Verderbtheit. Das Unglück ist nicht zufällig über Juda hereingebrochen: Es ist die Strafe Gottes und muß als Strafe verstanden werden, wenn es sein Ende finden soll. Nicht die politischen Konstellationen, nicht des Königs Abtrünnigkeit von Sanherib führten zum Feldzug. Des Volkes Bosheit und Untreue sind an allem schuld. Sie sind schuld, daß es krank ist,

wund von der Fußsohle bis zum Kopf. Und die Wunden werden »nicht ausgepreßt, nicht verbunden« (V 6; B-R). Juda siecht dahin, weil es Gott verraten hat und – anders als Ochse und Esel – seinen Besitzer nicht mehr kennt, nicht mehr die Krippe seines Herrn (V 3).
Sanherib ist mit keinem Wort erwähnt, aber es ist offenkundig, daß Jes 1,2ff auf die Wochen und Monate nach Beginn seines Einfalls anspielt. Diese Zeit fällt in die Spätperiode der Wirksamkeit des Propheten. Nach 1,1 prophezeite Jesaja in den Tagen der judäischen Könige Usia, Jotam, Ahas und Hiskia (zweite Hälfte des 8. Jhs. v.d.Z.). Man muß fragen: Weshalb beginnt sein Buch gerade mit dieser unglückseligen Epoche und nicht – wie die Prophetenbücher Jeremias und Ezechiels – mit der Berufung (sie folgt erst in Kapitel 6) oder zumindest einem früheren Ereignis? Die Antwort beruht auf der oftmals festzustellenden Tendenz, daß der Inhalt einer prophetischen Rede bei der Einordnung in die Sammlung aller Aussagen wichtiger ist als die historisch-chronologische Reihenfolge.

Diese Reihenfolge ist oft nicht gewahrt, »weil nicht der geschichtliche Hintergrund einer Verheißung, der sich wandelt, das Wesentliche ausmacht, sondern ihre für immer gültige ethische Lehre« (M. Ben-Jaschar, Späte Propheten, in: B. Zvieli [Hg.], sichót bamiqrá', II,1983,16).

Der Akzent liegt auf der Zeitlosigkeit einer Prophetie. Der Text in Jes 1,2ff erschien den Kompilatoren offensichtlich als so wesentlich, daß sie ihn an den Anfang stellten. Ohnehin wurden generell nur jene Prophetenworte der Nachwelt überliefert, die auch in späterer Zeit ihre Aktualität zu besitzen schienen. In der Formulierung des Talmud (b. M'gillá, 14a):

»Es lehrten die Weisen: Achtundvierzig Propheten und sieben Prophetinnen weissagten für Israel ..., (doch) nur eine Prophetie, die für die Generationen notwendig war, wurde aufgeschrieben. Jene, die nicht notwendig war, wurde nicht aufgeschrieben.«
Es ist müßig, die Zahlen zu überprüfen. Die Listen, die die Exegeten aufstellen, variieren (s. R. A. Steinsalz, 'ijuním, z.St.). R. Salomo ben Isaak (Raschi) kennt sechsundvierzig Propheten. Zuletzt gesteht er ein: »Zwei wußte ich nicht.«

Die Bedeutung eines Prophetenworts für spätere Generationen fiel ins Gewicht. Was als zu zeitbedingt, zu situationsbezogen erschien und damit – nach den Kriterien der Weisen, wohlverstanden – dereinst nicht mehr lehrreich sein würde, fiel weg. Wohl vieles, das uns heute vielleicht interessierte, ging verloren, weil es den Prüfstand der Gelehrten nicht passierte. Die hebräische Bibel enthält gleichsam nur eine Blütenlese prophetischer Predigt, längst nicht die gesamte Fülle.

Jes 1,2ff blieb erhalten. In der Tat, die schonungslose Offenheit und schneidende Schärfe, mit der Jesaja seine Zeitgenossen zurechtweist, schlägt auch uns in Bann. Doch die tödliche Kritik ist das Letzte nicht. Mit einem erneuten *schimʿú,* »hört!« (V 10), das am Anfang unseres Abschnitts steht, ruft der Prophet sein Volk zum Nachdenken auf, zum Überdenken seines falschen Tuns. Dann zeigt er ihm den richtigen Weg. Die Mahnrede mündet ein in die Weisung, in jene Lehre, die »notwendig ist für die Generationen«.

Leitworte des hebräischen Textes

schimʿú, V 10 (Imperativ des Qal von *sch-m-ʿ*), »hört!«, steht parallel zu *haʾasínu* (Imperativ des Hiphil von *ʾ-s-n,* »hinhören«, denominiert von *ʾósen,* »Ohr«; Lex. 27), »hört hin!«, L. Zunz: »horcht!«, B-R: »lauscht!«
q'ziné (Absolutus: *q'ziním*) sind – nach L. Zunz – »die Herren (Sodoms)«. Ibn Esra (miqraʾót g'dolót, 97b) denkt an »Fürsten« *(sarím)*, R. J. H. Hertz (zur Haftará von d'warím) an die »Richter«; vgl B-R: »Sodomsschöffen«. Lex. 1048 übersetzt *qazín* mit »Machthaber, Oberhaupt, Vorgesetzter«, in Jes 1,10 spezifischer mit »Amtsvorsteher, Obrigkeit«.
siwchechém, V 11, ist Plural von *séwach* mit dem Suffix *-chem,* »eure«. *séwach* ist »Schlachtopfer, Gemeinschaftsopfer« (Lex. 251), B-R: »Schlachtung«, L. Zunz (ohne nähere Präzisierung): »Opfer«.
Mit *ʿolót* (Status constructus; der Singular lautet: *ʿolá*) *ʾelím,* »Ganzopfer von Widdern« ist eine bestimmte Art der »Schlachtungen« genannt. B-R übersetzen *ʿolót ʾelím* mit »Darhöhung von Widdern« (*ʿolót* von *ʿ-l-h,* »hinaufsteigen, aufsteigen«). Die »Ganzopfer« werden im Feuer verbrannt.
chélew ist »Fett« (Lex. 303), *dam* »Blut«. Fett und Blut wurden bei allen Opfern verwendet: das Fett wurde auf dem Altar dem Feuer übergeben, das Blut vom Priester zum Altar hin gespritzt oder an den Altar gestrichen. Es besitzt eine reinigende Funktion. (Näheres in Lev 3,2f.8f.13f u.a.)
Neben Widdern (*ʾelím;* Singular: *ʾájil;* Lex. 38f) sind in V 11 genannt: *m'riʾím* (Singular: *m'riʾ*), »Mastvieh, besonders Rinder, Büffel« (Lex. 660), L. Zunz: »Masttiere«, B-R: »Mastkälber«. Es handelt sich beim *m'riʾ* jedenfalls um ein »fettes Tier«, vielleicht (so Raschi) um »fettes Kleinvieh«. Ibn Esra: »Der *m'riʾ* ist eine Art Ochse, nur ist er größer und sein Fett ist (zum Genuß) verboten.«
parím sind »Stiere, L. Zunz und B-R: »Farren« (= »zuchtreife Stiere«), *k'wasím* (Singular: *kéwes*), »junge Widder« (Lex. 438), L. Zunz und B-R:

»Lämmer«, und *'atudím* (Singular: ein nicht belegtes *'atúd*), »Ziegen- und Schafböcke« (Lex. 854) oder schlicht »Böcke« (Gen 31,10).

Die ablehnende Haltung Gottes wird wiedergegeben mit *sawá'ti* (Perfekt des Qal von *s-w-'*), »ich bin satt«, d. h. »ich bin überdrüssig« (R. D. Kimchi), und *lo chafázti* (Perfekt des Qal), »ich habe keinen Gefallen« (Lex. 326), »begehr ich nicht« (L. Zunz), »gelüstet mich nicht« (B-R).

lera'ót (= *l'hera'ót;* Infinitivus constructus des Niphal von *r-'-h,* »sehen«), »um gesehen zu werden«, B-R: »euch sehen zu lassen«. Der Konsonantenbestand läßt auch ein *lir'ót* (Infinitivus constructus des Qal), »um zu sehen«, zu, was nach R. Sch. D. Luzzatto (perúsch 'al séfer J'scha'já, 18) die ursprüngliche Lesung gewesen ist (vgl W. Gesenius, § 51 l, S. 146). Weil man Gottes Angesicht jedoch nicht sehen kann, »wurde der Ausdruck zum Zeichen der Ehrfurcht geändert. Nichtwissende sollten die bildliche Sprache nicht mißverstehen.« A. Chacham (I,10) nennt zum Vergleich Ex 34,23 und 1Sam 1,22.

r'mos (Infinitivus absolutus von *r-m-s*), »das Zertreten«, B-R: »Zerstampfen«.

chazeráj (Pausaform mit *qámez* unter dem *resch*), »meine Höfe«, gemeint sind die Tempelvorhöfe.

tosífu, V 13, »ihr werdet hinzufügen« (Imperfekt des Hiphil von *j-s-f,* Lex. 399) mit nachfolgendem Infinitivus absolutus des Hiphil von *bo': hawí'*, »bringen«. Die Wendung *lo tosífu hawí'* bedeutet »ihr werdet (sollt) nicht mehr hinzufügen zu bringen«, d. h. »ihr sollt nicht mehr bringen« (B-R: »nicht weiter laßt . . . kommen«).

minchát schaw' ist eine »Opfergabe der Falschheit« (nach R. J. Ibn Caspi, 'adné késef, 82; H. Homberg, hakorém, 3b), L. Zunz: »Gabe der Lüge«, B-R: »Falschspende«, A. Chacham (I,10): »Ein Opfer der Bosheit, weil es in böser Absicht dargebracht wird.« *minchá* ist eine »vegetabile Gabe, die kein Opferfleisch enthält« (Enc. Welt der Bibel, aaO, 23), »eine Gabe aus Feinmehl, mit Öl vermischt« (Sch. L. Gordon, 9).

q'tóret ist »Räucherwerk« (Lex. 1024), *q'tóret to'ewá* »Räucherwerk des Greuels« (L. Zunz), »Greuelrauch« (B-R).

miqrá' ist die »Einberufung, Versammlung« (Lex. 594), die Zusammenkunft bei den Festversammlungen (Lev 23,2.4), so R. O. Sforno (kitwé R. O. Sforno, 1987, 337).

q'ro' ist Infinitivus absolutus: »das Einberufen«. *q'ro' miqrá'* heißt daher (nach B-R): »Ausrufen von Gemeindeberufung«.

'áwen meint »Unheil«, hier »Frevel, Unrecht« (Lex. 21f), »Untat« (L. Zunz), »Arglist« (B-R).

ʿazará ist »Feier, Festversammlung« (Lex. 825), B-R: »Festgewühl«. *ʿazará* (von *ʿ-z-r,* »zurückhalten, festhalten«, Lex. 823f) ist der Ort, an dem sich Menschen »versammeln und aufhalten« (m'zudát Zijón).
nilʾéti (Perfekt des Niphal von *l-ʾ-h,* Lex. 487), »ich bin müde geworden«, mit dem Infinitivus absolutus *n'soʾ:* »ich bin müde zu tragen« (L. Zunz), »ich bin des Tragens müde« (B-R).
n'soʾ besitzt denselben Buchstabenbestand wie das zuvor verwendete *san'á* (Perfekt des Qal von *s-n-ʾ*), »sie (meine Seele, *nafschí*) haßte«.
uw'farischém (Infinitiv des Piel von *p-r-s* mit Suffix *-chem,* »euer«, und der Präposition *b*) bedeutet wörtlich: »und in eurem Ausbreiten«, »wenn ihr ausbreitet«. Das *chíreq* unter dem *resch* ist »zugespitzt« aus einem *zeré* (W. Gesenius, § 60f, S. 169) oder *s'gol* (H. Bauer-P. Leander, Historische Grammatik, 358v; A. Kahana-S. Krauss, séfer J'schaʿjáhu, 3).
ʾaʿlím, »ich werde verbergen, verschließen« (Imperfekt des Hiphil von *ʿ-l-m,* Lex. 789), B-R: »ich verhülle«.
Die »Augen« Gottes sind dabei gleichbedeutend mit Gottes »Erbarmen« (R. Saadia Gaon, in: Sammlung »Kommentare zu Jes«, I,2).
damím (Plural von *dam,* »Blut«) ist die »Blutschuld« (W. Gesenius, § 117z, 124u; Lex. 216).
hisakú, V 16, mit *dágesch* forte im *sájin* und *kaf,* ist Imperativ des Hitpael von *s-k-h* (*hisakú* statt des erwarteten *hisdakú*), »reinigt euch!«, B-R: »läutert euch«. Möglich ist freilich, daß *hisakú* als ein Imperativ des Niphal von *s-k-k* (vgl *hisabú* von *s-w-w*) verstanden werden muß (W. Gesenius, § 54d, S. 157; Lex. 258 zu *s-k-h* und *s-k-k;* E. S. Hartom, séfer J'schaʿjá, 12).
hasíru, »entfernt« (Imperativ des Hiphil von *sur;* Lex. 706f).
maʿal'lechém (zu einem nicht belegten *maʿalál,* von ʿ-l-l, Lex. 580f), »eure Taten«. *róʿa maʿal'lechém* ist die »Bosheit eurer Taten«, B-R: »Bosheit eures Spiels«.
haréʿa ist Infinitivus absolutus des Hiphil von *r-ʿ-ʿ,* »Böses tun«. Das Gegenteil von *haréʿa* steht in V 17: *hetéw,* »Gutes tun« (Infinitivus absolutus des Hiphil von *j-t-w;* Lex. 390).
dirschú, »fragt nach!«, B-R: »suchet!« (Imperativ des Qal von *d-r-sch,* Lex. 223f). A. B. Ehrlich (IV,7): »kümmert euch!«
ʾaschrú ist Imperativ des Piel von *ʾ-sch-r:* »leitet!«, »führt!« (Lex. 94), L. Zunz: »befriedigt!«, R. J. Ibn Caspi (83) und B-R: lenket!«, E. S. Hartom (12): »stärkt!«, Raschi: »haltet fest!« *ʾaschrú* ist vielleicht identisch mit *jaschrú* (von *j-sch-r*), »ebnet!«, »macht gerade!« (Abarbanel, 22; Enc. Welt der Bibel, 23). R. Sch. D. Luzzatto (22) verweist auf das aramäische *sch-r-r,*

»stärken« (M. Jastrow, A. Dictionary, 1634 zu *sch'rar;* vgl *scharír,* »stark, verläßlich«).
chamóz entspricht einem *chamúz* (Partizip passiv von *ch-m-z II*; Lex. 316), der »Bedrückte«, B-R: der »Erschöpfte« (so Raschi, R. D. Kimchi, R. Elieser von Beaugency, 3; R. Jesaja der Erste von Trani, I,94; R. S. Ibn Melech aus Fès, in: Sammlung »Kommentare zu Jes«, II,235; H. Homberg, hakorém, 4b). Vielleicht ist *chamóz* aber auch der »Bedrücker« (R. S. Ibn Parchon, in: Sammlung »Kommentare zu Jes«, I,180; R. J. Ibn Balʿám, in: Sammlung »Kommentare zu Jes«, II,20). *'aschrú chamóz* heißt dann »leitet den Bedrücker«, damit er den rechten Weg findet. Nach dem Zusammenhang ist die erste Übersetzung einsichtiger.

Der Text in der Exegese

Das Stichwort ist genannt: Judas Verheerung erinnert an das Ende Sodoms und Gomorras, wenngleich sie nicht so radikal ist: »Der Herr der Heerscharen hat uns einen Rest übriggelassen« (1,9) – das umzingelte, doch unzerstörte Jerusalem. Daß Juda die Totalkatastrophe erspart bleibt, hat freilich mit dem Verhalten der Menschen nichts zu tun. Die Mächtigen in Jerusalem sind wie die einstigen Machthaber Sodoms, und das Volk ist wie das Volk Gomorras, »böse und voller Sünden gegen den Herrn gar sehr« (Gen 13,13). Voller Ironie nennt daher Jesaja die Führungsspitze »Mächtige (Fürsten, *q'ziním*) Sodoms« und die Menge »Volk Gomorras«. Wer in Jerusalem verstehen will, versteht.
V 9 bildet einen Zweizeiler, dessen Glieder sich genau entsprechen. Den Parallelismus membrorum verdeutlicht die Gegenüberstellung:

Prädikat	*Objekt*	*Subjekt*
Hört	das Wort des Herrn,	Mächtige Sodoms,
vernimm	die Lehre unseres Gottes,	Volk Gomorras!

In 1,2 rief der Prophet Himmel und Erde als Zeugen für das Wort Gottes an (»denn der Herr hat geredet«), und Gott beklagte sich über den Frevel des undankbaren Volkes. Hier wendet sich Jesaja mit seinem »Hört!« und »Vernimm!« (eigentlich: »Vernehmt!«) an die Volksgemeinschaft, die sich von ihrem falschen Verhalten lösen soll. Wenn sie nicht mehr mit den Bewohnern Sodoms und Gomorras verglichen werden will, muß sie sich gründlich ändern. Bereits im ersten Wort – »hört!« – ist der Tenor angeschlagen:

»Das Hören – und nicht die Opfer« (V 11ff) – ist das Entscheidende« (Abarbanel, 21).

Hören auf »das Wort des Herrn« und »die Lehre unseres Gottes«, nämlich »auf diese Zurechtweisung, die der Prophet vortragen wird« (Raschi). Das »Wort (die Rede) des Herrn« entspricht dem »denn der Herr hat geredet« in V 2, es umschließt »das Wort des wahren Propheten« (A. Chacham, I,8). Mehr ist nicht angedeutet. Jesaja denkt kaum an die Prophetie überhaupt und auch nicht an die »Lehre des Mose«, wie Malbim (323, »Worterklärungen«) glaubt.

Das Gotteswort beginnt mit einer Frage (V 11), die gleich die volle Stoßrichtung des *Angriffs gegen das Volk* anzeigt:

»›Wozu ist Mir die Menge eurer Schlachtopfer?‹ sagt der Herr.«

Brauche Ich die »Menge« (Mi 6,7: »Hat der Herr Wohlgefallen an Tausenden von Widdern, an Zehntausenden von Bächen des Öls?«; Bibelauslegungen, III,322ff), brauche Ich überhaupt die von Menschen dargereichten Opfergaben?

»Hungerte Ich, Ich sagte dir es nicht an, denn Mir ist der Erdkreis und seine Fülle« (Ps 50,12).

Die Frage ist rhetorischer Natur. Gott bedarf der Opfer nicht, und erst recht nicht der Fülle, mögen die Opfer selbst vom Besten sein, das zur Verfügung steht: aus Ganzopfern von Widdern, aus dem Fett des Mastviehs, dem Blut der Stiere, Lämmer und Böcke. Kurz: aus dem ganzen weiten Spektrum des Opferrituals, das Jesajas Zeitgenossen in allen Einzelheiten kennen und das sie mit großer Präzision zu erfüllen trachten.

»Ich bin satt ... und begehre nicht.«

Die Grundfrage »Wozu ist Mir die Menge eurer Schlachtopfer?« wird beim nachdoppelnden Ausdruck des göttlichen Mißfallens eindeutig beantwortet: »Ich bin satt ... und begehre nicht.«

Die Leute sind sicherlich vor den Kopf gestoßen. Weshalb soll Gott die Opfer nicht mehr wünschen, die in der Vergangenheit einen wichtigen Stellenwert im Kult eingenommen haben? Einen opferlosen Kult konnte sich keiner vorstellen, und ein solcher Kult ist auch nicht angestrebt, wie wir gleich sehen werden. Was also will der Prophet sagen, wenn er die Gottesrede mitteilt?

Das Problem wird noch komplizierter. Nicht nur die Opfer werden abgelehnt, selbst das »Erscheinen« vor »Meinem (Gottes) Angesicht« ist fragwürdig geworden.

»Wenn ihr kommt, um vor Meinem Angesicht zu erscheinen – wer hat dies von euch (eurer Hand) verlangt, das Zertreten Meiner (Tempel-)Höfe?« (V 12).

Mit »wenn« *(ki)* wird ein Temporalsatz eingeleitet (W. Gesenius, § 164d, S. 526): Jedesmal wenn ihr den Tempelhof besucht, um vor Gott zu erscheinen, kommt dies einem Zertrampeln seiner Steinplatten gleich. Ihr glaubt vor Gott hinzutreten, in Tat und Wahrheit macht ihr lediglich das kostbare Pflaster kaputt (Malbim, 324: »›Zertreten‹ meint das Zerstören.«). Euer Eintritt in den Tempelhof gleicht jenem eines Ochsen, der zur Schlachtung beim Altar geführt wird (R. J. H. Hertz). Despektierlicher ist von der Absicht der Gemeinschaft nicht zu reden! Die rhetorische Frage »Wer hat dies von euch verlangt?« richtet sich dabei »nach oben und nach unten« (A. Weiser, 2): »Wer hat von euch verlangt, vor Meinem Angesicht zu erscheinen, und wer hat von euch verlangt, Meine Höfe zu zertreten?« In wenig plausibler Weise deutet H. Homberg (hakorém, z. St.) das Wort »dies« *(so't)* auf die Spenden, die der Tempelbesucher (nach Dtn 16,17) »in seiner Hand« mitbringt: »Wer hat dies, diese Spende, von euch gefordert?« Die Spende ist indessen anders als in V 11 nicht genannt; »dies« meint daher das »Erscheinen« selbst.
Jesajas Hörer verstehen immer weniger. Die Opfer sind nicht erwünscht, selbst das Hinpilgern zum Gotteshaus nicht. Lehrte man sie aber nicht, mindestens »dreimal im Jahr«, an den Wallfahrtsfesten, nach Jerusalem zu ziehen, um »vor Gottes Antlitz zu erscheinen«?

Dtn 16,16: »Dreimal im Jahr erscheine all dein Männliches vor dem Angesicht des Herrn, deines Gottes, am Ort, den Er erwählen wird: am Fest der Mazzen, am Fest der Wochen und am Fest der Hütten. Nicht sollst du vor dem Angesicht des Herrn mit leeren (Händen) erscheinen.«
Ex 34,23: »Dreimal im Jahr erscheine all dein Männliches vor dem Angesicht des Herrn, des Gottes Israels.«

Die Steigerung der Absage, die sich in V 12 abzeichnet, wird mit dem folgenden Satz noch erhöht. Hier steht keine rhetorische Frage, sondern ein klares Verbot: »Bringt nicht mehr!« (s. Leitworte zu *lo tosífu hawí'*):

»Bringt nicht mehr eine Gabe der Falschheit, ein Räucherwerk des Greuels ist es Mir!«
Diese Absage greift zurück auf »die Menge eurer Schlachtopfer« (V 11), und zum »Erscheinen vor Meinem Gesicht« (V 12) hat die Gottesrede zu bemerken:
»Neumond(feier) und Sabbat, Ausrufen der Versammlung« (gedanklich zu ergänzen ist: »fügt nicht mehr hinzu«, *lo tosífu,* am Versbeginn). Zum »Ausrufen« s. Lev 23,4.

Eine Steigerung ist zusätzlich in V 13 enthalten, schreibt R. Sch. D. Luzzatto (19):

»Nachdem es zunächst nur heißt, ihre Gabe sei zur Falschheit und nicht zum Wohlgefallen, wird dann hinzugefügt, sie sei vor Gott ein Greuel, und nicht nur die Gabe (Speiseopfer), sondern sogar der Weihrauch, der das wichtigste aller Opfer ist.«
Raschi: »Wenn der Rauch aufsteigt, ist er Mir ein Rauch des Greuels, und nicht zum Wohlgefallen.«

Bis jetzt tappen die Leute, die zuhören, im Dunkeln. Sie wissen nicht, was Jesaja von ihnen will. Nun wird ihnen der Schlüssel zum Verständnis in die Hand gegeben. Vier hebräische Worte genügen:

lo 'uchál 'áwen wa'azará, »Ich vermag nicht (Ibn Esra: sc. zu ertragen) Frevel und Feier.«

Hier liegt die *Wurzel des Übels*: Die festlichen Zusammenkünfte sind mit dem Frevel verbunden, den die Leute in ihrem täglichen Leben begehen. Die vorgeschriebenen Opferriten mögen noch so genau beachtet werden – es ist alles umsonst, wenn es im mitmenschlichen Bereich hapert. Die »Gebote zwischen Mensch und Nebenmensch« haben das Primat vor den »Geboten zwischen Mensch und Gott«. Gott »haßt« daher die »Neumondfeiern und die Feste«, sie sind ihm »zur Bürde« *(latórach)* geworden, Er ist »des Tragens müde« (V 14). Abarbanel (21) erklärt:

»Ich vermag zwei gegensätzliche Dinge nicht zu ertragen: Eure schuldvollen Taten auf der einen Seite, und eure Feier mit dem langwierigen Herumsitzen im Tempel auf der anderen. Ihr sitzt dort herum als seid ihr ein Volk, das die Gerechtigkeit verwirklicht hat.«

Mit vier Ausdrücken wird dieser Widerwillen Gottes beschrieben: »Ich kann nicht« – »es haßt Meine Seele« – »zur Last« – »Ich bin . . . müde« (Gaon R. Elia von Wilna, in: miqra'ót g'dolót, zu V 12). Gott wünscht die »Zusammenkünfte« Israels, wie er die Opfer wünscht, doch nur, wenn die elementare Voraussetzung gegeben ist. Ohne Recht im Alltag wird die Opfergabe *(minchá)* am Feiertag »zur Falschheit«, »zum Greuel«.
'áwen wa'azará, »Frevel und Feier«, gehen nicht zusammen. Das Volk lebt in den Wolken, wenn es dies glaubt. R. J. Ibn Caspi schreibt ('adné késef, 82):

»All ihr Opfergabe ist Falschheit, nachdem Falschheit und Frevel in ihrem Herzen ist.«

Wesentlich ist die richtige Intention, die ein Opfernder mit der Spende verbindet. Die Weisen lehren (M'chílta' d'Rabbí Schim'ón bar Jochaí, mischpatím, XXIII,14; S. 218) mit Bezug auf V 12:

»›Du sollst Mir feiern‹ (Ex 23,14). – Bei einer Feier um ihrer selbst willen *(lischmá)* erfüllt ein Mensch seine Pflicht. Ein Mensch erfüllt indessen seine Pflicht nicht, wenn die Feier nicht um ihrer selbst geschieht.«

Wenn mit dem Opfer »Nebeninteressen« verbunden sind – und zu ihnen zählt zweifellos auch die totale Fehleinschätzung des Opfersinns –, ist die »Pflicht nicht erfüllt«, ist dem eigentlichen Sinn des Opferwesens nicht Genüge getan. Es fehlt die »Nahung« zu Gott, die das Opfer sich zum Ziel setzt. (Nicht zufällig übersetzen B-R den Begriff *qorbán*, »Opfer«, konsequent mit »Nahung«; Lev 1,2 u. a. *qorbán* ist hergeleitet vom Stamm *q-r-w*, »sich nähern, nahekommen«.) M. Buber (Der Glaube der Propheten, 197) spricht im Hinblick auf Jes 1,12 vom »intentionsentleerten Kult«, gegen den Gott ankämpfe. Diese Charakterisierung scheint nicht zuzutreffen. Eine Intention besitzen die Opfernden in Jerusalem wohl, aber es ist die falsche. Sie übersehen die unlösbare Verquickung von Kult und Ethik.
Plädiert damit Gott – in Jesajas Worten – für das generelle Abschaffen des Opferdienstes? Gewiß nicht, so wenig Amos und Jeremia den Opferkult an sich negieren (Bibelauslegungen, II,306.309ff; III,286ff; zu Am 5,21f und Jer 7,1–11). Verpönt ist lediglich das Verdrehen des wahren Sinns. Es gilt, wie R. Elieser von Beaugency (aaO, 3) betont, die Aussage von Spr 21,27 (vgl ib. 15,8):

»Das Schlachtopfer der Frevler ist ein Greuel ...«

Richtig bemerkt P. Melzer (in: 'ijuním b'séfer J'scha'jáhu, I,162):

»Wenn Jesaja sagt: ›Ich bin satt der Ganzopfer von Widdern‹, negiert er beim Opferdienst seiner Zeitgenossen die Heuchelei in ihrem Benehmen, nicht aber die Opfer.«
Raschi (zu V 11): »›Und begehre nicht‹ – Nachdem ihr Meine Lehre übertretet, denn ›das Schlachtopfer der Frevler ist ein Greuel‹.«

Was Gott wirklich »begehrt«, ist der Gehorsam Seinem Wort gegenüber:

»Hat Begehren *(chéfez)* der Herr an Ganz- und Schlachtopfern, wie am Hören auf die Stimme des Herrn?« (1Sam 15,22; vgl Ch. Chamiel, ma'ajané miqrá', 479ff).

Wo die Diskrepanz zwischen »Frevel und Feier« nicht überwunden wird, ist Gott »des Tragens müde«. Die Wendung kann auch besagen, weil *n-s-'*

»aufheben«, die »Schuld aufheben, verzeihen«, bedeutet: »Ich bin des Verzeihens müde« (so Targúm Jonatan ben Usiel: *'asgéti l'mischbáq*). Nicht nur Opfer lehnt Gott ab, wenn das integre Verhalten des Opfernden fehlt. Auch die Gebete verhallen im Leeren:

»Wenn ihr eure Arme (eigentlich Handflächen) ausbreitet, schließe Ich Meine Augen vor euch, auch wenn ihr das Gebet vermehrt, höre Ich nicht – eure Hände sind voller Blutschuld« (V 15).

Beim Gebet ist der auf Abbildungen aus der Antike und in vielen außerisraelitischen Texten nachzuweisende Gestus der »Handerhebung« beliebt. Der Segen der Gottheit wird gleichsam direkt empfangen. Gott schließt Seine Augen, Er nimmt die zu Ihm erhobenen Arme mit den nach oben hingewendeten Handflächen nicht wahr, weil an diesen Händen die »Blutschuld« klebt. Sowenig »die Menge eurer Schlachtungen« ins Gewicht fällt, sowenig hat das »Mehren des Gebets« einen Effekt. Gott will weder das Opfer, noch auch das Gebet. Er wünscht die ehrliche Gesinnung, die anständige Lebenshaltung.
Der Midrasch (Ex.r. 22,3) tradiert eine Aussage des R. Chama bar Chanina:

»Woher (ist zu erschließen), daß das Gebet jenes Menschen trüb ist, der einen Diebstahl in seiner Hand hält? Weil es heißt: ›Wenn ihr eure Arme ausbreitet ... höre Ich nicht.‹ Weshalb nicht? Weil ›eure Hände voller Blutschuld sind.‹ Woher (ist zu erschließen), daß das Gebet jenes Menschen hell (rein) ist, der sich vom Diebstahl fernhält? Weil es heißt (Ps 24,4): ›Der reine Hände hat und ein lauteres Herz.‹ Was folgt darauf (ib. V 5)? ›Er erhebt den Segen vom Herrn ...‹«

Eine spätere Zeit begründet durch V 15 die folgende Bestimmung (b. B'rachót, 32b):

»Es sagte R. Jochanan: Jeder Priester *(kohén)*, der einen Menschen getötet hat, darf seine Hände nicht (zum Priestersegen, Num 6,24–26) erheben; denn es heißt: ›eure Hände sind voller Blutschuld.‹« Gott will aber solche Hände nicht sehen.
R. Mose ben Maimon (Maimonides), hilchót n'si'át kapájim, (= Vorschriften des Händeerhebens, des Priestersegens), XV,3: »Ein Priester, der einen Menschen getötet hat, darf seine Hände nicht mehr erheben, selbst wenn er Buße getan hat; denn es heißt: ›Wenn ihr eure Arme ausbreitet, schließe Ich Meine Augen vor euch.‹«

Die »Blutschuld« ist nicht nur der »Diebstahl«, sondern ist vor allem der Totschlag und selbst der Mord. Die Worte von A. B. Ehrlich (Randglossen, IV,6) klingen daher apologetisch:

»*damim* ist nicht wörtlich zu verstehen. Denn wohl malen die Propheten ihr Volk in der Regel viel schwärzer, als es in Wirklichkeit war, aber der gesamten Gemeinde Mordtaten zuzuschreiben, wäre doch wohl eine ungeheuerliche Übertreibung.«

Jesaja schreibt nicht der gesamten Gemeinde die Mordtaten zu, wie er auch nicht sagen will, alle Tempelbesucher hätten im Alltag die Menschlichkeit mit Füßen getreten. Es genügt, wenn viele es getan, wenn insbesondere die maßgebenden Kreise sich wie die »Mächtigen Sodoms« aufgeführt haben. R. J. Ibn Caspi (aaO, 82) schreibt klipp und klar:

»›Eure Hände sind voller Blutschuld‹ – von den Morden, die sie begingen.«

Der Mord aber war zumeist mit dem Raub verbunden. Selbst wo nicht wirklich gemordet wurde, »gleichen Raub und Bedrückung und Rechtsmißbrauch nach Ansicht des Propheten dem Blutvergießen« (Sch. L. Gordon, 10).
Nur eine totale Abkehr von der bisherigen Lebensweise führt zur erneuten Hinwendung Gottes, der Seine »Augen verschließt«.

»Wascht euch, reinigt euch, entfernt die Bosheit eurer Taten vor Meinen Augen, hört auf, Böses zu tun!« (V 16).

Die Gemeinschaft ist nicht verloren. Sie kann sich aufraffen und neu beginnen – wenn sie nur will! R. Sch. D. Luzzatto (aaO, 22) bemerkt:

»Es gehörte zur Weisheit des Propheten, daß er nach Erwähnung des höchsten göttlichen Zorns (›.. schließe Ich Meine Augen vor euch‹) und der größten Sünde, die es gibt (›eure Hände sind voller Blutschuld‹), die Gelegenheit fand, mit dem Trost zu beginnen und zum Herzen des Volkes zu reden, daß es seine schlimmen Wege verlasse. Dann werde Er ihm die Schuld verzeihen.«

Dieser »Trost«, dieser Zuspruch besteht aus zwei Teilen. Zunächst muß das Volk den Boden zum Neubeginn bereiten, indem es sich »läutert« und das Übel ausreißt (V 16). Dann kann das Gute an seine Stelle treten (V 17). Zu den Einzelheiten:
»Wascht euch, reinigt euch!« R. J. Ibn Caspi erklärt (aaO, 82):

»Das Waschen des Körpers ist wichtig (eigentlich geeignet), aber es muß vom Waschen der Herzen begleitet sein.«

Die Blutschuld (V 15) muß »abgewaschen« werden (die beiden Verben betonen es; s. Leitworte). Die »Bosheit« (*ró'a*) und »das Böse tun« (*haré'a*) müssen verschwinden, indem ihr die Bosheit »entfernt« und mit dem Tun des Bösen und Verwerflichen »aufhört«. Von selbst stellt sich die Besserung nicht ein.

»Die Bosheit ›vor Meinen Augen‹ können sie nur entfernen, wenn sie aufhören, ›das Böse zu tun‹« (R. Sch. D. Luzzatto).

Wenn vor »Seinen Augen« die Bosheit nicht mehr geschieht, kann Er Seine »Augen« auch wieder öffnen. Das frühere Vertrauensverhältnis zwischen Gott und Volk ist wieder hergestellt. Jetzt muß – nach dem Ausreißen der Verderbtheit – die »Therapie« einsetzen. Kurz und prägnant, jeweils in Grüppchen von zwei Worten (Imperativ mit Objekt) wird der *ethische Grundsatz* ausgesprochen. Den Akkord geben die beiden Forderungen: *chidlú haré'a* (»hört auf, Böses zu tun«) und *limdú hetéw* (»lernt Gutes tun«).

»Lernt Gutes tun, erforscht Recht, stärkt (den) Bedrückten, rechtet (der) Waise, streitet für (die) Witwe!«

»Erforscht Recht«, »das ist die soziale Gerechtigkeit, die jedem einzelnen die persönlichen Rechte garantiert« (R. J. H. Hertz), ein großes Anliegen, über das Jesaja immer wieder spricht (1,27; 5,16; 9,6 u. a.)

»›Erforscht Recht‹, das bedeutet: ›jagt der Gerechtigkeit nach‹« (E. S. Hartom, 12).

»Stärkt den Bedrückten« impliziert nach dem Talmud (b. Sanhedrín, 35a) die Pflicht des Richters, sein Urteil nicht voreilig zu sprechen, sondern »säuern« (*m'chaméz*, Wortspiel zu *chamóz*), reifen zu lassen.

»›Stärkt den Bedrückten‹ – Wohl dem Richter, der sein Urteil säuern läßt.« Raschi interpretiert: »Er läßt sein Urteil über Nacht liegen, um es dann nach seiner Wahrheit auszusprechen.«
Die Mischna (Sanhedrín, IV,1) legt die Bestimmung fest: »Einen Mordprozeß verhandelt man am Tag und entscheidet ihn am Tag (ein nächtliches Urteil ist untersagt) . . . Man entscheidet ihn am selben Tag, wenn der Angeklagte freigesprochen wird, jedoch erst am folgenden Tag, wenn ein Schuldspruch erfolgen soll.« Dieses Verschieben entspricht dem »Säuernlassen«.
Im Religionsgesetz des Schulchan Aruch (Chóschen mischpát, X,1) wird die talmudische Richtlinie in die Norm gefaßt: »Der Richter muß beim Prozeß ›überlegt‹ (*matún*; vgl Sprüche der Väter, I,1) sein, damit er ihn nicht entscheidet, ehe er ›gesäuert‹ (gereift) ist, und er muß so lange die Verhandlung führen, bis ihm alles klar ist wie die Sonne.«
»Weshalb hat der Fürst des Stammes Ascher nach dem Fürsten des Stammes Dan seine Spende (für das Stiftszelt) gebracht? (Num 7,72: Ascher; 7,66: Dan). Weil *Dan* nach dem *din* (Urteil) benannt ist und *Ascher* nach seinem *'ischúr* (Bekräftigung). Der Heilige, gelobt sei Er, befahl, daß Ascher nach Dan die Spende bringe, weil der Richter *(daján)* sein Urteil bekräftigen muß. Wie es heißt (Jes 1,17): ›Erforscht Recht, bekräftigt *('aschrú)* den Bedrückten‹« (Num.r. 14,10).

Die Voreiligkeit eines Richters führt ins Verhängnis. Der Talmudgelehrte R. Chanina (b. Sanhedrín, 35a) entnimmt die Pflicht des Richters, sein Urteil »übernachten« zu lassen, Jes 1,21:

»Sie war voll des Rechts, Gerechtigkeit ›übernachtete‹ in ihr – jetzt aber Mörder.«

Raschi erklärt:

»Zu Beginn pflegte man das Urteil übernachten zu lassen, um es zu bekräftigen. Jetzt, da es nicht mehr geschieht, sind sie (Richter) wie Mörder.«

Gerechtigkeit auf höchster Ebene wird gefordert. Wenn der Richter das Recht verdreht oder es mit seiner Urteilsfindung nicht genau nimmt und den Spruch übereilt trifft, bricht die intakte Gesellschaftsordnung zusammen. An der Haltung zum »Bedrückten«, zum Schwächern, zeigt sich das moralische Empfinden dieser Gesellschaft. Zum Schwächeren aber zählen immer Waise und Witwe *(jatóm; 'almaná)*. Sie bedürfen eines besonderen Schutzes, den ihnen die Torá zubilligt (Ex 22,20f; Dtn 24,17; 27,19) und die Propheten untermauern (Jer 7,6; 22,3; vgl Bibelauslegungen, III,291).
»Rechtet (der) Waise, streitet für (die) Witwe« (vgl Jes 1,23: »Die Waise rechten sie nicht [= treten nicht ein für ihr Recht], und der Streit der Witwe kommt nicht vor sie.«). Ibn Esra betont:

»Richtet das Recht der Waise, der niemand hilft. Entsprechend heißt es (Ps 43,1): ›Rechte mir (schaffe mir Recht), o Gott, und streite meinen Streit . . .‹«

Für Waise und Witwe muß man den Rechtsstreit führen, weil sie dazu selbst nicht imstande sind. Raschi:

»Engagiert euch im Streitfall, daß ihr für die Witwe diskutiert, denn sie geht nicht außer Hauses, um ihre Gegner zu suchen.«

Der Midrasch (P'síqta' d'Raw Kahaná, I,261; vgl Raschi zu Jes 1,23) schildert die Unterlegenheit der Witwe anschaulich:

»Ging ein Mann zum Gericht nach Jerusalem, so sprach der Richter zu ihm: › Spalte mir zwei Bündel Holz! Füll mir zwei Fässer Wasser!‹ Da wurde sein Geld aufgebraucht. Tief enttäuscht ging er weg. Eine Witwe traf ihn unterwegs und fragte ihn: ›Wie ist es dir beim Gericht ergangen?‹ Er antwortete: ›Ich habe alles Geld ausgegeben und nichts erreicht!‹ Da sagte sie: ›Wenn schon dieser Mann nichts erreicht hat, wie soll ich, die ich eine Witwe bin, etwas erreichen können!‹«
Vgl R. Elieser von Beaugency (aaO, 4): »Der Vers nennt den ›Streit‹ bei der Witwe und das ›Recht‹ bei der Waise, weil sich die Waise nicht geniert, vor einem Gericht ihren Streitfall vorzutragen, wenn nur jemand bereit ist, ihr Recht widerfahren zu

lassen. Die Witwe aber geniert sich und vermag mit ihren Gegnern während des Prozesses nicht so sehr zu argumentieren.«

Der Waise muß Recht widerfahren, bei der Witwe muß der Rechtsfall überhaupt erst einmal in Gang kommen. Sie ist noch schwächer als die Waise, weil sie eine Frau ist und sich zurückhält. Für die Witwe muß man »streiten«, damit das ihr zustehende Recht nicht mit Füßen getreten wird (vgl R. J. Ibn Capsi, 82f; R. J. Kara, in: Sammlung »Kommentare zu Jes«, II,307; Gaon R. Elia von Wilna, be'úr hagrá').

Wegweisung für unsere Zeit

Neun Imperative verwendet Jesaja, wenn er die ethische Grundlehre Gottes festlegt: »Wascht euch, reinigt euch, entfernt, hört auf, lernt, erforscht, stärkt, rechtet, streitet.« Mit dem Befehl zu Beginn von V 18 (»geht doch«), sagt Raschi (zu V 16), ergeben sich »zehn Ermahnungen, Ausdrücke der Umkehr«. Sie entsprechen den »Zehn Bußtagen« (vom Neujahrsfest Rosch Haschana bis und mit dem Versöhnungstag Jom Kipur). Die Umkehr *(t'schuwá)* – das hebräische Wort bedeutet auch »Antwort« – führt zu einer neuen Sicht der Dinge, zu einem veränderten Antworten auf die Fragen des Lebens. Die Menschen, die Jesaja zuhören und begreifen, was er ihnen sagen will, verschieben die bisherigen Schwerpunkte. Nicht der Opferdienst und nicht einmal das Gebet stehen im Zentrum des Glaubens, sondern die unbedingte Mitmenschlichkeit. Diese Mitmenschlichkeit muß immer wieder aufs neue »gelernt werden« (»lernt Gutes tun!«), und selbst wenn sie theoretisch erfaßt wird, ist es noch ein langer Weg bis zu ihrer Verwirklichung.
Viele unserer Zeitgenossen sind fleißige Gottesdienstbesucher. Wenn es aber um die »Gebote zwischen einem Menschen und seinem Nächsten« geht, versagen sie. Selbst wenn ihre Hände nicht mit Blut befleckt sind, so sind diese Leute von einer gütigen Gesinnung den anderen gegenüber doch weit entfernt. Sie haben nicht »gelernt, Gutes zu tun«, sie haben nicht begriffen, daß die Beziehung zu Gott nur intakt ist, wenn auch die Beziehung zu den Geschöpfen Gottes intakt bleibt. Jesaja ist nicht der einzige Prophet, der seinem Volk mit schlimmen Vorwürfen begegnet und es – im Namen Gottes – aufruft, sich zu waschen, sich zu läutern, einen besseren Weg einzuschlagen. Eindrücklicher aber, als er es mit wenigen Worten tut, läßt sich das Wesentliche eines von moralischen Grundsätzen bestimmten

Lebens nicht beschreiben – in der ausgezeichneten Wiedergabe von Martin Buber und Franz Rosenzweig:
»Badets ab,
läutert euch,
entfernt die Bosheit eures Spiels
aus dem Blick meiner Augen,
meidet Böstun,
lernet Guttun,
suchet das Recht,
lenket den Erschöpften,
rechtet für die Waise,
streitet für die Witwe!«

»Erhebt in die Höhe eure Augen und seht!«

Jes 40,26–31

26 Erhebt in die Höhe eure Augen und seht:
Wer hat diese erschaffen?
(Er ist's,) der herausführt in Zahl ihre Schar,
alle ruft Er beim Namen.
Wegen der Menge der Kräfte und des Mächtigen an Kraft
wird keiner (kein Stern) vermißt.
27 Warum sprichst du, Jakob, redest du, Israel:
»Verborgen ist mein Weg vor dem Herrn,
und vor meinem Gott geht mein Rechts(anspruch) vorbei«?
28 Hast du es denn nicht gewußt und nicht gehört?
Der Gott der Ewigkeit, der die Ränder der Erde erschafft,
ermattet nicht und ermüdet nicht,
unergründlich ist Seine Weisheit.
29 Er gibt dem Müden Kraft,
dem Kraftlosen mehrt Er die Stärke.
30 Es ermatten die Jünglinge und ermüden,
und die jungen Männer werden wahrlich straucheln.
31 Doch die auf Gott hoffen, erneuern ihre Kraft,
heben empor Schwingen wie die Adler,
rennen und ermüden nicht,
gehen und ermatten nicht.

Der Text im Kontext

»Gott und die Götter«, die »Gottnichtse« (B–R), ist eines der großen Themen der hebräischen Bibel. Gottes unendliche Macht und Größe, die sich im Kosmos manifestiert, steht erhaben über jeder anderen Kraft. Sicher über der Macht der Götter, die nichts als »Schnitzbilder« sind, geschaffen aus vergänglichem Material durch die Hand eines »weisen (begabten) Künstlers« (Jes 40,20). Sie sind leblos, zu nichts fähig. »Jesaja der Tröster« begegnet diesem Werk des Menschen mit abgrundlosem Spott (vgl auch

44,10–17). Vor Gottes Kraft schrumpfen alle irdischen Dimensionen zu einem Nichts zusammen. Nicht nur die Götter, auch die Menschen sind kaum mehr wahrnehmbar. Über die Völker sagt der Prophet:

»Sieh, die Völker sind wie ein Tropfen am Eimer und dem Staub in der Waagschale gleich geachtet ... All die Völker sind wie ein Nichts vor Ihm, als null und nichtig gelten sie Ihm« (40,15.17).

Die Konsequenz dieser Erkenntnis ist in ein paar Worte gekleidet:

»Wem wollt ihr Gott vergleichen,
welche Gestalt ihm zuordnen?« (V 18).
»Wem wollt ihr Mich vergleichen,
daß Ich (ihm) entspräche?
sagt der Heilige« (V 25).

R. Elieser von Beaugency schreibt (103):

»Ihr verfertigt die Götter in Gestalt und Ebenbild. Doch wie wollt ihr ein Standbild Gottes herstellen, da ihr dessen »Gestalt« gar nicht kennt?«

Gott ist anders als alles andere, das Menschen mit ihren Augen wahrnehmen und mit ihrem Geist verarbeiten. Beim Nachdenken über Gottes Wesen und Sein findet dieser Geist eine unüberwindliche Schranke. Das Nachdenken ist ihm freilich nicht genommen. Im Gegenteil! Der Mensch soll fragen, weil er durch die bohrenden Fragen den Irrglauben überwindet. Etwa in dieser Weise:

»Wer *(mi)* hat mit seiner hohlen Hand die Gewässer gemessen?« (V 12).
»Wer ermaß den Geist des Herrn?« (V 13).
»Mit wem *('et mi)* beriet Er sich?« (V 14).
»Wem *('el mi)* wollt ihr Gott vergleichen?« (V 18).
»Wem wollt ihr Mich vergleichen?« (V 25).
»Wer hat diese (Sterne) erschaffen?« (V 26).

Aus dem Fragen entsteht das Verstehen, kommt die Vernunft, die Einsicht (*t'wuná*, V 14; vgl *haló' hawinotém*, »habt ihr nicht verstanden?«, V 21). Nicht die Götter, nicht die schwachen Menschen, die einem Tropfen und Staubkorn ähnlich sind, besitzen die wirkliche Einsicht. Gott allein besitzt sie und setzt sie ein, um die Welt zu schaffen und zu lenken. Einem solchen Gott aber darf sich der Mensch anvertrauen. Aus dem Blick zu den Sternen, dem »Heer« des Weltenherrn, wird die Zuversicht, die Glaubensüberzeugung, daß Er den Menschen trägt, auch wenn sich dieser Mensch von Gott verlassen fühlt.

Leitworte des hebräischen Textes

s''*u*, V 26, ist Imperativ des Qal von *n-s-'* (Lex. 683): »erhebt!«, B–R: »tragt empor!« (vgl Jes 51,6).
hamozí', »der herausführt« (*mozí'* ist Partizip des Hiphil von *j-z-'*, Lex. 407).
'oním (Plural von *'on*, »Zeugungskraft«, »Körperkraft«, Lex. 22) meint »Kräfte«. *row 'oním*, V 26, ist wörtlich »die Menge der Kräfte«, L. Zunz: »der Allmacht Fülle«, B-R: »der Mächte-Vielheit«, Lex. 22 (liest *raw*, »viel«, statt *row*, »Menge«): »kraftreich«. Das Gegenteil ist in V 29 *'en 'oním*, »ohne Kräfte«, L. Zunz, B-R: »der Ohnmächtige«, Lex. aaO: »kraftlos«.
Parallel zu *row 'oním* steht *'amíz kóach*, der »Starke an Kraft«, L. Zunz: der »Gewaltige an Kraft«, B-R: »Hünen-Heerkraft«.
ne'edár ist Partizip des Niphal von *'-d-r II* (Lex. 749): »wird vermißt«.
nist'rá, V 27, ist Perfekt des Niphal von *s-t-r* (Lex. 728), »war (ist) verborgen«, »verbarg sich«; L. Zunz: »verhüllt«.
mischpát, »Recht«, ist – nach Lex. 616 – hier »Rechtsanspruch«, L. Zunz und B-R: »Recht«, Abarbanel (196): »mein Streitfall«.
ja'awór (Imperfekt des Qal von *'-w-r*), das Recht »geht vorüber« (L. Zunz), »entzieht sich« (B-R), »entgeht« (Lex. 616).
q'zot ha'árez, V 28, sind – nach B-R – die »Ränder der Erde« (zu *qazé*, »Rand, Ende, Äußerstes«, s. Lex. 1046), L. Zunz: die »Enden der Erde«; Tanchúma, miqéz, 1: Die »Begrenzung« der Erde.
ji'áf ist Imperfekt des Qal von *j-'-f I*, »er wird müde« (Lex. 402): »er wird (nicht) müde«. *j-'-f I* ist dasselbe wie *'-j-f I* (Lex. 775) mit Umstellung der beiden ersten Wurzelkonsonanten.
jigá', Imperfekt des Qal von *j-g-'*, desgleichen »er wird müde«. (Lex. 368). Die beiden Verben *(lo) ji'áf (w'lo) jigá'* übersetzen L. Zunz und B-R mit »er ermattet (nicht), er ermüdet (nicht).« In V 30 f stehen die Pluralformen.
chéqer ist »Forschen« (Lex. 334); *'en chéqer* bedeutet »unergründlich« (L. Zunz), »unausforschlich« (B-R).
t'wuná ist die »Einsicht« (L. Zunz), das »Unterscheiden« (B-R), von der Stammwurzel *bin*, »verstehen, einsehen, achten auf« (Lex. 117; vgl *biná*, »Einsicht«, Lex. 119).
ja'éf, V 29, ist wie *'ajéf* der »Müde«, B-R: der »Ermattete«.
'ozmá ist – analog zu *kóach* – »Stärke« (L. Zunz), B-R: »Kernhaftigkeit«.
jarbé ist Imperfekt des Hiphil von *r-w-w*: »er wird mehren«.
kaschól, V 30, ist Infinitivus absolutus von *k-sch-l*, »straucheln, stolpern«

(Lex. 478), *jikaschélu* ist Imperfekt des Niphal: »sie werden straucheln«. B-R geben die Wendung wieder durch »sie straucheln und straucheln«.
n'ᶜarím (Singular: *náᶜar*, »Knabe, Jüngling«, auch »junger Mann«; Lex. 668) steht neben *bachurím*, »junge Männer« (Lex. 114). L. Zunz schreibt für *n'ᶜarím* und *bachurím* »Knaben« und »Jünglinge«, B-R: »Jünglinge« und »Rüstige« (!), vgl Zürcher-Bibel: »Jünglinge« und »Krieger« (!).
w'qojé in V 31 – so liest die masoretische Tradition statt des zu erwartenden *w'qowé* (also *zeré* unter dem *jud* und nicht dem *waw!*; vgl W. Gesenius, § 8k) – ist Partizip des Qal von *q-w-h*, »harren, hoffen« (Lex. 1011): »und die (auf Gott) hoffen«; R. J. H. Hertz, Haftará von lech l'chá (Gen): »warten«.
jachalífu ist Imperfekt des Hiphil von *ch-l-f I* (Lex. 308), »sie werden nachfolgen lassen: neu bekommen«. L. Zunz für *jachalífu kóach:* »legen an neue Kraft«, B-R: »tauschen Kraft ein«. Die verbrauchte Kraft wird durch eine frische ersetzt.
jaᶜalú (Imperfekt des Hiphil von *ᶜ-l-h*, Lex. 785), »sie führen hinauf«, »heben empor«. Manche denken freilich an »wachsen lassen«, L. Zunz und B-R: »treiben« (s. Exegese). A. B. Ehrlich (Randglossen, IV,147) versteht *jaᶜalú* als Imperfekt des Qal: »es wachsen«.
'éwer ist »Flügel« (Lex. 9), »Schwingen« (L. Zunz; B-R).
n'scharím (Singular: *néscher*) ist der »Adler«. Es kann gelegentlich auch der »Geier« gemeint sein (Lex. 691).

Der Text in der Exegese

Die *rhetorische Frage* umschreibt das Wesentliche:

»Wem wollt ihr Mich vergleichen, daß Ich (ihm) entspräche?
spricht der Heilige« (V 25).

Der »Heilige« *(qadósch)* – und Er ist der »Heilige Israels« (Jes 1,4; 5,19.24; 10,20 u. a.) – hat gesprochen. An Seinem Wort ist nicht zu zweifeln: Es gibt keine Vergleichsmöglichkeit zwischen Ihm und einem anderen Wesen. R. Ch. Rabinowitz (J'schaᶜjá, in: dáᶜat sofrím, 433 f) betont:

»Es heißt nicht ›spricht der Herr‹, sondern ›spricht der Heilige‹, damit betont werde . . ., daß materielle Dinge nicht mit dem Heiligen zu vergleichen sind: der ›Heilige‹ ist eine Bezeichnung für die erhabenste Geistigkeit, die sich von jedem irdischen Ding abhebt.«

Wie sehr sich Gott, der Schaffende, doch selbst Unerschaffene, von der Schöpfung – Seiner Schöpfung – unterscheidet, zeigt ein *Blick »in die Höhe«*, zum gestirnten Himmel. Unser Abschnitt beginnt mit V 26:

»Erhebt in die Höhe eure Augen und seht:
Wer hat diese erschaffen?«

»Erschaffen« *(barâ')* – es ist dasselbe Verb, das in Gen 1,1 steht: *b're'schît barâ'*, »am Anfang schuf« »Gott den Himmel und die Erde«, und das Schaffen Gottes kennzeichnet (Bibelauslegungen, III,24). Die Schöpfung hat eine Ursache und die Ursache liegt bei Gott. Maimonides (FdI, II, Kap. 19, S. 140) stellt fest:

»Deshalb wirst du auch bemerken, daß alle Propheten die Gestirne und die Sphären zum Beweis für das unbedingte Dasein Gottes verwenden.«
Maimonides zitiert neben unserem V 26 die Stellen in Dtn 33,26; Jer 32,17 und Gen 24,7, wo Abraham sich an den ›Herrn, den Gott des Himmels‹ wendet.

Der »Blick zu den Sternen« führt unwillkürlich zur Erkenntnis, daß es einen *Schöpfergott* gibt, der – bis heute – Seine Schöpfung »erneuert«, wie R. David Kimchi (in: miqra'ót g'dolót) ausführt:

»Sie (Israeliten) sollen zu den Sternen schauen, die gewaltige Schöpfungen sind, und im Verstehen sehen, ›wer diese erschaffen hat‹. Sie sind nämlich erschaffen worden und erschaffen nicht . . ., und was erneuert wird, besitzt einen Erneuerer, weil sich die Sache nicht selbst erneuert. Der Erneuerer aber kann nur Einer sein.« (Analog Abarbanel, 194)

»Erhebt in die Höhe eure Augen und seht« (vgl Jes 60,4 zur Wendung: »Heb ringsherum deine Augen und sieh«) geht über das organische Wahrnehmen hinaus:

»›und seht‹ – das ist das ›Sehen‹ des Herzens; so auch in Koh 1,16: ›und mein Herz sah viel . . .‹« (R. S. Ibn Melech aus Fès, séfer michlál jófi, in: Sammlung »Kommentare zu Jes«, II,265).
A. Chacham (II,422): »Nachdem ihr gesehen habt, denkt ihr in eurem Herzen über die Frage des ›Wer hat diese geschaffen?‹ nach.«

Der Blick zum Himmel ruft zugleich das Gefühl der *eigenen Nichtigkeit* wach (R. Ch. Rabinowitz, aaO). Das müssen sich heute all jene sagen lassen, die diese Nichtigkeit angesichts der wissenschaftlich-technischen Erfolge des menschlichen Intellekts – etwa auf dem Gebiet der Raumforschung – geflissentlich übersehen.
Gott hat indessen die Gestirne nicht bloß erschaffen, Er hat ihnen, sagt der

Prophet, ihre Bahnen zugewiesen: *»Er führt sie heraus« (hamozí').* Hinter diesem Ausdruck steht das Bild von einem großen »Versammlungsraum«, in welchem die Sterne sich befinden, ehe sie ihre »Fahrt« antreten müssen. Wie etwa der Sonnengott Helios in der Mythologie der Griechen, der auf seinem von Pferden gezogenen Sonnenwagen die Bahn am Firmament durchzieht. Gott schaltet und waltet nach Seinem Willen.

»(Er ist's,) der herausführt in Zahl ihre Schar,
alle ruft Er beim Namen.«

Die Himmelsschar untersteht Seinem Wort, Ihm, der oft als der »Herr der Heerscharen« *('adonáj z'wa'ót)* verehrt wird (1Sam 1,3.11; Jes 1,9.24 u. a.).

»Er gleicht einem Feldherrn, der seine Soldaten . . . zählt, wenn sie ausziehen und sich vor ihm aufstellen« (A. Chacham, aaO).

Weil sie *»gezählt«* sind, vermag sie Gott *»beim Namen zu rufen«*, und jedem einzelnen Stern gibt Er – nach früher Auffassung – »seinen Dienst, seine Aufgabe« (R. Elieser von Beaugency, 104). Ps 147,4 stellt mit fast identischen Worten fest:

»Er zählt eine Zahl den Sternen,
sie alle ruft Er (mit) Namen.«

Es ist Zeichen einer besonders engen Beziehung, immer wieder gezählt und mit dem Namen gerufen zu werden. Zu Ex 1,1 (»Dies sind die Namen der Israeliten, die nach Ägypten kamen«) interpretiert Raschi:

»Obschon Er sie (Jakobs Nachkommen) zu Lebzeiten bei ihrem Namen gezählt hat (Gen 46,8–27), zählte Er sie wiederum nach ihrem Tod, damit mitgeteilt würde, wie sehr Er sie liebte. Sie werden mit den Sternen verglichen, die Er nach der Zahl und nach ihren Namen hinausführt und wieder hineinbringt (Hinweis auf Jes 1,26).«

Jeder Stern hat einen »Namen«, jeder damit nach Auffassung der Alten eine spezifische Funktion (s. R. D. Kimchi). Gott hat die Sterne geschaffen, damit sie wirkten – und zwar nicht zuletzt für den Menschen. Wir sind von dieser Vorstellung abgekommen, doch in der Vielfalt der Gestirne und ihrer Konstellation sehen auch wir noch einen Hinweis auf Gottes Herrlichkeit. Der Psalmist (147,5) kleidet sein Lob in den Ausruf:

»Groß ist unser Herr und reich an Macht,
für Seine Einsicht ist keine Zahl.«
(Vgl unten zu V 28: »unergründlich ist Seine Weisheit.«)

Ein Mensch vermag die Fülle der Sterne nicht zu zählen (Gen 15,5: »Blick doch zum Himmel und zähl die Sterne, wenn du sie zu zählen vermagst ...«). Selbst heutzutage läßt sich die Gesamtzahl nur schätzen. Sie beträgt rund 10 Milliarden Galaxien zu durchschnittlich 10 Milliarden Sternen, d. h. 10^{20}. Dank seiner Intelligenz kann der Mensch indessen – Adam gleich, der den Tieren »Namen«, Bezeichnungen gibt (Gen 2,19 f) und damit ordnet – das Universum erforschen und seine Kenntnis vermehren. Der »Staub in der Waagschale« erahnt als einziges aller Lebewesen die Größe seines Schöpfers. Mit dem Staunen vor der Schöpfung beginnt die Wissenschaft, und je umfassender das Wissen ist, um so größer wird das Staunen vor der Schöpfung und damit letztlich vor der unfaßbaren Weisheit des Schöpfers.

»Wegen der Menge der Kräfte und des Mächtigen an Kraft« (*merów 'oním w'amíz kóach*, s. Leitworte) *»wird keiner (der Sterne) vermißt.«* »Dies ist eine Beschreibung des Schöpfergottes« (N. H. Tur-Sinai, pschutó schel miqrá', III,1, S. 109 f). So auch L. Zunz:

»Vor der Allmacht Fülle und dem Gewaltigen an Kraft bleibt keines aus.« (Vgl R. Sch. D. Luzzatto, 306: A. Weiser, 93; A. Chacham, II,423, Anm. 27)

Abarbanel aber bezieht die Wendung auf die Gestirne:

»Er schenkte Kraft jedem einzelnen der Sterne über die niedrigen (irdischen) Dinge.« Vgl A. B. Ehrlich (IV,147): »Von den Starken und Mächtigen bleibt keines aus.«

Die Übersetzung von M. Buber–F. Rosenzweig weist desgleichen in diese Richtung:

»aus der Mächte-Vielheit,
der Hünen-Heerkraft
will niemand vermißt sein.«

Der Zusammenhang legt die erste Deutung nahe, denn es ist Gott, dessen Kraftfülle wiederholt bejubelt wird (V 28.29), und Er ist es auch, der den Ermatteten neue Kräfte zufließen läßt (V 31). Die Gestirne sind »gezählt« und »geordnet«, aber einer selbstgewollten Dynamik entbehren sie. Wenn sie wirken, dann nur, weil der »Mächtige an Kraft« ihnen von Seiner Kraft verleiht.

Der Blick nach oben flößt dem Betrachter Respekt vor Gottes Schöpfergröße ein. Allein, der Mensch mag sich trotz dieses Waltens Gottes im Weltall einsam und verloren fühlen. Läßt Gott ihn nicht allein, geht Er nicht an ihm vorüber, ohne ihn zu beachten? In V 27 mit seinem chiliastischen Aufbau spricht die Gemeinschaft über ihre Not. Es ist die Gemeinschaft der ins

Babylonische Exil Vertriebenen, die in der Fremde leiden, wenngleich dieses Leid wohl noch viel schlimmer sein könnte.

nist'rá darkí me'adonáj ume'eloháj mischpatí ja'awór
»Verborgen ist mein Weg vor dem Herrn,
und vor meinem Gott geht mein Rechts(anspruch) vorbei.«

Gott sieht nicht hin, Er ist gleichsam mit dem Makrokosmos allzu sehr beschäftigt, um für die Mikrokosmen Zeit zu haben. Das Exil mag für die ungeduldig Gewordenen schon zu lange andauern (R. D. Kimchi), »im Exil ist mein Weg vor Gott verborgen« (Raschi). Ein Gefühl der Isolation und Verlassenheit bemächtigt sich der Klagenden. Hiob lamentiert ähnlich:

»Warum gibt Er dem Verhärmten (M. Buber) Licht ...,
dem Mann, dessen Weg verborgen war ...?« (3,20.23).

Gott nimmt das Leiden der Angefochtenen nicht wahr, ihr Weg ist vor Ihm verhüllt, weil Er ihn nicht mehr erkennen will. Gott verbirgt, verhüllt »sein Antlitz«, so daß Sein Blick nicht mehr zur Erde, zu den Menschen gelangt.

Dtn 32,20: »Er sprach: Ich werde Mein Antlitz vor ihnen verbergen ...«
Ps 13,2: »Bis wann, o Herr, wirst Du mich vergessen für immer,
bis wann wirst Du Dein Antlitz vor mir verbergen?« (Ferner Ps 44,25; 69,18; 88,15; 102,3 u. a.)

Im nachbiblischen Hebräisch steht für den Begriff des »Gesichtsverbergens« *héster paním*. Die Weisen Israels ringen mit der Frage der scheinbaren »Abwesenheit Gottes«, wenn Unrecht geschieht und Er nicht reagiert, mit der Frage Seines »Schweigens« angesichts der Verbrechen. Vergißt Gott den Leidenden, den unschuldig Leidenden? (Zur Problematik – insbesondere nach dem Holocaust – s. R. Eliezer Berkovits, Faith after the Holocaust, 1973, 94 ff.)
Dem in tiefe Not Geratenen mag es so scheinen, wenn seine dringliche Bitte um Hilfe ungehört verhallt. Doch Gott stellt sich bloß taub, in Wirklichkeit ist Er es nicht.

»Die Weisen redeten vom Schweigen Gottes als einer historischen Tatsache, nicht aber von Seiner Abwesenheit. Er, der schweigt, mag nur so genannt werden, weil Er gegenwärtig ist« (R. E. Berkovits, 99).

Die »Gesichtsverhüllung«, das »Schweigen«, ist lediglich eine *vorübergehende Erscheinung*. Früher oder später wendet sich Gott den sich verlassen fühlenden Menschen wieder zu. Diese Glaubensgewißheit schenkt ihnen wahrhaft Mut, wie viele Zeugnisse aus den schlimmen Verfolgungsjahren unseres Jahrhunderts zeigen. Von der »Gesichtsverhüllung« suchen im letzten nur Abtrünnige zu profitieren, die wirklich glauben, Gott sei »verreist«.

»Er sprach zu mir: Siehst du, Menschensohn, was die Ältesten des Hauses Israel im Finstern tun, jeder in den Zimmern mit seinen (Götter-)Bildern?
Denn sie sagen: Der Herr sieht uns nicht, verlassen hat der Herr das Land« (Ez 8,12).

»Verborgen ist mein Weg vor dem Herrn«, »mein Weg«, das ist »meine Sache, mein Anliegen« (R. Saadia Gaon, R. D. Kimchi, R. S. Ibn Melech aus Fès), doch dies ist eine Selbsttäuschung. Mit einem machtvollen *haló'*, »hast du denn nicht?«, setzt die Replik ein (V 28):

»Hast du es denn nicht gewußt und nicht gehört?
Der Gott der Ewigkeit (B-R: Urzeit-Gott),
der die Ränder der Erde erschafft,
ermattet nicht und ermüdet nicht,
unergründlich ist Seine Weisheit.«

Von der Aufforderung, den Blick in die Höhe zu heben, um zu erkennen, »wer diese erschaffen hat«, führt der gedankliche Bogen zum »Gott der Ewigkeit, der die Ränder der Erde erschafft«. Beide Male dasselbe nur zur Bezeichnung der göttlichen Schöpfertätigkeit benützte Verb *b-r-'* (vgl R. J. H. Hertz, zur Haftará von wa'etchanán, Dtn):

mi wará' 'éle (»wer hat diese *erschaffen*?»)
boré' q'zot ha'árez (»Er *erschafft* die Ränder der Erde«).

Es genügt nicht, nur zum Firmament zu blicken, man muß weiterdenken und sich dabei auf die Erfahrung stützen, muß »wissen« und »hören«. Der Vers knüpft an V 21 an:

V 28:	V 21:
Hast du es denn nicht *gewußt*	*Wisst* ihr es denn nicht,
und nicht *gehört?*	*hört* ihr es denn nicht,
Der Gott der Ewigkeit,	wurde es euch nicht von Anfang an erzählt,
der die *Ränder der Erde* erschafft,	ergründet ihr denn nicht
ermattet nicht und ermüdet nicht,	die *Grundfesten der Erde*?
unergründlich ist Seine Weisheit.	

V 21 spricht »von der Größe Gottes bei der Welterschaffung«, unser V 28 »von Seiner Größe bei der Führung der Welt« (R. Ch. Rabinowitz, 435). Wenn schon nicht die eigene Erkenntnis, so muß doch zumindest die Erfahrung, das Vernehmen der Berichte aus früherer Zeit, zum Wissen über die Gottesmacht führen (nach m'zudát Davíd). »Den Worten der Weisen ist Glauben zu schenken« (Ibn Esra): Gott ist der Schöpfer und Lenker, unbegrenzt in Seiner Macht.

»Er erschafft die Erde von einem Ende (Rand) bis zum anderen und ist nicht auf einen bestimmten Ort beschränkt. Daher ist es nicht möglich, daß Er deinen Weg nicht sehen, auf deinen Rechtsanspruch nicht achten sollte« (Sch. L. Gordon, II, 17). Vgl R. Elieser von Beaugency, 104: »Er ist der Gott der Ewigkeit, ehe die Welt erschaffen wurde. Und als sie erschaffen wurde, schuf Er die ›Ränder der Erde‹, und Seine Kraft von einst ist Seine Kraft von heute.«

Dieser »Gott« (*'elohím*, und das meint auch »Richter«; R. S. Ibn Melech aus Fès, II,265, aufgrund von Ex 22,8) gleicht in keiner Hinsicht einem sterblichen Menschen. Ermüdungserscheinungen fallen Ihn nicht an, zumal Er auch die Welt nicht mit Mühe erschuf. Das Targúm bezieht die Worte »Er ermattet nicht, Er ermüdet nicht« auf die zuvor genannte Aussage des »Er erschafft die Ränder der Erde«:

»Ein ewiger Gott ist der Herr, der die Fundamente der Erde ohne Anstrengung und Mühe erschaffen hat.«

Gottes Wege kann freilich kein Sterblicher wirklich erfassen, selbst wenn er um das Wirken Gottes in der Welt weiß:

»Unergründlich ist Seine Weisheit.«

In seinem Hymnus an Gott spricht Eliphas (Hiob 5,9):

»Er tut Großes und kein Ergründen *(w"en chéqer)*, Wunder ohne Zahl.« (Fast identisch Hiob 9,10)

Der Psalmist ruft aus:

»Groß ist unser Herr und reich an Kraft, Seiner Weisheit ist keine Zahl« (Ps 147,5). Vgl Ps 145,3: »Groß ist der Herr und sehr gelobt, Seine Größe ist unergründlich.«

Angesichts des vom Menschen nicht erfaßbaren göttlichen Handelns gelten daher Zofars Worte (Hiob 11,7):

»Das Ergründen (L. Zunz: »den Grund«; für *chéqer*) Gottes willst du finden, oder bis zum Ziel des Allmächtigen hinfinden?«)
(M. Buber: »Willst du Gottes Urgrund finden, oder hinfinden bis zur Vollendung des Gewaltigen?«)

Wenn schon »das Herz der Könige unergründlich ist« (Spr 25,3), wie erst Gottes Tun und Seine Pläne!

Mit V 29 wird dem Zweifelnden und Verzweifelnden der *Zuspruch* zuteil. Es mag ihm scheinen, daß sein Weg vor dem Herrn verborgen ist, in Wirklichkeit schenkt ihm der nie ermüdende, in Seiner Weisheit unergründliche Gott Kraft und Stärke:

»Er gibt dem Müden Kraft,
dem Kraftlosen mehrt Er die Stärke.«

Der Unermüdliche kräftigt den Müden, der Kraftvolle (*'amíz kóach*, »der Mächtige an Kraft«, V 26) den Kraftlosen. Die Deprimierten, die sprechen (Ez 37,11): »Unsere Gebeine sind vertrocknet, verloren ist unsere Hoffnung, wir sind abgetrennt!«, kehren zu neuem Leben und zu neuer Frische zurück (vgl M. Haran, in: ʿijuním b'séfer J'schaʿjá, II,11). Aus dem Urquell der Kraft ist ihnen Lebenskraft zugeflossen. Ständig dreht sich das Rad. Wer heute schwach war, ist morgen gestärkt. Und der Starke wird seiner Kraft beraubt:

»Es ermatten die Jünglinge und ermüden,
und die jungen Männer werden wahrlich straucheln.«

Wer die Jünglinge und die starken jungen Männer sind, wird nicht näher beschrieben. Raschi denkt an die Chaldäer (Abarbanel: »die Völker«), die Feinde, die 586 v. d. Z. Jerusalem erobert haben, und er greift bei der Erklärung zu einem Wortspiel:

»Die Jünglinge *(n'ʿarím)* sind jene, die der Gebote entblößt sind *(n'ʿurím min hamizwót)*.

Die »körperliche Kraft allein genügt nicht, denn sie wird immer schwächer« (Sch. L. Gordon, II,18), es bedarf der seelischen Stärke, und diese wird im Urquell aller Kräfte gefunden. Wesentlich ist es daher, auf Gott zu hoffen:

»Doch die auf Gott hoffen, erneuern ihre Kraft (*jachalífu kóach*; s. Leitworte), heben empor Schwingen wie die Adler, rennen und ermüden nicht, gehen und ermatten nicht« (V 31).

Die immer und allem zum Trotz Hoffenden *»erneuern ihre Kraft«*, sie tauschen die verbrauchte Kraft gegen eine frische ein, so wie man Kleider wechselt (H. Homberg, hakorém, II,10a; Sch. L. Gordon, II,18) oder wie ein Baum seine Blätter erneuert (R. D. Kimchi; vgl Hiob 14,7). Auf die ungebrochene Hoffnung kommt es an, auf das von R. Elieser von Beaugency (104) zitierte Psalmwort (27,14):

»Hoffe auf den Herrn,
sei stark, und fest sei dein Herz,
und hoffe auf den Herrn!«

Die Adler schwingen sich machtvoll mit ihren Flügeln in die Höhe. Abarbanel schreibt (117):

»Sie (Gekräftigte) sind mit den Adlern verglichen, weil diese weiter fliegen als die übrigen Vögel und nicht müde werden.«

Bereits R. Saadia Gaon – zitiert bei Ibn Esra – nennt freilich eine völlig andere Deutung, die dann moderne Übersetzungen bestimmt. *ja'alú* versteht er als *»sie lassen wachsen«*:

»Der *Adler* erhebt sich alle zehn Jahre sehr hoch zum Firmament empor, nähert sich dem Feuer und fällt daraufhin ins Meer, wo er gerettet wird und seine Flügel nachwachsen läßt, so daß er in die Jugendzeit zurückkehrt. Im hundertsten Jahr aber hebt er sich empor, stürzt ins Meer und ... stirbt.« (so auch R. S. Ibn Melech aus Fès, 265).

Im Hintergrund dieser Deutung steht die Legende vom *Phönix*, jenem Vogel (ein Reiher?), der sich dem Feuer überläßt, dann aber – wiedergeboren – aus der Asche steigt. Zur »adlersgleichen« Erneuerung vgl Ps 103,5:

»der deine Reife sättigt mit Guten,
daß sich wie des Adlers deine Jugend erneut« (nach M. Buber).
Anders N. H. Tur-Sinai (p'schtó schel miqrá', III,1, S. 110): »daß sich wie die neuen Blätter (*néscher = n'schirá*, Abfallen der trockenen Blätter im Herbst) deine Jugend erneuere.«

Das Targúm Jonatan ben Usiel schließt sich bei der ausführlichen Übersetzung von V 31 der Vorstellung von den *nachwachsenden Federn* an:

»Jene, die auf des Herrn Hilfe gewartet haben, werden aus ihren Exilen eingesammelt, werden erneuert zu ihrer Jugend hin wie die Federn, die auf den Schwingen der Adler wachsen.«

Wie dem auch sei, der Sinn ist klar: Am hohen Hinaufschwingen, am »Rennen« *(jarúzu)* und »Gehen« *(jelchú)*, zeigt sich die Krafterneuerung der zuvor Erschöpften. Die Krise ist überwunden, die Gottesnähe wiedergefunden. Der »verborgene Weg« ist offen, die Verbannten wissen, daß sie nicht untergehen werden. Die »drei Stufen der Rückkehr aus dem Exil« werden durch die drei Tätigkeiten des »Fliegens, Rennens und Gehens« angekündigt, schreibt Rev. I. W. Slotki (Isaiah, 191 f):

»Die Flucht aus dem Land der Gefangenschaft, der Weg zurück in die Heimat und die Neuansiedlung.«

Der zentrale Punkt in unserem Abschnitt ist die *Überwindung der menschlichen Schwäche durch die Stärke Gottes*, des »Mächtigen«. Kein Wunder, daß sich die sprachlichen Ausdrücke für »stark« und »Stärke« wie auch für »schwach« gehäuft vorfinden.

Gottes Stärke:
row ʼoním, »Menge der Kräfte« (V 26)
ʼamíz, »mächtig« (V 26)
kóach, »Kraft« (V 26)
lo jiʻáf, »ermattet nicht« (V 28)
lo jigáʻ, »ermüdet nicht« (V 28)

Des Menschen Stärke:
kóach, »Kraft« (V 29.31)
ʻozmá, »Stärke« (V 29)
lo jigáʻu, »ermüden nicht« (V 31)
lo jiʻáfu, »ermatten nicht« (V 31)
jachalífu (kóach), »erneuern« (Kraft; V 31)

Des Menschen Schwäche:
jaʻéf, »matt« (V 29)
ʼen ʼoním, »ohne Kräfte« (V 29)
jiʻáfu, »sie ermatten« (V 30)
jigáʻu, »sie ermüden« (V 30)
jikaschélu, »sie straucheln« (V 30)

Der Mensch besitzt »Stärke«, wenn Gott sie ihm verleiht, sonst ist er schwach, matt und ermüdet. Die Kraft aber findet er, wenn er auf Gott »hofft« (V 31) und auf Ihn sein Vertrauen setzt.

Wegweisung für unsere Zeit

Daß wir Kraft besitzen, ist keine Selbstverständlichkeit. Doch selbst wenn Gott sie uns in Seiner Güte verleiht, ist nur die Voraussetzung für ein sinnvolles Dasein geschaffen. Ob es sinnvoll wird, liegt an uns. Die Kraft kann allzu leicht verausgabt werden und verschwinden. An ihre Stelle tritt Mattheit und Müdigkeit, die Lustlosigkeit, die jedes Schaffen zur Qual werden läßt. Zusammen mit der Kraft bedarf jeder Mensch der Freude an seinem Tun und der inneren Befriedigung.
Oft ist diese Freude durch den Zweifel an der Sinnhaftigkeit des Tuns, ja an der Sinnhaftigkeit des Lebens bedroht. »Verborgen ist mein Weg vor dem Herrn . . .« Wozu alles? Wozu das Mühen? Ist denn nicht alles umsonst, wo doch ein tieferer Sinn unerkennbar scheint? »Jesaja der Tröster« weiß um

diese bedrängende Frage, die Menschen in der Not aufzuwerfen pflegen, und er spricht den Betrübten Mut zu: Der »Weg« mag »verborgen« scheinen – er ist es nicht wirklich. Wenn einer verzagt, so denkt er zu wenig an die »unergründliche Weisheit« Gottes. Er glaubt, alles verstehen zu können, und versteht doch das meiste nicht. Der Blick zum gestirnten Himmel wird ihn die Bescheidenheit lehren, zugleich aber auch die Einsicht, daß er vieles nie begreifen wird. Obschon indessen das Verständnis der Gotteswege weithin verschlossen bleibt – schon Mose mußte erkennen, daß er lediglich die »Fußspuren Gottes«, d. h. »ein Wirken in der Geschichte« zu sehen vermochte (Ex 33,23; Bibelauslegungen, I,115 f) –, besteht kein Grund zum Verzweifeln. In der Hoffnung auf Gott, im Vertrauen auf Ihn, liegt die nie versiegende Kraftquelle, für die ein Mensch sein Herz und seinen Geist öffnen muß. Wenn er die Sperren aufhebt, fließt ihm Gottes reicher Segen zu.

»Sieh, Mein Knecht, den Ich stütze«

Jes 42,1–4 (5–9)

1 Sieh, Mein Knecht, den Ich stütze,
Meinen Erwählten, den Meine Seele wünscht,
Ich gebe Meinen Geist auf ihn –
Recht für die Völker führt er hinaus.
2 Er schreit nicht und erhebt nicht (seine Stimme)
und läßt nicht draußen seine Stimme hören.
3 Ein geknicktes Rohr zerbricht er nicht,
einen glimmenden Docht löscht er nicht aus.
Zur Wahrheit führt er das Recht hinaus.
4 Er verglimmt nicht, und er knickt nicht ein,
bis er einsetzt auf der Erde Recht.
Und auf seine Lehre harren Eilande.

Der Text im Kontext

Mit einem machtvollen *hen*, »sieh«, greift Jes 41,24 die Nichtigkeit der Götter an:

»Sieh, ihr seid von Nichts,
und euer Werk von Wertlosem (Lex. 77 zu *'éfa'*),
ein Greuel, wer euch erwählt.«
(B-R: »einen Greuel erwählt man an euch.«)

Unmittelbar begründet wird die Nichtigkeit durch der Götter Unfähigkeit, geschehene Ereignisse zu deuten, zukünftige vorauszusagen. Götter, die nichts wissen, taugen zu nichts. Gottes Größe ist es demgegenüber, die Zukunft zu kennen, längst ehe sie sich vollzieht. Mehr noch: Er ist es, der das Geschehen bewirkt, die Geschichte der Welt lenkt.

»Ich weckte ihn von Norden (L. Zunz: von Mitternacht) her,
und er kam,
vom Aufstrahlen der Sonne,
der ausruft Meinen Namen ...« (V 25)

Der Geweckte-Erweckte ist Kyros (45,1: »Sein Gesalbter«). Wenn er seinen Lauf beginnt, dann wird allen Nationen »vom Aufgang der Sonne bis zum Niedergang« deutlich, daß »Ich der Herr bin, keiner sonst« (45,5.6). Die Gottheiten der Völker sehen nicht hinter die Kulisse. Die Motive und historischen Zusammenhänge sind ihnen verborgen. Und so kann nur ein einziges Urteil zutreffen, das abermals mit einem *hen* (41,29) beginnt:

»Sieh, sie alle sind Trug,
ein Nichts ihrer Werke,
Wind *(rúach)* und Wüste *(tóhu*; B-R: Irrsal)
ihre Gußbilder.«

»Wüste« assoziiert den Zustand am Anfang des Weltschöpfungsprozesses, als das *tóhu wawóhu* dominierte, die »Wüste und Leere« (B-R: »Irrsal und Wirrsal«; Gen 1,2). Nur die *rúach 'elohím*, der »Wind Gottes«, »wehte über das Wasser hin« (Bibelauslegungen, III,22). Auch hier findet sich eine *rúach*, doch es ist kein Gotteswind, der die Urwasser glättet, sondern der Wind, der alles zerstieben läßt. *rúach watóhu*, »Wind und Wüste«, ist das Wesen der wertlosen Götter.
Ein drittes Mal erklingt ein *hen:*

»Sieh, Mein Knecht *('awdí),* den Ich stütze« (42,1).

Es ist der »Gottesknecht«, von dem Jes 42,1 ff als erstes der vier sogenannten »Gottesknecht-Lieder« (Bibelauslegungen, II, 156–159) kündet. »Mein Knecht« ist wohl nur ein Mensch, aber er ist den falschen Göttern haushoch überlegen, weil er erfüllt ist vom »Geist« Gottes:

»Meinen Geist *(ruchí)* gebe Ich auf ihn.«

Durch diesen Gottesgeist ist er zu seinem segensreichen Wirken befähigt, das 42,1–4 beschreibt.

Leitworte des hebräischen Textes

'etmóch, V 1, ist Imperfekt des Qal von *t-m-ch*: »ich werde festhalten, stützen«; L. Zunz und B-R: »ich halte«. Anders H. Homberg, hakorém, J'scha'já, II,16a: »ich verlasse mich«.
b'chirí, »mein Erwählter« (B-R: so auch Lex. 114), von *b-ch-r II*, »prüfen, wählen, auswählen« (Lex. 114).
mischpát, V 1.3.4, ist »Recht« (L. Zunz), B-R), auch »Schiedsspruch, Rechtsentscheid, Rechtssache, Rechtsanspruch« (Lex. 615 f).

jozí', »er wird hinausführen, hinausbringen«; Lex. 407 zu dieser Stelle: »hinaustragen« (Imperfekt des Hiphil von *j-z-'*).
jiz'áq, V 2, »er wird (nicht) schreien (Imperfekt des Qal von *z-'-q*, Lex. 975 f).
jisá', »er wird tragen, erheben« (Imperfekt des Qal von *n-s-'*, Lex. 683 ff). Objekt ist *qoló*, »seine Stimme« am Versende (R. S. Ibn Parchon in: Sammlung »Kommentare zu Jes«, I,215; R. J. Ibn Dschanach, ib. I,247; R. S. Ibn Melech aus Fès, ib. II,266; R. J. Ibn Bal'ám, ib. II,113).
Zu *qoló* gehört auch *jaschmí'a*, »er wird (nicht) hören lassen« (Imperfekt des Hiphil von *sch-m-'*).
bachúz, »draußen«, B-R: »auf der Gasse« (so auch Lex. 286).
qané, V 3, ist ein »Rohr«, hier ein Rohr, auf das man sich abstützt.
razúz ist »geknickt« (L. Zunz, B-R, Lex. 1040), freilich nur »angeknickt«, nicht gänzlich zerbrochen. Ibn Esra: »es wird so wegen seines Endes genannt« (= zuletzt ist es dann gänzlich zerstört).
pischtá ist ein »Docht«, der aus *pischtím*, »Flachs, Leinen« (Lex. 924) gedreht ist. Zum unzuverlässigen Rohr s. 2 Kön 18,21; Jes 36,6; Ez 29,6.
kehá (Maskulinum: *kehé*) meint »farblos, trüb«. Zusammen mit *pischtá* ergibt sich die Übersetzung »lichtloser, glimmender Docht« (Lex. 440, B-R), L. Zunz: »dunkelnder Docht«, dessen Licht am Ausgehen ist (R. S. Ibn Melech aus Fès). Targúm Jonathan ben Usiel: »wie ein verlöschendes Licht« *(k'wuzín 'amé)*.
jischbór, »er wird (nicht) zerbrechen« (Imperfekt des Qal von *sch-w-r*), parallel zu *j'chabéna*, »er wird sie (nicht) auslöschen« (Imperfekt des Piel von *ch-b-h*, Lex. 436, mit dem Suffix *-na*, »sie«).
V 4 steht *jichhé*, »er wird (nicht) verglimmen« (B-R). Weniger überzeugend schreiben L. Zunz: »er wird nicht müde«, und Lex. 440: »er wird (nicht) ausdruckslos« (vom Auge gesagt).
jarúz ist Imperfekt des Qal von *r-z-z*, »er wird (nicht) zerbrechen« (so H. Bauer–P. Leander, Historische Grammatik, 438). Wird die Form im Sinne von *jeróz* (vgl Ez 29,7: *teróz*) verstanden (so E. S. Hartom, z. St.), so handelt es sich um ein Imperfekt des Niphal: »er wird (nicht) zerbrochen werden«. L. Zunz wieder frei: »er wird (nicht) entkräftet«.
jasím, »er wird legen, setzen« (Imperfekt des Qal von *sim*), L. Zunz: »er hat festgestellt«.
'ijím (Singular: *'ij*) sind »Küsten«, aber auch »Inseln« (Lex. 37 zu *'ij I*), L. Zunz: »Eilande«, B-R: »Ozeanküsten«. Vgl Jes 49,1.
j'jachélu, »sie werden warten« (Imperfekt des Piel von *j-ch-l*, Lex. 389), L. Zunz: »sie harren«, B-R: »sie erwarten«.

Der Text in der Exegese

In wenigen Versen wird die Funktion des »Knechts« beschrieben, wie wir sehen werden. Wer dieser »Knecht« ist, bleibt hingegen ungewiß. Ibn Esra (z. St. in: miqra'ót g'dolót) nennt einige Interpretationen:

»Die meisten Erklärer sagten, »mein Knecht« (*'awdí*, V 1) seien die Gerechten Israels. Der Gaon (R. Saadia) meint, es sei Kyros (so auch R. Jesaia der Erste von Trani, I,162). Das Richtige in meinen Augen: es ist der Prophet, der für sich selber redet, wenn er sagt (42,6): ›Ich gebe dich zum Licht der Völker.‹«
Diese Ansicht vertritt auch R. Elieser von Beaugency (107).

Abarbanel denkt an den Messias, »den König Israels aus dem Hause Davids« (so auch R. D. Kimchi; Malbim, 431; m'zudát David).
Der Midrasch (midrásch t'hillím, schochér tow, hg. v. S. Buber, S. 134a) schreibt zum Psalmwort (Ps 43,9) »Entsende Dein Licht und Deine Wahrheit«:

»›Dein Licht‹ – das ist der Prophet Elia aus dem Haus Aarons ..., ›und Deine Wahrheit‹ – das ist der Messias, der Sohn Davids ... So heißt es auch: ›Ich entsende euch den Propheten Elia‹ (Mal 3,23) – das ist der Eine. Und der Zweite: ›Sieh, Mein Knecht, den Ich stütze‹« (unser V 1).

R. M. Arama (séfer 'urím w'tumím, in: Sammlung »Kommentare zu Jes«, II,202) sieht eine Charakterisierung des Mose, des Gottesknechts par excellence, bei dem der Ehrentitel »Mein Knecht Mose« angeführt ist (Num 12,7; Jos 1,2). V 2 (»er schreit nicht ...«) deute auf die »Sprechschwierigkeiten« Moses hin (Ex 4,10: »Ich bin kein Mann der Worte ..., denn schwer am Mund und schwer an der Zunge bin ich.« H. Homberg, hakorém, II,15b, schließt sich an).
Der Knecht ist wohl zunächst eine Einzelperson, dann freilich sieht er sich als stellvertretend für ganz Israel (so Raschi, R. Sch. D. Luzzatto, 312), das sich als Gottesknecht betrachtet (vgl Bibelauslegungen, II,163).
Innig sind die *Beziehungen zwischen Gott und Seinem »Knecht«*. Er ist nicht nur *b'chirí*, »Mein Erwählter« (so auch Jes 41,8.9), und von Gott »gewollt« *(raztá nafschí)*, und das heißt auch: vom Mutterleib an zur Berufung auserkoren (Jes 49,1). Er ist von Gott zugleich »gestützt« (vgl 41,10: »auch stütze Ich dich ...«). Gottes Hilfe wird ihm in besonderem Maße zuteil. Ohne diese Hilfe vermöchte er seine Aufgabe nicht zu erfüllen.
Anders versteht R. D. Kimchi den Ausdruck:

»›Ich stütze Mich auf ihn‹ – dies ist als Gleichnis (Metapher) zu deuten: Wie ein König, der sich auf seinen treuen Diener stützt (verläßt).« (Entsprechend Abarbanel und Malbim)

Der Knecht verläßt sich auf Gott, doch auch Gott mag sich auf ihn verlassen in diesem reziproken Verhältnis gegenseitiger Zuneigung und gegenseitigen Vertrauens. Begnadet mit dem »Geist« Gottes *(ruchí)*, beginnt der Knecht für die anderen zu wirken: für das Kollektiv der Völker *(lagojím)*. Die Erinnerung an Jes 11,2 kommt hoch (R. D. Kimchi):

»Es ruht auf ihm der Geist des Herrn:
Geist der Weisheit und Einsicht,
Geist des Rates und der Stärke,
Geist der Erkenntnis und der Gottesfurcht.«

Der späte Davidide, das »Reis aus Isais Stunk«, ist erfüllt vom »Geist des Herrn«, ohne den sein Tun nicht möglich wäre (Genaueres: Bibelauslegungen, III,142 ff). In unserem Text ist *ruchí* nicht näher definiert. Der Akzent liegt auf dem Handeln des Knechts. Daß er nur durch Gott und mit Gott und seine »Stütze« besteht, klingt unterschwellig mit an. Dieser Gottesgeist ist für ihn unabkömmlich, denn er soll für die anderen wirken.

»Entsprechend dem Geist, der auf ihm ruht, wird er nicht nur für Israel, sondern für alle Völker das ›Recht herausbringen‹« (Abarbanel).

mischpát, »Recht« (s. Leitworte), ist »die neue, gerechte Ordnung des Erdreichs« (M. Buber, Der Glaube der Propheten, 261). Und der Knecht muß sie etablieren, er hat das Recht »hinauszuführen« aus der Verborgenheit:

»Er wird das Recht ans Licht bringen« (R. D. Kimchi).

Nie genügt es, daß ein Recht, eine gerechte Ordnung, in den Rechtsbüchern aufgeschrieben und nachzulesen ist. Das Recht muß sich zeigen, weil es sonst wertlos bleibt. Dieses Recht ist selbstredend das Recht Gottes, welches immer gekoppelt ist mit Gerechtigkeit und Wahrheit (vgl M. Duwschani, ʿiqré hanwu'á, II,107). R. Sch. D. Luzzatto verweist auf Ps 37,6:

»Er (Gott) führt heraus wie das Licht deine Gerechtigkeit, und dein Recht wie den Mittag« (mit seinem gleißenden Sonnenschein).

Unter »Recht« ist hier denn auch nicht ein Rechtsentscheid, ein Urteilsspruch allein zu verstehen. Es umschließt viel eher »die Ehrlichkeit und ein anständiges Leben« (S. Krauss bei A. Kahana, J'schaʿjá, 40).

Wie aber wird dieses Recht durch den Gottesknecht realisiert? Mit Gewalt und rücksichtlosem Durchsetzen der Interessen? Mit Gebrüll und Rechthaberei? V 2f geben die Antwort:

»Er schreit nicht und erhebt nicht (seine Stimme), und läßt nicht draußen seine Stimme hören.«
Abweichend R. Jesaja der Erste von Trani (I,162): »Es wird kein Mensch (!) schreien und seine Stimme erheben, denn jedem widerfährt Recht.«

Auf leisen Sohlen geht der »Knecht« einher. Ibn Esra erklärt:

»Er schreit nicht wie sonst ein Richter, damit sich die Leute ihm anschließen« (um ihn anzuhören).
Vgl R. D. Kimchi: »Er schreit die Prozeßgegner nicht an, wenn er sie dann nötigt, sein Urteil zu akzeptieren.«
Raschi: »Er muß nicht seine Stimme vernehmen lassen, damit die Völker auf ihn hören – sie kommen von selbst zu ihm.«
M'zudát David: »Er braucht sie nicht mit lauter Stimme zum Schweigen bringen, denn von selbst legen seine Hörer die Hand auf den Mund.«

Jedes Brüllen, jeder Druck ist ihm fremd. Weder drinnen, noch »draußen« *(bachúz)* verschafft er sich schreiend Gehör. Es ist nicht nötig. Generell lehrt die Schrift (Koh 9,17):

»Die Worte der Weisen werden in Gelassenheit vernommen.«

In einer modernen Formulierung:

»Wenn du schreist, hör' ich dich,
wenn du redest, versteh' ich dich.«

E. S. Hartom (134) denkt an große Propagandareden, auf die der Knecht verzichtet. Auch dies ist richtig. In jedem Fall übt er durch den Inhalt seines Redens und nicht durch ein penetrantes Schreien einen Einfluß aus. »Er schreit nicht«, weil er ohnehin »kein Mann des Streits und Haders ist« (R. Elieser von Beaugency, 107). Das Recht, das er aufrichten soll, kann zudem nie durch ein tyrannisches Verhalten auf lange Zeit hin aufgerichtet werden. Früher oder später bricht jede Gewaltherrschaft zusammen.
Der »Knecht« ist unaufdringlich, und gerade deshalb vermag er sich in die Notlage und die besonderen Bedürfnisse eines jeden Menschen einzufühlen:

»Ein geknicktes Rohr zerbricht er nicht,
einen glimmenden Docht löscht er nicht aus.
Zur Wahrheit führt er das Recht hinaus« (V 3).

Das Targúm Jonathan ben Usiel präzisiert mit seiner aramäischen Wiedergabe des Verses:

»Die Demütigen (*ʿinw'tanája'*), die einem geknickten Rohr gleichen, wird er nicht zerbrechen,
und die Armen (*chaschichája'*; Jastrow, 510, zu *chaschícha*), die wie ein verlöschendes Licht sind, wird er nicht auslöschen ...«
Vgl R. Elieser von Beaugency, 107: »›Ein geknicktes Rohr‹ – das sind die Armen und Waisen, die nichts haben, worauf sie sich angesichts ihrer mächtigen Widersacher zu stützen vermögen.«

R. Jesaja der Erste von Trani (II,162) sucht desgleichen die beiden analogen Metaphern näher zu fassen:

»Die Waise, der einem geknickten Rohr gleicht, wird er (Knecht) nicht zerbrechen, sondern sie durch seine Hand stärken, und die Witwe, die einem glimmenden Docht gleicht, der nicht einmal Ruß hervorbringt, löscht er nicht aus ...«

Der »Geknickte« *(razúz)* ist immer auch der »Bedrückte« (*ʿaschúq*; Dtn 28,33; Jes 58,6; Hos 5,11; beide Termini auch 1Sam 12,3.4; Am 4,1). Der Sinn ist völlig klar: Der Knecht wird die sozial Schwachen behutsam anfassen und das ihnen zustehende Recht zur Geltung bringen.

»Er wird nicht zwingen« (= nicht Zwang gegen die Schwachen ausüben; Ibn Esra).
»Er wird sich keines Ansehens der Person und der Rechtsverdrehung schuldigmachen« (R. Elieser von Beaugency, 107),
nicht »wie die Schmeichler, die den Großen zu Gefallen sind und dabei das Recht der Schwachen beugen« (m'zudát Davíd).
»So sehr spielt sich alles in Ruhe ab – sein Reden, sein Handeln –, daß die Schwachen es nicht einmal wahrnehmen« (R. S. Ibn Parchon, in: Sammlung »Kommentare zu Jes«, I,213).

Nicht brutal übt der »Knecht« sein Regiment aus, weil er, so Abarbanel (201), jenem »Reis aus Isais Strunk« gleicht, das bloß »mit dem Stock seines Mundes« das »Land schlägt«, »mit dem Hauch seiner Lippen den Übeltäter tötet« (Jes 11,4). Vor jeder Willkür im Rechtsbefinden dürfen sich die Armen sicher wissen.

»Den armen Menschen, dessen Gesichtsglanz wie ein glimmender Docht erblaßt, wenn er im Gericht seinem Gegner gegenübersteht, wird er (Knecht) nicht verlöschen« (= vernichten) (R. Elieser von Beaugency, 106).

Wohltuend unterscheidet er sich von anderen, etwa den Propheten Elia und Elisa:

»Viele Propheten haben ihre Worte durchgesetzt, indem sie die Übeltäter töteten – wie Elisa, der die Kinder durch die Bären töten ließ (2Kön 2,23 ff), und Elia, der die Baalspriester beim Karmel hinschlachtete (1Kön 18,40); Malbim, 432.
Ibn Esra: »Der Knecht schadet keinem Volk durch seine Prophetenrede, er verkündet nur, was sich wirklich ereignen wird.«

Vermag sich aber angesichts einer solchen Milde das Recht überhaupt durchzusetzen? R. S. Ibn Melech aus Fès (séfer michlál jófi, aaO, II,266) antwortet:

»Sollte es scheinen, daß er zu schwach ist und das Recht nicht verwirklicht, so heißt es: ›Zur Wahrheit führt er das Recht hinaus.‹« (Analog R. D. Kimchi)

»Zur Wahrheit führt er das Recht hinaus«, und daher ist es ein »Recht der Wahrheit«, einer unbedingten Wahrheit, selbst wenn sie schmerzt und verletzt. Lev 19,15 setzt die für immer gültige Norm:

»Übt kein Unrecht im Gericht: Erheb nicht das Gesicht des Armen, und verherrliche nicht das Gesicht des Großen. Mit Gerechtigkeikt richte deinen Nächsten!«
Vgl Dtn 16,19 f: »Beuge nicht das Recht, kenne kein Gesicht (= sei nicht parteiisch), nimm nicht Bestechung ...
Der Gerechtigkeit, der Gerechtigkeit jage nach, damit du lebst und das Land in Besitz nimmst, das der Herr, dein Gott, dir gibt.«

Das Wort »zur Wahrheit« *(le'emét)* hat zur talmudischen Wendung geführt: »ein Richter, der ein Urteil der Wahrheit in seiner (vollen) Wahrheit fällt« *(daján schedán din 'emét la'amitó)*. Von einem solchen Richter wird gesagt (b. Schabát, 10a):

»Jedem Richter, der ein Urteil der Wahrheit in seiner (vollen) Wahrheit fällt, wenn auch nur eine Stunde (wenn er auch nur eine Stunde bei Gericht saß), rechnet es die Schrift an, als sei er ein Partner des Heiligen, gelobt sei Er, beim Schöpfungswerk.«

»Ein Recht der Wahrheit« schließt einen weiteren wichtigen Gesichtspunkt mit ein: es sei kein lebloses Recht, das auf die jeweils verschiedene Realität keinen Bezug nimmt. R. E. Berkovits (in: Festschrift für M. Ser-Kawod, 1968, 131) erklärt:

»›Ein Recht der Wahrheit‹ ist keine abstrakte und keine objektive Gerechtigkeit, sondern eine Gerechtigkeit, die wohl im Gericht nicht parteiisch ist, aber die Bedürfnisse (der Parteien) berücksichtigt. Es ist eine Gerechtigkeit, die nicht zerbricht, sondern rettet, und wenn sie zerbricht, so geschieht es, um zu retten. Eine solche Gerechtigkeit kann sich leicht mit Liebe und Barmherzigkeit verbinden.«

»Ein Recht der Wahrheit« geht nicht stur durch die Wand und an den

Menschen vorbei. Es ist lebensnah und daher lebendig. Das verknöcherte Recht aber wird nicht selten zu einem Un-Recht.
Die Realisierung des »Rechts der Wahrheit« ist wahrlich kein leichtes Unterfangen. V 4 betont daher mit Nachdruck, daß der »Knecht« weder »verglimmt« noch »einknickt« (s. Leitworte), ehe er das Recht »auf der Erde einsetzt«.

»Sein Licht verglimmt nicht und er knickt nicht ein, das will heißen: Er wird nicht schwach und läßt nicht nach, bis er das Recht unter den Erdenbewohnern einsetzt« (m'zudát David; entsprechend R. D. Kimchi).

Wer das »Rohr« und den »Docht« schont, daß sie trotz ihrer bdauernswerten Lage nicht zunichte werden, wird selber nicht verglimmen und nicht einknicken. Die Termini von V 3 sind mit Absicht in V 4 wiederholt, dazu noch in chiastischer Weise:

V 3: Ein *eingeknicktes* Rohr zerbricht er nicht,	und einen *glimmenden* Docht löscht er nicht aus ...
V 4: Er *verglimmt* nicht,	und er *knickt* nicht *ein* ...

Weil er so leise auftritt, sich vor jeder Machtdemonstration, jedem Geschrei hütet, mag er als Schwächling erscheinen. Er ist es nicht, er besitzt eine Ausdauer, eine Verbissenheit in der Suche nach dem echten Recht, daß er zum Ziel gelangt.
Dreimal ist in unserem Text vom Recht die Rede:

V 1: »Recht für die Völker führt er hinaus.«
V 3: »Zur Wahrheit führt er das Recht hinaus.«
V 4: »Bis er einsetzt auf der Erde Recht.«

Die einzelnen Verse können als Antwort auf folgende Fragen verstanden werden, weshalb dann das Stichwort, das die Antwort ermöglicht, am Anfang steht:

1. Was und für wen (»führt er hinaus«)? – Recht für die Völker«
2. Wie? – »Zur Wahrheit«
3. Wo? – »... auf der Erde«

»Recht für die Völker« – »Zur Wahrheit« – »auf der Erde«: mit diesen drei Schwerpunkten ist letztlich die gesamte segensreiche Tätigkeit des Gottesknechts charakterisiert. Was er tut, geschieht für die anderen, für die Gesamtheit der Völker. Und es geschieht auf Dauer: Er setzt das Recht auf der Erde ein, wo es bleiben und wirken soll. Dieses Recht – und was ist es

anderes als das Recht Gottes, das Recht höchster Ethik – ist für immer verbindlich.
Der Gottesknecht braucht, und damit schließt V 4, seine Lehre nicht in die Ferne zu tragen:

»Und auf seine Lehre harren Eilande«

Völker ziehen herbei, wenn die Kunde vom Gottesknecht zu ihnen gedrungen ist. R. D. Kimchi und nach ihm Abarbanel (201) und viele andere Exegeten schlagen den Bogen zu Jes 2,2 ff mit seiner »Völkerwallfahrt« zum Zion. Hier wie dort kommen die vielen Völker aus eigenem Antrieb. Hier wie dort sehnen sie sich nach dem lebendigen Wort des lebendigen Gottes.

»Es ist dabei keine neue Torá ... Es ist die Torá des Mose. Vielleicht ist unter Torá hier auch die Weisung und Unterweisung (des Gottesknechts) zu verstehen« (Abarbanel). (Diese zweite Deutung vertritt Ibn Esra.)

Wegweisung für unsere Zeit

Ein eindrückliche Zukunftsvision, mit ein paar kräftigen Pinselstrichen hingemalt, enthüllt sich in den wenigen Sätzen unseres Abschnitts. Der Gottesknecht – ein Einzelner, Israel als Ganzes, vielleicht der Messias, jedenfalls der »Erwählte« – läßt kraft des ihn erfüllenden »Geistes« das Recht, die neue gerechte Rechtsordnung ans Licht treten. Es ist ein Recht, in dem die Wahrheit herrscht, und es ist festgegründet. Die Willkür in den Beziehungen der Menschen, insbesondere in den Beziehungen zwischen den Völkern, ist verschwunden. Mit Ausdauer verfolgt der Knecht sein Ziel, doch zugleich auch mit der Sorge um die Schwächsten der Schwachen, die allzu leicht brüskiert und verletzt werden. Ohne Gewalt und ohne Geschrei, nur dank seines Ansehens und bestimmt auch seines Vorbilds überwindet er Schwierigkeiten und vermag zuletzt die erhoffte Wende zu erreichen.

Was fangen wir mit dieser Zukunftsvision heute an? Legen wir sie als völlig unrealistisch zur Seite? Zugegeben, die Konkretisierung der Verheißung fällt schwer. Nicht einmal der Hauptakteur, der »Knecht«, ist eindeutig zu identifizieren (das große Angebot an Erklärungsvorschlägen beweist es), geschweige denn die Zeit, in der der Umschwung stattfindet, und die Methode, deren sich der »Knecht« bedient, um das »Recht« allen zu enthüllen, so, daß sie sich ihm gerne unterziehen und aus allen Himmelsrichtungen zu ihm hingelangen, um »seine Lehre« zu vernehmen.

Es wäre gut, wir wüßten mehr Bescheid über diese Punkte. Aber dem ist nicht so. Und dennoch behält die Verkündigung vom Gottesknecht in diesem ersten der »Gottesknechtlieder« ihre hohe Bedeutung. Nicht die Sehnsucht nach Macht und Größe, nach Prestige und Anerkennung bestimmt das Handeln dieses von Gott Bevollmächtigten, und auch nicht die Hoffnung auf eine Weltregentschaft. Der Gottesknecht besitzt keine Züge eines Diktators und noch nicht einmal die eines Helden. Er ist gerade ein Antiheld, der von Gott »gestützt« werden muß, der um die Begrenztheit seiner Kräfte weiß und deshalb die Zusage erhält, er werde »nicht verglimmen und nicht einknicken«. Ist nicht schon dies allein in einer Welt, in der vor allem die Macht zählt, wesentlich?

»Zion sagte: ›Verlassen hat mich der Herr!‹«

Jes 49,13–16

13 Jubelt, ihr Himmel,
frohlocke, Erde,
brecht, ihr Berge, in Jubel aus;
denn getröstet hat der Herr Sein Volk
und Seiner Armen sich erbarmt!
14 Zion sagte:
»Verlassen hat mich der Herr,
und der Herr mich vergessen!«
15 »Vergißt eine Frau ihren Säugling,
ohne sich zu erbarmen über das Kind ihres Leibes?«
Wenn auch diese vergessen,
Ich aber, Ich vergesse dich nicht.
16 Sieh, auf Hände habe Ich dich eingeritzt,
deine Mauern sind Mir stets gegenüber.«

Der Text im Kontext

Es gibt zweierlei Verlassen: das Verlassen eines Menschen, beispielsweise der Eltern durch das Kind, wenn es zur Reife gelangt ist und sich das eigene Leben in freier Entscheidung aufbauen will. Für die Eltern mag dieses Verlassen – Ergebnis eines seelischen Ablösungsprozesses – schmerzlich sein. Freilich nur, wenn sie sich nicht rechtzeitig darauf eingestellt, nicht rechtzeitig die notwendige Persönlichkeitsentwicklung ihres Kindes ins Auge gefaßt haben. Wie bei der Geburt die körperliche Nabelschnur durchtrennt werden muß, weil sonst das Neugeborene nicht zu leben vermag, so wird in einer bestimmten Lebensphase die geistige Nabelschnur durchschnitten. Wer an seine Eltern »angenabelt« bleibt, wird nie wirklich selbständig.

Die Torá spricht von der geistigen »Abnabelung« im Zusammenhang mit Evas Zeugung aus Adams »Gebein« und »Fleisch« (Gen 2,23) und der Gründung der neuen ehelichen Partnerschaft:

»Deshalb *verlasse* ein Mann seinen Vater und seine Mutter und hafte seiner Frau an, und sie werden zu *einem* Leib« (ib. V 24).

Diese Deutung der Ehe trifft für Adam nicht wirklich zu, denn er, der aus Erde Gebildete (ib. V 7), hat weder Vater noch Mutter. Doch für seine Nachkommen ist die Deutung richtig, und sie besitzt bis heute ihre Gültigkeit. Wer heiraten will und damit in eigener Entscheidung eine neue Bindung eingeht, muß die bisherige Beziehung zu den Eltern revidieren, sonst ist seine Optik schief. Das »Verlassen« der Eltern – und es ist selbstredend für die Tochter nicht minder zwingend wie für den Sohn – ist eine Etappe auf dem von der Natur vorgezeichneten Entwicklungsweg eines gesunden Menschen. Nur unbesonnene Eltern werden ihn zu blockieren suchen.
Es gibt ein anderes Verlassen, ein grausames, rücksichtsloses. Etwa wenn Menschen in Not sind und ihnen die Hilfe verweigert wird. Dieses Verlassen ist ein Im-Stich-Lassen und verwerflich. Von einem anständigen Menschen wird erwartet, daß er einsteht, wenn er einstehen soll. Die Torá fordert beispielsweise die Rücksicht auf den Fremden, der allzu leicht diskriminiert werden könnte:

»Den Leviten, der in deinen Toren ist, sollst du nicht verlassen; denn er hat keinen Teil und kein Erbe mit dir« (Dtn 14,27).

Die Israeliten bitten Jetro, Moses Schwiegervater, sie nicht zu verlassen, weil er ihnen während der Wanderung durch die Wüste »zu Augen«, zum »Wegweiser«, würde (Num 10,31). Verwerflich ist auch das Verlassen des Ehepartners, das einem Bruch des Treueversprechens gleichkommt. Die »verlassene« Frau (Jes 54,6; 60,15; 62,4) findet daher das Mitgefühl der anderen.
Es wundert nicht, daß die Bibel sich des Bildes von einer zerbrochenen Ehe als Metapher für das zerrüttete Verhältnis Israels zu seinem Gott bedient. Gott ist der »Ehegatte«, Israel seine »Frau«. Er steht zu seinem »Ehegelöbnis«, die Gattin nicht. Sie hat ein Auge für fremde »Männer«, für die Götter der Völker. Die Ehe wird von Gott freilich nie aufgekündigt, weil Gott – und keiner hat es packender geschildert als der Prophet Hosea – auf die erneute Zuwendung seiner reumütig gewordenen Gattin hofft (Hos 2,15–22). Sie wird wiederkehren, wenn sie erst einmal – durch bittere Erfahrung geläutert – begreift, wie gut ihr Mann zu ihr ist.
In unserem Text (Jes 49,13–16) führt nicht Gott die Klage, sondern ausnahmsweise das Volk. Wir werden sehen, weshalb.

Leitworte des hebräischen Textes

ronú, V 13, ist Imperativ des Qal von *r-n-n*: »jauchzet!« (L. Zunz), »jubelt!« (B-R).
gíli, Imperativ des Qal von *gil* (Lex. 182): »frohlocke!« (L. Zunz; B-R).
ufizchú (das *k'tiw* liest *jifz'chú*; Imperfekt) ist Imperativ des Qal von *p-z-ch I* (Lex. 898: »heiter, fröhlich sein«, »in heiteren/frohen Jubel ausbrechen«): »brecht aus!« (in Jubel, *riná*), »erhebt freudig die Stimme!« (R. D. Kimchi).
nichám, Perfekt des Piel von *n-ch-m* (Lex. 650), »er tröstete«.
wa'anijáw, »und seine Armen« (Singular: *'aní*, »arm, elend, in Not befindlich«, Lex. 810). B-R übersetzen mit »seine Gebeugten« (so auch R. Elieser von Beaugency).
j'rachém, »er erbarmt sich« (Imperfekt des Piel von *r-ch-m*).
wató'mer, V 14, »sie sagte« (Imperfekt des Qal von *'-m-r* mit *waw* consecutivum; Lex. 63 f).
'asawáni, »er hat mich verlassen« (Perfekt des Qal von *'-s-w* mit dem Suffix *-ni*, »mich«).
sch'chechâni, »er hat mich vergessen« (Perfekt des Qal von *sch-ch-ch* mit dem Suffix *-ni*, »mich«).
hatischkách ist Imperfekt (3. Person des Femininums) von *sch-ch-ch* mit der Fragepartikel *ha*: »wird sie vergessen?«
Im selben Vers stehen *tischkáchna*, »sie (3. Person des Femininums im Plural), werden vergessen«, und *'eschkachéch*, »ich werde dich (nicht) vergessen« (Imperfekt des Qal mit dem Suffix *-ech*, »dich«).
'uláh ist »ihr Säugling« (Lex. 754; *'ul* mit dem Suffix *-ah*).
gam entspricht hier einem *gam ki*, »wenn auch« (W. Gesenius, § 60b; S. 523).
hen heißt, wie *hiné*, »sieh«, V 16.
kapájim (Singular: *kaf*; Femininum) sind die »Handflächen, die offenen Hände« (Lex. 468), L. Zunz schreibt: »Hände«, B-R: »Handflächen«.
chaqotícha, »ich habe dich eingeritzt« (Perfekt des Qal von *ch-q-q*; Lex. 333 f), L. Zunz und B-R: »eingegraben«. Gedacht ist an eine Tätowierung.
chomotájich, »deine Mauern« (Singular: *chomá)*.
l'negdí, »mir gegenüber« (*néged* mit der Präposition *l* und dem Suffix *-i*, »mein«, eigentlich »meinem Gegenüber«). L. Zunz überträgt nach dem Sinn mit »mir vor Augen«, B-R schlicht mit »vor mir«.
tamíd heißt »immer, stets«, L. Zunz: »beständig«.

Der Text in der Exegese

Der Abschnitt beginnt mit einem »lyrischen Hymnus« (V 13; so M. Z. Segal, n'wi'ím 'acharoním, 102, Rev. I. W. Slotki, Isaiah, 242):

»Jubelt, ihr Himmel,
frohlocke, Erde,
brecht, ihr Berge, in Jubel aus;
denn getröstet hat der Herr Sein Volk
und Seiner Armen sich erbarmt!«

»Jubelt!« *(ronú)*, weil die große Wende eingekehrt ist – oder zumindest vom prophetischen Blick als vollzogen vorausgesehen wird – und die ins Babylonische Exil Vertriebenen heimkehren.

R. D. Kimchi: »Es wird als Gleichnis gesagt, wie wenn die ganze Welt sich über den Auszug Israels aus der Verbannung freute.«

Analog erklärt bereits Ibn Esra, wobei er den »Himmelsjubel« als Ausdruck einer »reinen Luft« und das »Frohlocken der Erde« und der »Berge« als Spenden ihres Ertrags versteht. Himmel und Erde geben ihr Bestes her, um die Zurückgekehrten zu beglücken. Nach V 11 sind die Berge bereit, die Rückkehr zu erleichtern:

»Ich mache alle meine Berge zum Weg,
und meine Straßen werden erhöht.« (Vgl Jes 62,10, Bibelauslegungen, III,277 f.)

Jetzt ist die Arbeit getan, und der Jubel kennt keine Grenzen (vgl Jes 55,12). Die Berge sind (so R. D. Kimchi) »die Hauptsache der Welterschaffung und der bleibende Teil«, daher werden sie besonders erwähnt.
Durch die Rückkehr der Zerstreuten erweist sich Gottes »Trost« und »Erbarmen«. *»Sein Volk«* sind jene, die auf Ihn vertrauen (R. Elieser von Beaugency, 120). Sie finden Seinen Trost, der Seiner Liebe zu Israel entspringt (A. Heschel, The Prophets, 152, der Jes 66,13 erwähnt). In ganz besonderem Maße finden dabei die *»Armen«* Gottes »Erbarmen«.

»Die Israeliten fragten den Heiligen, gelobt sei Er: ›Wer ist Dein Volk?‹ Er antwortete: ›Die Armen‹ (Hinweis auf unseren Vers). Bei einem Menschen aus Fleisch und Blut ist dies anders: Hat er arme Verwandte und er selber ist reich, so will er nichts von ihnen wissen (Spr 19,7). Doch der Heilige, gelobt sei Er, handelt anders, wie es heißt (Jes 14,32): ›Denn der Herr hat Zion festgegründet, und es bergen sich in ihm die Armen Seines Volkes‹« (Midrasch, Ex.r. 31,5).
(Zu den »Armen« vgl Jes 11,4, Bibelauslegungen, III,145 ff; die »Armen« entsprechen den »Demütigen« [= *'anawím*] in Jes 61,1; Bibelauslegungen, II,187 f.)

Die Situation für das verfolgte Israel hat sich von Grund auf gewandelt. Konkret beschrieb es bereits V 7 unseres Kapitels:

»So spricht der Herr, der Erlöser Israels, sein Heiliger,
zu dem von Menschen Verachteten,
von den Völkern Verabscheuten,
dem Sklaven der Herrscher:
Völker sehen es und erheben sich,
Fürsten – und sie werfen sich nieder.
Um des Herrn willen, der treu ist,
des Heiligen Israels, der dich erwählt hat.«

Die Verachteten und Verabscheuten, von den Mächtigen ihrem Elend Überlassenen sind nichts anderes als die »Armen«, die Gott erhört und deren Er sich »erbarmt« (vgl V 10: »denn der sich ihrer erbarmt, führt sie . . .«; von »Erbarmen ist auch in V 15 die Rede; s. unten).
V 13b ist *chiliastisch* aufgebaut:

»denn getröstet hat der Herr Sein Volk
und Seiner Armen sich erbarmt.«

Der ganze Vers findet in der Struktur und im Inhalt eine Parallele in Jes 44,23; 52,9 und 54,1. Wir vergleichen die Texte:

49,13
Jubelt, ihr Himmel,
frohlocke, Erde,
brecht, ihr Berge, in Jubel aus;
denn getröstet hat der *Herr* Sein Volk
und Seiner Armen sich *erbarmt!*«

44,23
Jubelt, ihr Himmel,
denn der Herr hat es getan,
jauchzt, ihr Tiefen der *Erde,*
brecht, ihr Berge, in Jubel aus,
du Wald mit allen Bäumen drin;
denn erlöst hat der *Herr* Jakob,
und durch Israel verherrlicht Er sich.

52,9
Jauchzt,
jubelt allesamt,
Trümmer Jerusalems!
Denn getröstet hat der *Herr* Sein Volk,
erlöst Jerusalem.

54,1
Juble,
Unfruchtbare, die nicht gebar,
brich aus in Jubel
und jauchze,
die nicht kreißte;
denn zahlreicher sind
die Söhne der Vereinsamten
als die Söhne der Verheirateten –
hat der *Herr* gesagt.

An allen vier Stellen wird der Ruf zum Jubeln ausgegeben, wobei einmal Himmel und Erde und die Berge (in Jes 44,23 sogar der Wald) als die Jubelnden erscheinen, ein andermal das zerstörte Jerusalem selbst (52,9). Der Aufruf wird zudem jeweils mit einem »denn« *(ki)* begründet: »denn« der Herr hat »getröstet« und sich erbarmt«, aber auch »erlöst«. Grund genug, der tiefen Freude darüber lautstark Ausdruck zu geben.

V 14 schlägt einen völlig anderen Tenor an als V 13. Man muß sich fragen, ob die beiden Verse wirklich zusammengehören oder V 13 nicht vielmehr den Abschluß des mit 49,7 einsetzenden Trostspruchs des »Erlösers Israels, seines Heiligen« ist. Der masoretische Text, der am Ende von V 13 einen leeren Zwischenraum (gekennzeichnet durch den Buchstaben *sámech* [= *satúm*, »geschlossen«]) auf der Zeile einschiebt, hat V 13 jedenfalls als Ende des Trostspruchs angesehen. (Vgl Ibn Esra: »die Worte gehören in eine frühere Zeit«, und R. J. Ibn Caspi, 'adné késef, 162: »Dies sagten sie [Israeliten] *vor* Kyros«, vor seinem Edikt von 538 v. d. Z., das die Rückkehr erlaubte.) – Anders der Midrasch (Jalqút schimʿóni, II,469, S. 799):

»›Zion sagte‹ – Was steht davor? Der Abschnitt vom Messiaskönig (49,8): ›So spricht der Herr: In der Zeit der Gnade habe Ich dich erhört . . .‹ Es hätte doch zuerst ›Zion sagte‹ und dann erst der Abschnitt vom Messiaskönig genannt werden müssen! Vielmehr hat Zion mit (seiner Klage) ›verlassen hat mich der Herr‹ begonnen, als es sah, wie die Verbannten sich versammelten, Himmel und Erde jubelten, es selbst aber nicht bedacht wurde. Da sprach Er zu ihm: Gibt es denn einen Brauthimmel *(chupá)* ohne Braut *(kalá)*? – ›Erhebe (daher) deine Augen ringsum und sieh: Alle haben sie sich versammelt und kommen zu dir . . .‹ (V 18).«

Nach dem Midrasch ist die chronologische Reihenfolge gewahrt: Die Erlösung hat eingesetzt. Zion aber ist gerade angesichts der Rückkehr der Verbannten unglücklich über die ausbleibende Rückkehr *seiner* »Söhne«. Mit V 18 wird es getröstet.

Die Jubelrufe von V 13 sind mit V 14 in jedem Fall verschwunden. Zion ist – pars pro toto – »die Gemeinschaft Israels« (Ibn Esra), und »als Haupt des Königreichs wird es besonders erwähnt« (R. D. Kimchi). Zion entspricht Jerusalem und ist mit diesem Namen austauschbar.

Zions Elegie ist kurz und einprägsam. Vier hebräische Worte, in chiliastischer Form (Verb-Subjekt/Subjekt-Verb) gereiht – das ist alles, was Zion sagt. Mehr braucht es auch gar nicht zu sagen, um das Gefühl seiner totalen *Verlassenheit* auszudrücken:

»Verlassen hat mich der Herr,
und der Herr mich vergesen!«

Dem Midrasch fällt die *doppelte Nennung des Gottesnamens* (*J-H-W-H* und *'adonáj*) auf (P'síqta' rabatí, *watṓmer Zijón*, 32,7; S. 254; Jalqút schim'óni, II,470, S. 799):

»Es heißt hier nicht ›Zion sagte: Verlassen hat mich der Herr und vergessen‹, sondern ›Verlassen hat mich der Herr, und der Herr mich vergessen‹. Was bedeutet ›der Herr, der Herr‹? – Es (Zion) sprach zu Ihm: Sogar die beiden Eigenschaften der Barmherzigkeit, die bei Dir vermerkt sind – ›Der Herr, der Herr ist ein erbarmungsvoller und gnädiger Gott‹ (Ex 34,6) – haben mich verlassen und vergessen.« (Zu diesem Vers s. oben S. 110ff.)

Durch das zweifache »Herr, Herr« gewinnt die Klage an Eindringlichkeit. Die Appellantin kennt ihren »Adressaten«. Nicht minder unterstreichen die beiden Verben die Schwere der seelischen Depression. Sagt der Talmud (b. B'rachót, 32b):

»‹Zion sagte: Verlassen hat mich der Herr, und der Herr mich vergessen!‹ ›Verlassen‹ ist ja dasselbe wie ›vergessen‹!? Resch Laqísch erklärte: Die Gemeinschaft Israels sprach vor dem Heiligen, gelobt sei Er: ›Herr der Welt, wenn ein Mann eine Frau nach seiner ersten Frau heiratet (die er offensichtlich verlassen hat), so denkt er (doch zumindest) an das Tun der ersten. Du aber hast mich verlassen *und* vergessen!‹«

Vgl Abarbanel, 231: »Es ist wie bei einem Mann, der seine Frau verläßt und sich davonmacht ... Und außer diesem Verlassenwerden bin ich in Seinem Herzen auch vergessen wie eine Tote.«

»Verlassen hat mich der Herr«:

»Er hat mich den Völkern freigegeben (eigentlich: als »herrenlos«, *hefqér*, erklärt), wie das auf dem Feld vergessene Korn, das herrenlos ist und dem Bedürftigen gelassen (= für ihn ›verlassen‹) wird (Lev 19,9).« (P'síqta' rabatí, aaO)

Die Verlassenheit ist es, die Israel zur Klage führt, und die Klage ist im letzten eine Anklage gegen Gott. Nichts ist von der göttlichen Barmherzigkeit (den beiden Gottesnamen) zu verspüren. Zion ist gründlich verlassen und vergessen, obschon es Gottes »Gattin« ist.
Jetzt verstehen wir, was am Ende des Kontexts als Frage aufgeworfen wurde. Die Rollen sind getauscht. Gott hat das Volk ins Exil vertrieben und wegen seiner Abtrünnigkeit ein Strafgericht mit ihm gehalten. Doch das Exil dauert zu lange, die Exilszeit ist nicht durchzustehen. Wie sehr Israel auch gesündigt haben mag – war dies ein Grund für Gott, den letzten Gedanken an das Volk aus Seinem Herzen zu verbannen? Analog in Klgl 5,20:

»Warum willst Du mich auf ewig vergessen,
mich verlassen für die Dauer der Tage?«

Gott repliziert, und seine Worte sind, wie Sch. L. Gordon (II,109) festhält, »ausgezeichnet durch den weichen und warmen Ton, der einer Seele voller Liebe und Sehnsucht nach Zion und seiner Wiedergeburt zu eigen ist«.

»Vergißt eine Frau ihren Säugling,
ohne sich zu erbarmen über das Kind (Sohn) ihres Leibes?« (V 15).

Gott will Zion Seiner Treue versichern, doch Er tut es mit Hilfe der *Mutter-Kind-Beziehung*, nicht etwa, indem er auf die »Mann-Frau-Beziehung« anspielte, die in V 14 durchschimmert. Der Grund ist klar: Seine Gattin vermag ein Mann zu verlassen – und auch das Umgekehrte geschieht –, wenn die Ehe zerrüttet ist. Eine Mutter aber wendet sich nicht von ihrem Säugling ab, der von ihrer Liebe und Pflege völlig abhängig ist (Ibn Esra). R. Chanan'él (in: Sammlung »Kommentare zu Jes«, I,280) versteht *'ul* als »Kleinkind«, R. Elieser von Beaugency (120) gar als Kind im weitesten Sinn, nämlich als Kind der Mutter, das bereits erwachsen sein mag. Abarbanel nimmt in wenig überzeugender und sprachlich nicht vertretbarer Weise für V 15 zwei verschiedene Subjekte an:

»Vergißt eine Frau ihren Säugling, und vergißt der Sohn ihren Mutterschoß, aus dem er hervorgegangen ist?«

Auf die rhetorische Frage von V 15a – »Vergißt eine Frau ihren Säugling ...« – folgt die Antwort:

»Wenn auch diese vergessen (B-R: »auch diese mögen vergessen«), Ich aber, Ich vergesse dich nicht.«
R. Jesaja der Erste von Trani (I,174): »(Bei den Müttern) finden sich Grausame, die ihre Säuglinge und die Söhne ihres Leibes vergessen, aber Ich werde dich auf ewig nicht vergessen.«

»Vergißt« Gott, oder »vergißt« Er nicht? Der Talmud (b. B'rachót, 32b) nimmt V 15 zum Ausgangspunkt der folgenden Erörterung:

»Der Heilige, gelobt sei Er, sprach: ›Vergesse Ich je die Ganzopfer (*'olót*, Wortspiel mit *'ul*) an Widdern und die Erstgeburten (der Tiere), die ihr Mir in der Wüste dargebracht habt?‹ Es (Volk) antwortete: ›Herr der Welt, nachdem es kein Vergessen gibt vor dem Thron Deiner Herrlichkeit, vielleicht vergißt Du mir da auch nicht die Sünde mit dem Goldenen Jungstier (Ex 32)?‹ Er erwiderte: ›auch diese mögen vergessen werden‹. (Hinweis: *tischkáchna* wird offensichtlich als *tischacháchna*, Imperfekt des Niphal, aufgefaßt.) Da sprach es zu Ihm: ›Herr der Welt, nachdem es

also ein Vergessen gibt vor dem Thron Deiner Herrlichkeit, vielleicht wirst Du mir das Geschehen am Sinai (Ex 19–20) vergessen?‹ Er erwiderte: ›Ich aber, Ich werde dich nicht vergessen.‹
R. El'asar ben Oschaja sagte (aufgrund dieser Erörterung): ›Wenn auch diese vergessen (werden)‹ – Dies ist das Ereignis mit dem Jungstier; ›Ich aber, Ich vergesse dich nicht‹ – dies ist das Geschehen am Sinai.«
Vgl P'siqta' d'Raw Kahaná, I,291: »Iko sagte: ›Vergißt eine Frau ihren Säugling‹ – Hast Du jene Opfer (wiederum Wortspiel von *'ul* mit *'olá*) vergessen, die wir vor Dir dargebracht haben? R. Huna sagte im Namen des Acha: ›Der Heilige, gelobt sei Er, sprach: *›Das Böse vergesse Ich, das Gute vergesse Ich nicht.* Das Böse vergesse Ich, das, was du (Israel) beim Jungstier ausgerufen hast: ›Dies sind deine Götter, Israel!‹ (Ex 32,4). Das Gute vergesse Ich nicht, als du Mir am Sinai sagtest: ›Alles, was der Herr gesprochen hat, wollen wir tun und (es) hören‹ (Ex 24,7).«

»Ich aber, Ich vergesse dich nicht« (lo 'eschkachéch). Der Midrasch verweist auf Ps 137,5, in welchem der Schwur (sc. Gottes!) stehe: »Wenn Ich dein vergesse *('im 'eschkachéch)*, Jerusalem, werde vergessen Meine Rechte« (rechte Hand):

»Als Zion sagte: ›Verlassen hat mich der Herr, und der Herr mich vergessen‹, antwortete ihm der Heilige, gelobt sei Er: ›Wie kann Ich dich vergessen? Meine Rechte ist dir doch verpfändet. Wenn Ich dich vergesse, vergesse Ich auch Meine Rechte!« (P'siqta' rabatí, aaO, S. 253). Hinweis: Nach dem Wortsinn von Ps 137,5 sprechen die Exulanten diesen Eid, nicht Gott. Es versteht sich, daß der Vergleich durch das parallele *'eschkachéch*, »Ich vergesse dich«, zustande gekommen ist.
Zu weiteren Zusagen des Nichtvergessens durch Gott s. Ps 9,13.19.

Von der *Struktur* her ist V 15 besonders interessant. Auf die mit der Fragepartikel *ha* eingeleitete *rhetorische Frage* folgen ein *gedanklicher Potentialis* und ein *faktischer Irrealis*. Der Potentialis wird mit *gam*, »wenn auch«, gekennzeichnet, der Irrealis mit *w'* ... *lo*, »aber ... nicht«.

Rhetorische Frage: (negativ zu beantworten)	*Gedanklicher Potentialis:* (es wäre an sich möglich)	*Faktischer Irrealis:* (es ist in Wirklichkeit unmöglich)
»Vergißt eine Frau ihren Säugling ...?« *(hatischkách 'ischá 'ulá ...?)*	»Wenn auch diese vergessen« *(gam 'éle tischkáchna)*	»Ich aber, Ich vergesse dich nicht.« *(w'anochí lo 'eschkachéch)*

Es finden sich Gegenstücke zu dieser Gedankenführung, wobei sich die einzelnen Glieder nicht immer genau entsprechen. Jer 13,23 nennt nach der rhetorischen Frage nur den Irrealis:

Rhetorische Frage:	*Faktischer Irrealis:*
»Wandelt ein Mohr seine Haut, ein Pardel seine Streifen?« (B-R) (*hajahafóch*, »wandelt«)	»So vermöchtet auch *(gam)* ihr gutzutun, im Bösen Eingeübte!« (B-R)

In V 24f unseres Kapitels fehlt der Irrealis. Er ist ersetzt durch eine angesagte Tatsache (= realisierter Potentialis):

Rhetorische Frage:	*Gedanklicher Potentialis:*	*Realisierter Potentialis:*
»Wird genommen *(hajuqách)* vom Helden eine Beute . . .?«	»Auch *(gam)* der Fang des Helden wird genommen« (kann genommen werden)	»und deinen Streit streite Ich, und deinen Söhnen werde Ich helfen.«

Die göttliche Zusage von V 15c wird in *V 16* untermauert. Gott wird Zion nicht vergessen, weil Er es (schon rein »technisch«) nicht vergessen kann: *»Sieh, auf Hände habe Ich dich eingeritzt.«*
R. Sch. D. Luzzatto (344) bemerkt:

»Dieser Vergleich basiert auf der Sitte der Menschen des Altertums, auf ihre Haut die Form irgendeiner Stadt, die für sie heilig ist, einzutätowieren.« (Einen Beleg bleibt Luzzatto schuldig.)

Der Grund ist offenkundig:

»Wie es für einen Menschen nicht möglich ist, seine Handflächen zu vergessen, so vergesse Ich dich nicht« (P'síqta' d'Raw Kahaná, I,292).

Die Hände sind immer sichtbar, nie zu übersehen. Anders als etwa ein »Siegel auf dem Herzen« (d. h. ein um den Hals gebundenes Siegel, das auf dem Herzen ruht). Zu »falsch gestellten Bitten« zählt der Talmud (b.Taʿaníṭ, 4a; vgl Hld r. 8,5) auch diese:

»Es sagte R. B'rechjá: Auch die Gemeinschaft Israel bat nicht richtig *(schaʾalá scheló k'hógen)*, und der Heilige, gelobt sei Er, erfüllte sie (Bitte) dennoch richtig (eigentlich »antwortete richtig«). Sie sprach: ›Herr der Welt, leg mich wie ein Siegel auf Dein Herz, wie ein Siegel auf Deinen Arm‹ (Hld 8,6). Da antwortete der Heilige, gelobt sei Er: ›Meine Tochter, du bittest um eine Sache, die bisweilen gesehen und bisweilen nicht gesehen wird (weil das Gewand sie verhüllt). Doch Ich tue für dich eine Sache, die immer gesehen wird, wie es heißt: Sieh, auf Hände habe Ich dich eingeritzt.‹«

Rev. I. W. Slotki (243) spricht von einer »gewagten Metapher«. Es versteht sich, daß hier die Regel gilt, die S. Krauss (98) nennt: »Die Torá (Torá im weitesten Sinn) spricht in der Sprache der Menschen.« M. Abernik (41b) erträgt wohl die Spannung nicht, wenn er (wie bereits das Targúm Jonatan ben Usiel) übersetzt:

»Sieh, *wie* auf Händen gezeichnet bist du mir.«

Das steht nicht im Text und ist völlig unnötig. Der anthropomorphen Ausdrücke gibt es in der Bibel viele. Nicht viel einsichtiger ist die Gleichsetzung der »Hände« mit den »Wolken« (nach Hiob 36,32), die Raschi als zweite Interpretation anführt:

»›Auf Hände‹ – über die Wolken der Herrlichkeit.«

Bereits Ibn Esra verwirft sie.
Zum Schluß nennt die Gotteszusage ein Ergebnis Seines steten Gedenkens:
»deine Mauern sind Mir stets gegenüber«
Die »Mauern« sind die »zerstörten Mauern« Jerusalem, die jetzt, nach Beginn der Rückkehr, aufgebaut werden müssen und dem besonderen Schutz Gottes anvertraut sind (R. Elieser von Beaugency, 121; R. S. Ibn Melech aus Fès, in: Sammlung »Kommentare zu Jes«, II,271). Mit der Wendung »mir stets gegenüber« (*l'negdí tamíd*, s. Leitworte) ist der Gedanke des Vordersatzes weitergetragen: die ungebrochene Präsenz Gottes (zur Wendung vgl Ps 16,8: »Ich hege IHN mir stets gegenüber«, nach B-R. Ferner Ps 38,18; 50,8).

Wegweisung für unsere Zeit

»Zion sagte: ›Verlassen hat mich der Herr!‹« Diese Überschrift kennzeichnet unseren Abschnitt. Zion, Jerusalem, das Volk, das den Untergang seines Landes und noch nicht seinen Wiederaufbau erlebt hat, ist verzweifelt. Gott ist nicht mehr gegenwärtig, Er hat – wie ein Gatte, der seine Gattin verläßt – die Trennung vollzogen. Verlassen und sogar vergessen hat Gott das Volk. Die Gemeinschaft ist in derselben Lage wie ein einzelner Mensch, der die totale Einsamkeit verspürt und nicht mit ihr fertig wird:
»Wie lange noch, Herr,
wirst Du mich ständig vergessen?
Wie lange noch
verbirgst Du Dein Antlitz vor mir?« (Ps 13,2).
Zugegeben, die Gemeinschaft ist an ihrem Unglück nicht unschuldig.
»Sie vergaßen Gott, ihren Helfer,

der Großes in Ägypten getan hatte« (Ps 106,21).
Doch wen tröstet es, wenn er weiß, daß er sein Elend verdient hat? Wird dieses Elend dadurch geringer, ist es dadurch leichter zu ertragen? Wohl kaum. Mit der Not verbinden sich allenfalls Gewissensbisse, die die Not nur noch vergrößern.
Auf unsere Überschrift muß eine »Nachschrift« folgen: »Sieh, auf Hände habe Ich dich eingeritzt.« Die Bindung Gottes an den Menschen ist ungebrochen und Ihm immer vor Augen. Keiner ist verlassen, keiner ist vergessen. Selbst wenn Gott Sein »Antlitz« verbirgt, geschieht es nur für kurze Zeit (s. unten zu Jes 54,8, S. 287). Doch auch dann, so lehrt uns die Schrift, ist der Mensch nicht aus Gottes »Gesichtskreis« getreten: »Ich aber, Ich vergesse dich nicht.«

»Er sagt zu Zion: ›Dein Gott ist König!‹«

Jes 52,7–10

7 Wie schön sind auf den Bergen
die Fußtritte des Boten.
Er läßt Frieden hören,
er verkündet Gutes,
er läßt Hilfe hören,
er sagt zu Zion: »Dein Gott ist König!«
8 Stimme deiner Späher –
sie erheben die Stimme,
allesamt jubeln sie;
denn Aug' in Aug' sehen sie es,
wenn der Herr zurückkehrt nach Zion.
9 Jauchzet, jubelt allesamt,
Trümmer Jerusalems!
Denn getröstet hat der Herr Sein Volk,
erlöst Jerusalem.
10 Es entblößte der Herr den Arm Seiner Heiligkeit
vor den Augen aller Völker.
Und es sehen die Enden der Erde
die Hilfe unseres Gottes.

Der Text im Kontext

Der Untergang Jerusalems, die Exilierung seiner Einwohner nach Babel, ist ein großes Problem, und zwar nicht nur für die Verbannten selbst, die in der Fremde unter schlimmen Bedingungen leben müssen, sondern auch für den Glauben: Wie konnte und kann Gott es zulassen, daß »umsonst ja ist hinweggenommen mein Volk« (Jes 52,5; B-R), »umsonst verkauft worden« (V 3)? Mehr noch: Durch Israels Exil ist Sein Name »stets all den Tag gelästert« (V 5). Die Feinde verhöhnen nicht nur die Verjagten und heimatlos Gewordenen, sie begegnen auch ihrem Gott mit tiefer Verachtung, weil Er sie offensichtlich nicht zu retten vermochte. Daß Gott der Initiant des

Exils ist und dieses Exil als Maßnahme einsetzt, um das abtrünnige Volk zur Vernunft zu bringen, entgeht ihnen.
Gerade deshalb muß Gott eingreifen. »Doch jetzt, was habe Ich hier?« (V 5), will heißen (E. S. Hartom, 161): »Was tue Ich hier? Weshalb tue Ich nichts?« oder (so Raschi): »Weshalb weile Ich hier (in Babel) und lasse Mein Volk hier?« Gott begleitet gleichsam Israel in die Fremde, doch alles erscheint Ihm jetzt ohne Sinn. Zu lange und zu verheerend hat dieses Exil angedauert. Die Zeit der Freiheit und der Rückkehr ist da.
V 6 verkündet den göttlichen Zuspruch:

»Darum soll mein Volk
meinen Namen erkennen,
darum, an jenem Tag,
daß ichs bin, der redet:
Da bin ich« (B-R).

Der Gottesname wird nicht mehr der Entweihung preisgegeben (E. S. Hartom), der Name, der lautet »Herr, Herrscher, Regent« (Raschi). »Im Exil war dieser Name unbekannt und verhöhnt, doch zur Zeit der Erlösung wird Mein Volk ihn kennen ..., und auch die anderen Völker werden es tun« (R. D. Kimchi). Gottes Name verbürgt die Wahrheit der Zusage: »Da bin Ich« *(hinéni)*, da, um rasch zu helfen. Mit *hinéni* wird die »Behendigkeit« *(s'risút)* und die »Bereitschaft« ausgedrückt (Raschi und Ibn Esra zu Gen 37,13). Man erinnert sich an die Mose gegebene Zusicherung am Dornbusch (Ex 3,14): »Ich werde (da) sein, der Ich (immer da) sein werde!«

»Ich bin, wie Ich immer gewesen bin. Ich habe Mich nicht geändert, und werde Mich nicht ändern. Nur haben sie (Israeliten) Mich nicht erkannt, wie sie Mich dereinst erkennen werden, in der Zeit der Erlösung« (R. D. Kimchi).

»Da bin Ich« – »An jenem Tag wird das Volk wissen, daß Ich einhalte, was Ich geredet habe« (R. Sch. D. Luzzatto, 353). Das ist das Entscheidende: Gottes Worte sind keine leeren Worte. Er erfüllt Seine Versprechen, weil Er der »Da-Seiende«, der immer Gegenwärtige ist.
Unser Abschnitt schließt sich organisch an die »Selbstbefragung« Gottes an: »Doch jetzt, was habe Ich hier?« Nur ist die Ebene verschoben. Von der himmlischen Sphäre wendet sich der Blick zur irdischen: auf »die Berge«, über die der Freudenbote steigt, um Zion zu verkünden: »Dein Gott ist König!« (V 7).

Leitworte des hebräischen Textes

na'wú (= *na'awú*), V 7, ist entweder Perfekt des Qal von *n-'-h* oder Perfekt des Niphal von *'-w-h* (so Ibn Esra; R. S. Ibn Melech aus Fès, Sammlung »Kommentare zu Jes«, II,272; H. Homberg, hakorém, 50a; W. Gesenius, Grammatik, § 75x, S.221; H. Bauer–P. Leander, Historische Grammatik, 422t). W. Baumgartner–J. J. Stamm lassen beide Möglichkeiten zu: S. 621, *n-'-h*, S. 20, *'-w-h*. *na'wú* heißt »sie sind lieblich« (W. Gesenius), »sie sind begehrenswert, lieblich« (H. Bauer–P. Leander), »anmutig« (B-R), »schön«.
m'wasér (Partizip des Piel von *b-s-r*) ist der »Freudenbote« (Lex. 156), der »Heilbote« (L. Zunz), der »Märebringer« (B-R), vgl Bibelauslegungen, III, 156.
maschmí'a, »er läßt hören« (Partizip des Hiphil von *sch-m-'*).
j'schu'á ist die »Hilfe« (Lex. 426), denominiert von *j-sch-'*. B-R übersetzen *j'schu'á* jeweils mit »Befreiung«.
Das Verb *m-l-ch* meint »König sein, herrschen« (Lex. 558f). Das Perfekt wird generell auch verwendet »zur Darstellung von Handlungen, Ereignissen oder Zuständen, die, obschon in der Vergangenheit vollendet, doch irgendwie auch in die Gegenwart noch hereinreichen (im Deutschen meist durch das *Präsens* wiederzugeben«) (W. Gesenius, § 106g, S. 321). Die Übersetzungen widerspiegeln die Unsicherheit, ob *malách* mit Perfekt oder Präsens wiederzugeben ist. »Dein Gott regiert« (L. Zunz), »Dein Gott ist König« (L. H. Löwenstein–S. Bamberger, Haftarot, 104) beziehungsweise »Dein Gott trat die Königschaft (sic!) an» (B-R), »Dein Gott ward König« (Zürcher-Bibel). Wir entscheiden uns für »Dein Gott *ist* König«, vgl A. B. Ehrlich (Randglossen, IV,189): »ist wieder König«, und Rev. I. W. Slotki (Isaiah, 259): »God hath (again) become king, has re-established His kingdom in Zion.«
zofájich, V 8, sind »deine Wächter« (L. Zunz), »deine Späher« (B-R), nach der freien Deutung des Targúm Jonathan ben Usiel: »deine Herrscher« *(parn'sájich)*. *zofájich* ist Partizip des Qal von *z-f-h*, »Wache halten, spähen, Ausschau halten« (Lex. 977), mit dem Suffix *-ájich*, »deine« (Femininum pluralis). *zofím* ist gelegentlich eine Bezeichnung für den »geistigen« Späher, den »Propheten« (Jer 6,17; Ez 3,17; 33,7 u. a.), weshalb R. D. Kimchi hier *zofájich* mit »deine Propheten« *(n'wi'ájich)* interpretiert. Raschi hingegen bleibt beim wörtlichen Verständnis: »Die *zofím* stellt man auf Mauern und Türme, damit sie verkünden und sehen, wer in die Stadt kommt.«

jachdáw, »zusammen, miteinander« (Lex. 388), »vereint« (B-R), »allzumal« (L. Zunz).
j'ranénu ist Imperfekt des Piel von *r-n-n*, »sie werden jubeln«, *ran'nú*, V 9, Imperativ des Piel: »jubelt!« (Vgl *ronú*, »jubelt!«, Jes 49,13, oben S. 230.)
b'schuw, »wenn zurückkehrt« (L. Zunz), B-R: »wie zurückkehrt« (*b'schuw* ist Infinitiv zu *schuw* mit der Präposition *b*, »in, mit«).
pizchú, V 9, »brecht aus« (in Jubel), B-R: »aufjauchzet!« (Vgl Jes 49,13, oben S. 230.)
nichám, »er hat getröstet« (Perfekt des Piel von *n-ch-m*, Lex. 650; vgl desgleichen zu Jes 49,13).
chasáf, V 10, »er schälte ab, entblößte« (Lex. 345), »entblößt hat« (L. Zunz), »bloßgestreift hat« (B-R).
s'ró'a qodschó ist der »Arm Seiner Heiligkeit«, B-R: »den Arm seiner Erheiligung«. Nicht richtig, da es sich bei *qodschó* um ein Substantiv *(qódesch)*, nicht um ein Adjektiv *(qadósch)* handelt, übersetzt L. Zunz mit »(entblößt hat der Ewige) seinen heiligen Arm«. (Zu *s'ró'a* vgl Jes 51,9, Bibelauslegungen, III,226.)
'afsé 'árez sind »die Enden der Erde« (Lex. 76f), B-R: »alle Enden der Erde«. *'afsé* (Status constructus des Plurals von *'éfes*, »Ende, Nichts«, Lex. 77) ist der Ort, wo alles »ein Nichts ist und vergeht« (m'zudát Zijón), vgl H. Homberg, 50b: »Bei den Enden hört die Erde auf.«

Der Text in der Exegese

Gott hat das Ende des Exils beschlossen (s. Kontext), allein, das zerstörte Jerusalem – »die Gefangene, Jerusalem«, »die Gefangene, Tochter Zion« (52,2) – weiß es noch nicht. Der Wächter auf dem Stadttor (A. Chacham, II,562) blickt angestrengt in die Ferne, um Boten frühzeitig zu erkennen (2Sam 18,25.26.27) oder eine feindliche Heerestruppe zu erspähen (Jes 21,6ff). Wie die Wächter einer Stadt, die Tag und Nacht auf den Zinnen ihren Dienst zu leisten haben und nicht schweigen dürfen (Jes 62,6; Bibelauslegungen, III, 271ff), muß auch der Späher ständig auf dem Posten sein. Und da sieht er in der Ferne einen *m'wasér*, einen »Boten«, einen »Verkünder« und »Nachrichtenübermittler« (2 Sam 18,20 nennt einen Mann, der »rennt« [ib. V 19], *'isch b'sorá*, »Mann der Botschaft«). Daß er eine gute Botschaft überbringt, ist gewiß, obschon ein *m'wasér* auch schlechte Nachrichten mitteilen könnte (wie in 2 Sam 18). Doch diesem *m'wasér* sieht man offenkundig die Freude an. Vielleicht ist sein »Rennen« von Gebärden der

Freude begleitet. Möglich, daß er – wie der Geliebte (Hld 2,8) – »über die Berge hüpft, über die Hügel springt«. Am Gang eines Menschen ist immer auch seine Gemütsverfassung abzulesen. Der Glückliche geht erhobenen Hauptes und sicheren Schritts, der Unglückliche niedergebeugt und schleppend. Dem Freudenboten zuzusehen, ist ein Vergnügen. V 7 stellt fest:

»Wie schön (lieblich) sind auf den Bergen
die Fußtritte (eigentlich Füße) des Boten.«

Malbim (464) meint, der *m'wasér* begebe sich auf die Bergspitzen, um die freudige Kunde mitzuteilen. Wenn er oben auf einem Berg steht, dann hört man ihn weitumher (vgl Jes 40,9). Dieses Verständnis ist möglich; naheliegender ist indessen, daß der Bote über die Berge und Hügel geht, weil dies seine Route aus dem fernen Babel ist. Er will – und dies zeigt der Zusammenhang mit den »Spähern« – nicht als Herold fungieren, der einen bestimmten Auftrag des Königs den Untertanen mitzuteilen hat. Seine Aufgabe ist die eines Boten aus fremdem Land. Er ist Emissär des im Exil weilenden Bevölkerungsteils, der in Jerusalem die bevorstehende Rückkehr ankündigt, damit man sich dort auf den »Massenexodus« der Exulanten vorbereite (vgl Rev. I. W. Slotki, 258 f).
Anders Enc. Welt der Bibel, 244:

»Vielleicht ist zu unterscheiden zwischen dem *m'wasér*, der auf den von der Stadt entfernten Hügeln steht, und daher weiter sehen kann und die Ankunft eines Feindes früher anzeigt, und den Spähern selbst, die auf der Mauer stehen und die Einwohner der Stadt direkt warnen.«
m'wasér und *zofím* wären danach im Grunde dasselbe: Ausschau haltende Wächter. Das leuchtet nicht sehr ein.

Wir nehmen die Aussage von V 7 zu ihrem Nennwert: Die Rückkehr der Vertriebenen wird konkret angezeigt. Es fehlt indessen nicht an Exegeten, die das Bild vom Boten, der auf den Bergen daherschreitet, als Metapher deuten. Abarbanel (240) schreibt:

»Die Kundgabe der Erlösung hat er (Text) so erwähnt, als ob (!) die Leute die Erlösung auf den Bergen verkündeten, indem sie an hochgelegenen Orten ihre Stimme hören lassen, um allen Menschen die Hilfe mitzuteilen.« (Analog R. D. Kimchi)
Vgl R. Sch. D. Luzzatto, 354: »Die Sache mit dem Boten *(m'wasér)* ist nur ein Gleichnis. Der Text verglich Jerusalem mit einer Frau, und er stellt es so hin, als ob (!) ein Bote zu ihr komme, um ihr die Rückkehr ihrer Kinder anzusagen.«

Metaphorisch interpretiert auch R. J'hoschú'a, wenn er die »Berge« mit den »Vätern« (Stammvätern, *'awót*), den »Bergen der Welt«, gleichsetzt:

»Weshalb verkündet man den ›Vätern der Welt‹ als Ersten? – In der Stunde, da Israel verbannt wurde, versammelten sich die ›Väter der Welt‹ mit den (Stamm-)›Müttern‹. Sie traten vor den Heiligen, gelobt sei Er, und wehklagten sehr. Da kam der Heilige, gelobt sei Er, zu ihnen und sprach: ›Was hat Mein Freund in Meinem Haus?‹ (Jer 11,15), weshalb begehen Meine Freunde in Meinem Haus diese Totenklage?‹ Sie antworteten: ›Herr der Welt, was haben Deine Kinder begangen, daß Du ihnen solches antatest?‹ Er sagte: ›Sie haben den bösen Plan ausgeführt‹ (Jer ib.), und die ganze Heiligkeit, die ihnen anhaftete, haben sie von sich entfernt. Deshalb wurden sie des Exils schuldig.‹ Sie entgegneten: ›Herr der Welt, vielleicht vergißt Du sie unter den Völkern der Erde?‹ Er erwiderte: ›Ich schwöre bei Meinen Großen Namen, daß Ich sie nicht unter den Völkern vergessen werde, sondern an ihren Ort zurückführe‹ (Jer 31,16). Da hatte der Heilige, gelobt sei Er, die ›Väter‹ getröstet, und sie kehrten in ihr Grab zurück. Wenn der Bote *(m'wasér)* kommt, wird er sich daher zuerst in die Höhle Machpela begeben« (wo die Stammväter und Stammütter beerdigt sind)« (P'siqta' d'Raw Kahaná, II,464). – Hinweis: »Auf *('al)* den Bergen« wird von R. J'hoschú'a als »zu *('el)* den Bergen« verstanden.

Wer ist dieser »Bote«? R. Jesaja der Erste von Trani (I,178) glaubt ihn zu kennen:

»Dies ist Elia der Prophet, denn es heißt (Mal 3,23): ›Sieh, Ich sende euch den Propheten Elia‹, und dann wird die Prophetie sich in Israel mehren.«

Die Kunde des Boten umfaßt *vier Punkte*:

»Er läßt hören Frieden, er verkündet Gutes, er läßt Hilfe hören, er sagt zu Zion: ›Dein Gott ist König!‹«

»Er läßt Frieden hören« – Der Frieden (*schalóm*, eigentlich »die Vollkommenheit«) ist das wichtigste Gut. Die Weisen lehren.

»Groß ist der Frieden, denn wenn der Messiaskönig kommt, beginnt (eröffnet) er mit nichts anderem als dem Frieden; wie es heißt: ›Wie schön sind auf den Bergen die Fußtritte des Boten, der den Frieden hören läßt‹« (Midrasch Lev. r. 9,9).
Vgl Dtn r. 5,15: »Groß ist der Frieden, denn der Heilige, gelobt sei Er, verkündet Jerusalem, daß es nur durch den Frieden erlöst wird« (Hinweis auf unseren Vers).
(Zur Bedeutung des Friedens s. Bibelauslegungen, III,93 f, zu Num 6,22–27.)

Die bisherigen Worte von V 7 finden eine Parallele bei Nah 2,1, wo sie offensichtlich zitiert werden. Der Anfang variiert:

V 7:	*Nah 2,1:*
Wie schön *(ma na'wú)*	Sieh *(hiné)*
sind auf den Bergen	auf den Bergen
die Fußtritte des Boten.	die Fußtritte des Boten.
Er läßt Frieden hören.	Er läßt Frieden hören.

Die Fortsetzung ist ganz anders, wobei Nah vermutlich Jes 52,1b zum Vorbild hat (Nah 2,1: »denn nicht wird mehr der Ruchlose [so B-R] bei dir hindurchziehen. Er ist ganz vernichtet.« Und Jes 52,1b: »denn es kommt nicht mehr zu dir der Unbeschnittene und Unreine«).
Der angesagte »Frieden« gilt nicht nur für Israel, betont Abarbanel (240):

»Es gibt Frieden auf Erden, und kein Volk wird mehr gegen das andere das Schwert erheben (Jes 2,4). Die Völker werden sich Gott nähern, und die Prophetie gilt für sie alle.« (Vgl V 10, wo sich Gottes Macht »vor den Augen *aller* Völker« offenbart.)

Abarbanel stellt fest, daß das Wort »Er läßt hören« *(maschmi'a)* zweimal in diesem Vers vorkommt:

»Einmal gilt es für alle Völker (denen der Frieden beschieden ist), und einmal besonders für Israel (das der Hilfe teilhaftig wird). Bei Nah (2,1) hingegen findet sich nur ein einziges ›Er läßt Frieden hören‹, damit Israel vergewissert werde, daß ihm nie mehr ein Exil bevorstehe.«

Die vier Punkte beginnen mit der Verkündigung des Friedens, »denn er ist der größte Segen« (R. Ch. Rabinowitz, dá'at sofrím, 584).

»Er verkündet Gutes«:

»Es gibt keinen Mangel mehr an den Dingen, die für den Menschen in materieller und geistiger Hinsicht notwendig sind« (R. Ch. Rabinowitz, aaO).

»Gutes« *(tow)* wird von L. Zunz mit »gute Botschaft« und von B-R mit »guter Märe« übersetzt. Doch »Gutes« ist mehr, ist all das, was einem Menschen das Glück bringt:

»Jungleun müssen darben und hungern,
aber die nach IHM fragen, ermangeln nicht alles Guts«
(= *kol tow*; Ps 34,11).
»Wer ist der Mensch, der Lust hat am Leben,
Tage liebt, Gutes zu sehn?« (ib. V 13; nach M. Buber).

Hosea klagt (Hos 8,3): »Verstoßen hat Israel Gutes«. Das kann heißen: »den Gütigen« (= Gott; L. Zunz), aber es kann nicht minder bedeuten, daß Israel das Gute (= das Guttun) und damit das Glück aufgegeben hat. Der Bote »verkündet Gutes«, verkündet die Restitution des vor dem Exil bestehenden Zustands, der in der Zukunft gefestigt und verbessert wird.

»Er läßt Hilfe hören« (B-R: »Befreiung«). Abarbanel erklärt (aaO):

»Gott wird ihnen zur Hilfe eilen.«

R. Ch. Rabinowitz (aaO) meint, so wenig wie das »Gute« näher beschrieben sei, so wenig sei die »Hilfe« definierbar. Das ist kaum zutreffend, weil jeder Hörer der Glücksverheißung genau weiß, worum es geht: beim »Guten« um die existentielle Sicherheit, bei der »Hilfe« um die Rettung aus dem Exil.

»Er sagt zu Zion: ›Dein Gott ist König!‹«:

»Gott hat Sein Königtum und Seine Herrschaft der ganzen Welt gezeigt« (m'zudát Davíd).

Lapidar stellt Ibn Esra fest:

»Dies (Königtum Gottes) ist das (in V 6 erwähnte) ›Da bin Ich‹ *(hinéni)*.«

Gottes Entschluß, einzugreifen und Israels Exil zu beenden, mündet ein in Seine Königsherrschaft über alle Völker. Daß Gott »König« ist, bekräftigen andere Bibelstellen:

»Es steigen Helfer (*moschi'ím*, B-R: »Befreier«) zum Berg Zion hinauf, um den Berg Esaus zu richten. Und es wird sein dem Herrn das Königtum« *(m'luchá)* (Obd 21).
»Zuschanden wird der Mond, es schämt sich die Sonne; denn König ist *(malách)* der Herr der Heerscharen auf dem Berg Zion und in Jerusalem ...« (Jes 24,23).
»König wird sein *(jimlóch)* der Herr für immer, dein Gott, Zion, von Geschlecht zu Geschlecht. Halleluja!« (Ps 146,10), u. a.

R. D. Kimchi bemerkt:

»Bis zu dieser Zeit ist es nicht ersichtlich, daß Er König ist, doch dann bekennen es alle.«

Das Neue liegt nicht in der Herrschaft Gottes an sich. Sie besteht seit der Weltschöpfung. Das Neue ist, daß es die Völker jetzt erkennen und bekennen. »Er sagt zu Zion: ›Dein Gott ist König!‹«, will besagen: Zion soll wissen, daß Gott nunmehr tatsächlich zum König aller Menschen geworden ist.

»Es wird der Herr zum König über die ganze Erde. An jenem Tag wird der Herr Einer sein und Sein Name Einer« (Sach 14,9).
»Der Herr Einer« *('adonáj 'echád)* bekräftigt den Schluß des wichtigsten jüdischen Glaubenssatzes aus Dtn 6,4: »Der Herr ist Einer« (»ist einzig«, oder: »der Herr allein«, s. oben S. 123ff).

Die Hilfe für das gedemütigte Zion festigt die Stellung Gottes in der Welt:

»Dein Gott hat sein Königtum durch die Hilfe an Sein Volk gefestigt« (A. Chacham, II,563).
»Er hat bewiesen, daß Er tatsächlich die ganze Welt regiert« (E. S. Hartom, 162).

Diese Inthronisation Gottes durch die Völker schließt einen Prozeß ab, den der Midrasch (Pirqé d'Rabbí Elieser, Kap. 11) auf *zehn Phasen* erstreckt sieht:

»Zehn Könige regierten von einem Ende der Welt bis zum anderen: Der *erste* König ist der Heilige, gelobt sei Er, denn Er herrscht im Himmel und auf Erden. Sein Gedanke war es, Könige auf Erden einzusetzen (Dan 2,21).
Der *zweite* König war Nimrod, der von einem Ende der Welt bis zum anderen herrschte. Alle Geschöpfe fürchteten sich vor den Wassern der Sintflut, und Nimrod regierte über sie (Gen 10,10).
Der *dritte* König war Josef, der von einem Ende der Welt bis zum anderen herrschte, denn es heißt (Gen 41,57): ›Und die ganze Erde (= die Menschen aller Länder) kam (kamen) nach Ägypten, um bei Josef Getreide zu kaufen, denn stark war die Hungersnot auf der ganzen Erde.‹
Der *vierte* König war Salomo (1Kön 5,1: ›Und Salomo herrschte über alle Königreiche . . .‹).
Der *fünfte* König war Ahab, der König Israels (1Kön 18,10).
Der *sechste* König war Nebukadnezar (Dan 2,38).
Der *siebte* König war Kyros (2 Chr 36,23).
Der *achte* König war Alexander der Mazedonier (Dan 8,5).
Der *neunte* König wird der Messiaskönig sein, der dereinst von einem Ende der Erde bis zum anderen herrschen wird (Dan 2,35: ›. . . und der Stein, der das Bild zerschlagen hatte, wurde (wird) zu einem großen Berg und füllt(e) die ganze Erde.‹)
Beim *zehnten* König kehrt die Herrschaft zu ihrem Eigner zurück: Wer der erste König gewesen ist (= Gott), wird der letzte König sein, wie es heißt (Jes 44,6: ›. . . Ich bin der Erste, und Ich bin der Letzte, und außer mir ist kein Gott.‹) (ferner Sach 14,9).«

Der Kreis schließt sich mit der erneuten umfassenden Königsherrschaft in später Zeit: *Nach* der Zeit des Messias, wenn das »Königreich des Himmels« (*malchút schamájim*; im NT: *hē basileía tōn ouranṓn*) beginnt, werden die Einzigkeit Gottes und Seine Weltregentschaft nie mehr in Frage gestellt. »Er sagt zu Zion: ›Dein Gott ist König!‹« bildet den Abschluß eines Prozesses, der mit der Weltschöpfung begonnen hat.
Die vier Momente von V 7 finden demnach ihren Höhepunkt am Schluß. Sie finden zugleich, meint Malbim (464), in sich eine Steigerung:

»›Er läßt Frieden hören‹ – Vor den Feinden.
›Er verkündet Gutes‹ – das ist der Wiederaufbau des Tempels und das Erblühen der Davidsherrschaft.
›Er läßt Hilfe hören‹ – Das ist das Einsammeln der Zerstreuten.

›Er sagt zu Zion: Dein Gott ist König!‹ – Das ist die Offenbarung des Königreichs des Himmels auf der ganzen Erde und unter allen Völkern.«

Der Hilfe geschieht nicht in einem einzigen Augenblick, sondern in Etappen.

»Wie beim Auszug aus Ägypten wird auch zur Zeit der endgültigen Erlösung ein Zeitintervall sein zwischen der Ankündigung (der Erlösung) und ihrem Eintreten« (R. Ch. Rabinowitz, aaO, 538 f).

Der Midrasch (P'sịqta' rabatí, 35,4) hat unter Bezug auf V 7 und andere Bibelverse den *Erlösungsprozeß* zu beschreiben versucht:

»Drei Tage, ehe der Messias erscheint, kommt der Prophet Elia und stellt sich hin auf die Berge Israels, weinend und klagend. Er spricht: ›Berge des Landes Israel, wie lange befindet ihr euch noch (im Zustand) der Öde und Verlassenheit?‹ Und seine Stimme wird vernommen von einem Ende der Welt bis zum anderen. Danach sagt er zu ihnen: ›Frieden ist über die Welt gekommen!‹, wie es heißt (Nah 2,1): ›Sieh auf den Bergen die Fußtritte des Boten, der den Frieden hören läßt.‹ Die Frevler freuen sich, wenn sie dies hören und meinen: ›Für uns ist der Frieden gekommen.‹
Am zweiten Tag (ehe der Messias kommt) stellt er (Elia) sich abermals auf die Berge Israels hin und spricht: ›Gutes kommt in die Welt‹, denn es heißt (Jes 52,7): ›Er verkündet Gutes.‹ Am dritten (der drei Tage, d. h. einen Tag vor der Ankunft des Messias) kommt er (Elia) und verkündet: ›Die Hilfe ist in die Welt gekommen!‹, denn es heißt (unser V 7): ›Er läßt Hilfe hören.‹ Wie er die Frevler miteinander reden sieht, sagt er zu Zion: ›Dein Gott ist König!‹ Um dich zu lehren, daß die Hilfe nur für Zion und seine Söhne kommt, nicht aber für die Frevler. In dieser Stunde zeigt der Heilige, gelobt sei Er, seine Herrlichkeit und Sein Königtum *allen* Erdenbewohnern, und Er erlöst Israel . . .«

Auch nach diesem Text wird sich die Zeit des Friedens und der Erlösung erst nach und nach entfalten – die »drei Tage« sind nicht wörtlich zu verstehen, sondern bezeichnen eine längere Periode – und erst zuletzt in die manifest werdende Glückszeit einmünden, die an das Erscheinen des Messias geknüpft ist. Und auch nach diesem Text vollzieht sich das Geschehen nicht nur für Israel, sondern für »alle Erdenbewohner«.
Die »Wächter« haben Ausschau gehalten und den »Boten« von weitem erblickt. Jetzt brechen sie in Jubelrufe aus, die laut (mit »Stimme«) erklingen. V 8 beschreibt es:

»Stimme deiner Späher –
sie erheben die Stimme,
allesamt jubeln sie.«

Zweimal ist *»Stimme« (qol)* genannt. R. Jona Ibn Dschanach (in: Sammlung »Kommentare zu Jes«, I,251) macht eine textkritische Bemerkung:

»Das erste *qol* hat keinen Sinn.«
So auch R. J. Ibn Bal'ám (desgleichen in: Sammlung »Kommentare zu Jes«, II,129).

Das zweifache »Stimme« will indessen die Tatsache hervorheben, daß die Wächter, die sich in der Regel ruhig verhalten – schauen, aber nicht schreien, und ihre Gefühle beherrschen –, im Augenblick, da der Freudenbote zu sehen ist, die Stimme erheben und in lauten Jubel ausbrechen werden.
R. Akiba identifiziert die »Späher« mit den »Propheten« (s. Leitworte) und bemerkt:

»Die Späher sind keine anderen als die Propheten, weil sie die Erlösung Israels erspähen. Obschon sie Israel Mahnreden gehalten haben, verkündeten sie ihnen auch immer wieder trostreiche Worte« (P'siqta' d'Raw Kahaná, II,466).

»Allesamt jubeln sie.« R. Elieser von Beaugency (125) kommentiert:

»Sie rufen dem Volk zu, daß sein Gott gekommen ist.«

Die Freude ist demnach motiviert durch das vorangehende »Dein Gott ist König!« und weniger durch die Ankunft des Boten. V 8b bekräftigt dieses Verständnis, wenn er als Grund des Jubels der Späher angibt:

»denn Aug' in Aug' sehen sie es, wenn der Herr zurückkehrt nach Zion«.
Die große Jesajarolle von Qumrân fügt das Wort *b'rachamím*, »in Erbarmen«, bei:
»Wenn der Herr zurückkehrt nach Zion in Erbarmen.«

Die Königsherrschaft Gottes (V 7) ist unlöslich verbunden mit dem Jerusalemer Tempel als ihrem sichtbaren Zentrum:

»Wenn der Herr nach Zion zurückkehrt, um dort seine Sch'chiná (»Einwohnung«, Gegenwart) wie früher weilen zu lassen« (m'zudát Davíd).

»Wenn der Herr zurückkehrt«, nicht – wie M. Z. Segal (108) und S. Krauss (104) meinen – »wenn Er die Verbannten Zion zurückbringt«. Da müßte *schiwát Zijón*, »die Zurückkehrenden Zions« (Ps 126,1; M. Buber: »die Heimkehrerschaft Zions«), oder *sch'wut 'amó*, »die Rückkehr Seines Volkes«, stehen (Ps 14,7; 53,7). In V 8b ist die Rückkehr Gottes selber angesagt und damit der neue Aufstieg Jerusalems als »die Stadt Seiner Heiligkeit« (*'ir haqódesch*, Jes 48,2; 52,1).
Die Gottesrückkehr in die zerstörte und wieder aufgebaute Stadt ist von den Menschen mit klarem Blick – »Aug' in Aug'« – zu sehen.

»Die Prophetie hat hier angedeutet, daß der Herr nach Zion unter Offenbarung Seiner Sch'chiná zurückkehren wird, wie in den Tagen der Wüstenwanderung (Num 14,14)« (A. Chacham, II,563).

»Aug' in Aug'« (ʿájin bʾʿájin) ein von Gott bewirktes Ereignis schauen zu können, zeugt von einem außergewöhnlichen Gnadenerweis Gottes. Das war während der Wüstenzeit der Fall, als – so sagt Mose zu Gott – »Aug' in Aug' Du, Herr, erschienen bist und Deine Wolke über ihnen (Israeliten) gestanden hat ...«
Der direkte Blick ermöglicht »eine klare Sicht, die keinen Zweifel (am Geschauten) zuläßt« (R. Sch. D. Luzzatto, 354). Daß freilich die »Herrlichkeit Gottes« selber zu sehen wäre, wie der Midrasch glaubt (Jalqút schimʿóni, I,691, S. 440; II,757, S. 916), ist aus V 8b nicht ersichtlich. Die Aussage der Torá (Ex 33,20) – »denn nicht sieht Mich ein Mensch und lebt« (vgl Bibelauslegungen, I,108 ff) – besitzt für alle Zeiten ihre Gültigkeit. V 8b spricht denn auch ausdrücklich von der »Rückkehr Gottes nach Zion«, die »sie sehen werden«, und nicht von Gott. Der Unsichtbare bleibt dem sterblichen Auge immer unsichtbar.

»Mit ihren körperlichen Augen sehen sie die Hilfe für Jerusalem, wie ihnen prophezeit wurde« (Abarbanel, 240).

Es geht um die Hilfe für Jerusalem, für das Volk und das Land. In V 8 wird der Wiederaufbau der *»Trümmer Jerusalems« (chorwót J'ruschalájim)* angezeigt. Die Freude der Seher, die der nahende »Bote« auslöste, überträgt sich gleichsam auf die aus dem Staub erstehende Stadt. Daher entspricht dem Imperfekt *j'ranénu*, »sie jubeln«, ein Imperativ: *ran'nú*, »jubelt!« Die Begründung wird mit *ki* (»denn«) eingeleitet:

»denn getröstet hat der Herr Sein Volk,
erlöst Jerusalem.«

Es ist dieselbe Motivation, die in Jes 49,13 steht (zur vergleichenden Tabelle s. oben S. 232). Hier wird der Trost des Volkes ergänzt durch die Erlösung Jerusalems. Der »Erlöser« *(go'él)* ist primär jener, der einen in Knechtschaft gefallenen Verwandten aus dem Dienstverhältnis loskauft, loskaufen soll (Lev 25,25 f.48 f). Im übertragenen Sinn wird Gott als »Erlöser Israels« angesehen, der die Knechtschaft Ägyptens gebrochen, die Leibeigenen in die Freiheit geführt hat (Ex 6,6) und seither als »Erlöser Israels« verehrt wird (Jes 49,7; 59,20; Ps 19,15 u. a.). Die Liturgie hat die Bezeichnung aufgenommen, etwa im Segen des Achtzehnergebets: »Gepriesen seist Du, Herr, unser Gott, der Erlöser Israels« (oder: »der Israel erlöst«; Gebetbuch s'fat 'emét, 42). Auch im Gebetbuch (S. 40) findet sich der Vers (Jes 47,4):

»Unser Erlöser, ›Herr der Heerscharen‹ ist sein Name, der Heilige Israels.«

Von der *Satzstruktur* her gesehen, entspricht der zweifachen Aufforderung zum Jubel eine zweifache Begründung, wie Abarbanel (240) ausführt:

Aufforderung:	*Begründung:*
Jauchzet, jubelt allesamt, Trümmer Jerusalems!	Denn getröstet hat der Herr Sein Volk, erlöst Jerusalem.

Man hat sich gefragt, wer denn zum Jubel auffordert. Sind es die Späher (so nach einer Erklärung von A. Chacham, II,563)? Ist es nicht vielleicht der Prophet, der die Weissagung ausspricht? Es ist nicht auszumachen. Klar ist hingegen, daß V 9 sich in Wirklichkeit so abspielen kann, V 10 mit den »jubelnden Trümmern« aber nur Ausdruck einer »bilderreichen Sprache« ist (so m'zudát Davíd; vgl H. Homberg, hakorém, 50a: »Der Dichter schenkt leblosen Dingen eine Seele und schreibt ihnen einen Kopf und Hände zu, Füße, Augen, Ohren, einen Mund, einen Hals und eine Stimme, die singt.«).
Unmerklich wechselt jetzt der Ton. In V 10 fehlt gleichsam die persönliche Note, das dynamische Element. Da ist nicht mehr vom Jubeln die Rede und auch nicht von der Aufforderung zum Jubel. In V 10 wird das ganze Geschehen aus der Distanz beurteilt und ein Blick hinter die Kulisse geworfen:

»Es entblößte der Herr den Arm Seiner Heiligkeit
vor den Augen aller Völker.
Und es sehen die Enden der Erde
die Hilfe unseres Gottes« (B-R: »die Befreiertat unseres Gottes«).

Das »Entblößen«, »Bloßstreifen« des Armes (s. Leitworte zu *chasáf*) geschieht »durch einen Krieger, der seinen Arm vor dem Feind entblößt« (m'zudát Davíd), »indem er sein Gewand bis zu seinen Schultern hochzieht« (R. J. Ibn Caspi, 'adné késef, 165). Wenn er seinen Arm gebrauchen will, um das Schwert zu führen, muß er ihn freilegen, weil er sonst behindert wäre. Ez 4,7 nennt die Wendung »und dein Arm (sei) entblößt« *(usro'achá chasufá)*. Im Gleichnis bedeutet das Bild vom »entblößten Arm«, »daß die Hilfe für Israel offenbar ist« (R. D. Kimchi), sich in der Öffentlichkeit vollzieht. Nicht im Geheimen – »vor den Augen aller Völker« – geschieht das Unerwartete und kaum zu Fassende, daß ein vertriebenes Volk in seine

Heimat zurückkehrt. (Zum »Arm des Herrn«, der sich »offenbart«, s. unten S. 267, Jes 53,1.)
Der »Arm Seiner Heiligkeit« steht für Gottes »Macht« (Ibn Esra), die alle Hindernisse überwindet. Nichts vermag sich dieser Macht entgegenzustellen. Das sehen die Völker, wenn sie Augenzeugen der einzigartigen »Hilfe« für Israel werden, einer Hilfe, die nur von Gott ausgegangen sein kann. »Alle Völker« bis zu »allen Enden der Erde« sind hineingenommen in das Staunen vor »der Hilfe unseres Gottes«, der als König der Welt verehrt wird und für immer König ist und bleibt.

Wegweisung für unsere Zeit

»Frieden«, »Gutes«, »Hilfe« – was bedarf eine Gemeinschaft dringlicher als einen Anteil an diesen Gottesgaben? Im Frieden, dem *schalóm*, ist jeder Segen enthalten. Der Frieden ist der Anfang und das Ende, ist die Grundlage, auf der die Güter in ihrer Vielfalt gedeihen können, die des Menschen Glück absichern. Aber diese Gottesgaben sind nie eine Selbstverständlichkeit. Sie werden nicht erworben, sie werden geschenkt. Israel hat es in seiner Geschichte erlebt – und nicht nur zur Zeit des Babylonischen Exils, als die Hoffnungslosigkeit des Exilszustands in die Hoffnung einer Wiederkehr nach Jerusalem umschlug. Auch später hat Israel erfahren, daß die extremste Not nie so schwarz ist, daß nicht ein Lichtstrahl das Dunkel zu erhellen vermöchte. Auf die Trauer und Klage folgte immer und immer wieder der Jubel. Lange spähten die Späher und bemerkten nichts, und plötzlich sahen sie den »Boten«, der die Wende ansagte.
Es ist ein beglückender Zuspruch, dieser Zuspruch vom Königreich Gottes. Es ist zwar längst nicht angebrochen, dieses Königreich, in welchem der Frieden herrscht. Doch das Vertrauen in die Zusage besteht. Mag unsere Welt auch von Krieg und Terror erschüttert werden – Gott wird dereinst König sein. König für Zion, König für alle Nationen. Wenn die brutale Macht verschwindet, die Menschen gegen Menschen einsetzen, und das »Gute« triumphiert.

Der leidende Gottesknecht

Jes (52,13–15) 53,1–12

52,13 Sieh, Erfolg hat Mein Knecht –
Er wird sich erheben,
getragen und sehr hoch sein.
14 Wie die vielen sich über dich entsetzten,
so verderbt war – nicht mehr ein Mann – sein Aussehen
und seine Gestalt nicht mehr von Menschen.
15 So wird er aufspringen lassen
viele Völker seinetwegen.
Es schließen Könige ihren Mund.
Denn was ihnen nie erzählt worden ist,
haben sie gesehen,
und was sie nie gehört haben,
bedenken sie.

53,1 Wer vertraut unserer Kunde,
und der Arm des Herrn –
über wem hat er sich offenbart?!
2 Er stieg auf wie der Schößling vor Ihm
und wie die Wurzel aus dürrem Land.
Keine Gestalt besitzt er und keine Pracht,
daß wir ihn ansehen sollten,
und kein Aussehen, daß wir ihn begehrten.
3 Er ist verachtet und verlassen von Menschen,
ein Mann der Schmerzen, gewohnt an Krankheit,
wie einer, der vor uns das Gesicht verhüllt.
Verachtet ist er – wir schätzten ihn nicht.
4 Fürwahr, *unsere* Krankheit hat er getragen
und *unsere* Schmerzen erlitten,
wir aber hielten ihn für einen Angerührten,
einen von *Gott* Geschlagenen und Gedemütigten.
5 Doch er ist verletzt wegen *unserer* Frevel,
zerschlagen wegen *unserer* Verschuldungen.

Der Schmerz für *unser* Wohlbefinden (Frieden) ist auf ihm,
und durch *seinen* Striemen wurden wir geheilt.
6 Wir alle irrten wie Schafe,
ein jeder wandten wir uns dem eigenen Weg zu.
Und der Herr ließ auf ihn treffen
die Schuld von uns allen.
7 Er ist (wurde) bedrückt und beugt sich
und öffnet nicht seinen Mund –
wie ein Lamm, das zur Schlachtbank geführt wird,
und wie ein Mutterschaf,
das vor seinen Scherern verstummt.
Und er öffnet nicht seinen Mund.
8 Aus der Haft und aus dem Recht wurde er genommen,
und wer hat es seinem Geschlecht berichtet?
Denn abgeschnitten wurde er vom Land des Lebens,
wegen der Missetat der Völker ist ihm ein Schlag.
9 Er gab bei Frevlern sein Grab,
beim Reichen sein Grabmal,
obschon er keine Gewalttat begangen hatte
und kein Trug in seinem Munde war.
10 Doch der Herr hatte Gefallen an Seinem Zerschlagenen
und machte ihn krank. –
Wenn seine Seele eine Schuld setzt (anerkennt),
wird er Nachkommen sehen,
wird die Tage verlängern,
und der Wunsch des Herrn gelingt in seiner Hand.
11 Nach der Mühsal seiner Seele sieht er, wird er satt.
Durch sein Wissen wird Recht schaffen
der Gerechte, Mein Diener, für viele,
und ihre Schuld wird er ertragen.
12 Deshalb teile Ich ihm unter den vielen zu,
und mit den Mächtigen teilt er Beute:
dafür daß er entblößt dem Tod seine Seele
und zu den Frevlern gezählt wurde,
indem er die Verfehlung der vielen (er)trug
und von den Frevlern sich treffen ließ.

Der Text im Kontext

Jeremia klagt (Jer 20,7):

»Betört hast Du mich Herr,
und ich wurde betört,
gepackt hast Du mich
und überwältigt.
Ich wurde zum Gespött den ganzen Tag.
Jedermann spottet mir.«

In den Psalmen stehen ergreifende Klagelieder. Ein einzelner ruft in seinem Schmerz (Ps 69,8 ff):

»Denn deinetwegen trage ich Hohn,
hüllt Beschimpfung mein Antlitz ein.
Entfremdet ward ich meinen Brüdern,
ausheimisch den Söhnen meiner Mutter.
Denn der Eifer um dein Haus hat mich gefressen,
das Höhnen deiner Höhner ist auf mich gefallen« (nach M. Buber, Das Buch der Preisungen, 103).

Die gepeinigte Volksgemeinschaft findet nicht minder eindrückliche Worte (Ps 44,14 ff):

»Machtest unsern Anwohnern aus uns einen Hohn,
Spott und Posse denen rings um uns her,
machtest ein Gleichnis aus uns unter Stämmen,
ein Kopfschütteln unter Nationen.
All den Tag ist mir mein Schimpf gegenwärtig,
die Schamröte meines Antlitzes hüllt mich ...« (M. Buber, aaO, 71).

Im Leid gleichen sich die Menschen. Sie fühlen sich ihrer körperlichen und seelischen Kraft beraubt, den Gegnern ausgeliefert, Spielball eines Schicksals, das sie nicht zu meistern vermögen. Auf das Leid folgt oft das Selbstmitleid, dann aber beim religiös gebundenen Menschen das Gebet, der Aufschrei zu Gott. Es mag ein trotziger Aufschrei sein, eine Anklage wegen der als ungerecht empfundenen Fügung. Immer aber verbindet er sich mit der Bitte um Hilfe und Rettung.

»Ich aber, mein Gebet ist zu dir,
Du, um eine Stunde der Gnade.
Gott, in der Fülle deiner Huld
antworte mir
mit der Treue deiner Freiheit!« (Ps 69,14).

»Steh auf
zur Hilfe uns!
gilt uns ab
deiner Huld zu willen!« (Ps 44,27; M. Buber).

Das Elend kann nicht für immer triumphieren. Früher oder später wird Gott die Linderung schicken, und die Qual wird überwunden sein. So reagiert ein Mensch, wenn er nicht gänzlich zerbrochen ist und noch einen Funken der Hoffnung und der Zuversicht in seinem Herzen trägt. Nur der total Verzagte und Enttäuschte mag in sich einen übermächtigen Todeswunsch fühlen und dann die – freilich auch dann nicht immer ganz ernstgemeinte – Sehnsucht fühlen:

»Er bat seine Seele zu sterben
und sprach: Besser ist mein Tod als mein Leben!« (Jona 4,3).
(Vgl 1Kön 19,4, oben S. 163f.)

Der »Gottesknecht« in Jes 53 bildet eine Ausnahme. Er leidet, aber er klagt nicht. Er wird gepeinigt, doch er öffnet nicht seinen Mund. Wie ein Schaf läßt er sich zur Schlachtbank führen, und kein Aufschrei kündet von seinem Schmerz (V 7). Das ist ganz außergewöhnlich und erregt das Staunen der anderen. Es ist aber auch anders als bei dem in Jes 50,4–9 beschriebenen Gottesknecht (Bibelauslegungen, II,170 ff). Auch jener Mensch aus Israel – und immer widerspiegelt sich im »Knecht« das Volk als Ganzes – leidet, aber er leidet, könnte man sagen, selbstbewußt. In seinem Leiden bleibt er ungebrochen, stolz:

»Meinen Rücken bot ich den Schlagenden,
meine Wangen den Bartausreißern,
mein Gesicht verbarg ich nicht vor Schande und Bespeiung.
Und der Herr, Gott, half mir immer wieder,
deshalb wurde ich nicht zuschanden,
deshalb machte ich mein Gesicht zum Hartgestein
und wußte, daß ich mich nicht zu schämen brauchte« (Jes 50,6.7).

Er weiß um seinen letzten Triumph (ib. V 8f), und dieses Wissen gibt ihm eine unermeßliche innere Widerstandskraft. Den Sieg über die Gegner antizipierend, vermag er sein »Gesicht zum Hartgestein« zu verwandeln, bei dem die Schmach wie Speichel herunterfließt. Wohl leistet er nur einen passiven Widerstand und schlägt auf empfangene Schläge nicht zurück (Bibelauslegungen, II,176), aber es bleibt ein Widerstand. Der Gottesknecht unseres Textes unterwirft sich total. Ihm fehlt der Wille, den Widersachern die Stirn zu bieten, der Wille sich aufzubäumen, gegen das schlimme, ihm von Gott auferlegte Joch zu rebellieren. Er ist ein Knecht, der die Fessel trägt und nicht daran denkt, daß er sich ihrer entledigen könnte, wenn er es versuchte. Weshalb dieser unglaubliche Verzicht, dem Leben eine andere Wende zu geben? Wir werden versuchen, diese Frage zu beantworten.

Leitworte des hebräischen Textes

jaskíl, 52,13, ist Imperfekt des Hiphil von *s-ch-l*, »er wird einsichtig sein«, »Einsicht gewinnen«, Ibn Esra: »er wird verstehen«. Das Nomen *séchel* bedeutet »Einsicht, Verstand«. Eher trifft aufgrund von Jos 1,7; 1Sam 18,14 die Übersetzung mit »er wird erfolgreich sein«, »wird Erfolg haben« (Targúm Jonatan ben Usiel: *jizlách*) zu (so R. Jesaja der Erste von Trani, I,179; R. Elieser von Beaugency, 125; R. Sch. D. Luzzatto, 356; Sch. L. Gordon, II,138 u. a.). L.Zunz: »wird glücklich sein«, M. Abernik (II,51): »einst blüht das Glück noch«. Beide Bedeutungen von *jaskíl* suchen B-R mit ihrem »ergreifen wirds« festzuhalten: »ergreifen« intellektuell für »begreifen«, und »ergreifen« im Sinn von »die Gelegenheit (zum Erfolg) packen«.
jarúm, »er wird hoch sein« (Imperfekt des Qal von *rum*), L. Zunz: »wird erhaben sein«, B-R: »wird sich erheben«.
w'nisá' (Perfekt des Niphal von *n-s-'*, Lex. 686), »wird getragen werden«, L. Zunz: »und erhöhet«, B-R: »emporgetragen werden«.
w'gawáh, »und hoch sein« (Perfekt des Qal von *g-w-h*, Lex. 163), L. Zunz: »hochgestellt«, B-R: »mächtig ragen«. Die drei Verben werden von M. Abernik übersetzt mit »er wird noch hochgestellt, sehr angesehen und groß«. Eine freie Wiedergabe wählt H. Homberg (hakorém, II,54 a): »Hoch erhaben, schwingt er sich immer höher hinauf.«
scham'mú, 52,14, ist Perfekt des Qal von *sch-m-m*: »sie waren entsetzt« (M. Abernik, L. Zunz), eigentlich: »sie waren verwüstet«. B-R: »erstarrten«. In *sch-m-m* steckt das Moment des Entsetztseins, zugleich aber auch des Erstaunens. Ibn Esra zitiert zum Vergleich Lev 26,32 und schreibt: »Jeder, der den Gottesknecht sieht, wird erstaunt sein.«
mischchát entspricht einem *moschchát* (Partizip des Hophal von *sch-ch-t*), »verderbt« (R. Sch. D. Luzzatto, E. S. Hartom, A. Chacham, II,567). R. Elieser von Beaugency (125) versteht *mischchát* als »wichtig und groß« (entsprechend *l'mischchá*, »zur Salbung« (Lex. 608). Zum Text paßt dies nicht.
jasé, 52,15, ist Imperfekt des Hiphil von *n-s-h*, »sprengen, besprengen«

(Lex. 645, wo die Form *jasé* freilich in unserem Vers emendiert wird). Das Targúm Jonatan ben Usiel denkt mit seinem *j'dabár* an ein »er wird zerstreuen«, H. Homberg; »er sprengt auseinander«. Ibn Esra schreibt: »er wird (ihr Blut) vergießen«. Von »sprengen« gelangt R. D. Kimchi zu (Worte) »sprengen«, »predigen, ermahnen«. Raschi identifiziert *jasé* mit *jadé* (Piel von *j-d-h,* Lex. 372): »er wird werfen«. Raschi denkt dabei an »abhauen«: »er wird die Hörner der Heiden (d. h. ihre Machtzeichen) abhauen«, vgl Sach 2,4. S. Krauss: »Er verursacht es, daß die Völker von ihrem Ort aufspringen vor lauter Erstaunen«. Das ist sicher weit hergeholt, entspricht aber dem »er wird überraschen« (B-R), »in Straunen setzen« (L. Zunz). Entsprechend R. Sch. D. Luzzatto: »Er bringt ein großes Erstaunen unter die Völker, bis sie vor lauter Erstaunen von ihrem Platz aufspringen.« (Analog Sch. L. Gordon und E. S. Hartom, 163). Wir übersetzen mit »so wird er aufspringen lassen«.

jiqp'zú (Imperfekt des Qal von *q-f-z I*, Lex. 1044), »sie werden zusammenziehen, verschließen« (Lex. 1044). Nach A. Weiser (121) ist *jiqp'zú* vielleicht das Gegenteil von *jasé*: »sie werden ihren Mund verschließen und den Speichel zurückhalten und ihn nicht mehr vor lauter Staunen aus dem Mund fließen lassen (= *jasé*).« Nach S. Krauss (53): »sie werden aufspringen« (von *q-f-z II*, Lex. 1044, was allerdings sonst nur ein einziges Mal im Partizip des Piel *m'qapéz* belegt wäre, Hld 2,8).

hitbonánu, »sie wandten die Aufmerksamkeit zu« (Lex. 118; Perfekt des Hitpolel zu *bin*), L. Zunz: »nehmen sie wahr«, B-R: »des werden sie inne.«

he'emín, 53,1, »er glaubte, vertraute« (Perfekt des Hiphil von *'-m-n*, Lex. 61 f).

lischmu'aténu (von sch-m-', »hören«) ist »unserer Kunde« (L. Zunz), »dem für uns Erhorchten« (B-R).

s'ró'a 'adonáj ist »der Arm des Herrn« (vgl Jes 51,9; Bibelauslegungen, III,226).

nigláta (Pausaform für *nigl'tá*) ist Perfekt des Niphal von *g-l-h* (Lex. 184): »entblößte sich, offenbarte sich«.

jonéq, V 2, ist ein »Schößling« (Lex. 398; Partizip des Qal von *j-n-q*, »saugen«). L. Zunz übersetzt mit »Reis«, B-R mit »Keimling«. Als Gegensatz zu *jonéq* steht *schóresch*, die »Wurzel« aus »dürrer Erde« (B-R für *'érez zijá*).

w'nir'éhu – das *waw* hat hier eine konsekutive Bedeutung – ist Imperfekt des Qal von *r-'-h* mit dem Suffix *-hu*, »ihn«: »daß wir ihn sehen« (B-R: »angesehen hätten«), L. Zunz: »daß wir auf ihn sähen«, M. Abernik (52 a):

»uns einen Blick ablockend«. Von der Wurzel *r-'-h* kommt *mar'éh* »Aussehen« (52,14: *mar'éhu*, »sein Aussehen«).
w'nechm'déhu, »daß wir ihn begehrten« (Imperfekt des Qal von *ch-m-d* mit dem Suffix *-hu*; Lex. 312). Nach W. Gesenius (§ 166a, S. 529) liegt ein Jussiv vor.
niwsé, V 3, »geringgeschätzt«, »verachtet« (L. Zunz), »verschmäht« (B-R), ist Partizip des Niphal von *b-s-h* (Lex. 113); vgl Jes 49,7.
chadál ist Status constructus von *chadél*: »verlassen (von)« (Lex. 281); *chadál 'ischím* (seltener Plural von *'isch*, »Mann; Mensch«; so noch Ps 141,4; Spr 8,4) meint »verlassen von Menschen«, L. Zunz, B-R: »von Menschen gemieden«. Ibn Esra: »er hörte auf, zu den Menschen gerechnet zu werden.« R. D. Kimchi: »Der Geringste der Menschen war er«, vgl Rev. I. W. Slotki (Isaiah 262): »Behandelt wie ein Ausgestoßener«. Niemand will etwas von ihm wissen (R. Sch. D. Luzzatto), denn »er ist der Niedrigste der Menschen« (J. Morgenstern, The Suffering Servant – A new Solution, in: Vetus Testamentum, XI,1961,315).
mach'owót ist Plural von *mach'ów*, »Schmerzen« (Lex. 548); *mach'ów* = *k''ew*.
chóli ist die »Krankheit« (Lex. 305), vgl V 4: *cholajénu*, »unsere Krankheit«.
wijdú'a (Partizip Passiv von *j-d-'*, »bekannt«), *chóli* heißt »vertraut mit Leiden« (L. Zunz) oder, etwas anders, »der Krankheit bekannt« (B-R), »krankheitserfahren« (A. B. Ehrlich, Randglossen, IV,191).
k'mastér (= *k'mastír*, Partizip des Hiphil von *s-t-r*; Lex. 729), »wie einer, der verbirgt«, L. Zunz: »verhüllt«.
chaschawnúhu ist Perfekt des Qal von *ch-sch-w* mit dem Suffix *-nu*, »ihn«, hier im Sinn von »achten, wertschätzen« (Lex. 346): »wir haben ihn (nicht) geachtet«. L. Zunz: »wir hielten ihn für nichts«.
In V 4 steht *nasá'*, »er trug« (ebenso in V 12), parallel zu *s'walám*, »er hat sie (Schmerzen) aufgeladen« (B-R), vgl *séwel*, »Last«, *sabál*, »Lastträger« (Lex. 700). *s'walám* ist Perfekt des Qal von *s-w-l* mit dem Suffix *-am*, »sie«.
nagú'a ist Partizip Passiv von *n-g-'*, »berühren«: »angerührt, getroffen« (Lex. 631), L. Zunz: ein »Geplagter«, B-R: ein »Schadengeplagter«. Ibn Esra erwähnt Lev 13,5, wo *néga'*, die »Berührung« (Lex. 632) durch die Aussatzerkrankung, genannt ist. *nagú'a* ist daher vielleicht soviel wie »krank« (so auch A. Chacham, II,570).
muké ist wegen des *zeré* (statt eines *s'gol*) Status constructus des Hophal-Partizips von *n-k-h*: »geschlagen« (Lex. 659).

m'ͤuné ist Pual-Partizip von *ͤ-n-h II*: »erniedrigt, gedemütigt« (Lex. 807), L. Zunz: »niedergebeugt« (so auch B-R).
m'cholál, V 5, ist Partizip des Polal von *ch-l-l II*, »verwundet« (Lex. 307; L. Zunz), B-R: »durchbohrt« (vgl *chalál*, »durchbohrt, erschlagen«). R. Saadia Gaon (Sammelband »Kommentare zu Jes«, I,8) übersetzt mit »erkrankt« (*laschón chóli*, »Ausdruck von Krankheit«), was in die Nähe von *chil I*, Polal (»zum Beben gebracht werden«, Lex. 298) rückt (so m'zudát Zijón). Die Konjektur von *m'cholál* in *m'chulál*, »entweiht« (so BH und Lex. 307) erübrigt sich.
mi, verkürzt aus *min*, eine der häufigsten Präpositionen, bedeutet »von, aus«. Häufig ist der »causative Gebrauch des *min* = wegen, infolge (vgl unser: das kommt von . . .)« (W. Gesenius, § 119z; S. 400), *min* »bezeichnet die logische Ursache: in Folge von, wegen« (Lex. 566).
péschaͤ ist »Missetat«, *ͤawón* »Schuld« (s. oben, Leitworte zu Ex 34,4–10). *mipschaͤénu* bedeutet daher »wegen unserer Missetat«, *meͤawonoténu*, »wegen unserer Schulden« (H. Homberg, hakorem 52b). Hinweis: *min* heißt nie »um . . . willen«, *mipschaͤénu* daher nicht »um unserer Missetat willen«; s. Exegese.
m'duká', Partizip des Pual *d-k-'* (Lex. 212): »zerschlagen«, L. Zunz: »zermalmt«, B-R: »gemalmt«; vgl *dak'ó*, V 10: »ihn zu zerschlagen, zu zermalmen« (Infinitiv des Piel mit Suffix *-o*, »ihn«).
musár ist »Züchtigung« (Lex. 528; B-R), »Strafe« (L. Zunz), es sind »die Schmerzen« (R. Sch. D. Luzzatto, 358; A. Chacham, II,570). *musár* steht – dies zeigt das *patách* anstelle des *qámez* unter dem *sámech* – im Status constructus. Es ist nomen regens zu *sch'loménu*, »unser Frieden«, »unser Wohlbefinden«. *musár sch'loménu* ist »die zu unserem Heil verhängte Züchtigung« (W. Gesenius, § 128q, S. 436), »die Züchtigung uns zum Frieden« (B-R).
chaburá ist »Striemen« (Lex. 274), *chawurató* (für *chaburató*), von einem nicht belegten *chawurá*, »seinen Striemen«.
nirpá' ist Perfekt des Niphal von *r-f-'*, »wurde geheilt«.
hifgíͤa, V 6 (Perfekt des Hiphil von *p-g-ͤ*; Lex. 861), »er ließ treffen« (mit der Präposition *b* wird auf die getroffene Person hingewiesen). Objekt ist *ͤawón*, »Schuld«, B-R: »Fehlbuße«, Ibn Esra: vielleicht »Strafe« (so auch L. Zunz, R. Sch. D. Luzzatto, 359).
nigás, V 7, »er wurde bedrängt« (Perfekt des Niphal von *n-g-s*, Lex. 633), er wurde »getrieben« (B-R); m'zudát Zijón: »bedrückt, gestoßen«.
naͤané, »er beugt sich« (Partizip des Niphal von *ͤ-n-h II;* Lex. 807), L. Zunz: »er ergab sich«; vgl. *m'ͤuné*, oben V 4.

seh ist ein »Lamm«, *rachél* ein »Mutterschaf« (B-R).
latéwach, »zur Schlachtung« (Lex. 352; L. Zunz; m'zudát Zijón), »zur Schlachtbank« (B-R).
juwál, »er wird gebracht (werden)«, »geführt werden« (Imperfekt des Hophal von *j-w-l I*; Lex. 366).
ne'eláma (Pausaform; Perfekt des Niphal von *'-l-m I*; Lex. 55), »sie verstummte«.
me (= *mi*; *min*) in *meʿózer* bedeutet soviel wie »ohne« (»fern von«; Lex. 566). *ʿózer* besitzt (so Lex. 825) zwei Bedeutungen: »Verschlossenheit« und »Bedrückung, Druck«». L. Zunz wählt »Druck«, A. B. Ehrlich (IV,192) jedoch »Einkerkerung«, vgl B-R: »Abgehegtheit«, J. Morgenstern (aaO, 316): »imprisonment«, m'zudát Zijón: »Ort der Haft« (= Gefängnis; R. Saadia Gaon). Anders R. Josef ben Natan, 331, R. Sch. D. Luzzatto, 360, A. Weiser, 122 f: »Herrschaft« (vgl 1Sam 9,17: *jaʿazór*).
mischpát, »Recht«, ist hier »Strafgericht« (L. Zunz), »Gerichtsbann« (B-R), »ein Gerichtsverfahren« (J. Morgenstern, 316).
doró, »sein Geschlecht, seine Generation« (Lex. 209 zu *dor II*), Ibn Esra: »die Menschen seiner Generation« (analog R. Sch. D. Luzzatto). A. B. Ehrlich (IV,192) und Lex. 209 denken an »Geschick« (vgl arabisch *dā'irat*).
j'sochéach ist Imperfekt des Polel von *súach/síach*, »er wird sprechen« (Raschi; R. Sch. D. Luzzatto; Sch. L. Gordon; A. Chacham), B-R: »mochte klagen«, seltsam L. Zunz: (Wer hat es) »empfunden«.
nigsár, »er wurde abgeschnitten« (Perfekt des Niphal von *g-s-r*, Lex. 179; B-.R).
'érez chajím (ohne Artikel beim Nomen rectum *chajím.*) ist »Lebensland«, L. Zunz und B-R dennoch: »Land *des* Lebens«, M. Abernik: »Reich des Lebens«. H. Homberg versteht die Wendung als »Land der Lebenden«, was an sich möglich ist (*chajím* = Plural des Adjektivs *chaj II*, »lebendig« [Lex. 295 f]).
ʿamí ist soviel wie *ʿamím* (Ps 144,2; R. Sch. D. Luzzatto, 360; E. S. Hartom, 164). Die Jesajarolle von Qumrān liest allerdings *ʿamó*, »sein Volk«, s. BH).
b'motáw, V 9, steht parallel zu *qiwró*, »sein Grab« (von *qéwer*), und heißt wörtlich »bei seinen Toden« (B-R). Der Plural von *máwet*, »Tod« (Lex. 534), findet sich Ez 28,10 im Status constructus *moté*. L. Zunz übersetzt singularisch »bei seine*m* Tod*e*«. Viel passender ist die bereits von Ibn Esra (dann auch R. Sch. D. Luzzatto; A. Chacham, II,572) vorgeschlagene Identifizierung von *b'motáw* mit *bamotáw*, »seine Höhen«, »Kulthöhen«

(Lex. 131 zu *bamá*). Gemeint ist hier die sich über dem Grab erhebende Erhöhung, das Grabmal. M. Abernik wählt entsprechend »Erdhügel«. Die Vokaldifferenz *b'motáw*/*bamotáw* ist nach Ibn Esra vergleichbar dem *s'risé Par'óh* (»Eunuchen Pharaos«, Gen 40,7), beziehungsweise *sarisé hamélech* (»Eunuchen des Königs«, Est 6,14). Die Biblia Hebraica Stuttgartensia schlägt den Singular »*bamató*, sepulchrum suum«, statt *bamotáw* vor, was indessen unnötig ist.

'aschír entspricht dem *r'scha'ím*, »Frevler« (Plural von *raschá'*). *'aschír* ist der »Reiche«. R. Sch. D. Luzzatto, 361: »Er (Gottesknecht) hat einen Grabhügel wie der Reiche, zur Erinnerung an seine Gerechtigkeit.« B-R übersetzen mit »Übeltätern« und lesen offenkundig statt *'aschír* ein *'osé ra'* (vgl BH; Lex. 848).

chamás ist »Gewalttat«, das himmelschreiende soziale Unrecht (Gen 6,11.13), L. Zunz: »Gewalt«, B-R: »Unbill«, M. Abernik: »Unrecht«.

mirmá, »Hinterlist, Trug« (Lex. 601, zu *mirmá I*), B-R: »Betrug«.

Die Präposition *'al*, »auf«, leitet hier einen Konzessivsatz ein und ist mit »obschon« zu übersetzen (W. Gesenius, § 160c; S. 523).

hecheli, V 10, steht für *hecheli'* und ist ein Perfekt des Hiphil von *ch-l-h*, das wie ein Verbum tertiae 'álef *(ch-l-')* gebildet ist (Ibn Esra: R. Sch. D. Luzzatto; W. Gesenius, § 74; S. 215; § 75ii, S. 224): »er machte krank«. In der Qumränrolle ist zu lesen: *wajchal'léhu*, »er verletzte ihn« (vgl oben V 5: *m'cholál*).

'aschám meint hier nach Lex. 92f »Sühnegabe, Entschädigung«. L. Zunz beläßt die Grundbedeutung »Sühneopfer«, wobei er freilich die Präposition *l* dazudenkt: »zum Sühneopfer«. B-R: »das Schuldopfer«. Ibn Esra setzt *'aschám* dem *'aschmá*, »Verschuldung, Schuld« (Lex. 93) gleich (»Wenn seine Seele seiner [des Knechts] Schuld vor ihn setzt« = ihm bewußt macht).

chéfez ist »Freude, Gefallen, Wunsch, Angelegenheit« (Lex. 326f), L. Zunz und B-R: »Wille«, M. Abernik: »Wunsch«, H. Homberg (54b): »Ratschluß«. Vgl *chaféz* am Versbeginn: »hat Verlangen«, »wollte« (L. Zunz, B-R).

jizlách, Imperfekt des Qal von *z-l-ch* (Lex. 961f): »wird gelingen« (L. Zunz; B-R: »es gerät«).

'amál, V 11, ist hier »Mühsal« (Lex. 800), »Trübsal« (L. Zunz), »Pein« (B-R), »Schmerz« (m'zudát Zijón).

Die Qumränrolle liest nach *jir'é*, »er wird sehen« (Imperfekt des Qal von *r-'-h*), ein *'or*, »Licht« (»er wird Licht sehen«). Ibn Esra ergänzt gedanklich *chefzó*, »sein Wunsch« (s. oben zu *chéfez*), oder *tow*, »Gutes«. Die asynde-

tische (nicht durch ein Bindewort verbundene) Beiordnung von *jisbá*ʿ, »er wird satt werden« (Imperfekt des Qal von *s-b-*ʿ), ergibt den Sinn: »er wird schauen, sich sättigen (sc. des Anblicks), denn die Sättigung folgt erst auf den Genuß« (W. Gesenius, § 120g–h, S. 404). B-R ziehen das folgende *b'daʿtó*, »durch sein Wissen« (*dáʿat* ist Infinitiv des Qal von *j-d-*ʿ; Lex. 373), zu *jisbá*ʿ hinüber: »wird ersatten an dieser seiner Erkenntnis«.
jazdíq ist Imperfekt des Hiphil von *z-d-q* (Lex. 942): »er wird Recht schaffen«, L. Zunz: »rechtfertigen«, B-R: »bewähren« (*zadíq* ist bei ihnen konsequent der »Bewährte«).
'achaléq, V 12, »ich werde verteilen«, B-R: »teile ich zu«, L. Zunz: »zu Teil geben« (Imperfekt des Piel von *ch-l-q*, Lex. 310 zu *ch-l-q II*).
schalál, »Beute« (L. Zunz; B-R).
Die Präposition *táchat*, »unter«, heißt zugleich bei einem Nomen »anstelle« (Gen 22,13: *táchat b'no*, »anstelle seines Sohnes«; Ex 21,37; *táchat haschór*, »anstelle [als Ersatz für] des Ochsen«; und die Rechtsnorm *ʿájin táchat ʿájin*, »ein Auge anstelle eines Auges« [als Ersatz für ein Auge; Ex 21,24.26]). In unserem V 12 leitet *táchat*, zusammen mit *'aschér*, einen Verbalsatz ein: »dafür daß« (L. Zunz; B-R).
heʿerá – Perfekt des Hiphil von *ʿ-r-h* (Lex. 835) – hat nach Raschi und R. D. Kimchi denselben Sinn wie das Piel: »er schüttete aus«, vgl *watʿár* (Imperfekt des Piel, Gen 24,20): »sie leerte, schüttete aus« (ihren Krug). Ibn Esra denkt an eine Stelle wie Lev 20,18 f, wo vom »Entblößen« (der Scham) die Rede ist. *heʿerá* heißt »er entblößte« L. Zunz: »dafür, daß er bloßgestellt«, B-R: »entblößte«.
nimná, »er wurde gezählt« (L. Zunz), »gerechnet« (B-R). *nimná* ist Perfekt des Niphal von *m-n-h* (Lex. 567).
jafgíʿa (vgl *hifgíʿa*, V 6) kann meinen: »er wird dringen in«, d. h. »beten für« (Ibn Esra; E. S. Hartom, 164, R. Sch. D. Luzzatto, 365, H. Homberg, 44b), wie Jer 36,25. Anders M. Abernik: (und Frevlern) »sich zum Ziel gestellt«; A. Chacham (II,574): »Er bot den Frevlern ein leichtes Ziel, so daß sie ihn zu treffen vermochten«; M. Buber übersetzt: »er ließ sich treffen.«

Der Text in der Exegese

Jes 52,13–53,12 besteht aus drei Teilen, die sich aufgrund sprachlicher Kriterien klar voneinander scheiden lassen:
52,13–15 beschreibt den Aufstieg des Gottesknechts aus der entsetzlichsten

Tiefe zur höchsten Höhe. Eine Tatsache, welche die Völker und Könige in ein unglaubliches Staunen versetzt. Es handelt sich um eine objektive Feststellung eines außenstehenden Beobachters, des Propheten oder Gottes, in dessen Auftrag er spricht.
53,1–6 enthält das Schuldbekenntnis einer Menschengruppe – der zuvor erwähnten Völker und Könige. Diese Gruppe spricht in der Wir-Form (»unsere Kunde«, V 1; »daß wir ihn ansehen sollten«, »daß wir ihn begehrten«, V 2, usw). Die Klammer der beiden ersten Teile bildet die Beschreibung des Gottesknechts in seiner elenden Gestalt. 52,14: »so verderbt war – nicht mehr ein Mann – sein Aussehen und seine Gestalt nicht mehr von Menschen« (B-R: »so unmenschlich verderbt war sein Aussehn, ungleich Adams Söhnen seine Gestalt«), und 53,2: »keine Gestalt besitzt er und keine Pracht, daß wir ihn ansehen sollten, und kein Aussehen, daß wir ihn begehrten.« Dieser Teil schließt mit den Worten: »und der Herr ließ auf ihn treffen die Schuld (Strafe?) von uns allen.«

53,7–12 gibt wiederum – wie im ersten Teil – ein objektives Urteil ab. Der Gottesknecht hat gelitten, aber Gott wird ihn schließlich rehabilitieren und ihm eine glanzvolle Zukunft schenken (V 10ff). Die Wir-Form fehlt, Sprecher ist wiederum der Prophet oder Gott. Auf das Schuldbekenntnis folgt die Verheißung. Der Schluß (»und von den Frevlern sich treffen ließ«) entspricht dem Schluß von V 6, dem Ende des Schuldbekenntnisses. Der Vergleich zeigt eine chiastische Anordnung:

V 6: Und der Herr ließ *auf ihn treffen* *die Schuld* von uns *allen.*

V 12: Indem er die *Verfehlung* der *vielen* trug und von den Frevlern *sich treffen ließ.*

Was die Völker – nach ihrer Verirrung (V 6a) – eingesehen haben, wird durch einen unvoreingenommenen Beobachter bekräftigt. Wir wenden uns jetzt den drei Teilen zu.

1. Der Aufstieg aus der Tiefe (52,13–15)
»Sieh, Erfolg hat Mein Knecht – Er wird sich erheben, getragen und sehr hoch sein.« Die gegenwärtige elende Lage dauert nicht für ewig an. Dies soll »Mein Knecht« – und so kann nur Gott oder der in seinem Namen auftretende Prophet reden – »erkennen« *(jaskíl)*.
Ibn Esra:

»Mein Knecht soll erkennen, daß er sich noch erheben und getragen wird.«

In *jaskíl* steckt ein Zweifaches: »Erkennen und Erfolg haben« (s. Leitworte). m'zudát Zijón sucht nach dem Grund:

»Wer erfolgreich ist, erscheint als ein Mensch, der etwas mit Einsicht ausgeführt hat.«

Der Akzent liegt nicht auf der kognitiven Seite, sondern auf dem Ergebnis: dem Erfolg, dem »Glück«. Der Erfolg steht in frappantem Gegensatz zum vorangehenden Zustand, wie R. D. Kimchi aufgrund der drei Verben des »Erhöhens« betont:

»Er (Vers) spricht von der Erhöhung in vielfältiger Weise (eigentlich: in jedem Ausdruck), weil seine Erhöhung eine außerordentliche Erhöhung sein wird.«
Vgl m'zudát Davíd: »Er (Vers) drückt die Sache mit verschiedenen Worten aus, entsprechend der besonderen Größe und Herrschaft.«
A. Chacham (II,567): »Die drei parallelen Verben sind eng verbunden – zur Betonung und Verstärkung, und das Wort ›sehr‹ *(m"od)* fügt der Verstärkung ein Weiteres hinzu.«

Der Satz beginnt mit *hiné*, identisch mit *hen*, »sieh«. S. Krauss schreibt (53):

»Der Anfang des vierten Lieds der Gottesknechtslieder entspricht genau dem Anfang des ersten Lieds« (42,1; s. oben S. 217).

Dies ist ein äußeres Merkmal, aber es schlägt einen sichtbaren Bogen im Hinblick auf den Inhalt: »Sieh, Mein Knecht, den Ich stütze«, ist derselbe, der sich aus seiner schlimmsten Notlage dereinst zur nie geahnten Höhe erheben wird.
Die Wende grenzt an ein Wunder. Da ist ein Mensch, der gleichsam seine menschliche Gestalt, seine menschlichen Züge verloren hat. Die Leiden haben ihn entstellt, und wer den Gottesknecht sieht, ist entsetzt und erstaunt (s. Leitworte zu *scham'mú*), weil er eine solche Deformierung nicht für möglich hielt. Doch dann tritt die Metamorphose, die »Umgestaltung«, die Verwandlung ein. Der böse Zauber ist gebrochen. Der Mißgestaltete, einem Menschen unähnlich Gewordene, gewinnt sein früheres Aussehen in höchster Vollendung wieder. Der Text spricht zwar nur von der Erhebung, aber in dieser Erhebung ist die Neuformung eingeschlossen.
Die vielen *(rabím)*, die »entsetzt« waren, wird er jetzt »auseinandersprengen« (*jasé*, s. Leitworte). »Der Kontrast zwischen des Knechts vergangener und gegenwärtiger Tiefe der Demütigung mit seiner zukünftigen Würde und Herrlichkeit« (Rev. I. W. Slotki, Isaiah, 260) macht sie sprachlos. Sie »schließen ihren Mund *(jiqp'zú pihém)* vor lauter Verblüffung, denn eine

solche Ehre, wie sie von keinem Menschen erzählt worden war, haben sie nun selbst gesehen« (Raschi). S. Krauss (53) vertritt ein anderes Satzverständnis:

»Er (Knecht) bewirkt, daß die Völker vor lauter Staunen von ihrem Ort aufspringen werden, oder auch als Zeichen der Ehrerbietung, die sie ihm entgegenbringen (wie Jes 49,7: ›Könige sehen's und erheben sich‹).« (Siehe Leitworte zu *jiqp'zú.*)

2. Das Schuldbekenntnis der Völker und Könige (53,1–6)

53,1 beginnt mit einer *rhetorischen Frage*, die negativ zu beantworten ist (W. Gesenius, § 151a, S. 499):

»Wer vertraut unserer Kunde,
und der Arm des Herrn –
über wem hat er sich offenbart?!«

Über keinem! Eine solche Gottestat, ein solches Eingreifen für einen Menschen (ein Volk) wurde bisher in der Menschheitsgeschichte nicht registriert. Raschi bemerkt:

»So reden die Heiden zueinander: Hätten wir von anderen gehört, was wir selber sehen, wir hätten es nicht geglaubt ... In solcher Größe und Herrlichkeit hat sich Gottes Arm nie offenbart«.

Eine *sch'mu'á*, eine »Kunde« (B-R: etwas »Erhorchtes«), geht um. Die Leute sind fasziniert, überwältigt vom Wirken Gottes, von dem sie zuvor vielleicht nur entfernt vernommen haben – etwa von Seinem Geschichtshandeln für das aus der ägyptischen Knechtschaft befreite Volk – das sie aber mit Augen nie selber erblicken konnten. Am Schicksal des Gottesknechts wird sichtbar, was am Schicksal Israels überhaupt wahrzunehmen ist:

»Entblößt (*chasáf;* B-R: »Bloßgestreift«) hat der Herr den Arm Seiner Heiligkeit vor den Augen aller Völker, und es sehen alle Enden der Erde die Hilfe unseres Gottes« (Jes 52,10).

Gott rettet, er läßt die auf Ihn Vertrauenden und Hoffenden nicht im Stich. Das ist freilich nicht auf den ersten Blick zu bemerken, und das Erlebnis des Gottesknechts zeigt es. V 2 nimmt das Bild von 52,15 wieder auf und leitet zugleich das Schuldbekenntnis der Völker und Könige ein:

»Er stieg auf wie der Schößling vor Ihm
und wie die Wurzel aus dürrem Land.
Keine Gestalt besitzt er und keine Pracht,
daß wir ihn ansehen sollten,
und kein Aussehen, daß wir ihn begehrten.«

Das Bild vom *»Schößling«* (B-R: »Keimling«, s. Leitworte) und der *»Wurzel aus dürrem Land«* wird von vielen Exegeten – parallel zur zweiten Satzhälfte – als etwas *Negatives* interpretiert.

Ibn Esra: »Er trägt keine Frucht und wächst nicht.«
M'zudát Davíd: »Er wuchs auf wie ein Zweig vom Baum, der keine Kraft aus dem Boden zieht, sondern alle Kraft vom Baum selbst gewinnt . . ., und wie eine Wurzel im dürren Land, die wegen des Mangels an Wasser sehr rasch welkt und vertrocknet.«
H. Homberg (51b): »Wie ein Schößling – Es handelt sich um ein kleines und schwaches Gewächs, das am Boden haftet wie ein Säugling an seiner Mutterbrust.« (S. Leitworte zu *jonéq*, von *j-n-q*, »saugen«.)
M. Z.Segal (109): »Sie (Wurzel) kann keine schönen Bäume emporwachsen lassen (so in Jes 41,18).«

Das Bild wird freilich auch *positiv* bewertet. Etwa vom Targúm Jonatan ben Usiel, das ohnehin den ganzen Inhalt von Jes 53 in sein Gegenteil umbiegt und zu diesem Zweck viele Worte einfügt, die in dem Abschnitt gar nicht zu finden sind (ein Musterbeispiel tendenziöser Übersetzung!):

»Die Gerechten mehren sich vor Ihm wie Blüten, die aufgehen (*k'lawlabín d'farán*; J. F. Stenning, 178: »as budding shoots«, = »wie knospende Schösslinge«), und wie ein Baum, der seine Wurzeln zu Wasserbächen *(nagdín d'májin)* entsendet« – Vom Erblühen und von Wasserbächen ist gerade nicht die Rede!

Ohne soweit zu gehen wie das Tg, deutet R. Elieser von Beaugency (126) V 2a als Ergebnis des »enthüllten Gottesarms«: So steht es um den Knecht, wenn Gott für ihn eintritt:

»›Über wem hat er (Arm) sich offenbart‹, um einen Mann in einen anderen zu verwandeln? Er steigt und wächst wie die Schößlinge vor Gott und wie die Wurzel aus dürrem Land, so steigt er jetzt auf aus Krankheiten und Schmerzen. Doch in der Vergangenheit (!) besaß er keine Gestalt und keine Pracht . . .«
Vgl R. Jesaja der Erste von Trani (I,179): »Wie ein Schößling, der nicht sichtbar und erkennbar ist und kurz danach als großer Baum in Erscheinung tritt, so war Israel im Exil erniedrigt, jetzt aber erhebt es sich über alles.« (Hinweis: Die Deutung mit dem Exil ergibt sich für R. Jesaja durch den Kontext von Jes 53 mit 52,7–12; vgl Rev. I. W. Slotki, 261.)

Es ist einleuchtender, den ganzen V 2 im Zusammenhang mit dem erbärmlichen Zustand des Knechts *vor* seiner Erhöhung zu sehen, denn diese Erhöhung ist erst im dritten Teil (53,7–12) beschrieben. V 2 steht daher im Gegensatz zum gloriosen Aufkeimen des Isaisprosses in Jes 11,1 (Bibelauslegungen III,138):

»Es geht hervor ein Reis aus Isais Strunk,
und ein Sproß gedeiht aus seinen Wurzeln.«
(Vgl ferner Jer 17,8; Ez 31,7; Ps 1,3.)

Hier *wächst* der »Schößling«, doch unansehnlich und schwach, weil ihm das Wasser in der Einöde fehlt. So bleibt er unbeachtet, und selbst wer ihn sieht, freut sich nicht und »begehrt ihn nicht«. Anders als die wohlgewachsenen, von den vier Strömen reich bewässerten Bäume im Garten Eden, deren Früchte »begehrenswert (*nechmád*; hier: *w'nechm'déhu*) anzusehen und gut zum Essen« sind (Gen 2,9; vgl 3,6). Von »Begehren« gibt es beim »Sprößling«, der ohne Wasser wächst, aber nicht richtig gedeiht, keine Spur.
»Sprößling« und »Wurzel« sind Gleichnisse für jenen »ungestalteten« »Mann«, der nach 52,14 das Entsetzen der Betrachter erregt. Man beachte, daß dieselben Worte wiederkehren (»Gestalt«/»und seine Gestalt«; »daß wir ihn ansehen sollten«, »Aussehen«/»sein Aussehen«).
V 3 weitet die Beschreibung aus:

»Er ist verachtet und verlassen von Menschen,
ein Mann der Schmerzen, gewohnt an Krankheit,
wie einer, der vor uns das Gesicht verhüllt.
Verachtet ist er – wir schätzten ihn nicht.«

Vor lauter Schande und Schmach verhüllt er sein Gesicht, »wie einer, der aus Angst sein Gesicht verbirgt« (Raschi), vielleicht auch wie ein Aussätziger, der wegen seiner Unreinheit eine Hülle um seinen Bart zu legen gezwungen ist (Lev 13,45; A. Chacham, II, 569). Es ist freilich möglich, daß die *anderen* ihr Gesicht »vor *ihm*« *(miménu)* »verbergen«, abwenden, »um ihn nicht zu sehen und ihm nicht helfen zu müssen« (Ibn Esra; vgl R. Sch. D. Luzzatto). L. Zunz übersetzt entsprechend:

»und jenem gleich, vor dem man das Antlitz verhüllt«.

Die Häßlichkeit läßt ein Ekelgefühl bei vielen entstehen – wie wahr ist dies bis heute! –, und dieses Ekelgefühl führt zur Abkehr, zum Verweigern der Hilfe. Der Schluß von V 3 faßt das Ergebnis des Verachtet- und Vereinsamtseins zusammen: »Verachtet ist er – wir schätzten ihn nicht.« Dieses »wir schätzten ihn nicht« leitet über zum eigentlichen Schuldbekenntnis, zur Selbstanklage. Es beginnt mit *'achén*, »fürwahr, jedoch« (Lex. 46; »aber«; Raschi), und bildet den Kern der Völkerrede und den Schlüssel zu ihrem Verständnis.
Bis jetzt ist die Verzerrung im Äußeren des Knechts und sein Zustand der Schmerzen und der Krankheit bloß konstatiert worden. Nunmehr wird die tiefere Ursache aufgedeckt.

»Fürwahr, *unsere* Krankheit hat er getragen und *unsere* Schmerzen erlitten (aufgeladen), wir aber hielten ihn für einen Angerührten, einen von *Gott* Geschlagenen und Gedemütigten. Doch er ist verletzt wegen *unserer* Frevel, zerschlagen wegen *unserer* Verschuldungen« (V 4–5a).

Es liegt ein grundlegender Irrtum vor (V 6: »Wir alle irrten wie Schafe«), der eingestanden und korrigiert wird. Das Schema zeigt es:

Tatsache: »Fürwahr, *unsere* Krankheit hat er getragen ...«
Irrtum: »wir aber hielten ihn für einen Angerührten, einen von *Gott* Geschlagenen und Gedemütigten.«
Korrektur: »Doch er ist verletzt wegen *unserer* Frevel ...«

Die Korrektur bekräftigt die Tatsache. Was dem Mann widerfährt, ist nicht das Resultat eines von Gott ausgeführten Schlags. Die Menschen sind es, die an seinem Elend die Schuld tragen. Zweimal kommt *chaschawnúhu* vor:

»Verachtet ist er – wir schätzten ihn nicht« *(w'lo chaschawnúhu).*
»Wir aber hielten ihn« (»schätzten ihn ein«, *wa'anáchnu chaschawnúhu*).

Der Irrtum ist letztlich doppelt: »Wir schätzten ihn nicht«, obschon er, wie sich am Ende herausstellt, unserer Wertschätzung würdig gewesen wäre. Und als wir ihn »(ein)schätzten«, war es wiederum falsch. Er ist nicht »angerührt, von Gott geschlagen und gedemütigt«. Vielmehr haben ihn »*unsere* Krankheit«, »*unsere* Schmerzen«, »*unsere* Frevel« und »*unsere* Verschuldungen« in seinen bedauernswerten Zustand versetzt.
Worauf aber beruht dieser Irrtum, diese Fehleinschätzung der vielen? Unser Text gewinnt Klarheit von *Ps 69* her:

»Hilf mir, o Gott,
denn das Wasser reicht mir bis zur Kehle« (V 2).

Der Betende weiß, daß er wegen seiner Treue zu Gott leidet:

»denn wegen Dir trug ich Schmach, bedeckte Schande mein Gesicht« (ib. V 8; vgl 10.11.20.21).

In seiner Bitternis erhofft er sich den Fall seiner Feinde (V 23 ff) und spricht in V 27 einen Gedanken aus, der für uns jetzt wichtig ist:

»Denn jenen, den *Du geschlagen* hattest *(ki 'atá 'aschér hikíta),* verfolgten sie,
und vom *Schmerz* deiner *Verletzten (mach'ów chalalécha)* erzählen sie (voll Freude; nach der LXX: »fügen sie hinzu«, *prosetēkan* = *josífu* statt *j'sapéru*).
M. Buber: »Denn sie jagen, den selber du schlugst, beim Schmerz deiner Durchbohrten erzählen sie sichs.«

Der von Gott Geschlagene wird von den Menschen nicht etwa geschont, im Gegenteil: Weil er ohnehin geschlagen ist, wird er noch mehr geprügelt. A. Chacham (t'hillím, I,409) schreibt, ohne seltsamerweise auf Jes 53,4–6 hinzuweisen, dessen Worte er benützt:

»Die zuvor erwähnten Verwünschungen kommen ihnen zu, denn sie verfolgen keinen starken Mann, sondern einen angerührten und von Gott geschlagenen *(nagúʿa umuké 'elohím)*, und fügen Schläge zu den Schlägen hinzu, die Gott ihm verabreicht hat. Das Wort ›Du‹ ist vorangestellt, um anzudeuten, daß sie den Gerechten verfolgen, weil ihn *Gott* geschlagen hat. Sie täuschen sich freilich beim Gedanken, der von Gott Geschlagene sei auch der von Gott Gehaßte, und es sei angebracht, daß ihn die Menschen verfolgten.«
Vgl Raschi: »Du hast wenig (über ihn) gezürnt, sie aber haben zum Unglück beigetragen.«

Jetzt wird der *Sinn des Schulbekenntnisses in Jes 53,4f* verständlich: »Wir hielten ihn für einen Angerührten, einen von Gott Geschlagenen und Gedemütigten«, und deshalb (!) schlugen wir ihn erst recht. In Tat und Wahrheit ist er aber gar nicht von Gott gestraft, und seine Verletzungen gehen ausschließlich auf *unser* Fehlverhalten, »*unsere* Frevel«, zurück. Wir – und nur wir – haben ihn verletzt und unterdrückt und sein Leid verschuldet. «*Unsere* Krankheit hat er getragen und *unsere* Schmerzen erlitten« (Krankheit ist hier identisch mit körperlicher Schädigung; Ibn Esra, R. Jesaja der Erste von Trani: »wir pflegten ihn krank zu machen«). Wir allein sind die Ursache all seines Elends. Gott hat nichts mit diesem zu tun! Aber selbst wenn er ein von Gott geschlagener Mensch wäre, gäbe es uns – dies ist dazuzudenken – längst keine Legitimation, ihn mit Füßen zu treten, aus der menschlichen Gemeinschaft auszustoßen (V 3: »Er ist verachtet und verlassen von Menschen.«) und zu demütigen.
»Wir alle irrten wie Schafe . . ., und der Herr ließ auf ihn treffen die Schuld von uns allen.« In diesem Punkt – doch in ihm allein! – hat Gott mitgespielt: Er ließ die Peiniger ihr Ansinnen ausführen, ohne ihnen in den Arm zu fallen. Daß Gott das Wüten des Verbrechers nicht verhindert, ist ein Problem, das uns im Zusammenhang mit dem Holocaust bis heute beschäftigt. »Wie konnte Gott Auschwitz zulassen?« fragen viele Menschen, und sie fragen richtig. Eine absolut überzeugende Antwort gibt es nicht (Vgl R. E. Berkovits, Faith after the Holocaust, 1973, 3 ff; R. H. S. Kushner, Wenn guten Menschen Böses widerfährt, 1983, 11 ff: »Warum müssen die Gerechten leiden?«, vgl oben S. 210f zu Jes 40,26–31: Gottes »Gesichtsverbergen«.)

Der Gottesknecht leidet, ist aber sein Leiden ein stellvertretendes Sühneleiden? Tilgt er die Schuld anderer Menschen, indem er deren Schuld auf sich nimmt und trägt? In der christlichen Glaubenslehre ist der Text so interpretiert worden, was beispielsweise R. Mose ben Nachman (Nachmanides) bei der Religionsdisputation von Barcelona, 1263, in Anwesenheit König Jakobs I. zwang, den entsprechenden Thesen des getauften Juden Fray Paul Christiani, eines Dominikaners, entgegenzutreten (s. Nachmanides' Bericht, in: R. Ch. D. Schevel (Hg.), kitwé R. Mosche ben Nachman, I,299–326; Auszüge auf Deutsch, in: K. H. Rengstorf – S. von Kortzfleisch, Kirche und Synagoge, I,338–341). Auch Abarbanel hat sich bei der Einleitung des Kommentars zu Jes 53 mit der christlichen Deutung auseinandergesetzt (n'wi'ím 'acharoním, 246f; vgl Ibn Esra zu Jes 52,13; R. Jaakow ben R"uwen, 1170, in: Sammlung »Kommentare zu Jes«, II,325ff; R. Josef ben Natan, ib. 329). Doch der Gedanke des stellvertretenden Sühneleidens findet auch im jüdischen Schrifttum Eingang. R. Saadia Gaon schreibt (zu *musár sch'loménu*, V 5; Sammlung »Kommentare zu Jesaja«, I,81):

»Die Strafe, die *wir* für unsere Sünden hätten erleiden müssen, wurde von uns entfernt. *Er* hat sie ertragen und ist an unserer Stelle gestraft worden.«

Selbst R. Josef ben Natan, der die christliche Interpretation verwirft, meint (ib. 331):

»Jetzt aber sehen wir, daß die Schmerzen nicht wegen seiner Schuld über ihn (Gottesknecht) gekommen sind. Vielmehr ist die Krankheit, die wir hätten erleiden sollen, über ihn gekommen, und durch sie finden wir Sühne *('ánu mitkaprím)*.«

Der im 15. Jahrhundert in Spanien lebende Philosoph R. Josef Albo erklärt in seinem séfer ha'iqarím (»Buch der Glaubensgrundsätze«, IV,13):

»Gelegentlich kommen über den Gerechten böse Dinge wegen der Gesamtheit des Volkes, nicht als Strafe, sondern um für die Gesamtheit des Volkes zu sühnen.«

Albo erwähnt eine Sentenz aus dem Talmud (b. Mo'éd qatán, 28a; j. Jomá, I,1):

»Der Tod der Gerechten sühnt für Israel« *(mitatán schel zadiqím m'chapéret 'al Jisra'él)*.

Die Übersetzungen von L. Zunz und B-R gehen von der Idee eines Sühneleidens aus. V 5 beispielsweise liest sich bei B-R so:

»er aber, durchbohrt war er für (!) unsre Abtrünnigkeiten, gemalmt für (!) unsre Verfehlungen ...«

Bei L. Zunz heißt es weniger eindeutig: »Und er ist verwundet ob (!) unseren Missetaten«; das kann bedeuten »wegen« und nicht »um der Missetaten willen«; doch in V 12 steht dann eindeutig: »da er doch die Sünde der vielen trug, und es für (!) Missetäter (ihn) getroffen.«

H. Cohen (Religion der Vernunft aus den Quellen des Judentums, 328 ff) äußert sich ausführlich zum stellvertretenden Sühneleiden, schreibt dann freilich Sätze, die man nur schwer nachzuvollziehen vermag:

». . . in dem Leiden für die Völker erwirbt Israel das Recht, sie zu bekehren« (330). Oder: »Das Leiden Israels ist die tragische Züchtigung, welche den Frieden der Menschen herbeiführen soll.«

Bei allem Respekt vor diesen Exegeten und Denkern – die These von einem stellvertretenden Sühneleiden läßt sich für die hebräische Bibel nicht belegen (vgl R. D. Kimchi; R. Sch. D. Luzzatto, 359). *m'cholál mipscha'énu* heißt nicht »durchbohrt war er *für* unsere Abtrünnigkeiten«, sondern »*wegen* unserer Abtrünnigkeiten« (s. Leitworte zu *mi*, V 5). Nirgends tritt in unserem Abschnitt der Begriff der *kapará*, der »Sühne«, auf. Das Talmudzitat vom »Tod der Gerechten« stammt aus späterer Zeit. Für die Bibel aber gilt die apodiktische Forderung (Dtn 24,16):

»Es sollen nicht Väter wegen der Söhne getötet werden, und nicht sollen getötet werden Söhne wegen der Väter. Jeder werde wegen seiner (eigenen) Sünde getötet.« (Vgl 2Kön 14,6, wo die Satzung ausdrücklich erwähnt wird.)
Ez 18,20: »Die Seele, die sündigt, sie (allein) stirbt. Ein Sohn trägt nicht die Schuld des Vaters, und ein Vater trägt nicht des Schuld des Sohnes . . .«
Jer 31,28 f spricht im Gleichnis von den »stumpf werdenden Zähnen« vom Leiden, aber nicht von einem Sühneleiden, dennoch ist die Formulierung interessant: »In jenen Tagen wird man nicht mehr sagen: Die Väter aßen saure Trauben, und die Zähne der Söhne wurden stumpf. Vielmehr wird jeder durch seine eigene Schuld sterben. Wer saure Trauben ißt, dessen Zähne werden stumpf.«

Gelegentlich wird der am Versöhnungstag *(jom hakipurím)* in die Wüste entsandte »Sündenbock« als Beweis für ein stellvertretendes Sühneleiden erwähnt (Enc. Welt der Bibel, J'scha'jáhu, 247). Auf den Sündenbock werden (nach Lev 16,21 f) die Sünden von ganz Israel abgeladen, und er trägt sie mit sich in die Wüste fort, wo er umkommt. »Der Bock, der nicht ›gesündigt‹ hat, wird in die Wüste geschickt . . .« (Enc. Welt der Bibel, ib.). Kein Tier hat je gesündigt, doch viele Tiere werden als Schuld- und Sühneopfer auf dem Altar dargebracht, und zwar als Substitution, als Ersatz für den reumütigen Menschen, der sich gleichsam selbst zum Opfer darbringen möchte und als Zeichen seines Willens die Hände auf das Opfertier stützt. Der »Sündenbock« bildet keinen Einzelfall. Das Besondere ist, daß man ihn nicht opfert, sondern in die Wüste entläßt. Es ist zweifellos falsch, von einem stellvertretenden Sühneleiden zu sprechen.

Ein Letztes zu V 5b. *musár sch'loménu* (s. Leitworte) sind die dem Gottesknecht verursachten »Schmerzen«, die den Völkern den »Frieden«, das Wohlergehen bringen sollen. A. Chacham (II,570):

»Wir glauben Frieden und Glück uns zu gewinnen durch die Schmerzen, die wir ihm zufügten.«

Ganz anders deutet R. Jesaja der Erste von Trani (I,179) die schwierige Wendung.

musár ist nach ihm kein Nomen (»Züchtigung, Schmerz«), sondern das Partizip des Hophal von *sur*: »entfernt« (Lex. 707). Es ergibt sich der Sinn: »entfernt ist unser Frieden (von) ihm«, »selbst den Frieden haben wir ihm nicht gegeben«.

»Und durch seinen Striemen wurden wir geheilt« (B-R: »wurde uns Heilung«, L. Zunz: »und durch seine Wunde sind wir genesen«) wiederholt den Gedanken des *musár sch'loménu*: Wir haben ihn so lange geprügelt, bis wir durch seinen Striemen Erleichterung finden konnten. Brutale Schläge – das Leid des Opfers – lösen beim Sadisten allemal ein Lustgefühl aus, das seine Befriedigung findet. Er ist »geheilt«, für den Augenblick jedenfalls. Vgl R. Jesaja der Erste von Trani (180):

»Wenn wir ihn verletzten, so war es uns, als ob wir geheilt würden – so sehr freuten wir uns an seinem Unglück.«

3. Die Verheißung für den Gottesknecht (53,7–12)

Wir können uns kürzer fassen. Die Vorstellungen vom leidenden Gottesknecht kehren wieder, nur ist es Gott oder der Prophet, der (so R. J. Ibn Caspi, 'adné késef, 169) redet und einen »objektiven« Bericht abgibt. Die Völker sind sich ihrer tiefen Verstrickung bewußt. Sie bekennen, daß sie am tragischen Schicksal des durch ihre Schläge entstellten Menschen schuldig sind. Eine Wiedergutmachung bieten sie nicht an, doch die Wiedergutmachung wird dem Gottesknecht zuteil (V 10–12), und zwar auf Kosten der »vielen« und »Mächtigen« (V 12).

Zunächst wird die elende Verfassung des Knechts noch einmal beschrieben:

»Er ist (wurde) bedrückt und beugt sich und öffnet nicht seinen Mund – wie ein Lamm, das zur Schlachtbank geführt wird, und wie ein Mutterschaf, das vor seinen Scherern verstummt. Und er öffnet nicht seinen Mund« (V 7).

R. D. Kimchi differenziert zwischen »bedrückt« *(nigás)* und »beugt sich« (*naʿané*; vgl *m'ʿuné*, V 4):

»*nigás* ist durch Geld, *naʿané* am Körper. Sein Körper wird durch Schläge traktiert.«

Das Bild vom Lamm und Mutterschaf führt diesen Unterschied aus, meint Kimchi:

»Das Bild vom Lamm (bei der Schlachtbank) gilt für die Tortur des Körpers, jenes vom Mutterschaf für die Bedrückung durch Geld (= Scheren des Schafs).«

Das zweifache »Und öffnet nicht seinen Mund« betont die erstaunliche Tatsache, daß der Gottesknecht andauernd schweigt und stumm sein Leid erduldet. Die Wiederholung ist wirkungsvoll und beruht nicht auf einer Dittographie, einer versehentlichen Doppelschreibung des Kopisten.
Die Schilderung von des Knechts Verhalten geht jetzt über in das Aufzählen äußerer Gegebenheiten:
»Aus der Haft und aus dem Recht wurde er genommen« (meʿózer umimischpát luqách). Das wäre doch etwas Gutes, und manche Exegeten sehen es auch so.

Ibn Esra: »Gott nahm ihn aus der Haft, in der er sich befand.«
R. D. Kimchi: »Von der Haft der Verbannung und dem Gesetz der Gefangenschaft wurde er (= Gottesknecht Israel) genommen und befreit.«

Indessen kann hier, wie die Fortsetzung zeigt, noch nicht von der Lösung der Qual die Rede sein. Andere Deutungen drängen sich auf.

L. Zunz übersetzt: »Vor Druck und Strafgericht ward er hingerafft.«
m'zudát Davíd: »Man nahm ihn aus dem Gefängnis, in dem er eingekerkert war, und vom Ort des Gerichts, wo er hätte abgeurteilt werden sollen, hinweg, um ihn zu peinigen – und man ließ ihn nicht einfach frei.«
J. Morgenstern (Vetus Testamentum, aaO, 316) interpretiert in dieser Weise: Er wurde »der Gelegenheit, seine Unschuld durch ein Gerichtsverfahren zu beweisen«, beraubt. (Analog H. Homberg, aaO)
Wer *ʿózer* mit »Herrschaft« übersetzt (s. Leitworte), hat es leicht: »Von der Herrschaft und dem Recht wurde er genommen.«

»Und wer hat es seinem Geschlecht berichtet?«

Ibn Esra: »Wer hat ihm erzählt, daß sich solches ereignen wird?«
Anders R. Sch. D. Luzzatto: »Wer hat für ihn vor seinen Zeitgenossen Fürsprache eingelegt und sie wegen ihres Tuns zurechtgewiesen?« (so auch Sch. L. Gordon, II,143).

m'zudát David: »Wer kann seinem Geschlecht alle Mühsal (die er erlitten hat) aufzählen?«
Rev. I. W. Slotki (263): »Wer hat nachgedacht? Keiner. Das Martyrium wurde ihm auferlegt, ohne daß irgendeiner eingegriffen oder dagegen protestiert hätte.«
A. B. Ehrlich, (IV,192): »Wer nahm sich sein Geschick (s. Leitworte) zu Herzen, wörtlich: sann darüber nach?«

»Denn abgeschnitten wurde er vom Land des Lebens«. R. D. Kimchi verweist auf Ps 116,9, wo der auf Gott Vertrauende spricht:

»Ich werde wandeln vor dem Herrn in den Ländern (= Gefilden) des Lebens.«

H. Homberg (53a) bemerkt zutreffend:

»›Abgeschnitten‹ bedeutet nicht, daß man ihn (Knecht) töten wird, denn was hieße (V 10): ›er wird die Tage verlängern‹? Es bedeutet vielmehr, daß man ihm nachstellt, um ihn zu töten.«

Der Gottesknecht ist von der menschlichen Gemeinschaft abgetrennt, sein Leben ist kein Leben mehr. Er bewegt sich am Rand des Todes (vgl Ez 37,11: Unsere Gebeine sind vertrocknet, unsere Hoffnung zuschanden, wir sind abgeschnitten.«)

»Wegen der Missetat der Völker ist ihm ein Schlag«. Was die Völker in ihrem Geständnis zugegeben haben, wird hier nochmals festgehalten. Der Knecht ist »geschlagen«, nicht von »Gott geschlagen«, sondern von den Völkern (*'amí* = *'amím*; A. Weiser, 123, vgl Ps 144,2). Die große Jesajarolle von Qumrān liest *'amó*, »sein Volk«, was sicher nicht besser ist. R. D. Kimchi versteht *'amí* so, daß »jedes Volk so redet: wegen des Frevels meines Volkes ist ihm der Schlag«. Es sind indessen nicht mehr die Völker, die reden, sondern Gott oder der Prophet. Es bleibt bei der Gleichsetzung von *'amí* mit *'amím*.
»Er gab bei Frevlern sein Grab, beim Reichen sein Grabmal« (s. Leitworte zu *b'motáw*): Das ist eine poetische Übertreibung und nicht wörtlich zu nehmen (Enc. Welt der Bibel, 248). Der Gottesknecht ist nicht tot, weil ihm eine glückliche Zukunft – gleichsam die volle Rückkehr ins Land des Lebens – bevorsteht. Raschi schreibt:

»Er lieferte sich aus, überall dort begraben zu werden, so man ihn töten und einem schändlichen Begräbnis (= ›Eselsbegräbnis‹, Jer 22,19) übergeben würde.«
Enc. Welt der Bibel: »Seine Lage war so erniedrigend, daß man ihn wie einen Toten beklagte und nach seinem Tod unter den Verbrechern bestattet hätte.«

Der Gottesknecht leidet – und er leidet zum Tode hin –, doch er ist nicht wirklich getötet worden. Es sei denn, man wolle M. Buber (Der Glaube der Propheten, 274) beipflichten, im Gottesknecht seien *mehrere* Gestalten und Lebensgänge enthalten:

»... daß die persönliche Substanz des Ebed über eine einzelne menschliche Person hinausreicht, ohne aber kollektiven Charakter zu haben.« M.Buber versteht denn *b'motáw* (Plural von *máwet*) wörtlich: »in seinen Toden« (folgerichtig auch in B-R) und erläutert: »Es ist nicht ein einziger Tod, der dem Knecht auf seinem Weg widerfährt, er geht von Tod zu Tod und wieder zu neuem Leben.«

Eine der Gottesknecht-Gestalten wäre dann wirklich getötet worden, doch mit ihrem Tod war es nicht zu Ende. An einer weiteren Gestalt (M. Buber, 275 f: »Wir wissen nicht, auf wie viele Leben Deuterojesaja ihn verteilt sah«) hätte sich die Glücksverheißung (V 10–12) dann erfüllt. Bubers Deutung ist originell und paßt zur kollektivistischen Interpretation vom Gottesknecht als dem Volk Israel, und nur dem Volk. Man muß sich indessen fragen, ob in den Text nicht Dinge hineingelesen werden, die nicht in ihm stehen. Die Theorie am Wort *b'motáw* aufzuhängen, ist zu riskant, denn *b'motáw* wird sinnvoller mit »sein Grabmal« übersetzt.
Vierfach ist die körperliche und seelische Pein, die der Gottesknecht zu erleiden hat:

»Aus der Haft und aus dem Recht wurde er genommen.«
»Und wer hat es seinem Geschlecht berichtet?«
»Denn abgeschnitten wurde er vom Land des Lebens.«
»Er gab bei Frevlern sein Grab, beim Reichen sein Grabmal.«

Was die Völker ihm angetan hatten, ist ein Verbrechen, das sich in keiner Weise entschuldigen läßt. Der Gottesknecht ist in seinem Tun und seinem Reden gänzlich unschuldig:

»Obschon er keine Gewalttat begangen hatte, und kein Trug in seinem Munde war« (V 9b).

Ist aber auch sein Herz rein, seine Gesinnung lauter? Oder gilt für den Gottesknecht, was für Hiob gilt, als die Heimsuchung schwer auf ihm lastete? (Hiob 2,10):

»Dennoch sündigte Hiob nicht mit seinen Lippen.«
Raschi: »Aber in seinem Herzen sündigte er!«

Den völlig schuldlosen Menschen gibt es nicht (1Kön 8,46; 2Chr 6,36; Koh 7,20), und Gott kennt die Schuld, selbst wenn sie für andere Menschen nicht sichtbar ist. Wiederum in Ps 69 bekennt der um Hilfe Rufende:

»Gott, Du weißt um meine Torheit,
und meine Verschuldungen sind von Dir nicht verborgen« (V 6).

Von hier aus wird der schwere *Vers 10* unseres Textes transparenter. Dem »meine Verschuldungen« *('aschmotáj)* von Ps 69,6 entspricht ein *'aschám*, »Schuld«:

»Doch der Herr hatte Gefallen an Seinem Zerschlagenen (L. Zunz: »Doch der Ewige wollte ihn durch Leiden zermalmen«) und machte ihn krank« (*hechelí*, s. Leitworte). »Wenn seine Seele eine Schuld *('aschám)* setzt, wird er Nachkommen sehen ...«

Raschi schreibt:

»Der Heilige, gelobt sei Er, wollte ihn zerschlagen und zur Besserung führen, deshalb machte Er ihn krank.«
Sch. L. Gordon, 143: »Gott wollte ihn mit schweren Schmerzen niederzwingen ..., doch nicht um ihn zu vernichten, sondern um ihm zuletzt Gutes zu erweisen.«

Diese *Katharsisfunktion der Leiden* wird im Talmud (b. B'rachót, 5a) von Rawa vertreten:

»An wem der Heilige, gelobt sei Er, Gefallen hat, den zerschlägt Er durch Leiden *(m'dak'ó b'jisurín)*, denn es heißt: ›Doch der Herr hatte Gefallen an seinem Zerschlagenen und machte ihn krank.‹ Man könnte glauben, es gelte sogar, wenn er (der Leidende) sie nicht in Liebe empfängt? Deshalb heißt es: ›Wenn seine Seele eine Schuld setzt‹.«

Der Gottesknecht ist so wenig unschuldig wie sonst ein Mensch. Auch er hat »eine Schuld«, die Gott kennt, weil nichts von Ihm verborgen bleibt. Zu dieser Schuld muß er stehen, »seine Seele soll die Schuld setzen«. Wenn sie dies tut, haben die Leiden, die in seinem Fall »Leiden der Liebe« *(jisurín schel 'ahawá)* sind, durch die Gott ihn prüft (R. Elieser von Beaugency, 127; vgl Bibelauslegungen, I,86), ihren Zweck erfüllt. Geläutert selbst von der verborgensten Schuld, blickt er einer glücklicheren Zukunft entgegen, in der er Nachkommen sieht und lange lebt (= Ideal vieler Menschen, sicher in alter Zeit).

Ibn Esra interpretiert auf diese Weise: »›Wenn seine Seele eine Schuld setzt‹ – Er soll eingestehen und bekennen. Der Sinn ist: ›Wenn seine Seele seine Schuld ihm vorsetzt‹ (= vorhält), wird der Herr seine Söhne mehren ...«
Vgl R. Jesaja der Erste von Trani (180): »Wenn sie (Seele) bekennt und sagt ›Ich habe gesündigt, und wegen meiner Sünden ist mir all dies zugestoßen‹, wird er in der Zukunft Nachkommen sehen ...«

Falsch ist die Wiedergabe von L. Zunz:

»wenn er sich zum Sühnopfer gebracht ...«

tasím bedeutet entweder »du (Maskulinum) setzest« oder »sie setzt«, keinesfalls »er setzt« (= *jasím*). Subjekt ist *néfesch*, »Seele«, ein Femininum. Gegen die Übersetzung von *'aschám* mit »Schuldopfer« ist an sich nichts einzuwenden, bloß ist der Vers unverständlich, wie B-R zeigen:

»setzt seine Seele das Schuldopfer ein« (= ?).

H. Homberg (53b) sieht die Schwierigkeit des *tasím*, schlägt freilich eine zu komplizierte Lösung vor:

»›Wenn du setzest‹ – Dies ist ein Ausspruch des Propheten vor Gott: ›Wenn du verfügt hast, seine Seele als Schuldopfer zu setzen, so geschieht es, damit er Nachkommen sieht ...« – Von einer solchen Anrede Gottes durch den Propheten ist nichts vermerkt.

Wir bleiben bei unserem Verständnis: »Wenn seine Seele (die) Schuld setzt« (anerkennt), wenn diese Voraussetzung gegeben ist, dann ist des Gottesknechts Zukunft gesichert.
Das Glück besitzt eine geistige und eine materielle Seite. Beide Seiten entfalten sich. Durch das persönliche Schuldeingeständnis gewinnt der Gottesknecht die seelische Reinheit. Aber es werden ihm auch Kinder und ein langes Leben zuteil, »und der Wunsch des Herrn (= was Gott von ihm wünscht, erwartet) gelingt in seiner Hand«. V 11 nimmt diesen Faden auf:

»Nach der Mühsal seiner Seele (= nach seinem Leiden) sieht er, wird er satt.«
Ibn Esra: »Sieht er die Erfüllung seiner Wünsche, oder auch: Sieht er Gutes, bis er satt wird.« (Vgl auch Leitworte.)

Nie ruft er mehr aus (Sch. L. Gordon, II,144):

»Umsonst habe ich mich gemüht,
für Leeres und Dunst meine Kraft aufgebraucht« (Jes 49,4).

Vielmehr wird er dereinst auch für die »vielen« zu wirken imstande sein, vielleicht gerade für jene »vielen«, die ihm zuvor hart zugesetzt haben (52,14.15; 53,12).

»Durch sein Wissen (*b'daʿtó*; Rev. I. W. Slotki, 264: »durch sein Wissen von Gott«; R. Sch. D. Luzzatto, 362: »Durch seine Weisheit, Gerechtigkeit und Gottesfurcht«) wird Recht schaffen der Gerechte, Mein Diener, für viele.«

Dieser Einsatz für die »vielen« wird um so eher möglich sein, als er zuvor »ihre Schuld (er)trug« *(jisból)*.
Sein durch große persönliche Not geschärftes Gefühl für Recht und Unrecht

prädestiniert ihn zum Rechtsvertreter, der der Gerechtigkeit zum Durchbruch verhilft. Er ist »Mein Knecht« *(ʿawdí)*, mit dem der erste Satz des Abschnitts (52,13) begonnen hat. Er hat sich als der wahre Knecht Gottes erwiesen. Deshalb wird ihm alles geschenkt, was seine Zukunft sichert:

»Deshalb teile Ich ihm unter den vielen zu, und mit den Mächtigen teilt er Beute.« R. Saadia Gaon (I,82) versteht *barabím* als »unter den Großen« (*raw* = »groß, zahlreich«), »und mit den Fürsten *(ʿazumím)* teilt er Beute.«

Er steht nun auf einer Stufe mit den einstigen Peinigern, er hat teil an den ihnen zufließenden Gütern dieser Erde. An Kriegsbeute« – das kann *schalál* auch meinen (Ri 5,30 u. a.) – ist gewiß nicht gedacht; denn von einem Kriegszug des Gottesknechts steht nichts da. Im Gegenteil: Er soll nicht Unglück mehren, sondern Glück, nicht das Schwert führen, sondern die »Feder«, mit der er das Recht »für die vielen« verwirklicht.

Die zweite Hälfte von V 12 faßt die Quintessenz des göttlichen Gnadenerweises zusammen:

»Dafür daß er entblößt dem Tod seine Seele und zu den Frevlern gezählt wurde, indem er die Verfehlung der vielen trug (ertrug) und von den Frevlern sich treffen ließ.«

Ibn Esra deutet *jafgíʿa* als »betete er« zu Gott (s. Leitworte; so auch R. Elieser von Beaugency, 127; R. Jesaja der Erste von Trani, 180f; R. Sch. D. Luzzatto, 364). Von einem Bittgebet ist freilich im ganzen Text nicht die Rede. In den Zusammenhang paßt Abarbanels Erklärung (250):

»Er flehte die Frevler (um Gnade) an.«

Wegweisung für unsere Zeit

Weshalb schweigt der leidende Gottesknecht? Weshalb bäumt er sich nicht auf, um die grauenvolle Last abzuschütteln? Die Frage, die wir am Ende des Kontexts gestellt haben, läßt sich jetzt etwa so beantworten: Das Leiden hat den Gottesknecht völlig zermürbt. Er ist von den Schmerzen entstellt, bar jeder Widerstandskraft, angelangt an die Grenze zum Tod (V 8). Er vermag nicht mehr zu reden, den Mund nicht mehr zu öffnen (V 7), und selbst beten kann er nicht (anders als der Bedrängte in Ps 69). Er befindet sich in einem Zustand tiefster Depression, aus der er mit eigener Kraft nicht mehr herauskommt. Welch ein Unterschied zum Zustand, der in Jes 42 beschrie-

ben ist, wo der Gottesknecht dynamisch und mit Ausdauer für das Recht zu wirken vermag (s. oben, S. 221ff)! Nichts mehr ist davon zu spüren.
Gott aber steht zu Seinem Wort:
»Sieh, Mein Knecht, den Ich stütze,
Meinen Erwählten, den Meine Seele wünscht,
Ich gebe Meinen Geist auf ihn –
Recht für die Völker führt er hinaus ...
Er verglimmt nicht, und er knickt nicht ein,
bis er einsetzt auf der Erde Recht.
Und auf seine Lehre harren Eilande« (42,1.4)
Dieses Wort behält seine Gültigkeit, und es wird im dritten Teil von Jes 53 bekräftigt:
»Durch sein Wissen wird Recht schaffen
der Gerechte, Mein Diener, für viele« (53,11).
Der leidende, durch unerträgliche Schmerzen zum Schweigen gebrachte Gottesknecht ist nicht verloren. Gott läßt ihn nicht im Stich. Auf seine Leidenszeit folgt der Aufstieg, der die vielen Völker und Könige (52,15) sprachlos werden läßt.
Israel hat durch die Jahrtausende seiner von Leiden geprägten Geschichte keine Mühe gehabt, sich mit dem Gottesknecht zu identifizieren. Es hat sich als Volk – nicht nur in einzelnen Personen – dem »Leidensmysterium« (M. Buber, Der Glaube der Propheten 280) gestellt. Oft sieht es so aus, als sei das Ziel – die Metamorphose des entstellten Gottesknechts – in weiter Ferne. Äußerst langsam gewinnt er sein menschliches Aussehen wieder. Israel als Nation ringt – und wer vermöchte es im politischen Alltag zu übersehen! – um dieses Aussehen, diese Rückkehr in die ihm von den anderen geraubte Normalität. Das Grauen der Verfolgungen haftet an der Seele des Gottesknechts. Das ungeheure Trauma will nicht verheilen. Doch dann keimt wieder die Hoffnung auf: Das Leiden ist nicht die letzte Etappe – der Aufstieg aus der Tiefe, die endgültige Überwindung des Leids wird eintreten. Der Gottesknecht vertraut auf die Zusage Gottes, der in der Geschichte handelt, und er wartet – nun betend und schaffend zugleich – auf jene Zeit, da das verheißene Glück einkehrt, das ein Glück ist für Israel und alle Nationen.

»In einem kleinen Augenblick habe Ich dich verlassen«

Jes 54,7–10

7 In einem kleinen Augenblick habe Ich dich verlassen,
und in großem Erbarmen sammle Ich dich ein.
8 Als der Groll überschwoll (B-R),
verbarg Ich Mein Antlitz einen Augenblick vor dir,
und in ewiger Treue erbarme Ich mich deiner.
Sagt dein Erlöser, der Herr.
9 Denn Wasser Noas ist dies Mir:
Wie Ich geschworen habe,
die Wasser Noas würden nie mehr über die Erde ziehen,
so habe Ich geschworen,
nicht über dich zu zürnen,
dich nicht zu schelten.
10 Denn Berge mögen weichen und Hügel wanken,
aber Meine Treue wird von dir nicht weichen,
und Mein Friedensbund wird nicht wanken.
Sagt dein Erbarmer, der Herr.

Der Text im Kontext

Der Talmud (b. Sanhedrín 22a–b) lehrt:

»R. Elieser sagte: ›Wenn jemand seine erste Frau verstößt (sich von ihr scheiden läßt), so vergießt sogar der Altar (im Tempel) über ihn Tränen‹ ... R. Jochanan sagte: ›Wem seine erste Frau stirbt, dem ist es, als ob der Tempel in seinen Tagen zerstört worden wäre ...‹ R. Samuel bar Nachman sagte: ›Für alles gibt es einen Ersatz, nur nicht für die Frau der Jugend; denn es heißt (Jes 54,6): Und die Frau der Jugend, wenn sie verachtet wird.‹«

Die *»erste Frau«*, die *»Frau der Jugend« (ʾéschet n'ʿurím)*, ist ihrem Gatten ganz besonders ans Herz gewachsen. (Entsprechendes gilt natürlich umgekehrt auch für den »ersten Mann«, den »Mann der Jugend«.) Sie durch den Tod zu verlieren, ist eine Katastrophe, die dem Tempelbrand gleicht. Selbst für den Tempel mag es einen Ersatz geben, wenn ein neuer erbaut wird. Für

die »erste Frau« gibt es keinen, jedenfalls keinen ebenbürtigen Ersatz. Die Jugendehe gleicht – wie die Jugendliebe – einer wertvollen Blume, die ihre volle Pracht entfaltet. Gewiß kann auch eine später geschlossene Ehe die Partner beglücken. Der Einmaligkeit einer Jugendehe und ihres besonderen Reizes entbehrt sie.
Jes 54,6 spricht von der »Frau der Jugend«, die »verachtet« wird, im Gleichnis des Ehebunds zwischen Gott und Israel (s. dazu oben: Kontext zu Jes 49,13–16, S. 229). Gott hat seine »Gattin« – Israel – »verlassen«, doch dieser Zustand wird sich ändern, sobald der Gatte die Gattin, seine »Frau der Jugend«, zurücknimmt, B-R übersetzen:

»Ja denn,
wie ein verlassenes Weib,
ein geistverhärmtes,
ruft ER dich zurück:
Das Weib der Jugend,
kanns denn verworfen werden?
hat dein Gott gesprochen.«

»Kanns denn verworfen werden?« – die Begründung wird als rhetorische Frage aufgefaßt. Auch dies ergibt einen guten Sinn. In jedem Fall ist das Wichtige gesagt: Die Gott-Israel-Beziehung ist vorübergehend gestört, aber sie wird wieder intakt sein. Abarbanel (254) untermauert diese Glaubensüberzeugung durch den Hinweis auf das »Verlassensein« und die »Betrübnis des Geistes« einer Frau, deren Mann *lebt.* Die Trennung ist daher nicht irreversibel:

»Das Volk war zu keiner Zeit vollkommen gelöst und abgetrennt von der göttlichen Vorsehung, wie es (vergleichsweise) bei einer Frau geschähe, deren Mann gestorben ist.« Vgl R. D. Kimchi: »Gott hat dich ›verlassene Frau‹, aber nicht ›verwitwete Frau‹ genannt.«

Kurzfristig ist die Beziehung gestört, aber die Störung und die mit ihr für die »Frau« verbundene Schmach (54,3) wird durch den Mann aufgehoben, wenn er sie liebevoll wieder zu sich holt. Von dieser Zuwendung handelt unser Text.

Leitworte des hebräischen Textes

*réga*ʿ, V 7, ist ein »Augenblick«, eine »Weile« (L. Zunz), ein »Augenwink« (M. Abernik, 55b), eine »Regung« (B-R). Ganz anders Ibn Esra: *réga*ʿ =

róga', »Tosen« (des Meeres beispielsweise), entsprechend *b'schézef kézef*, s. V 8.
'asawtich, »ich habe dich verlassen« (Perfekt des Qal von *'-s-w,* mit dem Suffix *-ch,* »dich« [Femininum]). Alle Suffixe sind feminin, da die »Frau der Jugend« angesprochen wird.
'aqabzéch, »ich werde dich sammeln« (Imperfekt des Piel von *q-b-z* mit dem Suffix *-ch;* Lex. 995), »ich nehme dich auf« (L. Zunz), »will ich dich heimführen« (L. H. Löwenstein-S. Bamberger), »hole ich dich wieder herbei« (B-R). A. B. Ehrlich (Randglossen, IV,194) zitiert die ursprüngliche Bedeutung: »fassen, anfassen« (wie im Arabischen). Den Gegensatz bildet *'-s-w,* »fahren lassen« (analog Sch. L. Gordon, 149)
b'schézef qézef – man beachte die Klangähnlichkeit – ist eine Wendung, die nur hier, V 8, vorkommt. *qézef* ist »Unmut, Verdruß, Zorn« (Lex. 1050, hergeleitet vom Verb *q-z-f,* »zürnen, zornig sein«, Lex. 1049). Vom *qézef 'adonáj,* dem »Zorn des Herrn«, ist oftmals die Rede (Num 17,11; Jer 50,13 u. a.). Was *schézef* bedeutet, kann lediglich vermutet werden. Es ist vielleicht ein Synonym zu *schétef* (mit *tet)* und meint »Flut, Überfluten« (so R. Sch. D. Luzzatto, 365, nach Spr 27,4; Schj. L. Gordon, II,149; A. Chacham, II,591). Der Gleichklang wird im Deutschen nachzuahmen versucht: »In der Flut der Wut« (L. Zunz), »Als der Groll überschwoll« (B-R). Der Verszusammenhang zeigt, daß es sich wohl um eine heftige, aber rasch verklingende Zornesaufwallung handelt, um einen »kurzen Zorn« *(birgás s''ér,* Targúm Jonatan ben Usiel), um »ein wenig« (Zorn; Ibn Esra, R. D. Kimchi, R. J. Ibn Bal'ám in: Sammlung »Kommentare zu Jes«, II,132, Raschis zweite Erklärung). R. Elieser von Beaugency (128) schreibt: »In der Verwirrung des Zorns« *(biwhalát haqézef),* L. H. Löwenstein-S. Bamberger wählen entsprechend ein »In des Zornes Aufwallung«.
Im nachbiblischen Hebräisch ist *qézef* auch der »Schaum«. A. Chacham (II,591) nimmt diese Bedeutung offensichtlich auch für die Wendung *b'schézef qézef* in Anspruch, wenn er erklärt: »Es meint ›Zorn‹ und auch das Weiße auf der Oberfläche des mächtig fließenden Wassers.« Die Assoziation paßt zu den in V 9 genannten »Wassern Noas« (R. I. Jacobson, chasón hamiqrá', I,48).
histárti, »ich habe verborgen« (Perfekt des Hiphil von *s-t-r,* Lex. 728f). Mit *panáj,* »mein Gesicht« *(paním),* ergibt sich die Übersetzung: »barg ich mein Antlitz« (L. Zunz), »verbarg ich mein Antlitz« (B-R), »habe ich mein Angesicht entzogen« (L. H. Löwenstein-S. Bamberger).
chésed ist »Loyalität, Treue, Güte, Huld« (Lex. 323 zu *chésed II), chésed 'olám* »ewige Huld« (L. Zunz), »Weltzeit-Huld« (B-R; d.h. eine Huld, die

in Ewigkeit dauert, solange die Welt – *'olám* – besteht). R. J. H. Hertz (Haftará von Nóach): »everlasting kindness«. Zu *chésed* vgl Bibelauslegungen I,121.125; II,248.251f; III,237.
richamtích, »ich erbarmte mich deiner« (Perfekt des Piel von *r-ch-m* mit dem Feminin-Suffix *-ch,* »dich«).
In V 10 steht von der Wurzel *r-ch-m* das Partizip des Piel mit dem Feminin-Suffix *-ch: m'rachaméch,* »der sich deiner erbarmt«, »dein Erbarmer« (L. Zunz, B-R).
Parallel zu *m'rachaméch* schließt V 8 mit *go'aléch,* »dein Erlöser« (Partizip des Qal von *g-'-l,* Lex. 162).
nischbá'ti, V 9, »ich habe geschworen« (Perfekt des Niphal von *sch-w-').* Die nachfolgende Präposition *m (min,* »von«) in *me'awór* (wörtlich: »vom Vorübergehen«, Infinitiv des Qal von *'-w-r,* Lex. 735f) leitet den Inhalt des Schwurs ein: »Ich habe geschworen vom Vorübergehen«, d.h. »daß *nicht* mehr vorübergehen sollen« (die Wasser Noas). *min* steht »nach den Begriffen des Abhaltens, Abschließens von etwas, des Verweigerns gegenüber jemand« (W. Gesenius, 119x, S. 399; vgl C. Brockelmann, Hebräische Syntax, 1956, 109). Weil das Wort »nicht« (»daß nicht mehr vorübergehen sollen«) im hebräischen Text fehlt, wählen B-R die Neubildung »*ver*schwören« und drücken dann den Schwurinhalt auf positive Weise aus: »Wie ich *ver*schworen habe, daß nochmals ein Noachsgewässer die Erde überzöge.«
Entsprechendes gilt für das zweite *nischbá'ti* mit dem folgenden *miqzóf,* »zu zürnen«: »so *(ken)* habe Ich geschworen, *nicht* mehr über dich zu zürnen«; B-R: »so habe ich *ver*schworen, dir zu grollen, dich zu bedräuen« *(umig'ór bach; g-'-r,* schelten, zurechtweisen«, Lex. 192; L. Zunz: »schelten«).
me (Status constructus von *májim,* »Wasser«) *Nóach* sind »die Wasser Noas«, L. Zunz übersetzt das erste Mal mit »Noachsflut«. Die Konjunktion *ki,* »denn«, ergibt – zusammen mit *me Nóach* – den Sinn: »denn die Wasser Noas«. *ki me* ist, wie R. Jesaja der Erste von Trani (I,181) betont, nicht zusammengeschrieben. Es gibt freilich Handschriften, die *kimé* lesen: »wie die Tage« (Noas), offenbar schon die Vorlage des Targúm Jonatan ben Usiel, das mit *k'jóme Nóach,* »wie die Tage Noas« übersetzt (so auch das Verständnis des R. Nachman bar Jizchak, b. Sanhedrín, 99a; vgl R. D. Kimchi).
jamúschu, V 10, »sie werden weichen« (Imperfekt des Qal von *musch II, Lex. 532).*
t'muténa ist Imperfekt des Qal von *mut,* »wanken« (Lex. 526): »sie werden wanken«. Analog die folgenden Formen im Singular: *jamúsch,* »er wird weichen«, *tamút,* »sie wird wanken«.

b'rit sch'lomí ist der »Bund meines Friedens« (B-R), »mein Friedensbund« (L. Zunz). Näheres s. Exegese.

Der Text in der Exegese

Israel, Gottes »Jugendgefährtin«, weilt im Exil. Es leidet, es sehnt sich nach einem Ende der Heimatlosigkeit und der Entbehrungen. Der Prophet verheißt im Namen Gottes, daß das Ende in Sicht ist:

»In einem kleinen Augenblick habe Ich dich verlassen, und in großem Erbarmen sammle Ich dich ein« (V 7).

»Klein« erscheint der »Augenblick« nur in der Retrospektive, denn er dauert in Wirklichkeit viele Jahrzehnte lang. Verglichen mit dem »großem Erbarmen« ist er vielleicht »klein«. Malbim (468) erklärt:

»Wisse, daß dieses Verlassensein betrachtet wird, als habe es nur einen kurzen Moment gedauert, verglichen mit der Größe der (göttlichen) Hilfe, die nach ihm kommt.« (So auch Rev. I. W. Slotki, Isaiah, 266)
Vgl Ps 30,6 (zitiert bei R. Elieser von Beaugency, 129): »Denn einen Augenblick (lang) in Seinem Zorn, Leben in Seinem Wohlgefallen.«

Alles ist relativ und muß an einem bestimmten Maßstab gemessen werden. Den Maßstab bildet Gottes »Erbarmen«. (So auch R. D. Kimchi, R. J. H. Hertz) Verschieden interpretiert R. Sch. D. Luzzatto (365):

»›In einem kleinen Augenblick *(b'réga' qatón)* habe Ich dich verlassen‹ – Das ist kein Hinweis auf die Zeit des Exils, denn da müßte es heißen: ›einen kleinen Augenblick‹ (*réga'* ohne die Präposition *b*) ... Vielmehr soll durch den Vergleich mit einem Menschen, der etwas Ungehöriges in einem Augenblick des Zorns getan hat und es daraufhin bereut, gesagt werden: ›In einem kleinen Augenblick‹, da Ich über dich zürnte, habe Ich dies (Exilierung) getan. So heißt es dann nachher: *b'schézef qézef* (»Im Aufwallen des Zorns«).«

Nach R. Sch. D. Luzzatto dauert das Exil eine lange Zeit, und dies wird gar nicht in Abrede gestellt. Die Gegenüberstellung »kleiner Augenblick«/ »großes Erbarmen« will indessen Gottes Eingreifen und Wirken verdeutlichen. Sein Zornesausbruch beschränkte sich auf einen kurzen Augenblick. Seine erbarmungsreiche Zuwendung zu Israel erstreckt sich über eine lange Zeit. Die Differenzierung ist interessant, aber textlich nicht haltbar, denn im nächsten Vers steht *réga'* und nicht *b'réga'*!
Israel weilt im Exil, im letzten hineingetrieben durch die eigene Schuld.

Diese Schuld wird nicht negiert und noch nicht einmal verringert. Sie besteht, und sie ist der Grund für die »Verlassenheit«. Allein, die große Schuld löst die enge Beziehung zwischen Gott und Israel nicht auf. Sein *rachamím* – und das bedeutet nicht nur »Mitleid«, sondern auch »Liebe« (A. Chacham, II,591) – dominiert. In V 8 wird dieses Glaubensmoment noch einmal aufgegriffen. V 7 und V 8 entsprechen sich:

V 7	*V 8*
In einem kleinen Augenblick	Als der Groll überschwoll (B-R),
habe Ich dich verlassen,	verbarg Ich Mein Antlitz einen Augenblick vor dir,
und in großem Erbarmen	und in ewiger Treue
sammle Ich dich ein.	erbarme Ich mich deiner.

Im Vordersatz von V 7 und V 8 steht das negative Moment, im Nachsatz das positive:

Negativ	*Positiv*
Einen *kleinen Augenblick* (V 7)/	und in *großem Erbarmen* (V 7)/
einen *Augenblick* (V 8)	und in *ewiger Treue* (V 8)
habe Ich dich *verlassen* (V 7)/	*sammle* Ich dich ein (V 7)/
verbarg Ich Mein Antlitz,	*erbarme* Ich mich deiner (V 8).

Die Gegensätze treten plastisch hervor: »klein« – »groß«, »Augenblick« – »ewig«, »verlassen« – »sammle« und »verbarg« – »erbarme«. Zugleich werden aber die beiden Verse zweifach miteinander verwoben. In beiden ist von »einem Augenblick« und von Gottes »Erbarmen« *(rachamím,* V 7; *richamtích,* V 8) die Rede. So wird das Leitmotiv hervorgehoben: Verlassen ist Israel nur eine kurze Zeit, aber hineingenommen in Gottes Erbarmen für alle Ewigkeit. (Zum Problem des göttlichen »Gesicht-Verbergens« s. oben zu Jes 40,26–31, S. 210f, und Bibelauslegungen, III,247ff.)

Mit einer eindrücklichen Bekräftigungsformel schließt die Zusage:

»sagt(e) dein Erlöser, der Herr.«

Es gibt an der Gültigkeit des Versprechens nichts herumzudeuteln. Der Herr hat gesprochen, und des Herrn Wort ist wahr und mächtig (z. B. Jer 23,29). Gottes Groll wird vorübergehen:

»Denn nicht auf ewig streite Ich, und nicht für immer bin Ich zornig ...« (Jes 57,16).
Das »Verbergen und Zürnen« (ib. V 17: *hastér wa'eqzóf* – dieselben Verben wie in unserem V 8) ist zeitlich begrenzt.

Der folgende Vers motiviert die Wende zum Guten mit einem Hinweis auf die Sintflut zu Noas Zeit:

»*denn* Wasser Noas ist dies Mir:
Wie Ich geschworen habe,
die Wasser Noas würden nie mehr über die Erde ziehen,
so habe Ich geschworen,
nicht über dich zu zürnen,
dich nicht zu schelten.«

R. J. H. Hertz kommentiert:

»›Ist dies mir‹, d. h. das Exil und der Trost. Das Exil wird mit der Flut verglichen, der Trost mit dem göttlichen Versprechen, daß sich eine Flut nie mehr ereignen werde.«

Die Sintflut, die »alles Bestehende« vernichtet (Gen 7,4.23), wird nicht wiederkehren. Gottes »Schwur« – im Text selbst wird dieser Begriff nicht verwendet, doch »›Bund‹ ist dasselbe wie ›Schwur‹« (R. D. Kimchi) – lautete:

»Ich werde die Erde nicht mehr um des Menschen willen verfluchen ... und Ich werde nicht mehr alles Lebende töten, wie Ich es (jetzt) getan habe« (Gen 8,21). Vgl ib. 9,11: »Ich errichte Meinen Bund mit euch, und es wird nicht mehr alles Fleisch durch die Wasser der Sintflut vernichtet werden. Und es wird nicht mehr eine Flut sein, um die Erde zu verderben.«

Der Schwur hat sich bewährt und wurde nie gebrochen.

»Daher kann der Prophet im Vergleich sagen: Wie der Schwur Gottes, nie mehr eine Flut über die Erde zu bringen, sich erfüllt hat und immer wieder erfüllen wird, so wird auch Sein jetziger Schwur für immer bestehen« (Enc. Welt der Bibel, J'scha'já, 249).

Von der »universellen Sphäre« verschiebt sich dabei das Versprechen auf die nationale, und der Schwur, keine totale Vernichtung über die Erde zu bringen, wird zur Zusage eines »Friedensbundes« (R. I. Jacobson, chasón hamiqrá', I,47). Der Vergleich ist freilich noch umfassender. R. J. H. Hertz erläutert:

»Die Flut war offensichtlich ein Akt der Zerstörung. Doch indem eine korrupte Welt vernichtet wurde, konnte der Weg für eine neue Menschheit geebnet werden. So stand es auch mit Israels Exil. Aus seinem Leiden ... geht Israel gestärkt in seiner Treue zu Gott hervor.«

Der Bund *(b'rit)* mit Noa und seinen Nachkommen (Gen 9,1–17) prägt die

Vorstellung vom Bund Gottes mit dem Volk Israel. Dabei ist der neue Schwur Gottes in keiner Weise konditioniert, wie R. Mose ben Nachman erkennt (perusché haRambán ʿal niwiʾím uchtuwím, hg. v. R. Ch. D. Shevel, 1986,91):

»Dieser Schwur ist nicht an die Bedingung geknüpft, daß wir Ihm dienen, so wie auch der Schwur nach der Flut nicht an die Bedingung geknüpft war, daß die Welt nicht mehr eine Flut verdienen würde.«

Man mag hinzufügen: Die Desillusionierung vom Menschen, wie die Schrift sie nach der Sintfluterzählung festhält – »denn das Trachten des Menschenherzens ist böse von seiner Jugend an« (Gen 8,21; Bibelauslegungen, I,62f) –, überträgt sich auf Israel. Auch ein neues Exil vermöchte das Volk nicht zu ändern, nicht zu bessern, und deshalb verfehlte es seinen erzieherischen Sinn. Diese Überlegung schwingt freilich in unserem Abschnitt nicht mit, der erfüllt ist von Freude und Trost. Nicht einmal »schelten« wird Gott die einst Vertriebenen und jetzt Heimkehrenden, geschweige denn über sie »zürnen«. (Hinweis: Das ›Schelten‹ versteht A. Chacham im Sinne von »Fluch«, und zwar aufgrund der *migʿéret,* Dtn 28,20 der »Bescheltung, Bedrohung« [Lex. 518], die zusammen mit anderen Gefahren das »Werk deiner Hände« nicht gelingen läßt.)
Mit dem letzten Vers wird der Zuspruch in V 8 von der *chésed,* der »Gottestreue«, bekräftigt und vertieft:

»Denn Berge mögen weichen und Hügel wanken,
aber Meine Treue wird von dir nicht weichen,
und Mein Friedensbund wird nicht wanken.
Sagt dein Erbarmer, der Herr.«

Daß die Natur sich verändert, weiß Israel. Die Sintflut hat die Erdlandschaft umgeformt, und durch Erdbeben »weichen Berge, wanken Hügel«. Gottes Treue aber und Sein Friedensbund brechen nicht zusammen. Malbim (468, »Worterklärungen«) sieht eine verschiedene Nuancierung bei »weichen« und »wanken«:

»›Weichen‹ geschieht mit Absicht (Ex 13,22) und ›wanken‹ durch Schwäche (Lev 25,35).«

Am Bild ändert sich nichts. »Berge« und »Hügel« sind – metaphorisch gesehen – die »Stammväter« und »Stammmütter« Israels. Wenn sie »weichen« und »wanken«, so ist dies gleichbedeutend mit dem Ende der sich von ihnen herleitenden Kraft für die Gemeinschaft, im Talmud *s'chut'awót* genannt. (Die übliche Wiedergabe mit »Verdienst der Vorfahren« ist unzulänglich, denn bei *s'chut* geht es nicht um ein »Verdienst« im Sinne eines sich auf die Nachkommen automatisch übertragenden Vorrechts, sondern um die Kraft- und Segensfülle, die sich von den Stammvätern und Stammmüttern her auf Israel überträgt.) Der Talmud (j. Sanhedrín, X,1) tradiert eine Lehre des R. Judan bar Chanan im Namen des R. B'rechja:

»Der Heilige, gelobt sei Er, sprach zu Israel: Meine Kinder, wenn ihr die *s'chut* der Stammväter weichen und die *s'chut* der Stammmütter wanken seht, dann haltet euch fest an die (göttliche) Treue. Was ist der Grund? – ›Denn Berge mögen weichen und Hügel wanken‹.«
Etwas verschieden in Lev. r. 36,6: »Wenn du die *s'chut* der Stammväter weichen und die *s'chut* der Stammmütter wanken siehst, so geh und schließ dich den Wohltaten an« (= sei wohltätig mit den Menschen) ... R. Acha aber meinte: Die *s'chut* der Vorfahren besteht auf ewig« (nach Dtn 4,31).
Raschi faßt in Kürze zusammen: »Selbst wenn die *s'chut* der Stammväter und Stammmütter zu Ende gehen sollte, so weicht Meine Treue nie von dir.«

R. D. Kimchi sieht in den »Bergen« und »Hügeln« »ein Gleichnis für die Fürsten der Völker«, R. Ch. Rabinowitz (in: dá'at sofrím, Jes, 605) ein Gleichnis für »schwere Zeiten«. Der Wortsinn bleibt in jedem Fall bestehen: Mag die Natur auch erschüttert werden und ihre Gestalt verändern, so bleibt doch die Gottestreue, Seine *chésed,* was sie ist und immer war: die unwandelbare Liebe des Schöpfers zu seinem Geschöpf.
Der *»Bund des Friedens« (b'rit schalóm)* ist das höchste Gut, das Israel als Geschenk Gottes erwarten kann. Er enthält alle guten Gaben. Neben den Gaben des Ackerbodens, die Gott nach der Sintflut Noa und seinen Kindern zugesichert hat (Gen 8,21f), auch »Sicherheit, Seelenfrieden, Glück und Gesundheit« (Enc. miqra'ít, II,360; zu *schalóm* vgl Bibelauslegungen, III,93f, bei Num 6,26). Zum Frieden gehört das »Leben« (Mal 2,5), gehört aber auch die durch Kinder gesicherte Zukunft im eigenen Land:

»Einen Bund des Friedens schließe ich ihnen,
der bleibt mit ihnen als Weltzeitbund,
ich pflanze sie ein,
ich mehre sie.
Mein Heiligtum gebe ich in ihre Mitte
auf Weltzeit,
meine Wohnung wird sein über ihnen.
Ich werde ihnen zum Gott
und sie, sie werden mir zum Volk« (Ez 37,26f; nach B-R).

Das Bild vom »Friedensbund« spannt den Bogen zur »Frau der Jugend«. Ibn Esra erklärt:

»›Und einen Friedensbund‹ zwischen Mir und dir; das bedeutet: Wie zwischen einem Mann und seiner Gattin, die durch einen Bund des Friedens vereint sind.«

Dieser »Ehebund« wird nie aufgekündigt. Der Frieden ist gesichert. Die »verlassene Frau« bleibt für alle Zeit die in »Treue« (*chésed,* vgl Hos 2,21f) zurückgenommene Gattin. Als Bürge steht »dein Erbarmer, der Herr«

Wegweisung für unsere Zeit

Gott ist »dein Erlöser«, und Gott ist »dein Erbarmer«. Er schenkt die Lösung aus Not und Elend und zugleich Seine Liebe, die keinen Menschen im Stich läßt. Der Kontakt zu Ihm ist nie unterbrochen, selbst wenn Er »Sein Gesicht verbirgt« und die Finsternis dominiert. Dem Unglücklichen mag es scheinen, als gehe alles zu Ende: »Verbargst Du Dein Antlitz, so war ich bestürzt« (Ps 30,8). Doch dann faßt er sich und wendet sich Gott zu: »Zu Dir, Herr, rufe ich, zu meinem Herrn flehe ich« (ib. V 9). Im Auf und Ab einer oftmals gefährdeten und in ihren Grundfesten erschütterten Existenz gibt es nur einen einzigen sicheren Pol: Gott, den »Erlöser« und den »Erbarmer«.
Es ist leicht, solche Worte auszusprechen. Doch werden sie dem aufgewühlten, sich vor dem Abgrund sehenden Menschen zum Trost? Richten sie ihn auf, geben sie ihm einen Halt? Es hängt davon ab, ob er bereit ist, sich dem Zuspruch Gottes zu öffnen. Ein Ertrinkender, dem ein Rettungsring zugeworfen wird, fragt nicht, ob der Ring aus einem stabilen Material hergestellt wurde, ob er den Anforderungen entspricht. Er ergreift den Rettungsring und läßt ihn nicht mehr los. Und wenn die Wellen nicht zu hoch über dem Ertrinkenden zusammenschlagen und ihn die körperliche Kraft nicht verläßt, entkommt er der Todesgefahr. Die biblischen Zusagen sind solche Rettungsringe, auch wenn sie in einer anderen Zeit und in einer anderen Situation verkündet worden sind. Ihre Kernaussage bleibt: Gott steht dem Menschen bei, selbst wenn es den Anschein hat, daß Er sich verbirgt. In großer physischer und seelischer Bedrängnis wenden sich Menschen an Ihn, den »Erlöser« und »Erbarmer«, und finden neuen Mut und neue Kraft.

»Warum fasten wir, und Du siehst es nicht?«

Jes 58,1–9a

1 Ruf mit Kehle,
halt nicht ein!
Wie eine Posaune erheb deine Stimme
und verkünde Meinem Volk seine Missetat
und dem Haus Jakob seine Sünde!
2 Mich suchen sie Tag für Tag,
und die Erkenntnis Meiner Wege wünschen sie,
wie ein Volk, das gute Taten getan
und das Recht seines Gottes nicht verlassen hat.
Sie fragen Mich nach den Satzungen des Guttuns,
die Nähe Gottes wünschen sie.
3 Warum fasten wir, und Du siehst es nicht,
demütigen unsere Seele, und Du weißt nicht darum?
Sieh, am Tag eures Fastens findet ihr Gefallen,
und alle eure Schulden treibt ihr ein.
4 Sieh, zu Streit und Hader fastet ihr,
zu schlagen mit der Faust der Bosheit –
nicht fastet ihr heute,
um in der Höhe eure Stimme hören zu lassen.
5 Ist dies ein Fasten, das Ich erwähle,
ein Tag, da der Mensch seine Seele demütigt (kasteit)?
Daß er wie eine Binse seinen Kopf niederbeugt
und sich auf Trauergewand und Asche hinlegt?
Nennst du dies ein Fasten
und einen Tag des Wohlgefallens dem Herrn?
6 Ist nicht dies ein Fasten, das Ich erwähle:
Öffnen die Fesseln des Frevels,
Lösen die Banden eines Jochs,
Entlassen die Geknickten als Freie –
und jedes Joch sollt ihr zerschlagen.
7 Fürwahr, brich dem Hungrigen dein Brot,
und herumgestoßene Arme bring ins Haus.

Siehst du einen Nackten, so bedecke ihn,
und vor deinem Fleisch verbirg dich nicht.
8 Dann bricht hervor wie die Morgenröte dein Licht,
deine Wunde wird rasch verheilen,
es geht vor dir her dein gutes Tun,
die Herrlichkeit Gottes sammelt dich ein.
9 Dann rufst du, und der Herr wird antworten,
wirst anflehen, und Er spricht: »Hier bin Ich!«

Der Text im Kontext

605 v. d. Z. – es ist das vierte Regierungsjahr Jojakims von Juda (608–598 v. d. Z.) – schlägt Babylons Kronprinz Nebukadnezar den ägyptischen Pharao Necho bei Karkemisch am Euphrat (Jer 46,2). Juda gerät unter babylonischen Einfluß. Die Gefahr, die Freiheit zu verlieren, ist immanent. Die Judäer rufen einen Fasttag *(zom)*, einen Tag der Buße und des Gebets aus (Jer 36,9). Vielleicht wird Gott ihnen in der sich abzeichnenden Not helfen.
Ein Jahr früher muß der Prophet Jeremia auf Gottes Geheiß alle seine Reden aufschreiben – vom Beginn seines Auftretens in Jerusalem zur Zeit Josias, des Vaters von Jojakim, bis zur Gegenwart (ib. V 2). Als Schreiber amtiert Baruch ben Neria. Der Gottesbefehl wird begründet (V 3):

»Vielleicht hören die vom Haus Jehuda all das Böse, das ich (Gott) ihnen anzutun plane, auf daß sie umkehren, jedermann von seinem bösen Weg« (B-R).

Nicht zur erbaulichen Lektüre – zur aufrüttelnden Mahnung ist die Prophetenrolle bestimmt. Im Amtszimmer des königlichen Sekretärs Gemarjahu ben Schafan auf dem Tempelberg liest Baruch ben Neria den Text vor. Die Zuhörer sind betroffen. Vor den Fürsten muß Baruch die Reden des Propheten ein weiteres Mal vortragen. Die Reaktion bleibt wiederum nicht aus:

»Sie erbebten einander zu« (V 15; B-R).

Die Fürsten spüren, daß hier die Wahrheit verkündigt wird. Anders reagiert indessen Jojakim selbst. Er läßt sich die Rolle holen. Baruch ist nicht anwesend, denn auf Anraten der Fürsten, die ihn vor dem zu erwartenden Zornesausbruch des Königs schützen wollen, ist er, zusammen mit Jeremia, untergetaucht (V 19). Wenn sich Jojakim »drei Türen (Kolumnen) oder vier« angehört hat, greift er zum scharfen »Messer des Schreibers«, trennt den Text von der Rolle und wirft ihn ins Feuer, das – zur winterlichen Zeit, im neunten Monat (= Dezember) – im Kohlenbecken brennt (V 22). Das Resultat ist:

»Sie erbebten nicht,
sie rissen nicht ihre Kleider ein,
der König und all seine Diener,
die all diese Reden hörten« (V 24; B-R).

Der arrogante Jojakim meint, er tilge das Gotteswort, indem er das Material vernichtet. Er weiß nicht um die Unzerstörbarkeit eines von Gott verkündeten Spruchs. Lange nach ihm hat der Märtyrer R. Chanina ben Tradjon, den die Römer mit einer um seinen Leib gebundenen Torá dem Feuertod preisgaben, seinen Schülern zugerufen:

»Die Pergamentstücke (der Torá) verbrennen, aber ihre Buchstaben fliegen weg (in die Höhe)« (b.ʿAwodá sará, 18a).

Jojakim ist von der Umkehr zu Gott weit entfernt. Die Drohworte gehen wirkungslos an ihm vorüber. Vielleicht fastet auch er an diesem Tag – es wäre belanglos, denn das Fasten ist unwichtig, wenn das Entscheidende fehlt. Von diesem Entscheidenden spricht unser Abschnitt.

Leitworte des hebräischen Textes

q'ra', V 1, »ruf!« (Imperativ des Qal von *q-r-' I,* Lex. 1053). Es handelt sich hier um einen Terminus technicus für die prophetische Verkündigung, um den »Ruf« des Propheten (vgl Jona 1,2; 3,2; Jes 40,6; Jer 7,2).
garón ist »Kehle, Hals« (Lex. 194), *b'garón* bedeutet »mit lauter Kehle« (L. Zunz), »aus der Kehle« (B-R). M. Abernik übersetzt sinngemäß »mit lautem Ton«.
'al tachsóch (Imperfekt des Qal von *ch-s-ch,* »zurückhalten, schonen, sparen«, Lex. 345), »halte nicht ein« (L. Zunz), B-R: »dämpfe nimmer« (sc. die Stimme). Ibn Esra: »halt nicht ein mit dem Rufen.«
schofár ist die »Posaune« (L. Zunz, B-R) oder ein Tierhorn (Widderhorn), »dessen Ton von weitem vernommen wird« (R. D. Kimchi).
pischʿám, »ihre Missetat« (zu *péschaʿ* s. Ex 34,7, oben S. 107).
chato'tám, »ihre Sünden« (Plural von *chatá't* mit dem Suffix *-m,* »ihre«; Lex. 294).

jidroschún, V 2, »sie suchen« (L. Zunz), »sie beforschen« (B-R). *jidroschún* (für *jidr'schú,* mit dem *nun* paragogicum und dem pausalen Vokal *o* in der vorletzten Silbe; W. Gesenius, Grammatik, 47m, S. 135) ist Imperfekt des Qal von *d-r-sch,* »nachfragen, sich wenden, suchen« (Lex. 223f). Statt des »Mich suchen, befragen sie« setzt das Targúm Jonatan ben Usiel ein »vor Mir wünschen sie, verlangen sie Weisung« *(w'qodamáj . . . 'ulpán taw'ín).*
dá'at d'racháj ist »Wissen meiner Wege« (Lex. 219 zu *dá'at,* »Wissen, Erkenntnis«), L. Zunz: »Erkenntnis meiner Wege«.
jechpazún, »sie wünschen« (B-R: »gelüsten«) ist Imperfekt des Qal von *ch-f-z,* »gern haben, wollen, Gefallen haben an« (Lex. 326), wiederum mit dem *nun* paragogicum. In V 3 steht das Nomen *chéfez,* »Freude, Gefallen« (Lex. 326).
zámnu, V 3, »wir fasteten« (Perfekt des Qal von *zum,* Lex. 949), L. Zunz übersetzt als Präsens: »wir fasten«; B-R: »wir haben uns kasteit«.
'inínu (Perfekt des Piel von *'-n-h II,* Lex. 807: »bedrücken, demütigen, Gewalt antun«) mit *nafschénu,* unsere Seele« *(néfesch):* »kasteien uns« (L. Zunz), »unsere Seelen wir gebeugt« (B-R), »wir peinigen unsere Seelen« (M. Abernik). In V 5 steht der Infinitiv des Piel: *'anót,* »bedrücken, beugen, peinigen«.
'azwechém stammt nach Lex. 818 von einem nicht belegten *'azéw* oder *'azáw,* »Schuldner« (schwer, hart Arbeitender), so auch M. Abernik; E. S. Hartom (173): »die für euch mit Schmerz (*'ézew)* und Mühe Arbeitenden«; Raschi: »eure Schuldner, die wegen euch betrübt sind«. R. D. Kimchi versteht *'azwechém* als *mamonchém,* »euer Geld« (so auch Ibn Esra; R. S. Ibn Melech aus Fès, Sammlung »Kommentare zu Jes«, II,276; R. J. Ibn Bal'ám, ib. II,137; R. Jesaja der Erste von Trani, I,187; Abarbanel, 369).
tingósu, »ihr treibt ein« (Pausaform des Imperfekts im Qal von *n-g-s,* Lex. 633), »und drängt (eure Schuldner) hart« (M. Abernik).
riw ist Streit, *mazá* »Hader«, V 4 (Lex. 588 zu *mazá II:* »Streit, Rauferei«): L. Zunz: »Zu Hader und Streit«, B-R: »zu Streit und Gerauf«.
ulhakót, »und zu schlagen« (Infinitiv des Hiphil von *n-k-h,* Lex. 658f), *b''egróf réscha',* »mit der Faust der Bosheit«, L. Zunz und B-R: »mit frevler Faust«. *'egróf* ist nach Ibn Esra »eine harte Sache«, nach R. S. Ibn Melech aus Fès (aaO, II,276) und R. J. Ibn Bal'ám (aaO, II,137) »ein Stück Erde«.
'ewcharéhu, V 5, »ich erwähle ihn« (Imperfekt des Qal von *b-ch-r,* Lex. 115, und dem Suffix *-hu,* »ihn«).
lachóf ist Infinitiv des Qal von *k-f-f,* »zu beugen« (Lex. 469), »zu kümmern« (L. Zunz), »daß er . . . hangen läßt« (B-R).

'agmón ist die »Sumpfbinse« (M. Zohary, Pflanzen der Bibel, 135), ein »Schilfhalm« (Lex. 11), »Schilfrohr« (M. Abernik); *k"agmón* = »binsengleich« (B-R).
jazí'a, »er schlägt sich das Lager auf« (Imperfekt des Hiphil von *j-z-'*, Lex. 409), »er sich lagere« (L. Zunz), »sich unterbettet« (B-R).
patéach, V 6, ist Infinitivus absolutus des Piel von *p-t-ch,* »losbinden, befreien«, (Lex. 927), »öffnen« (L. Zunz; B-R).
charzubót, »Fesseln« (Plural eines nicht belegten *charzów,* Lex. 342), »Schlingen« (L. Zunz), »Klammern« (B-R), »Ketten« (M. Abernik). *charzubót résch'a* sind »unrechtmäßige Fesseln« (Lex. 342), »Schlingen des Frevels« (L. Zunz), »Klammern des Frevels« (B-R), »der Bosheit Ketten« (M. Abernik).
hatér ist Infinitivus absolutus von *n-t-r II,* Lex. 695f: »zerreißen lassen«, »lösen« (L. Zunz), »sprengen« (B-R).
'agudót sind »Seile« (des Jochs; Lex. 10), »Bande« (L. Zunz; B-R), im Status constructus mit *motá,* »Joch« (Lex. 526), »Jochstange« (B-R): »die Bande des Jochs« (L. Zunz). M. Abernik gibt *motá* mit »Bürde« wieder.
r'zuzím (Partizip Passiv von *r-z-z)* sind »Unterdrückte« (L. Zunz; Rev. I. W. Slotki, Isaiah, 284: »oppressed«), »Gefesselte« (M. Abernik), »Geknickte« (B-R). Zu *r-z-z* siehe Jes 42,3f, oben S. 219.
chofschí meint »frei«, in die Freiheit entlassen (Ex 21,5.26f; Dtn 15,12f.18 u.a.), Lex. 328: »freigelassen«, B-R: »ledig«.
t'natéqu ist Pausaform des Imperfekts von *n-t-q* (Piel; Lex. 695): »ihr sollt zerreißen«, B-R: »zertrümmern«.
Die Vokabeln der folgenden Verse sind in Bibelauslegungen, I,187f (zu Jes 58,7–12) näher erklärt.

Der Text in der Exegese

Anders als in Jer 36 ist die Zeit nicht zu bestimmen, in der unser Abschnitt spielt. R. Sch. D. Luzzatto (378) denkt an das Babylonische Exil (nach 586 v.d.Z.). Das ist möglich, doch unsicher. Gewiß aber sind die von »Jesaja dem Tröster« auf Gottes Geheiß anzuredenden Menschen in einer großen Not. Wie sonst würden sie nicht immer wieder »fasten« und ihre »Seele demütigen« (V 3)?

»Der Text beginnt mit einem lebendigen, dramatischen Stil, ohne ›So sprach der Herr zu mir‹« (Sch. L. Gordon, II,175).

Mit vier Imperativen wird der Prophet zur Aktivität aufgefordert. Drei Imperative betreffen das »akustische« Moment, ein Imperativ die eigentliche Funktion der Hinwendung zu den Leuten:

»*Ruf* mit Kehle,
halt nicht ein!
Wie eine Posaune *erheb* deine Stimme
und *verkünde* Meinem Volk seine (eigentlich: ihre) Missetat
und dem Haus Jakob seine (ihre) Sünde!«

»Mit Kehle« – H. Homberg (hakorém, 65a) schreibt:

»Jeder Ruf geschieht mit der Kehle, doch hier wird das Erheben der Stimme hervorgehoben.«
Vgl A. Chacham (II,713): »Ruf mit einer starken, klagenden Stimme ...«

Die starke Stimme rüttelt die Zuhörer möglicherweise aus ihrer Lethargie auf und führt sie zur Buße, zur Umkehr (*t'schuwá;* E. S. Hartom, 173).

»Der Herr hat ihm (Propheten) befohlen, die Sünder zurechtzuweisen, denn es heißt: ›Ruf mit Kehle, halt nicht ein!‹ Und so haben alle Propheten die Israeliten zurechtgewiesen, bis diese die Umkehr vollzogen ... Wer die Zurechtweisung haßt, kommt nicht zum Zurechtweisenden und hört nicht auf seine Worte. Deshalb bleibt er in seinem sündhaften Tun stecken, das ihm als gut erscheint« (Mose Maimonides, hilchót t'schuwá [= Vorschriften der Umkehr], IV,2).

»Halt nicht ein!« – Die Wirkung einer Prophetenrede stellt sich nicht sofort ein. Nur mit Geduld und Ausdauer kann der Ermahnende zum Ziel gelangen. Abarbanel stellt fest (367):

»Der Prophet denke nicht, bereits beim ersten oder zweiten Mal sei ihre (der Leute) Vervollkommnung erreicht. Er muß vielmehr fortdauernd ermahnen, weil sie an ihrer Bosheit festhalten.«

Die Israeliten gleichen tauben Menschen, die nicht zu hören vermögen, und sie sind vielleicht auch in geistiger Hinsicht weit von seiner Haltung entfernt, meint Abarbanel. Daher muß der Prophet seine Hörer immer wieder ansprechen, dem »ständig tropfenden Wasser gleich, das den Stein durchlöchert«.
»Wie eine Posaune (schofár, s. Leitworte) *erheb deine Stimme.«* Der Posaunenton rüttelt die Menschen auf, und daher wird die Posaune angesichts eines nahenden Feindes geblasen, damit die Leute gewarnt werden. An Fasttagen pflegte man in das Schofar zu stoßen, und weil unsere Mahnrede wohl an einem Fasttag gehalten worden ist – nach vielen jüdischen Exegeten

an einem Versöhnungstag *(jom kipúr)*, und bis heute bildet Jes 58 den Text der Haftará (Prophetenlesung) im Morgengottesdienst des Jom Kipur – liegt der Vergleich der Prophetenrede, die laut erklingen soll, mit einem Schofar nahe (A. Chacham, aaO. Anm. 9). Auf einen weiteren Punkt macht Malbim (475) aufmerksam:

»Wie beim Schofar der Ton immer lauter wird (Hinweis: Malbim denkt wohl an Ex 19,19), so erheb auch du deine Stimme. Wie ferner das Schofar nur ertönt, weil der Bläser seinen Atem hineinstößt, so spricht auch Gott durch den Propheten. Und schließlich läßt das Schofar einen gebrochenen Ton erklingen, der einen Schrecken erweckt – Hinweis auf die Umkehr.«

Der Zweck der Rede steht im zweiten Teil von V 1: *»Und verkünde Meinem Volk seine Missetat und dem Haus Jakob seine Sünde!«* »Verkünde«, »erzähle« *(hagéd)* in allen Einzelheiten die Schuld, denn »der Anfang der Umkehr ist die Erkenntnis der Sünde« (E. S. Hartom, 173). M. Maimonides (aaO, I,1) stellt als Norm fest:

»Wenn jemand die Umkehr tut und von seiner Sünde läßt, muß er vor Gott, gepriesen sei Er, (die Schuld) bekennen: dies ist das Bekennen *(widúj)* mit Worten.«

Trotz des Zorns bleiben die Sünder *»Mein Volk«:* »Das ist ein Ausdruck der Liebe« (A. Chacham, II,713; vgl zu »Tröstet, tröstet, Mein Volk!«, Jes 40,1, das Gleichnis vom König und seinem Pächter, Bibelauslegungen, III,197f). Nur weil Gott auch den sündigen Menschen nicht von sich stößt, ist die Mahnrede seines Abgesandten überhaupt sinnvoll. Gott wünscht niemals den Tod des Sünders, sondern seine Umkehr (ausführlich zu Ez 18, s. unten S. 316ff).
»Mein Volk« und *»Haus Jakob«* sind von den Exegeten auch so gedeutet worden:

»R. J'huda, Sohn des R.Ileaj: ›Und verkünde Meinem Volk seine Missetat‹ – dies sind die Gelehrten *(talmidé chachamím)*, deren unbeabsichtigt begangene Sünden *(sch'gagót)* absichtlich begangenen *(s'donót)* gleichgestellt werden. ›Und dem Haus Jakob seine Sünde‹ – das sind die Ungebildeten (*'amé ha'árez* = ›Volk des Landes‹), bei denen die beabsichtigten zu unbeabsichtigten werden« (b. Bawá' m'zi'á', 33b; analog Raschi zu V 1).

»Mein Volk« sind die »Vornehmen« (Abarbanel, 368), und zu ihnen zählen die Gelehrten, die wissen müssen, was Recht und was Unrecht ist, und daher nicht argumentieren können, sie hätten um ein Vergehen nicht gewußt. Selbst ihre »unbeabsichtigt begangenen Sünden« fallen ins Gewicht. Die breite Masse hingegen handelt oft in völliger Ignoranz und nicht aus

Bosheit, und so wird sie von Gott mit aller Großmut beurteilt. Doch beide Gruppen – die Weisen und die einfachen Menschen, »Mein Volk« und das »Haus Jakob« – sind hineingenommen in Gottes Anruf und aufgefordert, zu Ihm zurückzukehren. Einen weiteren Aspekt hebt Malbim hervor:

»Als ›mein Volk‹ haben sie die Sünden zwischen dem Menschen und Gott begangen, als ›Haus Jakob‹ jene zwischen Mensch und Nebenmensch.«

Die Wendung findet sich bereits bei Micha (3,8):

»Ich aber bin erfüllt mit Kraft,
mit dem Geist des Herrn,
mit Recht und Stärke,
um zu verkünden Jakob seine Missetat
und Israel seine Sünde.«

In jedem Bereich haben sie versagt. Doch da entsteht für den Propheten eine ungeahnte Schwierigkeit. Es gibt Menschen, die vorsätzlich und in voller Kenntnis der Konsequenzen ein Unrecht begehen. Wer es dann anprangert, kann sich lange Reden ersparen. Er nennt die Dinge beim Namen, und die Leute verstehen die Absicht. Hier ist die Situation verschieden. Die Gerügten sind sich überhaupt keiner Schuld bewußt. Im Gegenteil: Ein gottgefälligeres Leben, als sie es führen, läßt sich nicht denken. Von früh bis spät bemühen sie sich um die Kenntnis der Gotteslehre, um die Annäherung an Ihn.

»Sie halten sich vor Mir für Gerechte und staunen, daß Ich ihnen nicht helfe« (R. Elieser von Beaugency, 133).

V 2 beschreibt des Volkes anscheinend redliches, gottgewolltes Tun, doch in seinem Mittelteil ist der ironische Unterton, der den wirklichen Tatbestand bereits vorwegnimmt (durch das *wie* ein Volk«), nicht zu verkennen. Der *symmetrische Aufbau* des Verses ist leicht zu überblicken:

Mich suchen sie Tag für Tag, und die Erkenntnis Meiner Wege wünschen sie,
wie ein Volk, das gute Taten getan
und das Recht seines Gottes nicht verlassen hat.
Sie fragen mich nach den Rechten des Guttuns, die Nähe Gottes wünschen sie.

»Mich suchen sie« – das ist höchst wünschenswert. Amos (5,4; vgl ib. V 5.14) faßt des Menschen Aufgabe Gott gegenüber in die beiden Worte: *dirschúni wichjú,* »Sucht Mich und lebt!« Nach dem Talmud (b. Makót, 23b–24a) stecken in dieser Kurzformel sämtliche Gebote der Torá (s. Bibelauslegun-

gen, III,334). Die »Suche« wird nie unterbrochen, sie erstreckt sich über das ganze Leben. Der Wille Gottes soll erforscht werden, wie er sich in der je und je neuen Situation kundgibt. D. Rafel (in: ʿijuním b'séfer J'schʿajáhu [Betrachtungen zum Jesajabuch], II,270) meint, es könne sich bei der »Erkenntnis Meiner Wege« nicht um die Vorschriften der Torá handeln, »weil man Gott nicht befragen muß, um sie zu wissen«. Das ist nicht richtig. Die Torá bedarf der permanenten Interpretation, soll sie ihre Lebenskraft bewahren. Der Prophet ist immer auch der Interpret, der seine Gegenwart zu deuten hat (vgl Raschi). Mit dem »Erforschen« der Gotteswege kann freilich auch das Kennenlernen Seiner Wege, d.h. Seines Handelns in der Geschichte, gemeint sein. R. Elieser von Beaugency (133) schreibt:

»Tag für Tag erforschen sie durch Meine Propheten, weshalb Ich sie nicht aus der Hand ihrer Bedrücker rette.«
Vgl A. B. Ehrlich (IV, 207): »... denn sie forschen mich am Buß- und Bettage aus, wollen Aufklärung haben über mein Betragen.« In dieser Absicht wenden sich »Gott-Sucher« an Ezechiel (14,1–3; 20,1).

Die erste Deutung ist einleuchtender. Um das göttliche Geschichtswalten zu verstehen – und dies hat beispielsweise Mose erbeten (Ex 33,13) –, braucht man Gottes Satzungen längst nicht zu erfüllen. Die Parallele von »sie fragen Mich nach den Satzungen des Guttuns« mit »Mich suchen sie Tag für Tag« zeigt, daß es um Gottes Torá geht und nicht um Sein Handeln in der Geschichte.
z'daqá, »Guttun«, und *mischpát,* »Recht« wollen die Leute erfassen.

»*z'daqá* vollzieht sich im mitmenschlichen Bereich, *mischpát* in der Beziehung zu Gott« (Abarbanel, 368; Malbim, 475; R. Ch. Rabinowitz, 741).

Doch alles ist nur vorgetäuscht. Das Volk kümmert sich keinen Deut um die »Satzungen des Guttuns« *(mischp'té zédeq),* genauso wie ihm letzten Endes nichts an der »Nähe Gottes« *(qirwát 'elohím)* liegt. Ps 145,18 äußert die Gewißheit:

»Nahe ist der Herr allen, die Ihn anrufen,
allen, die Ihn in Wahrhaftigkeit *(be'emét)* anrufen.«

In Ps 73,28 bekennt der Betende:

»Ich aber, Gott nahn ist mir das Gute ...« (M. Buber; L. Zunz: »Ich aber – an Gott mich halten ist mein Gut ...«).

Die »Nähe Gottes« ist die geistige Nähe, »eine Annäherung durch die Erkenntnis, ein Erfassen durch das Wissen ...« (M. Maimonides, FdI, I,

Kap. 18, S. 79f). Das Volk bleibt indessen am Äußerlichen kleben, ohne zum Kern der Beziehung zu Gott vorzudringen:

»Sie erfüllen religiöse Riten, doch ohne Loyalität zu den ethischen Lehren der Torá« (Rev. I. W. Slotki, 283).

Alles ist gestellt, ein »als ob«, nicht echt, nicht ehrlich.

»Sie wollen nach den Verfügungen der Weisen fragen, *als ob* sie sie erfüllen möchten – ›wie ein Volk, das gute Taten getan hat‹ –, und so fragen sie Mich stets nach der Satzung des Rechts, doch ihr Sinn geht nicht danach, sie zu erfüllen« (Raschi; analog E. S. Hartom, 173: »Sie geben sich lediglich den Anschein, Meine Wege kennenzulernen, um auf ihnen zu wandeln«).

Sehr deutlich führt R. D. Kimchi die Art und Weise des Volksverhaltens aus:

»Sie erforschen und wünschen nur mit dem Mund, nicht aber mit dem Herzen. Wer nämlich Recht und Guttun verwirklicht, der fragt zu Recht, wie er es anfassen soll. Wer indessen nicht danach handeln will – wozu braucht er zu fragen? Wenn er fragt, ist seine Schuld doppelt so groß.« (Weil er sie mit vollem Wissen begeht und nicht mehr auf Nichtwissen plädieren kann.)

Von Gott aber erwartet das Volk eine positive Reaktion auf das Ritual, das abläuft, und ist voller Vorwürfe, wenn sie ausbleibt:

»Warum fasten wir, und Du siehst es nicht,
demütigen unsere Seele, und Du weißt nicht darum?«

Der Fasttag ist primär ein »Tag der Volksversammlung« (R. Sch. D. Luzzatto, 378), da die vielen Trauerbräuche ausgeübt werden – ein Tag, der nicht zu übersehen ist. Gott »sieht« natürlich, aber Er will das, was Er »sieht«, nicht registrieren. Jer 14,11f tradiert ein Gotteswort:

»Der Herr sprach zu mir:
Bete nicht für dieses Volk um das Gute.
Wenn sie fasten, höre Ich nicht auf ihr Fleh'n,
und wenn sie Ganz- und Speiseopfer darbringen,
nehme Ich sie nicht wohlgefällig an;
denn durchs Schwert, den Hunger und die Seuche
vernichte Ich sie.«

Die *»Demütigung der Seele«* müßte den Fastenden zu einem »Demütigen« (Armen, *'aní)* werden lassen, der noch nicht einmal seine elementarsten Bedürfnisse wie Essen und Trinken und die Körperhygiene zu decken vermag (S. R. I. Jacobson, chasón hamiqrá', II,370; aufgrund des Zusammenhangs von *ʿinínu* mit *ʿaní)*. Doch der Fasttag, den die Leute ausrufen, besitzt den gegenteiligen Effekt: er führt zu ihrer Bereicherung. Mit *hen (= hiné)*, »sieh«, begründet V 3f Gottes Abkehr:

»Sieh, am Tag eures Fastens findet ihr Gefallen, und alle eure Schulden (s. Leitworte) treibt ihr ein.«

Der Fasttag ist zur Schuldeneintreibung besonders geeignet. An ihm versammeln sich nämlich viele Leute, »und wenn einer von euch seinen Schuldner erblickt, bedrückt er ihn« (Abarbanel, 369), fordert er ihn zur unverzüglichen Bezahlung seiner Schuld auf. So wird der Zweck eines kollektiven Fasttags pervertiert. Was im letzten der Verbesserung der Mensch-Gott- und Mensch-Mensch-Beziehung dienen sollte, führt zu ihrer Verschlechterung. Von allen Mißbräuchen ist der Mißbrauch der Religion für zweckentfremdete Interessen am schlimmsten. Wer am Fasttag »Gefallen findet« und nicht etwa an der Neuorientierung auf den Blickpunkt »Mitmensch«, sieht an der Aufgabe eines Gemeindefastens völlig vorbei. Dann gilt, was R. Elieser von Beaugency (133) schreibt:

»Ihr heiligt den Fasttag lediglich für eure Zwecke, um den Gefallen (für) eure Seele zu finden, und was ihr wünscht, ist das Bedrängen des andern, um die Schuld zu tilgen.«

So wird selbst an diesem Tag »euer Vermögen vergrößert, und euer Herz ist nicht in Eintracht mit eurem Gott« (S. Krauss, 116).

»Was den Angeredeten hier zur Last gelegt wird, geschieht jeden Tag, und es bleibt selbst am Fasttag nicht weg« (A. B. Ehrlich, IV, 207).

Dieses harte Urteil gegen eine Verdrehung des Fastensinns – nicht des Fasttags als solchem! – findet eine Parallele in der Ablehnung der Opfer, die nicht mit einem moralischen Verhalten Hand in Hand einhergehen. Jes 1,15 stellt fest:

»Wenn ihr eure Arme ausbreitet,
schließe Ich Meine Augen vor euch,
auch wenn ihr das Gebet vermehrt,
höre Ich nicht –
eure Hände sind voller Blutschuld.«
(S. oben, S. 197, und Enc. Welt der Bibel, Jes, 261.)

Der Fasttag ist sowenig ein Surrogat für die Mitmenschlichkeit wie der Opferdienst. Verbunden mit der Mitmenschlichkeit sind beide Gott willkommen.

»Sieh, zu Streit und Hader fastet ihr ...« R. D. Kimchi erklärt:

»Wie kann Ich euren Fasttag ansehen, da er nur dem Zank dient? ... Wenn der Schuldner nicht bezahlen will, so wird er bedrängt und bedrückt, selbst mit der Faust des Frevels ... So ist euer Fasttag nicht um Gottes, sondern um eurer eigenen Bedürfnisse willen angesetzt.«

Nicht die *»Faust der Bosheit«* darf an einem echten Fasttag regieren, sondern die *»Stimme«,* die Stimme des Gebets. Die Wirklichkeit sieht anders aus:

»nicht fastet ihr heute *(kajóm = hajóm;* R. S. Ibn Melech aus Fès, Sammlung »Kommentare zu Jes«, II,276), um in der Höhe eure Stimme hören zu lassen.«

Nicht »um des Himmels willen« *(l'schem schamájim* in der talmudischen Ausdrucksweise) fasten die Menschen. Ihr Fasten gilt vielmehr dem eigenen Profit, der Bedrückung des schwächeren und verschuldeten Menschen. Auf einen solchen Fasttag würde man lieber verzichten.
Raschi versteht *kajóm* als *k'mischpát hajóm,* »gemäßt dem Gesetz des (Fast-)tags«:

»Ihr fastet nicht gemäß dem Gesetz des Tages, um euer Herz zu zerbrechen, damit eure Stimme in der Höhe vernommen wird.«
R. Ch. Rabinowitz (743): »Der Fasttag erfüllt seine Aufgabe nur, wenn sich der Mensch von jedem Vergehen dem Mitmenschen gegenüber läutert.«

V 5 nimmt noch einmal die Charakterisierung eines mißverstandenen Fasttags auf, bei dem die äußeren Riten und Bräuche und nicht der Gesinnungswandel den Ton angeben:

»Ist dies ein Fasten, das Ich erwähle,
ein Tag, da der Mensch seine Seele demütigt (kasteit)?
Daß er wie eine Binse seinen Kopf niederbeugt
und sich auf Trauergewand und Asche hinlegt?
Nennst du dies ein Fasten
und einen Tag des Wohlgefallens dem Herrn?«

Das Bild von der *Binse* ist besonders eindrücklich:

»Die Pflanze ist biegsam, bei starkem Wind beugt sie sich, um nicht zu zerbrechen. Läßt der Wind nach, so richtet sie sich wieder auf. Gleiches geschieht mit dem Volk: In der Zeit der Bedrängnis, an einem Fasttag, beugt es sich und demütigt sich vor Gott, indem es Worte der Reue spricht. Die Demütigung ist freilich nur vorübergehend: Kaum ist die Bedrängnis vorbei, kehrt es zu seinem schlechten Benehmen zurück« (Enc. Welt der Bibel, Jes, 261).

Ein *»Tag des Wohlgefallens«* ist dies nicht, lautet die stillschweigende Antwort auf die rhetorische Frage.

»Die Sache hängt nicht am Fasten und dem Hängenlassen des Kopfes, noch auch an Trauergewand und Asche, sondern am gebrochenen Herzen – an seiner Unterwerfung (unter Gott) und seiner Demütigung« (R. Elieser von Beaugency, 134; analog Raschi).

Ein »Tag des Wohlgefallens« ist von Glück erfüllt (Jes 49,8; 60,7; 61,2), schreibt R. Ch. Rabinowitz (744), doch dieser Tag der geheuchelten Annäherung an Gott, die nichts bewirkt, ist es nicht. (Zu Trauergewand und Asche s. 1Kön 21,27; Est 4,1.3f; Ps 35,13; 69,12; Neh 9,1 u. a.)
Auf die kompromißlose Kritik am Verhalten des Volkes – eine Kritik des Denkens und Handelns (V 3f) und dem Steckenbleiben im äußeren Ritual, bei dem das innere Gegenstück fehlt – folgt die Charakterisierung des *echten Fastens,* des einzigen, das *»Ich erwähle«.* Der Anfang von V 6 knüpft an den Beginn von V 5 an:

»Ist dies ein Fasten, das Ich erwähle?« (V 5).
»Ist nicht dies ein Fasten, das Ich erwähle?« (V 6).

D. Rafel (aaO) definiert das echte Fasten als *»Korrektur des Unrechts«,* begangen an jenen, die auf der untersten Sprosse der sozialen Leiter stehen. Es ist aber noch längst kein Tun, das als *chésed,* als Tat der »Liebe« und Loyalität außerhalb der rechtlichen Norm, zu bezeichnen wäre. Die *»Banden eines Jochs«* werden zunächst *»gelöst«,* bis dann schließlich jedes Joch *»zertrümmert wird«.* Und die *»Geknickten«* gewinnen die Freiheit wie einst die Sklaven, die im »Sabbatjahr« in die Freiheit zu entlassen waren (Ex 21,2; Dtn 15,12f.18; vgl R. D. Kimchi). Die »Geknickten« sind nämlich vornehmlich »die bedrückten Sklaven« (Ibn Esra), die von rücksichtslosen Herren ausgebeutet werden.

»Sie sind dermaßen mit voller Grausamkeit bedrückt, daß es scheint, sie würden in Stücke zerbrechen« (Sch. L. Gordon, II,178).

Wenn daher das Fasten einen Sinn haben soll, dann liegt er in einem Mehr an Mitmenschlichkeit. Der Talmudweise Mar Sutra lehrte (b.B'rachót, 6b):

»Der Lohn des Fasttags ist die Wohltätigkeit« *('agrá d'ta'anitá z'daqtá').*

Durch die »Wohltätigkeit«, dem Wohltun in umfassendster Weise, brechen die Fesseln, bricht die Umklammerung. Die Freiheit des zu Boden Gedrückten ist das schönste Ergebnis eines Fasttags. Daß die »Geknickten« ihre

Freiheit gewinnen, genügt freilich nicht. Ihre menschenwürdige Existenz ist zu sichern. Der einstige Herr muß seine früheren Knechte mit dem Notwendigen versorgen, das ihnen einen Start ermöglicht – mit Essen und Kleidung (V 7). Dtn 15,13f schreibt vor:

»Entläßt du ihn in die Freiheit von dir, so entlaß ihn nicht leer. Lade ihm auf von deinem Kleinvieh, von deiner Tenne und deinem Kelter. Wovon der Herr, dein Gott, dich gesegnet hat, sollst du ihm geben.«

Die Imperative in V 7 »brich!«, »bring!«, »bedecke!« und »verbirg dich nicht!« – stehen im Singular: Jeder einzelne ist aufgefordert, mitmenschlich zu handeln. Bei der Exegese von Jes 58,7–12 (Bibelauslegungen, I,189ff) wurde darüber gesprochen und entsprechendes Material aus jüdischen Quellen zitiert. Wir verzichten hier auf eine Wiederholung (s. dort zu V 8f).

Wegweisung für unsere Zeit

Jeder, der dem Propheten zugehört hat, weiß, wie ein wahrer Fasttag aussehen muß. Das Hauptgewicht liegt in der Sorge um jene, die das ganze Jahr nicht wirklich satt werden. Äußere Bußriten sind wertlos, wenn sie sich nicht im mitmenschlichen Bereich auswirken. Immer gilt es, Gottes Tun nachzuahmen: »Wie Er gnädig und barmherzig ist, sei auch du gnädig und barmherzig« (b.Schabát, 133b).
Der Hymnus in Ps 146,6ff verkündet Gottes Wirken:
»Der gemacht hat Himmel und Erde,
das Meer und was in ihnen ist alles,
Er, der Treue hütet in Weltzeit,
der Recht ausmacht den Bedrückten,
der Brot gibt den Hungernden,
Er löst die Gefesselten,
Er erhellt die Blinden,
Er reckt die Gebückten auf ...« (M. Buber).
Anklänge an unseren Abschnitt. Gott erfüllt, was Er vom Menschen erwartet: Er gibt Brot den Hungernden und löst die Gefesselten. Den Geknickten und in ein Joch Eingespannten schenkt Er die Freiheit, weil Menschen nur *seine* Diener, doch nie für immer die Diener von Dienern sein sollen (b.Bawá' m'zi'á', loa; nach Lev 25,55). Den Heuchlern, die religiöses Tun vorexerzieren und in Wirklickeit an seinen Sinn gar nicht glauben, sind diese Worte »ins Stammbuch« geschrieben. Und es gibt der Heuchler allzu

viele! Sie »finden Gefallen« an den vielen Riten und nutzen sie für eigene Interessen: etwa um eine gehobene Stellung innerhalb der Gemeinde zu erringen oder den Ruf des Unbescholtenen zu festigen. Religion hört auf, religio, »Bindung« an Gott zu sein, aus dem Gottesdienst wird ein Götzendienst. Die Religion muß Handlangerdienste zur Verwirklichung des persönlichen Egoismus leisten:

»Sieh, am Tag eures Fastens findet ihr Gefallen,
und alle eure Schulden treibt ihr ein.
Sieh, zu Streit und Hader fastet ihr,
zu schlagen mit der Faust der Bosheit –
nicht fastet ihr heute,
um in der Höhe eure Stimme hören zu lassen.«

Doch genau auf dieses Hörenlassen der Stimme in der Höhe kommt es an. Religiöses Tun ist die Brücke zu Gott, wie es die Brücke zum Mitmenschen sein muß.

»Die Väter essen saure Trauben ...«

Ez 18,1–4.21–24.30–32

1 Es war das Wort des Herrn an mich, wie folgt:
2 Was ist euch, daß ihr dieses Sprichwort auf dem Boden Israels prägt,
wie folgt:
»Die Väter essen saure Trauben, doch der Söhne Zähne werden stumpf«?
3 So wahr Ich lebe, ist der Spruch des Herrn, Gottes,
ihr werdet nicht mehr dieses Sprichwort in Israel prägen!
4 Sieh, alle Seelen – Mein sind sie!
Wie die Seele des Vaters so die Seele des Sohnes:
Mein sind sie!
Die Seele, die sündigt, sie (allein) stirbt.

21 Und der Frevler, wenn er umkehrt
von allen seinen Sünden, die er begangen hat,
alle Meine Satzungen wahrt
und Recht und Guttun übt,
so wird er wahrlich leben und nicht sterben.
22 Alle seine Frevel, die er begangen hat,
werden ihm nicht mehr erinnert.
Durch sein gutes Tun, das er getan hat,
wird er leben.
23 Habe Ich denn Gefallen am Tod des Frevlers,
ist der Spruch des Herrn, Gottes,
und nicht an seiner Umkehr von seinen Wegen,
daß er lebe?
24 Kehrt sich der gute Mensch von seinem guten Tun ab
und verübt Unrecht,
handelt nach allen Greueltaten, die der Frevler begangen hat –
soll er leben?
All seine guten Taten, die er getan hat,
werden nicht erinnert.
Durch seine Treulosigkeit, da er treubrüchig wurde (B-R),

und seine Sünde, die er gesündigt hatte,
wird er sterben.

30 Deshalb richte Ich euch,
einen jeden nach seinen Wegen, Haus Israels,
ist der Spruch des Herrn, Gottes.
Kehrt um und bringt zurück (sc. euer Herz)
von allen euren Freveltaten,
daß es (euer Tun) euch nicht mehr
zu einem Anstoß der Schuld werde.
31 Werft von euch alle eure Frevel,
durch die ihr gefrevelt habt,
und schafft euch ein neues Herz und einen neuen Geist!
Warum wollt ihr sterben, Haus Israels?
32 Denn Ich habe keinen Gefallen am Tod des Sterblichen,
ist der Spruch des Herrn, Gottes.
Bringt (sc. euer Herz) zurück
und lebt!

Der Text im Kontext

Ein böses Wort geht um im Volk von Juda, das Wort von der fehlenden göttlichen Gerechtigkeit: »Die Väter essen saure Trauben, doch der Söhne Zähne werden stumpf« (Ez 18,2; Jer 31,28: »Die Väter *aßen* ...«). *maschál,* »Gleichnis«, »Sprichwort«, und zugleich »Rätsel« (*chidá,* Ez 17,2), weil es gilt, den Spruch zu dechiffrieren, nennt die Sprache ein solches Wort. Die Väter sündigen, üben Unrecht in jedem Bereich, aber sie müssen dafür nicht geradestehen. »Der Söhne Zähne werden stumpf« – Die Kinder müssen die schlimmen Konsequenzen tragen und die Suppe auslöffeln, die die unbedachten Väter eingebrockt haben.
Das ist nicht einfach dahergesagt. Es läßt sich durch einen Blick auf die Geschichte »beweisen«: *Manasse,* König von Juda (696–642), ist ein grausamer Despot (2Kön 23,26; 24,3), dessen Willkürherrschaft letztlich den Untergang Jerusalems bewirkt (Jer 15,4). Doch es geschieht ihm nichts Böses. Sein Sohn *Josia* (639–609) hingegen, der in den Wegen Gottes wandelt »wie kein König vor ihm« (2Kön 23,25), fällt im Kampf gegen den ägyptischen Pharao Necho (ib. V 29f). *Jojakim* (608–598 v.d.Z.) revoltiert gegen den Babylonier Nebukadnezar, doch er stirbt eines natürlichen Todes. Sein Sohn

Jojachin (598) ist es, der ins Exil geführt wird (vgl Sch. L. Gordon, séfer J'chesqé'l, 167).

Das Gleichnis von den »sauren Trauben« und den stumpfwerdenden Zähnen – es ist von brennender Aktualität in den spannungsreichen Tagen vor dem Ende Jerusalems (586 v.d.Z.), ist mehr als berechtigt, sagen die Bewohner Jerusalems. Sie sind sich keiner Schuld gegen Gott bewußt. Das Exil erscheint ihnen als willkürliches Geschehen, das in keiner Weise mit der angeblichen göttlichen Gerechtigkeit vereinbar ist. Wenn Gott gerecht wäre, wie dürfte er das Leiden der Söhne um der Väter Schuld zulassen? Er ist es nicht – es gibt keine Gerechtigkeit! Unschuldige sterben anstelle der Schuldigen! In dieser Situation tritt Ezechiel auf. Er sucht der um sich greifenden Niedergeschlagenheit zu begegnen und die hart Getroffenen aufzurichten. Ihr täuscht euch, ruft er dem Volk zu, Gott *ist* gerecht, euer böses Sprichwort völlig fehl am Platz. Wie er die Argumentation führt, zeigt unser Abschnitt.

Leitworte des hebräischen Textes

maschál, V 2, ist »Spruch, Sprichwort, Weisheitsspruch« (Lex. 612), »Gleichwort« (B-R), davon hergeleitet das Verb *m-sch-l I* (Lex. 611) im Qal: »Spruch, Gleichnis machen«. Die Frage *ma 'atém moschlím 'et hamaschál hasé* übersetzen B-R in Nachahmung des Wortspiels mit »daß ihr wörtelt mit diesem Gleichwort ...«; *m'schol,* V 3, ist Infinitiv.
'admát (Status constructus von *'adamá,* Lex. 14f) ist »der Boden Israels«.
bóser sind »unreife Früchte« (Lex. 135), »Herlinge« (L. Zunz; B-R), d.h. unreife Trauben.
schiné (Status absolutus: *schinájim,* Singular: *schen;* feminin) sind die Zähne (der »Söhne«, *habaním).*
tiqhéna ist Imperfekt des Qal von *q-h-h* (Lex. 1008), »sie werden stumpf« (L. Zunz; B-R).
han'faschót ist Plural von *néfesch,* »die Seelen« (Lex. 672ff), V 4.
hachoté't, »welche sündigt« (Partizip des Qal von *ch-t-',* Lex. 292f). B-R verstehen *hachoté't* in attributivem Sinn: »die sündige« (Seele).
tamút, »sie wird (soll) sterben« (Imperfekt des Qal von *mut,* Lex. 532f).
haraschá', »der Frevler« (L. Zunz; B-R), V 21.23.24, ist das Gegenteil des *zadíq,* V 24, des »Gerechten« (L. Zunz), des »Bewährten« (B-R).
jaschúw, »er kehrt um«, tut Buße (Imperfekt des Qal von *schuw).*

chato'*táw* (so das *q're),* »seine Sünden« (Plural von *chatá't,* Lex. 294 (s. oben zu Jes 58,1, S. 294). Das *k'tiw* liest den Singular *chata'tó,* »seine Sünde«.
chuqotáj, »meine Satzungen« (Lex. 333).
mischpát uzdaqá – eine häufige Wortkombination – ist »Recht und gutes Tun«, oft mit »Recht und Gerechtigkeit« übersetzt, wobei *z'daqá* allerdings viel mehr bedeutet als nur »Gerechtigkeit«; L. Zunz: »Recht und Gebühr«, B-R: »Recht und Wahrhaftigkeit.« Zu *z'daqá* s. Enc. miqra'ít, VI,679–681, zur ganzen Wortkombination: J. Basaq, l'maschma'út hazémed 'mischpát uzdaqá', in: bet miqrá', 1987,146ff).
jichjé, »er wird leben« (Imperfekt des Qal von *ch-j-h,* Lex. 296), mit vorangehendem Infinitivus absolutus *chajó:* »Er wird wahrlich leben«, B-R: »leben soll er, leben.«
p'scha'áw, »seine Missetaten« (Singular: *péscha',* s. zu Ex 34,7, oben S. 107, und Jes 58,1, oben S. 294).
jisachrú ist Imperfekt des Niphal von *s-ch-r* (Lex. 258f), »sie werden (nicht) erinnert«, B-R: »werden (ihm nicht) zugedacht«.
'echpóz, Imperfekt des Qal von *ch-f-z I* (Lex. 326) nach vorangehendem Infinitivus absolutus und Fragepartikel *he* bedeutet: »habe ich denn Gefallen?« (L. Zunz: »Wohlgefallen«). B-R gelingt im Gegensatz zu *chajó jichjé,* V 21, die Wiedergabe weniger gut: »Habe ich denn Gefallen, Gefallen?«
schúwu, V 30 (Imperativ des Qal von *schuw),* »kehret zurück!«, B-R: »kehret um«, *w'haschíwu* (Imperativ des Hiphil), »und bringt zurück!« Die Wendung *schúwu w'haschíwu* übersetzt L. Zunz mit »kehret um und bekehret euch«, B-R mit »Kehret um! kehret euch ab!« (von allen euren Abtrünnigkeiten). Der spezifische Sinn des Hiphil *w'haschíwu* wird nicht berücksichtigt.
michschól ist »Anstoß, Hindernis« (Lex. 551), B-R: »Strauchelstein«; mit *'awón,* »Sünde«, zusammen ergibt die Wendung *l'michschól 'awón* den Sinn von »zum Anstoß der Schuld« (L. Zunz), »zum Strauchelstein der Verfehlung«. S. Detmold (J'chesqé'l, in: kitwé qódesch, 1818, 62a) versteht *l'michschól 'awón* wie – umgestellt – *'awón l'michschól,* »eine Sünde zum Straucheln«. Analog R. Sch. D. Luzzatto (J'chesqé'l, 158) und zweite Erklärung von Sch. L. Gordon (173).
haschlíchu, V 31, ist Imperativ des Hiphil von *sch-l-ch* (mit *chaf* am Schluß): »werft ab!« (L. Zunz), »werft weg!«
lew chadásch, »ein neues Herz«, *rúach chadaschá,* »ein neuer Geist«.
wichjú, »und lebt!« (Imperativ des Qal von *ch-j-h,* Lex. 296).

Der Text in der Exegese

»Es war das Wort des Herrn an mich, wie folgt« (V 1), sagt Ezechiel. Nicht aufgrund einer eigenen Überlegung spricht er seine Worte. Gott hat ihn angeredet und durch einen Eid (V 3: »so wahr Ich lebe«) die Wahrheit der Aussagen bekräftigt.
»Was ist euch, daß ihr dieses Sprichwort auf dem Boden Israels prägt?« (V 2), ein Sprichwort, von dessen Existenz auch Jeremia (Jer 31,29), Ezechiels Zeitgenosse, berichtet.

»Die Bewohner des Landes Israel pflegten es gegen jene Propheten anzuführen, die sie zur Umkehr *(t'schuwá)* aufforderten. Sie argumentierten: Selbst wenn wir (zu Gott) umkehren, ist es nutzlos, denn Gott hat das Unheil über uns wegen der Sünden unserer Vorfahren bereits verfügt. Ezechiel widerspricht: das Sprichwort sei eine Lüge, und wenn sie umkehrten, werde sie das Unheil nicht treffen« (R. Sch. D. Luzzatto, perúsch SchaDál ʿal Jirm'já, J'chesqé'l, mischlé w''Ijów, 1876,155)

Ein Sprichwort ist griffig und prägt sich leicht ein. Die Gefahr besteht, daß sich der Hörer mit dem Inhalt des Worts und seinem Wahrheitsgehalt nicht auseinandersetzt (J. Z. Moschkowitz, séfer J'chesqé'l, 117). Daher muß Ezechiel mit voller Wucht gegen ein falsches Sprichwort, das die Hörer in die Irre führt, antreten.
»Auf dem Boden Israels« wird das Wort von den »sauren Trauben« kolportiert, und es geschieht »wegen des Bodens«, »wegen der Zerstörung des Landes Israel« (R. D. Kimchi; Abarbanel), und »durch jene, die auf dem Boden Israels wohnen« (R. Sch. D. Luzzatto), also noch *vor* der Katastrophe des Jahres 586 v.d.Z., da Nebukadnezar die Stadt und ihren Tempel vernichtet. Gott lehnt nicht prinzipiell Sprichwörter, Gleichnisse, ab. In Ez 17,1f fordert Er den Propheten zur Formulierung eines *maschál* auf:

»Es war das Wort des Herrn zu mir, wie folgt:
›Menschensohn, stell ein Rätsel,
form ein Sprichwort dem Haus Israel . . .‹«

Nur in unserem Fall ist das Sprichwort ungehörig, weil es der Wahrheit entgegensteht. Genauso ungehörig wie die Behauptung in Klgl 5,7: »Unsere Väter haben gesündigt, und sie sind nicht mehr, doch wir erleiden (die Strafe für) ihre Sünden.«
Auf die Bekräftigung Gottes, daß »ihr nicht mehr dieses Sprichwort in Israel prägt«, folgt in V 4 die Angabe des *Grundes:*

»Sie, alle Seelen – Mein sind sie!
Wie die Seele des Vaters so die Seele des Sohnes:
Mein sind sie!
Die Seele, die sündigt, sie (allein) stirbt.«

»Alle Seelen sind das Werk Seiner Hände, und daher muß der gute (Gottes Willen erfüllende) Sohn nicht die Schuld des Vaters tragen« (R. Elieser von Beaugency, 28). R. S. Fisch (Ezekiel, in: Soncino Books of the Bible, ^{5}1968, 108) führt aus:

»Weil Gott der Schöpfer und Eigner aller Einzelwesen ist, müssen sie – jedes von ihnen – in derselben Beziehung zu Gott stehen. Selbst Vater und Sohn, die in körperlicher Hinsicht zueinander gehören, sind in der Sicht Gottes verschiedene Wesen. Daher können die Sünden des Vaters das Schicksal des Sohns nicht determinieren.«
Vgl R. Sch. D. Luzzatto (156): »Ich bin der Vater eines jeden Geschöpfs, und es ist undenkbar, daß es vor Mir eine Parteilichkeit geben kann, die einen Menschen in seinem Recht benachteiligt. Jeden Menschen beurteile Ich vielmehr nach seinem Wandel.«
Analog R. D. Kimchi: »Mein sind sie und von Meiner Herrlichkeit stammen Sie – ›wie die Seele des Vaters so die Seele des Sohnes‹ – und wie könnt ihr denken, Ich bestrafte eine Seele, die nicht gegen Mich gesündigt hat?« (= Raschi).

Der Akzent liegt auf »Mein«, »Mir« *(li),* wie M. Z. Segal (35) schreibt:

»›Mir‹ – auch die Seele des Sohnes gehört Mir und nicht dem Vater; jede Seele ist nur für die eigenen Taten verantwortlich.«

Sollte das Volk an die geschichtlichen Ereignisse denken (s. Kontext) und Gott der Ungerechtigkeit bezichtigen wollen – Manasse hat gefrevelt, doch sein *Sohn* (Josia) ist umgekommen –, so kann man ihm zurufen: »Hätten die Einwohner Judas an den Sünden Manasses nicht festgehalten, so wären sie nicht bestraft, das Land Israel nicht verwüstet worden« (R. D. Kimchi). »Die Söhne vermögen vielmehr die Kette (des Unrechts) zu unterbrechen und das (drohende) Unheil abzuwenden« (M. Ben-Jaschar, torát hagmúl b'séfer J'chesqé'l, in: B. Zvieli, sichót bamiqrá', II,242f).
Die absolute Gleichwertigkeit eines jeden Individuums vor Gott, bei dem es kein Ansehen der Person gibt (zum Verbot, vor Gericht ein »Gesicht zu erkennen« s. Dtn 16,19; Spr 24,23; 28,21; vgl Lev 19,15), wird durch die sprachliche Doppelverwendung von *k/k (»wie* [der Vater]/*so* [der Sohn]«) unterstrichen, sagt M'zudát Davíd, und er verweist dabei zum Vergleich auf Gen 44,18: »denn wie du (Joseph), so Pharao« (= du bist wie Pharao, *ki chamócha k'Far'ó),* es gibt zwischen euch keinen standesmäßigen Unter-

schied (was an sich falsch ist, aber von Juda so vertreten wird, weil er vor Joseph Gnade zu finden hofft).

»Die Seele, die sündigt, sie (allein) stirbt« – »sie« *(hi)* ist betont, der Sünder muß für die eigene Schuld und nur für die eigene Schuld die Konsequenzen tragen. Dabei ist Folgendes zu beachten:

»›Sterben‹ heißt in solchen Verbindungen ›schwer leiden, büßen‹, wie umgekehrt ›leben‹ so viel sein kann wie ›glücklich oder glückselig sein‹« (A. B. Ehrlich, Randglossen, V,66).

Vgl R. S. Fisch (aaO, 108): »Die Verben ›sterben‹ und ›leben‹ (V 9) bezeichnen in diesem Zusammenhang den Verlust von Gottes Wohlwollen und das damit verbundene Leiden, beziehungsweise das Gegenteil« (das Gewinnen seines Wohlwollens und das Glück); vgl R. D. Kimchi.

»Sie (allein) stirbt« bedeutet nicht, daß der Sünder sogleich tot umfällt. Auch Adam, dem für den Fall, daß er von der verbotenen Frucht genießt, der Tod angedroht wird (Gen 2,17: »denn am Tag, da du davon issest, wirst du wahrlich sterben«), ist nicht unmittelbar nach dem Übertreten des Verbots gestorben. Durch die Wendung »wirst du wahrlich sterben« wird Adam lediglich seine Sterblichkeit, sein Sterblichwerden, angesagt. Hier impliziert die Aussage die Möglichkeit des Todes als Strafe, aber nicht mehr. Aus V 23.32 ergibt sich, daß der Tod des Schuldigen gerade nicht eintreten soll, weil Gott nicht den Tod, sondern die Umkehr und damit das Leben wünscht. Ohnehin akzentuiert aber der Schluß von V 4 die Individualität eines jeden Menschen, indem er die Idee der Kollektivhaftung der einzelnen Generationen für einander mit Entschiedenheit ablehnt. In V 20 unseres Kapitels wird diese Individualität – ausführlicher als in V 4, aber mit derselben Wortwahl – nochmals herausgestrichen:

»Die Seele, die sündigt, sie (allein) stirbt: Ein Sohn trägt nicht die Schuld des Vaters, und ein Vater trägt nicht die Schuld des Sohnes, das Guttun des Guten ist (nur) auf ihm, der Frevel des Frevlers (nur) auf ihm ist er.«

Unser Abschnitt findet seine Fortsetzung in V 21–24.30–32. Ein Verständnis ist nur möglich, wenn die *Zwischentexte* mitberücksichtigt werden. Wir führen daher die wichtigsten Gedanken an. *Leitmotiv* bleibt dabei die These: »Die Seele, die sündigt, sie (allein) stirbt.« Paradigmatisch wird sie an drei aufeinanderfolgenden Generationen erläutert: am *guten (zadíq) Vater,* der einen *»gewalttätigen (räuberischen) Sohn (ben paríz,* V 10) hat, dann aber einen *guten Enkel,* der alle schimpflichen Taten seines Vaters vermeidet (V 14). Kriterium des guten Vaters und Enkels ist das Verwirklichen von »Recht und gutem Tun« *(mischpát uzdaqá,* V 5.19) oder des

»Rechts« allein (V 8), das Gottes »Rechten« entspricht (V 9.17). So auf der sozialen Ebene. Und auf der kultischen ist es die Treue zu Gott, die jegliche Götterverehrung ausschließt (V 6.15). Der abtrünnige Sohn verstößt gegen die Vorschriften in beiden Belangen: im sozialen, mitmenschlichen und im religiös-kultischen. Einige Verse entsprechen sich beinahe wörtlich, was die Eindringlichkeit intensiviert. Es empfiehlt sich daher, die Schilderung der drei Personen synoptisch miteinander zu vergleichen. Wir zitieren nur die wichtigsten Punkte:

V 5–9: Der gute Vater	*V 10–13: Der schlechte Sohn*	*V 14–17: Der gute Enkel*
Ein guter Mann übt	Ein gewalttätiger Sohn	Sein Sohn handelt nicht
Recht und gute Taten,	vergießt Blut,	nach des Vaters Sünden:
verehrt die Götter nicht,	verehrt die Götter,	verehrt die Götter nicht,
verunreinigt des Nächsten	verunreinigt des Nächsten	verunreinigt des Nächsten
Gattin nicht,	Gattin,	Gattin nicht,
nähert sich keiner Frau		
in ihrer Monatsregel,		
übervorteilt keinen,	übervorteilt Arme und Waise,	übervorteilt keinen,
pfändet nichts Verbotenes,	raubt,	pfändet nichts Verbotenes,
raubt nicht,	gibt Pfand nicht zurück,	raubt nicht,
teilt Brot mit Hungrigem,		teilt Brot mit Hungrigem,
kleidet den Nackten,		kleidet den Nackten,
nimmt keinen Zins,	nimmt Zins,	nimmt keinen Zins,
schreckt vor dem Unrecht	verübt alle diese Greuel.	»übt Meine Gesetze aus«.
zurück,		
übt Recht,		
wandelt in Gottes Gesetzen.		
Fazit:	*Fazit:*	*Fazit:*
»Er ist ein guter Mann –	»Er wird wahrlich getötet,	»Er wird nicht sterben
leben wird er wahrlich!«	sein Blut sei über ihm!«	wegen des Vaters Schuld!
(V 9).	(V 13).	Wahrlich wird er leben!«
		(V 17).

Der »gute Enkel« ahmt seinen »guten« Großvater nach und distanziert sich von seinem »schlechten« Vater. Er enthält sich der Vergehen, indem er die Verbote der Torá – die »Gesetze des ›tu nicht!‹« *(mizwót lo taʿasé)* in der talmudischen Ausdrucksweise – meidet und die »Gesetze des ›tu!‹« *(mizwót ʿasé)* zu erfüllen trachtet. Im Aufbau der drei Kolumnen kommen diese »Gesetze des ›tu!‹«, wie R. D. Kimchi erkennt (vgl R. S. Fisch, 109), erst nach den »Gesetzen des ›tu nicht!‹« So üben Enkel und Großvater das »Recht« Gottes und »Seine Gesetze«, der Verbrecher hingegen verübt »alle diese Greuel«. Positives – wie das Teilen des Brots mit dem Hungrigen oder das Kleiden des Nackten – hat er nicht aufzuzeigen. Sein Sinn trachtet nach

Götterverehrung, Ehebruch, Unterdrückung der Armen und Weisen, nach dem Zins und dem Pfänden verbotener Dinge, und verstößt damit in brutaler Weise gegen die Gesetze der Torá (Verbot des Götzendiensts: Ex 20,3–5; Lev 19,3; des Ehebruchs: Ex 20,14; Lev 18,20; 20,10; Übervorteilen eines Mitmenschen: Ex 22,20; Lev 19,33; 25,14; Dtn 23,17; Zinsnehmen: Ex 22,24; Lev 25,36f; Dtn 23,20; verbotenes Pfänden: Ex 22,25f; Dtn 24,6.17). Nichts, aber auch gar nichts trägt er zu einer besseren menschlichen Gesellschaft bei, zum »Recht der Wahrheit zwischen Mensch und Mensch« (V 8), von dem R. D. Kimchi sagt:

»›Das Recht der Wahrheit‹ *(mischpát 'emét)* dient dem Erhalten des Bewohnens der Welt« (d. h. es schafft die Voraussetzung, daß Menschen auf unserer Erde miteinander zu leben vermögen).

Daher ist das Zinsnehmen von einem Bedürftigen – an verzinsliche Bankdarlehen im Geschäftsleben ist dabei nie gedacht! – besonders verwerflich. Über den Zins, den der Reiche vom Armen einfordert, indem er dabei seine Notlage schamlos mißbraucht, sagen die Weisen (Ex.r. 30,6):

»Wem ist der Zins vergleichbar? Einem Schlangenbiß, der erst verspürt wird, wenn es (Gift? Eiter?) hervorquillt.« Das Schlangengift tötet den Körper langsam ab, und wenn der Gebissene es merkt, ist es zu spät. Eine ähnlich verheerende Wirkung besitzt der Zins, den ein Armer schuldet und nicht bezahlen kann.

In V 4 lautet die These: »Die Seele, die sündigt, sie (allein) stirbt.« Am Beispiel des »gewalttätigen Sohn« wird dies veranschaulicht. Seine Schuld überträgt sich nicht auf den »guten« Sohn, den Enkel des guten Mannes. In V 20 steht die Kehrseite: »Das gute Tun des guten Mannes ist (nur) auf ihm«, der »gewalttätige Sohn« »profitiert« daher nicht von den guten Taten seines Vaters. Er trägt die Folgen seiner Verbrechen, als ob es diesen guten Vater gar nicht gäbe. So radikal ist die personelle Verantwortung, daß jede »Gutschrift« wegfällt.
Steht die These von V 4 jedoch nicht im Gegensatz zu Ex 20,5?

». . . denn Ich bin der Herr, dein Gott, ein eifernder Gott, der gedenkt der Schuld der Väter bei den Söhnen, beim dritten und vierten Geschlecht, bei jenen, die Mich hassen.«

R. Jose bar Chanina (Jalqút schim'óni, II,313: S. 829) sieht tatsächlich einen Gegensatz, wenn er erklärt:

»Vier Verordnungen verhängte Mose über Israel, und es kamen vier Propheten und hoben sie auf . . . Mose sagte: ›der gedenkt der Schuld der Väter bei den Söhnen‹, da kam Ezechiel und hob sie (Verordnung) auf; denn es heißt: ›Die Seele, die sündigt, sie (allein) stirbt.‹«

Der Widerspruch ist indessen nur ein vermeintlicher, denn bei den drei Personen in unserem Text ist die Kette des »die Mich hassen« durchbrochen. Der »Enkel« liebt Gott und geht eben nicht in den Fußspuren seines schlechten Vaters. Doch selbst wenn er ihn nachahmte, bestrafte Gott erst das »dritte und vierte Geschlecht«, nachdem die Hoffnung auf eine Umkehr geschwunden ist. (Näheres s. Bibelauslegungen, III,76f zu Ex 20,5; vgl M. Ben-Jaschar, aaO, 241.) Die Zuhörer Ezechiels verstehen indessen seine These nicht richtig, und sie fragen (»sagen«):

»Warum trägt der Sohn nicht die Schuld des Vaters?« (V 19)

Ezechiel antwortet:

»Weil der Sohn Recht und gute Taten getan hat ...«

Die sich verhängnisvoll auswirkende Kette immer neuer Schuld existiert nicht, und sie kommt selbst nicht im zweiten Glied, wie die Leute möglicherweise meinen, zum Tragen. Ezechiel geht freilich einen sehr wesentlichen Schritt weiter, und damit setzt unser Abschnitt wieder ein. Nicht nur ist die automatische Schuldübertragung von einer Generation auf die andere unterbunden, selbst bei einem einzelnen Menschen wirkt sich ein früheres Tun nicht unbedingt auf die Gegenwart und Zukunft aus (V 21f). Der Frevler, der von seinem Frevel abläßt und sich Gott zuwendet, »wird wahrlich leben und nicht sterben«. Es sind – in umgekehrter Reihenfolge – dieselben Worte, die beim »guten« Enkel als Grund für sein Verschontbleiben von des Vaters Schuld verwendet werden (V 17):

V 21 (reumütiger Frevler)	*V 17 (»guter« Enkel)*
Er wird wahrlich leben	Er wird nicht sterben ...,
und nicht sterben.	wahrlich leben wird er.

Eine *Bedingung* muß freilich erfüllt sein (Ex.r. 31,6):

»›Und der Frevler, wenn er umkehrt (von seiner Sünde)‹ – wenn er mit seinem ganzen Herzen umkehrt, nehme Ich ihn auf.«

Die »Umkehr« *(t'schuwá,* eigentlich: die »Antwort«, weil jede Umkehr ein neues Antworten auf Gottes Forderungen ist) muß mit dem ganzen Herzen geschehen, sonst ist sie wertlos. Eine halbherzige Umkehr kann die Wende nie bewirken. Von der echten, vollen *t'schuwá* aber sagt Jer 36,3:

»... damit sie (Judäer) umkehren, ein jeder von seinem schlechten Weg, und Ich ihre Sünde und ihre Schuld vergebe.«

So groß ist die Kraft der wahren Umkehr, sagt der Midrasch (Ex.r. 31,1), daß des Sünders Sünde gleichsam zu einer guten Tat wird:

»Woher sagst du, daß Gott bei einem Menschen, der die Umkehr vollzogen hat, selbst viele von ihm begangene Sünden in gute Taten verwandelt? Weil geschrieben ist (Ez 33,19): ›Wenn der Frevler sich von seinem Frevel abkehrt und Recht und gutes Tun übt, so wird er leben. Aller seiner Sünden, die er getan hat, wird nicht mehr gedacht.‹« Vgl Tanchúma' wajerá', hg. v. S. Buber, 47b: »Sieh, wie gut (schön) die Umkehr ist. Der Heilige, gelobt sei Er, sagt: ›Kehrt um zu Mir, und Ich werde zu euch zurückkehren‹ (Mal 3,7). Hat ein Mensch manche Sünden begangen und kehrt daraufhin zu Gott zurück, so ist es, als habe er nie gesündigt; denn es heißt (Ez 18,22): ›Alle seine Freveltaten, die er begangen hat, werden nicht mehr erinnert.‹«

Unter dem Stichwort *»Groß ist die Umkehr« (g'dolá t'schuwá)* zählt der Talmud eine Reihe ihrer Segenswirkungen auf (b.Jomá', 86a–b):

»Es sagt R. Chama bar Chanina: Groß ist die Umkehr, denn sie bringt der Welt die Heilung ... R. Jonatan sagt: Groß ist die Umkehr, denn sie bringt die Erlösung nahe. Resch Laqisch sagt: Groß ist die Umkehr, weil absichtlich begangene Sünden zu unabsichtlich begangenen werden. R. Jonatan sagt: Groß ist die Umkehr, denn sie verlängert die Jahre eines Menschen. Um eines Menschen willen, der die Umkehr vollzogen hat, verzeiht Gott der ganzen Welt.«

V 21 nennt neben dem Verb »(wenn) er umkehrt« *(jaschúw)* ein zweites Verb: »und beobachtet« *(w'schamár)*. Mit der Umkehr zu Gott ist es nicht getan. Die Umkehr muß mit dem »Beobachten« Seiner Gebote verbunden sein:

»Die beiden Stadien einer echten Reue werden definiert mit *jaschúw* und *w'schamár,* mit dem Sich-Abwenden von einer begangenen Sünde und dem ehrlichen Gehorsam dem Willen Gottes gegenüber« (R. S. Fisch, aaO).

V 22 bekräftigt die Schlußaussage des vorangehenden Satzes (»er wird wahrlich leben und nicht sterben«) mit den Worten:

»Durch sein gutes Tun, das er getan hat, wird er leben.«

Nichts verbleibt von »allen seinen Freveltaten«, natürlich nur von seinen Freveltaten im Mensch-Gott-Bereich. Auch Ezechiel wird nicht behaupten wollen, daß beispielsweise ein Mord durch die Reue des Mörders – und mag sie noch echt sein – nicht mehr zählt. So einfach und billig geht das nicht. Der Mörder trägt die Konsequenzen seines Verbrechens. Ezechiel kann und will mit Sicherheit eine klare Vorschrift der Torá nicht aufheben, und die Torá sieht für den Mord (das vorsätzlich begangene Töten eines Menschen) die Todesstrafe, für den Totschlag die Verbannung in eine »Zufluchtstadt« vor (Num 35,1–34).

Von einem Mörder ist in Ez 18 allerdings nicht die Rede. Die sozialen Freveltaten schließen das Kardinalverbrechen des Mords nicht ein. Der »gewalttätige Sohn« vergießt wohl Blut (V 10), aber nicht mit der Waffe, sondern – und dies zeigt sein »Strafregister« (V 11–13) – durch den brutalen Eingriff in die Rechtssphäre des Mitmenschen, vor allem des »Armen und der Waise« (analog Jer 22,17, wo das Vergießen »unschuldigen Bluts« im Rahmen des sozialen Unrechts genannt wird). Ein Mensch kann zugrunde gehen, sein Blut vergossen werden, wenn er unter der Bedrückung eines Mächtigen »erstickt«.

Der Prophet Ezechiel tritt nicht als Gesetzgeber auf, sondern als Mahner seines Volkes, dem er ein Gotteswort überbringt (V 1: »das Wort des Herrn; V 9.23.32: »Spruch des Herrn, Gottes«). Und als Mahner führt er den Leuten vor Augen, daß die Chancen einer neuen, festgegründeten Beziehung zu Gott bestehen, wenn die Reue echt ist. Die Sünde ist keine magische Kraft, die eine unübersteigbare Barriere zwischen dem Sünder und Gott aufzurichten vermöchte. Selbst ein Mörder soll nach Auffassung der Mischna (Sanhedrín, VI,2) vor seiner Hinrichtung ein Sündenbekenntnis *(widúj)* ablegen:

»Ist er (Hinzurichtender) vom Ort der Steinigung ungefähr zehn Ellen entfernt, spricht man zu ihm: ›Bekenne!‹, denn die Hinzurichtenden pflegen zu bekennen. Jeder, der ein Schuldbekenntnis ablegt, hat Anteil an der Zukünftigen Welt ... Wenn er nicht zu bekennen weiß (weil er sich seiner vielen Sünden nicht erinnert), spricht man zu ihm: ›Sag: Mein Tod sei Sühne für *alle* meine Sünden!‹«

In V 23 wird – in Form einer rhetorischen Frage – die Bedeutung der Umkehr nochmals erklärt:

»Habe Ich denn Gefallen am Tod des Frevlers, ist der Spruch des Herrn, Gottes, und nicht an seiner Umkehr von seinen Wegen, daß er lebe?«

Die Weisen lehren (séder Elijáhu sutá', IX):

»Selbst wenn ein Mensch hundert Sünden begeht – eine schlimmer als die andere – und sich dann abwendet und die Umkehr vollzieht, so spricht der Heilige, gelobt sei Er: ›Ich bin bei ihm in Erbarmen und nimm ihn auf in der Umkehr.‹ Und wenn ein Mensch sich erhebt und gegen Gott lästert, dann aber umkehrt, so spricht der Heilige, gelobt sei Er: ›Ich verzeihe ihm alle seine Sünden‹, wie es heißt: ›Habe Ich denn Gefallen am Tod des Frevlers?‹«

Soweit zum Frevler, der sich als reumütig erweist. Die V 24ff zählen wiederum nicht zu unserem Abschnitt, sind aber für sein Verständnis wichtig. Wie der Frevler nicht für immer verdammt ist, so darf sich der gute Mensch nicht auf früheren Lorbeeren ausruhen. Wenn er seine guten Taten aufgibt und alle Greueltaten begeht, die der Frevler begangen hat, hat er seine Chance verpaßt. »Soll er leben?« (V 24). Nein: »All seine guten Taten, die er getan hat, werden nicht erinnert.«
Das ist die Kehrseite. Nur die Gegenwart zählt. Weil sich der Frevler von seinem einstigen Frevel distanziert, wird ihm das Leben zuteil. Die Abkehr des einst guten Menschen von seinem Tun führt ihn jedoch ins Unglück. Das Volk vermag das nicht zu verstehen und sagt:

»Unangemessen ist das Verfahren des Herrn« (V 25; L. Zunz).

Und Ezechiel erwidert:

»Höret doch, Haus Israel,
ist mein Verfahren unangemessen?
Ist nicht euer Verfahren unangemessen?« (L. Zunz)

Gottes Überlegungen sind anders als jene des Menschen:

»Denn nicht sind Meine Gedanken eure Gedanken und nicht eure Wege Meine Wege, ist der Spruch des Herrn« (Jes 55,8; Bibelauslegungen, III,254f).

Einen Grund für die Verschiedenheit gibt Gott nicht an. So ist es, und so bleibt es. Das Volk versteht indessen nicht, weshalb Gott mit dem einst Guten so hart verfährt. Noch im Talmud (b.Qiduschín, 40b; vgl Raschi zu V 24) ist es ein Problem. Resch Laqisch sucht nach einer Antwort: Der abtrünnig Gewordene wird nur dann so unnachsichtig beurteilt, wenn er sich von seiner Vergangenheit radikal gelöst hat:

»Resch Laqisch sagte: Wenn er die ersten (Taten) bereut« *(b'tohé' 'al hari'schonót).* (Vgl M. Maimonides, hilchót t'schuwá, III,3.)

Im göttlichen Urteil über die Menschen kommen andere Kriterien zum Zug. Da wird der einzelne gesehen, wie er ist, nicht wie er war. Sowenig der bereute Fehler zählt, sowenig zählt noch das bereute Guttun. Menschen mögen Plus und Minus miteinander verrechnen – Gott besitzt »Seine Gedanken«, »Seine Wege«, die sich signifikant von den menschlichen abheben.
In V 27f wird die Aussage von V 21 nochmals aufgenommen und – in V 28 – wiederum mit dem Unverständnis des Volkes kombiniert. Das Gewicht liegt auf dem Schicksal des Frevlers, weil Ezechiel seine Hörer zur Buße auffor-

dern will. Mit den V 30–32 – wiederum Teil unseres Abschnitts – wird dieser Ruf zur Umkehr kräftig untermauert. Hier ist die Quintessenz des ganzen Kapitels festgehalten, und zwar in drei Punkten:

1. »Deshalb richte Ich euch, einen jeden nach seinen Wegen« (V 30).

Der Unschuldige muß den Kopf nicht für die Sünden des Schuldigen – und sei er selbst sein Vater – hinhalten. Das böse Sprichwort von den »sauren Trauben« trifft nicht zu. Zum anderen kann sich der Schuldige nicht auf das gottgefällige Tun des Unschuldigen berufen – und sei es wiederum selbst sein Vater –, um Strafmilderung oder gar Straferlaß zu erhoffen. Es gilt das Prinzip: »Die Seele, die sündigt, sie (allein) stirbt.«

Wenn Gott »richtet«, so gilt Sein Urteil dem gegenwärtigen Zustand der betreffenden Person. Dem Sünder werden die einstigen, inzwischen bereuten Vergehen nicht mehr angelastet. Er steht da wie eine *tabula rasa.* Entsprechend muß der sündenbelastete, früher gute Mensch für seine Vergehen geradestehen.

2. »Werft von euch alle eure Frevel« (V 31).

Die Sünde ist kein Fatum, das zu tragen ist. Sie kann vielmehr durch eigene Kraft »weggeworfen« werden. »Kehrt um und bringt zurück!« *(schúwu w'haschíwu,* V 30) – bringt zurück euer Herz (M. Z. Segal), »euch selbst« (m'zudát Davíd), vielleicht auch »andere Menschen«, die eure Umkehr zum Vorbild nehmen (Raschi). Dann wird die Sünde nicht immer wieder zu einem »Anstoß der Schuld« *(l'michschól 'awón),* im Sinn der Sprüche der Väter (4,2):

»Ben Asai sagt: Eile zu einem leichten Gebot und flieh vor der Sünde; denn ein Gebot zieht ein anderes Gebot mit sich, und eine Sünde eine andere Sünde.«

Die Vergehen hören auf, ein Stolperstein zu sein, wenn der Sünder es nur will (R. S. Fisch, 114):

»Die Sünde, die ihr begangen habt, wird nicht mehr zum Anstoß (Hindernis) werden« (Abarbanel, 513). Vgl M. Duwschani ('iqré n'wu'á, II,47): »Beeilt euch mit der Umkehr, ehe der Frevel wächst und zum Anstoß wird, den keiner mehr zu entfernen vermag.«

Es geht demnach nicht an, zu warten, bis die Vergehen verschwinden. Von selbst tun sie es nicht, und Gott wünscht – so ist »der Spruch des Herrn, Gottes« (V 30) –, daß der Sünder die Initiative ergreift und einen neuen Anfang macht. Dieser Anfang führt zu »einem neuen Herzen und einem neuen Geist« (V 31).

3. »Schafft euch ein neues Herz und einen neuen Geist« (V 31).

Parallelen zu V 31 finden sich in Ez 11,19; 36,26 und Ps 51,12.

V 31
Bereitet euch
ein neues Herz und
einen neuen Geist!
Warum wollt ihr sterben,
Haus Jisrael?! (B-R).

11,19
Ich gebe ihnen
ein einiges Herz,
einen neuen Geist
gebe in ihre Brust ich …
(B-R).

36,26
Ich gebe euch
ein neues Herz,
einen neuen Geist gebe ich
euch in das Innre … (B-R).

Ps 51,12:
Ein reines Herz schaffe mir, Gott,
einen festen Geist erneue in meinem Innern! (M. Buber).

Zweimal steht »*Ich* gebe« – auch im Psalmvers wird Gott angeredet –, und nur in unserem Satz sind die Menschen zur Bereitung des neuen Herzens und des neuen Geistes aufgefordert. Ein Widerspruch ist dies nicht. Gott kann nur wirken, wenn sich der Mensch ihm öffnet, und der Mensch bleibt stecken, sofern Gott ihn nicht unterstützt.
Der Akzent liegt auf »neu«: Wenn es besser werden soll, dann ist das alte verhärtete und empfindungslos gewordene Herz zu ersetzen, muß zugleich ein »neuer Geist« zur Aufnahme der Gottesworte imstande sein. Diese Hoffnung bei Ez rückt in die unmittelbare Nähe des *»neuen Bundes«,* den Jeremia ankündigt (Jer 31,34; Bibelauslegungen, II,297 ff). M. Weinfeld (zit. S. 301) vergleicht Ez und Jer und schreibt:

»Beide reden daher von einem neuen und reinen Anfang in der Geschichte Israels«; M. Duwschani (II,47): »von Rettung und Hilfe«.

Ein neues Herz und ein neuer Geist führen »zur Annäherung an den Dienst für Gott« (m'zudát Davíd), »zur Treue und dem Gehorsam dem Gottesgesetz gegenüber« (R. S. Fisch, 143). Voraussetzung ist der Wille zur »Selbstläuterung« (J. Z. Moschkowitz, 123).
Mit dem »Warum wollt (oder sollt) ihr sterben, Haus Israel?« (V 31) ist der Übergang zum eigentlichen Kernsatz des Kapitels gegeben, der in wenigen Worten die Hauptakkorde anschlägt: Gottes Mißfallen am Tod des Sünders (vgl V 23) und Sein Wunsch nach der Umkehr des Sünders (vgl V 23.30).

V 32
Denn Ich habe keinen Gefallen
am Tod des Sterblichen (Toten;
B-R: am Sterben dessen, der
sterben muß),
ist der Spruch des Herrn, Gottes.
Bringt (sc. euer Herz) zurück
und lebt!

V 23
Habe ich denn Gefallen
am Tod des Frevlers,

ist der Spruch des Herrn, Gottes,
und nicht an seiner Umkehr
von seinen Wegen, daß er lebe?

Wahres Leben ist gekoppelt mit dem Kontakt zu Gott. In der talmudischen Formulierung (j.B'rachót, II,3):

»Woher (erweist sich), daß die Frevler selbst zu Lebzeiten ›Tote‹ genannt werden, weil es heißt: ›denn Ich habe keinen Gefallen am Tod des Toten.‹ Stirbt denn ein Toter? Vielmehr: dies sind die Frevler, die schon zu Lebzeiten ›Tote‹ genannt werden. Doch die guten Menschen werden selbst im Tod noch ›Lebende‹ genannt ...«

Zu der mit Nachdruck ausgesprochenen Glaubensthese, daß Gott des Frevlers Tod nicht wünscht, bemerkt der Midrasch (Tanchúma' wajerá', 8; vgl Tanchúma' tasrí'a, hg. v. S. Buber, S. 20a):

»R. Pinchas der Priester, Sohn des R. Chama, sagte: Der Heilige, gelobt sei Er, will kein Geschöpf schuldigsprechen (V 32 und Ps 5,5). Was aber wünscht Er? Seine Geschöpfe zu rechtfertigen (Jes 42,21). Wisse: Wenn die Geschöpfe sündigen und Ihn erzürnen, ... sucht Er ihnen einen Fürsprecher, der sie verteidigt« (Beispiel: Abraham, der für die Einwohner Sodoms eintritt; Gen 18).

»Und lebt!« Das Leben ist verbunden mit der Umkehr, und es ist das begehrte Ziel. In Dtn 30,19 erklingt der Ruf: »Du sollst das Leben wählen, damit du lebst – du und deine Nachkommen!« Und in Lev 18,5 werden die Gottesgebote mit *wacháj bahém,* »daß er (der sie Erfüllende) durch sie lebe«, motiviert. Achtzehnmal kehrt in Ez 18 der Stamm *ch-j-h,* »leben«, wieder. Es ist kein Zufall, daß das Kapitel, in dem es um Leben und Tod geht, um Glück und Unglück, mit dem Befehl an das »Haus Israel« schließt: »Und lebt!«

Wegweisung für unsere Zeit

Werden die Zähne der Söhne stumpf, wenn die Väter und nicht sie selber saure Trauben gegessen haben – oder werden sie es nicht? Leiden die Kinder unter den Taten ihrer Väter? Ezechiel gibt – im Auftrag Gottes, notabene! – eine klare Antwort: Die Zähne werden nicht stumpf, die Kinder leiden nicht, weil nur die sündige Seele stirbt. Geschichtliche und persönliche Erfahrung zeigt uns immer wieder, daß Ezechiels These nicht zutrifft. Spätgeborene tragen oftmals am schweren Packen, den die Frühgeborenen zugeschnürt haben. Wir geben uns keinen Illusionen hin. »Für uns ist das Problem nicht so einfach wie für Ezechiel«, schreibt R. S. Fisch (115). »Ezechiel ... vernachlässigt (bei seiner Aussage) den Einfluß von Vererbung, Milieu und Charakterveranlagung. Kinder leiden wegen ihrer Eltern.

Die Vergangenheit eines Menschen konditioniert seine Gegenwart.« Wer die Geltung des ezechielschen Prophetenworts verallgemeinert, begeht einen Irrtum.

Freilich ist gerade diese Generalisierung äußerst fragwürdig. Wohl muß Ezechiel ein Gotteswort weitergeben – allein, es ist ein Wort für bestimmte Menschen in einer bestimmten Zeit: für die Bewohner Judas und Jerusalems, die sich vor dem unvermeidlichen Angriff Nebukadnezars fürchten und in ihrer Not nach dem Grund suchen. Weil sie sich keiner Schuld bewußt sind, schieben sie die Verantwortung auf die »Väter« ab und prägen das Gleichnis von den »sauren Trauben«. Ezechiel hört es – hört es wie Jeremia immer wieder – und reagiert. Das geflügelte Wort ist falsch, und es jagt die Menschen in die Hoffnungslosigkeit. Es ist falsch, weil es die von der Gefahr Betroffenen von einer Mitschuld freispricht, wo sie eindeutig besteht (vgl Tempelrede Jeremias; Jer 7, bes. V 3–11). Die Leute glauben, sie glichen dem »guten Vater«, in Wirklichkeit gleichen sie dem »räuberischen Sohn«, der durch seine Untaten das Recht untergräbt und die Gemeinschaft bedroht. Wie alle Propheten vertritt Ezechiel die Korrelation von moralischem Verhalten innerhalb eines Gemeinwesens mit dem politischen, oftmals durch äußere Feinde diktierten äußeren Geschehen. Er ist so sicher, daß die sich abzeichnende Katastrophe nicht – oder zumindest nicht nur – durch der »Väter« Fehlverhalten ausgelöst wird, daß er seinen Zuhörern die These von der absolut fehlenden Schuldübertragung expliziert. Als Attacke auf des Volkes Selbsttäuschung ist die These vielleicht richtig und zweifellos nützlich, aus dem historischen Kontext herausgerissen klingt sie aber schrill.

Viel wesentlicher als das Nachgrübeln über Schuld und Unschuld miteinander verquickter Generationen und selbst über die Tragweite einstiger Vergehen im Leben eines einzelnen ist der Zuspruch Gottes, er wünsche die Umkehr des Frevlers und nicht dessen Tod. Weil kein Mensch frei ist von Schuld, gilt dieser Zuspruch einem jeden Menschen. Keinem ist je die Umkehr endgültig genommen, wenn sie auch manchem so schwer fällt, daß er sie nicht vollzieht. Wegweisend aber bleibt die Lehre der Weisen (Jalqût schimʿóni, II,358, S. 839):

»Man fragte die Weisheit: ›Was ist die Strafe des Sünders?‹ Sie antwortete: ›Den Sündern jagt das Böse nach‹ (Spr 13,21). Man fragte die Prophetie: ›Was ist die Strafe des Sünders?‹ Sie antwortete: ›Die Seele, die sündigt, sie (allein) soll sterben‹ (Ez 18,4). Man fragte die Torá: ›Was ist die Strafe des Sünders?‹ Sie antwortete: ›Er bringe ein Schuldopfer, und es wird ihm verziehen‹ (nach Lev 5,15ff). Man fragte den Heiligen, gelobt sei Er: ›Was ist die Strafe des Sünders?‹ Er antwortete: ›Er vollziehe die Umkehr, und es wird ihm verziehen‹. Dies ist's, was geschrieben ist: ›Gut und gerade ist ER, drum unterweist er die Sündigen in dem Weg‹« (Ps 25,8; M. Buber). Weisheit, Prophetie und selbst die Torá reichen nicht aus. Gott allein zeigt den richtigen Weg: die Umkehr, das Verzeihen. Die Menschen sind oft schlecht, und sie rennen dann in ihr eigenes Verderben. Gott aber will das nicht, weil »Er keinen Gefallen hat am Tod des Sünders«. Er wünscht die Umkehr, aber eine Umkehr, die aus ganzem Herzen geschieht, aus einem Herzen, das sich Ihm gegenüber öffnet und darum zu einem neuen, einem von den Schlacken des Irrtums und der bösen Tat gereinigten Herzen wird. Die »Strafe« ist dann gar keine Strafe mehr. Sie ist aufgehoben durch das gewandelte Leben. Und »leben« sollen wir, sagt Ezechiel im Namen Gottes. Leben, um »mit dem Armen das Brot zu teilen«, »die Nackten zu bekleiden« und im »neuen und reinen Anfang« das höchste Gut zu erlangen: das Verständnis und den Frieden unter den Menschen.

Register der Bibelstellen

(Die 19 Predigttexte des 6. Jahrgangs sind halbfett gesetzt)

Verzeichnis der Predigttexte Band 1–4

Roland Gradwohl
Bibelauslegungen aus jüdischen Quellen
Band 1

ctb calwer taschenbibliothek 37

Roland Gradwohl

Bibelauslegungen aus jüdischen Quellen

Band 1:
Die alttestamentlichen Predigttexte des 3. und 4. Jahrgangs

Calwer Verlag Stuttgart

Die Deutsche Bibliothek – CIP-Einheitsaufnahme

Gradwohl, Roland:
Bibelauslegungen aus jüdischen Quellen / Roland Gradwohl. –
3. Aufl. – Stuttgart: Calwer Verlag
ISBN 3–7668–3348–0
Bd. 1. Die alttestamentlichen Predigttexte des
3. und 4. Jahrgangs. – 2002
(Calwer Taschenbibliothek; 37)
ISBN 3–7668–3346–4
NE: GT

ISBN 3–7668–3348–0 (Gesamtausgabe)

3. Auflage 2002

Printed in Germany

Umschlaggestaltung: Ellen Steglich, Stuttgart
Gesamtherstellung: WB-Druck, Rieden am Forggensee

Inhalt

Geleitwort

In unserem württembergischen Gesangbuch finden wir den Liedvers Philipp Spittas:

> »Er kennet seine Scharen am Glauben, der nicht schaut
> und doch dem Unsichtbaren, als säh' er ihn, vertraut;
> der aus dem Wort gezeuget und durch das Wort sich nährt
> und vor dem Wort sich beuget und mit dem Wort sich wehrt«
> (EKG 471/2).

Kirche des Wortes Gottes – das zeigt unser täglicher Umgang mit dem Losungsbüchlein der Herrnhuter Gemeinde. Das zeigt die Bedeutung der Predigt im evangelischen Gottesdienst – einer Predigt, die Auslegung biblischer Texte ist, zeitbezogene Weitergabe einer bleibend gültigen Botschaft. In unseren Kirchen liegt die aufgeschlagene Bibel auf dem Altar, denn das Wort Gottes ist das Ur-Sakrament der Kirche. Und bei unserer Taufe und Konfirmation und bei der Trauung werden uns Gottes Worte zugesprochen, die uns als »Denksprüche« ein Leben lang begleiten. Kirche des Wortes Gottes, d.h. Leben mit der Bibel.

Und aus diesem Worte Gottes hören wir auch die apostolische Mahnung: »So rühme dich nicht gegenüber den Zweigen. Rühmst du dich aber, so sollst du wissen, daß nicht du die Wurzel trägst, sondern die Wurzel trägt dich ... Denn wenn du aus dem Ölbaum, der von Natur wild war, abgehauen und wider die Natur dem edlen Ölbaum eingepfropft worden bist, wieviel mehr werden die natürlichen Zweige wieder eingepfropft werden in ihren eigenen Ölbaum« (Römer 11,18.24).

Im Gespräch zwischen Juden und Christen begegnen wir nach Jahren, ja Jahrhunderten der Verfolgung und der Verbrechen, der Feindschaft und der gegenseitigen Furcht, unserer gemeinsamen Vergangenheit neu. Wir entdecken die Wurzeln, die uns alle tragen. Und wir lernen, die alten Worte der Bibel auch im Licht anderer Erfahrungen zu hören.

Der Humanist Reuchlin erklärte bereits an der Schwelle der Reformation: »Darum soll man die Kommentare und Glossen der Leute, die ihre Muttersprache von Jugend auf gründlich gelernt haben, keineswegs unterdrücken, sondern, wo immer solche existieren, sie zugänglich machen, pflegen und sehr in Ehren halten als Quellen, aus denen der wahre Sinn der Sprache und das Verständnis der Heiligen Schrift uns zufließt.«

Der jüdische Religionskodex, das jüdische Gesetzbuch, trägt den Namen Schulchán arúch. Übersetzt heißt dies: Der gedeckte Tisch. Dies bezieht sich auf 2Mose 21,1: »Dies sind die Rechtsordnungen, die du ihnen vorlegen sollst.« Das hebräische Zeitwort wird nach alter Interpretation auf den Familientisch gedeutet, der gedeckt und hergerichtet wird, damit wir an ihm essen können. Wir sollen uns an diesen Tisch setzen und eine Kost genießen, die wir in tieferem Sinne benötigen und von der wir leben: Die Weisungen Gottes, die Kunde von seinen großen Taten. Evangelisch gesprochen: seine Zusagen.

Auch diese Bibelauslegungen aus jüdischer Sicht wollen ein gedeckter Tisch sein. Manches wird uns zunächst unbekannt und fremdartig erscheinen, aber wir sollen kosten und genießen und das Wort Gottes auch in anderer Zubereitung entdecken und schmecken.

Jüdische Gotteserkenntnis zeigt sich zuerst und zuletzt nicht an imposanten Denk-Gebäuden, wie sie manche systematische Theologie darstellt. Jüdische Gotteserkenntnis ist ausgerichtet auf eine bestimmte Lebensgestaltung. Glaube war hier niemals verstandesmäßige Einsicht allein, sondern gestalteter Alltag und Festtag, Glaube als praktischer Gehorsam.

Wir freuen uns sehr, daß durch viele Begegnungen im Kloster Denkendorf und in Israel und in unseren Gemeinden, besonders vermittelt durch Pfarrer Dr. Hartmut Metzger, zwischen Juden und Christen ein neues Miteinander entstand. Gespräche über der aufgeschlagenen Bibel kamen in Gang, wir erhielten einen Eindruck von der reichen Tradition jüdischer Bibelauslegung. Jede echte Begegnung ist doch zugleich Austausch, keine »Ver-gegnung«, die nur zur Entzweiung führt und der Gemeinsamkeiten gar nicht ansichtig wird.

Auslegung der Heiligen Schrift – nach einem tiefen Wort Ebelings ist die Geschichte der Kirche die Geschichte der vielfältigen Auslegung der Heiligen Schrift. Aber wir sind mit dieser Auslegung nie fertig. Unser Reformator Martin Luther verglich die Bibel mit einem prächtig tragenden Obstbaum, von dem er zu jeder Jahreszeit und noch nach Jahrzehnten immer wieder Früchte erntet. Genau dabei wollen uns auch diese Bibelauslegungen aus jüdischen Quellen dienen. Es ist gut, wenn wir uns nach Jahrhunderten der Distanz im Hören einüben, ehe wir dann, sachkundiger geworden, unseren eigenen, unverwechselbaren und unverzichtbaren Beitrag einbringen: die Botschaft von Jesus Christus, dessen Name heißt: »Das Wort Gottes« (Offb 19,13).

Israel ist und bleibt für uns das Volk des Bundes, denn Gott ist verläßlich und treu. Und am Ende seiner Wege wird der gemeinsame Lobpreis stehen: »Wie unbegreiflich sind seine Gerichte und unerforschlich seine Wege! Wer hat des Herrn Sinn erkannt und wer ist sein Ratgeber gewesen? Wer hat ihm etwas zuvor gegeben, daß Gott es ihm vergelten müßte? Denn von ihm und durch ihn und zu ihm sind alle Dinge. Ihm sei Ehre in Ewigkeit. Amen.«

Hans v. Keler

Vorwort

»Siebzig Gesichter hat die Tora« *(schiw'ím paním latorá)*, sagen die Weisen Israels. Hinter dem Vordergründigen eines Textes der Tora, der »Lehre« und Weisung Gottes, steckt der verborgene Sinn. Beides – das gleich zu Fassende und das erst noch zu Entdeckende – muß durch eine sinngemäße Exegese verständlich gemacht werden. Mit allen zur Verfügung stehenden Methoden. In unserer Zeit: durch Religions- und Sprachwissenschaft, Geschichte, Archäologie, Soziologie und Psychologie. Alle Hilfsmittel sind legitim, sofern sie zum wirklichen Textverständnis beitragen und einen Text nicht verdrehen, ihm nicht Gewalt antun. Nur die Wahrhaftigkeit setzt der Interpretation eine Schranke. Bleibt die Interpretation wahrhaftig, so ist sie unbeschränkt und unbegrenzt; denn »siebzig Gesichter« – vielleicht noch mehr! – besitzt die Tora.

Die vorliegenden »Bibelauslegungen aus jüdischen Quellen« bedienen sich der Interpretationen aus einem Zeitraum von rund zweitausend Jahren. Zitate aus Mischna und Talmud, der Mündlichen Lehre, des Midrasch (Predigten, Vers- und Worterklärungen aus dem Altertum) stehen neben den Zitaten aus den umfassenden Schriftdeutungen der Bibelexegeten des Mittelalters, der neueren und neusten Zeit. Über die Person der Interpreten und vor allem über die Art und Weise ihres Kommentierens gibt skizzenhaft das Kapitel »Einführung in die jüdische Bibelexegese« Auskunft. Es versteht sich, daß bei den einzelnen Abschnitten der hebräischen Bibel, des Tanach, nicht alle Stimmen angeführt sind, sondern nur jene, die uns heute im Verständnis weiterbringen. Die vielen Beispiele vermögen aber zu zeigen, wie gründlich sich die jüdische Bibelexegese mit der Schrift auseinandergesetzt hat und weiterhin auseinandersetzt und wie lohnend es ist, sich ihrer zu bedienen.

Die Anregung zu diesem Buch ist von meinen Freunden Doris und Pfarrer Dr. Hartmut Metzger, Fortbildungsstätte »Kloster Denkendorf«, ausgegangen. Beide wissen aus eigenem Bemühen um die Relevanz und Aktualität jüdischer Bibelexegese. Nicht zuletzt im Rahmen des »Denkendorfer Kreises für christlich-jüdische Begegnung«, dessen Sprecher Hartmut Metzger ist, suchen sie vielen Menschen den Zugang zum jüdischen Schriftverständ-

nis und zum Glauben des Judentums schlechthin zu ermöglichen. Für ihre Anregung und für viele Ratschläge will ich herzlich danken.
Mein herzlicher Dank gilt zugleich Herrn Christof Munz, dem früheren Leiter des Calwer Verlags Stuttgart, Herrn Detlef Hellweg, seinem Nachfolger, Herrn Helmut Zechner, der mit außerordentlicher Gewissenhaftigkeit und Sachkenntnis das Manuskript gelesen und kritisch überprüft hat.
Meine Frau hat mir bei der Arbeit nicht nur geholfen, sie hat mit mir die Quellen gesammelt und erarbeitet. In zahlreichen, beglückenden Stunden. Ich kann nur hoffen, daß uns noch viele gute Jahre des gemeinsamen Lernens – des *talmúd Torá,* des »Tora-Studiums« beschieden sind.

Jerusalem, im März 1986 *Roland Gradwohl*

Abkürzungen

b.	Babylonischer Talmud
B-R	M. Buber-F. Rosenzweigs Schriftübersetzung
BKAT	Biblischer Kommentar. Altes Testament (hg. v. M. Noth, S. Herrmann u. H. W. Wolff)
FdI	Maimonides, Führer der Irrenden
j.	Jerusalemischer Talmud
Lex.	W. Baumgartner, Hebräisches und aramäisches Lexikon
LXX	Septuaginta
r.	rabbá (z. B. Gen. r. = Midrasch Genesis rabbá)
R.	Rabbi, Raw, Rabbiner
Tg	Targum
THAT	Theologisches Handwörterbuch zum Alten Testament (hg. v. E. Jenni u. C. Westermann)

Literarische Abkürzungen

Chisqúni	s. R. Hisqia bar Manoach
Gersonides	s. R. Levi ben Gerson (RaLBáG)
Haktáw w'haqabalá	s. R. J. Z. Mecklenburg
Kimchi	s. R. D. Kimchi (ReDáK)
Maimonides	s. R. Mose ben Maimon (RaMBáM)
M'zudát Davíd	s. R. D. Altschuler
M'zudát zijón	s. R. D. Altschuler
Nachmanides	s. R. Mose ben Nachman (RaMBáN)
Raschi	s. R. Salomo ben Isaak
Raschbam	s. R. Samuel ben Me'ir
Schulchán 'arúch	s. R. Joseph Karo
Tanchúma	s. Midrasch Tanchúma

Transkription

’ ’álef
‘ ‘ájin
’ sch’wá
´ Wortakzent

(keine dagésch- oder chatáf-Laute)
Die Schreibweise gibt die heutzutage in Israel übliche »sephardische Aussprache« wieder.

Benützte Literatur

1. Die jüdischen Bibelexegeten

Don Isaak Abarbanel, Kommentar zur Tora, 3 Bde, 1964; zu den Propheten, 2 Bde, 1955/56; zu den Schriften, 1960

R. Abraham (Sohn des Maimonides), Kommentar zur Tora (hebr.), 1958

R. M. Alschich, d'warím nichumím (Kommentar zu Klgl), 1875

R. D. Altschuler, m'zudát David und m'zudát zijón, 1770, in: miqra'ót g'dolót

M. A. Anat – H. M. Y. Gevaryahu, Bibel für das Volk (tanách la'ám; Erklärungen), 1972

R. Bachja (B'chajáj) ben Ascher, Kommentar zur Tora (hg. v. R. Ch. D. Schevel) 3 Bde, [6]1982

R. Joseph bar Isaak B'chor Schor, Kommentar zum Pentateuch (hg. v. A. Jellinek u. a.), 3 Bde, 1978 (Nachdruck)

R. Naftali Zwi J'huda Berlin (NeZÍW), ha'améq dawár (Kommentar zur Tora), 5 Bde, 1937

R. Binjamin ben Elieser Hakohen, séfer 'alón bachút (Kommentar zur Rolle der Klagen), 1712

M. Bolle, séfer Jirm'jáhu, in: dá'at miqrá', 1983

J. Breuer, Das Buch Jirmejah, 1914; Das Buch Ezekiel, 1921

G. Brin, Ezechiel, in: Enc. Die Welt der Bibel (hebr.), 1984

R. U. (M. D.) Cassuto, perúsch 'al séfer b'reschít (Kommentar zu Gen), 2 Bde, I: Von Adam bis Noa, 1953 (engl. Ausgabe: 1961), II: Von Noa bis Abraham, 1953 (engl. Ausgabe: 1964); perúsch 'al séfer sch'mót (Kommentar zu Ex), 1954 (engl. Ausgabe: 1967)

A. Chacham, séfer J'schajáhu (Kommentar zu Jesaja), in: dá'at miqrá', 2 Bde, 1984; séfer Amós (Kommentar zu Amos), in: dá'at miqrá', t're 'asár, 2 Bde, I, 1973

A. Cohen, The five Megillot, in: Soncino Books of the Bible, [7]1967

S. Detmold, Ezechiel, in: kitwé haqódesch, 1818

A. B. Ehrlich, hamiqrá' kifschutó, 3 Bde, 1899–1901; Randglossen zur hebräischen Bibel, 7 Bde, 1908–14

R. Elieser von Beaugency, Jesaja, ed. J. W. Nutt, 1879; Ezechiel, 1909; Die Zwölf Kleinen Propheten, 1910 (beide hg. v. S. Poznanski) (alle hebr.)

R. El'asar aus Worms, perúsch haroqéach 'al hatorá, 3 Bde, 1981

R. Eliahu, »Gaon von Wilna«, Kommentar zu den Späten Propheten, in: miqra'ót g'dolót
R. H. Freedman, Jeremiah, in: Soncino Books of the Bible, [4]1966
R. S. B. Freehof, Book of Ezekiel, 1978
Sch. L. Gordon, Torá, n'wi'ím, k'tuwím (= Tanách), 13 Bde, 1934ff
E. S. Hartom, Sifré hamiqrá' (Die Bücher der Schrift), 16Bde, 1955–57
R. J. H. Hertz, Pentateuch und Haftaroth, 5Bde, [2]1984 (Nachdruck)
R. S. R. Hirsch, Der Pentateuch, 5Bde, [6]1920
R. Hisqia bar Manoach (Chisqúni), perusché hatorá (Erklärungen zur Tora; hg. v. R. Ch. D. Schevel), [2]1982
R. D. Hoffmann, séfer b'reschít (Kommentar zu Gen), 2Bde, 1969 (hebr.); Das Buch Deuteronomium, 2Bde, I: 1913; II: 1922
H. Homberg, Hakorém (Kommentar zu Jesaja), in: kitwé haqódesch, 1818
R. Joseph Ibn Caspi, 'adné késef, ed. I. Last, 1911
R. Abraham Ibn Esra, perusché hatorá (Erklärungen zur Tora) (hg. v. A. Weiser), 3Bde, 1976
R. B. Jacob, Das erste Buch der Tora, Genesis, [2]o. J. (Nachdruck von 1934)
R. B. Jacob, Das zweite Buch der Tora, Exodus (Manuskript)
R. J'didia Salomo ben Abraham Norzi, Minchát schaj (in: miqra'ót g'dolót)
R. Jesaja (J'schajáhu) der Erste von Trani, perúsch n'wi'ím uchtuwím (Kommentar zu den Propheten und Schriften), hg. v. A. J. Wertheimer, 3Bde, 1978
A. Kahana, séfer t'ré 'asár (Dodekapropheton), in: torá, n'wi'ím, k'tuwím, 1930
R. Joseph Kara, perúsch 'al Jirm'jáhu, 1841; Micha, 1903; Klgl, 1899
R. David Kimchi (ReDáK), perúsch 'al hatorá, hg. v. R. M. Kamelhaar, 1970
N. Leibowitz, 'ijuním b'séfer b'reschít (Betrachtungen in Gen), 1966 (engl. Ausgabe: 1972); 'ijuním b'séfer sch'mot (B. in Ex), 1970 (engl. Ausgabe: 1976); 'ijuním b'séfer wajiqrá' (B. in Lev), 1983 (engl. Ausgabe: 1980)
R. Sch. D. Luzzatto, perúsch 'al chamischá chumsché torá (Kommentar zur Tora), [2]1971; perúsch 'al séfer J'schajáhu, 1970
R. J. Z. Mecklenburg, haktáw w'haqabalá (Die Schrift und die Tradition) (Kommentar zur Tora), 2 Bde, 1961
R. Levi ben Gerson (RaLBáG), Kommentar zu den Frühen Propheten, in: miqra'ót g'dolót
R. Me'ír ben Isaak Arama, séfer 'urím w'tumím (zu Jes), 1603

R. Me'ír Loeb (Leibusch) ben J'chi'él Michál (= MaLBÍM) 'ozár peruschím (Sammlung von Erklärungen zur Schrift), 4Bde, 1956
Moses Mendelssohn, Be'úr (Kommentar zur Tora), 5Bde, 1808/9; Die fünf Rollen, 1818
J. Z. Moschkowitz, séfer J'chesqé'l, in: dá'at miqrá', 1985
R. Mose ben Nachman (Nachmanides; RaMBáN), perúsch ha-Rambán 'al hatorá, (Kommentar zur Tora), 2Bde, 1962/83 (engl. Ausgabe, 5Bde, 1971–76) (hg. v. R. Ch. D. Schevel)
R. Nissim ben R"uwén Gerondi (RaN), perúsch 'al hatorá (Kommentar zur Tora), hg. v. L. A. Feldmann, 1968
R. Ch. Rabinowitz, dá'at sofrím: J'schajáhu (Kommentar zu Jesaja), 1980; Jirm'jáhu, 1969
R. I. Reggio, séfer torát 'Elohím (ital. Titel: La legge di Dio ossia il Pentateuco), 5 Bde, 1821 (ital. Übersetzung und hebr. Kommentar)
Saadia (Gaon), perúsch R. Sa'ádia Gaón liwreschít (Kommentar zu Gen), hg. M. Zucker, 1984; Kommentar zu Jes.
R. Salomo ben Isaak (R. Sch'lomó ben Jizchák; = RaSCHÍ), perusché Raschí 'al hatorá (Erklärungen Raschis zur Tora), hg. v. R. Ch. D. Schevel, 1982
R. Salomo Ibn Melech aus Fès, séfer michlál jófi (zu Jes), 1648
R. Samuel ben Chofni (Gaon) perúsch hatorá (Kommentar zur Tora), hg. v. A. Grünbaum, 1979
R. Samuel ben Me'ír (R. Schmu'él ben Me'ír; = RaSCHBáM), perúsch hatorá (Kommentar zur Tora), hg. v. D. Rasin, 1979
M. Seidel, Michá (in: dá'at miqrá', t're 'asár), 1984
R. Owadja ben Jakob Sforno, be'úr 'al hatorá (Kommentar zur Tora), hg. v. S. Gottlieb – A. Darum, 1980; Sfornos Schriften (hebr.), hg. v. S. Gottlieb, 1983
A. Weiser, Tanách m'forásch (Kommentar zur hebr. Bibel), 17 Bde, 1981
R. Wolf bar Joseph aus Dessau, Micha (in: kitwé haqódesch), 1817 (hebr.)

2. Midrasch

Jalqút schim'óni (zu Tora, Propheten, Schriften), 2 Bde, 1960
M'chílta d'Rabbi Jischma''él, hg. v. Ch. Sch. Horowitz, ²1970
M'chílta d'Rabbi Schim'ón bar Jochaí, hg. v. J. N. H. Epstein u. E.-Z. Melammed, 1955

Midrásch hagadól ʿal chamischá chumsché torá, hg. v. M. Margulies u. a., 5 Bde, 1967–72
Midrásch ʾechá rabbatí (zu Klgl), hg. v. S. Buber, 1967 (Nachdruck)
Midrásch rabbáʾ zur Tora, hg. v. M. A. Mirkin, 11 Bde, 1956–67; (deutsche Übersetzung: A. Wünsche, Der Midrasch Bereschit rabba, 1881; = Gen. r; ders., Der Midrasch Echa rabbati, o. J.)
Midrásch d'warím rabbá (Dtn r.), hg. v. S. Lieberman, 1965
Midrásch Tanchúma zur Tora, 2 Bde, 1972 (incl. Tanchúma hajaschán)
Pirqé d'Rabbí ʾEliʿéser, hg. v. R. A. A. Brode, 1973 (engl. Übersetzung: G. Friedlander, 1965)
P'síqta rabbatí, hg. v. R. M. Pilz, 1969 (Nachdruck) (engl. Übersetzung: W. G. Braude, 2 Bde, 1968)
P'síqta d'Raw Kahána, hg. v. D. Mandelbaum, 2 Bde, 1962
Séder ʾElijáhu rabbáʾ (und *séder ʾElijáhu sutáʾ*), hg. v. M. Friedmann (M. Isch-Schalom), 1969 (Nachdruck)
Sifré d'be raw (zu Num, Dtn), hg. v. R. N. Z. J. Berlin, 3 Bde, 1967
Sifrá d'be raw (= torát kohaním), hg. v. M. Friedmann (M. Isch-Schalom), 1978

3. *Fachliteratur*

S. Abramsky, in: B. Zvieli, Talks on Scripture, 2 Bde, 1974/83 I, 163f: Der ›gerechte Sproß‹ und König Zedekia (hebr.), II, 345–47: Der Fall Sanheribs in der Prophetie Michas (hebr.)
J. Albo, Grund- und Glaubenslehren der Mosaischen Religion, hg. v. W. Schlesinger, ^{2}1922 (hebr. Titel: séfer haʿiqarím)
L. Baeck, Das Wesen des Judentums, ^{6}1960
H. Bauer – P. Leander, Historische Grammatik der Hebräischen Sprache des Alten Testaments, ^{2}1962 (Nachdruck)
W. Baumgartner, Hebräisches und aramäisches Lexikon zum Alten Testament, ^{3}1967; ders. u. a. – J. J. Stamm (3. Lieferung), 1983
M. Buber – F. Rosenzweig, Die fünf Bücher der Weisung, 1930; Bücher der Geschichte, 1956; Bücher der Kündung, 1966; (nur M. Buber) Die Schriftwerke, ^{9}1962
M. Buber, Schriften zum Chassidismus, 1963
M. Buber, Der Weg des Menschen nach der Chassidischen Lehre, 1960
M. Buber, Der Glaube der Propheten, ^{2}1984
M. Buber, Israel und Palästina. Zur Geschichte einer Idee, 1950

M. Buber, Die Erzählungen der Chassidim, 1949
M. Buber, Schriften zum Chassidismus, 1963
M. Buber, Über die Wortwahl in einer Verdeutschung der Schrift (in: *M. Buber-F. Rosenzweig,* Die Schrift und ihre Verdeutschung, 1936, 135–167)
Ch. J. Chamiel, ma'ajané miqrá' (= Quellen der Schrift), 1983
H. Cohen, Religion der Vernunft aus den Quellen des Judentums, 1978 (Nachdruck)
G. Ch. Cohn, Betrachtungen zu den fünf Rollen; Die Esther-Rolle, 1975 (hebr.)
Chr. Dietzfelbinger (Hg.), Pseudo-Philo (in: Antiquitates Biblicae. Jüdische Schriften aus hellenistisch-römischer Zeit), II, 1975
Echter-Bibel, hg. v. F. Nötscher u. a., 3 Bde, 1955–58
Encyclopaedia Judaica, 16 Bde, 1972
Encyclopaedia miqra'ít (= Enc. Biblica; hebr.), 8 Bde, 1955–82
E. Fleg, Moses, München, o. J.
D. Flusser (Hg.), The Josippon (Josephus Gorionides), 2 Bde, 1978/80
Ch. M. J. Gevaryahu, chasón har habájit b''acharít hajamím (Vision vom Gottesberg in der Späte der Tage), in: Betrachtungen zum Jesajabuch, hg. v. B. Z. Lurie, 1976
L. Ginzberg, The Legends of the Jews, I, 1961
D. Goldschmidt, machsór l'jamím nora'ím (Gebetbuch für die Hohen Feiertage), Bd 1: Rósch Haschaná (Neujahr), 1970
L. Goldschmidt, Der Babylonische Talmud, 12 Bde, 1964–67 (Nachdruck)
R. A. Gombiner, Magén 'Awrahám (Kommentar zu schulchán 'arúch), 1961
R. Gradwohl, Grundgesetze des Judentums, ³1984
R. Gradwohl, Wo ist dein Gott?, in: W. Strolz (Hg.), Aus den Psalmen leben, 1979, 78–87
W. Heidenheim, Gebetbuch für das Neujahrsfest (hebr. und deutsch), 2 Bde, 1914
P. Heinisch, Das Buch Exodus, 1934
A. J. Heschel, Die Tora vom Himmel im Spiegel der Generationen (hebr.), 2 Bde, 1962/65
A. J. Heschel, Gott sucht den Menschen. Eine Philosophie des Judentums, 1980
D. Hoffmann u. a., Mischnajót (hebr. und deutsche Mischna-Ausgabe), 6 Bde, ³1968 (Nachdruck)

R. Mosche Isserles, Glossen zu R. Joseph Karo, schulchán ʻarúch, 1961
R. J. Jacobson, chasón hamiqrá' (Zu den synagogalen Prophetenabschnitten) 2 Bde, 1962–63
K. Jaspers, Die Atombombe und die Zukunft des Menschen, 1960
E. Jenni u. C. Westermann, Theologisches Handwörterbuch zum Alten Testament (THAT), 2 Bde, 1971/76
R. Jona ben Abraham Gerondi, Kommentar zu den Sprüchen der Väter, in: Talmúd bawlí, 20 Bde, 1980, XVI (ʻawodá sará)
Flavius Josephus, Jüdische Altertümer, hg. v. H. Clementz, o. J. (Nachdruck)
R. Juda Halevi, Das Buch Kusari, deutsche Übersetzung: D. Cassel, 1922
R. Juda Halevi, Gedicht »Dem Quell entgegen« (liqrát m'qór chajé 'emét), in: Selected Poems of Shlomo Ibn Gabirol and Yehuda Hallevi, hg. v. Y. Ratzabi, 1982, 66f
R. Joseph Karo, schulchán ʻarúch (Gesetzeskodex »Der gedeckte Tisch«), 9 Bde, 1961
R. M. M. Kascher, torá sch'lemá (Sammlung von midraschím), bisher 38 Bde, 1927 (Gen 1,1) – 1983 (Num 12,16)
J. Kaufmann, toldót ha'emuná hajisr"elít (Geschichte des israelitischen Glaubens), 4 Bde, 1954–76
J. Klausner, Der Messiasgedanke in Israel, 1950 (hebr.)
E. König, Hebräisches und aramäisches Wörterbuch zum Alten Testament, 1910
R. A. I. Kook, qol han'wu'á, in: Wege zum Glauben im Judentum (hebr.); 23. Jahreskonferenz für Jüdische Philosophie, 1981, 134f
J. Levy, Wörterbuch über die Talmudim und Midraschim, 4Bde, 1924
J. Licht, Die Prüfung in der Bibel und im Judentum des Zweiten Tempels (hebr.), 1973
J. Liver, Geschichte der Davidsdynastie – von der Vernichtung des Königreichs Juda bis zur Zerstörung des Zweiten Tempels (hebr.), 1959
E.-Z. Melammed, Exegeten der Schrift. Ihre Wege und Methoden (hebr.), 2Bde, 1975
Miqra'ót g'dolót (Hebr. Bibeltext, Targum und Sammlung der »klassischen« Kommentare), Tora, 5Bde, 1927–30; Propheten, 2Bde, 1938; Schriften, 1947
R. Mose ben Maimon (RaMBáM; Maimonides), Führer der Irrenden (moré n'wuchím); deutsch: A. Weiss (Hg.), Führer der Unschlüssigen, 2 Bde, , 1972 (Nachdruck)
R. Mose ben Maimon, Kommentar zur Mischna, hg. v. R. J. Kappach, 7 Bde, 1963–68

R. Mose ben Maimon, mischné torá (= hajád hachasaqá; Gesetzeskodex), hg. v. R. Sch. T. Rubinstein, 20 Bde, 1957–79
R. Mose ben Maimon, Rambám ʿal hatorá (Kommentar zur Tora) (Selected Commentaries on Verses of the Torah, hg. v. Ph. Cohen, 1984 (hebr.)
R. Mose ben Maimon, séfer hamizwót (Buch der Gesetze), in: mischné torá, I, 1979
M. Noth, Geschichte Israels, ^{5}1963
A. Parrot, Der Turm von Babel, in: Bibel und Archäologie, I, 1955
Philo von Alexandrien (= Philo Judaeus), deutsch: Die Werke Philos von Alexandria, hg. v. L. Cohn, 7 Bde, 1909–64
J. Preuss, Biblisch-talmudische Medizin, ^{2}1969 (Nachdruck)
G. v. Rad, Theologie des Alten Testaments, 2 Bde, 1962
D. Rafel, Betrachtungen zum Jesajabuch, hg. v. B. Z. Lurie (hebr.), 2 Bde, 1980
Saadia (Gaon), 'emunót w'deʿ ót (engl.: S. Rosenblatt, The Book of Beliefs and Opinions, 2 Bde, 1948)
N. M. Sarna, Understanding Genesis, ^{4}1976
S. Schasar, Das Gleichnis der Hirten in Ez 34 (hebr.), in: J. Awischur (Hg.), Betrachtungen zum Ezechielbuch, 1982, 111 f
Séfer hachinúch, Hg. R. Ch. D. Shevel, ^{12}1977
M. Z. Segal, torá, n'wi'ím, k'tuwím (Kommentar zur Schrift), 4 Bde, ^{4}1960
M. Z. Segal, Einleitung in die Schrift (hebr.: m'wó' hamiqrá'), 4 Bde, 1952, IV, 978–1017: parschanút hamiqrá' (Bibelexegese)
Sidúr s'fat 'emét (Gebetbuch), 1938
J. F. Stenning, The Targum of Isaiah (mit engl. Übersetzung), 1949
R. Adin Steinsalz (Hg.), Talmúd bawlí (Babylonischer Talmud), 1976 ff (noch unvollständig)
Talmúd bawlí (Babylonischer Talmud), 20 Bde, 1980 (Nachdruck)
Talmúd j'ruschálmi (Jerusalemischer Talmud), 2 Bde, 1929 (Dünndruck); franz. Übersetzung: Moïse Schwab, Le Talmoud de Jérusalem, 11 Bde, 1932/33)
Targúm Jonathan ben Usiel, hg. v. M. Ginsburger, Pseudo-Jonathan, 1903
Targúm Onkelos, ed. A. Sperber, The Bible in Aramaic, 5 Bde, 1959–73
Tosséfta, hg. v. S. Lieberman, 12 Bde, 1955
Tosséfta, hg. v. M. S. Zuckermandel, 1973
N. H. Tur-Sinai, p'schutó schel miqrá' (Wortsinn der Schrift), 6 Bde, 1962–68
»Tutanchamun«, Ausstellung in Hamburg, 1981 (Katalog)

B. Uffenheimer, zu Jes 2,1–5, in: Talks on Scripture, ed. B. Zvieli, II, 18f
E. E. Urbach, chasál; pirqé 'emunót w'de'ót (Die Weisen; Glaubensfragen und Meinungen), 1969 (engl. Übersetzung: The Sages. Their Concepts and Beliefs, 2 Bde, 1975)
H. Wildberger, Jesaja (in: BKAT), 3 Bde, 1972–82
H. Wildberger, Königsherrschaft Gottes. Jesaja 1–39, 2 Teile, 1984
H. Wildberger, bḥr, erwählen, in: THAT, I, 275–300
J. Wohlgemuth – J. Bleichrode, Pentateuch mit deutscher Übersetzung, 1969
A. Wünsche, Aus Israels Lehrhallen, 5 Bde, 1907–10
W. Zimmerli, Die Urgeschichte, 1 Mose 1–11, in: Zürcher Bibelkommentare, ^{3}1967
W. Zimmerli, Ezechiel, in: BKAT, 2 Bde, 1969
M. Zohary, Pflanzen der Bibel, 1983
»Zürcher Bibel«, Die Heilige Schrift des Alten und Neuen Testaments, 1966
L. Zunz, Die vierundzwanzig Bücher der Heiligen Schrift, o. J. (Nachdruck)

Einführung in die jüdische Bibelexegese

»Wohnet in Hütten *(sukkót)* sieben Tage lang, jeder Einheimische in Israel wohne in Hütten. Damit eure Nachkommen wissen, daß Ich die Israeliten in Hütten wohnen ließ, als Ich sie aus Ägypten herausgeführt hatte. Ich bin der Herr, euer Gott« (Lev 23,42f). In V 39 steht der Termin des »Festes *(chag)* für den Herrn«. Es beginnt »am 15. Tag des siebten Monats (= Tischri), da ihr einsammelt den Ertrag des Feldes«.
Der Text vermerkt anscheinend alle wesentlichen Angaben: die Vorschrift, die Personen, für die sie gilt (»jeder Einheimische in Israel«), die Zeit, in der sie zu erfüllen ist (Herbst), und den Grund. Ein wichtiger Punkt fehlt allerdings: Wie sollen die Hütten aussehen? Aus welchem Material sind sie zu bauen?
Wir sind nicht die ersten, die sich informieren lassen müssen. Die Rückkehrer aus dem Babylonischen Exil sind in derselben Lage. »Seit den Tagen Jeschuas, des Sohnes von Nun« (Neh 8,17) ist das Fest nicht mehr (wohl: nicht mehr richtig) gefeiert worden. Der Schriftgelehrte *Esra* (5. Jh. v. d. Z.) weiß jedoch Bescheid. Er spricht (V 15): »Zieht ins Gebirge und bringt Blätter der Olive und Blätter des fetten Baums (Ölbaum?), Blätter der Myrte und Blätter der Palmen und Blätter des Weidenbaums, um Hütten zu machen, wie es geschrieben ist *(kakatúw)*.« Es ist wahrscheinlich, daß Esra eine alte Überlieferung kennt, also weiß, wie man zur Zeit Josuas das Fest begangen hat. Doch auch ohne eine solche Überlieferung mag er aus dem Textzusammenhang die Antwort auf die Frage nach dem Material finden. Eine *sukká* unterscheidet sich 1. von einem stabilen Haus *(bájit)* und besteht 2. aus Gewächsen der Natur, wie sie auch im Sinai anzutreffen sind. Wenn Esra von Blättern spricht, dann meint er selbstredend das Material für die Hüttenbedeckung. Über jenes der Wände schweigt er sich aus. Nach dem Talmud und dem auf ihm basierenden Religionsgesetz (Mischná sukká, I–II; b. Sukka, 12b, 24b; Maimonides, hilchót sukká, IV,5; V,1ff, in: mischné torá, ed. R. Sch. T. Rubinstein, V,486f) ist die *sukká* mit abgeschnittenen Zweigen und Blättern – den »Gewächsen des Bodens« – zu bedecken. Die Wände dürfen mit jedem Material gebaut werden, sofern es einem »gewöhnlichen Wind« standhält. Die *sukká* steht im Freien, weder unter einem Dach, noch unter einem Baum. Wer nachts durch das Laub

blickt, sieht die Sterne, den Himmel, und weiß, daß er – wie die Israeliten zur Zeit der Wüstenwanderung – sein Leben unter den Schutz des »Himmels« stellen soll.
Am Beispiel der *sukká* erkennen wir die Bedeutung der jüdischen Bibelexegese. Ohne sie, ohne die vielen Zusatzinformationen in sprachlicher, inhaltlicher und geschichtlicher Hinsicht, bliebe das Verständnis der Schrift rudimentär. Die talmudische Literatur und die wichtigen Bibelkommentare vom Altertum bis heute erleichtern das Eindringen in den auf Vokabular und Syntax beruhenden Wortsinn *(p'schat)* und zugleich auch das Erfassen der tieferen Zusammenhänge. Neben dem *p'schat* ist für die jüdischen Bibelexegeten der *d'rasch* (»Erforschung« der Schrift durch gesetzliche Erörterungen oder erzählerische Einflechtungen) wesentlich. Gelegentlich auch die »verborgene« und nur »angedeutete« Erklärung (= *sod,* das »Geheimnis«; *rémes,* die Andeutung, der Hinweis). *p'schat, rémes, d'rasch, sod* werden nach ihren Anfangsbuchstaben unter dem Kennwort PaRDéS (»Paradies«) zusammengefaßt.
Der Hauptakzent liegt auf dem *p'schat,* der immer seine Gültigkeit behält, selbst wenn noch so viele hintergründige Interpretationen – und dazu gehört auch das weite Feld der Allegorie, das etwa *Philo von Alexandrien* (= Philo Judaeus, 20 v. d. Z. – 50 d. Z.) beackert hat – angeboten werden. Wer auf den *p'schat* verzichtet, verliert den sicheren Boden unter seinen Füßen. Die talmudische Maxime (b. Schabbát, 63a) gilt bis heute: »kein Vers geht aus seinem Wortsinn heraus« *('en miqrá' jozé' midé p'schutó),* und deshalb beschäftigen sich die bedeutenden Exegeten des Mittelalters – wie Raschi, Raschbam, Ibn Esra u. a. – immer mit dem vordergründigen Sinn einer Stelle, auch wenn sie (so Raschi) nicht immer scharf zwischen *p'schat* und der weiterführenden Methode des *d'rasch* unterscheiden.
Im 1. Jh. v. d. Z. stellt *Hillel der Ältere* sieben hermeneutische Regeln auf, die die Ausdeutung der Schrift erleichtern sollen. Die sprachlichen Analogien *(g'sera schawá)* und der Vergleich von verschiedenen Bibelversen miteinander *(binján 'aw)* stehen neben dem für eine Gesetzesinterpretation wichtigen Schluß »vom leichteren (Fall) auf den schwereren« *(qal wachómer)* oder »vom schwereren auf den leichteren« im Vordergrund. Zu Beginn des 2. Jhs. d. Z. debattieren *R. Ismael* und *R. Akiba* über die Eigentümlichkeiten der Sprache. R. Ismael vertritt den Standpunkt: »die Tora hat in der Sprache der Menschen gesprochen« (*dibrá torá kilschón b'ne 'adám;* b. B'rachót, 31b), weshalb etwa der häufigen Verwendung des infinitivus absolutus vor einer Verbalform (*mot tamút,* »sterben wirst du«, Gen 20,7; *halóch jeléch,* »gehen wird er«, Ps 126,6) keine weitreichende Bedeutung

zukommt. Demgegenüber interpretiert R. Akiba die sprachlichen Dubletten und einzelne Partikel (M. Z. Segal, Einführung in die Schrift, IV, 985f, hebr; Enc. miqra'ít, VIII, 644).
In den Schulen der beiden Meister entstehen die ersten Sammlungen von Gesetzeserklärungen *(midr'sché halachá)*. Die *m'chílta* zu Ex, der *sifré* zu Num und Dtn (Schule R. Ismaels), der *sifrá* zu Lev (Schule R. Akibas). Die *midr'sché halachá* sind zu unterscheiden von den späteren *midr'sché 'aggadá*, in denen die nichtgesetzlichen Teile der Bibel und die »Erzählungen« der Lehrer tradiert werden. Dazu gehören etwa Gen r., Lev. r., Klgl r., die *p'síqta des R. Kahana* (alle zwischen 400–500 erschienen), der *Midrásch tanchúma* und die *p'síqta rabbatí* (775–900), die Anthologien des *jalqút schim'óni* (1200–1300) und des (jemenitischen) *midrásch hagadól* (1300–1400). s. Tabelle in: Enc. Judaica, XI, 1511.
Die jüdische Bibelexegese setzt sehr früh ein. Die »Ausführungsbestimmungen« Esras zeigen: bereits in der biblischen Zeit. Es überrascht nicht, daß im Lauf der Jahrhunderte sehr viele Schriften zum Bibelverständnis entstehen. Viele von ihnen gehen verloren, sind gelegentlich in späteren Kommentaren genannt und gar auszugsweise zitiert. Wenn ein glücklicher Zufall es will, werden sie in einer *g'nisá* (»Rumpelkammer« einer Synagoge oder eines Lehrhauses, in der nicht mehr gebrauchte Texte aufbewahrt sind) entdeckt. Andere sind schon bald nach ihrer Niederschrift publiziert und werden damit zum dauernden Besitz der Nachwelt. Wir staunen ob der reichen Ernte, die die jüdischen Bibelexegeten eingebracht haben, und bewundern die Meisterschaft ihrer Interpretationen. Nicht alles, was sie geschrieben haben, muß akzeptiert werden. Sie selbst wußten um die Bedingtheit ihrer Erkenntnisse und haben diese Erkenntnisse immer wieder überdacht und revidiert. Die Bibelexegese ist immer im Fluß. Doch es lohnt sich zweifellos, die Fülle der jüdischen Bibelforschung in die eigene Arbeit an der Bibel hineinzunehmen.
Unsere Einführung muß sich auf das Wesentlichste beschränken: auf kurze biographische Angaben der in den »Bibelauslegungen« genannten Kommentatoren, auf die wichtigsten Gesichtspunkte ihrer Exegese. Wir beginnen mit der Gaonäischen Periode und schließen mit den bedeutendsten Interpreten unseres Jahrhunderts.

1. *Gaón,* der »Erhabene«, ist Ehrentitel der an der Spitze der babylonischen Talmudschulen von Sura und Pumpadita stehenden Meister. Die Gaonäische Periode beginnt gegen 600 d. Z. und dauert rund 450 Jahre. Der bedeutendste Gaon ist zweifellos *Saadia* (882–942). Im Jahr 928 wird er

zum Oberhaupt in Sura ernannt. Er stammt aus dem Fajum-Distrikt in Ägypten und ist der erste, der einen Bibelkommentar in arabischer Sprache schreibt. Nicht nur die Gelehrten, die Hebräisch verstehen, sollen den Kommentar lesen. Saadia wendet sich an alle Juden (nicht zuletzt auch an arabischsprechende Nichtjuden); denn die Schrift ist Besitz des ganzen Volkes. Deshalb setzt der Meister neben den hebräischen Bibeltext auch eine arabische Übersetzung. Der Gaon ist ein Philosoph, der die Gedankenwelt der Griechen kennt und in sein philosophisches Werk *'emunót w'deʿót* (etwa: Glaubensweisen und Ansichten) einbezieht. Vor allem ist er ein bedeutender Philologe. Sein Kommentar (arab. *tafsír*) zu biblischen Büchern – ausführlich ist jener zu Gen, Ex und Lev – beginnt mit einer umfassenden Einleitung zur Mündlichen Lehre Israels (Mischna und Talmud). Saadia interpretiert nach dem Wortsinn und berücksichtigt die grammatikalischen Gegebenheiten. Dabei sucht er die Verbindlichkeit der Mündlichen Tradition hervorzuheben. In seiner Zeit hat nämlich die von Anan gegründete Sekte der Karäer einen Frontalangriff auf diese Tradition ausgelöst. Saadia polemisiert gegen die nur Schrift-, doch nicht mehr an die Überlieferung Gebundenen mit scharfen Worten. Die Karäer bleiben ihm nichts schuldig, doch sie haben die geistige Auseinandersetzung verloren (vgl den informativen Artikel über die Karäer, in: Enc. Judaica, X, 761–785).
Beeinflußt von Saadia ist der *Gaon Samuel ben Chofni* (gest. 1013), der seit 997 in Sura amtiert. Er schreibt eine Exegese zur Tora, möglicherweise auch zu anderen Büchern der hebräischen Bibel. Auf Worterklärungen folgt die Interpretation des ganzen Verses. 1979 wurde der Torakommentar neu ediert (arabisches Original mit hebräischer Übersetzung).

2. Im 10. Jahrhundert setzt in Spanien die intensive Arbeit an der Bibel ein. Die Philologen und Lexikographen *Menachem Ibn Saruq* (aus Tortosa; Sekretär des jüdischen Staatsmannes Chasdai Ibn Schaprut) – er verfaßt ein »Heft« *(machbéret)* zur hebräischen Grammatik, das von Raschi oft zitiert wird –, sein Schüler *J'huda Ibn Chajudsch* (ca. 950–1000) und Ibn Saruqs wissenschaftlicher Gegner *Dunasch ben Labrat* legen das Fundament. *R. Jona Ibn Dschanach* (ca. 985–1040), mit dem arabischen Namen Abu al-Walid [= der Geflügelte; vgl Joná = Taube] Marwan einer breiteren Öffentlichkeit bekannt, schreibt u. a. ein »Buch der Wortwurzeln« *(séfer haschoraschím)* und baut auf die Werke seiner Vorgänger auf. Der jüdische Vesir von Granada, *Samuel haNagíd* (993–1055; arabischer Name: Isma'íl Ibn Nagrela) ist Grammatiker und Dichter.

Auf die Grammatiker folgen die Bibelexegeten. Der bedeutendste ist *R. Abraham Ibn Esra* (1089–1164). Er ist zugleich Dichter, Übersetzer, Mathematiker und Arzt. Ibn Esra kommt in Tudela zur Welt, ist von 1140 an auf Reisen. In Rom schreibt er manche seiner Bibelkommentare, in Hebräisch, damit viele sie verstehen können. 1488 erscheint in Neapel sein Werk zur Tora (zu Ex hat er einen langen und einen kurzen Kommentar verfaßt). Der Stil ist kurz, prägnant. Wichtig sind Ibn Esra die Etymologie und der Wortsinn *(p'schat)*. Gesetze interpretiert er nach den Richtlinien des Talmud. Trotz mancher »kritischer« Erklärungen (z. B. zu Gen 12,6; Dtn 3,11) ist Ibn Esra nicht der erste Bibelkritiker, als den ihn vor allem die moderne (christliche) Bibelkritik sehen will. Seine beißenden Attacken gegen karäische Autoren (etwa Chiwi al-Balchi) zeigen, in welches Lager er sich stellt.

R. Mose ben Maimon (= RaMBáM; Maimonides, 1135–1204), der große Kodifikator (Verfasser der *mischné torá*), Mischna-Kommentator und Philosoph (»Führer der Irrenden«), Autor vieler Briefe und Responsen, Leibarzt des Sultans von Fostat (Altkairo), hat auffallenderweise keinen Bibelkommentar geschrieben. In seinen Werken sind indessen lange Partien zu biblischen Themen enthalten, in denen Maimonides neben dem offenkundigen, auch den verborgenen Sinn zu erhellen sucht (beispielsweise FdI, II, Kap. 29). Aus dem Gesamtwerk des Maimonides hat Ph. Cohen, 1984, einschlägige Bibelerklärungen zusammengestellt (Rambám ʿal hatorá, Selected Commentaries on Verses of the Torah).

Neben Ibn Esra gebührt *R. Mose ben Nachman* (= RaMBáN; Nachmanides, 1194–1270) das Verdienst, die jüdische Bibelexegese entscheidend geprägt zu haben. Er stammt aus dem katalonischen Gerona (daher heißt er in jüdischen Quellen auch »Gerondi«. Sein spanischer Name lautet: Bonastrug da Porta), wird vermutlich 1264 Oberrabbiner von Katalonien. 1263 muß er in Barcelona an der Religionsdisputation mit Pablo Christiani, einem getauften Juden, teilnehmen. König Jakob I. von Aragon ist anwesend und von den Argumenten des Nachmanides (später niedergelegt in der Schrift über die Disputation; *séfer hawikúach*) beeindruckt. Die Dominikaner und Papst Clemens IV. bedrohen indessen den weisen Juden, bis er 1267 nach Palästina auswandert. In Jerusalem gründet er eine (noch heute bestehende) Synagoge und ein Lehrhaus, in Akko wird er Oberrabbiner der jüdischen Gemeinde (Nachfolger des R. Jechiel aus Paris, der 1242, nach der Talmudverbrennung in der französischen Hauptstadt, nach Akko gezogen ist). Nachmanides schreibt über fünzig Werke, sein Alterswerk ist der Kommentar zur Tora. Er setzt sich mit R. Salomo ben Isaaks (= Raschi; s. unten)

und Ibn Esras Deutungen auseinander, fügt aber dem Wortsinn des *p'schat* sehr oft einen *d'rasch* bei. Seine Ausführungen sind breit und oft kompliziert, sie beziehen sich nicht nur auf einen einzelnen Vers, sondern umschließen den ganzen Abschnitt.
Populär und klar in der Ausdrucksweise schreibt *R. Bachja* (hebr. *B'chajáj) ben Ascher* (1260–1340, Saragossa). Neben dem Wortsinn findet sich in seinem Kommentar zur Tora manche Homilie und kabbalistische Interpretation. R. Bachja zitiert oft den Nachmanides.

3. Vom 11. Jahrhundert an spielt die jüdische Bibelforschung in Frankreich – zunächst im Umkreis von Paris, später im Landessüden – eine große Rolle. Anders als im moslemischen Spanien, wo das enge Zusammenwirken von Arabern und Juden das jüdische Schaffen beeinflußt, sind die Juden des christlichen Frankreichs kulturell auf sich selbst gestellt. »Träger der Kultur waren Priester und Mönche, die Sprache war das Latein, nicht eine Umgangssprache, die auch die Juden beherrschten« (Enc. miqra' ít, VIII, 689; vgl Segal, aaO, 997). Zum Unterschied von den spanischen Interpreten sind die französischen – und dies gilt ganz besonders für Raschi und seinen Enkel Raschbam – hervorragende Kenner und Kommentatoren des Talmud.
R. Salomo, der Sohn des Isaak (R. Sch'lomó ben Jizchák, = *RaSCHÍ*, 1040–1105, aus Troyes) ist der unbestrittene Meister der Bibelexegeten. Die Tora mit dem *perúsch* (Kommentar) des Raschi ist das erste hebräische Buch, das gedruckt wird: 1475 in Reggio di Calabria. Raschis Kommentar wird nicht nur studiert, sondern seinerseits wieder kommentiert. Insgesamt gibt es über 200 Superkommentare! Wenn es eines Beweises für die Beliebtheit Raschis bedarf, in dieser Tatsache ist er zu finden.
Die Kürze und Verständlichkeit der Bibelerklärung lassen Raschi auch in christlichen Gelehrtenkreisen berühmt werden. Nikolaus von Lyra (1279–1341) beispielsweise benutzt den Kommentar so intensiv, daß er den Beinamen »Affe Raschis« erhält.
Raschi studiert in Mainz und Worms (nach der Legende in der »Raschi-Schul«, dem kleinen Anbau der Synagoge, der freilich erst aus dem 16. Jh. stammt) und kehrt darauf für ganz nach Troyes, in seine Geburtsstadt, zurück. Aus seinem Leben sind nur wenige Einzelheiten bekannt. Wo er bestattet ist, weiß niemand. Sicher ist, daß er während des Ersten Kreuzzugs (1095/96), der über die jüdischen Gemeinden am Rhein schreckliches Unglück bringt, viele Freunde und Angehörige verliert.
Seinen Kommentar veröffentlicht er – in Fortsetzungen – als Einzelhefte

(aram. *kúntres*). Vermutlich ist ihm an einer raschen Verbreitung gelegen, und er will nicht bis zu einer Gesamtedition warten. Die Grammatik ist Raschi wichtig, weil nur dann der Wortsinn eruierbar ist. »Der erzählenden Midraschim sind viele«, schreibt er (zu Gen 3,8), »und unsere Lehrer haben sie bereits in Gen. r. und den übrigen Midraschím geordnet. Ich aber bin nur gekommen, um den Wortsinn der Schrift *(p'schutó schel miqrá')* zu deuten und eine *'aggadá* (Erzählung), sofern sie die Worte der Schrift... näherbringt.« Er bedient sich vieler (alt)französischer Ausdrücke, um »in der Sprache des Fremdvolkes« (*bilschón 'am sar;* abgekürzt: *b'lá'as*) noch deutlicher anzugeben, was er meint.

Für Ibn Esra ist Raschis Interpretation im allgemeinen noch nicht genügend auf den *p'schat* konzentriert, und Raschis Enkel Raschbam bezeugt, sein Großvater hätte sich mit dem Gedanken getragen, den Torakommentar umzuarbeiten und alles wegzulassen, was nicht zur Wortsinnerklärung gehört (Raschbam zu Gen 37,2). Gut, daß er es nicht tut, denn die leichte Mischung von *p'schat* und *d'rasch* gibt dem *perúsch Raschí* seinen besonderen Reiz.

Raschi hat drei Töchter: Jochewed, Mirjam, Rachel. Jochewed heiratet den Gelehrten *Me'ir ben Samuel.* Sie schenkt vier Söhnen und einer Tochter das Leben. Berühmt werden *R. Samuel (Sch'mu'él) ben Me'ir* (RaSCHBáM, ca. 1080–1158) und *R. Jakob ben Me'ir* (= Rabbénu Tam, 1096–1171). Beide sind anerkannte Talmudisten, Glossatoren des Raschikommentars zum Talmud (die Glossen erscheinen in den »Hinzufügungen« *[tosafót]* in jeder Talmudausgabe), Raschbam verfaßt zudem eine Interpretation der Tora, die kompromißlos den *p'schat* vertritt. Nie gibt es bei ihm Midraschím. Er steht, mag man sagen, auf dem Boden der Realität, auch in seinem Beruf. Er verdient sich sein Brot als Viehzüchter und Weinbauer.

Sein Freund ist *R. Joseph Kara* (geb. 1060), auch er Verfechter des *p'schat,* beeinflußt von Raschi, wenn er auch gelegentlich Raschis Ansichten widerspricht.

In Orléans lebt *R. Joseph bar Jizchak,* mit dem Beinamen *B'chor Schor* (nach Dtn 33,17). Er ist ein Schüler des Rabbénu Tam. B'chor Schor versteht Latein und wendet sich gegen Deutungen der christlichen Allegorie. Er erklärt nach dem Wortsinn, bedient sich jedoch auch des Talmud und Midrasch.

Südwestlich von Orléans liegt die Stadt *Beaugency.* Dort wohnt B'chor Schors Zeitgenosse und Schüler Raschbams: *R. Elieser,* in hebräischen Texten R. Elieser miBalgenzi (»aus Beaugency«) genannt. Auch er kann Latein, zitiert die Vulgata und ist – wie Raschi, Raschbam und B'chor Schor

– dem *p'schat* zugetan. Erhalten sind seine Kommentare zu Jesaja, Ezechiel und den Zwölf Kleinen Propheten. Raschi gleich, bedient sich R. Elieser von Beaugency französischer Ausdrücke.
Um 1240 schreibt *R. Hisqia bar Manóach* einen Kommentar zur Tora, der als *»Chisqúni«* weite Verbreitung findet. Oft zitiert er den Raschbam und B'chor Schor und versteht seine Erklärung als Ergänzung des Raschikommentars. Kein Wunder, daß R. Hisqia für den Wortsinn eine Lanze bricht.

4. Ibn Esra, der viel reist, erkannte die Notwendigkeit, seine Arbeiten in Hebräisch, der »lingua franca« der jüdischen Gelehrten, zu schreiben. Seine Überlegung war richtig. Nicht nur die arabischsprechenden spanischen Juden, sondern jene Italiens und Frankreichs und auch die Juden unserer Zeit verwenden den Ibn Esra-Bibelkommentar mit Gewinn. Als weitere »Vermittler« des Wissens und Lehrmethode der spanischen Judenheit – insbesondere der Dichtkunst und der grammatikalischen Kenntnisse, die unter dem Einfluß der arabischen Philologen auch im biblisch-hebräischen Bereich gepflegt wurden – erweist sich die Familie Kimchi. Auf der Flucht vor den in Spanien herrschenden Almohaden, läßt sie sich im südfranzösischen Narbonne nieder. Oberhaupt der Familie ist *R. Joseph Kimchi* (= RIKáM, 1105–70). Der ältere Sohn, *R. Mosche Kimchi* (= R'MáK, gest. 1190), ist ein guter Grammatiker. Ein Buch über die Stammformen des hebräischen Verbs (er bietet als erster die Reihenfolge *qal, nif'ál, pi'él, pu'ál, hif'íl, hof'ál, hitpa'él;* eine achte Stammform nennt er *po'él*) wird 1520 von Sebastian Münster auf Lateinisch unter dem Titel »Liber viarum linguae sacrae« publiziert. Der jüngere Bruder des R'MáK ist *R. David Kimchi* (= R'DáK, 1160–1235). Seine Kommentare zu Gen, den Propheten, Psalmen und Sprüchen Salomos bedienen sich der Vergleiche mit dem Aramäischen, Arabischen und Provencialischen. Die klare philologische und inhaltliche Analyse, die R. David Kimchi anwendet – eine »Erbschaft« Ibn Esras–, findet große Zustimmung. Seine Zeitgenossen wenden auf ihn scherzhaft eine Maxime aus den »Sprüchen der Väter« (pirqé 'awót, III,17) an: *'im 'en qémach 'en torá* (»gibt es kein Mehl, so gibt es keine Tora«, frei übersetzt: wer nichts zu essen hat, kann nicht studieren). qémach klingt an an qímchi. Fehlt der Kimchi, so fehlt die Tora!
Im südfranzösischen Largentière ist *R. Joseph bar Aba Mari* (1279–1340) beheimatet. Kaum einer kennt ihn freilich unter diesem Namen. Weil er aus der »silbernen« (franz. argent) Stadt kommt, heißt er *Ibn Caspi* (hebr. *késef,* Silber). Seine Bücher haben alle etwas mit *késef* zu tun. Er nennt sie *tirát késef, 'adné késef, 'asará ch'le chésef* usw. Ibn Caspi liebt – wen

überrascht es noch! – den schlichten Wortsinn. Auch er versteht Latein, liest die Vulgata und argumentiert mit Christen über das »richtige« Bibelverständnis. (Über die Wechselwirkung jüdischer und christlicher Bibelexegese gibt es übrigens eine reiche Literatur; s. Enc. miqra'ít, VIII, 714–722.)
Ein weiterer Provençale ist *R. Levi ben Gerson* (= RaLBáG, 1288–1344) aus Bagnol-sur-Cèze, im heutigen Département du Gard. Er ist ein Enkel des Nachmanides. Die christliche Umwelt nennt ihn Maestre Leo de Bagnol, Magister Leo Hebraeus oder Gersonides. Er schreibt zu Themen auf dem Gebiet der Philosophie (über Aristoteles und Averroës), Mathematik und Astronomie. In einem Werk über die Glaubensmomente des Judentums *(séfer milchamót Haschém)* sucht er die Lehren Israels philosophisch zu untermauern. Die Kommentare zur Tora, den Frühen Propheten und den Schriften sind in der »Rabbinischen Bibel«, den *miqra'ót g'dolót* abgedruckt und werden deshalb oft studiert.

5. Im süditalienischen *Trani* lebt *R. Jesaja der Erste* (= R. J'schajáhu di-Trani; = RID, 1200–ca. 1260). Er schreibt »Hinzufügungen« zum Talmud *(tosfót RID)* und viele Responsen zu religionsgesetzlichen Anfragen. Ein Kommentar zu den Propheten und den Schriften ist erhalten. Kurz und klar äußert er sich zum Wortsinn, zu chronologischen Schwierigkeiten und theologischen Problemen. Ez 1,26 (»wie das Aussehen eines Menschen«) führt ihn zur lapidaren Aussage: »Ferne sei es von uns, dem Schöpfer eine Gestalt oder ein Bildnis zuzuschreiben.« Doch das Problem der prophetischen Beschreibung bleibt.
Zweihundert Jahre später wirkt in Italien *R. Owadja ben Jakob Sforno* (ca. 1470–1550). Er wird in Cesena geboren, studiert in Rom Medizin, Mathematik, Philosophie und Philologie. Der Humanist Johannes Reuchlin lernt bei Sforno in den Jahren 1498–1500 Hebräisch. Von Rom zieht er nach Bologna und gründet dort eine Talmudschule und eine jüdische Druckerei. Seine Kommentare zur Tora, zu Jona, Hiob, Ps, Hld, Koh sind veröffentlicht. Sforno beschäftigt sich mit dem Inhalt eines Textes, weniger mit der Philologie. Gelegentlich zitiert er eine *'aggadá*. Ethische Maximen des Talmud sind häufig. Die unteilbare humanitas ist Sforno ein echtes Anliegen. Zu Ex 19,5 (»denn mir ist die ganze Erde«) schreibt er: ». . . und die Frommen der Völker der Welt *[chasidé 'umót ha'olám]* sind mir zweifellos teuer« (spricht Gott).
Im 16. Jahrhundert erscheint das wichtigste Werk über die *masorá'*, die Tradition des Bibeltextes, das den Konsonantenbestand, die Vokalisation und Textvariationen fein säuberlich notiert. Es heißt *minchát schaj* und

stammt aus der Feder des *R. J'didia Salomo Rafael bar Awraham aus Norzi* (SCHaJ = Sch'lomó J'didjá).

6. Zurück nach Spanien: *R. Nissim Gerondi* (= RaN, 1310–1375,?) – er stammt vermutlich aus Gerona – ist Arzt, Talmudgelehrter, lebt in Barcelona und schreibt neben einem talmudischen Kommentar Erklärungen zur Bibel.
Philosophisch geprägte Homilien zur Tora (*'aqedát jizchák*, »Bindung Isaaks«) verfaßt *R. Jizchak Arama* (ca. 1420–1494 aus Samoza). Die Judenvertreibung des Jahres 1492 trifft auch ihn. Er gelangt nach Neapel, wo er bis zu seinem Tode bleibt.
Wie Arama wird *Don Isaak Abarbanel* (auch: Abravanel) durch das Vertreibungsedikt aus Spanien verjagt. Sein Leben gleicht einem Roman. In Lissabon geboren, tritt Abarbanel als Finanzminister in den Dienst des portugiesischen Königs Alfonso V. (gest. 1481). Nach dem Tod des Herrschers brechen Unruhen aus, Abarbanel flüchtet nach Spanien, wird in Abwesenheit in Portugal zum Tode verurteilt. Das spanische Königspaar Ferdinand von Aragon und Isabella von Kastilien profitiert von Abarbanels staatsmännischer Erfahrung und auch von seinem Reichtum. Er wird zu einem großen Geldgeber des Herrschers. Das Schicksal seiner Gemeinschaft muß freilich auch der geadelte Abarbanel teilen. Von Spanien fährt er 1492 mit dem Schiff nach Neapel. Zwei Jahre später erobern die Franzosen die Stadt. Abarbanels Bibliothek, die er mitgenommen hat, wird ein Raub der Flammen. Er verläßt Neapel, zieht nach Messina, dann nach Corfu, zurück nach Neapel und ins apulische Monopoli, 1503 nach Venedig; dort stirbt er 1508 und wird in Padua beerdigt. 1509 wird der Friedhof während kriegerischer Ereignisse zerstört. Abarbanels Grab kennt niemand mehr.
Seine umfangreichen Kommentare zur gesamten hebräischen Bibel – in Kastilien begonnen, in Neapel, Monopoli und Venedig beendet – sind erhalten. Sie sind langschweifig und stellen den Leser bisweilen auf eine harte Geduldsprobe. In der Form und in der Themenwahl ist Abarbanel von R. Levi ben Gerson (RaLBáG) und R. Jizchak Arama beeinflußt. Lange Homilien, nicht die Deutung des Wortschatzes interessieren ihn. Der Rationalismus (beispielsweise eines Maimonides) ist ihm fremd. Abarbanel gräbt nach dem hintergründigen Sinn der Schrift. Als Staatsmann faszinieren ihn Vergleiche der biblischen Gesellschaft mit Erscheinungen seiner Zeit. Da mag es anachronistische Deutungen geben, z. B. wenn er etwa behauptet, Jephta habe zwecks Erfüllung seines Gelübdes die geliebte Tochter nicht geopfert, sondern in ein Kloster gesteckt... Über die Monarchie ist er

schlecht zu sprechen (s. zu Dtn 17,14). Am eigenen Leib hat er erfahren, wozu Willkürherrscher fähig sind. Hingegen studiert er offensichtlich die Bücher christlicher Exegeten (Augustin, Hieronymus, Thomas von Aquin). Abarbanel gilt als letzter Exeget des Mittelalters und als erster der Renaissance und des Humanismus.

7. Erst zweihundert Jahre später macht ein großer jüdischer Gelehrter von sich reden: *R. Eliahu aus Wilna* (1720–1797), in tiefer Verehrung der »Gaon von Wilna« genannt. Er schreibt Bücher zur Geometrie, Geographie, Geschichte, Randglossen zu allen biblischen Büchern. Der weite Raum des PaRDéS – vom Wortsinn bis zur mystischen Deutung – ist ihm vertraut. Der *be'úr hagrá'* (Erklärung des Gaon R. Eliahu) wird viel benützt. Der Gaon von Wilna ist ein erbitterter Gegner des Chassidismus, der im 18. Jahrhundert durch Israel baal Schem Tow begründet worden ist. Die vielen scharfen gegenseitigen Attacken zählen zweifellos nicht zu den Ruhmestaten der jüdischen Geschichte.
1753/54 erscheint der volkstümliche Kommentar zu den Propheten und Schriften, den *R. David Altschuler* geschrieben hat. *M'zudát Davíd* (Festung Davids) beschäftigt sich mit dem Inhalt eines Textes, *m'zudát zijón* (Festung Zions) mit der Wortbedeutung. Der zweigliedrige Kommentar bietet gute und leicht verständliche Informationen auch zu schwierigen Passagen.
Moses Mendelssohn (R. Mosché ben M'nachém Méndel, = RaMBMáN, 1729 in Dessau geboren, 1786 in Berlin gestorben), Philosoph und seit 1754 Freund Gotthold Ephraim Lessings (die Hauptfigur im Theaterstück »Nathan der Weise« soll Mendelssohn nachgebildet sein), Vorkämpfer für die Gleichberechtigung der Juden, Bibelforscher, ediert zusammen mit anderen (etwa *Herz Homberg,* Kommentar *hakorém*) den Kommentar *be'úr* und eine deutsche Bibelübersetzung (gesetzt in hebräischen Buchstaben). Mendelssohn (= des Mendels Sohn!) sucht den deutschen Juden den Schlüssel zum Eintritt in die Gesellschaft und Kultur der Deutschen zu schenken. Dieser Schlüssel besteht aus der Kenntnis der Sprache (daher die Übersetzung der Schrift), die das bisherige Jiddisch verdrängen soll.
Mendelssohns Erfolg bleibt nicht aus. Die emanzipationswilligen Glaubensgefährten sind begeistert, die Gegner hingegen konsterniert. Sie meinen – und zu Recht, wie sich später herausstellt –, daß die bürgerliche Gleichberechtigung unweigerlich viele zum Abfall vom Judentum führen werde, zur Assimilation an die christliche Umwelt. Es ist freilich zu billig, die Massentaufen deutscher Juden im 19. Jahrhundert Moses Mendelssohn anzulasten.

Er hat die Schrift übersetzt und kommentiert, um den Juden als Juden – nicht als potentiellen Christen – die Schönheit der Schrift und zugleich die Wichtigkeit der Kultur ihrer Umwelt näherzubringen.
Durch Mendelssohns Bibelkommentar und seine philosophischen Werke wird die Wissenschaft des Judentums begründet, die L. Zunz, A. Geiger, M. Sachs, H. Graetz und andere entfalten.
Sein *be'úr* zeichnet sich aus durch eine wissenschaftliche Exegese, die sich auf den *p'schat* beschränkt und zugleich die Erkenntnisse früherer jüdischer Exegeten berücksichtigt.
Wie Mendelssohn in Deutschland sucht *R. Isaak Samuel Reggio* (1784–1855) in Italien zu wirken. Er übersetzt die Tora ins Italienische und fügt desgleichen einen *be'úr* bei. Reggio ist Mitbegründer des italienischen Rabbinerseminars. Neben dem Bibelkommentar schreibt er Bücher über die Kabbala.
R. Samuel David Luzzatto (R. Sch'mu'él David Luzzatto, = SCHaDáL; 1800–1865) ist Professor an diesem Rabbinerseminar. Er korrespondiert mit Reggio und den Vorkämpfern der Wissenschaft des Judentums. Über siebenhundert Briefe sind publiziert. Luzzatto verehrt Raschi, nicht aber Ibn Esra, dem er »Unehrlichkeit« und Distanzierung von der Tradition vorwirft. Er schreibt einen vielgelesenen, gründlichen Kommentar zur Tora, zu Jes, Jer, Ez, Spr und Hiob. Oft zitiert er christliche Exegeten.
Gegner des zu Beginn des 19. Jahrhunderts in Deutschland entstehenden Reformjudentums ist *R. Samson Raphael Hirsch* (1808–1888), Exponent der Neo-Orthodoxie, nach einem Landesrabbinat in Oldenburg von 1851 an, während 37 Jahren, Rabbiner der sogenannten Austrittsgemeinde Adat Jeschurun in Frankfurt/M. Seine »Neunzehn Briefe über das Judentum«, sein »Choréw« über die jüdische Religion, vor allem sein Kommentar zur Tora (immer sucht er die Einheit von Schriftlicher und Mündlicher Lehre, von *torá* und *talmúd,* zu belegen) sichern Hirsch einen wichtigen Platz in der jüdischen Geistesgeschichte. Zeitgenosse Samson Raphael Hirschs ist der Oberrabbiner von Rumänien, *R. Me'ír Loeb ben J'chi'él Michál* (= MaL-BÍM, 1809–1879). Seine heftigen Ausfälle gegen die jüdische Reformbewegung kosten ihn den Posten (1864). Malbím findet zuletzt in Kiew bis zu seinem Tod eine Bleibe. Sein gründlicher Kommentar zur Bibel wird viel befragt. Er basiert auf drei Grundprinzipien: Jedes Wort ist wichtig; jede Aussage ist wesentlich und enthüllt einen wichtigen Gedanken; Synonyme werden in einem Text nicht wiederholt. Daher sucht Malbím unermüdlich nach dem genauen Bedeutungsinhalt der hebräischen Wörter, nach dem Sinn eines bestimmten syntaktischen Aufbaus, kurz: nach dem Charakteri-

stischen eines jeden Verses. Zu Beginn des Leviticus-Kommentars (es handelt sich eigentlich um eine Erklärung des sifrá) stellt er 613 Prinzipien und Regeln, die bei der Exegese wichtig sind, zusammen. Er gibt dieser Einleitung die Bezeichnung *'ajélet haschāchar* (Morgenröte).
Neben Malbím sind *R. Naftali Zwi J'huda Berlin* (der NeZÍW, 1817–1893; Leiter der Talmudschule in Woloschyn) mit seinem Torakommentar *ha-'améq dawár,* und *R. Jakow Zwi Mecklenburg* (1785–1865, Rabbiner in Königsberg) mit der exegetischen Arbeit zur Tora namens *haktáw w'haqa-balá* (Die Schrift und die Tradition) zu nennen. R. J. Z. Mecklenburg stützt sich auf Raschi, Sforno, den Gaon von Wilna und Luzzatto und will die Schrift gegen die Bibelkritik absichern.

8. In der zweiten Hälfte des 19. Jahrhunderts und im 20. Jahrhundert setzen sich die jüdischen Bibelexegeten mit den Erkenntnissen der von Graf-Wellhausen begründeten Bibelkritik auseinander. Sie stimmen ihren Ergebnissen zu oder lehnen sie entschieden ab. Unbetroffen bleibt keiner. Wir sprechen selbstredend nicht von den vielen, in Talmudschulen verfaßten Studien zur Bibel. Unberührt von der Bibelkritik wird dort Exegese getrieben.
R. David Zwi Hoffmann (1843–1921), Rektor des Hildesheimer Rabbinerseminars (orthodox), 1918 von der deutschen Regierung aus Anlaß seines 75. Geburtstages mit dem Professoren-Titel geehrt, ist ein scharfer Gegner der Bibelkritik. Sine ira et studio sucht er die Haltlosigkeit der Quellenscheidungstheorie zu beweisen. J. Wellhausen soll einmal gesagt haben: »Wenn mich einer zu schlagen vermag, dann ist es Hoffmann.«
Benno Jacob (1862–1945), Rabbiner in Göttingen, Dortmund, Hamburg, von 1939 an in England, denkt zwar nicht fundamentalistisch, lehnt jedoch die »Höhere« und die Textkritik ab. Korrekturen des Textes kommen für Jacob nicht in Frage, wenngleich er die Autorschaft der Tora durch Mose und die Verbalinspiration ablehnt. In seinem äußerst gründlichen Kommentar zu Gen (jener zu Ex liegt bisher nur maschinengeschrieben vor) setzt er sich ausführlich mit der Quellenscheidung auseinander. Betroffen zeigt er sich vom latenten und bisweilen auch manifesten Antisemitismus in bibelexegetischen Arbeiten (z. B. bei Friedrich Delitzsch, Die große Täuschung, 1921).
Umberto (Mosche David) Cassuto (1883–1951) ist Historiker, Semitologe, ein gründlicher Kenner des Ugaritischen und ein Bibelforscher. Von 1922–1925 leitet er als Rabbiner das Rabbinerseminar von Florenz (in dieser Stadt wurde er auch geboren), 1933 lehrt er an der Universität von

Rom und katalogisiert die hebräischen Handschriften der Vatikanischen Bibliothek, 1939 übersiedelt er nach Palästina und wird Professor für Bibelkunde an der Hebräischen Universität Jerusalem. Cassuto verwirft die Quellenscheidung der bibelkritischen Richtung und zeigt in seiner kleinen Schrift (*torát hat' 'udót,* Die Lehre der Quellen), wie gerade durch die Vermeidung einer Textzerstückelung viele Schwierigkeiten von selbst verschwinden. Seine Kommentare zu Gen (bis Abraham) und zu ganz Ex finden in jüdischen Kreisen große Beachtung. Sie sind im übrigen ins Englische übertragen worden. Gegen die Quellenkritik argumentiert auch *Mosche Zwi Segal* (1876–1968), aus Litauen stammend, Studium in England, seit 1926 in Jerusalem, Universitätsdozent für Bibelwissenschaft. Segal ist ein wichtiger Bibelexeget (etwa im Kommentar zu Sam) und auch ein guter Kenner der Mündlichen Tradition. Seine vierbändige »Einleitung zur Schrift« ist leicht faßlich und enthält in Band IV einen Überblick über die jüdische Bibelexegese.

Nechama Leibowitz, 1905 in Riga geboren, schreibt nach einem Studium an den Universitäten Berlin und Marburg eine Dissertation zum Thema »Die Übersetzungstechnik der jüdisch-deutschen Bibelübersetzungen des 15. und 16. Jahrhunderts, dargestellt an den Psalmen« (1930). Im selben Jahr wandert sie in Palästina ein, unterrichtet in Gymnasien und Lehrerseminaren die hebräische Bibel, wird 1957 Dozentin an der Universität Tel Aviv und 1968 Professor. Ihre besondere Technik der Bibelexegese besteht im Vergleichen der einzelnen jüdischen Kommentare des Mittelalters und der Neuzeit. Sie wirft in den seit 1942 wöchentlich zur synagogalen Bibellesung erscheinenden »Blättern« *(giljonót)* eine Frage auf und läßt dann die Stimmen der Exegeten zu Worte kommen. So entsteht ein Puzzle, das jeden, der die *giljonót* (seit 1964 auch die *'ijuním,* »Betrachtungen«) liest, zum eigenen Mitdenken veranlaßt. Nechama Leibowitz erzog mit außergewöhnlichem didaktischem Geschick Generationen von bibelkundigen Juden. Ihre *'ijuním* sind in Hebräisch zu Gen, Ex und Lev erschienen, zu allen Büchern der Tora in Englisch.

Auf der anderen Seite des jüdischen Spektrums steht *A. B. Ehrlich* (1848–1919). Seine »Randglossen zur hebräischen Bibel« (7 Bde, 1908–1914) sind voll von textkritischen Bemerkungen und Verbesserungsvorschlägen. Oft bietet Ehrlich jedoch originelle Erklärungen.

Auf Ehrlichs Spuren geht *Abraham Kahana* (1874–1946), geboren in Rußland, 1923 in Palästina eingewandert, Bibliothekar in Tel Aviv. Sein kritischer Kommentar erscheint von 1903 an.

Zu nennen ist ferner *N. H. Tur-Sinai (Torczyner)* (1886–1973), in Lemberg

geboren, in Wien groß geworden. Tur-Sinai ist Lektor für Semitische Sprachen an der Wiener Universität, von 1919–1933 Dozent an der Hochschule für die Wissenschaft des Judentums in Berlin, nach der Einwanderung in Palästina (1933) Professor für Hebräisch an der Hebräischen Universität Jerusalem. In vielen Büchern hat er sich um das Verständnis der Schrift bemüht und das Wissen zweifellos bereichert, auch wenn viele seiner Konjekturen an den Haaren herbeigezogen sind.
Bedeutender Historiker und Bibelforscher ist *Jecheskel Kaufmann* (geb. 1889 in der Ukraine, gest. 1963 in Jerusalem), Ordinarius für Bibelexegese an der Universität von Jerusalem. Neben seiner »Geschichte des israelitischen Glaubens« hat er eingehende Kommentare zu Josua (1959) und zu Richter (1962) publiziert. Kaufmann akzeptiert die Quellenscheidung, stellt freilich P vor D.

Rückblickend können wir feststellen:
1. Die jüdische Bibelforschung vom Altertum bis in die Gegenwart weiß sich einer Tradition verpflichtet. Sie steht nie im leeren Raum, sondern knüpft an frühere Untersuchungen an. Das Beispiel vom Bauen der *sukkót* zu Esras Zeit zeigt, daß die Bibelerklärung so alt ist wie die Bibel selbst.
2. Die Umwelt beeinflußt die Forschungsarbeit der jüdischen Gelehrten. Im moslemischen Spanien mit seiner reichen Dichtkunst und seiner Liebe zur Sprache, die sich u. a. im Ergründen der Grammatik des Arabischen manifestiert, werden auch die Juden zum Dichten und Denken in ihrem Bereich angeregt. Anders im christlichen Europa des Mittelalters. Die jüdische Gemeinschaft nimmt dort an der Kultur der Wirtsvölker kaum teil. Erst mit dem Beginn der Renaissance und des Humanismus ändert sich die Lage. Andererseits beschäftigen sich bereits im Mittelalter vereinzelt Christen (etwa Nikolaus von Lyra, der »Affe Raschis«) mit jüdischer Bibelexegese.
3. Die jüdischen Bibelkommentare sind – wie alles von Menschenhand Geschaffene – zeitgebunden und dem Wandel unterworfen. Was einem Exegeten des Mittelalters richtig und wichtig erschien, mag uns heute gar nicht mehr ansprechen. Allein, die Beschäftigung mit den exegetischen Arbeiten der großen Kommentatoren, die oft weit über den Rahmen ihrer jüdischen Gelehrtenarbeit tätig waren – es gab unter ihnen Staatsmänner, Ärzte, Handelsleute und Bauern –, bleibt ein echter Gewinn.
4. Die jüdische Bibelexegese geht weiter. In aller Welt – vornehmlich in Israel und den USA – werden die jüdischen Bibelkommentare intensiv studiert, zugleich aber werden auch die altsemitische Philologie, die Funde der Archäologie und die sich erweiternden Kenntnisse der altorientalischen

Geschichtsforschung einbezogen. In enger Zusammenarbeit mit ihren christlichen und (in geringerem Maße) moslemischen Fachkollegen arbeiten die jüdischen Gelehrten an einem immer umfassenderen Verständnis der hebräischen Bibel.

Das Versagen des Menschen

Gen 3,1–19(20–24)

1 Die Schlange aber war das listigste aller Tiere, die der Herr, Gott, geschaffen hatte, und sie sagte zu der Frau: »Hat denn Gott wirklich gesagt: Ihr dürft von keinem Baum im Garten essen?«
2 Da antwortete die Frau der Schlange: »Von den Früchten der Bäume des Gartens dürfen wir essen,
3 doch von der Frucht des Baumes, der in der Mitte des Gartens steht, von ihr – so hat Gott gesagt – dürft ihr weder essen noch ihn berühren, damit ihr nicht sterben werdet.«
4 Da sprach die Schlange zur Frau: »Ihr werdet nicht sterben!
5 Gott weiß nämlich, daß am Tag, da ihr davon esset, eure Augen geöffnet werden. Da werdet ihr sein wie Gott, erkennend Gut und Böse.«
6 Die Frau sah, daß der Baum (die Baumfrucht) gut war zum Genuß – eine Begierde für die Augen – und der Baum begehrenswert, um Einsicht zu gewinnen. Und sie nahm von seiner Frucht und aß, gab auch ihrem Mann, der bei ihr war, und er aß.
7 Da wurden die Augen der beiden geöffnet, und sie erkannten, daß sie nackt seien. Sie nähten sich Feigenblätter zusammen und machten sich Lendenschürze.
8 Und sie hörten die Stimme des Herrn, Gottes, der im Garten zur Zeit des (Abend)-Windes sich erging – und es versteckten sich der Mensch (Mann) und seine Frau vor dem Herrn, Gott, in der Mitte der Bäume des Gartens.
9 Es rief der Herr, Gott, den Menschen und sprach zu ihm: »Wo bist du?«
10 Er antwortete: »Deine Stimme hörte ich im Garten, da fürchtete ich mich, weil ich nackt bin, und ich versteckte mich.«
11 Da sagte Er: »Wer hat dir denn erzählt, daß du nackt bist? Hast du etwa vom Baum, von dem ich dir geboten hatte, nicht zu essen, gegessen?
12 Der Mensch erwiderte: »Die Frau, die Du mir gegeben hast, sie gab mir vom Baum, und ich aß.«

13 Der Herr, Gott, sprach zur Frau: »Was hast du getan?«
Und die Frau erwiderte: »Die Schlange verlockte mich, und ich aß.«
14 Der Herr, Gott, sprach zur Schlange: »Weil du dies getan hast, bist du
verflucht unter allem Vieh und allen Tieren des Feldes. Auf deinem
Bauch sollst du kriechen, Staub sollst du fressen alle Tage deines
Lebens.
15 Und Feindschaft setze ich zwischen dich und die Frau, zwischen
deinem und ihrem Nachkommen. Er tritt dich auf den Kopf, und du
stichst ihn (zischend) in die Ferse.«
16 Und zur Frau sagte Er: »Mehren werde ich die Schmerzen bei deiner
Schwangerschaft, mit Schmerzen wirst du Kinder gebären. Und nach
deinem Mann ist dein Verlangen. Er aber wird dich beherrschen.«
17 Und zum Menschen sprach Er: »Weil du auf die Stimme deiner Frau
hörtest, aßest vom Baum, von dem ich dir befohlen hatte: ›iß nicht von
ihm!‹, deshalb wird die Erde verflucht sein um deinetwillen. Mit Mühe
wirst du von ihr essen, alle Tage deines Lebens.
18 Dornen und Disteln läßt sie dir wachsen, (ehe du) essen wirst das Kraut
des Feldes.
19 Im Schweiß deines Gesichtes wirst du Brot essen, bis du zum Boden
zurückkehrst; denn aus ihm bist du entnommen. Denn Staub bist du, zu
Staub kehrst du zurück.«

Der Text im Kontext

»Und es pflanzte der Herr, Gott, einen Garten in Eden gegen Osten, und setzte dort hinein den Menschen, den Er gebildet hatte« (Gen 2,8; vgl 2,15). Im Gegensatz zu einer auch in Israel erzählten Tradition von einem »Gottesgarten« (Gen 13,10; Jes 51,3) auf einem »heiligen (Tempel-)Berg«, in dem Gold und Edelsteine (Ez 28,13–16) und wunderbare Bäume (Ez 31,8f) zu sehen sind, ist der »Garten in Eden« (*gan b'ʿéden;* nicht: »Garten Eden«) in Gen 2–3 ein Garten für den Menschen – für Adam und Eva – und für andere von Gott geschaffene Lebewesen. Gott bedarf – anders als Götter – keines Gartens, um sich darin zu ergehen, »denn die ganze Erde ist voll von seiner Herrlichkeit« (Jes 6,3). An den Bäumen des natürlichen – nicht des mythischen – Gartens wachsen denn auch keine Früchte aus Gold, sondern Früchte, die »begehrenswert anzusehen« (B-R: »reizend«, also Reiz, Begier erzeugend. Das oft für hebr. *nechmád* gebrauchte »lieblich« ist zu fade!) und »gut zu essen« sind. (Zu den Unterschieden zwischen dem

»Gottesgarten« und dem Garten für den Menschen: M. D. Cassuto, perúsch ʿal séfer b'reschít, I, 47–52)

Der Garten in Eden ist in den zwei Genesis-Kapiteln lediglich Kulisse, vor der sich das Drama des ersten Menschenpaars – und letztlich aller Menschen – abspielt. Ezechiel (31,8f) kennt in seinem »Gottesgarten« Zedern, Zypressen und Platanen. Die Tora begnügt sich gleichsam mit ein paar Pinselstrichen auf der Kulissenleinwand. Um welche Bäume es sich handelt, wird verschwiegen. Es sind schöne Bäume, in deren Mitte – und dies ist wesentlich – zwei stehen, deren Früchte Adam und Eva vorenthalten sind: der »Baum des Lebens« *(ʿez hachajím)* und der »Baum der Erkenntnis von Gut und Böse« *(ʿez hadáʿat tow waráʿ)*. Erst die Talmudweisen möchten Genaueres über die Baumart erfahren, die für Eva »eine Lust für die Augen« (3,6) gewesen ist. Und sie denken an den Feigenbaum (im Hinblick auf die »Feigenblätter, 3,7, mit denen sich Adam und Eva nach dem Erkennen der »Nacktheit« bedecken), aber auch an Weinstock, »Etrog« (= »Paradiesapfel«, eine Zitrusfrucht, die zum Feststrauß des jüdischen Laubhüttenfestes Sukkot gehört) und gar Weizen (b. B'rachót, 40a, b. Sanhedrín, 70a, Gen. r. 15,7). Die Bibel selbst nennt nicht die Spezies der »verbotenen« Bäume, sondern die Wirkung, die ein Essen ihrer Früchte erzeugt: das »ewige« (3,22: *l'ʿolám*), will heißen: sehr lange Leben (Ibn Esra zu 3,6) und die »Erkenntnis von Gut und Böse«.

Was diese Bezeichnung bedeutet, ist umstritten. Ibn Esra (aaO) schreibt:

»Er (der Baum) erzeugt die sexuelle Lust, und deshalb bedeckten Adam und Eva ihre Scham, ... und als Adam vom ›Baum der Erkenntnis‹ gegessen hatte, erkannte er *(jadáʿ)* seine Frau.«

Es ist zwar richtig, daß *jadáʿ* auch von diesem »Erkennen« Kunde gibt (s. auch Gen 4,17.25; 1 Sam 1,19) und das plötzliche Wahrnehmen der Nacktheit (3,7) wie auch der Bericht von der Schwangerschaft Evas und der Geburt Kajins erst nach dem Genuß der Frucht vermerkt werden. Nicht minder richtig ist indessen die Annahme, die »Erkenntnis« umschließe weit mehr: eine Angleichung an den Schöpfer, dem die Geschöpfe ohnehin als »Ebenbild« (*zélem,* 1,27) ähnlich sind: »... ihr werdet sein wie Gott, wissend (um) Gut und Böse« (3,5. Zur Exegese s. unten). Zudem sind der Sexualtrieb, die Zeugungs- und Gebärfähigkeit – »seid fruchtbar und mehret euch« (1,28) – dem Menschen angeboren (»eingeboren«) und vom intellektuellen Erkennen unabhängig.

Wird durch die »Erkenntnis« auf das Überwinden der Kindheit, den Reifezustand angespielt? Nach Dtn 1,39 »wissen« die kleinen Kinder nichts von

»Gut und Böse«. Gott hätte – falls diese Interpretation richtig ist – den ersten Menschen Unerfahrenheit und Sorglosigkeit das ganze Leben lang gegönnt und gewährt. Viel »Erkenntnis« ist nicht (jedenfalls nicht nur) von Vorteil. Koh 1,18 urteilt: »Denn wo viel Weisheit ist, da ist viel Verdruß, und wer Erkenntnis *(dá'at)* mehrt, mehrt den Schmerz.«
Oder stehen »Gut und Böse« für das umfassende Weltwissen, »die Erfahrung von allem und das Mächtigwerden aller Dinge und Geheimnisse« (G. v. Rad, Theologie des AT, I, 1962, 168), und damit nicht nur für das Wissen um moralische Wertmaßstäbe, um das eigentliche Gute und Böse im Leben? Zum Unterschied von der Meinung B. Jacobs (Das erste Buch der Tora. Genesis, 1934. Nachdruck, 93):

»Was gut ist, Segen und Leben bringt, ist also die Liebe zu Gott im Gehorsam gegen sein Gebot, was böse ist, schadet, Fluch und Tod bringt, der Ungehorsam. Die Erkenntnis davon ist für den ersten Menschen die durch sein Verhalten gegenüber dem Verbot gewonnene Erfahrung.«

Was die Wendung »Erkennnis von Gut und Böse« auch bedeuten mag – das geschlechtliche Wachwerden, das Überwinden kindlicher ›Blindheit‹ oder das Erfahren der Welt in all ihrer Spannung (wobei Reife und Welt-Erfahrung identisch sein können)–, soviel steht fest: die durch die Schuld gewonnene »Erkenntnis« bildet nicht die *erste* Stufe menschlichen Denkens. Adam gab bereits den Landtieren und Vögeln die Namen (2,20), differenzierte, ordnete, schied zwischen den einzelnen Arten und zeigte sich damit seiner Partnerschaft mit Gott, der während des ganzen Schöpfungsprozeß schied und unterschied *(wajawdél,* 1,4.7.14.18. Die Schöpfung ist »Ordnung«, Kosmos. Ihr Gegenteil ist Chaos) würdig. Und weil er mit Vernunft ausgestattet wurde, konnte er einen Befehl erhalten und verstehen (2,16: *waj'záw,* »und Er befahl«). Man braucht die These des Talmudweisen Raw J'huda – »Der erste Mensch reichte von einem Ende der Welt bis zu ihrem anderen, und als er gesündigt hatte, legte Gott seine Hand auf ihn und verringerte ihn (nach Ps 139,5)« (b. Sanhedrín, 38b; zur verbreiteten Ansicht der Antike über den Makroánthropos s. L. Ginzberg, The Legends of the Jews, 1. Bd., 2. Teil, Anm. 22 und 37) – nicht zu akzeptieren und wird dennoch dem nichtüberdimensionierten Adam die Kraft des Überlegens und Urteilens nicht absprechen.
Mehr noch: Adam und Eva verstehen jetzt den Gottesbefehl als Appell an ihren Willen. Sie sollen ihn befolgen, sie können sich ihm freilich auch verweigern. Ein Befehl – jeder Befehl – ist immer ein Wagnis, das der Befehlende eingeht. Der Befehlsempfänger kann nämlich die Gefolgschaft

versagen. Wer nicht befehlen will, weil er das Risiko scheut, muß den anderen zwingen – notfalls mit Gewalt. Doch gerade dies ist nicht die Absicht Gottes. Er zwingt nicht, er bietet an: die vielen Bäume im Garten, deren Früchte ungehindert gegessen werden dürfen (2,16: *'achól to'chél,* B-R: »magst essen du, essen«). Nur von einem – dem »Baum der Erkenntnis von Gut und Böse« (2,17: Vom »Baum des Lebens« ist nicht die Rede, weswegen Kimchi, zu 2,17, meint, der Genuß habe freigestanden) – soll der Mensch nichts essen. Ohne die Möglichkeit der Befehlsverweigerung oder -übertretung, mit anderen Worten: ohne die unabdingbare Freiheit des Willens und der Entscheidung (im nachbiblischen Hebräisch: *b'chirá;* s. Abarbanel) wäre die »Prüfung« (Gen. r. 2,17) Adams und Evas – wie jene Abrahams (Gen 22) und der vielen anderen Menschen – zu Ende, ehe sie begonnen hat. (Daß die ersten Menschen die Willensfreiheit besaßen, betonen 2 Henoch 11,65 und Midrásch Tanchúma, p'qudé, 2: »Gott beschließt über die Ereignisse [das Schicksal] des Menschen. Ob jemand jedoch gerecht oder schlecht ist, liegt einzig und allein in des Menschen Hand.«)
Gen 3,1–19 zeigt die Gründe für das Versagen in der »Prüfung« und seine Folgen. Zugleich schildert der Abschnitt, wie auch nach dem Versagen Leben lebenswert bleibt.

Leitworte des hebräischen Textes

2,25 werden die ersten Menschen als *'arummím,* »nackt«, geschildert. *'aróm* (feminin *'arummá,* Plural *'arummím*) entspricht *'eróm* (feminin *'erumá,* Plural *'erumim*), 3,10f. Davon zu unterscheiden ist *'arúm* (feminin *'arumá,* Plural *'arumím,* Spr 14,18), »listig«, als Charakteristikum oder Schlange (*nachásch,* hebr. maskulin!) in 3,1. »Beide (Adam und Eva) waren *'arummim,* und sie schämten sich nicht« *(w'ló jitboscháschu),* »so wie sich keiner vor sich selbst schämt, selbst wenn er nackt ist« (Abarbanel). Daß der Text die voneinander verschiedenen Adjektive *'arummim* (»nackt«) und *'arúm* (»listig«) nebeneinanderstellt, zeigt (Ibn Esra, zu 3,1) die *»zachút balaschón«,* die »Klarheit in der Sprache«.
'af ki (3,1) ist nicht mit Sicherheit zu übersetzen. »Hat vielleicht« (Raschi), »Ob wohl« (B-R), »Hat in Wahrheit« (Targúm Onkelos), »Wie . . .?« (B. Jacob) sind, weil sie eine echte oder rhetorische Frage der Schlange an Eva einleiten, der wörtlichen Wiedergabe von *'af ki* (»auch wenn«) vorzuziehen. L. Zunz etwa schreibt (Die vierundzwanzig Bücher der Heiligen Schrift,

o. J.): »Wenn gleich Gott gesprochen hat: Nicht esset von allen Bäumen des Gartens...« Die Rede der Schlange wird – darauf deuten die drei Punkte des Übersetzers – von der Eva abrupt (in V 2) unterbrochen. Entsprechend J. Wohlgemuth-J. Bleichrode: »Wenn auch Gott gesagt hat: Ihr sollt von keinem Baum des Gartens essen... Da fiel das Weib der Schlange ins Wort« (das ist zu phantasievoll!). *'af ki* kann vom Klanglichen her als Knall empfunden werden, und die Schlange möchte ja auch mit einem Knall die »Unschuld« Evas erschüttern. »Sollte Gott wirklich gesagt haben...?« (W. Baumgartner, Hebräisches und aramäisches Lexikon zum Alten Testament, ^{3}1967, 74) gibt den Sinn richtig wieder. Die Schlange stellt sich in ihrer Listigkeit unwissend, »obschon sie die beiden von den anderen Früchten essen sieht« (Raschi).

V 5 und 7 ist das Resultat der Sünde angegeben: das »Öffnen der Augen«. *p-q-ch* (Niphál), »geöffnet werden«, ist im geistigen Sinne zu verstehen. *piqéach* ist der Sehende oder das Augenlicht (wieder) Gewinnende (Ps 146,8: »Gott macht sehend die Blinden«), zugleich aber auch der Einsichtige, Kluge, der etwa durch Bestechung »erblindet« (Ex 23,8). Gut ist daher die Wiedergabe von *w'nifq'chú* und *watipaqáchna* mit »die Augen aufgehen« (Zunz, Wohlgemuth-Bleichrode und »Zürcher-Bibel«). Entsprechend B-R: Die Augen »klären sich«. Maimonides (Führer der Irrenden, I, c. 2) betont die Parallele von *p-q-ch* (Niphál) mit *jadá'* (»wissen«, »erkennen«; *dá'at,* »Erkenntnis«) und nicht mit *ra'áh* (»sehen«): »... die Schrift sagt: ›Es wurden ihnen beiden die Augen geöffnet, und sie erkannten, daß sie nackt seien‹, sie sagt aber nicht: ›es wurden ihnen die Augen geöffnet, und sie sahen.‹ Vielmehr sahen sie nachher dasselbe, was sie vorher gesehen hatten, und es war keine Hülle um seine (des Menschen) Augen, die jetzt beseitigt wurde, sondern es entstand jetzt in ihm ein neuer Zustand, indem er etwas als häßlich erkannte, was ihm früher nicht häßlich erschienen war.«

chagorót (V 7) sind »Gürtel«, ein Lendenschurz, durch den die Scham verhüllt werden soll. Er wird hergestellt aus *'alé t''éna,* aus »Blättern eines Feigenbaums«. Wobei B-R *wajitp'rú* (von *tfr,* »nähen«) sehr gut mit »flechten« übersetzen. Der Vers lautet bei ihnen: «Sie flochten Feigenlaub und machten sich Schurze.« Für den Talmudweisen R. Schim'on bar Jochai klingt *t''ená* an *to'aná* (»Klage«, »Trauer«) an. Sie (Menschenpaar) »nähten das Blatt, welches Trauer in die Welt gebracht hat« (Gen. r. 19,11). Der »Baum der Erkenntnis« war nach dieser Ansicht ein Feigenbaum.

hischi'áni (V 13) ist Hiphil von *n-sch-':* der *»nachásch«* hat mich »betört« (B. Jacob), »verlockt« (B-R), »berückt« (L. Zunz), »verführt« (J. Wohlgemuth-J. Bleichrode), »überrumpelt« (E. König, Hebräisches und aramäisches Wörterbuch zum AT, 1910), »hat mir die Angst genommen« (Sch. D. Luzzatto, Komm. zu 3,13). *hischi'áni* ist das Tun des Listigen *('arúm):* »er hat mich getäuscht« (Raschi).

Ein Wortspiel liegt in V 15 vor: *j'schufchá – t'schufénu.* B. Jacob (»trachtet«), B-R (»stößt«), J. Wohlgemuth-J. Bleichrode (»verwundet«) denken an ein und dieselbe Wortwurzel *schúf.* »Im Aramäischen hat die Wurzel *schúf* die Bedeutung ›reiben‹, ›zerreiben‹, ›zermalmen‹« (B. Jacob). L. Zunz aber variiert: »Er wird dir den Kopf zermalmen, und du wirst ihn stechen in die Ferse.« Raschi denkt bei *j'schufchá* an »zerstoßen« (nach Dtn 9,21, *wa'ekót 'otó,* »ich zerstieß ihn« [den goldenen Jungstier]. Das Targúm Onkelos gibt *wa'ekót* mit *w'schafít* wieder), bei *t'schufénu* hingegen an »blasen« (*schúf* wie *nascháf,* Jes 40,24): »wenn die Schlange kommt, um zu beißen, bläst sie wie eine Art Pfeife« (gemeint ist das Zischen der Schlange). Zwei Verben nehmen auch Luzzatto (»zermalmen«, »zerstoßen« und »bedecken«, Ps 139,11) und M. D. Cassuto (»zertreten« und – »im gewöhnlichen Sinn« – »begehren«) an. Cassuto betont freilich, es sei schwer, die genaue Bedeutung der beiden Vokabeln zu bestimmen.

Im Spruch gegen Adam (V 17) und Eva (V 16) ist von *'izawón,* in jenem gegen Eva zusätzlich auch von *'ézew* die Rede. Beides bedeutet »Schmerz« (J. Wohlgemuth-J. Bleichrode), »Beschwernis« (Beschwer, B-R), oder »Mühe, Anstrengung« (Kimchi), »Qual« (Ibn Esra).

Um welche »Dornen und Disteln« (B-R: Dornen und Stechstrauch) es sich bei *qoz w'dardár* (V 18) handelt, läßt sich nicht mit Sicherheit ausmachen. Die beiden Wörter bezeichnen – wie das entsprechende Zwillingspaar *schamír waschájit* (Jes 5,6; 7,24f; 9,17 u. a.) – die auf den Feldern wachsenden dornigen Unkräuter, die den Bauern den »Schweiß des Gesichts« (*se'át 'af,* V 19) »kosten«. M. Zohary (Pflanzen der Bibel, 1983, 159) nimmt aufgrund des arabischen *dardur* (= Centaurea iberica, die Iberische Flokkenblume) an, daß *dardár* in unserem Text diese Pflanze bezeichnen könnte, läßt aber die Möglichkeit zu, daß es »im Lauf der Zeit . . . jenen Sinn verlor und eine allgemeinere Bedeutung annahm«. Zumal diese dornige Pflanze »nirgendwo auf den Feldern als Unkraut vorkommt und nicht in den Zusammenhang von Gen 3,18 paßt . . .«

Der Text in der Exegese

Jüdische Bibelexegese beschäftigt sich mit dem *p'schat,* dem vordergründigen (»einfachen«) Sinn eines Textes, oder dem *d'rasch,* dem hintergründigen (erst »erforschten«). *p'schat* und *d'rasch* ergänzen sich, und oft wird erst durch den *d'rasch* der *p'schat* richtig faßbar. In Gen 3 kommt diese »Doppelgleisigkeit« der Kommentierung ausgeprägt zur Geltung.
Das liegt weniger an den beiden mysteriösen Bäumen im Garten als an einem der Hauptakteure: der *Schlange.* Wie steht es um dieses »listigste aller Tiere«, das in Israels Umwelt göttliche Kräfte besitzt, hier jedoch – in völliger Demythologisierung (B. Jacob, 101, M. D. Cassuto, in: Enc. miqra'ít, I, 823f) – als Geschöpf Gottes (3,1) sein böses Spiel treibt? Und weshalb hat die Schlange es denn auf das erste Menschenpaar abgesehen, besonders auf die Frau? Und dann eine Frage, die alle Exegeten des Mittelalters beschäftigt hat: Wie hat diese Schlange ausgesehen? Ging sie aufrecht, besaß sie Beine, konnte sie sprechen? Nicht minder wichtig erschien die Frage nach der Sterblichkeit bzw. Unsterblichkeit des Menschen. Hätte er ohne Sünde »ewig« gelebt?
Der *p'schat* gibt Antworten. Wesentliche, wenn auch nicht erschöpfende.
1. Die Schlange – auch Urschlange *(hanachásch haqadmóni;* b. Sóta, 9b) genannt – ist (wie der Satan in Hiob) ein Versucher, der des Menschen innere Sicherheit infrage stellt. Können Adam und Eva das göttliche, das einzige göttliche Gebot, das sie erhalten, erfüllen? Sie vermögen es nicht.

»Ein einziges Gebot war in ihrer Hand, und sie sind seiner beraubt (oder: entkleidet) worden« (Gen. r. 19,11).

Im Moment, da die Gier (*ta'awá,* 3,6) im Spiel ist, versagt der gute vom Intellekt gefaßte Vorsatz. Dabei waren die Früchte jenes ominösen Baumes durchaus nicht anders als die Früchte der vielen anderen Bäume. Sie waren nicht größer und nicht schöner, weil alle Bäume »begehrenswert zum Ansehen und gut zum Essen« (2,9) gewesen sind. Doch die verbotene Frucht ist allemal die bessere ...
2. Die Schlange geht – wie jeder echte Verführer – mit großer Vorsicht ans Werk. Sie dreht die Wahrheit um und um, bis sie sie verdreht hat, und aus der Wahrheit eine Lüge wird. Am Anfang ihres Dialogs mit Eva steht eine verfängliche Frage: »Hat Gott wohl gesagt: ›nicht esset von allen Bäumen des Gartens‹?« (V 1). Die Schlange hat demnach vom göttlichen Verbot gehört (wie, wird nicht gesagt) und weiß natürlich, daß dieses Verbot genau umgekehrt gelautet hat. Die tendenziös entstellende Formulierung soll Eva

zum Widerspruch, zur Korrektur des Gehörten, animieren. Und prompt fällt Eva auf den plumpen Trick herein (V 2f). Sie begeht dabei den fatalen Fehler, daß sie das Verbot des Essens um das Verbot des Berührens *(w'ló tig'ú bo)* erweitert.

»Chiskia sagte: Woher (ergibt sich), daß man durch die Hinzufügung vermindert? – Es heißt: ›... Gott sagte: ihr dürft nicht von ihm essen und ihn nicht berühren‹« (b. Sanhedrín, 29a).

»Sie fügte dem Gebot etwas bei, und deshalb gelangte sie zur Verminderung« (Raschi).
Für die Schlange war es ein Einfaches, zu zeigen (Gen. r. 19,4 und Raschi), daß man durch das Berühren des verbotenen Baumes nicht ums Leben kam.

»Als die Schlange sie (Eva) am Baum vorübergehen sah, stieß sie sie auf ihn hin und sagte: ›Siehst du, du bist nicht gestorben! Wie der Tod nicht durchs Berühren zu dir gekommen ist, so wird er nicht durchs Essen kommen‹« (Gen. r. 19,4).

Das steht nicht im Bibeltext, doch genauso versteht man ihn beim Lesen zwischen den Zeilen.
B. Jacob (92; 103) und N. Leibowitz ('ijuním b'séfer b'reschít, 1966, 22–25) zeigen den Aufbau des Zwiegespräches, das unter dem Zeichen der »Verminderung« steht.

Gott befahl:

»Von *allen* Bäumen des Gartens magst du (reichlich) essen. Nur vom Baum der Erkenntnis von Gut und Böse darfst du nicht essen, denn am Tage, da du von ihm issest, wirst du (sicher) sterben« (2,16f).

Die Schlange »fragt«:

»Hat Gott wohl gesagt: ›*nicht* esset von allen Bäumen des Gartens?‹« (3,1).

Eva repliziert:

»Von der Frucht der Bäume des Gartens mögen wir essen, doch von der Frucht des Baumes, der *in der Mitte des Gartens (ist),* hat Gott gesagt: ›esset nicht davon und *berührt ihn nicht,* damit ihr nicht sterbet‹« (3,2f).

Gott erlaubt *alle* Bäume des Gartens mit Ausnahme eines einzigen. Der Bereich des Zugänglichen, des Zur-Verfügung-Stehenden, ist weit und bietet einen bequemen Lebensraum. Die Schlange sucht die Tatsachen auf den Kopf zu stellen – nichts ist euch erlaubt! –, und wird in dieser bewußten Irreführung von der ahnungslosen Frau korrigiert. Eva vergißt jedoch zu sagen, daß nicht nur die »Frucht der Bäume«, sondern die Frucht »aller Bäume« (vom Baum der Erkenntnis abgesehen) erlaubt ist. Sie schränkt den Lebensraum ein. Das ist der erste Fehler. Gott ist gütig, denkt sie sich, aber so übertrieben gütig ist er wiederum nicht... Den zweiten Fehler begeht sie mit der Überbetonung des Verbots: der Baum steht in der Mitte des Gartens (das ist nach 2,9 zwar richtig, wird aber im Befehl Gottes nicht erwähnt). Er steht im Zentrum des Gartens und im Zentrum ihrer Aufmerksamkeit. Eva sieht nicht das Erlaubte, sondern beinahe nur noch das Verbotene. Und weil dem so ist, begeht sie den dritten Fehler: sie erweitert das Eßverbot um das Berührungsverbot. Und dann geschieht der vierte Lapsus. Aus dem *ethischen* Zusammenhang zwischen Sünde und Strafe (2,17: »denn am Tage, da du von ihm issest, wirst du (sicher) sterben«) wird ein *mechanischer* Zusammenhang zwischen Ursache und Wirkung (3,3: »damit ihr nicht sterbet«).

So wird aus einem ausdrücklichen Verbot Gottes (2,16: *wajzáw*) ein bloßes »es *sagte* Gott« (3,3). Das Verbot ist kein ernst zu nehmendes Verbot, ist eher ein guter Rat. Damit fällt die Angst Evas dahin, die Skrupel sind geschwunden.

Und jetzt stößt die Schlange zu. Der perfide Schlag steht in V 5. Sie unterschiebt Gott unlautere Absichten. Das Verbot soll die Konkurrenz des Menschen verhindern: »Ihr werdet sein wie Gott, kennend Gut und Böse.« (»Wie Gott« oder »wie Engel«, Ibn Esra).

»Wie Er Welten schafft und Welten zerstört, so könnt ihr (dann) Welten schaffen und Welten zerstören. Wie Er tötet und belebt, so könnt auch ihr töten und beleben« (Pirqé d'rabbi 'Eliéser, XIII).

»Jeder Handwerker haßt die Leute seines Handwerks (aus Konkurrenzgründen). Vom Baum hat Er gegessen und die Welt geschaffen« (Gen. r. 19,4; Raschi).

Die Frau ist unvorsichtig genug gewesen, der Schlange eine Angriffsfläche zu bieten. Wie sie – schwankend geworden in ihrem Glauben an die Rechtmäßigkeit des Gottesbefehls – wiederum die verlockenden Früchte sieht, greift sie zu und gibt – nicht weiter zaudernd – auch ihrem Mann, der »mit ihr ist« *('imá)*. Adam ißt, seinerseits ganz ohne Skrupel. Vier Verben folgen aufeinander, Verben der Tätigkeit und nicht mehr des Reflektierens: *watiqách . . . watochál, watitén . . . wajochál* (sie nahm . . . und sie aß, sie gab . . . und er aß, V 6). Aktiv ist eigentlich nur die Frau; der Mann läßt sich führen und verführen. Erst von V 7 an tritt Adam in Erscheinung, erst in V 7f stehen die Verben im Plural *(watipaqáchna, wajed'ú, wajitp'rú, waja-'asú, wajischm''ú; wajitchabé)* (»es versteckte sich« ist zwar Singular, doch werden als Subjekt Adam und Eva genannt). Nun agieren beide Menschen zu zweit. Eva hat ihren »Teil« geleistet.

Nach der Tat ist es Adam, der als erster angesprochen wird. »Da rief der Herr, Gott, den *Adam* und sagte zu *ihm:* ›Wo bist du?‹ Und *er* (Adam) antwortete: ›Deine Stimme hörte *ich* im Garten, und *ich* fürchtete mich und *ich* versteckte mich, denn *ich* bin nackt« (V 10f). Was Eva denkt und fühlt, wird verschwiegen. Hat sie Gewissensbisse? Ihr Handeln ist wie jenes ihres Mannes durch Angst gekennzeichnet. Sie versteckt sich mit ihm, sie empfindet die Blöße als Schande und versucht – wie Adam – die Schuld von sich auf eine andere Person abzuschieben. Auf den Fluchtversuch (das Verstekken) folgt die Feigheit. Adam beschuldigt die Frau und erdreistet sich gegen Gott: »die *Du* mir gegeben hast« (Gott ist eigentlich die Ursache seiner Schuld: hätte er keine Frau bekommen, wäre er nicht verführt worden! s. Raschi, Sforno nach b. ʿawodá sará, 5b), Eva sucht die Verantwortung auf die Schlange abzuwälzen.

Gott akzeptiert die Ausflüchte nicht. Er fragt den Menschen (»wo bist du?«) und wünscht eine Antwort. Nicht die Antwort, die im Äußerlichen steckenbleibt (V 10f) – Gott fragt nicht, um zu erfahren, was er zuvor nicht weiß –, sondern die Antwort des Herzens, des Gewissens. Er will das Schuldbekenntnis des Sünders und nur dieses Schuldbekenntnis. Denn dann wird Er verzeihen, weil er Schuld immer verzeiht. Doch weil die ersten Menschen – nur sie? – nicht zur Tat stehen, trifft sie die Strafe.

Es fällt auf, daß nur Adam und Eva von Gott gefragt werden, nicht jedoch die Schlange. Sie wird gleich mit dem Verdikt (»weil du dies getan hast ...«, V 14) angefahren. Weshalb?

»Bei einem Mordprozeß führt man Argumente zugunsten des Täters an, obschon er selbst keine Argumente vorgebracht hat. Nicht so beim ›mesit‹ (Verführer, Aufwiegler) ..., denn der Barmherzige (Gott) sagt: ›... du sollst kein Midleid mit ihm haben und seine Schuld nicht verheimlichen‹ (Dtn 13,9). Der Passus spricht von jenem, der zu Götzendienst verführen will« (b. Sanhedrín, 29a, vgl Kimchi).

»R. Samuel bar Nachman sagte im Namen R. Jonathans: Woher (weiß man), daß der Verführer nicht verteidigt wird? – Von der Urschlange. R. Simlaj sagte nämlich: Viele Argumente hätte die Schlange vorbringen können, und sie hat sie nicht vorgebracht. Und weshalb hat der Heilige, gelobt sei Er, sie nicht angeführt? – Weil sie sie nicht angeführt hatte (und man für einen Verführer nicht argumentiert). Was hätte sie sagen können? – ›Die Worte des Rabbi und die Worte eines Schülers – die Worte wessen werden gehört?‹ (Adam und Eva hätten nach diesem Sprichwort – b. Kiduschín 42,2 u. a. – auf Gottes und nicht des ›Schülers‹, der Schlange Stimme hören sollen)« (b. Sanhedrín, 29a; Raschi zu 3,14).

Zu den *Strafen*
Der *Schlange* wird angekündigt: Kriechen auf dem Bauch, Fressen von Staub, Feindschaft zwischen ihr und der Frau für alle Zeiten.
Eva erfährt von schmerzvoller Schwangerschaft und schmerzvoller Geburt und von der »Herrschaft« des Mannes über sie.
Adam von der Härte des Ackerbaus und dem Tod.
Ein *Fluch (ʾarúr)* trifft die *Schlange* (V 14), die von allen übrigen Tieren ausgeschieden und degradiert wird, nachdem sie zum »König über sie« in »aufrechtem« (menschengleichem) Gang bestimmt war (b. Sotá, 9b). Anstelle der Zutraulichkeit zur Frau herrscht ewige Feindschaft. Verflucht ist auch die »*Erde* um deinetwegen« (V 17). Das genießbare »Gras« muß ihr abgerungen werden, und wenn es sprießt, sprießen auch Dornen und Disteln.
Adam und Eva sind – anders als Kajin (Gen 4,11) – nicht »verflucht«. Die Schmerzen gelten für Eva allein (anders als bei der »Feindschaft« zwischen ihr und der Schlange, ist von einer Übertragung auf die Nachkommen nichts gesagt), die Härte des Ackerbaus macht nur Adam zu schaffen.

»Nur solange Adam lebt, ist die *adama* verflucht. Der erste Mann und Fromme, der nach ihm geboren wird, Noah, befreit sie davon (8,21). ... Der Gedanke, daß die ganze Menschheit in alle Zukunft wegen dieser Tat des einen Adam leiden solle, ja daß darum die ganze Ordnung der Natur verkehrt worden sei ..., ist für das AT ungeheuerlich (sic!) und erst durch Einflüsse von außen dem Text aufgedrungen worden« (B. Jacob, 118f).

Nach jüdischem Schriftverständnis fehlt die »Erbsünde«, die Adams und Evas Schuld für alle künftigen Generationen übertragen hätte. (Zum Thema »Erbsünde« s. J. H. Hertz, Pentateuch, Anhang B; H. Cohen, Religion der Vernunft aus den Quellen des Judentums, 1978 (Nachdruck), L. Baeck, Das Wesen des Judentums, ^{6}1960, 177f).
Die Schmerzen bei der Geburt eines Kindes sind daher ebensowenig von Gott verordnetes Gebot wie die mühsame Arbeit auf den Feldern. Wer sich der medizinischen und technischen Möglichkeiten bedient, um die »Schmerzen« zu eliminieren (Schwangerschaftstraining, Narkose, allenfalls Kaiserschnitt, beziehungsweise der landwirtschaftlichen Maschinen), handelt nicht gegen den Willen seines Schöpfers.
M. D. Cassuto (zu V 16) zeigt, »daß die Verordnungen Gottes nicht nur Strafe sind, sondern auch – und im besonderen – Anordnungen zugunsten des Menschengeschlechts«. Im Garten zu Eden sind Kinder nicht nötig, weil das menschliche Leben zumindest vorerst nicht beschränkt ist. Jetzt werden

Kinder mit Schmerzen geboren, aber es gibt Kinder, es besteht eine Zukunft. Im Garten ist Nahrung reichlich vorhanden. Nach der Sünde muß Adam schwer arbeiten, aber er findet Nahrung, er muß nicht verhungern. Die Kleidung deckt seine Nacktheit, sie ist zugleich jedoch auch Schutz vor Kälte und Hitze. Gott ersetzt das Feigenblätter-Geflecht durch »Röcke aus Fell« (V 21), Symbol der Zivilisation.
Entsprechend heißt es im Talmud (b. Jomá, 75 a):

»Es sagte R. Joseph: Komm und sieh, daß Gottes Eigenschaft anders ist als jene eines Menschen aus Fleisch und Blut.
Die Eigenschaft des Menschen: Er ärgert seinen Nächsten, macht ihm das Leben sauer. Gott aber ist anders: Er verfluchte die Schlange, doch wenn sie aufs Dach steigt, so findet sie gleich ihre Nahrung. Kommt sie herunter, so ist die Nahrung gleich vorhanden.
Er verfluchte die Frau: alle eilen ihr nach!
Er verfluchte den Ackerboden: alle ernähren sich von ihm!«

Selbst der Tod verliert seinen Stachel. Der Mensch – aus Erde gebildet (2,7) – kehrt zur Erde, seinem Ursprung, wieder zurück. Unsterblich wäre er ohnehin nicht gewesen, wie Ibn Esra (zu 3,6) betont:

»Bereits hat einer der griechischen Ärzte eindeutig bewiesen, daß das menschliche Leben eine Grenze haben muß.«

Die Vertreibung aus dem »Paradies« (»damit er seine Hand nicht ausstrecke und vom Baum des Lebens nehme, davon esse und *l'ᶜolám* [für sehr lange; länger als ihm bestimmt] lebe«, V 22) beendet den Kindheitszustand des Menschen und zerbricht seine Geborgenheit.
Sie führt ihn jedoch zugleich in ein tätiges und erfülltes Leben hinein.

»Aber dieses den Menschen aus allem bloßen Naturgeschehen herausnehmende Schicksal ist gleicherweise sein Unheil und seine Größe« (K. Jaspers, Die Atombombe und die Zukunft des Menschen, 1960, 260 f).

Aus der Güte Gottes für alle seine Geschöpfe (Ps 145,9) ist auch die »verfluchte« Schlange nicht ausgenommen. Sie frißt »Staub«, doch ihn gibt es überall. Ihre Nahrung ist immer bereit« (Raschi im Kommentar zu b. B'rachót, 57 a).
Die jüdischen Bibelkommentatoren sind in ihrer Suche nach dem Sinn eines Textes gleichsam in geheime Gemächer vorgestoßen. Neben den *p'schat* stellten sie den *d'rasch*. Philo von Alexandrien (ca. 20 v. d. Z.–50 d. Z.), Meister in der allegorischen Deutung der Schrift, sieht in der Schlange die *hēdonē* (Über die Erschaffung der Welt, Kap. 55–56), was – so B. Jacob

(102) – einer »sinnlichen Begierde« gleichkommt. Der Weg zur psychologischen Deutung wird mit Philo geöffnet. Die Schlange kann gar nicht geredet haben (Saadia Gaon, Salomo ibn Gabirol, zit. bei Ibn Esra, zu 3,1; Abarbanel zu 3,1 ist der gleichen Auffassung und meint, Eva habe aus dem Beispiel der die Früchte des Baums der Erkenntnis essenden Schlange (!) entsprechende Schlüsse gezogen.) Sforno erklärt kurz und bündig:

»Die Schlange ist der Satan, das ist der Trieb zum Bösen. Groß ist der Schaden, obschon nur wenig gesehen wird« (zu 3,1) (d. h. die Schlange wird kaum gesehen, doch ihr Wirkung ist verheerend).

Sforno verwendet eine Legende (Pirqé d'Rabbí 'Eli'éser, XIII, Gen. r., 19), die bereits Maimonides (FdI, II, Kap. 30) interpretierte. Danach ritt der große Todesfürst Sama'él auf der Schlange (»sie war groß wie ein Kamel«) einher, um die ersten Menschen, in denen er Rivalen sah, zu vernichten. Maimonides deutet den Namen Sama'él (von aram. *sáma'*, »blind«) im Sinn von Begierde, weil sie die Menschen blende. *nachásch* (von *nachésch,* »sich einbilden«) ist die Einbildungskraft. Wenn – so Sforno – die Begierde *(hakóach hamit'awé)* über die Einbildungskraft *(hakóach ham'dumé)* herrscht und sich der Intellekt *(hakóach hasichlí)* nicht gegen diesen Mißstand zur Wehr setzt, ist der Mensch den irdischen Genüssen verfallen. Gen 3 bildet dafür den Beweis.
Die psychologische Deutung des Textes ist nichts anderes als ein *d'rasch,* und – wie Maimonides und Sforno zeigen – nicht einmal ein moderner. B. Jacob (102) steht in der alten Tradition, wenn er schreibt:

»Die begehrlichen, arglistigen und zum Tier ziehenden Gedanken der Menschen sind dem Tier in den Mund gelegt, weil sie aus dem Tier im Menschen stammen.« (Vgl b. Schabbát, 146 a, wonach in den Menschen Schlangengift steckt, das sie nur durch das Hören auf Gottes Gebote [›Offenbarung am Sinai‹] zu entfernen vermögen.)

Wegweisung für unsere Zeit

»Das Böse ist ein Produkt menschlichen Verhaltens, nicht ein im Kosmos inhärentes Prinzip.« (N. M. Sarna, Unterstanding Genesis, ^{4}1976, 27). Die Schlange im Herzen versucht den Menschen immer wieder zu verführen und ihm Scheinwerte als echte Werte vorzugaukeln. Wenn er versagt, so geschieht es immer durch eigene Schuld, mag sie auch noch so sehr – wie die Schuld Adams durch Evas Handlungsweise – durch die Schuld des Mitmenschen mitverursacht sein. Keiner kann sich vor der Verantwortung, die sein

Tun ihm auferlegt, drücken. Eine Flucht vor sich selber ist so wenig möglich wie eine Flucht vor dem Schöpfer. Das erfährt beispielsweise ein Jona, das erfährt jeder Einzelne.
Doch nicht die Schuld an sich ist das Tragische.

Rabbi Bunam lehrte: »Die große Schuld des Menschen sind nicht die Sünden, die er begeht – die Versuchung ist mächtig und seine Kraft gering! Die große Schuld des Menschen ist, daß er in jedem Augenblick die Umkehr tun kann und nicht tut« (M. Buber, Schriften zum Chassidismus, 1963, 641).

Adam tut das Falsche:

»Adam begeht eine weitere Sünde: er versucht die Wahrheit durch seine Entschuldigung zu verkleinern« (R. J. H. Hertz, zu 3,10).

Er versteckt sich.

»Adam versteckt sich, um nicht Rechenschaft ablegen zu müssen, um der Verantwortung für sein Leben zu entgehen. So versteckt sich jeder Mensch, denn jeder Mensch ist Adam und in Adams Situation.
Um der Verantwortung für das gelebte Leben zu entgehen, wird das Dasein zu einem Versteckapparat ausgebaut.
Und indem der Mensch sich so ›vor dem Angesicht Gottes‹ versteckt und immer neu versteckt, verstrickt er sich immer tiefer und tiefer in die Verkehrtheit ... In diese Situation hinein fällt die Frage Gottes. Sie will den Menschen aufrühren, sie will seinen Versteckapparat zerschlagen, sie will ihm zeigen, wo er hingeraten ist, sie will in ihm den großen Willen erwecken, heraus zu gelangen« (M. Buber, Der Weg des Menschen nach der chassidischen Lehre, 1960, 10f).

Aufgabe des Menschen ist daher je und je die Besinnung auf den Sinn des Lebens und auf den Ort, an dem er steht. Nicht die Schuld hat das letzte Wort, sondern die Umkehr, die auf sie folgt. Die »Vertreibung aus dem Paradies« ist – nicht nur in den »Tagen des Messias« mit ihrem neuen »Paradies«, dem »Friedensreich« (Jes 11,1–9) – reversibel. Das Versagen des Menschen, von dem Gen 3,1–19 spricht, wird zum Gelingen, wenn die unausweichliche Gottesfrage »Wo bist du?« vernommen und durch ein besseres Handeln beantwortet wird.

Die Wasserflut ist zu Ende

Gen 8,18–22

18 Da gingen hinaus Noa und seine Söhne und seine Frau und die Frauen seiner Söhne mit ihm.
19 Alles Wildlebende, alles Gerege, alle Vögel, und alles, was sich regt auf der Erde, nach ihren Familien. Hinaus gingen sie aus der Arche.
20 Da baute Noa einen Altar dem Herrn, und er nahm von allem reinen Vieh und von jedem reinen Vogel, und er brachte dar Ganzopfer auf dem Altar.
21 Da roch der Herr den Geruch des Beruhigens, und der Herr sprach zu Seinem Herzen: »Nicht werde Ich ferner den Boden verfluchen um des Menschen willen; denn das Trachten des Menschenherzens ist böse von seiner Jugend an. Nicht will Ich ferner alles Lebende schlagen, wie Ich es getan habe.
22 Doch alle Tage der Erde sollen Aussaat und Ernte, Kälte und Hitze, Sommer und Winter, Tag und Nacht nie mehr ruhen.«

Der Text im Kontext

Des Menschen Handeln wirkt sich auf die Erde aus. Durch Adams Schuld wird sie »verflucht« und läßt neben ihrem eßbaren Ertrag nunmehr auch Dornen und Disteln wachsen (Gen 3,17). Wie die Menschen sich »vermehren« (6,1), »mehren« sich auch »Bosheit« (*raʿá,* 6,5) und »Gewalttat« (*chamás,* 6,11.13). Die Erde wird »verderbt«, weil die Menschen ihren »Weg verderbt« haben (6,11f), und daher will Gott die Menschen »samt der Erde« (*ʾet haʾárez,* 6,13. Nach Ibn Esra, Raschi, Buber-Rosenzweig) »verderben«. Wie ein Töpfer, der ein Gefäß herstellt. »Verdirbt das Gerät«, so bildet er aus dem Material ein neues (Jer 18,3f; Cassuto, perúsch ʿal séfer b'reschít, zu Gen 6,11–12).
Gott läßt eine Flut (*mabúl májim,* 6,17) über die Erde hereinbrechen. Was lebt, wird »ausgelöscht« (6,7): mit dem Menschen auch die Tiere, »alles, was den Lebensodem« besitzt (6,17). Der Erdboden selbst wird gründlich zerstört.

»Raw Huna und Rabbi Jirmija sagten...: Sogar die drei Handbreiten, über die ein Pflug herrscht (die er umzupflügen vermag), wurden vernichtet« (Gen. r.).

Das »Experiment Mensch«, in das der Schöpfer große Hoffnungen gesetzt hatte, ist mißlungen. Weil die ganze Menschheit »gewalttätig« geworden ist, hilft keine Strafe. Durch eine Strafe soll generell eine Besserung des Verhaltens, eine Umkehr zu Gott erzielt werden. Bei der »ersten Menschheit« ist jedoch die Bosheit übermächtig. Das »Gefäß« ist nicht zu reparieren, eine Bestrafung, gleichsam ein Ausbessern der Schäden unmöglich. Es bleibt nur das Einstampfen des Tons und das Formen eines neuen Krugs, einer neuen Menschheit.
Freilich steht an deren Anfang nicht ein neuer Adam, der wie der erste aus »Erde« gebildet würde. Die über die Menschen, Tiere und die Erde hereinbrechende Katastrophe ist radikal, aber nicht total. Ein winziger Rest bleibt, aus dem neuen Leben sprießen wird (wie aus der Exilskatastrophe stets ein »Rest wiederkehrt«, Jes 10,20–22). Noa, Begründer der »Zweiten Menschheit«, seine Familie und »Paare« der Tierarten, die auf der »vernichteten« Erde leben, werden gerettet. Leben wird durch die Flut ausgelöscht, doch nicht das Leben schlechthin. Aus der Geborgenheit der Arche kehren die Überlebenden auf den Erdboden zurück. Sie sollen erneut »fruchtbar werden, sich mehren und die Erde füllen« (9,1, vgl 8,17 und – im Vergleich mit dem Schöpfungsbericht – 1,22.28).
Daß die Tiere durch den Menschen in den Untergang gezogen werden, ist ein moralisches Problem. Der Talmud (b. Sanhedrin, 108a) hat es empfunden:

»Wenn der Mensch gesündigt hat, welche Schuld traf das Tier?«

Die Antwort bleibt aus, es sei denn, man möchte mit R. Asarja auch die Tiere eines sündhaften Verhaltens bezichtigen.

»R. Asarja sagte im Namen des R. Jehuda bar Simon: Alle haben ihre Taten im Zeitalter der Flut verderbt. Der Hund ging zum Wolf (um sich mit ihm zu paaren), der Hahn zum Pfau. So heißt es: ›denn verderbt hatte alles Fleisch (jedes Lebewesen) seinen Weg auf der Erde‹ (Gen 6,12). ›Verderbt hatte jeder Mensch‹ steht nicht, sondern ›verderbt hatte alles Fleisch‹« (Gen. r. 28,8. Raschi zu 6,12).

Davon ist im Bibeltext aber nicht die Rede. Die Tiere sind in Wirklichkeit unschuldig. Sie leiden – bis heute (Fischsterben bei Wasserverschmutzung durch chemische Abfallprodukte oder Tod von Tieren im Krieg usw.) – durch die »Sünde des Menschen«. Nur eine Neubesinnung des Menschen auf seinen Platz in der Schöpfung und seine Verantwortung der Schöpfung gegenüber kann die Tiere und mit den Tieren die Natur vor dem Untergang retten.

Leitworte des hebräischen Textes

tewá (8,19), aramäisch: *tewúta,* ist eine »Kiste«, ein »Kasten«, die Arche Noas, die – wie die *tewá,* in die der kleine Mose hineingelegt wird (Ex 2,3.5) – die Rettung vor der Flut ermöglicht. »Sie heißt *tewá* und nicht *s'finá* (»Schiff«, Jona 1,5), weil sie nicht die Form eines Schiffes und auch keine Ruder besaß« (Ibn Esra zu 6,14). Tiefenpsychologisch ist *tewá* weibliches Sexualsymbol, der »Uterus«, aus dem die zweite Menschheit »geboren« wird.

misbéach (von *sawách,* »schlachten«, »opfern«) ist »Altar«, »Opferstätte«. Kajin und Abel bringen zwar Gott zum Zeichen der Dankbarkeit für den Ertrag von Feld und Herde eine Opferspende (*minchá,* Gen 4,3–5) dar, doch wird erstmals in 8,20 vom »bauen« *(wajíwen* von *b-n-h)* eines »Altars« gesprochen. Die von Noa geopferten *ʿolót* (von *ʿ-l-h,* »steigen«, daher: »Darhöhungen«, B-R), »Ganzopfer, die im Feuer zur Gänze verbrannt werden« (Num 28,6), bedürfen eines Altars als Opferstätte.

Von »jeglichem reinen Vieh« *(mikól hab'hemá hat'horá)* und »von jeglichem reinen Vogel« *(umikól haʿóf hatahór)* werden nach 8,20 die Opfer ausgewählt. Die »reinen« Tiere sind nach 7,2 jene, die nicht nur paarweise, sondern »siebenfach« in die Arche gekommen sind. »Rein« (zum Genuß erlaubt) braucht in diesem Zusammenhang nicht dasselbe zu bedeuten wie bei den späteren Opfer- und Speisegesetzen (Dtn 12,15 u. a.), also Wiederkäuer mit gespaltenen Klauen (Lev 11,3). Abarbanel umschreibt mit »Erwähltere in ihrer Natur«. Die »reinen« Tiere sind ohne Fehl, sind »vollkommen« (R. Naftali Zwi J'huda Berlin, haʿaméq dawár, z. St.).

wajárach (von *r-w-ch,* »riechen«, davon *réach,* »Geruch«) heißt »es roch« (der Herr).

réach nichóach ist der »wohlriechende Geruch«. *nichóach* (von *n-w-ch,* »ruhen«) bezeichnet die Qualität: es ist ein »Ruch des Geruhens« (B-R), ein »Geruch der Beruhigung« (G. v. Rad, Theologie des AT, I,268), der bei Gott »Zufriedenheit« (*náchat rúach;* Midrásch hagadól, Raschi) und das Ruhen seines Zorns bewirkt (b. S'wachím, 46b, Kimchi).

Das zweimal (V 21) genannte *'osíf* (*'sf,* ohne *j* in scriptio defectiva geschrieben) ist Hiphil von *j-s-f:* »ich werde hinzufügen«. Mit der Negation (*ló'*, nicht) bedeutet es soviel wie »ich werde nicht mehr ...«, nämlich: »ich werde nicht mehr verfluchen« *(l'qalél)* und nicht mehr »schlagen« *(l'hakót)*.

jézer (von *j-z-r*, »bilden«, »formen«), vgl *jozér*, der »Bildner«, der »Töpfer«, der den Lehm formt, meint in der Wendung *jézer lew ha'adám*

»das Schaffen des Menschenherzens« (L. Zunz)
»das Gebilde« (B. Jacob), »das Gebild« (B-R) oder
»die Gebilde« (Plural; G. v. Rad, ATD 2/4)
»das Dichten« (J. Wohlgemuth-J. Bleichrode) und
»Trachten des menschlichen Herzens« (Zürcher-Bibel).

jézer ist die »Natur, die mit ihm (Menschen) geboren worden ist« (Ibn Esra), ist das, was der Mensch »in seinem Denken schafft« und nicht nur mit den Händen bildet (M. D. Cassuto). Mit »Trieb« ist das Wort nicht zu übersetzen (S. R. Hirsch, zu 6,5) und schon gar nicht mit »bösem Trieb« (gegen Hertz, zu 8,21), weil »Trieb« (von »treiben«) voraussetzt, daß der Mensch von einer Kraft getrieben wird und das aktive »Schaffen« und »Bilden« nicht vermag. Davon kann aber nicht die Rede sein.

Der Text in der Exegese

8,18–22 gliedert sich in drei Teile:
a) Austritt aus der Arche
b) Noas Opfer und Gottes »Riechen«
c) Gottes Schwur
Wir wollen sie im einzelnen näher ansehen.

a) Austritt aus der Arche (V 18–19)

Die Wasserflut ist zu Ende, Noa und seine Familie und die Tiere sollen die Arche verlassen und sich erneut auf der Erde vermehren. 8,16 steht Gottes Befehl zum Auszug, V 18 der Befehlsvollzug. Von sich aus unternimmt Noa nichts.

»Noa sagte: Wie ich in die Arche nur mit Gottes Erlaubnis eingetreten bin, so werde ich sie auch nur mit Seiner Erlaubnis verlassen.« (Gen. r. 34,4).

Das ist nicht nur Zeichen seines Gehorsams, sondern auch seiner Vorsicht. Und selbst nach dem Gottesbefehl zögert er.

»Geh hinaus aus der Arche (8,16) – er nahm es nicht auf sich, hinauszugehen, denn er sagte sich: ich werde hinausgehen, fruchtbar sein und mich vermehren . . . zum Fluch. (So zögerte er), bis Gott ihm zuschwor, Er werde nie mehr eine Flut bringen (nach Jes 54,9)« (Gen. r. 34,4; Jalqût schim'óni, 59).

wajezé' (»er ging hinaus« V 18) entspricht dem *ze'* (»geh hinaus!«, V 16) so wie *wajawó'* (»er kam«, 7,7) dem *bo* (»komm!«, 7,1; vgl 6,18). Dabei fällt allerdings die Reihenfolge des Austritts im Vergleich mit dem Befehl und insbesondere mit dem Eintritt und seinem Vollzug auf.

Eintritt	**Austritt**
Befehl »Komm in die Arche: du und deine Söhne und deine Frau und die Frauen deiner Söhne mit dir« (6,18).	*Befehl* »Geh hinaus aus der Arche: du und deine Frau und deine Söhne und die Frauen deiner Söhne mit dir« (8,16).
»Komm du und dein ganzes Haus in die Arche« (7,1).	
Ausführung »Da kamen Noa und seine Söhne und seine Frau und die Frauen seiner Söhne mit ihm in die Arche« (7,7; vgl 7,13).	*Ausführung* »Da gingen hinaus Noa und seine Söhne und seine Frau und die Frauen seiner Söhne mit ihm« (8,18).

6,18 und 7,7 stimmen überein. Nach dem Prinzip »männlich-weiblich« (*sachár un'qewá,* 6,19 7,9.16) oder »Mann-Frau« (*'isch w''ischtó,* 7,2) ziehen zuerst Noa und seine Söhne und erst nach ihnen Noas Frau und die Schwiegertöchter in die Arche ein. 7,1 widerspricht dem nicht, weil hier nur das Eintreten an sich der ganzen Familie, nicht aber die Reihenfolge befohlen wird.

Anders beim Austritt. Die Ausführung des Gottesbefehls richtet sich nach dem Prinzip »männlich-weiblich«. Wiederum gehen zuerst Noa und seine Söhne hinaus, die Frauen folgen nach. Beim Gottesbefehl ist indessen die Reihenfolge geändert. Zuerst sollen Noa und seine Frau und erst danach die Söhne mit ihren Frauen die Arche verlassen. Weshalb?

Man kann – wie M. D. Cassuto (zu 8,18) – die Suche »nach einer verborgenen Ursache« für falsch halten und behaupten:

»Es handelt sich hier lediglich um eine Nuancierung um der Nuancierung willen zur Verschönerung des Stils. Um nichts weiteres.«

Tiefsinniger ist jedoch die folgende Deutung:

»... es ist möglich, daß sich die weiblichen Personen fürchteten, vor den männlichen hinauszugehen, denn noch war die Angst der Sintflut über ihnen, und sie sind weichherziger (= empfindsamer) als die männlichen Personen« (Kimchi, zu V 18).

Der Schock wegen der Flutkatastrophe sitzt den Frauen tiefer in den Knochen, und deshalb zögern sie mit dem Austritt aus der bergenden Arche. Die Änderung in V 16 weist auf die bevorstehende Zeit des Fruchtbarkeitssegens hin.

Beim Eintritt sind die Männer von den Frauen geschieden, beim Auszug sollen die Ehepaare wieder zusammen sein: Noa und seine Frau, die Söhne mit ihren Gattinnen. Wenn sie sich nicht – zunächst nicht – an die neue Gemeinsamkeit halten, so ändert es nichts an der Tatsache, daß alle Restriktionen aufgehoben sind. Die Zukunft kann beginnen. Mit dem Gottessegen (9,1) ist eine zumindest partielle Wiederherstellung früherer Zustände (1,28–30) erreicht.

»Die Arche war während des Flutjahres Noas Haus gewesen, in dem die Tiere seine Schützlinge, aber nicht gleichwertige Bewohner waren, wohl aber sein Weib, das mit dem Mann (und den Kindern) das Haus ausmacht, deshalb also eine andere Ordnung als 6,18, denn von jetzt ab, wo sie nicht mehr als Insassen der Arche in Betracht kommen, sollen sie wieder als Ehepaare zusammenleben.« (B. Jacob, 225)
»... Darum war jeder Mann zu seiner Frau getan worden, um bereits die Ehe und ihren Segen anzudeuten, während jetzt (8,18) erst alle Männer und dann alle Frauen hinausgehen, wie es sich nach der Sitte gehörte« (sic!) (B. Jacob, 226).

Der Auszug der Tiere steht unter dem Motto »nach ihren Familien« (*l'mischp'chotechém,* V 19). Nicht chaotisch, sondern geordnet verlassen sie die Arche.

»Daraus folgt, daß jedes (jede Art?) für sich selber war. Sie aßen nicht aus derselben Futterkrippe, sondern gehörten einzelnen ›Familien‹ an« (Raschi zu b. Sanhedrín, 108b).

Wie sie in der Arche lebten, zogen sie aus: »Noa gab acht, daß er sie in der richtigen Reihenfolge aussteigen ließ, damit sie sich nicht vermengten und einander Schaden zufügten« (R. Naftali Zwi J'huda Berlin, ha'améq dawár, V 19).

Die Ordnung charakterisierte bereits den Aufenthalt in der Arche. Die einzelnen Arten blieben erhalten (Ibn Esra, R. Nissim Gerondi, = Ran, ed. L. A. Feldmann, 1968, Kommentar zur Torá). Und für alle Zeiten soll die Artentrennung bewahrt bleiben.

Wie beim Menschen wird auch beim Eintritt und Austritt der Tiere eine bestimmte Reihenfolge eingehalten. Ein Vergleich zeigt die Details.
»Alles Lebendige« *(kol hacháj)* oder »Wildlebende« *(kol hachajá)* setzt die Überschrift, auf welche die Spezifizierung (Vögel, Vieh, Gerege) folgt.

Eintritt

Befehl

»Und von allem Lebendigen,
von allem Fleisch . . .
bring in die Arche . . .
von den Vögeln . . .
vom Vieh (B-R: Getier)
von allem Gerege des Bodens . . .«
(6,10–20).

Ausführung

»Alles Wildlebende . . .
alles Vieh . . .
alles Gerege, das sich regt . . .
alle Vögel . . .« (7,14).

Austritt

Befehl

»Alles Lebendige . . .
von allem Fleisch

unter den Vögeln,
unter dem Vieh (B-R: Herdentier)
unter allem Gerege, das sich regt . . .
laß mit dir hinausziehen« (8,17).

Ausführung

»Alles Wildlebende,
alles Gerege,
alle Vögel,
und alles, was sich regt . . .
nach ihren Familien
zogen sie aus der Arche« (8,19).

Die Befehle beim Ein- und Austritt entsprechen sich vollkommen, was die Reihenfolge angeht. Bei der Ausführung sind kleinere Differenzen zu bemerken. »Alles Vieh« fehlt in V 19, dafür ist die Präzision »nach ihren Familien« angegeben.
Seltsam erscheint die Plazierung von »und alles, was sich regt« hinter »alle Vögel«, statt hinter »alles Gerege«. Soll es sich um einen Ersatz für das fehlende »alles Vieh« handeln?
Wesentlich ist die Akzentuierung der zu beachtenden Ordnung. Der Leser erfährt, daß auch während der Flut, die »alles Bestehende auf der Erdoberfläche« zerstört (7,23), die Schöpfungsordnung mit ihrer Einteilung in Arten nicht aufgehoben wird. Und nachdem die Katastrophe vorüber ist, wird auch auf der Erdoberfläche – nicht nur in der Arche – die seit der Schöpfung geltende Gesetzmäßigkeit weitergetragen.

b) Noas Opfer und Gottes »Riechen« (V 20–21 a)

Zum Zeichen der Dankbarkeit für die Errettung aus der Flut baut Noa einen Altar und bringt »Ganzopfer« dar. Der »erhöhte« Altar deutet (nach D. Z. Hoffmann, Genesis, 1969, I, 159, nur hebr., doch übersetzt aus einem

deutschen Manuskript) auf den Wunsch des Opfernden hin, sich zu Gott zu erheben, sich zu Ihm gleichsam in die »Höhe« zu schwingen. Die in die Höhe steigende Rauchfahne aus dem verbrennenden Opferfleisch verstärkt den Wunsch. S. R., Hirsch (Der Pentateuch, Die Genesis, 151) stellt den Altar *(misbéach)* in einen Gegensatz zu der im heidnischen Kult wichtigen Opferstele *(mazewá),* die im jüdischen Opferdienst keinen Eingang finden darf (Lev 26,1). Der *misbéach,* »eine vom Menschen gebaute Erhebung der Erde« (die mazewá hingegen ist »ein Stein, wie ihn die Natur bietet«), drücke Noas Absicht aus, »die Erde zu einer Stätte eines zu Gott emporstrebenden Menschen-Baus« werden zu lassen.
Die geopferten Tiere sind »rein«. Daß gerade sie geopfert werden sollen, hat Noa aus eigener Überlegung herausgefunden, meint der Midrasch.

»Es baute Noa ... ›*wajiwen*‹ ist geschrieben (das klingt an ›*wajáwen*‹, von *b-w-n,* verstehen, an), d.h. ›er verstand‹. Er dachte sich nämlich: weshalb hat mir der Heilige, gelobt sei Er, aufgetragen, von den reinen Tieren mehr (in die Arche) zu nehmen als von den unreinen? Doch wohl, damit ich von ihnen zum Opfer darbringe« (Gen. r. 34,8).

Der Anthropomorphismus des göttlichen Riechens hat die Exegeten gestört, obschon in der Bibel die der menschlichen Anschauung entnommenen Beschreibungen eines göttlichen »Tuns« zahlreich sind (Gott sagte, dachte sich, es gereute Ihn, er stieg hinunter auf den Sinai u.a.m.). Sie suchen daher nach einer entschärfenden Interpretation.

»Fern, gar fern (sei die Annahme), daß Gott riecht oder ißt, denn dies steht geschrieben (in bezug auf die Götter): ›die das Fett ihrer Schlachtmähler aßen, die den Wein ihrer Gußspende tranken‹ (Dtn 32,38). Vielmehr ist der Sinn (des Riechens), daß Er das Ganzopfer annahm und es Ihm richtig erschien. Wie ein Mensch, der einen guten Geruch riecht und ihn als angenehm empfindet« (Ibn Esra).

»Die Torá redete in der Sprache der Menschen. Es ist nach Art eines Gleichnisses, wie Er sagte: ›Soll das Fleisch der Stiere ich essen?‹ (Ps 50,13). (Die Wendung) will sagen, daß Er es wohlgefällig aufnahm und es Ihm angenehm erschien« (Kimchi, vgl R. Sch. D. Luzzatto, der sich auf 1 Sam 15,22 beruft).

wajárach (»Er roch«) wird bisweilen bereits in der Textübersetzung umschrieben. R. I. Reggio:

»(L'Eterno) accettò con aggradimento«, entsprechend dem Targúm Onkelos: »Gott nahm an mit Wohlgefallen *(b'raʿawá')* sein Opfer.«

D. Z. Hoffmann: »Er nahm wahr«.
S. R. Hirsch: »Da nahm Gott den Ausdruck der Willfahrung wahr« (Willfahrung = Willfährigkeit Noas).

Interessant ist indessen, daß Gottes »Riechen« in einem alten Midrasch (M'chílta d'Rabbí Jischma'él, 15,11) als positiv eingestuft wird, weil es sich vom Nicht-riechen-Können der toten Götter abhebt.

»Sie haben eine Nase und riechen nicht« (Ps 115,6), doch ›wer gesprochen hat und es entstand die Welt‹ ist nicht so.« (Im negativen Sinn: Lev 26,31; Am 5,21.)

Weil Gott »riecht«, existiert Er. Gott ist nicht tot, und Er nimmt das Tun der Menschen wahr.

c) Gottes Schwur (V21–22)

Gott faßt den Entschluß, künftig keine Flut mehr über die Erde zu bringen. »Und der Herr sagte zu Seinem Herzen« *('el libó),* das bedeutet: »Er hat es gedacht und keinem anderen gesagt« (Maimonides, FdI, I, Kap. 29).

»Gott gibt seine Reflexionen nicht vor Noah wieder, weil es für diesen nur auf den Effekt (9,11) ankommt, aber uns teilt sie der Verfasser mit, um uns durch diesen Einblick in die Tiefen von Gottes Wesen zu belehren ...« (B. Jacob, 227)

»Er enthüllte die Sache keinem Propheten an jenem Tag. Erst als Er Mose mit der Niederschrift der Torá beauftragte, enthüllt er sie ihm« (Nachmanides).

Sicher nicht richtig ist die Meinung, Gott habe zu seinem, Noas, Herzen gesprochen, um ihm Aufmunterung und Trost zu spenden (so R. J. Z. Mecklenburg, *haktáw w'haqabalá*). In diesem Fall hieße es, weil Gott Subjekt des Satzes ist: *wajjómer 'el nóach* (Er sagte zu Noa) oder *wajdabér 'el ('al) lew nóach* (vgl Gen 34,3: »er redete zum Herzen des Mädchens«). Und abzulehnen ist auch die Erklärung des Gaon Saadia (Genesis, ed. M. Zucker, 1984, 343, hebr.), *'el libó* sei gleichbedeutend mit *milibó,* »von sich aus«. Dann müßte (wie 1 Kön 12,33) *milibó* stehen.
Der Inhalt des göttlichen Gesprächs »zu seinem Herzen« ist ein Schwur. Eine Schwurformel wird zwar nicht explizit verwendet, doch zeigt Jes 54,9, daß die Worte Gottes so verstanden worden sind.

»Gleich den Tagen Noas ist mir dies: wie ich geschworen habe *(nischbá'ti),* daß die Wasser Noas nicht mehr über die Erde kommen sollen, so habe ich geschworen, dir nicht zu zürnen und dich nicht zu schelten.«

Aus der zweifachen Wiederholung des *lo 'osíf* (ich werde nicht mehr ...) ist nach Raschi (aufgrund von b. Sch'wu'ót, 36a) ersichtlich, daß es sich tatsächlich um einen Schwur handelt.

»Wenn jemand zweimal ›nein, nein‹ in der Art eines Schwures sagt oder auch zweimal ›ja, ja‹ . . ., so gilt es als geschworen« (Maimonides, hilchót sch'wuót, II,6).

»Wer zweimal über eine Sache sagt: ich werde sie tun oder ich werde sie nicht tun, so ist dies ein Schwur. Natürlich nur, wenn er es in der Absicht eines Schwures gesagt hatte . . .« (R. J. Karo, Gesetzeskodex schulchán ʿarúch, joré deʿá, 137,5).

Gott will die Erde nicht mehr um des Menschen willen »verfluchen«. Der Fluch über die Erde nach Adams Sünde (Gen 3,17) dauert nur für die Lebenszeit Adams (B. Jacob, 118f). Er soll jetzt nicht mehr erneuert werden, so wenig eine weitere Wasserflut die Erdoberfläche heimsuchen wird.
Als Grund gibt der Text an:

»denn das Bilden des Menschenherzens ist böse von Jugend an.«

Die Formulierung entspricht sachlich der Feststellung (6,5):

»und das ganze Bilden der Gedanken seines Herzens ist nur böse den ganzen Tag.«

In 6,5 ist die Aussage Grund für die Absicht Gottes, seine Geschöpfe untergehen zu lassen. Hier wird sie zur Begründung, daß eine Totalvernichtung zwecklos ist, weil der Mensch sich nicht zu ändern vermag. Auch eine neue Flut vermöchte die angeborene Natur (Ibn Esra) nicht zu bessern. Fortan wird daher nur der Schuldige bestraft. Die Menschheit als Ganzes bleibt erhalten.
»Von seiner Jugend an« ist gleichsam ein Alibi für die menschliche Bosheit.

»Selbst wenn er sündigt und noch mehr von seiner Stufe absinkt, verdient er wegen seiner Schwäche das Erbarmen« (R. I. Reggio).

Die Neigung zum Bösen ist tief in ihm verankert, doch nicht vererbt in den Chromosomen.

»Antoninus fragte Rabbi (J'huda den Patriarchen): Von wann an herrscht (sic!) die Neigung zum Bösen (jézer haráʿ) im Menschen? Von der Stunde der Zeugung an oder von der Stunde, da er in die Welt hinausgeht?« Antoninus (ein römischer Kaiser, dessen Identität nicht sicher feststeht) gibt selbst die Antwort: »Von der Stunde seines Hinausgehens« (b. Sanhedrín, 91b; vgl j. B'rachót, III,5).

Dabei möchte der Mensch das Gute tun, wie R. Alexandri in seiner nach dem Morgengebet gesprochenen Privatbitte zu bekennen pflegte:

»Herr der Welt, offenbar und bekannt ist es vor Dir, daß es unser Wille ist, Deinen Willen zu tun. Wer verhindert es? Der Sauerteig im Teig (= Neigung zum Bösen) und die Beherrschung durch die Königreiche (= die politische Notlage). Möge es Dein Wille sein, uns aus ihrer Hand zu retten, damit wir wiederum die Gesetze Deines Willens mit ganzem Herzen erfüllen (können)« (b. B'rachót, 17a).

Die Weisen haben mit großem psychologischem Gespür verstanden, daß die Aggressivität – und was wäre der *jézer lew ha' adám*, wenn er als »böse« eingestuft wird, anderes – *vor* dem »Bilden des Guten« *(jézer hatów)* zu wirken beginnt.

»Von seiner Jugend an – denn der *jézer hará'* ist im Menschen vor dem *jézer hatów*, weil dieser erst während des Wachstums langsam erworben wird« (Kimchi).

Auf der anderen Seite besteht kein Grund zur Hoffnungslosigkeit. Wie Gott Kajin zusichert, er könne die Sünde beherrschen (Gen 4,7), so kann jeder letztlich des *jézer hará'* Herr werden. Nicht »in der Jugend«, doch wenn er reifer wird (Nachmanides, R. Hisqia ben Manoach, im Kommentar »Chisqúni«).
V 22 enthält ein Versprechen, das sich an die beiden Versprechen von V 21 anschließt. Die nunmehr für immer vor einer Flut verschonte Erdoberfläche soll ihre Jahres- und Tageszeiten bewahren: »Kälte und Hitze, Sommer und Winter, Tag und Nacht.« »Nie mehr *('od . . . lo)* werden alle Tage (= Zeiten) der Erde ruhen.« Die Lebensrhythmen von Natur und Mensch (s. N. S. Sarna, Understanding Genesis, 56–58) sind wiederhergestellt. Ob die Gestirne während der Flut »ruhten«, wird debattiert.

»R. Jochanan sagte: die ganzen zwölf Monate (der Flut) waren die Planeten nicht in Funktion. Da entgegnete R. Jonathan: sie waren in Funktion, doch ihr Eindruck (= Scheinen) wurde nicht erkannt« (Gen. r. 34,15 / vgl Raschi, der wie R. Jochanan erklärt).

S. R. Hirsch spricht sogar von einer »anderen Beschaffenheit und Stellung der Erde« vor der Flut und »dadurch bedingten anderen klimatischen Verhältnissen«. Malbím meint, »in den Tagen der Flut kam der Erdball ins Schwanken«. So weitreichende Folgerungen können indessen aus V 22 nicht gezogen werden, und sie ließen sich schon aus naturwissenschaftlichen Gründen nicht vertreten.
Richtig sieht B. Jacob (228) die Interpretation des Verses:

»So sind hier Himmel und Erde gegenübergestellt, die Bodenbearbeitung durch den Menschen und die durch die Gestirne hervorgerufenen Jahres- und Tageszeiten: Saat und Schnitt – Kälte und Hitze – Ernte und Lese – Tag und Nacht. Der Lauf der Gestirne hatte während der Sintflut nicht aufgehört, aber es hatte ihm keine menschliche Tätigkeit auf der Erde entsprochen.«

Auf die Flut, die das Leben auf der Erdoberfläche vernichtet, folgt der Wechsel der Zeiten, die erneuerte Ordnung, die dem Menschen Nahrung und damit Leben schenkt.

Wegweisung für unsere Zeit

Gott hat Noa und seinen Nachkommen das Versprechen gegeben, eine Flut werde die Erde nicht mehr heimsuchen. Der Neigung des menschlichen Herzens wird Rechnung getragen. Es ist nun einmal so, wie es ist. Die »Bosheit« steckt tief in ihm drin, und nur in lebenslangem Kampf mit seinem *jézer* vermag der Mensch auch das Gute zu verwirklichen.

Ist die Menschheit durch Gottes »Schwur« vor dem Verderben für immer abgesichert? Wenn es die Wasserflut nicht mehr geben wird, wird es dann auch andere »Fluten« nicht mehr geben? Die »Feuersflut« eines atomaren Kriegs beispielsweise, die alles zerstören würde, ungleich umfassender als jede nur denkbare »Wasserflut«? Und wenn es sie – Gott behüte! – geben sollte, wer baut der Menschheit eine »Arche«? Reichen die vielen »atombombensicheren« Bunker aus, um die Zukunft menschlicher und tierischer Existenz für immer zu garantieren?

Die Bibel sagt uns, daß Gott wegen menschlicher »Gewalttat« und »Verderbtheit« die Flut auslöste. »Gewalttat« und »Verderbtheit« sind kein Fatum. Die Menschen können sie eindämmen, wenn nicht gar verhindern. Anders als die »Wasserflut« wäre zudem eine potentielle »Feuerflut« von menschlicher Entscheidung abhängig. Sie ist möglich, doch nicht vorgezeichnet. Gottes Schwur, nie mehr eine Wasserflut über die Erde zu bringen und der Erde ihre Saat und Ernte zu sichern, wird auch für den Menschen zur bindenden Verpflichtung. »Ich rufe heute vor Euch den Himmel und die Erde zu Zeugen auf: Das Leben und den Tod habe ich vor dich hingegeben, den Segen und den Fluch. Und du sollst das Leben wählen, damit du lebst – du und deine Nachkommen« (Dtn 30,19).

Der unvollendete Turm

Gen 11,1–9

1 Und es war die ganze Erde eine Sprache und einerlei Worte.
2 Es geschah: als sie von Osten aufbrachen, fanden sie eine Talebene im
Lande Schinʿár und ließen sich dort nieder.
3 Einer sprach zu seinem Nächsten: »Wohlan, wir wollen Ziegel formen
und sie brennen zum Brand.« Da wurde ihnen der Ziegel zum (Bau)-
Stein, und der Asphalt wurde ihnen zum Mörtel.
4 Sie sprachen: »Wohlan, laßt uns bauen eine Stadt und einen Turm,
dessen Spitze im Himmel (liegt), und wir machen uns (damit) einen
Namen, damit wir nicht zerstreut werden über die Oberfläche der ganzen
Erde.«
5 Da stieg nieder der Herr, um die Stadt und den Turm zu sehen, die die
Menschen gebaut hatten.
6 Und es sprach der Herr: »Sieh doch, sie sind *ein* Volk und *eine* Sprache
ist ihnen allen, und dies ist nur der Beginn ihres Tuns. Jetzt bleibt ihnen
nichts vorenthalten bei allem, was sie beabsichtigten zu tun.
7 Wohlan, laßt uns niedersteigen und dort ihre Sprache vermengen, damit
keiner mehr versteht die Sprache seines Nächsten.«
8 Da zerstreute sie der Herr von dort über die Oberfläche der ganzen Erde.
Und sie hörten auf, die Stadt zu bauen.
9 Deshalb nannte er diese (Stadt) Babel; denn dort hatte der Herr
vermengt die Sprache der ganzen Erde, und von dort hatte sie der Herr
zerstreut über die Oberfläche der ganzen Erde.

Der Text im Kontext

Nach der großen Wasserflut *(mabúl májim)* zu Noas Zeiten und der Vermehrung seiner Nachkommen zu einer neuen Menschheit von rund »siebzig« Völkern (Gen 10), scheint sich Gottes Gebot (»seid fruchtbar, mehret euch und füllet die Erde«, 9,1 vgl 9,7 und 1,28) zu realisieren. Die Erde schenkt ihre Frucht, die Menschen breiten sich aus und ziehen hinweg vom Landeort der Arche auf dem Ararat-Gebirge.

Mit Péleg, dem ältesten Sohn ʿÉwers, des Stammvaters der Hebräer, ist eine wichtige Etappe erreicht. Der Name Péleg (von *p-l-g,* »teilen«) deutet darauf hin, »daß in seinen Tagen sich die Erde geteilt hat« (*nifl'gá ha'árez,* 10,25). Raschi schreibt im Kommentar zum Vers: »da wurden die Sprachen verwirrt, wurden die Leute aus dem Tal zerstreut und über die ganze Erde verteilt«, und denkt bei dieser Interpretation an das in Kap. 11 geschilderte Geschehen (so auch M. D. Cassuto, perúsch ʿal séfer b'reschít, z. St., und W. Zimmerli, Die Urgeschichte, 1. Mose 1–11, in: Zürcher Bibelkommentare ³1967, 393). Nichts deutet indessen auf diese Verbindung hin. R. Isaak Reggio (La legge di Dio ossia Pentateuco. La Genesi, 1821, zu 10,25) meint: »in Pelegs Tagen hat sich die ganze Erde in viele Reiche aufgeteilt«, weil das Gebiet um den Ararat die sich vermehrende Menschheit nicht mehr zu fassen vermochte. Ähnlich B. Jacob (Das erste Buch der Tora. Genesis, 293): »Es wird also die bedeutsame Mitteilung gemacht, daß die Zerstreuung über die Erde nach Verabredungen geschah, die den Völkern bestimmte Gebiete zuwiesen.« Die Teilung der Menschheit wird als positiv eingestuft, denn durch sie erfüllt sich das göttliche Gebot. Daher schließt Kap. 10 mit der Feststellung: »Das sind die Geschlechter der Nachkommen Noas nach ihrer Abstammung, nach ihren Völkerschaften; und von diesen verzweigten sich die Völker auf der Erde *(ba'árez)* nach der Sinflut« (V 32).

»ba'árez«, nicht nur an einem bestimmten, eng begrenzten Gebiet muß sich die Menschheitsgeschichte abspielen, entsprechend dem »füllet die Erde« *(mil'ú 'et ha'árez).* Das Leitwort wird uns auch in Kap. 11 begegnen (V 5.8.9: *ʿal p'né kol ha'árez,* über die ganze Erde). Eine bestimmte Gruppe – jene, die im »Lande Schinʿár« seßhaft werden will (11,2) – denkt freilich anders. Sie sucht die von Gott gewünschte Ausbreitung, die sich seit Péleg abwickelt, zu stoppen. Von ihrem Ansinnen, ihren Maßnahmen und den Folgen ihres Tuns spricht unsere Bibelstelle.

Leitworte des hebräischen Textes

safá 'echát ud'warím 'achadím (V 1) bedeutet »eine Sprache und einerlei Worte« (L. Zunz, J. Wohlgemuth-J. Bleichrode), »eine Sprache und einerlei Rede« (B. Jacob), »eine Mundart und einerlei Rede« (B-R) oder – abschätzig – »eine Sprache und ein Geplapper« (Targúm Onkelos: lischán chad umalmél chad). Nach M. D. Cassuto wird derselbe Gedanke durch verschiedenen Ausdruck wiedergegeben. Nach Samson Raphael Hirsch

wird durch *safá 'echát* die »phonetische Einheit der Sprache, die auf der organischen Einheit beruht«, betont, durch *d'warím 'achadím* »die Gleichheit der Wort- und Satzbildung, die aus der geistigen Übereinstimmung in Anschauung der Dinge und ihrer Beziehungen hervorgeht«. Diese Deutung ist zu weit und zu kompliziert. Mit der Wendung wird jedoch die Harmonie der in Schinʿár lebenden Menschen, die »Übereinstimmung« (Kimchi) unterstrichen. Frei übersetzt im Sinne von »Ein Herz, eine Seele«.
miqédem, »von Osten« (Kimchi, Sch. D. Luzzatto, S. R. Hirsch) brechen sie auf, und finden eine Talebene *(biqʿá)* im Lande *Schinʿár* (akkadisch: *Schankaru,* ägyptisch: *Sngr;* s. M. D. Cassuto zu 10,10), in einem Gebietsstreifen, der auch Babylonien einschließt. Nach B. Jacob heißt *miqédem* »niemals vom Osten her, sich von diesem entfernend«, sondern »ostwärts«. B-R analog: »nach Osten« (Zürcher-Bibel: »im Osten«). B. Jacob bleibt indessen die Begründung schuldig. Sie haben sich (nach 10,30) am *har haqédem* (»Berg des Ostens«) niedergelassen und gehen von dort weg. Weil dieser Berg nicht lokalisierbar ist, kann die Frage nach der Richtung, in die die Leute aufbrechen, bis sie dann nach Schinʿár gelangen, nicht beantwortet werden.
V 3 ist angereichert mit Alliterationen, wobei lediglich durch Vokaländerung *(chemár/chómer)* oder durch Konsonantenähnlichkeit *(l'wená/l''áwen)* ein hoher sprachlicher Effekt erzielt wird. Das Verb *l-w-n* ist denominiert von *l'wená,* »Ziegel«, und ist mit »Ziegel formen« (B. Jacob, J. Wohlgemuth-J. Bleichrode) zu übersetzen. Ihre Festigkeit und Härte erhielten die Ziegelsteine im Feuer. »Wir wollen sie im (zum) Brand brennen« *(w'nisr'fá lisrefá),* sagen die Leute. Sie brauchen Ziegel, weil es an »Steinen« *('éwen)* mangelt. Bitumen (»Asphalt«, *chemár*) findet sich hingegen in reichlicher Menge, so daß es als »Mörtel« *(chómer)* dienen kann.
B. Jacob übersetzt – im Versuch, das hebräische Wortspiel nachzuahmen – mit folgenden Worten: »Wohlan! lasset uns Ziegel formen und zum Brand brennen! Und so ward ihnen der Ziegel zum Ziegelstein und das Pech ward ihnen zur Pichung.«
B-R schlagen vor: »Heran! Backen wir Backsteine und brennen wir sie zu Brande! So war ihnen der Backstein statt Bausteins und das Roherdpech war ihnen statt Roterdmörtels.«
(chemár und *chómer* stammen von der Wortwurzel *ch-m-r,* »rot sein«, was den »*Roterd*mörtel« verständlich werden läßt.)
hachilám (V 6), »ihr Anfangen«, ist Infinitiv des Hiphils von *ch-l-l* mit Suffix (W. Baumgartner, Hebr. und aram. Lex. zum AT, 1. Lieferung, 307). *w'sé hachilám laʿasót,* »und nur der Beginn dies ihres Tuns« (B-R).

jibazér (Niphal von *b-z-r*), wird »unzugänglich, unmöglich sein« (W. Baumgartner, aaO, 142). Es handelt sich um einen »Ausdruck der Hinderung« (Raschi, entsprechend Targúm Onkelos: *jitm'ná*ᶜ, »kann gehindert, verhindert werden«). »Es wird ihre Kraft nicht übersteigen« (M. D. Cassuto).
jasmú (von *j-s-m*), »sie beabsichtigten«.
naw'lá (V 7, anstelle eines nicht existenten *nawólla,* H. Bauer-P. Leander, Historische Grammatik der hebräischen Sprache des Alten Testaments, 1962, 435, p), »laßt uns vermengen« (Cohortativ von *b-l-l,* Qal). Desgleichen mit *b-l-l* (V 9: *balál*) wird der Eigenname *bawél* (Babel, Babylon, eig. akkadisch Bab-ili, Tor des Gottes) in Verbindung gebracht.
Ein *migdál* (»Turm«) soll verhindern, »daß wir zerstreut werden« (*pen nafúz,* V 4, von der Wurzel *p-w-z*) »über die ganze Erde«. Das Ergebnis ist, daß Gott die Turmbauer »zerstreute« (*wajáfez,* Imperfekt im Hiphil mit *waw* consecutivum, V 8; vgl *hefizám,* V 9, »er zerstreute sie«) und damit das eintritt, wovor sie sich gefürchtet hatten.

Der Text in der Exegese

Die Menschheit teilt sich in Sippen, dann in Völkerschaften. Ein Teil »bricht auf« (11,2: *b'nos*ᶜ*ám*) und findet in der Schinᶜár-Talebene einen neuen Ansiedlungsort. Hat ihn Platzmangel, ein eng gewordener Lebensraum zum Aufbruch bewogen? Raschi ist dieser Ansicht: »Sie brachen vom Berg in Qedem auf, um einen Ort zu finden, der sie alle zu fassen vermöchte.«
Mit dem Aufbruch wird jedenfalls ein bisher unbekannter Prozeß in die Wege geleitet. Bereits zuvor sind Menschen von einem Ort zum anderen gewandert. 9,18f wird der Auẕzug *(jaz"ú)* der Noa-Söhne als Beginn der »Zerstreuung« *(naf'zá)* über die Erde angegeben. Erstmals ist jedoch in unserem Text von einem zielbewußten Wandern die Rede. Wer »aufbricht« (*n-s-*ᶜ bedeutet eigentlich: »die Zeltpflöcke herausnehmen«), geht nicht »ins Blaue«. Er kennt – wie z. B. Abraham, der in den Negew (Gen 12,9; 20,1), oder wie Jakob, der nach Sukkot (33,17) aufbricht – die Richtung, in die er zu gehen hat. Er kennt vielleicht auch den Zielpunkt. Nicht zufällig »fanden« *(wajimz'ú)* die Aufbrechenden das Schinᶜár-Gebiet. Von diesem Moment an werden immer wieder – durch die Jahrtausende hindurch – Menschen ihren Wohnsitz aufgeben, um Neuland zu suchen. Mit diesem Aufbruch beginnt die erste »Völkerwanderung«, der viele weitere folgen werden.

Wer wegzieht, verzichtet auf Sicherheit und Ruhe. Das ist der Preis, den er bezahlen muß. Wenn er Glück hat, wird er später Sicherheit und Ruhe wiederfinden, wenn nicht, wird aus seinem Aufbruch ein Leben der Aufbrüche, des Nomadentums. Im Zustand der »einen Sprache und einerlei Rede«, d.h. der Harmonie und der Einheit, beschließt eine Gruppe das Wagnis. Der Erfolg ist ihr zunächst nicht versagt. Sie findet einen passenden Ort und läßt sich an ihm nieder. Doch dann packt sie die *Angst*. Die Talebene ist weit, und in der Weite geht der einzelne, geht auch die Gemeinschaft verloren. »Wir müssen uns konsolidieren«, denken die Leute, »müssen uns in einer Stadt eingrenzen, damit wir nicht über die ganze Erde zerstreut werden.« Und ein hoher Turm muß in der Mitte der Stadt stehen, der von weitem – wie ein Leuchtturm oder Wegweiser – »als Zeichen« (so Ibn Esra zu 11,3) sichtbar wird, damit »man den Ort der Stadt kenne« (so auch Kimchi, zu 11,4). »Die Stadt und der Turm sollen ihnen als Zentrum dienen, bei dem sie sich versammeln können und sich nicht über die ganze Erde zerstreuen« (R. Sch. D. Luzzatto, zu V 4).
So wäre also der Bau der Stadt und des Turms nicht Ausdruck menschlicher Hybris oder gar des Versuchs, den Himmel zu stürmen, wie man die Erzählung im allgemeinen zu interpretieren sucht?
Zunächst einmal nicht. Den ersten Beweggrund der risikofreudigen – das Risiko in seiner Tragweite selbstredend nicht abschätzenden – Gemeinschaft bildet das Streben nach Sicherheit.

»Damit wir nicht zerstreut werden durch Kriege, die entfernt wohnende Menschen gegen uns anstiften, falls wir uns keine Stadt und keinen Turm bauen . . .« (R. Hisqia bar Manoach, = Chisqúni, Kommentar zur Tora, zu 11,4; entsprechend R. J. Reggio zu 11,4).

Die Stadt mit dem imposanten Turm ist Mittel des Zusammenbleibens, der Geschlossenheit, in der die Einheit bewahrt wird.

»Und sie wohnten dort und sprachen, jeder einzelne zu seinem Nächsten: Siehe, es wird geschehen, daß wir getrennt werden, ein jeder von seinem Bruder, und in den letzten Tagen werden wir uns, einer den anderen, bekämpfen. Darum kommt jetzt und laßt uns für uns selbst einen Turm bauen . . .« (Pseudo-Philo, Antiquitates Biblicae, VI,1; hg. v. Chr. Dietzfelbinger, in: Jüdische Schriften aus hellenistisch-römischer Zeit, II,1975, 114).

Fürchten sie sich vielleicht auch vor einer neuen Flut, vor welcher der »zum Himmel ragende Turm« (V 4) Zuflucht gewähren könnte? (Flavius Josephus, Jüdische Altertümer, I, IV,2)

»Im Lehrhaus des R. Schela sagte man (als Erklärung): ›Wir wollen einen Turm bauen und zum Firmament hinaufsteigen und es mit Äxten zerschlagen, damit sein Wasser ausfließt‹ (und sich nicht für eine neue Wasserflut sammeln kann). Im Westen (Land Israel) lächelte man darüber (über diese Deutung des Turms): Wenn dem so wäre (wenn dies der Grund gewesen wäre), so hätte man ihn auf einem Berg (und nicht in der Talebene) bauen sollen« (b. Sanhedrín, 109 a, vgl R. Bachja ben Ascher, Kommentar zu 11,4).
Oder glauben sie gar, das Firmament stützen zu müssen, das alle 1656 Jahre einzustürzen droht? (Gen. r. 38,6).
Alle diese Erklärungsversuche verstehen die Maßnahme als Prophylaxe gegen anstehende Gefahren. Die sich bedroht fühlende Gruppe sucht sich rechtzeitig abzusichern. Das ist nicht nur verständlich, es ist zugleich auch legitim.

Weshalb dann aber die harte Reaktion Gottes? Offenbar müssen noch andere Motive bei der Bauabsicht im Spiel gewesen sein. Die Exegeten suchen sie herauszustellen.
Aus dem im Vers selbst angegebenen Grund (»damit wir nicht zerstreut werden über die ganze Erde«) hören R. Joseph B'chor Schor, R. Samuel ben Me'ir (Raschbam), Chisqúni, Kimchi (in den Kommentaren) die Tendenz heraus, dem *göttlichen Befehl* von der Ausbreitung über die ganze Erde (1,28 u. a.) entgegenzuwirken. Die Verweigerung des Gehorsams in diesem für den Fortbestand der Menschheit entscheidenden Punkt wird dann zum *Angriff auf Gottes Herrschaft* schlechthin.

»Rabbi Jirmija bar El'asar sagte: Sie teilten sich in drei Gruppen. Eine sagte: Wir wollen (zum Himmel) hinaufsteigen und dort wohnen. Eine zweite sagte: Wir wollen hinaufsteigen und Götzendienst (*'awodá sará)* treiben, eine dritte sagte: Wir wollen hinaufsteigen und (mit Ihm) Krieg führen« (b. Sanhedrín, 109 a; Tanchúma, Nóach, 18, mit kleinen Unterschieden).

Aus Befehlsverweigerern werden Himmelsstürmer, die – von *Nimrod,* dem »starken Jäger vor dem Herrn« (10,8f), fehlgeleitet – Gott durch einen Götzen zu ersetzen suchen. (Zum negativen Nimrod-Image s. Midrásch hagadól, Nóach, zu 10,8; Pirqé d'rabbí 'Eli'éser, Kap. 24; Josephus, Altertümer, I, IV,2; Raschi zu Gen 10,8f; N. Leibowitz, 'ijuním l'séfer b'reschít, 66–73.) Die sich wegen der Rettung aus der Flut schickende Dankbarkeit haben Noas Nachkommen völlig fallengelassen.

»R. Akiba sagte: Sie warfen von sich das Joch des Himmlischen Königreichs ab und setzten über sich Nimrod ein, den Sklaven eines Sklaven« (Midrásch hagadól, Nóach, 11,2; Pirqé d'Rabbí 'Eli'éser, Kap. 24).

»Das Geschlecht der Aufsplitterung hat von den ersten Generationen nichts gelernt..., denn mit seinem Mund hat es die Einzigartigkeit des Heiligen, gelobt sei Er, geschmäht. Die Leute sagen: Nicht alles gehört Ihm – wie konnte Er sich die oberen (Bezirke) aussuchen und uns die unteren überlassen! Wir wollen ins Firmament steigen und es mit Äxten schlagen...« (Tanchúma, Nóach, 18).

So sind sie denn wahrlich *»b'né ha'adám«* (V 5), »Söhne Adams«.

»Wessen denn sonst? Etwa Söhne von Eseln und Kamelen! Vielmehr Söhne des ersten Menschen, der undankbar war, als er sagte (3,12): ›die Frau, die *Du* mir gegeben hast...‹ (die Schuld wegen des Genusses der verbotenen Baumfrucht hat Gott unmittelbar mitverursacht). Auch diese waren undankbar und haben gegen Ihn revoltiert, der ihnen Gutes erwiesen und sie vor der Flut errettet hat« (Gen. r. 38,9 und Raschi zu 11,5).

»Sie brachen auf von Osten *(miqédem)* – sie brachen auf vom *qadmón* (dem Ersten) der Welt (Gott). Sie sagten nämlich: wir kümmern uns nicht um Ihn noch um seine Göttlichkeit« (Jalqút schim'óni, Nóach, 12, vgl Midrásch hagadól, Nóach, 11).

Ein anderer Aspekt hebt den Wunsch »und wir wollen uns einen *Namen* machen« (V 4) heraus. Das Werk dient nicht als Schutz vor Gefahren, ist auch nicht Zeichen einer gegen Gott gerichteten Attacke, sondern dient der Verherrlichung menschlicher Erfindungskraft und menschlicher Leistung.

Die Herstellung gebrannter Ziegel »war ... eine der folgenreichsten Erfindungen, die je gemacht worden sind. Mit dem fabrizierten Ziegelstein hat sich der Mensch von dem naturgegebenen Stein und seinen Fundstätten emanzipiert, und er kann auch in der Ebene in unbegrenztem Umfange Häuser und Städte bauen. Mit dem Ziegel beginnt die Kultur, die große Menschenmassen zusammenführt, er ist der Baustein der Großstadt« (B. Jacob, 298).

Gegen die Produktion künstlicher Baumittel ist an sich nichts einzuwenden. Die Technik hilft dem Menschen, angenehmer und auch sicherer zu leben. Die Zivilisation ist kein »Teufelswerk«, denn der kranke, hungrige, durstige oder von Krieg bedrohte Mensch ist nicht imstande, Gottes Weisung zu erfüllen (s. Maimonides, Einleitung zu Mischná Sanhedrín, X).

»Weil der Segen nur im Werk der Hände liegt, mach dich an die Arbeit und säe!« »Wenn ein Mensch wirkt, wird er gesegnet, wenn nicht, wird er nicht gesegnet« (Tosséfta, b'rachót, VI,12 und Tána' d'bé 'Elijáhu, 14).

Der Schlachtruf gegen die Zivilisation, wie ihn beispielsweise Abarbanel (Kommentar zur Tora; s. auch N. Leibowitz, aaO, 66–69) im 15. Jh. in Spanien ausgestoßen hat, ist nicht akzeptierbar. Nur wo Technik und Zivilisation nicht mehr Mittel zum Zweck sind, sondern zum Selbstzweck werden, ist die Grenze zwischen Gut und Schlecht überschritten. Da besteht die Gefahr, daß anstelle Gottes der Mensch inthronisiert wird. In der Wert-Verkehrung heißt es dann nicht mehr:

»Wir wollen jubeln über Deine Hilfe,
im *Namen unseres Gottes* das Panier erheben!
es erfülle der Herr alle deine Bitten.
... diese mit Wagen und jene mit Rossen,
wir aber rufen *den Namen des Herrn, unseres Gottes,* an« (Ps 20,6.8)

Die Ausrichtung auf Gott, »auf Seinen Namen«, ist ersetzt durch die Ausrichtung auf den eigenen Namen, den »wir uns machen wollen«.

»Mit diesem *na'asé lánu schem,* mit dieser Einführung des unwahren, sog. Nationalruhms, mit der Entfesselung der Ruhmsucht, die dem Einzelnen als Tadel, der Gesamtheit als Tugend angerechnet wird, ist die ganze sittliche Aufgabe des Ganzen und der Einzelnen untergraben« (S. R. Hirsch, 196).

Da kann es denn auch geschehen, daß die Fehleinschätzung technischer Errungenschaften den Menschen zur Nummer, zum »Fall« entwertet. Das aus dem 8. Jh. stammende Werk »Pirqé d'rábbi 'Eli'éser« hat in meisterhafter Weise die Umkehrung der Werte festgehalten:

»Wenn (beim Turmbau) ein Mensch herunterfiel und dabei umkam, haben sie nicht auf ihn geachtet (wörtlich: ihr Herz auf ihn gerichtet). Fiel jedoch ein Ziegelstein, so setzten sie sich und weinten und sagten: ›weh uns! Wann wird ein anderer an seine Stelle hinaufkommen?‹«

Das technische Wunderwerk vollzieht sich in *zwei Phasen,* die im Text durch ein zweifaches *wajom'rú* (»sie sagten«, V 3 + 4) eingeleitet werden. Zunächst formen sie Ziegelsteine, ihre künstlichen Bausteine, und erhärten sie im Feuer. Desgleichen bereiten sie den die Ziegel verbindenden Mörtel zu. Erst nachdem das Material vorzüglich gelungen ist, wird die eigentliche Absicht offenbar. Nicht bescheidene, für den intendierten Zusammenschluß genügend große Behausungen sollen errichtet werden, sondern eine Riesenstadt und ein Riesenturm.
Gottes Reaktion – Sein Niedersteigen und Besichtigen aus der Nähe (V 5). Welch eine Ironie steckt dahinter: Gott muß heruntersteigen, denn »von oben gesehen ist ihr Riesenbau doch nur ein Werk der Adamskinder, d. h. dieser Menschlein« (B. Jacob, 299) – zeigt sich erst bei der zweiten Phase. Die Herstellung des Materials ist nicht zu beanstanden, erst der Größenwahnsinn erregt Seine »Neugier«. Daher heißt es auch: »Er stieg herab, um

die Stadt und den Turm zu sehen...« und nicht: »um die Ziegel und den Mörtel zu sehen«.

Der Passus Gen 11,1–9 ist in zwei ungefähr gleich große Teile gegliedert, wobei V 1 den Zustand vor, V 9 den Zustand nach dem Geschehen festhält. V 1–4 schildert das Handeln der Menschen und V 5–8 die Gegenmaßnahmen Gottes, die bisweilen wörtlich auf die Gegebenheiten im menschlichen Bereich abgestimmt sind (ausführlich bei M. D. Cassuto).

Die Menschen	*Gott*
sprechen eine Sprache, V 1	betont ihre Bedeutung, V 6
ziehen zu neuen Wohnsitzen, V 2	steigt (vom Himmel) nieder, V 5
planen ein Werk,	plant die Vernichtung des Werks,
für den »Namen«, gegen Zerstreuung, V 3–4	durch Sprachvermengung und Zerstreuung, V 7 (gegen die Einheit, V 6)
(Der Plan wird ausgeführt)	(Der Plan wird ausgeführt, V 8)

Die Spracheneinheit ist mißbraucht worden: durch sie ist der Bau des Riesenobjektes möglich, sind dem fehlgeleiteten Tatendrang keine Riegel vorgesetzt (V 6: *lo jibazér*). Jede Absicht (vgl *jas'mú*) könnte realisiert werden. Daher will Gott die Spracheneinheit zerbrechen, den Abbruch des Baus bewirken *(wajachd'lú liwnót haʿír)* und die sich an einem Punkt festhakenden Menschen über die Erde zerstreuen *(wajáfez; hefizám)*. Die Stadt bleibt bestehen. Es ist Babel (Babylon), der Turm aber bleibt unvollendet.

»Ein Drittel wurde verbrannt, ein Drittel versank (eigentlich: wurde aufgesogen), ein Drittel besteht noch« (b. Sanhedrín, 109 a, Gen. r. 38).

Den »Turm von Babel« – den Stufenturm (Ziqqurat) mit dem Namen E-temen-an-ki (Haus der Grundfeste des Himmels und der Erde) in Marduks Tempelbezirk E-sag-ila (Haus der Haupterhöhung) – haben Archäologen ausgegraben. Nicht in seiner alten Pracht, aber in noch immer beeindrukkendem Ausmaß (Genaueres bei André Parrot, Der Turm von Babel, in: Bibel und Archäologie, I, 1955, 61–108). In der Bibel steht kein Wort über die kultische Bedeutung des Tempelturms einer heidnischen Gottheit. Losgelöst vom religionsgeschichtlichen Hintergrund erzählt uns die Bibel die Geschichte von einem Bauwerk, das ein Torso geblieben ist – weil Menschen es bauen wollten, um sich besser gegen Gott stellen zu können.

Wegweisung für unsere Zeit

M. D. Cassuto hat seine Exegese von Gen 11 mit einem Satz aus Prv 19,21 überschrieben: »Zahlreich sind die Pläne im Herzen eines Mannes, aber der Ratschluß des Herrn kommt zustande.« In der Tat. Das Unternehmen ist tüchtig mißlungen, wie jedes Unternehmen mißlingen muß, wenn es von einem falschen Denken erfüllt ist. Nicht um des *eigenen* »Namens« willen und *gegen* den »Himmel«, sondern um des *göttlichen* Namens willen und *mit* dem »Himmel« sei des Menschen Tun geplant und verwirklicht.

Trotz der Verirrung und Verwirrung haben die Weisen Israels für jene Menschen ein gutes Wort übrig. Anders als die Leute zu Noas Zeiten »liebten sie einander (= Spracheneinheit), und deshalb blieb von ihnen ein Überrest« (Gen. r. 38,6; Raschi zu 11,1). »Daraus lernst du, daß groß der Friede ist und verhaßt der Streit.« Die Stadt- und Turmerbauer waren fehlgeleitet, doch sie lebten in Eintracht miteinander, ohne Zank und Hader. Jedenfalls zu Beginn.

Immer wieder haben Menschen sich durch »himmelstürmende« Bauten ein Monument zu setzen gesucht. Es ist oft unvollendet geblieben, und die Aufsplitterung im Reden, Denken und Tun ging weiter. Sie ist bis heute nicht überwunden. Doch muß sie für immer existieren? Kann die Menschheit nicht wieder zur »Einheit« werden, trotz der Vielheit der Herkunft, der Sprache, der Lebensanschauungen, der Religion?

Durchaus. Die »Einheit« muß nicht für immer verloren bleiben. Im Wort des Midrasch (Tanchúma, Nóach, 19): »In dieser Welt (diesem Äon, *ʻolám hasé*) haben sich meine Geschöpfe durch den Trieb zum Bösen getrennt und sind aufgeteilt in siebzig Sprachen. Doch in der Zukünftigen Welt *(ʻolám habáʼ)* bilden sie wieder eine Einheit (wörtlich: ›gleichen sie sich aus zu einer Schulter‹), um meinen Namen anzurufen und mir zu dienen« (Zef 3,9).

An den Menschen – nur an ihnen – liegt es, ob die Harmonie sich wieder einstellt und die »Pläne im Herzen« dem »Ratschluß des Herrn« entsprechen.

Die Bindung Isaaks

Gen 22,1–13

1 Es geschah nach diesen Begebenheiten, da stellte Gott den Abraham auf die Probe. Er sagte zu ihm: »Abraham!«, und dieser antwortete: »Hier bin ich!«

2 Er sprach: »Nimm doch deinen Sohn, deinen einzigen, den du liebst, den Isaak. Und geh weg ins Land Moria. Opfere ihn dort als Ganzopfer, auf einem der Berge, den ich dir nennen werde.«

3 Da stand Abraham früh des Morgens auf, sattelte seinen Esel, nahm seine beiden Diener mit sich und Isaak, seinen Sohn, spaltete Holz fürs Ganzopfer, machte sich auf und ging zum Ort, den Gott ihm genannt hatte.

4 Am dritten Tage war es, daß Abraham seine Augen erhob und den Ort von ferne sah.

5 Und er sprach zu seinen Dienern: »Bleibt ihr (jetzt) hier mit dem Esel. Ich aber und der Knabe, wir werden bis dorthin weitergehen, dann werfen wir uns nieder und kehren zu euch zurück.«

6 Abraham nahm das Holz zum Ganzopfer, legte es auf Isaak, seinen Sohn, nahm in seine Hand das Feuer und das Messer. Und beide gingen zusammen.

7 Isaak sagte zu Abraham, seinem Vater . . ., er sagte: »Mein Vater!«, und dieser erwiderte: »Hier bin ich, mein Sohn!«
Er sagte: »Sieh da, das Feuer und das Holz – wo aber ist das Lamm zum Opfer?!«

8 Abraham sagte: »Gott wird sich ein Lamm zum Opfer ausersehen, mein Sohn.« Und beide gingen zusammen.

9 Sie kamen zum Ort, den Gott ihm genannt hatte. Abraham baute dort den Altar, ordnete das Holz, band Isaak seinen Sohn, legte ihn auf den Altar über das Holz.

10 Abraham streckte seine Hand aus, nahm das Messer, um seinen Sohn zu töten.

11 Da rief ihn an der Bote Gottes aus dem Himmel und sprach: »Abraham, Abraham!« Dieser antwortete: »Hier bin ich!«

12 Und er sprach: »Streck nicht aus deine Hand gegen den Knaben, tu

ihm nichts an! Denn jetzt weiß ich, daß du gottesfürchtig bist. Nicht einmal deinen Sohn, deinen einzigen, hast du mir vorenthalten.«

13 Abraham erhob seine Augen und schaute hin. Sieh da, ein Widder hatte sich im Dickicht mit seinen Hörnern verfangen.
Abraham ging hin, nahm den Widder und brachte ihn dar als Ganzopfer anstelle seines Sohnes.

Der Text im Kontext

»Es geschah nach diesen Begebenheiten«, so beginnt die Erzählung von Isaaks Opferung, die in der jüdischen Tradition »Bindung Isaaks« *(ʿaqedát Jizchák)* genannt wird. Die »Begebenheiten« finden sich im vorangehenden Kapitel, Gen 21. Abraham entläßt auf Drängen seiner Gattin Sara deren ägyptische Magd Hagar und ihren Sohn Ismael, der zugleich sein eigener Sohn ist. Sara hat nämlich, verzweifelt über eine lange Kinderlosigkeit, Hagar dem Abraham zur Frau gegeben. In der Hoffnung, die Magd werde einen Sohn bekommen, den sie dann als ihren eigenen Sohn adoptieren könne (16,1–3). Als dann freilich Sara wider Erwarten in hohem Alter ihren Isaak gebärt, fordert sie von Abraham Hagars und Ismaels Vertreibung. Sie nennt als Grund: »denn der Sohn dieser Magd soll nicht mit meinem Sohn, mit Isaak, erben« (21,10), d. h. weder Abrahams weltlichen Besitz noch die an ihn ergangenen göttlichen Verheißungen von einer reichen Nachkommenschaft, einem eigenen Land und einem spezifischen »Bund« mit Gott (12,2f; 15,18; 17,7f) übernehmen.
Abraham will von Saras Wunsch zunächst nichts hören, gibt aber schließlich nach einem Gotteswort (21,12) nach. Ganz wird Ismael – bis zu Isaaks Geburt Träger der Verheißungen (17,18) – nicht aus dem Segen ausgeschlossen: »denn er ist dein Nachkomme« und wird zu »einem großen Volke werden« (21,13). Sara distanziert sich von »ihrer Magd« völlig, doch Abraham bereitet Speise und Trank, wie Hagar und Ismael wegziehen (21,14). Daß sich Hagar in der Wüste verirrt, obschon sie den Weg nach Ägypten, ihrer Heimat, eigentlich kennen sollte, kann Abraham nicht voraussehen. Und dennoch hat die Affäre bei den Bewohnern des Landes, in deren Umkreis der Patriarch lebt, einen schlechten Eindruck hinterlassen.
Abrahams Prestige ist angeschlagen, selbst wenn er nicht auf eigene Initiative gehandelt hat. So verlangt Abimelech, der König von Gerar (20,2), einen Eid, daß Abraham weder gegen ihn noch gegen seine Enkel und Urenkel »lügen« (treulos handeln) werde. Abimelech mißtraut dem Frem-

den und weiß nicht, ob die *chésed* (etwa: »Loyalität«), die er ihm erwiesen hat (21,33), erwidert wird. Erst nach der »Bindung Isaaks« ist der gute Ruf Abrahams rehabilitiert. Er hat nämlich gezeigt, daß Gottes Wille – und nur Gottes Wille – sein Handeln bestimmt, mag es ihn auch noch so hart ankommen. Daher wird ihm auch die Vertreibung Hagars und Ismaels verziehen. Die Leute nennen ihn nunmehr »Fürst Gottes« (23,6) und begegnen ihm wieder mit Respekt (vgl Ch. J. Chamiel, Quellen der Schrift, = ma'ajané miqrá', hebr., 1983, 53f, 87).
Noch ist freilich unklar, weshalb die »Bindung Isaaks, Abrahams schwerste Prüfung, gerade zu diesem Zeitpunkt, »nach diesen Begebenheiten« erfolgt. B. Jacob (Genesis, 492) schreibt:

»Abraham ist der Erbe geboren, mit dem König des Landes hat er einen Bund geschlossen, als Wahrzeichen ewiger Dauer hat er einen Baum gepflanzt (21,33) – da soll er erfahren, daß mit den Dingen dieser Welt kein ewiger Bund zu flechten ist.«

Die Prüfung zeigt ihm die Vergänglichkeit, die Unsicherheit menschlicher Existenz. Mehr noch: Erst nach Ismaels Weggang wird die Prüfung in ihrer Tragweite transparent. Zuvor hat Abraham zwei Söhne, die Verheißungsträger sein können. Jetzt ist ihm nur einer geblieben, und auch von ihm soll er sich durch Gottes Befehl trennen. Kann er das tun, ohne an der Sinnhaftigkeit göttlicher Forderung zu zweifeln? Wenn er Isaak opfert, bricht doch die Verheißung zusammen! Die Prüfung stellt daher nicht nur einen Vater auf die härteste Probe, die denkbar ist, sie führt zugleich zur Frage, was das denn für ein Gott sei, der sein eigenes Wort – das Wort von der Zukunft eines Volkes in einem eigenen Land – leichthin preiszugeben scheint. »Nach diesen Begebenheiten« zeigt sich der angebliche Wider-Sinn göttlicher Forderung in noch grellerem Licht.

Leitworte des hebräischen Textes

nissá (V 1), von *n-s-h,* Piel, bedeutet: »er prüfte« (B-R) oder »er versuchte« (M. Mendelssohn, J. Wohlgemuth-J.Bleichrode), er stellte auf die Probe. Gen. r. 55 und Abarbanel bringen *nissá* mit *n-s-s* (davon *nes,* »Panier«) in Zusammenhang. Abrahams Glaubenstat steht als Panier vor den Völkern (so auch Saadia, zit. bei Ibn Esra, Komm. V. 1). In sprachlicher Hinsicht ist diese Deutung sicher falsch (vgl N. Leibowitz, 'ijunim b'séfer b'reschit, 134). Inhaltlich ist sie hübsch. Subjekt von V 1 (vgl V 3) ist *ha'elohím* (mit bestimmtem Artikel!), »*der* Gott«, den Abraham kennt und von dem er die Befehle entgegennimmt.

j'chidchá (von *jachíd,* verwandt mit *'echád,* »eins«), »deinen einzigen« Sohn (V 2). Isaak ist der »einzige« Sohn Saras und – nach Ismaels Ausscheiden – der für Abrahams Verheißung »einzig« Übriggebliebene. In *jachíd* steckt freilich auch die Bedeutung »einzigartig«.

L'ʿolá, »zum Ganzopfer« (B-R: »zur Darhöhung«; *ʿolá* von *'-l-h,* »hinaufsteigen«) soll Isaak dargebracht werden. Das kann – so versteht es Abraham – nur ein blutiges Opfer sein. Deshalb nimmt er eine *ma'achélet* (»Messer«), ein im täglichen Leben die Nahrung zubereitendes Gerät (*ma'achélet* von *'-ch-l,* »essen«) mit (V 6). Mit ihm will er freilich auch den tödlichen Opferschnitt vollziehen (V 10).

Vom Opfer spricht Abraham nicht, sondern nur von der tiefen Verneigung, der Prostration (*nischtachawé,* »wir werden uns verneigen«, von *sch-ch-h,* Hitpaʿél), V 5. Die Unklarheit ist für den Verlauf der Erzählung wesentlich.

Die mitgenommenen »Hölzer« (*haʿezím,* V 3.8.9) »ordnete« (*wajaʿaróch,* von *ʿ-r-ch*) Abraham auf dem Altar *(hamisbéach),* dann »band er« *(wajaʿaqód* von *ʿ-q-d)* seinen Sohn. Von *ʿaqád* stammt das Nomen *ʿaqedá,* die »Bindung«. Raschi (zu V 9) erklärt aufgrund des Talmud (b. Schabbát, 54 a): »Er band seine Hände und Füße auf den Rücken. Hände und Füße zusammen – das ist die *ʿaqedá.*«

chasáchta (von *ch-s-ch*), »du hast (nicht) vorenthalten«, »geschont«, »(nicht) verweigert« (B. Jacob), »deshalb weiß ich (Gott) –, daß du gottesfürchtig *(j'ré' 'elohím)* bist (V 12). In den Apokryphen (Jubiläenbuch 17,17 u. a.) wird Abraham nicht als »gottesfürchtig«, sondern als »glaubenstreu« (hebr. *ne'emán*) bezeichnet, als ein Mensch, dessen Glauben mit aller Gewißheit feststeht. (Dazu J. Licht, Die Prüfung in der Bibel und im Judentum des Zweiten Tempels, hebr., 1973, 70f).

Als Substitution für das (nicht zu vollziehende) Kindesopfer bringt Abraham einen »Widder« *('ájil)* dar, der mit seinen Hörnern *(b'qarnáw,* von *qéren)* im Dickicht *(s'wách)* »gepackt« (*ne'echás,* Niphal von *'-ch-s,* »ergreifen«, »packen«) ist, sich im Dickicht verfangen hat. Und der Widder wird »zum Ganzopfer« anstelle *(táchat)* seines Sohnes« (V 13).

Der Text in der Exegese

Die »Bindung Isaaks« ist nicht die erste Prüfung, die Abraham bestehen muß. In den »Sprüchen der Väter« (V, 3) heißt es:

»Mit zehn Prüfungen wurde unser Stammvater Abraham geprüft, und er bestand sie alle. Um zu sagen, wie groß die (Gottes-)Liebe unseres Stammvaters Abraham gewesen ist« (Nach dem Jubiläenbuch 17,17 handelt es sich lediglich um sieben [sechs und die »Bindung Isaaks]).

Maimonides sucht in seinem Kommentar z. St. die »zehn Prüfungen« festzuhalten. Dabei läßt er – im Gegensatz zu Raschi und den Pirqé d'Rabbí 'Eliéser (Kap. 26–31) – die nur in den Legenden tradierten Prüfungen (wie die Erzählung von dem durch König Nimrod in einen Feuerofen geworfenen jungen Abraham) weg und stützt sich auf die biblischen Berichte. Als Prüfungen sieht er an:
1. Auszugsbefehl (Gen 12,1), 2. Hungersnot in Kanaan (12,10), 3. Entführung Saras durch den ägyptischen König (12,14–20), 4. Kampf gegen die vier Könige (14), 5. Heirat mit Hagar (16,1–3), 6. Beschneidung im Alter (17,24), 7. Belästigung durch Abimelech und Entführung Saras (20), 8. Vertreibung Hagars und 9. Vertreibung Ismaels (21,10–14). 10. »Bindung Isaaks« (22,1–13).
Die Einteilung des Maimonides ist nicht mehr als ein Versuch, die Zahl zehn zu verdeutlichen. Seltsam ist dabei die Trennung von 8 und 9. Das Ringen um die Rettung Sodoms (18,20–33) fehlt. Der im 13. Jh. in Spanien lebende »Rabbenu Jona« (R. Jona ben Awraham Gerondi) nennt in seinem Kommentar zu den »Sprüchen der Väter« als letzte Prüfung den mit Schwierigkeiten verbundenen Kauf der Grabstätte in der Machpela-Höhle (Gen 23). Die »Bindung Isaaks« ist nach ihm die neunte Prüfung, was allerdings nicht sehr einleuchtet. Denn mit der »Bindung Isaaks« ist zweifellos der Höhepunkt erreicht. Eine härtere Prüfung als die Drangabe des eigenen Kindes kann es nicht geben.
Wenn der Text als Grund für die Vielzahl an Glaubensprüfungen das Zutage-Bringen der Gottesliebe Abrahams angibt, so ist dabei ein wesentliches Moment hervorgehoben. Denn Abraham hat in der Tat nicht nur durch die »Bindung Isaaks«, sondern durch sein ganzes bisheriges Leben von dieser Gottesliebe beredtes Zeugnis abgelegt. Die Schrift selbst spannt durch die sprachliche Formulierung einen Bogen von der zehnten zur »ersten« Prüfung. Man vergleiche 12,1 mit 22,1f.

12,1	*22,1f*
Da sprach Gott zu Abraham:	. . . da sagte Er zu ihm: ». . . nimm deinen Sohn . . .
»Geh weg	und geh weg
aus deinem Land, aus deiner Heimat und deinem Vatershaus	
in das Land,	ins Land Moria (und opfere ihn . . .)
das ich dir zeigen werde.«	auf einem der Berge, den ich dir nennen werde.«
Da ging Abraham . . . (12,4)	. . . da ging er an den Ort . . . (22,3)

Der Auftrag »wegzugehen« verbindet die beiden göttlichen Aufforderungen.

»Was bedeutet ›geh weg‹ *(lech l'chá)?* – Die letzte Prüfung glich der ersten Prüfung. Die erste geschah durch das ›Geh weg aus seinem Land, deiner Heimat und deinem Vatershaus‹ und die letzte durch das ›Geh weg ins Land Moria‹« (Tanchúma, wajerá', 22).

In beiden Texten fehlt zudem die präzise Zielangabe. Gott will den Ort, zu dem Abraham gelangen soll, erst noch »zeigen« bzw. »nennen«. Analog ist auch die Detaillierung des Auftrages selbst. Dem »geh weg aus deinem Land, aus deiner Heimat und deinem Vatershaus« entspricht »nimm deinen Sohn, deinen einzigen, den du liebst, den Isaak.«
Der Midrasch frägt:

»Warum hat Er ihm nicht sofort (den eigentlichen Inhalt) enthüllt? – Um es (Gebot) ihm lieb zu machen . . . (Gen. r. 55,7).

In anderer Begründung:

»Damit sein Verstand darüber nicht zerrissen wird« (b. Sanhedrín, 89b; Midrásch hagadól, zu 22,2 und Raschi).

Schonungsvoll und sachte wird Abraham auf das Bevorstehende vorbereitet.
Durch den Befehl (»Geh weg!«) werden die beiden Textstellen sprachlich in eine unübersehbare Beziehung gebracht. B. Jacob (493) hält fest:

»Nur an diesen beiden Stellen findet es (= geh weg) sich. Sich von teuer Gewordenem trennen ist die Losung für Abrahams Leben, und dies beides sind die schwersten Trennungen. Dort waren es die Eltern, die Vergangenheit, die er aufgeben sollte, hier die ganze Zukunft, der Sohn.«

Im übrigen wird in Gen 22 siebenmal das Verb *h-l-ch* (»gehen«) verwendet

(Ch. J. Chamiel, 82f). Das Gehen »wird damit zu einem der Leitmotive in der Erzählung von der ›Bindung Isaaks‹«.

Abraham »geht«. Das Gehen als Antwort auf eine göttliche Forderung ist für ihn typisch. Weder in 12,1ff noch in 22,3 ist von einem Zweifel oder gar einer Widerrede etwas vermerkt. Er steht frühmorgens auf, sattelt seinen Esel, nimmt zwei Diener mit, spaltet Holz fürs Opferfeuer, »macht sich auf und geht an den Ort, den Gott ihm genannt hat«, als wäre es das Selbstverständlichste, sein geliebtes Kind zu opfern. Wie, wenn er sich täuschen sollte, wenn gar nicht Gott das Grauenvolle von ihm abverlangt, sondern alles nur Trugbild seines Herzens ist?

Abraham muß sicher sein, daß Gott ihn gerufen hat, sonst würde er zum Verbrecher. Wie er es weiß, woran er es erkennt, sagt die Schrift nicht, so wenig sie bei den Propheten sichere Indizien angibt, durch die der Weizen von der Spreu (Jer 23,28) zu scheiden ist. Ein Prophet beruft sich – wie Jeremia (26,12) – auf die Gottesbotschaft. Man glaubt ihm oder glaubt ihm nicht. Beweisen läßt sich die Offenbarung nicht. Dies hebt der Midrasch hervor:

»Weil die Sache wahr war, ohne Fehl und Zweifel, eilte Abraham, seinen einzigen Sohn zu opfern, und er sann nicht darüber nach und dachte nicht, vielleicht ist dieses Prophetenwort wahr oder ein eitel Traumgebilde« (Midrásch hagadól, zu V 3).

Doch selbst wenn Abraham über die Tatsache, daß Gott ihn gerufen hat (22,1), nicht im unklaren ist, überrascht das Ausbleiben eines Widerspruchs, überrascht der lammfromme Gehorsam. So ist Abraham doch nicht. Er rebelliert, er ringt mit Gott um das Leben anderer Menschen, selbst wenn sie notorische Sünder sind (Gen 18), greift den »Richter der ganzen Erde« (18,25) an, wenn er nicht Recht übt. Und seinen Sohn hingeben zu müssen – entspricht dies den biblischen Vorstellungen von Recht, Gerechtigkeit und Menschlichkeit?

Die jüdischen Exegeten übergehen diese Frage nicht, zumal sie im letzten den Kern des Glaubens tangiert. Nur sehen sie in der Tatsache des Schweigens, des Nicht-Rebellierens, die besondere Größe Abrahams und eine sich für Gott ergebende Verpflichtung.

»Er (Abraham) sprach vor Ihm: Herr der Welt, in der Stunde, da Du mir sagtest: ›Nimm doch deinen Sohn, deinen einzigen ...‹ hätte ich dir antworten können: Gestern sagtest du mir: ›denn nur nach Isaak sollen deine Nachkommen dir benannt sein‹ (21,12), und jetzt: ›nimm doch deinen Sohn ...‹
Ich habe jedoch nicht so gehandelt (d. h. ich habe geschwiegen) und mein Mitleid unterdrückt, um Deinen Willen zu erfüllen.«

»Daher möge es Dein Wille sein, Herr unser Gott«, fügt der Midrasch hinzu, »Isaaks Nachkommen in der Stunde ihrer Vergehen die ›Bindung‹ zugute zu halten und Dich ihnen in Barmherzigkeit zuzuwenden« (Gen. r. 56,15. Vgl Tanchúma, wajerá', 23).

Das Schweigen ist nicht gleichbedeutend mit »Windstille« im Herzen. Abraham »unterdrückt sein Mitleid«, also kämpft er mit sich selbst. Diesen inneren Kampf beschreibt eine Legende. Sie bedient sich dabei Satans als des Verführers, des Gegenspielers Gottes, der – personifiziert als »Schlange« (s. oben S. 45ff zu Gen 3), als der »Trieb zum Bösen« – all das zum Ausdruck bringt, was Abraham verschweigt. Der Satan sitzt Abraham in der Brust und gibt keine Ruhe.

»Da stieß auf ihn der Satan auf dem Wege in der Gestalt eines Greises und fragte ihn: Wohin gehst Du? Abraham erwiderte: Ich gehe beten. Der S.: Wer hingeht, um zu beten, braucht der Feuer und ein Messer in seiner Hand und Holz auf seiner Schulter? A: Weil wir vielleicht einen Tag oder zwei Tage uns aufhalten und schlachten, backen und essen wollen. S: Alter, war ich nicht dort, als der Heilige zu dir sprach: Nimm deinen Sohn, und ein Alter wie du sollte gehen und seinen Sohn verlieren, der ihm im Alter von hundert Jahren geschenkt wurde? A: ich folge dir nicht!
(Satan entfernt sich und stellt sich als Jüngling neben Isaak, um ihn vom Gang zur Opferstätte abzuhalten. Auch bei Isaak bleibt er erfolglos.)
Als der S. sah, daß sie nichts von ihm annahmen, ging er fort und verwandelte sich vor ihnen in einen großen Strom. A. stieg sofort hinab ins Wasser, und es reichte bis an seine Knie. Er sprach zu seinen Dienern: Folgt mir nach. Sie folgten ihm. Als sie in der Mitte des Flusses waren, reichte das Wasser bis an seinen Hals. (A. betet zu Gott und darauf vertrocknet die Quelle, die den Fluß erzeugt.) Abraham besiegt seinen Zweifel. Das Motiv des Stroms (= Satans) kehrt in Schillers Gedicht ›Die Bürgschaft‹ wieder. Auch dort soll der Fluß die Erfüllung einer Pflicht verhindern« (Tanchúma, wajerá', 22, Gen. r. 56,5. s. A. Wünsche, Aus Israels Lehrhallen, I, 49ff).

Der seelische Konflikt ist nicht gelöst, sondern lediglich verdrängt. Abraham findet keine überzeugenden Argumente im Dialog mit seinem Ich, dem psychischen Gegenspieler. Jedes Argument ließe sich entkräften. Indem er sich für Gott entscheidet, reißt er sich vom rationalen Hinderungsgrund los und tut das Irrationale, das nicht Begründbare. Er gehorcht, obschon der Gehorsam das Leben seines Kindes zerstören kann und damit auch die eigene Zukunft. Er verzichtet auf den Zweifel am Sinn seiner Glaubenstat, weil sein Herz stärker ist als sein Verstand. Das ist Abrahams Sprung in den Glauben, ein Sprung in eine bodenlose Tiefe.
Alles ist als Prüfung gedacht, doch das weiß nur der Leser, dem der Konflikt von Anfang an erspart bleiben soll, nicht Abraham. Ein Rest der Unsicher-

heit müßte allerdings auch Abraham bleiben. Der Midrasch (Gen. r. 56,12, vgl Raschi zu V 2) weist darauf hin, daß in V 2 nicht vom Töten, sondern vom »Hinaufbringen« die Rede ist. Und daher ist der Gottesbefehl erfüllt, auch ohne daß Isaak sein Leben gelassen hat.

»Du hast ihn hinaufgebracht und damit mein Wort erfüllt« (Gen. r.).
»Du hast das Gebot erfüllt, weil Er dir nur geboten hat, ihn hinaufzubringen« (R. Joseph B'chor Schor, = Riwásch, zu 22,12).

Die Spannung, in die ein Mensch gestellt sein kann, ist wohl nie endgültig zu lösen. Ein Rest an Ungewißheit bleibt.
Der *Verlauf der Erzählung* ist von höchster Dichte und Finesse. Kaum hat Abraham den Befehl erhalten, macht er sich früh am Morgen auf, sattelt selbst seinen Esel – »Liebe durchbricht die Schranke« (die soziale Stellung), Gen. r. 55,11, Raschi zu V 3 – nimmt Holz mit, weil es am Zielpunkt vielleicht keines gibt. Kein Gespräch, nur Handlung. Am »dritten Tag«, nicht gleich zu Beginn – »damit die Völker der Welt nicht sagen: Gott hat ihn verwirrt, so daß er hinging und seinen Sohn tötete« (Tanchúma, aaO, 22, vgl Raschi, Maimonides, FdI, III, c. 24: »So war es eine besonnene, wohldurchdachte Tat, die auf sorgfältiger Prüfung des göttlichen Gebots und auf der Liebe und Ehrfurcht vor Gott beruhte.«), sieht er »den Ort von weitem« (V 4). Er erkennt ihn an einer »Wolke, die an ihm hängt« (Gen. r. 56,2) oder »an einer Feuersäule, die von der Erde bis zum Herzen des Himmels reicht« (Midrásch hagadól).
Die beiden Diener läßt er mit dem Esel zurück, »damit sie ihm beim Opfer nicht wehren« (R. I. Reggio, La legge di Dio, zu 22,5), das Opferholz lädt er auf Isaak (»wie einem, dem man den Hinrichtungspfahl auf die Schulter lädt«, Gen. r. 56,4), selbst ergreift er das Feuer und das Messer. »Und beide gingen zusammen.« Noch schweigend, bis Isaak – zum erstenmal in der Erzählung – das Wort ergreift. Wenn die Utensilien vorhanden sind, wird geopfert. Doch wo bleibt das Opferlamm *(hasé l'ᵉolá)?* Abraham gibt eine ausweichende Antwort. »Gott wird sich ein Lamm zum Opfer ersehen, mein Sohn« (V 8). Isaak hat (V 5) vernommen, daß sein Vater und er »sich niederwerfen« wollen und dann zu den Dienern zurückkehren *(w'naschúwa ʿalechém)* werden. Er hört das Wort von der Rückkehr und mag beruhigt sein, vielleicht aber ahnt oder weiß er gar, was ihm persönlich bevorsteht. In jedem Fall geht er mit seinem Vater weiter. »Und beide gingen zusammen«, wiederholt die Schrift (V 8).

»Dieser, um zu binden, und jener, um gebunden zu werden. Dieser um zu opfern, jener, um geopfert zu werden« (Gen. r. 56,4, vgl Raschi, zu V 6).

Vielleicht besitzt Isaak die Gewißheit noch nicht, solange er mit seinem Vater auf dem Weg ist. Doch als er am Opferplatz anlangt und – in völliger Passivität – zuschaut, wie der Vater den Altar baut, das Holz darauf schichtet, ihn selbst bindet und gebunden »auf den Altar über die Hölzer legt« (V 9), kennt er die bittere Wahrheit. Jetzt könnte er schreien, sich von der Fessel zu lösen suchen, davonrennen. Doch kein Wort. Wie Abraham ist auch er zum Opfer – zum blutigen Opfer – bereit. Er ist kein kleines Kind mehr, denn er kann das Holz tragen, und in jedem Fall ist er alt genug, um gegen das Ansinnen des Vaters zu rebellieren.

Wessen (Glaubens-)Kraft war größer, Abrahams oder Isaaks? fragt R. Bachja ben Ascher. »Manche sagten, die Kraft Abrahams«, denn er sollte sein Kind mit der eigenen Hand töten. Das ist schlimmer als der eigene Opfertod.
»Und manche sagen, die Kraft Isaaks war größer, denn Abraham hat von Gott den Auftrag erhalten, Isaak aber von seinem Vater (d. h. einem Menschen)« (Kommentar zu V 7).

Nur ein Wunder rettet Isaak. Und das Wunder geschieht, weil es geschehen muß. Der Gott Israel fordert nämlich Gehorsam, doch nicht ein Menschenopfer. Menschenopfer sind ihm ein »Greuel« (Lev 18,21.27; Dtn 12,31; 18,9; Jer 7,31; 19,5; 32,35; Micha 6,7 u. a.). »Der Engel Gottes« ruft zweimal Abraham an, verbietet ihm, seine Hand gegen den Knaben auszustrecken und ihm irgend etwas (Böses) anzutun. »Denn jetzt weiß ich, daß du gottesfürchtig bist und deinen Sohn, deinen einzigen, mir nicht vorenthalten hast« (V 12). Gott weiß es – so erklären die jüdischen Bibelkommentatoren – natürlich von Anfang an (Maimonides, aaO, Nachmanides, zu V 1), weil Ihm keine menschliche Herzensregung verborgen bleibt. Jetzt jedoch läßt Er Sein Wissen bekannt werden. (*jadá'ti* im Sinn von *hodá'ti*, »ich mache bekannt«; Gen. r. 56,10, Midrásch hagadól, Raschbam, Rabbenu Jona zu Sprüche der Väter, V, 3; Ibn Esra; vgl auch Jubiläen-Buch 18,17).

»Durch diese Tat, um derentwillen du verdienst, ein vollkommen Gottesfürchtiger genannt zu werden, sollen alle Menschen erfahren, wie weit die Gottesfurcht reichen kann« (Maimonides, aaO).

»Jetzt ist (die Gottesfurcht) vom Möglichen ins Wirkliche (wörtlich: von der Kraft in die Tat) hinausgetreten« (R. Bachja ben Ascher zu V 12).

Anstelle Isaaks läßt ein Widder das Leben, »nachdem« (hebr. *'achár*, V 13) er sich gleichsam als Opfer angeboten hat. Das mit den Hörnern festgefahrene Tier ist Symbol des leidenden Israel, das nun freilich auf die Rettung aus dem Leid hoffen darf.

»R. Judan sagte: Nach *('achár)* diesen Dingen verstrickt sich Israel in Sünden und Nöten, doch schließlich wird es mit den Hörnern eines Widders erlöst, wie es (Sach 9) heißt: ›Der Herr, Gott, wird in ein Horn (Widderhorn, hebr. *schofár*) blasen‹.«

»R. Levi sagte: Weil Abraham einen Widder sah, der von einem Gestrüpp sich löste und in einem anderen sich wieder verfing, sagte ihm der Heilige, gelobt sei Er: So werden einmal deine Nachkommen sich in den Königreichen verstricken – von Babel (gelangen sie) nach Medien, von Medien nach Griechenland, von Griechenland nach Edom (= Rom) –, doch zuletzt werden sie mit den Hörnern eines Widders erlöst. Das meint der Vers: ›Der Herr, Gott, wird in ein Schofar blasen‹ (Gen. r. 56,13).«

Das Widderhorn spielt denn nicht zufällig im jüdischen Gottesdienst bis heute eine Rolle. Am Neujahrsfest (Rosch Haschaná), dem Tag des »Lärmblasens« (hebr. *t'ru'á,* Num 29,1), wird es verwendet. Es ertönt zu Ehren Gottes, des »Richters der Welt«, der über seine Geschöpfe zu Gericht sitzt, es soll die Gläubigen aufrütteln, damit sie sich über ihr Leben Rechenschaft geben, zugleich aber erinnert es an die Glaubenstat Abrahams und Isaaks. Entsprechend wird bei der Lesung aus der Tora, der Pergamentrolle, der Abschnitt von Gen 22 vorgetragen. Damit wird die Erzählung von der »Bindung Isaaks« alljährlich aufs neue aktualisiert und ins Zentrum des Gottesdienstes an einem der wichtigsten Tage des Jahres gestellt.
Ein Letztes: Als Opferstätte für Isaak nennt die Schrift das *»Land Moria«* (*'érez hamorijá,* V 2). Die jüdische Tradition hat das »Land Moria« mit dem »Berg Moria« (2 Chr 3,1) gleichgesetzt, auf welchem König Salomo seinen Tempel errichtet. Es geht nicht um historische Glaubwürdigkeit – gewiß kann Abraham von Beerscheba (21,33) nicht in »drei Tagen« bis Jerusalem wandern, braucht er auch kein Opferholz mitzunehmen, weil es in Jerusalem genug Holz gibt (N. M. Sarna, Understanding Genesis, 159) –, sondern es geht um ein wesentliches Moment des Glaubens: kein Ort ist geweihter für den Bau des Tempels als der Ort der »Bindung Isaaks«.

»Morija« ist die Stätte, von der die »Lehre« *(hora'á)* Gottes ausgeht oder die »Ehrfurcht« *(jir'á)* vor Gott. Auf ihr wächst die Myrrhe (mor, Cant 4) (Gen. r. 55,9, Raschi zu 2).

Der Berg Moria ist der Zion, »von dem die Gotteslehre (Torá) ausgehen wird« (Jes 2,3).

Wegweisung für unsere Zeit

Zu Jer 19,5 (»...was mir nie in den Sinn gekommen ist«) heißt es im Talmud (b. Taanit, 4a): »Das ist die Opferung Isaaks, des Sohnes von Abraham.«
Das wirkliche Opfer auf dem Altar ist »Gott nie in den Sinn gekommen«. Er wünscht nicht den Tod eines Menschen, selbst nicht den Tod des Sünders (Ez 18,23.32; 33,11), er wünscht die Gesinnung, die gute Absicht, vom Sünder die Umkehr, das Verlassen der Schuld.
Abraham wird auf die Probe gestellt, er besteht die Probe. Sie ist anders, als er sie sich vorgestellt hat. Sie wandelt sich aus einem Fluch in einen Segen, aus dem bedrohlichen Tod in ein glückliches Leben (Gen 22,17f). Die Verheißung Gottes bleibt erhalten, weil Gott immer zu Seiner Verheißung steht und sie nicht bricht, selbst wenn der Mensch seinen Teil nicht erfüllt. Israel weiß indessen aus seiner wechselvollen und zumeist tragischen Geschichte, daß die *blutige* »Bindung Isaaks«, der Opfertod, das Martyrium für Gott, millionenfach sich verwirklicht hat. Als *ʿaqedá* bezeichnet die jüdische Literatur das Glaubensopfer, welches das eigene Leben herzugeben bereit ist. »Um der Heiligung des göttlichen Namens willen« *(ʿal qidúsch Haschém)*. Das mit seinen »Hörnern« in grauenhaftem Geschick allzu oft festgefahrene jüdische Volk kennt die Tiefen des Elends, es kennt aber auch den Aufstieg aus dem Dunkel ans Licht. Es kennt die »Königreiche« – und Rom war nicht das letzte! –, kennt die Judenverfolgungen, die in unserem Jahrhundert den Höhepunkt des Schreckens erreicht haben. Und nach der Katastrophe kannte und kennt es die Wiedergeburt, die »Sammlung der Zerstreuten von den vier Enden der Erde« (Gebetbuch) in das von Gott Abraham und seinen Nachfahren versprochene Land.
Die *ʿaqedá* ist kein Ideal, das man anvisieren müßte. Ein Martyrium wird aufgezwungen, und wer es auf sich nimmt und »die Leiden der Liebe« (*jisurín schel ʾahawá,* nach Spr 3,12) trägt, dient seinem Schöpfer. Er wird dadurch seelisch gestärkt und findet die Reife und – wer weiß – die Erfüllung seines Lebens. Nur der glaubensfeste Mensch kann die *ʿaqedá* auf sich nehmen. Die Weisen Israels drückten dies in Gleichnissen aus. So sagten sie: »Der Ewige prüft den Gerechten. Rabbi Jona sagte: Er gleicht dem Flachs. Ist er gut, so wird er besser, je mehr man auf ihn schlägt. Ist er aber schlecht, so wird er durchs Schlagen gespalten. R. Jehuda bar Schalom meinte: Ein Töpfer klopft nie auf schadhafte Gefäße, weil er sie dadurch zerbrechen würde. Er klopft nur auf intakte. R. Elasar fügte hinzu: Wenn jemand zwei Kühe besitzt, von denen die eine kräftig, die andere aber

schwach ist – welcher legt er wohl das Joch auf? Nicht der kräftigen?« (Tanchúma, wajerá', 20).

Was die Weisen Israels vor zweitausend Jahren gesagt haben, gilt bis heute, gilt für alle Menschen, die wegen ihres Glaubens, ihrer politischen Überzeugung und ihrer Hautfarbe diskriminiert werden. Daß sie ihren schweren Packen tragen – mit Stolz und Ergebenheit zugleich –, stellt ihnen ein gutes Zeugnis aus. Man kann sie »beklopfen« und mit einem Joch belasten – sie zerbrechen nicht.

Josephs Aussöhnung mit seinen Brüdern

Gen 50,15–21

15 Es sahen die Brüder Josephs, daß ihr Vater tot war, und sie sagten:
»Wenn uns nur Joseph nicht befeindet und uns all das Böse vergilt, das
wir ihm angetan haben.«
16 Sie ließen ihm auftragen: »Dein Vater hat vor seinem Tod das Folgende
17 befohlen: ›Sprechet so zu Joseph: So verzeih nun doch die Schuld
deiner Brüder und ihr Vergehen; denn Böses haben sie dir angetan‹. –
So verzeih nun doch die Schuld der Diener des Gottes deines Vaters!«
Und Joseph weinte, als sie zu ihm gesprochen hatten.
18 Es gingen auch seine Brüder hin und warfen sich vor ihm nieder und
sprachen: »Wir sind dir zu Sklaven!«
19 Da antwortete ihnen Joseph und sagte: »Fürchtet euch nicht! Bin ich
denn an Gottes Statt?
20 Ihr habt Böses gegen mich geplant, Gott hat es zum Guten umgeplant,
um zu tun, wie es heute ist: ein zahlreiches Volk am Leben zu
erhalten.
21 Jetzt, fürchtet euch nicht! Ich werde euch ernähren und eure Kinder.«
Da tröstete er sie und redete zu ihrem Herzen.

Der Text im Kontext

Jakob ist in Ägypten gestorben. Die Söhne, mit Joseph an der Spitze, tragen ihn – väterlichem Befehl gehorchend (Gen 49,29–32) – nach Kanaan und begraben ihn in der Höhle Machpela. Nicht in fremder Erde, in dem von Abraham nach dem Tod seiner Gattin Sara gekauften Sippengrab will Jakob bestattet sein. Ihm gleich wird sich dereinst auch Joseph in Kanaan beerdigen lassen (50,24–26; Ex 13,19).
Die ganze Familie nimmt am Trauerzug teil, mit Ausnahme der Jüngsten (50,8). Selbst eine ägyptische Eskorte »mit Wagen und Reitern« (V 9) darf nicht fehlen, denn der Verstorbene ist der Vater einer hochgestellten Persönlichkeit. Die Etikette ist im Alten Ägypten noch allemal beachtet

worden. Für Josephs Brüder bedeutet das Hinscheiden des die Familie zusammenhaltenden Patriarchen einen großen Einschnitt. Plötzlich bricht die innere Sicherheit zusammen. Die Angst packt sie. Wie, wenn sich Joseph des brutalen Verbrechens, das die Brüder an ihm begangen haben, entsinnt und nunmehr Vergeltung übt? Solange der Vater lebte, war an Rache nicht zu denken, denn jeder Schlag gegen die Brüder mußte ja auch den greisen Vater treffen. Jetzt fallen die Bedenken dahin. (Vgl 27,41, wo Esau wegen des von Jakob entwendeten Erstgeburtssegens voller Zorn den Vorsatz faßt: »... Sind erst einmal die Trauertage für meinen Vater gekommen, so will ich meinen Bruder Jakob töten.«)
Die Angst der Brüder ist verständlich. Selbst wenn Joseph die Schuld verziehen hätte, könnte er jetzt, da der Vater tot ist, seine bisherige Milde vergessen. In Wirklichkeit wird uns aber bis jetzt in der Schrift nicht erzählt, daß er die Schuld vergeben hat. Gen 45,5–8 sucht er die völlig konsternierten Brüder im Augenblick, da er sich ihnen zu erkennen gibt, durch Verstandesargumente zu beruhigen. »Zur Lebenserhaltung« hat mich Gott hergesandt, damit euch »ein Rest im Lande« sei und ihr überlebt. Der Akzent liegt auf Gott: »Und jetzt, nicht ihr habt mich hierher geschickt, sondern Gott ...« Diese Deutung des Handlungsablaufs wird uns in etwas anderer Form auch in unserem Abschnitt begegnen. Der wichtige Punkt fehlt indessen in 45,5–8. Joseph sieht Gottes Wirken und Fürsorge, er unterstreicht seinen Brüdern gegenüber, daß dieses Wirken gut und sinnvoll gewesen ist und sie nicht zu verzweifeln brauchten. Ob er aber die schreckliche Tat zu verzeihen bereit ist, sagt er nicht. Die Angelegenheit ist nicht bereinigt, die Schuld von den Brüdern nicht genommen. Mit vollem Recht hält daher Malbím fest (zu 50,15):

»Jetzt (nach Jakobs Tod) erkannten die Brüder, daß nichts das brüderliche Verhältnis zwischen ihnen festigen wird, denn dieses Verhältnis an sich wird geradezu einen Haß auslösen, wenn Joseph daran denkt, was sie ihm angetan haben.«

Die Angst der Brüder ist nicht nur Ergebnis eines schlechten Gewissens, sie ist zugleich Ergebnis einer direkten Beobachtung. Nach dem Midrasch (Gen. r. 100,8 und Raschi) lädt Joseph seine Brüder nicht mehr so häufig zum Essen ein. Und selbst während der Rückkehr von der Bestattung Jakobs gibt sein Verhalten zu Besorgnis Anlaß:

»... Er ging zur Grube, in die ihn die Brüder geworfen hatten, und sprach einen Dankessegen. Wo ein Wunder geschehen ist, ist man verpflichtet, zu sagen: Gepriesen ist der Herr, der mir an diesem Ort ein Wunder widerfahren ließ.« Als die Brüder dies sahen, mißdeuteten sie die Sache (Tanchúma, 17).

Die Brüder fühlen sich jedenfalls völlig verunsichert und beschließen, die sich aufdrängende Aussprache mit Joseph nicht hinauszuschieben. Das drohende Unheil muß abgewehrt werden, ehe es ausbricht. Gen 50,15–21 zeigt das Vorgehen der Brüder und die Reaktion Josephs. Am Ende ist die Verkrampfung gelöst und eine einst zerbrochene brüderliche Beziehung wiedergewonnen.

Leitworte des hebräischen Textes

lú jist'ménu (von *s-t-m,* Qal Imperfekt) in V 15 heißt: »wenn nun (Joseph) uns befehdete« (B-R) oder »daß uns (Joseph) nur nicht befeinde« (B. Jacob). *lú* ist zumeist Ausdruck eines Wunsches oder einer Beteuerung (W. Baumgartner, 405), hier jedoch Zeichen einer Befürchtung. *s-t-m* wird verschieden nuanciert übersetzt: mit »hassen« (R. I. Reggio), »befehden« und »befeinden«, »einen stillen Groll in sich bergen« (S. R. Hirsch) oder »gram sein« (M. Mendelssohn). Die Brüder Josephs befürchten natürlich nicht nur einen stillen Groll, sondern den Ausbruch einer eventuell aufgestauten Feindschaft.

g-m-l, Qal, bedeutet »Gutes« oder »Böses« (so in V 17,20: *ra'á,* V 15: *kol hara'á,* »all das Böse«) »antun« (B-R: »bereiten«). Der Übeltäter ist besorgt, das Böse, das er getan hat, könne ihm »zurückgebracht«, vergolten (*haschéw jaschíw,* V 15) werden. Die »Schuld« (*péscha',* V 17; B-R: »Abtrünnigkeit«) kann man indessen wie die »Versündigung« *(chattá't)* verzeihen, »aufheben« (*n-s-';* Imperativ: *sa'*).

Mit *wajjéwk* (Imperfekt mit waw consecutivum von *b-ch-h* mit Wegfall der Endung *-eh;* vgl *jiwkéh,* »er wird weinen«), »er weinte«, wird V 17 Josephs Reaktion angegeben.

Die Brüder »fürchteten sich« (V 15: *wajjir'ú,* von *j-r-'*), daher beginnt Joseph seinen Trost mit *'al tirá'u,* »fürchtet euch nicht!«. »Ihr habt Böses gedacht« (V 20: *chaschawtém,* B-R: »geplant«), Gott hat »zum Guten gedacht« (*chaschawá l'towá,* B-R: »umgeplant«).

Joseph verspricht, seine Angehörigen mit Lebensmitteln »zu versorgen« (*'achalkél,* Pilpel von *k-w-l*) und »tröstet sie« (V 21: *wajnachém 'otám,* von *n-ch-m,* Piel).

Der Text in der Exegese

Das schlechte Gewissen und die Ungewißheit über die Reaktion des mächtigen Bruders nach dem Tod des Vaters treiben Josephs Brüder zur Flucht nach vorne. Prophylaktisch wollen sie einem Ausbruch der möglicherweise aufgestauten Ressentiments zuvorkommen. Sie haben »all das Böse« (V 15), das sie durch den Verkauf Josephs getan, ihm angetan haben, nicht vergessen und rechnen jetzt damit, daß er es ihnen »zurückgeben« *(haschéw jaschiw lánu)* wird. Vielleicht gar in viel stärkerer Art und Weise.

»Sie befürchten, daß Joseph nach der vulgären Moral der Talion, wofür *gamál (raʿá)* und *heschíw* die technischen Ausdrücke sind, handeln werde: Wie du mir, so ich dir! Nur die Rücksicht auf den Vater, solange dieser lebte, habe seine Rache zurückgedrängt. Jetzt sind sie ganz in seiner Macht« (B. Jacob, 938).

Sie gehen dabei zunächst nicht selber zu Joseph hin. Sie warten vielmehr ab, wollen sehen, wie der Herr reagiert. An seiner Reaktion wird das Weitere – der nächste Schritt – abzulesen sein. Diese Vorsicht kennzeichnete Jakobs Verhalten Esau gegenüber. Mehrmals entsandte er Boten mit vielen Geschenken (Gen 32,13–21), bis er zuletzt Esau, dem einst heftig Ergrimmten, selbst gegenüberstand. Josephs Brüder »beauftragen« (V 16: *wajzawú)* einen oder mehrere Vermittler – »die Söhne Bilhas«, die mit Joseph oft zusammen waren (Gen 37,2; nach Tanchúma jaschán zu Ex 2), vielleicht gar Bilha selbst (so Targúm Jonathan ben Usiel) – mit dem Überbringen einer Botschaft. »Dein Vater hat befohlen« (V 16), beginnt die Botschaft. Das »dein« ist ein sicheres Indiz dafür, daß die Brüder nicht selber hingetreten sind. Sie hätten nämlich nicht »dein Vater«, sondern »unser Vater« gesagt (M. Mendelssohn).
Ehe der Inhalt der packenden Botschaft – es handelt sich um nichts anderes als die endgültige Verzeihung, die Streichung der schwer lastenden Schuld – erörtert wird, muß folgende Frage gestellt werden: Hat Jakob »vor seinem Tod« einen Befehl an Joseph, der einer letztwilligen Verfügung gleichkommen mußte, wirklich erlassen? In der Schrift ist zuvor nämlich nichts darüber gesagt.
Nach R. I. Reggio (zu V 17) hat Jakob den »Befehl« an Joseph nicht ausgegeben, ja, er hat überhaupt nicht – bis zuletzt nicht – gewußt, daß die Brüder sich eines Verbrechens schuldig gemacht haben (so auch Nachmanides zu 45,27). Im anderen Fall hätte Jakob Joseph, der gewiß an seinem Sterbelager weilte, ersucht, den Brüdern zu verzeihen. In Wirklichkeit, meint Reggio, »haben sie die Geschichte vor lauter Angst erfunden«.

Doch selbst wenn Jakob von der schlimmen Tat erfahren hat, kann es sich um eine Notlüge aus Gründen des Selbstschutzes und des zukünftigen Einvernehmens mit Joseph gehandelt haben.

»Sie änderten (die Wahrheit) wegen des Friedens, denn Jakob hatte nichts dergleichen gefordert. Er verdächtigte Joseph in der Angelegenheit nicht« (er glaubte nicht an die Rache Josephs) (Raschi zu V 16).

Die Weisen Israels, die es mit der Wahrheit sehr genau nehmen (vgl Ex 23,7: »Vom Wort der Lüge halte dich fern, . . .«), tolerieren die »Änderung« »um des Friedens willen« *(mipné haschalóm)*.

»R. Ilea sagte: Es ist erlaubt, in der Sache des Friedens zu ändern, denn es heißt: ›dein Vater hat befohlen‹ . . . R. Nathan sagt: es ist sogar ein Gebot *(mizwá)* . . . Im Lehrhaus R. Isma°els lehrte man: Groß ist der Friede, denn sogar der Heilige, gelobt sei Er, hatte um seinetwillen geändert. Zunächst steht nämlich geschrieben (Gen 18,12): ›Und mein Herr (Abraham) ist alt‹, und am Schluß: ›und ich (Sarah) bin alt geworden‹ (V 13), (d. h. um des Friedens zwischen den Ehegatten willen hat Gott Saras anfängliche Aussage ›geändert‹)« (b. J'wamót, 65 b).

»Wir haben gesucht und nicht gefunden, daß Jakob solches geboten hat. So komm und sieh, wie groß die Kraft des Friedens ist. Gott nämlich hat in seiner Tora solche Dinge über die Kraft des Friedens geschrieben« (Midrasch Tanchúma, Schluß von Genesis, ähnlich auch Gen. r. 100,9).

Mit der Zeitangabe »vor seinem Tod« geben die Brüder der Botschaft ein zusätzliches Gewicht. Joseph vernimmt von den (angeblich) letzten Worten seines sterbenden Vaters und kann nicht umhin, sie zu erfüllen. Das taktische Vorgehen ist ausgezeichnet geplant. Und wenn auch die Angst vor der Vergeltung Pate gestanden hat, so ist doch der Verstand nicht minder im Spiel. »Not macht erfinderisch . . .«
Wie lautet Jakobs tatsächlicher oder fiktiver Auftrag?
Er besteht im Hebräischen aus zwölf Wörtern: »So sprechet zu Joseph: Bitte, verzeih doch die Schuld deiner Brüder und ihre Sünde, daß (oder: denn) sie dir Böses angetan haben« (V 17). Die Wiederholung von *na'* (»doch«, »bitte«) neben dem vorangehenden *'ána'* verstärkt den Wunsch.

»Die Bitte um Vergebung muß das Eingeständnis von Schuld und Sünde mit sich ziehen« (R. Samuel ben Chofni Gaon).

Dem Auftrag des Vaters lassen Josephs Brüder die eigene Bitte folgen: »Und jetzt verzeih doch die Schuld der Diener des Gottes deines Vaters.« Weshalb ist hier Gott genannt?

»Wenn dein Vater (auch) tot ist, so lebt sein Gott, und sie sind seine Diener« (Raschi).

Sehr einleuchtend interpretiert M. Mendelssohn:

»Sogar wenn sie nicht deine Brüder gewesen sind (sich nicht brüderlich benommen haben), so gehören sie doch dem Glauben deines Vaters an. Du und sie seid Brüder im Glauben, und daher müßt ihr euch lieben und euch verzeihen.«

Gott soll der Garant für ein neues, nunmehr wirklich brüderliches Einvernehmen sein. S. R. Hirsch (zu V 17) macht auf ein interessantes Detail aufmerksam: Die Brüder sprechen: *sa' na' l'féscha,* »den Vater aber lassen sie gesagt haben: *sa' na' péscha'*« (ohne *lámed*). S. R. Hirsch erklärt:

»Jakob spricht: Hebe das Verbrechen deiner Brüder fort, denke gar nicht mehr daran, lasse es nicht geschehen sein. Sie aber: Hebe das dem Verbrechen Anwohnende fort, seine Folgen, seinen Einfluß. *l'féscha* – *wir* bleiben schuldig, *wir* vergessen nichts davon, lasse es aber bei dir keine Folgen haben.«

Péscha' ist schlimmer als *chattá't,* meint Malbím, ist ein mit frevlerischem Vorsatz begangenes Verbrechen. Daß die Brüder Joseph verkauften, ist *péscha',* ist gemeinster Vertrauensbruch, daß sie ihn jedoch bestrafen wollten für seine »üble Nachrede« (Gen 37,2) und seine Herrschaftsgelüste (37,5), mag verständlich sein. Es bleibt zwar *chattá't,* »Versündigung«, doch von ihr distanzieren sie sich nicht. Daher bitten sie 50,17 nur um die Tilgung des *péscha',* wogegen der Vater überhaupt einen reinen Tisch zu machen gedachte und neben dem *péscha'* auch die *chattá't* aufgehoben wissen will.
In V 17 kehren mehrmals dieselben Vokabeln wieder, nach B. Jacob mit Absicht: »Ihre gleichsam stammelnde Angst wird durch die Armut an Worten gemalt . . . Um so besorgter sind sie, daß keines ihrer Worte, von denen, wie sie meinen, Leben und Tod für sie abhängt, verlorengehe.«
Der Talmud hebt ein anderes Moment hervor:

»Es sagte R. Jose bar Chanina: Wer seinen Nächsten um Verzeihung bittet, bitte ihn nicht mehr als dreimal. Denn es heißt: *'ána', sa' na', w''atá sa' na'* (bitte; verzeih doch; und jetzt, verzeih doch« (b. Jomá, 87a. Entsprechend R. Saadia Gaon, 'emunót w'de'ót, V, 6).

R. Samuel ben Chofni Gaon (Kommentar zu V 17) zitiert 1 Sam 25,24 ff, wo Awigajil desgleichen dreimal David mit der Bitte um Vergebung angeht: »bitte, mein Herr« (V 24), »nicht doch setze mein Herr . . .« (V 25) und »verzeih doch der Schuld deiner Magd« (V 28).
Der Ratschlag einer dreimaligen Wiederholung der Bitte ist durch den

Kodex des Schulchan Aruch zum jüdischen Religionsgesetz erhoben und zugleich psychologisch gedeutet worden:

»Vergehen zwischen Mensch und Mensch sühnt der Versöhnungstag (Jom Kippúr) erst, wenn man ihn (den Beleidigten) besänftigt hat. Selbst im Fall, daß er nur durch Worte geärgert worden ist, muß man ihn besänftigen.
Läßt er sich beim ersten Mal nicht besänftigen, so gehe er ein zweites und drittes Mal zu ihm hin, und jedes Mal nehme er drei Männer (als Zeugen) mit«.
Läßt er sich auch beim dritten Mal nicht besänftigen, so kann man es sein lassen.
Anmerkung des R. Mosche Isserles: »Der um Verzeihung Angegangene sei nicht grausam, wenn er um Verzeihung angegangen wird« ('órach chajím, 606,1).
Aus dem Kommentar »Magén Awrahám« des R. Abraham Abele Gombiner zum Schulchan Aruch ergibt sich, daß auch zusätzliche Versöhnungsversuche nicht verboten sind. Sie sind lediglich nicht sinnvoll, vielleicht auch erzieherisch falsch, weil sie der Hartherzigkeit Vorschub leisten. Wer ehrlich um Verzeihung gebeten wird, soll sich nicht allzu lange bitten lassen, sondern die ausgestreckte Hand zum Frieden ergreifen.

Joseph ist nicht gefühlsarm. Er »weint« (V 17), obschon nur die Boten zu ihm gesprochen haben.

»Er weint wegen des Mitleids mit seinen Brüdern. Manche erklären: weil der Vater erwähnt worden ist« (R. Samuel ben Chofni Gaon).

»Er weint, weil sie (Brüder) ihn verdächtigt hatten« (Gen. r. 100,8).

»Er weint, weil sie glauben, eines Vermittlers zu bedürfen, weil sie sich vor ihm fürchten, weil sie ihm, wie er merkte, die Gesinnung V 15 zutrauen, weil er auch die Stimme seines Vaters hört und weil seine von ihrem Haß verfolgte Jugend aufsteigt und sie es sind, die ihn in Selbstdemütigung daran erinnern. Diese seine letzten Tränen sind eigentlich ihre Tränen« (B. Jacob, 940).

»Er weint wegen ihres Mangels an Vertrauen in ihn« (J. H. Hertz).

Die Brüder sehen ihre Stunde gekommen. Joseph ist weich, er weint, weil er sieht, daß die Brüder leiden. N. Leibowitz (402) macht darauf aufmerksam, daß Joseph, als er selber litt, nicht weinte, daß er aber als Vizekönig sehr oft in Tränen ausbrach. Wo es um ihn geht, weiß er sich zu beherrschen. Wenn es das Schicksal anderer betrifft, gibt er seiner Emotion sichtbaren Ausdruck (45,2.14.15).
»Da gingen auch seine Brüder hin und fielen vor ihm nieder und sagten: Wir sind dir zu Sklaven« (V 18). Das Angebot zur Unterwerfung findet sich im Munde der Brüder auch 44,9.16. Hier wird es mit großem Nachdruck wiederholt. Vor Joseph bringen die Brüder nur drei Wörter heraus: *hin'nú l'chá la'awadím,* »wir sind dir zu Sklaven«. Die Boten haben die Bitte um

Vergebung hervorgebracht und sich dabei auf den Wunsch des Vaters vor seinem Tod berufen. Die Brüder brauchen dem nichts mehr hinzuzufügen. Sie ziehen lediglich die Konsequenz aus ihrem Verbrechen: wir haben unsere Freiheit verspielt, »wir sind dir zu Sklaven«. Sie mögen dabei auch noch an die frühen Träume Josephs denken, die von seiner Herrschaft über die Brüder, über die ganze Familie kündeten (so R. Samuel ben Chofni Gaon).

Joseph antwortet. Seine *Antwort* ist ein kleines Meisterwerk rhetorischer Kunst und mitmenschlichen Empfindens. Sie gliedert sich in drei Teile:

1. Joseph spürt aus dem Verhalten und der Rede seiner Brüder, daß sie sich – was der Leser bereits weiß (V 15) – schrecklich fürchten. Nur der verängstigte, gänzlich verunsicherte Mensch ist freiwillig bereit, sich in die Leibeigenschaft zu begeben und auf seine Freiheit zu verzichten. Auf den verzweifelten Ausruf: »Wir sind dir zu Sklaven«, antwortete daher Joseph mit dem beschwichtigenden Zuruf: *'al tirâ'u,* »fürchtet euch nicht!« (V 19).

V 21 kehrt dieser Zuruf ein zweites Mal wieder. Nicht und nie mehr darf die Beziehung zwischen ihm und seinen Brüdern durch Angst und Schrecken belastet sein.

2. Die Zusicherung wird verstandesmäßig zweifach untermauert: zum einen bin ich »nicht an Gottes Statt«, zum anderen hat sich alles zum Guten gefügt (V 20).

»Bin ich an Gottes Statt?« fragte einst Jakob seine Gattin Rachel (Gen 29,2), als sie sich bei ihm wegen ihrer langen Kinderlosigkeit beschwerte. Durch die Frage wollte er sich »vom Joch der Verantwortung lösen« (N. Leibowitz, 401). Hier indessen sucht Joseph »seine Brüder von der Angst zu lösen«. Mit dem Hinweis auf Gott gibt Joseph dem Zerwürfnis eine völlig neue Dimension.

»Die Gottesfurcht hindert mich, euch zu schaden, selbst wenn ich euch mit Haß begegnen würde« (R. Abraham, Sohn des Maimonides).

In Wirklichkeit haben sich die Brüder gegen Gott vergangen. Sie haben ihren Bruder verraten und damit auch am gemeinsamen Gott einen schweren Treuebruch begangen. Joseph will sicher nicht sagen, daß er prinzipiell nicht bestrafe, sondern daß er in diesem ganz besonderen Fall auf die Bestrafung verzichtet. Den Grund gibt er selber an: »Habt ihr Böses wider mich *geplant,* Gott hat es *umgeplant* zum Guten . . .« (B-R).

Das Sprichwort hält fest: »Der Mensch denkt, Gott lenkt.« So ist es auch hier geschehen: »um zu tun, wie es heute am Tag ist: ein großes Volk ins Leben zu führen.«

Ein Vergleich mit *Gen 45,5–8* (Beschwichtigungsversuch Josephs, nachdem er sich zu erkennen gegeben hat) drängt sich auf. Die Nuancen sind von Belang.

Gen 45	*Gen 50*
V 5: Und jetzt, seid nicht betrübt und nicht ergrimmt, daß ihr mich hierher verkauft habt,	V 19: Fürchtet euch nicht, bin ich denn an Gottes Statt?
	V 20: Ihr habt Böses gegen mich geplant, Gott hat es zum Guten umgeplant,
denn zur Erhaltung des Lebens *(l'michjá)* hat mich Gott vor euch hergesandt.	um zu tun . . . ein großes Volk ins Leben zu führen (oder: am Leben zu erhalten; *l'hachajót ʿam raw*)
V 6 wird diese Lebenserhaltung durch die noch lange dauernde Hungersnot begründet.	
V 7: Gott sandte mich vor euch her, um euch einen Rest zu geben im Lande, um euch am Leben zu erhalten zur großen Rettung	V 21: Und jetzt, fürchtet euch nicht! ich werde euch ernähren und eure Kinder. Da tröstete er sie und redete zu ihrem Herzen.
V 8 (Quintessenz): Nicht ihr habt mich also hierher gesandt, sondern Gott.	

Beiden Texten ist gemeinsam:
Joseph sucht seine Brüder zu beruhigen (in 50,19 dringlicher als in 45,5, denn sie sind nicht nur »betrübt« und »ergrimmt«, sondern verängstigt), sieht sich als Werkzeug in Gottes Hand, ausgesandt, um anderen Menschen das Überleben zu ermöglichen. In 45,5–8 wird die göttliche Fügung in aller Breite betont (dreimal steht *sch-l-ch,* »senden«, zweimal ist von der Lebenserhaltung die Rede).
Zum Unterschied von 45,5–7 tritt in 50,19–21 das Moment der Entsendung ganz zurück. Das Verb *sch-l-ch* ist kein einziges Mal genannt. Der Leser weiß nicht, ob es Gott war, der den Verkauf letztlich initiierte. Hier liegt der Akzent auf dem Wirken Gottes, das dem Tun des Menschen folgt, nicht ihm vorausgeht. Man kann feststellen: In 45,5–7 geht es um die »*Vor*sorge« Gottes, in 50,19–21 um die »*Nach*sorge«. Der Mensch plant, Gott plant um, der Mensch hat Böses im Sinn, Gott wendet die Tat, die der bösen Absicht entsprungen ist, zum Guten. Diese »Nachsorge« geht daher viel weiter als die »Vorsorge«. Sie gilt nicht nur »für euch«, dem »ein Rest im Lande« gegeben werden soll, sie gilt »einem zahlreichen Volk«. Das sind

die Sippen Israels, sind aber gewiß auch die Ägypter, deren Mitregent Joseph ist.
Weil im 50. Kapitel von Planung und Umplanung gesprochen wird, klingt – anders als in Kap. 45 – der Vorwurf an die Brüder an: »Ihr habt (wahrlich) Böses gegen mich geplant.« Wenn schließlich alles gut herausgekommen ist, so liegt es nur an Gottes Eingreifen, seinem »Umplanen«.
3. Joseph versichert seine Brüder der weiteren Fürsorge (V 21). Auch nach dem Tod des Vaters läßt er sie nicht im Stich, es gibt keine Ursache für die bisherige Unruhe.
Joseph geht freilich einen Schritt weiter. »Er tröstete sie und redete zu ihrem Herzen« (V 21). Ein für allemal will er das gestörte Verhältnis in Ordnung bringen. In 45,5–7 ging es um die praktischen Maßnahmen des Überlebens. Die »Bereinigung der Atmosphäre« mußte aufgeschoben werden, bis die Existenz, das Überleben während der Hungersnot, gewährleistet war. Jetzt kann Joseph seinen Brüdern wirklicher Bruder sein: durch Trost und seelische Aufrichtung. Man sehe die Finesse: die Brüder sprechen von ihrer *Tat* (»Böses haben wir dir vergolten«, V 17), Joseph nur von der *Absicht* (»ihr habt gedacht«, geplant, V 20). Als ob die Tat gar nicht geschehen wäre. Natürlich ist sie geschehen, natürlich haben die Brüder größte Schuld auf sich geladen, doch weil das Resultat so ganz anders war und – mit Gottes Hilfe – »zur Lebenserhaltung eines zahlreichen Volkes« geführt hat, fällt nur die Absicht und nicht die Tat ins Gewicht. Und die Absicht hat Gott radikal entschärft. Aus dem schlimmen Planen ist ein unglaublicher Segen erwachsen.
Hat damit Joseph seine Brüder ent-schuldigt, hat er ihnen die Schuld genommen? Sforno (Kommentar zu V 19) sieht in Josephs Brüdern die »Abgesandten« Gottes und will ihre Schuld entschärfen. Wir glauben jedoch, daß Joseph die Brüder nicht zu entschuldigen sucht. Sie haben – er sagt es selbst – »Böses« erdacht, und dieses Böse bleibt böse, selbst wenn es sich zum Guten auswirkt. Doch weil Joseph zu verzeihen bereit ist – und er verdient daher zu Recht den ihm von den Weisen Israels zugedachten Ehrentitel *»hazadíq«,* Joseph »der Fromme« –, akzentuiert er nicht die Tat, sondern die Absicht und kann den Brüdern wirklichen Trost spenden.
Die Versöhnung gelingt. Beweis der Versöhnung und auch des neuen Vertrauens ist der Schwur, den Joseph seinen Brüdern aufzuerlegen wagt und den die Brüder zu leisten gewillt sind (50,24). Sie werden ihn dereinst aus Ägypten herauftragen »in das Land, das Er Abraham, Isaak und Jakob zugeschworen hat«. Der *Ägypter* Joseph-Zafnát Paʿnéach (41,45) wird durch die Versöhnung mit seinen Brüdern wieder der *Jude* Joseph, der nicht

im vertrauten und doch fremden Land, sondern in der alten Heimat beerdigt sein möchte. Durch die Versöhnung, die er großzügig gewährt, kehrt Joseph zurück zu seinem Ursprung, ins Land der Vorfahren. Der Kreis ist geschlossen, weil die Schuld nun wirklich vergeben ist.

Wegweisung für unsere Zeit

Am Beispiel dieser wenigen Verse lehrt uns die Bibel ein Zweifaches:
1. Daß eine Schuld, mag sie noch so schwerwiegend sein, nicht für immer andauern muß. Der zutiefst Verletzte und Beleidigte kann dem Schuldigen verzeihen, kann für ihn ein neues Blatt aufschlagen.
Und weil er es kann, ist er dazu – menschlich und moralisch – verpflichtet. Es darf nur »ewige« Liebe, niemals »ewigen« Haß geben. So übt auch Gott *chésed* (»Liebe«, »Zuwendung«) bis ins »tausendste Geschlecht« an jenen, die Ihn »lieben«. Die Strafe hingegen erstreckt sich bei jenen, die Ihn »hassen«, nur ins »dritte und vierte« Geschlecht (Ex 20,5f; Dtn 7,9f).
2. Ist die Schuld erst einmal getilgt, wird die neue Beziehung unter Umständen enger und herzlicher. Joseph, der in seiner Jugend durchaus kein Musterbeispiel an Brüderlichkeit gewesen ist, steht nach dem traumatischen Geschehen unerschütterlich an der Seite seiner Brüder. Er selbst ist durch das Erlebnis zum vorbildlichen Bruder geworden.
Dies will der Midrasch (Midrásch hagadól, zu 50,21) im Anschluß an die Interpretation von Hld 8,1 (»Wärst du doch mein Bruder, den die Brust meiner Mutter gestillt hat!«) hervorheben:

»Wie welcher Bruder?
Wie Kajin zu Abel? – Kajin hat Abel getötet.
Wie Esau zu Jakob? – Esau hat Jakob gehaßt.
Wie Ismael zu Isaak? – Ismael war Isaaks Feind.
Wie die Brüder zu Joseph? – Sie haben ihn gehaßt.
Vielmehr: wie Joseph zu seinen Brüdern. Nach all dem Bösen, das sie ihm angetan haben, heißt es: ›Und jetzt, fürchtet euch nicht. Ich werde euch ernähren.‹«

Die Brüder haben Joseph »gehaßt« und jedenfalls gefürchtet. Doch nur bis zur Aussöhnung. Aus dem Haß gedieh – langsam, aber unaufhaltsam – auch bei ihnen die zarte Pflanze der Liebe. Verschwunden ist das Mißtrauen – nur allzu oft Ursprung der Feindschaft –, an seine Stelle treten Offenheit und Ehrlichkeit. Über Josephs Tod hinaus übernehmen die Brüder die eidliche Verpflichtung, dem Bruder die Treue zu halten. Die Verpflichtung wurde erfüllt (Ex 13,19).

Die Gottesoffenbarung am Dornbusch

Ex 3,1–10 (11–14)

1 Und Mose weidete die Schafe seines Schwiegervaters Jitro, des Priesters von Midian. Er führte seine Schafe in die Wüste hinein und gelangte zum Gottesberg, zum Horeb.
2 Da erschien ihm der Bote des Herrn in einer Feuersflamme aus dem Dornbusch heraus. Er blickte hin, und sieh da, der Dornbusch brannte im Feuer, doch der Dornbusch wurde nicht verzehrt.
3 Mose sprach: »Ich will hintreten und diese große Erscheinung ansehen. Warum verbrennt der Dornbusch nicht?«
4 Der Herr sah, daß er hintrat, um zu schauen. Da rief ihn Gott aus dem Dornbusch an und sagte: »Mose, Mose!« Und er antwortete: »Hier bin ich!«
5 Er sprach: »Tritt nicht näher! Zieh deine Schuhe aus von deinen Füßen; denn der Ort, auf dem du stehst, ist Boden der Heiligkeit.«
6 Er sprach: »Ich bin der Gott deines Vaters, der Gott Abrahams, der Gott Isaaks und der Gott Jakobs.«
Da verhüllte Mose sein Gesicht, denn er fürchtete sich, Gott anzublicken.
7 Der Herr sprach: »Ich habe wahrlich gesehen das Elend meines Volkes, das in Ägypten ist. Ihr Schreien wegen ihrer Bedrücker habe ich vernommen. Ich kenne ihr Leiden.
8 So stieg ich herunter, um es zu retten aus Ägyptens Hand, um es aus jenem Land herauszuführen hin in das gute und weite Land – in das Land, das überfließt von Milch und Honig. An den Ort der Kanaaniter, Hetiter, Amoriter, Perisiter, Hiwiter und Jebusiter.
9 Und jetzt, sieh, das Schreien der Israeliten ist zu mir gedrungen, auch habe ich gesehen die Bedrückung, mit der Ägypten sie bedrückt.
10 Jetzt aber geh! Ich sende dich zu Pharao, führ hinaus mein Volk, die Israeliten, aus Ägypten!«
11 Mose erwiderte Gott: »Wer bin ich, daß ich zu Pharao gehen soll, daß ich die Israeliten aus Ägypten führe!«
12 Er sprach: »Ich werde mit dir sein! Und dies sei dir das Zeichen, daß

ich dich gesandt habe: wenn du das Volk aus Ägypten führst, sollt ihr Gott dienen auf diesem Berg.«

13 Mose sagte zu Gott: »Sieh, ich komme zu den Israeliten, ich sage ihnen: Der Gott eurer Väter hat mich zu euch gesandt, und sie sprechen zu mir: Was ist sein Name? – was soll ich ihnen antworten?«

14 Gott sprach zu Mose: »Ich werde (da) sein, der ich (immer da) sein werde!«
Er sagte: »So sprich zu den Israeliten: ›Wer (da) sein wird‹ hat mich zu euch gesandt.«

Der Text im Kontext

Die Fronzeit der in Gosen, im östlichen Nildelta, weilenden Israeliten naht ihrem Ende. Jahrhunderte zuvor hat der Landesherr aus Angst vor einem zahlenmäßigen Überhandnehmen der einst als Gastsassen willkommen geheißenen Fremden und aus Angst vor einer angeblich mangelnden Loyalität beim Einfall von Feinden (Ex 1,9f) die Israeliten durch »harte Arbeit«, »mit Härte« (V 13f), zu »quälen« begonnen. Die Sklaven sollen körperlich geschwächt werden. Dabei wird – das steht wohl hinter der Maßnahme – ihre sexuelle Kraft reduziert und das weitere Anwachsen der Sippengemeinschaft verhindert. Der Plan mißlingt. Trotz Zwangsarbeit ist von einer Verringerung nichts zu spüren. Der Befehl des Herrschers, Knaben gleich bei der Geburt umzubringen, scheitert am Widerstand »hebräischer Hebammen« (V 17–19). Und ob ein noch brutaleres Ansinnen – die Ägypter selbst sollen »jeden Sohn, der geboren wird, in den Nil werfen« (V 22) – Erfolg hat, wird im Text nicht mitgeteilt. Die Verfolgten sind lediglich eingeschüchtert und suchen – wie Moses Eltern (2,3) – einen neugeborenen Knaben zu »verbergen«. Mehr geschieht nicht.

Erst nach langer Zeit – Mose ist nach der Tötung eines Ägypters nach Midian geflohen, hat des Priesters Tochter Zippora geheiratet und einen Knaben gezeugt (2,11–22) – tritt die Reaktion ein. Der König ist tot (2,23) – nach dem Midrasch (Ex. r., 1,41) nur »aussätzig«, doch der »Aussätzige wird als ›tot‹ angesehen«–, da »seufzen«, »schreien«, »stöhnen« die Sklaven zu Gott. »Ihr Hilferuf« wird erhört (V 23), zumal sie die bisher verehrten Götter (vgl Ez 20,5–9) aufgeben und zu Gott zurückkehren (Ibn Esra). Wer sich an den barmherzigen Gott wendet, darf auf Hilfe hoffen (Ex 22,22.26; Num 20,16; Ps 145,18 u. a.). Gottes Antwort auf den Anruf gründet indessen vor allem in der Erinnerung an den mit den Stammvätern geschlossenen »Bund« (2,24). Wenn er den Nachfahren beisteht, erfüllt er eine

Abraham (Gen 17,7f), Isaak (ib., V 19) und Jakob (Gen 35,12) gegebene Verpflichtung. »Es sah Gott die Israeliten, und es wußte Gott« (Ex 2,25). »... Er wußte, daß sie mit ganzem Herzen zu ihm beteten« (Sforno), »Er richtete sein Herz auf sie und schloß Seine Augen nicht vor ihnen« (Raschi)

Ex 2,23–25 bildet die Einleitung zur Gottesoffenbarung am Dornbusch. Durch Israels bittenden Anruf und Gottes »Hören«, »Gedenken«, »Sehen« und »Wissen«, ist der Boden bereitet, auf dem die Israeliten der Befreiung entgegengehen.

Befreier ist Gott, Bote des Befreiers Mose. Jahrzehnte zuvor hat Mose in einem Akt vergeltender Gerechtigkeit und Zivilcourage bewiesen, daß er Unrecht nicht mit einem Achselzucken hinzunehmen gewillt ist. Der am ägyptischen Königshof erzogene Findling geht, kaum groß geworden, »zu seinen Brüdern und sieht ihre Lastarbeiten, und sieht einen ägyptischen Mann, der einen hebräischen Mann, einen seiner (Moses) Brüder (er)schlägt« (2,11). Und er schlägt seinerseits zu. Mose, der Rebell, flieht in die Fremde, nachdem seine Tat kaum bekannt geworden ist, und wird zum Hirten: zum Hirten von Ziegen und Schafen und jetzt – wie Israels Rettung kommt – zum Hirten von Menschen, zum Gesandten mit göttlichem Auftrag. »Der Heilige, gelobt sei Er, gibt keinem Menschen Größe, ehe er ihn nicht zuvor an einer kleinen Sache geprüft hat« (Ex. r., II,3). »Gott prüft den Gerechten« (Ps 11,5). Womit? »Durchs Hirtesein« (Jalqut Schimʿóni, sch'mót, 169). Ein Hirt weiß, welche Nahrung er den Tieren geben muß: zarte Gräser den Jungen, härtere den Alten, hartes Gras den Starken (Böcken) (Ex. r., II,2; in etwas abweichender Version: Midrásch hagadól, III,1). Ein Menschenhirt versteht es desgleichen, auf die Bedürfnisse seiner Gemeinschaft Rücksicht zu nehmen. Daher muß Mose in die Einöde hinein, ehe er seine »Brüder« aus der Knechtschaft in die Freiheit führen darf. Wie Mose wird David an seiner Haltung zu Tieren erprobt. Ist er ein guter Hirte, wird er auch ein guter König sein (Ps 78,70–72).

Eines Tages kam ein Zicklein von der Herde ab. Mose ging ihm eilig nach und fand es an einem Abhang, wo es an einer Quelle trank. »Armes Zicklein«, sagte er, »weil dich dürstete, flohst du? Nun bist du wohl auch müde?« Er nahm es auf die Schulter und trug es zur Herde zurück. Da sprach Gott: »Wie er mit einem armen Zicklein Erbarmen hatte und es auf seinen Schultern trug, um seine Müdigkeit auf sich zu nehmen, so wird er auch Erbarmen haben mit meinem armen Volk und es im Herzen tragen, um seine Sünde auf sich zu nehmen.« Denn bevor Gott seinen Königen und Propheten Menschenherden anvertraut, vertraut er ihnen, um sie zu erproben, Herden von Vieh an (Edmond Fleg, »Moses«, o.J., S. 25; nach Ex. r., II,2).

Leitworte des hebräischen Textes

Viermal ist in 3,2–4 vom *s'ne* die Rede. In Dtn 33,16 wird »vom Willen des im *s'ne* Wohnenden« gesprochen: ein Hinweis auf die Gottesoffenbarung in Ex 3. Statt *s'ne sináj* zu lesen (N. H. Tur-Sinai, »p'schutó schel miqrá'«, I, 1962, 239), ist unnötig, selbst wenn »Gottes Ehre« auch auf dem Sinai »wohnt« (Ex 24,16).

s'ne ist in botanischer Hinsicht nicht mit Sicherheit zu bestimmen. Septuaginta *(batos)* und Vulgata *(rubus)* denken an den Brombeerstrauch *(Rubus sanguineus)*. M. Zohary (»Pflanzen der Bibel«, 1983, 140f) identifiziert den *s'ne* mit dem Sennabusch *(Cassia senna)*, »der in allen arabischsprechenden Ländern *sene* heißt.« Der Sennabusch wird einen Meter hoch, besitzt gelbe Blüten und wächst »in einigen Wadis sowohl auf dem Sinai als auch im südlichen Israel«.

Die jüdische Texttradition beschäftigt sich nicht mit der botanischen Frage. Für sie steht aber fest, daß es sich um einen *niedrigen und dornigen Busch* gehandelt hat, um einen »Dornbusch«.

Rabbi Elieser sagt:

»Wie der *s'ne* der niedrigste aller Bäume auf der Welt ist, so waren auch die Israeliten niedrig und den Ägyptern untertan« (Ex. r., II,9).

Der Dornbusch versinnbildlicht Israels Not und Gottes Mitleiden: Rabbi El'asar ben Aroch sagt:

»... Der Heilige gelobt sei Er, erniedrigte sich und sprach aus der Mitte des s'ne« (Midŕasch hagadól, zu Ex 3,2).

»Warum aus dem s'ne und nicht aus der Mitte eines großen Baums, etwa einer Dattelpalme? Der Heilige, gelobt sei Er, sagte: ›Ich bin bei ihm in der Not‹ (Ps 91,15). Sie befinden sich in der Unterjochung, und ich bin desgleichen im *s'ne*, an einem engen (*zar*, vgl *zará*, Not, Enge) Ort. Deshalb aus dem *s'ne*, der ganz aus Dornen besteht« (Tanchúma, sch'mót, 14; vgl Raschi zu Ex 3,2).

»In der *Lohe eines Feuers* mitten aus dem Dornbusch« (B-R) offenbart sich Gott (Gottes »Engel«, 3,2). Hebräisch: *b'labát 'esch mitóch has'né. labá* ist Kurzform von *l'hawá* (geminiertes b anstelle des ausgefallenen h) und bedeutet Lohe, Flamme. *Labát 'esch* ist – wie *'esch lehawá* (Jes 4,5; Hos 7,6; Klgl 2,3) oder *'esch l'hawót* (Ps 105,32) – eine »Feuerflamme«.

Sinnig ist allerdings auch die Verbindung von *labá* mit *lew* (vgl Ez 16,30: »Wie schmachtend war dein Herz«, *libatéch*), die Ibn Esra bevorzugt. »Im Herzen des Feuers« erscheint Gott, der das Herz des Angerufenen zu packen sucht.

Das Land der Verheißung wird charakterisiert als ein Land *»fließend von Milch und Honig«, 'érez sawát chaláw ud'wásch* (3,8), »... ein Land, das mit Weiden für die milchspendenden Tiere und Bäumen, in deren Zweigen Früchte für den Menschen wachsen, gesegnet ist« (M. D. Cassuto, »perúsch 'al séfer sch'mót«, 1954, 20. Englisch: U. Cassuto, »A Commentary on the Book of Exodus« 1967, 34f).

Dtn 8,8 zählt der Honig zu den sieben landwirtschaftlichen Produkten des Landes. Wenngleich gelegentlich auch echter Honig wilder Bienen konsumiert wurde (Ri 14,8; Dtn 32,13; Jes 7,19; Ps 81,17), so wird Dtn 8,8 wie in unserem Text der Dattelsaft (Ibn Esra, Raschi) oder – allgemein – der »klebrige Saft süßer Früchte« (J. Preuß, Biblisch-talmudische Medizin, [2]1969, 666) gerühmt. Milch und Honig stehen als Symbole für Viehzucht und Ackerbau.

'ehjé 'aschér 'ehjé (V 14), »ich werde sein, der ich sein werde« (Septuaginta: *egō eimi ho ōn,* Vulgata: *egō sum qui sum),* als Gottes Antwort auf die zu erwartende Frage des Volkes – »was ist sein Name?« (welcher Gott hat dich, Mose, gesandt?) – ist nicht in philosophischem Sinn zu deuten. Nicht das Sein, die Existenz Gottes, der Israel die Sklaverei zugedacht hat, ihm aber jetzt die Freiheit schenken wird, muß bekräftigt werden, sondern sein Da-Sein, sein Dabei-Sein.

Im Talmud heißt es:

»Der Heilige, g. s. E., sprach zu Mose: Geh zu den Israeliten und sage ihnen: Ich war mit euch in dieser Unterwerfung, und ich werde mit euch in der Unterwerfung der Königreiche (d. h. in späteren Unterwerfungen) sein« (b. B'rachót, 9b; vgl Ex. r., III,7; Raschi).

»Der Nachdruck liegt ... auf der aktiven Offenbarung der göttlichen Existenz« (J. H. Hertz, »Pentateuch und Haftaroth, II,1937, 30).

Von der Wortwurzel *h-j-h* (»sein«) ist das Tetragramm *J-H-W-H* hergeleitet, von dem schon Flavius Josephus (»Jüdische Altertümer«, II,12,4) bezeugt: »Diesen Namen aber darf ich nicht aussprechen.« Mit dem »eigenen Namen« (*schem ham'juchád*), dem »ausgesprochenen Namen« *(schem ham'forásch),* haben die Priester im Kult das Volk gesegnet (Num 6,22–26), doch im »profanen Bezirk« – und selbst im Synagogengottesdienst – durfte diese Gottesbezeichnung nicht verwendet werden (Mischná Sotá, VII,6, Rosch Haschaná IV,5). Der »Ersatzname« *'adonáj,* »Herr« (Septuaginta: *kyrios*) trat an ihre Stelle. Im Lauf der Zeit wurde selbst *'adonáj* durch *haschem* (»der Name«) substituiert. So bereits in der samaritanischen Bibelübersetzung. Für *J-H-W-H* steht dort *sch'má'*. Die Aussprache des Tetragramms kann heutzutage nicht mehr mit Sicherheit angegeben werden.

Der Text in der Exegese

Daß Dornbüsche im heißen Wüstenklima von selbst zu brennen beginnen, kommt oft vor. Wenn ein Busch jedoch brennt und dabei nicht verbrennt (3,2), widerspricht es den Naturgesetzen. Mose will daher hingehen, um das außergewöhnliche Ereignis aus der Nähe zu betrachten. Noch weiß er (V 3) nicht, daß Gott ihm erscheint. Ehe der Hirte Mose, der zum »Hirten Israels« bestimmt wird, das Rätsel des nicht verbrennenden Busches löst, spricht ihn Gott, der dereinst dem Volk im Feuer der Offenbarung am Sinai (Ex 19,18) sein Wort verkündet, mit einem zweifachen »Mose! Mose!« an. Und Mose antwortet – wie Abraham (Gen 22,1), Jakob (Gen 46,2) oder später Samuel (1 Sam 3,4.6.8) – mit dem Kennzeichen des Gehorsams: *hinéni,* »hier bin ich«. Ein gleichsam physikalisches Problem steht am Anfang eines geschichtlich-religiösen Auftrags von überragender Bedeutung.
Weil »der Mensch mich nicht sehen wird und (danach) am Leben bleibt« (Ex 33,20; anders Gen 32,30; Ri 13,22f; Ex 24,10f), »sieht« Mose lediglich den lodernden Busch, nicht den aus ihm redenden »Gottesengel«. Er muß daher nicht wenig überrascht gewesen sein, als er den Anruf vernahm. Philo von Alexandrien (= Philo Judaeus, 20 v. d. Z. bis 50 d. Z.) schreibt in seiner Abhandlung »De vita Mosis« (1. Buch, Kap. 12): »Der brennende Busch war ein Symbol des unterdrückten Volkes, das brennende Feuer ein Symbol des Unterdrückers.« Nach Philo vermochte Mose bereits aus dem Anblick des nicht verbrennenden Dornbuschs den Trost zu schöpfen, daß Israel nicht untergehen werde. Dies um so mehr, als der »Gottesengel« »Zeichen der Vorsehung Gottes war«. Entsprechend deuten die Weisen des Talmud den Busch als Hinweis auf den sich mit Israels Leiden identifizierenden Gott und die dornenreiche Leidenszeit. Mose wird von dieser tiefer liegenden Symbolik kaum etwas geahnt haben. Ihn hat die Neugierde und nur die Neugierde getrieben.
Die Schuhe soll er ausziehen, »denn der Ort auf dem du stehst, ist Boden der Heiligkeit« *(ʿadmát qódesch)*. Nicht: »heiliger Boden«, wie fälschlicherweise übersetzt wird. Es gibt keine »heiligen Stätten«, selbst der Sinai ist an sich nicht heilig. Heilig ist nur Gott, »heilig werden« kann ein Mensch, wenn er sich nach Gottes Recht ausrichtet (Lev 19,2). Ein Platz, an dem

sich Gott dem Menschen kundtut, darf oft nicht betreten werden (Ex 19,12–13) – oder wenn, dann nur barfüßig (vgl Jos 5,15).
Im Jerusalemer Tempel verrichteten die Priester ihren Dienst ohne Schuhe (Ex. r., II,13 Mischná b'rachót, IX,3), wenngleich dort nicht von einer Theophanie gesprochen werden konnte. Mittelalterliche Bibelexegeten (R. Bachja ben Ascher, Don Isaak Abarbanel) sehen im Schuh den Ausdruck des Materiellen, von dem sich der erwählte Mose zu lösen hat, »damit er zur Weissagung bereit und geeignet sei, am Licht der Weisheit teilzunehmen«. Der fromme Muslim zieht seine Schuhe aus, ehe er die Moschee zum Gebet betritt. Wenn gläubige Juden den Tempelberg in Jerusalem heutzutage prinzipiell nicht betreten, so liegt der Grund in der kultischen Unreinheit, die jedem Juden anhaftet. »Heilig« ist der Tempelberg jedoch nicht. Heilig ist nur die *sch'chiná* (Gottes »Einwohnung«, Gottes Gegenwart), die trotz der Zerstörung des Heiligtums nicht vom Berg gewichen sein soll (Ex. r., II,2, ausführlich: E. E. Urbach, »chasál, 'emunót w'de'ót, 1969, 44; englisch: 1975, I,57).
Erst als der »Gottesengel« ihn angesprochen hat, erkennt Mose, daß ihm Außergewöhnliches widerfährt. Er verhüllt sein Gesicht aus Furcht, »Gott anzublicken« (V 6, vgl 1 Kön 19,13). Sicher hat er auch seine Schuhe ausgezogen. Jetzt ist er bereit, den Auftrag Gottes, der der Gott seines Vaters und seiner Väter (Vorfahren) ist, anzuhören. V 6 erinnert an die 2,24 erwähnte Verheißung, »und wir beginnen zu verstehen, worauf diese Offenbarung hinauswill« (M. D. Cassuto).
Im *Dialog zwischen Gott und Mose* (V 7–12) ist eine klare *Gliederung* zu erkennen:

1. Gott hat das Leiden Israels wahrgenommen, will es beenden und dem Volk den Einzug ins versprochene Land gewähren.
2. Mose wird mit der Führerrolle beauftragt.
3. Mose erhebt Einwände gegen den Gottesbefehl.
4. Gott widerlegt die Einwände.

Der im 13. Jh. lebende französische Gelehrte Rabbi Hisqia ben Manoach hebt in seinem Bibelkommentar (»Chisqúni«) die Punkte 2 bis 4 dieser Gliederung durch die Betonung sprachlicher Entsprechungen hervor:

Gottes Forderung (V 10):	*Moses Einwände (V 11):*	*Gottes Widerlegung (V 12):*
a) geh	→ wer bin ich	→ ich werde mit dir sein
b) ich werde dich senden	→ daß ich gehen	→ dies das Zeichen, daß ich dich gesandt habe
c) führe heraus mein Volk	→ und herausführen soll	→ wenn du herausführst . . ., sollt ihr dienen . . .

Moses »wer bin ich« (Abarbanel: »Ich bin doch als Flüchtling vor ihm ausgezogen, und er will mich töten.« Raschi: »Bin ich denn würdig, mit den Königen zu sprechen?«) wird durch Gottes Zuspruch »ich werde mit dir sein« entschärft. Wenn er sein Volk herausführen soll, dann ist er gleichfalls nicht auf sich selbst gestellt, sondern erhält ein auf die Zukunft, den Dienst am Sinai, weisendes »Zeichen«. Daher hat die ihm auferlegte Aufgabe einen nur durch ihn erfüllbaren Sinn. Die unter Punkt 1 ausgesprochene Erfüllung der Landverheißung wird im eigentlichen Zwiegespräch nicht mehr aufgegriffen. Mose wird gleichsam auf seine vielen Debatten mit dem König eingespurt, bei denen immer nur vom »Dienst« und nie von der wirklichen Absicht – dem endgültigen Exodus – die Rede ist (Ex 5,1–3; 7,16.26; 8,16.25 u. a.).
V 13–14 doppeln nach. Gott ist wirklich ein »ich werde mit dir sein« (V 12), wie sein Name *»'ehjé«,* der »Da-Seiende«, über jeden Zweifel kundtut.
Das Gespräch ist damit noch nicht zu Ende. Mose bleibt auch nach der göttlichen Zusicherung bei seiner Weigerung (4,1.10.13), bis ihm alle Argumente ausgehen und er zur Übernahme der Aufgabe durch Gottes »Zorn« (4,14) und Machtwort gezwungen wird und »geht« (4,18). Unvergleichlich verbissener als später *Jeremia* (Jer 1,6) setzt sich Mose zur Wehr, doch schließlich bleibt auch er der Unterlegene.

Wegweisung für unsere Zeit

Gott steht zu seinem Versprechen. Der gedemütigte Mensch mag verzweifeln an seinem harten Geschick, »doch das Wort unseres Gottes hat für immer Bestand« (Jes 40,8). Auf die Versklavung, um die die Ahnen wußten, folgt die Befreiung, denn Gott sieht das Elend, hört den Aufschrei, erkennt den Schmerz (Ex 3,7) und entscheidet sich zum Rettungsakt (V 8).
Dabei bedient er sich eines Menschen als Partner, eines Menschen, der aufgrund seines Charakters und seiner Lebenserfahrung (hier des Hirten Mose) den Auftrag auszuführen vermag. Wen Gott ruft, ruft er zum Dienst, zum harten, bedingungslosen Dienst, der den ganzen Einsatz der Persönlichkeit abverlangt. Das Zaudern des Angerufenen ist daher mehr als verständlich.
Der Angerufene bleibt allerdings mit seinem Auftrag nicht allein. Gott stützt und kräftigt ihn, weil er stets der Da-Seiende, der Mitfühlende und Mitleidende ist, der sich im »Dornbusch der Leiden« offenbart. Im Gebet

»'*adón 'olám*« (Herr der Welt) der jüdischen Morgenliturgie sagt der Jude: »In deine Hand befehl' ich meinen Geist, mag ich schlafen oder wach sein. Und mit meinem Geist meinen Körper. Gott ist mit mir, ich fürchte mich nicht!«

Ausdruck der göttlichen Präsenz ist der brennende, doch nicht verbrennende Busch. Mag das Leben noch so hart sein – Gottes Feuer, Gottes Licht, das für den Menschen scheint, wird nie verlöschen.

»Mein Antlitz kannst du nicht schauen«

Ex 33,17b–23

17b »... Gnade hast du (Mose) in meinen Augen gefunden, und ich (Gott) kenne dich mit Namen.«
18 Und er (Mose) sprach: »Laß mich doch sehen Deine Herrlichkeit!«
19 Da antwortete Er: »Ich lasse all meine Güte vor deinem Antlitz vorüberziehen, und ich rufe den Namen des Herrn vor dir.
Begnaden werde ich, wen ich begnade; mich erbarmen, wessen ich mich erbarme.«
20 Und Er sprach: »Nicht wirst du mein Antlitz schauen können; denn nicht sieht mich ein Mensch und lebt.«
21 Der Herr sagte: »Sieh, ein Ort ist bei mir. Stell dich hin auf den Felsen!
22 Es wird geschehen: Wenn meine Herrlichkeit vorüberzieht, setze ich dich in die Spalte des Felsens und bedecke dich mit meiner Hand, bis ich vorübergezogen bin. Dann entferne ich meine Hand, und du siehst meinen Rücken. Mein Gesicht aber ist nicht zu sehen.«

Der Text im Kontext

Mose vermag in einer Fürbitte die Vernichtung Israels nach dessen götzendienerischen Verehrung eines Jungstiers, des »gegossenen Kalbes« (Ex 32,8), zu verhindern. Er nennt zwei Gründe, die Gott von seinem Vorhaben abbringen sollen: Israel ist Gottes »mit großer Kraft und starker Hand« aus Ägypten befreites Volk – »dein Volk« (V 11). Seine innige Bindung an die aus Sklavenhand Erretteten – Jeremia vergleicht sie mit einer »Jugendliebe« (2,2) – müßte Er sprengen. Das kann Er nicht wirklich wollen. Doch selbst wenn Er sich zum Bruch der einzigartigen Beziehung entschlösse, darf Er sein Ansinnen nicht ausführen: um Seines Ansehens in der Völkerwelt willen nicht. Die Ägypter und andere würden die Ursache für Israels gewaltsames Ende falsch interpretieren. Es ginge auf das Konto einer göttlichen »Bosheit« (Ex 32,12, Dtn 9,28) oder eines göttlichen »Unvermögens« (Num 14,16). Beides wäre gleich verheerend für Gottes Ehre und

Ansehen und käme – in der Ausdrucksweise einer späteren Zeit – der »Entweihung des göttlichen Namens« *(chilúl haschém)* gleich. (Vgl R. Gradwohl, »Wo ist dein Gott?«, in: W. Strolz (Hg.), Aus den Psalmen leben, 1979, 78–87.)
Gott widerruft seinen Beschluß (Ex 32,12), allein, die Rehabilitation Israels steht noch aus. Der Jungstier, das corpus delicti, befindet sich auf seinem Sockel und wird von einem exaltierten Israel als »dein Gott, der dich aus dem Land Ägypten herausgeführt hat« (V 4), angebetet. Vom Feuer des Glaubenseifers ergriffen, zerschmettert Mose die beiden »Tafeln des Zeugnisses« (V 15), die er vom Sinaigipfel mitgebracht hat, und verbrennt das Götzenbild. Den Goldstaub haben die fehlgeleiteten Leute mit Wasser zu trinken (V 20), offensichtlich, damit ihnen für alle Zeiten die Erkenntnis eingehe, daß ein wirklicher Gott nicht konsumierbar ist. Israels Gott ist nicht Teil der Natur und damit dem Zerfall unterworfen, sondern Herr der Natur und daher unsterblich (vgl Jes 44,15–19). Die Schuldigen – »dreitausend Mann« (V 28) – werden getötet, zudem »schlägt Gott« (V 35) »irgendwann« (M. D. Cassuto) das Volk, wohl durch eine nicht näher bezeichnete Epidemie. Die Mehrheit bleibt indessen am Leben.
Diese Mehrheit soll vom Ort des Geschehens weiterziehen, zusammen mit Mose, der – es wird zur Abgrenzung von der angeblichen Leistung des »göttlichen« Jungstiers hervorgehoben – das Volk wirklich »aus dem Land Ägypten herausgeführt hat« (33,1). Das Ziel – der Einzug ins Land der Verheißung – hat sich nicht geändert. Geändert hat sich nur die Führung. Ein »Bote« *(mal'ách)* soll Mose vorangehen und die Bewohner Kanaans »vertreiben« (V 2). Gott hält sich im Hindergrund. Er bleibt in der Ferne, er will nicht mehr »in deiner Mitte mitgehen«, weil Israel »ein hartnäckiges Volk« ist und nur zu leicht – bei einem erneuten Treuebruch – Seinem Grimm anheimfallen würde (V 3 und 5). Das Volk reagiert mit Trauer und dem Verzicht auf Schmuck, durch den das Fabrizieren eines Götterbildnisses erst ermöglicht worden ist (32,3f).
Sichtbarer Ausdruck des »Mitgehens« wäre das »Zelt der Begegnung«, das tragbare Wüstenheiligtum. Es soll nicht gebaut werden. »Alles, was ich den Stammvätern versprochen habe, werde ich einhalten, aber das Einfügen meiner ›Einwohnung‹ *(sch'chiná)* . . . im Lager Israels durch das Heiligtum wird ausbleiben« (M. D. Cassuto, Kommentar zu 33,3; vgl Ibn Esra). Mose sucht (33,7) sein eigenes Zelt als Ersatz »außerhalb des Lagers« anzubieten. Ein vollwertiger Ersatz für das eigentliche »Zelt der Begegnung« *('óhel mo'éd)* kann es nicht sein, selbst wenn es diesen Namen trägt.
Hier spitzt sich nun Moses Auseinandersetzung mit Gott zu. Mose sucht die

totale Aussöhnung Gottes mit seinem Volk, eine Aussöhnung ohne Wenn und Aber. Der Text in 32,12–16 ist schwer, jener in 32,17–23, den es zu deuten gilt, noch schwerer, einer sicheren Interpretation kaum zugänglich. Soviel steht jedoch fest: Mose begnügt sich nicht mit dem nackten Überleben Israels und selbst nicht mit der zweitrangigen Führung durch einen »Boten« (22,34; 33,2), einen Stellvertreter Gottes. Er will Gottes Weg (V 13) kennenlernen und sicher sein, daß Sein »Antlitz mitzieht« (V 15). Sonst kann das Unterfangen – der Zug durch die Einöde, der Einzug ins Land – nicht gelingen. Wenn sich Gott am Dornbusch als der Da-Seiende (*'ehjé 'ascher 'ehjé,* Ex 3,14), als der Hilfreiche in der Not, offenbart hat, so wird sich jetzt in der Krise der göttliche Zuspruch erneut zu bewahrheiten haben. Mehr noch: Mose will »sehen« (V 18), eine letzte Gewißheit gewinnen. Was er sehen will, sehen kann und sehen wird – davon spricht unsere Bibelstelle.

Leitworte des hebräischen Textes

»Laß mich doch deinen *›kawód‹* sehen« (*har'éni na' 'et k'wodécha,* V 18), wünscht sich Mose von Gott. *kawód* ist die »Herrlichkeit«, wobei dem Terminus »der Begriff der Schwere, des Ansehens *(gravitas),* der Ehre« zugrunde liegt (G. v. Rad, Theologie, I, 252; vgl THAT I, 802–812). Der *kawód* Gottes »enthüllt sich« (*niglá,* Jes 40,5) und »erschien« (*nir'á,* Ex 16,10), etwa als »verzehrendes Feuer auf der Spitze des Berges (Sinai)« (Ex 24,17). Gelegentlich verhüllt er sich in einer Wolke (Ex 16,10), die selbst einen ganzen Tempelraum ausfüllt (Ex 40,34f; 1 Kön 8,11; Ez 43,5; 44,4), und ist damit nur noch abgeschwächt sichtbar.

Buber-Rosenzweig übersetzen *kawód* mit »Erscheinung« (Ex 33,18.22), was dem *kawód* Gottes eine tiefere Dimension gibt. Der *kawód* ist nicht nur in sich ruhende »Herrlichkeit« Gottes, sondern gleichsam die Brücke zum Menschen. Durch den *kawód* gibt sich Gott dem Menschen zu erkennen, »erscheint« er ihm. Anders Maimonides:

»... die an dieser Stelle erwähnte ›Herrlichkeit‹ (bedeutet) Gott selbst, wobei das Wort ›deine Herrlichkeit‹ ... ein Ausdruck der Verehrung ist«. ›Gott‹ meint »sein Was und sein Wesen« (FdI, I, Kap. 64). »Er (Mose) wollte die Wahrheit Seines Seins erkennen, ... damit dieses Sein sich in seinem Herzen vom Sein aller anderen Dinge unterscheide« (Hilchót j'sodé hatorá, I, 10, in: Mischné torá, hg. v. R. Sch. T. Rubinstein, II, 6f).

Der Textzusammenhang (s. unten »Exegese«) spricht gegen diese Interpretation. B. Jacob (Das zweite Buch Moses, unveröffentlicht) meint zu Recht:

»Nicht eine metaphysische Erkenntnis des Wesens Gottes (ist) gemeint, ... auch nicht eine mystische Schau und Versenkung. *kawód* ist die glanzvolle, Anerkennung heischende Manifestation Seiner Macht, Würde und Majestät, wie sie sich in der Natur ... in Geschichte und Gewissen kundtun. Diese Herrlichkeit kann und soll der Mensch sehen.«

S. R. Hirsch (Exodus, zu V 18): »*kawód* (meint) an dieser Stelle nicht eine das Dasein und die Wesenheit Gottes kundtuende Erscheinung, sondern ein seine Allmacht und Fürsorge verkündendes Walten.«
kol tuwí, »all meine Güte« (B-R), »all mein Bestes« (B. Jacob), »die kostbarste Erscheinung, die möglich ist« (R. Sch. D. Luzzatto) will Gott vor Mose vorüberziehen lassen (V 19). Wiederum ist mit *tuw* jene Eigenschaft Gottes gemeint, die die Menschennähe unterstreicht: »die Eigenschaft des Erbarmens« *(midát harachím)* (R. J. H. Hertz, M. D. Cassuto). Wenn *»tuwi«* vorüberzieht, verkündet Gott »den Namen *J-H-W-H*« vor Mose, das Tetragramm, das auf Seine Gnade und Barmherzigkeit (V 19 und 34,6f) hinweist.
Gottes *paním* (»Antlitz«) »kann kein Mensch sehen und am Leben bleiben« (V 20). Auf Moses Bitte: »Laß mich doch deinen *kawód* sehen«, erhält er eine positive Antwort, auf seinen Wunsch (der allerdings nicht vermerkt wird, doch gewiß geäußert werden mußte), des *paním* einsichtig zu werden, eine abschlägige. Die anthropomorphe Bezeichnung wird von Maimonides (Führer der Irrenden, I, Kap. 37) entschärft: »... das wahre Wesen meiner Existenz kann nicht so, wie es ist, begriffen werden.« Vgl B. Jacob (aaO): »Mit ›Gott sehen‹ ist immer nur die innere Schau eines den Menschen vergönnten oder von ihnen ersehnten Abglanzes gemeint. Voll wird er (Mensch) Sein Angesicht erst sehen, wenn er nicht mehr ›sieht‹.«
paním muß indessen mehr sein. Nicht nur eine philosphische Erkenntnis, eine »innere Schau». V 14–15 bezeichnet *paním* Gottes persönliche Gegenwart (THAT, II,446f), die selbst mit dem Volk wandert. *paním* ist »Er selbst« (Septuaginta: *autós*), im Gegensatz zu dem im Feuer oder in der Wolke erscheinenden *kawód* visuell nicht festzustellen, doch nicht minder präsent. Was dem Auge verborgen bleibt, wird dem Ohr zugänglich. *paním 'el paním* (von Angesicht zu Angesicht) pflegt Gott mit Mose zu sprechen (V 11) oder auch mit dem ganzen Volk (Dtn 5,4) in einer besonderen Situation. Identisch mit *paním 'el paním* ist *pe 'el pe* (Num 12,8, von Mund zu Mund). Gottes »Stimme« ergeht an Mose und Israel in direkter, ungefilterter Weise.
In unserem Text wird *paním* von *'achór,* das »Hintere«, der »Rücken«, unterschieden. Wenn Gottes *kawód* vor dem sich in einem Felsspalt bergen-

den und von Gottes »Hand« zusätzlich geschützten Mose »vorüberzieht« (V 22), wird er den göttlichen *'achór* erblicken, sobald die »Hand« weggezogen ist (V 23). Für Maimonides weist *'achór* auf die vom Schöpfer geschaffenen Dinge hin, »von denen ich mich in einem gewissen Sinne abwende und die ich hinter mich werfe, ein figürlicher Ausdruck, der andeutet, daß diese mit dem Dasein Gottes nicht verbunden sind« (FdI, Kap. 37). »Du wirst meinen Rücken sehen, nämlich erkennen, was mir nachfolgt, mir ähnlich und von meinem Willen verursacht ist: alle meine Geschöpfe« (ib., Kap. 38). Entsprechend Sforno: »Du wirst sehen, wie alles wirkt, was unter mir ist« (von mir abhängt), M. Mendelssohn (Be'úr, z. St.): »Die Erkenntnis der Wege Gottes durch seine erhabenen Tätigkeiten« (= Erkenntnis Gottes durch seine Schöpfung). »Das ›Sehen seines Antlitzes‹, das ist das Begreifen Gottes und das Erkennen seines Weges aufgrund Seiner Wesenheit, ist dem Geschöpf nicht möglich.«
Zur talmudischen Interpretation von *'achór* = »Knoten der Gebetsriemen« s. »Exegese«.

Der Text in der Exegese

V 17b–23 sind Teil eines dramatischen Geschehens. Nach der Sünde mit dem »gegossenen Kalb« – der wahre Befreier Israels aus Ägyptens Sklavenhaus sollte durch ein billiges Surrogat ersetzt werden – und der Absicht Gottes, Israel zu vertilgen (32,10), sucht Mose durch innige Fürbitte, den Sturz Israels in die Tiefe zu verhindern. Er will Gott versöhnen, Israel von der Schuld reinwaschen, die weitere Wanderung gewährleisten und den von Israel gebrochenen Bund mit Gott restituieren.
Der *Versöhnungs- und Rehabilitierungsprozeß* kann in fünf Phasen zusammengefaßt werden, von denen unser Text zu Phase 4 gehört.

1. Phase: Physische Rettung Israels
a) Gott zürnt. Nach der Vernichtung Israels soll Mose ein neues Volk begründen (32,10). Nur Mose soll am Leben bleiben.
b) Mose bittet um Rettung (32,11–13). *Gottes* Volk ist bedroht (32,11), Sein guter Ruf steht auf dem Spiel (32,12). Zudem hat Er sich den Stammvätern gegenüber zur »Vermehrung« Israels und zur Landverheißung verpflichtet (32,13).
c) Die Vernichtung wird abgewendet (32,14: »Gott gereute es«).

2. Phase: Moralische Rettung durch Tilgen der Schuld

a) Gott hat die Sünde nicht verziehen, auch wenn Israel nicht untergeht.

b) Mose bittet um Sündenvergebung (32,31).

c) Nur teilweiser Erfolg der Fürbitte: die Unschuldigen brauchen nichts zu befürchten, die Schuldigen werden (dereinst) büßen müssen (32,33).

3. Phase: »Unternehmen Wüstenwanderung« geht weiter

a) Gott erteilt den Befehl zum Aufbruch (32,34), will aber nicht selber mitziehen (33,1–3).

b) Mose besteht auf Gottes Präsenz (33,15).

c) Mose ist erfolgreich (Gottes »Antlitz«, d. h. Er selbst, zieht mit, 33,14).

4. Phase: Gottes Unterpfand

a) Gott will mitziehen, doch wie lange? Israel ist »hartnäckig« und daher permanent vom Untergang bedroht (33,5).

b) Mose will sicher sein, daß Gottes Schutz von Dauer ist. Er erbittet eine ›Gottesoffenbarung‹ (33,18ff).

c) Gott stimmt zu (33,21–23).

5. Phase: Theophanie und Bundeserneuerung

a) Gott erscheint (34,6).

b) Mose betet abermals um Sündenvergebung (34,9), die noch aussteht (32,33).

c) Gott erneuert seinen Bund mit Israel und vergibt allen (34,10: »dein ganzes Volk«).

Der Kreis hat sich geschlossen. Das sündige und in der Folge vom Untergang bedrohte Israel ist von Gott zurückgenommen. Das gestörte Gott-Israel-Verhältnis ist bereinigt. Anders als *Abraham,* der sich für die Rettung Sodoms einsetzt, die Stadt jedoch nicht zu retten vermag, »weil ihre Schuld sehr schwer ist« (Gen 18,20), kann Mose das Unheil abwenden. Das lag weniger an der Kraft des Gebets mit seinen Argumenten – an Argumenten hat es Abraham wahrlich nicht fehlen lassen – als am Verhalten der Schuldigen. Sodoms Bewohner sind dem Frevel an Mitmenschen gänzlich verfallen (Gen 19,1–14), die Israeliten hingegen bereuen ihre Tat (Ex 33,4). Nur wo die Reue, die Umkehr zu Gott fehlt, ist jede Hoffnung auf eine Wende, auf ein Abwenden des Verhängnisses, vergeblich.

Phase 4, b–c mit V 18–23 bringt Mose, den »Fürsprecher« für ein völlig verstummtes Israel – sein Schreien und seine Ausgelassenheit bei der

Verehrung des goldenen Jungstiers (32,6) raubt ihm für lange Zeit die Kraft, Gott anzusprechen –, dem Ziele nahe. Nachdem er (33,13) um das Kennenlernen des göttlichen Weges, d. h. Seines Waltens, gebeten hatte (B. Jacob: »So offenbare mir deine Wege, dein Vorgehen, dein Verfahren, dein Gericht, wenn ich das Volk führe.«), wünscht er jetzt ein Unterpfand für das für immer existierende Mit-Dabei-Sein Gottes. Als *'ehjé 'aschér 'ehjé* hat er sich verpflichtet, Israel nie zu verlassen. Nun muß er sein Wort einlösen.
Es nützte Mose nichts, wollte ihm Gott mit einer gleichsam philosophischen Erläuterung seines Wesens antworten. Mose will eine präzise Auskunft: »Läßt Du uns im Stich oder dürfen wir weiterhin auf Dich zählen? ›Zeig mir Deinen Weg‹: die Wege Deiner Güte und Deines Erbarmens . . .« (M. Mendelssohn, zu V 13).
Gott antwortet. Er läßt Seine »Güte« *(tuwí),* Seine Milde den Menschen gegenüber, an Mose vorüberziehen und versichert ihm, Gnade und Barmherzigkeit walten zu lassen: Nicht allen gegenüber, aber doch vielen, vielleicht den meisten. Freilich nicht, weil die Schuldigen die göttliche Milde in irgendeiner Weise beanspruchen dürften. »*Ich* begnade, wen ich begnade, *ich* erbarme mich, wessen ich mich erbarme« (V 19). Die Entscheidung über die Zukunft des Sünders liegt in Gottes Hand. Mose gibt sich damit jedoch nicht zufrieden. Es kann nicht sein, daß nur Gott entscheidet und dem Menschen jede Initiative genommen ist. Die *t'schuwá,* die »Umkehr«, die »Antwort« (auf die Schuld) ist doch dem Menschen aufgetragen. Das zeigt Gottes Anfrage an den ersten Menschen: Adam, »wo bist du?« (Gen 3,9). Du hast von der verbotenen Frucht gegessen, willst du jetzt kneifen, dich für immer vor mir verstecken? Adam bekennt seine Tat und weist die Richtung, in die der Schuldige zu gehen hat. Es stimmt: einen *An*spruch auf Gottes Verzeihung hat der Sünder nicht, den *Zu*spruch Gottes, daß jede Sünde durch eine echte *t'schuwá* aufzuheben ist, besitzt er wohl.
Daher bittet Mose in einem letzten, gewagten Versuch um das Höchste: das Sehen von Gottes »Antlitz«. Was keiner vor ihm hat erfahren dürfen, soll ihm geschenkt werden. Andere Menschen haben – wie Hagar (Gen 16,7–14) oder Manoach und seine Frau (Ri 13,22) u. a. – geglaubt, Gott gesehen zu haben. Es war nicht Gott selbst, es war nur ein »Abgesandter« *(mal'ách)* Gottes. Gott ist nicht wirklich zu sehen, und selbst Mose »sieht« beim Dornbuschgeschehen nur die Feuerflamme (Ex 3,2), auch wenn er sich »fürchtet, Gott anzublicken« (3,6). Nie wird – in der hebräischen Bibel – der *Deus absconditus* zum *Deus revelatus.*
Jetzt aber, wo es um die Zukunft Israels geht, will Mose die letzte Mauer

durchbrechen und Gott nicht nur *panim 'el panim* sprechen, sondern *panim 'el panim* sehen. Gott verweigert sich ihm.
Was darf er sehen? Den »Knoten der Gebetsriemen« Gottes *(qéscher t'fillín)*, sagte Raw Chana bar Bisna im Namen Rabbi Simeons des Frommen (b. B'rachót, 7a). Im wochentäglichen Morgengebet legt der gläubige Jude an seinen linken Arm – dem Herzen gegenüber – und an seinen Kopf (»damit er Gott mit seinem Denken und Streben diene«) die Gebetsriemen. Sein Gefühl, sein Denken und sein Tun will er dem Schöpfer unterstellen. An den ledernen Riemen steckt je eine Kapsel in viereckiger Form, in der – auf Pergament und durch einen Toraschreiber von Hand geschrieben – vier Abschnitte der Tora enthalten sind (Ex 13,1–10.11-16; Dtn 6,4–9; 11,13–21) (s. Encyclopaedia Judaica, XV, 898–904 und Abb.). Die Riemen am Kopf werden über dem Nacken durch einen »Knoten« in der Form des Buchstabens *»dálet«* (Hinweis auf das *dálet* im Gottesnamen *»schaddáj«*, der Allmächtige; Talmudausgabe von R. Adin Steinsalz, 1976, I,31 und Abb.) zusammengebunden.
Die *t'fillín* sind Symbol der Beziehung zum Schöpfer (bes. deutlich in Dtn 6,4–9, dem »Glaubensbekenntnis« Israels, ausgesprochen, das in der Kapsel steckt). Wenn der Talmud (b. B'rachót, 6a) auch Gott die Gebetsriemen »anlegen« läßt, so will er die umgekehrte Beziehung zum Ausdruck bringen: die Beziehung des Schöpfers zum Menschen.

»Es fragte Raw Nachman bar Jizchak den Raw Chija bar Awin: Was steht in diesen *t'fillín* des Weltenherrn geschrieben? Dieser antwortete: ›Und wer ist wie Israel, dein Volk, ein einzigartiges Volk auf Erden!‹ (1 Chr 17,21).«

Der »Knoten« der göttlichen Gebetsriemen ist Zeichen dieser »Verknotung« Gottes mit seiner Welt, Ausdruck des sich nie lösenden Bündnisses.
Diesen »Knoten« darf Mose sehen – vor dem Strahlenglanz Gottes (b. M'gillá, 19b) geschützt. »Indem du auf dem Felsen stehst« (V 21), auf erhöhtem Posten, in einer Distanz zum Weltgeschehen, wirst du einen Teil des göttlichen Geheimnisses lüften. Doch nur einen Teil; denn nicht auf dem Felsen selbst wirst du dich aufhalten können, wenn der *kawód* Gottes vorbeizieht, sondern nur in einem Spalt *(niqrá)*, in einer »Höhle«, die so einzigartig ist, daß sie in einem besonderen Schöpfungsakt »am Vorabend des (Schöpfungs-)Sabbats bei der Dämmerung« erschaffen wurde (b. P'sachím, 54a). In dieser »Höhle« wird dereinst auch Elia stehen (1 Kön 19,13), der »Eiferer für Gott« (ib., V 14).
Der sein Volk vor Gott zu schützen suchende Mose wird von Gott selbst geschützt – durch die ihn »bedeckende Hand«. Er sieht den »Knoten der

(göttlichen) *t'fillin*« und weiß, daß Israel nicht verstoßen ist. Der »Da-Seiende« wird für immer dasein. Diese Zusicherung muß ihm genügen. Das »Antlitz« Gottes, das Sein und Wesen kann er nicht erkennen, sondern »... nur einen flüchtigen Schatten seines Wesens« (Echter-Bibel, 1955, I, 249, Anm. 23), »einen schwachen Abglanz, einen letzten Strahl seiner Herrlichkeit« (P. Heinisch, Das Buch Exodus, 1934, 240). In der Formulierung von S. R. Hirsch: »Nicht mich waltend, die Spuren von mir in meinen Waltungen kannst du und sollst du sehen.« Mehr ist auch einem Mose versagt. Er sieht nur Gottes Abglanz, nicht seinen Glanz.

Wegweisung für unsere Zeit

»Herrlichkeit«, »Antlitz«, »Rücken« und »Hand Gottes« sind Chiffren. Sie müssen entschlüsselt werden. Maimonides, der »Rationalist«, versucht sich an einer Deutung, mag man sie akzeptieren oder nicht. Eine sichere Entschlüsselung der Chiffren steht aus, und sie wird angesichts des Textes – vielleicht des schwersten der ganzen hebräischen Bibel – auch nie gelingen.

Und dennoch sind die wenigen Sätze vom intimen Gespräch und Offenbarungserlebnis wegen der Dichte ihrer Aussage und der nur erahnbaren Tiefe ihres Inhalts höchst eindrücklich. Jeder Leser spürt, daß Ex 33,17–23 zum Kern biblischen Glaubens vorstößt.

V 17 hat den 1973 verstorbenen jüdischen Religionsphilosophen und Rabbiner, A. J. Heschel, den »amerikanischen Buber«, veranlaßt, in seinem Buch »Gott sucht den Menschen. Eine Philosophie des Judentums« (1955, dt. Ausgabe: 1980) ein Kapitel mit der Aufforderung »Suche mein Antlitz« zu überschreiben (S. 24). »Das heiße Verlangen nach Gott hat in der jüdischen Seele nie nachgelassen«, schreibt Heschel. Der »Durst nach Gott« (Ps 42; 63; Jes 26,9) ist stark, »Gott wartet darauf, daß der Mensch ihn sucht« (S. 25). Juda Halevi (1075–1141), der größte jüdische Dichter des Mittelalters, hat in seinem Gedicht »Dem Quell entgegen« (liqrát m'qór chajé 'emét) dieser Sehnsucht ergreifenden Ausdruck verliehen:

Dem wahren Lebensquell eil' ich entgegen
und halte nichts von Trug und Lebensleere,
nur meines Königs Antlitz will ich seh'n,
nur Ihm mit Ehrfurcht und Respekt begegnen.
O könnt' ich schlafen immer, ohne aufzuwachen.

Könnt' ich Sein Antlitz schau'n in meinem Herzen drinnen,
die Augen sehnten sich nie mehr hinauszublicken!

(Übersetzt nach Yalkut Shirim, hebr., Selected Poems of Shlomo Ibn Gabirol and Yehuda Hallevi, hg. v. Y. Ratzabi, 1982, 66f)

»Gott suchen«, sein »Antlitz« sehen zu wollen, heißt: Gottes Wirken in Schöpfung und Geschichte – der Völker und des Einzelmenschen – aufspüren, seinem Wirken nachgehen. Was geschieht, ist auf Ihn hin konzentriert, Er ist der Brennpunkt allen Geschehens. Vieles wird offenbar, vieles bleibt verborgen. Wie Mose, der nur die »Rückseite« erblicken kann und darf, steht jeder Mensch vor dem großen Rätsel göttlichen Tuns.
Dies aber wird ihm zur Gewißheit: Gott ist gegenwärtig, Er steht zu Seiner Welt, wie Er zum Bund mit Israel gestanden hat. Trotz seiner Schuld bleibt der Mensch mit seinem Schöpfer verbunden. Gott wendet sich ihm zu, wie er sich der Welt stets zuwendet.
Ex 33,21 heißt es: »Sieh, bei mir ist ein Ort« *(hiné maqóm 'ití)*. »Das lehrt uns, daß Er der Ort der Welt ist, nicht aber die Welt Sein Ort« (Midrásch hagadól z. St.). *»Hamaqóm«* ist einer der vielen Gottesnamen. Zu Recht, denn als »*der* Ort« *(hamaqóm)* birgt Er die Schöpfung in sich und durchflutet sie mit Seiner Segensfülle. Mose gleich kann ein jeder sich auf »seinen« Felsen stellen und aus dem »Felsspalt« Gottes Spuren in seinem Leben zu erkennen suchen.

Israels »Erwählung«: Eine Gabe wird zur Aufgabe

Dtn 7,6–12

6 Denn ein heiliges Volk bist du dem Herrn, deinem Gott. Dich hat der Herr, dein Gott, erwählt, Ihm ein Volk des Eigentums zu sein aus allen Völkern der Erde.

7 Nicht weil ihr größer seid als alle Völker, hat der Herr euch begehrt und euch erwählt, denn ihr seid das kleinste aus allen Völkern.

8 Vielmehr aus der Liebe des Herrn zu euch, und weil Er den Schwur bewahrt, den Er euren Vätern zugeschworen hat, (deshalb) hat euch der Herr mit starker Hand herausgeführt. Er hat dich befreit aus dem Haus der Sklaven, aus der Hand Pharaos, des Königs von Ägypten.

9 Wisse, daß der Herr, dein Gott, der (wahre) Gott ist, der vertrauenswürdige Gott, der den Bund und die Treue bewahrt jenen, die Ihn lieben und Seine Gebote beachten, bis ins tausendste Geschlecht.

10 Und Er bezahlt seinen Hassern in ihr Gesicht, um sie zu vernichten. Er säumt nicht bei dem, der Ihn haßt. In sein Gesicht bezahlt Er ihm.

11 Beachte das Gebot, die Gesetze und Vorschriften, die ich dir heute befehle – sie auszuüben.

12 Es wird geschehen: Als Folge dessen, daß ihr hört (auf) all diese Vorschriften, sie ausübt und erfüllt, wird der Herr, dein Gott, dir den Bund und die Treue halten, die Er deinen Vätern zugeschworen hat.

Der Text im Kontext

Nach Dtn 7,1–5 ist dem in Kanaan einziehenden Israel die strikte Absonderung von der heidnischen Bevölkerung und ihrem Kult aufgetragen. Die namentlich genannten »sieben Völker, die zahlreicher und stärker sind als du« (V 1), sind aufs Haupt zu schlagen und mit dem »Bann« *(chérem)* zu belegen. Ein »Bund« *(brit)* mit ihnen ist genauso verboten wie ein Konnubium. V 4 nennt den Grund für das harte Gebot: die Verführung Israels zum Götterdienst (vgl Ex 23,33; 34,15f) und – »weil Gottes Grimm gegen euch entbrennen würde« – den daraus resultierenden Untergang des Volkes in göttlichem Strafgericht. Daher müssen die Götteraltäre und Götterbilder zerstört werden (V 5, vgl Ex 23,24; Dtn 12,2f).

Die Israeliten haben sich nicht an die als Prophylaxe gegen das Heidentum und als Schutz des eigenen Glaubens gedachten Maßnahmen gehalten. Bereits Josua schließt einen Bund mit den Gibeoniten, den er nicht bricht, obschon sie ihn überlistet haben (Jos 9). Zudem gehört das »Bannen« mit dem Schwert zur Ausnahme. Vom »Bann« ist nach dem Fall von Jericho (Jos 6,21), Ai (8,26), Maqeda, Liwna, Lachisch, Eglon, Hebron und anderen Orten die Rede (10,28ff). Zumeist bleiben die Bewohner unversehrt und werden »zu Splittern in euren Augen, zu Stacheln in euren Seiten« (Num 33,55, nach B-R). Das Heidentum droht die noch wenig gefestigte Religion des jungen Israel zu ersticken. Israels Propheten führen einen erbitterten Kampf gegen einen religiösen Synkretismus, der etwa den »Stierkult« heidnischer Provenienz toliert (seit Jerobeams Zeit, 1 Kön 12,28.32f, 922 v. d. Z.) und die »Baalsverehrung« an die Seite der Gottesverehrung stellen will. Einen Test als Echtheitserweis Gottes gegen Baal führt Elia zur Zeit König Ahabs (869–850) mit Erfolg auf dem Karmel durch (1 Kön 18,20–40), doch beweist die Tempelreform König Josias (640–609), wie selbst der Jerusalemer Tempel von »Geräten, die man dem Baal und der Aschera und dem ganzen Heer des Himmels« verfertigt hat (2 Kön 23,4), nicht frei ist.

Die Götter der Kanaanäer und der anderen vorisraelitischen Bewohner des Landes sind lange Jahrhunderte hindurch »resistent« und bilden eine permanente Gefahr für den bildlosen und exklusiven Dienst an Gott. Dies um so mehr, als die im Baalskult wurzelnden Fruchtbarkeitsriten – etwa die sakrale Prostitution der *q'deschá* (Tempeldirne, Dtn 23,18) – eine nicht geringe Faszination auf die Israeliten ausüben.

Mag die Praxis auch anders aussehen, als die Theorie es wünscht – die in Dtn 7,1–5 angestrebte Abgrenzung bleibt richtungweisendes Gebot. Noch ein Moses Maimonides (1135–1204) fordert in seinem Gesetzeskodex (Hilchót m'lachím, V,4, in: Mischné torá, hg. v. R. Sch. T. Rubinstein XVII,374) den Bann gegen »die sieben Völker«, wenngleich er weiß, daß »die Erinnerung an sie bereits verschwunden ist«. Die Mischna (Jadájim, IV,4) tradiert nämlich die Meinung: »Sanherib, der König Assyriens, ist schon hinaufgezogen und hat alle Nationen vermischt.« (Gemeint ist der Feldzug Sanheribs nach Syrien-Palästina vier Jahre nach seiner Thronbesteigung, bei dem das ganze Gebiet von ihm besetzt und Judas König Hiskia in Jerusalem eingeschlossen wurde; s. M. Noth, Geschichte Israels, [5]1963, 242f.) Es ist daher nicht möglich, die einstigen kanaanäischen Einwohner zu identifizieren. Wohl aber können »die Häuser des Götzendienstes« zerstört werden, damit im Land Israel – und nur für dieses Land soll die Pflicht

gelten (Maimonides, Séfer hamizwót, Gebot Nr. 185) – auch der letzte Rest des Götzendienstes getilgt wird (Séfer hachinúch, Gebot Nr. 185).
Religiöse Intoleranz? »Bildersturm« im Judentum? Die Fragen sind berechtigt, und nur eine apologetische Einstellung wird sie rundheraus negieren. Das Moment des Glaubenseifers für den »eifervollen Gott«, der »keine anderen Götter« neben sich duldet (Ex 20,3.5), ist zweifellos gegeben. Nur ist es nicht auf das Judentum beschränkt. Auch im Christentum und Islam werden religiöse Gegner mit Feuer und Schwert bekämpft, werden die Tempel der anderen niedergerissen. Und erst die Religionskriege! Wieviel Leid und Elend brachten sie über die Menschheit. Die Weisen des Talmud haben offensichtlich die Gewissensnot in ihrer ganzen Schärfe verspürt und die Forderung nach der tödlichen Konfrontation mit den Kanaanäern zu mildern gesucht (j. Sch'wi'ít, VI, 1: »Drei Schreiben sandte Josua [an die Einwohner], ehe er ins Land einzog: ›Wer fliehen will, fliehe‹, ›wer Frieden machen will, mache Frieden‹, ›wer kämpfen will, kämpfe‹.« Vgl. M. Maimonides, Hilchót m'lachím, VI, 5). Ein Friedensschluß mit den Kanaanäern hätte dem Gebot der Bibel nicht widersprochen. Weshalb nicht? Weil nach Dtn 20,10 – »wenn du dich einer Stadt näherst, um sie zu bekriegen, so biete ihr (zuerst) den Frieden an« – das Friedensangebot primäre Pflicht ist (Maimonides, VI, 1). Selbst nach Ausbruch der Feindseligkeiten ist ein Fluchtweg offenzulassen. »Belagert man eine Stadt, um sie zu erobern, so darf man sie nicht von vier, sondern nur von drei Himmelsrichtungen aus belagern . . .« (VI, 7). Sind hier nicht Gesetzesparagraphen formuliert, die erst viele Jahrhunderte später – nach der Genfer Konvention von 1864 und der Gründung des Roten Kreuzes – weltweite Anerkennung finden?
Unser Predigttext setzt ein mit der Partikel *ki* (»denn«) und nennt den Grund für die Distanzierung von den Kanaanäern und ihrem Kult: »Denn du bist ein heiliges Volk dem Herrn deinem Gott . . .« Was dies bedeutet und wie es sich auswirkt, muß die Exegese zeigen.

Leitworte des hebräischen Textes

qadósch, »heilig« (LXX: hágios, Vulgata: sanctus) in V 6 meint (nach dem Midrasch Lev. r. und Raschi zu Lev 19,2) soviel wie »abgesondert«. Die *p'ruschím* (»Pharisäer«) sondern sich »von der Blutschande und der Sünde ab«.
'am qadósch kann Israel sein, wenn es sich von der Götterverehrung, die einer »Buhlerei« (Hos 2,4–22; Jer 3,1–3.6–10) gleichkommt, fernhält.

Wesentliches Leitwort des Abschnitts ist *bachár,* »wählen«, »erwählen«. Wer das Verb mit »auserwählen« wiedergibt, läßt den Unterton des Stolzes und der Überheblichkeit anklingen. Völlig zu Unrecht. Wir kommen darauf zurück.
Durch Gottes »Wahl« wird Israel zum *'am s'gulá,* zum »Volk des Eigentums« (L. Zunz, H. Cohen, Religion der Vernunft aus den Quellen des Judentums, 1978 [Nachdruck], 173, S. R. Hirsch), zum »Kleinod-Volk« (D. Hoffmann, Das Buch Deuteronomium, I, 1913, 92, J. Wohlgemuth-J. Bleichrode).
chascháq (V 7) heißt »begehren«, »lieben«, bezieht sich hier aber auf »die starke Bindung« Gottes an Israel (Nachmanides, Abarbanel, R. I. Reggio).
habrít w'hachésed, »der Bund und die Huld« (B-R), die Gott Israel gegenüber bewahrt, weist auf den mit Israels Stammvätern geschlossenen »Bund« hin (Gen 17,7; Sforno), der wegen Gottes »Loyalität« (so W. Baumgartner, Lex. 323, zu *»chésed«*) für immer besteht.

Der Text in der Exegese

V 6 ist gleichsam eine Drehscheibe. Er begründet die Notwendigkeit der Abkehr von der Götterverehrung (»denn du bist ein heiliges Volk«) und schlägt zum anderen einen neuen Tenor an: »dich (oder: »und dich« nach mehreren Handschriften, nach LXX, Vulgata, Targum, vor allem nach Dtn 14,2 mit seiner fast wörtlichen Übereinstimmung) hat der Herr dein Gott erwählt, Ihm zum Eigentumsvolk zu werden ...«
Ein neuer Gedanke klingt auf, der den Passus bestimmt: Israel soll nicht so sein wie »alle Völker, die auf der Erde sind«. Wie denn sonst, und welche Auswirkungen besitzt die Besonderheit?
Ein Blick auf die *Struktur des Abschnitts* vermag die Antwort zu geben. Der Abschnitt besteht aus drei Teilen (6–8; 9–11 und 12).
Er beginnt mit der *These:* Israel ist »heilig« und zum »Eigentumsvolk« Gottes »erwählt«. Auf die These folgt die *Motivation:* Gott »liebt« das Volk, und Gott »bewahrt« Seinen »Schwur« (V 8). Falsch wäre die Annahme, daß die »Erwählung« etwas mit der numerischen Größe Israels zu tun hätte (V 7). Gottes Liebe und das Bewahren Seines Schwurs *manifestierte* sich im Auszug Israels aus Ägypten. Es zeigt sich, daß in V 6–8 *Gott* das handelnde Subjekt ist. *Er* erwählt, *Er* liebt, *Er* hält seine Verpflichtung und erlöst das Volk.
Anders in V 9–11. In diesem zweiten Teil ist Israels erwartete *Reaktion*

festgehalten, und zwar durch die beiden Verben *w'jadaʿtá* (»so erkenne«, V 9) und *w'schamartá* (»so beobachte«, V 11). Die Reaktion liegt im Denk- und im Handlungsbereich: in der *Erkenntnis* der göttlichen Treue und Wirkungsweise – Seines Wirkens in der Geschichte – und, durch diese Erkenntnis gefestigt, im *Erfüllen* der Gottesgebote. Gottes Wirken ist die Ursache von Israels Denken und Tun.

V 12 nennt *Gottes Reaktion* auf Israels Reaktion, mit dem Akzent auf der kausalen Verknüpfung: »Weil« *(ʿéqew)* Israel seiner Pflicht genügt und Gottes Gebote »beachtet und einhält«, wird auch Gott zu Seinen Verpflichtungen stehen. Er steht zu Seinem Bund und schenkt Israel Seinen vielfältigen Segen (V 13–16). An diesem Segen wird die These *bekräftigt:* Israel ist wahrlich Gottes »Eigentumsvolk«, von Ihm nie und nimmer im Stich gelassen. Weder in der Vergangenheit (V 8) noch in der Gegenwart oder Zukunft.

Schematisch läßt sich der Aufbau so darstellen:

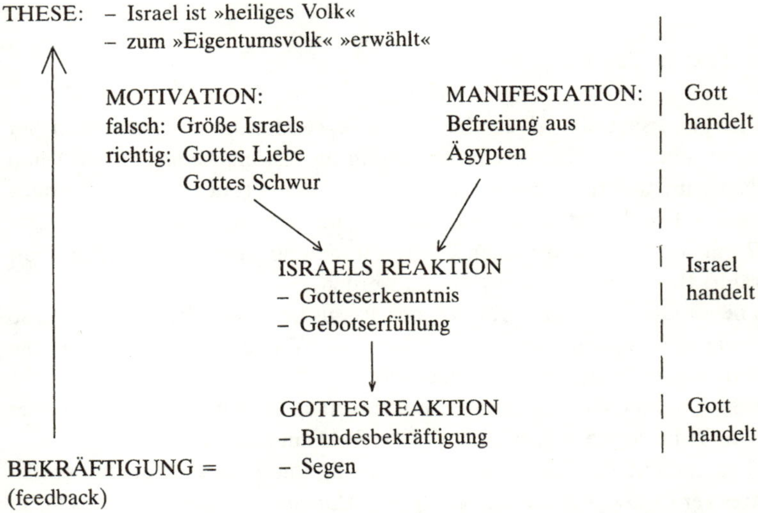

Der Blick auf den gesamten Abschnitt zeigt, daß Israel sich von »allen Völkern, die auf der Erde sind«, in der Tat unterscheidet, zumindest unterscheiden soll. Die von Gott gewollte Nähe und Bindung zum Volk verpflichtet es zur Annäherung an den Schöpfer, dessen Wirken erkannt, dessen Gebot erfüllt werden muß. Und wenn Israel dann Gottes Segen findet, so wird je aufs neue zur Gewißheit, daß Gott zu Seinem Wort steht.

Die Initiative zur engen Beziehung zwischen Gott und Seinem »Eigentumsvolk« geht von Gott aus. Israel ist allerdings zur Antwort aufgerufen. Malbim (zu V 6) vertritt die Ansicht, daß die beiden Begriffe *ʿam s'gulá* und *ʿam qadósch* auf diesen Gedanken hindeuten.

»Die *s'gulá* geschieht durch die *b'chirá* (»Erwählung«) . . ., doch ein »heiliges Volk« wird Israel, wenn es sich durch die Heiligkeit seines Tuns erhebt.«

Gottes Zusicherung kommt nur dann voll zum Tragen, wenn Israel zur Reaktion bereit ist. Zunächst durch die Abkehr von heidnischem Brauchtum (Dtn 7,5: Verzicht auf die Götterverehrung, 14,1: Verzicht auf Riten des Totenkults) und dann durch die positive Zuwendung zu dem von Gott gesetzten Auftrag im Erkennen und Tun (so 7,9–11 und 4,39f).

Gottes Bundestreue zu Israel wird freilich durch das Verhalten des Volkes in keiner Weise bestimmt. Das »begehrte« (*chascháq,* V 7), »geliebte« (*'ahawá,* V 8), durch einen »Schwur« (*sch'wuʿá,* V 8) zugeordnete Israel steht in der besonderen Beziehung, selbst wenn es den Bund bricht. Nur der Segen bleibt aus. Ob Gottes Zusagen sich erfüllen, immer wieder erfüllen, liegt in Israels Hand.

Damit wird deutlich, daß die *»Erwählung«* nichts, aber auch gar nichts mit Lorbeerkranz und Glorienschein zu tun hat. »Denn als Privileg des Dienstes, nicht des Ver-dienstes, der Pflicht, nicht des Vorrechts, ist sie zu verstehen, als Gabe, die immer zur Aufgabe wird« (R. Gradwohl, Grundgesetze des Judentums, ^{3}1984, 17).

Wenn ein Jude während des Gottesdienstes »aufgerufen« wird, zur Lesung aus der Tora hinzutreten, so spricht er vor der durch ihn selbst oder durch den Vorbeter vorzunehmenden Rezitation eines Passus den Segensspruch:

»Gepriesen seist Du, Herr, unser Gott, König der Welt, der uns ›erwählt‹ aus allen Völkern und uns Seine Tora gegeben hat. Gepriesen seist Du, Herr, der die Tora gibt.«

Die »Erwählung« ist gekoppelt mit dem Geschenk der Tora, Seiner Lehre, Seiner Gebote. Es empfiehlt sich daher, den Ausdruck »Auserwählung«, dem das Moment der Überheblichkeit anhaften kann, durch jenen der »Erwählung« zu ersetzen. Die Gefahr des Mißverständnisses ist groß. Amos hat in seiner berühmten Mahnrede (9,7–8) den richtigen Akzent gesetzt:

»Seid ihr mir nicht wie die Mohrensöhne, ihr Söhne Israels? ist Gottes Spruch. Habe ich fürwahr Israel heraufgeführt aus dem Land Ägypten, (doch auch) die Philister aus Kaftor und die Aramäer aus Kir.«

Die im Auszugsgeschehen liegende göttliche Befreiungstat ist nicht auf die Israeliten beschränkt. Auch andere Völker sind von Gott »herausgeführt« worden. Doch gerade weil Israel Gottes Güte erfahren durfte, hat es für schuldhaftes Handeln in besonderem Maße geradezustehen:

»Siehe, die Augen Gottes des Herrn sind auf das sündige Königreich gerichtet: Ich will es vom Erdboden vertilgen, auch wenn ich nicht zur Gänze vertilge das Haus Jacobs, ist Gottes Spruch.«

Israel besitzt keinen Anspruch auf Gottes Zuwendung. Unser Predigttext unterstreicht dies in V7. Israel könnte die »Erwählung« falsch interpretieren, sie auf seine faktische Größe – Dtn 1,10: »Ihr seid heute wie die Sterne des Himmels an Menge« – zurückführen. Verglichen mit der Gesamtheit aller Nationen (LXX, Abarbanel, R.I. Reggio, D.Hoffmann) und selbst verglichen mit den »sieben Völkern« Kanaans (Chisqúni), »seid ihr das Geringste aus allen Völkern« (V7). In Wirklichkeit beruht die göttliche Wahl auf einem emotionalen Erlebnis, Seiner »Liebe«. Nachmanides schreibt: »Er hat sich euch mit einem festen Band, das nie zerrissen wird, verbunden.« Es kann freilich sein, daß auch die »Liebe« nicht irrational ist, sondern durch Israels Verhalten mitbestimmt wurde. So jedenfalls versteht es der Talmud (b. Chulín, 89a):

»Ich begehre euch, denn selbst in der Stunde, da ich euch Größe schenke, macht ihr euch vor mir gering. Ich gab Abraham Größe, und er sagte vor mir (Gen 18,27): ›und ich bin Staub und Asche‹. Mose und Aaron, und sie sagten (Ex 16,8): ›was sind wir?‹ David, und er sagte (Ps 22,7): ›ich bin ein Wurm und kein Mensch‹.
Doch die Götzendiener sind nicht so. Ich gab Nimrod Größe, und er sagte (Gen 11,4): ›Wohlan, laßt uns eine Stadt bauen‹. Pharao, und er sprach (Ex 5,2): ›wer ist der Herr?‹ Sanherib, und er sprach (2Kön 18,35): ›Wer ist Er unter allen Göttern der Länder, ... daß Er Jerusalem aus meiner Hand erretten wird?‹ Nebukadnezar, und er sagte (Jes 14,14): ›Ich steige auf der Wolken Höhen, ich gleiche dem höchsten (Gott).‹ Hiram, dem König von Tyrus, und er sagte (Ez 28,2): ›auf einem Göttersitz throne ich inmitten des Meers.‹«

Wohl noch prägnanter wird die »Verringerungstendenz« Israels im Midrasch (Tanchúma, ʿéqew, Kap. 3) hervorgehoben, wobei die Völker – anders als im Talmudtext – lobend erwähnt werden.

»Nicht weil ihr zahlreicher seid als alle Völker und nicht weil ihr mehr Gebote als sie erfüllen würdet, denn die Völker erfüllen Gebote, die ihnen nicht befohlen worden sind, in größerem Maße als ihr, und sie lassen meinen Namen größer werden, mehr als ihr es tut (nach Mal 1,11–12), sondern weil ihr euch geringer vor mir macht, deshalb liebe ich euch.«

Mit anderen Worten: Israels Bescheidenheit führte zu seiner »Erwählung« durch Gott. Damit ist wohl mit aller notwendigen Eindeutigkeit einem allfälligen Auserwählungsdünkel die Spitze gebrochen.
Doch wozu ist Israel erwählt? Bei Jes 42,6 steht die Antwort auf diese Frage:

»Ich, der Herr, habe dich in Gerechtigkeit gerufen, ich fasse deine Hand, ich habe dich gebildet und gebe dich zum Volksbund (Buber; Zürcher Bibel: »zum Bundesmittler für das Menschengeschlecht«), zum Licht der Völker.«

L. Baeck (Das Wesen des Judentums, ^{6}1960, 66) spricht im Zusammenhang mit der Erwählung Israels und diesem Text von dem »weltgeschichtlichen Berufe« Israels, »von der Verantwortlichkeit, die es vor Gott und den Menschen hat. Die Auserwählung wird als ein Prophetentum des ganzen Volkes erfaßt.« Daraus folgt: »Die Idee der Auserwählung erhält so zu ihrem unbedingten Korrelat die Idee der Menschheit...«
Diese Aussage deckt sich mit jener H. Cohens (Religion der Vernunft, 1978, 173):

»Gott liebt nicht Israel mehr und anders als die Menschen überhaupt, geschweige daß die Liebe zu Israel die zu dem Menschengeschlechte einschränken und beeinträchtigen könnte. Gott liebt in Israel nichts anderes als das Menschengeschlecht. Israel ist sein Eigentum *(s'gulá)*... nur als Vorbild, als Symbol der Menschheit, eine Auszeichnung innerhalb ihrer, denn nur der Monotheismus vermag die Menschheit zu konstituieren. Das ist die Grundlehre. Israel ist das heilige Priestervolk des Monotheismus. Israel ist nicht ein Volk wie die anderen Völker.«

Soviel zur Erwählung. Wesentlich im Text ist nun nicht nur die Tatsache, daß diese Erwählung geschehen ist, sondern daß sie andauert. Das häufigste Verb, das genannt wird, heißt *schamár,* »hüten«, »bewahren«: Gott bewahrt den Schwur (V 8) und die Loyalität (*habrít w'hachésed,* V 9.12), Israel ist aufgerufen, Seine Gebote zu hüten (V 11–12). Jenen, die »Seine Gebote hüten«, bewahrt Er seine Loyalität »ins tausendste Geschlecht« (V 9). Daher ist »der Herr dein Gott (wirklich) Gott«, und zwar *»ha'él hane'emán«* (V 9), »der treue Gottherr« (B-R), der »Unveränderliche« (S. Sforno), »der die Kraft besitzt« (Ibn Esra, R. I. Reggio) und dem daher »Vertrauen zu schenken ist« (S. R. Hirsch).
Gottes Treue und Beständigkeit »jenen gegenüber, die ihn lieben und seine Gebote einhalten« (vgl Ex 20,6), bedingt auf der anderen Seite die Ahndung des Frevels. So wie die Gott Liebenden – »sie handeln aus Liebe, denn sie geben sich selbst her (opfern sich) um der Heiligkeit Gottes willen« (Midrásch hagadól, zu V 9) – auf den »treuen Gott« zählen dürfen, so haben

»die Ihn hassen« (*son'áw,* V 10) mit der Vernichtung *(l'ha'awidó)* zu rechnen.

V 10 hat den Exegeten Kopfzerbrechen bereitet. Die Aussage ist ungewöhnlich hart. Wo bleibt Gottes Langmut (Ex 34,6: Er ist *'érech 'apájim*)? Auch in Ex 20,5 ist von der Bestrafung die Rede: »bis ins dritte und vierte Geschlecht bei jenen, die mich hassen«, doch hier überrascht die Eile im göttlichen Vergelten.

Gewöhnlich wird der Vers so übersetzt: »Und Er bezahlt seinem Feind in sein Antlitz, um ihn zu verderben, Er säumt nicht, ihn zu hassen, in sein Antlitz bezahlt Er ihm.«

Das Targúm Onkelos spürt die Problematik und sucht den Vers zu entschärfen: »Und Er bezahlt (vergilt) seinen Hassern das Gute, das sie vor Ihm getan haben, zu ihren Lebzeiten, um sie (dann) zu vernichten. Nicht säumt Er. Er erweist Gutes seinen Hassern wegen des Guten, das sie vor Ihm getan haben. In ihrem Leben vergilt Er ihnen.«

Raschi schließt sich dem Tg an und kommentiert in aller Kürze: »In seinem Leben (*b'chajáw* als Interpretation des *'el panáw*) vergilt Er ihm das Gute, um ihn von der Zukünftigen Welt zu tilgen.«

Sforno betont nicht minder Gottes Gerechtigkeitssinn, der sich gerade in dem dem »Hasser« gewährten Glück auf Erden kundtut. »Denn der Heilige, gelobt sei Er, schmälert nicht das Verdienst irgendeines Geschöpfes« (nach b. P'sachím, 118 a).

S. R. Hirsch (Der Pentateuch, Deuteronomium, 113) übernimmt die Deutung:

»Er lohnt auch das Gute, das sie üben, denen, die ihn hassen, und zwar 'el panáw: Jedem in sein Angesicht.«

Der Midrasch (Kohélet rabbatí, VII, 32) stellt fest:

»Wegen drei Dingen, sagte R. Joschia, ist der Heilige, gelobt sei Er, langmütig mit den Bösen auf dieser Welt: Vielleicht werden sie die Umkehr *(t'schuwá)* tun, vielleicht erfüllen sie Gottes Gebote und erhalten seinen Lohn im Diesseits, vielleicht aber stammen von ihnen gute Söhne ab (wie König Hiskia von Ahas, Josia von Amon, Mordechai von Schim'i).«

Dem Wortsinn des Verses werden diese Erklärungen nicht gerecht. Sie sind jedoch von großem Interesse, weil sie auf ein wesentliches Problem hinweisen und zeigen, daß jüdische Interpreten sich mit der Sofort-Strafe für Gottes »Feinde« nicht abfinden konnten.

Der Talmud (b. B'rachót, 10 a) erzählt:

In der Nachbarschaft des Rabbi Me'ir lebten üble Leute, die ihn sehr quälten. Da betete er, sie sollten sterben. Seine Frau Beruria (wies ihn zurecht und) sagte: »Wie denn? Denkst du etwa an den Satz ›mögen die Sünder schwinden‹ (Ps 104,35)? – Da heißt es ja eigentlich die Sünden, nicht die Sünder. Und am Ende des Satzes steht: ›und die Frevler werden nicht mehr da sein‹, wenn die Sünden verschwinden, sind auch die Frevler nicht mehr da. Bitte vielmehr um Erbarmen für diese Leute, damit sie die Umkehr (Buße) tun.« So geschah es denn auch. R. Me'ir flehte für sie um Erbarmen, und sie kehrten reumütig um.

Die göttliche Langmut, die als gewiß angenommen wird, führt zur Langmut des Menschen, der seinen Gegnern zu verzeihen bereit ist.
Ein Letztes. In V 12 stehen die Worte: »Es wird sein, *weil (ʿéqew)* ihr diese Gebote vernehmt, sie bewahrt und ausübt, wird der Herr, dein Gott, dir den Bund und die Huld *(habrít w'hachésed),* die Er deinen Väter zugeschworen hat, bewahren.« Der Vers erweckt – im Widerspruch zu V 9 – den Eindruck, Gottes Treue, Sein Festhalten an den Versprechen, sei konditioniert. Weil Israel gehorcht, bleibt Gott ihm treu. Und wenn nicht? Kann zudem von einem Lohndenken die Rede sein?
Targúm Onkelos, Kimchi, Nachmanides geben die Partikel mit »als Entgelt für« wieder. Aufgrund von Gen 22,18 weist hingegen D. Hoffmann (Deuteronomium, 110) darauf hin, durch *ʿéqew* sei das *Ergebnis* einer Handlung mitgeteilt. In der Formulierung von S. R. Hirsch (115):

»*ʿéqew,* eigentlich Ferse. Es ist das, was dem Gehorsam *nachfolgt,* nicht was er im Auge hat.«

Der mit Israel geschlossene Bund Gottes ist vom Verhalten des Volkes unabhängig, er besteht für alle Zeiten (Dtn 29,14). Wenn sich das Volk jedoch an seine ihm auferlegten Bundesverpflichtungen – an die Erfüllung von Gottes Geboten – hält, wird die Folge (die »Ferse«) der in Aussicht gestellte Segen sein (vgl Dtn 7,12 mit 8,20).
Wesentlich ist dabei die Maxime, die in den »Sprüchen der Väter« (I,3) vermerkt wird:

»Seid nicht wie Diener, die ihrem Herrn dienen, um Lohn zu erhalten. Seid vielmehr wie Diener, die ihrem Herrn dienen, auch wenn sie keinen Lohn erhalten.«

Und Maimonides (Hilchót t'schuwá, X,1–2, in: Mischné torá, hg. v. R. Sch. T. Rubinstein, II,253f) hält in seinem Gesetzeskodex fest:

»Keiner spreche: ich erfülle die Gebote der Tora und beschäftige mich mit ihrer Weisheit, um allen in ihr vermerkten Segen zu erlangen oder das Leben der Zukünftigen Welt ... So soll man Gott nicht dienen, denn das wäre ein Dienst aus

Furcht ... Wer aber aus Liebe Gott dient, ... folgt der Wahrheit, weil es die Wahrheit ist, und der Segen kommt am Ende von selbst. ... Dies war die Art unseres Stammvaters Abraham ...«

Wegweisung für unsere Zeit

Unser Text ist provokativ, kein Zweifel. Er reißt die Selbstzufriedenen aus ihrer Lethargie heraus, die auf falsche Werte sich Abstützenden aus ihrer Verblendung. Gott steht zu seinem Schwur, den Er durch die Befreiungstat in der Vergangenheit unter Beweis gestellt und durch die Hilfe in der Zukunft immer wieder unter Beweis stellen wird. Israel – die Menschheit als Ganzes – kann sich indessen auf Gottes Schwur nicht berufen, wenn es seinen ichbezogenen Weg gehen möchte. Der »getreue«, loyale Gott ist kein indifferenter Gott, abgewandt von der Schöpfung und seinen Geschöpfen. Gott ist da, immer gegenwärtig, Er hält »den Bund und die Huld« »jenen, die Ihn lieben«, doch Er vergilt das Unrecht, das begangen wird. Er ist – in der Formulierung der jüdischen Weisen – der Gott der *midát hadín* (richtende Eigenschaft) und der *midát harachamím* (sich erbarmende Eigenschaft).

Ohne Recht entstünde ein Chaos, ohne Erbarmen könnte die Welt nicht bestehen. Beides muß vorhanden sein.

In diesem »locus classicus der Erwählung Israels« (H. Wildberger, THAT, I,285) wird einem allfälligen Überheblichkeitsgefühl a priori der Boden entzogen. Die »Erwählung« ist Gottes Geschenk, doch nicht ein Geschenk, das man empfängt und dann »verstauben« lassen kann. Sie ist ein Geschenk, das den Empfangenden zur Tat verpflichtet. Gottes »Liebe« und »Schwurtreue« (V 8) besitzen ihr Korrelat in Israels Hören, Bewahren und Erfüllen der Gebote (V 12). Gott hat sich Israel zugewandt – in der Vorzeit der Väter. Er erwartet, daß sich Israel auch Ihm zuwendet. Und das heißt stets und überall: daß ein jeder auch auf den Mitmenschen achtet: in aller Bescheidenheit (V 7) und im Gehorsam Gottes Satzung gegenüber (V 11).

»Dein Wort werde wahr«

1 Kön 8,22–24.26–28

22 Salomo stand vor dem Altar des Herrn, gegenüber der ganzen Gemeinde Israels, und breitete seine Handflächen zum Himmel.
23 Er sprach: »Herr, Gott, Israels, keiner ist wie Du, Gott, im Himmel oben und auf der Erde unten, der Du den Bund und die Treue bewahrst deinen Dienern, die vor Dir wandeln mit ihrem ganzen Herzen.
24 Der Du bewahrt hast deinem Diener, meinem Vater David, was Du zu ihm gesprochen hast. Gesprochen hast Du mit Deinem Mund, und mit Deiner Hand erfüllt, wie es an diesem Tag (erwiesen ist).
26 Und jetzt, Gott Israels, bewahrheite sich Dein Wort, das Du gesprochen hast zu Deinem Diener, meinem Vater David.
27 Wohnt denn wirklich Gott auf der Erde? Sieh doch, der Himmel und der Himmel Himmel können Dich nicht fassen, wie gar dieses Haus, das ich gebaut habe.
28 So wende Dich zum Gebet Deines Dieners und zu seinem Fleh'n, Herr, mein Gott, um den Jubelruf und das Gebet zu erhören, das Dein Diener heute vor Dir betet.«

Der Text im Kontext

Nach heftigen Kämpfen mit den »Feinden ringsumher« findet *David* die Ruhe, die Gott ihm schenkt (2 Sam 7,1). Er will – so Raschi und Gersonides (Kommentar z. St.) – im Einklang mit Dtn 12,10f Gott nunmehr einen *Tempel* bauen, um so mehr, als er selbst in einem »Zedernhaus«, einem prächtigen Palast, wohnt, »doch die Lade Gottes in einem Zelt« (V 2; B-R: »inmitten des Teppichgelasses«).
Der Hofprophet *Nathan,* bei dem David um die Baubewilligung nachsucht, ist einverstanden. Die Logik Davids leuchtet ihm ein. In der Nacht erfährt er freilich Gottes Wort. Gott will kein »Haus«, hat ein solches auch nie verlangt, »seit dem Auszug Israels bis heute nicht«. Keinem »von Israels Stabhaltern« (B-R in V 7 für *schiwté Jisra'él;* 1 Chr 17,6 liest *schofté Jisra'él,* »Richter Israels«) hat er einen entsprechenden Auftrag erteilt. Er ist es

zufrieden, in einer »Zeltwohnung« (V 6, nach der Zürcher-Bibel; B-R »in Zelt und Wohnstatt«) »einherzugehen«, d. h. mit Israel zu ziehen.
Davids Wunsch ist indessen nicht vergebens geäußert worden. Sein Sohn, »der aus deinem Leibe hervorfuhr« (V 12, B-R), wird dereinst das Heiligtum bauen. Daß es *Salomo* ist, weiß der Leser der Erzählung noch nicht. Das wird ihm erst aus dem weiteren Geschichtsverlauf deutlich. Das Prophetenwort läßt David im unklaren. Es muß ihm genügen, zu hören, daß ein Gottestempel später einmal errichtet wird, dort, wo jetzt die »Zeltwohnung« steht.
Weshalb ist David selbst die Erfüllung seines Wunsches versagt geblieben? 2 Sam 7 verschweigt den Grund, doch in 1 Chr 28,3 wird er verzeichnet: »denn du bist ein Mann der Kriege und hast Blut vergossen«. Ein Krieger eignet sich nicht zum Tempelerbauer. Wer Gottes Heiligtum errichten will, muß saubere Hände haben. Jesaja wird sagen: selbst jener, der in den Tempel geht (Jes 1,15f). Nicht zufällig verbietet das Gesetz (Ex 20,22) das »Schwingen eines Schwertes« beim Altarbau. Das Schwert (Eisen) ist Symbol des Tötens, des Krieges, und ist dort, wo man für Gott baut, fehl am Platz. Entsprechend wurden dann beim Tempelbau die Quader im Steinbruch und nicht auf dem Tempelareal in die richtige Form gebracht (1 Kön 5,31f; 6,7).
»Haus« *(bájit)* ist dominierendes Leitwort in 2 Sam 7. In V 1–17, auf die der von uns zu besprechende Text von 1 Kön 8 anspielt, tritt es achtmal auf (zweimal zusammen mit *'arasím,* »Zedern«: V 2 ist *bet 'arasím* der »Königspalast«, V 7 der »Tempel«). David wohnt »in seinem Haus« (V 1), er möchte Gott »ein Haus« bauen, doch Gott verwehrt es ihm. Ein »Zelt« ist ihm genug, ein »Haus«, gar ein »Zedernhaus« (V 7), braucht Er nicht. Doch Er verspricht nun David ein »Haus«, das ungleich bedeutender sein wird als der Palast aus Zedernholz. Der König erhält die Zusicherung Gottes (V 11.16), daß sein »Haus«, seine Dynastie (*mamlachá,* V 12f.16), »für immer« (*'ad 'olám,* V 13) bestehen wird. Was sind vergängliche »Häuser« im Vergleich zu jenem »Haus Davids«, seinen Nachkommen, dem Gott seine Huld *(chésed)* für immer gewähren wird (2 Sam 22,51 = Ps 18,51 u. a.)! Das ist kein leerer Zuruf. Das einzig wirkliche »Haus«, über das sich lange Worte zu verlieren lohnt, ist »beständig« (*ne'emán,* V 16), ist wahr, weil es sich bewahrheiten wird (*je'amén,* 1 Kön 8,26).
David hat den Jerusalemer Königspalast gebaut, sein Sohn Salomo den Tempel auf dem Zion (1 Kön 5,15–6,51), mit sehr viel Zedernholz, Gold und anderen Kostbarkeiten. Zwei der »Häuser« stehen. Doch da brechen zwei wesentliche *Fragen* auf:

1. Wird auch das dritte »Haus« – die Königsdynastie – bestehen können? Unter allen Umständen, oder nur, wenn bestimmte Bedingungen erfüllt sind?
2. Es gibt einen Tempel, gut. Doch welchem Zweck dient er? Etwa Gott zum Wohnen, Ihm, der das ganze Weltall umschließt und sich wohl kaum in einem irdischen Gebäude – so prunkvoll es auch sein mag – gleichsam eingrenzen läßt? Ist es nicht höchst vermessen, Gott einen »Wohnsitz« bauen zu wollen?

Gewiß hätte Salomo, der diese Frage in seinem Tempelweihegebet aufwirft, etwas früher an die Problematik seines Tuns denken können. Doch lieber spät als gar nicht.

Der Bibeltext von 1 Kön 8,22ff will diese Fragen beantworten. Er wird eingeleitet von der Feststellung Salomos (8,12f), daß das Heiligtum fertig ist und – im Einklang mit dem göttlichen Versprechen, daß Davids Sohn den Bau ausführen werde (V 19) – er, als Nachfolger »meines Vaters David« (V 20), das Werk beendet habe. Der anonyme Sohn ist jetzt jedermann bekannt: »*Ich* trat an die Stelle meines Vaters . . ., und *ich* baute das Haus, für den Namen des Herrn, des Gottes Israel« (V 20).

Leitworte des hebräischen Textes

Das »Erheben der Hände zum Himmel« *(parás kapájim haschamájim)* – B-R in V 22: »er breitete seine Handflächen zum Himmel« – ist ein im Alten Orient verbreiteter Gebetsgestus. Der Segen der Gottheit soll durch die nach oben gedrehten Handflächen gleich empfangen werden können, wobei sich der Betende vorstellt, daß die Gotteshand seine Hand berührt (s. etwa die Abb. Nofretete und Echnaton mit den in Hände ausmündenden Strahlen des Sonnengottes Aton; »Tutanchamun«, Ausstellung in Hamburg, 1981, Katalog, 34).

Zu *habrít w'hachésed,* »der Bund und die Huld« (B-R), V 23, s. zu Dtn 7,6–12, oben S. 121, 125.

jikkarét, Niphal von *k-r-t,* »schneiden«, »ausschneiden«, »zum Verschwinden bringen«, gehört (V 25) zum Wunsch Salomos, die Thronfolge möchte nie unterbrochen werden, die Nachkommen aus Davids Dynastie möchten für immer regieren.

je'amén, Niphal von *'-m-n,* heißt: »es bewahrheite sich«, »es erfülle sich«, und zwar im Sinn einer Aussage (Gen 42,20) oder Zusage. Vgl *ha'él hane'emán,* »der treue Gottherr« (B-R), s. zu Dtn 7,6–12, S. 125.

j'chalk'lúcha, Pilpel von *k-w-l,* »fassen«, »umfassen«, »umschließen« (V 27). Der Himmel vermag Gott nicht aufzunehmen, weil sich Seine Größe nicht eingrenzen läßt. Häufiger bedeutet *m'chalkél:* »mit Nahrungsmitteln versorgen«, »jemanden ernähren«.
t'chiná (von *ch-n-n,* im Polél: »Erbarmen haben«) ist ein Flehen um Erbarmen, um Hilfe, *rinná* (von *r-n-n,* »jubeln«) ist ein Jubelruf, ein Gebet voller Freude, *t'fillá* (von *p-l-l,* Hitpaʿél) ist das häufigste Wort für Beten, Bitten, Gebet. Zu den Unterschieden zwischen *rinná* und *t'fillá* s. Exegese.

Der Text in der Exegese

Viermal kehrt in unserem Text das Verb *sch-m-r,* »hüten«, »bewahren«, wieder. Dreimal ist es von Gott gesagt, der zu seinem Versprechen steht (V 23.24.25), einmal von Davids Nachkommen (»deinen Söhnen«, V 25), die Könige bleiben, sofern sie Gottes Weisung beachten (»hüten«). Das zentrale Anliegen von 1 Kön 8,22–28 ist Gottes und des Menschen »Hüten«, d. h. die Treue zu einer Verheißung, die sich teilweise erfüllt hat und sich ganz in der Zukunft erfüllen soll. Damit dies geschieht, spricht Salomo mit »zum Himmel erhobenen Händen« seine Bitte.
»Da stand Salomo vor dem Altar des Herrn, der ganzen Gemeinde Israel gegenüber, und er breitete aus seine Hände zum Himmel« (V 22). Aus V 54 ist ersichtlich, daß er kniend, nicht stehend betete. Gersonides bemerkt zu V 54:

»Das lehrt uns, daß der König vom Anfang seines Gebets bis zu seinem Schluß auf den Knien lag. Von diesem Vers folgern unsere Weisen (b. B'rachót, 34b), daß der König, wenn er einmal niedergekniet ist, sich erst aufrichtet, nachdem er sein Gebet zu Ende gesprochen hat.«
(Entsprechend Maimonides, Hilchót t'fillá, V,10, in: Mischné torá, ed. R. Sch. T. Rubinstein, III,60f)

Raschi (zu b. B'rachót, 34b) nennt den Grund:

»Jeder, der größer (bedeutender) ist, muß sich mehr (vor Gott) erniedrigen« (diese Bestimmung gilt besonders für den Hohenpriester und den König).

Der Widerspruch zwischen V 22 (»er stand«) und V 54 (»er kniete«) ist damit freilich nicht behoben. Die Lösung ermöglicht der Vergleich von V 22 mit 2 Chr 6,13. Dort heißt es:

»Salomo hatte nämlich eine eherne Plattform gemacht und sie mitten in den Vorhof gestellt. Sie war fünf Ellen lang, fünf Ellen breit und drei Ellen hoch. *Darauf stand er, kniete nieder* angesichts der ganzen Gemeinde Israels, breitete seine Hände zum Himmel aus und sprach . . .«

Jetzt ist es klar: Salomo stand zu Beginn des Gebets und kniete erst danach nieder. Kniend verharrte er bis zum Ende.

Der Abschnitt gliedert sich in

1. eine hymnische *Adoration* (V 23), die durch Gottes Handeln motiviert wird (V 24),
2. eine zweifache *Bitte:*
   a) die Prolongierung der Davids-Dynastie (V 25) und
   b) die Erhörung des Gebets im Tempel, der dadurch seiner Bestimmung als »Haus des Gebets« (Jes 56,7) – nirgends wird er im »Weihegebet« Salomos als Ort der Opferdarbietung bezeichnet – gerecht wird (V 26.28). V 27 ist eine rhetorische Frage.

In der *Adoration* ist Gottes Einzigartigkeit gerühmt: »Herr, Gott Israels, keiner ist dir gleich ein Gott, im Himmel oben, auf der Erde unten . . .« Er umschließt das Weltall, lenkt und leitet es.
Analog stellt 2 Sam 7,22 (im Davidswort) fest:

Groß bist DU Gott,
ja, keiner ist wie du,
kein Gott ist außer dir! (B-R).

Einer der letzten Verse im Michabuch (7,18) verkündet:

Wer ist ein Gott wie Du,
der Schuld vergibt . . .

Gottes Größe liegt – so Salomo – in der Treue zu der Israel gegebenen Bundesverpflichtung (Dtn 7,9.12 u. a.). V 23 b spricht von der Volksgemeinschaft oder zumindest von jenen Menschen aus dieser Gemeinschaft, »die mit ganzem Herzen (vgl Dtn 6,5) vor Dir wandeln« (vgl Gen 48,15). V 24 fügt der Treue Gottes zur Gemeinschaft – zum Bund *(b'rit),* den Er mit den Stammvätern geschlossen und am Sinai erneuert hat – die Treue zu David hinzu. Das Versprechen ist eingehalten: »mit deinem Mund redetest du und erfülltest mit deiner Hand« (B-R). Viele reden und lassen der Rede kein Handeln folgen. Gott ist anders! »Jetzt« (*kajóm hasé,* »wie es nun am Tag ist!«, B-R) hat sich das Versprechen als wahr erwiesen, nicht als hohle Rede.

Auf die wohlfundierte Adoration folgt die *zweifache Bitte,* eingeleitet mit *w'ᵉatá,* »und jetzt« (V25.26).

V25 spannt den Bogen zu 2 Sam 7,11.16 (Gottesrede) und 7,26f (Davidsrede): Davids Dynastie ist für immer fest »gegründet« (*konánti,* 7,13; *nachón,* 7,16), von Dauer. Salomo schließt freilich nur im Inhalt an die Gotteszusage an seinen Vater an. In der sprachlichen Formulierung (»keiner von dir [deinen Nachkommen] wird vor mir ausgeschnitten [vernichtet], der auf dem Thron Israels sitzt.«) ist Davids Testament an Salomo (1 Kön 2,4; vgl 9,5) aufgegriffen: »Damit der Herr sein Wort erfülle, das er zu mir wie folgt gesprochen hat: Wenn deine Söhne ihren Weg bewahren, um vor mir in Wahrheit, mit ihrem ganzen Herzen und ihrer ganzen Seele zu wandeln, dann wird dir kein Mann vom Thron Israels ausgeschnitten.«

Wir sehen: Salomo hat den Tempel gebaut, nachdem er seinem Vater als König Israels gefolgt ist. Es betet jetzt um die Erfüllung der dritten Zusage im Gottesspruch: um die *Beständigkeit seiner Dynastie,* seines »Hauses«. Die Bedingung (»wenn deine Söhne ihren Weg bewahren...«, V25) entspricht jener aus dem davidischen Testament. Wir wissen, daß die Herrschaft des Davidhauses letzten Endes »abgeschnitten« worden ist. Die ausdrückliche Bedingung blieb unbeachtet, selbst Salomo hat sich nicht an die Weisung Gottes, sondern an die Wünsche seines Herzens gehalten (1 Kön 11,1–13). Und wenn erst nach Salomos Tod das Schisma durch die Gründung des Nordreiches Israel (12,16f) Wirklichkeit wurde, so nur »wegen deines Vaters David« (11,12), mit Rücksicht auf den Begründer der Dynastie. Es war für die Geschichte des Volkes verhängnisvoll, daß bereits Salomo Gottes Weg verriet, um dessen Bedeutung er wie kein anderer wußte.

Das dritte »Haus«, von dem 2 Sam 7 spricht, die Prolongierung der David-Dynastie, ist demnach recht unstabil. Nicht minder vom Zerfall bedroht ist auch das zweite »Haus«, der Tempel. Doch von seiner Bedrohung spricht nicht Salomo, von ihr sprechen die Propheten. Ist das Geschick des Herrscherhauses vom Verhalten der einzelnen Monarchen abhängig, so das Geschick des Gotteshauses vom Tun der Priester und des Volkes (etwa Mi 3,12; Jer 7,13–15; s. bes. 1 Kön 6,11–13).

Nach der ersten Bitte äußert Salomo die zweite (V 26.28): »Und jetzt, Gott Israels, bewahrheite sich doch dein Wort *(d'warchá)* (geschrieben ist: »deine Worte«, *d'warécha*), das Du gesprochen hast zu Deinem Diener, meinem Vater David.« Die Fortsetzung bringt V 28: Gott möge sich *den Gebeten nicht verschließen.* Zunächst nicht den Gebeten des Königs, dann aber auch nicht jenen aller Menschen – selbst der Fremden (V 41–43) –, die im Heiligtum zu Gott beten.

»Laß es geschehen (spricht Salomo zu Gott), daß das Haus, das ich gebaut habe, Haus Gottes genannt werde« (M'zudát David, z. St.).

Der Tempelbau erscheint nun allerdings Salomo selbst mehr als fragwürdig. Hat es überhaupt einen Sinn, Gott einen irdischen Wohnsitz einzurichten? Die rhetorische Frage in V 27 nimmt im Grunde genommen den gedanklichen Faden von 2 Sam 7,6f wieder auf und spinnt ihn weiter. Gott begnügte sich gleichsam mit einem Zelt, weil er damit nur seine Präsenz inmitten Israels (im talmudischen Terminus: seine *sch'chiná,* seine »Einwohnung«) durch »Zelt« *('óhel)* und »Wohnung« *(mischkán)* (7,6) verdeutlichen wollte. Um diese Präsenz anzudeuten, bedurfte es keines Prunkgebäudes. Wozu dann überhaupt der Tempelbau?
Die Problematik findet sich auch in Ps 50,8–13 und Jes 66,1–2a. Gott bedarf weder eines Tempels noch der Opfer. Ihm gehört die Welt. Vom Menschen wünscht Er rechtes Reden und rechtes Tun.
Die Problematik hat auch die Talmudweisen beschäftigt:

»Als der Heilige, gelobt sei Er, zu Mose sagte (Ex 25,8): ›Macht mir ein Heiligtum und ich wohne in eurer Mitte‹, sprach Mose: ›Wer vermag Ihm denn ein Heiligtum zu machen, daß Er in seiner Mitte wohne? Sieh doch, der Himmel Himmel vermögen Dich nicht zu fassen ...‹ (1 Kön 8), und ferner: ›der Himmel ist mein Thron, und die Erde der Schemel meiner Füße‹ (Jes 66). Da entgegnete der Heilige, gelobt sei Er: ›ich verlange es (den Bau) nicht nach meiner, sondern nach eurer Kraft‹ ...« (Num. r., nasó', 12,2; vgl Ex. r., t'rumá, 34).

Der Tempel ist nicht für Gott da, sondern für den Menschen. Er bedarf seiner als Stätte des Gebets (und des Opfers), der Einkehr und Meditation. Der Herr der Welt läßt sich wahrlich nicht in vier Wände einengen.
Flavius Josephus (Altertümer, VIII,4,2) drückt dies so aus:

»Da hast zwar«, sagte er (Salomo), »o Herr, ein ewiges Haus, das Du Dir aus Himmel, Luft, Erde und Meer selbst geschaffen und das du erfüllst, ohne davon eingeschlossen zu werden. Indes habe ich doch deinem Namen diesen Tempel errichtet, damit wir aus ihm unsere Gebete und Opfer zu Dir emporsenden und versichert sein können, daß Du hier zugegen bist und die Deinigen nicht verläßt. Denn wenn Du alles siehst und alles hörst, so wirst Du, da Du jetzt unter uns wohnst, uns allen Deine Fürsorge schenken und jedem, der zu Dir fleht, Tag und Nacht Deine Gegenwart beweisen.«

Josephus hat bei seiner Interpretation Ex 25,8 und 1 Kön 6,13 vor Augen, wo Gottes »Wohnen« inmitten Israels als Grund für den Bau des jüdischen Heiligtums (Stiftszelt, Tempel) angegeben ist. In unserem Abschnitt fehlt diese Motivation. Da ist der Tempel gesehen als die Stätte des Betens, von dem aus der Mensch sein Flehen zu Gott richtet. Gott selbst »wohnt« aber nicht in diesem Haus. Gott »wohnt« auch nicht in Seiner Welt – Es ist die Welt, die in Ihm ruht. »... voll ist die ganze Welt von Seiner Herrlichkeit« (Jes 6,3), doch seine Herrlichkeit beschränkt sich nicht auf die Welt. Er ist *in* der Welt und zugleich außerhalb ihrer. Einer der Gottesnamen heißt in der talmudischen Literatur *hamaqóm,* der »Ort« (Sprüche der Väter, II 9), denn »Er ist der Ort der Welt, nicht jedoch ist die Welt Sein Ort« (Raschi, z. St.). Gegen den Pantheismus (»alles ist göttlich«) eines Spinoza, der die Transzendenz Gottes negiert und nur die Immanenz in der Schöpfung (»Deus sive natura«) anerkennt, lehrt die Tradition des Judentums einen *Panentheismus* (»alles ist in Gott«, doch Gott ist nicht identisch mit allem. Er geht über die Schöpfung hinaus). S. Oberrabbiner A. I. Kook, Stimme der Prophetie *(qol han'wu'á),* 123–127 (in: Wege zum Glauben im Judentum; 23. Jahreskonferenz für Jüdische Philosophie, 1981, hebr).
V 27 beginnt mit dem Fragepartikel *ha'umnám,* »wirklich?« (»wie aber«, B-R) und argumentiert mit dem logischen Schluß »vom Leichteren aufs Schwerere« (a minori ad maius; im Talmud erwähnt als eine hermeneutische Regel des Hillel: *qal wachómer*): wenn schon bei A etwas gilt, um wieviel mehr (beim schwereren) B. Dieses »um wieviel mehr« wird biblisch-hebräisch mit *'af ki* (»wie gar«, B-R) bezeichnet (im talmudischen Sprachgebrauch mit *'al 'achát kammá w'kammá*).

Der Vers hat demnach folgenden Aufbau:

1. Auf die rhetorische *Frage:*	»Wohnt Gott wirklich im Himmel?«
folgt 2. der *Einwand:*	*»Sieh', der Himmel und der Himmel Himmel können Dich nicht fassen«*
Daher gilt 3. die Konsequenz:	»wie gar dieses Haus, das ich gebaut habe.«

Der Tempel kann daher 4. nur den Sinn eines *Symbols* (Kimchi) besitzen. In der Formulierung Abarbanels:

»Salomo wollte mit dem ›Wohnen auf der Erde‹ nicht behaupten, der Heilige, gelobt sei Er, sei auf einen Ort begrenzt und mit einer materiellen Sache verhaftet. Vielmehr (wollte er zu verstehen geben), daß Seine Vorsehung *(haschgachá)* den Menschen auf der Erde gilt.«

Es besteht demnach durchaus kein Gegensatz zwischen der das ganze All erfüllenden »Herrlichkeit Gottes« *(k'wód 'adonáj)* und dieser selben *kawód,* »die die Wohnung erfüllt« (Ex 40,34f). Der Midrasch (Jalqút schim'óni, II, Nr. 189) erklärt es mit einem Gleichnis:

»Es sagte R. J'hoschúa aus Sachnin im Namen des R. Levi: Womit ist dies zu vergleichen? Mit einer Höhle, die zum Meer hin geöffnet ist. Stürmt das Meer, so wird die Höhle (mit Wasser) voll, doch im Meer fehlt nichts. Obwohl es daher heißt: ›Und die Herrlichkeit Gottes erfüllte die Wohnung‹, fehlte nichts vom Glanz seiner Herrlichkeit, weder in den oberen noch in den unteren (Sphären, Welten). Entsprechend sagt Jer 23,24:
›Der Himmel und die Erde, bin ich's nicht, der sie erfüllt?‹ (B-R).«

Der Tempel – Symbol göttlicher Präsenz inmitten Israels – soll das Volk zu einer *Einheit* zusammenschweißen. Auch wer nicht dort sein Gebet spricht, wende sich, so verordnet der Talmud (b. B'rachót, 30a), in seine Richtung:

»Wer im Ausland sich befindet, richte sein Herz zum Land Israel hin (nach 1 Kön 8,48); wer im Land Israel, zu Jerusalem (ib. V 44), wer in Jerusalem, zum Tempel (nach 2 Chr 6,32); im Tempel, zum Allerheiligsten (1 Kön 8,35) . . . Das führt dazu, daß ganz Israel sein Herz zu einem einzigen Ort hin richtet.«

Der Ort ist freilich nur das »technische Hilfsmittel« der wirklichen »Ausrichtung« *(kawwaná)*. Daher heißt es an derselben Talmudstelle:

»Es lehrten die Weisen: Ein Blinder oder jemand, der die Himmelsrichtung nicht kennt, richte sein Herz aus zu seinem Vater im Himmel, denn es heißt (1 Kön 8,44): ›und sie sollen beten zum Herrn‹.«

Im jerusalemischen Talmud (B'rachót, IV,5, 35a) steht der folgende Zusatz:

»Das führt dazu, daß ganz Israel zu einem Ort hin betet, wie es gesagt ist (Jes 56,7): ›Mein Haus wird ein Gebetshaus für alle Völker genannt.‹«

Der Tempel mit seinem Allerheiligsten ist *Israels Zentrum,* zu dem der fromme Jude sich im Gebet hinwendet. Daher sind in Europa sämtliche Synagogen nach Osten (Richtung Jerusalem) ausgerichtet. An der Ostwand steht die Heilige Lade mit den Tora-Rollen, zu der die Gemeinde beim Gottesdienst hinblickt. In den Häusern wird oft eine kleine Tafel mit der

Aufschrift *»misrách«* (Osten) angebracht, damit jeder sogleich weiß, welche Richtung beim Beten zu berücksichtigen ist. Entscheidend bleibt aber immer die Hinwendung zu Gott, nicht zu einem geographischen Mittelpunkt.
Der Brauch der Gebetsrichtung – im Islam unter der Bezeichnung *qibla* übernommen, wobei im Geiste nicht mehr Jerusalem (*al-quds,* die Heilige [Stadt]), sondern Mekka anvisiert wird – findet sich im übrigen bereits in der Hebräischen Bibel. Daniel übt ihn in seinem (babylonischen) Exilsort:

»Daniel ... ging in sein Haus. Offene Fenster hatte er in seinem Obergemach, nach Jerusalem hin. Dreimal am Tag kniete er nieder, betete und bekannte sich zu seinem Gott ...« (6,11).

Als Haus für Gott ist der Tempel, es sei nochmals erwähnt, nicht zu betrachten. Wofür er wichtig ist, deutet Salomo in V 28 an:

»Und doch willst du dich zum Gebet deines Knechts und zu seinem Gunsterflehen neigen,
Du, mein Gott,
zuzuhören dem Aufhall, dem Gebet, das dein Knecht heuttags vor deinem Antlitz betet« (B-R).

Der König hofft auf Gottes Hinwendung *(ufanita),* auf das Erhören der Gebete. Wenn dies eintritt, dann ist der Zweck des Baus erfüllt.
Den Weisen des Talmuds fällt die Wahl der Worte *rinná* (Jubelruf; B-R: Aufhall) und *t'fillá* (Gebet, Bitte) und deren Reihenfolge im Satz auf. Und sie formulieren ein Schema für die Struktur des Gebets: erst das Gotteslob und dann die Bitten.

»Man könnte glauben, daß jemand zuerst Gott um die Erfüllung seiner Anliegen bitten soll und Ihn erst danach anbete, so hat bereits Salomo (die richtige Reihenfolge) durch sein ›zu hören seinen Jubelruf und sein Bitten‹ zu verstehen gegeben« (b. B'rachót, 31 a).

Im jüdischen Gebetbuch ist der Ratschlag berücksichtigt. Das Morgengebet *(t'filát schacharít)* enthält in seinem ersten Teil eine Reihe von Psalmen *(p'suqé d'simrá),* desgleichen setzt das »Achtzehner-Gebet« (*»schmoné ʿesré«,* auch *ʿamidá,* das »stehende« [stehend gesprochene] Gebet, genannt) mit drei Lobsprüchen ein. Die Bitten folgen später. Es ist dabei nicht nur auf die Wendung von *rinná* und *t'fillá* zu verweisen, sondern auch auf das mit V 23 einsetzende Gebet überhaupt. Es beginnt, wie gezeigt wurde, mit der Adoration, mit dem Gotteslob. Erst V 25 ff folgen die Wünsche des Königs.

Wegweisung für unsere Zeit

König Salomo, Thronerbe Davids, baut einen Tempel. Nicht für sich, sondern für Israel und alle anderen Menschen, die (V 42) von Gottes Wirken hören und Ihn in Jerusalems Zentralheiligtum verehren wollen. Gott kann seinem Geschöpf sehr nahe sein, wenn dieses sich mit ganzem Herzen zu Ihm hinwendet. Aus dem Gott des Weltalls und selbst aus dem »Gott Israels« wird dann der persönliche Gott: »*'adonáj 'eloháj*« (V 28). Gott ist ansprechbar, anrufbar, Er ist das große Du im Dialog mit dem Menschen. Die Bibel lehrt uns, daß ein sehendes Auge und ein hörendes Ohr wahrnimmt, was der Mensch tut, was er zu sagen hat. Aus diesem Wissen schöpfen wir die *'emuná,* das Vertrauen in Gott, Seine Hilfe, Seine immerwährende Gegenwart. Wohl bedarf es für die innige Mensch-Gott- und Gott-Mensch-Beziehung keiner prunkvollen Tempel, denn auch im »stillen Kämmerlein« kann sie entstehen. Nur ist es oft leichter, dort, wo viele »ihr Herz zum Himmel richten«, im breiten Strom des Jubelrufs und der Bitte mitgetragen zu werden. Obschon »der Himmel Himmel Gott nicht zu fassen vermögen«, ist das »Haus« nicht unwichtig. Es ist – wie die Jakobsleiter (Gen 28,12f) – ein Mittel, um leichter zu Gott zu gelangen.

»Denn von Zion geht die Lehre aus ...«

Jes 2,1–5

1 Das Wort, das schaute Jesaja, Sohn des Amoz,
über Juda und Jerusalem.
2 Es wird sein in der Späte der Tage,
festgegründet wird sein der Berg mit dem Haus des Herrn an der Spitze der Berge
und erhoben über die Hügel,
und es strömen zu ihm alle Nationen.
3 Es gehen viele Völker und sprechen:
»Auf, laßt uns hinaufziehen zum Berg des Herrn,
zum Haus des Gottes von Jakob!
Er lehre uns von Seinen Wegen,
und wir wollen gehen auf Seinen Pfaden.
Denn von Zion geht die Lehre aus,
und des Herrn Wort von Jerusalem.«
4 Er richtet zwischen den Nationen
und schlichtet zwischen vielen Völkern.
Sie schmieden um ihre Schwerter zu Pflügen,
ihre Speere zu Rebmessern.
Nicht erhebt ein Volk gegen ein Volk ein Schwert.
Sie erlernen nicht mehr den Krieg.
5 Haus Jakobs, auf, laßt uns gehen im Licht des Herrn!

Der Text im Kontext

In der zweiten Hälfte des 8. Jh. v. d. Z., »in den Tagen des Usija, Jotam, Ahas und Hiskia, den Königen von Juda« (Jes 1,1), hält der Prophet Jesaja, der Sohn des Amoz, seine Reden »über Juda und Jerusalem«. Doch nicht nur über seine engere Heimat, sondern auch über das Zehn-Stämme-Reich Israel mit seiner Hauptstadt Samaria und über die Völker der Region. Jesaja (*J'schajáhu,* d. h. »Gott ist die Hilfe« oder »Gott wird helfen«; »Gotthelf«) beginnt seine Wirksamkeit im Todesjahr Usijas (6,1), 740 v. d. Z., in einer

Zeit des Friedens. Rund vierzig Jahre lang steht er vor den Königen, dem Adel und den einfachen Menschen in Jerusalem: klagend und anklagend, mahnend und warnend.

Mit scharfen Worten geißelt er die sozialen Mißstände (z. B. 1,21–23) und den Abfall von Gott durch die Verehrung falscher Götter (1,2–4), und er weiß, daß die Schuld nicht ungesühnt bleiben wird. Gott läßt Assyrien, die neue aufstrebende Großmacht, als »Zuchtrute« (10,5) über Israel und Juda herfallen. Nur in der Not wird das Volk zu Gott zurückfinden. Die Not ist aber das Ende nicht. Wenn erst in Jerusalem wieder Recht statt Unrecht gesprochen wird (1,26f), ist die Zukunft gesichert. Wie es Israel ergeht, wird letztlich durch sein Verhalten bestimmt. Das Schicksal ist nicht blind, nicht durch eine höhere Macht auf irrationale Weise fixiert. In des Menschen Hand liegt es weitgehend, sein Schicksal zu formen. Daher wird auch die assyrische »Zuchtrute«, wenn sie über alle Maßen zuschlägt, schließlich untergehen (10,5–19).

Jesaja sieht die schweren politischen Gewitterwolken heraufziehen. Die Flut vermag er aber nicht aufzuhalten, weil Judas Könige nicht hören und das Volk die Warnungen nicht ernst nimmt. König *Ahas* wird bedrängt durch *Pekach von Samaria* und *Rezin von Damaskus,* die eine Koalition gegen den assyrischen Großkönig *Tiglat-Pileser III.* eingehen und auch den Judäer zum Beitritt zwingen wollen (732 v. d. Z.; »Syrisch-efraimitischer Krieg«). Gegen Jesajas Rat unterwirft sich Ahas dem assyrischen Schutzherrn (2 Kön 16,8). Er rettet dabei zwar seinen Kopf, wird aber Vasall der neuen Macht und muß den Tempel zu Jerusalem assyrischem Götterkult öffnen (2 Kön 16,10ff).

Ahas' Sohn und Nachfolger, *Hiskia,* kündigt – nach Jahren der Tributleistung – im Vertrauen auf Ägyptens Hilfe 713 v. d. Z. die Vasallentreue (2 Kön 18,7). Wiederum gegen Jesajas Forderung (Jes 20,1–6), nicht auf Ägypten, sondern auf Gott zu vertrauen. Vor *Sargons II.* Strafgericht vermag sich Hiskia nur durch eine rasche Unterwerfung (711), eine Rückkehr ins Vasallenverhältnis, zu retten. Kaum ist indessen Sargon II. tot (705) und sein Nachfolger *Sanherib* zunächst mit der Konsolidierung seines Reiches beschäftigt, muckt Hiskia wieder auf. Er verbündet sich, wie die Herrscher anderer Kleinstaaten, mit dem Babylonier *Merodach-Baladan.* Seine »Tempelreform« (2 Kön 18,4), die zur Tilgung assyrischer und anderer Kultgegenstände (etwa des *n'chuschtán,* der »Kupferschlange«) führt, ist nicht nur Ausdruck der Treue zur eigenen Religion, sondern nicht minder Zeichen der Revolte. Die Freude über die wiedergewonnene Freiheit ist allerdings von kurzer Dauer. Sanherib bezwingt (701) die Aufständischen –

Samaria ist bereits 722 durch *Salmanassar V.* zerstört worden (2Kön 18,9–11) – und erobert unter anderem ganz Juda. Hiskia ist, so schreibt Sanherib auf einer Siegesstele, »wie ein Käfigvogel in Jerusalem, seiner Hauptstadt, eingeschlossen«. Durch einen plötzlichen Abzug der Belagerer (2 Kön 19,32–35) wird die Stadt zwar gerettet, doch das Land ist verwüstet, und »die Tochter Zion blieb übrig wie eine Hütte im Weinberg, wie ein Nachtdach im Gurkenfeld« (Jes 1,8; B-R), noch 115 Jahre lang: bis zur Zerstörung durch den babylonischen König Nebukadnezar (586). Doch davon redet Jeremia, nicht mehr Jesaja.
Vermutlich in den schweren Tagen Hiskias, nicht zur Zeit des Ahas (R. Sch. D. Luzzatto, »Jesaja«, 32) und auch nicht in einer noch früheren Epoche (J. Kaufmann, »Geschichte«, III, 204), spricht Jesaja seine Verheißung von einer besseren Zukunft: 2,2–5. So meint Ibn Esra:

»Zion wird jetzt aus Sanheribs Hand gerettet, und es kommt eine Zeit neuer Größe.«

Der zeitliche Ansatz unseres Textes ist freilich nicht gesichert (A. Chacham, Séfer J'schajáhu, I, 1984, 20f). Die Überschrift lautet: »Das Wort (die »Sache«), das Jesaja, Sohn des Amoz, schaute über Juda und Jerusalem« (2,2). Sie entspricht fast wörtlich der Gesamtüberschrift (1,1), nur fehlt eine Zeitangabe. Die Tatsache, daß Kap. 2 auf Kap. 1 mit seiner Schilderung der desolaten Situation folgt, mag als Stütze für die zeitliche Ansetzung gelten (vgl Kimchi, Kommentar z. St.).
Jes 2,1–4 besitzt eine Parallele in Mi 4,1–3. Die Unterschiede, insbesondere der jeweilige Schluß des Prophetenworts (Jes 2,5/Mi 4,4–5), werden uns bei der Exegese beschäftigen.
Micha ist Jesajas jüngerer Zeitgenosse. Ob er den Text Jesajas übernommen hat, ob beide Texte gar eine frühere Vorlage verwenden? Die Gelehrten sind sich darüber im unklaren (s. H. Wildberger, Jesaja [BKAT], X/1, 1972, 78–80). Für Abarbanel (Kommentar z. St.) steht fest:

»Diese Weissagung hat Jesaja zuerst prophezeit. Daher fehlt bei Micha der Vermerk ›so spricht der Herr‹ oder ›Wort Gottes an Micha‹, wie es sonst bei ihm der Fall ist. Er hat nämlich die Weissagung den Reden Jesajas entnommen.«
(Entsprechend J. Klausner, Der Messiasgedanke in Israel, 1950, 42, Anm. 31; hebr.)

Leitworte des hebräischen Textes

Jesaja »schaute« (*chasá, vgl chosé,* »Seher«, Am 7,12) sein Wort *(hadawár),* seine »Rede«. Das Verb ist wie das denominierte Substantiv *chasón* (Jes

1,1; »Schauempfang«, B-R) terminus technicus prophetischer Vision.
nachón, Partizip des Niphal von *k-w-n,* heißt »festgegründet«, »herausragend«, »auf etwas ruhend« (vgl Ri 16,26). Festgegründet, unverrückt und unverrückbar steht der Tempelberg an seinem Platz, weithin sichtbar.
'acharít hajamím (akkadisch: *ina achrat umi*) bedeutet »in der Späte der Tage« (B-R), in einer späteren Zeit, die über kurz oder lang auf die gegenwärtige folgt. Der Vergleich mit Gen 49,1; Dtn 4,30 zeigt, daß dem Ausdruck »keine eschatologische Bedeutung« zukommt (A. B. Ehrlich, Randglossen, IV,10). Von einem »Ende der Tage« (Targúm Jonathan: *b'sóf jomája*) oder den »letzten Tagen« (Septuaginta: *en tais eschátais hämérais*) weiß nur die Apokalyptik, nicht die Eschatologie (H. Wildberger, Königsherrschaft Gottes, 1984, Teil 1, 147). In ihr gibt es »ein wirkliches Ende«, einen Stillstand in der Geschichte (M. Buber, Der Glaube der Propheten, [2]1984, 189). Der Kampf eines Satans gegen Gott, die Vernichtung der Welt, sind Motive apokalyptischer Zukunftsschau (J. Kaufmann, III,189).
Wer dennoch bei Jes 2,1–5 von Eschatologie sprechen will, muß den Inhalt des Wortes entsprechend definieren. »Eschatologie« meint dann einen in später Zukunft eintretenden Wandel im Bereich des geschichtlichen Verlaufs, gleichsam ein Neubeginn, der sich harmonisch an das Vergangene angliedert (vgl H. Cohen, Religion der Vernunft, 336; Ch. M. J. Gevaryahu, Chasón har habájit b''acharít hajamím, in: Betrachtungen zum Jesajabuch, hg. v. B. Z. Lurie, 1976, I,93).
Für die Exegeten des Mittelalters (Raschi, Ibn Esra, Kimchi; vgl Nachmanides, Kommentar zu Gen 49,1) ist *'acharít hajamím* identisch mit *j'mót hamaschíach* (»Tage des Messias«), da die »Sammlung der Zerstreuten« (*qibúz galujót;* Abarbanel) stattfindet.
torá (von der Wurzel *j-r-h*) ist »Weisung« (B-R), »Lehre« (L. Zunz). Als *torát Mosché* (»Lehre des Mose«, Jos 8,31) oder *torát Mosché ʿawdí* (»Lehre meines ›Dieners‹ Mose«, Mal 3,22) bezeichnet *torá* die Fünf Bücher Mose (Pentateuch), in der wohl die Gesetze des Glaubens, aber auch die belehrenden Erzählungen, die geschichtlichen Teile, stehen. Sie ist *torát 'elohécha* (»die Weisung deines Gottes«, Hos 4,6; vgl Jes 5,24), die Mose – am Sinai von Gott empfangen (Ex 24,12) – an Israel weitergibt.
torá bezeichnet gelegentlich Einzelvorschriften (Lev 6,2.7.18 u. a. bei den Opfergesetzen) und auch die »Lehre« eines Menschen (der Mutter, Spr 1,8; 6,20; des Weisen, Ps 78,1; Spr 13,14).
Die LXX gibt *torá* mit griechisch *nómos* wieder. Dazu erklärt L. Baeck (Das Wesen des Judentums, [6]1960, 195):

»Der Name ›Gesetz‹ erschien als der treffendere, da er für die Griechen einen erhabenen, feierlichen und autoritativen Klang hatte, der zudem einen religiösen Ton mitschwingen ließ; er war geeignet, die Vorstellung von der göttlichen Lehre im Gegensatz zur menschlichen in dem hellenischen Geiste zu erzeugen.«
(Vgl entsprechend E. E. Urbach, chasál, pirqé 'emunót w'de'ót, 1969, 275f; englisch: 1975, 290.)
In Jes 2,3 zeigt die Parallele von *torá* mit *dawár* (Abarbanel: »das ist die Prophetie«; *n'wu'á*), daß *torá* »im weiten Sinn einer religiösen und moralischen Belehrung« zu verstehen ist (Gevaryahu, 97).
w'chit'tú (Piel von *k-t-t*) heißt: »sie werden zerschlagen«, »umschmieden«. Im Qal besitzt das Verb den Sinn von »stoßen, zerstoßen« (Ps 89,24). *schémen katít* ist »fein zerstoßenes Öl« (Ex 27,70) für die Beleuchtung am Kandelaber des »Stiftszelts«.
»Ihre Schwerter« (*charwotám,* von *chérew*) werden die Völker zerschlagen und sie so lange behauen, bis sie zu *'ittím* (sing. *'et,* »Pflug«, eventuell: »Karst«, d. h. »Breithacke«) werden. (Zur Abb. eines in Lachisch gefundenen *'et:* A. Chacham, 24.) »Ihre Speere« *chanitotehém,* von Singular *chanít*) zerschlagen sie zu »Rebmessern« (*masmérot,* Singular *masmerá,* von *s-m-r,* Lev 25,3f), womit der Bauer die überflüssigen Blätter und Zweige der Rebstöcke abschneidet.

Der Text in der Exegese

»Der Berg« (V 3), »der Berg des Hauses Gottes« (V 2) ist der »Berg Zion«, von dem Ps 48 jubelnd singt. Er ist »festgegründet« an der »Spitze der Berge, erhaben über die Hügel«, kaum in topographischer Hinsicht (s. jedoch Ez 40,2: »ein sehr hoher Berg«). Wesentlich ist in jedem Fall die kultisch-religiöse Höhe.

»An der Spitze der Berge ..., in bezug auf die Wichtigkeit der Berge« (Raschi), »auf seine Heiligkeit« (Abarbanel).

Auf den Bergen und Hügeln pflegten die Völker ihre »Opferhöhen« *(bamá)* zu errichten und auf ihnen den Göttern zu opfern. »In der Späte der Tage« (B-R für *b"acharít hajamím*) werden sie einsehen, daß nicht von diesen Bergen, sondern nur vom Zion mit seinem Gottestempel die Wahrheit ausgeht (Kimchi), weil Gott über alle Götter erhaben ist (A. Chacham). Der Zion ist ein »Berg der Segensfülle und des Trostes«.

»Alle guten (Dinge), Segnungen und Tröstungen, die Israel in der Zukunft geschenkt werden, stammen nur vom Zion: Die Hilfe (nach Ps 14,7), die Kraft (Ps 110,2), der Segen (Ps 134,3), das Schofarhorn (der Erlösung; Joël 2,15), Tau und Segen und Leben (Ps 133,3), die Torá (Jes 2,3), Hilfe und Unterstützung (Ps 20,3)« (Lev. r. 24,4; Abarbanel zu Jes 2,3).

Die dominierende Stellung des Zion ist augenfällig. Der Zion ist »auserlesen..., die Mitte der Gotteswelt, des Weltreiches Gottes zu werden« (M. Buber, Israel und Palästina. Zur Geschichte einer Idee, 1950,51). Im blumigen Bild des Midrasch wird es so ausgedrückt:

»R. Pinchas sagte im Namen des R. R'uwen: In der Zukunft bringt der Heilige, gelobt sei Er, den Sinai(!), Tabor und Karmel und baut auf ihnen ein Heiligtum. Woraus ist dies zu ersehen? Weil es heißt (Jes 2,2): »... an der *Spitze* der Berge« (Jalqút schim'óni, Bd. II, Nr. 391; P'síqta' d'raw Kahána, I,321).

Auf dem Zion findet die Offenbarung der »zweiten Tora« statt.

»... die erste ist einst dem Volk Israel vom Wüstenberg hernieder gegeben worden, die zweite wird nun dem ganzen Menschenvolk vom Tempelberg hernieder gegeben« (Buber, aaO).

Zum Zion »strömen« (V 2: *w'naharú,* deriviert von *nahár,* »Strom«) »alle Nationen« (*kol hagojím,* Mi 4,2 liest: »Völker«, *'amím*). Sie tun es aus freien Stücken, ohne Zwang. Die vom Zion ausgehende *torá* wirkt wie ein Magnet. Kein Volk kann ihr widerstehen.
Was sagen diese »vielen Völker« (*'amím rabbím;* Mi 4,2: *gojím rabbím*; »viele Nationen«), ehe sie sich zur »Völkerwallfahrt zum Zion« bereitmachen? »Auf, laßt uns hinaufziehen zum Gottesberg, zum Haus des Gottes von Jakob« (V 3). »Hinaufziehen« – weil Jerusalem auf dem Berggipfel liegt, »umgeben von Bergen« (Ps 125,2), und zugleich das Hinschreiten zu einem Ziel als »Aufstieg« gesehen wird. Bis heute heißt die »Einwanderung« in den Staat Israel *'alijá* (»Aufstieg«), und der Einwanderer ist ein *'olé.*
In unserem Abschnitt häufen sich die *Verben der Bewegung:* Fünfmal kehrt *h-l-ch* (»gehen«) wieder (V 3 und 5), einmal *n-h-r* (V 2), *'-l-h* und *j-z-'* (V 3, »hinausgehen«). Bewegung, Dynamik charakterisieren das Verhalten der Völker, die nicht dort stehenbleiben wollen, wo die Herkunft sie hingestellt hat. Wer Gott und seine *torá* sucht, muß sich auf den Weg machen. Nicht zufällig beginnt die Geschichte Abrahams, des ersten »Juden«, mit dem Gottesruf (Gen 12,1): *»lech l'chá«* (geh weg aus deiner Heimat... in das Land, das ich dir zeigen werde), und nicht zufällig beginnt die »Volksgeschichte« Israels mit dem Auszug aus Ägypten. Das Hinaufziehen kann schöpferisch sein, begleitet von Gedanken. (So etwa bei Abraham, der hingeht, um seinen Sohn Isaak zu opfern, und erst am dritten Tag den »Berg aus der Ferne sah«, Gen 22,4, s. die Ausführungen, oben S. 83.)
Bereits vor Antritt der Reise kennen die Völker den Zweck in aller

Klarheit: »Er lehre *(w'jorénu)* uns von Seinen Wegen, und wir wollen gehen auf Seinen Pfaden« (V3). *w'jorénu,* d. h.: »Er schenke uns Seine *torá.«* Die Völker sind allerdings nur zu einer »Teil-Lehre« bereit, nicht zur Übernahme der ganzen Tora:

»*midracháw* – einen Teil seiner Wege (etwas »von« ihnen). Gemeint sind die Gebote, die nicht spezifisch nur für Israel gelten, weil es (Ex 19,6) ein ›Königreich von Priestern und ein heiliges Volk‹ zu sein hat. (Die Vorschriften, für die sich die Völker interessieren,) sind jene der Gerechtigkeit und des Rechts, die der Mensch erfüllt, ›um durch sie zu leben‹ (Lev 18,5)« (R. Sch. D. Luzzatto).

Es handelt sich infolgedessen nicht um eine Konversion zum jüdischen Glauben. Selbst nicht einmal, wie A. B. Ehrlich richtig festhält (Die Schrift nach dem Wortsinn; hebr: hamiqrá' kifschutó, III, 6), »um eine Prostration vor dem Gott Israels wegen Seines Wirkens und Seiner Macht«. Die Pilger aus der Völkerwelt wollen primär die *torá* erfragen, wollen lernen und erst dann – das darf durchaus angenommen werden – den göttlichen Lehrer auch betend verehren. Im letzten wird es – so verkündet Jesaja (2,20) – zu einer Absage an die Götter kommen:

»an jenem Tag
schleudert der Mensch fort
die Gottnichtse seines Silbers,
die Gottnichtse seines Goldes,
die man ihm machte, – ...« (B-R).

Die Absage steht aber am Ende, nicht am Anfang der »Völkerwallfahrt«.
Die Völker werden nicht enttäuscht. Wer »zum Gottesberg, zum Haus des Gottes Jakobs« (V3) zieht, geht nie leer aus. Seine Fragen werden beantwortet, seine Bitten erhört (Ps 145,18). Weil sie sich nach dem Gottesrecht erkundigen, wird ihnen dieses Gottesrecht mitgeteilt. Doch nicht nur ihnen, die zum Zion gelangt sind. *»ki mizijón tezé' torá«.* A. B. Ehrlich (aaO) erklärt: »... denn über die Grenze *hinaus* wird die Lehre gehen«. Wenn erst das Licht zu strahlen begonnen hat, dringt sein Schein weit in die Welt. Kontinuierlich, ohne je seine Leuchtkraft einzubüßen.
Der Schluß des rhythmisch geprägten Verses ist *chiastisch* aufgebaut (vgl Jes 37,32):

»Denn von Zion *(a)* geht die Lehre *(b)* aus
und Gottes Wort *(b)* von Jerusalem *(a).«*

Gehört dieses Versprechen noch zum Wunsch der Völker (A. Chacham) oder ist es Teil der Glaubensgewißheit des Propheten? Aus dem Text läßt

sich diese Frage kaum beantworten. In jedem Fall ist der Prophet von der Gültigkeit des Versprechens überzeugt.
Wie manifestiert sich die Belehrung *(w'jorénu; torá)?* Nicht nur in einer »Rechtsbelehrung« (so H. Wildberger, Jesaja, 85), sondern »in der religiös-moralischen Instruktion im weitesten Sinn« (Gevaryahu, 97). V4a nennt die spezifische Funktion der »Lehre«:

»Er *richtet* zwischen den Nationen
und *schlichtet* (zwischen) vielen Völkern.«

»Richten« *(schafát)* und »schlichten« (*hochíach;* auch »zurechtweisen« in der Bedeutung von »zum Recht weisen«) sind wohl Termini der Rechtssprache, dürfen hier jedoch nicht im engen juristischen Sinn interpretiert werden. Die von Zion ausgehende *torá* wird nämlich den ganzen Beziehungskomplex zwischen den Völkern bestimmen.
B. Uffenheimer (in: Talks on Scripture, ed. B. Zvieli, II, 1983, 18f; hebr.) macht auf Dtn 17,8–11 aufmerksam, wo mehrmals dieselben Vokabeln wie in unserem Abschnitt auftreten: *mischpát, schafát, dawár (d'wár hamischpát), torá* und *j-r-h* (Hiphil: *jorúcha,* »sie werden dich lehren«). »Alles, was in der alten Gesetzgebung über das Verhältnis zwischen Mensch und Nebenmensch, zwischen einem und dem anderen Stamm innerhalb Israels gesagt wurde, ist hier (Jes 2,4) übersetzt in die Beziehungen zwischen einem Volk und dem anderen«, schreibt Uffenheimer.
Wenn freilich im Dtn die levitischen Priester und Richter als Rechtsvollstrecker genannt sind, so in unserem Text Gott selbst. Daß der Messias (so Kimchi; R. Sch. D. Luzzatto) als Gottes Bevollmächtigter fungiert, steht nicht da. Vom Messias ist in Jes 2,1–5 nicht die Rede. Desgleichen unfundiert ist die These (R. Jehuda Halevi, Kusari, III, 39), »im Beisein der Richter, Beamten, Priester und des Synhedrions« werde die *torá* vom Zion ausgehen.
Man sollte aus dem Text nicht mehr herauslesen, als in ihm steht. Nur von Gott, von keiner menschlichen Instanz, sprechen die Verse.
Unmittelbares Ergebnis des Richtens und Schlichtens ist der Wille der Völker, auf die Option des Krieges künftig zu verzichten. Zwistigkeiten werden nicht auf dem Schlachtfeld, sondern am Verhandlungstisch entschieden. Zunächst gilt es dabei, »abzurüsten«, die bestehenden Waffen zu vernichten. Bemerkenswert ist, daß dabei das »Abrüsten« zu einem »Umrüsten« wird. Die Schwerter und Speere werden so lange mit dem Hammer behauen, bis sie sich aus Instrumenten des Tötens in Instrumente des Lebens verwandeln. Dasselbe Material wird ein zweites Mal verwendet,

nicht nur weil es kostbar ist. Die Wiederverwendung ist zugleich sichtbarer Ausdruck einer grundsätzlichen Neuorientierung. Menschliches Denken und Handeln schlägt eine neue Richtung ein: vom Krieg zum Frieden hin. Forschung und Technik sind nicht darauf aus, immer gefährlichere (Massen-) Vernichtungsmittel zu produzieren, sondern Apparate der Lebenserhaltung und -förderung zu erfinden und zu bauen. Das ist das wichtigste Merkmal der »messianischen Zeit«. Wie Maimonides in seinem Gesetzeskodex (Hilchót m'lachím [Vorschriften über die Könige], XII,2, in: R. Sch. T. Rubinstein, XVII,417f) festhält:

»Es lehrten die Weisen (b. B'rachót, 34b): Zwischen der Jetztzeit *(ha'olám hasé)* und den Tagen des Messias *(j'mót hamaschíach)* ist der einzige Unterschied die Unterjochung der Völker *(schibúd malchujót)*.«

Jedes Volk wird die ihm zustehende Freiheit – auch die Freiheit freier Entscheidung und Entfaltung – besitzen. Davon sagt zwar Jesaja nichts, doch sein Zeitgenosse Micha deutet es (4,4) an:

». . . sie sitzen
jedermann unter seinem Rebstock,
unter seinem Feigenbaum,
und keiner scheucht auf« (B-R).

Nicht nur die Völker, auch die einzelnen Menschen gewinnen die Sicherheit eines ruhigen Lebens, in welchem die Früchte der Arbeit vom Besitzer genossen werden können (Gegensatz: Dtn 28,31.39–42).
Die Waffen werden verschwinden, desgleichen die »Kurse in Kriegsführung«. Weil kein Volk das Schwert gegen das andere erhebt und für immer absehen wird vom »Erlernen des Kriegs« *(w'lo jilm'dú 'od milchamá)*. Von dieser waffenlosen Zeit ist auch Ps 46,10 die Rede:

»Geht aus, schaut SEINE Werke,
der Erstarren einsetzt auf Erden:
die Kriege verabschiedet er
bis ans Ende des Erdreichs,
er zerbricht den Bogen,
die Lanze splittert er,
er verbrennt die Wagen im Feuer . . .« (M. Buber)

Noch ist diese Zeit freilich nicht angebrochen, und ehe sie anbricht, ist die Welt, wie Joël 4,10 ansagt (Vision von der »Völkerschlacht« im »Tale Josaphat«), von einer Katastrophe bedroht. In Umbiegung der jesajanischen Hoffnung heißt es bei ihm:

kótu 'itechém lacharawót umasm'rotechém lirmachím, »schmiedet um eure Pflüge zu Schwertern und eure Rebmesser in Speere« (*rómach* für *chanít*).

Ehe die Völker sich zum Friedensgespräch und der Verwirklichung des Weltfriedens durchringen, muß Israel ein Beispiel setzen. Dazu ruft Jesaja sein Volk auf (so Ibn Esra, Kimchi, die V5 als Aufforderung des Propheten, nicht der Völker, interpretieren).
Die Appellation *bet Ja'aków* (»Haus Jakobs«) entspricht dem *bet 'elohé Ja'aków* von V3. Und der »Marschbefehl« *l'chu w'nelchá* (»auf, laßt uns gehen!«) greift zurück auf *l'chu w'na'alé* im Mund der Völker.
Dieses *bet ja'aków* ist bisher alles andere denn ein Vorbild für die anderen. V6f nennt den Grund: Zauberei, Reichtum, Kriegswagen füllen das Land. »Gottes Licht« (V5: *'or 'adonáj*) leuchtet nicht, das »Licht«, das nichts anderes ist als die *torá:*

»Ja, eine Lampe *(ner)* ist das Gebot *(mizwá)*, die Weisung Licht *(w'torá 'or)*« (Spr 6,23).

Gott wirkt das Neue, den umfassenden Weltfrieden, nur dann, wenn die Menschen sich bereithalten und ihr Herz Seiner »Lehre« öffnen. Daher sind in unserem Abschnitt die Verben des dynamischen Fortschreitens so entscheidend wichtig. Die menschliche Initiative darf nicht ausbleiben, wenn es auf dieser Erde anders, besser werden soll. Nicht der göttliche Schöpfer hat das Chaos angerichtet, sondern sein Geschöpf. Und dieses Geschöpf ist es, das den ersten Schritt in eine neue Richtung – zum Kosmos, zur »Ordnung« hin – zu tun aufgerufen ist.
Die volle Tragweite der prophetischen Vision in Jes 2,1–5 zeigt sich, wenn man der verheißungsvollen Zukunft die trübe Gegenwart zu Jesajas Zeit gegenüberstellt: den Soll-Zustand dem Ist-Zustand.

Zukunft	*Gegenwart*
»In der Späte der Zeit«:	In der Gegenwart:
Gottesberg erhaben über Hügel,	Götterverehrung auf allen Hügeln,
Völker strömen dorthin,	kein Interesse am Gott Israels,
wünschen Weisung Gottes,	Völker besitzen eigene Gesetze,
bereit, Seine Wege zu gehen.	die Wege der Götter.
Gott richtet und schlichtet:	Völker sind zerstritten (kein Richter):
Umschmieden der Waffen,	Neurüsten von Waffen,
statt Zerstörung: Aufbau,	statt Aufbau: Zerstörung,
nie mehr Krieg.	immer nur Krieg.
»Gottes Licht« zeigt den Weg.	Finsternis auf der Erde.

Wegweisung für unsere Zeit

Die Menschheit hat ihr Paradies verloren. Adam und Eva haben die Chance durch eigene Schuld verwirkt und sind von Gott aus dem »Garten Eden« vertrieben worden (Gen 3,23f). Ihre Nachkommen ziehen – hetzend und gehetzt, Kajin, dem ersten Brudermörder gleich, »unstet und flüchtig« – durch die Zeiten. Der Brudermord hat nicht aufgehört, der nächste Krieg wird gründlich vorbereitet. Der harten, unerbittlichen Realität steht Jesajas Prophetenwort gegenüber: Die Waffen werden »umfunktioniert«, die Epoche der Verständigung und des Friedens hebt an. Das verlorene Paradies – verloren durch des Menschen Schuld – wird retabliert: durch des Menschen »Umkehr« *(t'schuwá)* und das heißt: durch ein neues »Antwortgeben« auf die Probleme seines Lebens.

Die Sehnsucht auf eine bessere Zukunft braucht nicht Sehnsucht zu bleiben. Die Menschheit kann sie sich erfüllen. Doch sie muß sich endlich gründlich auf den Weg machen, wenn sie die Chance nicht erneut verpassen will. *l'chu w'nelchá* – Jesajas Aufruf an Israel – muß die Losung sein: »Auf, laßt uns gehen im Lichte des Herrn!« Das Gehen hat einen Bezugspunkt, es ist auf Gott gerichtet. Im Blick auf Gott hin entdeckt der Mensch den Menschen, seinen Bruder. Dann findet der Brudermord ein Ende, der Weltfriede (vgl Jes 11) kann beginnen.

Ein Traum? Eine Utopie? Nein. Es bleibt uns keine Alternative, wenn wir dem Suizid der Menschheit durch einen Atomkrieg entgehen wollen. Wer an den Völkerfrieden glaubt – nicht blind, nicht kurzsichtig –, ist kein Träumer. Er ist ein entschiedener Realist, der die tödliche Gefahr erkennt und mit dazu beiträgt, daß sie für immer gebannt wird. »Das Wort, das Jesaja, des Amoz Sohn, gesehen hatte«, sagt uns, daß das »Gehen zum Gottesberg«, zum Frieden hin, möglich ist.

»Hier bin ich, sende mich«

Jes 6,1–13

1 Im Todesjahr des Königs Usija.
Ich sah den Herrn, sitzend auf einem Thron, hoch und erhaben, und
Seine Säume erfüllen den Tempelraum.
2 Seraphen stehen über Ihm, sechs Flügel, sechs Flügel hat jeder eine: mit
zweien bedeckt er sein Gesicht, mit zweien bedeckt er seine Füße, und
mit zweien kann er fliegen.
3 Einer rief zum anderen und sprach:
»Heilig, heilig, heilig ist der Herr der Heerscharen,
voll ist die ganze Erde von Seiner Herrlichkeit!«
4 Da erbebten die Pfosten der Schwellen wegen der Stimme des Rufers,
und das Haus füllte sich mit Rauch.
5 Und ich sprach: »Weh mir, ich bin verloren; denn ein Mann mit
unreinen Lippen bin ich und wohne inmitten eines Volkes mit unreinen
Lippen; denn den König, den Herrn der Heerscharen, haben meine
Augen gesehen.«
6 Da flog zu mir einer der Seraphen, und in seiner Hand war eine
glühende Kohle. Mit einer Zange hatte er (sie) vom Altar ge-
nommen.
7 Er berührte meinen Mund und sagte: »Sieh, berührt hat diese deine
Lippen. Deine Sünde ist gewichen und deine Schuld gesühnt.«
8 Ich hörte die Stimme des Herrn, sprechend:
»Wen kann ich senden, und wer wird für uns geh'n?«
Ich sprach: »Hier bin ich, sende mich!«
9 Er sagte: »Geh und sprich zu diesem Volk: Hört – doch ihr werdet nicht
verstehen. Seht hin – doch ihr werdet nicht erkennen.
10 Verfettet sei das Herz dieses Volkes, seine Ohren seien schwer, seine
Augen verklebt, so daß es nicht sieht mit seinen Augen, und mit seinen
Ohren nicht hört. Verstünde es mit seinem Herzen, so könnte es
umkehren und Heilung finden.«
11 Und ich sprach: »Bis wann, o Herr?«
Er erwiderte: »Bis verödet sind die Städte, ohne Bewohner,
und die Häuser ohne Menschen, und die Erde verheert, eine Einöde.

12 Es entfernt der Herr den Menschen. Und groß ist die Verlassenheit inmitten des Landes.
13 Noch aber gibt es einen zehnten (Teil). Abermals wird er der Vernichtung (preisgegeben). Wie aber bei Terebinthe und Eiche beim Fällen ein Stamm bleibt, so ist ›Samen der Heiligkeit‹ ihr Stamm.«

Der Text im Kontext

Nach Jes 1,1 wird Jesaja zum Propheten in der Regierungszeit der judäischen Könige Usija (= Asarja; 2 Kön 15,1–7), Jotam, Ahas und Hiskia. 6,1 beginnt mit der Terminangabe *»im Todesjahr König Usijas«*, das ist das Jahr 739 v. d. Z. Wenn es sich bei unserem Bibelabschnitt um die Berufungsvision des Propheten handelt, um seinen »Legitimationsausweis« (H. Wildberger, Jesaja, 238) – und es spricht sehr viel dafür, daß Kap. 6 den Beginn seiner Tätigkeit markiert (vgl unten zu V 8) –, so bedeutet dies, daß Jesaja nur kurz während der Regierungszeit Usijas auftritt. Das Hauptgewicht seiner Botschaft liegt in den Jahren der Nachfolger Usijas.
V 1 besagt nicht, daß Usija bereits gestorben war, als Jesaja seine Berufung erlebte (gegen R. Elieser von Beaugency, Jesaja, ed. J. W. Nutt, 1879, 15). Er mag gelebt haben, doch ohnehin war er nicht mehr an der Macht. In 2 Kön 15,5 ist vermerkt:

»Und es schlug der Herr den König, und er wurde *aussätzig* bis zum Tag seines Todes und wohnte im Haus der Freiheit (in Abgeschiedenheit). Jotam aber, des Königs Sohn, stand dem Hause (Palast) vor und richtete das Volk des Landes.«

Für Gottes »Schlag« nennt 2 Chr 26,16–20 den *Grund:* Usija maßt sich an, im Tempel ein Räucheropfer selbst darzubringen, und verstösst damit gegen die Privilegien der aaronidischen Priester. Auf einen entsprechenden Vorwurf des Hohenpriesters Asarja reagiert der König zornig und wird daraufhin an seiner Stirn vom Aussatz befallen. Nun muß er eilends den Tempel verlassen (vgl Lev 13,46) und in der Abgeschiedenheit seine Lebenstage zubringen. Er wird nie mehr geheilt. Die Erkrankung bewirkt neben dem Verlust der Krone den Verlust der Teilnahme am Kult. Als Aussätziger gleicht er einem Toten (vgl Num 12,12).
Der Talmud (b. N'darím, 67 b) schreibt:

»Vier gelten als ›tot‹: der Arme, der Aussätzige, der Blinde (damals fehlten Brillen!) und wer keine Kinder hat.«

Wenn 6,1 festhält, Jesaja habe im »Todesjahr« Usijas seine Vision erlebt, so mag dieses Jahr daher das Jahr der Erkrankung, des politischen und gesellschaftlichen Endes sein (s. Tg Jonathan, Raschi, Kimchi, R. J'schajáhu der Erste von Trani).
Die Berufung Jesajas erfolgt in jedem Fall zu einem Zeitpunkt, da Usija die Macht verloren hat. Welch ein Unterschied zum ewig lebendigen, ewig herrschenden »Herrn der Heerscharen«, der für immer auf dem Thron des Weltregenten sitzt und keinem Wandel unterworfen ist. Wie Er sich dem Propheten offenbart und was er von ihm wünscht, davon spricht unser Bibeltext.

Leitworte des hebräischen Textes

s'rafím (Singular *saráf*) sind – wie die *chajót* (Ez 1,5) – geflügelte Wesen: »geflügelte Schlangen« (vgl Num 21,6; R. Elieser von Beaugency), die vielleicht Feuer speien (Kimchi; *saráf* ist nach ihm abgeleitet von *s-r-f,* »verbrennen«). Targum Jonathan enthält sich einer Beschreibung und setzt das neutrale *schamaschín qadischín,* »heilige Diener«. Nach A. B. Ehrlich (Randglossen, IV,24) hängt *saráf* mit arab. *scharafa,* »erhabener Engel«, zusammen.
qadósch (V 3) ist »heilig«, d. h. abgesondert vom profanen Bereich, einer bestimmten Aufgabe geweiht. Der Heiligungsbefehl Israels – durch Gottes Heiligkeit begründet – lautet nach dem Midrasch (Lev. r. 24,4 zu Lev 19,2) folgendermaßen:

»Der Heilige, gelobt sei Er, sagte zu Mose: Sprich zu den Israeliten: wie Ich abgesondert bin, so seid auch ihr abgesondert.«

»Abgesondert« heißt in diesem Text *parúsch.* Davon stammt der Ausdruck »Pharisäer« *(p'ruschím).* Pharisäer sind jene Juden, die sich vom Profanen distanzieren und ihrem Leben Weihe, »Heiligkeit« zu schenken suchen.
sipím (Singular *saf*) sind die »Schwellen« (zumeist die Oberschwellen). Sie werden getragen durch die *'amót* (Singular *'amá*), die »Pfosten«. Die *'amót* sind wohl dasselbe wie die *m'susót* (Targúm Jonathan, Kimchi; Sch. L. Gordon). Nach W. Baumgartner (Lexikon, 60) handelt es sich um »die in die Schwelle eingelassenen *Zapfen* des Türflügels«.
qol haqoré, die »Stimme des Rufers«, ist der laute Seraphengesang. Nach Raschi erbeben freilich die Pfosten durch das Erdbeben *(rá'asch)* zu Usijas Zeit (Am 1,1; Sach 14,5), das am Tag erfolgt sein soll, da der König sein

illegitimes Räucheropfer darbrachte. Bereits Kimchi (zu V 4) hat sich gegen diese Deutung gewandt. Der Lärm und das Beben hängen mit dem Gesang zusammen.
nidméti (V 5) kann heißen »ich bin vernichtet« (verloren) oder »ich bin stumm«, zum Schweigen verurteilt. In jedem Fall handelt es sich um ein Niphal von *d-m-h.* (Nach W. Baumgartner, Lexikon, 216, gehört das erste zu *dmh III,* das zweite zu *dmh II.*) Ibn Esra läßt beide Übersetzungsmöglichkeiten zu.
t'mé s'fatájim bedeutet »unrein an den Lippen«. *Tamé* ist – im Gegensatz zu *tahór* – der »kultisch Unreine« (Lev 7,19; 10,10).
Rizpá (V 6) ist eine »glühende Kohle«, dasselbe wie *gachélet* in 2 Sam 14,7 (Raschi). In 2 Sam 22,9 als Plural: *géchalím,* »Feuerkohlen«.
V 10 stehen drei Verben in der Hiphilform:
haschmén (von *sch-m-n;* vgl *schémen,* »Öl«), »verfetten«,
hachbéd (von *k-w-d,* »schwer sein«), »schwer machen«,
haschá' (von *sch-'-'*), »vertünchen«, »verkleben«.
Zu *scha'ú* (von *sch-'-h,* »verheert sein«), »sie waren (sind) verheert, verwüstet«, gehört das Nomen *scho'á,* die »Verwüstung« (Spr 1,27), im modernen hebräischen Sprachgebrauch für »Holocaust« (die Vernichtung der Juden während der Nazizeit) verwendet. *tischa'é* im selben Vers ist Niphal: »sie (Erde) wird verödet sein«.
'asirijá (von der Zahl *'éser,* »zehn«) ist der »zehnte« Teil.
'elá ist die »Terebinthe«, *'alón* die »Eiche«, vermutlich die in alten Zeiten verbreitete Tabor-Eiche (M. Zohary, Pflanzen der Bibel, 1983, 108–111). Trotz der *schaléchet* – »Abfallen der Blätter« (Kimchi) oder »Abschneiden der Zweige« (R. El'asar aus Worms; Sch. L. Gordon; A. Chacham) – bleibt die *mazéwet* (»Stamm«) erhalten und bringt neuen »Samen« *(séra'),* »Samen der Heiligkeit« *(séra' qódesch)* hervor.

Der Text in der Exegese

Jes 6,1–13 ist ein Selbstbericht des Propheten. Jesaja »sieht« (V 1: *wa'er'é*), spürt eine Glühkohle auf den Lippen und »hört« (V 8: *wa'eschmá'*) Gottes Wort. Der Akzent liegt auf dem Sehen, der visionären Schau (vgl 1,1). Was er sieht, wühlt ihn auf und befähigt ihn zugleich, sich zum Dienst für Gott zu melden.
Der Abschnitt gliedert sich in drei Teile: In einer *ersten Phase* (V 1–4)

»sieht« Jesaja den »Hofstaat Gottes«. Er ist, könnte man sagen, »ganz Auge«, persönlich am Geschehen nicht beteiligt.
In der *zweiten Phase* (V 5–7) tritt das Sehen zurück. Das Bild vom »Hofstaat« verschwindet hinter einer Nebelwand (V 4: »Das Haus war gefüllt von Rauch«). Vor dieser undurchsichtigen Kulisse vollzieht sich an Jesaja die Metamorphose, die Wandlung aus einem Menschen mit »unreinen Lippen« zum geläuterten Gottesboten. Verbindungsfigur zwischen dem göttlichen Herrn und seinem irdischen Auftragsempfänger ist der fliegende (überirdische) Seraph.
In einer *dritten Phase* (V 8–13) »hört« Jesaja die Stimme Gottes. Das »Sehen« ist vollends gewichen, die Vision mündet ein in eine Audition. Der Prophet hört Gottes Wort und respondiert – anders als sein Volk, das nicht hören wird, weil es nicht hören will. In diesem Augenblick erfährt Jesaja vom schlimmen Schicksal Israels, das allerdings nicht durch eine totale, sondern nur durch eine partielle Katastrophe geprägt ist.
Charakteristisch in dieser dritten Phase ist die vom Propheten entwickelte Aktivität. Zu Beginn ist er passiver Betrachter eines außergewöhnlichen Geschehens. Dann fühlt er sich vom Geschauten überwältigt, hilflos, verängstigt über seinen fast sicheren Tod. Jetzt aber wird er als Gottesbote (V 8: »hier bin ich, sende mich!«) lebendig. Er hört und reagiert auf das Gehörte. Abraham gleich, der angesichts der Mitteilung, die Städte Sodom und Gomorra würden vernichtet, nicht mit verschränkten Armen stehenbleibt (Gen 18,20–32). Jesaja tritt aus der Defensive heraus. Er wagt einen Einspruch (V 11): »Bis wann, o mein Herr?«, d. h.: wie lange wird das Elend meines Volkes andauern? Jesaja argumentiert freilich nicht. Er kämpft nicht mit Gott um den Freispruch für sein Volk. Nicht jeder ist ein Abraham, bereit, mit beispielhafter Selbstlosigkeit für einen Mitmenschen einzustehen, selbst wenn dieser Mitmensch ein Verbrecher ist. Die Situation ist auch etwas anders. Abraham erfährt vom radikalen Ende, das den Leuten der beiden Städte droht, Jesaja hört, daß Israel trotz aller Strafe eine Zukunft besitzt.
Jes 6,1–13 hat in 1 Kön 22,19–23 eine *Parallele.*
Michajhu, Sohn des Jimla, soll dem König des Nordreiches Israel, *Ahab* (871–852 v. d. Z.), mitteilen, ob dessen Kampf gegen die Stadt Ramot in Gilead erfolgreich sein wird. Ein Kampf, den er an der Seite des judäischen Königs Josafat zu führen gedenkt. Während die »falschen Propheten« dem König den Sieg verheißen (V 12) und auch Michajhu zunächst den »Glückspropheten« spielt (V 15), spricht er danach die Wahrheit: Israel ist über die Berge versprengt wie Schafe, die kein Hirt hütet.

An dieses Unheilswort schließt Michajhu den Bericht von einer visionären Schau an, die ihm zuteil geworden ist. Sie ist – wie eine Gegenüberstellung zeigt – der Vision Jesajas auffallend ähnlich:

1 Kön 22,19–23	*Jes 6,1–13*
Ich sah den Herrn,	Ich sah den Herrn,
sitzend auf Seinem Thron,	sitzend auf einem Thron, . . .
und das ganze Heer des Himmels,	Seraphen
stehend vor Ihm	stehen über Ihm . . .
zu seiner Rechten und Linken.	
Da sprach der Herr:	Ich hörte die Stimme des Herrn . . .:
»Wer wird Ahab verführen,	»Wen kann ich senden, und wer wird für
daß er nach Ramot in Gilead	uns geh'n?«
gehe und umkomme?«	
Der eine sagte dies, der	
andere jenes.	
Da trat der Geist hervor	
und sprach:	Ich sprach:
»Ich werde ihn verführen!«	»Hier bin ich, sende mich!«
Der Herr sagte zu ihm: »Womit?«,	Er sagte:
und er antwortete: »Ich gehe	»Geh und sprich zu diesem Volk . . .«
und werde zum Lügengeist im Mund all	
seiner Propheten.«	
Da sprach Er: »Verführe! Du	
hast Erfolg. Geh hin und tu es!«	

Anders als Jesaja bleibt Michajhu immer Zuschauer. Nicht er ist der Gottesbote, der »Ahab verführen wird« (V 20), sondern die *rúach* (der »Geist«; nach Raschi: der Geist [des von Ahab ermordeten] Nabot), die im Mund der falschen Propheten zur *rúach schéqer,* zum »Lügengeist« wird. In beiden Texten erscheint jedoch der »göttliche Hofstaat«. Der Herr thront, umgeben von seinen himmlischen Dienern. Was in dieser Himmelsversammlung geschieht, deren »Augen«-Zeugen Michajhu und Jesaja werden, bestimmt den Verlauf der Ereignisse auf Erden. In 1 Kön 22 übernimmt eines der Himmelswesen – dem »Satan« (= Ankläger) in Hiob 1,6ff vergleichbar – die Aufgabe der »Verführung«. Ahabs Geschick ist besiegelt, er soll zugrunde gehen. Der Mord an Nabot wird geahndet (vgl 22,38 mit 21,19). Er könnte zwar dem Prophetenwort Michajhus Glauben schenken und von dem Feldzug nach Ramot in Gilead absehen – doch es ist zu spät. Die Macht der Verführung durch den in den falschen Propheten wirkenden »Lügengeist« ist stärker als das Wort Gottes.

Jesaja ist kein Lügenprophet und auch kein Lügengeist. Und doch erfährt auch er, daß der Adressat seiner Verkündigung – das Volk Israel – die Ohren vor der Gottesbotschaft verschließen wird. Nicht weil es dazu verurteilt wäre – es ist es so wenig wie Ahab –, sondern weil es lieber auf die Wünsche seines Herzens als auf die Wünsche seines Gottes hören will. Daß ein Lügengeist zu verführen vermag, ist »normal«. Daß ein wahrer Prophet scheitert, stimmt traurig, denn es zeigt, wie wenig Menschen sich von ihren Gewohnheiten und Denkstrukturen loszureißen vermögen.

Betrachten wir jetzt wesentliche Details aus Jes 6. Jesajas Vision wird als *»Sehen«* Gottes geschildert. Selbstverständlich sieht er nicht wirklich. Nicht nur, weil kein Sterblicher den Schöpfer zu sehen vermag (Ex 33,19; vgl die Ausführungen, oben S. 111, 114–116), sondern weil alles »im Sehen der Prophetie und nicht im Wachzustand« geschieht (Sforno, Schriften, ed. S. Gottlieb, 1983, hebr.). Gott ist nicht zu sehen. R. J. Albo hält fest:

»Wir haben es schon durch Beweise bewahrheitet, daß Gott weder ein Körper noch eine Kraft in einem Körper ist...« (Grund- und Glaubenslehren der Mosaischen Religion, ed. W. Schlesinger, ²1922, 140ff).

Desgleichen ist die Wendung *»Gottes Thron«* eine Chiffre. Maimonides (FdI, I,46f; II,173) deutet alle Anthropomorphismen auf rationale Weise:

»Es gibt keinen »Thron Gottes, weil es kein körperliches Ding gibt, auf welchem Gott, der darüber unendlich erhaben ist, sich erhebt.«

Wesentlich ist, daß Gott in der jesajanischen Vision nicht beschrieben wird. Bestenfalls sind die »Säume« seines Gewandes *(schuláw)* wahrzunehmen, sicher nicht Gott selbst. Die Insignien Gottes mag Jesaja sehen, nicht deren »Träger«. Die »Herrlichkeit Gottes füllt die ganze Erde« (V 3), in jedem Ding kann sie erkannt werden. So verstanden, ist »Gott« sichtbar.

Der Thron steht im Innenraum des Tempels, wohl im Allerheiligsten, dort wo (im wirklichen) Tempel die Bundeslade mit den beiden Keruben aufgestellt ist. *hechál* ist im Hebräischen Fremdwort (sumerisch *é-gal,* »großes Haus«, akkadisch *ekallu,* »Palast«) und bedeutet Palast und Tempel.

Um den Thron herum halten sich die Seraphen auf. Wie viele sind es? Ein »ganzes Heer« wie bei Michajhus Schau? Jesaja sagt es nicht. *»Sechs Flügel«* besitzt ein jeder Seraph.

»Mit zweien bedeckt er sein Gesicht, mit zweien seine Füße (= seine Scham; »aus Anstand«; R. Elieser von Beaugency),
mit zweien kann er fliegen« (*j"oféf,* Polel von ʿ-u-f; neben *wajáʿof,* »er flog«, Qal, das den effektiven Flug angibt).

Das Targúm Jonathan interpretiert die Funktion der Flügel in schöner Weise:

»Mit zweien bedeckt er sein Gesicht, damit er nicht (Gott) sehe [vgl Mose am Dornbusch, Ex 3,6],
mit zweien bedeckt er seinen Körper, damit er nicht gesehen werden kann,
und mit zweien dient er (Gott).«

Jesaja hört die Seraphen, wie sie sich den hymnischen Lobspruch Gottes zurufen: »Heilig, heilig, heilig ist der Herr der Heerscharen, voll ist die ganze Erde von Seiner Herrlichkeit.«
In der Liturgie der Synagoge steht der Vers an zentraler Stelle: in der *q'duschá,* der »Heiligung« Gottes.
Das Targúm Jonathan ist wiederum ausführlicher:

»Heilig in den Himmeln der obersten Höhe, dem Haus Seiner Gegenwart,
heilig auf Erden, dem Werk Seiner Macht,
heilig in Ewigkeit und in Ewigkeit der Ewigkeiten.«

Das dreimalige »heilig« (Septuaginta: *hágios,* Vulgata: *sanctus*) weist nach Sch. L. Gordon (Jesaja, 57) darauf hin, daß »die Heiligkeit nicht eine Eigenschaft unter vielen Eigenschaften Gottes ist, sondern sein ewiges Wesen betrifft«. R. Eliahu, der Gaon von Wilna, erklärt:

»Dreimal steht heilig, um die Sache, die eine größere neben sich nicht besitzt, zu verstärken. So heißt es auch von Gott, er sei der ›König, der König aller Könige‹.«

Ibn Esra erinnert an die dreifach wiederholte Wendung »Tempel Gottes« (Jer 7,3) oder »Land, Land, Land« (Jer 22,29), H. Wildberger (Jesaja, 232) an Ez 21,32 (dreifaches »Trümmer«) und Ps 99 mit dem dreifachen Hinweis auf Gottes Heiligkeit (V 3.5.9).
Für Jehuda Halevi (Kusari, IV,3) ist die Heiligkeit Gottes

»eine Bezeichnung, die darauf hindeutet, daß Gott hoch und erhaben ist und sich daher keiner menschlichen Eigenschaft verbindet... Mit dem Ausdruck ›heilig‹ bezeichnen wir infolgedessen das Geistige, das keine materielle Form annimmt.«

Entscheidend ist die Erkenntnis, die Leo Baeck (Wesen des Judentums, 106) so formuliert:

»Alle Welt, dieser Bezirk des Irdischen, ist doch die Welt Gottes; er ist der Heilige und ist doch der Gott der Welt.«

In diesem Sinn macht auch E. E. Urbach (chasál, pirqé 'emunót w'de'ót, Kap. 4) darauf aufmerksam, daß der transzendentale Gott zugleich der

Israel nahestehende, der immanente Gott ist (V 3 und Num 14,21).
Durch den offensichtlich gewaltigen Seraphengesang erbeben die Pfosten der Tempeltüren samt den Schwellen. Das Bild vom Gottesthron verschwimmt in unscharfen Konturen, vor die Szenerie senkt sich ein Rauchschleier (V 4). Jesaja ist zutiefst erschrocken. Er spürt den unüberbrückbaren Graben zwischen dem kleinen Menschen-Nichts und dem »König, dem Herrn der Heerscharen«. Und Ihn haben »meine Augen gesehen« (V 5). Nicht in Seiner Größe und Macht, die einem Sterblichen verborgen bleiben, doch zumindest als »König«, als Regenten der Welt. Einen Teilaspekt des göttlichen Seins hat Jesaja erkennen dürfen, und diese Erkenntnis bringt ihn aus dem seelischen Gleichgewicht. Er ist »unrein«, unwürdig, ein Unreiner inmitten Unreiner. Seine Reaktion ist ein klagender Ruf: *'oj li* (weh' mir). Das kann nicht gut ausgehen. »Ich bin verloren«. Den Grund gibt er mit einem dreifachen »denn« *(ki)* an:

»Weh mir, *denn* ich bin verloren;
denn ein Mann mit unreinen Lippen bin ich und wohne inmitten eines Volkes mit unreinen Lippen;
denn den König, den Herrn der Heerscharen, haben meine Augen gesehen.«

Durch das zweite und dritte »denn« wird das erste begründet. »Weh mir, denn ich bin verloren«, weil ich mich 1. in Unreinheit befinde und 2. als Unreiner und als Sterblicher, der Gott (ungestraft) nicht »sehen« kann, sicherlich sterben werde (zur Problematik: Ri 13,22f).
A. Sch. Hartom deutet den Vers so:

»Der Unreine, der in den Tempel geht, ist todeswürdig, erst recht jener, der Gottes Erscheinung erblickt, wie wenn er sich im himmlischen Tempel befände.«

Jesaja spricht von sich als einem »Mann mit unreinen Lippen«. Mose widersetzt sich der göttlichen Berufung mit dem Ausruf: »Ich bin unbeschnitten an den Lippen« (Ex 6,30), das heißt: ich bin nicht befähigt, zu sprechen. Den Unterschied beschreibt H. Cohen (Religion der Vernunft, 113) mit folgenden Sätzen:

»Denn wie dieser (Mose) sich vor seiner Berufung im Bewußtsein einer körperlichen Gebrechlichkeit scheut, so wird diese Demut bei Jesaja noch mehr versittlicht; aus den unbeschnittenen Lippen werden die unreinen Lippen. Und dennoch ergeht an ihn der Ruf: heilig der Ewige.«

Man kann wohl auch sagen: *Mose* empfindet die *Unfähigkeit* zu reden (ich *kann* nicht, weil meine Lippen, mein Mund dazu nicht in der Lage sind),

Jesaja die *Unwürdigkeit* (ich *darf* nicht, weil ich als Unreiner disqualifiziert bin). Im Hintergrund mag die Verpflichtung für den durch Aussatz unrein Gewordenen stehen, seine »Lippen zu verhüllen« (Lev 13,45; Mi 3,7; s. M. Buber, Glaube der Propheten, 166).

V 6–7 beschreiben den *Läuterungsakt* mit der glühenden Kohle (vgl Lev 16,12). Feuer reinigt von jeglicher kultischen Unreinheit (Num 31,23), Feuer vom Altar erst recht (R. Eliahu, der Gaon von Wilna). Die Lippen verbrennen nicht, aber sie werden rein, bereit für Gottes Auftrag. Die *Sünde,* das ist wohl die Sündhaftigkeit eines jeden Menschen, ist getilgt durch den verursachten Brandschmerz (m'zudát Davíd; Kimchi; A. B. Ehrlich, IV, 27).

Man muß nicht an eine bestimmte Sünde denken, wenn auch *'awonchá* und *chatatchá* (»deine Schuld«/»deine Sünde«) im Singular genannt sind. Nach dem Midrasch (p'siqtá' rabbatí, 34,3) wird freilich die Sünde einer angeblichen »Verleumdung« (*diltórja,* von lateinisch *delatoria*) gegen Israel als Volk »mit unreinen Lippen« Jesaja zum Vorwurf gemacht. Wie kann er pauschal alle Israeliten mit diesem Makel behaften?

»Es heißt nicht: in seiner Hand war eine *gachélet,* sondern eine *rizpá.* Was ist *rizpá?* R. Samuel, Sohn des Nachman, sagte: *raz pe* (Raschi liest, V 6: *razúz pe,* beschädigter Mund), weil er gegen meine Kinder (Israel) Verleumdung ausgesprochen hat.«

Die Berührung der Lippen mit einer Glühkohle hat bei Jesaja nur kathartische Bedeutung. Bei Jeremia und Ezechiel kennzeichnet die Berührung des Mundes durch die »Hand Gottes« die Eingabe des Wortes. »Sieh, Ich habe mein Wort in deinen Mund gelegt« (Jer 1,9). Ezechiel sieht eine Schriftrolle in Gottes ausgestreckter Hand (2,9) und hört daraufhin den Befehl, die Rolle (mit der Gottesbotschaft) »zu essen« (3,2). Es mag sein, daß die gleichsam orale Eingabe der Gottesworte bei Jeremia und Ezechiel das Targúm Jonathan veranlaßt hat, auch bei Jesaja einen entsprechenden Vorgang anzunehmen. Es läßt die »Glühkohle« fallen und setzt für *rizpá* ein *milmál,* »Wort«.

»Und er (Seraph) ordnete es in meinem Mund und sprach: Sieh, ich habe die Worte meiner Weissagung in deinen Mund gelegt.«

Von einem Läuterungsprozeß ist im Targum nicht die Rede, statt dessen jedoch von einer unmittelbaren Übergabe des Wortes, wie bei Jeremia und Ezechiel. Ein wesentliches Element der jesajanischen Vision ist damit freilich verlorengegangen.

Kaum ist Jesaja »rein«, hört er die Stimme des Herrn: *»Wen kann ich*

senden, und wer wird für uns geh'n?« Das »uns« kann pluralis majestatis sein (vgl Gen 1,26: »Wir wollen.einen Menschen machen« neben 2,18: »Ich will ihm eine Gehilfin machen«). Vielleicht berät sich Gott auch mit seinem »Himmelsheer«.
Jesaja meldet sich freiwillig, er ist zum Botengang bereit, obwohl er den Inhalt der Botschaft nicht kennt. Mose, Jeremia, Amos, besonders Jona weigern sich. Jesaja sagt zu, ohne daß er direkt gefragt worden wäre. Der Midrasch (jalqút schim'óni, II, Nr. 443) unterstreicht das Außergewöhnliche dieses Verhaltens:

»Es sagte der Heilige, gelobt sei Er, zu Jesaja: Meine Kinder fallen zur Last, meine Kinder sind widerspenstig. Da antwortete Jesaja: es geschehe dennoch – »meinen Rücken bot ich denen, die mich schlugen« (Jes 50,6; aus dem Wort des »Gottesknechts«).

Jesaja ist gewarnt, meint der Midrasch, er übernimmt eine schwere Bürde, und er weiß, daß sie schwer ist. Um so größer ist daher auch seine Entscheidung.
V 8 zeigt nach Ansicht der jüdischen Exegeten (Ibn Esra; s. vor allem m'chílta d'Rabbí Jischma''él, paraschát schirá, Kap. 7), daß es sich bei Kap. 6,1–13 um die Berufungsvision handelt. Weshalb die Berufung nicht am Anfang des Buches steht, ist allerdings nicht auszumachen.
V 9–10 hat man oft als »Verstockungsbefehl« verstehen wollen. Gott erteile dem Propheten den Auftrag, die Ohren, die Augen und das Herz Israels ihrer Funktionstüchtigkeit zu berauben. Israel solle – von der eigenen Blindheit verblendet – ins Verderben rennen. Ist eine solche Interpretation der beiden Verse möglich, widerspricht sie nicht dem fundamentalen Prinzip der Bibel von der immer möglichen und von Gott gewünschten Umkehr (z. B. Hos 14,2–5; Jes 1,18–20; Ez 18,23)?
Die jüdischen Weisen lehren (jalqút schim' óni, II, Nr. 408; séder 'Elijáhu rabbá', XVI):

»Kannst du wirklich glauben, daß der Heilige, gelobt sei Er, die Umkehr Israels nicht wünschen sollte?
Ein Vergleich mit einem König aus Fleisch und Blut, der einen einzigen in der Ferne lebenden Sohn hat. Er schickt einen Boten zu ihm und läßt ihm sagen: ›Schlachte viele Ochsen und iß viel Fleisch und trink viel Wein. Schlaf lang und kümmere dich nicht um die Feldarbeit.‹ Zu welchem Zweck all dies? Damit der Königssohn sich um die Arbeit fleißig kümmert. Wenn der Vater ihn dann besucht, hat er große Freude mit ihm.«

Gott will, meinen die Weisen, die Israeliten zur Umkehr anspornen, indem er sie provoziert, ihnen durch Prophetenmund sagen läßt, sie seien zum Guten nicht befähigt. Dabei besteht freilich nicht viel Hoffnung, daß der Anreiz seine Wirkung tut. Jesaja soll sagen: »Hört – doch ihr werdet ja nicht verstehen. Seht hin – doch ihr werdet nicht erkennen ...« (*'al* wird nicht als Negation des Imperativs, sondern – wie *lo* – als Negation im Futurum aufgefaßt). Der Prophet kennt sein Volk, und er gibt sich keiner Illusion hin. Sie werden zu Gott nicht umkehren, obschon sie dazu imstande wären.

»In diesem Auftrag steckt eine psychologische Wahrheit. Das ungläubige Volk ist mit Blindheit geschlagen. Je mehr man zu ihm im Namen Gottes spricht, desto eher verhärtet es sein Herz« (Sch. L. Gordon).

Und zuletzt ist es dann möglicherweise wirklich nicht mehr in der Lage, sich aus eingespurten Wegen loszureißen und eine neue Richtung einzuschlagen. Der Betrachter gewinnt den Eindruck, Gott habe die Umkehr verhindert. Zu V 10 schreibt Gordon:

»Der Text will nicht sagen, daß Gott die Umkehr des Volkes von seinem sündhaften Wandel nicht wünscht, damit Er es dann ins Verderben zu stürzen vermöchte. Der Prophet gibt lediglich der klaren Erkenntnis Ausdruck, daß das Volk dermaßen durch seinen fehlenden Glauben verderbt ist, daß es zur Umkehr nicht mehr in der Lage ist. So, als wollte es nicht mehr umkehren.«

In diesem Sinn bereits Maimonides (Hilchót t'schuwá [Vorschriften über die Umkehr], VI,3 in: R. Sch. T. Rubinstein, II,237):

»Ein Mensch kann in solch große Schuld verstrickt sein, daß ihm die Umkehr verunmöglicht ist.«

Die grundsätzliche Haltung der jüdischen Exegese wird in einem talmudischen Passus ausgesprochen, und es ist höchst bedeutsam, daß gerade die V 9–10, die angeblich die »Verstockung fordern«, als Beleg für die Aussage zitiert sind.

R. Jochanan sagte: Bedeutend ist die Umkehr, denn sie zerreißt sogar den Urteilsspruch über einen Menschen. So heißt es: »verfettet ist das Herz des Volkes, ... würde es mit seinen Augen sehen und seinen Ohren hören und mit seinem Herzen verstehen, so könnte es Buße tun und Heilung finden« (b. Rosch haschaná, 17b). (Hinweis: Selbstverständlich ist die Wortbedeutung bei dieser Deutung umgebogen, die Tendenz der talmudischen Lehre jedoch klar ersichtlich.)

»So könnte es Buße tun und Heilung finden.« Kimchi bemerkt:

»Die Heilung der Seele, und das ist die Verzeihung (Gottes)« (aufgrund von b. M'gillá, 17b).

Jesaja erfährt von der *Verwüstung des Landes* und seiner Städte (V 11) und dem *Exil seines Volkes* (V 12). »Gott entfernt den Menschen«: nicht nur die jüdischen Bewohner. Selbst die Fremden und Wanderer gibt es nicht. Jeder scheut sich, an diesem Ort des Grauens länger als nötig zu verweilen (nach A. Chacham, 70).
Ist dies das Ende? Nein, auf die Zerstörung folgt der Aufbau, auf das Exil die Rückkehr. Ein Zehntel bleibt (vgl Am 5,3). Die Blätter mögen fallen, die Zweige abgeschnitten sein – der Stamm besteht, treibt neue Zweige, »Samen der Heiligkeit« (V 13; vgl Esra 9,2). Wohl können auch die zehn Prozent, die überleben – sind es die Bewohner des kleinen Juda, die nach der Exilierung des Nordreiches Israel (Fall Samarias: 722 v. d. Z.) übrigbleiben? – noch einmal von einer Katastrophe heimgesucht werden (V 13). Ist hier der Untergang Jersusalems im Jahr 586 v. d. Z. vorausgesagt? Letzten Endes wird das Volk der totalen Vernichtung entgehen. »Ein Rest kehrt zurück, der Rest Jakobs« (Jes 10,21; vgl 4,3). Der »Samen der Heiligkeit« – Gegenteil des »Samens der Missetäter« (1,4) – kennt seine Bestimmung: die Hinwendung zu Gott.

Wegweisung für unsere Zeit

Jes 6,1–13 beginnt mit dem visionären Bild vom himmlischen Hofstaat, in dem die »Heiligkeit Gottes« besungen wird. Es folgt der Botenauftrag an Jesaja und die Voraussage des über Israel hereinbrechenden Strafgerichts. Am Schluß der Unheilsverkündigung steht allerdings die Zusage der Rettung eines »Samens der Heiligkeit«. Israel hat eine Zukunft: der »heilige« Gott schenkt sie dem »heiligen«, d. h. sich Ihm zuwendenden Menschen.
Gott wünscht das Überleben seines Geschöpfes. In jeder Sintflut gibt es eine Arche, gibt es einen Noa. Damit die Rettung möglich ist, muß es aber Menschen geben, die mutig gegen den Strom zu schwimmen bereit sind. Jesaja hat sich zum schweren Gang gemeldet. Ohne Zwang, offensichtlich in der Überzeugung, daß jemand den Gang tun müsse und er vielleicht dazu besser als andere in der Lage sein könnte. Tief in seinem Herzen hat er um die Unzulänglichkeit gewußt und um die Gefährlichkeit seines Auftrags. Nach einer talmudischen Tradition (b. J'wamót, 49b) ist er den Märtyrertod gestorben, hingerichtet von König Manasse, Hiskias Nachfolger. Er wäre

nicht der erste und sicher nicht der letzte Prophet gewesen, der mit dem Tod für seinen Mut bezahlt hat. Wichtiger als Jesajas Ende, über das uns die Bibel im Ungewissen läßt, ist sein Leben, ist sein Wirken inmitten Israels. Er hat seinem Volk gezeigt – auch wenn es nicht hören wollte –, daß der »heilige« Gott nicht in unendlicher Weite, nicht erdentrückt, thronte. Daß Er vielmehr die Erde erfüllte mit Seiner Herrlichkeit und das Handeln des Menschen nicht gleichgültig und unbeteiligt hinzunehmen bereit war. Jesaja sprach vom Himmel, doch er dachte an die Erde. Er »sah« Gottes Größe, aber er sah noch mehr die Bedrohung des Menschen. Und weil er sich ganz Seinem Gott anvertraute – sich zum Boten meldete, als der Ruf erging –, deshalb vermochte er ganz für sein Volk da zu sein in der Zeit der Not, von der er im Glauben erkannte, daß sie vorübergehen würde. Der große Mahner Israels ist zugleich sein großer Tröster.

»Jakob wird nicht zuschanden werden«

Jes 29,17–24

17 Fürwahr, nur noch ein klein wenig (Zeit),
und es wandelt sich der Libanon zum Karmel,
und der Karmel wird für einen Wald geachtet.
18 Hören werden an jenem Tag die Tauben Worte der Buchrolle,
aus der Dunkelheit und Finsternis werden die Augen der Blinden sehen.
19 Es vergrößern die Demütigen die Freude um den Herrn,
und die Armen unter den Menschen
jubeln um den Heiligen Israels.
20 Denn zunichte ist der Gewalttäter,
vernichtet der Spötter,
vertilgt die auf Unheil Bedachten.
21 Die den Menschen zur Sünde verführen mit der Rede
und dem Mahner im Tor Fallstricke legen,
die ins Nichts den Frommen verdrängen.
22 So spricht daher der Herr zum Haus Jakobs, der Abraham befreit hat:
»Nicht jetzt (mehr) wird zuschanden Jakob,
nicht jetzt (mehr) erbleicht sein Gesicht,
23 wenn er nämlich seine Kinder sieht – meiner Hände Werk in seiner Mitte –,
wie sie meinen Namen heiligen.
Sie heiligen den Heiligen Jakobs
und den Gott Israels verherrlichen sie.
24 Es erkennen die Irrenden im Geist Einsicht,
und die Murrenden lernen Belehrung.«

Der Text im Kontext

Die Prognose der jesajanischen Berufungsvision (6,10) ist richtig: Israel ist nicht fähig, die Verheißung seines Gottes zu verstehen. Die (falschen) Propheten und die politischen Führer sind gleichsam in einem Rausch, der

klaren Sicht beraubt (29,10). Das Volk steht vor der echten Gottesbotschaft (*chasút,* V 11) wie vor einem »versiegelten Buch«. Der eine kann wegen des Siegels den Inhalt nicht lesen, der andere ist des Lesens überhaupt unkundig (V 12). So muß letzten Endes »die Weisheit seiner Weisen verlorengehen« (V 14), unwiederbringlich.
Bei alledem sieht Israel seine Schwäche gar nicht ein. Es dünkt sich klug und schlau. Gott sieht nicht in die Tiefe, weiß nicht, was sich im menschlichen Herzen abspielt. Es ist, so glaubt das Volk, durchaus möglich, sich vor Ihm zu verbergen und insgeheim Pläne zu schmieden. Jesaja spricht ein »Wehe« *(hoj)* über soviel Dummheit aus, über die völlig Verblendeten, die allen Ernstes glauben, der Ton könne sich mit dem Töpfer messen, das Geschöpf mit seinem Schöpfer (V 16). Solches Denken ist kreuzverkehrt, Gegenteil der Wahrheit. Doch wie könnte man von einem Volk »mit verfettetem Herzen, verstopften Ohren und übertünchten Augen« (6,10) anderes erwarten!
Der Midrasch (Gen. r. 24,1) verdeutlicht die Unsinnigkeit dieses Verhaltens mit folgendem Bild: »Ein Architekt hatte eine Stadt gebaut mit vielen Räumlichkeiten, Kanälen und verborgenen Stellen (eigentlich Höhlen). Später war er Steuereinzieher geworden. Die Bewohner versuchten (ihre Schätze) vor ihm in den Räumlichkeiten und den verborgenen Stellen zu verstecken. Da sprach er zu ihnen: ›Wie dumm von euch! Habe denn nicht ich alles gebaut, wie wollt ihr da eure Schätze (und euch selbst) vor mir verstecken?‹ So heißt es im Schriftvers: Wehe jenen, die sich vor Gott in die Tiefe begeben, um ihren Plan zu verbergen (Jes 29,15).«
Man denkt an den Propheten Jona, der vor Gott zu fliehen trachtet, ein Schiff nach Tartessos besteigt und dabei nicht erkennt, daß es vor Gott weder ein Sich-Verbergen noch ein Entrinnen gibt. Jesajas Zeitgenossen sind nicht besser. Ihre Dummheit paart sich zudem mit einer tüchtigen Portion Arroganz. Anders als Jona, der mit Gottes Macht rechnet, wenn auch nicht mit seiner All-Macht – weshalb er dorthin entfliehen will, wo ihn Gottes Macht nicht zu packen und zu überwältigen vermag–, sagen die Leute, von denen Jesaja redet: »Wer sieht uns, wer kennt uns?« Es bedarf keiner großen Fluchtdistanz. Ein wenig »Dunkelheit« (*machschách,* V 15) genügt, und Gott ist aus dem Spiel heraus.
Doch darin täuschen sie sich. Gott weiß um ihr Ansinnen. Ihm, dem sie nicht einmal die Kenntnis ihres Herzens zutrauen, ist nichts zu schwer, nichts unmöglich. Er wird das Schwere und Unmögliche tun, die Natur umformen und den Menschen zugleich. Dann werden die Tauben hören und die Blinden sehen (V 18), die wahre Einsicht wird einkehren.

mis'ár (V 17; vgl 10,25) heißt »ein wenig«, mit *m'''át* (»wenig«) zusammen: »ein winziges Wenig« (B-R).
schaw (von *sch-u-w,* zurückkehren) bedeutet in unserem Text »sich wandeln« (B-R).
chirschím (Singular *cherésch*) sind die »Tauben«, *'iwrím* (von *'iwér*) die »Blinden«. *'ófel,* »Dunkelheit«, und *chóschech,* »Finsternis«, werden synonym gebraucht.
V 19 stehen die *'anawím* (»Demütigen«) und *'ewjóné 'adám* (die »Armen der Menschen«), also »die Gerechten« (Ibn Esra) Israels, den Schlechten gegenüber (V 20–21): *'aríz* ist der »Starke« *(m'zudát Davíd),* der »überall die Bosheit zu verwirklichen sucht« (Abarbanel), der »Wüterich« (B-R). *lez* ist der »Spötter« (B-R), der sich über die Worte der Propheten und Weisen lustig macht (vgl 28,14: *'ansché lazón,* »Männer des Spottes«). Im Gegensatz zum *'aríz* liegt die Kraft des *lez* nicht in den Muskeln, sondern in der geschliffenen Rede. Er verspottet die Drohworte Jesajas (J. Kaufmann, Geschichte, III, 231). Nach Tur-Sinai (p'schutó schel miqrá', III, 85) meint *lez* in der Bibel »Dummkopf, Tor«.
schoqéd (vgl Jer 1,11–12) ist der »Wachsame«, der eifrig auf etwas Bedachte. Die *po'alé 'áwen* (Ps 5,6; 6,9; 14,4 u. a.) »verüben Unrecht«, die *schoqdé 'áwen* hingegen wollen sicher sein, daß sich das Unrecht immer und überall ohne Ausnahme durchzusetzen vermag. Es sind Menschen, die »nach Arg wachen« (B-R), »auf Frevel lauern« (Zürcher-Bibel).
machatí'é (Hiphil von *ch-t-'*) bedeutet »zur Sünde verleiten«. *j'qoschún* (von *q-u-sch,* vgl *moqésch,* »Fallstrick«) heißt »eine Falle stellen«.
padá, »auslösen, befreien« (vgl *pidjón,* »Loskauf«, »Lösegeld«; *p'dút,* »Befreiung«; *p'dujím,* die »Befreiten«) entspricht dem akkadischen *pâdu* und findet sich in vielen Texten. Hier ist Gott der Auslöser, der Befreier Abrahams.
V 23 stehen *jaqdíschu, hiqdíschu* (Hiphil von *q-d-sch,* »heiligen«) parallel zu *ja'arízu* (Hiphil von *'-r-z,* »stark machen« – s. V 20 zu *'aríz* –, hier in der Bedeutung von »verherrlichen«).
to'ím (von *t-'-h*) sind die »Irrenden«, *rogním* (von *r-g-n*) die »Murrenden«. Sie werden zur besseren »Einsicht« *(biná)* und zur »Lehre« *(léqach)* finden.

Der Text in der Exegese

Im Gegensatz zu *'acharít hajamím,* »in der Späte der Tage« (Jes 2,2) gilt unser Text nicht für die eschatologische Ferne, sondern für die unmittelbare Zukunft. »Fürwahr, nur noch ein winziges Wenig ist es« (V 17). Es mag sein, daß die Verkündigung in die Zeit König Ahas' fällt und die Wende im politischen und religiösen Bereich andeutet, die Hiskia vollzieht (oben S. 141f) – so Kimchi, R. Sch. D. Luzzatto u. a. –, doch läßt sich diese zeitliche Fixierung nicht belegen. Man wird die Frage nach dem zeitlichen Ansatz offenlassen müssen und daher auch nicht behaupten (gegen R. Sch. D. Luzzatto), die insgeheim Ränke schmiedenden Volkskreise (V 15) seien jene, die Boten zum ägyptischen König entsenden, um eine Koalition gegen den Assyrer Sanherib zusammenzubringen. Davon ist erst 30,1ff die Rede (s. unten S. 176f).
Der Abschnitt gliedert sich in die beiden Teile V 17–21 und V 22–24. Wir wollen sie jetzt näher betrachten.

1. Teil: V 17–21
Gott wird die Natur umwandeln: »Der Libanon wandelt sich zum Karmel (»ein Ort von Feldern und Weinbergen«, *m'zudát zijón*), und der Karmel wird als Wald geachtet.« Tur-Sinai (aaO) vergleicht hebr. *já'ar* (»Wald«) an dieser Stelle mit dem arabischen *wá'ar,* »eine Gegend ohne Vegetation, voll von Felsen«.
Der Wandel besteht, so interpretiert, in einer Umkehrung der Gegebenheiten. Die Pracht des Libanon fällt dahin (vgl 10,34), der weniger bedeutsame Karmel wird erhöht. Dieser Wandel ist Gleichnis für das sich in Israel abspielende Geschehen:

»Ein Wald von Laubbäumen (Libanon) wird zu (einem Ort von) Fruchtbäumen, das heißt: die Niedrigen, die alles entbehren müssen, werden stark und voller Reichtum und Ehre ... Doch die alles Gute Besitzenden und die Hohen werden erniedrigt und nun ihrerseits entbehren müssen (V 20)« (R. Elieser von Beaugency, Kommentar zu V 17).
»Die Unteren werden oben, die Oberen unten sein« (Abarbanel).

Eine andere Deutung, die nicht von einer Umkehrung der bestehenden Verhältnisse, sondern von einer Vermehrung des Naturreichtums spricht, ist nicht von der Hand zu weisen. Sowohl der Libanon wie auch der Karmel werden noch schöner und berühmter als zuvor. »Israels Erde wird gesegnet« (A. Chacham).

»In sehr kurzer Zeit wird der Libanon fruchtbar sein wie der Karmel, und der Karmel voller Bäume wie die Wälder des Libanon« (Ascher Weiser, J'schajáhu, 1981, 68, hebr.).

Der Satz findet ein Gegenstück in 32,15, allerdings nicht mit genauer Entsprechung:

»Die *Wüste (midbár)* wird zum Karmel, und der Karmel wird als Wald betrachtet.«

Die erste Erklärung – Umkehrung der Verhältnisse – wird bei diesem Satz nicht zutreffen.
Gottes Eingreifen in die Naturgegebenheiten bewirkt die Hellhörigkeit bei den bisher Tauben und eine Hellsichtigkeit bei den Blinden. Die »Worte der Schrift« (*diwré séfer;* B-R: »Reden der Verbriefung«) sind wohl die Prophetenworte, die nicht verstanden worden sind (29,11–12). Es fällt den Blinden wie Schuppen von den Augen.

»Die Veränderung wird mit einem äußerst bildhaften Ausdruck umschrieben: ›In der Dunkelheit‹, im schweren Nebel am Tag, und ›in der Finsternis‹ der Nacht kann sogar ein Mensch mit guten Augen kaum richtig sehen, erst recht kann es ein Blinder nicht« (R. Chajim Rabinowitz, dá'at sofrím, J'schajáhu, 332, hebr.).

Jetzt wird alles klar. Das »Buch« war verschlossen, weil das Siegel nicht aufzubrechen war. Doch angesichts des göttlichen Wunderwirkens versteht das taube und blinde Volk die Botschaft aus Prophetenmund. »Der Fluch ist zunichte« (Raschi). *diwré séfer* ist allerdings noch mehr als die auf die Gegenwart und Zukunft bezogene Prophetie Jesajas.

»Dies ist das Buch der Geschichte Adams« (Gen 5,1) (Gen. r. 24,1; Abarbanel).

»Resch Laqisch sagte: Was bedeutet ›Dies ist das Buch der Geschichte Adams‹? – Es lehrt, daß der Heilige, gelobt sei Er, ihn (Adam) jede Generation und ihre Lehrer (Interpreten), jede Generation und ihre Weisen sehen ließ« (b. Sanhedrín, 38b).

Die Sehenden zu Jesajas Zeit erkennen nach dem göttlichen Eingreifen den bisherigen Sinn der Geschichte, einer Geschichte, die zum Anfang der Menschheit zurückgeht, weit über den Rahmen der eigenen Volksgeschichte hinaus. Im Naturwandel offenbart sich ihnen Gottes Schöpferkraft, und sie wissen, daß Gott der Schöpfer zugleich der Gott der Geschichte – der Geschichte der Menschheit (Adams) und der Geschichte Israels – ist.
Nicht alle Teile des Volkes werden erst jetzt »hörend« und »sehend«. Da gibt es die *'anawím* und die *'ewjoním ('ewjoné 'adám),* die »Demütigen« und »Armen«, die seit eh und je Gottes Wirken wahrzunehmen vermochten.

Die »Demütigen« sind (nach dem Targúm Jonathan) die »Demütigung Erduldenden« *(m'qablé 'ulbán),* von denen der Talmud (b. Schabbát, 88b) sagt:

»Über diejenigen, die gedemütigt werden, ohne zu demütigen, die ihre Schmähung anhören, ohne zu erwidern, die aus Liebe (die Gebote) ausüben und der Züchtigungen froh sind, spricht die Schrift (Ri 5,31): ›die Ihn lieben, sind wie der Aufgang der Sonne in ihrer Pracht‹.«

»Es sind die Dulder, die Gottes Joch tragen und Seine Verordnungen« (Raschi).

Mit den *'anawím* haben die *'ewjoním* gemein, daß sie zu entbehren vermögen und Gottes Fügung annehmen. Die einen die Demütigung, die Schläge (vgl den »Gottesknecht« bei Jesaja), die anderen die Armut, die immer mit Diskriminierung verbunden ist. Beide Gruppen rebellierten nicht gegen Gott, trotz aller äußeren Bedrängnis und Not. Wie jetzt Gott Wunderbares tut, wird ihre »Freude« (V 19: *simchá*) – ihre Lebensfreude –, die sie nie verloren haben, nur größer. »Sie fügen hinzu« *(w'jasfú)* neue »Freude«, nunmehr bestärkt in ihrem unerschütterlichen Glauben und ihrer Frömmigkeit.
Die Freude ist nicht materiell, es ist die Freude »um Ihn« (B-R), der Jubel um den »Heiligen Israels« *(q'dosch Jisra'él),* oder – so im Targum – die Freude an Seinem »Wort« *(memrá'),* Seiner Lehre.
Was ist unter dem Begriff »der Heilige Israels« (in V 23: *q'dosch Ja'aków,* »der Heilige Jakobs«; parallel zu *'elohé Jisra'él,* »der Gott Israels« und *q'dosch Jisra'él* in 30,11) zu verstehen?

»Es gibt einen Unterschied zwischen *'adonáj* (der ›Herr‹) – Hinweis auf den Schöpfer und Lenker der Welt – und *q'dosch Jisra'él.* Dieser Ausdruck lehrt die göttliche Vorsehung, Seine Wunder und Zeichen« (Malbím).

»Mit dem Gottesbegriff *q'dosch Jisra'él* ist die spezifische ›Lehre der Moral, des Rechts und der Gerechtigkeit, die Lehre der Propheten verbunden‹« (Sch. L. Gordon, zu 30,11).

Die Freude der Frommen, die jetzt »zunimmt«, hat drei Ursachen:
1. Den von Gott in der Natur bewirkten Wandel,
2. das Ende der menschlichen »Gebrechen«, das seinerseits durch den Wandel ausgelöst wird, und
3. das Verschwinden der Brutalen, der Spötter und auf Unheil Bedachten, der zur Sünde Verführenden und dem Mahner (= Prophet) Fallstricke Legenden, die den Frommen »ins Nichts verdrängen«.
Die Botschaft Jesajas und der anderen Propheten Israels verliert sich nie im

Abstrakten, in einem »leeren« Glauben. Sie manifestiert sich im Volk, im Verhältnis der einzelnen Glieder dieses Volkes zueinander. Selbst wenn es (wie in Jes 2) um eschatologische Ankündigungen geht, bleibt der Realitätsbezug wichtig (Umschmieden der Waffen in Werkzeuge des Ackerbaus). Wenn die Übeltäter verschwinden, verschwindet das Übel selbst. Dabei braucht man nicht an ihren Tod zu denken. Sie verschwinden, weil sie Gottes Handeln begreifen und daher von ihrem bisherigen Tun ablassen.

2. Teil: 22–24

Der zweite Teil des Abschnitts beginnt mit einem »deshalb« *(lachén):* Weil dem so ist, wird »Jakob« (Sammelbegriff für »Haus Jakobs«; Targum: *bet Ja'aków*) »nicht mehr zuschanden, sein Gesicht nicht mehr erbleichen«. Einstiger Frevel ist endgültig getilgt. Die Zukunft steht unter dem Zeichen des »heiligen« Gottes.

Der Text ist nicht problemlos. Bereits Kimchi erkannte die auffallende Wortfolge in V 22. Der Relativsatz (»der Abraham befreit hat«) müßte sich an »so sprach der Herr« anschließen: »so sprach der Herr, der Abraham befreit hat, zum Haus Jakob«. Subjekt des Satzes ist Gott. Er hat Abraham aus *'ur kasdím* (dem »Ur der Chaldäer«, Gen 11,28.31; 15,7; Neh 9,7) herausgeführt, nach der Legende (Gen. r. 38,19; ausführlich bei L. Ginzberg, The Legends of the Jews, 1961, I, 198–203) aus dem »Feuerofen« (*'ur* heißt auf Aramäisch »Flamme«), in den ihn König Nimrod wegen seiner Götterverspottung und -vernichtung hatte werfen lassen.

Der Talmud (b. Sanhedrín, 19b, vgl Jalqút schim'óni, II, 436) beläßt die Satzreihenfolge und bezieht den Relativsatz auf *bet Ja'aków:* »das Haus Jakobs hat den Abraham erlöst«.

»Wo finden wir (einen Hinweis), daß Jakob den Abraham befreit hat? – R. J'huda sagte: er befreite ihn aus dem Schmerz der Kindererziehung. Das meint der Vers (Jes 29,22): ›nicht wird mehr Jakob zuschanden‹ wegen seines Vaters (Isaak), ›und nicht wird mehr sein Gesicht erbleichen‹ wegen des Vaters seines Vaters.«

Raschi kommentiert:

»Jakob befreite Abraham aus dem Schmerz der Kindererziehung, denn er mußte die Last der Stämme tragen, die eigentlich bereits Abraham (nach Gen 26,4: ›ich werde deine Nachkommen vermehren‹) auferlegt worden war.«

Im Kommentar der *tosafót* (Hinzufügungen) zu Raschi wird präzisiert, nicht die Last der Vielzahl der Nachkommen sei von Jakob übernommen worden, sondern die Sorgen um ihr Schicksal (Hinweis auf den »Schmerz um Joseph und seine Brüder« sowie auf die Ereignisse in Ägypten).

R. Sch. D. Luzzatto erwägt die Möglichkeit, daß *'el bet Ja'aków* (»zum Haus Jakobs«) in 'ēl, (»Gott«) des Hauses Jakobs (vgl. *'ēl 'ēlím*, Dan 11,36; *ha'ēl bet 'ēl*, Gen 31,13, »der Gott von Bethel«) zu ändern sei, kommt dann allerdings von diesem Vorschlag ab.

Der Vers enthält in jedem Fall einen tröstenden Zuspruch: Wie Gott einst dem Abraham beigestanden hat, so wird Er seinen Nachkommen beistehen. »Die Vernichtung wird nicht für immer andauern« (Abarbanel). Die Nennung Abrahams erinnert selbstredend an den »Bund«, den Gott mit ihm und seinem Volk eingegangen ist (Gen 12,1–3; 15,18), in Kraft für alle Zeiten, unkündbar und nie aufgekündigt. Für die Hörer des Jesaja-Wortes ist das eine Bekräftigung ihres (neu gewonnenen) Vertrauens in Gottes Fügung und Führung.

Beachtenswert ist die Begründung des inskünftig ausbleibenden »Erbleichens«: Jakob sieht, daß Gott in Israel und von Israel – »dem Werk meiner (Gottes) Hände« – geheiligt wird. All die Mühe des dritten Stammvaters war nicht vergebens. Gott ist inmitten des Volkes gegenwärtig, und Ihm wird die Ehre erwiesen. V 23 ist in sprachlicher Hinsicht schwierig. Die wortgetreue Wiedergabe (»wenn er – Jakob – seine Kinder sieht, das Werk meiner – Gottes – Hände in seiner Mitte, so werden sie – Israeliten – meinen Namen heiligen, werden heiligen den Heiligen Jakobs und den Gott Israels verherrlichen«) erscheint wegen des mehrfachen Subjektwechsels höchst unsicher.

Das Targúm Jonathan hat die Schwierigkeit verspürt und umschreibt den Versbeginn mit den folgenen Worten: »Wenn er die Machttaten *(g'wurán)* sieht, die ich für seine Söhne tun werde ...« Wir vermuten, daß sich die Zürcher-Bibel das Targum zum Vorbild für ihre Übersetzung genommen hat: »Denn wenn sie sehen, was meine Hände unter ihnen getan ...« *j'ladáw*, »seine Kinder«, ist hier gestrichen, und dies scheint uns völlig verfehlt. »Jakob« ist – im Passus – die Verbindung zwischen Abraham, dem Gott einst geholfen hat, und den Kindern, denen Gott künftig helfen wird. Wenn *j'ladáw* wegfällt, bricht die Symmetrie auseinander.

Worin besteht die *Heiligung Gottes?*

Rabbi J. Jacobson (chasón hamiqrá', I, 1962, 188f) stellt fest, daß der »Begriff der Heiligkeit Gottes« mit dem »Begriff der Gerechtigkeit« verbunden ist. »Es gibt bei Gott keine Heiligkeit ohne Gerechtigkeit« (Jes 5,16: »und der heilige Gott wird geheiligt durch Gerechtigkeit«, vgl Ez 28,22; 38,22f u. a.).

Daraus ergibt sich die Grunderkenntnis: Israel heiligt Gott, indem es Recht und Gerechtigkeit realisiert. Nicht durch Worte – oder zumindest nicht

durch Worte allein –, sondern durch Taten mehrt Israel Gottes Größe inmitten Seiner Welt.
Dabei entsteht ein reziprokes Verhältnis:

»Mein Diener bist du, Israel, durch das ich verherrlicht werde« (Jes 49,3) – ihr heiligt euch durch Mich, Ich mich durch euch. So heißt es auch (Lev 19,2): »Seid heilig, denn Ich bin heilig, euer Gott« (Jalqút schim'óni, I, 604; vgl Tanchúma, q'doschím, 1).

Endergebnis sind »Einsicht« *(biná)* und »Belehrung« *(léqach),* die für immer die Irrenden (B-R: »die Geistestaumligen«) und die Murrenden, die Nörgler (B-R: »die Hetzer«) beseitigen. Sie »erkennen« und nehmen Belehrung an und sind dadurch imstande, die Fehler der Vergangenheit zu vermeiden.
Gott wird mit Seinem Eingreifen den Anstoß zum grundlegenden Gesinnungswandel geben. Das Weitere rollt wie von selbst ab: die Tauben hören, die Blinden sehen, nachdem sie nicht wirklich taub, nicht wirklich blind sind. Die Demütigen, an Schmerz Gewöhnten und den Schmerz Erduldenden, gewinnen wie die Armen Freude an Gott, zumal die nackte Gewalt und die Verspottung der Frömmigkeit aufhören. Nunmehr ist das »Haus Jakobs« als Ganzes befähigt und zugleich gewillt, Seinem Gott, dem »Heiligen Jakobs«, die Ehre zu erweisen, die Ihm zukommt, die »Heiligung« durch das geläuterte Tun, durch die Erfüllung der moralischen Forderung nach Recht und Gerechtigkeit.

Wegweisung für unsere Zeit

Der Bibeltext enthält eine wichtige Botschaft: Geistiges Festgefahrensein, angedeutet durch verstopfte Ohren und übertünchte Augen, ist kein Fatum. Der Mensch kann es überwinden. Gott gibt den Anstoß mit seinem Eingriff in die Natur und in die menschliche Gesellschaft. Doch der Mensch selbst hat zu antworten. Er darf nicht stehenbleiben, darf mit der Bosheit und der Lüge sich nie abfinden. Zuletzt nämlich wird die Bosheit verschwinden und die Einsicht in die wirkliche Aufgabe des Menschen fest verankert sein.
Die Demütigen – Gedemütigten und die immer Verzicht Leistenden sind die eigentlichen Gewinner, die Mächtigen und Rücksichtslosen die Verlierer. Nicht die Gewalt hat das letzte Wort, sondern der nach Gottes Gebot Lebende. Allem Unheil zum Trotz bleibt die Hoffnung auf eine »sehr rasche« Wende zum Guten erhalten.

Wir sind es nicht mehr gewohnt, mit theologischen Fachausdrücken zu argumentieren. Begriffe wie »der Heilige Jakobs« oder »Meinen Namen heiligen« gehen leicht über die Zunge, bedürfen jedoch der Interpretation, ehe sie verstanden werden. Soviel steht indessen fest: die »Heiligung Gottes« ist eng verknüpft mit einem anständigen Verhalten des Ihn »heiligenden« Menschen (vgl zu *quadósch,* oben S. 120). Nur wo der Alltag eines Menschen und einer Gemeinschaft durchdrungen ist von der auf Recht und Gerechtigkeit basierenden Mitmenschlichkeit, ist auch die »Heiligung Gottes« möglich geworden. Gott »heiligt« man durch die Tat, durch die Umkehr zu Ihm, die immer eine Abkehr von all dem ist, was Menschen Menschen an Schrecklichem zuzufügen vermögen.

»In Umkehr und Ruhe wird euch geholfen«

Jes 30(8–14)15–17

15 Denn so hat gesprochen der Herr, Gott, der Heilige Israels:
»In Umkehr und Ruhe wird euch geholfen,
in Stille und Vertrauen liegt eure Kraft,
doch ihr wolltet nicht.«
16 Ihr sagtet: »Nein! Auf einem Pferd wollen wir enteilen«
– deshalb enteilt ihr (auf der Flucht).
»Auf einem Leichtfüßigen wollen wir reiten«
– deshalb werden leichtfüßig eure Verfolger.
17 Ein Tausend vor dem Gebrüll eines einzigen,
vor dem Gebrüll von fünfen flieht ihr (alle),
bis ihr übriggeblieben seid wie ein Mast auf dem Bergkamm
und wie ein Panier auf dem Hügel.

Der Text im Kontext

Ägypten – Verlockung und Trugbild in einem. Verkörperung einer Großmacht, die doch keine ist, Symbol militärischer Stärke, die immer und immer wieder enttäuscht.
Israel – der kleine Nachbar im Nordosten. Klein, selbst wenn er für kurze Zeit die Illusion eines Riesen aufrechtzuerhalten vermag. Israel ist kein Riese, allenfalls ein Gernegroß, der für einen Augenblick die Fäden der Politik in den Händen hält, sie sehr rasch aber wieder verliert. Eingezwängt in die beiden Großmachtblöcke des sogenannten Fruchtbaren Halbmonds: Ägypten auf der einen Seite, *Assyrien* und – später – *Babylonien* auf der anderen. Es müßte sich neutral verhalten, sich der Einmischung in die Streitigkeiten der beiden Großen und in deren territoriale Aspirationen enthalten, doch das kann es nicht. Kaum wittert es die Morgenluft der Unabhängigkeit, verbindet es sich mit anderen Klein- und Kleinststaaten und reißt sich aus dem Vasallenverhältnis heraus. Der Traum der Freiheit vergeht jeweils rasch. Auf die kurze Freiheit folgt die harte Rückkehr in die bittere Abhängigkeit.

Zur Zeit Hiskias (725–697) – der assyrische König Sargon II. ist 705 v.d.Z. gestorben – erringen die Babylonier unter Merodach-Baladan die Unabhängigkeit. Sargon II. Nachfolger, Sanherib, ist nicht imstande, die Rebellion zu verhindern. Hiskia nutzt die verworrene Lage aus. Er kündigt die seit der Regierungszeit seines Vaters Ahas bestehende Vasallentreue auf. Kennzeichen des Aufmuckens gegen die assyrische Oberherrschaft sind die Einstellung des Tributs und die Entfernung der assyrischen Kultsymbole aus dem Jerusalemer Tempel. Der Chronist (2 Kön 18,1–8) sieht die »Kultreform« Hiskias sehr richtig als das, was sie ist: eine Meuterei gegen die Großmacht im »Osten« (V 7: *wajimród,* »er rebellierte«).
Hiskia sucht selbstredend nach Bundesgenossen. Er findet sie bei den Babyloniern, die ihm nicht viel mehr als ihre Sympathie zusichern können, bei den Kleinstaaten des engeren Umkreises – etwa den Philistern – und bei den Ägyptern. Je schwächer die Rivalen im Zweistromland, die natürlichen Feinde, sind, desto stärker ist die eigene Position. Hiskia sucht die Herren am Nil für sich zu gewinnen, was ihm durch saftige Bestechung leicht gelingt. Doch letzten Endes bezahlt er seine Kühnheit. Sanherib dringt in den palästinensischen Raum vor, unterwirft sich die Aufständischen, belagert auch »die befestigten Städte Judas und erobert sie« (18,13). Mit einem riesigen Sühnegeld, das Hiskia der Tempelschatzkammer entnimmt und zudem wörtlich zusammenkratzt (er entfernt jeglichen Gold- und Silberschmuck von den Toren des Tempels, um 300 Talent Silber und 30 Talent Gold zu gewinnen), kann er die äußerste Katastrophe – den Fall Jerusalems – verhindern. Auf Ägypten, das »geknickte Rohr«, das jeden verletzt, der sich darauf stützt (18,21 Jes 36,6), war einmal mehr kein Verlaß. Bei Eltheke im Philisterland wird ein ägyptisches Ersatzheer, das sich den heranrückenden Assyrern entgegenstellt, geschlagen.
Hiskia ist im übrigen in Jerusalem – wie ein Vogel in seinem Käfig, so drückt sich Sanherib auf einer Siegesstele verächtlich aus – eingeschlossen.
Gegen des Königs politische Torheit und das falsche Vertrauen auf die ägyptische Unterstützung zieht Jesaja ins Feld. 30,1–5 erhebt einen Weheruf über die »widerspenstigen Söhne« (V 1), die nach Ägypten ziehen, um in seinem Schatten Schutz zu suchen (V 2). Das Ergebnis sind Schande und Beschämung, denn die Ägypter sind ein »Volk, das ihnen nicht nützen kann, nicht zu Hilfe ist's, nicht zu Nutzen« (V 5, nach B-R). 30,6f zeigt plastisch den Zug der mit kostbaren Gaben beladenen Karawanen, die Hiskia durch die Negew-Einöde nach Ägypten sendet. Wiederum tritt die nackte Tatsache hervor: alles geht »zu einem Volk, das nichts nütze ist« (V 6). Jesaja prägt für die Ägypter ein Spottwort (V 7): *ráhaw hem schäwet.* B-R übersetzen die

schwierige Wendung mit: »Das Ungetüm: es brüllt und – feiert!« (vgl L. Zunz: »Geprahle sind sie im Stillsitzen«).
30,8–14 enthält eine Zurechtweisung des Propheten wegen des Ungehorsams, der Mißachtung der Warnung, in Ägypten Hilfe zu suchen. Der Prophet muß die Zurechtweisung schriftlich festhalten für »den letzten Tag«, einen Tag in später Zukunft, da das jetzt »widerspenstige Volk« (V 9) geneigt sein wird, zu hören und Gottes Worte ernst zu nehmen. Zur Zeit möchte es am liebsten die »Seher« zum Schweigen oder zum Mitteilen falscher Reden gezwungen sehen. Und mit den Propheten ist ihnen auch »der Heilige Israels«, der stets so schwere Forderungen stellt, zuwider (Sch. L. Gordon, J'schajáhu, 286).
Die Schuld (V 13: *'awón*) wird dem auf Ägypten vertrauenden Volk zum Verhängnis. Dem Mauerriß gleich, der unmerklich größer wird und schließlich – völlig überraschend – die Mauer zum Einsturz bringt, bricht das Unglück über Israel herein. Israel ist vernichtet, einem zerbrochenen irdenen Krug vergleichbar, der vom (unzufriedenen) Töpfer so gründlich – »ohne Erbarmen« (V 14) – zerschlagen wird, daß »in seinem Trümmerhaufen nicht einmal eine (größere) Scherbe gefunden wird«, mit der man eine Glühkohle von der Feuerstelle herausholen oder Wasser aus einem Tümpel zu schöpfen vermöchte. Nichts bleibt übrig nach dem Einsturz der Mauer und dem Zerschlagen des Tonkrugs. So kommt es, wenn sich Israel nicht auf seinen Gott, sondern auf die vermeintliche Kraft der Ägypter verläßt.
Das richtige Verhalten zeigt Jesaja in V 15, mit dem unser Bibeltext beginnt.

Leitworte des hebräischen Textes

schúwa (V 15) bedeutet entweder »das Sitzen« (von *j-sch-w,* A. Sch. Hartom, M. Z. Segal), »das ruhige Sitzen« (Raschi, A. Chacham) oder die »Umkehr« (B-R). *schúwa* ist dann dasselbe wie *t'schuwá* (j. Ta'anit, 3 a). »Umkehr« ist immer auch »Rückkehr zu Gott und seiner Lehre«. Das Targum umschreibt entsprechend: »jene, die zur Tora *('orájta')* zurückkehren ...«
náchat (von *núach*) meint »Ruhe«, *haschqét* (= infinitivus absolutus im Hiphil von *sch-q-t*) »Stillesein« (vgl *schéqet,* Ruhe, 1 Chr 22,9), *bitchá* die »(innere) Sicherheit«, das »Vertrauen« (W. Baumgartner, Lexikon, 116), »Gelassenheit« (B-R).
g'wurá ist »Stärke« (vgl *gibór,* der »Starke«, »Held«; *géwer,* der »Mann«).

Sehr schön ist (V 16) das Wortspiel von *sus* (»Pferd«) mit *nanús* (von *nus*) in der doppelten Bedeutung: »wir wollen hinwegeilen« und »ihr werdet enteilen« (fliehen). B-R: »auf Rossen wollen wir rennen! – drum sollt ihr rennen: davon!«
Ein weiteres Wortspiel findet sich in der zweiten Vershälfte. *qal,* der »Leichte« (von *q-l-l*), das leichtfüßige, schnelle Pferd (B-R: »auf Schnellen«) korrespondiert mit der Stammform *jiqállu,* »sie werden leicht (schnell) sein« (Niphal von *q-l-l*). B-R: »auf Schnellen wollen wir reiten! – drum sollen eure Verfolger euch überschnellen!«
ga'ará ist (V 17) »Schelten«, wobei die Lautstärke eine Rolle spielt. B-R übersetzen sinngemäß mit »Drohgeschrei« (W. Baumgartner, 192: »Drohung«).
tóren ist ein »Schiffsmast«, hier eine Stange auf dem Berg, die einsam steht wie ein *nes* (von *n-s-s*), »Panier« (dann auch »Wunder«), B-R: »Bannerstange«.

Der Text in der Exegese

Der Text setzt mit einer dreifachen Nennung Gottes ein: mit *'adonáj,* der »Herr«, *'elohím,* »Gott« (es steht das Tetragramm mit der Vokalisation *'elohím*), *q'dosch Jisra'él,* der »Heilige Israels« (vgl 29,19). Nach der jüdischen Tradition (R. Ch. Rabinowitz, dá'at sofrím, J'schajáhu, 344) kennzeichnet *'adonáj* Gottes Herrsein über die Welt, seine Herrschaft über die Schöpfung, das *Tetragramm* Gottes »Liebe« zu den Geschöpfen *(midát harachamím)* und die Wendung *q'dosch Jisra'él* die innige Beziehung zwischen Gott und Israel, Seine Vorsehung.
Gott steht gleichsam mit dem ganzen Gewicht Seiner Persönlichkeit hinter dem Prophetenwort, das V 15 anhebt. Er wendet sich nicht nur als der Weltenschöpfer an Israel, sondern auch – und dies wohl in besonderem Maße – als Weltenlenker, der für seine Geschöpfe eine Verantwortung trägt.
Die dreifache Namensnennung unterstreicht zudem den Gegensatz zwischen der Handlungsweise Israels und dem Willen Gottes: Ihr wollt bei den Ägyptern Hilfe aus der Bedrängnis finden. Dort werdet ihr mit Sicherheit enttäuscht. Nicht bei den Ägyptern, sondern einzig und allein bei Gott – dem Schöpfer, dem Erbarmungsreichen, dem Israel eng Verbundenen – könnt ihr euch geborgen fühlen. Die Worte des Psalmendichters (Ps 146,3–5) sprechen denselben Gedanken aus:

»Sichert an den Edeln euch nimmer, an einem Menschensohn, bei dem kein Befreiertum ist! Fährt sein Geist aus, kehrt er zu seiner Scholle, an jenem Tag sind seine Entwürfe geschwunden.
O Glück dessen, dem zu Hilfe Jaakobs Gottherr ist, seine Erwartung geht auf IHN seinen Gott...« (M. Buber, Die Schriftwerke, [9]1962, 206).

Nicht die Macht des Arms, die Tüchtigkeit des Kriegers, nicht die Schnelligkeit der Rosse und Streitwagen kann im Letzten die Rettung bringen, sondern der Beistand Gottes allein. Israel hat es in seiner Frühzeit erfahren. Verfolgt und verängstigt standen Mose und die eben erst aus der ägyptischen Sklaverei ausgezogenen Stämme am Schilfmeer, mit dem Rücken zum Wasser, vor sich die heraneilenden Soldaten Pharaos. Die Situation schien aussichtslos, das Ende nahe. »Da fürchteten sie sich sehr, und die Israeliten schrieen zu Gott« (Ex 14,10). Im Zorn wandten sie sich an Mose: »Hat es denn nicht genug Grabstätten in Ägypten, daß du uns zum Sterben in die Wüste hinausgelockt hast? Was hast du uns angetan, uns aus Ägypten zu führen!« (V 11). Mose jedoch suchte die aufgebrachte Menge zu beruhigen. »Fürchtet euch nicht, stellt euch hin und erschauet die Hilfe des Herrn...« Sein Zuspruch gipfelte in der Zusicherung (V 14): »Der Herr wird für euch kämpfen, ihr aber sollt schweigen!«
Und Gott kämpfte. Die Zeitgenossen Jesajas wissen es, die Ereignisse der Vergangenheit sind ihnen geläufig. Israel zog durchs »Schilfmeer«, die Ägypter aber versanken – »Roß und Reiter« (Ex 15,1) – in den Fluten. Im entscheidenden Augenblick hatte Gott durch seinen unerwarteten Eingriff in den Lauf des Geschehens die über Israel schwebende Todesgefahr gebannt.
Und jetzt? Ist es nicht geradezu absurd, Gott auszuklammern und auf die Kraft der Kriegspferde zu setzen? Und ausgerechnet ägyptischer Kriegspferde, von denen doch jeder weiß, was aus ihnen wird, wenn Gott handelt. Jesaja spricht die Andeutung an die Ereignisse der Frühzeit Israels nicht aus, aber seine Zuhörer, die die Geschichte ihres Volkes kennen, verstehen, was unterschwellig mitschwingt: Pferde, auch die schnellsten Kriegspferde, haben keine Chance gegen Gottes Wirken. Wer auf Ihn vertraut, bedarf der Kriegsmaschinerie nicht, um zu überleben. Er kann – wie zu Moses Zeit – »schweigen« und die Rettung Gott überlassen.

»In Umkehr und Ruhe wird euch geholfen, in Stille und Vertrauen liegt eure Kraft«,

»doch ihr wolltet nicht« (*w'lo 'awitém,* V 15). Da liegt das Grundübel: »ihr wolltet nicht«, wie ihr zumeist in eurer Vergangenheit nicht gewollt habt. Ihr wißt es soviel besser! Waffen, immer bessere, perfektioniertere Waffen braucht der Mensch, um in dieser vom Krieg verseuchten Welt überleben zu können. Nicht schweigen, nicht auf Gott vertrauen. Nein, »auf dem Pferde wollen wir enteilen ... auf dem Leichtfüßigen reiten ...« (V 16). *nanús,* die Leute sagen *narúz,* »wir wollen eilen« (rennen), nicht *nanús*, meint A. Weiser (J'schajáhu, 1981, 71; hebr.), aber der Prophet verspottet sie. Sie wollen eilen – sie werden eilen, jedoch zur Flucht, nicht bei der Verfolgung ihrer Feinde.

R. Sch. D. Luzzatto vergleicht *nus* mit *nes* (»Panier«) und kommentiert:

»Sie (die Israeliten) baten nicht nur darum, die Ägypter möchten ihnen mit ihren Pferden und ihren Kriegern beistehen, sie waren noch stolz darauf, daß sie selbst die Pferde reiten konnten. So setzten sie nicht mehr auf Gott ihr Vertrauen.«

Die Kriegstüchtigkeit wird von den verblendeten Israeliten zum Panier erhoben, »in aller Pracht zeigen sie sich auf den Pferden«.

Das kann nicht gut ausgehen. In 31,1 wird ein »Wehe« *(hoj)* über jene ausgerufen, die sich auf die Ägypter, statt auf den »Heiligen Israels« »stützen«.

»Wehe, die nach Ägypten hinabziehen, um Hilfe und auf Pferde sich stützen, Vertrauen haben in Kriegswagen, weil sie zahlreich sind, und in Reiter, da sie sehr stark sind. Nicht aber stützten sie sich auf den Heiligen Israels, und Gott befragten sie nicht.«

Assur wird trotz der ägyptischen Hilfe sein Strafgericht gegen das meuternde Juda vollziehen. Nur einer von seinen Soldaten (Ibn Esra: einer seiner Fürsten, seiner Offiziere) braucht ein »Drohgeschrei« zu erheben, und schon fliehen tausend. Wenn gar fünf brüllen, fliehen (alle; Kimchi; m'zudát Davíd; M. Z. Segal) von euch. B-R:

»Ein Tausend vor dem Drohgeschrei eines, vor dem Geschrei von fünfen werdet ihr insgesamt rennen.«

Die Androhung erinnert an die rhetorische Frage in Dtn 32,30:

»Wie kann einer Tausend verfolgen, und zwei Zehntausende in die Flucht schlagen ...«

oder an Lev 26,8, wo – mit umgekehrten Vorzeichen – die Israeliten die Sieger sind:

»Fünf von euch verfolgen Hundert, und hundert von euch werden Zehntausend verfolgen.«

So glücklich werden Jesajas Zeitgenossen nicht sein. Freilich ist der Untergang nicht vollkommen. Wie in Jes 6,13 (oben 163) bleibt die totale Vernichtung aus. »Ihr bleibt übrig« (*notartém,* Niphal von *j-t-r;* vgl *jéter,* »Rest«), in geringer Zahl zwar, aber groß genug, damit die Geschichte Israels weitergeht. Ihr bleibt wie ein »Mast auf dem Bergkamm« und wie ein »Panier auf dem Hügel« (V 17).

»Bei ihrer Flucht werden sie zerstreut, bis sie nur noch vereinzelt sichtbar sind – einer hier und ein anderer dort. Wie Mast und Panier, die man nie zu zweit nebeneinander stellt« (Luzzatto).

»Doch (dieser Satz) enthält einen Trost: sie werden dennoch an sichtbaren Orten übrigbleiben« (R. Ch. Rabinowitz, dá'at sofrím).

Trotz des Trostes, ist das Moment der Katastrophe und zugleich der Verlassenheit der Überlebenden – sie sind versprengt – bedeutsamer. Der Trost klingt nur leicht an, der Vergleich mit Mast und Panier soll das schreckliche Ausmaß der Verheerung verdeutlichen.
Wir müssen nochmals auf V 15 zurückkommen und fragen: Was hat Jesaja mit seinen Worten zu erreichen gesucht? Daß sich seine Landsleute mir nichts, dir nichts unterwerfen, sich kampflos dem assyrischen König ergeben? Lag der Fehler vielleicht in der Wahl des falschen Partners, des Volkes, »das nichts nütze ist« (V 6)?
Gewiß war die Wahl eines Bündnisses mit Ägypten unglücklich. Gegen die Ägypter schießt Jesaja seinen ersten Pfeil ab. Aus V 15 ist allerdings auch eine prinzipielle Ablehnung des Vertrauens auf militärische Macht herauszuhören, und dies bedarf der Erläuterung. Denn die Selbsthilfe wird in der Bibel nicht nur nicht verneint, sondern – im Gegenteil – gewünscht. Die Stelle in Ex 14,14 (»Der Herr wird für euch kämpfen, ihr aber sollt schweigen«) bildet eine Ausnahme. Mose, Josua, die Richter und Könige haben die Hände nicht in den Schoß gelegt und gewartet, bis Gott sie auf wunderbare Weise aus der Gefahr errettete. Sie haben gerüstet und sich mit der Waffe verteidigt – bereits in der ersten Schlacht, die die Israeliten zu führen hatten: gegen Amalek (Ex 17,8–16). Mose spricht zu Josua (V 9): »Wähle uns Männer aus und geh hin und kämpfe gegen Amalek.« Weil Amalek »kämpfte« (V 8), muß sich Israel verteidigen. »Man verläßt sich nicht auf ein Wunder« (aramäisch: *la samchínan 'anissa'*), heißt es im Talmud (b. P'sachím, 64b), sondern ergreift die Initiative. Wenngleich immer die Hoffnung besteht, daß Gott ein »Wunder«, und das heißt: das Unerwartete, kaum für realisierbar Gehaltene, wirkt. Hand in Hand mit dem eigenen Tun geht nun aber die Bitte um göttlichen Beistand. Josua schlägt die Schlacht auf dem Schlachtfeld, Mose aber besteigt den Berg und

erhebt die Hände zu Gott. Die Schrift hält (V 11) deutlich fest, daß das Kriegsglück von den erhobenen Händen abhängt, nicht von den Waffen. Die betenden, nicht die den Schwertstreich gegen den Gegner führenden Hände, bestimmen den Ausgang des den Israeliten aufgezwungenen Kampfes. Auch wenn es der Kämpfenden bedarf.

»In Stille und Vertrauen liegt eure Kraft«, sagt Jesaja, »doch ihr wolltet nicht.« Das kann nur heißen: Ihr wolltet alles selbst erreichen, ohne Gottes Zutun. Es fehlte euch die *schuwá,* die »Umkehr« zu Gott. Nicht weil sie sich gegen die Assyrer zu verteidigen gedachten, ist das Unheil über sie hereingebrochen, sondern weil sie sich nur auf die eigene Macht und Voraussicht, nicht aber auf die wirkliche Vorsehung (den »Heiligen Israels«) – abstützten. Sie haben nur die Rosse gesehen. Gottes Wort an König Ahas (Jes 7,4): »Hüte dich und sei still (B-R: halte dich still) und fürchte dich nicht« *(hischamér w'haschqét 'al tirá'),* galt auch ihnen. Sie haben es übersehen. Nicht die Ruhe, das Wartenkönnen, das Vertrauen auf Gott hat sie geleitet. Damit war das Unheil unabwendbar geworden.

Wegweisung für unsere Zeit

Die Menschheit ist verunsichert. Vor allem hat sie Angst: Angst vor Krieg und Vernichtung, Angst vor einem totalen Ende des Lebens auf der Erde. Die Angst ist berechtigt. Doch wie wird sie bekämpft? Durch einen Abbau des Feindbildes, durch eine offene Aussprache zwischen den sich als Feinde gegenüberstehenden großen Machtblöcken? Bisweilen. Die Angst voreinander führt die Mächtigen der Erde zueinander. Sie wechseln Worte, beschließen eine Rüstungskontrolle (nicht global, sondern nur in einzelnen begrenzten Gebieten) und gehen dann nach Hause, um erneut aufzurüsten. »Gleichgewicht des Schreckens«, »Krieg der Sterne« . . . Wer das Gruseln noch nicht gelernt hat, kann es lernen. Die Apokalypse eines Weltuntergangs ist kein Schauermärchen mehr, sie ist machbar durch Menschen, die ihren Geist einsetzen, um Leben zu vernichten, nicht um Leben zu retten. Nur ein radikales Umdenken kann die Menschheit retten. Es ist noch nicht zu spät dazu, wenn es auch spät ist. Spät, weil der »Overkill« – die totale Lebenszerstörung auch mit nur einem kleinen Teil der vorhandenen Waffen – möglich ist.

Der Talmud (j. Ta'anít, 3 a) überliefert einen Ausspruch des Rabbi Elieser: »Wenn die Israeliten keine Umkehr *(t'schuwá)* tun, werden sie nie erlöst werden. Denn es heißt: ›in Umkehr und Stille wird euch geholfen‹.«

Rabbi Eliesers Wort gilt nicht nur für die Israeliten, es gilt für alle Menschen. Die Erlösung erfolgt nicht bedingungslos. Sie kommt, wenn zuvor die Umkehr eingetreten ist. Die Umkehr zu Gott, die Abkehr zugleich von einem tödlichen Machtdenken, in welchem die »Rosse« dominieren.

»Brich dem Hungrigen dein Brot«

Jes 58,7–12

7 Fürwahr, brich dem Hungrigen dein Brot,
und herumgestoßene Arme bring ins Haus.
Siehst du einen Nackten, so bedecke ihn,
und vor deinem Fleisch verbirg dich nicht.
8 Dann bricht hervor wie die Morgenröte dein Licht,
deine Wunde wird rasch verheilen,
es geht vor dir her dein gutes Tun,
die Herrlichkeit Gottes sammelt dich ein.
9 Dann rufst du, und der Herr wird antworten,
wirst anflehen, und Er spricht: »Hier bin ich!«
Wenn du entfernst aus deiner Mitte die Jochstange,
das Ausstrecken des Fingers, das Reden von Schimpflichem.
10 Du gibst her dem Hungernden deine Seele,
und die bedrückte Seele sättigst du,
dann strahlt auf in der Finsternis dein Licht
und deine Dunkelheit wie der Mittag.
11 Es leitet dich der Herr für immer,
Er sättigt im Dürreland deine Seele,
und deine Knochen wird Er stärken,
du wirst sein wie ein getränkter Garten,
wie ein Wasserquell, dessen Wasser nie trügt.
12 Es bauen, die von dir abstammen,
die Trümmer der Vorzeit,
Grundmauern von Geschlecht zu Geschlecht
richtest du auf.
Man nennt dich »Umzäuner des Risses«,
»Rückbringer der Pfade« zum Wohnen.

Der Text im Kontext

Wie kann ein Mensch Gott finden und eine dauerhafte Beziehung zu Ihm schaffen? Viele denken: wenn man Ihn »Tag für Tag sucht«, »die Erkenntnis Seiner Wege wünscht«, sich nach den »Vorschriften der Gerechtigkeit« erkundigt und die »Nähe Gottes« erstrebt (58,2). Vor allem muß man fasten, sich dem *zom,* dem Verzicht auf Speise und Trank verschreiben. Siebenmal ist in Jes 58,1–6 von *zom* und dem Verb *zam* die Rede. Sie stehen im Zentrum der Aufmerksamkeit des Volkes, scheinen ihm Garant eines gottesgläubigen, gottesfürchtigen Lebens zu sein.
Doch etwas läuft schief. Das Fasten – und offensichtlich auch das mit dem Fasten verbundene Gebet – wird nicht beachtet.

»Wozu haben wir uns kasteit –
du hast es nicht angesehn,
unsre Seelen wir gebeugt –
du willst es nicht wissen!« (V 3, nach B-R).

Gott reagiert nicht. Ist das Fasten untauglich, die Selbstkasteiung (V 3: *'inínu nafschénu*, vgl Lev 23,27; Num 29,7) unnütz? Der Prophet weiß die Antwort. Im Auftrag Gottes spricht er sie laut und unmißverständlich (V 1) aus. Der Wunsch (*jechpazún,* von *ch-f-z,* Qal Imperfekt; zweimal in V 2) nach Kenntnis der Wege Gottes im Gang der Geschichte und nach Seiner Nähe ist in Wirklichkeit nichts anderes als der Wunsch nach dem »Gegenstand«, nach dem »Geschäft« (*chéfez,* V 3), nach dem Profitgeschäft und dem »Eintreiben ihrer Schuldforderungen«. Man merkt gar nicht, daß ihr zu Ehren Gottes fastet. Es sieht so aus, als fastet ihr, weil ihr vor lauter emsigem Handel keine Zeit zu essen findet (A. Chacham, séfer J'schajáhu, zu V 3). Von wahrer Selbstzerknirschung keine Spur.

»Wohl:
zu Streit und Gerauf kasteiet ihr euch,
mit frevler Faust dreinzuschlagen, –
nicht kasteit ihr euch, wie's heutzutag ist,
in der Erhabenheit eure Stimme hören zu lassen« (V 4, nach B-R).

Wen wundert es da, daß Gott nicht hinhört und dem Volk die Hilfe versagt? Selbst ohne »Streit und Gerauf« wäre der *zom* völlig ungenügend, denn er erschöpft sich im Äußerlichen, in der Form. Die Fastenden lassen ihren Kopf wie eine »Sumpfbinse« (M. Zohary, Pflanzen der Bibel, 1983, 135; *'agmón*) hängen, legen sich auf ein Sackgewand, streuen sich Asche aufs Haupt.

Riten sind nur sinnvoll, wenn das Herz mitschwingt, denn – so sagen die Weisen des Talmud in späterer Zeit – »Gott will das Herz« (*rachmanâʾ libbâʾ baʿé;* b. Sanhedrín, 106b, nach 1 Sam 16,7). Nicht das Ritual ist wichtig, sondern die sich im Fasten ausdrückende Intention: den Dienst für Gott als Dienst für den Mitmenschen zu verstehen.

»Die Klammer des Frevels zu öffnen,
der Jochstange Bande zu sprengen
und Geknickte auszuschicken ledig.
Alljedes Joch solltet ihr zertrümmern!« (V 6, nach B-R).

Der Text stellt das falsche Fasten dem richtigen Verhalten gegenüber, wobei mit Absicht bei den rhetorischen Fragen (V 5–6) die Diktion sehr ähnlich ist:

»Ist dies ein Fasten, das ich erwähle,
ein Tag, da der Mensch seine Seele kasteit?« (V 5).

»Nennst du dies ein Fasten
und einen Tag des Wohlgefallens dem Herrn?« (V 5).

»Ist nicht dies ein Fasten, das ich erwähle« (V 6).

Die dreifache Wiederholung ähnlicher Wendungen muß beim Hörer einen nachhaltigen Eindruck hinterlassen. Er fühlt sich herausgefordert und zum Antworten gezwungen. Und das heißt: er lernt die Schale vom Kern, die Klage- und Trauerriten des Fasttags vom beabsichtigten Sinneswandel des Fastenden zu unterscheiden. In einer Mischna (Taʿanít, II,1) wird mit einem Hinweis auf die im Jonabuch beschriebene Abkehr der Bewohner Ninives von ihrem schlechten Weg (Jona 3,5–6) entsprechend festgehalten:

»Welches ist die Ordnung der Fasttage? Man trägt die Lade (mit den Tora-Rollen) auf einen (freien) Platz der Stadt, gibt Brandasche (vom Altar) darauf, desgleichen auf den Kopf des Fürsten und des Gerichtsvorsitzenden, und dann nimmt jeder einzelne und legt sie sich auf den Kopf.
Der Älteste unter ihnen spricht eindringliche (eigentlich erobernde) Worte: Unsere Brüder, bei den Leuten von Ninive heißt es nicht: ›und Gott sah ihr Sackgewand und ihr Fasten‹, sondern ›und Gott sah ihre Taten, daß sie von ihrem schlechten Weg umkehrten‹ (3,10). Und in einer Mahnrede heißt es (Joël 2,13): ›und zerreißt euer Herz und nicht eure Kleider‹.«

An welchen Personenkreis wendet sich der Prophet? Einige Exegeten glauben, er richte seine Mahnrede an die nach dem Jahr 538 v. d. Z. (Edikt des Kyros; Esra 1,2–4) aus dem Babylonischen Exil nach Jerusalem

Zurückgekehrten (A. Chacham, Sch. L. Gordon, J'schajáhu, zu V 2), an die sogenannte Jerusalemer Kultgemeinde. Die Ansicht dürfte zutreffen, zumal die spätere Versklavung der verarmten Volkskreise (Neh 5,1–13) zu Jes 58,6 paßt (»und Geknickte auszuschicken ledig« entspricht Ex 21,2: »aber im siebten [Jahr] gehe er in die Ledigung aus, frei«, B-R). Die Mahnrede ist indessen nicht zeitgebunden. Jeder Mensch kann gemeint sein. Die soziale Botschaft hat bis heute nichts von ihrer Eindringlichkeit verloren.

Leitworte des hebräischen Textes

In 58,7–12 kommen *zom* und *zam* nicht mehr vor. Der Akzent liegt auf der mitmenschlichen Verhaltensweise.
parós (Infinitiv mit imperativer Bedeutung; vgl *sachór,* »gedenke«, Ex 20,8) bedeutet (Brot) »brechen« (vgl Klgl 4,4). A. B. Ehrlich (Randglossen, IV, 208) schreibt hingegen: »*parós* heißt nicht ›brechen‹, wie die Wörterbücher angeben, sondern ›teilen‹; vgl Dan 5,28.« R. Elieser von Beaugency interpretierte bereits: »Dein Brot dem Hungernden zu brechen *und* darzureichen, ist des Fastens Sinn (eigentlich Lohn).«
m'rudím (singular *marúd*) sind die »seufzenden« (Armen), so Raschi und m'zudát zijón (nach Klgl 3,19: *m'rudí,* »mein Seufzen«), nach Targúm Jonathan die »bewegten« (herumgestoßenen) Armen *(m'talt'lín).* Kimchi schließt sich dem Targum an. A. B. Ehrlich (p'schutó schel miqrá', 144): »Es handelt sich um die Armen, die kein Heim haben und überall hinirren, um sich einen Ruheort zu suchen.«
tit'alám (Hitpael von *'-l-m,* »sich verbergen«), ist im Infinitiv *(l'hit'além)* in Dtn 22,1.3.4 zu finden (s. unten Exegese, S. 190).
scháchar ist die Morgenröte, die allmählich »hervorbricht« *(jibaqá',* Niphal von *b-q-',* »spalten«), V 8.
'aruchá (mit chaf!) ist »das neue Fleisch heilender Wunde« (W. Baumgartner, Lexikon, 82). Es wird »wachsen« *(tizmách,* Qal von *z-m-ch)* »wie das Gewächs des Feldes, das stetig größer wird« (Kimchi).
zidqécha (von *zédeq*) bedeutet etwa »deine Frömmigkeit« (L. Zunz), »deine Wahrhaftigkeit« (B-R) oder schlicht: »dein gutes Tun«. Nach einer Interpretation von A. Chacham ist – parallel zum nachfolgenden *k'wód 'adonáj,* »Gottes Herrlichkeit« (B-R: Sein Ehrenschein) – auch bei *zidqécha* ein Epitheton Gottes genannt (vgl Ps 4,2).
Gegensatz von *ra'éw,* der »Hungernde«, ist der *sawé'a,* der »Satte«. In V 10 steht freilich das Verb *(tasbí'a;* Hiphil von *s-w-').*

w'taféq (Hiphil von *p-w-k*) heißt: »du sollst hergeben« (herausgeben). *chóschech,* »Finsternis«, und *'afelá,* »(tiefe) Dunkelheit«, werden synonym gebraucht. Der *zohorájim,* »Mittag« mit seinem gleißenden Licht (*zóhar, sóhar,* ist der »Glanz«, *zohorájim* daher der »Doppelglanz«) bildet den krassen Gegensatz.
w'nachachá (von *n-ch-h,* Qal) heißt: »Er wird dich leiten« (V 11).
zachzachót (von *z-ch-ch*), vgl *zach,* »hell«, »weiß«, bedeutet wohl »Dürrezeit« (Sch. L. Gordon), nach Ibn Esra ein »dürrer, durstiger Ort, das Gegenteil des wasserreichen«. Das Targúm Jonathan denkt an »Jahre der Trockenheit« *(sch'né b'zórta').* »Im Durst«, schreibt R. Elieser von Beaugency. Ganz anders A. B. Ehrlich (Randglossen, IV, 209): »mit wohlbekommenden Genüssen«, oder Abarbanel (Kommentar z. St.): »im hellen Lichtglanz, das ist der Glanz der göttlichen Gegenwart« *(sch'chiná). Etwas gesucht B-R: »in der Wildnis deiner Seele«. gan rawéh* ist (nach B-R) ein »erfrischter Garten«. Im Gegensatz zu *zachzachót* der Gegenwart ist die Zukunft von lebenspendendem Wasser (neben *gan rawé* auch *mozá' májim,* ein »Wasserquell«) geprägt.
j'chaswú (Piel von *k-s-w*) meint »täuschen«. Das Wasser des Quells »täuscht nicht«, es ist immer, auch während der regenlosen Sommerzeit, vorhanden, ist nicht *'achsáw* (Jer 15,18), sondern besitzt (nach Jes 33,16: *memáw ne-'emaním*) immer fließendes, »getreues« Wasser. »Es wird nie unterbunden« (Ibn Esra).
chorwót 'olám, die »Trümmer der Vorzeit« (B-R), steht parallel zu *mosdé dor wadór,* »Grundmauern von Geschlecht zu Geschlecht« (B-R); »du wirst sie bauen«, aufs neue »errichten« (*t'qomém,* Polel von *q-u-m*). Die Erbauer werden damit zum »Rißverzäuner« (*godér,* »eingrenzen«, »einzäunen«, vgl *géder* und *gadér,* »Zaun«, »Mauer«; *pérez,* »Riß«, »Einbruch«, als Eigenname in Gen 38,29) und zum *m'schowéw* (Polel von *sch-u-w,* »zurückbringen«, »wiederherstellen«), »zum Rückbringer der Pfade für die Besiedlung« (*n'tiwót laschávet;* nach B-R).

Der Text in der Exegese

Wer Gott sucht, darf sich nicht mit äußerlichen Kultbräuchen zufriedengeben, selbst wenn er das verlogene Fasten, das dem Geldverdienst und nicht dem Gottesdienst angehört, aufgegeben hat. Er muß zunächst einmal die soziale Ungerechtigkeit beheben (V 6). Doch damit ist es nicht getan.

Neben die »Korrektur der Schuld« (D. Rafel, in: Betrachtungen zum Jesaja-Buch, ed. B.-Z. Lurie, 1980, II, 272; hebr.) tritt die Sorge um den Schwachen, den Hungernden. V 7 setzt mit *halṓ*, »fürwahr«, ein und verweist damit auf das *halṓ* in V 6, das die Charakterisierung des rechten Fastens einleitet: »Fürwahr, ist nicht dies ein Fasten, das ich erwähle.« Es ist in der Tat ein »Fasten«, auch wenn paradoxerweise nur der Reiche sich der Speise enthält, und der Hungernde dafür die sonst entbehrte Nahrung erhält.
Malbím erklärt:

»Er (Prophet) verdeutlicht die Art und Weise (eigentlich: die Bedingungen) der Selbstkasteiung: Wisse, daß Gott nicht die Kasteiung der Seele wünscht, nicht das, was du *nicht* issest, sondern was du dem Hungernden zu essen gibst« (Komm. zu V 7).

Die ethischen Forderungen werden an jeden einzelnen gerichtet, weshalb die Imperative (»brich«, »bring«, »verbirg dich nicht«, V 7) im Singular stehen. Zum Unterschied von den Plural-Verbalformen in den Versen 1–4 (Rabinowitz, dá'at sofrím, zu V 7).
R. Ch. Rabinowitz schreibt:

»Ohne die Beteiligung des einzelnen ist es schwierig, die Probleme zu lösen, besonders das seelische Problem des vereinsamten und bedrückten Menschen. Die öffentliche Hilfe reicht nicht aus, um seine Probleme zu meistern.«

Neben das Speisen des Hungernden treten in V 7 das Hineinbringen des Obdachlosen (des »herumgestoßenen« Armen) »ins Haus« und das »Kleiden des Nackten«. Es handelt sich um die elementaren Bedürfnisse eines Menschen. Nicht zufällig nennt sie Jakob beim Verlassen seiner Heimat (Gen 28,20). Er bittet Gott bei seinem Gelöbnis um Brot, Kleidung und die Rückkehr »ins Haus meines Vaters« (um das »Zuhause«), wie R. Me'ir ben Isaak Arama (séfer 'urím w'tumím, z. St.) erkannt hat. A. Chacham meint zutreffend:

»Es lehrt uns, daß man nach der Freilassung der einst Versklavten für ihren Unterhalt zu sorgen hat. Sonst wären sie besser bei ihren Herren geblieben, die zumindest für sie aufkamen.«

Das »Hineinbringen« ins Haus gleicht nach dem Talmud (j. Pe'á, 27 b) einer Opfergabe im Tempel:

»Rabbi Awin sagte: Wenn du die Bedürftigen in dein Haus bringst, hast du gleichsam Erstlingsfrüchte in den Tempel gebracht. Es heißt hier ›*tawí'*‹ (›du sollst bringen‹), und es heißt in Ex 23,19; 34,26 ›*tawi*'‹ (›die Erstlinge deines Landes bring in den Tempel des Herrn, deines Gottes‹).«

Eingehend hat sich der Talmud (b. Bawá' batrá', 9a) mit der ethischen Tragweite beschäftigt. Es ist denkbar, daß es sich bei den Bittstellern um unehrliche Menschen handelt. Muß man helfen, selbst wenn man den Verdacht der Unehrlichkeit hegt? (Eine Frage, die sich auch in der Gegenwart häufig stellt.)

»Raw Huna sagte: Man untersucht bei der Nahrung, nicht jedoch bei der Bekleidung (Raschi: Wenn ein Armer kommt und sagt: ›ernähret mich!‹, kann man zuerst festzustellen suchen, ob es sich um einen Betrüger [oder einen ehrlichen Menschen] handelt. Ist er jedoch unbekleidet und sagt: ›bekleidet mich!‹, so nimmt man sofort ein Gewand.)
Raw J'huda sagt: Man untersucht beim Gewand, nicht jedoch bei der Nahrung.« (Beide Gelehrte bringen einen logischen Beweis für ihre Ansicht und zugleich einen Beleg aus unserem Bibeltext, V 7.)

Eine analoge Diskussion findet sich in Lev. r. 34,14:

»R. Ada bar Ahawa und Raw und Rabbi Jochanan sagten: Man untersucht beim Gewand, nicht aber beim Menschenleben (Nahrung; dies entspricht der Ansicht von Raw J'huda).
Und die Weisen *(chachamím)* sagten: Auch beim Gewand untersucht man nicht – wegen des Bundes unseres Stammvaters Abraham« (gemeint ist – euphemistisch – das membrum virile, an dem die Zirkumzision vollzogen worden ist. Mit anderen Worten: Man gibt sofort das Gewand wegen des Schamgefühls).

V 7 schließt mit der Forderung: »Vor deinem Fleisch verbirg dich nicht.« Nach dem Gaon Saadia (Kommentar z. St.) ist damit die Pflicht enthalten, »Waisen zu verheiraten« (ihnen bei der Aussteuer und bei den Hochzeitskosten beizustehen). Kimchi interpretiert »vor deinem Fleisch« im Sinne von »vor deinem Blutsverwandten«. Das ist wohl zu eng gefaßt. Hier ist jedes »Fleisch«, d. h. jeder Mensch mit hineingenommen.
»Verbirg dich nicht« erinnert an das Verbot (Dtn 22,1.3.4), die Augen gleichsam zu schließen, wenn »der Ochse deines Bruders oder sein Schaf umherirren«, oder auch »sein Esel«, »sein Gewand« oder »etwas, das dein Bruder verloren hat«, zurückzuerstatten sind. Du sollst nicht mitansehen (V 1: *lo tir'é*), wie die Tiere ihren Besitzer verzweifelt suchen, sollst dich vor dem Schmerz der Kreatur und dem Recht des Eigentümers auf Rückerstattung seines Besitzes »nicht verbergen«.
Es ist leichter, die Augen zu verschließen, als helfend einzuspringen, doch gerade diese Hilfe ist biblisches Gebot. Wie Dtn 22 schließt auch Jes 58,7 mit diesem akzentuierten *lo tit'alám.*

H. Cohen (Die Religion der Vernunft, 171) stellt im Anschluß an den Bibelvers fest:

»Dies ist die neue Einsicht, die der wahrhafte Monotheismus erbringt: der Arme ist dein Fleisch ... Er bringt dir den Mitmenschen zur Offenbarung. Und der Mitmensch, als der Arme, bringt erst die Liebe Gottes zum Menschen in das rechte Licht und zum wahrhaften Verständnis.«

Wir stellen fest:
Dem negativen Zustand (V 8) stellt der Prophet den positiven gegenüber. Er besteht 1. aus der Behebung des sozialen Unrechts (V 6) und 2. aus dem entschiedenen Eintreten für die Rechte des Zukurzgekommenen (V 7). Beide Verse werden mit einem für die Zuhörer provozierenden *haló'*, »fürwahr«, »ist es denn nicht so?« eingeleitet.
Auf diese Bedingungen eines Wandels im Schicksal der Gemeinschaft folgt die Ansage einer glücklichen Zeit (V 8–9a, jeweils gekennzeichnet durch *'as,* »dann«). Mit 9b–10a werden – im Anklang an V 6 (wiederum Nennung von *motá,* »Joch«) – abermals die Bedingungen genannt (Tilgen des Unrechts und Sättigung des Hungernden). Dann aber setzt erneut die Beschreibung des Glücks in seiner Fülle ein (V 10b–12).
Der *Aufbau* ist klar strukturiert:

IST-Zustand (V 5)
SOLL-Zustand (V 6f)
1. Glücksverheißung (V 8–9a)
SOLL-Zustand (V 9b–10a)
2. Glücksverheißung (V 10b–12)

Worin besteht die erste Glücksverheißung? Im Aufbrechen des Lichts (der Rettung), im raschen Wachsen der feinen Haut über der Wunde und dem permanenten Gottesschutz. Die Wunden der Vergangenheit – der Zerstörung Jerusalems durch die Babylonier (586 v. d. Z.) und des Exils – werden vernarben. Das Dunkel der traurigen Vergangenheit wird verdrängt durch das Licht einer hellen Zukunft, die im Zeichen Gottes und Seiner Hilfe steht.
Sehr schön ist der Vergleich des neuen Lichts mit der Morgenröte. Der Talmud berichtet (j. Jomá', 14a):

»R. Chijja der Große und R. Schimon ben Chalafta gingen einst am Ende der Nacht durch das Arbeltal (beim Genezaretsee). Da sahen sie, wie das Licht der Morgenröte hervorbrach. R. Chijja sprach zu R. Chalafta: ›So ist die Erlösung Israels. Zuerst langsam, langsam, doch dann wird das Leuchten stetig stärker.‹«

Ganz langsam setzt die Erlösung ein, doch schließlich wird sie das Elend, die Unfreiheit bezwingen.
Man möchte hinzufügen: So steht es auch mit der Erlösung der ganzen Menschheit. Nicht auf einmal, nicht mit ganzer Wucht, werden Menschen aus der Fessel befreit, sondern sachte. Selbst wenn die Fessel zerbricht, dauert es eine Weile, bis die Freiheit wirklich erlangt ist. Der Befreite muß nämlich in sich selbst die Unfreiheit überwinden, ehe er die Freiheit wirklich zu nutzen vermag. Ein früher Interpret der Erzählung von den beiden Gelehrten meint (Kommentar qorbán ha'edá):

»Es ist bekannt: wer im Dunkel sitzt, kann nicht von einem Augenblick zum anderen in gleißendes Licht blicken. Es blendet ihn. Daher beginnt man mit einem gedämpften (eigentlich kleinen) Licht, bis nach und nach auch ein starkes Licht erträglich wird.«

Der Glanz der Erlösung muß dosiert aufleuchten. Nur langsam gewöhnen sich die Augen an die Helle, wie bei der Morgenröte, die dem Aufgang der Sonne vorangeht.
Am jüdischen Lichterfest Chanukka, das an den Freiheitskampf der Makkabäer gegen die griechisch-seleukidische Oberherrschaft (165 v.d.Z.) erinnert, werden während acht Abenden die Kerzen oder Öllichter des Chanukka-Leuchters entzündet. Sinnigerweise strahlt nicht von Anfang an die volle Lichterfülle auf. Nur mit einem einzigen Licht beginnt das Fest. An jedem Abend fügt man ein Licht hinzu, bis am achten Abend – aber erst dann – alle Kerzen brennen. Langsam entfaltet sich die Freiheit. Doch unaufhaltsam. Auch nach dem größten Dunkel wird es heller. Man muß nur warten können.
Ans Licht muß man sich gewöhnen. Wenn ein Volk die Freiheit gewinnt, wenn Menschen nach einer schweren Krankheit gesund werden. Der Genesungsprozeß mag sich über viele Wochen hinwegziehen, aber er geht voran, schrittweise, stetig. Nur darf sich keiner entmutigen lassen – nicht der zuvor Unterdrückte, nicht der Kranke. Er braucht Geduld und den festen Glauben, daß im letzten das Licht triumphiert und das Leben ganz zurückkehrt. Wie bei der Morgenröte, »bei der in jedem Augenblick das Licht zunimmt« (Ibn Esra zu Jes 58,8).
Jes 52,12 stehen die Worte:

»Nicht in Hast ja fahret ihr aus,
in Flucht nicht geht ihr hinweg,
Er ja geht vor euch her *(ki holéch lifnechém 'adonáj)*,
und eure Nachhut ist Jisraels Gott« *(um'asifchém 'elohé Jisra'él* (nach B-R).

Dem *holéch lifnechém* entspricht in unserem Abschnitt *w'halách l'fanécha*, dem *um'asifchém* (»eure Nachhut«; eigentlich »der euch sammelt«) ein *ja'asfécha* (»er wird dich sammeln«).

Das Bild entstammt der militärischen Strategie, der Ordnung beim Marsch von Soldaten. Vor dem Hauptharst geht der *chalúz* (Num 32,21.29; Dtn 3,18), der »Gegürtete«, »Gerüstete«, »Kampfbereite«, der allenfalls einen Frontalangriff abfangen muß. Hinter dem Gros der Krieger schreitet der *m''aséf* (Num 10,25; Jos 6,9.13), der »Einsammler«, die Nachhut, die die Ermüdeten »aufnimmt« und wohl auch einen unvermuteten Überfall von hinten parieren soll. (Vgl Dtn 25,18: Amalek »schnitt die Ermatteten in deiner Nachhut von dir ab, und du warst matt und müde«, nach J. Wohlgemuth-J. Bleichrode, Übersetzung z. St.; eine Perfidie, die unverzeihlich ist.)
Gott ist der Beschützer Israels »auf allen Seiten«, wie Er bereits bei der ersten Bedrohung nach dem Auszug aus Ägypten bewiesen hat. Seine »Feuersäule« schritt an der Spitze, trat dann aber – wie Pharaos Truppen auf Bogenschußweite herangerückt waren – als Schutzwand zwischen Israel und die Ägypter, hinter die Letzten der Israeliten (Ex 14,19f).
D. Rafel (aaO, II,274) ist der Ansicht, in Jes 52,12 besitze *um'asifchém* den Sinn eines Schutzes, an unserer Stelle hingegen jenen des »Heimnehmens« (wie Dtn 22,2), des »zu sich Nehmens«. Der Vorschlag ist beachtenswert.
Konkreter als diese mit abstrakten Glaubensbegriffen *(k'wód 'adonáj; zidqécha)* operierende Glücksverheißung ist die mit dem zweiten *'as* einsetzende Ansage in V9a. »Dann« ist Gottes Reaktion auf euer Gebet grundverschieden. In V3 habt ihr euch beklagt, ihr kasteitet Euch, beugtet eure Seele, ohne daß Gott es »gesehen« hätte, jetzt aber »wirst du anrufen, und Gott wird antworten, wirst beten, und Gott spricht: ›hier bin ich‹.« Der Klage- und Bittruf findet ein Echo. Gott antwortet.
Auf diesen Zuspruch folgt indessen – zur Verstärkung der konditionierten Gott-Mensch-Beziehung – der abermalige Ruf zur Lösung des Jochs vom Nacken der Unterdrückten, zum Verzicht auf betrügerische Machenschaften (*schlach 'ezbá* heißt – analog zu *schalách jadó,* Ex 22,10 – »seinen Finger aussenden zum Betrug«; A.B. Ehrlich, hamiqrá' kifschutó, 144, Herz Homberg, Hakorem, z. St.) und zum Verzicht auf schimpfliche Rede (B-R: »Unterjochung, Fingerstrecken, Arggered«).
V6 ist, worauf R. Ch. Rabinowitz (dá'at sofrím, zu V9) aufmerksam macht, die Lösung *(patéach)* des Unrechts gefordert, hier ist die Forderung verschärft: »entferne« es (*tasír, Hiphil von s-u-r*) ganz »aus deiner Mitte« *(mitoch'chá)*.

V 9b bildet die Parallele zu V 6, V 10a die Parallele zu V 7. Dem »brich dem Hungrigen dein Brot« entspricht – auch hier in einer gesteigerten ethischen Forderung –: »Gib her dem Hungrigen deine Seele.«

»Gib her dem Hungrigen deine Seele und deinen guten Willen. Das heißt: Teile mit ihm dein Brot mit willigem Herzen und bereiter Seele« (R. Schlomo ibn Melech aus Fès, Séfer michlál jófi; vgl. Malbím).

»Gib ihm das, was deine Seele kennt und was du haben möchtest, wenn du selbst hungrig bist« (R. Elieser von Beaugency).

Und wenn du ihm nichts geben kannst, weil du selber nichts besitzest?

»Es lehrten die Weisen: Wenn du nichts hast, um ihm zu geben, tröste ihn mit Worten. Sprich zu ihm: Ich schenk' dir meine Seele, da ich dir sonst nichts zu geben vermag« (Lev. r. 34,15).

Ein Wort hilft gelegentlich nicht weniger als eine materielle Spende, ein Wort des Verständnisses und des tröstenden Zuspruchs. In der Regel ist indessen eine Gabe der »Sättigung« (Kimchi) zu verabreichen, denn Essen allein ohne Sattwerden genügt nicht (vgl Dtn 8,10; 11,15: »du wirst essen und satt werden«).
Ist die Bedingung erfüllt, so folgt Gottes Segen. Wiederum (wie in V 8a) mit dem Aufstrahlen des Lichts aus der Dunkelheit (V 10b) und der göttlichen Führung (*w'nachachá,* V 11, neben *w'halách l'fanécha,* V 8) ausgedrückt.
Von der Gebetserhörung ist nicht mehr die Rede. Statt ihrer verkündet der Text den reichen Segen des Menschen, einen Segen, der die körperliche und geistige Gesundung mit sich bringt und zugleich – angedeutet durch *k'gan rawé,* »wie ein durchtränkter Garten« – messianische Töne anschlägt. Der berühmte Garten ist der »Gottesgarten«, ist das Paradies in Eden (Jes 51,3, vgl Ez 28,13).
Zweites Element ist die Verheißung eines Wiederaufbaus der zerstörten Ortschaften und ihrer Wiederbesiedlung. V 12 besitzt ein Gegenstück in Jes 61,4:

»Trümmer der Vorzeit bauen sie auf,
Verödungen der Frühen stellen sie wieder her,
zertrümmerte Städte erneuern sie,
Ödnisse von Geschlecht um Geschlecht« (B-R).

Subjekt in 61,4 sind die »Trauernden um Zion« (*'awelé zijón,* V 3, schlicht die *'awelím,* V 2, genannt). In unserem Abschnitt fehlt die präzise Angabe: *uwanú mimchá,* »es werden bauen, die von dir abstammen« (Ibn Esra).

»Trümmer der Vorzeit« sind (nach H. Homberg, aaO) »nicht wieder herzustellende Trümmer«, doch das Unerwartete geschieht: die Trümmer werden weggeschafft, an ihre Stelle treten »Fundamente«, die in alle Zeit hinein von Bestand sind. Durch den Aufbau wird die ganze Situation saniert.

»Rückbringer der Pfade« *(m'schowéw n'tiwót. . .)* – denn bis jetzt pflegten die Leute über die Mauerdurchbrüche und Trümmer zu gehen, wenn sie ihren Weg abkürzen wollten. Nun aber bauet ihr, und die Pfade verschwinden. Es entstehen neue Ansiedlungen, in denen man »wohnen« wird *(laschâwet)* (R. Elieser von Beaugency).

Die Verödung verschwindet, eine neue gesicherte Zukunft beginnt.

Jes 58 schließt mit der Ermahnung, den Sabbat zu bewahren. Der Predigttext müßte sie mit einbeziehen, zumal der *schabát* (V 13) bereits durch *m'schowéw . . . laschâwet* antizipiert ist.
Der Sabbat, der höchster »Genuß» *('óneg)* genannt wird, rundet die Aussagen des ganzen Abschnitts 58,1–12 ab. An diesem Tag, dem von Gott, dem Weltenschöpfer, gesetzten Ruhetag für den Menschen, ist die Mitmenschlichkeit realisiert. Wie beim Fasttag das »Geschäft« (*chéfez,* V 3) nicht zuzulassen wäre, so hat es am Sabbat (V 13: *chafazécha, chefz'chá*) zu unterbleiben. Wenn du deinen Teil leistest, dann (wiederum *'as;* V 14) wird Gott dir höchstes Glück schenken.
Es handelt sich nicht um ein Verdienen des Glücks, vielmehr um dessen Bereitung. Der redlich handelnde Mensch schafft die Basis, auf der Frieden, Gedeihen, Segen für alle Menschen sich zu entwickeln vermögen. Und er schafft sie nicht, indem er sich äußerlichen Trauerriten überläßt. Nicht das Fasten, sondern die Ruhe am Sabbat, die alle Menschen – auch die Unfreien, die vom guten Willen des Arbeitgebers abhängigen Sklaven – zu freien Geschöpfen des Einen-Einzigen Gottes werden läßt, bildet den Zielpunkt jüdisch-religiöser Glaubenserfahrung. Der Sabbat ist »ein Ruhetag dem Herrn, deinem Gott« (Ex 20,10), und deshalb wird er (durch den Bezugspunkt auf den Schöpfer) zum Ruhetag für alle Menschen.

Wegweisung für unsere Zeit

In der synagogalen Schriftlesung ist Jes 58 als *haftará* (Prophetentext) für den Morgengottesdienst des Versöhnungstages *jom kipúr* erkoren worden. Fastend und betend wird dem frommen Juden deutlich, daß sein Tun unnütz ist, wenn es nicht mit einer Neubesinnung auf die mitmenschliche Verhaltensweise einhergeht. Ganz in diesem Sinn erklärt das jüdische Religionsgesetz (Mischná jomá', VIII,9; schulchán ʿarúch, 'órach chajím 606,1):

»Sünden zwischen Mensch und Gott sühnt (nach vorangegangener Umkehr, *t'schuwá*) der Versöhnungstag (sie werden von Gott am V. vergeben). Doch Sünden zwischen Mensch und Mensch sühnt der Versöhnungstag erst, wenn man zuvor den Mitmenschen um Verzeihung gebeten hat.«

Der unterdrückte, entrechtete, ausgebeutete Mensch steht im Zentrum des großartigen Bibeltextes. Des Volkes Zukunft wird bestimmt durch die soziale Lage innerhalb der Gemeinschaft. Es geht um nichts weniger als um die Existenz Israels. Nur wenn das Unrecht überwunden wird – von Grund auf, von der Wurzel her –, kann ein durch Schicksalsschläge schwer angeschlagenes Israel gesunden. Das ist die Botschaft, die für immer unüberhörbar bleibt.
Entscheidend ist aber zugleich, daß das Aufheben des Unrechts einmündet in das Verwirklichen des Rechts. Gerechtigkeit ist ein Begriff, der sich nicht im Abstrakten verlieren darf. »Brich dem Hungrigen dein Brot«, weil dein Besitz letztlich auch sein Besitz ist, weil er von (Gottes)rechts wegen den Anspruch auf dein Brot erheben darf. Und wenn du selbst kein Brot hast, so kannst du ihm immer noch helfen. »Deine Seele« kann ihm mit einem guten Wort, der »geistigen Kost«, zur Seite stehen. Vor allem der Besitzende, der dein Brot nicht braucht, bedarf vielleicht deiner Seele, deines Zuspruchs, deines Trostes, deiner *g'milút chésed* (Erweisen von Liebesdiensten).

»Auf drei Dingen steht die Welt: auf der Lehre *(torá),* auf dem Dienst (im Tempel, *ʿawodá*) und auf dem Erweisen von Liebesdiensten« (Sprüche der Väter, I,2).

»Die Weisen lehrten: Durch dreierlei ist das Erweisen von Liebensdiensten (Wohltätigkeit) bedeutender als die Armenunterstützung (*z'daqá*). Die A. erfolgt mit deinem Geld, die W. mit dem Geld, aber auch mit dem Körper. A. nur an Arme, die W. an Arme als auch an Reiche. A. nur an Lebende, die W. an Lebende und an Tote« (b. Sukká, 49b).

Dieser grundsätzlichen Einstellung ist kaum noch etwas hinzuzufügen. Sie spricht für sich selbst, so wie die Worte des Propheten für sich selbst sprechen – mit unverminderter Aktualität auch in unseren Tagen.

»Gott ist unsere Gerechtigkeit«

Jer 23,5–8

5 Sieh, Tage kommen, ist der Spruch des Herrn,
da errichte ich David einen wahrhaften Sproß,
er regiert als König und handelt weise,
übt Recht und Gerechtigkeit im Lande.
6 In seinen Tagen wird Juda geholfen,
und Israel wohnt in Sicherheit.
Und dies ist sein Name, mit dem man ihn benennt:
»Gott ist unsere Gerechtigkeit«.
7 Deshalb kommen Tage, ist der Spruch des Herrn,
da sagt man nicht mehr: »So wahr Gott lebt,
der herausgeführt hat die Israeliten aus dem Land Ägypten«,
8 sondern »so wahr Gott lebt,
der herausgeführt und hingebracht hat die Nachkommen des Hauses Israel
aus dem Land des Nordens und aus allen Ländern,
in die Ich sie vertrieben hatte«.
Und sie bleiben wohnen auf ihrem Boden.

Der Text im Kontext

»Wehe den Hirten, die die Schafe meiner (Gottes) Herde sich verlieren, sich zerstreuen lassen, ist der Spruch des Herrn« (Jer 23,1). Die Hirten, über die der Prophet Jeremia sein »Wehe« *(hoj)* ausruft, sind die Könige Judas und Jerusalems, genauer: die Könige, die nach dem Schlachtentod Josias (609 v. d. Z. bei Megiddo, Jesreel-Tal) an die Macht gekommen sind. Es sind dies Joachas, Josias jüngster Sohn, Jojakim, dessen Bruder, Jojachin, dessen Sohn.

Die Ereignisse überstürzen sich. *Josia,* dynamisch, dem Gottesglauben ergeben – seine durchgreifende Tempelreform (2 Kön 22–23) nach dem Auffinden des Deuteronomiums hat mit den heidnischen Kultbräuchen gründlich aufgeräumt – macht einen politischen Fehler, der ihm das Leben

kostet. *Necho II.* von Ägypten sucht dem schwachen Assyrerkönig Aschuruballit gegen Babylonien, die neue Großmacht im Zweistromland, beizustehen. Josia ist an einer Rückkehr der Assyrer nicht interessiert, stellt sich daher Necho entgegen und verliert. Auf Josia folgt Sallum, der mit dem Machtantritt den Namen *Joachas* annimmt (608). Doch Joachas ist – wohl wegen seiner mangelnden Ägypterfreundlichkeit – dem Pharao nicht genehm, und deshalb wird er von Necho bereits nach drei Monaten gestürzt und nach Ägypten verbracht. Dort stirbt er. Necho ernennt Eljakim, Joachas' älteren Bruder, zum König und gibt ihm den Königsnamen *Jojakim.* Die Namensgebung soll die faktische Abhängigkeit vom Herrscher im Nilland dokumentieren. Jojakim, brutal, rücksichtslos, mit dem Propheten Jeremia verfeindet, wird zum Vasallen des babylonischen Großkönigs *Nebukadnezar,* der – noch als Kronprinz seines Vaters Nabopolassar – 605 in der Schlacht bei Karkemisch am Euphrat Pharao Necho entscheidend schlägt. Jojakim muß Nebukadnezar den Treueeid schwören. Doch bereits drei Jahre danach bricht er ihn, wohl im Glauben, er könne sich mit Ägypten und den kleinen Nachbarstaaten erfolgreich gegen die Babylonier auflehnen. Die Rechnung scheint zunächst aufzugehen. Nebukadnezar wartet bis zum Jahr 598 mit dem Strafgericht, doch dann rückt er gegen Jerusalem vor, unterwirft und zerstört die Städte Lachisch und Aseka in der Küstenebene. Ehe die Belagerung Jerusalems beginnt, stirbt Jojakim, sein Sohn *Jojachin* übernimmt die Regentschaft. Er ist nur 18 Jahre alt, und nach drei Monaten wird er bereits gestürzt. Nebukadnezars Soldaten haben die Hauptstadt erobert. Jojachin und ein großer Teil der vornehmen Familien, unter ihnen die Beamten und gewiß auch die Wehrfähigen, treten den Gang in die Verbannung nach Babylonien an (598). Statt Jojachin gelangt dessen Onkel – ein weiterer Sohn Josias – auf den Thron. Er heißt Matanja, Nebukadnezar gibt ihm den Namen *Zedekia (zidqijâhu).*
Zum vierten Mal innerhalb zwölf Jahren nach Josias gewaltsamem Ende hat ein Wechsel auf dem Königsthron in Jerusalem stattgefunden. Das kleine Land hat seine Souveränität gründlich verloren, es ist zum Vasallen Babyloniens geworden. Doch noch immer gibt es in Jerusalem genug Leute, die die Geschichte gerne ändern möchten. Sie fordern den jungen König auf, auf die ägyptische Karte zu setzen und durch Ägypten die verlorene Freiheit wiederzugewinnen. Jeremia warnt vor einer Konfrontation mit Babylonien, kann aber auf die Dauer nichts ausrichten. Zedekia bricht sein Treuegelöbnis, Nebukadnezar wartet nicht lange, zieht gegen Jerusalem, erobert ein weiteres Mal die rebellische Stadt und zerstört sie nunmehr gründlich. Gedalja wird nach dem Sturz des Königs Statthalter von Babyloniens

Gnaden. Zedekia wird gefangen ins Truppenlager Nebukadnezars nach Ribla in Syrien verbracht. Seine Söhne werden in seiner Gegenwart getötet, er selbst wird geblendet und in Ketten mit einem weiteren Teil seines Volkes nach Babylonien deportiert. In der Fremde stirbt er. Jerusalems Tempel geht – wie der Königspalast – in Flammen auf.
»Wehe den Hirten, die die Schafe meiner Herde sich verlieren, sich zerstreuen lassen, ist der Spruch des Herrn.« Joachas, Jojakim und Jojachin haben enttäuscht. Sie haben Elend über das Volk gebracht: durch eine verfehlte Politik, nach Auffassung des sozialkritischen Propheten aber auch durch Willkür und Unterdrückung im Innern (Jer 22,13–17). Es könnte sich ändern, die Katastrophe könnte vermieden werden, meint Jeremia, wenn der König sein Verhalten radikal ändert und der Gerechtigkeit zum Durchbruch verhilft.
Die zeitliche Fixierung des »Weherufs« ist nicht mit Sicherheit auszumachen. Man müßte wissen, ob der Königsname *zidqijáhu* in der dreifachen Wiederkehr der Wortwurzel *z-d-q* (V 5–6) – *zadíq, z'daqá* und *zidqénu* – angedeutet werden soll. Für J. Liver (Geschichte der Davidsdynastie. Von der Vernichtung des Königsreichs Juda bis zur Zerstörung des Zweiten Tempels, 1959, 58f; hebr.) ist diese Andeutung anzunehmen. Er verweist dabei auf J. Kaufmann (Geschichte des israelitischen Glaubens, III, 1948, 467; hebr.) – »es ist zu vermuten, daß Jeremia bereits in Josias Tagen die Verheißung von 23,5–6 über den ›Gerechten Sproß‹ verkündet hat« – und J. Klausner (Der Messiasglaube in Israel, 1950, 61f; hebr.). J. Klausner betont, Zedekia sei »kein schlechter Mensch gewesen« und habe an Jeremias Verkündigungen geglaubt, selbst wenn er im Letzten der Warnung, gegen Babyloniens Oberhoheit zu rebellieren, kein Gehör geschenkt hat. Jeremia weist ihn deswegen mit harten Worten zurecht, sagt aber zugleich, daß ihm dereinst ein ehrenvolles Begräbnis zuteil werde (34,5). Der israelische Historiker J. Klausner kommt daher zum Schluß: »Im Kreis der Propheten nannte man Matanja, Josias Sohn, ›Gott ist unsere Hilfe‹ (*'adonáj zidqénu,* V 6) oder *j'hozadáq* (nach LXX: Iōsedek). Als Matanja später auf Nebukadnezars Geheiß den Königsthron bestieg, änderte er seinen Namen in (das gleichbedeutende) *zidqijáhu.*«
Dieser Zeitbestimmung unseres Bibelabschnitts steht die Auffassung entgegen, nicht Zedekia, sondern ein späterer, in eschatologischer Zeit lebender Herrscher, werde vorausgesagt (Gaon Saadia, R. J'schajáhu der Erste von Trani, Kimchi, m'zudát zijón, M. Bolle), nicht Zedekia, sondern der Messias sei gemeint. Das ist denkbar, aber nicht sicherer als die erste Vermutung.

wahaqimóti (Hiphil von *q-u-m*), »ich werde aufrichten«, im Sinne von »ich werde zum König ernennen«, ist – gedanklich – ein Gegensatz zu *hidáchti* (Hiphil von *n-d-ch*), »ich habe verstoßen« (V 3, vgl V 8: *hidachtím,* »ich habe sie verstoßen«, und V 2: *watadichúm,* »ihr [Hirten] habt sie verstoßen«).

zémach (von *z-m-ch,* »sprießen«, »wachsen«) ist ein »Sproß, ein Nachkomme«. *zémach zadíq* (in Jer 33,15: *zémach z'daqá*) ist ein »fehlerfreier Sprößling« (H. Homberg, Hakorém, 181), ein »rechtmäßiger Erbe« (Enc. miqra'ít, VI, 740), ein »gerechter Sproß« (J. Breuer, Das Buch Jirmejah, 1914, 179; so auch L. Zunz), ein »wahrhafter Sproß« (B-R). In Sach 3,8 ist *ʿawdí zémach* (vgl 6,12), »mein Diener Zemach«, eine Ehrenbezeichnung für Serubabel. In dem »Achtzehner-Gebet« *(sch'moné ʿesré)* der jüdischen Liturgie ist die Hoffnung auf die Ankunft des »Sprößlings deines Dieners David« *(zémach Davíd ʿawd'chá)* ausgesprochen.

mischpát (V 5) ist »Recht« (B-R). M. Buber (Über die Wortwahl in einer Verdeutschung der Schrift, in: M. Buber-F. Rosenzweig, Die Schrift und ihre Verdeutschung, 1936, 156) schreibt: »*mischpat,* von *schafat,* richten, ist Gericht, Gerichtssache, Gerichtsverfahren, Rechtsanspruch, Rechtsbrauch, Rechtsordnung, Rechtmäßigkeit.« Wir schreiben: »Recht«.

z'daqá, das oft neben *mischpát* auftritt (bei David, dem Begründer der Dynastie: 2 Sam 8,15, dann 1 Kön 10,9; Jer 9,23; 33,15 u. a.), meint nach M. Buber (aaO) »die Bekundung der Übereinstimmung an der persönlichen Lebensführung, die ›Bewährung‹«. Konsequent wird in der Bibelübersetzung von M. Buber und F. Rosenzweig *z'daqá* mit »Bewährung« wiedergegeben. Wir übersetzen mit »Gerechtigkeit«.

Bei *mischpát* und *z'daqá* handelt es sich um zwei zentrale Begriffe der Bibel. Ihr Nebeneinander bedeutet nach R. Ch. Rabinowitz (dáʿat sofrím: Jirm'jáhu, 409 f) folgendes: »In *mischpát* sind sämtliche Vereinbarungen zwischen Mensch und Gott und einem Menschen zu einem Nebenmenschen eingeschlossen. Dabei wird hinzugefügt, daß *mischpát* mit Gerechtigkeit *(bizdaqá)* und nicht mit starker Hand (d. h. auf rücksichtslose Weise) realisiert werden soll.« *zédeq* (*zidqénu,* V 6, gewöhnlich mit »Recht« oder »Gerechtigkeit« übersetzt) ist – wiederum nach M. Buber (aaO) – »der sachlich zutreffende Urteilsspruch, der ›Wahrspruch‹, die Übereinstimmung einer Äußerung oder Handlung mit der gemeinten Wirklichkeit, die ›Wahrheit‹ und ›Wahrhaftigkeit‹«. »Unsere Bewährung« übersetzen B-R *zidqénu* in V 6.

zédeq bedeutet freilich auch »Hilfe« (Jes 51,5; parallel zu *jischʿí,* von *jéschaʿ*). »Gott ist unsere Hilfe« (R. Sch. D. Luzzatto) ist einem »Gott ist unser Recht« wohl vorzuziehen, weil es sich um einen tröstenden, Vertrauen schenkenden Zuspruch handelt (s. Exegese).
chaj 'adonáj, »so wahr Gott lebt«, ist Schwurformel (vgl *chaj ha'elohím,* 2 Sam 2,27; *chaj 'áni,* »so wahr ich [Gott] lebe«, Num 14,21). Wenn der Mensch bei seinem oder dem Leben eines anderen einen Schwur ablegt, heißt es immer *che* (1 Sam 20,3: *chaj 'adonáj w'che nafschécha,* »so wahr Gott lebt und so wahr du [deine Seele] lebst; *che pharʿó,* »so wahr Pharao lebt«, Gen 42,15f u. a.; H. Bauer-P. Leander, Historische Grammatik der Hebräischen Sprache im Alten Testament, ^{2}1962, 204; Nachdruck). Raschi: »Wahr ist die Sache, so wahr Gott lebt.«
heʿeláh (Hiphil von *ʿ-l-h*), »er hat heraufgeführt«.

Der Text in der Exegese

Die »schlechten Hirten« werden durch gute ersetzt, weil Gott es will. Fünfmal steht in Jer 23,1–8 die Bekräftigungsformel »Spruch Gottes« *(n''úm 'adonáj),* einmal: »so hat der Herr gesprochen, der Gott Israels« (V 2).

»Um damit jede Einzelheit zu bekräftigen, und um zugleich erkennen zu lassen, daß nicht der Prophet aus eigenem Wissen, sondern Gott selbst es so voraussieht« (R. Ch. Rabinowitz, dáʿat sofrím, zu V 5).

V 5–8, denen unsere besondere Aufmerksamkeit zu gelten hat, bilden den zweiten, tröstenden Teil der Gesamtverheißung in 23,1–8. Sie beginnen mit der bei Jeremia häufig anzutreffenden Wendung: »sieh, Tage kommen, ist Gottes Spruch« (so auch in V 7 mit vorgesetztem »deshalb«, *lachén*). Diese Tage stehen im Gegensatz zur Zeit, da die schlechten Hirten ihre Aufgaben vernachlässigten und das Volk seinen Halt und seinen Zusammenhalt verlor. Gedacht ist an die »Zerstreuung« (*hafizotém,* Hiphil von *p-u-z,* V 2; *m'fizím,* V 1), an das »Verstoßen« (*watadichúm,* V 2) Israels in die Fremde. Selbstredend haben nicht die Könige Judas diese Zerstreuung angeordnet, sondern die siegreichen Babylonier, doch die Ursache der Zerstreuung sind sie wohl gewesen. Für Jeremia kommt es jedenfalls auf dasselbe heraus. Mehr noch: Durch der Regenten Schuld ist schließlich auch das Volk, das sich desgleichen nicht um Recht und Gerechtigkeit bemühte, schuldig geworden. Gott selbst hat es deshalb in die Verbannung verstoßen (V 3 und 8).

Die Strafe, die Israel trifft, ist indessen das Ende nicht. Die »Schafe« (*zon,* V 1) sind zwar zerstreut in alle Winde, doch Gott »sammelt den Rest meiner Schafe« (V 3) – nicht alle, aber doch die Überlebenden, und ein Rest überlebt immer (vgl Jes 10,20–22; 11,11) – und bringt sie zurück »aus allen Ländern, in die ich sie verstoßen habe«. Auf das numerische Zusammenschrumpfen folgt erneutes Wachstum (V 3: *ufáru w'ráwu,* »sie vermehren sich und werden zahlreich«), wie es der Schöpfergott für die Menschheit als Ganzes wünscht (Gen 1,28; 9,1).

Auf die untauglichen »Hirten« folgen »Hirten«, die »sie wirklich weiden« (*w'raʿúm,* V 4), so daß die Furcht des Volkes vor den Feinden weicht. Gott spricht in der ersten Person: »ich werde aufrichten« *(wahaqimotí).* Gott bewirkt nicht nur das Exil, Er bewirkt auch die Rückkehr in die Heimat und die Restauration des Gemeinwesens. Nach dem Schrecken kommt die Furchtlosigkeit, nach dem Krieg der Frieden, die Sicherheit. Töne werden hier angeschlagen, die bereits bei Jesaja vernehmbar sind (etwa in der Vision vom Völkerfrieden, 2,2–5, vgl Mi 4,1–5).

V 5, mit dem unser Predigttext einsetzt, steht parallel zu V 4. Beide Male ist Gott handelndes Subjekt, Lenker der Geschichte: »ich richte auf« dem schwergeprüften Volk »Hirten« (V 4), einen »wahrhaften Sproß Davids« (V 5), wodurch sich die frühere Situation von Grund auf ändert. V 4 nennt das Fehlen äußerer Bedrohung (»sie fürchten sich nicht mehr«), V 5 den inneren Wandel: der »Sproß« verwirklicht die soziale Gerechtigkeit und – das steht zwischen den Zeilen – tilgt damit die Ursache zukünftiger Heimsuchung. Die Furcht vor der Bedrohung ist durch die innere Stärke eliminiert.

Weshalb wird der zukünftige König – sei es nun Zedekia oder der Messias (Targúm Jonathan: *m'schíach d'zadiqája,* »der Gesalbte [Messias] der Frommen«) – als »Sproß« bezeichnet?

Zunächst liegt es nahe, einen Abkömmling mit den neuen Trieben einer Pflanze zu vergleichen. Jesaja (11,1) spricht vom »Reisig aus Isais Stamm«. Hier hat das Bild aus der Pflanzenwelt freilich noch einen tieferen Sinn.

Kimchi (Kommentar zu V 5) schreibt:

»Er (Gott) nennt ihn ›Sproß‹, weil sein Gedeihen (eigentlich Hinauskommen) in der Welt dem Gedeihen des Gewächses auf dem Feld gleicht. Es kommt zu Zehntausenden heraus. Weil er ein *zadíq* sein wird, werden die meisten Menschen desgleichen *zadiqím* mit ihm sein (seine Eigenschaften wirken sich auf die anderen Menschen aus). So heißt es (Ps 72,7): ›es blüht in seinen Tagen der *zadíq*'.‹«

Wie die Pflanze nicht allein wächst, so »wächst« der König der Zukunft (für Kimchi: der Messias) nicht in der Einsamkeit. Er steht für die Welt, die sich an ihm orientiert und die er lenkt und leitet. Auf einen anderen Aspekt macht J. Breuer (im Kommentar zu 33,15) aufmerksam.

»Leise, unmerklich wächst er empor, der Sproß im Dienste der Verwirklichung des Rechts auf Erden . . . und nur allmählich . . . gelingt die Anbahnung des Heils . . .« (Zur Verstärkung des Gedankens vom langsamen Heranreifen ist in 33,15 zusätzlich das Prädikat *'azmiach,* ich (Gott) werde wachsen lassen«, gebraucht.)
R. Ch. Rabinowitz (aaO, 289) fügt hinzu:

»Vielleicht wird der Helfer mit einem Gewächs verglichen, weil zu Beginn seine Hilfe unbedeutend ist und erst im Verlauf der Zeit sich ausweitet.«

Gefestigt wird dieser Gedanke durch den Vergleich mit Jes 11,1ff, den S. Abramsky (zémach zadíq w'zidqijáhu hamélech, in: B. Zvieli, Talks on Scripture, II, 1983, 163) zieht:

»Dieser ›Sproß‹ ist anders als das ›Reisig aus Isais Stamm‹, von dem einst Jesaja gesprochen hat. Er verübt keine Wundertaten, er besitzt keine übernatürlichen Kräfte, er bringt nicht allen Völkern den Frieden und in seinen Tagen ›wohnt der Wolf nicht neben dem Schaf‹. Der oft enttäuschte Jeremia, der in der vom Untergang bedrohten Stadt Davids seine Reden hält, ist in seiner Hoffnung bescheidener und in seinem Sprechen zurückhaltender. Er hält dafür, daß der König ›Recht und Gerechtigkeit im Lande übt‹, damit in seinen Tagen Juda geholfen werde.«

Der jesajanische Friedensfürst hat auch nach der Ansicht Abarbanels (Kommentar zu V 5) Jeremias' Aussage beeinflußt. Abarbanel weist auf die Entsprechungen hin:

Jes 11:	*Jer 23:*
»es entwächst ein Reisig«,	»wahrhaftiger Sproß«
besitzt »Geist der Weisheit«,	»und ist weise« (V 5, s. unten),
»richtet in Gerechtigkeit«,	»übt Recht und Gerechtigkeit«,
Einsammeln der »Vertriebenen Israels«, der »Zerstreuten Judas« (V 11).	»Juda und Israel wird geholfen« (V 6).

Von diesem »Sproß« wird die Wende erwartet. *umalách mélech* (V 5) heißt wohl: »er wird König sein«, er und nur er (entsprechend Ez 37,22: »Ein einziger König wird ihnen zum König werden . . .«), »weil Israel nicht mehr in (zwei) Königreiche aufgespalten ist« (Abarbanel). In seinem Tun ist er »weise« (*w'hiskíl,* vgl das Substantiv *séchel,* »Verstand«, »Einsicht«). Zutreffender ist die Übersetzung des Targúm Jonathan: *w'jizlách,* »er wird

Erfolg haben« (so auch Raschi; vgl Jos 1,7f; Jer 10,21). »Die Einsicht bringt den Erfolg« (A. Weiser, Jirm'jáhu, 63). Rabbi H. Freedman (Jeremiah, in: Soncino Books of the Bible, [4]1966, 153): »he shall reign as king and prosper.«

Ist erst die Hilfe – und zwar die Hilfe für Juda *und* Israel (von der Wiederkehr der Bewohner beider Reiche, von der Wiedervereinigung, kündet neben Jeremia [auch 3,18] insbesondere Ezechiel [37,15–28]) – gekommen, so wird dem *zémach zadíq* die Ehrenbezeichnung *'adonáj zidqénu* beigelegt. Der Gaon Saadia (in: minchát schaj, miqra'ót g'dolót; M. Bolle, 292, Anm. 20) interpretiert: »und dies ist sein (des Königs) Name, den der Herr nennen wird: *zidqénu*«. Nicht Israel nennt seinen König so, sondern Gott (wie Saadia: R. J'schájahu der Erste von Trani, R. Joseph Karo). B-R übersetzen entsprechend: »mit dem ER ihn ruft: Unsere Bewährung«.

Diese Deutung ist jedoch kaum richtig. Der Name des Königs, mit dem »man ihn benennt« (im Paralleltext 33,16 steht *jiqrá' la,* »mit der man sie [die Stadt Jerusalem] benennt«), ist: »der Herr ist unsere Wahrheit«.

»Der Herr schenkt uns Rechtfertigung in seinen Tagen« (Raschi).

»Israel nennt den Messias mit diesem Namen . . ., weil in seinen Tagen uns für immer die Gerechtigkeit Gottes erhalten bleibt, ohne uns je zu verlassen« (Kimchi).

Zur theophoren Bezeichnung findet Kimchi zwei Analogien:
»Gott ist mein Panier« (*'adonáj nissí,* Ex 17,15) und »Gott, der Gott Israels« (*'el 'elohé jisra'él,* Gen 33,20).
Der Talmud (b. Bawá batrá, 75b) hält fest:

»Drei werden nach dem Namen des Heiligen, gelobt sei Er, benannt: die Frommen (Jes 43,7), der Messias (Jer 23,6) und Jerusalem (33,16).«

Diese Benennung mit dem Gottesnamen führt, so zeigt sich aus der Fortsetzung des Talmudzitats, zur imitatio Dei:

»Kann denn ein Mensch mit den Namen Gottes benannt werden? Vielmehr: wie Er der Barmherzige heißt (Ps 111,4; 145,8), so sei auch du barmherzig und mildtätig. Wie Er ›wahrhaftig‹ heißt (Ps 11,7), so sei auch du wahrhaftig. Wie Er ›gnädig‹ heißt (Jer 3,12), so sei auch du ›gnädig‹.«

Der Königstitel wird damit zur Verpflichtung für den Herrscher und das Volk.

Mit *lachén* (»deshalb«; »weil dem so sein wird«) wird die neue Schwurformel begründet. Das *lachén* bezieht sich allerdings weniger auf den neuen

Königsnamen als vielmehr auf die Erlösung des Volkes, seine ihm vom Gott geschenkte Hilfe (*tiwaschá*ʿ, Hiphil von *j-sch-*ʿ) und Sicherheit (»es wohnt sicher«, *jischkón lawétach*).
Die Wiederholung der in V 8a angeführten Einleitung (»sieh, Tage kommen«) legt nahe, daß die Schwurformel, die man künftig anwendet, nicht sogleich eingeführt wird. Die Hilfe und Sicherheit müssen sich erst bewährt haben, ehe das Volk von der neuen Ära überzeugt ist. »Sieh, Tage kommen« – so sicher wie die ersten werden auch sie eintreten.
Wenn man »bei Gott« einen Schwur ablegte, pflegte man an Sein Wirken in der Geschichte oder im eigenen Leben zu erinnern (Kimchi, Kommentar zu Jer 16,14). Etwa: »So wahr Gott lebt, der Israel hilft« (1 Sam 14,39), »So wahr Gott lebt, der mich [meine Seele] aus jeder Not befreit hat« (2 Sam 4,9; 1Kön 1,29). Der Auszug aus Ägypten war zweifellos das zentrale Ereignis der Vergangenheit. Viele Gebote wurden durch ihn motiviert (etwa das Sabbatgebot, Dtn 5,15, oder die Pflicht der Verehrung des Einen-Einzigen Gottes, Ex 20,2ff; Dtn 5,6ff). Die zukünftigen Ereignisse der Rückführung aus dem Exil sind so überwältigend, daß sie den Exodus in den Schatten stellen.

»Der Grund: So schwer wird die Unterjochung (im Exil) sein, daß die Erlösung euch bedeutender erscheint als der Auszug aus Ägypten« (Luzzatto).

»Bei der Erlösung aus Ägypten steht: ›der uns heraufgeführt hat‹ (*'aschér heʿeláh),* bei der zukünftigen Erlösung aber: »der uns heraufgeführt und gebracht hat« (*'aschér heʿeláh wa'aschér hewí')*. Die Erlösung aus Ägypten war weniger beeindruckend, weil die Israeliten an *einem* Ort wohnten (daher heißt es lediglich: *'aschér heʿeláh*). Die Erlösung in der Zukunft bringt sie aber aus der Zerstreuung heim (daher steht auch *wa'aschér hewí'*)« (Abarbanel, zu V 8; entsprechend Malbím).

Aufgrund von V 8 wollte der Talmudweise Ben Soma wissen, ob man in der messianischen Zeit noch den Auszug aus Ägypten zu »erwähnen« habe (Dtn 16,3 beim Genuß der ungesäuerten Mazzen).

»Da sprachen zu ihm die Weisen: Dies (Jer 23,7f) meint nicht, daß (die Erzählung vom) Auszug aus Ägypten entwurzelt werden wird. Vielmehr: die Unterjochung unter die Völker ist die Hauptsache, der Auszug aus Ägypten das Nebensächliche« (b. B'rachót, 12b–13a).

Die Exilssituation – und die Weisen dachten zuerst an ihre eigene, die mit der Zerstörung Jerusalems und seines Tempels im Jahre 70 d. Z. durch die Römer begonnen hatte – ist so grauenhaft für die Existenz des Volkes, daß auch die Erlösung mit ihrer Rückkehr der Verbannten »von den vier Enden

der Erde« (wie es dann in der Liturgie heißt; Sidúr s'fát 'emét, 36) ein einmaliges historisches Ereignis sein wird.
Im modernen Staat Israel gibt es nicht wenige Menschen, die die Wiedergeburt Israels nach dem »Exilsschrecken« des Holocaust während der Nazizeit als »Beginn der Zeit, da unsere Erlösung wächst« *(reschít z'michát g"ulaténu),* einschätzen. Weil der »Ägyptenschwur« nicht mehr existiert, denkt selbstredend keiner an den neuen »Erlösungsschwur«.
Jer 23,7f findet seine Entsprechung in Jer 16,14f. Bemerkenswerterweise fehlt beim neuen »Erlösungsschwur« das Verb *hewí'i.* Statt »Nachkommen des Hauses Israel« (23,5) ist dort zweimal (16,4–5) *b'né Jisra'él* (Israeliten) vermerkt. Der Parallelismus ist strenger eingehalten als in unserem Abschnitt. LXX bringt nur in 16,14f, nicht hier, die Verheißung von den beiden Schwurformeln.

Fassen wir zusammen:
Jeremia beklagt die tragische Situation seines Volkes, die durch die Skrupellosigkeit seiner Herrscher ausgelöst wurde. Statt an die ihnen anvertrauten »Schafe« zu denken, haben die frevlerischen »Hirten« ihre eigenen Anliegen verfolgt und damit die Katastrophe verursacht. Der Prophet nennt keine Ereignisse beim Namen, doch ist der Hinweis auf die »Zerstreuung« unmißverständlich. Jeremia hat sein Wort nach Beginn des Exils von Jojakim im Jahr 598 gesprochen. Ob er mit dem *zémach zadíq* den Zedekia meint oder einen Monarchen in ferner Zukunft, ist umstritten. Wir meinen, daß die Prophezeiung nicht in die messianische Epoche verlegt zu werden braucht. Die dreifache Nennung von *z-d-q* läßt die Assoziation mit Zedekia *(zidqijáhu)* kaum umgehen. Zedekia hat freilich enttäuscht, und die Verheißung wartet noch immer ihrer Erfüllung.
Für Jeremia ist – wie für alle Propheten – die Unheilsankündigung wesentlich, weil er seine Zeitgenossen (unter ihnen insbesondere den König) auf den richtigen Weg zu bringen sucht. Doch diese Ankündigung mündet ein in den Zuspruch, in das Wort des Trostes. Das Unheil ist nie total, ein »Rest« (*sch"erít zoní,* V 3) kehrt aus dem Exil nach Hause zurück. Neue »Hirten« treten auf, Hirten, die ihrer Pflicht genügen und die Herden »weiden«. Die Davidsdynastie kehrt wieder, ein »wahrhafter Sproß« ist König über ganz Israel. Die Verschollenen des Nordreiches Israel werden unter seinem Szepter mit Juda vereinigt, Recht und Gerechtigkeit herrschen im Land, die Glückszeit übertrifft alles bisherige, weil auch die Not so schrecklich gewesen ist.
Im Zentrum des Umbruchs steht Gottes Wirken. Ohne Ihn geschieht nichts,

durch Ihn ist auch das Unmögliche möglich. »Gott ist unsere Wahrheit« *('adonáj zidqénu)* ist damit der zentrale Begriff des ganzen Abschnitts.

Wegweisung für unsere Zeit

Täglich betet der gläubige Jude die folgende Bitte (Sidúr s'fát 'emét, 44):

»Den Sproß Davids, Deines Vertrauten, laß bald aufsprießen, und seine Kraft (eigentlich sein Horn) erhebe durch Deine Hilfe; denn auf Deine Hilfe hoffen wir alltäglich. Gepriesen seist Du, Herr, der aufsprießen läßt die Kraft (das Horn) der Hilfe.«

Weit ist der Weg von der Verheißung Jeremias bis zur Gegenwart. Die Hoffnung auf Gottes Hilfe, auf die Entsendung des David-Sprosses – und dies bedeutet im Gebetstext mit Sicherheit: des Messias – ist jedoch nach wie vor lebendig, ist Teil des Hauptgebets der Liturgie.

Illusionen sind dabei fehl am Platz. Was wir bei der Exegese gesehen haben, wird im Gebetstext deutlich ausgesprochen: der Sproß sprießt nur allmählich. »Laß bald aufsprießen«, laß den Erlösungsprozeß bald beginnen, damit dann auch sein Ende noch erlebt werden kann. Dies kann mit ganzem Herzen erwünscht werden, nicht aber, daß das ganze Elend auf Erden von einem Augenblick auf den andern verschwindet.

Jeremia weiß um den allmählich sich entfaltenden Wandel nicht minder wie Jesaja, der den Vergleich mit der »Morgenröte«, die langsam aufstrahlt, gebraucht (s. oben zu Jes 58,7–12, S. 191 f). Damit es auf unserem Planeten zu »wachsen« beginnt, »Recht und Gerechtigkeit« keine graue Theorie bleiben, muß jeder einzelne mitwirken, »hoffend«, im Vertrauen auf Gottes Hilfe, doch stets tätig, engagiert, entschlossen, die Richtung zum Guten, zur Wende hin, nicht aufzugeben. Der »Sproß« – jeder Sprößling – kann nur gedeihen, wenn er guten Boden, einen tauglichen Wurzelgrund findet, auf dem die Dornen und Disteln ausgerissen sind und reichlich Dünger ausgestreut worden ist. Wann der Sproß zu sprießen beginnt, wissen wir nicht. Das weiß Gott allein. Wir jedoch müssen alles tun, daß sein Sprießen möglich wird: wir müssen den Boden bereiten für die bessere Zukunft.

»Gottes Güte endet nicht«

Klgl 3,22–26.31–32

22 Gottes Güte endet nicht,
nicht ist dahin Sein Erbarmen,
23 neu ist es an jedem Morgen:
groß ist Deine Treue.
24 »Mein Teil ist Gott«, sagte meine Seele,
»deshalb hoffe ich auf Ihn«.
25 Gut ist der Herr zu jenen,
die auf Ihn hoffen,
zur Seele, die Ihn sucht.
26 Gut ist es, schweigend zu hoffen
auf die Hilfe des Herrn.
31 Denn nicht für immer verachtet Gott;
32 hat Er betrübt,
so erbarmt Er sich in der Größe Seiner Güte.

Der Text im Kontext

Eine schwere Trauer legt sich über Israel. Der Tempel zu Jerusalem – Symbol göttlicher Präsenz inmitten des Volkes und Garant einer von Gott abgesicherten Zukunft – liegt in Staub und Asche. Truppen des Babylonischen Großkönigs Nebukadnezar haben ihn 586 v. d. Z. – »am siebten Tag des fünften Monats« (2 Kön 25,8; nach dem Paralleltext in Jer 52,12: »am zehnten Tag«) – zusammen mit dem Königspalast und den übrigen Gebäuden erobert und vernichtet. Die Stadtmauern sind geschleift. Außer den »Armen (Ärmsten) des Landes« (2 Kön 25,12) tritt das Volk – elf Jahre nach der Verbannung König Jojachins – den Gang ins Exil an. Zusammen mit König Zedekia, der in Ribla durch Nebukadnezar geblendet (Strafe für den Bruch des Vasallenverhältnisses) und danach verschleppt wird (vgl »Text im Kontext« zu Jer 23,5–8, oben S. 197–199).
Einer der Überlebenden der Katastrophe ist der Prophet Jeremia. Vor die Wahl gestellt, mit den Deportierten in die Fremde zu ziehen oder im

zerstörten Jerusalem zurückzubleiben, entscheidet er sich für den Verbleib (Jer 40,1–6). Er begibt sich zum Amtssitz des von Nebukadnezar eingesetzten Statthalters Gedalja nach Mizpa. Dort oder im Anblick der rauchenden Trümmer Jerusalems hat er – so weiß die jüdische Tradition zu berichten – seine ergreifenden Elegien, die »Klagelieder Jeremias« (*'echá,* »Wehe«, B-R), gesprochen.
Kap. 3 – alphabetisch aufgebaut (jeder Buchstabe steht dreimal am Beginn eines Satzes, wobei *pe* vor *'ájin* kommt) – ist in seinem ersten Teil (V 1–18) geprägt durch das Gefühl der Verzweiflung und des Verlorenseins. Die Hoffnungslosigkeit dominiert beim Klagenden, »der das Schicksal des Volkes unter dem Gesichtspunkt des Lebens eines einzelnen beschreibt« (G. Ch. Cohn, Betrachtungen zu den fünf Rollen. Die Esther-Rolle, 1975, 61; hebr.). Allein, die Depression im Gemütszustand des vom Unglück betroffenen Jeremia besitzt nicht das letzte Wort. Er reißt sich zusammen und betet. Nach der bitteren Aussage (V 17 f)

»Du verwarfst meine Seele, vom Frieden hinweg,
das Gutgeschick mußte ich vergessen.
So sprach ich:
›Schwand meine Dauer und mein Erharrtes
von Ihm her . . .‹« (B-R).

findet er die Kraft, Gott um das »Gedenken« (V 21 f: *s'chór; sachór tiskór*) zu bitten, um die Besinnung auf die Geschichte und wohl auch Seine Verpflichtung (vgl Ex 2,24: »Gott hörte ihr [der Israeliten] Geschrei und gedachte Seines Bundes . . .«). So viel Leid und Elend muß Gottes Mit-Leid erwecken. Die Talsohle der Depression ist überwunden. Zu seinem Herzen (V 21) gewandt, erkennt der Trauernde seine berechtigte Hoffnung auf Gott.
Raschi kommentiert (zu V 21):

»Nachdem mein Herz mir gesagt hat: ›vorbei ist mein . . . Harren auf Gott‹, nehme ich dies zu Herzen und hoffe auf Ihn.«

Lange, allzu lange hat die Hilfe Gottes auf sich warten lassen. Zweifel und Verzweiflung sind hochgekommen, doch die Hoffnung ist nur verschüttet, nicht entschwunden. Die neue Glaubenskraft gründet in einem »kognitiven Vorgang«: in der Einsicht des Herzens (vgl Dtn 4,39), der Erkenntnis, daß allen Erfahrungen zum Trotz das Ende des Volkes auch nach dem Ende seines Tempels und Jerusalems nicht zu befürchten ist.
Der Midrasch (Echa. r. 3,19) findet ein Gleichnis für das Schicksal des hart angefochtenen Israel:

»Ein König heiratet eine vornehme Dame und schreibt ihr einen hochdotierten Ehevertrag: soundso viel Häuser schenke ich dir, soundso viele kostbare Purpurgewänder. Dann geht der König in eines seiner weitentlegenen Länder und kehrt lange nicht zurück. Die Nachbarinnen kommen und verhöhnen die Vereinsamte. ›Gewiß hat dich der König verlassen, er ist weg und kommt nicht wieder!‹
Die Königin weint und seufzt, doch wenn sie wieder allein ist, öffnet sie den Ehevertrag mit den vielen Versprechungen und ist getröstet.
Nach Jahren kehrt der König heim. ›Meine Liebe (eigentlich meine Tochter), ich staune, wie du so lange auf mich hast warten können.‹ Die Gattin erwidert: ›Wäre nicht dein Vertrag gewesen, meine Nachbarinnen hätten mich zugrunde gerichtet.‹ So sprechen auch die Völker zu Israel: ›Euer Gott hat Sein Antlitz vor euch verborgen, Seine Gegenwart aus eurer Mitte entfernt, und Er kehrt nicht wieder.‹ Israel weint und seufzt. Doch dann tritt es in seine Gebet- und Lehrhäuser ein und liest in der Tora... und spricht: ›Herr der Welt, wäre nicht Deine Tora gewesen, die Völker hätten uns zugrunde gerichtet.‹
Deshalb heißt es (Jer 3,21): ›Dies nehme ich zu Herzen‹ – ›dies‹ ist nichts anderes als die Tora (nach Dtn 4,44).«

Es bedarf eines gerüttelten Maßes an Vertrauen in den Partner, um bei überlanger Abwesenheit an seiner Treue nicht zu zweifeln. Doch wie der Ehevertrag bei der Königin, schenkt die Tora – Gottes Weisung und zugleich Zeugnis seines Geschichtshandelns (der Midrasch verweist auf Lev 26,9ff, die Verheißungen) – die Gewißheit und die Zuversicht. Israels Geschichte bis in unsere Tage zeigt, daß die Hoffnung auf eine bessere Zeit nach der Nacht des Exils nicht getrogen hat.
Der Abschnitt 3,22–26.31–32 nennt die Gründe für die »Einsicht des Herzens«.

Leitworte des hebräischen Textes

Mit *'ochíl* (Hiphil von *j-ch-l*), »ich werde hoffen«, schließt V21. B-R: »harren«, W. Baumgartner, Lexikon, 389: »warten« (so auch THAT, I,729). Wie wesentlich der Begriff ist, zeigt seine häufige Wiederkehr. In V24 und 26 (*jachíl* ist identisch mit *jochíl*) als Verb, in V18 als Substantiv. *tochaltí* (von *tochélet*), »meine Hoffnung«. Neben der Wurzel *j-ch-l* spielt *q-w-h* eine Rolle. V25 sind *qowáw* »die auf Ihn Hoffenden«; V29 steht *tiqwá,* die »Hoffnung«.
chasdé (constructus von *chasadím,* Singular *chésed*) bedeutet nach B-R »Hulden« (Plural von Huld). *chésed* ist »Gnade«, »Güte«, »Loyalität«,

»Treue« einem Bündnispartner gegenüber (zu *habrít w'hachésed,* s. »Leitworte« von Dtn 7,6–12, oben S. 121).
rachamím (von *r-ch-m*), vgl *réchem,* »Mutterleib«, meint die innige Beziehung zwischen zwei Menschen (hier: zwischen Gott und Mensch), die Schuld und Fehl zu verzeihen bereit ist. B-R: »Erbarmen« (so auch L. Zunz). Das Zweigespann *chésed-rachamím* ist häufig (etwa Hos 2,21, neben *zédeq-mischpát,* »Recht und Gerechtigkeit«, wie Jer 23,5, und der hier vorkommenden *'emuná,* »Treue«, V 23). So auch V 32: *w'richám,* »Er erbarmt sich«, *chasadáw,* »seine Güte«.
b'qarím ist Plural von *bóqer,* »Morgen«.
chéleq, »Teil«, »Anteil« (*chelqí 'adonáj,* »mein Teil ist Gott«) erinnert zunächst an die Teilung des Landes, an dem die Leviten keinen Anteil nehmen, weil Gott »ihr Erbbesitz« ist (Dtn 10,9 u. a.), dann an die Aussage in Dtn 32,9: »denn der Anteil Gottes ist Sein Volk . . .« So verbrieft wie der Anspruch auf ein Landstück, ist der im Bund des Sinai geschlossene Kontrakt zwischen Gott und Israel.
jisnách (Qal von *s-n-ch*) bedeutet: Er wird (nicht) »verwerfen« (vgl V 17: *watisnách,* »sie [die Seele] verwarf«).

Der Text in der Exegese

Der Trauernde rafft sich aus seiner gedrückten Stimmung auf und erkennt: »Gottes Güte endet nicht, nicht ist dahin Sein Erbarmen« (V 22).
lo támnu heißt eigentlich: »wir sind nicht zu Ende«. Bereits Raschi ist der Ansicht, *támnu* entspreche einem *támu* (3. Pers. Plural von *t-m-m,* Qal), was dann mit *chasdé 'adonáj* (»Hulden«) übereinstimmt. Zugleich fügt Raschi allerdings eine zweite Erklärung hinzu, die sich auch bei R. J'schajáhu dem Ersten von Trani findet:

»Und manche erklären ›*ki lo támnu*‹ wie in Num 17,28: *ha'im támnu ligwó'a* (sind wir zu Ende mit dem Sterben?). Gottes Güte ist es zuzuschreiben, daß wir . . . durch unsere Sünden nicht untergegangen sind.«

Leicht modifiziert deutet Malbím:

»Darin, daß wir wegen der Güte Gottes in den Verfolgungen nicht zugrunde gegangen sind, sehe ich (einen Beweis dafür), daß Sein Erbarmen nicht zu Ende ist.«

Vgl A. Weiser ('Echá, 1981, zu V 22): »Gottes Güte ist nicht vergangen, und daher sind wir nicht untergegangen.«

Israel hat auf diese Güte und dieses Erbarmen Gottes keinen Anspruch, denn durch sein Tun und Verhalten hat es die Treue zu Gott längst gebrochen. Gott aber steht zu seinem Wort:

»Selbst wenn wir unwürdig sind, ist es die Art Seines Erbarmens, auch den Unwürdigen aufzunehmen. Wie die Weisen lehrten: ›ich erbarme mich jenes, dessen ich mich erbarme‹ (Ex 33,19), obwohl es ihm nicht gebührt« (Rabbi M. Alschich, Kommentar d'warím nichumím, 1875).

In jedem Fall gilt:

»Israel vermag Gott außer dem Dank für Seine Güte nichts zu geben« (Jalqút schim'óni, II, Nr. 875).

Gottes Erbarmen äußert sich in der Zürckhaltung: wenn das Volk für seine Schuld büßt, trifft es nicht die ganze Härte des Strafgerichts. Neben dem Recht läßt Gott »Gnade walten«, neben *mischpát* tritt die *chésed* (oder die *chasadím*). Der Midrasch (Jalqút schim'óni, II, 635; teilweise zitiert bei R. Binjamin ben Elieser Hakohen, séfer 'alón bachút, Kommentar zur ›Rolle der Klagen‹, 1712, 22; hebr.) erklärt diesen Gedanken in einem sinnreichen Gleichnis:

»Es sagte R. El'asar: Womit ist die Sache zu vergleichen? Einem König, der über seinen Sohn zürnte. In seiner Hand hielt er ein Schwert und schwor, ihn damit auf den Kopf zu schlagen. Da sprach der König zu sich: Wenn ich meinen Sohn schlage, so bleibt er nicht mehr am Leben. Wer erbt mein Reich! Meinen Beschluß kann ich auf der anderen Seite nicht rückgängig machen. Was tat der König? Er steckte das Schwert in die Scheide und schwang es über dem Kopf des Sohnes. So hat er dem Sohn keinen Schaden zugefügt und zugleich seinen Beschluß aufrechterhalten.
R. Levi sagte: Womit ist die Sache zu vergleichen? Einem König, der über seinen Sohn zürnte. Er schwor, ihn mit hundert Stricken zu schlagen. Da sprach der König zu sich: Wenn mein Sohn mit hundert Stricken (gemeint sind wohl hundert Geißelhiebe) geschlagen wird, bleibt er da noch am Leben? Was tat er? Er nahm einen Strick und faltete ihn hundertmal. Damit fügte er seinem Sohn keinen Schaden zu und hob zugleich seinen Beschluß nicht auf.
Rabbi Huna sagte: Ein Gleichnis von einem König, der seinem Sohn zürnte. Vor ihm lag ein großer Stein. Er schwor, diesen auf seinen Sohn zu werfen. Da sprach er zu sich: Wenn ich den Stein auf meinen Sohn werfe, bleibt er nicht am Leben. Was tat er? Er zertrümmerte den großen Stein in viele kleine Steine und warf sie einzeln auf den Jungen. So schadete er ihm nicht und hob seinen Beschluß nicht auf.«
Die Konsequenz göttlicher Güte für den Menschen hat Rev. A. Cohen (The five Megillot, in: Soncino Books of the Bible, [7]1967, 87) so formuliert:

»As God's chastisement, affliction is not unending; if He punishes, he also forgives.

Man therefore should never consider himself abandoned of God, but seek God's pardon through repentance.«

Weil Gott verzeiht, meint Cohen, darf sich keiner als von Gott verlassen vorkommen. Der Weg zum göttlichen Verzeihen führt über die Buße, die Umkehr zu Ihm, und dieser Weg ist für jeden Menschen gangbar.
So gilt denn (wir zitieren die Wiedergabe von M. Mendelssohn, Die fünf Rollen mit einer deutschen Übersetzung und einem Kommentar, 1818, 63; Kommentar hebr.):

»Noch ist Gottes Güte nicht zu Ende,
seine Vaterhuld vorüber auch nicht.«

V 23 (»neu ist es an jedem Morgen [eigentlich an allen Morgen], groß ist Deine Treue«) findet ein Gegenstück in Ps 92,3:

»Zu künden am Morgen Deine Güte *(chasdécha)*
und Deine Treue *(we'emunatchá)* in den Nächten.«

Subjekt von V 23 ist (so B-R) das »Erbarmen« des vorangehenden Verses. So auch Raschi:

»Deine Güte erneuert sich von Tag zu Tag«
(entsprechend Ibn Esra)

Das aramäische Targúm Jonathan setzt ein anderes Subjekt:

»Er erschafft neue Wunder *(nissín chad'tín)* jeden Morgen.« Neu ist täglich Gottes Wunderwirken.

Im Midrasch (Gen. r. 78,1) wird wieder ein anderer Gedanke zum Ausdruck gebracht:

»R. Alexandri sagt: Aus der Tatsache, daß Du uns an jedem Morgen erneuerst, wissen wir, daß Deine Treue groß ist und Du uns erlösen wirst.«
(Kommentar matnót k'huná z. St.: »Am Morgen der Königreiche, da sie [die Heiden, die Israel unterdrücken] Licht haben und wir in der Finsternis des Exils uns aufhalten, wird uns der Heilige, gelobt sei Er, erneuern und uns aus ihrer Hand erretten.«)

»Neues« wirkt Gott: die Erneuerung des geprüften Israel, seine Befreiung aus der Not. Entsprechend interpretieren die Tossafisten (zu b. B'rachót, 12 a):

»›Deine Güte am Morgen zu künden‹« (Ps 92,3): die Güte, die der Heilige, gelobt sei Er, in Ägypten (während der Sklavenzeit und beim Auszug) erwiesen hat. ›Und Deine Treue in den Nächten‹: er (der Psalmist) spricht von der Zukunft, auf die wir hoffen. Gott möge sein Versprechen einhalten und uns aus der Hand der Könige befreien.«

»Morgen« (und »Nächte«) wird hier als Metapher für den Beginn einer neuen Epoche verstanden. Die Nacht ist die Nacht des Exils. Gottes Treue begleitet Israel durch das Dunkel der Zerstreuung und sichert den Beginn des Morgens, der neuen Freiheit.
Einen anderen Aspekt hebt R.M. Alschich (zu V23) hervor, wenn er schreibt:

»Weil Er unsere Seele in unserem Körper erneuert. Daraus erkenne ich, daß Er solches auch in der Zukunft tun wird. Dies ist der Sinn von ›groß ist Deine Treue‹.«

Daß der Mensch täglich erwachen darf, ist nicht selbstverständlich. Wie er daher jeden Morgen aufs neue das »Wunder des Wiedergeborenwerdens« erlebt, so mag in ihm die Gewißheit reifen, daß Gott, der über ihm wacht, ihn auch in seiner Not nicht allein läßt.
Ähnlich M. Mendelssohn (aaO):

»Er spricht vom Morgen, weil dann die Menschen aus ihrem Schlaf aufwachen und erneut Gottes Güte sehen . . ., als ob sie sich zu diesem Zeitpunkt erneuert hat.«

Es ist darauf hinzuweisen, daß nach Mendelssohn *'emunatécha* (er übersetzt: »dein Vertrauen«) sich nicht auf Gott, sondern auf den Menschen bezieht. Der Klagende spricht »zu seinem Herzen« und sagt angesichts der göttlichen Güte:

»So sei denn dein Vertrauen groß« (Kommentar: »Dein Vertrauen in Gott wird groß sein, nachdem du die Güte Gottes siehst.«)

Die Verzweiflung ist überwunden, der Trauernde fängt sich auf. Doch nicht von einem Augenblick zum anderen. Der seelische Genesungsprozeß braucht seine Zeit. Nicht auf einen Schlag, in Phasen vollzieht er sich.
Unser Text deutet diese *Phasen an:*
Zunächst befindet sich der Trauernde im Schock. Alles ist schwarz, ohne Hoffnung (V 1–18).
Leise kündigt sich die Wende an: »Gedenke meines Elends . . .« (V 19f), ruft er aus, betend um die Hilfe. Gedanken an die einstige Hilfe Gottes in Ägypten mögen in ihm aufsteigen. Es gab schon früher, in den Anfängen der Volksgeschichte, eine Zeit, da alles als hoffnungslos erschien. Doch zuletzt hat Gott das Volk befreit. Kann sich das Wunder nicht wiederholen?
Das Gebet bestärkt ihn, der Funke der Hoffnung zündet. Er blickt nicht nur auf seinen elenden Zustand, er blickt auch auf die Tatsache, daß er lebt – lebt, weil »Gottes Güte nicht endet« und sich täglich aufs neue manifestiert. »Deshalb hoffe ich« (*'al ken 'ochíl,* V21).

Jetzt folgt auf diese Erkenntnis das Bekenntnis zu Gott (V 24): »mein Teil ist Gott, sagte meine Seele, deshalb hoffe ich auf Ihn« *('al ken 'ochíl lo)*. Zwei Dinge sind zu beobachten:

1. Die »Regeneration« ist weiter fortgeschritten. Der Klagende hat sich aus der Verkrampfung gelöst und vertraut sich nunmehr Gott an. Er sieht nicht nur mehr sich selbst, er wendet den Blick auf den Schöpfer hin: »mein Teil ist Gott« (vgl Ps 16,5). Da schwindet die Furcht vor der Zukunft. Mag die Gegenwart noch so schlimm sein, »ich fürchte mich nicht, denn Du bist bei mir« (Ps 23,4).

2. Die Hoffnung ist nicht diffus, sie ist zielgerichtet »auf Ihn«. Die Nuance ist wesentlich. Zuerst sagte der Klagende nur: »deshalb hoffe ich«. Das war schon viel, das brachte die Wende in seinem Gemütszustand. Nunmehr wird aus diesem Hoffen ein Hoffen auf Gott. Mit Gott im Bund wird er überleben, sagt seine »Seele«. Er spricht nicht mehr nur »zu seinem Herzen« (V 21), um diesem etwas Wesentliches nahezubringen. Jetzt ist er von der Wahrheit zutiefst überzeugt. Seine »Seele«, seine ganze Persönlichkeit steht für diese Wahrheit ein: »Gott ist mein Teil, deshalb hoffe ich auf Ihn.«

Die sprachliche Formulierung unterstreicht den Wandel von der Verzweiflung zur Hoffnung hin. G. Ch. Cohn (S. 61) vergleicht V 17f mit V 24f: dieselben Worte, doch das eine Mal beschreiben sie den Zustand der Verzweiflung, das andere Mal jenen der Hoffnung.

»Du hast verstoßen aus dem Frieden *meine Seele,*
vergessen habe ich das *Gute,*
und ich sprach: verloren ist meine Lebenskraft (vgl Jes 63,3)
und meine *Hoffnung* auf Gott.«

»Mein Teil ist Gott, sagte meine *Seele,*
deshalb *hoffe ich* auf Ihn.
Gut ist Gott zu jenen, die auf Ihn hoffen,
zur *Seele,* die Ihn sucht.«

nafschí/towá/w'tochaltí (V 17f) entsprechen *nafschí, l'néfesch/tow/'ochíl* (V 24f). Es versteht sich, daß diese Wiederholung dichterischer Absicht entspringt und nicht auf einem Zufall beruht. Durch die Wiederkehr der Vokabeln soll die Wende unterstrichen werden: genau das, was zuvor völlig durcheinander war, hat sich jetzt radikal geändert. Gott hat geschlagen, nunmehr bringt Er die Linderung. »Gut ist Gott zu jenen, die auf Ihn hoffen, zur Seele, die Ihn sucht.« V 25 bekräftigt das in V 24 aufkeimende Vertrauen.

Der Midrasch (Jalqút schimʿóni, II, Nr. 736) unterstreicht, daß dieses Vertrauen grenzenlos zu sein hat:

»In Ps 27,14 heißt es: ›Hoffe auf den Herrn, stärke und festige dein Herz, und hoffe auf den Herrn!‹ Habt ihr auf Ihn gehofft, und es wurde euch nicht geholfen, so hoffet immer wieder.
Sprichst du: wie lange?, so steht geschrieben (Ps 131,3): ›es hoffe Israel auf den Herrn, von jetzt an bis in Ewigkeit‹.«

Die auf Ihn Hoffenden sind die Ihn Suchenden (»die Seele, die Ihn sucht«, V 25).
Was bedeutet aber »Gott suchen«?
Es bedeutet hier dasselbe wie Am 5,4: »Denn so sprach der Herr zum Haus Israel: ›suchet mich und lebet‹ *(dirschúni wichjú).*« Erforscht meinen Willen und erfüllt ihn (A. Chacham, Amos, in: dáʿat miqráʾ, 1973, 37, Anm. 7a). Gefordert ist die Hinwendung zu Gott, nicht zu den in Bet-El, Gilgal und Beerscheba (Am 5,5) verehrten Gottheiten, wo das Recht mit Füßen getreten wird. »Gott suchen« ist gleichbedeutend mit »suchet das Gute, nicht das Böse, und lebt ... Hasset das Böse und liebt das Gute, und errichtet im Tor das Recht« (ib. V 14f).
Analog in unserem Text: »Gut ist der Herr zu jenen, die auf Ihn hoffen«, wenn sie Ihn mit ganzem Herzen suchen, und das heißt: wenn sie bereit sind, ihr Leben nach Seiner Satzung auszurichten. Dann gilt auch das Psalmwort (Ps 25,3): »Alle, die auf Dich hoffen, werden nicht zuschanden.«
Erwähnenswert erscheint ein ganz anderer Aspekt, auf den Rabbi M. Alschich aufmerksam macht. *l'qowáw* ist Plural, *l'néfesch* hingegen ein Singular.

»Sieh die Güte Gottes: Er ist gut zu den Vielen, selbst wenn nur ein Einzelner Ihn sucht.«

Der Gedanke, daß um eines einzigen oder weniger Menschen willen die vielen gerettet werden, findet sich – mit aller wünschbaren Deutlichkeit – im Streitgespräch Abrahams mit Gott (Gen 18,23–32), wo es sich um die Rettung der Einwohner Sodoms handelt.
In V 26 wird die Art und Weise des auf Gott Hoffens beschrieben. Nicht laut manifestiert es sich, sondern *dumám,* »schweigend«. B-R: »Gut ist es, wenn still einer harrt auf Seine Befreiung« (= auf Seine Hilfe). Die Klage ist laut, sie gibt sich allen kund. Die Hoffnung vollzieht sich in der Stille, sie gedeiht im Herzen. Die Hoffnung trügt nicht. V 31f sprechen die Gewißheit

aus, daß »nicht für immer« *(l'olám)* Gott »verwirft« (vgl Ps 77,8), und selbst wenn Er den Schuldigen leiden läßt, so geschieht es nur, um ihn auf den richtigen Weg zu bringen. Doch schließlich überwiegt Sein »Erbarmen« (V 32b) (nach Raschi).

»Nicht sich an einem Menschen zu rächen, ist Sein Wunsch, sondern ihm Gutes zu erweisen. Durch Schmerzen entfernt Er die Krankheit seiner Seele, denn die Leiden sind eine Arznei« (R. M. Alschich).

hogáh (Hiphil von *j-g-h*), vgl *jagón,* »Kummer«, meint: »Er hat Kummer (Leid) zugefügt.« Dieser Kummer ist nicht minder Zeichen seiner Barmherzigkeit *(midát harachamím),* meint Alschich, wie die nachfolgende Erlösung. Nicht zufällig hat daher Rabbi Akiba, der als Märtyrer nach der Revolte Bar Kochbas gegen Rom (132–135 d. Z.) gestorben ist, die Maxime geprägt: »Man freue sich mehr über Schmerzen als über das Gute« *(j'hé 'adám saméach b'jisurín jotér min hatowá;* sifré, wa'etachanán, 32. Vgl A. J. Heschel, Die Tora vom Himmel im Spiegel der Generationen, 2 Bde, I, 1962, 93; hebr.).
In einer anderen Zeit, doch vom gleichen Geist geprägt, spielt die folgende Begebenheit, von der M. Buber (Die Erzählungen der Chassidim, 1949, 376f) berichtet.

Als Rabbi Schmelke und sein Bruder zum Maggid von Mesritsch gekommen waren, brachten sie dies vor: »Unsere Weisen haben ein Wort gesprochen (b. B'rachot, 54 und 60), das uns keine Ruhe läßt, weil wir es nicht fassen können. Das ist das Wort, der Mensch solle Gott für das Übel lobpreisend danken wie für das Gute und solle es in gleicher Freude empfangen. Ratet uns, Rabbi, wie wir es fassen.« Der Maggid antwortete: »Geht in das Lehrhaus, da werdet ihr Sussja finden, wie er seine Pfeife raucht. Er wird euch die Deutung sagen.« Sie gingen ins Lehrhaus und legten Rabbi Sussja ihre Frage vor. Er lachte: »Da habt ihr euch den Rechten ausgesucht! Ihr müßt euch schon an einen anderen wenden, und nicht an einen wie ich, dem zeitlebens kein Übel widerfuhr.« Sie aber wußten: es war Rabbi Sussjas Leben vom Tag seiner Geburt an bis zu diesem Tag aus Not und Pein ohne andern Einschlag gewoben. Da verstanden sie, was es heißt, Leid in Liebe zu empfangen.

Auf Rabbi Sussjas Grabstein standen die Worte:

»Der Gott in Liebe diente, der sich der Leiden freute, der viele der Schuld entwandte« (M. Buber, 394).

Wegweisung für unsere Zeit

»Gottes Güte endet nicht« – das ist die Losung, an der sich der schwer getroffene Jeremia aufzurichten beginnt. Seine Heimat ist zerstört, das Volk ins Exil geführt. Er bleibt zwar zurück und muß nicht in die Fremde auswandern. Doch was bleibt ihm? Anscheinend nichts als Schmerz, Trauer und Verzweiflung.

In der Trostlosigkeit seiner Situation sieht er um sich: vieles ist vernichtet, aber er lebt. Gewiß, er leidet, doch ist Gott denn aus seinem Blickfeld entschwunden? Nein, denn an tausend Dingen ist Seine Gegenwart zu erkennen. Man muß nur genau hinsehen, und dann vermag man »an jedem Morgen« aufs neue die Größe Seiner »Treue« festzustellen. Langsam, sich sachte vortastend, wächst beim Propheten die Hoffnung. Die Verzweiflung besitzt nicht das letzte Wort, und die Leiden haben einen Sinn: sie dienen der Läuterung des Menschen. Schließlich wird Gott, der die Wunden zufügt, auch die Heilung bringen.

In den wenigen Versen unseres Predigttextes ist dreimal von der Hoffnung die Rede (zweimal steht *j-ch-l,* einmal *q-w-h*). Die Hoffnung ist auf Gott hin ausgerichtet: Er ist gegenwärtig, Er hilft. Wohl legt der Mensch seine Hände nicht in den Schoß und wartet nicht, bis sich ein Wunder ereignet. Auf Wunder darf man hoffen, nie aber mit ihnen rechnen. Der Leidende hat alle seine Kräfte einzusetzen, er hat zu denken und nachzudenken und seinem »Herzen« – wie Jeremia – die entscheidenden Fragen zu stellen: die Fragen nach dem Grund und dem Sinn seines Leidens. Dann aber erwächst ihm, wenn Gott ihm dazu die Kraft schenkt, das feste Vertrauen in Seine Führung.

Das Gleichnis von den verlorenen Schafen

Ez 34,1–2(3–9)10–16.31

1 Und es erging an mich das Wort des Herrn wie folgt:
2 Menschensohn, weissage über die Hirten Israels,
weissage und sprich zu ihnen, zu den Hirten:
So sprach der Herr, Gott:
Wehe, Hirten Israels, die sich selbst geweidet haben –
sollten die Hirten nicht die Schafe weiden?
3 Das Beste esset ihr, mit der Wolle kleidet ihr euch,
das Fette schlachtet ihr, doch die Schafe weidet ihr nicht!
4 Die Schwachen habt ihr nicht gestärkt, das Kranke nicht geheilt,
das Verletzte nicht verbunden, das Verirrte nicht zurückgebracht,
das Verlorene nicht gesucht; mit Macht habt ihr sie beherrscht,
und mit Härte.
5 So zerstreuten sie sich, da ihnen ein Hirte fehlte,
und sie wurden zum Fraß allen wilden Tieren des Feldes –
zerstreut haben sie sich.
6 Meine Schafe irren über alle Berge und jeden hohen Hügel,
über das ganze Land hin haben sich meine Schafe zerstreut.
Keiner sucht sie, keiner fordert sie zurück.
7 Darum hört, ihr Hirten, das Wort des Herrn:
8 So wahr ich lebe, spricht der Herr, Gott,
weil meine Schafe zuschanden wurden
und zum Fraß allen wilden Tieren des Feldes,
da ihnen ein Hirte fehlte,
und meine Hirten meine Schafe nicht suchten,
die Hirten aber sich selbst weideten, meine Schafe aber weideten sie nicht –
9 deshalb, ihr Hirten, hört das Wort des Herrn:
10 So spricht der Herr, Gott:
Ich wende mich gegen die Hirten, ich fordere meine Schafe
aus ihrer Hand, ich kündige ihnen auf,
daß sie die Schafe nicht mehr weiden,
die Hirten werden sie nicht mehr weiden,

ich rette meine Schafe vor ihrem Mund,
sie werden ihnen nicht mehr zur Nahrung sein.
11 Denn so spricht der Herr, Gott:
Sieh, ich bin's, der ich meine Schafe suche und sie untersuche.
12 Wie ein Hirte seine Herde untersucht, am Tag, da er sich unter seinen verlaufenen Schafen befindet, so untersuche ich meine Schafe, ich rette sie aus allen Orten, wohin sie sich zerstreut haben – am Tag des Gewölks und des Nebels.
13 Und ich führe sie heraus aus den Völkern,
ich sammle sie ein aus den Ländern,
ich bringe sie zurück auf ihren Boden,
ich weide sie auf den Bergen Israels – in den Tälern und in allen Wohngebieten des Landes.
14 Auf guter Weide weide ich sie, auf den Bergen in der Höhe Israels wird ihre Trift sein,
dort werden sie lagern auf guter Trift,
auf fetter Weide werden sie weiden, auf den Bergen Israels.
15 Ich selbst weide meine Schafe,
ich selbst lasse sie lagern, ist der Spruch des Herrn, Gottes.
16 Das Verlorene suche ich, das Verirrte bringe ich zurück,
das Verletzte verbinde ich, das Kranke stärke ich,
doch das Fette und Hartherzige vernichte ich, denn ich weide sie mit Recht.
31 Ihr aber seid meine Schafe, Schafe meiner Weide,
Menschen seid ihr – ich aber bin euer Gott!
So ist der Spruch des Herrn, Gottes.

Der Text im Kontext

Jeremias Ansagen haben sich bewahrheitet: Jerusalem wird im Jahr 586 v.d.Z. von den Truppen des babylonischen Großkönigs Nebukadnezar gestürmt und zerstört. Ein beachtlicher Teil der Juden ist zwangsexiliert und befindet sich im Gebiet des Zweistromlandes. An eine Rückkehr ist zunächst nicht zu denken, wenngleich sie dereinst erfolgen wird (Jer 29,10). So sicher wie die Katastrophe ist der Wiederaufbau. Es bedarf nur der Geduld und des Vertrauens in die Führung Gottes. 538 v.d.Z. erläßt der Perserkönig Kyros – er hat dem babylonischen Großreich den Todesstoß versetzt – sein berühmtes Edikt (Esra 1,1–4). Die Heimkehr ist jetzt möglich, Jerusalem

und sein Tempel sollen (mit königlicher Unterstützung) aufgebaut werden.
Noch ist es freilich nicht so weit. Mit Sehnsucht denken die Exulanten an ihre Heimat (Ps 137,1), wenngleich sie sich an die fremde Umgebung gewöhnen und Fuß fassen. In wirtschaftlicher Hinsicht geht es den meisten von ihnen nicht schlecht, weshalb sie es zum Zeitpunkt des Edikts vorziehen, zu bleiben und nicht die Risiken einer Rückkehr in die alte Heimat einzugehen. Wesentlich ist für sie indessen in all den Jahren der feste Zusammenhalt, das Überleben als Juden. Denn Juden wollen sie bleiben, sie wehren sich gegen die religiöse Assimilation in der heidnischen Umwelt. Wenn sie auch den religiösen Mittelpunkt verloren haben, so bleibt ihnen die Erinnerung an den Tempelkult und an das Leben im Land lebendig.
Einer jener Männer, die die Verbannten aufzurichten suchen, ist Ezechiel (J'cheské'l), der Sohn des Busi, aus priesterlichem Geschlecht. Anders als sein älterer Zeitgenosse Jeremia, der in Jerusalem bleiben durfte und geblieben ist, weilt Ezechiel »im Land der Chaldäer, am Fluß *K'war*« (Ez 1,3). Seine prophetischen Erlebnisse teilt er dem Volk mit, sucht zu trösten und Mut zu spenden. In den Rahmen der Trostworte gehört unser Predigttext. Scharf distanziert sich der Prophet von der einstigen politischen Führung des Volkes, den »schlechten Hirten«, doch weniger, um anzuklagen, als vielmehr, um die neue Führung, die Führung durch den göttlichen Hirten und seinen irdischen Bevollmächtigten – »meinen Diener David« (34,23f) – hervorzuheben.
Malbím schreibt:

»Nachdem der Tempel zerstört ist und die Herrschaft der davidischen Dynastie aufgehört hat – König Zedekia ist geblendet, sein Vorgänger Jojachin weilt im Exil –, spricht Ezechiel die Verkündigung gegen die Hirten, die all dieses Unglück verursacht haben ... Und er erklärt, daß Gottes Gericht über sie gerecht gewesen ist.«

Das ist richtig; doch damit ist der Akzent des Bibeltextes noch nicht gesetzt. Wir meinen, daß Abarbanel diesen Akzent setzt, wenn er betont:

»Es besteht kein Zweifel, daß Gott dem Propheten nicht eine schlimme Zukunft und den Untergang anzukündigen gedachte, sondern Worte des Trostes, begründet in den Ereignissen der Zukunft: das Einsammeln der Zerstreuten und die Restitution des David-Hauses.«

Das Gleichnis von den verlorenen Schafen und dem guten Hirten, das sich durch das ganze Kap. 34 ungebrochen hindurchzieht, steht im Zeichen der Zukunft, nicht der Vergangenheit, wenn es auch auf die Vergangenheit

Bezug nimmt (vgl J. Z. Moschkowitz, séfer J'cheské'l, in: dá'at miqrá', 1985, 266).

Leitworte des hebräischen Textes

34mal findet sich in unserem Kapitel *ro'é,* der »Hirte«, 20mal *zo'n,* »Kleinvieh«, »Schafe«. *zo'n* wird als Plural und als Femininum verwendet. *r-'-h* (V 2) heißt »weiden«.
chélew (LXX liest *chaláw,* »Milch«) ist das (nach Lev 3,16f) zum Genuß nicht erlaubte Fett. Hier wird es wie in Gen 45,18 im Sinn von »das Fette, Gute« gebraucht.
nachlót (von *ch-l-h,* Niphal) sind die »schwachen« Schafe, neben *cholá,* dem »kranken« Tier (R. Elieser von Beaugency), *nidáchat* (*n-d-ch,* Niphal), das »verstoßene«, umherirrende, das der Hirte leichter zurückbringen kann als das bereits »verlorene«: *ha'owédet* (V 4). Die Verben zeigen die Aufgabe des Hirten den geschwächten und kranken Schafen gegenüber: das schwache Tier ist zu »stärken« (*ch-s-q,* Piel), das kranke zu »heilen« (*r-f-',* Piel), das Tier mit einem Gliedbruch *(nischbéret)* zu »verbinden« (*ch-w-sch;* Raschi: »zu verbinden die Brüche des Knochens, einen mit dem anderen, wie die Ärzte es tun«), das umherirrende »zurückzubringen« (*schuw,* Hiphil) und das verlorengegangene zu »suchen« (*b-q-sch,* Piel).
r-d-h heißt »herrschen« (vgl Gen 1,16.18), verpönt ist lediglich das »brutale« *(b'fárech)* Herrschen (Ex 1,13; Lev 25,43.46.53). *pérech* ist (Lexikon, hg. v. W. Baumgartner u. J. J. Stamm, 1983, 911) die »Gewalttätigkeit, Schinderei«. B-R: »mit Überstärke *(b'chosqá)* schaltetet ihr und mit Zwang«.
wat'fuzéna (zweimal in V 5, Qal) stammt wie *nafózu* (Niphal, auch V 12) von *p-u-z,* »zerstreut sein, werden«. *t'fuzá* (nur Jer 25,34 im Plural: *t'fuzotechém*) ist – auch im modernen Hebräisch – die »Zerstreuung«, die Diaspora des jüdischen Volkes. Heutzutage meint der Ausdruck die freiwillige »Zerstreuung«, im Gegensatz zu *galút,* »Exil«, die zwangsweise, die nicht nach freiem Ermessen beendet werden kann.
d-r-sch steht (V 6) parallel zu *b-q-sch* (Piel, »suchen«) und zu *b-q-r* (Piel, »suchen, untersuchen, sich kümmern um«, auch »besuchen« im modernen Hebräischen; vgl *biqúr cholím,* »Krankenbesuch«, bei Raschi z. St.) in V 11. Gemeint ist daher unter *dorésch, w'daraschtí,* das intensive Nachforschen nach den vermißten Schafen.
baqará (denominiert von *b-q-r,* Piel) ist diese »Kontrolle« des Hirten. B-R: »wie zusammensucht«; J. Breuer (Das Buch Ezekiel, 1921, 272): »wie ...

seine Sorgfalt zuwendet«, S. Detmold (kitwé haqódesch, 1818): »wie ein Hirt seine Herde untersucht«.
nifraschót (*p-r-sch,* Niphal, V 12) sind die »zerstreuten« Schafe (Raschi), J. Breuer: »die verlaufenen Schafe«. Ganz anders R. Elieser von Beaugency: »in fester Zahl« (vgl *m'forásch*) sind die Schafe dem Hirten übergeben, das Fehlende ist er zu ersetzen gezwungen. A. B. Ehrlich (Randglossen, V, 1912, 127) bringt *p-r-sch,* Niphal, mit einem arabischen *párasa* in der 8. Konjugation zusammen: »brechen, zerbrechen«. »Danach bezeichnet *nifraschót* (= *nifrasót*) die Schafe als solche, die von wilden Tieren schwer verwundet worden sind.«
w'hoze'tím, »ich werde sie hinausführen« (*j-z-',* Hiphil), *w'qibaztím,* »ich werde sie (ein)sammeln« (*q-b-z,* Piel), *wahawi'otím,* »ich werde sie bringen« (*b-o-',* Hiphil), bezeichnen das befreiende Eingreifen Gottes zugunsten seiner Schafe.
nawé ist der »Weideplatz«, auf dem die Schafe die Nacht verbringen (Malbím), vgl Jes 32,18: *n'wé schalóm,* »Trift des Friedens«. Neben Schafen besitzen auch Kamele ihre Raststätte (Ez 25,5: *n'wé g'malím*). Das Lagern auf dieser Trift wird mit *r-b-z* (V 14 im Qal: *tirbázna;* »sie lagern«; V 15 im Hiphil: *'arbizém,* »ich lasse sie lagern«) wiedergegeben.
mar'ít (denominiert von *r-'-h,* V 31) ist wie *mir'é* (V 14) der »Weideplatz«.

Der Text in der Exegese

Zu Ps 23 (»Der Herr ist mein Hirte, mir wird nichts mangeln«) heißt es im Midrasch (jalqút schim'óni, II, 690):

»R. Chama bar Chanina sagte: ›du findest wohl kaum einen verachteteren Beruf (*'umanút b'sujá*) als jenen des Hirten. Denn sein Leben lang geht er mit seinem Stock und seinem Ranzen herum (sc. und hat keinen festen Wohnsitz). Und dennoch nannte David den Heiligen, gelobt sei Er, einen Hirten‹ (Ps 23,1).«

Das rauhe Dasein eines Hirten mag einem Bauern und Städter als »verachtet« vorkommen. Allein, des Hirten Nähe zur Natur, seine körperliche und geistige Kraft, die ihn allen Stürmen trotzen und alle ihm von der äußeren Umwelt aufgezwungenen Entbehrungen ertragen läßt, hat bereits in alten Zeiten beeindruckt. Der Hirte ist nicht verweichlicht, er bedarf der »zivilisatorischen Errungenschaften« nicht, um im regenreichen Winter und im trockenen Sommer leben, überleben zu können. Immer vermag er sich an die Natur anzupassen, immer ist er daher im letzten der Sieger über diese Natur.

Zudem ist der gute Hirte mit einem feinen Empfinden ausgestattet. Er denkt nicht nur an sich, sondern vornehmlich an seine Schafe und Ziegen und weiß, wessen sie bedürfen. Das verirrte Zicklein trägt er auf den Schultern zur Herde zurück (s. »Text im Kontext« zu Ex 3,1–10, oben S. 101). Kein Wunder, daß ein »Menschenhirt«, der König und Führer eines Volkes, zuerst bei Schafen erprobt wird, ehe Gott ihm die »Menschenherde« anvertraut (so Mose, David, vgl Ps 78,70–72). Das permanente Gefühl der Verantwortung und die Bereitschaft, die ihm anvertrauten Schafe vor der Bedrohung zu schützen (vgl Gen 31,38–40 in der beschwörenden und zugleich anklagende Rede Jakobs vor Laban) – Eigenschaften, die er sich als Hirt von Kleinvieh erworben hat –, begleiten ihn bei seiner Tätigkeit als Menschenhirt (vgl jalqút schimʿóni, II, 823 zu Ps 78,70).
Die Welt des Alten Orients kennt die Metapher vom Hirten und seinen Schafen (Beispiele aus Ägypten, Sumer, Akkad bei W. Zimmerli, Ezechiel, 2. Teilband, 1969, 834f). In den biblischen und rabbinischen Schriften sind die Beispiele sehr zahlreich: vom irdischen Hirten-König (1 Kön 22,17; Jer 6,3; 23,4; Mi 5,3; Ez 34), insbesondere aber vom göttlichen Hirten (Gen 48,15; 49,24; Jes 40,11; 49,9f; Jer 31,9; Mi 4,6; Ps 23,1; 28,9; 77,21; 78,52; 80,2; 100,3 u. a.). Dabei werden auf Ihn die menschlichen Eigenschaften des guten Hirten übertragen:

»Wie der Hirte am Tag wegen der Hitze und nachts wegen der Wölfe auf seine Schafe genau achtet, so der Heilige, gelobt sei Er (auf Israel)« (jalqút schimʿóni, I, 254).

Gott ist der perfekte Hirte, die Mängel eines Menschen haften Ihm nicht an.

»Beim Wesen aus Fleisch und Blut verhält es sich so: hat es Schafe, so keine Weide – eine Weide, so weiß es nicht, welche wirklich gut ist. Doch der Heilige, gelobt sei Er, ist anders: Er besitzt Schafe, nämlich Israel (Ez 34,31), eine Weide (Ps 24,1: ›dem Herrn gehört die Erde mit ihrer Fülle‹), Er versteht zu weiden (Ez 34,15), und Er kennt den guten Weideplatz (Ez 34,14)« (jalqút schimʿóni, II, 697).

Ist Gott der Hirte, so Israel Seine Herde:

(Weshalb gleichen die Israeliten überhaupt Schafen?) Wie die Schafe nicht unter den Schatten eines Balken treten (im Freien übernachten), so führte der Heilige, gelobt sei Er, die Israeliten 40 Jahre lang durch die Wüste. Wie die Schafe ohne einen Vorratsspeicher auskommen müssen, weil ihnen der Hirte täglich die Nahrung verschafft, so hat auch der Heilige, gelobt sei Er, den Israeliten keine Vorratsspeicher angelegt, (sondern ihnen das Manna gegeben; Ex 16).

Wie die Schafe vom Hirten nicht bestraft werden, selbst wenn sie die Bäume beschädigen (*m'chablót;* andere Leseart: *m'schabrót,* »zerbrechen«), so behandelt der

Heilige, gelobt sei Er, die Israeliten wie Schafe, wenn sie gesündigt haben (Er ist bereit, ihnen zu verzeihen)« (Ex. r. 24,3, vgl jalqút schimʿóni, II,373).

Anders allerdings ist der folgende Text (bei der Interpretation von Ps 100,3): »Wann sind wir Sein Volk? Wenn wir ›die Schafe Seines Weideplatzes‹ (Ez 34,31) sind. Sind wir aber Löwen gleich, so entzieht Er uns Seine Liebe (Jer 12,8)« (jalqút schimʿóni, II,854).

In Ez 34 ist die enge und innige Beziehung zwischen einem Hirten und seiner Herde zum Idealbild der Mensch-Gott- und Gott-Mensch-Beziehung erhoben. Die Kehrseite – das entartete Verhältnis der nur auf den eigenen Profit bedachten schlechten Hirten – bildet dabei den Ausgangspunkt. Ezechiel, dem »Menschensohn«, ist aufgetragen, gegen die »Hirten Israels« zu »weissagen«. Er beginnt mit einem Wehewort *(hoj)* (V 2), wie es bereits Jeremia (23,1 s. »Der Text im Kontext«, oben S. 197–199) getan hat. Die beiden Texte stehen im selben gedanklichen Zusammenhang, wobei eine Abhängigkeit Ezechiels von Jeremia zweifellos vorauszusetzen ist.
Die »Hirten Israels« weiden »sich selbst« *(ʾotám)* und sollten doch das Kleinvieh weiden (V 2b). In totaler Verkehrung ihrer Pflichten sorgen sie nicht für das Essen der Tiere, sie essen sie vielmehr auf. Ziegen und Schafe liefern die Nahrung eines Hirten. Aus ihrem Fell und ihrer Wolle verfertigt er sich seine Kleidung. Das ist gut und recht, wenn er zugleich seine Aufgaben den Tieren gegenüber wahrnimmt (Sch. L. Gordon, séfer J'cheskéʾl, 1934, 326). Die jüdischen Königshirten, die Fürsten, Priester und (falschen) Propheten (Ez 13) haben sich zuviel angemaßt. »Sich selbst haben sie geweidet«, nicht das Volk, »sie haben es nicht auf den guten und geraden Weg zurückgebracht« (R. Elieser von Beaugency). Jene, die für Israel hätten »sorgen« müssen – die *parnasé Jisraʾél* (Targúm Jonathan als Übersetzung von *roʿé Jisraʾél; parnás* ist im späteren Judentum der »Ernährer« der Armen in der Gemeinde und wird zum Ehrentitel für den Gemeindevorsteher) –, haben versagt.
Die Hirten haben das Beste (J. Breuer, 270) für sich beansprucht: *hachélew,* die »besten« Tiere haben sie sich ausgewählt, *habriʾá* (vgl Gen 41,4.20), das »fette« Schaf. Sie begnügten sich nicht mit einer bescheidenen Mahlzeit, es mußte immer gleich eine Delikatesse sein. Ein Lohn für seine Arbeit kommt dem Hirten zu, doch ein solcher?
Dabei haben sie auch nicht einmal eine minimale Gegenleistung erbracht: die Kränkelnden und Kranken, die Verletzten, Verirrten, Verlorengegangenen haben sie ihrem Schicksal überlassen. Und das sollen Hirten sein?

»Und dies alles ist ein Gleichnis für die Armen Israels . . ., um die sie sich nicht kümmerten, und für die Gefangenen und Verbannten, die sie nicht loszukaufen und heimzubringen gedachten« (Kimchi).

Den fünf betroffenen Gruppen stehen fünf entsprechende Maßnahmen gegenüber, durch die das Leid und die Not behoben werden könnten:
die »Schwachen« sind zu »stärken«,
die »Kranken« zu »heilen«,
die »Verletzten« (mit gebrochenen Gliedern) zu »verbinden«,
die »Verirrten« »zurückzubringen«
und die »Verlorengegangenen« »zu suchen«.
Als Despoten haben die Könige und die einflußreichen Kreise geherrscht *(r'ditém),* mit außergewöhnlicher Härte *(b'fárech)* – wie einst König Pharao über die versklavten Israeliten in Ägypten (Ex 1,13), wie aufgrund der biblischen Ethik nicht einmal ein Unfreier behandelt werden darf (Lev 25,43.46.53).
Und so kam es denn, wie es kommen mußte: das Volk ist zerstreut, »zum Fraß allen wilden (wildlebenden) Tieren des Feldes« (vgl 33,27), »ohne Hirten« *(miblí roʿé),* oder: »weil es keinen Hirten (keinen wirklichen Hirten) besitzt«.

»Von ihren vermeintlichen Hirten schmählich verraten, erlagen sie dem traurigen Los einer Herde, die führerlos durch die Welt irrt: sie braucht sich nur zu zerstreuen und fällt im selben Augenblick ..., da sie sich zerstreut, den raubgierigen Feinden anheim« (J. Breuer, 271).

Das zweifache *t'fuzéna,* »sie wurden zerstreut, deutet Malbím auf folgende Weise:

»Die Schafe bedürfen der Sammlung (des Zusammenseins), und der Hirte trägt dafür Sorge. Fehlt er, so zerstreuen sie sich, fallen dann den wilden Tieren zum Fraß und zerstreuen sich wegen dieser Tiere noch mehr (V 5).«

Malbím erkennt eine Kausalkette, die in ihren Auswirkungen immer verheerender wird (vgl auch Abarbanel z. St.). Am Schluß sind die betroffenen Schafe rettungslos verloren. Die Zerstreuung hat demnach nicht mit dem feindlichen Angriff auf Jerusalem durch die Babylonier eingesetzt, sondern mit der Mißwirtschaft durch die »Hirten«.

»Dies hat bewirkt, daß viele das Land noch vor der Zerstörung verließen. Wie es in Klgl 3,10 heißt: ›in die Verbannung zog Juda wegen seiner Armut und der Menge seiner (Sklaven)arbeit‹« (Ch. D. Rabinowitz, séfer J'cheské'l, in: dáʿat sofrím, 1971, 318).

Die Zerstreuung ist identisch mit dem Sich-Verirren (V 6: *jischgú*) »über alle Berge und jeden hohen Hügel, und über das ganze Land« (also auch die weiten Ebenen), »und keiner sucht und keiner verlangt« (das allenfalls Gefundene) vom Finder zurück (Malbím).
Im Hintergrund dieser harten Kritik am Fehlverhalten der politischen Führung stehen die Gebote der Tora (Dtn 22,1–4), die das »Zurückgeben« eines verirrten Tieres und eines gefundenen Gegenstands an seinen Besitzer fordern, gegebenenfalls auch die Aufbewahrung, bis der Besitzer den Verlust bemerkt (vgl. dort V 2: *ʿad d'rosch* mit hier V 6: *'en dorésch*). Die schlechten Hirten haben nicht nur ihre spezifischen Aufgaben mißachtet, sie haben auch die elementaren Pflichten eines jeden Juden mit Füßen getreten.
Nicht ganz klar ist, wo sich die Berge und Hügel befinden, über die das hirtenlose Israel irrt. Raschi (zu V 6) läßt vermuten, daß sie sich im Bereich des eigenen Landes befinden:

»Sie gehen über alle Hügel und verirren sich. Sie wurden also besitzerlos *(hefqér)*, und ein jeder tut, was ihm gefällt. Ihre (Hirten) haben sie nicht zurechtgewiesen und nicht Recht gesprochen zwischen einem und dem anderen.«

Die »Zerstreuung« ist zunächst noch nicht die Exilierung. Doch dann folgt auch sie. V 13 verkündet nämlich, daß Gott die Schafe »aus den Völkern« herausführt und »aus den Ländern« »einsammelt« und »sie zurückbringt in ihr Land«. Das kann nur heißen, daß Gott das Exil und damit auch die »Zerstreuung« beendet.
Nach den sogenannten ehernen Gesetzen der Geschichte wäre das Schicksal des Volkes besiegelt – wenn Gott nicht wäre, wenn die schlechten Hirten nicht verdrängt würden durch den einzig guten und verläßlichen Hirten. Mit V 7 beginnt der Umschwung, ein Umschwung, der durch Gottes Schwur (»so wahr ich lebe«, *chaj 'áni*) sanktioniert wird.
Das *Ergebnis des göttlichen Eingreifens* (vgl Mi 4,6f) sieht so aus:
1. Die schlechten Hirten werden ihres Postens enthoben (V 10).
2. Anstelle der Hirten übernimmt Gott die Führung Israels. Er ist nun für immer der Hirte (V 11 ff, vor allem V 15: *'ani 'erʿé zo'ní*).
3. Israel wird nicht mehr zuschanden, nicht mehr »zum Fraß für die wilden Tiere«, sondern »weidet« auf guter Weide *(b'mirʿé tow)*, auf »guter Trift« *(b'nawé tow)*, auf »den Bergen in der Höhe Israels«, d. h. dort, wo sie ehedem umherirrten. Mit anderen Worten: die Lage im Land wird sicher und stabil (V 14).

4. Gott sammelt die Exilierten – die zerstreuten Schafe – ein und führt sie in die Heimat zurück (V 13).

5. Anders als die Hirten, die sich um die Schafe nicht kümmerten, sorgt sich Gott um die Schwachen und die Pflege der Bedürftigen. V 15 nimmt die Aussagen von V 4 auf. Mit umgekehrter Reihenfolge, weil die Prioritäten anders liegen: zuerst sind die Verlorenen heimzuholen, erst dann kann das Kranke geheilt werden.

Schematisch sieht die Entsprechung folgendermaßen aus (nach: Encyclopaedie Die Welt der Bibel, Ezechiel; hg. v. G. Brin, 1984, 174; hebr.):

V 16—Das Verlorene suche ich,
Das Verirrte bringe ich zurück,
das Verletzte verbinde ich,
Das Kranke
stärke ich.
V 4 Die Schwachen habt ihr nicht gestärkt,
das Kranke nicht geheilt,
das Verletzte nicht verbunden,
das Verirrte nicht zurückgebracht,
das Verlorene nicht gesucht.

Der Unterschied fällt sofort auf: das »schwache« Tier *(nachlá)* wird nicht genannt, es ist im »Kranken« *(cholá)* mit enthalten. Daher wird das Verb »stärken« – und nicht das Verb »heilen« (wie in V 4) – verwendet. Statt des fehlenden *nachlá* steht freilich ein bisher nicht erwähnter Punkt des göttlichen Wirkens, der in V 16b festgestellt und in V 17ff ausgeführt wird: Gott amtiert als Richter zwischen den einzelnen Schafen und ruft jene zur Rechenschaft, die die schwächeren mißhandelt haben. Gott schafft nicht nur für die Herde, sondern auch innerhalb der Herde Recht und Ordnung. Das Ergebnis – in V 16b antizipiert – wird sein: »doch das fette und hartherzige (Schaf) – Targúm Jonathan: »die Sünder und die Schuldigen – vernichte ich *('aschmíd)*, denn ich weide sie mit Recht« (*b'mischpát;* vgl V 17: »Ich richte«, *hin'ní schofét*).

Gott verdrängt die Willkürherrschaft und beendet Israels Exil. »Am Tag des Gewölks und Nebels« (V 12) – »Hinweis auf den Tag der Zerstörung, da Jerusalem verbrannt wurde und sein Rauch wie Gewölk und Nebel emporstieg« (Abarbanel) – ist Israel in die Fremde gezogen, jetzt darf es heimkehren.

Assoziationen an die Hilfe Gottes in der ägyptischen Sklaverei klingen an. Die Wortwahl Ezechiels verstärkt diese Assoziationen, wie ein Vergleich unseres Textes mit Ex 6,6ff zeigt.

In Ex 6,6ff heißt es:

»...Ich führe euch heraus aus den Lasten Ägyptens *(w'hoze'tí),*
ich rette *(w'hizaltí)* euch aus ihrem Dienst,
ich erlöse *(w'ga'altí)* euch...
ich nehme *(w'laqachtí)* euch mir zum Volk,
ich werde sein *(w'hajíti)* euch zum Gott,
und ihr werdet (sollt) erkennen *(wida'tém),* daß Ich euer Gott bin, ... ich bringe *(w'hewe'tí)* euch in das Land...«

In unserem Text heißt es:

»ich rette *(w'hizaltí)* meine Schafe... (V 10 und V 12),
ich führe sie heraus *(w'hoze'tím)* aus den Völkern,
ich sammle sie *(w'qibaztím)* aus den Ländern,
ich bringe sie *(wahawi'otím)* in ihr Land (V 13),
sie werden erkennen *(w'jad"ú),* daß Ich, der Herr, ihr Gott bin« (V 30).

Ezechiel spannt – ohne daß er es ausdrücklich zu sagen braucht – den Bogen zur Urgeschichte Israels, in die Tage seiner Volkswerdung. Die Einsammlung der Verbannten ist eine neue Erlösung Gottes, ein neuer Exodus. Jeremia (23,7f) hat in seinem »Hirtenspruch« (s. oben S. 205) ausgesprochen, was Ezechiel nur andeutet: die einzigartige Rückführung Israels aus dem Babylonischen Exil, die die Errettung aus Ägypten in den Schatten stellt. Dabei ist zu betonen, daß diese Rückführung die volle Aufmerksamkeit Gottes findet: er holt die versprengten Schafe nicht nur heim, sorgt nicht nur für ihr Wohlergehen (V 14–16), sondern widmet ihnen die ganze, ungebrochene Betreuung: *w'daraschtí ... uwiqartím,* »ich suche (meine Schafe) und untersuche sie« (V 11) – anders als die Menschenhirten (V 6: *w"en dorésch*). Dieses »Untersuchen«, die »Diagnose der Patienten durch den göttlichen Arzt«, ist »wie die Untersuchung der Herde durch den Hirten am Tag, da er sich inmitten seiner verlaufenen *(nifraschót)* Schafe aufhält« (V 12). Er schaut jedes einzelne Tier genau an, sieht, was ihm fehlt, will Abhilfe leisten.

»Er steht unter seinen Schafen, treibt sie etwas auseinander (so wird hier *nifraschót* interpretiert), damit er jedes einzelne besser zu betrachten vermag« (R. J'schajáhu der Erste von Trani, zu V 12).

Mit größter Präzision erfüllt der göttliche Hirte sein »Pensum«. Er kümmert sich nicht nur um Nahrung, sondern um die beste Nahrung, nicht nur um einen ordentlichen Gesundheitszustand seiner ihm anvertrauten Herde.

sondern um die Unversehrtheit der Tiere. Die Hirten haben das Beste *(habrî'á)* verzehrt, Gott sieht zu, daß das Beste erhalten bleibt. Das ist der grundlegende Unterschied.

In einem zentralen Gebet der Liturgie von Rosch Haschaná (Neujahrsfest) – im *un'tané tóqef q'duschát hajóm* (»wir geben kund die Heiligkeit des Tages«) – ist von dieser genauen Uberprüfung durch den Gotteshirten die Rede:
»wie der Hirt seine Herde überprüft *(k'waqarát ro'é 'edró)* und seine Schafe unter seinem Stab hindurchziehen läßt, so mögest Du hindurchführen, zählen und feststellen, und prüfen die Seele eines jeden Lebewesens . . .« (Gebetbuch für das Neujahrsfest, hg. v. W. Heidenheim, 1914, 108; wissenschaftliche Ausgabe: D. Goldschmidt, machsór l'jamím nora'ím, Bd. 1: Rosch haschaná, 1970, 170).
Gottes Hirte-Sein wird in diesem Gebetstext zum Symbol für Seine Weltenlenkung, die am Beginn eines Jahres – am »Tag des Gerichts« *(jom hadín)* – besonders akzentuiert ist.
Mit V31 schließt Ez34. Er bringt die Lösung des Gleichnisses, falls sie überhaupt gebracht werden muß. »Ihr, meine Schafe, Schafe meiner Trift, Menschen seid ihr, Ich bin euer Gott . . .« Raschi: »Ihr seid nicht wie Tiere in meinen Augen, und daher bin Ich euer Gott.« Ihr seid Menschen mit der Verantwortung, die auf einem Menschen lastet.

»Ihr seid Menschen – das ist nicht nur ein Lob, sondern es bedeutet das Auferlegen der Verantwortung« (R. Ch. Rabinowitz, dá'at sofrím, 85).

Zwischen Gott und dem Menschen entsteht – wie zwischen dem Hirten und seinen Schafen – eine innige, unverbrüchliche Interaktion. Der Text unterstreicht diese Tatsache mit der zweifachen Wiederholung des Possessivsuffixes – *i: zo'ní, mar'ití,* »ihr seid meine Schafe, die Schafe meiner Trift«. Wie Gott sich um Israel kümmert, so ist Israel zur Verehrung des Einen-Einzigen Gottes aufgerufen. Als Menschen, die wissen, was sie tun, was sie erfüllen sollen. J. Breuer (aaO, 278) spricht es so aus:

». . . Wisset, wenn Gott die Hingabe an Seine Führung von euch fordert, so bedeutet die Erfüllung dieser Forderung in Wahrheit nichts anderes als die Rückkehr zur wahren, ursprünglichen Menschenbestimmung: nur als *zo'ní* seid ihr *'adám!* Da *muß* Gott *euer* Gott sein, d. h. Gott, dem ihr mit eurem ganzen Leben zu dienen und aus dessen Willen ihr euer Leben zu begreifen gewillt seid . . .«

Aus der geschichtlichen Erfahrung, dem von Tragik und Entbehrung gezeichneten Erleben, hat Israel zu lernen, wenn es nach der Einsammlung der Zerstreuten einer glücklicheren Zukunft entgegensehen und entgegengehen will. Rabbi Solomon B. Freehof (Book of Ezekiel, 1978, 201) hält es fest:

»When you understand that it is I who have protected and nourished you, when you know that ›I am your God‹, then you will not be sheep but truly human.«

»Wahrhaft menschlich«, und daher ist für euch Gott auch der ausschließliche Gott. V 31 schließt mit diesem Paukenschlag, der an den Abschluß vieler Satzungen in der Tora erinnert (z. B. Lev 11,44; 20,7; 24,22; 25,17; 26,1). »Dies ist der Spruch des Herrn, Gottes.«
Der Midrasch (jalqût schimʿóni, II,373) erkennt in V 31 ein zusätzliches Moment:

»Wenn ›Schafe‹, weshalb dann ›Mensch‹? Und wenn ›Mensch‹, weshalb dann ›Schafe‹? R. Jochanan sagte: Schafe, wenn es um die Bestrafung geht, und Menschen, wenn um die Belohnung. Sind sie (Israel) schuldig, so behandelt sie Gott als Schafe, damit sie (wie Schafe) nicht bestraft werden. Haben sie aber Gutes getan, so behandelt Er sie als Menschen ...«

Gott läßt Milde walten wie der Menschenhirt, der seinen Tieren mit Verständnis und Nachsicht begegnet. Abarbanel nimmt die Worte des Midrasch in seinen Kommentar auf. Gottes Barmherzigkeit hat Israel auch in den schweren Zeiten des Exils nie verlassen. Um wieviel mehr steht sie ihm jetzt – nach der Rückkehr in die Heimat – bei. Als die »Herde« des göttlichen »Hirten« weiß sich das gleichsam wiedergeborene Volk geschützt und geborgen.
Hat sich die Verheißung erfüllt? Wohl ist Israel aus dem Exil heimgekehrt, den dauerhaften Frieden hat es allerdings so wenig gefunden wie die permanente Sicherheit. Abarbanel schreibt:

»Diese Prophezeiung ist zur Zeit des Zweiten Tempels nicht erfüllt worden, sie wird aber in der Zukunft – in den Tagen des Messias – in Erfüllung gehen.«

Abarbanel nennt drei Gründe für seine Behauptung: die Zerstreuten sind nur aus Babylonien, nicht aus anderen Ländern zurückgekommen; kein Davidide herrscht über Israel; auch nach dem Babylonischen Exil hat die »Schande« Israels (in persischer, griechischer, römischer Zeit und auch danach) nicht aufgehört.
Mit Abarbanel haben die Juden zu allen Zeiten auf die Erfüllung gehofft, sie hoffen noch heute.

Wegweisung für unsere Zeit

Salman Schasar, der verstorbene Staatspräsident Israels, hat bei einem Lernabend über Ez 34, der in seiner Präsidentenwohnung stattfand, erklärt: »Wir sprechen hier nicht über politische Themen, doch in dieser Hinsicht handelt es sich um eine der revolutionärsten Reden. Sie paßt zu jedem Volk, zu jedem Staat und zu jeder Epoche« (in: Betrachtungen zum Ezechielbuch, hg. v. J. Awischur, 1982, 112; hebr.). Präsident Schasar dachte an den Protest gegen die falschen Hirten, die ihr Volk ausbeuten und ihre Macht mißbrauchen und die nicht wissen, wie ein weises Wort es festhält, daß ein guter Hirt seine Schafe schert, doch nicht schindet.

Die sozialkritische Seite des Bibeltextes ist nicht zu übersehen. Doch es geht nicht nur um sie. Ezechiel spricht nicht nur von den Königen und den anderen einflußreichen Leuten, er spricht vor allem von Gott. Menschlicher Korruption setzt er die Unbestechlichkeit Gottes gegenüber, menschlicher Kurzsichtigkeit die göttliche Weitsicht. Könige werden schuldig und ziehen ihr Volk ins Verderben. Gott ist gütig und gnädig und schenkt den vom Schicksal hart Angefaßten Hoffnung und eine bessere Zukunft. Die Hirten mögen ihre Herde im Stich lassen, Gott nimmt die Umherirrenden und Verirrten, die Kranken und Zerbrochenen auf, die oft hilflosen und verratenen Schafe der »Menschenherde Gottes«.

Ein Herrscher aus Betlehem-Efrata

Mi 5,1–4a

1 Und du, Betlehem-Efrata,
Geringste der Tausendschaften Judas,
von dir geht für mich aus
der zum Herrscher Bestimmte in Israel,
und sein Ursprung ist von alters her,
aus den Tagen der Vorzeit.
2 Daher gibt Gott sie hin,
bis zur Zeit, da die Gebärende geboren hat,
und der Rest seiner Brüder zurückkehrt
samt den Söhnen Israels.
3 Er macht sich auf und weidet sie
mit der Macht des Herrn,
mit der Hoheit des Namens des Herrn, seines Gottes,
und sie lassen sich nieder,
denn jetzt wird er groß sein
bis zu den Enden der Erde.
4 Und dies wird Friede sein …

Der Text im Kontext

David, Israels zweiter König, stammt aus Betlehem. Er ist der jüngste von acht (1Chr 2,13–15: sieben) Söhnen Isais (1Sam 17,12). Der Prophet Samuel salbt ihn zum Nachfolger des von Gott verworfenen (1 Sam 15,28) Saul. Weshalb gerade ihn, den Hirten, wird im Text nicht mitgeteilt. Es heißt hier lediglich, Gott besitze andere Kriterien als der Mensch: »denn der Mensch sieht in die Augen (= die äußere Erscheinung), Gott aber sieht ins Herz« (16,7).

»Und David war der Kleine« (17,14). Dazu heißt es im Midrasch (jalqût schimʿóni, II, Nr. 124): »Wissen wir dies denn nicht bereits (aus 16,11: »noch ist der Jüngste verblieben«)? Es soll dir vielmehr Davids Vortrefflichkeit (eigentlich Gerechtigkeit, *zidqó*) zeigen: David war Hirt, und obwohl er dann König wurde, blieb er derselbe wie in seiner ›Kleinheit‹.« Der Midrasch vermag eine Analogie bei Joseph in Ägypten und bei Josua, dem Nachfolger Moses, zu erkennen. Amt und Würden haben ihnen den Kopf nicht verdreht. Sie blieben sich selber treu.

Darauf kommt es an. »Gott sieht aufs Herz« – und das bedeutet immer auch: Er sieht, ob ein Herz seine Qualitäten behält, selbst wenn der Mensch ins Rampenlicht der Öffentlichkeit tritt. Der jüngste Sohn, der im Schatten seiner älteren Brüder steht und wohl auch nur das erhält, was von den anderen abfällt (Josephs Bevorzugung durch den Vater Jakob bildet die Ausnahme von der Regel!), ist es gewohnt, sich bescheiden zurückhalten. So fällt die Wahl Gottes auf ihn. Der älteste, angesehenste Bruder müßte die Bescheidenheit erst zurückgewinnen, der jüngste hat sie sich nur zu bewahren. Und das ist leichter. Er hat den Glanz der Welt noch nicht erlebt, und wenn er ihm – später – als König zuteil wird, vermag er der Verführung zu widerstehen. Daher wird David und nicht Isais ältester Sohn Eliaw (16,6) erwählt. Und wie Eliaw auch die anderen nicht, nachdem die potentielle »Erbfolge« einmal durchbrochen ist.

David, der die Stämme zu einem einzigen Königreich eint, mit Jerusalem als religiösem und politischem Zentrum – daher gilt er der Nachwelt als der ideale Herrscher und Urahne des Messias –, ist nicht nur der unbedeutend-kleine Sohn der Familie, er stammt zugleich aus dem unbedeutend-kleinen Ort Betlehem in Juda (*bet léchem J'hudá,* 17,12), der – zum Unterschied von einem Betlehem im Stammesgebiet Sebuluns (Jos 19,15) – auch Efrata oder Efrat heißt. Auf dem Weg nach Betlehem-Efrat ist Rachel, Jakobs Gattin, verstorben und beerdigt worden (Gen 35,19; 48,7). Der Name Efrata (von *p-r-h,* »fruchtbar sein«) deutet auf die Fruchtbarkeit der Gegend hin (Sch. L. Gordon, séfer Michá, 1934, 51, Anm.). Dem »Kleinen« aus dem kleinen Ort ist Großes beschieden. So will es Gott, der »anders sieht« als die Menschen. Gott bedarf für Seine Zwecke nicht des Glanzvollen. Ganz im Gegenteil: wenn er sich des »Kleinen« als Seines Boten bedient, so erfährt der Erwählte, daß nicht die eigene Kraft, sondern Gottes Auftrag ihm Ansehen und Erfolg schenken wird. Und er wird zugleich erkennen, daß nicht seine, sondern Gottes Größe in Erscheinung tritt.

Unser Text (Mi 5,1–4a) steht in dieser Gedankenwelt. Zwar ist nur Betlehem-Efrata und nicht David genannt, doch die Zuhörer Michas verstehen auf den ersten Anhieb, worum es geht: um einen neuen *moschél b'Jisra'él* (»Herrscher in Israel«) aus der in Betlehem beheimateten Davidsdynastie. Der »Kleine« hat nicht ausgespielt, ein Nachkomme übernimmt die Regentschaft in einer bisher unbekannten Machtfülle (V 3).

Micha stammt aus Moreschet Gat (1,1) in der Nähe von Gat und Lachisch, rund 35 km südwestlich von Jerusalem. Der Talmud (b. P'sachím, 87a, b; Bawá batrá, 14b) überliefert:

»Vier Propheten weissagten im selben Zeitabschnitt. Der bedeutendste von ihnen war Hosea ... Dies sind sie: Hosea, Jesaja, Amos und Micha.«

Sie wirken im letzten Drittel des 8. Jh. v. d. Z. Micha ist zweifellos der jüngste von ihnen, denn erst in den Tagen König Jotams, nicht bereits in jenen seines Vaters Usija, richtet er seine Worte »gegen Samaria und Jerusalem«. Michas Tätigkeit beginnt vor dem Fall Samarias, der Hauptstadt des Nordreiches Israel (722), und erstreckt sich in die Regierungszeit Hiskias. Der Prophet erlebt die Verwüstung des Südreichs Juda und die Belagerung Jerusalems durch den Assyrer Sanherib (701). (Vgl »Text im Kontext« zu Jes 2,1–5, S. 141 f)

Wann das Trostwort von 5,1–4a anzusetzen ist, ist klar: nach dem Fall Samarias. Unklar ist freilich die Zeit seiner Erfüllung. Naheliegend ist die Regierungszeit Hiskias (R. J'schajáhu der Erste von Trani), manche Exegeten denken aber auch – vermutlich wegen der Angabe in 4,1 – an die »Späte der Tage«, an die messianische Zeit (Raschi; R. Elieser von Beaugency u. a.). Wenig einleuchtend ist die von R. Joseph ibn Caspi ('adné késef, ed. I. Last, 1911, 107) geäußerte Meinung, Michas Verheißung gelte für die Zeit der Makkabäer, die unter dem greisen Matitjahu und seiner Söhne einen erfolgreichen Aufstand gegen den Seleukidenkönig Antiochus Epiphanes auslösten (167 v. d. Z.; Ibn Caspi nennt dabei das Buch Josippon, s. D. Flusser, The Josippon [Josephus Gorionides], 2 Bde, I, 76 ff).

Akzeptabel erscheint demgegenüber die Ansicht (M. Seidel, Micha, in: dá'at miqrá', [4]1984, 38), ein Teil der Verheißung verwirkliche sich in der nahen, ein anderer aber erst in der fernen Zukunft; bei Micha, wie in der biblischen Prophetie überhaupt.

Leitworte des hebräischen Textes

za'ír, »jung« (B-R: »gering«), besitzt in unserem Text den Nebensinn von »unbedeutend«.

'élef (plural: *'alafím,* constructus: *'alfé*), »tausend«, ist hier die »Tausendschaft«, die Sippe.

moschél ist der »Herrscher« (von *m-sch-l;* davon: *memschalá,* »Herrschaft«).

moz'otáw (Plural von einem nichtbelegte *moza'á;* vgl maskulin *mozá'*) ist deriviert von *j-z-'* (Hiphil) und heißt »seine Ursprünge«.
joledá ist die »Gebärende«, die »geboren hat« (*jaláda;* Pausaform für *jal'dá*) in V2 (vgl 4,10, wo »die Tochter Zions« kreißt wie eine »Gebärende«, *kajoledá).*
jéter meint den »Rest«, das »Übriggebliebene« (analog zu 4,7: *sch"erít*).
'os ist die »Macht, Kraft«; *ga'ón* der »Stolz«.
'afsé 'árez sind die »Enden der Erde« (L. Zunz), »die Ränder des Weltalls« (B-R). *'éfes* bedeutet »Ende«, »Nichts«.
schalóm (V4a) ist der »Friede«, der Zustand der »Vollkommenheit« (vgl *schalém,* »vollkommen«, »vollständig«).

Der Text in der Exegese

V1 beginnt mit *w"atá,* »und du«, und kennzeichnet damit die direkte Anrede von Betlehem-Efrata. Der Ort ist der geringste *(za'ír)* unter den »Tausendschaften Judas«, aber auserkoren, der Ursprung des Herrschers zu sein. *w"atá* verweist auf V8 im vorangehenden Kapitel, der desgleichen mit *w"atá* einsetzt und inhaltlich ähnlich ist. Wir vergleichen die beiden Verse.

4,8:	*5,1:*
»und du,	»und du,
migdál 'éder (»Herdenturm«),	Betlehem-Efrata,
'ófel (Befestigung) der Tochter Zions,	geringste der Tausendschaften Judas,
zu dir geht hin und kommt	*von dir geht* für mich *aus*
die *erste Herrschaft,*	der zum *Herrscher* Bestimmte in Israel,
das Königtum für die	und sein Ursprung ist von alters her,
Tochter Jerusalems.«	aus den Tagen der Vorzeit.«

Ein »Herdenturm« (vgl Gen 35,21) bietet den Hirten und ihren Tieren Schutz vor der Unbill der Witterung und vor wilden Tieren, so wie die Stadtmauer die Bewohner eines Ortes absichert (Sch. L. Gordon, aaO, z.St.). *migdál 'éder* und *'ófel* (befestigter Turm bei der Südmauer des Tempelbergs) sind Bezeichnungen für Jerusalem: »die Tochter Zions«, »die Tochter Jerusalems«. In Mi 4,8 wird die Rückkehr der »ersten Herrschaft« *(hamemschalá hari'schoná)* angekündigt. Damit ist die neue Herrschaft Davids gemeint (Raschi, Kimchi), die die Teilung des Reiches nach Salomos Tod (920 v.d.Z.) aufhebt *(m'zudát Davíd).* Der Text betont das »Hingehen und Kommen« der Herrschaft, die Rückkehr zum ehemaligen

Regierungssitz. Verständlicherweise, denn jetzt ist das Volk in der Fremde (4,10).
In unserem Abschnitt sind die Entsprechungen unschwer festzustellen. Dem »Herdenturm« und ʿófel entspricht Betlehem-Efrata, dem glanzvollen Mittelpunkt eines Imperiums der kaum wahrzunehmende Ursprung. Was zu Jerusalem zurückkehrt – immer wieder in der Geschichte des jüdischen Volkes zurückkehrt (»zu dir geht hin und kommt«) –, ist von Betlehem ausgegangen und wird wieder von ihm ausgehen. Beide Sätze sprechen von einem im Vergangenen verankerten Neubeginn, gleichsam von einer Wiederholung des Bewährten, das zur Zeit verloren ist.
Gott bedient sich – wir haben es bereits gesehen – des »Geringsten« *(zaʿír)*. Betlehem-Efrata wird tituliert mit »Geringste der Tausendschaften Judas«. Die »Tausendschaften« sind die größten Einheiten des in Zehner-, Fünfziger-, Hundert- und Tausendschaften gegliederten Volkes (Ex 18,21; Dtn 1,15). Betlehem-Efrata ist klein, seine Bewohner spielen keine große Rolle im politischen und religiösen Leben. Bis David kommt und seinen Heimatort berühmt werden läßt. Da ist die einstige Bedeutungslosigkeit plötzlich unwichtig geworden. Auch Gideon spricht vor der Übernahme des »Richteramtes«:

»Fürwahr, mein Herr, womit soll ich Israel helfen? Sieh', meine Tausendschaft *('alpí)* ist die ärmste in Manasse, und ich bin der geringste *(hazaʿír)* in meines Vaters Haus« (Ri 6,15).

Doch jetzt gilt die Ansage:

»Der Kleine wird zu einer Tausendschaft *(la'élef)*, und der Geringe *(w'hazaʿír)* zu einem mächtigen Volk ...« (Jes 60,22).

In Mi 5,1 kommt zweimal der Infinitiv *lihjót* (von *h-j-h*) vor. Das erste *lihjót* entspricht einem Präsenspartizip (M. Seidel, 39; vgl *lasúm*, »legen«, Ijob 5,11 mit Präsensbedeutung). Das zweite *lihjót* weist auf die Funktion jenes Mannes hin, der die Führung Israels übernehmen wird: »aus dir (Betlehem) kommt mir (Gott) jener, der Herrscher sein soll (wird) in Israel«. Wir übersetzen kürzer: »... der zum Herrscher Bestimmte in Israel«.
moschél – »Herrscher«, »Regent«. Nicht zufällig wird ein präziserer Titel – etwa »Fürst« (*nasí'*, Ez 34,24; *sar*, Hos 3,4; *nagíd*, 1 Chr 5,2) oder »König« (*mélech*, Hos 3,4 f) – vermieden. Der Mann aus der Davidsdynastie steht an der Spitze seines Volkes, der eigentliche König ist aber Gott. Mi 4,7:

»Gott wird über sie (den Rest) König sein auf dem Zionsberg, von jetzt an für immer.«

Den Zuhörern Michas muß das Wissen um die erneuerte menschliche Repräsentanz genügen, die entscheidende Regierung übernimmt Gott. Die jüdischen Exegeten weisen darauf hin, daß der angekündigte Herrscher von der in Betlehem-Efrat beheimateten Davidsdynastie abstammt, nicht aber selbst dort geboren sein muß (Kimchi, Kommentar z. St.; J. Klausner, Der Messiasgedanke in Israel, 1950, 47; hebr.).
Der Schluß von V 1 setzt einen Kontrapunkt. Betlehem-Efrata ist an sich unbedeutend, doch der aus ihm stammende Zukunftsherrscher besitzt einen langen Stammbaum: sein Ursprung geht in die Tage der Vorzeit zurück. Dies sind die Tage der Wüstenwanderung, denn (so M. Seidel, 39) Isais Familie leitet sich von Nachschon, dem Sohn des Aminadaw, Fürst über den Stamm Juda, ab (Rut 4,18–22). Wir meinen indessen, daß *miqédem* (»von alters her«; eigentlich was »von Osten« kommt) auf die Urzeit der Erde hinweist, auf den *»gan b"éden miqédem«* (Gen 2,8). Hier werden gleichsam paradiesische Töne angeschlagen, wie ja dann die Restitution der Davidendynastie (Jes 11) mit ihrem Völkerfrieden zu einem erneuerten paradiesischen Zustand hinführt. Das durch des Menschen eigenes Verschulden verlorene Paradies wird durch die Vorsehung Gottes, der »einen Reisig wachsen läßt aus dem Stamm Isais«, wiedergewonnen.
Malbím (Kommentar z. St.), der den Abschnitt eschatologisch (und nicht als Hinweis auf Hiskia) deutet, interpretiert die Worte »und seine Ursprünge von alters her« als Anspielung auf die Präexistenz des »Messias-Namens«. Im Sinne des Midrasch:

»Sechs Dinge gingen der Weltschöpfung voran. Einige wurden (wirklich) erschaffen – die Tora und Gottes Thron–, einige stiegen nur im Denken (Gottes), der sie zu schaffen beabsichtigte, auf: die Stammväter, Israel, der Tempel, der Name des Messias« (Gen. r., 1,5; vgl E. E. Urbach, chasál, pirqé 'emunót w'de'ót, Kap. 17).

Wörtlich schreibt Malbím:

». . . ›der Name des Messias ging der Welt voran‹, das besagt, daß das Ziel der ganzen Schöpfung in der Vervollkommung des Menschengeschlechts ›in der Späte der Tage‹ liegt . . ., denn das Davidshaus geht den Gang der Vollkommenheit für die ganze Welt und Schöpfung.«

Die Davidsdynastie, aus der der Messias stammt, ist Wegbereiter für alle Menschen.
V 2 unterbricht den Gedankengang, meint Sch. L. Gordon (53), und sei wohl »späterer Zusatz«, B-R setzen – was bei ihnen höchst selten ist – den Vers in eckige Klammern. Auch sie sind offensichtlich der Meinung, daß er nicht an diesen Ort gehört. In Wirklichkeit ist V 2 genau am richtigen

Platz. Dies ergibt wiederum die Parallele zum vorangehenden Kapitel. Wie 5,1 in 4,8 eine Entsprechung findet, so 5,2 in 4,9–10 (dort allerdings als rhetorische Frage, hier als feststehende Tatsache).
Schematisch sieht die Parallele so aus:

Die Zukunft	
4,8: Die »erste Herrschaft« kehrt zurück, die Regierung für Jerusalems Tochter.	5,1: Israel erhält einen neuen »Herrscher« aus der Davidsdynastie.
Die Gegenwart	
4,9: Weshalb schreit Israel? Sind König und Ratgeber verschwunden, daß Wehen es packen wie eine Gebärende? Und wenn, dann wird nach ihnen – nach dem Exil – die Rettung erfolgen:	5,2: Deshalb gibt Gott es hin (sc. in Feindeshand) »bis zur Zeit, da die Gebärende geboren hat«,
4,10: »dort wirst du errettet, dort erlöst dich der Herr aus der Hand deiner Feinde«.	»und der Rest seiner (Judas) Brüder zurückkehrt samt den Söhnen Israels«.

Die Gegenwart ist schwer zu ertragen. Schmerzen – die »Geburtswehen« einer besseren Zeit – prägen sie, doch diese Schmerzen sind unumgänglich.
R. Wolf bar Joseph aus Dessau (in: Heilige Schriften, 1817, Kommentar hebr.) meint:

»Wie die Geburtswehen ... die Geburt verursachen und fördern, so bewirken die Nöte des Exils und seine Schmerzen – im Gleichnis des Propheten – die Hilfe für das gedemütigte und von Schmerzen heimgesuchte Volk.«

M. Seidel (39) schreibt, Israel werde selbst im schweren Schmerz ein Trost zuteil: Geburtswehen sind 1. kurz und dienen 2. einem »guten Ende«.

»Das ›deshalb‹ *(lachén)* am Versbeginn von 5,2 deutet darauf hin, daß die Unterwerfung – so will es die göttliche Vorsehung – die Erlösung vorbereitet.«

Ehe der »Herrscher« seine Macht übernehmen kann, muß das Volk die Prüfungen des Exils durchstehen. Nicht zufällig nennt die talmudische Formulierung die Zeit vor der messianischen Epoche die »Geburtswehen des Messias« (*chewlé maschíach;* b. Sanhedrín, 98b). Ihre Dauer sei neun Monate lang.

»Es sagte R. J'huda, es sagte Raw: Der Davidsohn kommt nicht eher, als sich das schlimme römische Reich (bei Raschi zu Mi 5,2: »das Königreich der Bosheit«) neun

Monate lang über die ganze Welt verbreitet hat« (Hinweis auf unseren Bibelvers) (b. Jomá', 10a).
Wer ist diese Frau, die ein Kind zur Welt bringt?

»Es ist (die Tochter) Zions (4,10), die Geburtswehen erlitten hat und jetzt *joledá* (Gebärende) genannt wird« (Raschi)

Nach den Wehen beginnt die gute Zeit mit der Rückkehr der Exilierten. Und zwar aller: der einstigen Bewohner des Südreiches Judas (»der Rest seiner [des Königs] Brüder«), die sich mit den aus Samaria Deportierten wieder vereinigen (zur »Wiedervereinigung« der beiden Reiche: Hos 2,2; 3,5; Ez 37,15–25).

»Der Rest seiner Brüder – das ist der übrige Stamm Juda« (Raschi).

»Der Rest seiner Brüder – das sind die Stämme Juda und Benjamin, die übrig blieben, als die zehn Stämme in die Verbannung geführt worden waren« (Kimchi).

In V 3 begegnet uns das Bild vom König als dem Hirten seines Volkes (vgl Ez 34, oben S. 224). Der König »macht sich auf« (*w'ᶜamád;* B-R: »hin tritt er«) und weidet sie mit der Macht des Herrn«. »Er weidet sie« *(w'raᶜá)* bedeutet nach Raschi:

»Er ernährt die Israeliten.« Im Targúm Jonathan (zu Ez 34) werden die »Hirten Israels« jeweils als »die Ernährer Israels« *(parnasé Jisra'él)* bezeichnet.

Eine abweichende Deutung von *w'raᶜá* bieten M. A. Anat-H. M. Y. Gevaryahu (Bibel für das Volk, = tanách laᶜám, 1972, Erklärungen, 1333; hebr.). Nach diesen israelischen Bibelexegeten ist die Verbform auf den Stamm *r-ᶜ-ᶜ*, »zerschlagen«, zurückzuführen (so auch in V 5 des Kapitels: *w'raᶜú 'et 'érez 'Aschúr,* »sie zerschlagen das Land Assur mit dem Schwert«).
Was ist die »Kraft Gottes«?

»Es ist der Geist Gottes, der auf ihm (König) ruht, der Geist der Weisheit und der Stärke« (Sch. L. Gordon, 53).

»Seine (des Königs) Kraft liegt nicht im Führen von Kriegen und Erobern von Ländern, sondern im Frieden. Er will das Gute tun und das Richtige und sich vor keinem fürchten« (A. Kahana, Buch der Zwölf Propheten, II, in: Tora, Propheten, Schriften mit wissenschaftlichem Kommentar, 1930, 33; hebr.).

Neben der »Kraft Gottes« ist der König erfüllt von der »Hoheit« (B-R; *ga'ón*) des Namens Gottes. Das Prestige, das er besitzt, beruht nicht auf eigener Leistung, es ist vielmehr begründet im Ansehen Gottes, in dessen

Namen der neue Herrscher regiert. Der Davidsproß ist ein Regent von Gottes Gnaden.
Und daher gilt für das Volk: *w'jascháwu* (V 3), d. h. »und sie bleiben wohnen« (L. Zunz), »und sie lassen sich nieder«. Raschi liest offensichtlich statt *w'jascháwu* ein *w'jaschúwu:* »und sie werden zurückkehren« aus dem Exil (vgl V 2: *j'schuwún*). Entsprechend Targúm Jonathan *(wituwún mibené galuthón)*.
Ibn Esra erinnert an »sie werden in Sicherheit wohnen« (Ez 34,28 u. a.), und dies ist sicher gemeint. »Das Verb *j-sch-w* kennzeichnet gelegentlich die Ruhe« (Malbím). Auf die Rückkehr in die Heimat folgt die neue Besiedlung, der Aufbau des Landes. Eine Besiedlung, die durch die richtige Regierung erst möglich wird.
V 3b stehen die Worte: »denn jetzt wird er groß sein bis an die Enden der Erde«. Wer ist Subjekt des Satzteils?
Ist es der König, dessen Ruhm sich über die ganze Erde erstreckt (Raschi, Kimchi, J. Klausner, 47)? Oder ist es Gott, von dem Sach 14,9 sagt:

»Der Herr wird zum König über die ganze Erde werden; an jenem Tag wird der Herr einzig sein und Sein Name einzig.«

Mit Sicherheit läßt sich diese Frage nicht beantworten. Man wird aber eher dazu neigen, das Subjekt von V 3a (der König) auch für das Satzende gelten zu lassen. Daß der König »bis zu den Enden der Erde« regiert, weiß auch Ps 72,8.
Schön ist im übrigen die Entsprechung von V 3c mit V 1c: »Seine Ursprünge sind von alters her, von den Tagen der Vorzeit« korrespondiert mit »denn jetzt ist er groß bis zu den Enden der Erde.« In der Zeit und im Raum ist des neuen Königs Macht und Ansehen fest verankert. Er ist kein Neuling, weil sein Ursprung in die Anfänge Israels (oder gar der Menschheit) zurückreicht, und er ist kein Schwächling. Die Kunde von seinem Wirken dringt zu allen Völkern auf dem weiten Erdenrund (R. J'schajáhu der Erste von Trani, 110, erinnert an 2 Chr 32,23, wo viele Hiskia Geschenke bringen und er »vor den Augen aller Völker erhoben wird«).
V 4a: »Und dies wird Friede sein« *(w'hajá se schalóm)*.

»Die Größe des Messiaskönigs erstreckt sich zu den Enden der Erde durch Frieden, nicht durch Kriege. Und darin besteht seine eigentliche Größe, daß er des Kriegs überhaupt nicht bedarf ...« (Malbím).

Dieser Friede ist nach der Ansicht von Raschi für immer in Kraft:

»Dies wird der eingesetzte, feststehende Friede sein, nie mehr unterbrochen. Und er gleicht keiner von jenen Hilfeleistungen, die später von neuer Not gefolgt waren.«

Die hebräischen Worte lassen sich auch anders wiedergeben: »Dieser (der König) ist der Friede« – entsprechend dem Titel *sar schalóm* (»Friedensfürst«) in Jes 9,5.

Er ist der Friede, »die Ursache des Friedens« (Kimchi), er wird »ein Mann des Friedens sein« (s. M. Seidel, 40).

Unser Predigttext schließt mit V 4a. Sch. L. Gordon (54) läßt entsprechend mit V 4b einen neuen Abschnitt beginnen. Er steht damit freilich auf einsamem Posten. Soweit wir sehen, deuten die jüdischen Interpreten V 4 als Ganzes.

»Dies wird der Friede sein, wenn Assur uns nicht mehr Böses zuzufügen vermag« (R. J'schajáhu der Erste von Trani, 110).

»... wenn sie (Israeliten) sich im Anblick der (zum Krieg) anrückenden Assyrer zu einer Einheit zusammenschließen und Friede unter ihnen herrscht« (R. Elieser von Beaugency, Kommentar zu Ezechiel und den Zwölf kleinen Propheten, 1910, 166; hebr.).

Der Friede wird demnach – anders als im Verständnis Raschis – durchaus auf die Probe gestellt. Daher übersetzen B-R:

»Dieser wird Friede sein:
wenn Assyrien in unser Land kommt, ...
(V 5b) so rettet er vor Assyrien,
wenn es in unser Land kommt,
wenn es in unsere Gemarkung dringt.«

Nach B-R und den anderen Exegeten (von Raschi abgesehen) muß auch der »zum Herrschen in Israel Bestimmte« den Frieden erringen und wohl immer wieder vor der Erschütterung absichern.
Der Friede ist ein Geschenk – ein Geschenk Gottes –, das man zu pflegen hat. Sonst verdirbt es.

Wegweisung für unsere Zeit

Der Geringe hat eine Chance, wenn Gott ihn ruft und er sich rufen läßt. So könnte man vielleicht – einmal losgelöst vom geschichtsbezogenen Rahmen – die Quintessenz des Bibeltextes zusammenfassen. Der Geringe, Unbedeutende, der Mensch von kaum beachteter Herkunft. Es kommt auf ihn an, ob sein Leben Form und Inhalt gewinnt oder in der Bedeutungslosigkeit zerrinnt. Der Hirte David, der jüngste seiner Brüder, wurde von Isai dem Propheten Samuel erst gar nicht vorgestellt. »Gott aber sieht ins Herz.« Und so fiel die Wahl gerade auf ihn. Der *qatán* (1Sam 16,11) wurde zum zweiten König Israels, wie sein Nachfahre aus »der geringsten unter den Tausendschaften Judas« lange danach den Thron eines »wiedervereinigten« Volkes besteigen würde.

Der Geringe hat eine Chance. Er muß freilich etwas für sie tun. Auch der Zukunftskönig – mag es nun Hiskia sein oder der Messias – wartet nicht mit verschränkten Armen auf sein und seines Volkes Glück. »Er macht sich auf und weidet«, er erfüllt seine schweren Pflichten, damit das von »Wehen« geschüttelte Israel »wohnen«, in Sicherheit in seinem Land leben kann. Der Friede ist nicht nur machbar, er muß gemacht, errungen werden: der Friede und das Glück des einzelnen wie der Gemeinschaft. Die Chancen im Leben, die Gott dem Menschen schenkt, sind zu nutzen; denn nur dann wird der Friede Wirklichkeit. Der Friede, von dem wir träumen, auf den wir hoffen und um den wir beten.

Register der Bibelstellen

(Die 18 Predigttexte des 3. Jahrgangs sind halbfett gesetzt)

Leviticus

Klagelieder

Ezechiel

Daniel

Hosea

Joël

Die alttestamentlichen Predigttexte des 4. Jahrgangs

Inhalt

Vorwort

Über das Studium der Torá, der »Lehre« und »Weisung« Israels, sagt der im 1. Jh. v. d. Z. lebende Jochanan ben Bag Bag, vermutlich ein Proselyt: »Wende sie um und wende sie um, denn alles ist in ihr, und durch sie wirst du sehen (lernen)« (Sprüche der Väter, V, 26).
Umwenden soll man die Torá, immer wieder von allen Seiten betrachten, denn der oberflächliche Blick erfaßt die Fülle des Inhalts nicht. Ben Bag Bag fährt fort: »Werde alt und grau in ihr. Weiche von ihr nicht ab; denn du hast nichts Besseres als sie.«
Diese Lebensregel haben die jüdischen Bibelexegeten ernst genommen. Wo immer sie wirkten, welchen Beruf sie auch immer ausübten – und durchaus nicht alle waren Lehrer an Talmudschulen oder geistliche Leiter von Gemeinden –, nie haben sie sich nur sporadisch mit der Torá befaßt. Das »Erlernen der Weisung« *(talmúd torá)* galt ihnen als Hauptbeschäftigung, als eigentliche Berufung. Mit ihren Kommentaren, die, wie etwa bei Raschi (11. Jh. d. Z.), »in Fortsetzungen« publiziert wurden, suchten sie ihre Erkenntnisse anderen Juden weiterzugeben.
Die Torá ist der Besitz aller, nicht nur der Gelehrten. Was diese schreiben, ist fundiert und nach wie vor interessant, selbst wenn heutzutage manche Fragen anders gesehen und anders angepackt werden. Mit ihrer textbezogenen, jede sprachliche und grammatikalische Finesse registrierenden Arbeitsweise dringen sie in die Tiefe. Die Mühe, ihre Kommentare durchzusehen, lohnt sich.
Im ersten Band unserer »Bibelauslegungen aus jüdischen Quellen« wurden das Leben der bedeutenden Exegeten und die Art und Weise ihres Interpretierens skizzenhaft dargestellt (S. 22–37). Eine Tabelle soll in diesem Band den Überblick erleichtern, wobei auch einige Bibelforscher angeführt sind, die zuvor unerwähnt blieben.
Wieder darf ich herzlich danken: dem Calwer Verlag Stuttgart und seinem Leiter, Herrn Detlef Hellweg; dem Lektor, Herrn Helmut Zechner, und meinen Freunden Doris und Kirchenrat Dr. Hartmut Metzger, Denkendorf, für viele Ratschläge und Hinweise. Mit meiner Frau habe ich die Quellen erarbeitet und dank ihrer geistigen Regsamkeit manchen Text besser verstanden. Wir haben uns vorgenommen, mit Gottes Hilfe weiter »umzuwenden und umzuwenden ...«

Jerusalem, im Mai 1987 *Roland Gradwohl*

Abkürzungen

b.	Babylonischer Talmud
B-R	M. Buber – F. Rosenzweigs Schriftübersetzung
FdI	Maimonides, Führer der Irrenden
j.	Jerusalemischer Talmud
Lex.	W. Baumgartner – J. J. Stamm, Hebräisches und aramäisches Lexikon zum Alten Testament
LXX	Septuaginta
r.	rabbá' (z. B. Gen. r. = Midrasch Genesis rabbá)
R.	Rabbi, Raw, Rabbiner
Tg	Targúm
THAT	Theologisches Handwörterbuch zum Alten Testament (hg. v. E. Jenni u. C. Westermann)

Literarische Abkürzungen

Chisqúni	s. R. Hisqia bar Manoach
Gersonides	s. R. Levi ben Gerson (RaLBáG)
Haktáw w'haqabalá	s. R. J. Z. Mecklenburg
Kimchi	s. R. D. Kimchi (ReDáK)
Maimonides	s. R. Mose ben Maimon (RaMBáM)
M'zudát Davíd	s. R. D. Altschuler
M'zudát zijón	s. R. D. Altschuler
Nachmanides	s. R. Mose ben Nachman (RaMBáN)
Raschi	s. R. Salomo ben Isaak
Raschbam	s. R. Samuel ben Me'ir
Schulchán 'arúch	s. R. Joseph Karo
Tanchúma	s. Midrasch Tanchúma

Transkription

ʾ	ʾálef
ʿ	ʿájin
ʾ	schʾwá
´	Wortakzent

(keine dagésch- oder chatáf-Laute)
Die Schreibweise gibt die heutzutage in Israel übliche »sephardische Aussprache« wieder.

Benützte Literatur

1. Die jüdischen Bibelexegeten

Don Isaak Abarbanel, Kommentar zur Tora, 3 Bde, 1964; zu den Propheten, 2 Bde, 1955/56; zu den Schriften, 1960

R. Abraham (Sohn des Maimonides), Kommentar zur Torá (hebr.), 1958

R. J. Alfassi (RIF), Kommentar zu 2 Kön 5 (abgedruckt bei Abarbanel, zu den Propheten, I, 620)

R. D. Altschuler, m'zudát Davíd und m'zudát Zijón, 1770, in: miqra'ót g'dolót

M. A. Anat – H. M. Y. Gevaryahu, Bibel für das Volk (tanách la'ám), Erklärungen, 1972

R. Bachja (B'chajáj) ben Ascher, be'úr 'al hatorá (Kommentar zur Torá, hg. v. R. Ch. D. Schevel), 3 Bde, [6]1982

R. Joseph bar Isaak B'chor Schor, Kommentar zum Pentateuch (hg. v. A. Jellinek u. a.), 3 Bde, 1978 (Nachdruck); hebr.

R. Naftali Zwi J'huda Berlin (N'ZÍW), ha'améq dawár (Kommentar zur Torá), 5 Bde, 1937

M. Bolle, séfer Jirm'jáhu, in: dá'at miqrá', 1983

J. Breuer, Das Buch Jirmejah, 1914

R. M. D. Cassuto, perúsch 'al séfer b'reschít (Kommentar zu Gen), 2 Bde, 1953 (engl. Ausgabe: 1961/64); perúsch 'al séfer sch'mot (Kommentar zu Ex), 1954 (engl. Ausgabe: 1967)

A. Chacham, in: dá'at miqrá': séfer J'schajáhu (Kommentar zu Jes), 2 Bde, 1984; séfer 'Amós (Kommentar zu Am), in: t're 'asár, 2 Bde, I, 1973; séfer t'hillím (Ps), 2 Bde, 1979/81; séfer 'Ijów (Hiob), 1984

A. B. Ehrlich, Randglossen zur hebräischen Bibel, 7 Bde, 1908–14

R. El'asár aus Worms, perúsch haroqéach 'al hatorá (Kommentar zur Torá), 3 Bde, 1981

R. Elieser von Beaugency, Jesaja, hg. v. J. W. Nutt, 1879; Die Zwölf Kleinen Propheten, 1910 (hg. v. S. Poznanski; hebr.)

R. Eliahu, »Gaon von Wilna«, Be'úr hagrá' (Kommentar zu den Späten Propheten), in: miqra'ót g'dolót

J. Elizur, séfer J'hoschú'a (Kommentar zu Jos), 1953

R. H. Freedman, Jeremiah, in: Soncino Books of the Bible, [4]1966

R. S. B. Freehof, Book of Job. A Commentary, 1958

Rev. S. Goldman, Samuel, in: Soncino Books of the Bible, 1951

Sch. L. Gordon, Torá, n'wi'ím, k'tuwím (= Tanách), 13 Bde, 1934 ff
E. S. Hartom, sifré hamiqrá' (Die Bücher der Schrift), 16 Bde, 1955–57
R. J. H. Hertz, Pentateuch und Haftaroth, 5 Bde, ^{2}1984 (Nachdruck)
R. S. R. Hirsch, Der Pentateuch, 5 Bde, ^{6}1920
R. Hisqia bar Manoach (Chisqúni), peruschė hatorá (Erklärungen zur Tora; hg. v. R. Ch. D. Schevel), ^{2}1982
R. D. Hoffmann, séfer b'reschít (Kommentar zu Gen), 2 Bde, 1969
H. Homberg, hakorém (Kommentar zu Jes), in: kitwé haqódesch, 1818
R. Joseph Ibn Caspi, 'adné késef (hg. v. I. Last), 1911
R. Abraham Ibn Esra, perusché hatorá (Erklärungen zur Torá; hg. v. A. Weiser), 3 Bde, 1976
R. B. Jacob, Das erste Buch der Tora, Genesis, ^{2}o. J. (Nachdruck); Das zweite Buch der Tora, Exodus (Manuskript)
R. J'didja Salomo ben Abraham Norzi, minchát schaj (in: miqra'ót g'dolót)
R. J'huda ben Samuel Ibn Bal'ám, Kommentar zu Jes (hebr.), in: Sammlung »Kommentare zu Jes«, 2 Bde, 1970, II, 5–152
R. Jesaja (J'schajáhu) der Erste von Trani, perúsch n'wi'ím uchtuwím, (Kommentar zu den Propheten und Schriften; hg. v. A. J. Wertheimer), 3Bde, 1978
R. Joseph Ibn Nachmias, Commentar zum Buche Jeremias (hg. v. R. M. L. Bamberger), 1913 (hebr.)
A. Kahana, séfer 'Ijów (Hiob), 1968; séfer t're 'asár (Dodekapropheton), 1930; beide in: torá, n'wi'ím, k'tuwím
R. Joseph Kara, perúsch 'al Jirm'jáhu (Kommentar zu Jer), 1841; perúsch 'al séfer 'Ijów (Kommentar zu Hiob; hg. v. M. Arend), 1974
J. Kaufmann, séfer J'hoschú'a (Kommentar zu Jos), 1963
J. Kühl, in: dá'at miqrá': séfer J'hoschú'a (Kommentar zu Jos), 1970; séfer Sch'mu'él (Kommentar zu Sam), 1981
R. M. S. Lehrman, Amos, in: t'ré 'asár, Soncino Books of the Bible, ^{6}1966, 81–124
R. Sch. D. Luzzatto, perúsch 'al chamischá chumsché torá (Kommentar zur Torá), ^{2}1971; perúsch 'al séfer J'schajáhu (Kommentar zu Jes), 1970
R. J. Z. Mecklenburg, haktáw w'haqabalá (Die Schrift und die Tradition; Kommentar zur Torá), 2 Bde, 1961
R. Levi ben Gerson (RaLBáG), Kommentar zu den Frühen Propheten, in: miqra'ót g'dolót
R. Me'ír ben Isaak Arama, séfer 'urím w'tumím (Kommentar zu Jes), 1603
R. Me'ír Loeb (Leibusch) ben J'chi'él Michál (= MaLBÍM), 'ozár peruschím (Sammlung von Schrifterklärungen), 4 Bde, 1956

R. M'juchás bar Eliahu, perúsch ʿal séfer bamidbár (Kommentar zu Num; hg. v. R. Sch. Freilich), 1977; perúsch ʿal séfer ʾIjów (Kommentar zu Hiob; hg. v. R. Ch. D. Schevel), 1970

Moses Mendelssohn, beʾúr (Kommentar zur Torá), 5 Bde, 1808/9

R. Mose ben Nachman (Nachmanides; RaMBáN), perúsch haRambán ʿal hatorá (Kommentar zur Tora; hg. v. R. Ch. D. Schevel), 2 Bde, 1962/83 (engl. Ausgabe: 5 Bde, 1971–76); perúsch l'séfer ʾIjów (Kommentar zu Hiob), in: kitwé Rambán (Schriften des Nachmanides; hg. v. R. Ch. D. Schevel), 2 Bde, ³1968; I,17–128

R. Mose ben Scheschet, perúsch ʿal Jirm'jáhu wiJchesq'él (hg. v. S. R. Driver mit engl. Übersetzung), 1871

I. Neumann, Amos, in: kitwé haqódesch, mit beʾúr, 1817, 58b–85a

R. Nissim ben R"uwén Gerondi (RaN), perúsch ʿal hatorá (Kommentar zur Torá; hg. v. L. A. Feldmann), 1968

R. Ch. Rabinowitz, in dáʿat sofrím: J'hoschúʿa (Kommentar zu Jos), 1959; J'schajáhu (Kommentar zu Jes), 1980; Jirm'jáhu (Kommentar zu Jer), 1969

R. I. Reggio, séfer torát ʾElohím (ital. Titel: La legge di Dio ossia il Pentateuco), 5 Bde, 1821 (ital. Übersetzung und hebr. Kommentar)

R. V. Reichert, Job, in: Soncino Books of the Bible, ⁶1967

Saadia (Gaon), perúsch raw Saʿádja Ga'ón liwreschít (Kommentar zu Gen; hg. v. M. Zucker), 1980; perúsch rabbénu Saʿádja Ga'ón ʿal hatorá (Kommentar zur Torá; hg. v. R. J. D. Kappach), ²1984; Kommentar zu Jesaja, in: Sammlung »Kommentare zu Jes«, 2 Bde, 1970, I, 1–174

R. Salomo ben Isaak (R. Schlomó ben Jizchák; RaSCHÍ), perusché Raschí ʿal hatorá (Erklärungen Raschis zur Tora; hg. v. R. Ch. D. Schevel), 1982

R. Salomo Ibn Mélech aus Fès, séfer michlál jófi (Kommentar zu Jes), 1648

R. Salomo Ibn Parchon, machbéret heʿarúch (Kommentar zu Jes), in: Sammlung »Kommentare zu Jes«, 2 Bde, 1970, I, 175–219

R. Samuel ben Chofni (Gaon), perúsch hatorá (Kommentar zur Torá; hg. v. A. Grünbaum), 1979

R. Samuel ben Me'ír (RaSCHBáM), perúsch hatorá (Kommentar zur Torá; hg. v. D. Rasin), 1979

R. Samuel ben Nissim Masnuth, Kommentar zu Hiob (hg. v. S. Buber), 1889 (hebr.)

M. Z. Segal, sifré Schmu'él (Die Samuelbücher), ²1976

R. Owadia ben Jakob Sforno, beʾúr ʿal hatorá (Kommentar zur Torá; hg. v. S. Gottlieb-A. Darum), 1980; kitwé ʿOwadjá Sforno (Schriften des O. Sforno; hg. v. R. S. Gottlieb) mit Kommentar zu Hiob, 1983

Rev. I. W. Slotki, Isaiah, in: Soncino Books of the Bible, ⁷1970

A. Weiser, tanách m'forásch (Kommentar zur Bibel), 17 Bde, 1981
A. Wolfsohn, séfer 'Ijów (Kommentar zu Hiob), in: kitwé qódesch, 1817

2. Midrasch

Jalqút schim'óni (zu Tora, Propheten, Schriften), 2 Bde, 1960
M'chílta d'Rabbí Jischma''él, hg. v. Ch. Sch. Horowith, ²1970
M'chílta d'Rabbí Schim'ón bar Jochaí, hg. v. J. N. H. Epstein u. E.-Z. Melammed, 1955
Midrásch hagadól 'al chamischá chumsché torá, hg. v. M. Margulies u. a., 5 Bde, 1967–72
Midrásch 'echá rabbatí (zu Klgl), hg. v. S. Buber, 1967 (Nachdruck)
Midrásch rabbá' zur Tora, hg. v. M. A. Mirkin, 11 Bde, 1956–67; (deutsche Übersetzung: A. Wünsche. Der Midrasch Bereschit rabba, 1881; = Gen. r.; ders., Der Midrasch Echa rabbati, o. J.)
Midrásch d'warím rabbá (Dtn r.), hg. v. S. Lieberman, 1965
Midrásch Tanchúma zur Tora, 2 Bde, 1972 (incl. Tanchúma hajaschán)
Midrásch Tanchúma zur Torá (hg. v. S. Buber), 2 Bde, 1883 (Nachdruck, o. J.)
Pirqé d'Rabbí 'Elí'éser, hg. v. R. A. A. Brode, 1973 (engl. Übersetzung: G. Friedlander, 1965)
P'síqta rabbatí, hg. v. R. M. Pilz, 1969 (Nachdruck) (engl. Übersetzung: W. G. Braude, 2 Bde, 1968)
P'síqta d'Raw Kahaná, hg. v. D. Mandelbaum, 2 Bde, 1962
Séder 'Elijáhu rabbá' (und *séder 'Elijáhu sutá'*), hg. v. M. Friedmann (M. Isch-Schalom), 1969 (Nachdruck)
Sifré d'be raw (zu Num, Dtn; hg. v. R. N. Z. J. Berlin), 3 Bde, 1967
Sifrá d'be raw (= torát kohaním), hg. v. M. Friedmann (M. Isch-Schalom), 1978

3. Fachliteratur

Z. Adar, hasipúr hamiqra'í (Die biblische Erzählung), 1957
A. Ahuwia, watitpalél Chaná (Hanna betete), in: bet miqrá', 26. Jg., 1981, 318–324
Atlas Carta zur Geschichte des Landes Israel, Bd 1 (hg. v. J. Aharoni): Die biblische Epoche, 1974 (hebr.)

H. Bauer – P. Leander, Historische Grammatik der Hebräischen Sprache des Alten Testaments, ^{2}1962 (Nachdruck)
W. Baumgartner – J. J. Stamm, Hebräisches und aramäisches Lexikon zum Alten Testament, 3 Lieferungen, 1967/74/83
M. Buber – F. Rosenzweig, Die fünf Bücher der Weisung, 1930; Bücher der Geschichte, 1956; Bücher der Kündung, 1966; (nur M. Buber) Die Schriftwerke, ^{9}1962
M. Buber, darkó schel miqráʾ (Der Weg der Schrift; Betrachtungen zu Fragen des biblischen Stils), 1964
M. Buber, Der Glaube der Propheten, ^{2}1984
M. Buber – F. Rosenzweig, Die Schrift und ihre Verdeutschung, 1936
M. D. Cassuto, safrút miqraʾít w'safrút knaʿanít (Biblische und kanaanäische Literatur), 2 Bde, I: ^{2}1983, II: 1979 (engl. Ausgabe: 2 Bde, 1973/75)
Ch. J. Chamiel, maʿajané miqráʾ (Quellen der Schrift), 1983
H. Cohen, Religion der Vernunft aus den Quellen des Judentums, 1978 (Nachdruck)
M. Duwschani, ʿiqré hanwuʾá, schiʿurím binwiʾím ʾacharoním (Wesentliches der Prophetie; Lektionen in den Späten Propheten), 2 Bde, 1966
I. Elbogen, Der jüdische Gottesdienst in seiner geschichtlichen Entwicklung, 1962 (Nachdruck)
Encyclopaedia Judaica, 16 Bde, 1972
Encyclopaedia miqraʾít (Encyclopaedia Biblica; hebr.), 8 Bde, 1955–82
Encyclopaedia ʿolám hatanách (Die Welt der Bibel), bamidbár (zu Num), 1985; Schmuʾél (zu Sam), Bd. 1: 1985
M. Gasíʾel, Parallelen zwischen dem Buch Jeremia und dem Buch der Psalmen, 1973; Diss. (hebr.)
H. M. Y. Gevaryahu, hitʿorʾrút hanwuʾá umsiratá latalmidím (Das Wachwerden der Prophetie und ihre Weitergabe an die Schüler), in: ʿijuním b'séfer J'schajáhu (Betrachtungen zu Jes; hg. v. B.-Z. Lurie), 2 Bde, 1976/80, II, 31–53
H. M. Y. Gevaryahu, n'wuʾotáw schel Jirm'jáhu ʿal hagojím (Die Weissagungen Jeremias über die Völker), in: ʿijuním b'séfer Jirm'jáhu (Betrachtungen zu Jer; hg. v. B.-Z. Lurie), 3 Bde, o. J., III, 119–137
E. D. Goldschmidt, Die Pessach-Haggada, 1937 (Schocken)
D. Goldschmidt, machsór l'jamím noraʾím (Gebetbuch für die Hohen Feiertage), I: Rosch Haschana (Neujahr), 1970; II: Jom Kippur (Versöhnungstag), 1970
L. Goldschmidt, Der Babylonische Talmud, 12 Bde, 1964–67 (Nachdruck)
R. Gradwohl, Bibelauslegungen aus jüdischen Quellen, Bd 1, 1986

R. Gradwohl, Grundgesetze des Judentums, ³1984
D. Hoffmann u. a., Mischnajót (Mischna, hebr. und deutsch) 6 Bde, ³1968 (Nachdruck)
R. J. Jacobson, chasón hamiqrá' (Kommentar zu den synagogalen Prophetentexten), 2 Bde, 1962/63
D. Jellin, chiqré miqrá', 'Ijów (Bibelforschungen; Hiob), 1927
A. Jellinek, bet hamidrásch (Lehrhaus; Midrasch-Sammlung) 6 Bde, 1853–78, 1938
E. Jenni – C. Westermann, Theologisches Handwörterbuch zum Alten Testament (THAT), 2 Bde, 1971/76
Flavius Josephus, Gegen Apion, in: Kleinere Schriften, übersetzt und mit Anmerkungen versehen von H. Clementz, o. J.
Flavius Josephus, Jüdische Altertümer, hg. v. H. Clementz, o. J. (Nachdruck)
R. Joseph Karo, schulchán 'arúch (Gesetzeskodex »Der gedeckte Tisch«), 9 Bde, 1961
R. M. M. Kascher, torá schlemá (Midrasch-Sammlung), bisher 38 Bde, 1927 (Gen 1,1 ff) – 1938 (bis Num 12,16)
J. Kaufmann, hasipúr hamiqra'í 'al kibúsch ha'árez (Die biblische Erzählung von der Landeroberung), 1956
J. Kaufmann, toldót ha'emuná hajisr''elít (Geschichte des israelitischen Glaubens), 4 Bde, 1954–76
N. Klaus, haqdaschát Schmu'él hanawí (Die Weihung des Propheten Samuel), in: bet miqrá', 1984, 305–325
S. Krauss, Talmudische Archäologie, 3 Bde, 1910–12
N. Leibowitz, 'ijuním b'séfer b'reschít (Betrachtungen in Gen), 1966 (engl. Ausgabe: 1972); 'ijuním b'séfer schmot (Betrachtungen in Ex), 1970 (engl. Ausgabe: 1976); 'ijuním b'séfer wajiqrá' (Betrachtungen in Lev), 1983 (engl. Ausgabe: 1980); 'ijuním b'faraschát haschawú'a (Betrachtungen zum Wochenabschnitt), 1958 (Zur kupfernen Schlange, Num 21,4–9)
J. Levy, Wörterbuch über die Talmudim und Midraschim, 4 Bde, 1924
A. Malamat, Jeremia Kap. 1, l'wa'aját hahaqdaschá w'hamar'ót hanwu-'ijím (Zum Problem der Berufung und der prophetischen Visionen), 1963
Miqra'ót g'dolót (Hebräischer Bibeltext, Targúm und Sammlung der »klassischen« Kommentare), Torá, 5 Bde, 1927–30; Propheten, 2 Bde, 1938, Bd. 1 mit weiteren Komm., 1983; Schriften, 1947
J. Morgenstern, The Suffering Servant, in: Vetus Testamentum, XI, 1961, 292–320; 406–431
R. Mose ben Maimon (Maimonides, RaMBáM), moré n'wuchím (Führer

der Irrenden), deutsch: A. Weiss (Hg.), Führer der Unschlüssigen, 2 Bde, 1972 (Nachdruck)
R. Mose ben Maimon, Kommentar zur Mischna (hg. v. R. J. Kappach), 7 Bde, 1963–68
R. Mose ben Maimon, mischné torá (= hajád hachasaqá; Gesetzeskodex; hg. v. R. Sch. T. Rubinstein), 20 Bde, 1957–79. Bd XX, 69–193: Brief an die jemenitischen Juden (ʾigéṛet temán)
R. Mose ben Maimon, RaMBáM ʿal hatorá (Kommentar zur Torá, gesammelt aus seinen Schriften), engl. Titel: Selected Commentaries on Verses of the Torah (hg. v. Ph. Cohen), 1984
R. Mose ben Maimon, séfer hamizwót (Buch der Gesetze), in: mischné torá, I, 1979
A. Neher, Jeremias, 1961
M. Noth, Geschichte Israels, ^{5}1963
Philo von Alexandrien (Philo Judaeus), deutsch: Die Werke Philos von Alexandria (hg. v. L. Cohn), 7 Bde, 1909–64
L. Prijs, Die Jeremia-Homilie Pesikta Rabbati. Kapitel 26, 1966
N. M. Sarna, Understanding Genesis, ^{4}1976
E. Schachor, maʿarché schiʿúr batanách, m'lachím bet (Lektionen in der Bibel, 2 Kön), 1981
M. Z. Segal, torá, n'wiʾím, k'tuwím (Kommentar zur Schrift), 4 Bde, ^{4}1960
Sidúr s'fat ʾemét (Gebetbuch), 1938
J. F. Stenning, The Targum of Isaiah (mit engl. Übersetzung), 1949
R. A. Steinsalz (Hg.), Talmúd bawlí (Babylonischer Talmud), 1976 ff (noch unvollständig)
L. Szondi, Kain. Gestalten des Bösen, 1969
Talmúd bawlí (Babylonischer Talmud), 20 Bde, 1980 (Nachdruck)
Talmúd j'ruschalmí (Jerusalemischer Talmud), 2 Bde, 1929 (Dünndruck); franz. Übersetzung: Moïse Schwab, Le Talmoud de Jérusalem, 11 Bde, 1932/33
Targúm Jonathan ben Usiel (hg. v. M. Ginsburger; Pseudo-Jonathan), 1903
Targúm Onkelos (hg. v. A. Sperber; The Bible in Aramaic), 5 Bde, 1959–73
Tosséfta (hg. v. S. Lieberman), 12 Bde, 1955
Tosséfta (hg. v. M. S. Zuckermandel), 1973
N. H. Tur-Sinai, pschutó schel miqráʾ (Wortsinn der Schrift), 6 Bde, 1962–68
B. Uffenheimer, ki jéled julád lánu ben nitán lánu (Exegese zu Jes 9,5), in: M. Z. Segal-Festschrift, 1964, 103–126
E. E. Urbach, chasál; pirqé ʾemunót w'deʿót (Die Weisen; Glaubensfragen

und Meinungen), 1969 (engl. Übersetzung: The Sages, Their Concepts and Beliefs, 2 Bde, 1975)
Sch. Vargon, ki jéled julád lánu ben nitán lánu (Exegese zu Jes 9,5), in: B. Zvieli, sichót bamiqrá' (engl. Titel: Talks on Scripture), 2 Bde, II, 1983, 29f
J. Walk, Haschém memít umchajé (Der Herr tötet und belebt), in: M. Seidel-Festschrift, 1962, 95–110
M. Weinfeld, Jeremia und die geistige Metamorphose Israels, in: Festschrift für Salman Schasar (Israels Staatspräsident), 1973, 244–278 (hebr.)
J. Weiss, b'sod síach hatorá (Gedanken zur Torá; Gen und Ex), 1966
J. Wohlgemuth – J. Bleichrode, Pentateuch mit deutscher Übersetzung, 1969
Y. Yadin, Masada. Der letzte Kampf um die Festung des Herodes, 1967
M. Zohary, Pflanzen der Bibel, [2]1986
L. Zunz, Die vierundzwanzig Bücher der Heiligen Schrift, o. J. (Nachdruck)

Zeittabelle wichtiger Exegeten

	9. Jh.	*10. Jh.*	*11. Jh.*	*12. Jh.*	*13. Jh.*	*14. Jh.*
Babylonien	Saadia Gaon 882–942	Samuel ben Chofni Gaon gest. 1013				
Spanien			R. Isaak Alfasi 1013–1103			
			R. J. Ibn Bal'am nach 1050			
			Ibn Esra 1089–1164	R. Salomo Ibn Parchon 12. Jh.		
				R. Joseph Kimchi 1105–70		
				R. Mose Kimchi gest. 1190		
				R. Mose ben Maimon 1135–1204		
				R. David Kimchi 1160–1230		
					R. Bachja ben Ascher Ende 13. Jh.	
					R. Mose ben Nachman 1260–1340	
						R. Nissim Gerondi ca. 1310–1375
						R. Joseph Ibn Nachmias, nach 1300
Ägypten				R. Abraham ben Mose ben Maimon 1186–1237		
Syrien					R. Samuel ben Nissim Masnuth nach 1200	

	11. Jh.	12. Jh.	13. Jh.	14. Jh.	15. Jh.	16. Jh.
Frankreich	R. Salomo ben Isaak (Raschi) 1040–1105					
	R. Joseph Kara geb. 1060					
	R. Şamuel ben Me'ir 1080–1158					
		R. Joseph bar Isaak (B'chor Schor)				
		R. Elieser von Beaugency				
			R. Hisqia bar Manoach (Chis- qúni)			
			R. J. bar Aba Mari (Ibn Caspi) 1279–1340			
			R. Levi ben Gerson 1288–1344			
Italien			R. Jesaja der Erste v. Trani ca. 1200–60			
					R. Owadja Sforno 1470–1550	
Griechenland		R. M'juchás bar Elijáhu nach 1150 (?)				
Spanien					R. Isaak Arama 1420–1494	
					Don Isaak Abarbanel 1437–1508	

	16. Jh.	17. Jh.	18. Jh.	19. Jh.	20. Jh.
Italien	R. J'didja S. R. Norzi 1560–1616		R. I. S. Reggio 1784–1855		
Osteuropa		R. D. Altschuler (1690, Prag)			
			R. Elia, Gaon von Wilna 1720–97		
			R. J. H. Altschuler Mitte 18. Jh.		
			R. J. Z. Mecklenburg 1785–1865		
				Malbim 1809–79	
				R. N. Z. J. Berlin 1817–93	
Deutschland				R. Samson Raphael Hirsch 1808–88	
				R. David Zwi Hoffmann 1843–1921	
				A. B. Ehrlich 1848–1919	
				R. Benno Jacob 1862–1945	
Israel				Sch. L. Gordon 1865–1933	
				A. Kahana 1874–1946	
				R. M. Z. Segal 1876–1968	
				R. M. D. Cassuto 1883–1951	
				N. H. Tur-Sinai 1886–1973	
				J. Kaufmann 1889–1963	
					N. Leibowitz geb. 1905

»Bin ich meines Bruders Hüter?«

Gen 4,1–16

1 Adam aber erkannte Eva seine Frau, sie wurde schwanger und gebar Kajin, und sagte: »Geschaffen habe ich einen Mann mit Gott.«
2 Abermals gebar sie: seinen Bruder, Abel. Abel wurde ein Schafhirt, und Kajin wurde ein Ackerbauer.
3 Es geschah nach dem Verlauf von Tagen: Kajin brachte von den Früchten des Ackers eine Gabe dem Herrn.
4 Und Abel brachte – auch er – von den Erstlingen seiner Schafe und ihrem Fett. Der Herr wandte sich Abel und seiner Gabe zu,
5 Kajin aber und seiner Gabe wandte Er sich nicht zu. Kajin wurde sehr zornig, und sein Gesicht senkte sich.
6 Der Herr sprach zu Kajin: »Warum bist du zornig, warum senkt sich dein Gesicht?
7 Fürwahr, wenn du gut handelst: Erhebung! Handelst du aber nicht gut, so lagert am Eingang die Sünde. Nach dir ist ihr Begehren, du aber kannst sie beherrschen.«
8 Kajin sagte dies Abel, seinem Bruder. Wie sie aber auf dem Feld waren, stand Kajin gegen Abel, seinen Bruder, auf und tötete ihn.
9 Der Herr sprach zu Kajin: »Wo ist Abel, dein Bruder?!« Er antwortete: »Ich weiß es nicht! Bin ich meines Bruders Hüter?«
10 Er sagte: »Was hast du getan! Die Blutstimme deines Bruders schreit zu mir aus dem Acker.
11 Jetzt, sei verflucht, hinweg vom Acker, der seinen Mund aufgesperrt hat, um das Blut deines Bruders aus deiner Hand zu nehmen.
12 Wenn du den Acker bebaust, gibt er dir seine Kraft nicht mehr. Unstet und flüchtig bist du auf Erden.«
13 Kajin sprach zum Herrn: »Zu groß ist meine Schuld, als daß ich sie zu ertragen vermöchte!
14 Sieh, vertrieben hast Du mich heute vom Acker, und vor Deinem Antlitz muß ich mich verbergen und werde unstet und flüchtig auf Erden. Jeder, der mich findet, kann mich töten.«
15 Der Herr sagte zu ihm: »So gilt: Jeder, der Kajin tötet ... siebenfach

wird's vergolten!« Der Herr setzte Kajin ein Zeichen, damit ihn keiner töte, wenn er ihn findet.

16 Hinweg zog Kajin vom Antlitz des Herrn, und ließ sich nieder im Lande Nod, östlich von Eden.

Der Text im Kontext

Gott spricht sein Machtwort. Wegen des Genusses von der verbotenen Paradiesesfrucht werden Adam und Eva aus dem Garten (in) Eden »vertrieben« (Gen 3,23f). Adam wird zum Bauern, kämpft mit den »Dornen und Disteln« des um seinetwegen »verfluchten Ackerbodens« (V 17). Und wenn er auch im Garten Eden »zu arbeiten und zu hüten hatte« (2,15), so ist jetzt die tägliche Nahrung nicht mehr selbstverständlich. Eva wiederum wird »mit Schmerzen Kinder gebären«. Kurz: die Sorglosigkeit ist zu Ende.
Mit dem Verlust des Paradieses wird sich das erste Menschenpaar seiner Sterblichkeit bewußt. Der »Baum des Lebens« ist seinem Zugriff entzogen. Selbst wenn ihm das »ewige Leben« (3,22) möglich gewesen wäre – jetzt sind Adam und Eva endgültig in ihre irdischen Grenzen verwiesen. Und das bedeutet, daß die Kinder, die »mit Schmerzen« geboren werden, auch tatsächlich zur Welt kommen. Die vertriebenen, der »Unsterblichkeit« beraubten Menschen denken an ihren Nachwuchs, an die Zukunft.
Gen 4,1 – »und der Mensch (Adam) erkannte Eva, seine Frau, und sie wurde schwanger und gebar Kajin« – steht in direktem Zusammenhang mit der Vertreibung. Raschi (zu V 1) und M. Mendelssohn (*be'úr* z.St.) sind zwar der Ansicht, die »Erkenntnis« (*jadá'* ist terminus technicus für die geschlechtlichen Beziehungen) sei noch im Garten Eden eingetreten:

»Schon vor der zuvor erzählten Angelegenheit – ehe er (Adam) gesündigt und aus dem Garten vertrieben wurde. Und dort waren auch die Schwangerschaft und die Geburt« (Kajins und Abels).

Doch die Interpretation Ibn Esras überzeugt viel eher:

»Als er (Adam) sah, daß er nicht selbst, mit seinem Körper, für immer leben werde, war er genötigt, die (menschliche) Art am Leben zu erhalten.«

Nach der durch den Genuß der verbotenen Frucht vom »Baum der Erkenntnis von Gut und Böse« (2,17) eingetretenen »Hellsichtigkeit« (*p-q-ch,* Niphal – laut der verführerischen Schlangenrede Zeichen der »Gottesähnlichkeit« 3,5), in Tat und Wahrheit aber »Ansichtigwerden der Nacktheit«

(3,7) – »erkennt« der Mann seine Frau. Wohl zum erstenmal. Die »Nacktheit« erweckt in ihm den Wunsch zur Vereinigung mit Eva, einer Vereinigung, die unmittelbar zur Schwangerschaft führt. Das Paradies ist verloren, die Zukunft aber gerettet. Gott hat den Ackerboden »verflucht«, nicht hingegen den Menschen. Die Leibesfrucht Evas bildet den Gegenpol zum Verlust der »Unsterblichkeit«. Gott hat die ersten Menschen wegen ihrer Schuld bestraft. Er hat aber nicht ihre Schöpfung zurückgenommen.
Man mag fragen, ob Adam und Eva wirklich »unsterblich« gewesen wären, mag gar darauf hinweisen, daß bereits im Augenblick ihres Erschaffenwerdens – vor der Schuld – Gottes Segen (1,28: *wajwárech*) eine reiche Nachkommenschaft verheißt und dieser Segen nicht einfach als Tatsache, sondern als Befehl an die Menschen ausgegeben wird: »seid fruchtbar und mehret euch, füllet die Erde und macht sie euch untertan«. Der Nachwuchs ist demnach antizipiert, ist integraler Teil des Schöpfungsprozesses und nicht erst die Wirkung menschlichen Versagens. Man mag diese Fragen aufwerfen – allein, sie lassen sich nicht beantworten und sie tragen zum Verständnis der Erzählung wenig bei. Nicht die Spekulation – was wäre geschehen, wenn Adam und Eva nicht gegessen hätten? – ist wichtig, auch nicht der biologische Gesichtspunkt (kann ein Organismus, dessen Zellteilung bemessen ist, die Schranke zeitlicher Begrenzung durchbrechen und »ewig« existieren?). Wichtig ist die Kausalität von Schuld und Sühne, wobei die Sühne begleitet ist von der Hoffnung auf weiteres Leben. Es gibt, kann man sagen, »ewiges Leben«, doch nicht für den Einzelmenschen, sondern für die Gattung Mensch. Die das Leben gefährdende Eva wird zur »Mutter alles Lebenden« (3,20). Sie ist nicht nur des Adam »Gehilfin« (2,20), nicht nur Teil seiner selbst (»Knochen aus meinen Knochen, Fleisch aus meinem Fleisch« 2,23). Sie ist die Mutter des Lebens, aus deren Schoß das Leben erwächst, selbst wenn ihr eigenes Leben ein Ende findet. *Es geht in der Erzählung nicht um das »ewige Leben«, sondern um das ewige Überleben.* Adam und Eva sind »vertrieben«, geblieben ist ihnen die Sehnsucht nach dem Paradies. Und zugleich die Möglichkeit, durch ihre Kinder die Vertreibung zu überstehen und die Zukunft zu retten. Die Vertreibung endet nicht im Untergang, sondern in der Zeugung menschlichen Lebens. »Und Adam erkannte (es ließe sich auch übersetzen: »Adam aber erkannte«) Eva seine Frau, sie wurde schwanger und gebar Kajin ...«

Leitworte des hebräischen Textes

qaníti (von *q-n-h*), V 1, heißt hier nicht »ich kaufte«, sondern wie in Gen 14,22: »ich schuf, bildete« (Kimchi: »brachte hervor«). Der klangähnliche Name *Kajin* ist nach M. D. Cassuto (me'adám 'ad nóach, 132) am ehesten mit »Geschöpf« wiederzugeben, nicht – wie oft behauptet – mit »Schmied«. Arabisch *qajnún,* aramäisch *qinjá/qin'á,* bedeuten primär »der Schaffende, der Form Gebende«, erst sekundär »der Schmied«. *Héwel* (Abel) ist »Dunst«, dann das »Nichtige, Vergängliche« (Koh 1,2). R. J. H. Hertz (Pentateuch und Haftaroth, zu V 2): »ein Atemzug«, wie Abels Leben, das auf tragische Weise so kurz gewesen ist.
b'chorót (Plural feminin von *b'chor)* sind die weiblichen »Erstgeburten«.
scha'áh (von *sch-'-h),* »er wandte sich« (B-R: »er achtete«), V 5.
s"et (infinitivus absolutus von *n-s-')* heißt »tragen, erheben« (B-R: »trags hoch«; ein inf. abs. im Sinne eines Imperativs ist häufig; vgl. *sachór,* »gedenke« [des Sabbattages], Ex 20,8). Raschi und Kimchi interpretieren *s"et* im Sinne von »erheben« (= aufheben) der Schuld (Ex 34,7). Nachmanides als »sich erheben« über den Bruder Abel, weil Kajin der Erstgeborene ist. M. D. Cassuto: »du erhebst dich und stehst fest auf deinen Füßen«.
chatá't (hier entsprechend *chet')* ist nach Ibn Esra die »Sünde«, nach Chisqúni die »Strafe«. Der Gaon Saadia (Kommentar zur Genesis, 310f) stellt wegen des maskulinen *rowéz (*statt des zu erwartenden *rowézet)* fest, *chatá't* könne auch als Maskulinum gebraucht werden. B-R sehen die Schwierigkeit und verstehen *rowéz,* »lagern« – Gen 49,9 (vom Löwen), (unter der Last) zusammenbrechen und daher auf dem Boden »liegen« (Ex 23,5), »ausgebreitet sein« (beim Brüten eines Vogels, Dtn 22,6), hier wohl (sprungbereit) lagern – nicht als Prädikat (»am Eingang lagert die Sünde«), sondern als Nomen: »vorm Einlaß Sünde, ein Lagerer«.
t'schuqá ist wie in 3,16 das »Verlangen« (L. Zunz; Wohlgemuth-Bleichrode), die »Sucht« (B-R).
V 10 steht *dam,* »Blut«, im status constructus des Plurals: *d'me.* B-R: »Geblüt«; zur Deutung des Talmud s. Exegese.
zo'aqím (von *z-'q;* der Plural bezieht sich auf *d'me,* nicht auf *qol,* »Stimme«) ist nach B. Jacob (Das erste Buch der Tora. Genesis, 141) »technisch für den Schrei um Hilfe und Gerechtigkeit« (vgl 18,20f u. a.).
'arúr (V 11; vgl 3,14.17) heißt »verflucht«.
Daß die Erde einen Mund (pé) besitzt, den sie »aufreißt« (*paztá,* von *p-z-h;* V 11), ist auch in Num 16,30 und Dtn 11,6 (bei Korachs unnatürlichem Ende) gesagt.

na' (Partizip von *n-w-'*, »schwanken«, »sich bewegen (Lippen; 1Sam 1,13) meint das ziellose Irren von Ort zu Ort (so Kimchi). *nad* (Partizip von *n-w-d*, desgleichen »schwanken«; »den Körper wie ein Trunkener bewegen« [Kimchi] oder ihn – zum Zeichen des Mitgefühls und des Tröstens [Hiob 2,11] – rhythmisch hin und her bewegen) bezeichnet zusätzlich das unablässige Fliehen vor einem unbekannten Verfolger. L. Zunz und Wohlgemuth-Bleichrode übersetzen *na' wanád* mit »unstet und flüchtig«. B-R suchen die Alliteration *(na' wanád)* nachzuahmen: »schwank und schweifend«. Das »Land Nod« (V 16) ist bei ihnen »Schweife« genannt.
schiw'atájim (Dual von *schiw'á)* bedeutet »siebenfach« (L. Zunz; B-R), womit eine »unbestimmt große Zahl« (R. J. H. Hertz), »viele Male« (B'chor Schor; Kimchi) gemeint sind. Nicht: »zweimal sieben Male«, also vierzehnmal (so Sforno). Ibn Esra erklärt *schiw'atájim* mit »bis zu sieben Geschlechtern«, was der Ansicht des Midrasch (Tanchúma, b'reschít, 11), wonach Kajin durch seinen Nachfahren Lemech getötet worden ist (aufgrund von V 23: »denn einen Mann habe ich getötet«, das sei Kajin), entspricht. M. D. Cassuto (152) schreibt: »mit vollem Maß, mit der ganzen Strenge des Rechts«.
juqám (Hophal von *n-q-m)*, »er wird gerächt werden«; »er«, das ist der Mord an Kajin. B-R: »allwer Kajin tötete, siebenfach würde es (das Verbrechen) geahndet«. Wohlgemuth-Bleichrode: »So soll denn jeder, der Kain erschlägt, siebenfältiger Rache verfallen.« Nach M. D. Cassuto (152) ist *juqám* terminus technicus der Bestrafung (vgl Ex 21,21).
'ot (V 15) ist »Zeichen, Erkennungszeichen, Erinnerungszeichen«, hier: »Schutzzeichen«, das Kajin vor dem Tod bewahren soll.

Der Text in der Exegese

Groß ist Evas Freude, wie sie einem Knaben das Leben schenkt. Sie – nicht Adam – gibt ihm den Namen Kajin, denn sie spürt, daß das Neugeborene ihre Schöpfung (Kajin von *q-n-h*, »schaffen, bilden«) ist (Kimchi). Die intime Beziehung zum Kind deutet Evas Namensbegründung an, die freilich verschiedenartig verstanden wird.
'isch (V 1) ist nicht Adam (s. A. B. Ehrlich, Randglossen, 1,18, und Hertz), sondern das »männliche Kind« (B. Jacob, 135). *qaníti* heißt nicht – wie Ehrlich glaubt – »ich habe (Adam) wiedergewonnen«, ihn nach dem Schockerlebnis des Ausgetrieben-Werdens aus Eden neu erworben –, sondern »ich habe geschaffen«, ich bin zur Bildnerin geworden.

»Mir scheint es, Eva habe dies zu ihrem Ruhm gesagt. Beim ersten Mal wurde die Frau aus dem Mann gebildet – »Knochen aus seinen Knochen, Fleisch aus seinem Fleisch« –, jetzt aber wurde der Mann Kajin mit der Hilfe Gottes aus der Frau, aus seiner Mutter Eva, geschaffen. Der Mann besitzt daher keine erhöhte Stellung (eig. keinen Vorzug) mehr über die Frau« (die beiden Geschlechter stehen auf derselben Stufe) (Abarbanel, z. St., vgl entsprechend M. D. Cassuto).

'et 'adonáj bedeutet nach dem Targúm Onkelos »vor Gott« (*min qodám 'adonáj*), eher aber (so Raschi, Nachmanides, R. Sch. D. Luzzatto, R. D. Hoffmann, R. J. H. Hertz) »mit Gott«, mit der Hilfe Gottes. In den Worten des Midrasch (Gen.r. 22,4):

»Zuvor wurde Adam aus ›Erde‹ geschaffen, und Eva aus dem Adam. Doch von jetzt an ›in unserem Ebenbild, nach unserer Gestalt‹ (nach 1,26): kein Mann ohne eine Frau, keine Frau ohne einen Mann, und die beiden nicht ohne die *sch'chiná*« (Gottes ›Einwohnung‹, Seine Gegenwart).
Vgl b. Niddá, 31a: »Die Weisen lehrten: Drei sind gemeinsam am Menschen (d.h. an seiner Erschaffung) beteiligt: Der Heilige, gelobt sei Er, Vater und Mutter...«

Gottes Mitwirken bei der Geburt eines Kindes wird von Eva auch hervorgehoben, nachdem Schet zur Welt gekommen ist (4,25), der »Setzling«: »denn: gesetzt hat Gott mir einen anderen Samen für Habel, weil ihn Kajin erschlug« (B-R).
Nach Kajins Geburt gebärt Eva ein weiteres Mal. Von der Schwangerschaft ist nicht die Rede, weshalb der Midrasch (Gen.r., 22,5; Midrásch hagadól, z. St.) annimmt, Kajin und Abel seien Zwillinge gewesen (so auch Kimchi). Im Gegensatz zur Namensdeutung bei Kajin fehlt die Erklärung des Namens Abel. *Héwel* (Hiob 7,16; Koh 1,2; Ps 144,4), »Dunst, Nichtigkeit, Vergängliches«, deutet hin auf die Vergänglichkeit des Menschen (Nachmanides), »die Kürze seiner Tage« (M. D. Cassuto, 136), »auf die Rückkehr der Welt (= Menschheit) zu *héwel*« (B'chór Schor). »Eva wollte dies nicht näher erläutern«, und deshalb fehlt die Namensdeutung (Nachmanides). Wie vergänglich alles ist, haben Adam und Eva durch die Vertreibung aus Eden – »hin in die Last und Mühe« – selbst erfahren (Kimchi).
Die beiden Brüder teilen sich in die Aufgaben bei dem Nahrungserwerb. Kajin ist Bauer (*'owéd 'adamá*, »Diener des Ackers«; B-R), Abel »Schafhirt« (B-R), der mit der »verfluchten« Erde nichts zu tun haben will (Raschi). Das Fleisch der Schafe kann er zwar nicht essen, weil der Fleischgenuß erst in Noas Zeit gestattet ist (Gen 9,3) und die ersten Menschen sich nur von vegetabiler Kost ernähren, doch stehen ihm die Milch und ihre Produkte, die Wolle und die Haut der Schafe zur Verfügung

(R. I. Reggio z.St.). Daß freilich die Schafzucht – »die Beschäftigung mit dem Lebenden« – eine »geachtetere Stellung als der Ackerbau einnimmt« (so Abarbanel, I,126), ist aus der Erzählung nicht zu ersehen.
miqéz jamím (»am Ende von Tagen«, V 3, »nach Verlauf der Tage«; B-R), d. h. »nach einem vollen Jahr« (Ibn Esra; Kimchi), bringt Kajin »von den Früchten des Ackers eine Spende (*minchá*) dem Herrn«. Keiner hat ihm dazu den Auftrag gegeben.

»Die Bereitschaft zu Opfer und Gottesdienst ist dem Menschen angeboren« (N. M. Sarna, Understanding Genesis, 29), »ist Teil der menschlichen Natur« (R. J. H. Hertz).

Nach dem Talmud (b. Chulín, 60a) hat bereits Adam einen Stier geopfert. Nachmanides nimmt Kajins Opfer zum Anlaß, gegen die Ansicht des Maimonides zu polemisieren. Maimonides (FdI, III, Kap. 46) glaubt nämlich, daß die Opfer der Israeliten als Gegenreaktion gegen die heidnischen Sitten der Ägypter und Chaldäer eingeführt worden sind. (Nach Ex 8,22: »Sieh, wir wollen das opfern, was den Ägyptern ein Gegenstand der Anbetung ist.«) Nachmanides ist überzeugt, daß Adams, Kajins, Abels und dann auch Noas Opfer »den Mund jener verschließt, die bei der Begründung des Opferwesens Verwirrung stiften« (also die Argumente des Maimonides widerlegt).
Nach Kajin entschließt sich auch Abel zu einer Opfergabe: »von den Erstlingen seiner Schafe und von ihrem Fett«. Die Schrift betont, daß Abel »vom Besten« geopfert hat (Gaon Saadia, 307), weil nur das Beste für ein Opfer gut genug ist. Bei Kajins Opfer steht lediglich »von den Früchten des Ackerbodens«. Auch er hätte die Erstlinge (*bikurím*) auswählen sollen, er begnügte sich jedoch »mit dem Schlechten« (Raschi), mit dem, was nach seiner eigenen Mahlzeit übriggeblieben war (Kimchi).

»Kajin brachte ... vom Abfall. (Er glich dabei) einem schlechten Pächter, der die Erstlinge selber ißt, und dem König das zuletzt Gewachsene offeriert« (Gen.r. 22,8).

N. Leibowitz (ʿijuním b'séfer b'reschít, 29) macht darauf aufmerksam, daß bei Abels Opfer ein Suffix steht: »von den Erstgeburten *seiner* Schafe«, bei Kajins Opfer hingegen nur »von den Früchten des Ackerbodens«. Neben dem Besten hat Abel, anders als Kajin, auch das Seine, das Eigene Gott hingegeben.
Gott forderte das Opfer nicht. Doch wenn Ihm ein Opfer dargebracht wird, muß es vorzüglich sein, sonst ist es wertlos (vgl Mal 1,6ff). Neben der Gabe

ist damit die Intention, die Gesinnung des Herzens entscheidend. In seinem Gesetzeskodex Mischné Torá (’isuré hamisbéach, VII,11) schreibt Maimonides:

»... man bringe sein Opfer vom Schönsten und Erlesensten einer bestimmten Art ..., und dies gilt bei allen Dingen, die für den gütigen Gott getan werden ... Baut jemand ein Haus des Gebets, so sei es schöner als sein eigenes Wohnhaus, gibt jemand einem Armen Nahrung, so bestehe sie aus dem Besten und Süßesten dessen, was auf dem Tisch steht. Kleidet jemand einen Nackten, so schenke er ihm das schönste seiner Gewänder, und heiligt er eine Sache (für das Heiligtum), so sei sie das Schönste unter seinen Gütern.«

Das Ergebnis entspricht der Gesinnung:

»Und es wandte sich der Herr zu Abel und zu seinem Opfer, und zu Kajin und zu seinem Opfer wandte Er sich nicht« (V 4f).

»Zu Abel und zu seinem Opfer«. Zuerst wendet sich Gott Abel zu, und weil Er ihn als redlich erkennt, akzeptiert Er danach auch die Gabe. Und umgekehrt: Weil Gott Kajins Denkweise verwirft, ist Ihm auch dessen Opfer nicht genehm. Die sprachliche Formulierung weist in diese Richtung. Es heißt nicht »Abels Opfer«, »Kajins Opfer« (*minchát Héwel*, *minchát Kájin*), sondern »Abel und sein Opfer«, »Kajin und sein Opfer« (*’el héwel w’el mincható*, *w”el kájin w”el mincható*). Neben der Gabe ist auch die Persönlichkeit des Spenders von Bedeutung.

»Die wesentliche Verschiedenheit lag in der Persönlichkeit der Opfernden, nicht im Opfer. Kain war mißfällig und darum auch sein Opfer. Hebel war wohlgefällig und darum auch sein Opfer« (S. R. Hirsch, Der Pentateuch. Die Genesis, 82).
»Hier spiegelt sich die Ansicht wider, daß die Opfer nicht zum Wohlgefallen sind, wenn sie die gewünschte Absicht nicht begleitet« (M. D. Cassuto, 139).

Woran erkennen Kajin und Abel, daß Gott das Opfer annimmt oder verwirft? Der Text verschweigt das Kriterium. Raschi und Ibn Esra glauben, Feuer sei vom Himmel niedergefahren (vgl Lev 9,24; 1Kön 18,38) und habe die Opferspende verzehrt (so auch R. D. Hoffmann, b’reschít, I,101). M. D. Cassuto (139) zitiert das entsprechende *’enepýrisen* (»er verbrannte«) bei Theodotion. Die Erklärung leuchtet nicht ein. Feldfrüchte hat man im jüdischen Kult dem Priester oder den Leviten zur Speise (als »Hebe« oder »Zehnten«) übergeben und nie auf dem Altar verbrannt. Und Tiere wurden als »Feueropfer« (*’isché*) dargebracht, wenn sie zuvor geschlachtet worden waren. Daß Abel die »Erstgeburten« aber geschlachtet hat, ist kaum anzunehmen. Erst Noa tut dies (8,20), weshalb dann auch der »Wohlge-

ruch« (8,21) wahrzunehmen ist. Bei Abel gibt es nichts zu »riechen«. Die Frage nach dem Erkennungszeichen bleibt daher offen.
V 5 berichtet von *Kajins Reaktion*: »Da wurde Kajin sehr zornig, und es fiel sein Gesicht.« Auf wen ist er wütend? Auf seinen Bruder, auf Gott, der die Gabe verschmäht hat? Wohl auf beide.
Auf den Bruder: Abel hat erst dann ein Opfer ausgesucht, meint Abarbanel (im Anschluß an Rabbenu Nissim; 127), als er seinen Bruder eine Gabe darbringen sah. Nicht vorher. Die Initiative ging von Kajin aus. Und da mußte es gleich ein exquisites Opfer (»von den Erstlingen seiner Schafe«) sein. Kajin mochte den Eindruck gewinnen, daß Abel ihn vor Gott auszustechen, daß er ihn zu disqualifizieren suchte. Ohne Abels Opfer wäre sein eigenes Geschenk durchaus akzeptabel gewesen, gemessen an Abels Gabe wird es minderwertig (entsprechend dem Sprichwort: »Das Bessere ist der Feind des Guten«).
Auf Gott: Kajin mag argumentieren, daß Gott nicht nur auf die Qualität des Opfers, sondern auch auf die Motivation des Opfernden achten sollte. Schließlich wollte Kajin – ohne ausdrückliches Geheiß – seine Dankbarkeit zum Ausdruck bringen. Nicht nur die erste gute Frucht des Ackers, sondern auch das gute Gefühl des Herzens müßten von Gewicht sein. So mag sich Kajin denken.
Sein Zorn ist jedenfalls verständlich, und Gott versteht ihn und sucht Kajin bei der *Überwindung* seines seelischen Tiefs zu helfen. »Warum bist du zornig, warum ist dein Gesicht gefallen?« (V 6). Der schwierige V 7 will Kajin Mut zusprechen: *haló 'im tetíw s"et*; »Fürwahr, wenn du gut handelst: Erhebung« (des Gesichts) oder »Verzeihung«. Kajin ist dem Schicksal nicht ausgeliefert. Ob die Krise überwunden wird, liegt in seiner Hand. »Handelst du aber nicht gut: am Eingang lagert die Sünde, nach dir ist ihr Begehren.« Dem Raubtier gleich »lagert die Sünde« sprungbereit »am Eingang«:

»Du strauchelst immer wegen der Sünde, die bei dir ist, so, als ob ein Stolperstein an deinem Eingang läge, über den du fällst, wenn du ein- und ausgehst« (Kimchi).

Die Sünde (Raschi und Ibn Esra: »der Trieb« [zum Bösen], *jézer hará'*) »giert nach dem Menschen«, aber sie kann bezwungen werden (*w"atá timschól ba*). Der Begehrende ist oft der Schwächere.
Die Analogie zu 3,16 ist offenkundig und wird durch die Wahl der Worte unterstrichen: Adam ist der Verlockung Evas erlegen, doch dann »begehrt sie ihn« und er vermag sie zu »beherrschen«. Die zuvor stärkere Frau fügt sich dem Willen des Mannes, und damit verschwindet auch die Gefahr, ein weiteres Mal Evas Verlockung nachzugeben. Entsprechend hier: Kajins

Niederlage wird durch die »Herrschaft« über die »gierende Sünde« zur Quelle der Kraft. Kajin kann, wenn er nur ernsthaft will, Herr über die Sünde sein. Daher braucht er sich nicht zu ärgern und sein Gesicht nicht hängen zu lassen:

»Wenn ein Defekt repariert werden kann, ist der Ärger über das Geschehene fehl am Platz. Vielmehr gilt es, alles zu tun, damit inskünftig die Reparatur gelingt« (Sforno; entsprechend der Gaon Saadia, 312).

»Gott lehrt ihn (Kajin) den Weg der Umkehr ... Dem Sünder wird die Sühne zuteil, wenn er nur in vollkommener Umkehr zurückfindet« (Kimchi).

Doch Kajin verschließt sich der Ermahnung Gottes. Er besitzt die Willensfreiheit – und das heißt: die Entscheidung zum Guten hin wie zur Sünde –, er besitzt die »moralische Autonomie« (N. S. Sarna, 30), doch er versagt: *er mordet seinen Bruder*. Nicht irgendeinen Menschen. Nein, Kajin wird zum Mörder des Bruders, so wie »jeder Mord eines Menschen gleichzeitig der Mord eines Bruders ist« (N. S. Sarna, 30f). Siebenmal kehrt im Text das Wort *'ach*, Bruder, wieder. Die verratene Brüderlichkeit steht im Zentrum, der Brudermord am Anfang der Menschheitsgeschichte.
In seiner Legende »Die Augen des ewigen Bruders« läßt *Stefan Zweig* Virata, den Helden der Erzählung, der – unwissentlich – in nächtlichem Kampf seinen Bruder tötete, die folgenden Worte sprechen:

»Der Unsichtbare hat mir ein Zeichen gesandt, und mein Herz hat es verstanden. Ich erschlug meinen Bruder, auf daß ich nun wisse, daß jeder, der einen Menschen erschlägt, seinen Bruder tötet ...«

Weiß Abel, was sein Bruder plant? V 8 steht seltsamerweise das Verb *wajómer*, »er sagte«, doch das Objekt fehlt. Was hat Kajin zu Abel gesagt? B-R übersetzen: »Kajin sprach zu Habel, seinem Bruder«, doch das hieße *wajdabér*, nicht *wajómer*. Ibn Esra meint:

»Es scheint mir, daß er ihm alle Zurechtweisungen Gottes mitteilte und zu ihm sagte: ›wir wollen aufs Feld gehen‹.«

Raschi:

»Er begann mit ihm einen Streit, um ihn danach zu überfallen und zu töten.«

Abarbanel:

»Er brachte ihn mit Worten dazu, daß er (Abel) sich vom Vater (Adam) entfernte, oder er sagte: ›wir wollen aufs Feld gehen‹. Möglicherweise nannte er ihm auch Gottes Zurechtweisungen.«

Ibn Esras Ansicht wird von B. Jacob (140) geteilt, wenn er übersetzt:

»Und Kajin sagte es (!) seinem Bruder Abel.«

Das Verbrechen vollzieht sich auf dem Feld:

»Das Feld ist aber wichtig als typischer Umstand des überlegten Mordes, es ist die einsame menschenleere Flur, wo die Tat nicht gesehen und der Hilferuf nicht gehört wird (Dtn 22,25)« (B. Jacob, 140).

Kajin will – meint der Gaon Saadia (313) – verhindern, daß seinem Opfer irgendeine Hilfe geleistet werden kann. Er lockt ihn aufs Feld und bringt ihn meuchlings um. Charakteristisch für jeden infamen Homizid.
Die alten Exegeten rätseln an *zwei Fragen* herum:
1. Womit hat Kajin das Verbrechen begangen?
2. Ist seine Tat als Totschlag oder als Mord, d.h. als vorsätzliches Töten, anzusehen, nachdem Kajin nicht hat wissen können, daß ein Mensch stirbt, wenn man gewaltsam auf ihn losschlägt?
Zur Frage 1 antwortet Ibn Esra:

»Er mag ihn mit seiner Hand erwürgt haben, und zudem finden sich tausenderlei Hölzer oder Steine.«

Der Gaon Saadia meint zu Frage 2, Adam habe zu Opfer- oder Heilzwekken gelegentlich Tiere getötet, und Kajin habe daher sehr wohl die Wirkung eines tödlichen Schlags gekannt. Saadias Antwort wäre einleuchtend, wenn uns die Bibel vom Töten Adams berichtete. Das tut sie aber nicht. Zutreffend ist daher die Auffassung des Midrasch (Gen.r. 22,26; zu V 15):

»R. Nechemja sagte: Nicht wie das Urteil über Mörder ist das Urteil Kajins (er wird nicht mit dem Tode bestraft, sondern nur vertrieben). Kajin hatte getötet, doch er hatte niemand, von dem er (die Wirkung des Zuschlagens) lernen konnte. Von da an aber gilt: jeder, der Kajin tötet, wird getötet« (so auch Kimchi).

»Kajins Tat konnte daher schwerlich zur Kategorie des vorsätzlichen Mordes zählen« (N. S. Sarna, 31).

Andererseits hat er überlegt und nicht im Affekt die Tat begangen. So ist er vor Gott und den Menschen schuldig geworden, und er weiß es. Sein Verhalten zeigt, daß er die Last der Schuld loswerden will, doch anders als Adam. Vergleichen wir die beiden Texte. Adam genießt von der verbotenen Frucht, dann »versteckt er sich mit seiner Frau vor dem Herrn, Gott, inmitten der Bäume des Gartens« (3,8). Wie Gott ihn aber anruft: *»Wo bist du?« (ʼajéka?)*, stellt er sich. Nicht offen und ehrlich, da er die Schuld von sich auf die Frau abzuwälzen sucht (3,12), aber er reißt zumindest nicht aus. Kajin reagiert anders. Auch ihn spricht Gott mit einem »wo« (*'e*) an: *'e héwel 'achícha (»Wo ist Abel, dein Bruder?«).* Das ist selbstredend keine richtige, sondern eine rhetorische Frage. Gott will nichts erfahren, was Er nicht bereits weiß. Er will vielmehr dem schuldiggewordenen Menschen die Chance zum Bekenntnis seiner Schuld schenken. Der trotzige Kajin, der die Warnung Gottes (V 7) in den Wind geschlagen hat, erdreist sich. Seine Antwort ist nicht – wie jene Adams – geprägt durch Verlegenheit und ein Schamgefühl. Kajin ist frech und aggressiv (merkt er, daß der Angriff die beste Verteidigung ist, wie manche Leute bis heute glauben?): *»Lo jadá'ti, haschomér 'achí 'anóchi?«*, »ich weiß es nicht, bin ich meines Bruders Hüter?« Weshalb fragst du mich nach dem Verbleib Abels, Du weißt es doch besser als ich!

»Du beschützest alle Geschöpfe und forderst ihn aus meiner Hand. Ein Gleichnis: Ein Dieb stiehlt in der Nacht kostbare Geräte und wird nicht ertappt. Am Morgen nimmt ihn der Stadtwächter fest. ›Weshalb hast du diese Gefäße gestohlen?‹ fragt er den Dieb. Da antwortet dieser: ›Ich bin ein Dieb und habe mein ›Handwerk‹ nicht gelassen. Deine Aufgabe aber wäre es gewesen, am Tor Wache zu halten. Warum hast du dein Handwerk fahren lassen, und jetzt fragst du mich (weshalb ich gestohlen habe)?‹« (Tanchúma, b'reschít, 9).

Kajin macht Gott, meint der Midrasch, einen entsprechenden Vorwurf. Gott habe ihm den Trieb zum Bösen eingegeben und zudem die Opfergabe nicht akzeptiert. Der Tod Abels gehe daher letztlich auf das Konto Gottes, der seinen »Wachdienst« nicht wahrgenommen und die Bluttat nicht verhindert habe.

So wenig Adam seine Schuld los wird, so wenig kann sich Kajin herausreden. Fern von Adam und Eva hat er gemordet. Er glaubte sich vor Zeugen sicher, doch er hat sich getäuscht. Gott schleudert ihm die unerbittliche Anklage ins Gesicht: »Was hast du getan! Die Stimme des Bluts deines Bruders schreit zu mir aus dem Ackerboden.« Die Erde hat »ihren Mund aufgesperrt« und statt des befruchtenden Regens Menschenblut aufgesogen. Das Blut ist versickert, aber es ist nicht verschwunden. Gott deckt das Blut so wenig zu wie das Verbrechen. »Die Stimme des Bluts« schreit, keiner kann sie zum Verstummen bringen. Auch Kajin nicht. Diese Stimme jagt ihn über die Erde, bis an sein Ende. Wo er sein wird, hört er die Stimme seines Bruders Abel, den er hinterrücks getötet hat. Seine Hände sind blutbefleckt.

»Gleichnis: Einer geht in einen (fremden) Garten, pflückt Beeren und ißt sie. Der Besitzer des Gartens rennt ihm (wie er enteilt) nach und spricht zu ihm: ›Was hast du in deiner Hand?‹ – ›Nichts.‹ Da sagte (der Besitzer): ›Sind deine Hände denn nicht beschmutzt!‹« (Gen.r. 22,20).

Gravierend ist ein Mord, nicht nur, weil er ein Menschenleben vernichtet, sondern weil er zudem alle jene Menschen auslöscht, die vom Ermordeten abstammen könnten.

Weshalb steht *dam* im plural (*qol d'me 'achícha . . .*)? Targúm Onkelos: »Es ist die Stimme des Bluts der Nachkommen, die von deinem Bruder in der Zukunft hätten hervorgehen können.«

Dieser Gedanke ist so nachhaltig, daß er im jüdischen Recht Eingang gefunden hat. Wenn man Zeugen »verwarnt«, d. h. auf die Schwere einer falschen Aussage bei einem Mordprozeß hinweist, pflegen die Richter zu sprechen (b. Sanhedrín, 37a):

»Wisset, daß ein Mordprozeß anders ist als ein Prozeß über eine Geldangelegenheit. Bei einem Gerichtsverfahren über eine Geldfrage bezahlt der (schuldige) Mensch das Geld, und es wird ihm verziehen. Bei einem Mordprozeß hingegen, hängen sein und seiner Nachkommen Blut daran (an der Zeugenaussage), bis zum Ende der Welt. So finden wir bei Kajin, der seinen Bruder getötet hat, daß es heißt: ›es schreit *d'me 'achícha*‹, nicht: *›dam 'achícha‹* – sein Blut und das Blut seiner Nachkommen.«

Auf der Linie dieser von hohem Ethos getragenen Aussage steht – im selben Talmudtext (= Mischná Sanhedrín, IV,5) – die Feststellung:

»Deshalb wurde nur ein einziger Mensch (beim Schöpfungsbeginn) geschaffen, um dich zu lehren: Wer einen einzigen Menschen vernichtet, hat – so rechnet es ihm die Schrift an – eine ganze Welt vernichtet. Wer jedoch einen einzigen Menschen am Leben erhält, hat eine ganze Welt erhalten.«

Die Erde, die »das Blut deines Bruders aus deiner Hand genommen hat« (V 11), versagt sich dem Mörder. Seit Adams Vergehen trägt sie einen »Fluch« und muß »Dornen und Disteln« hervorbringen. Jetzt verhärtet sie sich vollends. Kajin ist – anders als Adam und Eva – von Gott *»verflucht«* (V 11: *'arúr*). Er kann sich noch so sehr anstrengen: die rebellierende Erde gibt ihm »ihre Kraft« nicht mehr. Zwischen Kajin und dem Ertrag des Bodens steht des Bruders Blut. Natürlich wird Kajin auch in der Zukunft den Boden beackern müssen – wie könnte er sonst am Leben bleiben? –, doch sein Fleiß wird nicht belohnt. Ihm versagt die Erde ihre Kraft; die anderen Menschen arbeiten »im Schweiß ihres Angesichts« (3,19), doch ihre Mühe macht sich bezahlt.

So kommt es denn, daß Kajin auf der Suche nach immer neuem Acker – vielleicht kann er, sagt er sich, einen Boden finden, auf dem mehr gedeiht – zum *Wanderer* wird. Nicht zu einem Nomaden, der bleibt, wo er bleiben will, sondern zu einem gehetzten, nach Nahrung, aber zugleich auch nach einem potentiellen Bluträcher Ausschau haltenden Menschen. »Unstet und flüchtig« (B-R: »schwank und schweifend«) sein zu müssen, ist nicht ein weiterer Fluch Gottes. Es ist vielmehr die Folge (so B'chór Schor, I,13) der feindlich gewordenen Erde, die sich des Brudermörders entledigen möchte.
Jetzt – aber auch erst jetzt – wacht Kajin auf. Nicht die Gotteswarnung (V 7), noch auch die Schreckenstat haben ihn zur Besinnung gebracht. Erst die Aussicht auf eine grauenvolle Zukunft vermag ihn aufzurütteln. »Zu groß ist meine Schuld, als daß ich sie zu tragen vermöchte.« »Meine Schuld« ... Kajin erkennt sein Verbrechen (Nachmanides), und er fürchtet sich vor der Verlassenheit einer hungernden und zu Tode geängstigten Kreatur. Der arrogante und aggressive Mörder bricht vor Gott zusammen. Er weiß sich »vertrieben« von Gott, als Mensch, der sich vor Gottes »Antlitz verstekken« muß und nicht auf Gottes Beistand zählen darf (V 14).
Im Anblick des zerbrochenen Menschen schenkt Gott sein *Erbarmen*. Kajin spricht: »ich werde unstet und flüchtig sein auf der Erde, und jeder, der mich findet, wird mich (kann mich) töten.« Der Einwand ist berechtigt. Kajin ist indessen nicht zum Tod, sondern zur Wanderung verurteilt (Sforno). Und daher setzt Gott ihm ein *»Zeichen«*, das ihn vor dem Tod schützen wird, vor der (in der Tora verpönten) Blutrache (M. D. Cassuto, 151). Kajins gewaltsamer Tod würde siebenfach gerächt! Das Zeichen wird nicht näher beschrieben. Es ist ein Zeichen, das auf seiner Stirn erstrahlte (Ibn Esra), es ist »ein Zeichen in seinem Herzen, das will heißen: Gott bestärkte sein Herz, damit er sich nicht mehr vor einem Mörder fürchtete« (Kimchi), vielleicht ist es »ein Buchstabe des Gottesnamens, den er auf der Stirne trägt« (Raschi; nämlich der Buchstabe *jod*). Der Vermutungen ist kein Ende. Wesentlich ist freilich nicht die Art des Zeichens, sondern der Umstand, daß Gott durch ein Zeichen einen Mörder schützen will. Das Kajinszeichen soll nicht den Mord verewigen – es ist kein Schandzeichen –, sondern den Mörder vor dem Bluträcher retten. »*Gottes Mitleid* dem Schuldigen gegenüber, der seine Sünde bereut, ist unendlich viel größer als jenes eines Menschen« (R. J. H. Hertz). Gott geht nicht auf Distanz. Der aus der Gemeinschaft Ausgestoßene findet Sein Antlitz wieder. Vor dem Rächer muß er sich verbergen, nicht aber vor Gott.
Das haben die Weisen Israels erkannt. Im Midrasch (Gen.r. 22,28) heißt es:

»Und Kajin ging weg vor Gott (V 16) – er ging freudig weg. Da traf ihn Adam und sprach zu ihm: ›Wie ist das Urteil über dich ausgefallen?‹ Er antwortete: ›Ich habe Buße getan und mich (mit Gott) ausgesöhnt.‹ Da streichelte ihm Adam das Gesicht und sprach: ›So groß ist die Macht der Umkehr, und ich wußte es nicht!‹«

Kajin zieht fort und gelangt ins *Land Nod*. Möglich, daß es ein Gebiet gab, das diesen Namen trug. Identifizierbar ist es nicht. Wahrscheinlicher ist jedoch, daß mit *Nod* (vgl *nad*) das »stete Umherschweifen« Kajins angedeutet ist (M. D. Cassuto, 153; vgl Ibn Esra). Kajin befand sich im Zustand des *nod*, in einer besonderen psychischen »Landschaft«, in dem eine Bleibe nicht zu finden war. Doch dieses Land heißt nur *Nod*, von einem entsprechenden *Nú'a* (vgl *na'*) ist nicht die Rede. Die Weisen lehrten (Dtn.r. 8,1):

»Groß ist die Kraft des Gebets vor dem Heiligen, gelobt sei Er.«

Wegen des Schuldeingeständnisses und des Gebets hat Gott die »Hälfte der Strafe« (das *na'*) von Kajin genommen. Geblieben ist nur das *Nod*. Wegen seiner schlimmen Tat ist Kajin gezwungen, sich noch mehr vom einstigen »Paradies« zu entfernen, als dies seine Eltern haben tun müssen. Nach 3,23 weilen die Menschen »östlich vom Garten (in) Eden«. Kajin hingegen hält sich »östlich von Eden« überhaupt auf (V 16). Die Distanz vom Kernpunkt wird größer, die Menschheit breitet sich aus.
Rückblickend zeigt sich uns, daß die Weisen Israels den Brudermord wohl als grauenhaftes Verbrechen anprangern, doch die Person des Mörders nicht aus dem Auge verlieren:
– Kajins Zorn ist nicht lobenswert, aber verständlich. Als der Erste, der Gott eine Gabe bringt, fühlt er sich vom Bruder, dem »Spielverderber«, der gleich das bessere Opfer aussucht, hintergangen. Gott wiederum hat seine Gabe verschmäht. War sie so schlecht, selbst wenn sie nicht aus dem Besten – den Erstlingen der Ackerprodukte – bestand?
– Gott ist an der Bluttat nicht ganz unbeteiligt, nicht ohne Mitschuld. Er war ein schlechter »Stadtwächter«, der den Dieb an seinem Unwesen nicht zu hindern suchte. Weshalb hat Gott dem Menschen den Trieb zum Bösen eingegeben? Kann sich der schwache Mensch der am Eingang (wie ein Raubtier) lauernden Sünde«, die nach ihm »giert«, entziehen?
Leicht ist es, von einer »Beherrschung der Sünde« zu sprechen, schwer jedoch, sie zu erreichen.
– Ein wesentlicher Milderungsgrund: Kajin hat zwar gemordet, doch wußte er nicht voll und ganz um die Tragweite seines Tuns. Dazu paßt, daß im ganzen Text nur *h-r-g*, »töten«, nicht aber *r-z-ch*, »morden«, gebraucht wird.

– Kajin ist der schuldige, aber nicht der gottverlorene Mensch. Er ist zur Reue fähig, zum Eingeständnis des Verbrechens. Und deshalb verzeiht ihm der gütige Gott. Kajin trägt seine Strafe, er ist ausgestoßen aus dem Kreis der Menschen, die den Brudermörder ächten, doch er bleibt Gott verbunden. Er bleibt Sein Geschöpf. Differenziert und nicht in einer Schwarz-Weiß-Malerei sind Kajins Person und Schicksal beschrieben und daher unserem Empfinden zugänglich.
– Ein Mord ist schrecklich, aber selbst ein Mörder ist von Gott nicht verstoßen. Die Kraft des Gebets läßt auch sein Schicksal – seine von Gott verfügte Strafe – leichter werden. Denn »groß ist die Kraft des Gebets vor dem Heiligen, gelobt sei Er«. Vor feindlichen Menschen gilt es sich zu hüten, vor Gott weiß sich auch der reuige Mörder sicher. In einer anderen Zeit sagt David:

»Ich bin sehr bedrängt –
laß uns doch in *Seine* Hand fallen,
denn reich genug ist Sein Erbarmen,
aber in Menschenhand fallen möge ich nimmer!«
(2Sam 24,14; mit kleinen Nuancen: 1Chr 21,13).

Wegweisung für unsere Zeit

»Nach tausend und abermals tausend Jahren hat der Kain an seiner Werktätigkeit, dem Töten, nichts eingebüßt. Alles ist beim ›Brudermord‹ geblieben ... Nur die Waffen haben sich verändert«, schreibt der jüdische Schicksalsanalytiker Leopold Szondi (Kain. Gestalten des Bösen, 1969,7). Die Gesetzesbrecher und Brudermörder haben überdauert mit ihrer Gewissenlosigkeit, dem Drang, alles zu besitzen, der Intoleranz und Böswilligkeit, der Hinterhältigkeit und dem Drang, andere zu verwunden (16f).
Diese »Kainiten« kommen nicht in reiner Form vor. In jedem Menschen steckt ein kleiner Kajin, der aggressiv den Mitmenschen verletzt und auf dessen Kosten seine eigenen Interessen durchsetzt. Vor allem aber steckt in ihm die Tendenz, Gottes Anruf nach einer schlechten Tat mit einem »bin ich meines Bruders Hüter?« zu mißachten und die Verantwortung abzuschütteln.
Was not tut, ist das Bekenntnis zum »Bruder Abel«, ist die unbedingte Solidarität, die nicht kneift. Die Torá fordert: »Bleib nicht stehen beim Blut deines Nächsten« (Lev 19,16), bleib nicht gleichgültig, wenn der andere Mensch gefährdet ist. Die Maxime des Talmud (b. Sch'wuót, 39a; b.

Sanhedrín, 27b): *kol Jisra'él 'arewím se basé*, »ganz Israel bürgt füreinander«, jeder einzelne haftet für das Schicksal des Mitmenschen, gilt in weitestem Sinn über Israel hinaus. Wir meinen: »Kajin« ist man nicht nur, wenn man faktisch mit der Waffe tötet, sondern auch dann, wenn der Tod eines Menschen gleichgültig hingenommen und nicht verhindert wird. Wenn man stehen bleibt, wo andere leiden, wenn man die Ohren zustopft, wo der Schrei der Unterdrückten und Gefolterten, der ewigen »Abels«, vernommen werden müßte. Auf die impertinente Haltung: »Bin ich meines Bruders Hüter?« ist nur eine einzige Reaktion erlaubt: »Wahrlich, ich bin meines Bruders Hüter!«, ich fühle mich mitverantwortlich für sein Wohl und Wehe, für seine Sorgen und seine Entbehrungen. Und ich will seine Leiden lindern und sein Leben erleichtern. Siebenmal ist in Gen 4,1-16 das Nomen *'ach*, »Bruder«, genannt und immer in bezug auf den schwächeren Bruder, das Opfer der Brutalität: Abel. Unmißverständlich gibt die Torá zu verstehen, daß der leidende Mensch dein Bruder ist und du ihm gegenüber die kompromißlose Brüderlichkeit zu realisieren hast. Auf die Gottesfrage: »Wo ist Abel, dein Bruder?« hat die Antwort zu lauten: »Hier ist Abel, mein Bruder. Ich bin sein Hüter, weil sein Schicksal auch mich angeht.«

»Zieh hinweg ... in das Land, das Ich dir zeigen werde«

Gen 12,1–4a

1 Es sagte der Herr zu Abram:
»Zieh hinweg aus deinem Land und aus deiner Verwandtschaft und aus deinem Vaterhaus in das Land, das Ich dir zeigen werde.
2 Ich mache dich zu einem großen Volk, Ich werde dich segnen und deinen Namen groß machen. Sei ein Segen!
3 Ich werde segnen, die dich segnen, und fluchen jenem, der dich verflucht. Gesegnet werden durch dich alle Familien der Erde.«
4 Da ging Abram weg, wie der Herr zu ihm gesprochen hatte. Und Lot ging mit ihm ...

Der Text im Kontext

Mit Gen 12,1 beginnt die Geschichte Abrahams (*Awrahám,* 17,5; zuvor Abram, *Awrám,* genannt), des ersten der drei »Stammväter« Israels. Nach 11,27–31 ist er der älteste Sohn Terachs, der Bruder Nachors und Harans, der Gatte Sarajs (= *Sará;* 17,15), der Onkel Lots, Harans Sohn. Terach wohnt mit seinen Angehörigen in der sumerischen Stadt Ur am Südlauf des Eufrats. Nach den später in Ur herrschenden semitischen Chaldäern nennt der Text den Ort *'Ur Kasdim,* »Ur der Chaldäer«.
Ur ist ein wichtiges politisches, wirtschaftliches und religiöses Zentrum. Die 1854 durch den Engländer J. E. Tylor begonnenen und vor allem durch seinen Landsmann Sir C. L. Woolley von 1922–33 intensiv durchgeführten Ausgrabungen am heutigen Tell al-Muqajjar haben unter anderem die Überreste eines Stufenturms (Ziqqurat), eines »Götterbergs«, freigelegt. Die Blüte erlebt Ur um die Wende des 3. Jahrtausends v. d. Z. (Näheres in: Enc. miqra'it, I, 170–176).
Ur zählt zum sogenannten Fruchtbaren Halbmond, der sich von Mesopotamien über das Aramäerland (Syrien) nach Kanaan und Ägypten erstreckt. Wie viele andere Menschen begibt sich Terach mit seiner Familie von Ur aus in nord-westlicher Richtung auf die Wanderschaft. Der Text verschweigt die Ursachen des Aufbruchs, erwähnt aber die Personen und das

Reiseziel: Terach, Abram, Lot, Saraj gingen »aus Ur Kasdim ... zum Land Kanaan hin, und sie gelangten nach Harran *(Charán)* und ließen sich dort nieder« (11,31). Harran, am Balich, einem Quellfluß des Eufrats gelegen, 100 km östlich von Karkemisch, befindet sich heute im türkisch-syrischen Grenzgebiet. »Das alte Harran liegt unter den Häusern und Trümmern der neuen türkischen Stadt Harran« (Enc. miqra'ít, III, 302).
Terach folgt der Hauptverbindung dem Eufrat entlang. Von Ur aus zieht er durch die Städte Larsa, Erek, Babylon nach Mari. Kurz danach gabelt sich die Hauptverkehrsader des Fruchtbaren Halbmonds. Ein direkter Weg führt über Tadmor (Palmyra) nach Damaskus und zum kanaanäischen Hazor *(Chazór)*. Terach wählt freilich die nördliche Route, dem Eufrat entlang, und kommt nach Harran. Weshalb, wird wiederum nicht gesagt. Es mag sein, daß sich der Götterverehrer Terach (Jos 24,2: »sie dienten fremden Göttern«) in der dem Mondgott Sin geweihten Stadt zu Hause fühlt. Auf jeden Fall unterbricht er die Wanderung – für immer. In Harran wird er (60 Jahre nach Abrahams Wegzug; R. D. Hoffmann, séfer b'reschít, 199) sterben (11,32). In Harran aber – im Norden Mesopotamiens, über 900 km in der Luftlinie von Ur Kasdim entfernt – ergeht das Wort Gottes an Abraham. In dieser heidnischem Kult verschriebenen Stadt darf *sein* Aufbruch nicht zu Ende sein. Abraham muß zum Ziel hin weiterziehen: »in das Land, das Ich dir zeigen werde« (12,1)

Leitworte des hebräischen Textes

lech (Imperativ von *h-l-ch) l'chá* heißt nach Raschi: »geh für dich weg, zu deinem Nutzen und Guten«. Gegen Nachmanides (das *l'cha* besitzt keine besondere Bedeutung, »denn so ist das Gesetz der Sprache«) ist anzunehmen, daß *l'chá* einen bestimmten Akzent zu setzen suchen. B-R: »geh du«, Abarbanel (b'reschít, 190): »geh' allein«, M. D. Cassuto (minóach ʿad Awrahám, 211f): »geh allein oder jedenfalls nur mit jenen, mit denen du auf besondere Weise verbunden bist«. B. Jacob (Genesis, 334): »Es ist die Forderung an den Gottberufenen, einzig *seinen* Weg zu gehen.« Die sprachliche Wendung findet sich nur noch Gen 22,2 bei der Aufforderung zum Sohnesopfer. Analoge sprachliche Bildungen allerdings in Ex 18,27; Jos 22,4; 1Sam 26,11f; Jer 5,5; Hld 2,10.11; 4,6.
'érez ist das »Land«, hier Harran und sein Umkreis, in dem Abraham »heimisch« geworden ist (B. Jacob, 315). *molédet* ist wie in Gen 24,4; 43,7 die »Verwandtschaft« (B-R; M. D. Cassuto, 187), der Ort, in den ein

Mensch »hineingeboren« (*molédet* von *j-l-d*) geboren wird. *Bet 'aw* ist das »Vaterhaus«.
'ar'éka, »ich lasse dich sehen, ich werde dir zeigen« (Hiphil von *r-'-h* mit dem Suffix *-ka,* »dich«).
Fünfmal kehrt (V 2f) das zentrale Wort des Abschnitts – *b'rachá,* »Segen« – mit den Verbalformen wieder: *wa'awaréch'cha* (Piel), »ich werde dich segnen«, *wa'awarchá,* »ich werde segnen«, *m'warchécha* (Partizip), »die dich Segnenden«, *w'niwr'chú* (Niphal), »es werden gesegnet werden« (oder: »es segnen sich«). »Segnen« meint zunächst »mit irdischen Glücksgütern versehen« (Reichtum, Kinder, Nachkommenschaft), umschließt dann aber auch den geistig-ideellen Bereich: die »Besonderheit dieses Volkes«, die »von Gott gesegnete Eigenart« (B. Jacob, 335f).
q-l-l bedeutet »im ursprünglichen Sinn des Verbs: verachten, demütigen, dann: dem anderen Böses wünschen« (M. D. Cassuto, 215). *q-l-l* und *'-r-r* sind Synonyme und werden gemeinhin mit »fluchen« übersetzt. B-R: »die dich lästern« (*m'qalélcha*).

Der Text in der Exegese

Der erste Anruf Gottes an Abraham beginnt mit *wajómer,* »Er sagte« (12,1). Man würde – wie in 12,7 – ein *wajéra',* »Er erschien«, erwarten. M. D. Cassuto (211) erklärt sinnig:

»Der Text will uns offenbar mitteilen, daß Abraham erst im erwählten Land eine Gotteserscheinung zuteil geworden ist. Bis zu diesem Zeitpunkt vernahm er – wie Adam und Noa – nur Seine Stimme.«

Dieser Anruf ist hart und fordernd: *lech l'chá,* »zieh' hinweg!«, verlaß deinen vertrauten Umkreis. S. R. Hirsch schreibt (Der Pentateuch. Die Genesis, 183):

»In *h-l-ch* liegt also schon an sich das sich Lossagen, sich Trennen von dem Standpunkte, auf dem man sich befindet ... *lech l'chá:* ›Gehe für dich, isoliere dich!‹«

Abraham wird »ein Fremder ohne Rückhalt«, »staatenlos« (B. Jacob, 316), aber er ist nicht vogelfrei, da Gott ihm Seinen Segen schenkt (B'chor Schor, Kommentar zum Pentateuch, zu V 1).
Die »Isolierung« vollzieht sich in einem Prozeß, der vom Leichteren zum Schwereren hin gleitet: von der Lösung aus dem »Land« bis hin zur Lösung vom »Vaterhaus« (Kimchi). Obwohl das Land, von dem im Text die Rede

ist, nicht Ur Kasdim, Abrahams Geburtsort, ist, sondern Harran (so Nachmanides, Abarbanel, R. Sch. D. Luzzatto, B. Jacob gegen Gaon Saadia, Ibn Esra, Kimchi), fällt es dem von Gott Angesprochenen bestimmt nicht leicht, sich von allem zu trennen und die Reise ins Ungewisse zu beginnen. Von den »zehn Prüfungen«, die Abraham zu bestehen hat (Sprüche der Väter, V, 5), ist diese erste neben der letzten – der »Prüfung von der Opferung Isaaks« – die schwerste. Und beide – die erste und die zehnte Prüfung (Gen 22,2) – werden durch das *lech l'chá* charakterisiert.

»R. Levi bar Chama (lehrte): Es sagte der Heilige, gelobt sei Er, zu ihm: bei der ersten und bei der letzten Prüfung prüfe Ich dich mit einem *lech l'chá:* ›geh hinweg‹ aus deinem Land und ›geh hinweg‹ ins Land Moria« (Tanchúma jaschán, Lech l'chá, 4).

Abraham erfährt nicht sofort die ganze Tragweite des Auftrags. Er wird – wie in Gen 22,2 – schonend vorbereitet, indem er den schmerzlichsten Teil der Gottesforderung erst zuletzt vernimmt. Dort die Opferung des geliebten Isaak, hier die Trennung vom greisen Vater und der großen Familie. Der Vergleich der beiden Bibelstellen mag die Steigerung verdeutlichen (s. auch Bibelauslegungen I, S. 75ff):

Gen 22,2	Gen 12,1
Nimm doch deinen Sohn,	Zieh hinweg
deinen Einzigen,	aus deinem Land
den du liebst,	und aus deiner Verwandtschaft
den Isaak,	und aus deinem Vaterhaus
und zieh hin zum Berg Moria	in das Land, das Ich dir zeigen
und opfere ihn dort als Ganzopfer ...	werde.

R. D. Hoffmann (207) erklärt richtig:

»Die Häufung der Ausdrücke drückt die Schwierigkeit der göttlichen Forderung aus.«

Wohin soll Abraham ziehen?

»In das Land, das Ich dir zeigen werde« (V1). Der Name des Landes ist nicht genannt, doch aus V5 ist ersichtlich, daß Abraham von Anfang an den Bestimmungsort kennt und entsprechend auch die Richtung einschlägt. Es ist zudem dieselbe Richtung, die sein Vater mit der ganzen Familie gegangen ist. Weshalb dann die geheimnisvolle Angabe?

Der Vergleich mit Gen 22,2 – »... auf einem der Berge, den Ich dir nennen werde« – ist von der Sache her nicht einleuchtend. Denn beim Opferbefehl

weiß Abraham wirklich nicht, wohin er gehen soll. Erst unterwegs ist ihm der Ort klar geworden, und er sieht ihn »am dritten Tag« »von weitem« (22,4). In unserem Text hingegen ist die Wanderung nach Kanaan eine feststehende Tatsache. Abraham zweifelt nicht an der Route, wie Gott ihm den Befehl zum Aufbruch erteilt.
R. Sch. D. Luzzatto spürt wie Ibn Esra (»Das ganze Land, das du siehst, werde Ich dir geben«) die Schwierigkeit und schreibt:

»Ich zeige es dir, um es dir zu geben.«

Entsprechend interpretiert B. Jacob (334f):

»Dies kann nicht besagen: das ich dir noch nicht nennen will, so daß Abraham aufs Geratewohl aufbrechen soll, ohne zu wissen, wohin ... Sondern: über dessen Beschaffenheit ich dich durch Augenschein belehren werde ...«

Gott nennt nicht die Bestimmung, weil sie Abraham bereits bekannt ist. Er verspricht ihm vielmehr, daß er ins Land gelangen und es mit eigenen Augen sehen werde. Vgl B-R: »in das Land, das ich dich schauen lassen werde«.
Weshalb aber soll Abraham überhaupt wegziehen? Kann Gott ihm nicht in Harran Seinen Segen schenken?
Raschi meint:

»Geh für dich weg, zu deinem Nutzen und Guten; dort mach Ich dich zu einem großen Volk. Hier aber sind dir keine Kinder vergönnt (nach b. Rosch Haschaná, 16b). Und ferner: Ich mache dich (eig. deine Natur) in der Welt bekannt.«

Der erste Grund der Auswanderung Abrahams liegt im Willen Gottes, Abraham zu »einem großen Volk« (*l'goj gadól*) zu »machen« (*w"e'eschá*), V2. M. Buber (darkó schel miqrá', 1964, 72ff) vergleicht Abraham mit Noa:

»Noa steht an seinem Platz in der Natur. Er ist der aus der Sintflut gerettete Mann, der Mann der Erde. Abraham geht als erster auf dem Weg in die Geschichte, er verkündet gleichsam die Herrschaft Gottes.« Dieses Volk »muß als ›Volk Gottes‹ alle Völker zum Gottesberg bringen, damit sie sich zur Menschheit zusammenschließen.«

Den Vergleich Abrahams mit Noa nimmt M. D. Cassuto (199) auf:

»Nach der Genealogie in Gen 11 gehört Abram zur zehnten Generation des Sem, des Sohnes von Noa. Wie im zehnten Geschlecht nach Adam Noa geboren wurde – ein gerechter und vollkommener Mann, der zum Vater der neuen Menschheit nach der Sintflut geworden ist –, so erstand zehn Generationen nach Noa Abram, Gottes Erwählter, der zum Vater einer in geistiger Hinsicht erneuerten Menschheit wurde.«

Nach M. D. Cassuto ist es daher kein Zufall, daß beide den Gottessegen erhielten (Noa in Gen 9,1; Abraham in 17,2–6).
Zum »Nutzen der Menschen« (*l'to'élet ha'anaschím*) ist Abraham aus seinem Land, seiner Verwandtschaft und seinem Vaterhaus ausgezogen (Gaon Saadia, 356). In den Worten R. D. Hoffmanns (I, 206):

»Um Lehrer der Menschen zu werden ... und Segen für die ganze Menschheit.«

Eng verknüpft mit dem ersten Grund der Auswanderung – der Volksbildung Israels – ist der zweite: Abrahams Nachkommen sollen nach dem Plan Gottes eine spezifische Aufgabe innerhalb der gesamten Menschheit übernehmen: die geistige Erneuerung, die Hinführung zum Gottesberg (Sinai), zum Glauben an den Einen-Einzigen Gott.
N. Leibowitz ('ijuním b'séfer b'reschít, 80f) faßt die beiden Gründe so zusammen:

»Die drei Verse (12,1–3), die die erste Gottesoffenbarung an Abraham enthalten, beginnen mit einem extremen Partikularismus, mit der Trennung zwischen ihm und der übrigen Welt – Abrahams Herausgeführtwerden aus seinem Land etc. – und schließen mit dem Universalismus: ›durch dich werden gesegnet alle Familien der Erde‹ ...«

Der Midrasch vergleicht Abraham mit einer Parfümflasche:

»Es sagte R. B'rechja: Wem glich unser Stammvater Abraham? Einer Balsamflasche, die unter Verschluß in einer Ecke liegt. Ihr Duft kann sich nicht verbreiten. Kaum wird sie aber geschüttelt, so entweicht der Duft. So sagte der Heilige, gelobt sei Er, zu Abraham: ›Bewege dich von Ort zu Ort, und dein Name wird groß in der Welt‹« (Gen.r. 39,1; ähnlich: Tanchúma, lech l'chá, 3 und R. Bachja [B'chajáj] ben Ascher, Kommentar zu 12,1).

In den V 2 und 3 steht die Segensverheißung Gottes. Abraham wird dabei, wie bereits der Midrasch (Num.r., 11) gesehen hat, *siebenfach* gesegnet.

»Es sagte R. Pinchas, Sohn des Ja'ir: Mit sieben Segensweisen segnete der Heilige, gelobt sei Er, den Abraham ... entsprechend den sieben Versen in der Weltschöpfung, in denen ›*ki tow*‹ (»daß es gut war«) geschrieben steht.«

Für M. D. Cassuto (209) ist dieser siebenfache Segen Ausdruck des »vollkommenen Segens«. (Siebenmal kehren übrigens im Abschnitt 12,1–9 der Name Abraham und das Wort *'érez*, Land, wieder.)
M. D. Cassuto stellt fest, daß auch bei den zwei anderen Stammvätern jeweils sieben Segensbezeichnungen vermerkt werden (213f). Wir übernehmen die Tabelle:

Abraham (12,2–3)
»Ich mache dich zu einem großen Volk«
»Ich segne dich«
»mache groß deinen Namen«
»du wirst ein Segen sein«
»Ich segne, die dich segnen«
»und fluche jenen, die dich ... fluchen«
»durch dich werden gesegnet alle Familien der Erde«

Isaak (26,3–4)
»Ich werde mit dir sein«
»und dich segnen«
»dir gebe Ich alle diese Länder«
»Ich erfülle den Schwur«
»vermehre deine Nachkommen«
»schenke ... diese Länder«
»gesegnet werden durch deine Nachkommen ...«

Jakob (27,28–29)
»Gott gebe dir vom Tau des Himmels ...«
»Völker dienen dir«
»es verneigen sich vor dir«
»sei Herr deinen Brüdern«
»es bücken sich vor dir«
»die dir fluchen, seien verflucht«
»die dich segnen, gesegnet«

Unter dem siebenfachen Segen kehrt *fünfmal* der Ausdruck für »Segen« (*b-r-ch*) wieder, entsprechend dem fünfmal im Schöpfungsbericht genannten »Licht« (*'or*). B. Jacob (339):

»Es ist eine überströmende Fülle des Segens, die sich aus dieser Gottesrede ergießt. Fünfmal das Wort Segen, wie fünfmal das Wort ›Licht‹ bei dem allerersten göttlichen Schöpfungswort. Es ist eine zweite Welt, die mit Abraham ins Dasein gerufen wird, die Welt des Segens durch Menschen für Menschen.«

Mit Abraham beginnt eine ganze neue Epoche, und deshalb wird auch er selbst zu einem neuen Geschöpf. Der Midrasch (Gen.r. 39,14) erläutert:

»Es sagte R. B'rechja: *'etenchá* (ich gebe dich); *'asimchá* (ich lege dich) heißt es hier nicht, sondern *w''e'eschá* (ich mache dich): wenn Ich dich zu einem neuen Geschöpf mache, wirst du fruchtbar sein und dich mehren« (Analog S. R. Hirsch, 185).

Die jüdischen Exegeten haben die einzelnen Teile des Segens näher angesehen.

1. »Ich mache dich zu einem großen Volk«

Handelt es sich dabei um eine zahlenmäßige Größe, um »groß« im Sinne von »viel«?

»Es fragte R. Pinchas der Priester, der Sohn Chamas: Wann hat der Heilige, gelobt sei Er, Abraham zu einem großen Volk gemacht? Als die Israeliten aus Ägypten gezogen waren, die Tora empfingen und zum Land Israel gelangten, blickte Mose zurück und sprach: sie sind zu dem geworden, das Gott dem Ahnen zugesagt hatte.

Eine zweite Erklärung: ›Zum großen Volk‹ – Ich schenke deinen Nachfahren die Tora, und durch sie werden sie ›großes Volk‹ genannt, denn es heißt (Dtn 4,6): ›fürwahr, ein kluges und weises Volk ist dieses große Volk‹ (*hagój hagadól hasé*)« (Num.r. 11).

Die Größe liegt weniger im numerischen Bereich als im geistig-religiösen. Nach dem Gaon Saadia (358) ist Israel »groß« wegen seiner Zahl (Dtn 26,5), wegen seiner engen Beziehung zu Gott, der seine Gebete erhört (Dtn 4,7), und wegen der von Gott Israel übergebenen Tora (ib. V 8). »Groß« meint daher »zahlreich« und »wichtig« (R. D. Hoffmann). Für den damals noch kinderlosen Abraham muß die Verheißung einer Nachkommenschaft in jedem Fall echter Zuspruch gewesen sein (Chisqúni und E. S. Hartom).

2. »und ich werde dich segnen . . . sei ein Segen«

wehjé b'rachá, »du wirst ein Segen sein«, ist vielleicht besser als Imperativ zu verstehen: »und du selbst sollst ein Segen sein« (Wohlgemuth-Bleichrode), »und sei Segen« (B. Jacob), »werde ein Segen« (B-R), »sei ein Segnender« (Targúm Onkelos: *uthí m'warách).*
Der Segen gilt zunächst für Abraham: »Der Segen findet sich in allem, was du (Abraham) tust« (Chisqúni), doch dann überträgt sich die Segensfülle auf alle, die mit Abraham in Kontakt kommen. Der Midrasch (Gen.r. 39,18) verwendet die Klangähnlichkeit von *b'rachá* (Segen) mit *b'rechá* (Zisterne) zur folgenden Deutung:

»Sei ein Segen – sei eine Zisterne: Wie diese Zisterne die Unreinen reinigt, so bringe auch du die Fernstehenden näher und reinige sie ihrem Vater im Himmel« (ähnlich auch Num.r. 11)

Abraham »eine Ansammlung von Segen« (B'chor Schor), so übervoll des kostbaren »Wassers«, daß andere Menschen durch ihn glücklich werden. »Du wirst zum Quell des Segens« (R. D. Hoffmann).
Was für Abraham gilt, ist für eine Spätzeit auch dem ganzen Volk Israel angesagt: *wihjitém b'rachá,* »seid ein Segen« (Sach 8,13; vgl Jes 19,24f).
Gott selber sorgt für die Verbreitung des Segens, indem er Abraham vor allen Nachstellungen der Fluchenden, der Neidischen, der ihm das Glück Mißgönnenden in Schutz nimmt.
»Ich werde segnen jene, die dich segnen, und fluchen jenem, der dich verflucht«:

»Ich bin dir Freund und Erlöser« (B'chor Schor).

Obwohl Abraham allein im neuen Land ist – nur begleitet von seinen engsten Angehörigen –, braucht er nicht zu verzagen. Gott läßt ihn nicht im Stich. Vor dem Fluchenden (*m'qalelchá:* Singular!) nimmt Er ihn in Schutz, und nur wenige sind es, die Abraham mit Eifersucht verfolgen. Der Segnenden hingegen sind viele (*m'warachécha:* Plural!; so Ibn Esra, Chisqúni, Kimchi).

3. »Durch dich werden gesegnet alle Familien der Erde«

Der Vers erinnert an die Parallele in Gen 22,18: »und segnen werden sich (*w'hitbarachú,* Hitpael) mit deinen Nachkommen alle Völker der Erde«. Rabbiner J. H. Hertz verweist auf Jes 42,6, wo von Israel gesagt wird, es werde *l''or gojím,* »zum Licht der Völker«.

4. »und ich mache groß deinen Namen«

Kimchi sieht eine Erfüllung dieses Versprechens im Lob der Hethiter (Gen 23,6): »Hör uns, Herr! Ein Fürst Gottes (*n'si' 'Elohím*) bist du in unserer Mitte.« Aus dem unbekannten, aus der Ferne hergereisten Abraham ist ein »Fürst Gottes« geworden, dem man willig ein Grundstück für das Begräbnis seiner Frau zu verkaufen bereit ist.
Abraham hat durch seinen Wegzug aus Harran viel aufgegeben. »Doch er sollte«, schreibt S. R. Hirsch (185), »alles Aufgegebene und zwar in bedeutend gesteigertem Maße durch Gott wieder erhalten ...«
Abarbanel hat den »Verlust« und den »Wiedergewinn« in einer Entsprechung zu zeigen gesucht:

statt des Elternhauses (*mibét 'awícha*)	→ eigene Kinder (*gój gadól)*
statt der Verwandtschaft (moladt'chá)	→ den Segen und Namen
statt des Landes (*me'arz'chá*)	→ den Segen durch andere

S. R. Hirsch sieht desgleichen eine Entsprechung:

»Er gibt seine Nationalität auf« (*me'arz'chá*)	→ wird »Boden einer neuen Nationalität« (*gój gadól*)
»Er gibt seine Heimat auf« (*mimoladt'chá*)	→ gewinnt in Gott ein »neues Bürgerrecht« (*wa'awar'chá*)
»Er gibt Ehre und Familie auf« (*mibét 'awícha*)	→ er erhält »neuen Namen zur Ruhmesgröße« (*wa'agadlá ...*)

Abraham muß auf Gottes Zusagen vertrauen. Etwas Konkretes besitzt er nicht, keinen handfesten Beweis für die Verheißungen. Im Gegenteil: er wird fremd, ohne Besitz, in einem unbekannten Land leben. Und wie leicht wird der Fremde – und im Falle Abrahams bald einmal der Andersgläubige, der für »seinen Gott« Altäre errichtet (12,8; 13,18) – unterdrückt und seiner elementaren Rechte beraubt. Abraham besitzt keinen Boden, und daher muß er – Vorräte für die Zeit der Entbehrung kann er nicht anlegen! – nach Ägypten ziehen (12,10). Sonst würde er des Hungers sterben. Der unlängst ins Land Gelangte ist den Härten nicht gewachsen und begibt sich bereits wieder in ein anderes Land. Wo bleiben, mag sich Abraham in bangen Stunden überlegen, Gottes Zusicherungen? Wo bleibt die reiche Nachkommenschaft, wo der Segen? Gott »prüft« ihn wahrlich, selbst wenn – anders als in Gen 22,2 – der Terminus für »prüfen« (*nissá*) nicht angegeben ist.

»Und Abraham ging, wie der Herr zu ihm gesprochen hatte, und es ging mit ihm Lot«

Abraham antwortet auf den Gottesbefehl mit der Tat: »er geht«, er bricht auf und läßt seine Familie – von Sara und seinem Neffen Lot abgesehen – hinter sich. Was er sich dabei gedacht hat, mit welchen Zweifeln er ringen mußte, wird nicht mitgeteilt. Abraham hört den Ruf und gehorcht, obschon dies nicht einfach ist. R. I. Reggio bemerkt:

»Als er in Harran war, erging an ihn plötzlich diese Rede. Obwohl er an die Prophezeiung noch nicht gewohnt war – bisher hatte Gott nicht zu ihm gesprochen –, glaubte er sogleich an Gott und hörte auf Seine Stimme. Wie es nachher heißt: ›und Abram ging, wie Gott zu ihm geredet hatte‹.«

Der chassidische Rabbi Baruch aus Kosow betont:

»Die Schrift lehrt dich, daß Abraham sich nicht lange Gedanken darüber machte, ob er gehen solle oder nicht. Als ›der Herr zu ihm geredet hatte‹, machte er sich auf und zog hinweg« (zit. bei Jissachar Weiß, b'sod síach hatorá, 1966,56).

Weder forderte Abraham ein Zeichen Gottes, daß die Verheißung erfüllt werde (Kimchi), noch ging er »um des Lohnes« willen:

»Wenn auch Gott ihm einen Lohn versprochen hatte (= das Land, die reiche Nachkommenschaft, den Segen), . . . so ging Abraham nur ›um des Himmels willen‹, wie Er es ihm aufgetragen hatte« (Malbim).

Und er war bei allem schon ein alter Mann (V 4b):

»Er ging einem unbekannten Ziel entgegen, obwohl er bereits 75 Jahre alt war« (Hartom).

Es wäre falsch, von einem blinden, unreflektierten Gehorsam zu sprechen. Abraham kennt oder ahnt zumindest die Schwierigkeiten: die Gefahren einer Reise ins Unbekannte, die Gefährdungen der fehlenden Seßhaftigkeit, die Gebrechen des Alters. Er macht sich auf den Weg, weil er Gott vertraut und sich Ihm anvertraut. Die spontane Reaktion auf den Gottesruf charakterisiert auch in der Zukunft sein Verhalten. Etwa in Gen 22,3, wo er sich »früh des morgens aufmacht und seinen Esel sattelt«, um den Befehl zum Sohnesopfer zu erfüllen (vgl Bibelauslegungen, I, 81).
»Und es ging mit ihm Lot.« M. D. Cassuto stellt fest:

»Die Formulierung des Verses deutet auf den Unterschied zwischen Abraham und Lot. Abraham ging, weil Gott ihm so befohlen hatte, Lot hingegen ging, weil Abraham sich auf den Weg machte.«

Lot gehört zur engen Familie Abrahams. Er sieht nach dem Tod seines Vaters Haran (11,27f) in seinem Onkel Abraham den natürlichen Beschützer, den Vormund, an den er sich gerne anlehnt. Und deshalb ist es für ihn selbstverständlich, daß er sich mit auf die Reise begibt. Nicht, um den alten Onkel, der keinen eigenen Sohn hat, zu beerben, wie J. Weiß (56) bemerkt, sondern aus echter Anhänglichkeit heraus. B. Jacob (339) schreibt:

»Auch Lot hat jetzt seine große Stunde. Es ist zwar kein Gottesruf, dem er folgt, er hat keinen Vater mehr, den er verlassen müßte, er schließt sich nur an, aber auch er ›geht‹. Bei Abraham ist das Motiv Gottesliebe, bei ihm Treue gegen einen nahen Verwandten.«

Allerdings ist dabei B. Jacobs Urteil überspitzt, wenn er meint:

»Beides wird von der Tora gleichgewertet ...«

Von einer »Gleichwertigkeit« kann nicht die Rede sein. Die Talmudweisen haben mit psychologischem Verständnis die Erkenntnis formuliert (b. Kiduschín, 31a):

»R. Chanina sagte: Größer ist, wem befohlen wurde, und er tut's, als wem nicht befohlen wurde, und er tut's.«

Wobei die Tossafót (z. St.) interpretieren:
»Es scheint, daß der Grund ... darin liegt, daß (der Beauftragte) mehr darauf bedacht ist und sich mehr sorgt, den Befehl nicht zu übertreten, als der nicht Beauftragte. Dieser hat nämlich ein Brot in seinem Korb. Wenn er will, kann er (den

Befehl) sein lassen.« (Er braucht sich um den Auftrag nicht zu kümmern und kommt dennoch gut davon.)

»Und Abraham ging«: Sein Aufbruch wird zum Beginn einer neuen Epoche in der von der Bibel beschriebenen Menschheitsgeschichte.

»Eine Routinewanderung wird zu einer schicksalshaften Reise, die die Geburt einer neuen Nation einleitet ...« (N. M. Sarna, Understanding Genesis, 100).

N. Leibowitz (84) deutet den Sinn dieses Neubeginns:

»Adam und seine Nachkommen strauchelten. Auch der zweite Anfang mit Noa und seinen Söhnen war ein Mißerfolg: nach der Generation, die (wegen des Turmbaus) zerstreut worden war, ist die Menschheit in Nationen aufgespalten. Heilung, die Rückkehr zu einer ungeteilten Menschheit, zu vollkommener Brüderlichkeit, sind nur bei einem dritten Anfang möglich, bei dem ein einziges Volk ›zum Segen‹ wird, da alle Völker ... zu einer geeinten Menschenfamilie werden.«

Die in vielen Sprachen redenden und sich daher nicht mehr verstehenden Menschen (Gen 11,1–9) sollen wieder zusammenfinden und die Zersplitterung überwinden.
Abraham gilt in der jüdischen Tradition als der erste Jude. Gott hat, wie uns die Tora erzählt, auch vor Abraham Menschen angesprochen: Adam, Eva, Kajin, Noa. Abraham indessen wird »Vater einer großen Volksmenge« (*'aw hamón gojím,* Gen 17,5), und seine Nachkommen werden Besitzer eines eigenen Landes (17,8). Gott-Volk Israel-Land Israel: diese »Dreiheit« ist Grundelement des Judentums. Der Eine-Einzige Gott ist Schöpfer der Welt, aber zugleich Lenker der Geschichte – und damit auch der Geschichte Israels. Und das Volk Israel bedarf seines Landes, um die von Gott gestellten Forderungen stets aufs neue realisieren zu können. Abraham ist nicht so sehr Begründer eines neuen Glaubens als Begründer eines Volkes. Sein Ehrentitel lautet daher in der Tradition Israels: »unser Stammvater Abraham« (*'Awrahám 'awínu*). Mit ihm beginnt die Geschichte des Judentums, vor allem aber die Geschichte der jüdischen Volks- und Schicksalsgemeinschaft.
An ihrem Anfang steht der Befehl zum Aufbruch ins Unbekannte: »in ein Land, das Ich dir zeigen werde«. *lech l'chá*, »zieh hinweg«, verharr nicht am Platz, an dem du dich zufällig befindest, geh vielmehr einem Ziel entgegen. Die Dynamik, das Gehen im weitesten Sinn – also auch das geistige Weiterschreiten, das nie beim Erreichten stehenbleibt – kennzeichnet die Lebensgeschichte Abrahams und seiner Nachfahren. Abraham wird immer wieder von Gott herausgefordert, »auf die Probe gestellt« und mit stets

neuen Aufgaben konfrontiert. Sein Leben ist oft schwer und von Tragik überschattet, doch immer im Aufbruch und nie eingespurt in feste Bahnen. Abrahams Leben ist lebendig und späteren Generationen leuchtendes Beispiel.

Wegweisung für unsere Zeit

wehjé b'rachá, »sei ein Segen!« Abraham empfängt die Segensverheißung Gottes für sich und seine Nachkommen. Der Segen ist freilich an Bedingungen geknüpft, er ist nicht einfach geschenkt. Abraham muß wegziehen und die Bedingungen für die Segensfülle schaffen. Gott ist Seine *b'rachá* auszuschütten bereit, vorausgesetzt, der Segensträger richtet sich nach ihr aus und bereitet ihr den Boden.
Das ist der eine Punkt, der im Text besonders bedeutsam ist. Und der andere: Abraham empfängt den Gottessegen für »alle Familien der Erde«. Die nationale Enge ist durchbrochen, die Welt ist hineingenommen. Gott bedient sich eines einzelnen Menschen oder eines einzelnen Volkes, um allen Menschen und Völkern Seine *b'rachá* zu geben. Abraham ist Segensträger und zugleich Segensvermittler. Wodurch? Durch sein Tun, sein Vorbild. Wahrer Gottessegen ist nicht begrenzt, er drängt hinaus in die weite Welt und will alle beglücken.

»Der Herr geht vor ihnen«

Ex 13,20–22

20 Sie brachen auf von Sukkot und lagerten in Etam, am Rand der Wüste.
21 Der Herr aber geht vor ihnen tags in einer Wolkensäule, um sie auf dem Weg zu führen, und nachts in einer Feuersäule, um ihnen zu leuchten: damit sie gehen können tags und nachts.
22 Nicht weicht die Wolkensäule tagsüber, noch die Feuersäule des Nachts vor dem Volk.

Der Text im Kontext

Die ägyptische Knechtschaft ist zu Ende. Die Israeliten sind aufgebrochen, nicht gemächlich, sondern in Eile, angetrieben von Pharaos Schergen, die – nach dem Tod aller menschlichen Erstgeburt – die Sklaven nicht schnell genug loszuwerden vermögen (Ex 12,33). Aus Furcht vor dem Tod: »denn sie (Ägypter) sagten: wir sterben noch alle«. Nicht wie Diebe in der Nacht, sondern bei hellem Tageslicht (V 51) und »mit erhobener Hand« (14,8), die wohl zur Faust geballt ist, ziehen die freigewordenen Leibeigenen aus ihren Behausungen – hinweg in die Freiheit.
Ein Risiko bleibt indessen. Die nächste Route aus Gosen, dem Gebiet im östlichen Teil des Nildeltas, in Richtung Kanaan führt über den »Weg ins Philisterland« (13,17) dem Mittelmeer entlang. In wenigen Tagen gelangt man ans Ziel, doch diese Ausfallstraße ist zum Schutz gegen feindliche Eindringlinge von den Ägyptern seit langem befestigt worden. Ohne Zustimmung der Militärbehörden kann keiner so leicht passieren. Wenn Mose und seine Leute zu diesen Befestigungen kommen, werden sie vielleicht zurückgejagt, weil der Kommandant von dem durch den König verfügten Auszug noch gar nichts gehört hat. Und selbst wenn sie durchgelassen werden, stoßen sie früher oder später auf kanaanäische Einheiten, die ihnen den Vormarsch versperren. Eine militärische Konfrontation scheint wahrscheinlich. Die Schrift vermerkt (13,17): »... Gott führte sie nicht auf dem Weg des Philisterlandes, denn er ist (zu) nahe. Gott sagte nämlich: ›es könnte das Volk gereuen, wenn es Krieg sieht, und es würde nach Ägypten

zurückkehren‹.« Das Ungelegenste, das den eben erst in die Freiheit Entlassenen und noch völlig Desorientierten begegnen könnte, ist ein Zusammenstoß mit bewaffneten Gegnern. Ein taktischer Umweg drängt sich daher auf. »So lenkte Gott das Volk um: auf den Weg der Wüste zum Schilfmeer« (13,18). Der Kurs wird geändert, der direkte »Weg ins Philisterland« zugunsten einer langen Wanderung gemieden. Und wenn auch die Feinde nicht ausbleiben und die Israeliten – etwa in der Schlacht gegen die Amalekiter (17,8–13) – ums Überleben kämpfen müssen, so doch nicht in der ersten Zeit nach dem Auszug aus Ägypten. Die genaue Marschrichtung läßt sich im übrigen nicht fixieren. Sind die Wanderer bis zu den hohen Bergen im Süden der Sinaihalbinsel gezogen – bis in die Gegend des »Mose-Bergs« –, oder ging ihr Zug nördlich vom »Philisterweg« zur Sebchat Berdawil (s. Atlas Carta, Nr. 48)?
Wesentlich für das Textverständnis ist nur der Umstand, daß das »Abweichen« von der normalen Route als sehr bedeutsam erachtet wird und – bemerkenswerterweise – rational begründet ist.
13,19 berichtet von der Erfüllung eines Schwurs. Der lange vor dem Exodus verstorbene Joseph hat vor seinem Tod den Brüdern den Eid abgenommen, bei dem zu erwarteten Auszug aus dem Ägypterland – und damals wußte noch niemand von der langen Knechtschaft – sollten seine sterblichen Überreste mitgenommen werden (Gen 50,24f). Wie Jakob wollte auch er in Kanaan, dem Abraham zugesprochenen Land der Verheißung, die endgültige Ruhestätte finden. Mose erinnert sich des heiligen Gelöbnisses und nimmt »Josephs Gebeine« mit. Nach Jos 24,32 ist Joseph in Sichem bestattet worden. Daß das »Mitnehmen« der Gebeine berichtet wird, ist offensichtlich wichtig. Der Text will sagen: Wie Gott sein Versprechen an Abraham (Gen 15,13f) erfüllt und dessen Nachkommen aus der Knechtschaft befreit hat, so genügt auch Mose einer im Schwur übernommenen Pflicht aus einer früheren Generation.
Die Israeliten ziehen einer unbekannten Zukunft entgegen. Doch sie ziehen nicht allein: Gott begleitet sie, schenkt ihnen Seine Führung und Seinen Schutz. Davon berichtet der Text in 13,20–22.

Leitworte des hebräischen Textes

wajisʿú (von *n-s-ʿ*) heißt: »sie brachen auf«, *wajachanú* (Qal von *ch-n-h*) »sie lagerten« (vgl *machané,* »Lager«).
qazé, »Ende«, »Rand« ist nach S. R. Hirsch (Der Pentateuch, Exodus,

z. St.) »jeder äußerste Punkt eines räumlichen Gegenstandes, somit Anfang sowohl als Ende«.
jomám, »tags«, »tagsüber«, »immer nur, wenn die Sonne (Tageslicht) über der Erde scheint«, im Gegensatz zu *jom,* »Tag«, das gelegentlich auch die Nacht mit einbezieht (Num 8,17; 2Kön 7,9; Ps 88,2); so Ibn Esra und Chisqúni zu 13,21.
'amúd (von *'-m-d,* stehen) ist die »Säule«, *'amúd 'anán* die »Wolkensäule«, *'amúd 'esch,* die »Feuersäule«. Die Säule wird *'amúd* genannt, »weil der Bau des Hauses auf ihr steht« (Ibn Esra zu V 21).
lanchotám (= *l'hanchotám;* Raschi: wie *lar'otchém* für *l'har'otchém;* Dtn 1,33) heißt: »sie zu führen« (Infinitiv mit Suffix im Hiphil von *n-ch-h*).
l'ha'ír (Infinitiv im Hiphil von *'-w-r*) heißt: »leuchten«.
jamísch ist entweder Imperfekt Hiphil von *m-w-sch* (»er wird [nicht] weichen lassen«) und dann als Transitiv verwendet (so Targúm Onkelos: *la ja'adé)* oder Imperfekt Qal: »sie (die Wolkensäule) wird nicht weichen«. Die intransitive Verwendung findet sich beispielsweise in Ex 33,11 (Josua »weicht« nicht aus der Stiftshütte). Raschi, Ibn Esra und A. Weiser denken an die erste Möglichkeit, Chisqúni und B-R an die zweite (so auch das Targúm J'ruschálmi: *la hawá' pasáq,* »es hörte nicht auf«).

Der Text in der Exegese

Nach Ex 12,37 »brachen die Israeliten von Ramses nach Sukkot auf«. Ramses ist die von Ramses II. im östlichen Nildelta erbaute Residenz (1,11), möglicherweise auf den Ruinen der früheren Hyksos-Stadt Avaris (Flavius Josephus, Gegen Apion, I, 14; Enc. miqra'ít, VII, 390, und Karte, 391). Sukkot mag mit dem ägyptischen Ortsnamen Th'ku beim heutigen Ruinenhügel Tell el-Maschuta im Wadi Tumēlat zu identifizieren sein. Eine Sicherheit ist freilich nicht zu gewinnen (s. Enc. miqra'ít, V, 1035).
Die Reise der Ägypten verlassenden Israeliten beginnt in Ramses. Von Ramses gelangen sie nach Sukkot und von Sukkot – so vermerkt das Itinerar in 13,20 – nach »Etam, am Rand der Wüste« (beinahe mit gleichem Wortlaut in Num 33,5f). Diese Wüste heißt in Ex 15,22 »die Wüste Schur«, in Num 33,8 »Wüste Etam«. Der Ort Etam ist nicht lokalisierbar (A. Weiser, sch'mot, 41, in: Tanách m'forásch, 1981; Lokalisierungsversuche in: Enc. miqra'ít, I, 792), »doch war dies offenbar die letzte Station im bewohnten Land, nahe bei der Wüste« (E. S. Hartom, séfer sch'mot, 50; in: sifré hamiqrá', 1955–57). Wie lange die Wanderung dauerte, wie lange die

Befreiten in Sukkot sich aufhielten (Raschi: »am zweiten Tage brachen sie von Sukkot auf, denn am ersten waren sie von Ramses nach Sukkot gekommen« – doch dies wird im Text nicht vermerkt), ist nicht ersichtlich. Desgleichen kennen wir die Zeit nicht, die für die Wanderung von Sukkot nach Etam nötig war (M. D. Cassuto, perúsch ʿal séfer sch'mot, 108).
Im Midrasch (midrásch hagadól, b'schalách, 251) ist das Moment hervorgehoben, das für die gesamte Wanderung zu beachten ist: die Israeliten stehen unter dem permanenten Schutz Gottes. Der Herr hat sie aus Ägypten herausgeführt (12,42.51; 13,17), und Er leitet sie auch sicher durch alle Gefahren in einer unbekannten Einöde.

»Sie brachen auf aus Sukkot – R. Akiba sagt: Wirkliche *sukkót* (Hütten) haben sie sich in Sukkot verfertigt. R. Elieser sagt: *sukkót* sind nichts anderes als ›Wolken der (göttlichen) Herrlichkeit‹.« (Gott hat sie mit Wolken umgeben und durch sie geschützt.)

Beim Aufbruch von Sukkot nach Etam tritt das Neue in Erscheinung. M. Mendelssohn (Be'úr, zu 13,20) schreibt:

»Als sie von Sukkot aufbrachen, begann die Wolkensäule vor ihnen zu gehen, und sie ging nicht auf dem Weg ins Philisterland, sondern auf dem Weg zur Wüste Etam. Die Israeliten folgten ihr ...«

V 21 stellt fest: »Der Herr aber geht vor ihnen tags in einer Wolkensäule ...« Der Herr selbst, und in einer Wolkensäule? Dieser offensichtliche Anthropomorphismus hat den Exegeten Schwierigkeiten bereitet. Das Targúm Onkelos setzt *holéch,* »geht«, einem *molích,* »führt« *(Hiphil von h-l-ch),* gleich:

»Und der Herr führt (*m'dawár*) vor ihnen tags in einer Wolkensäule ...«
Vgl dazu M. Mendelssohn (zu V 21): »Es scheint, daß das Targúm die Materialisierung (*hagschamá*) vermeiden will, indem es sagt: Gott führt mit Seiner Kraft vor ihnen die Wolken- und die Feuersäule.« Aufgrund von Num 14,14 (»Du gehst vor ihnen tags in einer Wolkensäule ...«) lehnt Mendelssohn die Interpretation des Targúm ab und betont: »Vom Wortsinn des Verses ist nicht abzuweichen.«

Die Wolken- und Feuersäule sind Symbole der göttlichen Präsenz, die das Volk auf seiner beschwerlichen Wanderung begleitet. Diese Präsenz heißt im talmudischen Schrifttum *sch'chiná* (von *sch-ch-n,* ruhen, wohnen; vgl *mischkán,* die Wohnung, das Stiftszelt während der Wüstenzeit), das »Wohnen« Gottes inmitten Israel (Ex 25,8).

»Wie sie in die Wüste hinausgingen, war die *sch'chiná* mit ihnen; denn es heißt: ›Und der Herr geht vor ihnen‹« (M'chílta, b'schalách, 3).

Jedenfalls ist die Wendung nicht wörtlich zu verstehen, zumal in 14,19 statt Gott der »Engel Gottes« (*mal'ách 'Elohím*) genannt ist.

»Weil dieser Engel der Abgesandte Gottes ist, bezeichnet ihn die Schrift als ›Gott‹« (Chisqúni zu 14,19).

Ibn Esra, R. Levi ben Gerson (Gersonides) und Abarbanel (Kommentare zu 13,21) betonen, die Tora spreche in der Sprache der Menschen (b. B'rachót, 31b). Das »Gehen Gottes« ist Umschreibung Seiner Vorsehung (*haschgachá*). Gott überläßt Israel nicht sich selbst, Er kümmert sich um des Volkes Wohlergehen. So auch R. Bachja ben Ascher:

»Sie (die beiden Säulen) waren Merkmal und Zeichen, daß Gott Tag und Nacht mit ihnen war, um ihnen den Weg zu zeigen und sie vor der Bedrängnis zu schützen und (aus der Not) zu erretten.«

Tagsüber zeigt die vor dem Lager der Israeliten einherziehende Wolkensäule die Richtung, nachts tritt eine Feuersäule an ihre Stelle.

»R. Jose der Galiläer sagte: Stünde es nicht im Text, so könnte man es nicht (von sich aus) sagen. Gott glich einem Vater, der vor seinem Sohn, und einem Meister, der vor seinem Diener eine Fackel trägt« (M'chílta d'Rabbí Schim'ón bar Jochaí, 13).

Das ist außergewöhnlich in jeder Hinsicht: »Der Aufseher trägt das Feuer vor dem Würdenträger«, sagt der zum Judentum konvertierte Onkelos ben Kalonymos, »der Würdenträger vor dem Fürsten, der Fürst vor dem Hegemon, der Hegemon vor dem König. Trägt jedoch der König das Feuer vor einem gewöhnlichen Menschen? Nein, ... doch der Heilige, gelobt sei Er, trug das Feuer vor den Israeliten« (b. 'Awodá sará, 11a).

Gott »verzichtete auf Seine Ehre«, lehrte der Talmudweise Rawa (b. Kiduschín, 32a).

Gewiß gleichen die beiden Säulen – oder handelt es sich vielleicht auch um ein- und dieselbe? (s. R. J. H. Hertz zu 14,20) – den Fackeln, die vor einem militärischen Trupp als Wegweiser vorangetragen werden (R. Sch. D. Luzzatto, M. D. Cassuto). Mit dieser rationalen Erklärung ist jedoch das Charakteristische nicht getroffen. Der Text sucht eine wundersame Erscheinung zu beschreiben und verzichtet auf jegliche verstandesmäßige Begründung (im Gegensatz etwa zur Spaltung des Schilfmeeres, Ex 14,21).

Nicht als einmalige Erscheinung, sondern jeden Tag und jede Nacht vollzieht sich das Wunder aufs neue, und jeden Augenblick sieht Israel das Zeichen göttlicher Gegenwart und Seiner Vorsehung; »nicht weicht die

Wolkensäule tagsüber, noch die Feuersäule des Nachts vor dem Volk« (V 22).
Die Permanenz ist bedeutsam:

»Diese Zeichen hat Gott, Er sei gepriesen, während der ganzen Wüstenzeit für die Israeliten andauern lassen, damit sich ihnen Seine Größe stärker einpräge und sie Ihm mit vollkommenem Vertrauen anhangen« (R. Levi ben Gerson, zu V 21).

Dank den beiden Säulen (oder der Doppelerscheinung einer einzigen) ist die Wanderung zeitlich nicht eingeschränkt, sie ist zugleich auch – so haben es spätere Zeiten mit viel Phantasie ausgeschmückt – unbeschwert:

»Die Säule, die vor ihnen geht, ebnet ihnen den Weg: erhebt das Niedrige und erniedrigt das Hohe, so daß alles zu einer Ebene wird« (Vergleich mit Jes 40,4; 11,16; M'chílta d'Rabbí Schim'ón bar Jochaí, aaO).

Ein anderer Text (Tanchúma, b'schalách, 3) sieht nicht nur die wegweisende Funktion der Säulen, sondern auch ihre bergende:

»Du findest, daß es sieben Wolken der Herrlichkeit gab (Ex 13,21; Num 14,14; 9,19; Ex 40,34–38) . . . vier in je einer Richtung, eine von unten und eine von oben, und eine geht vor ihnen.«

». . . wie der Hirt seine Schafe sorgfältig umhegt – am Tag wegen der Hitze und in der Nacht wegen der Kälte –, so hat der Heilige, gelobt sei Er, die Israeliten . . . umhegt. Denn es heißt: ›die Wolkensäule wich nicht am Tag . . .‹« (Midrásch t'hillím, zit. bei M. M. Kascher, Torá sch'lemá, XIV, 25).

Die Wolke schützt die Wandernden:

». . .deshalb steht das Verb *lanchotám,* »um sie zu führen«, und nicht *l'holichám,* »sie gehen zu lassen«, weil es ein Gehen ohne Schmerz andeutet. *n-ch-h* ist verwandt mit *n-w-ch,* ruhen« (R. I. Reggio, zu V 21).

Die Wolken umgeben das Volk wie ein Seidengewand. Wenn Ez 16,10 – in der Schilderung all der Liebesbeweise Gottes für das treulose Volk – sagt: *wa'achaséch méschi*, »Ich habe dich mit Seide bedeckt«, so versteht R. J'hudá bar Schim'ón diesen Vers als: »dies sind die Wolken der Herrlichkeit, die sie in der Wüste umgeben haben« (P'síqta rabáti, 33). Das Moment des Schutzes, nicht der Wegweisung, nennt im übrigen der Psalmist:

»Er breitet eine Wolke aus *als Decke (l'masách)* und Feuer, die Nacht zu erhellen« (Ps 105,39).

Neh 9,12 ist von der Führung durch eine Wolkensäule die Rede, doch in V 19 ist diese Säule als »über ihnen« ruhend gedacht:

»Du aber hast sie (Israeliten) in Deiner großen Barmherzigkeit in der Wüste nicht verlassen. Die Wolkensäule hat sich über ihnen (eigentlich: »von über ihnen«, *meʿale-hém)* nicht entfernt am Tag, um sie auf dem Weg zu führen ...«

Vgl Num 14,14: »... und Deine Wolke steht über ihnen (*ʿalehém)*, und in einer Wolkensäule gehst Du vor ihnen (*lifnehém)* tags und in einer Feuersäule nachts.«

Nicht nur eine führende, sondern auch eine absichernde Aufgabe erfüllen die Säulen während der Spaltung des Schilfmeeres und dem Durchzug der Israeliten. Sie hindern die Ägypter an der Verfolgung der Israeliten, »so daß einer sich dem anderen während der ganzen Nacht nicht nähern konnte« (Ex 14,20).

»Sie (Wolkensäule) schied zwischen dem Lager der Ägypter und jenem der Israeliten. Die Ägypter schossen Pfeile und Steine gegen diese ab, doch der Engel (14,19) und die Wolken fingen sie ab« (M'chílta d'Rabbí Schimʿón bar Jochaí, 14).

Einer Mauer gleich stellt sich die Wolkensäule zwischen die Verfolger und die Verfolgten, bis die Gefahr vorüber ist und Israel sicher das Meer durchquert hat. Richtig hält R. S. R. Hirsch fest:

»Die Wolken- und Feuersäule war das sichtbare Zeichen der besonderen Führung Gottes und hier zugleich Mittel derselben« (zu 13,21).

Man kann hinzufügen: Gott zeigte mit den Säulen die Richtung und gewährte gleichzeitig durch sie den Israeliten Seinen Schutz. Dabei war Seine gütige Hinwendung nicht konditioniert, nicht vom Verhalten der Israeliten abhängig. Der Midrasch (Midrásch hagadól zu 13,22) betont:

»Obschon sie widerspenstig waren, obschon sie Ihn erzürnten ...«

Die Wolken bleiben in jeder Situation, wohl bis hin zur Grenze Kanaans, da die Israeliten der Führung durch Signale nicht mehr bedürfen.
Das Geschehen während der Wüstenzeit wiederholt sich bei der Rückkehr Israels aus dem Exil, aus der »Wüste der Völker«:

»Alle Wunder, die Er Israel in der Wüste erwiesen hat, wird Er ihnen auch in Zion erweisen ... In der Wüste: ›Der Herr geht vor ihnen tags ...‹, und in Zion: ›... denn es geht vor euch der Herr, und es sammelt euch ein der Gott Israels‹ (Jes 52,12)« (Tanchúma, d'warím, 1).

Gott, der in der Vergangenheit für Israel gewirkt hat, indem Er es aus der Knechtschaft befreite und sicher durch die Wüste führte, wird auch in der Zukunft dem Volk Seine Führung und Seinen Schutz nicht entziehen. »Vor ihnen« geht der Herr in Seiner Treue und Beständigkeit.

Wegweisung für unsere Zeit

Die kurze Mitteilung in Ex 13,20–22 besitzt eine sehr wesentliche Aussage: Israel ist nicht allein gelassen, Gott begleitet es – und zwar an der Spitze des Zugs – durch die Gefahren einer höchst unsicheren Wanderung. Niemand vermag Gott zu sehen (Ex 33,20), aber Seine Zeichen sind sichtbar: als Wolkensäule am Tag, einer Rauchfahne gleich, die die Route weist, und als Feuersäule (und dies kann heißen: als Wolkensäule, die Feuer in ihrer Mitte birgt, und daher auch im Dunkeln nicht verlorengeht) in der Nacht. Daher vermochte Israel unabhängig von der Zeit seine Wanderung fortzusetzen. Gott war immer bei ihm! Gerade in der Nacht, wo der Schrecken noch als schrecklicher empfunden wird als tagsüber, schenkte das Wissen um die Gegenwart Gottes und Seine Vorsehung (um Seine *sch'chiná* und *haschgachá*) dem Volk Kraft und Zuversicht.
Und nicht nur Israel. Was den befreiten Sklaven widerfuhr, mag jedem Menschen widerfahren. Im Dunkel, der Ungewißheit und Unsicherheit seines Lebens, sieht er unverhofft einen Lichtstrahl, eine »Feuersäule«, die ihm aus der Not heraushilft. Von Gott weiß er sich geleitet, durch Seine Hilfe geborgen. Nur muß er sich Ihm anvertrauen, dem Zeichen folgen, das ihm den Weg weist: einer besseren, einer lichteren Zukunft entgegen.

Die Schlange auf der Stange

Num 21,4–9

4 Sie brachen auf vom Berg Hor auf dem Weg zum Schilfmeer, um das Land Edom zu umgehen. Da wurde kurz die Seele des Volkes wegen des Weges.
5 Es redete das Volk gegen Gott und Mose: »Warum habt ihr uns aus Ägypten heraufgeführt, daß wir in der Wüste sterben? Denn es gibt kein Brot und kein Wasser, und unsere Seele ekelt sich am verderblichen Brot.«
6 Da entsandte der Herr gegen das Volk die Schlangen, die »Brennenden«, und sie bissen das Volk. Es starb viel Volk aus Israel.
7 Das Volk kam zu Mose, und (alle) sprachen: »Wir haben gesündigt, daß wir gegen den Herrn und gegen dich geredet haben. Bete zum Herrn, und Er entferne von uns die Schlange.« Da betete Mose für das Volk.
8 Der Herr sagte zu Mose: »Mach dir einen *›Saráf‹* (eine ›Brennende‹) und setz ihn auf eine Stange. Es wird geschehen: jeder Gebissene, der ihn sieht, bleibt am Leben.«
9 Mose machte eine Kupferschlange und setzte sie auf eine Stange. Und es geschah: wenn die Schlange jemanden (einen Mann) gebissen hatte und er blickte auf die Kupferschlange, so blieb er am Leben.

Der Text im Kontext

Auf der Wanderung durch den Sinai gelangen die Israeliten in den westlichen Grenzbereich der Edomiter, ins Oasengebiet von Kadesch Barnea (Num 20,1.14.16) rund 75 km südwestlich von Beerschewa (Enc. miqra'ít, VII,42). Der Weiterzug durch die Arawa ins ostjordanische Land hinein bedarf daher edomitischer Zustimmung. Eine kriegerische Auseinandersetzung ist aus ethischen Gründen – Israel sieht sich als »Brudervolk« (20,14) – zu vermeiden (Dtn 2,5) und wäre zudem wegen der starken Befestigungsanlagen in edomitischen Ortschaften (Enc. miqra'ít, I,93f) verlustreich.
In Num 20,14–21 ist von der Bitte Moses an den »König Edoms« die Rede. Mose schildert zunächst (als captatio benevolentiae) die Leiden während der

Knechtschaft Israels in Ägypten, spricht dann von der Rettungstat Gottes und verpflichtet sich schließlich – und hier kommt er zur Sache –, auf dem »Königsweg« zu gehen (V 17.19) und nichts anzutasten, was den Edomitern gehört. Das Wasser, das allenfalls benützt wird, soll bezahlt werden. Die demütige Bitte wird abgeschlagen. Mehr noch: der König bietet einen starken Heerbann auf, um jeglichen Durchzugsversuch blutig zu verhindern. »So verweigerte Edom Israel den Durchzug durch sein Gebiet, und Israel bog von ihm ab« (V 21).
Die Weigerung macht einen niederschmetternden Eindruck, zumal Aaron nach dem Aufbruch von Kadesch Barnea am Berg Hor (vermutlich der Dschebel al-Mazra; E. S. Hartom, Kommentar zu 20,22) stirbt (20,24–29) und auf den Tod eine dreißigtägige Trauerzeit folgt. Der direkte Marsch durch Edom hätte viel Zeit und Mühe gespart. Nun ist nicht nur ein Umweg notwendig, sondern zugleich ein Rückmarsch in die Richtung, aus der die Israeliten einst, vor vielen Jahren, aufgebrochen sind. Die Route geht weder nach Norden, schnurstracks nach Kanaan hinein, noch gegen Osten, ins Moabiterland, sondern zum Schilfmeer (21,4: *jam suf*) hin, nach Zalmóna und Funón (33,41 f). Das ist zuviel. Sollen wir wieder dorthin gelangen, wo wir begonnen haben? Sollen alle Entbehrungen umsonst gewesen sein? Israel gerät in eine seelische Depression hinein, aus der es nur durch ein Schockerlebnis gerettet wird. Es ist danach zwar angeschlagen, aber nicht zerschlagen, dezimiert, aber nicht vernichtet. Von diesem Erlebnis spricht unser Abschnitt.

Leitworte des hebräischen Textes

lisbów (Infinitiv des Qal von *s-w-w*) heißt: »umgehen«; vgl *sawíw*, »ringsherum«.
watiqzár (3. Person feminin im Imperfekt des Qal von *q-z-r* mir waw consecutivum): »es wurde kurz«, hier im Sinne von »es wurde ungeduldig«.
qáza (V 5), »es empfand Abscheu«, »es ekelte sich« (Qal von *q-u-z*); vgl Gen 27,46: *qázti b'chajáj*, »ich empfinde Ekel über mein Leben«. B-R: »es widert unsere Seele«.
q'loqél (von *q-l-l*, »leicht sein«) meint nach dem Targúm Onkelos »leicht zu essen« (*d'michlé qalíl*). R. J. H. Hertz: »light bread«. Zweifellos in abschätzigem Sinn verwendet. R. S. R. Hirsch übersetzt mit »gehaltlose Nahrung«, M. Mendelssohn, L. Zunz und Wohlgemuth-Bleichrode schreiben: »das

elende Brot« oder die »elende Speise«. Vielleicht ist aber richtiger an das »verderbliche«, nicht lange haltbare Brot zu denken (vgl Ex 16,21).
han'chaschím has'rafím sind »giftige Schlangen« (M. Mendelssohn, L. Zunz), »Giftschlangen« (R. S. R. Hirsch), »the fiery serpents«, weil ihr Stich »heftige Entzündungen« hervorruft (R. J. H. Hertz). B-R verstehen die Wendung mit den zwei Nomina als »die Vipern, die Brandnattern«. Der bestimmte Artikel beweist, daß es sich um bekannte Schlangen handeln muß. Weshalb Brandnattern? Weil *s'rafím* von B-R mit *s-r-f*, »brennen«, zusammengebracht wird.
In Jes 6,2.6 u. a. ist *saráf* eine geflügelte Engelsgestalt. Daß es sich daher in unserem Text um »geflügelte Schlangen« oder »fliegende Schlangen« (so Jes 14,29) handelt, ist anzunehmen (R. Elieser von Beaugency zu Jes 6,2; anders: Enc. miqra'ít, V,827, zu *n'chuschtán*).
n'chasch n'chóschet ist eine »Schlange aus Kupfer« – man beachte die klangliche Ähnlichkeit von *nachásch* mit *n'chóschet* –, die in 2Kön 18,4 *n'chuschtán*, B-R: »Viper aus Kupferherz«, genannt wird. Mit Absicht wird – zur Verstärkung der von einer Schlange ausgestoßenen Zischlaute (auch *nachásch* selbst weist mit den Konsonanten *ch* und *sch* auf dieses Zischen hin!) – das Verb *n-sch-ch*, »beißen« gebraucht. *naschách hanachásch* (man beachte die Umstellung der Buchstaben in dieser Alliteration) heißt: »gebissen hat die Schlange«. Das Zischen und Stechen der Schlange ist besser nicht nachzuahmen. In den sechs Versen unseres Textes ist dreimal *nachásch*, zweimal *n'chasch n'chóschet*, dreimal *n-sch-ch* genannt. Die Häufung verstärkt die Gesamtwirkung: die tödliche Gefahr und ihre Abwendung.
nes ist die Stange, das »Panier« (vgl Jes 30,17 und unsere Bibelauslegungen, I, 181), das weithin sichtbar ist und als »Zeichen« dient.

Der Text in der Exegese

»Sie brachen auf vom Berg Hor auf dem Weg zum Schilfmeer, um das Land Edom zu umgehen. Da wurde kurz die Seele des Volkes wegen des Weges« (V 4). Im ersten Versteil ist eine objektive Ursache angegeben: die Umgehung des Edomiterlands, die das Volk wieder in die Richtung des Schilfmeeres bringt, im zweiten die subjektive Wirkung: den Enttäuschten geht »der Schnauf« aus. Sie sind frustriert, entmutigt. Gott hilft ihnen nicht genügend.

»Die Absage der Edomiter wirkte sich sehr schwer auf Israel auf. Es verstand nicht, wie die Edomiter den Wunsch nach dem Durchzug leichthin abweisen konnten und Gott Israel die Last des Weges nicht ersparte. Je länger sie das Edomiterland umzogen, desto größer wurde ihr Schmerz« (R. Ch. D. Rabinowitz, dá'at sofrím, bamidbár, 1964,206).

badérech heißt nicht: »*auf* dem Weg«, sondern »*wegen* des Wegs«:

»Wegen der Last des Weges« (Raschi; Rabbenu M'juchas ben R. Eliahu, perúsch 'al séfer bamidbár, 1977,139; Chisqúni u. a.).
A. B. Ehrlich (Randglossen, II,190) übersetzt entsprechend: »und das Volk wurde der Wanderung überdrüssig«.

Die Reaktion bleibt nicht aus. »Die Seele« wurde zwar »kurz«, doch die Rede des Volkes lang und hart. Das Volk schweigt nicht, seine Verbitterung über die aufgezwungenen neuen Entbehrungen macht sich in der wohlbekannten Art und Weise bemerkbar: »und es redete das Volk gegen Gott und gegen Mose« (V 5). Oft wird dieses Reden, dieses Widerreden, als »Murren« (Niphal von *l-u-n*: *wajilónu 'al*, Ex 15,24; 16,2.7; Num 14,2.36; 16,11; 17,6) gekennzeichnet. Hier ist die Wendung *dibér* + Präposition *b* verwendet (vgl Num 12,1: die Rede von Mirjam und Aaron gegen Mose; *wat'dabér b'Mosché*).
Nicht immer macht sich die Depression in einer verbalen Reaktion Luft. R. Ch. D. Rabinowitz (aaO, 206) vergleicht V 4 mit Ex 6,9 (»sie hörten nicht auf Mose wegen der Kürze des Geistes«; *miqózer rúach*) und schreibt:

»In Ägypten brachten die Vorgänge die Israeliten zur Gleichgültigkeit. Sie hörten nicht auf Mose, weil ihnen der Wille zur Tat fehlte. Hier lag eine seelische Schwäche vor, ... die zur Rebellion führte.«

Die Worte richten sich gleicherweise gegen Gott und Mose.

»Sie verglichen den Diener mit seinem Herrn« (Tanchúma, chuqát, 19; Raschi).

Beide sind am Elend verantwortlich, der »Schuldigere« ist freilich Gott, denn Er hat alles verursacht und gelenkt. Mose war nur der Beauftragte, der Bevollmächtigte (in Num 20,2: Mose und Aaron).
Der Vorwurf der Israeliten beruht auf einem *Schwarz-Weiß-Schema*, das in ähnlicher Weise in Num 11,4–6; 16,13 f; 20,4 f und Ex 16,3 f anzutreffen ist. Die Vergangenheit in Ägypten war rosig, die Gegenwart und Zukunft sind grau und trostlos.

	Ägypten: Überfluß	Wüste: Ort des Todes	der Entbehrung	Gemütszustand: Überdruß
Num 21,5	Warum habt ihr uns aus Ägypten heraufgeführt,	daß wir in der Wüste sterben,	denn es gibt kein Brot und kein Wasser,	und unsere Seele ekelt sich am verderblichen Brot.
Num 11,5	wir denken an die Fische, die wir in Ägypten gegessen haben, . . .		(11,6) nichts ist da,	(11,6) und jetzt ist unsere Seele vertrocknet, nur aufs Manna sind unsere Augen (gerichtet).
Num 16,13	Ist es ein Geringes, daß Du uns heraufgeführt hast aus einem Land, wo Milch und Honig fließen,	um uns zu töten in der Wüste?	(V 14: »kein Feld und Weinberg«)	
Num 20,4f		Warum habt ihr gebracht . . . in diese Wüste, damit wir und unser Vieh dort sterben?		
	(V 5) Und warum habt ihr uns heraufgeführt aus Ägypten,	um uns an diesen schlechten Ort zu bringen?	Es ist kein Ort der Saat . . ., und Wasser ist nicht da zum Trinken.	
Ex 16,3f	Wären wir nur durch Gottes Hand in Ägypten gestorben, als wir an den Fleischtöpfen saßen und Brot zur Sättigung aßen,	denn ihr habt uns heraufgeführt in diese Wüste, um diese ganze Gemeinde zu töten	durch den Hunger.	

Die Elemente dieses Schwarz-Weiß-Denkens sind leicht erkennbar:
1. Weshalb mußte das Volk Ägypten, das Land des Überflusses, verlassen?
2. Weshalb ging die Wanderung ausgerechnet in die trostlose, nahrungs- und wasserarme Einöde hinein?
3. Weshalb kann Gott, wenn Er schon Nahrung schenkt, nicht eine sättigende Nahrung statt des »verderblichen« Manna zuteilen?
Daß Ägypten gut, die Wüste demgegenüber schlecht ist, wird ohne Wimperzucken vom sich bedrängt fühlenden Volk behauptet. Die Israeliten erinnern sich nur an die »Fleischtöpfe Ägyptens« (Ex 16,3), nicht an die schlimmen Erfahrungen während der Zeit der Leibeigenschaft. Nicht an Peitsche und Knüppel, an die Lehmarbeiten und die generelle Unterdrückung. Damals war der Magen voll – das allein zählt. Heute ist er leer oder jedenfalls nur kümmerlich genährt. Und ein knurrender Magen verhindert das klare Denken, verhindert vor allem das Gefühl für Dankbarkeit Gott gegenüber. Num 16,13 erreicht die Arroganz einen Höhepunkt, wie das Volk das Land der Ägypter als ein »Land, wo Milch und Honig fließen«, bezeichnet. Hier sind die Tatsachen auf den Kopf gestellt, wird Ägypten, das »Haus der Knechtschaft«, zum Land der Sehnsucht.
So kann denn das Volk zu Mose sprechen (Ex 14,12):

»Ist nicht dies das Wort, das wir zu dir in Ägypten gesprochen haben: Laß ab von uns, und wir wollen Ägypten dienen! Denn besser ist es für uns, Ägypten dienstbar zu sein, als in der Wüste sterben.«

In unserem Text fehlt nicht nur die Dankbarkeit für die täglich von Gott gewährte Speise. Das Manna, durch das Israel überhaupt in der Wüste zu überleben vermag, ist in seinen Augen nichts weiteres als *léchem q'loqél*: ein schlechtes, elendes, »rasch und wirkungslos im Körper verschwindendes Brot« (nach Raschi). Und vor diesem Brot »ekeln sie sich«. Sie sind in höchstem Maße undankbar!

»Rabbi sagte: Es sprach der Heilige, gelobt sei Er: ›Meckerer, Söhne von Meckerern, sind sie.
Ich war mit *Adam* beschäftigt, um ihm eine Gehilfin zu erschaffen ... Und später beklagte er sich und sprach: ›Die Frau die Du mir gegeben hast, sie gab mir vom Baum, und ich aß‹ (Gen 3,12; Gott ist die Ursache von Adams Versagen).
Auch *Jakob* handelte nicht anders. Ich war mit seinem Sohn (Joseph) beschäftigt, um ihn in Ägypten an die Macht zu bringen ... und er (Jakob) beklagte sich und sprach: ›mein Weg ist vor Gott verborgen‹ (Jes 40,27).
Auch *meine Söhne* (Israeliten) sind nicht anders. Ich verschaffe ihnen leichtes Brot,

wie die Könige es essen, damit keiner von einer Darmkrankheit gepackt werde. Und sie beklagen sich vor mir: ›und unsere Seele ekelt sich vor dem verderblichen Brot‹« (Jalqút schim'óni, I,524, Nr. 764).

In Wirklichkeit ist das Manna eine besonders erlesene Speise. Nach Ex 16,31 war es »weiß wie Koriandersamen, und es schmeckte wie Honigkuchen« (Wohlgemuth-Bleichrode), nach Num 11,7 war es »wie Koriandersamen und sein Aussehen wie ein Edelharz« (so B-R für *b'dólach*; Raschi: »wie ein kostbarer Stein«. Im modernen Hebräisch bedeutet *b'dólach* »Kristall«). Der Geschmack gleicht nach Num 11,8 einem Ölkuchen (*l'schad haschámen*; B-R: »Ölleckerei«).
Jedenfalls ist das Manna gut und geschmackvoll, alles andere als ein Elendsbrot.

»Es war sein Geschmack wie der Geschmack eines Ölkuchens.« Es sagte R. Abahu: Wie diese Brust (*schad!*) dem Säugling vielerlei Geschmäcke bietet, so können auch die Israeliten beim Genuß des Manna vielerlei Geschmäcke entdecken« (b. Jóma, 75a).

Nach R. Samuel ben Me'ir (RaSCHBáM) ist das Manna vor dem Mahlen (Num 11,8) »hart und trocken«, danach aber »ölig« (Kommentar zu 11,7). Zudem kann es (so Ibn Esra, z. St.) roh, gebraten oder gekocht gegessen werden. Es besitzt damit eine Vielfalt im Geschmack und in der Art der Zubereitung.

Man hat die undankbare Haltung der Israeliten zu verstehen gesucht. M. Mendelssohn (Be'úr, zu Num 21,5) glaubt, daß »der allzu lange Genuß des Manna die Verleidung hervorgerufen habe«, wobei die Israeliten freilich »die Güte Gottes nicht erkannten, durch die sie täglich ohne Anstrengung hatten satt werden dürfen«. Entsprechend erklärt R. S. R. Hirsch:

Sie vermissen »Speise und Trank nach gewöhnlicher Menschenweise. Die mühelose, wenngleich wundervolle Versorgung mit beiden war ihnen langweilig, die vierzigjährige täglich sich wiederholende, so speziell fürsorgende Gottesgnade etwas Alltägliches geworden« (Der Pentateuch, Numeri, 296).

Auch wenn man die Undankbarkeit zu begründen vermag, ist sie noch lange nicht zu rechtfertigen. Interessanterweise läßt sich Gott nicht in ein Gespräch mit dem Volk ein. Er argumentiert nicht, Er agiert. Und zwar wortlos, aber sehr wirksam. V 6 nennt Sein Handeln:

Da entsandte der Herr gegen das Volk die Schlangen, die »Brennenden«, und sie bissen das Volk. Es starb viel Volk aus Israel.«

N. Leibowitz ('ijuním b'faraschát haschawú'a, Jg. 1958, zu chuqát, 2f) führt aufgrund von Dtn 8,15 – »der dich gehn ließ durch die große und schaurige Wüste: Schlange, Brandnatter, Skorpion und Dürre, da kein Wasser ist ...« (B-R) – das Folgende aus:

»... wenn die Schlangen bis zu diesem Zeitpunkt nicht gebissen haben, so nur, weil Er, der sie ›durch die große und schaurige Wüste führt‹, die Schlangen am Töten hinderte. So wie Er der ›Dürre, da kein Wasser ist‹, nicht ermöglichte, sie zu vernichten. Jetzt aber, da sie das ›elende Brot‹ nicht wünschen, das Brot des Himmels, sondern auf natürliche Weise – ohne Gottes Gnadenerweis, der sich täglich neu einstellt – zu leben suchen, läßt Gott ›den Gang der Welt‹ wieder zu, und die Schlangen ... dürfen ihr normales Tun erfüllen.«

Die Giftschlangen sind immer vorhanden gewesen, sie wurden nur von Gott an ihrer Verderben bringenden Tätigkeit gehindert. Deshalb steht auch der Artikel: *han'chaschím has'rafím*, »*die* Schlangen, *die* Brennenden«. Die jedermann bekannten, bisher bloß gehemmten Schlangen.
In der Übersetzung von R. S. R. Hirsch klingt dieses Moment an:

»Da ließ Gott wider das Volk die Giftschlangen los.«

Sie sind da, sie werden jetzt nur »losgelassen« auf ihre Opfer. Was ihnen so lange verwehrt war, wird nunmehr ergiebig nachgeholt: »sie bissen das Volk. Es starb viel Volk aus Israel.«
Weshalb bedient sich Gott der Schlangen, um das Volk zur Besinnung zu rufen? Der Midrasch (Tanchúma, chuqát, 19) gibt die Antwort:

»Die Schlange hat als erstes Wesen die Böse Zunge (*l'schon hará'*, d.h. die üble Nachrede) gebraucht und wurde schlecht dabei. Sie (Israeliten) haben von ihr nichts gelernt und ihrerseits gegen den Heiligen, gelobt sei Er, eine üble Nachrede gesprochen. So komme die Schlange, die mit der Bösen Zunge begonnen hatte und verdarb, und bestrafe jene, die Übles nachreden. Wie es heißt (Koh 10,8): ›Wer den Zaun durchbricht, den beiße die Schlange.‹
Eine andere Erklärung: Selbst wenn eine Schlange sämtliche Leckerbissen auf der Welt ißt, so werden sie in ihrem Mund zu Staub. Denn es heißt: ›Die Schlange – Staub ist ihre Nahrung‹ (Jes 65,25). Diese (Israeliten) aber genießen das Manna, das ihnen zu vielen Leckerbissen wird ... Daher komme die Schlange, die viele Arten verzehrt und dennoch im Mund immer nur einen einzigen Geschmack hat, und bestrafe jene, die eine einzige Art essen, doch dabei viele Arten schmecken können.« (Vgl Num.r., 19,12; Raschi, Abarbanel und Malbim in entsprechender Interpretation.)

Nach der ersten Deutung hätten die Israeliten am Fehlverhalten der Schlange, die Eva verführt hatte, lernen und die richtigen Konsequenzen für das eigene Tun ziehen sollen. Sie haben es nicht getan und werden von den

giftigen Schlangen gebissen. Vielleicht lernen sie jetzt! Nach der zweiten Deutung hat Israel nicht durch die Böse Zunge versagt, sondern durch den Mangel an Dankbarkeit. Das ist nicht weniger schlimm. Wiederum wird die Schlange von Gott dazu bestimmt, dem Volk die Lehre gleichsam »einzubrennen«.
Der Erfolg bleibt nicht aus. Das Volk kommt zu Mose und bekennt seine Schuld: *chatánu* (V 7), »wir haben gesündigt«.

»Es ist dies das erste Mal, daß das Volk unterwürfig und mit dem Wunsch nach Erbarmen zu Mose geht ...« (R. Ch. D. Rabinowitz, aaO, 206).

»Wir haben gesündigt, daß wir gegen den Herrn und gegen dich geredet haben.« Das Schuldeingeständnis ist begleitet vom *Wunsch um Fürbitte*: »Bete zum Herrn, und Er entferne von uns die Schlange« (Singular mit kollektivem Sinn: etwa die »Schlangenplage«). Die formelhafte Wendung *hitpalél-w'jasér* (»bete« – »und Er entferne«) findet sich gehäuft im Mund Pharaos, der von Mose (und Aaron) das Ende einer Plage erbittet:
Ex 8,4: »... betet (*haʿatíru*) zu Gott, und Er entferne die Frösche von mir und meinem Volk«.
8,24f: »betet für mich. Da sagte Mose ... ich bete zu Gott, und es weicht (*w'sar*) die Stechfliege (?, *heʿarów*) ...« (Ergebnis: V 26f).
9,28: »betet für mich zum Herrn, denn genug ist es der Gottesstimmen (Donner) und des Hagels ...« (Ergebnis in V 33).
10,17f: »Betet zum Herrn, eurem Gott, und er entferne von mir nur diesen Tod (Heuschrecken). Und er (Mose) ging weg von Pharao und betete zum Herrn.«
Auch in unserem Text handelt Mose nicht anders, obschon er durch des Volkes Verhalten tief gekränkt sein muß.

»Und er betete – dies zeigt dir die Bescheidenheit Moses, der nicht auf sich warten ließ (verweilte) und für sie um Erbarmen flehte. Es zeigt dir zugleich die Kraft der Umkehr (*t'schuwá*). Weil sie sagten: ›wir haben gesündigt‹, war er sofort zum Verzeihen bereit; denn der Verzeihende sei nicht grausam« (Num.r., chuqát, 19,2; der Midrásch Tanchúma, aaO, zitiert Gen 20,17 – Abrahams Fürbitte für Abimelech – und Hi 42,10 – Hiobs Gebet für seine Freunde –, um das spontane Verzeihen zu verdeutlichen).

»Wer nicht zu verzeihen bereit ist, wird ›Sünder‹ genannt« (Tanchúma z. St., nach 1Sam 12,23).

»Es betete Mose für das Volk.« Hört die Plage unvermittelt auf, wie bei den Plagen, die über Pharao hereinbrechen, oder wie in Num 11,2, wo »das

Feuer (das »unter ihnen,« den Israeliten, »entbrannt war«, V1) »in sich zusammensank«? Nein, Mose muß nach seinem Gebet eine *kupferne Schlange* auf eine Stange setzen. Weshalb genügt nicht das Gebet allein? Abarbanel erklärt:

»Die Schlangen sind ohne Zweifel durch sein Gebet entfernt worden. Doch sind im Volk viele Verletzte (Kranke) übriggeblieben (viele waren an den Schlangenbissen selbstredend gestorben), und um sie zu heilen, befahl Gott: ›Mach dir einen Saráf und setz ihn auf eine Stange‹« (Kommentar z.St., 109).

Etwas verschieden antwortet R. Joseph B'chor Schor (II,123) auf die Frage:

»Wäre es Gottes Wille gewesen, so hätte Israel keiner (zusätzlichen) Sache bedurft und wäre allsogleich geheilt worden. Es sollte indessen das Wunder vergrößert werden und zugleich Israel einsehen, daß (die Heilung) nicht auf einem Zufall beruhte ... So versteht das Volk, daß von Ihm die Heilung kommt ...«

In der Tat ist es seltsam, daß die Heilung eines Schlangenbisses durch das Anblicken einer kupfernen Schlange erfolgen soll. Für Nachmanides ist dies

»ein Wunder innerhalb eines Wunders – es heilt den Schaden durch den Schadenbereiter und die Krankheit durch den Krankheitserzeuger. Gott nämlich hatte befohlen, daß die Israeliten durch den in der Natur tötenden Schadenbereiter geheilt werden sollten, und sie machten sein Abbild nach seinem Aussehen.«

Ähnlich meint Chisqúni:

»Gerade eine Schlange und nicht ein anderes Geschöpf, um Gottes Wundertaten kundzutun. So nämlich sind Seine Eigenschaften: Er *schlägt* mit einem Messer und *heilt* mit einem Messer.«

Der Anblick der Schlange hätte nach der Lehre »der Weisen der Medizin«, sagt R. D. Kimchi, den sofortigen Tod des Gebissenen bewirken müssen:

»Wenn ein durch eine Schlange gebissener Mensch Kupfer sieht, so stirbt er sofort ... (Die Kupferschlange ist das Gegenteil der Natur, dadurch wird das Wunder noch größer.)

Nicht zufällig ist im übrigen das Material, aus dem die Schlange hergestellt wird, Kupfer (*n'chóschet*). In V8 ist im Gottesbefehl nur *saráf* (die »Brennende») vermerkt, ohne die Bezeichnung des Materials. Mose muß indessen gewußt haben – sei es durch einen im Text nicht genannten zusätzlichen Hinweis (Ibn Esra) oder durch die klangliche Assoziation von *nachásch* mit *n'chóschet* (Raschi) –, daß eine Kupferschlange gewünscht war. Und zwar aus dem einfachen Grund, daß Kupferschlangen zu offensichtlich medizinischen Zwecken (»homöopathische« Heilung von Krankheiten oder Schlangenbissen) im Alten Orient nicht unbekannt waren. A. Weiser (Tanách, Torá, bamidbár, 67) schreibt:

»In jener Gegend fanden sich Kupferminen, und die Schlangen besitzen die Farbe von Kupfer – angepaßt an den Boden, auf dem sie leben. Daher machte er eine Schlange aus Kupfer.«

(Abbildungen von Kupferschlangen in: Enc. Die Welt der Bibel, bamidbár, 1985, 129).
Die jüdischen Exegeten sind überzeugt, daß nicht die Kupferschlange zu heilen vermag, sondern die erneute Hinwendung des Verletzten zu Gott. Die Schlange auf der Stange, die bereits von weitem zu sehen ist, ist nichts weiteres als ein Mittel zum Zweck: zur Umkehr.
Der Talmud (Mischná Rosch Haschaná, III,8; b. Rosch haschaná 29a; vgl Raschi zu V 8) tradiert die grundlegende Ansicht:

»Tötet denn die (Kupfer-)Schlange oder schenkt sie Leben? Vielmehr gilt: Solange die Israeliten nach oben schauten und ihr Herz ihrem Vater im Himmel unterstellten, wurden sie geheilt. Wenn nicht, schwanden sie dahin.«

Analog wird Ex 17,11 gedeutet:
»Vermögen denn die Hände von Mose den Krieg zu fördern oder den Krieg zu hemmen? Vielmehr gilt: Solange die Israeliten nach oben schauten und ihr Herz ihrem Vater im Himmel unterstellten, konnten sie (die Feinde) überwinden, wenn nicht, unterlagen sie.«

Daher stellt der Gaon Saadia (Kommentar z.St.) fest:

»Wenn einer in vollkommener Umkehr auf die Schlange blickte, blieb er am Leben.«

Und R. I. Reggio schreibt:

»... durch Gottes Verordnung blieben sie (die Verletzten) auf wunderbare Weise am Leben, denn Er tötet und belebt und entfernt den Schaden durch den Schadenerzeuger. Und dies bringen sie ihrem Herzen nahe und unterwerfen sich vor Gott.«

Daher genügt das oberflächliche Sehen (V 8: *w'ra'á*) nicht, sondern es ist ein eindringliches Betrachten (V 9: *w'hibit*), »das Betrachten und Erwägen« (Haktáw w'haqabalá, zu V 9) vonnöten. Dieses Betrachten weist auf Gott hin und enthüllt die Ursache der Verletzung: die Schuld der »Bösen Zunge«.
Die Schlange aus Kupfer hat offensichtlich ihre Aufgabe erfüllt. Es wurden ihr von späteren Generationen magische Kräfte zugeschrieben, und deshalb

fand sie im Jerusalemer Tempel – neben anderen Kultgegenständen – eine besondere Verehrung. Der Kupferschlange – sie hieß in der sprachlichen Verbindung von *nachásch* und *n'chóschet*: *n'chuschtán* – »pflegten die Israeliten zu räuchern« (ein Räucheropfer darzubringen). 2Kön 18,4 berichtet, daß König Hiskia (725–697 v. d. Z.) die »Opferhöhen, die Mazzeben (Stelen), die Aschera« wie auch die Kupferschlange im Rahmen seiner Kultreform vernichtete. »Denn er vertraute auf den Herrn, den Gott Israels.« Die Kupferschlange war zur Zeit Moses wichtig, später wurde sie offenbar als Reliquie verehrt, die wohl apotropäischen Zwecken (Abwehr von Schlangenbissen) diente. Im bildlosen Kult des unsichtbaren Gottes hatte sie nichts oder jedenfalls nichts mehr zu suchen. Sie mußte verschwinden!

Zum Schluß der Exegese betrachten wir den *Abschnitt als Ganzes*. Was vor allem auffällt, ist die große Zahl und der häufige Wechsel der *Verben*. Der Akzent liegt eindeutig auf dem Handeln, nicht auf dem geruhsamen Nachdenken – dafür war angesichts der gefährlichen Situation, in die sich das Volk hineinmanövriert hatte, keine Zeit. Es folgt Schlag auf Schlag, und das Geschehen gewinnt ein steigendes *Tempo*.

Unschwer ist auch die *Gliederung* zu erkennen. Vier Akteure sind am Geschehen beteiligt: das Volk, Gott, die Schlangen, Mose. Die »Hauptrolle« liegt – das zeigt die Verteilung der Verben – beim Volk. Die Tabelle (S. 71) hält diese Verteilung fest und ermöglicht zugleich die mühelose Gliederung des Textes.

Acht Verben, bei denen ein Akteur handelt (jene innerhalb einer Rede sind nicht mitgezählt), entfallen auf das Volk, je zwei auf Gott und Mose, ein Verb auf die *Schlangen*. »Sie bissen« – mehr konnten sie nicht tun und mehr wurde von ihnen auch nicht erwartet. Die Eigenständigkeit der Schlange in Gen 3 fehlt ihnen. Sie denken und reden nicht, sie handeln nur. Sie sind nur mehr Werkzeuge in der Hand Gottes.

Gott hat zweimal in das Geschehen eingegriffen: als strafende und als heilende Macht. »Er entsandte die Schlangen«, und Er befiehlt die Herstellung einer Kupferschlange. *Mose* erweist sich – wie immer – als der große Mittler zwischen dem sündigen Volk und seinem Gott. »Er betete«, wie es das Volk von ihm erbat, und er »machte eine Kupferschlange und setzte sie auf die Stange«, wie Gott es ihm aufgetragen hatte.

Die acht Verben, die des *Volkes* Tun kennzeichnen, widerspiegeln die Entwicklung des tragischen Geschehens aus dem seelischen Tief, an dem Israel keine Schuld trug, über das schuldhafte Versagen und die Strafe hin zur Umkehr, Heilung und dem Leben. Die Wende tritt mit dem Tod durch

	Volk	Gott	Schlangen	Mose
Ausgangslage	sie brachen auf; kurz wurde die Seele			
Schuld	sie redeten gegen Gott und Mose			
Strafe		Er entsandte die Schlangen		
			sie bissen	
	es starb viel Volk			
Umkehr	es kam zu Mose; sie sagten: »wir haben gesündigt«			
Fürbitte				betete
Heilung		Er sagte zu Mose: »mach. . .«		
				machte Kupferschlange und setzte sie auf Stange
	schaut auf Kupferschlange; bleibt am Leben			

die Schlangenbisse ein. Dieser Schock bewirkt zwangsläufig die Erkenntnis des Versagens (»wir haben gesündigt«) und das Wissen, daß nur von Gott die Heilung und das Leben kommen. Das von Schlangen verletzte Israel trägt zwar für immer die Narben der gefährlichen Wunden davon, es weiß aber zugleich, daß Gott nicht nur tötet, sondern auch Leben schenkt und Leben bewahrt.

Wegweisung für unsere Zeit

Nicht mit Magie, sondern mit dem Glauben hat unser Abschnitt etwas zu tun. Ein Magier oder auch ein schlichter Schlangenbeschwörer kennt sich im Verhalten, in der »Psychologie« der Schlangen aus. Er weiß, wie die gefährlichen Tiere – gefährlich, wenn sie hungrig oder gereizt sind – am lebenbedrohenden Zustoß gehindert werden. Die eingetretene Verletzung durch eine Giftschlange vermag er jedoch nicht zu heilen: weder durch beschwörende Bewegungen, noch durch Zauberformeln. Gegen einen Schlangenbiß hilft nur eine medizinische Maßnahme oder, so zeigt unser

Text, das von Gott gewirkte Wunder. Gott erscheint in der Bibel als der große Arzt (Ex 15,26). »Er heilt alle deine Krankheiten« (Ps 103,3), »Er heilt, die gebrochenen Herzens sind« (Ps 147,3), und Er verspricht: »Ich habe zerschlagen, und Ich werde heilen« (Dtn 32,39). Wie die Gottesheilung erfolgt – durch einen natürlichen Heilungsprozeß oder durch einen geheimnisvollen Vorgang (geheimnisvoll bis heute, wenn man beispielsweise an die bisher medizinisch nicht erklärbaren Spontanheilungen bösartiger Geschwulste denkt) –, ist aus der Bibel nicht zu erfahren. Ihr geht es nicht um die Art und Weise der Gesundung (ein gutes Beispiel dafür bildet 2Kön 5,14: Naamans »Therapie« im Jordan, (s. unten Exegese, S. 101 ff), sondern um die Tatsache, daß Menschen durch ihr tiefes Vertrauen in den göttlichen »Arzt« dem Tod und der Krankheit entrissen worden sind.
In unserem Abschnitt: Die Schlange auf der Stange ist nicht mehr als ein »Wegweiser« auf Gott hin. Nicht magische oder medizinische Weisheit kuriert den gefährlichen Schlangenbiß. Heilung wird dem Verwundeten durch das intensive und gründliche Hinblicken auf das Zeichen zuteil, und dies bedeutet zugleich: auf die Ursache der Verletzung (die Schuld der Bösen Zunge). Wenn er sein Versagen erkennt und sich mit ganzem Herzen Gott zuwendet, wird er am Leben bleiben. Es sind diese Erkenntnis und dieses Vertrauen in Gott, die dem tödlich gefährdeten Israeliten zu Moses Zeit die Rettung bringen.
Und heute? Wir besitzen keine Kupferschlange, und wir würden sie auch kaum anschauen wollen, besäßen wir sie. Doch »Wegweiser«, die auf Gott hindeuten, sind geblieben: die Worte der Schrift, die Gebete, die Gedanken unseres Herzens. An der Richtung hat sich nichts geändert. Gott ist auch unser »Arzt«, der »alle deine Krankheiten heilt«. Keine Krankheit – auch die schlimmste nicht – darf das Vertrauen in Gott zerbrechen. Selbst die tödliche Wunde vernarbt, wenn Er es will: der Herr, der »zerschlagen hat und heilt«, der Herr über Leben und Tod (1Sam 2,6).

Josua wird Moses Nachfolger

Jos 1,1–9

1 Es geschah nach dem Tod Moses, des Dieners des Herrn, da sprach der
Herr zu Josua, dem Sohne Nuns, des Dieners von Mose, das Folgende:
2 »Mose, mein Diener, ist tot. Und jetzt: Auf! Überschreite diesen
Jordan, du und dieses ganze Volk, in das Land, das Ich ihnen gebe, den
Israeliten.
3 Jeder Ort, auf den eure Fußsohle treten wird, euch habe Ich ihn
gegeben, wie Ich zu Mose gesprochen hatte.
4 Von der Wüste und diesem Libanon und bis zum großen Strom, dem
Eufrat-Strom, das ganze Land der Hetiter, und bis zum großen Meer,
dem Untergang der Sonne, soll eure Grenze sein.
5 Keiner wird vor dir bestehen, alle Tage deines Lebens. Wie Ich mit
Mose war, werde Ich mit dir sein, Ich lasse dich nicht schwach werden,
und Ich verlasse dich nicht.
6 Sei stark und mutig, denn du wirst zum Erbbesitz geben diesem Volk
das Land, das Ich ihren Vätern zugeschworen habe, es ihnen zu geben.
7 Sei nur stark und sehr mutig, zu beobachten und zu tun nach der ganzen
Weisung, die dir Mose, Mein Diener, befohlen hat. Weiche nicht ab von
ihr weder rechts noch links, damit du Erfolg hast in allem, wohin du dich
wendest.
8 Es weiche nicht dieses Buch der Weisung aus deinem Munde, sinne
darüber nach am Tage und in der Nacht, damit du beobachtest, um zu
tun, nach allem, was darin geschrieben ist; denn dann gelingt es dir auf
deinen Wegen, und dann hast du Erfolg.
9 Fürwahr, Ich habe dir geboten: Sei stark und mutig, sei nicht verängstigt,
und fürchte dich nicht, denn mit dir ist der Herr, dein Gott, in allem,
wohin du dich wendest!«

Der Text im Kontext

»›Es strahlt die Sonne auf, und unter geht die Sonne‹ (Koh 1,5) – es sagte R. Abba bar Kahana: wissen wir denn nicht, daß die Sonne aufstrahlt, und die Sonne untergeht? Es ist so zu verstehen: Ehe der Heilige, gelobt sei Er, die Sonne eines frommen Menschen untergehen läßt (ehe er stirbt), geht die Sonne des kommenden Frommen auf ... Ehe die Sonne Moses unterging, ging die Sonne Josuas auf; denn es heißt (Num 27,18): ›da sagte der Herr zu Mose: nimm dir den Josua, den Sohn Nuns, einen Mann, in dem Geist ist, und stütze deine Hand auf ihn‹ (= ernenne ihn zu deinem Nachfolger)« (Gen. r., 58,1).

Mose starb in den »Steppen Moabs« östlich des Jordans (Dtn 34,5ff), doch die Geschichte Israels ging weiter, die Kontinuität blieb erhalten. Israel sollte keiner Herde ohne Hirten gleichen. Des Mose Werk und Botschaft sind von bleibender Gültigkeit und bilden die permanente Aufgabe aller Generationen Israels (nach R. J. H. Hertz, Einleitung zu Jos 1, das als Haftará [Prophetentext] an Simchát Torá [Torafreudenfest] im Gottesdienst vorgetragen wird; s. Pentateuch und Haftaroth, Bd 5, z. St.).

Josua ist in der Tat der Mann des »Geistes«, und das heißt: »des Geistes der Weisheit (*rúach chochmá,* Dtn 34,9), da Mose seine Hände auf ihn gestützt hatte«. Es meint aber nicht minder, daß der Geist der Prophetie (vgl Num 11,25f.29) und der Gotteskraft in ihm wirksam ist. Josua wird wie Mose, dessen »Diener« (*m'scharét,* Jos 1,1; Ex 24,13; Num 11,28) er ist, nicht aus eigenem Antrieb, sondern im Auftrag Gottes handeln. Das Volk ist sich darüber nicht im Zweifel, und deshalb »hörten die Israeliten auf ihn und taten, wie der Herr dem Mose befohlen hatte« (Dtn 34,9).

Zu seinem Amt als Führer Israels nach dem Tod Moses ist er freilich auch wegen seiner lebenslangen Nähe zu Mose prädestiniert. Er wird von Mose mit wichtigen und zugleich schwierigen Aufgaben betraut (Ex 17,9ff: Kampf gegen Amalekiter; Num 13,8; 14,6–10: Kundschafter) und steht im religiösen Bereich an seiner Seite (Ex 33,11). Die innige Beziehung zwischen dem »Meister« und seinem »Schüler« betont Mose durch die Namensänderung von Hosea (*Hoschéʿa*) in Josua (*J'hoschúʿa;* Num 13,16), was bedeutet: »Gott wird helfen«, »Gott ist die Hilfe«. Aus Hosea ist jetzt ein Mensch geworden, in dessen Handeln sich Gottes Wille kundgibt. Deshalb erfolgt die Namensänderung vor dem Beginn der Kundschaftermission, in der – außer Kaleb und Josua – alle scheitern. Mose betete: »*Ja* (Gott) schützt dich (*joschiʿachá*) vor dem Ratschlag der Kundschafter« (b. Sóta, 34b, und Raschi zu Num 13,16).

Der Tod Moses bringt zweifellos eine schmerzliche Zäsur. Israel hat den Vertrauten Gottes (*ʿéwed 'adonáj*) verloren, der »von Angesicht zu Angesicht« (*paním 'el paním,* Dtn 34,10) mit Gott sprechen durfte. Der Tod unterbricht indessen Gottes Geschichtsprogramm nicht. Josua wird nie die Bedeutung eines Mose erlangen, selbst wenn auch er dereinst (Jos 24,29; Ri

2,8) den Ehrentitel *'éwed 'adonáj* trägt. Er ist aber dank seines Muts, seiner tiefen Frömmigkeit und seiner Treue zum Ziel der würdige Nachfolger Moses und ein glücklicher »Testamentsvollstrecker«. Mose ist im Anblick des verheißenen Landes gestorben, Josua wird dieses Land in weiten Teilen erobern und Israel in seine zukünftige Heimat führen. Mose ist die überragende Gestalt beim Auszug aus Ägypten und beim Durchzug durch die Wüste, Josua hingegen leitet den Einzug nach Kanaan. Er steht am Beginn einer neuen Epoche. Er ist der richtige Mann zur richtigen Zeit.

Leitworte des hebräischen Textes

qum (Imperativ von *q-u-m*) wird häufig mit einem folgenden Verb, desgleichen im Imperativ, verbunden und bedeutet »erhebe dich« und tu dies und dies. Etwa *qum qach,* »erhebe dich und nimm« (Gen 19,15), *qum lech,* »erhebe dich und geh« (Gen 28,2). Kürzer ist dieses »erhebe dich« (so B-R) mit dem deutschen Ruf der Aufforderung »auf!« wiederzugeben. In unserem Text heißt demnach *qum 'awór* (V 2), »auf! überquere«.
tidróch (von *d-r-ch;* vgl *dérech,* »Weg«) ist mit »du wirst treten« zu übersetzen. *Kaf régel* ist die »Fußsohle« (*kaf [jad],* die »hohle« Hand; daher ist dann *kaf* auch der »Löffel«).
L'wanón, der »Libanon«, ist wegen seines bis in den Spätfrühling sichtbaren Schnees der »weiße« (*lawán,* »weiß«) Berg.
hanahár hagadól, »der große Fluß« (mit Artikel!), ist immer der Eufrat (Gen 15,18, wo zur eindeutigen Identifizierung gleich noch *n'har P'rat,* der »Strom Eufrat«, beigefügt wird; Dtn 1,7; 11,24). Demgegenüber wird der Nil mit dem Namen *j"or* (Gen 41,1ff u.a.) bezeichnet.
'érez hachitím, »Hetiterland«, ist »eine frühe Bezeichnung für das Land Kanaan« (N. H. Tur-Sinai, p'schutó schel miqrá', II, 3). Der Hauptsitz der Hetiter lag in Kleinasien, doch vermochten manche Gruppen bis in den syrisch-palästinensischen Raum vorzudringen (vgl J'hudá Elizúr, séfer J'hoschúa, 1953, 27; J. Kühl, séfer J'hoschúa, 1970, 5, Anm. 15).
hajám hagadól, »das große Meer«, ist – im Gegensatz zu den kleinen »Meeren« wie dem *jam hamélach,* »Salzmeer«, Totes Meer, oder dem *jam Kinéret,* »Meer des Kineret« (Genezaretsee) – das Mittelländische Meer, wo der »Untergang der Sonne« (*m'wo haschémesch,* V 4) zu sehen ist.
g'wul ist nicht nur »Grenze«, sondern – so hier – das Gebiet innerhalb der Grenzen, das Staatsgebiet.
Die beiden Imperative *chasáq we'emáz* (V 6. 7. 9 und dann auch 18) werden

wiedergegeben mit »sei stark, sei fest« (B-R), »sei stark und fest« (L. Zunz; Wohlgemuth-Bleichrode in Dtn 31,23), »sei fest und unentwegt« (Zürcher Bibel), »be strong and of good courage« (R. J. H. Hertz). Weil *'amíz* »mutig« bedeutet und *'ómez lew* »Mut«, dürfte »stark und mutig« als die angebrachte Übersetzung den übrigen Vorschlägen vorzuziehen sein (umgekehrt freilich W. Baumgartner, Lex. 63: »sei mutig und stark«). Zur Wendung vgl auch Dtn 3,28 (*ch-s-q,* Piel).
tanchíl (Hiphil von *n-ch-l*) heißt: »du wirst zum Besitz (*nachalá*), Eigentum geben«. B-R: du sollst »eineignen«, L. Zunz: »du sollst zuteilen« (V 6).
taskíl (Hiphil von *s-ch-l*) kann als »du wirst Einsicht haben« (Gen 3,6) verstanden werden. Hier und oft sonst ist jedoch die Realisierung der Einsicht im Leben – der Erfolg – gemeint. Kimchi gibt *taskíl* mit *tazlíach,* »du wirst erfolgreich sein«, wieder. So bereits das Targúm Onkelos (*b'dil d'tizlách*). Daher die Analogie von *taskíl* und *tazlíach* in V 8.
w'hagíta (V 8, Qal von *h-g-h*), »du sollst sinnen« (L. Zunz) – in Ps 19,15 ist *hegjón libí* das »Sinnen meines Herzens« – bedeutet nach B-R »murmle«. *h-g-h* gibt auch tierische Laute wieder, wie das Gurren der Taube (Jes 38,14; 59,11) oder das Knurren des Löwen (Jes 31,4). Weil das »Sinnen« des Menschen in der alten Zeit nicht still vor sich geht, sondern immer vom Aussprechen der Worte begleitet ist – noch heute wird in den Talmudschulen der Text laut vorgetragen, damit er besser im Gedächtnis haften bleibt –, kann *w'hagíta* sinngemäß mit »murmle« übersetzt werden.

Der Text in der Exegese

Jos 1,1 beginnt mit *wajhí,* »es war«, »es geschah« nach dem Tod Moses. Das Kapitel schließt sich damit an das zuvor am Ende des Dtn Erzählte an.

»Es ist verbunden mit der Tora, die vom Tod Moses berichtet« (Raschi). »Es geschah am Tage, da die Trauerzeit für Mose zu Ende war« (Raschi zu V 10).
»Erst als Mose gestorben war, erging (der Gottesbefehl) an Josua, denn eine Königsherrschaft berührt die auf sie folgende auch nicht um Haaresbreite« (d. h. solange ein Herrscher lebt, ist sein Nachfolger noch nicht an der Macht) (R. Levi ben Gerson, RaLBáG; entsprechend auch Malbim, Kommentar z. St.)

Gott ist Josua zu Lebzeiten Moses nur im Zusammenhang mit einer an Mose gerichteten Vision (Dtn 31,23) erschienen. Erst nach dem Tod Moses wird Josua – und zwar erstmals in unserem Abschnitt, vor Beginn des Einzugs ins Land – von Gott angesprochen (J. Kaufmann, séfer J'hoschú'a, 1963, 89, nach Abarbanel, zu V 1).

Daß Jos 1,1 mit dem Hinweis auf Mose einsetzt, ist an sich bedeutungsvoll, wie R. Ch. Rabinowitz (dá'at sofrím, J'hoschú'a, 1959, 3) erklärt:

»In den Büchern der Tora beginnen die meisten Epochen mit der Wendung ›dies ist die Geschichte‹ (*'éle toldót*), mit (der Erzählung von) neuen bedeutenden Menschen, die am Anfang dieser Epoche stehen. Die Geschichte Israels in seinem Land wird jedoch mit der Erinnerung an das Fehlen des Herrn der Propheten (Mose) eingeleitet ...«

Der Bogen, den Jos mit dem Dtn spannt, hebt die »Anlehnung« Josuas an sein großes Vorbild hervor. Josua ist gleichsam – über Moses Tod hinaus – der lange Arm jenes Menschen, dem er »gedient« hat.
Andererseits ist er der würdige, fähige und bevollmächtigte Nachfolger, dem das Prestige rechtzeitig durch Mose übertragen worden ist. Daher richtet Gott an ihn seinen Auftrag.
»Mein Diener Mose ist tot« (V 2) stellt eine unumstößliche Tatsache fest; »und jetzt: Auf! Überschreite diesen Jordan, du und dieses ganze Volk« gibt das Signal für den Aufbruch, für die Überwindung des Stillstands. Am Anfang der separaten Josua-Geschichte steht der *Gottesbefehl,* der die Lethargie und vielleicht auch Mutlosigkeit durch die Aktivität zu besiegen heißt.

»So sind jetzt zwei Hinderungsgründe (für den Beginn des Einzugs) verschwunden:
1. Zuerst war das Überqueren des Jordans nicht möglich (weil Mose nicht ins Gelobte Land einziehen durfte), und ›jetzt: auf! überschreite diesen Jordan‹.
2. Zuerst konntest du (Josua) nicht an der Spitze (Israels) stehen (da Mose diesen Platz einnahm), nun jedoch ›überschreite‹ ihn – du an der Spitze, und ›dieses ganze Volk‹ hinter dir« (Malbim).

Schwer ist es, Nachfolger eines Mose zu sein, und dies um so mehr, als Israel sich nicht in einer guten Verfassung befindet.

»Nach Mose Tod war das Volk niedergedrückt und voller Trauer, und Josua fiel es schwer, die Führung zu übernehmen« (Kimchi).

Mit dem Aufruf *qum* wird Israel »angespornt«, denn »das Wort *qum* ist ein Ausdruck des Anspornens« (Kimchi; R. Ch. Rabinowitz). Dabei steht Josua an der Spitze. Er geht voran, weil anders das Volk den Schritt kaum wagen wird. Der Midrasch (Jalqút schim'óni, J'hoschú'a, Nr. 4) erläutert:

»Da sprach der Herr zu Josua: ›auf! überschreite‹. Hat nicht so Mose, dein Meister, gesagt: wenn du ihnen vorangehst, so überschreiten sie (den Jordan), wenn nicht, so überschreiten sie nicht ...«

Über den Jordan hat Israel ins versprochene Land einzuwandern. Nach V 2 muß Josua zuerst das natürliche Hindernis, den Jordan, überwinden, dann kann er (V 6) Israel das Land »zum Besitz geben«, »zuteilen« (*tanchil;* über diese »Zuteilung« – durchs Los – s. Jos 15–21). Wesentlich ist dabei die Erkenntnis, die Josua immer vor Augen steht, daß »*Ich* (Gott) ihnen, den Israeliten, (das Land) gebe«. Der Besitz des Landes ist ein Geschenk Gottes, ein Geschenk auf Zusehen hin. Sollte sich Israel des Geschenks unwürdig erweisen, wird es das Land verlieren (Lev 26,27 ff; Dtn 28,15 ff u. a).

V 6 begründet die Gabe des Landes durch den von Gott den Vorfahren gegenüber geleisteten Eid und erweitert damit die Aussage von V 2.

V 2	*V 6*
»überschreite ...	»du wirst zum Besitz geben ...
in das Land,	das Land,
das Ich ihnen ... gebe.«	das Ich ihren Vätern zugeschworen habe,
	es ihnen zu geben.«

Nicht die Eroberung des Landes führt zu seinem Besitz, sondern das Abraham (Gen 15,18–21; 24,7), Isaak (Gen 26,3) und Jakob (Gen 28,13) – den Vätern (Gen 50,24) gegebene Versprechen Gottes. Dieses Versprechen ist durch den Gottesschwur bekräftigt worden und beruht auf der »Liebe des Herrn«, die rationell nicht erfaßbar ist.

In V 3 f werden die *Grenzen* des Erbbesitzes festgelegt. Sie reichen von der Wüste im Süden und möglicherweise auch Osten (so E. S. Hartom, gegen J. Kaufmann) bis zum Euphrat und vom Jordan bis zum Mittelländischen Meer (eine entsprechende Angabe in Gen 15,18 f; Ex 23,31; Dtn 1,7 f; 11,24 f). Dabei handelt es sich hier um die »idealen«, nicht die faktischen Grenzen, die von den Israeliten erreicht worden sind. Bis zum Eufrat erstreckte sich in der Zeit Davids das Imperium, doch noch zu seinen Lebzeiten und dann vollends in den Tagen seines Sohnes Salomo ist das Reich wieder auf die früheren Ausmaße zusammengeschrumpft (J. Kaufmann, Die biblische Erzählung von der Eroberung des Landes, 1956, 62–65; hebr.). Bis zum Eufrat sind allenfalls israelitische Verwaltungsbeamte und Ordnungskräfte gelangt, keine Privatleute, die sich dort hätten niederlassen wollen.

V 3–4 finden in Dtn 11,24 eine fast wörtliche Entsprechung:

Jos 1,3f	*Dtn 11,24*
Jeder Ort, auf den eure Fußsohle treten wird,	Jeder Ort, auf den eure Fußsohle tritt,
euch *habe Ich ihn gegeben,*	euch *wird er sein,*
wie Ich zu Mose gesprochen hatte.	
Von der Wüste und *diesem* Libanon	Von der Wüste und *dem* Libanon,
und bis zum *großen* Strom, dem Eufrat-Strom,	vom Strom, dem Eufrat-Strom,
das ganze Land der Hetiter,	
und bis zum *großen* Meer,	bis zum *letzten* Meer
dem Untergang der Sonne,	
soll eure Grenze (Gebiet) sein.	soll eure Grenze (Gebiet) sein.

Jos 1,3f ist etwas ausführlicher, wobei der Hinweis »wie ich zu Mose gesprochen hatte« sich als »Zitat« (J. Kaufmann) zu verstehen gibt. Die *Gottesverheißung* ist nicht neu. Dtn 11,24 ist sie ans ganze Volk gegangen, jetzt an den neuen Führer dieses Volkes. Sie wird vor dem immanenten Durchzug durch den Jordan aufgegriffen und gewinnt damit eine Bestätigung ihrer Rechtsgültigkeit. Gott hat sich in der Zeit der »Väter« zur Landgabe verpflichtet, und Er steht jetzt vor der Einlösung dieses Versprechens.

Wie sehr alles von Gott abhängt, zeigt nach R. Ch. Rabinowitz (dáʿat sofrím, zu V 4) die Wahl der Worte:

»Es heißt nicht »das ihr erobern werdet«. Der Krieg ist in der Rede Gottes nicht erwähnt. Durch die Macht des Kriegs, den Israel zu führen hatte, hätte das Land nicht erobert werden können. Die Völker Kanaans haben das Land nicht wegen einer Kriegsniederlage verloren . . .«

»Ich habe es gegeben« – das ist der Schlüssel zum Rätsel, wie ein kriegsunerfahrenes Volk im Laufe der Jahrzehnte das ihm verheißene Gebiet hat in Besitz nehmen können. Menschliche Kraft allein wäre dazu nicht imstande gewesen.

Josua erfährt gleich zu Beginn, daß das Unternehmen *Erfolg* haben wird. V 5 sagt ihm an, daß 1. »keiner vor dir bestehen wird alle Tage deines Lebens« (vgl Dtn 11,25: »keiner wird vor euch bestehen«), und 2. Gott mit ihm sein wird, wie Er mit Mose war.

»Keiner wird vor dir bestehen: um die Macht zu ergreifen oder gegen dich zu reden . . . Wie Ich mit Mose war, werde Ich mit dir sein: um meine Gegenwart (*sch'chiná*) durch Wundertaten auf dir ruhen zu lassen . . .« (Malbim)

Daß Gott »mit einem Menschen« ist, erfahren auch andere (Josua selbst, nach Dtn 31,23): *Abraham* (Gen 15,1): »Fürchte dich nicht, Abraham, Ich bin dir ein Schutz«; *Isaak* (Gen 26,3): »und Ich werde mit dir sein und dich segnen«; *Jakob* (Gen 28,15): »und Ich werde mit dir sein und dich behüten...«; (Gen 31,3): »... und Ich werde mit dir sein«; *Mose* (Ex 3,12): »denn Ich werde mit dir sein«; *Jeremia* (Jer 1,8): »denn mit dir bin Ich, um dich zu retten«.

Maimonides (FdI, III, 18) nennt diese Beispiele und nimmt sie zum Beleg für die »göttliche Vorsehung« (*haschgachá*), die sich bei den bedeutenden Menschen in überaus reichem Maße zeige.

Gottes Präsenz äußert sich in der Stärkung des betreffenden Menschen und im dauernden Mit-ihm-Sein. Dies meint V 5 am Schluß: »nicht lasse ich dich los, nicht sage ich dir ab« (B-R), oder: »nicht lasse ich dich schwach (*'arp'chá,* von *r-f-h,* »schwach sein«) werden, noch verlasse ich dich«.

»Ich lasse dich nicht schwach werden: denn Ich halte dich fest an deiner Hand während des Krieges, und Ich verlasse dich nicht: nach ihm« (Sforno, zu Dtn 31,6; entsprechend der »Gaon von Wilna« R. Eliahu, Be'úr hagrá', z. St.).

Aus der Zusage Gottes erwächst Josua die Kraft und Zuversicht. In V 6, 7 und 9 kehrt dreimal *chasáq we'emáz,* »sei stark und mutig«, wieder (in V 7 gar mit *m"ód,* »sehr«, verbunden: »sei stark und sehr mutig«, B-R: »sei nur sehr stark und fest«).

Dieses *Stark- und Mutigsein* wirkt sich in dreifacher Weise aus:

1. kann Josua dem Volk das Land »zum Eigentum geben« (V 6);
2. ist Josua befähigt, »zu hüten und zu tun nach der ganzen Lehre«, die ihm Mose aufgetragen hat (V 7; vgl V 8: »damit du beobachtest, um zu tun«), und schließlich verhindert
3. die Stärke das Aufkommen von Angst und Furcht (V 9; vgl V 18 als »Schlußakkord«).

Raschi hat das dreifache *chasáq we'emáz* so gedeutet:

»Sei stark und mutig in deinem *Tun (dérech 'érez).* Wie es heißt: ›denn du wirst zum Eigentum geben‹;
in der *Lehre (batorá).* Wie es heißt: ›zu hüten und zu tun nach der ganzen Lehre‹;
im *Krieg.* Wie es heißt: ›fürchte dich nicht und sei nicht verzagt‹.«

R. Eliahu, der »Gaon von Wilna«, interpretiert auf diese Weise:

»Sei stark mit dem Körper und mutig im Herzen: stark mit dem Körper – bei einem Gebot, und mutig im Herzen (in der Seele) – bei einem Verbot ...«

In V 6 ist vom Erbbesitz die Rede, in V 7 von der Befolgung des Gottesgebots. Beide hängen eng miteinander zusammen. Ohne den *Gehorsam* Israels der Satzung gegenüber, wird es das Land nicht besitzen und – nach der Besitzergreifung – nicht behalten können. Dabei ist es durchaus nicht selbstverständlich, daß ein Mensch durchzuhalten vermag. Immer wieder muß Gott ihm die Kraft schenken, muß ihn in seinem Bemühen stützen. Dies meint der Talmud (b. B'rachót, 32b; vgl Jalqút schimʿóni, Nr. 5), wenn er sagt:

»Es lehrten die Weisen: Vier Dinge bedürfen der Festigung: die Tora, die guten Taten, das Gebet und die *dérech 'érez* (hier: das Eintreten für den Mitmenschen).«

Wenn Josua wissen will, was das Gebot Gottes von ihm fordert, so muß er sich in dieses Gebot vertiefen. »Es weiche nicht dieses Buch der Weisung aus deinem Munde, *sinne darüber nach am Tage und in der Nacht«* (V 8). Zwar sind die Talmudgelehrten R. Simon bar Nachmani und R. Jochanan der Auffassung (b. M'nachót, 99b):

»Dies (das Torastudium) ist kein Gebot und keine Pflicht, sondern ein Segen« (s. auch Kimchi),

doch muß zum anderen die Weisung intensiv erforscht werden, weil sie anders ihre Schätze nicht preisgibt. Daher gilt (b. Sanhedrín, 99a):

»Wir haben gelernt: R. Josua ben Korcha sagt: Jeder, der die Tora lernt und sie nicht wiederholt, gleicht einem Menschen, der sät, aber nicht erntet.«

Nach Dtn 17,18 ist der König verpflichtet, eine eigene Torarolle verfertigen zu lassen und sie (ib. V 19) bei sich zu tragen, »und er lese darin alle Tage seines Lebens«. Dazu bemerkt der Talmud (j.Sanhedrín, II,6, p 13a):

»Der König zieht in den Krieg, und sie ist bei ihm ... Daraus ergibt sich der Schluß vom Leichteren aufs Schwere: Wenn schon beim König, der sich ganz mit den Angelegenheiten Israels beschäftigt, gesagt ist, er solle darin alle Tage seines Lebens lesen, um wieviel mehr gilt dies für den einfachen Mann. Entsprechend heißt es bei Josua: ›sinne darüber nach am Tage und in der Nacht‹. Auch hier gilt der Schluß vom Leichteren aufs Schwerere: Wenn schon Josua, der sich mit den Bedürfnissen Israels beschäftigt, gesagt worden ist: ›sinne darüber nach am Tage und in der Nacht‹, um wieviel mehr gilt dies für den einfachen Mann.«

Freilich hat sich auch das Studium der Tora in vernünftigen Grenzen zu halten. Bei allem Nachdruck auf seine Bedeutung haben die Weisen die Wichtigkeit der beruflichen Tätigkeit hervorgehoben. Und gerade V 8 diente ihnen dabei als Beweis für die Richtigkeit ihrer Ansicht.

»›Du sammelst ein dein Korn‹ (Dtn 11,14). Was will es uns lehren? Nachdem es heißt: ›es weiche nicht dieses Buch der Weisung aus deinem Munde‹, könnte (ich glauben), die Worte seien wörtlich zu verstehen. Deshalb steht: ›du sammelst ein dein Korn‹ – verfahre mit ihnen (Raschi: ›den Worten der Tora‹) nach der Landessitte. Dies sind die Worte des R. Ismael« (b. B'rachót, 35b; Sifré, ʿéqew 44; Jalqút t'hillím, Nr. 615). Raschi kommentiert: »Wenn du auf andere Menschen angewiesen sein solltest (nachdem du nicht arbeitest), wirst du am Ende auch die Tora nicht mehr lernen können.«

Was mit dem deutschen »Landessitte« übersetzt worden ist (nach L. Goldschmidt, Der Babylonische Talmud, I,159), heißt auf Hebräisch *dérech 'érez*, »Weg des Landes«. Beide – die Tora und *dérech 'érez* – sind nach einem berühmt gewordenen Losungswort von R. Samson Raphael Hirsch (1808–88) notwendig, damit das Leben erfüllt und gut sein kann.
Dennoch gilt – bis heute – die permanente Pflicht, dem Erkennen der Worte der Weisung den Vorrang zu geben. Aus der Fülle der Beispiele seien zwei charakteristische herausgegriffen:

»Komm und sieh, daß die ersten (früheren) Generationen anders waren als die letzten (späteren). Die ersten machten ihre Tora zum Festgesetzten (Hauptbeschäftigung) und ihre (berufliche) Arbeit zum Zeitweiligen (Nebenbeschäftigung). Daher blieb beides ihnen erhalten. Die letzten Generationen hingegen machten ihre (berufliche) Arbeit zum Festgesetzten und ihre Tora zum Zeitweiligen, und so blieb ihnen beides nicht erhalten« (b.B'rachót, 35b).

»Es sagte R. Elʿasár: Jeder Mensch ist für die Mühe erschaffen worden (nach Hiob 5,7) ... für die Mühe (das Sich-Abmühen) mit der Tora ... Rawa sagte: alle Körper sind Behälter. Wohl jenem Körper, der ein Behälter für die Tora ist« (b.Sanhedrín, 99b).

Die Beispiele zeigen, daß das »Lernen« nicht auf den Gelehrten beschränkt ist oder sein darf. Die Tora ist das Eigentum des *ganzen* Volkes, nicht Besitz einer esoterischen Kaste, der Priester oder Schriftgelehrten. Die »Krone der Tora« (*kéter torá*) kann sich jeder auf den Kopf setzen, wenn er nur wirklich will. *Aus dem Lernen ergibt sich das Tun.* Eine bekannte Maxime des Talmud (b.Kiduschín, 40b) stellt fest:

»Das Lernen ist größer als das Tun, denn das Lernen führt zum Tun.«

Und so heißt es in unserem Bibelabschnitt:

»Sinne darüber nach am Tage und in der Nacht, damit du beobachtest, um zu tun, nach allem was darin geschrieben ist; denn dann gelingt es dir auf deinen Wegen, und dann hast du Erfolg.«

Jos 1,1–9 enthält nach dem kurzen biographischen Vermerk in V 1a (»Es geschah nach dem Tod Moses, des Dieners des Herrn«) und der Mitteilung, daß jetzt Gott sein Wort an Josua gerichtet habe (V 1b), die Gottesrede. Die Antwort auf diese Rede bringen die V 10–18. Josua gibt den Befehl zum Aufbruch »in drei Tagen« und ordnet die Dienstpflichtbedingungen für die Stämme Ruwen, Gad und den halben Stamm Manasse (V 10–15). Darauf antwortet das Volk mit einem »alles, was du uns befohlen hast, werden wir tun. Wohin du uns schickst, werden wir gehen . . ., nur sei stark und mutig!« (V 16–18).
Die Gottesrede, mit der eine neue Epoche in der Geschichte Israels einsetzt, findet den erwünschten Widerhall: Josua befiehlt, das Volk gehorcht. Aus dem »Diener Moses« ist durch die Ermächtigung Gottes der neue Führer Israels geworden. Er steht jetzt auf seinen eigenen Füßen, wenngleich er Zeit seines Lebens dem *séfer hatorá hasé*, »diesem Buch der Weisung« (V 8), verpflichtet bleibt. Er, wie jeder andere Mensch aus dem Volke Israel.

Wegweisung für unsere Zeit

Vor Beginn der schwersten Aufgabe seines Lebens, dem Durchzug durch den Jordan und der Eroberung des Landes, versichert Gott Josua Seines Schutzes, Seiner Gegenwart: *»Ich werde mit dir sein«*. Josua darf wissen, daß er nicht allein gelassen ist. Gott begleitet ihn und schenkt seinem Bemühen den ersehnten Erfolg.
Dieses »Ich werde mit dir sein« erklingt im Dasein eines jeden Menschen, der sich Gott zu unterstellen bereit ist. Gott läßt keinen sich selbst überlassen, Er steht zu jedem seiner Geschöpfe. *»So wie Ich mit Mose gewesen bin . . .«*, so wie Er in der Vergangenheit Seine Hilfe nicht versagt hat, versagt Er sie auch in der Gegenwart und Zukunft nicht.
Voraussetzung ist freilich der Wille des Menschen, sich von Gott in seinem Tun segnen zu lassen, und das heißt unter anderem: auf die Weisung Gottes zu hören. Unser Bibeltext verbindet das »Ich werde mit dir sein« mit dem »beobachten und tun«, mit dem menschlichen Gehorsam Gottes Gebot gegenüber. Wenn der Mensch sich nach diesem Gebot – der für immer gültigen ethischen Forderung Gottes – ausrichtet, wird er *»stark und mutig«*. Die Anfechtungen mögen bleiben – der auf Gott vertrauende Mensch gewinnt die Kraft, sie zu überwinden. »Denn mit dir ist der Herr, dein Gott, in allem, wohin du dich wendest.«

Hannas Gebet

1Sam 2,1–2.6–8a

1 Hanna betete und sprach:
»Es jubelt mein Herz über den Herrn,
erhoben ist mein Horn durch den Herrn,
weitauf ist mein Mund über meine Feinde,
ja, ich freue mich über Deine Hilfe.
2 Keiner ist heilig wie der Herr,
ja, keiner ist außer Dir,
keiner ist ein Fels wie unser Gott.
6 Der Herr tötet und belebt,
führt hinab in die Gruft
und führt hinauf.
7 Der Herr enteignet und macht reich,
erniedrigt und erhöht auch wieder,
8 richtet auf aus dem Staub den Armen,
aus dem Aschenhaufen erhebt Er den Bedürftigen,
ihn sitzen zu lassen mit den Edlen,
und den Stuhl der Ehre teilt Er ihnen zu ...«

Der Text im Kontext

Das Gebet *Hannas*, der kinderlosen Gattin *Elkanas*, wird von Gott erhört. Nach vielen Jahren der Enttäuschung und Schmach – von Elkanas kinderreichen Frau *P'nina* wird Hanna zutiefst verachtet – schenkt sie nach einem innigen Gebet im Tempel von Schilo und der nachfolgenden Schwangerschaft einem Sohn das Leben. *Samuel* (*Schmu'él*) nennt sie ihn, »denn von Gott habe ich ihn erbeten« (B-R: »von IHM habe ich ihn erwünscht«, 1Sam 1,20). In der spannungsreichen Dreierkonstellation Elkana-Hanna-P'nina tritt Hanna in den Vordergrund, wie einst in der Dreierkonstellation *Jakob-Rachel-Lea* die kinderlose Rachel als die »geliebte« Frau im Vordergrund stand. Nur ist Lea gefühlsvoller und menschlicher als P'nina und Hanna desgleichen sensibler und zurückhaltender als Rachel. P'nina fällt mit Härte über Hanna her (V 6), wie sie erkennt, daß des Gatten Liebe (V 8: »Bin ich dir nicht besser als zehn Söhne?«) Hanna gilt. Lea weiß, »daß sie gehaßt (weniger geliebt) ist« (Gen 29,33), doch sie nimmt dies gelassen und schweigend hin. Mit keinem Wort sucht sie die Rivalin zu beleidigen, vielleicht, weil sie nicht nur die Nebenfrau, sondern auch die Schwester Rachels ist (nach Lev 18,18 soll diese tragische Situation gar nicht erst aufkommen, weil keiner zwei Schwestern »bei ihrem Leben«, d. h. solange beide leben, heiraten darf; vgl Dtn 21,15–17 mit den möglichen Komplikationen für die Kinder). Hanna wendet sich in ihrem Schmerz an Gott, Rachel hingegen greift ihren Gatten Jakob an (Gen 30,1), als ob er die Schuld an ihrer Kinderlosigkeit trüge (ausführlich bei Z. Adar, Die biblische Erzählung, 1957,18f; hebr).

Wie Samuel entwöhnt ist, bringt ihn die Mutter in den Tempel. Sie erfüllt das bei ihrem Gebet vor Gott abgelegte Gelübde. Samuel soll zeit seines Lebens »Gott ausgeliehen sein« (1Sam 1,28), in Seinem Dienst stehen. Hanna hat gebetet, Gott hat das Gebet erhört, nun hält sich die dankbare Hanna an ihr Vesprechen. Gewiß fällt es ihr schwer, sich von ihrem Kind, das nur während der Jahre des Stillens ganz ihr und ihrem Gatten gehörte, zu trennen. Das Versprechen ist indessen nicht aufzuheben, und Hanna wünscht seine Tilgung auch nicht. Im Gegenteil. Nach dem ersten Gebet vor der Schwangerschaft, bei dem es um eine aus der Tiefe des Herzens aufsteigende Bitte ging, wendet sie sich nunmehr nach der Geburt in einem zweiten Gebet an Gott. Dieses Gebet, das in 1Sam 2 überliefert wird, ist ein Hymnus, der Gottes Lob und des Menschen Dankbarkeit ausspricht. An die Stelle des Bittens ist das An-Beten getreten. Aus der bittenden ist die dankende und über Gott und die Welt nachdenkende Frau geworden, aus der kinderlosen Gattin die mit einem Sohn gesegnete Mutter. Nur Gott hat das Wunder bewirkt, und deshalb gebührt Ihm Dank und Preis. Ihm allein.

Leitworte des hebräischen Textes

watitpalél (V 1), »sie betete« (Imperfekt mit waw consecutivum von *p-l-l*, Hitpael) ist das wichtigste Leitwort des Abschnitts. *watitpalél* schließt sich an die entsprechenden Verbformen in Kap 1 an: *watitpalél* (V 10), *hirb'tá l'hitpalél* (V 12: »sie betete viel«), *l'hitpalél* (V 26: »zu beten«), *hitpalálti* (V 27: »ich habe gebetet«).

Im selben Vers steht die Wendung *ráma qarní*, »erhoben ist mein Horn« (*ráma*, Perfekt von *r-u-m*, »hoch sein«). *qarní*, »mein Horn« (von *qéren*), ist »Symbol der Kraft und Ehre« (E. S. Hartom, séfer Schmu'él, 10), weil ein Tier, »das sein Horn erhebt, der ganzen Umgebung seine Kraft zeigt« (A. Ahuwia, Hanna betete, in: bet miqrá', 1981,321, Anm. 13). Wenn das »Horn abgeschlagen ist« (Jer 48,25: »das Horn Moabs«), ist die Niederlage besiegelt. Demgegenüber »wächst das Horn« (Ez 29,21; Ps 132,17) und wird »erhoben« (in unserem Text und in Ps 89,25; 112,9; 148,14) oder – bei den Übeltätern – »nicht erhoben« (Ps 75,5). Der Ausdruck »mein Horn ist erhoben« ist gleichbedeutend mit »mein Kopf ist erhoben« (R. D. Kimchi, Kommentar z.St.). B-R übersetzen entsprechend: »mein Scheitel erhebt sich an DIR«.

qadósch, »heilig«, vom Profanen abgehoben, ist ein häufiges Epitheton Gottes (Jes 5,19.24; 10,26; 12,6 u.a.; vgl unsere Bibelauslegungen, I,172f,178). Gott ist *qadósch* (Lev 19,2), und daher soll Israel *qadósch* werden.

zur, »Fels«, weist auf die Gegenwart und Beständigkeit Gottes hin (V2; Dtn 32,15.18.37). Er ist der »Fels der Hilfe« (2Sam 22,47; Ps 89,27), der »Fels der Kraft« (Ps 31,3; 62,8), »mein Fels und mein Erlöser« (Ps 19,15). Als Anruf *hazúr*, »Fels!« kommt die Bezeichnung Gottes in Dtn 32,4 vor.

V6: *memít* (Partizip des Hiphil von *m-u-t*) heißt: »er tötet«, *m'chajé* (Partizip des Piel von *ch-j-h*), »er belebt«.

sch"ól ist die »Gruft« (B-R), das Reich der Toten (Gen 37,35; 42,38; 44,29 u.a.).

morísch (Partizip des Hiphil von *j-r-sch*), »er enteignet« (B-R: »ER enterbt«), steht in V7 neben *ma'aschír* (Hiphil von *'-sch-r*), »er macht reich« (B-R: »begütert«), *maschpíl* (Hiphil von *sch-f-l*), »er erniedrigt«, und *m'romém* (Polel von *r-u-m*), »er erhöht«.

'aschpót (Plural: *'aschpatót*, Klgl 4,5) ist die »Aschengrube« (W. Baumgartner, Lex. 93; L. Zunz, B-R: »Kot«), der Ort, wo die Bettler und die vom Aussatz Betroffenen sitzen (Hiob 2,8: *ba'éfer*, »in der Asche«). Die Araber nennen den Ort, an dem sich außerhalb eines Wohnkreises der Abfall ansammelt: *mísbele* (modernes Hebräisch: *misbalá*).

kisé' kawód ist der »Stuhl der Ehre«, auf dem die Prominenten Platz nehmen.

Der Text in der Exegese

Hannas Gebet »erhebt sich über das Persönliche« und wird »zum Hymnus über die göttliche Vorsehung ... So beten Propheten« (R. J. Jacobson, chasón hamiqrá', II,354f). Der Inhalt des zweiten Gebets Hannas geht weit über das eigene Erlebnis hinaus. Das Volk ist mit hineingenommen, das Persönliche ist erweitert um die Hoffnungen der Gemeinschaft (Vernichtung der Feinde, V 10a; die Inthronisierung eines Königs, V 10b). Das Gebet steht in der Linie der Dankpsalmen. Wegen V 5, in dem von der großen Fruchtbarkeit der einst unfruchtbaren Frau die Rede ist, paßt der Text zu Hanna, doch ist – schon mit dem Hinweis auf den König – Hanna kaum die Verfasserin des Gebets gewesen.

»Es ist eher anzunehmen, daß der Verfasser der Samuelgeschichte den Psalm einer Psalmensammlung entnommen ... und ihn in Hannas Mund gelegt hat« (M. Z. Segal, sifré Schmu'él, [7]1976,15, in der Exegese).

Der Wunsch für den König zeigt indessen nach dem Talmud (b.M'gillá, 14a), daß Hanna zu den sieben weiblichen Propheten gehörte.

»Welches waren die sieben Prophetinnen? Sara, Mirjam, Debora, Hanna, Awigajil, Chulda, Esther. ... Hanna, denn es heißt: ›es betete Hanna und sprach: es jubelt mein Herz über den Herrn, erhoben ist mein Horn durch den Herrn.‹ Sie sagte: erhoben ist mein Horn, nicht: erhoben ist mein Krug (*ráma paki*). Bei David und Salomo, die mit einem *Horn* gesalbt wurden (1Sam 16,13; 1Kön 1,39), dauerte die Herrschaft an. Bei Saul und Jehu, die mit einem *Krug* gesalbt wurden, (1Sam 10,1; 2Kön 9,1.3), dauerte die Herrschaft nicht an.«
Dazu interpretiert R. A. Steinsalz (Talmúd bawlí, m'gillá, 1983,59): »Der Krug ist aus Ton verfertigt und zerbrechlich. Er wird zum Zeichen einer unbeständigen Königsdynastie. Das Horn ist unzerbrechlich. Wer mit ihm gesalbt worden ist, begründet eine beständige Herrschaft.«
»Die Salbung eines Königs geschah durch ein Horn voll von Öl ... Das Horn deutet auf die Stärke, das Öl auf den seelischen Erfolg ..., das seelische Glück« (Malbim, Kommentar zu Jes 5,1; Worterklärungen).

Hannas prophetische Gabe läßt sie freilich nicht zu einer eigentlichen Prophetin werden, meint Abarbanel (Kommentar, zu V 1). Sie ist keine Debora, die ausdrücklich als *n'wi'á* (Ri 4,4), »Prophetin«, bezeichnet wird, doch ist sie erfüllt vom »Geist der Heiligkeit« (*rúach haqódesch*). Wie David und Salomo. So versteht es bereits das Targúm: *w'zali'át Chaná b'rúach n'wu'á*, »Hanna betete mit dem Geist der Prophetie«.
Die *Sprache* des Psalmgebets ist rhythmisch. Alle Verse bestehen aus zwei Gliedern mit entsprechendem oder gegensätzlichem *Inhalt*. Auf die Überschrift (»es betete Hanna und sagte«) folgen Hannas Jubel (V 1), das »Credo« (V 2), die Ermahnung, bescheiden zu bleiben (V 3), die Beschreibung von Gottes Wirken, das der natürlichen Erwartung zuwiderläuft

(V 4ff), die Bitte um die Vernichtung der Feinde und des Königs Erhebung (V 10).

Der Akzent liegt auf Gott:

»Es jubelt mein Herz über den *Herrn*« (L. Zunz: »*in* dem Ewigen«), »erhoben ist mein Horn durch den *Herrn*« – nicht die eigene Kraft hat die Hilfe gebracht. Ohne Gottes Eingreifen wäre die Wende nie eingetreten, daher »freue ich mich über *Deine* Hilfe«. Die Gefahr der Hochmuts und der Überheblichkeit lauert immer in solchen Lebenslagen, doch »Hannas Gebet« mahnt zur Bescheidenheit vor Gott.

Das »*Credo*« schließt sich daher notwendigerweise an den Jubel an. Drei Momente des Glaubens sind in ihm enthalten:

1. *Gottes Heiligkeit* (»keiner ist heilig wie der Herr«).
2. *Gotttes Einzigkeit und Einzigartigkeit* (»ja, keiner ist außer Dir«).
3. *Gottes Treue und Zuverlässigkeit* (»keiner ist ein Fels wie unser Gott«).

Im Gesang *jigdál 'Elohím chaj* (»Erhaben ist der lebendige Gott«) der jüdischen Liturgie (Gebetbuch s'fát 'emét,2), der als Nachbildung der dreizehn Glaubenssätze des Maimonides vermutlich um 1300 in Italien entstanden ist (I. Elbogen, Der jüdische Gottesdienst in seiner geschichtlichen Entwicklung, 1931, Nachdruck 1962,88), heißt es:

»Er besitzt keines Körpers Gestalt und ist kein Körper, nicht fassen wir Seine Heiligkeit.
Er ist da, ehe irgendein Ding erschaffen.
Er ist der Erste, und kein Anfang ist Seinem Erst-Sein.
Er ist der Herr der Welt, und jedes Geschöpf bezeugt Seine Größe und Seine Herrschaft ...«

Dieselben drei Motive kehren in diesem liturgischen Gesang wieder: Gottes Heiligkeit, Einzigkeit und Einzigartigkeit und die Herrschaft über die Welt, d. h. Seine Treue zur Schöpfung.

»Ja, keiner ist außer Dir«. B-R übersetzen: »ja, keiner ist da ohne dich«. Diese Wiedergabe ist kaum richtig, weil *biltécha* (von *biltí*, »außer«; in Hos 13,4 parallel zum gleichbedeutenden *sulatí*) den Sinn von *mibal'adé*, »außer«, besitzt und stets Gottes Wesen und nicht Seine Beziehung zum Geschöpf beschreibt.

»Ich bin der Herr, dein Gott, aus dem Land Ägypten, und einen Gott außer mir (*sulatí*) kennst du nicht, und einen Helfer außer mir (*biltí*) gibt es nicht« (Hos 13,4).

»Ich, ich bin der Herr, und außer mir (*mibal'adáj*) gibt es keinen Helfer« (Jes 43,11).

»Ich bin der Herr, und keiner (ist es) sonst. Außer mir *(sulatí)* ist nicht ein Gott« (Jes 45,5).
»Ich bin der Herr, und keiner ist Gott außer mir (*mibalʿadáj*). Einen gerechten und helfenden Gott gibt es nicht außer mir (*sulatí*; Jes 45,21).

Gottes »Heiligkeit« (besonders herausgestellt in Jes 6,3 im Gegensatz zur Sündhaftigkeit und Unreinheit des Menschen; s. unsere Bibelauslegungen, I,158f) ist ebensowenig mit einer anderen Heiligkeit vergleichbar wie seine Einzigkeit.

»Es gibt keinen Schöpfer außer Dir. Und welche ›Heiligkeit‹ von Geschöpfen ließe sich mit der Heiligkeit des Schöpfers vergleichen!« (m'zudát David z. St.).

»Deine Heiligkeit bedeutet: alles ist in Dir, und von Dir ist alles, und außer Dir ist alles ein Nichts« (Malbim).

Die *Einzigkeit und Einzigartigkeit* Gottes zeigt sich nach dem Talmud (b.M'gillá, 14a) in Seiner unendlichen Macht. Er überdauert alles, was Er bildet. Der Mensch hingegen vergeht, seine Werke können ihn überdauern.

»Es sprach R. J'huda bar Menaschja: lies nicht *biltécha*, sondern *l'walotécha* (»der dich überdauern würde«), denn nicht ist die Eigenschaft des Heiligen, gelobt sei Er, wie die Eigenschaft eines (Geschöpfes) aus Fleisch und Blut. Die Eigenschaft eines (Geschöpfes) aus Fleisch und Blut: das Werk seiner Hände überdauert (eig. verschlingt) ihn. Der Heilige, gelobt sei Er, überdauert (verschlingt) indessen das Werk Seiner Hände.«

Nach M. Z. Segal (sifré Sch'mu'él,16, Exegese) geht *biltí* auf ein frühes *blt* von der Wurzel *b-l-h*, »hinschwinden«, zurück, was dem talmudischen Wortspiel den sprachlichen Hintergrund gibt.

»Keiner ist ein Fels (*zur*) wie unser Gott«. R. D. Kimchi erläutert:

»Niemand ist so stark wie unser Gott, der die Naturgegebenheiten durch Seinen Willen umwandelt. Ich war nämlich unfruchtbar, und in meiner Natur lag es nicht, daß ich gebären sollte.«

Im Talmud (aaO, vgl Tanchuma, tasríʿa, Nr. 2; M'chílta d'Rabbí Jischmaʿél, bschalách, 15,11) wird *zur* mit *zajár*, »Bildner«, »Maler«, verglichen.

»Keiner ist ein Fels wie unser Gott: *keiner ist ein Bildner wie unser Gott.*
Wenn ein Mensch eine Form auf eine Mauer malt, so kann er ihr keine Seele eingeben, kein Inneres, keine Eingeweide. Doch der Heilige, gelobt sei Er, bildet eine Form innerhalb einer Form (den Embryo im Mutterleib) und schenkt ihr Geist und Seele, Inneres und Eingeweide.«
Im Midrasch Tanchúma wird hinzugefügt:

»Wenn ein Mensch eine Figur formt, so spricht er, nicht jedoch seine Figur. Der Mensch lobt sein Werk. Doch der Heilige, gelobt sei Er, formt den Menschen, und der Mensch macht sich auf und preist Ihn.«

Der *zajár* ist zugleich der *jozér*, der »Schöpfer«. So meint Malbim:

»Keiner ist ein *zur* wie unser Gott, denn Er gleicht den übrigen Schöpfern (*joz'rím*) nicht. ›Seine Hände‹ ziehen sich von seinem Schöpfungswerk nie zurück. Auch die Bewahrung der Natur ist eine permanente Schöpfung. Würden sich ›Seine Hände‹ auch nur einen Augenblick zurückziehen, so hörte die Schöpfung zu existieren auf.«

Malbims Erklärung erinnert an den Bekenntnisspruch aus dem täglichen Morgengebet:

»Er erneuert in Seiner Güte an jedem Tag das Werk des Anfangs« (Gebetbuch s'fat 'emét, 33).

Raschi faßt den Gedanken des Talmud in einem Satz zusammen:

»Es gibt keinen Bildner wie unseren Gott, der eine Form in einer anderen Form ausbildet« (*hazár zurá b'tóch zurá*).

Gott macht das Unwahrscheinliche wahrscheinlich, mehr noch: das Unmögliche möglich. »Er tötet und belebt (vgl Dtn 32,39), führt hinab in die Gruft und führt wieder hinauf« (V 6). Aus der *sch"ól* kehrt nicht so bald jemand wieder, und er sieht die Menschen nimmermehr (Jes 30,18f; Hiob 7,9), wenngleich der Aufstieg aus der *sch"ól* (Ps 30,4), die »Befreiung« aus ihr (Ps 49,16), durch Gottes Eingreifen denkbar ist.
V 6 steht in dieser Tradition. Der »Aufstieg« ist jedoch nur durch die göttliche Macht, die die Gegebenheiten reversibel werden läßt, möglich.

Ist an die »Auferstehung der Toten« gedacht?
Manche Exegeten (s. Abarbanel) denken an sie. Einleuchtend sind aber wohl die Worte von M. Z. Segal (18, Exegese):

»Es ist klar, daß etwas von Auferstehung angedeutet ist. Nicht jedoch von der allgemeinen Auferstehnung und selbst nicht von der Auferstehung der Frommen (Jes 26,19) oder der Vielen, die wiederkehren, um ihren Lohn oder ihre Strafe zu erhalten« (Dan 12,2).

Noch deutlicher drückt sich Rev. S. Goldmann (Samuel, in: Soncino Books of the Bibel, 1959,9) aus:

»Es ist wahrscheinlich, daß kein Teil dieses Verses von der wirklichen Auferstehung vom Tod handelt. Tod und Grab sind bildlich gebraucht für die Tiefe des Unglücks und der Gefahr, Leben und Wiedergeburt für Befreiung und Wohlstand.«

Der Talmudweise R. Elieser, der, wie sein Kollege R. Akiba, unseren Vers im Sinne der »Totenauferstehung« versteht, nimmt ihn zum Beweis, daß diese Totenauferstehung alle mit einschließt, selbst die Frevler.

»Die Gemeinde Korachs hat keinen Anteil an der Zukünftigen Welt, denn es heißt (Num 16,33): ›und es bedeckte sie die Erde‹ – dies in der Jetztigen Welt; ›und sie gingen zugrunde aus der Gemeinschaft‹ – für die Zukünftige Welt. Dies sind die Worte R. Akibas. R. Elieser jedoch sagt: Über sie spricht die Schrift (1Sam 2,6): der Herr tötet und belebt« (b. Sanhedrín 109b).

(Zum Thema der »Auferstehung der Toten« im Zusammenhang mit unserem Vers s. J. Walk, Haschém memít um'chajé, in: M. Seidel-Festschrift, 1962, 95–110).
Gott ist Herr über das Leben und den Tod. Als Schöpfer des Lebens kann Er jederzeit Totes mit Leben erfüllen. An einem Beispiel zeigt Sforno (Kommentar zur Tora, Ex 4,2), wie es geschehen mag, am Beispiel des Mose-Stabs, der sich in eine Schlange verwandelt (Ex 4,3), und der Hand Moses, die vom Aussatz betroffen wird (ib. V 6). Sforno schreibt:

»Sieh, der Stab ist eine Sache ohne Lebensodem, und die Hand ist eine Sache, die vom Lebensodem erfüllt ist. ›Ich töte und belebe‹ – Ich töte die Hand durch den Aussatz und schenke Lebensodem dem toten Stab.«

(Daß der Aussätzige dem Toten gleicht, zeigt Num 12,12.)

Wie Gott »tötet und belebt«, so nimmt er den Reichtum (*morísch,* »enteignet« Er; R. Jesaja der Erste aus Trani, in: miqra'ót g'dolót, z. St.), »erniedrigt und erhöht« Er (V 7).
V 8 stimmt beinahe wörtlich mit Ps 113,7 überein:

»Er richtet auf aus dem Staub den Armen, aus dem Aschenhaufen erhebt Er den Bedürftigen, um ihn sitzen zu lassen mit den Edlen, mit den Edlen seines Volkes.«

In unserem Vers:

»ihn sitzen zu lassen mit den Edlen, und den Stuhl der Ehre teilt er ihnen zu«.

Auf einen wichtigen Aspekt macht A. Ahuwia (aaO, 324) aufmerksam. Die Umkehrung der Gegebenheiten ist nicht nur ein Machterweis Gottes, sondern zugleich ein Zeichen für *Gottes Gerechtigkeit*:

»Den Armen und Bedürftigen – sie sind die Frommen – schenkt Er Reichtum. Er erhöht sie und läßt sie mit den Edlen sitzen. Es ist einleuchtend, daß Er die Reichen, *deren Reichtum aus der Bedrückung der Armen* entstanden ist, enteignet und erniedrigt.«

Dieses *sozialkritische* Moment ist höchst wesentlich. Gott wirkt innerhalb Seiner Geschöpfe, weil Er Unrecht, das ein Mensch dem andern zufügt, nicht hinzunehmen bereit ist. Er handelt anders, als Menschen bisweilen zu handeln geneigt sind. In der Formulierung des Midrasch (Jalqút schimʿóni, II, Nr. 86):

»Gottes Eigenschaft gleicht nicht jener eines Menschen (eines Geschöpfes aus Fleisch und Blut).
Die Eigenschaft eines Menschen: sieht er einen anderen, wie er fest steht und reich ist, so will er ihn noch mehr festigen und ihm helfen. Fällt jedoch ein anderer, so läßt er ihn noch mehr fallen.
Der Heilige, gelobt sei Er, handelt anders: Sieht er einen überheblichen Menschen, läßt er ihn stürzen. Sieht Er einen bis zur *sch"ól* Gefallenen, so richtet Er ihn auf. Denn es heißt: ›Er richtet auf aus dem Staube den Armen‹.«

Wie richtig ist die Beobachtung, daß Menschen den Reichen schmeicheln und sich ihnen anzuschließen suchen, die Unglücklichen indessen im Stich lassen. Gott handelt überlegen und unparteiisch. Für Ihn gilt nur das Recht.
»Hannas Gebet« handelt von guten und schlechten Menschen, von Gott, dem Unerreichbaren und Unnachahmlichen, von Seinem überraschenden Wirken, das Seiner Gerechtigkeit entspricht. Es ist ein hymnischer Dankpsalm und richtet sich – wie der Vergleich mit *Ps 75* zeigt – im Aufbau nach einem Schema (*pattern*): Aufruf an die Frevler, bescheiden zu werden/ Eingreifen Gottes, das die Frevler stürzt/Bitte um Hilfe für die Gütigen. Der Vergleich zeigt die beinahe wörtlichen Entsprechungen.

1Sam 2	*Ps 75*
V 1: Erhoben ist mein *Horn* durch den Herrn.	V 5: Ich spreche ... zu den Frevlern: erhebt nicht das *Horn*!
V 3: *Frechheit* (*ʿatáq*) gehe nicht aus eurem Mund: denn ein *Gott des Wissens* ist Er:	V 6: erhebt nicht in die Höhe euer Horn, redet nicht mit *frechem (ʿatáq)* Hals.
V 7: *erniedrigt* und *erhöht* auch wieder	V 8: Denn *Gott ist Richter*: diesen *erniedrigt*, jenen *erhöht* Er.
V 9: und die *Frevler* verstummen im Dunkel	V 11: Und alle Hörner der *Frevler* schlage Ich ab.
V 12: Er *erhebe* das *Horn* seines Gesalbten!	Es sollen sich *erheben* die *Hörner* der Frommen.

Gottes Tun ist total anders als jenes der Menschen. Er ist »ein Gott des Wissens«, der das Unsichtbare, die Regungen des menschlichen Herzens, sieht und daher als der wahre Richter aufzutreten vermag. Das »Horn« der Frommen erhebt Er, jenes der Frevler »schlägt Er ab«. Hanna »jubelt«, weil der Herr ihr geholfen hat. Der Dichter des 75. Psalms beginnt seine Worte mit dem Ausruf:

»Wir danken Dir, Gott, wir danken, und nahe ist Dein Name jenen, die Deine Wunder(taten) erzählen.«

Wer dankt, denkt: an die schlimme Vergangenheit, an die gütige Hilfe Gottes, die die Wende gebracht hat. Dem Erlebnis entspringen Trost und Hoffnung.

Wegweisung für unsere Zeit

Auf Gott kann man sich verlassen, Er geht am Elend eines Menschen nicht achtlos vorbei. Er erhört die Bitte und schenkt die Rettung aus der Not. Denn Er – der »Heilige«, dem keiner gleicht – sieht hinter die äußere Kulisse. Die Beweggründe des menschlichen Herzens sind Ihm nicht fremd. Er durchschaut den Frevler und läßt Ihn stürzen, so wie Er den gütigen Menchen aus seinem Leiden befreit.
In »Hannas Gebet« wird an ein Grundproblem menschlicher Existenz gerührt, an die Frage, die im Hiobbuch mit aller Schärfe auftritt: Weshalb frohlockt der Schlechte und leidet der Gute? Wo bleibt die göttliche Gerechtigkeit? Die Frage wird nicht ausgesprochen, doch sie klingt in der Antwort an. Mögen die Schlechten auch eine Zeitlang triumphieren – ihr Ende ist gewiß. Sie gehen unter und verlieren ihr »Horn«. Gott wird sie »erniedrigen«. »Hannas Gebet« und Ps 75 sprechen diese Zuversicht aus, die zu gewinnen und sich zu bewahren nicht immer leichtfällt. Das Böse in der Welt ist oft übermächtig und bringt uns dem Verzweifeln nahe. Als Menschen des 20. Jahrhunderts, die die Gewalt des Verbrechers in einem unvorstellbaren Ausmaß erlebt haben, wissen wir, daß »die Hörner der Frevler« sehr lange »erhoben« sein können. Wir wissen freilich auch, daß zuletzt das stärkste »Horn« vernichtet wird. Nur ist der Preis, den die »Frommen« zu erbringen haben, unendlich hoch. Darüber sprechen freilich weder 1Sam 2 noch Ps 75.

Es gibt einen Gott in Israel

2Kön 5,(1–8)9–15(16–18)19a

1 Naaman, der Feldherr des Königs von Aram, war ein großer Mann vor seinem Herrn und erhobenen Hauptes; denn der Herr (Gott) hatte durch ihn Aram Hilfe gewährt. Der Mann war tapfer, doch aussätzig.
2 Die Aramäer zogen in Streifscharen aus und fingen ein kleines Mädchen aus dem Lande Israels. Und es wurde (zur Dienerin) vor Naamans Frau.
3 Es sagte zu seiner Herrin: »Bitten möge mein Herr den Propheten, der in Samaria ist, und er wird ihn von seinem Aussatz einsammeln.«
4 Er (Naaman) kam und erzählte es seinem Herrn, indem er sprach: »Dies und dies hat das Mädchen aus dem Land Israels gesagt.«
5 Da sprach der König Arams: »Auf und komm, ich will ein Schreiben an den König Israels senden.« Er ging, nahm mit sich zehn Silberbarren, sechstausend Golddenare und zehn kostbare Kleider
6 Und er brachte dem König Israels das Schreiben, in welchem es hieß: »Und jetzt, wenn dieses Schreiben zu dir gelangt, sieh, ich habe zu dir Naaman, meinen Diener, entsandt, damit du ihn von seinem Aussatz heilst.«
7 Als der König Israel das Schreiben gelesen hatte, zerriß er seine Kleider und sagte: »Bin ich Gott, zu töten und zu beleben, daß dieser zu mir schickt, damit ich einen Mann von seinem Aussatz heile? Erkennt doch und seht, daß er einen Vorwand gegen mich sucht!«
8 Als Elisa, der Gottesmann, erfuhr, daß der König Israels seine Kleider zerrissen hatte, sandte er zum König folgendermaßen: »Weshalb hast du deine Kleider zerrissen? Er soll zu mir kommen und erkennen, daß es einen Propheten in Israel gibt!«
9 Da kam Naaman mit seinen Pferden und seinem Wagen und stand am Eingang von Elisas Haus.
10 Elisa sandte einen Boten zu ihm mit folgenden Worten: »Geh und bade dich siebenmal im Jordan, dann wird dein Fleisch dir wiederkehren, und du wirst rein!«
11 Naaman wurde zornig und ging weg, indem er sprach: »Sieh, ich sagte: zu mir wird er herauskommen, sich hinstellen und den Namen des

Herrn, seines Gottes, anrufen und seine Hand über der Stelle schwingen und den Aussätzigen einsammeln.

12 Sind denn der Aman und Parpar, die Flüsse von Damaskus, nicht besser als alle Gewässer Israels? Wüsche ich mich in ihnen, würde ich da nicht rein?« Er wandte sich ab und ging im Zorn weg.

13 Da traten seine Diener hinzu, redeten zu ihm und sagten: »Mein Vater, spräche der Prophet ein großes Wort zu dir, würdest du es nicht tun? Wie denn erst, da er zu dir gesagt hat: ›Bade und werde rein!‹«

14 Er ging hinab und tauchte im Jordan siebenmal unter nach dem Spruch des Gottesmannes. Da wurde sein Fleisch wie das Fleisch eines kleinen Knaben, und er wurde rein.

15 Er kehrte zurück zum Gottesmann, er und sein ganzes Gefolge (Lager). Er kam und stand vor ihm und sagte: »Jetzt erkenne ich, daß es keinen Gott auf der ganzen Erde gibt, außer in Israel! So nimm denn jetzt das Segens(geschenk) von deinem Diener.«

16 Er erwiderte: »So wahr Gott lebt, vor dem ich gestanden habe: ich werde nichts nehmen!« Er drängte ihn, zu nehmen, doch er weigerte sich.

17 Naaman sprach: »Wenn nicht, so möge doch deinem Diener eine Last an Erde gegeben werden, wie ein Paar Maulesel sie zu schleppen vermögen. Denn nicht wird dein Diener inskünftig Ganz- und Schlachtopfer fremden Göttern darbringen. Nur dem Herrn allein!

18 Dies freilich verzeih der Herr deinem Diener: wenn mein Herr ins Haus Rimons kommt, um sich dort niederzuwerfen, und er stützt sich auf meine Hand, so muß auch ich mich niederwerfen im Haus Rimons. Wenn ich mich im Haus Rimons niederwerfe, so verzeih der Herr deinem Diener wegen dieser Sache.«

19 Er antwortete ihm: »Geh zum Frieden!«

Der Text im Kontext

König *Ahab* von Israel (870–851 v. d. Z.) wird im Kampf gegen den Aramäerkönig *Ben-Hadad I.* von Damaskus tödlich verwundet. Ein unbekannter »Mann spannte von ungefähr den Bogen und schlug den König von Israel (mit seinem Pfeil) zwischen dem Ringelgurt und dem Panzer« (1Kön 22,34). Ahab stirbt auf dem Rückweg zu seinem Königspalast in Samaria. Der Name jenes unbekannten Schützen wird im Text nicht genannt. Die jüdischen Exegeten glauben ihn zu wissen. Es sei (so Raschi, R. D. Kimchi, Gersoni-

des im Kommentar zu 2Kön 5,1) niemand anders als der vom Aussatz befallene Berater des Königs gewesen: *Naaman,* von dem unser Bibelabschnitt erzählt.
Nach Ahabs Tod gelangt sein Sohn *Ahasja* auf den Thron (851). Durch einen Unfall kommt er ums Leben. Sein Bruder *Jehoram* (850–844 v. d. Z.) ergreift die Macht. Die kriegerischen Auseinandersetzungen, bei denen die Aramäer zumeist die Oberhand behalten – nach 2Kön 6,24ff belagern sie sogar Samaria –, werden letztlich erst durch die neue Großmacht Assyrien beendet. *Salmanassar* zieht 841 vor Damaskus, ohne es allerdings zu erobern. Andere Städte im syrischen Gebiet besetzt er. *Adadnirari III.* zwingt 800 v. d. Z. den König von Damaskus zur Leistung eines Tributs. Die Macht der Aramäer ist gebrochen, und jetzt vermag der israelitische König *Jerobeam II.* (787–746) das »Gebiet von Israel wieder auszudehnen« (2 Kön 14,25). Rund 25 Jahre nach seinem Tod ist freilich auch das Ende des Nordreiches Israel besiegelt. Samaria fällt unter dem Ansturm der Truppen *Sargons* (722 v. d. Z.) und wird mit dem umliegenden Land zur assyrischen Provinz Samerina (M. Noth, Geschichte Israels, 220–237).
2Kön 5, vermutlich in die Zeit des 2Kön 3,1 erwähnten Jehorams anzusetzen – V 5ff sprechen ohne Namensnennung vom »König Israels« –, zeigt möglicherweise wegen des etwas schroffen und bestimmten Tons im Schreiben des Aramäers (V 6) ein gewisses Maß an Abhängigkeit des israelitischen Königs. Daß dieser aber ein Vasall gewesen ist (so R. J. H. Hertz, Pentateuch und Haftaroth, III, [Haftará von tasrí'a]) und sein Reich den Aramäern vollständig unterworfen war (so Enc. miqra'ít, V, 893), ist nicht schlüssig zu beweisen. Die sehr hohe Vergütung, die der Aramäerkönig für Naamans Genesung zu überreichen gewillt ist (V 5), spricht gegen das Vasallenverhältnis. Einem Untergebenen ist man zu befehlen gewohnt, doch man beschenkt ihn nicht.

Leitworte des hebräischen Textes

n'su' faním (V 1) ist die hochgestellte Persönlichkeit (*'isch gadól,* »ein großer Mann«), »erhoben (im Hinblick aufs) Gesicht«. Von der Wurzel *n-s-'* stammt auch *nasí',* »Fürst«. Dessen Gesicht ist desgleichen »erhoben«. Im Gericht ist das »Erheben des Gesichts« durch den Richter, d. h. die Parteilichkeit, verboten (Lev 19,15). Wenn Gott »sein Gesicht erhebt« (Num 6,26), so wird ein Mensch gesegnet.
m'zorá' ist der vom *zará'at* Befallene, der »Aussätzige«. Die Septuaginta (zu

Lev 14,1 u. a.) übersetzt mit *leprós* bzw. *lépra.* Man ist seit langem davon abgekommen, *zará'at* mit der fatalen Lepra zu identifizieren (W. Baumgartner–J. J. Stamm, Hebräisches und aramäisches Lexikon, 989), wenngleich nach Num 12,12 der *m'zorá'* mit einer verstümmelten Fehlgeburt verglichen wird. Ob es sich um die Psoriasis (Schuppenflechte) handelt, die heutzutage in den Hautkliniken Israels am Toten Meer mit Erfolg behandelt (wenn auch nicht ganz ausgeheilt) wird, ist desgleichen unsicher. Der *m'zorá'* ist in alter Zeit kultisch unrein und wird bis zum Abschluß des Heilungsprozesses aus der Gemeinschaft ausgeschlossen (Lev 13,46, Num 12,14 u. a.). Dies erklärt, weshalb das Targúm *zará'at* generell mit *s'girúta,* »Einsperrung«, übersetzt (V 1 u. a.). Wer *m'zorá'* ist (Tg: *s'gir*), wird nach einem Reinigungsritual (Lev 14) in die Gemeinschaft zurückgeführt, wieder »eingesammelt«.

Daher wird sinnigerweise *'-s-f* (Niphal) »sammeln«, gebraucht (V 3. 6f.11; vgl bei Miriams Ende der Karenzzeit, Num 12,14: *te'aséf,* »sie wird eingesammelt«). Ist der Aussatz vorbei, so wird der einstige Kranke *tahór,* »rein«, und damit wieder kultfähig. Das Verb *t-h-r* steht in V 10.12–14. Damit Naaman genesen kann, muß er im Jordan siebenmal untertauchen. V 10 steht dafür *w'rachaztá* (von *r-ch-z,* »waschen«), V 14 *wajitból* (von *t-w-l,* »eintauchen, untertauchen«), »er tauchte unter«.

wajiqrá' b'gadáw (V 7; vgl V 8), »er zerriß seine Kleider«, ist Zeichen der Trauer. Selbstredend werden die Kleidungsstücke nicht in Stücke gerissen. Es handelt sich beim Brauch um das Einreißen ins Obergewand, das auch Hiobs Freunde als Ausdruck ihrer Konsternation und ihres Mitgefühls vollziehen (Hiob 2,12: *wajiqr''ú 'isch m''iló; m''il* ist das Obergewand). Zu den jüdischen Trauerbräuchen zählt bis heute die *q'rí'á,* das Einreißen eines Obergewands nach dem Tod eines nahen Angehörigen. Der »Riß« wird bei der Beerdigung an einer Stelle in der Nähe des Herzens vorgenommen, um den Riß, der durchs Herz geht, anzudeuten (ausführlich: Schulchán 'arúch, joré de'á, Nr. 340).

mit'ané (Partizip des Hitpael von *'-n-h*): »er sucht einen Vorwand« (= *to'aná,* Ri 14,4).

Der Text in der Exegese

Naaman, der renommierte Feldherr des Aramäerkönigs, ist an Aussatz (*zará'at,* z. Bedeutung: »Leitworte«) erkrankt, offensichtlich aber nicht so stark, daß ihn die Krankheit an jeglichem Kontakt mit anderen Menschen hindern würde. Doch eine Heilung ist dringend notwendig. Durch ein während eines Streifzugs in israelitisches Gebiet geraubtes Mädchen, das seiner Frau Dienste leistet (V 2), erfährt er von einem Propheten in Samaria (*hanawí' 'aschér b'Schomrón,* V 3). Das Mädchen ist – wohl aus Erfahrung – überzeugt, daß der Prophet *(Elisa)* das Leiden zu kurieren vermag, wenn man ihn nur richtig darum bittet (*'achalé*, von *ch-l-h*, Piel). Zweimal kehrt im Text (V 2 und 4) der Hinweis wieder, daß das Mädchen aus dem »Land Israels« (*me'érez Jisra'él*) stammt. Naaman soll gleich von Anfang an wissen, daß dieses *'érez Jisra'él* ein besonderes Land, der dort verehrte Gott ein besonderer Gott ist, unvergleichbar mit den übrigen Göttern.

»Der Name *'érez Jisra'él* findet sich in den prophetischen Büchern nur sehr selten ... Hier ist er Ehrenbezeichnung für das Land und das Mädchen, das aus ihm stammt...
Selbst unter der Herrschaft der Ahab-Dynastie gibt es viele seinesgleichen« (R. Ch. D. Rabinowitz, dá'at sofrím, m'lachím bet, zu V 2).

Es handelt sich um eine *na'ará q'taná.* Was bedeutet dies? »Dies ist eigentlich ein innerer Widerspruch: entweder war es eine *na'ará* (Mädchen, das bereits heiraten kann, weil es mit 12 Jahren mannbar wurde), oder eine *q'taná* (ein kleines Kind). Vielmehr ist es so zu verstehen: es war eine *na'ará* im Hinblick auf die geistige Entwicklung, doch eine *q'taná* an Jahren« (R. J. Alfassi, = RIF, abgedruckt in Abarbanels Kommentar, n'wi'ím rischoním, 620).

»Es besaß die Weisheit des Landes Israel« (R. J. Alfassi).

Naamans Gattin erzählt ihrem Mann, was das Mädchen gesagt hat, »das aus dem Land Israels« stammt (V 4), und Naaman informiert daraufhin den König. Es ist durchaus anzunehmen, daß er die Worte des Mädchens und seiner Gattin getreu weitergibt und vom »Propheten, der in Samaria ist« (den Namen kennt er nicht, da auch das Mädchen ihn nicht mitgeteilt hat), redet. Der König will diesen wesentlichen Hinweis nicht zur Kenntnis nehmen, kann es vielleicht wegen der Anstandsregeln, der Etikette, nicht tun. Er schreibt einen Brief (*séfer,* V 5), doch nicht an den Propheten, sondern an den König Israels.

»Anscheinend hat das Mädchen den Namen des Propheten nicht erwähnt, und deshalb wandte sich der aramäische König an den König Israels ..., vielleicht dachte er sich aber auch, es entspreche seiner Ehre nicht, sich direkt an den Propheten zu wenden« (E. S. Hartom, séfer m'lachím, zu V 5).

Zusammen mit dem *Schreiben* sendet er ein höchst imposantes *Geschenk,* selbstverständlich nicht für den König, sondern für den Propheten. Umsonst

wird dieser ja nichts tun, denkt er sich, und die Genesung seines *sar z'wá'* ... *'isch gadól* ... *n'su' faním* ... *gibór chájil* (V 1), des »Herresobersten« ... großen Mannes ... gehobenen Antlitzes ... (der) heldentüchtig (war; nach B-R), ist ihm dies wert. Das Geschenk kann sich sehen lassen: Es besteht aus, »zehn Barren Silber, sechstausend Goldgewichten (Targúm: Golddenaren) und zehn Wechselgewändern«.
Der König Israels erschrickt jedoch zutiefst, wie er das Schreiben gelesen hat. Der Aramäer – V 7 nennt er ihn verzweifelt und despektierlich: »dieser da« (*sé*) (s. E. Schachor, ma'arché schi'úr batanách, 145) – fordert von ihm die Heilung eines vom Aussatz behafteten Menschen. Das ist für ihn, den König, ein undenkbares Unterfangen. Ist er denn Gott gleich, »zu töten und zu beleben« (1Sam 2,6), daß er »einen Mann von seinem Aussatz einzusammeln«, d.h. von der Krankheit zu befreien und in die Gemeinschaft zurückzuholen vermöchte? (Zur sprachlichen Wendung s. oben »Leitworte«.) Der König von Damaskus hat gewiß nichts anderes im Sinn als einen erneuten Feldzug. Naamans Krankheit und die Forderung, ihn zu heilen, dienen ihm als Vorwand. (V 7: *mit'ané hu li,* B-R: »Ja denn, Händel sucht er mit mir!«). Als Zeichen seiner Bestürzung und seiner Furcht vor einer nicht vermeidbaren Katastrophe zerreißt er sein Obergewand. (In analoger Weise reagieren der König Hiskia und seine Würdenträger, doch ist die Situation dort ungleich gravierender, 2Kön 18,37–19,1; Jes 36,22–37,1.) Daß in Samaria *Elisa* lebt, übersieht er mit Absicht. Dieser Mann ist ihm als Diener Gottes nicht genehm, denn als Verehrer des Stierkults in Dan und Betel (2Kön 3,3) verzichtet der König auf Elisas Dienste. R. Ch. D. Rabinowitz (aaO, zu V 7) meint freilich:

»Er (König Israels) glaubt, daß Gott zu beleben vermag, denn von Elisas Taten hat er vernommen. Freilich kann er sich nicht vorstellen, daß ein Wunder geschieht, um diesen Aramäer zu heilen.«

Diese Interpretation ist möglich, aber wohl zu gesucht. Viel einleuchtender ist die Annahme, daß der König den Propheten mit Absicht aus seinem Denken ausklammert – hat nicht der Vater, *Ahab,* zu Elisas Vorgänger und Meister *Elia* ein sehr gespanntes Verhältnis besessen! – und den Brief des Aramäerherrschers zu seinem Nennwert nimmt, als Aufforderung an ihn persönlich, den kranken Naaman zu heilen. Kaum hört Elisa von der Verzweiflung des Königs, reagiert er. »Er schickte (*wajischlách,* V 8) zum König folgendermaßen.« Er sendet natürlich keinen Brief, sondern – wie später an Naaman (V 10) – einen *mal'ách,* einen »Boten«: den in V 20 ff genannten *Gechasi* (Sch. L. Gordon, m'lachím bet, Kommentar zu V 10).

Das »Schicken« ist im Abschnitt wichtig. Der Aramäerkönig »schickt« (V 5: *w''eschl'chá*; V 6: *schaláchti*), Elisa »schickt«, nur der König von Israel »vergißt« zu schicken. Dies soll sich künftig gründlich ändern.
Elisa will den Fremden heilen, aber nicht nur, um ihm einen Dienst zu leisten. Die Menschlichkeit ist als Motiv gewiß nicht auszuschließen, sie tritt jedoch im Text in den Hintergrund. Der Prophet läßt seinem König ausrichten:

»er komme zu mir und erkenne (*w'jedá*ͨ), daß es einen Propheten in Israel gibt« (V 8b).

Dieses »er erkenne« bezieht sich deutlich auf des Königs Wort nach dem Lesen des Briefes:

»erkennt doch (*d*ͨ*u na'*) und seht, daß er einen Vorwand gegen mich sucht« (V 7).

Und es antizipiert nicht minder das wirkliche und richtige »Erkennen« Naamans nach seiner Genesung:

»sieh doch, jetzt erkenne ich (*hiné na' jadá*ͨ*ti*), daß es keinen Gott auf der ganzen Erde gibt, außer in Israel.«

Des *Königs* »Erkennen« ist falsch. Er unterschiebt dem Aramäer Beweggründe, die dieser nicht besitzt. Des *Propheten* »Erkennen« ist – zumindest der Form nach – nicht adäquat. Die Heilung soll bewirken, daß der Fremde von der Existenz eines »Propheten in Israel« erfährt. Dieser Wunsch ist ichbezogen, selbst wenn durch die Kenntnis von einem Propheten auch die Kenntnis seines Herrn, des Gottes Israels, verbreitet wird. Elia, Elisas Meister, hatte diese Ichbezogenheit überwunden, wenn er – im Auftrag Gottes (2Kön 1,3) – den Boten König Achasjas ausrichten ließ:

»Gibt es keinen Gott in Israel ...?« (ib. V 6.16).

Nicht der israelitische König, nicht Elisa sehen die Wahrheit. Erst *Naaman* erkennt sie:

»daß es keinen Gott auf der ganzen Erde gibt, außer in Israel.«

Wie der König von Samaria nicht vom Propheten gesprochen hat, so spricht auch der aramäische Feldherr nicht von ihm. Nur ist die Gedankenrichtung verändert: Der König sieht nur sich – nicht Gott und nicht Seinen Propheten. Der Feldherr sieht nur Gott – nicht den König und nicht den Propheten, der in Seinem Auftrag handelt. Am Beispiel eines heidnischen Mannes zeigt uns die Bibel die wahre Gotteserkenntnis.

Naaman fährt *»mit seinen Pferden und seinem Wagen«* – mit seiner ganzen Begleitung, die sicher den großen Schatz mitnimmt und dem »Wunderheiler« gleich präsentieren möchte – vor das Haus des Propheten. Er wird indessen nicht eingelassen.

»Die Unreinheit seines Aussatzes hindert ihn am Betreten des Hauses« (M. Anat – H. M. Y. Gevaryahu, tanách la'ám, n'wi'ím rischoním, 861).

Mehr noch: *Elisa bemüht sich nicht einmal hinaus.* Er läßt den Auftrag durch einen »Boten« (V 10) ausrichten. Weshalb?

»Er ging nicht zu ihm hinaus, damit Naaman nicht denken sollte, durch natürliche Kraft oder durch ein Zaubergeflüster sei die Heilung bewirkt worden . . .« (Malbim, Kommentar zu V 10).
»Um den Unterschied zwischen einer Zauberhandlung und einem göttlichen Wunder hervorzuheben, erlaubt der Prophet dem Kranken nicht, vor ihm zu erscheinen. Er sagt ihm nur, was er tun soll« (R. J. Jacobson, chasón hamiqrá', I, 266).

»Geh und bade dich siebenmal im Jordan, dann wird dein Fleisch dir wiederkehren, und du wirst rein!« (V 10). Naaman ist wütend und geht. Zunächst ist er aufgebracht, daß Elisa nicht persönlich zu ihm hinauskommt. Dies an sich ist bereits ein Affront, eine persönliche Beleidigung (so Abarbanel). Eine hochgestellte Persönlichkeit darf nicht durch einen Boten abgefertigt werden. Ein Zweites kommt hinzu:

»Sieh, ich sagte: zu mir wird er herauskommen, sich hinstellen und den Namen des Herrn, seines Gottes, anrufen, seine Hand über der Stelle schwingen und den Aussätzigen einsammeln« (V 11).

Elisa erfüllt seine Pflicht nicht, denkt sich Naaman. Er sollte zu seinem Gott beten und – wie alle Wunderheiler – seine Hand in einem Heil- und Beschwörungsgestus »über die Stelle, die vom Aussatz befallen ist«, hin und her bewegen (R. J. Ibn Caspi, 'adné késef, 1911,67; R. J. Kara, Kommentar zu V 11, in: miqra'ót g'dolót, 1983). Doch was tut er statt dessen? Er schickt mich zum Jordan und heißt mich siebenmal untertauchen. Im Jordan! Als ob die Flüsse von Damaskus nicht viel bedeutender wären, der *Amana* (heute: Nahr Barada, der vom Amana-Berg nach Damaskus fließt) und der *Parpar* (heute: Barbar, eventuell auch der Nahr al-Auadsch; s. A. Weiser, Tanach, n'wi'ím rischoním, m'lachím, 1981,99). Wozu muß ich zum Jordan gehen?

»Pflege ich mich in ihnen (den Flüssen von Damaskus) nicht immer zu baden, und bin ich dadurch etwa gesund geworden? (R. Jona Ibn Dschanach, zit. bei R. J. Ibn Caspi, aaO, und R. D. Kimchi, zu V 12).

Auf das »da wurde Naaman zornig und ging weg« (*wajiqzóf Naʿamán wajelách,* V 11) folgt ein »er wandte sich und ging weg in (Zornes-)Glut« (*wajífen wajélech b'chermá,* V 12).

»*Über wen war er wütend?* Anscheinend über sich selbst, daß er sich hatte betören lassen, diesen Weg zu gehen. Vielleicht auch über Elisa, der ihm nicht entgegengekommen ist« (R. Ch. D. Rabinowitz, zu V 12).

Naamans Begleiter greifen ein. Sie suchen ihren Herrn zu beschwichtigen. Der etwas komplizierte hebräische Wortlaut von V 13 wird im Targúm verständlich wiedergegeben. Es heißt dort:

»Seine Diener traten näher, sprachen mit ihm und sagten: ›Herr (hebr. ›mein Vater‹, *'awí*), wenn ein großes Wort der Prophet zu dir gesprochen hätte, würdest du es nicht tun? Wie doch erst, wenn er dir diese (Worte) gesagt hat: tauch unter und werde gesund.‹«

In Raschis Interpretation: »Würdest du es nicht tun, selbst wenn er dir ein Wort der Mühe gesagt hätte? Um so mehr, da er dir eine leichte Sache anbefohlen hat: bade und werde rein!« (entsprechend R. D. Kimchi)

Naaman läßt sich besänftigen, er geht zum Jordan, taucht siebenmal unter (*wajitból baJardén schéwaʿ pʿʿamím),* »nach dem Wort des Gottesmannes.« Da »wurde sein Fleisch wie das Fleisch eines kleinen Knaben, und er wurde rein« (gesund) (V 14). Neue, zarte, rötlich schimmernde Haut tritt an die Stelle der kranken, die sich ablöst. Naaman ist wie neugeboren, wie ein kleines Kind.

Mehrere Details sind zu beachten.

1. Elisa befiehlt: *»bade« (w'rachaztá,* V 10), Naamans Diener greifen den Auftrag wörtlich auf (*r'chaz,* V 13), doch der Kranke *»tauchte unter« (wajitból,* V 14). Der Wechsel des Verbs ist beabsichtigt. Naaman begnügt sich nicht mit einem partiellen »Baden«, sondern ist zu einem totalen Untertauchen im Jordan entschlossen. Es mag sein, daß sein anfänglicher Zorn über das Prophetenwort auch auf dieses »Mißverständnis« des Befehls zurückging. Wenn Elisa von »baden« spricht, meint er das Untertauchen des ganzen Körpers (vgl Lev 14,8, wo der vom Aussatz Geheilte bei der Reinigung »sein ganzes Haar abrasieren« muß, weil er danach offensichtlich ganz untertauchen soll; wie Lev 15,16). Beim vollständigen Untertauchen kommen nicht nur die kranken, sondern auch die gesunden Körperstellen mit dem Wasser in Berührung. Man kann sagen: neben die therapeutische Wirkung tritt die prophylaktische. Noch mehr aber wird das Moment der Wunderheilung deutlich. Nicht das Wasser heilt, sondern Gott.

Im übrigen kommt das Verb *t-w-l* nur an unserer Stelle im Sinne von »untertauchen« vor. Zumeist wird es beim »Eintauchen« des Fingers eines Priesters in Opferblut (Lev 4,6.17; 9,9 u.a.) oder Öl (Lev 14,16) beim kultischen Besprengen verwendet. »Eingetaucht« werden Gegenstände bei Opfer- und Reinigungshandlungen (Lev 14,6f; Num 19,18), im profanen Bereich Brot in Essig während der Mahlzeit (Rut 2,14). Das »Eintauchen« eines Fußes in Öl ist Zeichen des Segens (Dtn 33,24). Dabei ist wohl an das Salben des Fußes gedacht. Josephs Brüder »tauchen« ein Gewand ins Blut eines Ziegenbocks, um dem Vater Jakob den Tod seines geliebten Sohnes zu »beweisen« (Gen 37,31). Wenn man von dem in übertragener Weise gebrauchten »dann würdest Du mich in der Grube (Unterwelt) untertauchen lassen« (*'as baschâchat titb'léni,* Hiob 9,31) absieht, wird *t-w-l* für das Untertauchen des ganzen Körpers nur hier verwendet (s. W. Baumgartner, Lex. 353).

Von *t-w-l* ist das Nomen *t'wilá* abgeleitet, das sich freilich in der Bibel noch nicht findet. Die *t'wilá,* das Untertauchen des Körpers zu kultischen Zwekken (etwa nach der Monatsregel einer Frau oder bei der Konversion eines Nichtjuden zum jüdischen Glauben), sowie das Eintauchen kultisch »unreiner« Gefäße geschieht in der Regel nicht mehr in einem Fluß oder See, sondern in der *miqwé.* Die *miqwé* (Plural: *miqwa'ót*) ist ein Tauchbad, in dem überwiegend »lebendiges Wasser« (gesammeltes Regenwasser) aufgefangen ist. In der Mündlichen Tradition ist die Größe und Anlage einer *miqwé* genau festgehalten (Mischná miqwa'ót, ed. R. D. Hoffmann, Mischnajot, VI, 446–503; Maimonides, Mischné Torá, hilchót miqwa'ót). Tauchbäder der Antike wurden auf Massada entdeckt (Y. Yadin, Masada. Der letzte Kampf um die Festung des Herodes, 1967, 164–167) und in letzter Zeit am Fuß der Südmauer der Jerusalemer Tempelbergumfassung. Ihre Größe entspricht den Vorschriften. In Deutschland ist etwa das »Judenbad« zu Worms bekannt.

2. Naaman soll *siebenmal* das Ritual vollziehen. Der Grund wird nicht vermerkt, es ist indessen klar, daß die Zahl sieben die Intensität des Vorgangs unterstreicht. Siebenmal wird (nach Lev 14,6f) der sich vom Aussatz Reinigende durch einen Priester mit dem Blut eines geschlachteten Vogels besprengt (so am ersten Tag des Reinigungsprozesses. Am siebten Tag siebenmal mit dem für ein »Schuldopfer« abgemessenen Öl; ib. V 16).

3. Ein wesentlicher Akzent liegt auf dem Vermerk *»nach dem Wort (Spruch) des Gottesmannes«.* Er stellt das Ritual ins richtige Licht. Weil es sich nicht um einen mit Zauber- und Beschwörungsformeln verbundenen Vorgang handelt, selbst nicht um einen langwierigen Heilungsprozeß,

sondern um ein plötzliches Gesundwerden, ist die Wirkung entsprechend groß. Sie heilt nicht nur Naamans Körper, sondern auch seinen Geist. Aus dem »Heiden« wird der zu Gott findende Mensch. Er kehrt zum »Gottesmann« mit seinem ganzen »Lager« (Gefolge) zurück – jetzt steht er nicht mehr nur am Eingang, jetzt tritt er vor Elisa hin. Er darf dies tun, weil der Aussatz von ihm gewichen und er rein geworden ist (M. Anat – H. M. Y. Gevaryahu, tanách la'ám, zu V 15). Er ist »eingesammelt«, zurückgenommen in die Gemeinschaft (s. »Leitworte« zu *'-s-f*, oben, S. 97).
Auf interessante Weise erklärt R. J. Alfassi (= RIF, aaO) Krankheitsursache und Heilung des aramäischen Feldherrn. Das *psychologische* Moment steht dabei im Vordergrund.

»Naaman wurde vom Aussatz befallen, weil er vor seinem Herrn (dem König der Aramäer) sehr groß war (V 1), und deshalb wurde sein Herz überheblich. Wenn das ›kleine Mädchen‹ aus dem Land Israels ihn aufforderte, den Propheten in Samaria anzuflehen (V 3), so sollte Naaman deutlich werden, daß die Heilung nicht in der Hand des Propheten, sondern in seiner eigenen Hand liegen würde: im Willen, sich zu demütigen und den Stolz fahren zu lassen ...
Naaman kam mit Pferd und Wagen (V 9). Er demütigte sich nicht, stieg von seinem Gefährt nicht herunter, und deshalb (!) ging ihm der Prophet auch nicht entgegen ... (dann freilich soll er im Jordan untertauchen), im Jardén, was soviel bedeutet wie ›Herabsteigen‹ (*j-r-d* als Wortspiel zu *Jardén*) von der Überheblichkeit ... (So sprechen auch Naamans Diener:) Der Prophet hat recht, wenn er sagt: ›Es gebe für deine Krankheit keine Heilung denn die Demut‹...
Durch das ›Hinabsteigen‹ (*wajéred*, V 14) zum Jordan erfolgt die eigentliche Reinigung – das Fahrenlassen des Stolzes –, ... und die Haut wird wie die Haut eines kleinen Knaben, der ohne Stolz ist. Und so ist er (Naaman) rein.«

Nach R. J. Alfassi geht die Heilung Naamans nicht auf irgendeine die Genesung oder Sühne bewirkende Kraft des Jordanwassers zurück – von ihr ist im Text auch gar nichts vermerkt! –, sondern auf die Bereitschaft, die Krankheit durch eine Neuorientierung, durch die seelische »Katharsis« zu überwinden. Die Ursache des Aussatzes ist psychischer Natur, die Heilung muß die psychischen Faktoren ändern. R. J. Alfassi mag dabei an Num 12,10 denken, wo der Aussatz Mirjams als Strafe (jede Krankheit ist eine »Strafe« für ein falsches Verhalten!) für die üble Nachrede gegen Mose interpretiert wird. Vielleicht hat er auch die »aussätzige Hand« Moses (Ex 4,6) vor Augen. Sie sei (so Raschi, Ibn Esra z. St.) als Strafe für die falschen Verdächtigungen gegen die Israeliten (ib. V 1) momentan von der Krankheit befallen worden (Nach V 31 haben die Israeliten nämlich Mose Vertrauen geschenkt; zur Deutung der Aussatzerkrankung: b. 'Arachín,

15a,b; Jalqút schim'óni, II. Nr. 230; N. Leibowitz, 'ijuním b'séfer wajiqrá', 1983,157–164).

Die Heilung führt zur Erkenntnis und die Erkenntnis zu einem Bekenntnis. Von ihm berichtet V15. Zum besseren Verständnis vergleichen wir den Vers mit Ex 18,11, Jos 2,11 und Ps 135,5.

2Kön 5,15	*Ex 18,11*	*Jos 2,11*	*Ps 135,5*
Sieh doch, ich weiß (erkenne), daß es keinen Gott auf der ganzen Erde gibt, außer in Israel.	Jetzt weiß ich, daß der Herr größer ist als alle Götter …	Ich weiß, … denn der Herr, euer Gott, Er ist Gott im Himmel oben und auf der Erde unten.	Denn ich weiß, daß größer ist der Herr und unser Gott als alle Götter.

In Ex 18,11 und Ps 135,5 ist Gott nur größer als die übrigen Gottheiten. Diese mag es geben, sie vermögen sich aber mit dem Gott Israels nicht zu messen. Gott ist im Rahmen der *Monolatrie* gesehen. In Jos 2,11, sicher in unserem Vers ist die *monotheistische* Idee durchgebrochen: Es gibt keinen Gott auf der ganzen Erde außer dem Gott Israels!

Ex 18,11 stammt aus der Rede *Jitros*, des Schwiegervaters von Mose, Jos 2,11 aus einer Rede *Rahabs*. Aufgrund des Vergleichs der Bibelstellen mit unserem Text hält der Midrasch (M'chílta d'Rabbí Schim'ón bar Jochai, jitró, Nr. 18,11; vgl M'chílta d'Rabbí Jischma''él, jitró, maséchta d''Amaléq, 1) fest:

(Jitro sagte:) »*Jetzt* weiß ich – bis jetzt hat er die Sache (Gottes Größe) nicht zugegeben … Naaman hat die Sache mehr als er (Jitro) erkannt, denn es heißt: denn es gibt keinen Gott auf der ganzen Erde außer in Israel. Entsprechend auch Rahab, die Dirne …«

Die Abstufung der Gotteserkenntnis ist noch plastischer in einem Passus des Midrásch rabbá' (Dtn.r., 28) ausgesprochen:

»*Jitro* hat dem Götzendienst Wirklichkeit gegeben (ihn als reell anerkannt), denn es heißt: ›*Jetzt* weiß ich, daß der Herr größer ist als alle Götter.‹ *Naaman* hat teilweise zugegeben (nämlich, daß es auf der *Erde* keinen anderen Gott gibt). *Rahab* hat Ihn in den Himmel und auf die Erde gesetzt (Jos 2,11), doch erst *Mose* auch in den Raum der Welt; denn es heißt (Dtn 4,39): ›Erkenne heute und führe es deinem Herzen zu, daß der Herr, Er, der Gott ist, im Himmel oben und auf der Erde unten, keiner sonst.‹ Was meint ›keiner sonst‹ (*'en 'od*)? Auch im Raum der Welt nicht.«

Nach diesem Text hat Rahab eine geläutertere Gotteserkenntnis besessen als Naaman. »Auf der ganzen Erde« gibt es aber auch für ihn keinen anderen Gott. Wir meinen, daß damit Naaman den Glauben an den Einen-

Einzigen Gott bekundet. Dies ist der Grund, daß er sich dafür entschuldigt, auch in Zukunft seinen König in den Tempel des Rimon begleiten und dort dem Gott die Reverenz erweisen zu müssen (V 18). Nicht, weil er an dessen Kraft glaubte, sondern weil es mit Rücksicht auf den König nicht anders möglich ist.
R. Ch. D. Rabinowitz (aaO, 57) stellt fest:

»Die Gotteserkenntnis Naamans zählt zur größten, zu der Menschen aus den Völkern der Erde gelangt sind.«

Naaman ist glücklich. Er will nun – nicht mehr als Mittel, den Propheten günstig zu stimmen (vgl Balaks reiches Geschenkangebot an Bileam, Num 22.7.17f; 24,13), sondern als Zeichen seiner Dankbarkeit – Elisa um die Annahme einer *b'rachá*, eines »Segens« (Raschi: »einer Friedensgabe«), bitten (V 15). Doch der Prophet verweigert die Annahme. Er legt gar einen Schwur ab:

»So wahr Gott lebt, vor dem ich gestanden habe: ich werde nicht (nichts) nehmen! Er drängte ihn, zu nehmen, doch er weigerte sich« (V 16).

Weshalb diese Weigerung?
Abarbanel schreibt:

»Damit er (Naaman) wisse, daß es einen Propheten in Israel gibt und es nicht um des Geldes willen geschah.«

Entsprechend Rev. I. W. Slotki (Kings, in: Soncino Books oft the Bible, [7]1969,193): »Elisa war lediglich ein Instrument oder ein Beauftragter, der für sich keinen Nutzen ziehen noch auch eine Belohnung erhalten darf. Damit zeigte Elisa den Unterschied zwischen einem Propheten des wahren Gottes und den heidnischen Priestern, die ohne materiellen Lohn keinen Ritus vollziehen.«

E. S. Hartom: »Elisa wollte Naaman zeigen, daß er ihn nicht aus Gewinnsucht geheilt hatte.«

Ibn Esra (in: miqra'ót g'dolót, 1983, Anhang) verweist auf ein entsprechendes Verhalten bei *Elia* (1Kön 18,36) und *Samuel* (1Sam 12,3).
Das klassische Beispiel bietet Abraham, der nach der Befreiung seines Neffen Lot und der übrigen Bewohner Sodoms nicht bereit ist, selbst eine Schuhnestel vom dankbaren Stadtkönig entgegenzunehmen (Gen 14,22f). Abraham nennt – anders als Naaman – den Grund der Weigerung: »damit du (König) nicht sagen kannst: ›ich habe Abraham reich gemacht‹.« Raschi: »denn der Heilige, gelobt sei Er, hat versprochen, mir Reichtum zu schenken, wie es heißt (Gen 12,2): Ich werde dich segnen ...«

So bleibt denn für Elisa – wie für Abraham – die Bezahlung aus, und er läßt den fremden Felherrn wissen, »daß geistige Größe nicht durch Geld erworben wird« (R. Ch. D. Rabinowitz, aaO, zu V 10).
Naaman ist allerdings nicht zufrieden. Wenn er schon nichts geben darf, so will er wenigstens etwas mitnehmen. *Erde aus dem Land Israels*, so viel wie ein Paar Maulesel (*zémed p'radím*, V 17) zu schleppen imstande ist. Zu Hause will er sich daraus einen Erdaltar (vgl Ex 20,21) errichten, da er »Ganz- und Schlachtopfer keinen fremden Göttern, sondern nur (noch) dem Herrn« darzubringen beabsichtigt. Die Erkenntnis des wahren Gottes schlägt sich in der Praxis nieder, die Richtung zukünftiger Gottesverehrung ist für Naaman festgelegt.
»Hätte er die Erde nicht auch ohne Erlaubnis nehmen können?« fragt R. D. Kimchi. Er antwortet: »Einen Altar für den Herrn in der *golá* (Diaspora) wollte er ohne Zustimmung des Propheten und des Königs (Israels) nicht erbauen.«
Naaman zieht weg. Elisa ruft ihm zu: *lech l'schalóm* (V 19), »geh zum Frieden!«, hin zu einem erfüllten, aktiven Leben. »*Zum* Frieden«, den erst der Verstorbene nach der Lehre des Talmud gefunden hat, der Lebende aber noch sucht und zu verwirklichen sich bemüht.

»Es sagte R. Awin Halevi: Wer sich von seinem Nächsten verabschiedet, spreche nicht *lech b'schalóm* (geh *in* Frieden!), sondern *lech l'schalóm* ... Wer sich hingegen von einem Verstorbenen verabschiedet, sage zu ihm nicht *lech l'schalóm*, sondern *lech b'schalóm*« (b.B'rachót, 64a, mit kleinen Variationen b.Mo'éd qatán, 29a).

Wie groß ist der Unterschied zwischen dem Prophetenwunsch »geh zum Frieden!« und dem Vor-der-Tür-Stehen Naamans am Beginn des Genesungsprozesses! Die Distanz zwischen Elisa und Naaman ist verschwunden, und zugleich ist aus dem Götterverehrer Naaman ein Gottesverehrer geworden. R. Ch. D. Rabinowitz (aaO, 56) schreibt:

»Oft wird der Name des Herrn unter den Nationen durch Schicksalsschläge geheiligt. Dieses Mal durch Heilung und Hilfe.«

Wegweisung für unsere Zeit

»Es gibt einen Gott in Israel«, es gibt einen Gott in der Welt: den Schöpfer des Universums, den Herrn über Leben und Tod, Gesundheit und Krankheit. Viele haben dieses wichtigste Element des Glaubens vergessen. Wenn sie leben und gesund sind, nehmen sie es als selbstverständlich hin. Wenn

Krankheit sie anfällt und der Tod sich nähert, wird der Arzt als der starke, Hilfe bringende Mann angegangen. Das Vertrauen in die moderne Medizin ist grenzenlos. Der Arzt wird oft als Magier gesehen, der seine Hand über die Krankheit »schwingt«. Bei allem Respekt vor der medizinischen Wissenschaft und ihren großartigen Leistungen ist die Einsicht zu gewinnen: die Heilung eines Patienten geschieht im letzten nicht durch den Arzt, sondern durch Gott. Die besten Medikamente bleiben ohne Ihn wirkungslos.
Die jüdische Liturgie hat den richtigen Akzent gesetzt:

»Du bist stark für immer, Herr, ...
Du ernährst die Lebenden in Deiner Liebe,
belebst die Toten in großem Erbarmen,
stützest die Fallenden und heilst die Kranken,
lösest die Gefesselten und hältst Deine Treue jenen,
die im Staube ›schlafen‹.«
(Sch'moné 'esré-Gebet; Gebetbuch s'fat 'emét,41)

Nach dem Ende eines Heilungsprozesses gilt es daher, nicht nur dem menschlichen, sondern auch dem göttlichen »Arzt« zu danken – Naaman gleich, dem heidnischen Feldherrn aus fremdem Land, der durch seine Genesung den Weg zum Einen-Einzigen Gott entdeckte. Die Krankheit Naamans, so möchte man hinzufügen, war nicht »umsonst«, nicht sinn-los. Sie brachte ihn zu einer besseren Einsicht in die Wirklichkeit.

Von des Menschen Vergänglichkeit

Hiob 14,1–6

1 Der Mensch – geboren vom Weibe –
ist kurz an Tagen und satt an Unruhe.
2 Wie eine Blume blüht er auf und verwelkt,
er entflieht wie der Schatten und bleibt nicht stehen.
3 Auch über diesen hast Du Dein Auge geöffnet,
und mich bringst Du ins Gericht vor Dich!
4 Wer gibt Reines vom Unreinen? Nicht einer!
5 Wenn bemessen sind seine Tage, die Zahl seiner Monate bei Dir,
(wenn) seine Grenzen Du gesetzt hast, die er nicht überschreitet –,
6 so laß ab von ihm, bis es mit ihm zu Ende ist,
bis er sich wie ein Tagelöhner seinen Tag erwünscht.

Der Text im Kontext

Hiob fordert Gott zur Antwort auf. Wenn er leiden muß, will er den Grund seiner Leiden kennen. Er spricht (13,23):

»Wie viele sind meiner Fehle und Sünden? Meine Abtrünnigkeit, meine Versündung lasse mich wissen!« (B-R).

Nichts fällt einem von körperlichem und seelischem Schmerz gepeinigten Menschen schwerer als der bohrende Zweifel an der Berechtigung und am Sinn des Leidens. Hiob schreit auf zu Gott (ib. V 24):

»Warum versteckst du dein Antlitz und erachtest für deinen Feind mich?«

Was hat er denn getan, um Gottes Schicksalsschläge erdulden zu müssen? Gott bleibt die Antwort schuldig. Bis zum Schluß erfährt Hiob den Grund seines Elends nicht – schlicht und einfach, weil es diesen Grund nicht gibt. Hiob wird nicht etwa getroffen – so erfährt der Leser aus der Rahmengeschichte des Buches –, weil er etwas Schlimmes, Strafwürdiges begangen hätte. Er wird ins Elend gestürzt, damit der ewige Ankläger – Satan – erfahre, wie ein Frommer leidet und trotz seines Leidens nicht zerbricht.

Die Krankheit Hiobs und seine psychische Not – auch seine religiöse Not – sind nicht Strafe, sondern Prüfung. Nicht weil er schlecht, sondern weil er gut gewesen ist, widerfährt ihm, was ihm widerfährt. Israels Weise sprechen von *jisurín schel 'ahawá*, von »Schmerzen der Liebe«, wenn sie das Geheimnis des unschuldig Leidenden zu deuten suchen:

»denn wen Er *liebt*, den *rügt* er, und wie ein Vater den Sohn, dem er wohlwill« (Spr 3,12).

Satan – und ist er nicht das ewige Gewissen des Menschen, das immer erneut dessen Selbstsicherheit und Selbstgefälligkeit in Frage stellt? – glaubt nicht an die uneigennützige Frömmigkeit, und deshalb muß Hiob, einer Olive gleich, so lange gepreßt werden, bis er sein Bestes hergibt. In der Not wird sein Herz fest und stark. Und wenn er auch nicht bis zum Grund seines schweren Schicksals vorzudringen vermag, so gibt er Gott doch nicht preis, selbst wenn er schier verzweifelt. Gottes Handeln versteht er nicht, eine Antwort auf seine Frage nach Sünde und Schuld wird ihm verweigert. Satan aber kommt nicht zum Ziel, weil Hiob standhält. Dieses Standhalten in der Presse der Qual ist unendlich schwer. Man wundert sich, woher Hiob die Kraft nimmt, gegen Gott und gegen seine Freunde, die statt Trost Vorwürfe vorbringen, auf seinem Standpunkt – dem Standpunkt eines sich grundlos verfolgt Fühlenden – zu beharren. Es gelingt ihm, und Gott gibt ihm am Ende gegen die Freunde recht. Die von den (ersten drei) Freunden vertretene Gleichung »Leiden = Strafe für Schuld« ist zu einfach. Sie geht bei Hiob nicht auf. Hiob ahnt es, Gott weiß es. Und daher hält nicht nur Hiob Gott die Treue, sondern auch Gott Hiob – gegen die Freunde, gegen den Satan, der im zweiten Teil der Rahmengeschichte (42,7–17) nicht mehr auftritt. Er hat sich nämlich fürchterlich blamiert. Hiob scheint nicht nur fromm (1,1.8; 2,3), er ist wirklich fromm.

Bis sich diese Herzensfrömmigkeit für immer erweist, ist Hiob in seinem Denken und Fühlen aufgewühlt. Unser Text in 14,1–6 schließt sich 13,23–28 an. Auch hier sucht er über seinen schrecklichen Zustand mehr Klarheit zu gewinnen. Er fragt allerdings nicht mehr nach dem Grund seines Elends, will nicht mehr wissen: »Wie viele sind meiner Fehle und Sünden?« In unserem Text klagt Hiob über des Menschen Vergänglichkeit und bittet Gott, von ihm abzulassen. M. Buber nimmt in seiner Übersetzung 13,28 (»Der da, wie Moder zerfällt er, wie ein Kleid, das die Motte fraß«) zu Kap 14 hinzu, wir folgen aber der Einteilung der Kapitel und Predigttexte und beginnen mit 14,1.

Leitworte des hebräischen Textes

jalúd (Partizip passiv von *j-l-d*, »gebären«) ist der »Geborene«, *j'lud 'ischá*, »vom Weibe geboren« (B-R). Der Mensch ist *q'zar jamín*, »kurz an Tagen«, und *s'wa' róges*, »satt an Unrast« (B-R). *róges* kann auch wiedergegeben werden mit »Verdruß« (L. Zunz), »Zorn« (vgl Hab 3,2), »Furcht« (N. H. Tur-Sinai, séfer 'Ijów, 1954,140), wohl auch mit »Unruhe«, und ist Gegensatz der *schalwá*, des »Seelenfriedens«, vgl Hiob 3,26.
ziz ist die »Blume«, zum Unterschied von *pérach*, (»Knospe«), die geöffnete Blume (A. Chacham, séfer 'Ijów, in: dá'at miqrá', 1984,103, Anm. 46).
wajimál (Imperfekt des Qal von *m-l-l*, »welken«, mit waw consecutivum), »er welkte« (L. Zunz: »er wird abgeschnitten«; so auch Gersonides, Kommentar zur St. in: miqra'ót g'dolót). *m-l-l* entspricht *n-w-l*; Jes 40,7f: *nawél ziz*, »verwelkte Blume«; Jes 28,1: *w'ziz nowél*, »eine welkende Blume«.
zel ist der »Schatten« (V 2), der »nicht stehen bleibt« (*w'lo ja'amód*).
paqáchta (von *p-q-ch*, »öffnen«), »du hast geöffnet«, beinahe immer mit *'enájim*, »Augen«, verbunden (außer Ps 146,8). Daher ist *piqéach* der »Sehende«. Nur in Jes 42,20 wird *p-q-ch* für das »Öffnen« der Ohren (*'osnájim*) gebraucht.
mischpát, »Recht«, hier im Sinne von »Gericht«.
tahór, »rein«, und das Gegenteil *tamé'*, »unrein«, sind bekannte Termini aus der Kultsprache und kommen etwa in Lev häufig vor (Lev 7,19; 13,36f). »Rein« meint dann auch »gesund«, nach einer Aussatzerkrankung beispielsweise (Lev 13,13.17.37 u.a.; vgl oben, S. 102 zu 2Kön 5). Hier ist die geistige Reinheit bzw. Unreinheit durch das Begriffspaar ausgedrückt.
charuzím (von *ch-r-z*, Partizip passiv), »festgesetzt«, »festgelegt«, »bemessen«, sind die Lebenstage eines Menschen.
sch'"é (von *sch-'-ch*), »wende dich ab!« B-R: »blick weg«.
Umstritten ist die Bedeutung von *w'jechdál* (V 6). W. Baumgartner, Lex. 281, nennt ein *ch-d-l II*, »dick, fett werden«, er steht indessen mit dieser Wiedergabe allein. »Daß er feiere«, schreibt L. Zunz, dabei an das häufige *ch-d-l*, »aufhören«, denkend. B-R: »daß er aussetzen kann«. Raschi fügt hinzu (nach dem Targúm): »daß er aufhöre mit seinen Schmerzen« (so auch Sforno, A. Chacham). Ibn Esra und Gersonides kommentieren *w'jechdál* so, als ob *w'jedchál* (Metathesis der Konsonanten) stünde: »und er lebe« (vgl *chéled*, »Leben«, Ps 17,14; 39,6).
jirzé (von *r-z-h*, Qal), »er will, wünscht«. Aufgrund von Jes 40,2 (»erfüllt« ist die Schuld, d.h. getilgt) deutet Ibn Esra das Verb im Sinne von »er wird vollenden« (so auch A. Chacham). B-R: »bis er ... sich gefallen läßt« (von

r-z-h, »wünschen«); A. B. Ehrlich, Randglossen, VI,236, liest statt *jirzé* entweder *jarzé* oder *j'razé*: »bis er ... abliefert«.
sachír ist der »Tagelöhner« (vgl *sachár*, der »Lohn«).

Der Text in der Exegese

In *Ps 8* ist der Schöpfer Seinem Geschöpf, der mächtige Gott, Herr der Welt, dem schwachen Menschen gegenübergestellt. Dieses Gegenüber in enger Verflechtung, die seit Adam und Evas Erschaffung als unauflösbar gesehen wird, fasziniert den Dichter. Er singt in seinem Hymnus:

»Du, unser Herr, wie herrlich ist dein Name in allem Erdreich« (V2; B-R)

Wenn er dann Gottes Himmel anblickt, »das Werk Deiner Hände, Mond und Sterne, die Du gegründet hast«, wird ihm die Unscheinbarkeit des *'enósch*, des »Menschleins« (so B-R), und des kraftlosen »Adam-Sohns« (*ben 'adám*) zutiefst bewußt. Einzigartig und immer aufs neue faszinierend bleibt indessen die Erkenntnis, daß sich dieses »Menschlein« weit über die übrige Schöpfung erhebt:

»Ließest ihm ein Geringes nur mangeln, göttlich zu sein, kröntest ihn mit Ehre und Glanz, hießest ihn walten der Werke deiner Hände. Alles setztest du ihm zu Füßen ...« (B-R, V6–7)

Der Mensch ist zum Verwalter der Gottesschöpfung bestimmt, zum *moschél*, im Auftrag eines Höheren (wie Gen 45,8 Joseph *moschél* über Ägypten im Namen Pharaos ist). Die Unscheinbarkeit wird kompensiert durch die intellektuelle Fähigkeit, sich über die Tiere aufzuschwingen und ihnen seinen Willen aufzuzwingen. So wie Adam selbst nach dem Gottessegen (Gen 1,28) »herrschen«, aber zugleich »wachen« (ib. 2,15) soll. Was der Mensch ist und zu sein hat, ist er durch Gott, seinen Herrn und Auftraggeber. Er reflektiert gleichsam das Gotteslicht, so wie der Mond das Licht der Sonne widerspiegelt. Trotz seiner Schwäche ist der Mensch in der Schöpfung und für sie wichtig, denn er ist Gottes Partner, Gottes Sachwalter, »in Seinem Ebenbilde« (ib. 1,26) erschaffen.
Wie anders ist der Tenor in *Hiob 14*. Von der Größe des »Adam« ist nichts zu verspüren. Er ist nicht mehr der *ben 'Adám*, der »Sohn des Adam«mannes, sondern wird als *j'lud 'ischá*, »von einem Weib geboren« angesagt. Wo bleibt sein Regiment, von dem Ps 8 zu künden weiß? Es ist verschwunden, als hätte es nie bestanden.

Der »Adam« steht nicht mehr über der Schöpfung. Er ist Teil von ihr, dazu noch ein mit Windeseile vergänglicher Teil: »Wie eine Blume blüht er auf und verwelkt, er entflieht wie der Schatten und bleibt nicht stehen.« (Vgl Ps 90,6; Jes 40,6ff; Ps 103,15.)

Gliche er wenigstens einem Baum, der tief im Erdreich verwurzelt ist und durch keinen Sturm entwurzelt werden kann (Ps 1,3)! Nein, er vergeht und hinterläßt keine Spur. Was bleibt schon von einer verwelkten Blume übrig und erst recht von einem entschwundenen Schatten? Nichts, gar nichts! Der Midrasch (Midrásch j'lamdénu, in: bet midrásch Jellinek, VI; vgl N. Leibowitz, 'ijuním b'séfer wajiqrá', 1983,147) spricht diesen Gedanken mit einem Vergleich aus:

»Jemand betrachtet eine schöne (Stein-)Säule und ruft aus: ›Wie schön ist diese Säule und wie wertvoll!« Sein Freund entgegnet: ›Du staunst über die Säule? Sähest du erst den Steinbruch, aus dem sie stammt, wie sehr würdest du staunen!‹
Ein anderer betrachtet einen Balken voller Bewunderung. Da sagt sein Freund zu ihm: ›Sähest du erst den Baum, aus dem er entnommen wurde, wie erst würdest du dann große Augen machen!‹
Lobt einer aber einen schönen Menschen, ... so spricht der andere: ›Was, diesen da willst du loben? Wüßtest du, aus welcher Unreinheit er stammt, du würdest ihn nicht einmal anschauen!‹«

Der Mensch ist geringer als andere Dinge, nicht größer, da er der »Unreinheit« (Ps 51,7: der »Sünde«) entsprungen ist, der durch die Geburt verursachten kultischen Unreinheit (Lev 12,1–8; zum schwierigen Vers in Ps 51,7 s. A. Chacham, séfer t'hillím, I,298, und unten, S. 115).
»Schwach ist der Mensch von seiner Geburt an« (A. Kahane, séfer 'Ijów, 1968, zu. St.), »die Verwendung des Namens *'adám* erinnert an seinen Herkunftsort: er ist ein Geschöpf der *'adamá,* der Erde« (Sch. L. Gordon, k'tuwím, séfer 'Ijów, 1933, z. St.).
Die Schwäche ist nicht nur eine körperliche, sie ist insbesondere eine moralische Schwäche. Von einem der Erde entnommenen Wesen ist schließlich keine Charakterfestigkeit zu erwarten (s. unten zu V 4).
14,1f finden eine Parallele in Ps 144,4, wie der Vergleich zeigt:

Hiob 14,1–2	*Ps 144,4*
Der Mensch, geboren vom Weibe, kurz an Tagen ... er entflieht wie der Schatten und bleibt nicht stehen.	Der Mensch, dem Hauche gleicht er, seine Tage sind wie ein Schatten, der vorübergeht.

Hiob 8,9 heißt es analog (in Bildads Rede):

»denn von gestern sind wir und wissen nicht, denn ein Schatten sind unsre Tage auf Erden –« (B-R).

In der Liturgie des Neujahrsfestes Rosch Haschana (schmoné ʿesré von musáf) wird über des Menschen Leben meditiert:

»Der Mensch – sein Ursprung ist aus dem Staub,
und sein Ende ist im Staub,
mit seinem Leben (unter Lebensgefahr) bringt er sein Brot,
er gleich der zerbrochenen Scherbe,
dem dürren Gras, der welkenden Blume,
dem vorbeiziehenden Schatten, der vergehenden Wolke,
dem wehenden Wind, dem hinwegstäubenden Staub,
dem verfliegenden Traum.
Du aber bist König, lebendiger und beständiger Gott!«
(Machsór l'jamím nora'ím, hg. v. D. Goldschmidt, 1970,171).

Die Klage von 14,1f ergeht nicht nur wegen der Kürze eines dahinschwindenden Lebens. Schlimmer ist noch die Tatsache, daß das kurze Leben »angesättigt ist mit Unruhe«, Sorgen, Kummer. Es ist *s'waʿ róges* und nicht (wie 1Chr 29,28) »satt an Tagen *(s'waʿ jamím)*, Reichtum und Ehre«. Erst der alte Hiob darf dann diese Sattheit erleben (Hiob 42,17), der leidende kennt nur die Not und das Elend.

»Er lebt nur ›kurz an Tagen‹. Da wäre es doch wohl richtig gewesen, wenn er wenigstens satt an Frieden und Glück leben dürfte, ... doch Du bringst noch eine weitere Not über ihn: während seiner Lebenskürze ist er ›satt an Unruhe‹« (R. J. Kara, perúsch l'séfer 'Ijów, hg. v. M. Arend, 1974,45).

Die V 1–2 beschreiben den Zustand des schwachen Menschen, sein rasches Dahinschwinden, in V 3 folgt die Klage, die zur Anklage gegen Gott wird. *»Auch über diesen hast Du Dein Auge geöffnet, und mich bringst Du ins Gericht vor Dich!«* Es ist Gottes nicht würdig, ein solches Geschöpf mit der ganzen Strenge Seines Urteils zu belegen. Der Mensch, meint Hiob, ist zu unscheinbar, als daß sich Gottes Augenmerk auf sein Tun richten dürfte.

»Über diesen – das Nichts und den Angefaulten« (Raschi).

»Im Wort steckt die vollkommene Verachtung. Es wird nicht einmal der Name (der Person) genannt, auf die dieses *se* hinweist« (D. Jellin, chiqré miqrá', 'Ijów, 1927,32).

Vor Gottes gestrengem Blick (Raschi: Er blickt hin, »um seine Sünden zu

überprüfen«) hat der Mensch keine Chance. Gott entgeht nichts, denn »Deine Augen sind geöffnet (*p'quchót*) über alle Wege der Menschen« (Jer 32,19). Wollte sich der Mensch auch noch so sehr anstrengen, seine ihm von der Natur gesetzte Schranke – die Veranlagung in »Unreinheit« – kann er nicht überwinden. Dies meint der trotz der einfachen Vokabeln nicht ganz leichte *Vers 4*.
L. Zunz schreibt:

»Wer macht Reines aus Unreinem? Nicht einer!«

A. Wolfsohn (séfer 'Ijów, in: kitwé qódesch, 1817,30) übersetzt:

»Kann von Unreinen denn ein Reiner kommen? – Gewiß nicht einer!«

Nach M. Bubers Meinung will der Vers sagen:

»Wer gäbs: aus Makligem Reines! Nicht eins!«

R. S. B. Freehof (Book of Job. A Commentary, 1958,114) gibt den Wortlaut wieder mit:

»Who can bring a clean thing out of an unclean? Not one.«

Für L. Zunz, A. Wolfsohn und R. S. B. Freehof leitet das *mi* eine Frage ein, für M. Buber (»wer gäbs . . .«) einen Wunsch. Ein Unterschied des Verständnisses liegt aber auch bei der Wiedergabe von *tahór* (»rein«) und *tamé'* (»unrein«). Ist ein Neutrum (»Reines«; »a clean thing«/»Unreines«; »Makliges«; »an unclean«) oder ein Maskulinum, ein Mensch, eine Person gemeint (so Wolfsohn: »Kann von Unreinen denn ein Reiner kommen?«)? Vollends anders ist bei den Exegeten die Deutung von »rein« und »unrein«.
Raschi, Ibn Esra und Nachmanides (= Rambán; in: Kitwé Rambán, hg. v. R. Ch. D. Schevel, 2Bde, ^{3}1968, I,58) denken – beeinflußt von Ps 51,7 – an den im Zeugungsakt und in der Geburt begründeten Zustand der Unreinheit. Raschi zieht dabei den Text in »Sprüche der Väter« (III,1) als Stütze seiner Ansicht heran, wo das Entstehen des Menschen »aus einem übelriechenden Tropfen« (= Spermien) die »Unreinheit« erklären soll. Zumal auch die eheliche Beziehung (nach Lev 15,18) die kultische Unreinheit vorübergehend (»bis zum Abend«) bewirkt.

»Es ist wie bei ›sieh, in Sünde bin ich geboren‹ (Ps 51,7) – der Mensch ist aus unreinem Ding erschaffen« (Ibn Esra).

Eine gewisse Sexfeindlichkeit ist bei diesen Kommentatoren nicht zu verkennen. Ganz deutlich kommt dies bei Sforno (kitwé ʿOwadjá Sfórno, ed. R. S. Gottlieb, 1983,280) zum Vorschein:

»Ich, der ich aus dem Samen von Mann und Frau hervorgegangen bin, die (beim Akt) nur an das sündhafte Vergnügen gedacht haben, kann doch wirklich nicht ganz rein sein von jeder Sünde ...«

»Auch die Empfängnis der Frommen vollzieht sich in Sünde«, meint Nachmanides (aaO).

In eine andere Richtung – und wie uns scheint, die richtige – weist R. J. Kara (aaO), wenn er den »Trieb zum Bösen« (*jézer haráʿ*) als Ursache der Unreinheit ansieht. Nicht die Art und Weise des Gezeugt- und Geborenwerdens, sondern jene des Beschaffenseins liegt der »Unreinheit« zugrunde. Nicht wegen der Eltern – wegen seines eigenen Handelns verfällt der einzelne der Schuld. Dieser Punkt ist sehr wesentlich, weil die hebräische Bibel die Sexualität immer sehr positiv beurteilt. Der Gottesbefehl in Gen 1,28 (»seid fruchtbar, mehret euch und füllet die Erde und nehmt sie in Besitz«) wurde als wichtig und für alle Zeiten als relevant angesehen. Überzeugend erklärt daher A. Wolfsohn (op.cit. im Kommentar Beʾúr, 30):

»Willst Du, daß aus einem Menschen, dem minderwertigen und niedrigen Geschöpf, ein erhabenes und gutes Geschöpf wird? Sieh doch, kein einziger ist vollkommen und fehlerfrei. Die Schrift bezeichnet das Geringere und Niedrigere mit dem Ausdruck ›unrein‹, das Erhabene mit dem Ausdruck ›rein‹.«

Wer vermöchte die Umwandlung von diametral Gegensätzlichem zu vollziehen? Keiner: *lo ʾechád*. Keiner, es sei denn Gott selbst. Wie der Midrasch Num.r., 191 festhält:

»*mi jitén tahór mitamé*ʾ? Wie zum Beispiel Abraham von Terach, König Hiskia von König Ahas, Mordechai von Schimʿi, Israel von den Heidenvölkern, das Jenseits aus dem Diesseits. Wer hat solches getan, wer solches befohlen, wer solches verordnet? Ist's nicht der Herr (eig. der Auserlesene) der Welt!«

Der »reine«, der Gottesverehrung zugetane Abraham ist aus dem »unreinen«, die Götter anbetenden Terach hervorgegangen. Abraham hat die »Unreinheit« seines Vaters überwunden. Gerade in diesem Text zeigt sich mit aller Eindeutigkeit, daß nicht ein »unreiner« Faktor bei der Zeugung und Geburt, sondern Einstellung und Handlungsweise »Reinheit« oder »Unreinheit« bestimmen. Entsprechend steht in Hiob 4,17 »rein« parallel zu »gerecht, gut sein«:

»Ist wohl der Mensch gerechter denn Gott? Oder reiner (*jithár*) denn sein Schöpfer der Mann?« (L. Zunz).

Die »Reinheit« steht im Zusammenhang mit dem rechten Tun des Menschen, nicht mit der Herkunft.
V 4 – mit seiner bitteren Erkenntnis der Unabänderlichkeit menschlichen Charakters – bildet einen Einschub zwischen den Versen 1 bis 3 und 5 bis 6. Er könnte fehlen, ohne daß sich am Aufbau des Textes viel änderte. Ist er ein Fremdkörper, ein sekundärer Einschub? M. Buber setzt ihn bei seiner Übersetzung in eckige Klammern. Er gehört, so will er damit sagen, nicht zum ursprünglichen Textbestand. Vielleicht ist diese Ansicht richtig. So aber gleicht der Vers gleichsam einem Seufzer, den ein bedrücktes Herz ausstößt: »Ach, wäre nur möglich, was für immer ausgeschlossen scheint: der innere Reinigungsprozeß des Menschen.«
Die V 5 und 6 schließen an die V 1–3 an, freilich mit einer überraschenden Konsequenz am Schluß. In V 1–2 wird die Kürze des Lebens und sein Erfülltsein mit Sorgen beklagt. Die Lage wird durch das Fehlen eines göttlichen Gnadenerweises verschärft. V 5 nimmt die Kürze menschlicher Existenz nicht minder zur Kenntnis, er sieht darin freilich nicht – wie die ersten beiden Verse vermuten lassen – ein blindes, sinnentleertes Geschehen. Die Lebenstage sind zwar kurz, aber doch von Gott »bemessen«. Gott hat eine Schranke gesetzt, und nach der nicht ausgesprochenen, nur angedeuteten Meinung des Dichters ist sie allzu eingrenzend gezogen. Doch es waltet die Ordnung, nicht das Chaos, deshalb darf der Mensch den Anspruch auf ein würdiges Leben erheben. V 6 stellt sich in einen Gegensatz zu V 3. Statt daß Gott dem Menschen aufsitzt, soll Er ihn in Ruhe lassen und ihm die paar wenigen Jahre, die ihm auf Erden beschieden sind, gönnen. An der zeitlichen Eingrenzung läßt sich nun mal nichts ändern, am Inhalt des Lebens und seiner Beschaffenheit aber sehr viel. Gott muß sich nur »abwenden« – und alles wird für Hiob besser.
Mit *'im*, »wenn«, beginnt der Bedingungssatz in V 5. Gersonides erklärt:

»Wenn seine Tage bemessen und begrenzt sind . . ., so laß ab von ihm, damit er seine Zeit vollende.«

Daß Gott die Länge des Lebens von Anbeginn an fixiert hat, gilt bei den jüdischen Exegeten als ausgemacht. Der Midrasch (Jalqút schimʿóni, II, Nr. 906) hält fest:

»Im Zeitpunkt, da der Heilige, gelobt sei Er, die Welt erschuf, bestimmte er die Lebensdauer eines jeden Menschen.«

Seine *chuqáw* (V 5) sind daher unverrückbar, sein »Ziel« (so W. Baumgartner, Lex. 332, zu *choq*), seine »Schranke« (B-R), seine Grenzlinie« (nach

Sch. L. Gordon, 135); vgl Jer 5,22, wo *choq* parallel zu *g'wul* (»Grenze«) gebraucht wird. Die Lebensrichtung und Lebensqualität vermag sich jeder aber selber auszuwählen – wenn Gott ihm nicht in den Arm fällt!
»Laß ab (sch"'é) von ihm, bis es mit ihm zu Ende ist« (»bis er aufhört«). R. M'juchás bar Eliáhu (perúsch 'al séfer 'Ijów, hg. v. R. Ch. D. Schevel, 1970,37) schreibt:

»Kehr dich ab von ihm und laß ihn in Ruhe, bis er seine Tage beendet.«

Dieses »Ablassen« ist gleichbedeutend mit der Bereitschaft Gottes, keine weiteren Schmerzen über den gequälten Menschen zu bringen (Raschi; R. J. Kara). Denkbar ist die Deutung von *w'jechdál* im Sinne eines *w'jedchál,* »damit er lebe« (s. oben »Leitworte«). R. Samuel ben Nissim Masnuth aus Aleppo (13. Jh.) sagt in seinem Kommentar zu Hiob (hg. v. S. Buber, 1889, 45):

»Laß ab von ihm – das heißt: Laß ab von ihm, damit er sich ein wenig seines Teiles im Leben erfreue, oder: damit er ein wenig keine Schmerzen mehr erduldet.«

». . . bis er sich wie ein Tagelöhner seinen Tag erwünscht«
Der Tagelöhner arbeitet nach einem genauen Pflichtpensum und muß ohne Aufschub für die geleistete Arbeit bezahlt werden:

»Bedrücke deinen Nächsten nicht und beraube ihn nicht. Laß den Lohn des Tagelöhners nicht bei dir bis zum Morgen übernachten« (Lev 19,13).

»Bedrücke den armen und bedürftigen Tagelöhner nicht . . . Am selben Tag sollst du seinen Lohn geben, die Sonne darf über ihm (Lohn) nicht untergehen, denn er ist arm und hebt seine Seele zu ihm hin. Er rufe nicht über dich zum Herrn, denn dann wird Schuld an dir sein« (Dtn 24,14f).

Wie der Tagelöhner, der sich von Mal zu Mal verdingt (arbeitet er während der Nacht, so muß ihm bis zum nächsten Abend das verdiente Geld übergeben werden; s. Raschi zu Lev 19,13), mit der raschen Entlöhnung rechnen darf und ruhig den Tag beschließt und den Feiertag genießt, so möchte auch Hiob bei seiner »Lebensarbeit« ungestört bleiben und auf den »Lohn« hoffen dürfen. Vgl Hiob 7,2: »Wie ein Knecht, der nach Schatten lechzt, und wie ein Tagelöhner, der seinen Werklohn erhofft.« In diesem Sinn versteht wohl auch M. Buber den Vers:

»Blick weg von ihm, daß er aussetzen kann, bis er wie der Mietling seinen Tag sich gefallen läßt!«

Im »Erwünschen« *(jirzé)* des Tages liegt selbstredend auch die Befriedigung über die geleistete Arbeit – man soll ja nicht nur des Geldes, sondern des Glückes wegen einem Beruf nachgehen! – und die Befriedigung über die erfüllte Verpflichtung dem Arbeitgeber gegenüber.

»Bis er das getan hat, was ihm auferlegt worden ist zu dieser Zeit, wie es sich für einen Tagelöhner geziemt« (Sforno, aaO, 281).

»Bis er alles vollendet« (R. Jesaja der Erste von Trani, aaO, 143).

»Möge Gott von Seinem grausamen Beobachten (V 3) ablassen, damit der Mensch den Abend seiner irdischen Existenz genießen kann, wie ein Tagelöhner den Abend am Ende seiner Arbeit genießt« (R. V. Reichert, Job, in: Soncino Books of the Bible, [6]1967, 68).

Beide sind – wenn man nur nicht interveniert – glücklich: der Arbeiter und sein Brotgeber. Der Arbeitgeber, weil er eine gute Leistung für sein Geld bekommen, der Arbeiter, weil er sich nicht gedrückt und nicht gemogelt hat.
Das Leben hat einen Sinn. Es gleicht nicht mehr dem raschen Aufblühen einer im Nu verwelkenden Blume, nicht mehr dem rasch vorbeiziehenden und daher keine Erquickung spendenden Schatten. Der bodenlose Pessimismus ist einer optimistischeren Zukunftsschau gewichen. Wenn Gott nicht immer hinschaut, vermag der Mensch seinem kurzen Dasein Genugtuung und Freude abzugewinnen. Gott erscheint in V 6 als der Störfaktor, der das Konzept seines schwächlichen Geschöpfes verdirbt. Man vergesse nicht, daß diese Auffassung dem Denken eines hart angefaßten Menschen entspringt. Dem Leiden zum Trotz sagt er der Verzweiflung ab. Das ist nicht wenig. Hiob ist bereit, die Kürze seines Lebens anzunehmen, er ist nur nicht bereit, sich der Sinnlosigkeit zu ergeben. So ringt er mit Gott um das Recht, ein von Schmerzen und Not befreites und zugleich schöpferisches Leben führen zu dürfen. Er will sich seinen Tag »erwünschen«, mehr noch: er ist sogar gewillt, seinen letzten Lebenstag anzunehmen. V 6 in der Deutung von R. Samuel ben Nissim Masnuth (op.cit., 45):

»... bis er sein Alter wünscht und um seinen Tod bittet, der ihm wegen seiner Schwäche willkommen ist.«

Vgl m'zudát David: »... bis die Tage des Alters kommen, und er den Tod ersehnt. Einem Tagelöhner gleich, der auf die Vollendung des Tages wartet.«

Wegweisung für unsere Zeit

Verzweifeln? Die Hände in den Schoß legen und den Tag verwünschen, wenn Schwierigkeiten beginnen und des Lebens Schattenseite sich zeigt? Nein! Das Leben ist kurz und oft voller Qual, aber es kann immer seinen Sinn behalten. In Hiobs Not leuchtet ein hoffnungsvoller Gedanke auf: die Bemessenheit der irdischen Existenz kann genutzt werden. Zugegeben, diese Zuversicht vermag Hiob nicht durchzuhalten. So rasch, wie sie aufblitzt, verblaßt sie wieder. Bereits in den folgenden Sätzen (14,7–12) stellt er dem Wurzeln und Triebe aussendenden Baum, der eine wirkliche *tiqwá* (»Hoffnung«) besitzt, den Menschen gegenüber, der stirbt und für immer verschwindet. Auch dies ist Hiobscher Realismus! Doch die wenigen Sekunden, da er seinen Lichtstreifen am düsteren Horizont seiner Existenz erblickt, sind nicht minder wichtig. Sie verdrängen die Nacht für einen kurzen Augenblick – einen Augenblick, der mit seiner Hoffnung Hiob bestärkt, weiterzumachen und nie aufzugeben.

Das Lied des enttäuschten Weinbauern

Jes 5,1–7

1 Ich will doch singen von meinem Freund:
das Lied meines Freundes über seinen Weinberg.
Einen Weinberg besaß mein Freund »am fetten Horn«.
2 Er grub ihn um, entsteinte ihn,
bepflanzte ihn mit Edelreben,
baute einen Turm in seiner Mitte,
auch eine Kelter schlug er heraus.
Er hoffte, daß er Trauben brächte,
doch er brachte Herlinge*.
3 Und jetzt, Bewohner Jerusalems und Mann Judas:
Richtet doch zwischen mir und meinem Weinberg!
4 Was wäre noch in meinem Weinberg zu tun gewesen,
und ich hätte es nicht getan?
Warum hat er, als ich hoffte, er würde Trauben bringen,
Herlinge gebracht? . . .
5 So will ich euch denn jetzt kundtun,
was ich mit meinem Weinberg mache:
beseitigen seine Dornenhecke, und er wird zur Weide,
abbrechen seinen Steinzaun, und wird zertreten.
6 Ich mache ihn zur Öde,
er wird nicht geschneitelt** und nicht gejätet,
es wachsen Dornen und Disteln.
Und den Wolken befehle ich,
keinen Regen mehr auf ihn fallen zu lassen.
7 Denn der Weinberg des Herrn der Heerscharen
ist das Haus Israels
und der Mann Judas die Pflanzung Seines Ergötzens –
Er hoffte auf Rechtsspruch, und siehe: Rechtsbruch,
auf Gerechtigkeit, und siehe: Schlechtigkeit.

* Weintrauben minderer Qualität
** beschnitten

Der Text im Kontext

Judäisches Bergland. Heftige Regengüsse im Winter führen zur Erosion des Bodens. Zurück bleiben die Steine, oftmals nur der nackte Fels. Daher sind Bäume und Sträucher immens wichtig. Ihre Wurzeln binden den Humus. Terrassenanlagen bremsen zusätzlich die Strömung des Regenwassers. Der Kampf gegen die Natur ist schwer – einst wie heute –, doch nicht aussichtslos. Archäologische Funde zeigen, daß etwa das Gebiet um Jerusalem während der Königszeit dicht besiedelt war. Die Bauern haben sich zu behaupten vermocht und die landwirtschaftlichen Möglichkeiten genutzt. In den oberen Hängen des *ʿémeq R'phaʾím* entdeckten die Forscher 1980 ein Bauernhaus aus dem 7. Jh. v. d. Z. Es liegt inmitten der Terrassen. In der Küche fanden sich Nahrungsreste: Tierknochen, Getreide- und Fruchtkerne. Die Bewohner brauchten nicht zu darben, aber sie mußten sich ihr tägliches Brot mühevoll erarbeiten. Neben dem von einem Ochsen oder einer Kuh gezogenen Pflug waren Hacken, Scheren und Messer die wichtigsten Arbeitsgeräte. Bei der monatelangen Sonnenbestrahlung gediehen Feigen, Granatäpfel, Oliven, vor allem auch Trauben.

Nicht jeder war fleißig. Es gab Schmarotzer, die auf Kosten ihrer Mitmenschen zu leben suchten. Gegen Diebe mußte man sich daher schützen. »Die Hütte im Weinberg«, »das Nachtdach im Gurkenfeld« (Jes 1,8), aber auch ein kleiner Holz- oder Steinturm (*migdál,* Jes 5,2) boten einem Wächter Tag und Nacht Gelegenheit, unliebsame Eindringlinge abzuhalten. Der Besitzer oder Pächter eines Landstücks wollte sich seinen Ertrag auch von den Tieren nicht stehlen lassen. Gegen Ziegen und Schafe umhegte er seine Parzellen mit Steinmauern und darauf gesetzten Dornenhecken. Das Material hatte er zur Hand. Er verwendete die größeren und kleineren Steine der Terrassen, die er auf die Seite geschafft hatte. Wollte er nämlich Bäume oder Reben anpflanzen, so mußte er zuerst die Steine entfernen. Sonst war die Anbaufläche im felsigen Berggebiet zu gering. An Dornen und Disteln mangelte es nie. Beim Bauernhaus des *ʿémeq R'phaʾím* lag eine Traubenkelter. Sie ist aus dem Stein gehauen und etwas abgeschrägt, damit der Saft ins Auffangbecken abfließen kann. Das »Blut der Trauben« (Dtn 32,14) galt als köstliches Getränk, gegoren und gewiß auch ungegoren.

Von Enttäuschungen blieb kein Bauer verschont. Wenn Gott »den Himmel verschloß und der Regen fehlte« (nach Dtn 11,17), drohte eine Dürre. Die intensiven Grundwasserbohrungen unserer Zeit, die auch in Trockenjahren die Wasserzufuhr absichern, gab es damals nicht. Und weil auch die Speicherungsmöglichkeiten der Nahrungsmittel nicht bekannt waren, lebte

jeder gleichsam von der Hand in den Mund. Eine schlechte Ernte gefährdete die Existenz jener Menschen. Die Bibel berichtet von Hungersnöten in Kanaan, und sie waren offensichtlich keine Seltenheit. Wen wundert es, daß ein Bauer aufs höchste ergrimmt war, wenn er anscheinend gute Setzlinge – etwa Reben – gekauft, gepflanzt, großgezogen, nach allen Künsten des Métiers gepflegt hatte und dann für alle seine Mühe kaum genießbare Früchte erntete. Mußte er sich nicht zutiefst betrogen fühlen, im ersten Ausbruch seiner Gefühle gewillt, den ganzen Weinberg preiszugeben, die Reben auszureißen und für ihre »Falschheit« zu bestrafen? Gewiß, doch dann mochte er sich bei näherer Überlegung vielleicht zu einem neuen Versuch entschließen und seinem Weinberg eine weitere Chance geben.
Von einem Weinberg, dessen Besitzer verbittert ist, erzählt das »Lied« in Jes 5. Es ist von zeitloser Eindrücklichkeit und Schönheit und macht den Leser von heute nicht minder betroffen wie den Hörer von einst. Es ist das Lied eines enttäuschten Weinbauern, das zum Gleichnis wird für die innige und zugleich spannungsgeladene Beziehung zwischen Gott und Israel.

Leitworte des hebräischen Textes

jadíd und *dod* sind Synonyme für »Geliebter«, »Liebling«. In Hld 6,3 singt die Geliebte: »ich bin meinem Geliebten, und mein Geliebter ist mir.« L. Zunz setzt für beide Wörter: »Freund«. B-R übersetzen (etwas gekünstelt) *j'didí* mit »Gefreundeter«, *dodí* mit »mein Freund«. Salomo heißt nach 2Sam 12,25 *J'didjá,* »Liebling Gottes«.
kérem ist der »Rebberg«, der Weingarten. Im heißen und sonnenreichen Klima Israels liegt ein *kérem* nicht nur am Sonnenhang, sondern sehr oft auch in der Talebene. S. Krauss (Talmudische Archäologie, 3Bde, 1910–1912, II, 227) weist dabei auf einen Ortsnamen wie *biqʿát bet kérem* (Mischná Nidá, I, 7), »Tal des Weingartenhauses«, hin.
qéren (feminin; Dual: *qarnájim,* Plural *q'ranót*) ist primär das Horn eines Tieres, besonders des Rinds. Der Terminus bezeichnet dann auch das »Ölhorn«, mit dem ein König gesalbt wird (1Sam 16,13: *qéren haschémen*) oder – als Eigenname (Hiob 42,14) – ein (Schmink)döschen *(qéren hapúch)*. *qarnájim* sind die Sonnenstrahlen (Hab 3,4).
qéren ben schémen (V 1) ist nach R. Sch. D. Luzzatto (Kommentar zu Jesaja, 52) ein »Berghorn« (entsprechend den »Hörnern« in den Schweizer Alpen: Schreckhorn, Aarhorn, Wetterhorn) von besonders großer Fruchtbarkeit. Das Öl, »Fett der Erde« (Gen 27,28), deutet darauf hin. Nach A.

B. Ehrlich (Randglossen, IV, 20) und W. Baumgartner-J. J. Stamm (Lex. 1068) wird durch *qéren* der »Ausläufer eines Gebirges« bezeichnet, nach H. Homberg (hakorém, zu Jesaja, 16b) entsprechend ein »Abhang«. Das Targúm übersetzt mit *b'tur ram b"arʿá' sch'mená,* »auf hohem Berg in fettem Land«. Ähnlich Rev. I. W. Slotki (Isaiah, [7]1970, z.St.): »a very fruitful hill«. Ibn Esra meint, »ein sehr ehrwürdiger Ort unter den Weinbergen Jerusalems« habe diese Bezeichnung getragen. »Manche sagen, daß er an einem hohen Ort gelegen hat.«
ʿ-s-q (Piel) heißt »umgraben« (W. Baumgartner-J. J. Stamm, 766), so auch B-R für *wajaʿasqéhu*: »er grub ihn um«. R. Joseph Ibn Caspi ('adné késef, 1911, 90) schreibt: »er gräbt in der Erde und holt die Steine hervor« (so auch A. Chacham, séfer J'schajáhu, in: dáʿat miqrá', I, 49). Der Talmud (b. M'nachót, 85b) kennt das »Umgraben *(ʿoséq)* unter Olivenbäumen«. J. Levy (Wörterbuch über die Talmudim und Midraschim, III, 633) verweist auf das entsprechende arabische *ʿásaqa.* Raschi (und in der Folge R. Jesaja der Erste von Trani [perúsch n'wi'ím uchtuwím, I, 99]; Malbim) sieht einen Zusammenhang mit dem aramäischen *ʿisqá'* oder *ʿisq'tá',* »Ring«, »Kette«. *wajaʿasqéhu* versteht er daher als »er umzäunte ihn«, »er baute einen Steinzaun herum wie einen Ring«. R. David Kimchi (Kommentar z.St.) und R. Salomo Ibn Melech aus Fès (séfer michlál jófi, z.St.) lassen beide Möglichkeiten der Übersetzung zu.
Das nächste Verb – *wajsaqléhu* (Piel von *s-q-l*), »er entsteinte ihn« (B-R) – legt nahe, daß *wajaʿasqéhu* »umgraben« bedeutet. Weshalb müßte man die Steine entfernen, nachdem sie zuvor zu einem Mäuerchen gebraucht worden sind? Allenfalls kann *wajsaqléhu* mit »er umzäunte« wiedergegeben werden. So LXX: *echarákōsa.*
soréq ist die »rötliche« Rebe, eine Edelrebe, im Gegensatz zu den *b"uschím,* den »Herlingen«. Bei den vorzüglichen Trauben »finden sich keine Kerne« (R. Salomo Ibn Melech aus Fès; R. Sch. D. Luzzatto). In der Mischná (Maʿasrót, I, 2) sind die *'awaschím* (für *b"uschím,* j. Maʿasrót, I, 2, Seite 2b) »eine Art schlechter Trauben ... Im Reifezustand drängen die Kerne gegen die Haut, so daß sie von außen sichtbar sind« (Kommentar des R. Owadja Bartenura [= aus Bertinoro]). Nach Maimonides (Hilchót maʿasér, II, 5 in: mischné torá, hg. v. R. Sch. T. Rubinstein, IX, 254f) handelt es sich »um dünne Trauben in Wüstengegenden, deren Kerne von außen zu sehen sind«. Malbim interpretiert *b"uschím* mit »stinkend und verdorben«. D. Jellin (chiqré miqrá'; = Bibelforschungen, 1939, 6) versteht das Wort im Sinne von *j'weschím,* »trockene«, ausgetrocknete Trauben. »Noch wenn die Trauben am Weinstock hängen, platzt die Haut, der Saft tritt aus, und die

Beeren vertrocknen, schrumpfen und werden schwarz« (vgl S. Krauss, II, 608, Anm. 620). Wie R. Jesaja der Erste von Ṭrani (I, 99) zu Recht festhält, sind diese *b"uschím* für die Weinproduktion völlig untauglich. Daher werden sie von Jesaja im Gleichnis genannt.
wajqáw (= wajqawé, von *q-w-h,* Piel), »er hoffte«.
sch-f-t (davon *schofét,* »Richter«, *»mischpát«,* »Recht, V 7) heißt »richten«, einen Streitfall entscheiden (vgl 1Sam 24,15).
m'suká ist die »Dornenhecke«, *gadér,* der »Steinzaun« (V 5; Raschi).
schamír und *schájit* sind Dornenarten, die nicht weiter bestimmbar sind (M. Zohary, Pflanzen der Bibel, [2]1986, 153). Die Wendung *schamír waschájit* kommt nur bei Jesaja vor. In Jes 10,17 in umgekehrter Reihenfolge: *schitó uschmiró.*
In V 7 steht die Deutung des Gleichnisses, vor allem die Erklärung der »guten« und »schlechten« Trauben. Die Lautmalerei im Hebräischen von *mischpát* (»Recht«) und *mispách* (M. A. Anat-H. M. Y. Gevaryahu, tanách la'ám, Erklärungen, 882: »Blutvergießen«, die meisten Exegeten jedoch »Aussatz«, wie *s"ét;* Ibn Esra; E. S. Hartom; A. Chacham), sowie von *z'daqá* (»Gerechtigkeit«) und *z"aqá* (»Gechrei«, Hilferuf des Bedrückten) wird auch im Deutschen nachgeahmt:
»und er hoffte auf Rechtsspruch, und siehe da Rechtsbruch,
auf Pflichttreu, und siehe da Klagegeschrei« (L. Zunz). Oder:

»er hoffte auf gut Gericht, und da: ein Blutgezücht!
auf treue Bewährnis, und da: ein Schrei der Beschwernis!« (B-R).

»Er wartete auf Rechtsspruch, doch da war Rechtsbruch,
auf Gerechtigkeit, doch da war Schlechtigkeit« (G. Fohrer, Die Propheten des Alten Testaments, I, 1974, 107).

Der Text in der Exegese

»Ich will doch singen von meinem Freund: das Lied meines Freundes über seinen Weinberg« (V 1).
Von Propheten ist man Zurechtweisungen gewohnt, Drohungen für den Fall weiterer Vergehen, die Ansage eines Strafgerichts oder einer glücklicheren Zeit. Doch ein Lied, und gar noch ein Lied über einen Weinberg? Das ist nicht alltäglich, und Jesaja weiß es.
Er steht wohl eines schönen Morgens in der Nähe des Jerusalemer Königspalasts vor einer Gruppe von Leuten: Pilgerern, Händlern, Handwerkern.

Vielleicht haben sich auch einige Priester und Ratgeber des Herrschers eingefunden. Da beginnt er zu »singen«, kaum in einer Melodie, sondern rezitativ. Die Umstehenden horchen auf. Das ist interessant, das ist neu. Es ist kein Klage-, noch auch ein Jubelgesang. Es ist das *Lied eines Freundes,* der einen *Weinberg* besessen hat. Was mag Jesaja wohl verkünden? Sie hören zu.

»Ein Lied? – Klagegesang *(qiná)* müßte es heißen ... Dies ist eine der Täuschungen (Tricks) der Dichter: wenn sie die Aufmerksamkeit der Hörer erregen wollen, so beginnen sie mit einem Lied und Gleichnis. Alle möchten es vernehmen ... Aus dem Lied wird dann eine Ermahnung. Begänne einer jedoch mit einer Zurechtweisung, so verschlössen die Zuhörer ihre Ohren« (H. Homberg, hakorém, 16b; entsprechend R. Elieser von Beaugency, Kommentar zu den Späten Propheten, 1879, 11, und R. Sch. D. Luzzatto, zu V 1).

Wer ist dieser Freund? Jesaja verschweigt es zunächst. Es ist jedenfalls ein sehr enger Freund, ein *jadíd* und *dod*, und deshalb geht sein Problem auch Jesaja an. Dieser enge Freund besitzt einen Weinberg in bester Lage – an einem »Bergrücken« *(qéren)* – und auf bestem Boden. Dieser Erdboden ist ein »Sohn des Fetts« (wörtlich), auf dem die Früchte beinahe von selbst gedeihen. Doch mit den Naturgegebenheiten gibt sich der Freund nicht zufrieden. Er sitzt nicht mit verschränkten Armen da und wartet, bis die Erde ihre Frucht trägt. Er »gräbt die Steine aus«, entfernt sie, damit es für die trefflichen Edelreben mit der rötlichen Farbe und dem kernlosen Innern genügend Platz gibt. Dann baut er – zum Schutz gegen Diebe – einen »Turm« inmitten des Weinbergs, nicht aus Holz oder Zweigen, sondern aus Steinen (wohl aus jenen, die er zuvor vom Grund und Boden entfernt hat). Rundherum errichtet er eine Steinmauer gegen das weidende Vieh und darüber eine Dornenhecke gegen Schafe und Ziegen (V 5; dem Stacheldraht unserer Tage zu vergleichen; A. Chacham, 50). Schließlich haut er eine Kelter *(jéqew)* aus dem Felsen, in der die Trauben gepreßt und zu Wein verarbeitet werden sollen.

Das *Arbeitspensum des Weinbauern* ist programmiert. Es beginnt mit dem Vorbereiten und Herrichten des Bodens (»er grub um« und »entsteinte«), dann folgen Setzen der Reben und Absichern der zu erwartenden Frucht. Schließlich gilt die Aufmerksamkeit der Ernte: dem Bereitstellen der Kelter. Wie engagiert der Bauer ist, wie ernst er seine Pflichten nimmt, ist aus dem sich steigernden Tempo spürbar. In V 2 nimmt in sprachlicher Hinsicht die Zahl die Wörter bei den einzelnen Tätigkeiten von 1 bis 4 zu (D. Jellin, 5; A. Chacham, 49, Anm. 4), die Geschwindigkeit steigt, weil der Bauer auf den Erfolg kaum mehr warten kann:

waja'asqéhu (1)
wajsaqléhu (1)
wajita'éhu soréq (2)
wajíwen migdál b'tochó (3)
w'gam jéqew chazéw bo (4)

Und dann? Dann muß er warten und »hoffen«, daß die Arbeit nicht umsonst gewesen ist. *»Er hoffte, daß er Trauben bringen würde ...«* Die Hoffnung ist nicht auf Sand gebaut. R. Elieser von Beaugency (zu V 2) erkennt es:

»Er sagte sich, daß die Frucht begehrenswert und gut sein werde, und daher baute er inmitten des Weinbergs einen Steinturm, nicht nur eine dürftige Hütte, wie sie in anderen Weinbergen errichtet wird. Auch die Kelter zum Pressen der Trauben schlug er ins Gestein und begnügte sich nicht – wie sonst – mit einer beweglichen Kelter aus Holz.«

Alles ist auf Dauer und Stabilität ausgerichtet. Nichts bleibt dem Zufall überlassen, weil der Bauer ... hofft.
»... doch er brachte Herlinge«. Das ist schlimmer als nichts. Es mag Jahre geben, da nicht genug Regen gefallen ist und die Früchte ausbleiben. Kummer ist jeder Bauer gewöhnt. Gegen eine höhere Schicksalsmacht vermag er nichts auszurichten. Dieser Weinberg aber hat nicht nichts gebracht. Die Edelreben haben Frucht getragen, doch eine miserable, eine trügerische Frucht. Statt saftiger Weintrauben kümmerliche, ausgetrocknete Herlinge, bei denen vor allem die Kerne und nicht das Fleisch zu sehen sind. Das ist Täuschung, ist Verrat am Fleiß und Schweiß. Die Reben könnten eine reiche Ernte schenken, wenn sie wollten, doch sie wollten nicht. Der Weinberg sieht aus wie nach einem Feldzug, dessen Verheerung Joël beschreibt (1,11–12):

»Verdüstert, ihr Bauern,
heulet ihr Winzer,
um Weizen, um Gerste,
daß die Ernte des Feldes entschwand!
Die Rebe verdorrt, *(hagéfen howíscha)*
die Feige welkt ab,
Granate, auch Dattelpalme und Apfel,
alle Bäume des Feldes sind dürr.
Ja, verdorrt ist die Lust,
von den Menschensöhnen hinweg« (nach B-R).

Die Edelreben müssen sich wahrlich schämen (*bosch;* in Spr 13,5 identisch mit *b-'-sch*), weil sie außer *b''uschím* nichts zu produzieren vermochten. Das Lied ist zu Ende. Es umfaßt lediglich zweiundzwanzig Wörter. Die Zuhörer werden vermutlich verdutzte Gesichter gemacht haben. Das ist alles? So sieht ein Lied aus? Mehr hat uns Jesaja von seinem Freund und dessen Weinberg nicht zu erzählen? Der Prophet läßt ihnen freilich keine Zeit zum Nachdenken. Dabei vollzieht sich eine überraschende Metamorphose – die erste: Jesaja, der »Sänger«, wird zum Besitzer des Weinbergs. Er spricht nun nicht mehr von seinem Freund, er tritt vielmehr an seine Stelle und wendet sich in der Ichform ans Publikum:

»Und jetzt, Bewohner Jerusalems und Mann Judas: Richtet doch zwischen mir und meinem Weinberg!« (V 3).

Die Leute, die bisher schweigend zugehört haben, werden plötzlich in eine Rolle gedrängt: sie sollen Richter sein. Und das muß heißen, da sie schwerlich in irgendeinem Gesetzbuch einen entsprechenden Paragraphen über »Die Aburteilung eines schlechten Weinbergs« nachschlagen können: sie sollen ihren gesunden Menschenverstand und ihr Gewissen sprechen lassen.

»Was wäre noch in meinem Weinberg zu tun gewesen, und ich hätte es nicht getan? Warum hat er, als ich hoffte, er würde Trauben bringen, Herlinge gebracht?«

Zur Betonung seiner in Wirklichkeit nur rhetorisch geäußerten Frage wiederholt Jesaja in V 4 den Wortlaut von V 2b:

»Er hoffte, daß er Trauben brächte,
doch er brachte Herlinge.«
»Warum hat er, als ich hoffte, er würde Trauben bringen, Herlinge gebracht?«

Im hebräischen Text ist die Parallele deutlicher, wobei eine kleine Unklarheit in Kauf genommen wird: *madú'a qiwéti* meint nicht »warum hoffte ich«; *madú'a* bezieht sich vielmehr auf *wajá'as* am Satzende. Weshalb B-R übersetzen (desgleichen in Umgehung der gedanklichen Klippe):

»Weshalb,
nun ich hoffte, daß er Trauben bringe,
hat er Herlinge gebracht?!«

Der Vers liest sich im Hebräischen so (wir vergleichen ihn zugleich mit V 2b)

V 2b: *wajqáw la'asót 'anawím – wajá'as b''uschím*
V 4: *madú'a qiwéti la'asót 'anawím – wajá'as b''uschím*

Eine wortwörtliche Übereinstimmung, die die ganze Tragik des Weinbauern ausdrückt. Die vielen *a- und u-Laute* untermauern das Schwere, die Trauer (im Gegensatz zu den vielen *i- und e-Lauten,* die zu Beginn des Liedes die Fröhlichkeit wiedergeben).
Wieder geschieht etwas Unerwartetes. Die Zuhörer werden zwar zum Richterspruch aufgefordert, doch wo bleibt der Spruch? Zwischen V 4 und V 5 liegt eine Zäsur. Möglicherweise haben die Leute, die noch nicht ahnen können, daß sie ganz persönlich gemeint sind und das Urteil ihnen gilt, einige Vorschläge geäußert. Vielleicht ergötzen sie sich an des Propheten Lied und warten auf seinen eigenen Schlichtungs- oder Strafantrag.
In jedem Fall ändert mit V 5 der Ton. Sch. L. Gordon (Torá, n'wi'ím, k'tuwím; J'schajáhu, 42) erläutert:

»›Und jetzt‹ – so fährt der Sänger fort –, doch nicht mehr im Ton voll des Schmerzes, wie ihn ein Kläger ... anschlägt, sondern im Ton eines erbosten Richters. Und der kluge Hörer beginnt bereits zu vermuten, daß es sich bei diesem Lied um eine ernste Sache handelt.«

Dem »Und jetzt, ... richtet doch zwischen mir und meinem Weinberg!« (V 3) entspricht »Und jetzt werde ich euch denn kundtun, was ich mit meinem Weinberg mache« (V 5 a). Es gibt nichts mehr zu richten noch auch zu schlichten. Das Urteil steht fest, es muß lediglich vollstreckt werden. In seiner ganzen Strenge, ohne Gnade! Das hat kein Zuhörer erwartet, und ein weiteres Mal vermag der »Sänger« seine Landsleute zu verblüffen.
Der Weinbauer – und dies ist jetzt Jesaja! – ist Richter und Gerichtsdiener in einer Person. A. Chacham (aaO, 50) schreibt:

»Das Urteil führt der Kläger, der Weinbergbesitzer, selber aus. So war nämlich der Brauch in alter Zeit, daß der Angeklagte in die Hand des Anklägers gegeben wurde, falls er schuldig war.«

Neu ist lediglich, daß der Kläger zugleich der Richter gewesen ist. Der Weinbauer ist demnach Kläger, Richter, Urteilsvollstrecker. Das kann aber nicht sein! Wer jetzt auch nur einen kurzen Augenblick nachdenkt, muß merken, daß Jesaja seine Zuhörer an der Nase herumgeführt hat. Die Aufforderung zum Richterspruch war eine Farce, denn der Weinberg ist des Weinbauern Eigentum, mit dem der Eigentümer tun kann, was er will. Der Besitzer des trügerischen *kérem* will nicht ur-teilen, sondern mit-teilen, nicht die Wahrheit erst suchen (weil er sie schon kennt), sondern die Wahrheit durchsetzen. Unnachsichtig und der Welt zum Exempel.
Dabei entäußert der wutentbrannte Weinbauer seinen Besitz nicht. R. Ch.

D. Rabinowitz (séfer J'schajáhu, in: dá'at sofrím, 61) erkennt zutreffend, daß in V5 immer noch von »meinem Weinberg« *(karmí)* die Rede ist.

»Das Urteil will nicht die Besitzerrechte annullieren und den Weinberg preisgeben. Es geht nur um eine Reinigung, die ein späteres Wachstum ermöglichen soll.«

Selbst wenn der Weinberg im Besitz des Weinbauern bleibt, ist er keiner Gnade würdig. Die Vergeltung ist imminent.

»Der Gebrauch des Präsens (bei *'osé,* »ich mache«) impliziert den unwiderruflichen Entscheid und die rasche Handlung« (Rev. I. W. Slotki, Isaiah, 22).

V5b und 6 nennen die *Einzelheiten der Strafe.* Sie erfolgt in zwei Phasen: In der *ersten Phase* werden Mauer und Dornenhecke entfernt, und damit ist der Weinberg der Verwüstung durch die Tiere preisgegeben. Die beiden parallelen Glieder in V5b zeigen den strafenden Eingriff und das entsprechende Ergebnis:

»seine Schirmhecke beseitigen,
daß er zur Abweide wird,
seine Schranke einreißen,
daß er zum Trottplatz wird« (B-R).

hasér (Hiphil von *sur*), »beseitigen«, und *paróz,* »einreißen«, stehen im Infinitivus absolutus, was die Absicht des Besitzers unterstreicht (vgl Slotki, zu V5). Fehlt die Schirmhecke (Dornenhecke), so kann das Kleinvieh eindringen und die Reben »abweiden«. Existiert die Schranke (Steinmauer) nicht mehr, so »zertrampeln« die Rinder und Kamele den einst gepflegten Platz (Anat-Gevaryahu, aaO, 883). Der hebräische Wortlaut hebt in seiner Kürze die Entsprechung von Strafe und Ergebnis noch stärker hervor.

hasér m'sukató → w'hajá l'wa'ér
paróz g'deró → w'hajá l'mirmás

Der Talmud (j. Bawá' qamá', 1b) differenziert: das Abweiden geschieht durch den »Zahn« *(schén)* der Tiere, das Niedertrampeln selbstredend durch den »Huf« *(régel):*

»beseitigen seiner Dornenhecke, und er wird zur Weide: das ist der ›Zahn‹, abbrechen des Steinzauns, und er wird zertreten: das ist der ›Huf‹« (so auch Malbim, 336, unter den »Worterklärungen«; A. Chacham, 50; vgl b. Bawá' qamá', 2b).

Die eigentliche Vernichtung der Reben geschieht nicht durch den Weinbergbesitzer, sondern durch Schafe, Ziegen und Rinder. Der Besitzer entfernt lediglich die Schutzmauer und läßt die alles kahl fressenden Tiere herein. Ob die Vernichtung dann wirklich stattfindet, bleibt offen. Es ist mit ihr zu rechnen, aber eine Gewißheit besteht nicht.

Anders in der *zweiten Phase.* Auch ohne Zutun anderer Kräfte ist das Schicksal des Weinbergs besiegelt:

»Ich mache ihn zur Öde (Ibn Esra, A. Chacham), er wird nicht geschneitelt und nicht gejätet, es wachsen Dornen und Disteln ...«

»*Ich* mache ihn zur Öde.« Der Besitzer erfüllt seine Aufgabe nicht mehr, pflegt die Reben nicht, indem er die schlechten Zweige abschneidet und das wuchernde Unkraut entfernt. Es bedarf in dieser zweiten Vernichtungsphase keiner äußeren Zerstörungskräfte, der Weinbauer wird mit dem Problem allein fertig. Er kümmert sich einfach nicht mehr um den trügerischen Rebenplatz. Das genügt: die Verödung stellt sich von selbst ein.

»R. Berechja sagte: durch das Verb *schit* wird die Preisgabe *(hefqér)* angezeigt« (Tanchúma, mischpatím, 17).

Für die Dornen und Disteln muß der Bauer nicht sorgen. Sie gedeihen von selbst. Das weiß bereits Adam, dessen Acker *qoz w'dardár* (die Wendung bedeutet wohl dasselbe wie *schamír waschájit*) hervorbringt und ihm das Leben erschwert, so daß er »im Schweiße seines Angesichts sein Brot essen wird« (Gen 3,18f; vgl unsere Bibelauslegungen, I, 49). Das einstige Kulturland wird durch die stechenden Disteln überwuchert und verschwindet. Die einst schützende Dornenhecke wird zur Dornendecke, welche die Vegetation verhüllt.

Wie dem falschen Weinberg geschieht es den *bamót,* den »Opferhöhen«, deren Untergang Hosea (10,8) ankündigt:

»Zerstört werden die Opferhöhen der Schuld
– Israels Sünde –,
Dorn und Distel wächst auf ihren Altären.
Man spricht zu den Bergen: ›bedeckt uns!‹
und zu den Hügeln: ›fallet auf uns!‹«

Durch die Stechpflanzen werden die einstigen Kultstätten, die zerstört worden sind, überwachsen; durch die von den Bergen herunterrollenden Steine vollends zugedeckt. Jede Spur einstiger Größe verschwindet. Wie beim Weinberg.

Eine Hoffnung auf neues Gedeihen besteht bei den verwüsteten Reben nicht mehr. Hier liegt ein wesentlicher Unterschied zum abgeschlagenen Baum (Hiob 14,7–9):

»Denn für den Baum gibts Hoffnung:
wird er abgehauen, er kann sich erneuern,
sein Schößling setzt nicht aus;
altert in der Erde seine Wurzel,
stirbt im Staube sein Stumpf ab,
vom Duft des Wassers sproßt er,
treibt Gezweig wie ein Pflänzling« (B-R).

Immer neue Triebe wachsen aus dem Baumstumpf (vgl Jes 11,1), die Hoffnung *(tiqwá)* auf einen Neubeginn bleibt bestehen. Reben sind endgültig tot, wenn die Tiere sie beschädigen und der Bauer sie nicht pflegt. Die Hoffnung – V 2: *wajqáw,* »er hoffte«, V 4: *qiwéti,* »ich hoffte« – dauert an, solange sich jemand um die Reben kümmert. Doch dann hört sie auf. Jes 5 deutet die Radikalität der Preisgabe, die totale Hoffnungslosigkeit einer Regeneration an. Man müßte schon von vorne beginnen und neue Rebstökke in den Boden einsetzen, um die Hoffnung auf eine Ernte zu gewinnen. Doch dazu ist der Weinbauer nicht bereit. Seine Enttäuschung sitzt so tief, daß er mit den Reben den gesamten Rebplatz der Zerstörung anheimstellt.
Mehr noch:

»und den Wolken befehle ich, daß sie keinen Regen auf ihn regnen lassen« (V 6b).

Wer befiehlt? Wer kann den Wolken überhaupt einen Befehl erteilen? Genau an diesem Punkt setzt die Lösung, die *Deutung des Weinberg-Gleichnisses* ein. »Ich befehle« – dieses »Ich« kann ja nur der Herr der Wolken sein. Den Zuhörern Jesajas muß schlagartig klarwerden, was sie wohl inzwischen geahnt haben: Der Weinbauer ist Gott selbst.
In V 3 hat sich die erste Metamorphose abgezeichnet: der »Sänger«, der das »Lied seines Freundes« singt, tritt an die Stelle des Freundes. Er wird zum Besitzer selbst. Jetzt räumt er selbst diese Stelle und erteilt dem wirklichen Besitzer das Wort. Den Leuten erweist sich einmal mehr die wahre Aufgabe eines Propheten. Er redet nicht in eigener Sache, er vertritt die Sache Gottes.
Wenn die Wolken ausbleiben, ist das Ende einer jeden Hoffnung besiegelt. Es könnte sein, daß trotz der Tiere und der fehlenden Pflege des Menschen einige resistente Reben Trauben hervorbringen. Fehlt aber das Wasser, so ist mit Sicherheit das »Todesurteil« irreversibel.

»Alles Gute, das ich euch in der Vergangenheit geschenkt habe, halte ich von euch zurück« (R. Elieser von Beaugency, 12).

»Das Gleichnis meint, daß Er Seine Vorsehung und Seinen göttlichen Schutz entfernen wird ...« (Abarbanel, 43).

Die ausgesprochene Deutung findet sich in V 7:

»denn der Weinberg des Herrn der Heerscharen ist das Haus Israels,
und der Mann Judas die Pflanzung Seines Ergötzens«

A. B. Ehrlich (Randglossen, IV, 20):

»*n'ta' scha'aschu'áw* heißt die Pflanze, deren Pflege seine Lust ist.«

Gott hatte mit Juda »seine Freude«, wie ein Bauer sich mit seinen Reben freut. Um so größer ist jetzt die Enttäuschung.

»Zwei Arten von Genugtuung kennt der Weinbauer: jene an den Früchten und jene an den Reben« (R. Elia, der »Gaon von Wilna«, Kommentar zu Jes, in: miqra'ót g'dolót).

Denkt Jesaja bei »Haus Israels« *(bet Jisra'él)* an das Zehn-Stämme-Reich, und bei der Nennung von »Mann Judas« an das Südreich Juda (so R. D. Kimchi, Raschi)? Es ist unwahrscheinlich; denn das Nordreich Israel ist wohl bereits untergegangen (722 v. d. Z.), Samaria, die Hauptstadt, zerstört und die Bevölkerung nach Assyrien exiliert. (Anders Abarbanel, 43, der das Weinberglied vor Samarias Untergang ansetzt.) Jesaja benützt die Wendung »Haus Israels« in analoger Bedeutung zu »Mann Judas«, und er richtet seine Worte an die Leute Jerusalems im besonderen (V 3).

Die Hörer des Prophetenworts wissen nunmehr auch, wie es um die Edelreben und die Herlinge bestellt ist. Sie entnehmen es der Erläuterung (in V 7b):

»Er hoffte auf Rechtsspruch, und siehe: Rechtsbruch, auf Gerechtigkeit, und siehe: Schlechtigkeit.«

Recht und Gerechtigkeit – sie gleichen den guten, süßen Früchten, die ein Volk – in diesem besonderen Fall: Israel, »Gottes Weinberg« – hervorzubringen vermag. Bricht es jedoch die Normen des Rechts und läßt es zu, daß anstelle der *z'daqá*, der »Gerechtigkeit«, der Mitmenschlichkeit, die *z''aqá*, der »Aufschrei« der Armen und Gedemütigten, der sozial Ausgebeuteten zum Himmel steigt (Gen 18,21), dann werden die Edeltrauben durch die ausgetrockneten Herlinge verdrängt. *mischpát* und *z'daqá*, »Recht« und »Gerechtigkeit« sind die einzigen Garanten einer gesicherten Zukunft für Israel:

»Zion wird durch Recht erlöst,
seine Umkehrenden durch Gerechtigkeit« (Jes 1,27).

In der Rückschau wird den Leuten der Sinn des ganzen Liedes, das sich im Nachhinein als wirkliche *qiná,* als ein »Klagelied« erweist, klar. Sie merken, was der Talmud (b. M'nachót, 53b) weiß:

»Meinem Freund (will ich singen) – dies ist der Heilige, gelobt sei Er.«
Er ist, so Rev. I. W. Slotki (aaO, zu V1): »my wellbeloved« *(j'didí)* und »my beloved« *(dodí).*

Sie merken zugleich, daß sie von allem Anfang an gemeint waren: sie die Gottes Ethik verratende und den bedrängten Menschen im Stich lassende Einwohnerschaft Judas. Deshalb kann es auf die Dauer nicht so weitergehen. Ihre Heimat wird – dem Weinberg gleich – den Feinden preisgegeben und zertreten. Der göttliche Schutzherr hat seinen Schutz entzogen, die Gegner werden triumphieren.
Jesajas Weissagung hat sich erfüllt. Die das Land verheerenden Krieger des Assyrers Sanherib halten das Strafgericht gegen den abtrünnigen König Hiskia (701 v.d.Z; s. Bibelauslegungen, I, 141f). Es sind politische Gründe – die Aufkündigung des Vasallenverhältnisses –, die Sanherib zum Schlag gegen das Reich Juda veranlassen. Für Jesaja steht indessen nicht das außenpolitische, sondern das innenpolitische Geschehen im Weinberglied zur Debatte. Weil ihr, so läßt er durchblicken, das Recht zertretet und Gottes Hoffnung enttäuscht, wird euer Land verwüstet. Bestehen kann nur ein Volk, das dem Recht Gottes die Treue hält.
Ist mit dem vernichtenden Urteil Jesajas das letzte Wort gesprochen? Nein. Er selbst hat in 27,2–6 – in einem *zweiten Weinberggleichnis* – ganz andere Töne angeschlagen. (In V2 lesen wir mit dem masoretischen Text *kérem chémer, »schäumender* Weinberg«, und nicht wie B-R, die offensichtlich an Am 5,11 [*kérem chémed,* »begehrenswerter Weinberg«] denken: *»anmutiger* Wingert«):

»An jenem Tag: ›schäumender Weinberg‹ singt ihm zu!
Ich, der Herr, schütze ihn,
jeden Augenblick bewässere ich ihn.
Damit ihn keiner schädigt,
muß Nacht und Tag ich ihn beschützen.
Zornesglut habe ich nicht (mehr).
Soll doch einer Dornen und Disteln gegen mich setzen –
im Kampf schreite ich über sie hinweg,
zünde sie an – alle zusammen.

Außer, wenn er (Feind) meine Feste umfaßt,
zu schließen Frieden mit mir.
Denn Frieden schließt er mit mir!«

In diesem zweiten Gleichnis ist der Weinberg für immer durch Gott geschützt, der gegen die Feinde – die Dornen und Disteln – sengend zieht. Es sei denn, sie sind gewillt, dem Frieden mit Israel und Seinem Herrn zuzustimmen. Der Textbestand in Jes 27,2–6 ist an sich schwer verständlich, aber diese Quintessenz ist gewiß. Der Unterschied zu Jes 5 ist augenfällig.
So überrascht es nicht, daß Jes 5 in der späteren Tradition eine Akzentverschiebung erfährt. Nicht die trostlose Zukunftsvision, sondern die leicht anklingende Hoffnung wegen der dauernden Zugehörigkeit des Weinbergs zum göttlichen Eigentümer wird herausgestrichen: *karmí* (V 5), *kérem 'adonáj z'wa'ót* (V 7). Der Midrasch (Ex. r. 34,3) dient als Beispiel. Er sucht die innige, unlösbare Bindung zwischen Gott und Israel zu zeigen und bedient sich dabei unter anderem auch der Aussage in V 7.

»Es sagte der Heilige, gelobt sei Er, zu Israel: Ihr seid meine Schafe, und Ich bin euer Hirte (nach Ez 34,31; Ps 80,2).
Ihr seid ein Weinberg, und Ich bin der Wächter (nach Jes 5,7; Ps 121,4).
Ihr seid Söhne, und Ich bin euer Vater (nach Dtn 14,1; Jer 31,8).«
Der Text will die Vorschrift (Ex 25,8), ein Heiligtum zu errichten, damit Gott »in ihrer (der Israeliten) Mitte wohnt«, begründen.
Dem Hirten ist eine Unterkunft, dem Wächter eine Hütte, dem Vater ein Haus zu bauen.

Israel ist nicht verstoßen, es bleibt seinem Herrn verbunden, dem Herrn, der »in seiner Mitte weilt«.
Die jüdischen Exegeten des Altertums und Mittelalters haben sich nicht mit dem oberflächlichen Verständnis des Weinberglieds begnügt. Nachdem von V 7 her die Lösung gegeben ist, schien es ihnen richtig, auch die einzelnen Punkte des göttlichen Handelns mit dem »Israel-Weinberg« im Laufe seiner Geschichte näher zu bestimmen. Wer die Angaben überprüft, vermißt die Einheitlichkeit. Das ist nicht weiter erstaunlich, denn der Erfindungsgabe sind keine Grenzen gesetzt. Dennoch ist die gleichsam *hintergründige Interpretation* interessant und bietet ein gutes Beispiel für den *d'rasch,* die umgreifendere »Erforschung«, nach dem *p'schat,* dem vordergründigen Sinn (Näheres s. Bibelauslegungen, I, 23). Grosso modo liegt der Schwerpunkt des *d'rasch* bei Jes 5 auf den Ereignissen der Wüstenwanderung nach dem Exodus aus Ägypten und der Eroberung des Landes Kanaan. Raschi tritt insofern (in seinem Kommentar zu Jesaja, zum Unterschied von der

Erklärung einer Talmudstelle in b. Sukká, 49a) aus der Reihe, als der Weinberg mit dem Garten Eden und der Erzählung von Adam verglichen wird. Zur besseren Übersicht diene die nachstehende Tabelle. Sie bringt nicht alle, aber wesentliche Deutungen der hintergründigen Interpretation in Stichworten.

Textstelle	Weinberg	mein Freund	fettes Horn	grub um	entsteinte	Edelrebe
b. Sukká, 49a		Gott				Tempel
Raschi, ib.		Gott	Israelland	baute Festungsstädte	Vertrieb Kanaanäer	Tempel
Targúm	Abrahamkinder	Gott	Israelland	heiligte Volk	gab ihm Wert	wie Edelrebe
R. D. Kimchi		Gott	Israelland	Wolkenschutz in Wüste		Abrahamkinder
Raschi zu Jes	Adam	Gott	Garten Eden		frei vom Trieb zum Bösen	erschaffen von Altarerde

Textstelle	Turm	Kelter	Trauben	Herlinge	abreissen	Dornen
b. Sukká, 49a	Altar	Abflußkanäle				
Raschi ib.	Altar = fester Turm					
Targúm	Tempel	Altar	gute Taten	schlechte Taten	Exil; Tempelvernichtung	
R. D. Kimchi		Propheten; Saft = Torá			Exil, Fremdherrschaft	
Raschi zu Jes	Lebensodem	Weisheitsquell	Gotteslob	Gottesschmähung	Vertreibung aus G. Eden	Trieb z. Bösen herrscht

Die *Wolken,* die keinen Regen mehr spenden, gleichen (Targúm; Ibn Esra) den Propheten Israels. R. D. Kimchi hingegen sieht in der aus dem Gestein

»gehauenen Kelter« die Prophetenrede, den Lebenssaft der Weisung (Tora).

Für den Midrasch ist *das Weinberglied eine Allegorie auf die Frühgeschichte des Volkes.* Sie läßt sich in Kürze etwa so nacherzählen: Gott (»mein Freund«) hat sich Abraham und seine Nachkommen (»Weinberg«) erwählt und ihnen das Israelland (»fettes Horn«) zugesprochen und später gegeben. Er geleitete diese Nachkommen, Israel, sicher durch die Gefahren der Wüstenwanderung und barg sie in den Schutzwolken Seiner Allmacht (Kimchi; »umzäunte«, statt »grub um«, s. »Leitworte«). Auch sorgte Er dafür, daß Israel in seinem Land die Sicherheit fand (Raschi: »Festungsstädte«). Die Bewohner Kanaans mußten abziehen (»entsteinte«). Im Zentrum des Israellandes stand der Tempel mit seinem Opferaltar (»Edelrebe«; »Turm«), von dem aus Gottes Lehre ins Volk hineinging, dessen Tun und Lassen beeinflussend (»Trauben«). Gottes Für- und Vorsorge blieb freilich ohne Wirkung. Das Volk erfüllte Gottes Hoffnungen nicht. Statt der guten brachte es schlechte Taten (Targúm; »Herlinge«) hervor. Als Strafe kam das Exil (»abreißen«), den Dornen und Disteln gleich, die sich in alle Richtungen verbreiten (nach Targúm zu V 6 und Raschi).

Raschi (zu Jes) verbindet mit dieser allegorischen Deutung die *Paradiesgeschichte* (in der Tabelle ist nur Adams Los eingetragen, die Kombination mit der geschichtlichen Erklärung nicht. Wir bringen sie jetzt). Es hört sich etwa so an: Gott (»mein Freund«) erschafft einen Menschen, Adam (»Weinberg«), und bringt ihn in eine vortreffliche Gegend: in den Garten Eden (»fettes Horn«). Adam ist vollkommen, frei vom Trieb zum Bösen (»entsteinte«) und zugleich aus »bestem Material« (erschaffen von der Erde, auf der einst der Opferaltar im Jerusalemer Tempel stehen wird; dazu s. Gen. r., 14,8: j. Nasír, VII, 2, S. 35b) (»Edelrebe«). Gott schenkt ihm den besonderen Lebensodem (»Turm«) und läßt ihn trinken vom Quell der Weisheit (»Kelter«). Dabei hofft er auf des Menschen Dankbarkeit, auf das von ihm ausgehende Lob des Schöpfers (»Trauben«). Adam aber schmäht und flucht Ihm (»Herlinge«). Raschi stützt sich auf eine Midraschstelle (Gen. r., 19,12), die auf Jes 5,2 zurückgreift:

»Es sagte R. Schim'ón ben Laqísch: Der erste Mensch wurde erst dann aus dem Garten Eden verjagt (eigentlich bemüht), als er (Gott) geschmäht und verflucht hatte. Dies meint der Vers: ›er hoffte, daß er Trauben brächte, doch er brachte Herlinge.‹«

Zur Strafe wird Adam aus dem Paradies verjagt. Wächter (»Wolken«), die *k'ruwím* mit dem sich drehenden Schwert (Gen 3,24), passen auf, daß er den Weg zum Lebensbaum nicht beschreitet. Raschi verbindet an dieser

Stelle die Adamsgeschichte mit dem Schicksal des treulosen Israel, das zur Strafe für sein Tun aus seinem Land vertrieben wird.

»Und jetzt, Bewohner Jerusalems und Mann Judas, ... euch, die ihr mich erzürnt, will Ich jetzt kundtun, was Ich mit meinem Weinberg (= Haus Israels) tun werde. Es ist das, was Ich mit dem ersten Menschen getan habe: Ich ›reiße seine Dornenhecke nieder‹, Ich nehme meine Einwohnung (*sch'chiná*) von ihnen weg ...«

Auffallend ist die Tatsache, daß Raschi, der sich als entschiedenen Verfechter des Wortsinns, des *p'schat,* gesehen hat (Bibelauslegungen, I, 27f), in aller Breite eine *d'rasch*-Auslegung bringt. Abzuklären wäre freilich, ob dieser *d'rasch* wirklich aus der Feder Raschis stammt. In der Ausgabe der miqra'ót g'dolót ist der Text nämlich (kommentarlos) eingeklammert.
In jedem Fall beweist die ausführliche *d'rasch*-Erklärung der Exegeten, daß Jes 5 ihnen viel Stoff zum Nachdenken gegeben hat.

Wegweisung für unsere Zeit

Gott hofft, daß die Rebstöcke seines Weinbergs süße Trauben tragen. Sie können sie hervorbringen. Gott hat die entsprechenden Vorbedingungen geschaffen: den guten Boden, die Lage, das Klima, die Qualität der Reben. Daher liegt es an den Rebstöcken selbst, ob sie Gottes Erwartungen erfüllen oder Seine Hoffnung enttäuschen.
Unser Leben gleicht einem Weinberg. Jeder Weinberg ist vom anderen verschieden: die Ausgangspositionen, die Lebenschancen sind anders. Und doch kann jeder Weinberg seine spezifischen Früchte hervorbringen, gute Früchte, wenn der Wille nicht fehlt und die notwendige Arbeit investiert wird. Manches mag mißlingen, reift jedoch bisweilen eine gute Lebensfrucht, ist der Herr des Weinbergs zufrieden.
Ein Gleichnis von einem Fruchthain weist gerade auf diesen Punkt hin (Lev. r., 23,3). »Ein König besaß einen Garten mit Weinstöcken, Feigen-, Granatapfel- und anderen Fruchtbäumen. Er beschloß, den Garten einem Pächter anzuvertrauen. Nach Jahren kam er an seinem Besitz vorbei. Alles war von Disteln und Unkraut überwuchert. Rasch entschlossen, wollte er die Bäume umhauen lassen und brachte Holzfäller herbei. Doch da sah er zwischen den Disteln eine Lilie blühen. Er nahm sie an sich und roch ihren wunderbaren Duft. Sogleich war er versöhnt ...«
Im letzten kommt es darauf an, daß trotz des Gestrüpps in unserem Leben Lilien wachsen.

Der Friedensfürst

Jes 9,1–6

1 Das Volk, das in der Finsternis wandelte, sah ein großes Licht. Den Bewohnern des Todesschattenlandes – ein Licht erstrahlte ihnen.
2 Vermehrt hast Du das Volk, ihm vergrößert die Freude. Sie freuten sich vor Dir wie bei der Freude am Erntedank, wie man jubelt, wenn die Beute verteilt wird.
3 Denn das Joch seiner Last und den Stock auf seiner Schulter und den Stab, mit dem er es treibt, hast Du zerschmettert wie am Midjantag.
4 Denn jeder Stiefel, der lärmend stampft,
und (jedes) Kleid, befleckt mit Blut –
zum Brand wird es, zum Fraß des Feuers.
5 Denn ein Kind wurde uns geboren, ein Sohn uns geschenkt, und es liegt die Herrschaft auf seiner Schulter.
Man nennt seinen Namen: »Wunderbarer – Ratgeber des mächtigen Gottes – Vater auf ewig – Friedensfürst« –
6 zur Mehrung der Herrschaft und zum Frieden ohne Ende auf Davids Thron und seinem Königreich.
Dieses zu bereiten und zu stützen durch Recht und Gerechtigkeit, von jetzt an für immer.
Der Eifer des Herrn der Heerscharen wird dies bewirken.

Der Text im Kontext

Mit der Geburt eines Kindes (in der patriarchalischen Gesellschaft besonders eines Sohnes) wird eine Ehe gesegnet. Die kinderlose (»unfruchtbare«, *ʿaqará*) Frau ist tief unglücklich. Rachel, Jakobs Gattin sagt: »Gib mir Söhne! Wenn nicht, sterbe ich« (Gen 30,1). Hanna, Elkanas Frau, muß eine Menge von Beleidigungen einstecken, weil sie ihrer eigentlichen Aufgabe nicht gerecht wird. Erst die Geburt Samuels nimmt die Schmach von ihr (1Sam 1,26–28). Ein »Herold« sagt die Geburt eines Sohnes an. Die Sprache verwendet für diese Ansage das Verb *b-s-r,* Piel (Jer 20,15), das in der prophetischen Rede große Ereignisse der Eschatologie ankündigt (Jes

40,9; 41,27; 52,7 u.a.). Die bei der Geburt sterbende Frau mag eine letzte Genugtuung und einen seelischen Trost finden in der Tatsache, daß sie einem gesunden Sohn das Leben schenkt und ihr Tod demnach nicht sinnlos ist (Gen 35,17: Rachel; 1Sam 4,20: Elis Schwiegertochter). Mit dem Zuspruch »fürchte dich nicht, denn du hast einen Sohn geboren«, sucht die Hebamme, suchen »die herumstehenden« Frauen (*hanizawót;* 1Sam 4,20) den Tod erträglicher werden zu lassen.
Die Geburt eines Sohnes ist freilich nicht nur Zeichen des Gottessegens (Gen 30,2), sondern oftmals Symptom einer Wende, einer neuen Epoche, die jetzt beginnt. Die Befreiung der Israeliten aus der ägyptischen Knechtschaft wird durch die Geburt Moses eingeleitet (Ex 2,2ff). Der Frau *Manoachs* wird in Ri 13,3–5 durch den »Gottesboten« gesagt:

»Sieh doch, du bist unfruchtbar (gewesen) und hast nicht geboren. (Jetzt) wirst du schwanger und gebärst einen Sohn.«

Dieser Sohn »ein Nasiräer Gottes ... vom Mutterschoß an«, »wird beginnen, Israel aus der Hand der Philister zu erretten« (ib. V5).
In Umkehrung des mit der Geburt verbundenen hoffnungsvollen Beginns wird König *Ahas* das »Zeichen« der Geburt Immanuels zuteil:

»Sieh, die junge Frau ist schwanger und gebärt einen Sohn, und sie nennt ihn Immanuel ... Ehe der Knabe das Schlechte verachten und das Gute zu wählen weiß, wird das Land verlassen, vor dessen zwei Königen dir graut. Der Herr wird über dich und dein Volk und dein Vaterhaus Tage bringen, wie sie nicht mehr gekommen sind seit den Tagen, da Ephraim von Juda abgewichen ist: den König Assurs« (Jes 7,14–17).

Analog wird die Geburt des *Mahér-schalál Chasch-bas* (»Raubebald-Eilebeute«), Sohn der »Prophetin« (Jesajas Gattin), als unheilvolles Vorzeichen des Kriegszugs der Assyrer interpretiert (Jes 8,3f). Eine solche Umdeutung ist außergewöhnlich, weil Geburt und qualvolles Ende nicht zusammengehören. Es mag aber schon vorkommen, daß ein Mensch in seiner Verzweiflung den Tag seiner Geburt verwünscht. Jeremia spricht in einem Aufwallen seiner Gefühle:

»Verflucht sei der Mann, der meinem Vater angesagt hat: ›Geboren wurde dir ein männliches Kind‹ ...« (Jer 20,15).

Hiob klagt vor seinen Freunden, die ihn zu trösten suchen:

»Zunichte werde der Tag, an dem ich geboren wurde, die Nacht, die sprach: ›empfangen ist ein Knabe‹« (Hiob 3,3).

Die Regel sieht anders aus. Die Geburt ist mit Dank und Freude eng verknüpft, und am Glück der Eltern über ihr Kind freuen sich die ganze Familie und die Gemeinschaft. Vereinzelt kann die Teilnahme der anderen so weit gehen, daß diese sogar den Namen des Neugeborenen bestimmen:

»Und die Nachbarinnen benannten ihn mit einem Namen, nämlich: ›Ein Sohn ist Noomi geboren worden!‹ Und sie nannten ihn Owed ...« (Rut 4,17).

Der freudige Ausruf: »Ein Sohn ist Noomi geboren worden!« (*julád ben l'Noʿomí*) ist dabei – wir werden es bei der Exegese noch näher begründen – mehr als ein Jubelruf, er ist recht eigentlich eine Deklaration, eine öffentliche »Geburtsanzeige« und »Geburtsbestätigung«. So ist's, und alle mögen es zur Kenntnis nehmen: Noomi (eigentlich: Rut, die Schwiegertochter) hat einen Sohn bekommen! Damit beginnt für sie eine neue Zeit, eine bessere Zukunft.
Unser Abschnitt ordnet sich in diese Auffassung von der Bedeutung einer Sohnesgeburt ein. Auf die Finsternis, in der das Volk hat verharren müssen, folgt das Licht, letztlich das immerwährende Licht, das nie mehr verlöscht: »denn ein Kind wurde uns geboren, ein Sohn uns geschenkt« (Jes 9,5).

Leitworte des hebräischen Textes

chóschech, »Dunkelheit«, »Finsternis«, und *'or,* »Licht« (V 1), sind seit der Weltschöpfung die beiden großen Gegensätze (Gen 1,2ff). Hier werden *chóschech* und *'or* in übertragenem Sinn verwendet.
zalmáwet ist nach R. S. Ibn Parchon (machbéret ʿarúch, 12. Jh.) zusammengesetzt aus *zel* (»Schatten«) und *máwet* (»Tod«): »es bedeutet tiefe Finsternis«. Nach dem »Gaon« Saadia: »dunkles Land«. M. Abernik (Übersetzung in: kitwé qódesch, séfer J'schajáhu) übersetzt *joschwé b''érez zalmáwet* durch »die Bürger im Todesschattenlande«. H. Homberg (ib.) bevorzugt in seinem Kommentar hakorém: »die Bewohner des Schattenreichs«. Bei L. Zunz ist vom »Land der Todesschatten« die Rede, bei B-R sind »die Siedler im Todschattenlande« genannt. Daran dachte bereits die Septuaginta mit ihrem *skiá thanátou.* Nach W. Baumgartner-J. J. Stamm (Lex. 964) bedeutet *zalmáwet* eine »undurchdringliche Finsternis«, die tiefer ist als *chóschech.*
In V 3 ist die Freude *(simchá)* hervorgehoben. *jagílu* (von *gil*) heißt: »sie werden jubeln«. Die Parallele von *s-m-ch,* »sich freuen«, und *gil,* »jubeln«, ist auch sonst anzutreffen (z.B. Hab 1,15; Ps 14,7 = 53,7; 48,12).

b'chalqám (von *ch-l-q,* Piel) *schalál,* »wenn sie Beute verteilen« (vgl Ex 15,9; Ri 5,30; Ps 68,13; Spr 16,19), entspricht einem *ch-l-q* (Piel) *'ad* (Jes 33,23).
'ol ist das »Joch« (B-R), das »Krummholz auf dem Nacken der Zugtiere« (W. Baumgartner-J. J. Stamm, Lex. 783), *maté* der »Stock« (L. Zunz) auf »seinem Rücken«, »die Geißel« (M. Abernik). Nach A. Chacham (séfer J'schajáhu, in: dá'at miqrá', I, 97) ist *maté* hier identisch mit *mot* (letzter Buchstabe ist ein *tet*!), »Tragstange«, »an welcher die mit dem Pflug verbundenen Keile befestigt sind. Die Tragstange und die Keile bilden das Joch.« Raschi versteht *maté* nicht als Nomen, sondern als Verb (*n-t-h,* Hiphil, Partizip): »Das Joch, das ... seine Schulter beugt.« B-R nehmen diese Erklärung auf: »Denn das Joch seiner Fron, das die Schulter ihm beugt.«
suboló, von einem weiter nicht verwendeten *sówel* (vgl *séwel,* »Last«, und das Verb *s-w-l,* eine »Last« tragen, auch [Schmerzen] »erdulden«), heißt »seine Last«.
schéwet ist der »Stab«, hier der Stab des »Antreibers« (*nogés;* vgl Ex 5,6), mit dem ein Sklave oder ein Arbeitstier geschlagen werden.
hachitóta, »du hast zerschmettert« (von *ch-t-t,* Hiphil).
V 4 ist *s''ón* nach den meisten Exegeten mit *scha'ón,* »Getöse« (Jes 17,12f u. a.), verwandt (Raschi; R. Jesaja der Erste von Trani; Ibn Esra: »Aufschrei mit großem Lärm«; m'zudát zijón). Nach b. Sotá, 8b und Num. r. 9,24 spielt *s''ón* auf *s''á,* Maß, an (so auch R. J'huda Ibn Bal'ám, Kommentar zu Jes), und zwar (nach H. Homberg) auf die »Maß«-Krüge, die Gideon in seinem Kampf (am *jom Midján,* V 3, vgl Ri 7) brauchte. R. S. Ibn Parchon (aaO) denkt an »Schmerz und Not«.
In eine ganz andere Richtung weist als erster R. J. Kimchi (= RIKáM), indem er *s''ón* mit dem aramäischen *m'sa'ná'* vergleicht (zit. bei R. S. Ibn Parchon). Bemerkenswerterweise hat sein Sohn R. D. Kimchi (= ReDáK) diese interessante Erklärung in seinem Kommentar (zu Jes, miqra'ót g'dolót) nicht erwähnt. Doch der RIKáM hat viele Anhänger gefunden. L. Zunz gibt *kol s''ón so'én* mit »all die Rüstung der Gerüsteten« wieder, deutlicher beziehen sich aber B-R auf die Anregung R. D. Kimchis: »Denn alljeder Stiefel, herstiefelnd mit Gedröhn« (= *b'rá'asch).* Rev. I. W. Slotki (Isaiah, 44) übersetzt mit »boot« (Stiefel) und vergleicht das hebräische *s''ón* mit dem »assyrischen *sēmu«,* »Schuh, Sandale«. W. Baumgartner – J. J. Stamm (Lex. 697): »Stiefel, der hohe Schnürschuh der Assyrer«. An einen Schuh denken auch Sch. L. Gordon, E. S. Hartom und A. Chacham (Kommentar zu Jes).

m'golalá (Partizip des Pual von *g-l-l)* heißt »besudelt« (W. Baumgartner, Lex. 186). *damím* ist Plural von *dam,* »Blut«; mit derselben Bedeutung. *ma'achólet* (von '-*ch-l,* »essen«) ist der »Fraß« (hier des »Feuers«, '*esch*).
In V 5 ist *julád* 3. Person des Perfekts im Pual von *j-l-d:* »er wurde geboren« (nicht: »er wird geboren werden«). Entsprechend ist *nitán* (»er wurde gegeben«, Niphal von *n-t-n)* eine Form des Perfekts.
misrá (vgl *sar,* »Fürst«) ist die »Herrschaft«, die auf seiner »Schulter« *(schichmó* von *sch'chem;* Pausaform: *schéchem)* ruht.
Zu dem Namen des Kindes s. Exegese.
Der Buchstabe *mem* in *l'marbé* »zur Mehrung«, (V 6) ist in der (älteren) Finalform wiedergegeben. Ob es sich bei *l'm* von *l'marbé* um eine Dittographie des vorangehenden *-lm* von *schalóm,* »Friede«, handelt, ist nicht mit Sicherheit zu entscheiden (N. H. Tur-Sinai, p'schutó schel miqrá', III, 1,35). Zur rabbinischen Deutung s. Exegese.
mischpát, »Recht«, *z'daqá,* »Gerechtigkeit«, sind ein oft wiederkehrendes Begriffspaar. Sehr eindrücklich in Jes 5,7 (vgl oben, S. 133).
qin'á ist der »Eifer« (so hier), gelegentlich auch die »Eifersucht«. Gott wird oft als '*el qaná*', »eifervoller Gott« bezeichnet, dem das Tun Israels nicht gleichgültig ist (Ex 20,5; 34,14; Dtn 4,24; 5,9; 6,15).

Der Text in der Exegese

Unerwartetes ereignet sich. Es erinnert an ein kosmisches Geschehen und an die Geschichte Israels in früher Zeit.

»Das Volk, das in der Finsternis wandelte, sah ein großes Licht. Den Bewohnern des Todesschattenlandes – ein Licht erstrahlte ihnen« (V 1).

Es ist kein gewöhnliches, es ist *»ein großes Licht«.* Nicht wie beim langsam aufdämmernden Morgen wächst die Lichterfülle. Nein, hier handelt es sich um ein »großes«, ein »glänzendes«, gleißendes Licht. Die Augen der in der Finsternis Wandelnden sind geblendet. Nur schwer vermögen sie den Wechsel von der Nacht zum hellen Tag zu ertragen. Auch in Jes 58,10 ist vom aufstrahlenden Licht die Rede, doch hier liegt der Akzent auf der Stärke des Glanzes, auf dem ganz Besonderen der Erscheinung. So hat Gott einst den entscheidenden Akt im Weltschöpfungsprozeß vollzogen. Das Dunkel dominierte. »Da sprach Gott: es werde Licht! Und es ward Licht« (Gen 1,3). Schlagartig, von einem Augenblick auf den anderen, ist das Dunkel, das Chaos, besiegt. Der Tag regiert, und alles wird urplötzlich sichtbar.

Und nichts anderes weiß Israel von jener wundersamen Gottesfügung zu berichten, als die ägyptischen Herren in undurchdringliches Dunkel gestürzt wurden und Israel »Licht in allen seinen Behausungen« besaß (Ex 10,23). Die »tiefdunkle Finsternis« (*chóschech 'afelá,* ib. V 22) war nicht nur höchst beklemmend, weil man sich in ihr nicht zu rühren wagte. Mehr noch glich sie dem Dunkel des Grabes, das dann für die ägyptischen Erstgeborenen in der folgenden »Plage« nicht ausblieb.
Gott hatte Israel gezeigt, daß die Finsternis – die Urfinsternis vor dem Werden der Welt, wie auch die Finsternis in harter Sklavennot – zu weichen hatte vor dem Licht. Das war unerhört tröstlich und ermutigend. Es gab keinen Grund, an der Hilfe Gottes zu zweifeln, am Ende der Not zu verzweifeln. Gott, der das Licht schuf, konnte die Finsternis – jede Finsternis – beenden. Und wenn die Finsternis gewichen war, überbordete die Freude am neu geschenkten Leben. Weil Er die Wende bewirkt hatte, war die Freude »eine Freude von Dir«. Sie stand in Seinem Zeichen, sie war ganz auf Ihn ausgerichtet – voller Dank über die einzigartige Hilfe, die Er gewährt hatte.
Ist das Ereignis, von dem Jesaja kündet, greifbar? Läßt es sich zeitlich bestimmen? Nur schwer. B. Uffenheimer schreibt:

»Die allgemeine Bedeutung der Weissagung in Jes 9,1–6 ist undurchsichtig, denn es fehlt ihr der geschichtliche Hintergrund, und es gibt keinerlei Hinweise auf die Umstände, in der sie gesprochen worden ist« (»Ein Kind wurde uns geboren, ein Sohn uns geschenkt«; Studien in der Eschatologie Jesajas, M. Z. Segal-Festschrift, 1965, 103)

Dann aber denkt B. Uffenheimer an die politischen Ereignisse vom Einfall des assyrischen Königs *Sanherib,* der Verwüstung Judas und der Belagerung Jerusalems, 701 v.d.Z., und schließlich Sanheribs gewaltsamem Ende (2Kön 19,35–37; Jes 37,36–38; vgl Bibelauslegungen, I, 141f). Damit tritt der israelische Bibelgelehrte in die Fußstapfen von Raschi, Ibn Esra, R. D. Kimchi, Abarbanel u.a., die die »Finsternis« mit der Belagerung und dem Kriegszug verbinden, das »große Licht« mit der plötzlichen Rettung. In diesem Abschnitt verschweigt indessen Jesaja (anders als etwa 10,24ff; 14,25) den Namen des Feindes. Sicher mit Absicht, denn der Akzent liegt nicht auf diesem speziellen Gegner, der Israel schwer heimgesucht hat, sondern an der Überwindung der Feinde überhaupt. Die Zeit der Finsternis ist vorbei. Es gibt einen Beweis dafür: »denn ein Kind wurde uns geboren«, und dieses Kind sichert für alle Zeiten die Königsherrschaft.
Wenn die überwundenen Feinde die Assyrer sind, so ist das Kind König

Hiskia, der Sohn *Ahas'*. 752 v.d.Z. ist er geboren, 725 kommt er im Alter von 25 Jahren an die Macht. Er ist ein *jéled.* Sicher zum Zeitpunkt seiner Geburt, doch selbst noch als Kronprinz trägt er diese Bezeichnung (1 Kön 12,8). Man wird daher (mit B. Uffenheimer, aaO) auch annehmen dürfen, Jesajas Worte seien »im Krönungsjahr Hiskias« gesprochen worden (so auch Sch. Vargon, in: B. Zvieli, Talks on Scripture, 2 Bde, 1983, II, 29; hebr). Daß nicht Hiskia, sondern dessen Sohn *Manasse* unter dem »Kind« gemeint ist (B. Dinur, in: B.-Z. Lurie, ʿijuním b'séfer J'schajáhu, 2 Bde, 1976/80, I, 31), ist freilich höchst unwahrscheinlich. Manasse hat nämlich als getreuer Vasall Assurs den Heidenkult wieder zugelassen und sich von der Reform seines Vaters abgekehrt. Als Idealkönig hat ihn Jesaja ganz sicher nicht gesehen.

Selbst bei einer Zeitfixierung auf Hiskias Herrschaft, während der die Finsternis durch den Untergang Sanheribs dem Licht weichen mußte, bleibt die eigentliche Verheißung des Propheten bisher unerfüllt. Der Friede, der in V 6 angesagt ist, läßt auf sich warten, desgleichen die Verwirklichung von »Recht und Gerechtigkeit von jetzt an für immer«. Es sind *eschatologische* Züge, die bei Jes 9,1–5 in den Vordergrund drängen. Wir werden darauf zurückkommen. Zunächst noch einmal zum Anfang des Abschnitts.

»Groß« wie das Licht, das die Finsternis besiegt, ist die *»Freude«* (V 2). Gott hat sie »groß gemacht« *(higdálta),* und Er hat zugleich das Volk »vermehrt«. Dieses Detail scheint wesentlich. Es kommt im Leben eines Volkes auf eine gewiße numerische Stärke an. Kleine Völker sind von der Gefahr der Auflösung, des Untergangs bedroht. In weitaus stärkerem Ausmaß als große Nationen. Die Freude, die das gerettete Volk empfindet, ist im übrigen stark und tief. Sie gleicht der Freude des Bauern am Tag der Ernte (oder des Erntedanks; Dtn 16,15. So M. Abernik, aaO, Rev. I. W. Slotki, 43), sie gleicht auch dem »Jubel« der siegreichen Soldaten beim Verteilen der Beute. Dieser Jubel ist uns heute weniger sympathisch als die innige, mit dem Dank für die Gottesgabe einer reichen Ernte verbundene Freude des Bauern. Der laute und rauhe Jubel der die toten Gegner plündernden Soldaten ist indessen eine Tatsache, von der sich auch unsere Zeit noch nicht gelöst hat. Nur ein zivilisiertes Volk verzichtet auf die »Verteilung der Beute«, wie es auch auf Siegesparaden und Triumphzüge keinen Wert legt.

Die echte Freude ist eine Freude *»vor Dir« (l'fanécha).* Dem Herrn gilt die Freude wie der Dank. Der *Gründe* für diesen Dank sind viele. In unserem Text sind drei genannt, sprachlich werden sie durch *ki,* »denn«, eingeleitet (V 3. 4. 5).

1. Gott hat den *Jochbogen,* den der Feind Israel auf den Rücken gebunden hatte, zerschlagen. Mit dem Joch zugleich den *»Stock des Peinigers« (nogés).* Auch hier tritt die Assoziation mit der einstigen Lage in Ägyptens Sklavenhaus hervor. Nach Ex, 5,13ff werden die israelitischen »Beamten« *(schotrím)* von den ägyptischen *nogsím* »geschlagen«, und sie schlagen dann ihrerseits die Knechte, um sie zur Arbeit zu treiben. Der »Stock des Peinigers« ist für die Geprügelten Merkmal der verlorenen Menschenwürde. Gott zerschmettert ihn, zusammen mit dem Joch. Sein zukünftiges Eingreifen in den Gang der Geschehnisse ist eine Fortsetzung Seines eh und je bewiesenen Eingreifens, wenn Israels Schicksal auf dem Spiele steht.
Am Ende von V 2 steht der Hinweis auf den *Midjantag (jom Midján;* Jes 10,26), das ist jener Tag (eigentlich jene Nacht), da der Handvoll israelitischer Kämpfer unter der Führung Gideons ein überraschender Sieg über die Midianiter vergönnt wird. Wenige hatten Viele überwunden, und dies war nur durch Gottes Hilfe möglich (Ri 7). Der Eindruck blieb tief in der Erinnerung haften.
Raschi, Malbim u.a. knüpfen an eine alte Vorstellung an, wenn sie den Untergang Midjans zu Gideons Zeit und den Untergang Sanheribs in Hiskias Tagen in die erste Nacht des Pessachfestes verlegen. Wie Gott den Israeliten in dieser Nacht die Freiheit aus der ägyptischen Knechtschaft geschenkt hatte, so befreite Er sie immer wieder in der für eine Rettung gleichsam prädestinierten Nacht. Das Lied »Es geschah um Mitternacht« der Festliturgie des Seder-Abends *(wajhí bachazí halájla)* nennt als Beispiel für Gottes Beistand auch das Ende Sanheribs (E. D. Goldschmidt, Die Pessach-Haggada, 1937, 92f, Bücherei des Schockenverlags). Jesaja verwendet in zwei weiteren Texten – auch sie handeln von der Bedrohung und Bedrückung durch die Assyrer – das Bild vom zerbrechenden Jochbogen und zersplitternden Treiberstab. Wir vergleichen sie mit 9,3:

9,3	*Jes 10*	*Jes 14*
denn das Joch seiner Last und den Stock auf seiner Schulter und den Stab, mit dem er es treibt, hast Du zerschmettert	V 27: ... weichen wird seine Last von deiner Schulter und sein Joch von deinem Hals ... V 24: mit dem Stab wird er dich schlagen, und seinen Stock erhebt er über dich ...	V 25: es weicht von ihnen sein Joch, und seine Last wird weichen von seiner Schulter ... V 29: daß der Stab deines Schlägers zerbrochen ist (kein Grund zur Freude für die Philister)
wie am Midjantag.	V 26: wie der Schlag Midjans ...	

Die Termini kehren wieder. In den drei Texten ist die Rede von Joch, Last auf der Schulter, Stab, Stock, dem Schläger, und dann vom »Weichen« der Last, vom »Zerbrochenwerden« der Werkzeuge, die dem Träger Schmerz und Pein zufügen. Anders als beim »knochigen Esel« (Issachar, Gen 49,14f), der »seine Schulter zum Lasttragen neigte«, ist Israel erlöst. Gott hat dies alles gewirkt – wie in der Pessachnacht. Ps 81,7: »Ich (Gott) habe entfernt (eig. »weichen lassen«; *hasiróti*) von der Last seine (des Sklaven Israel) Schulter.« Das Volk ist frei. Es braucht weder – einem Lasttier gleich – seinen Rücken zu beugen, um die schwere Last, die der Feind ihm aufbürdet, zu tragen, noch fürchtet es die Zuchtrute der Aufseher. Es war ein besonders schweres Joch, doch jetzt wird die Fremdherrschaft beendet.
R. Ch. Rabinowitz (séfer J'schajáhu, in: dá'at sofrím, 119) erklärt:

»Es gibt ein Joch ohne Treiberstab. Der Besitzer läßt das Tier nach seiner Kraft und seinem Willen gehen. Daneben finden sich aber Besitzer, die ihr Tier mit dem Stab antreiben und ihm Schmerzen zufügen. So pflegten es die Assyrer zu halten.«

2. *Militärstiefel* und *blutbefleckte Kleider* der verletzten oder getöteten Krieger – der eigenen und der Feinde – werden ein Raub der Flammen. Mit dem Ende der Gegenstände bricht zugleich greifbar die Zeit des Friedens an.
Rev. I. W. Slotki (aaO, 44) sieht im Verbrennen der Schuhe und Kleider die Verwendung zu nützlichen Zwecken.

»Die Ausrüstung des Feindes – Kleidung und Schuhe – wird als Brennstoff verwendet und wird überflüssig für militärische Zwecke in der Epoche des Friedens, die auf des Feindes Niederlage folgt.«

Slotkis Interpretation erinnert an Jes 2,4: die Waffen werden umgerüstet in die friedlichen Werkzeuge des Ackerbaus. Das Material ist kostbar, es kann ein weiteres Mal eingesetzt werden. Doch jetzt im Dienste des Aufbaus und nicht der Vernichtung (s. Bibelauslegungen, I, 147f). Wir glauben nicht, daß Slotki V4 richtig versteht. So wenig wie Ez 39,8–10; Hos 2,20; Sach 9,10; Ps 46,10; 76,3 spricht V4 von der Umrüstung. Die Stiefel und blutverschmierten Gewänder sind kaum mehr verwendbar und sollen wohl auch als Zeichen der verhaßten Fremdherrschaft nicht mehr verwendet werden. Deshalb wirft sie das siegreiche Israel ins Feuer. Mehr steht nicht im Text. Von der »Lehre Gottes«, die das Denken, die gesamte Haltung zum Krieg ändert und die Völker aus freien Stücken zum Ende der kriegerischen Option führt, ist nichts vermerkt. Erst Jes 2 sagt die totale Wende, die geistige Neuorientierung an.

In V3 stehen auffallend viele Zisch-Laute (im hebräischen Wortlaut): *sámech* bei *suboló, s"on, so'én; sin* bei *nogés, simlá* und *lisrefá,* und *schin* bei *schichmó, schéwet, b'rá'asch* und *'esch.* Diese Häufung ist natürlich beabsichtigt. Vielleicht soll sie das »Zischen« des Krieges, des Feuers nachahmen.

3. Die Freude Israels nach den Tagen der Finsternis ist vor allem begründet durch die *Geburt eines Kindes.* Mit diesem Kind ist die Wende angebrochen, und dieses Kind wird dafür sorgen, daß der Krieg nicht wiederkehrt. Wie einst das Joch auf das Volkes »Schulter« (V3: *schichmó*) lastete, so lastet jetzt die Herrschaft auf seinen Schultern (V5: *wathí hamisrá 'al schichmó*). Mit dem Kind ist zugleich der Höhepunkt erreicht.
Ki jéled julád lánu, ben nitán lánu ist Inhalt der Geburtsanzeige und Geburtsbestätigung. Ein Herold (*m'wasér*) teilt mit, daß ein Kronprinz (*jéled;* B. Uffenheimer [aaO, 123] weist auf englisch »infant« oder »junior« hin) zur Welt gekommen ist. Wichtig ist die Nennung des Vaters (hier: der Gemeinschaft – »uns«), dem der Knabe geboren worden ist oder geboren werden wird. Mit der Ankündigung wird – nach Möglichkeit – die spezifische Bestimmung des Neugeborenen, seine »Funktion« für die Gemeinschaft angesagt. Die nachstehende Tabelle zeigt es.

	Ankündigungsformel	*Funktion*
Rut 4,17	»Ein Sohn ist Noomi geboren worden!« *(Owed)*	
1 Kön 13,2	»Sieh, ein Sohn wird dem Hause David geboren. *Josia* ist sein Name.«	»er wird auf dir (Altar) schlachten die Priester der *bamót* ...«
1 Chr 22,9	»Sieh, ein Sohn wird dir geboren.« *(Salomo)*	»Er wird ein Mann der Ruhe sein, und ich lasse ihn ruhen von allen seinen Feinden ringsumher ...«
Jes 9,5	»... ein Kind ist uns geboren, ein Sohn uns geschenkt.« *(Hiskia)*	»und es liegt die Herrschaft auf seiner Schulter ..., (V10) zur Mehrung der Herrschaft und zum Frieden ohne Ende ...«

B. Uffenheimer (aaO, 119) glaubt, die Ankündigungsformel in Jes 9,5 sei durch einen »Chor« gesprochen worden. Das ist möglich, nur wird man fragen müssen, um welchen Chor es sich handeln könnte. Um den Chor der zufällig bei der Geburtsankündigung Dabeistehenden (vgl Text im Kontext, zu 1 Sam 4,20: *hanizawót)?* Einleuchtender ist wohl, daß ein einzelner, der im Auftrag des Herrscherhauses ausgesandte Herold, die Ansage ausruft.

Wie heißt dieses neugeborene oder den Thron besteigende »Kind«?
V 5b teilt mit: »Man nennt seinen Namen *(wajiqra' sch'mó) péle'-jo'éz-'el-gibór-'awí-'ad-sar-schalóm«.* »Man« sind die Königsfamilie, die Leute am Hof, das ganze Volk. Einige Exegeten stoßen sich an der Bezeichnung *'el,* »Gott«, für einen Menschen, obschon die Bibel sehr viele theophore Namen kennt (z. B. *N'tan'él,* »Gott hat gegeben«, *J'hoschú'a,* »Gott hat geholfen« oder »Gott ist die Hilfe«). Diese Exegeten sehen nicht im anonymen »man« das Subjekt des Satzes, sondern in Gott. Und Gott heißt *péle' jo'éz-'el gibór-'awí 'ad.* Er schenkt dem Kind den Namen *sar schalóm* (»Friedensfürst«).
Bei der Zuordnung der Namensbestandteile zeigt sich eine *Vielfalt von Kombinationen:*
péle', »Wundervoller« (M. Abernik), »Ein Wunder!« (H. Homberg, so auch die masoretischen Melodiezeichen),
péle' jo'éz, »Wundervoller Ratgeber« (Targúm, R. Sch. D. Luzzatto, Raschi; *péle' jo'éz* bedeutet soviel wie *jo'éz péle'),*
jo'éz 'el, »Rat(geber) Gottes« (H. Homberg),
jo'éz 'el gibór, »Ratgeber des mächtigen Gottes« (masoretische Melodiezeichen), »Ratsmann des heldischen Gottes« (B-R),
'el gibór, »mächtiger Gott« (Raschi u. a.),
gibór 'awí 'ad, »Held des Vaters auf ewig« (M. Buber).
Die folgende *Tabelle* zeigt die Zuordnung im Überblick und hält die Anzahl der Bestandteile fest.

b. Sanhedrín 94a	*8 Kindesnamen:* Wunder (*péle'*) – Ratgeber (*jo'éz*) – Gott (*'el*) – Held (*gibór*) – Vater (*'awí*) – Ewiger (*'ad*) – Fürst (*sar*) – Frieden (*schalóm*)
Maimonides	*6 Kindesnamen:* Wunder – Ratgeber – Gott – Held – Vater auf ewig (*'awí 'ad*) – Friedensfürst (*sar schalóm*)
H. Homberg	*5 Kindesnamen:* Ein Wunder! – Ein göttlicher Rat – Held – Vorsitzender bei der Beuteverteilung (*'awí 'ad*) – Friedensfürst
Melodiezeichen	*4 Kindesnamen:* Wundervoller – Ratgeber des mächtigen Gottes (*jo'éz 'el gibór*) – Vater auf ewig (*'awí 'ad*) – Friedensfürst
R. J. Ibn Caspi, R. M. Z. Segal, E. S. Hartom	*4 Kindesnamen:* Wundervoller Ratgeber (*péle' jo'éz*) – mächtiger Gott (*'el gibór*) – Vater auf ewig – Friedensfürst
Targúm	*3 Kindesnamen:* Wundervoller Ratgeber (*péle' jo'éz*) – mächtiger Gott, *der* auf ewig besteht (*'el gibór 'awí 'ad*) – Friedensfürst
B-R	*3 Kindesnamen:* Seinen Wundernamen ruft man: Ratsmann des heldischen Gottes (*jo'éz 'el gibór*) – Vater des Siegesgewinns (*'awí 'ad*) – Fürst des Friedens

M. Buber, darkó schel miqrá', 326	*3 Kindesnamen:* (Sein Name) etwas Wunderbares heißt (*péle'*): Ratgeber Gottes (*jo'éz 'el*) – Held des Vaters auf ewig (*gibór 'awí 'ad*) – Friedensfürst
M. Abernik	*2 Kindesnamen:* Wundervoller! (*péle'*) – Rat *des* mächtigen Gottes (*jo'éz 'el gibór*) *des* ewigen Vaters (*'awí 'ad*) *des* Friedensfürsten
Raschi, Saadia, R. J. Ibn Bal'ám, R. Elieser v. Beaugency, R. Jesaja v. Trani, Kimchi, A. Chacham	*3 Gottesnamen:* Wundervoller Ratgeber (*péle' jo'éz*) – mächtiger Gott (*'el gibór*) – Vater auf ewig (*'awí 'ad*) + *1 Kindesnamen:* Friedensfürst
R. J. H. Hertz	*3 Gottesnamen:* Wonderful in Counsel is God the mighty (*'el gibór*), the Everlasting Father (*'awí 'ad*), the Ruler of peace (*sar schalóm*)
R. Sch. Luzzatto, Kimchi, J. W. Slotki	*4 Gottesnamen:* Wundervoller Ratgeber – mächtiger Gott – Vater auf ewig – Friedensfürst

Das Spektrum der verschiedenen Namenszuteilungen ist sehr weit. Der Talmud (b. Sanhedín, 94a) splittert die Angaben in acht (!) Kindesnamen auf.

»Es sprach der Heilige, gelobt sei Er: Möge Hiskia, der acht Namen besitzt, kommen, und Sanherib, der desgleichen acht Namen besitzt, bestrafen.«
(Der Talmud nennt die acht Namen Sanheribs.)

Demgegenüber beziehen R. Sch. D. Luzzatto, R. J. H. Hertz (Pentateuch und Haftarot, II, zur Haftará von Jitro) und R. D. Kimchi (Kommentar, z. St.) alle Bezeichnungen auf Gott. Besonders deutlich R. J. H. Hertz: »Wonderful in counsel *is* God the mighty, the Everlasting Father, the Ruler of peace.« Natürlich erhält das Kind diesen Namen, aber der Name bezeichnet nicht seine, sondern Gottes Eigenschaften, Gottes Wirkensweise im Leben des Königs (Hiskia).
Bemerkenswert ist die Übersetzung von *'awí 'ad* mit »Vorsitzender bei der Beuteverteilung« (H. Homberg) oder »Vater des Siegesgewinns« (B-R). *'ad* heißt nämlich auch »Beute« (Gen 49,27; Jes 33,23). Diese Wiedergabe scheint uns indessen von weither gesucht, denn statt eines »Vaters« der Beute wäre wohl ein »Verteiler« (*m'chaléq*; wie *m'chaléq schalál*; vgl V 3 und »Leitworte«) der Beute zu erwarten.
Bei M. Buber (darkó schel miqrá', 326) ist der Unterschied zur Bibelübersetzung (B-R) festzustellen. Er liest nicht mehr wie in B-R *jo'éz 'el gibór* (»Ratsmann des heldischen Gottes«) und *'awí 'ad* (»Vater des Siegesge-

winns«), sondern *jo'éz 'el* (»Ratgeber Gottes«) und *gibór 'awí 'ad* (»Held des Vaters auf ewig«). Die Formenlehre läßt beide Möglichkeiten zu.
Die Fülle der Vorschläge beruht im letzten auf der nicht eindeutig fixierbaren Form des Status der Nomina. Stehen sie im status absolutus oder im status constructus? Ist also beispielsweise *péle'* ein »alleinstehendes« Wort (status absolutus) oder ein nomen regens im status constructus, »verbunden« mit *jo'éz*? Der Talmud, Maimonides ('igéret Temán, 179), H. Homberg, die Melodiezeichen im masoretischen Text, M. Abernik denken an die erste Möglichkeit und übersetzen demnach mit »Wunder«, »Wundervoller«. R. J. Ibn Caspi ('adné késef, 100), Raschi, der »Gaon« Saadia (zitiert bei Ibn Esra, in miqra'ót g'dolót, zu V 5), R. Elieser von Beaugency (Jesaja, z. St.), R. Jesaja der Erste von Trani (perúsch n'wi'ím uchtuwím, z. St.), R. D. Kimchi, A. Chacham (in: séfer J'schajáhu, dá'at miqrá') entschließen sich demgegenüber zur Konstruktusbildung *péle' jo'éz*: »Wundervoller Ratgeber«. Auch *jo'éz* und *'el* können von der Form her im status absolutus oder im status constructus stehen. Man sieht es ihnen nicht an. Daher ist *jo'éz 'el* (»Ratgeber Gottes«) theoretisch nicht richtiger als *jo'éz 'el gibór* (»Ratgeber des mächtigen Gottes«, »Ratsmann des heldischen Gottes«). Und wenn *jo'éz* als nomen rectum in der Wendung *péle' jo'éz* (»wundervoller Ratgeber«) bereits verwendet wurde, ergibt auch *'el gibór* (»mächtiger Gott«) einen Sinn.
Wer hat recht? Die Entscheidung über diese Frage richtet sich nach dem Sprachgefühl eines jeden Lesers (oder Hörers). Weil wir persönlich meinen, es handle sich bei den Bezeichnungen um genuine Namen des Kindes, scheint uns die Leseweise *péle'/jo'éz 'el gibór/'awí 'ad/sar schalóm* (nach den masoretischen Melodiezeichen) die beste zu sein.
Nicht minder wichtig wie die Deutung oder zumindest versuchte Deutung des Namens ist die durch alle Kommentare sich ziehende Ansicht, daß der angezeigte Knabe (Kronprinz) nicht erst geboren werden wird, sondern bereits auf der Welt ist. *julád* heißt daher nicht: »wird uns geboren« (= *noládi*) oder »wird uns geboren werden« (= *j'julád*), sondern »wurde uns geboren«, analog zu *nitán*, »wurde uns gegeben« (geschenkt). Es könnte sich an sich um eine »prophetische Vergangenheit« handeln, die ein erst eintretendes Ereignis bereits als eingetreten antizipiert. Die jüdischen Exegeten haben sich von dieser Auffassung (vermutlich in einer bewußten Abgrenzung von christlichen Meinungen über den erst zu erwartenden, noch ungeborenen Messias) distanziert. (Besonders ausführlich R. J. Ibn Caspi, aaO, 99.)
Schließlich ein letzter Punkt: *Weshalb erhält das Kind einen solch kompli-*

zierten Namen? R. Elieser von Beaugency setzt voraus, der Knabe habe bei seiner Geburt anders geheißen und erst bei der Thronbesteigung diesen Namen übernommen.

»Der Heilige, gelobt sei Er, nannte ihn ›Friedensfürst‹ zur *Erneuerung* seines Namens, als er König wurde. Entsprechend: *J'didjá* (für Salomo), *Zafnát Panéach* (für Joseph) . . ., zur Erneuerung und Namenszufügung wegen einer Sache (= Aufgabe beim Regierungsantritt).«

Nach diesem Bibeldeuter liegt demnach eine »Amtsbezeichnung« vor, durch die eine zu erwartende Funktion, die Erfüllung einer mit dem neuen Herrscher verbundene Hoffnung, ausgedrückt wird. Der Akzent liegt dabei auf *sar schalóm*, Friedensfürst«.

»Er heißt ›Fürst‹ wegen seiner Herrschaft (*misrá*); er vermehrt die Herrschaft und vergrößert sie weit über jene seiner Vorfahren.
Er heißt (Fürst des) ›*Friedens*‹ ohne Ende, weil dieser in seinen Tagen, da er auf dem Thron Davids sitzt, verbreitet sein wird« (R. Elieser von Beaugency).

Der Talmud (b. Sanhedrín, 94a) sieht das Eintreten für Gott auch im Namen Hiskia (*Chisqijáhu*) antizipiert.

»*Chisqijá*: denn Gott hat ihn gefestigt (*schechisqó Ja*). Eine andere Erklärung: *Chisqijá*, denn er hat gefestigt (*chiséq*) das Herz Israels für seinen Vater im Himmel« (so auch von Abarbanel, z. St., übernommen).

B. Uffenheimer (aaO,113) deutet den theophoren Namen als »Gott ist stark« und verweist auf Jer 23,6; 33,16, wo der Königsname *Zidqijáhu* (Zedekia) in entsprechender Weise mit *'adonáj zidqénu*, »Gott ist unsere Gerechtigkeit begründet wird (vgl Bibelauslegungen, I,199).

Der Knabe besitzt eine Aufgabe für das *ganze* Volk (er ist *»uns«* geboren, zu »unserem Nutzen«; Abarbanel). Die »Herrschaft, die auf seinen Schultern« ruht – vielleicht sichtbar durch den »Königsmantel« (Sch. L. Gordon, A. Chacham) – und das einstige »Joch« auf den »Schultern« Israels (V 3) ersetzt, führt zur »Mehrung der Herrschaft« (*l'marbé hamisrá*, V 6) und zum »Frieden ohne Ende« (*ul'schalóm 'en qez*). Gekoppelt mit der Herrschaft – einer Friedensherrschaft – ist die Realisierung von »Recht und Gerechtigkeit«. Der Friede ist immer nur dann verwirklicht, wenn er sich im gesellschaftlichen Raum niederschlägt. Ohne Recht im Inneren bleibt der Friede nach außen hin – im Bereich der Völker – bruchstückhaft. Der *sar schalóm*, der »Friedensfürst«, muß sich diese doppelte Aufgabe setzen: den Frieden und die Gerechtigkeit. Dann bleibt sein Thron – der Davidsthron –

festgegründet und gestützt (V 6: *l'hachín ... ul'sa'adó*, »ihn zu bereiten und zu stützen«).
»*Von jetzt bis immer*«. R. Elieser von Beaugency (aaO,28) schreibt:

»Alle seine Tage, sein Leben lang ... So auch »er ist sein Knecht für immer (*l'olám*; Ex 21,6) – alle seine Tage.«

Rev. I. W. Slotki (Isaiah,45): »für immer, während der Lebenszeit Hiskias. Das hebräische Wort *l'olám* meint auch ›eine beträchtliche Zeit‹.«

Wichtig ist dabei der Hinweis B. Uffenheimers (aaO, 125):

»Der Idealkönig besitzt keine übermenschlichen Eigenschaften ... Er ist kein göttliches Wunderkind, noch auch ein helfender Held.« Im Gegenteil: »Sein Auftreten geschieht erst *nach* dem Zerbrechen der Kriegswerkzeuge, und seine Herrschaft wird eine Friedensherrschaft sein.«

Aus diesem Grund schließt die Verheißung mit der kurzen Notiz: »der Eifer des Herrn der Heerscharen wird dies bewirken, »nicht menschliche Kraft und Kriegstüchtigkeit, sondern Gottes *qin'á*, Sein »Eifer«, Sein Engagement.
Gott, der am Geschehen in der Welt, Seiner Schöpfung, nicht achtlos vorbeisieht (vgl Gen 11,5: »Der Herr stieg hinab, um zu *sehen*«; 18,21 in bezug auf die Vergehen Sodoms), bringt die Wende: Von der Finsternis zum »großen Licht« (V 1), über die Geburt des Kindes zur erneuerten Davidsdynastie. Gottes *qin'á* (vgl Joël 2,18; Sach 1,14; A. Chacham, 100) fügt es, daß Er am Schicksal Israels und der Menschheit nicht gleichgültig vorbeigehen kann. Dabei bedient Er sich des Königs, um Seine Ziele – den Frieden und die Einwurzelung des Rechts und der Gerechtigkeit – zu erreichen.
Hat das Kind, der »Friedensfürst«, seine Aufgabe erfüllt? Der Text sagt nichts darüber aus. Die Weisen, die das Kind mit Hiskia identifizieren, sind hingegen offensichtlich enttäuscht. Sie weisen auf das Schluß-*mem* im Wort *l'marbé* hin und halten Folgendes fest (b.Sanhedrín, 94a):

»Es sagte R. Tanchum, es lehrte Bar Kappara in Zippori: Weshalb ist jedes *mem* in der Mitte eines Wortes offen und dieses geschlossen? – Der Heilige, gelobt sei Er, wollte Hiskia zum Messias machen und Sanherib zu Gog und Magog. Da sprach das ›Maß der Gerechtigkeit‹ (*midát hadín*) vor dem Heiligen, gelobt sei Er: Herr der Welt! David, Israels König, hat so viele Lieder und Lobgesänge vor Dir gesungen, und Du hast ihn nicht zum Messias werden lassen. König Hiskia, dem Du all diese Wunder erwiesen hast, und er hat Dir kein (Lob)-Lied gesungen – willst Du ihn zum Messias machen?! Deshalb ist es (das *mem*) geschlossen.«
(Zum Thema: A. Chacham, aaO, 99, Anm. 60; B. Uffenheimer, 107.)

Das runde Schluß-*mem* drückt das Geschlossen-Sein, die fehlende Öffnung zur Zukunft hin aus. Hiskia war ein guter, aber kein idealer König, und er hat im letzten die großen Hoffnungen auf eine dauernde Stabilisierung eines gerechten und friedlichen Königtums nicht erfüllt. Er sang kein »Loblied«, es fehlte ihm »die Persönlichkeit für das hohe Amt« (B. Uffenheimer, 107). Nach einer weiteren Ansicht des Talmud waren auch die Zeitumstände für das Erscheinen des Messias nicht geeignet.

Wenn wir an Jes 5,7 – »er hoffte auf Rechtsspruch (*mischpát*), und siehe: Rechtsbruch, auf Gerechtigkeit (*z'daqá*), und siehe: Schlechtigkeit« – zurückdenken (oben, S. 125), wird des Königs »Pflichtenheft« noch klarer. Das Volk mag seine Aufgabe – die Verwirklichung von Recht und Gerechtigkeit – verkennen, der König aber muß als Repräsentant Gottes, als ein Mensch, der in Seinem Auftrag regiert, den eigentlichen Sinn seines Königseins mit aller nur wünschbaren Deutlichkeit wahrnehmen. Der von Gott inthronisierte Monarch Israels festigt seine Regentschaft durch die ethische Verhaltensweise, die die Bibel ihm auferlegt, oder er verspielt seinen Thron. Eine Alternative zum Recht gibt es nicht.

Die Enttäuschung über Hiskia, die die Weisen Israels empfanden, führte zur Verlagerung der jesajanischen Verheißung auf die *eschatologische* Ebene. Der Friedensfürst ist nicht gekommen, doch seine Ankunft wird erfolgen, weil Gott zu Seinem Worte steht. Jes 9,1–6 rückt in die Nähe von Jes 2,1–5, auch wenn hier vom Friedens*fürsten* und dort vom Friedens*reich* die Rede ist.

Wegweisung für unsere Zeit

Auf die Finsternis folgt das Licht. Das Volk sieht seinen Aufstieg aus dem Dunkel der Nacht und weiß, daß Gottes Hilfe die Wende bewirkt. Die Vernichtung der Vernichtungswaffen geschieht nur durch Sein Eingreifen, wenn sie geschieht.

Die Finsternis ist nicht abstrakt. Das Prophetenwort spricht von der Jochstange und dem Treiberstab, von Last und Not. Es spricht dann aber auch von der Überwindung des Krieges und dem Brand, in dem die Symbole der Zerstörung – Stiefel und Soldatengewand – zu Asche verbrennen. Das Licht hat die Finsternis besiegt. Ein Kind – seit Urzeiten her Kristallisationspunkt aller Hoffnungen und aller Zuversicht – übernimmt die Regentschaft. Wo einst das Joch drückte, liegt künftig die Herrschaft des Rechts und der Menschlichkeit, des Friedens und der Toleranz. Gott will es so und nicht

anders. Sein Eintreten, und nur Sein Eintreten, Seine *qin'á*, ermöglicht das Unwahrscheinliche.
Wir stehen von der Verwirklichung dieser Verheißung weit entfernt. Nicht nur der Jude, der auf die Geburt des »Kindes« noch wartet, selbst wenn diese Geburt vielleicht bereits einmal eingetreten ist. Auch der Christ, der in der Geburt »seines« Kindes den Beginn eschatologischer Erfüllung erkennt. Das Gotteslicht strahlt nicht, die Finsternis auf Erden ist übermächtig. Keiner kann es bestreiten, auch wenn jeder es zutiefst beklagt. Doch eines ist dem glaubenden Menschen gewiß: dereinst wird das Licht erstrahlen und die Jochstange zerbrochen sein. Dann wird auch jener Brand entfacht, der für immer die Symbole (und Werkzeuge) der Vernichtung vertilgt und der Welt das Reich des Friedensfürsten bringt. Wann und in welcher Form alles geschieht, weiß Gott allein.

»Zum Licht der Völker«

Jes 49,1–6

1 Hört, ihr Insel(bewohner), auf mich,
und merket auf Nationen von weither:
Der Herr hat mich vom Mutterschoß her gerufen,
vom Leib meiner Mutter an hat Er meinen Namen genannt.
2 Er machte meinen Mund wie ein scharfes Schwert,
im Schatten Seiner Hand versteckte Er mich.
Er machte mich zum blanken Pfeil, in Seinem Köcher verbarg Er mich.
3 Er sagte zu mir:
mein Diener bist du,
Israel, durch das Ich mich verherrliche.
4 Ich aber sprach:
Umsonst habe ich mich gemüht,
für Leeres und Dunst meine Kraft aufgebraucht,
wenn auch mein Recht beim Herrn und mein Werklohn bei meinem Gott liegen.
5 Und jetzt sagte der Herr, der mich vom Mutterschoß sich zum Diener erschaffen hatte:
Jakob Ihm zurückzubringen, und Israel wird Ihm eingesammelt,
und ich werde geehrt sein in den Augen des Herrn,
und mein Gott ist meine Stärke.
6 Er sagte:
Es ist ein Geringes, daß du Mir Diener bist,
aufzurichten die Stämme Jakobs
und die Bewahrten Israels zurückzubringen –
Ich gebe dich zum Licht der Völker,
damit Meine Hilfe gelange bis an den Rand der Erde.

Der Text im Kontext

Zu den komplexesten Vokabeln des biblischen Hebräisch zählt das Nomen *'éwed*. *'éwed* ist der Sklave, der Leibeigene, der von anderen verkauft wird oder sich auch selbst verkauft. Durch den Verkauf verliert er seine Freiheit und hat dem Herrn (*'adón)* zu gehorchen. Die Menschenwürde und der Anspruch auf eine menschenwürdige Behandlung bleiben ihm allerdings erhalten. Wer ihn verletzt, muß ihn freilassen, selbst wenn die Verletzung nur in einem ausgeschlagenen Zahn besteht (Ex 21,26f). Wenn der Herr ihn totschlägt, wird er zur Rechenschaft gezogen. Obschon der Sklave ihm gehört – er ist »sein Geld« (*kaspó,* V21) –, ist der Sklave nicht nur Besitz, sondern Person, ein Mensch mit elementaren Rechten. Die zeitlich unbeschränkte, »für immer« (*l'ᵉolám,* V6) geltende Leibeigenschaft ist nach dem wörtlichen Verständnis des Textes zwar möglich, wird aber von der im Talmud fixierten Mündlichen Lehre Israels ausgeschlossen. *l'ᵉolám* wird als »bis zum Jubeljahr«, dem fünfzigsten Jahr eines Zyklus, gedeutet (b. Kiduschín, 21b; M'chílta d'Rabbí Jischmaᵉél, mischpatím, 2; Raschi). Länger als bis zum 50. Jahr kann auch der freiwillig nach dem siebten, dem »Erlaßjahr« (*schmittá*) bei seinem Herrn dienstbar bleibende Knecht nicht verharren.

Die Motivation für diese Beschränkung des Abhängigkeitsverhältnisses steht in Lev 25,55: »denn Mir sind die Israeliten zu Knechten; Meine Knechte sind sie, die Ich aus dem Land Ägypten herausgeführt habe. Ich bin der Herr, euer Gott.« Diese Aussage ist keine leere Floskel. Keiner kann und darf sich für immer seiner persönlichen Freiheit begeben, weil er damit der Möglichkeit eines echten Mensch-Gott-Verhältnisses verlustig geht. Gott will den Menschen – jeden Menschen – frei, weil nur der freie Mensch sein Menschsein zu realisieren vermag. Der Sklave gehorcht primär einem anderen Menschen, nicht seinem Gewissen. Der Freie hingegen kann sich entscheiden, auch für Gott entscheiden. Erst als die israelitischen Sklaven aus Ägypten ausgezogen waren, konnte ihnen das Gottesgesetz am Sinai übertragen werden. In Ägyptens Knechtschaft hätte dies nie geschehen können.

ʿéwed ist damit nicht nur der Knecht eines Menschen, auch nicht der sozial hochstehende »Knecht« eines Königs – sein Ratgeber, Feldherr, sein Minister –, *ʿéwed* ist zugleich der Diener des göttlichen Herrn. »Meine Knechte« sind die Israeliten, die Gott aus der Not befreit, um sie nach der Befreiung in seinen Dienst zu stellen. Wer Ihm als *ʿéwed* begegnet, Ihm »dient« (Ex 7,16 u.a.) und nicht »den fremden Göttern« (Dtn 7,4 u.a.), hat den Sinn der göttlichen Befreiungstat verstanden. Gott zerbricht die menschliche Fessel, damit der Befreite sich künftig ganz Ihm und Ihm allein zuwenden kann und sich in Ihm geborgen wissen darf.

Doch nicht nur Israel als Kollektiv erhält den Ehrentitel *ʿéwed*, sondern auch einzelne große Männer innerhalb des Volkes. Weitaus am häufigsten wird Mose als *'éwed 'adonáj*, »Diener Gottes«, tituliert. Er empfängt von Gott die Anordnungen »von Angesicht zu Angesicht« (*paním 'el paním,* Dtn 34,10). Gott spricht zu ihm »von Mund zu Mund« (*pe 'el pe,* Num 12,8). Mose ist der Vertraute Gottes, sein wahrer »Diener«. Als »Mein Diener Mose« (*'awdí Mosché,* Num 12,7 oder *Mosché 'awdí,* Jos 1,2) wird er vorgestellt und bleibt er der Nachwelt in Erinnerung. Über das für jeden Israeliten geltende *'éwed*-Verhältnis hinaus ist Mose durch Gottes Wahl über die Masse hinausgehoben (vgl oben, S. 74f).

Durch Gottes Wahl, nicht durch das eigene Verdienst oder die eigene Leistung. Eng verknüpft mit dem Begriff des *'éwed* Gottes ist der Terminus *b-ch-r,* »wählen, erwählen«. Gott hat Israel sich zum Volk »erwählt« (Dtn 7,6; 14,2 u.a.), und das bedeutet immer: das Volk mit einem innerhalb der Völkergemeinschaft auszuführenden Auftrag betraut. Der *'éwed*, sei es die Gemeinschaft oder der Einzelne, ist der von Gott Erwählte, der *b'chir* (Ps 106,23: *Mosché b'chiró,* „Mose Sein Erwählter«; Jes 43,20: *'amí b'chirí,* »Mein Volk, Mein Erwähltes«; vgl Jes 41,8; 42,1; 43,10; 45,4; 65,9). Von Gott »erwählt« zu sein, ist immer mit einem Mehr an Pflichten verbunden, nie mit einem Weniger. Noblesse oblige. Der *b'chir* wird von Gott »erwählt« – weshalb, steht nur bei Ihm –, doch nicht, um sich im Glanz zu sonnen, sondern um diesen Ehrentitel zu »erdienen«, zu »verdienen«. Als Diener Gottes wird der Erwählte letztlich zum Diener für die Menschheit.

Seit dem Erscheinen von Berhard Duhms Jesaja-Kommentar (1892) ist es in der Bibelwissenschaft (nicht ohne Bedenken) üblich geworden, unseren Bibeltext Jes 49,1–6 (nebst Jes 42,1–7; 50,4–9 und 52,13–53,12) als »Lied des Gottesknechts« zu bezeichnen. Moderne jüdische Exegeten wie Sch.L. Gordon, A. Kahana, J. Kaufmann, die die kritische Bibelforschung prinzipiell bejahen, schließen sich dieser Zuteilung an. Die Kommentatoren der traditionellen jüdischen Exegese wissen von »separaten« Gottesknecht-Liedern nichts, sowenig wie sie im übrigen von einem Deuterojesaja sprechen. Allenfalls verwenden sie (wie Prof. J. Elizur, in: Betrachtungen zum Jesajabuch, hg. v. B.-Z. Lurie, 2Bde, 1976, II, 323; hebr.) den Ausdruck »Jesaja der Tröster« (*J'schajáhu ham'nachém*). Die Frage nach dem *'éwed 'adonáj* in den Gottesknecht-Texten ist indessen auch für sie wichtig. Wer ist dieser Gottesknecht?

Die Antwort ist nicht eindeutig und wird auch nie eindeutig gegeben werden können. Die meisten jüdischen Ausleger schwanken zwischen einer Identifizierung mit einer Person – dem Propheten selbst, dem Messias, vielleicht auch einem herausragenden König – und Israel als Gemeinschaft.

M. Buber (Der Glaube der Propheten, ²1984, 262–281) sucht nach einer klaren Lösung, letztlich ohne Erfolg. Im Gottesknecht ist vermutlich beides zu sehen: die Einzelperson und das Volk, das er repräsentiert. Klar ersichtlich ist hingegen die Funktion des Gottesknechts. Von ihr spricht unter anderem Jes 49,1–6.

Leitworte des hebräischen Textes

'ij (Plural: *'ijím),* »Küste, Insel« (W. Baumgartner, Lex. 37), »Ozeanküste« (B-R) steht in V1 parallel zu *l''umím* (Singular: *l''om*), »Nationen«.
schim'ú (Imperativ von *sch-m-'*, Qal), »hört!«, entspricht dem *haqschíwu* (Imperativ von *q-sch-w,* Hiphil), »merkt auf!«
béten (femininum!) ist der »Bauch«, hier der »Mutterschoß«, und besitzt die Entsprechung in *m''é 'imí,* »Leib meiner Mutter«. (*m''é* ist status constructus von *me'ájim,* »Eingeweide, Inneres, Leib«.)
chérew (femininum!), »Schwert«, und *chez,* »Pfeil«, sind die beiden wichtigsten Waffen des Altertums. Das Schwert ist *chad* (abgeleitet von *ch-d-d,* Hophal, »geschärft sein«), »scharf«, der Pfeil *barúr* (nach W. Baumgartner, Lex. 156, von *b-r-r II*), »geschärft«, B-R: »blank«, »rein von Rost« (m'zudát zijón). Anders A.B. Ehrlich (Randglossen, IV, 178): »auserlesen«.
hechbi'áni (Hiphil von *ch-b-'* mit dem Suffix *-ni,* »mich«), »Er hat mich versteckt«, findet das sprachliche Gegenüber in *histiráni* (Hiphil von *s-t-r*), »Er hat mich verborgen« (vgl das Substantiv *séter,* »Versteck, Hülle, Schutz«, *baséter*, »heimlich, im Verborgenen«, W. Baumgartner, Lex. 729).
'etpa'ár in V3 ist Hitpael von *p-'-r* (»seine Herrlichkeit zeigen«), B-R: »pranken«. *p''ér* ist (nach W. Baumgartner, Lex. 859) »Kopfbinde, Turban«. V4 stehen analoge Ausdrücke: *riq,* »Leere«, *tóhu,* »Irrsal« (B-R; vgl Gen 1,2) und *héwel,* »Dunst« (B-R), »Hauch«, auch im Sinne von »Nichtigem«. Der Name *héwel*, Abel, spielt auf die Vergänglichkeit an, auf das rasche Vergehen seines Lebens, einem »Atemzug« gleich (s. oben zu Gen 4,1–16, Leitworte, S. 24).
mischpát, »Recht«, oft zusammen mit *z'daqá*, »Gerechtigkeit«, genannt (s. unsere Bibelauslegungen, I, 200), tritt hier mit *p''ulá*, »Werklohn« (L. Zunz, B-R) auf. J. Morgenstern (The Suffering Servant, in: Vetus Testamentum, 1961, 308) versteht *mischpatí* als »das letzte Urteil über mich«, über mein Tun auf Erden. Nach A. Chacham (séfer J'schajáhu, II, 526) ist

»mischpatí mein Teil, der mir zusteht« (so auch Dtn 18,3), *p"ulatí* der Lohn meines Wirkens, den Gott bei sich verwahrt.
l'schowéw in V5 (Polel von *schuw*) heißt »zurückbringen, zurückführen« und ist gleichbedeutend mit *l'haschíw (schuw* Hiphil) in V6. Vgl *t'schuwá,* »Rückkehr, Umkehr«.
In V5 steht als *k'tiw lo,* »nicht« (*lámed 'álef*), das folgende *je'aséf* (Niphal von *'-s-f*) wäre dann im Sinne von sterben, »eingesammelt werden« (zu den Vätern, Gen 25,8.17; 35,29 u.a.) zu interpretieren: »Israel wird nicht untergehen.« Nach dem *q'ré – lo,* »ihm« (*lámed waw*) – meint die Wendung, Er werde Israel zu sich einsammeln, zu sich nehmen. Maßgeblich ist das *q'ré.*
w"ekawéd (von *k-w-d*, Niphal), »und ich werde geehrt«, B-R: »gewichtig bin ich«.
naqél (V 6) ist Partizip des Niphal von *q-l-l*, »ein Geringes«, B-R: »zu gering ist's«. Nach R. Salomo Ibn Melech aus Fès (séfer michlál jófi, 271) und Abarbanel (Jesaja-Kommentar, 230) ist *naqél* als Frage (*naqél* wie *hanaqél*) zu verstehen: »Ist es etwa ein Geringes«, ein Leichtes ...? (vgl entsprechend Targúm, R. D. Kimchi und R. Ch. Rabinowitz).
nazúr (status constructus im Plural: *n'zuré*) in V 6, nach dem *q'ré,* wird mit »aufbewahrt« (Baumgartner, Lex. 678), B-R: »die Bewahrten Jissraels«, die »Geretteten Israels« (L. Zunz), aber auch mit »die Nachkommen Israels« (vgl. Jes 11,1: *nézer;* R. Elieser von Beaugency, Jesaja-Kommentar, 120; A. Chacham, II, 527) wiedergegeben. *n'zurím* in Jes 65,4 sind die verödeten Orte. R. Sch. D. Luzzatto (perúsch ʿal séfer J'schajáhu, 342) übersetzt entsprechend *n'zuré Jisra'él* (auch nach Ibn Esra und R. D. Kimchi) mit »die Orte, die zu Trümmern geworden sind«. So bereits der im 11. Jh. lebende spanische Exeget R. J'huda Ibn Balʿám.
l"or gojím meint wie Jes 42,6 »zum Licht der Völker« *(l"or gojím = 'or lagojím,* E. S. Hartom, séfer J'schajáhu, 154).

Der Text in der Exegese

»Hört, ihr Insel(bewohner), auf mich, und merket auf Nationen von weither« – mit Bestimmtheit richtet der in V3 als »mein Knecht« (*ʿawdí*) bezeichnete Sprecher Gottes seine Kunde an die Völker. Nicht mehr nur an Israel ergeht das Wort. Der Horizont ist weit gespannt. Die »Ferne« ist einbezogen, die Enge gesprengt. Israel hat nach der Zerstörung seines Tempels, 586 v.d.Z. durch den babylonischen Großkönig Nebukadnezar,

den Gang ins Exil angetreten. Die Konfrontation mit einer heidnischen Umwelt ist Tatsache geworden. Der Prophet des Trostes will daher nicht nur Israel ansprechen, sondern möglichst viele andere Menschen. An die *'ijím,* die Inselbewohner, die »Ozeanküsten« (B-R) ergeht seine Rede, »an die ganze mediterrane Welt« (J. Morgenstern, aaO, 305). Wann? Der *zeitliche Ansatz* ist kaum möglich. Nach J. Kaufmann (toldót ha'emuná hajisr"élít, IV, 126) ist an die Zeit nach dem Versagen des Perserkönigs Kyros zu denken, der die großen in ihn, als den »Gesalbten Gottes« (*maschíach,* Jes 45,1), »Seinen Hirten« (*ro'í,* Jes 44,28), gesetzten Hoffnungen auf ein Ende des heidnischen Götterkults nicht erfüllt hat. Er hat den »Namen des Herrn« (Jes 41,25) nicht ausgerufen (vgl M. Buber, Der Glaube der Propheten, 267). Die sich in 49,1–6 zeigende Enttäuschung des »Knechtes« mag J. Kaufmann recht geben, sicher ist es indessen nicht. Das Versagen kann nämlich auch Israels Versagen sein, das sich ungenügend auf die nach der Rückkehr aus dem Exil (538 v. d. Z.) mögliche Wende einstellte und in seiner Mehrheit gar nicht mehr aus der Fremde in die Heimat zurückkehrte (Esra 1,4; nach 2,64 kamen nur 42360 Personen).
Der Inhalt der Rede wird in der *Ichform* ausgesprochen. Der Knecht redet persönlich, und was er zu sagen hat, beruht auf eigenem Erleben. Er beginnt damit, daß er seine *Berufung* durch Gott betont:

»Der Herr hat mich vom Mutterschoß her gerufen, vom Leib meiner Mutter an hat Er meinen Namen genannt.«

Die Berufung zum Gottesamt ist pränatal, gleichsam angeboren und daher für immer gültig. Das Amt ist kein Amt auf Zeit, und es fordert die ganze Kraft des Gerufenen und Berufenen. Darum weiß auch Jeremia, der (1,5) das Gotteswort vernimmt (vgl unten zu Jer 1,4–10; S. 232ff).

»Ehe ich dich im Mutterschoß (*béten*) gebildet hatte, habe Ich dich gekannt, und ehe du den Mutterleib (*réchem*) verließest, habe Ich dich geweiht. Zum Propheten für die Völker habe Ich dich gegeben.«

Vom Mutterschoß an (*mibéten*) ist der Knecht »gerufen«, vom »Leib meiner Mutter an« (*mim'é 'imí*) – die beiden Wörter *béten* und *me'ájim* finden sich in derselben Reihenfolge in Gen 25,23 beim Orakel, das Rebekka erhält – mit dem »Namen erwähnt«. In Jes 43,1 heißt es:

»Ich habe dich mit deinem Namen genannt, Mir bist (gehörst) du.«

Gott nennt den Namen, obschon der Namensträger faktisch noch gar nicht auf der Welt ist. Der Namensgeber tritt damit noch vor der Geburt des

Kindes in eine dauernde Beziehung zu ihm. J. Morgenstern (aaO, 305) schreibt:

»Es ist das Vorrecht des Vaters, dem Kind einen Namen zu geben . . . Zwischen Gott und dem Knecht bestand ein Vater-Sohn-Verhältnis.«

Der Name weist zugleich auf die Unverwechselbarkeit und Unaustauschbarkeit hin. Dieser Namensträger und kein anderer ist erwählt, seine Erwählung ist nicht kündbar, sowenig ein Name, den das Kind bei der Geburt bekommt, verschwindet.
V 2 besteht aus zwei sich genau *entsprechenden Satzgliedern:*

»Er machte meinen Mund wie ein scharfes Schwert, im Schatten Seiner Hand versteckte Er mich.	Er machte mich zum blanken Pfeil, in Seinem Köcher verbarg Er mich.«

Zwei wichtige Punkte sind hier zu beachten.
1. Der *Mund des Knechts* gleicht der scharfen Waffe, die im entscheidenden Moment ihre Wirkung ausübt. Die Worte des Knechts werden nicht ungehört verhallen, sondern in der Nähe und in der Ferne vernommen.

»Er sagt ›wie ein scharfes Schwert‹: im Hinblick auf das in der Nähe weilende Israel; mit dem Schwert schlägt einer in der Nähe, nicht in der Ferne zu. Und er sagt ›Pfeil‹: im Hinblick auf die in der Ferne lebenden Völker« (R. D. Kimchi z. St.).«

Der »blanke Pfeil« – Jer 9,7 nennt den »geschärften Pfeil« (*chez schachút*) – ist ein ausgezeichneter Vergleich für die Zunge (auch die »böse Zunge«), die ungehindert zu sprechen vermag.
2. Die Worte des Knechts sind freilich zur Stunde noch nicht ausgesprochen. Er befindet sich in *abwartender Stellung*, kann das »Schwert« seines Mundes nicht ziehen, den »Pfeil« seiner Rede nicht abschießen. Erst wenn er das Zeichen zum Handeln von Gott erhält, wird er aus dem Verborgenen, aus dem »Gotteskköcher« hervorgeholt und eingesetzt. Er ist bis dann allerdings nicht nur verborgen, sondern auch geschützt.

»Der Schatten besitzt eine besondere Kraft, die selbst vor mächtigen Dingen wie der Sonne zu bestehen vermag. Sich unter dem ›Schatten Seiner Hand‹ zu befinden, ist gleichbedeutend mit dem Schutz vor größten Gefahren« (R. Ch. Rabinowitz, 543).

»Er machte mir einen Schatten zum Verbergen und zum Schutz, damit mich Hitze und Sonne nicht schädigen. Dies ist das Gegenteil von ›ihr Schatten ist von ihnen gewichen‹ (Num 14,8)« (Ibn Caspi, 'adné késef, 162).

Gott, der dem Gottesknecht die Waffe des Wortes verleiht und ihm den Zeitpunkt nennen wird, da er aktiv werden soll, gewährt ihm den Schutz vor den Menschen, die ihn anfeinden. Ähnlich erfährt Jeremia (1,18), er werde zur »befestigten Stadt, zu ehernen Mauern«, gegen die man ankämpft und ihrer nicht Herr zu werden vermag (ib. V 19).
Die erste Aufgabe, des Knechtes *erste Funktion*, ist genannt. Er soll dereinst Gottes Rede in die Nähe und Ferne tragen, und er wird es »auf scharfe Weise, schneidend, durchdringend und effektvoll« tun (J. Morgenstern, 306). Nicht als Stammler wie einst Mose, der wegen seines »schweren Mundes und seiner schweren Zunge« (Ex 4,10) die Botschaft an Israel nicht weiterzugeben imstande war und daher Aarons als eines Für-Sprechers (*nawí'*, ib.7,1) bedurfte, wird der Gottesknecht sich artikulieren, sondern souverän und überlegen. Das Reden – das wirkungsvolle Reden – bereitet ihm keine Mühe (vgl unten zu *l'schon limudím,* Jes 50,4–9, S. 172).
Noch ist die Zeit für die Rede nicht gekommen, aber bereits ist der Knecht – und darin liegt eine *zweite* Absicht seiner Erschaffung – gleichsam Bannerträger Gottes. Durch ihn wird sich Gott »verherrlichen« (*'etpa'ár,* V3). Nicht »im« Knecht verherrlicht Er sich, wie man gelegentlich lesen kann, sondern »durch« ihn (dies meint *b'chá*). Wenn der Knecht den Auftrag getreu erfüllt, den Gott ihm überträgt, dann gereicht dies Gott zur Ehre. Hier steht nun deutlich, wer dieser Gottesknecht ist. Dem *'awdí* V 3a entspricht *Jisra'él* in V 3b. Gewiß ist der Gottesknecht zunächst eine Einzelperson, aber in ihm manifestiert sich das Schicksal Israels. Er ist pars pro toto, das Individuum, das für das Kollektiv steht und es vertritt. Dieses Moment von höchster Wichtigkeit suchen Buber-Rosenzweig herauszustellen, indem sie in ihrer Übersetzung das *'atá* von V3a wiederholen:

»Mein Knecht bist du,
Jissrael *du*, mit dem ich prangen darf.«

Der Knecht ist nicht entweder ein einzelner oder ein Volk, er ist beides. Das »entweder-oder« ist zu ersetzen durch ein »sowohl-als-auch«.
Spätere Tradition (b. Jomá', 86a) hat diesen Vers als Beleg für ein anständiges Verhalten im Umgang mit den Mitmenschen verwendet. Es ist die Rede von jemandem, der den »Namen Gottes heiligt« (= *qidúsch Haschém).*

»Wir haben gelernt: ›Und du sollst lieben den Herrn, deinen Gott‹ (Dtn 6,4) – der Name des Himmels werde durch dich beliebt. Nämlich: man vertiefe sich in die Schrift, pflege Umgang mit den Weisen, der Handel und Wandel mit den Menschen sei höflich (eig. ruhig). Was sagen die anderen über einen solchen Menschen? ›Glück seinem Vater, der ihn die Tora (Lehre) gelehrt hat. Glück seinem Lehrer, der ihn die

Tora gelehrt hat. Weh jenen, die keine Tora gelernt haben. Jener hat Tora gelernt – seht, wie schön sein Tun ist, wie vollkommen sein Handeln. Die Schrift sagt von ihm: Und Er sagte zu mir: mein Knecht bist du, Israel du, mit dem ich prangen darf.« (Ähnlich bei Maimonides, Hilchót de'ót, V13.)

Der Midrasch (Ex.r.21,4) bezieht V3 auf Israels inniges Gebet, durch das Gott verherrlicht wird (vgl Jes 43,21: »Dieses Volk . . ., mein Lob verkündet es«). Besonders schön ist das Gemeinschaftsgebet beschrieben.

»Es sagte R. Pinchas . . .: Wenn Israel betet, beten nicht alle zusammen, sondern jede einzelne Gemeinschaft betet für sich. Diese beginnt zuerst, gefolgt von einer anderen. Wenn jedoch alle ihre Gebete beendet haben, so nimmt der Engel, der über den Gebeten wacht, alle gesprochenen Gebete der vielen Gemeinschaften zusammen und bildet aus ihnen Kronen, die er auf das Haupt des Heiligen, gelobt sei Er, legt. . . . und so heißt es: ›Israel du, mit dem ich prangen darf‹.«

Einen ganz anderen Ton schlägt der folgende Midrasch (Est.r. 7,10) an, der vom tragischen Schicksal Israels handelt. Israel ist das »Purpurkleid« (griechisch: *porphýra)* Gottes, das billig feilgeboten wird.

»Es sagte R. Chija bar Janai: Das Purpurkleid des Königs wird auf dem Markt verkauft – weh dem Verkäufer, weh dem Käufer! So bei Israel, dem Purpurkleid, durch das sich der Heilige, gelobt sei Er, verherrlicht. Wie es heißt: ›Israel du, mit dem ich prangen darf.‹ Doch es wird verkauft (d.h. in der Welt feilgeboten). Weh dem Verkäufer, weh dem Käufer!«

Ehe der Gottesknecht seine eigentliche Aufgabe – den Ruf an die fernen Inselbewohner wie an sein eigenes Volk als »scharfes Schwert« und »blanker Pfeil« – aufnehmen kann, steckt er in einer tiefen seelischen *Depression.*

»Ich aber sprach: Umsonst habe ich mich gemüht, für Leeres und Dunst meine Kraft aufgebraucht, wenn auch mein Recht und mein Werklohn bei meinem Gott liegen« (V4).

Worin die erfolglose Tätigkeit des Gottesknechts bestand, wird nicht mitgeteilt. R. Jesaja der Erste von Trani (perúsch n'wi'ím uchtuwím, I,173), der den Gottesknecht mit dem Propheten gleichsetzt, erklärt:

»Wenn ich ihnen weissage und sie nicht auf mich hören wollen, sondern mich hassen und mich beschimpfen und sich an mir vergreifen, so spreche ich: ›Umsonst habe ich mich bemüht‹ und mich angestrengt, sie auf den guten Weg zu bringen.«

(Raschi: »wenn ich sehe, daß ich sie zurechtweise und sie nicht auf mich hören.«

M. Buber (aaO, 270) sieht in V5 die Erklärung für V4:

»Eine große Mächtigkeit war seiner Seele in der Berufung eingetan worden, aber sie hat sich nicht auswirken dürfen. Er wußte sich zu einer bestimmten Arbeit gebildet und tauglich gemacht (V5f): er sollte das abgefallene, vertriebene, aber im Kern ›bewahrte‹ Israel zu JHWH ›heimbringen‹ und neu aufrichten; aber eben um dies hatte er sich vergeblich gemüht. Nun jedoch erfährt er (V4), daß sein Recht und sein Werklohn, das heißt der ihm zukommende Erfolg seines Tuns bei seinem Gott sind, daß sie von Gott ihm vorbehalten sind ...«

Diese Verbindung von V 4 und V 5, bei der V 5 seine Aussage den Vorsatz erhellend zurückwirft, wäre schön, träfe sie zu. Sie scheitert indessen an dem *w''atá,* »und jetzt«, mit dem der Satz beginnt. Erst »jetzt« und nicht bereits zuvor wird dem Knecht das Plansoll mitgeteilt. Er kann demnach auch nicht vorher wegen des nichterfüllten Auftrags bekümmert sein. So wird es denn dabei bleiben, daß der Grund seiner Betrübnis nur zu vermuten, aber nicht mit Sicherheit eruierbar ist.

Der Gottesknecht vermag sich freilich aufzufangen. Er hat sich umsonst abgemüht, will es ihm zunächst scheinen, doch in Tat und Wahrheit bleibt sein Tun »bei meinem Gott« bewahrt. Er meinte, mit leeren Händen dazustehen, Gott aber schützt sein »Recht«, das ihm zusteht, und seinen »Werklohn«. R. Me'ír Loeb ben J'chi'él Michál (MaLBIM, III, 455) erzählt das Gleichnis von einem Schatzgräber:

Ein Schatzgräber wird beauftragt, einen Schatz zu finden. Die Leute, die ihn bestellen, nennen einen Betrag, der ihm in jedem Fall ausbezahlt wird. Er sucht, doch er findet nichts. Seine körperliche Anstrengung war vergebens, denn das Gesuchte konnte er nicht entdecken, doch für ein Nichts hat er seine Kraft nicht eingesetzt: der Lohn bleibt ihm gesichert. Anders der Fall, wenn die finanzielle Entschädigung von einem geglückten Fund abhängig ist. Bleibt die Suche erfolglos, so ist die Anstrengung gänzlich umsonst gewesen.

Dem Gottesknecht mag es zuerst scheinen, er gliche dem Schatzgräber mit der Kondition von Fall 2. In Wirklichkeit sorgt Gott, sein Auftraggeber, daß er nicht leer ausgeht, auch wenn der Fund auf sich warten läßt.

Wird hier nicht einem *Lohndenken* das Wort geredet? Durchaus nicht. Wenn der Gottesknecht sagt, sein »Recht« und sein »Werklohn« stehe bei Gott, so »dient« er nicht, um dieses »Recht« und diesen »Werklohn« zu erlangen. Er ist Gottes Diener, weil er den Auftrag bedingungslos zu akzeptieren bereit ist. Und deshalb ist er verzweifelt: er hat versagt, denkt er sich, und das Ziel – wie immer es auch sein mag – nicht zu erreichen vermocht. Wie er sich dann aufrafft und aus dem Tief herauszukommen sucht, wird er von der Überzeugung durchdrungen, daß Gott auch sein Versagen nicht unbeachtet lassen wird. Sein Wille war da, die Absicht, für

Gott einzutreten, vorhanden. Und Gott ist gerecht (vgl unsere Bibelauslegungen, I, 127f).
Vielleicht ist *mischpatí* nicht als »Recht«, d.h. als das, was dem Gottesknecht rechtens zusteht, zu verstehen, sondern als das Recht im Sinne der Gerechtigkeit den persönlichen Feinden gegenüber. So jedenfalls interpretiert R. Jesaja der Erste von Trani (I,173):

»Ich vertraue auf Gott, daß Er mir Recht den Schlechten gegenüber verschafft ...«

Worin besteht künftig, »und jetzt« (V5), des Gottesknechts *Aufgabe?* In einem Zweifachen, und damit sind die *dritte und vierte Funktion* genannt. Ihm obliegt es, der »vom Mutterschoß Ihm zum Knecht« geschaffen wurde (vgl V5 mit V1), »Jakob Ihm zurückzubringen, und Israel wird Ihm eingesammelt«. An ein Herausholen Jakobs aus dem Exil, eine »Restauration Israels in sein Land« (so Rev.I.W. Slotki, Isaiah, 240) ist hierbei gewiß nicht gedacht. Das exilierte Volk wurde durch die politischen Führer heimgebracht. Die *»Rückkehr« ist vielmehr geistig-religiös* zu verstehen. Nicht ins Land, sondern »Ihm wird es eingesammelt«, dem einzigen Gott, der sich in Seinem Geschichtswirken Israel offenbart hat und immer wieder offenbart. Die physische Heimkehr ist mehr oder minder vollzogen, wenn der Gottesknecht zu wirken beginnt. Die geistige Heimkehr steht indessen noch aus.
Nicht durch eigene Kraft kann der Gottesknecht seinen Auftrag ausführen. Gottes »Macht« (V5: *ʿusí,* »meine Stärke«) schenkt ihm die Stütze.
Mit dieser »Heimkehr« ist nun allerdings die Aufgabe nicht zu Ende. Der Schlußpunkt – die vierte Funktion – ist erst dann gesetzt, wenn über Israels Hinwendung hinaus die Völker zu Gott finden. Dieses Unterfangen ist ungeheuer schwer. »Ein Geringes« (*naqél,* V6) ist es vergleichsweise, sich mit »Jakobs Stämmen« und »Israels Bewahrten« auseinandersetzen zu müssen. Der Gottesknecht kennt seine Landleute, er weiß, wie er mit ihnen umgehen muß. Doch die anderen, die Fremden?
Selbst wenn *naqél* als Frage (= *hanaqél*, »ist es etwa ein Geringes?«) verstanden wird, bleibt die Steigerung in der dem Knecht nunmehr übertragenen Mission ungeschmälert bestehen.
In struktureller Hinsicht enthält V6 einen Chiasmus, der den Auftrag Israel gegenüber nur um so stärker herausstreicht:

aufzurichten — und die Bewahrten Israels
die Stämme Jakobs — zurückzubringen

Dies ist »ein Geringes« zu der großen, letzten Aufgabe:

»Ich gebe dich *zum Licht der Völker,* damit Meine Hilfe gelange bis an den Rand der Erde.«

B-R: »Den Weltstämmen gebe ich dich zum Licht, daß meine Freiheit werde bis an den Rand des Erdreichs.«

Der Gottesknecht und mit ihm Israel als Ganzes leuchtet den Völkern voran, indem er Gottes Weisung weitergibt und durch sein Tun vorlebt, daß sie machbar ist. H. Cohen (Religion der Vernunft ..., 329), der den Gottesknecht mit dem Messias gleichsetzt (304, 311) und das heißt bei ihm mit Israel, dem »messianischen Volk« (312), schreibt im Hinblick auf V6:

»Mit einer solchen Schärfe ist nirgends sonst die Differenz formuliert worden zwischen dem nationalen und dem menschheitlichen Berufe des Messias.«

Ähnlich Sch.L. Gordon (106):

»Hier hat die Prophetie Israels ihren Höhepunkt erreicht: Die Wiedergeburt Israels ... ist für sich selbst kein Ziel, sie ist vielmehr Mittel zum Glück der ganzen Menschheit.«

Abarbanel (230) verweist auf Jes 66,23 (»es kommt alles Fleisch, sich vor Mir niederzuwerfen«) und erklärt:

»... Du sollst zum Licht für die Völker werden, damit sie zum Herrn sich wenden, den Glauben an Ihn annehmen, ›damit Meine Hilfe gelange bis an den Rand der Erde‹.«

In den Worten von J. Morgenstern (aaO, 309):

»... Dies bedeutet einen geistigen Dienst des Aufklärens unter den Nationen, dessen letztes Ziel die Rettung durch Gott sein wird.«

Das »Licht« geht vom Gottesknecht aus, die Hilfe hingegen schenkt Gott.
R. A. J. Heschel (The Prophets, 1962, 155f.) vergleicht den Text mit Jer 1,5:

»Wie der Herr zu Jeremia sagte: ›zum Propheten für die Völker habe ich dich eingesetzt‹, sprach er zu Israel: ›zum Licht für die Völker habe ich dich eingesetzt‹. Der Terminus ›Gottesknecht‹, mit dem die Propheten bezeichnet werden (1Kön 14,18; 15,29; 2Kön 9,7.36; 14,25; 17,13.23; 21,10; 24,2; Am 3,7; Jes 20,3; Jer 7,25; 25,4; 26,5), wird jetzt für Israel verwendet. Wie vor dem Exil sich einzelne Propheten an Israel wandten, wendet sich jetzt Israel an die Nationen ...«

Der Auftrag an die Völkerwelt ist freilich nicht neu, sagt J. Elizur (aaO, 324):

»Die universale Sendung Israels gab es seit Abrahams Tagen, und das klassische Beispiel für diese universale Sendung Israels steht in Jes 2.«

Vom »Licht für die Völker« ist auch Jes 42,6 die Rede, dem ersten »Gottesknecht-Lied«, vgl Jes 51,4: *l"or 'amím,* »zum Licht für Völker«. Neu ist hier die dramatische Steigerung, der Übergang von der nationalen zur universalen Botschaft des Gottesknechts und damit Israels. Anklänge finden sich bereits in früheren Zeiten, etwa im Tempelweihegebet Salomos, in dem er für das Wohlergehen des »Fremden aus fernem Lande« bittet (1Kön 8,41). Doch dort ist es der Fremde, der zu Israel kommt, hier hingegen geht Israel zu den Völkern hinaus. Es wird nicht nur zum Verheißungs*träger* – das ist es seit Abraham –, es wird zugleich zum Verheißungs*überbringer*.
Der Umschwung ist frappant. Aus dem während des Exils zutiefst erniedrigten und gedemütigten Israel wird Gottes Bote an die Völkerwelt. Die Geschichte wiederholt sich. Einst zog Israel aus der Knechtschaft Ägyptens und empfing am Sinai die Satzung Gottes, eine Satzung, die an alle Menschen gerichtet ist und – faktisch – von sehr vielen Menschen angenommen wurde. Das aus einem zweiten Knechtschaftszustand ausziehende Israel wird abermals zum »Licht«-Träger für die anderen, damit Gottes Hilfe sich über die ganze Erde ausbreite. So versteht Israel zutiefst seine »Erwählung«, seine »Gottesknechtschaft«. Jetzt werden im Rückblick auch die Anfangsworte des Abschnitts plastischer. Der Gottesknecht besitzt einen Mund »wie ein scharfes Schwert«, er gleicht »einem glatten Pfeil«, doch nicht um den Tod und die Vernichtung zu verbreiten. Seine beredte Rede – verbunden mit dem zu erwarteten beispielhaften Handeln (was wären Worte ohne Taten?) – hat einen gegenteiligen Zweck: Sie ergeht an die Menschen, damit sie den wahren Weg zu gehen, das Gotteslicht zu sehen vermögen. »Durch Israels Hilfe wird den Völkern geholfen ...« (R. D. Kimchi, zu V6).

Wegweisung für unsere Zeit

ner l"echád, ner l'me'á, »Kerze für einen, Kerze für hundert (Menschen)«. Das Sprichwort des Talmud (b. Schabát, 122a) meint, wenn jemand eine Kerze für sich anzündet, brennt sie zugleich für die anderen. Das Licht verbreitet sich von selbst, wenn man seinem Strahl keine Grenze setzt.
Israel soll »zum Licht der Völker« werden, als »Knecht Gottes« lebt es nicht nur für sich. Was ihm zuteil geworden ist – in der Offenbarung am Sinai, in

den Erfahrungen seiner Geschichte –, wird Besitz der ganzen Menschheit.

Darin liegt die »Erwählung Israels«, sein Auftrag als »Königreich von Priestern« und geweihtes (»heiliges«) Volk (Ex 19,6; vgl Bibelauslegungen, I, 123–125). »Jesaja der Tröster« gibt sich keinen Illusionen hin. Wenn er zunächst sich selbst als Gottesknecht sieht und dann sein Volk mit einbezieht, weiß er von Depression und Mutlosigkeit ein Lied zu singen. »Umsonst habe ich mich gemüht, für Leeres und Dunst meine Kraft aufgebraucht ...« Wen Gott zu einem Auftrag bestimmt – und welcher Mensch wäre nicht zu einem spezifischen, von ihm und nur von ihm erfüllbaren Auftrag im Leben auserkoren! –, dem legt er immer auch eine schwere Bürde auf. Das Leben besteht nicht nur aus Rosen, sondern in weit größerem Maß aus Dornen. Wer »Knecht« zu sein sich bereitfindet – selbst »Knecht Gottes« zu sein –, übernimmt in jedem Fall ein Joch. Er trägt es, wie jedes Joch, nicht mit Leichtigkeit, doch er trägt es mit Würde.

Oft ist es dunkel in unserer Welt, oft verliert der Wanderer die Orientierung, vermag den Weg, den er gehen soll, nicht mehr zu finden. Israel trägt, wie »Jesaja der Tröster« verkündet, ein »Licht«. Dieses Licht scheint für alle, damit es auf unserer Erde heller werde. »Die Stämme Jakobs«, »die Bewahrten Israels« kehren zurück und werden aufgerichtet. Mit diesen »Stämmen« jene Völker, jene Menschen, die auf Gottes Wort zu hören bereit sind.

Er setzt mich ins Recht

Jes 50,4–9

4 Der Herr, Gott, gab mir eine geübte Zunge, damit ich wisse,
wie der Müde durch das Wort zu stärken sei.
Morgen für Morgen weckt Er mich auf,
erweckt mir das Ohr, damit ich wie ein Geübter zuzuhören vermag.
5 Der Herr, Gott, öffnete mir das Ohr. Ich aber war nicht widerspenstig,
wich nicht zurück.
6 Meinen Rücken bot ich den Schlagenden,
meine Wangen den Bartausreißern,
mein Gesicht verbarg ich nicht vor Schande und Bespeiung.
7 Und der Herr, Gott, half mir immer wieder,
deshalb wurde ich nicht zuschanden,
deshalb machte ich mein Gesicht zum Hartgestein
und wußte, daß ich mich nicht zu schämen brauchte.
8 Nahe ist, der mich ins Recht setzt.
Wer streitet mit mir? Wir wollen zusammenstehen!
Wer ist mein Gegner im Gericht? Er trete zu mir heran!
9 Sieh, der Herr, Gott, wird mir helfen,
wer kann mich da schuldig sprechen?
Sie alle zerfasern wie das Kleid – die Motte frißt sie.

Der Text im Kontext

Die Richtlinien sind klar und deutlich: Israel hat in seinem Land das Recht zu verwirklichen, ein Recht, das nicht teilbar ist und auf das Ansehen eines Prozessierenden nicht achtet. Dtn 16,18–20 heißt es:

». . . sie sollen das Volk richten mit einem Urteil des Rechts:
beuge nicht das Recht,
erkenne das Angesicht nicht,
nimm keine Bestechung,
denn die Bestechung blendet die Augen der Weisen
und verdreht die Worte der Recht Sprechenden.

Dem Recht, dem Recht jage nach,
damit du lebst und das Land in Besitz nehmen kannst,
das der Herr, dein Gott, dir gibt.«

»Dem Recht (*zédeq*), dem Recht jage nach«, denn das Recht wird nicht geschenkt und es stellt sich nicht von selbst ein. Dem Recht muß der Richter »nachjagen« – wie jeder Mensch dem Frieden nachjagen muß (Sprüche der Väter, I 12) –, sonst vermag er es nie zu erreichen. Das Recht hat die Tendenz sich zu entfernen. Wer es einzuholen gedenkt, muß sich beeilen.
Voraussetzung eines jeden Rechtsspruchs ist die Unparteilichkeit. Selbst der Schatten einer Beeinflussung durch eine Partei disqualifiziert den Richter. Der Talmud (b. K'tubót, 105a–b) nennt einige Beispiele:

»Einst fuhr Samuel auf einer Fähre. Da kam ein Mann und reichte ihm die Hand (um ihm beim Aussteigen zu helfen). Samuel fragte: Was hast du vor? Er antwortete: ich stehe vor einem Prozeß. Da bemerkte Samuel: Für dich bin ich als Richter untauglich geworden.«

»Amemar saß einst beim Gericht, und ein Vogel flog ihm auf den Kopf. Da kam ein Mann heran und nahm ihn fort. Als er ihn nach seinem Vorhaben fragte, erwiderte er, er stehe vor einem Prozeß. Da sprach er: Für dich bin ich als Richter untauglich geworden.«

Einen Kompromiß bei der Rechtsprechung, beim Erkennen des Tatbestands, kann es für den Richter nicht geben. Beim Urteil mag er mildernde Umstände gelten lassen, nicht jedoch bei der Rechtsfindung. Das Recht darf nicht »gebeugt« werden, denn (Lev 19,15): »mit Recht richte deinen Nächsten«. Das Recht umschließt die Rechtsgleichheit vor dem Richter. In der Verfügung des Talmud (b. Sch'wuʿót, 30a) ist zu lesen:

»Es darf nicht der eine (der Prozessierenden) sitzen und der andere stehen, der eine ausführlich reden und dem anderen zugerufen werden: Fasse dich kurz!«

Oder: »Wenn zwei vor Gericht erscheinen, einer in schäbiger Gewandung, der andere in einem Kleid von hundert Minen, so spricht der Richter (zum Reichen): Kleide du dich wie er, oder kleide ihn ein wie dich!« (b. Sch'wuʿót, 31a).

Vor dem Richter sind alle gleich, und ehe nicht Recht gesprochen worden ist, ist keiner schuldig. Doch dann gilt (Dtn 25,1):

»Sie sollen den Unschuldigen freisprechen und den Schuldigen schuldig sprechen« (*w'hizdíqu 'et hazadíq, w'hirschíʿu 'et haraschá*ʿ).

Dem *zadíq*, dem Unschuldigen, der Recht hat, widerfährt Recht, er wird ins

Recht gesetzt (so läßt sich *w'hizdíqu* – Hiphil von *z-d-q* – übersetzen). Der Schuldige (*raschá'*) hingegen wird schuldig gesprochen (*w'hirschí'u;* Hiphil von *r-sch-'*). Es trifft ihn die Strafe, etwa die Geißelstrafe, bei dem »man ihn schlägt« (*w'hikáhu,* ib.V2). Das Gesetz betont dabei, daß diese Geißelstrafe adäquat sein muß und vierzig Schläge (nach dem Talmud [b. Makót, 22b] »bis zu vierzig Schläge«, d.h. maximal 39 Hiebe) nicht übersteigen darf:

»wollte er darüber hinaus viele Schläge verabreichen, wäre dein Bruder geringgeschätzt (*niqlá*) in deinen Augen.«

»Dein Bruder« – so wird der Delinquent bezeichnet. In den Worten des Midrasch (Sifré zu Dtn 25,3; Raschi z.St.):

»R. Chananja ben Gamli'él sagt: Die Schrift nennt ihn die ganze Zeit über *raschá'* – ›es wird sein, wenn der *raschá'* ein Sohn des Schlagens (zur Geißelstrafe verurteilt) ist ...‹ (ib.V2). Kaum ist er jedoch durch Prügel gestraft worden, nennt ihn die Schrift ›dein Bruder‹ – ›wäre dein Bruder geringgeschätzt in deinen Augen‹.«

Um die Realisierung des Rechts, das dem Unschuldigen zusteht, geht es auch in Jes 50,4–9. Der »Gottesknecht« (und es handelt sich um das dritte der sogenannten »Gottesknechtlieder«) glaubt, auf das Recht zählen zu dürfen. Sein Richter ist freilich nicht ein Mensch, sondern Gott. Um wieviel mehr wird die Hoffnung gestärkt, daß Schande und Schmach, die er zu erleiden hat, rasch vorübergehen werden. Wie der Richter aus Fleisch und Blut wird ihm Gott beistehen, da er unschuldig ist: »denn nahe ist, der mich ins Recht setzt« (50,8). Wenn er seine Zuversicht, sein Vertrauen auf Gott kundgibt, verwendet er Termini der Rechtssprache, die in Dtn 25,1–3 vorkommen. Ein Vergleich wird bei der Exegese zeigen, daß diese Parallelen für das Verständnis unseres Bibelabschnitts wesentlich sind.

Leitworte des hebräischen Textes

limudím (von *l-m-d,* »lernen«) ist Plural von limúd, »Schüler«. Der Ausdruck entspricht dem in nachbiblischer Zeit üblichen *talmíd* (nur 1Chr 25,8). *l'schón limudím* ist demnach »eine Zunge (Sprache) von Schülern«, B-R: »Lehrlingszunge«, die Sprache der »Geschulten« (H. M. Y. Gevaryahu, Wachwerden der Prophetie und ihre Weitergabe an die Schüler, in: Betrachtungen zum Jesajabuch, II,34; hebr.).
Das Targúm gibt *limudím* mit »Lehrer« (*malfín*) wieder: »Die Zunge der Lehrer« gibt bekannt »die Lehre (*'alfá'*) den Gerechten«. A.B. Ehrlich (Randglossen, IV,182) schreibt entsprechend:

»*Limudím* heißt nicht Jünger, sondern Geübte, in diesem Zusammenhang speziell in Reden Geübte.«

(Vgl R. Salomo Ibn Melech aus Fès [séfer michlál jófi, in: Sammlung von Kommentaren zum Jesajabuch, II,271]: »Bei *limudím* handelt es sich um ›Lernen und Übung‹. *l'schon limudím* bedeutet: ›die Sprache von Menschen, die sprachgewandt sind‹.«)

Raschi: »Eine Zunge, die zu unterrichten vermag.«

laʿút (Infinitiv von *ʿut*) ist im Qal ein hapax legomenon. W. Baumgartner (Lex. 760) übersetzt das Wort nicht, nennt freilich vom Stamm das Piel im Sinne von »krümmen, fälschen, unterdrücken«. Daran hat bereits H. Homberg (hakorém, in: kitwé qódesch, Jesaja) gedacht, der mit »verwirren« wiedergibt.

»Es sind die Leute, die von Jugend an in dieser Kunst, die trügt, geübt sind. Sie verwirren (*laʿút*), verdrehen Recht und Gerechtigkeit.« (Denkt er an die griechischen Sophisten?)

Entschieden einleuchtender ist indessen die Wiedergabe des Begriffs mit »weise machen« (R. Jesaja der Erste von Trani, séfer J'schajáhu, 175), »unterrichten« (R.J'huda Ibn Balʿám, in: Kommentare . . . II, 5ff), »helfen, stärken« (A. Chacham, Jesaja, II, 540, Anm. 19). Raschi, R.D. Kimchi, m'zudát David u.a. sehen einen Zusammenhang mit *ʿet,* »Zeit«:

»*laʿút* meint, etwas zu seiner Zeit tun« (Kimchi), »sich eine Zeit für eine Sache einrichten« (Raschi).

jaʿéf entspricht bei einer Umstellung der Buchstaben dem *ʿajéf*, »müde«.
jaʿír (Hiphil von *ʿur*), »er wird wecken«, *jaʿír li 'ósen,* »Er wird mir das Ohr erwecken« (wie in V 5: *patách li 'ósen,* »Er öffnete mir das Ohr«).
maríti (Qal von *m-r-h*), »ich war widerspenstig«; vgl. *m'ri*, »Widerspenstigkeit« (Pausaform: *méri), im modernen Hebräisch: »Aufruhr«.*
n'sugóti (Niphal von *sug*), »ich bin zurückgewichen«. A. Chacham (aaO, 541) vergleicht die Form *n'sugóti* mit *n'wunóti* (Jes 10,13), »ich bin weise«.
gew ist (wie *gaw,* mit *waw* oder *bet!*) der »Rücken«. *makim* (Partizip im Hiphil von *n-k-h*), bedeutet die »Schlagenden«, *l'chi* (Pausa: *léchi*) ist die »Wange, Backe«, nach W. Baumgartner (Lex. 499) auch die »Kinnlade«.
m-r-t heißt »ausraufen«, und zwar die Haare »seiner Wange und seines Barts« (R.D. Kimchi).
histárti (Hiphil von *s-t-r*), »ich verbarg«.
k'limá ist die »Schande, Schmach«, *roq,* der »Speichel«, B-R: »Bespeiung«.

Zu *k'limá* vgl *nichlámti* (V7; Niphal von *k-l-m*), »ich wurde zum Schimpf«.
chalamísch ist der »Kiesel«, jedenfalls der harte Stein.
'ewósch (Qal von *bosch*), »ich werde zuschanden«; vgl *buschá*, »Schande«.
mazdiqí (V8), »der mir Recht schafft«, oder: »der mich ins Recht setzt« (vgl oben »Text im Kontext«), als Gegensatz (V9): *jarschiʿéni*, »er wird mich schuldig sprechen«.
jaríw (Qal von *riw*), »er wird streiten«, d.h. einen Prozeß führen.
báʿal mischpát, »Herr des Rechts«, des »Gerichtsverfahrens«, ist hier: der Prozeßgegner.
jiwlú (Qal von b-l-h), »sie werden abgenutzt« (Kleider). B-R schreiben »sie zerfasern«. In Dtn 8,4 ist es ebenfalls vom Kleid gesagt, in Dtn 29,4 auch vom Schuh.
ʿasch ist die »Motte«.

Der Text in der Exegese

Vier Verse des fünf Verse umschließenden Abschnitts beginnen mit *'adonáj 'elohím* (so ist wegen der Punktation das Tetragramm hier zu lesen): »mein Herr, Gott« (B-R: »ER, mein Herr«). Diese Satzanfänge erleichtern die Gliederung und damit die Übersicht über den vom Vokabular her gut verständlichen Text.

V4–5a: Der Gottesknecht empfängt die Botschaft Gottes und kann sie dank seiner Redegewandtheit gut weitergeben.
V5b–6: Er unterzieht sich willig der Beschimpfung durch die anderen.
V7: Er vertraut auf die Hilfe Gottes und reagiert mit Gleichmut auf die Schmach.
V8: Vertrauen auf Gott, der ihn ins Recht setzt.
V9: Erneute Vertrauensbekräftigung und Gewißheit, daß die Feinde vergehen werden.

Zugleich wird ersichtlich, daß
V4 bis 6 über die Vergangenheit sprechen und Fakten nennen,
V7 bis 9 über Gegenwart und Zukunft.
Durch die Betonung des unerschütterlichen Vertrauens in Gott gewinnt der Text die Form eines Bekenntnisses.
Betrachten wir die Einzelheiten:
Was der Gottesknecht an Israel weitergeben soll, oder, falls der *ʿéwed* Israel

ist: das Volk an die Völkerwelt (s. zu Jes 49,1–6, S. 156ff), wird ihm von Gott mitgeteilt. Die Weitergabe erfolgt mit »geübter Rede« (*l'schon limudím*), nicht im Gestammel. Jes 49,2 vergleicht den Mund mit »einem scharfen Schwert«. Dies meint dasselbe.
Die Funktion des von Gott Gerufenen und Berufenen richtet sich an den *ja'éf*, den »Müden«, den er durch ein »Wort« (*dawár*) – Gottes Wort – »stärken« (*la'út*) soll.
Wer ist dieser »Müde«?
Nach R. D. Kimchi (zu V 4) ist es »der Durstige, der das Wort Gottes vernehmen will«. Nach A. B. Ehrlich (Randglossen, IV, 182) bezeichnet *ja'éf,*

»das kollektivisch gebraucht ist ... hier Leute, die der prophetischen Reden überdrüssig und des langen Wartens auf die Erfüllung der Verheißungen Gottes müde sind«.

Analog A. Chacham (aaO, 540): »Er stärkt und richtet auf mit seinem Prophetenwort den Müden, die Leute, deren Kraft wegen der Leiden des Exils verbraucht ist.«

Die Müden sind danach wohl die Glaubensmüden, die Resignierenden. Der Gottesknecht soll sie aufrichten und ihr Vertrauen in Gott festigen. Dabei muß er sein Ohr weit auftun. Gott »erweckt sein Ohr« nicht im Traum, im Dunkel der Nacht, sondern »am Morgen, am Morgen«, stets aufs neue.
H. M. Y. Gevaryahu (aaO, 35–37) verweist auf die Wichtigkeit des morgendlichen Anrufs (Ps 5,4; 57,9; 88,14; 90,14), wenn die Worte klar vernommen werden. Gott »weckt« sein Ohr, wie im heidnischen Kult (1Kön 18,27) und auch im Jerusalemer Tempel (Ps 44,24) die Priester die Gottheit »aufwecken«. Die Mischna (Sotá, IX,10) kennt noch die »Weckenden« (*m''or'rín*), die täglich den Psalmvers sangen: »Wach auf! Warum schläfst Du, Herr?« (Ps 44,24). Der Fürst und Hohepriester Jochanan-Hyrkan, (135–104 v.d.Z.) schaffte den Brauch ab (Mischna, aaO), weil Gott, der nicht schläft (Ps 121,4), auch nicht aufgeweckt werden kann.
Inwiefern läßt sich Gott aber »wecken«? Der Talmud (b. Sotá, 48a) gibt die Antwort:

»Vielmehr bezieht sich dieser Vers (Ps 121,4) auf die Zeit, da Israel in Not ist, die Völker der Welt jedoch in Wonne und Frieden leben.«

Gottes »Aufwachen« ist gleichbedeutend mit seinem Hinhören auf Israels Leiden und seine Bereitschaft, den Verfolgten zu helfen. Jochanan-Hyrkan hat die »Weckenden« ihres Postens enthoben (sie riefen ihren Weckspruch von der Tempelempore aus), um allfällige blasphemische Vorstellungen auszuschließen.

Der Gottesknecht wird mit »drei Gaben« beschenkt (Abarbanel, 234):
1. mit der »geübten Zunge«,
2. mit dem Verständnis *(ladá'at)*, dem Einfühlungsvermögen, das immer notwendig ist, soll ein Wort seinen Adressaten erreichen, und
3. mit der Kraft, den »Müden« auch wirklich aufrichten zu können.
Wen Gott ruft, dem schenkt er die »geöffneten Ohren«. V4 steht: »Er erweckt mir das Ohr«, V5: »Er öffnete mir das Ohr«, 1Sam 9,15 ist das »Enthüllen des Ohres« (*galá 'et 'ósen*) genannt. Durchs Ohr dringen die Worte ins Gehirn und ins Herz.

»Hier ist wohl kaum das sichtbare Ohr, das die Stimmen der Redenden aufnimmt, gemeint, sondern das geistige Ohr. Mit seiner Hilfe vernimmt der Mensch die höheren Stimmen, die aus seiner Seele aufsteigen« (R.Ch. Rabinowitz, dá'at sofrím, J'schajáhu, 561).

Mit V5b–6 beschreibt der Gottesknecht seine Reaktion. Gott ruft ihn an, und er selbst respondiert. Ohne zu zaudern, ohne »widerspenstig« zu sein. Israels geschichtliche Erfahrung weiß von vielen Beispielen, da das Volk »gegen Gottes Mund widerspenstig ist« (Num 20,10; Jer 4,17 u.a.). Der Gottesknecht rebelliert nicht gegen den Auftrag, er »weicht nicht zurück« – er beugt »seinen Rücken den Schlägen«, denn die Schläge erträgt er um seines Gottes willen. Es ist der leidensbereite Gottesknecht, der uns hier begegnet.
Die Demütigung führt zu Schmerzen: der Rücken erhält Schläge, die Haare des Backenbarts werden ausgerissen (man erinnert sich an Bilder aus der Nazizeit, da SS-Angehörige wehrlosen alten Juden den Bart ausrissen); sie führt auch zur (schmerzlosen) Schmach: der Angefeindete wird angespuckt. Das Ausrupfen der Barthaare ist zugleich Zeichen der Beschämung:

»Der Bart gilt in den Ländern der frühen Zeit als Symbol der männlichen Stärke, der Ehre und Freiheit. Nur Sklaven waren glattrasiert. Das Ausreißen des Barts galt als grobe Beleidigung (Neh 13,25; vgl 2Sam 10,4f)« (Sch.L. Gordon, Jesaja, II, 118).

Gegen Schmerzen läßt sich wenig ausrichten, die Schmach hingegen hört auf, eine Schmach zu sein, sobald sie der Betroffene nicht als solche empfindet:

»Doch der Herr, Gott, half mir immer wieder, deshalb wurde ich nicht zuschanden, deshalb machte ich mein Gesicht zum Hartgestein und wußte, daß ich mich nicht zu schämen brauchte« (V7).

Passiver Widerstand statt des Zurückschlagens auf empfangene Schläge.

Diese Haltung findet sich auch im nachbiblischen Schrifttum, wenngleich sie nicht als Norm anzusehen ist.

»Die Weisen lehrten: Über diejenigen, die gedemütigt werden, ohne zu demütigen, die ihre Schmähung anhören, ohne zu antworten, die aus Liebe (die Gebote) ausüben und der Züchtigung froh sind, spricht die Schrift (Ri 5,31): ›die Ihn lieben, sind wie der Aufgang der Sonne in ihrer Pracht‹« (b. Schabát, 88b).

Der Gottesknecht verläßt sich ganz auf Gottes Beistand. Der Feind schießt am Ziel vorbei: mag er auch noch soviel zuschlagen und sein Opfer bespeien – die Wirkung bleibt aus. Der angeblich Gedemütigte ist in Wirklichkeit gar nicht gedemütigt. Sein Gesicht ist hart wie Gestein, an dem der Speichel abgleitet, wie beim Stein, der nichts spürt (Sch.L. Gordon, II, 118). Weil die äußerlich beigebrachte Beleidigung (Schläge, Bartausreißen, Bespucktwerden) nicht als Schande (*k'limá*) empfunden wird, bleibt auch die innere Schmach (*buschá*) aus.
Nach dem Verständnis der Weisen (p'siqtá' d'raw Kahána, zu nachamú; I,269f) kennt der Leidende das Risiko von allem Anfang an. Sie vergleichen mehrere Texte (wobei für sie »Jesaja der Tröster« identisch ist mit dem Propheten Jesaja) und stellen fest:

»Es sprach Jesaja: Ich ging in meinem Lehrhaus umher und hörte die Stimme Gottes, die sagte: ›Wen soll ich senden, und wer wird uns gehen?‹ (Jes 6,8). Sie (die Stimme) sagte: Ich sandte Amos, und man nannte ihn Psilos (griech: *psellós*, ›Stotterer‹) ... Ich sandte Micha, und man schlug ihn auf die Wange: ›mit dem Stock schlugen sie auf die Backe den Richter Israels‹ (Mi 4,14). Wen sende ich jetzt, und wer wird für uns gehen? Sogleich antwortete ich: ›hier bin ich, sende mich!‹
Da sprach der Heilige, gelobt sei Er, zu ihm: ›Jesaja, meine Kinder (= Israel) weigern sich immer, sie sind mühsam. Bist du bereit, dich von ihnen prügeln und schmähen zu lassen?‹ Er entgegnete: ›Gewiß – ich gab meinen Rücken den Schlagenden und meine Wangen den Bartausreißern, und ich bin unwürdig, in Deinem Auftrag zu Deinen Kindern zu gehen‹ ...«

Amos und Micha gleich übernimmt der Gottesknecht den Auftrag. Nicht weil er sich als dazu besonders geeignet betrachtet, sondern weil er bereit ist, auch einen schweren, leidvollen Befehl Gottes zu erfüllen.
Zweimal kehrt in unserem Text die Überzeugung wieder: »Der Herr, Gott, wird mir helfen« (V7 und 9). Ohne die Hilfe Gottes vermöchte der von den Menschen hart Angefochtene nicht zu bestehen. Mit ihr kann er das Schlimmste erdulden.
Die Hilfe ist dabei konkret gefaßt. Sie äußert sich im Rechtsbeistand Gottes und in der letztlichen Ohnmacht der Feinde.

V8 greift juristische Termini auf, die wir aus Dtn 25,1–3 kennen (s. oben »Der Text im Kontext«). *qarów mazdiqí,* »nahe ist, der mich ins Recht setzt«, B-R: »nah ist, der mich bewährtspricht« (bei B-R ist *zadíq* der »Bewährte«), M. Buber (Glaube der Propheten, ²1984, 269): mein »Rechtfertiger«. Zu *mazdiqí* erklärt Raschi:

»Der Heilige, gelobt sei Er, ist mir nahe, um mich im Gericht freizusprechen.«

Vgl R. D. Kimchi: »Er wird meine Worte in ihrem Wahrheitsgehalt als richtig anerkennen, und immer ist Er mir nahe.«

A. Chacham (aaO, 541): »Er beweist meine Gerechtigkeit gegenüber jenen, die mich anfechten ...«

Gott wird damit zum Verteidiger (*sanegór*) des Gottesknechts, dessen Unschuld sich sehr bald (»nahe ist ...«) herausstellen wird (vgl Jes 51,5: *qarów zidqí*, »nahe ist mein Recht«). Neben *mazdiqí* sind in V8 auch andere Vokabeln aus dem Prozeßwesen erwähnt (»streiten«, »zusammenstehen«, »Herr meines Prozesses« [Prozeßgegner], »hintreten«), und in V9 ist das wichtige *jarschi'éni* (»schuldig sprechen«) verwendet. Der Gottesknecht bedient sich, dies steht außer Frage, der üblichen Rechtssprache, um seine Unschuld zu beteuern – eine Unschuld, die sich auch vor einem Gericht als Unschuld zu erweisen vermöchte. Nicht zufällig ist zudem in V4 vom Rücken die Rede, der sich den Schlägen darbietet. Beim Vollzug der Geißelstrafe wurden die Schläge auf den Rücken verabreicht. Dtn 25,2: »Hinlegen lasse ihn (den Delinquenten) der Richter, und man schlage ihn vor ihm.« Dazu bemerkt Raschi (nach Mischná makót, III,13):

»Dies lehrt: Während man ihn schlägt, soll er weder stehen noch sitzen, sondern hingebeugt sein.«

Die Parallelen zwischen Dtn 25,1–3 und den sich in dessen Nomenklatur ausdrückenden Worten des Gottesknechts wird durch eine Gegenüberstellung noch deutlicher:

	Dtn 25	*Jes 50*
Streitfall	V1: »Wenn ein Streit (*riw*) sein wird«	V8: »Wer wird mit mir streiten?« (*mi jaríw 'ití*)
Prozeß	»sie treten hin (*w'nigschú*) zum Gericht (*hamischpát*)«	»Wer mein Gerichtsherr (*bá'al mischpatí*, = Prozeßgegner) ist, trete zu mir« (*jigásch 'eláj*)

	Dtn 25	*Jes 50*
Urteil	»sie setzen ins Recht (*w'hizdíqu*) den Gerechten und sprechen schuldig (*w'hirschí'u*) den Schuldigen«	»nah ist, der mich ins Recht setzt« (*qarów mazdiqí*) V 9: »Wer kann mich schuldig sprechen« (*mi jarschí'éni*)
Strafvollzug	V 2: »hinlegen lasse ihn der Richter, und man schlage ihn (*w'hikáhu*) vor ihm«	V 6: »meinen Rücken gab ich den Schlagenden« (*l'makím*)
Wahrung der Würde	V 3: »Vierzig schlage er ihn, nicht mehr, ... (sonst wäre) geringgeschätzt dein Bruder (*w'niqlá 'achícha*) in deinen Augen.«	V 7: »deshalb wurde ich nicht zuschanden« (*'al ken lo nichlámti*)

Der Gottesknecht plädiert für sein Recht, sein gerechtes Anliegen, in den Begriffen der Rechtssprache. Warum tut er dies? Um vor der Öffentlichkeit zu betonen: Selbst wenn ihr mich vor einen Richter brächtet, behielte ich recht. Wenn ich leide, ist es darum nicht aus Gründen der Schuld, die nicht existiert, sondern weil mich Gott zum Amt berufen hat und mit diesem Amt ein gerüttelt Maß an körperlichem und seelischem Schmerz verbunden ist.
Das Plädoyer des Gottesknechts wird viel eindringlicher und glaubwürdiger durch die Tatsache, daß er vor jedem menschlichen Richter freigesprochen würde, als wenn es sich mit allgemeinen Unschuldsbeteuerungen begnügte. Jetzt wird die Unschuld durch das bevorstehende Eingreifen des göttlichen Richters gleichsam hieb- und stichfest erwiesen sein.
Nach der Zeit der Leiden wird eine glücklichere Zukunft anbrechen. Der Knecht weiß es in seiner Glaubensgewißheit. Wenn Menschen – sein eigenes Volk – ihm auch Schlimmes angetan haben, Gott verläßt ihn nicht. Er steht ihm bei, und das bedeutet, da Gott der Richter und zugleich der Urteilsvollstrecker ist, den Untergang der Feinde. V9b spricht davon:

»Sie alle zerfasern wie das Kleid, die Motte frißt sie.«

Mit ähnlichen Worten sagt dies Jes 51,7–8:

»Hört auf mich, die ihr das Recht kennt, Volk, mit meiner Weisung in ihrem Herzen! Fürchtet nicht den Hohn der Menschen, durch ihre Lästerungen seid nicht bestürzt. Denn wie ein Gewand frißt sie die Motte, und wie die Wolle frißt sie die Schabe. Meine Gerechtigkeit aber wird immer bestehen, und meine Hilfe von Geschlecht zu Geschlecht.«

Auf eine Finesse macht R.Ch. Rabinowitz (aaO, 564) aufmerksam:

»Das Kleid geht zwar nicht so schnell zugrunde, doch sein Bestehen ist durchaus begrenzt. Durch Flickzeug läßt sich seine Brauchbarkeit verlängern. So steht's um die Schuldigen.«

Geschichtliche Erfahrung zeigt, daß menschliche Bosheit letzten Endes zum Scheitern verurteilt ist.

Wegweisung für unsere Zeit

Ein Mensch ist von der Umwelt hart angefochten. Er leidet, ist oft dem Verzweifeln nahe. Da reißt er sich zusammen: Ich werde zwar gequält, doch die Qual wird einmal ein Ende finden. Ich bin schwach, aber Gott wird mich nicht im Stich lassen. Mögen die anderen mich noch so sehr beschimpfen und mißhandeln, Gott wird mir helfen. Er setzt mich ins Recht, und darum wird auch die härteste Anfechtung wirkungslos bleiben.
Das Vertrauen auf Gott und Seine Hilfe vermag die Wende herbeizuführen, denn aus diesem Vertrauen erwächst höchste seelische Kraft. Und durch diese Kraft sind Leid und Not leichter zu ertragen. Sie prallen ab wie der Speichel auf »steinharter« Gesichtsoberfläche.
Das Ausmaß körperlicher und seelischer Schmerzen, das jemand zu ertragen vermag, ist verschieden. Es gibt Menschen, die auch den schlimmsten Folterungen die Stirn zu bieten vermochten und nicht zerbrochen sind. Vielen hat das Vertrauen auf Gott den Widerstand ermöglicht, das Durchhalten erleichtert. Zu diesem Vertrauen gehört die Überzeugung, daß Gott nicht gleichgültig die Not mitansieht, sondern als jener, der »mich ins Recht setzt«, agieren wird.
In der Morgenliturgie spricht der Jude den Segensspruch:
»Gepriesen seist Du, Herr, unser Gott, König der Welt, der dem Müden Kraft schenkt« (*hanotén laja'éf kóach*). Wie im Dunkel des Lebens sieht der Beter nach dem Dunkel der Nacht mit jedem neuen Morgen Gottes Güte, und in der Gewißheit seines Glaubens spricht er: »Er gibt dem Müden Kraft«, Er – und Er allein!

Trost den Trauernden

Jes 61,1–3(4.9)10–11

1 Der Geist des Herrn, Gottes, ruhte auf mir,
weil mich der Herr gesalbt hatte, den Gedemütigten zu verkünden.
Er hatte mich gesandt, die gebrochenen Herzens sind, zu verbinden,
auszurufen Kriegsgefangenen Freilassung
und den Eingekerkerten (Augen-)Öffnung.
2 Auszurufen ein Jahr des Wohlgefallens dem Herrn
und einen Tag der Vergeltung unserem Gott,
zu trösten alle Trauernden.
3 Aufzusetzen und zu geben den Trauernden Zions:
Kopfschmuck statt Asche,
Freudenöl statt Trauer,
Jubelgewand statt bedrückten Gemüts.
Man nennt sie »Fürsten der Gerechtigkeit«,
»Pflanzung des Herrn«, um sich zu verherrlichen.
4 Und sie bauen Trümmer der Vorzeit auf,
öde Stätten von früher errichten sie.
Sie erneuern Städte der Verwüstung,
öde Stätten von Geschlecht zu Geschlecht.
9 Bekannt unter den Völkern wird ihr Nachkomme,
ihre Sprößlinge inmitten der Nationen.
Wer sie sieht, erkennt an ihnen:
sie sind fürwahr ein Nachkomme,
den gesegnet hat der Herr.
10 Freuen, ja freuen will ich mich im Herrn,
es juble meine Seele ob meines Gottes!
Er hat mich gekleidet mit den Kleidern der Hilfe,
mit dem Mantel der Gerechtigkeit hat Er mich umhüllt,
wie ein Bräutigam, der sich mit dem Kopfschmuck schmückt,
und wie die Braut, die ihr Geschmeide anlegt.
11 Denn wie die Erde, die ihr Gewächs hervorbringt,
und wie ein Garten, der das Gesäte wachsen läßt,
wird der Herr, Gott, Gerechtigkeit wachsen lassen
und Jubelruf vor allen Völkern.

Der Text im Kontext

Die Trauer (*'éwel*) um einen Toten oder einen anderen Unglücksfall manifestiert sich. Sie bleibt nicht Trauer im Herzen, sie ist nicht still. Die laute Klage (*qiná*), das laute Weinen (etwa 2Sam 13,36), der Aufschrei (*wajis'ú qolám,* ib.) begleiten sie. Der seelische Druck wird leichter, der Schmerz nicht gestaut. Bis heute ist im Orient – anders als im Okzident – die Totenklage durch die Trauergesten und die bezahlten Klagefrauen (Jer 9,16: *m'qon'nót*) gekennzeichnet.
Zugleich wird der Trauernde (*'awél*) hineingenommen in den Kreis seiner Angehörigen, seiner Freunde, seiner Gemeinschaft. Die persönliche Trauer wird zur Trauer aller. Das schwere Herz des vom Leid getroffenen Menschen wird ent-lastet, weil die Last von den anderen mitgetragen wird. Hiobs Freunde setzen sich zum schwergeprüften Mann »sieben Tage und sieben Nächte lang«, ohne ein Wort zu sprechen. Erst wenn er selbst mit dem Reden anfängt, dürfen sie ihm antworten. Ehe sie sich hinsetzten, »erhoben sie ihre Stimme und weinten«, riß jeder sein Obergewand ein und warf Staub himmelwärts auf seinen Kopf (Hiob 2,12f).
Mordechai erfährt von der teuflischen Absicht Hamans gegen die persischen Juden. Er will sie allesamt an einem Tag vernichten. Mordechai ist bestürzt, reißt seine Kleider ein (*wajiqrá' 'et b'gadáw*), kleidet sich in ein Trauergewand (*saq*) und streut Asche auf sich (seinen Kopf). Der Text in Est 4,1f sagt: »er kleidete sich mit *saq* und Asche« (*'éfer*) – und erhob »ein großes und bitteres Klagegeschrei«. Wie die anderen jüdischen Bürger des Reiches von der drohenden Katastrophe hören, sind auch sie in Trauer, im »Fasten« (*zom*), im »Weinen« (*b'chi*) und in der Klage (*mispéd*). Der *saq* und die Asche dienen ihnen als Sitz- und Liegefläche.
Selbst ein König übt seine Trauer öffentlich. David beispielsweise reißt sein Gewand ein und »legt sich auf den Boden«, seine Diener (Vertrauten) bleiben stehen, aber auch sie mit »eingerissenen Gewändern« (*q'ru'é w'gadím*; 2Sam 13,31). Es genügt, wenn der Trauernde auf dem Boden sitzt, statt auf ihm zu liegen. Nach Ez 26,16 verlassen die Vornehmen von Tyros ihre Prunksessel und legen ihre kostbaren Kleider ab, um sich auf die Erde zu setzen. In jedem Fall ist der Glanz dahin, der Mensch, der Staub ist und wieder zu Staub wird (Gen 3,19), sitzt »im Staub« oder in der »Asche«.
Der Gestus deutet auf die Vergänglichkeit menschlicher Existenz hin, die durch den Schicksalsschlag eine große Erschütterung erlitt. Das schöne Kleid für gute und glückliche Tage (etwa Tamars k'*tónet pasím,* »gestreiftes Obergewand«, 2Sam 13,18f) wird abgelegt und gelegentlich nicht nur mit

einem *saq*, sondern einem spezifischen »Witwenkleid« (Gen 38,14) vertauscht. Wie dieses »Witwenkleid« tragen kriegsgefangene Frauen ein »Gefangenenkleid« (Dtn 21,13). Die Kriegsgefangene, die im Haus ihres zukünftigen Gatten um die toten Angehörigen trauern darf, achtet nicht auf ihre äußere Erscheinung. Ihr Haupthaar wird abgeschoren (vgl Jes 22,12: »Glatze« um einen Toten, und Lev 21,5 das die »Glatze« im Todesfall für den Priester untersagt), ihre Nägel wachsen lang. Die »weise Frau« aus Tekoa wird von Joab aufgefordert, die Trauer um einen Toten vorzugeben (*mit'abélet 'al met*) und dabei kein Salböl einzureiben und die Trauergewänder anzuziehen (2Sam 14,2). Bei der Trauer um einen Verstorbenen werden auch die Schuhe abgelegt (Ez 24,17).
Manche der biblischen Trauerriten werden in späterer Zeit praktiziert, von frommen Juden bis heute (S. Krauss, Talmudische Archäologie, II,70f; Schulchán ʿarúch, joré deʿá, Abschnitte 343–403: hilchót 'awelút, »Vorschriften der Trauer«). Wir nennen die wichtigsten: Das »Einreißen« (*q'riʿá*) ins Obergewand (in der Gegend des Herzens) vor der Beerdigung eines nahen Angehörigen, das Sich-Hinsetzen auf den Boden oder einen niedrigen Stuhl während der ersten sieben (*schiwʿá*) Tage nach der Bestattung, der Verzicht auf die Bart- und Kopfhaarrasur bis nach den *sch'loschím,* den »dreißig« Tagen nach Beginn der Trauerzeit, das Verbot, Lederschuhe anzuziehen, und schließlich der Verzicht auf eine extensive Körperpflege (»salben«) während der *schiwʿá* und auf die Teilnahme an fröhlichen Anlässen während des ganzen Trauerjahrs. Die laute Klage um einen Verstorbenen fehlt bei westlichen Juden, bei orientalischen ist sie noch immer üblich.
Unser Text in Jes 61 spricht von der Umkehr der Trauer, vom Trost der Trauernden. Er nennt Beispiele, die erst aufgrund der biblischen Trauerbräuche verständlich werden.

Leitworte des hebräischen Textes

rúach 'adonáj 'elohím, »der Geist des Herrn, Gottes« (B-R: »SEIN, meines Herrn, Geist«, V1), ist der »Geist der Prophetie« (M. A. Anat – H. M. Y. Gevaryahu, Tanách laʿám, Erklärungen zu den Späten Propheten, 1021), die *rúach haqódesch,* »Geist Seiner Heiligkeit«. Der Midrasch ('echá r. III,37) stellt fest:

»R. Acha sagte im Namen des R. Samuel bar Nachman: An drei Stellen finden wir, daß der Geist der Heiligkeit im Zusammenhang mit der Erlösung genannt wird« (Jes 32,14 neben 32,15; 60,22 neben 61,1 und Klgl 3,49 neben 3,50).

maschách, »er salbte«, geschieht hier anders als bei der Salbung von Königen oder Priestern ohne Salböl. Der Prophet wird nicht wirklich gesalbt.

»Salben wird hier als rhetorischer Ausdruck verwendet und bezeichnet die Ernennung zu einem heiligen und ehrenvollen Amt« (A. Chacham, séfer J'schajáhu, II,647, Anm.3).

l'wasér (Infinitiv des Piel von *b-s-r*), »zu verkünden«, vgl das Substantiv *b'sorá,* »Botschaft«.
ʿanawím sind die »Demütigen« (B-R); hier scheint uns in der Parallele zu *nischb'ré lew,* »die gebrochenen Herzens sind«, die Übersetzung »die Leidenden« passender. M. Abernik (in: kitwé qódesch): »um mich Leidenden«.
schawúj (Plural *sch'wujím*) ist der »Kriegsgefangene«, vgl *sch'wí,* »Kriegsgefangenschaft«; *'asúr* ist der »Gefangene, der Häftling« (im Gefängnis, *bet ha'asurím*, Ri 16,21; = *bet hasóhar*, Gen 39,20).
d'ror bedeutet »Freilassung«, speziell die Freilassung des Sklaven im Jubeljahr (*jowél*; Lev 25,10) oder durch einen besonderen Gnadenakt (Jer 34,8.15.17).
p'qach qóach (in zwei Worten) ist nach W. Baumgartner (Lex. 904) eine »künstliche Schreibung für *p'qachqóach«* (in einem Wort), »Öffnung, d.i. Freilassung (der Gefangenen, *'asurím*)«. So auch R. Jesaja der Erste aus Trani (I,190) und R.D. Kimchi: »Öffnen des Gefängnisses«; R.J'didia Salomo Rafael bar Awraham aus Norzi (minchát schaj), Sch. L. Gordon, E. S. Hartom, A. Chacham. Es fehlt indessen nicht an Deutungen, die *p'qach qóach* als zwei Wörter verstehen, wobei *p'qach* eine Verbform, *qóach* ein Nomen (im Akkusativ) sein soll.

Raschi: *p'qach qóach* heißt *p'qach 'et malqochám*; »Öffne ihre (Kriegs-)Beute«.

R. Samuel ben Me'ir (RaSCHBáM; in: Sammlung von Erklärungen, II,289): »Öffnen ihres Genommenwerdens« (*qichá*) in die Gefangenschaft.

Die Verdoppelung *p'qach qóach*, die nach Ibn Esra an die Formen *'adamdám,* (»rötlich«), *j'raqráq* (»gründlich«), *sch'charchár* (»schwindlig«, sich ständig drehend) erinnert, weist nach R.Sch.D. Luzzatto (perúsch ʿal séfer J'schajáhu 387) auf »die Größe des Öffnens« hin.
razón (V2) ist hier das »Wohlgefallen«, *schnat razón* somit ein »Jahr der

Gnade, der Begnadigung« (Sch.L. Gordon), das »Jahr der Erlösung« (Ibn Esra).
p"ér (V3) ist »Kopfbinde, Turban« (W. Baumgartner, Lex. 859), »Kopfschmuck« (Gordon), Gegensatz zu *'éfer*, »Asche«. *p"ér* und *'éfer* besitzen dieselben Konsonanten, was die Klangähnlichkeit noch verstärkt. Ez 24,17 fordert:

»Trauer (*'éwel*) übe nicht, deinen Kopfschmuck (*p"érchá*) zieh dir an.« Der *p"ér* ist demnach Gegensatz von *'éfer,* Zeichen der Freude.

sasón – vgl V10 das Verb *sos* – ist die »Freude«. *schémen sasón* (auch Am 6,6; Ps 23,5; 92,11; 133,2; Koh 9,8) ist »das gute Öl, das die Freude bringt« (R.Sch.D. Luzzatto). Eher müßte man sagen: »das Öl wird in der Stunde der Freude appliziert« (A. Chacham, II,648). Dieses »Freudenöl«, schlicht: das wohlduftende Parfüm, dient womöglich auch Heilzwecken, weil es die spröde Haut verjüngt. Der Gefangene hat es für seine körperliche Rehabilitation nötig.
ma'até (von *'-t-h*, »sich einhüllen, zudecken«, im Qal; im Hiphil: »jemanden einhüllen«, vgl unten V10: *j"atáni*) ist das »Gewand«. *ma'até t'hillá* ist das »Jubelgewand« im Gegensatz zum Gewand des »betrübten Sinnes« (*rúach kehá*). In der Biblia Hebraica wird von R. Kittel die Metathesis von *'éwel* und *ma'até* vorgeschlagen und das dabei entstehende *ma'até 'éwel* mit dem vorangehenden *schémen sasón* verglichen: »Freudenöl statt Trauergewand« (Zürcher Bibel: »Freudenöl anstatt der Trauerhülle«). B-R legen offensichtlich die Kittelsche Konjektur ihrer Übersetzung zugrunde:

»Wonneöl statt *umflorender (=ma'até)* Trauer, Lobpreis statt verglimmenden Geistes.«

Wir halten uns an den unveränderten masoretischen Text.
'elé ist nach W. Baumgartner (Lex. 39) status constructus im Plural von *'ájil II,* »mächtiger Baum«, etwa eine Eiche oder Terebinthe. M. Zohary (Pflanzen der Bibel, 110) schreibt: »Der biblische Name der Terebinthe ist *elah*.«
'elé hazédeq sind – so A. Chacham – »Bäume des Rechts« (der Gerechtigkeit):

»Sie (die aus dem Exil Zurückgekehrten) wohnen im Land wie Bäume, die mit (!) Gerechtigkeit eingepflanzt worden sind, deren Wurzeln tief im Erdreich eindringen.«

B-R: »Gotteichen der Wahrheit« (in *'elé* nehmen B-R das Wort *'el,* Gott, wahr, was allerdings sprachlich falsch ist; denn *'elé* schreibt man mit *j* nach dem *'álef*).

Ganz anders ist die Verbindung von *'elé* mit *'ájil I,* »Widder«. In Ez 17,13 geben B-R das hebräische *w"et 'elé ha'árez laqách* mit »er nahm hinweg die Leitwidder des Landes« wieder. Die Gaon Saadia (J'schajáhu, in: Sammlung von Erklärungen, I,92) übersetzt mit »Fürsten (*saré*) der Gerechtigkeit, R. Salomo Ibn Melech aus Fès (séfer michlál jófi,in: Sammlung von Erklärungen, II,278) plädiert für »die Mächtigen (*t'qifé*) der Gerechtigkeit«. H. Homberg (hakorém, in: kitwé qódesch, 74b) umschreibt mit »Helden der Gerechtigkeit, moralische Helden«. A. Weiser (J'schajáhu, 137) nennt Ex 15,15 mit seinem *'elé Mo'áw* (»Fürsten Moabs«) und schließt sich, ohne es ausdrücklich anzugeben, dem Gaon Saadia an: »Fürsten der Gerechtigkeit«. Diese Wiedergabe hat im übrigen bereits im Targúm einen Vorläufer. Dort wird *'elé hazédeq* mit *rawr'wé qaschtá,* »Fürsten der Wahrheit« übersetzt.

l'hitpa'ér (vgl p"ér, V3) heißt »sich verherrlichen« (B-R: »damit zu prangen«; vgl Jes 49,3).

hilbischáni (*l-w-sch*, Hiphil), »er hat mich gekleidet«, steht parallel zu *j"atáni* (von einem weiter nicht bekannten *j-ʿ-t,* »bekleiden«). R.Sch.D. Luzzatto zieht die Punktation *jaʿaténi* (Hiphil von *ʿ-t-h*) vor.

jéschaʿ ist die »Hilfe«, gleichbedeutend mit *j'schuʿá* (von *j-sch-ʿ*, Hiphil, »helfen«), s. Lex. 428.

taʿdé (nach W. Baumgartner, Lex. 745f, von *ʿ-d-h II,* Qal), »sie schmückt sich«, entspricht dem vorangehenden *j'chahén* (*k-h-n,* Piel), der Bräutigam legt »wie ein Priester« (*kohén*) seinen Kopfschmuck (*p"ér*) an.

zémach (in V11; mit Suffix: *zimchá,* »ihr Gewächs«) ist das Gewächs, das die Erde »hervorbringt« (*tozi'*, von *j-z-'*, Hiphil mit waw consecutivum).

serúʿa (vgl *séraʿ*, der »Samen«) ist »die Pflanze, die aus Samen gezogen wird« (W. Baumgartner, Lex. 269), die der Gärtner »wachsen läßt« (*jazmiach,* von *z-m-ch,* Hiphil).

Der Text in der Exegese

Mit einem emphatischen »Der Geist des Herrn, Gottes, ist auf mir, weil mich der Herr gesalbt hat« setzt der Abschnitt ein. Die Worte stellen eine Legitimation des Propheten dar.

Ibn Esra: »Dies sind die Worte des Propheten und sie stellen eine Weissagung dar, wie (Num 11,25): ›Und Er übertrug vom Geiste . . .‹«

R. Elieser von Beaugency (Jesaja, 137): »Der Geist des Herrn, Gottes, ist auf mir, und ich spreche nicht aus meinem Herzen« (d.h. nach eigenem Gutdünken).

R. Joseph Ibn Caspi ('adné késef, 182): »Dies ist der prophetische Geist und zugleich der Geist der Heiligkeit« (*rúach haqódesch*).

Nach dem Midrasch (Lev.r. 10,2) wird durch das Eingangswort zugleich die Einzigartigkeit des Propheten hervorgehoben. Er steht mit seinem Gott in einem besonderen Verhältnis.

»Alle Propheten empfingen die Weissagungen jeweils von einem anderen Propheten: ›er (Mose) übertrug vom Geist, der auf ihm ruhte, und gab ihn auf die siebzig Mann‹ (die Ältesten Israels), und sie weissagten‹ (Num 11,25); ›und sie sagten: Elias Geist ruht auf Elisa‹ (2Kön 2,16). Du (unser Prophet) aber empfingst sie (Prophetie) aus dem Mund des Heiligen, gelobt sei Er (Jes 61,1) . . .«

Dieser Gottesgeist senkte sich mit der Berufung, der »Salbung«, auf den Propheten. Wen Gott zu seinem Künder bestimmt, stattet er mit Seinem »Geist der Heiligkeit« aus. Dies gilt für alle Propheten, hier ist die Berufung mit besonderem Nachdruck an den Anfang der Verkündigung gestellt. Weshalb? Vermutlich, weil der Botenauftrag bei den Hörern nicht als Selbstverständlichkeit akzeptiert worden ist. Die Vollmacht ist notwendig, damit die Verkündigung geglaubt wird. Man darf wohl annehmen, daß in der damaligen Zeit – nach der Rückkehr aus dem Babylonischen Exil – viele den Anspruch auf Glaubwürdigkeit zu erheben suchten, viele das Volk, das noch in großen Schwierigkeiten steckte, mit einem Hinweis auf eine Gottesoffenbarung aufrichten wollten. Da war es angezeigt, reines Wunschdenken von wirklichem Gotteszuspruch zu unterscheiden. Und deshalb die dem Wort vorangestellte Bekräftigung: nicht ich, sondern Gott spricht zu euch! Ich bin nur sein »Abgesandter« (*sch'lacháni*, »Er hat mich geschickt«, V1), Sein Bote.
Die dem Propheten von Gott, seinem Auftraggeber, übertragenen Aufgaben werden durch Verben (im Infinitiv constructus) festgehalten. Diese Aufgaben gelten – wie die folgende Übersicht zeigt – teils für die seelische, teils für die körperliche Gesundung des durch die Leiden betroffenen Israel.

Aufgabe	Personenkreis	Bereich
V1: »verkünden« (*l'wasér*), nach Jes 52,7: »den Frieden verkünden«	die »Elenden« (*'anawím*)	seelisch
»verbinden« (*lachawósch*)	»die gebrochenen Herzens sind«	seelisch
»ausrufen die Freilassung«	die »Kriegsgefangenen«	körperlich

Aufgabe	Personenkreis	Bereich
»Öffnung« (*p'qachqóach*)	die »Gefangenen«	körperlich
V2: »Ausrufen eines Gnadenjahrs« »und eines Tags der Vergeltung«	(Volk?) Feinde	körperlich/ seelisch
»trösten« (*l'nachém*)	»alle Trauernden«	seelisch
V3: »ersetzen« (*lasúm ... latét*)	die »Trauernden um Zion«	körperlich

Der Prophet »verkündet« den Leidgeprüften die Frohbotschaft – Raschi: »Die Kunde von der Erlösung« – er richtet sie seelisch auf, »verbindet« ihr wundes, zerbrochenes Herz. Er handelt als Gesandter Gottes, von dem der Psalmist (Ps 147,3) sagt:

»Er heilt die mit zerbrochenem Herzen und verbindet all ihre Wunden.«

Abarbanel betont:

»Er (Text) vergleicht die Not des Exils Israels mit einem zerbrochenen Herzen, denn (für beides besteht) nur eine Heilung durch ein Wunder, nicht auf natürliche Weise.«

Der Trost ist konkret: den Kriegsgefangenen ist die »Freiheit«, die Entlassung aus der Gefangenschaft anzuzeigen – *d'ror* ist terminus technicus für die Sklavenentlassung im Jubeljahr (dem 50. Jahr der sieben Erlaßjahre [*sch'mittá*] umfassenden Periode) –, den in einem Gefängnis Eingeschlossenen der Eintritt aus dem Dunkel ins Licht. Das Verb *p-q-ch* steht für das »Öffnen« der Augen. Im Gefängnis herrscht, da es oft unterirdisch angelegt ist, Dunkelheit. Das Ende der Haft ist daher der Beginn der »Augenöffnung«, des Blicks ins helle Tageslicht. Prägnant übersetzen B-R:

»zuzurufen Gefangenen: Loskauf! Eingekerkerten: Auferhellung!«

Seelisch kann ein Mensch nur gesunden, wenn er körperlich frei ist, und das heißt primär: wenn er weder als Kriegsgefangener noch als Eingekerkerter lebt. Für die Freigewordenen beginnt ein *»Jahr des Wohlgefallens«* (V2) vor Gott, B-R: »ein Jahr SEINER Gnade«.

»Es ist das Jahr der Erlösung, wie es heißt: ›und durch meinen Willen (*birzóni*; nach meinem Wohlgefallen) erbarme ich mich deiner‹ (Jes 60,10). Die Jahre des Exils sind aber die Jahre des ›Zorns‹ (ib. ›in meinem Zorn habe ich dich geschlagen‹).« So R. D. Kimchi.

Das »Jahr des Wohlgefallens« ist das Jahr, da es Ihm »gefällt«, Israel die Freiheit zu schenken, die Schuld zu vergeben (Jes 40,2).
Weil nun freilich Gerechtigkeit und nicht nur Gnade herrschen muß, werden die Übeltäter zur Rechenschaft, zur »Vergeltung« (*naqám*) gezogen. Dabei gilt, wie Sch.L. Gordon erkennt:

»Der Text spricht vom *Jahr* des Wohlgefallens, jedoch vom *Tag* der Vergeltung, weil Gottes Gnade größer ist als Seine Vergeltung.«
So auch Ex 20,5f (Schuld wird geahndet bis »ins dritte und vierte Geschlecht, bei jenen, die mich hassen«, Liebe aber übt Gott »bis ins Tausendste Geschlecht«).

Wenn der Gefangene und Eingekerkerte seine Freiheit gewinnt, kann eine neue Epoche einsetzen. Das Elend ist überwunden, es beginnt eine Wiederherstellung des einstigen Glücks. Die um Zion Trauernden sind getröstet, und sie tragen wieder die »Insignien« ihres Wohlstands: den kostbaren Kopfschmuck, den Turban, anstelle der die Trauer versinnbildlichenden »Asche«, sie salben sich wieder »mit dem Freudenöl« und müssen nicht darauf verzichten wie der um einen Toten Trauernde. Das »bedrückte Gemüt« (*rúach kehá*) oder (so A. Chacham) das »Gewand eines Menschen mit einem bedrückten Gemüt«, des Trauernden, ist durch den Jubel, durch den »Lobpreis« Gottes (nach A. Chacham: das »Freudengewand«) ersetzt.
Das Volk gleicht den »mächtigen Terebinthen«.

»Sie tragen immer ihre Blätter und sind frisch. So symbolisieren sie ein gerechtes Leben« (Rev.I.Slotki, Isaiah, 299)

Es ist »die Pflanzung Gottes, an der Er sich verherrlicht« (vgl Jes 49,3). Einleuchtender ist die Übersetzung von *'elé hazédeq* mit *»Fürsten der Gerechtigkeit«* (s. oben Leitworte). Diese Fürsten – Israel –, die in ihrem Dasein die Gerechtigkeit und das Recht Gottes realisieren, sind für immer der neuen Anfechtung entzogen.
Die Wendung zum Guten ist total. Israel kann daher getrost an den *Wiederaufbau seiner zerstörten Städte* gehen und die »Trümmer der Vorzeit« durch dauerhafte Häuser ersetzen (vgl unsere Bibelauslegungen, I,194f, zu Jes 58,12). Die *'awelé Zijón* sind wahrlich zu den *'elé hazédeq* – man beachte die Klangähnlichkeit von *'awelé* und *'elé* – geworden.
Die Folge des gleichsam neu erstandenen Israel ist die *Berühmtheit unter den Nationen* (V 9):

»Bekannt wird unter den Stämmen ihr Same,
ihre Nachfahrn inmitten der Völker,

alle, die sie sehn, merken an ihnen:
– Ja,
die sind ein Same,
den ER gesegnet hat« (B-R).

Gott hat das Volk gesegnet. Nicht durch eigene Kraft, sondern durch Seinen *Segen* (= Jes 65,23!) ist das Unerwartete geschehen: ist ein Volk aus der Verbannung zurückgekehrt, baut es die Trümmer wieder auf. »Bekannt wird unter den Stämmen ihr Same« – für den Midrasch (Ex.r. 15,29) ist dies ein weiteres Zeichen der Größe Gottes.

»Die Art des Heiligen, gelobt sei Er, ist nicht wie die Art eines Menschen aus Fleisch und Blut.
Die Art des Menschen: Zwei stehen vor einem König. Der eine bringt seine Anklage (*kategórja*) vor, der andere seine Verteidigung (*sanegórja*). Wer die *kategórja* vorträgt, kann nicht die *sanegórja* vortragen, wer die *sanegórja,* nicht die *kategórja.* Doch beim Heiligen, gelobt sei Er, ist es anders: Er bringt die *sanegórja*, Er bringt die *kategórja* vor.
Er ist der Mund, der sagte: ›Weh, *sündiges* Volk‹ (Jes 1,4), Er ist der Mund, der sagte: ›Öffnet die Tore, und es komme das *gerechte* Volk‹ (26,2) ... (weitere Beispiele).

Gott ist kein Wesen »aus Fleisch und Blut«, das oft nur einen einzigen Gesichtspunkt zu erkennen vermag, Gott überblickt die ganze Wahrheit.

Drei *Phasen* lassen sich bisher feststellen:
Phase 1: Die Gefangenschaft ist zu Ende, das Exil überwunden. Die Eingekerkerten gewinnen die Freiheit, das Licht (V1 und 2).
Phase 2: Der »Trost« setzt ein: an die Stelle des Unglücks tritt früheres Glück, symbolisiert durch die äußeren Zeichen wie »Kopfschmuck«, »Freudenöl«, Prachtsgewand (V3).
Phase 3: Die Trümmer werden weggeräumt (V4), Israels Ansehen unter den Völkern steigt, mit ihm das Ansehen Gottes, der alles bewirkt hat. Die Menschen erkennen, daß Israel von Gott gesegnet sein muß, weil anders die Wende in seinem Schicksal unerklärlich bleibt.

Bis jetzt hat der Prophet seinen Botenspruch gesprochen. Nunmehr spricht Israel. Mit V10 beginnt sein *Jubelruf (sos 'asís)* für Gott. Die vom Propheten im Namen Gottes verkündete Glückszeit ist möglicherweise angebrochen, gewiß aber noch nicht ganz verwirklicht. Wenn die Verben in V10b in der Vergangenheit stehen (»Er hat mich gekleidet«, »mich eingehüllt«), so ist die Neueinkleidung in Gedanken antizipiert (B-R übersetzen denn auch sinngemäß mit dem Präsens: »er kleidet mich«), in der Realität bestenfalls angedeutet. Die Glaubensgewißheit führt indessen Israel zu seinem Jubelruf, zu seinem Dank an Gott. *sos 'aśis* – R.D. Kimchi erklärt:

»Es schrieb mein Herr Vater, sein Andenken sei zum Segen: (ich juble) im *Herrn* – dem Maß Seiner Barmherzigkeit (*midát harachamím*); (es jubelt meine Seele) in meinem *Gott* – dem Maß Seiner Gerechtigkeit (*midát hadín*). Daher hat (der Text) den Ausdruck doppelt gesetzt: *sos 'aśis*.«

Subjekt des Verses ist Israel (R. Elieser von Beaugency, 138), eventuell auch Jerusalem (R. D. Kimchi; R. Sch. D. Luzzatto). Israels Freude an Gott steht in einer reziproken Beziehung zur Freude Gottes an Israel. So lehrt der Midrasch (Tanchúma', ed. S. Buber, Einleitung, I,129):

»Jemand hat einen Freund. Solange es ihm gutgeht, ist der Freund bei ihm. Geht es aber schlecht, so entfernt er sich von ihm. Beim Heiligen, gelobt sei Er, ist es anders: Er bleibt immer bei seinem Freund. Sei er in der Not (Ps 91,15: ›mit ihm bin Ich in der Not‹), sei es in der guten Situation (Jes 65,19: ›Ich juble ob Zion, Ich freue mich ob meines Volkes‹). So heißt es (Jes 61,10): ›Ich freue mich in meinem Herrn.‹ Der Heilige, gelobt sei Er, sagte zu ihnen: ihr freut euch in mir, und Ich freue mich an euch (›Ich juble ob Zion, Ich freue mich ob meines Volkes‹).«

Durch *sos 'aśis* wird die innige Beziehung zu Gott angedeutet, die »Freude«, die Ihm und nur Ihm gilt. Ein Gleichnis (P'síqta d'Raw Kahana, I,328; ähnlich II,469f):

»Einst lebte eine Königin, deren Gatte, Söhne und Schwiegersöhne übers weite Meer gereist waren. Eines Tages meldete man ihr: ›deine Söhne sind zurückgekehrt‹, da antwortete sie: ›meine Schwiegertöchter werden sich freuen‹. Später (meldete man): ›deine Schwiegersöhne‹, sie entgegnete: ›meine Töchter werden sich freuen‹. Zuletzt berichtete man ihr: ›dein Gatte‹, jetzt sprach sie: ›die Freude, die Freude ist vollkommen‹. Die Propheten verkündeten Jerusalem: ›deine Söhne kommen aus der Ferne‹ (Jes 60,4), und es antwortet ihnen: ›freuen wird sich der Zion‹ (Ps 48,12); ›Deine Töchter werden auf den Armen getragen‹ (Jes 60,4), und Jerusalem sagt: ›es jubeln die Töchter Judas‹ (Ps 48,12; Hinweis: die Entsprechung trifft nicht zu, da ein ›männliches Wesen‹ erwartet wird). Wie man ihm mitteilt: ›sieh, dein König kommt zu dir‹ (Sach 9,9), spricht es: ›dies ist die Freude, die vollkommene Freude: *sos 'aśis badonáj* . . .‹«

sos 'aśis (B-R: »Entzücken will ich mich, entzücken an IHM«) ist die volle Freude, meint der Midrasch mit seinem Gleichnis, die Freude an Gott. Er wird das Volk »einkleiden ins Gewand des *Erfolgs* und mit dem Überwurf der *Gerechtigkeit* umgeben«.

»Der Heilige, gelobt sei Er, verfährt mit Israel wie ein König mit seinem Diener, der ihn liebt. Wen der König ehren will, kleidet er in sein eigenes Gewand (nach Est 6,8ff).« So Abarbanel.

Gott schenkt Israel Erfolg und ein Dasein in Gerechtigkeit. Es darf sich kleiden wie »ein Bräutigam, der sich priestergleich den Kopfschmuck aufsetzt, wie eine Braut, die ihr Geschmeide anlegt«. Der Bräutigam »zeichnet sich aus durch seine prächtigen Kleider« (Gaon Saadia, 92), der *p"ér*, den er trägt, ist (man denke an V3: »Kopfschmuck statt Asche«) untrügliches Anzeichen der eingetretenen Wende.
Als der Tempel durch den römischen Feldherrn und späteren Kaiser Titus im Jahr 70 d.Z. ein zweites Mal zerstört wurde und die Juden ins Exil wanderten, sollte der Bräutigam am Tag seiner Hochzeit »Brandasche« (*'éfer miqlé*) auf seine Stirn geben. Und zwar dort, wo er während des Morgengebets seine *p"ér* – und damit sind die »Gebetsriemen« (*t'fillín*) gemeint – anzubringen pflegt (b. Bawá' batrá', 60b; M. Maimonides, Hilchót ta'anít, V, 13; schulchán 'arúch, 'órach chajím, 560,2). Wenn die Freude am größten ist, darf die Erinnerung an Israels tragisches Geschick nicht ausbleiben. Die Gerechtigkeit (V10: *z'daqá*) mag wie ein Gewand umgelegt werden, man muß jedoch für sie Sorge tragen. Wer sie nicht immer aufs neue übt, verliert sie. Daher wird neben das Bild vom »Gewand der Gerechtigkeit« das Bild von der aufkeimenden, wachsenden *z'daqá* gestellt (V11). Gott »läßt sie wachsen«, wie die Erde »ihr Gewächs hervorbringt, und wie der Garten seine Samen wachsen läßt«.
R.D. Kimchi verdeutlicht den Gedanken:

»Wie das Samenkorn in der Erde zunächst zugrunde geht und erst dann sich erneuert und zu dem wird, was es zuvor gewesen ist – und in noch viel schönerer Form –, so gedeihen auch die Israeliten nach den langen Exilsjahren, die beinahe zu ihrem Untergang geführt haben, aufs neue ... Wie zudem der Garten nicht alle Gewächse auf einmal hervorbringt, sondern nach und nach in den verschiedenen Jahreszeiten, so erneuert sich auch das Gute für Israel erst nach und nach.«

Der *Prozeß des Sich-Erneuerns* dauert eine Weile, er gleicht dem allmählichen Wachsen, wie es in der Natur zu beobachten ist.
Bleibt nun dabei die *menschliche Initiative* ausgeklammert oder ist vielmehr Israel zum Mittun, zur eigenen Anstrengung verpflichtet?
Der Gaon Saadia (II,139) äußert die folgende Ansicht:

»Der Vers hat die Israeliten mit Pflanzen verglichen: ›denn die Erde bringt ihr Gewächs hervor‹. Als sie im Exil weilten, säten sie, und alles, was sie taten, war im

Samen eingeschlossen, der in der Erde vergraben ist. Zur Zeit der Hilfe jedoch wird ihr Tun offenbar, und es ist, als ob sie nunmehr ernteten.«

Israel hat die Exilszeit genutzt, doch sein Tun ist nicht aufgegangen. Wenn die Erlösung einsetzt, wird Gott das Verborgene zutage fördern und den Samen seiner Frucht zuführen.
Die menschliche Mitbeteiligung ist daher erwünscht: Gott wirkt das Gute, weil der Mensch zu wirken bereit ist. Wieder erwähnt R.D. Kimchi eine Erklärung seines Vaters (R. Joseph Kimchi, = RIKáM):

»Ein Teil des Guten kommt vom Schöpfer, gepriesen sei Er – das ist das Gleichnis von der Erde, die von selbst ihr Gewächs gedeihen läßt, ohne daß man zuvor zu säen brauchte. Ein Teil geht jedoch auf das Säen Israels zurück, auf das Gute, welches es ›gesät‹ hat – dies ist das Gleichnis vom Garten, der die Samen wachsen läßt. So läßt Er gedeihen die Gerechtigkeit durch Sein Tun, den Lobpreis (*t'hillá*) jedoch durch das Wirken Israels.«

Phase 4 ist jetzt erreicht. Das aus dem Exil zurückgekehrte und dem Aufbau seines Landes zugewandte (V 4), unter den Völkern wegen des Gottessegens »bekannte« Israel (V 9) weiß in seiner Freude und seiner Dankbarkeit, daß nur im »Wachsen« der Gerechtigkeit, die Gott es lehrt, seine Zukunft zu sichern ist.

Wegweisung für unsere Zeit

Gott läßt die Wunden heilen, die das Schicksal schlägt. Israel erfährt es als Volk – es kehrt zurück aus der Verbannung, baut die verwüsteten Orte von neuem auf, die Gefangenen werden frei, die Eingekerkerten sehen das Licht des Tages wieder. Auf den Schmerz folgt die Gesundung, die wiederbringt, was verlorenging. Mit der Gesundung wandelt sich die Trauer in Freude. Die Asche auf dem Kopf macht dem »Kopfschmuck« Platz. Das Leben zeigt sich wieder von seiner schönen Seite.
Im Leben eines einzelnen Menschen ist es oft nicht anders. Von Schmerz gepeinigt, gibt er jede Hoffnung preis. Er fühlt sich eingefangen und angekettet wie der Häftling im Gefängnis. Und plötzlich wird alles anders. Er weiß nicht weshalb, er versteht die Ursache nicht. Doch er spürt, wie der Schmerz zu schwinden, das Leid seinen eisernen Griff zu lockern beginnt. Ist es, weil in seinem Herzen der letzte Funke auf eine Wende zum Guten nicht erloschen ist, weil sein Vertrauen in den Herrn trotz der Pein bestehen blieb?

Die Weisen Israels sind der Überzeugung, daß Gott nicht nur schlägt, sondern auch die Heilung schenkt. Mehr noch: »Gott stellt das Wundmittel bereit, ehe die Krankheit anfängt« (b.M'gillá, 13b; Cant.r.4; P'síqta rabatí, 34,14). Es mag oft nicht leichtfallen, an diese Heilung zu glauben, doch sie vollzieht sich, wenn nur die Zuversicht und das Vertrauen in Gott erhalten bleiben.

»Du, Herr, bist unser Vater«

Jes 63,15–16(17–19a)19b; 64,1–3

63,15 Schau vom Himmel und sieh
aus der Wohnung Deiner Heiligkeit und Deiner Pracht!
Wo ist Dein Eifer und Deine Stärke?
Die Regung Deines Inneren und Dein Erbarmen zu mir ist unterdrückt.
16 Du aber bist (doch) unser Vater!
Abraham weiß nicht um uns, und Israel kennt uns nicht.
Du, Herr, bist unser Vater, »unser Erlöser seit ewig« ist Dein Name.
17 Warum hast Du uns abirren lassen von Deinen Wegen,
verhärtet unser Herz vor Deiner (Ehr)Furcht!
Kehr um um Deiner Diener willen, der Stämme Deines Erbbesitzes!
18 Vor kurzem erst haben sie enterbt das Volk Deiner Heiligkeit,
haben unsere Feinde zertreten Dein Heiligtum,
19 und schon sind wir (wie jene), über die nie Du geherrscht hast,
Deinen Namen nie über sie ausgerufen.
20 Wenn Du doch nur den Himmel zerrissest,
hinabstiegst – vor Dir würden Berge wanken.
64,1 (Es wär') wie Feuer, das das Reisig verzehrt,
wie Feuer, welches Wasser zum Sieden bringt,
(dies alles), um Deinen Namen Deinen Feinden kundzutun.
Vor Dir erbeben Nationen,
2 wenn Furchterregendes Du tust, auf das wir nicht hofften.
Stiegest du hinab, so wankten die Berge vor Dir.
3 Nie hat man gehört, nicht vernommen;
ein Auge hat nicht gesehen, o Gott, außer Deinem, (wie)
Er wirkt für jenen, der auf Ihn hofft.

Der Text im Kontext

»Die Güte des Herrn will ich bekennen« (*chasdé 'adonáj 'askír,* Jes 63,7; vgl Ps 89,2), eine Güte, die »nie endet« (Klgl 3,22). »Bekennen«, laut erwähnen muß sie der von der Güte Gesegnete. Es genügt nicht, daß er nur in seinem Herzen um sie weiß. Was Gott ihm »in Seiner Barmherzigkeit, in der Fülle Seiner Güte« (Jes 63,7) »erwiesen hat«, müssen auch die anderen Menschen erfahren. Sie sollen mit dem Gesegneten über Gottes Wirken zugunsten seiner Geschöpfe reflektieren und dieses Wirken, diese immer neuen Gnadenerweise nicht als selbstverständlich hinnehmen. Gott ist der »Helfer« (*moschí'a,* V8), der »Erlöser« (*go'él,* V16; vgl *g"alám,* »Er hat sie erlöst«, V9). Erlöst aus der Not, der Enge, »denn in all ihrer Enge, ist Ihm eng« (*b'chol zaratám lo zar,* V9, nach der masoretischen Lesung mit ihrem *k'rí*). Gott leidet mit dem Menschen zusammen. Ein packender Ausspruch, der dem von Leid und Schmerz gepeinigten Menschen echten Trost schenkt. Er ist in seinem Elend nicht allein, Gott ist bei ihm (vgl Bibelauslegungen, I, 102). Die Weisen Israels haben dieses Moment oft hervorgehoben, etwa so:

»Es sprach der Heilige, gelobt sei Er: In dieser Welt (Aera) sündigt ihr durch den Trieb zum Bösen und seid den Völkern untertan. Dennoch weicht meine *sch'chiná* (›Einwohnung‹, gemeint ist Gottes Präsenz) nicht von euch; denn es heißt: ›in all ihrer Enge ist Ihm eng‹« (Tanchúma, wajischlách, 10).

»Eine Enge für Israel, ist eine Enge vor Ihm« (Tanchúma b'schalách, 28).

Weshalb aber, so fragt sich der Leidende, bin ich überhaupt in meine Situation geraten? Habe ich mein Elend selbst verursacht, selbst verschuldet? V 10 sieht es auf diese Weise:

»Sie aber waren widerspenstig und betrübten den Geist Seiner Heiligkeit, da wandelte Er sich ihnen zum Feind, Er kämpfte gegen sie.«

Israel ist – anders als der »Gottesknecht« (Jes 50,5; vgl oben, S. 170ff) – »widerspenstig«, durch sein Handeln »betrübte es den Geist Seiner Heiligkeit«, d.h. Gott, der ihm immer wieder geholfen hat. Aus dem einstigen »Helfer« wird der »Feind«, der »kämpft«. Das ist um so beklemmender nach all dem großartigen Wirken Gottes für Israel in dessen Frühzeit. Er hat das Volk (aus Ägypten) »erlöst« (V 9), durchs (Schilf-)»Meer« geführt (V11–13), den »Geist Seiner Heiligkeit in seine Mitte gegeben« – wohl eine Anspielung auf die Theophanie am Sinai, die freilich in analogen Texten oft unerwähnt bleibt (so in Ex 15; Dtn 6,20–24; 26,5ff; Jos 24,1–13; 1Sam 12,8; Ps 136) – und es auf seiner Wüstenwanderung ins Land der Verheißung »geleitet« (V 14). Wie gravierend ist Seine Wandlung vom Freund zum »Feind«, der »gegen sie kämpft«.

Es fällt auf, daß der Prophet nach der Nennung der Gottestaten das Volk nicht unmittelbar zur Umkehr (*t'schuwá*) aufruft. Wenn Gott euch befeindet, so könnte er sprechen, gibt es nur einen Ausweg für euch: den Gesinnungswandel (vgl Hos 14,2: »Kehr um, Israel, zum Herrn, deinem Gott, denn gestrauchelt bist du durch deine Sünde!«). Der Prophet geht taktisch anders vor. Zunächst sucht er weiteres Unheil abzuwenden und richtet ein ergreifendes Gebet an Gott – ein Gebet, das, wie wir sehen werden, nicht mit Vorwürfen an Gottes Adresse spart. Eingewoben ist dann das Eingeständnis der Schuld Israels (V 17 ist vom Irregehen, 64,8 von der Sünde die Rede), auf welches es letztlich ankommt.

Leitworte des hebräischen Textes

V 15 bedeutet *habét (n-b-t,* Imperativ des Hiphil), »schau!«, *r''é (r-'-h,* Imperativ Qal), »sieh!« Nach Malbim beschreibt *r-'-h* das Sehen mit den Augen, *n-b-t* (Hiphil) das geistige Schauen. Das Targúm übersetzt *r''é* mit *'itgalí* »erscheine!«, was einem *hera'é* (Imperativ des Niphal von *r-'-h*) entspricht.
s'wul ist die »erhabene Wohnung des Gottes« (W. Baumgartner, Lex. 252), B-R: »Söller«. A. Chacham (Jesaja, II,667) verweist auf 1Kön 8,13, wo *bet s'wul* den irdischen Tempel bezeichnet, und auf das Verb *s-w-l* (Gen 30,20) im Sinn von »wohnen«, vor allem »beiwohnen« (anders Lex. 252: »erheben, zur rechtmäßigen Ehefrau machen«).
tif'art'chá (von *tif'éret*; vgl das Verb *p-'-r,* im Hitpael; oben zu Jes 61,3 und *p''ér,* »Kopfschmuck«) ist »deine Herrlichkeit«, B-R: »deines Prangens«.
qin'á ist »Eifer«, »Leidenschaft«, ist (nach A. Chacham) der göttliche Einsatz, »das Leid des Volkes nicht hinzunehmen« (Jes 26,11). Wenn Gott als *'el qaná'* (Ex 20,5; 34,14; Dtn 4,24; 5,9; 6,15) gepriesen wird, als »eifernder (eifervoller) Gott«, so wird damit betont, daß Er an der Not seiner Geschöpfe nicht achtlos vorübergeht. Gott ist engagiert und nie gleichgültig. In diesem »Eifer« Gottes liegt zuweilen eine Heftigkeit, die als »Zorn« verstanden werden kann (Num 25,11 von Pinchas, der »meinen Eifer eiferte in ihrer Mitte«; B-R).
g'wurá (hier im Plural: *g'wurót*) ist die »Kraft, Stärke« (vgl *gibór,* der »Starke«, der »Held«; *géwer,* der »Starke«, der »Mann«, in der Mischna auch der »Hahn«; s. Bibelauslegungen, I,177).
Zusammen mit *qin'á* meint *g'wurót* (nach R.Ch. Rabinowitz, dá'at sofrím, Jesaja, 704) das Folgende: »*qin'á* ist die Forderung, daß alles so sein soll,

wie es sein muß. *g'wurá* ist die Kraft, die diese Forderung realisiert, wenn die Ordnungen der Natur auseinandergebrochen sind.«
Wegen der Parallele zu *rachamécha*, »dein Erbarmen«, wird *hamón meʿécha* als »Erregung Deiner Eingeweide« (B-R: »Regen deiner Eingeweide«) verstanden. Raschi verweist auf Jer 31,19: »deshalb sind ihm gegenüber meine Eingeweide erregt«, B-R: Darum wallt ihm mein Eingeweide zu.«
hamón heißt »Getümmel, Lärm, Getöse« und »Menge« (des Volkes), bei der es, wenn sie sich einfindet, lärmig zugeht (s. Lex. 240). Das Targúm umschreibt *hamón meʿécha* mit *hamón taw'watách,* »Menge Deiner Güte«.
hit'apáqu (Pausaform von *'-p-q,* Hitpael), »sie hielten inne«, »hielten sich zurück«. Im modernen Hebräisch wird das Nomen *hit'apqút* für »Selbstbeherrschung« gebraucht.
V 16 steht *lo j'daʿánu*, »er kennt uns nicht« (von *j-d-ʿ*, Qal) neben *lo jakiránu*, »er merkt nicht auf uns« (B-R). Statt des ungewohnten *jakiránu* (Imperfekt von *n-k-r,* Hiphil, mit Suffix) schlägt R. Salomo Ibn Melech aus Fès (séfer michlál jófi, in: Sammelband, II,279) ein *jakirénu* vor.
meʿolám, »seit jeher«, ist im Text wichtiges Leitwort. Es findet sich V 19 und schließt sich an *kol j'mé ʿolám,* »alle Tage der Vorzeit« (V 9), sowie an *schem ʿolám,* »Name für immer« (V 12; B-R: »Weltzeit-Namen«), an.
V 17 steht *tatʿénu*, »du läßt uns abirren« (*t-ʿ-h,* Hiphil mit Suffix).
taqschíach, »du verhärtest« (von *q-sch-ch,* Hiphil), entspricht einem *taqsché* (von *q-sch-h,* Hiphil, »hart machen«); so R.Sch.D. Luzzatto. Nach Raschi, Kimchi, R. Salomo Ibn Melech aus Fès schildert die Wendung »die Verhärtung«, die »Grausamkeit des Herzens«. Ibn Esra und N.H. Tur-Sinai (p'schutó schel miqrá', III,147) opponieren gegen diese Interpretation und verstehen *taqschíach* als »entfernen, abwenden« (wie Hiob 39,16).
lamizʿár (vgl *zaʿír,* »jung«) in V 18 wird entweder temporal verstanden: »eine geringe Zeit« (Raschi, Kimchi, R. Jesaja der Erste von Trani, R. Jona Ibn Dschanach [in: Sammelband, I,255), A. B. Ehrlich [Randglossen, IV,224] u. a.) oder lokal: »ein kleines Gebiet« (A. Weiser, 141). R. Joseph Ibn Caspi ('adne' késef, 185) denkt gar an »wenig Leute«.
bos'sú (Polél von *bus*, Lex. 111), »sie zertraten« (so auch Kimchi, m'zudát Zijón).
lu' (= *lu*) in V 19: »wenn doch« (Raschi, Sch. D. Gordon, A. Chacham, A. Weiser). R. Joseph Ibn Caspi (aaO) versteht *lu* konditional im Sinn von *'im,* »wenn«, R. Salomo Ibn Melech aus Fès übersetzt mit *schéma',* »vielleicht«.
qaráʿta (von *q-r-ʿ,* Qal), »du zerrissest«.

nasólu (mit *dagésch forte* im *lámed*) ist Niphal von *s-l-l*: »sie wankten« (R.Sch.D. Luzzatto, Sch.L. Gordon, W. Baumgartner, Lex. 261). Demgegenüber wird von Ibn Esra, A. Weiser (141), R.Ch. Rabinowitz (707) *nasólu* als Pausaform von *n-s-l,* Qal, »sie zerflossen«, aufgefaßt (vgl *jachólu* statt eines *jachlú,* »sie konnten«, Ex 8,14; Ibn Esra). In Ri 5,5 steht in der Tat das zu erwartende *»harim naslú«*, »Berge zerflossen« (zur eventuellen Konjektur in *nasólu,* s. Lex. 646).
kiqdóach 'esch, »wie entfacht das Feuer«; vgl *qadáchat* (von *q-d-ch*), das heftige »Fieber«, die »Glut« einer Krankheit.
hamasím ist leicht brennbares »Reisig« (Lex. 241), von einem nicht näher belegbaren Singular *hémes* (A. Chacham, II 669: wie *hawalím* von *héwel,* »Dampf«, Vergängliches, Nichtigkeit), so Sch. L. Gordon. R. Jona Ibn Dschanach (aaO) übersetzt *hamasím* mit »Stroh«, »das ist das trockene Gras«. Ganz anders ist die Ansicht, *hamasím* sei von *m-s-s,* »zerfließen«, abzuleiten, es handle sich demnach um »zerfließbare« Dinge; nach R. M'nachem bar Salomo (Italien, 12. Jh., sein Kommentar heißt 'éwen bóchan; in: Sammelband, I 322f) um »Pech und Wachs, alle Arten von Räucherwerk und Weihrauch«. Malbim (488) sieht in *hamasím* »Schnee und Eis auf der Bergspitze«, die durchs Feuer (beim Vulkanausbruch) »zerfließen«.
tiwʿé wird von B-R mit »erwallen machen« übersetzt (vgl Lex. 136: *b-ʿ-h II,* Qal, »zum Wallen bringen«). Kimchi schreibt: »es handelt sich um ein Sieden. Wenn das Wasser siedet, steigen Blasen (*'awaʿbuʿót,* Ex 9,9f) auf« (analog Ibn Esra, m'zudát Zijón).
nora'ót (von *j-r-',* Niphal) ist »Furchtbares« (B-R), sind »Gottes furchtbare Taten« (Lex. 414), Dinge, die keiner erwartet oder selbst nachmachen könnte. L. Zunz bevorzugt die Übersetzung »Wunderbares«, was freilich eher zu *nifla'ót* (von *p-l-'*, vgl *péle'*, »Wunder«) paßte. Zur Parallele von *nora'ót* und *nifla'ót:* Ps 106,22; 145,5.6; vgl 139,14.
n'qawé (von *q-w-h,* Piel), »wir hoffen«.
sulatchá (von einem nicht näher bekannten *suláh*, Lex. 256) heißt »außer dir«.

Der Text in der Exegese

Von den Göttern aus Silber und Gold sagt der Psalmist (Ps 115,5–7, vgl 135,15–17):

»haben einen Mund und können nicht reden,
haben Augen und können nicht sehn,
haben Ohren und können nicht hören,
haben eine Nase und können nicht riechen,
ihre Hände, sie können nicht tasten,
ihre Füße, sie können nicht gehn,
nicht tönen sie mit ihrer Kehle ...« (B-R).

Gott hingegen sieht und hört, wenn Menschen in Not sich zu Ihm hinwenden. »Denn gesehen hat der Herr mein Elend« (Gen 29,32; vgl 31,42), ist die innere Gewißheit eines Verzweifelten. Wie Gott, wenn Er Unrecht wahrnimmt, ausgleichend (Gen 29,31) oder strafend (Gen 6,6.12) eingreift, so ist Er auch bereit, aufrichtig bereute Schuld zu verzeihen (Jona 3,10). Gelegentlich »steigt Er« gar vom Himmel herunter, um des Menschen Tun näher zu besehen und gerecht zu beurteilen (Gen 11,5 beim Turmbau, s. Bibelauslegungen, I,72f). Wie Er das Unrecht auf Erden sieht, so hört Er den Aufschrei der gequälten Kreatur, das »Elend« Hagars (Gen 16,11), die Stimme der Sklaven (Ex 6,5), das Gebet des Unglücklichen (Ps 6,9f; 34,7.18; 66,19 u.a.).
Gott ist anrufbar, und Er antwortet. Das ist ein Grundthema der gesamten Bibel. »Sie schrien (in der Not, im Gebet), und der Herr hörte« (Ps 34,18). »Nahe ist der Herr allen, die Ihn anrufen, allen, die Ihn in Wahrheit anrufen« (Ps 145,18). Aus dem Hören ergibt sich die Tat, Gottes Eingreifen. Nie steht er teilnahmslos auf der Seite. Der Bedrängte mag sich darüber beklagen, daß Gott ihn nicht rasch genug hört, »erhört« (Jes 58,3: »Wozu haben wir uns kasteit, Du hast es nicht angesehen ...«), daß Gott Sein Antlitz »verbirgt« (Ps 44,25; 88,15; Hiob 13,24 u.a.). In Wirklichkeit »hört« Gott jedes Flehen, nur muß sich bisweilen der um Hilfe flehende Mensch gedulden, selbst wenn ihm dies noch so schwerfällt. Kein Zufall ist es daher, daß auch in unserem Bibeltext nach all der Gotteshilfe in der Frühzeit des Volkes (V10–13) und der Überzeugung, daß Israels Not zugleich Gottes Not ist (V9), Gott zum erneuten Hinschauen, zum Wahrnehmen der Geschehnisse aufgefordert wird (V15):

»Schau vom Himmel und sieh
aus der Wohnung Deiner Heiligkeit und Deiner Pracht!«

Nach Dtn 26,15 schließt das Gebet nach der Absonderung und Verteilung des Armenzehnten im »dritten Jahr« mit dem Wunsch:

»Blicke nieder
von der Burg deiner Heiligkeit,
vom Himmel,
und segne
dein Volk, Jissrael,
und den Boden, den du uns gabst,
wie du's unsern Vätern zuschworst:
Land, Milch und Honig träufend!« (B-R).

»Schau vom Himmel und sieh« – der im Namen Israels die Bitte vortragende Prophet wünscht nicht ein oberflächliches, sondern ein alle Tatsachen registrierendes »Schauen« (zu *habét* und *r"é*, s. Leitworte), das danach zu einem entsprechenden Reagieren führt. Und gleich nach diesem Aufruf kommt der erste Vorwurf: *»Wo ist Dein Eifer und Deine Stärke«,* Dein Engagement, Dein Eintreten für die Leidenden? Wir merken nichts mehr davon, Deine Herzensregungen sind nicht zu spüren. Du hast sie »zurückbehalten«, sie sind blockiert und äußern sich nicht mehr in einer gütigen Zuwendung zu mir. So spricht der Prophet stellvertretend für das ganze Volk. Malbim (487) differenziert bei der Erklärung des Vorwurfs:

»Wegen der Heiligkeit Seines Namens (um der Ehre Gottes willen) müßte Er Seine Stärke zeigen, müßte ›eifern‹, weil Sein Name entweiht ist. Daher sagt (der Prophet): ›Wo ist Dein Eifer und Deine Stärke?‹
Um Israels willen, über das Er sich einst zu erbarmen pflegte, müßte Er auch jetzt Mitleid zeigen. Und daher der Satz: ›die Erregung Deiner Eingeweide und Dein Mitleid für mich hielten sich zurück‹.«

Wer von *»Eingeweiden«* und ihrem Rumoren spricht, bedient sich eines Anthropomorphismus. Maimonides (FdI, Bd 1, Kap 46, S. 138f), der »Rationalist«, befaßt sich mit der Wendung und schreibt:

»Es sind also alle körperlichen Organe, die du in allen Büchern der Prophetie von Gott ausgesagt findest, nur figürlich zu verstehen ... Die Anleitung, die wir aus allen diesen Bemerkungen empfangen, soll nur dazu dienen, in uns die Überzeugung zu befestigen, daß es ein Wesen gibt, das lebt und alles außer ihm hervorbringt und auch seine Werke kennt ...
Die Sätze ›Mein Inneres (*me'áj*) ist für ihn bewegt‹ (Jer 31,19); ›Das Toben deines Inneren‹ (*me'écha*, Jes 63,15) bedeuten ... das Herz ... Deshalb wird in diesen Sätzen auch das Wort *hamá* (unruhig, bewegt sein) gebraucht, welches in der Tat nur in bezug auf das Herz, nicht aber auf die übrigen Organe vorkommt.«

Maimonides sieht im fehlenden »Sich-Regen der Eingeweide« ein fehlendes Mitgefühl des Herzens. Kurz betont dies auch R. Salomo Ibn Melech aus Fès (aaO, II,279):

»Über das Herz sagt er (Prophet) dies, denn es ist Herr der Gedanken und bei ihm ist (der Ausdruck) des Sichregens am Platz.«

Daher gilt, was R.Sch.D. Luzzatto (396) zum letzten Wort des Verses, zu *hit'apáqu* bemerkt:

»Die Bezeichnung *hit'apqút* (Beherrschung) meint das Unterdrückte all dessen, was im Herzen ist.«

R.Ch. Rabinowitz weist auf einen wichtigen Punkt hin:

»Sie (Regung des Mitleid) hat nicht aufgehört, sie ist nur vorübergehend nicht mehr tätig.«

In 64,8 kann daher die dringende Bitte ausgesprochen werden, die in einem Satz alles zusammenfaßt, was Israel bewegt:

»Zürne nicht, o Herr, so sehr,
nicht auf immer denk an die Sünde!
Schau doch hin (*habét na'*):
Dein Volk sind wir alle!«

Im letzten wird Gott »hinschauen« und die »Windstille« seiner Gefühle im Herzen erneut durch den kräftigen Gefühlssturm ersetzen. Heißt es in 64,8 als Begründung »Dein Volk sind wir alle«, so wird in V16 auf die *Gottessohnschaft Israels* hingewiesen (wiederholt in 64,7. Hinweis: 63,7–64,11 bilden eine Einheit. Die Kapiteltrennung nach 63,19 ist willkürlich, wie alle jüdischen Exegeten meinen).

»Denn Du bist unser Vater; denn Abraham weiß nicht um uns, und Israel kennt uns nicht – Du, Herr, bist unser Vater, ›unser Erlöser seit ewig‹ ist Dein Name.«

Gott wird als Vater angesehen (bei der Adoption des Königs anerkennt Er ihn als seinen Sohn, Ps 2,7), das läßt sich mühelos belegen (Ex 4,22; Dtn 14,1; 2Sam 7,14; Ps 89,27: »er nennt mich: ›mein Vater bist Du, mein Gott und der Fels meiner Hilfe‹«).
Wenn Er sich des Menschen erbarmt, so »erbarmt Er sich wie ein Vater seiner Kinder« (Ps 103,13). Auch die Abtrünnigen nennen die neuen Götter (das »Holz«, gemeint sind die hölzernen Götterbilder) »mein Vater bist du« (Jer 2,27). Nur in Jes 63 und 64 und dann in 1Chr 29,10 wird Gott direkt als

»Unser Vater bist Du« angerufen. In 1Chr als Einleitung eines Gebets, das David spricht:

»Gepriesen seist Du, Herr, Gott Israels, unser Vater, von Ewigkeit zu Ewigkeit.« (Die Melodiezeichen lesen allerdings »Gott Israels unseres Vaters«; so auch Raschi, Kimchi, L. Zunz. Wir ziehen freilich, wie B-R, die Übersetzung, die *'awínu* als Gottesbezeichnung versteht, vor.)

Bereits in 63,8 ist die enge Vater-Sohn-Beziehung angedeutet:

»Er (Gott) sprach: mein Volk sind sie, *Söhne*, die nicht trügen ...«

Auf diese Bezeichnung kommt es dem Targúm in erster Linie an, das unter Verzicht auf die wörtliche Wiedergabe von *ki 'atá 'awínu* (»denn Du bist unser Vater«) übersetzt:

»denn Du bist es, der sich unser mehr erbarmt als ein Vater seiner Kinder.«

Die Bezeichnung »unser Vater« muß sehr beliebt gewesen sein, denn im zentralen Gebet der Rosch Haschaná-(Neujahrs-)Liturgie, dessen Kern auf eine Bitte des im 2. Jh. d.Z. als Märtyrer gestorbenen R. Akiba zurückgeht (I. Elbogen, Der jüdische Gottesdienst, 147), beginnt jede Zeile mit dem Anruf *'awínu, malkénu*, »unser Vater, unser König«.
Mit *ki*, »denn«, wird die Anerkennung Gottes als des »Vaters« motiviert. Mit einem nachfolgenden zweiten *ki* wird begründet, weshalb nur Gott und nicht ein menschlicher Vater – Abraham, Israel – der Verehrung würdig ist:

»denn Abraham weiß nicht um uns, und Israel kennt uns nicht.«

Raschi interpretiert:

»Auf Dich schauen wir in unserer Not; denn Abraham hat nicht um uns in der ägyptischen Leidenszeit gewußt, und Israel hat uns nicht während der Wüstenwanderung gekannt. Sie waren bereits tot. ›Du bist unser Vater‹ – von allen bist Du (allein) uns zum Vater geworden.«

Ähnlich erklärt R. I. Slotki (Isaiah, 310):

»Du bist unser Vater, unser Erlöser. Immer gleich – in der Sklaverei Ägyptens, in den Schwierigkeiten der Wüste, in den Anfechtungen des Exils.«

Gott ist – anders als menschliche Väter – präsent und daher verläßlich. Sterbliche treten ab von der Bühne der Geschichte, und ihre Hilfe ist zu Ende.
Es gibt nun freilich noch einen anderen Aspekt, der sich nicht mit der

Vergänglichkeit eines Menschen, sondern mit seiner ethischen Gesinnung befaßt. Sch.L. Gordon betont richtig, daß *jadá'*, »wissen«, und *hikír*, »kennen«, das Moment der »Teilnahme und den Wunsch, Hilfe zu leisten«, widerspiegeln (vgl Dtn 33,9 und Rut 2,19). Es ist gerade dieses Moment, das R. Elieser von Beaugency hervorhebt:

»Denn Abraham, dem Du einen Eid abgegeben hast, hat nicht um uns gewußt in unserer Not, sich nicht wie ein Vater unser erbarmt und uns nicht geholfen. Und auch Israel, bei dem Du den Abraham gegenüber abgelegten Eid erfüllt hast, hat uns in unserem Elend nicht gekannt ... Doch Du, der auf ewig besteht und um unsere Sorgen weißt, bist unser Vater, der sich uns in Erbarmen zuwendet ...«

Wer diesen Kommentar ohne Vorkenntnisse liest, versteht nicht, worauf er anspielt. Die Stammväter *Abraham und Israel* (Jakob) sollen nicht für ihre Nachkommen eingetreten sein? Wo? Wann?
R. Elieser spielt auf einen Midrasch im Talmud (b. Schabát, 89b) an. Neben Abraham und Israel wird auch Isaak zitiert, von dem bei unserer Bibelstelle nicht die Rede ist. Er ist offensichtlich gedanklich einbezogen. (Vgl R. Jesaja der Erste von Trani, aaO: »Erwähnt sind der jüngste und der älteste [der Stammväter], der mittlere [Isaak] gehört dazu.«)
Der Talmud schreibt unter Hinweis auf Gen 15,13; 27,40 und 46,4:

»Rawa lehrte: ... In der Zukunft spricht der Heilige, gelobt sei Er, zu Israel: ›Geht doch zu euren Stammvätern, damit sie euch zurechtweisen (= euch belehren)!‹ Israel wird antworten: ›Herr, der Welt, zu wem sollen wir gehen? Etwa zu Abraham? Ihm hast Du angekündigt (Gen 15,13): Wisse (daß dein Nachkomme ein Fremder sein wird in einem Land, das ihm [ihnen] nicht gehört) –, doch er hat für uns nicht um Erbarmen gefleht (*w'lo biqésch rachamím 'alénu*).
Etwa zu Isaak? Er segnete Esau mit dem Spruch (Gen 27,40): Wenn du dich unterwirfst (wirst du sein [Jakobs] Joch von deinem Nacken abwerfen) –, doch er hat für uns nicht um Erbarmen gefleht.
Etwa zu Jakob? Ihm hast Du angekündigt (Gen 46,4): Ich werde mit dir nach Ägypten hinabziehen (wo die Knechtschaft beginnt) –, und er hat für uns nicht um Erbarmen gefleht. Zu wem sollen wir gehen? (Das Volk kann sich nur an Gott wenden).«

Abraham, der sich mit einem beispielhaften und mutigen Eintreten um die Rettung der Verbrecher Sodoms einsetzt (Gen 18,23–32), versagt angesichts der ihm von Gott mitgeteilten schlimmen Zukunft seiner Nachkommen. »Abraham hat nicht um uns gewußt« ist daher gleichbedeutend mit »Abraham hat nicht um uns wissen wollen«. Auf ihn ist kein Verlaß, er ist nicht legitimiert, dem Volk Weisung, Zurechtweisung zu geben. Isaak und Jakob desgleichen nicht.

Die Vergänglichkeit des Menschen, auch des Größten und Besten, wird vom Talmud tief empfunden. Der Mensch ist nicht nur im Hinblick auf seine bemessene Lebenszeit ohne Dauer. Nicht minder gravierend ist seine moralische Unzulänglichkeit. Nur Gott allein ist der untrügliche »Fels« (1Sam 2,2; 2Sam 22,32 u. a.). Ernüchtert spricht eine Mischna (Sotá, IX,15) über die menschliche Schwäche und nennt nach diversen Beispielen, zu denen selbst eine Charakterisierung der vormessianischen Zeit (»die Fußspuren des Messias«; *ʿiqwót hamaschíach*) zählt, die einzig mögliche Alternative:

»Auf wen können wir uns stützen? Auf unseren Vater im Himmel!«

In V 16 unserer Bibelstelle wird das Bekenntnis zu Gott wiederholt und erweitert:

»Du, Herr, bist unser Vater, ›unser Erlöser seit ewig‹ ist Dein Name.«

Gott hat das Volk »erlöst« (V 9), wie die Vergangenheit immer wieder bewiesen hat, und daher gebührt Ihm neben dem Titel »unser Vater« der Name »unser Erlöser« (*goʾalénu*). »Seit ewig« (*meʿolám*) war es so und wird es so bleiben. Auf die »Ewigkeit«, die absolute Beständigkeit kommt es an. Nicht zufällig kehrt *ʿolám* in Jes 63,7–64,11 fünfmal wieder. Es gibt im sich unaufhörlich wandelnden Weltgeschehen nur einen einzigen ruhenden Pol »seit ewig« und »für ewig« (Ps 103,17: *meʿolám wʾʿad ʿolám;* B-R übersetzen, da *ʿolám* »Welt« bedeutet: »von Weltzeit her und für Weltzeit«).
meʿolám ist wesentliches Leitwort. Es zeigt, daß Gottes Güte und Hilfe seit Urzeiten existiert und sich nie ändert. Mag die Güte bisweilen verborgen sein – immer wieder wird sie in Erscheinung treten.
Ist Gottes Beständigkeit erst einmal über jeden Zweifel herausgehoben, so gewinnt das Gebet eine neue Dimension: Gott ist anders als die sterblichen und unberechenbaren Vorfahren, und gerade deshalb ist Seine Abkehr von Israel unverständlich. Mehr noch: Er selbst trägt die Verantwortung für Israels Straucheln, für seine Verstrickung in die Schuld.

»Warum hast Du uns abirren lassen von deinen Wegen, verhärtet unser Herz vor Deiner (Ehr)Furcht!«

Mit »warum« (*láma*; 2Sam 19,11: *lamá*) erhebt der Betende einen schweren *Vorwurf gegen Gott* (vgl bei Mose, Ex 32,12: »warum sollen die Ägypter das Folgende sagen können ...?«; Ps 79,10; 115,2: »warum sollen die Völker sagen ...?«). Wie kannst Du, der Vater, »uns abirren lassen von Deinen Wegen!« Das ist allenfalls eine rhetorische, sicher keine echte Frage, eher aber ein verzweifelter Ausruf. Deshalb gehört hinter den Vers kein Frage-, sondern ein Ausrufezeichen.

»In Deiner Hand liegt es, den Trieb zum Bösen zu entfernen, wie es heißt (Jer 18,6): ›wie der Ton in der Hand des Töpfers seid ihr in meiner Hand, Haus Israel‹ (vgl Jes 64,7). Und ferner steht geschrieben (Ez 36,26): ›ich entferne das Herz aus Stein aus eurem Fleisch . . .‹« (Raschi zu V 17).

Gott könnte Israel vor dem Schuldigwerden schützen, wenn Er nur wollte. Daß Er es nicht will, berechtigt den mit dem »Paukenschlag« des *láma* vorgebrachten Vorwurf.
Worin aber, wollen die Exegeten wissen, besteht das In-die-Irre-Führen Gottes?
R. Salomo Ibn Melech aus Fès bietet folgende Erklärung an:

»Wenn wir den Frieden der Schlechten mit der Länge unseres Exils vergleichen, mit der Tatsache, daß wir von ihnen zertreten werden, wird unser Herz darob hart. (Es sieht so aus, als ob) Du uns von Deinen Wegen hast abirren lassen und unser Herz verhärtest, so daß wir Dich nicht mehr fürchten. Zu lange dauert für sie der Frieden an, für uns aber das Exil mit seiner Not.« (Ähnlich Kimchi, R. Sch. D. Luzzatto)

Gott ist für das Irregehen des Volkes mitverantwortlich, weil Er die Ursache des Strauchelns – das Exil – nicht beseitigt. Diese Interpretation faßt Ibn Esra in die lapidare Formulierung:

»Der Vers spricht im Hinblick auf die Gedanken« (gemeint sind die philosophischen Überlegungen).

»Deine Wege« sind hier nicht die Wege der Tora (so das Targúm, welches mit *'ulpán 'orájtach,* »Lehre deiner Tora«, übersetzt), sondern ist die Handlungsweise Gottes. A. B. Ehrlich (Randglossen, IV,224):

». . . und der Satz heißt: warum machst du uns irre an deinen Wegen?«

Möglich ist freilich auch die Interpretation, die wiederum Ibn Esra zitiert:

»Da wir im Exil verharren, können wir nicht mehr alle jene Gebote, die mit dem Land (Israel) verknüpft sind, erfüllen.«

Die erste Deutung scheint uns viel sachgemäßer. Die geschichtliche Erfahrung – nicht zuletzt die Erfahrung während der Neuzeit, wo viele KZ-Häftlinge den Glauben und die Zuversicht in Gottes Beistand verloren haben (andere haben diesen Glauben und diese Zuversicht gerade im KZ zum erstenmal entdeckt!) – läßt uns die seelische Not des hart angefochtenen Menschen nachfühlen. Gott bleibt freilich im Zentrum seines Denkens.

Wenn es eine Änderung im Geschick geben soll, dann wird sie von Gott bewirkt. Daher folgt auf den Vorwurf die *Bitte*: »kehr um«, wende dich wieder zu uns. So spricht auch Mose (Ex 32,12):

»Kehr um
vom Entflammen Deines Zorns,
laß dich geleiden
des Argen über Deinem Volk!« (B-R)

Wie Israel nach den Worten Hoseas (14,2) zu Gott umkehren soll: »Kehre um, Jissrael, hin zu IHM deinem Gott!« (B-R), so bittet Israel um die erneute Hinwendung Gottes.
Der Wunsch wird begründet. Die Hinwendung Gottes geschehe »um Deiner Diener willen, der Stämme Deines Erbbesitzes«.

»Kehr um von Deinem Grimm. Wenn nicht unseretwegen, denn wir sind Sünder, so kehr um um Deiner Diener, der Väter willen, um ›der Stämme Deines Erbbesitzes willen‹, das sind die zwölf Stämme« (Kimchi).

»Deine Diener« können die Stammväter sein. Nachdem sie in V16 freilich in eher abschätziger Weise genannt sind, ist mit dem Targúm die Berufung auf »Deine gerechten Diener« (*ʿawdách zadiqája*ʾ) in *jedem* Zeitalter vorzuziehen. R. Sch. D. Luzzatto: »*Wir* werden seit je ›Deine Diener‹ genannt.«
Das Gebet geht jetzt über in eine *Elegie*. Nur »kurze Zeit« (*lamizʿár*) hat Israel sein Land besessen, dann kamen die Feinde und haben es verwüstet.

»Kurze Zeit; denn das Königreich Israel war nicht von langem Bestand« (R. Jesaja der Erste von Trani).

V 18a ist nicht ganz klar, wenn mit R.D. Kimchi »das Volk Deiner Herrlichkeit« als Subjekt angesehen wird. »Sie nahmen in Besitz« (*jarschú*, Plural!) kongruiert als Prädikat nicht mit dem Subjekt des Verses. Es ist daher besser, das Subjekt im nachfolgenden »unsere Feinde« (*zarénu*) zu erblikken. In der Art von A. B. Ehrlich (aaO), der zudem V 18 als Nebensatz zum Hauptsatz in V 19 zu interpretieren sucht. Er übersetzt:

»Seit kurzer Zeit erst haben sie dein heiliges Volk in ihrer Macht, treten deine Feinde dein Heiligtum mit Füßen, und schon ist uns, wie wenn du nie über uns geherrscht hättest, schon, als wäre dein Name niemals über uns genannt gewesen.«

Erklärend fügt A. B. Ehrlich der Übersetzung die folgenden Sätze bei:

»Die Klage geht also darauf hinaus: wenn in der kurzen Zeit der fremden Oberherrschaft der Zustand der Dinge sich so gestaltet hat, wie beschrieben, was soll nun erst daraus werden, wenn sie noch länger fortdauert?«

Dieses Versverständnis ist der Deutung Kimchis (nach dem Targúm) vorzuziehen, wenn er schreibt:

»Wir waren unter Deiner Herrschaft, nicht aber (waren es) unsere Feinde, über die Du nie geherrscht, nie Deinen Namen ausgerufen hast. Wie kommt es, daß sie im Lande an unserer Stelle sind?«

Die Macht der Feinde ist gewaltig, von den Israeliten bleibt kaum mehr eine Spur in ihrem eigenen Land übrig. Über Israel ist zwar der Name Gottes »ausgerufen« (vgl Dtn 28,10) und es ist damit zu Seinem Volk geworden; doch das ist nicht mehr relevant. Die fast vollständige Vernichtung hat die Erwählung durch Gott de facto wirkungslos werden lassen.
Hier reißt sich der Beter zusammen. *Die Klage darf nicht das letzte Wort besitzen:* Gott muß erneut eingreifen und die Katastrophe abwenden.
Das ist keine leere Hoffnung. Gott hat in der Stunde der Befreiung aus Ägypten und des gefährlichen Wüstenzugs (V 11–14) Israel seinen Schutz gewährt. Ist eine *erneute Rettungstat* so unwahrscheinlich?
Mit V 19b (*lu*, »wenn doch«) bricht der Optimismus durch. Zu Recht beginnen B-R mit V 19b einen neuen Abschnitt und leiten zu 64,1 über:

»O zerrissest Du den Himmel,
zögest hernieder,
daß vor Deinem Antlitz die Berge wankten!
wie Reisig das Feuer entfacht ...«

In V 15 (»schau vom Himmel und sieh«) ist der Wunsch um Gottes gnädiges Hinabblicken aus seinem »Heiligtum« ausgedrückt. Gott kann im Himmel »bleiben«, er braucht nur sein Auge auf das Elend Israels zu richten, aus der Ferne, ein »Ortswechsel« ist nicht notwendig. Angesichts der übergroßen Not scheint jetzt der Blick aus dem Himmel ungenügend, vielleicht weil der Himmel verhangen ist und ein Erfassen des irdischen Geschehens gar nicht zuläßt. Gott soll den Himmel – den Himmelsschleier – »zerreißen« und gleich »hinabsteigen«, wie damals, als er beim Turmbau zu Babel »hinabstieg«, um das Treiben der sich gegen Ihn verschwörenden Menschen aus der Nähe zu besichtigen (Gen 11,5). Damals war es Ihm wichtig, das Wirken der Menschen zu »verwirren« (ib. V 7), jetzt muß es Ihm wichtig sein, das »irrende« Israel vor dem Untergang zu erretten.
Im Hintergrund steht indessen auch das »Hinabsteigen« des Herrn bei der sinaitischen Theophanie (Ex 19,20):

»Da stieg der Herr herunter auf den Berg Sinai, auf die Spitze des Berges ...«

Wenn Gott »hinabsteigt«, ist der Sinai von »Rauch« umhüllt und »erzittert« in seinen Grundfesten (ib. V 18f). Das Beben der Berge in unserem Text, das sich bei der künftigen Gottesoffenbarung wiederholt, spielt auf das Geschehen am Sinai an. Statt »vor Dir wanken die Berge« ist auch die Übersetzung »vor Dir zerfließen die Berge« möglich (s. Leitworte: *nasólu*).
Malbim (488) sieht in der Beschreibung das Bild einer Vulkaneruption. Das aus dem Schlund des Berges hervorbrechende Feuer (*'esch*) schmilzt »schmelzbare Dinge« (= *hamasím*), den Schnee und das Eis auf der Bergspitze. Für das Targúm erinnern die Worte »wie das Feuer den Reisig verzehrt und Wasser durch Feuer zum Sieden gebracht wird« (64,1) an das Gottesurteil auf dem Karmel (1Kön 18,38):

»SEIN Feuer fiel herab,
es fraß die Darhöhung (= Altar), die Holzscheite, die Steine, den Lehm, noch das Wasser, das in der Rinne war, leckte es auf!«

Raschi und R. Menachem bar Salomo (12. Jh., Italien; sein Werk: 'éwen bóchan, in: Sammelband, I,322f) denken an die ägyptische Hagelplage (Ex 9,24), bei der nicht nur das Niederprasseln der Hagelkörner (ib. V23) geschildert ist, sondern zugleich deren Beschaffenheit:

»Hagel war, und inmitten des Hagels ein insichgreifendes Feuer« (*w''esch mitlaqáchat b'toch habarád*).

In jedem Fall bewirkt das erneute Erscheinen des Weltherrn bei den Feinden Israels, die zugleich »Deine Feinde« (*l'zarécha*) sind, ein tiefes Erschrecken (*jirgásu*). Ist durch Israels Not nicht mehr erkennbar, daß »Dein Name über sie (Israel) genannt ist« (63,19), so wird nunmehr dieser Gottesname den Feinden gründlich ins Bewußtsein gebrannt.

»... Deinen Feinden, die Deinen Namen nicht kennen. Durch Dein Wunderwirken (*nora'ót*) zeigst Du ihnen, daß die Welt einen Herrn und Lenker besitzt ...« (Kimchi).

Gottes Wunderwirken ist nicht »erhofft«, nicht erwartet (*lo n'qawé*).

»Wir sind nicht so anständig, daß wir auf sie (Wunder) hoffen dürften« (Raschi).

64,2b wiederholt die Worte »zögest hernieder, daß vor deinem Antlitz die Berge wankten!« Das mag eine Dittographie von 63,19 sein, aber auch eine Wiederholung des bereits Gesagten zur stärkeren Hervorhebung.

Zum *letzten Vers* des Bibelabschnitts. Er ist nicht auf den ersten Anhieb verständlich. Ist die Übersetzung von L. Zunz richtig? Er schreibt:

»Was man seit ewigen Zeiten nicht gehört, nicht vernommen; nie hatte ein Auge gesehen einen Gott außer dir solches tun dem auf ihn Harrenden.«

'Elohím wird als Akkusativobjekt des Verses aufgefaßt. Bisher war ein derartiger Wundergott, der alles für die auf ihn Harrenden vollbringt, nicht zu sehen. Nach dem erneuten Eingreifen Gottes wird Er sichtbar sein. Wirklich? Kann Gott überhaupt gesehen werden?
B-R suchen die *Schwierigkeit* zu umgehen:

»Von Urzeit her
hat man nicht gehört,
hat man nicht erlauscht,
nie hat etwas (!) ein Auge ersehn
von (!) einem Gott
außer dir,
der's tut für den, der sein harrt: ...«

Diese Wiedergabe krankt an der unpräzisen Berücksichtigung des hebräischen Textes. Da ist weder von einem »etwas« noch »von einem Gott« die Rede. Und was soll überhaupt »etwas« heißen? »Etwas« von Gott wäre sichtbar, nur nicht das Ganze?
Eher befreunden kann man sich mit der Erklärung von M.A. Anat–H.M.Y. Gevaryahu (Bibel für das Volk; Erklärungen, 1026):

»Nie haben Menschen von anderen gehört oder mit eigenen Augen gesehen, daß ein anderer Gott außer dem Herrn solche Wundertaten einem Volk bewirkt, welches auf Ihn hofft.«

Nicht Gott selbst ist sichtbar. Sichtbar ist lediglich Sein Tun. Bei dieser Deutung stört freilich, daß sie Worte in den Text einfügt (»ein anderer Gott außer dem Herrn«) und damit die getreue Übersetzung nicht erleichtert.
Die Melodiezeichen des masoretischen Textes zeigen, wie uns scheint, die Richtung, die es einzuschlagen gilt. *'Elohím* ist getrennt vom vorangehenden *lo ra'áta* (Pausaform für *ra'atá,* demnach noch sichtbarer gelöst vom folgenden Wort). A. Chacham (II,670, Anm. 28) versteht *'Elohím* als Vokativ und setzt hinter den Anruf ein Ausrufezeichen:

»Gott! Ein Auge außer Deinem hat die Sache nicht gesehen, die Gott jenem erweist, der auf Ihn harrt.«

Noch satzbezogener kann man übersetzen:

»Nie hat man gehört, nicht vernommen; ein Auge hat nicht gesehen, o Gott, außer Deinem, (wie) Er wirkt für jenen, der auf Ihn hofft.«

Diese Deutung steht im Einklang mit dem talmudischen Verständnis, das in diesen wenigen Worten eine *Anspielung auf die »Kommende Welt« (ʿolám habáʾ)* erkennen will (b. Sanhedrín, 99a; b.B'rachót, 34b; b.Schabát, 63a).

»Es lehrten die Weisen: alle Propheten weissagten nur für die Tage des Messias. Was jedoch die Kommende Welt anbetrifft, so gilt: ›ein Auge hat nicht gesehen . . .‹«

Raschi (zu 64,3) erklärt:

»Das Auge keines Propheten hat gesehen (vorausgeschaut), was der Heilige, gelobt sei Er, jenem erweisen wird, der auf Ihn harrt. Außer Deinem Auge, o Gott.«

Weshalb ist der Blick auf die Tage des Messias offen, jener auf die Kommende Welt hingegen verstellt? Der Midrasch (Tanchúma, wajiqráʾ, 8) führt den Grund an:

»Die Güte des Lebens in der Kommenden Welt vermag ein Mensch nicht zu erforschen und zu beschreiben. Er weiß nicht um ihre Größe, Schönheit und Kraft, weil sie . . . keine Gestalt besitzt. Die Weisen nennen sie Kommende Welt, nicht weil sie nicht bereits vorhanden wäre. Für uns, die wir in der Jetztigen Welt leben, ist sie zukünftig . . .«

Maimonides (Hilchót t'schuwá, VIII,7) charakterisiert den Unterschied zu den Tagen des Messias noch deutlicher:

»Alles Gute, das die Propheten Israel angekündigt haben, betrifft Dinge, die körperlich sind. Israel gelangt in ihren Genuß in den Tagen des Messias, wenn die Herrschaft Israels wiederkehrt. Doch das Gute des Lebens in der Kommenden Welt läßt sich nicht beschreiben, und die Propheten haben es nicht beschrieben, um seinen Wert nicht zu vermindern.«

Die Kommende Welt – es ist die Welt nach dem Tod eines Menschen, eine Welt, die bereits existiert – ist nicht körperlich, sondern geistig und daher konkret nicht zu beschreiben. Außer Gott hat »kein Auge sie gesehen«.
Die talmudische Interpretation paßt nur gezwungen in den Kontext der Bibelstelle, die von den handfesten, sichtbaren – und eben nicht spirituellen – Wundertaten Gottes handelt. Es ist indessen von großem Interesse und für den jüdischen Glauben sehr wesentlich, daß die Einsicht in das Bestehen letzter Geheimnisse menschlicher Existenz von der Bibel her begründet wird. Keiner weiß, was nach dem Tod geschieht, und die Weisen wollen

darüber gar nicht erst spekulieren. Daß aber etwas geschieht und mit dem Ende des Körpers nicht das Ende schlechthin gekommen ist, steht für den sich auf Bibel und Talmud abstützenden Juden über jedem Zweifel.

Wegweisung für unsere Zeit

Gott unterdrückt Sein Erbarmen (63,15), klagt der schwer angefochtene Mensch. Nichts will ihm mehr gelingen, das Dasein erscheint ihm als ewiges Jammertal, ohne Ausweg und Rettung. Gott selbst hat sich gegen ihn gerichtet, führt ihn in die Irre. Gott ist entrückt, fern dem Geschehen auf Erden. Hinter dichtem Himmelsschleier verbirgt Er sich. Wenn es je mächtige Gottestaten gegeben hat, wenn Gott je im Leben dieses Menschen helfend eingegriffen hat, so ist nichts mehr davon zu merken. Wie indessen alles sinnlos, sinnentleert erscheint, bricht – keiner weiß wie – eine neue Hoffnung auf. Betend wendet sich der Unglückliche an seinen Vater. Nicht an den vergänglichen, schwachen Menschenvater, vielmehr an Gott. »Du, Herr, bist unser Vater!« Er kennt die Worte aus der Bitte der Gemeinde. »Du bist mein Vater«, Du weißt um die Regungen meines Herzens, um mein Ringen nach einem sinnvollen Dasein. Dieses Gebet ist der Beginn eines Dialogs mit Gott. Gott wird zum ansprechbaren Partner, zum Du. Das zusammengeschnürte Herz öffnet sich, der zweifelnde-verzweifelnde Mensch findet einen Halt, einen sicheren Boden unter den Füßen. »Gott hat sich vor mir verborgen, ich weiß nicht weshalb, aber Er läßt sich finden, wenn ich Ihn nur wirklich zu suchen bereit bin. Er wirkt auch mir Wunder, indem Er mich meiner Not entreißt und zum blühenden, glücklichen Leben hinführt. Entscheidend ist, daß ich auf Ihn harre.« *jaʿasé limchaqé lo* (64,3), wenn ein Mensch sich mit ganzem Herzen Gott überläßt, geschehen die *noraʾót*, das sichtbare (und im letzten immer geheimnisvoll bleibende) Wirken Gottes für den Menschen.

Ein neuer Himmel und eine neue Erde

Jes 65,17–19(20–22)23–25

17 Denn sieh, Ich schaffe einen neuen Himmel und eine neue Erde,
und vergessen sind die ersten (Leiden),
sie steigen nicht auf im Herzen.
18 Freut euch vielmehr und
jubelt für immer,
über das, was Ich schaffe;
denn Ich schaffe
Jerusalem aus Jubel
und sein Volk aus Freude.
19 Und ich juble über Jerusalem
und freue mich über Mein Volk.
Nicht mehr wird in ihm vernommen
die Stimme des Weinens und die Stimme der Klage.
20 Nicht mehr wird von dort ein Säugling sein,
noch ein Alter, der seine Tage nicht vollendet;
denn der Knabe wird als Hundertjähriger sterben,
und der Sünder wird als Hundertjähriger verflucht.
21 Sie bauen Häuser und wohnen drin,
pflanzen Weinberge und essen ihre Frucht.
22 Sie bauen nicht, und ein anderer wohnt (drin),
pflanzen nicht, und ein anderer ißt;
denn wie die Tage des Baumes sind die Tage Meines Volkes,
und das Werk ihrer Hände verbrauchen Meine Erwählten.
23 Sie mühen sich nicht umsonst,
gebären nicht zum Entsetzen;
denn Same der Gesegneten des Herrn sind sie,
und ihre Sprößlinge mit ihnen.
24 Ehe sie rufen, antworte Ich,
noch reden sie, und Ich höre schon.
25 Wolf und Lamm weiden wie eins,
und der Löwe frißt Stroh wie das Rind,
und die Schlange – Staub ist ihre Nahrung.

Sie tun nichts Böses,
und sie schädigen nicht
auf dem ganzen Berg meiner Heiligkeit.
Gesprochen hat der Herr.

Der Text im Kontext

Der Talmud (b. Schabát, 119b) erzählt die Geschichte von einem guten und einem bösen Engel. »R. Jose bar Jehuda sagt: Zwei Engel des Dienstes begleiten den Menschen am Freitagabend von der Synagoge nach Hause. Einer ist gut, der andere böse. Kommt der Mensch in sein Haus und findet das (Sabbat-)Licht entzündet, den Tisch gedeckt und sein Bett überzogen, so spricht der gute Engel: ›Nach Gottes Willen möge es auch am nächsten Sabbat so sein!‹ Der böse Engel antwortet gezwungenermaßen mit *'amén.* Ist aber nichts vorbereitet, so spricht der böse Engel: ›Nach Gottes Willen möge es auch am nächsten Sabbat so sein!‹ Und der gute Engel antwortet gezwungenermaßen mit *'amén.*«
'amén (von *'-m-n,* »fest, zuverlässig, sicher sein«, W. Baumgartner, Lex. 61) ist ein Wort der Bekräftigung, der Zusicherung, etwa mit »so ist es!« wiederzugeben. Die Septuaginta übersetzt *'amén 'amén* (Num 5,22), das die der ehelichen Untreue verdächtigte Ehefrau beim Gottesurteil zu sprechen hat, mit *génoito, génoito* (»so sei es, so sei es!«).

»R. Jehuda bar Simon sagte: dieses *'amén* hat drei Gewißheiten (*'asp'lija'ót,* von griechisch: *aspháleia*): Schwur, Verpflichtung, Zustimmung.
Schwur aufgrund wessen? Weil es heißt (Num 5,21 f): ›der Priester beschwöre sie (die Ehefrau) . . . und die Frau antwortet *'amén 'amén.*
Verpflichtung aufgrund wessen? Weil es heißt (Dtn 27,15–26): ›und es spreche das ganze Volk *'amén‹.*
Zustimmung aufgrund wessen? Weil es heißt (1Kön 1,36): ›da antwortete B'najáhu der Sohn des J'hojadá' dem König und sagte *'amén,* so spreche der Herr, der Gott meines Herrn, des Königs‹« (Dtn.r. 7,1; ähnlich Num.r. 9,35 und b. Schu'wu'ót, 36a).

Das Amen der Engel ist demnach von Gewicht, es widerspiegelt einen Wunsch, der mit Sicherheit erfüllt wird – für den Juden, der am Freitagabend nach Hause kommt zum Guten oder Schlechten. Will er auch in Zukunft die *lel schabát,* die »Sabbatnacht«, mit ihrer einzigartigen Stimmung genießen, so muß er sich um die Vorbereitung kümmern, mit seiner Frau, die als »Herrin des Hauses« den entscheidenden Ton angibt.

'amén ist in der hebräischen Bibel häufig als bekräftigende Gebetsformel verwendet (wie in 1Kön 1,36 so in Jer 28,6; Ps 41,14; 72,19; 89,53; 106,48; Neh 8,6; 1Chr 16,36). Weil Gott immer direkt oder indirekt angerufen ist, gilt die talmudische Deutung von *'amén* im Sinne eines Akrostichon (b. Schabát, 119b).

»Was heißt *'amén?* R. Chanina sagte: *'el mélech ne'emán* (›Gott ist ein getreuer König‹).«

Die Anfangsbuchstaben dieser drei Worte (*'/m/n*) ergeben das Wort *'amén.*

Der Gott Israels ist *ha''él hane'emán,* der »getreue (vertrauenswürdige) Gott, der den Bund und die Treue bewahrt jenen, die Ihn lieben und Seine Gebote beachten, bis ins tausendste Geschlecht« (Dtn 7,9; s. Bibelauslegungen, I,118–128). Er steht zu Seinen Versprechen und gewährt Seinen »Erwählten« und »Knechten« nach Jes 65,8–10 den irdischen Segen. Die Frevler jedoch zieht Er zur Rechenschaft (V 11–15). Der Frevler Name wird zum Fluchwort, doch der »andere Name« (*schem 'achér*) der »Knechte« weist auf eine grundlegende Wende im Leben des Volkes hin.
V 16 stellt im Anschluß an die Namensverheißung fest:

»Daß wer sich segnet auf der Erde,
sich segnen wird beim Gott der Treue (*be'lohé 'amén*),
und wer schwört im Lande,
schwören wird beim Gott der Treue,
denn vergessen sind die früheren Leiden,
denn verborgen sind sie meinen (Gottes) Augen.«

ha'él hane'emán (vgl Jes 49,7; Jer 42,5) ist gleichbedeutend mit *'elohé 'amén*, »Gott des Amen« (der Gewißheit). Nur in diesem Text kommt die Wendung vor. Das Targúm setzt für *'elohé 'amén: 'elahá' qajamá',* »beständiger Gott«. Er ist ein Gott, der seine Versprechen einhält (vgl Jer 11,5).

»*'elohé 'amén,* d.h. der ›Gott der Wahrheit‹ (*'elohé ha'emét*), der bewahrheitet und eingehalten hat Seine Zusage« (Raschi).
»Weshalb heißt Er *'elohé 'amén?* Wegen Seiner stets bestehenden Güte und Seiner ewigen Zuverlässigkeit ...« (R. Elieser von Beaugency, 142).
»*'elohé 'amén* entspricht dem *'el 'emuná* in Dtn 32,4 (»Gott der Treue, Zuverlässigkeit«; R. Salomo Ibn Melech aus Fès, in: Sammelband, II,280).

Gott allein wird »auf der Erde« noch verehrt werden, von den Göttern bleibt keine Spur zurück (Kimchi). Wer »sich segnet« (*hamitbaréch*, Hitpael von *b-r-ch*), »für sich selbst Gottes Segen erfleht« (R. Salomo Ibn Melech aus Fès; Kimchi), spricht in jener glücklichen Zeit:

»Der ›Gott der Treue‹ möge mich segnen, wie Er jene und jene guten Menschen gesegnet hat« (R. Salomo Ibn Melech).
(R. Salomo Ibn Melech und Kimchi machen im übrigen auf den Unterschied zwischen *hamitbaréch*, »wer sich (selbst) segnet«, und *w'niwr'chú* (Niphal von *b-r-ch*; in Gen 12,3), »es werden (durch dich, Abraham) gesegnet«, aufmerksam. »Alle Familien der Erde« werden durch Abraham und seine Nachkommen gesegnet [s. unsere Bibelauslegungen, oben, S. 44ff], der »Eigensegen« hingegen leitet sich von Gott her.)

Gott antwortet auf den Segenswunsch des sich in Ihm segnenden Menschen.

»Wohl ihnen, den Frommen, die sich auf der Erde segnen und vom Himmel aus gesegnet werden. So ist das Maß (Gottes Handeln), weil es heißt (Jes 65,16): ›wer sich auf der Erde segnet, segnet sich beim Gott der Treue‹ (der Midrasch interpretiert die Worte ›segnet sich‹, *jitbaréch*, als ›wird [durch Gott] gesegnet‹)« (Gen.r. 75,8).

Wie der Segen auf Gott hin ausgerichtet ist, so auch der Schwur – bei allen Völkern. Ein Schwur bei den Göttern gehört für immer der Vergangenheit an.
Kimchi nennt die Stelle in Jes 45,23:

». . . denn mir beugt sich jedes Knie,
schwört jede Zunge.«

Wie mag der Schwur aussehen? Der Gaon Saadia (in: Sammelband, I,97) antwortet:

»Ich schwöre bei jenem, der mich die früheren Leiden hat vergessen lassen und sie vor meinen Augen verborgen hat.«
(Hinweis: Saadia versteht »vor meinen Augen« nicht im Sinne von »Gottes«, sondern des Menschen Augen, was freilich nicht zur Gottesrede paßt.)

Auf den *'elohé 'amén,* den »Gott der Treue«, der Wahrheit, der unverbrüchlich Seine Zusage wahr-nimmt, ist Verlaß. Das fühlt der Mensch in seiner Not. Die Gegenwart ist anders, die Frevler besitzen noch die Oberhand, in der Zukunft aber – sei sie nun als unmittelbar bevorstehend oder als eschatologisch gesehen – triumphieren die Guten und das Gute. »Die Leiden sind vergessen«, das von Grund auf Neue beginnt: »Gott schafft einen neuen Himmel und eine neue Erde« (V 17).

Leitworte des hebräischen Textes

ki, »denn« (im Abschnitt von V 17–25 sechsmal gebraucht, in V16 zweimal, was die große Wichtigkeit anzeigt), begründet die Aussagen oder die Handlungsweise.
boré' (dreimal: V 17.18), »(ich) schaffe)«, meint ein ganz neues (Gen 1,1) oder sich erneuerndes Schaffen (H. Homberg, hakorém, Jesaja, 86b). Es kann einem *'osé,* »(ich) mache«, entsprechen (Jes 66,22). In der jüdischen Philosophie wird mit dem Nomen *b'rí'á* die »Schöpfung aus dem Nichts« (*creatio ex nihilo*) bezeichnet. Daher wird auch die »Neuschöpfung« bei Korach (Num 16,30) – das Aufreißen des Erdschlunds – als *b'rí'á,* die der Herr »schaffen wird« (*jiwrá'*), verstanden.
tisachárna (s-ch-r, Niphal), »sie (fem.; sc. *hazarót,* die »Leiden«, V16) werden (nicht) erinnert werden«.
ta'aléna (von *'-l-h*) »sie (fem.) werden (nicht ins Herz, *'al lew*) steigen«, werden nicht mehr ins Bewußtsein treten. B-R: »nicht steigt's im Herzen mehr auf«.
sísu (Imperativ von *sus*), »freut euch!«, *gílu* (Imperativ von *gil*), »jubelt!« *gilá,* »Jubel«, *masós*, »Freude«.
w'galtí (Imperfekt mit waw consectivum von *gil*), »ich freue mich«.
'ul, V20, ist der »Säugling« (wie Jes 49,15), wie *'olél* (Jer 44,7; Klgl 2,11; 1Sam 15,3; zusammen mit *jonéq*, »Säugling«). Hier bedeutet wegen des dabeistehenden *jamím*,»Tage«, die Wendung *'ul jamím* »junger Mann« (so A. B. Ehrlich, Randglossen, IV,229; vgl *tinóqet* in der Mischna: »heiratsfähiges Mädchen«, nicht nur [weiblicher] Säugling). Zutreffend ist die Wiedergabe von B-R: »jugendlich« (s. Exegese).
j'malé' (m-l-', Piel) »füllen«, beim Leben: »vollenden« (B-R).
choté' ist der »Sünder«. *j'qulál (q-l-l,* Pual), »er wird verflucht (vgl *q'lalá,* »Fluch«).
k'ramím (Singular: *kérem*), »Weinberge«. *w'nat'ú* (Perfekt mit waw consecutivum von *n-t-'*, »pflanzen«), »sie werden pflanzen«.
pirjám, »ihre Frucht« (von *pri*).
j'walú (V22, Piel von *b-l-h*, Qal, »sich abnützen, verbraucht sein« [Lex. 127]), »sie werden verbrauchen«; Lex. 127: »voll genießen«.
jig'ú (s. oben, S. 164f zu Jes 49,4), »sie werden sich (nicht) mühen« »umsonst« (*laríq*).
jeldú (Imperfekt von *j-l-d,* Qal »gebären«), »sie werden gebären«.
behalá, »Entsetzen« (Lex. 107), B-R: »Bestürzung«, H. Homberg: »Vernichtung, Verlust«, Targúm: *l'motá,* »zum Tod«, Rev. I. Slotki (Isaiah,

319): »Schreck, plötzlicher oder vorzeitiger Tod«. Nach R. Sch. D. Luzzatto ist *behalá* aufgrund von Ps 78,33 gleichbedeutend mit *héwel* (Metathesis der Buchstaben von *h-b-l [héwel*, »Dampf«, »Nichtiges«] in *b-h-l).*
séra' b'ruché 'adonáj, »Samen der Gesegneten des Herrn« (vgl 61,9: *séra' berách 'adonáj*, »Same, den der Herr gesegnet hat«), steht parallel zu *ze'eza'ehém*, »ihre Nachkommen« (*ze'eza'ím* kommt von *j-z-'*, »hinausgehen«; Lex. 933).
s''éw, »Wolf«, *talé,* »Lamm«, werden »zusammen weiden«, *jir'ú* (von *r-'-h*, Qal, »weiden«).
téwen ist »Stroh; *'afár,* »Staub, Erde« (Gen 3,14).
jaré'u (von *r-'-'*, Hiphil), »sie werden (nicht) Böses tun«; *jaschchítu (sch-ch-t,* Hiphil), »sie werden (nicht) verderben«.

Der Text in der Exegese

Gott, der Schöpfer und Herr des Universums, der »den Himmel spannt und die Erde gründet« (Jes 51,16), wird, so kündet des Propheten Rede, *»einen neuen Himmel und eine neue Erde schaffen«.* »Einen wirklich neuen Himmel«, sagt Raschi (zu V17), eher ist freilich an eine Erneuerung des bereits bestehenden gedacht.

»Danach ist hier ... der Sinn: Ich werde den Himmel und die Erde neugestalten. Gemeint ist aber nichts mehr als eine gründliche Umgestaltung der allgemeinen Zustände« (A.B. Ehrlich, IV,229).

Im täglichen Morgengebet der jüdischen Liturgie wird das Bekenntnis ausgesprochen:

»Er erneuert (*m'chadésch*) in Seiner Güte jeden Tag das Werk des Anfangs.«

Was erneuert wird, gilt gleichsam als neu geschaffen. Der Midrasch (P'síqta' d'raw Kahána, sos 'asís, I,331) stellt fest:

»Es sprach R. Levi: Sechs Dinge wird in der Zukunft der Heilige, gelobt sei Er, erneuern: Himmel und Erde (nach Jes 65,17), Herz und Geist (Ez 36,26), den Namen des Messias (Ps 72,17) und den Namen Jerusalems (Jes 62,2).«

Die Erneuerung der Schöpfung wird von Ibn Esra ganz konkret verstanden, und er denkt dabei an ein Moment, das uns in der Gegenwart sehr beschäftigt.

»Der Himmel ist das Firmament (*raqí'a*), und der Herr wird die gute Luft erneuern, damit die Menschen mit einem gesunden Körper viele Jahre leben, und zugleich wird Er der Erde Kraft hinzufügen, und sieh: sie ist neu.«
Ibn Esra lebte von 1089–1164 (in seiner Folge übernimmt auch R. D. Kimchi, 1160–1230, diese Deutung).
Ließ er sich bei seinem Kommentar von den schlechten sanitären Verhältnissen zu seiner Zeit leiten? Was würde er erst heute angesichts der Luftverschmutzung sagen?

Nicht die konkrete Vorstellung von einem sichtbaren Neuwerden des Himmels und der Erde steckt indessen im Bibelvers, sondern die geistige, durch die Rückkehr aus dem Exil erfolgende Umformung des Verhaltens Israels.

»Es ist ein Gleichnis für den Wandel in den Angelegenheiten des Volkes nach dem Exil« (R.Sch.D. Luzzatto, 405).

Das Stichwort »Gleichnis« (*maschál*) hat Maimonides (FdI, II. Kap. 29, 184ff) gegeben. Zu unserem Vers führt er aus (S. 187):

»Immer hat Jesaja die Gepflogenheit, für jeden, der den Sinn der Worte versteht, in diesen gewohnten Metaphern zu sprechen, und so schildert er die Zustände des Exils mit allen ihren Einzelheiten, nachher beschreibt er aber die Wiederherstellung des Reiches und die Tilgung aller Leiden, indem er figürlich sagt: Ich schaffe einen neuen Himmel ...«

(Von einem *maschál* sprechen auch R. Jesaja der Erste von Trani, R. Joseph Caspi ['adné késef, 188], vgl R. Elieser von Beaugency, 142: »nicht wirklich neu [sind Himmel und Erde] ..., sondern anders als zuvor. Wenn ein Mensch das Böse zu tun pflegte, und sich ändert ..., so erscheint es ihm, als lebe er in einer neuen Welt.)

»Neu«, gereinigt von den Schlacken des Exils, der Schuld und des Versagens, steht Israel unter dem »neuen Himmel« – mit der gegenwärtigen Generation auch die zukünftigen Geschlechter (unten zu V 23). Die Parallele in 66,22 verkündet:

»Denn wie der neue Himmel und die neue Erde, die ich mache, vor mir bestehen, ist der Spruch des Herrn, so wird euer Same und euer Name bestehen.«

Im neuen, gewandelten Zeitalter hat jeder Mensch eine Chance, sein Glück und seinen inneren Frieden zu finden.
Was vergangen ist – »die ersten(Leiden)«, V 17b – wird aus dem Bewußtsein verdrängt. Die überwundene Not »steigt nicht mehr auf im Herzen« (zur Wendung *'alá 'al lew* s. Jer 3,16). Voraussetzung ist dabei freilich, daß Israel mit ganzem Herzen zu Gott zurückkehrt.

»›Kehr um Israel‹ (Hos 14,2) – wenn sie eine vollkommene Buße tun, so werden ihnen selbst die einst begangenen Sünden nicht mehr angerechnet und nicht mehr erwähnt. Woher ergibt sich dies? Jesaja erklärt es: ›es wird ihrer nicht gedacht . . .‹« (P'síqta' rabatí, 45,7).

Gottes Vergeben liegt im absoluten Tilgen menschlicher Schuld. Nicht einmal in der Erinnerung hat sie Bestand.
Ist die Wendung vom »neuen Himmel« und der neuen Erde« auch als Metapher aufzufassen, so wirken sich die *Konsequenzen* sehr konkret aus. V18 mit seinem chiastischen Aufbau zeigt es:

»*Freut* euch vielmehr und
jubelt für immer
über das, was ich *schaffe*;
denn ich *schaffe*
Jerusalem aus *Jubel*
und sein Volk aus *Freude*.«

Die »Neuschöpfung« des Himmels und der Erde« geht Hand in Hand mit der »Neuschöpfung« Jerusalems auf dieser Erde, in der sie ihren eigentlichen Zweck findet. Nach Kimchi spielt der Vers auf Jes 2,1–4 gedanklich an.

»Obschon in der ganzen Welt der Friede herrscht, ist Jerusalem im Zentrum. Von dort geht der Friede aus für die Welt, die Weisung (Gottes) und der gute Weg, um derentwillen der Friede gesichert wird.«

Vgl R. Salomo Ibn Melech aus Fès (aaO, II,280): »Jerusalem heißt (!) ›Jubel‹ und sein Volk ›Freude‹, denn von ihnen geht der Segen für die Welt aus.«

»Jerusalem aus Jubel«, es ist die Stadt, an der sich der Herr selbst freut (V 19: *w'galtí*):

»Und ich juble über Jerusalem und freue mich über mein Volk.«

Jerusalem wird wieder, was es einst gewesen ist (Klgl 2,15): *masos l'chol haʾárez*, »Freude für die ganze Erde«.

»Alle Wunder, die Gott Israel während der Wüstenzeit (nach dem Auszug aus Ägypten) getan hat, wird Er für das Volk inskünftig in Zion tun. In der Wüste: ›denn der Herr wendet sich dir zu, um sich über dich zu freuen, zum Guten‹ (Dtn 30,9), und in Zion: ›und ich juble über Jerusalem und freue mich an meinem Volk‹« (Tanchúma, d'warím, 1).

Wenn die Freude für Jerusalem einkehrt, sind seine Bewohner getröstet.

Malbim (III,491) schreibt zu V19b (»nicht wird mehr in ihr die Stimme des Weinens und die Stimme des Geschreis gehört«):

»Die Stimme des Weinens – über ein Unglück, das sich bereits ereignet hat; die Stimme des Geschreis – das ist der Schrei um Hilfe wegen eines Unglücks, das naht.«

Zu beidem fehlt die Ursache: es gibt kein Unheil mehr, das geschehen ist, keines das geschehen wird. V 20 präzisiert dies:

»Nicht soll dorther mehr einer sein,
zart an Tagen und doch gealtert,
der seine Tage nicht vollendet,
denn als jugendlich wird der Hundertjährige sterben,
und der Sünder wird verwünscht,
nur ein Hundertjähriger zu werden« (B-R).

»Zart an Tagen und doch gealtert« (*ʿul jamím w'saqén*) wird entsprechend von A. B. Ehrlich verstanden als »frühzeitig gealterter Mann«. Nicht von der Hand zu weisen ist allerdings auch diese Erklärung:

»Von dort wird kein Säugling mehr sein(über den wegen seines frühzeitigen Todes die Totenklage zu erheben ist) und nicht ein Alter, der seine Tage nicht vollendet« (nach m'zudát Davíd).

Der Grund wird ausdrücklich vermerkt:

»denn der Knabe (*náʿar*) wird als Hundertjähriger sterben ...«

Selbstredend ist keiner mit hundert Jahren mehr ein »Knabe«. Buber-Rosenzweigs »jugendlich« wird dem zweifellos gerecht, ebenso m'zudát Davíd:

»Stirbt jemand mit hundert Jahren, so sagt man von ihm, er sei als ›Knabe‹ gestorben.«

Die Menschen erreichen in jener Zeit ein hohes Alter; vgl Ex 23,26: »... die Zahl deiner Tage vollende (fülle) ich«.
Und wie steht's um den Sünder?
Das Targúm (in der Folge auch N.H. Tur-Sinai, P'schutó schel miqráʾ, III,1,150) sieht im zuvor genannten *hanáʿar* das Subjekt des Versteils:

»denn der Knabe, der sündigt, wird als Hundertjähriger sterben.«

Verschieden von diesem Verständnis ist der Vorschlag R.Sch.D. Luzzattos:

»wenn man den Sünder verfluchen will, so wünscht man ihm, er möge erst als Hundertjähriger sterben.«

Das steht freilich nicht im Text. Auch B-R (»und der Sünder wird verwünscht, nur ein Hundertjähriger zu werden«) legen zu viel in ihn hinein. Weshalb soll man dem Wortlaut von *w'hachoté' ben me'á schaná j'qulál* nicht gerecht werden? Das heißt nichts anderes als »und der Sünder wird als Hundertjähriger verflucht«. Wer dies nicht versteht, lese die Ausführungen des Gaon Saadia (aaO, I,97, Anm.6), die psychologisch interessant sind:

»In unserer Zeit sehen wir über ein Vergehen eines Hundertjährigen hinweg, weil das Alter seine Kraft geschwächt hat, doch in der Zeit der Hilfe gilt der Hundertjährige als Mann der Einsicht. Hat er gefrevelt, so wird er verflucht.«

Die Senilität »in unserer Zeit« (der Gaon Saadia lebte im 9./10. Jh. d.Z., doch seine Bemerkung gilt bis heute) führt zur Nachsicht den Uralten gegenüber. Wenn aber ein Mensch mit hundert Jahren noch als »Knabe« angesehen wird, weil die Länge eines Menschenalters in die vielen hundert Jahre geht, wird er immer noch als zurechnungsfähig (»als Mann der Einsicht«) angesehen.
Die *Ausdehnung der Lebenserwartung* ist um ein Vielfaches erweitert. R. Jehuda Ibn Bal'ám (in: Sammelband, II,150) sieht den Zusammenhang mit »dem neuen Himmel und der neuen Erde«:

Wer in diesem Alter stirbt, gilt noch als Jüngling, denn die Dauer des Lebens wird wieder zu jener am Anfang der Schöpfung. Darauf spielt der Prophet an, wenn er sagt, Gott werde einen ›neuen Himmel und eine neue Erde‹ schaffen. Will besagen: Die Sphäre gibt diesselbe Kraft und Lebensdauer wie am Anfang der Schöpfung.«

Leben heißt nun freilich nicht nur lange leben, sondern *sinnvoll leben*. Den echten Gottessegen eines kreativen, erfüllten Daseins zeigen V21–22, die im gedanklichen Zusammenhang mit Dtn 20,5f; 28,30 (Gegenteil des Segens!) und Jer 29,5.28 stehen. Wir vergleichen die Texte:

Jes 65,21	Jer 29,5	Dtn 20,5f.	Dtn 28,30
Sie bauen Häuser	Baut Häuser	Wer ist der Mann, der ein neues Haus gebaut, doch nicht eingeweiht hat, er	Ein neues Haus wirst du bauen,
und wohnen (drin),	und wohnt (drin),	geh und kehr zurück in sein Haus ...	doch nicht in ihm wohnen.

Jes 65,21	Jer 29,5	Dtn 20,5f.	Dtn 28,30
pflanzen Weinberge	pflanzt Weinberge	Wer ist der Mann, der einen W. gepflanzt, doch nicht eingeweiht hat,	einen Weinberg wirst zu pflanzen
und essen ihre Frucht.	und eßt ihre Frucht (V28: ihre Früchte).	er geh und kehr zurück in sein Haus, daß er nicht sterbe im Krieg, und ein anderer Mann weiht ihn ein.	doch ihn nicht einweihen

V22 in unserem Text bekräftigt V21 durch die Betonung dessen, was nicht geschehen wird. Zugleich ist der Bezug auf Dtn 28,30 offenkundig.

»Sie werden nicht bauen,
und ein anderer (Tg: andere) wohnt (wohnen),
sie werden nicht pflanzen,
und ein anderer (Tg: andere) ißt (essen) ...«

Für einen Menschen ist es höchst deprimierend, wenn er sich abmüht und den Lohn seiner Mühe nicht selbst genießen darf, wenn ihn nicht zumindest seine Kinder genießen können. Diese Enttäuschung wird nicht eintreten, »weil das Land von feindlichen Einfällen verschont bleibt, durch die die Früchte geraubt würden« (Rev. I. Slotki, 318). Die Wendung »bauen und pflanzen« ist im übrigen zur Charakterisierung eines schöpferischen Tuns wohl üblich gewesen, wie Jer 1,10 (»zu bauen und zu pflanzen«, *liwnót w'lintó'a)* nahelegt.
Im Frieden gedeiht das Land, bleiben Menschen in ihren Häusern wohnen, genießen sie ihrer Hände Arbeit. In V20 wird eine lange Lebenszeit verheißen. An diese Verheißung wird jetzt in V22b zur weiteren Begründung des sicheren Wohnens und Profitierens erinnert:

»denn wie die Tage des Baumes sind die Tage meines Volkes,
und das Werk ihrer Hände überdauern meine Erwählten.«

Der *Baum* ist im trockenen Klima des Vorderen Orients Symbol des Lebens. Seine Wurzeln greifen tief ins Erdreich und nehmen jeden Tropfen Wasser in sich auf, zu dem sie gelangen. Trotz der Schwierigkeiten leben manche Bäume – vor allem Ölbäume – viele Jahrzehnte und oft auch

Jahrhunderte. Sie sind daher zugleich Symbol des langen Lebens (vgl. Hiob 14,7–9). Der Text spricht von »dem« Baum (mit bestimmten Artikel), *ha'éz*. Es verwundert nicht, daß schon das Targúm mit *'ilán chajája*, »Lebensbaum« (hebr. *'ez hachajím*, Gen 2,9; 3,22), übersetzt. Von da ist nur noch ein kleiner Schritt zur Gleichsetzung mit dem eigentlichen Lebensbaum, der Tora.

»Wir haben gelernt: R. Schim'ón bar Jocháj sagt: Der Baum ist nichts anderes als die Tora. Dies entspricht dem, das gesagt ist (Spr 3,18): ›ein Baum des Lebens ist sie allen, die an ihr festhalten‹« (Gen.r. 12,6; Num.r. 13,12; Tanchúma b'reschít, 6).

Oft ist in den prophetischen Schriften vom »Baum«, dem aus Holz geschnitzten Götterbild, die Rede (z.B. Jes 40,20; 44,19; Jer 2,27). Hier ist der Baum, das »Holz«, nicht Kennzeichen einer falschen Religion. Die Weisen Israels haben indessen auf einen inneren Zusammenhang zwischen diesem Baum und jenen verworfenen Götterstatuen hingewiesen, wie aus dem nachfolgenden Text hervorgeht:

»Es sagte der Heilige, gelobt sei Er: so ist mein Handwerk: mit der Sache, mit der ich (eine Wunde) schlage, heile ich auch. Ein Mensch verletzt mit einem Messer und heilt mit dem Pflaster, ich hingegen heile mit der Sache, mit der ich verletze ... Sie (Israeliten) sündigten mit dem Baum: ›sie sprechen zum Baum (hölzernes Götterbild): mein Vater bist du‹ (Jer 2,27); wurden bestraft mit dem Baum (Klgl 5,13): ›und die Jungen strauchelten durch den Baum‹ (beim Schleppen von Bäumen bei der Lastarbeit); und sie werden getröstet durch den Baum: ›denn wie die Tage des Baumes sind die Tage meines Volkes‹ (Jes 65,22)« (P'síqta rabatí, 34,13).

Die lange Lebenserwartung führt zum *Gottessegen*, der sich auch darin erweist, daß der Meister sein Werk und nicht das Werk seinen Meister überlebt. V 22 am Schluß:

»und das Werk ihrer Hände überdauern meine Erwählten«.

Was Israel schafft, ist nicht vergebens. Dies gilt besonders im Hinblick auf die Kinder. Weil keiner als Säugling oder in der Jugend stirbt (V 20), ist auch die »Mühe« nicht »umsonst«. Die Geburtswehen bringen ein lebenskräftiges Kind zur Welt. (Die englische Sprache nennt entsprechend diese Wehen »labour«, »Arbeit«.) Dieser Nachwuchs ist die Freude der Alten, die mit ihren »Sprößlingen« (*ze'eza'ehém*) zusammen ihre letzten Tage verbringen (und nicht die Säuglinge beerdigen müssen). Mit anderen Worten: *Die Säuglings- und Kindersterblichkeit hört auf.* So ist das Volk wahrhaft »Same der Gesegneten Gottes«, das Volk als Ganzes.
All dieses wunderbare Geschehen ist das Werk Gottes, der seine »Erwähl-

ten« aufnimmt und ihnen, so sagt V24, jede Bitte erfüllt, ehe sie sie äußern.

»R. Elʿasár ben P'dat sagte: Hört ein Mensch aus Fleisch und Blut die Worte eines anderen (Menschen), erfüllt er seinen Wunsch, hört er sie nicht, so vermag er's nicht. Der Heilige, gelobt sei Er, ist anders: Noch hat der Mensch nicht geredet, weiß Er, was in seinem Herzen ist« (Ex.r. 21,3; vgl Gen.r. 9,3).

Die Weisen haben genau hingesehen und verschiedene Bibelstellen miteinander verglichen. Das Ergebnis faßten sie zusammen (Dtn.r. 2,17):

»Was bedeutet ›... immer, wenn wir Ihn anrufen‹ (Dtn 4,7)? Es gibt ein Gebet, das wird nach 40 Tagen erhört (jenes von Mose; Dtn 9,18), nach 20 (bei Daniel; Dan 10,3), nach 3 (Jonas Gebet; Jona 2,1f), nach einem Tag (Eliahus; 1Kön 18,36), am selben Tag (Davids; Ps 69,14). Und es gibt ein Gebet, das der Betende noch nicht mit seinem Mund gebetet hat, und schon antwortet der Heilige, gelobt sei Er« (Jes 65,24).

Die Liturgie kennt eine Kurzfassung des »Achtzehner-Gebets« (*sch'moné ʿesré*). Sie trägt nach dem ersten Wort (*hawinénu*, »laß uns verstehen«) den Namen *t'fillát hawinénu (hawinénu*-Gebet; j.Taʿanít, II,2; Maimonides, Hilchót t'fillá, II,3). In einem seiner zentralen Sätze steht das Bekenntnis: *térem niqra' 'ata taʿané,* »ehe wir rufen, wirst Du antworten«.

»Wie bedeutend ist die Stufe der Umkehr! Gestern noch war einer vom Herrn, dem Gott Israels, geschieden ..., er schreit auf und wird nicht erhört (Jes 1,15), und heute ist er eng mit Seiner Gegenwart (*sch'chiná*) verbunden, schreit auf und wird sogleich erhört« (Maimonides, Hilchót t'schuwá, VII,7).

Im zweiten Versteil wird der Gedanke des spontanen Erhörtwerdens durch Gott mit anderen Worten nochmals aufgenommen:
»Noch reden sie (im Gebet), und Ich höre (schon).«
ʿod hem m'dabrím erinnert an die Hiobsbotschaften (Hiob 1,16.17.18) mit der stereotypen Einleitung: *ʿod se m'dabér w'se ba' wajomár,* »noch redet dieser, und (schon) kommt jener und sagt«. Hier ist die Botschaft keine Hiobsbotschaft, sondern ihr Gegenteil. Durch die Assoziation mit der bei Hiob verwendeten Formel wird die Schnelligkeit der göttlichen Reaktion deutlich. So rasch wie Hiob, der Dulder, mit der Kunde einer Katastrophe nach der anderen konfrontiert wird, erfährt der sich an Gott um Hilfe Wendende, daß sein Gebet erfüllt ist. Und zwar, noch ehe er es zu Ende spricht.
V25 enthält komprimiert das Bild vom *Völkerfrieden* in Jes 11,6–9, bei gleichzeitiger Veränderung einiger Details.

Jes 65,25	*Jes 11*
Wolf und Lamm weiden wie eins,	V7: Kuh und Bär weiden, zusammen lagern sich ihre Jungen
und der Löwe frißt Stroh wie das Rind,	und der Löwe frißt Stroh wie das Rind
und die Schlange – Staub ist ihre Nahrung.	V8: es spielt der Säugling am Loch der Otter ...
Sie tun nichts Böses, und sie schädigen nicht auf dem ganzen Berg meiner Heiligkeit.	V9: Sie tun nichts Böses, und sie schädigen nicht auf dem ganzen Berg meiner Heiligkeit; denn erfüllt ist die Erde von der Erkenntnis des Herrn, wie Wasser, die das Meerbett (B-R) bedecken.
Gesprochen hat der Herr.	

Zum Frieden zählt die Verständigung zwischen den »Tieren«, bei denen in der Jetztzeit die starken die schwachen vernichten (vgl Hos 13,7f). Der »Löwe« frißt Stroh wie das Rind« und muß, schreibt Raschi, »kein anderes Tier vernichten«. Die Schlange begnügt sich mit der ihr (Gen 3,15) zugedachten »Erd«-Nahrung. Die Feindschaft zum Menschen und das gegenseitige Umbringen (die Schlange sticht in des Menschen Ferse, und der Mensch tritt ihr auf den Kopf; s. Bibelauslegungen, I, 49–51) gehören der Vergangenheit an.

»›und die Schlange – Staub ist ihre Nahrung‹ (nach ihrer Natur), und keine andere Sache. Damit ist gesagt, daß sie nicht mehr schädigt« (Ibn Esra).

»Sie wird sich mit der Erdnahrung begnügen ... und keinen Schaden zufügen« (R. Sch. D. Luzzatto).

Das friedliche Beieinander der »Tiere« vollzieht sich auf dem »ganzen Berg meiner Heiligkeit« – und damit ist das ganze Land Israel gemeint (so Kimchi) –, doch von dort breitet es sich, ohne daß dies immer ausdrücklich gesagt werden muß, über die ganze Erde aus (11,9).

Wegweisung für unsere Zeit

Mit der Ankündigung eines »neuen Himmels und einer neuen Erde«, die der »Gott der Treue« und Wahrheit zu schaffen gedenkt, beginnt unser Bibeltext. Er schließt mit der Zusicherung einer umfassenden Friedenszeit.

Die »Neuschöpfung« äußert sich, möchte man sagen, im Detail, im Konkreten: frühere Leiden sind so gründlich durch das von Gott bewirkte Glück überwunden, daß keiner sich ihrer mehr erinnert. Jerusalem gewinnt seinen alten Glanz wieder, die Kriegsfurie, die allzu lange gewütet hat und unsägliche Trauer verursachte, ist der Freude gewichen. Auch der Freude des einzelnen, dem ein langes Leben verheißen ist. Wie in den Tagen der Urzeit, wie im paradiesischen Zeitalter, an das nicht nur der letzte Vers mit der Schilderung des Tierfriedens erinnert, sondern nicht minder das Bauen der Häuser, die dann auch bewohnt werden, das Pflanzen der Rebberge, deren Frucht der Winzer genießt. Wenn es der Menschheit gutgeht und wenn nicht mehr gilt *»homo homini lupus«,* »der Mensch ist des Menschen Wolf« (weil »der Wolf und das Lamm lagern wie eins«, V 25), geht es auch dem einzelnen gut. Vom Gottesberg geht der Friede aus (Jes 2), der sich hier (V 21) wie bei Micha (4,4) im »Sitzen unter seiner Rebe und seiner Feige, ohne daß einer sich fürchtet«, kundtut.

Dies alles ist ferne Zukunftsmusik. Die Menschheit ist mehr denn je verunsichert. Der »neue Himmel und die neue Erde« sind nicht zu erblikken, die »ersten Leiden« nicht vergessen. Nicht weil Gott nicht zu Seiner Verheißung stünde, sondern weil die Menschheit noch immer sich nicht beim »Gott der Treue segnet« und beim »Gott der Treue« ihren Schwur ablegt, sondern bei den vielen und vielgestaltigen Göttern. Ehe diese Götter, die goldenen und silbernen Götter, die Falschheit und Verlogenheit, der Schein, der echtes Sein verbirgt, nicht verschwinden, bleibt alles beim alten.

Jeremias Berufung

Jer 1,4–10

4 Das Wort des Herrn erging an mich, wie folgt:
5 »Ehe Ich dich im Mutterleib schuf, habe Ich dich gekannt,
und ehe du aus dem Mutterschoß hervorgingst,
habe Ich dich geweiht –
zum Propheten über die Völker habe Ich dich gegeben.«
6 Ich sprach:
»Ach, Herr, Gott! Ich kann nicht reden,
denn ich bin ein Knabe.«
7 Da sprach der Herr zu mir:
»Sag nicht ›ich bin ein Knabe‹;
denn zu allem, zu dem Ich dich hinsende, wirst du gehen,
und alles, das Ich dir gebiete, wirst du sagen.
8 Fürchte dich nicht vor ihnen,
denn mit dir bin Ich, um dich zu retten«, ist der Spruch des Herrn.
9 Der Herr streckte Seine Hand aus und berührte (mit ihr) meinen Mund.
Der Herr sagte zu mir:
»Sieh, Ich habe meine Worte in deinen Mund gegeben.
10 Sieh doch, Ich habe dich eingesetzt an diesem Tag
über die Völker und die Königreiche –
auszureißen und einzureißen,
zu vernichten und zu tilgen,
zu bauen und zu pflanzen.«

Der Text im Kontext

»Reden Jirmejahus Sohns Chilkijahus, von den Priestern, die in Anatot im Lande Binjamin waren ...« (B-R). Mit dieser kurzen Feststellung beginnt die Überschrift zum Prophetenbuch Jeremias (1,1). Der Name *Jirm'jáhu* kann als *jarím Ja,* »Gott wird erhöhen« (Jalqút schim'óni, II,814, Nr. 257) oder als *jirmé Ja,* »Gott wird schießen« (A. Malamat, Jeremia Kap 1 – Zum

Problem der Berufung und der prophetischen Visionen, 1963; hebr.), verstanden werden. *Jirmé* (von *r-m-h,* »schießen«) findet sich zwar nicht im Imperfekt, sondern nur im Perfekt (*ramá,* Ex 15,1.21) und Partizip des Qal (*romé,* Jer 4,29; im Plural: Ps 78,9). Die Vorstellung von dem Pfeile gegen seine Feinde abschießenden Gott ist aber nicht abwegig. Die erste Namensdeutung liegt indessen näher.

Der Vater Jeremias heißt *Chilqijáhu,* »mein Teil (*chéleq*) ist Gott«. Er ist Priester in Anatot, einer kleinen Ortschaft rund 7 km nordöstlich von Jerusalem. Die Forscher lokalisieren sie bei den Ruinen von Ras al-Charuba. Das heutige arabische Anata ist 1 km davon entfernt. Nach Jos 21,18 ist Anatot eine »Priesterstadt«. Es mag sein (so A. Malamat, 9), daß der Name von *ʿAnát,* der kanaanäischen Göttin, abgeleitet ist (vgl *Bet ʿAnát* in Galiläa; Ri 1,33), sicher ist dies indessen nicht (Enc. miqra'ít, VI,318). Einen Hohenpriester namens Ewjatar verbannt Salomo nach Anatot auf ein Landgut (1Kön 2,26), weil er Adonija, Davids Sohn, bei dessen Revolte gegen den Vater (ib. 1,5–7) unterstützt hat. Ewjatar ist nach Aussage des Königs »ein Mann des Todes«, doch sein Leben wird geschont. Möglicherweise stammt die Familie Jeremias von Ewjatar ab.

Als Priester (*kohén*) hat Jeremia nicht amtiert, wie A. Malamat (S. 9) richtig beobachtet. Der Text vermerkte sonst nicht »von den Priestern«, sondern »Jeremia ... der Priester«.

Vierzig Jahre – von 626 bis 586 v.d.Z. (E. S. Hartom, séfer Jirm'jáhu, Einleitung) – weissagt der Prophet. Es ist die Zeit von Josia bis Zedekia. Die V2–3 nennen drei Könige; in Tat und Wahrheit hat Jeremia die Regenschaft von fünf Königen erlebt, wobei zwei lediglich je drei Monate lang an der Macht waren und daher nicht genannt sind. Es handelt sich um *Josia*, Sohn des Amon (637–609), *Joachas,* den jüngsten Sohn Josias (609), den älteren Sohn *Jojakim* (609–598), Jojakims Sohn *Jojachin* (598) und schließlich den vom babylonischen Großkönig Nebukadnezar nach der Eroberung Jerusalems (598) eingesetzten Matanja, der den Königsnamen *Zidqijáhu* (Zedekia) erhält. Er regiert bis zur Zerstörung Jerusalems und seines Tempels, 586 v.d.Z. (Zu den geschichtlichen Ereignissen s. unsere Bibelauslegungen, I, 197–199, 208f.)

Das Prophetenbuch Jeremias beginnt mit *diwré* (status constructus von *d'waŕim,* »Reden«, »Dinge«). Statt mit »Reden Jeremias« kann die Angabe *diwré Jirm'jáhu* auch mit »Dinge, Angelegenheiten des Jeremia (vgl Kimchi und Abarbanel zu V1) übersetzt werden. Tatsächlich enthält das Buch viele Berichte über die persönlichen und nationalen Ereignisse, die das Dasein Jeremias sehr oft in eine außergewöhnliche Gefahr bringen. Jeremia leidet wie kaum ein anderer Prophet und wird – wie etwa beim Prozeß (Kap 27) – nur mit knapper Not vor dem Tod gerettet. Die *diwré Jirm'jáhu* sind daher wichtig, wenn das ganze Ausmaß der prophetischen Mission erfaßt werden soll. Nicht zufällig wird im Berufungstext, mit dem wir uns beschäftigen müssen, Jeremia der notwendige göttliche Zuspruch zuteil, ohne den sein Wirken zweifellos in die Irre ginge. Mit seinen schwachen menschlichen Kräften hätte er die vielen Anfechtungen nie zu bestehen vermocht. Gott stützt und richtet ihn auf und teilt ihm von allem Anfang an mit, daß er nicht allein stehen werde. »Denn mit dir bin Ich, um dich zu retten, ist der Spruch des Herrn« (1,8).

Leitworte des hebräischen Textes

'ezorchá (mit *dagésch forte* im *zádi*) stammt nach Sch.L. Gordon (diwré Jirm'jáhu, 5, Anm.) von *n-z-r* im Sinne von *zur*, »bilden« (daher Reduplikation des *zádi* wegen des ausgefallenen *nun*). Bereits R. Jesaja der Erste von Trani (Kommentar zu Jer, 201) führt *'ezorchá* jedoch auf das reguläre Wort für »bilden«, auf *j-z-r* zurück (so auch R. Mose ben Schéschet, ein Zeitgenosse des R. Joseph Kimchi und dessen Sohn R. David Kimchi im 12. Jh.; s. S. R. Driver [Hg.], perúsch ʿal Jirm'jáhu wichesqél me'ét R. Mose ben Schéschet, 1871. Hebräische und englische Übersetzung). An *j-z-r* denkt auch R. Sch. D. Luzzatto (Kommentar zu Jeremia, S. 1). H. Bauer – P. Leander (Historische Grammatik der Hebräischen Sprache des Alten Testaments, ^{2}1962, 379/t) sprechen von einer »Quantitätsmetathese«, die der Form das Aussehen eines Verbums der *primae nun* geben.
béten, »Bauch«, wird hier synonym zu *réchem*, »Mutterschoß«, verwendet (vgl *pri béten*, »Leibesfrucht« in Gen 30,2; Dtn 7,13, und *ben béten*, »leiblicher Sohn«, Jes 49,15; Hiob 19,17 im Plural: *b'ne bitní).*
j'daʿtícha (von *j-d-ʿ*, Qal), »Ich habe dich gekannt«, meint die innige Kenntnis einer Person, wie sie vor allem bei der Liebe zwischen Ehegatten sich einstellt (daher wird das Verb dann auch für das sexuelle »Erkennen« gebraucht; Gen 4,1 u.a.).
hiqdaschtícha (Hiphil von *q-d-sch*), »Ich habe dich geheiligt«, d.h. zum Propheten geweiht, bestimmt. Mit dem Substantiv *haqdaschá* wird im modernen Iwrit die »Weihung«, dann auch eine »Widmung« bezeichnet.
nawí' lagojím, »Prophet für die Völker«, entspricht einem *nawí' ʿal hagojím*, »Prophet über die Völker« (Jer 46,1).
'ahá (V 6) heißt »ach« (B-R) und ist ein Ausdruck der Klage (Raschi zitiert

das französische Wort complaint, »Beschwerde«), nach R. Joseph Ibn Nachmias (Commentar zum Buche Jeremias, 1913) ein Ausdruck des Erstaunens.
náʿar, »Knabe«, ist nach M. Bolle (séfer Jirm'jáhu, 3) sowohl der »junge« wie auch der »unwichtige« Mensch. Die Selbstbezeichnung Jeremias mit *náʿar* ist nach R. Joseph Ibn Caspi ('adné késef, 1) Zeichen der Demut und Bescheidenheit. Zudem nennt sich auch der unerfahrene Mann *náʿar* oder nennen ihn die Leute so (1Sam 3,1).
tiráʾ (V8) ist Imperfekt von *j-r-ʾ*, »sich fürchten«. Gott spricht zum Propheten: *ʾal tiráʾ,* »fürchte dich nicht!«
l'hazilécha (Infinitiv des Hiphil von *n-z-l* mit Suffix), »um dich zu retten«.
wajischlách ʾet jadó, »Er streckte aus Seine Hand« (V9).
wajagáʿ (Hiphil von *n-g-ʿ* mit waw consecutivum), »Er ließ sie (Hand) ... berühren«.
hifqad'ticha (Hiphil von *p-q-d* mit Suffix), »Ich habe dich eingsetzt«; B-R: »ich verordne dich«; L. Zunz: »ich bestelle dich«. W. Baumgartner – J. J. Stamm, Lex. 902, vergleichen das Verb mit dem akkadischen *paqādu(m) ana,* »in ein Amt einsetzen«. Jeremia erhält, so sagt das moderne Iwrit, ein *tafqíd,* ein »Amt«. »Jeremia wird zum Beamten, zum Statthalter Gottes« (Sch. L. Gordon, 7), so wie Joseph nach Gen 39,4f als Verwalter über das Haus des Ägypters Potiphar »eingesetzt« wird (R. Sch. D. Luzzatto, 2).
V 10 stehen bei der Schilderung des »Aufgabenbereichs« Jeremias vier Verben der Zerstörung und zwei Verben des Aufbaus:
Nach A. Malamat (aaO, 33) meint *lintósch* (Infinitiv von *n-t-sch*) »das Ausreißen von Pflanzen mit der Wurzel« und ist das Gegenteil von *lintóʿa* (»pflanzen«), 24,6; 42,10; 45,4. *lintóz* bezeichnet das »Abreißen« (eines Gebäudes) im Gegensatz zu *liwnót* (»bauen«), Lev 14,45. Sch. L. Gordon betont, mit *lintóz* werde das »Zerstören einer Mauer bis zum Fundament« angedeutet. *liwnót* stehe demgegenüber für den »Wiederaufbau« des Zerstörten, entsprechend dem *lintóʿa,* »dem Wiederbeleben des verödeten Landes« durch neues Pflanzen der Bäume.
l'haʾawíd, »zu vernichten«, *laharós,* »zu tilgen«, bekräftigen die Zerstörung.

Der Text in der Exegese

»Das Wort des Herrn erging an mich, wie folgt« (V4), stellt Jeremia fest. B-R übersetzen: »Seine Rede geschah zu mir, es sprach.« Es »geschieht« dem Propheten etwas Wesentliches, das sein ganzes Leben künftig bestimmt. Gott redet ihn an. Er wird aus einem normalen Dasein herausgerissen und mit der Gottesbotschaft konfrontiert. »Es sprach« ist seltsam. Besser ist: Er sprach, Er, der Herr der Welt und Seiner Geschöpfe, der jene in Seinen besonderen Dienst ruft, die Er für fähige Werkzeuge Seines Willens hält. Und keiner, der von Gott gerufen und berufen wird, kann sich im letzten dem Ruf entziehen.

Mit V 5 beginnt der *Inhalt der Gottesrede*, die sich zwar an den Propheten als Individuum richtet (»an mich«), aber doch zugleich für ganz Israel gedacht ist. Das Volk soll um die Besonderheit der Berufung wissen, sonst wären die Worte später nicht veröffentlicht worden. Die Berufung ist der *Legitimationsnachweis Jeremias*. Gott teilt dem Verblüfften und durch die Anrede sogleich in eine Abwehrstellung Gehenden mit, Er habe ihn »gekannt, ehe Ich dich geschaffen habe«. Das ist noch erstaunlicher als das bei Jesaja dem Tröster Gesagte.

Jes 42,6: »Ich bilde dich (*w"ezorchá*) und gebe dich zum Bundesvolk, zum Licht der Völker.«

Jes 44,2: »Dein Bildner vom Mutterschoße an«.

Jes 49,5: »Der mich vom Mutterschoß sich zum Diener erschaffen hatte.«

Jes 49,8: »Ich schaffe dich und gebe dich zum Bundesvolk.«

In den Jesaja-Texten wird die Sonderbestimmung mit der »uterinen« Kenntnis des Propheten durch Gott begründet. Das Wort an Jeremia geht einen Schritt zurück. Gott hat diesen Mann erwählt, *ehe* er gezeugt war, schon in der »präuterinen« Phase. Für M.D. Cassuto (safrút miqra'ít w'safrút k'na'anít, II,46) handelt es sich bei der Wendung »ehe Ich dich geschaffen hatte« lediglich »um einen Ausdruck, der in Gleichnissen häufig ist«. Das ist kaum richtig, weil die Gottesaussage voller Bedeutung ist und durch das zweifache »ehe« (*b'térem*) noch zusätzlich hervorgehoben wird.

Das »Kennen« Gottes erfolgt vor dem »Weihen«. »Gekannt« ist Jeremia vor seiner Zeugung, »geweiht« zum Propheten nach der Zeugung, aber noch vor der Geburt (»ehe du aus dem Mutterschoß hervorgingst«). Auch dieser zeitliche Ablauf muß beachtet werden. Gott bestimmt nur jenen Menschen zu seinem Boten, den Er vorher »kennt«, dessen Qualifikation Ihm nicht verborgen ist. Daß Jeremia von allem Anfang an der geeignete Wortempfänger und Wortvermittler gewesen ist, sagt der Midrasch auf seine Weise. Er tradiert einen Ausspruch des Talmudweisen R. Schimon ben Laqisch (= Resch Laqisch), nach welchem die »Kenntnis« Jeremias bereits gegeben war, als Adam erschaffen wurde. Und Adam wurde sie von Gott mitgeteilt.

Resch Laqisch fragte:

»Was bedeutet ›dies ist das Buch der Stammesgeschichte Adams‹ (Gen 5,1)? Es bedeutet, daß der Heilige, gelobt sei Er, ihn (Adam) jede Generation mit ihren Weisen sehen ließ« (b. Sanhedrín, 38b).
Raschi (Kommentar zu Jer 1,5) nimmt den Gedanken auf:
»Er (Gott) zeigte Adam jede Generation mit ihren Propheten ...« (Vgl Rabbi S. B. Freehof, Book of Jeremiah, 1977, 18: »at the very beginning of history Jeremiah's career was foreseen.«)

Natürlich kann man mit M. Maimonides (FdI, II,225) behaupten, »daß Gott jeden, den Er will, wann Er will, zur Prophetie gelangen läßt, aber nur den Vollkommenen und höchst Vorzüglichen«. An der Tatsache, daß Jeremia dieser herausragenden Berufung gewürdigt wird, ist aber nicht zu rütteln. M. Gasi'el (Parallelen zwischen dem Buch Jeremia und dem Buch der Psalmen, 1973, 186; Diss.; hebr.) verweist auf Analogien in ägyptischen Texten, in denen die Ernennung eines zur Königsherrschaft erkorenen Mannes – erkoren durch den Gott Amon – noch vor der Geburt geschieht. Dadurch werde das »Charisma des Führers« hervorgehoben. Der Vergleich ist gewiß interessant, allein, bei Jeremia handelt es sich nicht um einen König, sondern um einen einfachen Menschen priesterlicher Abstammung, der durch den Ruf Gottes zum schwierigen Amt eines Propheten erwählt wird. Daß Jeremia ein besonderes Charisma besessen hat, wird nicht gesagt, und es fällt nicht im geringsten ins Gewicht. Ein König ist mit Vorteil eine charismatische Persönlichkeit, weil er kraft seines Ansehens und seiner Ausstrahlung das Volk regiert. Ein Prophet spricht im Namen Gottes, er ist ein »Postbote«, der Überbringer einer Botschaft. Diese Botschaft muß wirken, nicht der Sprecher, der sie mitteilt. Der König herrscht in eigener Machtvollkommenheit, der Prophet spricht lediglich im Namen einer anderen Macht. Der Unterschied im Status ist nicht zu verwischen.
Mit dem wiederholten *»ehe«* wird je ein Nebensatz eingeleitet. Der Hauptsatz steht am Schluß von V4:

(Nebensätze)	Ehe Ich dich im Mutterleib schuf, habe Ich dich gekannt,	und ehe du aus dem Mutterschoß hervorgingst, habe Ich dich geweiht –
(Hauptsatz)	zum Propheten über die Völker habe Ich dich gegeben.	

Im Hauptsatz steht die *Funktion*, die Gott Jeremia überträgt. Er soll ein »Prophet für die Völker« (*nawí' lagojím*) werden. M. Buber (Der Glaube der Propheten, 207) führt aus:

»In der Berufung wird dem ›Jüngling‹ (V6) kundgetan, was es ist, wozu er berufen wird: er wird als Nabi für die Völkerwelt eingesetzt.«

»Ich habe dich gekannt« (*j'daʿtícha*), »habe dich geweiht« (*hiqdaschtícha*) und »habe dich gegeben« (*n'tatícha*; von *n-t-n,* »geben«). In jedem dieser drei Verben steckt ein Subjekt, ein Prädikat und ein Objekt (A. Malamat, 25). Das Prädikat variiert (»gekannt«/»geweiht«/»gegeben«). Subjekt und Objekt sind gleich: »Ich« (Gott) – »dich« (den Propheten). Mit dem »Ich« – »dich« entsteht eine *dialogische Beziehung*, die nach M. Buber eine große Rolle spielt. Gott und der Mensch treten sich, sagt M. Buber (aaO), als Personen gegenüber. Gott ist Person, und Er macht den Menschen, um ihn ansprechen zu können, zur Person.

»Alles Glaubensverhältnis Israels ist dialogisch; hier ist der Dialog in seiner reinen Gestalt gediehen. Der Mensch kann reden, er darf reden; wenn er nur wirklich zu Gott redet, gibt es nichts, was er ihm nicht sagen darf.«

Und Jeremia wird reden. Hier und immer auch in der Zukunft. Mit einer Einschränkung: Er läßt sich von Gott packen, doch nicht erdrücken. Er ist der Träger der Gottesbotschaft, aber er ist kein stummer, verstummter Bote. Sein Buch ist voll von Beispielen, in denen ein verzweifelter Jeremia zu Gott aufschreit und sich seines Auftrags zu entledigen sucht (am ergreifendsten wohl in den Klagen, Kap 11–20, etwa 15,10–20; 20,7–11 u.a.). Bereits jetzt, noch bevor ihm die Einzelheiten seines Auftrags bekannt sind, lehnt er ab. Daß Gott ihn seit eh und je zur Aufgabe ausersehen hat, läßt ihn kühl; die Schwere des Rufs erschreckt ihn: *»Prophet für die Völker«* soll er werden. Nein, das kann und will er nicht. Und er flüchtet, wie Mose lange vor ihm, in ein Argument, das ihm offensichtlich unmittelbar in den Sinn kommt. Wir werden es gleich näher erörtern.
Was soll das heißen, so muß zunächst geklärt werden, daß Jeremia für die Völker wirken, zu den Völkern reden soll? Ist daran zu denken, er müsse von Anatot in die Fremde ziehen und sein Leben unter den Völkern (im Umkreis Israels) fristen?
Die jüdischen Exegeten haben sich mit einer Antwort schwergetan. Der Midrasch (Sifré, schoftím, 18,15; Jalqút schimʿóni, II,814) interpretiert den Vers in Dtn 18,15 – »einen Propheten aus deiner Mitte, von deinen Brüdern, wie mich (Mose), wird der Herr, dein Gott, dir erstehen lassen. Auf ihn sollt ihr hören!« – auf diese Weise:

»Aus deiner Mitte – und nicht im Ausland, von deinen Brüdern – und nicht von anderen, wird dir erstehen lassen – (dir) und nicht den Götzenverehrern.

Und wie verstehe ich (in Jer 1,5) ›zum Propheten für die Völker habe Ich dich gegeben‹? – Jenen, die sich nach den Bräuchen der Völker richten.«

Der Midrasch identifiziert die »Völker« mit den Israeliten, die sich nach der Weisung fremder Gottheiten richten und die Weisung ihres Gottes nicht mehr beachten. Zu ihnen ist Jeremia gesandt, um sie eines Besseren zu belehren. Raschi übernimmt diese Deutung:

»Zum Propheten für die ›Völker‹ aus (den Reihen der) Israeliten, die sich wie die Götzenverehrer verhielten.«

Eine zweite Erklärung bietet R. Sch. D. Luzzatto (aaO, 1):

»Es besagt nicht, daß Jeremia zu den Völkern gehen soll, vielmehr wird er, wenn er zu Israel redet, mitteilen, was mit einem Teil der Völker geschehen wird.«

Und weshalb? A. Weiser (Jirm'jahu, Einleitung, 20) meint:

»Alle Weissagungen über die Fremdvölker wurden aus jüdischem Blickwinkel und in der Absicht verkündet, die Tragödie Judas im Rahmen der umliegenden Nationen darzustellen.«

An die Völker hat sich Jeremia weder nach der Auffassung R. Sch. D. Luzzattos noch nach jener A. Weisers je gewendet. H. M. Y. Gevaryahu (Die Prophetien Jeremias über die Völker, in: Betrachtungen zum Jeremiabuch, 3Bde, III, 123; hebr.) faßt diese Meinung in einem Satz zusammen:

»Die Propheten sprachen zu den Juden über die Völker, nie jedoch zu den Völkern über die Völker.«

Wer so argumentiert, läßt außer acht, daß zum einen fremde Leute immer wieder nach Jerusalem gekommen sind und dabei zweifellos Gelegenheit hatten, die Brandreden Jeremias zu hören, zum anderen, daß Jeremia seine Botschaft für die Völker auch durch einen Brief weiterleiten konnte. Er lebte nicht in der Isolation, selbst wenn er nicht ins Ausland ging. Erst nach der Zerstörung des Tempels zog er nach Ägypten, und nicht freiwillig (Jer 43,6f; vgl 2Kön 25,26). R. J. Jacobson (chasón hamiqrá', I,107) verweist daher zu Recht auf Jer 27,2–3, wo Jeremia von Gott zur Anfertigung von »Banden und Stangen« eines Jochs und zu deren Versand an umliegende Völker (Edomiter, Moabiter, Amoniter, den König von Tyrus und Zidon) »durch Boten, die nach Jerusalem zu Zidqijáhu, dem König Judas, gekommen sind«, aufgefordert wird. Jeremia übte also sehr wohl einen Einfluß auf die nichtjüdische Umgebung aus. Nicht nur 1,5 überträgt ihm gleich zu Beginn seiner Tätigkeit die Ausweitung seines Horizonts. Stellen wie 25,13

und 46,1 zeigen, daß Jeremia in der Tat sich nicht auf sein Volk beschränkte. Israel und seine Nachbarn besitzen einen gemeinsamen Feind – den Großkönig Nebukadnezar –, und sie müssen in ihrem eigenen Interesse sich zu einer einheitlichen Strategie zusammenfinden, zum Verzicht auf die militärische Konfrontation, die sie unweigerlich in den Abgrund risse (27,6ff). Die Banden des Jochs symbolisieren die notwendige Unterwerfung unter den Babylonier (vgl 28,1–11 die Reaktion von Chananjá ben ʿAsúr, dem Propheten aus Giwʿón; s. unten zu Jer 23, S. 257f).
Diese Sendung an die Völker steht im übrigen im Einklang mit der dem »Gottesknecht« (Jes 49,6) verkündeten Weissagung, er werde »zum Licht der Völker« werden (s. oben, S. 167f). Auch hier ist die nationale Enge gesprengt.
Wie begründet Jeremia seine *fehlende Bereitschaft*, den Auftrag anzunehmen?
Er sagt (V6): »Ach, Herr, Gott! Ich kann nicht reden, denn ich bin ein Knabe.«
náʿar, ein »Knabe«, zu jung und unerfahren, um vor den König und das Volk zu treten und die Worte Gottes richtig wieder- und weiterzugeben. A. Neher (Jeremias, 1961, 41) schreibt:

»... (›ach‹ ist) das allerste Wort des Jeremias ..., das die Bibel für würdig gehalten hat, uns zu überliefern«.

»Ach« ist symptomatisch für den in seinem späteren Leben hart angefochtenen Propheten. Es ist ein Ausruf der Klage (Raschi) und des Schmerzes und zugleich auch der Sorge (Kimchi), ein natürlicher Seufzer, der ohne große Anstrengung aus dem Inneren austritt und dem schweren Herzen etwas Befreiung und Entlastung schenkt. Ob nun Jeremia wirklich noch jung gewesen ist, spielt keine Rolle. Er hat sich jedenfalls für jung gehalten, als ein ungeeignetes Werkzeug in der Hand Gottes.
Der *Vergleich mit der Reaktion Moses* auf die Dornbusch-Offenbarung (Ex 3–4; vgl unsere Bibelauslegungen, I, 99–107) drängt sich auf.
Die folgende Tabelle, die auch die V8 und 9 berücksichtigt, soll die Parallelen verdeutlichen:

Ex 3–4		*Jer 1*	
Mose:	*Gott:*	*Jeremia:*	*Gott:*
3,11: *Wer bin ich ...?*		1,6: denn *ich bin* ein *Knabe*	
	3,12: *Ich werde mit dir sein*		1,8: denn *mit dir bin Ich*
	und dies ist dir das Zeichen, daß *Ich dich sende*		1,7: wohin *Ich dich senden werde,*
3,11: daß ich *gehen* soll			wirst du *gehen*
4,10: ich bin kein Mann von *Reden (Worten)*			... wirst du *reden*
schwer am *Mund* ... bin ich	4,11: Wer gab einen *Mund* dem Menschen ...?		
	4,12: Jetzt geh! Ich werde mit *deinem Mund* sein und lehre dich, was du *reden* sollst (vgl 4,15f).		1,9: Er ließ sie meinen *Mund* berühren/Meine *Worte* in deinen *Mund*

Bei Mose und Jeremia finden wir dieselbe Ausflucht (»wer bin ich ...?«/ »ich bin ein Knabe«), die sich auf das Moment der *Unerfahrenheit* und der daraus resultierenden totalen *Verunsicherung* beruft (Mose: »ich bin kein Mann von Reden«), bei beiden die Zusicherung Gottes, der Sein Wort in den Mund des Berufenen legt, wodurch dieser lediglich Sprachrohr wird, durch welches das Wort hindurchgeht. Daß dann dieses an sich passive Sprachrohr im Lauf der Ereignisse höchst aktiv wird, steht auf einem anderen Blatt. Dem von Gott Gerufenen gereicht es zur Beruhigung, daß er sich auf Gott verlassen darf und kann.

Der Midrasch (Jalqút schimʿóni, II,814; Nr. 256) sieht die Parallele von Jeremia und Mose:

»R. Judan bar Simon begann (seinen Lehrvortrag auf folgende Weise): Es heißt: ›einen Propheten aus deiner Mitte, von deinen Brüdern, wie mich, wird der Herr, dein Gott, dir erstehen lassen‹ (Dtn 18,15), und ferner heißt es: ›es ersteht kein Prophet mehr in Israel wie Mose‹ (Dtn 34,10). Wie kann das ›wie mich‹ verstanden werden? Es meint: keinen wie dich (Mose) bei den Zurechtweisungen.«

Jeremia reicht in seinem Format nicht an Mose heran, doch in einem wichtigen Punkt gleicht er ihm: er muß – wie Mose – vor Israel hintreten und mutig das ihm aufgetragene Gotteswort verkünden.
Der Midrasch zieht im übrigen auch zwischen den Lebensereignissen der beiden Propheten einen Vergleich:

»Du findest, daß alles, was bei diesem (Mose) geschrieben ist, auch bei jenem (Jeremia) geschrieben ist. Dieser weissagte vierzig Jahre lang, jener desgleichen. Dieser weissagte über Juda und Israel, jener auch. Gegen diesen erhoben sich die Angehörigen seines Stammes (Korach, Num 16), und auch gegen jenen (Jer 11,21–23). Dieser wurde durch eine Magd gerettet (Ex 2,5), jener durch einen Knecht (Jer 26,24?). Dieser kam mit Zurechtweisungen, und jener kam mit Zurechtweisungen.«

Mangelndes Selbstvertrauen, ein Gefühl der Insuffizienz stehen bei Mose und Jeremia am Anfang ihrer prophetischen Tätigkeit. Mose sagt dabei nicht nur: »wer bin ich, daß ich zu Pharao gehen soll . . .?« (Ex 3,11), sondern weist auf sein körperliches Gebrechen hin: »denn schwer am Mund und schwer an der Zunge bin ich« (4,10). Jeremia begnügt sich mit einem Hinweis auf seine Jugend, seine Unerfahrenheit, und damit wird der gewaltige Unterschied zwischen dem kleinen Menschen und seinem Gott noch stärker sichtbar. Gott »kennt« Jeremia, ehe er gezeugt worden ist, der Prophet »kennt« nicht einmal das richtige Wort. Im hebräischen Text ist nicht zufällig zweimal das Verb *j-d-ʿ* (V4 bei Gott: *j'daʿtícha*, V6 bei Jeremia: *lo jadáʿti*) gebraucht. Nur Gott schenkt die Kenntnis und damit die Gabe des Redens.
Natürlich kann Jeremia seine Gedanken in Worte kleiden, aber er wagt es nicht, vor einer Volksmenge und vor den Mächtigen aufzutreten. Dafür fehlt ihm die Schulung. Zudem entspricht es nicht der Etikette, daß »Knaben« in der Öffentlichkeit sprechen, wie Sch. L. Gordon bemerkt. Bei Hiob 32,7 wird gesagt: ». . . Tage (= Betagte) sollen reden«, die Jungen haben zu schweigen, weil die Weisheit erst im Alter zu finden ist.
Das *Gefühl der Schwäche* wird, gerade wiederum im Vergleich mit Mose, von Raschi sehr anschaulich geschildert:

»denn ich bin ein Knabe: ich bin unwürdig, sie (Israeliten) zurechtzuweisen. Mose hat sie nämlich kurz vor seinem Tod auf ihre Fehler hingewiesen, und da war er in ihren Augen wegen der Wunder, die er gewirkt hatte, bereits angesehen. Ich jedoch stehe am Anfang meines Auftrags, wie kann ich sie da zurechtweisen?«

Abarbanel betont, daß die Unsicherheit sachlich begründet war:

»Einem jungen Menschen fehlt die Kenntnis, erst recht die Kenntnis von Gott.«

Wir wissen nicht genau, wie alt Jeremia im Augenblick der Berufung ist – nach Maimonides (FdI, 225f) ist er nicht unbedingt jung, nach R.J. Ibn Caspi ('adné késef, 1) bereits über 40 Jahre alt –, sicher ist, daß er keine Redegewandtheit besitzt und sich daher verständlicherweise scheut, vor dem Volk zu sprechen. Ob später, wenn er geübter sein wird, die Scheu verschwindet, läßt sich kaum feststellen.

Gott läßt dieses Argument nicht gelten. Daß Jeremia sich als *ná'ar* fühlt, tut nichts zur Sache; denn er ist nichts weiter denn ein Werkzeug in Gottes Hand. »Sag nicht: ›ich bin ein Knabe‹; denn zu allem, zu dem Ich dich hinsende, wirst du gehen, und alles, das Ich dir gebiete, wirst du sagen.« Es bedarf keiner gestriegelten Rede, keiner Redekunst. Das schlichte Wort genügt (vgl H. Homberg, hakorém, in: kitwé qódesch, Jirm'jáhu, 2a). Zudem gilt die Aussage des Midrasch (P'síqta rabbatí 27,1; jalqút schim'óni, II,815; Nr. 262):

»Der Geist der Heiligkeit sprach zu ihm (Jeremia): ›Ich liebe den Knaben, der den Geschmack der Sünde noch nicht gekostet hat« (vgl Hos 11,1; Jer 2,2).

Jeremia muß reden und »gehen« (V 7: *teléch*, »du sollst (wirst) gehen«). Er kann nicht sitzenbleiben, er muß aufbrechen, weil Gottes Wort ihn treibt und immer aufs neue antreibt. Von Anatot führt Jeremias Weg nach Jerusalem:

»denn zu allem, zu dem Ich dich hinsende, wirst du gehen – in Anatot erreichte ihn die Weissagung zuallererst, und Gott wollte ihn nach Jerusalem, zum Ort des Königtums senden, damit er sein Volk zurechtweise« (R. D. Kimchi).

Der Befehl Gottes wird begleitet von der *Zusage,* Er werde Jeremia helfen (V 8): »Fürchte dich nicht vor ihnen, denn mit dir bin Ich, um dich zu retten, ist der Spruch des Herrn.«

»Vor ihnen – vor den Einwohnern Judas, die noch nicht genannt sind. Es wird dies jedoch aus dem Zusammenhang und aus V 16 entnommen ... V 18 steht dann ausführlich, zu wem Jeremia gesandt wird: zu den Königen Judas und seinen Fürsten, zu seinen Priestern und zum Volk des Landes« (R. Sch. D. Luzzatto).

Die Zusage ist wesentlich, denn »auch ein Abgesandter zu sein, bedarf der Kraft« (R. Me'ír ben Isaak Arama, séfer 'urím w'tumím, 1603, z. St.).

»Insbesondere befürchtete Jeremia, vor der Arroganz der Fürsten Israels nicht bestehen zu können« (R.Ch. Rabinowitz, dá'at sofrím, Jirm'jáhu, 7), zumal deren

Argument gegen Jeremia nicht ganz aus der Luft gegriffen war: *Jesaja* hatte gefordert, man solle sich dem assyrischen König *nicht* unterwerfen, Jeremia aber wünschte die Unterwerfung unter die Herrschaft des babylonischen Großkönigs.

Die Überwindung der natürlichen Angst vor der schweren Aufgabe wird durch die Glaubensgewißheit des »denn mit dir bin Ich, um dich zu retten«, erleichtert (1,19 wird dies noch einmal aufgenommen). Sehr zutreffend ist der Hinweis Kimchis:

»Er hat ihm nicht versprochen, sie (Gegner) würden ihn nicht berühren. Sie werden ihn berühren und schlagen, doch Er wird ihn aus ihrer Hand retten, so daß sie ihn nicht töten können, obwohl sie ihn zu töten suchen (Jer 36,26).«
Vgl R. H. Freedman, Jeremiah, 3: »Die Form der Zusicherung ist signifikant. Bei seinem Auftrag wird Jeremia nicht frei von Gefährdung und Ungemach sein, doch Gott wird ihn retten.«

A. Malamat (aaO, 19) macht auf die »architektonische Vollkommenheit« der Entsprechung von V5 und V7–8 aufmerksam.

V5:	*V7–8:*
Nähe: »kannte Ich dich«	*Auftrag:* ». . . zu dem Ich dich sende«
Bestimmung: »weihe Ich dich«	*Bestimmung:* »das Ich dir gebiete«
Auftrag: »gebe Ich dich«	*Nähe:* »denn mit dir bin Ich«

In V5 ist die Reihenfolge Nähe – Bestimmung – Auftrag, in den V7–8 Auftrag – Bestimmung – Nähe.
Die Zusage der göttlichen Präsenz, die sich durch die Eingabe des Wortes manifestiert, wird durch einen *Gestus* begleitet und verstärkt: Gott streckt Seine Hand aus und berührt mit ihr den Mund des Propheten. Damit legt Er ihm »meine Worte in deinen Mund«. Anders als bei *Jesaja* (Jes 6,6f), wo die »Glühkohle« in der Hand des Seraphen eine kathartische Funktion erfüllt – sie soll die »Unreinheit« Jesajas von ihm nehmen und die »Sündhaftigkeit« aufheben (s. Bibelauslegungen, I,159f) –, symbolisiert die Berührung durch die »Hand Gottes« die Transmission Seiner Botschaft. Jeremia spürt – anders als Jesaja – das Gewicht einer »Sündhaftigkeit« nicht, vielleicht, weil er noch ein *nâʿar* ist. Was ihn bedrängt, ist die Unerfahrenheit, die tatsächliche oder vermeintliche Unfähigkeit, Gottes Auftrag zu erfüllen. Nicht die körperliche, sondern die geistige Untauglichkeit steht bei Jeremia zur Debatte. Auch hierin unterscheidet er sich von Jesaja, der sich für geeignet hält, wenn erst die Schuld von ihm genommen ist, und sich freiwillig zum Botengang meldet (Jes 6,8: »Ich sprach: ›Hier bin ich, sende

mich!‹«). Jesaja ist älter und erfahrener, er kennt die Lage in der Hauptstadt, die adligen Kreise und die breite Masse. Jeremia, der »Knabe« vom Land, kennt sie nicht.
Jeremia läßt die Übertragung geschehen, er reagiert nicht widerwillig, wie es möglich gewesen wäre. Bis auf den einzigen Satz (V6) nach Beginn der Anrede schweigt er (A. Malamat, 18f). Und weil er als Grund des Einspruchs die fehlende Sprachgewandtheit angeführt hat, legt ihm Gott das Wort in den Mund (Abarbanel). Jetzt gilt der Grund nicht mehr. Jeremia ist für die Zukunft gerüstet.

»Das ist der Sieg Gottes über die ungeschickten oder rebellischen Organe. Weder Moses, der ein Stotterer ist, noch Jeremias, der erst ein Kind ist, noch Ezechiel oder Jonas, die die Zähne zubeißen, können sich auf die Dauer weigern, zu reden: das Wort ist in ihrem Munde, fegt seine Artikulationen über ihre Unerfahrenheit und den Widerstand ihrer Hemmungen hinweg, ist bereit, bei der leisesten Bewegung der Lippen zu entströmen« (A. Neher, 45).

Von nun an liegt *Gottes Wort im Mund Seines Boten.* Bileam sagte (Num 22,18): »ich kann den Mund des Herrn, meines Gottes nicht übertreten«, und (ib. V38): »das Wort, das der Herr in meinen Mund legen wird, werde ich sprechen«. Jeremia ist in derselben Lage. Auch er muß sagen, was in seinem Mund liegt, und auch er kann letztlich etwas anderes, als der Herr von ihm verlangt, nicht tun. Sch. L. Gordon erläutert:

»Durch die Berührung der Gotteshand, die ihm in der Vision erschienen ist, empfing Jeremia sowohl den Hauptinhalt seiner zukünftigen Prophetien als auch die prophetische Fähigkeit, die Sprachfähigkeit, die ihm bisher gefehlt hatte.«

Daß es sich um einen *Anthropomorphismus* handelt, ist nicht zu verkennen, aber zugleich ist dessen Absicht klar:

»Die Handlung symbolisiert, daß er inskünftig mit der Zunge, der Autorität Gottes, sprechen würde, nachdem die göttliche Heiligkeit ihm durch den Kontakt übermittelt worden ist« (R.H. Freedman, 3).

In V10 werden die *Adressaten der Gottesbotschaft* nochmals zitiert – ausführlicher als in V5 (»für die Völker«) –, und es wird gleichzeitig näher definiert, worin das »Gegebensein zum Propheten« (V5) besteht. V10b findet sich mit kleinen Nuancen in Jer 31,27 wieder. Wir vergleichen die beiden Textstellen:

1,10
»Sieh doch, Ich habe dich eingesetzt an diesem Tag über die Völker und die Königreiche – auszureißen und einzureißen, zu vernichten und zu tilgen, zu bauen und zu pflanzen.«

31,27
»Es wird geschehen: wie Ich gewacht habe über ihnen, auszureißen und einzureißen, zu tilgen und zu vernichten, so werde Ich über ihnen wachen, zu bauen und zu pflanzen ...«

»Sieh doch« ist – gleichbedeutend mit *hiné* (»sieh«) – ein Ruf-, ein »Einstellungswort« (A. Malamat, 32). Jetzt beginnt Jeremia zu begreifen, wie es um sein Tun bestellt sein wird. Er ist »zu den Völkern und den Königreichen« gesandt – nach M. Bolle (aaO, 4) ist die Wendung ein *hen dia dyoin* (vgl 1Kön 18,10) im Sinne von »zu den von vielen Menschen bewohnten Königreichen« –, zuvorderst zu seinem eigenen Volk, zu seinem eigenen König und Adel. Als erstes muß er das Unkraut entfernen (»ausreißen«) und die brüchig gewordenen Mauern »einreißen«. Doch mit dem Vernichten darf es nie sein Bewenden haben. Das Schlechte ist vielleicht noch übermächtig, weshalb vier Verben des Vernichtens den zwei Verben des Pflanzens und des Neuaufbaus gegenüberstehen. Schließlich wird aber die Wende zum Guten hin eintreten. Auf die Katastrophe folgt die glücklichere Zeit mit dem Pflanzen ihrer neuen Setzlinge und dem Erbauen haltbarerer Mauern. Die Funktion eines Propheten und letztlich eines jeden Erziehers besteht aus dem Wegräumen des Morschen und Brüchigen, das die gesunde Entwicklung der zu erziehenden Menschen hindert. Damit zeigt sich, daß die Zurechtweisung Teil der Weisung ist, nie Selbstzweck. Die Weisung Gottes aber schenkt im letzten Sicherheit und Frieden. (Die bei Jeremia wiederholt vorkommenden Verben finden sich in verschiedenen Variationen, s. 12,16f; 18,7–9; 24,6 und Ben Sira, 49,9f, bei der Charakterisierung Jeremias).

Der Prophet reißt nieder und baut von neuem auf. Selbstredend nicht mit der Hand, sondern, wie R. J. Ibn Caspi (aaO, 1) betont, mit seiner Zunge. Und dabei zeigt sich, daß seine Macht, die ihm von Gott geschenkt wird, die Macht der Mächtigen überwindet. In den Worten von A. J. Heschel (The Prophets, 170):

»Für die Propheten ist die Macht eine göttliche Zuweisung (assignment). Kaiser sind lediglich Werkzeuge in Gottes Hand. Das Wort des Propheten ist nach Jeremia mächtiger als die Macht der Könige.«

Ist Jeremia ein »mächtiger« Mann gewesen? Wohl kaum. Seine Macht ist nichts weiter als die Voll-Macht, die Gott ihm überträgt. Er war nicht mächtig, weil der König mit ihm schaltete und waltete, wie es ihm beliebte, ihn in den Block sperren und in die Grube werfen ließ. Mehr als einmal war Jeremias Leben tödlich bedroht. Weil er jedoch bevollmächtigt war, deshalb konnte er – ungebrochen an Körper und Geist – die Anfechtungen bestehen und überleben. Jeremia war ein Gefäß in Gottes Hand, das bis zum Rand angefüllt war mit der Botschaft Gottes an Israel und die Völker. Durch sein Aus- und Niederreißen, sein Vernichten und Tilgen, noch mehr aber durch sein neues Bauen und Pflanzen hat er einer besseren Zukunft den Weg gebahnt.

Wegweisung für unsere Zeit

Jeremia soll »gehen« und »reden«, weil Gott ihn »sendet« (V 7). Er weigert sich zunächst, ist voller Skrupel über seine mangelnde Fähigkeit, fühlt sich frustriert und überfordert. Wie kann er, der *nā'ar,* vor die Mächtigen seines Volkes treten und ihnen die Botschaft seines und ihres Gottes überbringen? Selbst wenn das Wort nie sein eigenes Wort ist – ist es nicht zu groß, zu schwer für ihn? Jeremia wird nicht lange gefragt. Das Wort wird ihm aufgebürdet. Gott weiß, daß er die Bürde zu tragen vermag, auch wenn er unter ihr beinahe zusammenbricht. Ist es leicht, Gottes Prophet zu sein? Gewiß nicht; doch einer muß zum Volk »gehen« und »reden«, und keiner ist dazu geeigneter als jener, den Gott »sendet«.

Im letzten ist jeder Mensch in einer vergleichbaren Lage. Wir werden – ohne daß man uns gefragt hätte – ins Leben hineingestellt und dann mit dem »Gehen« beauftragt. Das Gehen wird vom Kleinkind erlernt – unter vielem Stolpern und vielen Stürzen – und dann durchgestanden. Aus dem Gehen wird das zielstrebige Schreiten, weil dort, wo das Schreiten, das Fortwärtsschreiten, nicht stattfindet, der Rückschritt eintritt. Stehenbleiben kann keiner, zumindest auf die Dauer nicht. Das Leben ist ein »Gehen«, von einem Ziel zum anderen, immer weiter und immer im Bemühen, schließlich zum Glück und Frieden zu gelangen, zum »Bauen« und »Pflanzen« und zum Wohnen und Ernten. Das Morsche wird entfernt, damit die guten Setzlinge gedeihen können, das Brüchige getilgt, wenn das neue Haus festgefügt sein soll.

Dies alles ist nicht leicht. Das Leben ist kein Kinderspiel, allenfalls ist es das noch für die spielenden Kinder. Nicht, wenn man älter und reifer wird. Enttäuschungen bleiben nicht aus, können bei einem aktiven Leben nie ausbleiben. Doch das »Gehen« geht weiter. Jeden »kennt Gott von seinem

Mutterschoß an«, jeden heißt Er die Richtung einhalten, sofern die Richtung richtig ist. Und wenn gelegentlich der Mut sinkt, findet der Wanderer Kraft und Zuspruch in jenem Wort Gottes, das Jeremia von der ersten Minute seiner Berufung an erfährt: »Fürchte dich nicht vor ihnen; denn mit dir bin Ich, um dich zu retten« (vgl Ps 23,4). Der verzagte Prophet spürt, daß »Gottes Hand« ihn berührt hat. Gottes »Hand« berührt – er muß nur sensibel genug sein – einen jeden Menschen.

Worüber man sich rühmen kann

Jer 9,22–23

22 So spricht der Herr:
Nicht rühme sich ein Weiser seiner Weisheit,
und nicht rühme sich der Starke seiner Stärke,
nicht rühme sich ein Reicher seines Reichtums,
23 sondern darüber rühme sich, wer sich rühmen will:
zu begreifen und Mich zu erkennen,
daß Ich es bin,
der Liebe, Recht und Gerechtigkeit auf der Erde ausübt;
denn diese wünsche Ich,
ist der Spruch des Herrn.

Der Text im Kontext

Der Wunsch nach Anerkennung und Lob ist dem Menschen angeboren. Fehlt die Anerkennung, rühmt manch einer sich selbst. Durch das Eigenlob fühlt er sich in seinem Denken und Handeln bestärkt und der Selbstkritik enthoben. Ein Sprichwort sagt: »Eigenlob stinkt, Freundeslob hinkt, Feindeslob klingt.«
Wenn der Gegner sich zu einem Lob bereit findet, so muß wohl etwas Wahres »dran« sein. In jedem Fall ist das Eigenlob zu unterlassen.

»Es rühme dich ein anderer und nicht dein Mund, ein Fremder – nicht deine Lippen« (Spr 27,2).

Loben ist gut und wichtig. Kinder bedürfen des Lobs der Eltern und Lehrer, um zur Selbstbestätigung zu gelangen. Die Erziehung beruht auf Lob und Tadel, Belohnung und Strafe. Die positiven Mittel (Lob und Belohnung) sind den negativen vorzuziehen. Immer muß das Lob dabei begründet sein, gelte es körperlichen oder seelischen Gegebenheiten. Nach Gen 12,15 wird Sara wegen ihrer Schönheit durch die »Fürsten Pharaos« vor dem König gerühmt. Zu Recht, denn sie ist, wie ihr Gatte Abraham bekräftigt, »eine Frau von schönem Aussehen« (ib. V 11).

Des Reichtums pflegt man sich zu loben (Ps 49,7) und der Schlauheit im Geschäftsleben, was bisweilen verwerflich ist (Spr 20,14):

»›Schlecht, schlecht!‹ (ist die Ware), sagt der Käufer, doch geht er weg, so lobt er sich« (weil er sie unter Vorgabe einer minderwertigen Qualität billiger bekommen hat).

»Wolkendünste mit Wind und kein Regen: wer sich erlogener Gabe rühmt« (Spr 25,14; B-R).

Ruhm ist dem Krieger gewiß, der sich im Kampf bewährt, doch mit der Prahlerei vor dem Kampf kommt man nicht weit, wie Ahab von Samaria seinem sich brüstenden Feind Ben-Hadad von Damaskus sagen läßt:

»Nimmer rühme sich, der sich gürtet, wie der sich entschnürt« (1Kön 20,11; B-R).

Vor der Schlacht, wenn das Schwert erst umgelegt wird, sehen die Dinge anders aus als nach ihr. Da wirkt der Selbstruhm noch peinlicher. Und daher gilt generell (Spr 27,1):

»Rühm dich nicht des morgigen Tags, denn du weißt nicht, was ein Tag gebärt.« (Vgl das Sprichwort: »Man soll den Tag nicht vor dem Abend loben«, aus F.von Schiller, Wallensteins Tod, V,4.)

Wo äußere Schönheit sich mit innerer Schönheit, mit charakterlicher Integrität verbindet, kann das Lob nicht ausbleiben. Der Geliebte spricht in Hld 6,9:

»Einzig ist mein Täubchen, mein vollkommenes . . . die Töchter sehen es und heißen es glücklich, Königinnen und Nebenfrauen preisen es.«

Kein Wunder, daß der Akzent biblischen Lobpreises auf der geistigen, inneren Schönheit liegt. Nicht wie einer sein will, sondern wie er wirklich ist, erscheint als wichtig. In vielen prägnanten Sentenzen wird gerühmt, was gemeinhin mit *jir'át 'adonáj*, »Gottesfurcht«, umschrieben ist.

»Trug ist die Anmut, Dunst die Schönheit – eine gottesfürchtige Frau werde gepriesen!« (Spr 31,30).

Oder: »Es freut sich der Gerechte im Herrn,
und birgt sich in Ihm,
es preisen sich alle, die geraden Herzens sind« (Ps 64,11).

Menschen mögen gelobt werden und sich selber loben, der wirkliche Ruhm gebührt Gott allein. Der Ruf *hal'lujá,* »lobet Gott«, kehrt sehr häufig wieder (Ps 104,35; 105,45 u.a.).

»Preiset oh Ihn!
Denn gut ist's harfen unserem Gott,
denn fein ist's, Preisung geziehmt« (Ps 147,1; B-R).

Gott »wünscht nicht die Stärke des Pferdes, will nicht die Schenkel des Mannes« (seine Schnelligkeit), sondern Er wünscht jene, die »Ihn ehrfürchten, auf seine Liebe hoffen« (ib. V10f).
Wie die Gemeinschaft mit einem *hal'lujá* zum Gotteslob aufgerufen wird, so kann der einzelne sich zu diesem Lob anspornen:

»Preise, meine Seele, Ihn!« (Ps 146,1; B-R).

Und wenn dies geschieht, wird der »Seele« der wahre Lobpreis zuteil:

»Um Ihn preist sich meine Seele« (Ps 34,3).

Vor dem Hintergrund des falschen und wahren, unberechtigten und berechtigten Lobens sind die beiden Verse in Jer 9,22f zu verstehen. Sie gehören zur Gattung der Weisheit, die die »Weisen« – und dazu zählen neben den Dichtern auch die Propheten – prägnant formulieren. Die beiden Verse bilden, meint M. D. Cassuto (safrút miqra'ít w'safrút k'na'aní́t, II,86), den Abschluß einer in 7,2 einsetzenden Rede vor dem Tempeltor in Jerusalem. In der Sentenz spiele Jeremia auf einzelne Gedanken dieser Rede aus den Anfangsjahren der Regierungszeit Jojakims (609–598) an: mit der »Weisheit« in 9,22 auf 8,8f; 9,11; mit der »Stärke« auf 8,14.16 und mit dem »Reichtum« auf 9,20. Einen Bogen von 9,22f zu 8,8f hat bereits der mittelalterliche Exeget R. Joseph bar Simon Kara (geb. 1060) in seinem Kommentar zum Jeremiabuch (hg. v. A. L. Schloßberg, 1881, 15) gespannt. Die These M. D. Cassutos ist interessant, aber unhaltbar, weil die Tempelrede mit 7,15, allenfalls mit 7,20 (M. Bolle, séfer Jirm'jáhu, 91) zu Ende ist.
Damit ist auch der zeitliche Ansatz der Sentenz nicht möglich, was freilich ihre zeitlose Gültigkeit nur noch mehr hervorhebt.

Leitworte des hebräischen Textes

mithalél (von *h-l-l,* Hitpael) heißt »sich loben, preisen, rühmen« (vgl *t'hilá,* »Lob, Preis«).
chachám ist der »Weise«, *chochmá* die »Weisheit«; *gibór* der »Starke«, *g'wurá* die »Stärke«; *'aschír* der »Reiche«, *'ószer* der »Reichtum«.
haskél (von *s-k-l,* infinitivus absolutus des Hiphil), »klug, einsichtig sein«,

steht oftmals neben *j-d-ʿ*, »wissen«. *séchel* ist die »Klugheit«, der »Verstand«, *maskíl* der »Kluge, Einsichtige«.
Das Dreiergespann *chésed,* »Liebe«, *mischpát*, »Recht« (vgl *schofét,* »Richter«), und *z'daqá,* »Gerechtigkeit«, ist selten (etwa Hos 2,21; Jes 16,5; Ps 33,5). Häufiger sind Kombinationen von *chésed* und *mischpát* (Hos 12,7; Mi 6,8; Ps 101,1 u.a.) – in Hos 2,21 sogar *zédeq, mischpát, chésed* und *rachamím* (»Barmherzigkeit«) –, *mischpát und zédeq* (Ps 119,121; Koh 5,7; vgl Jes 1,21; 16,5; in Jes 58,2: *mischp'té zédeq,* »Urteile der Gerechtigkeit«), sowie *z'daqá* und *mischpát* (Jes 1,27; 33,5; 56,1; Ps 33,5; Spr 21,3 u.a.).
chafázti (von *ch-f-z,* Qal), »ich wünschte, hatte Gefallen«.

Der Text in der Exegese

Jer 9,22 enthält eine *Anapher* (Anaphora). Als Stilmittel zum Herausstreichen eines bestimmten Gedankens werden Vokabeln des Versanfangs (im Gegensatz zur Epiphora, bei der Worte des Satzendes wichtig sind) ein oder mehrere Male wiederholt (M. Bolle, 129; vgl Jer 4,23–26): *ra'íti*, »ich sah«; 8,1: *ʿazmót*, »Gebeine«). Der Befehl *'al jithalél,* »es lobe sich nicht!«, steht dreimal.
Die beiden Verse 9,22f. enthalten ein durch »so sprach der Herr« eingeleitetes Gotteswort. Sein Aufbau ist leicht zu erkennen. Zunächst wird das Fehlverhalten des »Weisen«, »Starken« und »Reichen« gerügt, dann folgt die adäquate Verhaltensweise, und schließlich nennt die Sentenz (M. Bolle spricht von einem »Epigramm«) die Begründung für die zu vollziehende Verhaltensänderung.
Der Weise rühmt sich seiner Weisheit. Ist dies so etwas Tadelnswertes? Raschi schreibt:

»Lobt euch nicht, indem ihr sprecht: ›Wir sind weise‹; denn Meine Worte habt ihr verworfen, und wozu dient euch da eure Weisheit? Wenn ihr Mich erkennen werdet, könnt ihr euch eurer Weisheit rühmen.«

Der wirklich Weise, meint Raschi, müßte sich im Einklang mit der göttlichen Weisheit wissen und sein Denken nicht einsetzen, um Gott entgegenzuwirken.
R. D. Kimchi sieht einen Hinweis auf die menschliche Ohnmacht, wenn es gilt, durch Weisheit, Stärke und Reichtum einer tödlichen Gefahr (etwa der Gefahr, die Kriegsfeinde heraufbeschwören) zu begegnen:

»Wenn es unter euch Weise gibt, so sollen sie sich ihrer Weisheit nicht loben. Sie nützt ihnen nichts, nachdem sie ... nicht auf Gottes Wegen wandelten. Gibt es unter euch Starke, so sollen sie sich ihrer Stärke nicht rühmen. Sie wird sie nämlich weder vor dem Tod noch der Gefangenschaft retten können. Auch der Reiche rühme sich nicht, denn der Reichtum rettet ihn vor der Gefangenschaft nicht.«

R. D. Kimchi fügt bei, gelegentlich könnten Weisheit, Stärke und Reichtum einen Menschen retten, jetzt jedoch nicht. In der Situation, in der sich Israel angesichts der heranrückenden babylonischen Armee befindet, bedarf es eines anderen Vertrauens – des Vertrauens in Gott.
Der Midrasch (Num.r. 22,7; Tanchúma, matót, 5) lehrt:

»Drei gute Gaben wurden in der Welt erschaffen. Hat ein Mensch eine von ihnen erhalten, so hat er die Köstlichkeit der ganzen Welt genommen. Erhielt er die Weisheit, hat er alles erhalten. Erhielt er die Stärke, hat er alles erhalten. Erhielt er den Reichtum, hat er alles erhalten.
Doch wann? Wenn diese Gaben vom Himmel stammen und kraft der Tora (Weisung, Lehre) kommen. Aber die Stärke und der Reichtum eines Wesens aus Fleisch und Blut sind nichts ... Kommen diese Gaben nicht vom Heiligen, gelobt sei Er, so hören sie letzten Endes auf.«

Die menschlichen »Gaben« sind vergänglich, nur von Gott her wird dem Menschen bleibender Besitz.
Diese Wahrheit erfuhren drei Menschen, die jede der drei Gaben im Überfluß besaßen. Das Targúm nennt sie in seiner interpretierenden Übersetzung:

»Es lobe sich nicht *Salomo*, Davids Sohn, der Weise, seiner Weisheit.
Es lobe sich nicht *Simson*, Manoas Sohn, der Starke, seiner Stärke.
Es lobe sich nicht *Ahab*, Omris Sohn, der Reiche, seines Reichtums.«

Von Salomos Weisheit und von Simsons Kraft erzählt die Bibel ausführlich (Ri 14,5f.19; 15,8.9–20; 16,3 u.a. bzw. 1Kön 3,12.16–28; 10,1–13). Daß Ahab reich war, beweist der Bau seines mit Elfenbein geschmückten Palastes (1Kön 22,39; bei den Ausgrabungen in Samaria/Sebastje sind am Ort des Ahab-Palastes Elfenbeinfiguren gefunden worden). Der Midrasch weiß zu berichten (Jalqút schimʿóni, II,821, Nr. 284):

»Er lobe sich nicht wie Ahab, Omris Sohn, der siebzig Söhne hatte und jedem von ihnen einen Palast errichten ließ. Als er dann starb, hörten seine Herrschaft und sein Reichtum auf.«

R.Ch. Rabinowitz (Jirm'jáhu, in: dáʿat sofrím, 1969,147) führt die Ansicht des Targúm näher aus:

»Das Targúm erwähnt als Beispiele König Salomo, den Weisesten aller Menschen, der am Ende seiner Tage (im Buch Kohelet) zu (einem pessimistischen) Ergebnis kam. Es zeigt, daß dieser Weise gestrauchelt ist. Es erwähnt Simson, der zuletzt gefangen wurde ... und Ahab, der zu den Reichsten der Könige Israels zählte ... und durch sein Tun, das er angeblich zum Wohl des Volkes unternahm, die Phönizier ins Land brachte, mitsamt ihrer Götterverehrung.«

Weisheit, Stärke und Reichtum haben nichts gefruchtet, weil sie nicht von Gott herrühren. Schließlich blieb nichts von ihnen übrig. Das muß freilich nicht so sein. Hätte Salomo seine Weisheit vernünftig eingesetzt, Simson seine Stärke und Ahab seinen Besitz, so hätte auch Gutes aus den drei Gaben erwachsen können. Salomo hat sich aber dem Luxus (Pferden, Frauen, viel Gold und Silber, 1Kön 10,26–29; 11,1–6; 10,18) verschrieben, Simson hat seine Kraft durch die Enthüllung des Geheimnisses an Dalila leichthin verspielt (Ri 16,4–21), und Ahab war alles andere als ein für sein Volk wirkender Monarch.
Die Weisen des Talmud haben die »Gaben« nicht verworfen, doch sie haben sie relativiert und in die richtige Bahn zu lenken gesucht. Weisheit, Stärke und Reichtum sind von Vorteil, wenn sie ihren Besitzer weiterbringen, wenn sie ihn zu einem besseren Menschen machen.
In den Sprüchen der Väter (IV,1) ist zu lesen:

»Wer ist weise? Wer von jedem Menschen lernt.
Wer ist stark? Wer sich selbst (seinen Trieb) bezwingt.
Wer ist reich? Wer sich mit dem freut, das er besitzt.
Wer ist geehrt? Wer die Menschen ehrt.«

Die Fragen stammen von Simon ben Soma (1.Jh.d.Z.), die Antworten desgleichen. Der wirklich Weise ist nicht überheblich, sondern bereit, von allen, die ihm etwas zu sagen haben, zu lernen. Der Kommentator R. Owadja von Bertinoro (Italien, ca. 1450 bis ca.1516) fügt an:

»Selbst wenn er (der um Rat Angegangene) jünger ist. Weil er (der Lernbegierige) seiner Ehre nicht achtet und von jüngeren Menschen lernt, ist ersichtlich, daß seine Weisheit um des Himmels willen sich einstellen soll und nicht, damit sie ihm zur Ehre gereiche.«

Der Starke besiegt sich selbst, der Reiche strebt nicht nach immer neuen Gütern, sondern ist zufrieden mit dem, was ihm gehört. Im Sinn von Koh 5,9:

»Wer das Geld liebt, wird des Geldes nicht satt, und wer den Reichtum liebt, nicht des Ertrags ...«

Mit V23 wird das Verhaltensmuster geändert. Die Ichbezogenheit des »Weisen«, »Starken« und »Reichen« hört auf, Gott tritt ins Zentrum des Denkens. Der wirkliche Lobpreis, dessen »sich rühmt, wer immer sich rühmt« (*jithalél hamithalél*), liegt im »Einsichtigwerden« und in der »Kenntnis« Gottes. Der sich Rühmende – und dies ist jetzt ein jeder – hat den Blick von sich auf den Herrn gerichtet, denn von ihm her wird ihm echter Ruhm.
haskél w'jadṓ'a 'otí (L. Zunz: »einzusehen und mich zu erkennen«; B-R: »zu begreifen und mich zu erkennen«) sind Termini für das intellektuelle Eindringen in ein Problem oder Geschehen, wobei neben dem Verstand das Gefühl, ja die ganze Persönlichkeit einbezogen wird. Der »Erkennende (*maskíl*) »sucht Gott« (Ps 14,2 = 53,3), will Seine Wege erforschen. Er schließt sich Gott an, wie ein Mann seiner Frau, wenn er sie »erkennt« (Gen 4,1; Jer 1,5) und mit ihr die intimste eheliche Beziehung eingeht. V23b sagt, worin die Gotteserkenntnis besteht:

»zu begreifen und Mich zu erkennen,
daß Ich es bin,
der Liebe, Recht und Gerechtigkeit auf der Erde ausübt ...«

R. D. Kimchi schreibt in seinem Kommentar:

»›Gott erkennen‹ bedeutet, einsehen, daß Er der Erste und Einzige ist, der Körperlose, der Schöpfer des Alls und dessen Lenker, der die ganze Welt mit Seiner Weisheit leitet. ›Gott erkennen‹ ist identisch mit dem Nachahmen göttlichen Tuns, mit der Verwirklichung von Liebe, Recht und Gerechtigkeit ...«

»Liebe« – Worin besteht sie?

»Sie ist das Übermaß des Wohltuns ..., daß man jemand Wohltaten erweist, der darauf durchaus keinen Anspruch hat ... (oder), daß man einem, dem die Wohltat gebührt, mehr Wohltat erweist, als ihm gebührt« (Maimonides, FdI, III, Kap 53, S. 359).

»Das ist ein Sammelbegriff für alle Taten, die aus der Liebe zu den Geschöpfen geschehen« (1Sam 20,15; M. Bolle, 129).

»*Chésed* ist ›Mitleid‹ oder ›Herzensgüte‹ (lovingkindness) ..., die vor Recht und Gerechtigkeit vorhanden sein müssen, ja sogar vor der Wahrheit. Wahrheit, Recht und Gerechtigkeit sind in Herzensgüte zu vollbringen, ansonst sie aufhören, Wahrheit, Recht und Gerechtigkeit zu sein« (R. H. Freedman, Jeremiah, 72, nach Oberrabbiner J. H. Hertz).

»Recht« –

»Das ist ein wahres Urteil« (M. Bolle, 129), vgl Spr 29,4: »Ein König gibt dem Land durch Recht Bestand.«

»Gerechtigkeit« –

»Durch Aufrichtigkeit und Ehrlichkeit« (M. Bolle, 129).

»Recht und Gerechtigkeit« führen zur »Liebe«:

»Wer Recht und Gerechtigkeit übt, hat gleichsam die ganze Welt mit Liebe erfüllt; denn es heißt (Ps 33,5): ›Er liebt Gerechtigkeit und Recht; Gottes Liebe erfüllt die Erde‹« (b. Sukká, 49b).

Jer 9,23 spricht vom wirklichen Ruhm, der einem Menschen zusteht. Er soll Gott »erkennen« und wissen, daß Er Liebe, Recht und Gerechtigkeit auf der Erde realisiert. Ist es damit getan? Darf sich ein Mensch mit der Erkenntnis göttlichen Tuns begnügen? Nein, denn die Erkenntnis Gottes muß einmünden ins eigene Tun.
Was bedeutet dies konkret? Jer 22,16 gibt die Antwort:

»Als Sachwalter waltete er (König Josia, der Vater Jojakims)
für den Armen und Bedürftigen,
da war's gut!
Ist nicht dies das Mich-erkennen?!« (B-R).

Die Erkenntnis Gottes führt zum Eintreten für den Schwächeren, nur zu leicht Diskriminierten. Ohne das soziale Engagement bleibt sie graue Theorie.
Wie Gott »auf der Erde« wirkt, »d.h. mit den Menschen, so muß jener, der in Seinen Wegen wandelt, dasselbe tun« (Kimchi).

»Daraus folgt«, sagt Kimchi, »daß das Erkennen Gottes im Ausüben von Recht und Gerechtigkeit besteht.«

Ihn nachahmend! In den Worten des Talmud (b. Schabát, 133b):

»Abba Scha'úl sagt: ›Dies ist mein Gott, und ich will Ihn verherrlichen‹ (Ex 15,2) – sei bemüht, Ihm zu gleichen. Wie Er gnädig und barmherzig ist, so sei auch du gnädig und barmherzig.«

N. H. Tur-Sinai (p'schutó schel miqrá', III/1, 1967, S. 182) weist auf einen Passus der Septuaginta zu 1Sam 2,10 hin, dessen hebräische Vorlage im masoretischen Text fehlt. Auf den dortigen V9, der mit den Worten schließt: »denn nicht durch Kraft kann ein Mann überlegen sein«, und den Anfang von V10: »der Herr, Seine Feinde zerbrechen«, folgen die zwei

Verse unserer Bibelstelle als Einschub. Bemerkenswert ist die wörtliche Übereinstimmung, bis auf eine Ausnahme. Statt des *ʿosé chésed*, »der Liebe ... ausübt«, liest die Septuaginta mit ihrem *kai poiein,* »und auch zu tun«, ein *waʿasó* (Infinitivus absolutus von *ʿ-s-h,* entsprechend dem vorangehenden *haskél w'jadóʿa,* »zu begreifen und ... zu erkennen«; vgl Spr 21,3), »und auszuüben«. Subjekt des Versteils ist nicht Gott, sondern der Mensch, der »sich rühmen will«. So wie er aufgerufen ist, Gott zu begreifen und Ihn zu erkennen, so muß er Liebe, Recht und Gerechtigkeit auf der Erde ausüben. Die Lesart der Septuaginta in 1Sam 2,10 entspricht dem Verständnis des Talmud und der rabbinischen Tradition überhaupt.
Hosea (2,21f) antizipiert unsere Bibelstelle, wenn er das »Erkennen Gottes« als Ergebnis eines auf »Recht und Gerechtigkeit, Liebe und Barmherzigkeit« fußenden Verlöbnisses (»Ich gelobe Dich [Israel] Mir an auf immer«) sieht. In einem solchen Verlöbnis übernehmen selbstredend beide zukünftigen Ehepartner die Verpflichtungen. Wenn demnach Gott, der sich die »Braut« Israel angelobende »Bräutigam«, sich zu »Recht und Gerechtigkeit, Liebe und Barmherzigkeit« bereit findet, muß auch Israel dazu bereit sein. Gott setzt das Ziel, das Er realisiert, und Er erwartet von Israel dieselbe Marschrichtung.

»... daß er (Mensch) stets trachtet, Gnade, Recht und Tugend zu üben, um in seinen Handlungen Gott ähnlich zu werden« (Maimonides, FdI, aaO, 368).

»Denn diese wünschte (wünsche) Ich, ist der Spruch des Herrn« (V23).
Die Reihenfolge der drei Begriffe »Liebe«, »Recht« und »Gerechtigkeit« ist kein Zufall. Sie entspricht der Reihenfolge von »Weiser-Starker-Reicher«. R. Joseph Ibn Nachmias (aaO, 34) zeigt, daß *chésed* auf den »Weisen«, *mischpát* auf den »Starken« und *z'daqá* auf den »Reichen« Bezug nimmt.

»Wer die Wege der Weisheit einschlägt, übt die Liebe (Frömmigkeit; *chasidút*).
Die Frucht der Stärke ist das Recht; denn der Starke kann – anders als der Schwache – dem Recht zum Durchbruch verhelfen.
Die Frucht des Reichtums ist die Wohltätigkeit (eig. Gerechtigkeit), was dem Armen weniger möglich ist.
Deshalb sagt er »Liebe« entsprechend dem »Weisen«, »Recht« entsprechend dem »Starken« und »Wohltätigkeit« (Gerechtigkeit) entsprechend dem »Reichen«, weil der Gewinn von Weisheit, Stärke und Reichtum nur in der Liebe, im Recht und in der Gerechtigkeit liegt.«

Graphisch zeigt die folgende Tabelle die *Querverbindungen* zwischen V 22 und V 23. Weil die Reihenfolge im zitierten Text Simon ben Somas aus den Sprüchen der Väter (IV,1) mit jener in V 22 identisch ist, kann auch dieser

Text einbezogen werden, zumal auch er das Fehlverhalten der drei Personen zu korrigieren wünscht. Nicht durch eine Neuorientierung auf Gott hin, nach dessen Tun die Ausrichtung erfolgen soll, sondern auf die eigene Persönlichkeit. Statt des Eigenlobs empfiehlt Ben Soma die Selbstbeschränkung, die Genügsamkeit bei der Weisheit, der Stärke und dem Reichtum.

Die Personen	Fehlverhalten	richtiges Verhalten nach V 23	richtiges Verhalten nach Ben Soma
Der Weise	lobt seine Weisheit	übt (Nächsten-) Liebe	lernt von jedermann
Der Starke	lobt seine Stärke	übt Recht	bezwingt sich selbst
Der Reiche	lobt seinen Reichtum	übt Gerechtigkeit	freut sich mit seinem Besitz

Es ist möglich, daß wegen dieser – vielleicht beabsichtigten – Querverbindungen eine Umstellung der bei Hos 2,21 genannten Begriffe erfolgt ist.
Bei Hosea ist die Reihenfolge: Gerechtigkeit – Recht – Liebe
hier jedoch: Liebe – Recht – Gerechtigkeit.

Wegweisung für unsere Zeit

Menschen loben und werden gelobt. Das ist gut und notwendig. Ein berechtigtes Kompliment zur richtigen Zeit spornt an und ermutigt. Nur das Eigenlob stinkt, weil es die Fakten vertuscht und die positiven Seiten überbetont.

Wer sich seines Wissens, seiner Kraft und seines Reichtums rühmt, verfällt dem Vorwurf des Eigenlobs. Er bleibt dort stecken, wo er sich in seiner menschlichen Entwicklung gerade befindet, er braucht sich nicht anzustrengen, um besser zu werden; denn er fühlt sich arriviert, vollkommen, den anderen Menschen überlegen.

Echtes Lob orientiert sich demgegenüber an höheren Werten, an Gottes Wirken – an Seiner »Liebe«, Seinem »Recht« und Seiner »Gerechtigkeit«. Wirkliche Weisheit dient der Nächstenliebe, wirkliche Stärke dem Recht, das jedem Menschen – auch dem Armen und Schwachen – zusteht, wirklicher Reichtum der Gerechtigkeit, die auf Hebräisch *z'daqá*, und das heißt auch »Wohltätigkeit«, genannt wird. Wenn sich jemand rühmen will, obwohl es besser wäre, er sähe davon ab, dann rühme er sich nicht des Erreichten, sondern des noch zu Erreichenden und seines Willens, für die anderen Menschen dazusein, für jene, die auf seine Gaben angewiesen sind.

»Wer stand im Rat des Herrn?«

Jer 23,16–29

16 So sprach der Herr der Heerscharen:
Hört nicht auf die Worte der Propheten, die euch weissagen;
sie machen euch zum Dunst,
die Schau ihres Herzens reden sie, nicht aus dem Mund des Herrn.
17 Sie sagen zu jenen, die Mich verwerfen:
Gesprochen hat der Herr. Friede wird euch sein!
Und zu jedem, der in der Starrheit seines Herzens geht,
sagten sie: das Unheil wird nicht über euch kommen!
18 Denn wer stand im Rat des Herrn,
daß er sehe und Sein Wort höre?
Wer hat Sein Wort wahrgenommen? Wer hört es?
19 Sieh, der Sturmbraus des Herrn: eine Glut ist ausgetreten und ein wirbelnder Sturm,
auf der Bösen Haupt fährt er nieder.
20 Nicht eher läßt des Herrn Zorn ab,
als bis er getan und vollbracht hat das Sinnen Seines Herzens. –
In späterer Zeit werdet ihr's mit Einsicht einsehen.
21 Nicht gesandt habe Ich die Propheten –, sie aber rannten herbei.
Nicht gesprochen habe Ich zu ihnen –, sie aber weissagten.
22 Hätten sie wirklich in Meinem Rat gestanden, so ließen sie hören Meine Worte Meinem Volk,
um sie (die Leute) zurückzubringen von ihrem schlechten Weg und von der Bosheit ihrer Taten.
23 Bin denn nur ein Gott aus der Nähe Ich, ist der Spruch des Herrn,
und nicht ein Gott aus der Ferne?!
24 Verbärge sich einer im tiefsten Versteck, sähe Ich ihn nicht?
ist der Spruch des Herrn.
Fülle Ich doch fürwahr den Himmel und die Erde,
ist der Spruch des Herrn.
25 Ich hörte, was die Propheten, die in Meinem Namen Lüge weissagen, gesprochen haben: Geträumt habe ich, geträumt!
26 Wie lange noch ist solches im Herzen der Propheten, die Lüge weissagen, der Künder des Trugs ihres Herzens?

27 Sie trachten danach, Mein Volk Meinen Namen vergessen zu lassen,
durch ihre Träume, die einer dem anderen erzählt –
gleich wie ihre Väter Meinen Namen ob des Baal vergessen haben.
28 Der Prophet, der einen Traum hat, soll einen Traum erzählen;
bei wem aber Mein Wort ist, soll Mein Wort wahrhaft sprechen.
Was hat das Korn mit dem Stroh zu tun?
ist der Spruch des Herrn.
29 Fürwahr, so ist mein Wort: (s'ist) wie Feuer,
ist der Spruch des Herrn,
und wie ein Hammer, der den Felsen zerschlägt.

Der Text im Kontext

Hochexplosive Situation vor dem Jerusalemer Tempel. *Chananjá ben ʿAsúr* aus dem rund zehn Kilometer entfernten Priesterort Gibeon (Jos 21,17) tritt dem Propheten Jeremia kühn entgegen. Im Auftrag Gottes hat der von der bevorstehenden Katastrophe kündende Jeremia sich ein hölzernes Joch auf den Nacken gesetzt (Jer 27,2), um sein Volk und die Nachbarstaaten zur Unterwerfung unter den babylonischen Großkönig Nebukadnezar zu bewegen. Nur in dieser Unterwerfung liege die Chance des Überlebens (27,11).

Chananjá opponiert: die aus Jerusalem geraubten Tempelgeräte werden zusammen mit dem (598 v.d.Z.) deportierten König Jojachin und »allen Verbannten Judas« »in nur zwei Jahren« zurückkehren (28,3f). Alles wird gut, der Friede herrschen. Wie ein Gottesprophet leitet Chananjá seinen Trostspruch mit den Worten ein: »So sprach der Herr der Heerscharen, der Gott Israels« (28,2). Das Volk soll daher ihm glauben, nicht dem Unheil verheißenden Jeremia.

Jeremia reagiert auf die Rede überraschend: »*'amén* (so sei es!), so möge der Herr tun! Der Herr erfülle deine Worte, die du verkündet hast!« (28,6). In seinem Herzen weiß er indessen – wie einst *Michájhu ben Jimlá,* der den Lügenpropheten *Zidqijá ben K'naʿaná* zu maßregeln hatte (1Kön 22,8ff) –, daß Chananjá die Unwahrheit spricht. Nicht Gott, sondern sein eigenes Wunschdenken diktiert ihm den angeblichen Prophetenspruch. Er äußert ein »beruhigendes Scheinwort« (M. Buber, Der Glaube der Propheten, 219), weil er die bittere Wahrheit der nahenden Gefahr vertuschen will. Ein spektakulärer Kurzerfolg ist ihm zwar beschieden. Chananjá zerbricht das Joch Jeremias und ruft aus: »So sagt der Herr: ›So zerbreche ich das Joch

Nebukadnezars, des Königs von Babel, in zwei Jahren vom Hals aller Völker‹!« Und Jeremia besitzt kein Gegenwort, so daß er wohl nicht wenig beschämt »seines Weges ging« (28,11). Doch das zukünftige Geschehen entlarvt Chananjás Lüge. Ihn persönlich rafft ein vorzeitiger Tod dahin (28,17).

Die Konfrontation zwischen Jeremia und Chananjá ben ʿAsúr wirkt wegen der Geste des Jochzerbrechens besonders nachhaltig (28,12–14 wird sie zum Ausgangspunkt einer neuen Weissagung Jeremias), bildet jedoch keinen Einzelfall. Aus dem Jeremiabuch erfahren wir von anderen Männern, gegen die Jeremia heftig reagiert: *'Ach'áw ben Qolajá, Zidqijáhu ben Maʿasejá* (29,21ff), *Sch'maʿjáhu* aus dem nicht mehr lokalisierbaren Ort *Nechlám*. Dem verzagten Volk streuen sie Sand in die Augen, gaukeln ihm eine Sicherheit vor, die nicht besteht, angesichts der heraufziehenden Gewitterwolken nicht bestehen kann. Im Namen Gottes klagt Jeremia an: »Sie sprechen in Meinem Namen ein Lügenwort, das Ich ihnen nicht befohlen habe; und Ich bin der Wissende und der Zeuge« (29,23).

Vor diesem Hintergrund einer bitteren Auseinandersetzung mit den Lügenpropheten wird unser Abschnitt in Jer 23,16–29 verständlich. Eingeleitet wird die Rede wider die Propheten, bei der ihr Tun von jenem der wirklichen Abgesandten Gottes abgegrenzt wird, durch die Klage über das Treiben der »Priester und Propheten« im Tempel Jerusalems. Sie sind schlimmer als die einstigen im Dienste Baals stehenden Künder zu Samaria. Jene machten sich einer »religiösen Sünde« schuldig, stellt R.S. Freehof (Book of Jeremiah, 146) fest, weil sie (23,13) »in Baals (Namen) weissagten und mein Volk, Israel, in die Irre führten«. Die »Propheten« Judas begehen jedoch ein »moralisches Vergehen«, wie einst die Bewohner Sodoms (Gen 18,21) oder die Menschen vor der Sintflut (Gen 6,12):

»Aber an den Kündern Jerusalems
habe Schauriges ich gesehn:
da ist ein Buhlen,
ein Umgehn mit der Lüge,
sie stärken die Hände der Bösgesinnten,
daß sies lassen, umzukehren
jedermann von seiner Bosheit.
Sie sind mir alle wie Sodom geworden,
seine Insassen wie Gomorra« (V14; B-R).

Auf diese Klage folgt der Frontalangriff des Gottespropheten gegen seine Widersacher.

Leitworte des hebräischen Textes

nawí' (Plural: *n'wi'ím*) ist der »Prophet«. Seine Tätigkeit besteht im Weissagen: *n-b-'*, Niphal (Partizip: *nibá'*, Plural: *nib'ím*).
V 16 sind *han'wi'ím hanib'ím*, »die weissagenden Propheten«.
mahbilím (Partizip von *h-w-l*, Hiphil), vgl *héwel,* »Dunst«, wird von B-R mit »sie umdunsten euch« wiedergegeben. M. Abernik (in: kitwé haqódesch, 87a): »sie täuschen euch«; L. Zunz: »zum Wahne verleiten sie euch«, Baumgartner, Lex. 227: »nichtig machen, betören«.
chasón libám, »ihres Herzens Dünkel« (M. Abernik), »ihres Herzens Geschau« (B-R), ist Gegensatz des wahren Wortes *mipí 'adonáj,* »aus dem Mund des Herrn« (*pi* ist status constructus von *pé*).
In V 17 fällt bei *'omrím 'amór* die ungewöhnliche Reihenfolge auf, weil das Partizip (*'omrím,* »sie sagen«) vor dem Infinitivus absolutus (*'amór,* »sagen«) steht. R. D. Kimchi sieht darin eine »Verstärkung der Tätigkeit« und nennt als entsprechendes Beispiel Jos 24,10: *wajwárech baróch*, »er (Bileam) segnete ...« M'zudát David versteht *'omrím 'amór* als »sie pflegen zu sagen«.
m'na'azáj (Partizip von *n-'-z,* Piel, »unerbietig behandeln, verwerfen«; Lex. 622) heißt: »die mich verwerfen« (L. Zunz). B-R lesen mit der Septuaginta und der syrischen Peschitta: *limna'azé d'war 'adonáj,* »die Meine Rede verschmähen«, statt des masoretischen *limna'azáj dibér 'adonáj.* (Auf die Divergenz weist auch R.H. Freedman, Jeremiah, 156, hin.)
sch'rirút ist nach B-R die »Sucht« (seines Herzens, *libó* von *lew*), nach L. Zunz der »Übermut«, aber auch die »Starrheit«.
sod (V 18) ist die »vertrauliche Besprechung« (Lex. 703), das »Einvernehmen« (B-R), der »Rat« (L. Zunz). *b'sod 'adonáj* übersetzt M. Abernik mit »mit dem Ewigen im Vertrauen«. A. Weiser (Jirm'jáhu, 64) denkt an eine »beratende Versammlung«, wie sie Michájhu ben Jimlá (1Kön 22,19; unsere Bibelauslegungen, I, 155f) schildert. *sod* heißt dann auch »Rat, Geheimnis«, das Ergebnis einer Ratsversammlung (Am 3,7).
w'jére' (Akzent auf dem *zeré* der Pänultima; nur in Gen 41,33 liegt er auf der Ultima, s. H. Bauer – P. Leander, Historische Grammatik, 425), »und er sehe«, ist Jussiv von *r-'-h,* Qal. *w'jischmá',* »er möge hören« ist Jussiv von *sch-m-',* Qal. Demgegenüber ist *wajischmá'* am Schluß von V 18 ein Imperfekt mit waw consecutivum: »und er hörte«. B-R wählen für *w'jére' w'jischmá'* »daß er sieht, daß er hört«, für *wajischmá'* »der muß hören«. Eine Möglichkeit, den nicht leichten Vers zu deuten.
sa'ará (status constructus: *sa'arát*), »Stürmen« (B-R), entspricht dem masku-

linum *sá'ar,* »Sturm«, in V 19. Baumgartner, Lex. 720, schreibt für beide Vokabeln »Sturmwind«, L. Zunz für *sa'ará* »Wetter«, für *sá'ar* »Sturm«.
chemá ist »Hitze, Erregung, Zorn« (Lex. 313), die »Grimmglut« (B-R); vgl *ch-m-m,* »warm sein«, *cham,* »warm« oder »heiß«.
mitcholél (Partizip von *chul*, Hitpolél, »wirbelt«, Lex. 285), »umwirbelnder« (Sturm; B-R). Zu *chul* gehört auch *jachúl* (Imperfekt im Qal), »wirbelt« (Lex.), B-R: »wirbelt's nieder«, L. Zunz: »fährt es hernieder«.
'af (V 20) entspricht *chemá* (V 19) und bedeutet »Zorn«, im eigentlichen Sinn »Nase«. Weil die Nase im Zorn bei manchen Leuten »anschwillt«, kann man sagen, jemand habe eine »Nase«, eine »Zornesnase«.
m'simá, hier im status constructus des Plural: *m'simót (libó),* »Entwürfe seines Herzens« (B-R), ist abgeleitet von *s-m-m,* »sinnen, planen« (Lex. 262): »Überlegung, Plan«, dann vor allem »böser Plan, Anschlag«, im Plural: »Ränke« (Lex. 536).
b"acharít hajamím, »in der Späte der Tage« (Bibelauslegungen, I, 144), so B-R; L. Zunz: »in späten Tagen«.
biná (abgeleitet von *bin*, Lex. 117f), »Einsicht«, *titbon'nú* (Imperfekt im Hitpolél von *bin*), »ihr werdet einsehen«, »Einsicht gewinnen« (Lex.), »werdet ihr den Sinn dran ersinnen« (B-R).
rázu, »sie rannten« (Perfekt von *ruz,* Qal), V 21.
V 22 ist *w'jaschmí'u* ein Jussiv von *sch-m-',* Hiphil: »sie mögen hören lassen«, B-R: »zu hören geben«. Wir übersetzen mit »so ließen sie hören«.
w'joschiwúm ist Imperfekt von *schuw*, Hiphil, mit waw consecutivum und Suffix: »und sie sollen sie zurückbringen« (wiederkehren lassen), B-R: »müßten die umkehren lassen«.
ró'a ist »Bosheit« (von *r-'-'*), *ra'á* in V17 »das Böse« (B-R).
ma'al'lehém (immer im Plural *ma'alalím*; von *'-l-l* I, Polel, »handeln«, Lex. 789), »ihre Taten«, B-R: »ihre Geschäfte«.
qarów heißt »nahe«, *rachóq* »weit, entfernt«.
jisatér (Imperfekt von *s-t-r,* Niphal), »er wird verborgen sein; sich verbergen«, V 24; *mistarím* (Singular *mistár*) ist das »Versteck«, der »verborgene« Ort. Neben *mistár* findet sich in Jes 4,6 die Nebenform *mistór,* »Versteck, Obdach vor Regen« (Lex. 575).
malé' ist hier nicht als Adjektiv, sondern als Partizip zu verstehen: »ich fülle« (Kimchi: »wie das Partizip des Piel: *m'malé'*«).
schéqer in V 25 ist die »Lüge«, die »die Propheten in Meinem Namen weissagen« (*hanwi'ím hanib'ím bischmí*).
chalóm (von *ch-l-m*, V 25) ist der »Traum« (V 28), Plural: *chalomót* (V 27: *bachalomotám*, »in ihren Träumen«).

tarmít (von *r-m-h*, Piel) ist die »Trügerei« (B-R), der »Trug« (L. Zunz), in V 26.
l'haschkíach (von *sch-ch-ch*) ist Infinitiv des Hiphil, »vergessen lassen«; *schach'chú,* »sie vergaßen« (Perfekt des Qal), in V 27.
téwen »Stroh«, ist inhaltlich der Gegensatz von *bar*, »Getreide«.
Der *patísch,* »Hammer, Schmiedehammer« (Lex. 873; B-R) »zerschlägt« (*j'fozéz*; Imperfekt des Polel von *p-z-z*; Lex. 899) den »Felsen« (*séla'*), das harte Gestein (V 29).

Der Text in der Exegese

Unser Abschnitt beginnt mit einer Warnung, die Jeremia im Namen Gottes – »so sprach der Herr der Heerscharen« – sehr nachdrücklich an das Volk richtet. »Hört nicht auf die Worte der Propheten, die euch weissagen, sie machen euch zum Dunst ...« (V 16).
Diese *Propheten der Lüge* und der »Schau ihres Herzens, die sie aussprechen, nicht vom Mund des Herrn« (ib.), tragen bei Jeremia und anderen Kündern Gottes eine Reihe von Schimpfnamen: »Prophet, Lehrer der Lüge« (*nawí' moré schéqer*; Jes 9,14), »Propheten, die in Meinem Namen Lüge weissagen« (Jer 23,25; vgl 23,26 ohne »in Meinem Namen« und Jer 14,14); »Weissager von Träumen der Lüge« (Jer 23,32), »Propheten des Trugs ihres Herzens« (Jer 23,26), »Propheten, die Mein Volk in die Irre führen« (Mi 3,5), »die schändlichen Propheten« (*hanwi'ím han'walím*; Ez 13,3), »die Propheten, die Wahn schauen und Täuschung wahrsagen« (Ez 13,9; B-R), »die Propheten, die in Meinem Namen künden und die Ich nicht gesandt habe« (Jer 14,15), »der Prophet, der verführt wird« (Ez 14,9; B-R: »betört wird«). Es kann eine abwertende Titulierung fehlen und nur von den »Propheten« die Rede sein (Jer 23,9.11.15.21) oder auch von der Gottheit, in deren Dienst sie stehen: Baalspropheten, Aschera-Propheten (1Kön 18,19.25 u. a.).
Die *wahren Propheten* heißen »Mann Gottes« (2Kön 5,8 u. a.), »Prophet« (Dtn 34,10), »Prophet in Israel« (2Kön 5,8), »prophetischer Mann« (*'isch nawí*; Ri 6,8), »Prophet des Herrn« (1Kön 18,13) oder »Prophet dem Herrn« (1Kön 18,22 u. a.), »meine Diener die Propheten« (*'awadáj hanwi-'ím;* 2Kön 9,7; 17,23 u. a.), oder bei Namens- und Titelnennung: »Natan der Prophet« (2Sam 7,2 u. a.), »Gad der Prophet« (2Sam 24,11), »Achija aus Silo der Prophet« (1Kön 11,29), »Elia der Prophet« (1Kön 18,36 u. a.), »Elisa der Prophet« (2Kön 6,12 u. a.), »Jesaja, Sohn des Amoz, der Pro-

phet« (2Kön 20,1.11.14 u.a.) und andere mehr. Daß auch ein »Lügenprophet« mit seinem Namen bezeichnet wird, ist selten, findet sich aber nicht zufällig bei Chananjá ben ʿAsúr (s. Kontext), der sich mit allem Nachdruck als Gottesprophet betrachtet (Jer 28,1.5.9.12.15).
Die echten Propheten überbringen viele Drohworte, und deshalb wollen sie sich der Berufung Gottes mit aller Kraft entziehen (Jer 17,16: »ich drängte mich nicht ...«). Mose (Ex 3,11; 4,10.13), Amos (Am 7,14; vgl Sach 13,1–6) und Jeremia (1,6) suchen nach Ausflüchten, um Gottes Botschaft nicht überbringen zu müssen. Sie fühlen sich zu jung, zu unerfahren. Amos sagt: »nicht ein Prophet bin ich, und nicht Sohn eines Propheten bin ich«. Die falschen Künder drängen sich vor (Jer 23,21: »sie rannten«). Jeder sucht seinen Kollegen zu übertrumpfen, wenn sie dem König und den Mächtigen, aber auch der Volksgemeinschaft, ihre Lügengespinste vorgaukeln. Bereits an dieser grundlegenden Verschiedenartigkeit ist ein echter von einem falschen Propheten unterscheidbar.
Die eigentliche Trennwand liegt indessen beim Wort, das gesprochen wird. Jeremia und die übrigen Propheten des Herrn tragen vor, was Gott ihnen eingibt, die selbsternannten »Propheten« hingegen die *chasón libám* (V 16), die »Schau ihres Herzens«. Und deshalb »machen sie euch zum Dunst« (*mahbilím héma ʾetchém*). Sie sind *n'wiʾím* im schlechten Sinn, sie sind – wie das Targúm übersetzt – *n'wiʾé schiqráʾ*, »Propheten der Lüge«. R. Meʾír ben Isaak Arama (séfer ʾurím w'tumím, 65b) schreibt:

»Wie die Propheten der Wahrheit den Verstand vervollkommnen und festigen, so machen diese ihn zum Dunst, sie verwandeln das Etwas in ein Nichts.«

Malbim (Kommentar zu Jeremia, 550): »Die Worte, die sie sprechen, sind Lüge und Dunst.«

Worin besteht das *»Umdunsten«*? Im trügerischen Versprechen, daß dem Volk der Friede beschieden ist: *schalóm jihjé lachém ... lo tawóʾ ʿalechém raʿá,* »Friede wird euch sein, ... nicht kommt zu euch das Unheil« (V17). Diese Friedensschalmei, die total unbegründet ist, erklingt aus dem Mund der Lügenkünder von früh bis spät. In Jer 4,10, einer Klage Jeremias vor Gott, daß Er dieses Gerede nicht verhindert hat und damit am Irregehen (*hischéʾta,* »Du hast getäuscht«) mitschuldig wird, heißt es:

»Friede wird euch sein! – Doch es rührt das Schwert an die Seele.«

Kurz und einprägsam ist die Stelle in Jer 6,14 (8,11):

»schalóm schalóm w''én schalóm, »Friede, Friede! (sagen die Lügenpropheten), doch es ist kein Friede!«

Das Wissen um das täuschende Gerede der falschen Propheten ist Jeremia bekannt, auch Ezechiel wird davon sprechen. Mit unserem Vers lassen sich wegen des Aufbaus Jer 14,13f und Ez 13,3–10 vergleichen:

Die *Lügenpropheten* hintergehen das Volk, indem sie verkünden:

Jer 23	*Jer 14*	*Ez 13*
V 17: Gott hat gesagt: »Friede wird euch sein, ... nicht kommt zu euch das Unheil.«	V 13: »Nicht seht ihr das Schwert, und Hunger wird euch nicht sein; denn einen Frieden der Wahrheit gebe Ich euch an diesem Ort.«	V 6: Sie sagen: »Spruch Gottes« V10: »Friede...«

Gott heißt Seinen Propheten demgegenüber die Lüge aufdecken:

V 16: So spricht der Herr der Heerscharen: »Hört nicht auf die Worte der Propheten ..., sie machen euch zum Dunst, die *Schau ihres Herzens* reden sie, nicht aus dem Mund des Herrn ...	V 14a: Der Herr sagte zu mir: »*Lüge* künden die Propheten in Meinem Namen.	V 3: So spricht der Herr, Gott: »Wehe über die schändlichen Propheten ...
	V 14c: *Schau der Lüge* und nichtige Wahrsagerei und *Trug ihres Herzens* weissagen sie euch.	V 6: Wahnhaftes schauen sie, *trügerische* Wahrsagerei ...
V 21: *Ich* habe die Propheten *nicht gesandt,* und sie rannten.	V 14b: *Ich* habe sie *nicht gesandt,*	Und der *Herr* hat sie *nicht gesandt.*
Ich habe zu ihnen *nicht geredet,* und sie weissagten.«	und ihnen nichts befohlen, und *nicht* zu ihnen *geredet.«*	V 7: ... und Ich habe *nicht geredet.«*

Das Urteil über die »aus ihrem Herzen« sprechenden »Propheten« ist verheerend. Kein gutes Wort lassen Jeremia und Ezechiel an diesen Männern, und sie nennen die Lügenrede beim Namen, ohne ein Blatt vor den Mund zu nehmen. Was die falschen Propheten reden, ist »Schau des Herzens« (Jer 23,16), »Lüge« (Jer 14,14; 23,25: *schéqer*), »Trug des Herzens« (14,14; 23,26: *tarmít libám*), »trügerische Wahrsagerei« (Ez 13,6), »nichtige Wahrsagerei« (Jer 23,14), »Wahnhaftes« (Ez 13,6), in unserem Text: nichts weiter denn ein »Traum« (V25f. 28) und damit »Stroh« (V28: *téwen*).

Die Lügenpropheten finden ein dankbares Publikum. Jeremia nennt die Leute, die gierig die hohle Frohbotschaft aufnehmen, *m'na'azím*, Gottes-»Verwerfer«, und solche, die »in der Sucht des Herzens gehen« (V17). Das mag ein hartes Urteil sein, aber es ist gerechtfertigt. Wer den Lügenpropheten nachläuft, obschon Jeremia unentwegt seine Mahnreden hält, muß sich als Gottesverwerfer und Irrgläubiger titulieren lassen.

Hier stellt sich freilich ein *Grundproblem*, mit dem die Hörer konfrontiert sind. Woran ist zu erkennen, ob es sich bei einer Weissagung um eine Schau, die Gott ins Herz gelegt hat, oder um eine »Schau des Herzens« handelt? Gibt es ein Kriterium, wonach eindeutig ein wahres von einem falschen Wort unterschieden werden kann?

Wenn eine Person verkündet: »So hat der Herr gesprochen« (*ko 'amár 'adonáj*) oder »Spruch des Herrn« (*n"um 'adonáj*), so besteht noch keine Gewähr, daß der Herr auch wirklich geredet hat. Denn auch die Lügenpropheten bedienen sich dieser Chiffre (Chananjá, Jer 28,2; Ez 13,6), und die Täuschung ist perfekt (»sie täuschen mein Volk«; z.B. Ez 13,10). Es gibt jedoch ein eindeutiges *Kriterium,* und Jeremia nennt es in seiner Auseinandersetzung mit Chananjá ben ʿAsúr (28,8f):

»die Propheten, die vor mir und vor dir von jeher gewesen sind, weissagten über viele Länder und große Königreiche zu Krieg, zu Unheil und zu Pest. Doch der Prophet, der zu Frieden weissagt – wenn des Propheten Wort eintrifft, so wird ersichtlich, daß ihn der Herr in Wahrheit gesandt hat.«

Auch die wahren Propheten sprechen sehr oft vom »Frieden«, doch dieser Friede ist nicht immanent, die Wende zum Guten ist auf lange Sicht vorausgesagt. In der nahen Zukunft steht die Gefahr bevor, die es zu erkennen gibt, und sie steht im Kausalzusammenhang mit dem Verhalten des Volkes. Der Lügenprophet kündet demgegenüber von Frieden und Erfolg, auch wenn die realen Tatsachen diese Aussage Lügen strafen müssen, und er denkt nicht im mindesten daran, die Mächtigen zu warnen und zur Besinnung zu rufen. Nie steht bei ihm die Unheilsweissagung zur Diskussion, weil nicht wahr ist, was nicht wahr sein darf. Gelegentlich trifft eine Glücksverheißung der Lügenpropheten sogar ein, zumeist jedoch nicht. Doch das ist nicht das Ausschlaggebende. Worauf es ankommt, ist die prinzipielle Bereitschaft, dem Herrscher und dem Volk die Fehler vor

Augen zu halten – nicht, um zu verdammen, sondern um zur Umkehr zu bewegen. Der wahre Prophet spricht vom nahenden Unglück, weil ihm das kultisch-religiöse und soziale Mißverhalten des Volkes den Schlaf raubt. Der falsche Prophet spricht vom nahenden Glück, weil ihn dieses Mißverhalten überhaupt nicht interessiert. Vielleicht bemerkt er es nicht einmal. In jedem Fall will er ruhig schlafen und sich durch unangenehme Gedanken und Prognosen nicht aus der Ruhe bringen lassen. Der wahre Prophet schärft seinen Blick für die realen außen- und innenpolitischen Gegebenheiten, der falsche sucht ihn zu trüben. Das Kriterium Jeremias ist richtig, weil ein Prophet, der vom bevorstehenden Frieden spricht, nur dann ein wahrer Prophet sein kann, wenn dieser Frieden auch tatsächlich kommt. Andernfalls erweist sich seine Ankündigung als Wunschbild. Spricht aber einer vom Unglück, so braucht sich das Unglück nicht einzustellen; denn des Propheten eigentliche Aufgabe ist es, dieses Unglück abzuwenden, indem er dessen Ursache – die Sünden des Volkes – behebt (wie Jona bei seinem Wort an die Bewohner Ninives; Jona 3,6–10):

»Reden der Strafandrohung . . ., die nicht in Erfüllung gehen, sind kein Beweis für die Wahrheit (oder Unwahrheit) einer Weissagung, und wir sagen nicht: ›Seht, der Prophet hat gesprochen, und die Sache hat sich nicht ereignet!‹ Gott ist nämlich langmütig und groß an Erbarmen und gereut des Unheils. Vielleicht haben die Sünder ihre Schuld bereut und es wurde ihnen . . . verziehen. Hat ein Prophet jedoch das Gute versprochen, und es ist nicht eingetreten, so ist gewiß, daß es sich um einen falschen Propheten handelt; denn alles Gute, das Gott verfügt, selbst wenn es nur bedingt verfügt wird, nimmt Er nicht zurück« (Maimonides, Hilchót j'sodé hatorá, in: Mischné torá, X,4).

Ein Rest der Ungewißheit bleibt freilich bei den Hörern immer zurück. Und deshalb ist nicht nur der Inhalt einer Aussage wesentlich, sondern zugleich – und wohl zuvorderst – die Persönlichkeit des Künders, sein Prestige, die Erfahrung, die die Hörer in der Vergangenheit mit ihm gemacht haben. Nach dem wirklich eingetretenen Tod des Chananjá ben 'Asúr (Jer 28,17) ist das Ansehen Jeremias beim Volk zweifellos mächtig gestiegen, auch wenn der Text nur die nackte Tatsache und nicht die Reaktion der Jerusalemer mitteilt.

Für den Gottespropheten selbst, den »Boten des Herrn in der Botschaft des Herrn« (*mal'ách 'adonáj b'mal'achút 'adonáj*; Hag 1,13), existiert die Frage nach der Legitimation nicht. Er weiß sich hineingenommen *b'sod 'adonáj*, »in den Rat des Herrn« (V 18). Wer im *»Rat des Herrn«*, in Seiner »Ratsversammlung« gestanden hat, ist Geheimnisträger, gehört zu jenen »Vertrauten« (*'awadáw*), »denen Er Sein Geheimnis (wiederum *sod*) enthüllt hat« (Am 3,7). Wer nicht in der Ratsversammlung gewesen ist – wie die Lügenpropheten (V 22) –, spricht ohne göttliche Vollmacht und ohne Wissen um Gottes Entscheidungen. Nur der echte Künder wirft (wie Michájhu ben Jimlá, 1Kön 22,19, oder Jesaja, Jes 6,1ff beispielsweise, die von der Himmlischen Ratsversammlung sprechen; vgl Hiob 1,6ff; 2,1ff) gleichsam einen Blick hinter die Kulissen. Jeremia ist Besitzer des Gottesplans, weil ihm Gott Seinen Plan und Willen kundgetan hat. Und daher kann und muß er diesen Plan der Gemeinschaft mitteilen. Dazu hat Gott ihn – ihn und nicht die selbsternannten Falschredner – »entsandt«.

Auf diese Falschredner bricht *Gottes Zorn* herein (V 19f). Die Verse kehren in 30,23f mit kleinen Unterschieden wieder. Statt *w'sá 'ár mitcholél*, »umwirbelnder Sturm« (B-R), steht dort *sá'ar mitgorér*, »hinrollender Sturm« (B-R), statt *'af 'adonáj*, »Zorn des Herrn«, ein *charón 'af 'adonáj*, »Zornesglut des Herrn«, und zudem fehlt das letzte Wort von V 20: *biná*, »Einsicht«. Inhaltlich ändert sich jedoch nichts. Sch. L. Gordon (diwré Jirm'jáhu, 217) vertritt die These, daß die Schilderung des göttlichen Zorns zu 30,23f paßt – »dort ist ihr Platz, hier unterbrechen sie das Prophetenwort«. Diese These läßt sich nicht beweisen.

Gottes Zorn fällt auf das »Haupt der Übeltäter« (V 19) und kehrt nicht um – einem Sturmwind gleich, der nicht umkehrt –, ehe er »das Ansinnen Seines Herzens« (*m'simót libó*) vollbracht hat« (V 20). Fünfmal findet sich in unserem Bibelabschnitt das Wort *lew*, »Herz«. Dreimal im Hinblick auf das »Herz« der falschen Propheten (V 9.16.26), einmal auf jenes der »in der Sucht« des Herzens Gehenden (V 17). Hier ist vom »Herzen« Gottes, der Seine Ratschlüsse in die Tat umsetzt, die Rede. Der Grimm Gottes ist unversöhnlich, weil die Übeltäter, die falschen Propheten, Sein Wirken verhindern und damit die Umkehr des Volkes blockieren. »Sie rannten«, sie drängten sich vor, um eine falsche Weissagung zu verkünden (V 21). Hätten sie wirklich »im Ratschluß« Gottes gestanden, so läge ihr ganzes Bestreben »im Zurückbringen Meines Volkes von seinem schlechten Weg und der Bosheit ihrer (= seiner) Taten« (V 22).

Gottes Wirken bleibt im übrigen nicht verborgen, auch wenn es nicht auf den ersten Blick zu fassen ist. Man muß es eingehend »betrachten« und die richtigen Schlüsse ziehen, dann wird deutlich, daß »das Ansinnen Seines Herzens« sich immer durchsetzt. Und zwar *b"acharít hajamím*, »in der Späte der Tage« (V 20, B-R). Kimchi denkt bei dieser Wendung an »die Tage des Messias«, sachbezogen ist indessen der Hinweis von R. Joseph Ibn Caspi ('adné késef, Jirm'jáhu, 13):

»Dies ist nicht die ferne Zeit; es ereignet sich vielmehr in den Tagen Zedekias« (kurz vor und während des entscheidenden Angriffs der Babylonier auf Jerusalem).
Es geschieht am »Tag des Gerichts« (E. S. Hartom).

Mit V 23 wird ein neuer Ton angeschlagen. Die Gedanken lösen sich von der Schilderung der Lügenpropheten und des Unheils, das sie anrichten, und wenden sich Gott zu. Der status constructus (*'elohé miqarów/'elohé merachóq*) ist ungewöhnlich. R. Jesaja der Erste von Trani (I,231) schlägt daher vor, ein *Jisra'él* oder ein *'olám* gedanklich einzufügen. »Bin Ich der Gott Israels (oder: der Gott der Welt) erst seit kurzem (»seit Nahem«)? ist der Spruch des Herrn, bin Ich nicht der Gott Israels (oder: der Gott der Welt) schon seit langem (»seit der Ferne«)?« M. Bolle (séfer Jirm'jáhu, 300) zeigt freilich, daß ein status constructus vor einer Präposition auch sonst vorkommt; z.B. in 2Sam 1,21: *haré baGilbó'a,* »die Berge am Gilboa«.
Die Wendungen *'elohé miqarów* und *'elohé merachóq* werden verschiedenartig interpretiert:
1. Als Bezeichnung des Ortes:

»Bin Ich nur ›ein Gott aus der Nähe‹, der nur das erkennt, was in der Nähe sich befindet (d.h. die himmlischen Scharen)? Vermag Ich nicht auch die Unteren (Erdenbewohner) zu richten, die von Mir entfernt sind? Weiß Ich nicht um ihr Tun? (Raschi).

So verstehen die rhetorische Frage H. Homberg (hakorém, 87b): »Bin ich denn nur Gott in meiner Nähe, nicht auch Gott für die weite Ferne?« und Buber-Rosenzweig: »Bin ich ein Nahgott nur und ein Ferngott nicht auch?!«; vgl Sch. L. Gordon: Bin Ich nur ein Gott »an beschränktem Ort«?
2. Als Bezeichnung der Zeit:

»Bin ich ein Gott von unlängst? spricht der Ewige, nicht Gott der Vorzeit?« (M. Abernik, aaO, 87b)

Abarbanel (Kommentar z.St.) versteht die beiden Adverbien *miqarów und merachóq* als Hinweis auf Gottes Existenz:

»Ich bin nicht wie eure Götter, die ›neu sind, vor kurzem gekommen‹ (Dtn 32,17) ... Ich bin vielmehr der vor allem Geschaffenen existierende Gott.« (Analog auch R. D. Kimchi)

Das Targúm denkt mit seiner Interpretation an die Schöpfertat Gottes am Anfang der Welt, eine Schöpfertat, die sich dereinst wiederholen wird:

»›Ich bin Gott, der die Welt am Anfang erschaffen hat‹, sagt der Herr, ›und Ich bin Gott, der die Welt inskünftig für die Gerechten erneuern wird‹.«
(Dies ist vielleicht eine Anspielung auf Jes 65,17 vom »neuen Himmel« und der »neuen Erde«.)

Verschieden, jedoch desgleichen im Hinblick auf Gottes Tat, nicht Seine Existenz, erklären M.A. Anat–H.M.Y. Gevaryahu (tanách laʿám, »Erklärungen«, 1080) die beiden Begriffe:

»›aus der Nähe‹ – Gott wirkt in der Gegenwart; ›aus der Ferne‹ – Gott wirkt auch in den spätesten Zeiten.«

3. Als Hinweis auf die Gott nahestehenden bzw. sich von Ihm entfernenden *Menschen* sucht R. Ch. Rabinowitz (Jirm'jáhu, in: dáʿat sofrím, 299) die Aussage zu begreifen:

»Ist der Herr nur jenen, die Ihm nahestehen, Gott? Nicht so: Er ist Gott auch jenen, die sich von Ihm aus irgendeinem Grund entfernt haben. Immer können sie zu Ihm zurückkehren ...«

4. Der Midrasch (M'chílta d'Rabbí Schimʿón bar Jochaí, Jitró, 18,6; vgl Ex.r. 27,2 und Tanchúma, Jitró, 6) nennt eine Deutung, welche die beiden Adverbien als Partizipien (*m'qaréw,* »Er bringt nahe«/*m'rachéq,* »Er entfernt«) verstehen will:

»R. Elieser sagt: Der Heilige, gelobt sei Er, sprach zu Mose (!): Ich, der gesprochen hat und die Welt entstand, Ich bringe nahe und Ich entferne. Es heißt nämlich: ›Ich bin ein Gott, der nahebringt‹ (Jer 23,23; Hinweis: unser Vers wird nicht als Frage, sondern als Gewißheit aufgefaßt).
Ich habe Jetro (Moses Schwiegervater) nahegebracht und nicht entfernt (zurückgestoßen). Wenn daher jemand zu dir kommt, um Jude zu werden und sich unter den Fittichen der *sch'chiná* (Einwohnung« Gottes; Seine Präsenz auf Erden) zu bergen, so bring ihn nahe und entferne ihn nicht (stoße ihn nicht zurück).
Die Weisen lehrten daraus: Man stoße mit der Linken hinweg, hole aber (einen Menschen, der zu tadeln ist) mit der Rechten wieder zurück; anders als (der Prophet) Elisa, der (seinen Diener) Gechasi für immer von sich gestoßen hat (2Kön 5,25ff).«
Vgl b. Sanhedrín, 107b; b. Sotá, 47a: »Es lehrten die Weisen: Stets stoße deine Linke hinweg, die Rechte aber bringe wieder nahe. Nicht wie Elisa, der seinen Diener Gechasi mit beiden Händen verstieß, und nicht wie Josua ben P'rachjá, der Jesus von Nazaret (*Jeschú hanozrí*) mit seinen beiden Händen verstieß.«

Welcher Deutung man auch den Vorzug geben mag – in diesem Vers ist in jedem Fall die Gott von allen Göttern und allem von Menschenhand überhaupt Geschaffenen unterscheidende *Einzigartigkeit* ausgesprochen. Worin sich diese Einzigartigkeit äußert, sagt der nächste Satz:

»Wenn sich einer in Verstecken verbirgt, sehe Ich ihn nicht?, ist der Spruch des Herrn. Fülle Ich denn nicht den Himmel und die Erde?, ist der Spruch des Herrn.«

Vor Gott kann sich kein Mensch verstecken (s. Bibelauslegungen I, 166); das erfahren Adam (Gen 3,8f), Jona (1,3ff) und David. Wie sich David an Batseba vergreift, überbringt ihm der Prophet Nathan ein Gotteswort. Darin heißt es (2Sam 12,12):

»Ja: du, im Verborgenen hast dus getan, ich aber, ich will diese Sache tun vor allem Jissrael und vor der Sonne« (B-R).

»Im Verborgenen« (*baséter*; Pausa: *basáter*) ist Gegensatz von »vor der Sonne« (*néged haschámesch*). Gott bringt die Wahrheit an den Tag, »vor die Sonne«, auch wenn der Mensch sie insgeheim begangen hat und sie zu verbergen sucht. Eine Tat »im Geheimen« begangen, ist besonders gravierend, weil sie menschlicher Bestrafung entzogen ist. Daher wird der Täter »im Geheimen« dem »Fluch« (*'arúr*) anheimgegeben (Dtn 27,15.24). Auf der anderen Seite darf der Fromme sich bei Gott, in Seinem *séter* (Ps 27,5; 31,21; 61,5; 91,1 u.a.) »geborgen« wissen. Sehr plastisch schildern einige Stellen im Midrasch die Unmöglichkeit eines Fluchtversuchs vor Gott. Zu Ex 4,3 – »da flüchtete Mose vor ihr« (der Schlange) – schreibt Ex.r. 3,12:

»Eine vornehme Frau sprach zu R. Josi: ›Mein Gott ist größer als dein Gott.‹ Weshalb? Sie sprach: ›Als euer Gott sich Mose im Dornbusch offenbarte, verhüllte Mose sein Gesicht (Ex 3,6), doch als er die Schlange sah, die mein Gott ist, da floh er sofort vor ihr.‹
Da erwiderte ihr der Rabbi: ›Unsinn! Als unser Gott Mose erschien, gab es keinen Ort, wohin er hätte flüchten können. Etwa zum Himmel oder aufs Meer hinaus oder selbst zu Lande?! Bei unserem Gott steht geschrieben (Jer 23,24): ›Fülle Ich nicht den Himmel und die Erde?, ist der Spruch des Herrn‹; doch bei der Schlange, die dein Gott ist, genügt es, zwei, drei Schritte zu tun, und schon ist man vor ihr gerettet. Deshalb heißt es: ›da flüchtete Mose vor ihr‹.«

Als Kajin seinen Bruder Abel erschlagen hatte, suchte er zu fliehen.

»Er sagte sich: Ich will vor meinem Vater und meiner Mutter flüchten; denn sie suchen ihn nur bei mir ... Allsogleich erschien ihm der Heilige, gelobt sei Er, und sprach: ›vor deinen Eltern kannst du fliehen, Mir kannst du nimmer entkommen! (Hinweis auf unseren Bibelvers).

In Dtn 24,17 findet sich das Verbot, das Kleid einer Witwe zu pfänden. Der folgende Vers motiviert es mit einem Hinweis auf die Knechtschaft Israels in Ägypten. Weshalb wird diese Knechtschaft, fragt der Midrasch (Midrásch hagadól, ki tezé', 24,18), bei diesem Gebot erwähnt? Die Antwort lautet:

»Sag nicht (spricht Gott): ›ich verpfände das Kleid einer Witwe im Geheimen. Wer wird dies schon in der Öffentlichkeit bekanntgeben! ... Denk vielmehr an das, was den Ägyptern widerfahren ist. Sie haben (ihre Verbrechen) im Geheimen begangen, Ich aber habe sie enthüllt.«

Gott »sieht« (*'er'énu,* V24) jeden, der sich zu verbergen sucht. Ein Entweichen vor Ihm ist unmöglich. Diese Tatsache bekunden auch andere Texte, etwa Sach 4,10:

»Diese sieben, SEINE Augen sind das, die all die Erde durchschweifen« (B-R).

Oder Ps 139,7f:

»Wohin soll ich gehn vor deinem Geist,
wohin vor deinem Antlitz entlaufen!
Ob ich den Himmel erklömme, du bist dort,
bettete ich mir im Gruftreich, da bist du« (B-R).

Gottes Allgegenwart ist unbegrenzt (s. Bibelauslegungen I, 136f zu 1Kön 8,27). »Füllt Er nicht den Himmel und die Erde?« A. B. Ehrlich (Randglossen, IV, 304) schreibt:

»Den Himmel und die Erde ausfüllen ist so viel wie allgegenwärtig sein. Diesen sehr späten Begriff kann der Hebräer nur so ausdrücken, wie es hier geschieht.«

Selbstredend ist die Wendung vom »Füllen« des Universums nicht wörtlich, sondern – wie R. D. Kimchi betont – als »Gleichnis« zu verstehen:

»Ich fülle, d. h. Ich bin an jedem Ort. Und dies ist ein Gleichnis, weil Er unkörperlich ist und daher keinen Ort ›ausfüllt‹. Der Satz will vielmehr besagen, daß Seine Vorsehung (*haschgachá*) an jedem Ort ... weilt.«

Mit V25 wird die scharfe Abgrenzung des wahren zu den falschen Propheten noch einmal aufgegriffen, wobei der Passus ironischer Töne nicht entbehrt. Die Lügenpropheten gelten als die großen »Träumer«, die ihre Träume als bare Münze zu verkaufen suchen. Mit einem doppelten *chalámti chalámti,* »ich habe geträumt, ich habe geträumt« (B-R: »mir träumte! mir träumte!«) wollen sie ihrem hohlen Gerede Nachdruck verleihen. Doch es bleibt, was es ist: *tarmít libám*, »Trug ihres Herzens« (V26). Auch die Bekräftigung vermag diese Tatsache nicht aus der Welt zu schaffen.
Nicht jeder Traum ist »Trug des Herzens«. Josephs Träume (Gen 37,5.9.19), die Träume des Obermundschenks und Oberbäckers (ib. Kap 40), die Träume Pharaos (ib. 41,1ff.15ff) oder der Traum Salomos (1Kön 3,5–15) entbehren nicht eines tieferen Sinns, der durch Experten »gedeutet« (*p-t-r;*

davon *pitarón,* die »Deutung«) werden kann. Es gibt, so lehrt die Bibel, »prophetische Träume«, in denen eine »Eingebung« vermittelt wird. Freilich gilt dabei, was Maimonides (FdI, 2. Buch, Kap 45, S. 292) festhält:

»Denn diejenigen, die im Traume eine prophetische Offenbarung empfangen haben, nennen diese, obgleich sie ihnen im Traume zugekommen ist, schlechterdings niemals einen Traum, sondern sie sagen mit voller Entschiedenheit, daß es eine prophetische Offenbarung gewesen ist.«

Woran kann, so ist zu fragen, der Hörer, dem der Träumende seinen Traum erzählt, erkennen, ob es sich um einen gewöhnlichen oder einen prophetischen Traum handelt? An demselben Kriterium, an dem er eine Verheißung erkennt: am Ernst, mit dem der Traum als Gottes Eingebung erzählt wird, am Zweck, den der Träumende mit seiner Erzählung verfolgt: der Besserung der sozialen Verhältnisse, der Umkehr des Volkes zu Gott. Die »träumenden Propheten« der Lüge wissen in ihrem Herzen um die Wertlosigkeit ihrer Träume, die bewirken, daß der »Name« Gottes »in Vergessenheit gebracht« wird, so wie er einst durch den Baalskult (beinahe) verdrängt worden wäre (V 27). Der Gottes-»Name« bürgt für Wahrheit, Gerechtigkeit und Menschenwürde. Durch ihre Unwahrheit bringen ihn die Lügenpropheten, die ihre Träume als das legitime Wort Gottes feilbieten, in Mißkredit.
Nach dem Midrasch (Rut r. 4,7) haben »Boas und sein Gericht« aus diesem Grund den Brauch des »Grüßens mit dem Gottesnamen« eingeführt. In Rut 2,4 spricht Boas, der aus Bethlehem kommt, zu seinen Schnittern auf dem Feld:

»Der Herr sei mit euch! Sie antworteten ihm: Es segne dich der Herr!«
»R. Tanchúma sagte im Namen der Weisen: Drei Dinge verordnete das irdische Gericht, und das himmlische stimmte ihm zu. Diese sind's: beim Gruß den Gottesnamen zu verwenden (wörtlich: den Frieden mit dem Gottesnamen zu erfragen; *lisch'ól schalóm b'Schem*), die Estherrolle (die an Purim zu lesen ist) und die Zehnten.« (Hinweis auf Jer 23,27)

Bei jedem Gruß sollten die Grüßenden und der Gegrüßte sich an Gott erinnern, um nicht Ihn, sondern den Baal zu »vergessen«. Im Deutschen wird die Grußformel »Gott grüß dich!« oft verwendet, was dem »es segne dich der Herr« entspricht.
Träume sind keine Schäume. Der Traum kann – muß nicht – Gottes Wort enthalten. Wir stellten fest, daß jeder Träumer selbst am besten um den Wert eines Trauminhalts weiß. V 28 betont dies noch einmal. Er stellt den Traum dem Gotteswort – »Meinem Wort« – gegenüber:

»Bei wem Mein Wort ist, soll Mein Wort wahrhaft sprechen.«

Und dieses wirkliche Wort gleicht dem »Korn«, das sich vom »Stroh« unterscheidet. R. H. Freedman (Jeremiah, 159) schreibt:

»Die Träume sollen scharf von der Prophetie geschieden sein. Die Träume gleichen Stroh, das keinen Nährwert besitzt, die Prophetie dem Weizen, der das zum Leben Notwendige enthält.«

Der »Prophet« weiß das Abfallprodukt vom lebenspendenden Getreide zu trennen, und wenn er das Wertlose für wertvoll anpreist, verkündet er eine Lüge, die sich bald einmal als eine solche entpuppt. Sie vergeht, das Stroh fault, und nichts bleibt von ihm übrig.
Anders das wahre Prophetenwort. Es gleicht nicht nur dem kostbaren Korn, sondern auch dem Feuer. R. D. Kimchi meint:

»Die Reden der Träumenden sind vergänglich, wie ihr sehen werdet. Diese Leute sagen nämlich ›Frieden, Frieden – und es ist doch kein Frieden‹ (Jer 6,14; 8,11). Mein Wort aber ist Feuer, das ausgeht und alles verbrennt ...«

An der Kraft des Gottesworts, nicht nur an der Persönlichkeit seines Überbringers, des echten Propheten, erweist sich die Echtheit. Vor dem Wort des Herrn vergeht letztlich alles, wie vor des Feuers brennender Gewalt alles zerschmilzt. Vgl Jer 5,14:

»Wohl, ich wandle meine Reden im Mund dir zu Feuer und das Volk da in Holzscheite, daß es sie verzehre« (B-R).

Das dem Feuer vergleichbare Wort Gottes brennt Jeremia in den Knochen (20,9). Er vermag den Brand nicht zu löschen. Für Malbim (Kommentar zu Jer, 551) gilt aber auch, daß dieses Feuer die Seele erhellt:

»Wie das Feuer brennt und ins Dunkel leuchtet, so wirft das Wort der Propheten Funken des Gottesfeuers in die Kraft der Seele ...«

Wirkliche Prophetie ist nicht nur wie Feuer, sondern wie »der Hammer, der den Felsen zerschlägt«. Sie besitzt eine »durchschlagende« Gewalt, anders als die Träume.

»Gottes Wort »kommt mit einer solchen überwältigenden Macht, daß kein bloßer Traum dafür verkannt werden kann« (A. B. Ehrlich, Randglossen, IV, 304).

»Das Wort der Prophetie tritt im Mund des Propheten mit Macht auf« (Raschi).

»Die Worte der Lügenpropheten beweisen durch ihre Weichheit und Schwäche, daß sie nicht das Wort Gottes sind« (E. S. Hartom, 79).

Die Qualität einer Verheißung und ihre alle Hindernisse überwindende Macht erweisen den Wahrheitsgehalt. Falsches schmilzt dahin, Feuergleiches überdauert und wirkt. Im Talmud wird im Bild vom Felsen zertrümmernden Hammer eine zweifache Lehre verankert:
1. Die Weisungen Gottes besitzen nicht nur eine, sondern viele Bedeutungen, viele genuine Interpretationen:

»Wie dieser Hammer viele Funken sprühen läßt, so ergeben sich aus einem Bibelvers viele Bedeutungen« (b. Sanhedrín, 34a).

2. Die Weisungen besitzen eine universelle Gültigkeit, sie gelten nicht nur Israel:
»Es wurde im Lehrhaus R. Ismaels gelehrt: ›. . . und wie ein Hammer, der den Felsen zerschlägt‹ – Wie der Hammer viele Funken sprühen läßt, so ersprüht auch jedes von Gott (am Sinai) erlassene Gebot in siebzig Sprachen« (d.h. in den Sprachen aller Völker, die es verstehen und annehmen können) (b. Schabbát, 88b).

Rückblickend wollen wir das Wesentliche unseres Abschnitts zusammenfassen. Jeremia warnt vor den nicht von Gott berufenen »Propheten«, die das Volk in Sicherheit wiegen und nach ihrem Mund reden, nicht nach Seinem Mund. Sie kolportieren die falsche Friedensbotschaft, die durch die geschichtlichen Gegebenheiten nicht gerechtfertigt ist. Und sie tun dies, weil sie nicht »im Rat des Herrn« gestanden haben und um das wirkliche Geschehen nicht Bescheid wissen. Wer in Seiner Ratsversammlung anwesend war, überbringt nicht Lüge und falsche Sicherheit, sondern »Meine Worte«, die das Volk aufrütteln und von »seinem bösen Weg zurückführen«, hin zu Gott, der auch »aus der Ferne« sieht und allgegenwärtig ist, weil Er »Himmel und Erde erfüllt«.
Auf den Angriff gegen die lügenhaften Wortboten folgt der Angriff gegen das falsche Wort selbst. Es ist kein Gotteswort, sondern ein Traumgebilde, unbeständig, wertlos wie das Stroh, ohne jegliche innere Kraft. Das echte Wort ist voll des Nährwerts wie das Korn, lebenspendend, erquickend, bereichernd. Und es ist wie das Feuer, in dem der eitle Tand verbrennt, wie der Hammer, der auch den härtesten Stein in unzählige Brocken zersplittert. Jeremia weiß, daß sein eigenes, ihm von Gott eingegebenes Wort den Kriterien der Echtheit entspricht. Mögen auch die lügenerfüllten Gegner – wie Chananjá ben ʿAsúr und die anderen – kurzfristig bei ihren verblendeten Hörern Beifall finden – auf die Dauer entpuppt sich die Lügenrede als das, was sie schon immer gewesen ist: als das Trugbild, »die Täuschung ihres Herzens«. Entschiedener und kompromißloser hat kein anderer Prophet die Lügenhaftigkeit unechter Prophetenreden demaskiert.

Wegweisung für unsere Zeit

Jeremia hat seine Zuhörer provoziert. Sie suchen Frieden und Sicherheit, den ruhigen Schlaf in der Nacht, und er kündet ihnen von Krieg und Unheil, Versagen und Schuld. Sie fühlen sich zweifellos irritiert, hin und hergerissen zwischen seiner Verkündigung und dem besänftigenden Wort anderer Propheten, die, so glauben sie, nicht minder die Eingebung Gottes besitzen. Was gilt? Was ist richtig? Worauf ist Verlaß? Auf die unablässig wiederkehrenden Drohreden Jeremias oder auf die angenehmen, Trost spendenden Reden seiner Gegener?
Die Entscheidung fällt den Zuhörern schwer, wie sie auch uns nicht leichtfiele. Wir leben in einer Zeit unzähliger Ideologien und Ismen und sollen zwischen Gut und Schlecht, zwischen Wertvollem und Wertlosem, Dauerhaftem und Vergänglichem unterscheiden und wählen. Können wir den Verlockungen widerstehen, den Truggebilden des Herzens, das viel eher das Angenehme als das Störende akzeptiert? Und nach welchen Kriterien fällt die je und je neu zu treffende Entscheidung aus?
Eine für jeden Fall gültige Antwort und Wegleitung fällt schwer. Grundsätzlich ist freilich zu sagen, daß sich menschliches Urteil an den Richtlinien der biblischen Ethik zu orientieren vermag. Nicht der leichte Weg ist oftmals der richtige. Es gibt heute viele Gruppierungen im religiösen und politischen Bereich, die ihren Anhängern den Himmel auf Erden versprechen, wenn sie sich ihnen nur mit Haut und Haar verschreiben und auf den »Wahrheitsgehalt« der angebotenen Lehren blind vertrauen. Das ist suspekt; denn ein blindes Vertrauen (wie die biblischen Lügenpropheten es nahelegten) trübt den kritischen Blick und raubt damit auch die objektive Entscheidung. Jeremia hat nie verlangt, man solle die Realität aus den Augen verlieren. Er hat vielmehr die Fakten in seine Mahnreden hineingenommen und damit beim Volk eine nachhaltige Wirkung ausgeübt. Nie macht er es seinem Volk leicht, nie huldigt er Tendenzen, die Glück und Frieden ohne Umkehr zu Gott, ohne das Entfernen falscher Götter versprechen. Für ihn heißt richtig leben: leben im Wissen um die dem Menschen gestellten Aufgaben, der nicht tut, was sein Herz ihm vorgaukelt, weil es bequem ist, sondern was Gottes Satzung ihm abfordert. Die Gurus in allen ihren Schattierungen fordern von ihren Anhängern blinde Hingabe und die Lösung bestehender gesellschaftlicher Bande. Die Bibel fordert die sehende Hingabe an den Gott der Wahrheit und die Respektierung der sozialen Verpflichtungen. Nicht vom Leben weg – ins Leben hinein führt sie den einzelnen, dem sie eine Fülle von Aufgaben überträgt. Die falschen Künder unserer Zeit rufen

»Frieden, Frieden«, wo die Welt, zerrissen und von Feindschaft erfüllt, nur zu erlösen ist, sofern sie sich als Ganzes neu auf die echten Werte besinnt und die Richtung auf den umfassenden Weltfrieden einschlägt.
Es gibt kein Rezept, wie die kranke Menschheit zu heilen ist. Wohl aber gibt es die Fähigkeit, den Trug falscher Träume zu entlarven und durch die Kraft des Denkens und des in der Bibel verankerten Glaubens den Weg zu gehen, der zur Heilung führt.

Jeremias Brief an die Exilierten

Jer 29,1.4–7.10–14

1 Und dies sind die Worte des Briefs, den der Prophet Jeremia aus Jerusalem sandte an die übriggebliebenen Alten der Gola, an die Priester und Propheten und an das ganze Volk, welches Nebukadnezar aus Jerusalem nach Babel vertrieben hatte:
4 »So sprach der Herr der Heerscharen, der Gott Israels, an die ganze Gola, die Ich aus Jerusalem nach Babel vertrieben habe:
5 Baut Häuser und wohnt (in ihnen), pflanzt Gärten und eßt ihre Frucht.
6 Nehmt Frauen und zeugt Söhne und Töchter, nehmt euren Söhnen Frauen und eure Töchter gebt Männern, damit sie Söhne und Töchter gebären.
7 Mehrt euch dort und vermindert euch nicht, und sucht den Frieden der Stadt, in die Ich euch verbannt habe, und betet für sie zum Herrn; denn in ihrem Frieden wird auch euch Frieden sein!«
10 Denn so sprach der Herr:
»Erst wenn Babel siebzig Jahre erfüllt sind, werde Ich Mich eurer annehmen und euch Mein gutes Wort erfüllen, euch nämlich an diesen Ort zurückzubringen.
11 Denn ich kenne die Gedanken, die Ich für euch denke, ist der Spruch des Herrn, Gedanken des Friedens und nicht zum Unheil, um euch zu geben eine hoffnungsvolle Zukunft.
12 Ruft ihr Mich an und geht ihr (auf Meinen Wegen) und betet zu Mir, so höre Ich auf euch.
13 Sucht ihr Mich, so findet ihr, wenn ihr nach Mir forscht mit eurem ganzen Herzen.
14 Ich lasse Mich von euch finden, ist der Spruch des Herrn, und führe heim eure Gefangenen, und sammle euch aus allen Völkern und von allen Orten, in die Ich euch verstoßen habe, ist der Spruch des Herrn, und Ich bringe euch zurück an diesen Ort, von dem Ich euch vertrieben habe.«

Der Text im Kontext

Nebukadnezar erobert 598 v. d. Z. Jerusalem, setzt den achtzehnjährigen Jojachin, der nach dem Tod seines Vaters Jojakim nur drei Monate auf dem Thron sitzt, ab und deportiert ihn, zusammen mit einem großen Teil der vornehmen Kreise, nach Babylonien. Nachfolger wird Matanja, ein Sohn des 609 v. d. Z. im Kampf gegen den ägyptischen Herrscher Necho gefallenen Josia. Matanja erhält von Nebukadnezar den Namen Zedekia (vgl Bibelauslegungen, I,197f, und oben, S. 229).
Die Lage für die nach Babylonien Exilierten ist zwar schwer, aber nicht ohne Hoffnung. Sie wissen durch Briefe und Besuche Bescheid, wie es in der Heimat zugeht, und sie entsenden ihrerseits Boten nach Jerusalem. Der Kontakt bricht nicht ab, von einer Isolation ist nicht die Rede. Manche rechnen mit einer baldigen Rückkehr. Das ist gefährlich, weil der Zustand in der Fremde als kurzes Provisorium angesehen wird, wo er in Wirklichkeit viele Jahrzehnte andauern wird und von der Gemeinschaft die Mobilisierung des geistigen Widerstands gegen assimilatorische Tendenzen erfordert. Wer mit Jojachin in die Verbannung gezogen ist, darf nicht glauben, er sitze gleichsam auf gepackten Koffern.
Jeremia sucht der Selbsttäuschung zu begegnen. Er schreibt einen Brief an die Exulanten. Das Datum ist nicht genau bekannt. In Jer 29,2 steht lediglich:

»Nach dem Auszug König Jechonjas (= Jojachins) und der Gebieterin (nach 2Kön 24,15: die Mutter des Königs), der Kämmerer, Fürsten Judas und Jerusalems, der Schmiede und Schlosser, aus Jerusalem.«

Der Prophet nutzt die Gelegenheit, die sich bietet. Zedekia schickt nämlich zwei Personen, *'El'asá ben Schafán* und *G'marjá ben Chilqijá*, zum babylonischen Herrscher (V 3). Es wird sich um die Übergabe eines fällig gewordenen Tributs oder um sonst ein Problem des Vasallenverhältnisses handeln (R. Sch. D. Luzzatto, 87). Den beiden Boten darf Jeremia seinen persönlichen Brief mitgeben.
Der häufigste Terminus für »Brief« ist *séfer*, in den späteren biblischen Büchern (Est 9,26.29; Neh 2,7 u. a.) auch *'igéret. séfer* ist vom akkadischen *schipru*, »Sendung, Botschaft, Arbeit, Werk« hergeleitet (Lex. 723; Enc. miqra'ít, IV,966). In altbabylonischer Zeit dienen Briefe dem Überbringer zur Gedankenstütze und sind nicht direkt für den Adressaten bestimmt. Daher werden sie mit der Formel »Sprich zu XY« eingeleitet. Wie die Briefe dann auch in der Form an den Empfänger gerichtet sind, wird der

Briefanfang entsprechend zugeschnitten. An einen Hohen Herrn richtet der Absender zunächst Worte, die die Unterwürfigkeit dokumentieren. Etwa: »Zu Füßen seines Königs, meines Herrn, meiner Sonne, meines Gottes bin ich siebenmal und siebenmal niedergefallen, sowohl auf meinem Bauch wie auch auf meinem Rücken.« Diese Aussage ist überschwänglich und nicht wörtlich zu nehmen. Sie besitzt den Sinn, den Empfänger der absoluten Loyalität zu versichern. An den Briefanfang gehört ferner eine Wunschformel. »Schamasch und Marduk mögen dir um meinetwillen ein langes Leben schenken« (Enc. miqra'ít, IV,969). In Babylonien sind die Briefe auf Tontafeln geritzt und oft in eine Tonhülle gesteckt, damit der Inhalt geheim bleibt. Name des Absenders und des Empfängers sind notiert. In Ägypten wird Papyrus als Material verwendet, in Ausnahmefällen das teurere Leder. Auch Tonscherben sind geeignet, selbstredend nur, wenn ein Schreiben zwischen sozial Gleichgestellten verfaßt wird. An einen Monarchen wird ein ästhetisch einwandfreier Brief gesandt.

Vom 11. Jh. v. d. Z. an verschwinden die schwülstigen Briefanfänge, der Ton wird sachlicher und direkter. Ein kurzer Friedensgruß genügt, auch in Babylonien. Briefe, deren Autoren Juden sind – etwa die im 5. Jh. v. d. Z. in Aramäisch geschriebenen Briefe von Elephantine (auf Papyri) – nennen in der Wunschformel Gott als Spender des Segens (mitunter, wenn der Brief an Nichtjuden gerichtet ist, auch den Namen einer heidnischen Gottheit: die »Himmelskönigin« u. a.).

In der Bibel sind einige Briefe erwähnt. David sendet ein Schreiben an seinen Feldherrn Joab (2Sam 11,14f), Jehu an die Ältesten Jesreels (2Kön 10,2), der aramäische König an den israelitischen (Jehoram?; 2Kön 5,5; vgl oben, S. 98), der Assyrer Sanherib (2Kön 19,14) und der Babylonier Merodach Baladan an König Hiskia von Jerusalem (2Kön 20,12).

Auch Propheten verfassen Briefe, etwa Elia (2Chr 21,12) oder Jeremia (in unserem Text).

Die Einleitungsformeln fehlen, weil der Text sich auf das Wesentliche beschränkt. Sie lassen sich indessen unschwer aus mündlich vorgetragenen Begrüßungs- und Glückwunschformeln rekonstruieren. Bei Jes 57,19 steht der Gruß: »Frieden, Frieden dem Fernen und Nahen«, in 1Chr 12,19: »Frieden, Frieden dir, und Frieden, dem dir hilft, denn es steht dir bei Dein Gott.« Ähnliches hat auch ein Briefschreiber an den Anfang seiner Epistel gesetzt. Jedenfalls ist der Brief Jeremias rudimentär überliefert und muß gedanklich um die Begrüßung, vielleicht auch um einen Schluß erweitert werden. Tradiert ist nur das Kernstück: die Gottesbotschaft an die Verbannten.

Leitworte des hebräischen Textes

jéter (V 1) bedeutet »Rest«, nach dem Jerusalemischen Talmud (Sanhedrín, I,2) in diesem Zusammenhang »die Bedeutenden«.
siqné (von *saqén*, »alt«) *hagolá* sind die »Alten der Exulanten«.
golá (von *g-l-h*, »aufdecken«, dann »fortgehen«, »in die Verbannung gehen«; Lex. 184) ist »die auswandernde Schar«, »die (ins Exil) Weggeführten, die Exulanten«, ferner die »Wegführung, Verbannung« (Lex. 176), »die Verschlepptenschaft« (B-R). Im modernen hebräischen Sprachgebrauch wird *golá* für »Diaspora« verwendet. Alle Juden, die nicht im Staat Israel leben, sind in der Gola. Im Gegensatz zu *golá* steht *galút* (2Kön 25,27; Jer 52,31 u. a.) für die zwangsweise »Verbannung«, die seit der Gründung des Staates Israel, 1948, nur noch in wenigen Ländern vorhanden ist.
heglá (*g-l-h*, Perfekt des Hiphil), »er verbannte«. In V 4 bedeutet *higléti*, »ich verbannte«.
b'nu (Imperativ von *b-n-h*, »bauen«), »baut!«
batím ist Plural von *bájit*, »Haus«.
w'schéwu (*j-sch-w*, Imperativ des Qal in Pausa), »und sitzt!«
nitʿú (Imperativ des Qal von *n-t-ʿ*), »pflanzt!«
pirján (von *p'ri*), »ihre Frucht«, entspricht *p'rihén*, V 28.
w'holídu (*j-l-d*, Hiphil, Imperativ) »und zeugt!« (V 7); *w'teládna* (Imperfekt des Qal), »sie sollen gebären«.
urwú (von *r-w-h*, Imperativ des Qal), »mehrt euch!«
'al timʿátu (von *m-ʿ-t*, verneinter Imperativ des Qal in Pausa), »vermindert euch nicht!«
d-r-sch hat viele Bedeutungen; hier besitzt es den Sinn von »nachfragen«, »sich kümmern«. *dirschú* (Qal, Imperativ) *'et sch'lom haʿír*, »fragt dem Frieden der Stadt nach« (B-R), d. h. kümmert euch um ihr Wohlbefinden (vgl zur Wendung »Gott suchen« unten V 13).
hitpal'lú (*p-l-l*, Imperativ des Hitpael), »betet!«
m'lo't (V 10) ist Infinitivus absolutus des Qal von *m-l-'*, »voll sein«. *l'fi m'lo't*, »erst wenn voll sind« (Lex. 866).
'efqód (von *p-q-d*, Imperfekt des Qal), »ich werde euch bedenken« (L. Zunz), »ordne ich zu« (B-R). Zu den vielfältigen Bedeutungen des Verbs s. Lex. 899 ff; THAT, II,466 ff.
wahaqimóti (von *qum*, Hiphil, Perfekt mit waw consecutivum), »ich lasse erstehn« (B-R).
'acharít w'tiqwá (V 11), »Zukunft und Hoffnung« (B-R) kann als *hen dia dyoin* (M. Bolle, 359) verstanden werden, etwa mit M. Abernik (kitwé

qódesch, 106b) als »Zukunft nach Wunsch«. Auch die Wiedergabe mit »eine hoffnungsvolle Zukunft« ist nicht abwegig. Es gibt auch *'acharít* ohne »Hoffnung« (Am 8,10 u. a.), ohne Glück, Sicherheit und Frieden.
In V 13 stehen wie Dtn 4,29 die beiden Verben *b-q-sch* (Piel), »suchen«. (B-R: »verlangen nach«) und *m-z-'*, »finden«.
tidr'schúni (*d-r-sch*, Imperfekt des Qal mit Suffix), »ihr werdet Mich suchen«. »Gott suchen« (z. B. Gen 25,22) heißt zunächst, den Willen Gottes erfragen, Seinen Ratschluß erforschen, dann aber (oft in den Psalmen: Ps 34,5; 77,3 u. a.), Gott um Hilfe »ersuchen«. Zusammen mit *b-q-sch*, Piel, findet sich *d-r-sch* in Ps 24,6: »Dieses ist das Geschlecht derer, die nach ihm fragen. – die dein Antlitz suchen, Jakob ist's« (B-R). Im negativen Sinn: Zef 1,6; Ps 38,13.
V 14 steht – als Gegenstück zu *um'za'tém*, »und ihr findet« (V 13) – *w'nimzé'ti*, »und Ich werde gefunden« (*m-z-'*, Perfekt das Niphal mit waw consecutivum), B-R: »will ich mich ... finden lassen«.
w'schawtí (von *schuw*, Perfekt des Qal mit waw consecutivum), besitzt wie das Hiphil (V 10: *l'haschíw*, »zurückzubringen«) gelegentlich auch transitive Bedeutung (vgl Nah 2,3): »Ich bringe zurück«.
sch'wut kann auf zweifache Weise verstanden werden:
1. als Nomen von *schuw* (»zurückkehren, umkehren«): »Rückkehr«, »Wiederkehr« (so B-R), »Wende« (Hiob 42,10). *w'schawtí 'et schwutchém*, »ich führe die Wende herbei«, B-R: »Ich lasse euch Wiederkehr kehren«.
2. als Nomen von *sch-w-h* (»gefangen nehmen«): »(kollektiv) die Gefangenen« (so Sch. L. Gordon, diwré Jirm'jáhu, 258, Anm.). L. Zunz übersetzt *w'schawtí 'et schwutchém* mit »und zurückführen eure Gefangenen«. S. Mandelkern (Konkordanz, 1139) setzt *schwut* (und *schwit*) zum Stamm *sch-w-h*.
w'qibaztí (von *q-b-z*, Perfekt des Piel mit waw consecutivum), »ich werde sammeln, einsammeln«.
hidáchti (von *n-d-ch*, Hiphil, Perfekt), »ich verstieß«.
wahaschiwotí (von *schuw*, Hiphil, Perfekt mit waw consecutivum), »ich werde zurückbringen, zurückkehren lassen«.

Der Text in der Exegese

Jeremia schreibt an die nach Babel Exilierten, um sie vor falschen Erwartungen zu bewahren. Sie sollen den Einflüsterungen der Lügenpropheten, die unter ihnen leben, kein Gehör schenken, so wenig die nach der Deportation Jojachins in Jerusalem Zurückgebliebenen auf die Lügenpropheten vom Typ eines Chananjá ben 'Asúr (Kap 28) hören dürfen. M. Bolle (356) sieht zu Recht den gedanklichen Zusammenhang zwischen der Konfrontation Jeremias mit Chananjá und seinem Entschluß, an die Vertriebenen einen Brief zu senden.

In beiden Abschnitten (Jer 28 und 29,1ff) ist von derselben Sache die Rede: »Von der Forderung Jeremias, daß die Judäer nicht gegen den babylonischen König rebellieren sollen, und von Jeremias Konflikt mit den Lügenpropheten seiner Zeit.«

Um dem Schreiben das notwendige Gewicht zu geben und seinen Erfolg zu sichern, richtet es Jeremia an die »übriggebliebenen Alten der Gola, an die Priester und die Propheten und an das ganze Volk«. Weshalb an die »übriggebliebenen Alten«, den Rest«?

»An die Ältesten der Gola, die ... auf dem Weg vom Land Israel nach Babylonien nicht ums Leben kamen. Die Wanderung der Exilierten und Gefangenen war nämlich schwer und mühevoll, und viele konnten die Leiden nicht überstehen« (M. Bolle, aaO).

Die Aufzählung zeigt, daß auch im Exil eine »Gesellschaftsordnung« in irgendeiner Form wie in der Heimat erhalten blieb. »Jeremias Brief ist ein ›offenes Schreiben‹ an alle Teile der Gefangenen« (R. H. Freedman, Jeremiah, 188).
Der Talmud (j. Sanhedrín, I,2) interpretiert den Terminus für »Rest« (*jéter*) im Sinne von »die Bedeutenden« und verbindet mit dem Vers den Hinweis auf den Primat des Landes Israel über die Diaspora.

»Es steht geschrieben: ›an den *jéter* der Ältesten der Diaspora‹. Gott sprach: sehr wichtig (*b'jotér*) sind Mir die Ältesten der Diaspora, doch noch viel willkommener ist mir eine kleine Gemeinschaft im Land Israel als ein großes Synhedrion außerhalb des Landes.«
Diese Auffassung steht im Widerspruch zur Meinung des R. Nathan (ib.), der den jesajanischen Vers (2,3) – »denn von Zion geht die Weisung aus und Gotteswort aus Jerusalem« – abändert in die Behauptung: »denn von Babel geht die Lehre aus und Gottes Wort aus N'har P'qod«.

Zweimal wird »aus Jerusalem« notiert, gewiß, um dessen Zentralität für die gesamte Gemeinschaft – den Teil in der Heimat und den Teil in der Fremde – hervorzuheben. Aus Jerusalem wurden viele in die Verbannung geführt (*heglá*), aus Jerusalem schreibt ihnen der Prophet Gottes. Das Band ist nicht zerrissen, auch wenn die räumliche Nähe aufgehört hat.

Mit »wie folgt« (*le'mór*; V 3 am Schluß) wird der Beginn des Briefinhalts (V 4 ff) gekennzeichnet. Der Anfang des Schreibens hat, wie mit Sicherheit anzunehmen ist (s. Kontext), aus Segenswünschen bestanden. Sie sind im Text weggelassen, weil nicht die menschlichen Wünsche, sondern der Wille Gottes wesentlich ist. Die Botschaft Gottes an die Exulanten wird mit dem bei Jeremia gebräuchlichen *vollen Gottestitel* eingeleitet: »So sprach der Herr der Heerscharen, der Gott Israels«. Die Betonung der Identität des eigentlichen Briefabsenders grenzt die Botschaft von den Lügenreden der falschen Propheten noch deutlicher ab.

Drei Variablen der Titulierung benützt Jeremia, und alle drei, von der kurzen bis zur vollen, finden sich in Kap 29:

1. So sprach der Herr:	V 10.16.32
2. So sprach der Herr der Heerscharen:	V 17
3. So sprach der Herr der Heerscharen, der Gott Israels:	V 4.8.21.25

Das dritte Epitheton verwendet auch der Lügenprophet Chananjá ben ʿAsúr, womit er seiner Weissagung die Vollmacht zu geben sucht (s. oben, S. 257).

Als *»Gott der Heerscharen«* (vgl Hos 12,6) manifestiert Er sich, als Herr »über das Heer des Himmels, das vor Ihm zu Seiner Rechten und Seiner Linken steht« (1Kön 22,19 in der Vision des Michájhu ben Jimlá), aber auch als Herr über die »Heerscharen« Israels (Ex 7,4; 12,41 u. a.). Die doppelte Funktion als Regent über die »Heere« des Himmels und der Erde zeigt Seine umfassende Macht.

Er ist es, nicht Nebukadnezar, Sein Werkzeug, der die Bewohner Judas nach Babel verbannt hat, weswegen in V 4 dem »Ich habe vertrieben« (*higléti*) eine wichtige Bedeutung zukommt.

»Sie (die Deportierten) sollen nicht denken, sie seien nicht durch Gottes Ratschluß vertrieben worden. Das Gegenteil ist der Fall: was Nebukadnezar unternahm, tat er gemäß Seinem Willen« (M. Bolle, 357)

V 1 heißt es: »... die vertrieben hat Nebukadnezar aus Jerusalem nach Babel«, in diesem Vers ist der Wortlaut bis auf das handelnde Subjekt identisch: »..., die Ich vertrieben habe aus Jerusalem nach Babel«. Die Maßnahmen des irdischen Königs sind im letzten die Maßnahmen des himmlischen.

V 5 bringt den Auftrag an die in der Ferne Weilenden und läßt erkennen, weshalb Jeremia den Brief geschrieben hat: die Deportierten sollen entgegen der Versprechen der Schönfärber das Exil nicht für kurzfristig einschätzen und sich daher »häuslich« niederlassen. In wörtlichem Sinn: *»baut*

Häuser und wohnt darin«. Das ist das erste: das Dach über dem Kopf ist notwendig, wenn der Aufenthalt nicht provisorisch sein wird. Während der Wüstenwanderung durch den Sinai zu Moses Zeit leben die Stämme in Zelten (*sukót*, Lev 23,42f), während des Exilsaufenthalts brauchen sie eine feste Bleibe. Dann bedürfen sie der *existentiellen Grundlage*: »pflanzt Gärten und eßt ihre Frucht«. Vor allem aber müssen sie für den *Nachwuchs* besorgt sein: »nehmt Frauen und zeugt Söhne und Töchter, und nehmt euren Söhnen Frauen und eure Töchter gebt Männern, damit sie Söhne und Töchter gebären. Und mehrt euch dort und vermindert euch nicht!«
Kurz: die Exulanten sollen das tun, was die *»Söhne Jakobs«* (Gen 47,27) aufgrund eines gesunden Instinkts getan haben:

»Es wohnte Israel im Lande Ägypten, im Lande Gosen, und sie setzten sich darin fest, wurden fruchtbar und mehrten sich sehr.«

Dieses »und mehrten sich sehr« entspricht hier dem »und mehrt euch dort und vermindert euch nicht«. In Ägypten waren die »Söhne Jakobs« willkommene Gäste, in Babel sind sie besiegte Gegner. Wollen die Gefangenen überleben, so hat die Einwurzelung und die Sorge für die Zukunft der Gemeinschaft ihr Denken und Streben zu erfüllen. Praktisch ist es möglich. Das Exil ist mild, Nebukadnezar jetzt noch – anders als nach der zweiten Exilierungswelle beim Fall Jerusalems und der Zerstörung des Tempels, 586 v. d. Z. – gnädig gestimmt.

»Die Verbannten in Babylon litten nicht unter den Beschränkungen, die Juden in vielen Ländern in späteren Jahrhunderten auferlegt worden sind. Sie durften Land besitzen und Ackerbau treiben« (R. H. Freedmann, Jeremiah, 190).

Der schwierigen und anormalen Lage zum Trotz ist die Möglichkeit des Seßhaftwerdens ein Segen. Da bestehen auch andere Situationen:

Eine Frau wirst du anverloben, und ein anderer Mann wird sie heiraten. Ein Haus wirst du bauen und nicht darin wohnen. Einen Weinberg wirst du pflanzen und nicht einweihen« (Dtn 28,30).

In Babylonien ist das Bauen nicht umsonst. Und wer einen Garten pflanzt für den Anbau von Gemüse und die Zucht von Bäumen, sieht den Erfolg. Nach 2Kön 19,29 erhält König Hiskia ein »Zeichen« Jesajas, daß die Bedrohung durch den Assyrer Sanherib vorbei ist:

»Dieses Jahr ißt man den Nachwuchs (aus ausgefallenen Körnern), im zweiten Jahr, was von selbst wächst. Im dritten Jahr: sät und erntet, pflanzt Weinberge und eßt ihre Frucht!« (= Jes 37,30 mit kleinen Unterschieden).

Nach dem Talmud (b.Bawá' batrá', 29a) handelt es sich bei V 5 nicht um einen eigentlichen Befehl, sondern lediglich um »einen guten Rat« (*'ezá towá*): der Rat ist wirklich gut, weil er der Realität gerecht wird.
Eine wichtige Lehre bringt eine andere Talmudstelle (b.Kiduschín, 29a; und als Entscheid: Maimonides, Hilchót, 'ischút, XX,1) mit V 6 in Verbindung:

»Es lehrten die Weisen: Der Vater muß seinen Sohn beschneiden (lassen), auslösen (im Alter von 30 Tagen, sofern er sein Erstgeborener ist; Ex 13,11–16), ihn die Tora lehren, ihn mit einer Frau verheiraten und ihn einen Beruf lehren (lassen). Manche sagen: er muß ihm auch das Schwimmen beibringen.«

Und was für den Sohn gilt, gilt auch für die Tochter, die »umworben werden« soll, wobei der Vater für sie vorzusorgen hat (auch b.K'tubót, 52b).

Die Vertriebenen sollen sich nun freilich nicht nur um sich und ihre Gemeinschaft kümmern. V 7 weitet den Horizont:

»Sucht den Frieden der Stadt, in die Ich euch verbannt habe, und betet für sie zum Herrn; denn in ihrem Frieden wird auch euch Frieden sein.«

Der Aufenthalt in Babylonien ist nicht von kurzer Zeit. Er wird sich über drei Generationen erstrecken, wie V 6 nahelegt. In dieser langen Zeit ist das Schicksal der aus Jerusalem Entführten verwoben mit dem Schicksal der Herren. Wenn es der Stadt, in der die Verbannten leben, gut geht, wird es auch ihnen gut gehen. R. Sch. D. Luzzatto (Kommentar zur Jeremia, 87) schreibt:

»Denkt nicht daran, gegen die Babylonier zu rebellieren oder euch mit ihren Feinden zu verbünden. Ihr würdet damit keinen Erfolg haben; nur in ihrem Frieden wird euch Frieden zuteil.«

Die »Stadt« in der Fremde wird ihnen, meint R. Me'ir ben Isaak Arama (séfer 'urím w'tumím, 70b), zur »Zufluchtstadt, in die sie vor dem Unheil entfliehen. In dieser Hinsicht gelten sie nicht als Vertriebene, sondern als Gerettete«. Die Fürbitte für die fremde Stadt, für den fremden König, hat denn in der Tat bereits im alten Israel Verbreitung gefunden. Nach dem 1. Makkabäerbuch 7,33 wurden im wiedererbauten Jerusalemer Tempel für den seleukidischen Herrscher Antiochus Epiphanes Opfer dargebracht. Nach Esra 6,10 hat der Perser Kyros die nach 538 v.d.Z. in die Heimat Zurückkehrenden um die Fürbitte ersucht und ihnen die Opfertiere und anderen Opfergaben zur Vefügung gestellt:

»damit sie darbringen Wohlgerüche dem Gott des Himmels und beten für das Leben des Königs und seiner Söhne« (L. Zunz).

Das *»Gebet für den Staat»* wird bis heute in allen Sabbatgottesdiensten gesprochen, denn »sein Friede« ist der Frieden aller Menschen, die in ihm leben. In den Sprüchen der Väter (III,2), einer Sammlung von Maximen, die in der Mündlichen Tradition der Mischná gesammelt sind, wird die Rolle eines Staatswesens (damals: einer Monarchie) mit folgenden Worten gewürdigt:

»Bete für das Wohl des Königtums. Bestünde nicht die Furcht vor ihm, fräße einer den anderen bei lebendigem Leibe.«

Dabei wird zwischen einem jüdischen und einem nichtjüdischen Königtum nicht differenziert.
Zur Vollständigkeit muß freilich angefügt werden, daß gelegentlich das Gebet »für die Stadt« schon in alter Zeit nicht auf die Stadt im Exil, sondern auf Jerusalem bezogen worden ist. Der Vers wird dann so übersetzt:

»Sucht den Frieden der Stadt, *aus* der Ich euch verbannt habe« (. . .*'etchém mischáma*; das ist möglich, da das *mem* von *'etchém* auch zum folgenden Wort – *scháma* – hinübergezogen werden kann. Siehe R. Margaliot, hamiqrá' w'hamsorá, 1964, 64–66).

In diesem Sinn ist im (späten) Talmudtraktat Dérech 'érez sutá', péreq haschalóm, zu lesen:

»Es sagt R. Josua ben Levi: Der Heilige, gelobt sei Er, sprach zu Israel: Ihr habt verschuldet, daß Mein Haus (Tempel) zerstört und Meine Kinder verbannt wurden. Fragt nach seinem (Jerusalems) Frieden, und Ich verzeihe euch. Worauf gründet dies? Auf den Worten (Ps 122,6): ›Fragt nach dem Frieden Jerusalems‹. Und ferner auf den Worten (Jer 29,7): ›Sucht den Frieden der Stadt‹ . . .«

In den beiden folgenden Versen (V 8–9) wendet sich »der Herr der Heerscharen, der Gott Israels«, *gegen die Lügenpropheten*, die dem Volk Träume erzählen und »in Lüge in Meinem Namen weissagen«. Gott hat sie »nicht gesandt«. Es ist dieselbe kompromißlose Verneinung irgendeiner göttlichen Inspiration der Lügenpropheten, der wir in Jer 23,16–29 (s. oben, S. 262 ff) begegnet sind. Jeremia weiß es anders und besser:

»So sprach der Herr: Erst wenn Babel *siebzig Jahre* erfüllt sind, werde Ich mich eurer annehmen . . .«

Die Verbannten dürfen heimkehren, wenn das Schicksal der Bezwinger erfüllt ist, nicht ehedem. B-R geben den Wortlaut so wieder: »erst wenn sich

Babel siebzig Jahre erfüllten«. Welche Bewandtnis es mit den »siebzig Jahren« hat, läßt die Stelle in Jer 25,11f verstehen, und auch bei ihr ist von *'efqód*, »Ich werde mich annehmen« (allerdings in strafender Hinsicht), die Rede:

»Und dieses ganze Land wird zur Vernichtung, zur Öde werden. Und diese Völker dienen dem König Babels siebzig Jahre lang. Wenn aber die siebzig Jahre voll sind, ahnde Ich am König Babels und an jenem Volk, ist der Spruch des Herrn, ihre Schuld ...«

R. Tanchúma stellte fest (Pirqé d'Rabbí 'Eli'éser, Kap 49):

»Der Heilige, gelobt sei Er, setzte keine Begrenzung diesen Königreichen, außer bei der Knechtschaft in Ägypten; denn bei ihr heißt es (Gen 15,13): ›und man wird sie (Israeliten) knechten und quälen 400 Jahre lang‹; und Er übte Gnade an ihnen und beschränkte die Knechtschaft auf 210 Jahre. Ferner beim Königreich Babel: 70 Jahre.« (Hinweis auf unseren Vers)

Die siebzig Jahre beziehen sich nach dieser Deutung auf die *Macht der Babylonier*, die seit dem Sieg über die Ägypter (Pharao Necho) – um 605 v.d.Z. bei der Schlacht von Karkemisch am Euphrat – unangefochten ist (2Kön 24,7), bis zur Niederlage, die ihnen 538 v.d.Z. der Perser Kyros beibringt. Die Zeitspanne erstreckt sich über 68 Jahre (= rund 70 Jahre). Rechnet man vom babylonischen Sieg über die Assyrer und dem Fall ihrer Hauptstadt Ninive im Jahre 612 v.d.Z. an, so ergeben sich bis zu 538 v.d.Z. 74 Jahre.
Die Zeitangabe ist nicht ganz präzis, und sie will dies auch nicht sein. Sch. L. Gordon sieht den Grund dafür in Folgendem:

»Hinsichtlich Babels schreibt der Prophet vorsichtig und begnügt sich mit einer Andeutung des Endes der Weltmacht; denn sein Brief wird in jenes Land abgesandt.«

Zudem ist siebzig eine runde Zahl, Zeichen der Abgeschlossenheit. Am »Ende von siebzig Jahren« erfüllt sich nach Jes 23,15f das Schicksal von Tyrus, und »Gott wird ahnden« (*jifqód*, ib. V 17). Siebzig Tage dauert eine besonders bedeutungsvolle Trauerzeit (Gen 50,3). Siebzig Jahre ist aber auch die Länge eines menschlichen Lebens (Ps 90,10), das sich »bei viel Stärke« (*bigwurót*; bei höchster Lebenskraft oder wenn es hoch kommt«; Lex. 165) auch über achtzig Jahre erstrecken mag. Die siebzig Herrschaftsjahre Babyloniens über die Völker des Nahen Ostens passen in das Schema hinein, das ihr Gerundetsein anzugeben sucht.
Nun ist freilich die Bemerkung *»für Babel«* in V 10 nicht zwingend auf die

Herrschaft Babels ausgerichtet. Viel eher ist die *Länge des Exils* gemeint. Diese These wird durch einige Stellen unterstützt.

Da antwortete der Bote des Herrn und sagte: Herr der Heerscharen, wie lange noch willst Du Dich Jerusalems und der Städte Judas, über die Du seit siebzig Jahren grollst, nicht erbarmen?« (Sach 1,12).

»Sprich zu allem Volk des Landes und zu den Priestern das Folgende: Wenn ihr fastetet und wehklagtet im Fünften und Siebten, und dies siebzig Jahre lang, habt ihr da für Mich gefastet?« (Sach 7,5).

»Im ersten Jahr seiner (des Darius) Herrschaft achtete ich, Daniel, in den Schriften auf die Zahl der Jahre, die nach dem an den Propheten Jeremia ergangenen Gotteswort (bestimmt waren,) die Trümmer Jerusalem zu erfüllen: siebzig Jahre (waren es)« (Dan 9,2; vgl 9,24: »Siebzig Jahrwochen«, d. h. siebzig Jahre, dauert es, bis die »Schuld Deines Volkes und der Stadt Deiner Heiligkeit getilgt ist«).

Nach 2Chr 36,21 feiert das Land während seiner Verödung »seine Sabbatjahre« (vgl Lev 26,34f), die die Israeliten während ihres Wohlstands nicht einhalten wollten. Die Zeit ist wiederum auf siebzig Jahre beschränkt, »zu füllen siebzig Jahre«.

R. Solomon B. Freehof (The Book of Jeremiah, 174) schreibt zutreffend, ohne freilich die beiden Deutungsrichtungen zu diskutieren:

»Siebzig Jahre werden vergehen, ehe Gott euch zurückbringt; macht daher Babylonien zu eurem Heim und betet für seinen Frieden. Ihr werdet dort drei Generationen lang bleiben.«

Die »siebzig Jahre« sind nicht die Jahre der babylonischen Herrschaft, sondern die siebzig Jahre der Not und des Exils. »Siebzig« Jahre sind freilich in Tat und Wahrheit nur sechzig Jahre, denn von 598 v. d. Z. (Deportation Jojachins) bis zum Edikt des Kyros, 538 v. d. Z., sind genau sechs Dezennien vergangen. Eine »rund Zahl« darf man aufrunden, ohne sich dabei einer historischen Ungenauigkeit schuldig zu machen. R. D. Kimchi (Kommentar z. St.) war mit der runden Zahl offenbar unzufrieden, und so berechnete er die Zeit von der Exilierung Zedekias (586 v. d. Z.; nach der Tempelzerstörung) bis zum Wiederaufbau des neuen Tempels (Einweihungsfest im Frühling des Jahres 515 v. d. Z.). Dabei kommt man auf 71 Jahre. Kimchis Interpretation stolpert freilich über die mit dem Verb *p-q-d* (*'efqod*, »ich nehme Mich [eurer] an«) angedeutete Wende. Diese Wende trat mit dem Edikt des Kyrus und nicht mit dem Weihefest des wiedererbauten Heiligtums ein. Daran ist nicht zu zweifeln.
Jeremia sagt seinen Landsleuten, daß sie noch lange in der Fremde werden ausharren müssen. Den *Grund für das lange Exil* nennt V 11: Gott meint es

gut mit dem Volk, Seine Gedanken sind »Gedanken des Friedens und nicht zum Bösen hin«. Letzten Endes ist den Exulanten eine hoffnungsvolle Zukunft beschieden (*'acharít w'tiqwá*, B-R: »Zukunft und Hoffnung«). Diese »Gedanken« betreffen nicht nur das Exilsende, meint m'zudát David (zu V 11), sondern auch die kathartische Wirkung, die die Abgeschiedenheit von der Heimat besitzt.

»Daß ihr euch in der Gola siebzig Jahre aufhalten müßt, gereicht euch zum Guten; denn dann wird euer Herz sich demütigen. Die Demut aber wird zur Ursache eures guten Endes und eurer guten Zukunft, wenn ihr erst einmal hierher (ins Land) zurückgekehrt seid.«

Gottes Gedanken – B-R: Seine »Planungen« (vgl Gen 50,20; unsere Bibelauslegungen, I,97) – haben stets den Segen und das Glück des Menschen zum Ziel, selbst wenn sie vom Menschen nicht immer richtig erfaßt werden. In Jer 31,16 heißt es:

»Es gibt Hoffnung für dein Ende, ist der Spruch des Herrn, und es kehren zurück (die) Kinder in ihr Gebiet.«

Entsprechend nennt Dtn 8,16 die Wende zum Guten hin nach den schweren Jahren der Entbehrungen und Leiden während der Wüstenwanderung:

»Der dich das Man essen ließ in der Wüste, das deine Väter nicht kannten: damit er dich beuge, damit er dich probe, dir gutzutun in deiner Zukunft ...« (*l'hetiwchá b''acharitécha*).

'acharít ist nach Malbim (Kommentar zu Jeremia, Worterklärungen, 556) »das letzte Glück und Ziel«, auf das alles hinausläuft, das Gott wirkt. Der Midrasch (sifré r''é, zu Dtn 11,27) erzählt das Gleichnis von den beiden Wegen, in die ein Wanderer bei der Weggabelung abbiegen kann.

»Ein Mann sitzt an einem Schnittpunkt zweier Wege. Einer der Wege ist zunächst eben, dann aber kommen Dornen und Hindernisse. Der zweite ist am Anfang dornenreich, doch dann wird er eben und ist leicht zu begehen. Der Mann, der am Schnittpunkt sitzt, macht die Wanderer auf die beiden Wege aufmerksam.«

So steht es im Leben überhaupt. Der Wanderer darf sich nicht täuschen lassen, Schwierigkeiten dauern nicht endlos; sind sie erst überstanden, so sieht die Lage besser aus. Und umgekehrt: ein leichter Anfang verbürgt noch lange nicht ein leichtes Ende. Das Exil in Babylonien mag unerträglich erscheinen, Gott sieht indessen den »Frieden« durch Seine »Gedanken« voraus.

Voraussetzung der göttlichen Zuwendung ist nach V 12f des Menschen

Anruf, sein Gebet, sein Suchen nach Gott (*tidr'schúni*), das »mit eurem ganzen Herzen« geschehen muß. Nicht zufällig verwendet Jeremia dasselbe Stichwort beim »Suchen nach dem Frieden der Stadt« wie beim Suchen nach Gott (*d-r-sch*). Sich eifrig nach einem Ziel aufmachen soll das Volk, wenn es eine Änderung seines Zustandes bewirken will. Dabei verheißt der Prophet, daß den ehrlich gemeinten Bemühungen der Erfolg nicht versagt bleibt. Wer sich Gott zuwendet, findet Ihn und lebt.

»Denn so sprach der Herr zum Hause Israel: Suchet Mich und lebt!« (Am 5,4).

»Ich suchte den Herrn, und Er antwortete mir« (Ps 34,5; vgl Ps 119,10 u. a.).

Wenn die Exilierten sich Gott zuwenden, wird Er antworten. Kein Gebet verhallt umsonst. Davon sprechen die Verse 12–14. Wir stellen dem Anruf Israels die Antwort und das Handeln Gottes gegenüber:

Israels Anruf	*Gott hört*	*Gott handelt*
V 12: »ihr werdet Mich anrufen und gehen (Raschi ergänzt: auf Meinen Wegen) und zu Mir beten«		
	»und Ich höre euch«	
V 13: »und ihr sucht Mich und findet (Mich), wenn ihr nach Mir forscht mit eurem ganzen Herzen«,		
	V 14: »und Ich lasse Mich von euch finden«	
		V 14: »Ich führe heim eure Gefangenen und Ich sammle euch ein ...« »und Ich bringe euch zurück ...«

Es ist tragisch, daß Israel erst in der Fremde, wenn es ihm schlecht geht, den Weg zu Gott findet. Der Midrasch (Jalqút schim‘óni, II, Nr. 780; zu Ps 61,1f) stellt fest:

»›. . . höre, o Gott, mein Flehen, merk auf mein Gebet. Vom Ende der Erde rufe ich Dich an‹ (Ps 61,2f) – Der Heilige, gelobt sei Er, spricht zu Israel: Vom Ende der Erde ruft ihr Mich an; als ihr noch im Land weiltet, da rieft ihr nicht . . .«

Der Midrasch verweist dabei auf Dtn 4,29f und sieht damit die Parallele, die auch in der Wortwahl besteht, zu unserem Text.

Dtn 4	*Jer 29*
V 29: »Ihr werdet von dort (Exil) den Herrn, Deinen Gott, suchen (*uwiqaschtém*),	»und ihr sucht Mich« (*uwiqaschtém ʾotí*)
und du wirst (Ihn) finden (*umazáʾta*),	und ihr findet (Mich) (*umzaʾtém*),
wenn du nach ihm forschst (*tidr'schénu*) mit deinem ganzen Herzen und mit deiner ganzen Seele.	wenn ihr nach Mir forscht (*ki tidr'schúni*) mit eurem ganzen Herzen.«
V 30: . . . in späterer Zeit (*b''acharít hajamím*); und du kehrst zurück (*w'schawtá*) zum Herrn, deinem Gott,	(V 11: *'acharít*) »und Ich führe heim« (*w'schawtí*)
und hörst (*w'schamaʿtá*) auf Seine Stimme.«	»und Ich höre euch« (*w'schamaʿtí*)

M. Bolle (aaO, 360) macht darauf aufmerksam, daß mit *drei* Verben die Annahme des Gebets beschrieben wird (»Ich höre euch«/»ihr findet Mich/ »ich lasse Mich von euch finden«), mit *vier* Verben das Gebet an sich (»ihr werdet anrufen«/»und beten«/»und suchen«/»und nach Mir forschen«) und mit *dreien* die von Gott bewirkte Erlösung der Vertriebenen (»Ich führe heim«/»Ich sammle ein«/»Ich bringe zurück«). Diese mehrfache Wiederholung ein und desselben Gedankens mit verschiedenen Verben ist besonders eindrücklich und kann bei den Briefadressaten ihren Effekt nicht verfehlen.

Gott beendet das Exil, Er sammelt die Vertriebenen und Zerstreuten (wie ein Hirt seine Herde; Ez 11,17; 16,37 u. a.) wieder ein. Mit einem zweifachen »Spruch des Herrn« (V 14) wird diese Zusicherung bekräftigt.

Der Brief hat auf die Exulanten in Babylonien gewirkt, sie zum einen ermutigt, zum anderen aber vor einer Selbsttäuschung gewarnt. Die Verbannung wird beendet werden, doch zuvor wird sie lange andauern. Man gebe sich keinen Illusionen hin!

Eine der sicherlich vielen *Reaktionen* tradiert unser Kapitel selbst. In V 24ff ist der heftige Wutausbruch des *Sch'maʿjáhu* aus dem Dorf Nechlám beschrieben, der sich in einem Schreiben an den Jerusalemer Hohenpriester *Zefanjá ben Maʿasejá*, Nachfolger des Hohenpriesters *J'hojadáʿ*, beschwert, daß Jeremia nicht »gescholten« (V 27), nicht in den Block gesperrt worden ist; »denn er hat uns nach Babel (einen Brief) gesandt: ›Lange ist es (das Exil). Baut (daher) Häuser und wohnt in ihnen, pflanzt Gärten und eßt ihre Frucht‹.« Die wesentliche Botschaft des Schreibens an die Exulanten in V 5 wird wiederholt. Jeremia bleibt dem Lügenpropheten Sch'maʿjáhu nichts schuldig. Er verkündet ihm ein Gotteswort – und zwar in einem Brief, den er nach Babel an ihn persönlich adressiert –, in welchem das Ende seiner Nachkommenschaft und wohl auch der persönliche Tod (»er wird das Gute nicht sehen, das Ich Meinem Volk erweisen werde«) mitgeteilt werden (V 30–32).

Positive Reaktionen auf das Trost- und Ermahnungsschreiben Jeremias fehlen im Text. Es muß sie gegeben haben, denn die Geschichte des Exils zeigt, daß die Verbannten, zu denen sich nach der Zerstörung des Tempels Zehntausende weiterer Exulanten gesellt haben, in Babylonien mehr als nötig Fuß faßten. Wie Kyros mit seinem Edikt (538 v. d. Z.) die Rückkehr erlaubte, kehrte nur ein Bruchteil zurück. Die große Masse blieb und begnügte sich mit dem Entsenden von Unterstützungsgeldern an die in Jerusalem und seinem Umkreis mit größten wirtschaftlichen und anderen Schwierigkeiten kämpfenden Rückwanderer (Esra 1,4–6; 3,3.12 f u. a.). Die meisten Exulanten haben Jeremias Schreiben mehr als ernst genommen, sind nicht nur »siebzig« Jahre, sondern für ganz in der Fremde geblieben. Mit »ganzem Herzen« haben sie für den »Frieden der Stadt gebetet» und ihr Geschick mit dem eines einst fremden Herrschervolks verbunden. In Babylonien ist Jahrhunderte danach der Babylonische Talmud (um 500 d. Z.) verfaßt worden. In Babylonien entstand ein Zentrum der Gelehrsamkeit mit einer weitgehend autonomen Selbstverwaltung von eindrücklicher Stärke, das bisweilen mit dem Land Israel und seinen Institutionen in eine Konkurrenz trat. Jeremia konnte dies nicht ahnen und hat es sicher nicht gewollt, doch des Schicksals Wege sind oft verschlungen.

Wegweisung für unsere Zeit

Was ist die große Lehre des jeremianischen Schreibens? Daß ein Mensch auch in schwieriger Lage nicht verzweifle und den Glauben an eine Wende zum Guten nicht aufgebe. Es hätte für die nach Babylonien Deportierten alles viel schlimmer sein können. Jeremia fordert sie auf, die Möglichkeiten richtig einzuschätzen, Illusionen zu meiden und der Wirklichkeit ins Auge zu blicken. Da nun die Zeit des Aufenthalts in der Fremde nicht so kurz bemessen sein wird, wie manche Leute es gerne haben möchten, ist die Einwurzelung, das Fußfassen, notwendig; denn ohne diese Einwurzelung – ohne das Bauen von Häusern, ohne die wirtschaftliche Sicherheit, ohne die Sorge um den Nachwuchs – ist die Zukunft verloren.

Aus Jeremias realistischen und nüchternen Worten spricht ein echter Trost. Auch in anormalen Verhältnissen kann an der besseren Zukunft gebaut werden. Es bedarf dazu des »langen Atems«, der Geduld, vor allem des Vertrauens in Gott. Er lenkt die Geschicke der Menschen, und Er gibt dem Matten Kraft, dem Hoffnungslosen Hoffnung. Die Bekräftigung »Spruch des Herrn« zeigt den in der Fremde Weilenden, daß nicht Jeremia spricht, sondern Gott, die Zusage nicht eines Menschen, vielmehr Gottes ist. Nicht verzweifeln, das Vertrauen in Gottes Beistand nicht verlieren, die Ungeduld des Herzens besiegen, dies ruft Jeremia seinen leidenden Landsleuten zu. Und dieser Ruf besitzt in allen Zeiten und allen Lebenslagen seine Gültigkeit.

Der »neue Bund«

Jer 31,31–34

31 Sieh, Tage kommen, ist der Spruch des Herrn,
da schließe Ich mit dem Haus Israel und dem Haus Juda einen neuen Bund.
32 Nicht wie den Bund, den Ich mit ihren Vätern geschlossen habe, am Tag, da Ich sie an der Hand faßte,
um sie aus dem Land Ägypten herauszuführen.
Diesen Meinen Bund haben sie gebrochen, und Ich war doch ihr »Gatte«, ist der Spruch des Herrn.
33 Vielmehr ist dies der Bund, den Ich mit dem Haus Israel
schließe nach jenen Tagen, ist der Spruch des Herrn.
Ich gebe meine *Torá* in ihr Inneres,
und auf ihr Herz schreibe Ich sie.
Ich werde ihnen zum Gott,
und sie werden Mir zum Volk.
34 Es lehrt nicht mehr ein Mann seinen Nächsten
und ein Mann seinen Bruder das Folgende:
»Erkennet den Herrn!«;
denn sie alle erkennen Mich,
von ihren Kleinen bis zu ihren Großen, ist der Spruch des Herrn.
Denn Ich verzeihe ihre Schuld,
und ihrer Sünde gedenke Ich nicht mehr.

Der Text im Kontext

Die Gegenwart, in der Jeremia lebt, ist düster und voller Gefahren. Die Zukunft hingegen wird hell und sicher sein. In seinem sogenannten »Trostbüchlein« (Kap 30–31) spricht der Prophet von »kommenden Tagen« (*jamím ba'ím* , 30,3; 31,27.29.31.33.38), deren Ankunft bevorsteht und eine umfassende Wende bringen wird. Grundmotiv des »Trostbüchleins« ist die Rückkehr der Verbannten Israels in ihre Heimat – eine Rückkehr, die Gott bewirkt (30,3.18; 31,10.16ff.23) – und der Wiederaufbau Jerusalems (»erbaut wird die Stadt *dem* Herrn«, 31,38). Daneben wandelt sich aber auch die Verhaltensweise des Volkes, so daß der Akzent göttlichen Handelns nicht mehr wie früher auf dem »ausreißen und abreißen« (vgl 1,10 mit 31,28), sondern auf dem »bauen und pflanzen« liegt. Zeichen der inneren, der seelischen Umwandlung ist der von Gott neu eingesetzte Bund. Wie es um diesen »neuen Bund« (31,31) bestellt ist, wird unsere Exegese zeigen müssen. Bereits jetzt ist aber deutlich, daß er im Rahmen der »kommenden Tage« – V 33 präzisiert: »*nach* jenen Tagen«, d.h. nachdem die erste Zeit der Rückkehr und Wiedereinwurzelung der Vertriebenen vorbei ist – von Gott begründet wird.

Das Verhältnis zwischen Gott und Israel ist von Anfang an ein *Bundesverhältnis*. Mit *Abraham* schließt Gott einen Bund (Gen 15,18), durch welchen seinen Nachkommen der Besitz des Landstreifens »vom Strom Ägyptens bis zum großen Strom, dem Eufratstrom« zugesagt ist. Dieser Bund wird, davon spricht Gen 15, »geschnitten« (*k-r-t*, Qal), weil beim procedere des Bund-Schließens ein oder mehrere Opfertiere geschlachtet und entzweigeschnitten werden. Die Kontrahenten ziehen danach zwischen den Opferstücken hindurch. In Gen 15,17 sind es freilich nur die Symbole Gottes, die »hindurchziehen« (*ʿ-w-r*; vgl Dtn 29,11: *lʾʿowrʾchá*), weil Abraham sich in einem Tiefschlaf (V 12) befindet. Der Sinn des Zerschneidens wird aus altorientalischen Texten, vor allem auch aus Jer 34,18f deutlich, wo jenem, der den Bund brechen sollte, der Tod – dem Tod der Opfertiere gleich – angedroht wird (vgl 1Sam 11,7). Das griechische *hórkia témnein* und das lateinische *foedus icere* entspricht der hebräischen Wendung des *karát bʾrit* (vgl Enc. miqraʾít, I,350). Ist ein Bund eingegangen worden, so gilt es, ihn »aufrechtzuerhalten« (*heqím bʾrit*; Lev 26,9 u.a.) und sich seiner zu »erinnern« (*sachár*; Lev 26,42.45 u.a.). Ein nichterinnerter, gleichsam schlafender Bund wird gegenstandslos.

Im Abrahambund (nach Lev 26,42 sind auch die beiden anderen Stammväter Isaak und Jakob in den Bund hineingenommen) wird nicht nur der eigene Landbesitz Israel in Aussicht gestellt, sondern zugleich die Befreiung aus der Knechtschaft (Gen 15,13f). Vor dem Auszug aus Ägypten »gedenkt« (*waʾeskór*, Ex 6,5) der Herr Seines Bundes und beschließt das Ende der Leidenszeit. Neben dem Abrahambund spielt der *Sinaibund* – nach der Theophanie mit großer Feierlichkeit geschlossen (Ex 24,1–11), wobei eine »Bundesschrift« (*séfer habrít*, ib. V 7) vorgelesen und dem Eid zugrunde gelegt wird – eine dominierende Rolle. Der Unterschied zwischen den beiden Bundesschlüssen ist wichtig. Abraham tritt als der passive Bundespartner in das Bündnis ein. Er empfängt, Gott schenkt. Er »schläft«,

und nur Gottes »Zeichen« ziehen durch die Opferstücke. Im Bund wird das Geschenk der Freiheit und die Gabe des Landes zugesagt. Beim Sinaibund ergreift zwar *auch* Gott die Initiative. Er erläßt Seine Gebote an Israel. Doch das Volk wird insofern aktiv einbezogen, als es die Verpflichtung, die Bundesbedingungen zu erfüllen, für seine Zeit, aber auch für alle Zukunft (vgl Dtn 29, 9–14 beim Bund im Lande Moab, der den Bund am Horeb erneuert, Dtn 28,69), wissend und hellwach übernimmt. Weil Israel im Wissen um die Tragweite der Verpflichtung sein Jawort gibt und in den Bund mit Gott eintritt, wird sein Tun an den Richtlinien der Bundesklauseln – und das heißt: an der Erfüllung oder Übertretung der Gottesgebote – gemessen. Israel mag den Bund noch so oft brechen – die Gültigkeit der *brit* bleibt bestehen.
Den Sinaibund nennt Lev 26,45 »Bund der Ersten« (*brit ri'schoním* B-R: »Bund der Vorderen«). Raschi versteht den Ausdruck im Sinne von »Bund der Stämme«, Ibn Esra als Bund der ersten Generation, im Gegensatz zu den Kindern, die ins Land ihrer Feinde vertrieben werden«. Zugleich notiert Ibn Esra die Ansicht, die »Ersten« seien die Stammväter. Das kann sicher nicht richtig sein, denn die Stammväter sind längst nicht mehr am Leben. Der Bund wird mit der gegenwärtigen und den künftigen, nicht mit den vergangenen Generationen geschlossen. Auf diesen Bund am Sinai spielt auch unser Bibeltext an, wenngleich er den Ort des Bundesschlusses nicht ausdrücklich nennt. Jer 31,32 vermerkt aber, daß Gott den Bund »mit ihren Vätern am Tag, da Ich sie an der Hand faßte, um sie aus dem Land Ägypten herauszuführen«, »geschlossen« hat (*karáti*). Der Bund fällt demnach in die Zeit der Befreiung aus Ägypten, und wenn er auch nicht gleich am Tag des Auszugs eingegangen wird, so doch kurz danach.
Vom Sinaibund geht Jeremia aus, wenn er vom »neuen Bund« (31,31) in »kommenden Tagen« kündet.

Leitworte des hebräischen Textes

w'charatí (von *chr-r-t*, Qal, für *w'charat'tí*, das nicht vorkommt) heißt in V 31: »ich werde schließen«, eigentlich (das Opfertier) »zerschneiden« (Lex. 476). *w'charatí* ist Qal, Perfekt, mit waw consecutivum. V 32 steht *karáti*, »ich schloß« (Qal, Perfekt).
Das Gegenteil von einem Bund schließen ist einen Bund »brechen«: *heféru*, »sie brachen« (*p-r-r*, Perfekt des Hiphil), V 32. Wer einen Bund bricht, erklärt ihn für ungültig (Lex. 916f).

baʿálti (von *b-ʿ-l*, Qal) mit nachfolgender Präposition *b* heißt nach Lex. 136 »sich als Herr erweisen«; vgl das Nomen *báʿal*, »Besitzer, Herr, Gatte« (Lex. 137). B-R übersetzen *w"anochí baʿálti wam* mit »und war ich's doch, der sich ihrer gemeistert hatte«. Das Targúm denkt mit seinem *'itraʿíti b'hon* an »Ich habe sie begehrt, gewünscht«. Eine andere Richtung weist R. Joseph Kimchi (= RIKáM), der Vater des R. David Kimchi (= ReDáK). Sie wird vom ReDáK im Kommentar zur Stelle zitiert:

»Mein Herr Vater, sein Andenken sei zum Segen, erklärte, daß jeder Ausdruck von *b"ilá*, der mit einem *b* verbunden ist, ein Ausdruck des Schimpflichen ist. *baʿálti* ist im Sinne von *bachálti* (von *b-ch-l*) zu deuten, ›es ekelte mich‹ (vgl Sach 11,8).«

M. Abernik (in: kitwé qódesch, Jirm'jáhu, 117b) schließt sich der Auffassung des R. J. Kimchi an und übersetzt das Verb mit »daß ich sie verabscheuen mußte«. A. B. Ehrlich (Randglossen, IV,322) hält diese Deutung für besser als die sonst übliche.

In V 32 steht *b'qirbám,* »in ihr Inneres« (von *qérew*; Lex. 1059 f), parallel zu *ʿal libám* (von *lew*), »auf ihr Herz«.

Die Schreibweise von *'echtowéna*, (von *k-t-w*, Imperfekt des Qal mit dem Suffix *-na*, »sie«, gemeint ist die *b'rit*) ist wegen des *chatéf qámez* statt des erwarteten *chólem* unregelmäßig (H. Bauer – P.Leander, Historische Grammatik, 346,x).

j'lamdú (von *l-m-d*, Piel), »sie werden (nicht) lehren«, V 34.

reʿéhu (von *réʿa*), »sein Nächster«, parallel zu *'achíw* (von *'ach*), »sein Bruder«.

'eslách (von *s-l-ch*, Qal) in V 34: »ich werde verzeihen«, mit nachfolgendem Dativ bei *laʿawonám*, »ihre Schuld« (zu *s-l-ch*: Lex. 714 f). Ungewöhnlich ist der mit dem *lámed* gekennzeichnete Dativ beim folgenden *'eskór* (von *s-ch-r*, Qal), »ich werde gedenken«; *ulchata'tám*, »und ihre(r) Sünde«.

Der Text in der Exegese

»Sieh, Tage kommen, ist der Spruch des Herrn« (V 31). Die Zusage der folgenden Verse ist mit dieser Einleitung ins richtige Licht gerückt. Gott verkündet Seine Botschaft, die für das Volk die Wende zum Guten bringen wird. In formaler Hinsicht entspricht der Satz der in V 27 geäußerten Verheißung, die ebenfalls die bessere Zukunft ansagt. Dort ist vom reichen Segen, dem Nachwuchs für Mensch und Vieh, die Rede, hier vom neuen Bundesverhältnis zwischen Gott und Israel. Beide Male geht die Initiative von Gott aus. Wir vergleichen die Verse.

	V 27	*V 31*
Zeit	Sieh, Tage kommen,	Sieh, Tage kommen,
»Gewährsperson«	ist der Spruch des Herrn.	ist der Spruch des Herrn.
Sein Handeln	Da werde Ich säen	Da werde Ich schließen
Die Betroffenen	das Haus Israel	mit dem Haus Israel
	und das Haus Juda	und dem Haus Juda
Das Neue	Samen des Menschen und Samen des Viehs	einen neuen Bund

Der Aufbau der Verse 27 und 31 nennt zuerst die Zeit des Ereignisses, dann die »Gewährsperson« (Gott), die das Geschehen bewirkt und sein Eintreffen garantiert, dann die Menschengruppe, für die alles getan wird, und zuletzt das Neue, das sich von der Gegenwart mit ihren mißlichen Zuständen abhebt.

Die teilweise wörtliche Entsprechung in V 27 und 31 ist natürlich beabsichtigt. Worte, die stereotyp wiederkehren, prägen sich beim Hörer ein. Er vermag sie zu memorieren und weiterzugeben. »Sieh, Tage kommen, ist der Spruch des Herrn. Da werde Ich ... (dies und dies tun), für das Haus Juda und das Haus Israel ...« Der Hörer erfährt, daß die Wende irgendwann kommen wird und die Gegenwart nicht das letzte Wort behält.

Wann sie eintritt, ist nun allerdings nicht genau eruierbar. Die »kommenden Tage« können unmittelbar bevorstehen, aber auch lange (vgl *b"acharít hajamím*, »in der Späte der Tage«; Jes 2,2) auf sich warten lassen. Es ist jedenfalls die Zeit, da »die Heimsuchungen zu Ende sind« (M. A. Anat-H. M. Y. Gervaryahu, tanách la'ám, Erklärungen, 1093).

Weshalb spricht Jeremia vom *»Haus Israel«* und *»Haus Juda«*? Das »Haus Israel« existiert seit dem Untergang Samarias, 722 v. d. Z., nicht mehr. Seine einstigen Einwohner weilen im assyrischen Exil, und die Spuren ihrer Existenz werden immer schwächer. Vielleicht ist zwischen den Zeilen die Hoffnung auf eine Rückkehr jener Exulanten ausgesprochen, die Ezechiel, Jeremias jüngerer Zeitgenosse, hegt, nachdem ihm das Wort von der Wiedervereinigung der beiden Reiche (im Gleichnis von den beiden Stäben, die in seiner Hand zu einem einzigen Stab werden; Ez 37,16–28) zuteil geworden ist.

V 31 kündigt einen *»neuen Bund«*, an, den Gott »schließen« wird. »Schließen« (*w'charatí*), nicht nur »aufrechterhalten« (= *wahaqimotí 'et b'rití*; Gen 6,18; 9,11; 17,7.19 u. a.) eines bereits existierenden Bündnisses. Durchweg sind die jüdischen Exegeten aber der Ansicht, daß *der »neue« Bund kein wirklich neuer, sondern lediglich ein erneuter Bund* ist. Sie stützen sich dabei auf Jer 11,1–8, wo über jenen der »Fluch« Gottes verhängt wird, der »auf die Worte dieses Bundes, die Ich euren Vätern geboten habe, am Tag, da da Ich sie aus Ägypten herausführte, nicht hören wird.« Ziel des Bundes war damals: »und ihr sollt Mir zum Volk sein, und Ich werde euch zum Gott sein«. Ziel auch dieses Bundes (in Jer 31,33) ist unverändert das gleiche: »und ich werde euch zum Gott sein, und sie werden Mir zum Volk sein«. Hören wir einige jüdische Stimmen.

»Das Neue ist, daß der Bund Bestand hat und nicht gebrochen wird, anders als der Bund, den der Herr am Sinai mit den Israeliten geschlossen hatte und der gebrochen worden ist ... Es gibt keinen neuen Bund, sondern nur das Einhalten des alten. Entsprechend verkündet Maleachi, der letzte der Propheten (3,22): ›Gedenkt der *Torá* Meines Dieners Mose, die Ich ihm am Horeb geboten habe für ganz Israel – Gesetze und Rechtsvorschriften‹ ... Daraus kannst du ersehen, daß es nie eine neue *Torá* geben wird; es handelt sich immer um jene, die am Sinai erlassen worden ist« (R. D. Kimchi).

»Weshalb wird vom ›neuen‹ Bund gesprochen, nachdem es sich um die *Torá* des Mose handelt? ... Die Weisen lehrten (sifré, wa'etchanán): ›Und die Worte, die Ich dir heute gebiete ...‹ (Dtn 6,6) – sie seien in deinen Augen so kostbar, wie wenn ihr sie erst heute erhalten hättet« (R. Joseph Ibn Nachmias, Commentar zu dem Buche Jeremias, hg. v. R. M. L. Bamberger, 1913,15).

»Und er lehrte, daß der neue Bund keine andere *Torá* sein wird als jene, die Er ihnen damals (am Sinai) gab, weil die Lehre Moses ein Erbe ist für die Gemeinschaft Israels. Sie wird sich nicht ändern und nicht ausgetauscht werden zu irgendeiner Zeit. Vielmehr ist (bei Jer 31) davon die Rede, daß Er ihnen den Willen und die Neigung zum Einhalten der göttlichen *Torá* schenken wird, damit sie – anders als bisher – keines ihrer Gesetze übertreten werden« (Abarbanel).

Auf moderne Weise deutet A. Neher (Jeremias, 1961,225) das »Neue« des Bundes:

... Dann noch die Verinnerlichung des Bundes, in die Herzen wird er geschrieben. Der neue Bund wird dem alten ähnlich sein, von dem er kein Wort, keine Silbe abändern wird ... Das Erkennen Gottes wird dann keine langen Lehrzeiten mehr benötigen, wird vor Versehen und Abweichungen bewahrt sein. Es wird eine der organischen Funktionen der Persönlichkeit werden: ebenso natürlich und spontan wie die Schläge des Herzens werden nun die Annäherungen zum Gesetz Gottes ...«

»Verinnerlichung des Bundes« – dies sagt V 33 mit den Worten »und auf ihr Herz werde Ich ihn schreiben« an. Das jüdische Textverständnis unterscheidet sich vom traditionell christlichen, wie etwa der in der ersten Hälfte des 14. Jhs. in Toledo lebende Gelehrte R. Joseph Ibn Nachmias (aaO) feststellt:

»Die Nichtjuden irrten sich, wenn sie den ›neuen Bund‹ als neue Lehre verstanden, die ihnen von jenem Mann (Jesus) erneuert worden ist.«

M. Bolle (séfer Jirm'já, 394):

»Einige Mal ist der Bund erneuert worden, den der Herr mit den Israeliten am Sinai geschlossen hat, in den Steppen Moabs (Dtn 28,69; 29,11), in den Tagen des Königs Josia, des Herrschers über Juda« (2Kön 23,3; 2Chr 34,31).

E. S. Hartom (séfer Jirm'já, 100) meint in aller Kürze:

»Neuer Bund heißt: Ich werde Meinen Bund erneuern. Es ist klar, daß der Prophet nicht an einen Bund denkt, der vom ersten verschieden wäre.«
Vgl R. H. Freedmann (Jeremiah, 211): »Nichts deutet darauf hin, daß der neue Bund in seiner Natur sich vom alten unterscheiden würde. Keine neue Offenbarung ist beabsichtigt, sie wäre auch nicht notwendig. Der Prophet gibt lediglich die Zusicherung, daß, anders als in der Vergangenheit, die Israeliten inskünftig Gott die Treue halten, wobei Er sie seinerseits nie zurückweisen wird.«

Neu ist nicht der Inhalt des Bundes, sondern die Art und Weise, wie der alte Sinaibund vom Volk beachtet wird. Zu Lev 26,9 schreibt der Midrasch Sifrá (vgl Jalqút schim'óni, I, Nr. 672 und Raschi z. St.):

»Ich wende Mich zu euch im Guten, und lasse euch reichlich fruchtbar werden, mehre euch mit aufrechter Gestalt und richte auf Meinen Bund mit euch – nicht wie den Bund der Ersten, den ihr gebrochen habt (Hinweis auf Jer 31,31).«

»Gebrochen«, wie eine treulose Frau die Ehe bricht. Nicht zufällig verwendet Jeremia das Verb *b-'-l* (*ba'álti*, »Ich war euer Herr) und nimmt das Bild vom *Ehebund* für das Verhältnis Gottes zu Israel auf, das von Hosea (Kap 2) in meisterhafter Form verwendet wird. Die Abgrenzung von der Vergangenheit wird nunmehr durch die Präzisierung des zukünftigen Bundes noch stärker profiliert. Sprachlich steht dem »nicht wie der Bund« (V 32) ein »vielmehr ist dies der Bund« (V 33) gegenüber:

»vielmehr ist dies der Bund, den Ich mit dem Haus Israel nach jenen Tagen schließen werde, ist der Spruch des Herrn. Ich gebe Meine *Torá* in ihr Inneres, und auf ihr Herz schreibe Ich sie.«

Etwas Neues geschieht. Anders als der Bund, den Gott mit den Vätern schloß, wird er »nicht ... auf Tafeln geschrieben sein, sondern allen ins Herz ... So erst kann das Wort des ersten Bundesschlusses endlich zu vollkommener Wirklichkeit werden« (M. Buber, Der Glaube der Propheten, 216).
Ein Bündnis, das aufs Herz – wir sagen: *»ins Herz«* – geschrieben ist, ist »integriert«, ist Teil der Persönlichkeit und nicht mehr nur äußere, auf Bundestafeln eingetragene Verpflichtung. In einem langen Passus zitiert

Midrasch (Kohélet r., 1,38) 58 Dinge, die das Herz zu tun vermag. Wir nennen die wichtigsten.

»Das Herz sieht (Koh 1,16), hört (1Kön 3,9), redet (Koh 1,16), geht (2Kön 5,26), fällt (1Sam 17,32), steht (Ez 22,14), freut sich (Ps 16,9), schreit (Klgl 2,18), tröstet sich (Jes 40,2), empfindet Schmerz (Dtn 15,10), wird verhärtet (Ex 9,12; 10,20.27), wird weich, zaghaft (Dtn 20,3), wird betrübt (Gen 6,6), fürchtet sich (Dtn 28,67), zerbricht (Ps 51,19), wird stolz (Dtn 8,14), widerspenstig (Jer 5,23), erfinderisch (1Kön 12,33) nachdenklich (Dtn 29,18), bewegt (Ps 45,2), es plant (Spr 19,21), begehrt (Ps 21,3), irrt sich (Spr 7,25), hurt (Num 15,39), es wird genährt (Gen 18,5), geraubt (Gen 31,20), demütigt sich (Lev 26,41) . . ., ist wach (Hld 5,2), liebt (Dtn 6,6), haßt (Lev 19,17), ist eifersüchtig (Spr 23,17), wird geprüft (Jer 17,10), ist zerrissen (Joël 2,13), sinnt nach (Ps 49,4), ist wie Feuer (Jer 20,9), wie Stein (Ez 36,26), ist reumütig (2Kön 23,25), warm (Dtn 19,6), tot (1Sam 25,37), schmilzt (Jos 7,5) . . ., begehrt (Spr 6,26), . . ., betrügt (Spr 12,20) . . . wird groß (2Chr 25,19).«

Das Herz ist der Inbegriff menschlichen Tuns. Im Herzen werden die guten und schlechten Vorsätze geformt, vom Herzen geht deren Verwirklichung aus. Das »Herz« steht daher für den ganzen Menschen. Zudem gilt, was Rabbi S. B. Freehof (Book of Jeremiah, 190) schreibt:

»Gottes besonderer Segen – jetzt in der Erlösung – besteht darin, daß der erneuerte Bund auf ihr Herz geschrieben ist. Er ist Teil ihrer Natur.«

R. H. Freedman (Jeremiah, 211) stellt fest:

»Dies ist fürwahr das Ziel einer jeden religiösen Lehre.«

Die Verinnerlichung des Bundes führt damit zur Verinnerlichung des Glaubens schlechthin.

»Meine *Torá* ist nicht mehr nur eine Sammlung äußerlicher Bräuche, sondern eine *Torá* des Herzens und der Seele« (Sch. L. Gordon, 285).

V 33 sagt es in der Form eines Chiasmus (M. Bolle, 395):

»Ich gebe Meine Tora in ihr Inneres
und auf ihr Herz werde Ich sie schreiben.«

»Auf ihr Herz«, auf dem – nach Jer 17,1 – bisher die »Sünde Judas« aufgeschrieben war:

»Eingeschrieben
ist Jehudas Versündigung
mit eisernem Griffel,
eingegraben

mit diamantner Spitze
auf die Tafel ihres Herzens ...« (B-R).

In derselben gedanklichen Richtung bewegt sich Ezechiel, der den Reinigungsprozeß Israels mit dem »Austausch« des bisherigen Herzens, des »Herzens aus Stein«, vergleicht.

»Ich gebe euch ein neues Herz,
und einen neuen Geist gebe Ich in euer Inneres.
Ich entferne das Herz aus Stein aus eurem Körper,
und Ich gebe euch ein Herz aus Fleisch.
Meinen Geiste gebe Ich in euer Inneres ...« (Ez 36,26f).

M. Weinfeld (Jeremia und die geistige Metamorphose Israels, in: Festschrift für Salman Schasar [Israels Staatspräsident, 1973,257f) weist auf *Gemeinsamkeiten und Unterschiede* zwischen den Texten bei *Jeremia und Ezechiel* hin.

»Jeremia spricht über das Verzeihen vergangener Sünden (31,34) und das Gründen eines neuen, ins Herz geschriebenen Bundes. Ezechiel spricht demgegenüber über das Sprengen reinigenden Wassers (36,25) und die Gabe eines neuen Herzens und neuen Geistes. Beide reden daher von einem neuen und reinen Anfang in der Geschichte Israels.
Gleichzeitig besteht ein beachtlicher Unterschied zwischen der Anschauung Jeremias und jener Ezechiels in dieser Sache, und zwar aufgrund ihrer verschiedenen Abhängigkeit: Jeremia ist vom Deuteronomium, Ezechiel von der priesterlichen Literatur beeinflußt. Ezechiel spricht nicht von einem »neuen Bund«, sondern »einem neuen Herzen und einem neuen Geist«. Im Gegensatz zu Jeremia ändert sich der Charakter des Bundes bei Ezechiel nicht. Der Mensch ist es, der in den Stand versetzt wird, die Gesetze des Bundes zu erfüllen – und zwar des alten Bundes ... Bei Jeremia ist der Bund neu, das will heißen: er erfährt eine Metamorphose dadurch, daß er nicht auf Tafeln und damit in der Art eines formalen Gesetzes formuliert ist, sondern eingetragen im Herzen eines jeden einzelnen und nicht mehr länger auf formale Gesetze gegründet.«

Nach M. Weinfeld schildert Ezechiel »den Erneuerungsprozeß Israels auf ausgesprochen kultische Weise«:

»Gott sprengt auf Israel reines Wasser und reinigt sie, bevor er ihnen ein neues Herz schenkt. Jeremia spricht demgegenüber von der Schuldvergebung und dem Vergessen der Sünden, ohne daß dabei ein Reinigungsritual notwendig ist.«

Hinter einen der Punkte M. Weinfelds ist ein großes Fragezeichen zu setzen. Wenn er die »formalen Gesetze« des »alten« Bundes den nicht mehr formulierten des neuen gegenüberstellt, so entsteht der Eindruck, Jeremia distanziere sich von den Vorschriften der *Torá* und begnüge sich mit der nicht mehr in einem Gesetz verankerten ethischen Lebensführung des Menschen. Mit anderen Worten: Durch die Antithese von beschrifteten »Bundestafeln« und der »Herzensinschrift« wird dem Kodex der *Torá* der Abschied gegeben. Bereits Sch. L. Gordon (s. oben) läßt diese Saite anklingen, wenn er schreibt: »Meine *Torá* ist nicht mehr nur eine Sammlung äußerlicher Bräuche, sondern eine *Torá* des Herzens und der Seele« (285). In Tat und Wahrheit will sich Jeremia, so erweist der bereits zitierte Passus Jer 11,1–5, der einen »Fluch« über jenen ausspricht, der »die Worte dieses Bundes«, des Sinaibundes, nicht einhält, von den Geboten der »Bundestafeln« nicht im entferntesten distanzieren. Was er anstrebt, ist klar und deutlich: die Gesetze, die für immer gelten, müssen ins Herz eindringen und den ganzen Menschen ergreifen. Es darf nicht geschehen, was Jesaja (29,13) mit der Wendung »angelerntes Gebot der Leute« (*mizwát 'anaschím m'lumadá*; B-R) bezeichnet. In den Worten Abarbanels (Kommentar zu V 33):

»Jene *Torá*, die Ich ihnen durch Mose am Sinai in den ersten Tagen gegeben habe, eine *Torá*, die sie brachen, schreibe Ich jetzt auf ihr Herz, daß sie in ihrem Mund nicht ein ›angelerntes Gebot der Leute‹ sein wird, wobei ihr Herz ihm fernsteht. Die *Torá* ist auf ihr Herz geschrieben.«

Mit dem Schluß von V 33 ist der Effekt des »neuen Bundes« angekündigt: Israel wird Gott verehren und zu Seinem Volk werden. Über die *Gott-Volk-Beziehung* sprechen viele Texte (Ex 6,7; Lev 26,12) und auch für Jeremia ist sie eine Selbstverständlichkeit (außer in unserem Abschnitt in 7,23; 13,11; 24,7; 30,22; 31,1; 32,38). Ezechiel vertritt sie nicht minder (11,20; 14,11 u. a.). Es spielt dabei keine Rolle, ob – wie hier – zuerst die Gottesschaft und erst dann die Volksschaft genannt wird (Jer 31,1; 7,23) oder umgekehrt: zuerst die Bestimmung Israels zu seinem Volk und daraufhin Seine Zuwendung (Ex 6,7; Jer 24,7 u. a). Das Ergebnis der Partnerschaft bleibt sich gleich.

Gott ist in diesem partnerschaftlichen Verhältnis unverändert derselbe; Israel ist es, das sich ändern muß und ändern wird. R. H. Freedman (aaO, 211 f) erklärt:

»›Ich werde sein . . . sie werden sein.‹ ›Ich‹ ist durch die Beifügung eines Pronomens nicht betont, aber ›sie‹ ist es (= *w'héma jihjú li*). Dadurch wird impliziert, daß Gott ist, was er schon immer war in seiner Beziehung zu Israel. Sie jedoch müssen nunmehr Ihn für immer anerkennen und Sein Volk sein.«

In diesem alten und nunmehr erneuerten Gott-Volk-Verhältnis erübrigt es sich, stellt V 34 fest, zur Erkenntnis Gottes aufzurufen; denn »von ihren Kleinen bis zu ihren Großen«, bei jung und alt ist die *Gotteserkenntnis eine Tatsache* geworden. Woraus besteht das »Erkennen Gottes«?

»Im Erkennen Seiner Wege und im Wandeln in ihnen« (R. Sch. D. Luzzatto); vgl unsere Ausführungen oben zu Jer 9,23, S. 251f.

Die totale, die ganze Erde umschließende Gotteserkenntnis ist faktisch möglich (Jes 11,9: ». . . denn voll ist die Erde vom Erkennen des Herrn«; vgl Jer 24,7; 32,38f), es bedarf nur des festen Willens der Menschen, diese Erkenntnis, die sich nie nur im theoretischen Bereich bewegen darf, zu realisieren. Bei seinen Ausführungen über die messianische Zeit (»Tage des Messias«; *j'mot hamaschíach*) schreibt Mose Maimonides (Hilchót t'schuwá, IX,2):

»In jenen Tagen werden die Erkenntnis, die Weisheit und die Wahrheit sich mehren, wie es heißt: ›denn voll ist die Erde vom Erkennen des Herrn‹ (Jes 11,9), ferner: ›es lehrt nicht mehr ein Mann seinen Nächsten und ein Mann seinen Bruder . . . (unser Vers), ferner: ›und Ich entferne das Herz aus Stein aus eurem Fleisch‹ (Ez 36,26).«

Der Zustand der Gegenwart wird durch die Treulosigkeit Israels, das von seinem Herrn (V 32: *ba'álti*) nichts wissen will, geprägt, die Zukunft hingegen durch die Treue, die Hinwendung zu Gott, die Gotteserkenntis. Jeremia nimmt den Faden wieder auf und spielt abermals auf das hoseanische Bild vom Ehebund an. In Hos 2,21f ist das »ewige Angelöbnis« Israels durch Gott – der neue, erneuerte Ehebund – angesagt, das für Israel das »Erkennen Gottes« (*w'jadá'at 'et 'adonáj*) mit sich bringt. Gott ist dann als der wahre Herr (*'isch* statt wie bis anhin *bá'al*; ib. V 18) verehrt, und die »Namen der Ba'ale« wird Er aus Israels »Mund entfernen«. Dadurch erübrigt sich auch der Scheidebrief, den Gott nach den Worten Jeremias (3,8) dem abtrünnigen Israel geben wollte. Durch die Tilgung der »Namen der Ba'ale«, deren »nicht mehr gedacht wird« (*w'lo jisachrú 'od bischmám*), ist die Basis für den (neuen Bund) geschaffen (Hos 2,20):

»Ich schließe mit ihnen einen Bund an jenem Tag,
mit den Tieren des Feldes und den Vögeln des Himmels und
den Kriechtieren des Bodens:
Bogen, Schwert und Krieg zerbreche Ich von der Erde
und lasse sie in Sicherheit ruhn.«

Auch diese Verheißung vollzieht sich »an jenem Tag« (*bajóm hahú*), der nicht weiter fixiert wird, jedenfalls aber in der fernen Zukunft liegt wie »die kommenden Tage« in unserem Text. Die Erinnerung an die Verfehlung Israels verschwindet; bei Hosea die Erinnerung an die Baalsnamen, hier die Erinnerung an die Schuld schlechthin:

»denn Ich verzeihe ihrer Schuld,
und ihrer Sünde gedenke Ich nicht mehr«
(wiederum in chiastischer Stellung).

Abarbanel interpretiert den Zusammenhang zwischen der Sündenvergebung und der sich einstellenden Gotteserkenntnis auf folgende Weise:

»Sie (Israeliten) handeln nicht aus Furcht vor Strafe, denn Er verzeiht ihre Schuld, und ihrer Sünden wird Er nicht mehr gedenken. Vielmehr (handeln sie), weil die Ehrfurcht vor Gott und die Erkenntnis Seiner Göttlichkeit ins Herz der Menschen sich einsenkt, ob all der Wunder, die sie mit eigenen Augen schauen.«

Der neue Bund wird damit zum Wendepunkt in der Gott-Mensch-Beziehung, die Narben verheilen, die die Vergangenheit geschlagen hat, und Israel findet zu einem ungebrochenen Verhältnis zum Schöpfer. Dieser neue-erneuerte Bund ist beständig und von Dauer, weil das Volk erkennt, daß Er der wirkliche Herr ist.

Wegweisung für unsere Zeit

Erneuerung des Bundes zwischen Mensch und Gott, Erneuerung des gesamten Lebens – ist sie ein Wunschtraum aus alter Zeit, nie erfüllt, nie erfüllbar? Es kommt auf die Gemeinschaft und den einzelnen an, ob die Satzung Gottes, die ethischen Forderungen vom Sinai, graue Theorie bleiben oder ins Herz eingeschrieben sind. Heute nicht minder denn früher. Oft ist die Tradition des Glaubens zur leblosen Form erstarrt, ohne direkten Bezug auf das Tun des Menschen. Er mag sich im einen und anderen nach der Tradition ausrichten – die Wärme, das Ergriffensein von ihr fehlt. Der Prophet spricht vom Bund des Herzens, vom Bund, der den ganzen Menschen umschließt und daher auch zu beglücken vermag. Da wird alles anders, das pulsierende Leben kennzeichnet die Zeit nach der Wende. Menschen brauchen sich die »Gotteserkenntnis« nicht mehr zu »lehren« (V 34), weil sie intuitiv um sie wissen. Ihr Leben ist erfüllt von ihr, was sie tun, tun sie »um des Himmels willen« (*l'schem schamájim*), wie die rabbinische Formulierung lautet. Die oft abgründige Trennung zwischen dem Alltag und der Stunde des Gottesdienstes ist überwunden. Alles ist ein

Gottesdienst, ein Dienst zu Ehren Gottes. »In jenen Tagen werden die Erkenntnis, die Weisheit und die Wahrheit sich mehren«, schrieb Maimonides. Und der Midrasch (Tanchúma, jitró, hg. v. S. Buber, S. 38b) meint, in jener Zeit werde das Lernen überhaupt anders sein, »unvergänglich wie Gott selbst«, weil es vom Schöpfer dem Menschen gleichsam zufließt. »Und nicht nur dies: Ich mehre auch den Frieden unter ihnen« (den Menschen).

Auf den Frieden führt der »neue Bund« hin, und das heißt: auf das Einsenken des alten Bundes ins menschliche Herz. Nicht zufällig kündet Ezechiel (37,26) im Hinblick auf die Wiedereinwurzelung des zerstreuten Israel und Juda, die zur Einheit werden sollen, das Trostwort an: »Ich schließe mit ihnen einen Bund des Friedens; ein ewiger Bund wird ihnen sein ...«

Wo Gott für Menschen wirkt – und wo wirkte Er nicht? – mündet Sein Wirken in den Frieden ein. Am Menschen liegt es, sein Herz und seinen Geist bereit und offen zu halten, empfänglich für den Segen Gottes.

»Wie Wasser ergieße sich Recht«

Am 5,21–24

21 Ich hasse, verachte eure Festopfer,
Ich rieche nicht eure Versammlungsopfer.
22 Wenn ihr Mir Ganzopfer darbringt und eure Speiseopfer, so finde Ich keinen Wohlgefallen,
und das Friedensopfer eures Mastviehs schau' Ich nicht an.
23 Entferne vor mir das Dröhnen deiner Lieder,
und das Spiel deiner Harfen höre Ich nicht.
24 Wie Wasser ergieße sich Recht
und Gerechtigkeit wie ein beständiger Bach.

Der Text im Kontext

Tekoa *(t'qóʿa)* ist ein Ort etwa elf Kilometer südöstlich von Betlehem, an der Grenze zwischen fruchtbarem Ackerland und der judäischen Wüste. Nach 2Chr 11,6 hat Rehabeam, der erste König des Südreichs Juda, Tekoa befestigt. Berühmt ist es jedoch durch einen seiner prominentesten Söhne geworden, durch den Schriftpropheten Amos, der zur Zeit der Könige Jerobeam II. von Israel (784–744) und Usia von Juda (774–739) im Auftrag Gottes seine Worte spricht. Er ist Judäer, doch die Fülle seiner Botschaft ergeht an die Bewohner des Nordreichs. In Bet-El stellt er sich vor das Volk und schleudert ihm – und seinem Herrscher – die Vorwürfe wegen der sozialen Korruption entgegen. Offensichtlich mit solcher Eindringlichkeit und solch nachhaltigem Effekt, daß ihm Amazja, Oberpriester in Bet-Els Tempel, Sprechverbot erteilt (Am 7,10ff). Er soll in Juda mit seinen aufreizenden Reden sein Glück und sein Brot suchen, in Bet-El hat er nichts verloren. Amos wehrt sich, zumal er die totale Verkennung seines Auftrags durch Amazja feststellen muß. Anders als die Berufspropheten, die dem König nach dem Mund reden und sich dabei ein fettes Einkommen sichern, ist er gerade kein herkömmlicher Prophet. »Ich bin kein Prophet und kein Sohn eines Propheten, sondern ein Viehzüchter« (*boqér;* Lex. 111: »Rinderhirt«) und ein »Ritzer von Maulbeerfeigen« (Lex. 129 zu *bolés schiqmím)*

bin ich« (V 14). Gott hat ihn »hinter den Schafen hinweggeholt« und ihm den Auftrag: »Geh, weissage über Mein Volk Israel!« (V 15), auf die Schultern gelegt. Wenn sich Israel nicht bessert, dann wird es vom Strafgericht heimgesucht, davon ist Amos überzeugt. Wohl deutet nichts auf eine politische Katastrophe mit ihrem Exil für das Volk hin – die Herrschaft der Aramäer, die Israel lange schwer zu schaffen machten, ist gebrochen. Israel gelingt es, einige von den Aramäern geraubte Städte zu befreien (2Kön 13,25) –, doch die Ruhe ist trügerisch. Ein weit gefährlicherer Feind wird Israel heimsuchen: die Assyrer sind im Vormarsch und bereiten (722 v. d. Z.) dem Nordreich und seiner Hauptstadt Samaria den Untergang. Daß niemand dem Propheten glaubt, verwundert nicht; keiner läßt sich seine Illusionen durch Unheilsprognosen gerne trüben. Amos rüttelt an der Selbstsicherheit der Leute. Wenn sie glauben, Gottes »Erwählung« diene ihnen gleichsam als Schutzvorrichtung gegen die feindliche Heimsuchung, so täuschen sie sich gewaltig. Gerade weil Gott Israel aus Ägypten herausgeführt hat, wird Er mit ihm besonders streng ins Gericht gehen (3,1–2; 9,7 ff). Und wenn es glaubt, der erwartete »Tag des Herrn« mit seinem Strafgericht bringe endlich die Heimsuchung für die Völker, täuscht es sich abermals. Der »Tag des Herrn« ist ein Tag der Abrechnung für Israel (5,18–20). Hart und schonungslos demaskiert Amos die grundfalsche religiöse Haltung, und er wird damit zum Vorbild für die späteren Gottesboten. In unserem Abschnitt geht es um das Verständnis von Recht und Gerechtigkeit, die Grundpfeiler des Staates. Amos setzt dabei Akzente, die bis heute ihre brennende Aktualität nicht verloren haben.

Leitworte des hebräischen Textes

In V 21 stehen zwei Verben für die Ablehnung der Feste und der Opfer: *sanḗti* (von *s-n-*ʾ, Qal), »ich haßte«, und *maʾásti* (von *m-ʾ-s),* »ich lehnte ab, verwarf«, B-R: »verschmähte ich«.
chag ist »Umgang, Reigen, Fest« (Lex. 278), dann der »Opfertag« und das »Opfertier« (Ps 118,27) selbst (A. Chacham, t'ré ʿasár, I, 45).
ʾaríach (von *rúach,* Hiphil), »ich werde riechen« (vgl *réach,* »Geruch«).
ʿazrotechḗm (Singular: *ʿazéret* und *ʿazará),* »eure Feiern, Festversammlungen«. Das Verb *ʿ-z-r* heißt u. a. »verschließen, einschließen« (Lex. 824), woraus die Übersetzung von B-R »eure Einschließungen« verständlich wird. Gemeint sind die »Klausuren« beim Opfer- und Gottesdienst, die Abwendung vom Profanen, vom Alltag. Das Targúm übersetzt mit *qurbán*

k'nischt'chón (vgl Raschi), »das Opfer eurer Versammlungen«. Sinngemäß ist dies richtig, weil der Herr, wenn vom »Riechen« die Rede ist, die Opfergerüche nicht »riechen« will (R. Elieser von Beaugency, Die Zwölf Kleinen Propheten, 1910, 149, und R. Jesaja der Erste von Trani, II, 95).
'olót V 22 (von *'-l-h,* »hinaufsteigen«; Singular: *'oláh)* sind die »Ganzopfer«, die ganz verbrannt werden, ohne daß der die Opfergabe Darbringende einen Teil erhielte (vgl Lev 1,10–13).
minchotechém (von *minchá),* »eure Speiseopfer« (Lex. 569), vgl Lev 2,1–3. B-R glauben offensichtlich, *minchá* sei von *n-ch-h,* Hiphil, »führen, leiten« (Lex. 647), abzuleiten und übersetzen mit »Hinleitspenden«.
'erzéh (von *r-z-h,* Qal), »ich will, werde wollen«, im Sinne von »wohlgefällig annehmen«; vgl das bei wohlgefälligen Opfergaben stereotyp wiederkehrende *l'razón,* »zum Willen« Gottes, zu Seinem Wohlgefallen (Lev 1,3; 19,5; 22,19.29 u. a.), und (im Niphal) *jerazé,* »es wird gewollt«, d. h. »wohlgefällig« akzeptiert (Lev 22,27) bzw. »nicht gewollt« (Lev 7,18; 19,7; 22,23).
schélem (Plural: *sch'lamím)* kommt im Singular nur hier vor und heißt »Friedensopfer«. Sch. L. Gordon (t'ré 'asár, Amos, 58) schreibt: Es ist »das Familienopfer, dessen Fett Gott dargebracht«, dessen Fleisch jedoch von den Darbringenden gegessen wurde. Es symbolisiert das »gemeinsame Mahl« zwischen Gott und dem Menschen, die Mahlzeit, die den Frieden zwischen ihnen bewirkt«.
m'ri' ist »Mastvieh«, sind »fette Ochsen« (A. Kahana, Kommentar z. St.), Raschi: »gemästete Tiere«. Die Wurzel *m-r-'* bedeutet »mästen« (A. Kahana, nach b. Schabbát, 155). Ibn Esra betont, der *m'ri'* sei größer als der Ochse, und er gleicht ihm«.
V 23 ist *hamón schirécha* durch »Tosen, Dröhnen deiner Lieder« zu übersetzen (*hamón* von der Wurzel *h-m-h*), so Ibn Esra; vgl B-R: »das Geplärr deiner Lieder«. An »Lärm« denkt auch die Septuaginta mit ihrem *ēchon.* Möglich ist freilich auch die Wiedergabe von *hamón schirécha* durch »die Menge deiner Lieder« (nach R. D. Kimchi, Abarbanel: »weil es viele Leviten gab, die sangen, spricht der Vers von der Menge deiner Lieder«).
néwel ist die »Harfe«, *simrát n'walécha,* das »Spiel deiner Harfen«. *simrá* ist das »Spiel«, der »Klang« (Lex. 263).
V 24 ist *w'jigál* Imperfekt des Qal von der Wurzel *g-l-l,* »zusammengerollt werden; sich wälzen, sich ergießen« (Lex. 186). Ibn Esra schreibt: »Dies ist die Ansicht aller spanischen (d. h. spanisch-jüdischen) Grammatiker.« So auch R. J. Ibn Caspi ('adné késef, 1911, 92). A. Weiser (t'ré 'asár, 53) erklärt *w'jigál* als »es fließe in Wellen« *(galím).* Nicht von *g-l-l,* sondern von *g-l-h,* Qal, »aufdecken«, Niphal: »sich entblößen, entblößt werden«, leitet

M'zudát Zijón die Verbalform her: *w'jigál,* »es werde entblößt, werde sichtbar«. *w'jigál* wäre dann aber nicht mit einem *pátach,* sondern mit einem *qámez* zu schreiben (vgl Jes 47,3: *tigál;* 2Sam 22,16: *jigálu*).
náchal ist der »Bach«. *'etán* heißt »immer wasserführend, beständig« (Lex. 43), in Dtn 21,4 nach manchen Exegeten aber »steinige Talebene« (ausführlich: R. Sch. D. Luzzatto, perúsch ʿal hatorá, 540).

Der Text in der Exegese

Eines kann man den Israeliten nicht vorwerfen: sie sind nicht knauserig, wenn sie Opfergaben an den Tempel entsenden. Für einen geregelten, reichhaltigen Opferkult ist gesorgt. Es gibt die Ganz- und Speiseopfer und die Friedensopfer, bei denen die Spender im heiligen Bezirk das Opferfleisch essen und die Friedenseinheit (daher: *sch'lamím*) mit Gott finden. Der Dienst ist zudem voller Fröhlichkeit. Die Leviten spielen und singen die Lieder während der Opferdarbringung (V 23; R. Jesaja der Erste von Trani, II, 95), sie psalmodieren und verwenden die vielen Musikinstrumente. Der Text nennt die Harfe, aus Ps 150 kennen wir andere Instrumente: Posaune, Laute, Leier, Pauke, Schalmei, Zimbel. Man darf durchaus annehmen, daß die Gemeinde nicht stumm dabeisteht. Sie wird mitsingen oder zumindest mitsummen, sich zur Melodie wiegen, gelegentlich in die Hände klatschen oder gar tanzen. Gottesdienst wird zum Gemeinschaftserlebnis, mitreißend und begeisternd.
Doch da tritt plötzlich und völlig unerwartet Amos unter die Menge. Seine Stimme durchschneidet den Gesang, sein hartes Wort zerschlägt die fröhliche Stimmung: »Ich hasse, verachte eure Festopfer, ich rieche nicht eure Versammlungsopfer« (V 21).
Die Ganzopfer und die sie begleitenden Speiseopfer »will« Gott nicht, nimmt Er nicht »wohlgefällig« *(l'razón)* auf. Auf die Friedensopfer blickt Er nicht. Gott fordert die unverzügliche Unterbrechung des freudigen Treibens, den Abbruch der Gesänge und der auf den Instrumenten gespielten Lieder. Jesaja, Amos jüngerer Zeitgenosse, wird es auf seine Weise analog zum Ausdruck bringen (Jes 1,11–14):

»Wozu mir die Menge eurer Opfer? sagt der Herr.
Satt bin Ich der Ganzopfer von Widdern
und des Fetts des Mastviehs,
und das Blut der Stiere und Schafe und Böcke
wünsche Ich nicht . . .

Fahrt nicht fort, eine Gabe der Falschheit zu bringen,
ein Räucherwerk des Greuels ist sie mir.
Neumond und Sabbat – Ausrufen der Berufung,
Ich mag nicht Schuld mit Festversammlung.
Eure Neumonde und Feste haßt Meine Seele ...«

Wie Amos sagt auch Jesaja im Namen Gottes den überschwenglichen Opfern, die die Festzeiten und Festversammlungen kennzeichnen, den Kampf an. Gott »wünscht« sie nicht, Er »haßt« sie geradezu. (Nach Am 8,10 verwandelt Er sie »in Trauer« »und alle eure Lieder in Klage«.) Die Gemeinde ist zweifellos konsterniert. Wie denn: Was soll nicht richtig sein? Wir geben uns ganz Gott her, spenden reichlich und sind überzeugt, das Richtige zu tun. So war es doch seit eh und je üblich. Weshalb »haßt« und »verachtet« Gott die Feiern und die Spenden?
Ibn Esra sucht die Erklärung in der grundsätzlich falschen Einstellung des Volkes:

»Wenn ihr sprecht: ›solange wir Ganzopfer darbringen, sehen wir kein Unheil‹, so sagt Er: ›Ich hasse‹.«

Die Opfer bieten keine Gewähr für die Sicherheit und den Wohlstand in der Zukunft. Wer die Sicherheit durch reiche Opfer erlangen will, stößt auf den Widerspruch Gottes. Ibn Esras Deutung ist an sich richtig, sie vermag aber die Heftigkeit der göttlichen Reaktion nicht zu interpretieren. Wegen dieser falschen Auffassung soll Gott die Opfer und die Feste Israels hassen?
I. Neumann (in kitwé qódesch, Amos, 73a, be'úr) weist auf die Verdoppelung von »Ich hasse – Ich verwerfe« hin:

»Die Verdoppelung soll die Sache verstärken. Weil das Volk sich denkt: ›Wir wollen sündigen und Buße tun und ein Opfer darbringen‹, deshalb spricht der Prophet: ›Gott hat kein Wohlgefallen an Ganzopfern.‹ Das Opfer der Übeltäter ist ein Abscheu.«

Daher gilt zugleich:

»Ich hasse und verachte eure Feste, selbst wenn ihr zu Meinen Ehren feiert« (R. Elieser von Beaugency, 149). »Nicht nur das Opfer, sondern auch der Tag der Freude selbst ist Gott nicht zum Wohlgefallen, weil die Feiernden Übeltäter sind« (A. Chacham, I, 45).

Gott »riecht« den Geruch der vom verbrennenden Opferfleisch aufsteigenden Gerüche (vgl Gen 8,21; unsere Bibelauslegungen, I, 60) nicht, weil die Motivation der Spender nicht richtig ist. So heißt es Lev 26,31: »Ich werde nicht riechen den Geruch eurer lieblichen Opfer«. Die richtige Motivation

des Spenders entscheidet; dann ist auch die Opfergabe, wie bei Abel (Gen 4,1–16, s. oben, S. 27f), akzeptabel.
Die Israeliten glauben, daß die reichlichen Opferspenden alles soziale Unrecht, das Fehlverhalten in den mitmenschlichen Beziehungen, aufhebt. Sie glauben, es komme auf einen geordneten Kult an und nicht so sehr auf den außerkultischen Bereich. Genau das Umgekehrte gilt, wettert Amos. Wo die Nächstenliebe mit Füßen getreten wird, ist die gesamte Hinwendung zu Gott im Opferdienst umsonst. Erste Aussagen zu diesem Thema macht der Prophet *Samuel* in seiner Auseinandersetzung mit König Saul nach der Schlacht gegen Amalek:

»Hat der Herr denn Wohlgefallen an Ganz- und Schlachtopfern wie am Hören auf die Stimme des Herrn?
Sieh, Gehorsam ist besser als Opfer,
Hinhören besser als das Fett von Widdern« (1Sam, 15,22).

Nicht die Gabe der Tiere ist Gott wohlgefällig, sondern der *Gehorsam,* das Hinhören und Aufmerken. M. Duwschani (Grundsätze der Prophetie, I, 1966, 50; hebr.) schreibt:

»Samuel war der Erste, der lehrte, daß die Opfer keinen obersten Wert im Dienst Gottes besitzen ... Der Gehorsam dem Gotteswort gegenüber übertrifft die Opfer an Wichtigkeit.«

Amos geht, wie Duwschani feststellt, einen wesentlichen Schritt über die These Samuels hinaus:

»Er stellt den Opfern nicht den blinden Gehorsam gegenüber, sondern die *Moral.* Der Opferdienst kann Recht und Gerechtigkeit nicht ersetzen.«

In V 24 fordert Amos:

»Wie Wasser ergieße sich Recht
und Gerechtigkeit wie ein beständiger Bach.«

»Recht« *(mischpát)* und »Gerechtigkeit« *(z'daqá)* werden zu Postulaten des Alltags. Sie sind nicht erst Kennzeichen des Nachfahren Davids, der sie seinerseits in »kommenden Tagen« verwirklicht und sich damit seines Ehrennames *'adonáj zidqénu,* »Gott ist unsere Gerechtigkeit«, würdig erweist (Jer 23,5; s. unsere Bibelauslegungen, I, 197, bes. 200).

Die Fakten sehen freilich anders aus. Amos hält sie fest:

»Sie (die Reichen) verkaufen um Geld den Gerechten
und den Armen um ein Paar Schuhe« (2,6).

»Sie verdrehen in Wermut das Recht,
und Gerechtigkeit werfen sie zur Erde nieder« (5,7).

»Ihr verkehrtet in Gift das Recht
und die Frucht der Gerechtigkeit in Wermut« (6,12).

M. Duwschani (44) faßt zusammen:

»Die *Vergehen* sind: Verdrehen des Rechts, Annehmen von Bestechung, Bedrückung der Guten, Diebstahl an den Armen, Rechtsbeugung zugunsten der Reichen und Übeltäter (vgl 3,15; 4,1; 5,11; 6,4–6).

In dieselbe Kerbe wie Amos schlägt Jesaja. Nachdem auch er die falsch motivierten Opfer geißelt, fordert er die Umkehr:

»Badet's ab,
läutert euch,
entfernt die Bosheit eures Spiels
aus dem Blick meiner Augen,
meidet Böstun,
lernet Guttun,
suchet das Recht,
lenket den Erschöpften,
rechtet für die Waise,
streitet für die Witwe!« (B-R; Jes 1,16f).

Hosea sagt im Namen Gottes (6,6):

»Denn Liebe wünsche Ich, nicht Schlachtopfer,
Und Gotteserkenntnis statt Ganzopfern.«

Jeremia (7,23) faßt den Wunsch Gottes in zwei Worte zusammen: *schimʿú w'qolí,* »hört auf Meine Worte!« Wenn dies geschieht, »werde Ich euch zum Gott sein, und ihr werdet Mir zum Volk sein . . .«
In Spr 21,3 steht die prägnante Maxime:

»Üben von Gerechtigkeit und Recht
ist dem Herrn erwählter als Opfer.«

Die Verse in Am 5,21–24 lassen eine *Kausalkette* erkennen. Israels Fehlverhalten führt unweigerlich zur göttlichen Reaktion, und diese Reaktion kann und soll zu einem geläuterten Tun des Volkes hinleiten. Die folgende Tabelle mag die Kausalkette verdeutlichen.

Israels Fehlverhalten →	*Gottes Reaktion* →	*Israels Gesinnungswandel*
Nur Kult ohne Recht: An den »Festen« und »Versammlungen« gibt es »Ganzopfer« »Speiseopfer« »Friedensopfer« »Lieder in Fülle« »Spiel der Harfen«	Prinzipielle Ablehnung (»Ich hasse, verachte«) der »Feste« und »Versammlungen« wirkt sich so aus: »Ich rieche nicht« »wünsche nicht« (nimm nicht wohlgefällig an) »schau nicht an« »höre nicht«	Recht und Gerechtigkeit im Alltag (der Kult besitzt zweitrangige Bedeutung)

V24 (»Wie Wasser ergieße sich Recht und Gerechtigkeit wie ein beständiger Bach«) enthält in der Tat die *Quintessenz der amosschen Ethik.* Nicht zufällig wird das Hervorquellen des bisher verborgenen Rechts mit Wasser verglichen. Ohne Wasser ist Leben nicht möglich. Im trockenen Klima des Landes Israel ist die Versorgung mit Wasser sehr oft ein großes Problem, selbst heute, wo die Experten nach den Grundwasservorkommen greifen. Wie der Mensch Wasser braucht, um nicht zugrunde zu gehen, so braucht er das Recht. Und zwar in ergiebigem Maße: das Recht muß »sich ergießen«, es muß zur Schwemmflut werden, die auch im Sommer, wenn es monatelang keinen Tropfen regnet, das Gedeihen der Vegetation gewährleistet. Noch besser ist ein »beständiger Bach« *(náchal 'etán),* dessen Wasser nicht »trügen« (Jer 15,18: »gleichwie versiegendes Wasser, ein Gewässer, das ungetreu ist«; B-R). Die meisten Wadis, die nach einem heftigen Regen im Winter in wenigen Minuten mit einem reißenden Bach gefüllt sind, trocknen im Sommer völlig aus. Manche durchzieht das ganze Jahr über ein kleines Rinnsal, nicht jedoch ein »beständiger Bach«. Einem solchen Bach muß aber die Gerechtigkeit gleichen, da es sonst um die Gemeinschaft schlecht bestellt ist.

»Recht ergieße sich wie Wasser, das auf die Straßen und Plätze hinausgeht, denn dadurch wird auch Hilfe zuteil« (R. Elieser von Beaugency, 149).
»Der Sinn von ›es ergieße sich wie Wasser‹ ist, daß das Recht nie aufhört, vgl Jes 48,18: ›wie ein Strom wird dein Friede sein‹« (Ibn Esra).

Der Vergleich mit dem reißenden Bach, der nie versickert, ist aus einem weiteren Grund wichtig. Er weist hin auf die *Dynamik des Rechts.* Recht ist in Bewegung, schreitet voran, greift immer weiter. Recht, das stehen bliebe, versteinerte, verlöre seine Aktualität. A. Heschel (The Prophets, 212) schildert die Macht des Wassers, mit dem das Recht verglichen wird.

»Kein Fels ist so hart, daß Wasser ihn nicht zu durchdringen vermöchte (vgl Hiob

14,18f). Gerechtigkeit ist nicht nur eine Norm, sondern eine kämpferische Herausforderung, ein ruheloser Drang ... (213) Gerechtigkeit ist ein breiter und mächtiger Strom, weil Gott seine nie versiegende Quelle ist.«

Auf die *Kontinuität der Rechtsausübung* kommt es an wie auf die Kontinuität des fließenden Wassers. In den Worten von M. Buber (Der Glaube der Propheten, 136):

»... ›wie urständige Bachflut‹, das heißt, im Gegensatz zu all den in der Regenzeit aufsprudelnden, dann aber wieder schnell austrocknenden Wadis des Landes Kanaan, ein Bach, der von der Urzeit her strömt und nie versiegt.«

Hat das Recht erst einmal zu fließen begonnen, ist es aus dem Inneren des Gesteins herausgebrochen – wie etwa bei jenem Wasserfall im Wadi Arugot bei En Gedi, der, für den Wanderer lange nicht sichtbar, unverhofft aus dem Felsen bricht –, so darf es weder gestört noch unterbunden werden. Die »Beständigkeit« entscheidet im letzten über die Glaubwürdigkeit und Brauchbarkeit eines Rechtssystems.
Hier stellt sich eine Frage, die immer wieder aufgeworfen wird. *Lehnt Amos die Tieropfer prinzipiell ab, tritt er für den opferlosen Kult ein?*
Der nicht mehr zu unserem Text gehörende V 25 stellt die (rhetorische) Frage:

»Habt ihr Mir Schlacht- und Speiseopfer in der Wüste vierzig Jahre lang dargebracht, Haus Israel?«

Die Antwort muß ein Nein sein: Während der Wüstenwanderung haben Opfer gefehlt, und dennoch hat Gott dem Volk, so wird impliziert, Seine Fürsorge nicht verwehrt.

»Sie besaßen damals keine genügend große Anzahl von Tieren, wie sie für die Opfer notwendig gewesen wäre, noch auch Wein für die Gußopfer. Das Wesentliche ihres Dienstes bestand im Ausüben von Recht und Gerechtigkeit« (Malbim, zu V 25).

»Es ist bekannt, daß die Israeliten während jener vierzig Jahre keine Opfer dem Herrn dargebracht haben, außer dem Passaopfer zur Erinnerung an den Auszug aus Ägypten, und dieses nur ein einziges Mal (Num 9,1 ff). Dennoch hat Er sich nicht über das Volk beschwert« (R. J. Ibn Caspi, aaO, 92).

Daß Gott sich »nicht beschwert« habe, akzeptiert der Midrasch (Sifré, b'haʿalotchá, zu Num 9,5) allerdings nicht:

»Der Vers (Num 9,5) spricht vom *Tadel* Israels, weil sie nur dieses eine Passaopfer dargebracht haben. Und so heißt es auch (als Vorwurf in Am 5,25): ›Habt ihr Mir Schlacht- und Speiseopfer in der Wüste vierzig Jahre lang dargebracht, Haus Israel?‹«

R. Simon bar Jochai geht noch einen Schritt weiter und stellt das Fehlen eines Opferdienstes während der Wüstenwanderung in Abrede. Israel als Volksganzes habe wohl keine Opfer dargebracht, aber die Leviten, die sich beim Goldenen Kalb nicht gegen Gott versündigt hatten, seien mit der Pflicht zur Opfergabe betraut worden (Sifré z. St., vgl b. Chagigá, 6b, und Kimchi zu Am 5,24).
Man sieht: das angebliche Fehlen eines Opferdienstes während der vierzig Jahre bereitet Kopfzerbrechen, doch die Aussage von Am 5,24, der das Darbringen von Tier- und Speiseopfern bezweifelt, ist eindeutig. Sie wird unterstützt durch ein Wort des Propheten Jeremia (7,22f):

»Denn nicht habe Ich mit euren Vätern geredet und ihnen nicht geboten am Tag, da Ich sie aus Ägypten führte, Reden des Ganz- und Schlachtopfers. Vielmehr habe Ich ihnen diese Sache befohlen: Hört auf Meine Stimme ...«

Dem entspricht eine Talmudstelle (b. Sanhedrín, 56b; vgl M'chílta, wajisá', Kap 1), wonach die Opfer nicht zu den ersten Israel erlassenen Gesetzen gehört haben:

»Wir haben gelernt: Zehn Gebote wurden Israel (bereits) in *Mará* befohlen (Ex 15,25) – die sieben Gebote, die die Nachfahren Noas akzeptiert hatten, und drei weitere dazu: die Rechtsvorschriften, der Sabbat, das Gebot der Verehrung von Vater und Mutter.«

R. D. Kimchi erklärt mit Nachdruck:

»Gott befahl nichts in bezug auf die Ganz- und Schlachtopfer. Ferner ist zu erkennen, daß der Hauptakzent der göttlichen Gebote nicht auf dem Opferdienst, sondern im ›Hören auf Seine Stimme‹ lag. Unter dieser Bedingung (des Hörens, des Gehorsams) gab Er ihnen die Torá. In den Zehn Geboten, die die Quintessenz der Torá darstellen, findet sich kein Hinweis auf die Opfer. Selbst dort, wo von Opfern die Rede ist (in Lev), wird dem einzelnen keine Opferpflicht aufgebürdet.

Es heißt: ›Ein Mann von euch, der ein Opfer darbringt‹ (Lev 1,2), muß dies und dies tun (hier ist also vom fakultativen Opfer die Rede). Die ständigen Opfer, die Er für die Israeliten erließ, waren Opfer der Gemeinschaft (nicht des einzelnen) und galten zu Ehren des Heiligtums. Dem einzelnen Israeliten wurden nicht Opfer, sondern die Erfüllung des Rechts und die übrigen Vorschriften aufgetragen« (Kommentar zu Jer 7,22).

Die Weisen Israels zweifeln nicht daran, daß die Opfergesetze der Torá (besonders in Lev) integraler Bestandteil der Schrift sind. Sie betonen aber den Primat der anderen Gesetze, die bereits vor der sinaitischen Theophanie in Mará erlassen worden sind. Gott wünscht in erster Linie die ethische

Verhaltensweise des Menschen und erst in zweiter Hinsicht seine Opfergaben. Weshalb? Ein sehr interessanter Text im Talmud (b. M'nachót, 110a) gibt die Antwort:

»Vielleicht sagst du, Er bedürfe der Opfer zur Nahrung? So heißt es (Ps 50,13): ›Bin Ich hungrig, so sage Ich es dir nicht; denn Mir gehört das All und seine Fülle‹ . . . Ich habe den Israeliten nicht geboten: ›Opfert!‹ Ihr könnt niemals sagen: ›Ich erfülle Seinen Willen, damit Er auch meinen Willen erfülle‹ (vgl »do, ut des« des Römers). Nicht zu Meinem Wohlgefallen opfert ihr, sondern zu eurem.« Raschi: »damit ihr Sühne findet«.

Wir stellen fest, daß der Opferdienst für weniger bedeutsam erachtet wird als die moralische Seite der Religion. Erweist er sich damit aber als überflüssig? Noch ist die Frage, ob Amos die Opfer prinzipiell negiert, nicht beantwortet.
Prof. J. Kaufmann (Geschichte des israelitischen Glaubens, III, 71) schreibt:

»Manche glauben, Amos lehne den Kult – und zwar insbesondere den Opferkult – ab. Das ist falsch. Eine gänzliche Rückweisung des Kults käme einer Verneinung der Überlieferung gleich . . . Amos verneint diese Überlieferung jedoch nicht.«

R. H. Freedman (Jeremiah, 56) vertritt die entsprechende Ansicht:

»Opfer sind von sekundärer Bedeutung und dem ethischen Verhalten untergeordnet. Doch weder Jeremia noch die anderen Propheten wenden sich gegen Opfer als einer religiösen Einrichtung.«
Vgl. R. J. H. Hertz (Pentateuch, 560ff): »Der Prophet sucht die äußeren Bräuche der Religion weder zu ändern noch abzuschaffen.«

Opfer sind nicht überflüssig, aber sie sind nur dann legitimiert – und Jes 1,16f sagt es unmißverständlich –, wenn sie die moralische Gesinnung nicht zu ersetzen suchen. Als Ergänzung besitzen sie ihren Wert.
Ein Opfer (*qorbán,* von *q-r-w,* »sich nähern«, daher übersetzen B-R mit »Nahung«) hat den Zweck, den Menschen Gott näher zu bringen, eine Beziehung zwischen ihm und dem Schöpfer herzustellen. Das Opfer ist immer nur Mittel zum Zweck, nie der Zweck selbst. Kann es ihn nicht erreichen, weil die Intention falsch ist, so wird das Opfer wertlos. Es gleicht einer Treppe, die nirgends hinführt, einer Brücke, die nicht bis zum anderen Ufer reicht. Wer bedarf ihrer? Treppen und Brücken an sich sind damit nicht entwertet, nur wird ihre Daseinsberechtigung kritisch hinterfragt. Genau dies wollen Amos und seine geistigen Nachfolger tun. Sie grenzen den Opferdienst ein und lassen nur jenen gelten, der sich der ethischen

Lebensordnung, der Respektierung eines jeden Menschen, unterordnet. Bedeutender als jedes Opfer ist das Recht, Gottes Recht, das für Israel galt, ehe das Volk am Sinai stand.

Wegweisung für unsere Zeit

»Ohne die beständige Herrschaft von Recht und Gerechtigkeit ist Religion nichts anderes denn ein Trug, Gott zum Abscheu«, schreibt R. M. S. Lehrman (Amos, in: t're ʿasár, 107). Es ist vergleichsweise ein Leichtes, Opfergaben ins Heiligtum zu bringen, auf materiellen Besitz teilweise zu verzichten. Viel schwerer ist die Realisierung des Rechts, das dem Mitmenschen in seinen legitimen Ansprüchen weiterhilft und den eigenen angeborenen Egoismus überwindet.

Amos spricht zum Volk, nicht etwa zum Richter oder Beamten. Das Recht und die Gerechtigkeit sind Anliegen aller, nicht nur der berufsmäßigen Vertreter der Rechtsstaatlichkeit. Wenn es in einer Gemeinschaft wohlbestellt sein soll, dann muß sich jedes ihrer Glieder um die Verwirklichung des Rechts bemühen. Nur dann kann dieses sich wie Wasser ergießen, wie ein Strom unversiegt seinen Segen spenden und das Aufblühen der Vegetation in der sonst steinigen und unfruchtbaren Landschaft bewirken. Recht und Gerechtigkeit sind das Lebenswasser, das Lebenselixier, ohne das eine Gemeinschaft nicht existenzfähig ist.

Amos weist auf den Kern seines Glaubens hin, und seine Worte klingen auch nach Jahrtausenden mit unverminderter Kraft. Genau so, spüren wir, muß der Glaube beschaffen sein: vordringend zum Kern menschlicher Existenz, den Weizen von der Spreu trennend, das Wesentliche vom Unwesentlichen. Ob und wie viele Opfer jemand bringen will, ist ihm überlassen, doch nur wenn es sich um Tier- oder Speiseopfer handelt. Wenn es indessen um das Opfer der eigenen Persönlichkeit, des Ichs, geht, um die unbedingte Hingabe an den Menschen, der erst dann zum wirklichen Mitmenschen wird, darf es keine Beschränkung geben. Da muß das Recht wie Wasser sich ergießen und die Gerechtigkeit wie ein immerfließender Bach, getreu, beständig. Amos war kein Schwärmer, kein Phantast. Er hat sich nicht am Gleichnis begeistert und die Konsequenzen auf die lange Bank geschoben. In 5,15 gibt er eine präzise Anweisung, auf welche Weise dieses erhoffte Recht zu verwirklichen ist: »Hasset das Böse und liebet das Gute, und stellt auf im Tor das Recht.«

Im Schatten des Stadttors sitzen die Richter, die Wächter des Rechts. Sie können ihre Arbeit tun, wenn das Volk das Böse haßt und das Gute liebt, unbedingt und grenzenlos. Der Kampf gegen das Böse in allen seinen Formen – nicht gegen die Bösen, die immer zu »Guten« werden können – ist genauso wichtig wie die Liebe des Guten in allen seinen Formen. »Dann wird vielleicht«, fährt Amos fort, »der Herr der Heerscharen sich des Überrests Josephs erbarmen«, dann wird vielleicht, so möchten wir hinzufügen, unsere bedrohte Menschheit, die sich durch eigenen Irrsinn und tödliche Gewalt selbst dezimiert, das Recht und die Gerechtigkeit und mit ihnen den Frieden finden.

Register der Bibelstellen

Exodus